# 肥

# 勇当全省排头兵

肥西县地处安徽中部、合肥西南、巢湖之滨，现辖4乡10镇4园区，总面积2082平方公里，人口90.8万人，素有“淮军故里、改革首县、巢湖明珠、花木之乡”美誉。近年来，全县上下紧紧围绕“勇当全省排头兵，挺进全国五十强”的奋斗目标，以“作风建设提升年、项目建设推进年、招商引资会战年”和“十件大事”为主抓手，攻坚克难，锐意进取，闯出了一条科学发展的崛起新路。县域经济自2008年以来居全省“科学发展先进县”第一方阵，2009年跻身全国百强，2011年进位至89位，再次荣获全省科学发展先进县第一名，蝉联皖江城市带承接产业转移示范区一类县第一名。2009——2011年连续3年成为全省唯一的全国百强县。

# 西

# 挺进全国五十强

1、县城新貌

2、国家4E级新桥国际机场

3、森林肥西——紫蓬山庙会

4、三河古镇

5、绿意盎然的潭冲路

# 繁

# 转型发展　创新发展

1

2

3

繁昌古称“春谷”，西汉建县，距今已有2100多年历史，现有3处全国重点文物保护单位，其中“繁昌人字洞”是亚欧大陆已知最早的古人类活动遗址。境内资源丰富，拥有长江岸线22公里以及国家级森林公园、4A级旅游景区——马仁奇峰。交通区位优越，位于国家级皖江城市带承接产业转移示范区核心区，沪铜铁路、沿江高速公路、沿江高等级公路以及宁安城际铁路在此交汇。

近年来，全县上下深入贯彻落实科学发展观，围绕“全省领跑、率先小康”目标，坚持在发展中加快转型、在转型中加速发展，努力推进结构调整、城乡统筹和民生改善，经济社会快速发展，一直位居全省科学发展先进县前列。2012年，全县实现生产总值166.6亿元，财政收入30.6亿元，规模以上工业企业发展到258家，其中产值超亿元企业86家、超10亿元12家。

# 昌

# 统筹发展　和谐发展

4

5

1、建设中的城东新区
2、安定公园
3、全民健身运动会开幕式
4、面貌一新的农村
5、同福食品公司

# 宁

## 率先小康　生态

1

2

3

宁国地处皖东南，市域面积2487平方公里，辖13个乡镇、6个街道，总人口38万。

宁国区位优势明显。东临杭州，西依黄山，连接皖浙两省七县市，距上海、南京、杭州、合肥四大城市170-300公里车程。随着宁宣、宁绩、宁杭三条高速和直升机场的加速建设，宁广高速、宁安高速等规划建设，将构筑起连接苏浙沪发达地区的快速通道。

宁国生态环境优良。森林覆盖率达75.3%，是“中国山核桃之乡”、“中国元竹之乡”，境内东津、中津、西津三条河流穿城而过，拥有国家级水利风景区、国家级森林公园青龙湖和省级板桥自然保护区，被国家环保部授予“国家生态市”称号。

# 国

# 文明　　人民幸福

1、中国树博园玉兰花海
2、我运动　我快乐
3、人在画中游
4、宁宣高速（接芜湖、南京）
5、山核桃采摘

# 2013

# 安徽统计年鉴

# ANHUI STATISTICAL YEARBOOK

(总第25期 NO.25)

安 徽 省 统 计 局
ANHUI STATISTICAL BUREAU
国家统计局安徽调查总队
NBS SURVEY OFFICE IN ANHUI
编
COMPILED

中国统计出版社
China Statistics Press

# 《安徽统计年鉴—2013》

# ANHUI STATISTICAL YEARBOOK-2013



**图书在版编目（CIP）数据**

安徽统计年鉴. 2013：汉英对照/ 安徽省统计局, 国家统计局安徽调查总队编.
-- 北京：中国统计出版社, 2013.8
ISBN 978-7-5037-6906-1
Ⅰ. ①安…
Ⅱ. ①安… ②国…
Ⅲ. ①统计资料－安徽省－2013－年鉴－汉、英
Ⅳ. ①C832.54-54
中国版本图书馆CIP数据核字(2013)第184281号

安徽统计年鉴-2013

作　　者/ 安徽省统计局 · 国家统计局安徽调查总队
责任编辑/ 佘竞雄　刘金成　田野　高维芹
装帧设计/ 徽韵书坊
出版发行/ 中国统计出版社
地　　址/ 北京市丰台区西三环南路甲6号
邮　　编/ 100073
电　　话/ 邮购（010）63376909　书店（010）68783171
网　　址/ http://csp.stats.gov.cn
印　　刷/ 安徽新华印刷股份有限公司
经　　销/ 新华书店
开　　本/ 890mm×1240mm　1/16
字　　数/ 1400 千字
印　　张/ 48.25　　彩页 8
版　　别/ 2013年8月第 1 版
版　　次/ 2013年8月第 1 次印刷
定　　价/ 450元

本书附同版本CD-ROM一张，光盘内容以书面文字为准。
如有印装差错，由本社发行部调换。

# 《安徽统计年鉴—2013》编辑委员会

## AnHui Statistical Yearbook-2013 Editorial Board

## Specially Invited Editorial Members:(Not in order of priority)

# 《安徽统计年鉴—2013》编辑部

## AnHui Statistical Yearbook-2013 Editorial Department

# 编辑说明

一、《安徽统计年鉴—2013》是一部全面反映安徽省国民经济和社会发展情况的资料性年刊。全面、系统地收录全省及各市、县经济和社会各方面的2012年统计数据，重点展现“十二五”以来安徽人民在经济建设及社会发展方面取得的新成就。

二、《安徽统计年鉴—2013》新增了城镇非私营单位就业人员年平均工资、非公经济企业法人单位数、中小微型企业法人单位数、民办教育、档案工作、计划生育、体育彩票、福利彩票、服务业重点企业分行业主要经济指标、中部6省国民经济和社会发展主要指标等内容。

三、全书内容共分24个篇章和附录，即：综合；国民经济核算；人口；就业人员和工资；固定资产投资；能源生产和消费；财政、金融、保险；物价指数；城乡人民生活；城市概况；自然资源和环境保护；农业；工业；建筑业；运输和邮电；国内贸易；对外经济贸易；旅游；教育和科技；卫生和社会服务；文化和体育；公共管理及其他；企业景气调查；省级和县级主要经济指标及位次。附录部分有：贫困县监测和全省建制镇基本情况。为了进一步帮助读者理解和使用有关数据，各篇章附有简要说明和主要指标解释，介绍了统计范围和统计方法。

四、2012年采用新的国民经济行业分类(GB/T4754-2011)。

五、本年鉴中使用的度量衡单位均采用国际统一标准计量单位。

六、本年鉴符号使用说明：年鉴各表中的“空格”表示该项统计指标数据不足本表最小单位数、数据不详或无该项数据。“#”表示其中的主要项。

七、本年鉴中部分合计数或相对数由于单位取舍不同产生的计算误差，均未作机械调整。全书中英文对照，配套出版磁质光盘。

# Preface

Ⅰ. The Anhui Statistical Yearbook 2013 is an annual statistics publication, which systematically covers statistics—for 2012 at provincial and local levels for the city and county. It reflects statistics during the period of the "eleventh-five-year-plan" at the provincial level, mainly showing various aspects of the new achievements that the people in Anhui made in terms of economic construction and social development since the period of the "twelfth five-year-plan."

Ⅱ. The Anhui Statistical Yearbook 2013 newly adds the annual average wage of employees of urban non-private units, the number of legal entity units of the non-public economical enterprises and legal entity units of middle and small-micro enterprises ; the basic situation of private education, archives work, family planning, sports lottery, welfare lottery; the main economic indicators of key enterprises of service industry by industry, the main economic indicators of the central 6 provinces of the national economy and social development etc.

Ⅲ. This book contains the following 24 parts and appendices: General Survey; National Accounts; Population; Employment and Wages; Investment in Fixed Assets; Production and Consumption of Energy; Finance, Banking and Insurance; Price Indices; People's Livelihood; General Survey of Cities; Environmental Protection; Agriculture; Industry; Construction; Transportation, Postal and Telecommunication Services; Domestic Trade; Foreign Trade and Economic Cooperation; Tourism; Education and Science; Public Health and Social Services; Culture and Sports; Public Management and Others; Business Survey of Enterprises; Main Economic Indicators and Their Orders of Precedence for Provinces and Countries. The appendix includes: observation and survey of poor countries and basic situation of the whole province, organizational towns' basic situation, and so on. To help readers further understand and make use of the data, each part is supplemented by a brief introduction and explanatory note on the main statistical indicators, introducing statistical coverage and statistical methods.

Ⅳ. In 2012, We use the new classification of national economic industries (GB / T4754-2011).

Ⅴ. The units of measurement used in this book are internationally standardized measurement units.

Ⅵ. Notations used in this book: (blank space) indicates that the figure is not large enough to be measured with the smallest unit in the table, or data are unknown ,or are not available; "#" indicates a major items of the total.

Ⅶ. Statistical discrepancies due to rounding are not adjusted in this book. Anhui Statistical Yearbook is compiled bilingually in Chinese and English and a magnetic CD-ROM has been published to form a complete set.

# 安徽省经济和信息化委员会

甘肃省委书记王三运、时任省长李斌巡视“安徽产品甘肃行”展馆

时任安徽省省长李斌到省经信委调研并看望干部职工

2012年，在省委、省政府的正确领导下，全省工业系统深入贯彻落实科学发展观和党的十八大精神，牢牢把握稳中求进的总基调，把稳增长放在更加重要的位置，全省工业经济呈现出平稳较快发展的良好局面。

**工业增速居全国前列** 规模以上工业实现增加值7550.5亿元，同比增长16.2%，增速居全国第3位、中部第1位。实现主营业务收入27922.1亿元，同比增长18.1%，增速居全国第6位、中部第2位。实现利润1470.2亿元，同比增长11.3%，增速居全国第5位、中部第2位。

**工业结构进一步优化升级** 高新技术产业实现工业增加值2624.1亿元，增长16.5%；战略性新兴产业实现工业总产值5094.1亿元，增长33.1%；六大工业主导产业实现工业增加值4969.5亿元，比增长17.2%，增速均高于全省平均水平。非公经济增加值9770亿元，同比增长13%。规模以上工业单位增加值能耗下降9.6%，降幅比上年扩大0.1个百分点。

**规模企业数进一步增加** 净增规模以上工业企业2133户，居全国第3位；全年产值超亿元企业5012户，比上年净增856户；产值超10亿元的381户，净增38户；超50亿元的52户，净增10户；超100亿元的21户，净增1户。铜陵有色销售收入突破千亿元。

**工业投资和创新步伐不断加快** 完成工业投资6897.1亿元，同比增长19.2%。完成技术改造投资3836.4亿元，增长26.3%。新增国家级企业技术中心8户，总数在全国的位次上升至第12位；新能源汽车累计产销量达6000辆。

**两化融合深入推进** 建成“数字企业”6897家、“动力100无线企业”近2万家。电子信息产业实现增加值395亿元，同比增长28%，其中规模以上软件企业完成主营业务收入124.6亿元，同比增长19.2%，软件业务出口5054.8万美元，同比增长34.1%，新认定软件企业97家，登记软件产品638件。

省经信委全体干部职工会议

2012年，省经信委积极开展五大攻坚活动，全面推进工业转型升级，帮助企业破解发展难题，全省工业经济和信息化建设持续健康较快发展，多项工作在省委、省政府及工信部的评比中名列前茅，被省委省政府评为目标管理考核先进单位、省政务服务中心优秀窗口单位、节能工作先进单位、第三届安徽省创建文明行业工作先进集体等15项先进集体称号；在效能建设、政务公开、政务信息、组织参展等工作中，获得集体奖多项。

# 全面加快工业转型升级　促进经济平稳较快发展

省委常委、组织部长王炯在省公务员考试现场督查无线电安保工作

副省长杨振超率领省经信委负责同志调研电力调度工作

省政协副主席王秀芳、王鹤龄到省经信委调研

时任副省长黄海嵩率经信委负责同志慰问电力迎峰度夏一线职工

省经信委与淮南市共同举办安徽省第二届煤机装备产需对接会

省经信委深入广德县开展工业经济运行情况调研

# 省住房和城乡建设厅

## 全省住房和城乡建设事业成就显著

2012年，全省住房城乡建设系统以科学发展观为统领，认真执行省委、省政府决策部署，真抓实干、开拓创新，较好地完成了省委、省政府交给的任务。全年，保障性住房建设成绩显著，房地产调控政策得到认真落实，房地产市场保持总体平稳。美好乡村建设扎实开展，新型城镇化加快推进，城市综合承载力进一步提升，建筑节能扎实推进，促进建筑业加快发展，依法行政工作有了新进展。全省住房城乡建设事业稳中有进、全面提升。全省城镇化率达到46.5%，比上年提高1.7个百分点，增速快于全国0.4个百分点；新开工各类保障性住房43.8万套，位居中部第一、全国第三，基本建成34.4万套，超额完成国家下达任务；开展2300个村庄整治试点，完成20万户农村危房改造，实施245个乡镇农村清洁工程，农村危房改造总量和增速均居中部地区第一；建筑节能标准执行率达到99%，新增节能建筑5900万平方米；新增城市污水管网1360公里、新增城市生活垃圾无害化日处理能力4600吨，超额完成省政府下达的年度目标任务；争取中央各类专项资金179.2亿元，同比增长94.2%，创历史新高；累计实现建筑业、房地产业增加值2059.6亿元，占全省生产总值12%，两类企业上交税收441.6亿元，占全省地税收入的43.8%。

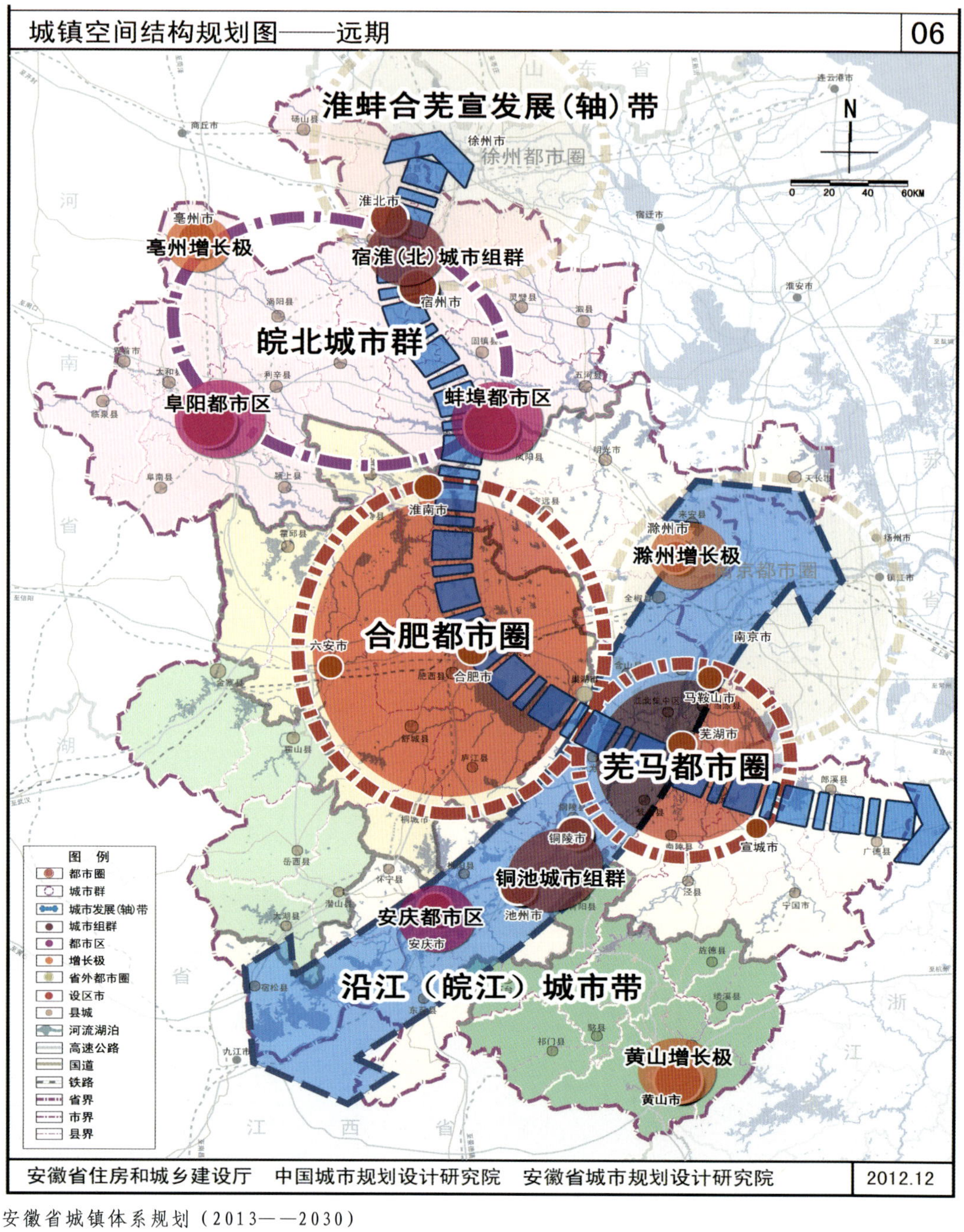


安徽省城镇体系规划（2013——2030）

滁州凤翔园保障性住房小区

巢湖岸线生态防护工程景观

美丽乡村——卢村

潜山县美好乡村建设

六安市住宅小区

日处理能力30万吨的合肥市王小郢污水处理厂

合肥金寨路高架

# 安徽省商务厅

省委书记张宝顺出席省商务厅与新加坡国际企业发展局合作备忘录签署仪式

皖港经贸交流活动

商务部与安徽省签署部省合作协议

2012年，面对世界经济复苏进程放缓和国内经济下行压力加大的严峻挑战，全省商务系统牢牢把握主题主线和稳中求进的工作总基调，迎难而上，共克时艰，奋力前行，扎实推进，商务经济总体呈现“平稳运行、稳步回升”态势，圆满完成了全年目标任务。

**扩消费、稳市场、畅流通** 全年社会消费品零售总额5685.6亿元、增长16%，增幅居中部第一、全国第二。积极推进“放心肉、放心菜、放心购物便利店、放心早餐、放心家政服务”便民服务体系建设，全年10个试点县（区）压缩屠宰场点93个，建设公益性菜市场28个、放心便利店1114个、放心早餐网点992个，培育放心家政龙头企业28家。大力培育壮大商贸流通主体，全年新增限额以上商贸流通企业1740家，累计6577家，拉动消费增长12.8个百分点。不断提升“万村千乡”市场工程水平，支持骨干流通企业在中心镇建设农村商品配送中心和乡镇商贸中心55个、中心村建设连锁农家店600个。

**稳增长、调结构、促平衡** 全年进出口总额393.3亿美元、增长25.6%，总量、增幅均居中部第二。全省现有进出口实绩企业5012家，位列中部第一。全年新增10家进出口过亿美元企业，进出口净增100万美元企业500家，进出口净增22亿美元。合肥包河区新能源汽车和新站区平板显示基地成功获第四批国家科技兴贸创新基地，合肥出口加工区率先成立全国首个公共外贸创意研发服务中心。

**谋项目、强载体、引进来** 全年吸引外商直接投资86.4亿美元、增长30.3%，总量居中部第二、增幅中部第一。全年新批、新增投资总额和到资过亿美元大项目20个，实际到位资金9.1亿美元。新引进境外世界500强企业6家，累计63家境外世界500强在皖设立企业88家。全年新增6个生产总值过百亿元园区，并完成宁国经济技术开发区扩区工作。

**盯重点、走进去、拓空间** 全年对外承包工程完成营业额28.1亿美元、增长18.8%，总量居中部第二、增幅中部第一；实际对外投资5.5亿美元，总量居中部第二。打造“走出去”企业联盟，举办4场130余家企业参加的境外经贸合作区专场对接会。重大对外承包工程稳步推进，全年72个合同额1000万美元以上项目完成营业额24.3亿美元、增长24.6%。对外投资国别由47个增加至51个，对欧洲地区投资增长3.8倍。

安徽产品走世界“千企百展”活动启动仪式

承办中欧文化贸易与《文化多样性公约》国际研讨会

# 安徽审计

时任省长李斌到审计厅调研

2012年，全省审计机关紧紧围绕科学发展主题和全面转型、加速崛起、兴皖富民主线，认真履行职责，积极发挥审计在保障经济社会健康运行、推动完善国家治理等方面的重要作用。全省审计机关共审计和专项审计调查5884个单位，查出违规问题金额80.39亿元，损失浪费问题金额6.79亿元，管理不规范金额1017.61亿元，侵害人民群众利益问题金额3342万元。通过审计，促进增收节支71.35亿元，挽回或避免损失24.34亿元。审计移送司法、纪检监察机关和有关部门处理事项84件。向社会发布审计结果公告559篇。提交审计专题报告、综合性报告和信息简报8699篇，其中被党政领导和有关部门批示、采用6682篇次。向被审计单位或有关单位提出审计建议12578条，其中已采纳10038条。被审计单位根据审计建议制定整改措施1112项，建立健全规章制度230项。

2012年，安徽省各级审计机关围绕保障政令畅通，加强重大政策措施执行情况审计监督，组织实施了皖江城市带承接产业转移示范区建设、全省整体推进农村土地整治示范建设、省属企业境外投资绩效等专项审计调查；围绕推动完善财政体制，深化预算执行审计，新增对组织分配政府性投资情况审计；围绕维护社会和谐稳定，强化民生工程和民生领域资金审计，组织实施了社会保障资金、三峡移民资金、农村中小学布局调整专项资金、校安工程、保障性住房等民生项目审计或审计调查；围绕提高投资效益，抓好重大投资项目审计，组织实施了安徽广电中心建设、合肥新桥国际机场建设、对口支援新疆皮山县建设等项目跟踪审计和省检察院技术用房、省博物馆新馆竣工决算和投资绩效审计等；围绕促进生态强省战略实施，积极探索资源环保审计，组织开展全省煤炭资源开发利用情况专项审计调查；围绕规范权力运行，深化领导干部经济责任审计，2012年全省审计机关共完成对1348人的经济责任审计，查出领导干部对违法违规行为负有直接责任、主管责任和领导责任的问题金额分别是4.18亿元、5.65亿元和4.56亿元。

全省审计工作会议召开

# 责任 忠诚 清廉 依法 独立 奉献

领导干部经济责任审计现场

世行贷款淮河流域重点平原洼地治理审计现场

合肥新桥机场审计现场

援疆项目跟踪审计现场

第七期计算机审计中级培训班结业

全省审计系统第四届乒乓球比赛

# 安徽省地税局

局长汪建国带领有关业务处室负责人做客《新安晚报》"厅长零距离"栏目与公众交流互动

2012年，安徽地税系统在省委、省政府和国家税务总局的正确领导下，牢记为国聚财、为民收税神圣使命，始终坚持服务科学发展、共建和谐税收主题和推进税收管理转型升级主线，继续坚持“一个确保、两个提高”（以服务地方经济社会发展为己任，确保地方税费收入持续稳定增长；不断提高税收管理水平，不断提高队伍建设水平）总体要求，统筹做好组织收入和服务发展“两篇文章”，持续推进征纳和谐、系统和顺、家庭和美“三和”地税建设，各项地税工作取得新的成绩，省委书记张宝顺、省长李斌、常务副省长詹夏来先后对地税工作作出重要批示，表示充分肯定。

全年累计组织地方税费收入1815.5亿元，同比增长15.2%。其中，地方税收入1215.6亿元，同比增长17.6%，规模中部第二、增速全国靠前。在大力组织收入的同时，出台意见办法跟进服务安徽发展战略，认真落实结构性减税政策，促进经济平稳较快增长。全面落实税收减免缓抵和社会保险费“五缓四降”等政策措施，全年为纳税人减负150亿元。建立税务行政处罚裁量基准，开展柔性执法试点，改进税收综合督查，规范重大税务案件审理，全面推进依法行政。立足安徽地税实际，强化信息管税，推进纳税评估，积极稳妥开展税源专业化管理试点，着力深化税收征管改革。集全局之智，举全局之力，强化业务统筹与技术顶层设计。强力推进征管数据应用省级“大集中”，促进业务与技术的深度融合。深化“一对一”税收服务，推进办税服务厅标准化建设，开展“星级办税服务厅”评选和“办税服务实践日”活动，纳税服务实践不断丰富。巩固创先争优和“访税情、办实事、促和谐”四级局长带头大走访活动成果，突出“为民服务、创先争优”，领导干部深入基层服务纳税人、服务基层长效机制进一步健全。优化领导班子和干部队伍结构，加大竞争性选拔干部力度，开展干部轮岗交流和从基层遴选公务员到上级地税机关工作，实施人才培养“双百双千”工程，着力打造高素质专业化地税干部队伍。以“三和”地税品牌建设为引领，深化精神文明建设，文明创建再结硕果。省地税局再次被确认为全国文明单位，全省地税系统被评为全省第三届文明行业。

全国税务系统深化税收征管改革工作会议在合肥召开

# 共建和谐税收 服务科学发展

学习十八大精神，谋划2013年地税工作，征询各市政府领导对地税工作的意见座谈会

全省个人所得税全员全额扣缴申报工作表彰大会在合肥召开

开展12366服务热线开放日活动宣传普及税收知识

省地税局举办全省地税系统"品味书香常颂经典"展示赛

# 高举旗帜 改革创新 砥砺奋进
# 开创安徽旅游科学发展新局面

2012年全省接待入境游客331.46万人次，同比增长26.1%；旅游外汇收入15.63亿美元，同比增长32.52%；接待国内游客2.92亿人次，同比增长30.21%；国内旅游收入2519.08亿元，同比增长38.79%；旅游总收入2617.79亿元，同比增长38.55%，均超额完成年初预定目标。另据省商务厅统计，全省旅游商品出口创汇17.5亿美元，同比增长6.5倍。

**党委政府推动旅游发展力度加大** 省旅游局紧紧抓住吴邦国委员长深入大别山视察并作重要指示的历史机遇，主动与六安市委、市政府及发改、财政、交通等部门联合争取国家对大别山区域旅游发展的政策支持取得重大进展，旅游扶贫大通道项目立项并局部开工建设，为大别山旅游发展提供了历史性机遇。省委书记张宝顺批示：把旅游业培育成我省重要的支柱产业，为建设美好安徽作贡献。省政府与国家旅游局对接并落实了2012年合作事项，在全国旅游规划发展会议上，我省介绍了局省合作经验。国家旅游局2012年度支持安徽旅游项目建设的资金同比增长了11%。

**旅游项目建设持续高涨** 2012年确定了17个项目作为省旅指委联系的重大项目，予以重点推进建设；在蚌埠市召开了全省重点旅游项目建设推进现场会，加大力度推进全省旅游项目建设；与省发改委共同为齐云山景区等重点景区、红色旅游经典景区、省旅游培训中心争取中央预算内投资1.09亿元；着力放大旅游发展资金的使用效益，撬动旅游项目融资，全年投放旅游项目贷款贴息和项目融资贷款担保风险补助1220万元，与省财政厅、省信用担保集团联合开展全省旅游项目贷款担保，为25个旅游项目担保贷款33.2亿元；深化银旅对接，与省中行、省进出口银行签署战略合作协议，全年省农行为15个旅游项目授信55亿元，省中行先后两次为19个旅游项目授信122.7亿元，省进出口银行为4个旅游项目授信10.6亿元，为旅游项目建设、旅游企业经营搭建了新的融资平台；加大旅游项目招商力度，签约各类旅游项目40余个，投资额达400多亿元。全年旅游项目新增投资1428亿元，同比增长15.2%；省旅游局荣膺“2012年度全国旅游项目管理先进单位”称号。

**旅游产业品质又获新的提升** 深入推进行业创建提升，黄山风景区和宿州市灵璧县荣获亚洲旅游业金旅奖，灵璧县还获得中国十大文化特色旅游名县称号，天堂寨景区、龙川景区顺利荣膺国家5A景区，新创4A级景区17家，全省4A以上景区达到133家，继续处于全国领先水平。全省目前四星以上饭店总数达到139家，其中五星级22家，居中部前列。

天柱山惊现金色云海奇观

省委书记张宝顺在牯牛降风景区调研

省长王学军在旅游景区调研

副省长花建慧在蚌埠调研

局长胡学凡在阜阳八里河风景区调研

国家发改委等十几个部委在九华山调研

全省重点旅游项目建设推进会

# 安徽省国税局

省委书记张宝顺会见来皖调研的时任国家税务总局党组书记、局长肖捷

2012年，安徽省国税局作为国家税务总局税源专业化管理、大企业税收专业化管理、税务稽查管理方式改革三试点单位，锐意改革创新，不断开拓进取，在深化税收征管改革方面进行了积极探索，受到了总局的充分肯定。全省国税系统坚持组织收入原则，在严峻复杂的经济形势下保持了税收收入规模持续扩大，全年完成国税收入（不含海关代征）1250.1亿元，同比增长6.6%，收入增幅与全省经济增长基本协调。在促进经济发展、税源扩大、收入增长良性互动的同时，全省税收政策得到有效落实，营改增试点成效显著，纳税服务工作扎实推进，干部队伍建设不断加强，有43个集体、18名个人获得了省级以上荣誉称号，全系统被评为第三届“安徽省文明行业”。

学习党的“十八大”精神专题辅导报告会

全省国税工作会议在合肥召开

时任省长李斌、常务副省长詹夏来出席在皖召开的全国税务系统深化税收征管改革工作会议

副省长花建慧在省国税局调研

局长龙岳辉深入基层办税服务厅调研

第21届税收宣传月书法名家邀请展及笔会在合肥隆重举行

全省国税系统“争创新业绩，迎接十八大”主题演讲比赛

# 大湖名城 创新高地

合肥，居皖之中，环抱巢湖，享有“包公故里、科教基地、滨湖新城”之美誉。经2010年区划调整后，合肥现辖四县、一市、四区，拥有国家级开发区四个。截至2012年12月，全市共有乡镇84个、街道43个、园区14个、城市社区406个、农村社区294个、村委会1077个。全市总面积11445.1平方公里（含巢湖水面770平方公里），常住人口757.2万。其中，城市建成区面积378平方公里，市区常住人口370万。全市有43个少数民族，少数民族人口4.8万，约占全市总人口的0.6%。

2012年全市生产总值（GDP）4164.3亿元，占全省的24.2%；按可比价格计算，同比增长13.6%，高于全国、全省5.8和1.5个百分点，增速位居全国26个省会城市第5、中部省会城市第1。其中，第一产业增加值229亿元，增长5.4%；第二产业增加值2303.9亿元，增长15.4%；第三产业（服务业）增加值1631.4亿元，增长12.3%。三次产业结构由上年的5.7:55.1:39.2调整为5.5:55.3:39.2。

**合肥，在赶超的道路上奋力跨越** 2012年，在全国26个省会城市中，从总量看，固定资产投资、进出口总额、地方财政收入进入省会城市十强行列，分别位居第8、9、10位，规模以上工业增加值位于第11位；从增速看，主要经济指标处于省会前列，生产总值增速位居省会城市第5，规模以上工业增加值增速位居第3，社会消费品零售总额增速居第9，进出口总额增速居第4。

**合肥，在转型的道路上加快发展** 2012年，全市共有规模以上工业企业2087户，完成总产值6600.14亿元，实现增加值1653.54亿元，同比增长17.4%。其中，六大主导产业完成产值3853.98亿元，实现增加值951.6亿元、增长15.9%，家电、装备制造业两大产业产值超过千亿。规模以上工业总产值中，战略性新兴产业产值1598.74亿元，占24.2%，同比提高1.2个百分点；规模以上高新技术产业产值占53.5%，同比提高0.3个百分点。六大高耗能行业增加值占规模以上工业的17.6%，同比降低1个百分点。全社会固定资产投资4001.10亿元，同比增长23.7%；其中，工业投资1551.40亿元，增长23.5%。社会消费品零

滨湖新城显雄姿

# 幸福首市 中国合肥

售总额1293.62亿元，同比增长16.7%。进出口总额176.42亿美元，同比增长43.3%。

合肥，在创新的道路上奋勇前行　全年新认定国家高新技术企业120家，国家高新技术企业总数达615家。新增国家级重点新产品26个、省级高新技术产品410个。已建国家重点实验室7家，省部级重点实验室和工程实验室120家；国家级工程技术研究中心（含分中心）7家，省级工程技术研究中心87家；国家级企业技术中心18家，省级企业技术中心115家。全年受理专利申请15142件，其中发明专利4748件，增长31.2%；授权专利9639件，其中发明专利1242件，增长63.4%。签订各类技术合同5160项，成交金额42.3亿元，增长26.9%。全市有6项成果获国家科技奖，其中国家自然科学二等奖3项、科技进步二等奖3项。

合肥，在幸福的大道上阔步向前　2012年，合肥在“中国幸福城市排行榜”名列榜首，超越北京、上海、广州等32个城市，成为中国“最幸福城市”。全年财政民生支出434.2亿元，同比增长20.8%，占公共财政支出比重为75.9%。新增城镇就业14万人，转移农村劳动力8.05万人。城镇居民人均可支配收入25434元，高于全国、全省平均收入869、4410元；增长13.2%，比全国、全省平均增幅高0.6、0.2个百分点。农民人均纯收入9081元，超过全国、全省平均收入1164、1921元；同比增长15.5%，高于全国、全省2.0、0.6个百分点。

未来几年，是合肥经济社会加快发展、转型提升的重要时期。随着工业化、城市化的加速推进，以及持续投入效应的不断释放，合肥发展的比较优势和内生动力逐步增强。全市上下将紧紧围绕“新跨越，进十强”的奋斗目标，全力打造“大湖名城、创新高地”，努力把合肥建设成面向全国的现代化区域性特大城市。

# 合肥　努力建设面向全

合肥新桥国际机场

环巢湖观光大道

滨湖湿地森林公园

巢湖半汤温泉

政务文化新区

翡翠湖全景

# 国的现代化区域性特大城市

京东方厂区

经济技术开发区日立工业园

世界最先进的核聚变试验装置

高新区中心全景

中国科学技术大学

江淮汽车

# 精致淮北　产业精良　文化

市委书记肖超英陪同省委书记张宝顺在淮北调研

淮北是一座新兴的资源型工业城市　淮北位于安徽省北部，处于淮海经济区、中原经济区、陇海经济带、徐州都市圈的交叉辐射区。1960年建市，现辖濉溪县、相山区、杜集区、烈山区，总面积2741平方公里，人口218万。先后荣获全国未成年人思想道德建设工作先进城市、全国卫生先进城市、国家园林城市、全国科技进步先进市、全国无障碍建设城市、全国创业先进城市、全国节水型社会建设示范城市等称号。2012年，全市实现地区生产总值620.5亿元，财政收入101.1亿元，城镇居民人均可支配收入20360元，农民人均纯收入7286元。

淮北是一座结构优化、竞争力强的产业精良之城　淮北拥有煤电、煤化工、食品工业、矿山机械、纺织服装、新型建材六大主导产业，生物质能源、生物医药、文化旅游等新兴产业方兴未艾，现代农业和现代商贸物流业快速成长。淮北矿业、皖北煤电两家中国500强企业坐落淮北，分别位列第227位和第339位，"隔壁千家醉、开坛十里香"的口子窖享誉全国。全市园区建成面积达75平方公里，以食品工业为主的凤凰山食品经济开发区、以矿山机械制造为主的杜集经济开发区、以铜铝深加工为主的濉溪经济开发区、以煤化工为主的临涣工业园、以纺织服装和新材料为主的市经济开发区新区等特色工业园区，功能不断完善，承接产业转移的能力不断增强。

淮北是一座人文荟萃、特色彰显的文化精深之城　自公元前21世纪，商汤十一世祖相土在相山南麓建城开始，历代王朝均在此设郡置县，"竹林七贤"之嵇康、刘伶和现代雕塑大师刘开渠等众多历史名人，皆生于此、长于斯。境内有娄顶山岩画、我国目前保存最完整的镇级土城墙——临涣古城墙、全国十大考古发现之一的隋唐古运河柳孜码头遗址、淮海战役总前委旧址等名胜古迹。汉文化、运河文化、红色文化、雕塑文化交相辉映，逐步形成了文明淳厚、开放包容的城市文化。

烈山新貌

# 精深　城市精美　作风精细

市委书记肖超英、市长黄晓武陪同省长王学军在淮北调研

淮北是一座山清水秀、宜居宜业宜游的精美之城　城市建成区82平方公里，城镇化率达57.2%。京沪、陇海、符夹等铁路纵横东西南北，京台、连霍、泗许、济祁高速公路穿境而过，距徐州观音机场60公里、连云港港口280公里。拥有国家4A级风景区相山公园、龙脊山森林公园、南湖湿地公园等特色公园，拥有一座全国百强中学、一所全国性综合大学、两家三甲医院，宜居、宜业、宜游的山水生态城市特色日益彰显。连续十八年矢志不渝争创全国文明城市，三次蝉联全国文明城市创建工作先进城市，2011年荣获“全国文明城市提名奖”，2012年全国文明程度指数测评排名中位列地级提名城市第2位，入选“中国好人榜”人数居全国第二、百万人口所占比重全国第一，群众安全感指数、幸福指数连续多年全省领先，是安徽省最稳定、最和谐的城市之一。

淮北是一座干群齐心、用心做事的作风精细之城　我们始终秉承“招商第一要事、环境第一保障”的理念，创新推行“六个一”工作机制，即：招商引资项目一会准入、一次性告知、一站式审批、一个窗口收费、一次性验收、一次性兑现，全面开展“干部帮联企业、打造精良产业”行动，不断优化发展环境，倾力打造安徽省行政事业收费最低、审批环节最少、服务效率最高的城市，先后被评为深港企业最佳投资城市、浙商（省外）最佳投资城市、苏商投资中国首选亲商城市。

当前，淮北正处于奋力崛起、跨越赶超的黄金发展期。我们将围绕建设“精致淮北”目标，着手实施3000亿元投资计划，全力打造国家级煤机制造产业基地、煤化工产业基地和食品工业名城，力争“十二五”末，实现地区生产总值、财政收入、固定资产投资、城镇居民人均可支配收入、农民人均纯收入“五个翻番”，地区生产总值增速、财政收入增速、城镇居民人均可支配收入增速、农民人均纯收入增速、工业化率、城镇化率皖北地区“六个领先”。全面提升城市综合竞争力，努力把淮北建设成为一个经济实力强、生态环境美、幸福指数优、文明程度高的现代化新型工业城市。

# 淮北 国家级煤机制造产业基地

春临南山

石榴树下 美丽乡村

凤凰山隧道亮化工程

繁华的购物中心

# 煤化工产业基地　食品工业名城

食博会

煤机会

富士特铝业生产车间

宝迪食品工业园

凤凰山食品经济开发区

# 中华药都 养生亳州

市委书记杨敬农（左二）、市长沈强（右二）陪同省委书记张宝顺（右一）与种粮大户王兴彬亲切交谈

亳州，位于安徽西北部，2000年5月经国务院批准设立，是安徽省最年轻的地级市，辖涡阳县、蒙城县、利辛县和谯城区，国土面积8374平方公里，人口613万。

**亳州历史悠久、人文荟萃** 是3700年前商汤王的建都地，是中药、白酒、道家三大文化的发祥地，诞生了老子、庄子、曹操、华佗等先哲名流。是国家历史文化名城、中国优秀旅游城市、中国长寿之乡和中国五禽戏之乡。现有国家级文物保护单位5处、省级文物保护单位36处、4A级旅游景区2处，曹操地下运兵道、花戏楼、尉迟寺遗址等名扬国内外，二夹弦剧种、华佗五禽戏、涡阳老子传说列入国家非物质文化遗产保护名录。在安徽，亳州的历史人文景观，与黄山的自然景观遥相呼应，素有“南黄山，北亳州”之美誉。

**亳州区位优越、交通便捷** 是苏、鲁、豫、皖四省交界处的区域中心城市，承东接西，贯南穿北，自古就有“南北通衢、中州锁钥”之美誉。境内拥有两条国道和6条省道，京九、徐阜铁路和济广、南洛、泗许、济祁高速公路在此交汇，商杭高铁已经国家发改委批准建设；贯穿全境的涡河是淮河第二大支流，通淮河入长江，正按四级航道进行设计改造；亳州机场建设已列入安徽省“十二五”民航发展规划并通过国家评审。

市委书记杨敬农、市长沈强陪同省长王学军在亳州调研

**亳州资源丰富、特色鲜明** 是全国著名的商品粮、商品棉、商品油、商品用材林生产基地，现有耕地754万亩，粮食总产接近90亿斤，约占全省的1/7，粮食加工能力达400万吨，居全省第1位。是闻名全国的中华药都，中药材种植、加工、贸易有1800多年历史，建有全国规模最大的中国（亳州）中药材交易中心，年交易额突破200亿元，药业生产企业284家，中药材种植面积突破100万亩，有十万药商、百万药农。有以古井贡和高炉家为代表的白酒生产企业130多家，年产量约占全省的1/3。已探明煤炭储量57亿吨，占全省的20%，现有投产煤矿4对、在建3对，年产原煤近1000万吨。

**亳州环境优良、发展加快** 我们始终坚持“发展为上、民生为先、稳定为重，少说多做、真抓实干”，大思路谋划发展，大手笔推进建设，大成效实现跨越，实施双轮驱动，推进三化同步，促进城乡统筹，经济社会保持了加快发展的强劲势头，四年来主要经济指标的增长速度位居全省前五位，是全省发展最快的地级市之一。

2012年，主要经济指标实现了“3个第1、3个第2”：全部财政收入85.1亿元、增长36.9%，全社会用电量39.8亿千瓦时、增长22.8%，农民人均纯收入6552元、增长16.2%，三项指标增幅居全省第1位；规模工业增加值169.6亿元、增长18.2%，固定资产投资430.3亿元、增长29.4%，新增贷款100亿元、增长30.91%，三项指标增幅居全省第2位。

亳州市被授予第二届安徽省创建文明城市工作先进城市称号

# 活力亳州 美丽

市人民医院新院正式投用

亳州药市

中原瑰宝花戏楼

千人展演五禽戏

境内的高速路网四通八达

老街

# 亳州　幸福亳州

美好乡村——亳州市大周村

粮食连续“7连丰”成为全省首个小麦亩产千斤市

亳州江淮安驰汽车

凤凰一号石油探井平台

建设中的亳州南部新区

# 实力宿州 活力宿州

市委书记张曙光、原市委书记李宏鸣陪同省委书记张宝顺在砀山果区调研

宿州位于安徽省最北部，与苏、鲁、豫3省11个市县接壤，是淮海经济协作区的核心城市之一，也是安徽省距离出海口最近的城市。1999年撤地建市，辖砀山县、萧县、灵璧县、泗县、埇桥区和市经济技术开发区。全市总面积9787平方公里，总人口652万人。

宿州文化底蕴深厚，人文资源丰富。在这块土地上，相继走出了闵子骞、嵇康、刘伶、刘裕、朱温、马皇后等历史名人，现当代涌现了刘开渠、朱德群、王子云、萧龙士、梅雪峰、李百忍、孙叔平、邓伟志、杨在葆、刘世龙、李炳淑等名人志士；这里还留下了刘邦、项羽、李白、白居易、苏轼、赛珍珠等人的历史遗迹。

宿州区位优越、交通便利，京沪、陇海铁路，连霍、京台、泗许高速公路纵横贯穿，京沪高速铁路、宿淮铁路穿境而过。距徐州观音国际机场75公里。

# 和谐宿州　幸福宿州

市委书记张曙光在市经济开发区调研

宿州境内平原广袤，资源丰富，名产众多。这里是全国著名的商品粮基地，被称为“中原粮仓”。现已探明煤储量约60亿吨，石油达20亿吨，煤气层3000多亿立方米，大理石4000万立方米。砀山酥梨被誉为果中精品，符离集烧鸡堪称一品佳肴，夹沟香稻米“一家煮饭十家香”，灵璧石位居中国“四大奇石”之首。宿州，是著名的“中国酥梨之乡”、“中国书画艺术之乡”、“中国马戏之乡”、“中国观赏石之乡”。

进入“十二五”以来，全市牢牢把握主题主线，抢抓新一轮产业转移的重大机遇，坚定不移地推进“工业扩张、农业提升、城镇扩容”三大战略，力争走在皖北地区前列，努力建设实力宿州、活力宿州、和谐宿州、幸福宿州，为全面建成小康社会打下具有决定性意义的基础。

2012年，全市生产总值915亿元，比上年增长12.5%；财政收入83.5亿元，比上年增长29.6%；规模以上工业企业已达到880家，完成增加值248.9亿元，比上年增长18%；固定资产投资完成613.7亿元，比上年增长27.8%；城镇居民人均可支配收入19731元，农民人均纯收入6635元，分别比上年增长13.5%和16%。

中国马戏之乡　中国观赏石之乡

# 工业扩张　农业提升

新农村建设成绩斐然

2012年我市建设各类保障性住房24500套位居全省前列

中原粮仓　宿州

城市环境建设重点工程——三角洲公园

# 城镇扩容

打造中国现代制鞋产业城

农业产业化全省第一

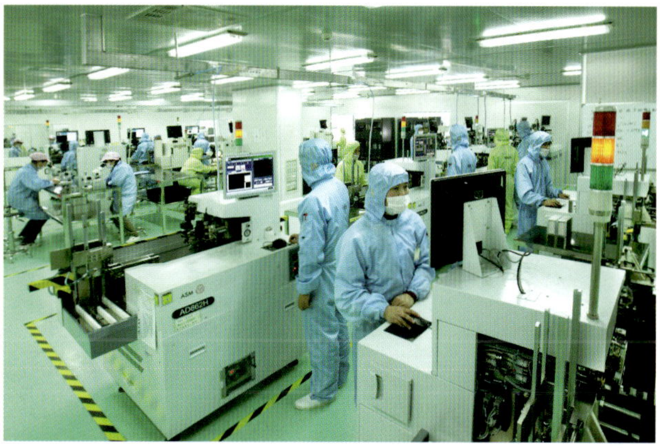

安徽湛蓝光电LED光电产业园首期工程投产

高新技术开发区：正在建设的智慧云计算产业园数据处理中心

# 蚌埠　皖北中心

蚌埠地处千里淮河与京沪铁路交汇处，古乃采珠之地，又称“珠城”。1863年首设行政机构，隶属凤阳府；1947年正式设市，直属安徽省管辖；1983年原属宿县地区的怀远、固镇、五河三县划归蚌埠市管辖；2004年蚌埠市部分行政区划调整，设立龙子湖、蚌山、禹会、淮上四区。现辖怀远、五河、固镇三县，龙子湖、蚌山、禹会、淮上四区，蚌埠高新技术产业开发区和蚌埠经济开发区两个功能区。总面积5952平方公里，总人口367.8万人，其中市区面积601.5平方公里，建成区面积111.5平方公里，市区常住人口110万人。

蚌埠素有“文化摇篮、帝王故里、歌舞之乡、山水城市”之美誉，是一座历史悠久、底蕴深厚、充满活力、独具魅力的皖北中心城市。蚌埠是历史文化积淀厚重的城市，距今7300年前的双墩文化遗址、4200年前的治水英雄大禹、2200年前垓下古战场；1911年津浦铁路通车，蚌埠正式开埠。蚌埠是华东地区重要的综合交通枢纽城市，是全国为数不多两条高速铁路（京沪、京福）、两条高速公路（京台、宁洛）交汇城市，蚌埠南站是京沪高铁七大中心枢纽站之一、享有省会站待遇，蚌埠港是千里淮河第一大港，蚌埠机场为4C级新机场。蚌埠是中部地区老工业基地城市，新中国建立后，“一五”、“二五”期间，国家在这里布局了一批工业项目。2007年国务院将蚌埠市列入中部地区26个老工业基地城市之一，比照实施振兴东北地区等老工业基地政策。经过多年的建设和发展,目前已形成以电子信息、装备制造、新材料、新能源、生物医药、农副产品加工等为主导的综合性工业体系，导电膜玻璃、柠檬酸、燃料乙醇、滤清器、起重机等30多个龙头产品在全国乃至国际具有技术和规模竞争优势。蚌埠是合芜蚌自主创新综合试验区核心城市，拥有安徽财经大学等高等院校12所、各类职业教育院校34所，中国电子科技集团40所、41所、中国玻璃工业设计研究院、中国兵器工业集团214研究所等7家中央驻蚌科研单位和一批地方科研机构。科教资源仅次于合肥，2008年10月设立合芜蚌自主创新综合试验区。

2012年，全市实现地区生产总值890.2亿元，按可比价格计算，比上年增长13.0%。其中，第一产业增加值158.9亿元，增长6.0%；第二产业增加值445.1亿元，增长16.3%；第三产业增加值286.3亿元，增长11.9%。规模以上工业增加值增长18.2%。财政总收入164.7亿元，增长21.1%。固定资产投资872.8亿元，增长28.9%。社会消费品零售总额371.5亿元，增长16.6%。进出口总额12.3亿美元，增长62.5%。城镇居民人均可支配收入20629元，增长13.7%。农民人均纯收入7674元，增长16.0%。

新城区

# 淮畔明珠　交通枢纽

解放路立交桥

# 蚌埠 文化摇篮

郁金香花卉展

摘石榴

东海大道一瞥

五河螃蟹

首趟高铁到珠城

经济繁荣城区美

# 故里　歌舞之乡　山水城市

三圣寺

在建的蚌埠万达城市广场

电子产业蓄势待发

华芳纺织

宝龙商圈

# 淮南市

## 稳中求进 成效喜人 转型发展 步伐加快

合淮蚌高速铁路正式开通运营

第十九届中国豆腐文化节开幕式演出精彩纷呈

社会文化活动展示

2012年，面对复杂严峻的国内外经济形势，全市人民在市委、市政府的坚强领导下，深入贯彻落实科学发展观，以“两型城市”建设为着力点，紧扣主题主线，全年经济社会实现平稳较快发展。初步核算，2012年全市生产总值781.8亿元，按可比价格计算，比上年增长12.7%，增速比上年提高0.6个百分点，高于全省平均水平0.6个百分点，居全省第6位，比上年提升8个位次，在宏观经济面临较大下行压力的复杂态势下，全市经济逆势上扬，财政收入、城乡居民收入、固定资产投资、战略性新兴产业产值等主要指标增速在全省位次均比上年提升，实现了稳中求进的预期目标。

一、三次产业全面增长。2012年我市三次产业中，第一产业增加值60.6亿元，增长5.6%；第二产业增加值501.1亿元，增长13.6%；第三产业增加值220.1亿元，增长12.3%。农业生产形势良好。全市粮食总产133.8万吨，比上年增长5.0%。工业继续保持主导地位，对经济增长的贡献率为65.4%。2012年全市规模以上工业企业完成工业增加值456.4亿元，同比增长15.0%。2012年原煤产量9142万吨，发电量528亿千瓦时，分别增长8.6%、4.9%，均创历史产量新高。

二、三大需求强劲增长。2012年，全市固定资产投资639.7亿元，同比增长27.6%，高于全省平均水平3.4个百分点。工业固定资产投资260.7亿元，同比增长32.8%，高于全省平均水平13.6个百分点，增速居全省第1位。城市基础设施完成投资184.3亿元，同比增长31.4%。山南新区已初现雏形，政务中心已搬迁投入使用，淮蚌高速全线贯通，京福高铁淮南段正式运营，淮南已步入“高铁时代”。全年社会消费品零售总额256.5亿元，增长15.8%。从限额以上商品零售类值看，体现消费升级趋势的商品保持旺销态势。全年进出口总额3.5亿美元，比上年增长46.1%，其中，出口2.4亿美元，增长167.5%，分别比全省高20.5个、110.9个百分点。

三、转方式调结构取得新进展。2012年，我市产业结构进一步优化，服务业增加值占GDP比重比上年提升1.1个百分点，是2006年以来首次由降转升。2012年，全市服务业实现增加值220.1亿元，同比增长12.3%，增速比上年提高3个百分点，高于全省平均水平1.3个百分点。工业结构进一步优化，非煤电工业快速发展。2012年，全市规模以上制造业企业实现工业增加值88.8亿元，同比增长25.9%，高于煤电工业增速13.1个百分点。战略性新兴产业快速增长，2012年，全市战略性新兴产业产值63亿元，同比增长40%，高于全省平均水平6.9个百分点。

四、经济增长的质量、效益新提升。2012年，全市财政总收入166.2亿元，同比增长19.7%，高于全省平均水平4.8个百分点。经济运行质量和效益进一步提升，财政总收入占GDP的比重达21.3%，比上年提高1.7个百分点。财力的增加，支撑了民生的持续改善。2012年全市民生支出117亿元，比上年增长40%，占财政支出比重由上年的76.2%提高到78.5%。2012年，全市城镇居民人均可支配收入为20733元，同比增长13.8%，高于全省平均水平0.8个百分点。全市农民人均纯收入为7835元，高于全省平均水平674元，增长15.3%，高于全省平均水平0.4个百分点。城乡居民收入相对差距进一步缩小，由2007年的3.25：1缩小为2012年的2.65：1。

# 淮南　力促经济全面转型

采煤塌陷搬迁安置区居民开心布置新房欢度新年

中央电视台“国庆七天乐”节目组 走进凤台

国内首对智能化矿井——国投新集口孜东矿建成试生产

第四届农民文化节分会场花鼓灯舞比赛

第三届环中国自行车赛第二阶段绕圈赛

第26届奥林匹克日长跑活动在淮南举行

# 缔造“美丽新型能源城”

“庄稼医生”——凤台县展丰农作物病虫害防治专业合作社

“皖电东送”淮南至上海特高压输变电工程淮河大跨越工程

北新建材投产

益农瓜果产销服务有限公司

以液化天然气为动力的陕汽重卡新能源汽车在淮南下线

安徽省第二届煤机装备（淮南）产需对接会

# 马鞍山　向着建设

省委书记张宝顺在马鞍山调研

马鞍山位于安徽省东部，是新中国成立后建立和发展壮大起来的一座新型工业城市。现辖三区三县，面积4049平方公里，人口228.4万人，建成区面积86平方公里，城市化率达61.2%。近年来，马鞍山先后荣获全国文明城市、国家环保模范城市、全国绿化模范城市、全国双拥模范城市等称号。

马鞍山地区历史悠久。西周时属吴国。1956年建市。1983年当涂县(除大桥公社外)划归马鞍山市。2011年，含山县、和县划归马鞍山市。马鞍山是一座自然环境优美、人文景观独特的旅游城市。拥有国家AAAA级采石风景区、国家AAA级太湖山、华阳洞风景区及国家级鸡笼山森林公园，全国重点文物保护单位的凌家滩古文化遗址等。历代文人墨客流连驻足于此，《千字文》、《望天门山》、《陋室铭》、《游褒禅山记》等传世佳作都诞生于马鞍山。

马鞍山横跨长江两岸，毗邻南京、合肥两大省会城市，是南京都市圈核心层城市和长三角经济协调会成员城市，是皖江城市带承接产业转移示范区的“箭头”。马鞍山水运、陆运、空运交通体系十分完备，江海联运通达世界各地。马鞍山港年吞吐量达到5000万吨，是长江十大港口之一、国家一类口岸。正在建设中的郑蒲港年吞吐量可达1亿吨，将成为长江第四大港、安徽第一港。马鞍山到南京禄口国际机场、京沪高铁南京站均不足30公里。长江公路大桥、宁安城际铁路正在建设，建成通车后，与周边城市的距离将进一步拉近。

马鞍山是一座以钢铁工业为主体、经济实力比较雄厚的工业城市，工业占经济总量五成以上，优势主导产业有钢铁制造、汽车制造、装备制造、电力能源、精细化工、食品加工等。现有1个国家级开发区、1个国家级高新技术产业开发区、1个国家级新材料基地、6个省级经济开发区等一批特色园区。本土知名企业马钢、华菱重卡、星马汽车、山鹰纸业等，实力居国内同行业前列。法国圣戈班、台湾中橡、蒙牛乳业、雨润食品、立白日化、科达机电、达利食品、东风小康、格力电器等国内外知名企业相继入驻。新光源、节能环保、电子信息等新兴产业快速崛起。此外，以文化旅游为代表的现代服务业、以优质农产品深加工为代表的现代农业，正呈现出前所未有的蓬勃发展态势。

马鞍山综合实力位居省内城市前列，人均指标接近长三角城市平均水平。2012年，全市实现生产总值1232亿元，规模以上工业增加值538亿元，财政收入211亿元。城市居民人均可支配收入30937元，农民人均纯收入10920元，均稳居全省首位。

聚山纳川、一马当先。当前，全市上下抢抓皖江城市带承接产业转移示范区建设重大机遇，大力实施工业主导、城乡一体、创新推动、开放带动、民生优先、可持续发展战略，加快转变经济发展方式，推动一江两岸协调发展，建设更高水平小康社会，努力把马鞍山打造成为在全国具有较强影响力的重型工业制造中心、江海联运枢纽中心、运动健康休闲中心、绿色食品供应中心，成为人民群众幸福指数最高的城市之一。

# 更高水平小康社会迈进

省长王学军在马鞍山调研

马鞍山市政府与中国侨商联合会合作框架协议签约仪式

慈湖高新区重大项目集中开工仪式

# 芜湖市 奋发进取铸宏图

省委书记张宝顺在芜湖调研美好乡村建设

芜湖市位于安徽省东南部，地处长江下游南岸，是一座具有两千五百多年悠久历史的城市。濒江达海，交通便捷，是华东地区重要的综合交通枢纽城市。芜湖市下属四县（无为、芜湖、繁昌、南陵），四区（镜湖、弋江、鸠江、三山）。2012年末，全市面积5988平方公里，其中市区面积1065平方公里；全市户籍人口383万人，其中市区123万人。

**经济总量跨越新的台阶** 近年来，芜湖市经济规模持续扩大，主要经济指标总量居全省第2位，增幅居全省前列，保持了又好又快的发展态势。2012年，全市实现地区生产总值1873.63亿元，比上年增长13.8%，增幅居全省首位；财政收入337.11亿元，其中地方财政收入178.92亿元，分别增长15.9%和26.5%；全社会固定资产投资1700.79亿元，增长25.6%；2012年末，全市1718户规模以上工业企业实现增加值1080.23亿元，产值超亿元、超10亿元的企业分别达到655、71户，分别比上年增加168户、18户，超百亿的企业有4户。

**结构调整取得新的突破** 芜湖市积极加快产业结构调整的步伐，继续壮大汽车及零部件、材料、电子电器和电线电缆四大支柱产业，加快发展七大战略性新兴产业，将汽车零部件及装备制造产业作为首位产业进行首位扶持。以工业化、城镇化为拉动经济增长的引擎，积极推动产业高端化、现代化。2012年，全市四大支柱产业实现增加值和完成投资分别为719.78亿元、372.10亿元；首位产业实现增加值和完成投资分别为441.42亿元、413.47亿元；七大战略性新兴产业实现增加值和完成投资分别246.85为亿元、338.06亿元。全市三次产业结构调整为6.3:65.9:27.8，工业化率达59.6%。

**城市综合承载力不断提升** 随着区划调整，芜湖市进入了“拥江时代”，也迎来了跨越式发展的黄金机遇期。随着城市地域面积和人口的增加，城市的集聚力、承载力、辐射力和核心竞争力显著增强。

# 拥江发展创辉煌

2012年，城镇基础设施投资达211.06亿元，比上年增长45.7%，城镇化率达58.0%，年末，市区建成区面积扩大到150平方公里。全市公交运营线路网长度1896.5公里，拥有公交车1423辆，新增208辆；拥有出租车4971辆，其中市区3522辆。初步建成芜湖市公共自行车租赁系统，投放自行车1.05万辆。城市日供水综合能力77万吨。全年天燃气供气总量30887万立方米，用气人口118.25万人；液化气家庭用量2.43万吨，用气人口49.35万人，城市气化率100%。全年居民用电量16.13亿千瓦时。年末，城市绿化覆盖面积达到59.25平方公里，建成区绿化覆盖率39.5%，人均公园绿地面积13.56平方米。拆迁改造市区棚户区136.79万平方米，改造老旧小区52个。

江北产业集中区重点项目开工典礼

经济发展成果惠及城乡居民　芜湖市城乡居民生活水平不断提升，城乡居民收入均保持了两位数的增长。2012年，全市城市居民人均可支配收入达23784元，比上年增长13.2%；农民人均纯收入达9675元，比上年增长15.0%。居民人均储蓄存款22552元，比上年增加3977元。2012年，城市居民人均住房使用面积为30.39平方米，比上年增加了1.09平方米；农村居民人均住房面积为35.67平方米，比上年增加了0.60平方米。

社会事业取得全面进步　2012年，全市上下进一步完善就业政策，努力扩大社会保障覆盖面，社会保障体系不断完善，政府对民生方面的投入不断增加。职工基本养老、医疗、失业、工伤、生育保险参保人数由170万人次提高到211万人次。全市最低工资标准达到800元/月，失业保险金标准达到520元/月，企业离退休人员人均养老金水平1470元/月。财政支出进一步向民生倾斜，2012年完成了39项民生工程，政府性投入71亿元。

在十八大精神引领下，芜湖市在未来发展中，将继续坚持以科学发展为主题，以全面转型、率先崛起、富民强市为主线，全面实施创新驱动、产业强市、统筹城乡、开放合作、和谐发展五大战略，着力推进皖江城市带承接产业转移示范区、合芜蚌自主创新综合试验区建设，促进产业高端化、城市现代化、环境生态化，全面建设创新、优美、和谐、幸福新芜湖。

# 创新驱动　产业强市　统筹

大浦乡村世界

高新区投融资服务中心

雕塑公园

建设中的合福铁路长江大桥

阳光半岛

# 城乡 开放合作　和谐发展

安徽省装备制造产品（芜湖）产需对接会

奇瑞重工

格力电器（芜湖）有限公司

全国电线电缆基地生产车间

芜湖夜景

# 中国 优秀旅游城市

市委书记姚玉舟、市长韩军陪同省领导调研

宣城市位于皖东南，和江苏、浙江接壤，地处苏浙皖3省交汇区域，处在沪宁杭大三角的西部腰线上，是中部地区承接东部地区产业和资本转移的前沿阵地，辖郎溪、广德、泾县、绩溪、旌德、宁国五县一市和宣州区，其中广德县为省直管县体制试点县，土地面积12313平方公里，2012年末户籍人口279.6万人。

2012年，全市上下认真贯彻市委、市政府的决策部署，积极应对复杂多变的国际形势和国内经济运行中出现的新情况、新问题，扎实做好稳增长、调结构、惠民生、促和谐的各项工作，全市经济运行呈现总体平稳、稳中有进的态势，社会事业也取得了长足的发展。

**经济运行稳中有进，综合实力显著增强** 2012年，全市地区生产总值跨越700亿台阶，达到757.5亿元，增长12.6%；财政收入137.6亿元，增长16%；规模以上工业增加值297.5亿元，增长17%；固定资产投资805.3亿元，增长26.7%；社会消费品零售总额265.8亿元，增长16.4%；进出口总额13.5亿美元，增长36.1%；城市居民人均可支配收入20477.9元，增长13.8%；农村居民人均纯收入9036元，增长15.2%。

**产业调整步伐加快，经济结构不断优化** 2012年，全市三次产业结构由上年的15.2：52.1：32.7变化为14.7：52.2：33.1，二三产业比重比上年提高0.5个百分点，工业化率由上年的43.9%提高到44.1%。2012年，全市战略性新兴产业实现产值165.5亿元，增长36.3%。全年新申请认定高新技术企业35家，实现高新技术产业总产值322.9亿元，增长15.3%。宁国橡塑密封件产业基地被认定为国家火炬计划特色产业基地，博瑞特公司建成全国同行业首家院士工作站，宁国耐磨材料、泾县电机、绩溪不锈钢等3个省级检验检测中心投入使用。服务业发展实现新突破，2012年全市实现服务业增加值250.7亿元，增长12.1%，双桥物流园、百汇商贸物流园、中国宣纸练习基地、绩溪文化体

璀璨的宛溪河夜景

# 文房四宝之乡 宣城

市委书记姚玉舟、常务副市长韩永生在政务服务中心调研

育创意产业园等项目进展顺利，文房四宝交易中心主体工程即将竣工，麦莎广场、八佰伴百货相继建成营业 。

基础设施快速推进，项目建设亮点频现 2012年，全市启动新一轮城市总体规划编修，市本级投资130亿元进行中心城区建设，市体育馆、图书馆、规划馆动工建设，芜雁高速建成通车，宣宁高速、宁绩高速、宁千高速、宣南铜高速、溧广高速建设进展顺利，合福高铁宣城段、皖赣铁路扩能改造以及芜宣机场筹建前期工作扎实开展。一年来，全市计划总投资5亿元及以上在建项目41个，完成投资174.2亿元，同比增长151.6%。绩溪抽水蓄能电站、南漪湖风电场、北京中科通用（宣城）环保电厂等项目启动建设，双桥现代物流园、中鼎产业园、星亚电动车等项目进展加快，上海通用汽车（广德）研发试验中心建成运营，宁国司尔特缓释复合肥搬迁扩建项目投入试生产。

旅游资源开发力度加大，旅游产业发展加快 2012年，全市接待国内旅游者1328万人次，接待入境旅游者6.2万人次，实现旅游总收入100.3亿元，同比增长53.6%。绩溪龙川成功创建国家5A级旅游景区，广德县木子度假村、宁国伯爵王朝、绩溪锦江上河国际等一批高星级酒店投入运营，新增省级休闲农业与乡村示范县1个、最佳旅游乡镇3个、优秀旅游乡镇3个、五星级农家乐5家。

公共投入不断加大，社会事业发展进一步推进 2012年，全市财政民生支出144.4亿元，占全市财政支出的80.9%，其中用于民生工程建设投入24.8亿元。保障性住房建设工作位居全省前列，市本级开工保障性住房和安置房160万平方米。全市新增就业6.1万人，下岗失业人员再就业1.5万人，城镇登记失业率3.46%，新建、改扩建农村敬老院50所，农村五保户集中供养率接近60%，基层就业和社会保障平台建设基本实现全覆盖。

港口湾水库

# 立足“干” 突出

合肥工业大学宣城校区

敬亭山

电子商务时代下的新企业

梅溪公园

# “抢” 抓好 “实”

宣城海螺水泥有限公司

安徽宣酒集团博士后工作站挂牌

正在建设中的宣城市文房四宝城

安徽金达利液压有限公司

建设中的宣城市首家省级服务业聚集区–双桥现代物流园

# 抢占竞争制高点

铜陵位于安徽中南部，长江下游南岸。现辖铜陵县和铜官山区、狮子山区、郊区3区，总人口74万，土地面积1200平方公里。铜陵以铜为名、因铜而兴，工业基础厚实。铜陵采冶铜的历史始于商周，盛于汉唐，延绵3000余年，青铜文化源远流长。新中国第一个铜工业基地建于铜陵，第一炉铜水、第一块铜锭出自铜陵，第一支铜业股票发自铜陵。铜陵因而被誉为“中国古铜都，当代铜基地”。

2012年，面对复杂严峻的宏观环境，铜陵市深入贯彻落实科学发展观，按照稳中求进的工作总基调，以企业发展为中心，以项目推进为抓手，强力稳增长，持续调结构，合力惠民生，努力化解经济下行压力，经济运行缓中企稳，发展速度稳中趋快，社会大局和谐稳定。

**综合实力显著提升** 2012年，全市实现生产总值(GDP)621.3亿元，按可比价格计算，增长11%；人均GDP达到84877元，超过1300美元，居全省第一；财政收入127.3亿元，其中地方财政收入63.6亿元，分别增长10.1%、40.2%；固定资产投资534.3亿元，增长29.5%，增幅居全省第一；社会消费品零售总额137.2亿元，增长16.8%，增幅居全省第二。有色公司主营业务收入突破千亿元，铜化集团突破百亿元，全威铜业、精达铜材跻身“中国民营企业五百强”。2012长三角城市可持续发展竞争力，铜陵名列第十位，比上年前进了七位。

**转型发展取得实效** 经过深入实施“传统产业提升计划”和“战略性新兴产业发展规划”，扎实推进全省服务业综合改革试点工作等，2012年，铜陵转型发展取得了显著成效。突出表现在，一是服务业发展速度明显加快。全市服务业实现增加值153.2亿元，按可比价计算，增长11%，比上年提高1.3个百分点，服务业增加值占GDP比重比上年提高1.3个百分点。二是工业结构趋于优化。铜冶炼、化工等传统产业规模和工艺水平迈上新台阶。2012年全市战略性新兴产业完成工业总产值382.1亿元，增长34.3%，总量位列全省第三；战略性新兴产业产值占工业总产值比重为23.6%，比上年提高4.7个百分点。六大高耗能行业增加值增长8.9%，低于全部工业2.3个百分点。三是投资结构得到改善。工业投资比重提高，增速加快，经济发展增添后劲和活力。2012年全市共完成工业投资246.3亿元，增长31.1%，增幅比全部投资高1.6个百分点；四是民营经济加快发展。2012年，新增民营企业1510户，新增个体工商户5100户；非公经济实现增加值359.1亿元，增长18%，比全市GDP增幅高7个百分点。

**城乡基础设施加快完善** 2012年，完成新一轮城市总体规划、土地利用总体规划、城乡一体化建设规划。强力推进以“惠民、便民、育民、亲民”为重点的文明城市创建活动，城市文明程度指数测评居全国地级城市第13名。长江二路等主干道路建成使用，长江路地下人防工程快速推进。铜陵长江公铁大桥和宁安城际铁路铜陵段建设顺利。西湖新区路网框架全面拉开。东部城区、南部城区基础设施逐步完善。经济技术开发区循环化改造启动。产业转移示范区起步区骨干路网基本贯通。美好乡村启动建设，完成166个自然村危房改造和村庄整治，成功申报国家现代农业示范区。

**居民生活品质改善提升** 居民收入较快增长，2012年，全市城镇居民人均可支配收入达24685元，增长13.1%；农民人均纯收入突破9000元，达9847元，增长15%。城乡收入比由上年2.55：1缩小为2.51：1。淘汰落后产能企业40户，全面关闭可采区之外的石料矿山，基本实现城关滨江化工区整体关转；启动滨江生态岸线整治工程、十万亩森林增长工程以及废弃矿山植被恢复首批项目；严格超标排放等行为监管，全年空气质量一级天数由上年的23天增加到44天。精心实施民生工程，全年投入11亿元，完成48项民生工程，群众受益90%以上；新开工保障性住房12039套、竣工10804套，保障房建设和管理的经验在全省推广；率先实施重特大疾病医疗救助制度；实施城乡高龄津贴制度。企业退休职工养老金标准提高到1435元，城乡低保标准提高到355元。

铜都新区

# 争当发展排头兵

市委书记宋国权、市长侯淅珉陪同省长王学军、副省长花建慧在铜陵调研

社会事业全面进步　制订了教育现代化建设方案。在全省率先试行二级以上医疗机构“先看病后付费”服务，在社区开展家庭医生服务。公共文化场所全部免费开放。成功举办第十二届中国（铜陵）青铜文化博览会、省第三届体育大会。全国幸福家庭试点市、全民健身示范试点市、无障碍城市和国家创新型城市创建工作扎实开展。实现全国双拥模范城“三连冠”，成为全国慈善百强城市。扎实推进“法律七进”等活动。60个社会管理创新项目顺利实施，重大事项社会风险评估、“四大四进四送”等制度常态化，信访工作实现“四个零”的目标。

2013年，是新一届政府的开局之年，是铜陵向更高的目标迈进的全新起点。雄关漫道真如铁，而今迈步从头越！铜陵上下将按照中央、省经济工作会议要求，继续坚持?稳中求进、好中求快?的总基调，突出“抢占竞争制高点，争当发展排头兵”的总要求，不断开创全市改革开放和现代化建设新局面。

和谐广场

# 建设精致大气之城

浮雕——蜚廉折金

铜陵凤丹

铜雕——老鹰抓小鸡

淮河北路

铜陵上水桥互通立交

铜都夜景

# 打造幸福和谐铜陵

铜峰电子公司生产线

蓝盾光电子公司

精达集团生产线

铜陵浩荣电子公司生产线

铜陵海亮精密铜管生产线

电解铜生产

# 推进首位产业发展

产业集中区招商项目集中开工仪式

池州地处安徽西南部，是皖江城市带承接产业转移示范区和皖南国际文化旅游示范区的重要组成部分。全市土地面积8272平方公里，2012年末户籍人口161.9万人。

池州历史悠久，是安徽历史文化名城。池州自唐武德四年（公元621年）设州置府以来，迄今已近1400年的历史。池州傩戏、青阳腔、东至花灯、九华山庙会已被收入国家非物质文化遗产名录。池州文化底蕴丰厚，素有"千载诗人地"的美誉。诗仙李白“三上九华，五游秋浦”，留下四十余首诗作；杜牧曾任池州刺史，一首《清明》诗，让杏花村名播青史；历代名人包拯、岳飞、苏轼、司马光、王安石、朱熹、陆游等众多文人雅士都曾驻足池州，并留下宝贵的文化珍品。池州当代名人辈出，如中央政治局原常委、国务院原副总理姚依林，全国政协原副主席陈锦华等。

池州生态环境优美，是中国优秀旅游城市。池州境内气候温暖湿润，森林覆盖率达57.4%，是中国第一个生态经济示范区，是中国优秀旅游城市和全国旅游竞争力百强城市，是泛“长三角”地区的“后花园”。境内有四大佛教名山——九华山、国家级野生动植物保护区——牯牛降、国家级湿地珍禽自然保护区——升金湖。池州主城区北临长江，内抱11平方公里的平天湖，是一个滨江环湖城市。

池州发展潜力巨大，是一个蓄势待发的城市。池州交通优势明显。长江流经池州160公里，通江达海，承东接西，池州港是长江干线重点港口；318国道、206国道和沪渝高速、京台高速、铜九铁路、安景高速纵横穿越，完成试飞的九华山机场通航在即，宁宜城际客运铁路、望东长江公路大桥正在加快建设。池州矿产资源十分丰富，有金、银、铜、铅、锌、白云石、方解石、石灰石等40余种富矿，非金属矿居华东之首，开发潜力巨大。池州市现已建成国家级池州经济技术开发区和五个省级开发区。皖江示范区承接产业转移的核心区域——江南产业集中区位于贵池境内，贵池工业园区获省政府批准为省级池州高新技术产业开发区，使我市拥有了承接产业转移、实现创新发展更高起点的新平台。

2012年，全市上下紧紧围绕建设幸福池州目标，凝心聚力，主动作为，实现了经济平稳较快发展和社会事业的全面进步。2012年，全市生产总值417.4亿元，增长12.3%；财政收入71.7亿元，增长20.6%；城镇居民人均可支配收入21386元，增长13%；农民人均纯收入7986元，增长15.6%。

当前和今后一个时期，全市人民在市委市政府的坚强领导下，全面贯彻落实党的十八大精神，进一步抢抓发展机遇，加快电子信息产业、高新技术产业、高端服务业发展，壮大“首位产业”，调优产业结构，努力推动经济社会持续健康平稳较快发展，建设经济繁荣、社会和谐、生活富裕、生态文明的幸福池州。

# 建设生态文明池州

省委书记张宝顺在池州调研

省长王学军在艾可蓝节能环保科技有限公司调研

市委书记陈强在三大洲针织产业园调研

市长赵馨群在颐和新能源公司调研

市长赵馨群、常务副市长张夏林在九华山机场迎接通航校飞人员

常务副市长张夏林与省农发行签订金融战略合作协议

# 开放 热忱 发展

省委书记张宝顺在枞阳县调研美好乡村建设

省长王学军在安庆环新集团ATGL公司调研

安庆地处安徽省西南部，皖鄂赣三省交界处，现辖7县1市3区，国土面积1.53万平方公里，人口620万。安庆是国家历史文化名城、中国优秀旅游城市、国家园林城市。

古今文化，交相辉映　中国第一台蒸汽机、第一艘机动船，安徽省第一座发电厂、第一座自来水厂等都诞生在这里。是“孔雀东南飞”、“大乔小乔”、“不越雷池一步”、“六尺巷”等著名故事的发生地。是“桐城派”的故里，黄梅戏的故乡，素有“文化之邦”、“戏剧之乡”、“禅宗圣地”之美誉。先后涌现出陈独秀、赵朴初、邓稼先、黄镇等历史文化名人。古皖文化、禅宗文化、戏剧文化在这里交相辉映，形成了独具特色的安庆地方文化。

山川秀丽，景色独具　有天柱山、花亭湖、巨石山等国家5A级风景名胜区，小孤山、白崖寨、鹞落坪、妙道山等数十处国家级风景名胜区。古南岳天柱山以雄奇灵秀著称；司空山是著名的佛教圣地；小孤山世称“海门天柱”；浮山幻若水上蓬莱；市区的迎江寺振风塔，塔影横江，有“过了安庆不说塔”之誉。望江挑花、潜山舒席、宿松蜡染、岳西翠兰茶叶等传统工艺品或土特产品远近闻名。

区域中心，交通便捷　安庆居中靠东，地理位置优越。宁安城际铁路2014年开通，安庆长江铁路大桥和望东长江公路大桥已开工建设，北沿江高速正着力推进、阜（阳）-六（安）-安（庆）-景（德镇）铁路、安庆长江公路二桥、合肥-安庆(池州)-九江城际铁路专线等项目规划建设。安庆港是全国十大内河港口之一，可停泊和通航万吨级海船。天柱山机场不断增加国内主要城市空中航线，不断提高

城市建设日新月异

# 的安庆欢迎您

市委书记虞爱华调研城市建设重点工程

市长魏晓明调研高新区及都市产业园规划建设

空港等级和营运能力。区域性交通枢纽地位逐步确立。

发展快速，产业集中　2012年，全市地区生产总值实现1359.7亿元，总量居全省第3位。财政一般预算收入170.27亿元，居全省第4位。规模以上工业企业个数达到1349户。规模以上工业实现增加值476.41亿元，同比增长16.2%，工业对全市经济增长贡献率为55.7%。全年实施“861”和“3231”项目483个。完成固定资产投资972.01亿元，增长21.1%。其中工业投资537亿元，同比增长17%。社会消费品零售总额460.6亿元，同比增长16.1%。限额以上批发零售、住宿餐饮业单位达到492家。2012年，粮食总产达252.2万吨。油料、棉花、茶叶、肉类、禽蛋及水产品全面增产。城镇居民人均可支配收入20453元，增长13.6%。农民人均纯收入6820元，增长15.6%，均高于全省平均水平。境内1个国家级开发区、17个省级开发区和各类工业集中区，功能互补，产业错位发展，已形成石油化工、轻工纺织、装备和机械制造、新型建材、文化旅游、农产品加工等优势产业为主的产业集聚带，是全国重要的石化和轻纺产业基地、泛长三角地区文化旅游休闲基地、皖江地区新兴的现代制造业基地和特色农副产品深加工基地。

当前全市人民在市委市政府的坚强领导下，全面贯彻落实党的十八大精神，按照市第十次党代会要求，以科学发展为主题，以加快转变经济发展方式为主线，强力推进新型工业化、信息化、城镇化和农业现代化，建设重要的石油化工、装备制造、纺织服装、文化旅游产业基地，打造宜居宜业宜游的区域性中心城市，不断向经济强市、文化强市和生态强市迈进。

市民公园

# 国家园林城市 历史文

国家5A级风景区——天柱山

大龙山国家森林公园

国家文化产业示范基地——五千年文博园

桐城活海水世界

安庆长江公路大桥

# 化名城 优秀旅游城市

国家森林公园——岳西妙道山

长江绝岛——小孤山

桐城文庙

国家地质公园——浮山

花亭湖

“安徽第一漂”——天仙河

# 美丽黄山　幸福健康

市委书记　王福宏

时任市长　宋国权

黄山市位于安徽省最南端,地处皖浙赣三省交界处，毗邻长江三角洲。境内群峰参天，山丘屏列，岭谷交错，美丽黄山、幸福健康、山青水秀、景美路畅，犹如一幅风景优美的画卷。

2012年，在省委、省政府和市委的坚强领导下，牢牢把握稳中求进的工作总基调，全面落实稳定增长的各项政策措施，及时出台了“35条”实施意见，大力发展实体经济，努力在宜游宜居宜业、怡人怡情、怡山怡水、国际旅游城市建设中富有成效，开创了黄山改革开放和现代化建设的新局面。

## 全力扩大有效投入，奋力掀起“六个高潮”

全年完成固定资产投资445.2亿元、增长20.3%；到位内资470.3亿元、增长25.3%，实际利用外资2.4亿美元、增长15%；600个“十大工程”重点项目完成投资460亿元、增长20%；全年接待游客增长19.2%，旅游总收入增长20.7%；建设绿色质量提升点390个，新建和改造提升苗木基地2.1万亩，植树造林11.8万亩；全年完成改徽9788幢；实施新一轮扶贫开发项目481个，1.67万人实现脱贫。

## 奋力推进转型发展，服务业工程推进快

全力推进转型发展，扎实开展国家服务业综合改革试点、新安江流域生态补偿机制试点，服务业“135”工程加快推进，全年完成投资200亿元，服务业增加值增长10.8%，社会消费品零售总额增长16.2%；新安江流域综合治理纳入省政府与国开行重点合作项目，首期50亿元项目贷款成功开贷，新安江流域上游段综合治理项目全面开工建设。

## 改善民生保障增强，人民生活稳步增长

全力保障和改善民生，城镇居民人均可支配收入21208元、增长13.6%，农民人均纯收入9161元、增长15.2%；民生工程、保障性住房建设和节能减排等各类考核目标全面完成，全市经济实现平稳较快发展，社会大局保持和谐稳定，黄山市在省政府年度目标管理绩效考核中再获综合奖（名列第4），同时获得生态建设奖和社会建设奖两个单项奖。

屯溪城市风光

# 山青水秀　景美路畅

第十六届黄山国际旅游节暨徽文化节开幕式

第五届世界传统武术锦标赛开幕

第四届科技成果转化对接会

中国（黄山）非物质文化遗产传统技艺大展

# 大美黄山　梦圆徽州

# 黄山市 宜游宜居宜业

民生工程——社会（儿童）福利中心建成

民生工程——内河街卫生服务站启用

民生工程——红树湾水库建成

民生工程——七川廉租房新村落成

大型多媒体现代舞·徽州史诗《徽韵》

黄山茶文化生态产业园

# 怡人怡情 怡山怡水 建设国际旅游城

百村千幢——关麓古村落

百村千幢——湖边古村落保护建设

重点工程——花山大桥建成

转型发展——联强纺织

新安江延伸段亮化工程

# 淮北矿业集团

新矿新姿 风景如画

和谐矿区

淮北矿业始建于1958年，1998年改制为淮北矿业(集团)有限责任公司，是以煤电、煤盐化工、物流为主的国有大型骨干企业，国家“十二五”重点建设的14个大型煤炭生产基地之一。50多年来，淮北矿业累计生产原煤7亿多吨，上缴利税300多亿元，为国家经济建设和能源安全做出了重要贡献。公司现拥有资产770亿元，员工9万多人，生产矿井22对，名列2012中国企业500强第227位、煤炭企业100强第18位。曾荣获全国先进基层党组织、全国“五一”劳动奖状、中华环境友好能源企业、国家首批矿产资源综合利用示范基地、中纪委国有企业党风廉政建设工作联系点先进单位、安徽省循环经济示范企业等多项荣誉称号。

淮北矿区拥有焦煤、1/3焦煤、气煤、肥煤、贫煤、瘦煤、无烟煤和天然焦等八大主要煤种，属低硫、低灰、特低磷的“绿色环保型”煤炭，还拥有3000多亿立方米煤层气及4.8亿吨优质高岭土、3.9亿吨天然焦等矿产资源，是华东地区唯一煤种齐全的矿区。

淮北矿业坚持走依托煤炭、延伸煤炭、超越煤炭的科学发展之路，把调整产业结构、转变发展方式、增强可持续发展能力作为主攻方向，充分发挥淮北矿区炼焦煤资源的禀赋优势，加快实施煤化——盐化一体化工程，统筹发展煤电、煤盐化工、物流三大主业，着力构建“以煤为基、结构合理、循环利用、绿色发展”的产业格局。

## 以煤为基　结构合理

省“861”重点项目、省政府直接调度项目、振兴皖北经济一号工程煤化——盐化一体化工程全面推进

淮北矿区先进的安全生产联动监控系统

淮北矿业集团标准化精装化井下巷道

振兴皖北经济一号工程——临涣煤化盐化一体化工程一期投产

集团拥有自营铁路近500多公里

# 循环利用　绿色发展

# 庐州北翼　水绿

北城新景

长丰县位于合肥市北部，取名“长丰”，寓意“长治久安，人寿年丰”。现辖14个乡镇、1个省级开发区，总面积1841平方公里，总人口80万。长丰南与省会合肥相融，北与安徽能源大市淮南紧依，县城水湖镇位于县域北部，是全县政治、文化、教育中心；县域南部400多平方公里处于合肥北二环、北三环之间，是合肥主城规划区的有机组成部分。长丰交通便捷，合淮阜、合徐、外环高速环绕县域，合蚌高铁穿境而过并设有两个站。合肥新桥国际机场距长丰县仅12公里。近年来，长丰县坚持“工业强县、产业富民、融入合淮、城乡一体”的发展思路，率先支持南部地区发展、率先加快工业经济发展，经济发展步入快车道，成为全省科学发展先进县、全国中部百强县，实现了由农业主导县向工业主导县的根本性转变。2012年，全县实现地区生产总值265.2亿元，规上工业产值504.7亿元，财政收入27.1亿元，城镇居民人均可支配收入、农民人均纯收入分别达到14357元、8439元。

北城水景

# 新都　幸福长丰

县城夜景

当前和今后一个时期，长丰县将咬定“全市争先进、全省争一流、全国争百强”的奋斗目标，大力推进工业化、信息化、城镇化、农业现代化和民生工程，努力把全县经济社会发展到一个新水平，力争在“十二五”末实现进军全国百强县、在全省率先建成小康社会的奋斗目标。

# 工业强县　产业富民

鸿路集团

伊利乳业

广银铝业效果图

鄂尔多斯公司生产车间

双凤开发区

长丰

# 融入合淮　城乡一体

造甲乡新农村建设

元一双凤湖国际旅游度假区

长丰草莓

北城中学

合淮阜高速及县城连接线

# 吴楚要冲　包公故里

市委书记吴存荣和县委书记杨宏星为湘元公司党支部揭牌

市长张庆军在肥东调研

综合治理后的县城店埠河一角

陈集新农村

# 魅力肥东

高品质的合肥循环经济示范园

**自然概况** 肥东居皖中腹地、南滨巢湖，史称“吴楚要冲、包公故里”。合宁铁路穿境而过，合宁、合芜、合徐、合六高速公路和省级平安大道合蚌公路贯穿全境，高速公路总里程居全省县域之首。县城店埠距合肥市中心仅16公里。土地面积2206平方公里，辖18个乡镇，1个省级开发区、1个合肥循环经济示范园、1个省级商贸物流开发区，2012年末户籍人口108.7万人。肥东荣获“安徽省科学发展先进县”、“中国中小城市科学发展百强”、“中国最具投资潜力中小城市百强”和“中国最具区域带动力中小城市百强”。

**人文历史** 肥东钟灵毓秀，人才辈出。自然景观有我国五大淡水湖之一的巢湖，奇石密布的浮槎山，江淮分水岭上的璀璨明珠岱山湖，庐阳八景之一的四顶朝霞及振湖塔、龙泉古寺等。人文景观有包氏宗祠、李鸿章家族遗存、曹植墓、六家畈古民居和瑶岗渡江战役总前委旧址纪念馆、褚老圩新四军四支队东进抗日纪念馆等，其中瑶岗纪念馆是合肥市唯一的国家级文物保护单位。孕育了包拯、李鸿章、吴邦国、张劲夫等杰出人物。

**经济发展** 近年来，肥东县委、县政府坚持以科学发展观为统揽，紧紧围绕“工业超千亿，全国争百强”目标，抢抓机遇，真抓实干，全县经济社会发展呈现出速度加快、效益提升、民生改善、安定和谐的良好态势。肥东是全国粮油生产重点县、科技进步先进县，全省农产品优质化工程十强县、无公害生产示范基地县，也是全国著名的建筑之乡。2012年，全县规模以上工业企业发展到309户。初步形成了起重机械、钢铁加工、家用电器、农副食品加工、盐化工及新型建材等产业集群，是“中国县域产业集群竞争力100强单位”，拥有韩国SK、黑牛、雨润、唐人神、新希望、和威、桑铌科技、蒙牛、全兴钢管等企业，总投资分别超100亿元的中盐合肥化工基地项目和马钢（合肥）钢材深加工项目开工建设。

2012年，全县实现地区生产总值357.7亿元，增长16.6%，规模以上工业总产值595.7亿元，实现工业增加值144.0亿元，增长26.1%，全社会固定资产投资333.0亿元，同比增长29.4%，财政收入28.4亿元，增长20.4%；招商引资221.6亿元，同比增长27.8%，农民人均纯收入9709元，增长15.7%。

# 工业超千亿

和平广场

包公大道

和谐号动车组停靠肥东车站

建好的村村通水泥路

# 中国中小城市科学发展百强

西顶山上观巢湖

# 全国争百强

“产城一体”雏形绘就

县城污水处理厂

凯利花生制品出口欧美地区

美菱有色金属公司生产一角

# 最具投资潜力中小城市百强

# 淮军故里 改革首县 家湖

合肥华南城开工典礼

民生工程文艺晚会

2012年，县委、县政府团结带领全县人民，紧紧围绕“勇当全省排头兵、挺进全国五十强”奋斗目标，从容面对严峻挑战，积极谋划应对之策，经济社会发展继续保持“总量攀升、结构优化、后劲增强、活力迸发”的良好态势。

**综合实力跃上新台阶** 全县实现地区生产总值416.7亿元、增长13.8%；财政收入45.1亿元、增长12.7%，其中地方财政收入24.3亿元、增长13%；全社会固定资产投资366.5亿元、增长26.3%，其中工业投资208.5亿元、增长47.5%；社会消费品零售总额53.1亿元、增长18.8%。地区生产总值和规上工业产值位居全省首位。

**工业经济实现新跨越** 桃花工业园获批全省首批创新园区，柏堰科技园获批省新型工业化示范基地，全年新增规上工业企业45家、总数达334家，实现规上工业总产值895.4亿元，规上工业增加值204.5亿元、增长19.1%，其中，汽车、家电两大产业年产值达268亿元、225亿元，分别占全县工业总产值29.9%、25.1%，产业集聚效应加速显现。

**现代农业迈出新步伐** 花岗现代农业示范区、环巢湖生态农业带、环新桥机场高效农业带3大示范区建设有序推进，新建现代农业示范庄园35个，新增市级以上龙头企业23家、特色产业基地13个，新成立农民专业合作组织45个，新流转土地面积2万亩，全县土地流转面积已达35万亩。

**旅游三产呈现新气象** 成功举办全国皮划艇大赛、中国（合肥）餐饮业大会、中国•合肥苗木花卉交易大会等旅游文化节庆活动，华邦?万派城、西南国际车城、合肥国际家居生活城等项目加快推进，名流维景五星级酒店投入运营，商贸服务业提档升级。

**项目推进掀起新热潮** 378个重点项目累计完成投资300亿元、竣工36个，联宝等一批重大项目建成投产。华南城、TCL冰洗基地等一批重大项目达成投资协议，累计到位省外资金187.1亿元、增长20.7%，实际利用外资11025万美元、增长25.1%。

上派新貌

# 明珠 花木之乡 肥西

官亭镇滕头公司万亩苗木基地

新农村

城乡建设展现新面貌　坚持与市等高对接，投资25.2亿元继续推进县城和小城镇建设。全面启动美好乡村建设，基本完成29个中心村建设规划。实施城乡绿化大会战，加大环境整治投入，农村环境综合整治连续2年在合肥市综合排名第一。

社会民生达到新水平　大力发展社会事业，不断完善社会保障，着力增加居民收入，城镇在岗职工平均工资达44087元、增长12.8%，农民人均纯收入达9787元、增长15.6%。2007−2012年，民生工程累计投入43.5亿元，惠及城乡所有居民，连续6年荣获合肥市第一，群众幸福感和满意度大幅提升。

联保（合肥）公司笔记本电脑车间

儒阳山庄

老中街水晶城

古埂广场夜

# 发展的泗县　开放兴县

县委书记王娟、县长王法立率县四大班子成员和有关人员调研重点工程

泗县位于安徽省东北部，地处苏皖两省五县交界地带，是“中国山芋之乡”、安徽省东向发展前沿县、加快皖北及沿淮三市六县发展重点县。总面积1787平方公里，人口94.4万，辖15个乡镇、1个省级经济开发区。

历史悠久　早在夏朝即始建制，古称虹县、泗州，1912年废州设县。泗县文化底蕴丰厚，是国家级非物质文化遗产泗州戏的发源地。境内有目前国内保持最完整的隋唐大运河通济渠遗址，有楚汉之争的古战场——霸王城古迹遗址。是著名皖东北抗日根据地，是彭雪枫、江上青等革命烈士战斗和献身的地方。

交通便捷　西距京沪高铁50公里，北距徐州观音国际机场76公里，东距连云港出口海口200公里。104国道，303、329省道穿境而过，全县辐射与环型并举的公路网络初具规模。泗（洪）许（昌）高速一期建成通车，明（光）徐（州）高速和宿（州）淮（安）铁路正在建设。

资源丰富　境内气候温和，平原广袤，有耕地180万亩，林地面积50万亩，可养水面5万亩。是安徽省粮棉油生产大县、畜牧水产养殖业十强县、瘦肉型生猪基地县，全国生猪调出大县、林业绿化达标县、中国山芋之乡。

近年来，泗县以经济建设为中心，实施“开放兴县、工业强县、项目立县、民生惠县”四大战略，全县经济社会实现平稳较快发展。工业经济依托资源，形成了轻纺服装、木材加工、粮食深加工、机械电子等四大优势产业。2012年，全县完成地区生产总值120.07亿元，同比增长9.6%；实现财政收入6.52亿元，同比增长27.5%；完成固定资产投资60.1亿元，同比增长20.5%；完成工业增加值40.38亿元，同比增长16.6%；实现社会消费品零售总额26.3亿元，同比增长16%；外贸进出口5715万美元，同比增长37%；招商引资到位资金112.5亿元，同比增长64.8%。

四通八达致富路

# 工业强县 项目立县 民生惠县

县委书记王娟、县长王法立深入农户走访

第四届中国（泗县）泗州戏文化艺术节开幕式

隋唐大运河泗县段

快速发展的工业

泗县的清明上河图——清水湾公园鸟瞰

# 凤台县

省委书记张宝顺在凤台调研

省委常委、常务副省长詹夏来在凤台调研

凤台地处安徽西北部，淮河中游，总面积1100平方公里，人口76万，辖11镇、8乡和1个省级经济开发区，是淮南市唯一的市辖县，先后被授予全国科技进步先进县、全国粮食生产先进县、全国水利先进县、全国文明县城、全国园林县城、全国平原绿化先进县等荣誉称号。

**凤台是一个实力雄厚的经济强县** 全力推进经济社会跨越式发展，2012年主要经济指标跨过了“五道大关”，实现“五个突破”。地区生产总值达到215亿元，突破200亿元大关；实现财政收入44亿元，突破40亿元大关；固定资产投资126亿元，突破100亿元；农民人均纯收入8127元，突破8000元；金融机构存款余额159亿元，突破100亿元，全县经济社会发展呈现出速度加快、效益向好、后劲增强、民生改善的良好局面。

**凤台是一个物华天宝的资源富县** 凤台地处两淮煤田中心地带，煤炭探明储量120亿吨，可开采储量100亿吨。拥有7对国家级大型矿井和2座发电厂，全年煤炭产量近4000万吨，约占全省原煤总产量的1/3，年发电量超过100亿千瓦时，已经成为我国重要的煤炭生产基地和火电输出基地。同时，拥有丰富的磷矿石、紫砂土、白云岩、石灰石等20多种矿产资源。现有煤炭、化工、建材、造船、食品、酿造、轻纺服装等20多个工业产业、1000多个品种，形成了以煤电化为支柱，多种门类齐全的工业体系。

**凤台是一个物阜民丰的农业大县** 凤台地处淮北平原，地势平坦，属北亚热带季风气候，四季分明，降雨充沛，焦岗湖、城北湖、花家湖、姬沟湖四大湖泊分布其间，淮河、西淝河、永幸河、茨淮新河四大河流穿境而过，水资源十分丰富，县域水面约占全县国土总面积的12%。盛产优质粮、精细菜和鲜活农产品，是淮河流域重要的农产品生产基地。粮食连续九年丰产丰收，是名副其实的吨粮大县，粮食总产跨过60万吨台阶，是全国粮食生产先进县。

**凤台是一个人杰地灵的文化名县** 拥有一处3A级国家历史名胜旅游景区——茅仙洞风景区，一处国家级水利风景区——八一林牧场风景区。硖山口，两峰相峙,一水中流，被誉为千里长淮第一峡。黑龙潭壁立千仞、渊深百丈，与峡山口带水相连。植物活化石千年古银杏、战国名将廉颇墓闻名遐迩。这里还是我国历史上“淝水之战”的古战场，“八公山下、风声鹤唳、草木皆兵”就产生于此。凤台花鼓灯艺术被周恩来总理誉为“淮畔幽兰”、“东方芭蕾”，和民间艺术“火老虎”共同入选“国家非物质文化遗产”名录。

**凤台是一个安定和谐的民生福县** 2007年以来，全县累计投入23.2亿元，实施了159项民生工程，全县人民普遍受惠，被授予“全省民生工程组织实施工作先进县”荣誉称号。各项社会事业累计投入46.8亿元，占财政总支出的58%，科技、教育、文化、卫生等事业取得长足进步。在全国率先实施新型农村养老保险试点，在全省率先实施“村村通”水泥路工程和新型农村合作医疗试点，在全市率先开通数字电视，在全县城乡建立了养老、医疗、失业、工伤、生育保险体系和城乡居民最低生活保障制度。城乡食品药品安全、公共卫生、医疗服务等体系不断完善，人民生活正向全面小康迈进。

新城区——凤凰湖新区

央视《国庆七天乐》凤台节目录制成功

“东方芭蕾”——凤台花鼓灯艺术

农业资源丰富——鱼米之乡、富饶之地

国家3A级旅游风景区——茅仙洞

淮河大桥

产业布局集群发展

# 来安县

县委书记金维加调研城市建设

县长焦义朝调研美好乡村建设

来安县地处皖东，介于长江、淮河之间，位于南京1小时都市圈核心层。全县辖12个乡镇、130个行政村、2个省级经济开发区、1个国家4A级旅游景区，面积1481平方公里，户籍人口50万人。

**经济发展** 2012年实现地区生产总值97.1亿元，规模工业增加值34.6亿元，固定资产投资93.2亿元，财政收入12.7亿元，城镇在岗职工平均工资43396元，农民人均纯收入9346元。白鹭岛成功创建国家4A级风景区，练子山水库被批准为国家级水利风景区，汊河镇被评为全省最佳旅游乡镇。金融机构发展到11家，新增5家，金融网点发展到51个，新增10个，创造了一个县当年新增金融机构数的历史。

**城乡建设** 组织开展“两城同建”行动，来安新城、汊河新城共实施重点项目89个，完成投资63.4亿元。滁来路综合改造、来安中学新校区、规划科技馆、图书档案馆、七里公园已基本建成，新城大厦、文化广场、阳光国际学校、建阳南路改造等一批重点项目全面开工。组织实施“绿色来安”行动，新增绿化面积100万平方米。启动旧城改造，建设各类保障房43万平方米，建成并交付使用5.2万平方米，完成建阳中路“风貌改造”工程。美好乡村建设快速启动，编制了美好乡村建设五年发展规划。

**开放合作** 全年新引进项目95个，实际到位资金161.5亿元。其中亿元以上项目50个，占53%。总投资30亿元的舞彩国际旅游、12亿元的先特蓄电池设备制造、5.6亿元的成路纸品制造等一批投资规模大、科技含量高的大项目相继落户我县。

**民生保障** 全年实施民生工程33项，投入资金5.7亿元，惠及城乡居民88万人次，连续两年获得省政府的通报表彰。五项社会保险覆盖面不断扩大，全年共发放社保资金2.1亿元。全县城乡居民社会养老保险参保人数达29.6万人，已基本实现全覆盖。基层医改进一步完善，启动县级公立医院综合改革，县医院、中医院实行药品零差率销售。深入开展“计划生育基础工作提升年”活动，成功创建全国计划生育优质服务先进县。

**社会事业** 深入推进平安建设，强化安全生产责任制，扎实开展安全生产专项整治，全年未发生一起重大安全事故。扎实做好群众工作，坚持以群众工作统揽信访工作，完善“一部三中心”运行机制，建立联系群众“十个一”制度，保持了社会的和谐稳定。深入开展文明创建活动，组织开展“三德四为”模范评选活动，三名候选人首次成功入选“中国好人榜”。

丰富多彩的节日文化活动

美好乡村——林桥村

县规划科技馆

安徽中联能源有限公司

国内第一个低风速风力发电项目——安徽龙源来安风电场

建设中的南京湾商贸物流总部基地项目

# 當塗 DANG TU

县委书记　杨善斌

## 自然概况

当涂隶属马鞍山市，地处安徽东部，介于南京、芜湖之间，西临长江“黄金水道”，东与江苏一界之隔，县城为马鞍山市主城区之一，是安徽重要的沿江沿边县、东向发展的桥头堡和皖江城市带承接产业转移的前沿阵地。全县国土面积1002平方公里，人口47.3万人，辖8镇3乡3个园区（省级当涂经济开发区、青山河高新技术产业园和省级当涂现代农业示范区）。同时，马鞍山市承接产业转移示范区坐落在我县境内。

## 人文历史

当涂是一座拥有2200多年建县史的文化名城。秦代设为丹阳县，隋开皇9年(公元589年)定名当涂。县城曾为宋代太平州、明清太平府、清代长江水师、安徽学政署所在地。自秦代以来，当涂曾吸引中国文学史上600多位诗人，在这里留下了1000多首脍炙人口的诗文。南朝大诗人谢朓称当涂为“山水都”；李白一生七次游历、晚年定居并终老于当涂。当涂享有“民歌之海”的美誉，当涂民歌入选国家首批非物质文化遗产保护名录。建于三国时期的护城河，保存完好，全国罕见；新建成的护城河“灯光秀”工程，全省规模最大。县城作为现代化中等城市初现雏形。同时，在全省率先启动美好乡村建设，初步建成了一批具有简约徽派、江南水乡风格的精品村、示范村，得到省委、省政府高度肯定。

代县长　张志强

省委书记张宝顺在当涂调研美好乡村建设

当涂美好乡村（太白社区）

# 當塗 DANG TU

县委书记杨善斌深入企业调研

■ 经济发展

当涂是一座充满发展活力和投资潜力的活力新城。近年来，全县上下始终坚持工业强县战略不动摇，始终秉承“只有投资者成功，才有我们成功”的发展理念，全力优化投资发展环境，县域综合实力不断增强。全县基本形成了以冶金压延、机械制造、生物医药、能源电力等行业为主导产业，以省级当涂经济开发区、市承接产业转移示范区和青山河高新技术产业园区三大平台为主要发展阵地的工业发展格局。2012年全县实现规模工业总产值406亿元。拥有年产值超亿元企业73家，其中，年产值超30亿元企业3家。2012年，全县实现地区生产总值214.5亿元，财政收入38.4亿元，农民人均纯收入12383元，均位居全省县级前列。截止2012年，已连续四年跻身全省“科学发展先进县”行列，连续九年位居全省“十强县”前列。

代县长张志强深入企业调研

县端午节龙舟赛

县文化广场

县元宵节烟火晚会

# 转型 统筹 绿色

县委书记程刚（左五）、县长徐晓明（左四）陪同省委书记张宝顺（左六）调研南陵美好乡村建设

南陵县位于安徽省东南部，是皖江城市带承接产业转移示范区双核中的一核（芜湖）的一员，是合芜蚌自主创新综合配套改革试验区的一员，总面积1263.7平方公里，现辖8镇、55.29万人。国道205、318线和省道320、216线交汇于县城。

南陵历史悠久，人文炳蔚。是中国青铜文化的发祥地，大工山古铜矿冶遗址与千峰山土墩墓群同被列为国家级文物保护单位。三国名将周瑜曾任县令。李白两度携家寓居于此，留有《南陵别儿童入京》等千古名诗。南陵钟灵毓秀，物华天宝。现为国家级生态示范区。境内有国家4A级旅游景区和省级地质公园的丫山花海石林旅游区，省级森林公园小格里，省级重点保护寺庙乌霞寺。境内特有的丫山“凤丹”为国家地理标志产品。南陵盛产优质大米、木材、丹皮、蘑菇、莲藕等，被誉为“江南鱼米之乡”。矿产资源有铜、铁、锑、煤、金、白云石、石灰石、氟石等。

2012年，在县委、县政府的坚强领导下，全县上下积极应对复杂严峻的经济形势，集中精力抓重点，开拓创新破难题，县域经济社会发展呈现出结构优化、总量扩大、活力增强、民生改善、社会和谐的良好态势。2012年全县预计实现地区生产总值142.37亿元、财政收入16.06亿元、社会消费品零售总额46.7亿元、全社会固定资产投资139.6亿元、在岗职工平均工资44884元，农民人均纯收入10588元。全县规模工业企业已达263户，实现增加值57.3亿元，其中59户企业年产值超亿元。省级南陵经济开发区规上工业97户，实现产值119.2亿元。全县实现工业总产值285.21亿元。三次产业比例为17.8:61.3:20.9。2012年“古麒”商标被认定为中国驰名商标，“弋江籽”获批国家农产品地理标志保护产品。2012年荣获中国最具魅力文化休闲旅游县、全国农业标准化示范县、全国社会主义新农村建设档案工作示范县、全国新型农村合作医疗工作先进集体荣誉称号。

建设中的南陵城东新区

# 和谐发展的南陵

全省唯一的综合型农业装备制造企业——奇瑞重工南陵公司

采用生物质发电的南陵县凯迪绿色能源开发有限公司

建设中的南陵电子信息产业园

日臻完善的南陵基础设施建设

农民安置房

.广场文化

春谷公园雪景

# 中国中小城市科学发展百强

宣城市委常委、宁国市委书记　钱沙泉

宁国市市长　王普

宁国产业特色鲜明。开发区成功升格国家级经济技术开发区，省级港口生态工业园被评为“安徽省新型工业化产业示范基地”和“绿色生态城区”。初步形成了汽车橡胶零部件、耐磨铸件、电子元器件三大产业集群和节能建材与新能源应用、生物医药、电子信息三大新兴产业，是中国最大的汽车橡胶零部件、无源电子元器件基地和中国耐磨铸件之都。先后跻身全国农业产业化先进县（市）、全国休闲农业与乡村旅游示范市、中国优秀旅游城市行列，被评为安徽省唯一的县域金融安全区、县域自主创新综合试验区，是全国科技进步先进县、首批国家知识产权强县，拥有总部在宁国的上市公司5家。宁国综合实力领先。始终位居全省科学发展一类县先进位次，并在全省率先跻身“中国中小城市科学发展百强”和“中国十佳两型中小城市”行列。

2012年，全市实现生产总值183亿元，增长13%；完成财政收入30亿元，增长11.1%，其中地方一般预算收入17.9亿元，增长11.2%；规模以上工业实现增加值98.7亿元，增长18%；农民人均纯收入达到11451元，增长14.5%。

城市夜色

# 中国十佳两型中小城市 宁国

送医下乡

水质监测

有机大棚种植

中鼎公司研发中心

国家级宁国经济技术开发区

# 加速崛起的安徽县域

省委书记张宝顺、原省长李斌莅临郎溪调研

郎溪地处皖东南边陲、长三角西缘、皖苏浙三省交界处。2012年，该县紧扣“稳中求进”主基调，帮扶实体经济，破解发展难题，统筹城乡发展，县域经济社会逆势前行、稳中趋好。全年实现地区生产总值84.7亿元，增长17%；财政一般预算收入15.5亿元，增长20.6%；固定资产投资128.7亿元，增长33.9%。

**新型工业化加快推进** 新签约内资项目117个，其中亿元以上项目63个，10亿元以上项目2个。设立1000万元工业发展基金；常态化开展为企帮扶活动；新增规模以上工业企业55户；规上工业增加值和战略性新兴产业产值分别增长25%、78%；“古南丰”商标被认定为中国驰名商标。

**园区建设步伐加快** 省级郎溪经济开发区8条9.15公里道路建成通车；省级特种设备检测中心建成运营；累计投产企业127户。省级十字经济开发区环评报告正式获批，累计投产企业48户，经都产业基地被授予“中国纺织产业转移试点园区”。累计在建标准化厂房24万平方米。

**城乡一体化稳步提升** 县城总体规划正式获批，50.7万平方米安置房交付使用，“数字城管”启动建设，累计在建和已建成高层70余幢，城市形象明显改善。大力推进“一村一品”尤其是家庭农场发展，高标准建成9个美好乡村示范点；首次荣膺“全国农田水利建设先进单位”称号，荣获省“江淮杯”一等奖。被命名为全省首批“省级生态县”。

**社会事业协调共进** 33项民生工程全面实施完成；城乡居民社会养老保险基本实现全覆盖；被列为全省第二批食品药品安全示范县试点县；连续两年被评为“全省人口和计划生育工作先进县”，全县社会保持和谐稳定。

新城区郎川大道

# 发展新星　郎　溪

郎溪（中国）经都产业基地首批项目集中开工仪式

郎溪中学新貌

上市公司——动力源科技

即将建设的郎溪县新客运站效果图

建设中的郎溪经济开发区标准化厂房

无锡工业园企业生产车间

# 广 德 县

广德地处安徽东南部，苏浙皖三省八县（市）交界处，区域面积2165平方公里，人口51.5万，东临杭嘉湖、北倚苏锡常，是安徽承东启西的最前沿，是皖江城市带承接产业转移第一站。

跨越崛起　坚定不移实施“工业强县”战略，综合实力持续增强。2012年，实现生产总值139.6亿元、增长14.2%；财政收入23亿元、增长20.5%；全社会固定资产投资122.9亿元、增长26.6%；规模工业企业202家，规模工业增加值64.2亿元、增长18.8%；社会消费品零售总额39.5亿元、增长17.2%。银行业金融机构发展到10家，新增贷款21.8亿元、增长27.6%，新增存贷比达99.3%。连续7年跻身全国“中部百强县”，2010年被评为“全省科学发展先进县”，2012年被评为“全省皖江示范区建设先进县”，被确定为“省直管体制改革试点县”。

开发开放　依托“两区两园”工业载体，积极承接高端产业,奋力打造皖江城市带承接产业转移示范区的先行区。2012年，共签约项目147个，其中机械电子类项目107个；实到内资96亿元、外资1.68亿美元；进出口总额2.7亿美元、增长23%；新增自营进出口权企业22家。先后荣获”长三角最具投资价值县市“、”浙商最佳投资服务县“。省级广德经济开发区累计投产企业达163家、在建项目64个,工业产值达155亿元、增长20.8%。荣获全省新型工业化产业示范基地、省循环经济示范园区、省”两化“融合示范园区、省印制线路板特色产业基地”四大金字名片“，跻身全省开发区综合竞争力20强。

宜居宜业　拓展新城区、完善老城区、提升工业区、扮靓休闲度假区，全力推进?四区同城?发展，着力打造现代化新型中等城市、长三角休闲度假后花园。2012年，共实施城市建设重点工程86个，完成投资25亿元，城市建成区面积发展到16平方公里，人口达18万。整合各级项目资金1.75亿元投入美好乡村建设，创成美好乡村示范村12个，新增省级生态乡镇4个。被评为“全国绿化模范县”、“省级园林县城”、“省级生态县”。旅游业发展蒸蒸日上，太极洞整体开发项目加快推进，卢湖休闲度假区项目启动实施，创成3A级景区1个、省级森林公园2个。荣获“长三角最佳慢生活旅游名城”。

幸福和谐　累计投入资金5亿元，全面实施省定33项民生工程。完成2299套保障性住房建设，改造农村危房2808户，农民人均纯收入10629元、增长15.5%。新增就业岗位1.1万人。创新开展住院缴费方式改革，实现“先看病，后付费”，基层医药卫生体制改革成效明显。城乡公交一体化改革全面完成，率先在全省实现特殊群众和七十周岁以上老年人免费乘坐城乡公交。城乡居民养老保险、医疗保险制度实现全覆盖，社区网格化管理试点工作取得积极成效。被评为“全国白内障无障碍示范县”、“国家湖区五省血防先进县”、“全国全民健身工作先进县”、“全国法治县创建先进单位”、全省“两基”工作先进县、人口计生工作荣获“省级求实创新奖”。

省委书记张宝顺在广德调研

省委常委、常务副省长詹夏来在广德调研

第二届竹·旅游文化节暨开发区建区十周年纪念活动发布会

全省统计年中工作交流暨务虚会在广德召开

# 广德县 科学发展示范县 体制改革

体育中心

开发区PCB产业园项目集中开工

城市建设

现代新型小区

城市夜景

## 试验县 自主创新领先县 统筹城乡发展先行县

磐石油压工业（安徽）有限公司生产车间

机械制造产业

园区道路

# 红色泾县

泾县位于安徽省南部，隶属于宣城市，处于长江南岸平原和皖南山区交接地带，属皖南丘陵山区，南依黄山，西临九华山，襟抱太平湖。全县总面积2054.5平方公里，辖9镇2乡，人口35.6万。

**泾县是一片文风昌盛的土地——历史悠久　底蕴深厚**

自汉初置县，迄今有2100多年。历史上商宦众多，文风昌盛，学者名流，代不乏人。当代就有无产阶级革命家、外交家王稼祥，著名经济学家吴半农，著名教育家查谦等民族精英。现代画家吴作人、文学家吴组缃、书法家吴玉如并称“茂林三吴”，音乐家朱践耳、散文家张拓芜等名流，蜚声海内外。

**泾县是一片红色的土地——革命圣地　英烈辈出**

泾县是全省及至全国闻名的革命老区。新四军军部和中共中央东南局曾驻屯泾县云岭，周恩来、陈毅、叶挺、项英、曾山等老一辈无产价级革命家曾在这里指挥华东、华中军民抗日。泾县茂林是震惊中外的“皖南事变”发生地，泾县厚岸还是无产阶级革命家和外交家王稼祥同志的诞生地。七十年代以来，邓小平、杨尚昆、乔石、李瑞环、江泽民、曾庆红、吴官正、李长春、刘云山、李源潮等党和国家领导人相继视察泾县。

**泾县是一片绿色的土地——物华天宝　地腴物丰**

泾县生态环境优美。群山万岭，溪壑纵横，是全国生态示范区建设试点县。太平湖景山环水绕、碧波万顷；蔡村竹海一望无垠、涛声阵阵；汀溪原始森林茂密葱郁、古树参天。

泾县是著名的旅游胜地。唐代大诗人李白曾经游历泾县，盛赞“泾川三百里，若耶羞见之，佳境千万曲，客和无歇时”。水西，古列八景之首，桃花潭，因唐代诗人李白《赠汪伦》——“桃花潭水深千尺，不及汪伦送我情”这首脍炙人口的千古绝唱，而名扬天下。另外还有新四军军部旧址纪念馆、查济古民居、月亮湾风景区、黄田洋船屋、三吴记念馆、皖南事变烈士陵园等景点不胜枚举。

泾县是著名的宣纸之乡。泾县是国宝宣纸的发祥地和正宗产地，所产宣纸为国家原产地域保护产品，宜书宜画、不蛀不腐，享有“纸中之王”、“千年寿纸”之美誉。

泾县是著名的绿茶之乡。山区茶园遍布，所产绿茶久负盛名，尤以火青、翠尖为佳。“涌溪火青”为历代贡茶，“汀溪兰香”多次荣获全国名优茶评比金奖。

**泾县是一片充满希望的土地——生机勃勃　活力四射**

泾县地理位置优越。位于苏浙沪产业转移的过渡地带，205国道、322省道贯穿全境，京福高铁即将横空穿越。

2012年，全县人民在县委县政府的坚强领导下，坚持以科学发展为主题，牢牢把握“稳中求进，进中求快、快中求好”的工作主基调，按照转型发展、开放发展、创新发展、和谐发展的要求，大力推进保增长、调结构、惠民生、促和谐等各项工作，县域经济保持较快发展，各项社会事业取得新进步。

山城泾县

# 宣纸之乡

桃花潭晨渡

宣纸集团

红色旅游方兴未艾

建设中的合福高铁

# 东至县

领导在香隅化工园区调研

## 奋力赶超　打造皖江经济强县

东至县由东流、至德两县合并、取其首字而得名。全县国土面积3261平方公里，辖15个乡镇，人口54.9万。

区位优越，交通便捷　东 至地处八百里皖江南岸之首，长江黄金水道流经县内85公里，拥有香隅、东流和大渡口3个5000吨级港口。境内纵贯南北的206国道和横穿东西318国道与安庆长江大桥相连，4条省道纵横交错，构成四通八达的交通网络。铜九铁路、沿江高速、安景高速穿越全境，望东长江大桥、东九（东至至九江）高速开工建设。

生态优良，资源丰富　东至襟江带湖,环境优美，森林覆盖率达58.7%，是首批国家生态经济示范区。农业资源得天独厚，具有农、林、牧、副、渔全面发展的优越条件，是国字号的“商品粮基地县”、“优质棉基地县”、“速生丰产林基地县”、“绿化先进县”、“沿江渔业高效示范区”和“红茶出口基地县”。

近年来，我们发挥资源优势，抢抓皖江城市带承接产业转移示范区建设的机遇，全县经济呈现出良好的发展态势。2010年荣膺中国金融生态县，2008－2010年连续三年获得全省科学发展先进县称号。镇域经济支撑作用日益凸显，有三个乡镇财政收入突破亿元大关，大渡口镇成为全国发展改革试点城镇，东流镇争创全国绿色低碳小城镇有望近期获批。2012年实现地区生产总值100.3亿元，增长12.1%，财政收入10.0亿元，增长25.7%。

丰富多彩的全民健身活动

采摘陶公菊

共筑中国梦 · 建设新东至

华尔泰化工

尧城夜景

渔舟唱晚

# 诗意山水 魅力宿松

县委书记张小青(右一)陪同省委书记张宝顺（左二）在宿松经济开发区调研

宿松北傍大别山，南临长江，地处皖鄂赣三省结合部，是八百里皖江之首和皖西南门户。全县辖9镇13乡，土地面积2394平方公里，2012年末户籍人口84.1万。

宿松是“省直管体制改革试点县”，国家优质水产品基地县、国家优质棉基地和棉花生产百强县、中国新兴纺织产业基地县、安徽省平安县和科普示范县。境内的龙感湖、黄湖、大官湖和泊湖四大湖泊总面积104万亩，宜渔淡水面积居全国第二。矿产资源丰富，其中磷矿石储量2700万吨，居全省前列。宿松处于吴楚文化交汇地带，是黄梅戏发祥地之一、中国诗歌之乡和中国民间文化艺术之乡，境内的“长江绝岛”小孤山、“南国小长城”白崖寨和九井沟等构成了皖西南旅游带的重要组成部分。

2012年，全县实现生产总值125.2亿元，财政收入6.3亿元，农民人均纯收入6141元；规模以上工业企业发展到134家，已初步形成纺织服装、矿产化工、食品加工、机械电子、新型建材等五大支柱产业。

“十二五”时期，宿松将紧抓政策机遇，以科学发展为主题，以扩大总量、优化结构、富民强县为主线，以工业强县、农业稳县、三产活县、文化立县为总体思路，大力实施三化联动、滨江突破、东进西联、外向带动、基础先行、城乡统筹六大战略，奋力建设区域强县，为全面建成小康社会奠定坚实基础。

工业化方面，将按照改造提升传统产业、做大做强优势产业、引进培育新兴产业的思路，着力打造新兴纺织产业基地、中部地区重要的服装生产基地、区域性轻化工基地等“三大产业基地”，不断调整优化产业结构。

城镇化方面，将以全域规划为引领，以“两城八镇”为重点，积极构建相互衔接、相互促进的新型城镇化体系，形成“双星辉映，联动发展”的城市框架。

农业现代化方面，将牢固树立统筹发展的理念，以“三化联动、三个集中”为根本方法，通过试点先行、稳步推开，积极探索统筹城乡发展的新路径，全面加快“三农”现代化进程。

文化建设方面，将加大黄梅戏创作力度，加强国家级非物质文化遗产“文南词”和省级非物质文化遗产“断丝弦锣鼓”的抢救、保护和传承，加快白崖寨、九井沟等景区的开发建设步伐，促进文化产业与旅游业融合发展，努力形成新的经济增长点。

竹林深处有人家——柳坪龙河

县长王华（前排左二）陪同省统计局局长钱晓康（前排左三）在宿松调研

金坝葡萄挂满枝

丰收之歌——万亩龙湖圩

山水公园

钓鱼台水库

# 创新宣州 实力

宣州区地处皖东南，毗邻苏浙沪，是宣城市唯一的市辖区。全区辖18个乡镇、8个街道办事处（其中，金坝、飞彩两个办事处委托市经济技术开发区管理），总面积2585平方公里，总人口86.6万。1987年，国务院批准撤消宣城县，设立宣州市；2000年，撤市设区，更名为宣州区。

宣州区是国家级生态示范试点区、全国农产品标准化综合示范区。境内资源丰富，已探明的矿藏30多种，耕地面积83万亩，水面54万亩，享有“鱼米之乡”的美誉，拥有宣木瓜之乡、蜜枣之乡、香菇之乡、幼蟹之乡、烟草之乡等10多个闻名遐迩的特产乡镇。全区拥有“两区十园”承接平台（宣州经济开发区、狸桥经济开发区两个省级经济开发区，十个乡镇工业分园）。

2012年，宣州区委、区政府坚持以“新型工业化新型城镇化建设年”活动为载体，致力推动经济社会又好又快发展，相继荣获全国农村集体“三资”管理示范区、全国粮食生产先进县、全国全民健身先进县，被评为全国白内障无障碍县，入选“中国品牌（特色）县”。荣获全省“阳光村务工程”建设工作先进集体、全省小农水重点县建设先进单位、全省民营经济发展先进集体、全省烟叶生产先进集体、安徽茶产业十强县（区）、全省林业产业发展十强县、全省农田水利建设“江淮杯”竞赛二等奖；荣获皖江城市带承接产业转移示范区建设先进单位、全市工业发展目标绩效考核一等奖。

2012年，宣州区完成地区生产总值209亿元，比上年（下同）增长13.2%；完成全社会固定资产投资182.8亿元，增长33.9%；完成区属财政收入27.3亿元，增长21.8%，总量在全省14个县改区中连续三年位居第一，在全省76个县（市、区）中排名第八；实现规上工业增加值30.98亿元，增长25.2%；实现社会消费品零售总额103.6亿元，增长16.3%；实现实际利用外资4101万美元，增长89.6%；实现进出口总额1.4亿美元，增长82%。

夜色中的合肥工业大学宣城校区

# 宣州　幸福宣州

璀璨的宛溪河夜景

美丽的新农村——稻堆山村

宁静的昆山湖

建设中的新宣酒文化园

安徽省农业产业化龙头企业——安徽博亚竹木制品有限公司

国家高新技术企业——安徽博瑞特热能设备股份有限公司

# 屯溪区

旅游在黄山 休闲在屯溪

屯溪区是黄山市市委、市政府所在地，是全市政治、经济、文化、旅游、交通和信息中心，下辖五个镇和四个街道办事处,区域面积249平方公里，人口22万。屯溪文化底蕴深厚，物产丰富。境内江泽民同志亲笔题名的“花山谜窟”被誉为世界第九大奇迹；国家重点历史文化保护区——屯溪老街入选首批“十大中国历史文化名街”；国保单位程氏三宅保存完好，孕育了明代珠算宗师程大位和清代朴学大师戴震等众多历史文化名人。新安画派、新安医药，以及徽墨、漆器、徽雕、徽菜等地方工艺品和特产享誉中外。

区委书记李高峰(左三)、区长胡黎明(左二) 在基层调研

**经济保持平稳较快增长** 2012年，地区生产总值86.4亿元，增长10%；规模以上工业增加值14.3亿元，增长19.3%，实现利润19962万元，增长23.3%；财政收入8.54亿元，比上年净增1.73亿元；全社会固定资产投资累计完成142.2亿元，增长15.9%；社会消费品零售总额59.2亿元，增长18.2%；外贸进出口总额7111万美元，增长46.9%；全年接待游客达720.8万人次，旅游总收入80.5亿元，分别比上年增长21%和20.6%。

**城乡面貌发生显著变化** 江南新城基础设施建设完成投资近亿元，文峰桥顺利架通，珮琅河口综合整治全面完成，改造提升徽州大道、新安大道等7条道路，亮化、硬化、美化同步推进。元一大观、黎阳小镇等重大项目加快实施，新开工高层建筑40幢、竣工51幢。高质量建设龙山花园等8个安置区，建成安置房1551套21.52万平方米。建成43处绿色质量提升点，建设绿色长廊累计达55.8公里。深入开展新安江农村面源污染治理，对65个自然村实施村庄保洁。完成瑶源、银塘两座小（二）型水库除险加固，治理水土流失5平方公里。深入推进重点村镇环境风貌整治，高质量完成改徽建徽1380幢。建成村级公益事业"一事一议"财政奖补项目36个，受益群众4万余人。

**群众生活水平不断改善** 累计拨付资金2.08亿元，全面完成28项省、市民生工程，区级民生工程完成投资7亿元，惠及群众近20万人。新增城镇就业5100人，城镇登记失业率控制在3.8%以内。城乡居民社会养老保险制度实现全覆盖。新农合参合率居全市首位。完成20个“三小”改造项目。建成保障性住房1860套。解决4000余农村人口饮水安全问题。实施城市社区布局调整，城市社区由13个调整为20个，投资6400万元建设总面积2.1万平方米的10个精品社区服务中心，珠塘、龙山社区服务中心投入使用。在全省率先启动城市化区域村集体资产股份制改革试点，18个改居村股改工作顺利完成。城镇居民人均可支配收入21208元，增长13.6%；农民人均纯收入10558元，增长15.4%，两项收入增幅均高于全省平均水平。

流光溢彩——夜屯溪

活动的清明上河图——屯溪老街

城市建设日新月异

优美山水、满目绿色、空气清晰

农村中心小学面貌焕然一新

生态、宜居、兴业、富民、文明、和谐的美好乡村

稽灵山景区(文昌阁)

工业园区一角

# 九华山风

国家发改委等十几个部委来九华山调研

2012年，九华山风景区党工委、管委会以科学发展观为统领，以迎接、学习、宣传、贯彻党的十八大精神为主题，以加快旅游产业转型升级为主线，全力实施?1238?工程，拼搏进取，奋发前进，较好地完成了年初制定的各项目标任务，风景区经济社会发展迈上新台阶。

（一）旅游经济持续增长。完成地区生产总值17亿元，增长10%；接待游客615.68万人次，增长25.42%。实现旅游收入67.18亿元，增长38.63%。财政收入4.2亿元，增长16%。招商引资18亿元，增长8.5%。全社会固定资产投资12.5亿元，增长18.15%。假日旅游势头强劲，“十一”长假受高速公路免通行费政策刺激，假日市场空前火爆，景区景点人流如织，接待人数继续稳居全省兄弟景区首位。

（二）大愿文化园顺利开园。大愿文化园全面建成并进入试运行阶段，有力地推进了景区旅游产品转型升级。顺利组织全市干部职工和周边群众游园，9月29日成功举办开园试运行“启动礼”活动。大愿文化园“夜游”项目倍受游客青睐。

市委书记陈强、市长赵馨群在九华乡调研

# 拼搏奋进创佳绩

地藏王圣像景区飞天表演

# 景名胜区

（三）重点工作取得突破。智慧景区建设顺利启动，旅游信息一体化综合服务平台成功申报国家技术创新工程试点省项目。重点项目建设加快，部分酒店具备对外营业条件。股份上市进展顺利，进入发审委审核阶段。地质公园规划顺利获批，荣获“国家地质公园”称号。

（四）景区环境大幅改善。以农村环境整治“451”工程建设为抓手，扎实推进美好乡村建设，以九华乡代村村为示范，加强景区交通要道沿线村庄环境整治，景容景貌、村容村貌明显改善。代村村荣获“全国文明村”，“农家乐”服务有声有色，得到省委主要领导的充分肯定。

（五）旅游市场秩序井然。旅游行政执法队伍建设得到加强，文明燃香成果进一步巩固，文明创建长效管理机制初步建立。圆满完成全年小长假、黄金周旅游接待，客流高峰应对处置能力显著提升。全年未发生重大旅游投诉案件。

（六）社会大局保持和谐稳定。民生工程顺利实施，各类社会保障标准不同程度提高。安全生产形势平稳，全年“零事故”。信访维稳、护林防火、宗教事务等工作取得新的成效。

省旅游局局长胡学凡来九华山调研

市委常委、党工委书记、管委会主任王贵杰在乡镇调研

## 凝心聚力求突破

JIUHUASHAN SCENIC AREA

九华山风景区

# 佛教四大名山
# 国家地质公园

秋浦胜境--大王洞

天台索道

整治一新的月身宝殿广场

# 国家首批自然与文化双遗产地
# 国家首批 5A级旅游景区

整治一新的九华老街

五溪山色大酒店

试营业中的雨润涵月楼

天台云海

嘉润凯莱大饭店夜景

# 中　国　黄　山

时任管委会党委书记许继伟、副主任叶正军在黄山北大门调研

世界文化与自然遗产　世界地质公园　“中国

全国文明旅游景区　可持续旅游发

黄山南大门全景

# 风 景 名 胜 区

“文明黄山 品质旅游”志愿者宣誓仪式

十大风景名胜”地　国家AAAAA级旅游景区
展观测区　全球旅游目的地管理奖

整治后的黄山北大门

# 文明黄山　品质旅游

布莱恩•穆利斯盛赞中国黄山是全球目的地可持续发展的典范

**旅游经济** 2012年，黄山风景区接待游客300.76万人，同比增长9.61%。其中，境外游客30.98万人，同比增长10.51%。集团公司实现经营收入20.18亿元，同比增长10.89%；实现税前利润3.74亿元，上缴税收2.36亿元。集团公司连续四年跻身中国旅游集团20强，主要经济指标再创历史新高。

**项目建设** 全年完成投资20.11亿元，同比增长10.74%。“智慧黄山”旅游指挥调度中心、昱城皇冠假日酒店、西海饭店改造、南大门环境综合整治（二期）、北大门环境综合整治、景区污水垃圾治理提升工程、花山谜窟激光秀等项目顺利完成，西海大峡谷观光缆车基本建成。其中，“智慧黄山”旅游指挥调度中心占地面积7.98亩，建筑面积5000平方米，总投资5000万元，将构建以游客为中心，打造国内领先、国际一流的数字化精品旅游体验和全过程服务平台。改造后的西海饭店建筑风格新、服务功能全、智能程度高、节能效果好，将打造五星级高山酒店。

**资源保护** 强化“三全”（全山、全年、全员）防火，实现连续33年无森林火灾。加强检疫检查和松林监测，阻止松材线虫病传入景区。《总体规划环评》在全国景区率先通过国家环保部批复，在全国山岳型景区率先开展PM2.5监测，空气负氧离子浓度再创历史新高。修缮保护慈光阁大殿屋面和芙蓉洞等一批古建筑，增补摩崖石刻3处，丰富景区文化内涵。在全国风景区保护管理执法检查中，黄山综合评分位居48个风景名胜区榜首，获住建部通报表扬。

**景区管理** 积极推进综合执法，持续加强景区和汤口地区旅游市场整治，建立消费维权快速反应机制，旅游环境持续优化。完善旅游高峰日管理和恶劣天气应急应对措施，成功防御超强台风“海葵”的袭击，平稳度过“十一”黄金周超大客流车流高峰，获得了社会各界的好评。整合完善视频监控系统，建成“智慧黄山”旅游指挥调度中心和景区人流、车流统计系统以及小区短信系统。统一全山物资运输，联动查处“问题证件”，深入开展“文明黄山　品质旅游”志愿服务活动，实现志愿者服务“六统一”管理，游客满意度和舒适度进一步提高。

**品牌形象** 成功举办国际登山大赛和国际风光摄影大展等一系列重大活动，入选全球目的地可持续旅游标准实验区，启动实施全球首个自然景区类“世界优秀旅游目的地”创建工作，作为亚洲唯一单位参与制定《全球目的地可持续旅游标准》，赢得了国际话语权。建立省级博士后科研工作站，顺利通过世界地质公园第二次发展评估，荣获亚洲旅游业金旅奖、全国低碳旅游示范区、全国人工影响天气示范基地、全国旅游标准化示范单位、中国旅游社会责任最佳实践奖、全国智慧旅游景区试点单位等称号，黄山旅游气象防灾预警服务入选中国十大旅游公共服务项目。

第八届中国黄山国际登山大会取得圆满成功

花山谜窟“激光秀”——《徽州千古谜》首次公演

# 目　　录

# CONTENTS

## 一、综　　合

## Chapter 1 General Survey



## 二、国民经济核算

## Chapter 2 National Accounts

## 三、人　口
## Chapter 3 Population

## 四、就业人员和工资
## Chapter 4 Employment and Wages

## 五、固定资产投资
## Chapter 5 Investment in Fixed Assets

## 六、能源生产和消费
## Chapter 6 Production and Consumption of Energy

## 七、财政、金融、保险
## Chapter 7 Finance, Banking and Insurance

## 八、物价指数
## Chapter 8 Price Indices



## 九、城乡人民生活
## Chapter 9 Livelihood of Urban and Rural People

## 十、城市概况
## Chapter 10 General Survey of Cities



## 十一、自然资源和环境保护
## Chapter 11 Natural Resources and Environment Protection

## 十二、农　业
## Chapter 12 Agriculture

## 十三、工　业
## Chapter 13 Industry

## 十四、建 筑 业
## Chapter 14 Construction



## 十五、运输和邮电
## Chapter 15 Transport, Post and Telecommunication Services

## 十六、国内贸易
## Chapter 16 Domestic Trade

## 十七、对外经济贸易
## Chapter 17 Foreign Trade and Economic Cooperation

## 十八、旅　　游
## Chapter 18 Tourism



## 十九、教育和科技
## Chapter 19 Education and Science

## 二十、卫生和社会服务
## Chapter 20 Public Health and Social Services

## 二十一、文化和体育
## Chapter 21 Culture amd Sports

## 二十二、公共管理及其他
## Chapter 22 Public Management and Others

## 二十三、企业景气调查
## Chapter 23 Business Survey of Enterprises



## 二十四、省级和县级主要经济指标及位次
## Chapter 24 Main Economic Indicators and Their Orders of Precedence of Province and County

**附　录**
**Appendix**

# 第一篇

Chapter 1

# 综合

GENERAL SURVEY

## 简要说明

一、本篇包括我省行政区划、国民经济综合资料等内容。

二、国民经济综合资料中的“各部门机构数”为第二次基本单位普查后部分行业企业资料更新维护数据。

三、国民经济总量、速度、结构、比例和效益指标均取自本年鉴各篇；国民经济综合资料由省统计局综合处整理。

四、我省境内国家级旅游景点黄山、九华山风景区旅游基本情况，由所在地统计部门提供。

## Brief Introduction

I. This chapter covers the summary data on national economy.

II. Data on “the number of grassroots units in various sectors” are the renewed data of some trade enterprises after the second basic unit census.

III. Data on the total value, speed, structure, ratio and effects on the national economy are extracted from the concerned data in other chapters in this yearbook. The summary data on national economy are prepared by the Division of Integrated Statistics of Anhui Statistical Bureau.

IV. Data on the basic conditions of national scenic spot-Mount Huang and Mount Jiuhua are provided by the statistical department where they are.

# 1—1 全省行政区划（2012年末）
## Administrative Divisions in Anhui (End of 2012)

单位：个（unit）

| 市名称 Name of City | | 市级区划数 Number of Regions at Cities Level | 县级区划数 Number of Regions at County Level | 县级市 Cities at County Level | 县 Counties | 市辖区 Districts under the Jurisdiction of Cities | 乡镇级区划数 Number of Regions at Townships Level | 镇 Towns | 乡 Townships | 街道办事处 Street Communities |
|---|---|---|---|---|---|---|---|---|---|---|
| **总　　计** | **Total** | **16** | **105** | **6** | **56** | **43** | **1509** | **923** | **334** | **252** |
| 合肥市 | Hefei | 1 | 9 | 1 | 4 | 4 | 127 | 65 | 19 | 43 |
| 淮北市 | Huaibei | 1 | 4 | | 1 | 3 | 35 | 18 | | 17 |
| 亳州市 | Bozhou | 1 | 4 | | 3 | 1 | 89 | 71 | 8 | 10 |
| 宿州市 | Suzhou | 1 | 5 | | 4 | 1 | 106 | 71 | 23 | 12 |
| 蚌埠市 | Bengbu | 1 | 7 | | 3 | 4 | 74 | 37 | 18 | 19 |
| 阜阳市 | Fuyang | 1 | 8 | 1 | 4 | 3 | 170 | 121 | 36 | 13 |
| 淮南市 | Huainan | 1 | 6 | | 1 | 5 | 65 | 31 | 15 | 19 |
| 滁州市 | Chuzhou | 1 | 8 | 2 | 4 | 2 | 110 | 82 | 12 | 16 |
| 六安市 | Luan | 1 | 7 | | 5 | 2 | 167 | 107 | 52 | 8 |
| 马鞍山市 | Maanshan | 1 | 6 | | 3 | 3 | 48 | 30 | 5 | 13 |
| 芜湖市 | Wuhu | 1 | 8 | | 4 | 4 | 64 | 40 | 4 | 20 |
| 宣城市 | Xuancheng | 1 | 7 | 1 | 5 | 1 | 95 | 57 | 24 | 14 |
| 铜陵市 | Tongling | 1 | 4 | | 1 | 3 | 25 | 7 | 5 | 13 |
| 池州市 | Chizhou | 1 | 4 | | 3 | 1 | 56 | 36 | 9 | 11 |
| 安庆市 | Anqing | 1 | 11 | 1 | 7 | 3 | 171 | 97 | 56 | 18 |
| 黄山市 | Huangshan | 1 | 7 | | 4 | 3 | 107 | 53 | 48 | 6 |

## 1—2 全省县以上行政区划（2012年末）

Administrative Divisions of Counties and Above in Anhui (End of 2012)

| 省辖市<br>City Under Province Administration | 县（市、区）<br>Name of County (City) , District Under Administative |
|---|---|
| 合肥市 Hefei | 瑶海区、庐阳区、蜀山区、包河区、巢湖市、长丰县、肥东县、肥西县、庐江县<br>Yaohai District，Luyang District, Shushan District，Baohe District，Chaohu，Changfeng，Feidong，Feixi，Lujiang |
| 淮北市 Huaibei | 相山区、烈山区、杜集区、濉溪县<br>Xiangshan District，Lieshan District，Duji District，Suixi |
| 亳州市 Bozhou | 谯城区、涡阳县、蒙城县、利辛县<br>Qiaocheng District，Guoyang，Mengcheng，Lixin |
| 宿州市 Suzhou | 埇桥区、萧　县、砀山县、灵璧县、泗　县<br>Yongqiao District，Xiaoxian，Dangshan，Lingbi，Sixian |
| 蚌埠市 Bengbu | 龙子湖区、蚌山区、禹会区、淮上区、怀远县、五河县、固镇县<br>Longzihu District，Bengshan District，Yuhui District，Huaishang District，Huaiyuan，Wuhe，Guzhen |
| 阜阳市 Fuyang | 颍州区、颍东区、颍泉区、界首市、临泉县、太和县、颍上县、阜南县<br>Yingzhou District，Yingdong District，Yingquan District，Jieshou，Linquan，Taihe，Yingshang，Funan |
| 淮南市 Huainan | 大通区、田家庵区、谢家集区、八公山区、潘集区、凤台县<br>Datong District，Tianjiaan District，Xiejiaji District，Bagongshan District，Panji District，Fengtai |
| 滁州市 Chuzhou | 琅琊区、南谯区、天长市、明光市、来安县、全椒县、定远县、凤阳县<br>Langya District，Nanqiao District，Tianchang，Mingguang，Laian，Quanjiao，Dingyuan，Fengyang |
| 六安市 Luan | 金安区、裕安区、寿　县、霍邱县、舒城县、金寨县、霍山县<br>Jinan District，Yuan District，Shouxian，Huoqiu，Shucheng，Jinzhai，Huoshan |
| 马鞍山市 Maanshan | 花山区、雨山区、博望区、当涂县、含山县、和　县<br>Huashan District，Yushan District，Bowang District，Dangtu，Hanshan，Hexian |
| 芜湖市 Wuhu | 镜湖区、弋江区、三山区、鸠江区、芜湖县、繁昌县、南陵县、无为县<br>Jinghu District，Yijiang District，Sanshan District，Jiujiang District，Wuhu，Fanchang，Nanling，Wuwei |
| 宣城市 Xuancheng | 宣州区、宁国市、郎溪县、广德县、泾　县、旌德县、绩溪县<br>Xuanzhou District，Ningguo，Langxi，Guangde，Jingxian，Jingde，Jixi |
| 铜陵市 Tongling | 铜官山区、狮子山区、郊　区、铜陵县<br>Tongguanshan District，Shizishan District，Suburban District，Tongling |
| 池州市 Chizhou | 贵池区、东至县、石台县、青阳县<br>Guichi District，Dongzhi，Shitai，Qingyang |
| 安庆市 Anqing | 迎江区、大观区、宜秀区、桐城市、枞阳县、怀宁县；潜山县、太湖县、宿松县、望江县、岳西县<br>Yingjiang District，Daguan District，Yixiu District，Tongcheng，Zongyang，Huaining，Qianshan，Taihu，Susong，Wangjiang，Yuexi |
| 黄山市 Huangshan | 屯溪区、徽州区、黄山区、歙　县、休宁县、黟　县、祁门县<br>Tunxi District，Huizhou District，Huangshan District，Shexian，Xiuning，Yixian，Qimen |

## 1—3 各行业机构单位数（2012年）
Number of Grass Root Units in Various Sectors (2012)

单位：个（unit）

| 行业类别 | Industrial Category | 单位数 Number of Units | #法人单位 Legal Entities | #限额以上单位 Above Designated Unit |
|---|---|---|---|---|
| **合　　计** | **Total** | **398518** | **326918** | **28980** |
| **农、林、牧、渔业** | **Farming, Forestry, Animal Husbandry and Fishery** | **15302** | **14239** | |
| 农　业 | Farming | 5826 | 5791 | |
| 林　业 | Forestry | 2084 | 1633 | |
| 畜牧业 | Animal Husbandry | 3710 | 3684 | |
| 渔　业 | Fishery | 1317 | 1274 | |
| 农、林、牧、渔服务业 | Agicultural Services | 2365 | 1857 | |
| **采掘业** | **Mining and Quarrying** | **3252** | **3102** | **469** |
| 煤炭开采和洗选业 | Coal Mining and Dressing | 315 | 262 | 72 |
| 石油和天然气开采业 | Extraction of Petroleum and Natural Gas | 16 | 14 | |
| 黑色金属矿采选业 | Mining and Dressing of Ferrous Metals | 539 | 528 | 110 |
| 有色金属矿采选业 | Mining and Dressing of Nonferrous Metals | 326 | 323 | 68 |
| 非金属矿采选业 | Mining and Dressing of Nonmetal Minerals | 2019 | 1943 | 215 |
| 其他采矿业 | Mining and Dressing of Other Minerals | 37 | 32 | 4 |
| **制造业** | **Manufacturing** | **73544** | **72219** | **13814** |
| 农副食品加工业 | Agricultural and Non-staple Food Processing Industry | 6013 | 5746 | 1430 |
| 食品制造业 | Food Production | 1923 | 1874 | 315 |
| 饮料制造业 | Beverages | 2112 | 2004 | 271 |
| 烟草制品业 | Tabacco | 15 | 10 | 7 |
| 纺织业 | Textiles | 2941 | 2872 | 617 |
| 纺织服装、鞋、帽制造业 | Textile Dress, Footwear and Headgear | 4631 | 4602 | 816 |
| 皮革、毛皮、羽毛（绒）及其制品业 | Leather, Furs, Feather (Down) and Related Products | 1021 | 1013 | 235 |
| 木材加工及竹、藤、棕、草制品业 | Timber Processing, Bamboo, Cane, Palm Fiber and Straw Product: | 3257 | 3208 | 536 |
| 家具制造业 | Furniture Manufacturing | 1544 | 1535 | 180 |
| 造纸及纸制品业 | Papermaking and Paper Products | 1327 | 1319 | 226 |
| 印刷业和记录媒介的复制 | Printing and Record Medium Reproduction | 1903 | 1868 | 181 |
| 文教体育用品制造业 | Cultural, Educational and Sports Goods | 893 | 874 | 228 |
| 石油加工、炼焦及核燃料加工业 | Petroleum Processing, Coking and Nuclear Fuel Processing | 125 | 124 | 29 |
| 化学原料及化学制品制造业 | Raw Chemical Materials and Chemical Products | 3566 | 3534 | 839 |
| 医药制造业 | Medical and Pharmaceutical Products | 969 | 965 | 267 |
| 化学纤维制造业 | Chemical Fiber | 130 | 130 | 33 |
| 橡胶制品业 | Rubber Products | 747 | 740 | 123 |
| 塑料制品业 | Plastic Products | 3617 | 3598 | 712 |
| 非金属矿物制品业 | Nonmetal Mineral Products | 9345 | 9143 | 1576 |
| 黑色金属冶炼及压延加工业 | Smelting and Pressing of Ferrous Metals | 527 | 507 | 416 |
| 有色金属冶炼及压延加工业 | Smelting and Pressing of Nonferrous Metals | 660 | 655 | 167 |
| 金属制品业 | Metal Products | 4452 | 4380 | 729 |
| 通用设备制造业 | Equipments in Current Use | 5806 | 5743 | 817 |
| 专用设备制造业 | Equipments in Special Use | 3669 | 3609 | 628 |
| 交通运输设备制造业 | Transport Equipments | 3641 | 3560 | 845 |
| 电气机械及器材制造业 | Electric Equipments and Machinery | 4077 | 4026 | 1027 |
| 通信设备、计算机及其电子设备制造业 | Telecommunication Equipments, Computer and Related Electronic Equipments | 1613 | 1597 | 312 |
| 仪器仪表及文化、办公用机械制造业 | Instruments, Meters, Cultural and Office Machinery | 773 | 765 | 97 |
| 工艺品及其他制造业 | Handiwork and Other Manufacturing | 1625 | 1600 | 72 |
| 废弃资源和废旧材料回收加工业 | Recovery and Processing of Discarded Resources and Waste Materials | 622 | 618 | 83 |

**1—3 续表1 continued**

单位：个 (unit)

| 行业类别 | Industrial Category | 单位数 Number of Units | #法人单位 Legal Entities | #限额以上单位 Above Designated Unit |
|---|---|---|---|---|
| **电力、燃气及水的生产和供应业** | **Production and Supply of Electric Power, Gas and Water** | **3476** | **2325** | **231** |
| 电力、热力的生产和供应业 | Production and Supply of Electric Power and Heating Power | 1988 | 961 | 153 |
| 燃气生产和供应业 | Production and Supply of Gas | 237 | 215 | 43 |
| 水的生产和供应业 | Production and Supply of Tap Water | 1251 | 1149 | 35 |
| **建筑业** | **Construction** | **16889** | **15553** | **3049** |
| 房屋和土木工程建筑业 | Civil Engineering Construction | 6115 | 5352 | 1784 |
| 建筑安装业 | Installation | 2658 | 2428 | 377 |
| 建筑装饰业 | Fitting and Decoration | 5421 | 5209 | 563 |
| 其他建筑业 | Other Construction | 2695 | 2564 | 325 |
| **交通运输、仓储和邮政业** | **Transportation, Storage and Postal Services** | **11669** | **9836** | **1170** |
| 铁路运输业 | Railway Transport | 96 | 80 | 5 |
| 道路运输业 | Highway Transport | 6783 | 5863 | 747 |
| 城市公共交通业 | Civic Public Transit | 387 | 327 | |
| 水上运输业 | Waterway Transport | 948 | 886 | 165 |
| 航空运输业 | Air Transport | 54 | 29 | 6 |
| 管道运输业 | Transport Via Pipelines | 5 | 4 | |
| 装卸搬运和其他运输服务业 | Loading, Unloading, Transporting and Other Services | 1578 | 1464 | 78 |
| 仓储业 | Storage | 1178 | 823 | 146 |
| 邮政业 | Postal Services | 640 | 360 | 23 |
| **信息传输、计算机服务和软件业** | **Information Circulation, Computer Service and Software** | **8690** | **7637** | **179** |
| 电信和其他信息传输服务业 | Telecommunication and Other Information Circulation Services | 2452 | 1516 | 84 |
| 计算机服务业 | Computer Services | 4486 | 4432 | 16 |
| 软件业 | Software | 1752 | 1689 | 79 |
| **批发和零售业** | **Wholesale & Retail Trade** | **86668** | **75371** | **4036** |
| 批发业 | Wholesale Trade | 49789 | 45477 | 1374 |
| 零售业 | Retail Trade | 36879 | 29894 | 2662 |
| **住宿和餐饮业** | **Accommodation and Catering Trade** | **6580** | **5474** | **1323** |
| 住宿业 | Accomodation Trade | 2064 | 1870 | 488 |
| 餐饮业 | Catering Trade | 4516 | 3604 | 835 |
| **金融业** | **Banking** | **8392** | **3089** | |
| 银行业 | Banking | 4835 | 592 | |
| 中央银行 | Central Bank | 103 | 35 | |
| 商业银行 | Commercial Bank | 4483 | 489 | |
| 其他银行 | Other Banks | 249 | 68 | |
| 证券业 | Securities | 308 | 211 | |
| 保险业 | Insurance | 1277 | 550 | |
| 其他金融活动 | Other Financial Activities | 1972 | 1736 | |
| **房地产业** | **Real Estate** | **14456** | **13315** | **3610** |
| 房地产开发经营 | Real Estate Development and Operation | 6835 | 6686 | 3402 |
| 物业管理 | Estate Management | 4132 | 3678 | 186 |
| 房地产中介服务 | Intermediary Services of Real Estate | 2172 | 1802 | 22 |
| 其他房地产活动 | Other Real Estate Activities | 1317 | 1149 | |
| **租赁和商务服务业** | **Leasing and Commercial Services** | **26880** | **25061** | **426** |
| 租赁业 | Leasing | 2286 | 2228 | 24 |
| 商务服务业 | Commercial Services | 24594 | 22833 | 402 |

## 1—3 续表2 continued

单位：个（unit）

| 行业类别 | Industrial Category | 单位数 Number of Units | #法人单位 Legal Entities | #限额以上单位 Above Designated Unit |
|---|---|---|---|---|
| **科学研究、技术服务和地质勘查业** | **Scientific Research, Technical Services and Geological Prospecting** | **10524** | **9014** | **257** |
| 研究与试验发展 | Research and Experimental Development | 1321 | 1259 | 25 |
| 专业技术服务业 | Professional and Technical Services | 5244 | 4600 | 211 |
| 科技交流和推广服务业 | Exchange and Extending Services of Science and Technology | 3757 | 2975 | 21 |
| 地质勘查业 | Geological Prospecting | 202 | 180 | |
| **水利、环境和公共设施管理业** | **Water Conservancy, Environmental and Public Facilities Management** | **3794** | **2662** | **89** |
| 水利管理业 | Water Conservancy Management | 1457 | 624 | 2 |
| 环境管理业 | Environmental Management | 711 | 560 | 7 |
| 公共设施管理业 | Public Facilities Management | 1626 | 1478 | 80 |
| **居民服务和其他服务业** | **Resident Services and Other Services** | **5543** | **5081** | **82** |
| 居民服务业 | Resident Services | 2708 | 2400 | 38 |
| 其他服务业 | Other Services | 2835 | 2681 | 44 |
| **教 育** | **Education** | **26880** | **12628** | **87** |
| 学前教育 | Education Before School | 2703 | 2263 | 4 |
| 初等教育 | Primary Education | 17172 | 4293 | 2 |
| 中等教育 | Secondary Education | 4318 | 3587 | 15 |
| 高等教育 | High Education | 229 | 204 | |
| 其他教育 | Other Education | 2458 | 2281 | 66 |
| **卫生、社会保障和社会福利业** | **Health Care, Social Protection and Social Welfare** | **14708** | **5463** | **74** |
| 卫 生 | Health Care | 12948 | 4539 | 73 |
| 医 院 | Hospitals | 1036 | 885 | 62 |
| 卫生院及社区医疗活动 | Medical Activities in Commune Hospicals and Communities | 4820 | 2420 | 7 |
| 门诊部医疗活动 | Medical Activities in Outpatient Departments | 5518 | 499 | 1 |
| 计划生育技术服务活动 | Technical Service Activities for Family Planning | 894 | 271 | 1 |
| 妇幼保健活动 | Activities for Maternity and Child Care | 124 | 118 | |
| 专科疾病防治活动 | Activities for Specialized Disease Prevention and Treatment | 138 | 64 | |
| 疾病预防控制及防疫活动 | Activities for Disease Prevention and Controlling | 266 | 157 | |
| 其他卫生活动 | Other Health Activities | 152 | 125 | 2 |
| 社会保障业 | Social Protection | 359 | 216 | |
| 社会福利业 | Social Welfare | 1401 | 708 | 1 |
| 提供住宿的社会福利 | Social Welfare Services With Accomodations | 1271 | 601 | 1 |
| 不提供住宿的社会福利 | Social Welfare Services Without Accomodations | 130 | 107 | |
| **文化、体育和娱乐业** | **Culture, Sports and Entertainment** | **3783** | **3231** | **84** |
| 新闻出版业 | Press and Publication | 239 | 213 | 19 |
| 广播、电视、电影和音像业 | Broadcasting, TV, Film, Audio-video and Recorders | 792 | 526 | 15 |
| 文化艺术业 | Culture and Art | 1460 | 1282 | 17 |
| 体 育 | Sports | 306 | 281 | 3 |
| 娱乐业 | Entertainment | 986 | 929 | 30 |
| **公共管理和社会组织** | **Public Management and Social Organizations** | **57488** | **41618** | |
| 中国共产党机关 | Organs of Chinese Communist Party | 1483 | 1393 | |
| 国家机构 | State Organs | 27873 | 12911 | |
| 人民政协和民主党派 | CPPCC and Domocratic Parties | 258 | 256 | |
| 群众团体、社会团体和宗教组织 | Mass Organizations, Social Organizations and Religious Organizations | 10150 | 9357 | |
| 基层群众自治组织 | Local Mass Autonomy Organs | 17724 | 17701 | |

# 1-4 非公经济企业法人单位数
Number of Non-public Economic Units

单位：个（unit）

| 项　目 | Item | 2010 | 2011 | 2012 |
|---|---|---|---|---|
| **合　计** | **Total** | **134161** | **171872** | **201189** |
| **按登记注册类型分** | **Grouped by Registration Status** | | | |
| 内　资 | Domestic Investment Economy | 132379 | 169857 | 199187 |
| 私营独资 | Private Wholly-Funded | 35768 | 36977 | 38656 |
| 私营合伙 | Private Partnership | 7422 | 8437 | 9105 |
| 私营有限责任公司 | Private Limited Liability Companies | 62953 | 87531 | 104625 |
| 私营股份有限公司 | Private Joint-Stock Companies | 4719 | 6952 | 7673 |
| 私人投资控股 | Private Holding Companies | 21517 | 29960 | 39128 |
| 港澳台商投资 | Units with Funds from Hongkong, Macao and Taiwan | 749 | 842 | 840 |
| 港澳台商独资 | Hongkong, Macao and Taiwan Enterprises | 424 | 480 | 487 |
| 港澳台商投资控股 | Enterprises Funded and Controlled by Hongkong, Macao and Taiwan Companies | 325 | 362 | 353 |
| 外商投资 | Foreign Funded Units Funded Share Holding Corporations | 1033 | 1173 | 1162 |
| 外商独资 | Foreign Enterprises | 547 | 624 | 648 |
| 外商投资控股 | Foreign Funded and Controlled Corporations | 486 | 549 | 514 |
| **按规模分** | **Grouped by Size** | | | |
| #大型企业 | Large-sized Enterprises | 161 | 168 | 235 |
| 中小微型企业 | Mini-, Small-, Mediume-sized Enterprises | 133987 | 171667 | 200907 |
| 中　型 | Medium Size | 3353 | 3981 | 5101 |
| 小　型 | Small Size | 32632 | 39077 | 44176 |
| 微　型 | Mini Size | 98002 | 128609 | 151630 |
| **按行业分** | **Grouped by Sector** | | | |
| 工　业 | Industry | 54690 | 61617 | 66134 |
| #制造业 | Manufacturing | 50816 | 57644 | 62133 |
| 建筑业 | Construction | 7788 | 10553 | 12348 |
| 交通运输、仓储和邮政业 | Transport, Storage and Post | 4108 | 5604 | 6974 |
| 信息传输、计算机服务和软件业 | Information Transmission, Computer Service and Software | 3969 | 4574 | 5511 |
| 批发与零售业 | Wholesale and Retail Trade | 36302 | 49003 | 59035 |
| 住宿和餐饮业 | Hotel and Restaurants | 3180 | 3528 | 4011 |
| 金融业 | Financial Intermediation | 748 | 1116 | 1348 |
| 房地产业 | Real Estate | 6761 | 8753 | 9814 |
| 租赁与商务服务业 | Leasing and Business Services | 7518 | 12806 | 17184 |
| 科学研究、技术服务与地质勘查业 | Scientific Research, Technical Services and Geologic Prospecting | 1861 | 3253 | 4183 |
| 水利、环境和公共设施管理业 | Management of Water Conservancy, Environment and Public Facilities | 626 | 946 | 1164 |
| 居民服务和其他服务业 | Services to Households and Other Services | 2148 | 2966 | 3462 |
| 教　育 | Education | 511 | 737 | 854 |
| 卫生、社会保障和社会福利业 | Health, Social Securities and Social Welfare | 227 | 263 | 274 |
| 文化、体育与娱乐业 | Culture, Sports and Entertainment | 630 | 884 | 1240 |

注：按规模分不含铁路运输业。
a) Data Grouped by scale do not include railway transportation industry.

# 1-5 中小微型企业法人单位数
Number of Mini-Small-and Medium-sized Enterprises

单位：个（unit）

| 项　　目 | Item | 2010 | 2011 | 2012 |
|---|---|---|---|---|
| **合　　计** | **Total** | **171030** | **217339** | **255641** |
| **按登记注册类型分** | **Grouped by Registration Status** | | | |
| 内　资 | Domestic Investment Economy | 168975 | 215046 | 253329 |
| 港澳台商投资 | Units with Funds from Hongkong, Macao and Taiwan | 833 | 922 | 921 |
| 外商投资 | Foreign Funded Economy | 1222 | 1371 | 1391 |
| **按规模分** | **Grouped by Size** | | | |
| 中　型 | Medium Size | 5212 | 6030 | 7574 |
| 小　型 | Small Size | 42117 | 49869 | 56398 |
| 微　型 | Mini Size | 123701 | 161440 | 191669 |
| **按行业分** | **Grouped by Sector** | | | |
| 工　业 | Industry | 64059 | 71679 | 77332 |
| #制造业 | Manufacturing | 58937 | 66417 | 71978 |
| 建筑业 | Construction | 9937 | 13199 | 15509 |
| 交通运输、仓储和邮政业 | Transport, Storage and Post | 5870 | 7850 | 9451 |
| 信息传输、计算机服务和软件业 | Information Transmission, Computer Services and Software | 5028 | 5838 | 7146 |
| 批发与零售业 | Wholesale and Retail Trade | 46832 | 62197 | 75198 |
| 住宿和餐饮业 | Hotel and Restaurants | 4208 | 4727 | 5266 |
| 金融业 | Financial Intermediation | 1665 | 2225 | 2723 |
| 房地产业 | Real Estate | 9148 | 11624 | 12988 |
| 租赁与商务服务业 | Leasing and Business Services | 10665 | 17291 | 23076 |
| 科学研究、技术服务与地质勘查业 | Scientific Research, Technical Services | 3353 | 5293 | 6691 |
| 水利、环境和公共设施管理业 | Management of Water Conservancy, Environment and Public Facilities | 958 | 1392 | 1696 |
| 居民服务和其他服务业 | Services to Households and Other Services | 2852 | 3926 | 4566 |
| 教　育 | Education | 785 | 1057 | 1230 |
| 卫生、社会保障和社会福利业 | Health, Social Securities and Social Welfare | 449 | 488 | 484 |
| 文化、体育与娱乐业 | Culture, Sports and Entertainment | 927 | 1267 | 1737 |

# 1—6 国民经济和社会发展总量与速度指标

| 指　　标 | | Item | | 总量指标 2000 |
|---|---|---|---|---|
| **人口与就业** | | **Population and Employment** | | |
| **人　　口** | | **Population** | | |
| 年底总人口 | （万人） | Population at the Year-end | (10000 persons) | 6278 |
| #市镇人口 | | Urban | | 1758 |
| 乡村人口 | | Rural | | 4520 |
| #男性人口 | | Male | | 3258 |
| 女性人口 | | Female | | 3020 |
| 出生人口 | （万人） | Births | (10000 persons) | 81.5 |
| 死亡人口 | （万人） | Deaths | (10000 persons) | 34.5 |
| 人口密度 | （人/平方公里） | Density of Population (person/sq.km) | | 448 |
| 年末总户数 | （万户） | Total Number of Households at the Year-end | (10000 households) | 1656.1 |
| #乡村户数 | | Numbers of Rural Households | | 1294.6 |
| **就　　业** | **（万人）** | **Employment** | **(10000 persons)** | |
| 经济活动人口 | | Economically Active Population | | 3530.9 |
| 从业人员 | | Employment | | 3450.7 |
| #国有经济 | | State-owned Units | | 314.8 |
| 城镇集体经济 | | Urban of Other Types of Ownership | | 91.2 |
| 港澳台投资经济 | | Economic Units Funded by Entreneurs from Hong Kong Macao and Taiwan | | 2.3 |
| 外商投资经济 | | Foreign Funded Units | | 3.8 |
| 城镇私营经济 | | Urban Private Enteprises | | 37.6 |
| 城镇个体 | | Urban Self-employed Individuals | | 134.8 |
| 职工人数 | | Staff and Workers | | 470.0 |
| 国有经济 | | State-owned Units | | 307.8 |
| 城镇集体经济 | | Urban of Other Types of Ownership | | 89.1 |
| 其他经济合计 | | Units of Other Types of Ownership | | 73.1 |
| 城镇登记失业人数 | | Registered Unemployed in Urban Areas | | 31.6 |
| **宏观经济** | | **Macroeconomic Indicator** | | |
| **国民经济核算** | **（亿元）** | **National Accounting** | **(100 million yuan)** | |
| 生产总值 | | Gross Domestic Product | | 2902.1 |
| 第一产业 | | Primary Industry | | 741.8 |
| 第二产业 | | Secondary Industry | | 1056.8 |
| #工　　业 | | Industry | | 885.1 |
| 第三产业 | | Tertiary Industry | | 1103.5 |
| 支出法生产总值 | | Gross Domestic Expenditures | | 3041.2 |
| #最终消费 | | Total Consumption | | 1947.8 |
| 居民消费 | | Resident Consumption | | 1615.4 |
| 政府消费 | | Public Consumption | | 332.3 |
| 资本形成总额 | | Total Investment | | 1095.0 |
| 固定资本形成 | | Fixed Assets | | 928.1 |
| 存货增加 | | Stock | | 166.9 |
| **固定资产投资** | **（亿元）** | **Investment in Fixed Assets** | **(100 million yuan)** | |
| 全社会固定资产投资额 | | Total Investment in Fixed Assets | | 866.7 |
| #国有单位 | | State-owned Units | | 431.1 |
| 集体单位 | | Collective-owned Units | | 124.7 |
| 固定资产投资按产业分 | | Investment in Fixed Assets Grouped by Type of Industry | | |
| #第一产业 | | Primary Industry | | 9.1 |
| 第二产业 | | Secondary Industry | | 232.9 |
| 第三产业 | | Tertiary Industry | | 624.7 |
| #房地产开发 | | Real Estate Development | | 87.9 |

## Principal Aggregate Indicators On National Economic and Social Development and Their Related Indices and Growth Rates

| Aggregate Date | | | | 速度指标 (%) Indices and Growth Rates | | | | | | |
|---|---|---|---|---|---|---|---|---|---|---|
| 2005 | 2010 | 2011 | 2012 | 指　数 (2012年为以下各年) Index (2012 as Percentage of the Following Years) | | | | 平均增长速度 Average Annual Growth Rate | | |
| | | | | 2000 | 2005 | 2010 | 2011 | 2001—2005 | 2006—2010 | 2011—2012 |
| 6516 | 6827 | 6876 | 6902 | 109.9 | 105.9 | 101.1 | 100.4 | 0.7 | 0.9 | 0.6 |
| 2313 | 2949 | 3080 | 3209 | 182.6 | 138.8 | 108.8 | 104.2 | 5.6 | 5.0 | 4.3 |
| 4203 | 3878 | 3796 | 3693 | 81.7 | 87.9 | 95.2 | 97.3 | -1.4 | -1.6 | -2.4 |
| 3388 | 3543 | 3567 | 3580 | 109.9 | 105.7 | 101.0 | 100.4 | 0.8 | 0.9 | 0.5 |
| 3127 | 3283 | 3309 | 3322 | 110.0 | 106.2 | 101.2 | 100.4 | 0.7 | 1.0 | 0.6 |
| 75.9 | 75.2 | 72.9 | 77.7 | 95.4 | 102.4 | 103.3 | 106.6 | -1.4 | -0.2 | 1.7 |
| 37.9 | 35.2 | 35.2 | 36.7 | 106.4 | 96.8 | 104.3 | 104.3 | 1.9 | -1.5 | 2.1 |
| 465 | 490 | 493 | 495 | 110.5 | 106.5 | 101.1 | 100.4 | 0.7 | 1.0 | 0.6 |
| 1849.4 | 2093.4 | 2118.0 | 2138.8 | 129.1 | 115.6 | 102.2 | 101.0 | 2.2 | 2.5 | 1.1 |
| 1346.1 | 1424.3 | 1438.5 | 1446.1 | 111.7 | 107.4 | 101.5 | 100.5 | 0.8 | 1.1 | 0.8 |
| 3712.8 | 4096.8 | 4177.8 | 4254.3 | 120.5 | 114.6 | 103.8 | 101.8 | 1.0 | 2.0 | 1.9 |
| 3669.7 | 4050.0 | 4120.9 | 4206.8 | 121.9 | 114.6 | 103.9 | 102.1 | 1.2 | 2.0 | 1.9 |
| 208.7 | 206.0 | 219.0 | 225.7 | 71.7 | 108.2 | 109.6 | 103.1 | -7.9 | -0.3 | 4.7 |
| 30.8 | 17.9 | 18.3 | 17.2 | 18.8 | 55.8 | 96.1 | 93.9 | -19.5 | -10.3 | -2.0 |
| 3.7 | 7.0 | 8.3 | 8.0 | 347.8 | 216.2 | 114.4 | 96.4 | 10.0 | 13.6 | 7.0 |
| 6.7 | 14.7 | 16.7 | 15.9 | 418.4 | 237.3 | 108.5 | 95.2 | 12.0 | 17.0 | 4.1 |
| 86.5 | 133.3 | 165.0 | 196.5 | 522.6 | 227.2 | 147.4 | 119.1 | 18.1 | 9.0 | 21.4 |
| 123.6 | 264.1 | 255.1 | 286.1 | 212.2 | 231.5 | 108.3 | 112.2 | -1.7 | 16.4 | 4.1 |
| 317.4 | 372.9 | 411.6 | 436.8 | 92.9 | 137.6 | 117.1 | 106.1 | -7.6 | 3.3 | 8.2 |
| 199.2 | 206.0 | 219.0 | 225.7 | 73.3 | 113.3 | 109.6 | 103.0 | -8.3 | 0.7 | 4.7 |
| 28.2 | 17.9 | 18.3 | 17.2 | 19.3 | 61.0 | 96.2 | 93.8 | -20.6 | -8.7 | -1.9 |
| 90.1 | 149.1 | 174.2 | 193.9 | 265.3 | 215.2 | 130.0 | 111.3 | 4.3 | 10.6 | 14.0 |
| 27.8 | 28.5 | 36.9 | 36.4 | 115.1 | 130.9 | 127.7 | 98.6 | -2.5 | 0.5 | 13.0 |
| 5350.2 | 12359.3 | 15300.6 | 17212.1 | 391.2 | 238.4 | 127.2 | 112.1 | 10.4 | 13.4 | 12.8 |
| 966.5 | 1729.0 | 2015.3 | 2178.7 | 149.2 | 138.7 | 109.8 | 105.5 | 1.5 | 1.8 | 4.8 |
| 2245.9 | 6436.6 | 8309.4 | 9404.8 | 590.3 | 313.8 | 134.9 | 114.4 | 13.5 | 18.4 | 16.1 |
| 1837.4 | 5407.4 | 7062.0 | 8025.8 | 625.2 | 337.2 | 137.9 | 115.3 | 13.1 | 19.6 | 17.4 |
| 2137.8 | 4193.7 | 4976.0 | 5628.5 | 368.3 | 205.3 | 122.7 | 111.0 | 12.4 | 10.8 | 10.8 |
| 5350.2 | 12359.3 | 15300.7 | 17212.1 | | | | | | | |
| 3006.7 | 6213.1 | 7604.3 | 8439.0 | | | | | | | |
| 2399.4 | 4873.4 | 5995.1 | 6562.7 | | | | | | | |
| 607.3 | 1339.8 | 1609.2 | 1876.3 | | | | | | | |
| 2354.1 | 6171.5 | 7725.0 | 8855.8 | | | | | | | |
| 2214.0 | 6061.1 | 7594.4 | 8680.9 | | | | | | | |
| 140.0 | 110.5 | 130.7 | 174.9 | | | | | | | |
| 2521.0 | 11849.4 | 12147.8 | 15055.0 | 2260.7 | 777.2 | 158.4 | 123.9 | 23.8 | 37.5 | 25.8 |
| 880.6 | 3061.3 | 2765.4 | 3677.5 | 1063.7 | 520.8 | 149.9 | 133.0 | 15.4 | 28.3 | 22.4 |
| 48.4 | 323.9 | 248.3 | 261.7 | 261.6 | 673.2 | 100.7 | 105.4 | -17.2 | 46.2 | 0.3 |
| 75.4 | 221.6 | 149.5 | 258.2 | 4167.2 | 502.9 | 171.2 | 172.7 | 52.6 | 24.1 | 30.8 |
| 995.1 | 5617.4 | 6070.7 | 6939.7 | 3598.1 | 842.1 | 149.2 | 114.3 | 33.7 | 41.4 | 22.1 |
| 1450.4 | 6010.5 | 5927.6 | 7857.0 | 1609.4 | 693.2 | 167.3 | 132.6 | 18.3 | 32.9 | 29.3 |
| 459.4 | 2251.8 | 2611.5 | 3151.6 | 3952.9 | 756.5 | 154.3 | 120.7 | 39.2 | 37.4 | 24.2 |

**1—6 续表1 continued**

| 指 标 | | Item | | 总量指标 2000 |
|---|---|---|---|---|
| **财 政** | **(亿元)** | **Public Finance** | **(100 million yuan)** | |
| 财政收入 | | Total Revenue | | 290.4 |
| 中 央 | | Central Covernment | | 111.7 |
| 地 方 | | Local Governments | | 178.7 |
| #增值税 | | Value-added Tax | | 26.3 |
| 营业税 | | Operation Tax | | 32.0 |
| 企业所得税 | | Enterprises' Income Tax | | 23.4 |
| 财政支出 | | Total Expenditures | | 323.5 |
| 地 方 | | Local Governments | | 323.5 |
| #一般公共服务 | | General Public Service | | |
| 教 育 | | Education | | |
| 社会保障和就业 | | Social Security and Employment | | |
| **物价总指数** | **(上年=100)** | **Price Indices** | **(preceding year=100)** | |
| 商品零售价格指数 | | Retail Price Index | | 98.0 |
| 居民消费价格指数 | | Consumer Price Index | | 100.7 |
| 农业生产资料价格指数 | | Price Indices of Agricultural Means of Production | | 98.2 |
| 农产品生产价格指数 | | Production Price Indices of Agricultural Products | | |
| 工业生产者出厂价格指数 | | Ex-factory Industrial Producer Price Index | | 98.9 |
| 工业生产者购进价格指数 | | Industrial Producer Purchasing Price Index | | 102.6 |
| 固定资产投资价格指数 | | Price Indices of Investment in Fixed Assets | | 101.6 |
| **利用外资** | **(万美元)** | **Utilization of Foreign Capital** | **(USD 10000)** | |
| 外商直接投资合同金额 | | The Contract Amount of Foreign Investment | | 63602 |
| 实际利用外商直接投资额 | | The Actual Use of Foreign Direct Investment | | 31847 |
| **能源生产与消费** | **(万吨标准煤)** | **Production and Consumption of Energy** | **(10000 tons of SCE)** | |
| 能源生产总量 | | Total Energy Production | | 3436 |
| 能源消费总量 | | Total Energy Consumption | | 4879 |
| **产 业** | | **Industry** | | |
| **农 业** | | **Agriculture** | | |
| 耕地面积 | (千公顷) | Cultivated Areas | (1000 hectares) | 4229.6 |
| 总播种面积 | (千公顷) | Total Sown Area | (1000 hectares) | 8418.0 |
| #粮食播种面积 | | Sown Area of Grain Crops | | 5565.6 |
| 农林牧渔业总产值 | (亿元) | Gross Output Value of Farming, Forestry, Animal Husbandry and Fishery | (100 million yuan) | 1220.0 |
| 主要农产品产量 | | Output of Major Farm Products | | |
| 粮 食 | (万吨) | Grain | (10000 tons) | 2472.0 |
| 棉 花 | (万吨) | Cotton | (10000 tons) | 28.5 |
| 油 料 | (万吨) | Oil-bearing Crops | (10000 tons) | 285.1 |
| 黄红麻 | (万吨) | Jute and Ambary Hemp | (10000 tons) | 2.2 |
| 烤 烟 | (万吨) | Flue-cured Tobacco | (10000 tons) | 3.1 |
| 茶 叶 | (万吨) | Tea | (10000 tons) | 4.5 |
| 猪 肉 | (万吨) | Pork | (10000 tons) | 198.5 |
| 牛 肉 | (万吨) | Beef | (10000 tons) | 31.9 |
| 羊 肉 | (万吨) | Mutton | (10000 tons) | 11.2 |
| 肉猪出栏 | (万头) | Number of Slaughtered Fattened Hogs | (10000 heads) | 2393.2 |
| 奶 类 | (万吨) | milk | (10000 tons) | 4.1 |
| 水产品 | (万吨) | Aquatic Products | (10000 tons) | 159.8 |
| 农业机械总动力 | (万千瓦) | Total Agricultural Machinery Power | (10000 kw) | 2975.9 |
| 有效灌溉面积 | (千公顷) | Irrigated Area | (1000 hectares) | 3197.4 |
| 化肥使用量 | (万吨) | Consumption of Chemical Fertilizers | (10000 tons) | 253.2 |
| 农村用电量 | (亿千瓦时) | Electricity Consumed in Rural Areas | (100 million kwh) | 45.8 |

| Aggregate Date | | | | 速度指标 (%) Indices and Growth Rates | | | | | | |
|---|---|---|---|---|---|---|---|---|---|---|
| | | | | 指　数 (2012年为以下各年) Index (2012 as Percentage of the Following Years) | | | | 平均增长速度 Average Annual Growth Rate | | |
| 2005 | 2010 | 2011 | 2012 | 2000 | 2005 | 2010 | 2011 | 2001—2005 | 2006—2010 | 2011—2012 |
| 656.6 | 2063.8 | 2633.0 | 3026.0 | 1042.0 | 460.9 | 146.6 | 114.9 | 17.7 | 25.7 | 21.1 |
| 277.0 | 831.8 | 1052.1 | 1078.2 | 965.3 | 389.2 | 129.6 | 102.5 | 19.9 | 24.6 | 13.8 |
| 334.0 | 1149.4 | 1463.6 | 1792.7 | 1003.2 | 536.7 | 156.0 | 122.5 | 13.3 | 28.0 | 24.9 |
| 57.7 | 129.5 | 164.7 | 175.3 | 666.7 | 303.9 | 135.4 | 106.5 | 17.0 | 17.5 | 16.4 |
| 78.1 | 291.9 | 379.2 | 451.4 | 1410.7 | 578.0 | 154.6 | 119.1 | 19.5 | 30.2 | 24.4 |
| 30.1 | 106.6 | 153.3 | 184.5 | 788.5 | 612.9 | 173.1 | 120.4 | 5.2 | 28.8 | 31.6 |
| 713.1 | 2587.6 | 3303.0 | 3961.0 | 1224.4 | 555.5 | 153.1 | 119.9 | 17.1 | 29.4 | 23.7 |
| 713.1 | 2587.6 | 3303.0 | 3961.0 | 1224.4 | 555.5 | 153.1 | 119.9 | 17.1 | 29.4 | 23.7 |
| | 273.7 | 345.3 | 426.0 | | | 155.6 | 123.4 | | | 24.8 |
| | 386.3 | 564.7 | 717.9 | | | 185.8 | 127.1 | | | 36.3 |
| | 334.2 | 393.0 | 459.2 | | | 137.4 | 116.8 | | | 17.2 |
| 100.6 | 103.2 | 105.3 | 102.1 | 127.3 | 123.1 | 107.5 | 102.1 | 0.7 | 2.7 | 3.7 |
| 101.4 | 103.1 | 105.6 | 102.3 | 133.9 | 124.9 | 108.0 | 102.3 | 1.4 | 2.9 | 3.9 |
| 108.3 | 102.0 | 114.3 | 105.3 | 185.0 | 155.6 | 120.4 | 105.3 | 3.5 | 5.3 | 9.7 |
| 98.7 | 110.8 | 112.8 | 103.0 | 213.2 | 165.9 | 116.2 | 103.0 | 5.1 | 7.4 | 7.8 |
| 103.3 | 109.0 | 108.3 | 98.3 | 142.0 | 124.7 | 106.5 | 98.3 | 2.6 | 3.2 | 3.2 |
| 107.1 | 111.8 | 110.8 | 98.2 | 183.9 | 142.3 | 108.8 | 98.2 | 5.3 | 5.5 | 4.3 |
| 101.0 | 105.4 | 108.1 | 101.0 | 144.8 | 129.7 | 109.2 | 101.0 | 2.2 | 3.5 | 4.5 |
| 155358 | 216462 | 344324 | 253481 | 398.5 | 163.2 | 117.1 | 73.6 | 19.6 | 6.9 | 8.2 |
| 68845 | 501446 | 662887 | 863811 | 2080.4 | 1254.7 | 172.3 | 130.3 | 10.6 | 48.8 | 31.2 |
| 6215.4 | 9696.4 | 10281.4 | 10947.0 | 318.6 | 176.1 | 112.9 | 106.5 | 12.6 | 9.3 | 6.3 |
| 6506.0 | 9707.0 | 10570.0 | 11358.0 | 232.8 | 174.6 | 117.0 | 107.5 | 5.9 | 8.3 | 8.2 |
| 4092.5 | 4181.3 | 4184.3 | 4184.2 | 98.9 | 102.2 | 100.1 | 100.0 | -0.7 | 0.4 | |
| 8755.2 | 9054.9 | 9023.0 | 8969.6 | 106.6 | 102.4 | 99.1 | 99.4 | 0.8 | 0.7 | 0.5 |
| 5988.1 | 6616.4 | 6621.5 | 6622.0 | 119.0 | 110.6 | 100.1 | 100.0 | 1.5 | 2.0 | |
| 1666.2 | 2955.4 | 3459.7 | 3728.3 | 158.4 | 142.1 | 109.8 | 105.6 | 2.2 | 5.3 | 4.9 |
| 2605.3 | 3080.5 | 3135.5 | 3289.1 | 133.1 | 126.2 | 106.8 | 104.9 | 1.1 | 3.4 | 3.3 |
| 31.1 | 31.6 | 37.6 | 29.4 | 103.1 | 94.5 | 93.0 | 78.2 | 1.8 | 0.3 | -3.5 |
| 270.7 | 227.6 | 213.8 | 227.7 | 79.9 | 84.1 | 100.0 | 106.5 | -1.0 | -3.4 | |
| 1.9 | 1.2 | 1.4 | 1.6 | 71.6 | 82.0 | 128.2 | 113.6 | -2.9 | -8.2 | 13.2 |
| 2.5 | 2.9 | 3.0 | 3.5 | 113.3 | 141.7 | 120.1 | 115.9 | -4.2 | 3.1 | 9.6 |
| 6.0 | 8.3 | 8.8 | 9.5 | 212.0 | 160.1 | 114.9 | 108.9 | 5.9 | 6.7 | 7.2 |
| 231.7 | 238.8 | 233.1 | 249.7 | 125.8 | 107.8 | 104.6 | 107.1 | 3.1 | 0.6 | 2.3 |
| 31.5 | 18.3 | 17.8 | 18.1 | 56.8 | 57.6 | 99.1 | 101.7 | -0.3 | -10.3 | -0.5 |
| 17.6 | 14.2 | 14.2 | 14.6 | 130.3 | 82.9 | 102.7 | 102.9 | 9.5 | -4.2 | 1.4 |
| 2812.1 | 2782.1 | 2721.1 | 2927.6 | 122.3 | 104.1 | 105.2 | 107.6 | 3.3 | -0.2 | 2.6 |
| 11.0 | 20.5 | 22.5 | 24.1 | 584.6 | 218.0 | 117.5 | 107.0 | 21.8 | 13.2 | 8.4 |
| 177.6 | 193.3 | 199.6 | 207.5 | 129.8 | 116.8 | 107.3 | 104.0 | 2.1 | 1.7 | 3.6 |
| 3983.8 | 5409.8 | 5657.1 | 5902.8 | 198.4 | 148.2 | 109.1 | 104.3 | 6.0 | 6.3 | 4.5 |
| 3330.8 | 3519.8 | 3547.7 | 3585.1 | 112.1 | 107.6 | 101.9 | 101.1 | 0.8 | 1.1 | 0.9 |
| 285.7 | 319.8 | 329.7 | 333.5 | 131.7 | 116.7 | 104.3 | 101.2 | 2.4 | 2.3 | 2.1 |
| 64.2 | 107.4 | 117.3 | 128.8 | 281.2 | 200.6 | 119.9 | 109.8 | 7.0 | 10.8 | 9.5 |

## 1—6 续表2 continued

| 指　　标 | | Item | | 总量指标 2000 |
|---|---|---|---|---|
| **工　业（规模以上）** | | **Industry** | | |
| 主要工业产品产量 | | Output of Major Industrial Products | | |
| 布 | （亿米） | Cloth | (100 million m) | 7.4 |
| 家用电冰箱 | （万台） | Household Refrigerators | (10000 units) | 169.9 |
| 房间空气调节器 | （万台） | Air Conditioners | (10000 units) | 115.8 |
| 家用洗衣机 | （万台） | Household Washing Machines | (10000 units) | 131.7 |
| 彩色电视机 | （万台） | Colour Television Sets | (10000 units) | 156.1 |
| 原　煤 | （亿吨） | Coal | (100 million tons) | 0.5 |
| 发电量 | （亿千瓦时） | Electricity | (100 million kwh) | 368.1 |
| 粗　钢 | （万吨） | Crude Steel | (10000 tons) | 460.6 |
| 钢　材 | （万吨） | Rolled Steel | (10000 tons) | 431.7 |
| 水　泥 | （万吨） | Cement | (10000 tons) | 2136 |
| 企业单位数 | （个） | Number of Industrial Enterprises | (unit) | 3680 |
| #大型企业 | | Large | | 193 |
| 工业总产值 | （亿元） | Gross Industrial Output Value | (100 million yuan) | 1661.4 |
| 工业增加值 | （亿元） | Value Added of Industry | (100 million yuan) | 507.4 |
| 资产总计 | （亿元） | Total Assets | (100 million yuan) | 2977.9 |
| 负债合计 | （亿元） | Total Liabilities | (100 million yuan) | 1855.1 |
| 主营业务收入 | （亿元） | Revenue from principal Business | (100 million yuan) | 1688.1 |
| 利润总额 | （亿元） | Total Profits | (100 million yuan) | 38.2 |
| **建 筑 业** | | **Construction** | | |
| 企业单位数 | （个） | Number of Enterprises | (unit) | 40785 |
| 企业从业人员 | （万人） | Number of Persons Engaged | (10000 persons) | 125.6 |
| 建筑业总产值 | （亿元） | Gross Output Value | (100 million yuan) | 532.0 |
| 房屋建筑施工面积 | （万平方米） | Floor Space of Buildings Under Construction | (10000 sq.m) | 4631.3 |
| 房屋建筑竣工面积 | （万平方米） | Floor Space of Buildings Completed | (10000 sq.m) | 2595.3 |
| #住宅面积 | | Residential Buildings | | 1448.0 |
| **交通运输** | | **Transportation** | | |
| 货 运 量 | （万吨） | Freight Traffic | (10000 tons) | 44536 |
| 铁　路 | | Railways | | 6473 |
| 公　路 | | Highways | | 32740 |
| 水　运 | | Waterways | | 5320 |
| 民　航 | | Total Civil Aviation Routes | | 1.5 |
| 客 运 量 | （万人） | Passenger Traffic | (10000 persons) | 62033 |
| 铁　路 | | Railways | | 2994 |
| 公　路 | | Highways | | 58026 |
| 水　运 | | Waterways | | 860 |
| 民　航 | | Total Civil Aviation Routes | | 153 |
| 主要港口货物吞吐量 | （万吨） | Volume of Freight Handled in Major Ports | (10000 tons) | 7114 |
| 公路里程 | （公里） | Total Length of Highways | (km) | 44493 |
| 等级路里数 | （公里） | Length of Expressway and Class Ⅰ to Ⅳ Highway | (km) | 42579 |
| **邮电通信业** | | **Postal and Telecommunication Services** | | |
| 邮电业务总量(1990年不变价) | (亿元) | Total Business Revenue (1990 constant prices) | (100 million yuan) | 120.1 |
| 函　件 | （亿件） | Number of Letters Delivered | (100 million pieces) | 1.9 |
| 报刊期发数 | （万份） | Number of Newspapers and Magazines Distributed | (10000 copies) | 929.8 |
| 交换机容量 | （万门） | Capacity of Office Telephone Exchanges | (10000 lines) | 717.1 |
| 移动电话年末用户 | （万户） | Number of Mobile Telephone Subscribers at Year-end | (10000 subscribers) | 209.1 |
| 固定电话年末用户 | （万户） | Number of Fixed Telephone Subscribers at Year-end | (10000 subscribers) | 483.8 |
| 城　市 | | Urban | | 273.0 |
| 农　村 | | Rural | | 210.8 |
| 公用电话 | （万户） | Public Telephone | (10000 subscribers) | 10.9 |

注：2010、2011年电信业务总量是按照2010年不变价格计算。

a) The business volume of telecommunication services in 2010，2011 is calculated at 2010 constant prices.

| Aggregate Date | | | | 速度指标 (%) Indices and Growth Rates | | | | | | |
|---|---|---|---|---|---|---|---|---|---|---|
| | | | | 指 数 (2012年为以下各年) Index (2012 as Percentage of the Following Years) | | | | 平均增长速度 Average Annual Growth Rate | | |
| 2005 | 2010 | 2011 | 2012 | 2000 | 2005 | 2010 | 2011 | 2001—2005 | 2006—2010 | 2011—2012 |
| 5.6 | 10.9 | 11.8 | 9.7 | 131.6 | 173.1 | 89.7 | 82.7 | -5.3 | 14.1 | -5.3 |
| 530.4 | 2078.9 | 3114.0 | 2589.1 | 1523.9 | 488.1 | 124.5 | 83.1 | 25.6 | 31.4 | 11.6 |
| 515.0 | 1666.1 | 2821.9 | 2992.9 | 2584.5 | 581.1 | 179.6 | 106.1 | 34.8 | 26.5 | 34.0 |
| 441.8 | 1267.0 | 1629.6 | 1499.3 | 1138.5 | 339.4 | 118.3 | 92.0 | 27.4 | 23.5 | 8.8 |
| 374.4 | 395.3 | 550.5 | 610.5 | 391.1 | 163.1 | 154.4 | 110.9 | 19.1 | 1.1 | 24.3 |
| 0.8 | 1.3 | 1.4 | 1.5 | 314.2 | 178.4 | 115.5 | 106.9 | 12.0 | 9.1 | 7.5 |
| 645.7 | 1443.9 | 1632.8 | 1767.5 | 480.2 | 273.7 | 122.4 | 108.2 | 11.9 | 17.5 | 10.6 |
| 1105.6 | 1853.8 | 1966.7 | 2147.0 | 466.1 | 194.2 | 115.8 | 109.2 | 19.1 | 10.9 | 7.6 |
| 1141.6 | 2446.4 | 2743.2 | 2765.4 | 640.6 | 242.2 | 113.0 | 100.8 | 21.5 | 16.5 | 6.3 |
| 3218 | 7874 | 9205 | 10870 | 508.9 | 337.8 | 138.1 | 118.1 | 8.5 | 19.6 | 17.5 |
| 5277 | 16277 | 12432 | 14514 | 394.4 | 275.0 | 89.2 | 116.7 | 7.5 | 25.3 | -5.6 |
| 61 | 100 | 245 | 259 | 134.2 | 424.6 | 259.0 | 105.7 | -20.6 | 10.4 | 60.9 |
| 4567.2 | 18732.0 | 25875.9 | 29245.2 | | | | | | | |
| 1483.8 | 5290.6 | 6776.0 | 7614.1 | | | | | | | |
| 5067.1 | 15930.3 | 19148.7 | 22797.7 | 765.6 | 449.9 | 143.1 | 119.1 | 11.2 | 25.7 | 19.6 |
| 3029.0 | 9565.9 | 11398.7 | 13612.0 | 733.8 | 449.4 | 142.3 | 119.4 | 10.3 | 25.9 | 19.3 |
| 4523.3 | 18164.6 | 24960.2 | 28905.1 | 1712.3 | 639.0 | 159.1 | 115.8 | 21.8 | 32.1 | 26.1 |
| 218.2 | 1445.6 | 1663.2 | 1870.3 | 4896.0 | 857.1 | 129.4 | 112.5 | 41.7 | 46.0 | 13.7 |
| | | | | | | | | | | |
| 1946 | 2469 | 2528 | 2662 | | 136.8 | 107.8 | 105.3 | -45.6 | 4.9 | 3.8 |
| 98.6 | 158.0 | 167.0 | 168.9 | 134.5 | 171.3 | 106.9 | 101.1 | -4.7 | 9.9 | 3.4 |
| 923.1 | 2865.0 | 3599.6 | 4230.4 | 795.2 | 458.3 | 147.7 | 117.5 | 11.7 | 25.4 | 21.5 |
| 9869.5 | 23295.7 | 28472.9 | 33335.6 | 719.8 | 337.8 | 143.1 | 117.1 | 16.3 | 18.7 | 19.6 |
| 5081.3 | 10512.4 | 11897.8 | 13346.2 | 514.2 | 262.7 | 127.0 | 112.2 | 14.4 | 15.6 | 12.7 |
| 3073.9 | 6461.5 | 7222.9 | 8380.5 | 578.8 | 272.6 | 129.7 | 116.0 | 16.2 | 16.0 | 13.9 |
| | | | | | | | | | | |
| 67128 | 228106 | 268415 | 312442 | 701.5 | 465.4 | 137.0 | 116.4 | 8.6 | 27.7 | 17.0 |
| 10386 | 12091 | 12507 | 12263 | 189.4 | 118.1 | 101.4 | 98.0 | 9.9 | 3.1 | 0.7 |
| 49614 | 183658 | 219467 | 259461 | 792.5 | 523.0 | 141.3 | 118.2 | 8.7 | 29.9 | 18.9 |
| 7125 | 32355 | 36439 | 40716 | 765.3 | 571.5 | 125.8 | 111.7 | 6.0 | 35.3 | 12.2 |
| 3.0 | 2.2 | 2.1 | 2.0 | 136.1 | 68.0 | 93.6 | 97.2 | 14.9 | -6.2 | -3.3 |
| 72871 | 159597 | 185789 | 213671 | 344.4 | 293.2 | 133.9 | 115.0 | 3.3 | 17.0 | 15.7 |
| 3486 | 5552 | 5980 | 6385 | 213.3 | 183.2 | 115.0 | 106.8 | 3.1 | 9.8 | 7.2 |
| 68927 | 153697 | 179440 | 206888 | 356.5 | 300.2 | 134.6 | 115.3 | 3.5 | 17.4 | 16.0 |
| 244 | 139 | 155 | 159 | 18.5 | 65.2 | 114.4 | 102.6 | -22.3 | -10.6 | 7.0 |
| 214 | 208 | 214 | 239 | 156.3 | 111.7 | 114.8 | 111.5 | 6.9 | -0.6 | 7.2 |
| 17157 | 32502 | 37418.6 | 36097.2 | 507.4 | 210.4 | 111.1 | 96.5 | 19.3 | 13.6 | 5.4 |
| 72807 | 149382 | 149535 | 165157 | 371.2 | 226.8 | 110.6 | 110.4 | 10.4 | 15.5 | 5.1 |
| 67083 | 142340 | 143403 | 159427 | 374.4 | 237.7 | 112.0 | 111.2 | 9.5 | 16.2 | 5.8 |
| | | | | | | | | | | |
| 284.0 | 300.3 | 361.6 | 405.2 | | | 134.9 | 112.0 | 18.8 | | 16.2 |
| 2.1 | 2.1 | 1.7 | 1.6 | 85.0 | 77.7 | 77.7 | 94.3 | 1.8 | 平 | -11.9 |
| 738.0 | 602.2 | 521.8 | 556.4 | 59.8 | 75.4 | 92.4 | 106.6 | -4.5 | -4.0 | -3.9 |
| 1611.7 | 1214.9 | 1129.3 | 905.0 | 126.2 | 56.2 | 74.5 | 80.1 | 17.6 | -5.5 | -13.7 |
| 1046.9 | 2798.7 | 3259.4 | 3609.8 | 1726.6 | 344.8 | 129.0 | 110.8 | 38.0 | 21.7 | 13.6 |
| 1349.5 | 1231.0 | 1243.9 | 1081.9 | 223.6 | 80.2 | 87.9 | 87.0 | 22.8 | -1.8 | -6.2 |
| 680.0 | 612.9 | 661.5 | 631.5 | 231.3 | 92.9 | 103.0 | 95.5 | 20.0 | -2.1 | 1.5 |
| 669.5 | 618.1 | 582.5 | 450.5 | 213.7 | 67.3 | 72.9 | 77.3 | 26.0 | -1.6 | -14.6 |
| 65.5 | 87.9 | 104.5 | 85.0 | 777.9 | 129.8 | 96.8 | 81.4 | 43.1 | 6.1 | -1.6 |

## 1—6 续表3 continued

| 指　　标 | | Item | | 总量指标 2000 |
|---|---|---|---|---|
| **国内商业** | | **Domestic Trade** | | |
| 社会消费品零售总额 | (亿元) | Total Retail Sales of Consumer Goods | (100 million yuan) | 1077.8 |
| #餐饮收入 | | Catering income | | |
| 商品零售 | | Commodity retail | | |
| 批发零售业购进总额 | (亿元) | Total Goods Purchases of Enterprises in Wholesale and Retail Sale Trade | (100 million yuan) | 1901.1 |
| 批发零售业销售总额 | (亿元) | Total Sales of Enterprises in Wholesale and Retail Sale Trade | (100 million yuan) | 1764.0 |
| 批发零售业库存总额 | (亿元) | Total Inventory of Enterprises in Wholesale and Retail Sale Trade | (100 nillion yuan) | 393.8 |
| **对外经济贸易** | | **Foreign Trade** | | |
| 进出口总额 | (万美元) | Total Exports and Tourists | (USD 10000) | 334689 |
| 进口额 | | Imports | | 117483 |
| 出口额 | | Exports | | 217206 |
| **国际旅游** | | **International Tourism** | | |
| 旅游人数 | (万人次) | Total Number of Tourists | (10000 persons) | 31.8 |
| #外国人 | | Foreigners | | 16.8 |
| 旅游外汇收入 | (万美元) | Foreign Exchange Earnings from Tourism | (USD 10000) | 8621 |
| 旅游星级宾馆个数 | (个) | Number of Tourist Hotel of Star Class | (unit) | 163 |
| **金融保险** | | **Finance and Insurance** | | |
| 金融机构存款余额 | (亿元) | Deposits of National Banking System | (100 million yuan) | 2485.5 |
| #单位存款 | | Unit Deposits | | |
| 个人储蓄存款 | | Personal Saving Deposits | | 1447.2 |
| 定　期 | | Fixed Deposits | | 1091.4 |
| 活　期 | | Current Deposits | | 355.7 |
| 金融机构贷款余额 | (亿元) | Loans of National Banking System | (100 million yuan) | 2385.0 |
| #个人贷款及透支 | | Individual Loan and Overdrawing | | |
| 单位贷款及透支 | | Unit Loan and Overdrawing | | |
| #经营贷款 | | Management Loan | | |
| 保险公司保费收入 | (亿元) | Income From Premium of Insurance Companies | (100 million yuan) | 38.2 |
| 保险公司赔款及给付 | (亿元) | Amount Reparations of Insurance Companies | (100 million yuan) | 12.3 |
| **教育、科技、文化** | | **Education, Science and Technology and Culture** | | |
| **教　育** | | **Education** | | |
| 幼儿园数 | (个) | Number of Kindergartens | (unit) | 3932 |
| 入园儿童数 | (万人) | Student Enrollment in Kingdergartens | (10000 persons) | 116.19 |
| 学龄儿童入学率 | (%) | Percentage of School-age Children Enrolled | (%) | 99.67 |
| 专任教师数 | (万人) | Full-time Teachers | (10000 persons) | |
| 普通高等学校 | | Regular Institutions of Higher Education | | 1.51 |
| 中等专业学校 | | Specialized Secondary Schools | | 0.88 |
| 普通中学 | | Regular Secondary Schools | | 15.81 |
| #高　中 | | Senior Secondary Schools | | 2.92 |
| 职业中学 | | Vocational Secondary Schools | | 1.94 |
| 小　学 | | Primary Schools | | 27.37 |

| Aggregate Date | | | | 速度指标 (%) Indices and Growth Rates | | | | | | |
|---|---|---|---|---|---|---|---|---|---|---|
| | | | | 指　数 （2012年为以下各年） Index (2012 as Percentage of the Following Years) | | | | 平均增长速度 Average Annual Growth Rate | | |
| 2005 | 2010 | 2011 | 2012 | 2000 | 2005 | 2010 | 2011 | 2001—2005 | 2006—2010 | 2011—2012 |
| 1776.7 | 4151.5 | 4900.6 | 5685.6 | 527.5 | 320.0 | 137.0 | 116.0 | 10.5 | 18.5 | 17.0 |
| | 509.3 | 579.2 | 680.1 | | | 133.5 | 117.4 | | | 15.6 |
| | 3642.2 | 4321.4 | 5005.5 | | | 137.4 | 115.8 | | | 17.2 |
| 1513.1 | 4653.0 | 6185.9 | 7184.6 | 377.9 | 474.8 | 154.4 | 116.1 | -4.5 | 25.2 | 24.3 |
| 3835.3 | 10044.5 | 12895.2 | 15830.5 | 897.4 | 412.8 | 157.6 | 122.8 | 16.8 | 21.2 | 25.5 |
| 116.2 | 397.5 | 478.5 | 526.6 | 133.7 | 453.2 | 132.5 | 110.1 | -21.7 | 27.9 | 15.1 |
| 911971 | 2427677 | 3133782 | 3932527 | 1175.0 | 431.2 | 162.0 | 125.5 | 22.2 | 21.6 | 27.3 |
| 392933 | 1186388 | 1425393 | 1257299 | 1070.2 | 320.0 | 106.0 | 88.2 | 27.3 | 24.7 | 2.9 |
| 519038 | 1241288 | 1708389 | 2675228 | 1231.7 | 515.4 | 215.5 | 156.6 | 19.0 | 19.1 | 46.8 |
| 63.3 | 198.4 | 262.9 | 331.5 | 1042.4 | 523.6 | 167.1 | 126.1 | 14.8 | 25.7 | 29.3 |
| 41.1 | 117.4 | 151.7 | 190.4 | 1134.0 | 463.3 | 162.2 | 125.5 | 19.6 | 23.4 | 27.4 |
| 18559 | 82025 | 117918 | 156267 | 1812.6 | 842.0 | 190.5 | 132.5 | 16.6 | 34.6 | 38.0 |
| 373 | 453 | 462 | 480 | 294.5 | 128.7 | 106.0 | 103.9 | 18.0 | 4.0 | 2.9 |
| 5993.8 | 16366.1 | 19404.3 | 22977.3 | 924.5 | 383.4 | 140.4 | 118.4 | 19.2 | 22.2 | 18.5 |
| | | 9295.7 | 10679.1 | | | | 114.9 | | | |
| 3508.7 | 7788.5 | 9233.6 | 11178.6 | 772.4 | 318.6 | 143.5 | 121.1 | 19.4 | 17.3 | 19.8 |
| 2445.5 | 4852.9 | | | | | | | 17.5 | 14.7 | |
| 1063.1 | 2935.6 | | | | | | | 24.5 | 22.5 | |
| 4313.6 | 11452.3 | 13729.8 | 16294.3 | 683.2 | 377.7 | 142.3 | 118.7 | 12.6 | 21.6 | 19.3 |
| | 3280.1 | 3971.3 | 4677.6 | | | 142.6 | 117.8 | | | 19.4 |
| | 7416.9 | 8522.0 | 9777.1 | | | 131.8 | 114.7 | | | 14.8 |
| | 3872.0 | 4419.4 | 5169.7 | | | 133.5 | 117.0 | | | 15.5 |
| 133.2 | 438.2 | 432.3 | 453.6 | 1187.5 | 340.5 | 103.5 | 104.9 | 28.4 | 26.9 | 1.7 |
| 30.4 | 104.6 | 125.4 | 152.7 | 1241.1 | 502.1 | 145.9 | 121.7 | 19.8 | 28.0 | 20.8 |
| 2715 | 4018 | 4613 | 5192 | 132.0 | 191.2 | 129.2 | 112.6 | -7.1 | 8.2 | 13.7 |
| 72.38 | 100.82 | 116.81 | 157.87 | 135.9 | 218.1 | 156.6 | 135.2 | -9.0 | 6.9 | 25.1 |
| 99.54 | 99.93 | 99.78 | 99.92 | | | | | | | |
| 3.24 | 4.93 | 5.12 | 5.31 | 351.7 | 163.9 | 107.7 | 103.8 | 16.5 | 8.8 | 3.8 |
| 0.61 | 0.77 | 0.96 | 1.02 | 115.6 | 166.7 | 131.3 | 106.4 | -7.1 | 4.9 | 14.6 |
| 19.70 | 23.01 | 23.12 | 23.28 | 147.2 | 118.2 | 101.2 | 100.7 | 4.5 | 3.2 | 0.6 |
| 5.11 | 6.69 | 6.96 | 7.18 | 245.9 | 140.5 | 107.3 | 103.2 | 11.8 | 5.5 | 3.6 |
| 1.73 | 1.40 | 1.90 | 2.05 | 105.4 | 118.2 | 146.4 | 107.8 | -2.3 | -4.2 | 21.0 |
| 25.95 | 24.57 | 24.33 | 24.15 | 88.2 | 93.1 | 98.3 | 99.3 | -1.1 | -1.1 | -0.9 |

**1—6 续表4 continued**

| 指 标 | | Item | | 总量指标 2000 |
|---|---|---|---|---|
| 在校学生数 | （万人） | Student Enrollment | (10000 persons) | |
| 普通高等学校 | | Regular Institutions of Higher Education | | 18.24 |
| 中等专业学校 | | Specialized Secondary Schools | | 19.19 |
| 普通中学 | | Regular Secondary Schools | | 358.32 |
| #高 中 | | Senior Secondary Schools | | 54.14 |
| 职业中学 | | Vocational Secondary Schools | | 45.28 |
| 小 学 | | Primary Schools | | 644.24 |
| 在校学生毕业生数 | （万人） | Graduates of Student Enrollment | (10000 persons) | |
| 普通高等学校 | | Regular Institutions of Higher Education | | 2.59 |
| 中等专业学校 | | Specialized Secondary Schools | | 6.04 |
| 普通中学 | | Regular Secondary Schools | | 102.31 |
| #高 中 | | Senior Secondary Schools | | 13.15 |
| 职业中学 | | Vocational Secondary Schools | | 14.83 |
| 小 学 | | Primary Schools | | 121.20 |
| 预算内教育经费支出 | （亿元） | Government Expenditures on Education | (100 million yuan) | 53.99 |
| **科 技** | | **Science and Technology** | | |
| 科技活动人员 | （万人） | Personnel Engaged in S&T Activities | (10000 persons) | 9.72 |
| 研究与试验发展经费支出 | （亿元） | Expenditures on Research and Development | (100 million yuan) | 20.02 |
| 技术市场成交额 | （万元） | Volume of Transaction in Technical Markets | (10000 yuan) | 61011 |
| **文 化** | | **Culture** | | |
| 出版数量 | | Publicatons | | |
| 图 书 | （万册） | Number of Books Published | (10000 copies) | 30992 |
| 杂 志 | （万册） | Number of Magazines Issued | (10000 copies) | 7736 |
| 报 纸 | （万份） | Number of Newspapers Issued | (10000 copies) | 76083 |
| 公共图书馆 | （个） | Number of Public Libraries | (unit) | 84 |
| 公共图书馆藏书量 | （万册） | Total Collections of Public Libraries | (10000 volumes) | 787.4 |
| 电视节目制作时间 | （小时） | Production Hours of TV Programs | (hours) | 24833 |
| 广播覆盖率 | （%） | Broadcast Covering Rate | (%) | 94.8 |
| 电视覆盖率 | （%） | TV Covering Rate | (%) | 93.8 |
| **家庭、生活、环境** | | **Family, People's Livelihood and Environment** | | |
| **家 庭** | | **Family** | | |
| 城镇居民平均每户人口 | （人） | Average Household Size in Urban Areas | (person) | 3.08 |
| 农村居民平均每户人口 | （人） | Average Household Size in Rural Areas | (person) | 4.18 |
| **婚 姻** | **（万对）** | **Marriages and Divorces** | **(10000 couple)** | |
| 结婚数 | | Number of Marriages | | 49.20 |
| 离婚数 | | Number of Divorces | | 4.27 |
| **居 住** | **（平方米）** | **Housing** | **(sq.m)** | |
| 城市居民人均居住面积 | | Per Capita Gross Floor Space of Urban Residents | | 14.76 |
| 农村居民人均居住面积 | | Per Capita Net Floor Space of Rural Residents | | 22.16 |
| **生 活** | | **People's Livelihood** | | |
| 城镇居民人均可支配收入 | （元） | Per Capita Annual Disposable Income of Urban Households | (yuan) | 5294 |
| 城镇居民人均消费性支出 | （元） | Per Capita Annual Living Expenditures of Urban Residents | (yuan) | 4233 |
| #食品支出 | | Food | | 1935 |
| 农村居民人均纯收入 | （元） | Per Capita Net Income of Rural Residents | (yuan) | 1934.6 |
| 农村居民人均生活费支出 | （元） | Per Capita Annual Living Expenditures of Rural Residents | (yuan) | 1321.5 |
| #食品支出 | | Food | | 693.2 |

| Aggregate Date | | | | 速度指标 (%) Indices and Growth Rates | | | | | | |
|---|---|---|---|---|---|---|---|---|---|---|
| | | | | 指　数 (2012年为以下各年) Index (2012 as Percentage of the Following Years) | | | | 平均增长速度 Average Annual Growth Rate | | |
| 2005 | 2010 | 2011 | 2012 | 2000 | 2005 | 2010 | 2011 | 2001—2005 | 2006—2010 | 2011—2012 |
| 58.91 | 93.90 | 99.13 | 102.30 | 560.9 | 173.7 | 109.0 | 103.2 | 26.4 | 9.8 | 4.4 |
| 18.55 | 28.93 | 27.71 | 27.33 | 142.4 | 147.3 | 94.5 | 98.6 | -0.7 | 9.3 | -2.8 |
| 460.86 | 406.58 | 377.74 | 342.30 | 95.5 | 74.3 | 84.2 | 90.6 | 5.2 | -2.5 | -8.2 |
| 116.90 | 127.60 | 127.89 | 129.29 | 238.8 | 110.6 | 101.3 | 101.1 | 16.6 | 1.8 | 0.7 |
| 54.78 | 48.68 | 48.92 | 47.62 | 105.2 | 86.9 | 97.8 | 97.3 | 3.9 | -2.3 | -1.1 |
| 584.11 | 460.44 | 443.58 | 404.70 | 62.8 | 69.3 | 87.9 | 91.2 | -1.9 | -4.6 | -6.2 |
| 11.70 | 23.22 | 25.61 | 26.55 | 1025.0 | 226.9 | 114.3 | 103.6 | 35.2 | 14.7 | 6.9 |
| 3.78 | 9.61 | 10.26 | 8.99 | 148.9 | 237.9 | 93.6 | 87.7 | -8.9 | 20.5 | -3.3 |
| 142.61 | 136.57 | 134.62 | 128.23 | 125.3 | 89.9 | 93.9 | 95.3 | 6.9 | -0.9 | -3.1 |
| 30.10 | 44.38 | 42.42 | 41.28 | 313.9 | 137.1 | 93.0 | 97.3 | 18.0 | 8.1 | -3.6 |
| 14.51 | 17.76 | 16.33 | 15.49 | 104.4 | 106.8 | 87.2 | 94.9 | -0.4 | 4.1 | -6.6 |
| 116.25 | 87.41 | 76.94 | 72.09 | 59.5 | 62.0 | 82.5 | 93.7 | -0.8 | -5.5 | -9.2 |
| 117.40 | 436.06 | 619.14 | 738.12 | 1367.1 | 628.7 | 169.3 | 119.2 | 16.8 | 30.0 | 30.1 |
| 8.94 | 23.65 | 26.78 | 30.52 | 314.0 | 341.4 | 129.0 | 114.0 | -1.7 | 21.5 | 13.6 |
| 45.61 | 163.72 | 214.64 | 281.80 | 1407.6 | 617.8 | 172.1 | 131.3 | 17.9 | 29.1 | 31.2 |
| 142553 | 461470 | 650337 | 861592 | 1412.2 | 604.4 | 186.7 | 132.5 | 18.5 | 26.5 | 36.6 |
| 25220 | 23891 | 25185 | 24440 | 78.9 | 96.9 | 102.3 | 97.0 | -4.0 | -1.1 | 1.1 |
| 5804 | 5842 | 5948 | 6172 | 79.8 | 106.3 | 105.6 | 103.8 | -5.6 | 0.1 | 2.8 |
| 98134 | 116988 | 120769 | 125807 | 165.4 | 128.2 | 107.5 | 104.2 | 5.2 | 3.6 | 3.7 |
| 88 | 88 | 100 | 102 | 121.4 | 115.9 | 115.9 | 102.0 | 0.9 | 平 | 7. 7 |
| 847.4 | 1235.8 | 1375.4 | 2264.4 | 287.6 | 267.2 | 183.2 | 164.6 | 1.5 | 7.8 | 35.4 |
| 58725 | 82427 | 76953 | 86881 | 349.9 | 147.9 | 105.4 | 112.9 | 18.8 | 7.0 | 2.7 |
| 95.6 | 97.3 | 97.6 | 97.9 | | | | | | | |
| 95.0 | 97.5 | 97.9 | 98.1 | | | | | | | |
| 2.95 | 2.84 | 2.80 | 2.78 | 90.3 | 94.2 | 97.9 | 99.3 | -0.9 | -0.8 | -1.1 |
| 4.08 | 4.03 | 3.88 | 3.85 | 92.1 | 94.4 | 95.5 | 99.2 | -0.5 | -0.2 | -2.3 |
| 43.94 | 65.09 | 71.05 | 76.49 | 155.5 | 174.1 | 117.5 | 107.7 | -2.2 | 8.2 | 8.4 |
| 5.75 | 13.24 | 14.68 | 16.23 | 379.9 | 282.3 | 122.6 | 110.6 | 6.1 | 18.1 | 10.7 |
| 19.90 | 31.55 | 32.09 | 32.38 | 219.4 | 162.7 | 102.6 | 100.9 | 6.2 | 9.7 | 1.3 |
| 27.00 | 32.05 | 35.03 | 35.88 | 161.9 | 132.9 | 112.0 | 102.4 | 4.0 | 3.5 | 5.8 |
| 8471 | 15788 | 18606 | 21024 | 397.1 | 248.2 | 133.2 | 113.0 | 9.9 | 13.3 | 15.4 |
| 6368 | 11513 | 13181 | 15012 | 354.6 | 235.7 | 130.4 | 113.9 | 8.5 | 12.6 | 14.2 |
| 2782 | 4370 | 5247 | 5815 | 300.5 | 209.0 | 133.1 | 110.8 | 7.5 | 9.5 | 15.4 |
| 2641.0 | 5285.2 | 6232.2 | 7160.5 | 370.1 | 271.1 | 135.5 | 114.9 | 6.4 | 14.9 | 16.4 |
| 2196.2 | 4013.3 | 4957.3 | 5556.0 | 420.4 | 253.0 | 138.4 | 112.1 | 10.7 | 12.8 | 17.7 |
| 999.8 | 1633.0 | 2055.2 | 2180.8 | 314.6 | 218.1 | 133.5 | 106.1 | 7.6 | 10.3 | 15.6 |

## 1—6 续表5 continued

| 指 标 | | Item | | 总量指标 2000 |
|---|---|---|---|---|
| **工资、居民生活和保障** | | **Wages, Living and Pprotection** | | |
| 城镇非私营单位就业人员工资总额 | (亿元) | Total Wages of Employed Persons of Urban Non-private Owned Units | (100 million yuan) | 275.53 |
| 国有单位 | | State-owned Units | | 201.58 |
| 城镇集体单位 | | Urban Collective-ownad Units | | 31.74 |
| 其他单位 | | Units of Other Types of Ownership | | 42.20 |
| 城镇非私营单位就业人员平均工资 | (元) | Average Wage of Employed Persons of Urban Non-private Owned Units | (yuan) | 6989 |
| 城镇居民最低生活保障 | (人) | Receiving Lowest Cost-of-living in Urban Area | (person) | 126460 |
| 农村居民最低生活保障 | (人) | Receiving Lowest Cost-of-living in Rural Area | (person) | 102973 |
| **卫 生** | | **Health Care** | | |
| 卫生机构数 | (个) | Number of Health Institutions | (unit) | 6705 |
| 医院、卫生院 | | Hospitals | | 2953 |
| 疾病防治中心 | | Disease Prevention and Controlling | | 166 |
| 妇幼保健站 | | Maternity and Child Care Centers | | 110 |
| 卫生机构床位数 | (张) | Number of Beds in Health Institutions | (unit) | 123873 |
| #医院、卫生院 | | Hospitals | | 114921 |
| 卫生机构人员数 | (人) | Number of Persons Engaged in Health Institutions | (person) | 188278 |
| 专业卫生技术人员 | (人) | Number of Technical Personnel in Hospitals | (person) | 153808 |
| #执业(助理)医师 | | Licensed (Assistant) Doctors | | 69943 |
| 注册护士 | | Registered Nurse | | 41226 |
| **市政建设** | | **City Construction** | | |
| 供水管道长度 | (公里) | Length of Water Supply Pipelines | (km) | 6236 |
| 供水总量 | (万吨) | Total Annual Volume of Water Supply | (10000 tons) | 200918 |
| #生活用水 | | For Residential Use | | 61398 |
| 用水人口 | (万人) | Number of Residents With Access to Tap Water | (10000 persons) | 794.1 |
| 天然气供气量 | (万立方米) | Supply of Natural Gas | (10000 cu.m) | 600 |
| #家庭用量 | | Consumption of Coal Gas for Residential Use | | 560 |
| 液化石油气供气量 | (吨) | Liquefied Petroleum Gas | (ton) | 458621 |
| #家庭用量 | | Consumption of Liquefied Gas for Residential Use | | 167146 |
| 污水排放量 | (万吨) | Volume of Sewage Discharged | (10000 tons) | 104871 |
| 污水处理量 | (万吨) | Volume of Sewage Treated | (10000 tons) | 40660 |
| 排水管长度 | (公里) | Length of Drainage | (km) | 4120 |
| 生活垃圾清运量 | (万吨) | Volume of Garbage Swept Away | (10000 tons) | 327.0 |
| 生活垃圾无公害处理量 | (万吨) | Volume of Garbage Treated | (10000 tons) | 165.0 |
| 公共汽(电)车总数 | (辆) | Total Number of Public Buses and Trolley Buses | (unit) | 6359 |
| 出租汽车数 | (辆) | Number of Taxis | (unit) | 31998 |
| 铺装道路长度 | (公里) | Length of Paved Roads | (km) | 5954 |
| 公园面积 | (公顷) | Area of Parks | (hectare) | 3472 |
| 园林绿地面积 | (公顷) | Area of Urban Green Areas | (hectare) | 32852 |
| 建成区绿化覆盖率 | (%) | Afforestation Covering Rate in the Constructed Area | (%) | 27.1 |
| **环境、灾害** | | **Environment and Disaster** | | |
| 污染治理项目本年完成投资额 | (万元) | Actual Investment in Implemrnyation of the Project for Pollution Treatment in the Project | (10000 yuan) | 56470 |
| 化学需氧量排放量 | (万吨) | Amount of CoD Discharged | (10000 tons) | 44.4 |
| 二氧化硫排放量 | (万吨) | Volume of Sulphur Dioxide Emission | (10000 tons) | 57.1 |
| 突发环境事件次数 | (次) | Number of Environmental Accidents | (time) | 66 |
| 环境污染直接经济损失 | (万元) | Losses Converted Into Cash | (10000 yuan) | 802.0 |
| 火灾事故发生数 | (起) | Number of Fire Disasters | (cases) | 6099 |
| 火灾伤亡人数 | (人) | Number of Casualties in Fire Disasters | (person) | 227 |
| 火灾损失金额 | (万元) | Fire Loss | (10000 yuan) | 6819.4 |
| 交通事故发生数 | (起) | Number of Traffic Accidents | (cases) | 25809 |
| 交通受伤人数 | (人) | Number of Injured in Traffic Accidents | (person) | 20096 |
| 交通死亡人数 | (人) | Number of Death in Traffic Accidents | (person) | 3782 |
| 交通事故损失金额 | (万元) | Loss of Traffic Accidents | (10000 yuan) | 7970 |

| Aggregate Date | | | | 速度指标 (%) Indices and Growth Rates | | | | | | |
|---|---|---|---|---|---|---|---|---|---|---|
| | | | | 指　数 (2012年为以下各年) Index (2012 as Percentage of the Following Years) | | | | 平均增长速度 Average Annual Growth Rate | | |
| 2005 | 2010 | 2011 | 2012 | 2000 | 2005 | 2010 | 2011 | 2001—2005 | 2006—2010 | 2011—2012 |
| 484.13 | 1225.12 | 1590.14 | 1925.98 | 699.0 | 397.8 | 157.2 | 121.1 | 11.9 | 20.4 | 25.4 |
| 307.16 | 691.48 | 849.53 | 1008.09 | 500.1 | 328.2 | 145.8 | 118.7 | 8.8 | 17.6 | 20.7 |
| 27.69 | 42.56 | 51.76 | 58.04 | 182.8 | 209.6 | 136.4 | 112.1 | -2.7 | 9.0 | 16.8 |
| 149.28 | 491.07 | 688.85 | 859.86 | 2037.6 | 576.0 | 175.1 | 124.8 | 28.7 | 26.9 | 32.3 |
| 15334 | 33341 | 39352 | 44601 | 638.2 | 290.9 | 133.8 | 113.3 | 17.0 | 16.8 | 15.7 |
| 977182 | 883944 | 842005 | 818502 | 647.2 | 83.8 | 92.6 | 97.2 | 50.5 | -2.0 | -3.8 |
| 251183 | 2146238 | 2165937 | 2146135 | 2084.2 | 854.4 | 100.0 | 99.1 | 19.5 | 53.6 | 平 |
| 32044 | 23019 | 22884 | 23278 | | 72.6 | 101.1 | 101.7 | | -6.4 | 0.6 |
| 2663 | 2167 | 2311 | 2314 | 78.4 | 86.9 | 106.8 | 100.0 | -1.9 | -4.1 | 3.3 |
| 132 | 124 | 124 | 121 | 72.9 | 91.7 | 97.6 | 97.6 | -4.5 | -1.2 | -1.2 |
| 117 | 119 | 119 | 118 | 107.3 | 100.9 | 99.2 | 99.2 | 1.2 | 0.3 | -0.4 |
| 127179 | 186116 | 203042 | 222283 | 179.4 | 174.8 | 119.4 | 109.5 | 0.5 | 7.9 | 9.3 |
| 119625 | 171389 | 187156 | 206136 | 179.4 | 172.3 | 120.3 | 110.1 | 0.8 | 7.5 | 9.7 |
| 193973 | 247493 | 315514 | 334736 | 177.8 | 172.6 | 135.3 | 106.1 | 0.6 | 5.0 | 16.3 |
| 159788 | 205403 | 217709 | 236172 | 153.5 | 147.8 | 115.0 | 108.5 | 0.8 | 5.2 | 7.2 |
| 66102 | 81097 | 84773 | 92009 | 131.5 | 139.2 | 113.5 | 108.5 | -1.1 | 4.2 | 6.5 |
| 47329 | 76550 | 84495 | 95042 | 230.5 | 200.8 | 124.2 | 112.5 | 2.8 | 10.1 | 11.4 |
| 8745 | 14730 | 17031 | 18869 | 302.6 | 215.8 | 128.1 | 110.8 | 7.0 | 11.0 | 13.2 |
| 206386 | 160816 | 158038 | 156888 | 78.1 | 76.0 | 97.6 | 99.3 | 0.5 | -4.9 | -1.2 |
| 49728 | 50889 | 56014 | 59439 | 96.8 | 119.5 | 116.8 | 106.1 | -4.1 | 0.5 | 8.1 |
| 1053 | 1799 | | | | | | | 5.8 | 11.3 | |
| 11564 | 112190 | 138832 | 171251 | 28541.9 | 1480.9 | 152.6 | 123.4 | 80.7 | 57.5 | 23.5 |
| 5123 | 25154 | 41320 | 53131 | 9487.6 | 1037.1 | 211.2 | 128.6 | 55.7 | 37.5 | 45.3 |
| 613614 | 615770 | 567246 | 537160 | 117.1 | 87.5 | 87.2 | 94.7 | 6.0 | 0.1 | -6.6 |
| 195508 | 166335 | 155069 | 143506 | 85.9 | 73.4 | 86.3 | 92.5 | 3.2 | -3.2 | -7.1 |
| 126761 | 124449 | 127134 | 131535 | 125.4 | 103.8 | 105.7 | 103.5 | 3.9 | -0.4 | 2.8 |
| 66347 | 89086 | 100490 | 113636 | 279.5 | 171.3 | 127.6 | 113.1 | 10.3 | 6.1 | 12.9 |
| 7606 | 13136 | 16380 | 19885 | 482.6 | 261.4 | 151.4 | 121.4 | 13.0 | 11.5 | 23.0 |
| 477.0 | 435.3 | 435.1 | 442.1 | 133.2 | 92.7 | 101.6 | 101.6 | 7.8 | -1.8 | 0.8 |
| 83.9 | 281.0 | 378.5 | 402.9 | 244.2 | 480.2 | 143.4 | 106.5 | -12.7 | 27.3 | 19.7 |
| 8450 | 11875 | 13614 | 15128 | 237.9 | 179.0 | 127.4 | 111.1 | 5.9 | 7.0 | 12.9 |
| 34287 | 50068 | 50119 | 51511 | 161.0 | 150.2 | 102.9 | 102.8 | 1.4 | 7.9 | 1.4 |
| 7985 | 10157.3 | 10854.5 | 11571.1 | 194.3 | 144.9 | 113.9 | 106.6 | 6.0 | 4.9 | 6.7 |
| 3970 | 8685 | 9576 | 9881 | 284.6 | 248.9 | 113.8 | 103.2 | 2.7 | 16.9 | 6.7 |
| 41896 | 71463 | 75977 | 79592 | 242.3 | 190.0 | 111.4 | 104.8 | 5.0 | 11.3 | 5.5 |
| 27.5 | 37.5 | 39.5 | 38.8 | | | | | | | |
| 45443 | 58895 | 107084 | 127350 | 225.5 | 280.2 | 216.2 | 118.9 | -4.3 | 5.3 | 47.0 |
| 44.4 | 41.1 | 95.3 | 92.4 | | | | 97.0 | 平 | -1.5 | |
| 67.2 | 53.3 | 52.9 | 52.0 | 91.0 | 77.3 | 97.5 | 98.1 | 3.3 | -4.5 | -1.3 |
| 28 | 30 | 12 | 20 | 30.3 | 71.4 | 66.7 | 166.7 | -15.8 | 1.4 | -18.4 |
| 275.4 | 231.6 | 50.9 | 896.5 | 111.8 | 325.5 | 387.1 | 1762.0 | -19.2 | -3.4 | 96.7 |
| 9182 | 5174 | 5400 | 5377 | 88.2 | 58.6 | 103.9 | 99.6 | 8.5 | -10.8 | 1.9 |
| 191 | 56 | 46 | 46 | 20.3 | 24.1 | 82.1 | 100.0 | -3.4 | -21.8 | -9.4 |
| 4956.1 | 8474.3 | 5496 | 5293 | 92.8 | 156.0 | 62.5 | 96.3 | -9.9 | 20.1 | -21.0 |
| 17474 | 7714 | 14008 | 18075 | 70.0 | 103.4 | 234.3 | 129.0 | -7.5 | -15.1 | 53.1 |
| 19771 | 9364 | 16500 | 21108 | 105.0 | 106.8 | 225.4 | 127.9 | -0.3 | -13.9 | 50.1 |
| 4355 | 2808 | 2757 | 2691 | 71.2 | 61.8 | 95.8 | 97.6 | 2.9 | -8.4 | -2.1 |
| 6118 | 2349.6 | 4837.5 | 10726.6 | 134.6 | 175.3 | 456.5 | 221.7 | -5.2 | -17.4 | 113.7 |

# 1—7 国民经济和社会发展结构指标

Structural Indicators on National Economic and Social Development

单位：%

| 指　标 | Item | 2000 | 2005 | 2010 | 2011 | 2012 |
|---|---|---|---|---|---|---|
| **人口与就业** | **Population and Employment** | | | | | |
| **人　口** | **Population** | | | | | |
| 城乡结构 | Urban and Rural Structure | | | | | |
| 城　镇 | Urban | 28.0 | 35.5 | 43.2 | 44.8 | 46.5 |
| 乡　村 | Rural | 72.0 | 64.5 | 56.8 | 55.2 | 53.5 |
| 性别结构 | Sexual Structure | | | | | |
| 男 | Male | 51.9 | 52.0 | 51.9 | 51.9 | 51.9 |
| 女 | Female | 48.1 | 48.0 | 48.1 | 48.1 | 48.1 |
| **就　业** | **Employment** | | | | | |
| 产业结构 | Industrial Structure | | | | | |
| 第一产业 | Primary Industry | 58.5 | 48.6 | 39.1 | 38.8 | 36.4 |
| 第二产业 | Secondary Industry | 16.9 | 21.4 | 25.1 | 25.2 | 26.3 |
| 第三产业 | Tertiary Industry | 24.6 | 30.0 | 35.8 | 36.0 | 37.3 |
| **宏观经济** | **Macro Economy** | | | | | |
| **国民核算** | **National Accounting** | | | | | |
| 生产总值产业结构 | Structure of Total Investment in Fixed Assets | | | | | |
| 第一产业 | Primary Industry | 25.6 | 18.1 | 14.0 | 13.2 | 12.7 |
| 第二产业 | Secondary Industry | 36.4 | 42.0 | 52.1 | 54.3 | 54.6 |
| 第三产业 | Tertiary Industry | 38.0 | 39.9 | 33.9 | 32.5 | 32.7 |
| **投　资** | **Investment** | | | | | |
| 固定资产投资产业结构 | Structure of Total Investment in Fixed Assets | | | | | |
| 第一产业 | Primary Industry | 1.0 | 3.0 | 1.9 | 1.2 | 1.7 |
| 第二产业 | Secondary Industry | 26.9 | 39.5 | 47.4 | 50.0 | 46.1 |
| 第三产业 | Tertiary Industry | 72.1 | 57.5 | 50.7 | 48.8 | 52.2 |
| 资金来源结构 | Structure of Funded Sources | | | | | |
| 国家预算内资金 | State Budgetary Appropriation | 6.4 | 4.6 | 7.3 | 6.6 | 6.0 |
| 国内贷款 | Domestic Loans | 18.7 | 17.4 | 9.4 | 8.9 | 9.5 |
| 利用外资 | Foreign Investment | 2.5 | 1.8 | 0.9 | 0.8 | 0.7 |
| 自筹和其他投资 | Fundraising | 72.4 | 76.2 | 82.4 | 83.7 | 83.8 |
| **财　政** | **Government Finance** | | | | | |
| 财政收入结构 | Structure of Government Revenue | | | | | |
| 中　央 | Central Government | 38.5 | 42.2 | 40.3 | 40.0 | 35.6 |
| 地　方 | Local Government | 61.5 | 50.9 | 55.7 | 55.6 | 59.2 |
| 财政支出结构 | Structure of Government Expenditures | | | | | |
| 地　方 | Local Government | 100.0 | 100.0 | 100.0 | 100.0 | 100.0 |
| **利用外资** | **Utilization of Foreign Capital** | | | | | |
| 实际利用外资结构 | Structure of Foreign Capital Actually Utilized | | | | | |
| 外商直接投资 | Direct Investment by Foreign Entrepreneurs | 76.7 | 100.0 | 100.0 | 100.0 | 100.0 |
| **能源生产与消费** | **Energy Production and Consumption** | | | | | |
| 能源生产总量结构 | Composition of Total Energy Production | | | | | |
| 原　煤 | Coal | 99.8 | 99.8 | 98.4 | 98.3 | 98.1 |
| 一次电力 | Primary Power | 0.2 | 0.2 | 1.2 | 0.9 | 1.1 |
| 能源消费总量结构 | Composition of Total Energy Consumption | | | | | |
| 煤　品 | Coal | | 88.6 | 86.2 | 82.2 | 80.6 |
| 油　品 | Petroleum | | 10.5 | 10.3 | 11.6 | 12.8 |
| 天然气 | Natural Gas | | 0.2 | 1.8 | 2.5 | 2.9 |
| 一次电力 | Primary Power | | 0.7 | 1.2 | 0.9 | 1.1 |
| 其　他 | Other | | | 0.5 | 2.8 | 2.7 |
| **产　业** | **Industrial** | | | | | |
| **农　业** | **Agriculture** | | | | | |
| 农林牧渔业产值结构 | Structure of Gross Output Value | | | | | |
| 农　业 | Farming | 55.4 | 49.1 | 52.3 | 49.6 | 50.1 |
| 林　业 | Forestry | 5.2 | 4.7 | 4.6 | 5.3 | 5.6 |

## 1—7　续表1　continued

单位：%

| 指　标 | Item | 2000 | 2005 | 2010 | 2011 | 2012 |
|---|---|---|---|---|---|---|
| 牧　业 | Animal Husbandry | 28.6 | 33.2 | 29.3 | 31.3 | 30.0 |
| 渔　业 | Fishery | 10.8 | 9.9 | 10.0 | 10.0 | 10.3 |
| **工　业** | **Industry** | | | | | |
| 工业总产值规模结构 | Structure of Gross Output Value of Industry | | | | | |
| 大型企业 | Large Enterprises | 49.3 | 41.2 | 34.3 | 39.8 | 37.1 |
| 中型企业 | Medium-sized Enterprises | 14.9 | 32.2 | 25.9 | 19.4 | 20.6 |
| 小微型企业 | Small and Mini Enterprises | 35.8 | 26.6 | 39.9 | 40.8 | 42.3 |
| **建筑业** | **Construction** | | | | | |
| 建筑业总产值结构 | Structure of Gross Output Value of Construction Enterprises | | | | | |
| 建筑工程 | Construction Projects | 86.6 | 85.1 | 87.5 | 86.4 | 86.0 |
| 安装工程 | Installation Projects | 11.0 | 10.8 | 8.6 | 8.5 | 7.8 |
| 其　他 | Others | 2.4 | 4.1 | 3.9 | 5.1 | 6.2 |
| **运输业** | **Transportation** | | | | | |
| 货运量结构 | Structure of Freight Traffic | | | | | |
| 铁　路 | Railways | 14.5 | 15.5 | 5.3 | 4.7 | 3.9 |
| 公　路 | Highways | 73.5 | 73.9 | 80.5 | 81.8 | 83.0 |
| 水　运 | Waterways | 12.0 | 10.6 | 14.2 | 13.6 | 13.0 |
| 民　航 | Total Civil Aviation Routes | | | | | |
| **国内商业** | **Domestic Trade** | | | | | |
| 社会消费品零售总额构成 | Composition of Retail Sales of Consumer Goods | | | | | |
| 城　镇 | Urban | | | 83.8 | 82.9 | 82.1 |
| 乡　村 | Rural | | | 16.2 | 17.1 | 17.8 |
| **对外经济贸易** | **Foreign Trade** | | | | | |
| 出口商品结构 | Structure of Exports | | | | | |
| 初级产品 | Primary Goods | 13.3 | 7.1 | 6.3 | 8.9 | 6.4 |
| 工业制成品 | Manufactured Goods | 86.7 | 92.9 | 93.7 | 91.1 | 93.6 |
| 进口商品结构 | Structure of Imports | | | | | |
| 初级产品 | Primary Goods | 38.9 | 53.0 | 53.1 | 57.2 | 57.2 |
| 工业制成品 | Manufactured Goods | 61.1 | 47.0 | 46.9 | 42.8 | 42.8 |
| **国际旅游** | **International Tourism** | | | | | |
| 来华旅游人数结构 | Structure of Tourists | | | | | |
| 外国人及华侨 | Foreigners and Overseas Chinese | 52.7 | 64.9 | 59.2 | 57.7 | 57.4 |
| 港澳台同胞 | Compatriots form Hong Kong, Macao and Taiwan | 47.3 | 35.1 | 40.8 | 42.3 | 42.6 |
| **金融保险业** | **Finance and Insurance** | | | | | |
| 金融机构资金来源结构 | Structure of Sources of Funds in State Banks | | | | | |
| #各项存款 | Deposits | 99.1 | 96.3 | 103.4 | 99.7 | 102.1 |
| 其　他 | Others | 0.9 | 3.7 | -3.4 | 0.3 | -2.1 |
| 金融机构资金运用结构 | Structure of Fund Uses in State Banks | | | | | |
| #各项贷款 | Loans | 95.1 | 69.3 | 72.4 | 70.5 | 72.4 |
| 有价证券及投资 | Securities and Investment | 2.7 | 3.1 | 4.7 | | 2.1 |
| **教育、科技、文化** | **Education, Science and Culture** | | | | | |
| **教　育** | **Education** | | | | | |
| 在校学生结构 | Structure of Student Enrollment | | | | | |
| 大学生 | College and University Students | 1.7 | 4.7 | 8.2 | 8.9 | 9.4 |
| 中学生 | Secondary School Students | 32.8 | 41.2 | 39.8 | 40.7 | 38.5 |
| 小学生 | Primary School Students | 59.0 | 46.7 | 40.2 | 39.8 | 37.4 |
| 专任教师结构 | Full-time Teachers by Type | | | | | |
| 大　学 | College and University Students | 3.2 | 6.3 | 8.5 | 8.7 | 8.8 |
| 中　学 | Secondary School Students | 39.2 | 42.9 | 43.6 | 43.9 | 43.7 |
| 小　学 | Primary School Students | 57.6 | 50.6 | 42.5 | 41.1 | 40.1 |
| **科　技** | **Science and Technology** | | | | | |
| 研究与试验发展经费筹集款结构 | Structure of Funding for Research and Development Outlat | | | | | |
| #政府资金 | Government Fund | | 31.7 | 22.0 | 21.8 | 21.4 |
| 企业资金 | Enternment Fund | | 60.1 | 72.6 | 74.4 | 74.2 |

**1—7 续表2 continued**

单位：%

| 指　标 | Item | 2000 | 2005 | 2010 | 2011 | 2012 |
|---|---|---|---|---|---|---|
| 研究与试验发展经费支出 | Research and Development Expenses | | | | | |
| #基础研究 | Basic Research | | 9.0 | 7.5 | 8.3 | 6.5 |
| 应用研究 | Applied research | | 20.1 | 9.6 | 8.9 | 9.5 |
| 试验发展 | Experimental development | | 61.4 | 82.9 | 82.8 | 83.9 |
| **生活、环境** | **People's Livelihood and Environment** | | | | | |
| **生　活** | **People's Livelihood** | | | | | |
| 城镇居民消费结构 | Consumption Structure of Urban Residents | | | | | |
| 食 品 类 | Food | 45.7 | 43.7 | 38.0 | 39.8 | 38.7 |
| 衣 着 类 | Clothing | 10.3 | 12.0 | 10.6 | 10.4 | 10.3 |
| 居　住 | Residence | 8.8 | 9.3 | 10.7 | 11.4 | 9.3 |
| 家庭设备用品及服务 | Household Facilities, Articles and Services | 7.1 | 4.6 | 5.9 | 5.2 | 5.4 |
| 医疗保健 | Health Care and medical Services | 4.3 | 6.3 | 6.4 | 6.9 | 7.6 |
| 交通通信 | Transport and Communications | 7.3 | 10.6 | 11.8 | 10.4 | 12.1 |
| 教育文化娱乐服务 | Education, Cultural and Recreation Services | 12.0 | 10.5 | 12.9 | 12.4 | 12.9 |
| 杂项商品与服务 | Miscellaneous Goods and Services | 4.5 | 3.1 | 3.8 | 3.5 | 3.7 |
| 农村居民消费结构 | Consumption Structure of Rural Residents | | | | | |
| 食 品 类 | Food | 52.5 | 45.5 | 40.7 | 41.5 | 39.3 |
| 衣 着 类 | Clothing | 5.4 | 5.4 | 5.8 | 6.0 | 6.0 |
| 居　住 | Residence | 14.9 | 15.7 | 21.6 | 17.9 | 20.5 |
| 家庭设备用品及服务 | Household Facilities, Articles and Services | 4.4 | 4.8 | 5.8 | 6.1 | 6.2 |
| 交通通讯 | Transport and Telecommunications | 4.4 | 9.0 | 8.5 | 9.6 | 9.3 |
| 文教娱乐用品及服务 | Education, Cultural and Recreation and Services | 11.0 | 11.7 | 9.1 | 7.6 | 6.9 |
| 医疗保健 | Health Care and medical Services | 4.4 | 6.1 | 6.6 | 8.9 | 9.2 |
| 其他商品及服务 | Other Goods and Services | 3.1 | 1.8 | 2.0 | 2.5 | 2.6 |
| **卫　生** | **Health Care** | | | | | |
| 卫生技术人员结构 | Composition of medical Technical personnel | | | | | |
| #执业（助理）医师 | Licensed (Assistant) Doctors | 45.5 | 41.4 | 39.5 | 38.9 | 39.0 |
| 注册护士 | Registered Nurses | 26.8 | 29.6 | 37.3 | 38.8 | 40.2 |
| 医院床位结构 | Hospital Beds by Area | | | | | |
| 综合医院 | Comprehensive Hospitals | | | | 77.0 | 74.7 |
| 中医医院 | Hospitals of Traditional Chinese Medicine | | | | 11.3 | 12.3 |
| 专科医院 | Specialized Hospitals | | | | 10.8 | 12.0 |
| **环境、灾害** | **Environment and Disasters** | | | | | |
| 治理污染资金使用结构 | Uses of Funds in Pollution Treatment | | | | | |
| 治理废水 | Waste Water Treatment | 46.7 | 53.1 | 24.2 | 26.4 | 16.9 |
| 治理废气 | Waste Gas Treatment | 45.4 | 36.9 | 52.5 | 38.6 | 79.1 |
| 治理固体废物 | Solid Wastes Treatment | 3.8 | 6.4 | | 2.9 | 2.0 |
| 治理噪声 | Noise Abatement | 0.7 | 0.5 | 0.2 | 0.3 | 0.1 |
| 其　他 | Others | 3.4 | 3.1 | 23.1 | 31.8 | 2.0 |
| 火灾事故损失额结构 | Structure of Fire Losses Converted into Cash | | | | | |
| 特　大 | Extraordinarily Serious Fires | 41.6 | 10.7 | 29.4 | | |
| 重　大 | Serious Fires | 6.3 | 10.9 | 29.5 | | |
| 一　般 | Ordinary Fires | 52.1 | 78.4 | 41.0 | 97.8 | 99.7 |
| 交通事故损失额结构 | Structure of Losses of Traffic Accidents Converted into Cash | | | | | |
| 特　大 | Extraordinarily Serious Fires | 3.8 | 5.0 | 5.0 | 3.1 | 3.6 |
| 重　大 | Serious Fires | 19.9 | 31.6 | 48.7 | 41.8 | 36.8 |
| 一　般 | Ordinary Fires | 76.3 | 63.4 | 46.4 | 55.1 | 59.6 |

# 1—8 国民经济和社会发展比例和效益指标
Indicators on Proportions and Efficiency in National Economic and Social Development

| 指　标 | Item | 2000 | 2005 | 2010 | 2011 | 2012 |
|---|---|---|---|---|---|---|
| **人　口** | **Population** | | | | | |
| 出生率 (‰) | Birth Rate (‰) | 13.40 | 12.43 | 12.70 | 12.23 | 13.00 |
| 死亡率 (‰) | Death Rate (‰) | 5.76 | 6.23 | 5.95 | 5.91 | 6.14 |
| 自然增长率 (‰) | Natural Growth Rate (‰) | 7.64 | 6.20 | 6.75 | 6.32 | 6.86 |
| **就　业** | **Employment** | | | | | |
| 三次产业从业者比例 | Employment Ratio by Type of Industry | | | | | |
| (以第一产业为100) | (Employment in primary industry=100) | | | | | |
| 第一产业 | Primary Industry | 100.0 | 100.0 | 100.0 | 100.0 | 100.0 |
| 第二产业 | Secondary Industry | 29.0 | 44.0 | 64.2 | 65.0 | 72.3 |
| 第三产业 | Tertiary Industry | 42.0 | 61.8 | 91.6 | 92.8 | 102.4 |
| 城镇登记失业率 (%) | Registered Unemployment Rate in Urban Areas | 3.3 | 4.4 | 3.7 | 3.7 | 3.7 |
| **国民核算** | **National Accounting** | | | | | |
| 全社会劳动生产率 (元/人) | Overall Labor Productivity (yuan/person) | 8410 | 14709 | 30752 | 37452 | 41337 |
| 第一产业 | Primary Industry | 3674 | 5345 | 10979 | 12665 | 13921 |
| 第二产业 | Secondary Industry | 18071 | 29590 | 63966 | 80870 | 87656 |
| 第三产业 | Tertiary Industry | 13029 | 19975 | 29165 | 33926 | 36887 |
| 人均生产总值 (元) | Per Capita GDP (yuan) | 4779 | 8631 | 20888 | 25659 | 28792 |
| **固定资产投资** | **Investment in Fixed Assets** | | | | | |
| 全社会固定资产投资相当于生产总值比例 (%) | Proportion of Investment in Fixed Assets to GDP (%) | 29.9 | 47.1 | 95.9 | 79.4 | 87.5 |
| 全社会房屋建筑面积竣工率 (%) | Rate of Total Floor Space of Buildings Completed in Construction (%) | 83.2 | 56.4 | 24.5 | 21.6 | 18.6 |
| **财　政** | **Finance** | | | | | |
| 财政收入相当于生产总值比例 (%) | Proportion of Government Revenue to GDP (%) | 10.0 | 12.3 | 16.7 | 17.2 | 17.6 |
| 财政支出相当于生产总值比例 (%) | Proportion of Government Expenditure of GDP (%) | 11.1 | 13.3 | 20.9 | 21.6 | 23.0 |
| 地方收入相当于中央财政收入比例 (%) | Proportion of Local Government Revenue to Central Government Revenue (%) | 160.0 | 120.6 | 138.2 | 139.1 | 166.3 |
| **利用外资** | **Utilization of Foreign Capital** | | | | | |
| 实际利用外资额相当于签订利用外资额比例 (%) | Proportion of Foreign Capital Actually Used to Total Amount of Foreign Capital for Utilization by Signed Contracts or Agreements (%) | 50.1 | 44.3 | 231.7 | 192.5 | 340.8 |
| **能源生产与消费** | **Production and Consumption of Energy** | | | | | |
| 能源生产弹性系数 | Elasticity Ratio of Energy Production | 0.26 | 0.54 | 0.30 | 0.45 | 0.54 |
| 电力生产弹性系数 | Elasticity Ratio of Electricity Production | 1.84 | 0.51 | 0.69 | 0.97 | 0.76 |
| 能源消费弹性系数 | Elasticity Ratio of Energy Consumption | 0.66 | 0.71 | 0.62 | 0.66 | 0.62 |
| 电力消费弹性系数 | Elasticity Ratio of Electricity Consumption | 1.00 | 1.08 | 0.90 | 0.98 | 0.95 |
| 每万元生产总值消耗的能源 (吨标准煤) | Energy Consumption per 10000 yuan GDP (ton of SCE) | 1.68 | 1.22 | 0.79 | 0.75 | 0.72 |

**1—8 续表1 continued**

| 指标 | Item | 2000 | 2005 | 2010 | 2011 | 2012 |
|---|---|---|---|---|---|---|
| **农业** | **Agriculture** | | | | | |
| 每公顷耕地农业机械总动力（千瓦） | Total Power of Agricultural Machinery per Hectare of Cultivated Land (kw) | 7.04 | 9.73 | 12.94 | 13.52 | 14.11 |
| 每公顷耕地用电量（千瓦时） | Electare Power Consumption per Hectare of Cultivated Land (kwh) | 1083 | 1569 | 2569 | 2803 | 3078 |
| 每公顷耕地化肥施用量（公斤） | Chemical Fertilizer Consumption per Hectare of Cultivated Land (kg) | 599 | 698 | 765 | 788 | 797 |
| 农业从业者人均农产品产量（公斤） | Output of Farm Products per Agricultural (kg) | | | | | |
| 粮　食 | Grain | 1235 | 1474 | 1956 | 1970 | 2102 |
| 棉　花 | Cotton | 14 | 18 | 20 | 24 | 19 |
| 油　料 | Oil-bearing Crops | 142 | 153 | 145 | 134 | 145 |
| 肉　类 | Meat | 156 | 217 | 239 | 236 | 254 |
| 水产品 | Aquatic Products | 80 | 100 | 123 | 125 | 133 |
| 每公顷播种面积农产品产量（公斤） | Output of Farm Crops per Hectare of Sown Area (kg) | | | | | |
| 粮　食 | Grain | 4442 | 4351 | 4656 | 4735 | 4967 |
| 棉　花 | Cotton | 867 | 816 | 918 | 1073 | 964 |
| 油　料 | Oil-bearing Crops | 1956 | 2077 | 2410 | 2434 | 2699 |
| **工业** | **Industry** | | | | | |
| 总资产贡献率（%） | Ratio of Total Assets to Industrial Output Value (%) | 7.09 | 38.90 | 16.22 | 15.78 | 15.25 |
| 资产负债率（%） | Assets-liability Ratio (%) | 63.19 | 61.63 | 60.05 | 59.53 | 59.71 |
| 成本费用利润率（%） | Ratio of Profits to Industrial Cost (%) | 2.40 | 5.14 | 8.63 | 7.04 | 6.87 |
| 流动资产周转次数（次/年） | Number of Times of Annual of Turnover Circulating Funds (times/year) | 1.43 | 2.25 | 2.63 | 3.02 | 2.95 |
| 产品销售率（%） | Proportion of products Sold (%) | | 98.24 | 97.57 | 97.63 | 97.74 |
| **建筑业** | **Construction** | | | | | |
| 技术装备率（元/人） | Value of Machinery per Laborer (yuan/peron) | 4570 | 9020 | 9287 | 10630 | 9937 |
| 产值利税率（%） | Ratio of Per-tax Profits to Gross Output Value (%) | 4.16 | 5.4 | 7.33 | 6.64 | 6.58 |
| 全员劳动生产率（元/人） | Overall Labor Productivity (yuan/person) | 42406 | 95803 | 177486 | 229630 | 291191 |
| **交通运输业** | **Transportation** | | | | | |
| 客运量弹性系数 | Elasticity of Passenger Traffic | 0.20 | 0.47 | 0.88 | 1.21 | 1.24 |
| 货运量弹性系数 | Elasticity of Freight Traffic | 0.99 | 1.04 | 1.09 | 1.31 | 1.36 |
| 铁路网密度（公里/万平方公里） | Railway Density (km/10000 sq.km) | 155 | 169 | 204 | 224 | 234 |
| 公路网密度（公里/万平方公里） | Highway Density (km/10000 sq.km) | 3191 | 5222 | 10714 | 10727 | 11845 |
| 铁路货运密度（吨/公里） | Railway Freight Traffic Density (ton/km) | 29912 | 44139 | 42424 | 40074 | 37619 |
| 公路货运密度（吨/公里） | Highway Freight Traffic Density (ton/km) | 7358 | 6814 | 12295 | 14677 | 15710 |
| **邮电通信业** | **Postal and Telecommunications Services** | | | | | |
| 邮电业务总量弹性系数 | Elasticity of Postal and Telecommunications Services | 3.19 | 2.30 | | 1.51 | 1.00 |
| 全省电话普及率（部/百人） | Access to Telephones, National (set/100 persons) | 11.38 | 36.78 | 59.03 | 75.50 | 78.22 |
| #移动电话普及率 | Access to Mobile Phones | 3.43 | 16.07 | 40.10 | 54.61 | 60.18 |
| **国内商业** | **Domestic Trade** | | | | | |
| 批零和住宿餐饮业人均消费品零售额（元） | Per Capita Retail Sales And Accommodation of Consumer Good (yuan) | 1281 | 2700 | 6096 | 7153 | 8253 |
| **对外经济贸易** | **Foreign Trade** | | | | | |
| 进出口总额相当于生产总值比例（%） | Proportion of Total Imports & Exports to GDP (%) | 9.1 | 13.9 | 13.3 | 13.2 | 14.4 |
| **国际旅游** | **International Tourism** | | | | | |
| 每一来华游客花费（美元） | Expenditure per International Tourist in China(USD) | 271 | 293 | 413 | 449 | 471 |
| 国内旅游人均花费（元） | Expenditure per Domestic Tourist (yuan) | | 662 | 838 | 896 | 862 |

1—8　续表2　continued

| 指　标 | Item | 2000 | 2005 | 2010 | 2011 | 2012 |
|---|---|---|---|---|---|---|
| **金融保险** | **Finance and Insurance** | | | | | |
| 金融机构存款相当于生产总值比例 (%) | Bank Deposits as Percentage of GDP (%) | 81.80 | 111.50 | 132.42 | 126.82 | 133.50 |
| 金融机构贷款相当于生产总值比例 (%) | Bank Loans as Percentage of GDP (%) | 78.50 | 80.24 | 92.66 | 89.73 | 94.67 |
| **教　育** | **Education** | | | | | |
| 学龄儿童入学率 (%) | Net Enrollment Ratio of Primary Schools (%) | 99.67 | 99.54 | 99.93 | 99.78 | 99.92 |
| 小学升学率 (%) | Promotion Rate from Primary Schools to Junior Secondary Schools (%) | 97.55 | 99.56 | 99.92 | 98.89 | 95.63 |
| 初中升学率 (%) | Promotion Rate from Junior Secondary Schools to Senior Secondary Schools (%) | 33.46 | 60.51 | 83.86 | 84.49 | 86.34 |
| 学校教师负担系数 (%) | Student-teacher Ratio (in percentage) (%) | | | | | |
| 高等学校 | Colleges and Universities | 12.11 | 18.16 | 19.05 | 19.37 | 19.26 |
| 中等学校 | Secondary Schools | 22.69 | 24.24 | 19.23 | 17.50 | 15.84 |
| 小学学校 | Primary Schppls | 23.53 | 22.51 | 18.74 | 18.23 | 16.76 |
| **科　技** | **Science and Technology** | | | | | |
| 研究与开发经费支出相当于生产总值比例 (%) | R&D Expenditures as Percentage of GDP (%) | 0.66 | 0.85 | 1.32 | 1.40 | 1.64 |
| **卫　生** | **Health Care** | | | | | |
| 每万人执业(助理)医师数 (人) | Number of Doctors per 10000 Persons (person) | 11.21 | 10.19 | 11.91 | 12.37 | 13.36 |
| 每万人医院床位数 (张) | Number of Hospital Beds per 10000 Persons (unit) | 11.80 | 12.60 | 17.90 | 20.40 | 22.91 |
| 医院病床使用率 (%) | Utilization Rate of Hospital Beds (%) | 58.19 | 68.64 | 85.88 | 87.19 | 88.14 |
| **文　化** | **Culture** | | | | | |
| 每百万人有艺术表演团体 (个) | Number of Troupes per Million Persons (unit) | 1.50 | 1.42 | 0.81 | 18.89 | 14.75 |
| 每百万人有公共图书馆 (个) | Number of Public Libraries per Million Persons (unit) | 1.30 | 1.36 | 1.29 | 1.45 | 1.48 |
| 每百万人有博物馆 (个) | Number of Museums per Million Persons (unit) | 0.60 | 0.66 | 1.76 | 1.91 | 2.05 |
| **家　庭** | **Family** | | | | | |
| 负担少儿系数 (%) | Dependency Ratio of Children (%) | 38.10 | 34.51 | 24.68 | 26.56 | 26.37 |
| 负担老年系数 (%) | Dependency Ratio of the Aged (%) | 11.35 | 15.08 | 14.21 | 16.30 | 17.36 |
| **婚　姻** | **Marriages and Divorces** | | | | | |
| 离婚率 (‰) | Divorce Rate (‰) | 1.37 | 1.76 | 3.89 | 4.28 | 4.71 |
| **生　活** | **People's Livelihood** | | | | | |
| 城镇与农村居民收入增长率比例 (1990=100) | Proportion of Growth Rate of Annual Income of Urban Residents to the Growth Rate of Annual Net Income of Rural Residents (1990=100) | 1.09 | 1.28 | 1.19 | 1.19 | 1.17 |
| **市政建设** | **City Construction** | | | | | |
| 城市自来水普及率 (%) | Percentage of Households with Access to Tap Water (%) | 95.78 | 90.52 | 96.06 | 96.55 | 98.02 |
| 城市用气普及率 (%) | Percentage of Households with Access to Tap Gas (%) | 76.95 | 72.29 | 90.52 | 93.35 | 94.61 |
| 人均公园绿地面积 (平方米) | Public Green Areas per Person (sq.m) | | | 11.00 | 11.88 | 11.92 |

# 1—9 平均每天主要社会经济活动
Selected Indicators on Average Daily Social and Economic Activities

| 指　　标 | Item | 2000 | 2005 | 2010 | 2011 | 2012 |
|---|---|---|---|---|---|---|
| **每天创造的财富** | **Daily Production** | | | | | |
| 安徽生产总值（万元） | Gross Domestic Product (10000 yuan) | 79509 | 146580 | 338612 | 419196 | 471563 |
| 第一产业 | Primary Industry | 20323 | 26479 | 47371 | 55214 | 59691 |
| 第二产业 | Secondary Industry | 28953 | 61532 | 176346 | 227654 | 257667 |
| 工　业 | Industry | 24249 | 50339 | 148148 | 193479 | 219886 |
| 建 筑 业 | Construction | 4704 | 11193 | 28198 | 34175 | 37781 |
| 第三产业 | Tertiary Industry | 30233 | 58569 | 114895 | 136327 | 154205 |
| 财政收入（万元） | Government Revenue (10000 yuan) | 7957 | 17988 | 56543 | 72138 | 82904 |
| #地　方 | Local | 4896 | 9151 | 31490 | 40098 | 49115 |
| 粮　食（吨） | Grain (ton) | 67726 | 71378 | 84397 | 85904 | 90112 |
| 棉　花（吨） | Cotton (ton) | 781 | 852 | 866 | 1030 | 805 |
| 油　料（吨） | Oil-bearing Crops (ton) | 7811 | 7416 | 6236 | 5856 | 6238 |
| 布（万米） | Cloth (10000 m) | 203 | 154 | 298 | 323 | 267 |
| 原　煤（万吨） | Coal (10000 tons) | 13.12 | 23.11 | 35.70 | 38.58 | 41.23 |
| 发 电 量（亿千瓦时） | Electricity (100 million kwh) | 1.01 | 1.77 | 3.96 | 4.47 | 4.84 |
| 钢（万吨） | Steel (10000 tons) | 1.26 | 3.03 | 5.08 | 5.39 | 5.88 |
| 成品钢材（万吨） | Rolls Steel (final products) (10000 tons) | 1.18 | 3.13 | 6.70 | 7.52 | 7.58 |
| 水　泥（万吨） | Cement (10000 tons) | 5.85 | 8.82 | 21.57 | 25.22 | 29.78 |
| 家用电冰箱（台） | Household Refrigerator (unit) | 4655 | 14532 | 56956 | 85315 | 70934 |
| 家用洗衣机（台） | Household Washing Machines (unit) | 3608 | 12104 | 34712 | 44646 | 41078 |
| **每天消费量** | **Daily National Consumption** | | | | | |
| 居民消费总额（万元） | Resident Consumption (10000 yuan) | 44258 | 65737 | 133516 | 164249 | 179801 |
| 农村居民 | Rural Residents | 26424 | 24115 | 41078 | 44527 | 45474 |
| 城镇居民 | Urban Residents | 17834 | 41622 | 92438 | 119723 | 134327 |
| 政府消费总额（万元） | Governmert Consumption Expenditure (10000 yuan) | 9105 | 16638 | 36707 | 44088 | 51405 |
| 能源消费量（万吨标准煤） | Energy Consumption (10000 tons of SCE) | 13.4 | 17.8 | 26.6 | 28.9 | 31.1 |
| **每天其他经济活动** | **Other Daily Economic Activities** | | | | | |
| 货物运输量（万吨） | Volume of Freight Traffic (10000 tons) | 122.0 | 183.9 | 624.9 | 735.4 | 856.0 |
| 旅客运输量（万人） | Volume of Passenger Traffic (10000 persons) | 170.0 | 199.6 | 437.3 | 509.0 | 585.4 |
| 邮电业务总量（万元） | Business Volume of Postal and Telecommunications Services (10000 yuan) | 2735 | 7781 | 8228 | 9907 | 16038 |
| 出版图书（万册） | Books Published (10000 copies) | 85 | 69 | 65 | 69 | 67 |
| 出版杂志（万册） | Magzines Published (10000 copies) | 21.0 | 15.9 | 16.0 | 16.3 | 16.9 |
| 出版报纸（万份） | Newspaper Published (10000 copies) | 208 | 269 | 321 | 339 | 345 |
| 固定资产投资（万元） | Investment in Fixed Assets (10000 yuan) | 23744 | 69068 | 324642 | 332816 | 412464 |
| 城　镇 | Urban | 17522 | 58607 | 299409 | 311572 | 385480 |
| 农　村 | Rural | 6223 | 10461 | 25233 | 21244 | 26984 |
| 社会消费品零售总额（万元） | Total Retail Sales of Consumer Goods (10000 yuan) | 29529 | 48677 | 113740 | 134263 | 155770 |
| 进出口总额（万美元） | Total Value of Imports and exports (USD 10000) | 917 | 2499 | 6651 | 8586 | 10774 |
| 出口额 | Exports | 595 | 1422 | 3401 | 4681 | 7329 |
| 进口额 | Imports | 322 | 1077 | 3250 | 3905 | 3445 |
| 实际利用外资额（万美元） | Foreign Capital Actually Used (USD 10000) | 113.8 | 188.6 | 1373.8 | 1816.1 | 2366.6 |
| 国际旅游外汇收入(万美元) | Foreign Exchange Earnings from International Tourism (USD 10000) | 23.6 | 50.8 | 224.7 | 323.1 | 428.1 |
| **每天人口变动和婚姻** | **Daily Population Changes and Marriages** | | | | | |
| 出　生（人） | Births (person) | 2234 | 2079 | 2060 | 1997 | 2129 |
| 死　亡（人） | Deaths (person) | 946 | 1038 | 964 | 966 | 1005 |
| 结　婚（对） | Marriages (couple) | 1348 | 1204 | 1783 | 1947 | 2096 |
| 离　婚（对） | Divorces (couple) | 117 | 157 | 363 | 243 | 445 |

## 1—10　皖江城市带承接产业转移示范区主要规划目标完成情况（2012年）

The Situation of the Main Goal Ccompletion of the Wanjiang City Zone Contracting Industrial Shifting Model District (2012)

| 指　　标 | Item | 全　省 the Whole Province | 皖　江 the Area of Wanjiang River | 占全省比重（%） Percentage to the Whole Province | 2015年规划目标 2015 Plan Goal |
|---|---|---|---|---|---|
| **经济发展** | **Economical Development** | | | | |
| 地区生产总值（亿元） | Gross Domestic Product (100 million yuan) | 17212.1 | 11647.6 | 67.7 | 15000 |
| 财政收入（亿元） | Government Revenue (100 million yuan) | 3026.0 | 1919.9 | 63.4 | 2300 |
| 城镇化率（%） | Rate of Urbanization (%) | 46.5 | | | ≥55 |
| R&D经费相当于GDP比例（%） | Proportion of R&D fund to GDP (%) | 1.6 | | | 2.2 |
| **产业结构** | **Industrial Structure** | | | | |
| 非农产业增加值比重（%） | Proportion of Non-agricultural Industries Added Value (%) | 87.3 | 91.0 | | 93 |
| 规模以上工业企业（个） | Industrial Enterprises Above Designated Size (unit) | 14514 | 9359 | 64.5 | |
| 规模以上工业增加值中开发区所占比重（%） | Proportion of Development Zones of Add-value of Industrial Enterprises Above Designated Size （%） | 47.4 | 56.7 | | 65 |
| 开发区单位土地实现经济收入（万元/亩） | Economic Income of Unit Land Development Zones (10000 yuan per mu) | 53.9 | 66.6 | 123.6 | |
| **开放合作** | **Opening-up and Cooperation** | | | | |
| 实际利用外商直接投资（亿美元） | Actual Use of Foreign Direct Investment (USD 100 million) | 86.4 | 60.8 | 70.4 | 75 |
| 实际利用亿元以上省外资金（亿元） | (100 million yuan) | 5283.2 | 3535.8 | 66.9 | |
| 外贸进出口相当于GDP比例（%） | Proportion of Foreign Trade Import and Export to GDP (%) | 14.4 | 18.5 | | |
| **公共服务** | **Public Service** | | | | |
| 城镇居民人均可支配收入（元） | Unban Dweller Per Capita Disposable Income (yuan) | 21024 | 23774 | 113.1 | 28500 |
| 农民人均纯收入（元） | Farmer Per Capita Net Income (yuan) | 7160 | 8324 | 116.2 | 9900 |
| 新增城镇就业岗位（万个） | New Increasing Cities Employment Post Every Year (10 thousand) | 65.8 | | | 40 |
| 职业中学在校学生数（万人） | Number of Students in Vocational Schools (10000 persons) | 47.6 | | | 80 |
| **环境保护** | **Environmental Protection** | | | | |
| 城市污水厂集中处理率（%） | Central Processing Rate of Sewage Treatment Plant (%) | 86.4 | | | 75 |
| 工业企业污染物稳定达标排放率（%） | Central Processing Rate of Sewage Treatment Plant (%) | | | | |

注：皖江城市带承接产业转移示范区是指合肥、芜湖、马鞍山、铜陵、安庆、池州、滁州和宣城市，以及六安市的金安区和舒城县。

a) The Wanjiang City Zone Contracting Industrial shifting Model District Refers to Hefei, Wuhu, Maanshan, Tongling, Anqing, Chizhou, Chuzhou and Xuancheng, and Liuan's Jinan District and Shucheng County.

# 1—11 皖江城市带承接产业转移示范区主要指标
The Main Indices the Wanjiang City Zone Contracting Industrial Shifting Model District

| 指　　标 | | Item | |
|---|---|---|---|
| **土　地** | | **Land** | |
| 土地面积 | （万平方公里） | Land Area | (10000 kilometer Square ) |
| #开发区面积 | | Development Zone Area | |
| **人　口** | | **Population** | |
| 年末总人口 | （万人） | Year-end Population | (10000 perons) |
| **劳动就业** | | **Labour Employment** | |
| 从业人员* | （万人） | Jobholders | (10000 perons) |
| 第一产业 | | Primary Industry | |
| 第二产业 | | Secondary Industry | |
| 第三产业 | | Tertiary Industry | |
| #城　镇 | | Town | |
| 城镇登记失业率 | （%） | Cities and Towns Register Unemployment Rate | |
| **国民经济核算** | | **National Economic Accounting** | |
| 地区生产总值 | （亿元） | Gross Domestic Product | (100 million yuan) |
| 第一产业 | | Primary Industry | |
| 第二产业 | | Secondary Industry | |
| #工　业 | | Industry | |
| 第三产业 | | Tertiary Industry | |
| 人均生产总值 | （元） | Per Capita gross Domestic Product | (yuan) |
| **固定资产投资** | | **Fixed Asset Investment** | |
| 固定资产投资额* | （亿元） | Entire Social Fixed Assets Investment | (100 million yuan) |
| #开发区 | | Development Area | |
| #房地产 | | Rreal Estate | |
| **国内贸易** | | **Domestic Trade** | |
| 社会消费品零售总额 | （亿元） | Social Retailgoods | (100 million yuan) |
| **利用外资** | | **Use of Foreign Investment** | |
| 实际利用外商直接投资* | （亿美元） | Actual Use of Foreign Direct Investment | (USD 100 million) |
| #开发区 | | Development Area | |
| 开发区利用内资 | （亿元） | Domestic Capital Using by Development Zone | (100 million yuan) |
| 实际利用省外资金 | （亿元） | Actual Use of Fund Outside Anhui Province | (100 million yuan) |
| 实际利用省内资金 | （亿元） | Actual Use of Fund Inside Anhui Province | (100 million yuan) |
| 进出口总额* | （亿美元） | Total Export-Import Volume | (USD 100 million) |
| #开发区 | | Development Area | |
| #出　口 | | Export | |
| #开发区 | | Development Area | |
| **财政金融** | | **Financial Work** | |
| 财政收入 | （亿元） | Finance Income | (100 million yuan) |
| #地方财政收入 | | Local Financial Revenue | |
| #开发区土地收入 | | Development Area Land Income | |
| 地方财政支出 | （亿元） | Local Financial Expenditures | (100 million yuan) |
| 金融机构各项贷款* | （亿元） | Loans in Finance Institutions | (100 million yuan) |
| 金融机构各项存款* | （亿元） | Savings in Finance Institutions | (100 million yuan) |
| **农　业** | | **Agriculture** | |
| 主要农产品产量 | （万吨） | Output of Major Farm Products | (10000 ton) |
| 粮　食 | | Ggrain | |
| 棉　花 | | Cotton | |
| 油　料 | | Oil Crops | |
| **规模以上工业** | | **Industrial Enterprises Above Designated Size** | |
| 企业数 | （个） | Number of Enterprises | (unit) |
| #开发区 | | Development Area | |
| 主营业务收入* | （亿元） | Main Business Income | (100 million yuan) |
| #开发区 | | Development Area | |
| 工业增加值 | （亿元） | Industry Value Added | (100 million yuan) |
| #开发区 | | Development Area | |
| 资产总计* | （亿元） | Total Assets | (100 million yuan) |
| #开发区 | | Development Area | |
| #流动资产 | | Current Assets | |

注：带“*”号指标为不包含六安市的金安区、舒城县数据。

a) The index with "*"are data not including Jinan、Shucheng in Luan city.

| 全　省<br>Whole Province | | 皖江示范区<br>The Wanjiang City Zone Contracting Industrial Shifting Model District | | 占全省比重（%）<br>Proportion of Whole Province | |
|---|---|---|---|---|---|
| 2011 | 2012 | 2011 | 2012 | 2011 | 2012 |
| 13.94 | 13.94 | 7.60 | 7.60 | 54.5 | 54.5 |
| 0.23 | 0.25 | 0.16 | 0.17 | 67.8 | 66.9 |
| 6876 | 6902 | 3094 | 3097 | 45.0 | 44.9 |
| 4120.9 | 4206.8 | 1847.5 | 1876.9 | 44.8 | 44.6 |
| 1598.9 | 1531.2 | 658.5 | 652.3 | 41.2 | 42.6 |
| 1038.5 | 1107.3 | 539.4 | 551.0 | 51.9 | 49.8 |
| 1483.5 | 1568.3 | 649.6 | 673.5 | 43.8 | 42.9 |
| 1038.3 | 1141.0 | 711.9 | 707.5 | 68.6 | 62.0 |
| 3.7 | 3.7 | | | | |
| 15300.6 | 17212.1 | 10348.5 | 11647.6 | 67.6 | 67.7 |
| 2015.3 | 2178.7 | 953.6 | 1049.5 | 47.3 | 48.2 |
| 8309.4 | 9404.8 | 6051.6 | 6792.1 | 72.8 | 72.2 |
| 7062.0 | 8025.8 | 5150.2 | 5798.8 | 72.9 | 72.3 |
| 4976.0 | 5628.5 | 3343.3 | 3806.1 | 67.2 | 67.6 |
| 25659 | 28792 | | | | |
| 12147.8 | 15055.0 | 8385.0 | 10274.0 | 69.0 | 68.2 |
| 3883.6 | 5146.5 | 3062.0 | 3947.2 | 78.8 | 76.7 |
| 2611.5 | 3151.6 | 1881.0 | 2189.8 | 72.0 | 69.5 |
| 4900.6 | 5685.6 | 2958.2 | 3433.7 | 60.4 | 60.4 |
| 66.3 | 86.4 | 48.4 | 60.2 | 73.1 | 69.7 |
| 46.9 | 55.8 | 35.9 | 40.4 | 76.5 | 72.4 |
| 1923.6 | 2316.8 | 1508.9 | 1772.7 | 78.4 | 76.5 |
| 313.4 | 393.3 | 279.8 | 339.6 | 89.3 | 86.4 |
| 140.6 | 202.2 | 125.8 | 179.5 | 89.5 | 88.7 |
| 170.8 | 267.5 | 144.7 | 221.4 | 84.7 | 82.8 |
| 86.9 | 138.9 | 74.9 | 119.6 | 86.3 | 86.1 |
| 2633.0 | 3026.0 | 1685.6 | 1919.9 | 64.0 | 63.4 |
| 1463.6 | 1792.7 | 881.1 | 1094.0 | 60.2 | 61.0 |
| 3303.0 | 3961.0 | 1594.3 | 1968.2 | 48.3 | 49.7 |
| 14146.4 | 16795.2 | 10323.2 | 12177.8 | 73.0 | 72.6 |
| 19547.3 | 23211.5 | 12521.7 | 14911.6 | 64.1 | 64.3 |
| 3135.5 | 3289.1 | 1590.5 | 1501.2 | 50.7 | 45.6 |
| 37.6 | 29.4 | 27.7 | 27.8 | 73.7 | 72.1 |
| 213.8 | 227.7 | 127.9 | 138.2 | 59.8 | 60.7 |
| 12432 | 14514 | 8130 | 9359 | 65.4 | 64.5 |
| 4381 | 5431 | 3147 | 3826 | 71.8 | 70.4 |
| 24960.2 | 28905.1 | 17515.2 | 20451.2 | 70.2 | 70.8 |
| 6776.0 | 7614.1 | 4544.0 | 5186.7 | 67.1 | 68.1 |
| 2924.9 | 3607.5 | 2393.4 | 2938.8 | 81.8 | 81.5 |
| 19148.7 | 22797.7 | 12955.6 | 15408.0 | 67.7 | 67.6 |
| 8463.3 | 10025.2 | 6175.9 | 7260.2 | 73.0 | 72.4 |

**1—11 续表 continued**

| 指　　标 | | Item | |
|---|---|---|---|
| 固定资产净值年平均余额 | （亿元） | Annual Mean Remaining Sum of Fixed Asset Net Worth | (100 million yuan) |
| 所有者权益 | （亿元） | Owner's Equity | (100 million yuan) |
| 年平均从业人数 | （万人） | Annual Mean Employed Population | (10000 perons) |
| **建筑业** | | **Construction Business** | |
| 总产值* | （亿元） | Total Value of Out-put | (100 million yuan) |
| #建筑工程产值 | | Value of Out-put of Architectural Engineering | |
| 工程结算收入 | （亿元） | Income From Settlement of Projects | (100 million yuan) |
| **运输邮电通信业** | | **Transportation ,Posts and Telecommunications Industry** | |
| 铁路营业里程 | （公里） | Railroad Revenue Kilometres | (km) |
| 公路里程* | （公里） | Road Mileage | (km) |
| #高速公路 | | Freeway | |
| 客运量 | （亿人） | Passenger Traffic | (100 million perons) |
| 旅客周转量 | （亿人公里） | Turnover of Passenger Traffic | (100 million passenger-km) |
| 货运量 | （亿吨） | Freight Traffic | (100 million ton) |
| 货物周转量 | （亿吨公里） | Cargo Turnover | (100 million tons-km) |
| 邮电业务总量* | （亿元） | Post and Telecommunication Service Total | (100 million yuan) |
| **教　育** | | **Education** | |
| 普通高等学校* | | Regular Institutions of Higher Education | |
| 学校数 | （个） | Number of Schools | (unit) |
| 招生数 | （万人） | Entrants | (10000 perons) |
| 在校学生数 | （万人） | Enrolment | (10000 perons) |
| 毕业生数 | （万人） | Graduates | (10000 perons) |
| **科技活动** | | **S&T Activities** | |
| 科技活动人员 | （人） | Personnel Engaged in S&T Activities | (peron) |
| #研究与试验发展（R&D） | | （R&D） | |
| R&D经费内部支出 | （万元） | The R&D funds Interior Disburses | (10000 yuan) |
| #工业企业 | | Industry Enterprise | |
| 科技机构数 | （个） | Number of S&T Organizations | (unit) |
| 科技项目数 | （个） | Number of S&T Projects | (unit) |
| 科技人员数 | （万人） | Number of S&T People | (10000 perons) |
| #高中级技术职称人员 | | High and Middle Technical Title People | |
| 科技项目经费内部支出 | （万元） | The S&T Funds Interior Disburses | (10000 yuan) |
| 新产品销售收入 | （万元） | Sales Revenue of New Product | (10000 yuan) |
| #出　口 | | Export | |
| 国内外三种专利申请* | | Three Kinds of Patent Applied of Domestic and Foreign | |
| 受理数 | （个） | Number of Cases | (unit) |
| 发　明 | | Invention | |
| 实用新型 | | Utility Model | |
| 外观设计 | | Layout-Design | |
| 授权数 | （个） | Number of Authorization | (unit) |
| 发　明 | | Invention | |
| 实用新型 | | Utility Model | |
| 外观设计 | | Layout-Design | |
| **卫　生** | | **Hygiene** | |
| 卫生机构数* | （个） | Number of Health Institutions | (unit) |
| #医院、卫生院 | | Hospital. Heaith Center | |
| 卫生技术人员* | （万人） | Health technical People | (10000 perons) |
| #执业（助理）医师 | | Licenses of (Assistant) Dr. | |
| 医疗机构床位* | （万张） | Medical Establishment bed | (10000 unit) |
| #医院、卫生院 | | Hospital. Herlth Center | |
| **人民生活** | | **National Lives** | |
| 城镇非私营单位就业人员平均工资* | （元） | Average Wage of Employed Persons of Urban Non-private Owned Units | (yuan) |
| 城镇居民人均可支配收入* | （元） | Urban Per Capita Disposable Income | (yuan) |
| 农村居民人均纯收入 | （元） | Farmer Per Capita Net Income | (yuan) |

| 全　省<br>Whole Province | | 皖江示范区<br>The Wanjiang City Zone Contracting Industrial Shifting Model District | | 占全省比重（%）<br>Proportion of Whole Province | |
|---|---|---|---|---|---|
| 2011 | 2012 | 2011 | 2012 | 2011 | 2012 |
| 6758.2 | 7979.8 | | | | |
| 7697.5 | 9061.3 | 5324.7 | 6202.1 | 69.2 | 68.4 |
| 268.4 | 299.3 | | | | |
| | | | | | |
| 3599.6 | 4230.4 | 2787.7 | 3326.0 | 77.4 | 78.6 |
| 3111.0 | 3638.0 | 2429.8 | 2889.8 | 78.1 | 79.4 |
| | | | | | |
| 3121 | 3260 | | | | |
| 149535 | 165157 | 78703 | 81374 | 52.6 | 49.3 |
| 3009 | 3210 | 1611 | 1596 | 53.5 | 49.7 |
| 18.6 | 20.4 | | | | |
| 1652.5 | 1855.1 | | | | |
| 26.8 | 31.2 | | | | |
| 8446.6 | 9831.6 | | | | |
| 361.6 | 405.2 | 184.6 | 219.9 | 51.0 | 54.3 |
| | | | | | |
| 104 | 107 | 76 | 79 | 73.1 | 73.8 |
| 31.3 | 30.3 | 22.6 | 22.4 | 72.1 | 73.8 |
| 99.1 | 102.3 | 71.0 | 73.6 | 71.6 | 71.9 |
| 25.6 | 26.5 | 18.8 | 19.3 | 73.5 | 72.7 |
| | | | | | |
| 267844 | 305192 | 200156 | 228613 | 74.6 | 74.9 |
| 122640 | 156257 | 88244 | 115621 | 71.7 | 74.0 |
| 2146440 | 2817953 | | | | |
| 1628300 | 2089814 | | | | |
| 2091 | 3013 | | | | |
| | | | | | |
| 48556 | 74888 | 36514 | 52311 | 75.2 | 69.9 |
| 10982 | 19391 | 8105 | 13790 | 73.8 | 71.1 |
| 23209 | 36641 | 17103 | 25412 | 73.7 | 69.4 |
| 14365 | 18856 | 11306 | 13109 | 78.7 | 69.5 |
| 32681 | 43321 | 25919 | 30893 | 79.3 | 71.3 |
| 2026 | 3066 | 1574 | 2377 | 77.7 | 77.5 |
| 16128 | 27191 | 12299 | 19180 | 76.3 | 70.5 |
| 14527 | 13064 | 12046 | 9336 | 82.9 | 71.5 |
| | | | | | |
| 22884 | 23278 | 10465 | 10758 | 45.7 | 46.2 |
| 2311 | 2314 | 1091 | 1370 | 47.2 | 59.2 |
| 21.8 | 23.6 | 11.4 | 12.2 | 52.3 | 51.8 |
| 8.5 | 9.2 | 4.5 | 4.8 | 52.5 | 51.7 |
| 20.3 | 22.2 | 10.0 | 10.8 | 49.3 | 48.8 |
| 18.7 | 20.6 | 9.3 | 10.1 | 49.6 | 49.0 |
| | | | | | |
| 39352 | 44601 | | 45803 | | 102.7 |
| | | | | | |
| 18606 | 21024 | 20978 | 23774 | 112.7 | 113.1 |
| 6232 | 7160 | 7329 | 8324 | 117.6 | 116.2 |

# 1—12 合芜蚌自主创新综合试验区主要指标

Main Indices of HeWuBeng Independent Innovation Comprehensive Area

| 指　　标 | | Item | |
|---|---|---|---|
| **土　地** | | **Land** | |
| 土地面积 | （万平方公里） | Land Area | (10000 kilometer Square ) |
| #开发区面积 | | Development Zone Area | |
| **人　口** | | **Population** | |
| 年末户籍人口 | （万人） | Residence Population (year-end) | (10000 perons) |
| **劳动就业** | | **Labour Employment** | |
| 从业人员 | （万人） | Jobholders | (10000 perons) |
| 第一产业 | | Primary Industry | |
| 第二产业 | | Secondary Industry | |
| 第三产业 | | Tertiary Industry | |
| #城　镇 | | Town | |
| 城镇登记失业率 | （%） | Cities and Towns Register Unemployment Rate | |
| **国民经济核算** | | **National Economic Accounting** | |
| 地区生产总值 | （亿元） | Gross Domestic Product | (100 million yuan) |
| 第一产业 | | Primary Industry | |
| 第二产业 | | Secondary Industry | |
| #工　业 | | Industry | |
| 第三产业 | | Tertiary Industry | |
| 人均生产总值 | （元） | Per Capita gross Domestic Product | (yuan) |
| **固定资产投资** | | **Fixed Asset Investment** | |
| 固定资产投资额 | （亿元） | Entire Social Fixed Assets Investment | (100 million yuan) |
| #开发区 | | Development Area | |
| #房地产 | | Real Estate | |
| **国内贸易** | | **Domestic Trade** | |
| 社会消费品零售总额 | （亿元） | Social Retailgoods | (100 million yuan) |
| **利用外资** | | **Use of Foreign Investment** | |
| 实际利用外商直接投资 | （亿美元） | Actual Use of Foreign Direct Investment | (USD 100 million) |
| #开发区 | | Development Area | |
| 开发区利用内资 | （亿元） | Domestic Capital Using by Development Zone | (100 million yuan) |
| 实际利用省外资金 | （亿元） | Actual Use of Fund Outside Anhui Province | (100 million yuan) |
| 实际利用省内资金 | （亿元） | Actual Use of Fund Inside Anhui Province | (100 million yuan) |
| 进出口总额 | （亿美元） | Total Export-Import Volume | (USD 100 million) |
| #开发区 | | Development Area | |
| #出　口 | | Export | |
| #开发区 | | Development Area | |
| **财政金融** | | **Financial Work** | |
| 财政收入 | （亿元） | Finance Income | (100 million yuan) |
| #地方财政收入 | | Local Financial Revenue | |
| #开发区土地收入 | | Development Area Land Income | |
| 地方财政支出 | （亿元） | Local Financial Expenditures | (100 million yuan) |
| 金融机构各项贷款 | （亿元） | Loans in Finance Institutions | (100 million yuan) |
| 金融机构各项存款 | （亿元） | Savings in Finance Institutions | (100 million yuan) |
| **农　业** | | **Agriculture** | |
| 主要农产品产量 | （万吨） | Output of Major Farm Products | (10000 ton) |
| 粮　食 | | Ggrain | |
| 棉　花 | | Cotton | |
| 油　料 | | Oil Crops | |
| **规模以上工业** | | **Industrial Enterprises Above Designated Size** | |
| 企业数 | （个） | Number of Enterprises | (unit) |
| #开发区 | | Development Area | |
| 主营业务收入 | （亿元） | Main Business Income | (100 million yuan) |
| #开发区 | | Development Area | |
| 工业增加值 | （亿元） | Industry Value Added | (100 million yuan) |
| #开发区 | | Development Area | |
| 资产总计 | （亿元） | Total Assets | (100 million yuan) |
| #开发区 | | Development Area | |
| #流动资产 | | Current Assets | |

| 全　省 Whole Province | | 合芜蚌主要指标 Main Indices of HeWuBeng | | 占全省比重（%） Proportion of Whole Province | |
|---|---|---|---|---|---|
| 2011 | 2012 | 2011 | 2012 | 2011 | 2012 |
| 13.94 | 13.94 | 2.34 | 2.34 | 16.8 | 16.8 |
| 0.23 | 0.25 | 0.12 | 0.12 | 52.6 | 50.3 |
| 6876 | 6902 | 1457 | 1462 | 21.2 | 21.2 |
| 4120.9 | 4206.8 | 792.2 | 906.8 | 19.2 | 21.6 |
| 1598.9 | 1531.2 | 205.8 | 254.4 | 12.9 | 16.6 |
| 1038.5 | 1107.3 | 252.5 | 268.9 | 24.3 | 24.3 |
| 1483.5 | 1568.3 | 334.0 | 383.5 | 22.5 | 24.5 |
| 1038.3 | 1141.0 | 459.6 | 433.0 | 44.3 | 38.0 |
| 3.7 | 3.7 | | | | |
| 15300.6 | 17212.1 | 6075.1 | 6928.2 | 39.7 | 40.3 |
| 2015.3 | 2178.7 | 459.6 | 505.5 | 22.8 | 23.2 |
| 8309.4 | 9404.8 | 3479.5 | 3983.2 | 41.9 | 42.4 |
| 7062.0 | 8025.8 | 2882.5 | 3322.7 | 40.8 | 41.4 |
| 4976.0 | 5628.5 | 2136.0 | 2439.4 | 42.9 | 43.3 |
| 25659 | 28792 | | | | |
| 12147.8 | 15055.0 | 5220.8 | 6376.6 | 43.0 | 42.4 |
| 3883.6 | 5146.5 | 2176.0 | 2892.7 | 56.0 | 56.2 |
| 2611.5 | 3151.6 | 1287.2 | 1464.0 | 49.3 | 46.5 |
| 4900.6 | 5685.6 | 1758.2 | 2155.3 | 35.9 | 37.9 |
| 66.3 | 86.4 | 29.5 | 36.5 | 44.5 | 42.3 |
| 46.9 | 55.8 | 23.0 | 25.2 | 48.9 | 45.1 |
| 1923.6 | 2316.8 | 1016.7 | 1211.9 | 52.9 | 52.3 |
| 313.4 | 393.3 | 170.4 | 234.9 | 54.4 | 59.7 |
| 140.6 | 202.2 | 96.3 | 141.8 | 68.5 | 70.1 |
| 170.8 | 267.5 | 110.8 | 180.0 | 64.9 | 67.3 |
| 86.9 | 138.9 | 53.8 | 91.4 | 61.9 | 65.8 |
| 2633.0 | 3026.0 | 1046.6 | 1196.1 | 39.7 | 39.5 |
| 1463.6 | 1792.7 | 539.8 | 646.8 | 36.9 | 36.1 |
| 3303.0 | 3961.0 | 854.3 | 1039.7 | 25.9 | 26.2 |
| 14146.4 | 16795.2 | 7425.4 | 8794.5 | 52.5 | 52.5 |
| 19547.3 | 23211.5 | 8338.8 | 9899.0 | 42.7 | 42.7 |
| 3135.5 | 3289.1 | 739.5 | 698.3 | 23.6 | 21.2 |
| 37.6 | 29.4 | 11.9 | 11.7 | 31.6 | 39.8 |
| 213.8 | 227.7 | 74.3 | 85.6 | 34.8 | 37.6 |
| 12432 | 14514 | 4302 | 4773 | 34.6 | 32.9 |
| 4381 | 5431 | 1973 | 2314 | 45.0 | 42.6 |
| 24960.2 | 28905.1 | 10086.5 | 12227.2 | 40.4 | 42.3 |
| 6776.0 | 7614.1 | 2797.5 | 3289.9 | 41.3 | 43.2 |
| 2924.9 | 3607.5 | 1709.3 | 2051.0 | 58.4 | 56.9 |
| 19148.7 | 22797.7 | 7798.2 | 9324.6 | 40.7 | 40.9 |
| 8463.3 | 10025.2 | 3827.1 | 4547.6 | 45.2 | 45.4 |

## 1—12 续表 continued

| 指　　标 | | Item | |
|---|---|---|---|
| 固定资产净值年平均余额 | (亿元) | Annual Mean Remaining Sum of Fixed Asset Net Worth | (100 million yuan) |
| 所有者权益 | (亿元) | Owner's Equity | (100 million yuan) |
| 年平均从业人数 | (万人) | Annual Mean Employed Population | (10000 perons) |
| **建筑业** | | **Construction Business** | |
| 总产值 | (亿元) | Total Value of Out-put | (100 million yuan) |
| #建筑工程产值 | | Value of Out-put of Architectural Engineering | |
| 工程结算收入 | (亿元) | Income From Settlement of Projects | (100 million yuan) |
| **运输邮电通信业** | | **Transportation ,Posts and Telecommunications Industry** | |
| 铁路营业里程 | (公里) | Railroad Revenue Kilometres | (km) |
| 公路里程 | (公里) | Road Mileage | (km) |
| #高速公路 | | Freeway | |
| 客运量 | (亿人) | Passenger Traffic | (100 million perons) |
| 旅客周转量 | (亿人公里) | Turnover of Passenger Traffic | (100 million passenger-km) |
| 货运量 | (亿吨) | Freight Traffic | (100 million ton) |
| 货物周转量 | (亿吨公里) | Cargo Turnover | (100 million tons-km) |
| 邮电业务总量 | (亿元) | Post and Telecommunication Service Total | (100 million yuan) |
| **教　育** | | **Education** | |
| 普通高等学校 | | Regular Institutions of Higher Education | |
| 学校数 | (个) | Number of Schools | (unit) |
| 招生数 | (万人) | Entrants | (10000 perons) |
| 在校学生数 | (万人) | Enrolment | (10000 perons) |
| 毕业生数 | (万人) | Graduates | (10000 perons) |
| **科技活动** | | **S&T Activities** | |
| 科技活动人员 | (人) | Personnel Engaged in S&T Activities | (peron) |
| #研究与试验发展（R&D） | | （R&D） | |
| R&D经费内部支出 | (万元) | The R&D funds Interior Disburses | (10000 yuan) |
| #工业企业 | | Industry Enterprise | |
| 科技机构数 | (个) | Number of S&T Organizations | (unit) |
| 科技项目数 | (个) | Number of S&T Projects | (unit) |
| 科技人员数 | (万人) | Number of S&T People | (10000 perons) |
| #高中级技术职称人员 | | High and Middle Technical Title People | |
| 科技项目经费内部支出 | (万元) | The S&T Funds Interior Disburses | (10000 yuan) |
| 新产品销售收入 | (万元) | Sales Revenue of New Product | (10000 yuan) |
| #出　口 | | Export | |
| 国内外三种专利申请 | | Three Kinds of Patent Applied of Domestic and Foreign | |
| 受理数 | (个) | Number of Cases | (unit) |
| 发　明 | | Invention | |
| 实用新型 | | Utility Model | |
| 外观设计 | | Layout-Design | |
| 授权数 | (个) | Number of Authorization | (unit) |
| 发　明 | | Invention | |
| 实用新型 | | Utility Model | |
| 外观设计 | | Layout-Design | |
| **卫　生** | | **Hygiene** | |
| 卫生机构数 | (个) | Number of Health Institutions | (unit) |
| #医院、卫生院 | | Hospital. Heaith Center | |
| 卫生技术人员 | (万人) | Health technical People | (10000 perons) |
| #执业（助理）医师 | | Licenses of (Assistant) Dr. | |
| 医疗机构床位 | (万张) | Medical Establishment bed | (10000 unit) |
| #医院、卫生院 | | Hospital. Herlth Center | |
| **人民生活** | | **National Lives** | |
| 城镇非私营单位就业人员平均工资 | (元) | Average Wage of Employed Persons of Urban Non-private Owned Units | (yuan) |
| 城镇居民人均可支配收入 | (元) | Urban Per Capita Disposable Income | (yuan) |
| 农村居民人均纯收入 | (元) | Farmer Per Capita Net Income | (yuan) |

| 全 省 Whole Province | | 合芜蚌主要指标 Main Indices of HeWuBeng | | 占全省比重（%） Proportion of Whole Province | |
|---|---|---|---|---|---|
| 2011 | 2012 | 2011 | 2012 | 2011 | 2012 |
| 6758.2 | 7979.8 | | | | |
| 7697.5 | 9061.3 | 3207.7 | 3782.0 | 41.7 | 41.7 |
| 268.4 | 299.3 | | | | |
| | | | | | |
| 3599.6 | 4230.4 | 2239.5 | 2732.7 | 62.2 | 64.6 |
| 3111.0 | 3638.0 | 1958.5 | 2380.9 | 63.0 | 65.4 |
| | | | | | |
| 3121 | 3260 | | | | |
| 149535 | 165157 | 30253 | 32961 | 20.2 | 20.0 |
| 3009 | 3210 | 692 | 721 | 23.0 | 22.5 |
| 18.6 | 20.4 | 5.4 | 6.2 | 29.0 | 30.5 |
| 1652.5 | 1855.1 | 363.1 | 412.4 | 22.0 | 22.2 |
| 26.8 | 31.2 | 5.3 | 6.2 | 19.6 | 20.0 |
| 8446.6 | 9831.6 | 1322.5 | 1580.7 | 15.7 | 16.1 |
| 361.6 | 405.2 | 108.5 | 132.7 | 30.0 | 32.8 |
| | | | | | |
| 104 | 107 | 62 | 64 | 59.6 | 59.8 |
| 31.3 | 30.3 | 18.6 | 18.4 | 59.3 | 60.7 |
| 99.1 | 102.3 | 58.9 | 60.8 | 59.5 | 59.5 |
| 25.6 | 26.5 | 15.7 | 16.1 | 61.4 | 60.7 |
| | | | | | |
| 267844 | 305192 | 152725 | 174112 | 56.9 | 57.0 |
| 122640 | 156257 | 72096 | 91063 | 58.6 | 58.3 |
| 2146440 | 2817953 | 1210003 | 1721001 | 56.4 | 61.1 |
| 1628300 | 2089814 | | | | |
| 2091 | 3013 | | | | |
| | | | | | |
| 48556 | 74888 | 27231 | 38027 | 56.1 | 50.8 |
| 10982 | 19391 | 7336 | 10815 | 66.8 | 55.8 |
| 23209 | 36641 | 12216 | 17059 | 52.6 | 46.6 |
| 14365 | 18856 | 7679 | 10153 | 53.5 | 53.8 |
| 32681 | 43321 | 20497 | 23504 | 62.7 | 54.3 |
| 2026 | 3066 | 1467 | 2207 | 72.4 | 72.0 |
| 16128 | 27191 | 9163 | 13415 | 56.8 | 49.3 |
| 14527 | 13064 | 9867 | 7882 | 67.9 | 60.3 |
| | | | | | |
| 22884 | 23278 | 4801 | 4857 | 21.0 | 20.9 |
| 2311 | 2314 | 541 | 527 | 23.4 | 22.8 |
| 21.8 | 23.6 | 6.6 | 7.2 | 30.3 | 30.4 |
| 8.5 | 9.2 | 2.5 | 2.7 | 29.9 | 29.7 |
| 20.3 | 22.2 | 6.2 | 6.7 | 30.6 | 30.0 |
| 18.7 | 20.6 | 5.8 | 6.3 | 31.0 | 30.3 |
| | | | | | |
| 39352 | 44601 | | 46741 | | 104.8 |
| 18606 | 21024 | 21345 | 24183 | 114.7 | 115.0 |
| 6232 | 7160 | 7647 | 8831 | 122.7 | 123.3 |

## 1—13 分地区皖江城市带承接产业转移示范区主要规划目标完成情况（2012年）

The Situation of the Main Goal Completion of the Wanjiang City Zone Contracting Industrial Shifting Model District By Regions (2012)

| 地 区 | Region | 经 济 发 展 Economical Development | | | | 产 业 结 构 Industrial Structure | | | |
|---|---|---|---|---|---|---|---|---|---|
| | | 地区生产总值 (亿元) Gross Domestic Product (100 million yuan) | 财政收入 (亿元) Government Revenue (100 million yuan) | 城镇化率 (%) Rate of Urbanization (%) | R&D经费相当于GDP比例 (%) Proportion of R&D fund to GDP (%) | 非农产业比重 (%) Non-agricultural Industries (%) | 规模以上工业企业 (个) Industrial Enterprises Above Designated Size (unit) | 规模以上工业增加值中开发区所占比重 (%) Proportion of Development Zones of Add-value of Industrial Enterprises Above Designated Size (%) | 开发区单位土地实现经济收入 (万元/亩) Economic Income of Unit Land Development Zones (10000 yuan per mu) |
| 合 肥 市 | Hefei | 4164.3 | 694.4 | 66.4 | 2.8 | 94.5 | 2296 | 65.8 | 85.0 |
| 滁 州 市 | Chuzhou | 970.7 | 153.2 | 45.1 | 1.4 | 80.1 | 1091 | 39.3 | 50.9 |
| 马鞍山市 | Maanshan | 1233.9 | 210.6 | 61.2 | 2.0 | 94.0 | 750 | 41.4 | 98.9 |
| 芜 湖 市 | Wuhu | 1873.6 | 337.1 | 58.0 | 2.2 | 93.7 | 1792 | 62.7 | 54.2 |
| 宣 城 市 | Xuancheng | 757.5 | 137.6 | 46.7 | 1.1 | 85.3 | 1001 | 43.9 | 42.0 |
| 铜 陵 市 | Tongling | 621.3 | 127.3 | 76.3 | 2.7 | 98.1 | 204 | 34.4 | 125.5 |
| 池 州 市 | Chizhou | 417.4 | 71.7 | 47.5 | 0.6 | 85.1 | 431 | 42.4 | 18.5 |
| 安 庆 市 | Anqing | 1359.7 | 170.3 | 39.6 | 0.5 | 85.6 | 1474 | 72.4 | 99.8 |
| 金 安 区 | Jinan District | 121.7 | 8.1 | | | 77.6 | 183 | | |
| 舒 城 县 | Shucheng | 127.4 | 9.7 | | | 78.4 | 137 | | |

| 地 区 | Region | 开放合作 Opening-up and Cooperation | | | 公 共 服 务 Public Service | | | | 城市污水厂集中处理率 (%) Central Processing Rate of Sewage Treatment Plant (%) |
|---|---|---|---|---|---|---|---|---|---|
| | | 实际利用外商直接投资 (亿美元) Actual Use of Foreign Direct Investment (USD 100 million) | 实际利用省外资金 (亿元) Actual Use of Fund Outside Anhui Province (100 million yuan) | 进出口额相当于GDP比例 (%) Proportion of Foreign Trade Import and Export to GDP (%) | 城镇居民人均可支配收入 (元) Unban Dweller Per Capita Disposable Income (yuan) | 农民人均纯收入 (元) Farmer Per Capita Net Income (yuan) | 新增城镇就业岗位 (万个) New Increasing Cities Employment Post (10 thousand) | 职业中学在校学生数 (万人) Number of Students in Vocational Schools (10000 person) | |
| 合 肥 市 | Hefei | 16.0 | 871.3 | 26.7 | 25434 | 9081 | | 5.1 | 86.4 |
| 滁 州 市 | Chuzhou | 5.2 | 438.1 | 10.0 | 20426 | 8091 | | 4.6 | 89.6 |
| 马鞍山市 | Maanshan | 12.8 | 378.8 | 18.7 | 30937 | 10920 | | 1.5 | 84.9 |
| 芜 湖 市 | Wuhu | 13.2 | 693.9 | 15.6 | 23784 | 9675 | | 2.7 | 88.0 |
| 宣 城 市 | Xuancheng | 4.4 | 508.3 | 11.3 | 20478 | 9036 | | 2.6 | 81.4 |
| 铜 陵 市 | Tongling | 3.3 | 218.1 | 36.3 | 24685 | 9847 | | 0.7 | 80.8 |
| 池 州 市 | Chizhou | 2.1 | 140.6 | 5.2 | 21386 | 7986 | | 2.0 | 90.3 |
| 安 庆 市 | Anqing | 3.3 | 237.3 | 5.8 | 20453 | 6820 | | 9.1 | 90.5 |
| 金 安 区 | Jinan District | | 42.3 | | | 6685 | | | |
| 舒 城 县 | Shucheng | 0.4 | 7.1 | 4.0 | | 6769 | | | |

# 1-14　中部6省国民经济和社会发展主要指标（2012年）

## Main Indicators of National Economic and Social Development of 6 Middle Provinces (2012)

| 指　标 | | Item | | 中部6省合计 Total of 6 Middle Provinces | 中部6省占全国比重(%) The Proportion of 6 Middle Provinces to National Total |
|---|---|---|---|---|---|
| **自然资源** | | **Natural Resources** | | | |
| 土地面积 | （万平方公里） | Area of Land | (10000 sq.km) | 102.8 | 10.7 |
| **人　口** | | **Population** | | | |
| 年底常住人口 | （万人） | Population at Year-end | (10000 persons) | 35927.0 | 26.5 |
| **国民经济核算** | | **National Accounting** | | | |
| 国内（地区）生产总值 | （亿元） | Gross Domestic Product | (100 million yuan) | 116487.9 | 20.2 |
| 第一产业 | | Primary Industry | | 14022.1 | 26.8 |
| **第二产业** | | **Secondary Industry** | | 62097.6 | 21.6 |
| #工　业 | | Industry | | 54415.7 | 27.2 |
| 第三产业 | | Tertiary Industry | | 40368.2 | 17.1 |
| **固定资产投资** | | **Investment in Fixed Assets** | | | |
| 全社会固定资产投资总额 | （亿元） | Total Investment in Fixed Assets | (100 million yuan) | 87908.9 | 23.8 |
| #房地产开发 | | Real Estate Development | | 12917.0 | 18.0 |
| **国内商业** | | **Domestic Trade** | | | |
| 社会消费品零售总额 | （亿元） | Total Retail Sales of Consumer Goods | (100 million yuan) | 41906.9 | 19.9 |
| **对外贸易** | | **Foreign Trade** | | | |
| 货物进出口总额 | （亿美元） | Total Value of Imports and Exports | (100 million USD) | 1934.3 | 5.0 |
| 出口额 | | Exports | | 1205.6 | 5.9 |
| 进口额 | | Imports | | 728.7 | 4.0 |
| **财　政** | | **Government Finance** | | | |
| 财政收入 | （亿元） | Government Revenue | (100 million yuan) | 17052.6 | 14.5 |
| #地方财政收入 | | Local Governments Revenue | | 13361.6 | 21.9 |
| **农　业** | | **Agriculture** | | | |
| 主要农产品产量 | （万吨） | Output of Major Farm Products | (10000 tons) | | |
| 粮　食 | | Grain | | 17734.9 | 30.1 |
| 棉　花 | | Cotton | | 154.6 | 22.6 |
| 油　料 | | Oil-bearing Grops | | 1461.3 | 42.5 |
| 糖　料 | | Sugar Crops | | 254.8 | 1.9 |
| 蔬　菜 | | Vegetables | | 18612.9 | 26.3 |
| 水　果 | | Fruits | | 6464.0 | 26.9 |
| **工　业** | | **Industry** | | | |
| 规模以上工业主要指标 | | Main Indicators of Industrial Enterprises above Designated Size | | | |
| 主营业务收入 | （亿元） | Revenue From Principal Business | (100 million yuan) | 178473.9 | 19.5 |
| 主营业务成本 | （亿元） | Cost From Principal Business | (100 million yuan) | 151090.0 | 19.5 |
| 主营业务税金及附加 | （亿元） | Business and Extra Charges | (100 million yuan) | 2740.5 | 19.0 |

**1—14 续表 continued**

| 指 标 | | Item | | 中部6省 合 计 Total of 6 Middle Provinces | 中部6省 占 全 国 比重 (%) The Proportion of 6 Middle Provinces to National Total |
|---|---|---|---|---|---|
| 销售费用 | (亿元) | Operating Expense | (100 million yuan) | 4055.1 | 18.3 |
| 利润总额 | (亿元) | Total Profits | (100 million yuan) | 10376.6 | 18.7 |
| 税金总额 | (亿元) | Total Tax | (100 million yuan) | 7977.3 | 19.5 |
| 亏损企业亏损总额 | (亿元) | Total Loss of Loss-making enterprises | (100 million yuan) | 1085 | 18.3 |
| 应收账款 | (亿元) | Accounts Receivable | (100 million yuan) | 11951 | 14.5 |
| 产成品 | (亿元) | Finished Product | (100 million yuan) | 4965 | 16.5 |
| 资产合计 | (亿元) | Total Assets | (100 million yuan) | 134730 | 18.1 |
| 负债合计 | (亿元) | Total Liabilities | (100 million yuan) | 78358 | 18.2 |
| 全部从业人员平均人数 | (万人) | Average Number of Persons Engaged | (10000 persons) | 1876 | 20.2 |
| 主要工业产品产量 | | Output of Major Industrial products | | | |
| 农用化肥 | (万吨) | Chemical Fertilizer | (10000 tons) | 2549 | 34.9 |
| 水 泥 | (万吨) | Cement | (10000 tons) | 58517 | 26.9 |
| 生 铁 | (万吨) | Pig Iron | (10000 tons) | 14180 | 21.6 |
| 粗 钢 | (万吨) | Crude Steel | (10000 tons) | 14940 | 20.9 |
| 钢 材 | (万吨) | Rolled Steel | (10000 tons) | 17819 | 18.7 |
| 汽 车 | (万辆) | Motor Vehicles | (10000 unit) | 313 | 16.2 |
| 家用电冰箱 | (万台) | Household Refrigerators | (10000 unit) | 3372 | 40.0 |
| 发电量 | (亿千瓦小时) | Electricity | (100 million kwh) | 11196 | 22.7 |
| **建筑业** | | **Construction** | | | |
| 企业个数 | (个) | Number of Enterprises | (unit) | 14929 | 20.2 |
| 总产值 | (亿元) | Gross Output Value | (100 million yuan) | 22799 | 19.6 |
| **交通运输业** | | **Transportation** | | | |
| 客运量 | (万人) | Total Passenger-kilometer | (10000 persons) | 856320 | 22.5 |
| 货运量 | (万吨) | Total Freight Ton-kilometer | (10000 tons) | 1170352 | 28.5 |
| **教 育** | | **Education** | | | |
| 普通高等学校 (研究生和本专科教育) | | Regular Institutions of Higher Education (Postgraduate, Undergraduate and Specialty Undergraduate Education) | | | |
| 招生数 | (万人) | New Student Enrollment | (10000 persons) | 209.4 | 28.0 |
| 在校学生数 | (万人) | Student Enrollment | (10000 persons) | 683.9 | 26.7 |
| 毕业生数 | (万人) | Number of Graduates | (10000 persons) | 184.1 | 27.3 |
| 普通高中 | | Regular Secondary Schools | | | |
| 招生数 | (万人) | New Student Enrollment | (10000 persons) | 240 | 28.5 |
| 在校学生数 | (万人) | Student Enrollment | (10000 persons) | 701.2 | 28.4 |
| 毕业生数 | (万人) | Number of Graduates | (10000 persons) | 229.3 | 29.0 |

注：本表数据为初步统计数。中部6省包括山西、安徽、江西、河南、湖北和湖南。

a) Data in this table are preliminary statistics. 6 middle provinces include: Shanxi, Anhui, Jiangxi, Henan, Hubei and Hunan.

## 1—15　黄山旅游区域主要经济指标（2012年）
Main Economic Indicators of Tourist Region of Mount Huang (2012)

| 指　　标 | Item | 黄山市市区 HuangShan Region Of City | 歙　县 SheXian | 休宁县 XiuNing | 黟　县 YiXian | 祁门县 QiMen |
|---|---|---|---|---|---|---|
| 土地面积（平方公里） | Total Land Area (sq.km) | 2342 | 2236 | 2125 | 847 | 2257 |
| 年末总人口（万人） | Population at the Year-end (10000 persons) | 43.80 | 47.93 | 27.51 | 9.46 | 18.58 |
| #非农业人口 | Non-agricultural Population | 20.26 | 6.48 | 3.82 | 2.03 | 3.91 |
| 年末城镇从业人员数（万人） | Employment at the Year-ent (10000 persons) | 13.34 | 4.19 | 3.15 | 1.43 | 1.91 |
| 生产总值（万元） | Gross Domestic Product (10000 yuan) | 1961497 | 1080247 | 564329 | 208478 | 434902 |
| 第一产业 | Primary Industry | 134035 | 153990 | 110790 | 32656 | 53928 |
| 第二产业 | Secondary Industry | 883006 | 550546 | 243348 | 101133 | 187420 |
| 第三产业 | Tertiary Industry | 944457 | 375710 | 210191 | 74688 | 193553 |
| 农业总产值（可比价）（万元） | Gross Agricultural Output Value (Constant Price) (10000 yuan) | 227795 | 243947 | 188593 | 56294 | 84890 |
| 农业增加值（万元） | Value-added of Agriculture (10000 yuan) | 134035 | 153990 | 110790 | 32656 | 53928 |
| 工业增加值（万元） | e-added of Industry (10000 yuan) | 646406 | 471307 | 180161 | 74733 | 147846 |
| 公路通车里程（公里） | Length of Highways (km) | 1435.0 | 1518.0 | 1202.0 | 536.0 | 954.0 |
| 邮电业务总量（现行价）（万元） | Business Volume of Post and Telecommunications (Current Price) (10000 yuan) | 124829 | 43422 | 24416 | 12775 | 21131 |
| 全社会固定资产投资额（万元） | Total Investment in Fixed Assets (10000 yuan) | 2403607 | 758333 | 633351 | 242463 | 413943 |
| #500万元以上项目投资额 | Projects Investment Above 5 million Yuan | 1346771 | 597698 | 487524 | 209138 | 370539 |
| 房地产投资额 | Investment in Real Estate Development | 1056836 | 160635 | 145827 | 33325 | 43404 |
| 社会消费品零售总额（万元） | Total Retail Sales of Consumer Goods (10000 yuan) | 907596 | 422415 | 199896 | 60757 | 130124 |
| 年末职工人数（在岗）（人） | Number of Staff and Workers at the Year-end (Fully Employed) (person) | 59433 | 13559 | 9720 | 4868 | 7614 |
| 职工工资总额（在岗）（万元） | Total Wages of Staff and Workers (Fully Employed) (10000 yuan) | 242103 | 55374 | 38600 | 18053 | 28779 |
| 财政收入（不含基金）（万元） | Government Revenue (Excluding Fund) (10000 yuan) | 506235 | 106388 | 77314.5 | 30007 | 49054 |
| 财政支出（不含基金）（万元） | Government Expenditure (Excluding Fund) (10000 yuan) | 706897 | 211288 | 148943 | 78944 | 113656 |
| 城乡居民储蓄存款年末余额（万元） | Outstanding Amount of Saving Deposits in Urban and Rural Areas at the Year-end (10000 yuan) | 1700409 | 927253 | 504135 | 216910 | 408367 |
| 农民人均纯收入（元） | Per Capita Net Income of Rural Residents (yuan) | 9641 | 8946 | 9239 | 8902 | 8917 |
| 接待旅游人数（万人） | Tourists Received (10000 persons) | 1964.30 | 561.91 | 323.26 | 621.75 | 170.04 |
| #国际游客 | International Tourists | 104.92 | 17.50 | 11.68 | 25.77 | 0.40 |
| 国内游客 | Domestic Tourists | 1859.38 | 544.41 | 311.58 | 595.98 | 169.64 |
| 旅游外汇收入（万美元） | Foreign Exchange Earnings from Tourism (USD 10000) | 32610 | 5645 | 3601 | 6287 | 57 |

# 1—16 九华山旅游区域主要经济指标（2012年）
Main Economic Indicators of Tourist Region of Mount Jiu Hua (2012)

| 指　　标 | | Item | | 池州市市区 ChiZhou Reigon Of City | 青 阳 县 QingYang | 石 台 县 ShiTai | 东 至 县 DongZhi |
|---|---|---|---|---|---|---|---|
| 土地面积 | （平方公里） | Total Land Area | (sq.km) | 2432 | 1101 | 1403 | 3256 |
| 年末总人口 | （万人） | Population at the Year-end | (10000 persons) | 67.1 | 27.3 | 10.9 | 54.9 |
| #非农业人口 | | Non-agricultural Population | | 14.8 | 4.6 | 2.2 | 7.4 |
| 年末城镇从业人员数 | （万人） | Employment at the Year-ent | (10000 persons) | 14.2 | 5.2 | 1.2 | 4.6 |
| 生产总值 | （万元） | Gross Domestic Product | (10000 yuan) | 2188524 | 614622 | 171843 | 1002581 |
| 第一产业 | | Primary Industry | | 259823 | 87183 | 33340 | 238172 |
| 第二产业 | | Secondary Industry | | 1149481 | 324418 | 73676 | 460662 |
| 第三产业 | | Tertiary Industry | | 779219 | 203022 | 64827 | 303747 |
| 农业总产值（现行价） | （万元） | Gross Agricultural Output Value (Current Price) | (10000 yuan) | 423574 | 136583 | 51681 | 420449 |
| 农业增加值 | （万元） | Value-added of Agriculture | (10000 yuan) | 259823 | 87183 | 33340 | 238172 |
| 工业增加值 | （万元） | Value-added of Industry | (10000 yuan) | 870921 | 276885 | 61971 | 364802 |
| 公路通车里程 | （公里） | Length of Highways | (km) | 2348 | 1145 | 842 | 2407 |
| 邮电业务总量（现行价） | （万元） | Business Volume of Post and Telecommunications (Current Price) | (10000 yuan) | 42360 | 14327 | 5149 | 21340 |
| 全社会固定资产投资额 | （万元） | Total Investment in Fixed Assets | (10000 yuan) | 2291299 | 533059 | 88319 | 709085 |
| 社会消费品零售总额 | （万元） | Total Retail Sales of Consumer Goods | (10000 yuan) | 692630 | 197320 | 72296 | 257414 |
| 年末职工人数（在岗） | （万人） | Number of Staff and Workers at the Year-end (Fully Employed) | (10000 yuan) | 3.5 | 1.2 | 0.6 | 1.5 |
| 职工工资总额（在岗） | （万元） | Total Wages of Staff and Workers (Fully Employed) | (10000 yuan) | 153666 | 48056 | 18358 | 58891 |
| 财政收入（不含基金） | （万元） | Government Revenue (Excluding Fund) | (10000 yuan) | 441767 | 110330 | 17327 | 100601 |
| 财政支出（不含基金） | （万元） | Government Expenditure (Excluding Fund) | (10000 yuan) | 609346 | 162217 | 76396 | 240532 |
| 城乡居民储蓄存款年末余额 | （万元） | Outstanding Amount of Saving Deposits in Urban and Rural Areas at the Year-end | (10000 yuan) | 1528647 | 594435 | 194297 | 823751 |
| 农民人均纯收入 | （元） | Per Capita Net Income of Rural Residents | (yuan) | 8451 | 8241 | 4440 | 8059 |
| 接待旅游人数 | （人） | Tourists Received | (person) | 7095330 | 6221600 | 3588748 | 5703300 |
| #国际游客 | | International Tourists | | 178889 | 95000 | 35014 | 50005 |
| 国内游客 | | Domestic Tourists | | 6916441 | 6126600 | 3553734 | 5653295 |
| 旅游营业收入 | （万元） | Income of Tourism | (10000 yuan) | 774956 | 686800 | 291475 | 455052 |
| 旅游外汇收入 | （万美元） | Foreign Exchange Earnings from Tourism | (USD 10000) | 9761 | 5184 | 1911 | 2729 |

# 主要统计指标解释

## 可比价格

指计算各种总量指标所采用的扣除了价格变动因素的价格，可进行不同时期总量指标的对比。按可比价格计算总量指标有两种方法：一种是直接用产品产量乘某一年的不变价格计算；另一种是用价格指数进行缩减。

## 平均增长速度

我国计算平均增长速度有两种方法：一种是习惯上经常使用的“水平法”，又称几何平均法，是以间隔期最后一年的水平同基期水平对比来计算平均每年增长（或下降）速度；另一种是“累计法”，又称代数平均法或方程法，是以间隔期内各年水平的总和同基期水平对比来计算平均每年增长（或下降）速度。在一般正常情况下，两种方法计算的平均每年增长速度比较接近；但在经济发展不平衡、出现大起大落时，两种方法计算的结果差别较大。

本《年鉴》内所列的平均增长速度，均用“水平法”计算。从某年到某年平均增长速度的年份，均不包括基期年在内。如建国四十三年的平均增长速度是以1949年为基期计算的，则写为1950-1992年平均增长速度，其余类推。

## 企业（单位）登记注册类型

是以在工商行政管理机关登记注册的各类企业为划分对象，以工商行政管理部门对企业登记注册的类型为依据，将企业登记注册类型分为内资企业、港澳台商投资企业和外商投资企业三大类。内资企业包括国有企业、集体企业、股份合作企业、联营企业、有限责任公司、股份有限公司、私营公司和其他企业；港澳台商投资企业和外商投资企业分别包括合资经营企业、合作经营企业、独资经营企业和股份有限公司。对不在工商行政管理部门进行登记注册的行政机关、事业单位和社会团体，主要按其经费来源和管理方式进行划分。

## 法人单位

指具备以下条件的单位：(一)依法成立，有自己的名称、组织机构和场所，能够独立承担民事责任；（二）独立拥有和使用（或授权使用）资产，承担负债，有权与其他单位签订合同；（三）会计上独立核算，能够编制资产负债表。法人单位包括企业法人、事业单位法人、机关法人、社会团体法人和其他法人。按照下属是否有产业活动单位，又分为单产业法人和多产业法人。

## 产业活动单位

法人单位所属的产业活动单位，指具备以下条件的单位：（一）在一个场所从事一种或主要从事一种社会经济活动；（二）相对独立组织生产经营或业务活动；（三）能够掌握收入和支出等业务核算资料。

## 单位数

表中的单位数为单产业法人数和多产业法人所属的产业活动单位数之和。

## 国有企业

指企业全部资产归国家所有，并按《中华人民共和国企业法人登记管理条例》规定登记注册的非公司制的经济组织。不包括有限责任公司中的国有独资公司。

## 集体企业

指企业资产归集体所有，并按《中华人民共和国企业法人登记管理条例》规定登记注册的经济组织。

## 股份合作企业

指以合作制为基础，由企业职工共同出资入股，吸收一定比例的社会资产投资组建，实行自主经营，自负盈亏，共同劳动，民主管理，按劳分配与按股分红相结合的一种集体经济组织。

## 联营企业

指两个及两个以上相同或不同所有制性质的企业法人或事业单位法人，按自愿、平等、互利的原则，共同投资组成的经济组织。联营企业包括国有联营企业、集体联营企业、国有与集体联营企业和其他联营企业。

## 有限责任公司

指根据《中华人民共和国公司登记管理条例》规定登记注册，由两个以上、五十个以下的股东共同出资，每个股东以其所认缴的出资额对公司承担有限责任，公司以其全部资产对其债务承担责任的经济组织。有限责任公司包括国有独资公司以及其他有限责任公司。

## 股份有限公司

指根据《中华人民共和国公司登记管理条例》规定登记

注册，其全部注册资本由等额股份构成并通过发行股票筹集资本，股东以其认购的股份对公司承担有限责任，公司以其全部资产对其债务承担责任的经济组织。

**私营企业**

指由自然人投资设立或由自然人控股，以雇佣劳动为基础的营利性经济组织。包括按照《公司法》、《合伙企业法》、《私营企业暂行条例》规定登记注册的私营有限责任公司、私营股份有限公司、私营合伙企业和私营独资企业。

**其他内资企业**

指上述企业之外的其他内资经济组织。

**与港澳台商合资经营企业**

指港澳台地区投资者与内地企业依照《中华人民共和国中外合资经营企业法》及有关法律的规定，按合同规定的比例投资设立、分享利润和分担风险的企业。

**与港澳台商合作经营企业**

指港澳台地区投资者与内地企业依照《中华人民共和国中外合作经营企业法》及有关法律的规定，依照合作合同的约定进行投资或提供条件设立、分配利润和分担风险的企业。

**港澳台商独资经营企业**

指依照《中华人民共和国外资企业法》及有关法律的规定，在内地由港澳台地区投资者全额投资设立的企业。

**港澳台商投资股份有限公司**

指根据国家有关规定，经外经贸部依法批准设立，其中港、澳、台商的股本占公司注册资本的比例达25% 以上的股份有限公司。凡其中港、澳、台商的股本占公司注册资本的比例小于25%的，属于内资企业中的股份有限公司。

**中外合资经营企业**

指外国企业或外国人与中国内地企业依照《中华人民共和国中外合资经营企业法》及有关法律的规定，按合同规定的比例投资设立、分享利润和分担风险的企业。

**中外合作经营企业**

指外国企业或外国人与中国内地企业依照《中华人民共和国中外合作经营企业法》及有关法律的规定，依照合作合同的约定进行投资或提供条件设立、分配利润和分担风险的企业。

**外资企业**

指依照《中华人民共和国外资企业法》及有关法律的规定，在中国内地由外国投资者全额投资设立的企业。

**外商投资股份有限公司**

指根据国家有关规定，经外经贸部依法批准设立，其中外资的股本占公司注册资本的比例达 25% 以上的股份有限公司。凡其中外资股本占公司注册资本的比例小于 25%的，属于内资企业中的股份有限公司。

**行政机关、事业单位和社会团体**

参照企业登记注册类型，主要按其经费来源和管理方式划分。具体规定如下：

⑴行政机关：包括国家机关和政党机关，原则上均列为“国有”。但有特殊规定的，如供销社等，则列为“集体”。

⑵事业单位：包括经国家机构编制部门和有关业务主管部门批准成立的各类事业单位，不包括实行企业化管理的事业单位。事业单位的划分办法如下：

①由国家财政预算拨款或列入财政预算外资金管理以及经费主要来源于国有主管部门或国有上级单位的事业单位，列为“国有”。

②经费主要来源于集体单位的事业单位，列为“集体”。

③公民个人（或个人合伙）开办的事业单位，列为“私营”。

④上述以外的其他事业单位，如果其经费来源不明确，按管理方式进行归类。

⑶社会团体：包括经民政部门批准成立以及未纳入社会团体管理条例范围的工会、妇联等各类社会团体。社会团体的划分办法如下：

①未纳入民政部社会团体管理条例范围的工会、妇联、共青团、青联、工商联、科协、侨联等社会团体，国家拨款设立的基金会或基金管理组织以及经费主要来源于国有业务主管部门或国有上级单位的社会团体，列为“国有”。

②经费主要来源于集体单位的社会团体，列为“集体”。

③公民个人（或个人合伙）开办的社会团体，划为“私营”。

④上述以外的其他社会团体，如果其经费来源不明确，改按管理方式进行归类。

# Explanatory Notes for Major Statistical Indicators

**Comparable Prices**

Refer to prices that are used to remove the factors of price change in calculating economic aggregates, so as to facilitate comparison of aggregates over time. Two methods are used for calculating economic aggregates at comparable prices: 1.Multiplying the output of products by their constant prices of certain year; 2.Deflation of data at current prices by relevant price index.

**Average Annual Growth Rate**

Two methods for calculating average annual growth rate are applied in China, one is often called "level approach" or the method of calculating geometric average, which is derived by comparing the level of the last year of the interval with that of the beginning year; the other is called "accumulative approach" or algebraic average or equation method, which is derived by the summation of the actual figure of each year in the interval divided by the figure in the base year.

Usually the results calculated by the two methods are fairly close, but they differed sharply when uneven economic development occurred with striking fluctuations in growth.

The average annual growth rates listed in this statistical yearbook are calculated by level approach except for the growth rate of investment in fixed assets. The base years are not listed when the years are listed for average annual growth rates. For instance, the average annual growth rate of 43 years since 1949 is listed as average annual growth rate of 1950-1992 without listing the base year 1949. And the analogy of this is also the same for the rest of the years.

**Registration Status of Enterprises**

Enterprises are classified into 3 categories, namely domestic-funded enterprises, enterprises with investment from Hong Kong, Macao and Taiwan, and enterprises with foreign investment, in the light of the registration status of an enterprise in industrial and commercial administration agencies. Domestic-funded enterprises include state-owned enterprises, collective-owned enterprises, cooperative enterprises, joint ownership enterprises, limited liability corporations, share-holding corporations Ltd., private enterprises and other enterprises. Included in the enterprises with investment from Hong Kong, Macao and Taiwan and enterprises with foreign investment are joint-venture enterprises, cooperative enterprises, sole investment enterprises and share-holding corporations Ltd. For government agencies, institutions and social organizations which are not requested to be registered in industrial and commercial administration agencies, they are classified mainly by their sources of funds and way of management.

**State-owned Enterprises**

Refer to non-corporation economic units where the entire assets are owned by the state and which have registered in accordance with the Regulation of the People's Republic of China on the Management of Registration of Corporate Enterprises. Excluded from this category are sole state-funded corporations in the limited liability corporations.

**Collective-owned Enterprises**

Refer to economic units where the assets are owned collectively and which have registered in accordance with the Regulation of the People's Republic of China on the Management of Registration of Corporate Enterprises.

**Cooperative Enterprises**

refer to a form of collective economic units (enterprises) where capitals come mainly from employees as their shares, with certain proportion of capital from the outside, where production is organized on the basis of independent operation, independent accounting for profits and losses, joint work, democratic management, and a distribution system that integrates remuneration according to work with dividend according to capital share.

**Joint Ownership Enterprises**

Refer to economic units established by two or more corporate enterprises or corporate institutions of the same or different ownership, through joint investment on the basis of equality, voluntary participation and mutual benefits. They include state joint ownership enterprises, collective joint ownership enterprises, joint state-collective enterprises, other joint ownership enterprises.

**Limited Liability Corporations**

Refer to economic units established with investment from 2-50 investors and registered in accordance with the Regulation of the People's Republic of China on the Management of Registration of Corporations, each investor bearing limited liability to the corporation depending on its share of investment, and the corporation bearing liability to its debt to the maximum of its total assets. Limited liability corporations include exclusive state-funded limited liability corporations and other limited liability corporations.

**Share-holding Corporations Ltd**

Refer to economic units registered in accordance with the Regulation of the People's Republic of China on the Management of Registration of Corporations, with total registered capitals divided into equal shares and raised through issuing stocks. Each investor bears limited liability to the corporation depending on the holding of shares, and the corporation bears liability to its debt to the maximum of its total assets.

**Private Enterprises**

Refer to profit-making economic units invested and established by natural persons, or controlled by natural persons using employed labour. Included in this category are private limited liability corporations, private share-holding corporations Ltd., private partnership enterprises and private-funded enterprises registered in accordance with the Corporation Law, Partnership Enterprises Law and Interim Regulations on Private Enterprises.

**Other Domestic-funded Enterprises**

Refer to domestic-funded economic units other than those mentioned above.

**Joint-venture Enterprises with Funds from Hong Kong, Macao and Taiwan**

Refer to enterprises jointly established by investors from Hong Kong, Macao and Taiwan with enterprises in the mainland of China in accordance with the Law of the People's Republic of China on Sino-foreign Joint Venture Enterprises and other relevant laws, where the share of investment, profits and risks is stipulated in the contract.

**Cooperative Enterprises with Funds from Hong Kong Macao and Taiwan**

Established by investors from Hong Kong, Macao and Taiwan with enterprises in the mainland of China in accordance with the Law of the People's Republic of China on Sino-foreign Cooperative Enterprises and other relevant laws, where the investment or provision of facilities, and the share of profits and risks is stipulated in the cooperative contract.

**Enterprises with Sole (exclusive) Investment from Hong Kong, Macao and Taiwan**

Refer to enterprises established in the mainland of China with exclusive investment from investors from Hong Kong, Macao and Taiwan in accordance with the Law of the Peoples Republic of China on Foreign-Funded Enterprises and other relevant laws.

**Share-holding Corporations Ltd. with Investment from Hong Kong, Macao and Taiwan**

refer to share-holding corporations Ltd. established with the approval from the Ministry of Foreign Trade and Economic Relations in line with relevant state regulations, where the share of investment from Hong Kong, Macao or Taiwan businessmen exceeds 25% of the total registered capital of the corporation. In case the share of investment from Hong Kong, Macao or Taiwan is less than 25% of the total registered capital, the enterprise is to be classified as domestic-funded share-holding corporation Ltd.

**Joint-venture Enterprises with Foreign Investment**

Refer to enterprises jointly established by foreign enterprises or foreigners with enterprises in the mainland of China in accordance with the Law of the People's Republic of China on Sino-foreign Joint Venture Enterprises and other relevant laws, where the share of investment, profits and risks is stipulated in the contract.

**Cooperation Enterprises with Foreign Investment**

Refer to enterprises jointly established by foreign enterprises or foreigners with enterprises in the mainland of China in accordance with the Law of the People's Republic of China on Sino-foreign Cooperative Enterprises and other relevant laws, where the investment or provision of facilities, and the share of profits and risks is stipulated in the cooperative contract.

**Enterprises with Sole (exclusive) Foreign Investment**

Refer to enterprises established in the mainland of China with exclusive investment from foreign investors in accordance with the Law of the People's Republic of China on Foreign-Funded Enterprises and other relevant laws.

**Share-holding Corporations Ltd. with Foreign Investment**

refer to share-holding corporations Ltd. established with the approval from the Ministry of Foreign Trade and Economic Relations in line with relevant state regulations, where the share of investment from foreign investors exceeds 25% of the total registered capital of the corporation. In case the share of foreign investment is less than 25% of the total registered capital, the enterprise is to be classified as domestic-funded share-holding corporation Ltd.

**Government Agencies, Institutions and Social Organizations**

are classified into following categories by source of funds and way of management taking reference of the registration status of enterprises:

(1) Government agencies: include state and party agencies, classified in principle as "state-owned". There are exceptions, such as supply and marketing cooperatives which are classified as "collective".

(2) Institutions: include institutions of various types established with the approval by organization and staffing departments of the government, but exclude institutions where enterprise management system is introduced. Institutions are further classified as follows:

a) Institutions whose main budget is listed in the government budget appropriations or extra-budget funds, or allocated from the budget of their competent government agencies. Such institutions are classified as "state-owned".

b) Institutions whose budget mainly comes from collective units. Such institutions are classified as "collective".

c) Institutions other than those mentioned above whose source of budget are not clear. Such institutions are classified by way of management.

(3) Social organizations: include social organizations established with the approval from the Ministry of Civil Affairs, and organizations that are not covered by social organization management regulations such as trade unions, women's federations etc. Social organizations are further classified as follows:

a) Social organizations that are not covered by social organization management regulations of the Ministry of Civil Affairs such as trade unions, women's federations, communist youth leagues, youth associations, industrial and commerce associations, scientists associations, overseas Chinese associations, etc., foundations and fund management organizations established with funds from the state, and social organizations whose funds mainly come from the budget of their competent government agencies. Such institutions are classified as "state-owned".

b) Social organizations whose budget mainly comes from collective units. Such institutions are classified as "collective".

c) Social organizations established by individual or a group of citizens, which are classified as "private".

d) Social organizations other than those mentioned above whose source of budget are not clear. Such organizations are classified by way of management.

# 第二篇

Chapter 2

# 国民经济核算

NATIONAL ACCOUNTS

## 简要说明

一、国民经济核算资料主要包括国内生产总值表、资金流量表、资产负债综合表。

二、居民消费水平是按人口平均计算的居民消费额，它综合反映一个国家(或地区)人民物质文化生活水平。

三、有关“指数”部分分为“以上年为 100 的指数”和“以 1978 年为 100 的指数”两个方面，“以上年为 100 的指数”表中 2000 年以前(含 2000 年)的数据是按 1990 年价格计算的，2000-2005 年的数据是按 2000 年价格计算的，2005—2010 年的数据是按 2005 年价格计算的，2010 年以后的数据是按 2010 年价格计算的；“以 1978 年为 100 的指数”是以 1978 年为基数，每年指数相乘得到的。

四、市级人均 GDP 为按年平均常住人口测算，县（市）人均 GDP 为按年均户籍人口测算。

## Brief Introduction

I. Statistics on national accounts include mainly gross domestic product table, flow of fund table, assets and liability table and input-output table.

II. Consumption level of residents is average consumption value by population, and reflects people's standard of material and culture life in a country (region).

III. Indices include two parts: one is “the preceding year=100” and the other is “Year 1978=100”. Data in the tables that “the preceding year=100” are calculated at the fixed prices of 1990 before 2000 (including 2010)， data in the years from 2000 to 2005 are calculated at the fixed price of 2000，data in the years from 2005 to 2010 are calculated at the fixed price of 2010 and data are calculated at the fixed price of 2010 after 2010. Data in the tables that “Year 1978=100” are all obtained by the multiplied index each year based on 1978.

IV. Municipal GDP per capital is calculated by the annual average resident population. Country (Municipal) GDP per capital is calculated by the annual household populations.

## 2—1 安 徽 生 产 总 值
Gross Domestic Product

本表按当年价格计算。 Data in value terms in this table are calculated at current price.

| 年份 Year | 生产总值(亿元) Gross Domestic Product (100 million yuan) | 第一产业 Primary Industry | 第二产业 Secondary Industry | 工业 Industry | 建筑业 Construction | 第三产业 Tertiary Industry | #交通运输仓储邮电通信业 Transportation, Storage, Post and Telecommunications | #批发和零售贸易餐饮业 Wholesale, Retail Trade and Catering Trade | 人均生产总值(按常住人口计算)(元/人) Per Capita GDP by Permanent Residents (yuan/person) |
|---|---|---|---|---|---|---|---|---|---|
| 2000 | 2902.09 | 741.77 | 1056.78 | 885.10 | 171.68 | 1103.54 | 215.61 | 300.75 | 4779.5 |
| 2001 | 3246.71 | 760.77 | 1254.88 | 1062.00 | 192.88 | 1231.06 | 239.50 | 323.51 | 5313.3 |
| 2002 | 3519.72 | 783.66 | 1337.04 | 1115.09 | 221.95 | 1399.02 | 275.27 | 343.87 | 5736.2 |
| 2003 | 3923.11 | 749.40 | 1535.29 | 1255.80 | 279.49 | 1638.42 | 326.34 | 380.49 | 6375.4 |
| 2004 | 4759.30 | 950.50 | 1844.90 | 1488.90 | 356.00 | 1963.90 | 411.60 | 427.10 | 7681.2 |
| 2005 | 5350.17 | 966.50 | 2245.90 | 1837.36 | 408.54 | 2137.77 | 336.39 | 393.75 | 8630.7 |
| 2006 | 6112.50 | 1011.03 | 2711.18 | 2240.37 | 470.81 | 2390.29 | 363.12 | 442.41 | 9995.9 |
| 2007 | 7360.92 | 1200.18 | 3370.96 | 2810.00 | 560.96 | 2789.78 | 408.33 | 511.66 | 12039.5 |
| 2008 | 8851.66 | 1418.09 | 4198.93 | 3505.67 | 693.26 | 3234.64 | 443.81 | 611.15 | 14448.2 |
| 2009 | 10062.82 | 1495.45 | 4905.22 | 4064.72 | 840.50 | 3662.15 | 467.92 | 733.19 | 16407.7 |
| 2010 | 12359.33 | 1729.02 | 6436.62 | 5407.40 | 1029.22 | 4193.69 | 527.02 | 887.66 | 20887.8 |
| 2011 | 15300.65 | 2015.31 | 8309.38 | 7062.00 | 1247.38 | 4975.96 | 589.82 | 1050.61 | 25659.3 |
| 2012 | 17212.05 | 2178.73 | 9404.84 | 8025.84 | 1379.00 | 5628.48 | 650.21 | 1223.97 | 28792.3 |

注：1. 1993—2003年的数据按2004年经济普查数据进行调整。
2. 2005年以后数据，交通运输仓储邮电通信业不包括电信业，批发零售贸易餐饮业不包括餐饮业。(后同)
3. 2005—2008年的数据按2008年经济普查结果进行修订。(后同)

a) Data in the table from 1993 to 2003 were adjusted according to the result of 2004 economic census.
b) In the table since 2005,Telecommunications were not included in Transportation Storage Post and Telecommunications, and Catering Trade was not included in Wholesale Retail Trade and Catering Trade. (Similarly in the following tables)
c) In 2005-2008, data carries on the revision according to the economical general survey result in 2008. (Similarly in the following tables)

## 2—2 安 徽 生 产 总 值 构 成
Composition of Gross Domestic Product

本表按当年价格计算。(单位：%) Data in value terms in this table are calculated at current price. (%)

| 年份 Year | 生产总值 Gross Domestic Product | 第一产业 Primary Industry | 第二产业 Secondary Industry | 工业 Industry | 建筑业 Construction | 第三产业 Tertiary Industry | #交通运输仓储邮电通信业 Transportation, Storage, Post and Telecommunications | #批发和零售贸易餐饮业 Wholesale, Retail Trade and Catering Trade |
|---|---|---|---|---|---|---|---|---|
| 2000 | 100.00 | 25.56 | 36.41 | 30.50 | 5.91 | 38.03 | 7.43 | 10.36 |
| 2001 | 100.00 | 23.43 | 38.65 | 32.71 | 5.94 | 37.92 | 7.38 | 9.96 |
| 2002 | 100.00 | 22.26 | 37.99 | 31.68 | 6.31 | 39.75 | 7.82 | 9.77 |
| 2003 | 100.00 | 19.11 | 39.13 | 32.01 | 7.12 | 41.76 | 8.32 | 9.70 |
| 2004 | 100.00 | 19.98 | 38.76 | 31.28 | 7.48 | 41.26 | 8.65 | 8.97 |
| 2005 | 100.00 | 18.06 | 41.98 | 34.34 | 7.64 | 39.96 | 6.29 | 7.36 |
| 2006 | 100.00 | 16.55 | 44.35 | 36.65 | 7.70 | 39.10 | 5.94 | 7.24 |
| 2007 | 100.00 | 16.30 | 45.80 | 38.17 | 7.63 | 37.90 | 5.55 | 6.95 |
| 2008 | 100.00 | 16.02 | 47.44 | 39.61 | 7.83 | 36.54 | 5.01 | 6.90 |
| 2009 | 100.00 | 14.86 | 48.75 | 40.40 | 8.35 | 36.39 | 4.65 | 7.29 |
| 2010 | 100.00 | 13.99 | 52.08 | 43.75 | 8.33 | 33.93 | 4.26 | 7.18 |
| 2011 | 100.00 | 13.17 | 54.31 | 46.16 | 8.15 | 32.52 | 3.85 | 6.87 |
| 2012 | 100.00 | 12.66 | 54.64 | 46.63 | 8.01 | 32.70 | 3.78 | 7.11 |

## 2—3 安 徽 生 产 总 值 指 数
Indices of Gross Domestic Product

本表按不变价格计算。（上年为100）　The indices in this table are calculated at constant price.（preceding year=100）

| 年份 Year | 生产总值 Gross Domestic Product | 第一产业 Primary Industry | 第二产业 Secondary Industry | 工业 Industry | 建筑业 Construction | 第三产业 Tertiary Industry | #交通运输仓储邮电通信业 Transportation, Storage, Post and Telecommunications | #批发和零售贸易餐饮业 Wholesale, Retail Trade and Catering Trade | 人均生产总值 Per Capita GDP |
|---|---|---|---|---|---|---|---|---|---|
| 2000 | 108.27 | 101.20 | 109.49 | 108.88 | 113.66 | 111.46 | 112.65 | 109.37 | 107.57 |
| 2001 | 108.89 | 102.86 | 109.53 | 109.02 | 112.15 | 112.33 | 112.07 | 108.99 | 108.19 |
| 2002 | 109.61 | 101.02 | 111.60 | 111.69 | 111.15 | 113.03 | 113.76 | 107.44 | 109.16 |
| 2003 | 109.36 | 93.65 | 113.38 | 111.79 | 121.39 | 114.30 | 115.01 | 108.88 | 109.04 |
| 2004 | 113.31 | 108.60 | 114.67 | 114.00 | 117.74 | 114.18 | 118.34 | 109.60 | 112.54 |
| 2005 | 110.97 | 101.73 | 118.39 | 119.46 | 113.61 | 108.24 | 105.21 | 112.15 | 110.91 |
| 2006 | 112.53 | 104.54 | 118.72 | 119.72 | 114.21 | 109.65 | 104.13 | 111.47 | 114.08 |
| 2007 | 114.17 | 103.60 | 119.70 | 121.57 | 110.90 | 112.43 | 107.35 | 110.71 | 114.19 |
| 2008 | 112.67 | 106.20 | 116.08 | 117.51 | 108.70 | 111.10 | 106.69 | 112.37 | 112.44 |
| 2009 | 112.94 | 105.02 | 116.83 | 117.38 | 113.78 | 111.04 | 105.44 | 118.92 | 112.83 |
| 2010 | 114.59 | 104.61 | 120.68 | 121.86 | 113.91 | 110.05 | 110.96 | 113.58 | 118.77 |
| 2011 | 113.51 | 104.03 | 117.96 | 119.60 | 109.38 | 110.58 | 110.01 | 112.38 | 112.63 |
| 2012 | 112.10 | 105.55 | 114.36 | 115.28 | 109.07 | 110.95 | 108.25 | 112.01 | 111.80 |

## 2—4 安 徽 生 产 总 值 指 数
Indices of Gross Domestic Product

本表按不变价格计算。（1978=100）　The indices in this table are calculated at constant price.（1978=100）

| 年份 Year | 生产总值 Gross Domestic Product | 第一产业 Primary Industry | 第二产业 Secondary Industry | 工业 Industry | 建筑业 Construction | 第三产业 Tertiary Industry | #交通运输仓储邮电通信业 Transportation, Storage, Post and Telecommunications | #批发和零售贸易餐饮业 Wholesale, Retail Trade and Catering Trade | 人均生产总值 Per Capita GDP |
|---|---|---|---|---|---|---|---|---|---|
| 2000 | 839.59 | 303.73 | 1443.27 | 1437.49 | 1482.42 | 1789.25 | 3813.76 | 1179.58 | 642.84 |
| 2001 | 914.21 | 312.40 | 1580.75 | 1567.12 | 1662.50 | 2009.88 | 4274.10 | 1285.58 | 695.51 |
| 2002 | 1002.03 | 315.60 | 1764.15 | 1750.36 | 1847.79 | 2271.68 | 4862.15 | 1381.24 | 759.21 |
| 2003 | 1095.83 | 295.56 | 2000.14 | 1956.65 | 2243.07 | 2596.57 | 5591.75 | 1503.94 | 827.86 |
| 2004 | 1241.65 | 320.98 | 2293.52 | 2230.68 | 2641.02 | 2964.84 | 6617.20 | 1648.32 | 931.66 |
| 2005 | 1377.89 | 326.55 | 2715.18 | 2664.87 | 3000.53 | 3209.22 | 6961.69 | 1848.52 | 1033.31 |
| 2006 | 1550.56 | 341.37 | 3223.34 | 3190.29 | 3427.02 | 3518.80 | 7249.15 | 2060.53 | 1178.76 |
| 2007 | 1770.25 | 353.66 | 3858.50 | 3878.51 | 3800.64 | 3956.09 | 7781.64 | 2281.17 | 1346.00 |
| 2008 | 1994.46 | 375.59 | 4478.86 | 4557.47 | 4131.23 | 4395.21 | 8302.05 | 2563.30 | 1513.38 |
| 2009 | 2252.63 | 394.44 | 5232.61 | 5349.35 | 4700.42 | 4880.36 | 8754.06 | 3048.19 | 1707.48 |
| 2010 | 2581.20 | 412.64 | 6314.85 | 6518.59 | 5354.28 | 5370.83 | 9713.37 | 3462.13 | 2027.97 |
| 2011 | 2929.86 | 429.26 | 7449.23 | 7796.04 | 5856.69 | 5938.94 | 10685.46 | 3890.58 | 2284.10 |
| 2012 | 3284.37 | 453.08 | 8518.94 | 8987.27 | 6387.89 | 6589.25 | 11567.01 | 4357.84 | 2553.62 |

## 2—5 三次产业贡献率
Contribution Rate of the Three Industries

本表按不变价格计算。（单位：%） The indices in this table are calculated at constant price. （%）

| 年 份<br>Year | 生产总值<br>Gross Domestic Product | 第一产业<br>Primary Industry | 第二产业<br>Secondary Industry | 工 业<br>Industry | 第三产业<br>Tertiary Industry |
|---|---|---|---|---|---|
| 2000 | 100.00 | 3.24 | 52.63 | 43.02 | 44.13 |
| 2005 | 100.00 | 2.89 | 64.72 | 55.89 | 32.39 |
| 2006 | 100.00 | 6.54 | 62.70 | 54.03 | 30.76 |
| 2007 | 100.00 | 4.26 | 61.59 | 55.62 | 34.15 |
| 2008 | 100.00 | 7.46 | 58.94 | 53.77 | 33.60 |
| 2009 | 100.00 | 5.57 | 62.19 | 54.46 | 32.24 |
| 2010 | 100.00 | 4.22 | 70.17 | 63.19 | 25.61 |
| 2011 | 100.00 | 4.17 | 69.26 | 63.47 | 26.57 |
| 2012 | 100.00 | 5.88 | 64.21 | 58.20 | 29.91 |

注：产业贡献率指各产业增加值增量与GDP增量之比，按不变价格计算。
a) Industrial Contributing refers to the proportion of increment of every industrial value-added to increment of GDP, according to comparable price computation.

## 2—6 三次产业拉动率
Pulling Rate of the Three Industries

本表按不变价格计算。（单位：百分点） The indices in this table are calculated at constant price. （percentage points）

| 年 份<br>Year | 生产总值<br>Gross Domestic Product | 第一产业<br>Primary Industry | 第二产业<br>Secondary Industry | 工 业<br>Industry | 第三产业<br>Tertiary Industry |
|---|---|---|---|---|---|
| 2000 | 8.27 | 0.27 | 4.35 | 3.56 | 3.65 |
| 2005 | 10.97 | 0.32 | 7.10 | 6.13 | 3.55 |
| 2006 | 12.53 | 0.82 | 7.86 | 6.77 | 3.85 |
| 2007 | 14.17 | 0.60 | 8.73 | 7.88 | 4.84 |
| 2008 | 12.67 | 0.94 | 7.47 | 6.81 | 4.26 |
| 2009 | 12.94 | 0.72 | 8.05 | 7.05 | 4.17 |
| 2010 | 14.59 | 0.62 | 10.23 | 9.22 | 3.74 |
| 2011 | 13.51 | 0.56 | 9.36 | 8.58 | 3.59 |
| 2012 | 12.10 | 0.71 | 7.77 | 7.04 | 3.62 |

注：产业拉动率指GDP增长速度与各产业贡献率之乘积，按不变价格计算。
a) The industrial pulling rate to GDP growth refers to the growth rate of GDP multiplying the industrial contributing rate, according to constant price computation.

## 2—7 安徽生产总值收入法构成项目（2012年）
Income Method Structure of Anhui Gross Domestic Product (2012)

本表按当年价格计算。(单位：亿元)　　Data in this table are calculated at current price. (100 million yuan)

| | | 增加值 Value-added | 劳动者报酬 Compensation of Employees | 生产税净额 Net Taxes on Production | 固定资产折旧 Depreciation of Fixed Assets | 营业盈余 Operation Surplus |
|---|---|---|---|---|---|---|
| **安徽生产总值** | **Gross Domestic Product** | **17212.05** | **8445.19** | **2350.44** | **2083.07** | **4333.35** |
| 第一产业 | Primary Industry | 2178.73 | 2139.61 | 1.02 | 38.10 | |
| 第二产业 | Secondary Industry | 9404.84 | 3612.00 | 1648.44 | 1140.25 | 3004.15 |
| 工　业 | Industry | 8025.84 | 2737.50 | 1452.22 | 1079.38 | 2756.74 |
| 建筑业 | Construction | 1379.00 | 874.50 | 196.22 | 60.87 | 247.41 |
| 第三产业 | Tertiary Industry | 5628.48 | 2693.57 | 700.99 | 904.72 | 1329.20 |
| 交通运输、仓储及邮政业 | Transportation, Storage and Postal Services | 650.21 | 387.58 | 60.80 | 100.02 | 101.80 |
| 信息传输、计算机服务和软件业 | Information Circulation, Computer Service and Software | 190.73 | 43.46 | 11.01 | 51.96 | 84.30 |
| 批发和零售业 | Wholesale & Retail Trade | 1223.97 | 523.11 | 338.68 | 49.94 | 312.23 |
| 住宿和餐饮业 | Accommodation and Catering Trade | 268.95 | 120.35 | 33.78 | 39.85 | 74.98 |
| 金融业 | Banking | 617.62 | 185.86 | 80.07 | 28.55 | 323.13 |
| 房地产业 | Real Estate | 665.76 | 48.16 | 118.94 | 375.77 | 122.89 |
| 租赁和商务服务业 | Leasing and Commercial Services | 351.87 | 94.34 | 19.50 | 44.15 | 193.89 |
| 科学研究、技术服务和地质勘查业 | Scientific Research, Technical Services and Geological Prospecting | 132.68 | 67.21 | 9.23 | 10.23 | 46.01 |
| 水利、环境和公共设施管理业 | Water Conservancy, Environmental and Public Facilities Management | 106.92 | 29.74 | 2.75 | 62.80 | 11.63 |
| 居民服务和其他服务业 | Resident Services and Other Services | 165.75 | 145.91 | 5.56 | 3.14 | 11.14 |
| 教　育 | Education | 412.89 | 351.85 | 1.32 | 53.47 | 6.25 |
| 卫生、社会保障和社会福利业 | Health Care, Social Protection and Social Welfare | 247.46 | 221.57 | 1.53 | 13.27 | 11.09 |
| 文化、体育和娱乐业 | Culture, Sports and Entertainment | 92.43 | 45.49 | 16.36 | 10.96 | 19.62 |
| 公共管理和社会组织 | Public Management and Social Organizations | 501.23 | 428.94 | 1.47 | 60.60 | 10.23 |

## 2—8 安徽生产总值收入法构成项目比例（2012年）
Proprotion of Income Method Structure of Anhui Gross Domestic Product (2012)

本表按当年价格计算。(单位：%)　　Data in this table are calculated at current price. (%)

| | | 增加值 Value-added | 劳动者报酬 Compensation of Employees | 生产税净额 Net Taxes on Production | 固定资产折旧 Depreciation of Fixed Assets | 营业盈余 Operation Surplus |
|---|---|---|---|---|---|---|
| **安徽生产总值** | **Gross Domestic Product** | **100.00** | **49.07** | **13.66** | **12.10** | **25.17** |
| 第一产业 | Primary Industry | 100.00 | 98.20 | 0.05 | 1.75 | |
| 第二产业 | Secondary Industry | 100.00 | 38.41 | 17.53 | 12.12 | 31.94 |
| 工　业 | Industry | 100.00 | 34.11 | 18.09 | 13.45 | 34.35 |
| 建筑业 | Construction | 100.00 | 63.42 | 14.23 | 4.41 | 17.94 |
| 第三产业 | Tertiary Industry | 100.00 | 47.86 | 12.45 | 16.07 | 23.62 |
| 交通运输、仓储及邮政业 | Transportation, Storage and Postal Services | 100.00 | 59.61 | 9.35 | 15.38 | 15.66 |
| 信息传输、计算机服务和软件业 | Information Circulation, Computer Service and Software | 100.00 | 22.79 | 5.77 | 27.24 | 44.20 |
| 批发和零售业 | Wholesale & Retail Trade | 100.00 | 42.74 | 27.67 | 4.08 | 25.51 |
| 住宿和餐饮业 | Accommodation and Catering Trade | 100.00 | 44.75 | 12.56 | 14.82 | 27.87 |
| 金融业 | Banking | 100.00 | 30.09 | 12.96 | 4.62 | 52.33 |
| 房地产业 | Real Estate | 100.00 | 7.23 | 17.87 | 56.44 | 18.46 |
| 租赁和商务服务业 | Leasing and Commercial Services | 100.00 | 26.81 | 5.54 | 12.55 | 55.10 |
| 科学研究、技术服务和地质勘查业 | Scientific Research, Technical Services and Geological Prospecting | 100.00 | 50.66 | 6.96 | 7.71 | 34.67 |
| 水利、环境和公共设施管理业 | Water Conservancy, Environmental and Public Facilities Management | 100.00 | 27.82 | 2.57 | 58.73 | 10.88 |
| 居民服务和其他服务业 | Resident Services and Other Services | 100.00 | 88.03 | 3.35 | 1.89 | 6.73 |
| 教　育 | Education | 100.00 | 85.22 | 0.32 | 12.95 | 1.51 |
| 卫生、社会保障和社会福利业 | Health Care, Social Protection and Social Welfare | 100.00 | 89.54 | 0.62 | 5.36 | 4.48 |
| 文化、体育和娱乐业 | Culture, Sports and Entertainment | 100.00 | 49.22 | 17.70 | 11.86 | 21.22 |
| 公共管理和社会组织 | Public Management and Social Organizations | 100.00 | 85.58 | 0.29 | 12.09 | 2.04 |

## 2—9 第三产业增加值
Value-added of the Tertiary Industry

本表按当年价格计算。（单位：亿元） Data in value terms in this table are calculated at current price.（100 million yuan)

| 行　业 | Sector | 2005 | 2010 | 2011 | 2012 |
|---|---|---|---|---|---|
| **总　计** | **Total** | **2137.77** | **4193.68** | **4975.95** | **5628.48** |
| 交通运输、仓储及邮政业 | Transportation, Storage and Postal Services | 336.39 | 527.02 | 589.82 | 650.21 |
| 信息传输、计算机服务和软件业 | Information Circulation, Computer Service and Software | 108.52 | 180.30 | 193.61 | 190.73 |
| 批发和零售业 | Wholesale & Retail Trade | 393.75 | 887.66 | 1050.61 | 1223.97 |
| 住宿和餐饮业 | Accommodation and Catering Trade | 96.27 | 193.78 | 252.62 | 268.95 |
| 金融业 | Banking | 127.05 | 396.17 | 503.85 | 617.62 |
| 房地产业 | Real Estate | 231.66 | 532.17 | 634.92 | 665.76 |
| 租赁和商务服务业 | Leasing and Commercial Services | 83.22 | 245.33 | 284.67 | 351.87 |
| 科学研究、技术服务和地质勘察业 | Scientific Research, Technical Services and Geological Prospecting | 63.45 | 94.91 | 117.34 | 132.68 |
| 水利、环境和公共设施管理业 | Water Conservancy, Environmental and Public Facilities Management | 29.34 | 71.49 | 97.83 | 106.92 |
| 居民服务和其他服务业 | Resident Services and Other Services | 115.80 | 109.44 | 136.72 | 165.75 |
| 教　育 | Education | 213.50 | 337.23 | 382.15 | 412.89 |
| 卫生、社会保障和社会福利业 | Health Care, Social Protection and Social Welfare | 104.94 | 154.51 | 205.21 | 247.46 |
| 文化、体育和娱乐业 | Culture, Sports and Entertainment | 39.75 | 64.32 | 81.24 | 92.43 |
| 公共管理和社会组织 | Public Management and Social Organizations | 194.13 | 399.37 | 445.38 | 501.23 |

## 2—10 第三产业增加值构成
Composition of Value-added of the Tertiary Industry

本表按当年价格计算。（单位：%） Data in value terms in this table are calculated at current price.（%）

| 行　业 | Sector | 2005 | 2010 | 2011 | 2012 |
|---|---|---|---|---|---|
| **总　计** | **Total** | **100.0** | **100.0** | **100.0** | **100.0** |
| 交通运输、仓储及邮政业 | Transportation, Storage and Postal Services | 15.7 | 12.6 | 11.9 | 11.6 |
| 信息传输、计算机服务和软件业 | Information Circulation, Computer Service and Software | 5.1 | 4.3 | 3.9 | 3.4 |
| 批发和零售业 | Wholesale & Retail Trade | 18.4 | 21.2 | 21.1 | 21.7 |
| 住宿和餐饮业 | Accommodation and Catering Trade | 4.5 | 4.6 | 5.1 | 4.8 |
| 金融业 | Banking | 5.9 | 9.4 | 10.1 | 11.0 |
| 房地产业 | Real Estate | 10.8 | 12.7 | 12.8 | 11.8 |
| 租赁和商务服务业 | Leasing and Commercial Services | 3.9 | 5.8 | 5.7 | 6.3 |
| 科学研究、技术服务和地质勘察业 | Scientific Research, Technical Services and Geological Prospecting | 3.0 | 2.3 | 2.4 | 2.4 |
| 水利、环境和公共设施管理业 | Water Conservancy, Environmental and Public Facilities Management | 1.4 | 1.7 | 2.0 | 1.9 |
| 居民服务和其他服务业 | Resident Services and Other Services | 5.4 | 2.6 | 2.7 | 2.9 |
| 教　育 | Education | 10.0 | 8.0 | 7.7 | 7.3 |
| 卫生、社会保障和社会福利业 | Health Care, Social Protection and Social Welfare | 4.9 | 3.7 | 4.1 | 4.4 |
| 文化、体育和娱乐业 | Culture, Sports and Entertainment | 1.9 | 1.5 | 1.6 | 1.6 |
| 公共管理和社会组织 | Public Management and Social Organizations | 9.1 | 9.5 | 8.9 | 8.9 |

## 2—11 第三产业增加值指数
Indices of Value-added of the Tertiary Industry

本表按不变价格计算。（上年为100） The indices in this table are calculated at constant price.（preceding year=100)

| 行业 | Sector | 2005 | 2010 | 2011 | 2012 |
|---|---|---|---|---|---|
| **总计** | **Total** | **108.24** | **110.05** | **110.58** | **110.95** |
| 交通运输、仓储及邮政业 | Transportation, Storage and Postal Services | 105.21 | 110.96 | 110.01 | 108.25 |
| 信息传输、计算机服务和软件业 | Information Circulation, Computer Service and Software | 116.67 | 111.89 | 111.20 | 106.23 |
| 批发和零售业 | Wholesale & Retail Trade | 112.15 | 113.58 | 112.38 | 112.01 |
| 住宿和餐饮业 | Accommodation and Catering Trade | 99.71 | 116.60 | 111.59 | 109.60 |
| 金融业 | Banking | 132.97 | 108.45 | 108.68 | 116.83 |
| 房地产业 | Real Estate | 120.02 | 101.25 | 108.08 | 105.83 |
| 租赁和商务服务业 | Leasing and Commercial Services | 125.01 | 114.22 | 108.67 | 119.68 |
| 科学研究、技术服务和地质勘察业 | Scientific Research, Technical Services and Geological Prospecting | 77.76 | 101.57 | 107.99 | 106.65 |
| 水利、环境和公共设施管理业 | Water Conservancy, Environmental and Public Facilities Managemen | 102.19 | 118.82 | 111.24 | 108.37 |
| 居民服务和其他服务业 | Resident Services and Other Services | 87.93 | 110.92 | 113.57 | 120.14 |
| 教育 | Education | 109.17 | 104.87 | 109.49 | 106.50 |
| 卫生、社会保障和社会福利业 | Health Care, Social Protection and Social Welfare | 88.85 | 103.72 | 112.80 | 108.72 |
| 文化、体育和娱乐业 | Culture, Sports and Entertainment | 101.28 | 123.24 | 119.16 | 113.77 |
| 公共管理和社会组织 | Public Management and Social Organizations | 120.56 | 114.45 | 111.30 | 113.55 |

## 2—12 各市生产总值和指数
Gross Domestic Product and Its Indices by Region

本表绝对数按当年价格计算，指数按不变价格计算。
Level data in this table are calculated at current prices while indices at constant prices.

| 地区 | Region | 生产总值（亿元） Gross Domestic Product (100 million yuan) | | | | | 指数（上年=100） Indices (preceding year=100) | | | | |
|---|---|---|---|---|---|---|---|---|---|---|---|
| | | 2000 | 2005 | 2010 | 2011 | 2012 | 2000 | 2005 | 2010 | 2011 | 2012 |
| 合肥市 | Hefei | 446.64 | 1056.21 | 2961.67 | 3636.62 | 4164.32 | 111.0 | 116.4 | 117.0 | 115.4 | 113.6 |
| 淮北市 | Huaibei | 103.02 | 205.14 | 461.64 | 554.92 | 620.54 | 106.4 | 111.9 | 114.2 | 112.2 | 113.2 |
| 亳州市 | Bozhou | 153.70 | 235.40 | 512.78 | 626.65 | 715.65 | 97.9 | 110.4 | 113.8 | 112.9 | 111.9 |
| 宿州市 | Suzhou | 178.81 | 313.79 | 650.57 | 802.42 | 914.95 | 108.0 | 106.6 | 113.1 | 113.7 | 112.5 |
| 蚌埠市 | Bengbu | 163.66 | 302.45 | 638.05 | 780.24 | 890.22 | 106.3 | 108.2 | 114.5 | 114.0 | 113.0 |
| 阜阳市 | Fuyang | 208.87 | 329.03 | 721.51 | 853.21 | 962.53 | 94.0 | 111.8 | 113.6 | 112.0 | 111.7 |
| 淮南市 | Huainan | 132.80 | 267.15 | 604.18 | 709.54 | 781.76 | 102.3 | 116.4 | 113.0 | 112.1 | 112.7 |
| 滁州市 | Chuzhou | 217.86 | 317.35 | 695.65 | 850.49 | 970.74 | 107.0 | 105.5 | 115.6 | 114.0 | 113.1 |
| 六安市 | Luan | 178.62 | 309.11 | 676.11 | 821.08 | 918.19 | 101.2 | 111.3 | 113.7 | 112.3 | 111.0 |
| 马鞍山市 | Maanshan | 173.15 | 411.79 | 949.09 | 1144.30 | 1233.94 | 107.6 | 111.9 | 114.7 | 112.1 | 112.0 |
| 芜湖市 | Wuhu | 256.60 | 492.04 | 1341.12 | 1658.24 | 1873.63 | 108.3 | 113.3 | 117.6 | 116.0 | 113.8 |
| 宣城市 | Xuancheng | 151.97 | 242.54 | 525.96 | 671.39 | 757.46 | 102.3 | 108.6 | 115.0 | 114.1 | 112.6 |
| 铜陵市 | Tongling | 75.71 | 175.68 | 466.70 | 579.41 | 621.30 | 109.3 | 113.2 | 117.1 | 112.6 | 111.0 |
| 池州市 | Chizhou | 60.05 | 121.00 | 300.84 | 372.49 | 417.45 | 103.9 | 113.3 | 116.1 | 113.0 | 112.3 |
| 安庆市 | Anqing | 242.96 | 421.29 | 989.04 | 1215.74 | 1359.70 | 106.8 | 109.1 | 113.6 | 113.2 | 111.5 |
| 黄山市 | Huangshan | 79.73 | 158.64 | 309.45 | 378.81 | 424.95 | 109.2 | 111.0 | 113.1 | 112.5 | 111.6 |

## 2—13 各市生产总值（2012年）
## Gross Domestic Product by Region (2012)

本表绝对数按当年价格计算，指数按可比价格计算。 （单位：亿元）
Level data in this table are calculated at current prices while indices at constant prices. (100 million yuan)

| 地区 | Region | 第一产业 Primary Industry | 第二产业 Secondary Industry | 工业 Industry | 建筑业 Construction | 第三产业 Tertiary Industry | #交通运输、仓储和邮政业 Transport, Storage and Postal Services | 批发零售业 Wholesale, Retail Trade | 住宿和餐饮业 Accommodation and Catering Trade | 金融业 Banking |
|---|---|---|---|---|---|---|---|---|---|---|
| 合肥市 | Hefei | 229.05 | 2303.90 | 1813.90 | 490.00 | 1631.37 | 165.11 | 320.60 | 55.40 | 214.62 |
| 淮北市 | Huaibei | 51.43 | 410.36 | 377.12 | 33.24 | 158.75 | 26.56 | 35.81 | 10.97 | 16.33 |
| 亳州市 | Bozhou | 181.13 | 288.80 | 241.00 | 47.80 | 245.72 | 37.56 | 62.49 | 14.07 | 11.01 |
| 宿州市 | Suzhou | 237.35 | 378.95 | 333.60 | 45.35 | 298.65 | 47.35 | 70.32 | 13.34 | 9.85 |
| 蚌埠市 | Bengbu | 158.86 | 445.08 | 391.38 | 53.70 | 286.28 | 33.52 | 51.01 | 23.78 | 24.24 |
| 阜阳市 | Fuyang | 249.42 | 397.51 | 344.71 | 52.80 | 315.60 | 42.45 | 79.38 | 17.89 | 26.77 |
| 淮南市 | Huainan | 60.61 | 501.02 | 442.82 | 58.20 | 220.13 | 22.28 | 44.53 | 13.78 | 12.50 |
| 滁州市 | Chuzhou | 192.79 | 507.59 | 446.09 | 61.50 | 270.36 | 38.28 | 48.85 | 16.93 | 22.29 |
| 六安市 | Luan | 198.79 | 423.35 | 354.25 | 69.10 | 296.05 | 39.81 | 50.03 | 20.67 | 19.87 |
| 马鞍山市 | Maanshan | 73.46 | 818.86 | 745.36 | 73.50 | 341.62 | 30.17 | 78.16 | 22.16 | 29.89 |
| 芜湖市 | Wuhu | 117.63 | 1234.24 | 1117.44 | 116.80 | 521.76 | 75.36 | 76.53 | 40.14 | 46.18 |
| 宣城市 | Xuancheng | 111.65 | 395.12 | 333.82 | 61.30 | 250.69 | 39.98 | 36.96 | 13.86 | 17.17 |
| 铜陵市 | Tongling | 11.78 | 456.28 | 423.43 | 32.85 | 153.24 | 21.13 | 28.01 | 12.04 | 22.62 |
| 池州市 | Chizhou | 62.15 | 204.23 | 156.38 | 47.85 | 151.07 | 17.72 | 21.18 | 12.54 | 12.57 |
| 安庆市 | Anqing | 196.17 | 759.44 | 672.94 | 86.50 | 404.09 | 34.70 | 80.93 | 34.96 | 29.96 |
| 黄山市 | Huangshan | 48.54 | 196.55 | 152.05 | 44.50 | 179.86 | 20.75 | 26.84 | 14.64 | 12.35 |

| 地区 | Region | 房地产业 Real Estate Trade | 构成（%）Composition | | | 指数 Preceding year=100 | | | | 人均生产总值（元/人）Per Capita GDP (yuan/person) |
|---|---|---|---|---|---|---|---|---|---|---|
| | | | 第一产业 Primary Industry | 第二产业 Secondary Industry | 第三产业 Tertiary Industry | 国内生产总值 Gross Domestic Product | 第一产业 Primary Industry | 第二产业 Secondary Industry | 第三产业 Tertiary Industry | |
| 合肥市 | Hefei | 223.70 | 5.5 | 55.3 | 39.2 | 113.6 | 105.4 | 115.4 | 112.3 | 55182 |
| 淮北市 | Huaibei | 12.53 | 8.3 | 66.1 | 25.6 | 113.2 | 105.7 | 114.9 | 111.3 | 29285 |
| 亳州市 | Bozhou | 26.92 | 25.3 | 40.4 | 34.3 | 111.9 | 106.1 | 115.1 | 112.5 | 14642 |
| 宿州市 | Suzhou | 16.76 | 25.9 | 41.5 | 32.6 | 112.5 | 106.1 | 116.2 | 113.1 | 17032 |
| 蚌埠市 | Bengbu | 29.49 | 17.8 | 50.0 | 32.2 | 113.0 | 106.0 | 116.3 | 111.9 | 27999 |
| 阜阳市 | Fuyang | 30.36 | 25.9 | 41.3 | 32.8 | 111.7 | 105.9 | 115.7 | 111.2 | 12617 |
| 淮南市 | Huainan | 17.80 | 7.8 | 64.0 | 28.2 | 112.7 | 105.6 | 113.6 | 112.3 | 33489 |
| 滁州市 | Chuzhou | 39.33 | 19.8 | 52.3 | 27.9 | 113.1 | 105.9 | 116.6 | 111.6 | 24650 |
| 六安市 | Luan | 58.39 | 21.7 | 46.1 | 32.2 | 111.0 | 105.6 | 115.3 | 108.8 | 16270 |
| 马鞍山市 | Maanshan | 36.35 | 5.9 | 66.4 | 27.7 | 112.0 | 105.2 | 112.4 | 112.5 | 56306 |
| 芜湖市 | Wuhu | 50.18 | 6.3 | 65.9 | 27.8 | 113.8 | 105.7 | 115.5 | 111.7 | 52453 |
| 宣城市 | Xuancheng | 24.89 | 14.7 | 52.2 | 33.1 | 112.6 | 105.8 | 114.9 | 112.1 | 29687 |
| 铜陵市 | Tongling | 12.47 | 1.9 | 73.4 | 24.7 | 111.0 | 106.0 | 111.1 | 111.0 | 84819 |
| 池州市 | Chizhou | 18.90 | 14.9 | 48.9 | 36.2 | 112.3 | 106.0 | 114.0 | 112.6 | 29471 |
| 安庆市 | Anqing | 43.35 | 14.4 | 55.9 | 29.7 | 111.5 | 105.5 | 114.3 | 109.3 | 25592 |
| 黄山市 | Huangshan | 17.60 | 11.4 | 46.3 | 42.3 | 111.6 | 105.2 | 113.9 | 110.8 | 31454 |

## 2—14 支出法计算的安徽生产总值
Gross Domestic Product of Anhui by Expenditure Approach

本表按当年价格计算，2005—2008年数据按2008年经济普查结果进行修订。
Data in value terms in this table are calculated at current prices, In 2005-2008, data carries on the revision according to the economical general survey result in 2008.

| 年 份 Year | 支出法生产总值（亿元）Gross Domestic Product by Expenditure Approach (100 million yuan) | 最终消费 Final Consumption Expenditure | 资本形成总额 Gross Captital Formation | 货物和服务净出口 Net Export of Goods and Services | 资本形成率（投资率）(%) Capital Formation Rate (%) | 最终消费率（消费率）(%) Final Consumption Rate (%) |
|---|---|---|---|---|---|---|
| 2000 | 3041.24 | 1947.78 | 1094.97 | -1.50 | 36.00 | 64.05 |
| 2001 | 3290.13 | 2108.09 | 1185.50 | -3.46 | 36.03 | 64.07 |
| 2002 | 3553.55 | 2262.95 | 1294.76 | -4.16 | 36.44 | 63.68 |
| 2003 | 3973.02 | 2520.31 | 1455.21 | -2.50 | 36.63 | 63.44 |
| 2004 | 4814.65 | 2835.44 | 1983.21 | -4.00 | 41.19 | 58.89 |
| 2005 | 5350.17 | 3006.70 | 2354.10 | -10.59 | 44.00 | 56.20 |
| 2006 | 6112.50 | 3374.70 | 2760.50 | -22.74 | 45.16 | 55.21 |
| 2007 | 7360.92 | 3979.71 | 3418.20 | -36.99 | 46.44 | 54.07 |
| 2008 | 8851.66 | 4571.97 | 4319.15 | -39.46 | 48.79 | 51.65 |
| 2009 | 10062.82 | 5179.08 | 4914.15 | -30.41 | 48.83 | 51.47 |
| 2010 | 12359.33 | 6213.15 | 6171.54 | -25.36 | 49.93 | 50.27 |
| 2011 | 15300.65 | 7604.30 | 7725.04 | -28.69 | 50.49 | 49.70 |
| 2012 | 17212.05 | 8439.01 | 8855.77 | -82.73 | 51.45 | 49.03 |

## 2—15 支出法安徽生产总值结构
Structure of Gross Domestic Product Calculated by Expenditure Approach

本表按当年价格计算，2005—2008年数据按2008年经济普查结果进行修订。
Data in value terms in this table are calculated at current prices, In 2005-2008, data carries on the revision according to the economical general survey result in 2008.

| 年 份 Year | 最终消费 Final Consumption Expenditure | | | | | | | | 资本形成总额 Gross Capital Formation | | | |
|---|---|---|---|---|---|---|---|---|---|---|---|---|
| | 绝对数（亿元）Absolute Figure (100 million yuan) | | | | 比重 Proportion | | | | 绝对数（亿元）Absolute Figure (100 million yuan) | | 比重（资本形成总额=100）Proportion (Gross Capital Formation=100) | |
| | | | | | 最终消费=100 Final Consumption Expenditure=100 | | 居民消费=100 Household Consumption=100 | | | | | |
| | 居民消费 Household Consumption Expenditure | 农村居民 Rural House | 城镇居民 Urban House | 政府消费 Government Consumption Expenditure | 居民消费 House hold Consumption Expenditure | 政府消费 Government Consumption Expenditure | 农村居民 Rural Households | 城镇居民 Urban Households | 固定资本形成总额 Gross Fixed Capital Formation | 存货增加 Changes in Inventories | 固定资本形成总额 Gross Fixed Capital Formation | 存货增加 Changes in Inventories |
| 2000 | 1615.43 | 964.49 | 650.95 | 332.34 | 82.94 | 17.06 | 59.70 | 40.30 | 928.09 | 166.88 | 84.76 | 15.24 |
| 2001 | 1725.82 | 1003.83 | 721.98 | 382.29 | 81.87 | 18.13 | 58.17 | 41.83 | 1012.31 | 173.19 | 85.39 | 14.61 |
| 2002 | 1833.19 | 1010.70 | 822.49 | 429.76 | 81.01 | 18.99 | 55.13 | 44.87 | 1138.20 | 156.56 | 87.91 | 12.09 |
| 2003 | 2038.10 | 1086.61 | 951.50 | 482.21 | 80.87 | 19.13 | 53.31 | 46.69 | 1362.18 | 93.03 | 93.61 | 6.39 |
| 2004 | 2296.38 | 1212.25 | 1084.12 | 539.06 | 80.99 | 19.01 | 52.79 | 47.21 | 1877.75 | 105.46 | 94.68 | 5.32 |
| 2005 | 2399.40 | 880.20 | 1519.20 | 607.30 | 79.80 | 20.20 | 36.68 | 63.32 | 2214.00 | 140.00 | 94.05 | 5.95 |
| 2006 | 2707.20 | 949.30 | 1757.90 | 667.50 | 80.22 | 19.78 | 35.07 | 64.93 | 2656.90 | 103.60 | 96.25 | 3.75 |
| 2007 | 3225.49 | 1092.92 | 2132.57 | 754.22 | 81.05 | 18.95 | 33.88 | 66.12 | 3344.78 | 73.42 | 97.85 | 2.15 |
| 2008 | 3679.34 | 1205.83 | 2473.51 | 892.63 | 80.48 | 19.52 | 32.77 | 67.23 | 4229.64 | 89.51 | 97.93 | 2.07 |
| 2009 | 4188.29 | 1325.73 | 2862.56 | 990.79 | 80.87 | 19.13 | 31.65 | 68.35 | 4820.46 | 93.69 | 98.09 | 1.91 |
| 2010 | 4873.35 | 1499.35 | 3374.00 | 1339.80 | 78.44 | 21.56 | 30.77 | 69.23 | 6061.09 | 110.45 | 98.21 | 1.79 |
| 2011 | 5995.10 | 1625.22 | 4369.88 | 1609.20 | 78.84 | 21.16 | 27.11 | 72.89 | 7594.37 | 130.67 | 98.31 | 1.69 |
| 2012 | 6562.72 | 1659.79 | 4902.93 | 1876.29 | 77.77 | 22.23 | 25.29 | 74.71 | 8680.90 | 174.87 | 98.03 | 1.97 |

# 2—16 居 民 消 费 水 平
Household Consumption

本表绝对数按当年价格计算，指数按不变价格计算，2005—2008年数据按2008年经济普查结果进行修订。
Level data in this table are calculated at current prices while indices at constant prices.
In 2005-2008, data carries on the revision according to the economical general survey result in 2008.

| 年 份 Year | 绝对数（元）Value (yuan) | | | 城乡消费水平对比（农民=1）Urban/Rural Consumption Ratio (Agricultural Households=1) | 指数（上年为100）Index (Preceding year=100) | | | 指数（1978年为100）Index (1978=100) | | |
|---|---|---|---|---|---|---|---|---|---|---|
| | 全省居民 All Households | 农村居民 Agricultural Households | 城镇居民 Non-agricultural Households | | 全省居民 All Households | 农村居民 Agricultural Households | 城镇居民 Non-agricultural Households | 全省居民 All Households | 农村居民 Agricultural Households | 城镇居民 Non-agricultural Households |
| 1990 | 670 | 570 | 1236 | 2.17 | 96.68 | 95.48 | 100.16 | 210.03 | 199.30 | 206.34 |
| 1991 | 683 | 559 | 1379 | 2.47 | 117.01 | 103.33 | 124.84 | 245.77 | 205.94 | 257.60 |
| 1992 | 762 | 597 | 1646 | 2.76 | 102.81 | 102.21 | 122.55 | 252.66 | 210.49 | 315.69 |
| 1993 | 973 | 700 | 2389 | 3.41 | 105.96 | 103.65 | 100.74 | 267.71 | 218.18 | 318.03 |
| 1994 | 1251 | 969 | 2671 | 2.76 | 105.74 | 103.69 | 114.23 | 283.07 | 226.22 | 363.27 |
| 1995 | 1669 | 1300 | 3441 | 2.65 | 107.20 | 109.43 | 101.84 | 303.45 | 247.55 | 369.95 |
| 1996 | 1945 | 1488 | 4073 | 2.74 | 113.12 | 112.85 | 111.64 | 343.26 | 279.37 | 413.02 |
| 1997 | 2275 | 1796 | 4429 | 2.47 | 114.34 | 118.52 | 106.02 | 392.48 | 331.12 | 437.90 |
| 1998 | 2370 | 1845 | 4675 | 2.53 | 107.10 | 106.20 | 107.05 | 420.06 | 351.40 | 468.78 |
| 1999 | 2523 | 1939 | 4985 | 2.57 | 106.60 | 104.70 | 107.40 | 447.96 | 367.83 | 503.34 |
| 2000 | 2588 | 1922 | 5323 | 2.77 | 104.30 | 100.70 | 108.00 | 466.94 | 370.43 | 543.36 |
| 2001 | 2739 | 1985 | 5806 | 2.92 | 106.31 | 104.05 | 109.13 | 496.40 | 385.43 | 592.97 |
| 2002 | 2988 | 2353 | 4468 | 1.90 | 105.96 | 101.01 | 111.52 | 525.99 | 389.32 | 661.28 |
| 2003 | 3312 | 2572 | 4933 | 1.92 | 108.04 | 104.65 | 109.83 | 570.17 | 407.42 | 726.28 |
| 2004 | 3707 | 2910 | 5343 | 1.84 | 106.80 | 106.40 | 104.90 | 608.94 | 433.49 | 761.86 |
| 2005 | 3870 | 2167 | 7102 | 3.28 | 110.40 | 110.40 | 106.30 | 672.27 | 478.57 | 809.86 |
| 2006 | 4409 | 2427 | 7886 | 3.25 | 112.10 | 110.50 | 109.20 | 753.61 | 528.82 | 884.37 |
| 2007 | 5276 | 2878 | 9204 | 3.20 | 112.90 | 111.30 | 109.80 | 850.83 | 588.58 | 971.04 |
| 2008 | 6006 | 3259 | 10196 | 3.13 | 110.90 | 109.30 | 108.40 | 943.57 | 643.32 | 1052.61 |
| 2009 | 6829 | 3683 | 11301 | 3.07 | 110.30 | 108.80 | 107.90 | 1040.76 | 699.93 | 1135.77 |
| 2010 | 8237 | 4447 | 13259 | 2.98 | 114.51 | 114.89 | 111.26 | 1191.77 | 804.15 | 1263.66 |
| 2011 | 10055 | 5356 | 14923 | 2.79 | 115.31 | 113.34 | 106.48 | 1374.26 | 911.41 | 1345.52 |
| 2012 | 10978 | 5648 | 16131 | 2.86 | 106.65 | 103.78 | 105.30 | 1465.65 | 945.86 | 1416.83 |

注：根据国家统计局制度规定，从2003年起按常住人口计算，2002年数据作同口径调整。

a) In accordance with the regulation of NBS, the permanent population has been used since the year 2003 and the data of 2002 have been adjusted in the same scope.

# 2—17 各市、县生产总值及指数（2012年）
## Gross Domestic Product and Indices by County or City (2012)

| 市、县 County、city | | 生产总值（亿元）Gross Domestic Product (100 million yuan) | 第一产业 Primary Industry | 第二产业 Secondary Industry | 第三产业 Tertiary Industry | 生产总值指数（%）Indices of Gross Domestic Product (2011=100) | 第一产业 Primary Industry | 第二产业 Secondary Industry | 第三产业 Tertiary Industry | 人均生产总值（元/人）Per Capita GDP (yuan/person) |
|---|---|---|---|---|---|---|---|---|---|---|
| **合肥市** | **Hefei** | **4164.32** | **229.05** | **2303.90** | **1631.37** | **113.6** | **105.4** | **115.4** | **112.3** | **55182** |
| 巢湖市 | Chaohu | 209.86 | 24.41 | 119.09 | 66.36 | 111.0 | 105.8 | 114.3 | 107.6 | 23508 |
| 长丰县 | Changfeng | 265.23 | 51.14 | 158.04 | 56.05 | 115.6 | 105.6 | 120.3 | 111.7 | 34305 |
| 肥东县 | Feidong | 357.14 | 54.07 | 229.66 | 73.41 | 116.4 | 105.6 | 120.5 | 112.6 | 32908 |
| 肥西县 | Feixi | 416.69 | 50.59 | 271.59 | 94.51 | 113.8 | 105.9 | 116.1 | 111.6 | 46065 |
| 庐江县 | Lujiang | 156.78 | 36.84 | 69.58 | 50.36 | 113.3 | 105.6 | 119.6 | 111.9 | 13194 |
| **淮北市** | **Huaibei** | **620.54** | **51.43** | **410.36** | **158.75** | **113.2** | **105.7** | **114.9** | **111.3** | **29285** |
| 濉溪县 | Suixi | 168.92 | 35.52 | 93.22 | 40.18 | 117.5 | 105.9 | 125.6 | 110.4 | 15461 |
| **亳州市** | **Bozhou** | **715.65** | **181.13** | **288.80** | **245.72** | **111.9** | **106.1** | **115.1** | **112.5** | **14642** |
| 涡阳县 | Guoyang | 177.15 | 41.07 | 79.91 | 56.17 | 111.4 | 106.0 | 115.3 | 109.9 | 11624 |
| 蒙城县 | Mengcheng | 160.35 | 44.41 | 65.72 | 50.22 | 112.5 | 106.2 | 116.4 | 113.1 | 12027 |
| 利辛县 | Lixin | 132.33 | 43.98 | 36.45 | 51.90 | 110.3 | 106.0 | 113.8 | 111.2 | 8381 |
| **宿州市** | **Suzhou** | **914.95** | **237.35** | **378.95** | **298.65** | **112.5** | **106.1** | **116.2** | **113.1** | **17032** |
| 砀山县 | Dangshan | 114.82 | 35.52 | 50.30 | 29.00 | 111.4 | 106.2 | 115.0 | 111.2 | 11472 |
| 萧　县 | Xiaoxian | 163.41 | 48.10 | 64.76 | 50.55 | 110.8 | 106.1 | 113.8 | 111.2 | 11406 |
| 灵璧县 | Lingbi | 123.80 | 48.30 | 35.64 | 39.86 | 111.1 | 106.0 | 116.5 | 112.6 | 9899 |
| 泗　县 | Sixian | 120.08 | 44.81 | 45.56 | 29.71 | 109.6 | 106.0 | 111.9 | 111.1 | 12772 |
| **蚌埠市** | **Bengbu** | **890.22** | **158.86** | **445.08** | **286.28** | **113.0** | **106.0** | **116.3** | **111.9** | **27999** |
| 怀远县 | Huaiyuan | 193.43 | 59.02 | 87.47 | 46.94 | 115.1 | 106.1 | 124.1 | 110.8 | 14107 |
| 五河县 | Wuhe | 128.62 | 46.07 | 47.34 | 35.21 | 114.9 | 106.1 | 126.7 | 111.7 | 17538 |
| 固镇县 | Guzhen | 115.96 | 40.09 | 45.27 | 30.60 | 114.2 | 106.2 | 124.4 | 110.7 | 18322 |
| **阜阳市** | **Fuyang** | **962.53** | **249.42** | **397.51** | **315.60** | **111.7** | **105.9** | **115.7** | **111.2** | **12617** |
| 界首市 | Jieshou | 100.80 | 20.65 | 55.12 | 25.03 | 116.2 | 105.7 | 122.9 | 110.9 | 12759 |
| 临泉县 | Linquan | 113.70 | 56.58 | 23.48 | 33.64 | 110.3 | 106.2 | 121.3 | 109.5 | 5074 |
| 太和县 | Taihe | 138.35 | 40.85 | 56.44 | 41.06 | 109.9 | 105.7 | 114.3 | 107.8 | 7940 |
| 阜南县 | Funan | 109.47 | 40.62 | 36.22 | 32.63 | 110.3 | 105.7 | 116.0 | 109.6 | 6438 |
| 颍上县 | Yingshang | 163.08 | 40.44 | 88.18 | 34.46 | 111.2 | 105.9 | 113.9 | 110.5 | 9407 |
| **淮南市** | **Huainan** | **781.76** | **60.61** | **501.02** | **220.13** | **112.7** | **105.6** | **113.6** | **112.3** | **33489** |
| 凤台县 | Fengtai | 215.30 | 26.15 | 147.96 | 41.19 | 112.7 | 105.7 | 114.2 | 111.4 | 33747 |
| **滁州市** | **Chuzhou** | **970.74** | **192.79** | **507.59** | **270.36** | **113.1** | **105.9** | **116.6** | **111.6** | **24650** |
| 天长市 | Tianchang | 211.28 | 27.65 | 140.85 | 42.78 | 114.0 | 105.7 | 116.5 | 111.2 | 33284 |
| 明光市 | Mingguang | 92.48 | 28.85 | 31.84 | 31.79 | 111.1 | 105.9 | 116.3 | 110.6 | 14386 |
| 来安县 | Laian | 97.15 | 18.84 | 52.58 | 25.73 | 112.5 | 105.9 | 115.3 | 111.7 | 19394 |
| 全椒县 | Quanjiao | 90.68 | 21.81 | 42.53 | 26.34 | 112.6 | 106.1 | 116.4 | 111.8 | 19458 |
| 定远县 | Dingyuan | 116.63 | 46.42 | 36.12 | 34.09 | 111.0 | 105.9 | 117.0 | 111.4 | 11936 |
| 凤阳县 | Fengyang | 116.63 | 31.49 | 50.43 | 34.71 | 111.2 | 106.0 | 115.4 | 109.9 | 15287 |

注：本表绝对额按当年价格计算，指数按可比价格计算。

a) Level data in this table are calculated at current prices while indices at constant prices.

## 2—17 续表 continued

| 市、县 | County、city | 生产总值（亿元）Gross Domestic Product (100 million yuan) | 第一产业 Primary Industry | 第二产业 Secondary Industry | 第三产业 Tertiary Industry | 生产总值指数（%）Indices of Gross Domestic Product (2011=100) | 第一产业 Primary Industry | 第二产业 Secondary Industry | 第三产业 Tertiary Industry | 人均生产总值（元/人）Per Capita GDP (yuan/person) |
|---|---|---|---|---|---|---|---|---|---|---|
| **六 安 市** | **Luan** | **918.19** | **198.79** | **423.35** | **296.05** | **111.0** | **105.6** | **115.3** | **108.8** | **16270** |
| 寿 县 | Shouxian | 105.31 | 38.40 | 29.50 | 37.41 | 107.1 | 105.5 | 107.7 | 108.7 | 7652 |
| 霍邱县 | Huoqiu | 193.39 | 42.09 | 98.82 | 52.48 | 111.4 | 105.5 | 116.9 | 106.8 | 11663 |
| 舒城县 | Shucheng | 127.38 | 27.55 | 58.77 | 41.06 | 111.6 | 105.8 | 117.3 | 107.7 | 12765 |
| 金寨县 | Jinzhai | 80.00 | 16.05 | 36.54 | 27.41 | 110.2 | 105.6 | 113.7 | 108.6 | 11977 |
| 霍山县 | Huoshan | 118.80 | 11.02 | 81.96 | 25.82 | 113.5 | 105.7 | 116.2 | 108.5 | 32539 |
| **马鞍山市** | **Maanshan** | **1233.94** | **73.46** | **818.86** | **341.62** | **112.0** | **105.2** | **112.4** | **112.5** | **56306** |
| 当涂县 | Dangtu | 214.52 | 23.58 | 151.85 | 39.09 | 118.5 | 105.4 | 122.3 | 112.0 | 45373 |
| 含山县 | Hanshan | 91.73 | 17.88 | 45.77 | 28.08 | 115.2 | 106.1 | 121.3 | 111.5 | 20585 |
| 和 县 | Hexian | 102.78 | 19.99 | 52.94 | 29.85 | 114.0 | 106.1 | 118.6 | 111.1 | 18863 |
| **芜 湖 市** | **Wuhu** | **1873.63** | **117.63** | **1234.24** | **521.76** | **113.8** | **105.7** | **115.5** | **111.7** | **52453** |
| 芜湖县 | Wuhu | 146.59 | 16.18 | 103.48 | 26.93 | 118.0 | 106.6 | 122.0 | 110.4 | 42173 |
| 繁昌县 | Fanchang | 166.62 | 7.50 | 124.96 | 34.16 | 118.9 | 105.9 | 122.4 | 109.8 | 59735 |
| 南陵县 | Nanling | 142.37 | 25.29 | 87.35 | 29.73 | 114.3 | 106.8 | 118.2 | 108.7 | 25691 |
| 无为县 | Wuwei | 305.05 | 51.91 | 178.31 | 74.83 | 114.3 | 106.5 | 118.8 | 109.2 | 21391 |
| **宣 城 市** | **Xuancheng** | **757.46** | **111.65** | **395.12** | **250.69** | **112.6** | **105.8** | **114.9** | **112.1** | **29687** |
| 宁国市 | Ningguo | 182.96 | 18.57 | 118.88 | 45.51 | 113.0 | 105.8 | 116.3 | 107.8 | 47186 |
| 郎溪县 | Langxi | 84.03 | 12.71 | 53.60 | 17.72 | 116.1 | 105.8 | 120.4 | 111.4 | 24478 |
| 广德县 | Guangde | 139.66 | 16.86 | 72.28 | 50.52 | 114.2 | 105.9 | 119.2 | 110.5 | 27109 |
| 泾 县 | Jingxian | 65.10 | 14.95 | 28.40 | 21.75 | 113.0 | 106.0 | 115.9 | 113.9 | 18294 |
| 绩溪县 | Jixi | 45.42 | 8.94 | 23.37 | 13.11 | 112.0 | 106.0 | 115.5 | 110.2 | 25672 |
| 旌德县 | Jingde | 27.51 | 6.01 | 13.23 | 8.27 | 110.8 | 105.1 | 112.7 | 111.9 | 18328 |
| **铜 陵 市** | **Tongling** | **621.30** | **11.78** | **456.28** | **153.24** | **111.0** | **106.0** | **111.1** | **111.0** | **84819** |
| 铜陵县 | Tongling | 102.49 | 8.75 | 73.54 | 20.20 | 113.3 | 105.7 | 114.8 | 111.0 | 34883 |
| **池 州 市** | **Chizhou** | **417.45** | **62.15** | **204.23** | **151.07** | **112.3** | **106.0** | **114.0** | **112.6** | **29471** |
| 东至县 | Dongzhi | 100.26 | 23.82 | 46.07 | 30.37 | 112.1 | 106.1 | 115.3 | 111.8 | 18280 |
| 石台县 | Shitai | 17.18 | 3.33 | 7.37 | 6.48 | 111.9 | 106.0 | 114.7 | 111.6 | 15792 |
| 青阳县 | Qingyang | 61.46 | 8.72 | 32.44 | 20.30 | 112.9 | 106.0 | 114.3 | 113.3 | 22531 |
| **安 庆 市** | **Anqin** | **1359.70** | **196.17** | **759.44** | **404.09** | **111.5** | **105.5** | **114.3** | **109.3** | **25592** |
| 桐城市 | Tongcheng | 196.61 | 24.17 | 131.82 | 40.62 | 115.5 | 104.8 | 120.5 | 107.5 | 25972 |
| 怀宁县 | Huaining | 155.50 | 19.51 | 101.33 | 34.66 | 114.0 | 103.4 | 119.2 | 106.2 | 22302 |
| 枞阳县 | Zongyang | 169.17 | 28.78 | 101.13 | 39.26 | 113.3 | 106.0 | 117.2 | 109.3 | 17409 |
| 潜山县 | Qianshan | 110.72 | 19.54 | 63.49 | 27.69 | 112.5 | 106.3 | 115.5 | 109.9 | 18838 |
| 太湖县 | Taihu | 80.32 | 19.18 | 38.79 | 22.35 | 113.8 | 106.1 | 120.6 | 109.5 | 14101 |
| 宿松县 | Susong | 125.19 | 36.02 | 57.18 | 31.99 | 111.5 | 105.8 | 115.7 | 110.7 | 14919 |
| 望江县 | Wangjiang | 82.31 | 22.88 | 38.67 | 20.76 | 112.7 | 106.3 | 118.8 | 108.6 | 12987 |
| 岳西县 | Yuexi | 64.37 | 13.23 | 37.13 | 14.01 | 113.2 | 105.6 | 117.1 | 110.4 | 15881 |
| **黄 山 市** | **Huangshan** | **424.95** | **48.54** | **196.55** | **179.86** | **111.6** | **105.2** | **113.9** | **110.8** | **31454** |
| 歙 县 | Shexian | 108.02 | 15.40 | 55.05 | 37.57 | 111.8 | 105.4 | 115.1 | 109.9 | 22453 |
| 休宁县 | Xiuning | 56.43 | 11.08 | 24.33 | 21.02 | 111.9 | 105.7 | 114.1 | 112.6 | 20498 |
| 黟 县 | Yixian | 20.85 | 3.27 | 10.11 | 7.47 | 109.7 | 103.5 | 111.2 | 110.6 | 21939 |
| 祁门县 | Qimen | 43.49 | 5.39 | 18.74 | 19.36 | 111.7 | 106.0 | 113.8 | 111.3 | 23276 |

# 2—18 资产负债综合表（2011年末）
Assets and Liabilities Table (end of 2011)

| 交易项目 Transaction | | 非金融企业部门 Non-financial Enterprises 使用 Utilization | 非金融企业部门 Non-financial Enterprises 来源 Source | 金融机构部门 Financial Institutions 使用 Utilization | 金融机构部门 Financial Institutions 来源 Source |
|---|---|---|---|---|---|
| **非金融资产** | **Non-financial Assets** | **24006.63** | | **656.10** | |
| 固定资产 | Fixed Assets | 14406.35 | | 212.13 | |
| #在建工程 | Constructing Project | 2552.09 | | 51.41 | |
| 存　　货 | Inventory | 8151.81 | | 3.39 | |
| #产成品和商品库存 | Products and Inventory | 1563.84 | | | |
| 其他非金融资产 | Other Non-financial Assets | 1448.47 | | 440.58 | |
| #无形资产 | Intangible Assets | 903.25 | | 41.80 | |
| **金融资产与负债** | **Financial Assets and Liabilities** | **16682.21** | **21135.64** | **18866.97** | **21927.06** |
| 国内金融资产与负债 | Domestic Financial Assets and Liabilities | 16604.35 | 19645.10 | 18866.97 | 21743.76 |
| 通　　货 | Current in Circulation | 2226.50 | | 450.48 | |
| 存　　款 | Savings Deposits | 7028.33 | | | 19547.33 |
| 贷　　款 | Loans | | 10599.62 | 14146.39 | |
| 股票及其他股权 | Stocks and Other Stock Rights | 3439.65 | 5643.22 | 102.41 | 719.81 |
| 证券（不含股票） | Securities (Not Including Stocks) | 24.02 | 90.00 | 90.00 | |
| 保险准备金 | Insurance Reserve Funds | 156.28 | | | 1194.30 |
| 其　　他 | Other | 3729.57 | 3312.26 | 4077.69 | 282.32 |
| 国外金融资产与负债 | Foreign Financial Assets and Liabilities | 77.87 | 1490.54 | | 183.30 |
| 直接投资 | Direct Investment | 77.87 | 1411.56 | | |
| 证券投资 | Security Investment | | 78.98 | | |
| 其他投资 | Other Investment | | | | 183.30 |
| **资产负债差额** | **Balance Between Assets and Liabilities** | | **19553.20** | | **-2403.98** |
| **资产与负债总额** | **Total Financial Assets and Liabilities** | **40688.85** | **40688.85** | **19523.07** | **19523.07** |

单位：亿元（100 million yuan）

| 政府部门 Governments | | 住户部门 Households | | 省内合计 Regional Sum | | 国内省外 Outside Province | | 国外部门 Overseas | | 合计 Total | |
|---|---|---|---|---|---|---|---|---|---|---|---|
| 使用 Utilization | 来源 Source | 使用 Utilization | 来源 Source | 使用 Utilization | 来源 Source | 使用 Utilization | 来源 Source | 使用 Utilization | 来源 Source | 使用 Utilization | 来源 Source |
| **2208.56** | | **9381.63** | | **36252.92** | | | | | | **36252.92** | |
| 1701.40 | | 8752.25 | | 25072.12 | | | | | | 25072.12 | |
| 84.73 | | | | 2688.23 | | | | | | 2688.23 | |
| 9.00 | | 623.15 | | 8787.36 | | | | | | 8787.36 | |
| 9.00 | | 383.48 | | 1956.32 | | | | | | 1956.32 | |
| 498.16 | | 6.23 | | 2393.44 | | | | | | 2393.44 | |
| 20.58 | | | | 965.63 | | | | | | 965.63 | |
| **3285.53** | **548.56** | **11690.00** | **3554.91** | **50524.72** | **47166.17** | **3252.84** | **8207.37** | **1673.84** | **77.87** | **55451.40** | **55451.40** |
| 3285.53 | 548.56 | 11690.00 | 3554.91 | 50446.86 | 45492.33 | 3252.84 | 8207.37 | | | 53699.69 | 53699.69 |
| 1.75 | | 938.80 | | 3617.53 | | | 3617.53 | | | 3617.53 | 3617.53 |
| 2912.16 | | 9233.57 | | 19174.06 | 19547.33 | 373.27 | | | | 19547.33 | 19547.33 |
| | 206.90 | | 3546.77 | 14146.39 | 14353.29 | 206.90 | | | | 14353.29 | 14353.29 |
| | | 803.92 | | 4347.99 | 6363.03 | 2015.04 | | | | 6363.03 | 6363.03 |
| 1.90 | | 159.23 | | 275.15 | 90.00 | | 185.15 | | | 275.15 | 275.15 |
| | | 380.39 | | 536.67 | 1194.30 | 657.63 | | | | 1194.30 | 1194.30 |
| 369.72 | 341.66 | 172.09 | 8.14 | 8349.07 | 3944.38 | | 4404.68 | | | 8349.07 | 8349.07 |
| | | | | 77.87 | 1673.84 | | | 1673.84 | 77.87 | 1751.71 | 1751.71 |
| | | | | 77.87 | 1411.56 | | | 1411.56 | 77.87 | 1489.43 | 1489.43 |
| | | | | | 78.98 | | | 78.98 | | 78.98 | 78.98 |
| | | | | | 183.30 | | | 183.30 | | 183.30 | 183.30 |
| | **4945.53** | | **17516.73** | | **39611.48** | | **-4954.53** | | **1595.97** | | **36252.92** |
| **5494.09** | **5494.09** | **21071.63** | **21071.63** | **86777.64** | **86777.64** | **3252.84** | **3252.84** | **1673.84** | **1673.84** | **91704.32** | **91704.32** |

# 主要统计指标解释

## 国内生产总值（GDP）

指按市场价格计算的一个国家（或地区）所有常住单位在一定时期内生产活动的最终成果。国内生产总值有三种表现形态，即价值形态、收入形态和产品形态。从价值形态看，它是所有常住单位在一定时期内生产的全部货物和服务价值超过同期投入的全部非固定资产货物和服务价值的差额，即所有常住单位的增加值之和；从收入形态看，它是所有常住单位在一定时期内创造并分配给常住单位和非常住单位的初次收入之和；从产品形态看，它是所有常住单位在一定时期内最终使用的货物和服务价值减去货物和服务进口价值。在实际核算中，国内生产总值有三种计算方法，即生产法、收入法和支出法。三种方法分别从不同的方面反映国内生产总值及其构成。

## 三次产业

三产业的划分是世界上较为常用的产业结构分类，但各国的划分不尽一致。我国的三次产业划分是：

第一产业是指农业、林业、畜牧业、渔业和农林牧渔服务业。

第二产业是指采矿业，制造业，电力、煤气及水的生产和供应业，建筑业。

第三产业是指除第一、二产业以外的其他行业。

## 劳动者报酬

指劳动者因从事生产活动所获得的全部报酬。包括劳动者获得的各种形式的工资、奖金和津贴，既包括货币形式的，也包括实物形式的，还包括劳动者所享受的公费医疗和医药卫生费、上下班交通补贴、单位支付的社会保险费、住房公积金等。对于个体经济来说，其所有者所获得的劳动报酬和经营利润不易区分，这两部分统一作为劳动者报酬处理。

## 生产税净额

指生产税减生产补贴后的余额。生产税指政府对生产单位从事生产、销售和经营活动以及因从事生产活动使用某些生产要素（如固定资产、土地、劳动力）所征收的各种税、附加费和规费。生产补贴与生产税相反，指政府对生产单位的单方面转移支出，因此视为负生产税，包括政策亏损补贴、价格补贴等。

## 固定资产折旧

指一定时期内为弥补固定资产损耗按照规定的固定资产折旧率提取的固定资产折旧，或按国民经济核算统一规定的折旧率虚拟计算的固定资产折旧。它反映了固定资产在当期生产中的转移价值。各类企业和企业化管理的事业单位的固定资产折旧是指实际计提的折旧费；不计提折旧的政府机关、非企业化管理的事业单位和居民住房的固定资产折旧是按照统一规定的折旧率和固定资产原值计算的虚拟折旧。原则上，固定资产折旧应按固定资产当期的重置价值计算，但是目前我国尚不具备对全社会固定资产进行重估价的基础，所以暂时只能采用上述办法。

## 营业盈余

指常住单位创造的增加值扣除劳动者报酬、生产税净额和固定资产折旧后的余额。它相当于企业的营业利润加上生产补贴，但要扣除从利润中开支的工资和福利等。

## 支出法国内生产总值

是从最终使用的角度反映一个国家（或地区）一定时期内生产活动最终成果的一种方法，包括最终消费支出、资本形成总额及货物和服务净出口三部分。计算公式为：

支出法国内生产总值=最终消费支出+资本形成总额+货物和服务净出口

## 最终消费支出

指常住单位为满足物质、文化和精神生活的需要，从本国经济领土和国外购买的货物和服务的支出。它不包括非常住单位在本国经济领土内的消费支出。最终消费支出分为居民消费支出和政府消费支出。

## 居民消费支出

指常住住户在一定时期内对于货物和服务的全部最终消费支出。居民消费支出除了直接以货币形式购买的货物和服务的消费支出外，还包括以其他方式获得的货物和服务的消费支出，即所谓的虚拟消费支出。居民虚拟消费支出包括如下几种类型：单位以实物报酬及实物转移的形式提供给劳动者的货物和服务；住户生产并由本住户消费了的货物和服务，其中的服务仅指住户的自有住房服务；金融机构提供的金融媒介服务；保险公司提供的保险服务。

**政府消费支出**

指政府部门为全社会提供的公共服务的消费支出和免费或以较低的价格向居民住户提供的货物和服务的净支出，前者等于政府服务的产出价值减去政府单位所获得的经营收入的价值，后者等于政府部门免费或以较低价格向居民住户提供的货物和服务的市场价值减去向住户收取的价值。

**资本形成总额**

指常住单位在一定时期内获得减去处置的固定资产和存货的净额，包括固定资本形成总额和存货增加两部分。

**固定资本形成总额**

指常住单位在一定时期内获得的固定资产减处置的固定资产的价值总额。固定资产是通过生产活动生产出来的，且其使用年限在一年以上、单位价值在规定标准以上的资产，不包括自然资产。可分为有形固定资本形成总额和无形固定资本形成总额。有形固定资本形成总额包括一定时期内完成的建筑工程、安装工程和设备工器具购置（减处置）价值，以及土地改良、新增役、种、奶、毛、娱乐用牲畜和新增经济林木价值。无形固定资本形成总额包括矿藏的勘探、计算机软件等获得减处置。

**存货增加**

指常住单位在一定时期内存货实物量变动的市场价值，即期末价值减期初价值的差额，再扣除当期由于价格变动而产生的持有收益。存货增加可以是正值，也可以是负值，正值表示存货上升，负值表示存货下降。存货包括生产单位购进的原材料、燃料和储备物资等存货，以及生产单位生产的产成品、在制品和半成品等存货。

**货物和服务净出口**

指货物和服务出口减货物和服务进口的差额。出口包括常住单位向非常住单位出售或无偿转让的各种货物和服务的价值；进口包括常住单位从非常住单位购买或无偿得到的各种货物和服务的价值。由于服务活动的提供与使用同时发生，一般把常住单位从非常住单位得到的服务作为进口，非常住单位从常住单位得到的服务作为出口。货物的出口和进口都按离岸价格计算。

**机构单位**

指有权拥有资产和承担负债，能够独立地从事经济活动并与其他实体进行交易的经济实体。

**机构部门**

将相同性质的机构单位归并在一起，就形成机构部门。资金流量核算将常住机构单位划分为以下四个机构部门：非金融企业部门、金融机构部门、政府部门、住户部门。与常住单位发生经济往来关系的非常住单位组成国外部门，在资金流量核算中也视同机构部门。

**非金融企业与非金融企业部门**

非金融企业指主要从事市场货物生产和提供非金融市场服务的常住企业，它主要包括从事上述活动的各类法人企业。所有非金融企业归并在一起，就形成非金融企业部门。

**金融机构与金融机构部门**

金融机构指主要从事金融媒介以及与金融媒介密切相关的辅助金融活动的常住单位，它主要包括中央银行、商业银行和政策性银行、非银行信贷机构和保险公司。所有金融机构归并在一起，就形成金融机构部门。

**政府单位与政府部门**

政府单位指在我国境内通过政治程序建立的、在一特定区域内对其他机构单位拥有立法、司法和行政权的法律实体及其附属单位。政府单位的主要职能是利用征税和其他方式获得的资金向社会和公众提供公共服务。通过转移支付，对社会收入和财产进行再分配。它主要包括各种行政单位和非营利性事业单位。所有政府单位归并在一起，就形成政府部门。

**住户与住户部门**

住户指共享同一生活设施、部分或全部收入和财产集中使用、共同消费住房、食品和其他消费品与消费服务的常住个人或个人群体。所有住户归并在一起，就形成住户部门。

**非常住单位与国外部门**

所有不具有常住性的机构单位都是非常住单位。将所有与我国常住单位发生交易的非常住单位归并在一起，就形成国外部门。

**初次分配总收入**

初次分配是生产活动形成的净成果在参与生产活动的生产要素的所有者及政府之间的分配。生产活动的净成果是增加值。生产要素包括劳动力、土地、资本。劳动力所有者因提供劳动而获得劳动报酬；土地所有者因出租土地而获得地租；资本的所有者因资本的形态不同而获得不同形式的收入：借贷资本所有者获得利息收入；股权所有者获得红利或未分配利润；政府因直接或间接介入生产过程而获得生产税或支付补贴。初次分配的结果形成各个机构部门的初次分配总收入。各部门的初次分配总收入之和就等于国民总收入，亦即国民生产总值。

**经常转移**

转移是一个机构单位向另一个机构单位提供货物、服务或资产，而同时并没有从后一机构单位获得任何货物、服务或资产作为回报的一种交易。经常转移包括扣除资本转移外的所有转移。其形式有收入税、社会保险付款、社会补助和其他经常转移。

**可支配总收入**

在初次分配总收入的基础上，通过经常转移的形式对初次分配总收入进行再次分配。再分配的结果形成各个机构部门的可支配总收入。各部门的可支配总收入之和称为国民可支配总收入。

**总储蓄**

指可支配总收入用于最终消费后的余额。各部门的总储蓄之和称为国民总储蓄。

**资本转移**

指一个部门无偿地向另一个部门支付用于非金融投资的资金，是一种不从对方获取任何对应物作为回报的交易。资本转移具有不同于经常转移的两个特征，一是转移的目的是用于投资，而不是用于消费；二是资本转移其实物形式往往涉及除存货和现金以外资产所有权的转移；其现金形式往往涉及除存货以外的资产的处置。资本转移包括投资性补助和其他资本转移。

**净金融投资**

它反映机构部门或经济总体资金富余或短缺的状况。从实物交易角度看，它是指总储蓄加资本转移收入减资本转移支出减非金融投资后的差额。从金融交易角度看，它是金融资产的增加额减金融负债的增加额之后的差额。

**通货**

指以现金形式存在于市场流通中的货币，包括本币和外币。

**存款**

指金融机构接受客户存入的货币款项，存款人可随时或按约定时间支取款项的信用业务。包括活期存款、定期存款、住户储蓄存款、财政存款、外汇存款和其他存款等。

**贷款**

指金融机构将其所吸收的资金，按一定的利率贷放给客户并约期归还的信用业务。包括短期贷款、中长期贷款、财政贷款、外汇贷款和其他贷款。

**证券（不含股票）**

由债券购买者承购的或因销售产品而拥有的，可在金融市场上交易并代表一定债权的书面证明。包括政府债券、金融债券、企业债券、商业票据、支付固定收入但不提供法人企业残余价值分享权的优先股等。

**股票及其他股权**

指股票购买者及直接投资者对其投资企业净资产所拥有的权益。股票是股份公司签发的证明股东投资并按其所持股份享有权益和承担义务的权益性证券。其他股权是机构单位以直接投资的方式用除股票、债权性证券以外的土地、房屋及建筑物、机器设备、存货、资源资产等实物资产，商标、专利权、土地使用权、特许使用权、商誉等无形资产及货币资金直接向其他单位进行的投资。通常以股权证、出资证明书、参与证或类似的单据为凭证。

**保险准备金**

指对人寿保险准备金和养恤基金的净权益、保险费预付款和未结索赔准备金。

# Explanatory Notes for Major Statistical Indicators

**Gross Domestic Product (GDP)**

refers to the final products at market prices produced by all resident units in a country (or a region) during a certain period of time. Gross domestic product is expressed in three different perspectives, namely value, income, and products respectively. GDP in its value perspective refers to the total value of all goods and services produced by all resident units during a certain period of time, minus the total value of input of goods and services of the nature of non-fixed assets; in other words, it is the sum of the value-added of all resident units. GDP from the perspective of income includes the primary income created by all resident units and distributed to resident and non-resident units. GDP from the perspective of products refers to the value of all goods and services for final consumption by all resident units minus the net exports of goods and services during a given period of time. In the practice of national accounting, gross domestic product is calculated from three approaches, namely production approach, income approach and expenditure approach, which reflect gross domestic product and its composition from different angles.

**Three Strata of Industry**

Classification of economic activities into three strata of industry is a common practice in the world, although the grouping varies to some extent form country to country. In China economic activities are categorized into the following three strata of industry:

Primary industry refers to agriculture, forestry, animal husbandry and fishery and services in support of these industries.

Secondary industry refers to mining and quarrying, manufacturing, production and supply of electricity, water and gas, and construction.

Tertiary industry refers to all other economic activities not included in the primary or secondary industries.

**Labourers Remuneration**

refers to the total payment of various forms to labourers for the productive activities they are engaged in. It includes wages, bonuses and allowances, which the labourers earn in cash and in kind. It also includes the free medical services provided to the labourers and the medicine expenses, transport subsidies and social insurance, and housing fund paid by the employers. As regards the individual economy, since labourers remuneration is not easily distinguishable from the operating profit, both parts are treated as labourer remuneration.

**Net Taxes on Production**

refers to taxes on production less subsidies on production. The taxes on production refers to the various taxes, extra charges and fees levied on the production units on their production, sale and business activities as well as on the use of some factors of production, such as fixed assets, land and labour in the production activities they are engaged in. In contrast to taxes on production, subsidies on production refer to the unilateral government transfer to the production units and are therefore regarded as negative taxes on production. They include subsidies on the loss due to implementation of government policies, price subsidies, etc.

**Depreciation of Fixed Assets**

refers to the depreciation of fixed assets in a given period, drawn in accordance with the stipulated depreciation rate for the purpose of compensating the wear-and-tear loss of the fixed assets or the depreciation of fixed assets imputed in accordance with the stipulated unified depreciation rate in the national economic accounting system. It reflects the value of transfer of the fixed assets in the production of the current period. The depreciation of fixed assets in various enterprises and institutions managed as enterprises refers to the depreciation expenses actually drawn. In government agencies and institutions not managed as enterprises which do not draw the depreciation expenses, as well as for the houses of residents, the depreciation of fixed assets is the imputed depreciation, which is calculated in accordance with the stipulated unified depreciation rate. In principle, the depreciation of fixed assets should be calculated on the basis of the re-purchased value of the fixed assets. However, currently the conditions in China do not facilitate the revaluation of all the fixed assets. Therefore, only the above-mentioned methods can be adopted at present.

**Operating Surplus**

refers to the balance of the value added created by the resident units after deducting the labourers remuneration, net taxes on production and the depreciation of fixed assets. It is equivalent to the business profit of the enterprises plus subsidies to production, but the wages and welfare expenses paid from the profits should be deducted.

**GDP by Expenditure Approach**

refers to the method of measuring the final results of production activities of a country (region) during a given period from the perspective of final uses. It includes final consumption expenditure, gross capital formation and net export of goods and services. The formula for computation is.:

GDP by expenditure approach = final consumption expenditure + gross capital formation + net export of goods and services

**Final Consumption Expenditure**

refers to the total expenditure of resident units for purchases of goods and services from both the domestic economic territory and abroad to meet the needs of material, cultural and spiritual life. It does not include the expenditure of non-resident units on consumption in the economic territory of the country. The final consumption expenditure is broken down into household consumption expenditure and government consumption expenditure.

**Household Consumption Expenditure**

refers to the total expenditure of resident households on the final consumption of goods and services. In addition to the consumption of goods and services bought by the households directly with money, the household consumption expenditure also includes expenditure on goods and services obtained by the households in other ways, i.e. the so-called imputed consumption expenditure, which includes the following: (a) the goods and services provided to households by employers in the form of payment in kind and transfer in kind; (b) goods and services produced and consumed by the households themselves, in which the services refer only to the owner-occupied housing; (c) financial intermediate services provided by financial institutions; (d) insurance services provided by insurance companies.

**Government Consumption Expenditure**

refers to the consumption expenditure spent for the provision of public services provided by the government to the whole country and the net expenditure on the goods and services provided by the government to households free of charge or at reduced prices. The former equals to the output value of the government services minus the value of operating income obtained by the government departments. The latter equals to the market value of the goods and services provided by the government free of charge or at reduced prices to the households minus the value received by the government from the households.

**Gross Capital Formation**

refers to the fixed assets acquired less disposals and the net value of inventory, thus including gross fixed capital formation and changes in inventories.

**Gross Fixed Capital Formation**

refers to the value of acquisitions less those disposals of fixed assets during a given period. Fixed assets are the assets produced through production activities with unit value above a specified amount and which could be used for over one year. Natural assets are not included. Gross fixed capital formation can be categorized into total tangible fixed capital formation and total intangible fixed capital formation. Total tangible fixed capital formation includes the value of the construction projects and installation projects completed and the equipment, apparatus and instruments purchased (less those disposed) as well as the value of land improved, the value of draught animals, breeding stock and animals for milk, for wool and for recreational purposes and the newly increased forest with economic value. Total intangible fixed capital formation includes the prospecting of minerals and the acquisition of computer software minus the disposal of them.

**Changes in Inventories**

refers to the market value of the change in the physical volume of inventory of resident units during a given period, i.e. the difference between the values at the beginning and at the end of the period minus the gains due to the change in prices. The changes in inventories can have a positive or a negative value. A positive value indicates an increase in inventory while a negative value indicates a decrease in inventory. The inventory includes raw materials, fuels and reserve materials purchased by the production units as well as the inventory of finished products, semi-finished products and work-in-progress.

**Net Export of Goods and Services**

refers to the exports of goods and services subtracting the imports of goods and services. Exports include the value of various goods and services sold or gratuitously transferred by resident units to non-resident units. Imports include the value of various goods and services purchased or gratuitously acquired resident units from non-resident units. Because the provision of services and the use of them happen simultaneously, the acquisition of services by resident units from abroad is usually treated as import while the acquisition of services by non-resident units in this country is usually treated as export. The exports and imports of goods are calculated at FOB.

**Institutional Units**

refer to economic entities that are in a position to own assets and incur liabilities; to engage independently in economic activities; and to conduct transactions with other entities.

**Institutional Sectors**

refer to groups of institutional units that are homogenous in nature and have been grouped together. The following 4 institutional sectors are identified in the flow of funds accounts: non-financial corporations, financial institutions, general government and households. Also treated as an institutional sector is the rest of the world, which is composed of non-resident units that have economic relations with resident units.

**Non-Financial Corporations and the Sector of Non-Financial Corporations**

Non-financial corporations refer to resident corporations that are engaged in the production of goods and the provision of non financial services in the market, mainly covering corporate enterprises of various types engaged in the above-mentioned activities. All non-financial corporations make up the sector of non-financial corporations.

**Financial Institutions and the Sector of Financial Institutions**

Financial institutions refer to resident institutions that are engaged in the financial intermediary services or auxiliary financial activities that are closely related with financial intermediary services, mainly covering the Central Bank, commercial banks, policy banks, non-banking credit institutions and insurance companies. All financial institutions together make up the sector of financial institutions.

**General Government and the Sector of General Governments General**

government refer to legal entities and their auxiliary units within the territory of China that are established through the political process and are empowered with legislative, administrative or judicial rights over other institutional within specific regions. The main function of general government is to acquire funds through taxation or other means in order to provide public services to society and households, and to conduct redistribution of income and properties of society through transfer payment. General government cover mainly administrative and non-profit institutional units of various types. All general government together makes up the sector of general governments.

**Households and the Sector of Households**

Households refer to resident individuals or groups of resident individuals who share common living facilities, pool together entire or part of their income and properties for their common disposal, and share their housing, food and other consumer goods and services. All households together make up the sector of households.

**Non-resident Units and the Rest of the World**

Non-resident units refer to units that are of a non-resident nature. All non-resident units that have transactions with resident units together make up the rest of the world.

**Total Income from Primary Distribution**

Primary distribution refers to the distribution of net results from production activities among the owners of factors of production and the governments. The net results from production activities are the value-added. Factors of production include labour force, land and capital. Owners of labour force gain remuneration by providing labour. Owners of land receive rents from leasing of land. Owners of capitals get income of various forms depending on the type of capital: owners of loan capital receive income from interests. Share holders receive dividends or non-distributed profits. Government either obtains production tax or pays subsidies in participating directly or indirectly in the production processes. Results of primary distribution generate the total income from primary distribution of each sector, and the sum of the total income of primary distribution of all sectors make up the Gross National Income, or the Gross National Product.

**Current Transfers**

Transfer refers to the transaction in the form of provision of goods, services or assets by an institutional unit to another institutional unit without receiving any goods, services or assets in return from the recipient. Current transfers refer to all kinds of transfers other than capital transfers. They include income tax, payment to social securities, social allowances and other current transfers.

**Total Disposable Income**

Total income from primary distribution is re-distributed through current transfer, resulting in the total disposable income of various institutional sectors. The sum of total disposable income of all institutional sectors makes up the total national disposable income.

**Total Savings**

refer to total disposable income subtracting final consumption. Total savings of all sectors make up the total national savings.

**Capital Transfer**

refers to the free payment from one sector to another sector of non-financial investment capital, and is a transaction that seeks no return from the recipient. Capital transfer differs from current transfer in 2 aspects: 1) The purpose of the capital transfer is investment rather than consumption. 2) Capital transfer features the transfer of the ownership of assets other than inventory and cash, and capital transfer in its monetary form involves the disposal of assets other than inventory. Capital transfer includes investment subsidies and other capital transfers.

**Net Financial Investment**

reflects the surplus or shortage of capitals of institutional sectors or of the economy in general. It refers to total savings plus the income from capital transfer minus payment for capital transfer and the non-financial investment from the point of view of physical transaction. In terms of monetary transaction, it is the difference between the increases in financial assets minus the increases of the financial liabilities.

**Currency**

refers to currency that is in circulation in the market, including local and foreign currencies.

**Deposits**

refer to credit transactions by which financial institutions accept deposits from clients who could withdraw their deposit at any time or by an agreed time frame. They include demand deposit, time deposit, savings deposit, fiscal deposit, foreign exchange deposit and other deposits.

**Loans**

refer to credit transactions by which financial institutions lend their capital to clients at certain level of interest rates, which the latter will repay by an agreed time frame. They include short-term loan, medium- and long-term loan, fiscal loan, foreign exchange loan and other loans.

**Securities (excluding shares)**

refer to written certificates representing creditors' rights as purchased by bond holders or as acquired by selling products, which can be transacted at the financial markets. They include government bonds, financial bonds, corporation bonds, commercial drafts, preferential stocks that provide fixed income without the right to share the residual value of corporations, and so on.

**Shares and Other Holding Rights**

refer to the rights of stockholders and direct investors on the net assets of corporations they have invested in. Shares refer to negotiable securities on creditor's rights, issued by share companies certifying the investment by stockholders and their rights and duties in accordance with the amount of stocks that they hold. Other holding rights refer to the direct investment by institutional units in other units with currency capital or with assets, in forms other than shares and negotiable securities on creditor's rights, including such tangible assets such as land, buildings, machines and equipment, inventory, resources, etc., and such intangible assets as trade marks, patents, monopolies, rights on land use, licenses, commercial reputation, etc.. Documents of proof of holding rights usually include certificates on creditor's right, certificates on investment or on participation, etc.

**Insurance Reserve Funds**

consists of net equity of households in life insurance reserves and in pension funds reserves, prepayments of insurance premiums, and reserves for outstanding claims.

# 第 三 篇

Chapter 3

# 人 口

POPULATION

## 简要说明

一、本篇资料反映我省 2012 年及主要年份人口方面的基本情况，包括全省主要人口统计数据，主要指标有：总户数、总人口、家庭户规模、性别比、少年儿童系数、老年系数、老少比、文化程度状况、少年儿童抚养系数、老年抚养系数、总抚养系数、婚姻构成、就业者身份等。

二、本篇资料来源主要有以下三个方面：

1. 家庭户数据、人口性别比、人口受教育程度、抚养系数等资料是根据历年人口抽查调查和人口普查数据整理计算的。

2. 历史上六次人口普查资料，是根据历次人口普查资料整理的。

3. 户籍人口、非农业人口、农业人口，是根据省公安厅提供的 2012 年度户籍人口统计年报资料整理的。

三、本篇资料均由省统计局人口和社会科技统计处整理编制。

## Brief Introduction

I. Data in this chapter show the basic conditions of Anhui's population in 2012, including the main data of population statistics of the whole province, such as family size, sex ratio, children ratio, the aged ratio, ratio of the aged to children, educational level, children dependency ratio, the aged dependency ratio, and total dependency ratio.

II. There are three main sources for Data published in this chapter.

1. Materials on Households, sex ratio, educational level and dependency ratio are tabulated according to the data of the population sample survey and census of the past years.

2. The historical data of the six population censuses are prepared in accordance with the previous population censuses.

3. Data of residence, non-agricultural and agricultural population are collected in accordance with the annual statistical report on residence population in 2012 by the Department of Public Security of the province.

III. Data in this chapter are prepared by the Population and Social Science Division, Anhui Statistical Bureau.

# 3—1 主要年份人口指标
Major Population Indicators in Main Year

| 年 份<br>Year | 户籍人口 Residence Populations | | 常住人口 Permanent Populations | | | | | 流向省外半年以上的人数（万人）Floating Out of This Province for More Than Half a Year (10000 persons) |
|---|---|---|---|---|---|---|---|---|
| | 总 数（万人）Total (10000 persons) | 非农业人口比重（%）Proportion of Non-agricultural Populations (%) | 总 数（万人）Total (10000 persons) | 城镇人口比重（%）Proportion of Urban Populations (%) | 出生率（‰）Birth Rate (‰) | 死亡率（‰）Death Rate (‰) | 自然增长率（‰）Natural Growth Rate (‰) | |
| 2000 | 6278 | 19.59 | 6093 | 28.00 | 13.40 | 5.76 | 7.64 | 433 |
| 2001 | 6325 | 19.87 | 6128 | 29.30 | 12.46 | 5.85 | 6.61 | 497 |
| 2002 | 6369 | 20.24 | 6144 | 30.70 | 11.20 | 5.17 | 6.03 | 567 |
| 2003 | 6410 | 20.57 | 6163 | 32.00 | 11.15 | 5.20 | 5.95 | 720 |
| 2004 | 6461 | 20.77 | 6228 | 33.50 | 11.62 | 5.50 | 6.12 | 630 |
| 2005 | 6516 | 20.99 | 6120 | 35.50 | 12.43 | 6.23 | 6.20 | 842 |
| 2006 | 6593 | 21.74 | 6110 | 37.10 | 12.60 | 6.30 | 6.30 | 934 |
| 2007 | 6676 | 21.98 | 6118 | 38.70 | 12.75 | 6.40 | 6.35 | 1005 |
| 2008 | 6741 | 22.23 | 6135 | 40.50 | 13.05 | 6.60 | 6.45 | 954 |
| 2009 | 6795 | 22.33 | 6131 | 42.10 | 13.07 | 6.60 | 6.47 | 992 |
| 2010 | 6827 | 22.71 | 5957 | 43.20 | 12.70 | 5.95 | 6.75 | 1038 |
| 2011 | 6876 | 22.93 | 5968 | 44.80 | 12.23 | 5.91 | 6.32 | 1199 |
| 2012 | 6902 | 22.89 | 5988 | 46.50 | 13.00 | 6.14 | 6.86 | 1157 |

注：1．户籍人口为公安户籍统计数，常住人口为人口普查或人口抽样调查推算数；
2．常住人口是指常住本地的人，不包括户籍人口中到省外半年以上的人口，包括外省来我省常住半年以上的人口；
3．以下各表除加以注明的外，均为常住人口数。

a) Residence population is taken from the annual reports of the Department of Public Security and permanent population is calculated from the Sample Survay of Population.

b) Permanent population refers to people inhabit local place, excluding those residence population that going out of this province for more than one year and including the population moving to this province from other province for more than one year.

c) Data in the following tables refer to permanent populations excluding those with notes.

# 3—2 主要年份人口系数
Ratio of Population in Main Year

单位：%

| 年 份<br>Year | 少年儿童系数<br>Ratio of Children | 老年系数<br>Retio of the Aged | 老少比<br>Ratio of the Aged to Children | 少年儿童抚养系数<br>Chilren Dependency Ratio | 老年抚养系数<br>The Aged Dependency Ratio | 总抚养系数<br>Dependency Ratio | 年龄中位数（岁）<br>Median of Age (year) |
|---|---|---|---|---|---|---|---|
| 2000 | 25.49 | 7.59 | 29.79 | 38.10 | 11.35 | 49.44 | 30.38 |
| 2001 | 24.87 | 8.10 | 32.57 | 37.10 | 12.09 | 49.19 | 31.08 |
| 2002 | 24.36 | 8.50 | 34.89 | 36.28 | 12.65 | 48.93 | 32.22 |
| 2003 | 23.43 | 9.19 | 39.22 | 34.77 | 13.63 | 48.40 | 33.46 |
| 2004 | 22.82 | 9.30 | 40.75 | 33.63 | 13.69 | 47.32 | 34.16 |
| 2005 | 23.07 | 10.08 | 43.69 | 34.51 | 15.08 | 49.59 | 34.32 |
| 2006 | 21.48 | 10.16 | 47.30 | 31.42 | 14.86 | 46.28 | 35.04 |
| 2007 | 20.41 | 10.72 | 52.52 | 29.64 | 15.57 | 45.20 | 35.86 |
| 2008 | 19.81 | 11.15 | 56.28 | 28.70 | 16.15 | 44.85 | 36.25 |
| 2009 | 19.40 | 11.43 | 58.92 | 28.05 | 16.52 | 44.57 | 37.79 |
| 2010 | 17.77 | 10.23 | 57.57 | 24.68 | 14.21 | 38.89 | 36.36 |
| 2011 | 18.59 | 11.41 | 61.36 | 26.56 | 16.30 | 42.86 | 38.83 |
| 2012 | 18.35 | 12.08 | 65.83 | 26.37 | 17.36 | 43.73 | 39.79 |

注：2000年、2010年为普查数据，其余年份为人口变动抽样调查数。

a) Data in 2000 and 2010 are taken from National Population Cansuses and data of other years were taken from the annual National Sample Surveys on Population Changes.

# 3—3 六次全省人口普查基本情况
Basic Statistics on National Population Census in 1953, 1964, 1982, 1990, 2000 and 2010

| 指 标 | Item | 1953 | 1964 | 1982 | 1990 | 2000 | 2010 |
|---|---|---|---|---|---|---|---|
| **总 人 口 （万人）** | **Total Population (10000 persons)** | **3066.3** | **3124.1** | **4966.6** | **5618.1** | **5900.0** | **5950.0** |
| 男 | Male | 1610.7 | 1618.2 | 2576.4 | 2902.6 | 3043.8 | 3024.6 |
| 女 | Female | 1455.7 | 1506.0 | 2390.2 | 2715.5 | 2856.2 | 2925.5 |
| 育龄妇女 （15—49岁） | Women at Childbearing Age (Age 15-49) | 705.4 | 741.2 | 1150.8 | 1498.8 | 1576.9 | 1702.8 |
| **总 户 数 （万户）** | **Total Number of Households (10000 household)** | **713.2** | **765.2** | **1052.2** | **1337.7** | **1650.5** | **1932.2** |
| 家 庭 户 | Family Households | | | 1047.1 | 1332.0 | 1631.4 | 1886.2 |
| 集 体 户 | Non-family Households | | | 5.1 | 5.6 | 19.2 | 46.0 |
| **家庭户规模 （人/户）** | **Average Family Size (person/household)** | **4.3** | **4.1** | **4.6** | **4.1** | **3.5** | **3.0** |
| **各年龄组人口 （万人）** | **Population by Age (10000 persons)** | | | | | | |
| 0—6岁 | Age 0-6 | 624.7 | 542.7 | 679.9 | 781.5 | 515.4 | 511.7 |
| 7—14岁 | Age 7-14 | 481.0 | 657.6 | 1115.4 | 813.4 | 988.7 | 545.9 |
| 15—64岁 | Age 15-64 | | 1849.6 | 2968.5 | 3719.5 | 3948.0 | 4284.0 |
| 65岁以上 | Age 65 and Over | | 74.2 | 202.8 | 303.7 | 448.0 | 608.5 |
| 劳动年龄人口 | Population Within Working Age | 1649.3 | 1657.6 | 2615.9 | 3336.7 | 3535.1 | 3725.1 |
| 男60岁、女55岁以上人口 | Males Aged 60 and Females Aged 55 and Over | | | 425.7 | 577.1 | 761.6 | 1072.7 |
| **民族人口 （万人）** | **Nationality Population (10000 persons)** | | | | | | |
| 汉 族 | Han Nationality | 3052.7 | 3108.6 | 4940.4 | 5585.7 | 5860.2 | 5910.5 |
| 少数民族 | Minority Nationalities | 13.6 | 15.5 | 26.2 | 32.4 | 39.8 | 39.6 |
| **15岁及以上人口 （万人）** | **Marital Status of Population Aged 15 and Over (10000 persons)** | | | **3171.3** | **4023.2** | **4396.0** | **4892.4** |
| 未 婚 | Unmarried | | | 954.6 | 1112.5 | 964.2 | 951.2 |
| 有 配 偶 | Married | | | 1959.3 | 2641.9 | 3199.9 | 3582.5 |
| 丧 偶 | Widowed | | | 237.2 | 247.7 | 177.1 | 310.3 |
| 离 婚 | Divorced | | | 20.2 | 21.1 | 54.8 | 48.4 |
| **每十万人拥有受教育程度人口 （人）** | **Population with Education Attainment Per 10000 from Population Censuses (person)** | | | | | | |
| 大专以上 | Colleges and Over | | 258 | 408 | 883 | 2312 | 6733 |
| 高 中 | Senior Secondary School | | 1010 | 3977 | 5037 | 7653 | 10840 |
| 初 中 | Junior Secondary School | | 3861 | 14236 | 19970 | 32826 | 38604 |
| 小 学 | Primary School | | 19307 | 29716 | 34701 | 37362 | 27763 |
| **文盲人口及文盲率** | **Illiterate Population and Illiterate Rate** | | | | | | |
| 文盲人口 （万人） | Illiterate Population (10000 persons) | | | 1900.7 | 1381.8 | 602.2 | 484.4 |
| 文 盲 率 （%） | Illiterate Rate (%) | | | 31.8 | 24.6 | 10.1 | 8.1 |
| **市镇乡人口 （万人）** | **Population of Cities, Towns and Townships (10000 persons)** | | | | | | |
| 市 | City | 112.5 | 214.7 | 488.5 | 692.1 | 843.5 | 1218.3 |
| 镇 | Town | 153.8 | 146.7 | 219.7 | 310.3 | 733.2 | 1339.5 |
| 乡 | Townships | 2800.1 | 2762.7 | 4258.4 | 4615.7 | 4323.4 | 3392.3 |
| **人口平均预期寿命 （岁）** | **Population Life Expectancy (age)** | | | | **70.22** | **72.62** | **75.10** |

## 3—4 各市主要人口指标（2012年）
Main Population Indicators by Region (2012)

| 地区 | Region | 户籍人口 Residence Populations 总数（万人）Total (10000 persons) | 非农业人口比重(%) Proportion of Non-agricultural Populations (%) | 常住人口 Permanent Populations 总数（万人）Total (10000 persons) | 城镇人口比重(%) Proportion of Urban Populations (%) |
|---|---|---|---|---|---|
| **总计** | **Total** | **6901.97** | **22.89** | **5988** | **46.5** |
| 合肥市 | Hefei | 710.53 | 37.19 | 757 | 66.4 |
| 淮北市 | Huaibei | 218.28 | 43.47 | 212 | 57.2 |
| 亳州市 | Bozhou | 612.55 | 10.96 | 490 | 33.0 |
| 宿州市 | Suzhou | 651.66 | 13.54 | 538 | 34.8 |
| 蚌埠市 | Bengbu | 367.81 | 28.20 | 318 | 48.3 |
| 阜阳市 | Fuyang | 1039.82 | 12.92 | 764 | 34.9 |
| 淮南市 | Huainan | 243.78 | 46.02 | 234 | 65.3 |
| 滁州市 | Chuzhou | 452.06 | 22.09 | 395 | 45.1 |
| 六安市 | Luan | 710.29 | 13.75 | 565 | 38.9 |
| 马鞍山市 | Maanshan | 228.37 | 35.69 | 220 | 61.2 |
| 芜湖市 | Wuhu | 383.43 | 42.44 | 358 | 58.0 |
| 宣城市 | Xuancheng | 279.57 | 18.21 | 256 | 46.7 |
| 铜陵市 | Tongling | 74.21 | 58.13 | 73 | 76.3 |
| 池州市 | Chizhou | 161.91 | 18.21 | 142 | 47.5 |
| 安庆市 | Anqing | 620.43 | 18.24 | 532 | 39.6 |
| 黄山市 | Huangshan | 147.27 | 24.79 | 135 | 44.4 |

注：本表常住人口总数及城镇人口比重为2012年人口抽样调查推算数。
a) The permanent populations and proportion of urban populations in this table are taken from the estimated number by the end of 2012.

## 3—5 各市户数、人口数和性别比（2012年）
Number of Households, Population, and Sex Ratio by Region (2012)

| 地区 | Region | 户数（万户）Number of Households (10000 household) | 人口数（万人）Population (10000 persons) | 男 Male | 性别比（女=100）Sex Ratio (Female=100) |
|---|---|---|---|---|---|
| **总计** | **Total** | **2138.76** | **6901.97** | **3580.27** | **107.78** |
| 合肥市 | Hefei | 233.83 | 710.53 | 368.66 | 107.84 |
| 淮北市 | Huaibei | 66.89 | 218.28 | 112.10 | 105.57 |
| 亳州市 | Bozhou | 173.73 | 612.55 | 319.65 | 109.13 |
| 宿州市 | Suzhou | 192.17 | 651.66 | 335.89 | 106.37 |
| 蚌埠市 | Bengbu | 110.34 | 367.81 | 190.35 | 107.26 |
| 阜阳市 | Fuyang | 289.54 | 1039.82 | 540.69 | 108.33 |
| 淮南市 | Huainan | 77.89 | 243.78 | 126.82 | 108.44 |
| 滁州市 | Chuzhou | 143.87 | 452.06 | 234.00 | 107.31 |
| 六安市 | Luan | 235.60 | 710.29 | 375.16 | 111.95 |
| 马鞍山市 | Maanshan | 72.66 | 228.37 | 117.83 | 106.61 |
| 芜湖市 | Wuhu | 126.87 | 383.43 | 198.12 | 106.91 |
| 宣城市 | Xuancheng | 97.89 | 279.57 | 144.67 | 107.24 |
| 铜陵市 | Tongling | 25.85 | 74.21 | 37.74 | 103.48 |
| 池州市 | Chizhou | 55.45 | 161.91 | 82.66 | 104.30 |
| 安庆市 | Anqing | 185.49 | 620.43 | 320.53 | 106.88 |
| 黄山市 | Huangshan | 50.69 | 147.27 | 75.39 | 104.90 |

注：本表为公安户籍年报统计数。
a) Data in this table are taken from the annual reports of Department of Puplis Security.

## 3—6 各市主要年份总人口文盲率

Illiteracy Ratio by Region in the Primary Years

单位：%

| 地 区 Region | 1995 | 2000 | 2005 | 2010 | 2011 | 2012 |
|---|---|---|---|---|---|---|
| **总 计 Total** | **14.09** | **10.06** | **11.74** | **8.14** | **7.34** | **6.80** |
| 合肥市 Hefei | 12.97 | 7.69 | 8.67 | 5.28 | 6.06 | 5.60 |
| 淮北市 Huaibei | 12.20 | 8.42 | 7.59 | 6.54 | 7.17 | 6.80 |
| 亳州市 Bozhou | 13.78 | 10.70 | 14.59 | 10.76 | 9.12 | 8.70 |
| 宿州市 Suzhou | 16.34 | 10.28 | 11.32 | 8.64 | 9.18 | 8.72 |
| 蚌埠市 Bengbu | 16.11 | 10.60 | 12.17 | 6.90 | 5.77 | 5.75 |
| 阜阳市 Fuyang | 13.28 | 11.25 | 13.18 | 9.25 | 8.83 | 8.68 |
| 淮南市 Huainan | 9.31 | 8.32 | 10.47 | 6.67 | 4.56 | 4.54 |
| 滁州市 Chuzhou | 13.66 | 10.77 | 13.14 | 9.07 | 6.39 | 6.29 |
| 六安市 Luan | 15.95 | 9.75 | 12.67 | 7.92 | 6.46 | 6.40 |
| 马鞍山市 Maanshan | 8.76 | 8.87 | 7.94 | 5.24 | 5.38 | 5.00 |
| 芜湖市 Wuhu | 12.27 | 10.81 | 10.45 | 5.87 | 6.11 | 5.60 |
| 宣城市 Xuancheng | 13.29 | 8.88 | 14.47 | 9.46 | 8.85 | 7.18 |
| 铜陵市 Tongling | 14.74 | 10.76 | 7.20 | 6.88 | 4.94 | 4.15 |
| 池州市 Chizhou | 14.56 | 11.29 | 11.21 | 8.53 | 9.41 | 7.10 |
| 安庆市 Anqing | 15.10 | 11.84 | 11.80 | 8.80 | 7.61 | 6.67 |
| 黄山市 Huangshan | 10.69 | 8.35 | 8.26 | 6.25 | 5.46 | 4.80 |

## 3—7 各市15—49岁妇女活产和存活子女状况（2012年）

Live Births and Surviving Children of Women Aged 15-49 by Region（2012）

单位：人 (person)

| 地 区 Region | 15—49岁妇女人数 Number of Women Aged 15-49 | 活产子女人数 Number of Live Births | | | 存活子女人数 Number of Surviving Children | | | 妇女平均活产子女数 Average Number of Live Births per Women | 妇女平均存活子女数 Average Number of Surviving Children per Women |
|---|---|---|---|---|---|---|---|---|---|
| | | | 男 Male | 女 Female | | 男 Male | 女 Female | | |
| **总 计 Total** | **66225** | **75764** | **40709** | **35055** | **75093** | **40354** | **34739** | **1.14** | **1.13** |
| 合肥市 Hefei | 5794 | 5712 | 3041 | 2671 | 5643 | 3010 | 2633 | 0.99 | 0.97 |
| 淮北市 Huaibei | 2738 | 3087 | 1737 | 1350 | 3078 | 1734 | 1344 | 1.13 | 1.12 |
| 亳州市 Bozhou | 4594 | 6181 | 3231 | 2950 | 6089 | 3201 | 2888 | 1.35 | 1.33 |
| 宿州市 Suzhou | 5274 | 7201 | 3877 | 3324 | 7168 | 3858 | 3310 | 1.37 | 1.36 |
| 蚌埠市 Bengbu | 4097 | 4874 | 2709 | 2165 | 4861 | 2702 | 2159 | 1.19 | 1.19 |
| 阜阳市 Fuyang | 6019 | 8080 | 4414 | 3666 | 8014 | 4385 | 3629 | 1.34 | 1.33 |
| 淮南市 Huainan | 2742 | 2714 | 1479 | 1235 | 2702 | 1472 | 1230 | 0.99 | 0.99 |
| 滁州市 Chuzhou | 5612 | 6298 | 3467 | 2831 | 6264 | 3442 | 2822 | 1.12 | 1.12 |
| 六安市 Luan | 5580 | 6459 | 3545 | 2914 | 6387 | 3499 | 2888 | 1.16 | 1.14 |
| 马鞍山市 Maanshan | 2247 | 2308 | 1226 | 1082 | 2298 | 1219 | 1079 | 1.03 | 1.02 |
| 芜湖市 Wuhu | 3852 | 3766 | 1991 | 1775 | 3715 | 1970 | 1745 | 0.98 | 0.96 |
| 宣城市 Xuancheng | 4581 | 4708 | 2324 | 2384 | 4644 | 2280 | 2364 | 1.03 | 1.01 |
| 铜陵市 Tongling | 1283 | 1213 | 617 | 596 | 1203 | 615 | 588 | 0.95 | 0.94 |
| 池州市 Chizhou | 1767 | 1936 | 1023 | 913 | 1916 | 1010 | 906 | 1.10 | 1.08 |
| 安庆市 Anqing | 7112 | 8327 | 4537 | 3790 | 8224 | 4475 | 3749 | 1.17 | 1.16 |
| 黄山市 Huangshan | 2933 | 2900 | 1491 | 1409 | 2887 | 1482 | 1405 | 0.99 | 0.98 |

注：本表及3-9、3-13、3-14为2012年人口变动抽样调查实际调查样本汇总数。

a) This form and 3-9,3-13,3-14 are actual survey sample total of population changing sample survey in 2012.

## 3—8 各市人均受教育年限
The average number of years of Education by Region

单位：年（year）

| 地　区 | Region | 2011年人均受教育年限 The average number of years of Education 1n 2011 | | | 2012年人均受教育年限 The average number of years of Education 1n 2012 | | |
|---|---|---|---|---|---|---|---|
| | | 合　计 Total | 男 Male | 女 Female | 合　计 Total | 男 Male | 女 Female |
| **总　计** | **Total** | **8.24** | **8.76** | **7.71** | **8.42** | **9.09** | **7.77** |
| 合肥市 | Hefei | 9.19 | 9.68 | 8.68 | 9.49 | 10.21 | 8.80 |
| 淮北市 | Huaibei | 8.66 | 8.92 | 8.33 | 8.75 | 9.30 | 8.32 |
| 亳州市 | Bozhou | 7.61 | 8.17 | 7.05 | 7.80 | 8.48 | 7.16 |
| 宿州市 | Suzhou | 7.86 | 8.36 | 7.37 | 8.03 | 8.70 | 7.37 |
| 蚌埠市 | Bengbu | 8.73 | 9.12 | 8.33 | 8.74 | 9.14 | 8.34 |
| 阜阳市 | Fuyang | 7.81 | 8.37 | 7.26 | 7.83 | 8.56 | 7.26 |
| 淮南市 | Huainan | 8.86 | 9.19 | 8.51 | 9.04 | 9.47 | 8.63 |
| 滁州市 | Chuzhou | 8.40 | 8.97 | 7.80 | 8.41 | 9.12 | 7.80 |
| 六安市 | Luan | 7.94 | 8.35 | 7.53 | 8.27 | 8.78 | 7.79 |
| 马鞍山市 | Maanshan | 8.88 | 9.50 | 8.27 | 8.89 | 9.50 | 8.28 |
| 芜湖市 | Wuhu | 8.52 | 9.09 | 7.94 | 9.09 | 9.63 | 8.54 |
| 宣城市 | Xuancheng | 7.94 | 8.41 | 7.46 | 8.12 | 8.67 | 7.59 |
| 铜陵市 | Tongling | 9.25 | 9.80 | 8.71 | 9.60 | 10.19 | 9.00 |
| 池州市 | Chizhou | 7.70 | 8.27 | 7.13 | 8.21 | 9.11 | 7.32 |
| 安庆市 | Anqing | 8.14 | 8.82 | 7.49 | 8.15 | 9.01 | 7.50 |
| 黄山市 | Huangshan | 8.25 | 8.77 | 7.73 | 8.68 | 9.29 | 8.09 |

注：本表数据为人口变动抽样调查推算数。
a) Data in this table are estimated from the changing sample survey of population.

## 3—9 按年龄和性别分人口构成（2012年）
Population by Age and Sex (2012)

| 年　龄 Age | 人口数（人） Population (person) | | | 占总人口比重（%） Percentage to Total Population (%) | | | 性别比（女=100） Sex Ratio (female=100) |
|---|---|---|---|---|---|---|---|
| | 合　计 Total | 男 Male | 女 Female | 合　计 Total | 男 Male | 女 Female | |
| **总　计 Total** | **245198** | **123121** | **122077** | **100.00** | **100.00** | **100.00** | **100.86** |
| 0—4 | 15192 | 8617 | 6575 | 6.20 | 7.00 | 5.39 | 131.06 |
| 5—9 | 15454 | 8489 | 6965 | 6.30 | 6.89 | 5.71 | 121.88 |
| 10—14 | 14338 | 7858 | 6480 | 5.85 | 6.38 | 5.31 | 121.27 |
| 15—19 | 16135 | 8744 | 7391 | 6.58 | 7.10 | 6.05 | 118.31 |
| 20—24 | 16441 | 7758 | 8683 | 6.71 | 6.30 | 7.11 | 89.35 |
| 25—29 | 13716 | 6305 | 7411 | 5.59 | 5.12 | 6.07 | 85.08 |
| 30—34 | 14254 | 6770 | 7484 | 5.81 | 5.50 | 6.13 | 90.46 |
| 35—39 | 17965 | 8756 | 9209 | 7.33 | 7.11 | 7.54 | 95.08 |
| 40—44 | 26299 | 12709 | 13590 | 10.73 | 10.32 | 11.13 | 93.52 |
| 45—49 | 24386 | 11929 | 12457 | 9.95 | 9.69 | 10.20 | 95.76 |
| 50—54 | 11410 | 5690 | 5720 | 4.65 | 4.62 | 4.69 | 99.48 |
| 55—59 | 15971 | 8016 | 7955 | 6.51 | 6.51 | 6.52 | 100.77 |
| 60—64 | 14023 | 7139 | 6884 | 5.72 | 5.80 | 5.64 | 103.70 |
| 65+ | 29614 | 14341 | 15273 | 12.08 | 11.65 | 12.51 | 93.90 |

## 3—10 各市常住人口基本情况（2012年）
Basic Conditions of Population by Region (2012)

| 地　区 | Region | 家庭户人口占总人口比重（%） Proportion of Family Members to the Total Population (%) | 人口性别比（女=100） Sex Ratio (female=100) | 外出半年以上人员性别比（女=100） Sex Ratio of Persons Having Gone out for More Than A Half Year (female=100) | 农林牧渔业人口占在业人口比重（%） Proprtion of Farming, Forestry, Husbandary and Fishery People to the Total (%) | 其他行业人口占在业人口比重（%） Proportion of People in Other Sectors to the Total (%) |
|---|---|---|---|---|---|---|
| **总　　计** | **Total** | **98.87** | **100.86** | **126.56** | **43.39** | **56.61** |
| 合 肥 市 | Hefei | 96.55 | 99.74 | 126.98 | 26.22 | 73.78 |
| 淮 北 市 | Huaibei | 99.75 | 101.21 | 129.76 | 46.35 | 53.65 |
| 亳 州 市 | Bozhou | 99.91 | 102.37 | 124.85 | 49.55 | 50.45 |
| 宿 州 市 | Suzhou | 99.81 | 102.23 | 138.12 | 64.78 | 35.22 |
| 蚌 埠 市 | Bengbu | 99.71 | 103.31 | 123.68 | 47.04 | 52.96 |
| 阜 阳 市 | Fuyang | 99.03 | 98.36 | 127.09 | 55.68 | 44.32 |
| 淮 南 市 | Huainan | 98.14 | 100.10 | 113.22 | 30.62 | 69.38 |
| 滁 州 市 | Chuzhou | 98.80 | 101.58 | 124.03 | 42.90 | 57.10 |
| 六 安 市 | Luan | 99.43 | 99.25 | 135.20 | 55.07 | 44.93 |
| 马鞍山市 | Maanshan | 99.43 | 104.09 | 106.41 | 28.58 | 71.42 |
| 芜 湖 市 | Wuhu | 98.70 | 105.28 | 121.81 | 25.75 | 74.25 |
| 宣 城 市 | Xuancheng | 98.45 | 100.14 | 117.67 | 33.16 | 66.84 |
| 铜 陵 市 | Tongling | 99.57 | 103.19 | 101.59 | 19.88 | 80.12 |
| 池 州 市 | Chizhou | 96.91 | 101.25 | 129.44 | 48.13 | 51.87 |
| 安 庆 市 | Anqing | 99.45 | 98.95 | 132.89 | 41.88 | 58.12 |
| 黄 山 市 | Huangshan | 97.03 | 99.10 | 120.13 | 41.47 | 58.53 |

注：本表及3—11、3—12、3—19、3—20、3—21、3—22、3—23、3—24、3—25为2012年人口抽样调查样本推算数。

a) This form and 3-11、3-12、3-19、3-20、3-21、3-22、3-23、3-24、3-25 are computative data of population sample survey in 2012.

## 3—11 各市按家庭户规模分的户数构成（2012年）
Composition of Households by Size of Household and Region (2012)

单位：%

| 地　区 | Region | 家庭户规模（人/户） Size of Family Household (person/household) | 一人户 One Person | 二人户 Two Persons | 三人户 Three Persons | 四人户 Four Persons | 五人户 Five Persons | 六人及六人以上户 Six Persons and Over |
|---|---|---|---|---|---|---|---|---|
| **总　　计** | **Total** | **2.94** | **13.72** | **27.53** | **28.65** | **17.55** | **7.91** | **4.64** |
| 合 肥 市 | Hefei | 2.79 | 15.69 | 28.11 | 31.40 | 15.43 | 6.29 | 3.09 |
| 淮 北 市 | Huaibei | 3.18 | 10.37 | 22.97 | 30.61 | 19.58 | 9.93 | 6.54 |
| 亳 州 市 | Bozhou | 3.04 | 13.60 | 27.36 | 22.95 | 21.46 | 8.58 | 6.04 |
| 宿 州 市 | Suzhou | 3.16 | 11.64 | 25.94 | 23.25 | 22.91 | 9.19 | 7.07 |
| 蚌 埠 市 | Bengbu | 3.14 | 10.41 | 25.51 | 28.64 | 19.88 | 9.26 | 6.29 |
| 阜 阳 市 | Fuyang | 2.91 | 15.47 | 29.04 | 23.07 | 19.88 | 7.48 | 5.06 |
| 淮 南 市 | Huainan | 3.01 | 11.70 | 24.32 | 33.53 | 17.54 | 8.42 | 4.48 |
| 滁 州 市 | Chuzhou | 3.00 | 12.40 | 26.57 | 29.39 | 17.86 | 8.94 | 4.86 |
| 六 安 市 | Luan | 2.85 | 15.22 | 29.60 | 27.30 | 15.72 | 7.61 | 4.55 |
| 马鞍山市 | Maanshan | 2.83 | 15.78 | 28.33 | 29.91 | 14.36 | 7.60 | 4.02 |
| 芜 湖 市 | Wuhu | 3.02 | 12.18 | 23.51 | 33.43 | 17.59 | 8.90 | 4.39 |
| 宣 城 市 | Xuancheng | 2.82 | 13.78 | 29.21 | 32.81 | 13.32 | 7.67 | 3.21 |
| 铜 陵 市 | Tongling | 2.79 | 12.10 | 26.25 | 41.87 | 12.16 | 5.51 | 2.11 |
| 池 州 市 | Chizhou | 2.73 | 15.27 | 30.58 | 29.97 | 15.84 | 6.37 | 1.96 |
| 安 庆 市 | Anqing | 2.92 | 13.92 | 27.99 | 27.81 | 17.76 | 7.90 | 4.63 |
| 黄 山 市 | Huangshan | 2.66 | 16.79 | 31.16 | 32.02 | 12.02 | 5.44 | 2.57 |

## 3—12 各市人口年龄结构（2012年）
Age Composition of Population by Region (2012)

单位：%

| 地 区 Region | 总人口（万人）Total Population (10000 persons) | 年龄构成 Proportion to Total Populations 0—14岁 Age 0-14 | 15—64岁 Age 15-64 | 15—59岁 Age 15-59 | 65岁及以上 Age 65 and Over | 抚养比 Dependency Ratio 总抚养比 Gross Dependency Ratio | 少儿抚养比 Children Dependency Ratio | 老年抚养比 The Aged Dependency Ratio |
|---|---|---|---|---|---|---|---|---|
| **总 计 Total** | **5988.00** | **18.35** | **69.58** | **63.86** | **12.08** | **43.73** | **26.37** | **17.36** |
| 合肥市 Hefei | 757.20 | 15.96 | 71.91 | 66.18 | 12.12 | 39.05 | 22.20 | 16.86 |
| 淮北市 Huaibei | 212.30 | 17.23 | 71.28 | 66.67 | 11.48 | 40.28 | 24.17 | 16.11 |
| 亳州市 Bozhou | 489.50 | 26.15 | 63.25 | 58.03 | 10.60 | 58.10 | 41.34 | 16.76 |
| 宿州市 Suzhou | 537.80 | 20.50 | 68.05 | 63.02 | 11.44 | 46.95 | 30.13 | 16.82 |
| 蚌埠市 Bengbu | 318.30 | 19.21 | 69.07 | 64.08 | 11.72 | 44.77 | 27.81 | 16.96 |
| 阜阳市 Fuyang | 763.90 | 25.69 | 62.08 | 56.50 | 12.24 | 61.10 | 41.38 | 19.71 |
| 淮南市 Huainan | 233.90 | 17.07 | 72.18 | 67.45 | 10.74 | 38.53 | 23.65 | 14.88 |
| 滁州市 Chuzhou | 394.50 | 16.11 | 72.23 | 66.50 | 11.66 | 38.44 | 22.30 | 16.15 |
| 六安市 Luan | 565.10 | 19.33 | 67.51 | 61.05 | 13.16 | 48.12 | 28.63 | 19.49 |
| 马鞍山市 Maanshan | 219.50 | 14.47 | 69.87 | 62.84 | 15.66 | 43.12 | 20.71 | 22.41 |
| 芜湖市 Wuhu | 357.80 | 13.37 | 75.17 | 69.64 | 11.46 | 33.03 | 17.79 | 15.24 |
| 宣城市 Xuancheng | 255.60 | 14.39 | 73.57 | 67.25 | 12.04 | 35.93 | 19.57 | 16.36 |
| 铜陵市 Tongling | 73.40 | 14.04 | 76.12 | 70.81 | 9.84 | 31.37 | 18.44 | 12.93 |
| 池州市 Chizhou | 141.90 | 16.52 | 71.07 | 64.47 | 12.41 | 40.71 | 23.25 | 17.46 |
| 安庆市 Anqing | 532.00 | 17.17 | 70.12 | 64.06 | 12.71 | 42.61 | 24.48 | 18.12 |
| 黄山市 Huangshan | 135.30 | 13.46 | 73.36 | 66.88 | 13.18 | 36.32 | 18.35 | 17.97 |

## 3—13 各市按性别分的15岁及以上文盲人口（2012年）
Illiterate Population Aged 15 and Over by Sex and Region (2012)

| 地 区 Region | 15岁及以上人口（人）Population Aged 15 and Over (person) | 男 Male | 女 Female | 文盲人口（人）Illiterate Population (person) | 男 Male | 女 Female | 文盲人口占15岁及以上人口的比重 Percentage of Illiterate Population to Total Aged 15 and Over (%) | 男 Male | 女 Female |
|---|---|---|---|---|---|---|---|---|---|
| **总 计 Total** | **200214** | **98157** | **102057** | **18192** | **4674** | **13518** | **9.09** | **4.76** | **13.25** |
| 合肥市 Hefei | 16816 | 8236 | 8580 | 1413 | 334 | 1079 | 8.40 | 4.06 | 12.58 |
| 淮北市 Huaibei | 7719 | 3747 | 3972 | 687 | 188 | 499 | 8.90 | 5.02 | 12.56 |
| 亳州市 Bozhou | 13455 | 6521 | 6934 | 1488 | 412 | 1076 | 11.06 | 6.32 | 15.52 |
| 宿州市 Suzhou | 15602 | 7695 | 7907 | 1665 | 451 | 1214 | 10.67 | 5.86 | 15.35 |
| 蚌埠市 Bengbu | 12419 | 6208 | 6211 | 1151 | 374 | 777 | 9.27 | 6.02 | 12.51 |
| 阜阳市 Fuyang | 18035 | 8548 | 9487 | 2289 | 608 | 1681 | 12.69 | 7.11 | 17.72 |
| 淮南市 Huainan | 8091 | 3962 | 4129 | 570 | 164 | 406 | 7.04 | 4.14 | 9.83 |
| 滁州市 Chuzhou | 17070 | 8420 | 8650 | 1785 | 396 | 1389 | 10.46 | 4.70 | 16.06 |
| 六安市 Luan | 17289 | 8348 | 8941 | 1522 | 482 | 1040 | 8.80 | 5.77 | 11.63 |
| 马鞍山市 Maanshan | 7560 | 3789 | 3771 | 535 | 90 | 445 | 7.08 | 2.38 | 11.80 |
| 芜湖市 Wuhu | 11493 | 5825 | 5668 | 536 | 127 | 409 | 4.66 | 2.18 | 7.22 |
| 宣城市 Xuancheng | 13881 | 6884 | 6997 | 1432 | 394 | 1038 | 10.32 | 5.72 | 14.83 |
| 铜陵市 Tongling | 3773 | 1907 | 1866 | 182 | 31 | 151 | 4.82 | 1.63 | 8.09 |
| 池州市 Chizhou | 5779 | 2882 | 2897 | 584 | 142 | 442 | 10.11 | 4.93 | 15.26 |
| 安庆市 Anqing | 21614 | 10437 | 11177 | 1820 | 388 | 1432 | 8.42 | 3.72 | 12.81 |
| 黄山市 Huangshan | 9618 | 4748 | 4870 | 533 | 93 | 440 | 5.54 | 1.96 | 9.03 |

## 3—14 各市每十万人口拥有受教育程度人口（2012年）

Population by Educational Level and Region Per 100 Thousand Persons (2012)

单位：人（person）

| 地 区 | Region | 大专及以上 College and Higher Level | 高中和中专 Senior Secondary School | 初 中 Junior Secondary School | 小 学 Primary School |
|---|---|---|---|---|---|
| **总 计** | **Total** | **6763** | **11911** | **37435** | **28760** |
| 合 肥 市 | Hefei | 14748 | 16012 | 33823 | 22089 |
| 淮 北 市 | Huaibei | 6530 | 12009 | 47802 | 19365 |
| 亳 州 市 | Bozhou | 2991 | 8090 | 37346 | 32065 |
| 宿 州 市 | Suzhou | 3327 | 9533 | 43371 | 25757 |
| 蚌 埠 市 | Bengbu | 6109 | 13707 | 40977 | 22710 |
| 阜 阳 市 | Fuyang | 3873 | 8694 | 37327 | 30030 |
| 淮 南 市 | Huainan | 7543 | 16685 | 39746 | 21728 |
| 滁 州 市 | Chuzhou | 6630 | 11545 | 39244 | 27488 |
| 六 安 市 | Luan | 6365 | 10975 | 33941 | 34501 |
| 马鞍山市 | Maanshan | 5770 | 11970 | 38432 | 31146 |
| 芜 湖 市 | Wuhu | 9904 | 14412 | 38388 | 27715 |
| 宣 城 市 | Xuancheng | 6858 | 10848 | 37138 | 30176 |
| 铜 陵 市 | Tongling | 11757 | 21440 | 32240 | 25746 |
| 池 州 市 | Chizhou | 8060 | 12451 | 30175 | 34364 |
| 安 庆 市 | Anqing | 5955 | 11708 | 33027 | 35330 |
| 黄 山 市 | Huangshan | 8395 | 12624 | 37061 | 31123 |

## 3—15 各市2011—2012学年小学初中入学率状况

Percentage of Children Enrolled in Primary Schools and Junior Secondary Schools by Region (2011-2012)

单位：%

| 地 区 | Region | 初中净入学率 Net Enrollment Ratio of Junior Secondary Schools | | 小学净入学率 Net Enrollment Ratio of Primary Schools | | 初中辍学率 Percent of Junior Middle Schoolchildren Quitting Their Studies | 小学辍学率 Percent of Primary Schoolchildren Quitting Their Studies |
|---|---|---|---|---|---|---|---|
| | | 小 计 Total | 女 Female | 小 计 Total | 女 Female | | |
| **总 计** | **Total** | **99.59** | **99.58** | **99.92** | **99.92** | **0.91** | **0.23** |
| 合 肥 市 | Hefei | 100.00 | 100.00 | 100.00 | 100.00 | -0.06 | -0.01 |
| 淮 北 市 | Huaibei | 99.04 | 99.13 | 99.89 | 99.90 | 1.38 | 0.31 |
| 亳 州 市 | Bozhou | 99.35 | 99.13 | 99.88 | 99.83 | 1.11 | 0.19 |
| 宿 州 市 | Suzhou | 99.98 | 99.98 | 99.99 | 99.99 | 3.10 | 1.13 |
| 蚌 埠 市 | Bengbu | 99.94 | 99.91 | 99.97 | 99.98 | 0.28 | 0.00 |
| 阜 阳 市 | Fuyang | 99.22 | 99.26 | 99.95 | 99.96 | 0.91 | 0.16 |
| 淮 南 市 | Huainan | 99.88 | 99.83 | 99.92 | 99.90 | 0.47 | 0.18 |
| 滁 州 市 | Chuzhou | 99.65 | 99.65 | 99.85 | 99.85 | 0.92 | 0.08 |
| 六 安 市 | Luan | 98.99 | 99.04 | 99.73 | 99.74 | 0.51 | 0.01 |
| 马鞍山市 | Maanshan | 99.74 | 99.83 | 100.00 | 100.00 | 0.15 | 0.02 |
| 芜 湖 市 | Wuhu | 100.00 | 100.00 | 100.00 | 100.00 | 0.10 | 0.03 |
| 宣 城 市 | Xuancheng | 99.79 | 99.75 | 100.00 | 100.00 | 0.25 | 0.11 |
| 铜 陵 市 | Tongling | 100.00 | 100.00 | 100.00 | 100.00 | 0.13 | 0.14 |
| 池 州 市 | Chizhou | 99.12 | 99.13 | 99.83 | 99.84 | 0.18 | 0.05 |
| 安 庆 市 | Anqing | 99.78 | 99.75 | 99.93 | 99.93 | 1.64 | 0.54 |
| 黄 山 市 | Huangshan | 99.85 | 99.89 | 100.00 | 100.00 | 0.34 | 0.02 |

## 3—16 各市婚姻人口构成（2012年）

Composition of Marriage Status by Region (2012)

单位：%

| 地 区 | Region | 15岁及15岁以上的人口合计（人）Total Population Aged 15 and Over (person) | 未 婚 Never Married | 有配偶 With Spouses | 离 婚 Divorced | 丧 偶 Widowed |
|---|---|---|---|---|---|---|
| **总 计** | **Total** | **200214** | **16.62** | **75.45** | **1.20** | **6.73** |
| 合 肥 市 | Hefei | 16816 | 17.59 | 75.69 | 1.00 | 5.71 |
| 淮 北 市 | Huaibei | 7719 | 17.67 | 75.00 | 1.22 | 6.11 |
| 亳 州 市 | Bozhou | 13455 | 16.66 | 75.73 | 0.91 | 6.70 |
| 宿 州 市 | Suzhou | 15602 | 16.74 | 76.27 | 0.92 | 6.07 |
| 蚌 埠 市 | Bengbu | 12419 | 16.97 | 75.38 | 1.72 | 5.93 |
| 阜 阳 市 | Fuyang | 18035 | 17.53 | 74.00 | 0.76 | 7.71 |
| 淮 南 市 | Huainan | 8091 | 17.95 | 73.80 | 2.24 | 6.02 |
| 滁 州 市 | Chuzhou | 17070 | 15.52 | 76.88 | 1.14 | 6.46 |
| 六 安 市 | Luan | 17289 | 14.62 | 77.27 | 0.76 | 7.35 |
| 马鞍山市 | Maanshan | 7560 | 15.19 | 75.30 | 2.25 | 7.26 |
| 芜 湖 市 | Wuhu | 11493 | 19.39 | 73.19 | 1.57 | 5.84 |
| 宣 城 市 | Xuancheng | 13881 | 14.70 | 77.53 | 1.48 | 6.29 |
| 铜 陵 市 | Tongling | 3773 | 16.22 | 76.68 | 1.93 | 5.17 |
| 池 州 市 | Chizhou | 5779 | 15.69 | 75.51 | 1.07 | 7.72 |
| 安 庆 市 | Anqing | 21614 | 17.48 | 73.77 | 0.73 | 8.02 |
| 黄 山 市 | Huangshan | 9618 | 15.54 | 75.11 | 1.75 | 7.60 |

注：本表15岁及以上人口为2012年人口变动抽样调查实际调查数。

a) This form and Population aged 15 and over are the actual survey data of population changing sample survey in 2012.

## 3—17 全省育龄妇女分年龄孩次的生育率（2012年）

Fertility Rate of Women At Childbearing Age by Age and Children's Order (2012)

单位：‰

| 年 龄 Age | 生育率 Fertility-rate | 第一孩生育率 The First Child | 第二孩生育率 The Second Child | 第三孩及以上生育率 The Third Child and Over |
|---|---|---|---|---|
| **总 计 Total** | **30.68** | **20.79** | **9.14** | **0.72** |
| **15-19** | **165.61** | **144.77** | **20.16** | **0.68** |
| **20-24** | **135.09** | **86.84** | **45.95** | **2.30** |
| 20 | 232.81 | 181.95 | 48.71 | 2.15 |
| 21 | 181.33 | 122.46 | 58.19 | 0.68 |
| 22 | 114.29 | 66.50 | 43.35 | 4.43 |
| 23 | 94.57 | 50.30 | 42.25 | 2.01 |
| 24 | 89.34 | 46.90 | 40.76 | 1.68 |
| **25-29** | **58.97** | **20.65** | **34.95** | **3.37** |
| 25 | 67.75 | 27.44 | 38.07 | 2.24 |
| 26 | 61.08 | 23.39 | 35.09 | 2.60 |
| 27 | 50.91 | 15.27 | 30.55 | 5.09 |
| 28 | 66.71 | 18.65 | 43.04 | 5.02 |
| 29 | 44.80 | 15.95 | 26.58 | 2.28 |
| **30-34** | **18.84** | **5.08** | **12.83** | **0.94** |
| 30 | 23.10 | 7.47 | 14.95 | 0.68 |
| 31 | 32.01 | 10.67 | 19.05 | 2.29 |
| 32 | 15.24 | 1.39 | 13.16 | 0.69 |
| 33 | 15.31 | 3.67 | 11.02 | 0.61 |
| 34 | 11.09 | 3.08 | 7.39 | 0.62 |
| **35-39** | **5.86** | **1.63** | **2.61** | **1.63** |
| **40-44** | **1.03** | **0.88** | **0.07** | **0.07** |
| **45-49** | **0.08** | **0.08** | | |

注：本表中的生育率为2012年人口抽样调查样本推算数。

a) The fertility rate of this table are computative data of population sample survey in 2012.

## 3—18 各市主要年份妇女平均初婚年龄
Women's Average Age At Their First Marriage in Major Years by Region

单位：岁（age）

| 地 区 | Region | 2000 | 2005 | 2010 | 2011 | 2012 |
|---|---|---|---|---|---|---|
| **总 计** | **Total** | **22.61** | **23.37** | **21.56** | **23.36** | **23.76** |
| 合 肥 市 | Hefei | 23.10 | 23.98 | 22.36 | 24.42 | 24.51 |
| 淮 北 市 | Huaibei | 22.58 | 23.67 | 21.58 | 22.18 | 23.52 |
| 亳 州 市 | Bozhou | 21.90 | 22.75 | 20.98 | 21.97 | 22.19 |
| 宿 州 市 | Suzhou | 22.32 | 23.34 | 21.35 | 23.25 | 23.22 |
| 蚌 埠 市 | Bengbu | 22.07 | 23.50 | 21.70 | 22.64 | 24.74 |
| 阜 阳 市 | Fuyang | 22.17 | 22.90 | 21.40 | 22.83 | 22.95 |
| 淮 南 市 | Huainan | 22.98 | 23.41 | 21.89 | 23.14 | 23.39 |
| 滁 州 市 | Chuzhou | 22.54 | 23.02 | 21.55 | 23.76 | 23.11 |
| 六 安 市 | Luan | 22.29 | 23.34 | 21.34 | 22.47 | 24.04 |
| 马鞍山市 | Maanshan | 23.05 | 23.86 | 22.11 | 25.03 | 23.33 |
| 芜 湖 市 | Wuhu | 23.21 | 23.87 | 21.93 | 24.35 | 24.25 |
| 宣 城 市 | Xuancheng | 22.80 | 23.85 | 21.48 | 23.58 | 24.27 |
| 铜 陵 市 | Tongling | 23.84 | 24.96 | 22.43 | 24.67 | 23.60 |
| 池 州 市 | Chizhou | 22.68 | 23.39 | 21.56 | 23.95 | 23.90 |
| 安 庆 市 | Anqing | 22.24 | 23.32 | 21.22 | 23.91 | 24.36 |
| 黄 山 市 | Huangshan | 23.13 | 23.46 | 21.72 | 23.63 | 24.58 |

## 3—19 各市按行业分的在业人口比例（2012年）
The Proportion of Employment Population by Industry by Region (2012)

单位：%

| 地 区 | Region | 合 计（人）Total (person) | 农、林、牧、渔业 Farming, Forestry, Animal Husbandry and Fishery | 工 业 Industry | 建筑业 Construction | 交通运输、仓储及邮电通讯业 Transport, Storage, Post & Telecommunications | 批发零售、贸易餐饮业 Wholesale and Retail, Catering Trade | 其 他 Other |
|---|---|---|---|---|---|---|---|---|
| **总 计** | **Total** | **141833** | **43.39** | **11.59** | **8.91** | **4.07** | **13.25** | **18.80** |
| 合 肥 市 | Hefei | 11435 | 26.22 | 11.86 | 10.03 | 5.40 | 15.72 | 30.77 |
| 淮 北 市 | Huaibei | 5012 | 46.35 | 17.24 | 7.50 | 4.85 | 11.01 | 13.05 |
| 亳 州 市 | Bozhou | 10188 | 49.55 | 4.38 | 9.69 | 3.46 | 16.39 | 16.53 |
| 宿 州 市 | Suzhou | 11769 | 64.78 | 5.07 | 7.10 | 3.20 | 12.13 | 7.72 |
| 蚌 埠 市 | Bengbu | 8482 | 47.04 | 10.30 | 5.64 | 6.00 | 14.64 | 16.38 |
| 阜 阳 市 | Fuyang | 13444 | 55.68 | 5.44 | 9.19 | 3.77 | 15.90 | 10.00 |
| 淮 南 市 | Huainan | 4850 | 30.62 | 25.44 | 8.70 | 4.70 | 13.98 | 16.56 |
| 滁 州 市 | Chuzhou | 12169 | 42.90 | 18.05 | 6.77 | 4.51 | 11.69 | 16.07 |
| 六 安 市 | Luan | 12474 | 55.07 | 6.78 | 7.41 | 2.97 | 10.30 | 17.47 |
| 马鞍山市 | Maanshan | 4934 | 28.58 | 22.17 | 9.89 | 4.95 | 13.42 | 21.00 |
| 芜 湖 市 | Wuhu | 8724 | 25.75 | 21.62 | 12.21 | 4.64 | 17.01 | 18.78 |
| 宣 城 市 | Xuancheng | 9853 | 33.16 | 12.58 | 11.07 | 4.17 | 10.04 | 28.98 |
| 铜 陵 市 | Tongling | 2691 | 19.88 | 23.60 | 9.22 | 6.21 | 17.87 | 23.23 |
| 池 州 市 | Chizhou | 4137 | 48.13 | 9.40 | 8.80 | 2.71 | 10.18 | 20.79 |
| 安 庆 市 | Anqing | 14457 | 41.88 | 9.37 | 9.35 | 3.02 | 10.60 | 25.79 |
| 黄 山 市 | Huangshan | 7214 | 41.47 | 9.62 | 11.03 | 3.35 | 13.96 | 20.56 |

## 3—20　各市未工作人口按寻找工作方式分的比例（2012年）

Proportion of Unemployed Persons by Their Types of Seeking Job by Region (2012)

单位：%

| 地　区 | Region | 合　计（人）Total (person) | 在职业介绍机构求职 Looking for a Job in Employment Agencies | 委托亲友找工作 Looking for a job Commissioned by Friends and Relatives | 应答或刊登广告 Response or to Advertise | 参加招聘会 Going to job Fairs | 为自己经营做准备 To Prepare Business by Themselves | 其他方式 Others | 未找工作 No Looking for a job |
|---|---|---|---|---|---|---|---|---|---|
| **总　计** | **Total** | **1233** | **9.89** | **35.04** | **0.97** | **10.54** | **4.06** | **14.36** | **25.14** |
| 合 肥 市 | Hefei | 151 | 9.93 | 31.79 | 2.65 | 14.57 | 3.31 | 18.54 | 19.21 |
| 淮 北 市 | Huaibei | 31 | 9.68 | 25.81 | | 19.35 | 6.45 | 6.45 | 32.26 |
| 亳 州 市 | Bozhou | 34 | 14.71 | 23.53 | | 5.88 | 11.76 | 17.65 | 26.47 |
| 宿 州 市 | Suzhou | 40 | 5.00 | 32.50 | 2.50 | 7.50 | 12.50 | 5.00 | 35.00 |
| 蚌 埠 市 | Bengbu | 117 | 2.56 | 39.32 | 0.85 | 5.98 | 2.56 | 26.50 | 22.22 |
| 阜 阳 市 | Fuyang | 71 | | 54.93 | 2.82 | 4.23 | 4.23 | 11.27 | 22.54 |
| 淮 南 市 | Huainan | 104 | 15.38 | 50.96 | | 6.73 | 5.77 | 8.65 | 12.50 |
| 滁 州 市 | Chuzhou | 108 | 10.19 | 16.67 | | 3.70 | 1.85 | 14.81 | 52.78 |
| 六 安 市 | Luan | 30 | 53.33 | 10.00 | | 10.00 | | 3.33 | 23.33 |
| 马鞍山市 | Maanshan | 62 | 11.29 | 8.06 | | 25.81 | 4.84 | 14.52 | 35.48 |
| 芜 湖 市 | Wuhu | 238 | 5.46 | 53.78 | 0.84 | 10.08 | 2.52 | 8.40 | 18.91 |
| 宣 城 市 | Xuancheng | 100 | 2.00 | 33.00 | 1.00 | 11.00 | 8.00 | 18.00 | 27.00 |
| 铜 陵 市 | Tongling | 23 | 30.43 | 39.13 | | 13.04 | | 4.35 | 13.04 |
| 池 州 市 | Chizhou | 10 | | 10.00 | | 30.00 | | 10.00 | 50.00 |
| 安 庆 市 | Anqing | 73 | 16.44 | 20.55 | | 9.59 | 4.11 | 20.55 | 28.77 |
| 黄 山 市 | Huangshan | 41 | 24.39 | 12.20 | 2.44 | 21.95 | | 24.39 | 14.63 |

## 3—21　各市外出半年以上人口比重、性别比及流向（2012年）

Proportion, Sexual Distinction and Floating Direction of Persons Going Out for More Than Half a Year by Region (2012)

单位：%

| 地　区 | Region | 占总人口比重（%）Percentage to Total Population (%) | 外出人口性别比（女=100）Sexual Distinction of Persons Going Out (Female=100) | 外出流向构成 Composition of Floating Directions | | | |
|---|---|---|---|---|---|---|---|
| | | | | 本县其他乡镇街道 Other Villages, Towns or Neighbourhoods in This County | 本市其他县区 Other Counties or Districts in This City | 本省其他市 Other Cities in This Province | 外省 Other Provinces |
| **总　计** | **Total** | **25.02** | **126.56** | **14.50** | **6.66** | **8.42** | **70.42** |
| 合 肥 市 | Hefei | 27.33 | 126.98 | 31.13 | 25.10 | 7.85 | 35.92 |
| 淮 北 市 | Huaibei | 12.22 | 129.76 | 18.12 | 6.44 | 10.39 | 65.06 |
| 亳 州 市 | Bozhou | 30.73 | 124.85 | 7.73 | 1.63 | 7.31 | 83.34 |
| 宿 州 市 | Suzhou | 19.69 | 138.12 | 13.75 | 1.73 | 9.92 | 74.59 |
| 蚌 埠 市 | Bengbu | 18.65 | 123.68 | 18.60 | 5.94 | 9.02 | 66.44 |
| 阜 阳 市 | Fuyang | 34.27 | 127.09 | 6.52 | 4.31 | 5.66 | 83.51 |
| 淮 南 市 | Huainan | 22.58 | 113.22 | 18.00 | 15.06 | 14.57 | 52.37 |
| 滁 州 市 | Chuzhou | 25.21 | 124.03 | 19.77 | 8.45 | 6.21 | 65.57 |
| 六 安 市 | Luan | 32.43 | 135.20 | 8.66 | 2.36 | 11.29 | 77.68 |
| 马鞍山市 | Maanshan | 21.40 | 106.41 | 14.86 | 9.14 | 7.58 | 68.42 |
| 芜 湖 市 | Wuhu | 7.75 | 121.81 | 13.67 | 11.13 | 6.64 | 68.55 |
| 宣 城 市 | Xuancheng | 21.89 | 117.67 | 24.89 | 4.54 | 7.49 | 63.07 |
| 铜 陵 市 | Tongling | 8.83 | 101.59 | 34.39 | 21.16 | 16.93 | 27.51 |
| 池 州 市 | Chizhou | 27.60 | 129.44 | 11.93 | 2.41 | 13.37 | 72.29 |
| 安 庆 市 | Anqing | 25.00 | 132.89 | 11.87 | 3.88 | 9.11 | 75.13 |
| 黄 山 市 | Huangshan | 26.01 | 120.13 | 21.47 | 11.49 | 5.95 | 61.09 |

## 3—22 各市流向省外半年以上的流动人口构成（2012年）

Composition of Persons Floating Out of the Province for More Than Half a Year by Region (2012)

单位：%

| 地区 | Region | 合计（人）Total (person) | 江苏 Jiangsu | 浙江 Zhejiang | 上海 Shanghai | 广东 Guangdong | 北京 Beijing | 福建 Fujian | 山东 Shandong |
|---|---|---|---|---|---|---|---|---|---|
| **总计** | **Total** | **53880** | **26.79** | **28.60** | **20.20** | **5.79** | **3.74** | **2.05** | **1.83** |
| 合肥市 | Hefei | 2192 | 31.34 | 11.04 | 31.66 | 3.92 | 10.90 | 1.19 | 1.23 |
| 淮北市 | Huaibei | 808 | 30.20 | 40.10 | 8.79 | 5.32 | 3.09 | 0.99 | 1.24 |
| 亳州市 | Bozhou | 6558 | 22.22 | 36.20 | 13.80 | 8.19 | 2.91 | 1.43 | 1.74 |
| 宿州市 | Suzhou | 3450 | 43.71 | 24.78 | 12.96 | 3.28 | 1.97 | 0.93 | 2.26 |
| 蚌埠市 | Bengbu | 2114 | 25.21 | 48.16 | 13.29 | 4.35 | 1.37 | 2.98 | 0.99 |
| 阜阳市 | Fuyang | 9932 | 12.52 | 38.15 | 15.10 | 8.67 | 3.69 | 2.23 | 2.47 |
| 淮南市 | Huainan | 1283 | 17.77 | 19.41 | 36.48 | 10.60 | 3.59 | 2.73 | 2.42 |
| 滁州市 | Chuzhou | 4307 | 54.31 | 22.45 | 14.84 | 2.65 | 1.23 | 0.42 | 0.58 |
| 六安市 | Luan | 7800 | 40.60 | 13.77 | 37.54 | 2.17 | 1.65 | 0.33 | 1.06 |
| 马鞍山市 | Maanshan | 1625 | 37.60 | 8.00 | 12.49 | 11.14 | 13.23 | 1.85 | 2.22 |
| 芜湖市 | Wuhu | 702 | 26.78 | 3.85 | 29.91 | 1.99 | 23.36 | 0.85 | 3.13 |
| 宣城市 | Xuancheng | 2651 | 20.78 | 31.84 | 31.80 | 3.43 | 1.43 | 0.68 | 2.98 |
| 铜陵市 | Tongling | 104 | 39.42 | 18.27 | 10.58 | 9.62 | 6.73 | 0.96 | |
| 池州市 | Chizhou | 1800 | 15.72 | 34.44 | 23.61 | 4.67 | 5.56 | 3.17 | 1.33 |
| 安庆市 | Anqing | 6306 | 18.87 | 22.26 | 15.32 | 8.07 | 5.07 | 7.12 | 1.74 |
| 黄山市 | Huangshan | 2248 | 7.25 | 65.61 | 12.94 | 3.60 | 1.16 | 1.02 | 3.51 |

| 地区 | Region | 天津 Tianjin | 湖北 Hubei | 河北 Hebei | 辽宁 Liaoning | 河南 Henan | 新疆 Xinjiang | 陕西 Shanxi | 流向其他省市 Floating to Other Provinces or Cities |
|---|---|---|---|---|---|---|---|---|---|
| **总计** | **Total** | **1.33** | **0.65** | **1.10** | **0.77** | **0.97** | **0.74** | **0.45** | **4.98** |
| 合肥市 | Hefei | 2.83 | 0.14 | 0.46 | 0.64 | 0.46 | 0.18 | 0.59 | 3.42 |
| 淮北市 | Huaibei | | 0.74 | 1.36 | | 1.86 | 0.37 | 0.25 | 5.69 |
| 亳州市 | Bozhou | 1.77 | 0.55 | 1.46 | 0.73 | 0.96 | 1.04 | 0.41 | 6.59 |
| 宿州市 | Suzhou | 0.81 | 0.49 | 0.81 | 0.35 | 1.28 | 1.36 | 1.01 | 4.00 |
| 蚌埠市 | Bengbu | 0.05 | 0.19 | 0.38 | 0.19 | 0.66 | 0.05 | 0.24 | 1.89 |
| 阜阳市 | Fuyang | 2.49 | 0.75 | 3.33 | 1.05 | 2.32 | 2.22 | 0.56 | 4.48 |
| 淮南市 | Huainan | 0.39 | 0.39 | 0.39 | 0.39 | 0.31 | 0.62 | 0.08 | 4.44 |
| 滁州市 | Chuzhou | 0.09 | 0.14 | 0.07 | 0.51 | 0.23 | 0.19 | 0.19 | 2.11 |
| 六安市 | Luan | 0.23 | 0.47 | 0.23 | 0.10 | 0.24 | 0.06 | 0.09 | 1.44 |
| 马鞍山市 | Maanshan | 0.43 | 0.31 | 0.86 | 0.06 | 0.25 | 0.43 | 1.29 | 9.85 |
| 芜湖市 | Wuhu | 3.28 | 1.28 | 0.71 | 0.28 | 0.43 | | 0.71 | 3.42 |
| 宣城市 | Xuancheng | 0.30 | 0.49 | 0.38 | 0.15 | 0.53 | 0.04 | 1.09 | 4.07 |
| 铜陵市 | Tongling | 1.92 | 1.92 | | | 2.88 | 0.96 | | 6.73 |
| 池州市 | Chizhou | 1.06 | 0.56 | 0.17 | 0.89 | 0.67 | 0.06 | 0.78 | 7.33 |
| 安庆市 | Anqing | 2.79 | 1.68 | 0.78 | 2.71 | 1.21 | 0.36 | 0.29 | 11.72 |
| 黄山市 | Huangshan | 0.13 | 0.76 | 0.13 | 0.18 | 0.18 | | 0.18 | 3.34 |

## 3—23　各市省内跨市外出半年以上的流动人口构成（2012年）

Composition of Floating Population From City to City in the Province by Region (2012)

单位：%

| 地　区　Region | 合　计（人）Total (person) | 合肥市 Hefei | 淮北市 Huaibei | 亳州市 Bozhou | 宿州市 Suzhou | 蚌埠市 Bengbu | 阜阳市 Fuyang | 淮南市 Huainan |
|---|---|---|---|---|---|---|---|---|
| **总　计　Total** | **6445** | **49.19** | **4.53** | **0.73** | **1.68** | **3.83** | **2.62** | **6.81** |
| 合肥市　Hefei | 479 | | 2.71 | 0.63 | 0.84 | 3.76 | 1.04 | 24.84 |
| 淮北市　Huaibei | 129 | 35.66 | | 1.55 | 31.78 | 1.55 | 5.43 | 9.30 |
| 亳州市　Bozhou | 575 | 36.00 | 9.91 | | 3.30 | 7.83 | 8.52 | 6.96 |
| 宿州市　Suzhou | 459 | 49.02 | 24.40 | 0.44 | | 5.23 | 0.87 | 4.14 |
| 蚌埠市　Bengbu | 287 | 49.13 | 3.83 | 1.39 | 4.53 | | 2.79 | 9.06 |
| 阜阳市　Fuyang | 673 | 46.81 | 6.39 | 3.71 | 0.74 | 2.97 | | 6.09 |
| 淮南市　Huainan | 357 | 54.90 | 8.40 | 1.68 | 0.84 | 4.48 | 13.17 | |
| 滁州市　Chuzhou | 408 | 53.43 | 1.96 | | 1.47 | 11.76 | 3.19 | 12.01 |
| 六安市　Luan | 1134 | 75.66 | 0.97 | | 0.18 | 2.12 | 0.88 | 7.05 |
| 马鞍山市　Maanshan | 180 | 51.11 | | | | 6.11 | 2.78 | 1.11 |
| 芜湖市　Wuhu | 68 | 45.59 | | | | 2.94 | | 1.47 |
| 宣城市　Xuancheng | 315 | 38.10 | 0.95 | 0.32 | 0.32 | 2.86 | 0.95 | 3.17 |
| 铜陵市　Tongling | 64 | 34.38 | | | 1.56 | | 1.56 | |
| 池州市　Chizhou | 333 | 41.74 | 0.30 | | 0.60 | 3.30 | 0.60 | 2.10 |
| 安庆市　Anqing | 765 | 58.69 | 0.39 | 0.39 | 0.92 | 2.22 | 1.44 | 3.66 |
| 黄山市　Huangshan | 219 | 50.68 | | 0.46 | 1.83 | | 1.83 | 2.28 |

| 地　区　Region | 滁州市 Chuzhou | 六安市 Luan | 马鞍山市 Maanshan | 芜湖市 Wuhu | 宣城市 Xuancheng | 铜陵市 Tongling | 池州市 Chizhou | 安庆市 Anqing | 黄山市 Huangshan |
|---|---|---|---|---|---|---|---|---|---|
| **总　计　Total** | **1.82** | **2.76** | **3.77** | **12.16** | **1.07** | **2.64** | **1.23** | **3.40** | **1.77** |
| 合肥市　Hefei | 2.71 | 11.90 | 7.72 | 22.96 | 2.09 | 7.72 | 2.09 | 7.31 | 1.67 |
| 淮北市　Huaibei | 0.78 | | 2.33 | 10.85 | | | | 0.78 | |
| 亳州市　Bozhou | 4.52 | 2.78 | 4.17 | 6.61 | | 1.04 | 0.87 | 1.57 | 5.91 |
| 宿州市　Suzhou | 1.09 | 1.96 | 2.18 | 6.54 | 1.09 | 0.22 | 0.22 | 1.96 | 0.65 |
| 蚌埠市　Bengbu | 5.57 | 1.74 | 4.53 | 10.80 | 0.70 | 1.74 | 0.35 | 2.79 | 1.05 |
| 阜阳市　Fuyang | 1.34 | 3.57 | 7.58 | 15.90 | 0.15 | 0.45 | 0.15 | 1.93 | 2.23 |
| 淮南市　Huainan | 2.80 | 5.60 | | 3.92 | | 0.28 | 0.28 | 1.96 | 1.68 |
| 滁州市　Chuzhou | | 0.98 | 3.68 | 5.64 | 0.98 | 0.74 | 0.74 | 2.70 | 0.74 |
| 六安市　Luan | 1.32 | | 1.59 | 5.20 | 0.18 | 1.59 | 0.09 | 2.82 | 0.35 |
| 马鞍山市　Maanshan | 2.78 | 8.89 | | 19.44 | 3.33 | 1.67 | 0.56 | 2.22 | |
| 芜湖市　Wuhu | | 1.47 | 16.18 | | 17.65 | 10.29 | 1.47 | 1.47 | 1.47 |
| 宣城市　Xuancheng | 0.95 | 1.59 | 5.40 | 33.02 | | 1.59 | 1.27 | 6.35 | 3.17 |
| 铜陵市　Tongling | 1.56 | | | 31.25 | 6.25 | | 14.06 | 9.38 | |
| 池州市　Chizhou | | 1.50 | 3.60 | 16.52 | 1.50 | 8.11 | | 16.52 | 3.60 |
| 安庆市　Anqing | 1.70 | 2.09 | 3.40 | 11.37 | 0.65 | 6.41 | 4.71 | | 1.96 |
| 黄山市　Huangshan | | | 2.74 | 26.03 | 5.94 | 2.28 | 2.28 | 3.65 | |

## 3—24 全省外出半年以上人口分年龄构成（2012年）
Composition of Population Going out More Than Half a Year in the Whole Province (2012)

单位：%

| 年 龄<br>Age | 合 计<br>Total | 男<br>Male | 女<br>Female | 性别比<br>(女=100)<br>Sex Ratio<br>(Female=100) |
|---|---|---|---|---|
| **总计 Total** | **100.00** | **100.00** | **100.00** | **126.56** |
| **0-4** | **2.95** | **2.92** | **3.00** | **123.08** |
| **5-9** | **3.22** | **3.30** | **3.13** | **133.36** |
| **10-14** | **2.90** | **3.04** | **2.73** | **140.69** |
| **15-19** | **8.31** | **8.18** | **8.47** | **122.24** |
| 15岁 | 0.75 | 0.78 | 0.71 | 138.91 |
| 16岁 | 1.14 | 1.15 | 1.13 | 128.80 |
| 17岁 | 1.67 | 1.74 | 1.57 | 140.30 |
| 18岁 | 2.06 | 2.03 | 2.09 | 122.77 |
| 19岁 | 2.70 | 2.49 | 2.97 | 105.87 |
| **20-24** | **18.00** | **16.85** | **19.46** | **109.57** |
| 20岁 | 3.16 | 2.98 | 3.39 | 111.44 |
| 21岁 | 3.54 | 3.27 | 3.89 | 106.38 |
| 22岁 | 4.10 | 3.92 | 4.33 | 114.53 |
| 23岁 | 3.81 | 3.58 | 4.12 | 109.99 |
| 24岁 | 3.38 | 3.10 | 3.73 | 104.99 |
| **25-29** | **12.84** | **12.49** | **13.27** | **119.06** |
| 25岁 | 3.23 | 3.07 | 3.43 | 113.28 |
| 26岁 | 2.74 | 2.63 | 2.88 | 115.83 |
| 27岁 | 2.39 | 2.41 | 2.37 | 129.13 |
| 28岁 | 2.36 | 2.26 | 2.48 | 115.26 |
| 29岁 | 2.12 | 2.11 | 2.12 | 126.04 |
| **30-34** | **10.92** | **10.89** | **10.95** | **125.88** |
| 30岁 | 2.31 | 2.28 | 2.36 | 122.31 |
| 31岁 | 2.07 | 2.06 | 2.09 | 125.21 |
| 32岁 | 2.11 | 2.10 | 2.11 | 126.37 |
| 33岁 | 2.18 | 2.15 | 2.21 | 123.46 |
| 34岁 | 2.25 | 2.29 | 2.19 | 132.35 |
| **35-39** | **10.71** | **11.10** | **10.21** | **137.66** |
| 35岁 | 1.92 | 1.95 | 1.88 | 131.34 |
| 36岁 | 2.10 | 2.22 | 1.95 | 144.22 |
| 37岁 | 2.08 | 2.12 | 2.03 | 132.26 |
| 38岁 | 2.30 | 2.38 | 2.20 | 137.01 |
| 39岁 | 2.32 | 2.44 | 2.16 | 142.95 |
| **40-44** | **12.73** | **13.05** | **12.32** | **134.05** |
| 40岁 | 2.76 | 2.87 | 2.63 | 137.98 |
| 41岁 | 2.54 | 2.61 | 2.44 | 135.31 |
| 42岁 | 2.60 | 2.64 | 2.54 | 131.40 |
| 43岁 | 2.37 | 2.41 | 2.32 | 131.34 |
| 44岁 | 2.46 | 2.52 | 2.38 | 133.91 |
| **45-49** | **8.95** | **9.28** | **8.54** | **137.50** |
| 45岁 | 1.92 | 1.91 | 1.95 | 124.16 |
| 46岁 | 1.99 | 2.02 | 1.95 | 130.76 |
| 47岁 | 1.79 | 1.87 | 1.70 | 139.55 |
| 48岁 | 1.57 | 1.69 | 1.43 | 149.17 |
| 49岁 | 1.67 | 1.79 | 1.51 | 150.00 |
| **50-54** | **2.79** | **3.06** | **2.44** | **158.79** |
| 50岁 | 1.32 | 1.40 | 1.21 | 147.06 |
| 51岁 | 0.43 | 0.46 | 0.39 | 148.87 |
| 52岁 | 0.32 | 0.36 | 0.27 | 169.57 |
| 53岁 | 0.30 | 0.36 | 0.22 | 202.67 |
| 54岁 | 0.42 | 0.48 | 0.35 | 174.36 |
| **55-59** | **2.37** | **2.56** | **2.13** | **151.52** |
| **60-64** | **1.61** | **1.71** | **1.47** | **147.69** |
| **65+** | **1.72** | **1.59** | **1.88** | **106.75** |

## 3—25 各市按外出时间分的外出人口比例（2012年）
Proportion of Persons Going Out by Time and Region (2012)

单位：%

| 地　区 | Region | 合　计（人）Total (person) | 半年以下 6Month and Under | 半年至一年 6Month —1Year | 一至五年 1—5 Year | 五年以上 5 Year and Over |
|---|---|---|---|---|---|---|
| **总　计** | **Total** | **95916** | **20.22** | **45.21** | **24.70** | **9.86** |
| 合 肥 市 | Hefei | 7419 | 17.74 | 36.43 | 31.20 | 14.62 |
| 淮 北 市 | Huaibei | 1610 | 22.86 | 47.33 | 22.48 | 7.33 |
| 亳 州 市 | Bozhou | 8994 | 12.51 | 39.76 | 36.07 | 11.66 |
| 宿 州 市 | Suzhou | 6081 | 23.94 | 46.09 | 23.94 | 6.02 |
| 蚌 埠 市 | Bengbu | 3755 | 15.26 | 44.63 | 31.53 | 8.58 |
| 阜 阳 市 | Fuyang | 13705 | 13.22 | 55.45 | 23.52 | 7.81 |
| 淮 南 市 | Huainan | 2770 | 11.55 | 28.66 | 37.83 | 21.95 |
| 滁 州 市 | Chuzhou | 7847 | 16.29 | 39.48 | 33.34 | 10.90 |
| 六 安 市 | Luan | 11619 | 13.58 | 43.71 | 30.44 | 12.26 |
| 马鞍山市 | Maanshan | 2998 | 20.78 | 47.00 | 21.01 | 11.21 |
| 芜 湖 市 | Wuhu | 3060 | 66.54 | 22.84 | 7.45 | 3.17 |
| 宣 城 市 | Xuancheng | 5662 | 25.77 | 40.48 | 20.56 | 13.19 |
| 铜 陵 市 | Tongling | 738 | 48.78 | 13.82 | 26.15 | 11.25 |
| 池 州 市 | Chizhou | 2972 | 16.22 | 61.24 | 15.28 | 7.27 |
| 安 庆 市 | Anqing | 12155 | 30.95 | 55.61 | 8.92 | 4.52 |
| 黄 山 市 | Huangshan | 4531 | 18.78 | 48.47 | 20.99 | 11.76 |

## 3—26 历年全省总人口、总户数
Total Populations and Households of the Province Over the Years

单位：万户、万人 (10000 households、10000 persons)

| 年　份 Year | 总户数 Total Number of Households | 总人口 Population 合　计 Total | 男 Male | 女 Female | 性别比(女=100) Sex Ratio (Female=100) | 非农业人口 Non-agricultural Population | 农业人口 Agriculturl Population |
|---|---|---|---|---|---|---|---|
| 1978 | 1018 | 4713 | 2439 | 2274 | 107.27 | 504 | 4209 |
| 1980 | 1051 | 4893 | 2530 | 2363 | 107.10 | 556 | 4337 |
| 1985 | 1174 | 5156 | 2683 | 2473 | 108.46 | 724 | 4432 |
| 1990 | 1445 | 5661 | 2934 | 2727 | 107.57 | 843 | 4818 |
| 1995 | 1551 | 6000 | 3116 | 2884 | 108.08 | 1044 | 4956 |
| 1997 | 1592 | 6109 | 3171 | 2938 | 107.92 | 1125 | 4984 |
| 1998 | 1608 | 6152 | 3191 | 2961 | 107.74 | 1166 | 4986 |
| 1999 | 1632 | 6205 | 3219 | 2986 | 107.81 | 1204 | 5001 |
| 2000 | 1656 | 6278 | 3258 | 3020 | 107.87 | 1230 | 5048 |
| 2001 | 1684 | 6325 | 3283 | 3042 | 107.91 | 1257 | 5068 |
| 2002 | 1710 | 6369 | 3307 | 3062 | 108.00 | 1289 | 5080 |
| 2003 | 1755 | 6410 | 3333 | 3077 | 108.32 | 1319 | 5091 |
| 2004 | 1795 | 6461 | 3359 | 3102 | 108.28 | 1342 | 5119 |
| 2005 | 1849 | 6516 | 3388 | 3127 | 108.34 | 1368 | 5148 |
| 2006 | 1899 | 6593 | 3429 | 3164 | 108.38 | 1433 | 5160 |
| 2007 | 1949 | 6676 | 3469 | 3206 | 108.20 | 1467 | 5208 |
| 2008 | 2000 | 6741 | 3503 | 3238 | 108.16 | 1498 | 5243 |
| 2009 | 2041 | 6795 | 3528 | 3266 | 108.02 | 1517 | 5277 |
| 2010 | 2093 | 6827 | 3543 | 3283 | 107.92 | 1550 | 5276 |
| 2011 | 2118 | 6876 | 3567 | 3309 | 107.80 | 1577 | 5299 |
| 2012 | 2139 | 6902 | 3580 | 3322 | 107.78 | 1580 | 5322 |

注：本表为公安户籍年报统计数。
a) Data in this table are taken from the annual reports of the Department of Puplis Security.

## 3—27 各市、县、区户数、人口数（2012年）

Total Number of Households and Population by City, County and Region (2012)

单位：人（person）

| 地　区 | Region | 总户数（户）Total Number of Households (household) | 总人口数 Population | 男 Male | 女 Female | 性别比（女=100）Sex Ratio (Female=100) | 非农业人口 Non-agricultural Population |
|---|---|---|---|---|---|---|---|
| **总　计** | **Total** | **21387580** | **69019740** | **35802718** | **33217022** | **107.78** | **15797380** |
| **合肥市** | **Hefei** | **2338269** | **7105274** | **3686588** | **3418686** | **107.84** | **2642348** |
| 市辖区 | Region of City | 732786 | 2264737 | 1168656 | 1096081 | 106.62 | 1857654 |
| 瑶海区 | Yaohai District | 205839 | 595225 | 303988 | 291237 | 104.38 | 470898 |
| 庐阳区 | Luyang District | 148710 | 463026 | 236207 | 226819 | 104.14 | 430570 |
| 蜀山区 | Shushan District | 211906 | 695983 | 359789 | 336194 | 107.02 | 583365 |
| 包河区 | Baohe District | 166331 | 510503 | 268672 | 241831 | 111.10 | 372821 |
| 巢湖市 | Chaohu | 324019 | 889498 | 457753 | 431745 | 106.02 | 239415 |
| 长丰县 | Changfeng | 249156 | 772648 | 401829 | 370819 | 108.36 | 102886 |
| 肥东县 | Feidong | 350323 | 1086631 | 570269 | 516362 | 110.44 | 138475 |
| 肥西县 | Feixi | 293665 | 901107 | 470583 | 430524 | 109.30 | 138995 |
| 庐江县 | Lujiang | 388320 | 1190653 | 617498 | 573155 | 107.74 | 164923 |
| **淮北市** | **Huaibei** | **668937** | **2182837** | **1121003** | **1061834** | **105.57** | **948959** |
| 市辖区 | Region of City | 357071 | 1109349 | 567804 | 541545 | 104.85 | 808273 |
| 杜集区 | Duji District | 116159 | 340879 | 174202 | 166677 | 104.51 | 280554 |
| 相山区 | Xiangshan District | 127906 | 413896 | 209517 | 204379 | 102.51 | 342125 |
| 烈山区 | Lieshan District | 113006 | 354574 | 184085 | 170489 | 107.97 | 185594 |
| 濉溪县 | Suixi | 311866 | 1073488 | 553199 | 520289 | 106.33 | 140686 |
| **亳州市** | **Bozhou** | **1737332** | **6125490** | **3196488** | **2929002** | **109.13** | **671209** |
| 谯城区 | Qiaocheng District | 526457 | 1657019 | 857839 | 799180 | 107.34 | 220990 |
| 涡阳县 | Guoyang | 364278 | 1545908 | 810752 | 735156 | 110.28 | 160337 |
| 蒙城县 | Mengcheng | 358071 | 1342667 | 695422 | 647245 | 107.44 | 155886 |
| 利辛县 | Lixin | 488526 | 1579896 | 832475 | 747421 | 111.38 | 133996 |
| **宿州市** | **Suzhou** | **1921695** | **6516636** | **3358920** | **3157716** | **106.37** | **882511** |
| 埇桥区 | Yongqiao District | 584677 | 1880948 | 968664 | 912284 | 106.18 | 418171 |
| 砀山县 | Dangshan | 326410 | 1004623 | 515855 | 488768 | 105.54 | 143765 |
| 萧　县 | Xiaoxian | 413945 | 1429064 | 736996 | 692068 | 106.49 | 146177 |
| 灵璧县 | Lingbi | 338678 | 1257950 | 652384 | 605566 | 107.73 | 97005 |
| 泗　县 | Sixian | 257985 | 944051 | 485021 | 459030 | 105.66 | 77393 |
| **蚌埠市** | **Bengbu** | **1103418** | **3678105** | **1903462** | **1774643** | **107.26** | **1037396** |
| 市辖区 | Region of City | 318287 | 930633 | 469163 | 461470 | 101.67 | 666914 |
| 龙子湖区 | Longzihu District | 80512 | 229661 | 115611 | 114050 | 101.37 | 170592 |
| 蚌山区 | Bengshan District | 93902 | 277129 | 137835 | 139294 | 98.95 | 253466 |
| 禹会区 | Yuhui District | 84936 | 242942 | 123528 | 119414 | 103.45 | 191858 |
| 淮上区 | Huaishang District | 58937 | 180901 | 92189 | 88712 | 103.92 | 50998 |
| 怀远县 | Huaiyuan | 386336 | 1378983 | 722755 | 656228 | 110.14 | 189335 |
| 五河县 | Wuhe | 215304 | 734574 | 382494 | 352080 | 108.64 | 89037 |
| 固镇县 | Guzhen | 183491 | 633915 | 329050 | 304865 | 107.93 | 92110 |

注：本表为公安户籍年报统计数。

a) Data in this table are taken from the annual reports of Department of Puplis Security.

## 3—27　续表1　continued

单位：人（person）

| 地　区 | Region | 总户数（户） Total Number of Households (household) | 总人口数 Population | 男 Male | 女 Female | 性别比（女=100） Sex Ratio (Female=100) | 非农业人口 Non-agricultural Population |
|---|---|---|---|---|---|---|---|
| **阜阳市** | **Fuyang** | **2895355** | **10398207** | **5406893** | **4991314** | **108.33** | **1343724** |
| 市辖区 | Region of City | 581566 | 2134731 | 1102398 | 1032333 | 106.79 | 526889 |
| 颍州区 | Yingzhou District | 215942 | 754000 | 384100 | 369900 | 103.84 | 270716 |
| 颍东区 | Yingdong District | 168779 | 655449 | 342752 | 312697 | 109.61 | 132446 |
| 颍泉区 | Yingquan District | 196845 | 725282 | 375546 | 349736 | 107.38 | 123727 |
| 临泉县 | Linquan | 597219 | 2252030 | 1158039 | 1093991 | 105.85 | 163923 |
| 太和县 | Taihe | 550887 | 1754101 | 921828 | 832273 | 110.76 | 172334 |
| 阜南县 | Funan | 436894 | 1721279 | 894663 | 826616 | 108.23 | 136139 |
| 颍上县 | Yingshang | 500200 | 1747937 | 919910 | 828027 | 111.10 | 199048 |
| 界首市 | Jieshou | 228589 | 788129 | 410055 | 378074 | 108.46 | 145391 |
| **淮南市** | **Huainan** | **778872** | **2437764** | **1268230** | **1169534** | **108.44** | **1121874** |
| 市辖区 | Region of City | 534282 | 1666197 | 859777 | 806420 | 106.62 | 960866 |
| 大通区 | Datong District | 64983 | 185063 | 94476 | 90587 | 104.29 | 75719 |
| 田家庵区 | Tianjiaan District | 171207 | 539382 | 276775 | 262607 | 105.40 | 430185 |
| 谢家集区 | Xiejiaji District | 105884 | 326008 | 166716 | 159292 | 104.66 | 225195 |
| 八公山区 | Bagongshan District | 55098 | 167554 | 85711 | 81843 | 104.73 | 141961 |
| 潘集区 | Panji District | 137110 | 448190 | 236099 | 212091 | 111.32 | 87806 |
| 凤台县 | Fengtai | 244590 | 771567 | 408453 | 363114 | 112.49 | 161008 |
| **滁州市** | **Chuzhou** | **1438661** | **4520605** | **2339992** | **2180613** | **107.31** | **998619** |
| 市辖区 | Region of City | 198966 | 541311 | 273482 | 267829 | 102.11 | 263225 |
| 琅琊区 | Langya District | 104724 | 278839 | 139512 | 139327 | 100.13 | 204129 |
| 南谯区 | Nanqiao District | 94242 | 262472 | 133970 | 128502 | 104.26 | 59096 |
| 来安县 | Laian | 167267 | 499866 | 255691 | 244175 | 104.72 | 81601 |
| 全椒县 | Quanjiao | 161696 | 464901 | 240357 | 224544 | 107.04 | 113866 |
| 定远县 | Dingyuan | 281870 | 978663 | 519278 | 459385 | 113.04 | 139862 |
| 凤阳县 | Fengyang | 219486 | 765620 | 402087 | 363533 | 110.61 | 108980 |
| 天长市 | Tianchang | 195920 | 634616 | 321686 | 312930 | 102.80 | 170178 |
| 明光市 | Mingguang | 213456 | 635628 | 327411 | 308217 | 106.23 | 120907 |
| **六安市** | **Luan** | **2356001** | **7102922** | **3751649** | **3351273** | **111.95** | **976853** |
| 市辖区 | Region of City | 649854 | 1870845 | 984512 | 886333 | 111.08 | 341037 |
| 金安区 | Jinan District | 315443 | 868524 | 452546 | 415978 | 108.79 | 190157 |
| 裕安区 | Yuan District | 334411 | 1002321 | 531966 | 470355 | 113.10 | 150880 |
| 寿　县 | Shouxian | 446037 | 1377095 | 731443 | 645652 | 113.29 | 165933 |
| 霍邱县 | Huoqiu | 616239 | 1826804 | 969169 | 857635 | 113.00 | 208711 |
| 舒城县 | Shucheng | 317826 | 995601 | 517586 | 478015 | 108.28 | 123918 |
| 金寨县 | Jinzhai | 208717 | 668782 | 359757 | 309025 | 116.42 | 83799 |
| 霍山县 | Huoshan | 117328 | 363795 | 189182 | 174613 | 108.34 | 53455 |
| **马鞍山市** | **Maanshan** | **726627** | **2283679** | **1178346** | **1105333** | **106.61** | **814966** |
| 市辖区 | Region of City | 209747 | 636723 | 321481 | 315242 | 101.98 | 532116 |
| 花山区 | Huashan District | 123571 | 375096 | 188416 | 186680 | 100.93 | 333023 |
| 雨山区 | Yushan District | 86176 | 261627 | 133065 | 128562 | 103.50 | 199093 |
| 当涂县 | Dangtu | 205212 | 657219 | 339409 | 317810 | 106.80 | 112969 |
| 含山县 | Hanshan | 142190 | 444443 | 232234 | 212209 | 109.44 | 84476 |
| 和　县 | Hexian | 169478 | 545294 | 285222 | 260072 | 109.67 | 85405 |
| **芜湖市** | **Wuhu** | **1268653** | **3834335** | **1981234** | **1853101** | **106.91** | **1627202** |
| 市辖区 | Region of City | 425010 | 1233495 | 630531 | 602964 | 104.57 | 1233495 |
| 镜湖区 | Jinghu District | 161434 | 463427 | 234412 | 229015 | 102.36 | 463427 |

## 3—27 续表2 continued

单位：人（person）

| 地 区 | Region | 总户数（户）Total Number of Households (household) | 总人口数 Population | 男 Male | 女 Female | 性别比（女=100）Sex Ratio (Female=100) | 非农业人口 Non-agricultural Population |
|---|---|---|---|---|---|---|---|
| 弋江区 | Yijiang District | 79006 | 222144 | 112374 | 109770 | 102.37 | 222144 |
| 鸠江区 | Jiujiang District | 124174 | 360847 | 187171 | 173676 | 107.77 | 360847 |
| 三山区 | Sanshan District | 60396 | 187077 | 96574 | 90503 | 106.71 | 187077 |
| 芜湖县 | Wuhu | 117588 | 347104 | 179948 | 167156 | 107.65 | 64213 |
| 繁昌县 | Fanchang | 98812 | 277871 | 142808 | 135063 | 105.73 | 68631 |
| 南陵县 | Nanling | 185656 | 552851 | 285544 | 267307 | 106.82 | 81311 |
| 无为县 | Wuwei | 441587 | 1423014 | 742403 | 680611 | 109.08 | 179552 |
| **宣城市** | **Xuancheng** | **978937** | **2795721** | **1446726** | **1348995** | **107.24** | **509028** |
| 宣州区 | Xuanzhou District | 308262 | 865507 | 445114 | 420393 | 105.88 | 172045 |
| 郎溪县 | Langxi | 112851 | 344198 | 178065 | 166133 | 107.18 | 58198 |
| 广德县 | Guangde | 169837 | 515619 | 268699 | 246920 | 108.82 | 64304 |
| 泾县 | Jingxian | 134217 | 356139 | 185574 | 170565 | 108.80 | 71688 |
| 绩溪县 | Jixi | 69450 | 176633 | 91255 | 85378 | 106.88 | 36970 |
| 旌德县 | Jingde | 46590 | 149661 | 77628 | 72033 | 107.77 | 24825 |
| 宁国市 | Ningguo | 137730 | 387964 | 200391 | 187573 | 106.83 | 80998 |
| **铜陵市** | **Tongling** | **258546** | **742071** | **377384** | **364687** | **103.48** | **431332** |
| 市辖区 | Region of City | 149630 | 447581 | 227093 | 220488 | 103.00 | 383424 |
| 铜官山区 | Tongguanshan District | 88059 | 271685 | 138037 | 133648 | 103.28 | 271685 |
| 狮子山区 | Shizishan District | 34664 | 99091 | 50834 | 48257 | 105.34 | 65755 |
| 郊区 | Suburban District | 26907 | 76805 | 38222 | 38583 | 99.06 | 45984 |
| 铜陵县 | Tongling | 108916 | 294490 | 150291 | 144199 | 104.22 | 47908 |
| **池州市** | **Chizhou** | **554459** | **1619116** | **826600** | **792516** | **104.30** | **294837** |
| 贵池区 | Guichi District | 236993 | 671105 | 340889 | 330216 | 103.23 | 148141 |
| 东至县 | Dongzhi | 186934 | 548936 | 280446 | 268490 | 104.45 | 73998 |
| 石台县 | Shitai | 34971 | 108773 | 56238 | 52535 | 107.05 | 22003 |
| 青阳县 | Qingyang | 95561 | 290302 | 149027 | 141275 | 105.49 | 50695 |
| **安庆市** | **Anqing** | **1854942** | **6204302** | **3205260** | **2999042** | **106.88** | **1131511** |
| 市辖区 | Region of City | 260538 | 732558 | 367169 | 365389 | 100.49 | 461872 |
| 迎江区 | Yingjiang District | 76367 | 207247 | 103795 | 103452 | 100.33 | 170397 |
| 大观区 | Daguan District | 92800 | 270305 | 135516 | 134789 | 100.54 | 205696 |
| 宜秀区 | Yixiu District | 91371 | 255006 | 127858 | 127148 | 100.56 | 85779 |
| 怀宁县 | Huaining | 206462 | 697952 | 360474 | 337478 | 106.81 | 83318 |
| 枞阳县 | Zongyang | 289375 | 972934 | 503665 | 469269 | 107.33 | 113592 |
| 潜山县 | Qianshan | 165580 | 588358 | 303356 | 285002 | 106.44 | 61803 |
| 太湖县 | Taihu | 168990 | 570527 | 297933 | 272594 | 109.30 | 68697 |
| 宿松县 | Susong | 250092 | 841336 | 445944 | 395392 | 112.79 | 108836 |
| 望江县 | Wangjiang | 179821 | 635444 | 326386 | 309058 | 105.61 | 66628 |
| 岳西县 | Yuexi | 122182 | 406588 | 213772 | 192816 | 110.87 | 46847 |
| 桐城市 | Tongcheng | 211902 | 758605 | 386561 | 372044 | 103.90 | 119918 |
| **黄山市** | **Huangshan** | **506876** | **1472676** | **753943** | **718733** | **104.90** | **365011** |
| 市辖区 | Region of City | 151112 | 437954 | 221371 | 216583 | 102.21 | 202609 |
| 屯溪区 | Tunxi District | 59429 | 175241 | 86464 | 88777 | 97.39 | 136741 |
| 黄山区 | Huangshan District | 56976 | 161500 | 82971 | 78529 | 105.66 | 38877 |
| 徽州区 | Huizhou District | 34707 | 101213 | 51936 | 49277 | 105.40 | 26991 |
| 歙县 | Shexian | 173298 | 479297 | 248362 | 230935 | 107.55 | 64799 |
| 休宁县 | Xiuning | 86196 | 275094 | 140389 | 134705 | 104.22 | 38245 |
| 黟县 | Yixian | 35293 | 94551 | 48442 | 46109 | 105.06 | 20303 |
| 祁门县 | Qimen | 60977 | 185780 | 95379 | 90401 | 105.51 | 39055 |

# 主要统计指标解释

**人口数**

指一定时点、一定地区范围内的有生命的个人的总和。

**常住人口**

是指具有中华人民共和国国籍并在中华人民共和国境内常住的人。

（1）居住本乡、镇、街道，户口在本乡、镇、街道的人；

（2）居住本乡、镇、街道半年以上，户口在外乡、镇、街道的人；

（3）在本乡、镇、街道居住不满半年，离开户口登记地半年以上的人；

（4）居住本乡、镇、街道，户口待定的人；

（5）原住本乡、镇、街道，现在国外工作学习，暂无户口的人；

常住户口在本乡、镇、街道，但已离开本乡、镇、街道半年以上的人，在户口所在地只登记人数，不计入户口所在地的常住人口数内。

**总人口文盲率**

15 岁及以上不识字人数与总人口数的比例。

**出生率（又称粗出生率）**

指在一定时期内（通常为一年）平均每千人所出生的人数的比率，一般用千分率表示。

计算公式为：

出生率＝年出生人数/年平均人数×1000‰

式中：出生人数指活产婴儿，即胎儿脱离母体时（不含怀孕月数），有过呼吸或其他生命现象。年平均人数指年初、年底人口数的平均数，也可用年中人口数代替。

**死亡率（又称粗死亡率）**

指在一定时期内（通常为一年）一定地区的死亡人数与同期平均人数（或期中人数）之比，一般用千分率表示。

计算公式为：

死亡率＝年死亡人数/年平均人数×1000‰

**人口自然增长率**

指在一定时期内（通常为一年）人口自然增加数（出生人数减死亡人数）与该时期内平均人数（或期中人数）之比，一般用千分率表示。

计算公式为：

人口自然增长率＝（年出生人数－年死亡人数）/年平均人数×1000‰

＝人口出生率－人口死亡率

**在业人口（又称就业人口）**

指十五周岁及十五周岁以上人口中从事一定的社会劳动并取得劳动报酬或经营收入的人口。

**未工作人口**

指十五周岁及十五周岁以上人口中未从事社会劳动的人口，包括在校学生、料理家务、待升学、失去工作、离退休、退职、丧失劳动能力等非在业人口。

**抚养系数**

指被抚养人口（0-14 岁和 65 岁以上人口）与 15-64 岁人口的比例。

计算公式为：

抚养系数＝被抚养人口/15-64 岁人口×100%

**老年抚养系数**

指老年人口（65 岁以上人口）与 15-64 岁人口的比例。

计算公式为：

老年抚养系数＝老年人口/15-64 岁人口×100%

**少年儿童抚养系数**

指 0-14 岁少年儿童与 15-64 岁人口的比例。

计算公式为：

少年儿童抚养系数＝少年儿童人口/15-64 岁人口×100%

# Explanatory Notes for Major Statistical Indicators

**Total Population**

refers to the total number of people alive at a certain point of time within a given area.

**Permanent Population**

refers to the persons who hold the nationality of, and have permanent residing place in the People's Republic of China.

a) Those who reside in the townships, towns and street communities and have their permanent household registration there.

b) Those who have resided in the townships, towns and street communities for more than 6 months but the places of their permanent household registration are elsewhere.

c) Those who have resided in the townships, towns and street communities for less than 6 months but have been away from the place of their permanent household registration for more than 6 months.

d) Those who live in the townships, towns and street communities while the places of their household registration have not yet settled.

e) Those who used to live in the townships, towns and street communities but are working or studying abroad and have no permanent household registration for the time being.

Those who have their permanent household registration in the townships, towns and street communities but have been away from these places for more than 6 months are only registered as total population not counted as permanent population of the places of their household registration.

**Total Population Illiterate Ratio**

refers to the ratio of the number of illiterate people aged 15 and over to total population.

**Birth Rate or (Crude Birth Rate)**

refers to the ratio of the number of births to the average population during a certain period of time (usually a year) which is often expressed in‰. The following formula is used:

Birth Rate=Number of Births/Average Number of Population×1000‰

Number of births refers to live births i.e. the births when babies had showed any vital phenomena regardless of the length of pregnancy.

Annual Average Number of Population is the average of the number of population at the beginning of the year and that at the end of the year. Sometimes it is substituted for with the mid year population.

**Death Rate (or Crude Death Rate)**

refers to the ratio of the number of deaths to the average population (or mid year population) during a certain period of time (usually a year) which is often expressed in‰. The following formula is used:

Death Rate umber of Deaths=Number of Deaths/Annual Average Number of Population×1000‰

**Natural Growth Rate of Population**

refers to the ratio of natural increase in population (number of births minus number of deaths) in a certain period of time (usually a year) to the average population (or mid year population) of the same period which is often expressed in‰. The following formulas are applied:

Natural Growth of Population=(Number of Births-Number of Deaths)/Average Number of Population×1000‰

Natural Growth Rate of Population=Birth Rate-Death Rate

**Employed Population**

refers to population aged 15 or over engaging in social labour which generates income.

**Not Working Population**

refers to population aged 15 or over not engaging in any social labour which generates income, including students enrolled in schools, house wives, students waiting for entering schools with higher level, persons losing their jobs, retirees, job quitters, disabled, etc.

**Total Dependency Ratio**

refers to the ratio of number of dependents to the total population aged 15-64, the number of dependents being population aged 0-14 and population aged 65 and over. The total dependency ratio is calculated as follows:

Total Dependency Ratio=Number of dependents/Population aged 15-64×100%

**The Aged Dependency Ratio**

refers to the ratio of the number of the aged population to the total population aged 15-64, the aged being population aged 65 and over. The aged dependency ratio is calculated as follows:

The Aged Dependency Ratio=Number of the aged population/Population aged 15-64×100%

**The Juvenile and Children Dependency Ratio**

refers to the ratio of the number of the juvenile and children to the total population aged 15-64, the juvenile and children being population aged 0-14. The juvenile and children dependency ratio is calculated as follows:

The Juvenile and Children Dependency Ratio=Number of juvenile and children/Population aged 15-64×100%

# 第四篇

Chapter 4

# 就业人员和工资

# EMPLOYMENT AND WAGES

## 简要说明

一、本篇资料反映我省 2012 年及主要年份劳动经济方面的基本情况，包括全省和 16 个市的主要劳动统计数据。主要指标有：就业人员、私营和个体就业人员、城镇登记失业人员及失业率、单位就业人员、工资总额和平均工资等。

二、本篇资料来源主要有四个方面：

1. 就业人员数、工资总额、平均工资，是根据《2012 年度全省劳动统计年报》汇总整理提供的。

2. 私营企业和个体就业人员，是根据省工商局提供的资料整理的。

3. 城镇登记失业人数、城镇登记失业数、新就业人数、城镇登记失业率，是根据省人力资源和社会保障厅提供的资料整理的。

4. 就业基本情况是根据全省劳动统计年报、全省 2012 年人口变动抽样调查资料、省统计局农业统计年报、省工商统计年报、省乡镇企业统计年报等综合编制的。

三、1998 年及以后城镇单位就业人员、职工工资、工资总额、平均工资等指标中不再包括离开本单位仍保留劳动关系职工及其生活费。

四、本篇资料均由省统计局人口和社会科技统计处整理编制。

## Brief Introduction

I. Data in this chapter show the basic conditions of Anhui's labor economy in 2012 and the mainly previous years, including the main data of labor statistics of the whole province and 16 prefectures such as number of the employed persons, number of persons employed in the urban private enterprises and self-employment, registered urban unemployed persons and unemployment rate, number of employment in units, , total wages and average wages.

II. There are four main sources for Data published in this chapter.

1. Data on number of employed persons, total wages and average wages are tabulated and provided in accordance with "the Annual Labor statistical Report of Anhui Province in 2012".

2. Data on the number of person employed in private enterprises and self-employed persons are tabulated in accordance with the data supplied by the Provincial Administration for Industry and Commerce.

3. Data on newly employed registered unemployees in urban area, registered urban unemployed persons and unemployment rate and employment services and situations in employment services of labor departments are tabulated in accordance with data supplied by the Department of Labor and Social Insurance.

4. Data on persons employed are provided in accordance with the Provincial Annual Labour Statistical Report, Sample Survey of population changes in 2012, annual agricultural statistical report of Anhui Statistical Bureau, annual statistical report of industry and commerce and annual statistical report of township and village enterprises.

III. The scope of statistics on employed person in urban areas, total number of staff and workers, total wage bills, average wages do not include the persons who had left their working units and while keeping their labour contract/employment relation unchanged since 1998.

Ⅳ. Data in this chapter are prepared by the Population and Social Science Division, Anhui Statistical Bureau.

# 4—1 就 业 基 本 情 况
Basic Conditions of Employment

单位：万人（10000 persons）

| 项 目 | Item | 2000 | 2005 | 2010 | 2011 | 2012 |
|---|---|---|---|---|---|---|
| **经济活动人口** | **Economically Active Population** | **3530.9** | **3712.8** | **4096.8** | **4177.8** | **4254.3** |
| **就业人员合计** | **Total Number of Employed Persons** | **3450.7** | **3669.7** | **4050.0** | **4120.9** | **4206.8** |
| 第一产业 | Primary Industry | 2018.9 | 1783.3 | 1583.6 | 1598.9 | 1531.2 |
| 第二产业 | Secondary Industry | 584.8 | 783.9 | 1016.5 | 1038.5 | 1107.3 |
| 第三产业 | Tertiary Industry | 847.0 | 1102.4 | 1449.9 | 1483.5 | 1568.3 |
| **就业人员构成（合计=100）** | **Composition of Employed Persons (total=100)** | | | | | |
| 第一产业 | Primary Industry | 58.5 | 48.6 | 39.1 | 38.8 | 36.4 |
| 第二产业 | Secondary Industry | 16.9 | 21.4 | 25.1 | 25.2 | 26.3 |
| 第三产业 | Tertiary Industry | 24.6 | 30.0 | 35.8 | 36.0 | 37.3 |
| **按城乡分就业人员** | **Number of Employed Persons by Urban and Rural Areas** | | | | | |
| 城镇就业人员 | Urban Employed Persons | 652.9 | 730.5 | 973.5 | 1038.3 | 1141.0 |
| #国有单位 | State-owned Units | 314.8 | 208.7 | 206.0 | 219.0 | 225.7 |
| 城镇集体单位 | Urban Collective Owned Units | 91.2 | 30.8 | 17.9 | 18.3 | 17.2 |
| 股份合作单位 | Share Holding Units | 8.4 | 3.9 | 4.7 | 5.2 | 4.9 |
| 联营单位 | Joint Owned Units | 1.2 | 0.8 | 0.8 | 1.1 | 0.8 |
| 有限责任公司 | Limited Liability Corporations | 38.0 | 52.3 | 80.0 | 94.0 | 112.6 |
| 股份有限公司 | Share-holding Corporations Ltd. | 20.2 | 24.8 | 37.7 | 43.6 | 45.0 |
| 私营企业 | Private Enterprises | 37.6 | 86.5 | 133.3 | 165.0 | 196.5 |
| 港澳台商投资单位 | Units Funded by Entrepreneurs from Hong Kong, Macao & Taiwan | 2.3 | 3.7 | 7.0 | 8.3 | 8.0 |
| 外商投资单位 | Foreign Funded Units | 3.8 | 6.7 | 14.7 | 16.7 | 15.9 |
| 个 体 | Self-employed Individuals | 134.8 | 123.6 | 264.1 | 255.1 | 286.1 |
| 乡村就业人员 | Rural Employed Persons | 2797.7 | 2939.0 | 3076.5 | 3082.6 | 3065.8 |
| #私营企业 | Private Enterprises | 27.6 | 79.2 | 105.9 | 105.7 | 100.2 |
| 个 体 | Self-employed Individuals | 201.6 | 143.3 | 67.5 | 72.7 | 65.5 |
| **全部职工人数** | **Number of Staff and Workers** | **470.0** | **317.4** | **372.9** | **411.6** | **436.8** |
| 国有单位 | State-owned Units | 307.8 | 199.2 | 206.0 | 219.0 | 225.7 |
| 城镇集体单位 | Urban Collective Owned Units | 89.1 | 28.2 | 17.9 | 18.3 | 17.2 |
| 其他单位 | Units of Other Types of Ownership | 73.1 | 90.1 | 149.1 | 174.2 | 193.9 |
| **城镇单位女性就业人员** | **Number of Female Employment in Urban Units** | **143.0** | **112.4** | **121.3** | **131.4** | **138.5** |
| **城镇登记失业人数** | **Number of Registered Unemployed Persons in Urban Areas** | **31.6** | **27.8** | **28.5** | **36.9** | **36.4** |
| **城镇登记失业率 （%）** | **Registered Unemployment Rate in Urban Areas (%)** | **3.3** | **4.4** | **3.7** | **3.7** | **3.7** |

注：全社会就业人员总计、城镇和乡村就业人员小计资料根据有关部门资料进行了调整，因此分市、分类型、分行业的资料相加不等于总计。（下同）

a) Data on the total employed persons and the sub-total of employed persons in urban and rural areas have been adjusted in accordance with the data of related departments. As a result, the sum of the data by city, by ownership or by sector is not equal to the total. The same as in the following tables.

## 4—2 主要年份分行业就业人员数
Number of Employed Persons by Industry In Main Year

单位：万人（10000 persons）

| 行　业 | Sector | 2010 | 2011 | 2012 |
|---|---|---|---|---|
| **总　计** | **Total** | **4050.0** | **4120.9** | **4206.8** |
| 农、林、牧、渔业 | Farming, Forestry, Animal Husbandry and Fishery | 1583.6 | 1598.9 | 1531.2 |
| 采矿业 | Mining and Quarrying | 71.2 | 69.8 | 69.8 |
| 制造业 | Manufacturing | 527.6 | 547.4 | 607.5 |
| 电力、燃气及水的生产和供应业 | Production and Supply of Electricity Gas and Water | 10.5 | 10.7 | 10.9 |
| 建筑业 | Construction | 407.3 | 410.6 | 419.1 |
| 批发和零售业 | Wholesale and Retail Trade | 467.2 | 481.5 | 509.0 |
| 交通运输、仓储和邮政业 | Transport, Storage and Postal Services | 168.8 | 171.7 | 181.5 |
| 住宿和餐饮业 | Accommodation and Catering Trade | 150.5 | 176.5 | 186.5 |
| 信息传输、计算机服务和软件业 | Information Circulation, Computer Services and Software | 27.8 | 28.3 | 32.9 |
| 金融业 | Banking | 15.1 | 21.7 | 26.2 |
| 房地产业 | Real Estate | 25.8 | 26.3 | 27.8 |
| 租赁和商务服务业 | Leasing and Commercial Services | 25.2 | 37.3 | 39.4 |
| 科学研究、技术服务 | Scientific Research, Technical Services and Geological Prospecting | 8.3 | 8.5 | 12.9 |
| 水利、环境和公共设施管理业 | Water Conservancy, Environmental and Public Facilities Management | 30.6 | 31.1 | 35.9 |
| 居民服务、修理和其他服务业 | Resident Services, Repair and Other Services | 345.4 | 312.2 | 313.9 |
| 教　育 | Education | 67.6 | 68.7 | 74.7 |
| 卫生和社会工作 | Health and Social Work | 31.8 | 32.4 | 36.2 |
| 文化、体育和娱乐业 | Culture, Sports and Entertainment | 29.4 | 30.0 | 31.7 |
| 公共管理、社会保障和社会组织 | Public Management,Social Security and Social Organizations | 56.4 | 57.3 | 59.6 |

## 4—3 各市按三次产业分的就业人员数（2012年）
Number of Employed Persons by Type of Industry and Region (2012)

| 地　区 | Region | 就业人员（万人） Total (10000 persons) | | | | 构　成　（合计=100） Composition in Percentage (total=100) | | |
|---|---|---|---|---|---|---|---|---|
| | | | 第一产业 Primary Industry | 第二产业 Secondary Industry | 第三产业 Tertiary Industry | 第一产业 Primary Industry | 第二产业 Secondary Industry | 第三产业 Tertiary Industry |
| **总　计** | **Total** | **4206.8** | **1531.2** | **1107.3** | **1568.3** | **36.4** | **26.3** | **37.3** |
| 合 肥 市 | Hefei | 484.9 | 106.5 | 164.5 | 214.0 | 22.0 | 33.9 | 44.1 |
| 淮 北 市 | Huaibei | 113.5 | 38.9 | 39.2 | 35.4 | 34.3 | 34.5 | 31.2 |
| 亳 州 市 | Bozhou | 338.5 | 151.0 | 73.7 | 113.8 | 44.6 | 21.8 | 33.6 |
| 宿 州 市 | Suzhou | 359.1 | 157.6 | 97.3 | 104.2 | 43.9 | 27.1 | 29.0 |
| 蚌 埠 市 | Bengbu | 226.0 | 97.1 | 48.7 | 80.2 | 43.0 | 21.5 | 35.5 |
| 阜 阳 市 | Fuyang | 611.1 | 258.3 | 206.9 | 145.9 | 42.3 | 33.9 | 23.9 |
| 淮 南 市 | Huainan | 138.1 | 27.9 | 56.8 | 53.4 | 20.2 | 41.1 | 38.7 |
| 滁 州 市 | Chuzhou | 276.7 | 115.1 | 87.1 | 74.5 | 41.6 | 31.5 | 26.9 |
| 六 安 市 | Luan | 403.5 | 217.5 | 83.7 | 102.3 | 53.9 | 20.7 | 25.4 |
| 马鞍山市 | Maanshan | 127.2 | 40.0 | 41.0 | 46.2 | 31.5 | 32.2 | 36.3 |
| 芜 湖 市 | Wuhu | 195.9 | 50.8 | 55.8 | 89.3 | 25.9 | 28.5 | 45.6 |
| 宣 城 市 | Xuancheng | 202.2 | 76.3 | 59.8 | 66.1 | 37.7 | 29.6 | 32.7 |
| 铜 陵 市 | Tongling | 46.0 | 9.4 | 16.8 | 19.7 | 20.5 | 36.6 | 42.9 |
| 池 州 市 | Chizhou | 112.1 | 45.5 | 27.7 | 38.9 | 40.6 | 24.7 | 34.7 |
| 安 庆 市 | Anqing | 431.9 | 208.7 | 98.4 | 124.8 | 48.3 | 22.8 | 28.9 |
| 黄 山 市 | Huangshan | 96.1 | 35.0 | 25.0 | 36.1 | 36.4 | 26.0 | 37.6 |

# 4—4 主要年份按城乡分的就业人员数

Number of Employed Persons by Residence in Urban and Rural Areas and Region in Main Year

单位：万人（10000 persons）

| 年份 Year | 合计 Total | 城镇 Urban Area | | | | | | |
|---|---|---|---|---|---|---|---|---|
| | | 小计 Sub-total | 国有单位 State-owned Units | 集体单位 Collective-owned Units | 股份合作单位 Share Holding Units | 联营单位 Joint-owned Units | 有限责任公司 Limited Liability Corporations | 股份有限公司 Share Holding Corpara-tions Ltd. |
| 2000 | 3450.7 | 652.9 | 314.8 | 91.2 | 8.4 | 1.2 | 38.0 | 20.2 |
| 2005 | 3669.7 | 730.5 | 208.6 | 30.8 | 3.9 | 0.8 | 52.3 | 24.8 |
| 2006 | 3741.0 | 755.9 | 202.9 | 28.3 | 4.3 | 1.1 | 59.7 | 24.9 |
| 2007 | 3818.0 | 818.1 | 202.1 | 25.8 | 5.0 | 1.1 | 63.9 | 24.7 |
| 2008 | 3916.0 | 901.9 | 199.8 | 24.4 | 4.8 | 1.0 | 67.5 | 26.5 |
| 2009 | 3988.0 | 936.2 | 4.6 | 18.8 | 4.5 | 0.8 | 75.9 | 35.7 |
| 2010 | 4050.0 | 973.5 | 206.0 | 17.9 | 4.7 | 0.8 | 80.0 | 37.7 |
| 2011 | 4120.9 | 1038.3 | 219.0 | 18.3 | 5.2 | 1.1 | 94.0 | 43.6 |
| 2012 | 4206.8 | 1141.0 | 225.7 | 17.2 | 4.9 | 0.8 | 112.6 | 45.0 |

| 年份 Year | 城镇 Urban Area | | | | 乡村 Rural Area | | | |
|---|---|---|---|---|---|---|---|---|
| | 私营企业 Private Enterprises | 港澳台商投资单位 Economic Units Funded by Entrepreneurs from Hong Kong, Macao and Taiwan | 外商投资单位 Foreign Funded Economic Units | 个体 Self-employed Individuals | 小计 Sub-total | 乡镇企业 Township and Village Enterprises | 私营企业 Private Enterprises | 个体 Self-employed Individuals |
| 2000 | 37.6 | 2.3 | 3.8 | 134.8 | 2797.7 | 479.8 | 27.6 | 201.6 |
| 2005 | 86.5 | 3.7 | 6.7 | 123.6 | 2939.2 | 533.2 | 79.2 | 143.2 |
| 2006 | 86.1 | 5.0 | 7.3 | 144.0 | 2985.1 | 546.5 | 119.5 | 162.6 |
| 2007 | 137.3 | 6.4 | 8.2 | 133.8 | 2999.9 | 571.1 | 80.7 | 133.5 |
| 2008 | 92.2 | 6.6 | 8.9 | 144.5 | 3014.1 | 580.6 | 107.5 | 100.1 |
| 2009 | 92.5 | 5.4 | 12.6 | 184.8 | 3051.8 | 668.3 | 104.6 | 78.5 |
| 2010 | 133.3 | 7.0 | 14.7 | 264.1 | 3076.5 | | 105.9 | 67.5 |
| 2011 | 165.0 | 8.3 | 16.7 | 255.1 | 3082.6 | | 105.7 | 72.7 |
| 2012 | 196.5 | 8.0 | 15.9 | 286.1 | 3065.8 | | 100.2 | 65.5 |

# 4—5 各市按城乡分的就业人员数（2012年）

## Number of Employed Persons by Residence in Urban and Rural Areas and Region (2012)

单位：人（person）

| 地区 | Region | 合计 Total | 城镇 Urban Area | | | | | | |
|---|---|---|---|---|---|---|---|---|---|
| | | | 小计 Sub-total | 国有单位 State-owned Units | 集体单位 Collective-owned Units | 股份合作单位 Share Holding Units | 联营单位 Joint-owned Units | 有限责任公司 Limited Liability Corporations | 股份有限公司 Share Holding Corpara-tions Ltd. |
| **总计** | **Total** | **42068000** | **11410022** | **2257310** | **171775** | **48539** | **8367** | **1125903** | **450260** |
| 合肥市 | Hefei | 4849000 | 3042000 | 463327 | 26477 | 13436 | 1927 | 414947 | 121062 |
| 淮北市 | Huaibei | 1135000 | 491000 | 167695 | 9166 | 251 | | 32735 | 10714 |
| 亳州市 | Bozhou | 3385000 | 614000 | 125064 | 6949 | 2624 | | 28424 | 4945 |
| 宿州市 | Suzhou | 3591000 | 578000 | 180678 | 21367 | 2833 | 745 | 17948 | 5301 |
| 蚌埠市 | Bengbu | 2260000 | 549000 | 106842 | 8363 | 5892 | 12 | 75495 | 28701 |
| 阜阳市 | Fuyang | 6111326 | 1044750 | 197995 | 13425 | 234 | 61 | 65447 | 11735 |
| 淮南市 | Huainan | 1381000 | 584000 | 90651 | 13391 | 4828 | 489 | 172141 | 60550 |
| 滁州市 | Chuzhou | 2767000 | 682000 | 124147 | 10150 | 1809 | | 24964 | 7588 |
| 六安市 | Luan | 4035000 | 727000 | 151776 | 18410 | 4020 | 26 | 33542 | 18995 |
| 马鞍山市 | Maanshan | 1272195 | 656790 | 69939 | 11644 | 438 | 47 | 38915 | 54922 |
| 芜湖市 | Wuhu | 1958793 | 739129 | 125512 | 3127 | 1277 | 101 | 111235 | 55154 |
| 宣城市 | Xuancheng | 2022000 | 543000 | 79787 | 4309 | 1284 | | 16636 | 18270 |
| 铜陵市 | Tongling | 459600 | 271810 | 68500 | 501 | 1649 | 1822 | 37722 | 10529 |
| 池州市 | Chizhou | 1121138 | 251662 | 49448 | 3490 | 633 | 1087 | 13314 | 7319 |
| 安庆市 | Anqing | 4319000 | 889000 | 198400 | 18743 | 5489 | 1916 | 22073 | 17441 |
| 黄山市 | Huangshan | 960612 | 240167 | 57549 | 2263 | 1842 | 134 | 20365 | 17034 |

| 地区 | Region | 城镇 Urban Area | | | | 乡村 Rural Area | | |
|---|---|---|---|---|---|---|---|---|
| | | 私营企业 Private Enterprises | 港澳台商投资单位 Economic Units Funded by Entrepreneurs from Hong Kong, Macao and Taiwan | 外商投资单位 Foreign Funded Economic Units | 个体 Self-employed Individuals | 小计 Sub-total | 私营企业 Private Enterprises | 个体 Self-employed Individuals |
| **总计** | **Total** | **1964634** | **79844** | **159051** | **2861106** | **30657978** | **1001903** | **655048** |
| 合肥市 | Hefei | 550277 | 27660 | 51059 | 458958 | 1807000 | 182028 | 36821 |
| 淮北市 | Huaibei | 48322 | 618 | 2070 | 155299 | 644000 | 26457 | 27072 |
| 亳州市 | Bozhou | 96956 | | 646 | 255201 | 2771000 | 30863 | 58577 |
| 宿州市 | Suzhou | 44653 | 7584 | 3307 | 200467 | 3013000 | 43935 | 61697 |
| 蚌埠市 | Bengbu | 84819 | 2155 | 4694 | 163944 | 1711000 | 25696 | 42637 |
| 阜阳市 | Fuyang | 106042 | 2495 | 3184 | 247521 | 5066576 | 78643 | 56344 |
| 淮南市 | Huainan | 49163 | 3885 | 4449 | 74910 | 797000 | 21272 | 9601 |
| 滁州市 | Chuzhou | 212784 | 1261 | 19437 | 213779 | 2085000 | 57396 | 56784 |
| 六安市 | Luan | 125631 | 649 | 1026 | 236564 | 3308000 | 35744 | 103731 |
| 马鞍山市 | Maanshan | 107128 | 6485 | 7832 | 111838 | 615405 | 61298 | 16638 |
| 芜湖市 | Wuhu | 125921 | 16639 | 46295 | 144974 | 1219664 | 138685 | 36244 |
| 宣城市 | Xuancheng | 143899 | 1763 | 6858 | 141761 | 1479000 | 68000 | 25887 |
| 铜陵市 | Tongling | 38074 | 3273 | 1954 | 52788 | 187790 | 44093 | 5890 |
| 池州市 | Chizhou | 38090 | 1025 | 2078 | 59701 | 869476 | 38554 | 34651 |
| 安庆市 | Anqing | 129064 | 2210 | 2854 | 266773 | 3430000 | 117531 | 61477 |
| 黄山市 | Huangshan | 63811 | 2142 | 1308 | 76628 | 720445 | 31708 | 20997 |

## 4—6 各市分行业城镇非私营单位就业人员数（2012年）

Number of Employed Persons by Sector and Region (2012)

单位：人（person）

| 地区 | Region | 合计 Total | 农林牧渔业 Farming, Forestry, Animal Husbandry and Fishery | 采矿业 Mining and Quarrying | 制造业 Manufacturing | 电力、热力、燃气及水的生产和供应业 Electricity, Heat, Gas and Water Production and Supply Industry | 建筑业 Construction | 批发和零售业 Wholesale and Retail Trade | 交通运输、仓储和邮政业 Transport, Storage, Post & Telecommunications | 住宿和餐饮业 Accommodation and Catering Trade | 信息传输、计算机服务和软件业 Information, Circulation Computer Services and Software |
|---|---|---|---|---|---|---|---|---|---|---|---|
| **总计** | **Total** | **4368291** | **53814** | **346114** | **909353** | **98776** | **699418** | **159247** | **163223** | **43362** | **45481** |
| 合肥市 | Hefei | 1155690 | 1453 | 1608 | 280269 | 14220 | 348459 | 61774 | 52322 | 21142 | 12023 |
| 淮北市 | Huaibei | 223440 | 5 | 120914 | 28534 | 4518 | 2532 | 1702 | 4610 | 492 | 1431 |
| 亳州市 | Bozhou | 173704 | 531 | 9232 | 27465 | 2494 | 10897 | 7115 | 3099 | 425 | 2366 |
| 宿州市 | Suzhou | 244175 | 4968 | 30900 | 27147 | 5076 | 33871 | 6771 | 5921 | 389 | 2625 |
| 蚌埠市 | Bengbu | 234264 | 349 | | 52979 | 5825 | 52729 | 7255 | 11848 | 911 | 1553 |
| 阜阳市 | Fuyang | 295779 | 2559 | 12679 | 39298 | 9288 | 26994 | 15145 | 14255 | 993 | 2919 |
| 淮南市 | Huainan | 354558 | 2623 | 154172 | 33835 | 10972 | 24599 | 10243 | 12104 | 2654 | 1340 |
| 滁州市 | Chuzhou | 190913 | 7853 | 3029 | 38541 | 3910 | 10855 | 6473 | 7045 | 842 | 4774 |
| 六安市 | Luan | 230182 | 7493 | 298 | 23389 | 6998 | 41300 | 6195 | 6157 | 535 | 2353 |
| 马鞍山市 | Maanshan | 190877 | 801 | 9887 | 67452 | 4605 | 21142 | 5672 | 4145 | 334 | 1490 |
| 芜湖市 | Wuhu | 364562 | 490 | 729 | 141556 | 6484 | 50000 | 12730 | 23191 | 3916 | 2350 |
| 宣城市 | Xuancheng | 129155 | 2606 | | 32147 | 3285 | 4164 | 2246 | 3587 | 512 | 1978 |
| 铜陵市 | Tongling | 126337 | 2815 | 949 | 58330 | 2863 | 19737 | 2897 | 2414 | 776 | 931 |
| 池州市 | Chizhou | 78420 | 1020 | 780 | 10951 | 2079 | 8648 | 1955 | 1509 | 1819 | 1263 |
| 安庆市 | Anqing | 272992 | 17217 | 692 | 34357 | 14036 | 29388 | 8627 | 7460 | 1807 | 4216 |
| 黄山市 | Huangshan | 103243 | 1031 | 245 | 13103 | 2123 | 14103 | 2447 | 3556 | 5815 | 1869 |

| 地区 | Region | 金融业 Banking | 房地产业 Real Estate | 租赁和商务服务业 Leasing and Commercial Services | 科学研究和技术服务业 Scientific Research and Technical Services | 水利、环境和公共设施管理业 Water Conservancy, Environmental and Public Facilities Management | 居民服务、修理和其他服务业 Residents Service, Repair and Other Services | 教育 Education | 卫生和社会工作 Health and Social Work | 文化、体育和娱乐业 Culture, Sports and Entertainment | 公共管理、社会保障和社会组织 Public Management, Social Security and Social Organization |
|---|---|---|---|---|---|---|---|---|---|---|---|
| **总计** | **Total** | **168299** | **69098** | **36761** | **82104** | **80841** | **5635** | **632551** | **253210** | **35859** | **485145** |
| 合肥市 | Hefei | 34053 | 24906 | 14586 | 35929 | 14583 | 2240 | 100219 | 44872 | 13480 | 77552 |
| 淮北市 | Huaibei | 5513 | 331 | 625 | 1205 | 1175 | 169 | 20945 | 11270 | 553 | 16916 |
| 亳州市 | Bozhou | 9989 | 2831 | 818 | 1972 | 4931 | 398 | 48410 | 14917 | 1435 | 24379 |
| 宿州市 | Suzhou | 9793 | 2389 | 351 | 3917 | 4441 | 295 | 55608 | 16460 | 1505 | 31748 |
| 蚌埠市 | Bengbu | 10422 | 2995 | 3552 | 5037 | 6155 | 287 | 33105 | 14612 | 1393 | 23257 |
| 阜阳市 | Fuyang | 16195 | 2246 | 2722 | 2403 | 4959 | 205 | 69521 | 24011 | 1787 | 47600 |
| 淮南市 | Huainan | 9946 | 12013 | 5264 | 3775 | 7291 | 528 | 28269 | 14769 | 1380 | 18781 |
| 滁州市 | Chuzhou | 8514 | 1385 | 1110 | 3076 | 6708 | 181 | 39080 | 14543 | 565 | 32429 |
| 六安市 | Luan | 8051 | 2476 | 577 | 2753 | 7774 | 325 | 54443 | 19412 | 1851 | 37802 |
| 马鞍山市 | Maanshan | 9525 | 1048 | 625 | 4557 | 3386 | 147 | 22145 | 9861 | 1121 | 22934 |
| 芜湖市 | Wuhu | 12106 | 4540 | 1262 | 6826 | 5264 | 249 | 42439 | 17553 | 1826 | 31051 |
| 宣城市 | Xuancheng | 6983 | 3952 | 1129 | 1931 | 1762 | 101 | 21797 | 12013 | 946 | 28016 |
| 铜陵市 | Tongling | 3705 | 1122 | 808 | 1460 | 2125 | 35 | 8464 | 3925 | 782 | 12199 |
| 池州市 | Chizhou | 5728 | 1250 | 798 | 1285 | 1972 | 9 | 12942 | 6168 | 2878 | 15366 |
| 安庆市 | Anqing | 10958 | 3946 | 1764 | 4319 | 5205 | 320 | 60900 | 21128 | 3056 | 43596 |
| 黄山市 | Huangshan | 6818 | 1668 | 770 | 1659 | 3110 | 146 | 14264 | 7696 | 1301 | 21519 |

## 4—7 主要年份私营企业年末就业人员数
Number of Employed Persons in Private Enterprises at the Year-end in Main Year

单位：户、人（household, person）

| 年 份 Year | 合 计 Total | | | 城 镇 Urban Areas | | | 乡 村 Rural Areas | | |
|---|---|---|---|---|---|---|---|---|---|
| | 户 数 Number of Enterprises | 就业人员 Number of Employed Persons | #投资者 Employers | 户 数 Number of Enterprises | 就业人员 Number of Employed Persons | #投资者 Employers | 户 数 Number of Enterprises | 就业人员 Number of Employed Persons | #投资者 Employers |
| 1999 | 37020 | 550694 | 91476 | 23891 | 327911 | 62297 | 13129 | 222783 | 29179 |
| 2000 | 46934 | 651992 | 110350 | 28495 | 375760 | 72252 | 18439 | 276232 | 38098 |
| 2001 | 55690 | 785162 | 134603 | 34653 | 465090 | 88677 | 21037 | 320072 | 45926 |
| 2002 | 60219 | 960698 | 150494 | 39562 | 596611 | 99057 | 22457 | 364087 | 51437 |
| 2003 | 74815 | 1187954 | 188233 | 46705 | 707726 | 118506 | 28110 | 480228 | 69727 |
| 2004 | 89010 | 1413199 | 228734 | 57127 | 824019 | 145300 | 31883 | 589180 | 83434 |
| 2005 | 105998 | 1656948 | 270425 | 63586 | 864874 | 160040 | 42412 | 792074 | 110385 |
| 2006 | 130476 | 2301402 | 314300 | 65551 | 861291 | 160332 | 64925 | 1440111 | 153968 |
| 2007 | 144895 | 2179457 | 363612 | 103584 | 1372856 | 255183 | 41311 | 806601 | 108429 |
| 2008 | 174046 | 1996617 | 376738 | 80506 | 921748 | 169862 | 93540 | 1074869 | 206876 |
| 2009 | 189525 | 1970807 | 395790 | 91342 | 925024 | 181707 | 98183 | 1045783 | 214083 |
| 2010 | 228670 | 2392061 | 490754 | 128891 | 1332913 | 270648 | 99779 | 1059148 | 220106 |
| 2011 | 263483 | 2707088 | 581356 | 172314 | 1650453 | 365985 | 91169 | 1056635 | 215371 |
| 2012 | 303857 | 2966537 | 664084 | 218179 | 1964634 | 459880 | 85678 | 1001903 | 204204 |

## 4—8 各市私营企业年末就业人员数（2012年）
Number of Employed Persons in Private Enterprises at the Year-end by Region (2012)

单位：户、人（household, person）

| 地 区 Region | 合 计 Total | | | 城 镇 Urban Areas | | | 乡 村 Rural Areas | | |
|---|---|---|---|---|---|---|---|---|---|
| | 户 数 Number of Enterprises | 就业人员 Number of Employed Persons | #投资者 Employers | 户 数 Number of Enterprises | 就业人员 Number of Employed Persons | #投资者 Employers | 户 数 Number of Enterprises | 就业人员 Number of Employed Persons | #投资者 Employers |
| **总 计 Total** | **303857** | **2966537** | **664084** | **218179** | **1964634** | **459880** | **85678** | **1001903** | **204204** |
| 合肥市 Hefei | 90782 | 732023 | 197747 | 73298 | 550066 | 157796 | 17484 | 181957 | 39951 |
| 淮北市 Huaibei | 7903 | 74779 | 16894 | 5311 | 48322 | 10307 | 2592 | 26457 | 6587 |
| 亳州市 Bozhou | 12226 | 127819 | 22974 | 8653 | 96956 | 15729 | 3573 | 30863 | 7245 |
| 宿州市 Suzhou | 10715 | 88588 | 21308 | 6501 | 44653 | 11712 | 4214 | 43935 | 9596 |
| 蚌埠市 Bengbu | 13061 | 110515 | 27277 | 10683 | 84819 | 22480 | 2378 | 25696 | 4797 |
| 阜阳市 Fuyang | 18776 | 184685 | 38928 | 11949 | 106042 | 22797 | 6827 | 78643 | 16131 |
| 淮南市 Huainan | 9541 | 70435 | 19344 | 7020 | 49163 | 14008 | 2521 | 21272 | 5336 |
| 滁州市 Chuzhou | 18697 | 270180 | 39599 | 14195 | 212784 | 28796 | 4502 | 57396 | 10803 |
| 六安市 Luan | 16737 | 161375 | 37774 | 12645 | 125631 | 28113 | 4092 | 35744 | 9661 |
| 马鞍山市 Maanshan | 17965 | 168426 | 39142 | 12587 | 107128 | 27255 | 5378 | 61298 | 11887 |
| 芜湖市 Wuhu | 26001 | 264606 | 58108 | 17211 | 125921 | 36217 | 8790 | 138685 | 21891 |
| 宣城市 Xuancheng | 15955 | 211899 | 37482 | 10715 | 143899 | 23622 | 5240 | 68000 | 13860 |
| 铜陵市 Tongling | 7121 | 82167 | 19920 | 3526 | 38074 | 8467 | 3595 | 44093 | 11453 |
| 池州市 Chizhou | 7521 | 76644 | 17108 | 4407 | 38090 | 9841 | 3114 | 38554 | 7267 |
| 安庆市 Anqing | 21896 | 246595 | 50633 | 13528 | 129064 | 30314 | 8368 | 117531 | 20319 |
| 黄山市 Huangshan | 8884 | 95519 | 19708 | 5883 | 63811 | 12311 | 3001 | 31708 | 7397 |
| 其 他 Others | 76 | 282 | 138 | 67 | 211 | 115 | 9 | 71 | 23 |

## 4—9 主要年份个体年末就业人员数

Number of New Additional Employment and Individual at the End of the Year

单位：户、人（household, person）

| 年份 Year | 合计 Total | | 城镇 Urban Areas | | 乡村 Rural Areas | |
|---|---|---|---|---|---|---|
| | 户数 Number of Enterprises | 就业人员 Number of Employed Persons | 户数 Number of Enterprises | 就业人员 Number of Employed Persons | 户数 Number of Enterprises | 就业人员 Number of Employed Persons |
| 1999 | 1460932 | 3374010 | 611439 | 1356851 | 849493 | 2017159 |
| 2000 | 1489085 | 3363571 | 627100 | 1347892 | 861985 | 2015679 |
| 2001 | 1492870 | 3396193 | 633513 | 1395799 | 859357 | 2000394 |
| 2002 | 1402168 | 3267252 | 586203 | 1325486 | 815965 | 1941766 |
| 2003 | 1200804 | 2863314 | 559658 | 1288683 | 641146 | 1574631 |
| 2004 | 1067271 | 2562432 | 501511 | 1185509 | 565760 | 1376923 |
| 2005 | 1110417 | 2668794 | 522609 | 1236364 | 587808 | 1432430 |
| 2006 | 1201167 | 2820534 | 530394 | 1194970 | 670773 | 1625564 |
| 2007 | 1125342 | 2673128 | 579524 | 1337874 | 545818 | 1335254 |
| 2008 | 1142457 | 2446113 | 701914 | 1445017 | 440543 | 1001096 |
| 2009 | 1250875 | 2633497 | 868141 | 1848366 | 382734 | 785131 |
| 2010 | 1341472 | 3315820 | 999110 | 2640651 | 342362 | 675169 |
| 2011 | 1436690 | 3277866 | 1106730 | 2551327 | 329960 | 726539 |
| 2012 | 1522643 | 3516154 | 1201810 | 2861106 | 320833 | 655048 |

## 4—10 各市个体年末就业人员数（2012年）

Number of New Additional Employment and Individual at the End of the Year by Region (2012)

单位：户、人（household, person）

| 地区 Region | | 个体合计 Total | | 城镇 Urban Areas | | 乡村 Rural Areas | |
|---|---|---|---|---|---|---|---|
| | | 户数 Number of Enterprises | 就业人员 Number of Employed Persons | 户数 Number of Enterprises | 就业人员 Number of Employed Persons | 户数 Number of Enterprises | 就业人员 Number of Employed Persons |
| **总计** | **Total** | **1522643** | **3516154** | **1201810** | **2861106** | **320833** | **655048** |
| 合肥市 | Hefei | 190969 | 495779 | 171249 | 458958 | 19720 | 36821 |
| 淮北市 | Huaibei | 54823 | 182371 | 45701 | 155299 | 9122 | 27072 |
| 亳州市 | Bozhou | 125921 | 313778 | 88977 | 255201 | 36944 | 58577 |
| 宿州市 | Suzhou | 114217 | 262164 | 75890 | 200467 | 38327 | 61697 |
| 蚌埠市 | Bengbu | 75896 | 206581 | 61768 | 163944 | 14128 | 42637 |
| 阜阳市 | Fuyang | 141424 | 303865 | 114756 | 247521 | 26668 | 56344 |
| 淮南市 | Huainan | 50875 | 84511 | 44180 | 74910 | 6695 | 9601 |
| 滁州市 | Chuzhou | 103049 | 270563 | 89933 | 213779 | 13116 | 56784 |
| 六安市 | Luan | 135996 | 340295 | 87333 | 236564 | 48663 | 103731 |
| 马鞍山市 | Maanshan | 69465 | 128476 | 60017 | 111838 | 9448 | 16638 |
| 芜湖市 | Wuhu | 92647 | 181218 | 74118 | 144974 | 18529 | 36244 |
| 宣城市 | Xuancheng | 81226 | 167648 | 68398 | 141761 | 12828 | 25887 |
| 铜陵市 | Tongling | 27206 | 58678 | 24366 | 52788 | 2840 | 5890 |
| 池州市 | Chizhou | 49335 | 94352 | 29171 | 59701 | 20164 | 34651 |
| 安庆市 | Anqing | 161161 | 328250 | 130039 | 266773 | 31122 | 61477 |
| 黄山市 | Huangshan | 48433 | 97625 | 35914 | 76628 | 12519 | 20997 |

## 4—11 城镇非私营单位就业人员数
Number of f Employed Persons of Urban Non-private Owned Units

单位：万人（10000 persons）

| 行　业 | Sector | 2010 | 2011 | 2012 |
|---|---|---|---|---|
| **总　计** | **Total** | **372.94** | **411.55** | **436.83** |
| 农、林、牧、渔业 | Farming, Forestry, Animal Husbandry and Fishery | 6.14 | 5.97 | 5.38 |
| 采矿业 | Mining and Quarrying | 32.11 | 34.03 | 34.61 |
| 制造业 | Manufacturing | 76.01 | 85.53 | 90.94 |
| 电力、燃气及水的生产和供应业 | Production and Supply of Electricity Gas and Water | 9.60 | 9.75 | 9.88 |
| 建筑业 | Construction | 42.13 | 58.43 | 69.94 |
| 批发和零售业 | Transport, Storage and Postal Services | 13.97 | 15.51 | 15.92 |
| 交通运输、仓储和邮政业 | Information Circulation, Computer Service and Software | 15.14 | 16.70 | 16.32 |
| 住宿和餐饮业 | Wholesale and Retail Trade | 3.69 | 3.94 | 4.34 |
| 信息传输、计算机服务和软件业 | Accommodation and Catering Trade | 3.80 | 4.37 | 4.55 |
| 金融业 | Banking | 14.69 | 16.04 | 16.83 |
| 房地产业 | Real Estate | 4.88 | 6.15 | 6.91 |
| 租赁和商务服务业 | Leasing and Commercial Services | 4.63 | 4.85 | 3.68 |
| 科学研究、技术服务 | Scientific Research, Technical Services and Geological Prospecting | 6.68 | 7.55 | 8.21 |
| 水利、环境和公共设施管理业 | Water Conservancy, Environmental and Public Facilities Management | 6.38 | 7.20 | 8.08 |
| 居民服务、修理和其他服务业 | Resident Services, Repair and Other Services | 0.53 | 0.46 | 0.56 |
| 教　育 | Education | 60.49 | 61.62 | 63.26 |
| 卫生和社会工作 | Health and Social Work | 21.99 | 23.10 | 25.32 |
| 文化、体育和娱乐业 | Culture, Sports and Entertainment | 3.40 | 3.29 | 3.59 |
| 公共管理、社会保障和社会组织 | Public Management,Social Security and Social Organizations | 46.69 | 47.07 | 48.51 |

## 4—12 各市城镇非私营单位就业人员数（2012年）
Number of f Employed Persons of Urban Non-private Owned Units by Region (2012)

单位：万人（10000 persons）

| 地　区 | Region | 合　计 Total | 国有单位 State-owned Units | 城镇集体单位 Urban Collective-owned Units | 其他单位 Units of Other Types of Ownership | 比重（%） Proportion (%) 国有单位 State-owned Units | 城镇集体单位 Urban Collective-owned Units | 其他单位 Units of Other Types of Ownership |
|---|---|---|---|---|---|---|---|---|
| **总　计** | **Total** | **436.83** | **225.73** | **17.18** | **193.92** | **52.02** | **3.96** | **44.02** |
| 合 肥 市 | Hefei | 115.57 | 46.33 | 2.65 | 66.59 | 40.74 | 2.51 | 56.75 |
| 淮 北 市 | Huaibei | 22.34 | 16.77 | 0.92 | 4.66 | 75.54 | 4.12 | 20.34 |
| 亳 州 市 | Bozhou | 17.37 | 12.51 | 0.69 | 4.17 | 71.26 | 4.05 | 24.69 |
| 宿 州 市 | Suzhou | 24.42 | 18.07 | 2.14 | 4.21 | 73.21 | 8.89 | 17.91 |
| 蚌 埠 市 | Bengbu | 23.43 | 10.68 | 0.84 | 11.91 | 53.88 | 3.97 | 42.15 |
| 阜 阳 市 | Fuyang | 29.58 | 19.80 | 1.34 | 8.44 | 66.38 | 4.60 | 29.02 |
| 淮 南 市 | Huainan | 35.46 | 9.07 | 1.34 | 25.05 | 24.19 | 3.72 | 72.09 |
| 滁 州 市 | Chuzhou | 19.09 | 12.41 | 1.02 | 5.66 | 63.73 | 5.52 | 30.75 |
| 六 安 市 | Luan | 23.02 | 15.18 | 1.84 | 6.00 | 68.02 | 7.22 | 24.76 |
| 马鞍山市 | Maanshan | 19.09 | 6.99 | 1.16 | 10.93 | 35.35 | 6.14 | 58.51 |
| 芜 湖 市 | Wuhu | 36.46 | 12.55 | 0.31 | 23.59 | 32.90 | 0.80 | 66.30 |
| 宣 城 市 | Xuancheng | 12.92 | 7.98 | 0.43 | 4.51 | 63.81 | 3.51 | 32.69 |
| 铜 陵 市 | Tongling | 12.63 | 6.85 | 0.05 | 5.73 | 54.79 | 0.36 | 44.85 |
| 池 州 市 | Chizhou | 7.84 | 4.94 | 0.35 | 2.55 | 63.71 | 4.55 | 31.74 |
| 安 庆 市 | Anqing | 27.30 | 19.84 | 1.87 | 5.58 | 71.93 | 6.52 | 21.55 |
| 黄 山 市 | Huangshan | 10.32 | 5.75 | 0.23 | 4.34 | 55.84 | 2.20 | 41.96 |

## 4—13 城镇非私营单位专业技术人员数（2012年）
Professional and Technical Personnel of Urban Non-private Owned Units (2012)

单位：人（person）

| 行 业 | Sector | 合 计 Total | 国有单位 State-owned Units | 城镇集体单位 Urban Collective-owned Units | 其他单位 Units of Other Types of Ownership |
|---|---|---|---|---|---|
| **总 计** | **Total** | **1265394** | **907260** | **60706** | **297428** |
| **按执行会计制度类别分组** | **Grouped by Executive Acounting System Type** | | | | |
| 企 业 | Enterprises | 415537 | 119501 | 20456 | 275580 |
| 事 业 | Institutions | 786425 | 736714 | 39556 | 10155 |
| 机 关 | Agencies & Organizations | 49134 | 48987 | 147 | |
| 民间非营利组织 | Non-profit Organizations | 9297 | | 255 | 9042 |
| 其 他 | Others | 5001 | 2058 | 292 | 2651 |
| **按国民经济行业分组** | **Grouped by Economic Sector** | | | | |
| 农、林、牧、渔业 | Farming, Forestry, Animal Husbandry and Fishery | 7663 | 7066 | 92 | 505 |
| 采矿业 | Mining and Quarrying | 21503 | 9130 | 241 | 12132 |
| 制造业 | Manufacturing | 119917 | 15739 | 1423 | 102755 |
| 电力、热力、燃气及水的生产和供应业 | Electricity, Heat, Gas and Water Production and Supply Industry | 23225 | 13897 | 270 | 9058 |
| 建筑业 | Construction | 104515 | 19061 | 8754 | 76700 |
| 批发和零售业 | Wholesale and Retail Trade | 14817 | 5511 | 807 | 8499 |
| 交通运输、仓储和邮政业 | Transport, Storage and Postal Services | 16845 | 10575 | 1385 | 4885 |
| 住宿和餐饮业 | Accommodation and Catering Trade | 2906 | 862 | 39 | 2005 |
| 信息传输、计算机服务和软件业 | Information Circulation, Computer Service and Software | 13673 | 6096 | 105 | 7472 |
| 金融业 | Banking | 47691 | 20249 | 5568 | 21874 |
| 房地产业 | Real Estate | 15970 | 3839 | 253 | 11878 |
| 租赁和商务服务业 | Leasing and Commercial Services | 4691 | 2226 | 243 | 2222 |
| 科学研究和技术服务业 | Scientific Research and Technical Services | 41319 | 35042 | 401 | 5876 |
| 水利、环境和公共设施管理业 | Water Conservancy, Environmental and Public Facilities Management | 13230 | 11053 | 157 | 2020 |
| 居民服务、修理和其他服务业 | Residents Service, Repair and Other Services | 1065 | 544 | 46 | 475 |
| 教 育 | Education | 539919 | 521442 | 2547 | 15930 |
| 卫生和社会工作 | Health and Social Work | 193269 | 143347 | 37566 | 12356 |
| 文化、体育和娱乐业 | Culture, Sports and Entertainment | 16598 | 15442 | 402 | 754 |
| 公共管理、社会保障和社会组织 | Public Management, Social Security and Social Organization | 66578 | 66139 | 407 | 32 |

## 4—14 各市城镇非私营单位专业技术人员数（2012年）
Professional and Technical Personnel of Urban Non-private Owned Units by Region (2012)

单位：人（person）

| 地 区 | Region | 合 计 Total | 国有单位 State-owned Units | 城镇集体单位 Urban Collective-owned Units | 其他单位 Units of Other Types of Ownership |
|---|---|---|---|---|---|
| **总 计** | **Total** | **1265394** | **907260** | **60706** | **297428** |
| 合 肥 市 | Hefei | 259859 | 152010 | 8646 | 99203 |
| 淮 北 市 | Huaibei | 42132 | 35792 | 2484 | 3856 |
| 亳 州 市 | Bozhou | 71300 | 58503 | 3644 | 9153 |
| 宿 州 市 | Suzhou | 82241 | 66757 | 7806 | 7678 |
| 蚌 埠 市 | Bengbu | 70577 | 51849 | 2832 | 15896 |
| 阜 阳 市 | Fuyang | 113008 | 97407 | 6159 | 9442 |
| 淮 南 市 | Huainan | 64520 | 36612 | 2481 | 25427 |
| 滁 州 市 | Chuzhou | 70431 | 55823 | 5707 | 8901 |
| 六 安 市 | Luan | 94258 | 75214 | 6835 | 12209 |
| 马鞍山市 | Maanshan | 55662 | 32144 | 1855 | 21663 |
| 芜 湖 市 | Wuhu | 108196 | 59763 | 1479 | 46954 |
| 宣 城 市 | Xuancheng | 44453 | 35388 | 1917 | 7148 |
| 铜 陵 市 | Tongling | 26989 | 16966 | 60 | 9963 |
| 池 州 市 | Chizhou | 29179 | 24508 | 1305 | 3366 |
| 安 庆 市 | Anqing | 99736 | 84177 | 6153 | 9406 |
| 黄 山 市 | Huangshan | 32853 | 24347 | 1343 | 7163 |

## 4—15 城镇非私营单位分行业就业人员数（2012年）
Number of Employed Persons of Urban Non-private Owned Units by Status (2012)

单位：人（person）

| 行业 | Sector | 合计 Total | 国有单位 State-owned Units | 城镇集体单位 Urban Collective-owned Units | 其他单位 Units of Other Types of Ownership |
|---|---|---|---|---|---|
| **总计** | **Total** | **4368291** | **2257310** | **171775** | **1939206** |
| **按执行会计标准类别分组** | **Grouped by Executive Acounting System Type** | | | | |
| 企业 | Enterprises | 2796648 | 779919 | 116775 | 1899954 |
| 事业 | Institutions | 1122300 | 1051119 | 52956 | 18225 |
| 机关 | Agencies & Organizations | 421810 | 420986 | 824 | |
| 民间非营利组织 | Non-profit Organizations | 15152 | | 825 | 14327 |
| 其他 | Others | 12381 | 5286 | 395 | 6700 |
| **按国民经济行业分组** | **Grouped by Economic Sector** | | | | |
| **农、林、牧、渔业** | **Farming, Forestry, Animal Husbandry and Fishery** | **53814** | **52082** | **564** | **1168** |
| 农业 | Farming | 29816 | 29701 | 55 | 60 |
| 林业 | Forestry | 9719 | 9712 | | 7 |
| 牧畜业 | Animal Husbandry | 1401 | 617 | | 784 |
| 渔业 | Fishery | 923 | 847 | 76 | |
| 农、林、牧、渔服务业 | Agricultural Services | 11955 | 11205 | 433 | 317 |
| **采矿业** | **Mining and Quarrying** | **346114** | **135343** | **3908** | **206863** |
| **制造业** | **Manufacturing** | **909353** | **126240** | **15100** | **768013** |
| #酒、饮料和精制茶制造业 | Wine, Drinks and Refined Tea Manufacturing | 42151 | 12611 | 89 | 29451 |
| 烟草制品业 | Tobacco | 14338 | 12873 | 1334 | 131 |
| 石油加工、炼焦和核燃料加工业 | Petroleum Processing, Coking and Nuclear Fuel Processing | 1249 | 226 | | 1023 |
| 化学原料和化学制品制造业 | Raw Chemical Materials and Chemical Products | 66368 | 2769 | 510 | 63089 |
| 橡胶和塑料制品业 | Rubber and Plastic Products | 35249 | 2724 | 229 | 32296 |
| 非金属矿物制品业 | Nonmetal Mineral Products | 44657 | 6610 | 1901 | 36146 |
| 黑色金属冶炼和压延加工业 | Smelting and Pressing of Ferrous Metals | 63143 | 2620 | 82 | 60441 |
| 有色金属冶炼和压延加工业 | Smelting and Pressing of Nonferrous Metals | 39132 | 30109 | | 9023 |
| 金属制品业 | Metal Products | 32378 | 321 | 1014 | 31043 |
| 通用设备制造业 | Equipments in Current Use | 66411 | 22630 | 661 | 43120 |
| 汽车制造业 | Automobile Manufacturing Industry | 12376 | 4465 | 366 | 7545 |
| 电气机械和器材制造业 | Electric Equipment and Machinery | 93825 | 1932 | 861 | 91032 |
| **电力、热力、燃气及水的生产和供应业** | **Electricity, Heat, Gas and Water Production and Supply Industry** | **98776** | **59809** | **1221** | **37746** |
| **建筑业** | **Construction** | **699418** | **155022** | **57846** | **486550** |
| 房屋建筑业 | Housing Industry | 469222 | 87717 | 45778 | 335727 |
| 土木工程建筑业 | Civil Engineering Construction | 152349 | 50883 | 3880 | 97586 |
| 建筑安装业 | Construction and Installation Industry | 42669 | 3086 | 7195 | 32388 |
| 建筑装饰和其他建筑业 | Building Decoration and Other Construction | 35178 | 13336 | 993 | 20849 |
| **批发和零售业** | **Wholesale and Retail Trade** | **159247** | **56463** | **6281** | **96503** |
| 批发业 | Wholesale | 78448 | 42752 | 3387 | 32309 |
| 零售业 | Retail Trade | 80799 | 13711 | 2894 | 64194 |
| **交通运输、仓储和邮政业** | **Transport, Storage and Postal Services** | **163223** | **102718** | **6722** | **53783** |
| #铁路运输业 | Railway Transport | 41733 | 38943 | 613 | 2177 |
| 道路运输业 | Highway Transport | 78565 | 34423 | 2883 | 41259 |
| 水上运输业 | Water Way Transport | 10393 | 1125 | 2611 | 6657 |
| 航空运输业 | Air Transport | 2968 | 1570 | | 1398 |
| 邮政业 | Postal Services | 21424 | 20922 | | 502 |
| **住宿和餐饮业** | **Accommodation and Catering Trade** | **43362** | **10803** | **769** | **31790** |
| 住宿业 | Accommodation Trade | 30502 | 9814 | 622 | 20066 |
| 餐饮业 | Catering Services | 12860 | 989 | 147 | 11724 |
| **信息传输、软件和信息技术服务业** | **Information Transmission, Software and Information Technology Services** | **45481** | **26059** | **200** | **19222** |
| 电信、广播电视和卫星传输服务 | Telecommunications, Broadcasting and TV Transmission and Satellite Services | 41628 | 25864 | 200 | 15564 |
| 互联网和相关服务 | The Internet and Related Services | 350 | 93 | | 257 |
| 软件和信息技术服务业 | Software and Information Technology Services | 3503 | 102 | | 3401 |

**4—15 续表 continued**

单位：人（person）

| 行 业 | Sector | 合 计<br>Total | 国有单位<br>State-owned Units | 城镇集体单位<br>Urban Collective-owned Units | 其他单位<br>Units of Other Types of Ownership |
|---|---|---|---|---|---|
| **金 融 业** | **Banking** | **168299** | **58823** | **17636** | **91840** |
| 货币金融服务 | Monetary and Financial Services | 102364 | 38099 | 17395 | 46870 |
| 资本市场服务 | Capital Market Services | 3728 | 1881 | | 1847 |
| 保险业 | Insurance | 60919 | 18551 | 13 | 42355 |
| 其他金融业 | Other Financial Activities | 1288 | 292 | 228 | 768 |
| **房地产业** | **Real Estate** | **69098** | **16257** | **927** | **51914** |
| #房地产开发经营 | Real Estate Development and Operation | 40945 | 7388 | 146 | 33411 |
| 物业管理 | Real Estate Management | 21719 | 4038 | 565 | 17116 |
| **租赁和商务服务业** | **Leasing and Commercial Services** | **36761** | **16030** | **3573** | **17158** |
| 租赁业 | Leasing | 802 | 86 | | 716 |
| 商务服务业 | Commercial Services | 35959 | 15944 | 3573 | 16442 |
| **科学研究和技术服务业** | **Scientific Research and Technical Services** | **82104** | **67268** | **781** | **14055** |
| 研究和试验发展 | Research and Experimental Development | 20752 | 14656 | 111 | 5985 |
| 专业技术服务业 | Professional and Technical Services | 52190 | 44526 | 388 | 7276 |
| 科技推广和应用服务业 | Science and Technology Popularization and Application Services | 9162 | 8086 | 282 | 794 |
| **水利、环境和公共设施管理业** | **Water Conservancy, Environmental and Public Facilities Management** | **80841** | **70885** | **1553** | **8403** |
| 水利管理业 | Water Conservancy Management | 22347 | 21396 | 74 | 877 |
| 生态保护和环境治理业 | Ecological Protection and Environmental Governance Industry | 2047 | 1970 | | 77 |
| 公共设施管理业 | Public Facilities Management | 56447 | 47519 | 1479 | 7449 |
| **居民服务、修理和其他服务业** | **Residents Service, Repair and Other Services** | **5635** | **2975** | **414** | **2246** |
| 居民服务业 | Resident Services | 3292 | 2536 | 191 | 565 |
| 机动车、电子产品和日用产品修理业 | Motor Vehicle Repair Industry, Electronic Products and Daily Products | 1181 | 166 | 215 | 800 |
| 其他服务业 | Other Services | 1162 | 273 | 8 | 881 |
| **教 育** | **Education** | **632551** | **598270** | **3141** | **31140** |
| #高等教育 | High Education | 69435 | 65276 | | 4159 |
| 中等教育 | Secondary Education | 299896 | 280574 | 1837 | 17485 |
| 初等教育 | Primary Education | 237881 | 234878 | 681 | 2322 |
| **卫生和社会工作** | **Health and Social Work** | **253210** | **188177** | **47699** | **17334** |
| 卫 生 | Health | 249970 | 185317 | 47624 | 17029 |
| 社会工作 | Social Wwork | 3240 | 2860 | 75 | 305 |
| **文化、体育和娱乐业** | **Culture, Sports and Entertainment** | **35859** | **31453** | **1031** | **3375** |
| 新闻和出版业 | Press and Publication | 5789 | 4863 | 27 | 899 |
| 广播、电视、电影和影视录音制作业 | Radio, Television, Film and Television Recording Studios | 14236 | 13806 | 231 | 199 |
| 文化艺术业 | Culture and Arts | 12746 | 11113 | 773 | 860 |
| 体 育 | Sports | 1847 | 1484 | | 363 |
| 娱乐业 | Entertainment | 1241 | 187 | | 1054 |
| **公共管理、社会保障和社会组织** | **Public Management, Social Security and Social Organiza** | **485145** | **482633** | **2409** | **103** |
| 中国共产党机关 | Organs of Chinese Communist Party | 18323 | 18323 | | |
| 国家机构 | State Organs | 453691 | 452192 | 1499 | |
| 人民政协、民主党派 | CPPCC and Democratic Parties | 2741 | 2741 | | |
| 社会保障 | The Social Security | 3323 | 3279 | | 44 |
| 群众团体、社会团体和其他成员组织 | Mass Organizations, Social Organizations and Religious Organizations | 6247 | 6002 | 245 | |
| 基层群众自治组织 | The Grassroots Autonomous Organizations | 820 | 96 | 665 | 59 |

## 4—16 城镇非私营单位分行业女性就业人员占全部就业人员比重（2012年）
## Proportion of Female Employed to Total of Urban Non-private Owned Units by Status by Sector (2012)

以本类型从业人员为100 (Total number of this item employed=100) 单位：%

| 行 业 | Sector | 合 计<br>Total | 国有单位<br>State-owned Units | 城镇集体单 位<br>Urban Collective-owned Units | 其他单位<br>Units of Other Types of Ownership |
|---|---|---|---|---|---|
| **总 计** | **Total** | **31.7** | **33.2** | **34.6** | **29.7** |
| **按执行会计标准类别分组** | **Grouped by Executive Acounting System Type** | | | | |
| 企 业 | Enterprises | 28.4 | 26.5 | 27.4 | 29.2 |
| 事 业 | Institutions | 42.0 | 41.4 | 50.5 | 50.8 |
| 机 关 | Agencies & Organizations | 24.7 | 24.7 | 23.8 | |
| 民间非营利组织 | Non-profit Organizations | 61.8 | | 44.8 | 62.8 |
| 其 他 | Others | 52.3 | 43.4 | 33.4 | 60.4 |
| **按国民经济行业分组** | **Grouped by Economic Sector** | | | | |
| **农、林、牧、渔业** | **Farming, Forestry, Animal Husbandry and Fishery** | **37.9** | **38.0** | **37.4** | **32.1** |
| 农 业 | Farming | 41.3 | 41.2 | 40.0 | 66.7 |
| 林 业 | Forestry | 30.5 | 30.5 | | 14.3 |
| 牧畜业 | Animal Husbandry | 38.8 | 34.7 | | 42.0 |
| 渔 业 | Fishery | 29.7 | 30.7 | 18.4 | |
| 农、林、牧、渔服务业 | Agricultural Services | 35.9 | 36.7 | 40.4 | 1.6 |
| **采矿业** | **Mining and Quarrying** | **11.8** | **10.8** | **23.3** | **12.3** |
| **制造业** | **Manufacturing** | **36.5** | **31.1** | **51.0** | **37.1** |
| #酒、饮料和精制茶制造业 | Wine, Drinks and Refined Tea Manufacturing | 38.1 | 34.3 | 67.4 | 39.6 |
| 烟草制品业 | Tobacco | 32.5 | 31.9 | 37.6 | 44.3 |
| 石油加工、炼焦和核燃料加工业 | Petroleum Processing, Coking and Nuclear Fuel Processing | 18.7 | 39.4 | | 14.1 |
| 化学原料和化学制品制造业 | Raw Chemical Materials and Chemical Products | 31.0 | 29.3 | 44.5 | 30.9 |
| 橡胶和塑料制品业 | Rubber and Plastic Products | 42.4 | 17.1 | 60.3 | 44.4 |
| 非金属矿物制品业 | Nonmetal Mineral Products | 27.1 | 16.2 | 34.2 | 28.7 |
| 黑色金属冶炼和压延加工业 | Smelting and Pressing of Ferrous Metals | 17.8 | 38.0 | 18.3 | 16.9 |
| 有色金属冶炼和压延加工业 | Smelting and Pressing of Nonferrous Metals | 18.2 | 18.1 | | 18.5 |
| 金属制品业 | Metal Products | 28.0 | 27.7 | 44.7 | 27.5 |
| 通用设备制造业 | Equipments in Current Use | 32.4 | 43.2 | 40.2 | 26.7 |
| 汽车制造业 | Automobile Manufacturing Industry | 23.3 | 23.8 | 35.0 | 22.5 |
| 电气机械和器材制造业 | Electric Equipment and Machinery | 38.3 | 28.5 | 38.8 | 38.5 |
| **电力、热力、燃气及水的生产和供应业** | **Electricity, Heat, Gas and Water Production and Supply Industry** | **26.9** | **26.6** | **33.7** | **27.1** |
| **建筑业** | **Construction** | **10.7** | **13.3** | **15.0** | **9.3** |
| 房屋建筑业 | Housing Industry | 10.3 | 14.7 | 14.9 | 8.6 |
| 土木工程建筑业 | Civil Engineering Construction | 11.2 | 14.3 | 14.1 | 9.5 |
| 建筑安装业 | Construction and Installation Industry | 14.6 | 4.9 | 11.2 | 16.3 |
| 建筑装饰和其他建筑业 | Building Decoration and Other Construction | 8.0 | 2.2 | 49.8 | 9.8 |
| **批发和零售业** | **Wholesale and Retail Trade** | **50.6** | **39.7** | **32.5** | **58.3** |
| 批 发 业 | Wholesale | 37.4 | 35.7 | 30.4 | 40.5 |
| 零 售 业 | Retail Trade | 63.5 | 52.1 | 35.1 | 67.2 |
| **交通运输、仓储和邮政业** | **Transport, Storage and Postal Services** | **28.6** | **28.4** | **31.1** | **28.8** |
| #铁路运输业 | Railway Transport | 14.7 | 14.5 | 39.6 | 10.1 |
| 道路运输业 | Highway Transport | 32.3 | 33.2 | 26.3 | 31.9 |
| 水上运输业 | Water Way Transport | 20.1 | 23.7 | 35.3 | 13.5 |
| 航空运输业 | Air Transport | 34.0 | 33.6 | | 34.5 |
| 邮 政 业 | Postal Services | 45.5 | 45.6 | | 44.6 |
| **住宿和餐饮业** | **Accommodation and Catering Trade** | **58.5** | **54.0** | **61.6** | **60.0** |
| 住 宿 业 | Accommodation Trade | 58.6 | 54.4 | 64.5 | 60.5 |
| 餐 饮 业 | Catering Services | 58.3 | 50.9 | 49.7 | 59.0 |
| **信息传输、软件和信息技术服务业** | **Information Transmission, Software and Information Technology Services** | **40.0** | **39.6** | **25.0** | **40.7** |
| 电信、广播电视和卫星传输服务 | Telecommunications, Broadcasting and TV Transmission and Satellite Services | 41.0 | 39.6 | 25.0 | 43.6 |
| 互联网和相关服务 | The Internet and Related Services | 54.0 | 50.5 | | 55.3 |
| 软件和信息技术服务业 | Software and Information Technology Services | 26.8 | 36.3 | | 26.6 |

## 4—16 续表 continued

单位：%

| 行　业 | Sector | 合　计 Total | 国有单位 State-owned Units | 城镇集体单位 Urban Collective-owned Units | 其他单位 Units of Other Types of Ownership |
|---|---|---|---|---|---|
| **金　融　业** | **Banking and Insurance** | **49.9** | **47.6** | **40.7** | **53.1** |
| 货币金融服务 | Monetary and Financial Services | 45.1 | 41.6 | 40.7 | 49.6 |
| 资本市场服务 | Capital Market Services | 43.3 | 52.4 | | 34.1 |
| 保险业 | Insurance | 58.6 | 59.7 | 46.2 | 58.1 |
| 其他金融业 | Other Financial Activities | 39.3 | 36.0 | 39.9 | 40.4 |
| **房地产业** | **Real Estate** | **36.2** | **33.5** | **38.3** | **37.0** |
| #房地产开发经营 | Real Estate Development and Operation | 30.6 | 26.0 | 34.2 | 31.6 |
| 物业管理 | Real Estate Management | 45.3 | 41.2 | 41.4 | 46.4 |
| **租赁和商务服务业** | **Leasing and Commercial Services** | **34.4** | **26.3** | **13.5** | **46.3** |
| 租赁业 | Leasing | 25.1 | 16.3 | | 26.1 |
| 商务服务业 | Commercial Services | 34.6 | 26.3 | 13.5 | 47.2 |
| **科学研究和技术服务业** | **Scientific Research and Technical Services** | **26.9** | **27.3** | **29.7** | **25.0** |
| 研究和试验发展 | Research and Experimental Development | 31.5 | 31.6 | 36.9 | 31.1 |
| 专业技术服务业 | Professional and Technical Services | 25.3 | 26.0 | 32.5 | 20.5 |
| 科技推广和应用服务业 | Science and Technology Popularization and Application Services | 26.2 | 26.9 | 23.0 | 19.6 |
| **水利、环境和公共设施管理业** | **Water Conservancy, Environmental and Public Facilities Management** | **37.5** | **38.0** | **53.2** | **30.1** |
| 水利管理业 | Water Conservancy Management | 26.9 | 26.4 | 24.3 | 37.5 |
| 生态保护和环境治理业 | Ecological Protection and Environmental Governance Industry | 23.4 | 23.1 | | 31.2 |
| 公共设施管理业 | Public Facilities Management | 42.2 | 43.8 | 54.6 | 29.2 |
| **居民服务、修理和其他服务业** | **Residents Service, Repair and Other Services** | **33.0** | **31.7** | **38.6** | **33.7** |
| 居民服务业 | Resident Services | 38.5 | 32.0 | 49.7 | 63.5 |
| 机动车、电子产品和日用产品修理业 | Motor Vehicle Repair Industry, Electronic Products and Daily Products | 29.7 | 25.9 | 28.8 | 30.8 |
| 其他服务业 | Other Services | 20.7 | 31.9 | 37.5 | 17.1 |
| **教　育** | **Education** | **40.7** | **40.0** | **42.6** | **52.7** |
| #高等教育 | High Education | 42.1 | 41.7 | | 49.4 |
| 中等教育 | Secondary Education | 36.5 | 35.8 | 33.0 | 47.7 |
| 初等教育 | Primary Education | 43.2 | 43.1 | 44.9 | 59.2 |
| **卫生和社会工作** | **Health and Social Work** | **59.6** | **61.0** | **51.9** | **66.0** |
| 卫　生 | Health | 59.7 | 61.1 | 51.9 | 66.8 |
| 社会工作 | Social Wwork | 52.0 | 55.5 | 42.7 | 21.6 |
| **文化、体育和娱乐业** | **Culture, Sports and Entertainment** | **40.1** | **39.6** | **35.3** | **45.8** |
| 新闻和出版业 | Press and Publication | 39.1 | 40.0 | 40.7 | 34.3 |
| 广播、电视、电影和影视录音制作业 | Radio, Television, Film and Television Recording Studios | 38.9 | 38.7 | 41.6 | 46.7 |
| 文化艺术业 | Culture and Arts | 41.3 | 41.3 | 33.2 | 49.1 |
| 体　育 | Sports | 35.9 | 34.0 | | 43.8 |
| 娱乐业 | Entertainment | 51.1 | 36.9 | | 53.6 |
| **公共管理、社会保障和社会组织** | **Public Management, Social Security and Social Organization** | **25.0** | **24.9** | **46.2** | **36.9** |
| 中国共产党机关 | Organs of Chinese Communist Party | 21.2 | 21.2 | | |
| 国家机构 | State Organs | 24.9 | 24.8 | 45.5 | |
| 人民政协、民主党派 | CPPCC and Domocratic Parties | 22.3 | 22.3 | | |
| 社会保障 | The Social Security | 46.0 | 46.1 | | 34.1 |
| 群众团体、社会团体和其他成员组织 | Mass Organizations, Social Organizations and Religious Organizations | 34.8 | 35.5 | 19.2 | |
| 基层群众自治组织 | The Grassroots Autonomous Organizations | 52.1 | 20.8 | 57.7 | 39.0 |

# 4—17 城镇非私营单位主要年份就业人员工资总额和指数
Total Wages of Employed Persons and Related Index of Urban Non-private Owned Units in Major Years

| 年份 Year | 工资总额（万元） Total Wages (10000 yuan) | | | | 指数（上年=100） Index (Preceding year=100) | | | |
|---|---|---|---|---|---|---|---|---|
| | 合计 Total | 国有单位 State-owned Units | 城镇集体单位 Urban Collective-owned Units | 其他单位 Units of Other Types of Ownership | 合计 Total | 国有单位 State-owned Units | 城镇集体单位 Urban Collective-owned Units | 其他单位 Units of Other Types of Ownership |
| 2000 | 2755252 | 2015830 | 317435 | 421987 | 103.2 | 102.1 | 99.0 | 112.2 |
| 2001 | 2957016 | 2160271 | 298631 | 498114 | 107.3 | 107.2 | 94.1 | 118.0 |
| 2002 | 3371312 | 2315317 | 285112 | 770882 | 114.0 | 107.2 | 95.5 | 154.8 |
| 2003 | 3610004 | 2410746 | 265168 | 934090 | 107.1 | 104.1 | 93.0 | 121.2 |
| 2004 | 4214523 | 2804400 | 258762 | 1151362 | 116.7 | 116.3 | 97.6 | 123.3 |
| 2005 | 4841315 | 3071572 | 276909 | 1492834 | 114.9 | 109.5 | 107.0 | 129.7 |
| 2006 | 5710401 | 3428392 | 311674 | 1970336 | 118.0 | 111.6 | 112.6 | 132.0 |
| 2007 | 7089072 | 4256242 | 362330 | 2470500 | 124.1 | 124.1 | 116.3 | 125.4 |
| 2008 | 8444708 | 4950723 | 397080 | 3096905 | 119.1 | 116.3 | 109.6 | 125.4 |
| 2009 | 9742920 | 5634976 | 339225 | 3768719 | 115.4 | 113.8 | 85.4 | 121.7 |
| 2010 | 12251179 | 6914813 | 425619 | 4910747 | 119.3 | 117.1 | 117.8 | 122.8 |
| 2011 | 15901381 | 8495347 | 517561 | 6888473 | 129.8 | 122.9 | 121.6 | 140.3 |
| 2012 | 19259839 | 10080897 | 580353 | 8598589 | 121.1 | 118.7 | 112.1 | 124.8 |

# 4—18 城镇非私营单位主要年份就业人员平均工资及指数
Average Wage of Employed Persons and Related Index of Urban Non-private Owned Units in Major Years

| 年份 Year | 平均货币工资（元） Average Wage in Monetary Terms (yuan) | | | | 指数（上年=100） Index (Preceding year=100) | | | |
|---|---|---|---|---|---|---|---|---|
| | 合计 Total | 国有单位 State-owned Units | 城镇集体单位 Urban Collective-owned Units | 其他单位 Units of Other Types of Ownership | 合计 Total | 国有单位 State-owned Units | 城镇集体单位 Urban Collective-owned Units | 其他单位 Units of Other Types of Ownership |
| 2000 | 6989 | 7471 | 4762 | 7310 | 107.3 | 105.3 | 108.0 | 114.3 |
| 2001 | 7908 | 8501 | 5106 | 8125 | 113.1 | 113.8 | 107.2 | 111.1 |
| 2002 | 9296 | 9961 | 5808 | 9501 | 117.6 | 117.2 | 113.7 | 116.9 |
| 2003 | 10581 | 11220 | 6407 | 10999 | 113.8 | 112.6 | 110.3 | 115.8 |
| 2004 | 12928 | 13522 | 7840 | 13453 | 122.2 | 120.5 | 122.4 | 122.3 |
| 2005 | 15334 | 15450 | 9894 | 16788 | 118.6 | 114.3 | 126.2 | 124.8 |
| 2006 | 17949 | 17755 | 11869 | 19946 | 117.1 | 114.9 | 120.0 | 118.8 |
| 2007 | 22180 | 22428 | 15340 | 23257 | 123.6 | 126.3 | 129.2 | 116.6 |
| 2008 | 26363 | 26475 | 18340 | 27731 | 118.9 | 118.0 | 119.6 | 119.2 |
| 2009 | 29658 | 30220 | 20606 | 30011 | 112.5 | 114.1 | 112.4 | 108.2 |
| 2010 | 33341 | 33793 | 23869 | 33867 | 115.8 | 115.9 | 119.1 | 115.2 |
| 2011 | 39352 | 39287 | 29539 | 40445 | 118.0 | 116.3 | 123.8 | 119.4 |
| 2012 | 44601 | 44818 | 34741 | 45209 | 113.3 | 114.1 | 117.6 | 111.8 |

注：本表所涉及指标，2010年以前为在岗职工相关指标，2010年及以后为就业人员相关指标。

a) Before 2010,the indicators involved in this table were related as employment workers, and after 2010 as the staff and workers indicators.

## 4—19 城镇非私营单位分行业就业人员工资总额（2012年）
Total Wages of Employed Persons of Urban Non-private Owned Units by Sector (2012)

单位：万元（10000 yuan）

| 行 业 | Sector | 合 计 Total | 国有单位 State-owned Units | 城镇集体单位 Urban Collective-owned Units | 其他单位 Units of Other Types of Ownership |
|---|---|---|---|---|---|
| **总 计** | **Total** | **19259839** | **10080897** | **580353** | **8598589** |
| **按执行会计标准类别分组** | **Grouped by Executive Acounting System Type** | | | | |
| 企 业 | Enterprises | 12642694 | 3776304 | 404731 | 8461659 |
| 事 业 | Institutions | 4683777 | 4444193 | 168588 | 70996 |
| 机 关 | Agencies & Organizations | 1830231 | 1827625 | 2606 | |
| 民间非营利组织 | Non-profit Organizations | 48888 | | 3404 | 45484 |
| 其 他 | Others | 54249 | 32775 | 1024 | 20450 |
| **按国民经济行业分组** | **Grouped by Economic Sector** | | | | |
| **农、林、牧、渔业** | **Farming, Forestry, Animal Husbandry and Fishery** | **123415** | **118610** | **1190** | **3615** |
| 农 业 | Farming | 57924 | 57670 | 105 | 148 |
| 林 业 | Forestry | 23733 | 23711 | | 22 |
| 牧畜业 | Animal Husbandry | 3679 | 986 | | 2693 |
| 渔 业 | Fishery | 1471 | 1336 | 135 | |
| 农、林、牧、渔服务业 | Agricultural Services | 36608 | 34906 | 950 | 752 |
| **采矿业** | **Mining and Quarrying** | **2445398** | **917564** | **11103** | **1516731** |
| **制造业** | **Manufacturing** | **3842335** | **605960** | **48560** | **3187815** |
| #酒、饮料和精制茶制造业 | Wine, Drinks and Refined Tea Manufacturing | 141770 | 42776 | 227 | 98767 |
| 烟草制品业 | Tobacco | 124367 | 117165 | 6492 | 710 |
| 石油加工、炼焦和核燃料加工业 | Petroleum Processing, Coking and Nuclear Fuel Processing | 6048 | 1083 | | 4965 |
| 化学原料和化学制品制造业 | Raw Chemical Materials and Chemical Products | 255010 | 7692 | 1399 | 245919 |
| 橡胶和塑料制品业 | Rubber and Plastic Products | 135832 | 12194 | 555 | 123084 |
| 非金属矿物制品业 | Nonmetal Mineral Products | 180414 | 31336 | 4167 | 144910 |
| 黑色金属冶炼和压延加工业 | Smelting and Pressing of Ferrous Metals | 340849 | 11425 | 224 | 329201 |
| 有色金属冶炼和压延加工业 | Smelting and Pressing of Nonferrous Metals | 179100 | 148770 | | 30330 |
| 金属制品业 | Metal Products | 156450 | 924 | 3959 | 151567 |
| 通用设备制造业 | Equipments in Current Use | 253694 | 84018 | 2041 | 167634 |
| 汽车制造业 | Automobile Manufacturing Industry | 54250 | 23291 | 954 | 30004 |
| 电气机械和器材制造业 | Electric Equipment and Machinery | 355145 | 9203 | 2894 | 343048 |
| **电力、热力、燃气及水的生产和供应业** | **Electricity, Heat, Gas and Water Production and Supply Industry** | **550162** | **337367** | **3628** | **209167** |
| **建筑业** | **Construction** | **2687055** | **658793** | **177772** | **1850490** |
| 房屋建筑业 | Housing Industry | 1711121 | 335919 | 137896 | 1237306 |
| 土木工程建筑业 | Civil Engineering Construction | 648490 | 262218 | 10884 | 375388 |
| 建筑安装业 | Construction and Installation Industry | 207921 | 9325 | 26583 | 172013 |
| 建筑装饰和其他建筑业 | Building Decoration and Other Construction | 119522 | 51331 | 2409 | 65782 |
| **批发和零售业** | **Wholesale and Retail Trade** | **549834** | **225175** | **13584** | **311075** |
| 批 发 业 | Wholesale | 323687 | 187986 | 7570 | 128131 |
| 零 售 业 | Retail Trade | 226147 | 37190 | 6013 | 182944 |
| **交通运输、仓储和邮政业** | **Transport, Storage and Postal Services** | **701011** | **492074** | **12596** | **196341** |
| #铁路运输业 | Railway Transport | 286647 | 270615 | 1538 | 14493 |
| 道路运输业 | Highway Transport | 245408 | 110322 | 7118 | 127968 |
| 水上运输业 | Water Way Transport | 42679 | 2917 | 2902 | 36861 |
| 航空运输业 | Air Transport | 17608 | 6898 | | 10710 |
| 邮 政 业 | Postal Services | 82184 | 81125 | | 1060 |
| **住宿和餐饮业** | **Accommodation and Catering Trade** | **106262** | **27888** | **1597** | **76778** |
| 住 宿 业 | Accommodation Trade | 81550 | 25339 | 1386 | 54825 |
| 餐 饮 业 | Catering Services | 24713 | 2549 | 211 | 21953 |
| **信息传输、软件和信息技术服务业** | **Information Transmission, Software and Information Technology Services** | **220303** | **104999** | **660** | **114644** |
| 电信、广播电视和卫星传输服务 | Telecommunications, Broadcasting and TV Transmission and Satellite Services | 198366 | 104281 | 660 | 93425 |
| 互联网和相关服务 | The Internet and Related Services | 1080 | 374 | | 706 |
| 软件和信息技术服务业 | Software and Information Technology Services | 20857 | 345 | | 20512 |

**4—19 续表 continued**

单位：万元（10000 yuan）

| 行　业 | Sector | 合　计<br>Total | 国有单位<br>State-owned Units | 城镇集体单　位<br>Urban Collective-owned Units | 其他单位<br>Units of Other Types of Ownership |
|---|---|---|---|---|---|
| **金 融 业** | **Banking and Insurance** | **986009** | **309773** | **112426** | **563810** |
| 货币金融服务 | Monetary and Financial Services | 745051 | 243846 | 111095 | 390110 |
| 资本市场服务 | Capital Market Services | 41355 | 18738 | | 22617 |
| 保险业 | Insurance | 189103 | 46042 | 171 | 142891 |
| 其他金融业 | Other Financial Activities | 10501 | 1147 | 1161 | 8193 |
| **房地产业** | **Real Estate** | **272360** | **57417** | **2698** | **212244** |
| #房地产开发经营 | Real Estate Development and Operation | 185900 | 30022 | 821 | 155057 |
| 物业管理 | Real Estate Management | 64912 | 10234 | 1292 | 53387 |
| **租赁和商务服务业** | **Leasing and Commercial Services** | **128856** | **49535** | **8650** | **70671** |
| 租赁业 | Leasing | 2808 | 262 | | 2546 |
| 商务服务业 | Commercial Services | 126048 | 49273 | 8650 | 68125 |
| **科学研究和技术服务业** | **Scientific Research and Technical Services** | **421242** | **347263** | **2825** | **71155** |
| 研究和试验发展 | Research and Experimental Development | 140137 | 104756 | 272 | 35109 |
| 专业技术服务业 | Professional and Technical Services | 247465 | 212991 | 1594 | 32881 |
| 科技推广和应用服务业 | Science and Technology Popularization and Application Services | 33641 | 29516 | 959 | 3166 |
| **水利、环境和公共设施管理业** | **Water Conservancy, Environmental and Public Facilities Management** | **238076** | **208984** | **3324** | **25768** |
| 水利管理业 | Water Conservancy Management | 73631 | 71758 | 280 | 1593 |
| 生态保护和环境治理业 | Ecological Protection and Environmental Governance Industry | 6171 | 5868 | | 303 |
| 公共设施管理业 | Public Facilities Management | 158273 | 131357 | 3044 | 23872 |
| **居民服务、修理和其他服务业** | **Residents Service, Repair and Other Services** | **20575** | **10258** | **1668** | **8649** |
| 居民服务业 | Resident Services | 10540 | 8949 | 482 | 1109 |
| 机动车、电子产品和日用产品修理业 | Motor Vehicle Repair Industry, Electronic Products and Daily Products | 3823 | 379 | 1172 | 2272 |
| 其他服务业 | Other Services | 6212 | 930 | 14 | 5268 |
| **教　育** | **Education** | **2659112** | **2549240** | **10924** | **98947** |
| #高等教育 | High Education | 337791 | 325382 | | 12408 |
| 中等教育 | Secondary Education | 1271014 | 1204734 | 6523 | 59757 |
| 初等教育 | Primary Education | 956870 | 946523 | 2818 | 7528 |
| **卫生和社会工作** | **Health and Social Work** | **1090277** | **868958** | **154044** | **67275** |
| 卫　生 | Health | 1080068 | 859735 | 153884 | 66449 |
| 社会工作 | Social Wwork | 10209 | 9224 | 160 | 826 |
| **文化、体育和娱乐业** | **Culture, Sports and Entertainment** | **139078** | **123111** | **2997** | **12970** |
| 新闻和出版业 | Press and Publication | 30112 | 25508 | 72 | 4533 |
| 广播、电视、电影和影视录音制作业 | Radio, Television, Film and Television Recording Studios | 53894 | 52517 | 727 | 650 |
| 文化艺术业 | Culture and Arts | 44239 | 39175 | 2198 | 2866 |
| 体　育 | Sports | 6244 | 5124 | | 1121 |
| 娱乐业 | Entertainment | 4587 | 787 | | 3801 |
| **公共管理、社会保障和社会组织** | **Public Management, Social Security and Social Organizat** | **2078481** | **2067929** | **10106** | **446** |
| 中国共产党机关 | Organs of Chinese Communist Party | 83402 | 83402 | | |
| 国家机构 | State Organs | 1940106 | 1931868 | 8238 | |
| 人民政协、民主党派 | CPPCC and Democratic Parties | 14627 | 14627 | | |
| 社会保障 | The Social Security | 11517 | 11363 | | 153 |
| 群众团体、社会团体和其他成员组织 | Mass Organizations, Social Organizations and Religious Organizations | 27043 | 26308 | 736 | |
| 基层群众自治组织 | The Grassroots Autonomous Organizations | 1786 | 361 | 1133 | 293 |

# 4—20 各市城镇非私营单位分行业就业人员工资总额（2012年）

## Total Wages of Employed Persons of Urban Non-private Owned Units by Sector and Region (2012)

单位：万元（10000 yuan）

| 地区 | Region | 合计 Total | 农林牧渔业 Farming, Forestry, Animal Husbandry and Fishery | 采矿业 Mining and Quarrying | 制造业 Manufacturing | 电力、热力、燃气及水的生产和供应业 Electricity, Heat, Gas and Water Production and Supply Industry | 建筑业 Construction | 批发和零售业 Wholesale and Retail Trade | 交通运输、仓储和邮政业 Transport, Storage, Post & Telecommunications | 住宿和餐饮业 Accommodation and Catering Trade | 信息传输、计算机服务和软件业 Information, Circulation Computer Services and Software |
|---|---|---|---|---|---|---|---|---|---|---|---|
| **总计** | **Total** | **19259839** | **123415** | **2445398** | **3842335** | **550162** | **2687055** | **549834** | **701011** | **106262** | **220303** |
| 合肥市 | Hefei | 5673109 | 5389 | 7110 | 1385702 | 94767 | 1579953 | 232518 | 289028 | 50405 | 73637 |
| 淮北市 | Huaibei | 1228963 | 19 | 829458 | 95152 | 19248 | 4295 | 7545 | 20597 | 1016 | 5366 |
| 亳州市 | Bozhou | 632113 | 1344 | 60764 | 104293 | 14986 | 28568 | 22306 | 8694 | 842 | 9754 |
| 宿州市 | Suzhou | 887557 | 7735 | 208094 | 67229 | 28980 | 101453 | 21245 | 12430 | 767 | 10439 |
| 蚌埠市 | Bengbu | 844550 | 866 | | 156948 | 23335 | 167623 | 23669 | 56034 | 1715 | 8195 |
| 阜阳市 | Fuyang | 1023707 | 4055 | 83302 | 113473 | 45551 | 70381 | 37220 | 37051 | 2129 | 9056 |
| 淮南市 | Huainan | 1951654 | 4919 | 1162349 | 117274 | 68422 | 74471 | 31114 | 43248 | 4526 | 5465 |
| 滁州市 | Chuzhou | 769810 | 16691 | 14723 | 167899 | 25140 | 39932 | 24101 | 20308 | 2003 | 17729 |
| 六安市 | Luan | 798935 | 16240 | 804 | 81717 | 28335 | 119898 | 18105 | 18397 | 1188 | 6460 |
| 马鞍山市 | Maanshan | 936589 | 2562 | 67597 | 332917 | 29816 | 83226 | 17643 | 18628 | 747 | 6390 |
| 芜湖市 | Wuhu | 1683191 | 1213 | 2174 | 650579 | 33380 | 191475 | 44106 | 114984 | 11682 | 16311 |
| 宣城市 | Xuancheng | 559847 | 6134 | | 122956 | 19958 | 14832 | 13205 | 12604 | 1189 | 7990 |
| 铜陵市 | Tongling | 573642 | 7693 | 2746 | 253835 | 17705 | 67262 | 8820 | 6738 | 1923 | 4311 |
| 池州市 | Chizhou | 308163 | 2539 | 2805 | 34965 | 13169 | 25852 | 8969 | 6291 | 5577 | 4894 |
| 安庆市 | Anqing | 987474 | 42935 | 2828 | 117895 | 78811 | 75158 | 28549 | 22762 | 4575 | 24707 |
| 黄山市 | Huangshan | 400537 | 3082 | 644 | 39502 | 8560 | 42677 | 10720 | 13217 | 15980 | 9603 |

| 地区 | Region | 金融业 Banking | 房地产业 Real Estate | 租赁和商务服务业 Leasing and Commercial Services | 科学研究和技术服务业 Scientific Research and Technical Services | 水利、环境和公共设施管理业 Water Conservancy, Environmental and Public Facilities Management | 居民服务、修理和其他服务业 Residents Service, Repair and Other Services | 教育 Education | 卫生和社会工作 Health and Social Work | 文化、体育和娱乐业 Culture, Sports and Entertainment | 公共管理、社会保障和社会组织 Public Management, Social Security and Social Organization |
|---|---|---|---|---|---|---|---|---|---|---|---|
| **总计** | **Total** | **986009** | **272360** | **128856** | **421242** | **238076** | **20575** | **2659112** | **1090277** | **139078** | **2078481** |
| 合肥市 | Hefei | 303428 | 100689 | 64402 | 222281 | 56527 | 9388 | 499309 | 233921 | 59141 | 405514 |
| 淮北市 | Huaibei | 22845 | 1533 | 1824 | 3717 | 4569 | 455 | 89811 | 47288 | 1859 | 72369 |
| 亳州市 | Bozhou | 44172 | 8998 | 1719 | 6249 | 10146 | 1026 | 170411 | 48339 | 4385 | 85117 |
| 宿州市 | Suzhou | 44921 | 7488 | 778 | 10376 | 8898 | 704 | 199051 | 51618 | 4220 | 101133 |
| 蚌埠市 | Bengbu | 47804 | 10215 | 9555 | 26062 | 19772 | 911 | 136735 | 58377 | 5208 | 91527 |
| 阜阳市 | Fuyang | 68376 | 7629 | 4788 | 8447 | 9800 | 551 | 266146 | 89872 | 5296 | 160584 |
| 淮南市 | Huainan | 52018 | 45639 | 18177 | 19278 | 19240 | 1915 | 123683 | 56814 | 5019 | 98083 |
| 滁州市 | Chuzhou | 45175 | 5629 | 1639 | 10654 | 16206 | 628 | 162845 | 56360 | 2197 | 139951 |
| 六安市 | Luan | 41026 | 8180 | 1781 | 9931 | 18979 | 995 | 209137 | 72704 | 6663 | 138399 |
| 马鞍山市 | Maanshan | 55502 | 6169 | 2349 | 22685 | 12304 | 646 | 108313 | 44660 | 6013 | 118423 |
| 芜湖市 | Wuhu | 82207 | 21917 | 5293 | 38167 | 18936 | 1206 | 202329 | 98942 | 6899 | 141391 |
| 宣城市 | Xuancheng | 40287 | 13514 | 3382 | 8212 | 5129 | 370 | 104330 | 53895 | 3666 | 128194 |
| 铜陵市 | Tongling | 29196 | 6026 | 2552 | 7842 | 5665 | 195 | 47892 | 25971 | 4317 | 72956 |
| 池州市 | Chizhou | 24999 | 4938 | 2129 | 5632 | 6040 | 41 | 55211 | 27416 | 10722 | 65978 |
| 安庆市 | Anqing | 50906 | 15665 | 5400 | 14830 | 14772 | 990 | 222415 | 90093 | 9444 | 164740 |
| 黄山市 | Huangshan | 33148 | 8132 | 3090 | 6880 | 11095 | 553 | 61496 | 34008 | 4029 | 94122 |

## 4—21 各市城镇非私营单位就业人员工资总额（2012年）
Total Wages of Employed Persons of Urban Non-private Owned Units at Their Posts by Region (2012)

单位：万元（10000 yuan）

| 地 区 | Region | 合 计 Total | 国有济单位 State-owned Units | 城镇集体单位 Urban Collective-owned Units | 其他单位 Units of Other Types of Ownership |
|---|---|---|---|---|---|
| **总 计** | **Total** | **19259839** | **10080897** | **580353** | **8598589** |
| 合肥市 | Hefei | 5673109 | 2472507 | 98729 | 3101873 |
| 淮北市 | Huaibei | 1228963 | 953286 | 30215 | 245462 |
| 亳州市 | Bozhou | 632113 | 456578 | 26948 | 148588 |
| 宿州市 | Suzhou | 887557 | 713219 | 60172 | 114166 |
| 蚌埠市 | Bengbu | 844550 | 446567 | 23400 | 374583 |
| 阜阳市 | Fuyang | 1023707 | 704831 | 47167 | 271710 |
| 淮南市 | Huainan | 1951654 | 396467 | 39422 | 1515765 |
| 滁州市 | Chuzhou | 769810 | 492305 | 39835 | 237671 |
| 六安市 | Luan | 798935 | 541650 | 58838 | 198447 |
| 马鞍山市 | Maanshan | 936589 | 341734 | 39568 | 555287 |
| 芜湖市 | Wuhu | 1683191 | 644368 | 13579 | 1025244 |
| 宣城市 | Xuancheng | 559847 | 359441 | 18857 | 181549 |
| 铜陵市 | Tongling | 573642 | 353298 | 1156 | 219187 |
| 池州市 | Chizhou | 308163 | 214060 | 12346 | 81756 |
| 安庆市 | Anqing | 987474 | 744201 | 60425 | 182849 |
| 黄山市 | Huangshan | 400537 | 246387 | 9697 | 144453 |

## 4—22 城镇非私营单位分行业就业人员年平均工资
Average Wage of Employed Persons of Urban Non-private Owned Units by Sector

单位：元（yuan）

| 行 业 | Sector | 2010 | 2011 | 2012 |
|---|---|---|---|---|
| **总 计** | **Total** | **33341** | **39352** | **44601** |
| 农、林、牧、渔业 | Farming, Forestry, Animal Husbandry and Fishery | 16945 | 19443 | 22845 |
| 采矿业 | Mining and Quarrying | 57314 | 65805 | 70568 |
| 制造业 | Manufacturing | 29238 | 36355 | 42393 |
| 电力、燃气及水的生产和供应业 | Production and Supply of Electricity Gas and Water | 40467 | 47113 | 55599 |
| 建筑业 | Construction | 28046 | 35319 | 39920 |
| 交通运输、仓储和邮政业 | Transport, Storage and Postal Services | 26935 | 30234 | 34988 |
| 信息传输、计算机服务和软件业 | Information Circulation, Computer Service and Software | 29408 | 36103 | 42787 |
| 批发和零售业 | Wholesale and Retail Trade | 18188 | 22511 | 26406 |
| 住宿和餐饮业 | Accommodation and Catering Trade | 36316 | 41378 | 47492 |
| 金融业 | Banking | 46561 | 52780 | 59416 |
| 房地产业 | Real Estate | 27250 | 32958 | 39354 |
| 租赁和商务服务业 | Leasing and Commercial Services | 28122 | 37525 | 36804 |
| 科学研究、技术服务和地质勘查业 | Scientific Research, Technical Services and Geological Prospecting | 36068 | 43177 | 51618 |
| 水利、环境和公共设施管理业 | Water Conservancy, Environmental and Public Facilities Management | 20949 | 25330 | 29700 |
| 居民服务和其他服务业 | Resident Services and Other Services | 23258 | 27929 | 35602 |
| 教 育 | Education | 32445 | 37721 | 42258 |
| 卫生和社会工作 | Health and Social Work | 31811 | 38420 | 44178 |
| 文化、体育和娱乐业 | Culture, Sports and Entertainment | 28435 | 34353 | 39138 |
| 公共管理和社会组织 | Public Management and Social Organizations | 33622 | 37899 | 43086 |

# 4—23 各市城镇非私营单位分行业就业人员年平均工资（2012年）

## Average Wage of Employed Persons of Urban Non-private Owned Units by Sector By Region (2012)

单位：元（yuan）

| 地区 | Region | 合计 Total | 农林牧渔业 Farming, Forestry, Animal Husbandry and Fishery | 采矿业 Mining and Quarrying | 制造业 Manufacturing | 电力、热力、燃气及水的生产和供应业 Electricity, Heat, Gas and Water Production and Supply Industry | 建筑业 Construction | 批发和零售业 Wholesale and Retail Trade | 交通运输、仓储和邮政业 Transport, Storage, Post & Telecommunications | 住宿和餐饮业 Accommodation and Catering Trade | 信息传输、计算机服务和软件业 Information, Circulation Computer Services and Software |
|---|---|---|---|---|---|---|---|---|---|---|---|
| **总计** | **Total** | **44601** | **22845** | **70568** | **42393** | **55599** | **39920** | **34988** | **42787** | **26406** | **47492** |
| 合肥市 | Hefei | 49712 | 37139 | 45780 | 49967 | 65925 | 45481 | 38868 | 55810 | 26795 | 64656 |
| 淮北市 | Huaibei | 55925 | 38000 | 70587 | 32911 | 43488 | 17241 | 44830 | 44785 | 20611 | 37865 |
| 亳州市 | Bozhou | 37082 | 25451 | 67277 | 37790 | 60597 | 29172 | 31604 | 28376 | 21270 | 41311 |
| 宿州市 | Suzhou | 36546 | 15961 | 64515 | 24673 | 56645 | 31340 | 31293 | 21049 | 19932 | 39950 |
| 蚌埠市 | Bengbu | 37348 | 25160 | | 29854 | 39855 | 36541 | 33788 | 46938 | 18577 | 52906 |
| 阜阳市 | Fuyang | 35390 | 15903 | 63517 | 29768 | 49106 | 29367 | 25174 | 26072 | 21139 | 31399 |
| 淮南市 | Huainan | 54995 | 17569 | 75013 | 34399 | 62905 | 30572 | 29481 | 35825 | 22221 | 40871 |
| 滁州市 | Chuzhou | 40491 | 21088 | 48224 | 43511 | 64296 | 37872 | 36678 | 29250 | 24401 | 37238 |
| 六安市 | Luan | 35062 | 21416 | 26619 | 35328 | 40282 | 30429 | 29268 | 29211 | 22533 | 27867 |
| 马鞍山市 | Maanshan | 49756 | 31632 | 58944 | 48955 | 64052 | 50480 | 30828 | 44810 | 24887 | 42768 |
| 芜湖市 | Wuhu | 46234 | 24561 | 32689 | 45635 | 51220 | 38862 | 34539 | 48280 | 29747 | 70217 |
| 宣城市 | Xuancheng | 43872 | 23146 | | 38596 | 61109 | 39902 | 55622 | 35695 | 23737 | 40804 |
| 铜陵市 | Tongling | 45361 | 24609 | 29624 | 43400 | 61907 | 33918 | 31078 | 28345 | 25230 | 46862 |
| 池州市 | Chizhou | 40829 | 24841 | 36426 | 33730 | 63432 | 37489 | 45949 | 41415 | 31506 | 39179 |
| 安庆市 | Anqing | 36259 | 25452 | 41045 | 34076 | 55839 | 27466 | 33418 | 28116 | 26276 | 41274 |
| 黄山市 | Huangshan | 39427 | 29947 | 26958 | 30607 | 40360 | 31953 | 42912 | 37507 | 27358 | 52530 |

| 地区 | Region | 金融业 Banking | 房地产业 Real Estate | 租赁和商务服务业 Leasing and Commercial Services | 科学研究和技术服务业 Scientific Research and Technical Services | 水利、环境和公共设施管理业 Water Conservancy, Environmental and Public Facilities Management | 居民服务、修理和其他服务业 Residents Service, Repair and Other Services | 教育 Education | 卫生和社会工作 Health and Social Work | 文化、体育和娱乐业 Culture, Sports and Entertainment | 公共管理、社会保障和社会组织 Public Management, Social Security and Social Organization |
|---|---|---|---|---|---|---|---|---|---|---|---|
| **总计** | **Total** | **59416** | **39354** | **36804** | **51618** | **29700** | **35602** | **42258** | **44178** | **39138** | **43086** |
| 合肥市 | Hefei | 91076 | 40199 | 48875 | 62953 | 38962 | 39085 | 50313 | 53962 | 43988 | 52324 |
| 淮北市 | Huaibei | 42463 | 46311 | 29176 | 30920 | 38751 | 27552 | 43019 | 42445 | 33622 | 43164 |
| 亳州市 | Bozhou | 43653 | 31505 | 23166 | 32328 | 21337 | 26315 | 35715 | 34590 | 30642 | 35106 |
| 宿州市 | Suzhou | 45979 | 31595 | 25667 | 26489 | 20403 | 24175 | 35766 | 32348 | 28190 | 32405 |
| 蚌埠市 | Bengbu | 46926 | 34626 | 26243 | 51814 | 32915 | 31306 | 41534 | 40763 | 37335 | 39232 |
| 阜阳市 | Fuyang | 43034 | 30539 | 18946 | 35330 | 20554 | 25883 | 38504 | 38701 | 31485 | 34138 |
| 淮南市 | Huainan | 50848 | 38449 | 33506 | 49104 | 26439 | 37631 | 44256 | 38999 | 36394 | 52543 |
| 滁州市 | Chuzhou | 53909 | 41917 | 19491 | 34590 | 24177 | 34718 | 41464 | 39185 | 39804 | 43359 |
| 六安市 | Luan | 51559 | 32786 | 30924 | 36034 | 24325 | 30793 | 38280 | 38205 | 35899 | 36758 |
| 马鞍山市 | Maanshan | 58950 | 59490 | 39404 | 49617 | 36082 | 43383 | 49301 | 46662 | 53781 | 50827 |
| 芜湖市 | Wuhu | 69502 | 49318 | 42414 | 56468 | 35715 | 48036 | 48206 | 57335 | 38034 | 45844 |
| 宣城市 | Xuancheng | 58565 | 33861 | 29003 | 42222 | 29613 | 36314 | 47832 | 46115 | 38918 | 46620 |
| 铜陵市 | Tongling | 80673 | 53418 | 32923 | 51866 | 26533 | 55686 | 57225 | 67073 | 55132 | 60274 |
| 池州市 | Chizhou | 44097 | 40276 | 27149 | 43825 | 31070 | 45556 | 42839 | 45294 | 38525 | 43361 |
| 安庆市 | Anqing | 47262 | 39880 | 30421 | 34258 | 28408 | 31025 | 36662 | 43043 | 31045 | 37981 |
| 黄山市 | Huangshan | 50669 | 48060 | 38153 | 41394 | 36068 | 37134 | 43304 | 45502 | 31900 | 44026 |

## 4—24 城镇非私营单位就业人员年平均工资（2012年）
Average Wage of Employed Persons of Urban Non-private Owned Units at Their Posts (2012)

单位：元（yuan）

| 行业 | Sector | 合计 Total | 在岗职工 Staff | 国有单位 State-owned Units | 城镇集体单位 Urban Collective-owned Units | 其他单位 Units of Other Types of Ownership |
|---|---|---|---|---|---|---|
| **总计** | **Total** | **44601** | **46091** | **44818** | **34741** | **45209** |
| **按执行会计标准类别分组** | **Grouped by Executive Acounting System Type** | | | | | |
| 企业 | Enterprises | 45824 | 47315 | 48287 | 35687 | 45408 |
| 事业 | Institutions | 42089 | 43452 | 42602 | 32647 | 39427 |
| 机关 | Agencies & Organizations | 43613 | 45832 | 43636 | 31739 | |
| 民间非营利组织 | Non-profit Organizations | 32919 | 33185 | | 40864 | 32447 |
| 其他 | Others | 45181 | 48002 | 62871 | 29344 | 31730 |
| **按国民经济行业分组** | **Grouped by Economic Sector** | | | | | |
| 农、林、牧、渔业 | Farming, Forestry, Animal Husbandry and Fishery | 22845 | 24161 | 22671 | 21176 | 31657 |
| 采矿业 | Mining and Quarrying | 70568 | 71149 | 68273 | 28646 | 72829 |
| 制造业 | Manufacturing | 42393 | 42714 | 48989 | 33430 | 41500 |
| 电力、热力、燃气及水的生产和供应业 | Electricity, Heat, Gas and Water Production and Supply Industry | 55599 | 56031 | 56221 | 29739 | 55447 |
| 建筑业 | Construction | 39920 | 40213 | 40529 | 32319 | 40621 |
| 批发和零售业 | Wholesale and Retail Trade | 34988 | 35484 | 39751 | 21297 | 33049 |
| 交通运输、仓储和邮政业 | Transport, Storage and Postal Services | 42787 | 43490 | 47763 | 18412 | 36378 |
| 住宿和餐饮业 | Accommodation and Catering Trade | 26406 | 26661 | 26267 | 20629 | 26612 |
| 信息传输、计算机服务和软件业 | Information Circulation, Computer Service and Software | 47492 | 49834 | 41065 | 32358 | 55614 |
| 金融业 | Banking | 59416 | 72730 | 53280 | 64324 | 62415 |
| 房地产业 | Real Estate | 39354 | 40402 | 35721 | 28675 | 40666 |
| 租赁和商务服务业 | Leasing and Commercial Services | 36804 | 37629 | 31858 | 23955 | 44584 |
| 科学研究和技术服务业 | Scientific Research and Technical Services | 51618 | 54398 | 51947 | 35131 | 50989 |
| 水利、环境和公共设施管理业 | Water Conservancy, Environmental and Public Facilities Management | 29700 | 32681 | 29603 | 23196 | 31691 |
| 居民服务、修理和其他服务业 | Residents Service, Repair and Other Services | 35602 | 37401 | 34458 | 40673 | 36158 |
| 教育 | Education | 42258 | 43188 | 42779 | 36462 | 32595 |
| 卫生和社会工作 | Health and Social Work | 44178 | 45548 | 47413 | 33097 | 39634 |
| 文化、体育和娱乐业 | Culture, Sports and Entertainment | 39138 | 40267 | 39442 | 28932 | 39470 |
| 公共管理、社会保障和社会组织 | Public Management, Social Security and Social Organization | 43086 | 45199 | 43093 | 41883 | 42486 |

## 4—25 各市城镇非私营单位就业人员年平均工资（2012年）
Average Wage of Employed Persons of Urban Non-private Owned Units at Their Posts by Region (2012)

单位：元（yuan）

| 地区 | Region | 合计 Total | 在岗职工 Staff | 国有单位 State-owned Units | 城镇集体单位 Urban Collective-owned Units | 其他单位 Units of Other Types of Ownership |
|---|---|---|---|---|---|---|
| **总计** | **Total** | **44601** | **46091** | **44818** | **34741** | **45209** |
| 合肥市 | Hefei | 49712 | 50722 | 52583 | 37654 | 48108 |
| 淮北市 | Huaibei | 55925 | 57012 | 57563 | 32608 | 54693 |
| 亳州市 | Bozhou | 37082 | 38425 | 37366 | 41035 | 35627 |
| 宿州市 | Suzhou | 36546 | 38336 | 39615 | 28961 | 27154 |
| 蚌埠市 | Bengbu | 37348 | 38061 | 42486 | 28068 | 33242 |
| 阜阳市 | Fuyang | 35390 | 35924 | 36135 | 36022 | 33497 |
| 淮南市 | Huainan | 54995 | 57559 | 43937 | 29369 | 60336 |
| 滁州市 | Chuzhou | 40491 | 41841 | 39813 | 39597 | 42135 |
| 六安市 | Luan | 35062 | 36922 | 35800 | 32876 | 33827 |
| 马鞍山市 | Maanshan | 49756 | 51164 | 48904 | 37427 | 51519 |
| 芜湖市 | Wuhu | 46234 | 47706 | 51715 | 43761 | 43377 |
| 宣城市 | Xuancheng | 43872 | 46426 | 45474 | 43935 | 41007 |
| 铜陵市 | Tongling | 45361 | 47634 | 51592 | 22675 | 38138 |
| 池州市 | Chizhou | 40829 | 42243 | 43339 | 45257 | 35003 |
| 安庆市 | Anqing | 36259 | 38197 | 37701 | 33672 | 32080 |
| 黄山市 | Huangshan | 39427 | 40889 | 43148 | 42888 | 34209 |

## 4—26 城镇私营单位就业人员和工资情况（2012年）
Wages of Employed Persons in Private Enterprises of Urban Areas (2012)

| 行 业 | Sector | 单位就业人员 Unit Employed People 年末人数（人） Number of Persons At the end of Year (person) | 平均人数（人） Average Number of Persons (person) | 工资总额（千元） Total Wage (1000 yuan) | 平均工资（元） Average Wage (yuan) |
|---|---|---|---|---|---|
| **总 计** | **Total** | **3211598** | **3193578** | **88144769** | **27601** |
| **按企业、非企业分组** | **Grouped by Enterprises and Non-enterprises** | | | | |
| 企 业 | Enterprises | 2094895 | 2059937 | 60403998 | 29323 |
| 非 企 业 | Non-enterprises | 1116703 | 1133641 | 27176156 | 23972 |
| **按国民经济行业分组** | **Grouped by Economic Sector** | | | | |
| 农、林、牧、渔业 | Farming, Forestry, Animal Husbandry and Fishery | 26943 | 27197 | 654806 | 24076 |
| 采矿业 | Mining and Quarrying | 67716 | 68074 | 2012483 | 29563 |
| 制造业 | Manufacturing | 2099494 | 2096767 | 58888276 | 28085 |
| 电力、热力、燃气及水的生产和供应业 | Electricity, Heat, Gas and Water Production and Supply Industry | 8138 | 8102 | 211522 | 26107 |
| 建筑业 | Construction | 263854 | 255059 | 8442437 | 33100 |
| 批发和零售业 | Wholesale and Retail Trade | 157777 | 157576 | 3701308 | 23489 |
| 交通运输、仓储和邮政业 | Transport, Storage and Postal Services | 101474 | 101446 | 3054747 | 30112 |
| 住宿和餐饮业 | Accommodation and Catering Trade | 125616 | 120352 | 2758496 | 22920 |
| 信息传输、计算机服务和软件业 | Information Circulation, Computer Service and Software | 159896 | 159689 | 3020305 | 18914 |
| 金融业 | Banking | 15408 | 15376 | 350140 | 22772 |
| 房地产业 | Real Estate | 8684 | 8647 | 242489 | 28043 |
| 租赁和商务服务业 | Leasing and Commercial Services | 51421 | 50892 | 1167016 | 22931 |
| 科学研究和技术服务业 | Scientific Research and Technical Services | 54826 | 54678 | 1967119 | 35976 |
| 水利、环境和公共设施管理业 | Water Conservancy, Environmental and Public Facilities Management | 13972 | 14009 | 320206 | 22857 |
| 居民服务、修理和其他服务业 | Residents Service, Repair and Other Services | 18377 | 17781 | 344967 | 19401 |
| 教 育 | Education | 7923 | 7875 | 263013 | 33398 |
| 卫生和社会工作 | Health and Social Work | 17154 | 17006 | 437619 | 25733 |
| 文化、体育和娱乐业 | Culture, Sports and Entertainment | 8202 | 8281 | 200971 | 24269 |
| 公共管理、社会保障和社会组织 | Public Management, Social Security and Social Organization | 4723 | 4771 | 106849 | 22395 |

注：本表数据为私营单位抽样调查推算数。
a) Data in this table is projected Sample Survey of private units.

# 4—27 城镇非私营单位分行业就业人员年平均工资（2012年）
## Average Wage of Employed Persons of Urban Non-private Owned Units by Sector (2012)

单位：元（yuan）

| 行　业 | Sector | 合　计<br>Total | 国有单位<br>State-owned Units | 城镇集体单　位<br>Urban Collective-owned Units | 其他单位<br>Units of Other Types of Ownership |
|---|---|---|---|---|---|
| **总　　计** | **Total** | **44601** | **44818** | **34741** | **45209** |
| **按执行会计标准类别分组** | **Grouped by Executive Acounting System Type** | | | | |
| 企　业 | Enterprises | 45824 | 48287 | 35687 | 45408 |
| 事　业 | Institutions | 42089 | 42602 | 32647 | 39427 |
| 机　关 | Agencies & Organizations | 43613 | 43636 | 31739 | |
| 民间非营利组织 | Non-profit Organizations | 32919 | | 40864 | 32447 |
| 其　他 | Others | 45181 | 62871 | 29344 | 31730 |
| **按国民经济行业分组** | **Grouped by Economic Sector** | | | | |
| **农、林、牧、渔业** | **Farming, Forestry, Animal Husbandry and Fishery** | **22845** | **22671** | **21176** | **31657** |
| 农　业 | Farming | 19233 | 19221 | 18821 | 26018 |
| 林　业 | Forestry | 24462 | 24457 | | 31571 |
| 牧畜业 | Animal Husbandry | 26446 | 15729 | | 35242 |
| 渔　业 | Fishery | 15957 | 15797 | 17737 | |
| 农、林、牧、渔服务业 | Agricultural Services | 30789 | 31317 | 22091 | 23959 |
| **采矿业** | **Mining and Quarrying** | **70568** | **68273** | **28646** | **72829** |
| **制造业** | **Manufacturing** | **42393** | **48989** | **33430** | **41500** |
| #酒、饮料和精制茶制造业 | Wine, Drinks and Refined Tea Manufacturing | 35194 | 37461 | 25472 | 34325 |
| 烟草制品业 | Tobacco | 89018 | 93136 | 51562 | 53788 |
| 石油加工、炼焦和核燃料加工业 | Petroleum Processing, Coking and Nuclear Fuel Processing | 36990 | 46870 | | 35365 |
| 化学原料和化学制品制造业 | Raw Chemical Materials and Chemical Products | 38006 | 29148 | 26960 | 38461 |
| 橡胶和塑料制品业 | Rubber and Plastic Products | 38863 | 46188 | 25671 | 38349 |
| 非金属矿物制品业 | Nonmetal Mineral Products | 40603 | 47066 | 21545 | 40430 |
| 黑色金属冶炼和压延加工业 | Smelting and Pressing of Ferrous Metals | 53518 | 43957 | 27293 | 53960 |
| 有色金属冶炼和压延加工业 | Smelting and Pressing of Nonferrous Metals | 46053 | 49542 | | 34229 |
| 金属制品业 | Metal Products | 48087 | 32414 | 39123 | 48520 |
| 通用设备制造业 | Equipments in Current Use | 38804 | 37156 | 32097 | 39789 |
| 汽车制造业 | Automobile Manufacturing Industry | 43884 | 50799 | 25932 | 40497 |
| 电气机械和器材制造业 | Electric Equipment and Machinery | 38297 | 49320 | 33384 | 38116 |
| **电力、热力、燃气及水的生产和供应业** | **Electricity, Heat, Gas and Water Production and Supply Industry** | **55599** | **56221** | **29739** | **55447** |
| **建筑业** | **Construction** | **39920** | **40529** | **32319** | **40621** |
| 房屋建筑业 | Housing Industry | 37916 | 35352 | 32071 | 39496 |
| 土木工程建筑业 | Civil Engineering Construction | 43925 | 50960 | 28308 | 40655 |
| 建筑安装业 | Construction and Installation Industry | 52293 | 31989 | 37106 | 57952 |
| 建筑装饰和其他建筑业 | Building Decoration and Other Construction | 34727 | 39014 | 24091 | 32467 |
| **批发和零售业** | **Wholesale and Retail Trade** | **34988** | **39751** | **21297** | **33049** |
| 批 发 业 | Wholesale | 41095 | 43710 | 21962 | 39654 |
| 零 售 业 | Retail Trade | 28851 | 27265 | 20516 | 29596 |
| **交通运输、仓储和邮政业** | **Transport, Storage and Postal Services** | **42787** | **47763** | **18412** | **36378** |
| #铁路运输业 | Railway Transport | 68433 | 69264 | 25091 | 65759 |
| 道路运输业 | Highway Transport | 31222 | 32193 | 24479 | 30893 |
| 水上运输业 | Water Way Transport | 41046 | 25787 | 11061 | 55488 |
| 航空运输业 | Air Transport | 61804 | 46391 | | 78631 |
| 邮 政 业 | Postal Services | 37447 | 37785 | | 22214 |
| **住宿和餐饮业** | **Accommodation and Catering Trade** | **26406** | **26267** | **20629** | **26612** |
| 住 宿 业 | Accommodation Trade | 27003 | 26331 | 22208 | 27477 |
| 餐 饮 业 | Catering Services | 24609 | 25648 | 14060 | 24671 |
| **信息传输、软件和信息技术服务业** | **Information Transmission, Software and Information Technology Services** | **47492** | **41065** | **32358** | **55614** |
| 电信、广播电视和卫星传输服务 | Telecommunications, Broadcasting and TV Transmission and Satellite Services | 46526 | 41098 | 32358 | 54769 |
| 互联网和相关服务 | The Internet and Related Services | 33018 | 40161 | | 30179 |
| 软件和信息技术服务业 | Software and Information Technology Services | 60914 | 33775 | | 61747 |

## 4—27 续表 continued

单位：元（yuan）

| 行　业 | Sector | 合　计 Total | 国有单位 State-owned Units | 城镇集体单位 Urban Collective-owned Units | 其他单位 Units of Other Types of Ownership |
|---|---|---|---|---|---|
| **金 融 业** | **Banking and Insurance** | **59416** | **53280** | **64324** | **62415** |
| 货币金融服务 | Monetary and Financial Services | 74062 | 64994 | 64429 | 85108 |
| 资本市场服务 | Capital Market Services | 112715 | 102564 | | 122784 |
| 保险业 | Insurance | 31300 | 24883 | 131231 | 34103 |
| 其他金融业 | Other Financial Activities | 82812 | 39133 | 52302 | 108803 |
| **房地产业** | **Real Estate** | **39354** | **35721** | **28675** | **40666** |
| #房地产开发经营 | Real Estate Development and Operation | 44927 | 41692 | 47733 | 45598 |
| 物业管理 | Real Estate Management | 30348 | 25363 | 23790 | 31757 |
| **租赁和商务服务业** | **Leasing and Commercial Services** | **36804** | **31858** | **23955** | **44584** |
| 租赁业 | Leasing | 35410 | 29773 | | 36113 |
| 商务服务业 | Commercial Services | 36837 | 31869 | 23955 | 44979 |
| **科学研究和技术服务业** | **Scientific Research and Technical Services** | **51618** | **51947** | **35131** | **50989** |
| 研究和试验发展 | Research and Experimental Development | 69040 | 73097 | 24097 | 59974 |
| 专业技术服务业 | Professional and Technical Services | 47488 | 47965 | 39152 | 45048 |
| 科技推广和应用服务业 | Science and Technology Popularization and Application Services | 36570 | 36382 | 33757 | 39470 |
| **水利、环境和公共设施管理业** | **Water Conservancy, Environmental and Public Facilities Management** | **29700** | **29603** | **23196** | **31691** |
| 水利管理业 | Water Conservancy Management | 33004 | 33562 | 38329 | 18610 |
| 生态保护和环境治理业 | Ecological Protection and Environmental Governance Industry | 31680 | 31229 | | 43957 |
| 公共设施管理业 | Public Facilities Management | 28313 | 27751 | 22384 | 33128 |
| **居民服务、修理和其他服务业** | **Residents Service, Repair and Other Services** | **35602** | **34458** | **40673** | **36158** |
| 居民服务业 | Resident Services | 32281 | 35232 | 25353 | 20729 |
| 机动车、电子产品和日用产品修理业 | Motor Vehicle Repair Industry, Electronic Products and Daily Products | 32045 | 22964 | 55278 | 27846 |
| 其他服务业 | Other Services | 47025 | 34199 | 17500 | 50603 |
| **教　育** | **Education** | **42258** | **42779** | **36462** | **32595** |
| #高等教育 | High Education | 49562 | 50723 | | 30975 |
| 中等教育 | Secondary Education | 42627 | 43124 | 38257 | 34950 |
| 初等教育 | Primary Education | 40178 | 40241 | 42315 | 33032 |
| **卫生和社会工作** | **Health and Social Work** | **44178** | **47413** | **33097** | **39634** |
| 卫　生 | Health | 44341 | 47645 | 33115 | 39874 |
| 社会工作 | Social Wwork | 31794 | 32604 | 21904 | 26718 |
| **文化、体育和娱乐业** | **Culture, Sports and Entertainment** | **39138** | **39442** | **28932** | **39470** |
| 新闻和出版业 | Press and Publication | 52866 | 53130 | 26519 | 52221 |
| 广播、电视、电影和影视录音制作业 | Radio, Television, Film and Television Recording Studios | 38223 | 38418 | 31764 | 32333 |
| 文化艺术业 | Culture and Arts | 34875 | 35363 | 28185 | 34653 |
| 体　育 | Sports | 34461 | 34714 | | 33351 |
| 娱乐业 | Entertainment | 36935 | 41846 | | 36059 |
| **公共管理、社会保障和社会组织** | **Public Management, Social Security and Social Organizatio** | **43086** | **43093** | **41883** | **42486** |
| 中国共产党机关 | Organs of Chinese Communist Party | 45783 | 45783 | | |
| 国家机构 | State Organs | 43003 | 42964 | 54664 | |
| 人民政协、民主党派 | CPPCC and Domocratic Parties | 53794 | 53794 | | |
| 社会保障 | The Social Security | 35327 | 35334 | | 34818 |
| 群众团体、社会团体和其他成员组织 | Mass Organizations, Social Organizations and Religious Organizations | 43394 | 43934 | 30143 | |
| 基层群众自治组织 | The Grassroots Autonomous Organizations | 21811 | 37552 | 17113 | 48016 |

# 4—28 各县（市）城镇非私营单位就业人员和平均工资（2012年）

Number of Employed Persons and Their Average Wages of Urban Non-private Owned Units by County (City) (2012)

| 县（市） County (City) | | 就业人员（人） Staff (person) | #国有单位 State-owned Units | #城镇集体单位 Urban Collective-owned Units | 就业人员工资总额（千元） Total Wage of Staff (1000 yuan) | #国有单位 State-owned Units | #城镇集体单位 Urban Collective-owned Units | 就业人员平均工资（元） Average Wage of Staff (yuan) | #国有单位 State-owned Units | #城镇集体单位 Urban Collective-owned Units |
|---|---|---|---|---|---|---|---|---|---|---|
| 巢湖市 | Chaohu | 44966 | 20423 | 1653 | 1854328 | 960931 | 59150 | 42955 | 47302 | 36671 |
| 长丰县 | Changfeng | 48063 | 14155 | 1440 | 2200287 | 702181 | 51454 | 46783 | 49408 | 35906 |
| 肥东县 | Feidong | 40108 | 20263 | 3483 | 1739690 | 904953 | 118729 | 44369 | 44982 | 37173 |
| 肥西县 | Feixi | 64576 | 19050 | 3663 | 2742922 | 841962 | 158034 | 43434 | 44461 | 42712 |
| 庐江县 | Lujiang | 51861 | 23162 | 1331 | 1755842 | 962316 | 44822 | 35670 | 41729 | 34963 |
| 濉溪县 | Suixi | 28300 | 19743 | 4382 | 1124304 | 856166 | 133265 | 39916 | 43480 | 30336 |
| 谯城区 | Qiaocheng District | 46333 | 32787 | 255 | 1910561 | 1285643 | 6980 | 40350 | 39443 | 28963 |
| 涡阳县 | Guoyang | 39029 | 30173 | 2168 | 1418629 | 1057460 | 90062 | 37247 | 35920 | 43133 |
| 蒙城县 | Mengcheng | 38790 | 26440 | 2430 | 1362897 | 1002512 | 85120 | 36702 | 38603 | 39407 |
| 利辛县 | Lixin | 34515 | 22184 | 1497 | 1050613 | 693989 | 64143 | 30818 | 31605 | 43107 |
| 埇桥区 | Yongqiao District | 122640 | 100862 | 6923 | 5118804 | 4517135 | 188930 | 41723 | 44651 | 29147 |
| 砀山县 | Dangshan | 29088 | 19401 | 1922 | 907871 | 604576 | 63682 | 30500 | 32051 | 28881 |
| 萧　县 | Xiaoxian | 32033 | 22261 | 7211 | 1067875 | 754569 | 217457 | 33559 | 34092 | 30602 |
| 灵璧县 | Lingbi | 27789 | 20307 | 2402 | 833093 | 650613 | 57123 | 30496 | 32438 | 24665 |
| 泗　县 | Sixian | 24079 | 17079 | 2909 | 754652 | 577221 | 74530 | 31919 | 33898 | 27935 |
| 怀远县 | Huaiyuan | 31990 | 21002 | 1988 | 1056063 | 726793 | 55112 | 33055 | 34555 | 27806 |
| 五河县 | Wuhe | 17101 | 12585 | 1241 | 641157 | 525815 | 34552 | 37673 | 41748 | 28114 |
| 固镇县 | Guzhen | 17262 | 11700 | 1307 | 538292 | 388094 | 32915 | 32181 | 34402 | 26587 |
| 颍州区 | Yingzhou District | 62557 | 36081 | 843 | 2202134 | 1488275 | 44743 | 35890 | 42673 | 53649 |
| 颍东区 | Yingdong District | 25731 | 13406 | 1061 | 1022530 | 525149 | 32206 | 39918 | 39583 | 34298 |
| 颍泉区 | Yingquan District | 41390 | 22522 | 1923 | 1296580 | 842818 | 76488 | 34533 | 39276 | 40577 |
| 界首市 | Jieshou | 25317 | 15364 | 427 | 848182 | 508114 | 24677 | 33423 | 32956 | 58615 |
| 临泉县 | Linquan | 32934 | 25548 | 3206 | 1087185 | 900956 | 101450 | 33925 | 35756 | 31703 |
| 太和县 | Taihe | 31657 | 24959 | 3108 | 1032279 | 867157 | 91607 | 32703 | 34652 | 30844 |
| 阜南县 | Funan | 26664 | 24181 | 898 | 885993 | 809292 | 40141 | 33629 | 33684 | 44651 |
| 颍上县 | Yingshang | 35718 | 22452 | 1959 | 1437938 | 692274 | 60356 | 40149 | 30743 | 31015 |
| 凤台县 | Fengtai | 63704 | 16826 | 3002 | 3797620 | 609434 | 74317 | 59382 | 36117 | 24947 |
| 天长市 | Tianchang | 20777 | 14916 | 1247 | 904833 | 598829 | 76978 | 44315 | 40759 | 62482 |
| 明光市 | Mingguang | 20373 | 15898 | 1598 | 630756 | 480055 | 53559 | 30871 | 30200 | 31956 |
| 来安县 | Laian | 15696 | 10629 | 1604 | 637013 | 415424 | 65081 | 41156 | 39121 | 40752 |
| 全椒县 | Quanjiao | 20093 | 12307 | 1228 | 841522 | 485524 | 39039 | 41965 | 39317 | 32944 |
| 定远县 | Dingyuan | 23077 | 16659 | 2058 | 860854 | 635451 | 70467 | 37407 | 38138 | 35446 |
| 凤阳县 | Fengyang | 17646 | 14449 | 1290 | 644595 | 538161 | 45238 | 36579 | 37189 | 35537 |
| 金安区 | Jinan District | 55651 | 31691 | 3556 | 2103755 | 1245726 | 89861 | 38116 | 39424 | 26728 |
| 裕安区 | Yuan District | 33455 | 22773 | 1253 | 1203171 | 814432 | 34077 | 36569 | 35783 | 27327 |
| 寿　县 | Shouxian | 31525 | 23458 | 1025 | 904376 | 681111 | 24548 | 28644 | 28896 | 24548 |

**4—28 续表 continued**

| 县（市） County or City | | 就业人员（人） Staff (person) | #国有单位 State-owned Units | #城镇集体单位 Urban Collective-owned Units | 就业人员工资总额（千元） Total Wage of Staff (1000 yuan) | #国有单位 State-owned Units | #城镇集体单位 Urban Collective-owned Units | 就业人员平均工资（元） Average Wage of Staff (yuan) | #国有单位 State-owned Units | #城镇集体单位 Urban Collective-owned Units |
|---|---|---|---|---|---|---|---|---|---|---|
| 霍邱县 | Huoqiu | 35613 | 29352 | 3109 | 1215587 | 1041938 | 106424 | 34863 | 36146 | 34950 |
| 舒城县 | Shucheng | 27625 | 17029 | 4783 | 964515 | 661465 | 149307 | 35192 | 38493 | 33514 |
| 金寨县 | Jinzhai | 21886 | 16688 | 3509 | 757484 | 574379 | 138889 | 34763 | 34547 | 38463 |
| 霍山县 | Huoshan | 22810 | 9961 | 1175 | 773611 | 361740 | 45275 | 34275 | 36356 | 38466 |
| 当涂县 | Dangtu | 17410 | 12825 | 1062 | 857086 | 685367 | 40972 | 50423 | 55067 | 39434 |
| 含山县 | Hanshan | 12666 | 10659 | 354 | 577600 | 497914 | 12556 | 45976 | 47026 | 36821 |
| 和　县 | Hexian | 23841 | 12659 | 5197 | 805388 | 526540 | 167573 | 40997 | 41999 | 41633 |
| 芜湖县 | Wuhu | 10104 | 7807 | 327 | 457361 | 359137 | 12251 | 45718 | 46769 | 38165 |
| 繁昌县 | Fanchang | 17734 | 6898 | 453 | 857644 | 333449 | 19142 | 49014 | 49717 | 44106 |
| 南陵县 | Nanling | 23937 | 9205 | 764 | 1025933 | 387686 | 29926 | 43087 | 42725 | 39376 |
| 无为县 | Wuwei | 43256 | 26647 | 961 | 1815470 | 1141177 | 37215 | 42168 | 43075 | 38485 |
| 宣州区 | Xuanzhou District | 39302 | 25301 | 1293 | 1756130 | 1168270 | 44714 | 45119 | 46378 | 33721 |
| 宁国市 | Ningguo | 29739 | 12014 | 413 | 1298004 | 588499 | 30662 | 43890 | 49042 | 78219 |
| 郎溪县 | Langxi | 14788 | 8351 | 521 | 588367 | 353115 | 16521 | 40449 | 43010 | 32394 |
| 广德县 | Guangde | 12616 | 11437 | 537 | 593955 | 506069 | 43225 | 48317 | 45510 | 80493 |
| 泾　县 | Jingxian | 15200 | 10718 | 517 | 637374 | 455123 | 17115 | 42193 | 42948 | 33958 |
| 绩溪县 | Jixi | 7389 | 6147 | 284 | 317894 | 273747 | 11276 | 43452 | 44987 | 41763 |
| 旌德县 | Jingde | 8721 | 4879 | 744 | 345998 | 209763 | 25054 | 40845 | 42687 | 33272 |
| 铜陵县 | Tongling | 16245 | 8440 | | 760708 | 452326 | | 47267 | 54100 | |
| 贵池区 | Guichi District | 31987 | 22344 | 1105 | 1391413 | 1014445 | 48798 | 43719 | 45751 | 44241 |
| 东至县 | Dongzhi | 15931 | 11918 | 1638 | 603597 | 489395 | 36586 | 40002 | 41250 | 41200 |
| 石台县 | Shitai | 5763 | 4770 | 20 | 185307 | 163539 | 200 | 32487 | 34509 | 10000 |
| 青阳县 | Qingyang | 12409 | 7173 | 455 | 489294 | 314440 | 29699 | 41960 | 44294 | 65416 |
| 桐城市 | Tongcheng | 25785 | 20656 | 3784 | 1009990 | 845771 | 106539 | 39936 | 40999 | 32129 |
| 怀宁县 | Huaining | 18213 | 14185 | 1811 | 685482 | 555778 | 56787 | 37348 | 39115 | 31796 |
| 枞阳县 | Zongyang | 21515 | 17144 | 3412 | 786822 | 658680 | 104212 | 36724 | 38605 | 30516 |
| 潜山县 | Qianshan | 15486 | 13376 | 1387 | 596282 | 510914 | 70773 | 38642 | 38305 | 51174 |
| 太湖县 | Taihu | 20193 | 13809 | 1097 | 710272 | 477615 | 76352 | 35972 | 35324 | 70371 |
| 宿松县 | Susong | 27888 | 26710 | 875 | 946278 | 908779 | 27951 | 34708 | 34824 | 32239 |
| 望江县 | Wangjiang | 15698 | 12808 | 1323 | 457818 | 354986 | 36051 | 29428 | 27775 | 31294 |
| 岳西县 | Yuexi | 14196 | 11101 | 848 | 458826 | 373529 | 25395 | 32486 | 33482 | 34271 |
| 屯溪区 | Tunxi District | 39704 | 19664 | 179 | 1564070 | 918500 | 6778 | 40554 | 46968 | 36441 |
| 黄山区 | Huangshan District | 14263 | 8256 | 345 | 561170 | 355857 | 17422 | 39592 | 43658 | 47471 |
| 徽州区 | Huizhou District | 9689 | 3128 | 232 | 371822 | 134148 | 20543 | 39451 | 43121 | 92955 |
| 歙　县 | Shexian | 15387 | 10252 | 499 | 598507 | 434584 | 15836 | 38960 | 42804 | 32517 |
| 休宁县 | Xiuning | 10546 | 6535 | 261 | 421254 | 255431 | 10345 | 39651 | 39437 | 39636 |
| 黟　县 | Yixian | 5510 | 3532 | 138 | 192575 | 131356 | 2299 | 36151 | 37413 | 16540 |
| 祁门县 | Qimen | 8144 | 6182 | 609 | 295971 | 233997 | 23747 | 36495 | 38085 | 39578 |

## 4—29 城镇登记失业人数及失业率
Number of Registered Urban Unemployed Persons and Unemployment Rate

单位：万人（10000 persons）

| 年　份<br>Year | 本年新登记失业人数<br>Number of New Unemployed Persons in this Year | 登记失业人员中新增就业人数<br>New Added Employees of the Registered Urban Unemployed Persons | 年末实有登记失业人数<br>Number of Unemployed Persons (Year-end) | #女　性<br>Female | 城镇登记失业率(%)<br>Urban Unemployed Ratio (%) |
|---|---|---|---|---|---|
| 2000 | 31.59 | 12.26 | 16.52 | 9.12 | 3.30 |
| 2003 | 33.19 | 29.66 | 25.14 | 13.51 | 4.10 |
| 2004 | 35.59 | 32.65 | 26.08 | 13.29 | 4.20 |
| 2005 | 34.63 | 32.88 | 13.60 | 13.60 | 4.40 |
| 2006 | 32.96 | 31.99 | 28.20 | 13.59 | 4.25 |
| 2007 | 29.78 | 29.71 | 28.02 | 13.70 | 4.06 |
| 2008 | 26.49 | 26.52 | 29.31 | 13.63 | 3.92 |
| 2009 | 25.24 | 26.08 | 30.07 | 13.89 | 3.92 |
| 2010 | 28.48 | 31.69 | 26.86 | 13.01 | 3.66 |
| 2011 | 36.91 | 30.64 | 33.13 | 15.65 | 3.74 |
| 2012 | 36.38 | 37.17 | 31.30 | 14.04 | 3.68 |

## 4—30 各市城镇登记失业人数及失业率（2012年）
Number of Registered Urban Unemployed Persons and Unemployment Rate by Region (2012)

单位：人（person）

| 地　区 Region | 本年新登记失业人数<br>Number of New Unemployed Persons in this Year | 登记失业人员中新增就业人数<br>New Added Employees of the Registered Urban Unemployed Persons | 年末实有登记失业人数<br>Number of Unemployed Persons (Year-end) | #女　性<br>Female | 城镇登记失业率(%)<br>Urban Unemployed Ratio (%) |
|---|---|---|---|---|---|
| **总　计 Total** | **363892** | **371748** | **313011** | **140432** | **3.68** |
| 合肥市 Hefei | 54780 | 54294 | 113286 | 52710 | 3.65 |
| 淮北市 Huaibei | 22489 | 19643 | 19666 | 11639 | 4.21 |
| 亳州市 Bozhou | 12096 | 13231 | 6682 | 1708 | 3.80 |
| 宿州市 Suzhou | 9335 | 9846 | 11815 | 7188 | 3.72 |
| 蚌埠市 Bengbu | 37937 | 41235 | 17934 | 5612 | 3.21 |
| 阜阳市 Fuyang | 8554 | 10701 | 7752 | 4163 | 2.92 |
| 淮南市 Huainan | 23361 | 26062 | 20872 | 3695 | 4.00 |
| 滁州市 Chuzhou | 28927 | 27944 | 10720 | 4847 | 3.75 |
| 六安市 Luan | 13981 | 13588 | 17356 | 6379 | 3.71 |
| 马鞍山市 Maanshan | 42447 | 42072 | 9264 | 4086 | 2.80 |
| 芜湖市 Wuhu | 30440 | 32955 | 16569 | 8502 | 3.91 |
| 宣城市 Xuancheng | 11683 | 11304 | 9145 | 4530 | 3.46 |
| 铜陵市 Tongling | 29745 | 29578 | 10190 | 5179 | 3.66 |
| 池州市 Chizhou | 4960 | 4839 | 8897 | 4046 | 3.73 |
| 安庆市 Anqing | 26862 | 28163 | 26752 | 13361 | 4.20 |
| 黄山市 Huangshan | 6295 | 6293 | 6111 | 2787 | 3.82 |

# 主要统计指标解释

**就业人员**

指从事一定社会劳动并取得劳动报酬或经营收入的全部劳动力。包括：1. 全部职工；2. 城镇私营企业从业人员；3. 城镇个体劳动者；4. 农村社会劳动者；5. 其他社会劳动者。这一指标反映了一定时期内全部劳动力资源的实际利用情况，是研究基本国情国力的重要指标。

**单位就业人员**

指在各级国家机关、政党机关、社会团体及企业、事业单位中工作，取得工资或其他形式的劳动报酬的全部人员。包括在岗职工、再就业的离退休人员、民办教师以及在各单位中工作的外方人员和港澳台方人员、兼职人员、借用的外单位人员和第二职业者。不包括离开本单位仍保留劳动关系的职工。各单位的从业人员反映了各单位实际参加生产或工作的全部劳动力。

**城镇私营和个体就业人员**

城镇私营就业人员指在工商管理部门注册登记，其经营地址设在县城关镇（含城关镇）以上的私营企业从业人员；包括私营企业投资者和雇工。城镇个体从业人员指在工商管理部门注册登记，并持有城镇户口或在城镇长期居住，经批准从事个体工商经营的从业人员；包括个体经营者和在个体工商户劳动的家庭帮工和雇工。

**城镇登记失业人员**

指有非农业户口，在一定的劳动年龄内，有劳动能力，无业而要求就业，并在当地就业服务机构进行求职登记的人员。

**城镇登记失业率**

指城镇登记失业人数同城镇从业人数与城镇登记失业人数之和的比。计算公式为：

城镇登记失业率=城镇登记失业人数/（城镇从业人数+城镇登记失业人数）×100%

**在岗职工**

指在本单位工作并由单位支付工资的人员，以及有工作岗位，但由于学习、病伤产假等原因暂未工作，仍由单位支付工资的人员。

**专业技术人员**

指从事专业技术工作的人员以及从事专业技术管理工作且已在1983年以前评定了专业技术职称或在1984年以后聘任了专业技术职务的人员。

专业技术人员具体指工程技术人员、农业技术人员、科研人员（含自然科学研究、社会科学研究及实验技术人员）、卫生技术人员、教学人员（含高等院校、中等专业学校、技工学校、中学、小学）、民用航空飞行技术人员、船舶技术人员、经济人员、会计人员、统计人员、翻译人员、图书资料、档案、文博人员、新闻、出版人员、律师、公证人员、广播电视播音人员、工艺美术人员、体育人员、艺术人员及政工人员。

专业技术管理人员具体指企业、事业单位的领导；企业、事业单位下设的职能机构、企业的生产车间和辅助车间（或附属辅助生产单位）中从事生产、技术、经济管理和政治工作的人员。

按照公务员管理或参照公务员管理的人员不统计为专业技术人员。

**就业人员工资总额**

指根据《关于工资总额组成的规定》(1990年1月1日国家统计局发布的一号令）进行修订，本单位在报告期内（季度或年度）直接支付给本单位全部就业人员的劳动报酬总额。包括计时工资、计件工资、奖金、津贴和补贴、加班加点工资、特殊情况下支付的工资，是在岗职工工资总额、劳务派遣人员工资总额和其他从业人员工资总额之和。

**在岗职工工资总额**

指本单位在报告期内直接支付给本单位全部在岗职工的劳动报酬总额。在岗职工工资总额由基本工资、绩效工资、工资性津贴和补贴、其他工资四部分组成。工资总额不包括病假、事假等情况的扣款。

**就业人员平均工资**

指本单位就业人员在报告期内平均每人所得的工资额。

**在岗职工平均工资**

指本单位在岗职工在报告期内平均每人所得的工资额。

# Explanatory Notes for Major Statistical Indicators

**Employed Persons**

refers to the persons who are engaged in social labor and receive remuneration payment or earn business income, including: (1)Total staff and workers; (2)Employed persons in private enterprises in urban areas; (3)Self-employed individuals in urban areas; (4)Social laborers in rural areas; (5)Other social laborers. It reflects the utilization of total labor force during a given period of time.

**Persons Employed in Various Units**

refer to all the persons working in government agencies of various levels, political and party organizations, social organizations, enterprises and institutions, and receiving wages or other forms of payment. They include fully-employed staff and workers, re-employed retirees, teachers in schools run by the local people, foreigners and Chinese compatriots from Hong Kong, Macao, and Taiwan working in various units, part-time employees, employees of other units working temporarily at current posts, and employees holding the second job, but exclude staff and workers who have left their working units while keeping their labour contract (employment relation) unchanged. This indicator reflects the total number of laborers actually engaged in production or other operations in various units.

**Persons Employed in Private Enterprises and Self-Employed Individuals in Urban Areas**

Persons employed in private enterprises refer to the persons employed in the private enterprises which have been registered at the departments of industrial and commercial administration and are situated at a county town (i.e. a town where the county government is located) for business operation or at urban areas with the level higher than a county town. The self-employed individuals in urban areas refer to persons who hold the certificates of residence in urban areas or have resided in the urban areas for a long time and have been registered at the departments of industrial and commercial administration and approved to be engaged in individual industrial or commercial business, including self-employed persons as well as helpers and hired labourers who work in the individual households engaged in industrial or commercial business.

**Registered Urban Unemployed Persons**

The registered unemployed persons in urban areas refer to the persons who are registered as permanent residents in the urban areas engaged in non-agricultural activities, aged within the range of working age, capable to labour, unemployed but desirous to be employed and have been registered at the local employment service agencies to apply for a job.

**Registered Urban Unemployment Rate**

Registered unemployment rate in urban areas refers to the ratio of the number of the registered unemployed persons to the sum of the number of employed persons and the registered unemployed persons. The formula is as follows:

Registered urban unemployment rate =number of registered urban unemployed persons/(urban employed person number + registered urban unemployed person number)×100%

**Fully Employed Staff and Workers**

refer to persons who work in, and receive wages from their working units, as well as persons who have their work posts, but are temporarily absent from work for reasons of study or on sick, injury or maternal leave and still receive wages from their working units.

**Professional and Technical Personnel**

refers to professional, technical and managerial staff members in institutions who were rated professional and technical titles before 1983 or appointed professional and technical posts after 1984.

Professional and technical personnel includes the following: Engineering, Agriculture, Scientific Research (including natural science, social science and laboratory technique), Health care, Teaching, civil aviation, shipping, economics, accounting, statistics, translating, archives, publishing, lawyer, broadcasting, craft, physical culture, art and political workers.

Managerial staff refers to the leadership of enterprises and institutions and persons engaged in production, technology, economic management and political work in functioning organizations under enterprises or institutions and workshop of enterprises.

Public servants or the personnel in light of public service are not included.

**Total wages of employed persons**

According to the "Regulations of total wages" (No.1 decree issued in January 1, 1990 by the National Bureau of Statistics) , it is revised, the unit during the report period (quarterly or annual) paid directly to the total remuneration of the units of all employees. Including hourly wages, piece-rate wages, bonuses, allowances and subsidies, overtime wages, wages under special circumstances, It is on the total wages of staff and workers, labor dispatch staff wages and other employees wages .

**Total wages of employed staff and workers**

Refers to the total remuneration directly to the total staff and workers of the units in the report period. Total wages of staff are made of four parts., the basic salary, performance salary, wages and allowances and subsidies, and other wages ,Total wages does not include Deduction by sick, personal leave and other ituation.

**The average wage of employed persons**

Refers to the average wages of staff in the report period

**Average wages of employed staff and workers**

Refers to the average wages of employed staff in the report period

# 第五篇

Chapter 5

# 固定资产投资

INVESTMENT IN FIXED ASSETS

## 简要说明

一、按照国家统计局现行统计制度规定，固定资产投资统计的范围包括：⑴城镇投资500万元以上项目；⑵房地产开发投资；⑶农村非农户投资。按登记注册类型分，包括内资、港澳台商及外商投资。

二、固定资产投资统计资料来源为：项目建设单位填报的报表和“一套表”平台房地产开发企业填的报表，由省统计局投资处加工整理提供。

三、固定资产投资统计的调查方法，均为全面统计报表。

## Brief Introduction

I. According to the current statistical system stipulated by State Statistical Bureau, the fixed assets investment includes: (1) items in town with investment of five million yean and above; (2) the real estate investment; (3) invested not by farmers in rural districts; By the registration, they include domestic investment, investment from Hong Kong, Macao and Taiwan and investment from foreign countries.

II. Data sources for the statistics of investment in fixed assets are as follows: These tables filled by the project construction units and real estate development enterprises of a set of tables platform are provided and processed by investment department of Anhui Provincial Bureau of Statistics

III. Method of data collection: Urban and rural areas are collected by sample surveys.

## 5—1 固定资产投资主要指标
Total Investment in Fixed Assets in the Whole Country

| 指　　标 | Item | 2011 | 2012 | 2012年比上年增长(%) Growth Rate in 2012 over 2011 (%) |
|---|---|---|---|---|
| **投资总额　（万元）** | **Total Investment　(10000 yuan)** | **121477794** | **150549510** | **23.9** |
| 按构成分 | Grouped by Structure | | | |
| 建筑安装工程 | Construction and Installation | 77553646 | 98444220 | 26.9 |
| 设备工具器具购置 | Purchase of Equipment and Instruments | 26156105 | 33412711 | 27.7 |
| 其他费用 | Others | 17758043 | 18692579 | 5.3 |
| 按三次产业分 | Grouped by Three Strata of Industry | | | |
| 第一产业 | Primary Industry | 1494883 | 2582127 | 72.7 |
| 第二产业 | Secondary Industry | 60706845 | 69396903 | 14.3 |
| 第三产业 | Tertiary Industry | 59276066 | 78570480 | 32.6 |
| **投资资金来源　（万元）** | **Sources of Funds for Investment　(10000 yuan)** | **136978895** | **162439023** | **18.6** |
| 国家预算资金 | State Budget | 9060221 | 9716055 | 7.2 |
| 国内贷款 | Domestic Loans | 12139795 | 15419120 | 27.0 |
| 债　券 | Bonds | 282930 | 168038 | -40.6 |
| 利用外资 | Foreign Investment | 1126979 | 1114388 | -1.1 |
| 自筹资金 | Self-raising Funds | 94707798 | 112801439 | 19.1 |
| 其他资金 | Others | 19661172 | 23219983 | 18.1 |
| **建设规模　（万元）** | **Investment in Construction　(10000 yuan)** | | | |
| 建设总规模 | Total Investment in Construction | 328417673 | 408547181 | 24.4 |
| 在建总规模 | Total Investment in Projects under Construction | 246573626 | 300271075 | 21.8 |
| 在建净规模 | Net Investment in Projects under Construction | 122180107 | 148440199 | 21.5 |
| **房屋建筑面积　（平方米）** | **Floor Space of Buildings　(sq.m)** | | | |
| 施工面积 | Floor Space under Construction | 402612778 | 495206756 | 23.0 |
| #住　宅 | Residential Buildings | 193402086 | 222608134 | 15.1 |
| 竣工面积 | Floor Space Completed | 86991636 | 92144446 | 5.9 |
| #住　宅 | Residential Buildings | 39788079 | 42462066 | 6.7 |

注：1、2010年统计口径为50万元以上项目及房地产。
2、2011,2012年统计口径为500万元以上项目及房地产。
3、2010年之前包含农户投资数据。

a) In 2010 Statistics is for over 500000 yuan project and real estate.
b) In 2011 Statistics is for over 5000000 yuan project and real estate.
c) Before 2010 ,Data includes farmer investment data.

## 5—2 主要年份固定资产投资
Total Investment in Fixed Assets in Main Year

单位：万元（10000 yuan）

| 年 份<br>Year | 固定资产投资<br>Investment in Fixed Assets | 城 镇<br>Urban | #房地产开发<br>Real Estate Development | 农 村<br>Rural | #非农户<br>Non-Rural Households |
|---|---|---|---|---|---|
| 2000 | 8666667 | 6395369 | 879261 | 2271298 | 1064861 |
| 2001 | 9641133 | 7278532 | 1109914 | 2362601 | 1087470 |
| 2002 | 11333146 | 8700846 | 1464887 | 2632300 | 1112300 |
| 2003 | 14777162 | 12146765 | 2406505 | 2630397 | 1129546 |
| 2004 | 19142273 | 16120830 | 3502733 | 3021443 | 1121443 |
| 2005 | 25209640 | 21391395 | 4594413 | 3818245 | 1699350 |
| 2006 | 35446671 | 30611574 | 6374464 | 4835097 | 2460086 |
| 2007 | 50936811 | 44507343 | 7756432 | 6429468 | 3679677 |
| 2008 | 67999535 | 60016050 | 13626657 | 7983485 | 4800825 |
| 2009 | 92631822 | 81546076 | 16698263 | 11085746 | 7178208 |
| 2010 | 118494343 | 109284231 | 22518045 | 9210112 | 9210112 |
| 2011 | 121477794 | 113723717 | 26115374 | 7754077 | 7754077 |
| 2012 | 150549510 | 140700322 | 31516065 | 9849188 | 9849188 |

注：2010、2011、2012年农村中不包含农户数据。
a) Rural data in 2010, 2011,2012 do not include rural household data.

## 5—3 主要年份分行业固定资产投资
Investment in Fixed Assets by Sector in Main Year

单位：万元（10000 yuan）

| 行 业 | Sector | 2010 | 2011 | 2012 |
|---|---|---|---|---|
| **总 计** | **Total** | **118494343** | **121477794** | **150549510** |
| 农、林、牧、渔业 | Farming, Forestry, Animal Husbandry and Fishery | 2214109 | 1761030 | 3019377 |
| 采矿业 | Mining and Quarrying | 4074986 | 3874157 | 3897100 |
| 制造业 | Manufacturing | 44488295 | 50786588 | 60726216 |
| 电力、热力、燃气及水生产和供应业 | Electricity, Heat, Gas and Water Production and Supply Industry | 3865796 | 3326035 | 4348081 |
| 建筑业 | Construction | 3638962 | 2751010 | 539763 |
| 批发和零售业 | Wholesale and Retail Trade | 2924336 | 2403612 | 3576526 |
| 交通运输、仓储和邮政业 | Transport, Storage and Postal Services | 6682157 | 5592573 | 6536148 |
| 住宿和餐饮业 | Accommodation and Catering Trade | 1901810 | 1656556 | 2153619 |
| 信息传输、软件和信息技术服务业 | Information Circulation, Computer Service and Software | 949936 | 536225 | 728392 |
| 金融业 | Banking | 493228 | 985569 | 626071 |
| 房地产业 | Real Estate | 28565844 | 32300774 | 41063015 |
| 租赁和商务服务业 | Leasing and Commercial Services | 552443 | 882145 | 1517707 |
| 科学研究和技术服务业 | Scientific Research and Technical Services | 748466 | 473732 | 1412650 |
| 水利、环境和公共设施管理业 | Water Conservancy, Environmental and Public Facilities Management | 9898894 | 8216068 | 12722650 |
| 居民服务、修理和其他服务业 | Residents Service, Repair and Other Services | 461181 | 382506 | 440946 |
| 教 育 | Education | 2170713 | 1702348 | 2040464 |
| 卫生和社会工作 | Health and Social Work | 1143594 | 927806 | 1076522 |
| 文化、体育和娱乐业 | Culture, Sports and Entertainment | 1193481 | 1056755 | 1580131 |
| 公共管理、社会保障和社会组织 | Public Management, Social Security and Social Organization | 2526112 | 1862305 | 2544132 |

注：2011、2012年为500万元以上项目统计口径，与往年为50万元以上项目统计口径不具可比性。
a) In 2011，2012 Statistics is for over 5000000 yuan project, it does not comparable with for over 500000 yuan in past project.

## 5—4 各市分行业固定资产投资（2012年）
### Investment in Fixed Assets by Industry by Region (2012)

单位：万元（10000 yuan）

| 地 区 Region | 合 计 Total | 农林牧渔业 Farming, Forestry, Animal Husbandry and Fishery | 采矿业 Mining and Quarrying | 制造业 Manufacturing | 电力、热力、燃气及水的生产和供应业 Electricity, Heat, Gas and Water Production and Supply Industry | 建筑业 Construction | 批发和零售业 Wholesale and Retail Trade | 交通运输、仓储和邮政业 Transport, Storage, Post & Telecommunications | 住宿和餐饮业 Accommodation and Catering Trade | 信息传输、计算机服务和软件业 Information, Circulation Computer Services and Software |
|---|---|---|---|---|---|---|---|---|---|---|
| **总 计 Total** | **150549510** | **3019377** | **3897100** | **60726216** | **4348081** | **539763** | **3576526** | **6536148** | **2153619** | **728392** |
| 合肥市 Hefei | 38030427 | 421123 | 171420 | 13840338 | 783199 | 233033 | 1053103 | 1045322 | 802938 | 324406 |
| 淮北市 Huaibei | 5772140 | 73800 | 582936 | 2715871 | 205999 | 2446 | 61217 | 259163 | 22066 | |
| 亳州市 Bozhou | 4302857 | 107758 | 137285 | 1604637 | 122550 | 10061 | 88009 | 108835 | 41224 | 18551 |
| 宿州市 Suzhou | 6136899 | 146508 | 333371 | 2912180 | 365996 | 19060 | 224154 | 391770 | 33487 | |
| 蚌埠市 Bengbu | 8727863 | 266438 | 13800 | 3810867 | 80074 | 31107 | 102454 | 542611 | 127730 | 819 |
| 阜阳市 Fuyang | 5148887 | 63620 | 153188 | 1706575 | 106505 | 2920 | 255789 | 464103 | 20157 | |
| 淮南市 Huainan | 6397036 | 232323 | 1042117 | 1060953 | 504009 | 20458 | 45940 | 109264 | 28141 | 33774 |
| 滁州市 Chuzhou | 8825883 | 122187 | 43195 | 3811020 | 229276 | | 62289 | 187372 | 53204 | 31172 |
| 六安市 Luan | 6872411 | 235874 | 310686 | 2832736 | 196999 | | 74596 | 206184 | 149782 | 37033 |
| 马鞍山市 Maanshan | 12011508 | 308272 | 180655 | 5427620 | 372995 | 9583 | 436954 | 253051 | 88520 | 112550 |
| 芜湖市 Wuhu | 17007935 | 216723 | 182330 | 8047747 | 367697 | 21908 | 534409 | 783923 | 215281 | 121424 |
| 宣城市 Xuancheng | 8053421 | 169508 | 149923 | 3407718 | 491543 | 65037 | 92018 | 702838 | 133296 | 14827 |
| 铜陵市 Tongling | 5343037 | 99245 | 259801 | 2028742 | 118552 | 99042 | 152619 | 403379 | 53950 | 9764 |
| 池州市 Chizhou | 3747383 | 33042 | 117752 | 1674202 | 85859 | | 24680 | 249043 | 46530 | |
| 安庆市 Anqing | 9720126 | 343517 | 201141 | 4899044 | 241309 | 25108 | 337745 | 524818 | 126860 | 12392 |
| 黄山市 Huangshan | 4451697 | 179439 | 17500 | 945966 | 75519 | | 30550 | 304472 | 210453 | 11680 |

| 地 区 Region | 金融业 Banking | 房地产业 Real Estate | 租赁和商务服务业 Leasing and Commercial Services | 科学研究和技术服务业 Scientific Research and Technical Services | 水利、环境和公共设施管理业 Water Conservancy, Environmental and Public Facilities Management | 居民服务、修理和其他服务业 Residents Service, Repair and Other Services | 教育 Education | 卫生和社会工作 Health and Social Work | 文化、体育和娱乐业 Culture, Sports and Entertainment | 公共管理、社会保障和社会组织 Public Management, Social Security and Social Organization |
|---|---|---|---|---|---|---|---|---|---|---|
| **总 计 Total** | **626071** | **41063015** | **1517707** | **1412650** | **12722650** | **440946** | **2040464** | **1076522** | **1580131** | **2544132** |
| 合肥市 Hefei | 457889 | 11824417 | 349348 | 855602 | 3874908 | 132098 | 632417 | 380296 | 374135 | 474435 |
| 淮北市 Huaibei | | 1461134 | 8149 | 8831 | 240045 | 2751 | 82347 | 14961 | 9250 | 21174 |
| 亳州市 Bozhou | 14650 | 1487626 | 212 | 11460 | 323999 | 191 | 89593 | 65486 | 47489 | 23241 |
| 宿州市 Suzhou | | 1190732 | 14730 | 4736 | 297221 | 16976 | 38072 | 34393 | 7581 | 105932 |
| 蚌埠市 Bengbu | 19250 | 2447109 | 16446 | 206175 | 424983 | 12869 | 91157 | 47040 | 86045 | 400889 |
| 阜阳市 Fuyang | | 1476491 | 86829 | 6000 | 467566 | 10616 | 112581 | 41560 | 23090 | 151297 |
| 淮南市 Huainan | 7659 | 2116765 | 44150 | 25874 | 629232 | 11239 | 186845 | 25609 | 178808 | 93876 |
| 滁州市 Chuzhou | 7550 | 3034497 | 29702 | 18314 | 760044 | 2600 | 90356 | 61542 | 40799 | 240764 |
| 六安市 Luan | 7008 | 1580465 | 72830 | 36763 | 595760 | 19952 | 120730 | 73631 | 80741 | 240641 |
| 马鞍山市 Maanshan | 27470 | 2773810 | 107709 | 57686 | 1449723 | 67382 | 108536 | 54680 | 102935 | 71377 |
| 芜湖市 Wuhu | 17917 | 4754739 | 384915 | 40084 | 972274 | 15985 | 92754 | 82890 | 131723 | 23212 |
| 宣城市 Xuancheng | 22270 | 1857010 | 26903 | 67078 | 546787 | 16681 | 91697 | 58258 | 74313 | 65716 |
| 铜陵市 Tongling | 22482 | 1237476 | 26938 | 22310 | 539230 | 30387 | 44666 | 22251 | 29684 | 142519 |
| 池州市 Chizhou | | 986090 | 217346 | 33960 | 157851 | 12260 | 14727 | 12604 | 1170 | 80267 |
| 安庆市 Anqing | 6946 | 1241256 | 75112 | 11002 | 1049001 | 36842 | 169819 | 62913 | 195968 | 159333 |
| 黄山市 Huangshan | 14980 | 1593398 | 56388 | 6775 | 394026 | 52117 | 74167 | 38408 | 196400 | 249459 |

## 5—5　各行业按登记注册类型分的固定资产投资（2012年）
Investment in Fixed Assets by Industry by Type of Registration (2012)

| 行　业 | Sector | 总　计<br>Total | 内　资<br>Domestic | 国　有<br>State-owned |
|---|---|---|---|---|
| **总　计** | **Total** | **150549510** | **144479396** | **36774943** |
| ＃房地产开发 | Real Estate Development | 31516065 | 29894459 | 1810381 |
| **农、林、牧、渔业** | **Farming, Forestry, Animal Husbandry and Fishery** | **3019377** | **2993709** | **431712** |
| 农　业 | Farming | 1201533 | 1189483 | 116061 |
| 林　业 | Forestry | 457709 | 452299 | 121925 |
| 牧畜业 | Animal Husbandry | 726684 | 722976 | 2450 |
| 渔　业 | Fishery | 196201 | 196201 | 7610 |
| 农、林、牧、渔服务业 | Agricultural Services | 437250 | 432750 | 183666 |
| **采矿业** | **Mining and Quarrying** | **3897100** | **3896420** | **787442** |
| 煤炭开采和洗选业 | Coal Mining and Washing Industry | 2060420 | 2060420 | 588985 |
| 石油和天然气开采业 | Oil and Gas Industry | 6610 | 6610 | |
| 黑色金属矿采选业 | Ferrous Metal CaiXuanYe | 719179 | 719179 | 135614 |
| 有色金属矿采选业 | CaiXuanYe Nonferrous Metallic Deposits | 376530 | 375850 | 31158 |
| 非金属矿采选业 | CaiXuanYe Non-metallic Mineral | 645339 | 645339 | 26885 |
| 开采辅助活动 | Mining Auxiliary Activities | 56448 | 56448 | 4800 |
| 其他采矿业 | Other Mining | 32574 | 32574 | |
| **制造业** | **Manufacturing** | **60726216** | **57091761** | **4001575** |
| 农副食品加工业 | Agricultural and Sideline Products Processing Industry | 2708381 | 2636621 | 89037 |
| 食品制造业 | Food Manufacturing | 1209835 | 1162093 | 100957 |
| 酒、饮料和精制茶制造业 | Wine, Drinks and Refined Tea Manufacturing | 1116148 | 995776 | 4740 |
| 烟草制品业 | Tobacco Products | 306789 | 238005 | 198731 |
| 纺织业 | Textile Industry | 1730136 | 1661685 | 11696 |
| 纺织服装、服饰业 | Textile and Garment, Apparel Industry | 2089679 | 1970258 | 53008 |
| 皮革、毛皮、羽毛及其制品和制鞋业 | Leather, Fur, Feather and Its Products and Footwear | 807160 | 784346 | |
| 木材加工和木、竹、藤、棕、草制品业 | Wood Processing and Wood, Bamboo, Cane, Palm, Grass Products | 1414973 | 1405548 | 14072 |
| 家具制造业 | Furniture Manufacturing | 737830 | 729340 | 560 |
| 造纸和纸制品业 | Paper and Paper Products | 1220315 | 1032280 | 241554 |
| 印刷和记录媒介复制业 | Printing and Duplicating Industry Record Media | 807128 | 792292 | 19850 |
| 文教、工美、体育和娱乐用品制造业 | Cultural and Educational Supplies Manufacturing, Industrial, Sporting and Entertainment | 749752 | 728632 | 13240 |
| 石油加工、炼焦和核燃料加工业 | Petroleum Processing, Coking and Nuclear Fuel Processing | 597247 | 536145 | 336387 |
| 化学原料和化学制品制造业 | Raw Chemical Materials and Chemical Products | 2874763 | 2783961 | 72299 |
| 医药制造业 | Pharmaceutical Manufacturing Industry | 1527795 | 1448949 | 121431 |
| 化学纤维制造业 | Chemical Fiber Industry | 137167 | 137167 | |
| 橡胶和塑料制品业 | Rubber and Plastic Products | 2632954 | 2263639 | 31551 |
| 非金属矿物制品业 | Nonmetal Mineral Products | 6298083 | 6029987 | 148544 |
| 黑色金属冶炼和压延加工业 | Smelting and Pressing of Ferrous Metals | 2322863 | 2322863 | 572115 |
| 有色金属冶炼和压延加工业 | Smelting and Pressing of Nonferrous Metals | 1377367 | 1374752 | 270670 |
| 金属制品业 | Metal Products | 2716475 | 2633277 | 84028 |
| 通用设备制造业 | Equipments in Current Use | 4603644 | 4306480 | 230628 |
| 专用设备制造业 | Special Equipment Manufacturing | 3950480 | 3601457 | 181283 |
| 汽车制造业 | Automobile Manufacturing Industry | 4751361 | 4459471 | 353254 |
| 铁路、船舶、航空航天和其他运输设备制造业 | Railway, Shipbuilding, Aerospace, and Other Transportation Equipment Manufacturing Industry | 504961 | 502961 | 33437 |
| 电气机械和器材制造业 | Electric Equipment and Machinery | 5968869 | 5263728 | 361035 |
| 计算机、通信和其他电子设备制造业 | Computers, Communications and Other Electronic Equipment Manufacturing Industry | 4296070 | 4067591 | 397205 |
| 仪器仪表制造业 | Instrument Manufacturing | 406712 | 373210 | |
| 其他制造业 | Other Manufacturing | 350461 | 347931 | 57668 |
| 废弃资源综合利用业 | Comprehensive Utilization of Waste Resources | 453009 | 453009 | 2595 |
| 金属制品、机械和设备修理业 | Metal Products, Machinery and Equipment Repair | 57809 | 48307 | |
| **电力、热力、燃气及水的生产和供应业** | **Electricity, Heat, Gas and Water Production and Supply Industry** | **4348081** | **4106865** | **2616146** |
| 电力、热力生产和供应业 | Electricity, Heat Production and Supply Industry | 3228398 | 3077994 | 2134532 |
| 燃气生产和供应业 | Gas Production and Supply Industry | 324472 | 268256 | 61244 |
| 水的生产和供应业 | Water Production and Supply Industry | 795211 | 760615 | 420370 |
| **建筑业** | **Construction** | **539763** | **539763** | **125864** |
| 房屋建筑业 | Housing Industry | 111821 | 111821 | 9939 |
| 土木工程建筑业 | Civil Engineering Construction | 167557 | 167557 | 87603 |
| 建筑安装业 | Construction and Installation Industry | 52335 | 52335 | 13557 |
| 建筑装饰和其他建筑业 | Building Decoration and Other Construction | 208050 | 208050 | 14765 |

单位：万元（10000 yuan）

| 集　体<br>Collective-owned | 股份合作<br>Cooperative | 联　营<br>Joint | 有限责任公司<br>Limited Liability | 股份有限公司<br>Share-holding | 私　营<br>Private | 个　体<br>Self-employed Individual | 其　他<br>Others | 港澳台商投资<br>Funds from Hong Kong, Macao and Taiwan | 外商投资<br>Foreign Funded |
|---|---|---|---|---|---|---|---|---|---|
| **2617307** | **1074558** | **704220** | **44464128** | **7872442** | **45436368** | **356326** | **5179104** | **2572253** | **3497861** |
| 48969 | 109451 | 78377 | 16713019 | 1019966 | 9215256 | | 899040 | 1010145 | 611461 |
| **100668** | **33076** | **19720** | **509365** | **106890** | **1473867** | **56131** | **262280** | | **25668** |
| 59908 | 10386 | 14720 | 257453 | 18587 | 572722 | 13871 | 125775 | | 12050 |
| 1500 | 700 | | 52077 | 7884 | 244131 | 2200 | 21882 | | 5410 |
| 1900 | 10040 | 5000 | 142036 | 59969 | 397470 | 25657 | 78454 | | 3708 |
| 6800 | | | 29287 | 9600 | 127925 | 3180 | 11799 | | |
| 30560 | 11950 | | 28512 | 10850 | 131619 | 11223 | 24370 | | 4500 |
| **77386** | **15510** | **49315** | **1735724** | **252663** | **891752** | **12488** | **74140** | | **680** |
| 54665 | | 11629 | 1245061 | 73807 | 36935 | | 49338 | | |
| 6500 | | | | | | | 110 | | |
| 5894 | 6090 | 28426 | 236372 | 41935 | 256495 | 8353 | | | |
| 8257 | 4000 | 4800 | 60556 | 109379 | 146843 | | 10857 | | 680 |
| 2070 | 2800 | 4460 | 159031 | 23544 | 408579 | 4135 | 13835 | | |
| | | | 9950 | 3998 | 37700 | | | | |
| | 2620 | | 24754 | | 5200 | | | | |
| **366980** | **339109** | **216759** | **18268461** | **4856896** | **27338698** | **102480** | **1600803** | **1188714** | **2445741** |
| 4350 | | 718 | 770146 | 158172 | 1467394 | 21359 | 125445 | 14560 | 57200 |
| | | | 365653 | 68819 | 528220 | 3850 | 94594 | 15260 | 32482 |
| 12160 | 47016 | 2430 | 293015 | 284434 | 343279 | 1200 | 7502 | 66562 | 53810 |
| 4555 | 10304 | | 23415 | | | | 1000 | | 68784 |
| 1300 | 2200 | | 450254 | 272705 | 871176 | 3500 | 48854 | 17252 | 51199 |
| | 4600 | | 586458 | 139847 | 1104197 | 8180 | 73968 | 24960 | 94461 |
| | 550 | | 263174 | 150833 | 354603 | 526 | 14660 | 16236 | 6578 |
| | 8220 | 2867 | 462187 | 75118 | 801715 | 4063 | 37306 | 3825 | 5600 |
| | | | 219610 | 17180 | 445140 | 2502 | 44348 | 4430 | 4060 |
| 920 | | | 356129 | 33128 | 391433 | | 9116 | 66352 | 121683 |
| 7742 | | 16344 | 206477 | 71640 | 460559 | | 9680 | 10086 | 4750 |
| | 3000 | | 278165 | 10900 | 393790 | | 29537 | | 21120 |
| | 1936 | | 17418 | 11000 | 64752 | | 104652 | 61102 | |
| 3440 | 27176 | 9680 | 862293 | 548157 | 1212697 | 2800 | 45419 | 16117 | 74685 |
| 6560 | 2340 | 930 | 578377 | 132666 | 550658 | | 55987 | 48261 | 30585 |
| | | | 33323 | 7756 | 96088 | | | | |
| 12500 | 21700 | 4500 | 738999 | 212283 | 1175604 | 1500 | 65002 | 27307 | 342008 |
| 12653 | 64958 | 15090 | 2039814 | 524243 | 3000043 | 37256 | 167386 | 232257 | 35839 |
| 12558 | | 2500 | 414449 | 486320 | 825842 | | 9079 | | |
| | | | 450016 | 41962 | 517800 | | 94304 | 1001 | 1614 |
| 10647 | 3520 | 2350 | 688109 | 28084 | 1743003 | 6610 | 66926 | 18713 | 64485 |
| 12413 | 20072 | 8400 | 1644248 | 80338 | 2182003 | | 128378 | 88720 | 208444 |
| 78690 | 27557 | 16385 | 865714 | 365806 | 1941828 | 3300 | 120894 | 25576 | 323447 |
| 73744 | | 120915 | 1789228 | 260251 | 1817669 | 3500 | 40910 | 136130 | 155760 |
| 2238 | | | 167482 | 18260 | 257799 | 1000 | 22745 | | 2000 |
| 95835 | 81670 | 13650 | 1315814 | 303918 | 2981986 | 1334 | 108486 | 148747 | 556394 |
| 3175 | 8038 | | 1929116 | 488901 | 1206002 | | 35154 | 145260 | 83219 |
| | 4252 | | 102044 | 1000 | 241518 | | 24396 | | 33502 |
| | | | 123060 | 18421 | 145022 | | 3760 | | 2530 |
| 11500 | | | 187187 | 44754 | 195658 | | 11315 | | |
| | | | 27087 | | 21220 | | | | 9502 |
| **94596** | **277617** | **20576** | **418320** | **197956** | **422150** | **1860** | **57644** | **179542** | **61674** |
| 11978 | 276007 | 13115 | 261912 | 170544 | 196616 | | 13290 | 118713 | 31691 |
| | 1610 | 5137 | 46709 | 4501 | 144416 | | 4639 | 42093 | 14123 |
| 82618 | | 2324 | 109699 | 22911 | 81118 | 1860 | 39715 | 18736 | 15860 |
| **7397** | | **25520** | **117589** | **20796** | **222953** | | **19644** | | |
| 2700 | | | 23073 | 13540 | 57166 | | 5403 | | |
| 4697 | | 25520 | 24669 | 3656 | 18262 | | 3150 | | |
| | | | 12706 | | 26072 | | | | |
| | | | 57141 | 3600 | 121453 | | 11091 | | |

## 5—5 续表 continued

| 行业 | Sector | 总计 Total | 内资 Domestic | 国有 State-owned |
|---|---|---|---|---|
| **批发和零售业** | **Wholesale and Retail Trade** | **3576526** | **3548782** | **230582** |
| 批发业 | Wholesale | 1677909 | 1674185 | 137692 |
| 零售业 | Retail Trade | 1898617 | 1874597 | 92890 |
| **交通运输、仓储和邮政业** | **Transport, Storage and Postal Services** | **6536148** | **6498000** | **4504533** |
| 铁路运输业 | Railway Transport | 1259280 | 1259280 | 1188277 |
| 道路运输业 | Highway Transport | 3692662 | 3689141 | 2855984 |
| 水上运输业 | Water Way Transport | 618989 | 588712 | 212720 |
| 航空运输业 | Air Transport | 171370 | 169320 | 163125 |
| 管道运输业 | Pipeline Transport | 700 | 700 | 700 |
| 装卸搬运和运输代理业 | Handling and Shipping Agents | 263574 | 263574 | 13205 |
| 仓储业 | Warehousing | 484146 | 481846 | 57848 |
| 邮政业 | Postal Services | 45427 | 45427 | 12674 |
| **住宿和餐饮业** | **Accommodation and Catering Trade** | **2153619** | **1996738** | **105030** |
| 住宿业 | Accommodation Trade | 1185505 | 1033390 | 69888 |
| 餐饮业 | Catering Services | 968114 | 963348 | 35142 |
| **信息传输、软件和信息技术服务业** | **Information Transmission, Software and Information Technology Services** | **728392** | **646849** | **301877** |
| 电信、广播电视和卫星传输服务 | Telecommunications, Broadcasting and TV Transmission and Satellite Services | 449100 | 370397 | 276931 |
| 互联网和相关服务 | The Internet and Related Services | 15871 | 14976 | 11440 |
| 软件和信息技术服务业 | Software and Information Technology Services | 263421 | 261476 | 13506 |
| **金融业** | **Banking** | **626071** | **625771** | **342791** |
| 货币金融服务 | Monetary and Financial Services | 482019 | 482019 | 291401 |
| 资本市场服务 | Capital Market Services | 51038 | 50738 | |
| 保险业 | Insurance | 48634 | 48634 | 29684 |
| 其他金融业 | Other Financial Activities | 44380 | 44380 | 21706 |
| **房地产业** | **Real Estate** | **41063015** | **39415935** | **7924698** |
| **租赁和商务服务业** | **Leasing and Commercial Services** | **1517707** | **1483957** | **296490** |
| 租赁业 | Leasing | 83798 | 83798 | 700 |
| 商务服务业 | Commercial Services | 1433909 | 1400159 | 295790 |
| **科学研究和技术服务业** | **Scientific Research and Technical Services** | **1412650** | **1295551** | **427834** |
| 研究和试验发展 | Research and Experimental Development | 804702 | 693386 | 226200 |
| 专业技术服务业 | Professional and Technical Services | 437534 | 431751 | 119546 |
| 科技推广和应用服务业 | Science and Technology Popularization and Application Services | 170414 | 170414 | 82088 |
| **水利、环境和公共设施管理业** | **Water Conservancy, Environmental and Public Facilities Management** | **12722650** | **12701551** | **9534460** |
| 水利管理业 | Water Conservancy Management | 1301688 | 1301688 | 1062946 |
| 生态保护和环境治理业 | Ecological Protection and Environmental Governance Industry | 276098 | 273818 | 217878 |
| 公共设施管理业 | Public Facilities Management | 11144864 | 11126045 | 8253636 |
| **居民服务、修理和其他服务业** | **Residents Service, Repair and Other Services** | **440946** | **436996** | **107527** |
| 居民服务业 | Resident Services | 219582 | 215632 | 77572 |
| 机动车、电子产品和日用产品修理业 | Motor Vehicle Repair Industry, Electronic Products and Daily Products | 164187 | 164187 | 23455 |
| 其他服务业 | Other Services | 57177 | 57177 | 6500 |
| **教　育** | **Education** | **2040464** | **2039464** | **1586401** |
| **卫生和社会工作** | **Health and Social Wwork** | **1076522** | **1073622** | **820338** |
| 卫　生 | Health | 915314 | 912414 | 728037 |
| 社会工作 | Social Wwork | 161208 | 161208 | 92301 |
| **文化、体育和娱乐业** | **Culture, Sports and Entertainment** | **1580131** | **1558002** | **635311** |
| 新闻和出版业 | Press and Publication | 8410 | 8410 | 1130 |
| 广播、电视、电影和影视录音制作业 | Radio, Television, Film and Television Recording Studios | 155086 | 155086 | 88539 |
| 文化艺术业 | Culture and Arts | 617145 | 598816 | 252830 |
| 体　育 | Sports | 237947 | 237947 | 169750 |
| 娱乐业 | Entertainment | 561543 | 557743 | 123062 |
| **公共管理、社会保障和社会组织** | **Public Management, Social Security and Social Organizatio** | **2544132** | **2529660** | **1994332** |
| 中国共产党机关 | Organs of Chinese Communist Party | 5850 | 5850 | 4750 |
| 国家机构 | State Organs | 1970564 | 1969414 | 1775163 |
| 人民政协、民主党派 | CPPCC and Democratic Parties | 57420 | 57420 | |
| 社会保障 | The Social Security | 45023 | 45023 | 19413 |
| 群众团体、社会团体和其他成员组织 | Mass Organizations, Social Organizations and Religious Organizations | 189995 | 179343 | 132033 |
| 基层群众自治组织 | The Grassroots Autonomous Organizations | 275280 | 272610 | 62973 |

单位：万元（10000 yuan）

| 集体 Collective-owned | 股份合作 Cooperative | 联营 Joint | 有限责任公司 Limited Liability | 股份有限公司 Share-holding | 私营 Private | 个体 Self-employed Individual | 其他 Others | 港澳台商投资 Funds from Hong Kong, Macao and Taiwan | 外商投资 Foreign Funded |
|---|---|---|---|---|---|---|---|---|---|
| **57134** | **26230** | **5900** | **1209665** | **181306** | **1519027** | **44539** | **274399** | **12700** | **15044** |
| 14590 | | 3900 | 482016 | 93184 | 855214 | 2600 | 84989 | | 3724 |
| 42544 | 26230 | 2000 | 727649 | 88122 | 663813 | 41939 | 189410 | 12700 | 11320 |
| **129918** | **17539** | **15460** | **703558** | **285741** | **627292** | **57730** | **156229** | **2050** | **36098** |
| | | 12557 | 24290 | 34156 | | | | | |
| 96248 | 600 | | 333573 | 81515 | 233903 | 500 | 86818 | | 3521 |
| 29470 | 16939 | | 125611 | 23865 | 104887 | 54665 | 20555 | | 30277 |
| | | | | | 6195 | | | 2050 | |
| 2200 | | 2903 | 32955 | 73000 | 131681 | | 7630 | | |
| 2000 | | | 169716 | 61955 | 147926 | 1175 | 41226 | | 2300 |
| | | | 17413 | 11250 | 2700 | 1390 | | | |
| **8060** | **48170** | **10966** | **443598** | **153782** | **964340** | **46192** | **216600** | **55225** | **101656** |
| 1660 | 48170 | 10966 | 316931 | 143282 | 314828 | 18755 | 108910 | 55225 | 96890 |
| 6400 | | | 126667 | 10500 | 649512 | 27437 | 107690 | | 4766 |
| **12834** | **2110** | **6720** | **87615** | **65870** | **154151** | | **15672** | **33803** | **47740** |
| 9834 | | 6720 | 5325 | 44980 | 20880 | | 5727 | 31858 | 46845 |
| | | | 2736 | | 800 | | | | 895 |
| 3000 | 2110 | | 79554 | 20890 | 132471 | | 9945 | 1945 | |
| **13929** | **23350** | | **29962** | **127632** | **37674** | **4420** | **46013** | **300** | |
| 9563 | 18887 | | 9689 | 106540 | 8376 | 3350 | 34213 | | |
| 2840 | 1342 | | 20273 | 5263 | 8150 | 1070 | 11800 | 300 | |
| | 3121 | | | 15829 | | | | | |
| 1526 | | | | | 21148 | | | | |
| **762905** | **126711** | **204344** | **17834303** | **1094646** | **9868689** | **7148** | **1592491** | **1010145** | **636935** |
| **35140** | **11797** | **12644** | **591222** | **24837** | **447714** | | **64113** | **21250** | **12500** |
| | | | 14618 | | 62930 | | 5550 | | |
| 35140 | 11797 | 12644 | 576604 | 24837 | 384784 | | 58563 | 21250 | 12500 |
| **48276** | **6661** | **10100** | **320516** | **173717** | **283198** | | **25249** | **18361** | **98738** |
| 39220 | 6661 | | 46239 | 155017 | 217882 | | 2167 | 18361 | 92955 |
| 4316 | | | 218456 | 18700 | 52881 | | 17852 | | 5783 |
| 4740 | | 10100 | 55821 | | 12435 | | 5230 | | |
| **614203** | **56800** | **79878** | **1421015** | **162192** | **487138** | **680** | **345185** | **18212** | **2887** |
| 55966 | | 3000 | 124955 | 6330 | 21016 | | 27455 | | |
| 15810 | | | 9826 | 14720 | 9314 | | 6270 | | 2280 |
| 542427 | 56800 | 76878 | 1286234 | 141122 | 456808 | 680 | 311460 | 18212 | 607 |
| **8510** | **14956** | **500** | **86190** | **42527** | **139051** | **6862** | **30873** | | **3950** |
| 7710 | | 500 | 42624 | 32600 | 38071 | 6362 | 10193 | | 3950 |
| | 14956 | | 18450 | 6377 | 89569 | 500 | 10880 | | |
| 800 | | | 25116 | 3550 | 11411 | | 9800 | | |
| **36011** | **1212** | **3459** | **149202** | **6760** | **157357** | **3155** | **95907** | **1000** | |
| **28830** | **450** | **19259** | **81198** | **3155** | **49765** | **791** | **69836** | | **2900** |
| 17361 | 450 | 13429 | 66298 | 3155 | 36385 | 791 | 46508 | | 2900 |
| 11469 | | 5830 | 14900 | | 13380 | | 23328 | | |
| **17850** | **13740** | **1200** | **381974** | **105096** | **308663** | **6470** | **87698** | **18329** | **3800** |
| | 3400 | | 3880 | | | | | | |
| | | 1200 | 35631 | 5866 | 17550 | | 6300 | | |
| 10450 | | | 174326 | | 106547 | | 54663 | 18329 | |
| 6600 | | | 39918 | | 15269 | | 6410 | | |
| 800 | 10340 | | 128219 | 99230 | 169297 | 6470 | 20325 | | 3800 |
| **196680** | **59520** | **1900** | **74651** | **9980** | **42889** | **5380** | **144328** | **12622** | **1850** |
| | | | | | | | 1100 | | |
| 46504 | | | 48291 | | 26517 | | 72939 | | 1150 |
| | 55700 | | | | 1720 | | | | |
| 15960 | | | 8450 | | | | 1200 | | |
| 3492 | | 1900 | 6940 | | 2620 | | 32358 | 9952 | 700 |
| 130724 | 3820 | | 10970 | 9980 | 12032 | 5380 | 36731 | 2670 | |

# 5—6 各市按登记注册类型分的固定资产投资（2012年）

Investment in Fixed Assets by Type of Registration by Region (2012)

单位：万元（10000 yuan）

| 地　区 | Region | 总　计 Total | 国　有 State-owned | 集　体 Collective-owned | 股份合作 Cooperative | 联　营 Joint | 有限责任公司 Limited Liability |
|---|---|---|---|---|---|---|---|
| **总　计** | **Total** | **150549510** | **36774943** | **2617307** | **1074558** | **704220** | **44464128** |
| 合肥市 | Hefei | 38030427 | 10855165 | 1127644 | 158476 | 313140 | 8374033 |
| 淮北市 | Huaibei | 5772140 | 819602 | 137086 | 8990 | 29806 | 1453261 |
| 亳州市 | Bozhou | 4302857 | 1388382 | 16275 | | 4709 | 1591323 |
| 宿州市 | Suzhou | 6136899 | 933247 | 98633 | 273900 | 11482 | 2382652 |
| 蚌埠市 | Bengbu | 8727863 | 1643326 | 78639 | 55700 | 34950 | 1807935 |
| 阜阳市 | Fuyang | 5148887 | 1801450 | 56641 | 18625 | 1000 | 1676289 |
| 淮南市 | Huainan | 6397036 | 2310431 | 136058 | 2700 | 13756 | 2158226 |
| 滁州市 | Chuzhou | 8825883 | 2314178 | 20089 | 61119 | 3965 | 3306922 |
| 六安市 | Luan | 6872411 | 1408465 | 208301 | 40786 | 36836 | 2044330 |
| 马鞍山市 | Maanshan | 12011508 | 2841389 | 67000 | 41124 | 58234 | 2473792 |
| 芜湖市 | Wuhu | 17007935 | 3077600 | 41618 | 100048 | 54456 | 7213801 |
| 宣城市 | Xuancheng | 8053421 | 2128531 | 84056 | 15650 | 35807 | 2172138 |
| 铜陵市 | Tongling | 5343037 | 1126837 | 46194 | 34009 | 50576 | 2146032 |
| 池州市 | Chizhou | 3747383 | 689932 | 113300 | 31637 | 2960 | 1632800 |
| 安庆市 | Anqing | 9720126 | 2075729 | 354041 | 223164 | 20398 | 2637685 |
| 黄山市 | Huangshan | 4451697 | 1360679 | 31732 | 8630 | 32145 | 1392909 |

| 地　区 | Region | 股份有限公司 Share-holding | 私　营 Private | 个　体 Self-employed Individual | 其　他 Others | 港澳台商投资 Funds from Hong Kong, Macao and Taiwan | 外商投资 Foreign Funded |
|---|---|---|---|---|---|---|---|
| **总　计** | **Total** | **7872442** | **45436368** | **356326** | **5179104** | **2572253** | **3497861** |
| 合肥市 | Hefei | 1685234 | 11271492 | 33480 | 1445991 | 1012210 | 1753562 |
| 淮北市 | Huaibei | 161487 | 2520872 | 14063 | 472251 | 51575 | 103147 |
| 亳州市 | Bozhou | 294985 | 714278 | 2809 | 233978 | 42738 | 13380 |
| 宿州市 | Suzhou | 434388 | 1519313 | 13650 | 173999 | 95822 | 199813 |
| 蚌埠市 | Bengbu | 875529 | 3662741 | 8140 | 264838 | 136071 | 159994 |
| 阜阳市 | Fuyang | 271233 | 932099 | 37507 | 345493 | 8250 | 300 |
| 淮南市 | Huainan | 303472 | 1087321 | 45864 | 102967 | 112563 | 123678 |
| 滁州市 | Chuzhou | 412410 | 2321208 | 5470 | 217835 | 70477 | 92210 |
| 六安市 | Luan | 206136 | 2497009 | 42265 | 317803 | 35321 | 35159 |
| 马鞍山市 | Maanshan | 738152 | 5238964 | 300 | 299967 | 76680 | 175906 |
| 芜湖市 | Wuhu | 745717 | 4214185 | 11385 | 419427 | 567847 | 561851 |
| 宣城市 | Xuancheng | 357123 | 2960983 | 550 | 199527 | 12152 | 86904 |
| 铜陵市 | Tongling | 659661 | 832195 | 1475 | 266520 | 127454 | 52084 |
| 池州市 | Chizhou | 238636 | 899978 | 11998 | 53075 | 39565 | 33502 |
| 安庆市 | Anqing | 327135 | 3679398 | 110530 | 204017 | 59463 | 28566 |
| 黄山市 | Huangshan | 161144 | 1084332 | 16840 | 161416 | 124065 | 77805 |

## 5—7 各市按登记注册类型分的项目投资（2012年）
Projects Investment by Type of Registration by Region (2012)

单位：万元（10000 yuan）

| 地 区 | Region | 总 计 Total | 国 有 State-owned | 集 体 Collective-owned | 股份合作 Cooperative | 联 营 Joint | 有限责任公司 Limited Liability |
|---|---|---|---|---|---|---|---|
| **总 计** | **Total** | **119033445** | **34964562** | **2568338** | **965107** | **625843** | **27751109** |
| 合肥市 | Hefei | 28892396 | 10379837 | 1119987 | 158476 | 291840 | 4124262 |
| 淮北市 | Huaibei | 4679324 | 762483 | 137086 | 8990 | 29806 | 1028490 |
| 亳州市 | Bozhou | 3342749 | 1382853 | 16275 | | 4709 | 1085905 |
| 宿州市 | Suzhou | 5102248 | 908749 | 98633 | 253500 | 11482 | 1697951 |
| 蚌埠市 | Bengbu | 6892460 | 1455667 | 78639 | 55700 | 19050 | 951777 |
| 阜阳市 | Fuyang | 4269036 | 1789569 | 24809 | 18625 | 1000 | 1178114 |
| 淮南市 | Huainan | 5236294 | 2251247 | 136058 | 2700 | 13756 | 1579220 |
| 滁州市 | Chuzhou | 6527745 | 1871764 | 20089 | 50560 | 3965 | 1976503 |
| 六安市 | Luan | 5657603 | 1391337 | 204301 | 35636 | 36836 | 1589530 |
| 马鞍山市 | Maanshan | 9896573 | 2616017 | 67000 | 14549 | 19057 | 1494988 |
| 芜湖市 | Wuhu | 13341187 | 3009230 | 41618 | 100048 | 54456 | 4523778 |
| 宣城市 | Xuancheng | 6465899 | 2096870 | 84056 | 15650 | 35807 | 1133249 |
| 铜陵市 | Tongling | 4174965 | 1077292 | 44994 | 10090 | 50576 | 1487803 |
| 池州市 | Chizhou | 2824867 | 590269 | 112220 | 31637 | 960 | 1158472 |
| 安庆市 | Anqing | 8718429 | 2058426 | 352941 | 200966 | 20398 | 2125109 |
| 黄山市 | Huangshan | 3011670 | 1322952 | 29632 | 7980 | 32145 | 615958 |

| 地 区 | Region | 股份有限公司 Share-holding | 私 营 Private | 个 体 Self-employed Individual | 其 他 Others | 港澳台商投资 Funds from Hong Kong, Macao and Taiwan | 外商投资 Foreign Funded |
|---|---|---|---|---|---|---|---|
| **总 计** | **Total** | **6852476** | **36221112** | **356326** | **4280064** | **1562108** | **2886400** |
| 合肥市 | Hefei | 1299651 | 8675269 | 33480 | 1153407 | 315302 | 1340882 |
| 淮北市 | Huaibei | 158063 | 2162507 | 14063 | 281046 | 48515 | 48275 |
| 亳州市 | Bozhou | 250238 | 348282 | 2809 | 196008 | 42290 | 13380 |
| 宿州市 | Suzhou | 376377 | 1335645 | 13650 | 173999 | 44762 | 187500 |
| 蚌埠市 | Bengbu | 717994 | 3061428 | 8140 | 258338 | 125733 | 159994 |
| 阜阳市 | Fuyang | 259562 | 675725 | 37507 | 276355 | 7470 | 300 |
| 淮南市 | Huainan | 286959 | 614807 | 45864 | 93067 | 88938 | 123678 |
| 滁州市 | Chuzhou | 380228 | 1871551 | 5470 | 187603 | 70077 | 89935 |
| 六安市 | Luan | 190509 | 1831114 | 42265 | 272507 | 28409 | 35159 |
| 马鞍山市 | Maanshan | 719848 | 4543042 | 300 | 299967 | 12980 | 108825 |
| 芜湖市 | Wuhu | 673834 | 3511119 | 11385 | 348882 | 513845 | 552992 |
| 宣城市 | Xuancheng | 298472 | 2548192 | 550 | 153997 | 12152 | 86904 |
| 铜陵市 | Tongling | 588506 | 519124 | 1475 | 220602 | 122419 | 52084 |
| 池州市 | Chizhou | 216751 | 591705 | 11998 | 45929 | 39565 | 25361 |
| 安庆市 | Anqing | 306490 | 3279600 | 110530 | 182777 | 52626 | 28566 |
| 黄山市 | Huangshan | 128991 | 652002 | 16840 | 135580 | 37025 | 32565 |

# 5—8 各行业按隶属关系、构成、控股情况分的固定资产投资（2012年）

Investment in Fixed Assets by Industry by Administrative relationship, Composition, Controlled Conditions (2012)

| 行业 | Sector | 投资额 Investment | 按隶属关系分 By Administrative Relationship 中央 Central Investment | 地方 Local Investment |
|---|---|---|---|---|
| **总计** | **Total** | **150549510** | **4251226** | **146298284** |
| #房地产开发 | Real Estate Development | 31516065 | 362892 | 31153173 |
| **农、林、牧、渔业** | **Farming, Forestry, Animal Husbandry and Fishery** | **3019377** | **2500** | **3016877** |
| 农业 | Farming | 1201533 | 900 | 1200633 |
| 林业 | Forestry | 457709 | | 457709 |
| 牧畜业 | Animal Husbandry | 726684 | | 726684 |
| 渔业 | Fishery | 196201 | 100 | 196101 |
| 农、林、牧、渔服务业 | Agricultural Services | 437250 | 1500 | 435750 |
| **采矿业** | **Mining and Quarrying** | **3897100** | **63815** | **3833285** |
| 煤炭开采和洗选业 | Coal Mining and Washing Industry | 2060420 | 62257 | 1998163 |
| 石油和天然气开采业 | Oil and Gas Industry | 6610 | | 6610 |
| 黑色金属矿采选业 | Ferrous Metal CaiXuanYe | 719179 | 1558 | 717621 |
| 有色金属矿采选业 | CaiXuanYe Nonferrous Metallic Deposits | 376530 | | 376530 |
| 非金属矿采选业 | CaiXuanYe Non-metallic Mineral | 645339 | | 645339 |
| 开采辅助活动 | Mining Auxiliary Activities | 56448 | | 56448 |
| 其他采矿业 | Other Mining | 32574 | | 32574 |
| **制造业** | **Manufacturing** | **60726216** | **1302275** | **59423941** |
| 农副食品加工业 | Agricultural and Sideline Products Processing Industry | 2708381 | | 2708381 |
| 食品制造业 | Food Manufacturing | 1209835 | 3300 | 1206535 |
| 酒、饮料和精制茶制造业 | Wine, Drinks and Refined Tea Manufacturing | 1116148 | | 1116148 |
| 烟草制品业 | Tobacco Products | 306789 | 90634 | 216155 |
| 纺织业 | Textile Industry | 1730136 | | 1730136 |
| 纺织服装、服饰业 | Textile and Garment, Apparel Industry | 2089679 | | 2089679 |
| 皮革、毛皮、羽毛及其制品和制鞋业 | Leather, Fur, Feather and Its Products and Footwear | 807160 | | 807160 |
| 木材加工和木、竹、藤、棕、草制品业 | Wood Processing and Wood, Bamboo, Cane, Palm, Grass Products | 1414973 | | 1414973 |
| 家具制造业 | Furniture Manufacturing | 737830 | | 737830 |
| 造纸和纸制品业 | Paper and Paper Products | 1220315 | | 1220315 |
| 印刷和记录媒介复制业 | Printing and Duplicating Industry Record Media | 807128 | | 807128 |
| 文教、工美、体育和娱乐用品制造业 | Cultural and Educational Supplies Manufacturing, Industrial, Sporting and Entertainment | 749752 | | 749752 |
| 石油加工、炼焦和核燃料加工业 | Petroleum Processing, Coking and Nuclear Fuel Processing | 597247 | 336387 | 260860 |
| 化学原料和化学制品制造业 | Raw Chemical Materials and Chemical Products | 2874763 | 3289 | 2871474 |
| 医药制造业 | Pharmaceutical Manufacturing Industry | 1527795 | 31557 | 1496238 |
| 化学纤维制造业 | Chemical Fiber Industry | 137167 | | 137167 |
| 橡胶和塑料制品业 | Rubber and Plastic Products | 2632954 | | 2632954 |
| 非金属矿物制品业 | Nonmetal Mineral Products | 6298083 | 19549 | 6278534 |
| 黑色金属冶炼和压延加工业 | Smelting and Pressing of Ferrous Metals | 2322863 | 24536 | 2298327 |
| 有色金属冶炼和压延加工业 | Smelting and Pressing of Nonferrous Metals | 1377367 | | 1377367 |
| 金属制品业 | Metal Products | 2716475 | 4980 | 2711495 |
| 通用设备制造业 | Equipments in Current Use | 4603644 | 134045 | 4469599 |
| 专用设备制造业 | Special Equipment Manufacturing | 3950480 | 63536 | 3886944 |
| 汽车制造业 | Automobile Manufacturing Industry | 4751361 | 173061 | 4578300 |
| 铁路、船舶、航空航天和其他运输设备制造业 | Railway, Shipbuilding, Aerospace, and Other Transportation Equipment Manufacturing Industry | 504961 | 12628 | 492333 |
| 电气机械和器材制造业 | Electric Equipment and Machinery | 5968869 | 76131 | 5892738 |
| 计算机、通信和其他电子设备制造业 | Computers, Communications and Other Electronic Equipment Manufacturing Industry | 4296070 | 325216 | 3970854 |
| 仪器仪表制造业 | Instrument Manufacturing | 406712 | | 406712 |
| 其他制造业 | Other Manufacturing | 350461 | 2919 | 347542 |
| 废弃资源综合利用业 | Comprehensive Utilization of Waste Resources | 453009 | 507 | 452502 |
| 金属制品、机械和设备修理业 | Metal Products, Machinery and Equipment Repair | 57809 | | 57809 |
| **电力、热力、燃气及水的生产和供应业** | **Electricity, Heat, Gas and Water Production and Supply Industry** | **4348081** | **829443** | **3518638** |
| 电力、热力生产和供应业 | Electricity, Heat Production and Supply Industry | 3228398 | 821343 | 2407055 |
| 燃气生产和供应业 | Gas Production and Supply Industry | 324472 | 1500 | 322972 |
| 水的生产和供应业 | Water Production and Supply Industry | 795211 | 6600 | 788611 |
| **建筑业** | **Construction** | **539763** | **22130** | **517633** |
| 房屋建筑业 | Housing Industry | 111821 | | 111821 |
| 土木工程建筑业 | Civil Engineering Construction | 167557 | 16170 | 151387 |
| 建筑安装业 | Construction and Installation Industry | 52335 | | 52335 |
| 建筑装饰和其他建筑业 | Building Decoration and Other Construction | 208050 | 5960 | 202090 |

单位：万元（10000 yuan）

| 按构成分 By Use of Funds | | | | 按控股情况分 According to the Controlled Conditions | | | | | |
|---|---|---|---|---|---|---|---|---|---|
| 建筑工程 Construction | 安装工程 Installation | 设备工器具购置 Purchase of Equipment and Instruments | 其他费用 Others | 国有控股 State-holding | 集体控股 Collective-holding | 私人控股 Private-holding | 港澳台商控股 Hong Kong, Macao and Taiwan-holding | 外商控股 Foreign-holding | 其他 Other |
| **86858252** | **11585968** | **33412711** | **18692579** | **49294771** | **5761272** | **80883052** | **2232538** | **2471007** | **9906870** |
| 21287489 | 2582605 | 395858 | 7250113 | 5912646 | 479134 | 19015117 | 1055971 | 662267 | 4390930 |
| **1836915** | **229843** | **499151** | **453468** | **453120** | **166016** | **2236474** | | **2900** | **160867** |
| 746546 | 83988 | 182024 | 188975 | 124579 | 87766 | 909859 | | | 79329 |
| 229463 | 41297 | 54985 | 131964 | 128025 | 2200 | 311112 | | | 16372 |
| 441164 | 57645 | 151086 | 76789 | 4550 | 26740 | 646460 | | 2900 | 46034 |
| 116094 | 13602 | 45764 | 20741 | 11320 | 6800 | 175391 | | | 2690 |
| 303648 | 33311 | 65292 | 34999 | 184646 | 42510 | 193652 | | | 16442 |
| **1678154** | **360887** | **1336560** | **521499** | **2099590** | **229071** | **1487359** | | | **81080** |
| 839563 | 214848 | 697851 | 308158 | 1706449 | 159665 | 134672 | | | 59634 |
| 530 | 520 | 5040 | 520 | | 6500 | | | | 110 |
| 373628 | 55801 | 190001 | 99749 | 237790 | 19744 | 453755 | | | 7890 |
| 181813 | 41016 | 138658 | 15043 | 117966 | 29487 | 224769 | | | 4308 |
| 230237 | 45142 | 280361 | 89599 | 26885 | 6570 | 607546 | | | 4338 |
| 37730 | 1000 | 13118 | 4600 | 6300 | | 45348 | | | 4800 |
| 14653 | 2560 | 11531 | 3830 | 4200 | 7105 | 21269 | | | |
| **26533993** | **4779554** | **24937693** | **4474976** | **7546890** | **1749332** | **46475130** | **836862** | **1629529** | **2488473** |
| 1378002 | 197964 | 925865 | 206550 | 97375 | 21560 | 2398083 | 8470 | 43899 | 138994 |
| 606246 | 93151 | 415905 | 94533 | 108947 | 17660 | 1016850 | 12270 | 28827 | 25281 |
| 577551 | 60322 | 364568 | 113707 | 89940 | 161238 | 683504 | 50042 | 33032 | 98392 |
| 149666 | 19559 | 126402 | 11162 | 222146 | 14859 | 1000 | | | 68784 |
| 879922 | 95616 | 638364 | 116234 | 64978 | 19276 | 1556206 | 17252 | | 72424 |
| 1093778 | 133964 | 681741 | 180196 | 64468 | 42941 | 1842707 | 29066 | 5100 | 105397 |
| 399895 | 83076 | 254746 | 69443 | | 18931 | 741750 | 22951 | 6578 | 16950 |
| 667039 | 100853 | 534487 | 112594 | 14072 | 15320 | 1339426 | 1625 | | 44530 |
| 426394 | 54327 | 202092 | 55017 | 560 | | 697503 | 4430 | 4060 | 31277 |
| 453246 | 100298 | 572732 | 94039 | 241554 | 920 | 807681 | 6260 | 159534 | 4366 |
| 374540 | 90253 | 299060 | 43275 | 39490 | 39242 | 713245 | 7063 | | 8088 |
| 418480 | 34535 | 197961 | 98776 | 13240 | 4250 | 693462 | | 7220 | 31580 |
| 112350 | 176497 | 245450 | 62950 | 336387 | 3536 | 93745 | 61102 | | 102477 |
| 1170506 | 258411 | 1200236 | 245610 | 397679 | 248209 | 2051498 | 29180 | 79345 | 68852 |
| 884026 | 85296 | 447793 | 110680 | 135356 | 28630 | 1255495 | 25940 | 37057 | 45317 |
| 46587 | 4563 | 67172 | 18845 | | 5369 | 131798 | | | |
| 1057530 | 239220 | 1147158 | 189046 | 211173 | 48836 | 2102691 | 3995 | 204770 | 61489 |
| 2755617 | 512770 | 2567206 | 462490 | 382655 | 113314 | 5399196 | 180922 | 20293 | 201703 |
| 684682 | 195244 | 1338910 | 104027 | 1159196 | 12558 | 1132282 | | | 18827 |
| 501026 | 123388 | 572976 | 179977 | 281527 | 3950 | 995846 | | 1614 | 94430 |
| 1342302 | 186946 | 977945 | 209282 | 85877 | 16517 | 2461451 | 2322 | 38627 | 111681 |
| 1954430 | 380617 | 1994250 | 274347 | 377002 | 40084 | 3632177 | 51069 | 144212 | 359100 |
| 1832204 | 298301 | 1528874 | 291101 | 283583 | 288269 | 2893730 | 8266 | 280282 | 196350 |
| 1820882 | 438669 | 2242940 | 248870 | 994242 | 118529 | 3256439 | 75898 | 171690 | 134563 |
| 239659 | 30363 | 196912 | 38027 | 63921 | 3738 | 435302 | | | 2000 |
| 2479332 | 491155 | 2636316 | 362066 | 394645 | 313161 | 4557245 | 101849 | 310507 | 291462 |
| 1661126 | 212180 | 2030661 | 392103 | 1394397 | 59053 | 2566288 | 136890 | 38874 | 100568 |
| 182591 | 33475 | 161255 | 29391 | | 28257 | 337676 | | 11478 | 29301 |
| 187838 | 15677 | 123403 | 23543 | 61397 | 8044 | 268190 | | 2530 | 10300 |
| 178622 | 30811 | 209923 | 33653 | 30028 | 53081 | 355910 | | | 13990 |
| 17924 | 2053 | 34390 | 3442 | 1055 | | 56754 | | | |
| **1449573** | **707804** | **1703432** | **487272** | **2962356** | **428677** | **704493** | **116220** | **41872** | **94463** |
| 872338 | 509937 | 1445830 | 400293 | 2420375 | 337995 | 338852 | 74383 | 23831 | 32962 |
| 123143 | 82138 | 99355 | 19836 | 84540 | 4744 | 191581 | 25105 | 9361 | 9141 |
| 454092 | 115729 | 158247 | 67143 | 457441 | 85938 | 174060 | 16732 | 8680 | 52360 |
| **259697** | **61996** | **158184** | **59886** | **153524** | **28627** | **319372** | | | **38240** |
| 53167 | 4310 | 44984 | 9360 | 13539 | 2700 | 81002 | | | 14580 |
| 92224 | 14825 | 22313 | 38195 | 108313 | 24067 | 29531 | | | 5646 |
| 21780 | 21515 | 7407 | 1633 | 13557 | 1860 | 32197 | | | 4721 |
| 92526 | 21346 | 83480 | 10698 | 18115 | | 176642 | | | 13293 |

**5—8 续表 continued**

| 行业 | Sector | 投资额 Investment | 按隶属关系分 By Administrative Relationship 中央 Central Investment | 地方 Local Investment |
|---|---|---|---|---|
| **批发和零售业** | **Wholesale and Retail Trade** | **3576526** | **7033** | **3569493** |
| 批发业 | Wholesale | 1677909 | 3433 | 1674476 |
| 零售业 | Retail Trade | 1898617 | 3600 | 1895017 |
| **交通运输、仓储和邮政业** | **Transport, Storage and Postal Services** | **6536148** | **920718** | **5615430** |
| 铁路运输业 | Railway Transport | 1259280 | 620326 | 638954 |
| 道路运输业 | Highway Transport | 3692662 | 228780 | 3463882 |
| 水上运输业 | Water Way Transport | 618989 | 54227 | 564762 |
| 航空运输业 | Air Transport | 171370 | 2050 | 169320 |
| 管道运输业 | Pipeline Transport | 700 | | 700 |
| 装卸搬运和运输代理业 | Handling and Shipping Agents | 263574 | 5655 | 257919 |
| 仓储业 | Warehousing | 484146 | 6500 | 477646 |
| 邮政业 | Postal Services | 45427 | 3180 | 42247 |
| **住宿和餐饮业** | **Accommodation and Catering Trade** | **2153619** | | **2153619** |
| 住宿业 | Accommodation Trade | 1185505 | | 1185505 |
| 餐饮业 | Catering Services | 968114 | | 968114 |
| **信息传输、软件和信息技术服务业** | **Information Transmission, Software and Information Technology Services** | **728392** | **113461** | **614931** |
| 电信、广播电视和卫星传输服务 | Telecommunications, Broadcasting and TV Transmission and Satellite Services | 449100 | 113461 | 335639 |
| 互联网和相关服务 | The Internet and Related Services | 15871 | | 15871 |
| 软件和信息技术服务业 | Software and Information Technology Services | 263421 | | 263421 |
| **金融业** | **Banking** | **626071** | **41409** | **584662** |
| 货币金融服务 | Monetary and Financial Services | 482019 | 41409 | 440610 |
| 资本市场服务 | Capital Market Services | 51038 | | 51038 |
| 保险业 | Insurance | 48634 | | 48634 |
| 其他金融业 | Other Financial Activities | 44380 | | 44380 |
| **房地产业** | **Real Estate** | **41063015** | **533584** | **40529431** |
| **租赁和商务服务业** | **Leasing and Commercial Services** | **1517707** | | **1517707** |
| 租赁业 | Leasing | 83798 | | 83798 |
| 商务服务业 | Commercial Services | 1433909 | | 1433909 |
| **科学研究和技术服务业** | **Scientific Research and Technical Services** | **1412650** | **84000** | **1328650** |
| 研究和试验发展 | Research and Experimental Development | 804702 | 65860 | 738842 |
| 专业技术服务业 | Professional and Technical Services | 437534 | 18140 | 419394 |
| 科技推广和应用服务业 | Science and Technology Popularization and Application Services | 170414 | | 170414 |
| **水利、环境和公共设施管理业** | **Water Conservancy, Environmental and Public Facilities Management** | **12722650** | **203722** | **12518928** |
| 水利管理业 | Water Conservancy Management | 1301688 | 41271 | 1260417 |
| 生态保护和环境治理业 | Ecological Protection and Environmental Governance Industry | 276098 | 14330 | 261768 |
| 公共设施管理业 | Public Facilities Management | 11144864 | 148121 | 10996743 |
| **居民服务、修理和其他服务业** | **Residents Service, Repair and Other Services** | **440946** | **100** | **440846** |
| 居民服务业 | Resident Services | 219582 | 100 | 219482 |
| 机动车、电子产品和日用产品修理业 | Motor Vehicle Repair Industry, Electronic Products and Daily Products | 164187 | | 164187 |
| 其他服务业 | Other Services | 57177 | | 57177 |
| **教　育** | **Education** | **2040464** | **46353** | **1994111** |
| **卫生和社会工作** | **Health and Social Wwork** | **1076522** | **60040** | **1016482** |
| 卫　生 | Health | 915314 | 60040 | 855274 |
| 社会工作 | Social Wwork | 161208 | | 161208 |
| **文化、体育和娱乐业** | **Culture, Sports and Entertainment** | **1580131** | **2940** | **1577191** |
| 新闻和出版业 | Press and Publication | 8410 | | 8410 |
| 广播、电视、电影和影视录音制作业 | Radio, Television, Film and Television Recording Studios | 155086 | | 155086 |
| 文化艺术业 | Culture and Arts | 617145 | | 617145 |
| 体　育 | Sports | 237947 | | 237947 |
| 娱乐业 | Entertainment | 561543 | 2940 | 558603 |
| **公共管理、社会保障和社会组织** | **Public Management, Social Security and Social Organizatic** | **2544132** | **17703** | **2526429** |
| 中国共产党机关 | Organs of Chinese Communist Party | 5850 | | 5850 |
| 国家机构 | State Organs | 1970564 | 17703 | 1952861 |
| 人民政协、民主党派 | CPPCC and Democratic Parties | 57420 | | 57420 |
| 社会保障 | The Social Security | 45023 | | 45023 |
| 群众团体、社会团体和其他成员组织 | Mass Organizations, Social Organizations and Religious Organizations | 189995 | | 189995 |
| 基层群众自治组织 | The Grassroots Autonomous Organizations | 275280 | | 275280 |

单位：万元（10000 yuan）

| 按构成分 By Use of Funds | | | | 按控股情况分 According to the Controlled Conditions | | | | | |
|---|---|---|---|---|---|---|---|---|---|
| 建筑工程 Construction | 安装工程 Installation | 设备工器具购置 Purchase of Equipment and Instruments | 其他费用 Others | 国有控股 State-holding | 集体控股 Collective-holding | 私人控股 Private-holding | 港澳台商控股 Hong Kong, Macao and Taiwan-holding | 外商控股 Foreign-holding | 其他 Other |
| **2193953** | **315841** | **605076** | **461656** | **342001** | **144662** | **2675988** | **12700** | **11140** | **390035** |
| 922194 | 166280 | 399865 | 189570 | 191042 | 30642 | 1358210 | | 2800 | 95215 |
| 1271759 | 149561 | 205211 | 272086 | 150959 | 114020 | 1317778 | 12700 | 8340 | 294820 |
| **5002741** | **140040** | **752301** | **641066** | **4879802** | **187353** | **1314454** | | **2300** | **152239** |
| 1216455 | 1378 | 8616 | 32831 | 1247280 | | 12000 | | | |
| 2841335 | 70936 | 298055 | 482336 | 3122039 | 118591 | 389667 | | | 62365 |
| 291035 | 20136 | 265290 | 42528 | 247116 | 47094 | 299065 | | | 25714 |
| 129338 | 4232 | 35440 | 2360 | 165175 | | 6195 | | | |
| 555 | 105 | 40 | | 700 | | | | | |
| 154999 | 12848 | 60841 | 34886 | 13205 | 2200 | 241199 | | | 6970 |
| 340228 | 24418 | 76521 | 42979 | 71613 | 19468 | 342945 | | 2300 | 47820 |
| 28796 | 5987 | 7498 | 3146 | 12674 | | 23383 | | | 9370 |
| **1325087** | **271783** | **325698** | **231051** | **179596** | **60506** | **1578973** | **123649** | **19483** | **191412** |
| 724105 | 143192 | 183102 | 135106 | 131754 | 51610 | 783444 | 123649 | 19483 | 75565 |
| 600982 | 128591 | 142596 | 95945 | 47842 | 8896 | 795529 | | | 115847 |
| **267571** | **216913** | **207481** | **36427** | **376936** | **17619** | **235271** | **26173** | **39031** | **33362** |
| 116896 | 192701 | 134616 | 4887 | 332333 | 9834 | 22786 | 26173 | 39031 | 18943 |
| 9200 | 2550 | 3976 | 145 | 12335 | | 3536 | | | |
| 141475 | 21662 | 68889 | 31395 | 32268 | 7785 | 208949 | | | 14419 |
| **391884** | **87122** | **95193** | **51872** | **391892** | **90899** | **92565** | | | **50715** |
| 332707 | 48639 | 66180 | 34493 | 319581 | 82070 | 34724 | | | 45644 |
| 27866 | 5750 | 10175 | 7247 | 8163 | 4182 | 36193 | | | 2500 |
| 12351 | 30031 | 5829 | 423 | 42442 | 3121 | 500 | | | 2571 |
| 18960 | 2702 | 13009 | 9709 | 21706 | 1526 | 21148 | | | |
| **29146938** | **2987758** | **659332** | **8268987** | **12674549** | **1374897** | **20270337** | **1055971** | **663567** | **5023694** |
| **1113732** | **132749** | **138258** | **132968** | **513322** | **69237** | **800475** | **11250** | **9550** | **113873** |
| 37798 | 4354 | 37435 | 4211 | 700 | | 76148 | | | 6950 |
| 1075934 | 128395 | 100823 | 128757 | 512622 | 69237 | 724327 | 11250 | 9550 | 106923 |
| **605442** | **232609** | **430904** | **143695** | **638092** | **66198** | **478027** | **9220** | **44005** | **177108** |
| 259881 | 144067 | 324373 | 76381 | 231125 | 57142 | 350495 | 9220 | 38222 | 118498 |
| 223408 | 75809 | 81633 | 56684 | 302131 | 4316 | 76664 | | 5783 | 48640 |
| 122153 | 12733 | 24898 | 10630 | 104836 | 4740 | 50868 | | | 9970 |
| **9816941** | **455792** | **642206** | **1807711** | **10760366** | **736377** | **815248** | **11212** | **2280** | **397167** |
| 971743 | 41778 | 50339 | 237608 | 1179811 | 62836 | 31686 | | | 27355 |
| 228414 | 9702 | 12458 | 25524 | 225786 | 15810 | 26672 | | 2280 | 5550 |
| 8616784 | 404312 | 579189 | 1544579 | 9354769 | 657731 | 756890 | 11212 | | 364262 |
| **277052** | **49494** | **66585** | **47815** | **141454** | **23787** | **232212** | | **3950** | **39543** |
| 160242 | 18234 | 24380 | 16726 | 93122 | 8031 | 93616 | | 3950 | 20863 |
| 87127 | 21033 | 30971 | 25056 | 23732 | 14956 | 116619 | | | 8880 |
| 29683 | 10227 | 11234 | 6033 | 24600 | 800 | 21977 | | | 9800 |
| **1500337** | **118916** | **149513** | **271698** | **1590740** | **37223** | **354283** | **1000** | | **57218** |
| **637627** | **96905** | **238426** | **103564** | **843066** | **34880** | **111453** | | | **87123** |
| 515138 | 88028 | 224472 | 87676 | 747635 | 20711 | 83173 | | | 63795 |
| 122489 | 8877 | 13954 | 15888 | 95431 | 14169 | 28280 | | | 23328 |
| **991660** | **169930** | **196719** | **221822** | **682399** | **56830** | **620557** | **18329** | **900** | **201116** |
| 3400 | 450 | 4560 | | 1130 | 3400 | 3880 | | | |
| 58503 | 61342 | 31940 | 3301 | 89939 | | 56647 | | | 8500 |
| 464737 | 39100 | 35906 | 77402 | 278579 | 22000 | 207406 | 18329 | | 90831 |
| 162034 | 19284 | 28431 | 28198 | 180729 | 10450 | 44768 | | | 2000 |
| 302986 | 49754 | 95882 | 112921 | 132022 | 20980 | 307856 | | 900 | 99785 |
| **1828955** | **170032** | **269999** | **275146** | **2065076** | **259081** | **80381** | **9952** | **500** | **129142** |
| 3870 | 1580 | | 400 | 4750 | | | | | 1100 |
| 1405250 | 134673 | 214082 | 216559 | 1827382 | 46693 | 27117 | | 500 | 68872 |
| 32312 | | 24980 | 128 | | 55700 | 1720 | | | |
| 30982 | 1966 | 6100 | 5975 | 27863 | 15960 | 1200 | | | |
| 140810 | 13952 | 12745 | 22488 | 132653 | 3492 | 15952 | 9952 | | 27946 |
| 215731 | 17861 | 12092 | 29596 | 72428 | 137236 | 34392 | | | 31224 |

# 5—9 各市按隶属关系、构成、控股情况分的固定资产投资（2012年）

Investment in Fixed Assets by Industry by Administrative relationship, Composition, Controlled Conditions by Region (2012)

单位：万元（10000 yuan）

| 地区 | Region | 投资额 Total | 按隶属关系分 By Administrative Relationship | | 按构成分 By Use of Funds | | |
|---|---|---|---|---|---|---|---|
| | | | 中央 Central Investment | 地方 Local Investment | 建筑安装工程 Construction and Installation | 设备工器具购置 Purchase of Equipment and Instruments | 其他费用 Others |
| **总计** | **Total** | **150549510** | **4251226** | **146298284** | **98444220** | **33412711** | **18692579** |
| 合肥市 | Hefei | 38030427 | 1421459 | 36608968 | 26068122 | 7579544 | 4382761 |
| 淮北市 | Huaibei | 5772140 | 130024 | 5642116 | 3411539 | 1555625 | 804976 |
| 亳州市 | Bozhou | 4302857 | 18400 | 4284457 | 3090919 | 574614 | 637324 |
| 宿州市 | Suzhou | 6136899 | 272126 | 5864773 | 3885148 | 1618921 | 632830 |
| 蚌埠市 | Bengbu | 8727863 | 104930 | 8622933 | 5271997 | 1970344 | 1485522 |
| 阜阳市 | Fuyang | 5148887 | 50487 | 5098400 | 3676819 | 758022 | 714046 |
| 淮南市 | Huainan | 6397036 | 305828 | 6091208 | 4189311 | 1129334 | 1078391 |
| 滁州市 | Chuzhou | 8825883 | 61772 | 8764111 | 5825721 | 2063824 | 936338 |
| 六安市 | Luan | 6872411 | 86471 | 6785940 | 5035406 | 1164551 | 672454 |
| 马鞍山市 | Maanshan | 12011508 | 185676 | 11825832 | 6798105 | 3707674 | 1505729 |
| 芜湖市 | Wuhu | 17007935 | 665638 | 16342297 | 10651149 | 4968268 | 1388518 |
| 宣城市 | Xuancheng | 8053421 | 228084 | 7825337 | 5117309 | 1452872 | 1483240 |
| 铜陵市 | Tongling | 5343037 | 252910 | 5090127 | 2956198 | 1340566 | 1046273 |
| 池州市 | Chizhou | 3747383 | 57379 | 3690004 | 2793060 | 662910 | 291413 |
| 安庆市 | Anqing | 9720126 | 349249 | 9370877 | 6343619 | 2393119 | 983388 |
| 黄山市 | Huangshan | 4451697 | 60793 | 4390904 | 3329798 | 472523 | 649376 |

| 地区 | Region | 按控股情况分 According to the Controlled Conditions | | | | | |
|---|---|---|---|---|---|---|---|
| | | 国有控股 State-holding | 集体控股 Collective-holding | 私人控股 Private-holding | 港澳台商控股 Hong Kong, Macao and Taiwan-holding | 外商控股 Foreign-holding | 其他 Other |
| **总计** | **Total** | **49294771** | **5761272** | **80883052** | **2232538** | **2471007** | **9906870** |
| 合肥市 | Hefei | 14347361 | 1839770 | 16327835 | 950672 | 1291903 | 3272886 |
| 淮北市 | Huaibei | 1458698 | 258735 | 3552767 | 42656 | 38284 | 421000 |
| 亳州市 | Bozhou | 1542923 | 62100 | 2328980 | 45518 | | 323336 |
| 宿州市 | Suzhou | 1480390 | 502729 | 3543447 | 95932 | 21213 | 493188 |
| 蚌埠市 | Bengbu | 2496242 | 182725 | 5432798 | 125878 | 54351 | 435869 |
| 阜阳市 | Fuyang | 1940463 | 259678 | 2567214 | 15508 | | 366024 |
| 淮南市 | Huainan | 3564058 | 215740 | 2385319 | 118650 | 27518 | 85751 |
| 滁州市 | Chuzhou | 2680635 | 251411 | 5383675 | 74919 | 191297 | 243946 |
| 六安市 | Luan | 1603842 | 306918 | 4552556 | 15858 | 52396 | 340841 |
| 马鞍山市 | Maanshan | 4052728 | 130452 | 7028187 | 76680 | 155253 | 568208 |
| 芜湖市 | Wuhu | 4765766 | 255711 | 8877358 | 342640 | 456731 | 2309729 |
| 宣城市 | Xuancheng | 2281652 | 223506 | 5262633 | 9952 | 17728 | 257950 |
| 铜陵市 | Tongling | 2028163 | 273794 | 2561102 | 129546 | 14554 | 335878 |
| 池州市 | Chizhou | 1123922 | 234537 | 2212973 | 39565 | 20614 | 115772 |
| 安庆市 | Anqing | 2275410 | 656724 | 6554279 | 33949 | 61444 | 138320 |
| 黄山市 | Huangshan | 1652518 | 106742 | 2311929 | 114615 | 67721 | 198172 |

## 5—10 各市按隶属关系、构成、控股情况分的项目投资（2012年）
Investment in Fixed Assets by Industry by Administrative Relationship, Composition, Controlled Conditions by Region (2012)

单位：万元（10000 yuan）

| 地 区 | Region | 投资额 Total | 按隶属关系分 By Administrative Relationship | | 按构成分 By Use of Funds | | |
|---|---|---|---|---|---|---|---|
| | | | 中央 Central Investment | 地方 Local Investment | 建筑安装工程 Construction and Installation | 设备工器具购置 Purchase of Equipment and Instruments | 其他费用 Others |
| **总 计** | **Total** | **119033445** | **3888334** | **115145111** | **74574126** | **33016853** | **11442466** |
| 合 肥 市 | Hefei | 28892396 | 1158136 | 27734260 | 19169011 | 7414896 | 2308489 |
| 淮 北 市 | Huaibei | 4679324 | 130024 | 4549300 | 2603642 | 1548738 | 526944 |
| 亳 州 市 | Bozhou | 3342749 | 18400 | 3324349 | 2450248 | 568258 | 324243 |
| 宿 州 市 | Suzhou | 5102248 | 272126 | 4830122 | 3093059 | 1605759 | 403430 |
| 蚌 埠 市 | Bengbu | 6892460 | 104930 | 6787530 | 4061266 | 1953725 | 877469 |
| 阜 阳 市 | Fuyang | 4269036 | 50487 | 4218549 | 3089117 | 753359 | 426560 |
| 淮 南 市 | Huainan | 5236294 | 250595 | 4985699 | 3260798 | 1121856 | 853640 |
| 滁 州 市 | Chuzhou | 6527745 | 61472 | 6466273 | 4042023 | 2026719 | 459003 |
| 六 安 市 | Luan | 5657603 | 86471 | 5571132 | 4120969 | 1144020 | 392614 |
| 马鞍山市 | Maanshan | 9896573 | 141640 | 9754933 | 5292700 | 3672472 | 931401 |
| 芜 湖 市 | Wuhu | 13341187 | 665638 | 12675549 | 7532851 | 4937316 | 871020 |
| 宣 城 市 | Xuancheng | 6465899 | 228084 | 6237815 | 3985752 | 1440709 | 1039438 |
| 铜 陵 市 | Tongling | 4174965 | 252910 | 3922055 | 2135206 | 1334494 | 705265 |
| 池 州 市 | Chizhou | 2824867 | 57379 | 2767488 | 1990822 | 658479 | 175566 |
| 安 庆 市 | Anqing | 8718429 | 349249 | 8369180 | 5573170 | 2381675 | 763584 |
| 黄 山 市 | Huangshan | 3011670 | 60793 | 2950877 | 2173492 | 454378 | 383800 |

| 地 区 | Region | 按控股情况分 According to the Controlled Conditions | | | | | |
|---|---|---|---|---|---|---|---|
| | | 国有控股 State-holding | 集体控股 Collective-holding | 私人控股 Private-holding | 港澳台商控股 Hong Kong, Macao and Taiwan-holding | 外商控股 Foreign-holding | 其他 Other |
| **总 计** | **Total** | **43382125** | **5282138** | **61867935** | **1176567** | **1808740** | **5515940** |
| 合 肥 市 | Hefei | 12419586 | 1720979 | 11426604 | 247509 | 994420 | 2083298 |
| 淮 北 市 | Huaibei | 1245956 | 250512 | 2916454 | 39596 | 7462 | 219344 |
| 亳 州 市 | Bozhou | 1525999 | 31385 | 1547510 | 45070 | | 192785 |
| 宿 州 市 | Suzhou | 1267834 | 497289 | 2931884 | 44872 | 8900 | 351469 |
| 蚌 埠 市 | Bengbu | 2024623 | 135939 | 4318580 | 115540 | 54351 | 243427 |
| 阜 阳 市 | Fuyang | 1927002 | 216188 | 1963787 | 14728 | | 147331 |
| 淮 南 市 | Huainan | 3456559 | 213128 | 1427604 | 95025 | 27518 | 16460 |
| 滁 州 市 | Chuzhou | 2183407 | 234969 | 3832808 | 74519 | 71947 | 130095 |
| 六 安 市 | Luan | 1487334 | 280997 | 3588926 | 8946 | 52396 | 239004 |
| 马鞍山市 | Maanshan | 3410851 | 111152 | 5887401 | 12980 | 88172 | 386017 |
| 芜 湖 市 | Wuhu | 3973548 | 255711 | 7485422 | 246567 | 429696 | 950243 |
| 宣 城 市 | Xuancheng | 2151707 | 172266 | 3973899 | 9952 | 17728 | 140347 |
| 铜 陵 市 | Tongling | 1822003 | 187496 | 1837276 | 124511 | 14554 | 189125 |
| 池 州 市 | Chizhou | 902230 | 233457 | 1617970 | 39565 | 2476 | 29169 |
| 安 庆 市 | Anqing | 2162532 | 640678 | 5820239 | 29612 | 24650 | 40718 |
| 黄 山 市 | Huangshan | 1420954 | 99992 | 1291571 | 27575 | 14470 | 157108 |

# 5—11 分行业固定资产投资建设规模（2012年）

Total Investment in Fixed Assets of Construction（2012）

单位：万元（10000 yuan）

| 行业 | Sector | 建设总规模 Total Investment in Construction | 在建总规模 Total Investment in Projects under Construction | 在建净规模 Net Investment in Projects under Construction |
|---|---|---|---|---|
| **总计** | **Total** | **408547181** | **300271075** | **148440199** |
| #房地产开发 | Real Estate Development | 148965542 | 130535419 | 60020589 |
| **农、林、牧、渔业** | **Farming, Forestry, Animal Husbandry and Fishery** | **4452262** | **1910473** | **1006673** |
| 农业 | Farming | 1742918 | 758692 | 404841 |
| 林业 | Forestry | 729495 | 349278 | 206052 |
| 牧畜业 | Animal Husbandry | 1038813 | 346687 | 133716 |
| 渔业 | Fishery | 245672 | 87783 | 37966 |
| 农、林、牧、渔服务业 | Agricultural Services | 695364 | 368033 | 224098 |
| **采矿业** | **Mining and Quarrying** | **8999570** | **5829265** | **2179187** |
| 煤炭开采和洗选业 | Coal Mining and Washing Industry | 5224892 | 3470796 | 1104401 |
| 石油和天然气开采业 | Oil and Gas Industry | 10500 | 4000 | 3890 |
| 黑色金属矿采选业 | Ferrous Metal CaiXuanYe | 2128781 | 1706659 | 825248 |
| 有色金属矿采选业 | CaiXuanYe Nonferrous Metallic Deposits | 523079 | 204765 | 43218 |
| 非金属矿采选业 | CaiXuanYe Non-metallic Mineral | 949718 | 315215 | 148086 |
| 开采辅助活动 | Mining Auxiliary Activities | 102000 | 87200 | 32633 |
| 其他采矿业 | Other Mining | 60600 | 40630 | 21711 |
| **制造业** | **Manufacturing** | **127660356** | **79767814** | **42872249** |
| 农副食品加工业 | Agricultural and Sideline Products Processing Industry | 4726390 | 2290706 | 1214215 |
| 食品制造业 | Food Manufacturing | 2247005 | 1272186 | 640941 |
| 酒、饮料和精制茶制造业 | Wine, Drinks and Refined Tea Manufacturing | 2031289 | 1454400 | 677207 |
| 烟草制品业 | Tobacco Products | 704710 | 664783 | 242296 |
| 纺织业 | Textile Industry | 3416742 | 1840591 | 999777 |
| 纺织服装、服饰业 | Textile and Garment, Apparel Industry | 3456812 | 1228693 | 483624 |
| 皮革、毛皮、羽毛及其制品和制鞋业 | Leather, Fur, Feather and Its Products and Footwear | 1348585 | 832544 | 317498 |
| 木材加工和木、竹、藤、棕、草制品业 | Wood Processing and Wood, Bamboo, Cane, Palm, Grass Products | 2033427 | 928049 | 349915 |
| 家具制造业 | Furniture Manufacturing | 1153104 | 564147 | 302297 |
| 造纸和纸制品业 | Paper and Paper Products | 1955053 | 984193 | 309511 |
| 印刷和记录媒介复制业 | Printing and Duplicating Industry Record Media | 1290833 | 621006 | 288416 |
| 文教、工美、体育和娱乐用品制造业 | Cultural and Educational Supplies Manufacturing, Industrial, Sporting and Entertainment | 1526341 | 1054182 | 659374 |
| 石油加工、炼焦和核燃料加工业 | Petroleum Processing, Coking and Nuclear Fuel Processing | 1160941 | 918294 | 223512 |
| 化学原料和化学制品制造业 | Raw Chemical Materials and Chemical Products | 7525132 | 5583069 | 3533767 |
| 医药制造业 | Pharmaceutical Manufacturing Industry | 3501093 | 2586345 | 1345222 |
| 化学纤维制造业 | Chemical Fiber Industry | 316849 | 203451 | 107807 |
| 橡胶和塑料制品业 | Rubber and Plastic Products | 6139329 | 3761995 | 1746697 |
| 非金属矿物制品业 | Nonmetal Mineral Products | 12744948 | 7217772 | 4146214 |
| 黑色金属冶炼和压延加工业 | Smelting and Pressing of Ferrous Metals | 6308410 | 4563922 | 2534915 |
| 有色金属冶炼和压延加工业 | Smelting and Pressing of Nonferrous Metals | 2881286 | 1655957 | 822765 |
| 金属制品业 | Metal Products | 4298391 | 2115836 | 1055803 |
| 通用设备制造业 | Equipments in Current Use | 8824084 | 5248053 | 2454061 |
| 专用设备制造业 | Special Equipment Manufacturing | 8028792 | 5109987 | 2871509 |
| 汽车制造业 | Automobile Manufacturing Industry | 10454790 | 6531240 | 3002920 |
| 铁路、船舶、航空航天和其他运输设备制造业 | Railway, Shipbuilding, Aerospace, and Other Transportation Equipment Manufacturing Industry | 1095120 | 707489 | 409379 |
| 电气机械和器材制造业 | Electric Equipment and Machinery | 13785504 | 9428207 | 4915476 |
| 计算机、通信和其他电子设备制造业 | Computers, Communications and Other Electronic Equipment Manufacturing Industry | 12321984 | 8847763 | 6361444 |
| 仪器仪表制造业 | Instrument Manufacturing | 803807 | 558638 | 309998 |
| 其他制造业 | Other Manufacturing | 716434 | 471596 | 286814 |
| 废弃资源综合利用业 | Comprehensive Utilization of Waste Resources | 801427 | 512830 | 256535 |
| 金属制品、机械和设备修理业 | Metal Products, Machinery and Equipment Repair | 61744 | 9890 | 2340 |
| **电力、热力、燃气及水的生产和供应业** | **Electricity, Heat, Gas and Water Production and Supply Industry** | **11130638** | **8089725** | **4377273** |
| 电力、热力生产和供应业 | Electricity, Heat Production and Supply Industry | 9037400 | 6894308 | 3780060 |
| 燃气生产和供应业 | Gas Production and Supply Industry | 709887 | 474973 | 254069 |
| 水的生产和供应业 | Water Production and Supply Industry | 1383351 | 720444 | 343144 |
| **建筑业** | **Construction** | **548348** | **243042** | **92378** |
| 房屋建筑业 | Housing Industry | 91464 | 35336 | 14663 |
| 土木工程建筑业 | Civil Engineering Construction | 197856 | 134866 | 44004 |
| 建筑安装业 | Construction and Installation Industry | 69042 | 33667 | 10880 |
| 建筑装饰和其他建筑业 | Building Decoration and Other Construction | 189986 | 39173 | 22831 |

**5—11 续表 continued**

单位：万元（10000 yuan）

| 行业 | Sector | 建设总规模 Total Investment in Construction | 在建总规模 Total Investment in Projects under Construction | 在建净规模 Net Investment in Projects under Construction |
|---|---|---|---|---|
| **批发和零售业** | **Wholesale and Retail Trade** | **6226659** | **3839391** | **1926190** |
| 批发业 | Wholesale | 2806252 | 1685029 | 907931 |
| 零售业 | Retail Trade | 3420407 | 2154362 | 1018259 |
| **交通运输、仓储和邮政业** | **Transport, Storage and Postal Services** | **23479076** | **19114243** | **10019938** |
| 铁路运输业 | Railway Transport | 8855842 | 7847200 | 3444507 |
| 道路运输业 | Highway Transport | 10165067 | 7767388 | 4460462 |
| 水上运输业 | Water Way Transport | 1508615 | 1259888 | 889535 |
| 航空运输业 | Air Transport | 572711 | 476859 | 76772 |
| 管道运输业 | Pipeline Transport | 700 | | |
| 装卸搬运和运输代理业 | Handling and Shipping Agents | 1130377 | 1034261 | 785136 |
| 仓储业 | Warehousing | 1060323 | 587757 | 302753 |
| 邮政业 | Postal Services | 185441 | 140890 | 60773 |
| **住宿和餐饮业** | **Accommodation and Catering Trade** | **5063037** | **3438160** | **1806521** |
| 住宿业 | Accommodation Trade | 3643293 | 2873492 | 1585693 |
| 餐饮业 | Catering Services | 1419744 | 564668 | 220828 |
| **信息传输、软件和信息技术服务业** | **Information Transmission, Software and Information Technology Services** | **1242065** | **703607** | **372505** |
| 电信、广播电视和卫星传输服务 | Telecommunications, Broadcasting and TV Transmission and Satellite Services | 615509 | 215017 | 88279 |
| 互联网和相关服务 | The Internet and Related Services | 20511 | | |
| 软件和信息技术服务业 | Software and Information Technology Services | 606045 | 488590 | 284226 |
| **金融业** | **Banking** | **1426059** | **962229** | **460339** |
| 货币金融服务 | Monetary and Financial Services | 1082500 | 712315 | 302253 |
| 资本市场服务 | Capital Market Services | 171412 | 134446 | 119773 |
| 保险业 | Insurance | 49443 | 9468 | 2668 |
| 其他金融业 | Other Financial Activities | 122704 | 106000 | 35645 |
| **房地产业** | **Real Estate** | **169686049** | **144929145** | **67674675** |
| **租赁和商务服务业** | **Leasing and Commercial Services** | **3433986** | **2694034** | **1406102** |
| 租赁业 | Leasing | 103446 | 22113 | 5950 |
| 商务服务业 | Commercial Services | 3330540 | 2671921 | 1400152 |
| **科学研究和技术服务业** | **Scientific Research and Technical Services** | **2519534** | **1441658** | **862920** |
| 研究和试验发展 | Research and Experimental Development | 1277886 | 611184 | 310171 |
| 专业技术服务业 | Professional and Technical Services | 795937 | 490118 | 334113 |
| 科技推广和应用服务业 | Science and Technology Popularization and Application Services | 445711 | 340356 | 218636 |
| **水利、环境和公共设施管理业** | **Water Conservancy, Environmental and Public Facilities Management** | **27968742** | **18252696** | **9281836** |
| 水利管理业 | Water Conservancy Management | 2823258 | 1812728 | 1175382 |
| 生态保护和环境治理业 | Ecological Protection and Environmental Governance Industry | 737569 | 399880 | 203778 |
| 公共设施管理业 | Public Facilities Management | 24407915 | 16040088 | 7902676 |
| **居民服务、修理和其他服务业** | **Residents Service, Repair and Other Services** | **607947** | **278508** | **101643** |
| 居民服务业 | Resident Services | 339063 | 189945 | 63840 |
| 机动车、电子产品和日用产品修理业 | Motor Vehicle Repair Industry, Electronic Products and Daily Products | 212884 | 69263 | 31069 |
| 其他服务业 | Other Services | 56000 | 19300 | 6734 |
| **教　育** | **Education** | **3575388** | **1952285** | **880454** |
| **卫生和社会工作** | **Health and Social Wwork** | **2254750** | **1416503** | **649475** |
| 卫　生 | Health | 2064927 | 1366344 | 633113 |
| 社会工作 | Social Wwork | 189823 | 50159 | 16362 |
| **文化、体育和娱乐业** | **Culture, Sports and Entertainment** | **4138711** | **3270057** | **1635344** |
| 新闻和出版业 | Press and Publication | 16130 | 15000 | 8615 |
| 广播、电视、电影和影视录音制作业 | Radio, Television, Film and Television Recording Studios | 585484 | 529394 | 231889 |
| 文化艺术业 | Culture and Arts | 1475333 | 1050144 | 561683 |
| 体　育 | Sports | 649030 | 521842 | 312172 |
| 娱乐业 | Entertainment | 1412734 | 1153677 | 520985 |
| **公共管理、社会保障和社会组织** | **Public Management, Social Security and Social Organizatio** | **4134004** | **2138240** | **834497** |
| 中国共产党机关 | Organs of Chinese Communist Party | 5397 | | |
| 国家机构 | State Organs | 3274201 | 1813322 | 721805 |
| 人民政协、民主党派 | CPPCC and Democratic Parties | 94720 | | |
| 社会保障 | The Social Security | 63683 | 25960 | 15236 |
| 群众团体、社会团体和其他成员组织 | Mass Organizations, Social Organizations and Religious Organizations | 370278 | 203943 | 64821 |
| 基层群众自治组织 | The Grassroots Autonomous Organizations | 325725 | 95015 | 32635 |

# 5—12 房屋施工、竣工面积和价值（2012年）

Value and Floor Space of Buildings under Construction and Completed（2012）

| 行业 | Sector | 房屋施工面积（平方米）Floor Space of Buildings under Construction (sq.m) | #住宅 Residential Buildings | 房屋竣工面积（平方米）Floor Space of Buildings Completed (sq.m) | #住宅 Residential Buildings | 房屋竣工价值（万元）Value of Buildings Completed (10000 yuan) | #住宅 Residential Buildings |
|---|---|---|---|---|---|---|---|
| **总计** | **Total** | **495206756** | **222608134** | **92144446** | **42462066** | **16579374** | **8811838** |
| #房地产开发 | Real Estate Development | 248360596 | 181825819 | 39653918 | 31231480 | 9553219 | 7449321 |
| **农、林、牧、渔业** | **Farming, Forestry, Animal Husbandry and Fishery** | **4376554** | **25893** | **1457212** | **19276** | **185350** | **2022** |
| 农业 | Farming | 1033872 | 6040 | 501963 | 5440 | 73915 | 625 |
| 林业 | Forestry | 136693 | 3571 | 41895 | 644 | 8132 | 88 |
| 牧畜业 | Animal Husbandry | 2512823 | 11787 | 791865 | 10247 | 85621 | 816 |
| 渔业 | Fishery | 409134 | 2600 | 71026 | 2600 | 8994 | 280 |
| 农、林、牧、渔服务业 | Agricultural Services | 284032 | 1895 | 50463 | 345 | 8688 | 213 |
| **采矿业** | **Mining and Quarrying** | **1013072** | **3268** | **431436** | **3148** | **99605** | **777** |
| 煤炭开采和洗选业 | Coal Mining and Washing Industry | 182286 | 760 | 33460 | 760 | 48522 | 320 |
| 黑色金属矿采选业 | Ferrous Metal CaiXuanYe | 272380 |  | 174200 |  | 18682 |  |
| 有色金属矿采选业 | CaiXuanYe Nonferrous Metallic Deposits | 233185 | 260 | 81980 | 260 | 9128 | 78 |
| 非金属矿采选业 | CaiXuanYe Non-metallic Mineral | 268121 | 2248 | 140246 | 2128 | 22273 | 379 |
| 开采辅助活动 | Mining Auxiliary Activities | 55550 |  |  |  |  |  |
| 其他采矿业 | Other Mining | 1550 |  | 1550 |  | 1000 |  |
| **制造业** | **Manufacturing** | **114198908** | **815229** | **25405644** | **467049** | **3517979** | **59948** |
| 农副食品加工业 | Agricultural and Sideline Products Processing Industry | 5464657 | 25608 | 2292762 | 18686 | 317098 | 3966 |
| 食品制造业 | Food Manufacturing | 2264371 | 53969 | 751787 | 53919 | 84553 | 9357 |
| 酒、饮料和精制茶制造业 | Wine, Drinks and Refined Tea Manufacturing | 1920097 | 75938 | 531051 | 70753 | 71642 | 11118 |
| 烟草制品业 | Tobacco Products | 380900 |  | 7300 |  | 710 |  |
| 纺织业 | Textile Industry | 2708514 | 15480 | 731960 | 4780 | 120943 | 1530 |
| 纺织服装、服饰业 | Textile and Garment, Apparel Industry | 4275939 | 14135 | 1537923 | 8335 | 230034 | 1042 |
| 皮革、毛皮、羽毛及其制品和制鞋业 | Leather, Fur, Feather and Its Products and Footwear | 1527850 | 10415 | 401600 | 1126 | 42194 | 98 |
| 木材加工和木、竹、藤、草制品业 | Wood Processing and Wood, Bamboo, Cane, Palm, Grass Products | 2015760 | 16242 | 666499 | 11242 | 99803 | 1472 |
| 家具制造业 | Furniture Manufacturing | 2023357 | 5103 | 301375 | 4333 | 59965 | 605 |
| 造纸和纸制品业 | Paper and Paper Products | 1485498 | 720 | 259852 | 620 | 35008 | 210 |
| 印刷和记录媒介复制业 | Printing and Duplicating Industry Record Media | 1482282 | 2000 | 331242 | 2000 | 42530 | 300 |
| 文教、工美、体育和娱乐用品制造业 | Cultural and Educational Supplies Manufacturing, Industrial, Sporting and Entertainment | 1601761 | 2830 | 261960 | 2830 | 40454 | 1420 |
| 石油加工、炼焦和核燃料加工业 | Petroleum Processing, Coking and Nuclear Fuel Processing | 632420 | 150 | 11300 | 150 | 2075 | 40 |
| 化学原料和化学制品制造业 | Raw Chemical Materials and Chemical Products | 3363177 | 22490 | 746558 | 690 | 114381 | 101 |
| 医药制造业 | Pharmaceutical Manufacturing Industry | 4204493 |  | 421801 |  | 57691 |  |
| 化学纤维制造业 | Chemical Fiber Industry | 267780 | 2200 | 4200 | 2200 | 420 | 135 |
| 橡胶和塑料制品业 | Rubber and Plastic Products | 4476182 | 31115 | 1493446 | 9115 | 199812 | 2043 |
| 非金属矿物制品业 | Nonmetal Mineral Products | 9115037 | 52628 | 2434568 | 24122 | 363534 | 2597 |
| 黑色金属冶炼和压延加工业 | Smelting and Pressing of Ferrous Metals | 2832042 | 200 | 730357 | 200 | 114810 | 60 |
| 有色金属冶炼和压延加工业 | Smelting and Pressing of Nonferrous Metals | 1792397 | 2500 | 745042 | 2500 | 70452 | 240 |
| 金属制品业 | Metal Products | 5436489 | 117771 | 1814150 | 95276 | 263022 | 8482 |
| 通用设备制造业 | Equipments in Current Use | 8383457 | 92085 | 1698729 | 75536 | 241301 | 7681 |
| 专用设备制造业 | Special Equipment Manufacturing | 8436603 | 44075 | 1770959 | 8675 | 225062 | 1239 |
| 汽车制造业 | Automobile Manufacturing Industry | 10124022 | 50700 | 1693835 | 43200 | 218811 | 1580 |
| 铁路、船舶、航空航天和其他运输设备制造业 | Railway, Shipbuilding, Aerospace, and Other Transportation Equipment Manufacturing Industry | 786942 |  | 190955 |  | 27902 |  |
| 电气机械和器材制造业 | Electric Equipment and Machinery | 14780843 | 131172 | 2169683 | 9509 | 294667 | 2284 |
| 计算机、通信和其他电子制造业 | Computers, Communications and Other Electronic Equipment Manufacturing Industry | 10465021 | 29451 | 792237 | 1000 | 91893 | 150 |
| 仪器仪表制造业 | Instrument Manufacturing | 910092 | 12632 | 253140 | 12632 | 29839 | 1500 |
| 其他制造业 | Other Manufacturing | 522717 | 2020 | 177000 | 2020 | 29100 | 483 |
| 废弃资源综合利用业 | Comprehensive Utilization of Waste Resources | 466041 | 1600 | 156803 | 1600 | 23298 | 215 |
| 金属制品、机械和设备修理业 | Metal Products, Machinery and Equipment Repair | 52167 |  | 25570 |  | 4975 |  |
| **电力、热力、燃气及水的生产和供应业** | **Electricity, Heat, Gas and Water Producti and Supply Industry** | **1092684** | **5100** | **292829** | **4600** | **57213** | **724** |
| 电力、热力生产和供应业 | Electricity, Heat Production and Supply Industry | 654335 | 1000 | 53447 | 1000 | 16042 | 200 |
| 燃气生产和供应业 | Gas Production and Supply Industry | 88886 |  | 39000 |  | 11730 |  |
| 水的生产和供应业 | Water Production and Supply Industry | 349463 | 4100 | 200382 | 3600 | 29441 | 524 |
| **建筑业** | **Construction** | **617715** | **4300** | **61434** | **4300** | **12208** | **2500** |
| 房屋建筑业 | Housing Industry | 211401 | 4300 | 57034 | 4300 | 11758 | 2500 |
| 土木工程建筑业 | Civil Engineering Construction | 165844 |  |  |  |  |  |
| 建筑安装业 | Construction and Installation Industry | 9305 |  |  |  |  |  |
| 建筑装饰和其他建筑业 | Building Decoration and Other Constructior | 231165 |  | 4400 |  | 450 |  |

**5—12 续表 continued**

| 行 业 | Sector | 房屋施工面积(平方米) Floor Space of Buildings under Construction (sq.m) | #住宅 Residential Buildings | 房屋竣工面积(平方米) Floor Space of Buildings Completed (sq.m) | #住宅 Residential Buildings | 房屋竣工价值(万元) Value of Buildings Completed (10000 yuan) | #住宅 Residential Buildings |
|---|---|---|---|---|---|---|---|
| **批发和零售业** | **Wholesale and Retail Trade** | **10085292** | **626481** | **2719973** | **444588** | **274992** | **37414** |
| 批发业 | Wholesale | 2658511 | 89893 | 586255 | 32000 | 90759 | 3475 |
| 零售业 | Retail Trade | 7426781 | 536588 | 2133718 | 412588 | 184233 | 33939 |
| **交通运输、仓储和邮政业** | **Transport, Storage and Postal Services** | **5347485** | **5390** | **1314158** | **4560** | **137096** | **2315** |
| 铁路运输业 | Railway Transport | 53870 | | | | | |
| 道路运输业 | Highway Transport | 1908307 | 2100 | 229491 | 2100 | 32818 | 1676 |
| 水上运输业 | Water Way Transport | 93135 | 1860 | 29960 | 1860 | 5207 | 530 |
| 航空运输业 | Air Transport | 84709 | | | | | |
| 装卸搬运和运输代理业 | Handling and Shipping Agents | 1346989 | 900 | 210590 | 300 | 21590 | 80 |
| 仓储业 | Warehousing | 1687130 | 300 | 838322 | 300 | 76786 | 29 |
| 邮政业 | Postal Services | 173345 | 230 | 5795 | | 695 | |
| **住宿和餐饮业** | **Accommodation and Catering Trade** | **3423300** | **210176** | **667871** | **52135** | **106873** | **5490** |
| 住宿业 | Accommodation Trade | 2733401 | 169376 | 494145 | 11335 | 71787 | 1450 |
| 餐饮业 | Catering Services | 689899 | 40800 | 173726 | 40800 | 35086 | 4040 |
| **信息传输、软件和信息技术服务业** | **Information Transmission, Software and Information Technology Services** | **1125847** | | **87202** | | **13510** | |
| 电信、广播电视和卫星传输服务 | Telecommunications, Broadcasting and TV Transmission and Satellite Services | 157326 | | 32132 | | 5347 | |
| 互联网和相关服务 | The Internet and Related Services | 210 | | 210 | | 63 | |
| 软件和信息技术服务业 | Software and Information Technology Services | 968311 | | 54860 | | 8100 | |
| **金融业** | **Banking** | **1421607** | **20340** | **160027** | **400** | **24191** | **120** |
| 货币金融服务 | Monetary and Financial Services | 1077575 | 400 | 115554 | 400 | 15224 | 120 |
| 资本市场服务 | Capital Market Services | 130712 | 19940 | 9940 | | 2346 | |
| 保险业 | Insurance | 26735 | | 14033 | | 1621 | |
| 其他金融业 | Other Financial Activities | 186585 | | 20500 | | 5000 | |
| **房地产业** | **Real Estate** | **313933382** | **217002656** | **53577287** | **40462335** | **11212398** | **8554098** |
| **租赁和商务服务业** | **Leasing and Commercial Services** | **6560571** | **226426** | **410405** | | **74208** | |
| 租赁业 | Leasing | 204121 | 6912 | 169580 | | 23517 | |
| 商务服务业 | Commercial Services | 6356450 | 219514 | 240825 | | 50691 | |
| **科学研究和技术服务业** | **Scientific Research and Technical Services** | **2574398** | **15454** | **167082** | **9054** | **23622** | **2197** |
| 研究和试验发展 | Research and Experimental Development | 1053295 | 15254 | 48365 | 8854 | 11561 | 2147 |
| 专业技术服务业 | Professional and Technical Services | 528457 | 200 | 44017 | 200 | 4623 | 50 |
| 科技推广和应用服务业 | Science and Technology Popularization and Application Services | 992646 | | 74700 | | 7438 | |
| **水利、环境和公共设施管理业** | **Water Conservancy, Environmental and Public Facilities Management** | **8038465** | **1462679** | **1070002** | **314947** | **156858** | **39439** |
| 水利管理业 | Water Conservancy Management | 1520768 | 836632 | 68032 | 13580 | 16813 | 1222 |
| 生态保护和环境治理业 | Ecological Protection and Environmental Governance Industry | 32539 | 1032 | 21407 | 1032 | 4487 | 204 |
| 公共设施管理业 | Public Facilities Management | 6485158 | 625015 | 980563 | 300335 | 135558 | 38013 |
| **居民服务、修理和其他服务业** | **Residents Service, Repair and Other Services** | **314971** | **13950** | **69100** | **9000** | **9875** | **1270** |
| 居民服务业 | Resident Services | 167930 | 13950 | 49700 | 9000 | 7476 | 1270 |
| 机动车、电子产品和日用产品修理业 | Motor Vehicle Repair Industry, Electronic Products and Daily Products | 118211 | | 11400 | | 1559 | |
| 其他服务业 | Other Services | 28830 | | 8000 | | 840 | |
| **教 育** | **Education** | **8732963** | **377419** | **2267880** | **81821** | **331367** | **11956** |
| **卫生和社会工作** | **Health and Social Wwork** | **3814715** | **96929** | **412645** | **67339** | **69137** | **10519** |
| 卫 生 | Health | 3384450 | 220 | 254745 | 220 | 41467 | 14 |
| 社会工作 | Social Wwork | 430265 | 96709 | 157900 | 67119 | 27670 | 10505 |
| **文化、体育和娱乐业** | **Culture, Sports and Entertainment** | **3559165** | **29996** | **291619** | **3000** | **50747** | **390** |
| 广播、电视、电影和影视录音制作业 | Radio, Television, Film and Television Recording Studios | 813247 | | 6250 | | 450 | |
| 文化艺术业 | Culture and Arts | 1412553 | 23320 | 199459 | 3000 | 25064 | 390 |
| 体 育 | Sports | 119966 | | 39360 | | 6507 | |
| 娱乐业 | Entertainment | 1213399 | 6676 | 46550 | | 18726 | |
| **公共管理、社会保障和社会组织** | **Public Management, Social Security and Social Organization** | **4975662** | **1666448** | **1280640** | **514514** | **222145** | **80659** |
| 中国共产党机关 | Organs of Chinese Communist Party | 9700 | | | | | |
| 国家机构 | State Organs | 3713923 | 972558 | 884795 | 280464 | 153322 | 41970 |
| 社会保障 | The Social Security | 272677 | 243590 | 3587 | | 322 | |
| 群众团体、社会团体和其他成员组织 | Mass Organizations, Social Organizations and Religious Organizations | 190068 | 20000 | 70023 | | 12958 | |
| 基层群众自治组织 | The Grassroots Autonomous Organizations | 789294 | 430300 | 322235 | 234050 | 55543 | 38689 |

## 5—13 各市固定资产投资建设规模（2012年）
Total Investment in Fixed Assets In Construction by Region (2012)

单位：万元（10000 yuan）

| 地 区 | Region | 建设总规模 Total Investment in Construction | 在建总规模 Total Investment in Projects under Construction | 在建净规模 Net Investment in Projects under Construction |
|---|---|---|---|---|
| **总 计** | **Total** | **408547181** | **300271075** | **148440199** |
| 合 肥 市 | Hefei | 104947759 | 74797789 | 34285328 |
| 淮 北 市 | Huaibei | 13135435 | 8734152 | 4971699 |
| 亳 州 市 | Bozhou | 12332076 | 9894723 | 5224222 |
| 宿 州 市 | Suzhou | 15533594 | 10966632 | 5832831 |
| 蚌 埠 市 | Bengbu | 18115636 | 13226073 | 6654338 |
| 阜 阳 市 | Fuyang | 13383765 | 9702477 | 4753453 |
| 淮 南 市 | Huainan | 18692161 | 14554109 | 8093866 |
| 滁 州 市 | Chuzhou | 26378374 | 20465735 | 11327979 |
| 六 安 市 | Luan | 16635770 | 11897546 | 6160578 |
| 马鞍山市 | Maanshan | 29033632 | 20090843 | 10643475 |
| 芜 湖 市 | Wuhu | 55530403 | 44769760 | 21101674 |
| 宣 城 市 | Xuancheng | 16349265 | 11839281 | 5695132 |
| 铜 陵 市 | Tongling | 11699528 | 8696984 | 4447078 |
| 池 州 市 | Chizhou | 20117832 | 12131710 | 5279187 |
| 安 庆 市 | Anqing | 15382107 | 12266990 | 5835435 |
| 黄 山 市 | Huangshan | 21279844 | 16236271 | 8133924 |

## 5—14 各市项目投资建设规模（2012年）
Total Projects Investment In Construction by Region (2012)

单位：万元（10000 yuan）

| 地 区 | Region | 建设总规模 Total Investment in Construction | 在建总规模 Total Investment in Projects under Construction | 在建净规模 Net Investment in Projects under Construction |
|---|---|---|---|---|
| **总 计** | **Total** | **259581639** | **169735656** | **88419610** |
| 合 肥 市 | Hefei | 61010055 | 37152762 | 20334169 |
| 淮 北 市 | Huaibei | 8707532 | 4570708 | 2582895 |
| 亳 州 市 | Bozhou | 8520140 | 6370156 | 3524528 |
| 宿 州 市 | Suzhou | 9836934 | 5761070 | 2739139 |
| 蚌 埠 市 | Bengbu | 12242160 | 8019355 | 4067971 |
| 阜 阳 市 | Fuyang | 9277961 | 6102725 | 3098258 |
| 淮 南 市 | Huainan | 13711542 | 10375074 | 6217717 |
| 滁 州 市 | Chuzhou | 15712391 | 10752889 | 6095331 |
| 六 安 市 | Luan | 10655597 | 6394114 | 3232629 |
| 马鞍山市 | Maanshan | 19662323 | 11570113 | 6082097 |
| 芜 湖 市 | Wuhu | 35336966 | 27957677 | 14081431 |
| 宣 城 市 | Xuancheng | 13502504 | 9092332 | 4560175 |
| 铜 陵 市 | Tongling | 9741061 | 5744301 | 2337736 |
| 池 州 市 | Chizhou | 7908534 | 5634688 | 3212338 |
| 安 庆 市 | Anqing | 15113710 | 7629849 | 3150030 |
| 黄 山 市 | Huangshan | 8642229 | 6607843 | 3103166 |

## 5—15 各市房屋施工、竣工面积和价值（2012年）

Value and Floor Space of Buildings under Construction and Completed by Region（2012）

| 地 区 | Region | 房屋施工面积（平方米）Floor Space of Buildings under Construction (sq.m) | #住宅 Residential Buildings | 房屋竣工面积（平方米）Floor Space of Buildings Completed (sq.m) | #住宅 Residential Buildings | 房屋竣工价值（万元）Value of Buildings Completed (10000 yuan) | #住宅 Residential Buildings |
|---|---|---|---|---|---|---|---|
| **总 计** | **Total** | **495206756** | **222608134** | **92144446** | **42462066** | **16579374** | **8811838** |
| 合肥市 | Hefei | 107554721 | 46483544 | 11342873 | 7384880 | 2469586 | 1777535 |
| 淮北市 | Huaibei | 24922346 | 12298965 | 3535644 | 1011454 | 638331 | 190805 |
| 亳州市 | Bozhou | 18045826 | 6861170 | 2816822 | 598442 | 493313 | 165304 |
| 宿州市 | Suzhou | 14395251 | 7949245 | 4354708 | 2582956 | 966197 | 694325 |
| 蚌埠市 | Bengbu | 23884376 | 11658949 | 4655654 | 1789035 | 725785 | 316055 |
| 阜阳市 | Fuyang | 22076196 | 10665442 | 6125933 | 2470558 | 1045253 | 426883 |
| 淮南市 | Huainan | 24548191 | 13041239 | 6214393 | 4486365 | 1037509 | 722808 |
| 滁州市 | Chuzhou | 44274614 | 20998852 | 9780300 | 4123500 | 1640039 | 797901 |
| 六安市 | Luan | 23215546 | 11414434 | 6270552 | 2573614 | 1022259 | 465359 |
| 马鞍山市 | Maanshan | 29661944 | 10249510 | 8500325 | 2799430 | 1320922 | 554645 |
| 芜湖市 | Wuhu | 78834219 | 32213747 | 9931888 | 4492875 | 1802678 | 1060862 |
| 宣城市 | Xuancheng | 22490643 | 10011516 | 5572974 | 2194426 | 903115 | 467565 |
| 铜陵市 | Tongling | 12493788 | 6851243 | 2357203 | 1283427 | 507564 | 250778 |
| 池州市 | Chizhou | 16982210 | 6033473 | 3352188 | 1512765 | 587275 | 300577 |
| 安庆市 | Anqing | 17098239 | 8875757 | 5085491 | 2086280 | 947627 | 357528 |
| 黄山市 | Huangshan | 14728646 | 7001048 | 2247498 | 1072059 | 471921 | 262908 |

## 5—16 各市项目投资的房屋施工、竣工面积和价值（2012年）

Floor Space of Projects Investment Under Construction and Completed and Their Value by Region（2012）

单位：万元（10000 yuan）

| 地 区 | Region | 房屋施工面积（平方米）Floor Space of Buildings under Construction (sq.m) | #住宅 Residential Buildings | 房屋竣工面积（平方米）Floor Space of Buildings Completed (sq.m) | #住宅 Residential Buildings | 房屋竣工价值（万元）Value of Buildings Completed (10000 yuan) | #住宅 Residential Buildings |
|---|---|---|---|---|---|---|---|
| **总 计** | **Total** | **246846160** | **40782315** | **52490528** | **11230586** | **7026155** | **1362517** |
| 合肥市 | Hefei | 46838335 | 4124768 | 2132673 | 132090 | 284224 | 14573 |
| 淮北市 | Huaibei | 13104362 | 3295575 | 2830908 | 394130 | 471839 | 46409 |
| 亳州市 | Bozhou | 9968285 | 1607736 | 2410557 | 282506 | 252216 | 24696 |
| 宿州市 | Suzhou | 4984898 | 841355 | 1723056 | 330742 | 242032 | 51268 |
| 蚌埠市 | Bengbu | 9642717 | 851815 | 2738632 | 360894 | 376885 | 44157 |
| 阜阳市 | Fuyang | 13367831 | 3910801 | 4735734 | 1323383 | 673247 | 142956 |
| 淮南市 | Huainan | 13864117 | 4755765 | 3914581 | 2415944 | 537113 | 274569 |
| 滁州市 | Chuzhou | 22551712 | 4638045 | 6220632 | 1362322 | 818791 | 192066 |
| 六安市 | Luan | 12487156 | 2968269 | 4641404 | 1268269 | 600011 | 133152 |
| 马鞍山市 | Maanshan | 17791817 | 1190610 | 5538142 | 443890 | 656991 | 50640 |
| 芜湖市 | Wuhu | 46708351 | 7767648 | 5182414 | 691549 | 544175 | 92848 |
| 宣城市 | Xuancheng | 10771865 | 1553799 | 3871747 | 806127 | 434838 | 84248 |
| 铜陵市 | Tongling | 3558740 | 606628 | 989381 | 396324 | 211317 | 75793 |
| 池州市 | Chizhou | 8646962 | 896151 | 1583331 | 233969 | 203696 | 25358 |
| 安庆市 | Anqing | 6675121 | 1146160 | 3096963 | 681101 | 558641 | 73175 |
| 黄山市 | Huangshan | 5883891 | 627190 | 880373 | 107346 | 160139 | 36609 |

# 5—17 各行业投资资金来源和新增固定资产（2012年）
## Investment Funds Resource and Newly Added Infixed Assests By Industry (2012)

| 行　业 | Sector | 本年资金来源合计 Total Funds This Year | 国家预算资金 State Budget |
|---|---|---|---|
| **总　计** | **Total** | **162439023** | **9716055** |
| ＃房地产开发 | Real Estate Development | 38353425 | |
| **农、林、牧、渔业** | **Farming, Forestry, Animal Husbandry and Fishery** | **3055320** | **286294** |
| 农　业 | Farming | 1200869 | 66512 |
| 林　业 | Forestry | 444361 | 59765 |
| 牧畜业 | Animal Husbandry | 747377 | 2915 |
| 渔　业 | Fishery | 197156 | |
| 农、林、牧、渔服务业 | Agricultural Services | 465557 | 157102 |
| **采矿业** | **Mining and Quarrying** | **4037240** | **88737** |
| 煤炭开采和洗选业 | Coal Mining and Washing Industry | 2075166 | 88737 |
| 石油和天然气开采业 | Oil and Gas Industry | 6610 | |
| 黑色金属矿采选业 | Ferrous Metal CaiXuanYe | 780928 | |
| 有色金属矿采选业 | CaiXuanYe Nonferrous Metallic Deposits | 401701 | |
| 非金属矿采选业 | CaiXuanYe Non-metallic Mineral | 681641 | |
| 开采辅助活动 | Mining Auxiliary Activities | 66849 | |
| 其他采矿业 | Other Mining | 24345 | |
| **制造业** | **Manufacturing** | **64063994** | **199043** |
| 农副食品加工业 | Agricultural and Sideline Products Processing Industry | 2916593 | 23135 |
| 食品制造业 | Food Manufacturing | 1236078 | 1649 |
| 酒、饮料和精制茶制造业 | Wine, Drinks and Refined Tea Manufacturing | 1178764 | 300 |
| 烟草制品业 | Tobacco Products | 419371 | |
| 纺织业 | Textile Industry | 1736157 | 3000 |
| 纺织服装、服饰业 | Textile and Garment, Apparel Industry | 2067674 | 3200 |
| 皮革、毛皮、羽毛及其制品和制鞋业 | Leather, Fur, Feather and Its Products and Footwear | 843089 | |
| 木材加工和木、竹、藤、棕、草制品业 | Wood Processing and Wood, Bamboo, Cane, Palm, Grass Products | 1428001 | 3195 |
| 家具制造业 | Furniture Manufacturing | 743441 | |
| 造纸和纸制品业 | Paper and Paper Products | 1130206 | |
| 印刷和记录媒介复制业 | Printing and Duplicating Industry Record Media | 846253 | |
| 文教、工美、体育和娱乐用品制造业 | Cultural and Educational Supplies Manufacturing, Industrial, Sporting and Entertainment | 717576 | |
| 石油加工、炼焦和核燃料加工业 | Petroleum Processing, Coking and Nuclear Fuel Processing | 604127 | 5049 |
| 化学原料和化学制品制造业 | Raw Chemical Materials and Chemical Products | 2997753 | 2818 |
| 医药制造业 | Pharmaceutical Manufacturing Industry | 1603813 | 25020 |
| 化学纤维制造业 | Chemical Fiber Industry | 146828 | |
| 橡胶和塑料制品业 | Rubber and Plastic Products | 3101249 | |
| 非金属矿物制品业 | Nonmetal Mineral Products | 6454850 | 13000 |
| 黑色金属冶炼和压延加工业 | Smelting and Pressing of Ferrous Metals | 2402794 | |
| 有色金属冶炼和压延加工业 | Smelting and Pressing of Nonferrous Metals | 1217841 | |
| 金属制品业 | Metal Products | 2733997 | 2450 |
| 通用设备制造业 | Equipments in Current Use | 4819192 | 7650 |
| 专用设备制造业 | Special Equipment Manufacturing | 4191435 | 25167 |
| 汽车制造业 | Automobile Manufacturing Industry | 5049964 | 36160 |
| 铁路、船舶、航空航天和其他运输设备制造业 | Railway, Shipbuilding, Aerospace, and Other Transportation Equipment Manufacturing Industry | 535675 | |
| 电气机械和器材制造业 | Electric Equipment and Machinery | 6231358 | 1420 |
| 计算机、通信和其他电子设备制造业 | Computers, Communications and Other Electronic Equipment Manufacturing Industry | 5430091 | 42556 |
| 仪器仪表制造业 | Instrument Manufacturing | 412697 | |
| 其他制造业 | Other Manufacturing | 359730 | 683 |
| 废弃资源综合利用业 | Comprehensive Utilization of Waste Resources | 448639 | 2591 |
| 金属制品、机械和设备修理业 | Metal Products, Machinery and Equipment Repair | 58758 | |
| **电力、热力、燃气及水的生产和供应业** | **Electricity, Heat, Gas and Water Production and Supply Indust** | **4789247** | **434051** |
| 电力、热力生产和供应业 | Electricity, Heat Production and Supply Industry | 3643109 | 239836 |
| 燃气生产和供应业 | Gas Production and Supply Industry | 335898 | 9725 |
| 水的生产和供应业 | Water Production and Supply Industry | 810240 | 184490 |
| **建筑业** | **Construction** | **583962** | **30564** |
| 房屋建筑业 | Housing Industry | 115523 | |
| 土木工程建筑业 | Civil Engineering Construction | 198811 | 30564 |
| 建筑安装业 | Construction and Installation Industry | 52056 | |
| 建筑装饰和其他建筑业 | Building Decoration and Other Construction | 217572 | |

单位：万元（10000 yuan）

| 国内贷款 Domestic Loans | 债　券 Bonds | 利用外资 Foreign Investment | 自筹资金 Self-raising Funds | 其他资金 Others | 投资额 Investment | 新　增 固定资产 Newly Increased Fixed Assets | 固定资产交付使用率(%) Rate of Projects of Fixed Assets Completed and Put into Use (%) |
|---|---|---|---|---|---|---|---|
| **15419120** | **168038** | **1114388** | **112801439** | **23219983** | **150549510** | **84527212** | **56.15** |
| 4062323 | | 13860 | 16867994 | 17409248 | 31516065 | 12531622 | 39.76 |
| **127881** | | **32500** | **2495410** | **113235** | **3019377** | **2313188** | **76.61** |
| 60920 | | 13400 | 1014785 | 45252 | 1201533 | 920244 | 76.59 |
| 15220 | | 1000 | 348016 | 20360 | 457709 | 348854 | 76.22 |
| 34811 | | 8600 | 669801 | 31250 | 726684 | 557378 | 76.70 |
| 8800 | | | 184426 | 3930 | 196201 | 151721 | 77.33 |
| 8130 | | 9500 | 278382 | 12443 | 437250 | 334991 | 76.61 |
| **865933** | **3200** | **25500** | **2906744** | **147126** | **3897100** | **2034267** | **52.20** |
| 676550 | | 16400 | 1172542 | 120937 | 2060420 | 831561 | 40.36 |
| | | 6500 | 110 | | 6610 | 6500 | 98.34 |
| 75800 | | | 703628 | 1500 | 719179 | 356765 | 49.61 |
| 48503 | 3200 | | 330373 | 19625 | 376530 | 272548 | 72.38 |
| 24480 | | 2600 | 652097 | 2464 | 645339 | 532440 | 82.51 |
| 40000 | | | 26849 | | 56448 | 16248 | 28.78 |
| 600 | | | 21145 | 2600 | 32574 | 18205 | 55.89 |
| **5575879** | **150324** | **691460** | **56085734** | **1361554** | **60726216** | **38014840** | **62.60** |
| 128581 | | 66070 | 2549377 | 149430 | 2708381 | 2122140 | 78.35 |
| 38930 | | 12800 | 1162443 | 20256 | 1209835 | 789461 | 65.25 |
| 41865 | | 2000 | 1111911 | 22688 | 1116148 | 613744 | 54.99 |
| | | | 413874 | 5497 | 306789 | 30498 | 9.94 |
| 80377 | | 30861 | 1512953 | 108966 | 1730136 | 1199924 | 69.35 |
| 64420 | | 27348 | 1864908 | 107798 | 2089679 | 2004793 | 95.94 |
| 30312 | | 500 | 802892 | 9385 | 807160 | 392123 | 48.58 |
| 40180 | | 8500 | 1329538 | 46588 | 1414973 | 980913 | 69.32 |
| 27388 | | 4200 | 703021 | 8832 | 737830 | 536118 | 72.66 |
| 288910 | | | 825519 | 15777 | 1220315 | 860489 | 70.51 |
| 23158 | | 2000 | 786035 | 35060 | 807128 | 571206 | 70.77 |
| 44298 | | 6246 | 638262 | 28770 | 749752 | 457773 | 61.06 |
| 78392 | 89324 | | 431362 | | 597247 | 181775 | 30.44 |
| 236566 | | 29259 | 2652439 | 76671 | 2874763 | 1759744 | 61.21 |
| 123445 | | 28312 | 1405005 | 22031 | 1527795 | 621680 | 40.69 |
| 100 | | | 127988 | 18740 | 137167 | 67472 | 49.19 |
| 543789 | | 144950 | 2342348 | 70162 | 2632954 | 2059217 | 78.21 |
| 313157 | 1000 | 70300 | 5896594 | 160799 | 6298083 | 4543441 | 72.14 |
| 285828 | 60000 | 1600 | 2041616 | 13750 | 2322863 | 1147312 | 49.39 |
| 213300 | | | 990906 | 13635 | 1377367 | 673477 | 48.90 |
| 111651 | | 710 | 2591276 | 27910 | 2716475 | 1893111 | 69.69 |
| 328605 | | 45000 | 4406788 | 31149 | 4603644 | 2943359 | 63.94 |
| 185120 | | 38570 | 3889770 | 52808 | 3950480 | 2227881 | 56.40 |
| 248442 | | 81772 | 4641570 | 42020 | 4751361 | 2730243 | 57.46 |
| 10550 | | | 523025 | 2100 | 504961 | 339581 | 67.25 |
| 427513 | | 87287 | 5568948 | 146190 | 5968869 | 3365080 | 56.38 |
| 1579366 | | 3175 | 3693776 | 111218 | 4296070 | 2185598 | 50.87 |
| 9340 | | | 400647 | 2710 | 406712 | 195818 | 48.15 |
| 13229 | | | 338814 | 7004 | 350461 | 229415 | 65.46 |
| 53240 | | | 389698 | 3110 | 453009 | 247887 | 54.72 |
| 5827 | | | 52431 | 500 | 57809 | 43567 | 75.36 |
| **821559** | **3600** | **99919** | **3280519** | **149599** | **4348081** | **3001546** | **69.03** |
| 761096 | 3000 | 99919 | 2434661 | 104597 | 3228398 | 2233184 | 69.17 |
| 32900 | | | 285087 | 8186 | 324472 | 211199 | 65.09 |
| 27563 | 600 | | 560771 | 36816 | 795211 | 557163 | 70.06 |
| **7800** | | | **518648** | **26950** | **539763** | **372082** | **68.93** |
| 2000 | | | 110963 | 2560 | 111821 | 59440 | 53.16 |
| 4200 | | | 139657 | 24390 | 167557 | 99430 | 59.34 |
| 1200 | | | 50856 | | 52335 | 31238 | 59.69 |
| 400 | | | 217172 | | 208050 | 181974 | 87.47 |

**5—17 续表 continued**

| 行 业 | Sector | 本年资金来源合计 Total Funds This Year | 国家预算资金 State Budget |
|---|---|---|---|
| **批发和零售业** | **Wholesale and Retail Trade** | **3675699** | **19604** |
| 批发业 | Wholesale | 1675062 | 5490 |
| 零售业 | Retail Trade | 2000637 | 14114 |
| **交通运输、仓储和邮政业** | **Transport, Storage and Postal Services** | **6831129** | **1822355** |
| 铁路运输业 | Railway Transport | 1525780 | 1114107 |
| 道路运输业 | Highway Transport | 3708118 | 562569 |
| 水上运输业 | Water Way Transport | 658693 | 122789 |
| 航空运输业 | Air Transport | 157190 | 2600 |
| 管道运输业 | Pipeline Transport | 700 | |
| 装卸搬运和运输代理业 | Handling and Shipping Agents | 272732 | 11000 |
| 仓储业 | Warehousing | 456862 | 7600 |
| 邮政业 | Postal Services | 51054 | 1690 |
| **住宿和餐饮业** | **Accommodation and Catering Trade** | **2222031** | **14950** |
| 住宿业 | Accommodation Trade | 1235599 | 5000 |
| 餐饮业 | Catering Services | 986432 | 9950 |
| **信息传输、软件和信息技术服务业** | **Information Transmission, Software and Information Technology Services** | **769958** | **63462** |
| 电信、广播电视和卫星传输服务 | Telecommunications, Broadcasting and TV Transmission and Satellite Services | 472029 | 55962 |
| 互联网和相关服务 | The Internet and Related Services | 15611 | 5100 |
| 软件和信息技术服务业 | Software and Information Technology Services | 282318 | 2400 |
| **金融业** | **Banking** | **639494** | **237385** |
| 货币金融服务 | Monetary and Financial Services | 490172 | 230260 |
| 资本市场服务 | Capital Market Services | 55338 | |
| 保险业 | Insurance | 53187 | 3900 |
| 其他金融业 | Other Financial Activities | 40797 | 3225 |
| **房地产业** | **Real Estate** | **48110601** | **1669399** |
| **租赁和商务服务业** | **Leasing and Commercial Services** | **1679533** | **43583** |
| 租赁业 | Leasing | 74431 | |
| 商务服务业 | Commercial Services | 1605102 | 43583 |
| **科学研究和技术服务业** | **Scientific Research and Technical Services** | **1481181** | **39776** |
| 研究和试验发展 | Research and Experimental Development | 829911 | 16516 |
| 专业技术服务业 | Professional and Technical Services | 441346 | 19103 |
| 科技推广和应用服务业 | Science and Technology Popularization and Application Services | 209924 | 4157 |
| **水利、环境和公共设施管理业** | **Water Conservancy, Environmental and Public Facilities Management** | **12638917** | **2984615** |
| 水利管理业 | Water Conservancy Management | 1270081 | 605795 |
| 生态保护和环境治理业 | Ecological Protection and Environmental Governance Industry | 272739 | 69544 |
| 公共设施管理业 | Public Facilities Management | 11096097 | 2309276 |
| **居民服务、修理和其他服务业** | **Residents Service, Repair and Other Services** | **439191** | **22286** |
| 居民服务业 | Resident Services | 210986 | 19332 |
| 机动车、电子产品和日用产品修理业 | Motor Vehicle Repair Industry, Electronic Products and Daily Products | 168914 | 2870 |
| 其他服务业 | Other Services | 59291 | 84 |
| **教 育** | **Education** | **2103200** | **533540** |
| **卫生和社会工作** | **Health and Social Wwork** | **1142132** | **219922** |
| 卫 生 | Health | 980041 | 168973 |
| 社会工作 | Social Wwork | 162091 | 50949 |
| **文化、体育和娱乐业** | **Culture, Sports and Entertainment** | **1671971** | **123200** |
| 新闻和出版业 | Press and Publication | 10010 | 1130 |
| 广播、电视、电影和影视录音制作业 | Radio, Television, Film and Television Recording Studios | 147821 | 16453 |
| 文化艺术业 | Culture and Arts | 616084 | 54717 |
| 体 育 | Sports | 251741 | 45459 |
| 娱乐业 | Entertainment | 646315 | 5441 |
| **公共管理、社会保障和社会组织** | **Public Management, Social Security and Social Organization** | **2504223** | **883289** |
| 中国共产党机关 | Organs of Chinese Communist Party | 5850 | 750 |
| 国家机构 | State Organs | 1996385 | 828919 |
| 人民政协、民主党派 | CPPCC and Democratic Parties | 57420 | |
| 社会保障 | The Social Security | 46133 | 18881 |
| 群众团体、社会团体和其他成员组织 | Mass Organizations, Social Organizations and Religious Organizations | 127386 | 14654 |
| 基层群众自治组织 | The Grassroots Autonomous Organizations | 271049 | 20085 |

单位：万元（10000 yuan）

| 国内贷款 Domestic Loans | 债券 Bonds | 利用外资 Foreign Investment | 自筹资金 Self-raising Funds | 其他资金 Others | 投资额 Investment | 新增固定资产 Newly Increased Fixed Assets | 固定资产交付使用率(%) Rate of Projects of Fixed Assets Completed and Put into Use (%) |
|---|---|---|---|---|---|---|---|
| **122250** | | **4726** | **3373164** | **155955** | **3576526** | **2237051** | **62.55** |
| 58840 | | 2226 | 1568149 | 40357 | 1677909 | 1142610 | 68.10 |
| 63410 | | 2500 | 1805015 | 115598 | 1898617 | 1094441 | 57.64 |
| **1160958** | | **29640** | **3015346** | **802830** | **6536148** | **2917190** | **44.63** |
| 224809 | | | 49262 | 137602 | 1259280 | 60850 | 4.83 |
| 839119 | | 2960 | 1678287 | 625183 | 3692662 | 1991686 | 53.94 |
| 26630 | | 24000 | 472539 | 12735 | 618989 | 388732 | 62.80 |
| | | | 154590 | | 171370 | 34905 | 20.37 |
| | | | 700 | | 700 | 550 | 78.57 |
| 36950 | | | 216572 | 8210 | 263574 | 106326 | 40.34 |
| 32050 | | 2680 | 395432 | 19100 | 484146 | 308312 | 63.68 |
| 1400 | | | 47964 | | 45427 | 25829 | 56.86 |
| **40680** | | **121930** | **1977326** | **67145** | **2153619** | **1339054** | **62.18** |
| 31380 | | 119892 | 1020032 | 59295 | 1185505 | 609048 | 51.37 |
| 9300 | | 2038 | 957294 | 7850 | 968114 | 730006 | 75.40 |
| **70000** | | | **622115** | **14381** | **728392** | **465165** | **63.86** |
| 18500 | | | 396161 | 1406 | 449100 | 342199 | 76.20 |
| | | | 3536 | 6975 | 15871 | 19911 | 125.46 |
| 51500 | | | 222418 | 6000 | 263421 | 103055 | 39.12 |
| **8880** | | | **377999** | **15230** | **626071** | **542667** | **86.68** |
| | | | 244682 | 15230 | 482019 | 442517 | 91.80 |
| 900 | | | 54438 | | 51038 | 27671 | 54.22 |
| | | | 49287 | | 48634 | 41885 | 86.12 |
| 7980 | | | 29592 | | 44380 | 30594 | 68.94 |
| **5017551** | | **20770** | **22992127** | **18410754** | **41063015** | **17399878** | **42.37** |
| **115450** | | **25450** | **1348120** | **146930** | **1517707** | **725684** | **47.81** |
| 11200 | | | 61699 | 1532 | 83798 | 79598 | 94.99 |
| 104250 | | 25450 | 1286421 | 145398 | 1433909 | 646086 | 45.06 |
| **86941** | | | **1306504** | **47960** | **1412650** | **688010** | **48.70** |
| 48050 | | | 736445 | 28900 | 804702 | 421433 | 52.37 |
| 5091 | | | 412192 | 4960 | 437534 | 171071 | 39.10 |
| 33800 | | | 157867 | 14100 | 170414 | 95506 | 56.04 |
| **987419** | **10480** | **30015** | **7412355** | **1214033** | **12722650** | **7730217** | **60.76** |
| 81916 | 10480 | 10716 | 495310 | 65864 | 1301688 | 850258 | 65.32 |
| 42858 | | | 151897 | 8440 | 276098 | 242561 | 87.85 |
| 862645 | | 19299 | 6765148 | 1139729 | 11144864 | 6637398 | 59.56 |
| **35100** | | **2300** | **352247** | **27258** | **440946** | **346935** | **78.68** |
| 29200 | | 2300 | 148234 | 11920 | 219582 | 163997 | 74.69 |
| 4400 | | | 156774 | 4870 | 164187 | 137307 | 83.63 |
| 1500 | | | 47239 | 10468 | 57177 | 45631 | 79.81 |
| **101811** | | **991** | **1324538** | **142320** | **2040464** | **1241241** | **60.83** |
| **117117** | | **13468** | **709147** | **82478** | **1076522** | **619226** | **57.52** |
| 106017 | | 13468 | 639031 | 52552 | 915314 | 490970 | 53.64 |
| 11100 | | | 70116 | 29926 | 161208 | 128256 | 79.56 |
| **42047** | | **2000** | **1437333** | **67391** | **1580131** | **842063** | **53.29** |
| | | | 8880 | | 8410 | 4560 | 54.22 |
| 1850 | | | 121668 | 7850 | 155086 | 66743 | 43.04 |
| 29501 | | | 510341 | 21525 | 617145 | 312129 | 50.58 |
| 4496 | | 2000 | 186036 | 13750 | 237947 | 176727 | 74.27 |
| 6200 | | | 610408 | 24266 | 561543 | 281904 | 50.20 |
| **113864** | **434** | **13719** | **1266063** | **226854** | **2544132** | **1696908** | **66.70** |
| | | | | 5100 | 5850 | 5850 | 100.00 |
| 50534 | 434 | 1616 | 992435 | 122447 | 1970564 | 1252009 | 63.54 |
| 55700 | | | 1720 | | 57420 | 57420 | 100.00 |
| | | | 15928 | 11324 | 45023 | 35108 | 77.98 |
| 5000 | | 10953 | 77182 | 19597 | 189995 | 125197 | 65.89 |
| 2630 | | 1150 | 178798 | 68386 | 275280 | 221324 | 80.40 |

# 5—18 各市固定资产投资资金来源和新增固定资产（2012年）

## Investment Funds Resource and Newly Added Infixed Assests by Region (2012)

单位：万元（10000 yuan）

| 地区 | Region | 本年资金来源合计 Total Funds This Year | 国家预算资金 State Budget | 国内贷款 Domestic Loans | 债券 Bonds | 利用外资 Foreign Investment |
|---|---|---|---|---|---|---|
| **总计** | **Total** | **162439023** | **9716055** | **15419120** | **168038** | **1114388** |
| 合肥市 | Hefei | 40593821 | 3374660 | 3220453 | | 404909 |
| 淮北市 | Huaibei | 6229799 | 126886 | 523532 | | 15800 |
| 亳州市 | Bozhou | 5013609 | 644674 | 373079 | | 3230 |
| 宿州市 | Suzhou | 6481535 | 192535 | 245988 | 10480 | 99830 |
| 蚌埠市 | Bengbu | 8787677 | 408067 | 847670 | | 2766 |
| 阜阳市 | Fuyang | 5456354 | 487475 | 624194 | | 30200 |
| 淮南市 | Huainan | 6845718 | 595627 | 1021490 | | 23600 |
| 滁州市 | Chuzhou | 10350257 | 493236 | 1041008 | | 80862 |
| 六安市 | Luan | 8025593 | 628806 | 472746 | 3000 | 94312 |
| 马鞍山市 | Maanshan | 12524596 | 328928 | 1718704 | 60000 | 12270 |
| 芜湖市 | Wuhu | 18986706 | 690492 | 1733838 | 600 | 252157 |
| 宣城市 | Xuancheng | 8739999 | 463463 | 724762 | | 9953 |
| 铜陵市 | Tongling | 5160771 | 339042 | 753835 | 4200 | |
| 池州市 | Chizhou | 4877153 | 213461 | 864308 | | 38650 |
| 安庆市 | Anqing | 9803597 | 413296 | 804671 | 89324 | 31862 |
| 黄山市 | Huangshan | 4561838 | 315407 | 448842 | 434 | 13987 |

| 地区 | Region | 自筹资金 Self-raising Funds | 其他资金 Others | 投资额 Investment | 新增固定资产 Newly Increased Fixed Assets | 固定资产交付使用率(%) Rate of Projects of Fixed Assets Completed and Put into Use (%) |
|---|---|---|---|---|---|---|
| **总计** | **Total** | **112801439** | **23219983** | **150549510** | **84527212** | **56.15** |
| 合肥市 | Hefei | 25619196 | 7974603 | 38030427 | 20562716 | 54.07 |
| 淮北市 | Huaibei | 4930324 | 633257 | 5772140 | 3948762 | 68.41 |
| 亳州市 | Bozhou | 3270830 | 721796 | 4302857 | 1991863 | 46.29 |
| 宿州市 | Suzhou | 4810962 | 1121740 | 6136899 | 3807022 | 62.03 |
| 蚌埠市 | Bengbu | 6247030 | 1282144 | 8727863 | 3277754 | 37.56 |
| 阜阳市 | Fuyang | 3381318 | 933167 | 5148887 | 3156294 | 61.30 |
| 淮南市 | Huainan | 4277836 | 927165 | 6397036 | 2560267 | 40.02 |
| 滁州市 | Chuzhou | 7301603 | 1433548 | 8825883 | 5069316 | 57.44 |
| 六安市 | Luan | 5750827 | 1075902 | 6872411 | 4746884 | 69.07 |
| 马鞍山市 | Maanshan | 9591137 | 813557 | 12011508 | 7991561 | 66.53 |
| 芜湖市 | Wuhu | 14721389 | 1588230 | 17007935 | 6798786 | 39.97 |
| 宣城市 | Xuancheng | 6337566 | 1204255 | 8053421 | 4916004 | 61.04 |
| 铜陵市 | Tongling | 3304826 | 758868 | 5343037 | 3965708 | 74.22 |
| 池州市 | Chizhou | 2945753 | 814981 | 3747383 | 2301568 | 61.42 |
| 安庆市 | Anqing | 7223646 | 1240798 | 9720126 | 7295727 | 75.06 |
| 黄山市 | Huangshan | 3087196 | 695972 | 4451697 | 2136980 | 48.00 |

## 5—19 各市项目投资资金来源和新增固定资产（2012年）
Projests Investment Funds Resource and Newly Added Infixed Assests by Region (2012)

单位：万元（10000 yuan）

| 地 区 | Region | 本年资金来源合计 Total Funds This Year | 国家预算资金 State Budget | 国内贷款 Domestic Loans | 债券 Bonds | 利用外资 Foreign Investment |
|---|---|---|---|---|---|---|
| **总 计** | **Total** | **124085598** | **9716055** | **11356797** | **168038** | **1100528** |
| 合 肥 市 | Hefei | 29064219 | 3374660 | 1835594 | | 391049 |
| 淮 北 市 | Huaibei | 5075771 | 126886 | 437054 | | 15800 |
| 亳 州 市 | Bozhou | 3831015 | 644674 | 301957 | | 3230 |
| 宿 州 市 | Suzhou | 5273294 | 192535 | 198588 | 10480 | 99830 |
| 蚌 埠 市 | Bengbu | 6789728 | 408067 | 648536 | | 2766 |
| 阜 阳 市 | Fuyang | 4180418 | 487475 | 487812 | | 30200 |
| 淮 南 市 | Huainan | 5517709 | 595627 | 847190 | | 23600 |
| 滁 州 市 | Chuzhou | 7917960 | 493236 | 913883 | | 80862 |
| 六 安 市 | Luan | 5965204 | 628806 | 300639 | 3000 | 94312 |
| 马鞍山市 | Maanshan | 10266941 | 328928 | 1357894 | 60000 | 12270 |
| 芜 湖 市 | Wuhu | 14505020 | 690492 | 1241806 | 600 | 252157 |
| 宣 城 市 | Xuancheng | 6652561 | 463463 | 532981 | | 9953 |
| 铜 陵 市 | Tongling | 3758069 | 339042 | 564095 | 4200 | |
| 池 州 市 | Chizhou | 3846073 | 213461 | 802294 | | 38650 |
| 安 庆 市 | Anqing | 8400682 | 413296 | 660674 | 89324 | 31862 |
| 黄 山 市 | Huangshan | 3040934 | 315407 | 225800 | 434 | 13987 |

| 地 区 | Region | 自筹资金 Self-raising Funds | 其他资金 Others | 投资额 Investment | 新增固定资产 Newly Increased Fixed Assets | 固定资产交付使用率(%) Rate of Projects of Fixed Assets Completed and Put into Use (%) |
|---|---|---|---|---|---|---|
| **总 计** | **Total** | **95933445** | **5810735** | **119033445** | **71995590** | **60.48** |
| 合 肥 市 | Hefei | 22193831 | 1269085 | 28892396 | 17814450 | 61.66 |
| 淮 北 市 | Huaibei | 4399312 | 96719 | 4679324 | 3608123 | 77.11 |
| 亳 州 市 | Bozhou | 2666514 | 214640 | 3342749 | 1679107 | 50.23 |
| 宿 州 市 | Suzhou | 4190109 | 581752 | 5102248 | 2952477 | 57.87 |
| 蚌 埠 市 | Bengbu | 5297670 | 432689 | 6892460 | 2742877 | 39.80 |
| 阜 阳 市 | Fuyang | 2815869 | 359062 | 4269036 | 2606574 | 61.06 |
| 淮 南 市 | Huainan | 3872337 | 178955 | 5236294 | 1864130 | 35.60 |
| 滁 州 市 | Chuzhou | 6070683 | 359296 | 6527745 | 4202458 | 64.38 |
| 六 安 市 | Luan | 4687100 | 251347 | 5657603 | 4019790 | 71.05 |
| 马鞍山市 | Maanshan | 8348413 | 159436 | 9896573 | 6946549 | 70.19 |
| 芜 湖 市 | Wuhu | 12139302 | 180663 | 13341187 | 5383153 | 40.35 |
| 宣 城 市 | Xuancheng | 5395543 | 250621 | 6465899 | 4269736 | 66.03 |
| 铜 陵 市 | Tongling | 2610443 | 240289 | 4174965 | 3653679 | 87.51 |
| 池 州 市 | Chizhou | 2524787 | 266881 | 2824867 | 1881622 | 66.61 |
| 安 庆 市 | Anqing | 6603936 | 601590 | 8718429 | 6760009 | 77.54 |
| 黄 山 市 | Huangshan | 2117596 | 367710 | 3011670 | 1610856 | 53.49 |

# 5—20 各市分行业新增固定资产（2012年）

## Newly Increased Fixed Assets by Industry by Region (2012)

单位：万元（10000 yuan）

| 地区 Region | 合计 Total | 农林牧渔业 Farming, Forestry, Animal Husbandry and Fishery | 采矿业 Mining and Quarrying | 制造业 Manufacturing | 电力、热力、燃气及水的生产和供应业 Electricity, Heat, Gas and Water Production and Supply Industry | 建筑业 Construction | 批发和零售业 Wholesale and Retail Trade | 交通运输、仓储和邮政业 Transport, Storage, Post & Telecommunications | 住宿和餐饮业 Accommodation and Catering Trade | 信息传输、计算机服务和软件业 Information, Circulation Computer Services and Software |
|---|---|---|---|---|---|---|---|---|---|---|
| **总计 Total** | **84527212** | **2313188** | **2034267** | **38014840** | **3001546** | **372082** | **2237051** | **2917190** | **1339054** | **465165** |
| 合肥市 Hefei | 20562716 | 292083 | 85931 | 8166067 | 445709 | 201017 | 758192 | 239000 | 597764 | 314358 |
| 淮北市 Huaibei | 3948762 | 85449 | 562579 | 2147412 | 70543 | 903 | 67261 | 187151 | 25581 | |
| 亳州市 Bozhou | 1991863 | 68597 | 159962 | 725568 | 90975 | 10061 | 28459 | 74831 | 8877 | 3800 |
| 宿州市 Suzhou | 3807022 | 120848 | 183683 | 1824563 | 105182 | 16500 | 107175 | 124757 | | |
| 蚌埠市 Bengbu | 3277754 | 203922 | 8000 | 1540233 | 70767 | 5607 | 35075 | 134946 | 49023 | 799 |
| 阜阳市 Fuyang | 3156294 | 44303 | 72278 | 1033075 | 48870 | 2920 | 167079 | 252869 | 23983 | |
| 淮南市 Huainan | 2560267 | 168797 | 51460 | 676710 | 69112 | 5515 | 45940 | 72366 | 17425 | 13623 |
| 滁州市 Chuzhou | 5069316 | 82622 | 36458 | 2609746 | 122394 | | 52162 | 121200 | 21600 | 10052 |
| 六安市 Luan | 4746884 | 166546 | 51632 | 2249847 | 138517 | | 70076 | 162062 | 60696 | 8260 |
| 马鞍山市 Maanshan | 7991561 | 252026 | 90780 | 3842149 | 568743 | 4223 | 312494 | 211965 | 83520 | 41060 |
| 芜湖市 Wuhu | 6798786 | 146373 | 147012 | 3716687 | 76771 | 6450 | 152573 | 181352 | 85170 | 24064 |
| 宣城市 Xuancheng | 4916004 | 145542 | 130388 | 2270670 | 447905 | 50725 | 39812 | 436494 | 88404 | 14827 |
| 铜陵市 Tongling | 3965708 | 99575 | 176550 | 1703788 | 473838 | 46803 | 110147 | 96696 | 29123 | 5930 |
| 池州市 Chizhou | 2301568 | 30752 | 87139 | 1117332 | 65897 | | 24970 | 122748 | 5800 | |
| 安庆市 Anqing | 7295727 | 272098 | 167865 | 3987020 | 158571 | 21358 | 245693 | 358037 | 122440 | 17432 |
| 黄山市 Huangshan | 2136980 | 133655 | 22550 | 403973 | 47752 | | 19943 | 140716 | 119648 | 10960 |

| 地区 Region | 金融业 Banking | 房地产业 Real Estate | 租赁和商务服务业 Leasing and Commercial Services | 科学研究和技术服务业 Scientific Research and Technical Services | 水利、环境和公共设施管理业 Water Conservancy, Environmental and Public Facilities Management | 居民服务、修理和其他服务业 Residents Service, Repair and Other Services | 教育 Education | 卫生和社会工作 Health and Social Work | 文化、体育和娱乐业 Culture, Sports and Entertainment | 公共管理、社会保障和社会组织 Public Management, Social Security and Social Organization |
|---|---|---|---|---|---|---|---|---|---|---|
| **总计 Total** | **542667** | **17399878** | **725684** | **688010** | **7730217** | **346935** | **1241241** | **619226** | **842063** | **1696908** |
| 合肥市 Hefei | 436513 | 4247624 | 294347 | 461747 | 2615940 | 112390 | 432329 | 218675 | 246361 | 396669 |
| 淮北市 Huaibei | | 583519 | 4610 | 22496 | 95545 | 4150 | 65775 | 6023 | 8910 | 10855 |
| 亳州市 Bozhou | 9100 | 473697 | 2320 | 10730 | 173723 | | 27249 | 79532 | 28482 | 15900 |
| 宿州市 Suzhou | | 1012085 | | | 156357 | 17002 | 30874 | 32503 | 4781 | 70712 |
| 蚌埠市 Bengbu | 12100 | 745528 | 12100 | 3950 | 185683 | 11263 | 32806 | 28615 | 4190 | 193147 |
| 阜阳市 Fuyang | | 942543 | 31156 | | 351712 | 4116 | 50916 | 12466 | 6000 | 112008 |
| 淮南市 Huainan | 7309 | 1157842 | 15635 | 554 | 120261 | 11072 | 26501 | 16084 | 50458 | 33603 |
| 滁州市 Chuzhou | 3500 | 1201192 | 12854 | 7734 | 505085 | 1650 | 61173 | 19054 | 12623 | 188217 |
| 六安市 Luan | 7400 | 993917 | 21195 | 32400 | 500743 | 22952 | 100028 | 29516 | 23471 | 107626 |
| 马鞍山市 Maanshan | 16916 | 1371417 | 82325 | 44089 | 716827 | 50382 | 91699 | 29731 | 114655 | 66560 |
| 芜湖市 Wuhu | 3730 | 1651106 | 11231 | 9380 | 396046 | 7856 | 46990 | 18133 | 101056 | 16806 |
| 宣城市 Xuancheng | 22270 | 840830 | 16910 | 67078 | 168137 | 15185 | 29414 | 31077 | 57618 | 42718 |
| 铜陵市 Tongling | 7983 | 371577 | 15166 | 14170 | 586353 | 24115 | 35257 | 7000 | 21573 | 140064 |
| 池州市 Chizhou | | 455736 | 116227 | 960 | 176446 | 1460 | 13747 | 15007 | 950 | 66397 |
| 安庆市 Anqing | 6946 | 700883 | 68547 | 7092 | 672199 | 32822 | 146027 | 57853 | 113088 | 139756 |
| 黄山市 Huangshan | 8900 | 650382 | 21061 | 5630 | 309160 | 30520 | 50456 | 17957 | 47847 | 95870 |

## 5—21 各行业施工、投产项目个数（2012年）
The Number of Construction and Put Into Operation by Industry (2012)

| 行业 | Sector | 施工项目（个）Number of Projects under Construction (unit) | #新开工 Started This Year | 全部建成投产项目（个）Number of Projects Completed and Put into Use (unit) | 项目建成投产率（%）Rate of Projects Completed & Put into Use (%) |
|---|---|---|---|---|---|
| **总计** | **Total** | **25198** | **18076** | **17021** | **67.55** |
| **农、林、牧、渔业** | **Farming, Forestry, Animal Husbandry and Fishery** | **1181** | **995** | **857** | **72.57** |
| 农业 | Farming | 402 | 340 | 295 | 73.38 |
| 林业 | Forestry | 154 | 131 | 116 | 75.32 |
| 牧畜业 | Animal Husbandry | 353 | 290 | 257 | 72.80 |
| 渔业 | Fishery | 86 | 73 | 62 | 72.09 |
| 农、林、牧、渔服务业 | Agricultural Services | 186 | 161 | 127 | 68.28 |
| **采矿业** | **Mining and Quarrying** | **539** | **379** | **394** | **73.10** |
| 煤炭开采和洗选业 | Coal Mining and Washing Industry | 73 | 47 | 53 | 72.60 |
| 石油和天然气开采业 | Oil and Gas Industry | 2 | 2 | 1 | 50.00 |
| 黑色金属矿采选业 | Ferrous Metal CaiXuanYe | 97 | 69 | 65 | 67.01 |
| 有色金属矿采选业 | CaiXuanYe Nonferrous Metallic Deposits | 116 | 86 | 85 | 73.28 |
| 非金属矿采选业 | CaiXuanYe Non-metallic Mineral | 237 | 168 | 181 | 76.37 |
| 开采辅助活动 | Mining Auxiliary Activities | 7 | 2 | 4 | 57.14 |
| 其他采矿业 | Other Mining | 7 | 5 | 5 | 71.43 |
| **制造业** | **Manufacturing** | **12259** | **8531** | **8371** | **68.28** |
| 农副食品加工业 | Agricultural and Sideline Products Processing Industry | 878 | 640 | 645 | 73.46 |
| 食品制造业 | Food Manufacturing | 325 | 228 | 237 | 72.92 |
| 酒、饮料和精制茶制造业 | Wine, Drinks and Refined Tea Manufacturing | 206 | 148 | 126 | 61.17 |
| 烟草制品业 | Tobacco Products | 19 | 10 | 9 | 47.37 |
| 纺织业 | Textile Industry | 383 | 264 | 269 | 70.23 |
| 纺织服装、服饰业 | Textile and Garment, Apparel Industry | 719 | 511 | 545 | 75.80 |
| 皮革、毛皮、羽毛及其制品和制鞋业 | Leather, Fur, Feather and Its Products and Footwear | 186 | 139 | 110 | 59.14 |
| 木材加工和木、竹、藤、棕、草制品业 | Wood Processing and Wood, Bamboo, Cane, Palm, Grass Products | 454 | 340 | 334 | 73.57 |
| 家具制造业 | Furniture Manufacturing | 231 | 161 | 170 | 73.59 |
| 造纸和纸制品业 | Paper and Paper Products | 209 | 150 | 146 | 69.86 |
| 印刷和记录媒介复制业 | Printing and Duplicating Industry Record Media | 209 | 142 | 136 | 65.07 |
| 文教、工美、体育和娱乐用品制造业 | Cultural and Educational Supplies Manufacturing, Industrial, Sporting and Entertainment | 195 | 148 | 135 | 69.23 |
| 石油加工、炼焦和核燃料加工业 | Petroleum Processing, Coking and Nuclear Fuel Processing | 26 | 16 | 17 | 65.38 |
| 化学原料和化学制品制造业 | Raw Chemical Materials and Chemical Products | 566 | 381 | 366 | 64.66 |
| 医药制造业 | Pharmaceutical Manufacturing Industry | 300 | 169 | 159 | 53.00 |
| 化学纤维制造业 | Chemical Fiber Industry | 18 | 8 | 9 | 50.00 |
| 橡胶和塑料制品业 | Rubber and Plastic Products | 640 | 444 | 462 | 72.19 |
| 非金属矿物制品业 | Nonmetal Mineral Products | 1487 | 1106 | 1098 | 73.84 |
| 黑色金属冶炼和压延加工业 | Smelting and Pressing of Ferrous Metals | 206 | 159 | 150 | 72.82 |
| 有色金属冶炼和压延加工业 | Smelting and Pressing of Nonferrous Metals | 139 | 105 | 83 | 59.71 |
| 金属制品业 | Metal Products | 679 | 496 | 461 | 67.89 |
| 通用设备制造业 | Equipments in Current Use | 905 | 643 | 580 | 64.09 |
| 专用设备制造业 | Special Equipment Manufacturing | 791 | 555 | 544 | 68.77 |
| 汽车制造业 | Automobile Manufacturing Industry | 706 | 391 | 437 | 61.90 |
| 铁路、船舶、航空航天和其他运输设备制造业 | Railway, Shipbuilding, Aerospace, and Other Transportation Equipment Manufacturing Industry | 124 | 72 | 79 | 63.71 |
| 电气机械和器材制造业 | Electric Equipment and Machinery | 976 | 645 | 636 | 65.16 |
| 计算机、通信和其他电子设备制造业 | Computers, Communications and Other Electronic Equipment Manufacturing Industry | 413 | 280 | 246 | 59.56 |
| 仪器仪表制造业 | Instrument Manufacturing | 90 | 66 | 51 | 56.67 |
| 其他制造业 | Other Manufacturing | 91 | 55 | 71 | 78.02 |
| 废弃资源综合利用业 | Comprehensive Utilization of Waste Resources | 75 | 49 | 50 | 66.67 |
| 金属制品、机械和设备修理业 | Metal Products, Machinery and Equipment Repair | 13 | 10 | 10 | 76.92 |
| **电力、热力、燃气及水的生产和供应业** | **Electricity, Heat, Gas and Water Production and Supply Industry** | **833** | **599** | **519** | **62.30** |
| 电力、热力生产和供应业 | Electricity, Heat Production and Supply Industry | 442 | 326 | 265 | 59.95 |
| 燃气生产和供应业 | Gas Production and Supply Industry | 93 | 60 | 51 | 54.84 |
| 水的生产和供应业 | Water Production and Supply Industry | 298 | 213 | 203 | 68.12 |
| **建筑业** | **Construction** | **135** | **129** | **100** | **74.07** |
| 房屋建筑业 | Housing Industry | 22 | 20 | 18 | 81.82 |
| 土木工程建筑业 | Civil Engineering Construction | 31 | 30 | 18 | 58.06 |
| 建筑安装业 | Construction and Installation Industry | 20 | 19 | 10 | 50.00 |
| 建筑装饰和其他建筑业 | Building Decoration and Other Construction | 62 | 60 | 54 | 87.10 |

注：本表不含房地产开发投资。
a) Data in this table do not include investment in real estate development.

**5—21 续表 continued**

| 行业 | Sector | 施工项目（个）Number of Projects under Construction (unit) | #新开工 Started This Year | 全部建成投产项目（个）Number of Projects Completed and Put into Use (unit) | 项目建成投产率（%）Rate of Projects Completed & Put into Use (%) |
|---|---|---|---|---|---|
| **批发和零售业** | **Wholesale and Retail Trade** | **955** | **782** | **686** | **71.83** |
| 批发业 | Wholesale | 456 | 398 | 329 | 72.15 |
| 零售业 | Retail Trade | 499 | 384 | 357 | 71.54 |
| **交通运输、仓储和邮政业** | **Transport, Storage and Postal Services** | **1072** | **719** | **708** | **66.04** |
| 铁路运输业 | Railway Transport | 26 | 7 | 9 | 34.62 |
| 道路运输业 | Highway Transport | 790 | 537 | 553 | 70.00 |
| 水上运输业 | Water Way Transport | 75 | 54 | 39 | 52.00 |
| 航空运输业 | Air Transport | 8 | 3 | 3 | 37.50 |
| 管道运输业 | Pipeline Transport | 1 | 1 | 1 | 100.00 |
| 装卸搬运和运输代理业 | Handling and Shipping Agents | 47 | 39 | 25 | 53.19 |
| 仓储业 | Warehousing | 110 | 68 | 68 | 61.82 |
| 邮政业 | Postal Services | 15 | 10 | 10 | 66.67 |
| **住宿和餐饮业** | **Accommodation and Catering Trade** | **450** | **361** | **318** | **70.67** |
| 住宿业 | Accommodation Trade | 209 | 140 | 123 | 58.85 |
| 餐饮业 | Catering Services | 241 | 221 | 195 | 80.91 |
| **信息传输、软件和信息技术服务业** | **Information Transmission, Software and Information Technology Services** | **166** | **134** | **102** | **61.45** |
| 电信、广播电视和卫星传输服务 | Telecommunications, Broadcasting and TV Transmission and Satellite Services | 99 | 81 | 57 | 57.58 |
| 互联网和相关服务 | The Internet and Related Services | 8 | 7 | 8 | 100.00 |
| 软件和信息技术服务业 | Software and Information Technology Services | 59 | 46 | 37 | 62.71 |
| **金融业** | **Banking** | **120** | **105** | **89** | **74.17** |
| 货币金融服务 | Monetary and Financial Services | 75 | 66 | 52 | 69.33 |
| 资本市场服务 | Capital Market Services | 20 | 17 | 17 | 85.00 |
| 保险业 | Insurance | 18 | 17 | 15 | 83.33 |
| 其他金融业 | Other Financial Activities | 7 | 5 | 5 | 71.43 |
| **房地产业** | **Real Estate** | **1435** | **943** | **820** | **57.14** |
| **租赁和商务服务业** | **Leasing and Commercial Services** | **308** | **248** | **208** | **67.53** |
| 租赁业 | Leasing | 24 | 17 | 16 | 66.67 |
| 商务服务业 | Commercial Services | 284 | 231 | 192 | 67.61 |
| **科学研究和技术服务业** | **Scientific Research and Technical Services** | **316** | **283** | **223** | **70.57** |
| 研究和试验发展 | Research and Experimental Development | 155 | 143 | 135 | 87.10 |
| 专业技术服务业 | Professional and Technical Services | 120 | 107 | 64 | 53.33 |
| 科技推广和应用服务业 | Science and Technology Popularization and Application Services | 41 | 33 | 24 | 58.54 |
| **水利、环境和公共设施管理业** | **Water Conservancy, Environmental and Public Facilities Management** | **3151** | **2225** | **2068** | **65.63** |
| 水利管理业 | Water Conservancy Management | 477 | 355 | 342 | 71.70 |
| 生态保护和环境治理业 | Ecological Protection and Environmental Governance Industry | 62 | 46 | 40 | 64.52 |
| 公共设施管理业 | Public Facilities Management | 2612 | 1824 | 1686 | 64.55 |
| **居民服务、修理和其他服务业** | **Residents Service, Repair and Other Services** | **162** | **128** | **122** | **75.31** |
| 居民服务业 | Resident Services | 88 | 67 | 63 | 71.59 |
| 机动车、电子产品和日用产品修理业 | Motor Vehicle Repair Industry, Electronic Products and Daily Products | 59 | 50 | 48 | 81.36 |
| 其他服务业 | Other Services | 15 | 11 | 11 | 73.33 |
| **教 育** | **Education** | **654** | **495** | **481** | **73.55** |
| **卫生和社会工作** | **Health and Social Wwork** | **338** | **234** | **225** | **66.57** |
| 卫 生 | Health | 246 | 153 | 152 | 61.79 |
| 社会工作 | Social Wwork | 92 | 81 | 73 | 79.35 |
| **文化、体育和娱乐业** | **Culture, Sports and Entertainment** | **319** | **232** | **216** | **67.71** |
| 新闻和出版业 | Press and Publication | 2 | 1 | 1 | 50.00 |
| 广播、电视、电影和影视录音制作业 | Radio, Television, Film and Television Recording Studios | 28 | 19 | 17 | 60.71 |
| 文化艺术业 | Culture and Arts | 124 | 85 | 80 | 64.52 |
| 体 育 | Sports | 57 | 41 | 38 | 66.67 |
| 娱乐业 | Entertainment | 108 | 86 | 80 | 74.07 |
| **公共管理、社会保障和社会组织** | **Public Management, Social Security and Social Organizatioı** | **805** | **554** | **514** | **63.85** |
| 中国共产党机关 | Organs of Chinese Communist Party | 3 | 3 | 3 | 100.00 |
| 国家机构 | State Organs | 619 | 412 | 382 | 61.71 |
| 人民政协、民主党派 | CPPCC and Domocratic Parties | 2 | 1 | 2 | 100.00 |
| 社会保障 | The Social Security | 19 | 14 | 13 | 68.42 |
| 群众团体、社会团体和其他成员组织 | Mass Organizations, Social Organizations and Religious Organizations | 47 | 27 | 28 | 59.57 |
| 基层群众自治组织 | The Grassroots Autonomous Organizations | 115 | 97 | 86 | 74.78 |

## 5—22 各行业按建设性质分项目投资（2012年）
## The Project Investment by Industries by Type of Construction (2012)

单位：万元（10000 yuan）

| 行　业 | Sector | 新　建<br>New Construction | 扩　建<br>Expansion | 改建和技术改造<br>Reconstruction and Technical Transformation |
|---|---|---|---|---|
| **总　计** | **Total** | **75566822** | **20273947** | **19863076** |
| **农、林、牧、渔业** | **Farming, Forestry, Animal Husbandry and Fishery** | **2234192** | **549589** | **214552** |
| 农　业 | Farming | 908056 | 218194 | 71783 |
| 林　业 | Forestry | 330156 | 114066 | 10787 |
| 牧畜业 | Animal Husbandry | 561623 | 135032 | 26740 |
| 渔　业 | Fishery | 164367 | 18564 | 9560 |
| 农、林、牧、渔服务业 | Agricultural Services | 269990 | 63733 | 95682 |
| **采矿业** | **Mining and Quarrying** | **1274295** | **674598** | **1911448** |
| 煤炭开采和洗选业 | Coal Mining and Washing Industry | 600044 | 146276 | 1305400 |
| 石油和天然气开采业 | Oil and Gas Industry | 110 | 6500 | |
| 黑色金属矿采选业 | Ferrous Metal CaiXuanYe | 338066 | 189916 | 189527 |
| 有色金属矿采选业 | CaiXuanYe Nonferrous Metallic Deposits | 75869 | 148972 | 133733 |
| 非金属矿采选业 | CaiXuanYe Non-metallic Mineral | 239087 | 171799 | 231468 |
| 开采辅助活动 | Mining Auxiliary Activities | 7200 | 4500 | 39300 |
| 其他采矿业 | Other Mining | 13919 | 6635 | 12020 |
| **制造业** | **Manufacturing** | **37247823** | **10004660** | **11686685** |
| 农副食品加工业 | Agricultural and Sideline Products Processing Industry | 1510315 | 525383 | 642805 |
| 食品制造业 | Food Manufacturing | 702107 | 267689 | 221145 |
| 酒、饮料和精制茶制造业 | Wine, Drinks and Refined Tea Manufacturing | 725616 | 152485 | 226370 |
| 烟草制品业 | Tobacco Products | 218203 | 21186 | 67400 |
| 纺织业 | Textile Industry | 1189797 | 267039 | 231918 |
| 纺织服装、服饰业 | Textile and Garment, Apparel Industry | 1401152 | 337694 | 286262 |
| 皮革、毛皮、羽毛及其制品和制鞋业 | Leather, Fur, Feather and Its Products and Footwear | 608083 | 111276 | 82396 |
| 木材加工和木、竹、藤、棕、草制品业 | Wood Processing and Wood, Bamboo, Cane, Palm, Grass Products | 992558 | 234321 | 179969 |
| 家具制造业 | Furniture Manufacturing | 509595 | 135700 | 76561 |
| 造纸和纸制品业 | Paper and Paper Products | 909292 | 125707 | 184110 |
| 印刷和记录媒介复制业 | Printing and Duplicating Industry Record Media | 360614 | 172285 | 250465 |
| 文教、工美、体育和娱乐用品制造业 | Cultural and Educational Supplies Manufacturing, Industrial, Sporting and Entertainment | 504208 | 149508 | 87399 |
| 石油加工、炼焦和核燃料加工业 | Petroleum Processing, Coking and Nuclear Fuel Processin; | 133927 | 106913 | 341226 |
| 化学原料和化学制品制造业 | Raw Chemical Materials and Chemical Products | 1369181 | 547436 | 727213 |
| 医药制造业 | Pharmaceutical Manufacturing Industry | 1089116 | 191712 | 231086 |
| 化学纤维制造业 | Chemical Fiber Industry | 125900 | 8697 | 2570 |
| 橡胶和塑料制品业 | Rubber and Plastic Products | 1593227 | 463589 | 523112 |
| 非金属矿物制品业 | Nonmetal Mineral Products | 4100891 | 859355 | 1239247 |
| 黑色金属冶炼和压延加工业 | Smelting and Pressing of Ferrous Metals | 749451 | 147145 | 886894 |
| 有色金属冶炼和压延加工业 | Smelting and Pressing of Nonferrous Metals | 712440 | 56765 | 599992 |
| 金属制品业 | Metal Products | 1612917 | 593832 | 454792 |
| 通用设备制造业 | Equipments in Current Use | 2852564 | 687871 | 908011 |
| 专用设备制造业 | Special Equipment Manufacturing | 2422501 | 869653 | 561764 |
| 汽车制造业 | Automobile Manufacturing Industry | 2943120 | 940676 | 795647 |
| 铁路、船舶、航空航天和其他运输设备制造业 | Railway, Shipbuilding, Aerospace, and Other Transportation Equipment Manufacturing Industry | 277166 | 68387 | 106937 |
| 电气机械和器材制造业 | Electric Equipment and Machinery | 3661316 | 1248656 | 956903 |
| 计算机、通信和其他电子设备制造业 | Computers, Communications and Other Electronic Equipment Manufacturing Industry | 3161890 | 496993 | 600697 |
| 仪器仪表制造业 | Instrument Manufacturing | 212144 | 102023 | 79764 |
| 其他制造业 | Other Manufacturing | 216005 | 58766 | 71200 |
| 废弃资源综合利用业 | Comprehensive Utilization of Waste Resources | 362515 | 44519 | 45475 |
| 金属制品、机械和设备修理业 | Metal Products, Machinery and Equipment Repair | 20012 | 11399 | 17355 |
| **电力、热力、燃气及水的生产和供应业** | **Electricity, Heat, Gas and Water Production and Supply Industry** | **2362968** | **911953** | **1037091** |
| 电力、热力生产和供应业 | Electricity, Heat Production and Supply Industry | 1693197 | 701265 | 826848 |
| 燃气生产和供应业 | Gas Production and Supply Industry | 204211 | 65895 | 45632 |
| 水的生产和供应业 | Water Production and Supply Industry | 465560 | 144793 | 164611 |
| **建筑业** | **Construction** | **216596** | **134680** | **91862** |
| 房屋建筑业 | Housing Industry | 43705 | 16073 | 12122 |
| 土木工程建筑业 | Civil Engineering Construction | 117998 | 17476 | 16238 |
| 建筑安装业 | Construction and Installation Industry | 7770 | 30305 | 14260 |
| 建筑装饰和其他建筑业 | Building Decoration and Other Construction | 47123 | 70826 | 49242 |

## 5—22 续表 continued

单位：万元（10000 yuan）

| 行业 | Sector | 新建 New Construction | 扩建 Expansion | 改建和技术改造 Reconstruction and Technical Transformation |
|---|---|---|---|---|
| **批发和零售业** | **Wholesale and Retail Trade** | **2332999** | **853932** | **271763** |
| 批发业 | Wholesale | 866695 | 598820 | 128217 |
| 零售业 | Retail Trade | 1466304 | 255112 | 143546 |
| **交通运输、仓储和邮政业** | **Transport, Storage and Postal Services** | **4440437** | **1068039** | **615599** |
| 铁路运输业 | Railway Transport | 1168629 | 65875 | 24776 |
| 道路运输业 | Highway Transport | 2274486 | 701087 | 531945 |
| 水上运输业 | Water Way Transport | 232059 | 148375 | 33467 |
| 航空运输业 | Air Transport | 165505 | 3265 | |
| 管道运输业 | Pipeline Transport | | | 700 |
| 装卸搬运和运输代理业 | Handling and Shipping Agents | 214583 | 13700 | 16050 |
| 仓储业 | Warehousing | 352539 | 124107 | 7500 |
| 邮政业 | Postal Services | 32636 | 11630 | 1161 |
| **住宿和餐饮业** | **Accommodation and Catering Trade** | **1538991** | **334209** | **247897** |
| 住宿业 | Accommodation Trade | 880960 | 154751 | 140055 |
| 餐饮业 | Catering Services | 658031 | 179458 | 107842 |
| **信息传输、软件和信息技术服务业** | **Information Transmission, Software and Information Technology Services** | **315822** | **216053** | **174085** |
| 电信、广播电视和卫星传输服务 | Telecommunications, Broadcasting and TV Transmission and Satellite Services | 143598 | 132370 | 151980 |
| 互联网和相关服务 | The Internet and Related Services | 12900 | | 2971 |
| 软件和信息技术服务业 | Software and Information Technology Services | 159324 | 83683 | 19134 |
| **金融业** | **Banking** | **392698** | **71889** | **132967** |
| 货币金融服务 | Monetary and Financial Services | 332296 | 58202 | 69089 |
| 资本市场服务 | Capital Market Services | 27119 | 11120 | 12250 |
| 保险业 | Insurance | 11992 | 1041 | 32955 |
| 其他金融业 | Other Financial Activities | 21291 | 1526 | 18673 |
| **房地产业** | **Real Estate** | **8186017** | **860865** | **214641** |
| **租赁和商务服务业** | **Leasing and Commercial Services** | **1167567** | **257938** | **75767** |
| 租赁业 | Leasing | 53197 | 21581 | 8040 |
| 商务服务业 | Commercial Services | 1114370 | 236357 | 67727 |
| **科学研究和技术服务业** | **Scientific Research and Technical Services** | **580313** | **320615** | **495605** |
| 研究和试验发展 | Research and Experimental Development | 162862 | 241344 | 400496 |
| 专业技术服务业 | Professional and Technical Services | 283393 | 56219 | 84325 |
| 科技推广和应用服务业 | Science and Technology Popularization and Application Services | 134058 | 23052 | 10784 |
| **水利、环境和公共设施管理业** | **Water Conservancy, Environmental and Public Facilities Management** | **7979025** | **2846041** | **1868208** |
| 水利管理业 | Water Conservancy Management | 664286 | 238896 | 394284 |
| 生态保护和环境治理业 | Ecological Protection and Environmental Governance Industry | 163124 | 23576 | 89398 |
| 公共设施管理业 | Public Facilities Management | 7151615 | 2583569 | 1384526 |
| **居民服务、修理和其他服务业** | **Residents Service, Repair and Other Services** | **239263** | **133942** | **59682** |
| 居民服务业 | Resident Services | 123000 | 50635 | 39406 |
| 机动车、电子产品和日用产品修理业 | Motor Vehicle Repair Industry, Electronic Products and Daily Products | 73151 | 73390 | 17086 |
| 其他服务业 | Other Services | 43112 | 9917 | 3190 |
| **教育** | **Education** | **1453929** | **396510** | **110501** |
| **卫生和社会工作** | **Health and Social Wwork** | **594400** | **229110** | **159378** |
| 卫生 | Health | 476490 | 190183 | 155557 |
| 社会工作 | Social Wwork | 117910 | 38927 | 3821 |
| **文化、体育和娱乐业** | **Culture, Sports and Entertainment** | **1071596** | **171292** | **213889** |
| 新闻和出版业 | Press and Publication | 4530 | | |
| 广播、电视、电影和影视录音制作业 | Radio, Television, Film and Television Recording Studios | 114031 | 9570 | 28181 |
| 文化艺术业 | Culture and Arts | 511499 | 46941 | 53245 |
| 体育 | Sports | 146369 | 56150 | 28788 |
| 娱乐业 | Entertainment | 295167 | 58631 | 103675 |
| **公共管理、社会保障和社会组织** | **Public Management, Social Security and Social Organization** | **1937891** | **238032** | **281456** |
| 中国共产党机关 | Organs of Chinese Communist Party | 5850 | | |
| 国家机构 | State Organs | 1486208 | 155855 | 256710 |
| 人民政协、民主党派 | CPPCC and Democratic Parties | 57420 | | |
| 社会保障 | The Social Security | 38537 | 1200 | 2486 |
| 群众团体、社会团体和其他成员组织 | Mass Organizations, Social Organizations and Religious Organizations | 150725 | 26158 | 1600 |
| 基层群众自治组织 | The Grassroots Autonomous Organizations | 199151 | 54819 | 20660 |

## 5—23 各市施工、投产项目个数（2012年）
The Number of Construction and Put Into Operation by Region(2012)

| 地 区 | Region | 施工项目（个）Number of Projects under Construction (unit) | #新开工 Started This Year | 全部建成投产项目（个）Number of Projects Completed and Put into Use (unit) | 项目建成投产率（%）Rate of Projects Completed & Put into Use (%) |
|---|---|---|---|---|---|
| **总　计** | **Total** | **25198** | **18076** | **17021** | **67.55** |
| 合肥市 | Hefei | 4397 | 3584 | 3289 | 74.80 |
| 淮北市 | Huaibei | 788 | 598 | 544 | 69.04 |
| 亳州市 | Bozhou | 895 | 588 | 498 | 55.64 |
| 宿州市 | Suzhou | 1034 | 730 | 763 | 73.79 |
| 蚌埠市 | Bengbu | 827 | 599 | 545 | 65.90 |
| 阜阳市 | Fuyang | 1198 | 810 | 773 | 64.52 |
| 淮南市 | Huainan | 782 | 518 | 442 | 56.52 |
| 滁州市 | Chuzhou | 1902 | 1301 | 1143 | 60.09 |
| 六安市 | Luan | 2135 | 1580 | 1464 | 68.57 |
| 马鞍山市 | Maanshan | 2126 | 1740 | 1450 | 68.20 |
| 芜湖市 | Wuhu | 2199 | 1363 | 1261 | 57.34 |
| 宣城市 | Xuancheng | 1342 | 886 | 993 | 73.99 |
| 铜陵市 | Tongling | 684 | 409 | 494 | 72.22 |
| 池州市 | Chizhou | 592 | 334 | 426 | 71.96 |
| 安庆市 | Anqing | 3298 | 2322 | 2400 | 72.77 |
| 黄山市 | Huangshan | 999 | 714 | 536 | 53.65 |

注：本表不含房地产开发投资。
a) Data in this table do not include investment in real estate development.

## 5—24 各市按建设性质分项目投资（2012年）
The Project Investment by Type of Construction by Region(2012)

单位：万元（10000 yuan）

| 地 区 | Region | 新建 New Construction | 扩建 Expansion | 改建和技术改造 Reconstruction and Technical Transformation |
|---|---|---|---|---|
| **总　计** | **Total** | **75566822** | **20273947** | **19863076** |
| 合肥市 | Hefei | 16831711 | 6995837 | 4375137 |
| 淮北市 | Huaibei | 2910524 | 533006 | 1115326 |
| 亳州市 | Bozhou | 2415350 | 350290 | 568514 |
| 宿州市 | Suzhou | 3673128 | 793875 | 585554 |
| 蚌埠市 | Bengbu | 6048579 | 324945 | 206672 |
| 阜阳市 | Fuyang | 1995950 | 1304261 | 870811 |
| 淮南市 | Huainan | 3100273 | 440141 | 1530892 |
| 滁州市 | Chuzhou | 4819999 | 753773 | 831274 |
| 六安市 | Luan | 4089872 | 725230 | 780078 |
| 马鞍山市 | Maanshan | 5106099 | 2338460 | 2344951 |
| 芜湖市 | Wuhu | 9293118 | 1758920 | 1751442 |
| 宣城市 | Xuancheng | 4348669 | 380349 | 1643384 |
| 铜陵市 | Tongling | 1795653 | 834720 | 1008367 |
| 池州市 | Chizhou | 2105875 | 232629 | 370938 |
| 安庆市 | Anqing | 4668607 | 2203234 | 1580385 |
| 黄山市 | Huangshan | 2363415 | 304277 | 299351 |

## 5—25 按城乡分的项目投资主要指标（2012年）

Main Index of Investment Projects by Urban and Rural (2012)

| 指　　标 | | Item | | 合　计 Total | 城　镇 Urban Area | 农村非农户 Non-Rural Households |
|---|---|---|---|---|---|---|
| 完成投资 | （万元） | Accomplished Investment | (10000 yuan) | 119033445 | 109184257 | 9849188 |
| #住　宅 | | Residential Buildings | | 3259533 | 2887217 | 372316 |
| 按建设性质分 | | Grouped By Type of Construction | | | | |
| #新　建 | | New Construction | | 75566822 | 68939296 | 6627526 |
| 扩　建 | | Expansion | | 20273947 | 18802999 | 1470948 |
| 改建和技术改造 | | Reconstruction and Technical Reconstruction | | 19863076 | 18389085 | 1473991 |
| 按构成分 | | Grouped by Composition | | | | |
| 建筑工程 | | Construction | | 65570763 | 60005087 | 5565676 |
| 安装工程 | | Installation | | 9003363 | 8317022 | 686341 |
| 设备工器具购置 | | Purchase of Equipment and Instruments | | 33016853 | 30507475 | 2509378 |
| #用于更新的设备 | | Using in Renewing Equipments | | 4419349 | 4023679 | 395670 |
| 其他费用 | | Others | | 11442466 | 10354673 | 1087793 |
| 施工项目个数 | （个） | Number of Projects | (unit) | | | |
| 施工项目个数 | | Number of Construction | | 25198 | 21741 | 3457 |
| #本年新开工 | | Started this Year | | 18076 | 15299 | 2777 |
| 本年投产项目个数 | | Number of Putting Into Operation of Projects this Year | | 17021 | 14399 | 2622 |
| 房屋施工面积 | （平方米） | Floor Space of Buildings Under Construction | (sq.m) | 246846160 | 226122054 | 20724106 |
| #住　宅 | | Residential Buildings | | 40782315 | 35118540 | 5663775 |
| 房屋竣工面积 | （平方米） | Floor Space of Buildings Completed | (sq.m) | 52490528 | 45327260 | 7163268 |
| #住　宅 | | Residential Buildings | | 11230586 | 8559021 | 2671565 |
| 房屋竣工价值 | （平方米） | Value of Buildings Completed | (sq.m) | 7026155 | 6093740 | 932415 |
| #住　宅 | | Residential Buildings | | 1362517 | 1083167 | 279350 |
| 新增固定资产 | （万元） | Newly Increased Assets | (10000 yuan) | 71995590 | 64633716 | 7361874 |
| 本年资金来源合计 | （万元） | Total Funds This Year | (10000 yuan) | 124085598 | 114092162 | 9993436 |
| 国家预算资金 | | State Budget | | 9716055 | 8996886 | 719169 |
| 国内贷款 | | Domestic Loans | | 11356797 | 10870567 | 486230 |
| 债　券 | | Bonds | | 168038 | 168038 | |
| 利用外资 | | Foreign Investment | | 1100528 | 1022845 | 77683 |
| 自筹资金 | | Self-raising Funds | | 95933445 | 87722166 | 8211279 |
| 其他资金 | | Others | | 5810735 | 5311660 | 499075 |

## 5—26 各市农村非农户固定资产投资完成情况（2012年）
Completion of the Non-farm households Investment in Fixed Asset in Rural Area by Region (2012)

| 地　区 | Region | 完成投资（万元）Accomplished Investment (10000 yuan) | #住宅 Residential Buildings | 新增固定资产（万元）Newly Increased Assets (10000 yuan) | 房屋建筑施工面积（平方米）Floor Space of Buildings Under Construction (sq.m) | #住宅 Residential Buildings | 房屋建筑竣工面积（平方米）Floor Space of Buildings Completed (sq.m) | #住宅 Residential Buildings |
|---|---|---|---|---|---|---|---|---|
| **总　计** | **Total** | **9849188** | **372316** | **7361874** | **20724106** | **5663775** | **7163268** | **2671565** |
| 合肥市 | Hefei | 1010130 | 4184 | 794960 | 1650634 | 28577 | 238322 | 1000 |
| 淮北市 | Huaibei | 273050 | 19666 | 244457 | 2307484 | 1456216 | 531184 | 167416 |
| 亳州市 | Bozhou | 190257 | 546 | 119037 | 672468 | 7111 | 224920 | 5861 |
| 宿州市 | Suzhou | 1470899 | 11800 | 1220056 | 1538119 | 165562 | 774569 | 110062 |
| 蚌埠市 | Bengbu | 1110841 | 40877 | 666087 | 1070320 | 342765 | 483847 | 209335 |
| 阜阳市 | Fuyang | 472106 | 44876 | 269241 | 1846289 | 788438 | 677194 | 313516 |
| 淮南市 | Huainan | 709857 | 126413 | 538592 | 2944109 | 1642065 | 1670061 | 1219016 |
| 滁州市 | Chuzhou | 131207 | 7168 | 104257 | 189029 | 63516 | 95079 | 25096 |
| 六安市 | Luan | 537003 | 24798 | 379647 | 876120 | 372404 | 423734 | 174832 |
| 马鞍山市 | Maanshan | 670734 | 28155 | 601079 | 2955195 | 293880 | 370376 | 92500 |
| 芜湖市 | Wuhu | 309849 | 3030 | 203398 | 496830 | 31050 | 95830 | 10550 |
| 宣城市 | Xuancheng | 683271 | 23343 | 533376 | 867560 | 200341 | 414464 | 183441 |
| 铜陵市 | Tongling | 272938 | 27847 | 217415 | 306159 | 137190 | 258399 | 119380 |
| 池州市 | Chizhou | 812122 | 2708 | 630124 | 1227998 | 34060 | 399753 | 19460 |
| 安庆市 | Anqing | 727164 | 5900 | 601018 | 610906 | 73000 | 280466 | 20000 |
| 黄山市 | Huangshan | 467760 | 1005 | 239130 | 1164886 | 27600 | 225070 | 100 |

## 5—27 主要年份农村农户固定资产投资和建房
Farm households Investment in Fixed Assets and Buildings Construction in Rural Area

| 年份 Year | 投资总额（亿元）Total Investment (100 million yuan) | 竣工房屋投资 Investment in Buildings Completed | #住宅 Residential Buildings | 施工房屋建筑面积（万平方米）Floor Space of Buildings under Construction (10 000 sq.m) | 竣工房屋建筑面积（万平方米）Floor Space of Buildings Completed (10 000 sq.m) | #住宅 Residential Buildings | 竣工房屋造价（元/平方米）Cost of Buildings Completed (yuan/sq.m) | #住宅 Residential Buildings |
|---|---|---|---|---|---|---|---|---|
| 2000 | 120.6 | 83.2 | 82.3 | 4859.0 | 4771.0 | 4712.0 | 174.4 | 174.6 |
| 2005 | 211.9 | 110.2 | 108.9 | 3028.2 | 2925.7 | 2871.0 | 376.8 | 379.2 |
| 2006 | 237.2 | 144.5 | 140.1 | 3661.1 | 3488.4 | 3381.5 | 414.1 | 414.3 |
| 2007 | 275.0 | 169.9 | 162.0 | 4005.2 | 3699.5 | 3507.2 | 459.3 | 461.9 |
| 2008 | 318.3 | 195.5 | 183.9 | 4224.3 | 3925.8 | 3698.5 | 497.9 | 497.1 |
| 2009 | 390.8 | 275.2 | 266.6 | 5365.2 | 5019.8 | 4803.6 | 548.1 | 555.1 |
| 2010 | 439.1 | 281.7 | 274.1 | 4968.0 | 4511.0 | 4344.0 | 624.4 | 631.0 |
| 2011 | 447.8 | 292.7 | 275.9 | 4828.0 | 4130.0 | 3808.0 | 708.7 | 724.6 |
| 2012 | 482.0 | 334.6 | 322.5 | 5011.0 | 4364.0 | 4149.0 | 766.7 | 777.2 |

# 5—28 房地产开发主要指标
Main Indicators of Real Estate Development

| 指　　标 | Item | 2000 | 2005 | 2010 | 2011 | 2012 |
|---|---|---|---|---|---|---|
| **企业个数　　（个）** | **Number of Enterprises　(unit)** | **988** | **1917** | **3385** | **3209** | **3402** |
| 登记注册类型 | Registration type | | | | | |
| 内　资 | Domestic Funded | 901 | 1811 | 3249 | 3094 | 3295 |
| #国　有 | State-owned Enterprises | 298 | 145 | 136 | 119 | 118 |
| 集　体 | Collective Enterprises | 148 | 51 | 25 | 20 | 18 |
| 港、澳、台投资 | Funded by Entrepreneurs from Hong Kong, Macao and Taiwan | 65 | 56 | 78 | 68 | 64 |
| 外商投资 | Foreign Funded | 22 | 50 | 58 | 47 | 43 |
| 企业控股情况 | Controlling Stake of Enterprises | | | | | |
| 国有控股 | Controlling Stake of State-owner | | | 312 | 274 | 285 |
| 集体控股 | Controlling Stake of Group | | | 116 | 96 | 86 |
| 私人控股 | Controlling Stake of Priate | | | 2620 | 2442 | 2595 |
| 港、澳、台商控股 | Controlling Stake of Hong Kong, Macao and Taiwan Businessman | | | 80 | 69 | 65 |
| 外商控股 | Controlling Stake of Foreign Businessman | | | 61 | 51 | 47 |
| 其　他 | Other | | | 196 | 277 | 324 |
| **本年完成投资额　（万元）** | **Investment Completed this Year　(10000 yuan)** | **879261** | **4594413** | **22518045** | **26115374** | **31516065** |
| #住　宅 | Residential Buildings | 575174 | 3233619 | 15952464 | 18696348 | 20592945 |
| **本年土地购置面积（万平方米）** | **Land Space Purchased this Year　(10000 sq.m)** | **641.30** | **1896.39** | **2611.07** | **3294.99** | **2618.78** |
| **资金来源小计　（万元）** | **Source of Funds　(10000 yuan)** | **977459** | **5430807** | **28636982** | **33998055** | **38353425** |
| 国内贷款 | Domestically Loans | 185685 | 757235 | 3237258 | 3424010 | 4062323 |
| 利用外资 | Foreign Investment | 19163 | 67788 | 61827 | 34360 | 13860 |
| 自筹资金 | Fundraising | 325053 | 2288821 | 12110747 | 15786078 | 16867994 |
| 其他资金 | Other | 447558 | 2316963 | 13227150 | 14753607 | 17409248 |
| **房屋建筑面积　（万平方米）** | **Floor Space of Buildings　(10000 sq.m)** | | | | | |
| 施工面积 | Floor Space Under Construction | 1693.36 | 5306.92 | 17541.90 | 20785.80 | 24836.06 |
| 竣工面积 | Floor Space Completed | 759.33 | 1816.86 | 3020.57 | 3628.73 | 3965.39 |
| 本年新开工面积 | Floor Space Started this Year | 900.58 | 2623.41 | 7317.60 | 8658.67 | 7874.22 |
| #住　宅 | Residential Buildings | 713.17 | 2181.61 | 5770.46 | 6748.80 | 5468.39 |
| **商品房屋销售面积(万平方米)** | **Floor Space of Selling House　(10000 sq.m)** | **536.20** | **1907.21** | **4113.88** | **4605.58** | **4828.81** |
| #住　宅 | Residential Buildings | 462.82 | 1686.03 | 3604.87 | 3991.99 | 4275.36 |
| **商品房屋销售价格(元/平方米)** | **Selling Price of House　(yuan/sq.m)** | **1193** | **2220** | **4212** | **4776** | **4825** |
| #住　宅 | Residential Buildings | 1040 | 2065 | 3907 | 4371 | 4495 |
| **实收资本合计　（万元）** | **Total Capital Hold　(10000 yuan)** | **801091** | **2976285** | **8603456** | **12309481** | **15650052** |
| #资产合计 | State Capital | 2471288 | 12152955 | 54332428 | 75629439 | 98837169 |
| 负债合计 | Total Liabilities | 1685674 | 8530794 | 40828272 | 57688412 | 74587728 |
| 资产负债率　(%) | Ratio of Liabilities to Assets　(%) | 68 | 70 | 75 | 76 | 75 |
| **主营业务收入　（万元）** | **Total Revenue　(10000 yuan)** | **701896** | **2720528** | **13150647** | **15385794** | **17971004** |
| #土地转让收入 | land Transferred | 12293 | 12785 | 81646 | 157294 | 292738 |

# 5—29 房地产开发企业（单位）财务状况
Enterprise's Financial Situation in Real Estate Development

单位：万元（10000 yuan）

| 项　目 | Item | 2005 | 2010 | 2011 | 2012 |
|---|---|---|---|---|---|
| **年初存货** | **Opening Stock This Year** | **3403211** | **19892008** | **26897275** | **37702038** |
| **年末资产负债** | **Assets and Liabilities at the Year-end** | | | | |
| 流动资产合计 | Total of Current Assets | 10211981 | 46759621 | 64328905 | 84918485 |
| #应收账款 | Receivable Accounts | | | 2510928 | 3473236 |
| 存　货 | Stock | 5013742 | 24613144 | 36351851 | 49732562 |
| 固定资产合计 | Fixed Assets | | | 2453101 | 3258985 |
| 固定资产原价 | Prime Cost of Fixed Assets | 642349 | 1537883 | 2463167 | 1815164 |
| 累计折旧 | Progressive Depreciation | 115739 | 316551 | 481779 | 439303 |
| #本年折旧 | Depreciation This Year | 28292 | 67026 | 113767 | 109591 |
| 在建工程 | Projects In building | | | 2366718 | 2648870 |
| 资产总计 | Total of Assets | 12152955 | 54332428 | 75629439 | 98837169 |
| 流动负债合计 | Current Liabilities | | | 47711613 | 63768375 |
| #应付账款 | Payables | | | 4537041 | 6264970 |
| 非流动负债合计 | Non-Current Liabilities | | | 9963615 | 10819354 |
| 负债合计 | Total of Liabilities | 8530794 | 40828272 | 57688412 | 74587728 |
| 所有者权益合计 | Total of Ownership Interest | 3622161 | 13504156 | 17941027 | 24249441 |
| #实收资本 | Pail-up Capital | 2976285 | 8603456 | 12309481 | 15650052 |
| **损益及分配** | **Profit and Loss and Distribution** | | | | |
| 营业收入 | Business Income | | | 15573950 | 18149953 |
| #主营业务收入 | Main Business Earning | 2720528 | 13150647 | 15385794 | 17971004 |
| 土地转让收入 | Earning of Land Transfer | 12785 | 81646 | 157294 | 292738 |
| 商品房屋销售收入 | Sales Revenue of Commercial Houses | 2643962 | 12719888 | 14819743 | 16942885 |
| 房屋出租收入 | Rental Income of Buildings | 17969 | 85698 | 105060 | 207885 |
| 其他收入 | Other Income | 45812 | 263415 | 303697 | 527497 |
| 营业成本 | Business Cost | | | 11318788 | 13233511 |
| #主营业务成本 | Main Business Cost | 2150369 | 9672150 | 11133558 | 13094354 |
| 营业税金及附加 | Business Tax and Affixation | | | 1233571 | 1487162 |
| #主营业务税金及附加 | Main Business Tax and Affixation | 165159 | 972105 | 1150287 | 1445807 |
| 其他业务利润 | Other Business Profit | 14302 | 36519 | 66777 | 95464 |
| 销售费用 | Sales Expense | 79057 | 325905 | 502175 | 578777 |
| 管理费用 | Management Expense | 193611 | 539208 | 887402 | 917426 |
| 财务费用 | Financial Expense | 57022 | 166459 | 291515 | 322230 |
| 营业利润 | Operating Profit | 89612 | 1547277 | 1547709 | 1751883 |
| 投资收益 | Investment Yield | 2949 | 29217 | 77172 | 143507 |
| 利润总额 | Total of Profit | 91318 | 1349105 | 1117664 | 1947798 |
| 应交所得税 | Payable Income Tax | 45306 | 270053 | 364872 | 411195 |
| **人工成本** | **Labor cost** | | | | |
| 应付职工薪酬（贷方累计发生额） | Payable Employee Compensation Credit Cumulative Amount | | | 399590 | 412715 |

# 5—30 房地产开发企业（单位）投资、资金和土地情况
Investment, Funds and Land Condition of Real Estate Developer

单位：万元（10000 yuan）

| 指　　标 | Item | 2005 | 2010 | 2011 | 2012 |
|---|---|---|---|---|---|
| 计划总投资 | Total Planned Investment | 19301096 | 89896777 | 116954502 | 154552379 |
| 自开始建设累计完成投资 | Accumulative Investment Actually Made Since Starting of Construction up to the End | 8452758 | 59445213 | 72025938 | 95091644 |
| 本年完成投资 | Investment Made this Year | 4594413 | 22518045 | 26115374 | 31516065 |
| #配套工程投资 | Auxiliary Project | 92904 | 235728 | 355294 | 419311 |
| #国有控股 | State-holding Stock | | 3582149 | 4112552 | 5906575 |
| 按构成分：建筑工程 | Grouped by Composition: Construction Project | 2910705 | 14092819 | 16673247 | 21287489 |
| 安装工程 | Installation Project | 192634 | 1524652 | 1546099 | 2582605 |
| 设备工器具购置 | Purchase of Equipment and Instrument | 42448 | 250578 | 276420 | 395858 |
| 其他费用 | Other Expenses | 1448626 | 6649996 | 7619608 | 7250113 |
| #旧建筑物购置费 | Total Expenses of Purchasing Old Buildings | 35903 | 92803 | 197238 | 106279 |
| 土地购置费 | Total Value of Land Purchased | 1005275 | 5161690 | 5673485 | 5252699 |
| 按工程用途分： | Grouped by the Use of Project | | | | |
| 住　宅 | Residential Buildings | 3233619 | 15952464 | 18696348 | 20592945 |
| #90平方米以下 | Below 90m$^2$ | | 4402937 | 4602149 | 7461075 |
| 144平方米以上* | Above of 144m$^2$ | | 1213521 | 1882483 | 1934370 |
| 别墅、高档公寓 | Villas and Good Apartments | 61564 | 765862 | 912580 | 629049 |
| 办公楼 | Office Buildings | 132116 | 656341 | 671647 | 1319806 |
| 商业营业用房 | Houses for Business Use | 648456 | 2924003 | 3864350 | 5649370 |
| 其　他 | Other | 580222 | 2985237 | 2883029 | 3953944 |
| 本年新增固定资产 | Newly Increased Fixed Assets This Year | 2366611 | 8564748 | 10737874 | 12350955 |
| 本年资金来源合计 | Total by Source of Funds This Year | 6388421 | 33029854 | 48472532 | 46832057 |
| 上年末结余资金 | Surplus Funds at the End of Last Year | 957614 | 4392872 | 14474477 | 8478632 |
| 本年资金来源小计 | Total Funds this Year | 5430807 | 28636982 | 33998055 | 38353425 |
| 国内贷款 | Domestic Loans | 757235 | 3237258 | 3424010 | 4062323 |
| 利用外资 | Foreign Investment | 67788 | 61827 | 34360 | 13860 |
| 自筹资金 | Self-raising Fund | 2288821 | 12110747 | 15786078 | 16867994 |
| 其他资金来源 | Others | 2316963 | 13227150 | 14753607 | 17409248 |
| 本年各项应付款合计 | Total of All Payable Account This Year | 630600 | 3511325 | 5034777 | 7640383 |
| #工程款 | Project Account | 415047 | 1658561 | 2409401 | 3941443 |
| 待开发土地面积（万平方米） | Land Space Prepared for Development (10000 sq.m) | 1504.06 | 1709.09 | 2369.70 | 2558.98 |
| 本年购置土地面积（万平方米） | Land Space Purchased this Year (10000 sq.m) | 1896.39 | 2611.07 | 3294.99 | 2618.78 |
| 本年土地成交价款 | Land Costs This Year | 1195393 | 3599668 | 6027044 | 4739616 |

注：*2005、2010年为140平方米以上的口径。
a) In 2005, 2010,Statistics is for over 140 square meters.

## 5—31 房地产开发企业（单位）施工、销售和待售情况（2012年）
Construction, sale and for sale in Real Estate Development Units (2012)

| 指标 Item | 合计 Total | 按用途分 Grouped by the Use of Project 住宅 Residential Buildings | #90平米以下 below 90 sq.m | #别墅、高档公寓 Villas and Good Apartments | 办公楼 Office Buildings | 商业营业用房 Houses for Business Use | 其他 Others |
|---|---|---|---|---|---|---|---|
| 房屋施工面积（万平方米）Floor Space of Buildings Under Construction (10000 sq.m) | 24836.1 | 18182.6 | 4918.7 | 417.2 | 789.5 | 3840.1 | 2023.9 |
| #新开工面积 Newly Started | 7874.2 | 5468.4 | 1472.9 | 121.6 | 233.8 | 1440.5 | 731.5 |
| 房屋竣工面积（万平方米）Floor Space of Buildings Completed (10000 sq.m) | 3965.4 | 3123.1 | 770.2 | 46.3 | 50.0 | 577.2 | 215.1 |
| #不可销售面积 Not for Sale | 251.9 | 117.4 | 44.7 | 0.5 | 2.2 | 40.6 | 91.6 |
| 住宅竣工套数（套）Sets of Commercial Residential Buildings Completed (set) | | 301370 | 100344 | 2081 | | | |
| 房屋竣工价值（万元）Value of Buildings Completed (10000 yuan) | 9372552 | 7347793 | 1875013 | 134712 | 131195 | 1407403 | 486161 |
| 批准预售面积（万平方米）Advanced Sale Area by Authorization (10000 sq.m) | 6000.0 | 4910.5 | 1015.3 | 100.0 | 90.2 | 890.9 | 108.4 |
| 批准预售住宅套数（套）Advanced Sale Units by Authorization (set) | | 471507 | 126541 | 6138 | | | |
| 出租房屋面积（万平方米）Floor Space of Buildings for Renting （10000 sq.m） | 59.2 | 0.7 | | | 3.6 | 54.4 | 0.5 |
| 商品房销售面积（万平方米）Floor Space of Selling House (10000 sq.m) | 4828.8 | 4275.4 | 1160.6 | 58.3 | 62.0 | 428.0 | 63.4 |
| #现房销售面积 Floor Space of Accomplished Buildings Sold | 818.6 | 664.0 | 207.4 | 15.9 | 6.0 | 138.3 | 10.3 |
| 期房销售面积 Floor Space of Futures Marketable Housings Sold | 4010.3 | 3611.3 | 953.2 | 42.4 | 56.0 | 289.7 | 53.2 |
| 商品房销售额（万元）Total Sales of Commercial Houses (10000 yuan) | 23298812 | 19218347 | 5407835 | 464837 | 460060 | 3359167 | 261238 |
| #现房销售额 Sales Value of Accomplished Buildings | 3286692 | 2374326 | 742852 | 105047 | 32297 | 851329 | 28740 |
| 期房销售额 Sales Value of Futures House | 20012120 | 16844021 | 4664983 | 359790 | 427763 | 2507838 | 232498 |
| 商品住宅销售套数（套）Sets of Commercial Residential Buildings Sold (set) | | 418984 | 146800 | 3532 | | | |
| #现房销售套数 Sets of Accomplished Buildings Sold | | 64397 | 25868 | 653 | | | |
| 期房销售套数 Sets of Futures House | | 354587 | 120932 | 2879 | | | |
| 待售面积（万平方米）Floor Space of Vacant Houses (10000 sq.m) | 944.8 | 620.5 | 126.4 | 70.9 | 24.4 | 243.6 | 56.4 |
| 待售1—3年 Vacant 1-3 Years | 544.4 | 368.5 | 68.5 | 53.4 | 13.2 | 130.3 | 32.4 |
| 待售3年以上 Vacant More than 3 Years | 56.8 | 37.6 | 10.9 | 6.4 | 0.4 | 15.2 | 3.5 |

# 5—32 房地产开发投资（2012年）
Investment in Real Estate Development (2012)

| 指　标 | Item | 总　计 Total | 内　资 Domestic Funded | 国　有 State-owned Enterprises |
|---|---|---|---|---|
| 计划总投资 | Total Planned Investment | 154552379 | 145855699 | 7680141 |
| 自开始建设累计完成投资 | Accumulative Investment Actually Made Since Starting of Construction up to the End | 95091644 | 89215363 | 5089239 |
| 本年完成投资 | Investment Made this Year | 31516065 | 29894459 | 1810381 |
| #配套工程投资 | Auxiliary Project | 419311 | 407196 | 14203 |
| #国有控股 | State Controlling Share Hold Enterprises | 5906575 | 5880820 | 1804310 |
| 按构成分：建筑工程 | Grouped by Composition: Construction Project | 21287489 | 20290689 | 1415893 |
| 安装工程 | Installation Project | 2582605 | 2381401 | 138422 |
| 设备工器具购置 | Purchase of Equipment and Instrument | 395858 | 361424 | 38275 |
| 其他费用 | Other Expenses | 7250113 | 6860945 | 217791 |
| #旧建筑物购置费 | Total Expenses of Purchasing Old Buildings | 106279 | 96379 | |
| 土地购置费 | Total Value of Land Purchased | 5252699 | 5005459 | 153243 |
| 按工程用途分： | Grouped by the Use of Project | | | |
| 住　宅 | Residential Buildings | 20592945 | 19594496 | 1415521 |
| #90平方米以下 | Below $90m^2$ | 7461075 | 6983792 | 713450 |
| 144平方米以上 | Above of $144m^2$ | 1934370 | 1744833 | 48999 |
| #别墅、高档公寓 | Villas and Good Apartments | 629049 | 507550 | 4218 |
| 办公楼 | Office Buildings | 1319806 | 1200866 | 78322 |
| 商业营业用房 | Houses for Business Use | 5649370 | 5376590 | 141897 |
| 其　他 | Other | 3953944 | 3722507 | 174641 |
| 本年新增固定资产 | Newly Increased Fixed Assets This Year | 12350955 | 11807761 | 524162 |
| 待开发土地面积（平方米） | Land Space Prepared for Development (sq.m) | 25589755 | 24380242 | 971921 |
| 本年购置土地面积（平方米） | Land Space Purchased this Year (sq.m) | 26187806 | 25095528 | 317904 |
| 本年土地成交价款 | Land Costs This Year | 4739616 | 4415997 | 143810 |
| #拆迁补偿费 | Compensation for Demolition | 109417 | 109417 | 100 |
| 土地使用权出让金 | Selling of land using right | 4197842 | 3901019 | 71660 |
| 契　税 | Deed Tax | 120170 | 108877 | 2313 |

单位：万元（10000 yuan）

| 集　体<br>Collective Enterprises | 港、澳、台投资<br>Funded by Entrepreneurs from Hong Kong, Macao and Taiwan | 外商投资<br>Foreign Funded | 中　央<br>Central Government | 省<br>Province | 市<br>City | 县<br>County | 乡镇企业<br>Township and Village Enterprises | 其　他<br>Other |
|---|---|---|---|---|---|---|---|---|
| 114743 | 4630274 | 4066406 | 1817694 | 8087511 | 32490598 | 11788262 | 1255332 | 99112982 |
| 70639 | 3397214 | 2479067 | 1276547 | 4437462 | 18729356 | 6804194 | 838131 | 63005954 |
| 48969 | 1010145 | 611461 | 362892 | 1580445 | 6292571 | 2700530 | 351423 | 20228204 |
| 40 | 3927 | 8188 | 4500 | 28050 | 82748 | 49624 | 1750 | 252639 |
|  | 25755 |  | 307659 | 1216934 | 2247296 | 965995 | 128702 | 1039989 |
| 26802 | 645388 | 351412 | 302384 | 961223 | 4179238 | 1906048 | 284888 | 13653708 |
| 4117 | 128550 | 72654 | 42738 | 161781 | 590861 | 202670 | 25908 | 1558647 |
| 254 | 32784 | 1650 | 5146 | 30399 | 129406 | 26019 | 3066 | 201822 |
| 17796 | 203423 | 185745 | 12624 | 427042 | 1393066 | 565793 | 37561 | 4814027 |
|  | 9900 |  |  |  | 34392 | 4783 | 1422 | 65682 |
| 14843 | 105651 | 141589 | 11428 | 370005 | 1047451 | 379868 | 9971 | 3433976 |
|  |  |  |  |  |  |  |  |  |
| 39584 | 593625 | 404824 | 338464 | 1192178 | 4053674 | 1995651 | 247530 | 12765448 |
| 11869 | 320713 | 156570 | 132142 | 238170 | 1633380 | 833363 | 121286 | 4502734 |
| 4293 | 100312 | 89225 | 24193 | 135964 | 322492 | 140262 | 57114 | 1254345 |
|  | 64382 | 57117 |  | 4075 | 76020 | 8108 | 1550 | 539296 |
|  | 59752 | 59188 | 1400 | 66791 | 422115 | 86299 | 32287 | 710914 |
| 1916 | 192267 | 80513 | 10208 | 139123 | 1077667 | 319952 | 63102 | 4039318 |
| 7469 | 164501 | 66936 | 12820 | 182353 | 739115 | 298628 | 8504 | 2712524 |
| 1405 | 364900 | 178294 | 96461 | 285185 | 2532248 | 746803 | 49548 | 8640710 |
| 4500 | 579062 | 630451 | 358135 | 1094925 | 4146372 | 1535570 | 170479 | 18284274 |
| 87315 | 520716 | 571562 |  | 841943 | 4130023 | 3057035 | 228419 | 17930386 |
| 16668 | 112552 | 211067 |  | 355680 | 862349 | 375660 | 27012 | 3118915 |
|  |  |  |  | 118 | 20767 | 9575 | 32 | 78925 |
| 2000 | 91052 | 205771 |  | 340594 | 713972 | 260829 | 24525 | 2857922 |
| 80 | 3382 | 7911 |  | 3484 | 22475 | 12155 | 640 | 81416 |

## 5—33 房地产开发企业财务状况（2012年）
Enterprise's Financial Situation in Real Estate Development (2012)

| 项目 | Item | 流动资产合计 Circulating Funds | #存货 Stock | 固定资产原价 Original Value of Fixed Assets | 累计折旧 Accumulated Depreciation | 资产合计 Total Assets |
|---|---|---|---|---|---|---|
| **总计** | **Total** | **84918485** | **49732562** | **1815164** | **439303** | **98837169** |
| 国有及国有控股企业 | State Controlling Share Hold Enterprises | 20412823 | 11753567 | 229993 | 52219 | 25155738 |
| **按注册类型分** | **Grouped by Status of Registration** | | | | | |
| 内资 | Domestic Funded | 79921966 | 46951631 | 1697717 | 413722 | 92845882 |
| #国有 | State-owned Enterprises | 5011775 | 2803178 | 90451 | 22171 | 6816734 |
| 集体 | Collective Enterprises | 72070 | 29875 | 3790 | 1281 | 79104 |
| 港、澳、台投资 | Funded by Entrepreneurs from Hong Kong, Macao and Taiwan | 3043211 | 1617857 | 86918 | 18146 | 3656092 |
| 外商投资 | Foreign Funded | 1953308 | 1163074 | 30529 | 7435 | 2335196 |
| **按隶属关系分** | **Grouped by Administrative Relationship** | | | | | |
| 中央 | Central Government | 917412 | 662747 | 4501 | 2836 | 1048153 |
| 省 | Province | 4899993 | 2547169 | 61736 | 15225 | 6401463 |
| 地区 | Prefecture | 17372685 | 10715249 | 249166 | 67796 | 21091065 |
| 县 | County | 6446751 | 3599918 | 140518 | 29033 | 7342481 |
| 乡镇企业 | Township and Village Enterprises | 359515 | 162924 | 9874 | 2234 | 575170 |
| 其他 | Other | 54922128 | 32044555 | 1349369 | 322180 | 62378837 |
| **按资质等级分** | **Grouped by qualification grade** | | | | | |
| 一级 | First Grade | 2086686 | 1346851 | 96936 | 16060 | 2556186 |
| 二级 | Second Grade | 15083879 | 8218197 | 517158 | 120722 | 19591126 |
| 三级 | Third Grade | 22390550 | 12438499 | 661819 | 169029 | 25532299 |
| 四级 | Forth Grade | 2243896 | 1350923 | 58731 | 18587 | 2511816 |
| 暂定 | Tentative | 40948533 | 25019274 | 452409 | 107628 | 46040442 |
| 其他 | Other | 2164940 | 1358818 | 28111 | 7277 | 2605302 |

## 5—34 各市房地产开发企业财务状况（2012年）
Enterprise's Financial Situation in Real Estate Development by Region (2012)

| 地区 | Region | 流动资产合计 Circulating Funds | #存货 Stock | 固定资产原价 Original Value of Fixed Assets | 累计折旧 Accumulated Depreciation | 资产合计 Total Assets |
|---|---|---|---|---|---|---|
| **总计** | **Total** | **84918485** | **49732562** | **1815164** | **439303** | **98837169** |
| 合肥市 | Hefei | 26590685 | 15004914 | 639139 | 150512 | 31766351 |
| 淮北市 | Huaibei | 1976253 | 1256708 | 53223 | 9087 | 2316521 |
| 亳州市 | Bozhou | 3691020 | 2286134 | 23701 | 6316 | 4582323 |
| 宿州市 | Suzhou | 2374579 | 1295312 | 31862 | 8354 | 2669474 |
| 蚌埠市 | Bengbu | 4808150 | 2776758 | 109427 | 20808 | 5936354 |
| 阜阳市 | Fuyang | 2854625 | 1529630 | 79264 | 25074 | 3281921 |
| 淮南市 | Huainan | 3498990 | 2028402 | 71806 | 22807 | 4099743 |
| 滁州市 | Chuzhou | 5296901 | 3343379 | 104787 | 23704 | 5729379 |
| 六安市 | Luan | 3070458 | 1760587 | 105599 | 21347 | 3590524 |
| 马鞍山市 | Maanshan | 3865083 | 2568900 | 110674 | 31170 | 4801021 |
| 芜湖市 | Wuhu | 11990388 | 6682952 | 162948 | 32457 | 13462317 |
| 宣城市 | Xuancheng | 3646850 | 2249246 | 73193 | 20011 | 3964369 |
| 铜陵市 | Tongling | 3020046 | 1592162 | 60838 | 16194 | 3400624 |
| 池州市 | Chizhou | 2223384 | 1463084 | 33208 | 9239 | 2498186 |
| 安庆市 | Anqing | 3014681 | 1856004 | 99071 | 25545 | 3505504 |
| 黄山市 | Huangshan | 2996392 | 2038390 | 56427 | 16679 | 3232558 |

单位：万元（10000 yuan）

| 负债合计<br>Total Liabilities | 资　产<br>负债率<br>(%)<br>Ratio of Liabilities to Assets (%) | 所 有 者<br>权益合计<br>Owners Equity | 实收资本<br>Capital Hold | 主营业务<br>收　　入<br>Main Business Income | 土地转让<br>收　　入<br>Revenue of Land Transfer | 主营业务<br>成　　本<br>Main Business Cost | 主营业务<br>税金及附加<br>Main Business and Extra Charges | 营业利润<br>Operating profit | 应付职工<br>薪　　酬<br>The payable staff pay |
|---|---|---|---|---|---|---|---|---|---|
| **74587728** | **75.47** | **24249441** | **15650052** | **17971004** | **292738** | **13094354** | **1445807** | **1751883** | **412715** |
| 16522168 | 65.68 | 8633570 | 3585063 | 2595258 | 181272 | 1851693 | 185076 | 377721 | 57717 |
| 70036174 | 75.43 | 22809708 | 14498996 | 17098710 | 292738 | 12564166 | 1386491 | 1579302 | 388401 |
| 4597046 | 67.44 | 2219688 | 1227281 | 806310 | 67504 | 569759 | 54267 | 129453 | 21065 |
| 56253 | 71.11 | 22851 | 15090 | 15127 | | 11780 | 1634 | -246 | 871 |
| 2840457 | 77.69 | 815635 | 592088 | 594460 | | 359076 | 42235 | 115311 | 14329 |
| 1711098 | 73.27 | 624098 | 558968 | 277834 | | 171111 | 17081 | 57270 | 9985 |
| 937076 | 89.40 | 111078 | 53938 | 271608 | | 203868 | 23069 | 32600 | 3693 |
| 4650958 | 72.65 | 1750505 | 1186176 | 838307 | | 578837 | 72084 | 133555 | 20116 |
| 13591720 | 64.44 | 7499346 | 3310179 | 2646113 | 77228 | 2035540 | 186878 | 256365 | 57980 |
| 5701884 | 77.66 | 1640597 | 836532 | 927582 | 39320 | 686434 | 74199 | 50531 | 25724 |
| 491863 | 85.52 | 83307 | 68486 | 79500 | | 60334 | 6696 | 4209 | 2902 |
| 49214228 | 78.90 | 13164609 | 10194741 | 13207894 | 176189 | 9529339 | 1082881 | 1274623 | 302299 |
| 1960903 | 76.71 | 595283 | 258133 | 491122 | 7583 | 319481 | 44055 | 87941 | 10542 |
| 14204003 | 72.50 | 5387123 | 3338948 | 3470326 | 79865 | 2377947 | 290614 | 462333 | 83839 |
| 18707757 | 73.27 | 6824542 | 3357632 | 4988603 | 44265 | 3676484 | 362031 | 547250 | 102427 |
| 2016972 | 80.30 | 494844 | 385267 | 724693 | 3072 | 553206 | 49404 | 49459 | 23148 |
| 35826157 | 77.81 | 10214284 | 8000325 | 8065241 | 157952 | 6013826 | 659892 | 601940 | 185331 |
| 1871937 | 71.85 | 733365 | 309747 | 231019 | | 153411 | 39812 | 2962 | 7429 |

单位：万元（10000 yuan）

| 负债合计<br>Total Liabilities | 资　产<br>负债率<br>(%)<br>Ratio of Liabilities to Assets (%) | 所 有 者<br>权益合计<br>Owners Equity | 实收资本<br>Capital Hold | 主营业务<br>收　　入<br>Main Business Income | 土地转让<br>收　　入<br>Revenue of Land Transfer | 主营业务<br>成　　本<br>Main Business Cost | 主营业务<br>税金及附加<br>Main Business and Extra Charges | 营业利润<br>Operating profit | 应付职工<br>薪　　酬<br>The payable staff pay |
|---|---|---|---|---|---|---|---|---|---|
| **74587728** | **75.47** | **24249441** | **15650052** | **17971004** | **292738** | **13094354** | **1445807** | **1751883** | **412715** |
| 24893945 | 78.37 | 6872406 | 5551305 | 6379249 | 28081 | 4462141 | 536378 | 867883 | 114899 |
| 1932981 | 83.44 | 383540 | 310698 | 344720 | 1710 | 264759 | 25135 | 13272 | 10550 |
| 2219297 | 48.43 | 2363026 | 360635 | 612543 | | 510655 | 42926 | 21707 | 8286 |
| 2255405 | 84.49 | 414068 | 387731 | 516165 | 1 | 394365 | 45382 | 24395 | 22430 |
| 3920504 | 66.04 | 2015850 | 900643 | 848791 | 88648 | 566612 | 75175 | 165132 | 15349 |
| 2585931 | 78.79 | 695991 | 511400 | 478724 | 13900 | 336079 | 52365 | 167 | 16227 |
| 3222431 | 78.60 | 877312 | 859925 | 770382 | 2544 | 625829 | 62899 | -11501 | 18370 |
| 4588172 | 80.08 | 1141207 | 885647 | 984835 | 6055 | 812512 | 82248 | -55851 | 30013 |
| 2481314 | 69.11 | 1109210 | 516326 | 845551 | 2910 | 635100 | 64222 | 61346 | 20422 |
| 3448649 | 71.83 | 1352372 | 843920 | 518057 | 8042 | 349882 | 49653 | 32981 | 24710 |
| 10524367 | 78.18 | 2937951 | 1664521 | 2115667 | 104727 | 1556052 | 139311 | 282648 | 36549 |
| 3293906 | 83.09 | 670463 | 549354 | 890727 | 2801 | 670035 | 68878 | 37924 | 21157 |
| 2601833 | 76.51 | 798791 | 557014 | 495121 | | 372864 | 33155 | 80362 | 13858 |
| 1675881 | 67.08 | 822305 | 514120 | 769977 | 29871 | 517087 | 43957 | 141488 | 13517 |
| 2497116 | 71.23 | 1008388 | 595339 | 848117 | 1440 | 600976 | 78430 | 85486 | 24969 |
| 2445998 | 75.67 | 786560 | 641474 | 552380 | 2010 | 419408 | 45693 | 4445 | 21408 |

## 5—35　各市房地产开发企业（单位）个数（2012年）
Number of Enterprises for Real Estate Development by Region (2012)

单位：个（unit）

| 地　区 | Region | 企业个数<br>Number of Enterprises | 内资企业<br>Domestic Funded Enterprises | #国　有<br>State-owned | #集　体<br>Collective-owned | #私　营<br>Private Units | 港澳台投资企业<br>Funded by Entrepreneurs from Hong Kong, Macao and Taiwan | 外商投资企业<br>Foreign Funded Enterprises | 国有控股<br>State-owned holdings |
|---|---|---|---|---|---|---|---|---|---|
| **总　计** | **Total** | **3402** | **3295** | **118** | **18** | **1355** | **64** | **43** | **285** |
| 合肥市 | Hefei | 695 | 644 | 34 | 5 | 242 | 28 | 23 | 92 |
| 淮北市 | Huaibei | 79 | 74 | 4 | | 35 | 1 | 4 | 6 |
| 亳州市 | Bozhou | 116 | 115 | 2 | | 42 | 1 | | 5 |
| 宿州市 | Suzhou | 122 | 120 | 4 | 1 | 30 | 1 | 1 | 12 |
| 蚌埠市 | Bengbu | 163 | 159 | 10 | 1 | 65 | 2 | 2 | 25 |
| 阜阳市 | Fuyang | 197 | 194 | 6 | 1 | 60 | 3 | | 8 |
| 淮南市 | Huainan | 120 | 118 | 5 | | 54 | 2 | | 8 |
| 滁州市 | Chuzhou | 304 | 302 | 6 | | 108 | 1 | 1 | 19 |
| 六安市 | Luan | 217 | 216 | 4 | 1 | 121 | 1 | | 13 |
| 马鞍山市 | Maanshan | 185 | 180 | 10 | | 112 | 3 | 2 | 20 |
| 芜湖市 | Wuhu | 242 | 231 | 8 | | 98 | 7 | 4 | 17 |
| 宣城市 | Xuancheng | 221 | 220 | 4 | | 68 | | 1 | 8 |
| 铜陵市 | Tongling | 131 | 129 | 3 | 1 | 50 | 2 | | 13 |
| 池州市 | Chizhou | 141 | 139 | 4 | 3 | 63 | | 2 | 10 |
| 安庆市 | Anqing | 250 | 246 | 8 | 4 | 117 | 4 | | 16 |
| 黄山市 | Huangshan | 219 | 208 | 6 | 1 | 90 | 8 | 3 | 13 |

## 5—36　各市按控股情况分的房地产企业（单位）个数（2012年）
Number of Real Estate Enterprises (units) by Controlled Holdings by Region (2012)

单位：个（unit）

| 地　区 | Region | 企业个数<br>Number of Enterprises | 国有控股<br>State-owned Controlled Holdings | 集体控股<br>Collective-owned Controlled Holdings | 私人控股<br>Private Units Collective-owned Controlled Holdings | 港澳台商控股<br>Funded by Entrepreneurs from Hong Kong, Macao and Taiwan Controlled Holdings | 外商控股<br>Foreign Funded Enterprises Controlled Holdings | 其　他<br>Other |
|---|---|---|---|---|---|---|---|---|
| **总　计** | **Total** | **3402** | **285** | **86** | **2595** | **65** | **47** | **324** |
| 合肥市 | Hefei | 695 | 92 | 19 | 474 | 27 | 23 | 60 |
| 淮北市 | Huaibei | 79 | 6 | 1 | 57 | 1 | 3 | 11 |
| 亳州市 | Bozhou | 116 | 5 | 2 | 90 | 1 | | 18 |
| 宿州市 | Suzhou | 122 | 12 | 2 | 89 | 1 | 1 | 17 |
| 蚌埠市 | Bengbu | 163 | 25 | 6 | 112 | 2 | 2 | 16 |
| 阜阳市 | Fuyang | 197 | 8 | 6 | 148 | 3 | | 32 |
| 淮南市 | Huainan | 120 | 8 | 2 | 102 | 2 | | 6 |
| 滁州市 | Chuzhou | 304 | 19 | 9 | 254 | 1 | 3 | 18 |
| 六安市 | Luan | 217 | 13 | 6 | 177 | 2 | | 19 |
| 马鞍山市 | Maanshan | 185 | 20 | 2 | 147 | 3 | 2 | 11 |
| 芜湖市 | Wuhu | 242 | 17 | 1 | 180 | 9 | 4 | 31 |
| 宣城市 | Xuancheng | 221 | 8 | 5 | 192 | | 1 | 15 |
| 铜陵市 | Tongling | 131 | 13 | 6 | 95 | 2 | | 15 |
| 池州市 | Chizhou | 141 | 10 | 4 | 104 | | 3 | 20 |
| 安庆市 | Anqing | 250 | 16 | 12 | 199 | 3 | 1 | 19 |
| 黄山市 | Huangshan | 219 | 13 | 3 | 175 | 8 | 4 | 16 |

## 5—37 各市房地产开发建设投资总规模及完成投资（2012年）
General Scale of and Actually Completed Investment in Real Estate Development by Region (2012)

单位：万元（10000 yuan）

| 地 区 | Region | 计划总投资 Total Investment Actually Needed | 自开始建设至本年底累计完成投资 Accumulative Investment Actually Made Since Starting of Construction up to the End of this Year | 本年完成投资 Investment Made this Year | #配套工程投资额 Auxiliary Project | 全部建成尚需投资 Further Investment Required for the Completion of Construction |
|---|---|---|---|---|---|---|
| **总 计** | **Total** | **154552379** | **95091644** | **31516065** | **419311** | **59460735** |
| 合 肥 市 | Hefei | 46079133 | 32629780 | 9138031 | 86290 | 13449353 |
| 淮 北 市 | Huaibei | 4582203 | 2090562 | 1092816 | 12320 | 2491641 |
| 亳 州 市 | Bozhou | 3831936 | 2143349 | 960108 | 23755 | 1688587 |
| 宿 州 市 | Suzhou | 5748627 | 2721044 | 1034651 | 27521 | 3027583 |
| 蚌 埠 市 | Bengbu | 5963146 | 3379209 | 1835403 | 36731 | 2583937 |
| 阜 阳 市 | Fuyang | 4203184 | 2599619 | 879851 | 10172 | 1603565 |
| 淮 南 市 | Huainan | 5263962 | 3459815 | 1160742 | 17599 | 1804147 |
| 滁 州 市 | Chuzhou | 10971895 | 5772324 | 2298138 | 14959 | 5199571 |
| 六 安 市 | Luan | 6123727 | 3169260 | 1214808 | 26274 | 2954467 |
| 马鞍山市 | Maanshan | 9403719 | 4868187 | 2114935 | 52457 | 4535532 |
| 芜 湖 市 | Wuhu | 20867497 | 13871684 | 3666748 | 18457 | 6995813 |
| 宣 城 市 | Xuancheng | 8088878 | 4479038 | 1587522 | 22837 | 3609840 |
| 铜 陵 市 | Tongling | 7117291 | 3628606 | 1168072 | 11379 | 3488685 |
| 池 州 市 | Chizhou | 4089532 | 2815824 | 922516 | 10918 | 1273708 |
| 安 庆 市 | Anqing | 5149071 | 2964682 | 1001697 | 38835 | 2184389 |
| 黄 山 市 | Huangshan | 7068578 | 4498661 | 1440027 | 8807 | 2569917 |

## 5—38 各市按用途分的房地产开发企业（单位）完成投资额（2012年）
Actually Completed Investment of Enterprises for Real Estate Development by Region and by Use (2012)

单位：万元（10000 yuan）

| 地 区 | Region | 本年完成投资额 Investment Made this Year | 住宅 Residential Buildings | #90平米以下 Below 90 sq.m | 144平米以上 Above of 144 sq.m | #别墅、高档公寓 Villas and Good Apartments | 办公楼 Office Buildings | 商业营业用房 Houses for Business Use | 其他 Other |
|---|---|---|---|---|---|---|---|---|---|
| **总 计** | **Total** | **31516065** | **20592945** | **7461075** | **1934370** | **629049** | **1319806** | **5649370** | **3953944** |
| 合 肥 市 | Hefei | 9138031 | 5785027 | 2301541 | 700209 | 222837 | 733689 | 1420226 | 1199089 |
| 淮 北 市 | Huaibei | 1092816 | 720814 | 410579 | 70071 | 2650 | 22544 | 197080 | 152378 |
| 亳 州 市 | Bozhou | 960108 | 486057 | 125580 | 25237 | 1943 | 7166 | 178987 | 287898 |
| 宿 州 市 | Suzhou | 1034651 | 718466 | 251128 | 32334 | 7449 | 3789 | 216594 | 95802 |
| 蚌 埠 市 | Bengbu | 1835403 | 1261241 | 385477 | 66394 | 13915 | 27660 | 272916 | 273586 |
| 阜 阳 市 | Fuyang | 879851 | 600927 | 201924 | 22705 | 684 | 23406 | 123462 | 132056 |
| 淮 南 市 | Huainan | 1160742 | 866648 | 377976 | 92563 | 15140 | 16258 | 148921 | 128915 |
| 滁 州 市 | Chuzhou | 2298138 | 1579224 | 741431 | 174556 | 117074 | 27725 | 467314 | 223875 |
| 六 安 市 | Luan | 1214808 | 872676 | 205902 | 39659 | 8303 | 13045 | 166907 | 162180 |
| 马鞍山市 | Maanshan | 2114935 | 1529622 | 516599 | 139823 | 59180 | 24972 | 282216 | 278125 |
| 芜 湖 市 | Wuhu | 3666748 | 2564952 | 886022 | 264194 | 46105 | 197344 | 696080 | 208372 |
| 宣 城 市 | Xuancheng | 1587522 | 941984 | 246574 | 52347 | 19317 | 41983 | 419575 | 183980 |
| 铜 陵 市 | Tongling | 1168072 | 693300 | 343904 | 45881 | 10299 | 56042 | 235878 | 182852 |
| 池 州 市 | Chizhou | 922516 | 564698 | 185916 | 51841 | 9198 | 40002 | 197487 | 120329 |
| 安 庆 市 | Anqing | 1001697 | 670484 | 95238 | 43694 | 948 | 44054 | 212946 | 74213 |
| 黄 山 市 | Huangshan | 1440027 | 736825 | 185284 | 112862 | 94007 | 40127 | 412781 | 250294 |

# 5—39 各市房地产开发企业（单位）资金来源（2012年）
## Sources of Funds of Enterprises for Real Estate Development by Region (2012)

单位：万元（10000 yuan）

| 地区 | Region | 本年资金来源合计 Total Sources of Funds | 上年末结余资金 Funds by the End of Last Year | 本年资金来源小计 Total Funds This Year | 国内贷款 Domestic Loans | #银行贷款 Bank Loan | 利用外资 Foreign Investment | #外商直接投资 Foreign Direct Investment | 自筹资金 Self-raising Funds | 其他资金来源 Others |
|---|---|---|---|---|---|---|---|---|---|---|
| **总　计** | **Total** | **46832057** | **8478632** | **38353425** | **4062323** | **3462515** | **13860** | **13860** | **16867994** | **17409248** |
| 合肥市 | Hefei | 14937583 | 3407981 | 11529602 | 1384859 | 1205089 | 13860 | 13860 | 3425365 | 6705518 |
| 淮北市 | Huaibei | 1411907 | 257879 | 1154028 | 86478 | 72783 | | | 531012 | 536538 |
| 亳州市 | Bozhou | 1383156 | 200562 | 1182594 | 71122 | 27222 | | | 604316 | 507156 |
| 宿州市 | Suzhou | 1511691 | 303450 | 1208241 | 47400 | 41800 | | | 620853 | 539988 |
| 蚌埠市 | Bengbu | 2311685 | 313736 | 1997949 | 199134 | 153574 | | | 949360 | 849455 |
| 阜阳市 | Fuyang | 1617825 | 341889 | 1275936 | 136382 | 123082 | | | 565449 | 574105 |
| 淮南市 | Huainan | 1666545 | 338536 | 1328009 | 174300 | 155950 | | | 405499 | 748210 |
| 滁州市 | Chuzhou | 2857911 | 425614 | 2432297 | 127125 | 114731 | | | 1230920 | 1074252 |
| 六安市 | Luan | 2364801 | 304412 | 2060389 | 172107 | 167907 | | | 1063727 | 824555 |
| 马鞍山市 | Maanshan | 2562317 | 304662 | 2257655 | 360810 | 357510 | | | 1242724 | 654121 |
| 芜湖市 | Wuhu | 5456111 | 974425 | 4481686 | 492032 | 463832 | | | 2582087 | 1407567 |
| 宣城市 | Xuancheng | 2420208 | 332770 | 2087438 | 191781 | 134413 | | | 942023 | 953634 |
| 铜陵市 | Tongling | 1723811 | 321109 | 1402702 | 189740 | 149010 | | | 694383 | 518579 |
| 池州市 | Chizhou | 1238250 | 207170 | 1031080 | 62014 | 51265 | | | 420966 | 548100 |
| 安庆市 | Anqing | 1697748 | 294833 | 1402915 | 143997 | 124672 | | | 619710 | 639208 |
| 黄山市 | Huangshan | 1670508 | 149604 | 1520904 | 223042 | 119675 | | | 969600 | 328262 |

## 5—40 各市房地产开发建设房屋建筑面积和造价（2012年）

Floor Space of Buildings and their Cost in Real Estate Development by Region (2012)

| 地 区 | Region | 施工房屋面积（平方米）Floor Space of Buildings Under Construction (sq.m) | 新开工 Newly Started | 竣工房屋面积（平方米）Floor Space of Buildings Completed (sq.m) | 房屋建筑面积竣工率（%）Ratio of Floor Space of Buildings Completed (%) | 竣工房屋价值（万元）Value of Buildings Completed (10000 yuan) | 竣工房屋造价（元/平方米）Cost of Buildings Completed (yuan/sq.m) |
|---|---|---|---|---|---|---|---|
| **总 计** | **Total** | **248360596** | **78742199** | **39653918** | **15.97** | **9372552** | **2364** |
| 合 肥 市 | Hefei | 60716386 | 14887521 | 9210200 | 15.17 | 2185362 | 2373 |
| 淮 北 市 | Huaibei | 11817984 | 5373287 | 704736 | 5.96 | 166492 | 2362 |
| 亳 州 市 | Bozhou | 8077541 | 3148499 | 406265 | 5.03 | 60430 | 1487 |
| 宿 州 市 | Suzhou | 9410353 | 4307377 | 2631652 | 27.97 | 724165 | 2752 |
| 蚌 埠 市 | Bengbu | 14241659 | 4991815 | 1917022 | 13.46 | 348900 | 1820 |
| 阜 阳 市 | Fuyang | 8708365 | 3312591 | 1390199 | 15.96 | 372006 | 2676 |
| 淮 南 市 | Huainan | 10684074 | 2441501 | 2299812 | 21.53 | 500396 | 2176 |
| 滁 州 市 | Chuzhou | 21722902 | 6373972 | 3559668 | 16.39 | 821248 | 2307 |
| 六 安 市 | Luan | 10728390 | 4898622 | 1629148 | 15.19 | 422248 | 2592 |
| 马鞍山市 | Maanshan | 11870127 | 5139671 | 2962183 | 24.95 | 663931 | 2241 |
| 芜 湖 市 | Wuhu | 32125868 | 7134638 | 4749474 | 14.78 | 1258503 | 2650 |
| 宣 城 市 | Xuancheng | 11718778 | 4698360 | 1701227 | 14.52 | 468277 | 2753 |
| 铜 陵 市 | Tongling | 8935048 | 3017199 | 1367822 | 15.31 | 296247 | 2166 |
| 池 州 市 | Chizhou | 8335248 | 2717689 | 1768857 | 21.22 | 383579 | 2169 |
| 安 庆 市 | Anqing | 10423118 | 3459864 | 1988528 | 19.08 | 388986 | 1956 |
| 黄 山 市 | Huangshan | 8844755 | 2839593 | 1367125 | 15.46 | 311782 | 2281 |

## 5—41 各市按用途分的房地产开发企业（单位）新开工房屋面积（2012年）

Floor Space Started in Real Estate Development by Region and by Use (2012)

单位：平方米（sq.m）

| 地 区 | Region | 本年新开工房屋面积 Floor Space Started This Year | 住宅 Residential Buildings | #90平米以下 Below 90 sq.m | 144平米以上 Above of 144 sq.m | #别墅、高档公寓 Villas and Good Apartments | 办公楼 Office Buildings | 商业营业用房 Houses for Business Use | 其他 Other |
|---|---|---|---|---|---|---|---|---|---|
| **总 计** | **Total** | **78742199** | **54683862** | **14728933** | **2033497** | **1215908** | **2337528** | **14405472** | **7315337** |
| 合 肥 市 | Hefei | 14887521 | 9580063 | 3222974 | 670959 | 277449 | 1098516 | 2331537 | 1877405 |
| 淮 北 市 | Huaibei | 5373287 | 3938189 | 1809533 | 21688 | | 43168 | 1201417 | 190513 |
| 亳 州 市 | Bozhou | 3148499 | 1476213 | 290288 | 6363 | | 3745 | 878061 | 790480 |
| 宿 州 市 | Suzhou | 4307377 | 3051393 | 555802 | 40092 | 1400 | 86426 | 888141 | 281417 |
| 蚌 埠 市 | Bengbu | 4991815 | 3906137 | 1004207 | 55200 | 23838 | 75362 | 686065 | 324251 |
| 阜 阳 市 | Fuyang | 3312591 | 2489147 | 447873 | 3207 | 2200 | 124825 | 422730 | 275889 |
| 淮 南 市 | Huainan | 2441501 | 1692152 | 649351 | 44378 | 45008 | 39153 | 428094 | 281802 |
| 滁 州 市 | Chuzhou | 6373972 | 4035438 | 984113 | 124826 | 114964 | 86744 | 1374284 | 877506 |
| 六 安 市 | Luan | 4898622 | 3949784 | 739015 | 140889 | 13894 | 20922 | 762294 | 165622 |
| 马鞍山市 | Maanshan | 5139671 | 3624809 | 609267 | 140298 | 110317 | 106408 | 1014059 | 394395 |
| 芜 湖 市 | Wuhu | 7134638 | 5177840 | 1674998 | 425748 | 287848 | 339070 | 1013750 | 603978 |
| 宣 城 市 | Xuancheng | 4698360 | 3163784 | 609242 | 33233 | 48131 | 42630 | 1237743 | 254203 |
| 铜 陵 市 | Tongling | 3017199 | 1956954 | 858029 | 8948 | 16984 | 91345 | 609231 | 359669 |
| 池 州 市 | Chizhou | 2717689 | 1847325 | 658086 | 106246 | 52906 | 51253 | 598825 | 220286 |
| 安 庆 市 | Anqing | 3459864 | 2757837 | 203833 | 108207 | | 77608 | 413017 | 211402 |
| 黄 山 市 | Huangshan | 2839593 | 2036497 | 412322 | 103215 | 220969 | 50353 | 546224 | 206519 |

## 5—42 各市商品房屋销售情况（2012年）
Selling of Commercial Houses by Region (2012)

| 地 区 | Region | 房屋销售面积（平方米）Floor Space of Commercial-ized Buildings Sold (sq.m) | #住宅 Residential Buildings | 现房 Completed Buildings | 期房 Buildings Completed in Future | 商品房销售额（万元）Total Sales of Commercial-ized Buildings (10000 yuan) | #住宅 Residential Buildings | 现房 Completed Buildings | 期房 Buildings Completed in Future |
|---|---|---|---|---|---|---|---|---|---|
| **总 计** | **Total** | **48288149** | **42753635** | **8185580** | **40102569** | **23298812** | **19218347** | **3286692** | **20012120** |
| 合肥市 | Hefei | 12424768 | 11173264 | 989671 | 11435097 | 7648573 | 6429446 | 632227 | 7016346 |
| 淮北市 | Huaibei | 1174641 | 1102209 | 140622 | 1034019 | 491683 | 447074 | 56846 | 434837 |
| 亳州市 | Bozhou | 1845009 | 1511490 | 106082 | 1738927 | 717222 | 548037 | 21874 | 695348 |
| 宿州市 | Suzhou | 2891264 | 2481734 | 1617604 | 1273660 | 1114583 | 868818 | 620840 | 493743 |
| 蚌埠市 | Bengbu | 2695600 | 2433504 | 312153 | 2383447 | 1138681 | 966183 | 136744 | 1001937 |
| 阜阳市 | Fuyang | 2022799 | 1884214 | 264563 | 1758236 | 883223 | 785388 | 108716 | 774507 |
| 淮南市 | Huainan | 1840314 | 1703365 | 394969 | 1445345 | 839392 | 707256 | 150081 | 689311 |
| 滁州市 | Chuzhou | 3414879 | 3003359 | 382404 | 3032475 | 1434781 | 1172418 | 176346 | 1258435 |
| 六安市 | Luan | 2622363 | 2356412 | 352280 | 2270083 | 1173134 | 1022952 | 187854 | 985280 |
| 马鞍山市 | Maanshan | 2602159 | 2403884 | 743165 | 1858994 | 1131372 | 1029232 | 211018 | 920354 |
| 芜湖市 | Wuhu | 4269946 | 3823846 | 311454 | 3958492 | 2362564 | 1836434 | 119777 | 2242787 |
| 宣城市 | Xuancheng | 2656880 | 2164169 | 491069 | 2165811 | 1135693 | 847380 | 152256 | 983437 |
| 铜陵市 | Tongling | 1137817 | 1027374 | 268622 | 869195 | 543701 | 459301 | 87540 | 456161 |
| 池州市 | Chizhou | 2137769 | 1708732 | 648985 | 1488784 | 882219 | 617789 | 209449 | 672770 |
| 安庆市 | Anqing | 3173015 | 2833981 | 746085 | 2426930 | 1223530 | 1041327 | 251605 | 971925 |
| 黄山市 | Huangshan | 1378926 | 1142098 | 415852 | 963074 | 578461 | 439312 | 163519 | 414942 |

## 5—43 各市按用途分的商品房屋实际销售面积（2012年）
Floor Space of Commercial Houses Actually Sold by Use and by Region (2012)

单位：平方米（sq.m）

| 地 区 | Region | 房屋销售面积 Floor Space of Selling House | 商品住宅 Residential Buildings | #90平米以下 Below 90 sq.m | 144平米以上 Above of 144 sq.m | #别墅、高档公寓 Villas and Good Apartments | 办公楼 Office Buildings | 商业营业用房 Houses for Business Use | 其他 Other |
|---|---|---|---|---|---|---|---|---|---|
| **总 计** | **Total** | **48288149** | **42753635** | **11606039** | **2858186** | **582681** | **619992** | **4280030** | **634492** |
| 合肥市 | Hefei | 12424768 | 11173264 | 4147410 | 1009518 | 204712 | 335145 | 671916 | 244443 |
| 淮北市 | Huaibei | 1174641 | 1102209 | 275786 | 53637 | 16200 | 3293 | 67402 | 1737 |
| 亳州市 | Bozhou | 1845009 | 1511490 | 175038 | 95626 | 4042 | | 276233 | 57286 |
| 宿州市 | Suzhou | 2891264 | 2481734 | 816746 | 54701 | 736 | 9886 | 325057 | 74587 |
| 蚌埠市 | Bengbu | 2695600 | 2433504 | 697704 | 56307 | 7690 | 4550 | 256948 | 598 |
| 阜阳市 | Fuyang | 2022799 | 1884214 | 455566 | 75099 | 15522 | 17040 | 118380 | 3165 |
| 淮南市 | Huainan | 1840314 | 1703365 | 464431 | 107152 | | 9376 | 125313 | 2260 |
| 滁州市 | Chuzhou | 3414879 | 3003359 | 708409 | 172671 | 104904 | 11949 | 384644 | 14927 |
| 六安市 | Luan | 2622363 | 2356412 | 368593 | 133901 | 2771 | 1817 | 226289 | 37845 |
| 马鞍山市 | Maanshan | 2602159 | 2403884 | 628360 | 187811 | 67954 | 3141 | 184131 | 11003 |
| 芜湖市 | Wuhu | 4269946 | 3823846 | 1130499 | 339365 | 26796 | 80887 | 315961 | 49252 |
| 宣城市 | Xuancheng | 2656880 | 2164169 | 465690 | 62326 | 7182 | 13114 | 450770 | 28827 |
| 铜陵市 | Tongling | 1137817 | 1027374 | 376312 | 23842 | | | 106283 | 4160 |
| 池州市 | Chizhou | 2137769 | 1708732 | 344712 | 81063 | 54787 | 87687 | 286972 | 54378 |
| 安庆市 | Anqing | 3173015 | 2833981 | 318375 | 305013 | | 21084 | 292985 | 24965 |
| 黄山市 | Huangshan | 1378926 | 1142098 | 232408 | 100154 | 69385 | 21023 | 190746 | 25059 |

## 5—44 各市按用途分的商品房屋平均销售价格（2012年）
Average Selling Price of Commercial Houses by Region and by Use (2012)

单位：元/平方米（yuan/sq.m）

| 地 区 | Region | 房屋平均销售价格 Average Selling Price of Houses | 商品住宅 Residential Buildings | #90平米以下 Below 90 sq.m | 144平米以上 Above of 144 sq.m | #别墅、高档公寓 Villas and Good Apartments | 办公楼 Office Buildings | 商业营业用房 Houses for Business Use | 其他 Other |
|---|---|---|---|---|---|---|---|---|---|
| **总 计** | **Total** | **4825** | **4495** | **4660** | **5619** | **7978** | **7420** | **7848** | **4117** |
| 合肥市 | Hefei | 6156 | 5754 | 5756 | 6907 | 10214 | 8527 | 12288 | 4407 |
| 淮北市 | Huaibei | 4186 | 4056 | 3784 | 5312 | 6049 | 3999 | 6385 | 1474 |
| 亳州市 | Bozhou | 3887 | 3626 | 3542 | 2233 | 5492 | | 5721 | 1945 |
| 宿州市 | Suzhou | 3855 | 3501 | 3598 | 4451 | 4606 | 5179 | 6930 | 2060 |
| 蚌埠市 | Bengbu | 4224 | 3970 | 4296 | 4323 | 8681 | 3209 | 6653 | 1321 |
| 阜阳市 | Fuyang | 4366 | 4168 | 4440 | 4973 | 8856 | 5949 | 7267 | 5273 |
| 淮南市 | Huainan | 4561 | 4152 | 3771 | 5105 | | 3750 | 10222 | 2314 |
| 滁州市 | Chuzhou | 4202 | 3904 | 3732 | 5755 | 6833 | 4699 | 6589 | 2223 |
| 六安市 | Luan | 4474 | 4341 | 5994 | 3637 | 3277 | 4144 | 5944 | 3943 |
| 马鞍山市 | Maanshan | 4348 | 4282 | 4065 | 5378 | 6480 | 4986 | 5193 | 4496 |
| 芜湖市 | Wuhu | 5533 | 4803 | 4651 | 6265 | 8024 | 8531 | 12724 | 1935 |
| 宣城市 | Xuancheng | 4275 | 3915 | 3883 | 3865 | 5940 | 6500 | 5971 | 3686 |
| 铜陵市 | Tongling | 4778 | 4471 | 3454 | 7776 | | | 7816 | 3185 |
| 池州市 | Chizhou | 4127 | 3615 | 3276 | 5595 | 7247 | 4532 | 7131 | 3688 |
| 安庆市 | Anqing | 3856 | 3674 | 3045 | 4225 | | 6290 | 5556 | 2471 |
| 黄山市 | Huangshan | 4195 | 3847 | 4126 | 3948 | 5891 | 6793 | 6126 | 3196 |

## 5—45 各市按用途分的商品房待售情况（2012年）
Commercial House for Sale by Used by Region (2012)

单位：平方米（sq.m）

| 地 区 | Region | 房屋待售面积 Square House for Sale | 商品住宅 Residential Buildings | #90平米以下 Below 90 sq.m | 144平米以上 Above of 144 sq.m | #别墅、高档公寓 Villas and Good Apartments | 办公楼 Office Buildings | 商业营业用房 Houses for Business Use | 其他 Other |
|---|---|---|---|---|---|---|---|---|---|
| **总 计** | **Total** | **9448425** | **6204898** | **1264242** | **1175377** | **708967** | **243560** | **2436183** | **563784** |
| 合肥市 | Hefei | 1906818 | 1120039 | 323697 | 228490 | 76388 | 80450 | 399037 | 307292 |
| 淮北市 | Huaibei | 197126 | 111792 | 25629 | 39657 | 26492 | 11440 | 73451 | 443 |
| 亳州市 | Bozhou | 51283 | 23548 | | | | | 27735 | |
| 宿州市 | Suzhou | 472336 | 365303 | 104746 | 30405 | | 1595 | 98621 | 6817 |
| 蚌埠市 | Bengbu | 428806 | 237000 | 102188 | 21377 | 3709 | 21912 | 159529 | 10365 |
| 阜阳市 | Fuyang | 321222 | 206097 | 21687 | 23168 | 13918 | | 112053 | 3072 |
| 淮南市 | Huainan | 458828 | 274247 | 93961 | 34878 | 1060 | 28328 | 148769 | 7484 |
| 滁州市 | Chuzhou | 814993 | 572542 | 41903 | 78478 | 64119 | 3693 | 208757 | 30001 |
| 六安市 | Luan | 563715 | 353996 | 15849 | 39609 | | 3000 | 144856 | 61863 |
| 马鞍山市 | Maanshan | 756489 | 679110 | 191357 | 258947 | 224123 | 4000 | 68761 | 4618 |
| 芜湖市 | Wuhu | 486328 | 402569 | 71271 | 209784 | 146694 | 8673 | 75086 | |
| 宣城市 | Xuancheng | 778015 | 564865 | 44713 | 4696 | 6459 | 25795 | 166779 | 20576 |
| 铜陵市 | Tongling | 276206 | 163734 | 17596 | 1942 | | 11987 | 93640 | 6845 |
| 池州市 | Chizhou | 290953 | 131566 | 3111 | 23465 | 14028 | 3712 | 138076 | 17599 |
| 安庆市 | Anqing | 517747 | 320271 | 39806 | 62492 | | 29691 | 135495 | 32290 |
| 黄山市 | Huangshan | 1127560 | 678219 | 166728 | 117989 | 131977 | 9284 | 385538 | 54519 |

## 5—46 各县（市、区）固定资产投资和新增固定资产（2012年）
Investment in Fixed Assets and Newly Increased Fixed Assets by County (City) (2012)

单位：万元，%（10000 yuan %）

| 县（市） | County (City) | 固定资产投资 Investment in fixed Assets | 项目投资 Investment Projects | 城镇项目 Town Projects | 房地产开发投资 Investment in Real Estate Development | 新增固定资产 Newly Increased Fixed Assets | 固定资产交付使用率 Rate of Projects of Fixed Assets Completed and Put into Use |
|---|---|---|---|---|---|---|---|
| 合肥市直 | Units directly under Hefei city | 791600 | 791600 | 791600 | | 23121 | 2.9 |
| 瑶海区 | Yaohai District | 2059331 | 898576 | 898576 | 1160755 | 791592 | 38.4 |
| 庐阳区 | Luyang District | 3623434 | 2285114 | 2254102 | 1338320 | 1593412 | 44.0 |
| 蜀山区 | Shushan District | 5582039 | 2617414 | 2594263 | 2964625 | 2837147 | 50.8 |
| 包河区 | Baohe District | 6176992 | 4552069 | 4456274 | 1624923 | 4270429 | 69.1 |
| 长丰县 | Changfeng | 2073991 | 1468900 | 1405617 | 605091 | 1278220 | 61.6 |
| 肥东县 | Feidong | 3298822 | 2987207 | 2903144 | 311615 | 1787344 | 54.2 |
| 肥西县 | Feixi | 4019120 | 3420382 | 3301306 | 598738 | 2379681 | 59.2 |
| 庐江县 | Lujiang | 1363603 | 1163259 | 996028 | 200344 | 864463 | 63.4 |
| 合肥高新区 | Hefei Hi-tech District | 1966949 | 1966949 | 1966949 | | 1202930 | 61.2 |
| 合肥经开区 | Hefei Economical Development District | 2824030 | 2824030 | 2824030 | | 751907 | 26.6 |
| 新站区 | Xinzhan District | 2574880 | 2574880 | 2574880 | | 1219997 | 47.4 |
| 政务区 | Zhengwu District | 133004 | 133004 | 133004 | | 91523 | 68.8 |
| 巢湖经开区 | Chaohu Economical Development District | 386556 | 386556 | 386556 | | 364915 | 94.4 |
| 巢湖市 | Chaohu | 1156076 | 822456 | 395937 | 333620 | 1106035 | 95.7 |
| 淮北市直 | Units directly under Huaibei City | 1249241 | 1249241 | 1246651 | | 1054790 | 84.4 |
| 杜集区 | Duji District | 1012237 | 928674 | 813386 | 83563 | 826245 | 81.6 |
| 相山区 | Xiangshan District | 974196 | 259877 | 237021 | 714319 | 482378 | 49.5 |
| 烈山区 | Lieshan District | 894953 | 828612 | 784184 | 66341 | 362491 | 40.5 |
| 濉溪县 | Suixi | 1641513 | 1412920 | 1325032 | 228593 | 1222858 | 74.5 |
| 亳州市直 | Units directly under Bozhou City | 394559 | 382583 | 378373 | 11976 | 52693 | 13.4 |
| 谯城区 | Qiaocheng District | 1293633 | 1038122 | 1038022 | 255511 | 389650 | 30.1 |
| 涡阳县 | Guoyang | 1006366 | 856654 | 854293 | 149712 | 731856 | 72.7 |
| 蒙城县 | Mengcheng | 915848 | 720376 | 593762 | 195472 | 423740 | 46.3 |
| 利辛县 | Lixin | 692451 | 345014 | 288042 | 347437 | 393924 | 56.9 |
| 宿州市直 | Suzhou City | 561865 | 561495 | 561495 | 370 | 57594 | 10.3 |
| 埇桥区 | Yongqiao District | 1943061 | 1278102 | 846296 | 664959 | 1446434 | 74.4 |
| 宿州经开区 | Suzhou Economical Development District | 487504 | 487504 | 487504 | | 82374 | 16.9 |
| 砀山县 | Dangshan | 791111 | 683310 | 386531 | 107801 | 462020 | 58.4 |
| 萧　县 | Xiaoxian | 1181475 | 1118255 | 676426 | 63220 | 892784 | 75.6 |
| 灵璧县 | Lingbi | 570822 | 502741 | 336455 | 68081 | 383711 | 67.2 |
| 泗　县 | Sixian | 601061 | 470841 | 336642 | 130220 | 482105 | 80.2 |
| 蚌埠市直 | Units directly under Bengbu City | 522059 | 522059 | 472140 | | 39787 | 7.6 |
| 龙子湖区 | Longzihu District | 642519 | 427880 | 198239 | 214639 | 177776 | 27.7 |
| 蚌山区 | Bengshan District | 915458 | 283411 | 253897 | 632047 | 139109 | 15.2 |

**5—46 续表1 continued**

单位：万元，%（10000 yuan %）

| 县（市） | County (City) | 固定资产投资 Investment in fixed Assets | 项目投资 Investment Projects | 城镇项目 Town Projects | 房地产开发投资 Investment in Real Estate Development | 新增固定资产 Newly Increased Fixed Assets | 固定资产交付使用率 Rate of Projects of Fixed Assets Completed and Put into Use |
|---|---|---|---|---|---|---|---|
| 禹会区 | Yuhui District | 735092 | 418864 | 169795 | 316228 | 566825 | 77.1 |
| 蚌埠经开区 | Bengbu Economical Development District | 386049 | 386049 | 386049 | | 60948 | 15.8 |
| 蚌埠高新区 | Bengbu High-tech District | 578654 | 578654 | 578654 | | | |
| 淮上区 | Huaishang District | 1128919 | 908786 | 765498 | 220133 | 718436 | 63.6 |
| 怀远县 | Huaiyuan | 1589850 | 1394649 | 1261555 | 195201 | 869104 | 54.7 |
| 五河县 | Wuhe | 1240759 | 1039542 | 966642 | 201217 | 356800 | 28.8 |
| 固镇县 | Guzhen | 988504 | 932566 | 729150 | 55938 | 348969 | 35.3 |
| 阜阳市直 | Units directly under Fuyang City | 358493 | 358493 | 287956 | | 92493 | 25.8 |
| 颍州区 | Yingzhou District | 980126 | 601291 | 511553 | 378835 | 501156 | 51.1 |
| 颍东区 | Yingdong District | 611845 | 588961 | 542211 | 22884 | 383492 | 62.7 |
| 颍泉区 | Yingquan District | 572161 | 414228 | 377336 | 157933 | 306223 | 53.5 |
| 界首市 | Jieshou | 329492 | 291974 | 291974 | 37518 | 191959 | 58.3 |
| 临泉县 | Linquan | 444671 | 370348 | 324548 | 74323 | 235814 | 53.0 |
| 太和县 | Taihe | 564788 | 457255 | 316101 | 107533 | 176823 | 31.3 |
| 阜南县 | Funan | 499902 | 463877 | 422642 | 36025 | 378869 | 75.8 |
| 颍上县 | Yingshang | 787409 | 722609 | 722609 | 64800 | 889465 | 113.0 |
| 淮南市直 | Units directly under Huainan City | 731473 | 731473 | 731473 | | 23146 | 3.2 |
| 大通区 | Datong District | 612856 | 441880 | 386344 | 170976 | 322678 | 52.7 |
| 田家庵区 | Tianjiaan District | 1745140 | 1072188 | 1065538 | 672952 | 709068 | 40.6 |
| 谢家集区 | Xiejiaji District | 608249 | 471635 | 356247 | 136614 | 237015 | 39.0 |
| 八公山区 | Bagongshan District | 180019 | 131955 | 100635 | 48064 | 121415 | 67.4 |
| 潘集区 | Panji District | 1134620 | 1121205 | 846134 | 13415 | 466278 | 41.1 |
| 凤台县 | Fengtai | 1195761 | 1077040 | 885208 | 118721 | 534946 | 44.7 |
| 毛集试验区 | Maoji testing District | 188918 | 188918 | 154858 | | 145721 | 77.1 |
| 滁州市直 | Units directly under Chuzhou City | 1008165 | 944583 | 944583 | 63582 | 607241 | 60.2 |
| 琅琊区 | Langya District | 984702 | 190417 | 190417 | 794285 | 364896 | 37.1 |
| 南谯区 | Nanqiao District | 680880 | 302025 | 302025 | 378855 | 250075 | 36.7 |
| 天长市 | Tianchang | 1730245 | 1551012 | 1551012 | 179233 | 1461222 | 84.5 |
| 明光市 | Mingguang | 721213 | 619358 | 536774 | 101855 | 470875 | 65.3 |
| 来安县 | Laian | 923879 | 591323 | 578953 | 332556 | 138509 | 15.0 |
| 全椒县 | Quanjiao | 830742 | 655098 | 650298 | 175644 | 405173 | 48.8 |
| 定远县 | Dingyuan | 941286 | 762767 | 759517 | 178519 | 646580 | 68.7 |
| 凤阳县 | Fengyang | 1004771 | 911162 | 882959 | 93609 | 724745 | 72.1 |
| 六安市直 | Units directly under Luan City | 177572 | 177572 | 164692 | | 25167 | 14.2 |
| 金安区 | Jinan District | 997754 | 700272 | 511464 | 297482 | 439297 | 44.0 |
| 裕安区 | Yuan District | 992057 | 587058 | 586358 | 404999 | 907038 | 91.4 |

**5—46 续表2 continued**

单位：万元，%（10000 yuan %）

| 县（市） | County (City) | 固定资产投资 Investment in fixed Assets | 项目投资 Investment Projects | 城镇项目 Town Projects | 房地产开发投资 Investment in Real Estate Development | 新增固定资产 Newly Increased Fixed Assets | 固定资产交付使用率 Rate of Projects of Fixed Assets Completed and Put into Use |
|---|---|---|---|---|---|---|---|
| 寿县 | Shouxian | 829439 | 698893 | 682751 | 130546 | 460886 | 55.6 |
| 霍邱县 | Huoqiu | 990228 | 885020 | 810974 | 105208 | 518573 | 52.4 |
| 舒城县 | Shucheng | 711689 | 586480 | 531956 | 125209 | 572470 | 80.4 |
| 金寨县 | Jinzhai | 721646 | 648358 | 538857 | 73288 | 677779 | 93.9 |
| 霍山县 | Huoshan | 911139 | 833063 | 809384 | 78076 | 672713 | 73.8 |
| 叶集试验区 | Yijie Experimental District | 160798 | 160798 | 104075 | | 94872 | 59.0 |
| 六安经开区 | Lu'an Economical Development District | 380089 | 380089 | 380089 | | 378089 | 99.5 |
| 马鞍山市直 | Units directly under Maanshan City | 300072 | 300072 | 300072 | | 20891 | 7.0 |
| 花山区 | Huashan District | 2173080 | 1239066 | 1139325 | 934014 | 1779327 | 81.9 |
| 雨山区 | Yushan District | 1416319 | 1045743 | 985123 | 370576 | 665889 | 47.0 |
| 博望区 | Bowang District | 994636 | 900236 | 872236 | 94400 | 538181 | 54.1 |
| 马鞍山经开区 | Maanshan Economical Development District | 1014856 | 844887 | 844887 | 169969 | 486341 | 47.9 |
| 慈湖高新区 | Cihu Hi-tech District | 1296887 | 1296887 | 1218724 | | 1137273 | 87.7 |
| 当涂县 | Dangtu | 2816290 | 2534060 | 2498710 | 282230 | 1812126 | 64.3 |
| 含山县 | Hanshan | 944091 | 825044 | 502264 | 119047 | 838055 | 88.8 |
| 和县 | Hexian | 1055277 | 910578 | 864498 | 144699 | 713478 | 67.6 |
| 芜湖市直 | Units directly under Wuhu City | 686451 | 686451 | 686451 | | 12624 | 1.8 |
| 镜湖区 | Jinghu District | 1811115 | 520105 | 520105 | 1291010 | 901277 | 49.8 |
| 弋江区 | Yijiang District | 1854540 | 1065830 | 1065830 | 788710 | 815726 | 44.0 |
| 鸠江区 | Jiujiang District | 1957934 | 1056440 | 1056440 | 901494 | 877974 | 44.8 |
| 三山区 | Sanshan District | 1663243 | 1594402 | 1594402 | 68841 | 157969 | 9.5 |
| 芜湖经开区 | Wuhu Economical Development District | 1843858 | 1843858 | 1843858 | | 674517 | 36.6 |
| 大桥开发区 | Big Bridge Development District | 167655 | 167655 | 167655 | | | |
| 芜湖县 | Wuhu | 1703195 | 1527759 | 1519850 | 175436 | 557855 | 32.8 |
| 繁昌县 | Fanchang | 1594131 | 1468937 | 1422938 | 125194 | 771907 | 48.4 |
| 南陵县 | Nanling | 1396126 | 1244635 | 1152791 | 151491 | 629636 | 45.1 |
| 无为县 | Wuwei | 2000296 | 1835724 | 1671627 | 164572 | 1270217 | 63.5 |
| 江北集中区 | Jiangbei District | 329391 | 329391 | 329391 | | 129084 | 39.2 |
| 宣城市直 | Xuancheng City | 280037 | 280037 | 272075 | | 136337 | 48.7 |
| 宣州区 | Xuanzhou District | 1828469 | 1154670 | 946329 | 673799 | 701921 | 38.4 |
| 宁国市 | Ningguo | 1664619 | 1475979 | 1268999 | 188640 | 1296877 | 77.9 |
| 郎溪县 | Langxi | 1287411 | 1014224 | 997994 | 273187 | 550665 | 42.8 |
| 广德县 | Guangde | 1228651 | 1023460 | 947358 | 205191 | 820281 | 66.8 |
| 泾县 | Jingxian | 726937 | 649322 | 548621 | 77615 | 434172 | 59.7 |
| 绩溪县 | Jixi | 773940 | 662199 | 662199 | 111741 | 782647 | 101.1 |

## 5—46 续表3 continued

单位：万元，%（10000 yuan %）

| 县（市） | County (City) | 固定资产投资 Investment in fixed Assets | 项目投资 Investment Projects | 城镇项目 Town Projects | 房地产开发投资 Investment in Real Estate Development | 新增固定资产 Newly Increased Fixed Assets | 固定资产交付使用率 Rate of Projects of Fixed Assets Completed and Put into Use |
|---|---|---|---|---|---|---|---|
| 旌德县 | Jingde | 263357 | 206008 | 139053 | 57349 | 193104 | 73.3 |
| 铜陵市直 | Units directly under Tongling City | 217108 | 217108 | 217108 | | | |
| 铜官山区 | Tongguanshan District | 636465 | 312823 | 312823 | 323642 | 218867 | 34.4 |
| 狮子山区 | Shizishan District | 1238229 | 740002 | 622541 | 498227 | 434928 | 35.1 |
| 铜陵经开区 | Tongling Economical Development District | 792801 | 792801 | 792801 | | 1135955 | 143.3 |
| 郊　区 | Suburban District | 1093897 | 972962 | 873713 | 120935 | 1442939 | 131.9 |
| 铜陵县 | Tongling | 1364537 | 1139269 | 1083041 | 225268 | 733019 | 53.7 |
| 池州市直 | Chizhou City | 146229 | 146229 | 146229 | | 53051 | 36.3 |
| 贵池区 | Guichi District | 1606577 | 840181 | 419693 | 766396 | 878329 | 54.7 |
| 池州经开区 | Chizhou Economical Development District | 308347 | 308347 | 308347 | | 23700 | 7.7 |
| 站前区 | Zhanqian District | 13300 | 13300 | 13300 | | 4600 | 34.6 |
| 江南集中区 | Jiangnan District | 216846 | 216846 | 216846 | | 127563 | 58.8 |
| 东至县 | Dongzhi | 709085 | 645798 | 503660 | 63287 | 611040 | 86.2 |
| 石台县 | Shitai | 88319 | 71728 | 45554 | 16591 | 65935 | 74.7 |
| 青阳县 | Qingyang | 544769 | 468527 | 245205 | 76242 | 432900 | 79.5 |
| 九华山区 | Mount Jiuhua area | 113911 | 113911 | 113911 | | 104450 | 91.7 |
| 迎江区 | Yingjiang District | 638199 | 409372 | 366173 | 228827 | 484436 | 75.9 |
| 大观区 | Daguan District | 282126 | 214871 | 111461 | 67255 | 79847 | 28.3 |
| 安庆经开区 | Anqing Economical Development District | 933287 | 933287 | 933287 | | 498226 | 53.4 |
| 宜秀区 | Yixiu District | 571909 | 493012 | 475092 | 78897 | 364159 | 63.7 |
| 桐城市 | Tongcheng | 1600594 | 1507668 | 1458609 | 92926 | 1431180 | 89.4 |
| 怀宁县 | Huaining | 1072870 | 973649 | 802581 | 99221 | 546445 | 50.9 |
| 枞阳县 | Zongyang | 1369207 | 1208844 | 1171486 | 160363 | 1193061 | 87.1 |
| 潜山县 | Qianshan | 660547 | 611021 | 491300 | 49526 | 699716 | 105.9 |
| 太湖县 | Taihu | 603572 | 568786 | 524174 | 34786 | 622838 | 103.2 |
| 宿松县 | Susong | 804539 | 689067 | 688067 | 115472 | 472133 | 58.7 |
| 望江县 | Wangjiang | 660347 | 609653 | 481471 | 50694 | 594867 | 90.1 |
| 岳西县 | Yuexi | 522929 | 499199 | 487564 | 23730 | 308819 | 59.1 |
| 屯溪区 | Tunxi District | 1422422 | 731938 | 555304 | 690484 | 352425 | 24.8 |
| 黄山区 | Huangshan District | 610136 | 386557 | 339788 | 223579 | 253584 | 41.6 |
| 徽州区 | Huizhou District | 371049 | 228276 | 167496 | 142773 | 218205 | 58.8 |
| 歙　县 | Shexian | 758333 | 597698 | 556857 | 160635 | 507944 | 67.0 |
| 休宁县 | Xiuning | 633351 | 487524 | 385032 | 145827 | 372175 | 58.8 |
| 黟　县 | Yixian | 242463 | 209138 | 183684 | 33325 | 123218 | 50.8 |
| 祁门县 | Qimen | 413943 | 370539 | 355749 | 43404 | 309429 | 74.8 |

## 5—47 本年新开工大型项目基本情况（2012年）
Basic Situation of Large Projects under Construction (2012)

| 单位名称 | Name of Enterprise |
|---|---|
| 合肥鑫晟光电科技有限公司 | Hefei Xin Sheng Photoelectric Technology Co., Ltd. |
| | |
| 合肥城市轨道交通有限公司 | Hefei City Rail Transportation Co., Ltd. |
| 中安联合煤化公司 | Zhongan united coal company |
| 正威半导体有限公司 | Zhengwei Semiconductor Co. Ltd. |
| 芜湖东旭光电科技有限公司 | Wuhu Dongxu Photoelectric S&T Co., Ltd. |
| 淮南平圩发电有限责任公司 | Huainan Pingwei Power generation Co., Ltd. |
| | |
| 芜湖新兴铸管有限责任公司 | Wuhu Xinxing Ductile Pipes Co., Ltd. |
| 淮南矿业集团责任有限公司 | Huainan Mining Group Co., Ltd. |
| 绩溪县交通局 | Jixi County Bureau of transportation |
| 阜阳市颍泉区城市建设投资有限公司 | Fuyang Yingquan District, City Construction Investment Co. Ltd. |
| 安徽省高速公路集团公司 | Anhui Provincial Expressway Corporation |
| 合肥佳海产业园有限公司 | Hefei Jiahai Industrial Park Co. Ltd. |
| 安徽浩德新能源有限公司 | Anhui Haode new energy Co., Ltd. |
| 合肥宝湾国际物流中心 | Hefei Baowan International Logistics Center |
| 大唐淮北虎山发电厂 | Datang Huaibei HuShan power plant |
| 淮浙煤电有限公司凤台发电厂 | Fengtai power plant of Zhejiang Zonghuai Coal Co. Ltd. |
| 淮沪煤电有限公司田集发电厂 | Tianji power plant of Tian Coal Co., Ltd |
| | |
| 徽文化产业投资有限公司 | Huizhou Culture Industry Investment Co., Ltd. |
| 蚌埠星宇文化创意产业投资有限公司 | Bengbu Xingyu Cultural Creative Industry Investment Co., Ltd. |
| 中铁置业亳州投资发展有限公司 | China Railway Real Estate Bozhou investment and Development Co. Ltd. |
| | |
| 蚌埠万达广场有限公司 | Bengbu Wanda Plaza Co. Ltd. |
| 淮北矿业集团 | Huaibei Mining Group |
| 淮北矿业股份有限公司祁南煤矿 | Qinan Coal Mine of Huaibei mining Limited by Share Ltd |
| 安徽省高速公路控股集团 | Anhui Provincial Expressway holding group |
| | |
| 宿州市建设投资有限责任公司 | Suzhou City Construction Investment Co., Ltd. |
| 中科大先进技术研究院 | Zhongkeda advanced technology research institute |
| 合肥市重点工程建设管理局 | Hefei municipal key projects Construction Management Bureau |
| 安徽省高速公路控股集团 | Anhui Provincial Expressway holding group |
| 安徽山鹰纸业股份有限公司 | Anhui Shanying Paper Co., Ltd. |
| 芜湖市水务局 | Wuhu water Bureau |
| 安徽马钢张庄矿业有限责任公司 | Anhui Magang ZhangZhuang mining Co., Ltd |
| 大连成达食品集团 | Dalian Chengda food group |
| | |
| 亳州时代置业有限公司 | Bozhou Times Real Estate Co Ltd |
| 安徽省电力公司淮南供电公司 | Huainan power supply company of Anhui province electric power company |
| | |
| 芜湖宜居投资（集团）有限公司 | Livable Wuhu investment (Group) Co. Ltd. |
| 安徽省交通投资集团 | Anhui Transportation Investment Group |
| 宣城经济技术开发区 | Xuancheng economic and Technological Development Zone |

单位：万元（10000 yuan）

| 项目名称 | Name of Project | 开工时间 Starting Time | 计划总投资 Total Planned Investment | 本年完成投资 Accumulated Newly Increased Fixed Assets |
|---|---|---|---|---|
| 第8.5代薄膜晶体管液晶显示器件项目 | The 8.5 generation of thin film transistor liquid crystal display project | 201209 | 2850000 | 376500 |
| 合肥轨道交通1号线 | Hefei Rail Transit Line 1 | 201206 | 1649594 | 52198 |
| 煤制170万吨年甲醇项目 | Coal 1700000 tons methanol project | 201211 | 1619935 | 26095 |
| 中华芯都半导体产业园 | Zhonghua core of semiconductor industry park | 201201 | 937100 | 30000 |
| 东旭光电液晶玻璃基板生产线项目 | Dongxu photoelectric LCD glass substrate production line project | 201202 | 857000 | 100000 |
| 平圩电厂三期2×100万千瓦燃煤发电工程项目 | Pingwei Power Plant( Phase 3 )2 × 1000000 kilowatts coal-fired power generation projects | 201208 | 757933 | 57953 |
| 整体搬迁技术改造项目 | The relocation of technological transformation project | 201205 | 642000 | 376071 |
| 维简及更新改造 | Maintenance and renovation | 201201 | 565000 | 577032 |
| 宁绩高速公路 | Ningji Expressway | 201201 | 539000 | 293363 |
| 阜阳市颍河综合治理 | Comprehensive management of Yinghe River in Fuyang City | 201205 | 525871 | 70000 |
| 岳武高速公路 | Yuewu Expressway | 201207 | 525855 | 32800 |
| 合肥佳海工业城项目 | Hefei Jiahai Industrial City Project | 201206 | 520000 | 178494 |
| CIGS太阳能薄膜电池生产 | CIGS thin film solar cell production | 201201 | 520000 | 3500 |
| 合肥宝湾国际物流中心有限公司 | Hefei Baowan International Logistics Center Co., Ltd. | 201211 | 507526 | 1605 |
| 上大压小工程 | Big pressure on the small engineering | 201202 | 485700 | 108747 |
| 凤台电厂二期 | Fengtai power plant (phase two) | 201210 | 474617 | 92898 |
| 安徽淮南田集电厂二期2×66万千瓦燃煤发电工程 | Anhui Huainan Tianji power plant (phase 2) 2 × 660000 kilowatts coal-fired power generation engineering | 201208 | 471899 | 64528 |
| 徽文化艺术长廊项目 | Huizhou Culture Art Corridor Project | 201201 | 450000 | 119050 |
| 星宇文化创意产业园 | The cultural and Creative Industry Park | 201205 | 400000 | 87965 |
| 谯城区城市基础设施建设合作项目（亳州市北部新城一期工程） | Qiaocheng District of city infrastructure construction cooperation project (a project in northern Bozhou cityPhase one) | 201208 | 376800 | 18200 |
| 蚌埠万达广场 | Bengbu Wanda Plaza | 201202 | 350000 | 189722 |
| 维持简单再生产技改 | Maintain simple reproduction technology | 201201 | 324984 | 246871 |
| 祁南煤矿安全改造工程 | The reconstruction project of Qinan Mine | 201204 | 320000 | 105000 |
| 宁宣杭高速公路宣城至宁国段 | Xuancheng to Ningguo section of Ningguo xuancheng-hangzhou Expressway | 201201 | 313400 | 157800 |
| 宿州市大外环路 | Suzhou outer loop | 201201 | 310000 | 38600 |
| 合肥中科大先进技术研究院 | Hefei Zhongkeda advanced technology research institute | 201207 | 300000 | 53825 |
| 阜阳北路高架桥 | Fuyangbei Road Viaduct | 201204 | 292777 | 96849 |
| 宁宣杭高速宁国至千秋关段 | Ningguo to qianqiuguan of Ningguo xuancheng-hangzhou Expressway | 201205 | 292776 | 41000 |
| 年产80万吨造纸项目 | With an annual output of 800000 tons of paper-making project | 201201 | 290307 | 213508 |
| 安徽省青弋江分洪道 | Anhui Qiyijiang floodway | 201207 | 282886 | 37005 |
| 张庄铁矿采选工程项目 | Zhang Zhuang iron ore mining project | 201210 | 264732 | 72968 |
| 年产2亿只肉鸡生产线及配套设施项目 | With an annual output of 200000000 broiler production line and supporting facilities project | 201208 | 256403 | 22648 |
| 安徽亳州时代国际医药城 | Anhui Bozhou times International Medical City | 201210 | 255837 | 28500 |
| 皖电东送淮南到上海特高压输电示范工程 | Anhui power to send the East Huainan to Shanghai UHV transmission demonstration project | 201201 | 252150 | 96000 |
| 宜居香城湾项目 | Livable City Xiangchengwan project | 201210 | 250800 | 3900 |
| 济祁高速公路砀山段 | Dangshan section of JiQi highway | 201210 | 247600 | 51300 |
| 宣城科技园基础设施建设（一期） | Xuancheng S&T park infrastructure construction (phase I) | 201207 | 228011 | 19150 |

**5—47　续表1　continued**

| 单位名称 | Name of Enterprise |
| --- | --- |
| 奇瑞重工股份有限公司 | Chery heavy industry Co. Ltd. |
| 奇瑞重工股份有限公司 | Chery heavy industry Co. Ltd. |
| 皖能合肥发电有限公司 | Anhui Hefei Power Co. Ltd. |
| 阜阳市海事局 | The maritime bureau of Fuyang City |
| 安飞照明科技有限责任公司 | Avis Lighting S&T Co., Ltd. |
| 皖南1000KV变电站新建工程项目部 | Wannan 1000KV substation newly construction project department |
| 滨投建设 | Bingtou construction |
| 安徽汤池影视文化产业公司 | Anhui Tangchi movie and TV Cultural Industry Company |
| 芜湖科逸住宅设备有限公司 | Wuhu Keyi Residential Equipment Co. Ltd. |
| 安徽中恒商业发展有限公司 | Anhui Zhongheng Trade Development Co., Ltd. |
| 安徽省阳光半岛投资有限公司 | Anhui sunshine Peninsula Investment Co. Ltd. |
| 中国邮政储蓄银行安徽省分行 | Postal Savings Bank of China , Anhui Province branch |
| 安徽和鼎轮胎科技股份有限公司 | Anhui and Ding tires Polytron Technologies Co. Ltd. |
| 芜湖市华强广场置业有限公司 | Wuhu Huaqiang Plaza Ltd. |
| 淀川盛馀（合肥）高科技钢板有限公司 | Dingchu Shengyu (Hefei) high-tech Steel Co. Ltd. |
| 联宝（合肥）电子科技有限公司 | Lianbao (Hefei) Electronic Technology Co., Ltd. |
| 安徽和合农业股份有限公司 | Anhui and the agricultural Limited by Share Ltd |
| 芜湖中耀陶板有限公司 | Wuhu Zhongyao ceramic plate Co. Ltd. |
| 马鞍山数字硅谷科技有限公司 | Ma'anshan digital Silicon Valley Technology Co., Ltd. |
| 安庆经济技术开发区财政投资建设工程管理中心 | Investment Construction Financial Management Center of Anqing economical and Technological Development Zone |
| 强强实业（天长）有限公司 | Qiang Qiang industry (Tianchan) Co. Ltd. |
| 安徽高创投资有限公司 | Anhui high tech Investment Co. Ltd. |
| 合肥京东方光电科技有限公司 | Hefei BOE Optoelectronics S&T Co., Ltd. |
| 当涂县交通运输局 | Dangtu County Transportation Bureau |
| 合肥新站试验区管委会 | Hefei Xinzhan Experimental Zone |
| 双维伊士曼纤维有限公司 | Two dimensional Eastman Fiber Co. Ltd. |
| 安徽广银铝业有限公司 | Anhui Guangying Aluminum Co. Ltd. |
| 安徽华菱汽车股份有限公司 | Anhui Hualing automobile Co. Ltd. |
| 合肥市重点工程建设管理局 | Hefei municipal key projects Construction Management Bureau |
| 安徽滨江科技产业投资有限公司 | Anhui Binjiang S&T Industrial Investment Co., Ltd. |
| 安徽省沪兴物流园有限公司 | Anhui Huxing Logistics Park Co. Ltd. |
| 安徽胡商物流园有限公司 | Anhui Hushang Logistics Park Co. Ltd. |
| 安徽宏恒科技发展有限公司 | Anhui hongheng S&T Development Co., Ltd. |
| 安徽中金嘉利实业有限公司 | Anhui Zhongjin Jiali Industrial Co. Ltd. |
| 特步（安徽）有限公司 | Tebu (Anhui) Co., Ltd. |
| 五沟镇人民政府 | Wugou Town People's Government |
| 宿州市建设投资有限责任公司 | Suzhou City Construction Investment Co., Ltd. |
| 滨投建设 | Bingtou construction |

单位：万元（10000 yuan）

| 项目名称 | Name of Project | 开工时间 Starting Time | 计划总投资 Total Planned Investment | 本年完成投资 Accumulated Newly Increased Fixed Assets |
|---|---|---|---|---|
| 大型工程机械项目 | Large engineering project | 201206 | 221650 | 17550 |
| 大型农用装备制造项目 | Large agricultural equipment manufacturing project | 201202 | 218890 | 56815 |
| 电厂6号机组扩建项目 | Unit 6 power plant expansion project | 201201 | 213000 | 118045 |
| 沙颍河航道（阜阳)工程 | Shayinghe Waterway Engineering (Fuyang) | 201202 | 212650 | 43912 |
| LED照明产业链项目 | Project LED lighting industry chain | 201205 | 208000 | 26715 |
| 皖南1000KV变电站新建工程 | New project in 1000KV substation | 201201 | 207692 | 100126 |
| 滨湖顺园 | Binhusheng garden | 201205 | 200000 | 95600 |
| 安徽庐江汤池影视文化基地 | Anhui Lujiang Tangchi television culture base | 201201 | 200000 | 22200 |
| 整体浴室及配件生产项目（一期） | The whole bathroom and fittings production project (phase I) | 201201 | 200000 | 56373 |
| 中恒蚌埠义乌国际商贸城一期 | Zhonghen Bengbu Yiwu international trade city(phase I) | 201209 | 200000 | 50246 |
| 阳光半岛国际酒店 | Sunshine Peninsula International Hotel | 201201 | 200000 | 34300 |
| 中国邮政储蓄银行合肥后台服务基地 | Postal Savings Bank of China Hefei backstage service base | 201205 | 198000 | 63500 |
| 年产1200万条高性能绿色环保半钢子午胎项目 | With an annual output of 12000000 high performance green half steel radial tire project | 201206 | 197908 | 52116 |
| 芜湖华强广场 | Wuhu Huaqiang Plaza | 201201 | 195000 | 126948 |
| 镀锌板彩钢板生产项目 | Galvanized color steel plate production project | 201202 | 194350 | 26422 |
| 生产基地项目 | Production base project | 201205 | 189860 | 198554 |
| 农业旅游综合开发 | Comprehensive agricultural tourism development | 201208 | 183500 | 15216 |
| 年产2000万平方米外墙装饰材料生产线建设 | With an annual output of 20 million square meters of wall decoration materials production line construction | 201209 | 180000 | 723 |
| 数字硅谷国际产业园一期 | Digital Silicon Valley International Industrial Park (Phase one) | 201205 | 180000 | 24917 |
| 安庆经济技术开发区中兴大道以西旧城（城中村）改造暨基础设施建设项目 | Anqing economical and Technological Development Zone Zhongxing Road West old town (Village) transformation and infrastructure construction projects | 201206 | 180000 | 39086 |
| 年产4.2亿米仿真丝面料 | Annual production capacity of 420 million meters of silk fabrics | 201206 | 180000 | 9000 |
| 同创2.5产业园 | Create 2.5 Industrial Park | 201209 | 165000 | 12259 |
| 第六代TFT−LCD生产线及产能提升项目 | The sixth generation of TFT-LCD production line and capacity improvement project | 201206 | 163998 | 163998 |
| 205国道马鞍山段公路改建工程 | State Road 205 Maanshan section of highway reconstruction project | 201204 | 160899 | 27500 |
| 新店花园 | Xingdian garden | 201204 | 160000 | 70025 |
| 醋酸纤维丝束生产项目 | Cellulose acetate tow production project | 201202 | 158500 | 68784 |
| 年产45万吨铝型材表面处理项目 | With an annual output of 450000 tons of aluminum surface treatment project | 201207 | 156601 | 27921 |
| 年产5万台大功率环保发动机项目 | With an annual output of 50000 high-power engine for environmental protection projects | 201205 | 152000 | 64904 |
| 龙岗路建设 | Longgang road construction | 201206 | 151600 | 8699 |
| 鸠江科技孵化器 | Jiujiang technology incubator | 201210 | 150710 | 8688 |
| 沪兴物流园 | Huxingtics Park | 201205 | 150000 | 36539 |
| 胡商国际物流园 | Husheng International Logistics Park | 201207 | 150000 | 18577 |
| 宏恒聚光光伏发电机组项目 | Wang Heng concentrating photovoltaic generating unit project | 201211 | 150000 | 4843 |
| 中金嘉利中小企业创业园二期 | CICC Jiali SME Venture Park (phase two) | 201211 | 150000 | |
| 特步（安徽）有限公司产业园一期厂房建设项目 | TenBu (Anhui) a plant construction project Co., Ltd Industrial Park | 201201 | 150000 | 106896 |
| 五沟镇小城镇迁址一期建设 | Wugou town small town relocation of a building | 201205 | 150000 | 9832 |
| 宿州市城区至高铁宿州东站连接线 | Suzhou city to high-speed rail Suzhou station connecting line | 201201 | 150000 | 38400 |
| 方兴湖公园景观工程 | Fangxing Lake Park Landscape Engineering | 201205 | 143237 | 63906 |

**5—47 续表1 continued**

| 单位名称 | Name of Enterprise |
|---|---|
| 盾安芜湖中元自控有限公司 | Dunan Wuhu Zhongyuan Automatic Control Co Ltd |
| 恩龙世界木屋村有限公司 | Enlong world wooden village Co. Ltd. |
| 合肥市重点工程建设管理局 | Hefei municipal key projects Construction Management Bureau |
| 芜湖市雨耕山实业有限公司 | Wuhu Yugen Mountain Industrial Co. Ltd. |
| 江北开发建设有限责任公司 | Jiangbei development limited liability company |
| 淮南仁爱天鹅湾置业有限公司 | Huainan Renai Swan Bay Properties Co., Ltd. |
| | |
| 安徽电力肥西供电有限责任公司 | Anhui Feixi power supply Co., Ltd. |
| | |
| 嘉吉动物蛋白（安徽）有限公司 | Jiaji animal protein (Anhui) Co., Ltd. |
| 安徽江淮纳威司达发动机有限公司 | Anhui Jianghuai Navistar Engine Co., Ltd. |
| 安徽安凯汽车股份有限公司 | Anhui Ankai automobile Co., Ltd. |
| | |
| 安徽豪威光电触摸科技公司 | Anhui Haowei photoelectric touch S&T company |
| 合肥新站开发试验区管委会 | The Administration Committee of Hefei Xinzhan Development Experimental Zone |
| 合肥新站开发试验区管委会 | The Administration Committee of Hefei Xinzhan Development Experimental Zone |
| 芜湖科密电子有限公司 | Wuhu Kemi Electronic Co., Ltd. |
| | |
| 安徽中菱电梯有限公司 | Anhui ZhongLing Elevator Co., Ltd. |
| | |
| 芜湖康卫生物科技有限公司 | Wuhu Wei Kang Biotechnology Co., Ltd. |
| | |
| 安徽格瑞德机械制造有限公司 | Greider Anhui Machinery Manufacturing Co., Ltd. |
| 安徽东至广信农化有限公司 | Anhui Dongzhi Guangxin agrochemical Co. Ltd. |
| | |
| 大陆轮胎合肥公司 | Dalu Hefei tire company |
| 合肥市重点工程建设管理局 | Hefei municipal key projects Construction Management Bureau |
| 区直安徽省阜阳合肥现代产业园区投资有限公司 | The Units Under Anhui province Fuyang Hefei Modern Industrial Park Investment Company Limited |
| 安徽华明飞彩车辆有限公司 | Anhui Huaming Feicai Vehicle Co., Ltd. |
| | |
| 芜湖经开区宜居投资有限公司 | JingKai District of Wuhu livable Investment Co. Ltd. |
| 芜湖新兴际华投资管理有限公司 | Wuhu Xingxing Jihua Investment Co., Ltd. |
| 安徽泽源钢业有限公司 | Anhui Zeyuan Steel Industry Co., Ltd. |
| 芜湖三花自控元器件有限公司 | Wuhu Shanhua automation components Co. Ltd. |
| | |
| 安徽中医学院 | Anhui University of Traditional Chinese Medicine |
| 蚌埠缪氏置业有限公司 | Bengbu Miaoshi Properties Co. Ltd. |
| 格力电器股份有限公司 | Gree Electric Co. Ltd. |
| | |
| 安徽同福食品有限责任公司 | Anhui Tongfu Food Co. Ltd. |
| 安徽美信铝业股份有限公司 | Anhui Meixin aluminium industry Limited by Share Ltd |
| | |
| 安徽鑫科新材料股份有限公司 | Anhui Xinke new materials Limited by Share Ltd |
| | |
| 安徽幸运国际物流股份有限公司 | Anhui Lucky International Logistics Limited by Share Ltd |
| 中国信达安徽分公司 | China Xinda Anhui branch |
| | |
| 合肥市包河城投有限公司 | Hefei City Baohe Investment Co. Ltd. |
| 信义光伏产业（安徽）控股有限公司 | Xinyi PV industry (Anhui) Co. Ltd. |
| | |
| 安徽圣祥食品科技有限公司 | Anhui SanXiang Food S&Technology Co., Ltd. |
| | |
| 安徽博特金属复合材料有限公司 | Anhui Bote metal composite material Co., Ltd. |

单位：万元（10000 yuan）

| 项目名称 | Name of Project | 开工时间 Starting Time | 计划总投资 Total Planned Investment | 本年完成投资 Accumulated Newly Increased Fixed Assets |
|---|---|---|---|---|
| 空调配件生产项目 | Air conditioning fittings production project | 201203 | 140000 | 59365 |
| 恩龙现代化农业综合开发 | Enlong Comprehensive agricultural modernization development | 201205 | 136005 | 7950 |
| 方兴大道 | Fangxing Avenue | 201210 | 131518 | 2600 |
| 雨耕山文化创意产业园 | The rain tilling Mountain Culture Creative Industry Park | 201210 | 130310 | 12237 |
| 江北天和苑二期 | North of the Changjiang River and the court two days | 201203 | 130000 | 27524 |
| 安徽理工大学新校区建设项目 | New campus construction project of Anhui University Of Technology and Industy | 201204 | 130000 | 108778 |
| 皖电东送淮上特高压肥西段示范工程 | Anhui power to send the East and West demonstration project of UHV fertilizer | 201201 | 126000 | 144900 |
| 年产6480万只肉鸡养殖屠宰项目 | An annual output of 64.8 million broilers project | 201203 | 125253 | 39899 |
| 合资生产柴油发动机项目 | Joint venture to produce diesel engine project | 201211 | 122980 | 12020 |
| 安凯新能源汽车扩建及关键动力总成制造研发一体化项目 | Ankai new energy automobile extension and critical powertrain manufacturing R & D integration project | 201207 | 120000 | 23331 |
| 豪威光电LED产品 | Haowei photoelectric products LED | 201202 | 120000 | 14000 |
| 东元家园项目 | TECO home project | 201210 | 120000 | 45500 |
| 合郢花园项目 | HeYing garden project | 201210 | 120000 | 22500 |
| 年产500万台碎纸机（含保险柜）的办公机具及货币清分机项目 | With an annual output of 5 million shredders (including safe) office machines and currency sorter project | 201202 | 120000 | 51007 |
| 中菱年产5000台成套特种电梯设备制造项目 | 5000 sets of special elevator equipment manufacturing project with an annual output of diamond | 201209 | 120000 | 7460 |
| 年产1360万人份口服幽门螺旋杆菌疫苗项目（生命健康城项目） | With an annual output of 13.6 million doses of oral Helicobacter pylori vaccine project (project life health city) | 201206 | 117700 | 11608 |
| 年产2000台液压挖掘技改项目 | With an annual output of 2000 sets of hydraulic mining project | 201207 | 116550 | 13000 |
| 20万吨对邻硝上游配套及下游延伸产品 | 200000 tons of adjacent upstream and downstream extension of product of nitrate | 201212 | 116538 | 1000 |
| 年产425万条子午胎生产基地二期 | With an annual output of 4250000 radial tire production base (phase 2) | 201202 | 115902 | 16098 |
| 新安江路建设 | XinAn River Road Construction | 201206 | 115000 | 11300 |
| 阜合产业园安置小区（一期） | Fuhe Industrial Park residential placement (phase one) | 201206 | 115000 | 14500 |
| 年产30万辆低速汽车、专用车项目 | The annual production capacity of 300000 vehicles low-speed vehicle, special vehicle project | 201209 | 115000 | 19462 |
| 九华北路以东地块公租房项目 | East of plots of public rental housing project of Jiuhuabei Road | 201209 | 113328 | 2900 |
| 新兴铸管配套荷塘月色项目 | Xinxing Ductile Iron Pipes supporting moonlight project | 201203 | 113000 | 47066 |
| 不锈钢生产加工项目 | Stainless steel production and processing projects | 201206 | 111150 | 12000 |
| 年产10300万套家用空调自控元器件项目 | An annual output of 103 million sets of household air conditioning control component project | 201204 | 110405 | 51300 |
| 中医学院新校区项目 | TCM College New Campus Project | 201204 | 110000 | 75950 |
| 蚌埠玉文化创意产业园 | Bengbu Jade Culture Creative Industry Park | 201208 | 108000 | 32720 |
| 年产18万台家用电热水器项目 | With an annual output of 180000 sets of domestic electric water heater project | 201206 | 106500 | 14910 |
| 现代农业生产链示范园项目 | Modern agricultural production chain demonstration garden project | 201206 | 106000 | 8044 |
| 年产12万吨高精铝板带项目 | With an annual output of 120000 tons of high precision aluminium sheet project | 201204 | 105140 | 68090 |
| 年产4万吨高精度电子铜带项目 | With an annual output of 40000 tons of high precision electronic copper strip project | 201208 | 104155 | 4503 |
| 皖江农产品生产物流中心 | The production of Wanjiang agricultural products logistics center | 201208 | 102896 | 57785 |
| 中国信达（合肥）灾备及后援基地建设 | China Xinda (Hefei) disaster recovery and Backup Base Construction | 201208 | 100000 | 24000 |
| 安徽青年电子商务产业园 | Anhui youth e-commerce Industrial Park | 201210 | 100000 | 3410 |
| 年产26万吨超白光伏玻璃及深加工玻璃项目 | With an annual output of 260000 tons of super white solar glass and glass deep processing project | 201202 | 100000 | 32170 |
| 年产30万吨休闲肉制品建设项目 | With an annual output of 300000 tons of leisure meat products construction project | 201212 | 100000 | 3150 |
| 金属复合材料生产 | The production of metal composite materials | 201206 | 100000 | 10700 |

# 主要统计指标解释

**固定资产投资**

固定资产投资额是以货币表现的建造和购置固定资产活动的工作量，它是反映固定资产投资规模、速度、比例关系和使用方向的综合性指标。固定资产投资按经济类型可分为国有、集体、个体、联营、股份制、外商、港澳台商、其他等。按照管理渠道，全社会固定资产投资统计的范围包括：⑴城镇和农村 500 万元以上固定资产投资项目；⑵房地产开发投资；⑶农村非农户投资。

**房地产开发投资**

指房地产开发公司、商品房建设公司及其他房地产开发法人单位和附属于其他法人单位实际从事房地产开发或经营的活动单位统一开发的包括统代建、拆迁还建的住宅、厂房、仓库、饭店、宾馆、度假村、写字楼、办公楼等房屋建筑物和配套的服务设施，土地开发工程（如道路、给水、排水、供电、供热、通讯、平整场地等基础设施工程）的投资；不包括单纯的土地交易活动。

**建设总规模**

是指在报告期内所有施工项目的计划总投资。

**在建总规模**

是指在报告期末所有在建项目的计划总投资。

**在建净规模**

是指报告期末所有在建项目建成投产尚需的投资总量。

在建净规模＝在建总规模－未投产项目（期末在建）累计完成投资。

**固定资产投资的资金来源**

根据固定资产投资的资金来源不同，分为国家预算内资金、国内贷款、利用外资、自筹资金和其他资金来源。

⑴国家预算资金：包括一般预算、政府性基金预算、国有资本经营预算和社保基金预算。各类预算中用于固定资产投资的资金全部用为国家预算资金填报，其中一般预算中用于固定资产投资的部分包括基建投资、车购税、灾后恢复重建基金和其他投资。各级政府债券也归入国家预算资金。

⑵国内贷款：指报告期内企、事业单位向银行及非银行金融机构借入的用于固定资产投资的各种国内借款。包括银行利用自有资金及吸收的存款发放的贷款、上级主管部门拨入的国内贷款、国家专项贷款（包括煤代油贷款、劳改煤矿专项贷款等）、地方财政专项资金安排的贷款、国内储备贷款、周转贷款等。

⑶利用外资：指报告期内收到的用于固定资产投资的国外资金，包括统借统还、自借自还的国外贷款，中外合资项目中的外资，以及对外发行债券和股票等。国家统借统还的外资指由我国政府出面同外国政府、团体或金融组织签订贷款协议、并负责偿还本息的国外贷款。

⑷自筹资金：指建设单位报告期内收到的，用于进行固定资产投资的上级主管部门、地方和企、事业单位自筹资金。

⑸其他资金来源：指报告期内收到的除以上各种拨款。

**固定资产投资按建设性质分**

建设项目的性质一般分为新建、扩建、改建、迁建、恢复。基本建设按建设项目划分建设性质，更新改造、国有单位其他固定资产投资及城镇集体投资等按整个企业、事业单位的建设情况确定建设性质，房地产开发单位、农村投资等投资不划分建设性质。

⑴新建：一般是指从无到有、“平地起家”新开始建设的单位。有的单位原有的基础很小，经过建设后其新增加的固定资产价值超过原有固定资产价值（原值）三倍以上的也算新建。

⑵扩建：一般是指为扩大原有产品的生产能力，在厂内或其他地点增建主要生产车间（或主要工程）、独立的生产线或分厂的企业；事业单位和行政单位在原单位增建业务用房（如学校增建教学用房、医院增建门诊部或病床用房、行政机关增建办公楼等）也作为扩建。

⑶改建：一般是指现有企业、事业单位为了技术进步，提高产品质量，增加花色品种，促进产品升级换代，降低消耗和成本，加强资源综合利用和三废治理、劳保安全等，采用新技术、新工艺、新设备、新材料等对现有设施、工艺条件进行技术改造或更新（包括相应配套的辅助性生产、生活福利设施）。有的企业为充分发挥现有生产能力，进行填平补齐而增建不增加本单位主要产品生产能力的车间等，也属于改建。

**固定资产投资按构成分**

固定资产投资活动按其工作内容和实现方式分为建筑安装工程，设备、工具、器具购置，其他费用三个部分。

⑴建筑安装工程（建筑安装工作量）：指各种房屋、建筑物的建造工程和各种设备、装置的安装工程。包括各种房屋建造工程，各种用途设备基础和各种工业窑炉的砌筑工程；为施工而进行的各种准备工作和临时工程以及完工后的清理工作等；铁路、道路的铺设，矿井的开凿及石油管道的架设等；水利工程；防空地下建筑等特殊工程；以及各种机械设备的安装工程；为测定安装工程质量，对设备进行的试运工作。在安装工程中，不包括被安装设备本身的价值。

⑵设备、工具、器具购置：指购置或自制达到固定资产标准的设备、工具、器具的价值，固定资产的标准按财务部门规定。新建单位、扩建单位的新建车间按照设计和计划要求购置或自制的全部设备、工具、器具，不论是否达到固定

资产标准均计入“设备、工具、器具购置”中。

⑶其他费用：指在固定资产建造和购置过程中发生的，除建筑安装工程和设备、工具、器具购置以外的各种应摊入固定资产的费用。

**施工项目**

指报告期内曾进行建筑或安装工程施工活动的建设项目，包括报告期内新开工项目、报告期以前开工跨入报告期继续施工的项目以及报告期施过工并在报告期内全部建成投产或停缓建的项目。

**全部建成投产项目**

工业项目是指设计文件规定形成生产能力的主体工程及其相应配套的辅助设施全部建成，经负荷试运转，证明具备生产设计规定合格产品的条件，并经过验收鉴定合格或达到竣工验收标准，与生产性工程配套的生活福利设施可以满足近期正常生产的需要，正式移交生产的建设项目。非工业项目是指设计文件规定的主体工程和相应的配套工程全部建成，能够发挥设计规定的全部效益，经验收鉴定合格或达到竣工验收标准，正式移交使用的建设项目。

**商品住宅**

指房地产开发企业（单位）建设并出售、出租给使用者，仅供居住用的房屋。

**土地开发投资额**

指房地产开发企业完成的前期工程投资，即路通、水通、电通、场地平整等（也称七通一平）所完成的投资。一般指生地开发成熟地的投资。在旧城区（老区拆迁）的开发中，如果有统一的规划，如政府有关部门批准的小区建设的前期工程中，有场地平整，原有建筑物、构筑物拆除，供水供电工程等工作量也可计算。未进行开发工程、只进行单纯的土地交易活动不作为土地开发投资统计。土地开发投资额在房屋用途分组中能分摊的部分就分摊，不能分摊的全部计入其他。

**土地购置费**

指房地产开发企业为取得土地使用权而支付的费用。土地购置费按当期发生数计入投资，如土地购置费为分期付款的，可分期计入投资；不计入新增固定资产。土地购置费支出包括：①通过草拟方式取得的土地使用权所支付的土地补偿费、附着物和青苗补偿费、安置补偿费及土地征收管理费等；②通过出让方式取得土地使用权所支付的出让金。

**投资额按房屋工程用途分组**

指投资额中用于各类房屋建设的投资。

**住宅**

指专供居住的房屋，包括别墅、公寓、职工家属宿舍和集体宿舍（包括职工单身宿舍和学生宿舍）等。但不包括住宅楼中作为人防用、不住人的地下室等。

**别墅、高档公寓**

一般指单位建筑面积造价高于当地同等地段商品住宅平均造价一倍以上的公寓或别墅，或者经有权审批房地产投资计划的审批单位审定为高档公寓、别墅的房地产投资项目。

**本年完成开发土地面积**

指报告期内对土地进行开发并已完成七通一平等前期开发工程，具备进行房屋建筑物施工或出让条件的土地面积。

**本年购置土地面积**

指在本年内通过各种方式获得土地使用权的土地面积。

**本年土地成交价款**

指进行土地使用权交易活动的最终金额。在土地一级市场，是指土地最后的划拨款和出让价；在土地二级市场是指土地转让、出租、抵押等最后确定的合同价格。土地成交价款与土地购置面积同口径，目的是正确计算平均土地购置价格。

**房屋施工面积**

指报告期内施工的全部房屋建筑面积。包括本期新开工的面积和上年开工跨入本期继续施工的房屋面积，以及上期已停建在本期恢复施工的房屋面积。本期竣工和本期施工后又停建缓建的房屋面积仍包括在施工面积中，多层建筑应填各层建筑面积之和。

**房屋竣工面积**

指报告期内房屋建筑按照设计要求已全部完工，达到住人和使用条件，经验收鉴定合格或达到竣工验收标准（实行房地产开发小区综合验收的城市，应经小区综合验收合格），可正式移交使用的各栋房屋建筑面积的总和。

**实际销售面积**

指报告期内已竣工的房屋面积中已正式交付给购房者或已签订（正式）销售合同的商品房屋面积。不包括已签订预售合同正在建设的商品房屋面积，但包括报告期或报告期以前签订了预售合同，在报告期又竣工的商品房屋面积。

**保障性安居工程**

指为增加中低收入家庭住房供应，解决中低收入家庭住房困难，列入当地政府住房保障规划和年度计划，由政府组织实施建设或筹集的住房。在城镇范围内实施的保障性安居工程，主要包括廉租住房、公共租赁住房、经济适用住房、限价商品住房、城市棚户区改造、国有工矿棚户区改造、国有林区棚户区和国有林场危旧房改造、国有垦区危房改造、中央下放地方煤矿棚户区改造等。在农村范围内实施的保障性安居工程，主要包括农村危房改造、游牧民定居工程等。保障性安居工程中，通常将廉租住房、公共租赁住房、经济适用住房和限价商品住房合称为保障性住房。

# Explanatory Notes for Major Statistical Indicators

**Total Investment in Fixed Assets in the Whole Country**

Amount of investment in fixed assets refers to the volume of activities in construction and purchases of fixed assets in monetary terms. It is a comprehensive indicator which shows the size, pace, proportional relations and use orientation of the investment in fixed assets. Total investment in fixed assets in the whole country includes, by status of economic ownership, the investment by the state-owned units, collective units, individuals, joint ownership units, share-holding units, as well as investment by businessmen from foreign countries and from Hong Kong, Macao and Taiwan, and by other units. According to management channels, the statistical ranges of the investment in fixed assets include: (1) item invested half million Yuan and over in urban; (2) investment of real estates; (3) investment in rural district not by farmer; (4) investment in rural district by farmer.

**Investment in Real Estate Development**

It includes the investment by the real estate development companies, commercial buildings construction companies and other real estate development units of various types of ownership in the construction of house buildings, such as residential buildings, factory buildings, warehouses, hotels, guesthouses, holiday villages, office buildings, and the complementary service facilities and land development projects, such as roads, water supply, water drainage, power supply, heating, telecommunications, land leveling and other projects of infrastructure. It excludes the activities in simple land transactions.

**Total Size of Construction**

refers to the planned total investment for all construction projects during the reference period.

**Total Size of Investment in Projects under Construction**

refers to the planned total investment of all projects under construction at the end of the reference period.

**Net Size of Investment in Projects under Construction**

refers to the outstanding requirement of investment of all projects under construction at the end of the reference period.

Net size of investment in projects under construction= Total size of investment – Accumulated completed investment of projects under construction

**Sources of Funds for Investment in Fixed Assets**

state budgetary appropriation, domestic loans, foreign investment, self-raised funds, and others.

a) State budgetary appropriation refers to appropriation in the budget of the central and local governments earmarked for capital construction and for innovation projects, and the special appropriation from the budget of the central government for capital construction and for the transfer fund to banks to be issued as loans for capital construction projects.

b) Domestic loans refer to various funds borrowed by enterprises and institutions from banks and non-bank financial institutions during the reference period for the purpose of investment in fixed assets, including loans issued by banks from their self-owned funds and deposit, loans appropriated by higher responsible authorities, special loans by government (including loan for replacing petroleum with coal, special loan for reform-through-labour coal mines), loans arranged by local government from special funds, domestic reserve loan, and working loan, etc.

c) Foreign Investment refers to foreign funds received during the reference period for the purpose of investment in fixed assets, including foreign funds borrowed and managed by the government, by individual units, foreign fund in joint venture program, and issue of bonds and stocks at the international financial markets. The foreign funds borrowed and managed by the government refer to foreign loans borrowed by the government from foreign governments, organizations, or financial institutions under official agreements signed by both parties, under which government is responsible for the repayment of both the principal and interests of the foreign loans.

d) Self-raised funds refer to funds received by construction enterprises from their higher responsible authorities, local governments, or raised by enterprises or institutions themselves for the purpose of investment in fixed assets during the reference period.

f) Others refer to funds received during the reference period which are not included in the above-mentioned sources.

**Investment in Fixed Assets by Type of Construction**

The construction projects in general can be classified by the type of construction into new construction, expansion, reconstruction and moving away. In capital construction, the type of construction is determined by the condition of the project. In investment in innovation, in other investment by state-owned units and investment by collective-owned units, the type of construction is determined by the condition of the whole enterprise or institutions. Investment by type of construction is not applied to investment by real-estate development units, investment in rural areas.

a) New construction in general refers to newly constructed units. In the case in which the value of the original fixed assets is quite small, and the value of newly added fixed assets exceeds the original ones by three times, the expansion construction is considered as new construction.

b) Expansion refers to construction of new major production workshop or independent production line within a factory or in other locations, or construction of a branch factory so as to increase the production capacity of the original products. Newly constructed business houses in institutions and administrative organizations (such as the newly constructed teaching buildings in schools, clinics or bed building in hospitals, and office buildings in administrative agencies, etc.) are also classified as expansion.

c) Reconstruction refers to technical innovation and transformation of the existing equipment and technical conditions undertaken by enterprises and institutions for the purposes of technological advancement, improvement in product quality, enlarging variety of products, promoting new generation of products, reducing production consumption and cost, promoting comprehensive utilization of resources, strengthening treatment of waste gas, waste water and solid wastes, and safety in production, etc. through application of new technologies and techniques, use of new equipment and new materials (including accessory facilities for production or for living and welfare purposes).Construction of new workshops for improving existing production capacity rather than increasing production capacity is also considered as reconstruction.

**Investment in Fixed Assets by Structure**

refers to the three major parts of investment activities, i.e. construction and installation, purchase of equipment and instrument, and other expenses.

a) Construction and installation (work volume of construction and installation) refers to the construction of various houses and buildings and installation of various kinds of equipment and instruments, including construction of various houses, equipment foundations and industrial kilns and stoves, preparation works for project construction, and clearing up works post project construction, pavement of railways and roads, drilling of mines and putting up of oil pipes, construction of projects of water conservancy, construction of underground air-raid shelters and construction of other special projects, installation of various machinery equipment, testing operation for pre-testing the quality of installation projects. The value of equipment installed is not included in the value of installation projects.

b) Purchase of equipment and instruments refers to the total value of equipment, tools, and vessels purchased or self-produced which come up to standards for fixed assets. Equipment, tools and vessels purchased or self-produced for new workshops by newly established or expanded units are categorized as purchase of equipment and instruments no matter whether they come up to the standards for fixed assets or not.

c) Other expenses refer to expenses occurring during the construction or purchase of fixed assets other than construction, installation or purchase of equipment and instruments.

**Projects Under Construction**

refer to projects having construction and installation activities undertaken in the reference period, including projects started in the reference period, or continued from the previous period, or completed and put into production or suspended in the reference period.

**Projects Completed and Put into Use**

Industrial projects refer to the major projects and accessory facilities completed which result in forming production capacity and have been checked and accepted while the living and welfare facilities have been completed and can ensure normal production and formally put into production. Non-industrial projects refer to the major projects and accessory facilities completed which possess the designed capacity and have been checked, accepted and formally put into production.

**Commercial Housing**

refers to the building just for living sailed and rented to the user by real estate development company.

**Amount of Investment on Land**

refers to the previous construction investment completed by real estate development company, which includes road project completed, water project completed, electricity project completed, site grading and so on (and also called seven completed one grading). This investment is usually called fresh land developed in to mature land. If there lave unified planning in old section of city (the moving of old district) development, for example, in the prior project of housing estate construction authorized by related party of government the amount of work of site grading, demolition of primary buildings water supply project and power supply project can be calculated. The project without development and purely transaction of land can't be the statistics of development and investment in land. The amount of land development and investment must be apportioned if they can be apportioned in the group by the use of building. If the part can't be apportioned, they can be calculated in others wholly.

**The Cost of Buying Land**

refers to the cost paid by the real estate company, which can be used for gaining the usufruct of land. The cost of buying land can be calculated for investment based on the current period amounts. The cost of buying land can be calculated for investment by stages if the cost of buying land is divided payments. The cost of buying land can't be calculated for the new permanent assets. The cost of buying land includes ① compensation cost of land, adhesive material, green croups, allocation and management expenses of land expropriation paid by the land-use right in rough style. ②fees for assignment paid by the land-use right in remised style.

**Amount of Investment Classified by the Use of Building**

**Engineering**

refers to the investment of all types of building construction among of the amount of investment.

**House**

refers to the building for living merely including villa, apartment, dormitory of employee, collective dormitory (including the dormitory for bachelors and students) and so on, excluding the basement of resident buildings for civil air defense and no living.

**Villas, High-grade Apartments**

refer to per construction cost on villas or high-grade apartments are higher by over 100% compared with the average prices of commercial housing at the same place, or projects for the construction of villas or high-grade apartments approved by competent departments in chare of real estate development and investment plans.

**Exploitative Land Area Completed This Year**

refers to prior development project of land (seven completed one grading and soon) which was developed and completed at report period. The land area has building operations or remised condition.

**The Land Area Bought This Year**

refers to the area attained land-use right by all kinds of modes this year.

**Bargain Price of Land This Year**

refers to final sum bargained for the land-use right. The price refers to the final transfer and remised price at land primary market; The price refers to the finally affirmed contract price with land remised, rented, mortgage and so on at land secondary market. Bargain price of land have the same caliber with the land buying area, the aim is to calculate the mean land buying price correctly.

**Floor Space Under Construction**

refers to total floor space of all buildings under construction during the reference period, including floor space of newly started buildings during the reference period, floor space of construction extended from the previous period to the current period, floor space of construction suspended during the previous period and resumed in the current period, floor space of construction completed in the current period, and floor space of construction started and then suspended in the current period.

**Floor Space of Buildings Completed**

refers to the floor space of buildings completed in the reference period, which have come up to the designed standards and have been put into use.

**Effective Sale Areas**

refer to commercial building areas which were handed formally to the buyers or signed sale contracts in the completed building areas at the report period. The area include the accomplish commercial building area at the report period which was signed pre contract at the report period or before the report period, excluding the commercial building area which was building now and has been signed pre contract.

# 第六篇

Chapter 6

# 能源生产和消费

PRODUCTION AND CONSUMPTION OF ENERGY

## 简要说明

一、本篇主要内容有：能源生产、消费及品种构成，能源生产和消费弹性系数，近年来综合能源平衡表和电力平衡表，分行业分主要能源品种的消费量等。

二、2011 年及以前年份为分行业主要能源品种消费量、分行业工业用水量是指全部国有及年销售收入 500 万元以上工业企业。2011 年起为全部国有及年销售收入 2000 万元以上工业企业，与历史年份不可比。

三、本篇资料取自省统计局能源处，是按照国家统计局报表制度逐级汇总整理。

四、关于数据口径与计算的说明

1. 一次能源生产量与工业统计数据一致。

2. 行业分类采用现行统一的国民经济行业分类国家标准。

3. 能源生产与消费弹性系数分别以能源生产、消费增长速度与国内生产总值增长速度相比求得。

## Brief Introduction

I. Data in this chapter cover mainly the energy production, consumption and their composition, the elasticity ratio of energy production and consumption, the overall balance of energy and the balance of electricity, the consumption of energy by sector and by main variety.

II. The consumption of energy by sector and by main variety and industrial water consumption by sector include all state-owned industrial enterprises and the industrial enterprises with yearly sales revenue over five million yuan.

III. Data in this chapter are prepared and provided by the Division of Energy, Anhui Statistical Bureau, in accordance with the national reporting system.

IV. Coverage and calculation of data:

1. Data on the production of primary energy are the same as the concerned data of the industrial statistics.

2. The state classification of national economic sectors is used in the classification of sectors.

3. The elasticity ratio of energy production is calculated as the quotient of the growth rate of energy production divided by the growth rate of GDP; and the elasticity ratio of energy consumption is calculated as the quotient of the growth rate of energy consumption divided by the growth of GDP.

## 6—1 能源生产和消费总量及电力生产和消费量
Total Production and Consumption of Energy and Electricity

| 年　份 Year | 能源生产总量（万吨标准煤）Total Energy Production (10000 tons of SCE) | 电力生产量（亿千瓦时）Electricity (100 million kwh) | 能源消费总量（万吨标准煤）Total Energy Consumption (10000 tons of SCE) | 电力消费量（亿千瓦时）Electricity (100 million kwh) |
|---|---|---|---|---|
| 2000 | 3436.14 | 364.63 | 4878.82 | 338.92 |
| 2002 | 4478.04 | 465.66 | 5315.97 | 389.94 |
| 2003 | 4844.90 | 557.18 | 5457.09 | 445.44 |
| 2004 | 5845.96 | 611.57 | 6016.89 | 515.94 |
| 2005 | 6215.42 | 648.38 | 6505.98 | 581.65 |
| 2006 | 5993.75 | 734.38 | 7069.39 | 662.40 |
| 2007 | 6742.44 | 868.04 | 7739.33 | 768.70 |
| 2008 | 8413.93 | 1101.94 | 8325.40 | 858.87 |
| 2009 | 9288.36 | 1328.58 | 8895.90 | 952.30 |
| 2010 | 9689.27 | 1463.31 | 9706.60 | 1077.92 |
| 2011 | 10281.42 | 1655.07 | 10570.23 | 1221.19 |
| 2012 | 10947.05 | 1807.84 | 11357.95 | 1361.10 |

注：1．　电力生产量为全社会发电量。能源生产和消费量按等价热值计算。2006年后能源生产总量不含跨地区原煤产量。
　　2．　根据第二次全国经济普查结果，2005年以后的有关数据有所调整（下同）。

a) Electricity Production is the whole social power rate.Energy Production and Consumption are calculated on the basis of equal caloric value. After 2006, Total Energy Production does not contain the trans-regional raw coal output.

b) According to the second economic census result, after 2005 related data has been adjusted (same as below).

## 6—2 综 合 能 源 平 衡 表
Overall Energy Balance

单位：万吨标准煤（10000 tons of SCE）

| 指　标 | Item | 2000 | 2005 | 2010 | 2011 | 2012 |
|---|---|---|---|---|---|---|
| **可供消费的能源总量** | **Total Energy Available for Consumption** | | | | | |
| 一次能源生产量 | Primary Energy Output | 3436.14 | 6215.42 | 9689.27 | 10281.42 | 10947.05 |
| **能源消费总量** | **Total Energy Consumption** | **4878.82** | **6505.98** | **9706.60** | **10570.23** | **11357.95** |
| 在总量中： | Consumption by Sector: | | | | | |
| 农、林、牧、渔、水利业 | Farming, Forestry, Animal Husbandry, Fishery and Water Conservancy | 163.48 | 149.10 | 199.48 | 209.37 | 216.10 |
| 工　业 | Industry | 3881.06 | 5016.86 | 7464.63 | 7866.90 | 8363.59 |
| 建筑业 | Construction | 53.93 | 54.32 | 114.56 | 136.77 | 155.06 |
| 交通运输和邮电通信业 | Transportation, Post and Telecommunications Services | 178.38 | 280.27 | 528.00 | 761.92 | 851.04 |
| 商业、饮食、物资供销和仓储业 | Commerce, Catering Services, Materials Supply, Marketing and Storage | 57.24 | 101.75 | 150.29 | 209.29 | 257.66 |
| 其　他 | Others | 57.65 | 132.90 | 252.02 | 269.40 | 330.49 |
| 生活消费 | Residential Consumption | 487.07 | 770.78 | 997.58 | 1116.59 | 1184.01 |
| 在总量中： | Consumption by Usage: | | | | | |
| 终端消费 | Final Consumption | 4689.61 | 6126.54 | 9259.76 | 9975.02 | 10753.04 |
| #工　业 | Industry | 3691.85 | 4637.41 | 6779.94 | 7271.68 | 7758.68 |
| 加工转换损失量 | Losses in Processing and Transformation | 189.21 | 379.44 | 440.06 | 389.35 | 412.62 |
| 输配损失量 | Losses in Transportation and Delivery | 73.64 | 155.34 | 237.84 | 260.09 | 293.09 |
| **平衡差额** | **Balance** | **8.38** | **17.54** | **-43.42** | **-71.28** | **41.98** |

## 6—3 能源生产弹性系数
Elasticity Ratio of Energy Production

| 年份<br>Year | 能源生产比上年增长（%）<br>Growth Rate of Energy Production over preceding Year (%) | 电力生产比上年增长（%）<br>Growth Rate of Electricity Production over Preceding Year (%) | 安徽生产总值比上年增长（%）<br>Growth Rate of Gross Domestic Product (GDP) over Preceding Year (%) | 能源生产弹性系数<br>Elasticity Ratio of Energy Production | 电力生产弹性系数<br>Elasticity Ratio of Electricity Production |
|---|---|---|---|---|---|
| 2000 | 2.16 | 15.25 | 8.3 | 0.26 | 1.84 |
| 2005 | 6.32 | 6.02 | 11.8 | 0.54 | 0.51 |
| 2010 | 4.32 | 10.14 | 14.6 | 0.30 | 0.69 |
| 2011 | 6.11 | 13.10 | 13.5 | 0.45 | 0.97 |
| 2012 | 6.47 | 9.23 | 12.1 | 0.54 | 0.76 |

注：能源生产增长速度按等价热值计算；电力生产增长速度按实物量计算。
a) The rate of rise of energy production is calculated on the basis of equal caloric value; The rate of rise of electricity production is calculated on the basis of real amount.

## 6—4 能源消费弹性系数
Elasticity Ratio of Energy Consumption

| 年份<br>Year | 能源消费比上年增长（%）<br>Growth Rate of Energy Consumption over Preceding Year (%) | 电力消费比上年增长（%）<br>Growth Rate of Electricity Consumption over Preceding Year (%) | 安徽生产总值比上年增长（%）<br>Growth Rate of Gross Domestic Product (GDP) over Preceding Year (%) | 能源消费弹性系数<br>Elasticity Ratio of Energy Consumption | 电力消费弹性系数<br>Elasticity Ratio of Electricity Consumption |
|---|---|---|---|---|---|
| 2000 | 5.47 | 8.29 | 8.3 | 0.66 | 1.00 |
| 2005 | 8.33 | 12.74 | 11.8 | 0.71 | 1.08 |
| 2010 | 9.11 | 13.19 | 14.6 | 0.62 | 0.90 |
| 2011 | 8.90 | 13.29 | 13.5 | 0.66 | 0.98 |
| 2012 | 7.45 | 11.46 | 12.1 | 0.62 | 0.95 |

注：能源消费增长速度按等价热值计算；电力消费增长速度按实物量计算。
a) The rate of rise of energy consumption is calculated on the basis of equal caloric value; The rate of rise of electricity consumption is calculated on the basis of real amount.

## 6—5 能源加工转换效率
Efficiency of Energy Conversion

单位：%

| 年份<br>Year | 总效率<br>Total Efficiency | 火力发电<br>Thermal Power Generation | 炼焦<br>Coking | 炼油<br>Petroleum Refining |
|---|---|---|---|---|
| 2005 | 65.58 | 34.66 | 88.99 | 94.17 |
| 2010 | 65.87 | 39.95 | 95.76 | 99.45 |
| 2011 | 66.24 | 40.20 | 94.87 | 99.47 |
| 2012 | 65.24 | 40.61 | 94.97 | 98.87 |

## 6—6 主要年份电力平衡表
Electricity Balance Sheet in Main Year

单位：亿千瓦小时（100 million kwh）

| 指 标 | Item | 2000 | 2005 | 2010 | 2011 | 2012 |
|---|---|---|---|---|---|---|
| **可供量** | **Total Energy Available for Consumption** | | | | | |
| 生产量 | Output | 364.63 | 648.38 | 1463.31 | 1655.07 | 1807.84 |
| 水力发电及其它发电 | Hydraulic Power Generation and Others | 4.58 | 13.48 | 43.47 | 31.07 | 41.05 |
| 火 电 | Thermal Power | 360.05 | 634.90 | 1419.84 | 1624.00 | 1766.79 |
| **消费量** | **Total Energy Consumption** | **338.92** | **581.65** | **1077.92** | **1221.19** | **1361.10** |
| 在消费量中 | Consumption by Sector | | | | | |
| 农、林、牧、渔、水利业 | Agriculture, Forestry, Animal Husbandry, Fishery and Water Conservancy | 21.31 | 11.75 | 11.91 | 12.94 | 15.11 |
| 工 业 | Industry | 238.26 | 430.98 | 777.18 | 877.79 | 950.54 |
| #输配电损失量 | Losses in Transmission | 22.81 | 43.81 | 76.81 | 85.07 | 96.86 |
| 建筑业 | Construction | 3.75 | 4.88 | 14.75 | 18.21 | 21.76 |
| 交通运输、仓储和邮政业 | Transport, Storage and Post | 4.22 | 4.98 | 14.58 | 17.93 | 19.75 |
| 批发、零售业和住宿、餐饮业 | Wholesale and Retail Trades, Hotels and Catering Services | 5.74 | 12.57 | 34.97 | 44.41 | 54.78 |
| 其他行业 | Others Sectors | 12.61 | 26.79 | 50.55 | 58.36 | 75.99 |
| 生活消费 | Household Consumption | 53.03 | 89.70 | 173.98 | 191.55 | 223.18 |

## 6—7 主要年份平均每天各种能源消费量
Average Daily Energy Consumption by Variety in Main Year

| 指 标 | | Item | | 2000 | 2005 | 2010 | 2011 | 2012 |
|---|---|---|---|---|---|---|---|---|
| **合 计** | **（万吨标准煤）** | **Total** | **(10000 tons of SCE)** | **13.36** | **17.82** | **26.59** | **28.96** | **31.12** |
| 原 煤 | （万吨） | Coal | (10000 tons) | 15.96 | 23.24 | 37.55 | 41.24 | 46.74 |
| 焦 炭 | （万吨） | Coke | (10000 tons) | 1.46 | 1.48 | 2.49 | 2.60 | 2.73 |
| 原 油 | （万吨） | Crude Oil | (10000 tons) | 0.94 | 1.14 | 1.31 | 1.33 | 1.15 |
| 燃料油 | （万吨） | Fuel Oil | (10000 tons) | 0.13 | 0.07 | 0.03 | 0.03 | 0.03 |
| 汽 油 | （万吨） | Gasoline | (10000 tons) | 0.19 | 0.24 | 0.43 | 0.60 | 0.69 |
| 柴 油 | （万吨） | Diesel Oil | (10000 tons) | 0.39 | 0.58 | 1.00 | 1.35 | 1.58 |
| 电 力 | （亿千瓦小时） | Electricity | (100 million kwh) | 0.93 | 1.59 | 2.95 | 3.35 | 3.73 |

## 6—8 主要年份生活能源消费量
Average Annual Energy Consumption for Households in Main Year

| 指 标 | | Item | | 2000 | 2005 | 2010 | 2011 | 2012 |
|---|---|---|---|---|---|---|---|---|
| **合 计** | **（万吨标准煤）** | **Total** | **(10000 tons of SCE)** | **487.07** | **770.78** | **997.55** | **1116.59** | **1184.01** |
| 煤 炭 | （万吨） | Coal | (10000 tons) | 433.00 | 580.00 | 341.25 | 226.00 | 146.90 |
| 液化石油气 | （万吨） | Liquefied Petroleum Gas | (10000 tons) | 16.30 | 28.11 | 42.13 | 45.65 | 48.58 |
| 天然气 | （亿立方米） | Natural Gas | (100 million cu.m) | | 0.40 | 2.80 | 8.00 | 9.05 |
| 热 力 | （万百万千焦） | Heat | (10 billion kilo-joule) | | 653.00 | 661.00 | 2082.00 | 1977.00 |
| 电 力 | （亿千瓦小时） | Electricity | (100 million kwh) | 53.03 | 89.70 | 173.98 | 191.55 | 223.18 |

## 6—9 主要年份人均生活能源消费量
Annual per Capita Energy Consumption of Households in Main Year

| 指 标 | | Item | | 2000 | 2005 | 2010 | 2011 | 2012 |
|---|---|---|---|---|---|---|---|---|
| **平均每人生活消费能源（千克标准煤）** | | **Annual per Capita Consumption for Households** | **(kg of SCE)** | **80.22** | **124.84** | **168.60** | **187.27** | **198.06** |
| 煤 炭 | （千克） | Coal | (kg) | 71.31 | 93.94 | 57.68 | 37.90 | 24.57 |
| 液化石油气 | （千克） | Liquefied Petroleum Gas | (kg) | 2.68 | 4.55 | 7.12 | 7.66 | 8.13 |
| 天然气 | （立方米） | Natural Gas | (cu.m) | | 0.65 | 4.73 | 13.42 | 15.14 |
| 热 力 | （万千焦） | Heat | (kilo-joule) | | 10.58 | 11.17 | 34.92 | 33.07 |
| 电 力 | （千瓦小时） | Electricity | (kwh) | 87.34 | 145.29 | 294.04 | 321.25 | 373.34 |

注：按年平均人口数计算。

a) Data in the table are calculated with the data on the annual average population.

## 6—10 主要年份能源消耗指标
Energy Consumption Indices in Main Year

| 年 份 Year | 单位地区生产总值能耗(等价值) Unit GDP Energy Consumption (Equal Values) | | 单位工业增加值能耗(规模以上，当量值) Unit GDP Energy Consumption (Above Scale, Equivalent Value) | | 单位地区生产总值电耗 Unit GDP Electricity Consumption | |
|---|---|---|---|---|---|---|
| | 指标值(吨标准煤/万元) Indices (standard coal ton /10000Yuan) | 上升或下降(±%) Up or Down | 指标值(吨标准煤/万元) Indices (standard coal ton /10000Yuan) | 上升或下降(±%) Up or Down | 指标值(千瓦小时/万元) Indices (kilowatt-hour/10000 yuan) | 上升或下降(±%) Up or Down |
| 2005 | 1.216 | | 3.13 | | 1088.11 | |
| 2006 | 1.174 | -3.44 | 2.86 | -6.96 | 1099.86 | 1.08 |
| 2007 | 1.126 | -4.11 | 2.63 | -8.61 | 1118.33 | 1.68 |
| 2008 | 1.075 | -4.52 | 2.34 | -9.92 | 1109.06 | -0.83 |
| 2009 | 1.017 | -5.39 | 2.10 | -11.13 | 1088.76 | -1.83 |
| 2010 | 0.785 | -4.78 | 1.33 | -12.94 | 872.16 | -1.17 |
| 2011 | 0.754 | -4.06 | 1.20 | -9.54 | 870.49 | -0.19 |
| 2012 | 0.722 | -4.15 | 1.09 | -9.56 | 865.50 | -0.57 |

注：1、2010年以后，国内生产总值按照2010年可比价格计算(下同)。
2、按2005年可比价格计算的2010年单位生产总值能耗为0.97，单位工业增加值能耗为1.82，单位生产总值电耗为1075.99。

a) After 2010, GDP is calculated by 2010 comparable price.
b) As caculating by 2005 comparable price, Unit GDP Energy Consumption is 0.97, Unit GDP Energy Consumptionis 1.82, Unit GDP Electricity Consumption is 1075.99.

## 6—11 各市能源消耗指标（2012年）
Energy Consumption Indices by Region (2012)

| 地 区 | Region | 单位地区生产总值能耗(等价值) Unit GDP Energy Consumption (Equal Values) | | 单位工业增加值能耗(规模以上，当量值) Unit GDP Energy Consumption (Above Scale, Equivalent Value) | | 单位地区生产总值电耗 Unit GDP Electricity Consumption | |
|---|---|---|---|---|---|---|---|
| | | 指标值(吨标准煤/万元) Indices (standard coal ton /10000Yuan) | 上升或下降(±%) Up or Down | 指标值(吨标准煤/万元) Indices (standard coal ton /10000Yuan) | 上升或下降(±%) Up or Down | 指标值(千瓦小时/万元) Indices (kilowatt-hour/10000 yuan) | 上升或下降(±%) Up or Down |
| 合肥市 | Hefei | 0.601 | -6.25 | 0.49 | -18.08 | 495.43 | -2.69 |
| 淮北市 | Huaibei | 1.028 | -4.20 | 1.01 | -10.95 | 836.10 | 0.45 |
| 亳州市 | Bozhou | 0.634 | -2.65 | 0.45 | -14.46 | 613.99 | 9.72 |
| 宿州市 | Suzhou | 0.775 | -3.09 | 1.41 | -12.08 | 664.33 | 8.44 |
| 蚌埠市 | Bengbu | 0.666 | -3.62 | 0.85 | -15.68 | 628.27 | 0.63 |
| 阜阳市 | Fuyang | 0.971 | -3.15 | 1.50 | -10.23 | 924.37 | 4.82 |
| 淮南市 | Huainan | 0.897 | -6.24 | 2.62 | -12.05 | 928.14 | -1.26 |
| 滁州市 | Chuzhou | 0.667 | -3.52 | 0.77 | -3.89 | 918.68 | 0.42 |
| 六安市 | Luan | 0.718 | -3.55 | 0.32 | -9.56 | 729.30 | 2.88 |
| 马鞍山市 | Maanshan | 1.612 | -4.90 | 2.60 | -1.90 | 1241.91 | -3.75 |
| 芜湖市 | Wuhu | 0.635 | -4.88 | 0.80 | -7.40 | 723.55 | 3.16 |
| 宣城市 | Xuancheng | 0.818 | -5.81 | 1.05 | -13.97 | 1084.61 | -8.45 |
| 铜陵市 | Tongling | 1.000 | -4.05 | 1.58 | -4.74 | 996.47 | -3.24 |
| 池州市 | Chizhou | 1.095 | -3.02 | 2.50 | -7.43 | 997.50 | 8.47 |
| 安庆市 | Anqing | 0.725 | -6.08 | 1.08 | -13.46 | 655.71 | -3.08 |
| 黄山市 | Huangshan | 0.447 | -2.15 | 0.25 | -19.47 | 586.33 | 2.78 |

## 6—12 全社会用电情况
Electricity Used in Whole Society

单位：亿千瓦时（100 million kwh）

| 类　别 | Types | 2010 | 2011 | 2012 |
|---|---|---|---|---|
| **全社会用电量总计** | **Total of Electricity Used in Whole Society** | **1077.92** | **1221.19** | **1361.10** |
| 全行业用电量合计 | Total of Electricity Used in Whole Trade | 903.94 | 1029.64 | 1137.92 |
| 第一产业 | Primary Industry | 11.91 | 12.94 | 15.11 |
| 第二产业 | Secondary Industry | 791.93 | 895.99 | 972.30 |
| 第三产业 | Tertiary Industry | 100.10 | 120.71 | 150.52 |
| 城乡居民生活用电量合计 | Electricity Used for Life | 173.98 | 191.55 | 223.18 |
| 城镇居民 | Urban | 89.50 | 93.75 | 106.18 |
| 乡村居民 | Rural | 84.48 | 97.80 | 117.00 |
| 分行业用电 | Grouped by Trade | | | |
| 农、林、牧、渔业 | Farming, Forestry,Animal Husbandry and Fishery | 11.91 | 12.94 | 15.11 |
| 工　业 | Industry | 777.18 | 877.79 | 950.54 |
| #轻工业 | Light Industry | 108.54 | 117.19 | 127.61 |
| 重工业 | Heavy Industry | 668.64 | 760.60 | 822.93 |
| #采矿业 | Mining and Quarrying | 79.45 | 86.57 | 99.10 |
| 制造业 | Manufacturing | 509.39 | 584.15 | 628.67 |
| 电力、燃气及水的生产和供应业 | Production and Supply of Electricity Gas and Water | 188.34 | 207.07 | 222.77 |
| 建筑业 | Construction | 14.75 | 18.20 | 21.76 |
| 交通运输、仓储和邮政业 | Transport, Storage and Postal Services | 14.58 | 17.93 | 19.75 |
| 信息传输、计算机服务和软件业 | Information Circulation, Computer Services and Software | 6.40 | 7.51 | 9.38 |
| 商业和住宿、餐饮业 | Commercial、Accommodation and Catering Trade | 34.97 | 44.41 | 54.78 |
| 金融、房地产、商务及居民服务业 | Finance、Real Estate、Business Affair & Resident Service | 14.46 | 17.06 | 21.13 |
| 公共事业及管理组织 | Public Service & Management Organization | 29.69 | 33.80 | 45.48 |

## 6—13 电力建设情况
Electric Power Construction Situation

| 类　别 | | Types | | 2010 | 2011 | 2012 |
|---|---|---|---|---|---|---|
| **发电量** | **（亿千瓦时）** | **Electric Power Generated** | **(100 million kwh)** | **1463.31** | **1655.07** | **1807.85** |
| **线损率** | **（%）** | **Electricity Loss Rate on Lines** | **(%)** | **5.85** | **5.28** | **8.55** |
| **年末发电设备容量** | **（万千瓦）** | **Power Generating Equipment Capacity (year-end)** | **(10000 kw)** | **2933.00** | **3183.29** | **3532.13** |
| **架空线长度** | **（公里）** | **Length of Overhead Lines** | **(km)** | **49017.00** | **52185.07** | **54154.92** |
| 500KV | | 500KV | | 5115.00 | 5701.04 | 5701.04 |
| 220KV | | 220KV | | 10511.00 | 11203.92 | 11629.72 |
| 110KV | | 110KV | | 12538.00 | 13343.25 | 13904.01 |
| 35KV | | 35KV | | 20467.00 | 21551.46 | 22149.20 |
| **电缆长度** | **（公里）** | **Length of Cable** | **(km)** | **376.00** | **851.87** | **898.63** |
| 110KV | | 110KV | | 157.00 | 584.96 | 621.46 |
| 35KV | | 35KV | | 124.00 | 149.44 | 220.66 |
| **公用变电容量** | **（万千伏安）** | **Public Transformer Capacity** | **(10000 kva)** | **8752.00** | **9755.60** | **10729.59** |
| 500KV | | 500KV | | 1760.00 | 1760.00 | 1910.00 |
| 220KV | | 220KV | | 3366.00 | 3846.00 | 4212.15 |
| 110KV | | 110KV | | 2712.00 | 3084.63 | 3376.80 |
| 35KV | | 35KV | | 914.00 | 1064.97 | 1230.64 |
| **用电最高负荷** | **（万千瓦）** | **Transport, Storage and Postal Services** | **(10000 kw)** | **1871.00** | **1991.75** | **2271.34** |

## 6—14 主要年份工业企业主要能源品种消费量

Major of Energy Consumption Species of Industrial Enterprises in Main Year

| 指　标 | | Item | | 2000 | 2005 | 2010 | 2011 | 2012 |
|---|---|---|---|---|---|---|---|---|
| 原　煤 | (万吨) | Coal | (10000 tons) | 3378.49 | 7121.30 | 13521.91 | 15019.05 | 15649.24 |
| 洗精煤 | (万吨) | Washed and Refined Coal | (10000 tons) | 399.60 | 643.14 | 1257.91 | 1281.00 | 1274.19 |
| 其他洗煤 | (万吨) | Other Washed Coal | (10000 tons) | | 105.49 | 171.72 | 341.61 | 308.57 |
| 焦　炭 | (万吨) | Coke | (10000 tons) | 251.52 | 537.63 | 900.88 | 936.27 | 954.91 |
| 原　油 | (万吨) | Crude Oil | (10000 tons) | 344.17 | 414.49 | 477.57 | 483.79 | 421.08 |
| 汽　油 | (万吨) | Gasoline | (10000 tons) | 4.02 | 4.98 | 7.48 | 6.70 | 7.17 |
| 煤　油 | (万吨) | Kerosene | (10000 tons) | | 0.44 | 0.61 | 0.46 | 0.44 |
| 柴　油 | (万吨) | Diesel Oil | (10000 tons) | 11.00 | 21.22 | 33.26 | 33.57 | 36.49 |
| 燃料油 | (万吨) | Fuel Oil | (10000 tons) | 18.65 | 19.82 | 9.53 | 8.69 | 6.42 |
| 热　力 | (万百万千焦) | Heat | (10 billion kilo-joule) | | 5381.30 | 5840.68 | 5799.54 | 5723.45 |

## 6—15 成品油批发和零售企业能源商品购进、销售与库存（2012年）

Energy Products Trade and Inventory of Refined Oil Wholesale and Retail Businesses (2012)

单位：吨（ton）

| 指　标 | Item | 汽　油 Gasoline | 柴　油 Diesel Oil | 煤　油 Kerosene | 燃料油 Fuel Oil | 润滑油 Lubricating oil |
|---|---|---|---|---|---|---|
| **批发企业** | **Wholesale Business** | | | | | |
| 年初库存量 | Inventory At the Beginning of the Year | 62016 | 77029 | 6 | 167 | 1308 |
| 累计购进量 | Total Purchase | 2613476 | 5453886 | 982 | 53625 | 13648 |
| #购自省外 | Purchased from Outside the Province | 1606329 | 4501534 | | 38261 | 2345 |
| 累计销售量 | Total Sales | 2586114 | 5463885 | 982 | 53663 | 13932 |
| #销往省外 | Sale to Outside the Province | 929 | 64350 | | 36701 | 10 |
| 售予省内批发和零售企业 | Sales to Wholesale and Retail Business | 2365185 | 3729535 | 982 | 16962 | 13922 |
| 期末库存量 | Inventories at the end of Period | 89378 | 67030 | 6 | 129 | 1024 |
| **零售企业** | **Retail Business** | | | | | |
| 年初库存量 | Inventory At the Beginning of the Year | 73099 | 83278 | 20 | 66 | 1588 |
| 累计销售量 | Total Sales | 2588696 | 6000380 | 46 | 4734 | 10205 |
| 年末库存量 | Inventories at the end of the Year | 67563 | 77913 | 19 | 439 | 1637 |

# 6—16 主要年份分行业全社会工业用电量

## Industrial Electricity Consumption of Sector in Main Year

单位：亿千瓦时（100 million kwh）

| 行　业 | Sector | 2000 | 2005 | 2010 | 2011 | 2012 |
|---|---|---|---|---|---|---|
| **消费总量** | **Total Consumption** | **238.26** | **430.98** | **777.18** | **877.79** | **950.54** |
| 煤炭开采和洗选业 | Coal Mining and Dressing | 21.14 | 37.09 | 55.81 | 62.40 | 66.35 |
| 黑色金属矿采选业 | Mining and Dressing of Ferrous Metals | 3.69 | 5.74 | 13.63 | 15.17 | 22.97 |
| 有色金属矿采选业 | Mining and Dressing of Nonferrous Metals | 4.52 | 1.09 | 4.23 | 3.58 | 3.54 |
| 非金属矿采选业 | Mining and Dressing of Nonmetal Minerals | 2.45 | 2.05 | 5.78 | 5.41 | 6.01 |
| 开采辅助活动 | Mining Auxiliary Activities | | | | | 0.23 |
| 其他矿采选业 | Other Minerals Mining and Dressing | 0.06 | | | | |
| 农副食品加工业 | Agricultural and Non-staple Food Processing Industry | 2.33 | 4.34 | 14.78 | 17.87 | 18.59 |
| 食品制造业 | Food Production | 1.67 | 4.52 | 3.56 | 4.18 | 4.31 |
| 饮料制造业 | Beverage Manufacturing | 1.55 | 2.72 | 3.75 | 3.47 | 3.74 |
| 烟草加工业 | Tobacco Processing | 1.25 | 1.55 | 1.01 | 1.03 | 0.98 |
| 纺织业 | Textiles | 10.90 | 15.28 | 17.07 | 18.37 | 21.16 |
| 纺织服装鞋帽制造业 | Textile Dress, Headgear Manufacturing | 0.20 | 1.39 | 2.97 | 3.47 | 4.10 |
| 皮革毛皮羽绒及其制品业 | Leather, Furs, Related Products and Footwear Manufacturing | 0.16 | 0.49 | 1.15 | 1.34 | 1.37 |
| 木材加工及竹藤棕草制品业 | Timber Processing, Bamboo, Cane, Palm Fiber and Straw Products | 0.55 | 3.90 | 9.61 | 11.66 | 13.29 |
| 家具制造业 | Furniture Manufacturing | 0.02 | 0.11 | 0.67 | 0.96 | 1.31 |
| 造纸及纸制品业 | Papermaking and Paper Products | 3.45 | 0.10 | 9.43 | 10.38 | 11.60 |
| 印刷业、记录媒介的复制 | Printing and Record Medium Reproduction | 1.80 | 1.29 | 2.75 | 2.97 | 3.06 |
| 文教体育用品制造业 | Cultural, Educational and Sports Goods | 0.12 | 0.49 | 1.40 | 1.56 | 1.46 |
| 石油加工、炼焦及核燃料加工业 | Petroleum Processing, Coking and Nuclear Fuel Processing | 2.63 | 2.11 | 3.38 | 3.33 | 4.43 |
| 化学原料及制品制造业 | Raw Chemical Materials and Chemical Products | 43.61 | 65.13 | 77.33 | 87.92 | 90.02 |
| 医药制造业 | Medical and Pharmaceutical Products | 1.35 | 3.96 | 5.33 | 5.20 | 5.49 |
| 化学纤维制造业 | Chemical Fiber | 3.83 | 7.41 | 7.01 | 8.18 | 7.92 |
| 橡胶和塑料制品业 | Rubber and Plastic Products | 2.51 | 8.22 | 15.39 | 17.87 | 20.09 |
| 非金属矿物制品业 | Nonmetal Mineral Products | 19.45 | 59.89 | 114.84 | 133.36 | 151.12 |
| 黑色金属冶炼及压延加工业 | Smelting and Pressing of Ferrous Metals | 26.95 | 66.74 | 126.24 | 138.46 | 134.66 |
| 有色金属冶炼及压延加工业 | Smelting and Pressing of Nonferrous Metals | 7.74 | 9.67 | 16.61 | 19.77 | 25.33 |
| 金属制品业 | Metal Products | 3.12 | 7.37 | 22.05 | 26.78 | 30.58 |
| 普通机械制造业 | Ordinary Machinery | 5.72 | 5.04 | 12.42 | 13.88 | 12.64 |
| 专用设备制造业 | Equipment for Special Purposes | 0.72 | 1.77 | 2.82 | 3.34 | 5.75 |
| 汽车制造业 | Automobile Manufacturing Industry | 1.69 | 6.32 | 12.49 | 15.40 | 13.49 |
| 铁路、船舶、航空航天和其他运输设备制造业 | Railway, Shipbuilding, Aerospace, and Other Transportation Equipment Manufacturing Industry | | | | | 2.67 |
| 电气机械及器材制造业 | Electric Equipment and Machinery | 0.90 | 5.65 | 15.35 | 18.35 | 22.00 |
| 通信设备、计算机及其他电子设备制造业 | Telecommunication Equipments, Computer and Related Electronic Equipments | 0.60 | 1.77 | 3.47 | 8.60 | 9.93 |
| 仪器仪表制造业 | Instrument Manufacturing | | | | | 0.62 |
| 其他制造业 | Other Manufacturing | 5.57 | 3.12 | 5.61 | 5.24 | 5.23 |
| 废弃资源综合利用业 | Comprehensive Utilization of Waste Resources | | 0.51 | 0.90 | 1.20 | 1.31 |
| 金属制品、机械和设备修理业 | Metal Products, Machinery and Equipment Repair | | | | | 0.40 |
| 电力、热力的生产和供应业 | Electricity, Heat Production and Supply Industry | 52.10 | 88.61 | 179.61 | 197.12 | 212.12 |
| 煤气的生产和供应业 | Production and Supply of Gas | 0.06 | 0.64 | 1.20 | 1.73 | 1.84 |
| 自来水的生产和供应业 | Production and Supply of Tap Water | 3.66 | 4.90 | 7.53 | 8.23 | 8.81 |

# 6—17 分行业工业用水情况（2012年）
## Industrial Water Situation by Industry (2012)

单位：万立方米（10000 $M^3$）

| 行业 | Sector | 工业取水总量 Industrial Water Got Total Amount of Industrial Water Got | 地表水 Surface | 地下水 Ground | 自来水 Tap | 其他水 Other | 重复用水数量 Repeat of Water Consumption |
|---|---|---|---|---|---|---|---|
| **消费总量** | **Total Consumption** | **266816.69** | **194928.55** | **28417.64** | **38698.41** | **4772.10** | **949110.64** |
| 煤炭开采和洗选业 | Coal Mining and Dressing | 8185.79 | 285.95 | 6473.44 | 1290.74 | 135.66 | 10229.64 |
| 黑色金属矿采选业 | Mining and Dressing of Ferrous Metals | 3652.54 | 2136.53 | 761.18 | 686.35 | 68.48 | 10914.42 |
| 有色金属矿采选业 | Mining and Dressing of Nonferrous Metals | 324.80 | 85.18 | 184.45 | 45.65 | 9.51 | 403.83 |
| 非金属矿采选业 | Mining and Dressing of Nonmetal Minerals | 677.05 | 576.07 | 68.88 | 24.75 | 7.35 | 17.25 |
| 开采辅助活动 | Mining Auxiliary Activities | 17.13 | | 17.09 | 0.04 | | 0.51 |
| 农副食品加工业 | Agricultural and Non-staple Food Processing Industry | 2222.49 | 282.73 | 793.71 | 1130.16 | 15.89 | 100.75 |
| 食品制造业 | Food Production | 1700.64 | 127.81 | 267.54 | 1143.35 | 161.92 | 1354.89 |
| 酒、饮料和精制茶制造业 | Wine, Drinks and Refined Tea Manufacturing | 2478.63 | 372.18 | 1164.12 | 938.79 | 3.54 | 273.28 |
| 烟草加工业 | Tobacco Processing | 200.27 | 12.00 | 4.55 | 183.71 | | |
| 纺织业 | Textiles | 2195.60 | 346.35 | 196.77 | 1628.65 | 23.83 | 556.96 |
| 纺织服装、服饰业 | Textile and Garment, Apparel Industry | 977.83 | 11.16 | 73.39 | 892.87 | 0.41 | 14.68 |
| 皮革毛皮羽毛及其制品和 | Leather, Furs, Down and Related Products | 957.13 | 440.73 | 167.07 | 348.22 | 1.11 | 100.76 |
| 木材加工及竹藤棕草制品业 | Timber Processing, Bamboo, Cane, Palm Fiber and Straw Products | 665.86 | 58.43 | 303.49 | 296.39 | 7.56 | 39.91 |
| 家具制造业 | Furniture Manufacturing | 81.54 | 1.38 | 4.56 | 75.58 | 0.01 | 0.15 |
| 造纸及纸制品业 | Papermaking and Paper Products | 3232.71 | 2489.17 | 339.23 | 326.28 | 78.03 | 4157.51 |
| 印刷和记录媒介复制业 | Printing and Record Medium Reproduction | 223.08 | 0.91 | 7.84 | 213.77 | 0.56 | 8.55 |
| 文教、工美、体育和娱乐用品制造业 | Cultural and Educational Supplies Manufacturing, Industrial, Sporting and Entertainment | 162.51 | 3.76 | 38.03 | 120.61 | 0.12 | 8.04 |
| 石油加工、炼焦和核燃料加工业 | Petroleum Processing, Coking and Nuclear Fuel Processing | 2598.78 | 0.29 | 20.67 | 2360.57 | 217.25 | 58118.49 |
| 化学原料及制品制造业 | Raw Chemical Materials and Chemical Products | 14060.61 | 9389.55 | 1788.73 | 2739.09 | 143.25 | 113903.88 |
| 医药制造业 | Medical and Pharmaceutical Products | 2504.01 | 545.18 | 838.20 | 1120.60 | 0.03 | 368.13 |
| 化学纤维制造业 | Chemical Fiber | 1529.74 | 771.02 | 201.29 | 557.43 | | 44455.72 |
| 橡胶和塑料制品业 | Rubber and Plastic Products | 1505.94 | 212.30 | 141.79 | 1141.22 | 10.63 | 5359.11 |
| 非金属矿物制品业 | Nonmetal Mineral Products | 11038.10 | 6862.87 | 1628.42 | 2051.70 | 495.11 | 5191.70 |
| 黑色金属冶炼和压延加工业 | Smelting and Pressing of Ferrous Metals | 18098.43 | 13480.87 | 75.00 | 1463.51 | 3079.06 | 282449.22 |
| 有色金属冶炼和压延加工业 | Smelting and Pressing of Nonferrous Metals | 7113.02 | 716.86 | 1913.59 | 4384.94 | 97.64 | 41102.66 |
| 金属制品业 | Metal Products | 1247.34 | 51.42 | 78.56 | 1112.77 | 4.59 | 166.61 |
| 通用设备制造业 | Equipment in Current Use | 1594.28 | 110.49 | 262.25 | 1218.82 | 2.72 | 234.19 |
| 专用设备制造业 | Equipment in Special Use | 612.25 | 8.15 | 33.97 | 569.88 | 0.25 | 1380.78 |
| 汽车制造业 | Automobile Manufacturing Industry | 3636.77 | 38.30 | 36.16 | 3482.18 | 80.13 | 2186.69 |
| 铁路、船舶、航空航天和其他运输设备制造业 | Railway, Shipbuilding, Aerospace, and Other Transportation Equipment Manufacturing Industry | 517.00 | 104.06 | 7.23 | 405.71 | | 60.62 |
| 电气机械和器材制造业 | Electric Equipment and Machinery | 4159.22 | 37.96 | 262.11 | 3847.40 | 11.74 | 273.70 |
| 计算机、通信和其他电子设备制造业 | Computer, Communication and Other Electronic Equipment Manufacturing Industry | 1383.26 | 2.75 | 26.17 | 1354.34 | | 19569.74 |
| 仪器仪表制造业 | Instrument Manufacturing | 49.97 | 0.10 | 2.99 | 46.88 | | 1.06 |
| 其他制造业 | Other Manufacturing | 143.54 | 81.32 | 2.72 | 59.33 | 0.17 | 2.02 |
| 废弃资源综合利用业 | Comprehensive Utilization of Waste Resourc | 90.68 | 11.52 | 14.41 | 13.18 | 51.58 | 8.70 |
| 金属制品、机械和设备修理业 | Metal Products, Machinery and Equipment Repair | 31.73 | | 0.01 | 31.72 | | 6.00 |
| 电力、热力生产和供应业 | Electricity, Heat Production and Supply Industry | 30959.08 | 28007.41 | 2170.25 | 728.12 | 53.30 | 346090.29 |
| 燃气生产和供应业 | Production and Supply of Gas | 54.53 | | 0.45 | 54.08 | | 0.20 |
| 水的生产和供应业 | Production and Supply of Tap Water | 135932.81 | 127265.77 | 8047.34 | 609.02 | 10.69 | |

# 6—18 分行业工业企业主要能源品种消费量（2012年）
Consumption of Main Energy Varieties by Sector (2012)

| 行 业 | Sector | 原 煤 (吨) Raw Coal (ton) |
|---|---|---|
| **消 费 总 量** | **Total Consumption** | **156492356** |
| 煤炭开采和洗选业 | Coal Mining and Dressing | 44016691 |
| 黑色金属矿采选业 | Mining and Dressing of Ferrous Metals | 123153 |
| 有色金属矿采选业 | Mining and Dressing of Nonferrous Metals | 319 |
| 非金属矿采选业 | Mining and Dressing of Nonmetal Minerals | 328193 |
| 开采辅助活动 | Mining Auxiliary Activities | |
| 农副食品加工业 | Agricultural and Non-staple Food Processing Industry | 428514 |
| 食品制造业 | Food Production | 194660 |
| 酒、饮料和精制茶制造业 | Wine, Drinks and Refined Tea Manufacturing | 304537 |
| 烟草制品业 | Tobacco Processing | 17041 |
| 纺织业 | Textiles | 133247 |
| 纺织服装、服饰业 | Textile and Garment, Apparel Industry | 32243 |
| 皮革、毛皮、羽毛及其制品和制鞋业 | Leather, Fur, Feather and Its Products and Footwear | 17653 |
| 木材加工和木、竹、藤、棕、草制品业 | Timber Processing, Bamboo, Cane, Palm Fiber and Straw Products | 95990 |
| 家具制造业 | Furniture Manufacturing | 106 |
| 造纸和纸制品业 | Papermaking and Paper Products | 1001298 |
| 印刷和记录媒介复制业 | Printing and Record Medium Reproduction | 27790 |
| 文教、工美、体育和娱乐用品制造业 | Cultural and Educational Supplies Manufacturing, Industrial, Sporting and Entertainment | 21848 |
| 石油加工、炼焦和核燃料加工业 | Petroleum Processing, Coking and Nuclear Fuel Processing | 412794 |
| 化学原料和化学制品制造业 | Raw Chemical Materials and Chemical Products | 8704654 |
| 医药制造业 | Medical and Pharmaceutical Products | 286988 |
| 化学纤维制造业 | Chemical Fiber | 687120 |
| 橡胶和塑料制品业 | Rubber and Plastic Products | 329731 |
| 非金属矿物制品业 | Nonmetal Mineral Products | 18548739 |
| 黑色金属冶炼和压延加工业 | Smelting and Pressing of Ferrous Metals | 4293814 |
| 有色金属冶炼和压延加工业 | Smelting and Pressing of Nonferrous Metals | 204231 |
| 金属制品业 | Metal Products | 77161 |
| 通用设备制造业 | Equipment in Current Use | 507426 |
| 专用设备制造业 | Equipment in Special Use | 15591 |
| 汽车制造业 | Automobile Manufacturing Industry | 100633 |
| 铁路、船舶、航空航天和其他运输设备制造业 | Railway, Shipbuilding, Aerospace, and Other Transportation Equipment Manufacturing Industry | 1103 |
| 电气机械和器材制造业 | Electric Equipment and Machinery | 69145 |
| 计算机、通信和其他电子设备制造业 | Computers, Communications and Other Electronic Equipment Manufacturing Industry | 5326 |
| 仪器仪表制造业 | Instrument Manufacturing | 27 |
| 其他制造业 | Other Manufacturing | 1565 |
| 废弃资源综合利用业 | Comprehensive Utilization of Waste Resources | 99710 |
| 金属制品、机械和设备修理业 | Metal Products, Machinery and Equipment Repair | |
| 电力、热力生产和供应业 | Production and Supply of Electric Power and Heating Power | 75403315 |
| 燃气生产和供应业 | Production and Supply of Gas | |
| 水的生产和供应业 | Production and Supply of Tap Water | |

| 洗精煤（吨）Washed and Refined Coal (ton) | 其他洗煤（吨）Other Washed Coal (ton) | 煤制品（吨）Coal Product (ton) | 焦炭（吨）Coke (ton) | 焦炉煤气（万立方米）Coke Oven Coal Gas (10000 cu.m) | 原油（吨）Crude Oil (ton) |
|---|---|---|---|---|---|
| **12741923** | **3085707** | **152449** | **9549066** | **261444** | **4210765** |
| 2500916 | 2729996 | | | | |
| | | | | | |
| | | | | | |
| | | 6 | 700 | | |
| | | | | | |
| 475 | | 320 | 1091 | | |
| | 5513 | | 1163 | | |
| 11 | | | | | |
| | | | | | |
| 21 | | | 268 | | |
| | | 434 | | | |
| 309 | | | | | 19 |
| | | | | | |
| | | | | | |
| | | | | | |
| | | 51 | | | |
| | | | 3914 | | 59 |
| 1155865 | | | | 735 | 4210673 |
| 471019 | 38690 | 7686 | 47243 | 1009 | |
| | | 165 | 318 | | |
| | | | 565 | | |
| | | | 682 | | |
| 5450 | 12483 | 9266 | 91 | | |
| 8603047 | | 131637 | 9377255 | 253677 | 2 |
| 2275 | | | 56961 | 5991 | |
| 447 | | | 4573 | 32 | |
| 330 | | 1435 | 25440 | | |
| | | | 3844 | | 8 |
| 1426 | | 1435 | 14897 | | 5 |
| | | | | | |
| | | | 448 | | |
| | | | | | |
| 115 | | | 3796 | | |
| 218 | | 15 | | | |
| | | | 166 | | |
| | | | | | |
| | | | 5651 | | |
| | | | | | |
| | 299026 | | | | |

6—18 续表 continued

| 行 业 | Sector | 汽 油 (吨) Gasoline (ton) |
|---|---|---|
| **消 费 总 量** | **Total Consumption** | **71655** |
| 煤炭开采和洗选业 | Coal Mining and Dressing | 4030 |
| 黑色金属矿采选业 | Mining and Dressing of Ferrous Metals | 739 |
| 有色金属矿采选业 | Mining and Dressing of Nonferrous Metals | 241 |
| 非金属矿采选业 | Mining and Dressing of Nonmetal Minerals | 139 |
| 开采辅助活动 | Mining Auxiliary Activities | 11 |
| 农副食品加工业 | Agricultural and Non-staple Food Processing Industry | 3307 |
| 食品制造业 | Food Production | 878 |
| 酒、饮料和精制茶制造业 | Wine, Drinks and Refined Tea Manufacturing | 1266 |
| 烟草制品业 | Tobacco Processing | 1040 |
| 纺织业 | Textiles | 733 |
| 纺织服装、服饰业 | Textile and Garment, Apparel Industry | 1022 |
| 皮革、毛皮、羽毛及其制品和制鞋业 | Leather, Fur, Feather and Its Products and Footwear | 804 |
| 木材加工和木、竹、藤、棕、草制品业 | Timber Processing, Bamboo, Cane, Palm Fiber and Straw Products | 250 |
| 家具制造业 | Furniture Manufacturing | 1667 |
| 造纸和纸制品业 | Papermaking and Paper Products | 825 |
| 印刷和记录媒介复制业 | Printing and Record Medium Reproduction | 2411 |
| 文教、工美、体育和娱乐用品制造业 | Cultural and Educational Supplies Manufacturing, Industrial, Sporting and Entertainment | 314 |
| 石油加工、炼焦和核燃料加工业 | Petroleum Processing, Coking and Nuclear Fuel Processing | 80 |
| 化学原料和化学制品制造业 | Raw Chemical Materials and Chemical Products | 2641 |
| 医药制造业 | Medical and Pharmaceutical Products | 952 |
| 化学纤维制造业 | Chemical Fiber | 4 |
| 橡胶和塑料制品业 | Rubber and Plastic Products | 5100 |
| 非金属矿物制品业 | Nonmetal Mineral Products | 5920 |
| 黑色金属冶炼和压延加工业 | Smelting and Pressing of Ferrous Metals | 1403 |
| 有色金属冶炼和压延加工业 | Smelting and Pressing of Nonferrous Metals | 883 |
| 金属制品业 | Metal Products | 3327 |
| 通用设备制造业 | Equipment in Current Use | 6848 |
| 专用设备制造业 | Equipment in Special Use | 3928 |
| 汽车制造业 | Automobile Manufacturing Industry | 6282 |
| 铁路、船舶、航空航天和其他运输设备制造业 | Railway, Shipbuilding, Aerospace, and Other Transportation Equipment Manufacturing Industry | 878 |
| 电气机械和器材制造业 | Electric Equipment and Machinery | 5963 |
| 计算机、通信和其他电子设备制造业 | Computers, Communications and Other Electronic Equipment Manufacturing Industry | 1065 |
| 仪器仪表制造业 | Instrument Manufacturing | 602 |
| 其他制造业 | Other Manufacturing | 307 |
| 废弃资源综合利用业 | Comprehensive Utilization of Waste Resources | 84 |
| 金属制品、机械和设备修理业 | Metal Products, Machinery and Equipment Repair | 231 |
| 电力、热力生产和供应业 | Production and Supply of Electric Power and Heating Power | 4586 |
| 燃气生产和供应业 | Production and Supply of Gas | 211 |
| 水的生产和供应业 | Production and Supply of Tap Water | 682 |

| 煤　油<br>（吨）<br>Kerosene<br>(ton) | 柴　油<br>（吨）<br>Diesel Oil<br>(ton) | 液化石油气<br>（吨）<br>Liquefied Petroleum Gas<br>(ton) | 天然气（气态）<br>（万立方米）<br>Natural Gas (Gaseous)<br>(10000 cu.m) | 热　力<br>（百万千焦）<br>Heat<br>(10 billion kilo-joule) | 电　力<br>（万千瓦时）<br>Electric Power<br>(10000 kh) | 其他能源<br>（吨标准煤）<br>Others Energy Source<br>(tons of SCE) |
|---|---|---|---|---|---|---|
| **4362** | **364891** | **10959** | **74900** | **57234499** | **9426044** | **40923** |
| | 24733 | | | | 576538 | |
| | 41417 | | | | 199571 | |
| | 3283 | | 32 | | 30729 | |
| | 26380 | | | 3801513 | 52231 | |
| | | | | | 2012 | |
| 206 | 4672 | 23 | 791 | 340837 | 253142 | 10558 |
| 1 | 979 | 285 | 2784 | 643435 | 58645 | 1195 |
| | 1246 | 88 | 945 | 2011342 | 50944 | 2033 |
| | 389 | 43 | 1035 | 359639 | 13384 | |
| 26 | 437 | 1665 | 428 | 1025151 | 246638 | 2243 |
| 4 | 1112 | 5 | 614 | 67263 | 55382 | 2538 |
| 12 | 102 | 16 | 56 | | 18553 | |
| 1 | 1974 | 3 | | | 116775 | 6622 |
| | 302 | | 7 | | 11510 | 3 |
| | 2302 | 6 | 210 | 6117583 | 145593 | 2862 |
| 6 | 1685 | | 80 | 22443 | 31026 | |
| | 345 | 1 | 4 | | 16694 | 40 |
| | 360 | 19 | 21 | 13157145 | 66636 | |
| 1087 | 11120 | 2007 | 8809 | 15390839 | 1019794 | 2256 |
| | 904 | 33 | 691 | 1026013 | 69456 | |
| | 148 | | | 12434 | 52446 | |
| 116 | 3555 | 100 | 1301 | 2548771 | 279761 | |
| 20 | 145405 | 1569 | 26315 | 34070 | 1362521 | 1520 |
| 49 | 20113 | | 7351 | 7865300 | 1504729 | 7 |
| 36 | 11358 | 5 | 8987 | 136201 | 348258 | 378 |
| 112 | 10423 | 224 | 1631 | 51621 | 123647 | 2467 |
| 800 | 10213 | 1121 | 2337 | 14365 | 191046 | 26 |
| 6 | 4555 | 431 | 536 | 73347 | 86940 | |
| 424 | 14691 | 422 | 4092 | 348954 | 185915 | |
| 1 | 2142 | 201 | 481 | | 36730 | |
| 25 | 4560 | 2397 | 3072 | 276152 | 303230 | 4809 |
| 15 | 1025 | 297 | 1959 | 64930 | 136898 | |
| | 61 | | | | 8600 | |
| | 399 | | | | 15625 | |
| | 530 | | 38 | | 7287 | |
| 1418 | 3183 | | 214 | | 2221 | |
| | 7854 | | | 1845151 | 1686223 | 1365 |
| | 588 | | 80 | | 10207 | |
| | 348 | | | | 48505 | |

# 6—19 规模以上工业企业能源购进、消费及库存（2012年）

## Buys, Consumes and Stock of the Energy of Above Designated Size Industrial Enterprises (2012)

| 能源名称 | Energy Item | 购进量 Purchasing Amount | | 消费量 Consumption Amount | | | 年末库存量 Volume of Stock of the end of the Year |
|---|---|---|---|---|---|---|---|
| | | 实物量 Real Amount | 金额（万元）Amount (10000 yuan) | 工业生产消费 Consumption of Industrial Production | #用于原材料 Used in the Raw Materials | 非工业生产消费 Used in non-consumption of Industrial Production | |
| 原　煤（吨） | Raw Coal (ton) | 111717413 | 74152527 | 156234258 | 4095168 | 258098 | 5055628 |
| #无烟煤 | Anthracite | 3386026 | 3726930 | 3965727 | 52334 | 2209 | 129494 |
| 炼焦烟煤 | Byerlyte | 57236 | 61618 | 7084864 | 437 | 4502 | 9463 |
| 一般烟煤 | Generally Bituminous Coal | 107963621 | 70214370 | 144885586 | 4042398 | 251387 | 4912043 |
| 褐　煤 | Lignite | 298858 | 139087 | 298081 | | | 1370 |
| 洗精煤（吨） | Washed and Refined Coal (ton) | 10107448 | 9571873 | 12741911 | 85237 | 12 | 428579 |
| 其他洗煤（吨） | Other Washed Coal (ton) | 366024 | 147160 | 3085636 | 2700 | 71 | 13763 |
| 煤制品（吨） | Coal Product (ton) | 154885 | 149226 | 152113 | 7536 | 336 | 4291 |
| 焦　炭（吨） | Coke (ton) | 4986636 | 7846427 | 9548910 | 23638 | 156 | 390088 |
| 其他焦化产品（吨） | Other Coking Products (ton) | 100679 | 264799 | 102468 | 101232 | | 11583 |
| 焦炉煤气（万立方米） | Coke Oven Coal Gas (10000 cu.m) | 7033 | 46890 | 238803 | | 22642 | |
| 高炉煤气（万立方米） | Blast Furnace Gas (10000 cu.m) | | | 2893402 | | | |
| 转炉煤气（万立方米） | Converter Coal Gas (10000 cu.m) | 7 | 46 | 167529 | | | |
| 发生炉煤气（万立方米） | Producer Gas (10000 cu.m) | | | 126432 | | | |
| 天然气(气态)(万立方米) | Natural Gas(Gaseous) (10000 cu.m) | 87539 | 2157426 | 74604 | 3357 | 296 | 21 |
| 液化天然气（吨） | Liquefied Natural Gas (ton) | 5739 | 29253 | 5665 | 512 | 95 | 47 |
| 原　油（吨） | Crude Oil (ton) | 4210638 | 24701970 | 4210736 | | 29 | 78810 |
| 汽　油（吨） | Gasoline (ton) | 69961 | 591076 | 40705 | 1434 | 30950 | 532 |
| 煤　油（吨） | Kerosene (ton) | 4478 | 32723 | 2851 | 265 | 1511 | 458 |
| 柴　油（吨） | Diesel Oil (ton) | 363400 | 2837529 | 309413 | 10314 | 55478 | 14075 |
| 燃料油（吨） | Fuel Oil (ton) | 55310 | 230070 | 64029 | 76 | 193 | 3945 |
| 液化石油气（吨） | Liquefied Petroleum Gas (ton) | 10624 | 67294 | 10683 | 197 | 276 | 1040 |
| 炼厂干气（吨） | Refinery Gas (ton) | 30583 | 74230 | 149950 | | | |
| 石脑油（吨） | Naphtha (ton) | 24626 | 164994 | 550 | 3 | | |
| 润滑油（吨） | Lubricating Oil (ton) | 4072 | 50639 | 1929 | 8 | 2139 | 1620 |
| 石　蜡（吨） | Paraffin (ton) | 622 | 4002 | 599 | | | 27 |
| 溶剂油（吨） | Solvent Oil (ton) | 4000 | 33092 | 3990 | 1058 | | 117 |
| 石油焦（吨） | Refinery Coke (ton) | 55279 | 61885 | 55863 | 1487 | | 1528 |
| 石油沥青（吨） | Petroleum asphalt (ton) | 14382 | 41012 | 12120 | | | 2351 |
| 其他石油制品（吨） | Other Petroleum Products (ton) | 228367 | 932614 | 536819 | 200973 | 2506 | 16022 |
| 热　力（百万千焦） | Heat (10 billion kilo-joule) | 25949639 | 1780010 | 56803098 | | 431401 | |
| 煤矸石用于燃料（吨） | Coal gangue used as fuel (ton) | 663130 | 65402 | 3131527 | 22264 | 156 | 2349 |
| 城市垃圾用于燃料（吨） | City garbage used as fuel (ton) | 444254 | 1341 | 444466 | | | |
| 生物质废料用于燃料(吨) | Waste biomass used as (ton) | 1702984 | 565613 | 2011874 | 1291 | 170 | 58860 |
| 余热余压（百万千焦） | Afterheat Excess Pressure (10 billion kilo-joule) | 2668705 | 75186 | 44402161 | | 1183636 | |
| 其它工业废料用于燃料（吨） | Other Industrial Waste Used as Fuel (ton) | 31328 | 16562 | 31723 | | | |
| 其他燃料（吨标准煤） | Other fuels (tons of standard coal) | 36950 | 29820 | 40622 | 2318 | 301 | 483 |

## 6—20 地区能源消费与单位GDP能耗
Energy Consumption and Unit GDP Energy Consumption

单位：万吨标准煤（10000 tons of SCE）

| 指　　标 | Item | 2010 | 2011 | 2012 |
|---|---|---|---|---|
| 能源消费总量（等价值） | Unit GDP Energy Consumption (Equal Values) | 9706.60 | 10570.23 | 11357.95 |
| 第一产业能源消费 | Primary Industry Energy Consumption | 199.01 | 209.37 | 216.10 |
| 第二产业能源消费 | Secondary Industry Energy Consumption | 7580.68 | 8003.66 | 8518.65 |
| 工业能源消费 | Industry Energy Consumption | 7466.27 | 7866.90 | 8363.59 |
| 建筑业能源消费 | Construction Industrial Energy Consumption | 114.41 | 136.77 | 155.06 |
| 第三产业能源消费 | Tertiary Industry Energy Consumption | 929.33 | 1240.61 | 1439.19 |
| #交通运输业能源消费 | Transportation Industry Energy Consumption | 528.00 | 761.92 | 851.04 |
| 居民生活用能 | Residences Life Energy Consumption | 997.58 | 1116.59 | 1184.01 |
| 城市居民 | Urban | 624.84 | 670.01 | 710.69 |
| 农村居民 | Rural | 372.75 | 446.58 | 473.31 |
| 单位GDP能耗(等价值)(吨标准煤/万元) | Unit GDP Energy Consumption (ton of SCE/10000 yuan) | 0.785 | 0.754 | 0.722 |

注：GDP按照2010年可比价格计算。
a) GDP is calculated by 2010 comparable price.

## 6—21 各市全社会用电情况（2012年）
Electricity Used in Whole Society by Region (2012)

单位：亿千瓦时（100 million kwh）

| 地　区 | Region | 全社会用电量总计 Total of Electricity Used in Whole Society | 全行业用电量合计 Total of Electricity Used in Whole Trade | 第一产业 Primary Industry | 第二产业 Secondary Industry | 第三产业 Tertiary Industry | 城乡居民生活用电量合计 Electricity Used for Life | 城镇居民 Urban | 乡村居民 Rural |
|---|---|---|---|---|---|---|---|---|---|
| **总　计** | **Total** | **1361.10** | **1137.92** | **15.11** | **972.30** | **150.51** | **223.18** | **106.18** | **117.00** |
| 合肥市 | Hefei | 192.39 | 150.79 | 1.72 | 106.22 | 42.85 | 41.60 | 29.57 | 12.03 |
| 淮北市 | Huaibei | 49.01 | 42.21 | 0.34 | 38.47 | 3.41 | 6.80 | 3.45 | 3.35 |
| 亳州市 | Bozhou | 39.77 | 25.73 | 0.24 | 19.72 | 5.77 | 14.04 | 5.18 | 8.87 |
| 宿州市 | Suzhou | 55.30 | 39.44 | 0.98 | 30.40 | 8.06 | 15.86 | 5.11 | 10.75 |
| 蚌埠市 | Bengbu | 70.45 | 56.94 | 1.18 | 45.88 | 9.88 | 13.51 | 6.32 | 7.18 |
| 阜阳市 | Fuyang | 83.43 | 61.00 | 0.62 | 50.03 | 10.35 | 22.43 | 7.31 | 15.12 |
| 淮南市 | Huainan | 70.88 | 60.12 | 0.80 | 53.82 | 5.51 | 10.75 | 7.47 | 3.29 |
| 滁州市 | Chuzhou | 62.42 | 49.15 | 1.08 | 38.79 | 9.28 | 13.28 | 5.06 | 8.22 |
| 六安市 | Luan | 61.46 | 44.77 | 0.93 | 35.84 | 8.01 | 16.69 | 5.19 | 11.49 |
| 马鞍山市 | Maanshan | 148.05 | 137.87 | 1.91 | 127.64 | 8.32 | 10.18 | 5.89 | 4.29 |
| 芜湖市 | Wuhu | 128.23 | 112.10 | 1.26 | 97.82 | 13.02 | 16.13 | 7.16 | 8.97 |
| 宣城市 | Xuancheng | 76.13 | 65.12 | 1.78 | 57.74 | 5.59 | 11.01 | 4.72 | 6.29 |
| 铜陵市 | Tongling | 58.12 | 54.33 | 0.15 | 50.43 | 3.75 | 3.79 | 2.70 | 1.09 |
| 池州市 | Chizhou | 38.08 | 32.70 | 0.37 | 29.11 | 3.22 | 5.38 | 2.18 | 3.20 |
| 安庆市 | Anqing | 81.86 | 65.13 | 1.38 | 55.29 | 8.45 | 16.73 | 6.26 | 10.47 |
| 黄山市 | Huangshan | 22.76 | 17.33 | 0.38 | 11.67 | 5.28 | 5.43 | 2.85 | 2.58 |

## 6—22 各市主要年份工业用电量
Industrial Electricity Used in Main Year by Region

单位：亿千瓦时（100 million kwh）

| 地　区 | Region | 2000 | 2005 | 2010 | 2011 | 2012 |
|---|---|---|---|---|---|---|
| **总　计** | **Total** | **238.26** | **430.98** | **777.18** | **877.79** | **950.54** |
| 合 肥 市 | Hefei | 23.33 | 34.07 | 64.10 | 94.90 | 100.14 |
| 淮 北 市 | Huaibei | 15.11 | 20.51 | 31.63 | 33.96 | 37.78 |
| 亳 州 市 | Bozhou | | 9.05 | 13.42 | 15.61 | 18.70 |
| 宿 州 市 | Suzhou | 7.75 | 13.55 | 20.32 | 24.20 | 29.16 |
| 蚌 埠 市 | Bengbu | 10.52 | 23.44 | 34.32 | 39.19 | 45.01 |
| 阜 阳 市 | Fuyang | 15.43 | 18.80 | 36.89 | 43.91 | 49.20 |
| 淮 南 市 | Huainan | 22.54 | 31.61 | 46.31 | 50.76 | 52.98 |
| 滁 州 市 | Chuzhou | 8.76 | 16.36 | 30.39 | 34.65 | 37.28 |
| 六 安 市 | Luan | 8.40 | 14.73 | 25.60 | 30.87 | 34.77 |
| 马鞍山市 | Maanshan | 28.35 | 60.64 | 104.54 | 120.20 | 126.71 |
| 芜 湖 市 | Wuhu | 12.64 | 27.03 | 62.03 | 81.88 | 95.40 |
| 宣 城 市 | Xuancheng | 4.81 | 23.93 | 48.13 | 57.56 | 55.93 |
| 铜 陵 市 | Tongling | 14.35 | 28.37 | 45.47 | 47.28 | 50.02 |
| 池 州 市 | Chizhou | 3.72 | 10.07 | 18.82 | 23.00 | 28.57 |
| 安 庆 市 | Anqing | 14.51 | 27.86 | 46.01 | 52.25 | 54.31 |
| 黄 山 市 | Huangshan | 1.63 | 4.12 | 7.89 | 9.64 | 11.12 |

## 6—23 各市工业用水情况（2012年）
Industrial Water Situation by Region (2012)

单位：万立方米（10000 $M^3$）

| 地　区 | Region | 工业取水总量 Industrial Water Got Total Amount of Industrial Water Got | #地表水数量 Surface Water | 地下水数量 Ground Water | 自来水数量 Tap Water | 重复用水数量 Repeat of Water Consumption |
|---|---|---|---|---|---|---|
| **总　计** | **Total** | **266816.69** | **194928.55** | **28417.64** | **38698.41** | **949110.64** |
| 合 肥 市 | Hefei | 68885.97 | 61352.98 | 420.93 | 6977.84 | 260689.03 |
| 淮 北 市 | Huaibei | 9423.91 | 106.24 | 7158.05 | 2012.97 | 3278.47 |
| 亳 州 市 | Bozhou | 1460.93 | 58.98 | 1283.53 | 89.07 | 1694.49 |
| 宿 州 市 | Suzhou | 6014.23 | 1791.11 | 4079.78 | 83.06 | 69058.09 |
| 蚌 埠 市 | Bengbu | 14201.45 | 9568.71 | 758.58 | 3856.75 | 12484.52 |
| 阜 阳 市 | Fuyang | 7527.47 | 3234.84 | 4074.08 | 188.46 | 116515.45 |
| 淮 南 市 | Huainan | 32695.67 | 26954.84 | 4614.18 | 1071.68 | 57737.12 |
| 滁 州 市 | Chuzhou | 8805.89 | 6832.11 | 334.46 | 1624.54 | 15675.42 |
| 六 安 市 | Luan | 5888.95 | 3513.87 | 921.13 | 1426.54 | 767.96 |
| 马鞍山市 | Maanshan | 33067.30 | 26548.36 | 55.95 | 3074.50 | 274134.10 |
| 芜 湖 市 | Wuhu | 30134.89 | 22429.53 | 1090.83 | 6471.15 | 30028.58 |
| 宣 城 市 | Xuancheng | 8083.14 | 5655.28 | 952.77 | 1460.24 | 2972.36 |
| 铜 陵 市 | Tongling | 17876.07 | 10642.42 | 2034.93 | 4845.48 | 41356.58 |
| 池 州 市 | Chizhou | 4819.19 | 3998.96 | 38.99 | 774.61 | 5634.53 |
| 安 庆 市 | Anqing | 14816.63 | 10014.64 | 544.88 | 3926.75 | 56403.70 |
| 黄 山 市 | Huangshan | 3115.00 | 2225.68 | 54.57 | 814.77 | 680.24 |

# 主要统计指标解释

**能源生产总量**

指一定时期内全省一次能源生产量的总和，是观察全省能源生产水平、规模、构成和发展速度的总量指标。一次能源生产量包括原煤，原油，天然气，水电、核能及其他动力能（如风能、地热能等）发电量，不包括低热值燃料生产量、生物质能、太阳能等的利用和由一次能源加工转换而成的二次能源产量。

**能源消费总量**

指一定时期内全省物质生产部门、非物质生产部门和生活消费的各种能源的总和，是观察能源消费水平、构成和增长速度的总量指标。能源消费总量包括原煤和原油及其制品、天然气、电力，不包括低热值燃料、生物质能和太阳能等的利用。能源消费总量分为终端能源消费量、能源加工转换损失量和损失量三部分。

⑴终端能源消费量：指一定时期内全省生产和生活消费的各种能源在扣除了用于加工转换二次能源消费量和损失量以后的数量。

⑵能源加工转换损失量：指一定时期内全省投入加工转换的各种能源数量之和与产出各种能源产品之和的差额，是观察能源在加工转换过程中损失量变化的指标。

⑶能源损失量：指一定时期内能源在输送、分配、储存过程中发生的损失和由客观原因造成的各种损失量，不包括各种气体能源放空、放散量。

**能源生产弹性系数**

是研究能源生产增长速度与国民经济增长速度之间关系的指标。计算公式为：

能源生产弹性系数＝能源生产总量年平均增长速度/国民经济年平均增长速度

国民经济年平均增长速度，可根据不同的目的或需要，用国民生产总值、国内生产总值等指标来计算，本年鉴是采用国内生产总值指标计算的。

**电力生产弹性系数**

是研究电力生产增长速度与国民经济增长速度之间关系的指标。一般来说，电力的发展应当快于国民经济的发展，也就是说电力应超前发展。计算公式为：

电力生产弹性系数＝电力生产量年平均增长速度/国民经济年平均增长速度

**能源消费弹性系数**

是反映能源消费增长速度与国民经济增长速度之间比例关系的指标。计算公式为：

能源消费弹性系数＝能源消费量年平均增长速度/国民经济年平均增长速度

**电力消费弹性系数**

反映电力消费增长速度与国民经济增长速度之间比例关系的指标。计算公式为：

电力消费弹性系数＝电力消费量年平均增长速度/国民经济年平均增长速度

**能源加工转换效率**

指一定时期内能源经过加工、转换后，产出的各种能源产品的数量与同期内投入加工转换的各种能源数量的比率。它是观察能源加工转换装置和生产工艺先进与落后、管理水平高低等的重要指标。计算公式为：

能源加工转换效率＝能源加工、转换产出量/能源加工、转换投入量×100

# Explanatory Notes for Major Statistical Indicators

**Total Energy Production**

refers to the total production of primary energy by all energy producing enterprises in the province in a given period of time. It is a comprehensive indicator to show the capacity, scale, composition and development of energy production of the province. The production of primary energy includes that of coal, crude oil, natural gas, hydro-power and electricity generated by nuclear energy and other means such as wind power and geothermal power. However, it excludes the production of fuels of low calorific value, bio-energy, solar energy and the secondary energy converted from the primary energy.

**Total Domestic Energy Consumption**

refers to the total consumption of energy of various kinds by material production sectors, non material production sectors and households in the province in a given period of time. It is a comprehensive indicator to show the scale, composition and development of energy consumption. The total energy consumption includes that of coal, crude oil and their products, natural gas and electricity; However, it excludes the consumption of fuel of low calorific value, bio-energy and solar energy. Total domestic energy consumption can be divided into three parts:

a)Final Energy Consumption: It refers to the total energy consumption by material production sectors, non material production sectors and households in the province in a given period of time, but excludes the consumption in conversion of the primary energy into the secondary energy and the loss in the process of energy conversion.

b) Loss During the Process of Energy Conversion: It refers to the total input of various kinds of energy for conversion, minus the total output of various kinds of energy in the province in a given period of time. It is an indicator to show the loss that occurs during the process of energy conversion.

c) Loss: It refers to the total of the loss of energy during the course of energy transport, distribution and storage and the loss caused by any objective reason in a given period of time. The loss of various kinds of gas due to gas discharges and stocktaking is excluded.

**Elasticity Ratio of Energy Production**

is an indicator to show the relationship between the growth rate of energy production and the growth rate of the national economy. The formula is:

Elasticity Ratio of Energy Production=Average Annual Growth Rate of Energy Production / Average Annual Growth Rate of National Economy

The average annual growth rate of the national economy can be shown by the gross national product, gross domestic product and other indicators, depending upon the purposes or needs. The gross domestic product is used in calculation of the ratio in this chapter.

**Elasticity Ratio of Electricity Production**

is an indicator to show the relationship between the growth rate of electricity production and the growth rate of the national economy. Generally speaking, the growth rate of electricity production should be higher than that of the national economy. Its formula is:

Elasticity Ratio of Electricity Production=Average Annual Growth Rate of Electricity Production / Average Annual Growth Rate of National Economy

**Elasticity Ratio of Energy Consumption**

is an indicator to show the relationship between the growth rate of energy consumption and the growth rate of the national economy. The formula is:

Elasticity Ratio of Energy Consumption=Average Annual Growth Rate of Energy Consumption / Average Annual Growth Rate of National Economy

**Elasticity Ratio of Electricity Consumption**

is an indicator to show the relationship between the growth rate of electricity consumption and the growth rate of the national economy. The formula is:

Elasticity Ratio of Electricity Consumption=Average Annual Growth Rate of Electricity / Average Annual Growth Rate of National Economy

**Efficiency of Energy Processing and Conversion**

refers to the ratio of the total output of energy products of various kinds after processing and conversion and the total input of energy of various kinds for processing and conversion in the same reference period. It is an important indicator to show the current conditions of energy processing and conversion equipment, production technique and management. The formula is:

Efficiency of Energy Processing & Conversion=Output of Energy After Processing & Conversion/Input of Energy for Processing & Conversion×100%

# 第七篇

Chapter 7

# 财政、金融、保险

FINANCE, BANKING AND INSURANCE

## 简要说明

一、本篇反映全省财政收支、金融保险业发展状况。

二、财政收支资料来源于省财政厅财政决算。

三、金融保险业资料有以下三个部分：

1、是反映金融机构,包括中国人民银行、中资全国性大型银行、中资全国性中小型银行、中资区域性中小型银行、农村信用社等信贷收支情况，资料由中国人民银行合肥中心支行提供；

2、是反映保险业务情况，资料由中国保险监督管理委员会安徽监管局提供；

3、是反映股票发行及筹资情况，资料由中国证券监督管理委员会安徽监管局提供。

## Brief Introduction

I. Data in this chapter show the provincial government revenue and expenditure and the development of banking and insurance.

II. Data on the government revenue and expenditure come from the Department of Finance in the province. Data are based on the final financial accounts.

III. Data of banking and insurance include the following three parts:

1. Data on the credit funds revenue and expenditure of banking institutions, including the people's Bank of China, the Chinese large national banks, Chinese-funded national small and medium-sized banks, Chinese-funded regional small and medium-sized banks , state-owned commercial banks and rural credit cooperatives are provided by Hefei Branch Office of the People’s Bank of China.

2. Data on the business of insurance are provided by Anhui Regulatory Bureau of the Insurance Regulatory Commission of China.

3. Data on issuing summary for stocks are provided by Anhui Regulatory Bureau of the Securities Regulatory Commission of China.

## 7—1 财政收支总额及增长速度
Total Government Revenue and Expenditures and Their Increase Rate

| 年 份 Year | 财政收入（万元） Total Revenue (10000 yuan) | 财政支出（万元） Total Expenditures (10000 yuan) | 增长速度（%） Increase Rate (%) | |
|---|---|---|---|---|
| | | | 财政收入 Total Revenue | 财政支出 Total Expenditures |
| 2000 | 2904229 | 3234728 | 8.0 | 12.1 |
| 2001 | 3095500 | 4037988 | 6.6 | 25.2 |
| 2002 | 3466520 | 4568579 | 12.0 | 13.1 |
| 2003 | 4122917 | 5074398 | 18.9 | 11.1 |
| 2004 | 5207114 | 6015280 | 26.3 | 18.5 |
| 2005 | 6565525 | 7130633 | 26.1 | 18.5 |
| 2006 | 8165120 | 9402329 | 24.4 | 31.9 |
| 2007 | 10347253 | 12438342 | 26.7 | 32.3 |
| 2008 | 13260466 | 16471253 | 28.2 | 32.4 |
| 2009 | 15512563 | 21419217 | 17.0 | 30.0 |
| 2010 | 20638197 | 25876135 | 33.0 | 20.8 |
| 2011 | 26330221 | 33029911 | 27.6 | 27.6 |
| 2012 | 30259871 | 39610080 | 14.9 | 19.9 |

注：2000年财政收入增长速度按可比口径计算；2000年财政支出根据《安徽60年》做了修正，财政支出增长速度相应做出调整。

a) The increase rate of total revenue in 2000 is calculated according to comparable requirement. The total expenditures are corrected in 2000 according to <Anhui 60 Years>, the increase rate is adjusted as also.

## 7—2 财政收入占安徽生产总值的比重
Government Revenue as Percentage to Gross Product of Anhui

| 年 份 Year | 财政收入（万元） Total Revenue (10000 yuan) | 安徽生产总值（亿元） Gross Domestic Product (100 million yuan) | 财政收入相当安徽生产总值的百分比（%） Percentage of Government Revenue to the Gross Product of Anhui (%) |
|---|---|---|---|
| 2000 | 2904229 | 2902.1 | 10.0 |
| 2001 | 3095500 | 3246.7 | 9.5 |
| 2002 | 3466520 | 3519.7 | 9.8 |
| 2003 | 4122917 | 3923.1 | 10.5 |
| 2004 | 5207114 | 4759.3 | 10.9 |
| 2005 | 6565525 | 5350.2 | 12.3 |
| 2006 | 8165120 | 6112.5 | 13.4 |
| 2007 | 10347253 | 7360.9 | 14.1 |
| 2008 | 13260466 | 8851.7 | 15.0 |
| 2009 | 15512563 | 10062.8 | 15.4 |
| 2010 | 20638197 | 12359.3 | 16.7 |
| 2011 | 26330221 | 15300.7 | 17.2 |
| 2012 | 30259871 | 17212.1 | 17.6 |

注：2005—2008年安徽生产总值数据根据2008年经济普查资料进行了修订。

a) In 2005-2008, According to 2008 the economical general survey material, Gross Product of Anhui has the adjustment.

## 7—3 中央和地方财政收入及比重
Total Revenue and Proportion of Central and Local Governments

| 年 份 Year | 绝 对 数 (万元) Total Revenue (10000 yuan) | | | 比 重 (%) Proportion (%) | |
|---|---|---|---|---|---|
| | 全 省 Total | 中 央 Central Government | 地 方 Local Governments | 中 央 Central Government | 地 方 Local Governments |
| 2000 | 2904229 | 1117042 | 1787187 | 38.5 | 61.5 |
| 2005 | 6565525 | 2769790 | 3340170 | 42.2 | 50.9 |
| 2006 | 8165120 | 3298929 | 4280265 | 40.4 | 52.4 |
| 2007 | 10347253 | 4241715 | 5436973 | 41.0 | 52.5 |
| 2008 | 13260466 | 5278878 | 7246197 | 39.8 | 54.6 |
| 2009 | 15512563 | 6181100 | 8639175 | 39.8 | 55.7 |
| 2010 | 20638197 | 8318470 | 11493952 | 40.3 | 55.7 |
| 2011 | 26330221 | 10521113 | 14635608 | 40.0 | 55.6 |
| 2012 | 30259871 | 10782135 | 17927192 | 35.6 | 59.2 |

注：2005—2011年财政收入包括出口货物退增值税。
a) Financial Revenue of 2005 - 2011 Includes Value-added Taxes Reimbursed from Exports.

## 7—4 税收收入和非税收入及比重
Total Revenue and Proportion of Tax and Non-tax

| 年 份 Year | 绝 对 数 (万元) Total Revenue (10000 yuan) | | | 比 重 (%) Proportion (%) | |
|---|---|---|---|---|---|
| | 全 省 Total | 税收收入 Tax Revenue | 非税收入 Non-tax Revenue | 税收收入 Tax Revenue | 非税收入 Non-tax Revenue |
| 2000 | 1787187 | 1445761 | 341426 | 80.9 | 19.1 |
| 2005 | 3340170 | 2445450 | 894720 | 73.2 | 26.8 |
| 2006 | 4280265 | 3124220 | 1156045 | 73.0 | 27.0 |
| 2007 | 5436973 | 4018799 | 1418174 | 73.9 | 26.1 |
| 2008 | 7246197 | 5279349 | 1966848 | 72.9 | 27.1 |
| 2009 | 8639175 | 6293236 | 2345939 | 72.8 | 27.2 |
| 2010 | 11493952 | 8665517 | 2828435 | 75.4 | 24.6 |
| 2011 | 14635608 | 11083094 | 3552514 | 75.7 | 24.3 |
| 2012 | 17927192 | 13050933 | 4876259 | 72.8 | 27.2 |

## 7—5 各 项 税 收 收 入
Government Tax Revenue

单位：万元（10000 yuan）

| 年 份 Year | 税收收入 Tax | #增 值 税 Value-added Tax | #营 业 税 Operation Tax | #契 税 Contract Tax | #企业所得税 Enterprises' Income Tax | #个人所得税 Individual Income Tax |
|---|---|---|---|---|---|---|
| 2000 | 1445761 | 262559 | 319719 | 23493 | 233524 | 94675 |
| 2005 | 2445450 | 577244 | 781042 | 178145 | 300808 | 124964 |
| 2006 | 3124220 | 691811 | 1025791 | 238502 | 410852 | 139687 |
| 2007 | 4018799 | 823766 | 1366197 | 313501 | 559040 | 182886 |
| 2008 | 5279349 | 967533 | 1777021 | 405443 | 747311 | 214336 |
| 2009 | 6293236 | 1061787 | 2197687 | 479024 | 798857 | 230346 |
| 2010 | 8665517 | 1294839 | 2919300 | 959149 | 1065948 | 319746 |
| 2011 | 11083094 | 1646777 | 3791816 | 1002723 | 1532602 | 400445 |
| 2012 | 13050933 | 1753345 | 4514185 | 1170917 | 1844973 | 359124 |

# 7—6 地方财政收支情况
## Revenue and Expenditure of Local Governments

单位：万元（10000 yuan）

| 指　　标 | Item | 2010 | 2011 | 2012 |
|---|---|---|---|---|
| **收入合计** | **Total Revenue** | **11493952** | **14635608** | **17927192** |
| 增值税 | Value-added Tax | 1294839 | 1646777 | 1753345 |
| 营业税 | Operation Tax | 2919300 | 3791816 | 4514185 |
| 企业所得税 | Enterprises' Income Tax | 1065948 | 1532602 | 1844973 |
| 个人所得税 | Individual Income Tax | 319746 | 400445 | 359124 |
| 资源税 | Resources Tax | 126488 | 145233 | 179243 |
| 城市维护建设税 | Tax on Town maintenance and Construction | 543983 | 746490 | 797056 |
| 房产税 | Tax on Real Estates | 176182 | 230943 | 298479 |
| 印花税 | Stamp Tax | 111528 | 137028 | 157772 |
| 城镇土地使用税 | Tax on the Use of Urban Land | 325215 | 428479 | 667523 |
| 土地增值税 | Land Value Added Tax | 302222 | 519784 | 700633 |
| 车船税 | Vehiclesand Ship Tax | 59462 | 74090 | 91360 |
| 耕地占用税 | Tax on the Occupancy of Cultivated Land | 455748 | 419911 | 506106 |
| 契　税 | Contract Tax | 959149 | 1002723 | 1170917 |
| 烟叶税 | Leaf Tobacco Tax | 5707 | 6773 | 10217 |
| 专项收入 | Expert Project Income | 737869 | 799902 | 874834 |
| 行政事业性收费收入 | Income from Adiministrative Departments Fees | 944613 | 1257109 | 1586178 |
| 罚没收入 | Penalty and Confiscatory Income | 267660 | 340738 | 435699 |
| 国有资本经营收入 | Stated-owned Assets Profit | 200537 | 280425 | 455807 |
| 国有资源（资产）有偿使用收入 | Income from the Paid Use of Stated-owned Resources (Assets) | 598012 | 622039 | 1254425 |
| 其他收入 | Other Income | 79744 | 252301 | 269316 |
| **支出合计** | **Total Expenditure** | **25876135** | **33029911** | **39610080** |
| 一般公共服务 | General Public Service | 2737167 | 3453371 | 4259607 |
| 国　防 | National Defence | 46340 | 55660 | 60087 |
| 公共安全 | Public Security | 1194768 | 1285816 | 1491476 |
| 教　育 | Education | 3863071 | 5647064 | 7179357 |
| 科学技术 | Science | 579817 | 770251 | 959996 |
| 文化体育与传媒 | Culture, Sports and Media | 516833 | 623451 | 714343 |
| 社会保障和就业 | Social Security and Employment | 3341539 | 3929760 | 4591897 |
| 医疗卫生 | Public Health | 1842232 | 2772261 | 3193939 |
| 节能环保 | Energy Saving and Environmental Protection | 647203 | 819647 | 955189 |
| 城乡社区事务 | Expenses in Urban、Rural Areas and Communities | 2361782 | 2807584 | 3480292 |
| 农林水事务 | Expenses of Agriculture、Forest and Irrigation | 2925244 | 3518663 | 4304717 |
| 交通运输 | Transport | 1248616 | 2195891 | 2371742 |
| 资源勘探电力信息等事务 | Resource Prospecting and Electric Power Information and so on | 1249406 | 1253996 | 1314556 |
| 商业服务业等事务 | Commercial and Service Industry and so on | 458382 | 656290 | 715308 |
| 金融监管等事务支出 | Finance Supervision and so on | 51665 | 80626 | 40372 |
| 国土资源气象等事务 | Land Resources and Meteorology and so on | 616884 | 408697 | 453950 |
| 住房保障支出 | Housing Safeguard | 933614 | 1612193 | 2485770 |
| 粮油物资管理事务 | Grain and Oil Management Service | 307059 | 272994 | 329756 |
| 储备事务支出 | Reserve Expenditure | | 39117 | |
| 国债还本付息支出 | National Debt Repay and Interests Expenditure | 76237 | 118996 | 159712 |
| 其他支出 | Other Expenditure | 878276 | 707583 | 520629 |

# 7—7 各市地方财政收入（2012年）

## Final Statement of Local Government Revenue by Region (2012)

单位：万元（10000 yuan）

| 地区 | Region | 收入合计 Total Revenue | 增值税 Value-added Tax | 营业税 Operation Tax | 企业所得税 Enterprises' Income Tax |
|---|---|---|---|---|---|
| 合肥市 | Hefei | 3894991 | 392768 | 1328381 | 344309 |
| 淮北市 | Huaibei | 518539 | 84636 | 113310 | 61913 |
| 亳州市 | Bozhou | 476878 | 61423 | 143135 | 19993 |
| 宿州市 | Suzhou | 532958 | 60210 | 141176 | 21880 |
| 蚌埠市 | Bengbu | 784157 | 94663 | 188274 | 37766 |
| 阜阳市 | Fuyang | 693125 | 101974 | 186881 | 41394 |
| 淮南市 | Huainan | 986096 | 150844 | 205899 | 53720 |
| 滁州市 | Chuzhou | 969419 | 82354 | 282978 | 48323 |
| 六安市 | Luan | 692678 | 60785 | 209190 | 38776 |
| 马鞍山市 | Maanshan | 1278157 | 132835 | 240770 | 49361 |
| 芜湖市 | Wuhu | 1789153 | 221916 | 512881 | 148009 |
| 宣城市 | Xuancheng | 869360 | 111240 | 202017 | 39011 |
| 铜陵市 | Tongling | 635983 | 66463 | 131653 | 37756 |
| 池州市 | Chizhou | 523746 | 30889 | 138938 | 21256 |
| 安庆市 | Anqing | 856202 | 67415 | 215051 | 46860 |
| 黄山市 | Huangshan | 563204 | 32623 | 149718 | 26888 |

| 地区 | Region | 个人所得税 Individual Income Tax | 资源税 Resources Tax | 城市维护建设税 Tax on Town Maintenance and Construction | 房产税 Tax on Real Estates | 印花税 Stamp Tax |
|---|---|---|---|---|---|---|
| 合肥市 | Hefei | 75720 | 8915 | 209876 | 100298 | 48354 |
| 淮北市 | Huaibei | 5973 | 10503 | 33868 | 9206 | 5858 |
| 亳州市 | Bozhou | 5469 | 5101 | 24629 | 5080 | 3682 |
| 宿州市 | Suzhou | 5045 | 10396 | 22237 | 6793 | 3915 |
| 蚌埠市 | Bengbu | 6293 | 158 | 61287 | 10978 | 6387 |
| 阜阳市 | Fuyang | 8078 | 5327 | 46810 | 8001 | 5826 |
| 淮南市 | Huainan | 15615 | 12760 | 49048 | 15037 | 7390 |
| 滁州市 | Chuzhou | 9663 | 11997 | 46277 | 15529 | 7779 |
| 六安市 | Luan | 8740 | 19152 | 27258 | 10674 | 5597 |
| 马鞍山市 | Maanshan | 13611 | 24465 | 49252 | 32155 | 14492 |
| 芜湖市 | Wuhu | 24028 | 17301 | 103525 | 35996 | 20113 |
| 宣城市 | Xuancheng | 11872 | 15816 | 34966 | 10040 | 6528 |
| 铜陵市 | Tongling | 5688 | 13624 | 21762 | 8033 | 7202 |
| 池州市 | Chizhou | 6528 | 8958 | 13892 | 4782 | 3218 |
| 安庆市 | Anqing | 10813 | 11053 | 29654 | 13418 | 7756 |
| 黄山市 | Huangshan | 6837 | 3717 | 14394 | 11919 | 3435 |

## 7—7 续表 continued

单位：万元（10000 yuan）

| 地 区 | Region | 城镇土地使用税 Tax on the Use of Urban Land | 土地增值税 Land Value Added Tax | 车船税 Tax on Vehicles and Vessels | 耕地占用税 Tax on the Occupancy of Cultivated Land | 契 税 Contract Tax | 烟叶税 Leaf Tobacco Tax |
|---|---|---|---|---|---|---|---|
| 合 肥 市 | Hefei | 74036 | 203600 | 22325 | 37871 | 267879 | |
| 淮 北 市 | Huaibei | 32838 | 12188 | 3262 | 12499 | 40339 | |
| 亳 州 市 | Bozhou | 10073 | 15600 | 5472 | 15152 | 37520 | 1730 |
| 宿 州 市 | Suzhou | 18831 | 23322 | 4414 | 17921 | 37687 | |
| 蚌 埠 市 | Bengbu | 28100 | 37103 | 4373 | 26731 | 65980 | |
| 阜 阳 市 | Fuyang | 15793 | 32285 | 9116 | 9237 | 49294 | |
| 淮 南 市 | Huainan | 40364 | 66257 | 3539 | 41032 | 33447 | |
| 滁 州 市 | Chuzhou | 41106 | 55566 | 4768 | 16916 | 82237 | |
| 六 安 市 | Luan | 18446 | 25402 | 6394 | 18066 | 54613 | |
| 马鞍山市 | Maanshan | 53215 | 31874 | 4638 | 24389 | 61533 | |
| 芜 湖 市 | Wuhu | 120016 | 53887 | 7333 | 40628 | 135677 | 2065 |
| 宣 城 市 | Xuancheng | 87651 | 37546 | 4155 | 11008 | 83667 | 5087 |
| 铜 陵 市 | Tongling | 45229 | 22194 | 2056 | 3486 | 36670 | |
| 池 州 市 | Chizhou | 45809 | 20293 | 1692 | 18059 | 53912 | 1020 |
| 安 庆 市 | Anqing | 20221 | 29557 | 5663 | 29442 | 87423 | |
| 黄 山 市 | Huangshan | 15087 | 33959 | 2160 | 16977 | 43039 | 315 |

| 地 区 | Region | 专项收入 Expert Project Income | 行政事业性收费收入 Income from Adiministrative Departments Fees | 罚没收入 Penalty and Confiscatory Income | 国有资本经营收入 State-owned Assets Profit | 国有资源（资产）有偿使用收入 Income from the Paid Use of Stated-owned Resources (Assets) | 其他收入 Other Income |
|---|---|---|---|---|---|---|---|
| 合 肥 市 | Hefei | 129814 | 217077 | 43512 | 137214 | 115979 | 137063 |
| 淮 北 市 | Huaibei | 23560 | 31347 | 10394 | 6444 | 18730 | 1651 |
| 亳 州 市 | Bozhou | 18596 | 56285 | 18329 | 5500 | 23856 | 253 |
| 宿 州 市 | Suzhou | 21472 | 73558 | 40932 | | 15496 | 7673 |
| 蚌 埠 市 | Bengbu | 35630 | 76984 | 22617 | 25733 | 44606 | 10494 |
| 阜 阳 市 | Fuyang | 27256 | 99456 | 25829 | 4400 | 14045 | 2123 |
| 淮 南 市 | Huainan | 31019 | 69017 | 19045 | 100487 | 66903 | 4673 |
| 滁 州 市 | Chuzhou | 31673 | 65675 | 28883 | 1522 | 127463 | 8710 |
| 六 安 市 | Luan | 53395 | 95892 | 20064 | 227 | 17278 | 2729 |
| 马鞍山市 | Maanshan | 46868 | 159124 | 18965 | 33485 | 285857 | 1268 |
| 芜 湖 市 | Wuhu | 68376 | 85516 | 47430 | 40124 | 81543 | 22789 |
| 宣 城 市 | Xuancheng | 26362 | 42351 | 40501 | 19458 | 74663 | 5421 |
| 铜 陵 市 | Tongling | 14093 | 83265 | 6961 | | 118124 | 11724 |
| 池 州 市 | Chizhou | 14507 | 74755 | 7657 | | 57466 | 115 |
| 安 庆 市 | Anqing | 30132 | 100637 | 28451 | 45506 | 71050 | 6100 |
| 黄 山 市 | Huangshan | 10557 | 34090 | 11417 | 29575 | 79732 | 36765 |

# 7—8 各 市 财 政 支 出（2012年）

Final Statement of Government Expenditure by Region (2012)

单位：万元（10000 yuan）

| 地区 | Region | 支出合计 Total Expenditure | 一般公共服务 General Public Service | 国防 National Defence | 公共安全 Public Security | 教育 Education |
|---|---|---|---|---|---|---|
| 合肥市 | Hefei | 5722899 | 690801 | 7102 | 192847 | 999168 |
| 淮北市 | Huaibei | 1085342 | 113909 | 1711 | 53263 | 174951 |
| 亳州市 | Bozhou | 1772645 | 187909 | 837 | 59506 | 407931 |
| 宿州市 | Suzhou | 1937988 | 209470 | 844 | 83907 | 438373 |
| 蚌埠市 | Bengbu | 1651674 | 150637 | 1993 | 70491 | 293160 |
| 阜阳市 | Fuyang | 2722879 | 239149 | 8036 | 100157 | 650750 |
| 淮南市 | Huainan | 1489483 | 162386 | 4217 | 71913 | 231851 |
| 滁州市 | Chuzhou | 2310284 | 244483 | 4320 | 93016 | 381557 |
| 六安市 | Luan | 2510920 | 271371 | 1701 | 107189 | 578868 |
| 马鞍山市 | Maanshan | 1903672 | 210831 | 432 | 66091 | 297574 |
| 芜湖市 | Wuhu | 3022090 | 190777 | 3418 | 85237 | 491731 |
| 宣城市 | Xuancheng | 1786775 | 236807 | 1884 | 61957 | 260827 |
| 铜陵市 | Tongling | 963949 | 98754 | 251 | 41314 | 140833 |
| 池州市 | Chizhou | 1127224 | 200091 | 3575 | 36807 | 185861 |
| 安庆市 | Anqing | 2456795 | 336823 | 1579 | 106940 | 537706 |
| 黄山市 | Huangshan | 1259728 | 175065 | 3752 | 59728 | 129427 |

| 地区 | Region | 科学技术 Science | 文化体育与传媒 Culture, Sports and Media | 社会保障和就业 Social Security and Employment | 医疗卫生 Public Health | 节能环保 Energy Saving and Environmental Protection |
|---|---|---|---|---|---|---|
| 合肥市 | Hefei | 226720 | 32434 | 440370 | 350233 | 195147 |
| 淮北市 | Huaibei | 14748 | 11347 | 111088 | 93029 | 9790 |
| 亳州市 | Bozhou | 9383 | 11259 | 234719 | 231045 | 25088 |
| 宿州市 | Suzhou | 11604 | 49200 | 157809 | 214238 | 24891 |
| 蚌埠市 | Bengbu | 56770 | 19469 | 183441 | 156560 | 75518 |
| 阜阳市 | Fuyang | 18823 | 16228 | 405180 | 317149 | 30542 |
| 淮南市 | Huainan | 29331 | 14035 | 150109 | 120699 | 22395 |
| 滁州市 | Chuzhou | 31688 | 21609 | 231769 | 264347 | 55699 |
| 六安市 | Luan | 24385 | 31254 | 232925 | 263166 | 50175 |
| 马鞍山市 | Maanshan | 53405 | 28115 | 156169 | 128071 | 43221 |
| 芜湖市 | Wuhu | 204557 | 42448 | 266462 | 198490 | 86719 |
| 宣城市 | Xuancheng | 54472 | 21707 | 158748 | 187251 | 48047 |
| 铜陵市 | Tongling | 43811 | 14940 | 82095 | 67372 | 33237 |
| 池州市 | Chizhou | 14314 | 11628 | 100187 | 101083 | 23665 |
| 安庆市 | Anqing | 45079 | 47438 | 275572 | 273314 | 47854 |
| 黄山市 | Huangshan | 28881 | 41349 | 137634 | 96424 | 87447 |

**7—8 续表 continued**

单位：万元（10000 yuan）

| 地　区 | Region | 城乡社区事务 Expenses in Urban、Rural Areas and Communities | 农林水事务 Expenses of Agriculture、Forest and Irrigation | 交通运输 Transport | 资源勘探电力信息等事务 Resource Prospecting and Electric Power Information and so on | 商业服务业等事务 Commercial and Service Industry and so on | 金融监管等事务支出 Finance Supervision and so on |
|---|---|---|---|---|---|---|---|
| 合 肥 市 | Hefei | 1100876 | 404709 | 151848 | 388231 | 95732 | 6505 |
| 淮 北 市 | Huaibei | 201165 | 104260 | 29846 | 29703 | 20774 | 481 |
| 亳 州 市 | Bozhou | 34347 | 226652 | 107761 | 23576 | 28410 | 705 |
| 宿 州 市 | Suzhou | 75283 | 315017 | 80800 | 54017 | 44220 | 2339 |
| 蚌 埠 市 | Bengbu | 188851 | 193095 | 64264 | 4078 | 28409 | 1713 |
| 阜 阳 市 | Fuyang | 107246 | 340380 | 158824 | 54074 | 69234 | 3895 |
| 淮 南 市 | Huainan | 259906 | 120013 | 51130 | 61640 | 25513 | 1288 |
| 滁 州 市 | Chuzhou | 148729 | 393994 | 94501 | 56251 | 37068 | 3111 |
| 六 安 市 | Luan | 87050 | 422572 | 120917 | 36491 | 47833 | 3245 |
| 马鞍山市 | Maanshan | 302872 | 148842 | 75905 | 72160 | 29484 | 2674 |
| 芜 湖 市 | Wuhu | 356441 | 220639 | 141955 | 153786 | 35396 | 3696 |
| 宣 城 市 | Xuancheng | 194815 | 240836 | 134356 | 29552 | 34560 | 1797 |
| 铜 陵 市 | Tongling | 127587 | 44664 | 52507 | 46497 | 71460 | 1673 |
| 池 州 市 | Chizhou | 104980 | 128305 | 56574 | 38545 | 14380 | 814 |
| 安 庆 市 | Anqing | 114103 | 339202 | 81047 | 19146 | 45569 | 3227 |
| 黄 山 市 | Huangshan | 71183 | 145258 | 83207 | 24474 | 41363 | 2079 |

| 地　区 | Region | 国土资源气象等事务 Land Resources and Meteorology and so on | 住房保障支出 Housing Safeguard | 粮油物资储备事务 Supplies of Grain and Oil and Reserve Affairs | 国债还本付息 National Debt Repay and Interests Expenditure | 其他支出 Other Expenditure |
|---|---|---|---|---|---|---|
| 合 肥 市 | Hefei | 35713 | 291963 | 18919 | 2511 | 91070 |
| 淮 北 市 | Huaibei | 23362 | 83635 | 4652 | 1035 | 2593 |
| 亳 州 市 | Bozhou | 7052 | 130822 | 16851 | 1550 | 27242 |
| 宿 州 市 | Suzhou | 13074 | 131374 | 17655 | 6496 | 7377 |
| 蚌 埠 市 | Bengbu | 12304 | 139757 | 8700 | 764 | 1700 |
| 阜 阳 市 | Fuyang | 36311 | 124698 | 16005 | 18059 | 8139 |
| 淮 南 市 | Huainan | 29753 | 107359 | 7665 | 11057 | 7223 |
| 滁 州 市 | Chuzhou | 20219 | 196116 | 22190 | 2650 | 6967 |
| 六 安 市 | Luan | 48615 | 136747 | 20788 | 17426 | 8202 |
| 马鞍山市 | Maanshan | 38668 | 218434 | 8689 | 14538 | 7497 |
| 芜 湖 市 | Wuhu | 11002 | 378634 | 8269 | 29075 | 113358 |
| 宣 城 市 | Xuancheng | 9369 | 95228 | 8125 | 2370 | 4067 |
| 铜 陵 市 | Tongling | 18566 | 64438 | 3404 | 746 | 9800 |
| 池 州 市 | Chizhou | 7999 | 86522 | 4182 | 1508 | 6204 |
| 安 庆 市 | Anqing | 19899 | 139498 | 14978 | 3951 | 3870 |
| 黄 山 市 | Huangshan | 13183 | 85176 | 3826 | 4884 | 25388 |

# 7—9 各县（市）地方财政收入（2012年）

## Final Statement of Local Government Revenue by County (City) (2012)

单位：万元（10000 yuan）

| 县（市） County (City) | 收入合计 Total Revenue | 增值税 Value-added Tax | 营业税 Operation Tax | 企业所得税 Enter-ises' Income Tax | 个人所得税 Individual Income Tax | 资源税 Resources Tax | 城市维护建设税 Tax on Town Mainten-ance and Construction | 耕地占用税 Tax on The Occupancy of Cultivated Land | 契税 Contract Tax |
|---|---|---|---|---|---|---|---|---|---|
| 合肥市本级 Hefei City at Its Own Level | 2409611 | 249192 | 849121 | 234616 | 49301 | 643 | 145887 | 26545 | 197056 |
| 巢湖市 Chaohu | 149059 | 16650 | 46792 | 11852 | 2610 | 5280 | 7615 | 1983 | 18176 |
| 长丰县 Changfeng | 176931 | 20443 | 62091 | 10015 | 1768 | 18 | 6009 | 3168 | 16934 |
| 肥东县 Feidong | 196668 | 20817 | 81586 | 6949 | 758 | 47 | 7478 | 2891 | 10602 |
| 肥西县 Feixi | 242873 | 33084 | 74457 | 18633 | 4313 | 5 | 14682 | 1657 | 16200 |
| 庐江县 Lujiang | 124313 | 12611 | 37530 | 10190 | 3331 | 2917 | 3786 | 1627 | 8911 |
| 淮北市本级 Huaibei City at Its Own Level | 302538 | 55298 | 42195 | 48656 | 3731 | 7039 | 25663 | 4975 | 31275 |
| 濉溪县 Suixi | 118456 | 19177 | 37706 | 9647 | 1147 | 1245 | 6063 | 7524 | 9064 |
| 亳州市本级 Bozhou City at Its Own Level | 120227 | 19126 | 28597 | 6737 | 1739 | | 9658 | 8228 | 11791 |
| 涡阳县 Guoyang | 92668 | 14038 | 21814 | 2713 | 2055 | 4153 | 4363 | 1722 | 4607 |
| 蒙城县 Mengcheng | 95196 | 9729 | 30358 | 3211 | 599 | 792 | 3517 | 1235 | 7316 |
| 利辛县 Lixin | 66528 | 3554 | 25214 | 2736 | 347 | 25 | 1815 | 1926 | 6557 |
| 宿州市本级 Suzhou City at Its Own Level | 190138 | 18962 | 38286 | 11883 | 1419 | 1615 | 9566 | 7922 | 18497 |
| 砀山县 Dangshan | 45736 | 4155 | 12446 | 948 | 267 | 73 | 1122 | 1998 | 4083 |
| 萧县 Xiaoxian | 69978 | 5655 | 17293 | 3506 | 310 | 1956 | 1453 | 1553 | 7000 |
| 灵璧县 Lingbi | 44170 | 2046 | 12153 | 921 | 288 | 2310 | 860 | 916 | 4732 |
| 泗县 Sixian | 47794 | 3541 | 14509 | 993 | 259 | 247 | 1026 | 1597 | 2475 |
| 蚌埠市本级 Bengbu City at Its Own Level | 323853 | 43666 | 56445 | 16150 | 2872 | | 41096 | 4906 | 49431 |
| 怀远县 Huaiyuan | 113086 | 15074 | 23076 | 3869 | 741 | 105 | 3989 | 2604 | 8568 |
| 五河县 Wuhe | 80203 | 6026 | 20566 | 1827 | 396 | 26 | 2436 | 5943 | 5247 |
| 固镇县 Guzhen | 66811 | 4449 | 9863 | 994 | 233 | 27 | 1175 | 8608 | 2734 |
| 阜阳市本级 Fuyang City at Its Own Level | 215789 | 17146 | 54170 | 5893 | 3511 | 279 | 20811 | 4600 | 20450 |
| 界首市 Jieshou | 65423 | 13839 | 9270 | 2683 | 593 | | 5589 | 919 | 2809 |
| 临泉县 Linquan | 44801 | 4928 | 14897 | 1573 | 1134 | 5 | 1947 | 2131 | 4900 |
| 太和县 Taihe | 69222 | 6508 | 18983 | 1478 | 423 | 6 | 2932 | 372 | 8295 |
| 阜南县 Funan | 34571 | 3235 | 12454 | 835 | 437 | 20 | 1185 | 1054 | 1681 |
| 颍上县 Yingshang | 129839 | 37328 | 21753 | 18617 | 1325 | 4851 | 9234 | | 2003 |
| 淮南市本级 Huainan City at Its Own Level | 536662 | 37286 | 74229 | 34371 | 9724 | 8342 | 17906 | 33980 | 20232 |
| 凤台县 Fengtai | 210944 | 75826 | 29444 | 2715 | 3217 | 3755 | 14747 | 7052 | 3301 |
| 滁州市本级 Chuzhou City at Its Own Level | 219462 | 21994 | 53235 | 14251 | 2771 | 193 | 19113 | 6780 | 30607 |
| 天长市 Tianchang | 175095 | 23226 | 36721 | 6230 | 1116 | 1745 | 8013 | 964 | 19752 |
| 明光市 Mingguang | 65363 | 3950 | 20338 | 2204 | 857 | 707 | 2786 | 2415 | 2797 |
| 来安县 Laian | 92086 | 7046 | 31333 | 4055 | 989 | 463 | 3331 | 4326 | 8306 |
| 全椒县 Quanjiao | 92498 | 5471 | 30446 | 5427 | 857 | 1949 | 2513 | 208 | 7271 |
| 定远县 Dingyuan | 79563 | 3784 | 30957 | 3765 | 590 | 2253 | 2199 | 232 | 6195 |
| 凤阳县 Fengyang | 112070 | 7442 | 26101 | 5363 | 1088 | 4204 | 2919 | 1884 | 2940 |
| 六安市本级 Luan City at Its Own Level | 213036 | 12189 | 70579 | 6907 | 2304 | 32 | 9247 | 7513 | 24947 |
| 寿县 Shouxian | 45918 | 2888 | 18558 | 1829 | 847 | 161 | 1347 | 1181 | 5391 |

**7—9 续表1 continued**

单位：万元（10000 yuan）

| 县（市） County (City) | 收入合计 Total Revenue | 增值税 Value-added Tax | 营业税 Operation Tax | 企业所得税 Enterprises' Income Tax | 个人所得税 Individual Income Tax | 资源税 Resources Tax | 城市维护建设税 Tax on Town Mainten-ance and Construction | 耕地占用税 Tax on The Occupancy of Cultivated Land | 契税 Contract Tax |
|---|---|---|---|---|---|---|---|---|---|
| 霍邱县 Huoqiu | 132269 | 15680 | 25883 | 8006 | 1204 | 17531 | 4194 | 1054 | 6768 |
| 舒城县 Shucheng | 63368 | 4896 | 21978 | 5079 | 843 | 36 | 2088 | 895 | 5001 |
| 金寨县 Jinzhai | 38196 | 4001 | 11611 | 1985 | 864 | 70 | 1121 | 1021 | 1567 |
| 霍山县 Huoshan | 77498 | 14096 | 16130 | 6349 | 704 | 261 | 5598 | 1715 | 3225 |
| 马鞍山市本级 Maanshan City at Its Own Level | 425298 | 45787 | 66095 | 13515 | 5703 | 5995 | 20997 | 13659 | 33802 |
| 当涂县 Dangtu | 267126 | 29285 | 44667 | 7993 | 1644 | 6430 | 7767 | 8523 | 9361 |
| 含山县 Hanshan | 75346 | 6811 | 20287 | 2988 | 789 | 3255 | 2366 | 456 | 8667 |
| 和县 Hexian | 78440 | 6861 | 22558 | 6434 | 1482 | 4715 | 2361 | 614 | 9617 |
| 芜湖市本级 Wuhu City at Its Own Level | 587912 | 92343 | 92011 | 62890 | 7398 | 2 | 54266 | 8150 | 29922 |
| 芜湖县 Wuhu | 168285 | 20059 | 67831 | 11364 | 1189 | 1151 | 5982 | 806 | 14043 |
| 繁昌县 Fanchang | 184485 | 25150 | 35164 | 17966 | 1225 | 14493 | 5810 | 15867 | 8115 |
| 南陵县 Nanling | 115705 | 9800 | 47054 | 6288 | 838 | 504 | 3560 | 548 | 6370 |
| 无为县 Wuwei | 141080 | 27572 | 34807 | 7246 | 2574 | 817 | 6291 | 5015 | 8360 |
| 宣城市本级 Xuancheng City at Its Own Level | 138168 | 6379 | 38449 | 4116 | 2105 | 1928 | 5970 | 898 | 20071 |
| 宁国市 Ningguo | 178634 | 23672 | 43589 | 13001 | 4654 | 2309 | 8452 | 715 | 7939 |
| 郎溪县 Langxi | 91693 | 17283 | 24754 | 2911 | 671 | 1029 | 4161 | 1335 | 13376 |
| 广德县 Guangde | 132877 | 21419 | 28481 | 9130 | 1859 | 6789 | 4182 | 578 | 6327 |
| 泾县 Jingxian | 65616 | 8449 | 16034 | 2107 | 714 | 1097 | 2403 | 1340 | 5978 |
| 旌德县 Jingde | 36412 | 4151 | 9224 | 1043 | 411 | 459 | 1111 | 951 | 4756 |
| 绩溪县 Jixi | 60515 | 4352 | 8386 | 1823 | 352 | 260 | 1258 | 1677 | 2374 |
| 铜陵市本级 Tongling City at Its Own Level | 389142 | 26258 | 46320 | 20306 | 2157 | 8800 | 10054 | 931 | 29605 |
| 铜陵县 Tongling | 114685 | 18340 | 25711 | 8054 | 977 | 4824 | 3711 | 2555 | 7065 |
| 池州市本级 Chizhou City at Its Own Level | 209199 | 8638 | 49162 | 11062 | 2216 | 4817 | 6568 | 6950 | 34462 |
| 东至县 Dongzhi | 79717 | 4729 | 19691 | 2257 | 871 | 435 | 1656 | 5383 | 8515 |
| 石台县 Shitai | 12907 | 966 | 3762 | 516 | 224 | 131 | 282 | 421 | 711 |
| 青阳县 Qingyang | 83809 | 5928 | 22901 | 2308 | 1332 | 1995 | 2019 | 1002 | 6894 |
| 安庆市本级 Anqing City at Its Own Level | 252179 | 17208 | 36299 | 10645 | 3585 | 61 | 11358 | 17327 | 49775 |
| 桐城市 Tongcheng | 126284 | 9216 | 31154 | 8167 | 1468 | 575 | 3756 | 700 | 8484 |
| 怀宁县 Huaining | 114421 | 8625 | 18817 | 6622 | 1195 | 3071 | 2127 | 6354 | 4598 |
| 枞阳县 Zongyang | 79047 | 8880 | 14974 | 6615 | 404 | 5597 | 1590 | 436 | 7522 |
| 潜山县 Qianshan | 48043 | 4426 | 15334 | 2015 | 366 | 507 | 1528 | 203 | 2976 |
| 太湖县 Taihu | 28416 | 1866 | 8716 | 1162 | 604 | 171 | 837 | 841 | 3760 |
| 宿松县 Susong | 44644 | 3093 | 12703 | 1206 | 815 | 319 | 897 | 839 | 3684 |
| 望江县 Wangjiang | 32343 | 2640 | 12017 | 1089 | 308 | 309 | 971 | 1178 | 4335 |
| 岳西县 Yuexi | 24254 | 2277 | 8153 | 746 | 335 | 217 | 734 | 1564 | 2289 |
| 黄山市本级 Huangshan City at Its Own Level | 189003 | 6013 | 43668 | 6752 | 2299 |  | 4588 | 3549 | 13474 |
| 歙县 Shexian | 78504 | 6187 | 21367 | 3935 | 649 | 741 | 1920 | 2476 | 8584 |
| 休宁县 Xiuning | 51273 | 4586 | 13369 | 4602 | 597 | 604 | 1432 | 889 | 6048 |
| 黟县 Yixian | 22301 | 1540 | 6748 | 1094 | 197 | 248 | 574 | 1456 | 908 |
| 祁门县 Qimen | 39419 | 2299 | 9081 | 1170 | 303 | 1069 | 695 | 2164 | 3534 |

## 7—9 续表2 continued

单位：万元（10000 yuan）

| 县（市） County (City) | 烟叶税 Leaf Tobacco Tax | 其他各项税收收入 Other Income of Tax | 专项收入 Expert Project Income | 行政事业性收费收入 Income from Administrative Departments Fees | 罚没收入 Penalty and Confiscatory Income | 国有资本经营收入 Stated-owned Assets Profit | 国有资源（资产）有偿使用收入 Income from the Paid Use of Stated-owned Resources (Assets) | 其他收入 Other Income |
|---|---|---|---|---|---|---|---|---|
| 合肥市本级 Hefei City at Its Own Level | | 126209 | 103038 | 102927 | 19951 | 137214 | 89932 | 77979 |
| 巢湖市 Chaohu | | 17044 | 5385 | 9543 | 3385 | | 2055 | 689 |
| 长丰县 Changfeng | | 18137 | 4146 | 13936 | 3907 | | 1295 | 15064 |
| 肥东县 Feidong | | 14016 | 5274 | 26080 | 4057 | | 2448 | 13665 |
| 肥西县 Feixi | | 34766 | 7771 | 29151 | 3219 | | 4747 | 188 |
| 庐江县 Lujiang | | 13512 | 4184 | 21827 | 3236 | | 651 | |
| 淮北市本级 Huaibei City at Its Own Level | | 24336 | 17316 | 21256 | 7714 | 6357 | 6081 | 646 |
| 濉溪县 Suixi | | 16045 | 4853 | 4779 | 296 | 87 | 440 | 383 |
| 亳州市本级 Bozhou City at Its Own Level | | 8524 | 6620 | 12680 | 6028 | | 499 | |
| 涡阳县 Guoyang | | 7825 | 3515 | 13567 | 4626 | 5500 | 1924 | 246 |
| 蒙城县 Mengcheng | | 8078 | 3690 | 11806 | 2772 | | 12086 | 7 |
| 利辛县 Lixin | | 7330 | 2129 | 9509 | 3620 | | 1766 | |
| 宿州市本级 Suzhou City at Its Own Level | | 25536 | 10701 | 22936 | 12558 | | 4700 | 5557 |
| 砀山县 Dangshan | | 5933 | 1198 | 8709 | 2793 | | 1894 | 117 |
| 萧县 Xiaoxian | | 5437 | 2477 | 15063 | 6279 | | 1858 | 138 |
| 灵璧县 Lingbi | | 3433 | 1821 | 4915 | 5607 | | 3181 | 987 |
| 泗县 Sixian | | 3904 | 955 | 11659 | 3440 | | 3189 | |
| 蚌埠市本级 Bengbu City at Its Own Level | | 22979 | 23553 | 24091 | 10594 | 25733 | 1983 | 354 |
| 怀远县 Huaiyuan | | 12366 | 3514 | 16127 | 2601 | | 12949 | 7503 |
| 五河县 Wuhe | | 7154 | 1871 | 7248 | 1569 | | 18049 | 1845 |
| 固镇县 Guzhen | | 4799 | 1237 | 18116 | 2303 | | 11481 | 792 |
| 阜阳市本级 Fuyang City at Its Own Level | | 18318 | 10355 | 39740 | 12309 | 4400 | 3785 | 22 |
| 界首市 Jieshou | | 5244 | 3398 | 15461 | 2433 | | 1154 | 2031 |
| 临泉县 Linquan | | 4911 | 1613 | 3066 | 1699 | | 1997 | |
| 太和县 Taihe | | 7419 | 1843 | 15442 | 3227 | | 2294 | |
| 阜南县 Funan | | 2967 | 1473 | 7787 | 1266 | | 127 | 50 |
| 颍上县 Yingshang | | 11929 | 6273 | 9930 | 3440 | | 3156 | |
| 淮南市本级 Huainan City at Its Own Level | | 84106 | 18526 | 36992 | 10711 | 96621 | 53545 | 91 |
| 凤台县 Fengtai | | 15820 | 10816 | 24498 | 4556 | 3866 | 10349 | 982 |
| 滁州市本级 Chuzhou City at Its Own Level | | 22454 | 10135 | 20724 | 7265 | 1522 | 3629 | 4789 |
| 天长市 Tianchang | | 22547 | 8315 | 10544 | 5421 | | 30501 | |
| 明光市 Mingguang | | 12022 | 1652 | 8368 | 1654 | | 5318 | 295 |
| 来安县 Laian | | 10445 | 2424 | 1732 | 3525 | | 12793 | 1318 |
| 全椒县 Quanjiao | | 12347 | 2052 | 2844 | 1279 | | 19505 | 329 |
| 定远县 Dingyuan | | 9844 | 1707 | 7362 | 2674 | | 8001 | |
| 凤阳县 Fengyang | | 18246 | 3084 | 7285 | 3945 | | 26032 | 1537 |
| 六安市本级 Luan City at Its Own Level | | 24566 | 8109 | 31328 | 9349 | 97 | 4705 | 1164 |
| 寿县 Shouxian | | 3528 | 899 | 6544 | 2412 | | 319 | 14 |

## 7—9 续表3 continued

单位：万元（10000 yuan）

| 县（市） County (City) | 烟叶税 Leaf Tobacco Tax | 其他各项税收收入 Other Income of Tax | 专项收入 Expert Projcct Income | 行政事业性收费收入 Income from Administr-ative Departments Fees | 罚没收入 Penalty and Confisca-tory Income | 国有资本经营收入 Stated-owned Assets Profit | 国有资源（资产）有偿使用收入 Income from the Paid Use of Stated-owned Resources (Assets) | 其他收入 Other Income |
|---|---|---|---|---|---|---|---|---|
| 霍邱县 Huoqiu | | 6754 | 36374 | 6762 | 855 | | 1163 | 41 |
| 舒城县 Shucheng | | 8521 | 1259 | 9388 | 2041 | | 675 | 668 |
| 金寨县 Jinzhai | | 2693 | 889 | 6749 | 1211 | | 4389 | 25 |
| 霍山县 Huoshan | | 7030 | 3447 | 16792 | 1649 | 130 | 314 | 58 |
| 马鞍山市本级 Maanshan City at Its Own Level | | 56659 | 27369 | 79712 | 6708 | 27211 | 21801 | 285 |
| 当涂县 Dangtu | | 32217 | 7527 | 19457 | 3545 | 3274 | 85417 | 19 |
| 含山县 Hanshan | | 6431 | 2228 | 8303 | 4534 | 3000 | 4888 | 343 |
| 和县 Hexian | | 8235 | 2110 | 9623 | 2762 | | 1003 | 65 |
| 芜湖市本级 Wuhu City at Its Own Level | | 60295 | 40966 | 52599 | 26969 | 39424 | 9436 | 11241 |
| 芜湖县 Wuhu | 1196 | 21587 | 3480 | 3359 | 9595 | | 5061 | 1582 |
| 繁昌县 Fanchang | | 32071 | 4949 | 3157 | 2571 | | 17370 | 577 |
| 南陵县 Nanling | 834 | 9973 | 2389 | 8690 | 3520 | | 9344 | 5993 |
| 无为县 Wuwei | 35 | 16674 | 4760 | 13262 | 2707 | | 7967 | 2993 |
| 宣城市本级 Xuancheng City at Its Own Level | | 28932 | 4677 | 12068 | 5124 | | 7451 | |
| 宁国市 Ningguo | 125 | 33433 | 4257 | 9035 | 7594 | 11928 | 7931 | |
| 郎溪县 Langxi | 463 | 11348 | 2810 | 2282 | 8884 | | 386 | |
| 广德县 Guangde | 72 | 28055 | 4556 | 7511 | 6784 | | 7134 | |
| 泾县 Jingxian | 227 | 8268 | 1580 | 6143 | 7461 | 839 | 2976 | |
| 旌德县 Jingde | 240 | 4365 | 1045 | 1707 | 1359 | 171 | 4386 | 1033 |
| 绩溪县 Jixi | 43 | 8987 | 800 | 1116 | 2474 | | 22715 | 3898 |
| 铜陵市本级 Tongling City at Its Own Level | | 64724 | 11199 | 67297 | 4714 | | 87012 | 9765 |
| 铜陵县 Tongling | | 13675 | 2894 | 14884 | 1137 | | 10858 | |
| 池州市本级 Chizhou City at Its Own Level | | 20027 | 8370 | 50563 | 2077 | | 4243 | 44 |
| 东至县 Dongzhi | 825 | 15443 | 1280 | 3851 | 3063 | | 11718 | |
| 石台县 Shitai | 33 | 1768 | 247 | 768 | 428 | | 2583 | 67 |
| 青阳县 Qingyang | 120 | 15451 | 1615 | 3167 | 1377 | | 17700 | |
| 安庆市本级 Anqing City at Its Own Level | | 16203 | 11195 | 21262 | 9020 | 45192 | 2859 | 190 |
| 桐城市 Tongcheng | | 12890 | 1818 | 18087 | 2486 | | 26973 | 510 |
| 怀宁县 Huaining | | 11635 | 5104 | 25451 | 3718 | | 17039 | 65 |
| 枞阳县 Zongyang | | 4544 | 1715 | 12742 | 3545 | | 9375 | 1108 |
| 潜山县 Qianshan | | 4067 | 1022 | 2575 | 1731 | | 9952 | 1341 |
| 太湖县 Taihu | | 2336 | 1212 | 2597 | 2807 | | 591 | 916 |
| 宿松县 Susong | | 3170 | 3527 | 9137 | 2506 | | 1183 | 1565 |
| 望江县 Wangjiang | | 3126 | 1043 | 3347 | 756 | 314 | 853 | 57 |
| 岳西县 Yuexi | | 2456 | 949 | 3328 | 819 | | 387 | |
| 黄山市本级 Huangshan City at Its Own Level | | 21493 | 3515 | 18504 | 2934 | 100 | 53790 | 8324 |
| 歙县 Shexian | 170 | 8136 | 1753 | 3497 | 1917 | | 9214 | 7958 |
| 休宁县 Xiuning | 81 | 4437 | 1102 | 2588 | 1456 | 7700 | 543 | 1239 |
| 黟县 Yixian | 5 | 2508 | 439 | 1763 | 915 | | 777 | 3129 |
| 祁门县 Qimen | | 4693 | 562 | 1999 | 1246 | 5766 | 1859 | 2979 |

# 7—10 各县（市）财政支出（2012年）

Final Statement of Government Expenditure by County (City) (2012)

单位：万元（10000 yuan）

| 县（市） | County (City) | 支出合计 Total Revenue | 一般公共服务 General Public Service | 国防 National Defence | 公共安全 Public Security | 教育 Education | 科学技术 Science | 文化体育与传媒 Culture, Sports and Media |
|---|---|---|---|---|---|---|---|---|
| 合肥市本级 | Hefei City at Its Own Level | 3236040 | 267105 | 5383 | 107855 | 417159 | 174323 | 10737 |
| 巢湖市 | Chaohu | 301182 | 38175 | 406 | 15795 | 59251 | 3388 | 2208 |
| 长丰县 | Changfeng | 336370 | 42299 | 265 | 9633 | 73913 | 3012 | 2723 |
| 肥东县 | Feidong | 402248 | 73824 | | 11329 | 84115 | 17145 | 4053 |
| 肥西县 | Feixi | 417966 | 95433 | 254 | 15553 | 83660 | 18990 | 4502 |
| 庐江县 | Lujiang | 364488 | 41856 | 315 | 10614 | 76233 | 2653 | 2075 |
| 淮北市本级 | Huaibei City at Its Own Level | 517937 | 40803 | 1711 | 34077 | 57357 | 7304 | 5958 |
| 濉溪县 | Suixi | 357084 | 32471 | | 11227 | 72892 | 4290 | 3879 |
| 亳州市本级 | Bozhou City at Its Own Level | 242876 | 25978 | 580 | 22252 | 23639 | 1039 | 1980 |
| 涡阳县 | Guoyang | 370417 | 32275 | 79 | 11173 | 91481 | 1001 | 2845 |
| 蒙城县 | Mengcheng | 351166 | 50119 | | 7808 | 93534 | 3941 | 2508 |
| 利辛县 | Lixin | 407963 | 47352 | 178 | 14470 | 110753 | 119 | 2323 |
| 宿州市本级 | Suzhou City at Its Own Level | 382711 | 33619 | 226 | 31193 | 28362 | 3885 | 35675 |
| 砀山县 | Dangshan | 243560 | 27859 | 120 | 8963 | 64068 | 905 | 2147 |
| 萧县 | Xiaoxian | 351213 | 34596 | 471 | 11763 | 93540 | 1726 | 2327 |
| 灵璧县 | Lingbi | 295698 | 28041 | | 11613 | 76482 | 864 | 2304 |
| 泗县 | Sixian | 257504 | 30836 | 27 | 13014 | 61517 | 1694 | 4472 |
| 蚌埠市本级 | Bengbu City at Its Own Level | 636058 | 38327 | 948 | 38024 | 58776 | 36334 | 10287 |
| 怀远县 | Huaiyuan | 371229 | 34905 | 426 | 13162 | 90324 | 13640 | 3023 |
| 五河县 | Wuhe | 252077 | 26306 | 136 | 8175 | 53631 | 3184 | 2021 |
| 固镇县 | Guzhen | 215348 | 25331 | 289 | 5258 | 46914 | 606 | 1843 |
| 阜阳市本级 | Fuyang City at Its Own Level | 425222 | 52859 | 6487 | 36505 | 41790 | 3882 | 4368 |
| 界首市 | Jieshou | 220847 | 21142 | 37 | 11041 | 37343 | 2850 | 1445 |
| 临泉县 | Linquan | 423857 | 34211 | 350 | 10513 | 128080 | 3641 | 1724 |
| 太和县 | Taihe | 373747 | 24164 | 105 | 11008 | 98693 | 1549 | 1610 |
| 阜南县 | Funan | 350972 | 23068 | 157 | 9551 | 98058 | 551 | 2484 |
| 颍上县 | Yingshang | 409174 | 32434 | 561 | 10077 | 112816 | 1751 | 2498 |
| 淮南市本级 | Huainan City at Its Own Level | 765417 | 83145 | 2634 | 49894 | 65500 | 21488 | 8230 |
| 凤台县 | Fengtai | 355544 | 34544 | 207 | 10863 | 66136 | 4607 | 3459 |
| 滁州市本级 | Chuzhou City at Its Own Level | 410049 | 56261 | 2099 | 32411 | 28300 | 8983 | 6043 |
| 天长市 | Tianchang | 373638 | 28519 | 195 | 11914 | 52782 | 7351 | 4155 |
| 明光市 | Mingguang | 232976 | 25235 | 671 | 8179 | 35471 | 905 | 1262 |
| 来安县 | Laian | 221328 | 22254 | 75 | 7327 | 33361 | 2455 | 1926 |
| 全椒县 | Quanjiao | 234230 | 26054 | 984 | 8375 | 45131 | 3955 | 1644 |
| 定远县 | Dingyuan | 307559 | 26588 | 112 | 7834 | 69896 | 3146 | 1690 |
| 凤阳县 | Fengyang | 306671 | 38414 | 184 | 11294 | 61028 | 1801 | 3701 |
| 六安市本级 | Luan City at Its Own Level | 404305 | 41581 | 525 | 45071 | 46491 | 6362 | 6791 |
| 寿县 | Shouxian | 365293 | 33809 | 151 | 11439 | 88765 | 4075 | 4171 |

## 7—10 续表1 continued

单位：万元（10000 yuan）

| 县（市） | County (City) | 支出合计 Total Revenue | 一般公共服务 General Public Service | 国防 National Defence | 公共安全 Public Security | 教育 Education | 科学技术 Science | 文化体育与传媒 Culture, Sports and Media |
|---|---|---|---|---|---|---|---|---|
| 霍邱县 | Huoqiu | 471098 | 48412 | 131 | 13371 | 121466 | 2945 | 4393 |
| 舒城县 | Shucheng | 274163 | 28858 | 192 | 10125 | 66528 | 1543 | 3786 |
| 金寨县 | Jinzhai | 271539 | 31933 | 108 | 10600 | 72889 | 2002 | 3831 |
| 霍山县 | Huoshan | 202138 | 23351 | 194 | 8212 | 41835 | 2282 | 3106 |
| 马鞍山市本级 | Maanshan City at Its Own Level | 684340 | 74691 | 90 | 29816 | 69002 | 32508 | 15111 |
| 当涂县 | Dangtu | 410316 | 48298 | | 10795 | 61221 | 7090 | 5323 |
| 含山县 | Hanshan | 187282 | 18924 | 294 | 7502 | 40902 | 2424 | 3340 |
| 和县 | Hexian | 215852 | 29841 | 48 | 6539 | 46029 | 3878 | 3345 |
| 芜湖市本级 | Wuhu City at Its Own Level | 1328443 | 40756 | 1792 | 37983 | 125055 | 175344 | 24920 |
| 芜湖县 | Wuhu | 273500 | 21698 | 230 | 7588 | 34605 | 7197 | 1443 |
| 繁昌县 | Fanchang | 272806 | 32126 | 208 | 7275 | 29651 | 4138 | 3675 |
| 南陵县 | Nanling | 227139 | 21558 | 211 | 9176 | 48320 | 3185 | 1507 |
| 无为县 | Wuwei | 402988 | 30956 | 251 | 10868 | 129219 | 4347 | 2893 |
| 宣城市本级 | Xuancheng City at Its Own Level | 347036 | 35070 | 1402 | 16156 | 14036 | 6970 | 2863 |
| 宁国市 | Ningguo | 280875 | 44785 | 184 | 10028 | 44751 | 7863 | 2121 |
| 郎溪县 | Langxi | 187392 | 18675 | | 3011 | 28033 | 12239 | 2090 |
| 广德县 | Guangde | 266017 | 47154 | 61 | 10243 | 43271 | 10663 | 3903 |
| 泾县 | Jingxian | 176088 | 28142 | 17 | 6589 | 25495 | 2980 | 3595 |
| 旌德县 | Jingde | 96123 | 11483 | | 4968 | 9945 | 2893 | 2289 |
| 绩溪县 | Jixi | 128261 | 17977 | 5 | 7008 | 19583 | 2943 | 3390 |
| 铜陵市本级 | Tongling City at Its Own Level | 617014 | 57844 | | 24504 | 62934 | 37266 | 11742 |
| 铜陵县 | Tongling | 201951 | 21014 | 251 | 7632 | 48158 | 5015 | 2140 |
| 池州市本级 | Chizhou City at Its Own Level | 368707 | 67377 | 3508 | 17169 | 17686 | 5044 | 5152 |
| 东至县 | Dongzhi | 240532 | 41923 | | 7847 | 52816 | 2405 | 1701 |
| 石台县 | Shitai | 76396 | 13355 | | 3861 | 11478 | 789 | 1171 |
| 青阳县 | Qingyang | 162217 | 28654 | 10 | 4907 | 35095 | 3282 | 2181 |
| 安庆市本级 | Anqing City at Its Own Level | 429270 | 36556 | 826 | 37144 | 52397 | 8187 | 18140 |
| 桐城市 | Tongcheng | 287500 | 39212 | | 8519 | 68325 | 8070 | 4450 |
| 怀宁县 | Huaining | 252338 | 37767 | 374 | 9281 | 60810 | 4020 | 5493 |
| 枞阳县 | Zongyang | 273372 | 42005 | 309 | 7217 | 61105 | 4652 | 3326 |
| 潜山县 | Qianshan | 227027 | 35717 | 60 | 7845 | 52322 | 3880 | 2987 |
| 太湖县 | Taihu | 204953 | 27346 | | 7922 | 51352 | 3481 | 2554 |
| 宿松县 | Susong | 256800 | 37818 | 10 | 9779 | 70318 | 3658 | 3444 |
| 望江县 | Wangjiang | 193825 | 26373 | | 6277 | 45760 | 3557 | 2106 |
| 岳西县 | Yuexi | 185091 | 20175 | | 6259 | 40273 | 3376 | 3480 |
| 黄山市本级 | Huangshan City at Its Own Level | 357030 | 45268 | 3286 | 19929 | 23532 | 7102 | 16055 |
| 歙县 | Shexian | 211288 | 20910 | | 8709 | 32276 | 7567 | 6747 |
| 休宁县 | Xiuning | 148943 | 21188 | | 6943 | 18306 | 2876 | 4028 |
| 黟县 | Yixian | 78944 | 10573 | 122 | 4210 | 7036 | 1478 | 5375 |
| 祁门县 | Qimen | 113656 | 13945 | 31 | 5725 | 14068 | 3523 | 2625 |

**7—10 续表2 continued**

单位：万元（10000 yuan）

| 县（市） | County (City) | 社会保障和就业 Social Security and Employment | 医疗卫生 Public Health | 节能环保 Energy Saving and Environmental Protection | 城乡社区事务 Expenses in Urban、Rural Areas and Communities | 农林水事务 Expenses of Agriculture、Forest and Irrigation | 交通运输 Transport | 资源勘探电力信息等事务 Resource Prospecting and Electric Power Information and so on |
|---|---|---|---|---|---|---|---|---|
| 合肥市本级 | Hefei City at Its Own Level | 191903 | 106808 | 139755 | 924250 | 105445 | 102827 | 339831 |
| 巢湖市 | Chaohu | 46415 | 30042 | 9333 | 11007 | 34775 | 12212 | 5189 |
| 长丰县 | Changfeng | 28728 | 40128 | 7088 | 25500 | 42952 | 6192 | 17691 |
| 肥东县 | Feidong | 43373 | 45857 | 8643 | 9163 | 63079 | 6285 | 5533 |
| 肥西县 | Feixi | 31008 | 49947 | 14669 | 2081 | 59115 | 10491 | 2487 |
| 庐江县 | Lujiang | 46246 | 43564 | 8967 | 13251 | 71823 | 11348 | 8961 |
| 淮北市本级 | Huaibei City at Its Own Level | 38895 | 32510 | 3453 | 143202 | 37316 | 19688 | 21750 |
| 濉溪县 | Suixi | 32855 | 47134 | 3821 | 45765 | 45776 | 8900 | 3426 |
| 亳州市本级 | Bozhou City at Its Own Level | 9244 | 6064 | 5004 | 17724 | 16069 | 64027 | 2642 |
| 涡阳县 | Guoyang | 54286 | 57667 | 4678 | 3527 | 55526 | 7987 | 1099 |
| 蒙城县 | Mengcheng | 47363 | 54364 | 3679 | 1931 | 48224 | 7765 | 2344 |
| 利辛县 | Lixin | 64788 | 55383 | 9317 | 3699 | 52267 | 7180 | 8039 |
| 宿州市本级 | Suzhou City at Its Own Level | 10894 | 12250 | 6371 | 31590 | 60421 | 25869 | 38993 |
| 砀山县 | Dangshan | 19931 | 33605 | 4578 | 1555 | 36012 | 7814 | 2728 |
| 萧县 | Xiaoxian | 33916 | 41638 | 3694 | 13551 | 44042 | 23519 | 4432 |
| 灵璧县 | Lingbi | 27815 | 40803 | 3523 | 4379 | 52181 | 7793 | 2799 |
| 泗县 | Sixian | 21344 | 29683 | 4743 | 8034 | 49868 | 7904 | 3337 |
| 蚌埠市本级 | Bengbu City at Its Own Level | 68529 | 44076 | 51298 | 116307 | 31017 | 40440 | 559 |
| 怀远县 | Huaiyuan | 45234 | 54215 | 4316 | 14380 | 63225 | 8407 | 965 |
| 五河县 | Wuhe | 27390 | 26691 | 4238 | 9389 | 56180 | 6574 | 1626 |
| 固镇县 | Guzhen | 22606 | 22243 | 3280 | 28868 | 29429 | 5507 | 355 |
| 阜阳市本级 | Fuyang City at Its Own Level | 42786 | 19078 | 3667 | 36940 | 29555 | 97041 | 16799 |
| 界首市 | Jieshou | 41439 | 24672 | 6398 | 8683 | 29100 | 4509 | 11189 |
| 临泉县 | Linquan | 63264 | 52371 | 5210 | 8449 | 54299 | 7812 | 2595 |
| 太和县 | Taihe | 56766 | 50152 | 5145 | 14558 | 51064 | 14426 | 8242 |
| 阜南县 | Funan | 55602 | 47318 | 2644 | 8030 | 53986 | 11931 | 3783 |
| 颍上县 | Yingshang | 54964 | 58050 | 5067 | 22987 | 52263 | 13554 | 7116 |
| 淮南市本级 | Huainan City at Its Own Level | 73823 | 51416 | 13194 | 170424 | 37021 | 35506 | 37740 |
| 凤台县 | Fengtai | 37869 | 44253 | 5179 | 44455 | 56574 | 7941 | 4533 |
| 滁州市本级 | Chuzhou City at Its Own Level | 27736 | 23720 | 19595 | 40509 | 42051 | 31132 | 32532 |
| 天长市 | Tianchang | 28815 | 60052 | 6879 | 36671 | 62150 | 24557 | 5740 |
| 明光市 | Mingguang | 28615 | 30412 | 4681 | 9415 | 45866 | 4303 | 5174 |
| 来安县 | Laian | 22878 | 20474 | 3590 | 23094 | 37558 | 6954 | 2972 |
| 全椒县 | Quanjiao | 22474 | 27188 | 11388 | 4756 | 39549 | 7321 | 1395 |
| 定远县 | Dingyuan | 39544 | 40520 | 4254 | 9720 | 68994 | 5372 | 214 |
| 凤阳县 | Fengyang | 35116 | 40940 | 4482 | 6994 | 57315 | 12255 | 2559 |
| 六安市本级 | Luan City at Its Own Level | 16701 | 17007 | 12732 | 46978 | 41132 | 44416 | 19239 |
| 寿县 | Shouxian | 38709 | 45387 | 10353 | 3505 | 83313 | 8245 | 2114 |

**7—10 续表3 continued**

单位：万元（10000 yuan）

| 县（市） | County (City) | 社会保障和就业 Social Security and Employment | 医疗卫生 Public Health | 节能环保 Energy Saving and Environmental Protection | 城乡社区事务 Expenses in Urban、Rural Areas and Communities | 农林水事务 Expenses of Agriculture、Forest and Irrigation | 交通运输 Transport | 资源勘探电力信息等事务 Resource Prospecting and Electric Power Information and so on |
|---|---|---|---|---|---|---|---|---|
| 霍邱县 | Huoqiu | 42797 | 51291 | 4138 | 7653 | 82699 | 12992 | 6253 |
| 舒城县 | Shucheng | 31087 | 34374 | 5690 | 4962 | 50729 | 10652 | 2737 |
| 金寨县 | Jinzhai | 26043 | 27617 | 4491 | 4052 | 46864 | 12097 | 1282 |
| 霍山县 | Huoshan | 18070 | 19262 | 5537 | 13018 | 36437 | 7303 | 1566 |
| 马鞍山市本级 | Maanshan City at Its Own Level | 47834 | 35944 | 11343 | 150192 | 22605 | 53920 | 51967 |
| 当涂县 | Dangtu | 39803 | 34906 | 8818 | 82678 | 42739 | 8206 | 9568 |
| 含山县 | Hanshan | 17387 | 19439 | 4614 | 13589 | 32761 | 6262 | 2633 |
| 和县 | Hexian | 23666 | 27190 | 3595 | 4325 | 42208 | 7320 | 1108 |
| 芜湖市本级 | Wuhu City at Its Own Level | 75451 | 52696 | 66970 | 160557 | 70245 | 100774 | 57674 |
| 芜湖县 | Wuhu | 27080 | 24119 | 2891 | 51798 | 31083 | 7531 | 23388 |
| 繁昌县 | Fanchang | 29060 | 29949 | 4596 | 24819 | 25122 | 5069 | 34258 |
| 南陵县 | Nanling | 30177 | 23455 | 3628 | 10491 | 34988 | 16319 | 5618 |
| 无为县 | Wuwei | 59178 | 49168 | 6471 | 10273 | 43274 | 6934 | 3895 |
| 宣城市本级 | Xuancheng City at Its Own Level | 18420 | 7745 | 10890 | 69615 | 31107 | 91349 | 8628 |
| 宁国市 | Ningguo | 29657 | 32545 | 2974 | 31084 | 33328 | 7234 | 6625 |
| 郎溪县 | Langxi | 14060 | 27861 | 8558 | 18327 | 27645 | 5640 | 403 |
| 广德县 | Guangde | 18754 | 35520 | 9633 | 14075 | 37451 | 11684 | 2798 |
| 泾县 | Jingxian | 19790 | 26413 | 3289 | 12783 | 22755 | 4453 | 4490 |
| 旌德县 | Jingde | 12972 | 9631 | 3257 | 7531 | 14653 | 2077 | 2826 |
| 绩溪县 | Jixi | 8725 | 16699 | 7491 | 11391 | 17874 | 2567 | 1134 |
| 铜陵市本级 | Tongling City at Its Own Level | 52673 | 44314 | 30327 | 90806 | 16275 | 44469 | 43220 |
| 铜陵县 | Tongling | 15077 | 17800 | 1266 | 14495 | 25138 | 5751 | 2344 |
| 池州市本级 | Chizhou City at Its Own Level | 19081 | 12524 | 11201 | 83519 | 27836 | 37097 | 30379 |
| 东至县 | Dongzhi | 26496 | 26206 | 5149 | 2405 | 38160 | 4327 | 1059 |
| 石台县 | Shitai | 8491 | 5887 | 2875 | 1981 | 12169 | 3417 | 1121 |
| 青阳县 | Qingyang | 17078 | 21089 | 3160 | 3151 | 20353 | 5447 | 3922 |
| 安庆市本级 | Anqing City at Its Own Level | 58469 | 37045 | 13341 | 40145 | 30438 | 38976 | 6151 |
| 桐城市 | Tongcheng | 26694 | 26611 | 4034 | 30295 | 37975 | 5515 | 3194 |
| 怀宁县 | Huaining | 24425 | 30863 | 5001 | 6085 | 33790 | 5667 | 1574 |
| 枞阳县 | Zongyang | 39092 | 43540 | 2941 | 2073 | 40612 | 5037 | 1029 |
| 潜山县 | Qianshan | 26029 | 23874 | 6472 | 7096 | 35918 | 4747 | 706 |
| 太湖县 | Taihu | 22892 | 21881 | 5283 | 1815 | 37654 | 4649 | 703 |
| 宿松县 | Susong | 22388 | 30133 | 3701 | 4637 | 39978 | 7221 | 2012 |
| 望江县 | Wangjiang | 24613 | 23527 | 1853 | 2053 | 36418 | 4232 | 2009 |
| 岳西县 | Yuexi | 23695 | 20629 | 4630 | 4347 | 33682 | 3916 | 1519 |
| 黄山市本级 | Huangshan City at Its Own Level | 21208 | 12462 | 61416 | 21809 | 9785 | 49331 | 8169 |
| 歙县 | Shexian | 34917 | 27376 | 5096 | 5766 | 31034 | 9086 | 2687 |
| 休宁县 | Xiuning | 19888 | 14909 | 3224 | 5104 | 25994 | 7190 | 1822 |
| 黟县 | Yixian | 10084 | 6682 | 3334 | 5455 | 12254 | 2017 | 564 |
| 祁门县 | Qimen | 14455 | 11880 | 1902 | 11158 | 17169 | 4579 | 1707 |

**7—10 续表4 continued**

单位：万元（10000 yuan）

| 县（市） County (City) | 商业服务业等事务 Resource Prospecting and Electric Power Information and so on | 金融监管等事务支出 Finance Supervision and so on | 国土资源气象等事务 Land Resources and Meteorology and so on | 住房保障支出 Housing Safeguard | 粮油物资储备事务 Supplies of Grain and Oil and Reserve Affairs | 国债还本付息 National Debt Repay and Interests Expenditure | 其他支出 Other Expenditure |
|---|---|---|---|---|---|---|---|
| 合肥市本级 Hefei City at Its Own Level | 52007 | 1483 | 18682 | 200747 | 3521 | 1736 | 64483 |
| 巢湖市 Chaohu | 7502 | 800 | 2938 | 17066 | 3246 | 133 | 1301 |
| 长丰县 Changfeng | 4629 | 1698 | 8244 | 15016 | 2896 | 292 | 3471 |
| 肥东县 Feidong | 7187 | 847 | 1635 | 16872 | 2667 | | 641 |
| 肥西县 Feixi | 6916 | 1119 | 808 | 18197 | 2736 | | |
| 庐江县 Lujiang | 6322 | 558 | 3389 | 11950 | 3853 | 350 | 160 |
| 淮北市本级 Huaibei City at Its Own Level | 5075 | 279 | 14032 | 50680 | 1903 | 574 | 1370 |
| 濉溪县 Suixi | 15309 | 202 | 9220 | 16468 | 2749 | 236 | 464 |
| 亳州市本级 Bozhou City at Its Own Level | 4949 | 80 | 2014 | 13730 | 171 | 445 | 25245 |
| 涡阳县 Guoyang | 4836 | 379 | 1883 | 35196 | 2814 | 305 | 1380 |
| 蒙城县 Mengcheng | 5500 | 108 | 1716 | 17299 | 2581 | 242 | 140 |
| 利辛县 Lixin | 4940 | 138 | 1081 | 17671 | 7771 | 279 | 215 |
| 宿州市本级 Suzhou City at Its Own Level | 15105 | 354 | 2640 | 40139 | 1307 | 3115 | 703 |
| 砀山县 Dangshan | 5378 | 205 | 1024 | 23707 | 1404 | 144 | 1413 |
| 萧县 Xiaoxian | 12650 | 1495 | 1420 | 23202 | 2843 | 264 | 124 |
| 灵璧县 Lingbi | 5172 | 25 | 4517 | 19378 | 5322 | 2527 | 160 |
| 泗县 Sixian | 5000 | 260 | 967 | 11905 | 2624 | 127 | 148 |
| 蚌埠市本级 Bengbu City at Its Own Level | 9592 | 451 | 4214 | 84476 | 1990 | | 413 |
| 怀远县 Huaiyuan | 3307 | 372 | 3667 | 13718 | 3221 | 249 | 473 |
| 五河县 Wuhe | 3327 | 353 | 490 | 20069 | 1861 | 281 | 155 |
| 固镇县 Guzhen | 3129 | 530 | 3924 | 12966 | 1628 | 163 | 479 |
| 阜阳市本级 Fuyang City at Its Own Level | 3284 | 1230 | 2726 | 7956 | 1651 | 9910 | 6708 |
| 界首市 Jieshou | 5324 | 321 | 3028 | 10755 | 1299 | 177 | 95 |
| 临泉县 Linquan | 14259 | 170 | 18526 | 13309 | 4225 | 654 | 195 |
| 太和县 Taihe | 9114 | 155 | 1706 | 22192 | 2523 | 242 | 333 |
| 阜南县 Funan | 5383 | 267 | 1597 | 20933 | 3013 | 2381 | 235 |
| 颍上县 Yingshang | 5419 | 235 | 6514 | 19507 | 394 | 2876 | 91 |
| 淮南市本级 Huainan City at Its Own Level | 6065 | 875 | 22555 | 66033 | 4949 | 10759 | 4166 |
| 凤台县 Fengtai | 11216 | 413 | 1567 | 16286 | 2648 | 298 | 2496 |
| 滁州市本级 Chuzhou City at Its Own Level | 1946 | 550 | 1473 | 50105 | 854 | 1285 | 2464 |
| 天长市 Tianchang | 6867 | 225 | 808 | 30085 | 4509 | 185 | 1179 |
| 明光市 Mingguang | 3876 | 502 | 1922 | 21844 | 3065 | 117 | 1461 |
| 来安县 Laian | 3748 | 207 | 7079 | 22082 | 3108 | 169 | 17 |
| 全椒县 Quanjiao | 4073 | 362 | 2703 | 24061 | 2535 | 178 | 104 |
| 定远县 Dingyuan | 5317 | 578 | 2323 | 16202 | 3552 | 387 | 1316 |
| 凤阳县 Fengyang | 5035 | 550 | 3533 | 18597 | 2540 | 188 | 145 |
| 六安市本级 Luan City at Its Own Level | 5325 | 395 | 5442 | 29120 | 1254 | 14200 | 3543 |
| 寿县 Shouxian | 4815 | 360 | 1220 | 19637 | 4776 | 278 | 171 |

## 7—10 续表5 continued

单位：万元（10000 yuan）

| 县（市） County (City) | 商业服务业等事务 Resource Prospecting and Electric Power Information and so on | 金融监管等事务支出 Finance Supervision and so on | 国土资源气象等事务 Land Resources and Meteorology and so on | 住房保障支出 Housing Safeguard | 粮油物资储备事务 Supplies of Grain and Oil and Reserve Affairs | 国债还本付息 National Debt Repay and Interests Expenditure | 其他支出 Other Expenditure |
|---|---|---|---|---|---|---|---|
| 霍邱县 Huoqiu | 11026 | 1439 | 35292 | 19763 | 4650 | | 387 |
| 舒城县 Shucheng | 4757 | 372 | 838 | 13450 | 2005 | 222 | 1256 |
| 金寨县 Jinzhai | 5897 | 248 | 1690 | 16647 | 1048 | 2200 | |
| 霍山县 Huoshan | 5177 | 153 | 2121 | 11151 | 1177 | 124 | 2062 |
| 马鞍山市本级 Maanshan City at Its Own Level | 11409 | 672 | 14156 | 51043 | 1945 | 4336 | 5756 |
| 当涂县 Dangtu | 6308 | 970 | 11233 | 29129 | 2308 | 275 | 648 |
| 含山县 Hanshan | 2111 | 423 | 1937 | 10156 | 2033 | 189 | 362 |
| 和县 Hexian | 4346 | 609 | 1078 | 8073 | 2403 | 131 | 120 |
| 芜湖市本级 Wuhu City at Its Own Level | 18693 | 1008 | 5507 | 225318 | 2022 | 27574 | 58104 |
| 芜湖县 Wuhu | 1978 | 116 | 146 | 29743 | 689 | | 177 |
| 繁昌县 Fanchang | 2142 | 702 | 2179 | 33476 | 1100 | 422 | 2839 |
| 南陵县 Nanling | 3011 | 673 | 1062 | 11691 | 1249 | 362 | 458 |
| 无为县 Wuwei | 7213 | 1197 | 1808 | 31412 | 3191 | 245 | 195 |
| 宣城市本级 Xuancheng City at Its Own Level | 12047 | 139 | 2777 | 15582 | 657 | 1402 | 181 |
| 宁国市 Ningguo | 4280 | 562 | 969 | 18621 | 697 | 170 | 2397 |
| 郎溪县 Langxi | 7245 | 185 | 1027 | 10997 | 1301 | | 95 |
| 广德县 Guangde | 4543 | 100 | 1441 | 10995 | 2410 | 268 | 1050 |
| 泾县 Jingxian | 1741 | 320 | 395 | 11927 | 594 | 320 | |
| 旌德县 Jingde | 1533 | 142 | 1078 | 8242 | 378 | 113 | 112 |
| 绩溪县 Jixi | 2868 | 349 | 761 | 6820 | 519 | 97 | 60 |
| 铜陵市本级 Tongling City at Its Own Level | 24007 | 1023 | 12176 | 53753 | 2890 | 609 | 6182 |
| 铜陵县 Tongling | 21762 | 605 | 5668 | 4880 | 510 | 137 | 2308 |
| 池州市本级 Chizhou City at Its Own Level | 7400 | 372 | 3797 | 17480 | 717 | 777 | 591 |
| 东至县 Dongzhi | 2114 | 118 | 1211 | 24713 | 1440 | 179 | 263 |
| 石台县 Shitai | 2414 | 98 | 758 | 5814 | 471 | 146 | 100 |
| 青阳县 Qingyang | 1975 | 226 | 1083 | 9775 | 573 | 141 | 115 |
| 安庆市本级 Anqing City at Its Own Level | 10484 | 273 | 2085 | 32961 | 2442 | 2791 | 419 |
| 桐城市 Tongcheng | 4681 | 698 | 3079 | 13029 | 1845 | 247 | 1027 |
| 怀宁县 Huaining | 2930 | 241 | 5312 | 15825 | 2590 | | 290 |
| 枞阳县 Zongyang | 3831 | 189 | 2396 | 12338 | 1525 | | 155 |
| 潜山县 Qianshan | 4394 | 635 | 1457 | 11060 | 1578 | 182 | 68 |
| 太湖县 Taihu | 3316 | 175 | 597 | 12127 | 850 | 176 | 180 |
| 宿松县 Susong | 4320 | 565 | 3287 | 11673 | 1809 | 49 | |
| 望江县 Wangjiang | 2638 | 309 | 479 | 9943 | 1314 | 188 | 176 |
| 岳西县 Yuexi | 2253 | 142 | 762 | 13624 | 601 | 318 | 1410 |
| 黄山市本级 Huangshan City at Its Own Level | 24829 | 64 | 3532 | 13452 | 842 | 421 | 14538 |
| 歙县 Shexian | 2866 | 991 | 2972 | 11364 | 492 | 200 | 232 |
| 休宁县 Xiuning | 3143 | 532 | 2497 | 10024 | 419 | 97 | 759 |
| 黟县 Yixian | 2234 | | 711 | 6096 | 399 | 108 | 212 |
| 祁门县 Qimen | 1482 | 32 | 1723 | 7067 | 376 | 120 | 89 |

## 7—11 主要年份金融机构人民币各项存款和贷款余额

Total Deposite and Loan (RMB) in Financial organ In Main Years

单位：亿元（100 million yuan）

| 年份<br>Year | 各项存款合计<br>Total Deposit | #企业存款<br>Enterprise Deposit | #农村存款<br>Countryside Deposit | #城乡居民储蓄存款<br>City and Countryside Resident Savings Deposit | #城镇<br>Cities | 各项贷款合计<br>Total Loan | #工业企业<br>Industrial Enterprise | #商业企业<br>Commercial Department | #农业贷款<br>Agriculture Loan |
|---|---|---|---|---|---|---|---|---|---|
| 2000 | 2485.54 | 761.90 | | 1447.15 | | 2384.95 | 398.58 | 679.76 | 181.12 |
| 2002 | 3449.23 | 978.21 | | 2047.51 | | 2941.59 | 463.28 | 677.74 | 256.79 |
| 2003 | 4190.20 | 1234.15 | | 2475.83 | | 3374.59 | 515.85 | 632.96 | 307.80 |
| 2004 | 5045.34 | 1489.54 | | 2972.37 | | 3900.57 | 543.49 | 646.53 | 370.66 |
| 2005 | 5993.82 | 1661.44 | | 3508.67 | | 4313.55 | 490.97 | 626.47 | 430.60 |
| 2006 | 7100.37 | 2017.32 | | 4077.80 | | 5132.02 | 606.78 | 674.69 | 482.13 |
| 2007 | 8406.57 | 2537.03 | | 4546.49 | | 6042.51 | 714.89 | 734.27 | 564.87 |
| 2008 | 10303.30 | 3019.66 | | 5647.51 | | 6948.70 | 686.84 | 704.62 | 560.36 |
| 2009 | 13306.53 | 4318.24 | | 6619.48 | | 9289.40 | 757.79 | 788.58 | 630.23 |
| 2010 | 16366.10 | 5208.51 | | 7788.48 | | 11452.29 | | | |
| 2011 | 19404.30 | | | | | 13729.83 | | | |
| 2012 | 22977.30 | | | | | 16294.28 | | | |

注：本表中工业企业、商业企业、农业贷款均属短期贷款，其中1995年为国家银行口径。

a) In this table, industrial enterprises, commercial enterprises, agriculture loans are short-term loans, In1995 for State bank data.

## 7—12 金融机构人民币信贷资金平衡表（资金来源表1）
Credit Funds Balance Sheet of Financial Institutions (Sources of Funds 1)

（年末余额）(year-end) 单位：万元（10000 yuan）

| 项　目 | Item | 2005 | 2010 |
|---|---|---|---|
| **资金来源合计** | **All Sources** | **62208918** | **158212499** |
| 各项存款 | Deposits | 59938218 | 163661014 |
| 企业存款 | Deposits of Enterprises | 16614416 | 52085141 |
| 活期存款 | Carrent Deposits | 13061948 | 38971577 |
| 定期存款 | Fixed Deposits | 3552469 | 13113564 |
| 财政存款 | Treasury Deposits | 1386975 | 4428934 |
| 机关团体存款 | Deposits of Government Agencies and Organizations | 2542688 | 13402894 |
| 储蓄存款 | Urban and Rural Savings Deposits | 35086727 | 77884800 |
| 活期储蓄 | Carrent Deposits | 10631280 | 29355524 |
| 定期储蓄 | Fixed Deposits | 24455447 | 48529277 |
| 农业存款 | Agricultural Deposits | 1028014 | 5416625 |
| 委托存款 | Commission Deposits | 368341 | 614206 |
| 其他存款 | Other Deposits | 2911056 | 9828414 |
| 金融债券 | Bonds | 50 | 32 |
| 应付及暂收款 | Account Payable and Temporary Credit | 868630 | 3069099 |
| #应付及预收利息 | Payable and Pre-received Interest | 291029 | 1345492 |
| 同业往来 | Commercial Dealings of the Same Trade | 571807 | 2499329 |
| 各项准备 | Every Capital Reserve | 591755 | 1897923 |
| #贷款损失准备 | Capital Reserves for Loss of Loan | 432165 | 1821231 |
| 所有者权益 | Creditors' Equity | 400413 | 5782529 |
| #实收资本 | Paid-in Capital | 626271 | 2544472 |
| 当年结益 | Carried Interest in the Same Year | 336631 | |
| 其　他 | Others | -161954 | -18697427 |

注：本表金融机构包括中国人民银行、政策性银行、国有商业银行、股份制商业银行、徽商银行、农村合作银行、农村商业银行、邮储银行、农村信用社、财务公司、信托投资公司等。（下表同）

a) Financial institutions in this table include Chinese People's Bank, policy banks, state-sole-owned commercial bank, commercial banks of stock-sharing system, urban commercial banks, savings deposit agencies of postal banks, rural credit cooperative, rural credit cooperatives and financial trust investment agencies.

## 7—13 金融机构人民币信贷资金平衡表（资金来源表2）
Credit Funds Balance Sheet of Financial Institutions (Sources of Funds 2)

（年末余额）(year-end) 单位：万元（10000 yuan）

| 项　目 | Item | 2011 | 2012 |
|---|---|---|---|
| **资金来源合计** | **All Sources** | **194701601** | **225093333** |
| 各项存款 | Deposits | 194043047 | 229772967 |
| 单位存款 | Unit Deposits | 92957385 | 106790744 |
| 活期存款 | Carrent Deposits | 52147132 | 55470712 |
| 定期存款 | Fixed Deposits | 18656413 | 25265108 |
| 通知存款 | Notice Deposits | 2007435 | 2011154 |
| 保证金存款 | Margin Deposits | 9340900 | 10651354 |
| 个人存款 | Personal Deposits | 93419257 | 113939937 |
| 储蓄存款 | Urban and Rural Savings Deposits | 92335727 | 111786239 |
| 保证金存款 | Deposits | 31578 | 110496 |
| 结构性存款 | Margin Deposits | 1051952 | 2043202 |
| 财政性存款 | Fiscal Deposits | 5201162 | 5372881 |
| 临时性存款 | Temporary Deposits | 527379 | 705408 |
| 委托存款 | Commission Deposits | 333827 | 429374 |
| 其他存款 | Other Deposits | 1604036 | 2534623 |
| 金融债券 | Bonds | 399178 | 399215 |
| 应付及暂收款 | Account Payable and Temporary Credit | 3835596 | 5095060 |
| #应付及预收利息 | Payable and Pre-received Interest | 1893672 | 2921826 |
| 同业往来 | Commercial Dealings of the Same Trade | 1975922 | 1793880 |
| 各项准备 | Every Capital Reserve | 2791171 | 3267170 |
| #贷款损失准备金 | Capital Reserves for Loss of Loan | 2733042 | 3222597 |
| 所有者权益 | Creditors' Equity | 742634 | 9586782 |
| #实收资本 | Paid-in Capital | 3003409 | 3741597 |
| 其　他 | Others | -21086784 | -28651540 |

# 7—14 金融机构人民币信贷资金平衡表（资金运用）
Credit Funds Balance Sheet of Financial Institutions (Uses of Funds)

（年末余额）(year-end)　　单位：万元（10000 yuan）

| 项　　目 | Item | 2010 | 2011 | 2012 |
|---|---|---|---|---|
| **资金运用合计** | **Total of Capital Lutilization** | **158212499** | **194701601** | **225093333** |
| 各项贷款 | Loans | 114522946 | 137298290 | 162942848 |
| 境内贷款 | Within the Boundaries Loan | 114522946 | 137291256 | 162934863 |
| 短期贷款 | Short-term Loan | 40441674 | 49962087 | 60384607 |
| 个人贷款及透支 | Individual Loan and Overdrawing | 9078913 | 10578158 | 12878862 |
| #个人消费贷款 | Individual Consumption Loan | 1036971 | 1377362 | 1609249 |
| 单位贷款及透支 | Unit Loan and Overdrawing | 29846329 | 36669378 | 44409342 |
| #经营贷款 | Management Loan | 29015839 | 36245437 | 44257082 |
| 固定资产贷款 | Fixed Asset Loan | 764732 | 421339 | 151975 |
| 普通并购货款 | Ordinary Merger Loan | | | |
| 银团贷款 | Syndicate Loan | 85935 | 170449 | 242890 |
| 贸易融资 | Trade Financing | 1430497 | 2544102 | 2853513 |
| 中长期贷款 | Medium and Long-term Loan | 71004991 | 82709259 | 94318479 |
| 个人贷款 | Individual Loan | 23722000 | 29135265 | 33897339 |
| #个人消费贷款 | Individual Consumption Loan | 19065546 | 22970419 | 27265009 |
| 单位贷款 | Unit Loan | 44323105 | 48550124 | 53361520 |
| #经营贷款 | Management Loan | 9704317 | 7948490 | 7440266 |
| 固定资产贷款 | Fixed Asset Loan | 34513840 | 40601634 | 45921255 |
| 普通并购货款 | Ordinary Merger Loan | | 124500 | 134500 |
| 银团贷款 | Syndicate Loan | 2959886 | 4440357 | 6246121 |
| 贸易投资 | Trade Financing | | 457700 | 678050 |
| 信托贷款 | Trust Loans | | | |
| 融资租赁 | Capital Blending and Leasing | | | 600025 |
| 委托贷款 | Commission Loans | 148138 | | |
| 票据融资 | Note Financing | 2918448 | 4601901 | 7481119 |
| #贴　现 | Discount | 2879063 | 4601901 | 7481119 |
| 各项垫款 | Advanced Money to be Paid Back Later | 9694 | 18010 | 150633 |
| 境外贷款 | Beyond Border Loan | | 7034 | 7986 |
| 有价证券及投资 | Securities & Investment | 7476663 | | 4781826 |
| 应收及预付款 | Receivables and prepayments | 1457693 | 1137215 | 1377880 |
| #应收利息 | Interest Recievable | 242239 | 482173 | 643024 |
| 同业往来 | Commercial Dealings of the Same Trade | 117246 | 221720 | 230685 |
| 行内资金往来 | Inter-bank Debts | 31955072 | 42095784 | 45169597 |
| 外汇占款 | Purchase of Foreign Exchanges | 13190 | | |
| 固定资产 | Fixed Assets | 1634775 | 2152265 | 2524810 |
| 库存现金 | Cash Stock | 1033305 | 1257510 | 1478379 |
| 投资性房地产 | Investment of Real Estate | 1609 | 1493 | 1316 |

## 7—15 金融机构本外币合并信贷收支（表1）
Source and Uses of Credit Funds of Home and Foreign Currency of Financial Institutions（1）

（年末余额）(year-end)　　　　单位：万元（10000 yuan）

| 项　　目 | Item | 2005 | 2010 |
|---|---|---|---|
| **各项存款** | **Deposits** | **60687902** | **164775912** |
| 企事业单位存款 | Deposits of Enterprises and Institutions | 16901815 | 52943142 |
| 活期存款 | Current Deposits | 13304091 | 39625292 |
| 定期存款 | Fixed Deposits | 3597723 | 13317850 |
| 储蓄存款 | Saving Deposits | 35517112 | 78138105 |
| 活期储蓄 | Carrent Deposits | 10688392 | 29424751 |
| 定期储蓄 | Fixed Deposits | 24828720 | 48713354 |
| 委托存款 | Commission Deposits | 372658 | 591127 |
| 其他存款 | Other Deposits | 7896317 | 33103538 |
| **各项贷款** | **Loans** | **43992467** | **117365296** |
| 短期贷款 | Short-term Loans | 22788687 | 41420407 |
| 中长期贷款 | Medium-term & Long-term Loans | 17571315 | 71750093 |
| 信托贷款 | Trust Loans | 70444 | |
| 委托贷款 | Commission Loans | 483022 | 148138 |
| 其他贷款 | Other Loans | 413946 | 1118515 |
| 票据融资 | Note Financing | 2568907 | 2918448 |
| 各项垫款 | Advanced Money to be Paid Back Later | 96146 | 9694 |

## 7—16 金融机构本外币合并信贷收支（表2）
Source and Uses of Credit Funds of Home and Foreign Currency of Financial Institutions（2）

（年末余额）(year-end)　　　　单位：万元（10000 yuan）

| 项　　目 | Item | 2011 | 2012 |
|---|---|---|---|
| **各项存款** | **Deposits** | **195473293** | **232114537** |
| 单位存款 | Unit Deposits | 94092083 | 108803702 |
| 活期存款 | Current Deposits | 52897646 | 56882746 |
| 定期存款 | Fixed Deposits | 18945987 | 25710460 |
| 个人存款 | Personal Deposits | 93704839 | 114257372 |
| 储蓄存款 | Saving Deposits | 92612934 | 112094560 |
| 临时性存款 | Temporary Deposits | 557426 | 733335 |
| 委托存款 | Commission Deposits | 334993 | 429606 |
| 其他存款 | Other Deposits | 1604426 | 2536022 |
| **各项贷款** | **Loans** | **141463945** | **167951673** |
| 短期贷款 | Short-term Loans | 52796065 | 63266208 |
| 个人贷款及透支 | Personal Loans and Overdrafts | 10578361 | 12879283 |
| 单位普通贷款及透支 | Common Unit Loans and Overdrafts | 38212896 | 45558643 |
| 中长期贷款 | Medium-term & Long-term Loans | 83888830 | 95940111 |
| 个人贷款 | Personal Loans | 29135265 | 33897339 |
| 单位普通贷款 | Common Unit Loans | 48967433 | 54207016 |
| 票据融资 | Note Financing | 4601902 | 7481119 |
| 各项垫款 | Advanced Money to be Paid Back Later | 18010 | 152547 |

# 7—17 各市金融机构本外币信贷收支（2012年）

## Credit Income and Expenses of Renminbi and Foreign Currencies of Financial Institutions by Region (2012)

（年末余额）(year-end)　　　　单位：万元（10000 yuan）

| 地区 | Region | 各项存款 Deposits | 单位存款 Unit Deposits | 活期存款 Carrent Deposits | 定期存款 Fixed Deposits | 个人存款 Personal Deposits | 储蓄存款 Saving Deposits | 各项贷款 Loans |
|---|---|---|---|---|---|---|---|---|
| **总计** | **Total** | **231794276** | **108509748** | **56719132** | **25580120** | **114231065** | **112068253** | **167645910** |
| 合肥市 | Hefei | 70431497 | 44359345 | 19531846 | 12778085 | 21370051 | 20765963 | 64319261 |
| 淮北市 | Huaibei | 7887040 | 3470428 | 1891827 | 904353 | 4311726 | 4253685 | 5095760 |
| 亳州市 | Bozhou | 8134913 | 2357530 | 1598195 | 439213 | 5575311 | 5547276 | 4277145 |
| 宿州市 | Suzhou | 10179277 | 2962995 | 1806697 | 503949 | 6704775 | 6657556 | 4639464 |
| 蚌埠市 | Bengbu | 9795493 | 3952013 | 2134327 | 742806 | 5482944 | 5329895 | 6366623 |
| 阜阳市 | Fuyang | 14914070 | 4125187 | 2991507 | 614469 | 10602129 | 10543863 | 6435971 |
| 淮南市 | Huainan | 11157929 | 5142028 | 2493725 | 1397043 | 5824576 | 5729427 | 7869765 |
| 滁州市 | Chuzhou | 11170244 | 4526782 | 2954601 | 1005142 | 6057522 | 6001152 | 7153584 |
| 六安市 | Luan | 12780247 | 5010588 | 3206407 | 1092723 | 7261422 | 7239433 | 6878240 |
| 马鞍山市 | Maanshan | 12691886 | 6026518 | 3274466 | 1333911 | 6497776 | 6375789 | 8771426 |
| 芜湖市 | Wuhu | 18762618 | 9714864 | 4468720 | 1488518 | 8795066 | 8690485 | 17259447 |
| 宣城市 | Xuancheng | 8128072 | 3251548 | 2408816 | 452891 | 4698562 | 4663875 | 5947789 |
| 铜陵市 | Tongling | 5708142 | 2915453 | 1507165 | 675122 | 2694872 | 2664452 | 6005041 |
| 池州市 | Chizhou | 5189463 | 1940598 | 1106598 | 457107 | 3157246 | 3144742 | 3719696 |
| 安庆市 | Anqing | 17033702 | 5869800 | 3786000 | 941748 | 10764620 | 10692053 | 8602016 |
| 黄山市 | Huangshan | 6604965 | 2663706 | 1520270 | 642940 | 3813892 | 3767844 | 4174595 |

## 7—18 人民币信贷收支情况（2012年）
Credit Receipts and Payments (2012)

（年末余额）(year-end) 单位：万元（10000 yuan）

| 项　　目 | Item | 中资全国性大型银行 Chinese Large National Banks | 中资全国性中小型银行 Chinese National Small and Medium-sized Banks | 中资区域性中小型银行 Chinese Regional Small and Medium-sized Banks | #农村商业银行 Rural Commercial Bank | #农村合作银行 Roral Cooperative Bank | 农村信用社 Rural Credit Cooperatives |
|---|---|---|---|---|---|---|---|
| **各项存款** | **Deposits** | **136985685** | **45608224** | **29933488** | **20510372** | **8226776** | **10784339** |
| 单位存款 | Unit Deposits | 57359404 | 35159211 | 10478923 | 7820265 | 1745088 | 1625517 |
| 活期存款 | Current Deposits | 29593242 | 16932776 | 6053136 | 4071323 | 1317837 | 1338167 |
| 定期存款 | Fixed Deposits | 14719720 | 7340553 | 2663521 | 2297570 | 233384 | 175663 |
| 通知存款 | Notice Deposits | 1060977 | 928055 | 8692 | 6992 | | |
| 保证金存款 | Margin Deposits | 2652753 | 6350657 | 1475712 | 1205271 | 193768 | 111687 |
| 个人存款 | Personal Deposits | 76492808 | 8982056 | 19300148 | 12552201 | 6468525 | 9141720 |
| 储蓄存款 | Saving Deposits | 75368688 | 7960325 | 19292323 | 12549767 | 6463483 | 9141698 |
| 保证金存款 | Margin Deposits | 5832 | 96817 | 7825 | 2434 | 5042 | 22 |
| 结构性存款 | Commission Deposits | 1118288 | 924914 | | | | |
| 临时性存款 | Temporary Deposits | 392351 | 141537 | 154418 | 137906 | 13163 | 17102 |
| 其他存款 | Other Deposits | 2741121 | 1325419 | | | | |
| **各项贷款** | **Loans** | **87465671** | **44847163** | **20813545** | **14205277** | **5748291** | **7136647** |
| 境内贷款 | Within the Boundaries Loan | 87460278 | 44845101 | 20813545 | 14205277 | 5748291 | 7136647 |
| 短期贷款 | Short-term Loan | 21679273 | 20098194 | 13366172 | 8471368 | 4178008 | 4257081 |
| 个人贷款及透支 | Individual Loan and Overdrawing | 3123633 | 2016488 | 5018508 | 2739409 | 2059650 | 2700957 |
| #个人消费贷款 | Individual Consumption Loan | 810567 | 259745 | 331865 | 132988 | 190477 | 187796 |
| 单位贷款及透支 | Unit Loan and Overdrawing | 16113051 | 17633683 | 8226846 | 5656220 | 2073859 | 1471152 |
| #经营贷款 | Management Loan | 16067391 | 17607799 | 8179636 | 5618376 | 2064493 | 1462645 |
| 固定资产贷款 | Fixed Asset Loan | 45658 | 25600 | 47210 | 37844 | 9366 | 8507 |
| 银团贷款 | Syndicate Loan | 30000 | 9100 | 118818 | 73739 | 44499 | 84972 |
| 贸易融资 | Trade Financing | 2412590 | 438923 | 2000 | 2000 | | |
| 中长期贷款 | Medium and Long-term Loan | 64313173 | 22332131 | 4971198 | 3666607 | 1242750 | 1907141 |
| 个人贷款 | Individual Loan | 24403305 | 5366801 | 2609766 | 1901104 | 666230 | 1180779 |
| #个人消费贷款 | Individual Consumption Loan | 21199816 | 4338897 | 1119126 | 916848 | 184638 | 270481 |
| 单位普通贷款 | Unit Loan | 36181038 | 14963099 | 1560326 | 1242067 | 302239 | 272410 |
| #经营贷款 | Management Loan | 3079698 | 2687893 | 1201969 | 974594 | 214523 | 262130 |
| 固定资产贷款 | Fixed Asset Loan | 33101340 | 12275205 | 358357 | 267473 | 87716 | 10280 |
| 普通并购贷款 | Ordinary Merger Loan | 124500 | 10000 | | | | |
| 银团贷款 | Syndicate Loan | 3602131 | 1315432 | 801107 | 523436 | 274281 | 453952 |
| 贸易融资 | Trade Financing | 2200 | 675850 | | | | |
| 境外筹资转贷款 | Overseas financing Loan | | 949 | | | | |
| 票据融资 | Note Financing | 1416790 | 2340420 | 2450940 | 2050156 | 319444 | 972425 |
| #贴　现 | Discount | 1416790 | 2340420 | 2450940 | 2050156 | 319444 | 972425 |
| 各项垫款 | Advanced Money to be Paid Back Later | 51041 | 74357 | 25235 | 17146 | 8089 | |

注：1．本表中资全国性大型银行包括国家开发银行、中国工商银行、中国农业银行、中国银行、中国建设银行、交通银行、中国邮政储蓄银行。
2．本表中资全国性中小型银行包括中国进出口银行、中国农业发展银行、中信银行、光大银行、招商银行、兴业银行、民生银行、华夏银行、徽商银行、九江银行、杭州银行、东莞银行。
3．本表中资区域性中小型银行包括农村商业银行、农村合作银行、村镇银行。

a) The table of Chinese large national banks include: the National Development Bank, ICBC, Agricultural Bank of China, Bank of China, China Construction Bank, Bank of communications, China Post.

b) The table of Chinese national small and medium-sized banks include: the import and Export Bank of China, China Agricultural Development Bank, CITIC Bank, China Everbright Bank, China Merchants Bank, industrial bank, Minsheng bank, Bank of huaxia, Bank of huishang, Bank of Jiujiang, Bank of Hangzhou, Bank of Dongguan.

c)The table of Chinese regional small and medium-sized banks include rural commercial banks, rural cooperative banks, rural bank.

## 7—19 安徽省上市公司数量
Number of Listed Companies of Anhui

单位：家（unit）

| 年份 Year | 全省合计 Provincial Total | 上交所 Shanghai Stock Exchange | 深交所 Shenzhen Stock Exchange | 仅发A股公司 A Share Only | 发A、H股公司 A & H Share | 发A、B股公司 A & B Share | 仅发H股公司 H Share Only |
|---|---|---|---|---|---|---|---|
| 2000 | 26 | 9 | 15 | 20 | 1 | 3 | 2 |
| 2001 | 29 | 12 | 15 | 23 | 1 | 3 | 2 |
| 2002 | 33 | 18 | 15 | 27 | 3 | 3 | |
| 2003 | 36 | 21 | 15 | 30 | 3 | 3 | |
| 2004 | 44 | 27 | 17 | 38 | 3 | 3 | |
| 2005 | 45 | 27 | 18 | 39 | 3 | 3 | |
| 2006 | 47 | 27 | 19 | 40 | 3 | 3 | 1 |
| 2007 | 53 | 28 | 24 | 46 | 3 | 3 | 1 |
| 2008 | 56 | 28 | 27 | 49 | 3 | 3 | 1 |
| 2009 | 58 | 28 | 29 | 51 | 3 | 3 | 1 |
| 2010 | 65 | 29 | 36 | 59 | 3 | 3 | |
| 2011 | 77 | 29 | 48 | 71 | 3 | 3 | |
| 2012 | 78 | 29 | 49 | 72 | 3 | 3 | |

## 7—20 安徽省股票发行及筹资情况
Issuing Summary for Stocks of Anhui

| 年份 Year | 股票发行（万股）Amount Issued (10000 shares) | | 筹资额合计（万元）Raised Capital (10000 yuan) | | | | | | |
|---|---|---|---|---|---|---|---|---|---|
| | A股 A Shares | H股 H Shares | | A股 A Shares | H股 H Shares | 配股筹资 Shares Rights Issued | 可转债筹资 Changeable Bonds | 认股权行权 Stocks and Rights Issue | 公司债 Corporate Bonds |
| 2000 | 27300 | | 391741 | 226602 | | 165139 | | | |
| 2001 | 20300 | | 245990 | 186680 | | 59310 | | | |
| 2002 | 60500 | | 288552 | 268140 | | 20412 | | | |
| 2003 | 13300 | 7220 | 308633 | 94504 | 63129 | | 151000 | | |
| 2004 | 47817 | | 339453 | 234020 | | 17433 | 88000 | | |
| 2005 | 4000 | | 15200 | 15200 | | | | | |
| 2006 | 24500 | 16757 | 726267 | 125860 | 50407 | | 550000 | | |
| 2007 | 188184 | | 1451247 | 1364247 | | | 87000 | | |
| 2008 | 119083 | | 1765186 | 1458052 | | | | 307134 | |
| 2009 | 91711 | | 1629589 | 1429589 | | | | | 200000 |
| 2010 | 128849 | | 1713126 | 1513126 | | | 200000 | | |
| 2011 | 122790 | | 3583653 | 1993653 | | | 30000 | | 1560000 |
| 2012 | 248280 | | 1410770 | 415770 | | | | | 995000 |

注：股票发行包括首次发行、增发和认股权行权。
a) Amount issued and raised capital of shares include the-first-time issued and additional issued stocks and rights issues .

## 7—21 各市股票发行情况及筹资情况（截止2012年）
Issuing Summary for Stocks by Region (Up to 2012)

| 地 区 | Region | 上市公司（家）Number of Listed Companies (unit) | 发行股票（只）Number of Listed Shares (unit) | 股份总数（万股）Number of Shares (10000 share) | #无限售股份 Unlimited Shares | 当年募集资金（万元）Raised Capital (10000 yuan) | #发行股票 Amount of Listed Shares |
|---|---|---|---|---|---|---|---|
| **总　计** | **Total** | **78** | **84** | **5225868** | **4530594** | **1410770** | **415770** |
| 合 肥 市 | Hefei | 30 | 32 | 1654922 | 1336877 | 85000 | 85000 |
| 淮 北 市 | Huaibei | 3 | 3 | 200823 | 196024 | 59145 | 59145 |
| 亳 州 市 | Bozhou | 1 | 2 | 50360 | 50360 | | |
| 宿 州 市 | Suzhou | 1 | 1 | 101209 | 29599 | | |
| 蚌 埠 市 | Bengbu | 4 | 4 | 188874 | 158509 | 50000 | |
| 阜 阳 市 | Fuyang | 1 | 1 | 55578 | 55578 | | |
| 淮 南 市 | Huainan | 1 | 1 | 185039 | 185039 | | |
| 滁 州 市 | Chuzhou | 3 | 3 | 66720 | 40960 | | |
| 六 安 市 | Luan | 1 | 1 | 58657 | 58657 | 70000 | |
| 马鞍山市 | Maanshan | 8 | 9 | 1052634 | 999743 | 105000 | 25000 |
| 芜 湖 市 | Wuhu | 11 | 12 | 911767 | 798530 | 914000 | 203000 |
| 宣 城 市 | Xuancheng | 3 | 3 | 128742 | 88772 | | |
| 铜 陵 市 | Tongling | 6 | 6 | 339240 | 337566 | | |
| 池 州 市 | Chizhou | | | | | | |
| 安 庆 市 | Anqing | 2 | 2 | 119894 | 107817 | 84000 | |
| 黄 山 市 | Huangshan | 3 | 4 | 111411 | 86566 | 43625 | 43625 |

注：增发股票、认股权行权募集资金包括在发行股票中。
a) The raised capital of additional listed stocks is included in the listed shares.

## 7—22 保险公司业务经济技术指标（2012年）
Main Professional Technical Indicators of Insurance Companies (2012)

单位：万元（10000 yuan）

| 项　目 | Item | 保费收入 Income From Premium | 赔　付 Claim and Payment |
|---|---|---|---|
| **合　计** | **Total** | **4536125** | **1526508** |
| **按公司类型分：** | **Devided By The Character of Company** | | |
| 财产保险公司 | Property Insurance Companies | 1728477 | 929151 |
| 人身保险公司 | Life Insurance Companies | 2807648 | 597356 |
| **按业务性质分：** | **Devided BY The Nature of The Business** | | |
| **财产保险业务** | **Property Insurance Businesses** | **1690578** | **914790** |
| 企业财产险 | Enterprise Property Insurance | 65183 | 23620 |
| 家庭财产险 | Family Property Insurance | 3985 | 574 |
| 机动车辆险 | Motor Vehicle Insurance | 1320669 | 742621 |
| 工程保险 | Engineering Insurance | 10529 | 3776 |
| 责任保险 | Liability Insurance | 39377 | 19779 |
| 信用保险 | Credit Insurance | 24447 | 9029 |
| 保证保险 | Guarantee Insurance | 18714 | 2356 |
| 船舶保险 | Ship Insurance | 16454 | 5606 |
| 货物运输险 | Freight Transport Insurance | 13461 | 8823 |
| 特殊风险保险 | Peculiar Risk Insurance | 261 | 37 |
| 农业保险 | Agriculture Insurance | 175596 | 98097 |
| 其他保险 | Other Insurance | 1902 | 472 |
| **人身保险业务** | **Insurance Service of Life** | **2845547** | **611718** |
| 寿　险 | Life Insurance | 2578918 | 522678 |
| 健康险 | Health Insurance | 72604 | 72919 |
| 意外伤害险 | Personal Accident Insurance | 194025 | 16120 |

# 主要统计指标解释

**财政收入**

指国家财政参与社会产品分配所取得的收入，是实现国家职能的财力保证。财政收入所包括的内容几经变化，目前主要包括：

（1） 税收收入：包括增值税、消费税、营业税、企业所得税、个人所得税、资源税、城市维护建设税、房产税、印花税、城镇土地使用税、土地增值税、车船税、耕地占用税、契税和烟叶税等。

（2） 非税收入：包括专项收入、行政事业性收费收入、罚没收入、国有资本经营收入和国有资源（资产）有偿使用收入等。

**财政支出**

国家财政将筹集起来的资金进行分配使用，以满足社会各项事业发展和经济建设的需要，主要包括：

（1）一般公共服务：反映政府提供一般公共服务的支出。具体包括人大事务、政协事务、政府办公厅（室）及相关机构事务、发展与改革事务、统计信息事务、财政事务、税收事务、审计事务、海关事务、人事事务、纪律监察事务、人口与计划生育事务、商贸事务、知识产权事务、工商行政管理事务、食品和药品监督管理事务、质量技术监督与检验检疫事务、国土资源事务、海洋管理事务、测绘事务、地震事务、气象事务、民族事务、宗教事务、港澳台侨事务、档案事务、共产党事务、民主党派事务、群众团体事务、彩票事务、国债事务、其他一般公共服务支出。

（2）公共安全：反映政府维护社会公共安全方面的支出。具体包括武装警察、公安、国家安全、检察、法院、司法、监狱、劳教、国家保密、其他公共安全支出。

（3）教育：反映政府教育支出情况。具体包括教育管理事务、普通教育、职业教育、成人教育、广播电视教育、留学教育、特殊教育、教师进修及干部继续教育、教育附加及基金支出、其他教育支出。

（4）科学技术：反映国家用于科学技术方面的支出。具体包括科学技术管理事务、基础研究、应用研究、技术研究与开发、科技条件与服务、社会科学、科学技术普及、科技交流与合作、其他科学技术支出。

（5）文化体育与传媒：反映政府在文化、文物、体育、广播影视、新闻出版等方面支出。

（6）社会保障和就业：反映政府在社会保障与就业方面的支出。具体包括社会保障和就业管理事务、民政管理事务、财政对社会保险基金的补助、补充全国社会保障基金、行政事业单位离退休、企业关闭破产补助、就业补助、抚恤、退役安置、社会福利、残疾人事业、城市居民最低生活保障、其他城镇社会救济、农村社会救济、自然灾害生活救助、红十字事业、其他社会保障和就业支出。

（7）医疗卫生：反映政府用于医疗卫生方面的支出。具体包括医疗卫生管理事务、医疗服务、社区卫生服务、医疗保障、疾病预防控制、卫生监督、其他医疗卫生支出。

（8）环境保护：反映政府用于环境保护方面的支出。具体包括环境保护管理事务支出、环境监测与监察支出、污染防治支出、自然生态保护支出、天然林保护支出、退耕还林支出、风沙荒漠治理支出、退牧还草支出、已垦草原退耕还草支出等，

（9）城乡社区事务： 反映政府用于城乡社区事务方面的支出。包括城乡社区管理事务、城乡社区规划与管理、城乡社区公共设施、城乡社区住宅、城乡社区环境卫生、建设市场管理与监督、政府住房基金支出、土地有偿使用支出、城镇公用事业附加支出、其他城乡社区事务支出。

（10）农林水事务：反映政府用于农林水事务方面的支出。具体包括农业支出、林业支出、水利支出、南水北调支出、扶贫支出、农业综合开发支出、其他农林水事务支出。

（11）交通运输：反映政府用于交通运输方面的支出。具体包括公路运输支出、铁路运输支出、民用航空运输支出等。

**信贷资金**

指金融机构以信用方式积聚和分配的货币资金。金融机构信贷资金的来源有各项存款、对国际金融机构负债、流通中货币、银行自有资金及当年结益等；信贷资金的运用有各项贷款、黄金占款、外汇占款、财政借款及在国际金融机构中的资产等。

**存款**

指企业、机关、团体或居民根据资金必须收回的原则，把货币资金存入银行或其他信用机构保管并取得一定利息的一种信用活动形式。根据存款对象的不同可划分为企业存款、财政存款、机关团体存款、基本建设存款、城镇储蓄存款、农村存款等科目。它是银行信贷资金的主要来源。

**贷款**

指银行或其他信用机构根据资金必须归还的原则，按一定利率，为企业、个人等提供资金的一种信用活动形式。我国银行贷款分为流动资金贷款、固定资产贷款、城乡个体工商户贷款以及农业贷款等科目。

**保费**

指投保人为取得保险人在约定范围内所承担赔偿责任而支付给保险人的费用。

**赔款**

指保险人根据保险合同的规定，向被保险人支付的赔偿保险责任损失的金额。

**给付**

包括死伤医疗给付和满期给付。死伤医疗给付是指保险人根据人寿保险及长期健康保险合同的规定，因被保险人在保险期内发生保险责任范围内的保险事故支付给被保险人（或受益人）的金额。满期给付是指被保险人生存期满，保险人按人寿保险合同规定支付给被保险人的满期保险金额。

# Explanatory Notes for Major Statistical Indicators

**Government Revenue**

refers to the revenue of the government finance by means of participating in the distribution of the social products, which is the financial resource for ensuring the government to function. The contents of government revenue have been changed several times. Now it includes the following main items:

1) Various tax revenues, including value added tax, consumption tax, business tax, Enterprise tax, individual income tax, resource tax, city maintenance construction tax, estate tax, stamp tax, town land used tax, land value added tax, vehicle tax and land occupy tax, contract tax and tobacco tax etc.

2) Non tax revenue: Include special revenue and administrative collect fees revenue, punish revenue, state-owned capital operation revenue and state-owned resource (asset) used revenue etc.

**Government Expenditure**

refers to the distribution and use of the funds the government finance has raised, so as to meet the needs of social various causes and economic construction and. It includes the following main items:

(1) general public service: refers to government expenditure for general public service. Include affairs of the National People's Congress, affairs of the Chinese People's Political Consultative Conference , government office and its relation organization , affairs of development and reform , statistical information, financial, tax revenue, audit, customs, personnel and discipline, population and family planning, business trade , intellectual property, industry and commercial management, food and medicine management, quality and technical supervise and inspection and quarantine, territory resource, marine management, survey, Earthquake, meteorological, national, religious, Hong Kong and Macao and Taiwan, files, affairs of the Communist Party, affairs of democratic party, the organization of the masses, affairs of lottery ticket, affairs of national debt, other general public service expenditure.

(2) Public safety: refers to government expenditure for maintenance social public safety. Include armed police, public security, national safety, procurator work, court, administration of justice, prison, labor education, national security and other public safety expenditure.

(3) Education: Refers to government educational expenditure. Include educational management, ordinary education, professional education, adult education and the education of broadcasting television , study abroad education , special education, teacher study and cadre continued education , education additional and fund expenditure and other educational expenditure.

(4) Science and technology: refers to country expenditure for science and technology. Include the management, basic research, application research, technical research and development of science and technology, the condition of science and technology and service, social science, the popularity of science and technology, the exchange of science and technology and cooperative, other science and technology expenditure.

(5) Culture sport and media: refers to government expenditure for cultural, cultural relic, sports, broadcast movie and TV, news publication and other expenditure.

(6) Social security and employment: refers to government expenditure for social security and employment. Include social security and employment management, administration management and finance, the subsidy for social safety fund, the supplementary nation fund of social security and administrative institution of retirement ,and enterprise to close bankruptcy subsidy and employment subsidy, compensated , discharge to settle, social welfare, handicapped person, city resident lowest life guarantee, other town social relief , rural social relief , natural calamity life help, Red Cross , other social security and employment expenditure

(7) Medical and sanitary: refers to government expenditure for medical and sanitary. Include medical and sanitary management, medical service, community sanitary service, medical guarantee, disease prevention and control, sanitary supervise and other medical and sanitary expenditure.

(8) environmental protection: refers to government expenditure for environmental protection. Include the management expenditure for environmental protection, and supervise expenditure, pollution prevention expenditure, and natural ecology protection expenditure ,natural forest protection expenditure, retreating to plough forest expenditure, desert of dust storm administer expenditure , retreat to herd rough expenditure , already retreat to plough still rough expenditure,

(9) Town and rural community: Refers to government expenditure for the community of town and rural. Include the community management of town and rural, the community program and management of town and rural, community public facility of town and rural, the community residence of town and rural, the community sanitary of town and rural, building market and supervise, government housing fund expenditure and land used payment, town public affairs additional expenditure, the other community expenditure of town and rural of.

(10) Agricultural and forest and water: Refers to

government expenditure for agricultural and forest and water. Include agricultural expenditure, forestry expenditure, the expenditure of water conservancy, south water to north, help poor expenditure, agricultural comprehensive development expenditure and other expenditure agricultural and forest and water.

(11) Traffic transportation: refers to government expenditure for traffic transportation. Include highway transportation expenditure, railway transportation expenditure, civil aerial transportation expenditure and so on.

**Credit Funds**

refer to the funds issued as loans by banking institutions. The sources of credit funds of the banking institutions included deposits, liabilities to international financial institutions, currency in circulation, self-owned funds and current retained profits, etc. The credit funds can be used in forms of loans, gold, foreign exchange, government debt and assets in the international financial institutions.

**Deposit**

is a form of credit by which enterprises, institutions, organizations or households can put money into banks and other credit institutions for safekeeping and interest earning under the principle of free withdrawal. According to different depositors, deposits are divided into enterprise deposits, treasury deposits, deposits of government agencies and organizations, capital construction deposits, urban savings deposits, rural deposits and other deposits. Deposits are major sources of the credit funds of banks.

**Loan**

is a form of credit by which banks and other credit institutions provide funds at certain interest rate to enterprises and individuals in the light of the principle of unconditional repayment. Loans from Chinese banks include circulating capital loans, fixed assets loans, loans to urban and rural individuals engaged in industrial and commercial business and agricultural loans.

**Premium**

is the fee paid by the insurant to the insurer to obtain the obligation of compensation from the insurance within the agreed terms.

**Settled Claim**

is the compensation paid by the insurer to the insurant in accordance with the insurance contract.

**Payment**

includes payment for death, injury or medical treatment and mature payment. Payment for death, injury or medical treatment refers to the money paid to the insurant (or the beneficiary) in accordance with the life or health insurance contract when the insurant encounters accidents within the insured period covered in the contract. Mature payment refers to the mature payment to the insurant in accordance with the life insurance contract at the end of the insured period.

# 第八篇

Chapter 8

# 物价指数

PRICE INDICES

## 简要说明

一、本篇价格指数资料，反映生产、流通、消费与投资等环节的价格变动趋势和变动幅度。主要包括居民消费价格指数、商品零售价格指数、农业生产资料价格指数、农产品生产价格指数、工业品出厂价格指数、原材料燃料动力购进价格指数、固定资产投资价格指数、房地产价格指数。

二、价格指数统计由国家统计局安徽调查总队组织实施，各市、县调查队依据国家统计局统一制定的价格统计调查制度向基层采集原始数据汇总后上报。

三、消费、零售价格指数都是采用分层抽样调查方法编制的，以样本推断总体，被抽选的调查市县 16 个。

四、农产品生产价格调查采用抽样调查和重点调查相结合的调查方法，调查采用月报和季报相结合的方式，目前我省抽选的调查县为 31 个。

五、工业生产者出厂价格及购进价格指数采用重点调查和典型调查相结合的方法，调查实行月报，调查对象包括全省 16 个市的 3000 余家工业企业。

六、固定资产投资价格调查采用重点调查与典型调查相结合的方法，调查实行季报，调查对象为全省重点建筑施工企业和建设单位。

## Brief Introduction

I. Data on the price indices in this chapter show the changing trend and change rates in production, circulation, consumption and investment, etc., including mainly consumer price indices of residents, retail price indices, price indices of agricultural means of production, purchasing price indices of farm products, producers price indices of industrial products, purchasing price indices of raw materials, fuels and power, prices of investment in fixed assets and price index of real estate.

II. The statistics of price indices is organized by the NBS Survey Office in Anhui. The survey offices of the selected cities and counties collect statistical data from the grassroots units in accordance with the scheme of prices survey stipulated by the State Statistical Bureau, tabulate them and report them to higher agencies.

III. Data for calculation of the consumer price indices of residents and the retail price indices are collected with the stratified sampling method. Data on the population are estimated on the basis of the sample. Sixteen cities and counties have been selected for this purpose.

IV. Agricultural product produce price surveys were calculated by sample survey and typical survey. The surveys were performed monthly and quarterly together including 31conties in Anhui province.

V. Data for the calculation of the price indices of industrial products, raw materials, fuels and energy are collected by the key survey and typical survey. The surveys are performed monthly including more than 3000 industrial enterprises in Anhui 16 cities.

VI. Data for the calculation of the price indices of the investment in fixed assets are collected by the key unit survey and typical survey. The surveys are performed quarterly including all important building and construction enterprises and construction units in Anhui province.

## 8—1 各种价格总指数
Price Indices

上年=100（preceding year=100）

| 年份 Year | 居民消费价格指数 General Consumer Price Index | 城市居民消费价格指数 Urban Areas | 农村居民消费价格指数 Rural Areas | 商品零售价格指数 General Retail Price Index | 工业生产者出厂价格指数 Ex-factory Industrial Producer Price Index | 工业生产者购进价格指数 Industrial Producer Purchasing Price Index | 农业生产资料价格指数 Price Indices of Agricultural Means of Production | 固定资产投资价格指数 Investment in Fixed Assets Price Index |
|---|---|---|---|---|---|---|---|---|
| 2000 | 100.7 | 100.9 | 100.5 | 98.0 | 98.9 | 102.6 | 98.2 | 101.6 |
| 2001 | 100.5 | 100.0 | 101.3 | 99.6 | 98.6 | 100.2 | 97.9 | 99.5 |
| 2002 | 99.0 | 99.1 | 98.7 | 99.2 | 99.8 | 98.2 | 99.9 | 101.1 |
| 2003 | 101.7 | 101.8 | 101.7 | 101.3 | 103.5 | 106.7 | 100.2 | 103.5 |
| 2004 | 104.5 | 104.3 | 104.8 | 102.7 | 108.2 | 115.0 | 112.0 | 106.1 |
| 2005 | 101.4 | 101.0 | 101.9 | 100.6 | 103.3 | 107.1 | 108.3 | 101.0 |
| 2006 | 101.2 | 101.4 | 100.9 | 100.8 | 103.1 | 103.9 | 100.0 | 101.9 |
| 2007 | 105.3 | 105.3 | 105.2 | 104.5 | 103.6 | 105.1 | 106.8 | 105.4 |
| 2008 | 106.2 | 106.0 | 106.4 | 106.3 | 108.4 | 112.4 | 123.9 | 109.4 |
| 2009 | 99.1 | 98.9 | 99.4 | 99.0 | 92.8 | 95.3 | 95.8 | 96.0 |
| 2010 | 103.1 | 103.0 | 103.4 | 103.2 | 109.0 | 111.8 | 102.0 | 105.4 |
| 2011 | 105.6 | 105.4 | 105.9 | 105.3 | 108.3 | 110.8 | 114.3 | 108.1 |
| 2012 | 102.3 | 102.2 | 102.4 | 102.1 | 98.3 | 98.2 | 105.3 | 101.0 |

## 8—2 各种价格定基指数
Fixed-base Price Indices

（1990=100）

| 年份 Year | 居民消费价格指数 General Consumer Price Index | 城市居民消费价格指数 Urban Areas | 农村居民消费价格指数 Rural Areas | 商品零售价格指数 General Retail Price Index | 工业生产者出厂价格指数 Ex-factory Industrial Producer Price Index | 工业生产者购进价格指数 Industrial Producer Purchasing Price Index | 农业生产资料价格指数 Price Indices of Agricultural Means of Production | 固定资产投资价格指数 Investment in Fixed Assets Price Index |
|---|---|---|---|---|---|---|---|---|
| 2000 | 210.4 | 218.8 | 202.5 | 174.8 | 177.7 | 219.8 | 175.0 | 228.8 |
| 2001 | 211.5 | 218.8 | 205.1 | 174.1 | 175.3 | 220.2 | 171.4 | 227.6 |
| 2002 | 209.4 | 216.8 | 202.4 | 172.7 | 175.0 | 216.3 | 171.2 | 230.1 |
| 2003 | 213.0 | 220.7 | 205.8 | 175.0 | 181.1 | 230.8 | 171.5 | 238.2 |
| 2004 | 222.6 | 230.2 | 215.7 | 179.7 | 195.9 | 265.4 | 192.1 | 252.6 |
| 2005 | 225.7 | 232.5 | 219.8 | 180.8 | 202.4 | 284.2 | 208.0 | 255.1 |
| 2006 | 228.4 | 235.8 | 221.8 | 182.3 | 208.7 | 295.2 | 208.0 | 259.8 |
| 2007 | 240.5 | 248.3 | 233.3 | 190.5 | 216.2 | 310.3 | 222.1 | 273.8 |
| 2008 | 255.4 | 263.2 | 248.2 | 202.5 | 234.4 | 348.8 | 275.2 | 299.5 |
| 2009 | 253.1 | 260.3 | 246.7 | 200.5 | 217.5 | 332.4 | 263.6 | 287.5 |
| 2010 | 260.9 | 268.1 | 255.1 | 206.9 | 237.1 | 371.6 | 268.9 | 303.0 |
| 2011 | 275.5 | 282.6 | 270.2 | 217.9 | 256.8 | 411.7 | 307.4 | 327.5 |
| 2012 | 281.8 | 288.8 | 276.7 | 222.5 | 252.4 | 404.3 | 323.7 | 330.8 |

注：工业生产者出厂价格、工业生产者购进价格、固定资产投资价格指数以1992年为100。
a) Ex-factory industrial producer price index, industrial producer purchasing price, the price index of investment in fixed assets are 100 in 1992.

# 8—3 居民消费价格分类指数（2012年）
Consumer Price Indices by Category (2012)

上年=100（preceding year=100）

| 类别 | Item | 全省 Provincial Indices | 城市 Urban Indices | 农村 Rural Indices |
|---|---|---|---|---|
| **居民消费价格总指数** | **General Consumer Price Index** | **102.3** | **102.2** | **102.4** |
| **食品** | **Food** | **103.8** | **103.6** | **104.0** |
| 粮食 | Grain | 104.2 | 104.7 | 103.6 |
| 淀粉及制品 | Starch and Related Products | 104.5 | 102.4 | 108.8 |
| 干豆类及豆制品 | Bean and Its Products | 101.7 | 101.7 | 101.5 |
| 油脂 | Oil and Fat | 105.8 | 106.1 | 105.1 |
| 肉禽及其制品 | Meat and Poultry | 98.7 | 99.3 | 97.5 |
| 蛋 | Eggs | 94.3 | 94.0 | 94.8 |
| 水产品 | Aquatic Products | 110.8 | 109.2 | 114.3 |
| 菜 | Vegetables | 113.3 | 112.1 | 115.7 |
| #鲜菜 | Fresh Vegetables | 114.9 | 113.5 | 117.5 |
| 调味品 | Flavoring | 106.7 | 107.6 | 105.2 |
| 糖 | Carbohydrate | 107.2 | 106.8 | 107.9 |
| 茶及饮料 | Tea and Beverages | 103.9 | 103.1 | 105.4 |
| 干鲜瓜果 | Melons and Fruits | 99.3 | 98.9 | 100.3 |
| 糕点饼干面包 | Cake and Bread | 103.0 | 102.7 | 103.8 |
| 液体乳及乳制品 | Liquid Breast and Its Products | 103.8 | 104.7 | 101.7 |
| 在外用膳食品 | Food for External Use | 104.5 | 104.5 | 104.7 |
| 其他食品 | Other Food and Food Processing Services | 106.0 | 106.6 | 105.1 |
| **烟酒** | **Tobacco and Liquor** | **103.3** | **103.2** | **103.6** |
| 烟草 | Tobacco | 100.0 | 99.9 | 100.0 |
| 酒 | Liquor | 108.1 | 107.2 | 109.5 |
| **衣着** | **Clothing** | **102.5** | **102.5** | **102.7** |
| 服装 | Garments | 102.9 | 102.8 | 103.1 |
| 衣着材料 | Clothing Material | 102.9 | 102.6 | 103.2 |
| 鞋袜帽 | Footwear and Hats | 101.4 | 101.6 | 101.1 |
| 衣着加工服务费 | Clothing Manufacturing Services | 106.0 | 104.6 | 108.2 |
| **家庭设备用品及维修服务** | **Household Facilities and Maintenance Service** | **101.6** | **101.7** | **101.3** |
| 耐用消费品 | Durable Consumer Goods | 100.1 | 100.3 | 99.7 |
| 室内装饰品 | Interior Decorations | 100.6 | 100.0 | 102.1 |
| 床上用品 | Bed Articles | 99.4 | 99.0 | 100.5 |
| 家庭日用杂品 | Daily Use Household Articles | 102.5 | 102.4 | 102.7 |
| 家庭服务及加工维修服务 | Household Services and Processing Maintenance Services | 109.0 | 110.6 | 105.4 |
| **医疗保健和个人用品** | **Medicine, Medical Services and Personal Articles** | **101.5** | **101.3** | **101.8** |
| 医疗保健 | Medical Services | 101.0 | 100.8 | 101.3 |
| 个人用品及服务 | Personal Articles and Services | 102.4 | 102.1 | 103.6 |
| **交通和通信** | **Means of Transportation and Communication** | **100.7** | **100.6** | **100.9** |
| 交通 | Transportation | 101.3 | 101.2 | 101.6 |
| 通信 | Communication | 100.0 | 100.0 | 100.2 |
| **娱乐教育文化用品及服务** | **Recreational, Educational and Cultural Articles & Services** | **101.7** | **101.6** | **101.8** |
| 文娱用耐用消费品及服务 | Durable Consumer Goods and Services for Recreational Use | 98.4 | 98.1 | 98.9 |
| 教育 | Education | 102.1 | 102.1 | 102.2 |
| 文化娱乐类 | Cultural and Entertainment | 101.1 | 101.0 | 101.4 |
| 旅游 | Traveling | 103.6 | 103.4 | 104.5 |
| **居住** | **Housing** | **101.0** | **101.2** | **100.8** |
| 建房及装修材料 | Building and Decoration Material | 99.5 | 99.4 | 99.6 |
| 住房租金 | Housing Rents | 101.6 | 101.8 | 100.6 |
| 自有住房 | One's Own House | 100.9 | 101.0 | 100.7 |
| 水、电、燃料 | Water, Electricity and Fuel | 102.5 | 102.7 | 102.2 |

# 8—4 商品零售价格分类指数（2012年）
## Retail Price Indices by Category of Commodities (2012)

上年=100（preceding year=100）

| 类　　别 | Item | 全　省 Provincial Indices | 城　市 Urban Indices | 农　村 Rural Indices |
|---|---|---|---|---|
| **商品零售价格总指数** | **General Retail Price Index** | **102.1** | **102.0** | **102.3** |
| **食　品** | **Food** | **103.9** | **103.8** | **104.1** |
| 粮　食 | Grain | 104.4 | 104.7 | 103.6 |
| 淀粉及制品 | Starch and Related Products | 103.9 | 102.5 | 108.7 |
| 干豆类及豆制品 | Bean and Its Products | 101.9 | 102.0 | 101.5 |
| 油　脂 | Oil and Fat | 105.7 | 105.9 | 105.0 |
| 肉禽及其制品 | Meat and Poultry | 98.7 | 99.2 | 97.4 |
| 蛋 | Eggs | 94.1 | 93.9 | 94.7 |
| 水产品 | Aquatic Products | 110.5 | 109.3 | 114.2 |
| 菜 | Vegetables | 112.6 | 111.5 | 115.6 |
| 调味品 | Flavoring | 106.8 | 107.5 | 105.2 |
| 糖 | Carbohydrate | 106.4 | 105.8 | 108.2 |
| 干鲜瓜果 | Melons and Fruits | 99.0 | 98.6 | 100.3 |
| 糕点饼干面包 | Cake and Bread | 103.2 | 102.7 | 104.7 |
| 液体乳及乳制品 | Liquid Breast and Its Products | 104.0 | 104.8 | 101.6 |
| 在外用膳食品 | Food for Exteral Use | 104.4 | 104.4 | 104.5 |
| 其他食品 | Other Food | 106.1 | 106.4 | 105.2 |
| **饮料、烟酒** | **Beverages, Tobacco and Liquor** | **104.0** | **103.6** | **105.0** |
| 茶及饮料 | Tea and Beverages | 103.5 | 102.8 | 105.3 |
| 烟　草 | Tobacco | 100.0 | 99.9 | 100.0 |
| 酒 | Liquor | 107.7 | 107.1 | 109.5 |
| **服装、鞋帽** | **Garments, Shoes and Hats** | **102.4** | **102.3** | **102.4** |
| 服　装 | Garments | 102.9 | 102.8 | 103.1 |
| 鞋袜帽 | Footwear and Hats | 101.2 | 101.3 | 101.0 |
| 其　他 | Other | 99.0 | 99.5 | 97.8 |
| **纺织品** | **Textiles** | **100.2** | **99.7** | **101.4** |
| 衣着材料 | Clothing Material | 102.6 | 102.3 | 103.0 |
| 床上用品 | Bed Articles | 99.1 | 98.6 | 100.2 |
| **家用电器及音像器材** | **Household Electrical Appliance and Audio-video Supplies** | **99.3** | **99.4** | **98.7** |
| 家庭设备 | Household Facilities | 100.1 | 100.4 | 99.2 |
| 文娱用耐用消费品 | Durable Consumer Goods for Recreational Use | 97.7 | 97.7 | 97.8 |
| 专业音像器材 | Professional Video Equipment | 99.7 | 99.9 | 99.1 |
| **文化办公用品** | **Cultural and Office Articles** | **99.4** | **99.2** | **100.0** |
| **日用品** | **Articles for Daily Use** | **101.9** | **101.9** | **102.1** |
| 日用百货 | Daily Use Sundry Goods | 101.6 | 101.5 | 102.0 |
| 日用杂品 | Daily Use Groceries | 102.0 | 101.9 | 102.2 |
| 洗涤用品 | Washing Articles | 103.4 | 103.6 | 102.8 |
| 其它日用品 | Other Articles for Daily Use | 100.7 | 100.5 | 101.3 |
| **体育娱乐用品** | **Sports and Recreational Articles** | **100.8** | **101.0** | **100.0** |
| 体育用品 | Sports Articles | 101.5 | 101.7 | 100.8 |
| 娱乐用品 | Recreational Articles | 100.3 | 100.5 | 99.5 |
| **交通、通信用品** | **Transportation and Telecommunication Articles** | **99.5** | **99.3** | **100.1** |
| 交通运输机械 | Transportation Mechanism | 99.5 | 99.3 | 100.1 |
| 通信器材 | Telecommunication Facility | 99.5 | 99.3 | 100.3 |
| **家　具** | **Furniture** | **100.8** | **100.7** | **101.1** |
| **化妆品** | **Cosmetics** | **101.6** | **101.5** | **101.8** |
| **金银珠宝** | **Jewelry** | **99.2** | **99.3** | **98.3** |
| **中西药品及医疗保健用品** | **Traditional Chinese and Western Medicines and Health Care Articles** | **101.8** | **101.7** | **102.0** |
| 医疗器具及用品 | Medical Appliances and Articles | 101.7 | 101.7 | 101.5 |
| 中药材及中成药 | Traditional Chinese Medicine | 102.6 | 102.9 | 101.9 |
| 西　药 | Western Medicine | 101.1 | 100.8 | 101.7 |
| 保健器具及用品 | Health Care Appliances and Articles | 102.6 | 102.3 | 103.6 |
| **书报杂志及电子出版物** | **Newspapers, Magazines and Electronic Publications** | **102.8** | **103.0** | **102.2** |
| 教材及参考书 | Teaching Materials and Reference Books | 104.2 | 104.9 | 102.2 |
| 书报杂志 | Newspapers and Magzines | 102.4 | 102.3 | 102.8 |
| 电子音像制品 | Electronic Audio-video Products | 100.1 | 100.1 | 100.0 |
| **燃　料** | **Fuels** | **103.5** | **103.6** | **103.3** |
| 煤炭及制品 | Coal and Related Products | 102.6 | 102.3 | 103.1 |
| 石油及制品 | Petroleum and Related Products | 103.7 | 103.8 | 103.4 |
| **建筑材料及五金电料** | **Building Materials, Hardware and Electrical Materials** | **98.5** | **98.7** | **98.2** |
| 建筑装璜材料 | Building Decoration Materials | 97.8 | 97.9 | 97.4 |
| 五金电料 | Hardware and Electrical Materials | 101.2 | 101.1 | 101.8 |

# 8—5 调查市、县居民消费价格分类指数（2012年）
Consumer Price Indices by Category and by Surveyed City and County (2012)

上年=100（preceding year=100）

| 市县 Surveyed City and County | | 总指数 General Index | 食品 Food | #粮食 Grain | 油脂 Oil or Fat | 肉禽及其制品 Meat and Poultry | 蛋 Eggs | 水产品 Aquatic Products | 菜 Vegetables | 鲜菜 Fresh Vegetables |
|---|---|---|---|---|---|---|---|---|---|---|
| 合肥市 | Hefei | 102.2 | 103.0 | 104.7 | 103.7 | 98.6 | 93.5 | 112.1 | 109.5 | 110.7 |
| 淮北市 | Huaibei | 102.2 | 103.9 | 103.7 | 106.7 | 99.4 | 95.0 | 108.2 | 116.4 | 118.7 |
| 亳州市 | Bozhou | 102.2 | 103.6 | 103.4 | 106.3 | 101.2 | 95.1 | 105.3 | 110.9 | 112.3 |
| 宿州市 | Suzhou | 102.0 | 103.9 | 104.1 | 100.8 | 101.0 | 94.6 | 109.2 | 115.2 | 116.3 |
| 蚌埠市 | Bengbu | 102.2 | 103.4 | 103.6 | 104.6 | 100.1 | 94.1 | 108.1 | 108.5 | 110.2 |
| 阜阳市 | Fuyang | 102.5 | 104.1 | 105.9 | 110.5 | 99.0 | 94.2 | 107.5 | 117.3 | 119.2 |
| 淮南市 | Huainan | 102.2 | 104.1 | 105.8 | 106.0 | 99.8 | 94.5 | 112.8 | 122.5 | 125.3 |
| 滁州市 | Chuzhou | 102.1 | 104.0 | 102.8 | 106.1 | 99.4 | 96.3 | 110.3 | 107.0 | 108.3 |
| 马鞍山市 | Maanshan | 102.0 | 103.9 | 104.9 | 107.6 | 98.5 | 95.3 | 112.7 | 110.1 | 111.0 |
| 芜湖市 | Wuhu | 102.4 | 103.9 | 104.9 | 108.6 | 99.9 | 95.2 | 108.1 | 108.0 | 109.3 |
| 宣城市 | Xuancheng | 102.0 | 102.6 | 102.8 | 102.5 | 95.3 | 92.8 | 113.3 | 113.7 | 114.7 |
| 铜陵市 | Tongling | 102.5 | 103.7 | 103.5 | 104.8 | 95.9 | 95.4 | 105.2 | 104.4 | 105.3 |
| 安庆市 | Anqing | 102.1 | 103.4 | 107.0 | 105.7 | 98.2 | 88.4 | 109.7 | 112.6 | 113.9 |
| 六安市 | Luan | 101.5 | 101.8 | 105.6 | 102.2 | 97.4 | 95.7 | 106.5 | 101.6 | 102.2 |
| 桐城市 | Tongcheng | 102.8 | 105.2 | 103.7 | 110.6 | 100.7 | 95.5 | 114.2 | 116.6 | 119.6 |
| 歙县 | Shexian | 102.8 | 105.5 | 105.2 | 102.7 | 98.2 | 97.4 | 116.4 | 118.7 | 120.9 |

| 市县 Surveyed City and County | | 茶及饮料 Tea and Beverages | 干鲜瓜果 Melons and Fruits | 烟酒 Tobacco and Ligquor | 衣着 Clothing | 家庭设备用品及维修服务 Household Facilities and Maintenance Service | 医疗保健和个人用品 Medicine, Medical Services and Personal Articles | 交通和通信 Means of Transportation & Communication | 娱乐教育文化用品及服务 Recreational, Educational and Cultural Articles and Services | 居住 Housing |
|---|---|---|---|---|---|---|---|---|---|---|
| 合肥市 | Hefei | 101.8 | 95.6 | 102.8 | 101.7 | 102.4 | 101.8 | 99.7 | 102.8 | 102.0 |
| 淮北市 | Huaibei | 105.8 | 101.4 | 102.1 | 102.1 | 101.2 | 101.0 | 101.8 | 100.6 | 101.2 |
| 亳州市 | Bozhou | 104.6 | 101.8 | 104.4 | 102.7 | 100.6 | 99.9 | 101.2 | 102.2 | 101.4 |
| 宿州市 | Suzhou | 102.5 | 97.5 | 102.9 | 100.5 | 100.9 | 102.0 | 100.5 | 101.7 | 100.6 |
| 蚌埠市 | Bengbu | 104.1 | 96.7 | 102.4 | 103.7 | 101.7 | 101.5 | 99.9 | 101.4 | 101.3 |
| 阜阳市 | Fuyang | 103.4 | 100.2 | 102.9 | 104.1 | 102.7 | 100.6 | 100.8 | 101.7 | 100.9 |
| 淮南市 | Huainan | 105.0 | 103.3 | 102.5 | 102.0 | 101.6 | 101.1 | 100.5 | 101.2 | 101.0 |
| 滁州市 | Chuzhou | 104.5 | 100.5 | 105.2 | 102.7 | 101.8 | 101.6 | 99.7 | 100.4 | 100.5 |
| 马鞍山市 | Maanshan | 101.4 | 100.7 | 102.4 | 102.9 | 99.7 | 100.7 | 100.2 | 102.4 | 100.7 |
| 芜湖市 | Wuhu | 102.0 | 98.5 | 105.1 | 103.3 | 102.2 | 101.3 | 101.1 | 101.1 | 101.0 |
| 宣城市 | Xuancheng | 105.0 | 100.0 | 103.9 | 102.7 | 102.0 | 102.0 | 100.9 | 102.3 | 100.6 |
| 铜陵市 | Tongling | 104.8 | 97.6 | 104.3 | 101.8 | 102.3 | 102.3 | 100.4 | 101.3 | 102.8 |
| 安庆市 | Anqing | 101.6 | 95.0 | 101.4 | 102.5 | 101.7 | 101.8 | 102.4 | 100.4 | 100.8 |
| 六安市 | Luan | 102.7 | 104.4 | 102.8 | 102.3 | 99.5 | 101.1 | 101.4 | 102.4 | 100.5 |
| 桐城市 | Tongcheng | 105.8 | 97.4 | 103.9 | 102.2 | 100.7 | 101.1 | 101.1 | 101.5 | 101.1 |
| 歙县 | Shexian | 105.6 | 104.9 | 102.4 | 103.1 | 100.5 | 102.4 | 100.7 | 101.2 | 100.8 |

# 8—6 调查市、县商品零售价格分类指数（2012年）
Retail Price Indices by Category of Commodities and Surveyed City and County (2012)

上年=100（preceding year=100）

| 市　县 Surveyed City and County | | 总指数 General Index | #食品 Food | 饮料、烟酒 Beverages, Tobacco and Liquor | 服装、鞋帽 Clothing, Shoes and Hats | 纺织品 Textiles | 家用电器及音像器材 Household Electrical Appliance and Audio-video Supplies | 文化办公用品 Cultural and Office Articles | 日用品 Articles for Daily Use |
|---|---|---|---|---|---|---|---|---|---|
| 合肥市 | Hefei | 101.9 | 103.3 | 103.4 | 101.7 | 98.0 | 100.0 | 98.9 | 101.7 |
| 淮北市 | Huaibei | 102.0 | 103.9 | 102.6 | 102.2 | 102.8 | 97.1 | 98.2 | 102.5 |
| 亳州市 | Bozhou | 102.1 | 103.8 | 105.3 | 102.6 | 100.2 | 98.7 | 99.2 | 101.4 |
| 宿州市 | Suzhou | 101.6 | 104.5 | 103.4 | 100.7 | 96.7 | 98.5 | 98.5 | 102.4 |
| 蚌埠市 | Bengbu | 102.1 | 103.9 | 103.1 | 103.1 | 99.3 | 99.8 | 99.6 | 101.2 |
| 阜阳市 | Fuyang | 102.5 | 104.5 | 103.0 | 104.1 | 103.8 | 101.1 | 99.6 | 101.5 |
| 淮南市 | Huainan | 102.2 | 104.2 | 103.2 | 101.9 | 101.7 | 99.7 | 100.2 | 102.7 |
| 滁州市 | Chuzhou | 101.9 | 104.1 | 105.3 | 102.6 | 96.2 | 97.7 | 99.0 | 101.6 |
| 马鞍山市 | Maanshan | 101.9 | 104.1 | 103.3 | 103.1 | 100.5 | 97.8 | 100.9 | 102.5 |
| 芜湖市 | Wuhu | 102.2 | 104.2 | 105.4 | 103.3 | 100.5 | 99.4 | 98.5 | 101.8 |
| 宣城市 | Xuancheng | 101.9 | 102.7 | 105.6 | 102.6 | 99.9 | 99.4 | 100.3 | 101.8 |
| 铜陵市 | Tongling | 102.2 | 103.8 | 105.2 | 101.8 | 101.3 | 101.6 | 99.6 | 101.7 |
| 安庆市 | Anqing | 101.8 | 103.7 | 102.0 | 102.5 | 100.5 | 99.6 | 98.9 | 102.8 |
| 六安市 | Luan | 101.0 | 101.7 | 103.2 | 102.1 | 97.6 | 98.1 | 98.2 | 101.1 |
| 桐城市 | Tongcheng | 102.5 | 105.4 | 105.3 | 101.7 | 103.6 | 97.2 | 99.4 | 103.6 |
| 歙　县 | Shexian | 102.8 | 105.4 | 103.6 | 102.8 | 102.0 | 99.0 | 100.0 | 100.7 |

| 市　县 Surveyed City and County | | 体育娱乐用品 Sports and Recreational Articles | 交通、通信用品 Transportation and telecommunication Articles | 家具 Furniture | 化妆品 Cosmetics | 金银珠宝 Jewelry | 中西药品及医疗保健用品 Traditional Chinese and Western Medicines and Health Care Articles | 书报杂志及电子出版物 Newspapers, Magzines and Electronic Publications | 燃料 Fuels | 建筑材料及五金电料 Building Materials, Hardware and Electrical Materials |
|---|---|---|---|---|---|---|---|---|---|---|
| 合肥市 | Hefei | 101.6 | 99.6 | 101.6 | 101.4 | 98.6 | 103.3 | 103.1 | 104.0 | 99.5 |
| 淮北市 | Huaibei | 100.0 | 100.0 | 104.0 | 102.2 | 98.6 | 101.5 | 101.9 | 102.5 | 99.9 |
| 亳州市 | Bozhou | 100.2 | 100.3 | 100.6 | 100.5 | 102.8 | 99.3 | 103.1 | 104.7 | 98.7 |
| 宿州市 | Suzhou | 102.3 | 98.5 | 98.0 | 102.2 | 98.6 | 101.8 | 101.4 | 102.1 | 98.2 |
| 蚌埠市 | Bengbu | 99.4 | 100.3 | 101.5 | 100.7 | 99.1 | 102.8 | 101.8 | 103.7 | 98.4 |
| 阜阳市 | Fuyang | 101.3 | 100.0 | 101.8 | 101.3 | 100.8 | 98.4 | 102.8 | 103.5 | 98.8 |
| 淮南市 | Huainan | 100.8 | 98.8 | 99.2 | 102.0 | 98.6 | 102.3 | 103.3 | 103.3 | 99.6 |
| 滁州市 | Chuzhou | 99.6 | 98.3 | 98.5 | 101.2 | 101.6 | 103.3 | 101.5 | 104.0 | 96.6 |
| 马鞍山市 | Maanshan | 101.4 | 99.3 | 99.7 | 100.7 | 98.8 | 99.9 | 102.6 | 103.5 | 98.9 |
| 芜湖市 | Wuhu | 100.2 | 99.1 | 99.3 | 101.1 | 97.3 | 101.0 | 108.7 | 105.1 | 96.4 |
| 宣城市 | Xuancheng | 99.1 | 100.4 | 101.2 | 102.3 | 95.8 | 101.4 | 102.8 | 104.4 | 97.3 |
| 铜陵市 | Tongling | 101.3 | 97.1 | 101.9 | 102.9 | 101.7 | 103.0 | 100.7 | 104.6 | 100.1 |
| 安庆市 | Anqing | 102.1 | 99.1 | 100.3 | 102.6 | 99.6 | 101.5 | 102.0 | 102.1 | 99.1 |
| 六安市 | Luan | 99.6 | 98.9 | 99.2 | 101.5 | 101.4 | 101.7 | 103.9 | 102.7 | 99.0 |
| 桐城市 | Tongcheng | 100.4 | 100.0 | 100.3 | 101.5 | 101.5 | 101.5 | 101.4 | 101.8 | 98.8 |
| 歙　县 | Shexian | 101.8 | 99.7 | 101.7 | 101.1 | 99.7 | 103.5 | 101.6 | 102.9 | 99.5 |

## 8—7 农业生产资料价格分类指数
Price Indices of Agricultural Means of Production by Category

上年=100（preceding year=100）

| 类　别 | Item | 2000 | 2005 | 2010 | 2011 | 2012 |
|---|---|---|---|---|---|---|
| **总 指 数** | **General Index** | **98.2** | **108.3** | **102.0** | **114.3** | **105.3** |
| 农用手工工具 | Hand Tools for Agriculture uses | 100.5 | 111.1 | 99.4 | 107.9 | 107.3 |
| 饲　料 | Forage | 94.0 | 107.6 | 104.5 | 111.1 | 108.9 |
| 产品畜 | Product Animals | 111.8 | 114.7 | 106.1 | 157.3 | 104.8 |
| 半机械化农具 | Semi-mechanized Farm Tools | 97.6 | 105.0 | 99.0 | 104.5 | 100.8 |
| 机械化农具 | Mechanized Farm Machinery | 96.0 | 106.2 | 96.9 | 106.4 | 103.1 |
| 化学肥料 | Chemical Fertilizer | 92.2 | 109.0 | 99.6 | 114.5 | 103.5 |
| 农药及农药械 | Pesticide & Its Appliances | 97.1 | 103.9 | 99.0 | 101.5 | 101.1 |
| 农用机油 | Oil for Farm Machinery | 122.0 | 107.9 | 111.4 | 114.5 | 103.7 |
| 其他农业生产资料 | Other Agricultural Means of Production | | | 104.4 | 109.8 | 107.5 |
| 农业生产服务 | Agricultural Production Service | | | 104.0 | 111.7 | 109.0 |

注：农用手工工具2005年以前为小农具。
a) Before 2005 hand tools for agriculture were small farm tools .

## 8—8 调查市、县农业生产资料价格指数（2012年）
Price Indices of Agricultural Means of Production by Category and Surveyed City and County (2012)

上年=100（preceding year=100）

| 市　县 Surveyed City and County | 总指数 General Index | 农业手工工具 Hand Tools for Agriculture uses | 饲　料 Forage | 产品畜 Product Animals | 半机械化农具 Semimechanized Farm Tools | 机械化农具 Mechanized Farm Machinery | 化学肥料 Chemical Fertilizer | 农药及农药械 Pesticide & Its Appliances | 农用机油 Oil for Farm Machinery | 其他农业生产资料 Other Agricultural Means of Production | 农业生产服务 Agricultural Production Service |
|---|---|---|---|---|---|---|---|---|---|---|---|
| 宣城市 Xuancheng | 106.0 | 109.5 | 107.6 | 109.8 | 100.7 | 103.7 | 103.9 | 101.2 | 103.9 | 106.0 | 111.2 |
| 桐城市 Tongcheng | 106.2 | 111.3 | 112.5 | 111.1 | 102.5 | 100.6 | 103.6 | 100.8 | 103.6 | 103.8 | 106.9 |
| 歙　县 Shexian | 103.7 | 100.9 | 106.7 | 92.5 | 99.3 | 104.6 | 102.9 | 101.2 | 103.5 | 114.7 | 107.1 |

# 8—9 农产品生产价格指数
Production Price Indices of Agricultural Products

上年=100（preceding year=100）

| 类　别 | Item | 2005 | 2010 | 2011 | 2012 |
|---|---|---|---|---|---|
| **总指数** | **General Index** | **98.71** | **110.82** | **112.83** | **102.95** |
| **农业产品** | **Agricultural Products** | **97.30** | **114.77** | **106.09** | **103.02** |
| 谷　物 | Cereal | 95.41 | 109.97 | 110.31 | 103.11 |
| 小　麦 | Wheat | 91.51 | 107.65 | 105.03 | 105.35 |
| 稻　谷 | Rice | 98.98 | 110.43 | 114.88 | 102.33 |
| 玉　米 | Corn | 96.96 | 117.58 | 110.70 | 104.20 |
| 薯　类 | Tubers | 102.95 | 119.94 | 116.54 | 93.47 |
| 豆　类 | Beans | 88.64 | 115.38 | 102.39 | 102.95 |
| 油　料 | Oil-bearing Crops | 89.23 | 116.19 | 113.90 | 99.94 |
| 棉　花 | Cotton | 109.54 | 161.74 | 73.73 | 94.25 |
| 蔬　菜 | Vegetables | 102.89 | 115.16 | 101.90 | 103.90 |
| 茶 | Tea | 112.35 | 122.92 | 116.20 | 107.69 |
| **林业产品** | **Forestry Products** | **107.39** | **106.36** | **110.73** | **106.79** |
| 木　材 | Timber | 107.00 | 103.90 | 107.60 | 103.05 |
| 原　木 | Logs | 106.74 | 103.88 | 109.92 | 103.23 |
| 竹　材 | Bamboo Material | 110.39 | 103.07 | 104.47 | 104.80 |
| **牧　业（饲养动物及其产品）** | **Animal Husbandry (Breeding Animals and Their Products** | **99.71** | **104.26** | **126.70** | **97.37** |
| 活牲畜 | Livestock Breeding (Live Animals) | 108.01 | 108.25 | 134.74 | 96.67 |
| 牛 | Cattle and Buffalo | 108.25 | 105.45 | 109.03 | 115.92 |
| 羊 | Sheep and Goats | 112.56 | 111.29 | 123.23 | 110.12 |
| 猪 | Pig | 91.37 | 99.31 | 138.09 | 93.54 |
| 家　禽 | Poultry | 106.34 | 106.95 | 108.89 | 99.40 |
| 鸡 | Chicken | 103.76 | 105.93 | 108.51 | 98.81 |
| 鸭 | Duck | 102.41 | 110.51 | 116.36 | 99.50 |
| 禽　蛋 | Poultry Eggs | 110.74 | 106.65 | 114.17 | 94.86 |
| 鸡　蛋 | Chicken Eggs | 110.67 | 106.69 | 114.95 | 93.59 |
| 奶　类 | Dairy Products | 98.86 | 112.62 | | |
| **渔　业** | **Fishery** | **105.56** | **106.89** | **112.45** | **110.83** |
| 淡水养殖产品 | Aquatic products in Inland Water | 105.56 | 106.89 | 112.45 | 110.83 |
| 养殖淡水鱼 | Freshwater Fishes | 104.93 | 105.57 | 113.54 | 111.85 |
| 养殖淡水虾 | Freshwater Shrimps | | | 113.40 | 110.74 |
| 养殖淡水蟹 | Freshwater Crabs | | | 102.82 | 104.86 |
| 其他淡水养殖产品 | Other Freshwater Aquatic Products | 100.00 | 111.10 | 110.62 | 107.69 |

## 8—10 工业生产者出厂价格分类指数
Ex-factory Price Indices of Industrial Products

上年=100（preceding year=100）

| 年 份<br>Year | 总 指 数<br>Total Industry Products | 生产资料<br>Means of production | 采掘工业<br>Mining & Quarrying Industry | 原材料工业<br>Raw Materials Industry | 加工工业<br>Manufa-cturing Industry | 生活资料<br>Consumer Goods | 食 品<br>Food | 衣 着<br>Clothing | 一般日用品<br>Articles for Daily Use | 耐用消费品<br>Durable Consumer Goods |
|---|---|---|---|---|---|---|---|---|---|---|
| 2000 | 98.86 | 102.05 | 100.11 | 106.16 | 98.78 | 93.73 | 91.14 | 98.48 | 96.12 | 98.22 |
| 2005 | 103.25 | 104.91 | 113.04 | 111.06 | 100.47 | 98.93 | 99.60 | 100.32 | 101.84 | 96.67 |
| 2006 | 103.07 | 104.53 | 97.85 | 114.90 | 100.56 | 98.36 | 98.43 | 100.68 | 101.55 | 96.86 |
| 2007 | 103.62 | 103.74 | 104.20 | 102.98 | 104.05 | 103.25 | 105.63 | 100.89 | 101.64 | 100.95 |
| 2008 | 108.41 | 109.27 | 119.54 | 104.54 | 109.92 | 105.42 | 109.70 | 102.03 | 102.24 | 101.25 |
| 2009 | 92.83 | 91.39 | 94.98 | 90.59 | 91.14 | 97.82 | 98.89 | 99.43 | 98.56 | 95.67 |
| 2010 | 108.98 | 110.86 | 111.45 | 116.89 | 108.12 | 103.03 | 104.96 | 101.97 | 102.67 | 100.45 |
| 2011 | 108.30 | 109.20 | 104.80 | 111.20 | 108.80 | 105.60 | 108.90 | 107.50 | 106.40 | 100.40 |
| 2012 | 98.30 | 97.00 | 96.90 | 99.20 | 96.00 | 101.70 | 102.60 | 103.10 | 100.30 | 101.10 |

## 8—11 工业生产者出厂价格轻重工业分类指数
Sub-index of Light and Heavy industry of Ex-factory Industrial Producer Price Index

上年=100（preceding year=100）

| 年 份<br>Year | 轻 工 业<br>Light Industry | 以农产品为原料<br>Using Farm Products as Raw Materials | 以非农产品为原料<br>Using Non-farm Products Raw Materials | 重 工 业<br>Heavy Industry | #采掘工业<br>Mining and Quarrying | 原料工业<br>Raw Materials Industry | 加工工业<br>Manufac-turing Industry |
|---|---|---|---|---|---|---|---|
| 2000 | 95.68 | 95.36 | 97.64 | 102.06 | 101.01 | 106.09 | 97.67 |
| 2005 | 99.05 | 99.54 | 98.62 | 106.31 | 112.59 | 111.32 | 101.36 |
| 2008 | 105.35 | 107.08 | 103.80 | 110.12 | 119.02 | 104.93 | 116.66 |
| 2009 | 97.01 | 97.87 | 96.19 | 90.52 | 95.40 | 90.33 | 89.45 |
| 2010 | 104.77 | 106.38 | 103.19 | 111.36 | 110.97 | 116.63 | 108.11 |
| 2011 | 107.70 | 109.90 | 103.60 | 108.50 | 104.80 | 110.90 | 107.70 |
| 2012 | 101.40 | 101.30 | 101.50 | 97.10 | 96.90 | 99.30 | 96.10 |

## 8—12 工业生产者购进价格分类指数
Industrial Products Purchased from the Price Indices by Category

上年=100（preceding year=100）

| 年份<br>Year | 全部原材料<br>Total Raw and Other Materials | #燃料、动力类<br>Fuel and Power | 黑色金属材料<br>Ferrous Metals | 有色金属材料和电线类<br>Nonferrous Metals | 化工原料<br>Industrial Chemicals | 木材及纸浆<br>Timber and Paper Pulp | 建筑材料及非金属矿类<br>Building Materials and Nonmetal Mine Since | 其他工业原材料及半成品<br>Other Raw Materials and Semi-finished Products | 农副产品<br>Agricultural and Subsidiary Products | 纺织原料<br>Textile Raw Material |
|---|---|---|---|---|---|---|---|---|---|---|
| 2000 | 102.58 | 103.22 | 102.94 | 110.50 | 108.97 | 100.24 | 95.25 | 100.76 | 94.32 | 103.95 |
| 2005 | 107.13 | 114.95 | 108.07 | 116.42 | 106.87 | 103.47 | 106.55 | 104.35 | 98.16 | 95.41 |
| 2008 | 112.39 | 116.69 | 119.38 | 97.53 | 107.75 | 110.48 | 110.26 | 110.72 | 114.92 | 102.23 |
| 2009 | 95.25 | 98.54 | 86.93 | 84.32 | 90.50 | 99.32 | 100.16 | 94.17 | 96.08 | 97.04 |
| 2010 | 111.76 | 110.91 | 113.45 | 124.92 | 111.29 | 103.92 | 106.94 | 105.90 | 110.05 | 108.52 |
| 2011 | 110.80 | 112.90 | 110.10 | 116.10 | 109.50 | 108.70 | 117.40 | 103.90 | 116.30 | 112.10 |
| 2012 | 98.20 | 100.10 | 94.00 | 95.40 | 97.10 | 104.40 | 98.30 | 98.10 | 103.10 | 96.20 |

## 8—13 固定资产投资价格指数
Price Indices of Investment in Fixed Assets

上年=100（preceding year=100）

| 年份<br>Year | 固定资产投资<br>Investment in Fixed Assets | 建筑安装工程<br>Construction and Installation | 设备工器具购置<br>Purchase of Equipment, Tools and Instruments | 其他费用<br>Others |
|---|---|---|---|---|
| 2000 | 101.60 | 102.80 | 100.10 | 98.20 |
| 2005 | 101.04 | 100.98 | 100.33 | 102.26 |
| 2008 | 109.43 | 113.66 | 101.17 | 103.80 |
| 2009 | 95.97 | 94.35 | 97.10 | 101.05 |
| 2010 | 105.35 | 107.51 | 101.23 | 101.54 |
| 2011 | 108.13 | 110.99 | 101.93 | 103.96 |
| 2012 | 100.97 | 101.27 | 99.15 | 102.29 |

# 主要统计指标解释

## 居民消费价格指数

是度量消费商品及服务项目价格水平随着时间而变动的相对数，反映居民家庭购买的消费品及服务价格水平的变动情况。它是宏观经济分析和决策、价格总水平监测和调控以及国民经济经济核算的重要指标。其按年度计算的变动率通常被用来作为反映通货膨胀（或紧缩）程度的指标。

## 商品零售价格指数

商品的零售价格是商品在流通过程中最后一个环节的价格，是工业、商业、餐饮业和其他零售企业向城乡居民、机关团体出售生活消费品和办公用品的价格。商品零售价格指数，反映了市场商品零售价格的变动趋势和变动程度，为国家宏观调控和国民经济核算提供参考依据。同时，还可以在此基础上编制其他派生价格指数。

## 农产品生产价格指数

是反映一定时期内，农产品生产者出售农产品价格水平变动趋势及幅度的相对数。该指数可以客观反映全省农产品生产价格水平和结构变动情况，满足农业与国民经济核算需要。其中某代表品生产价格指数是通过对全部有出售该产品行为的调查单位的个体指数进行几何平均求得的，类价格指数是通过对其所属的类（或代表品）的价格指数进行加权平均求得的。季度累计价格指数的计算方法与分季指数的计算方法相同。

## 农业生产资料价格指数

指反映一定时期内农业生产资料价格变动趋势和程度的相对数。其编制目的是了解农业生产中投入物质资料价格的变动状况，服务于国民经济核算。1994年以前，农业生产资料价格指数仅仅是商品零售价格指数的一个类别，此后，从商品零售价格指数中分离出来，单独编制。

## 工业生产者出厂价格指数

是反映各工业行业产品出厂价格总水平的变动趋势和程度的相对数。为国民经济核算、测算工业发展速度、宏观经济分析和调控、理顺价格体系提供依据。

## 工业生产者购进价格指数

是反映工业企业作为生产投入，而从物资交易市场和能源、原材料生产企业购买原材料、燃料和动力产品时，所支付的价格水平变动趋势和程度的统计指标，是扣除工业企业物质消耗成本中的价格变动影响的重要依据。

目前，我国编制的原材料、燃料和动力购进价格指数所调查的产品包括燃料动力、黑色金属、有色金属、化工、建材等九大类的900多种产品。

## 固定资产投资价格指数

是反映固定资产投资额价格变动趋势和程度的相对数。固定资产投资额是由建筑安装工程投资完成额、设备、工器具购置投资完成额和其他费用投资完成额三部分组成的。编制固定资产投资价格指数应首先分别编制上述三部分投资的价格指数，然后采用加权算术平均法求出固定资产投资价格总指数。

编制固定资产投资价格指数可以准确地反映固定资产投

资中涉及的各类商品和取费项目价格变动趋势和变动幅度，消除按现价计算的固定资产投资指标中的价格变动因素，真实地反映固定资产投资的规模、速度、结构和效益，为国家科学地制定、检查固定资产投资计划并提高宏观调控水平，为完善国民经济核算体系提供科学的、可靠的依据。

# Explanatory Notes for Major Statistical Indicators

**Resident's Consumer Price Index**

As relative index which measures the change in price level of a group of representative consumer goods and services with the passage of time, reflecting the changes in prices of consumer goods and services purchased by residents. It is an important index of macroscopic economic analysis and decisions, general price level monitoring, adjustment and control, and national business accounting. Its changing rate by the year is usually regarded as reflecting the degree of inflation (or tightens).

**Retail Price Index**

Retail price of goods is the price of the last link in the circulating course. It is the price of consumer goods and official supplies sold to urban and rural residents or organs by industrial, commercial, catering trade and other retail enterprises. Retail price index reflects the trend and degree of changes in retail price of market commodities. It offers the consulting basis of national macroscopic adjustment and control and national business accounting. Besides, other deriving price indices could be worked out basing on it.

**Price Indices for Means of Agricultural Production**

reflect the trend and degree of changes in the prices of the means of agricultural production during a given period. Compilation of these indices helps to understand the price changes of material input in agricultural production and facilitate the compilation of national accounts. Before 1994, price indices for means of agricultural production were a sub-category in the retail price indices for commodities, and it has been compiled separately since 1994.

**Ex-factory Price Indices of Industrial Products**

reflect the trend and degree of changes in general ex-factory prices of all provincial products during a given period, including sales of industrial products by an industrial enterprise to all units outside the enterprise, as well as sales of consumer goods to residents. It can be used to analyze the impact of ex-factory prices on gross output value and value-added of the industrial sector.

**Ex-factory Price Index of Industrial Products**

reflects the trend and degree of changes in general ex-factory prices of all industrial products. It offers basis of national business accounting, calculating industrial development speed, national macroscopic analysis, adjustment and control and rationalizing the price system.

**Indices of Purchasing Prices of Raw Materials, Fuels and Power**

reflect changes in the level and degree of prices paid by industrial enterprises when they purchase production input such as raw materials, fuels and power from the market or from other energy or raw materials producing enterprises. These indices provide important basis for measuring the material consumption of industrial enterprises after removing influence of price changes.

At present, over 900 products in 9 categories, including fuels and power, ferrous metals, non-ferrous metals, chemicals, building materials, are covered in China for the survey to produce indices of purchasing prices of raw materials, fuels and power.

**Price Index of Investment in Fixed Assets**

reflects the trend and degree of changes in prices of investment in fixed assets. The investment in fixed assets consists of three components, namely the investment in construction and installation, the investment in purchases of equipment and instrument, and the investment in other items. Price index of investment in fixed assets is calculated as the weighted arithmetic mean of the price indices of the three components of investment in fixed assets. Removing the factor of price change in the aggregates of investment at current prices, this indicator shows the changes in the prices of commodities and fees involved in the investment of fixed assets, and can be used to observe the actual size, growth, structure, and efficiency of investment in fixed assets and provides reliable and scientific data for government planning, management, decision making, and further improving the current national accounting system.

# 第九篇

Chapter 9

# 城乡人民生活

LIVELIHOOD OF URBAN AND RURAL PEOPLE

## 简要说明

一、本篇资料反映我省城乡人民生活状况。包括就业、居民收支、消费水平、住房及主要消费品拥有量、文化、教育、卫生、公用设施等。

二、本篇中有关城镇居民生活状况的数据来源于城镇住户调查资料，是对城镇居民家庭抽样调查汇总的结果。主要内容包括家庭人口及其构成、家庭现金收支、主要商品购买数量及支出金额、劳动就业状况、居住状况和耐用消费品的拥有量等。

城镇住户调查是由国家统计局安徽调查总队组织实施，各市、县调查队依据国家统计局统一制定的城镇住户调查方案收集资料逐级汇总上报。

城镇住户调查是采用固定样本户进行连续记帐调查方式，一般连续调查 3 年，每年轮换三分之一。调查户是按“多阶段”、“划类选点”、“等距抽样”随机抽选的。共抽选出调查市县 15 个、调查户 2500 户。

2002 年，国家城调总队对城市住户调查制度进行了较大改革，其中家庭总收入、可支配收入、消费支出等主要指标口径进行了调整，新老指标的数据不可直接使用比较。

三、有关农村居民生活的统计资料主要来源于国家统计局安徽调查总队的农村居民住户调查。主要内容包括农村居民家庭基本情况、人均纯收入、生活消费支出、主要消费品消费量、耐用消费品拥有量等。

国家统计局安徽调查总队的农村住户调查采取多阶段、随机选点、对称等距的抽样方法。抽样时一般分为省抽县、县抽村、村抽户等几个阶段。共抽中 31 个调查县(市)，调查户 3100 户。

## Brief Introduction

I. Data in this chapter show the condition of urban and rural people’s livelihood in Anhui, including employment, income and expenditure of the residents, standard of consumption, housing condition, possession of the consumer goods, culture, education, health care and public facilities.

II. Data on the livelihood of the urban residents in this chapter come from data collected by the sample survey on the urban households. The main content of the survey includes the population in the household and its composition, the cash income and expenditure of the household, the quantity of major commodities purchased and the expenditure for them, the employment of the household members, the housing condition and the ownership of the durable consumer goods.

The survey on the urban household is organized by the NBS Survey office in Anhui. The survey organization of the cities and counties collect Data in accordance with the survey scheme stipulated by the State Statistical Bureau and report them to the higher organization.

The survey on the urban household is conducted in such a way that the selected households by sampling method should keep accounts for successive three years and be interviewed by the enumerators. By a rotation sampling scheme, one third of the old sample households should be replaced by the new sample households every year. The respondent households are selected by the two-stage stratified systematic random sampling scheme. Totally, 15 sample cities (counties) and 2500 households are selected.

In 2002, big reforms were made in urban household survey system by the National Urban Socio-economic Survey Organization. The scope of total income of the household, disposable income and living expenditures have been adjusted, so that the old quota and the new one could not be contrasted directly.

III. Data on the livelihood of the rural residents come mainly from Data collected by the sample survey on the rural households, which is organized by the NBS Survey Office in Anhui. The main content of the survey includes the basic condition of the rural households, the per capita total income and net income, the expenditure for the residential consumption, the consumption of major consumer goods and the quantity of durable consumer goods owned.

The sample survey on the rural households is conducted with a multi-stage balanced systematic sampling scheme with a random chose sample. In the sampling process, the sample counties are selected by the provinces; the sample villages are selected by the sample counties; and the sample households are selected by the sample villages. Totally, 31 sample counties (cities) and 3100 households are selected.

# 9—1 人民物质文化生活情况
## People's Material and Cultural Life

| 项 目 | Item | 2000 | 2005 | 2010 | 2011 | 2012 |
|---|---|---|---|---|---|---|
| **就 业** | **Employment** | | | | | |
| 每一农村劳动力负担人数 （人） | Number of Dependents per Rural Laborer (person) | 1.51 | 1.45 | 1.39 | 1.38 | 1.42 |
| 每一城镇就业者负担人数 （人） | Number of Dependents per Urban Employee (person) | 1.86 | 1.92 | 1.93 | 1.94 | 1.94 |
| 城镇登记失业率 （%） | Urban Unemployment Rate (%) | 3.3 | 4.4 | 3.7 | 3.7 | 3.7 |
| **收 入** | **Income of Rural and urban Residents** | | | | | |
| 农村居民家庭人均纯收入 （元） | Annual per Capita Net Income of Rural Residents (yuan) | 1934.6 | 2641.0 | 5285.2 | 6232.2 | 7160.5 |
| 农村居民家庭人均纯收入指数 (1990=100) | Index of Annual per Capita Net Income of Rural Residents (1990=100) | 358.81 | 489.83 | 980.26 | 1155.91 | 1328.08 |
| 城镇居民家庭人均可支配收入 （元） | Annual per Capita Disposable Income of Urban Residents (yuan) | 5294 | 8471 | 15788 | 18606 | 21024 |
| 城镇居民家庭人均可支配收入指数 (1990=100) | Index of Annual per Capita Disposable Income of Urban Residents (1990=100) | 390.8 | 625.3 | 1165.6 | 1373.5 | 1552.1 |
| 农村居民家庭恩格尔系数 （%） | Engle Coefficient of Rural Households (%) | 52.5 | 45.5 | 40.7 | 41.1 | 39.3 |
| 城镇居民家庭恩格尔系数 （%） | Engle Coefficient of Urban Households (%) | 45.7 | 43.7 | 38.0 | 39.8 | 38.7 |
| 职工年平均工资 （元） | Annual Average Wages of Staff and Workers (yuan) | 6989 | 15334 | 34341 | 40640 | 46091 |
| **消费水平 （元）** | **Annual per Capita Consumption (yuan)** | | | | | |
| 全省居民 | Per Capita Consumption of All Residents | 2588 | 3870 | 8237 | 10055 | 10978 |
| 农村居民 | Rural Residents | 1922 | 2167 | 4447 | 5356 | 5648 |
| 城镇居民 | Urban Residents | 5323 | 7102 | 13259 | 14923 | 16131 |
| **储 蓄** | **Savings** | | | | | |
| 城乡居民年底储蓄存款余额 （亿元） | Balance of Savings Deposit of Rural and Urban Residents (year-end) (100 million yuan) | 1447.2 | 3508.7 | 7788.5 | 9233.6 | 11178.6 |
| 平均每人储蓄存款余额 （元） | Per Capita Balance of Saving Deposit (yuan) | 2319 | 5408 | 11435 | 13477 | 16227 |
| **住房面积 （平方米）** | **Per Capita Floor Space of Residential Buildings (sq.m)** | | | | | |
| 农村平均每人居住 | Rural Areas (Net) | 22.16 | 27.00 | 32.05 | 35.03 | 35.88 |
| 城市平均每人居住 | Urban Areas (Net) | 14.76 | 19.90 | 31.55 | 32.09 | 32.38 |
| **交 通** | **Traffic** | | | | | |
| 城镇每百户拥有摩托车 （辆） | Number of Motor Cycles per 100 Households in Urban Areas (unit) | 16.56 | 21.87 | 23.00 | 18.33 | 20.14 |
| 城市每万人拥有公共车辆(标台) | Number of Buses per 10000 Persons in Cities (unit) | 7.6 | 7.3 | 8.2 | 10.6 | 10.4 |
| **城市公用事业** | **Public Utilities in Urban Areas** | | | | | |
| 自来水普及率 （%） | Ratio of Access to Tap Water (%) | 95.8 | 90.5 | 96.1 | 96.6 | 98.0 |
| 燃气普及率 （%） | Ratio of Access to Tap Water (%) | 77.0 | 72.3 | 90.5 | 93.4 | 94.6 |
| 人均公园绿地 （平方米） | Per Capita Park Greenery Area (sq.m) | 7.0 | 7.0 | 11.0 | 11.9 | 11.9 |
| **文 化** | **Culture** | | | | | |
| 城镇每百户有彩色电视机 （台） | Number of Color TV Sets per 100 Household in Urban Areas (unit) | 111.47 | 132.42 | 141.50 | 140.13 | 144.96 |
| 农村每百户有彩色电视机 （台） | Number of Color TV Sets per 100 Household in Rural Areas (unit) | 39.29 | 84.65 | 112.13 | 113.48 | 116.16 |
| 广播人口覆盖率 （%） | Broadcast Covering Ratio of Population (%) | 94.8 | 95.6 | 97.3 | 97.6 | 97.9 |
| 电视人口覆盖率 （%） | TV Covering Ratio of Population (%) | 93.8 | 95.0 | 97.5 | 97.9 | 98.1 |
| **教 育** | **Education** | | | | | |
| 学龄儿童入学率 （%） | Enrollment Ratio of School-age Children (%) | 99.7 | 99.5 | 99.9 | 99.8 | 99.9 |
| 每万人口中在校大学生数 （人） | Number of University Students per 10000 Persons (person) | 29.1 | 90.4 | 155.5 | 166.3 | 170.8 |
| **卫 生** | **Public Health** | | | | | |
| 每万人医院病床数 （张） | Number of Hospital Beds per 10000 Persons (unit) | 11.8 | 12.6 | 17.9 | 20.4 | 22.9 |
| 每万人有医生数 （人） | Number of Doctors per 10000 Persons (person) | 11.2 | 10.2 | 11.9 | 12.4 | 13.4 |

注：2009年始，城市平均每人居住面积为建筑面积。

a) Since 2009, urban per capita living space is the construction area.

## 9—2 全省城乡储蓄存款年末余额和年增加额
Savings Deposit in Urban and Rural Areas (Year-end)

单位：万元（10000 yuan）

| 年 份<br>Year | 年末余额 Outstanding Amount<br>储蓄存款<br>Savings Deposit | 城 镇<br>Urban | 农 村<br>Rural | 定 期<br>Fixed Deposits | 活 期<br>Current Deposits | 年增加额 Increased Amount<br>储蓄存款<br>Savings Deposit | 城 镇<br>Urban | 农 村<br>Rural |
|---|---|---|---|---|---|---|---|---|
| 2000 | 14471539 | 11199341 | 3272198 | 10914299 | 3557240 | 1442783 | 1148692 | 294091 |
| 2001 | 17004661 | 13220052 | 3784609 | 12550595 | 4454066 | 2533122 | 2020711 | 512411 |
| 2002 | 20475117 | 16091364 | 4383753 | 14738457 | 5736660 | 3470456 | 2871312 | 599144 |
| 2003 | 24758257 | 19613835 | 5144422 | 17506286 | 7251971 | 4283140 | 3522471 | 760669 |
| 2004 | 29723666 | 23556586 | 6167080 | 20759945 | 8963721 | 4965409 | 3942751 | 1022658 |
| 2005 | 35086727 | 27863991 | 7222736 | 24455447 | 10631280 | 5363061 | 4307405 | 1055656 |
| 2006 | 40778041 | 32301332 | 8476709 | 27728939 | 13049102 | 5691314 | 4437341 | 1253973 |
| 2007 | 45464944 | | | 30173327 | 15291617 | 4686903 | | |
| 2008 | 56475121 | | | 38436895 | 18038226 | 11010177 | | |
| 2009 | 66194831 | | | 42769530 | 23425302 | 9715535 | | |
| 2010 | 77884800 | | | 48529277 | 29355524 | 11686596 | | |
| 2011 | 92335727 | | | | | 14509808 | | |
| 2012 | 111786239 | | | | | 19449855 | | |

注：2009年、2010年储蓄存款增加额根据《安徽省金融统计月报》资料填列。
a) According to "Anhui Province Statistics of finances Monthly Report", the annual saving deposit rate increasing volume in 2009，2010 was filled out the forms.

## 9—3 城乡居民人均收入及恩格尔系数
Per Capita Annual Income and Engel's Coefficient of Urban and Rural Households

| 年 份<br>Year | 农村居民家庭人均纯收入 Per Capita Annual Net Income of Rural Households<br>绝对数（元）Value (yuan) | 指 数（1990年=100）Index (1990=100) | 城镇居民家庭人均可支配收入 Per Capita Annual Disposable Income of Urban Households<br>绝对数（元）Value (yuan) | 指 数（1990年=100）Index (1990=100) | 农村居民家庭恩格尔系数（%）Engle Coefficient of Rural Households (%) | 城镇居民家庭恩格尔系数（%）Engle Coefficient of Urban Households (%) |
|---|---|---|---|---|---|---|
| 2000 | 1934.57 | 358.81 | 5293.55 | 390.8 | 52.45 | 45.7 |
| 2001 | 2020.04 | 374.66 | 5668.80 | 418.5 | 49.75 | 44.2 |
| 2002 | 2117.57 | 392.75 | 6032.40 | 445.3 | 47.46 | 43.2 |
| 2003 | 2127.48 | 394.59 | 6778.03 | 500.4 | 46.03 | 44.2 |
| 2004 | 2499.33 | 463.56 | 7511.43 | 554.5 | 47.50 | 43.9 |
| 2005 | 2640.96 | 489.83 | 8470.68 | 625.3 | 45.50 | 43.7 |
| 2006 | 2969.08 | 550.69 | 9771.05 | 721.1 | 43.17 | 42.4 |
| 2007 | 3556.27 | 659.59 | 11473.58 | 847.0 | 43.30 | 39.7 |
| 2008 | 4202.49 | 779.45 | 12990.35 | 959.0 | 44.30 | 41.0 |
| 2009 | 4504.32 | 835.43 | 14085.74 | 1039.9 | 40.90 | 39.6 |
| 2010 | 5285.17 | 980.26 | 15788.17 | 1165.6 | 40.70 | 38.0 |
| 2011 | 6232.21 | 1155.91 | 18606.13 | 1373.5 | 41.10 | 39.8 |
| 2012 | 7160.46 | 1328.08 | 21024.21 | 1552.1 | 39.25 | 38.7 |

## 9—4 城镇居民家庭基本情况
Basic Conditions of Urban Households

| 项　　目 | | Item | | 2000 | 2005 | 2010 | 2011 | 2012 |
|---|---|---|---|---|---|---|---|---|
| **调查户数** | **（户）** | **Number of Households Surveyed** | **(household)** | **1750** | **2150** | **2500** | **2500** | **2500** |
| **平均每户家庭人口** | **（人）** | **Average Household Size** | **(person)** | **3.08** | **2.95** | **2.84** | **2.80** | **2.78** |
| **平均每户就业人口** | **（人）** | **Average Number of Employed persons per Household** | **(person)** | **1.66** | **1.54** | **1.47** | **1.44** | **1.43** |
| **平均每户就业面** | **（%）** | **Percentage of Employment per Household** | **(%)** | **53.90** | **52.20** | **51.76** | **51.43** | **51.44** |
| **平均每一就业者负担人数（包括就业者本人）** | **（人）** | **Number of Persons Supported by Each Employee Including the Employee Himself or Herself** | **(persons)** | **1.86** | **1.92** | **1.93** | **1.94** | **1.94** |
| **平均每人全部年收入** | **（元）** | **Per Capita Annual Income** | **(yuan)** | **5331.58** | **9184.55** | **17626.71** | **20751.11** | **23524.56** |
| #可支配收入 | | Disposable Income | | 5293.55 | 8470.68 | 15788.2 | 18606.1 | 21024.2 |
| 工资性收入 | | Wages Income | | 3648.29 | 6425.54 | 11442.4 | 12916 | 14812.5 |
| 经营性收入 | | Net Income From Business | | 336.16 | 620.71 | 1172.36 | 1874.45 | 2155.33 |
| 财产性收入 | | Property Income | | 73.21 | 124.59 | 427.01 | 569.96 | 549.62 |
| 转移性收入 | | Transfer Income | | 1273.92 | 2013.71 | 4584.91 | 5390.73 | 6007.07 |
| **平均每人消费性支出** | **（元）** | **Per Capita Annual Living Expenditures for Consumption** | **(yuan)** | **4232.98** | **6367.67** | **11512.55** | **13181.46** | **15011.66** |
| #食　品 | | Food | | 1934.83 | 2781.50 | 4369.63 | 5246.76 | 5814.92 |
| 衣　着 | | Clothing | | 437.55 | 763.54 | 1225.56 | 1371.01 | 1540.66 |
| 居　住 | | Residence | | 370.90 | 590.27 | 1229.64 | 1501.39 | 1396.97 |
| 家庭设备用品及服务 | | Household Facilities, Articles and Service | | 301.43 | 290.88 | 678.75 | 690.66 | 811.23 |
| 医疗保健 | | Medicine and Medical Service | | 181.23 | 400.34 | 737.05 | 907.58 | 1142.96 |
| 交通和通信 | | Transportation and Communications | | 307.87 | 676.86 | 1356.57 | 1365.01 | 1809.72 |
| 教育文化娱乐服务 | | Education, Cultural & Recreation Service | | 508.62 | 666.42 | 1479.75 | 1631.28 | 1932.74 |
| 杂项商品与服务 | | Miscellaneous Commodities and Services | | 190.55 | 197.87 | 435.62 | 467.77 | 562.44 |
| **平均每人消费性支出构成（人均消费性支出=100）** | **（%）** | **Composition of per Capita Annual Living Expenditures for Consumption** | **(%)** | **100.00** | **100.00** | **100.00** | **100.00** | **100.00** |
| #食　品 | | Food | | 45.71 | 43.68 | 37.96 | 39.80 | 38.70 |
| 衣　着 | | Clothing | | 10.34 | 11.99 | 10.65 | 10.40 | 10.26 |
| 居　住 | | Residence | | 8.76 | 9.27 | 10.68 | 11.39 | 9.31 |
| 家庭设备用品及服务 | | Household Facilities, Articles and Service | | 7.12 | 4.57 | 5.90 | 5.24 | 5.40 |
| 医疗保健 | | Medicine and Medical Service | | 4.28 | 6.29 | 6.40 | 6.89 | 7.61 |
| 交通和通信 | | Transportation and Communications | | 7.27 | 10.63 | 11.78 | 10.36 | 12.06 |
| 教育文化娱乐服务 | | Education, Cultural & Recreation Service | | 12.02 | 10.47 | 12.85 | 12.38 | 12.87 |
| 杂项商品与服务 | | Miscellaneous Commodities and Services | | 4.50 | 3.11 | 3.78 | 3.54 | 3.75 |

## 9—5 城镇居民家庭平均每人全年购买的主要商品数量
Per Capita Annual Purchases of Major Commodities in Urban Households

单位：千克（kg）

| 项目 | Item | 2000 | 2005 | 2010 | 2011 | 2012 |
|---|---|---|---|---|---|---|
| 粮食 | Grain | 93.30 | 85.13 | 83.00 | 89.62 | 88.19 |
| 鲜菜 | Fresh Vegetables | 116.40 | 122.07 | 112.74 | 113.58 | 111.62 |
| 食用植物油 | Edible Vegetable Oil | 10.20 | 9.90 | 8.33 | 9.32 | 8.85 |
| 猪肉 | Pork | 21.40 | 21.59 | 19.86 | 20.47 | 21.26 |
| 牛羊肉 | Beef and Mutton | 2.90 | 3.63 | 3.32 | 3.70 | 3.68 |
| 家禽 | Poultry | 8.50 | 11.23 | 9.86 | 11.21 | 10.65 |
| 鲜蛋 | Fresh Eggs | 13.60 | 14.71 | 12.97 | 13.51 | 13.39 |
| 水产品 | Aquatic Products | 13.00 | 12.02 | 12.76 | 12.83 | 12.81 |
| 酒类 | Liquor | 13.20 | 13.17 | 10.80 | 12.21 | 12.72 |
| 煤炭 | Coal | 196.90 | 157.09 | 25.64 | 25.39 | 14.85 |

## 9—6 城镇居民家庭平均每百户年末耐用消费品拥有量
Number of Major Durable Consumer Goods Owned Per 100 Urban Households at Year-end

| 项目 | | Item | | 2000 | 2005 | 2010 | 2011 | 2012 |
|---|---|---|---|---|---|---|---|---|
| 成套家具 | （套） | Unit Furniture | (set) | 49.66 | 66.88 | | | |
| 摩托车 | （辆） | Motorcycle | (unit) | 16.56 | 21.87 | 23.00 | 18.33 | 20.14 |
| 自行车 | （辆） | Bicycle | (unit) | 142.61 | 124.91 | | | |
| 助力车 | （辆） | Strength-aid Cycle | (unit) | | 8.42 | 31.84 | 41.14 | 45.61 |
| 家用汽车 | （辆） | Automobile | (unit) | 0.65 | 0.76 | 4.95 | 9.20 | 11.37 |
| 洗衣机 | （台） | Washing Machine | (unit) | 87.17 | 97.28 | 97.35 | 94.93 | 95.62 |
| 电风扇 | （台） | Electric Fan | (unit) | 244.60 | 241.93 | | | |
| 电冰箱 | （台） | Refrigerator | (unit) | 83.50 | 91.75 | 96.61 | 96.15 | 98.31 |
| 冰柜 | （台） | Freezer | (unit) | 5.81 | 4.45 | | | |
| 彩电 | （台） | Color TV Set | (unit) | 111.47 | 132.42 | 141.50 | 140.13 | 144.96 |
| 影碟机 | （台） | Video Disc Player | (unit) | 33.57 | 60.48 | | | |
| 录音机 | （台） | Recorder | (unit) | 26.75 | 39.34 | | | |
| 录放像机 | （台） | Video-Recorder | (unit) | 16.96 | 13.74 | | | |
| 家用电脑 | （台） | Computer | (unit) | 6.72 | 25.97 | 63.79 | 74.04 | 79.57 |
| 组合音响 | （套） | Music Center | (set) | 19.04 | 22.00 | 19.22 | 16.83 | 16.22 |
| 摄像机 | （架） | Pickup Camera | (unit) | 1.12 | 2.39 | 3.77 | 5.85 | 7.89 |
| 照相机 | （架） | Camera | (unit) | 27.82 | 35.84 | 29.71 | 32.21 | 34.88 |
| 钢琴 | （架） | Piano | (unit) | 0.82 | 1.96 | 1.11 | 1.45 | 1.56 |
| 微波炉 | （台） | Microwave Oven | (unit) | 11.28 | 40.54 | 57.77 | 61.03 | 65.55 |
| 空调器 | （台） | Air Conditioner | (unit) | 30.77 | 81.82 | 120.04 | 127.94 | 136.05 |
| 取暖器 | （台） | Warmer | (unit) | | 44.83 | | | |
| 电炊具 | （台） | Electric Cooking Utensils | (unit) | 88.28 | 97.06 | | | |
| 淋浴热水器 | （台） | Shower | (unit) | 44.36 | 64.14 | 86.78 | 89.54 | 94.02 |
| 排油烟机 | （台） | Fume Deflector | (unit) | 46.62 | 54.86 | | | |
| 消毒碗柜 | （台） | Sterilizing Cupboard | (unit) | | 5.76 | 6.59 | 6.30 | 7.41 |
| 洗碗机 | （台） | Dish Washer | (unit) | | 0.41 | 0.31 | 0.21 | 0.77 |
| 饮水机 | （台） | Drinking Machine | (unit) | | 29.92 | | | |
| 吸尘器 | （台） | Dust Catcher | (unit) | 7.23 | 7.99 | | | |
| 健身器材 | （套） | Setting-up Apparatus | (set) | 2.81 | 3.86 | 2.32 | 2.52 | 3.27 |
| 普通电话 | （部） | Ordinary Telephone | (unit) | | 95.94 | 85.34 | 77.00 | 74.57 |
| 移动电话 | （部） | Mobile Telephone | (unit) | | 111.33 | 168.46 | 190.09 | 202.61 |
| 传真机 | （部） | Fax Machine | (unit) | | 0.24 | | | |

## 9—7 按收入等级分的城镇居民家庭基本情况（2012年）
Basic Conditions of Urban Households by Level of Income (2012)

| 项　目 | Item | 总平均 Average | 最低收入户 Lowest Income Households | #更低户 Lower Income Households | 低收入户 Low Income Households | 中等偏下户 Lower Middle Income Households |
|---|---|---|---|---|---|---|
| 调查户数　（户） | Number of Households Surveyed (household) | 2500 | 247 | 124 | 248 | 502 |
| 比　重　（%） | Proportion (%) | 100.00 | 10.00 | 5.00 | 10.00 | 20.00 |
| 平均每户家庭人口　（人） | Average Household Size (person) | 2.78 | 3.02 | 3.13 | 3.08 | 2.94 |
| 平均每户就业人口　（人） | Average Number of Employees per Household (person) | 1.43 | 1.39 | 1.48 | 1.39 | 1.43 |
| 平均每户就业面　（%） | Percentage of Employed Persons per Household (%) | 51.44 | 46.03 | 47.28 | 45.13 | 48.64 |
| 平均每一就业者负担人数（包括就业者本人）（人） | Number of Persons Supported by Each Employee (including the employee himself or herself) (person) | 1.94 | 2.17 | 2.11 | 2.22 | 2.06 |
| 平均每人全部年收入　（元） | Per Capita Annual Income (yuan) | 23525.00 | 11212.00 | 9854.20 | 15255.00 | 18613.00 |
| 平均每人可支配收入　（元） | Per Capita Disposable Income (yuan) | 21024.00 | 9751.60 | 8356.80 | 13209.00 | 16625.00 |
| 平均每人消费性支出　（元） | Per Capita Annual Living Expenditure (yuan) | 15012.00 | 8676.80 | 7719.00 | 9896.00 | 12638.00 |

| 项　目 | Item | 中等收入户 Middle Income Households | 中等偏上户 Upper Middle Income Households | 高收入户 High Income Households | 最高收入户 Highest Income Households | #更高户 Higher Income Households |
|---|---|---|---|---|---|---|
| 调查户数　（户） | Number of Households Surveyed (household) | 502 | 502 | 252 | 247 | 122 |
| 比　重　（%） | Proportion (%) | 20.00 | 20.00 | 10.00 | 10.00 | 5.00 |
| 平均每户家庭人口　（人） | Average Household Size (person) | 2.78 | 2.52 | 2.50 | 2.31 | 2.29 |
| 平均每户就业人口　（人） | Average Number of Employees per Household (person) | 1.4 | 1.49 | 1.5 | 1.45 | 1.53 |
| 平均每户就业面　（%） | Percentage of Employed Persons per Household (%) | 50.36 | 59.13 | 60.00 | 62.77 | 66.81 |
| 平均每一就业者负担人数（包括就业者本人）（人） | Number of Persons Supported by Each Employee (including the employee himself or herself) (person) | 1.99 | 1.69 | 1.67 | 1.59 | 1.50 |
| 平均每人全部年收入　（元） | Per Capita Annual Income (yuan) | 23375.00 | 30349.00 | 38257.00 | 54698.00 | 68369.00 |
| 平均每人可支配收入　（元） | Per Capita Disposable Income (yuan) | 21150.00 | 27132.00 | 34047.00 | 49721.00 | 62300.00 |
| 平均每人消费性支出　（元） | Per Capita Annual Living Expenditure (yuan) | 14967.00 | 18536.00 | 22713.00 | 31879.00 | 35706.00 |

## 9—8 按收入等级分的城镇居民家庭就业情况（2012年）

Household Size and Employment of Urban Households by Level of Income (2012)

| 项目 | Item | 总平均 Average | 最低收入户 Lowest Income Households | #更低户 Lower Income Households | 低收入户 Low Income Households | 中等偏下户 Lower Middle Income Households |
|---|---|---|---|---|---|---|
| **调查户数 （户）** | **Number of Households Surveyed (household)** | **2500** | **247** | **124** | **248** | **502** |
| **家庭人口数 （人/户）** | **Household Size (person/household)** | **2.78** | **3.02** | **3.13** | **3.08** | **2.94** |
| 有收入者人数 | Persons With Income | 2.06 | 1.84 | 1.80 | 1.98 | 2.13 |
| 就业人口数 | Number of Employed Persons per Household | 1.43 | 1.39 | 1.48 | 1.39 | 1.43 |
| 国有经济单位职工人数 | Working in State-owned Units | 0.63 | 0.35 | 0.36 | 0.50 | 0.54 |
| 城镇集体经济单位职工人数 | Workers and Staff of Urban Collective Economic Units | 0.05 | 0.05 | 0.08 | 0.03 | 0.08 |
| 其他经济单位职工人数 | Working in Other Types of Units | 0.21 | 0.19 | 0.18 | 0.25 | 0.21 |
| 城镇个体经营者人数 | Number of Self-employed Urban Individuals | 0.16 | 0.15 | 0.08 | 0.18 | 0.18 |
| 城镇个体被雇者人数 | Number of Employed Urban Individuals | 0.30 | 0.46 | 0.61 | 0.34 | 0.36 |
| 离退休再就业人数 | Reemployed Retirees | 0.02 | 0.01 | 0.01 | | 0.01 |
| 其他就业者人数 | Other Employed Persons | 0.06 | 0.18 | 0.16 | 0.09 | 0.05 |
| 离退休者人数 | Retired Persons | 0.58 | 0.30 | 0.23 | 0.45 | 0.67 |
| 其他有收入者人数 | Other Persons With Income | 0.05 | 0.16 | 0.08 | 0.15 | 0.03 |
| 无收入者人数 | Persons Without Income | 0.71 | 1.18 | 1.33 | 1.09 | 0.80 |
| 附：非家庭人口在家用餐人次数 （人次/户） | Number of Nonfamily Persons Eating at Home (person-time/household) | 6.01 | 2.85 | 2.31 | 6.12 | 4.62 |
| 家庭人口在外用餐人次数 （人次/户） | Number of the Persons Eating Outside (person-time/household) | 15.61 | 13.47 | 13.01 | 16.48 | 15.79 |

| 项目 | Item | 中等收入户 Middle Income Households | 中等偏上户 Upper Middle Income Households | 高收入户 High Income Households | 最高收入户 Highest Income Households | #更高户 Higher Income Households |
|---|---|---|---|---|---|---|
| **调查户数 （户）** | **Number of Households Surveyed (household)** | **502** | **502** | **252** | **247** | **122** |
| **家庭人口数 （人/户）** | **Household Size (person/household)** | **2.78** | **2.52** | **2.50** | **2.31** | **2.29** |
| 有收入者人数 | Persons With Income | 2.17 | 2.06 | 2.09 | 2.04 | 1.97 |
| 就业人口数 | Number of Employed Persons per Household | 1.40 | 1.49 | 1.50 | 1.45 | 1.53 |
| 国有经济单位职工人数 | Working in State-owned Units | 0.63 | 0.86 | 0.85 | 0.88 | 0.78 |
| 城镇集体经济单位职工人数 | Workers and Staff of Urban Collective Economic Units | 0.04 | 0.05 | 0.03 | 0.01 | 0.01 |
| 其他经济单位职工人数 | Working in Other Types of Units | 0.20 | 0.19 | 0.25 | 0.18 | 0.22 |
| 城镇个体经营者人数 | Number of Self-employed Urban Individuals | 0.17 | 0.12 | 0.18 | 0.21 | 0.25 |
| 城镇个体被雇者人数 | Number of Employed Urban Individuals | 0.31 | 0.21 | 0.14 | 0.12 | 0.18 |
| 离退休再就业人数 | Reemployed Retirees | 0.02 | 0.04 | 0.05 | 0.06 | 0.08 |
| 其他就业者人数 | Other Employed Persons | 0.03 | 0.02 | 0.01 | | |
| 离退休者人数 | Retired Persons | 0.75 | 0.56 | 0.58 | 0.58 | 0.43 |
| 其他有收入者人数 | Other Persons With Income | 0.02 | 0.02 | 0.02 | 0.01 | 0.02 |
| 无收入者人数 | Persons Without Income | 0.61 | 0.45 | 0.41 | 0.27 | 0.32 |
| 附：非家庭人口在家用餐人次数 （人次/户） | Number of Nonfamily Persons Eating at Home (person-time/household) | 4.47 | 6.65 | 17.55 | 7.23 | 4.06 |
| 家庭人口在外用餐人次数 （人次/户） | Number of the Persons Eating Outside (person-time/household) | 13.99 | 16.99 | 17.49 | 16.35 | 19.79 |

# 9—9 按收入等级分的城镇居民家庭年人均现金收入（2012年）
## Annual Per Capita Cash Income of Urban Households by Level of Income (2012)

单位：元（yuan）

| 项　　目 | Item | 总平均 Average | 最低收入户 Lowest Income Households | #更低户 Lower Income Households | 低收入户 Low Income Households | 中等偏下户 Lower Middle Income Households |
|---|---|---|---|---|---|---|
| **家庭总收入** | **Total Income** | **23525.00** | **11212.00** | **9854.20** | **15255.00** | **18613.00** |
| #可支配收入 | Disposable Income | 21024.00 | 9751.60 | 8356.80 | 13209.00 | 16625.00 |
| 工资性收入 | Wages Income | 14813.00 | 7600.50 | 7619.20 | 9831.00 | 11658.00 |
| 工资及补贴收入 | Wage and Subsidy Income | 14494.00 | 7348.00 | 7576.30 | 9454.80 | 11444.00 |
| 其他劳动收入 | Other Labor Income | 318.53 | 252.50 | 42.86 | 376.23 | 213.87 |
| 经营性收入 | Net Income From Business | 2155.30 | 744.53 | 366.38 | 1521.90 | 1865.90 |
| 财产性收入 | Property Income | 549.62 | 39.06 | 35.82 | 99.31 | 134.29 |
| 利息收入 | Interest | 75.08 | 5.97 | 1.54 | 21.86 | 24.65 |
| 股息与红利收入 | Dividend and Bonus | 98.11 | | | 8.14 | 10.14 |
| 保险收益 | Insurance Profits | 0.15 | | | | |
| 其他投资收入 | Other Investment Income | 109.46 | 3.01 | 0.82 | 14.49 | 11.97 |
| 出租房屋收入 | Income From Renting House | 249.23 | 19.53 | 29.42 | 54.41 | 85.69 |
| 知识产权收入 | Income From Intellectual Property Right | 0.16 | | | | |
| 其他财产收入 | Other Property Income | 17.42 | 10.54 | 4.04 | 0.40 | 1.84 |
| 转移性收入 | Transfer Income | 6007.10 | 2827.60 | 1832.80 | 3802.70 | 4954.80 |
| 养老金或离退休金 | Pension for Old-age for Retired Persons | 4911.50 | 1859.90 | 1178.90 | 2902.40 | 4293.50 |
| 社会救济收入 | Social Relief | 63.31 | 233.94 | 191.99 | 161.97 | 20.19 |
| 辞退金 | Dismissal Income | 2.79 | | | 3.10 | 6.92 |
| 赔偿收入 | Income From Compensation | 11.70 | | | | 10.29 |
| 保险收入 | Income From Insurance | 33.32 | 15.53 | 25.72 | 48.97 | 21.62 |
| 赡养收入 | Supporting Income | 266.66 | 436.45 | 128.67 | 273.46 | 205.80 |
| 捐赠收入 | Donating Income | 320.12 | 113.93 | 112.44 | 233.15 | 190.72 |
| 提取住房公积金 | Withdraw Housing Collective Accumulation Fund | 176.06 | 0.97 | | 4.75 | 34.27 |
| 记帐补贴 | Account Subsidy | 136.84 | 121.76 | 115.69 | 127.16 | 127.99 |
| 其他转移性收入 | Other Transfer Income | 84.76 | 43.11 | 79.34 | 47.71 | 43.45 |
| **出售财物收入** | **Income From Selling Belongings** | **134.33** | **48.00** | **4.51** | **3.32** | **1.83** |
| 出售住房收入 | Income From Selling House | 120.38 | 45.77 | | | |
| 出售其他物品收入 | Income From Selling Other Goods | 13.96 | 2.23 | 4.51 | 3.32 | 1.83 |
| **借贷收入** | **Loan Income** | **5112.90** | **2584.90** | **2626.10** | **1979.40** | **2536.60** |
| 提取储蓄存款 | Withdraw Saving Deposit | 4053.50 | 2166.20 | 2326.00 | 1880.10 | 2024.10 |
| 借入款 | Cash Borrowed | 288.79 | 296.91 | 87.43 | 80.37 | 210.95 |
| 收回借出款 | Paid-back Loan | 191.76 | 12.10 | 5.19 | 5.04 | 112.57 |
| 收回储蓄性保险本金 | Withdraw Saving Premium | 20.32 | | | | 0.18 |
| 兑售有价证券 | Securities Cashed and Sold | 5.33 | | | 5.44 | 1.51 |
| 收回投资本金 | Withdraw Investment Principal | 20.15 | 0.48 | 1.04 | 1.23 | 4.08 |
| 住房贷款 | Housing Loan | 318.51 | | | | 75.11 |
| 汽车贷款 | Personal Auto Loan | 51.94 | | | | |
| 教育贷款 | Education Loan | 15.12 | 90.05 | 191.77 | | 3.67 |
| 其他贷款 | Other Loans | 1.65 | | | | 1.53 |
| 其他借贷收入 | Other Loan Income | 145.83 | 19.17 | 14.71 | 7.20 | 102.90 |

**9—9 续表 continued**

单位：元（yuan）

| 项　　目 | Item | 中等收入户 Middle Income Households | 中等偏上户 Upper Middle Income Households | 高收入户 High Income Households | 最高收入户 Highest Income Households | #更高户 Higher Income Households |
|---|---|---|---|---|---|---|
| **家庭总收入** | **Total Income** | **23375.00** | **30349.00** | **38257.00** | **54698.00** | **68369.00** |
| #可支配收入 | Disposable Income | 21150.00 | 27132.00 | 34047.00 | 49721.00 | 62300.00 |
| 工资性收入 | Wages Income | 14048.00 | 20536.00 | 24463.00 | 30850.00 | 36947.00 |
| 工资及补贴收入 | Wage and Subsidy Income | 13777.00 | 20221.00 | 24116.00 | 29954.00 | 35757.00 |
| 其他劳动收入 | Other Labor Income | 270.69 | 314.18 | 346.46 | 896.17 | 1190.60 |
| 经营性收入 | Net Income From Business | 2214.10 | 2030.20 | 3228.70 | 6819.80 | 11443.00 |
| 财产性收入 | Property Income | 340.02 | 849.64 | 1809.90 | 2801.60 | 4753.30 |
| 利息收入 | Interest | 35.25 | 167.68 | 132.50 | 351.14 | 279.08 |
| 股息与红利收入 | Dividend and Bonus | 33.55 | 90.47 | 584.73 | 569.90 | 1071.30 |
| 保险收益 | Insurance Profits | 0.82 | | | | |
| 其他投资收入 | Other Investment Income | 42.99 | 98.90 | 269.27 | 989.14 | 2280.80 |
| 出租房屋收入 | Income From Renting House | 219.05 | 469.05 | 714.46 | 868.19 | 1071.70 |
| 知识产权收入 | Income From Intellectual Property Right | 0.01 | | | 2.54 | |
| 其他财产收入 | Other Property Income | 8.35 | 33.54 | 108.97 | 20.67 | 50.42 |
| 转移性收入 | Transfer Income | 6773.20 | 6934.20 | 8755.90 | 14226.00 | 15226.00 |
| 养老金或离退休金 | Pension for Old-age for Retired Persons | 6042.60 | 5890.80 | 7195.10 | 9976.50 | 8918.80 |
| 社会救济收入 | Social Relief | 19.70 | 3.04 | 2.43 | 5.90 | |
| 辞退金 | Dismissal Income | 2.80 | | 2.17 | | |
| 赔偿收入 | Income From Compensation | 8.44 | 44.91 | | | |
| 保险收入 | Income From Insurance | 23.76 | 37.17 | 45.71 | 94.90 | 197.76 |
| 赡养收入 | Supporting Income | 140.94 | 269.28 | 226.57 | 517.55 | 972.47 |
| 捐赠收入 | Donating Income | 263.07 | 347.43 | 580.56 | 1307.00 | 1440.90 |
| 提取住房公积金 | Withdraw Housing Collective Accumulation Fund | 38.55 | 114.91 | 429.68 | 1787.30 | 3393.00 |
| 记帐补贴 | Account Subsidy | 138.43 | 156.17 | 149.49 | 156.50 | 142.53 |
| 其他转移性收入 | Other Transfer Income | 94.89 | 70.46 | 124.16 | 380.03 | 160.13 |
| **出售财物收入** | **Income From Selling Belongings** | **460.73** | **86.02** | **84.50** | **327.32** | **619.45** |
| 出售住房收入 | Income From Selling House | 454.75 | 76.73 | | 252.51 | 615.91 |
| 出售其他物品收入 | Income From Selling Other Goods | 5.98 | 9.30 | 84.50 | 74.81 | 3.54 |
| **借贷收入** | **Loan Income** | **4286.80** | **6384.90** | **9264.00** | **22146.00** | **25925.00** |
| 提取储蓄存款 | Withdraw Saving Deposit | 3183.50 | 5256.20 | 7651.10 | 16444.00 | 18147.00 |
| 借入款 | Cash Borrowed | 196.33 | 191.24 | 520.21 | 1290.10 | 1315.20 |
| 收回借出款 | Paid-back Loan | 72.62 | 617.16 | 199.71 | 495.79 | 141.29 |
| 收回储蓄性保险本金 | Withdraw Saving Premium | 21.50 | 40.25 | 122.60 | 27.39 | 28.71 |
| 兑售有价证券 | Securities Cashed and Sold | | 0.16 | 2.66 | 64.58 | 157.53 |
| 收回投资本金 | Withdraw Investment Principal | 11.41 | 78.45 | 16.96 | 40.05 | 61.10 |
| 住房贷款 | Housing Loan | 706.42 | 45.93 | 494.27 | 2032.50 | 3611.60 |
| 汽车贷款 | Personal Auto Loan | 37.74 | | | 710.02 | 1731.80 |
| 教育贷款 | Education Loan | 5.00 | | 6.50 | | |
| 其他贷款 | Other Loans | 0.60 | 6.85 | | | |
| 其他借贷收入 | Other Loan Income | 51.64 | 148.61 | 250.03 | 1041.90 | 730.65 |

## 9—10 按收入等级分的城镇居民家庭年人均现金支出（2012年）
Annual Per Capita Expenditure of Urban Households by Level of Income (2012)

单位：元（yuan）

| 项目 | Item | 总平均 Average | 最低收入户 Lowest Income Households | #更低户 Lower Income Households | 低收入户 Low Income Households | 中等偏下户 Lower Middle Income Households |
|---|---|---|---|---|---|---|
| **家庭总支出** | **Total Expenditure** | **21421.00** | **11266.00** | **9761.10** | **13721.00** | **16893.00** |
| 消费性支出 | Consumption Expenditure | 15012.00 | 8676.80 | 7719.00 | 9896.00 | 12638.00 |
| #服务性消费支出 | Service Consumption Expenditure | 4024.00 | 2527.50 | 2161.20 | 2467.40 | 3121.80 |
| 转移性支出 | Transfer Expenditure | 2880.40 | 1026.80 | 631.07 | 16393.00 | 2031.70 |
| 交纳的税赋 | Paid Taxes | 40.41 | 3.81 | 7.67 | 6.98 | 15.51 |
| 捐赠支出 | Expenditure Presented | 1795.90 | 545.16 | 381.70 | 954.96 | 1322.70 |
| 购买彩票 | Buying Lottery Tickets | 32.41 | 5.52 | 4.45 | 7.68 | 35.21 |
| 赡养支出 | Expenditure of Alimony | 806.70 | 431.91 | 183.60 | 637.82 | 526.07 |
| #在外子女就学费用 | School Costs of Children Not in Family | 544.29 | 375.78 | 148.24 | 449.73 | 347.90 |
| 各种非储蓄性保险支出 | Non-saving Premium | 100.90 | 5.45 | 7.45 | 26.45 | 90.35 |
| #车辆保险支出 | Vehicle Insurance Expenditure | 6.58 | | | | |
| 其他转移性支出 | Other Transfer Expenditure | 104.08 | 34.90 | 46.21 | 59.13 | 41.82 |
| 财产性支出 | Property Expenditure | 220.97 | 144.39 | 37.05 | 62.42 | 45.43 |
| 社会保障支出 | Social Protection Expenditure | 2323.10 | 1334.60 | 1374.00 | 1912.10 | 1845.00 |
| 购房与建房支出 | Expenditure From Buying and Constructing House | 984.70 | 83.92 | | 157.29 | 212.80 |
| 购　房 | Buying House | 976.47 | 83.92 | | 157.29 | 212.80 |
| 建　房 | Constructing House | 8.23 | | | | |
| **借贷支出** | **Loan Expenditure** | **6216.90** | **2114.90** | **2140.30** | **2731.50** | **3601.50** |
| 存入储蓄存款 | Depositing Money | 4763.40 | 1522.10 | 1355.60 | 2194.60 | 2910.40 |
| 借出款 | Cash Lent | 137.44 | 3.83 | 8.28 | 26.18 | 25.35 |
| 归还借款 | Returning Borrowed Cash | 260.79 | 67.49 | 105.47 | 165.24 | 66.07 |
| 储蓄性保险支出 | Saving Premium Expenditure | 96.28 | 40.88 | 16.91 | 86.25 | 33.92 |
| 购买有价证券 | Buying Securities | 18.12 | | | 2.43 | 47.43 |
| 其他投资支出 | Other Investment Expenditure | 78.05 | 0.12 | 0.03 | 2.26 | 5.52 |
| 归还住房贷款 | Returning Housing Loan | 781.49 | 467.22 | 639.72 | 232.96 | 488.86 |
| 归还汽车贷款 | Returning Automobile Loan | 32.77 | | | | 6.90 |
| 归还教育贷款 | Returning Education Loan | 0.34 | | | 2.75 | |
| 归还其他贷款 | Returning Other Loans | 5.69 | | | 13.39 | 0.12 |
| 其他贷款支出 | Other Loan Expenditure | 42.47 | 13.29 | 14.37 | 5.58 | 16.94 |

**9—10 续表 continued**

单位：元（yuan）

| 项目 | Item | 中等收入户 Middle Income Households | 中等偏上户 Upper Middle Income Households | 高收入户 High Income Households | 最高收入户 Highest Income Households | #更高户 Higher Income Households |
|---|---|---|---|---|---|---|
| **家庭总支出** | **Total Expenditure** | **21032.00** | **27185.00** | **32781.00** | **51976.00** | **61023.00** |
| 消费性支出 | Consumption Expenditure | 14967.00 | 18536.00 | 22713.00 | 31879.00 | 35706.00 |
| #服务性消费支出 | Service Consumption Expenditure | 4077.20 | 4861.10 | 6170.10 | 9525.30 | 11390.00 |
| 转移性支出 | Transfer Expenditure | 2459.10 | 4461.20 | 4803.30 | 7902.90 | 9329.70 |
| 交纳的税赋 | Paid Taxes | 13.55 | 42.23 | 91.22 | 311.53 | 613.48 |
| 捐赠支出 | Expenditure Presented | 1772.50 | 2843.50 | 3001.10 | 4237.90 | 3360.30 |
| 购买彩票 | Buying Lottery Tickets | 17.31 | 78.84 | 53.69 | 30.74 | 38.81 |
| 赡养支出 | Expenditure of Alimony | 502.18 | 1227.20 | 1192.00 | 2501.30 | 3781.40 |
| #在外子女就学费用 | School Costs of Children Not in Family | 303.87 | 801.66 | 670.49 | 1794.70 | 2773.00 |
| 各种非储蓄性保险支出 | Non-saving Premium | 67.63 | 125.14 | 261.75 | 377.37 | 563.11 |
| #车辆保险支出 | Vehicle Insurance Expenditure | 6.41 | 8.88 | 26.06 | 35.47 | 14.78 |
| 其他转移性支出 | Other Transfer Expenditure | 85.94 | 144.25 | 203.49 | 444.04 | 972.64 |
| 财产性支出 | Property Expenditure | 217.54 | 428.44 | 239.59 | 367.85 | 452.59 |
| 社会保障支出 | Social Protection Expenditure | 2073.10 | 3018.90 | 3969.90 | 4508.50 | 5312.80 |
| 购房与建房支出 | Expenditure From Buying and Constructing House | 1315.50 | 740.53 | 1055.20 | 7317.60 | 10222.00 |
| 购　房 | Buying House | 1315.50 | 691.47 | 1055.20 | 7317.60 | 10222.00 |
| 建　房 | Constructing House | | 49.06 | | | |
| **借贷支出** | **Loan Expenditure** | **5885.70** | **7886.40** | **13089.00** | **22455.00** | **30136.00** |
| 存入储蓄存款 | Depositing Money | 4470.00 | 5884.80 | 10366.00 | 16784.00 | 24232.00 |
| 借出款 | Cash Lent | 159.83 | 166.51 | 119.82 | 978.49 | 314.23 |
| 归还借款 | Returning Borrowed Cash | 250.66 | 319.01 | 473.39 | 1322.90 | 1365.10 |
| 储蓄性保险支出 | Saving Premium Expenditure | 95.24 | 120.92 | 178.53 | 345.15 | 366.99 |
| 购买有价证券 | Buying Securities | 13.28 | 5.49 | 12.32 | 26.69 | 28.70 |
| 其他投资支出 | Other Investment Expenditure | 51.86 | 74.50 | 147.88 | 708.61 | 154.16 |
| 归还住房贷款 | Returning Housing Loan | 744.37 | 1204.60 | 1540.70 | 1960.50 | 3109.70 |
| 归还汽车贷款 | Returning Automobile Loan | 89.10 | 7.85 | 49.97 | 156.38 | 193.24 |
| 归还教育贷款 | Returning Education Loan | | | | | |
| 归还其他贷款 | Returning Other Loans | 8.96 | 1.88 | 4.93 | 26.82 | 61.11 |
| 其他贷款支出 | Other Loan Expenditure | 2.43 | 80.84 | 195.66 | 145.57 | 310.51 |

## 9—11 按收入等级分的城镇居民家庭年人均消费性支出（2012年）
Per Capita Annual Living Expenditure of Urban Households by Income Scale (2012)

单位：元（yuan）

| 项　　目 | Item | 总平均 Average | 最低收入户 Lowest Income Households | #更低户 Lower Income Households | 低收入户 Low Income Households | 中等偏下户 Lower Middle Income Households |
|---|---|---|---|---|---|---|
| **消费性支出** | **Total Living Expenditures** | **15012.00** | **8676.80** | **7719.00** | **9896.00** | **12638.00** |
| 食　品 | Food | 5814.90 | 3565.60 | 3244.50 | 4593.40 | 5545.40 |
| 粮油类 | Grain and Edible Oil | 735.77 | 562.68 | 576.90 | 678.71 | 725.09 |
| 肉禽蛋水产品类 | Meat, Poultry, Eggs and Aquatic Products | 1452.10 | 961.52 | 909.43 | 1214.90 | 1427.50 |
| 蔬菜类 | Vegetables | 577.93 | 422.81 | 406.44 | 479.53 | 574.43 |
| 调味品 | Condiment | 47.99 | 36.95 | 31.96 | 42.06 | 45.53 |
| 糖烟酒饮料类 | Sugar, Tobacco, Liquor and Beverages | 966.76 | 568.56 | 520.77 | 787.52 | 914.81 |
| 干鲜瓜果类 | Dried and Fresh Fruits | 378.58 | 246.72 | 227.09 | 294.49 | 359.13 |
| 糕点、奶及奶制品 | Cakes, Milk and Dairy Products | 407.88 | 277.31 | 239.06 | 326.52 | 386.58 |
| 其他食品 | Other Food | 89.43 | 60.04 | 53.43 | 68.84 | 74.56 |
| 饮食服务 | Catering Services | 1158.40 | 428.99 | 339.38 | 700.85 | 1037.70 |
| 衣　着 | Clothing | 1540.70 | 765.12 | 644.25 | 1047.80 | 1319.80 |
| 服　装 | Garments | 1077.00 | 490.48 | 415.50 | 703.63 | 910.89 |
| 衣着材料 | Clothing Material | 13.71 | 15.62 | 15.80 | 10.40 | 16.03 |
| 鞋　类 | Footwear | 376.59 | 215.17 | 176.05 | 270.20 | 337.23 |
| 其他衣着用品 | Other Clothing Articles | 65.45 | 40.49 | 34.44 | 56.64 | 49.70 |
| 衣着加工服务费 | Clothing Processing Fee | 7.95 | 3.36 | 2.45 | 6.97 | 5.94 |
| 居　住 | Residence | 1397.00 | 906.68 | 729.21 | 677.37 | 1037.80 |
| 住　房 | Housing | 558.86 | 323.63 | 208.21 | 98.04 | 242.35 |
| 水电燃料及其他 | Water, Electricity, Fuel and Others | 736.95 | 547.02 | 482.94 | 530.45 | 726.83 |
| 居住服务费 | Living Services Fee | 101.16 | 36.03 | 38.06 | 48.89 | 68.60 |
| 家庭设备用品及服务 | Household Facilities, Articles and Services | 811.23 | 403.53 | 316.04 | 397.90 | 651.82 |
| 耐用消费品 | Durable Consumer Goods | 366.49 | 119.68 | 94.91 | 150.63 | 278.31 |
| 室内装饰品 | Interior Furnishing Articles | 25.95 | 7.24 | 11.26 | 5.65 | 37.60 |
| 床上用品 | Bedding | 115.97 | 41.74 | 48.54 | 56.01 | 82.66 |
| 家庭日用杂品 | Household Articles of Daily Use | 244.31 | 224.44 | 153.94 | 172.33 | 213.34 |
| 家具材料 | Furniture Material | 10.06 | 3.25 | 0.04 | 2.56 | 14.44 |
| 家庭服务 | Household Services | 48.45 | 7.18 | 7.35 | 10.71 | 25.46 |
| 医疗保健 | Medicine and Medical Services | 1143.00 | 971.46 | 536.17 | 587.27 | 903.02 |
| 医疗器具 | Medical Appliances | 9.46 | 0.70 | 0.67 | 1.42 | 8.73 |
| 保健器具 | Setting-up Apparatus | 6.52 | 0.98 | 0.81 | 1.70 | 4.86 |
| 药品费 | Drugs Fee | 522.29 | 307.42 | 285.61 | 313.20 | 426.43 |
| 滋补保健品 | Nutritious and Heath Food | 123.52 | 34.83 | 43.56 | 35.76 | 81.06 |
| 医疗费 | Medical Expenses | 451.66 | 596.01 | 203.35 | 183.42 | 369.71 |
| 其　他 | Others | 29.50 | 31.52 | 2.17 | 51.76 | 12.23 |
| 交通和通信 | Transportation and Communications | 1809.70 | 686.73 | 679.92 | 983.08 | 1325.00 |
| 交　通 | Transportation | 1012.10 | 241.22 | 204.07 | 432.21 | 659.06 |
| 通　信 | Communications | 797.67 | 445.51 | 475.86 | 550.88 | 665.93 |
| 教育文化娱乐服务 | Education, Cultural and Recreation Services | 1932.70 | 1186.10 | 1403.20 | 1337.90 | 1482.10 |
| 文化娱乐用品 | Recreation Articles | 413.61 | 255.27 | 364.93 | 228.13 | 289.91 |
| 文化娱乐服务 | Recreation Services | 571.01 | 112.10 | 89.58 | 268.78 | 355.48 |
| 教　育 | Education | 948.12 | 818.73 | 948.68 | 840.99 | 836.69 |
| 杂项商品和服务 | Miscellaneous Commodities and Services | 562.44 | 191.58 | 165.71 | 271.31 | 373.52 |
| 杂项商品 | Miscellaneous Commodities | 359.70 | 101.79 | 99.14 | 168.49 | 222.47 |
| 服　务 | Services | 202.74 | 89.79 | 66.57 | 102.83 | 151.05 |

## 9—11 续表 continued

单位：元（yuan）

| 项　　目 | Item | 中等收入户 Middle Income Households | 中等偏上户 Upper Middle Income Households | 高收入户 High Income Households | 最高收入户 Highest Income Households | #更高户 Higher Income Households |
|---|---|---|---|---|---|---|
| **消费性支出** | **Total Living Expenditures** | **14967.00** | **18536.00** | **22713.00** | **31879.00** | **35706.00** |
| 食　　品 | Food | 5989.50 | 7008.70 | 7649.10 | 8844.40 | 9544.60 |
| 粮油类 | Grain and Edible Oil | 731.89 | 805.57 | 864.91 | 977.94 | 922.88 |
| 肉禽蛋水产品类 | Meat, Poultry, Eggs and Aquatic Products | 1468.30 | 1685.10 | 1830.40 | 2079.00 | 2140.50 |
| 蔬菜类 | Vegetables | 578.17 | 657.21 | 696.18 | 805.81 | 798.86 |
| 调味品 | Condiment | 47.08 | 54.97 | 60.44 | 66.08 | 64.35 |
| 糖烟酒饮料类 | Sugar, Tobacco, Liquor and Beverages | 1043.10 | 1180.50 | 1234.50 | 1363.60 | 1402.80 |
| 干鲜瓜果类 | Dried and Fresh Fruits | 373.48 | 464.02 | 502.69 | 583.01 | 618.48 |
| 糕点、奶及奶制品 | Cakes, Milk and Dairy Products | 435.65 | 466.94 | 498.54 | 617.57 | 626.87 |
| 其他食品 | Other Food | 95.31 | 111.14 | 143.36 | 126.33 | 138.39 |
| 饮食服务 | Catering Services | 1216.50 | 1583.30 | 1818.20 | 2225.00 | 2831.40 |
| 衣　　着 | Clothing | 1492.70 | 2084.40 | 2316.50 | 3061.20 | 3920.30 |
| 服　装 | Garments | 1019.90 | 1500.20 | 1652.00 | 2265.50 | 2979.80 |
| 衣着材料 | Clothing Material | 10.75 | 14.69 | 15.88 | 10.56 | 14.32 |
| 鞋　类 | Footwear | 401.54 | 463.75 | 544.96 | 632.94 | 780.93 |
| 其他衣着用品 | Other Clothing Articles | 52.80 | 95.42 | 88.23 | 136.88 | 128.82 |
| 衣着加工服务费 | Clothing Processing Fee | 7.67 | 10.35 | 15.40 | 15.30 | 16.45 |
| 居　　住 | Residence | 1461.40 | 1659.20 | 2259.80 | 3597.20 | 3832.50 |
| 住　房 | Housing | 568.01 | 679.32 | 1233.10 | 2244.00 | 2365.80 |
| 水电燃料及其他 | Water, Electricity, Fuel and Others | 804.29 | 825.23 | 886.95 | 1028.10 | 1114.90 |
| 居住服务费 | Living Services Fee | 89.07 | 158.64 | 139.70 | 325.16 | 351.71 |
| 家庭设备用品及服务 | Household Facilities, Articles and Services | 822.03 | 1031.00 | 1241.80 | 2132.00 | 1744.80 |
| 耐用消费品 | Durable Consumer Goods | 406.76 | 440.77 | 565.17 | 1183.70 | 636.06 |
| 室内装饰品 | Interior Furnishing Articles | 15.81 | 26.33 | 49.46 | 67.04 | 91.18 |
| 床上用品 | Bedding | 121.71 | 171.01 | 171.12 | 315.75 | 372.12 |
| 家庭日用杂品 | Household Articles of Daily Use | 234.47 | 302.98 | 310.01 | 361.55 | 399.75 |
| 家具材料 | Furniture Material | 1.88 | 16.72 | 39.08 | 0.14 | 0.28 |
| 家庭服务 | Household Services | 41.38 | 73.23 | 107.00 | 203.81 | 245.45 |
| 医疗保健 | Medicine and Medical Services | 1178.60 | 1236.00 | 1516.90 | 2850.60 | 1450.40 |
| 医疗器具 | Medical Appliances | 6.81 | 15.48 | 13.45 | 35.83 | 12.42 |
| 保健器具 | Setting-up Apparatus | 6.34 | 5.20 | 26.53 | 19.12 | 28.63 |
| 药品费 | Drugs Fee | 526.24 | 613.71 | 717.11 | 1350.60 | 633.58 |
| 滋补保健品 | Nutritious and Heath Food | 156.46 | 139.93 | 298.54 | 348.74 | 361.73 |
| 医疗费 | Medical Expenses | 448.37 | 437.36 | 443.45 | 1035.30 | 363.63 |
| 其　他 | Others | 34.38 | 24.33 | 17.77 | 61.02 | 50.37 |
| 交通和通信 | Transportation and Communications | 1435.70 | 2607.20 | 3622.20 | 5073.00 | 7119.80 |
| 交　通 | Transportation | 592.69 | 1553.50 | 2474.10 | 3635.10 | 5532.40 |
| 通　信 | Communications | 843.03 | 1053.70 | 1148.10 | 1437.80 | 1587.40 |
| 教育文化娱乐服务 | Recreation, Education and Cultural Services | 1964.20 | 2134.60 | 3064.10 | 4819.00 | 6705.40 |
| 文化娱乐用品 | Recreation Articles | 409.11 | 524.41 | 677.60 | 1082.90 | 1112.70 |
| 文化娱乐服务 | Recreation Services | 562.04 | 722.52 | 1273.70 | 1979.20 | 3081.20 |
| 教　育 | Education | 993.06 | 887.71 | 1112.70 | 1756.90 | 2511.50 |
| 杂项商品和服务 | Miscellaneous Commodities and Services | 622.71 | 774.44 | 1043.10 | 1501.70 | 1388.30 |
| 杂项商品 | Miscellaneous Commodities | 388.58 | 485.18 | 753.00 | 1051.60 | 960.41 |
| 服　务 | Services | 234.14 | 289.26 | 290.07 | 450.07 | 427.90 |

# 9—12 按收入等级分的城镇居民家庭年人均消费性支出构成（2012年）

## Composition of Per Capita Annual Living Expenditure of Urban Households by Income Scale (2012)

单位：%

| 项目 | Item | 总平均 Average | 最低收入户 Lowest Income Households | #更低户 Lower Income Households | 低收入户 Low Income Households | 中等偏下户 Lower Middle Income Households |
|---|---|---|---|---|---|---|
| **消费性支出** | **Total Living Expenditures** | **15011.66** | **8676.78** | **7718.95** | **9896.03** | **12638.37** |
| 食品 | Food | 5814.92 | 3565.58 | 3244.46 | 4593.37 | 5545.36 |
| 衣着 | Clothing | 1540.66 | 765.12 | 644.25 | 1047.84 | 1319.79 |
| 居住 | Residence | 1396.97 | 906.68 | 729.21 | 677.37 | 1037.79 |
| 家庭设备用品及服务 | Household Facilities, Articles and Services | 811.23 | 403.53 | 316.04 | 397.90 | 651.82 |
| 医疗保健 | Medicine and Medical Services | 1142.96 | 971.46 | 536.17 | 587.27 | 903.02 |
| 交通和通信 | Transportation and Communications | 1809.72 | 686.73 | 679.92 | 983.08 | 1324.98 |
| 教育文化娱乐服务 | Education, Cultural and Recreation Services | 1932.74 | 1186.10 | 1403.19 | 1337.90 | 1482.08 |
| 杂项商品和服务 | Miscellaneous Commodities and Services | 562.44 | 191.58 | 165.71 | 271.31 | 373.52 |

| 项目 | Item | 中等收入户 Middle Income Households | 中等偏上户 Upper Middle Income Households | 高收入户 High Income Households | 最高收入户 Highest Income Households | #更高户 Higher Income Households |
|---|---|---|---|---|---|---|
| **消费性支出** | **Total Living Expenditures** | **14966.79** | **18535.64** | **22713.32** | **31878.94** | **35706.04** |
| 食品 | Food | 5989.47 | 7008.71 | 7649.12 | 8844.35 | 9544.55 |
| 衣着 | Clothing | 1492.68 | 2084.40 | 2316.48 | 3061.17 | 3920.27 |
| 居住 | Residence | 1461.37 | 1659.19 | 2259.75 | 3597.23 | 3832.47 |
| 家庭设备用品及服务 | Household Facilities, Articles and Services | 822.03 | 1031.04 | 1241.84 | 2131.95 | 1744.84 |
| 医疗保健 | Medicine and Medical Services | 1178.60 | 1236.01 | 1516.85 | 2850.60 | 1450.36 |
| 交通和通信 | Transportation and Communications | 1435.72 | 2607.21 | 3622.15 | 5073.01 | 7119.83 |
| 教育文化娱乐服务 | Education, Cultural and Recreation Services | 1964.21 | 2134.64 | 3064.06 | 4818.96 | 6705.41 |
| 杂项商品和服务 | Miscellaneous Commodities and Services | 622.71 | 774.44 | 1043.07 | 1501.67 | 1388.31 |

## 9—13 按收入等级分的城镇居民家庭平均每百户年末耐用消费品拥有量（2012年）

Number of Durable Consumer Goods Owned Per 100 Urban Households at Year-end by Level of Income (2012)

| 项目 | Item | | 总平均 Average | 最低收入户 Lowest Income Households | #更低户 Lower Income Households | 低收入户 Low Income Households | 中等偏下户 Lower Middle Income Households | 中等收入户 Middle Income Households | 中等偏上户 Upper Middle Income Households | 高收入户 High Income Households | 最高收入户 Highest Income Households | #更高户 Higher Income Households |
|---|---|---|---|---|---|---|---|---|---|---|---|---|
| 摩托车（辆） | Motorcycle | (unit) | 20.14 | 17.60 | 11.94 | 22.68 | 24.37 | 17.98 | 20.42 | 21.82 | 10.77 | 15.11 |
| 助力车（辆） | Strength-aid Cycle | (unit) | 45.61 | 42.80 | 48.81 | 55.17 | 45.85 | 48.34 | 47.12 | 41.91 | 28.94 | 28.37 |
| 家用汽车（辆） | Automobile | (unit) | 11.37 | 0.87 | 0.74 | 3.14 | 10.64 | 13.21 | 12.10 | 21.60 | 28.12 | 42.09 |
| 洗衣机（台） | Washing Machine | (unit) | 95.62 | 83.76 | 86.20 | 91.16 | 96.54 | 96.31 | 100.29 | 101.50 | 101.45 | 101.50 |
| 电冰箱（台） | Refrigerator | (unit) | 98.31 | 89.82 | 80.28 | 93.61 | 96.67 | 101.39 | 101.99 | 106.11 | 101.43 | 100.59 |
| 彩电（台） | Color TV Set | (unit) | 144.96 | 119.37 | 111.42 | 125.04 | 150.59 | 140.68 | 160.52 | 164.27 | 156.15 | 167.89 |
| 家用电脑（台） | Computer | (unit) | 79.57 | 61.02 | 67.47 | 69.63 | 72.68 | 78.62 | 89.08 | 97.88 | 109.96 | 118.19 |
| 组合音响（套） | Combined Acoustics | (set) | 16.22 | 8.50 | 13.08 | 10.57 | 14.64 | 18.85 | 20.29 | 17.75 | 25.13 | 33.89 |
| 摄像机（架） | Pickup Camera | (unit) | 7.89 | 1.05 | | 4.68 | 7.81 | 7.52 | 9.92 | 8.47 | 20.11 | 22.70 |
| 照相机（架） | Camera | (unit) | 34.88 | 12.97 | 9.64 | 23.01 | 24.76 | 38.43 | 43.94 | 56.55 | 70.94 | 86.08 |
| 钢琴（架） | Piano | (unit) | 1.56 | 0.17 | | 0.71 | 1.34 | 0.98 | 2.11 | 4.19 | 3.60 | 4.42 |
| 微波炉（台） | Microwave Oven | (unit) | 65.55 | 46.88 | 54.14 | 48.63 | 62.80 | 69.13 | 74.47 | 79.34 | 88.27 | 92.68 |
| 空调器（台） | Air Conditioner | (unit) | 136.05 | 80.50 | 68.15 | 95.71 | 125.37 | 136.76 | 163.11 | 188.70 | 208.73 | 238.89 |
| 淋浴热水器（台） | Shower | (unit) | 94.02 | 83.23 | 67.52 | 87.25 | 96.00 | 92.46 | 98.31 | 97.54 | 106.65 | 109.52 |
| 消毒碗柜（台） | Sterilizing Cupboard | (unit) | 7.41 | 4.22 | 8.24 | 3.97 | 2.46 | 5.17 | 14.28 | 10.56 | 19.26 | 26.48 |
| 洗碗机（台） | Dish Washer | (unit) | 0.77 | 0.33 | | 0.13 | 0.68 | 0.79 | 0.84 | 1.36 | 1.91 | 2.33 |
| 健身器材（套） | Setting-up Apparatus | (unit) | 3.27 | 0.16 | 0.36 | 1.49 | 4.82 | 3.17 | 3.92 | 2.39 | 5.90 | 8.30 |
| 普通电话（部） | Ordinary Telephone | (unit) | 74.57 | 62.50 | 60.99 | 69.94 | 75.88 | 76.85 | 76.07 | 79.60 | 84.34 | 85.34 |
| 移动电话（部） | Mobile Telephone | (unit) | 202.61 | 176.77 | 180.39 | 190.63 | 201.05 | 213.39 | 213.19 | 203.68 | 217.04 | 211.14 |

## 9—14 按收入等级分的城镇居民家庭平均每人全年购买商品数量（2012年）
## Per Capita Annual Purchases of Major Commodities of Urban Households by Level of Income (2012)

| 项　目 | Item | 总平均 Average | 最低收入户 Lowest Income Households | #更低户 Lower Income Households | 低收入户 Low Income Households | 中等偏下户 Lower Middle Income Households | 中等收入户 Middle Income Households | 中等偏上户 Upper Middle Income Households | 高收入户 High Income Households | 最高收入户 Highest Income Households | #更高户 Higher Income Households |
|---|---|---|---|---|---|---|---|---|---|---|---|
| 粮　食　（千克） | Grain (kg) | 88.19 | 69.43 | 62.78 | 84.60 | 88.24 | 87.26 | 94.64 | 99.52 | 111.74 | 101.54 |
| 淀粉及薯类(千克) | Starches and Tubers (kg) | 9.56 | 6.90 | 6.69 | 8.86 | 9.14 | 9.25 | 11.39 | 11.44 | 12.70 | 12.31 |
| 干豆类及豆制品（元） | Dried Beans and Bean Products (yuan) | 82.67 | 68.04 | 64.15 | 79.85 | 83.42 | 76.57 | 89.25 | 90.97 | 110.51 | 103.24 |
| 食用植物油(千克) | Edible Vegetable Oil (kg) | 8.85 | 6.62 | 6.49 | 7.92 | 8.61 | 9.15 | 9.83 | 10.55 | 11.43 | 11.39 |
| 食用动物油　（元） | Edible Animal Oil (yuan) | 17.52 | 17.71 | 11.67 | 20.06 | 19.89 | 19.86 | 12.71 | 8.48 | 17.64 | 8.18 |
| 猪　肉　（千克） | Pork (kg) | 21.26 | 15.31 | 14.54 | 19.16 | 21.44 | 20.97 | 23.87 | 24.75 | 28.63 | 28.55 |
| 牛　肉　（千克） | Beef (kg) | 2.47 | 1.44 | 1.39 | 1.90 | 2.45 | 2.64 | 2.94 | 3.23 | 3.50 | 3.84 |
| 羊　肉　（千克） | Mutton (kg) | 1.21 | 0.51 | 0.56 | 0.82 | 1.87 | 0.91 | 1.39 | 1.28 | 1.20 | 1.23 |
| 禽　类　（千克） | Poultry (kg) | 10.65 | 7.14 | 6.63 | 9.10 | 10.27 | 10.89 | 12.34 | 13.90 | 14.75 | 15.16 |
| 鲜　蛋　（千克） | Fresh Eggs (kg) | 13.39 | 9.36 | 8.60 | 12.35 | 13.53 | 13.43 | 14.97 | 15.31 | 17.77 | 17.48 |
| 鱼　（千克） | Fish (kg) | 9.55 | 6.84 | 6.69 | 8.57 | 9.69 | 9.30 | 10.41 | 11.56 | 13.44 | 13.48 |
| 虾　（千克） | Shrimp (kg) | 1.58 | 0.94 | 0.92 | 1.15 | 1.50 | 1.70 | 1.87 | 2.15 | 2.48 | 2.74 |
| 鲜　菜　（千克） | Fresh Vegetables (kg) | 111.62 | 84.28 | 80.52 | 94.78 | 111.77 | 112.68 | 125.85 | 128.87 | 147.60 | 142.44 |
| 糖　类　（元） | Sugar (yuan) | 48.36 | 30.22 | 25.83 | 38.84 | 44.28 | 45.89 | 59.09 | 80.73 | 70.55 | 73.82 |
| 烟草类　（元） | Tobaccos (yuan) | 436.60 | 254.68 | 240.11 | 394.30 | 369.79 | 487.64 | 540.91 | 571.09 | 634.07 | 676.07 |
| 白　酒　（千克） | Liquor (kg) | 3.58 | 2.50 | 2.36 | 3.84 | 3.64 | 3.49 | 3.99 | 3.83 | 4.14 | 3.82 |
| 啤　酒　（千克） | Beer (kg) | 8.74 | 6.62 | 4.86 | 6.16 | 11.44 | 8.37 | 8.69 | 8.04 | 9.79 | 8.22 |
| 鲜瓜果　（千克） | Fresh Melons & Fruits (kg) | 56.68 | 38.89 | 35.88 | 46.97 | 53.74 | 56.05 | 69.81 | 70.62 | 80.65 | 85.89 |
| 糕　点　（千克） | Cake (kg) | 3.46 | 3.01 | 2.73 | 3.30 | 3.46 | 3.19 | 3.57 | 4.12 | 4.59 | 4.27 |
| 鲜乳品　（千克） | Fresh Dairy Products (kg) | 8.90 | 4.68 | 3.56 | 7.90 | 7.33 | 9.42 | 10.97 | 12.38 | 16.09 | 20.24 |
| 奶　粉　（千克） | Milk Powder (kg) | 1.21 | 0.77 | 0.77 | 1.09 | 1.18 | 1.32 | 1.36 | 1.44 | 1.60 | 1.34 |
| 酸　奶　（千克） | Yogurt (kg) | 10.38 | 6.81 | 5.86 | 7.99 | 11.20 | 10.49 | 12.03 | 11.02 | 14.64 | 14.60 |
| 洗衣机（台/百户） | Washing Machine (unit/100 household) | 95.62 | 83.76 | 86.20 | 91.16 | 96.54 | 96.31 | 100.29 | 101.50 | 101.45 | 101.50 |
| 电冰箱（台/百户） | Refrigerator (unit/100 household) | 98.31 | 89.82 | 80.28 | 93.61 | 96.67 | 101.39 | 101.99 | 106.11 | 101.43 | 100.59 |
| 空调器（台/百户） | Air Conditioners (unit/100 household) | 136.05 | 80.50 | 68.15 | 95.71 | 125.37 | 136.76 | 163.11 | 188.70 | 208.73 | 238.89 |
| 移动电话（部/百户） | Mobile Telephone Subscribers (unit/100 household) | 202.61 | 176.77 | 180.39 | 190.63 | 201.05 | 213.39 | 213.19 | 203.68 | 217.04 | 211.14 |
| 彩色电视机（台/百户） | Color Television Set (unit/100 household) | 144.96 | 119.37 | 111.42 | 125.04 | 150.59 | 140.68 | 160.52 | 164.27 | 156.15 | 167.89 |
| 家用电脑（台/百户） | Computer (unit/100 household) | 79.57 | 61.02 | 67.47 | 69.63 | 72.68 | 78.62 | 89.08 | 97.88 | 109.96 | 118.19 |

## 9—15 各市城镇居民家庭年人均现金收支（2012年）

Annual Per Capita Cash Income and Expenditure of Urban Households by Region (2012)

| 项 目 | Item | 全 省 Proince Indices | 合肥市 Hefei | 淮北市 Huaibei | 亳州市 Bozhou | 宿州市 Suzhou |
|---|---|---|---|---|---|---|
| **家庭总收入** | **Total Income** | **23524.56** | **27885.24** | **23741.97** | **21276.31** | **21387.71** |
| #可支配收入 | Disposable Income | 21024.21 | 25434.15 | 20360.21 | 20488.24 | 19731.20 |
| **工资性收入** | **Wages Income** | **14812.54** | **17575.82** | **14722.43** | **9820.99** | **12768.86** |
| 工资及补贴收入 | Wage and Subsidy Income | 14494.01 | 17321.49 | 14244.93 | 9729.03 | 12618.24 |
| 其他劳动收入 | Other Labor Income | 318.53 | 254.33 | 477.50 | 91.96 | 150.61 |
| **经营性收入** | **Net Income From Business** | **2155.33** | **3487.51** | **1010.79** | **7917.81** | **1173.20** |
| **财产性收入** | **Property Income** | **549.62** | **701.15** | **334.99** | **751.03** | **362.78** |
| 利息收入 | Interest | 75.08 | 49.11 | 30.22 | 45.42 | 83.73 |
| 股息与红利收入 | Dividend and Bonus | 98.11 | 223.01 | 19.09 | 40.75 | 28.56 |
| 保险收益 | Insurance Profits | 0.15 | | | | |
| 其他投资收入 | Other Investment Income | 109.46 | 45.29 | 59.89 | 166.92 | 84.03 |
| 出租房屋收入 | Income from Hiring House | 249.23 | 383.37 | 225.79 | 479.10 | 160.12 |
| 知识产权收入 | Income From Intellectual Property Right | 0.16 | | | | |
| 其他财产收入 | Other Property Income | 17.42 | 0.36 | | 18.84 | 6.34 |
| **转移性收入** | **Transfer Income** | **6007.07** | **6120.76** | **7673.77** | **2786.48** | **7082.87** |
| 养老金或离退休金 | Pension for Old-age for Retired Persons | 4911.51 | 4575.99 | 7351.55 | 1914.88 | 6105.26 |
| 社会救济收入 | Social Relief | 63.31 | 16.32 | | 18.09 | 68.96 |
| 辞退金 | Dismissal Income | 2.79 | | 4.19 | 48.85 | |
| 赔偿收入 | Income From Compensation | 11.70 | 6.25 | | | 19.75 |
| 保险收入 | Income From Insurance | 33.32 | 40.45 | 44.75 | 55.71 | 53.46 |
| 赡养收入 | Supporting Income | 266.66 | 225.92 | 64.97 | 378.66 | 239.67 |
| 捐赠收入 | Giving Income | 320.12 | 539.03 | 105.75 | 155.35 | 302.52 |
| 提取住房公积金 | Withdraw Housing Collective Accumulation Fund | 176.06 | 550.99 | | 16.71 | 38.29 |
| 记帐补贴 | Account Subsidy | 136.84 | 139.56 | 102.55 | 160.53 | 153.49 |
| 其他转移性收入 | Other Transfer Income | 84.76 | 26.25 | | 37.70 | 101.46 |
| **出售财物收入** | **Income From Selling Belongings** | **134.33** | **521.60** | **0.46** | **16.67** | **7.57** |
| 出售住房收入 | Income From Selling House | 120.38 | 486.55 | | | 3.62 |
| 出售其他物品收入 | Income From Selling Other Goods | 13.96 | 35.06 | 0.46 | 16.67 | 3.95 |
| **借贷收入** | **Loan Income** | **5112.90** | **8079.78** | **5891.69** | **2493.47** | **2273.98** |
| 提取储蓄存款 | Withdraw Saving Deposit | 4053.51 | 5865.90 | 5375.34 | 1978.23 | 2145.26 |
| 借入款 | Cash Borrowed | 288.79 | 510.88 | 190.54 | 172.73 | 58.30 |
| 收回借出款 | Paid-back Loan | 191.76 | 208.20 | 209.59 | 31.41 | 57.94 |
| 收回储蓄性保险本金 | Withdraw Saving Premium | 20.32 | | 102.89 | 9.42 | 12.49 |
| 兑售有价证券 | Securities Cashed and Sold | 5.33 | | | 0.19 | |
| 收回投资本金 | Withdraw Investment Principal | 20.15 | 8.93 | | 282.65 | |

单位：元（yuan）

| 蚌埠市<br>Bengbu | 阜阳市<br>Fuyang | 淮南市<br>Huainan | 滁州市<br>Chuzhou | 六安市<br>Luan | 马鞍山市<br>Maanshan | 芜湖市<br>Wuhu | 宣城市<br>Xuancheng | 铜陵市<br>Tongling | 池州市<br>Chizhou | 安庆市<br>Anqing | 黄山市<br>Huangshan |
|---|---|---|---|---|---|---|---|---|---|---|---|
| **22512.60** | **21836.16** | **24427.37** | **22226.13** | **20993.45** | **35166.94** | **26050.15** | **22948.70** | **27753.57** | **23312.72** | **22612.58** | **23923.79** |
| 20628.92 | 18971.98 | 20733.18 | 20426.26 | 19368.75 | 30936.88 | 23784.08 | 20477.90 | 24684.52 | 21385.68 | 20453.41 | 21208.01 |
| **13619.81** | **15985.89** | **18295.17** | **13319.99** | **14679.70** | **21563.94** | **14552.74** | **13181.20** | **18265.59** | **16647.69** | **14308.78** | **15361.15** |
| 13346.37 | 15544.07 | 18159.48 | 12592.68 | 14611.02 | 20994.03 | 14200.28 | 12974.23 | 18188.81 | 16492.57 | 13264.28 | 15291.89 |
| 273.44 | 441.82 | 135.69 | 727.31 | 68.68 | 569.90 | 352.46 | 206.97 | 76.78 | 155.12 | 1044.50 | 69.26 |
| **1338.92** | **1381.83** | **1032.44** | **2186.62** | **1842.57** | **2303.96** | **2676.11** | **3336.95** | **2401.36** | **2992.08** | **1789.17** | **1412.55** |
| **787.29** | **705.58** | **239.69** | **739.35** | **376.81** | **1396.12** | **697.22** | **973.63** | **555.90** | **614.80** | **690.73** | **462.44** |
| 90.51 | 69.50 | 90.88 | 84.46 | 51.06 | 184.18 | 87.75 | 124.63 | 187.40 | 118.16 | 95.84 | 72.95 |
| 70.71 | 42.16 | 38.88 | 104.51 | 9.14 | 180.82 | 195.67 | 40.65 | 46.23 | 1.21 | 50.52 | 4.12 |
| | | | 7.53 | 3.14 | | | | | | | |
| 482.41 | 94.17 | 21.36 | 145.34 | 5.02 | 699.64 | 63.33 | 157.08 | 123.03 | 4.08 | 116.62 | 119.53 |
| 143.67 | 496.24 | 88.57 | 275.17 | 301.77 | 321.20 | 336.61 | 651.23 | 199.25 | 491.35 | 427.74 | 265.84 |
| | | | | | | 2.38 | 0.05 | | | | |
| | 3.51 | | 122.34 | 6.68 | 10.29 | 11.48 | | | | | |
| **6766.57** | **3762.86** | **4860.07** | **5980.17** | **4094.36** | **9902.92** | **8124.09** | **5456.93** | **6530.72** | **3058.15** | **5823.89** | **6687.65** |
| 5756.03 | 3170.22 | 3757.93 | 5200.47 | 3640.56 | 7426.16 | 6067.25 | 4538.78 | 6150.29 | 2521.90 | 5173.61 | 5553.67 |
| 59.85 | 25.86 | 48.49 | 23.01 | 9.98 | 13.31 | 24.27 | 52.54 | 38.55 | 26.29 | 81.91 | 200.93 |
| 2.38 | | 4.23 | 20.71 | | | | | | 37.71 | | |
| | | | | | | 165.66 | 21.02 | | | | |
| 35.37 | 16.73 | 94.40 | 59.27 | 6.56 | 47.96 | 37.20 | 47.27 | 14.43 | 27.51 | 44.55 | 11.39 |
| 218.57 | 242.36 | 144.82 | 200.39 | 95.07 | 182.36 | 524.29 | 107.87 | 77.35 | 121.75 | 112.57 | 76.38 |
| 516.87 | 169.80 | 361.58 | 280.03 | 229.11 | 1240.52 | 433.08 | 161.37 | 2.22 | 167.37 | 258.87 | 283.91 |
| 173.64 | 11.05 | 95.73 | 50.54 | 18.98 | 791.30 | 294.16 | 295.29 | 153.96 | 31.89 | 3.52 | 132.11 |
| | 110.69 | 241.45 | 108.33 | 82.28 | 134.86 | 194.52 | 138.63 | 74.73 | 94.32 | 116.77 | 192.48 |
| 3.86 | 16.15 | 111.44 | 37.41 | 11.82 | 66.46 | 381.66 | 94.16 | 19.20 | 29.42 | 32.09 | 236.78 |
| **119.09** | **11.49** | **139.14** | **11.07** | **5.55** | **432.90** | **5.71** | **140.12** | **5.22** | **2.29** | **444.18** | **16.59** |
| 119.09 | | 134.53 | | | 428.66 | | | | | 440.37 | |
| | 11.49 | 4.61 | 11.07 | 5.55 | 4.24 | 5.71 | 140.12 | 5.22 | 2.29 | 3.81 | 16.59 |
| **3907.10** | **4428.71** | **6256.91** | **4505.26** | **5142.04** | **8762.20** | **6680.97** | **10119.53** | **4412.86** | **3407.24** | **2543.07** | **5753.85** |
| 3643.82 | 4014.80 | 4586.51 | 4198.46 | 3414.85 | 7126.06 | 5701.34 | 3639.70 | 4377.54 | 2660.83 | 2459.64 | 4617.50 |
| 83.37 | 35.12 | 537.69 | 133.14 | 813.47 | 501.53 | 160.12 | 614.58 | 2.42 | 449.79 | 30.34 | 117.90 |
| 13.10 | 368.74 | 180.14 | 122.06 | 35.14 | 64.19 | 204.76 | 1611.11 | 22.37 | 256.81 | 28.62 | 84.27 |
| 42.96 | 10.04 | 19.12 | 8.29 | | 181.26 | | 18.52 | | | | |
| | | | 32.38 | 0.11 | 95.53 | 5.62 | | 0.84 | | | 1.08 |
| | | 13.76 | 10.92 | | 3.67 | 21.03 | 5.09 | | 39.80 | 24.46 | 325.50 |

## 9—15 续表 continued

| 项目 | Item | 全省 Proince Indices | 合肥市 Hefei | 淮北市 Huaibei | 亳州市 Bozhou | 宿州市 Suzhou |
|---|---|---|---|---|---|---|
| 住房贷款 | Housing Loan | 318.51 | 1422.05 | | | |
| 汽车贷款 | Auto Loan | 51.94 | 62.49 | | | |
| 教育贷款 | Education Loan | 15.12 | 1.34 | | 18.84 | |
| 其他贷款 | Other Loans | 1.65 | | 13.34 | | |
| 其他借贷收入 | Other Loan Income | 145.83 | | | | |
| **家庭总支出** | **Total Expenditure** | **21420.80** | **26337.29** | **23165.06** | **16515.04** | **16848.65** |
| **消费性支出** | **Consumption Expenditure** | **15011.66** | **18757.64** | **15206.53** | **12881.11** | **12084.46** |
| #服务性消费支出 | Service Consumption Expenditure | 4024.04 | 5374.68 | 3667.54 | 3580.68 | 3147.63 |
| **财产性支出** | **Property Expenditure** | **220.97** | **102.05** | **156.72** | **25.69** | **84.35** |
| **转移性支出** | **Transfer Expenditure** | **2880.37** | **2236.30** | **3794.82** | **2149.02** | **2542.27** |
| 交纳的个人所得税 | Individual Income Tax | 40.41 | 30.69 | 34.37 | 0.57 | 9.99 |
| 捐赠支出 | Expenditure Presented | 1795.87 | 1379.14 | 2235.30 | 1502.81 | 1787.62 |
| 购买彩票 | Buying Lottery Tickets | 32.41 | 34.44 | 42.76 | 19.50 | 24.09 |
| 赡养支出 | Expenditure of Alimony | 806.70 | 640.81 | 1072.31 | 458.79 | 665.36 |
| 各种非储蓄性保险支出 | Non-saving Premium | 100.90 | 141.48 | 30.66 | 162.28 | 9.46 |
| 其他转移性支出 | Other Transfer Expenditure | 104.08 | 9.74 | 379.42 | 5.09 | 45.75 |
| **社会保障费支出** | **Social Protection Expenditure** | **2323.11** | **2280.85** | **3244.84** | **626.97** | **1493.03** |
| 个人交纳的养老基金 | Old-age Fund Paid | 827.97 | 941.09 | 1097.01 | 173.10 | 339.88 |
| 个人交纳的住房公积金 | Housing Collective Accumulation Fund Paid | 1151.04 | 865.42 | 1647.63 | 340.53 | 952.64 |
| 个人交纳的医疗基金 | Medical Fund Paid | 268.93 | 389.49 | 309.99 | 88.04 | 178.75 |
| 个人交纳的失业基金 | Unemployment Fund Paid | 51.29 | 61.92 | 100.85 | 4.05 | 14.03 |
| 其他社会保障支出 | Other Social Protection Expenditure | 23.88 | 22.93 | 89.36 | 21.25 | 7.72 |
| **购房与建房支出** | **Expenditure From Buying and Constructing House** | **984.70** | **2960.46** | **762.15** | **832.24** | **644.54** |
| 购房 | Buying House | 976.47 | 2960.46 | 762.15 | 581.00 | 644.54 |
| 建房 | Constructing House | 8.23 | | | 251.24 | |
| **借贷支出** | **Loan Expenditure** | **6216.85** | **7794.01** | **5602.03** | **7478.51** | **5806.00** |
| 存入储蓄存款 | Depositing Money | 4763.41 | 5076.36 | 4370.65 | 7133.39 | 5403.62 |
| 借出款 | Cash Lent | 137.44 | 336.99 | 400.13 | 4.71 | 3.62 |
| 归还借款 | Returning Borrowed Cash | 260.79 | 432.59 | 150.89 | 54.96 | 73.69 |
| 储蓄性保险支出 | Saving Premium Expenditure | 96.28 | 185.26 | 36.66 | 11.93 | 8.33 |
| 购买有价证券 | Buying Securities | 18.12 | 98.89 | | | 14.99 |
| 其他投资支出 | Other Investment Expenditure | 78.05 | 219.10 | 6.48 | 1.26 | 16.78 |
| 归还住房贷款 | Returning Housing Loan | 781.49 | 1391.62 | 473.10 | 267.56 | 282.07 |
| 归还汽车贷款 | Returning Automobile Loan | 32.77 | 49.30 | 157.83 | | 2.90 |
| 归还教育贷款 | Returning Education Loan | 0.34 | | | | |
| 归还其他贷款 | Returning Other Loans | 5.69 | 2.12 | 6.30 | 4.70 | |
| 其他贷款支出 | Other Loan Expenditure | 42.47 | 1.79 | | | |

单位：元（yuan）

| 蚌埠市 Bengbu | 阜阳市 Fuyang | 淮南市 Huainan | 滁州市 Chuzhou | 六安市 Luan | 马鞍山市 Maanshan | 芜湖市 Wuhu | 宣城市 Xuancheng | 铜陵市 Tongling | 池州市 Chizhou | 安庆市 Anqing | 黄山市 Huangshan |
|---|---|---|---|---|---|---|---|---|---|---|---|
| 35.73 | | 806.32 | | 871.45 | 783.83 | | 358.80 | | | | 607.59 |
| 71.46 | | | | | | 580.95 | | | | | |
| 16.67 | | 12.69 | | 7.03 | | | | | | | |
| | | 4.23 | | | | 7.14 | | | | | |
| | | 96.45 | | | 6.12 | | 3871.73 | 9.69 | | | |
| **18577.54** | **21687.59** | **22774.03** | **20386.13** | **22151.00** | **28067.91** | **23096.58** | **22893.84** | **24168.84** | **19299.85** | **18058.93** | **21165.51** |
| **13466.56** | **14736.07** | **14086.83** | **15964.29** | **15058.78** | **18286.42** | **16992.23** | **15401.60** | **18144.00** | **14432.35** | **13952.28** | **14458.06** |
| 3494.76 | 3765.19 | 3651.13 | 4001.90 | 3293.37 | 5160.23 | 5047.69 | 4236.25 | 5271.49 | 3623.93 | 3444.15 | 3972.01 |
| **232.22** | **178.68** | **227.82** | **14.48** | **52.91** | **118.32** | **164.68** | **518.82** | **289.13** | **126.16** | **49.89** | **480.48** |
| **2499.94** | **4046.68** | **2975.43** | **2447.85** | **3315.84** | **3877.30** | **2830.82** | **2675.03** | **2559.16** | **2807.28** | **2015.72** | **2787.93** |
| 76.52 | 27.33 | 118.28 | 25.05 | 7.21 | 94.38 | 105.56 | 37.69 | 20.48 | 4.25 | 1.36 | 80.00 |
| 1348.15 | 3207.58 | 2115.65 | 1784.58 | 1922.08 | 1917.16 | 1404.00 | 1659.31 | 1277.74 | 1139.92 | 1167.68 | 1332.76 |
| 6.60 | 48.90 | 15.87 | 13.10 | 25.68 | 19.98 | 28.29 | 16.22 | 25.29 | 3.73 | 17.13 | 27.48 |
| 557.80 | 707.60 | 574.35 | 580.65 | 1187.76 | 1523.86 | 582.60 | 861.17 | 1121.47 | 1612.74 | 781.70 | 1164.90 |
| 44.87 | 35.39 | 108.15 | 23.47 | 134.93 | 274.08 | 179.37 | 83.43 | 104.84 | 25.64 | 26.01 | 168.72 |
| 466.02 | 19.89 | 43.14 | 21.01 | 38.18 | 47.83 | 531.00 | 17.20 | 9.34 | 20.99 | 21.85 | 14.07 |
| **1807.16** | **2726.16** | **3334.45** | **1666.49** | **1535.21** | **4000.82** | **1965.99** | **2294.48** | **2973.85** | **1828.48** | **2041.04** | **2443.31** |
| 745.09 | 825.36 | 1377.02 | 595.45 | 388.51 | 1291.03 | 911.86 | 528.55 | 756.43 | 362.85 | 658.20 | 596.31 |
| 803.68 | 1528.91 | 1498.03 | 660.53 | 965.27 | 2209.79 | 720.14 | 1489.98 | 1759.23 | 1247.69 | 1106.48 | 1559.99 |
| 207.52 | 299.35 | 308.36 | 256.88 | 167.96 | 356.81 | 284.86 | 238.25 | 292.04 | 209.88 | 220.12 | 245.06 |
| 47.45 | 40.22 | 126.83 | 51.65 | 9.43 | 136.95 | 39.87 | 36.75 | 55.79 | 7.58 | 30.96 | 41.15 |
| 3.42 | 32.32 | 24.21 | 101.99 | 4.03 | 6.24 | 9.26 | 0.94 | 110.37 | 0.47 | 25.28 | 0.80 |
| **571.66** | | **2149.50** | **293.02** | **2188.26** | **1785.06** | **1142.86** | **2003.92** | **202.70** | **105.59** | | **995.73** |
| 571.66 | | 2149.50 | 293.02 | 2178.62 | 1785.06 | 1142.86 | 2003.92 | 202.70 | 105.59 | | 995.73 |
| | | | | 9.63 | | | | | | | |
| **7807.60** | **2577.70** | **7614.22** | **3929.87** | **3567.85** | **14746.60** | **8542.26** | **8962.99** | **6243.84** | **7373.05** | **4880.60** | **5398.31** |
| 6837.53 | 2139.63 | 6033.90 | 2908.03 | 2450.09 | 13077.06 | 7084.58 | 4488.12 | 4994.21 | 6059.17 | 4528.95 | 3410.60 |
| 10.72 | 7.02 | 192.23 | 60.64 | 52.71 | 175.46 | 28.57 | 250.81 | 84.16 | 99.18 | 30.34 | 72.33 |
| 69.08 | 21.51 | 316.69 | 227.35 | 147.51 | 290.39 | 348.48 | 409.10 | 58.14 | 227.78 | 75.60 | 544.67 |
| 175.73 | 42.70 | 222.23 | 24.47 | 248.66 | 100.35 | 254.04 | 140.87 | 19.03 | 538.01 | 78.87 | 171.58 |
| | 0.04 | 13.62 | 19.52 | 26.88 | 29.68 | 9.64 | | 24.23 | | | |
| 40.98 | 70.24 | 5.36 | 378.77 | 14.06 | 170.84 | | 36.12 | 5.59 | 6.79 | 3.18 | 2.82 |
| 651.61 | 296.56 | 764.27 | 288.27 | 468.82 | 875.06 | 694.96 | 987.72 | 1000.70 | 442.13 | 139.20 | 1191.50 |
| 16.59 | | | | | 18.74 | 114.41 | 173.97 | | | 24.46 | 4.81 |
| | | | | | | 5.07 | | | | | |
| 5.36 | | 19.07 | 22.82 | | 8.89 | 2.50 | | 57.78 | | | |
| | | 46.85 | | 159.12 | 0.12 | | 2476.30 | | | | |

## 9—16 按收入等级分的城镇居民家庭就业人员年均收入（2012年）
Annual Per Capita Income of Employees of Urban Households by Level of Income (2012)

单位：元（yuan）

| 项　目 | Item | 工资性收入 Wages Income | #工资及补贴收入 Wage and Subsidy Income | #其他劳动收入 Part-time Income | 经营净收入 Mangement Income |
|---|---|---|---|---|---|
| **总 平 均** | **Average** | **14812.54** | **14494.01** | **318.53** | **2155.33** |
| 最低收入户 | Lowest Income Households | 7600.50 | 7348.00 | 252.50 | 744.53 |
| #更低户 | Lower Income Households | 7619.19 | 7576.33 | 42.86 | 366.38 |
| 低收入户 | Low Income Households | 9831.03 | 9454.80 | 376.23 | 1521.85 |
| 中等偏下户 | Lower Middle Income Households | 11658.20 | 11444.33 | 213.87 | 1865.86 |
| 中等收入户 | Middle Income Households | 14047.51 | 13776.82 | 270.69 | 2214.06 |
| 中等偏上户 | Upper Middle Income Households | 20535.53 | 20221.35 | 314.18 | 2030.15 |
| 高收入户 | High Income Households | 24462.84 | 24116.37 | 346.46 | 3228.73 |
| 最高收入户 | Highest Income Households | 30850.49 | 29954.33 | 896.17 | 6819.75 |
| #更高户 | Higher Income Households | 36947.33 | 35756.71 | 1190.62 | 11442.82 |

## 9—17 各市城镇居民家庭就业人员年均收入情况（2012年）
Annual Per Capita Income of Employees of Urban Households by Level of Income by Region (2012)

单位：元（yuan）

| 地　区 | Region | 工资性收入 Wages Income | #工资及补贴收入 Wage and Subsidy Income | #其他劳动收入 Part-time Income | 经营净收入 Mangement Income |
|---|---|---|---|---|---|
| **全　省** | **Proince Indices** | **14812.54** | **14494.01** | **318.53** | **2155.33** |
| 合 肥 市 | Hefei | 17575.82 | 17321.49 | 254.33 | 3487.51 |
| 淮 北 市 | Huaibei | 14722.43 | 14244.93 | 477.50 | 1010.79 |
| 亳 州 市 | Bozhou | 9820.99 | 9729.03 | 91.96 | 7917.81 |
| 宿 州 市 | Suzhou | 12768.86 | 12618.24 | 150.61 | 1173.20 |
| 蚌 埠 市 | Bengbu | 13619.81 | 13346.37 | 273.44 | 1338.92 |
| 阜 阳 市 | Fuyang | 15985.89 | 15544.07 | 441.82 | 1381.83 |
| 淮 南 市 | Huainan | 18295.17 | 18159.48 | 135.69 | 1032.44 |
| 滁 州 市 | Chuzhou | 13319.99 | 12592.68 | 727.31 | 2186.62 |
| 六 安 市 | Luan | 14679.70 | 14611.02 | 68.68 | 1842.57 |
| 马鞍山市 | Maanshan | 21563.94 | 20994.03 | 569.90 | 2303.96 |
| 芜 湖 市 | Wuhu | 14552.74 | 14200.28 | 352.46 | 2676.11 |
| 宣 城 市 | Xuancheng | 13181.20 | 12974.23 | 206.97 | 3336.95 |
| 铜 陵 市 | Tongling | 18265.59 | 18188.81 | 76.78 | 2401.36 |
| 池 州 市 | Chizhou | 16647.69 | 16492.57 | 155.12 | 2992.08 |
| 安 庆 市 | Anqing | 14308.78 | 13264.28 | 1044.50 | 1789.17 |
| 黄 山 市 | Huangshan | 15361.15 | 15291.89 | 69.26 | 1412.55 |

## 9—18 各市城镇居民平均每人全年家庭收入来源（2012年）
Per Capita Annual Income in Urban Residents by Source and by Region (2012)

单位：元（yuan）

| 地 区 | Region | 家庭总收入 Total Income | #可支配收入 Disposable Income | 工资性收入 Wages Income | 经营性收入 Management Income | 财产性收入 Income From Property | 转移性收入 Transfer Income |
|---|---|---|---|---|---|---|---|
| **全 省** | **Proince Indices** | **23524.56** | **21024.2** | **14812.54** | **2155.33** | **549.62** | **6007.07** |
| 合 肥 市 | Hefei | 27885.24 | 25434.2 | 17575.82 | 3487.51 | 701.15 | 6120.76 |
| 淮 北 市 | Huaibei | 23741.97 | 20360.2 | 14722.43 | 1010.79 | 334.99 | 7673.77 |
| 亳 州 市 | Bozhou | 21276.31 | 20488.2 | 9820.99 | 7917.81 | 751.03 | 2786.48 |
| 宿 州 市 | Suzhou | 21387.71 | 19731.2 | 12768.86 | 1173.20 | 362.78 | 7082.87 |
| 蚌 埠 市 | Bengbu | 22512.60 | 20628.9 | 13619.81 | 1338.92 | 787.29 | 6766.57 |
| 阜 阳 市 | Fuyang | 21836.16 | 18972.0 | 15985.89 | 1381.83 | 705.58 | 3762.86 |
| 淮 南 市 | Huainan | 24427.37 | 20733.2 | 18295.17 | 1032.44 | 239.69 | 4860.07 |
| 滁 州 市 | Chuzhou | 22226.13 | 20426.3 | 13319.99 | 2186.62 | 739.35 | 5980.17 |
| 六 安 市 | Luan | 20993.45 | 19368.8 | 14679.70 | 1842.57 | 376.81 | 4094.36 |
| 马鞍山市 | Maanshan | 35166.94 | 30936.9 | 21563.94 | 2303.96 | 1396.12 | 9902.92 |
| 芜 湖 市 | Wuhu | 26050.15 | 23784.1 | 14552.74 | 2676.11 | 697.22 | 8124.09 |
| 宣 城 市 | Xuancheng | 22948.70 | 20477.9 | 13181.20 | 3336.95 | 973.63 | 5456.93 |
| 铜 陵 市 | Tongling | 27753.57 | 24684.5 | 18265.59 | 2401.36 | 555.90 | 6530.72 |
| 池 州 市 | Chizhou | 23312.72 | 21385.7 | 16647.69 | 2992.08 | 614.80 | 3058.15 |
| 安 庆 市 | Anqing | 22612.58 | 20453.4 | 14308.78 | 1789.17 | 690.73 | 5823.89 |
| 黄 山 市 | Huangshan | 23923.79 | 21208.0 | 15361.15 | 1412.55 | 462.44 | 6687.65 |

## 9—19 各市城镇居民家庭平均每人全年消费性支出（2012年）
Per Capita Annual Living Expenditure of Urban Residents by Region (2012)

单位：元（yuan）

| 地 区 | Region | 消费性支出 Living Expendi-ture | #服务性消费支出 Service Consump-tion Expendi-ture | 食 品 Food | 粮油类 Grain and Oil | 肉禽蛋水产品类 Meat, Poultry and Related Products Eggs Aquatic Products | 蔬菜类 Vegetables | 调味品 Condiment | 糖烟酒饮料类 Sugar, Tobacco, Liquor and Beverages | 干鲜瓜果类 Dried and Fresh Fruits |
|---|---|---|---|---|---|---|---|---|---|---|
| **全 省** | **Proince Indices** | **15011.66** | **4024.04** | **5814.92** | **735.77** | **1452.14** | **577.93** | **47.99** | **966.76** | **378.58** |
| 合 肥 市 | Hefei | 18757.64 | 5374.68 | 6420.52 | 693.70 | 1503.72 | 539.06 | 44.23 | 1207.16 | 387.84 |
| 淮 北 市 | Huaibei | 15206.53 | 3667.54 | 6038.56 | 886.67 | 1541.57 | 622.45 | 61.59 | 752.91 | 406.27 |
| 亳 州 市 | Bozhou | 12881.11 | 3580.68 | 5086.14 | 752.59 | 954.75 | 433.18 | 53.57 | 945.49 | 264.13 |
| 宿 州 市 | Suzhou | 12084.46 | 3147.63 | 5010.40 | 733.91 | 1489.52 | 625.80 | 43.15 | 469.63 | 366.40 |
| 蚌 埠 市 | Bengbu | 13466.56 | 3494.76 | 5579.65 | 702.21 | 1493.33 | 448.51 | 51.23 | 758.60 | 353.72 |
| 阜 阳 市 | Fuyang | 14736.07 | 3765.19 | 5853.34 | 585.32 | 1297.10 | 490.85 | 38.39 | 970.70 | 358.79 |
| 淮 南 市 | Huainan | 14086.83 | 3651.13 | 5680.75 | 674.68 | 1342.46 | 464.12 | 45.53 | 917.77 | 415.97 |
| 滁 州 市 | Chuzhou | 15964.29 | 4001.90 | 6206.82 | 766.55 | 1732.52 | 657.13 | 43.64 | 776.95 | 486.45 |
| 六 安 市 | Luan | 15058.78 | 3293.37 | 5580.09 | 654.59 | 1416.26 | 588.24 | 40.56 | 977.59 | 369.97 |
| 马鞍山市 | Maanshan | 18286.42 | 5160.23 | 6855.40 | 810.13 | 1833.73 | 751.77 | 54.85 | 1151.62 | 518.65 |
| 芜 湖 市 | Wuhu | 16992.23 | 5047.69 | 6211.32 | 727.11 | 1725.01 | 669.07 | 47.01 | 1067.78 | 432.95 |
| 宣 城 市 | Xuancheng | 15401.60 | 4236.25 | 5932.15 | 696.70 | 1417.09 | 606.98 | 54.30 | 989.32 | 437.81 |
| 铜 陵 市 | Tongling | 18144.00 | 5271.49 | 6292.78 | 771.65 | 1703.90 | 769.73 | 50.82 | 960.73 | 494.67 |
| 池 州 市 | Chizhou | 14432.35 | 3623.93 | 5550.10 | 619.90 | 1211.34 | 725.80 | 33.64 | 1015.76 | 383.24 |
| 安 庆 市 | Anqing | 13952.28 | 3444.15 | 6339.91 | 658.34 | 1648.96 | 836.42 | 41.27 | 1255.79 | 370.15 |
| 黄 山 市 | Huangshan | 14458.06 | 3972.01 | 5733.55 | 768.32 | 1394.28 | 630.31 | 54.24 | 778.63 | 441.39 |

## 9—19 续表1 continued

单位：元（yuan）

| 地 区 Region | 糕点、奶及奶制品 Cakes, Milk and Dairy Products | 其他食品 Other Food | 饮食服务 Catering Services | 衣 着 Clothing | 服 装 Garments | 衣着材料 Clothing Materials | 鞋 类 Foot ware | 其他衣着用品 Other Clothing Articles | 衣着加工服务费 Clothing Processing Fee |
|---|---|---|---|---|---|---|---|---|---|
| **全 省 Proince Indices** | **407.88** | **89.43** | **1158.44** | **1540.66** | **1076.97** | **13.71** | **376.59** | **65.45** | **7.95** |
| 合肥市 Hefei | 521.74 | 69.03 | 1454.05 | 1775.32 | 1254.49 | 5.43 | 450.41 | 57.80 | 7.19 |
| 淮北市 Huaibei | 478.05 | 121.62 | 1167.44 | 1664.53 | 1106.49 | 16.60 | 409.03 | 122.95 | 9.45 |
| 亳州市 Bozhou | 185.41 | 130.53 | 1366.48 | 1705.15 | 1146.02 | 9.11 | 425.51 | 115.69 | 8.82 |
| 宿州市 Suzhou | 302.04 | 124.37 | 855.57 | 1239.53 | 847.39 | 12.00 | 306.97 | 57.81 | 15.35 |
| 蚌埠市 Bengbu | 346.26 | 96.36 | 1329.44 | 1171.90 | 822.91 | 12.47 | 289.86 | 39.06 | 7.60 |
| 阜阳市 Fuyang | 303.77 | 126.02 | 1682.40 | 1817.01 | 1171.95 | 23.68 | 489.71 | 122.22 | 9.46 |
| 淮南市 Huainan | 381.42 | 75.16 | 1363.64 | 1429.26 | 1034.30 | 9.22 | 354.00 | 26.33 | 5.41 |
| 滁州市 Chuzhou | 424.42 | 214.98 | 1104.19 | 1777.67 | 1248.64 | 6.27 | 416.60 | 100.74 | 5.42 |
| 六安市 Luan | 338.36 | 114.30 | 1080.20 | 1929.76 | 1377.00 | 15.95 | 448.18 | 69.49 | 19.15 |
| 马鞍山市 Maanshan | 471.92 | 104.43 | 1158.30 | 1775.96 | 1259.51 | 16.78 | 409.09 | 79.95 | 10.63 |
| 芜湖市 Wuhu | 383.93 | 99.85 | 1058.62 | 1548.50 | 1117.42 | 11.12 | 360.94 | 42.12 | 16.89 |
| 宣城市 Xuancheng | 332.48 | 117.21 | 1280.26 | 1803.16 | 1335.55 | 5.97 | 400.58 | 50.82 | 10.23 |
| 铜陵市 Tongling | 443.21 | 207.12 | 890.95 | 2449.71 | 1782.48 | 8.84 | 516.34 | 130.43 | 11.63 |
| 池州市 Chizhou | 369.49 | 183.37 | 1007.57 | 2038.10 | 1416.85 | 18.46 | 478.43 | 95.14 | 29.22 |
| 安庆市 Anqing | 382.82 | 93.39 | 1052.77 | 1426.21 | 965.41 | 4.86 | 378.87 | 69.45 | 7.62 |
| 黄山市 Huangshan | 446.97 | 151.04 | 1068.37 | 1446.19 | 1079.05 | 18.27 | 281.99 | 50.79 | 16.09 |

| 地 区 Region | 家庭设备用品及服务 Houshold Facilities, Articles and Services | 耐用消费品 Durable Consumer Goods | 室内装饰品 Interior Furnishing Articles | 床上用品 Bedding | 家庭日用杂品 Household Articles For Daily Use | 家具材料 Furniture Material | 家庭服务 Household Services | 医疗保健 Medical and Medical Services | 医疗器具 Medical Appliances |
|---|---|---|---|---|---|---|---|---|---|
| **全 省 Proince Indices** | **811.23** | **366.49** | **25.95** | **115.97** | **244.31** | **10.06** | **48.45** | **1142.96** | **9.46** |
| 合肥市 Hefei | 1043.93 | 530.44 | 25.21 | 145.60 | 238.73 | 0.58 | 103.37 | 964.50 | 9.95 |
| 淮北市 Huaibei | 699.32 | 312.42 | 29.16 | 90.39 | 207.09 | 0.73 | 59.52 | 1361.67 | 13.82 |
| 亳州市 Bozhou | 522.64 | 159.83 | 28.61 | 117.30 | 212.38 | 0.09 | 4.43 | 1127.13 | 5.48 |
| 宿州市 Suzhou | 741.52 | 390.23 | 69.85 | 98.32 | 143.83 | | 39.29 | 949.70 | 7.97 |
| 蚌埠市 Bengbu | 715.01 | 370.24 | 20.34 | 87.59 | 223.36 | | 13.48 | 1241.48 | 4.48 |
| 阜阳市 Fuyang | 777.54 | 301.09 | 43.82 | 162.27 | 214.95 | 40.74 | 14.68 | 947.55 | 9.85 |
| 淮南市 Huainan | 732.01 | 323.31 | 14.55 | 112.47 | 246.00 | 0.21 | 35.47 | 951.84 | 7.76 |
| 滁州市 Chuzhou | 785.71 | 332.64 | 38.90 | 116.22 | 272.64 | 15.06 | 10.25 | 1346.44 | 27.69 |
| 六安市 Luan | 698.13 | 285.52 | 34.73 | 130.69 | 229.14 | 4.22 | 13.83 | 616.77 | 6.46 |
| 马鞍山市 Maanshan | 918.16 | 399.95 | 16.73 | 187.80 | 246.52 | 9.45 | 57.71 | 1091.59 | 15.09 |
| 芜湖市 Wuhu | 792.96 | 326.50 | 20.21 | 110.74 | 278.79 | | 56.72 | 1023.82 | 6.84 |
| 宣城市 Xuancheng | 763.27 | 265.22 | 10.74 | 120.94 | 291.09 | 0.06 | 75.23 | 790.01 | 5.17 |
| 铜陵市 Tongling | 703.58 | 274.67 | 16.09 | 167.71 | 184.15 | 0.18 | 60.78 | 773.27 | 6.36 |
| 池州市 Chizhou | 763.83 | 315.78 | 23.25 | 102.75 | 260.57 | 2.19 | 59.29 | 615.02 | 0.45 |
| 安庆市 Anqing | 722.00 | 267.85 | 12.35 | 72.83 | 170.37 | 0.15 | 198.45 | 651.04 | 6.34 |
| 黄山市 Huangshan | 753.55 | 370.06 | 20.05 | 102.12 | 221.86 | 4.86 | 34.60 | 885.80 | 12.19 |

**9—19 续表2 continued**

单位：元（yuan）

| 地 区 Region | 保健器具 Setting-up Apparatus | 药品费 Drugs | 滋补保健品 Nutritious and Health Food | 医疗费 Medical Expenses | 交通和通信 Transportation and Communications | 交通 Transportation | 通信 Communications | 教育文化娱乐服务 Recreation Education and Cultural Services | 文化娱乐用品 Recreation Articles |
|---|---|---|---|---|---|---|---|---|---|
| **全 省 Proince Indices** | **6.52** | **522.29** | **123.52** | **451.66** | **1809.72** | **1012.05** | **797.67** | **1932.74** | **413.61** |
| 合肥市 Hefei | 5.95 | 482.14 | 127.96 | 331.99 | 3185.05 | 2164.23 | 1020.82 | 2535.25 | 460.01 |
| 淮北市 Huaibei | 4.04 | 730.89 | 190.46 | 413.45 | 2151.29 | 1357.65 | 793.64 | 1801.70 | 555.44 |
| 亳州市 Bozhou | 3.84 | 590.74 | 82.95 | 441.00 | 1190.93 | 437.41 | 753.53 | 1343.21 | 230.08 |
| 宿州市 Suzhou | 10.03 | 400.87 | 169.81 | 329.67 | 931.43 | 339.09 | 592.34 | 1585.80 | 284.90 |
| 蚌埠市 Bengbu | 13.33 | 704.83 | 127.20 | 374.61 | 1320.82 | 613.40 | 707.42 | 1553.90 | 387.55 |
| 阜阳市 Fuyang | 5.70 | 544.60 | 105.65 | 253.01 | 1534.68 | 645.28 | 889.40 | 1632.81 | 489.84 |
| 淮南市 Huainan | 9.63 | 518.19 | 96.27 | 296.14 | 1809.72 | 1054.64 | 755.07 | 1745.78 | 403.27 |
| 滁州市 Chuzhou | 2.28 | 590.76 | 74.42 | 615.86 | 1885.18 | 1143.84 | 741.34 | 1899.96 | 436.09 |
| 六安市 Luan | 3.11 | 348.46 | 41.80 | 204.32 | 3147.67 | 2413.60 | 734.07 | 1554.58 | 273.32 |
| 马鞍山市 Maanshan | 5.85 | 478.88 | 176.37 | 369.99 | 2350.02 | 1507.14 | 842.88 | 3205.58 | 561.14 |
| 芜湖市 Wuhu | 1.57 | 394.04 | 84.39 | 521.26 | 2247.60 | 1339.80 | 907.81 | 2436.81 | 382.33 |
| 宣城市 Xuancheng | 9.85 | 426.42 | 106.04 | 232.21 | 1854.12 | 989.58 | 864.55 | 2141.31 | 400.52 |
| 铜陵市 Tongling | 14.28 | 285.07 | 69.29 | 373.28 | 2310.36 | 1394.81 | 915.54 | 3271.06 | 569.94 |
| 池州市 Chizhou | 0.18 | 287.22 | 55.73 | 268.94 | 1645.58 | 847.06 | 798.52 | 2077.14 | 479.08 |
| 安庆市 Anqing | 3.66 | 325.78 | 56.08 | 225.75 | 1666.40 | 846.99 | 819.40 | 1567.32 | 358.14 |
| 黄山市 Huangshan | 4.95 | 316.05 | 97.02 | 447.52 | 1748.26 | 917.37 | 830.89 | 1936.49 | 453.72 |

| 地 区 Region | 文化娱乐服务 Recreation Services | 教育 Education | 居住 Residence | 住房 Housing | 水电燃料及其他 Water, Electricity, Fuels and Others | 居住服务费 Living Service Fee | 杂项商品和服务 Miscellaneous Commodities and Services | 杂项商品 Miscellaneous Commodities | 服务 Services |
|---|---|---|---|---|---|---|---|---|---|
| **全 省 Proince Indices** | **571.01** | **948.12** | **1396.97** | **558.86** | **736.95** | **101.16** | **562.44** | **359.70** | **202.74** |
| 合肥市 Hefei | 768.80 | 1306.45 | 2078.61 | 1113.49 | 826.73 | 138.39 | 754.45 | 497.47 | 256.98 |
| 淮北市 Huaibei | 631.15 | 615.11 | 968.54 | 202.49 | 699.53 | 66.52 | 520.91 | 339.70 | 181.21 |
| 亳州市 Bozhou | 446.45 | 666.69 | 1318.64 | 335.72 | 782.22 | 200.71 | 587.27 | 309.08 | 278.19 |
| 宿州市 Suzhou | 551.87 | 749.03 | 1040.03 | 237.47 | 682.77 | 119.79 | 586.05 | 347.12 | 238.93 |
| 蚌埠市 Bengbu | 558.30 | 608.06 | 1386.19 | 698.51 | 627.32 | 60.36 | 497.60 | 283.10 | 214.49 |
| 阜阳市 Fuyang | 515.22 | 627.75 | 1484.90 | 507.46 | 880.17 | 97.27 | 688.22 | 416.35 | 271.88 |
| 淮南市 Huainan | 423.95 | 918.56 | 1081.95 | 438.08 | 556.81 | 87.07 | 655.50 | 455.91 | 199.59 |
| 滁州市 Chuzhou | 569.50 | 894.37 | 1321.06 | 544.88 | 639.45 | 136.73 | 741.44 | 494.95 | 246.49 |
| 六安市 Luan | 429.53 | 851.73 | 995.26 | 146.66 | 718.74 | 129.85 | 536.53 | 338.24 | 198.29 |
| 马鞍山市 Maanshan | 1011.12 | 1633.32 | 1428.32 | 672.53 | 642.01 | 113.79 | 661.39 | 482.20 | 179.19 |
| 芜湖市 Wuhu | 963.61 | 1090.87 | 2081.93 | 1233.71 | 755.72 | 92.51 | 649.30 | 455.64 | 193.66 |
| 宣城市 Xuancheng | 759.13 | 981.66 | 1315.13 | 476.92 | 747.14 | 91.07 | 802.44 | 564.36 | 238.08 |
| 铜陵市 Tongling | 1202.94 | 1498.18 | 1429.96 | 521.11 | 805.69 | 103.16 | 913.28 | 688.75 | 224.53 |
| 池州市 Chizhou | 440.96 | 1157.10 | 1086.08 | 230.05 | 731.78 | 124.25 | 656.51 | 396.20 | 260.31 |
| 安庆市 Anqing | 426.08 | 939.37 | 1023.26 | 129.67 | 801.33 | 92.26 | 556.14 | 390.38 | 165.76 |
| 黄山市 Huangshan | 543.40 | 783.11 | 1243.21 | 331.81 | 788.22 | 123.18 | 711.01 | 386.91 | 324.10 |

# 9—20 各市城镇居民家庭平均每百户年末耐用消费品拥有量（2012年）

Number of Major Durable Consumer Goods Owned Per 100 Urban Households at the Year-end by Region (2012)

| 地　区 | Region | 摩托车（辆）Motorcycle (unit) | 助力车（辆）Strength-aid Cycle (unit) | 家用汽车（辆）Automobile (unit) | 洗衣机（台）Washing Machine (unit) | 电冰箱（台）Refrigerator (unit) | 彩色电视机（台）Color TV Set (unit) | 家用电脑（台）Computer (unit) | 组合音响（套）Combined Acoustics (set) | 摄像机（架）Pickup Camera (unit) |
|---|---|---|---|---|---|---|---|---|---|---|
| **全　省** | **Proince Indices** | **20.14** | **45.61** | **11.37** | **95.62** | **98.31** | **144.96** | **79.57** | **16.22** | **7.89** |
| 合肥市 | Hefei | 11.50 | 49.75 | 20.25 | 99.25 | 100.75 | 135.25 | 88.75 | 17.00 | 11.50 |
| 淮北市 | Huaibei | 8.91 | 12.87 | 10.89 | 97.03 | 97.03 | 121.78 | 72.28 | 15.84 | 9.90 |
| 亳州市 | Bozhou | 29.00 | 118.00 | 11.00 | 106.00 | 101.00 | 136.00 | 80.00 | 8.00 | 4.00 |
| 宿州市 | Suzhou | 18.00 | 49.00 | 6.00 | 98.00 | 92.00 | 118.00 | 69.00 | 11.00 | 5.00 |
| 蚌埠市 | Bengbu | 6.96 | 15.82 | 5.06 | 98.10 | 97.47 | 146.84 | 74.68 | 8.23 | 5.06 |
| 阜阳市 | Fuyang | 18.00 | 63.00 | 14.00 | 100.00 | 97.00 | 144.00 | 86.00 | 26.00 | 16.00 |
| 淮南市 | Huainan | 11.72 | 24.94 | 5.49 | 100.00 | 100.50 | 157.11 | 80.55 | 15.21 | 4.49 |
| 滁州市 | Chuzhou | 25.00 | 60.00 | 3.00 | 108.00 | 98.00 | 150.00 | 67.00 | 15.00 | 8.00 |
| 六安市 | Luan | 38.00 | 51.00 | 11.00 | 96.00 | 99.00 | 160.00 | 79.00 | 16.00 | 8.00 |
| 马鞍山市 | Maanshan | 19.47 | 59.41 | 16.50 | 102.31 | 101.32 | 152.15 | 86.80 | 22.77 | 13.86 |
| 芜湖市 | Wuhu | 8.86 | 50.63 | 18.99 | 96.20 | 98.73 | 168.99 | 86.08 | 19.62 | 6.33 |
| 宣城市 | Xuancheng | 20.39 | 19.74 | 13.82 | 99.34 | 105.92 | 163.16 | 84.21 | 11.84 | 6.58 |
| 铜陵市 | Tongling | 15.35 | 20.30 | 18.32 | 95.54 | 99.50 | 139.60 | 78.71 | 18.32 | 9.41 |
| 池州市 | Chizhou | 19.00 | 70.00 | 10.00 | 100.00 | 102.00 | 130.00 | 109.00 | 13.00 | 5.00 |
| 安庆市 | Anqing | 30.92 | 65.79 | 6.58 | 98.03 | 102.63 | 145.39 | 76.97 | 15.79 | 5.26 |
| 黄山市 | Huangshan | 29.81 | 68.27 | 15.38 | 93.27 | 98.08 | 167.31 | 94.23 | 11.54 | 7.69 |

| 地　区 | Region | 照相机（架）Camera (unit) | 钢琴（架）Piano (unit) | 微波炉（台）Microwave Oven (unit) | 空调器（台）Air Conditioner (unit) | 淋浴热水器（个）Shower (unit) | 消毒碗柜（台）Sterilizing Cupboard (unit) | 洗碗机（台）Dish Washer (unit) | 健身器材（套）Setting-up Apparatus (set) | 普通电话（部）Ordinary Telephone (unit) | 移动电话（部）Mobile Telephone (unit) |
|---|---|---|---|---|---|---|---|---|---|---|---|
| **全　省** | **Proince Indices** | **34.88** | **1.56** | **65.55** | **136.05** | **94.02** | **7.41** | **0.77** | **3.27** | **74.57** | **202.61** |
| 合肥市 | Hefei | 43.75 | 2.25 | 78.25 | 163.75 | 98.75 | 12.25 | 0.75 | 3.00 | 59.25 | 202.50 |
| 淮北市 | Huaibei | 21.78 | | 45.54 | 123.76 | 90.10 | 5.94 | | 3.96 | 84.16 | 171.29 |
| 亳州市 | Bozhou | 27.00 | 1.00 | 33.00 | 116.00 | 47.00 | 5.00 | | 1.00 | 82.00 | 213.00 |
| 宿州市 | Suzhou | 28.00 | 1.00 | 60.00 | 125.00 | 82.00 | 4.00 | | 2.00 | 79.00 | 203.00 |
| 蚌埠市 | Bengbu | 27.22 | 1.27 | 77.85 | 133.54 | 99.37 | 2.53 | 1.27 | 1.90 | 76.58 | 187.97 |
| 阜阳市 | Fuyang | 49.00 | 1.00 | 64.00 | 137.00 | 94.00 | 5.00 | 3.00 | 7.00 | 70.00 | 217.00 |
| 淮南市 | Huainan | 32.67 | 1.75 | 71.32 | 146.13 | 103.24 | 2.24 | | 3.24 | 68.08 | 228.43 |
| 滁州市 | Chuzhou | 36.00 | 3.00 | 84.00 | 136.00 | 103.00 | 3.00 | 1.00 | 3.00 | 76.00 | 194.00 |
| 六安市 | Luan | 36.00 | 3.00 | 68.00 | 154.00 | 115.00 | 10.00 | | 6.00 | 81.00 | 215.00 |
| 马鞍山市 | Maanshan | 53.80 | 1.98 | 89.44 | 178.55 | 104.29 | 8.25 | 1.32 | 4.62 | 84.32 | 189.11 |
| 芜湖市 | Wuhu | 37.97 | 4.43 | 76.58 | 179.11 | 99.37 | 12.03 | 0.63 | 3.80 | 78.48 | 189.87 |
| 宣城市 | Xuancheng | 44.08 | 2.63 | 67.11 | 188.82 | 90.79 | 17.11 | 0.66 | 3.95 | 81.58 | 195.39 |
| 铜陵市 | Tongling | 39.11 | 5.45 | 67.33 | 165.35 | 101.98 | 12.38 | 0.50 | 3.47 | 82.18 | 196.04 |
| 池州市 | Chizhou | 54.00 | 1.00 | 64.00 | 199.00 | 116.00 | 8.00 | 1.00 | 3.00 | 73.00 | 240.00 |
| 安庆市 | Anqing | 34.87 | 1.97 | 63.82 | 160.53 | 89.47 | 8.55 | 1.32 | 0.66 | 78.29 | 190.79 |
| 黄山市 | Huangshan | 41.35 | 2.88 | 59.62 | 140.38 | 96.15 | 12.50 | 0.96 | 2.88 | 80.77 | 226.92 |

## 9—21 城镇居民家庭居住情况
Living Condition of Urban Households

单位：%

| 项　　目 | Item | 2000 | 2005 | 2010 | 2011 | 2012 |
|---|---|---|---|---|---|---|
| **按房屋产权分** | **Grouped by Property of Dwelling** | **100.00** | **100.00** | **100.00** | **100.00** | **100.00** |
| 租赁公房 | Rented Public House | 16.06 | 5.44 | 2.04 | 2.92 | 2.37 |
| 租赁私房 | Rented Private House | 2.40 | 2.34 | 2.70 | 3.86 | 3.86 |
| 原有私房 | Original Private House | | 17.67 | 15.16 | 12.98 | 13.26 |
| 房改私房 | Private House of Housing Reform | 72.23 | 49.72 | 40.69 | 35.10 | 33.92 |
| 商品房 | Commercial House | | 22.78 | 36.20 | 41.91 | 43.48 |
| 其　他 | Others | 9.31 | 2.05 | 3.21 | 3.23 | 3.12 |
| **按住宅建筑式样分** | **Grouped by the Type of Residential Building** | **100.00** | **100.00** | **100.00** | **100.00** | **100.00** |
| 单栋住宅 | Independent House | 1.89 | 3.21 | 8.76 | 3.50 | 3.85 |
| 四居室 | Four Rooms | 1.37 | 1.45 | 1.85 | 2.14 | 2.64 |
| 三居室 | Three Rooms | 22.29 | 25.99 | 29.14 | 32.10 | 32.55 |
| 二居室 | Two Rooms | 34.86 | 42.09 | 46.24 | 46.69 | 46.24 |
| 一居室 | Single Room | 5.71 | 4.28 | 3.30 | 3.08 | 2.43 |
| 普通楼房 | Ordinary Stored Building | 11.54 | 8.96 | 6.39 | 8.53 | 8.59 |
| 平房及其他 | Single-store House and Others | 22.34 | 14.01 | 4.33 | 3.95 | 3.69 |
| **按饮水情况分** | **Grouped by Water Drinking** | | **100.00** | **100.00** | **100.00** | **100.00** |
| 自来水 | Tap Water | | 87.73 | 97.21 | 98.48 | 98.54 |
| 矿泉水 | Mineral Water | | 0.24 | 0.11 | 0.06 | 0.17 |
| 纯净水 | Pure Water | | 8.30 | 2.09 | 0.99 | 0.85 |
| 井、河水 | Well Water or River Water | | 3.73 | 0.57 | 0.47 | 0.44 |
| 其　他 | Others | | | 0.03 | | |
| **按用水情况分** | **Grouped by Water Usage** | | **100.00** | **100.00** | **100.00** | **100.00** |
| 独用自来水 | Tap Water for Sole Use | 91.60 | 91.15 | 99.29 | 99.46 | 99.48 |
| 公用自来水 | Public Tap Water | 5.10 | 1.14 | 0.11 | 0.04 | 0.04 |
| 井、河水 | Well Water or River Water | | 7.55 | 0.38 | 0.35 | 0.34 |
| 其　他 | Others | | 0.16 | 0.23 | 0.14 | 0.15 |
| **按卫生设备分** | **Grouped by Sanitary Equipment** | **100.00** | **100.00** | **100.00** | **100.00** | **100.00** |
| 无卫生设施 | Without Sanitary Equipment | 25.54 | 12.40 | 2.78 | 3.28 | 3.24 |
| 有浴室厕所 | With Bathroom and Toilet | 52.63 | 72.46 | 88.37 | 91.79 | 93.20 |
| 有厕所无浴室 | With Toilet But No Bathroom | 19.03 | 13.78 | 7.39 | 4.67 | 3.38 |
| 公　用 | Public Sanitary Equipment | 2.80 | 1.36 | 1.46 | 0.26 | 0.18 |
| **按取暖设备分** | **Grouped by Heater** | **100.00** | **100.00** | **100.00** | **100.00** | **100.00** |
| 无取暖设备 | Without Heater | 81.38 | 40.27 | 23.86 | 17.24 | 15.05 |
| 空调设备 | Air Conditioner | 16.03 | 51.46 | 72.06 | 78.54 | 80.73 |
| 暖　气 | Heating Installation | 1.73 | 2.25 | 2.49 | 3.05 | 2.99 |
| 其　他 | Others | 0.86 | 6.02 | 1.59 | 1.17 | 1.23 |
| **按炊用燃料使用情况分** | **Grouped by Cooking Usage** | **100.00** | **100.00** | **100.00** | **100.00** | **100.00** |
| 管道煤气、天然气 | Pipeline petroleum Gas | 22.91 | 22.69 | 42.56 | 49.81 | 50.76 |
| 液化石油气 | Liquefied Petroleum | 48.06 | 49.95 | 46.37 | 43.77 | 43.69 |
| 煤 | Coal | 28.51 | 26.83 | 9.62 | 4.12 | 3.26 |
| 其　他 | Others | 0.51 | 0.53 | 1.44 | 2.30 | 2.28 |
| **信息化情况** | **Information of the Situation** | | | | | |
| 接入互联网移动电话 | Access Internet Mobile Phone | | | | 19.58 | 23.13 |
| 接入有线电视网络电视机 | Access the Cable Network TV | | | | 97.06 | 99.34 |
| 接入互联网计算机 | Access Internet Computer | | | | 55.82 | 58.24 |

# 9—22 农村居民家庭基本情况
Basic Conditions of Rural Households

| 项　　目 | Item | 2000 | 2005 | 2010 | 2011 | 2012 |
|---|---|---|---|---|---|---|
| **调查户数　（户）** | **Number of Households Surveyed (household)** | **3100** | **3100** | **3100** | **3100** | **3100** |
| 常住人口　（人） | Number of Permanent Residents in the Households Surveyed (person) | 12950 | 12637 | 12491 | 12036 | 11930 |
| 平均每户常住人口　（人） | Average Number of Permanent Residents per Household (person) | 4.18 | 4.08 | 4.03 | 3.88 | 3.85 |
| 平均每户整半劳力　（人） | Average Number of Able-bodied and Semi-able-bodied Laborers per Household (person) | 2.76 | 2.83 | 2.89 | 2.82 | 2.71 |
| 平均每个劳动力负担人口（含本人）　（人） | Average Number of Persons Supported by a Laborer (including the laborer himself of herself) (person) | 1.51 | 1.45 | 1.39 | 1.38 | 1.42 |
| **平均每人年收入　（元）** | **Per Capita Annual Income (yuan)** | | | | | |
| 总收入 | Total Revenue | 2585.56 | 3669.00 | 6895.62 | 8469.10 | 9630.25 |
| 工资性收入 | Wages Income | 547.83 | 1010.05 | 2203.94 | 2723.17 | 3243.47 |
| 家庭经营收入 | Household Business Income | 1910.31 | 2471.25 | 4145.98 | 5059.63 | 5558.76 |
| 财产性收入 | Property Income | 24.70 | 44.91 | 141.95 | 105.96 | 111.81 |
| 转移性收入 | Transfer Income | 102.71 | 142.80 | 403.76 | 580.34 | 716.21 |
| 现金收入 | Cash Income | 1901.60 | 3043.19 | 5959.79 | 7464.46 | 8505.06 |
| 工资性收入 | Wages Income | 547.20 | 1009.70 | 2201.62 | 2721.17 | 3237.63 |
| 家庭经营收入 | Household Business Income | 1230.52 | 1872.49 | 3259.33 | 4128.89 | 4496.13 |
| 财产性收入 | Property Income | 23.15 | 25.88 | 103.16 | 56.79 | 82.53 |
| 转移性收入 | Transfer Income | 100.74 | 135.12 | 395.69 | 557.61 | 688.77 |
| **平均每人年支出　（元）** | **Per Capita Annual Expenditures (yuan)** | | | | | |
| 总支出 | Total Expenditure | 2045.56 | 3360.35 | 5909.58 | 7602.86 | 8562.63 |
| 家庭经营费用支出 | Expendititure for Household Business | 452.22 | 861.60 | 1357.76 | 1829.46 | 2026.58 |
| 购置生产性固定资产 | Purchasing Productive Fixed Assets | 53.66 | 108.86 | 150.57 | 174.76 | 250.54 |
| 税费支出 | Expendititure for Tax and Fee | 93.28 | 14.61 | 7.98 | 10.63 | 4.36 |
| 生活消费支出 | Expendititure for Consumption | 1321.50 | 2196.23 | 4013.31 | 4957.29 | 5555.99 |
| 转移性支出 | Expendititure for Transfer | 112.63 | 176.46 | 355.43 | 620.02 | 712.28 |
| 财产性支出 | Expendititure for Property | 12.26 | 2.59 | 24.53 | 6.53 | 3.28 |
| 现金支出 | Cash Expenditure | 1614.69 | 2887.90 | 5377.42 | 7072.55 | 8094.96 |
| 家庭经营费用支出 | Expendititure for Household Business | 395.44 | 788.56 | 1297.79 | 1763.94 | 1971.07 |
| 购置生产性固定资产 | Purchasing Productive Fixed Assets | 53.66 | 108.86 | 150.57 | 174.76 | 250.54 |
| 税费支出 | Expendititure for Tax and Fee | 91.65 | 14.52 | 7.98 | 10.63 | 4.36 |
| 生活消费支出 | Expendititure for Consumption | 954.93 | 1797.66 | 3541.90 | 4499.35 | 5153.76 |
| 转移性支出 | Expendititure for Transfer | 112.30 | 175.72 | 354.65 | 613.17 | 702.35 |
| 财产性支出 | Expendititure for Property | 6.69 | 2.59 | 24.53 | 6.53 | 3.28 |
| **平均每人年纯收入　（元）** | **Per Capita Annual Net Income (yuan)** | **1934.57** | **2640.96** | **5285.17** | **6232.21** | **7160.46** |
| 工资性收入 | Wages Income | 547.83 | 1010.05 | 2203.94 | 2723.17 | 3243.47 |
| 家庭经营纯收入 | Household Business Income | 1298.40 | 1499.25 | 2626.42 | 2986.07 | 3265.64 |
| 转移性纯收入 | Transfer Income | 63.64 | 86.75 | 312.86 | 417.00 | 539.54 |
| 财产性纯收入 | Property Income | 24.70 | 44.91 | 141.95 | 105.96 | 111.81 |

## 9—23 农村居民按纯收入分组的户数占调查户比重
Percentage of Rural Households Grouped by per Capita Annual Net Income

| 项　目 | Item | 2000 | 2005 | 2010 | 2011 | 2012 |
|---|---|---|---|---|---|---|
| **按纯收入分组户数占调查户比重　(%)** | **Percentage of Households Grouped by per Capita Annual Net Income　(%)** | | | | | |
| 100元以下 | Under 100 Yuan | | 0.32 | 0.10 | 0.61 | 0.55 |
| 100—200元 | 100—200 Yuan | | 0.16 | | 0.03 | 0.03 |
| 200—300元 | 200—300 Yuan | 0.06 | 0.10 | | 0.06 | 0.16 |
| 300—400元 | 300—400 Yuan | 0.03 | 0.35 | 0.06 | 0.13 | 0.19 |
| 400—500元 | 400—500 Yuan | 0.23 | 0.45 | 0.10 | 0.06 | 0.16 |
| 500—600元 | 500—600 Yuan | 0.48 | 0.35 | 0.03 | 0.13 | 0.13 |
| 600—800元 | 600—800 Yuan | 2.39 | 1.74 | 0.26 | 0.29 | 0.13 |
| 800—1000元 | 800—1000 Yuan | 4.48 | 2.68 | 0.42 | 0.45 | 0.32 |
| 1000—1200元 | 1000—1200 Yuan | 8.16 | 4.55 | 0.48 | 0.58 | 0.42 |
| 1200—1300元 | 1200—1300 Yuan | 4.87 | 2.77 | 0.65 | 0.42 | 0.42 |
| 1300—1500元 | 1300—1500 Yuan | 10.42 | 5.68 | 1.19 | 1.00 | 0.55 |
| 1500—1700元 | 1500—1700 Yuan | 10.48 | 6.32 | 1.16 | 0.87 | 0.74 |
| 1700—2000元 | 1700—2000 Yuan | 16.42 | 10.39 | 2.32 | 2.10 | 1.06 |
| 2000—2500元 | 2000—2500 Yuan | 19.29 | 16.23 | 5.97 | 4.19 | 3.74 |
| 2500—3000元 | 2500—3000 Yuan | 10.23 | 13.29 | 6.35 | 4.94 | 4.45 |
| 3000—3500元 | 3000—3500 Yuan | 5.74 | 10.42 | 7.65 | 5.45 | 4.03 |
| 3500—4000元 | 3500—4000 Yuan | 2.87 | 7.03 | 8.74 | 7.10 | 5.39 |
| 4000—4500元 | 4000—4500 Yuan | 1.71 | 4.84 | 7.48 | 6.61 | 6.06 |
| 4500—5000元 | 4500—5000 Yuan | 0.74 | 3.65 | 7.23 | 5.29 | 4.84 |
| 5000元以上 | 5000 Yuan and Over | 1.39 | 8.68 | 49.81 | 59.68 | 66.61 |

## 9—24 农村居民家庭按人均纯收入分组（2012年）
Rural Households Grouped by per Capita Annual Net Income (2012)

| 项　目 | Item | 调查户数 (户) Number of Households Surveyed (household) | 比　重 (%) Percentage (%) | 常住人口 (人) Number of Permanent Residents in the Households Surveyed (person) | 纯收入总额 (元) Total Net Income (yuan) | 比　重 (%) Percentage (%) |
|---|---|---|---|---|---|---|
| **合　计** | **Total** | **3100** | **100.00** | **11930** | **85426050.22** | |
| 400元以下 | Under 400 Yuan | 29 | 0.94 | 110 | -158450.22 | -0.19 |
| 400—500元 | 400—500 Yuan | 5 | 0.16 | 18 | 8023.26 | 0.01 |
| 500—600元 | 500—600 Yuan | 4 | 0.13 | 17 | 9448.16 | 0.01 |
| 600—800元 | 600—800 Yuan | 4 | 0.13 | 14 | 10376.05 | 0.01 |
| 800—1000元 | 800—1000 Yuan | 10 | 0.32 | 41 | 36591.83 | 0.04 |
| 1000—1500元 | 1000—1500 Yuan | 43 | 1.39 | 161 | 202251.75 | 0.24 |
| 1500—2000元 | 1500—2000 Yuan | 56 | 1.81 | 251 | 438546.23 | 0.51 |
| 2000—2500元 | 2000—2500 Yuan | 116 | 3.74 | 554 | 1258590.49 | 1.47 |
| 2500—3000元 | 2500—3000 Yuan | 138 | 4.45 | 617 | 1705164.54 | 2.00 |
| 3000元以上的户 | 3000 Yuan and Over | 2695 | 86.94 | 10148 | 81915508.13 | 95.89 |

## 9—25 主要年份按来源分农村居民家庭人均纯收入
Per Capita Net Income of Rural Households Grouped by Source in Major Years

单位：元（yuan）

| 年 份<br>Year | 纯收入<br>Net Income | 工资性收入<br>Income from Wages and Salaries | 家庭经营纯收入<br>Income from Household Operations | 财产性收入<br>Income from Properties | 转移性收入<br>Income from Transfers |
|---|---|---|---|---|---|
| 2000 | 1934.6 | 547.8 | 1298.4 | 24.7 | 63.6 |
| 2005 | 2641.0 | 1010.1 | 1499.3 | 44.9 | 86.8 |
| 2006 | 2969.1 | 1184.1 | 1617.8 | 52.8 | 114.4 |
| 2007 | 3556.3 | 1470.1 | 1820.9 | 102.0 | 163.4 |
| 2008 | 4202.5 | 1737.8 | 2114.2 | 119.0 | 231.4 |
| 2009 | 4504.3 | 1882.4 | 2238.6 | 117.0 | 266.3 |
| 2010 | 5285.2 | 2203.9 | 2626.4 | 142.0 | 312.9 |
| 2011 | 6232.2 | 2723.2 | 2986.1 | 106.0 | 417.0 |
| 2012 | 7160.5 | 3243.5 | 3265.6 | 111.8 | 539.5 |

## 9—26 各市按来源分农村居民家庭人均纯收入（2012年）
Per Capita Net Income of Rural Households Grouped by Source by Region (2012)

单位：元（yuan）

| 地 区 | Region | 纯收入<br>Net Income | 工资性收入<br>Income from Wages and Salaries | 家庭经营纯收入<br>Income from Household Operations | 财产性收入<br>Income from Properties | 转移性收入<br>Income from Transfers |
|---|---|---|---|---|---|---|
| **全 省** | **Proince Indices** | | | | | |
| 合 肥 市 | Hefei | 9081.20 | 4740.39 | 3512.38 | 350.12 | 478.31 |
| 淮 北 市 | Huaibei | 7286.00 | 4157.03 | 2631.96 | 179.22 | 317.79 |
| 亳 州 市 | Bozhou | 6551.55 | 3083.50 | 2925.46 | 221.74 | 320.85 |
| 宿 州 市 | Suzhou | 6635.07 | 3356.02 | 2464.28 | 341.76 | 473.01 |
| 蚌 埠 市 | Bengbu | 7673.96 | 3148.00 | 3967.84 | 100.34 | 457.78 |
| 阜 阳 市 | Fuyang | 5922.05 | 2820.26 | 2452.04 | 155.77 | 493.98 |
| 淮 南 市 | Huainan | 7834.70 | 3873.96 | 3201.97 | 249.81 | 508.96 |
| 滁 州 市 | Chuzhou | 8091.00 | 3600.00 | 3640.78 | 329.84 | 520.38 |
| 六 安 市 | Luan | 6534.70 | 3054.51 | 2875.24 | 167.63 | 437.32 |
| 马鞍山市 | Maanshan | 10920.28 | 6064.54 | 4004.82 | 276.98 | 573.94 |
| 芜 湖 市 | Wuhu | 9675.49 | 5356.38 | 3523.47 | 319.57 | 476.07 |
| 宣 城 市 | Xuancheng | 9036.38 | 4609.00 | 3753.05 | 158.96 | 515.37 |
| 铜 陵 市 | Tongling | 9847.31 | 6170.05 | 2915.78 | 301.29 | 460.19 |
| 池 州 市 | Chizhou | 7986.20 | 4529.87 | 2961.00 | 109.00 | 386.33 |
| 安 庆 市 | Anqing | 6820.24 | 4379.87 | 1696.61 | 160.19 | 583.57 |
| 黄 山 市 | Huangshan | 9160.88 | 4459.78 | 4016.15 | 166.37 | 518.58 |

## 9—27 农村居民人均收支情况
### Per Capita Cash Income and Expenditure of Rural Residents

单位：元（yuan）

| 项目 | Item | 2000 | 2005 | 2010 | 2011 | 2012 |
|---|---|---|---|---|---|---|
| **总收入** | **Total Income** | **2585.56** | **3669.00** | **6895.62** | **8469.10** | **9630.25** |
| 工资性收入 | Wage Income | 547.83 | 1010.05 | 2203.94 | 2723.17 | 3243.47 |
| 在非企业组织中得到收入 | From Organizations Except Enterprises | 76.27 | 114.51 | 227.91 | 242.74 | 286.82 |
| 在本地企业中得到收入 | From Local Enterprises | 94.29 | 135.99 | 324.61 | 376.56 | 454.60 |
| #在本地乡企得到收入 | From Local Township Enterprises | 69.67 | 47.70 | | | |
| 常住人口外出从业得到收入 | From Insiders Working Outside | 312.64 | 635.44 | 1310.16 | 1536.33 | 1756.18 |
| 其他 | Others | 64.64 | | | | |
| 家庭经营收入 | Income From Household Business | 1910.31 | 2471.25 | 4145.98 | 5059.63 | 5558.76 |
| 财产性收入 | Property Income | 24.70 | 44.91 | 141.95 | 105.96 | 111.81 |
| 转移性收入 | Transfer Income | 102.71 | 142.80 | 403.76 | 580.34 | 716.21 |
| **纯收入** | **Net Income** | **1934.57** | **2640.96** | **5285.17** | **6232.21** | **7160.46** |
| **按纯收入来源分** | **By Source of Income** | | | | | |
| 工资性收入 | Wage Income | 547.83 | 1010.05 | 2203.94 | 2723.17 | 3243.47 |
| 家庭经营收入 | Income From Household Business | 1298.40 | 1499.25 | 2626.42 | 2986.07 | 3265.64 |
| 农业收入 | Farming | 802.76 | 1031.24 | 1878.10 | 2052.84 | 2183.59 |
| 林业收入 | Forest | 17.38 | 29.17 | 65.75 | 73.66 | 76.17 |
| 牧业收入 | Husbandry | 228.52 | 184.31 | 158.13 | 202.70 | 202.51 |
| 渔业收入 | Fishery | 14.34 | 33.47 | 51.63 | 80.50 | 96.18 |
| 工业收入 | Industry | 31.81 | 20.14 | 30.21 | 45.69 | 73.22 |
| 建筑业收入 | Construction | 42.30 | 33.45 | 123.36 | 134.72 | 169.47 |
| 交通、运输和邮电业收入 | Transportation, Postal and Telecommunication | 35.78 | 32.59 | 90.54 | 107.66 | 130.57 |
| 批发零售贸易、餐饮业收入 | Wholesale, Retail Sale and Catering Trade | 45.03 | 74.07 | 141.66 | 227.27 | 255.41 |
| 社会服务业收入 | Service Trade | 26.70 | 24.49 | 43.05 | 28.25 | 38.51 |
| 文教卫生业收入 | Culture, Education and Public Health | 4.98 | 8.89 | 17.28 | 9.41 | 12.56 |
| 其他家庭经营收入 | From Other Household Business | 48.79 | 27.43 | 26.72 | 23.38 | 27.45 |
| 财产性收入 | Property Income | 24.70 | 44.91 | 141.95 | 105.96 | 111.81 |
| 转移性收入 | Transfer Income | 63.64 | 86.75 | 312.86 | 417.00 | 539.54 |
| **按收入性质分** | **By Type of Income** | | | | | |
| 生产性纯收入 | Productive Income | 1819.54 | 2484.81 | 4787.31 | 5680.99 | 6470.60 |
| 非生产性纯收入 | Non-productive Income | 115.03 | 156.15 | 497.86 | 551.22 | 689.86 |
| **期内现金收入合计** | **Total Income During the Period** | **1901.60** | **3043.19** | **5959.79** | **7464.46** | **8505.06** |
| 工资性收入 | Wage Income | 547.20 | 1009.70 | 2201.62 | 2721.17 | 3237.63 |
| 在非企业组织中得到收入 | From Organizations Except Enterprises | 76.20 | 114.51 | 226.92 | 242.06 | 285.46 |
| 在本乡地域内劳动得到收入 | Working Inside the Town | | 260.00 | 665.26 | 943.42 | 1199.20 |
| 在企业中劳动得到收入 | Working in the Enterprises | | 135.99 | 324.50 | 376.36 | 454.14 |
| 在国家投资基建项目得到收入 | Working in the National Funded Capital Construction Projects | | 7.26 | 16.00 | 19.45 | 19.96 |
| 提供其他劳务收入 | Providing Other Labour Services | | 116.75 | 324.76 | 547.62 | 725.11 |
| 外出从业得到收入 | Working Outside | | 635.19 | 1309.44 | 1535.69 | 1752.97 |
| 在乡外县内从业得到收入 | Outside the Township and Inside the County | | 56.98 | 136.00 | 201.21 | 260.52 |
| 在县外省内从业得到收入 | Outside the County and Inside the Province | | 53.88 | 142.54 | 197.44 | 249.55 |
| 在省外国内从业得到收入 | Outside the Province and Inside the Country | | 524.33 | 1029.15 | 1131.60 | 1226.40 |
| 家庭经营收入 | Income From Household Business | 1230.52 | 1872.49 | 3259.33 | 4128.89 | 4496.13 |
| #出售产品的收入 | Selling Products | 931.47 | 1519.07 | 2541.56 | 3202.02 | 3435.16 |
| 出售农业产品收入 | Selling Farming Products | 568.32 | 1051.85 | 1955.88 | 2278.83 | 2380.35 |
| 出售林业产品收入 | Selling Forest Products | 20.06 | 34.59 | 67.96 | 94.74 | 95.85 |

## 9—27 续表 continued

单位：元（yuan）

| 项　　目 | Item | 2000 | 2005 | 2010 | 2011 | 2012 |
|---|---|---|---|---|---|---|
| 出售牧业产品收入 | Selling Husbandry Products | 308.13 | 370.76 | 419.36 | 626.51 | 737.12 |
| 出售渔业产品收入 | Selling Fishery Products | 19.56 | 61.87 | 79.63 | 183.68 | 190.71 |
| 出售工业产品的收入 | Selling Industrial Products | 7.06 | 15.86 | 16.98 | 15.63 | 38.62 |
| 出售其他产品的收入 | Selling Other Products | 8.34 | 1.87 | 1.75 | 2.62 | 1.28 |
| 工业加工费 | Industrial Processing | 35.59 | 22.71 | 23.26 | 71.40 | 107.13 |
| 建筑业 | Construction | 50.83 | 35.50 | 137.47 | 157.89 | 201.07 |
| 交通运输 | Transportation | 52.80 | 61.10 | 154.59 | 200.82 | 224.79 |
| 批发和零售贸易、餐饮业 | Wholesale, Retail Sale and Catering Trade | 56.32 | 115.93 | 208.01 | 284.65 | 313.17 |
| 社会服务业 | Service Trade | 32.27 | 27.05 | 55.26 | 38.13 | 50.81 |
| 文教卫生业 | Culture, Education and Public health | 6.00 | 10.81 | 22.07 | 14.12 | 15.42 |
| 其他家庭经营收入 | From Other Household Business | 50.96 | 27.91 | 32.87 | 27.05 | 27.47 |
| 财产性收入 | Property Income | 23.15 | 25.88 | 103.16 | 56.79 | 82.53 |
| 转移性收入 | Transfer Income | 100.74 | 135.12 | 395.69 | 557.61 | 688.77 |
| #家庭非常住人口寄回或带回 | Cash Sent Back by Outsiders | 42.52 | 15.35 | 18.86 | 18.34 | 13.06 |
| 亲友赠送 | Cash Presented by Kith and Kin | 40.84 | 53.15 | 93.45 | 166.89 | 169.86 |
| 农村外部亲友赠送 | From Kith and Kin Out of the Rural Area | 5.23 | 3.03 | 7.47 | 148.98 | 157.57 |
| **非收入所得** | **Got Except Income** | **259.57** | **402.05** | **781.43** | **974.45** | **1312.30** |
| **期内现金支出合计** | **Total Cash Expenditure in the Period** | **1614.69** | **2887.90** | **5377.42** | **7072.55** | **8094.96** |
| 生产费用支出 | Productive Expenditures | 449.11 | 897.41 | 1448.36 | 1942.87 | 2231.20 |
| 家庭经营费用支出 | Expenditures for Household Business | 395.44 | 788.56 | 1297.79 | 1763.94 | 1971.07 |
| 农业生产支出 | Farming | 245.84 | 499.90 | 837.45 | 1035.25 | 1118.31 |
| 林业生产支出 | Forest | 2.94 | 6.08 | 4.95 | 26.48 | 15.30 |
| 牧业生产支出 | Husbandry | 94.89 | 174.91 | 265.06 | 430.18 | 526.50 |
| 渔业生产支出 | Fishery | 7.12 | 29.46 | 49.58 | 112.19 | 115.16 |
| 工业生产支出 | Industry | 8.02 | 16.19 | 7.08 | 31.06 | 62.25 |
| 建筑业生产支出 | Construction | 5.17 | 1.67 | 11.82 | 19.53 | 25.97 |
| 交通运输支出 | Transportation | 13.50 | 20.52 | 44.92 | 64.86 | 63.28 |
| 批发和零售贸易、餐饮业 | Wholesale, Retail Sale and Catering Trade | 7.54 | 35.75 | 56.71 | 29.65 | 29.06 |
| 社会服务业支出 | Service Trade | 3.42 | 1.71 | 10.34 | 7.32 | 8.99 |
| 文教卫生业 | Culture, Education and Public Health | 0.62 | 1.04 | 3.59 | 4.02 | 1.98 |
| 其他经营支出 | Others | 6.39 | 1.32 | 6.28 | 3.40 | 4.28 |
| 购置生产性固定资产支出 | Purchasing Productive Fixed Assets | 53.66 | 108.21 | 150.57 | 174.76 | 250.54 |
| 税费支出 | Tax Paid | 91.65 | 14.52 | 7.98 | 10.63 | 4.36 |
| 第一产业 | Primary Industry | | | | | |
| 第二产业 | Secondary Industry | | | 0.03 | 0.47 | 0.10 |
| 第三产业 | Tertiary Industry | | 0.77 | 0.74 | 4.42 | 0.01 |
| 其他各项收费 | Other Expenditure | | 13.75 | 7.21 | 5.74 | 4.25 |
| 生活消费支出 | Consumption Expenditure | 954.93 | 1797.66 | 3541.90 | 4499.35 | 5153.76 |
| 财产性支出 | Property Expenditure | 6.69 | 2.59 | 24.53 | 6.53 | 3.28 |
| 转移性支出 | Transfer Expenditure | 112.30 | 175.72 | 354.65 | 613.17 | 702.35 |
| #寄给或带给家庭非常住人口 | Cash Sent to Outsiders | 2.79 | 31.36 | 21.02 | | |
| 赠送亲友支出 | Cash Presented to Kith and Kin | 100.08 | 125.72 | 269.08 | 343.17 | 402.98 |
| 赠送农村外部亲友 | To Kith and Kin Out of the Rural Area | 1.40 | 3.96 | 6.55 | 325.63 | 385.61 |
| **非消费性现金支出** | **Non-consumption Expenditure** | **196.45** | **440.99** | **800.54** | **949.06** | **1270.01** |

## 9—28 农村居民家庭平均每人生活消费支出
Per Capita Living Expenditure of Rural Households

单位：元（yuan）

| 项　目 | Item | 2000 | 2005 | 2010 | 2011 | 2012 |
|---|---|---|---|---|---|---|
| **生活消费支出** | **Living Expenditure** | **1321.50** | **2196.23** | **4013.31** | **4957.29** | **5555.99** |
| **按消费类别分** | **By Category of Consumption** | | | | | |
| 食　品 | Food | 693.15 | 999.79 | 1632.96 | 2055.23 | 2180.80 |
| 衣　着 | Clothing | 71.16 | 117.41 | 232.20 | 297.00 | 331.94 |
| 居　住 | Residence | 196.85 | 344.86 | 867.51 | 885.15 | 1139.78 |
| 家庭设备用品及服务 | Household Facilities, Articles and Services | 57.58 | 106.36 | 231.23 | 304.25 | 346.90 |
| 医疗保健 | Medicines and Medical Services | 58.05 | 133.68 | 264.39 | 440.53 | 510.06 |
| 交通通讯 | Transportation and Communications | 58.44 | 196.72 | 338.99 | 475.19 | 516.60 |
| 文教娱乐用品及服务 | Cultural, Educational and Recreational Articles and Services | 145.46 | 256.80 | 363.92 | 376.18 | 385.92 |
| 其他商品及服务 | Other Commodities and Services | 40.81 | 40.61 | 82.11 | 123.75 | 144.00 |
| **按消费性质分** | **By Source of Consumption** | | | | | |
| **货币性消费** | **Consumption Paid in Money** | **954.93** | **1797.66** | **3541.90** | **4499.34** | **5153.76** |
| 食　品 | Food | 362.25 | 638.93 | 1215.05 | 1645.98 | 1836.79 |
| 衣　着 | Clothing | 70.76 | 117.21 | 232.13 | 296.98 | 331.77 |
| 居　住 | Residence | 161.58 | 310.20 | 814.16 | 836.54 | 1081.74 |
| 家庭设备用品及服务 | Household Facilities, Articles and Services | 57.58 | 103.63 | 231.15 | 304.19 | 346.90 |
| 医疗保健 | Medicines and Medical Services | 58.05 | 133.68 | 264.39 | 440.53 | 510.06 |
| 交通通讯 | Transportation and Communications | 58.44 | 196.72 | 338.99 | 475.19 | 516.60 |
| 文教娱乐用品及服务 | Cultural, Educational and Recreational Articles and Services | 145.46 | 256.80 | 363.92 | 376.18 | 385.92 |
| 其他商品及服务 | Other Commodities and Services | 40.81 | 40.49 | 82.11 | 123.75 | 144.00 |
| **实物性消费** | **Consumption in Kind** | **366.57** | **398.57** | **471.41** | **457.88** | **402.23** |
| 食　品 | Food | 330.90 | 360.86 | 417.91 | 409.25 | 344.01 |
| 衣　着 | Clothing | 0.40 | 0.20 | 0.07 | 0.02 | 0.18 |
| 居　住 | Residence | 35.27 | 34.66 | 53.35 | 48.61 | 58.04 |

## 9—29 农村居民家庭平均每人生活消费支出构成
Composition of per Capita Living Expenditure of Rural Households

单位：%

| 项　目 | Item | 2000 | 2005 | 2010 | 2011 | 2012 |
|---|---|---|---|---|---|---|
| **生活消费支出** | **Living Expenditure** | **100.00** | **100.00** | **100.00** | **100.00** | **100.00** |
| **按消费类别分** | **By Category of Consumption** | | | | | |
| 食　品 | Food | 52.45 | 45.52 | 40.70 | 41.46 | 39.25 |
| 衣　着 | Clothing | 5.38 | 5.35 | 5.78 | 5.99 | 5.97 |
| 居　住 | Residence | 14.90 | 15.70 | 21.62 | 17.86 | 20.51 |
| 家庭设备用品及服务 | Household Facilities, Articles and Services | 4.36 | 4.84 | 5.76 | 6.14 | 6.24 |
| 医疗保健 | Medicines and Medical Services | 4.39 | 6.09 | 6.58 | 8.89 | 9.18 |
| 交通通讯 | Transportation and Communications | 4.42 | 8.96 | 8.45 | 9.59 | 9.30 |
| 文教娱乐用品及服务 | Cultural, Educational and Recreational Articles and Services | 11.01 | 11.69 | 9.07 | 7.59 | 6.95 |
| 其他商品及服务 | Other Commodities and Services | 3.09 | 1.85 | 2.04 | 2.50 | 2.59 |
| **按消费性质分** | **By Source of Consumption** | | | | | |
| **货币性消费** | **Consumption Paid in Money** | **100.00** | **100.00** | **100.00** | **100.00** | **100.00** |
| 食　品 | Food | 37.93 | 35.54 | 34.31 | 36.58 | 35.64 |
| 衣　着 | Clothing | 7.41 | 6.52 | 6.55 | 6.60 | 6.44 |
| 居　住 | Residence | 16.92 | 17.26 | 22.99 | 18.59 | 20.99 |
| 家庭设备用品及服务 | Household Facilities, Articles and Services | 6.03 | 5.76 | 6.53 | 6.76 | 6.73 |
| 医疗保健 | Medicines and Medical Services | 6.08 | 7.44 | 7.46 | 9.79 | 9.90 |
| 交通通讯 | Transportation and Communications | 6.12 | 10.94 | 9.57 | 10.56 | 10.02 |
| 文教娱乐用品及服务 | Cultural, Educational and Recreational Articles and Services | 15.23 | 14.29 | 10.27 | 8.36 | 7.49 |
| 其他商品及服务 | Other Commodities and Services | 4.27 | 2.25 | 2.32 | 2.75 | 2.79 |
| **实物性消费** | **Consumption in Kind** | **100.00** | **100.00** | **100.00** | **100.00** | **100.00** |
| 食　品 | Food | 90.27 | 90.54 | 88.65 | 89.38 | 85.53 |
| 衣　着 | Clothing | 0.11 | 0.05 | 0.01 | | 0.04 |
| 居　住 | Residence | 9.62 | 8.70 | 11.32 | 10.62 | 14.43 |

## 9—30 农村居民家庭平均每人主要消费品消费量
Per Capita Consumption of Major Consumer Goods in Rural Households

| 品名 | | Item | | 2000 | 2005 | 2010 | 2011 | 2012 |
|---|---|---|---|---|---|---|---|---|
| 粮食（原粮） | （公斤） | Grain (Unprocessed) | (kg) | 270.24 | 214.68 | 174.75 | 164.89 | 151.43 |
| #细　粮 | | Wheat and Rice | | 255.78 | 203.18 | 165.18 | 158.34 | 142.73 |
| 蔬　菜 | （公斤） | Fresh Vegetables | (kg) | 80.28 | 78.70 | 77.27 | 73.43 | 68.98 |
| 食　油 | （公斤） | Edible Oil | (kg) | 7.66 | 6.31 | 6.46 | 8.25 | 8.08 |
| 猪牛羊肉 | （公斤） | Pork, Beef and Mutton | (kg) | 9.51 | 10.70 | 10.15 | 11.47 | 11.60 |
| 家　禽 | （公斤） | Poultry | (kg) | 3.57 | 4.64 | 4.76 | 5.43 | 6.05 |
| 蛋及制品 | （公斤） | Eggs and Related Products | (kg) | 5.56 | 4.69 | 5.85 | 6.08 | 7.23 |
| 鱼　虾 | （公斤） | Fish and Shrimp | (kg) | 3.50 | 5.00 | 5.33 | 6.10 | 5.95 |
| 食　糖 | （公斤） | Sugar | (kg) | 1.59 | 1.16 | 0.89 | 0.91 | 4.36 |
| 酒 | （公斤） | Liquor | (kg) | 9.99 | 12.72 | 12.02 | 11.85 | 12.24 |

## 9—31 农村居民家庭平均每百户年底耐用消费品拥有量
Number of Durable Consumer Goods Owned per 100 Rural Households at the Year-end

| 品名 | | Item | | 2000 | 2005 | 2010 | 2011 | 2012 |
|---|---|---|---|---|---|---|---|---|
| 洗 衣 机 | (台) | Washing Machine | (set) | 14.74 | 32.71 | 56.52 | 55.29 | 60.06 |
| 电 冰 箱 | (台) | Refrigerator | (set) | 8.16 | 21.71 | 63.26 | 74.77 | 79.77 |
| 空 调 机 | (台) | Air Conditioner | (set) | | | 26.16 | 30.74 | 38.26 |
| 抽油烟机 | (台) | Exhaust Fan | (set) | | | 7.19 | 7.26 | 9.61 |
| 自 行 车 | (辆) | Bicycle | (unit) | 127.42 | 114.32 | 101.35 | 86.00 | 85.58 |
| 摩 托 车 | (辆) | Motorcycle | (unit) | 8.65 | 34.65 | 55.61 | 51.77 | 52.74 |
| 生活用汽车 | (辆) | Automobile | (unit) | | | | 1.74 | 2.29 |
| 电 话 机 | (部) | Telephone | (set) | | 72.84 | 68.10 | 57.65 | 53.61 |
| 移动电话 | (部) | Mobile Telephone | (set) | | 50.23 | 136.90 | 163.71 | 174.77 |
| 黑白电视机 | (台) | Black and White TV Set | (set) | 68.65 | 32.23 | 6.68 | 4.35 | 3.26 |
| 彩色电视机 | (台) | Color TV Set | (set) | 39.29 | 84.65 | 112.13 | 113.48 | 116.16 |
| 照 相 机 | (台) | Camera | (set) | 2.03 | 3.06 | 3.71 | 1.90 | 2.16 |
| 家用计算机 | (台) | Computer | (set) | | | 7.94 | 10.39 | 13.87 |
| 热 水 器 | (台) | Shower | (unit) | 0.94 | 8.26 | 43.87 | 49.68 | 56.61 |

## 9—32 各市农村居民家庭平均每百户年底耐用消费品拥有量（2012年）

Number of Durable Consumer Goods Owned per 100 Rural Households at the Year-end by Region (2012)

| 地 区 | Region | 洗衣机（台）Washing Machine (set) | 电冰箱（台）Refrigerator (set) | 空调机（台）Air Conditioner (set) | 抽油烟机（台）Exhaust Fan (set) | 自行车（辆）Bicycle (unit) | 摩托车（辆）Motorcycle (unit) | 生活用汽车（辆）Automobile (unit) |
|---|---|---|---|---|---|---|---|---|
| **全 省** | **Proince Indices** | | | | | | | |
| 合肥市 | Hefei | 56.23 | 92.29 | 54.54 | 15.73 | 88.14 | 36.59 | 5.40 |
| 淮北市 | Huaibei | 95.06 | 83.80 | 32.87 | 7.43 | 143.90 | 63.91 | 5.28 |
| 亳州市 | Bozhou | 91.33 | 56.95 | 17.01 | 1.54 | 128.09 | 57.40 | 3.21 |
| 宿州市 | Suzhou | 90.47 | 68.82 | 21.04 | 1.90 | 133.53 | 59.29 | 5.44 |
| 蚌埠市 | Bengbu | 95.92 | 86.43 | 44.71 | 9.40 | 115.16 | 66.35 | 2.17 |
| 阜阳市 | Fuyang | 99.38 | 63.51 | 20.97 | 1.32 | 164.42 | 56.17 | 2.94 |
| 淮南市 | Huainan | 98.64 | 95.77 | 74.67 | 22.77 | 117.34 | 64.08 | 5.56 |
| 滁州市 | Chuzhou | 88.20 | 95.42 | 57.30 | 16.06 | 75.36 | 73.76 | 3.33 |
| 六安市 | Luan | 46.47 | 84.07 | 37.41 | 9.38 | 76.57 | 61.53 | 4.40 |
| 马鞍山市 | Maanshan | 74.28 | 95.42 | 86.99 | 25.53 | 121.36 | 45.39 | 6.50 |
| 芜湖市 | Wuhu | 58.29 | 95.13 | 85.62 | 33.76 | 108.61 | 31.30 | 7.54 |
| 宣城市 | Xuancheng | 56.26 | 96.76 | 66.44 | 34.80 | 83.04 | 62.95 | 6.21 |
| 铜陵市 | Tongling | 49.85 | 94.65 | 84.64 | 28.84 | 64.49 | 41.00 | 3.18 |
| 池州市 | Chizhou | 27.92 | 92.75 | 58.36 | 22.00 | 78.43 | 73.44 | 4.57 |
| 安庆市 | Anqing | 29.20 | 71.45 | 46.63 | 14.38 | 66.33 | 101.01 | 4.40 |
| 黄山市 | Huangshan | 35.40 | 78.93 | 27.96 | 15.57 | 102.10 | 57.49 | 5.29 |

| 地 区 | Region | 电话机（部）Telephone (set) | 移动电话（部）Mobile Telephone (set) | 黑白电视机（台）Black and White TV Set (set) | 彩色电视机（台）Color TV Set (set) | 照相机（台）Camera (set) | 家用计算机（台）Computer (set) |
|---|---|---|---|---|---|---|---|
| **全 省** | **Proince Indices** | | | | | | |
| 合肥市 | Hefei | 67.69 | 185.88 | 7.50 | 124.43 | 5.79 | 17.34 |
| 淮北市 | Huaibei | 54.79 | 190.55 | 4.10 | 118.16 | 10.48 | 22.46 |
| 亳州市 | Bozhou | 48.37 | 139.40 | 3.65 | 106.79 | 2.85 | 10.73 |
| 宿州市 | Suzhou | 45.11 | 173.88 | 6.08 | 113.25 | 2.32 | 9.12 |
| 蚌埠市 | Bengbu | 51.05 | 177.68 | 4.84 | 124.96 | 3.83 | 15.16 |
| 阜阳市 | Fuyang | 63.75 | 157.02 | 6.51 | 133.18 | 3.00 | 7.39 |
| 淮南市 | Huainan | 56.35 | 206.93 | 4.82 | 132.99 | 6.54 | 22.15 |
| 滁州市 | Chuzhou | 46.02 | 208.25 | 4.72 | 129.18 | 4.58 | 18.10 |
| 六安市 | Luan | 62.50 | 158.37 | 10.58 | 115.01 | 3.45 | 9.92 |
| 马鞍山市 | Maanshan | 74.68 | 200.55 | 3.17 | 137.75 | 6.71 | 32.86 |
| 芜湖市 | Wuhu | 53.37 | 202.07 | 8.39 | 131.85 | 7.41 | 24.93 |
| 宣城市 | Xuancheng | 66.78 | 227.28 | 5.40 | 131.06 | 6.79 | 29.57 |
| 铜陵市 | Tongling | 54.07 | 209.54 | 4.92 | 121.96 | 6.19 | 33.28 |
| 池州市 | Chizhou | 77.77 | 207.17 | 6.06 | 118.72 | 5.75 | 19.43 |
| 安庆市 | Anqing | 89.86 | 150.18 | 15.00 | 107.08 | 6.15 | 14.93 |
| 黄山市 | Huangshan | 81.79 | 179.58 | 7.99 | 131.67 | 6.15 | 20.33 |

## 9—33 农村居民人均粮食收支情况
Per Capita Grain Received and Expenditure of Rural Residents

单位：公斤（kg）

| 项　目 | Item | 2000 | 2005 | 2010 | 2011 | 2012 |
|---|---|---|---|---|---|---|
| **年内粮食收入合计** | **Total Grain Received in the Year** | **808.17** | **831.05** | **1127.41** | **1144.10** | **1276.95** |
| 家庭经营生产的 | Produced From Household Operation | 737.33 | 779.92 | 1035.35 | 1032.98 | 1145.80 |
| 购　入 | Purchased | 69.71 | 50.78 | 86.33 | 110.71 | 126.33 |
| #从集市上购入 | From Country Fair | | | | | |
| 借　入 | Borrowed | 0.31 | 0.06 | 2.08 | | 0.21 |
| 收回借出粮 | Recall of Loaned Grain | 0.36 | 0.02 | 2.96 | | 4.10 |
| 其他粮食收入 | Other Grain Income | 0.45 | 0.27 | 0.69 | 0.41 | 0.50 |
| **年内粮食支出合计** | **Total Expenditure** | **712.37** | **729.93** | **923.67** | **957.31** | **1000.39** |
| 主食用粮 | Staple Food | 270.24 | 214.68 | 174.75 | 164.89 | 151.43 |
| #稻　谷 | Rice | 171.81 | | | 110.08 | 98.61 |
| 小　麦 | Wheat | 83.97 | | | 48.26 | 44.12 |
| 其他生活用粮 | Other Living Expense of Grain | 0.94 | 0.58 | 0.57 | 0.10 | 0.00 |
| 出　售 | Sold | 319.00 | 445.13 | 679.78 | 714.28 | 763.35 |
| 种　籽 | Seeds | 12.96 | 15.72 | 24.27 | 25.95 | 22.84 |
| 饲　料 | Forage | 103.11 | 53.34 | 44.21 | 51.52 | 62.27 |
| 借　出 | Loaned Grain | 1.64 | 0.11 | | | |
| 归还借粮 | Returning Borrowed Grain | 0.72 | 0.09 | | | |
| 其他粮食支出 | Other Expenditure From Grain | 1.59 | 0.27 | 0.08 | 0.57 | 0.49 |
| 补充资料：生产加工用粮 | Grain for Processing | 1.19 | | | | |
| #食品加工用粮 | For Food | 0.44 | | | | |
| 饲料加工用粮 | For Feed | 0.67 | | | | |

## 9—34 农村家庭房屋使用情况
Housing Conditions of Rural Households

| 项　目 | Item | | 2000 | 2005 | 2010 | 2011 | 2012 |
|---|---|---|---|---|---|---|---|
| **本年新建（购）房屋** | **Rooms Newly Built Within the Year** | | | | | | |
| 面　积　（平方米/人） | Per Capita Floor Space of Houses | (sq.m/person) | 0.91 | 1.03 | 1.12 | 1.33 | 1.22 |
| #砖木结构 | Brick and Wood Structure | | 0.26 | 0.19 | 0.09 | 0.17 | 0.10 |
| 钢筋混凝土结构 | Reinforced Concrete Structure | | 0.60 | 0.84 | 1.02 | 1.15 | 1.11 |
| 每平方米价值　（元） | Value per Square Meter | (yuan) | 227.86 | 373.88 | 681.37 | 810.42 | 776.62 |
| 楼房面积　（平方米/人） | Per Capita Floor Space of Multi-floor Buildings | (sq.m/person) | 0.60 | 0.87 | 1.03 | 1.21 | 1.09 |
| **年末使用房屋** | **Rooms Used at the Year-end** | | | | | | |
| 居住面积　（平方米/人） | Per Capita Floor Space | (sq.m/person) | 22.16 | 27.02 | 32.05 | 34.59 | 35.28 |
| #砖木结构 | Brick and Wood Structure | | 12.80 | 14.04 | 12.83 | 13.95 | 13.01 |
| 钢筋混凝土结构 | Reinforced Concrete Structure | | 7.72 | 12.37 | 18.77 | 20.13 | 21.83 |

## 9—35 农村居民人均居住情况
Living Condition of Rural Residents

单位：平方米（sq.m）

| 项　目 | | Item | | 2009 | 2010 | 2011 | 2012 |
|---|---|---|---|---|---|---|---|
| **期末住房情况** | | **Housing Conditions End of this Term** | | | | | |
| 住房面积 | | Living Area | | 31.01 | 32.05 | 35.03 | 35.88 |
| 住房价值 | （元） | Housing Value | (yuan/sq.m) | 10545.53 | 12365.59 | 20923.07 | 23796.74 |
| 住房类型 | | Housing Type | | | | | |
| 楼房面积 | | Building of Two or More Storey Area | | 17.73 | 18.94 | 21.63 | 23.17 |
| 砖瓦平房面积 | | Bricks and Tiles Collage Area | | 12.61 | 12.51 | 12.51 | 11.93 |
| 其　他 | | Other | | 0.68 | 0.60 | 0.46 | 0.34 |
| 住房结构 | | Housing Structure | | | | | |
| 钢筋混凝土结构面积 | | Reinforced Concrete Structure Housing Area | | 17.98 | 18.77 | 20.13 | 21.83 |
| 砖木结构面积 | | Bricks and Woods Structure Housing Area | | 12.37 | 12.83 | 13.95 | 13.01 |
| 其　他 | | Other | | 0.66 | 0.44 | 0.52 | 0.33 |
| **期内新建（购）住房情况** | | **Newly Built (Bought) Housing Situation This Term** | | | | | |
| 新建（购）住房面积 | | Housing Area | | 1.57 | 1.12 | 1.33 | 1.22 |
| 新建（购）住房价值 | （元） | Housing Value | (yuan) | 949.25 | 762.97 | 1077.78 | 947.48 |
| 新建（购）住房类型 | | Housing Style | | | | | |
| 楼房面积 | | Building of Two or More Storey Area | | 1.41 | 1.03 | 1.21 | 1.09 |
| 砖瓦平房面积 | | Bricks and Tiles Collage Area | | 0.16 | 0.09 | 0.12 | 0.12 |
| 其　他 | | Other | | | | | |
| 新建（购）住房结构 | | Newly built (Bought) Housing Structure | | | | | |
| 钢筋混凝土结构面积 | | Reinforced Concrete Structure Housing Area | | 1.35 | 1.02 | 1.15 | 1.11 |
| 砖木结构面积 | | Bricks and Woods Structure Housing Area | | 0.22 | 0.09 | 0.17 | 0.10 |
| 其　他 | | Other | | | | | |
| 期内新建（购）房屋资金来源 | | Fund Source of Newly Built Bought) Housing This Term | | | | | |
| 自　筹 | （元） | Self-financing | (yuan) | 784.85 | 572.37 | 94.13 | 816.45 |
| 银行、信用社贷款 | （元） | Loan from Bank and Credit Cooperative | (yuan) | 20.40 | 48.92 | 839.56 | 11.73 |
| 其　他 | （元） | Other | (yuan) | 144.00 | 114.72 | 120.43 | 60.02 |

## 9—36 各市农村居民人均现金收入情况
Per Capita Income in Cash of Rural Households by Region

单位：元（yuan）

| 地 区 | Region | 2000 | 2005 | 2010 | 2011 | 2012 |
|---|---|---|---|---|---|---|
| **全 省** | **Proince Indices** | **1901.60** | **3043.19** | **5959.79** | **7464.46** | |
| 合肥市 | Hefei | 1981.94 | 3322.71 | 7063.07 | 7772.18 | 8938.66 |
| 淮北市 | Huaibei | 2331.63 | 3274.88 | 6108.99 | 6966.13 | 7711.14 |
| 亳州市 | Bozhou | 2289.60 | 3118.08 | 5413.95 | 6966.13 | 7537.23 |
| 宿州市 | Suzhou | 1987.23 | 2506.18 | 6037.39 | 7157.56 | 7998.63 |
| 蚌埠市 | Bengbu | 2329.05 | 3102.48 | 6226.47 | 7405.86 | 8339.82 |
| 阜阳市 | Fuyang | 2080.14 | 2611.10 | 4791.96 | 6226.33 | 7009.35 |
| 淮南市 | Huainan | 3186.96 | 3578.14 | 6439.77 | 7287.91 | 8654.38 |
| 滁州市 | Chuzhou | 2131.99 | 3047.04 | 6811.03 | 8368.65 | 9728.93 |
| 六安市 | Luan | 1716.47 | 2217.58 | 4823.54 | 5926.29 | 7149.01 |
| 马鞍山市 | Maanshan | 3098.44 | 5017.12 | 10473.38 | 10273.08 | 11579.45 |
| 芜湖市 | Wuhu | 2846.81 | 4235.57 | 8261.67 | 8696.79 | 10600.72 |
| 宣城市 | Xuancheng | 2086.29 | 3130.56 | 7230.20 | 8573.43 | 9902.52 |
| 铜陵市 | Tongling | 2802.74 | 3445.25 | 7786.18 | 9120.83 | 10536.03 |
| 池州市 | Chizhou | 2147.17 | 2994.06 | 6067.54 | 7114.20 | 8753.33 |
| 安庆市 | Anqing | 1816.93 | 2685.82 | 5276.46 | 6315.55 | 7850.03 |
| 黄山市 | Huangshan | 2117.47 | 2868.42 | 6896.13 | 8066.43 | 9017.47 |

## 9—37 各市农村居民人均现金支出情况
Per Capita Expenditure in Cash of Rural Households by Region

单位：元（yuan）

| 地 区 | Region | 2000 | 2005 | 2010 | 2011 | 2012 |
|---|---|---|---|---|---|---|
| **全 省** | **Proince Indices** | **1614.69** | **2887.90** | **5377.42** | **7072.55** | |
| 合肥市 | Hefei | 1442.25 | 2912.22 | 5134.15 | 5439.92 | 6332.44 |
| 淮北市 | Huaibei | 1644.72 | 2412.62 | 5564.33 | 6047.97 | 6788.06 |
| 亳州市 | Bozhou | 1605.84 | 2391.38 | 4478.39 | 5221.46 | 6447.36 |
| 宿州市 | Suzhou | 1459.43 | 2006.64 | 4739.26 | 5434.48 | 6531.49 |
| 蚌埠市 | Bengbu | 1698.30 | 2655.90 | 5139.39 | 5685.12 | 6854.29 |
| 阜阳市 | Fuyang | 1378.59 | 2121.57 | 3996.69 | 4873.00 | 5729.32 |
| 淮南市 | Huainan | 2052.62 | 2770.82 | 4898.68 | 6138.28 | 7856.90 |
| 滁州市 | Chuzhou | 1515.29 | 2365.21 | 5843.40 | 7090.61 | 8656.37 |
| 六安市 | Luan | 1247.34 | 1965.96 | 4467.93 | 5396.66 | 6242.03 |
| 马鞍山市 | Maanshan | 2034.54 | 4254.36 | 8164.55 | 8742.35 | 8860.08 |
| 芜湖市 | Wuhu | 1949.46 | 3131.96 | 6503.96 | 6715.78 | 7924.97 |
| 宣城市 | Xuancheng | 1673.42 | 2872.09 | 5877.99 | 7479.07 | 8486.37 |
| 铜陵市 | Tongling | 2063.78 | 2820.57 | 6653.73 | 8189.00 | 8616.10 |
| 池州市 | Chizhou | 1609.52 | 2682.19 | 4917.35 | 5970.95 | 7500.04 |
| 安庆市 | Anqing | 1271.68 | 2433.17 | 3765.59 | 4920.43 | 6039.79 |
| 黄山市 | Huangshan | 1541.60 | 2450.08 | 5014.58 | 5724.58 | 6108.53 |

## 9—38 各市、县农村居民人均现金收支情况（2012年）
Per Capita Income and Expenditure in Cash of Rural Households by County or City (2012)

单位：元（yuan）

| 市、县 | County、city | 期内现金收入合计 Total Cash Income in the Period | 工资性收入 Wage Income | 家庭经营现金收入 Cash Income From Household Business | #出售产品的现金 From Selling Products | 批发零售贸易、住宿和餐饮业现金收入 Wholesale Retail Sales Trade, Lodging and Catering Cash Income | 财产性收入 Property Income | 转移性收入 Transfer Income |
|---|---|---|---|---|---|---|---|---|
| **合肥市** | **Hefei** | **8938.66** | **4131.26** | **4015.54** | **2995.98** | **136.63** | **243.54** | **548.32** |
| 瑶海区 | Yaohai District | 11037.69 | 7704.44 | 1073.26 | | 76.92 | 1628.85 | 631.14 |
| 庐阳区 | Luyang District | 12958.29 | 8326.88 | 2800.12 | 480.27 | 1061.84 | 1082.27 | 749.02 |
| 蜀山区 | Shushan District | 12629.81 | 8898.24 | 1088.44 | 36.54 | | 2364.96 | 278.17 |
| 包河区 | Baohe District | 11141.45 | 6811.07 | 3336.46 | 2170.63 | 36.79 | 661.49 | 332.43 |
| 长丰县 | Changfeng | 8437.72 | 2613.13 | 5268.43 | 4269.92 | 66.69 | 149.63 | 406.53 |
| 肥东县 | Feidong | 9771.41 | 5384.47 | 3740.41 | 2569.76 | 206.47 | 183.54 | 462.99 |
| 肥西县 | Feixi | 9873.57 | 4892.13 | 3986.04 | 3488.05 | 119.21 | 325.49 | 669.91 |
| 庐江县 | Lujiang | 8245.83 | 3244.84 | 4195.35 | 3029.92 | 172.69 | 121.61 | 684.03 |
| 巢湖市 | Chaohu | 7925.36 | 3289.13 | 3987.10 | 2730.62 | 71.91 | 101.70 | 547.43 |
| **淮北市** | **Huaibei** | **7711.14** | **4155.92** | **3056.69** | **2239.24** | **199.13** | **150.34** | **348.19** |
| 杜集区 | Duji District | 8770.35 | 5739.54 | 2118.87 | 1393.26 | 51.61 | 315.00 | 596.94 |
| 相山区 | Xiangshan District | 9056.76 | 4708.59 | 3698.89 | 1788.36 | 837.08 | 188.56 | 460.72 |
| 烈山区 | Lieshan District | 7693.51 | 5258.71 | 1667.82 | 1620.52 | 13.43 | 467.48 | 299.50 |
| 濉溪县 | Suixi | 7414.90 | 3576.20 | 3487.53 | 2569.31 | 212.73 | 44.53 | 306.64 |
| **亳州市** | **Bozhou** | **7537.23** | **3074.57** | **3940.63** | **3291.43** | **190.99** | **99.48** | **422.55** |
| 谯城区 | Qiaocheng District | 8430.86 | 3546.16 | 4455.60 | 3562.65 | 530.23 | 67.89 | 361.21 |
| 涡阳县 | Guoyang | 7457.78 | 3389.57 | 3513.07 | 2736.72 | 88.65 | 199.08 | 356.06 |
| 蒙城县 | Mengcheng | 7884.30 | 2934.87 | 4402.91 | 3854.66 | 98.95 | 85.06 | 461.46 |
| 利辛县 | Lixin | 6512.16 | 2450.60 | 3506.58 | 3121.71 | 54.86 | 43.41 | 511.57 |
| **宿州市** | **Suzhou** | **7998.63** | **3341.28** | **3936.03** | **3220.61** | **161.05** | **191.47** | **529.85** |
| 埇桥区 | Yongqiao District | 7941.07 | 3044.99 | 3481.52 | 2952.63 | 71.79 | 403.05 | 1011.51 |
| 砀山县 | Dangshan | 8142.73 | 3317.10 | 4456.77 | 3947.74 | 176.83 | 38.62 | 330.24 |
| 萧县 | Xiaoxian | 8412.66 | 3774.32 | 3901.70 | 3037.09 | 75.04 | 302.77 | 433.87 |
| 灵璧县 | Lingbi | 7796.92 | 3109.01 | 4224.94 | 3374.14 | 279.03 | 44.51 | 418.46 |
| 泗县 | Sixian | 7589.65 | 3517.27 | 3807.94 | 2972.60 | 263.93 | 30.30 | 234.14 |
| **蚌埠市** | **Bengbu** | **8339.82** | **3144.71** | **4587.67** | **3608.66** | **239.66** | **85.23** | **522.21** |
| 龙子湖区 | Longzihu District | 9180.17 | 3345.60 | 5605.98 | 1947.26 | 1708.25 | 46.40 | 182.19 |
| 蚌山区 | Bangshan District | 7748.56 | 4208.75 | 3008.12 | 2275.14 | 206.50 | 69.44 | 462.25 |
| 禹会区 | Yuhui District | 8664.67 | 5252.65 | 3140.61 | 1860.74 | 414.22 | 54.92 | 216.49 |
| 淮上区 | Huaishang District | 8353.22 | 4652.46 | 3229.77 | 2561.46 | 195.25 | 62.10 | 408.89 |
| 怀远县 | Huaiyuan | 8833.58 | 3316.50 | 4953.06 | 3900.71 | 307.83 | 75.08 | 488.94 |
| 五河县 | Wuhe | 8323.20 | 2878.45 | 4881.13 | 3669.74 | 86.50 | 40.14 | 523.48 |
| 固镇县 | Guzhen | 7197.85 | 2284.33 | 4027.62 | 3731.37 | 94.71 | 177.15 | 708.75 |
| **阜阳市** | **Fuyang** | **7009.35** | **2800.49** | **3589.32** | **2617.79** | **226.72** | **97.64** | **521.90** |
| 颍州区 | Yingzhou District | 9075.82 | 3534.03 | 4845.06 | 2951.48 | 415.75 | 220.86 | 475.87 |
| 颍东区 | Yingdong District | 6774.41 | 2612.02 | 3606.12 | 2865.57 | 203.98 | 37.47 | 518.80 |
| 颍泉区 | Yingquan District | 7804.83 | 3774.83 | 3494.91 | 2733.73 | 269.93 | 87.55 | 447.54 |
| 临泉县 | Linquan | 5250.90 | 1970.44 | 2884.79 | 2362.08 | 101.44 | 37.21 | 358.46 |
| 太和县 | Taihe | 7770.28 | 3624.17 | 3627.87 | 2252.86 | 587.09 | 53.93 | 464.31 |
| 阜南县 | Funan | 6222.58 | 2366.18 | 3384.64 | 2623.44 | 67.27 | 17.90 | 453.86 |
| 颍上县 | Yingshang | 7647.97 | 2512.25 | 4014.96 | 2675.93 | 88.27 | 303.73 | 817.03 |
| 界首市 | Jieshou | 9219.90 | 3942.21 | 4431.48 | 3553.91 | 319.96 | 95.38 | 750.83 |
| **淮南市** | **Huainan** | **8654.38** | **3873.96** | **4012.11** | **1993.72** | **504.95** | **201.17** | **567.14** |
| 大通区 | Datong District | 9579.59 | 2578.90 | 6482.24 | 1724.31 | 631.72 | 55.53 | 462.92 |
| 田家庵区 | Tianjiaan District | 9907.04 | 5155.23 | 4259.58 | 2191.93 | 1171.62 | 238.65 | 253.58 |
| 谢家集区 | Xiejiaji District | 9458.15 | 5495.73 | 3459.34 | 2174.06 | 285.10 | 106.28 | 396.80 |
| 八公山区 | Bagongshan District | 10287.62 | 7298.67 | 2187.75 | 320.37 | 37.08 | 188.28 | 612.92 |
| 潘集区 | Panji District | 8430.97 | 3481.10 | 4001.14 | 2659.92 | 479.45 | 309.24 | 639.49 |
| 凤台县 | Fengtai | 8708.81 | 3837.00 | 3859.73 | 1578.07 | 524.96 | 293.11 | 718.97 |
| 毛集区 | Maoji Distrct | 7360.53 | 3419.03 | 3345.55 | 2329.98 | 34.18 | 132.41 | 463.54 |
| **滁州市** | **Chuzhou** | **9728.93** | **3475.81** | **5556.86** | **4957.30** | **118.56** | **157.24** | **539.02** |
| 琅琊区 | Langya District | 11610.82 | 5311.65 | 4885.00 | 4351.85 | 104.84 | 580.02 | 834.15 |
| 南谯区 | Nanqiao District | 8582.25 | 3357.01 | 4379.30 | 3296.27 | 99.70 | 284.48 | 561.46 |
| 来安县 | Laian | 11710.26 | 4220.11 | 6688.82 | 6060.26 | 226.87 | 216.09 | 585.24 |
| 全椒县 | Quanjiao | 9684.36 | 3292.45 | 5454.86 | 5125.86 | 51.56 | 250.00 | 687.05 |
| 定远县 | Dingyuan | 9060.13 | 1797.68 | 6771.90 | 6228.08 | 86.91 | 53.35 | 437.20 |
| 凤阳县 | Fengyang | 8712.11 | 2628.05 | 5260.26 | 4096.63 | 256.10 | 178.68 | 645.12 |
| 天长市 | Tianchang | 11756.35 | 7280.53 | 3797.75 | 3642.18 | | 161.45 | 516.62 |
| 明光市 | Mingguang | 8929.53 | 2872.34 | 5509.07 | 5122.70 | 87.08 | 110.46 | 437.66 |

## 9—38 续表1 continued

单位：元（yuan）

| 市、县 | County、city | 期内现金收入合计 Total Cash Income in the Period | 工资性收入 Wage Income | 家庭经营现金收入 Cash Income From Household Business | #出售产品的现金 From Selling Products | 批发零售贸易、住宿和餐饮业现金收入 Wholesale Retail Sales Trade, Lodging and Catering Cash Income | 财产性收入 Property Income | 转移性收入 Transfer Income |
|---|---|---|---|---|---|---|---|---|
| **六安市** | **Luan** | **7149.01** | **3067.93** | **3465.11** | **2416.18** | **182.87** | **100.82** | **515.15** |
| 金安区 | Jinan District | 6949.99 | 3027.02 | 3231.86 | 2150.78 | 12.25 | 81.06 | 610.05 |
| 裕安区 | Yuan District | 5840.72 | 2745.95 | 2503.56 | 1109.50 | 245.97 | 30.84 | 560.37 |
| 寿县 | Shouxian | 7967.29 | 2931.30 | 4600.79 | 4360.56 | 11.20 | 187.72 | 247.48 |
| 霍邱县 | Huoqiu | 6989.79 | 3838.60 | 2584.01 | 2342.53 | 49.44 | 15.15 | 552.03 |
| 舒城县 | Shucheng | 7825.73 | 1843.83 | 5065.32 | 2176.70 | 664.85 | 216.97 | 699.61 |
| 金寨县 | Jinzhai | 6877.23 | 2697.92 | 3557.65 | 1857.77 | 246.53 | 11.60 | 610.06 |
| 霍山县 | Huoshan | 7155.67 | 4273.38 | 2142.69 | 1257.65 | 343.25 | 266.24 | 473.36 |
| 叶集区 | Yeji District | 7661.14 | 4512.75 | 2747.55 | 1461.51 | 68.87 | 53.12 | 347.72 |
| **马鞍山市** | **Maanshan** | **11579.45** | **6054.82** | **4645.80** | **3618.55** | **308.99** | **190.15** | **688.68** |
| 花山区 | Huashan District | 14024.10 | 10182.00 | 3276.07 | 1735.07 | 931.65 | 61.15 | 504.88 |
| 雨山区 | Yushan District | 13615.90 | 10349.33 | 2374.39 | 1609.09 | 45.26 | 234.38 | 657.80 |
| 博望区 | Bowang District | 14985.69 | 7214.02 | 6947.66 | 4447.20 | 416.13 | 207.98 | 616.03 |
| 当涂县 | Dangtu | 12562.01 | 7172.07 | 4378.50 | 3161.58 | 227.36 | 174.90 | 836.54 |
| 含山县 | Hanshan | 9363.44 | 5425.53 | 3322.29 | 2158.86 | 646.72 | 71.92 | 543.70 |
| 和县 | Hexian | 10714.78 | 4135.11 | 5549.37 | 5381.68 | 36.10 | 301.21 | 729.09 |
| **芜湖市** | **Wuhu** | **10600.72** | **5243.47** | **4497.52** | **2553.34** | **601.50** | **246.55** | **613.18** |
| 镜湖区 | Jinghu District | 12051.49 | 7585.79 | 3092.45 | 1259.70 | 779.10 | 131.61 | 1241.64 |
| 弋江区 | Yijiang District | 11910.58 | 7194.08 | 4152.50 | 939.06 | 48.95 | 141.68 | 422.32 |
| 鸠江区 | Jiujiang District | 10892.04 | 6301.64 | 4159.94 | 3305.38 | 131.22 | 1.95 | 428.51 |
| 三山区 | Sanshan District | 11273.65 | 5542.02 | 4803.73 | 2878.03 | 743.30 | 226.30 | 701.60 |
| 芜湖县 | Wuhu | 12090.21 | 6256.10 | 4793.23 | 3080.85 | 527.99 | 307.61 | 733.27 |
| 繁昌县 | Fanchang | 12101.19 | 7259.86 | 3999.33 | 1099.98 | 640.63 | 230.91 | 611.09 |
| 南陵县 | Nanling | 11403.28 | 6282.45 | 4104.50 | 2708.35 | 276.23 | 267.89 | 748.44 |
| 无为县 | Wuwei | 9040.49 | 3431.55 | 4824.81 | 2701.00 | 879.25 | 274.80 | 509.33 |
| **宣城市** | **Xuancheng** | **9902.52** | **4603.02** | **4541.44** | **3300.15** | **250.07** | **158.96** | **599.10** |
| 宣州区 | Xuanzhou District | 11406.01 | 4251.46 | 6516.81 | 5024.37 | 225.70 | 206.25 | 431.49 |
| 郎溪县 | Langxi | 8205.59 | 4894.12 | 3000.12 | 2437.23 | 175.34 | 54.00 | 257.35 |
| 广德县 | Guangde | 10884.38 | 5371.61 | 4774.29 | 2788.06 | 162.31 | 191.23 | 547.25 |
| 泾县 | Jingxian | 8427.14 | 4008.11 | 3708.71 | 2454.92 | 325.36 | 96.77 | 613.55 |
| 绩溪县 | Jixi | 8707.67 | 3522.69 | 4277.07 | 3459.61 | 84.38 | 99.96 | 807.95 |
| 旌德县 | Jingde | 7657.74 | 3772.83 | 2946.64 | 950.80 | 258.65 | 123.49 | 814.78 |
| 宁国市 | Ningguo | 11045.94 | 6817.92 | 3190.02 | 2012.38 | 450.00 | 474.00 | 564.00 |
| **铜陵市** | **Tongling** | **10536.03** | **6164.07** | **3436.88** | **1694.83** | **116.16** | **295.90** | **639.18** |
| 狮子山区 | Shizishan District | 12029.78 | 7358.00 | 3566.35 | 1753.96 | | 428.09 | 677.34 |
| 郊区 | Reigon of City | 10865.46 | 7024.35 | 2982.04 | 1324.11 | 303.20 | 256.79 | 602.28 |
| 铜陵县 | Tongling | 10313.32 | 5885.00 | 3499.41 | 1750.98 | 97.47 | 287.74 | 641.17 |
| **池州市** | **Chizhou** | **8753.33** | **4802.64** | **3232.07** | **1975.38** | **357.02** | **139.00** | **579.62** |
| 市辖区 | Reigon of City | 11158.23 | 6099.00 | 4344.52 | 249.94 | 586.54 | 23.00 | 691.71 |
| 贵池区 | Guichi District | 8824.93 | 5065.74 | 3361.50 | 2052.06 | 469.82 | 121.65 | 276.04 |
| 东至县 | Dongzhi | 8625.93 | 4740.99 | 3063.01 | 2293.51 | 234.75 | 53.21 | 768.72 |
| 石台县 | Shitai | 5999.08 | 2610.07 | 2797.67 | 1973.53 | 150.61 | 261.34 | 330.00 |
| 青阳县 | Qingyang | 9818.79 | 5154.70 | 3405.45 | 1248.78 | 438.11 | 320.43 | 938.21 |
| **安庆市** | **Anqing** | **7850.03** | **4562.51** | **2571.30** | **1414.97** | **208.41** | **136.94** | **579.28** |
| 迎江区 | Yingjiang District | 11898.16 | 7073.08 | 4348.16 | 2048.99 | 434.50 | 160.91 | 316.01 |
| 大观区 | Daguan District | 11410.44 | 8597.26 | 2108.03 | 659.05 | 698.92 | 373.75 | 331.40 |
| 宜秀区 | Yixiu District | 10655.71 | 5109.82 | 3559.54 | 658.51 | 107.36 | 525.14 | 1461.21 |
| 怀宁县 | Huaining | 8870.11 | 6444.01 | 1899.71 | 776.54 | 342.56 | 69.95 | 456.44 |
| 枞阳县 | Zongyang | 7719.52 | 3817.76 | 2902.37 | 1167.10 | 147.56 | 158.29 | 841.10 |
| 潜山县 | Qianshan | 6986.02 | 4749.46 | 1905.18 | 654.17 | 222.42 | 24.15 | 307.23 |
| 太湖县 | Taihu | 7066.43 | 3824.35 | 2844.05 | 2476.78 | 88.18 | 30.82 | 367.21 |
| 宿松县 | Susong | 6136.03 | 3182.85 | 2413.15 | 1777.21 | 104.06 | 159.38 | 380.65 |
| 望江县 | Wangjiang | 7156.98 | 3391.44 | 2906.91 | 2704.44 | 7.85 | 10.40 | 848.23 |
| 岳西县 | Yuexi | 5455.87 | 3157.61 | 1902.95 | 742.55 | 99.23 | 112.80 | 282.51 |
| 桐城市 | Tongcheng | 10804.29 | 6624.50 | 3094.28 | 1238.81 | 533.48 | 321.68 | 763.83 |
| **黄山市** | **Huangshan** | **9017.47** | **4457.21** | **3812.64** | **2946.16** | **184.31** | **140.94** | **606.68** |
| 屯溪区 | Tunxi District | 11583.87 | 6749.10 | 3631.18 | 1925.68 | 181.14 | 417.60 | 785.99 |
| 黄山区 | Huangshan District | 10603.27 | 4720.50 | 4994.70 | 3358.53 | 363.54 | 143.62 | 744.45 |
| 徽州区 | Huizhou District | 9614.46 | 4323.75 | 4431.47 | 3631.64 | 318.83 | 245.31 | 613.93 |
| 歙县 | Shexian | 8820.68 | 4717.75 | 3350.44 | 2913.00 | 111.81 | 75.64 | 676.85 |
| 休宁县 | Xiuning | 8039.53 | 4125.15 | 3398.08 | 2452.98 | 162.15 | 50.94 | 465.36 |
| 黟县 | Yixian | 9748.15 | 3750.01 | 4998.47 | 3792.11 | 292.78 | 273.76 | 725.91 |
| 祁门县 | Qimen | 8056.66 | 3496.71 | 3926.38 | 3099.35 | 143.35 | 249.28 | 384.29 |

**9—38 续表2 continued**

单位：元（yuan）

| 市、县 | County、city | 期内现金支出合计 Total Cash Expenditure in the Period | 生产费用支出 Productive Expenditure | 缴纳生产税 Productive Tax | 生活消费支出 Expenses on Household Consumption | 财产性支出 Expenses on Properties | 转移性支出 Expenses on Transfers |
|---|---|---|---|---|---|---|---|
| **合肥市** | **Hefei** | **6332.44** | **1362.80** | **1.18** | **4512.83** | **20.66** | **421.21** |
| 瑶海区 | Yaohai District | 7931.13 | 100.05 | | 7186.80 | | 609.18 |
| 庐阳区 | Luyang District | 10136.06 | 373.91 | | 9456.67 | 10.58 | 272.49 |
| 蜀山区 | Shushan District | 8571.77 | 240.53 | | 7888.51 | 22.01 | 420.55 |
| 包河区 | Baohe District | 9767.71 | 563.16 | | 8600.26 | | 604.29 |
| 长丰县 | Changfeng | 7238.07 | 2054.85 | | 4878.85 | 12.70 | 290.17 |
| 肥东县 | Feidong | 6145.62 | 1387.79 | 0.04 | 4365.36 | 25.17 | 361.88 |
| 肥西县 | Feixi | 6260.63 | 1582.76 | 0.27 | 4179.70 | 35.28 | 453.93 |
| 庐江县 | Lujiang | 6041.08 | 1340.10 | 0.01 | 4149.33 | 24.99 | 518.61 |
| 巢湖市 | Chaohu | 5663.87 | 938.57 | 7.65 | 4211.39 | 5.54 | 443.99 |
| **淮北市** | **Huaibei** | **6788.06** | **1910.65** | **0.01** | **4406.33** | **12.06** | **440.67** |
| 杜集区 | Duji District | 6215.38 | 899.47 | 0.07 | 4858.37 | | 431.06 |
| 相山区 | Xiangshan District | 8638.87 | 2227.11 | | 5331.81 | 97.09 | 903.12 |
| 烈山区 | Lieshan District | 5351.26 | 1446.20 | | 3528.60 | | 342.77 |
| 濉溪县 | Suixi | 7062.02 | 2166.93 | | 4452.34 | 9.59 | 425.09 |
| **亳州市** | **Bozhou** | **6447.36** | **1663.41** | **3.37** | **4272.03** | **3.99** | **459.76** |
| 谯城区 | Qiaocheng District | 8052.28 | 2581.79 | 13.17 | 4990.17 | 0.42 | 453.33 |
| 涡阳县 | Guoyang | 6719.31 | 1300.79 | | 4814.84 | 5.97 | 587.77 |
| 蒙城县 | Mengcheng | 5570.77 | 1673.53 | 0.43 | 3490.52 | 3.84 | 387.29 |
| 利辛县 | Lixin | 5429.05 | 1166.12 | 0.06 | 3725.26 | 5.46 | 400.50 |
| **宿州市** | **Suzhou** | **6531.49** | **1892.25** | **16.63** | **4308.76** | **7.19** | **289.88** |
| 埇桥区 | Yongqiao District | 4999.55 | 1201.56 | 0.18 | 3566.84 | 2.21 | 220.99 |
| 砀山县 | Dangshan | 8014.75 | 2129.74 | 1.65 | 5518.24 | 6.42 | 339.05 |
| 萧县 | Xiaoxian | 5857.82 | 1286.48 | 0.39 | 4302.27 | 10.87 | 247.31 |
| 灵璧县 | Lingbi | 7586.80 | 3011.63 | 79.36 | 4099.33 | 10.11 | 347.20 |
| 泗县 | Sixian | 7116.10 | 2200.63 | | 4560.68 | 6.77 | 339.87 |
| **蚌埠市** | **Bengbu** | **6854.29** | **2547.70** | **2.29** | **3908.83** | **36.86** | **276.58** |
| 龙子湖区 | Longzihu District | 6354.24 | 1507.90 | | 3776.22 | 992.36 | 72.70 |
| 蚌山区 | Bangshan District | 7865.16 | 1585.18 | 0.93 | 6039.08 | | 239.71 |
| 禹会区 | Yuhui District | 6396.48 | 1468.28 | 6.27 | 4774.64 | | 118.26 |
| 淮上区 | Huaishang District | 6864.63 | 1567.74 | 4.37 | 5065.26 | 24.23 | 189.06 |
| 怀远县 | Huaiyuan | 6657.49 | 2351.98 | | 3775.62 | 15.00 | 390.57 |
| 五河县 | Wuhe | 6306.29 | 2758.34 | | 3272.77 | 6.26 | 169.46 |
| 固镇县 | Guzhen | 7977.04 | 3331.83 | 9.14 | 4373.16 | 16.48 | 233.84 |
| **阜阳市** | **Fuyang** | **5729.32** | **2162.63** | **7.08** | **3105.04** | **32.40** | **389.52** |
| 颍州区 | Yingzhou District | 7298.16 | 2351.26 | | 4439.26 | | 462.97 |
| 颍东区 | Yingdong District | 4928.28 | 1721.10 | 0.30 | 2785.97 | 3.62 | 406.59 |
| 颍泉区 | Yingquan District | 6716.99 | 1613.78 | | 4391.41 | 12.07 | 615.50 |
| 临泉县 | Linquan | 5414.17 | 2655.74 | 3.17 | 2336.27 | 1.45 | 386.36 |
| 太和县 | Taihe | 5754.50 | 2126.49 | 0.54 | 3259.37 | 5.70 | 326.89 |
| 阜南县 | Funan | 4687.66 | 1437.15 | | 2867.43 | 0.39 | 339.14 |
| 颍上县 | Yingshang | 5888.87 | 2373.98 | 37.48 | 2972.02 | 179.82 | 316.08 |
| 界首市 | Jieshou | 7576.49 | 2721.84 | | 4261.51 | 0.26 | 568.85 |
| **淮南市** | **Huainan** | **7856.90** | **2108.92** | **37.06** | **5269.26** | **18.65** | **296.99** |
| 大通区 | Datong District | 8303.07 | 2567.00 | 0.10 | 5502.08 | 29.09 | 196.00 |
| 田家庵区 | Tianjiaan District | 6854.46 | 1774.01 | 26.35 | 4762.10 | 0.16 | 260.24 |
| 谢家集区 | Xiejiaji District | 7148.94 | 1827.81 | 0.08 | 5067.76 | | 222.70 |
| 八公山区 | Bagongshan District | 5787.79 | 297.71 | 0.08 | 5352.36 | | 137.47 |
| 潘集区 | Panji District | 8177.95 | 2341.73 | 16.32 | 5457.85 | 15.28 | 336.58 |
| 凤台县 | Fengtai | 8060.50 | 2276.18 | 79.77 | 5329.21 | 31.92 | 340.03 |
| 毛集区 | Maoji Distrct | 7754.65 | 1181.29 | | 4841.56 | 0.03 | 221.27 |
| **滁州市** | **Chuzhou** | **8656.37** | **2701.71** | **3.73** | **5293.09** | **11.86** | **615.05** |
| 琅琊区 | Langya District | 8232.65 | 1991.12 | | 5221.93 | 51.64 | 964.77 |
| 南谯区 | Nanqiao District | 9047.03 | 2420.63 | | 5652.49 | 31.81 | 921.15 |
| 来安县 | Laian | 11548.12 | 3964.57 | 0.52 | 6453.25 | 18.40 | 956.97 |
| 全椒县 | Quanjiao | 8386.25 | 2547.68 | 8.03 | 5066.29 | 28.41 | 706.13 |
| 定远县 | Dingyuan | 9256.67 | 3430.98 | 4.19 | 5258.78 | 15.61 | 542.59 |
| 凤阳县 | Fengyang | 6939.73 | 1962.37 | 8.29 | 4609.18 | 1.19 | 319.78 |
| 天长市 | Tianchang | 9301.15 | 2356.13 | 0.50 | 5959.31 | 2.00 | 978.77 |
| 明光市 | Mingguang | 7090.94 | 2133.01 | 2.06 | 4671.62 | 3.13 | 275.92 |

## 9—38 续表3 continued

单位：元（yuan）

| 市、县 | County、city | 期内现金支出合计 Total Cash Expenditure in the Period | 生产费用支出 Productive Expenditure | 缴纳生产税 Productive Tax | 生活消费支出 Expenses on Household Consumption | 财产性支出 Expenses on Properties | 转移性支出 Expenses on Transfers |
|---|---|---|---|---|---|---|---|
| **六安市** | **Luan** | **6242.03** | **1784.48** | **1.82** | **4028.82** | **2.34** | **394.35** |
| 金安区 | Jinan District | 4988.38 | 1275.00 | 1.11 | 3310.36 | | 332.51 |
| 裕安区 | Yuan District | 4672.54 | 1086.28 | 6.10 | 3299.31 | 7.07 | 261.51 |
| 寿县 | Shouxian | 5222.98 | 1839.59 | 0.43 | 2916.05 | 0.03 | 438.20 |
| 霍邱县 | Huoqiu | 7579.59 | 2042.21 | 2.22 | 5062.56 | 0.94 | 449.04 |
| 舒城县 | Shucheng | 6764.85 | 1980.20 | 1.36 | 4427.35 | | 338.64 |
| 金寨县 | Jinzhai | 7119.01 | 1917.63 | 0.26 | 4565.50 | 0.32 | 568.23 |
| 霍山县 | Huoshan | 8782.32 | 3030.70 | | 5334.58 | 15.99 | 386.77 |
| 叶集区 | Yeji District | 4518.89 | 818.31 | | 3488.17 | 12.45 | 193.25 |
| **马鞍山市** | **Maanshan** | **8860.08** | **1871.62** | **1.26** | **6088.55** | **104.68** | **758.91** |
| 花山区 | Huashan District | 9685.62 | 823.95 | | 7792.35 | | 1069.32 |
| 雨山区 | Yushan District | 9824.14 | 866.19 | | 7908.89 | 4.96 | 1044.10 |
| 博望区 | Bowang District | 10816.32 | 2342.32 | | 7100.40 | 288.98 | 1084.62 |
| 当涂县 | Dangtu | 10511.48 | 2100.03 | | 7123.88 | 208.79 | 1078.78 |
| 含山县 | Hanshan | 7620.86 | 1138.37 | 5.05 | 5584.01 | 2.71 | 757.22 |
| 和县 | Hexian | 7582.30 | 2436.81 | | 4772.72 | 84.33 | 284.70 |
| **芜湖市** | **Wuhu** | **7924.97** | **1417.29** | **0.40** | **5966.96** | **16.28** | **489.52** |
| 镜湖区 | Jinghu District | 10252.42 | 772.70 | | 9048.95 | | 429.39 |
| 弋江区 | Yijiang District | 9739.92 | 2245.46 | | 6905.82 | | 588.64 |
| 鸠江区 | Jiujiang District | 7104.08 | 2031.81 | | 4513.69 | | 550.17 |
| 三山区 | Sanshan District | 8045.95 | 1519.38 | | 5752.48 | 3.55 | 766.98 |
| 芜湖县 | Wuhu | 10559.39 | 1290.17 | | 8525.97 | 60.29 | 677.31 |
| 繁昌县 | Fanchang | 8796.26 | 1707.59 | | 6630.19 | 5.59 | 426.40 |
| 南陵县 | Nanling | 8150.96 | 1377.66 | | 6009.04 | 29.36 | 667.80 |
| 无为县 | Wuwei | 6589.57 | 1254.81 | 1.01 | 4991.16 | 4.79 | 295.69 |
| **宣城市** | **Xuancheng** | **8486.37** | **1772.46** | **2.34** | **5841.39** | **47.68** | **814.45** |
| 宣州区 | Xuanzhou District | 8111.57 | 2438.80 | 1.19 | 4919.23 | 35.00 | 715.09 |
| 郎溪县 | Langxi | 7838.79 | 1492.66 | 6.54 | 5500.62 | 11.17 | 820.25 |
| 广德县 | Guangde | 9020.35 | 1319.50 | | 6660.78 | 38.46 | 987.43 |
| 泾县 | Jingxian | 7849.34 | 1897.22 | 0.98 | 5333.06 | 15.24 | 599.03 |
| 绩溪县 | Jixi | 6543.71 | 1710.52 | 6.95 | 4405.59 | 1.53 | 414.76 |
| 旌德县 | Jingde | 8292.20 | 1369.92 | 1.69 | 6156.41 | 8.13 | 751.18 |
| 宁国市 | Ningguo | 10713.27 | 1162.12 | 4.46 | 8136.05 | 191.62 | 1198.93 |
| **铜陵市** | **Tongling** | **8616.10** | **1171.29** | **4.28** | **6646.23** | **1.77** | **786.81** |
| 狮子山区 | Shizishan District | 11060.03 | 1672.60 | 13.27 | 8536.24 | | 837.84 |
| 郊区 | Reigon of City | 7191.87 | 804.67 | 2.12 | 5685.40 | 2.89 | 691.80 |
| 铜陵县 | Tongling | 8584.06 | 1177.33 | 3.64 | 6597.66 | 1.77 | 797.19 |
| **池州市** | **Chizhou** | **7500.04** | **1846.96** | **1.64** | **5013.04** | **17.47** | **520.98** |
| 市辖区 | Reigon of City | 8134.89 | 545.49 | | 6860.34 | | 712.63 |
| 贵池区 | Guichi District | 7503.04 | 2227.26 | 2.40 | 4745.12 | 29.56 | 362.88 |
| 东至县 | Dongzhi | 7145.68 | 1770.79 | | 4666.18 | 2.39 | 598.64 |
| 石台县 | Shitai | 6623.32 | 1537.02 | 0.10 | 4483.79 | 9.06 | 542.91 |
| 青阳县 | Qingyang | 8567.62 | 1391.81 | 4.23 | 6432.74 | 27.86 | 680.60 |
| **安庆市** | **Anqing** | **6039.79** | **1054.62** | **0.08** | **4599.21** | **7.47** | **338.40** |
| 迎江区 | Yingjiang District | 10808.02 | 1219.19 | | 8812.30 | 8.32 | 721.82 |
| 大观区 | Daguan District | 4528.30 | 255.40 | | 3965.18 | 17.57 | 287.72 |
| 宜秀区 | Yixiu District | 5065.85 | 471.31 | | 4050.96 | 83.34 | 460.24 |
| 怀宁县 | Huaining | 4657.70 | 422.73 | | 4007.12 | | 215.66 |
| 枞阳县 | Zongyang | 7302.64 | 735.31 | | 6377.99 | 0.99 | 122.77 |
| 潜山县 | Qianshan | 5754.18 | 1067.90 | | 4226.00 | 0.15 | 301.15 |
| 太湖县 | Taihu | 7819.26 | 2302.32 | 0.43 | 5111.52 | 1.32 | 385.46 |
| 宿松县 | Susong | 5759.30 | 1877.99 | 0.25 | 3470.85 | 13.42 | 363.67 |
| 望江县 | Wangjiang | 5319.97 | 1329.88 | | 3525.10 | 15.27 | 428.78 |
| 岳西县 | Yuexi | 3316.72 | 369.16 | | 2540.72 | 0.15 | 383.67 |
| 桐城市 | Tongcheng | 7273.48 | 590.24 | | 6136.93 | 5.00 | 537.17 |
| **黄山市** | **Huangshan** | **6108.53** | **1191.54** | **1.17** | **4495.28** | **14.44** | **396.93** |
| 屯溪区 | Tunxi District | 11702.59 | 1360.18 | 0.54 | 9509.52 | 40.15 | 791.41 |
| 黄山区 | Huangshan District | 8332.16 | 1823.66 | 7.29 | 5799.28 | 2.11 | 688.60 |
| 徽州区 | Huizhou District | 8067.09 | 1737.02 | | 5903.73 | 4.45 | 420.70 |
| 歙县 | Shexian | 5004.34 | 940.96 | | 3773.43 | 0.77 | 276.56 |
| 休宁县 | Xiuning | 4848.45 | 1035.92 | | 3524.00 | 31.57 | 250.63 |
| 黟县 | Yixian | 7573.53 | 2172.38 | | 4883.24 | 14.37 | 494.48 |
| 祁门县 | Qimen | 5280.20 | 736.14 | 2.71 | 3989.35 | 32.08 | 509.79 |

## 9—39 各市、县农村居民家庭平均每人生活消费现金支出（2012年）

### Per Capita Living Expenditure in Cash of Rural Households by County or City (2012)

单位：元（yuan）

| 市、县 | County、city | 生活消费支出合计 Living Expenditure | 食 品 Food | 衣 着 Clothing | 居 住 Residence | 医疗保健 Medicines and Medical Services | 交通和通讯 Transport, and Communi-cation Services | 文教、娱乐用品及服务 Cultural, Educational and Recreational Articles and Services | 其他商品及服务 Other Commodi-ties and Services |
|---|---|---|---|---|---|---|---|---|---|
| **合 肥 市** | **Hefei** | **4512.83** | **1674.66** | **341.74** | **643.96** | **320.71** | **466.20** | **553.22** | **512.34** |
| 瑶 海 区 | Yaohai District | 7186.80 | 3740.44 | 796.01 | 926.46 | 148.83 | 528.16 | 567.55 | 479.35 |
| 庐 阳 区 | Luyang District | 9456.67 | 4124.62 | 1128.61 | 926.15 | 540.65 | 930.18 | 953.03 | 853.43 |
| 蜀 山 区 | Shushan District | 7888.51 | 3478.16 | 786.41 | 693.60 | 483.88 | 701.57 | 562.86 | 1182.03 |
| 包 河 区 | Baohe District | 8600.26 | 3599.61 | 870.39 | 845.80 | 178.17 | 690.68 | 1713.30 | 702.31 |
| 长 丰 县 | Changfeng | 4878.85 | 1725.26 | 361.50 | 1027.32 | 326.82 | 473.83 | 457.38 | 506.74 |
| 肥 东 县 | Feidong | 4365.36 | 1459.49 | 305.86 | 777.64 | 278.22 | 425.16 | 566.04 | 552.95 |
| 肥 西 县 | Feixi | 4179.70 | 1785.82 | 372.64 | 404.86 | 246.41 | 534.54 | 441.47 | 393.96 |
| 庐 江 县 | Lujiang | 4149.33 | 1485.78 | 275.10 | 440.44 | 435.76 | 463.32 | 561.37 | 487.56 |
| 巢 湖 市 | Chaohu | 4211.39 | 1433.93 | 263.22 | 649.76 | 329.91 | 390.23 | 556.42 | 587.92 |
| **淮 北 市** | **Huaibei** | **4406.33** | **1628.66** | **367.94** | **621.50** | **423.21** | **473.49** | **457.28** | **434.25** |
| 杜 集 区 | Duji District | 4858.37 | 1881.47 | 439.09 | 698.95 | 640.79 | 406.04 | 445.88 | 346.15 |
| 相 山 区 | Xiangshan District | 5331.81 | 1889.91 | 479.76 | 441.12 | 710.96 | 538.28 | 726.19 | 545.59 |
| 烈 山 区 | Lieshan District | 3528.60 | 1519.39 | 430.25 | 344.52 | 218.77 | 307.67 | 321.31 | 386.69 |
| 濉 溪 县 | Suixi | 4452.34 | 1587.64 | 331.38 | 688.26 | 408.20 | 518.24 | 467.66 | 450.96 |
| **亳 州 市** | **Bozhou** | **4272.03** | **1398.72** | **323.56** | **1023.34** | **288.42** | **529.33** | **248.87** | **459.79** |
| 谯 城 区 | Qiaocheng District | 4990.17 | 1185.88 | 291.73 | 1994.68 | 193.73 | 560.18 | 189.58 | 574.39 |
| 涡 阳 县 | Guoyang | 4814.84 | 1753.16 | 474.01 | 1102.43 | 390.31 | 479.61 | 218.05 | 397.27 |
| 蒙 城 县 | Mengcheng | 3490.52 | 1231.88 | 256.84 | 672.09 | 272.91 | 349.86 | 235.98 | 470.96 |
| 利 辛 县 | Lixin | 3725.26 | 1385.63 | 261.05 | 343.64 | 288.82 | 696.03 | 343.69 | 406.40 |
| **宿 州 市** | **Suzhou** | **4308.76** | **1660.39** | **286.77** | **814.52** | **324.81** | **418.34** | **366.47** | **437.46** |
| 埇 桥 区 | Yongqiao District | 3566.84 | 1390.86 | 251.22 | 548.23 | 236.08 | 351.49 | 217.78 | 571.18 |
| 砀 山 县 | Dangshan | 5518.24 | 2084.22 | 260.95 | 1471.16 | 367.07 | 527.93 | 455.66 | 351.25 |
| 萧 县 | Xiaoxian | 4302.27 | 1649.50 | 327.89 | 639.33 | 484.16 | 408.97 | 385.35 | 407.07 |
| 灵 璧 县 | Lingbi | 4099.33 | 1556.57 | 293.80 | 968.99 | 196.56 | 358.27 | 372.23 | 352.91 |
| 泗 县 | Sixian | 4560.68 | 1818.24 | 301.50 | 623.92 | 359.58 | 508.82 | 483.34 | 465.28 |
| **蚌 埠 市** | **Bengbu** | **3908.83** | **1625.10** | **295.19** | **775.05** | **247.29** | **364.65** | **250.52** | **351.03** |
| 龙子湖区 | Longzihu District | 3776.22 | 1478.35 | 562.94 | 269.52 | 108.23 | 820.20 | 147.83 | 389.15 |
| 蚌 山 区 | Bangshan District | 6039.08 | 2616.95 | 344.67 | 748.86 | 293.35 | 1459.41 | 296.25 | 279.59 |
| 禹 会 区 | Yuhui District | 4774.64 | 2010.88 | 428.50 | 474.59 | 130.99 | 478.50 | 422.54 | 828.64 |
| 淮 上 区 | Huaishang District | 5065.26 | 2199.83 | 370.14 | 691.50 | 163.68 | 559.04 | 446.70 | 634.37 |
| 怀 远 县 | Huaiyuan | 3775.62 | 1511.27 | 252.88 | 886.18 | 291.53 | 298.87 | 210.74 | 324.15 |
| 五 河 县 | Wuhe | 3272.77 | 1467.82 | 172.40 | 838.78 | 160.58 | 249.59 | 179.52 | 204.08 |
| 固 镇 县 | Guzhen | 4373.16 | 1787.67 | 457.60 | 586.49 | 309.63 | 444.08 | 348.90 | 438.79 |
| **阜 阳 市** | **Fuyang** | **3105.04** | **1138.84** | **213.02** | **613.51** | **244.51** | **332.10** | **260.83** | **302.23** |
| 颍 州 区 | Yingzhou District | 4439.26 | 1487.17 | 305.79 | 934.04 | 335.78 | 398.35 | 425.60 | 552.53 |
| 颍 东 区 | Yingdong District | 2785.97 | 1118.61 | 212.64 | 272.98 | 253.44 | 308.43 | 252.26 | 367.61 |
| 颍 泉 区 | Yingquan District | 4391.41 | 1506.99 | 262.11 | 1326.66 | 299.23 | 383.74 | 351.88 | 260.80 |
| 临 泉 县 | Linquan | 2336.27 | 941.01 | 163.81 | 429.36 | 162.38 | 259.46 | 165.92 | 214.33 |
| 太 和 县 | Taihe | 3259.37 | 1078.15 | 271.31 | 667.69 | 292.18 | 383.89 | 182.50 | 383.65 |
| 阜 南 县 | Funan | 2867.43 | 1055.48 | 188.20 | 343.49 | 236.44 | 392.43 | 358.29 | 293.10 |
| 颍 上 县 | Yingshang | 2972.02 | 1134.07 | 133.00 | 763.82 | 214.87 | 248.06 | 254.21 | 223.99 |
| 界 首 市 | Jieshou | 4261.51 | 1564.05 | 361.93 | 837.62 | 354.94 | 411.83 | 338.92 | 392.22 |
| **淮 南 市** | **Huainan** | **5269.26** | **2035.02** | **482.22** | **922.90** | **248.87** | **486.26** | **359.57** | **734.42** |
| 大 通 区 | Datong District | 5502.08 | 1919.40 | 773.58 | 952.04 | 232.67 | 480.45 | 367.53 | 776.41 |
| 田家庵区 | Tianjiaan District | 4762.10 | 1772.81 | 429.74 | 1082.88 | 185.92 | 436.31 | 391.86 | 462.58 |
| 谢家集区 | Xiejiaji District | 5067.76 | 2177.28 | 335.59 | 1224.25 | 183.30 | 413.64 | 282.29 | 451.41 |
| 八公山区 | Bagongshan District | 5352.36 | 2186.71 | 454.54 | 383.07 | 124.18 | 302.95 | 302.71 | 1598.20 |
| 潘 集 区 | Panji District | 5457.85 | 1999.11 | 485.02 | 836.75 | 327.98 | 578.75 | 391.34 | 838.90 |
| 凤 台 县 | Fengtai | 5329.21 | 2198.86 | 493.25 | 704.34 | 249.68 | 490.08 | 384.06 | 808.94 |
| 毛 集 区 | Maoji Distrct | 4841.56 | 1586.11 | 327.70 | 1925.65 | 163.98 | 337.74 | 179.00 | 321.38 |
| **滁 州 市** | **Chuzhou** | **5293.09** | **2062.79** | **419.97** | **864.43** | **331.38** | **534.96** | **519.59** | **559.97** |
| 琅 琊 区 | Langya District | 5221.93 | 1961.23 | 304.87 | 1167.90 | 394.13 | 519.68 | 352.90 | 521.22 |
| 南 谯 区 | Nanqiao District | 5652.49 | 1969.13 | 971.60 | 864.93 | 245.97 | 437.47 | 637.10 | 526.29 |
| 来 安 县 | Laian | 6453.25 | 2308.51 | 508.70 | 1152.52 | 358.30 | 653.21 | 654.86 | 817.15 |
| 全 椒 县 | Quanjiao | 5066.29 | 2117.27 | 250.77 | 760.32 | 222.87 | 663.96 | 456.69 | 594.41 |
| 定 远 县 | Dingyuan | 5258.78 | 2056.36 | 341.80 | 959.66 | 335.30 | 450.83 | 564.05 | 550.78 |
| 凤 阳 县 | Fengyang | 4609.18 | 2082.04 | 381.47 | 552.91 | 330.40 | 496.19 | 311.91 | 454.26 |
| 天 长 市 | Tianchang | 5959.31 | 1913.43 | 494.53 | 1084.36 | 387.09 | 626.91 | 817.45 | 635.54 |
| 明 光 市 | Mingguang | 4671.62 | 2029.13 | 338.77 | 710.00 | 348.00 | 499.00 | 311.00 | 435.72 |

**9—39 续表 continued**

单位：元（yuan）

| 市、县 | County、city | 生活消费支出合计 Living Expenditure | 食品 Food | 衣着 Clothing | 居住 Residence | 医疗保健 Medicines and Medical Services | 交通和通讯 Transport, and Communi-cation Services | 文教、娱乐用品及服务 Cultural, Educational and Recreational Articles and Services | 其他商品及服务 Other Commodi-ties and Services |
|---|---|---|---|---|---|---|---|---|---|
| **六安市** | **Luan** | **4028.82** | **1725.50** | **269.08** | **712.97** | **196.95** | **406.09** | **269.43** | **448.80** |
| 金安区 | Jinan District | 3310.36 | 1564.59 | 333.34 | 254.35 | 181.76 | 318.04 | 338.02 | 320.26 |
| 裕安区 | Yuan District | 3299.31 | 1373.23 | 224.96 | 545.98 | 136.37 | 423.51 | 218.49 | 376.77 |
| 寿县 | Shouxian | 2916.05 | 1351.26 | 211.20 | 399.48 | 136.60 | 261.04 | 219.00 | 337.47 |
| 霍邱县 | Huoqiu | 5062.56 | 2189.27 | 258.90 | 1186.83 | 221.85 | 385.76 | 218.33 | 601.62 |
| 舒城县 | Shucheng | 4427.35 | 1533.23 | 325.65 | 1176.54 | 280.06 | 438.05 | 323.82 | 350.00 |
| 金寨县 | Jinzhai | 4565.50 | 2279.98 | 251.57 | 443.77 | 235.68 | 499.63 | 344.91 | 509.96 |
| 霍山县 | Huoshan | 5334.58 | 2045.07 | 421.04 | 561.62 | 235.51 | 757.10 | 437.57 | 876.67 |
| 叶集区 | Yeji District | 3488.17 | 1289.73 | 233.17 | 350.26 | 176.16 | 933.64 | 230.92 | 274.29 |
| **马鞍山市** | **Maanshan** | **6088.55** | **1975.07** | **456.76** | **712.06** | **556.79** | **680.36** | **1179.05** | **528.46** |
| 花山区 | Huashan District | 7792.35 | 3116.43 | 927.65 | 745.60 | 268.36 | 900.19 | 1039.93 | 794.19 |
| 雨山区 | Yushan District | 7908.89 | 2955.15 | 890.24 | 927.01 | 568.17 | 1073.60 | 747.58 | 747.14 |
| 博望区 | Bowang District | 7100.40 | 2445.42 | 565.37 | 546.29 | 1023.45 | 791.34 | 1224.25 | 504.28 |
| 当涂县 | Dangtu | 7123.88 | 2229.23 | 501.57 | 689.28 | 842.03 | 945.05 | 1380.61 | 536.11 |
| 含山县 | Hanshan | 5584.01 | 1853.02 | 426.63 | 674.49 | 348.41 | 530.43 | 1236.71 | 514.32 |
| 和县 | Hexian | 4772.72 | 1504.37 | 317.60 | 738.26 | 395.35 | 392.58 | 950.99 | 473.57 |
| **芜湖市** | **Wuhu** | **5966.96** | **2459.36** | **466.51** | **926.95** | **332.44** | **569.82** | **537.40** | **674.48** |
| 镜湖区 | Jinghu District | 9048.95 | 3482.76 | 1045.15 | 526.79 | 511.92 | 891.17 | 1101.82 | 1489.34 |
| 弋江区 | Yijiang District | 6905.82 | 2570.97 | 911.13 | 574.59 | 296.64 | 750.27 | 880.53 | 921.69 |
| 鸠江区 | Jiujiang District | 4513.69 | 1474.70 | 288.18 | 1016.58 | 637.32 | 368.85 | 314.05 | 414.01 |
| 三山区 | Sanshan District | 5752.48 | 2393.27 | 490.36 | 945.77 | 283.81 | 556.27 | 593.06 | 489.94 |
| 芜湖县 | Wuhu | 8525.97 | 2956.03 | 691.01 | 2083.69 | 482.04 | 833.10 | 686.28 | 793.82 |
| 繁昌县 | Fanchang | 6630.19 | 2288.22 | 658.82 | 1247.16 | 359.23 | 750.44 | 667.55 | 658.77 |
| 南陵县 | Nanling | 6009.04 | 2367.71 | 454.56 | 916.78 | 444.78 | 528.66 | 589.04 | 707.51 |
| 无为县 | Wuwei | 4991.16 | 2480.27 | 308.11 | 537.57 | 179.41 | 465.36 | 396.83 | 623.61 |
| **宣城市** | **Xuancheng** | **5841.39** | **1998.75** | **537.10** | **923.81** | **374.83** | **630.07** | **641.20** | **735.63** |
| 宣州区 | Xuanzhou District | 4919.23 | 1838.89 | 384.97 | 635.15 | 378.50 | 500.22 | 611.57 | 569.93 |
| 郎溪县 | Langxi | 5500.62 | 1903.54 | 621.06 | 595.16 | 239.45 | 676.64 | 800.01 | 664.76 |
| 广德县 | Guangde | 6660.78 | 2019.40 | 648.83 | 1220.44 | 361.44 | 710.00 | 835.17 | 865.50 |
| 泾县 | Jingxian | 5333.06 | 1749.89 | 608.15 | 907.56 | 337.95 | 512.60 | 383.45 | 833.46 |
| 绩溪县 | Jixi | 4405.59 | 1171.87 | 229.04 | 1494.95 | 351.02 | 416.62 | 198.56 | 543.53 |
| 旌德县 | Jingde | 6156.41 | 2829.05 | 598.13 | 787.49 | 421.03 | 414.23 | 309.85 | 796.63 |
| 宁国市 | Ningguo | 8136.05 | 2718.98 | 709.86 | 1270.17 | 532.08 | 1076.03 | 857.85 | 971.08 |
| **铜陵市** | **Tongling** | **6646.23** | **2157.97** | **528.26** | **1014.79** | **385.50** | **1044.22** | **786.01** | **729.48** |
| 狮子山区 | Shizishan District | 8536.24 | 2797.90 | 816.75 | 706.08 | 412.02 | 1973.58 | 1120.65 | 709.26 |
| 郊区 | Reigon of City | 5685.40 | 1904.59 | 688.74 | 678.86 | 355.46 | 586.84 | 649.55 | 821.36 |
| 铜陵县 | Tongling | 6597.66 | 2129.35 | 468.86 | 1106.16 | 387.63 | 1017.79 | 771.71 | 716.16 |
| **池州市** | **Chizhou** | **5013.04** | **1718.38** | **355.22** | **854.41** | **346.93** | **547.22** | **702.34** | **488.54** |
| 市辖区 | Reigon of City | 6860.34 | 2511.23 | 832.97 | 859.39 | 350.40 | 867.07 | 967.35 | 471.93 |
| 贵池区 | Guichi District | 4745.12 | 1651.69 | 334.83 | 719.55 | 284.79 | 505.35 | 763.31 | 485.60 |
| 东至县 | Dongzhi | 4666.18 | 1728.58 | 327.67 | 745.34 | 326.73 | 527.25 | 606.72 | 403.89 |
| 石台县 | Shitai | 4483.79 | 1536.89 | 359.22 | 556.53 | 392.04 | 633.19 | 677.31 | 328.61 |
| 青阳县 | Qingyang | 6432.74 | 1859.94 | 422.90 | 1508.83 | 509.10 | 624.18 | 764.00 | 743.79 |
| **安庆市** | **Anqing** | **4599.21** | **1696.72** | **282.92** | **984.24** | **218.05** | **458.62** | **411.84** | **546.82** |
| 迎江区 | Yingjiang District | 8812.30 | 1885.92 | 373.27 | 2108.27 | 389.51 | 736.74 | 883.86 | 2434.73 |
| 大观区 | Daguan District | 3965.18 | 1708.55 | 749.14 | 240.07 | 502.29 | 300.71 | 173.73 | 290.69 |
| 宜秀区 | Yixiu District | 4050.96 | 1853.71 | 464.67 | 365.57 | 184.03 | 410.17 | 383.70 | 389.11 |
| 怀宁县 | Huaining | 4007.12 | 1613.73 | 264.95 | 228.78 | 395.71 | 666.57 | 377.17 | 460.21 |
| 枞阳县 | Zongyang | 6377.99 | 1075.42 | 339.55 | 3594.89 | 69.25 | 189.11 | 395.97 | 713.80 |
| 潜山县 | Qianshan | 4226.00 | 1871.08 | 370.83 | 613.61 | 84.83 | 594.85 | 299.48 | 391.32 |
| 太湖县 | Taihu | 5111.52 | 3008.93 | 211.71 | 259.63 | 172.42 | 343.86 | 479.59 | 635.38 |
| 宿松县 | Susong | 3470.85 | 1311.06 | 188.05 | 573.79 | 182.79 | 445.46 | 308.59 | 461.11 |
| 望江县 | Wangjiang | 3525.10 | 1403.61 | 194.44 | 424.86 | 267.70 | 391.06 | 455.44 | 387.99 |
| 岳西县 | Yuexi | 2540.72 | 973.48 | 221.19 | 285.45 | 117.24 | 362.15 | 237.83 | 343.38 |
| 桐城市 | Tongcheng | 6136.93 | 2491.70 | 313.88 | 775.68 | 389.38 | 728.41 | 689.77 | 748.11 |
| **黄山市** | **Huangshan** | **4495.28** | **1722.01** | **299.61** | **754.36** | **361.89** | **447.82** | **395.23** | **514.36** |
| 屯溪区 | Tunxi District | 9509.52 | 4093.72 | 836.45 | 1206.76 | 608.00 | 1017.32 | 672.66 | 1074.61 |
| 黄山区 | Huangshan District | 5799.28 | 1992.42 | 418.58 | 1141.81 | 418.27 | 642.92 | 569.98 | 615.30 |
| 徽州区 | Huizhou District | 5903.73 | 2643.56 | 397.17 | 669.31 | 361.41 | 621.60 | 541.26 | 669.42 |
| 歙县 | Shexian | 3773.43 | 1512.28 | 174.54 | 737.31 | 323.36 | 298.71 | 295.17 | 432.06 |
| 休宁县 | Xiuning | 3524.00 | 1429.80 | 252.04 | 450.20 | 305.67 | 374.17 | 309.13 | 402.99 |
| 黟县 | Yixian | 4883.24 | 1542.16 | 343.60 | 688.58 | 512.51 | 595.22 | 528.30 | 672.87 |
| 祁门县 | Qimen | 3989.35 | 1161.03 | 339.61 | 865.78 | 339.57 | 423.55 | 410.71 | 449.10 |

# 主要统计指标解释

**城镇家庭总收入**

指调查户中生活在一起的所有家庭成员在调查期得到的工薪收入、经营净收入、财产性收入、转移性收入的总和，不包括出售财物和借贷收入。

**城镇家庭可支配收入**

指调查户可用于最终消费支出和其它非义务性支出以及储蓄的总和，即居民家庭可以用来自由支配的收入。它是家庭总收入扣除交纳的所得税、个人交纳的社会保障费以及调查户的记账补贴后的收入。计算公式为：

可支配收入=家庭总收入—交纳所得税—个人交纳的社会保障费—记账补贴

**城镇家庭总支出**

指家庭除借贷支出以外的全部实际支出。包括消费性支出、购房建房支出、转移性支出、财产性支出、社会保障支出。

**城镇家庭消费性支出**

指调查户用于本家庭日常生活的全部支出，包括食品、衣着、家庭设备用品及服务、医疗保健、交通和通信、教育文化娱乐服务、居住、杂项商品和服务八大类等。

**农村居民家庭总收入**

指调查期内农村住户和住户成员从各种来源渠道得到的收入总和。按收入的性质划分为工资性收入、家庭经营收入、财产性收入和转移性收入。

**农村居民家庭纯收入**

指农村住户当年从各个来源得到的总收入相应地扣除所发生的费用后的收入总和。计算方法：

纯收入=总收入—税费支出—家庭经营费用支出—生产性固定资产折旧—农村内部亲友赠送

纯收入主要用于再生产投入和当年生活消费支出，也可用于储蓄和各种非义务性支出。“农民人均纯收入”按人口平均的纯收入水平，反映的是一个地区或一个农户农村居民的平均收入水平。

**农村居民家庭生活消费支出**

指农村住户用于物质生活和精神生活方面的支出。生活消费支出包括食品、衣着、居住、家庭设备用品及服务、医疗保健、交通和通讯、文化教育娱乐用品及服务、其他商品和服务等消费支出。

**城乡居民储蓄存款余额**

指某一时点城乡居民存入银行及农村信用社的储蓄金额，包括城镇居民储蓄存款和农民个人储蓄存款，不包括居民的手存现金和工矿企业、部队、机关、团体等单位存款。

# Explanatory Notes for Major Statistical Indicators

**Total Income of Urban Households**

refers to the total income of all the family members living together in the sample households, including wage income, net income of business, property income and transfer income. The income from selling belongings and loan income are excluded.

**Disposable Income of Urban Households**

refers to the total amount of the sample households, including that could be used as ultimate expenditure for consumption and other non-obligation expenditure and savings deposit that is the income that the household could freely budget. It is the balance that total income of household minus income tax, social protection fee and account subsidy of sample household. The formula is as follows:

Disposable income=total income of household – income tax – social protection fee paid by individual – account subsidy

**Total Expenditure of Urban Households**

refers to the total actual expenditure of the household except loan expenditure. It includes expenditure for consumption, expenditure from buying and constructing house, property expenditure and expenditure for social protection.

**Expenditure for Consumption of Urban Households**

refers to total expenditure of the sample households for consumption in daily life, including eight categories as follows: food, clothing, household appliances and services, health care and medical services, transport and communications, recreation, education and cultural services, housing, miscellaneous goods and services.

**Total Income of Rural Households**

refers to the sum of income earned from various sources by the rural households and their members during the reference period, and is classified as income from wages and salaries, income from household operations, income from properties and income from transfers.

**Net Income of Rural Households**

refers to the total income of rural households from all sources minus all corresponding expenses. The formula for calculation is as follows:

Net income = total income – household operation expenses – taxes and fees – depreciation of fixed assets for production – subsidy for participating in household survey – gifts to non-rural relatives

Net income is mainly used as input for reproduction and as consumption expenditure of the year, and also used for savings and non-compulsory expenses of various forms. “Per capita net income of farmers” is the level of net income averaged by population which reflects the average income level of rural households in a given area.

**Expenditure on Consumption of Rural Households**

refers to expenditure by rural households on their material and cultural life, including expenditure on food; clothing; housing; household appliances, articles and services; health and medical service; transportation and communications; articles and services on culture, education and recreation; and other goods and services.

**The Savings Deposits of Urban and Rural Residents**

refers to the total value of savings deposits of urban and rural households in banks and rural credit cooperatives at a given point of time, including the savings deposit of urban residents and the savings deposit of rural residents. The cash in hand by residents and the deposits of organizations such as enterprises, military units, government agencies, institutions, etc. are not included.

# 第十篇

Chapter 10

# 城市概况

GENERAL SURVEY OF CITIES

## 简要说明

一、本篇资料反映全省及16个地级城市市辖区社会、经济发展和城市建设的规模、效益及综合水平等基本情况，主要内容：

1. 人口、劳动力及土地面积；

2. 综合经济指标；

3. 固定资产投资；

4. 教育、科技、文化、卫生情况；

5. 财政、金融情况；

6. 人民生活情况；

7. 社会福利、劳动保险；

8. 市政公用事业情况；

二、全省城市社会经济资料由安徽省统计局综合处根据国家统计局《城市社会经济基本情况统计报表制度》搜集、汇总整理提供。

## Brief Introduction

I. Data in this chapter show the social and economic development as well as the scale, economic efficiency, overall level and other basic conditions of 16 cities at the prefecture and county level in Anhui Province. The main content is composed of the following parts.

1. Population, labor force and area of land.

2. Comprehensive economic indicators.

3. Investment in fixed assets.

4. The conditions of education, science and technology, culture and health care.

5. The conditions of finance and banking.

6. People's livelihood.

7. Social welfare and labor insurance.

8. The conditions of municipal public utilities.

II. Data on the social and economic conditions of the cities in the province are prepared and provided by the Division of Integrated Statistics of Anhui Statistical Bureau in accordance with the statistical reporting scheme on the basic social and economical situations of the cities, which is stipulated by the State Statistical Bureau.

# 10—1 地级城市基本情况（2012年）
## Basic Statement of Cities at Prefectural Level (2012)

| 指　　标 | Item | 全　省 Province | #市区合计 City |
|---|---|---|---|
| **人口、劳动力及土地面积** | **Population, Labor Force and Land Area** | | |
| 年末户籍人口（万人） | Residence Population (year-end) (10000 persons) | 6902.00 | 1935.19 |
| 年平均人口（万人） | Annual Average Population (10000 persons) | 6889.00 | 1931.81 |
| 年末城镇非私营单位从业人员数（万人） | Employed Persons in Various Units (year-end) (10000 persons) | 436.80 | 291.03 |
| 城镇私营企业和个体从业人员（人） | Self-employed Individuals in Urban Areas (persons) | 4825740 | 2589120 |
| 行政区域土地面积（平方公里） | Land Area (sq.m) | 139427 | 26228 |
| #建成区面积 | Developed Area | | 1524 |
| **综合经济** | **General Economy** | | |
| 地区生产总值（当年价格）（万元） | Gross Regional Product (at current price) (10000 yuan) | 172120506 | 90787720 |
| 第一产业增加值 | Primary Industry | 21787349 | 4305222 |
| 第二产业增加值 | Secondary Industry | 94048390 | 52259018 |
| 第三产业增加值 | Tertiary Industry | 56284767 | 34223480 |
| **财政、金融** | **Government Finance and Banking** | | |
| 地方财政一般预算内收入（万元） | Local Budgetary Financial Revenue (10000 yuan) | 17927192 | 9514735 |
| 地方财政一般预算内支出（万元） | Local Budgetary Financial Expenditure (10000 yuan) | 39610080 | 15917848 |
| 一般性公共服务支出 | General Public Service | 4259607 | 1646089 |
| 科学技术支出 | Expenses for Science | 959996 | 597815 |
| 教育支出 | Expenses for Education | 7179357 | 2414913 |
| 文化体育与传媒支出 | Culture, Sports and Media | 714343 | 187097 |
| 社会保障和就业支出 | Social Security and Employment | 4591897 | 1366630 |
| 节能环保支出 | Expenses for Energy Saving and Environmental Protection | 955189 | 514477 |
| 医疗卫生支出 | Expenses for Public Health | 3193939 | 977188 |
| 住房保障支出 | Expenses for Housing Security | 2485770 | 1286126 |
| 城乡社区事务支出 | Expenses in Urban、Rural Areas and Communities | 3480292 | 2507455 |
| 交通运输支出 | Transport | 2371742 | 874227 |
| 居民人民币储蓄存款余额（万元） | Balance of Savings Deposit of Residents (10000 yuan) | 11786239 | 55607133 |
| **农　业** | **Agriculture** | | |
| 蔬菜产量（吨） | Output of Vegetables (ton) | 23274970 | |
| 园林水果产量（吨） | Output of Garden Fruits (ton) | 2613227 | |
| 肉类总产量（吨） | Output of Meat (ton) | 3977356 | |
| 奶类产量（吨） | Output of Milk (ton) | 240868 | |
| 淡水产品产量（吨） | Output of Freshwater Products (ton) | 2074938 | |
| **工　业** | **Industry** | | |
| 规模以上工业法人企业 | Industrial Corporate Enterprises above Designated Size | | |
| 工业企业数（个） | Number of Enterprises (unit) | 14514 | 5019 |
| 内资企业 | Domestic Funded Enterprises | 13731 | 4567 |
| 港澳台商投资企业 | Funded by Entrepreneurs from Hong Kong, Macao and Taiwan | 316 | 181 |
| 外商投资企业 | Foreign Funded Enterprises | 467 | 271 |
| 工业总产值（当年价格）（万元） | Gross Output Value (at current price) (10000 yuan) | 292451683 | 149875619 |
| 内资企业 | Domestic Funded Enterprises | 257121996 | 121888857 |
| 港澳台商投资企业 | Funded by Entrepreneurs from Hong Kong, Macao and Taiwan | 14054023 | 10849921 |
| 外商投资企业 | Foreign Funded Enterprises | 21275664 | 17136841 |
| 从业人员年平均人数（万人） | Annual Average Number of Employed Persons (10000 persons) | 283.90 | 153.54 |
| 流动资产合计（万元） | Total Circulating Funds (10000 yuan) | 100251700 | 63494974 |
| 固定资产合计（万元） | Total Fixed Assets (10000 yuan) | 94707100 | 62519361 |
| 主营业务收入（万元） | Main Business Revenue (10000 yuan) | 289050700 | 152297155 |
| 主营业务税金及附加（万元） | Main Business Taxes and Extra-charges (10000 yuan) | 3682500 | 2728594 |
| 本年应交增值税（万元） | Value Added Tax Payable (10000 yuan) | 9096300 | 4359165 |
| 利润总额（万元） | Total Profits (10000 yuan) | 18702600 | 8050432 |

**10—1 续表1 continued**

| 指 标 | | Item | | 全 省 Province | #市区合计 City |
|---|---|---|---|---|---|
| **交通运输、邮电通信、能源电力** | | **Transportation, Post & Telecommunication and Electric Power** | | | |
| 铁路旅客运量 | （万人） | Passenger Traffic of Railways | (10000 persons) | 6385 | |
| 铁路货物运量 | （万吨） | Freight Traffic of Railways | (10000 tons) | 12263 | |
| 境内铁路营业里程 | （公里） | Length of Railways Within the Boundary | (km) | 3260 | |
| 民用汽车拥有量 | （辆） | Number of Civil Vehicles Owned | (unit) | 3301757 | |
| #私人汽车拥有量 | | Number of Motor Vehicls owned by Individuals | | 2466708 | |
| 公路客运量 | （万人） | Passenger Traffic of Highways | (10000 persons) | 206888 | |
| 公路货运量 | （万吨） | Freight Traffic of Highways | (10000 tons) | 259461 | |
| 境内公路里程 | （公里） | Length of Highways Within the Boundary | (km) | 165157 | |
| 境内高速公路里程 | （公里） | Express Highways | (km) | 3210 | |
| 内河港口货物吞吐量 | （万吨） | Cargo Handled in Ports of Inland Rivers | (10000 tons) | 36097.2 | |
| 水运客运量 | （万人） | Passenger Traffic of Waterways | (10000 persons) | 159 | |
| 水运货运量 | （万吨） | Freight Traffic of Waterways | (10000 tons) | 40716 | |
| 民用航空货邮运量 | （万吨） | Freight Traffic of Civil Aviation | (10000 tons) | 2 | |
| 民用航空客运量 | （人） | Passenger Traffic of Civil Aviation | (persons) | 2390700 | |
| 年末邮政局（所）数 | （处） | Number of Post Offices (year-end) | (unit) | 1705 | 548 |
| 邮政业务总量 | （万元） | Business Revenue of of Postal Services | (10000 yuan) | 329504.12 | |
| 电信业务总量 | （万元） | Business Revenue of of Telecommunication Services | (10000 yuan) | 3722288 | |
| 年末固定电话用户数 | （万户） | Local Telephone Subscribers at Year-end | (10000 subscribers) | 1081.94 | |
| 年末移动电话用户数 | （万户） | Number of Mobile Telephone Subscribers at Year-end | (10000 subscriber) | 3609.84 | |
| 国际互联网用户数 | （万户） | Number of Subscribers of Internet Service | (10000 subscriber) | 507.01 | |
| 全社会用电量 | （万千瓦时） | Total Electricity Consumption | (10000 kwh) | 13611016 | 6536973 |
| #工业用电 | | Industrial Electricity Consumption | | 9505359 | 4350303 |
| 居民生活用电 | | Residential Power Consumption | | 2231843 | 989994 |
| **内外贸易、外经、旅游** | | **Trade Foreign Trade and Tourism** | | | |
| 限额以上批发和零售业商品销售总额 | （万元） | Total Sale of Enterprises Above Designed Size in Wholesale and Retail Trade | (10000 yuan) | 77383365 | 58301783 |
| 社会消费品零售总额 | （万元） | Retailsale of Consumer Goods | (10000 yuan) | 56855558 | 32053769 |
| 货物进口额（海关数） | （万美元） | Total Imports (customs statistics) | (USD 10000) | 1257299 | |
| 货物出口额（海关数） | （万美元） | Total Exports (customs statistics) | (USD 10000) | 2675228 | |
| 外商直接投资 | | Forign Drirect Investment | | | |
| 当年新签项目（合同）个数 | （个） | Number of Contracts Newly Signed | (unit) | 194 | |
| 当年实际使用外资金额 | （万美元） | Amount of Foreign Capital Actually Used | (USD 10000) | 863811 | 514967 |
| 海外游客人数(含一日游游客) | （人） | Number of International Tourists (including one-day tour) | (person) | 3314679 | |
| #外国人 | | Foreigners | | 1904052 | |
| 港、澳、台同胞 | | Compatriots from Hong Kong, Macao and Taiwan | | 1410627 | |
| 旅游（外汇）收入 | （万美元） | Foreign Exchange Earnings from International Tourism | ( USD 10000) | 156266.8 | |
| 星级饭店数 | （个） | Number of Tourist Hotel of Star Class | (unit) | 480 | |
| **固定资产投资** | | **Investment in Fixed Assets** | | | |
| 固定资产投资额 | （万元） | Total Investment in Fixed Assets | (10000 yuan) | 150549510 | 80830940 |
| 房地产开发投资额 | （万元） | Total Investment in Real Estate Devlopment | (10000 yuan) | 31516065 | 21962913 |
| #住 宅 | | Residential Buildings | | 20592945 | 14162069 |
| 全年新增固定资产 | （万元） | Newly Increased Fixed Assets | (10000 yuan) | 84527212 | 42133044 |

**10—1　续表2　continued**

| 指　　标 | | Item | | 全　省 Province | #市区合计 City |
|---|---|---|---|---|---|
| 商品房屋销售面积 | （万平方米） | Floor Space of Selling House | (10000 sq.m) | 4828.81 | 2783.27 |
| #住　　宅 | | Residential Buildings | | 4275.36 | 2474.83 |
| 商品房屋销售额 | （万元） | Total Sales of Commercial House | (10000 yuan) | 23298812 | 15068809 |
| #住　　宅 | | Residential Buildings | | 19218347 | 12399475 |
| 商品房屋待售面积 | （万平方米） | Square Commercial House for Sal | (10000 sq.m) | 944.84 | 526.80 |
| **教育、科技、文化、卫生** | | **Education, S&T, Culture and Public Health** | | | |
| 学校数 | （所） | Number of Schools | (unit) | | |
| 普通高等学校 | | Institutions of Higher Education | | 107 | |
| 中等职业教育学校 | | Secondary Vocational Technical School | | 504 | 240 |
| 普通中学 | | Regular Secondary Schools | | 3635 | 1011 |
| 小　　学 | | Primary Schools | | 12547 | 2824 |
| 专任教师数 | （人） | Number of Full-time Teachers | (person) | | |
| 普通高等学校 | | Institutions of Higher Education | | 53108 | 50017 |
| 中等职业教育学校 | | Secondary Vocational Technical School | | 37078 | 15091 |
| 普通中学 | | Regular Secondary Schools | | 232771 | 74255 |
| 小　　学 | | Primary Schools | | 241504 | 68460 |
| 在校学生数 | | Number of Student Enrollment | | | |
| 普通高等学校 | （人） | Institutions of Higher Education | (person) | 1023033 | 1005863 |
| 高中阶段在校学生 | （人） | Senior Secondary | | 1292863 | 638326 |
| 中等职业教育学校 | （人） | Secondary Vocational Technical School | (person) | 805567 | 428387 |
| 普通中学 | （万人） | Regular Secondary Schools | (10000 persons) | 342.30 | 105.85 |
| 小　　学 | （万人） | Primary Schools | (10000 persons) | 404.70 | 118.91 |
| 成人高等学校在校学生数 | （人） | Student Enrollment in Institutions of Higher Education for Adults | (person) | 186457 | |
| 体育场馆数 | （个） | Number of Stadiuns and Gymnasiums | (unit) | 147 | |
| 剧场、影剧院数 | （个） | Number of Theaters and Music Halls | (unit) | 91 | 59 |
| 公共图书馆图书总藏量 | （千册、件） | Total Collecters of Public Libraries | (1000 unit) | 22644 | 13461 |
| 医院、卫生院数 | （个） | Number of Hospitals | (unit) | 2314 | 890 |
| 医院、卫生院床位数 | （张） | Number of Hospital Beds | (unit) | 206136 | 105440 |
| 医生数（执业医师+执业助理医师） | （人） | Number of Doctors (Practicing Doctors + Practicing Mediatinuses) | (person) | 92009 | 45300 |
| 注册护士 | （人） | Registered Nurses | (person) | 95042 | 54039 |
| **人民生活、社会保障** | | **Living Standards, Social Security** | | | |
| 在岗职工平均人数 | （万人） | Average Number of Staff and Workers at Their Posts | (10000 persons) | 365.9 | 241.7 |
| 在岗职工工资总额 | （万元） | Total Wages of Staff and Workers at Their Posts | (10000 yuan) | 17014833 | 11906345 |
| 城镇职工基本养老保险参保人数 | （人） | Number of Staff and Workers Participated in Endowment Insurance | (person) | 5784030 | 4016615 |
| 城镇职工基本医疗保险参保人数 | （人） | Number of People Participated in Medical Insurance | (person) | 4936961 | 3949752 |
| 失业保险参保人数 | （人） | Number of People Participated in Unemployed Insurance | (person) | 4021500 | 2776521 |
| 社区服务设施数 | （个） | Number of Service Facilities of Community | (unit) | 5105 | 2852 |
| 城镇居民最低生活保障人数 | （人） | Number of Urban Residents Living on the Minimum Standard of Living | (person) | 818502 | 500484 |
| **社会治安** | | **Public Security** | | | |
| 交通事故死亡人数 | （人） | Number of Deaths on Traffic Accidents | (person) | 2691 | 969 |
| 交通事故损失额 | （万元） | Amount of Loss on Traffic Accidents | (10000 yuan) | 10727 | 7036 |
| 火灾事故死亡人数 | （人） | Number of Deaths on Fire Accidents | (person) | 33 | 15 |
| 火灾事故损失额 | （万元） | Amount of Loss on Fire Accidents | (10000 yuan) | 5293 | 2540 |

# 10—2 地级城市市区基本情况（2012年）
## Basic Statement of Cities at Prefectural Level by Region (2012)

| 指　　标 | Item | 合肥市 Hefei | 淮北市 Huaibei | 亳州市 Bozhou | 宿州市 Suzhou |
|---|---|---|---|---|---|
| **人口、劳动力及土地面积** | **Population, Labor Force and Land Area** | | | | |
| 年末总人口（万人） | Population (year-end) (10000 persons) | 222.17 | 110.93 | 165.70 | 188.09 |
| 年平均人口（万人） | Annual Average Population (10000 persons) | 220.25 | 110.58 | 164.76 | 188.00 |
| 年末城镇非私营单位从业人员人数（万人） | Employed Persons in Various Units (year-end) (10000 persons) | 90.61 | 19.49 | 6.14 | 3.69 |
| 城镇私营企业和个体从业人员（人） | Self-employed Individuals in Urban Areas (person) | 851228 | 193314 | 82958 | 96700 |
| 行政区域土地面积（平方公里） | Land Area (sq.m) | 925 | 760 | 2226 | 2868 |
| #建成区面积 | Developed Area | 378 | 80 | 43 | 67 |
| **综合经济** | **General Economy** | | | | |
| 地区生产总值(当年价格)（万元） | Gross Regional Product (at current price) (10000 yuan) | 27475778 | 4516178 | 2483012 | 3773106 |
| 第一产业 | Primary Industry | 120000 | 159090 | 516693 | 606229 |
| 第二产业 | Secondary Industry | 14801391 | 3171385 | 1087645 | 1757135 |
| 第三产业 | Tertiary Industry | 12554387 | 1185703 | 878674 | 1409742 |
| **财政、金融** | **Government Finance, Banking and Insurance** | | | | |
| 地方财政一般预算内收入（万元） | Local Budgetary Financial Revenue (10000 yuan) | 3005147 | 400083 | 222486 | 135142 |
| 地方财政一般预算内支出（万元） | Local Budgetary Financial Expenditure (10000 yuan) | 3897305 | 728258 | 632099 | 407302 |
| 一般性公共服务支出 | General Public Service | 399214 | 81438 | 58163 | 54519 |
| 科学技术支出 | Expenses for Science | 181532 | 10458 | 4322 | 2530 |
| 教育支出 | Expenses for Education | 619409 | 102059 | 112163 | 114404 |
| 文化体育与传媒支出 | Culture, Sports and Media | 16873 | 7468 | 3583 | 2275 |
| 社会保障和就业支出 | Social Security and Employment | 244587 | 78233 | 68282 | 43909 |
| 节能环保支出 | Expenses for Energy Saving and Environmental Protection | 146447 | 5969 | 7414 | 1982 |
| 医疗卫生支出 | Expenses for Public Health | 140695 | 45895 | 63631 | 56259 |
| 住房保障支出 | Expenses for Housing Security | 212863 | 67167 | 50265 | 13043 |
| 城乡社区事务支出 | Expenses in Urban、Rural Areas and Communities | 1039834 | 155400 | 25190 | 16174 |
| 交通运输支出 | Transport | 105320 | 20946 | 84829 | 7901 |
| 城乡居民储蓄存款余额（万元） | Balance of Savings Deposit of Rural and Urban Residents (10000 yuan) | 14290194 | 2838525 | 1932209 | 2812031 |
| **工　业** | **Industry** | | | | |
| 规模以上工业法人企业 | Industrial Corporate Enterprises above Designated Size | | | | |
| 工业企业数（个） | Number of Enterprises (unit) | 913 | 449 | 181 | 187 |
| 内资企业 | Domestic Funded Enterprises | 784 | 432 | 179 | 185 |
| 港澳台商投资企业 | Funded by Entrepreneurs from Hong Kong, Macao and Taiwan | 51 | 7 | | |
| 外商投资企业 | Foreign Funded Enterprises | 78 | 10 | 2 | 2 |
| 工业总产值(当年价格)（万元） | Gross Output Value (at current price) (10000 yuan) | 41561993 | 11169954 | 2584240 | 1716411 |
| 内资企业 | Domestic Funded Enterprises | 29129870 | 10814869 | 2568610 | 1703147 |
| 港澳台商投资企业 | Funded by Entrepreneurs from Hong Kong, Macao and Taiwan | 3949887 | 114946 | | |
| 外商投资企业 | Foreign Funded Enterprises | 8482236 | 240139 | 14630 | 13264 |
| 从业人员年平均人数（万人） | Annual Average Number of Employed Persons (10000 persons) | 32.52 | 20.38 | 3.68 | 2.25 |
| 流动资产合计（万元） | Total Circulating Funds (10000 yuan) | 16383491 | 4768810 | 1115576 | 438726 |
| 固定资产合计（万元） | Main Business Revenue (10000 yuan) | 14453478 | 6684918 | 594302 | 431989 |
| 主营业务收入（万元） | Main Business Revenue (10000 yuan) | 39400967 | 13538618 | 2465235 | 1749448 |
| 主营业务税金及附加（万元） | Main Business Taxes and Extra-charges (10000 yuan) | 537114 | 139067 | 79174 | 18345 |
| 本年应交增值税（万元） | Value Added Tax Payable (10000 yuan) | 772647 | 552628 | 121022 | 17359 |
| 利润总额（万元） | Total Profits (10000 yuan) | 2117670 | 625534 | 387204 | 75735 |

| 蚌埠市 Bengbu | 阜阳市 Fuyang | 淮南市 Huainan | 滁州市 Chuzhou | 六安市 Luan | 马鞍山市 Maanshan | 芜湖市 Wuhu | 宣城市 Xuancheng | 铜陵市 Tongling | 池州市 Chizhou | 安庆市 Anqing | 黄山市 Huangshan |
|---|---|---|---|---|---|---|---|---|---|---|---|
| 93.06 | 213.47 | 179.68 | 54.13 | 187.08 | 82.05 | 123.35 | 86.55 | 44.76 | 67.11 | 73.26 | 43.80 |
| 92.89 | 211.79 | 180.89 | 54.02 | 187.24 | 82.13 | 123.72 | 86.57 | 44.80 | 66.93 | 73.38 | 43.86 |
| 16.79 | 14.35 | 31.19 | 5.70 | 21.54 | 14.03 | 26.95 | 7.91 | 11.02 | 3.85 | 11.40 | 6.37 |
| 125845 | 128534 | 79001 | 146054 | 209330 | 110098 | 273101 | 43433 | 40201 | 85280 | 45934 | 78109 |
| 613 | 1884 | 1690 | 1404 | 3583 | 704 | 1065 | 2621 | 290 | 2432 | 821 | 2342 |
| 115 | 90 | 102 | 77 | 68 | 86 | 146 | 48 | 52 | 37 | 81 | 54 |
| 4524987 | 3370877 | 5664483 | 2451039 | 2473000 | 8107000 | 11125849 | 1949507 | 5188060 | 2188523 | 3534823 | 1961498 |
| 136802 | 502302 | 344476 | 177275 | 581000 | 105000 | 167482 | 336269 | 30251 | 259823 | 128495 | 134035 |
| 2649923 | 1380751 | 3530578 | 1524610 | 965000 | 5556000 | 7403799 | 774078 | 3827475 | 1149481 | 1796761 | 883006 |
| 1738262 | 1487824 | 1789429 | 749154 | 927000 | 2446000 | 3554568 | 839160 | 1330334 | 779219 | 1609567 | 944457 |
| 524057 | 349269 | 789518 | 352744 | 319461 | 857245 | 834173 | 165445 | 521298 | 308210 | 358750 | 371707 |
| 811237 | 944282 | 1168641 | 633882 | 878200 | 1082478 | 1775051 | 304983 | 761998 | 609346 | 575889 | 706897 |
| 64081 | 104130 | 131357 | 77419 | 99812 | 113744 | 78727 | 33521 | 77740 | 93365 | 70410 | 108449 |
| 39340 | 8481 | 25257 | 12075 | 11433 | 39411 | 184899 | 7921 | 38796 | 7538 | 10385 | 13437 |
| 102279 | 175760 | 172567 | 83888 | 175158 | 149421 | 208985 | 75713 | 92675 | 85250 | 87441 | 57741 |
| 12582 | 6467 | 10793 | 7231 | 11515 | 14234 | 31513 | 1456 | 12800 | 6135 | 19598 | 22574 |
| 86491 | 133145 | 114781 | 54327 | 72571 | 70267 | 126665 | 36370 | 67018 | 45950 | 65744 | 58290 |
| 63584 | 6078 | 18955 | 20425 | 19708 | 22504 | 67260 | 1955 | 31971 | 12395 | 13939 | 73891 |
| 53374 | 84586 | 80100 | 44761 | 79527 | 41919 | 71025 | 30837 | 49572 | 47174 | 52256 | 35577 |
| 93004 | 38002 | 92369 | 63245 | 145624 | 43999 | 258437 | 12044 | 59558 | 46002 | 39879 | 50625 |
| 136214 | 44539 | 218862 | 58079 | 52297 | 236687 | 190171 | 30009 | 113092 | 91505 | 55702 | 43700 |
| 43773 | 106592 | 44347 | 33739 | 67998 | 52893 | 106307 | 9352 | 46756 | 43076 | 40063 | 60335 |
| 3086832 | 3536246 | 4753921 | 1659211 | 2758051 | 3546048 | 4717813 | 1520613 | 1997826 | 1528647 | 2928557 | 1700409 |
| 268 | 281 | 317 | 263 | 318 | 322 | 654 | 147 | 138 | 195 | 187 | 199 |
| 241 | 271 | 299 | 228 | 310 | 286 | 548 | 143 | 122 | 185 | 166 | 188 |
| 11 | 5 | 7 | 11 | 4 | 14 | 47 | | 9 | 5 | 4 | 6 |
| 16 | 5 | 11 | 24 | 4 | 22 | 59 | 4 | 7 | 5 | 17 | 5 |
| 7146573 | 3589868 | 9042794 | 5034773 | 4417159 | 12773068 | 24951783 | 1444767 | 14206408 | 2637791 | 5561248 | 2036789 |
| 6300581 | 3235897 | 8299222 | 3280794 | 4312115 | 11538337 | 18131456 | 1390475 | 11486896 | 2556538 | 5178784 | 1961266 |
| 426717 | 34059 | 613207 | 665729 | 59618 | 353296 | 1792926 | | 2552198 | 61940 | 172326 | 52072 |
| 419275 | 319912 | 130365 | 1088250 | 45426 | 881435 | 5027401 | 54292 | 167314 | 19313 | 210138 | 23451 |
| 7.95 | 5.08 | 22.39 | 4.26 | 6.37 | 11.48 | 18.25 | 1.94 | 7.10 | 2.47 | 5.10 | 2.32 |
| 3077555 | 1441613 | 4831671 | 1570030 | 1354101 | 6696342 | 12005189 | 445935 | 5874814 | 1012331 | 1697735 | 781055 |
| 1976679 | 1681595 | 12511361 | 1532935 | 1249644 | 6446227 | 7847048 | 248130 | 3496439 | 1401889 | 1604350 | 358377 |
| 6660597 | 3496153 | 9349603 | 5094884 | 4228572 | 15164759 | 21602249 | 1368837 | 18153162 | 2500131 | 5592111 | 1931829 |
| 428919 | 187430 | 90791 | 179179 | 23584 | 55052 | 568843 | 14550 | 34103 | 17594 | 346163 | 8686 |
| 208213 | 91900 | 655030 | 168514 | 61722 | 339780 | 925057 | 46516 | 136129 | 86570 | 126116 | 49962 |
| 359219 | 198462 | 479877 | 485624 | 488438 | 692921 | 1110630 | 98540 | 508495 | 219471 | 67898 | 134714 |

**10—2 续表1** continued

| 指标 | Item | 合肥市 Hefei | 淮北市 Huaibei | 亳州市 Bozhou | 宿州市 Suzhou |
|---|---|---|---|---|---|
| **邮电通信、电力** | **Post & Telecommunication and Electric Power** | | | | |
| 年末邮政局（所）数 （处） | Number of Post Offices (year-end) (unit) | 61 | 23 | 31 | 42 |
| 年末固定电话用户数 （万户） | Installed Telephones at Year-end (10000 subscribers) | | | | |
| 年末移动电话用户数 （万户） | Number of Mobile Telephone Subscribers at Year-end (10000 subscriber) | | | | |
| 国际互联网用户数 （户） | Number of Subscribers of Internet Service (subscriber) | | | | |
| 全社会用电量 （万千瓦时） | Total Electricity Consumption (10000 kwh) | 1085783 | 279963 | 123711 | 289971 |
| #工业用电 | Industrial Electricity Consumption | 433114 | 207385 | 37365 | 172348 |
| 居民生活用电 | Residential Power Consumption | 260138 | 37323 | 52028 | 56727 |
| **内外贸易、外经** | **Trade Foreign Trade and Tourism** | | | | |
| 限额以上批发零售贸易业商品销售总额 （万元） | Total Sale of Enterprises Above Designed Size in Wholesale and Retail Trade (10000 yuan) | 27435553 | 1203392 | 1374354 | 996604 |
| 社会消费品零售总额 （万元） | Retailsale of Consumer Goods (10000 yuan) | 10321488 | 1248471 | 1094156 | 753492 |
| 外商直接投资 | Forign Drirect Investment | | | | |
| 当年新签项目（合同）个数 （个） | Number of Contracts Newly Signed (unit) | 45 | 3 | 5 | |
| 当年实际使用外资金额 （万美元） | Amount of Foreign Capital Actually Used (USD 10000) | 124618 | 20719 | 8654 | 4511 |
| **固定资产投资** | **Investment in Fixed Assets** | | | | |
| 固定资产投资额 （万元） | Amount of Investment in Fixed Assets of Urban Area (10000 yuan) | 27061484 | 3947465 | 1688192 | 846296 |
| 房地产开发投资完成额 （万元） | Actually Completed Investment in Real Estate Devlopment (10000 yuan) | 7096565 | 866223 | 267487 | 358914 |
| #住　宅 | Residential Buildings | 4365416 | 555941 | 148532 | 243464 |
| 全年新增固定资产 （万元） | Newly Increased Fixed Assets (10000 yuan) | 14523902 | 3720549 | 442343 | 916703 |
| 商品房屋销售面积 （万平方米） | Floor Space of Selling House (10000 sq.m) | 831.59 | 60.93 | 47.15 | 114.44 |
| #住　宅 | Residential Buildings | 731.51 | 56.40 | 39.95 | 106.15 |
| 商品房屋销售额 （万元） | Total Sales of Commercial House (10000 yuan) | 5716228 | 282711 | 198032 | 460589 |
| #住　宅 | Residential Buildings | 4685666 | 251664 | 158699 | 392947 |
| 商品房屋待售面积 （万平方米） | Square Commercial House for Sal (10000 sq.m) | 116.37 | 14.14 | 4.63 | 3.15 |
| **教育、科技、文化、卫生** | **Education, S&T, Culture and Public Health** | | | | |
| 学校数 （所） | Number of Schools (unit) | | | | |
| 普通高等学校 | Institutions of Higher Education | | | | |
| 中等职业教育学校 | Secondary Vocational Technical School | 50 | 14 | 10 | 6 |
| 普通中学 | Regular Secondary Schools | 105 | 78 | 65 | 87 |
| 小　学 | Primary Schools | 134 | 150 | 366 | 324 |
| 专任教师数 （人） | Number of Full-time Teachers (person) | | | | |
| 普通高等学校 | Institutions of Higher Education | 22740 | 1816 | 659 | |
| 中等职业教育学校 | Secondary Vocational Technical School | 2212 | 976 | 979 | 758 |
| 普通中学 | Regular Secondary Schools | 9808 | 4923 | 5016 | 7337 |
| 小　学 | Primary Schools | 7941 | 4919 | 6289 | 6266 |

| 蚌埠市 Bengbu | 阜阳市 Fuyang | 淮南市 Huainan | 滁州市 Chuzhou | 六安市 Luan | 马鞍山市 Maanshan | 芜湖市 Wuhu | 宣城市 Xuancheng | 铜陵市 Tongling | 池州市 Chizhou | 安庆市 Anqing | 黄山市 Huangshan |
|---|---|---|---|---|---|---|---|---|---|---|---|
| 24 | 43 | 56 | 32 | 39 | 18 | 55 | 27 | 17 | 29 | 22 | 29 |
| 334386 | 325012 | 514430 | 205379 | 188547 | 1043359 | 737276 | 171981 | 503841 | 257561 | 355056 | 120717 |
| 213017 | 196322 | 373348 | 118817 | 79802 | 890359 | 550745 | 109604 | 443187 | 203348 | 270613 | 50929 |
| 50603 | 68037 | 81402 | 27914 | 64142 | 58919 | 49404 | 62377 | 26749 | 26627 | 41012 | 26592 |
| 2039239 | 4202447 | 2011321 | 1620158 | 1964134 | 3703588 | 5935078 | 1371273 | 1361571 | 680415 | 1620289 | 782367 |
| 2346132 | 1774784 | 2112598 | 727459 | 1556510 | 1659100 | 2918413 | 1036756 | 1162802 | 692630 | 1741382 | 907596 |
| 8 | 1 | 1 | 5 | 9 | 16 | 110 | 8 | 4 | 4 | 1 | 5 |
| 60527 | 3768 | 20123 | 19668 | 4548 | 103666 | 86877 | 4101 | 22823 | 11520 | 23584 | 13537 |
| 4814290 | 2518525 | 4062119 | 2670682 | 2547472 | 8062610 | 10279187 | 1620128 | 4039393 | 1843969 | 2425521 | 2403607 |
| 1415047 | 555552 | 1067708 | 1241722 | 702481 | 1593959 | 3050055 | 673799 | 959545 | 682041 | 374979 | 1056836 |
| 944853 | 360480 | 808854 | 882943 | 513504 | 1112187 | 2107714 | 399168 | 552180 | 399682 | 250461 | 516690 |
| 1702881 | 1283364 | 1409555 | 1245757 | 1758202 | 4172418 | 3571871 | 539207 | 3241689 | 1555697 | 1224692 | 824214 |
| 173.93 | 118.84 | 152.60 | 122.25 | 139.90 | 179.17 | 289.90 | 114.19 | 86.71 | 172.34 | 103.00 | 76.33 |
| 155.53 | 110.82 | 140.37 | 108.02 | 126.00 | 171.42 | 258.57 | 87.36 | 79.91 | 142.48 | 96.10 | 64.24 |
| 801807 | 574306 | 704392 | 553389 | 660896 | 788232 | 1786548 | 511934 | 421174 | 714746 | 536708 | 357117 |
| 686076 | 519742 | 583678 | 443732 | 581087 | 741776 | 1362705 | 358386 | 364257 | 513143 | 476196 | 279721 |
| 30.53 | 22.00 | 37.41 | 72.28 | 27.25 | 24.24 | 35.69 | 25.84 | 21.10 | 15.01 | 17.50 | 59.66 |
| 13 | 32 | 21 | 6 | 18 | 5 | 14 | 8 | 5 | 5 | 20 | 13 |
| 41 | 108 | 97 | 29 | 118 | 24 | 63 | 53 | 26 | 39 | 43 | 35 |
| 108 | 429 | 252 | 49 | 383 | 68 | 110 | 79 | 47 | 164 | 124 | 37 |
| 2675 | 1734 | 3099 | 1128 | 1565 | 2750 | 6400 | 354 | 1167 | 1142 | 1935 | 853 |
| 756 | 2187 | 1174 | 484 | 547 | 986 | 785 | 887 | 191 | 788 | 1073 | 308 |
| 3976 | 6950 | 6736 | 2380 | 7045 | 2865 | 3895 | 3316 | 2128 | 2499 | 3644 | 1737 |
| 3045 | 8119 | 6981 | 2149 | 5326 | 2438 | 3684 | 2971 | 1700 | 2315 | 2710 | 1607 |

**10—2 续表2** continued

| 指标 | Item | 合肥市 Hefei | 淮北市 Huaibei | 亳州市 Bozhou | 宿州市 Suzhou |
|---|---|---|---|---|---|
| 在校学生数 | Number of Student Enrollment | | | | |
| 普通高等学校 （人） | Institutions of Higher Education (person) | 417207 | 32147 | 11010 | |
| 高中阶段在校学生 （人） | Senior Secondary (person) | 55242 | 30489 | 48063 | 32092 |
| 中等职业教育学校 （人） | Secondary Vocational Technical School (person) | 89449 | 31686 | 21650 | 21119 |
| 普通中学 （万人） | Regular Secondary Schools (10000 persons) | 14.05 | 6.45 | 8.09 | 8.70 |
| 小　学 （万人） | Primary Schools (10000 persons) | 17.74 | 6.97 | 12.19 | 9.96 |
| 初中毕业生升学率 （%） | Proportion of Junior Secondary Graduates Entering into Senior Secondary Schools (%) | 165.0 | 86.0 | 80.0 | 99.0 |
| 成人高等学校在校学生数 （人） | Student Enrollment in Institutions of Higher Education for Adults (person) | 102907 | 1541 | 11882 | |
| 体育场馆数 （个） | Number of Stadiuns and Gymnasiums (unit) | 90 | 6 | 10 | 4 |
| 剧场、影剧院数 （个） | Number of Theaters and Music Halls (unit) | 19 | 3 | 3 | 3 |
| 公共图书馆图书藏量(千册、件) | Total Collecters of Public Libraries (1000 units) | 6409 | 731 | 196 | 245 |
| 医院、卫生院数 （个） | Number of Hospitals (unit) | 224 | 65 | 38 | 51 |
| 医院、卫生院床位数 （张） | Number of Hospital Beds (unit) | 24657 | 6021 | 3979 | 6437 |
| 医生数（执业医师+执业助理医师） （人） | Number of Doctors (Practicing Doctors + Practicing Mediatinuses) (person) | 10215 | 2618 | 1360 | 2306 |
| 注册护士 （人） | Registered Nurses (person) | 13470 | 3064 | 1685 | 1677 |
| **人民生活** | **People's Livelihood** | | | | |
| 在岗职工平均人数 （万人） | Average Number of Staff and Workers at Their Posts (10000 persons) | 78.92 | 18.58 | 5.72 | 3.37 |
| 在岗职工工资总额 （万元） | Total Wages of Staff and Workers at Their Posts (10000 yuan) | 4166602 | 1106071 | 240111 | 104393 |
| 城镇居民人均可支配收入 （元） | Annual Per Capita Disposable Income of Urban Households (yuan) | 25434 | 20360 | 20488 | 19731 |
| 城镇居民人均消费支出 （元） | Annual Per Capita Consumption Expenditure of Urban (yuan) | 18758 | 15207 | 12881 | 12084 |
| 食　品 | Food | 6421 | 6039 | 5086 | 5010 |
| 衣　着 | Clothing | 1775 | 1665 | 1705 | 1240 |
| 居　住 | Residence | 2079 | 969 | 1319 | 1040 |
| 家庭设备用品及服务 | Household Facilities, Articles and Service | 1044 | 699 | 523 | 742 |
| 医疗保健 | Medicine and Medical Service | 965 | 1362 | 1127 | 950 |
| 交通和通信 | Transportation and Communications | 3185 | 2151 | 1191 | 931 |
| 教育文化娱乐服务 | Education, Cultural & Recreation Service | 2535 | 1802 | 1343 | 1586 |
| 每百户居民家庭拥有： | Per 100 Households Possessing | | | | |
| 家用汽车 （辆） | Automobile (unit) | 20 | 11 | 11 | 6 |
| 家用电脑 （台） | Computer (unit) | 89 | 72 | 80 | 69 |
| 人均住房建筑面积 （平方米） | Per-capita Area of Housing (sq.m) | 28.80 | 26.75 | 46.18 | 35.09 |
| 居民消费价格指数(上年为100) （%） | Conumer Price Indices of Residents (preceding year=100) (%) | 102.20 | 102.20 | 102.20 | 102.00 |
| **社会福利、劳动保险** | **Social Welfare, Labor and Insurance** | | | | |
| 城镇职工基本养老保险参保人数 （人） | Number of Staff and Workers Participated in Fundmental Pension Insurance (person) | 1096142 | 314845 | 61860 | 58712 |
| 城镇职工基本医疗保险参保人数 （人） | Number of People Participated in Medical Insurance (person) | 1067123 | 268071 | 38000 | 59880 |
| 失业保险参保人数 （人） | Number of People Participated in Unemployed Insurance (person) | 865329 | 231207 | 44414 | 57998 |
| 社区服务设施数 （个） | Number of Service Facilities of Community (unit) | 361 | 151 | 108 | 130 |
| 城镇居民最低生活保障人数 （人） | Number of People Enjoyed the Lowest Residential Living Protection Line (person) | 19453 | 45459 | 10124 | 18066 |

| 蚌埠市 Bengbu | 阜阳市 Fuyang | 淮南市 Huainan | 滁州市 Chuzhou | 六安市 Luan | 马鞍山市 Maanshan | 芜湖市 Wuhu | 宣城市 Xuancheng | 铜陵市 Tongling | 池州市 Chizhou | 安庆市 Anqing | 黄山市 Huangshan |
|---|---|---|---|---|---|---|---|---|---|---|---|
| 58711 | 35383 | 66817 | 29887 | 37689 | 49864 | 147365 | 8483 | 30348 | 24678 | 38990 | 17284 |
| 35152 | 100788 | 72337 | 27525 | 90143 | 16448 | 19219 | 18355 | 11493 | 37276 | 25214 | 18490 |
| 18222 | 56625 | 38209 | 16240 | 25691 | 19344 | 20146 | 14819 | 6959 | 19960 | 20110 | 8158 |
| 4.46 | 11.62 | 8.48 | 3.21 | 13.20 | 4.56 | 4.94 | 4.22 | 2.69 | 3.89 | 5.06 | 2.23 |
| 5.49 | 15.90 | 9.36 | 3.07 | 10.77 | 4.63 | 6.03 | 4.14 | 2.53 | 3.81 | 4.00 | 2.32 |
| 128.0 | 99.0 | 108.0 | 106.0 | 101.0 | 99.0 | 93.0 | 94.0 |  | 114.0 | 74.0 | 107.4 |
| 23819 | 7439 | 21129 | 8637 | 1935 | 6655 | 21906 | 150 | 8413 | 2799 | 3431 | 7833 |
| 19 | 2 | 5 | 1 | 2 | 10 | 10 | 4 | 6 | 1 | 10 | 5 |
| 6 | 1 |  | 1 |  | 6 | 6 | 1 | 2 | 1 | 4 | 3 |
| 323 | 295 | 295 | 819 | 699 | 1382 | 704 | 166 | 455 | 116 | 406 | 221 |
| 62 | 70 | 81 | 17 | 52 | 24 | 50 | 28 | 18 | 35 | 31 | 44 |
| 8060 | 8489 | 9740 | 2840 | 5878 | 3433 | 9155 | 3018 | 3610 | 2409 | 5065 | 2649 |
| 3150 | 3508 | 4063 | 1425 | 2806 | 2245 | 4277 | 1228 | 1526 | 1098 | 2294 | 1181 |
| 4245 | 3789 | 4888 | 1664 | 2672 | 2923 | 5099 | 1378 | 1729 | 1330 | 2764 | 1662 |
| 11.52 | 13.40 | 26.81 | 5.18 | 8.54 | 13.40 | 25.32 | 1.52 | 10.10 | 3.85 | 9.65 | 5.82 |
| 464918 | 488133 | 1521591 | 239273 | 327115 | 698440 | 1226209 | 74594 | 476055 | 153666 | 377071 | 242103 |
| 20629 | 18972 | 20733 | 20426 | 19369 | 30937 | 23784 | 20478 | 24685 | 21386 | 20453 | 21208 |
| 13467 | 14736 | 14087 | 15964 | 15059 | 18286 | 16992 | 15402 | 18144 | 14432 | 13952 | 14458 |
| 5580 | 5853 | 5681 | 6207 | 5580 | 6855 | 6211 | 5932 | 6293 | 5550 | 6340 | 5734 |
| 1172 | 1817 | 1429 | 1778 | 1930 | 1776 | 1549 | 1803 | 2450 | 2038 | 1426 | 1446 |
| 1386 | 1485 | 1082 | 1321 | 995 | 1428 | 2082 | 1315 | 1430 | 1086 | 1023 | 1243 |
| 715 | 778 | 732 | 786 | 698 | 918 | 793 | 763 | 704 | 764 | 722 | 754 |
| 1241 | 948 | 952 | 1346 | 617 | 1092 | 1024 | 790 | 773 | 615 | 651 | 886 |
| 1321 | 1535 | 1810 | 1885 | 3148 | 2350 | 2248 | 1854 | 2310 | 1646 | 1666 | 1748 |
| 1554 | 1633 | 1746 | 1900 | 1555 | 3206 | 2437 | 2141 | 3271 | 2077 | 1567 | 1936 |
| 5 | 14 | 5 | 3 | 11 | 17 | 19 | 14 | 18 | 10 | 7 | 15 |
| 75 | 86 | 81 | 67 | 79 | 87 | 86 | 84 | 79 | 109 | 77 | 94 |
| 26.22 | 36.00 | 26.90 | 32.80 | 37.52 | 37.54 | 30.39 | 31.31 | 29.97 | 38.86 | 33.71 | 37.19 |
| 102.20 | 102.50 | 102.20 | 102.10 | 101.50 | 102.00 | 102.40 | 102.00 | 102.54 | 101.80 | 102.10 | 102.40 |
| 391524 | 192105 | 259279 | 135000 | 101951 | 307652 | 382294 | 62308 | 169586 | 56176 | 303057 | 124124 |
| 339880 | 178759 | 475477 | 134899 | 442392 | 237762 | 136617 |  | 173037 | 71588 | 224220 | 102047 |
| 161109 | 129916 | 253138 | 70700 | 112500 | 197414 | 277009 | 19300 | 136235 | 36047 | 128310 | 55895 |
| 145 | 126 | 190 | 37 | 33 | 182 | 1017 | 22 | 114 | 1 | 126 | 109 |
| 29877 | 49045 | 50655 | 13550 | 22055 | 32195 | 33551 | 114850 | 15140 | 10932 | 23486 | 12046 |

# 10—3 城市市政公用基础设施基本情况
Basic Statistics on Urban Public Utilities

| 指　标 | | Item | | 2005 | 2010 | 2011 | 2012 |
|---|---|---|---|---|---|---|---|
| **城市面积** | | **Cities Areas** | | | | | |
| 建成区面积 | (平方公里) | Developed Areas | (sq.km) | 1260.35 | 1491.32 | 1597.69 | 1696.01 |
| 城市人口密度 | (人/平方公里) | Population Density of Urban Districts | (persons/sq.km) | 1449 | 2469 | 2265 | 2401 |
| **供水、供气及供热** | | **Water Supply, Gas Supply and Heating** | | | | | |
| 供水管道长度 | (公里) | Length of the Pipeline for Supplying Water | (km) | 8745 | 14730 | 17031 | 18869 |
| 供水总量 | (万立方米) | Annual Supply of Tap Water | (10000 cu.m) | 206386 | 160816 | 158038 | 156888 |
| ＃居民家庭用水量 | | Water Consumption for Residential Use | | 49728 | 50889 | 56014 | 59439 |
| 人均日生活用水 | (升) | Per Capita Water Consumption for Residential Use | (liter) | 195.69 | 160.83 | 169.00 | 165.45 |
| 用水普及率 | (%) | Percentage of Population With Access to Tap Water | (%) | 90.52 | 96.06 | 96.55 | 98.02 |
| 天然气供气量 | (万立方米) | Supply of Natural Gas | (10000 cu.m) | 11564 | 112190 | 138832 | 171251 |
| ＃家庭用量 | | Consumption of Coal Gas for Residential Use | | 5123 | 25154 | 41320 | 53131 |
| 液化石油气供气量 | (吨) | Liquefied Petroleum Gas | (ton) | 613614 | 615770 | 567246 | 537160 |
| ＃家庭用量 | | Consumption of Liquefied Gas for Residential Use | | 195508 | 166335 | 155069 | 143506 |
| 供气管道长度 | (公里) | Length of Gas Pipelines | (km) | 4068.30 | 10125.80 | 11921.00 | 13447 |
| 燃气普及率 | (%) | Percentage of Population With Access to Gas | (%) | 72.29 | 90.52 | 93.35 | 94.61 |
| 集中供热面积 | (万平方米) | Heated Area | (10000 sq.m) | 313.36 | 2463.70 | 2846.70 | 2965.92 |
| **公共交通** | | **Public Traffic** | | | | | |
| 公共汽（电）车总数 | (辆) | Number of Public Transportation Vehicles (buses and trolley buses etc.) | (unit) | 8450 | 11875 | 13614 | 15128 |
| 每万人拥有 | (标台) | Number of Public Transportation Vehicles per 10000 Population | (unit) | 7.29 | 8.23 | 10.60 | 10.40 |
| 出租汽车 | (辆) | Taxi | (unit) | 34287 | 50068 | 50119 | 51511 |
| **市政工程** | | **Municipal Engineering** | | | | | |
| 道路长度 | (公里) | Length of Paved Roads | (km) | 7985.47 | 10157.30 | 10854.46 | 11571 |
| 道路面积 | (万平方米) | Area of Paved Roads | (10000 sq.m) | 13454 | 19927 | 22722 | 24693 |
| 每人拥有 | (平方米) | Area of Paved Roads per Population | (sq.m) | 11.92 | 16.01 | 18.00 | 18.47 |
| 排水管道长度 | (公里) | Length of Sewer Pipelines | (km) | 7606 | 13136 | 16380 | 19885 |
| 建成区排水管道密度 | (公里/平方公里) | Density of Sewer Pipelines | (km/sq.km) | 6.03 | 8.81 | 10.25 | 11.72 |
| 防洪堤长度 | (公里) | Length of Flood-preventing Dyke | (km) | 1479.40 | 1193.00 | 1222.00 | 1363.00 |
| 污水排放量 | (万立方米) | Volume of Waste Water Discharged | (10000 cu.m) | 126761 | 124449 | 127134 | 131535 |
| 污水处理厂处理量 | (万立方米) | Volume of Waste Water Treated | (10000 cu.m) | 66347 | 89086 | 100490 | 113636 |
| **城市绿化** | | **Forestation in Cities** | | | | | |
| 绿化覆盖面积 | (公顷) | Afforested Area | (hectare) | 47946 | 85281 | 94063 | 95952 |
| ＃建成区 | | Developed District | | 34680 | 55927 | 63055 | 65806 |
| 园林绿地面积 | (公顷) | Greenery Area of Gardens | (hectare) | 41896 | 71463 | 75977 | 79592 |
| ＃建成区 | | Developed District | | 28864 | 50214 | 55201 | 58891 |
| 公园绿地面积 | (公顷) | Park Greenery Area | (hectare) | | 13630 | 15001 | 15941 |
| 人均公园绿地面积 | (平方米) | Per Capita Park Greenery Area | (sq.m) | | 11 | 12 | 12 |
| 公园个数 | (个) | Number of Parks | (unit) | 140 | 247 | 265 | 287 |
| 公园面积 | (公顷) | Area of Parks | (hectare) | 3970 | 8685 | 9576 | 9881 |
| **市容环境卫生** | | **Environmental Sanitation** | | | | | |
| 生活垃圾清运量 | (万吨) | Volume of Disposal of Excrement | (10000 tons) | 477.00 | 435.25 | 435.08 | 442.06 |
| 生活垃圾无害化处理量 | (万吨) | Environment-friendly Handling Capacity of the Domestic Rubbish | (10000 tons) | 83.87 | 281.00 | 378.46 | 402.91 |
| 生活垃圾无害化处理率 | (%) | Living Refuse Treatment Rate | (%) | | 64.56 | 86.99 | 91.14 |
| 公共厕所 | (座) | Public Lavatory | (unit) | 3600 | 3168 | 3087 | 3096 |
| ＃三类以上 | | Above Three Kinds | | | 2469 | 2506 | 2603 |

## 10—4 各市城市建设情况（2012年）
Statistics on City Construction by Region (2012)

单位：平方公里（sq.km）

| 地区 | Region | 城市建设用地面积 Land Area for City Construction | 居住用地 For Residence | 公共设施用地 For Public Facilities | 交通设施用地 For Transportation Facilities | 绿地 For Green Areas | 征用土地面积 Land Put in Requisition for State Construction Projects | 城市人口密度（人／平方公里）Population Density of Urban Area (persons/sq.km) |
|---|---|---|---|---|---|---|---|---|
| **总计** | **Total** | **1682.02** | **542.78** | **76.18** | **198.07** | **207.46** | **128.62** | **2401** |
| 合肥市 | Hefei | 350.15 | 104.48 | 6.80 | 46.86 | 49.42 | 10.81 | 5338 |
| 淮北市 | Huaibei | 85.00 | 32.00 | 1.50 | 6.50 | 8.80 | 5.10 | 4036 |
| 亳州市 | Bozhou | 53.05 | 17.55 | 2.10 | 3.69 | 3.21 | 5.22 | 3692 |
| 宿州市 | Suzhou | 66.18 | 21.22 | 1.84 | 8.39 | 5.92 | 4.90 | 3019 |
| 蚌埠市 | Bengbu | 114.38 | 37.80 | 9.73 | 18.11 | 8.64 | 5.22 | 3125 |
| 阜阳市 | Fuyang | 89.80 | 45.19 | 1.37 | 13.06 | 4.82 | 4.21 | 2286 |
| 淮南市 | Huainan | 100.20 | 40.90 | 5.40 | 10.50 | 9.60 | 10.40 | 2561 |
| 滁州市 | Chuzhou | 87.26 | 25.03 | 2.63 | 14.99 | 7.71 | 12.83 | 1297 |
| 六安市 | Luan | 67.50 | 22.58 | 1.96 | 9.23 | 11.16 | 2.03 | 3455 |
| 马鞍山市 | Maanshan | 96.16 | 24.16 | 13.05 | 3.61 | 11.99 | 25.02 | 3707 |
| 芜湖市 | Wuhu | 150.00 | 33.50 | 11.00 | 16.50 | 49.00 | 11.77 | 1594 |
| 宣城市 | Xuancheng | 41.28 | 10.47 | 0.51 | 8.76 | 2.03 | 4.30 | 2462 |
| 铜陵市 | Tongling | 50.32 | 13.70 | 2.61 | 7.90 | 4.16 | 3.50 | 2411 |
| 池州市 | Chizhou | 37.06 | 13.98 | 0.79 | 7.63 | 3.38 | 3.55 | 1198 |
| 安庆市 | Anqing | 85.29 | 29.75 | 8.36 | 3.85 | 6.22 | 4.45 | 2083 |
| 黄山市 | Huangshan | 37.91 | 15.50 | 0.65 | 1.62 | 5.15 | 1.61 | 756 |
| 桐城市 | Tongcheng | 28.58 | 5.92 | 1.07 | 0.47 | 2.69 | 2.10 | 1770 |
| 天长市 | Tianchang | 31.18 | 8.85 | 0.60 | 4.80 | 3.60 | 0.50 | 5112 |
| 明光市 | Mingguang | 23.76 | 9.38 | 0.44 | 3.52 | 1.50 | 1.32 | 581 |
| 界首市 | Jieshou | 18.07 | 7.74 | 0.40 | 2.37 | 1.33 | 0.28 | 2299 |
| 宁国市 | Ningguo | 22.79 | 7.28 | 0.47 | 3.51 | 0.33 | 1.67 | 537 |
| 巢湖市 | Chaohu | 46.10 | 15.80 | 2.90 | 2.20 | 6.80 | 7.83 | 6146 |

## 10—5 各市城市市政设施情况（2012年）
Basic Statistics on Municipal Infrastructure in Cities by Region (2012)

| 地区 | Region | 年末实有道路长度（公里）Length of Paved Roads (year-end) (km) | 年末实有道路面积（万平方米）Area of Paved Roads (year-end) (10000 sq.m) | 人均城市道路面积（平方米）Urban Road Area Per Capital (sq.m) | 城市桥梁数（座）Number of City Bridges (unit) | 城市道路照明灯（盏）Number of Street Lights (unit) | 城市排水管道（公里）Length of City Sewage Pipes (km) | 污水管道 Sewage Pipeline | 防洪堤长度（公里）Length of Flood Control Dam (km) |
|---|---|---|---|---|---|---|---|---|---|
| **总计** | **Total** | **11571.1** | **24693.3** | **18.47** | **1311** | **722017** | **19884.63** | **7638.64** | **1363** |
| 合肥市 | Hefei | 2068.3 | 4854.2 | 15.80 | 322 | 153896 | 5963.12 | 2635.65 | 63 |
| 淮北市 | Huaibei | 606.2 | 1017.1 | 12.00 | 30 | 19220 | 163.08 | 157.08 | |
| 亳州市 | Bozhou | 770.1 | 1242.6 | 38.73 | 118 | 25264 | 851.66 | 296.98 | 11 |
| 宿州市 | Suzhou | 572.0 | 1156.0 | 23.27 | 46 | 36517 | 718.42 | 114.70 | |
| 蚌埠市 | Bengbu | 719.7 | 1434.0 | 16.12 | 77 | 39300 | 992.08 | 311.64 | 40 |
| 阜阳市 | Fuyang | 620.5 | 1391.5 | 18.30 | 105 | 31542 | 596.01 | 178.30 | 77 |
| 淮南市 | Huainan | 719.1 | 1286.6 | 12.09 | 48 | 23850 | 680.47 | 133.74 | 231 |
| 滁州市 | Chuzhou | 444.4 | 1335.3 | 36.44 | 52 | 31175 | 981.06 | 359.78 | 50 |
| 六安市 | Luan | 436.4 | 1121.1 | 19.53 | 22 | 16540 | 424.81 | 205.31 | 19 |
| 马鞍山市 | Maanshan | 441.5 | 1161.4 | 17.82 | 56 | 28013 | 1314.57 | 461.08 | 95 |
| 芜湖市 | Wuhu | 1305.7 | 2974.4 | 25.85 | 82 | 70765 | 2206.00 | 770.00 | 242 |
| 宣城市 | Xuancheng | 317.5 | 822.3 | 25.46 | 59 | 16812 | 647.15 | 218.11 | 31 |
| 铜陵市 | Tongling | 293.0 | 501.0 | 11.51 | 30 | 17548 | 799.00 | 251.00 | 253 |
| 池州市 | Chizhou | 408.3 | 736.4 | 24.30 | 26 | 60512 | 528.78 | 219.55 | 31 |
| 安庆市 | Anqing | 529.3 | 1002.2 | 15.45 | 73 | 35886 | 957.44 | 325.52 | 50 |
| 黄山市 | Huangshan | 354.0 | 668.6 | 19.84 | 34 | 43138 | 394.60 | 285.40 | 43 |
| 桐城市 | Tongcheng | 111.7 | 296.3 | 18.28 | 10 | 6375 | 218.79 | 76.28 | 13 |
| 天长市 | Tianchang | 272.9 | 450.6 | 26.71 | 30 | 8118 | 162.00 | 34.00 | 5 |
| 明光市 | Mingguang | 125.6 | 265.8 | 17.60 | 6 | 11340 | 285.00 | 101.00 | 23 |
| 界首市 | Jieshou | 111.0 | 241.6 | 13.48 | 20 | 13804 | 157.60 | 38.75 | 8 |
| 宁国市 | Ningguo | 159.0 | 351.3 | 20.39 | 40 | 13702 | 239.60 | 79.77 | 13 |
| 巢湖市 | Chaohu | 185.0 | 383.0 | 12.98 | 25 | 18700 | 603.39 | 385.00 | 65 |

## 10—6 各市城市设施水平（2012年）
Level of Public Facilities in Cities by Region (2012)

| 地　区 Region | 城市用水普及率(%) Coverage Rate of Urban Population with Access to Tap Warer (%) | 城市燃气普及率(%) Coverage Rate of Urban Population with Access to Gas (%) | 每万人拥有公共交通车辆(标台) Number of Public Transportation Vehicles Per 10000 Population (unit) | 人均城市道路面积(平方米) Per Capita Area of Paved Roads (sq.m) | 人均公园绿地面积(平方米) Per Capita Area of Parks and Green Land (sq.m) |
|---|---|---|---|---|---|
| **总　计 Total** | **98.02** | **94.61** | **10.40** | **18.47** | **11.92** |
| 合肥市 Hefei | 99.76 | 98.29 | 12.90 | 15.80 | 11.50 |
| 淮北市 Huaibei | 99.00 | 97.99 | 8.70 | 12.00 | 14.50 |
| 亳州市 Bozhou | 91.18 | 89.96 | 3.10 | 38.73 | 10.29 |
| 宿州市 Suzhou | 99.28 | 94.00 | 6.10 | 23.27 | 10.69 |
| 蚌埠市 Bengbu | 100.00 | 100.00 | 15.30 | 16.12 | 8.87 |
| 阜阳市 Fuyang | 92.57 | 80.13 | 10.70 | 18.30 | 9.60 |
| 淮南市 Huainan | 98.70 | 92.82 | 9.10 | 12.09 | 11.75 |
| 滁州市 Chuzhou | 99.81 | 99.67 | 9.80 | 36.44 | 13.86 |
| 六安市 Luan | 100.00 | 89.72 | 6.90 | 19.53 | 14.41 |
| 马鞍山市 Maanshan | 100.00 | 100.00 | 9.50 | 17.82 | 15.83 |
| 芜湖市 Wuhu | 100.00 | 100.00 | 12.00 | 25.85 | 13.56 |
| 宣城市 Xuancheng | 97.62 | 91.11 | 7.30 | 25.46 | 11.49 |
| 铜陵市 Tongling | 99.91 | 99.91 | 12.90 | 11.51 | 14.03 |
| 池州市 Chizhou | 98.28 | 98.48 | 9.70 | 24.30 | 17.10 |
| 安庆市 Anqing | 97.21 | 90.50 | 6.70 | 15.45 | 9.08 |
| 黄山市 Huangshan | 98.10 | 97.00 | 7.70 | 19.84 | 14.66 |
| 桐城市 Tongcheng | 92.54 | 83.28 | | 18.28 | 8.64 |
| 天长市 Tianchang | 96.03 | 96.50 | | 26.71 | 12.57 |
| 明光市 Mingguang | 90.53 | 84.11 | | 17.60 | 3.77 |
| 界首市 Jieshou | 82.59 | 48.83 | | 13.48 | 4.41 |
| 宁国市 Ningguo | 88.10 | 84.45 | | 20.39 | 11.09 |
| 巢湖市 Chaohu | 92.20 | 93.02 | 8.60 | 12.98 | 12.20 |

## 10—7 各市城市公共交通情况（2012年）
Basic Statistics on Public Transportation in Cities by Region (2012)

| 地　区 Region | 年末公共交通运营数(辆) Number of Public Vehicles under Operation at Year-end (unit) | 公共汽、电车 Bus and Trolley Bus | 运营线路总长度(公里) Length of Operation Line (km) | 公共汽、电车 Bus and Trolley Bus | 公共交通客运总量(万人次) Passengers Transported by Public Vehicles (10000 person-times) | 公共汽、电车 Bus and Trolley Bus | 出租汽车(辆) Number of Taxi (unit) |
|---|---|---|---|---|---|---|---|
| **总　计 Total** | **15128** | **15128** | **16794** | **16794** | **241608.3** | **241608.3** | **51511** |
| 合肥市 Hefei | 3724 | 3724 | 2695 | 2695 | 71189.5 | 68469.5 | 10546 |
| 淮北市 Huaibei | 709 | 709 | 460 | 460 | 8867.9 | 8867.9 | 1630 |
| 亳州市 Bozhou | 272 | 272 | 305 | 305 | 2178.6 | 2178.6 | 2472 |
| 宿州市 Suzhou | 547 | 547 | 758 | 758 | 7498.0 | 7498.0 | 2474 |
| 蚌埠市 Bengbu | 1301 | 1301 | 991 | 991 | 23647.3 | 23647.3 | 2904 |
| 阜阳市 Fuyang | 991 | 991 | 851 | 851 | 18593.2 | 18593.2 | 3470 |
| 淮南市 Huainan | 1006 | 1006 | 938 | 938 | 20967.3 | 20967.3 | 3357 |
| 滁州市 Chuzhou | 807 | 807 | 739 | 739 | 11479.2 | 11479.2 | 2762 |
| 六安市 Luan | 865 | 865 | 1295 | 1295 | 10146.8 | 10146.8 | 3899 |
| 马鞍山市 Maanshan | 625 | 625 | 732 | 732 | 9107.0 | 9107.0 | 3264 |
| 芜湖市 Wuhu | 1674 | 1674 | 1879 | 1879 | 21926.0 | 21926.0 | 4971 |
| 宣城市 Xuancheng | 546 | 546 | 966 | 966 | 7374.2 | 7374.2 | 2082 |
| 铜陵市 Tongling | 463 | 463 | 342 | 342 | 6900.0 | 6900.0 | 1584 |
| 池州市 Chizhou | 408 | 408 | 1249 | 1249 | 3047.2 | 3047.2 | 1054 |
| 安庆市 Anqing | 838 | 838 | 1554 | 1554 | 14860.4 | 14860.4 | 4276 |
| 黄山市 Huangshan | 352 | 352 | 1040 | 1040 | 3852.4 | 3852.4 | 766 |

## 10—8 各市城市绿地和园林（2012年）

### Basic Statistics on Parks and Green Areas in Cities by Region (2012)

| 地 区 | Region | 绿化覆盖面积（公顷）Green Areas (hectare) | 建成区 Completed Area | 园林绿地面积（公顷）Area of Urban Green Areas (hectare) | 公园绿地面积（公顷）Park Green Areas (hectare) | 人均公园绿地面积（平方米）Park Green Areas (sq.m) | 公园（个）Number of Parks (unit) | 建成区绿地率（%）Per Capita ParkGreen Areas (%) | 建成区绿化覆盖率（%）Green Covered Area as % of Completed Area (%) |
|---|---|---|---|---|---|---|---|---|---|
| **总 计** | **Total** | **95952** | **65806** | **79592** | **15941** | **11.92** | **287** | **34.72** | **38.80** |
| 合 肥 市 | Hefei | 15288 | 15088 | 13125 | 3533 | 11.50 | 48 | 33.47 | 39.92 |
| 淮 北 市 | Huaibei | 3953 | 3511 | 4054 | 1229 | 14.50 | 7 | 42.35 | 44.16 |
| 亳 州 市 | Bozhou | 1842 | 1740 | 1280 | 330 | 10.29 | 13 | 29.85 | 40.89 |
| 宿 州 市 | Suzhou | 3261 | 2586 | 2151 | 531 | 10.69 | 21 | 31.21 | 38.60 |
| 蚌 埠 市 | Bengbu | 5055 | 4260 | 3767 | 789 | 8.87 | 13 | 32.29 | 37.21 |
| 阜 阳 市 | Fuyang | 3784 | 2997 | 3568 | 730 | 9.60 | 5 | 28.95 | 33.15 |
| 淮 南 市 | Huainan | 4549 | 4050 | 4026 | 1250 | 11.75 | 9 | 36.68 | 39.71 |
| 滁 州 市 | Chuzhou | 4363 | 3084 | 3784 | 508 | 13.86 | 18 | 36.52 | 39.80 |
| 六 安 市 | Luan | 2926 | 2610 | 2699 | 827 | 14.41 | 19 | 35.54 | 38.67 |
| 马鞍山市 | Maanshan | 5639 | 3752 | 5355 | 1032 | 15.83 | 14 | 40.86 | 43.63 |
| 芜 湖 市 | Wuhu | 5925 | 5925 | 5735 | 1560 | 13.56 | 14 | 35.83 | 39.50 |
| 宣 城 市 | Xuancheng | 3679 | 1877 | 3203 | 371 | 11.49 | 8 | 33.86 | 38.82 |
| 铜 陵 市 | Tongling | 3173 | 2072 | 4928 | 611 | 14.03 | 6 | 56.58 | 40.20 |
| 池 州 市 | Chizhou | 1699 | 1493 | 1369 | 518 | 17.10 | 8 | 32.17 | 40.43 |
| 安 庆 市 | Anqing | 10965 | 3150 | 2950 | 589 | 9.08 | 9 | 36.41 | 38.89 |
| 黄 山 市 | Huangshan | 13691 | 2528 | 12786 | 494 | 14.66 | 25 | 38.79 | 47.25 |
| 桐 城 市 | Tongcheng | 695 | 675 | 552 | 140 | 8.64 | 7 | 20.96 | 25.64 |
| 天 长 市 | Tianchang | 1246 | 1130 | 1158 | 212 | 12.57 | 6 | 33.98 | 39.10 |
| 明 光 市 | Mingguang | 95 | 79 | 103 | 57 | 3.77 | 3 | 2.75 | 3.29 |
| 界 首 市 | Jieshou | 1182 | 530 | 229 | 79 | 4.41 | 2 | 12.60 | 29.28 |
| 宁 国 市 | Ningguo | 1076 | 911 | 902 | 191 | 11.09 | 9 | 34.26 | 35.59 |
| 巢 湖 市 | Chaohu | 1866 | 1758 | 1868 | 360 | 12.20 | 23 | 39.91 | 37.56 |

## 10—9 各市城市燃气情况（2012年）

### Basic Statistics on Supply of Gas in Cities by Region (2012)

| 地 区 | Region | 管道长度(公里) Length of Gas Pipelines (km) | | 全年供气总量 Volume of Gas Supply | | 用气人口(万人) Population with Access to Gas (10000 persons) | |
|---|---|---|---|---|---|---|---|
| | | 液化石油气 Liquefied Petroleum Gas | 天然气 Natural Gas | 液化石油气(吨) Liquefied Petroleum Gas (ton) | 天然气(万立方米) Natural Gas (10000 cu.m) | 液化石油气 Liquefied Petroleum Gas | 天然气 Natural Gas |
| **总 计** | **Total** | **254.43** | **13192.42** | **537160.30** | **171251.42** | **353.05** | **911.83** |
| 合 肥 市 | Hefei | 15.53 | 3195.29 | 34388.00 | 32923.70 | 40.00 | 262.00 |
| 淮 北 市 | Huaibei | | 567.60 | 11250.00 | 5669.00 | 17.56 | 65.50 |
| 亳 州 市 | Bozhou | | 422.00 | 20155.00 | 2469.00 | 19.86 | 9.00 |
| 宿 州 市 | Suzhou | | 502.21 | 7446.00 | 2750.00 | 24.60 | 22.09 |
| 蚌 埠 市 | Bengbu | 13.00 | 1227.71 | 9000.00 | 18249.76 | 19.05 | 69.90 |
| 阜 阳 市 | Fuyang | | 483.00 | 6927.00 | 8700.00 | 14.87 | 46.08 |
| 淮 南 市 | Huainan | | 974.06 | 18400.00 | 9574.24 | 29.80 | 68.94 |
| 滁 州 市 | Chuzhou | | 611.89 | 6115.00 | 12545.00 | 6.52 | 30.00 |
| 六 安 市 | Luan | | 420.36 | 7240.00 | 4752.00 | 31.32 | 20.18 |
| 马鞍山市 | Maanshan | | 908.00 | | 15947.97 | | 65.18 |
| 芜 湖 市 | Wuhu | | 1007.65 | 26003.00 | 26877.00 | 11.91 | 103.14 |
| 宣 城 市 | Xuancheng | 3.00 | 197.63 | 3600.00 | 2110.84 | 21.63 | 7.80 |
| 铜 陵 市 | Tongling | | 698.00 | 15725.00 | 12216.38 | 0.20 | 43.30 |
| 池 州 市 | Chizhou | | 378.26 | 2822.20 | 2022.00 | 8.18 | 21.66 |
| 安 庆 市 | Anqing | 94.90 | 447.71 | 327408.00 | 4356.77 | 34.70 | 24.00 |
| 黄 山 市 | Huangshan | 34.50 | 102.93 | 12370.00 | 482.68 | 31.77 | 0.92 |
| 桐 城 市 | Tongcheng | 40.00 | 122.00 | 4400.00 | 565.00 | 6.00 | 7.50 |
| 天 长 市 | Tianchang | | 46.90 | 5125.00 | 98.89 | 11.58 | 4.70 |
| 明 光 市 | Mingguang | | 56.00 | 2990.00 | 145.00 | 2.20 | 10.50 |
| 界 首 市 | Jieshou | | 64.22 | 2225.00 | 396.00 | 6.95 | 1.80 |
| 宁 国 市 | Ningguo | 53.50 | 250.00 | 7770.50 | 500.00 | 11.95 | 2.60 |
| 巢 湖 市 | Chaohu | | 509.00 | 5800.60 | 7900.19 | 2.40 | 25.04 |

## 10—10 城市供水用水情况
Water Supply and Water Use of Cities

| 年份 Year | 综合生产能力 (万立方米/日) Integrated Production Capacity (10000 cu.m/day) | 地下水 Ground Water | 供水总量 (万立方米) Water Supply (10000 cu.m) | 用水总量(万立方米) Water Use (10000 cu.m) #生产运营用水 Water Used for Business | 公共服务用水 Water Used for Public Services | 居民家庭用水 Water Used for Residents | 消防及其他用水 Water Used for Fire Fighting and Others | 人均日生活用水量(升) Per Capita Water Use (liter) |
|---|---|---|---|---|---|---|---|---|
| 2000 | 961.8 | 159.6 | 200918 | 123629 | | 61398 | | 211.84 |
| 2005 | 1032.7 | 156.5 | 206386 | 123285 | 23231 | 49728 | 10142 | 195.69 |
| 2006 | 1026.0 | 145.7 | 220174 | 102877 | 28373 | 57515 | 6778 | 237.84 |
| 2007 | 999.2 | 109.3 | 207574 | 116823 | 20918 | 48145 | 3780 | 180.40 |
| 2008 | 1728.7 | 109.4 | 195543 | 101119 | 19353 | 50323 | 3596 | 174.71 |
| 2009 | 2080.6 | 92.9 | 162243 | 67362 | 18656 | 49072 | 4248 | 160.96 |
| 2010 | 1992.8 | 99.2 | 160816 | 62871 | 19191 | 50889 | 5155 | 160.83 |
| 2011 | 820.2 | 103.2 | 158039 | 51387 | 18921 | 56014 | 5899 | 169.00 |
| 2012 | 1029.4 | 114.6 | 156888 | 47010 | 19443 | 59439 | 4406 | 165.45 |

## 10—11 各市城市供水用水情况（2012年）
Water Supply and Water Use of Cities by Region (2012)

| 地区 | Region | 综合生产能力 (万立方米/日) Integrated Production Capacity (10000 cu.m/day) | 地下水 Ground Water | 供水总量 (万立方米) Water Supply (10000 cu.m) | 用水总量(万立方米) Water Use (10000 cu.m) #生产运营用水 Water Used for Business | 公共服务用水 Water Used for Public Services | 居民家庭用水 Water Used for Residents | 消防及其他用水 Water Used for Fire Fighting and Others | 人均日生活用水量(升) Per Capita Water Use (liter) |
|---|---|---|---|---|---|---|---|---|---|
| **总计** | **Total** | **1029.37** | **114.63** | **156888** | **47010** | **19443** | **59439** | **4406** | **165.45** |
| 合肥市 | Hefei | 125.00 | | 34573 | 5446 | 7317 | 16932 | | 216.75 |
| 淮北市 | Huaibei | 41.50 | 40.50 | 5719 | 1957 | 220 | 3060 | 196 | 107.11 |
| 亳州市 | Bozhou | 10.50 | 10.50 | 2935 | 906 | 302 | 1323 | | 152.21 |
| 宿州市 | Suzhou | 26.50 | 26.50 | 5400 | 1586 | 745 | 2252 | 27 | 166.54 |
| 蚌埠市 | Bengbu | 77.15 | 1.10 | 14419 | 7298 | 2501 | 3707 | | 191.21 |
| 阜阳市 | Fuyang | 45.50 | 25.50 | 6746 | 2637 | 876 | 2526 | 30 | 132.38 |
| 淮南市 | Huainan | 48.00 | | 9484 | 1363 | 906 | 3772 | 565 | 122.27 |
| 滁州市 | Chuzhou | 32.00 | 1.00 | 4967 | 1664 | 452 | 1591 | 401 | 153.06 |
| 六安市 | Luan | 20.50 | 1.00 | 4524 | 747 | 436 | 1690 | 383 | 101.96 |
| 马鞍山市 | Maanshan | 124.30 | | 17765 | 10354 | 946 | 3702 | 461 | 195.38 |
| 芜湖市 | Wuhu | 102.00 | | 16448 | 3908 | 1475 | 5617 | 1015 | 168.89 |
| 宣城市 | Xuancheng | 20.11 | 0.02 | 2270 | 454 | 451 | 1116 | 57 | 136.14 |
| 铜陵市 | Tongling | 209.59 | | 6654 | 1204 | 1029 | 2425 | 15 | 217.55 |
| 池州市 | Chizhou | 16.95 | | 2535 | 724 | 265 | 1050 | 45 | 120.98 |
| 安庆市 | Anqing | 56.85 | | 9437 | 4154 | 463 | 2746 | 128 | 141.99 |
| 黄山市 | Huangshan | 21.70 | 0.06 | 3524 | 579 | 311 | 1317 | 603 | 149.83 |
| 桐城市 | Tongcheng | 5.70 | | 1029 | 129 | 94 | 412 | 116 | 92.46 |
| 天长市 | Tianchang | 8.62 | | 1575 | 85 | 92 | 921 | 95 | 171.31 |
| 明光市 | Mingguang | 6.50 | 3.25 | 1320 | 520 | 88 | 603 | 37 | 138.37 |
| 界首市 | Jieshou | 5.20 | 5.20 | 1248 | 339 | 81 | 727 | 4 | 149.57 |
| 宁国市 | Ningguo | 13.20 | | 1558 | 602 | 32 | 768 | | 144.39 |
| 巢湖市 | Chaohu | 12.00 | | 2761 | 354 | 360 | 1182 | 228 | 155.35 |

## 10—12 各市城市污水排放和处理情况（2012年）
City Sewage Emission and Processing by Region (2012)

单位：万立方米（10000 cu.m）

| 地 区 | Region | 城市污水排放量 City Sewage discharge | 城市污水处理总量 Total of Sewage Processing | 污水处理厂处理量 Processing Amount of Sewage Processing Plant | 其他污水处理量 Processing Amount of Others | 城市污水处理率 (%) Rate of City Sewage Treatment (%) | 城市污水处理厂集中处理率 (%) Central Processing Rate of Sewage Treatment Plant (%) |
|---|---|---|---|---|---|---|---|
| **总 计** | **Total** | **131535** | **124338** | **113636** | **10702** | **94.53** | **86.39** |
| 合肥市 | Hefei | 36146 | 35675 | 31211 | 4464 | 98.70 | 86.35 |
| 淮北市 | Huaibei | 4566 | 4446 | 4091 | 355 | 97.36 | 89.59 |
| 亳州市 | Bozhou | 3145 | 3048 | 2793 | 255 | 96.92 | 88.81 |
| 宿州市 | Suzhou | 3780 | 3561 | 2911 | 650 | 94.21 | 77.01 |
| 蚌埠市 | Bengbu | 11670 | 11489 | 10523 | 966 | 98.45 | 90.17 |
| 阜阳市 | Fuyang | 5289 | 4669 | 4669 | | 88.28 | 88.28 |
| 淮南市 | Huainan | 7890 | 7721 | 5957 | 1764 | 97.86 | 75.50 |
| 滁州市 | Chuzhou | 4409 | 4074 | 3949 | 125 | 92.40 | 89.57 |
| 六安市 | Luan | 3212 | 2858 | 2751 | 107 | 88.96 | 85.65 |
| 马鞍山市 | Maanshan | 12454 | 11658 | 10575 | 1083 | 93.60 | 84.91 |
| 芜湖市 | Wuhu | 13093 | 12032 | 11522 | 510 | 91.90 | 88.00 |
| 宣城市 | Xuancheng | 1675 | 1403 | 1363 | 40 | 83.76 | 81.37 |
| 铜陵市 | Tongling | 5153 | 4162 | 4162 | | 80.77 | 80.77 |
| 池州市 | Chizhou | 1878 | 1695 | 1695 | | 90.26 | 90.26 |
| 安庆市 | Anqing | 6620 | 6344 | 5989 | 355 | 95.83 | 90.47 |
| 黄山市 | Huangshan | 2872 | 2578 | 2578 | | 89.76 | 89.76 |
| 桐城市 | Tongcheng | 732 | 596 | 582 | 14 | 81.42 | 79.51 |
| 天长市 | Tianchang | 1260 | 1247 | 1247 | | 98.99 | 98.99 |
| 明光市 | Mingguang | 1280 | 1168 | 1168 | | 91.25 | 91.25 |
| 界首市 | Jieshou | 999 | 934 | 920 | 14 | 93.54 | 92.09 |
| 宁国市 | Ningguo | 1143 | 1053 | 1053 | | 92.13 | 92.13 |
| 巢湖市 | Chaohu | 2269 | 1927 | 1927 | | 84.95 | 84.95 |

## 10—13 各市城市市容环境卫生情况（2012年）
Basic Statistics on Urban Sanitation in Cities by Region (2012)

| 地 区 | Region | 清扫保洁面积（万平方米）Area under Cleaning Program (10000 sq.m) | 生活垃圾清运量（万吨）Volume of Garbage Disposal (10000 tons) | 生活垃圾无害化处理量（万吨）Volume of Garbage hazard-free Disposal (10000 tons) | 生活垃圾无害化处理率 (%) Living Refuse Treatment Rate (%) | 粪便清运量（万吨）Volume of Excrement and Urine Disposal (10000 tons) | 市容环卫专用车辆设备总数（台）Number of Special Vehicles for Environmental Sanitation (unit) | 公共厕所（座）Number of Public Lavatories (unit) |
|---|---|---|---|---|---|---|---|---|
| **总 计** | **Total** | **22229** | **442.06** | **402.91** | **91.14** | **27.17** | **2320** | **3096** |
| 合肥市 | Hefei | 5419 | 92.03 | 92.03 | 100.00 | 2.77 | 754 | 216 |
| 淮北市 | Huaibei | 715 | 19.50 | 19.50 | 100.00 | 0.28 | 70 | 33 |
| 亳州市 | Bozhou | 920 | 10.42 | 10.42 | 100.00 | 5.20 | 59 | 259 |
| 宿州市 | Suzhou | 902 | 18.00 | 18.00 | 100.00 | 2.80 | 135 | 138 |
| 蚌埠市 | Bengbu | 1048 | 29.20 | 29.20 | 100.00 | 3.20 | 92 | 307 |
| 阜阳市 | Fuyang | 814 | 25.01 | 23.33 | 93.28 | 4.50 | 120 | 169 |
| 淮南市 | Huainan | 1444 | 31.61 | 28.92 | 91.49 | 0.45 | 194 | 221 |
| 滁州市 | Chuzhou | 1097 | 11.85 | 11.85 | 100.00 | 2.01 | 42 | 171 |
| 六安市 | Luan | 720 | 18.32 | 18.31 | 99.95 | 1.79 | 57 | 265 |
| 马鞍山市 | Maanshan | 1000 | 19.08 | 18.32 | 96.02 | 0.65 | 78 | 90 |
| 芜湖市 | Wuhu | 2017 | 34.40 | 32.68 | 95.00 | | 190 | 293 |
| 宣城市 | Xuancheng | 805 | 9.84 | 9.84 | 100.00 | | 41 | 37 |
| 铜陵市 | Tongling | 987 | 12.88 | 12.88 | 100.00 | | 99 | 131 |
| 池州市 | Chizhou | 702 | 11.69 | 11.68 | 99.91 | 0.26 | 63 | 133 |
| 安庆市 | Anqing | 1277 | 38.30 | 25.66 | 67.00 | 0.60 | 71 | 177 |
| 黄山市 | Huangshan | 452 | 10.21 | 10.21 | 100.00 | | 51 | 50 |
| 桐城市 | Tongcheng | 230 | 7.00 | | | | 32 | 6 |
| 天长市 | Tianchang | 420 | 5.48 | 5.48 | 100.00 | | 37 | 166 |
| 明光市 | Mingguang | 200 | 10.02 | | | 1.00 | 10 | 13 |
| 界首市 | Jieshou | 180 | 9.02 | 6.40 | 70.95 | 0.66 | 45 | 98 |
| 宁国市 | Ningguo | 315 | 7.20 | 7.20 | 100.00 | | 32 | 33 |
| 巢湖市 | Chaohu | 565 | 11.00 | 11.00 | 100.00 | 1.00 | 48 | 90 |

# 主要统计指标解释

**供水管道长度**

指从送水泵至用户水表之间所有管道的长度。不包括新安装尚未使用、水厂内以及用户建筑物内的管道。

**供水总量**

指报告期供水企业（单位）供出的全部水量。包括有效供水量和漏损水量。

**公共服务用水**

指为城市社会公共生活服务的用水。包括行政事业单位、部队营区和公共设施服务、社会服务业、批发零售贸易业、旅馆饮食业以及社会服务业等单位的用水。

**居民家庭用水**

居民家庭用水指城市范围内所有居民家庭的日常生活用水。包括城市居民、农民家庭、公共供水站用水。

**用水普及率**

指报告期末城区内用水人口与总人口的比率。计算公式：

用水普及率=城区用水人口 /（城区人口+城区暂住人口）×100%

**供气总量**

指报告期燃气企业（单位）向用户供应的燃气数量。包括销售量和损失量。

**燃气普及率**

指报告期末使用燃气的人口与总人口的比率。计算公式：

燃气普及率=城区用气人口 /（城区人口+城区暂住人口）×100%

**排水管道长度**

指所有排水总管、干管、支管、检查井及连接井进出口等长度之和。

**公园绿地**

城市中向公众开放的、以游憩为主要功能，有一定的游憩设施和服务设施，同时兼有健全生态、美化景观、防灾减灾等综合作用的绿化用地。

**公园面积**

指报告期末综合公园、专类公园和带状公园的全部占地总面积。

# Explanatory Notes for Major Statistical Indicators

**Length of Water Supply Pipelines**

refers to the total length of all the pipelines between the water pumps and the user water meters, excluding pipelines newly installed but not used yet, and in water plant, user building's pipeline as well as.

**Volume of Water Supply**

refers to the total volume of water supplied by water-works (units) during the reference period, including both the effective water supply and loss during the water supply.

**Consumption of Water for Public Service**

refers to the water consumption of urban society public service, including the consumption of government agencies and public institutions, military barracks, public facilities, wholesale and retail outlets, restaurants, hotels, and other units providing public services.

**Consumption of Water for Residential Use**

refers to the consumption of water for daily life of all households in the boundary of cities, including households of urban residents and farmers, and public water supply stations.

**Percentage of Urban Population with Access to Tap Water**

refers to the ratio of the urban population with access to tap water to the total urban population. The formula is:

Percentage of population with access to tap water=(Urban population with access to tap water) / (Urban population)×100%

**Volume of Gas Supply**

refers to the total volume of gas provided to users by gas-producing enterprises (units) in a year, including the volume sold and the volume lost.

**Percentage of Urban Population with Access to Gas**

refers to the ratio of the urban population with access to gas to the total urban population at the end of the reference period. The formula is:

Percentage of population with access to gas = (Urban population with access to gas / Urban population) x 100%

**Length of Urban Sewage Pipes**

refers to the total length of general drainage, trunks. branch and inspection wells, connection wells, inlets and outlets, etc.

**Park Green Area**

refers to green areas open to the public for amusement and rest with the facilities of amusement, rest and services. Its function includes perfecting ecology, beautifying landscape, and preventing and reducing disaster.

**Park Area**

Total areas of including comprehensive park, community park, topic park, belt-shaped park.

# 第十一篇

Chapter 11

# 自然资源和环境保护

NATURAL RESOURCES AND ENVIRONMENT PROTECTION

## 简要说明

一、自然状况包括地域、气象状况。自然资源包括土地、气候、林木、水资源。

1. 林木资料来自省林业厅；

2. 水资源资料由省水利厅和省水产局提供；

3. 气象资料由省气象中心整理提供。

二、环境保护统计资料由省环保厅提供。统计资料是依据国家环保总局制定的环境统计报表制度，由各市的环境统计年报汇总整理而成。主要包括“三废”排放与处理，反映各工业行业有关“三废”排放与处理的情况。

## Brief Introduction

I. Natural conditions cover region and meteorological conditions. Natural resources cover land, climate, forest and water resources.

1. Data on forest are provided by the Department of Forestry of Anhui Province.

2. Data on water conservancy are provided by the Water Conservancy Department and the Marine Products Bureau of Anhui Province.

3. The meteorological data are provided by the Provincial Meteorological Center.

II. Data on environmental protection are provided by the Provincial Environment Protection Department. Data are collected and tabulated by the prefectures and cities in accordance with the annual environmental protection reporting scheme stipulated by the State Environment Protection General Bureau. Data include mainly the discharge and treatment of waste water, waste gas and solid wastes, which show various indicators about the discharge and treatment of waste water, waste gas and solid wastes in various regions and various industrial sectors.

# 11—1 自　然　状　况
Natural Conditions

| 项　目 | | Item | | 2012 |
|---|---|---|---|---|
| **区 域** | | **Climate** | | |
| 土地总面积 | （平方公里） | Total Land Area | (sq.km) | 139427 |
| 山 区 | | Mountain | | 41162 |
| 平 原 | | Plain | | 34608 |
| 丘 陵 | | Hills | | 40448 |
| 圩 区 | | Low-lying Paddy Fields | | 12097 |
| 湖泊洼地 | | Lakes and Low-lying Lands | | 11122 |
| **山峰高程** | **（米）** | **Height of Mountain Peak** | **(m)** | |
| 大别山 | | DaBie Shan | | 1729.0 |
| 黄 山 | | Huang Shan | | 1864.8 |
| 九华山 | | JiuHua Shan | | 1344.4 |
| 天柱山 | | TianZhu Shan | | 1489.8 |
| **河流长度（安徽境内）** | **（公里）** | **Length（ Within the territory of Anhui Province）** | **(km)** | |
| 淮 河 | | Huaihe River | | 430 |
| 长 江 | | Changjiang River | | 416 |
| 新安江 | | Xin An Jiang River | | 240 |
| **湖泊面积** | | **Area of Lakes** | | |
| 巢 湖 | （平方公里） | ChaoHu Lake | (sq.km) | 800 |
| **气 候** | | **Climate** | | |
| 年平均气温 | （摄氏度） | Annual Average Temperature | (℃) | |
| 淮北地区 | | HuaiBei Area | | 15.6 |
| 江淮地区 | | JiangHuai Area | | 16.0 |
| 沿江地区 | | Along Chang Jiang River | | 16.7 |
| 江南地区 | | Lying South of Chang Jiang | | 16.0 |
| 降水量 | （毫米） | Precipitation | (mm) | 1173.8 |
| 淮河流域 | | Huaihe River Basin | | 831.1 |
| 淮河上游区 | | The Upper Reaches of Huaihe River | | 743.2 |
| 淮河中游区 | | The Middle Reaches of Huaihe River | | 832.4 |
| 淮河下游区 | | The Lower Reaches of Huaihe River | | 837.1 |
| 沂沭泗河 | | Yishusi River | | 616.7 |
| 长江流域 | | Changjiang River Basin | | 1430.2 |
| 湖口以下干流 | | Main Rivers Below Hukou | | 1399.5 |
| 鄱阳湖水系 | | River System of Poyang Lake | | 2090.0 |
| 太湖水系 | | River System of Taihu Lake | | 1760.0 |
| 东南诸河 | | South-eastern Rivers | | 2074.8 |
| 钱塘江 | | Qiantang Jiang River | | 2074.8 |

# 11—2 自　然　资　源
Natural Resources

| 项　目 | | Item | | 2012 |
|---|---|---|---|---|
| **土地资源** | | **Land Resources** | | |
| 常用耕地面积 | （千公顷） | Area of Cultivated Land | (1000 hectares) | 4184.24 |
| 水　田 | | Paddy Fields | | 1915.89 |
| 旱　田 | | Dry Fields | | 2268.35 |
| 林业用地面积 | （千公顷） | Area of Afforestated Land | (1000 hectares) | 4431.80 |
| #造林面积 | | Area of Afforesded Hilly Area | | 112.20 |
| 果园面积 | | Area of Orchard | | 116.47 |
| 茶园面积 | | Area of Tea Plantations | | 149.69 |
| **林木资源** | | **Forest Resources** | | |
| 活立木总蓄积量 | （万立方米） | Total Standing Stock Volume | (10000 cu.m) | 21710.12 |
| 森林面积 | （千公顷） | Forest Area | (1000 hectares) | 3804.20 |
| 森林覆盖率 | （%） | Forest-cover Rate | (%) | 27.53 |
| **水资源** | | **Water Resources** | | |
| 水资源总量 | （亿立方米） | Total Resources | (100 million cu.m) | 701.00 |
| 淮河流域 | | Huaihe River Basin | | 179.79 |
| 淮河上游区 | | The Upper Reaches of Huaihe River | | 0.88 |
| 淮河中游区 | | The Middle Reaches of Huaihe River | | 172.23 |
| 淮河下游区 | | The Lower Reaches of Huaihe River | | 6.20 |
| 沂沭泗河 | | Yishusi River | | 0.48 |
| 长江流域 | | Changjiang River Basin | | 443.05 |
| 湖口以下干流 | | Main Rivers Below Hukou | | 408.57 |
| 鄱阳湖水系 | | River System of Poyang Lake | | 32.43 |
| 太湖水系 | | River System of Taihu Lake | | 2.05 |
| 东南诸河 | | South-eastern Rivers | | 78.16 |
| 钱塘江 | | Qiantang River | | 78.16 |
| 天然年径流量 | （亿立方米） | Natural Annual Flow | (100 million cu.m) | 640.64 |
| 淮河流域 | | Huaihe River Basin | | 133.77 |
| 淮河上游区 | | The Upper Reaches of Huaihe River | | 0.47 |
| 淮河中游区 | | The Middle Reaches of Huaihe River | | 128.36 |
| 淮河下游区 | | The Lower Reaches of Huaihe River | | 4.75 |
| 沂沭泗河 | | Yishusi River | | 0.19 |
| 长江流域 | | Changjiang River Basin | | 428.71 |
| 湖口以下干流 | | Main Rivers Below Hukou | | 394.23 |
| 鄱阳湖水系 | | River System of Poyang Lake | | 32.43 |
| 太湖水系 | | River System of Taihu Lake | | 2.05 |
| 东南诸河 | | South-eastern Rivers | | 78.16 |
| 钱塘江 | | Qiantang River | | 78.16 |
| 地下水天然补给资源量 | （亿立方米） | Natural Supply of Ground Water | (100 million cu.m) | 153.05 |
| 淮河流域 | | Huaihe River Basin | | 78.28 |
| 长江流域 | | Changjiang River Basin | | 71.19 |
| 新安江流域 | | Xinanjiang River Basin | | 3.58 |
| 淡水面积 | （千公顷） | Freshwater Area | (1000 hectares) | 1054.00 |
| #养殖面积 | | Cultivated Area | | 556.61 |
| **主要矿产基础储量** | | **Major Mineral Basic Reserves** | | |
| 煤　炭 | （亿吨） | Coal | (100 million tons) | 80.38 |
| 铁　矿 | （矿石，亿吨） | Iron | (Ore, 100 million tons) | 8.39 |
| 钒　矿 | （$V_2O_5$，万吨） | Vanadium | ($V_2O_5$, 10000 tons) | 6.07 |
| 铜　矿 | （铜，万吨） | Copper | (Metal, 10000 tons) | 175.61 |
| 铅　矿 | （铅，万吨） | Lead | (Metal, 10000 tons) | 10.80 |
| 硫铁矿 | （矿石，万吨） | Pyrite Ore | (Ore, 10000 tons) | 14925.80 |
| 磷　矿 | （矿石，万吨） | Phosphorus Ore | (Ore, 10000 tons) | 1972.10 |
| 高岭土 | （矿石，万吨） | Kaolin Ore | (Ore, 10000 tons) | 155.80 |

## 11—3 主要城市平均气温（2012年）
Monthly Average Temperature in Major Cities (2012)

单位：摄氏度（℃）

| 城市 | City | 1月 Jan. | 2月 Feb. | 3月 Mar. | 4月 Apr. | 5月 May. | 6月 June | 7月 July | 8月 Aug. | 9月 Sept. | 10月 Oct. | 11月 Nov. | 12月 Dec. | 年平均 Annual Average |
|---|---|---|---|---|---|---|---|---|---|---|---|---|---|---|
| 合肥市 | Hefei | 3.1 | 3.5 | 9.6 | 18.8 | 22.7 | 26.7 | 30.6 | 28.2 | 22.7 | 18.6 | 10.0 | 3.4 | 16.5 |
| 淮北市 | Huaibei | 1.2 | 2.6 | 8.6 | 17.8 | 23.5 | 26.9 | 29.4 | 27.0 | 22.1 | 17.9 | 8.8 | 1.2 | 15.6 |
| 亳州市 | Bozhou | 0.7 | 2.6 | 8.6 | 17.4 | 22.9 | 26.9 | 28.6 | 26.1 | 21.9 | 18.1 | 8.6 | 1.0 | 15.3 |
| 宿州市 | Suzhou | 1.5 | 2.7 | 8.3 | 17.3 | 23.1 | 26.7 | 29.4 | 27.2 | 22.3 | 18.0 | 8.7 | 1.6 | 15.6 |
| 蚌埠市 | Bengbu | 1.8 | 2.6 | 8.4 | 17.6 | 22.7 | 26.4 | 29.3 | 27.2 | 22.2 | 17.7 | 9.0 | 2.2 | 15.6 |
| 阜阳市 | Fuyang | 1.1 | 2.6 | 8.3 | 16.9 | 22.1 | 26.1 | 28.9 | 26.5 | 21.6 | 17.4 | 8.9 | 2.0 | 15.2 |
| 淮南市 | Huainan | 2.9 | 3.5 | 9.6 | 18.7 | 23.5 | 27.3 | 30.4 | 27.8 | 23.1 | 19.0 | 10.3 | 3.0 | 16.6 |
| 滁州市 | Chuzhou | 2.0 | 2.5 | 8.6 | 17.6 | 21.8 | 25.3 | 29.0 | 27.1 | 21.3 | 17.0 | 8.8 | 2.3 | 15.3 |
| 六安市 | Luan | 2.4 | 3.0 | 9.3 | 18.6 | 22.3 | 26.1 | 29.9 | 27.1 | 22.1 | 18.0 | 9.8 | 2.9 | 16.0 |
| 马鞍山市 | Maanshan | 3.0 | 3.0 | 9.3 | 18.3 | 21.9 | 25.6 | 29.5 | 27.7 | 22.3 | 18.7 | 10.5 | 3.7 | 16.1 |
| 芜湖市 | Wuhu | 3.5 | 3.5 | 9.5 | 18.8 | 22.2 | 26.2 | 30.6 | 28.2 | 23.0 | 18.6 | 10.8 | 4.2 | 16.6 |
| 宣城市 | Xuancheng | 3.3 | 3.1 | 9.1 | 18.2 | 21.3 | 25.3 | 29.7 | 27.5 | 22.1 | 17.9 | 10.2 | 4.1 | 16.0 |
| 铜陵市 | Tongling | 3.8 | 3.9 | 10.0 | 19.2 | 22.6 | 26.6 | 31.1 | 28.1 | 23.1 | 18.6 | 11.1 | 4.6 | 16.9 |
| 池州市 | Chizhou | 3.8 | 3.8 | 9.6 | 18.6 | 22.1 | 26.2 | 30.4 | 27.9 | 22.7 | 18.3 | 11.0 | 4.6 | 16.6 |
| 安庆市 | Anqing | 3.5 | 3.7 | 9.6 | 18.8 | 22.3 | 26.5 | 30.7 | 28.2 | 23.2 | 19.0 | 11.1 | 4.7 | 16.8 |
| 黄山市 | Huangshan | 4.8 | 5.0 | 10.9 | 18.8 | 22.1 | 24.9 | 30.1 | 27.9 | 22.7 | 18.9 | 11.3 | 6.0 | 17.0 |

## 11—4 主要城市降水量（2012年）
Monthly Precipitation in Major Cities (2012)

单位：毫米（millimeters）

| 城市 | City | 1月 Jan. | 2月 Feb. | 3月 Mar. | 4月 Apr. | 5月 May. | 6月 June | 7月 July | 8月 Aug. | 9月 Sept. | 10月 Oct. | 11月 Nov. | 12月 Dec. | 全年 Annual Total |
|---|---|---|---|---|---|---|---|---|---|---|---|---|---|---|
| 合肥市 | Hefei | 14.5 | 52.1 | 84.2 | 57.3 | 110.3 | 68.9 | 86.4 | 220.5 | 100.7 | 60.0 | 34.4 | 47.1 | 936.4 |
| 淮北市 | Huaibei | 5.0 | 7.1 | 63.5 | 31.9 | 8.6 | 38.9 | 138.5 | 216.0 | 57.0 | 9.4 | 34.8 | 42.1 | 652.8 |
| 亳州市 | Bozhou | 8.9 | 4.2 | 58.9 | 29.5 | 27.8 | 27.0 | 334.6 | 93.0 | 59.1 | 10.2 | 29.0 | 34.2 | 716.4 |
| 宿州市 | Suzhou | 3.3 | 5.7 | 72.4 | 22.6 | 20.6 | 131.6 | 275.2 | 87.5 | 59.0 | 13.2 | 42.1 | 47.4 | 780.6 |
| 蚌埠市 | Bengbu | 9.6 | 13.3 | 100.2 | 30.1 | 19.0 | 22.1 | 165.9 | 134.1 | 86.0 | 22.7 | 29.1 | 64.0 | 696.1 |
| 阜阳市 | Fuyang | 6.2 | 10.2 | 68.5 | 34.6 | 30.2 | 68.7 | 87.5 | 145.9 | 77.2 | 12.5 | 25.2 | 42.9 | 609.6 |
| 淮南市 | Huainan | 11.6 | 15.7 | 91.6 | 39.1 | 56.7 | 96.0 | 73.0 | 273.2 | 81.9 | 45.0 | 34.3 | 75.3 | 893.4 |
| 滁州市 | Chuzhou | 13.5 | 33.4 | 90.4 | 29.8 | 83.4 | 20.0 | 186.4 | 262.2 | 102.1 | 35.4 | 33.4 | 54.7 | 944.7 |
| 六安市 | Luan | 15.1 | 38.9 | 75.6 | 57.8 | 101.2 | 34.2 | 110.5 | 259.2 | 77.2 | 64.2 | 49.0 | 57.1 | 940.0 |
| 马鞍山市 | Maanshan | 29.4 | 77.6 | 90.0 | 36.0 | 68.9 | 42.5 | 216.2 | 249.7 | 99.6 | 37.0 | 39.7 | 74.1 | 1060.7 |
| 芜湖市 | Wuhu | 41.0 | 99.5 | 127.3 | 42.4 | 121.8 | 59.1 | 257.8 | 303.4 | 121.5 | 41.7 | 59.5 | 83.1 | 1358.1 |
| 宣城市 | Xuancheng | 71.9 | 114.3 | 190.4 | 73.0 | 137.9 | 97.4 | 110.6 | 231.7 | 98.3 | 57.3 | 62.6 | 97.4 | 1342.8 |
| 铜陵市 | Tongling | 60.5 | 108.2 | 149.3 | 69.9 | 159.3 | 134.9 | 176.8 | 169.1 | 124.8 | 54.0 | 70.7 | 95.3 | 1372.8 |
| 池州市 | Chizhou | 63.6 | 117.2 | 187.3 | 110.7 | 213.0 | 135.5 | 168.1 | 256.7 | 181.9 | 65.0 | 68.9 | 101.8 | 1669.7 |
| 安庆市 | Anqing | 52.8 | 104.2 | 177.5 | 84.1 | 202.3 | 121.5 | 326.3 | 144.5 | 129.0 | 60.7 | 64.1 | 94.6 | 1561.6 |
| 黄山市 | Huangshan | 94.0 | 186.5 | 280.2 | 315.0 | 205.0 | 339.9 | 24.7 | 246.7 | 101.2 | 65.2 | 95.5 | 135.0 | 2088.9 |

## 11—5 各市全年降水量（2012年）
Total Precipitation by Region (2012)

| 地 区 | Region | 年降水量 Precipitation 毫 米 0.001(m) | 亿立方米 (100 million cu.m) | 多年平均降水量（亿立方米） Average Precipitation in Many Years (100 million cu.m) | 与上年比较 Compared With Last Year (±%) | 与多年平均比较 Compared With The Average Precipitation of Many Years (±%) |
|---|---|---|---|---|---|---|
| **总 计** | **Total** | **1173.8** | **1637.1** | **1636.3** | **10.3** | |
| 合 肥 市 | Hefei | 970.9 | 109.2 | 115.1 | 8.4 | -5.2 |
| 淮 北 市 | Huaibei | 773.2 | 21.1 | 23.0 | 18.3 | -8.4 |
| 亳 州 市 | Bozhou | 772.2 | 64.7 | 69.1 | 15.1 | -6.5 |
| 宿 州 市 | Suzhou | 784.8 | 77.3 | 82.6 | -7.3 | -6.4 |
| 蚌 埠 市 | Bengbu | 731.5 | 44.0 | 52.7 | -22.3 | -16.5 |
| 阜 阳 市 | Fuyang | 712.3 | 70.2 | 87.1 | 12.1 | -19.4 |
| 淮 南 市 | Huainan | 797.2 | 20.8 | 23.1 | -3.4 | -10.1 |
| 滁 州 市 | Chuzhou | 817.2 | 108.9 | 127.4 | -15.3 | -14.5 |
| 六 安 市 | Luan | 1065.0 | 196.4 | 218.0 | 9.0 | -9.9 |
| 马鞍山市 | Maanshan | 1047.8 | 40.8 | 41.4 | 7.1 | -1.4 |
| 芜 湖 市 | Wuhu | 1278.3 | 76.3 | 72.8 | 8.7 | 4.8 |
| 宣 城 市 | Xuancheng | 1648.9 | 203.5 | 178.6 | 14.1 | 13.9 |
| 铜 陵 市 | Tongling | 1415.1 | 15.8 | 15.5 | 1.4 | 1.7 |
| 池 州 市 | Chizhou | 1822.6 | 153.6 | 135.6 | 23.0 | 13.3 |
| 安 庆 市 | Anqing | 1477.4 | 228.5 | 215.7 | 28.2 | 5.9 |
| 黄 山 市 | Huangshan | 2098.2 | 206.2 | 178.8 | 20.0 | 15.4 |

## 11—6 流域分区全年降水量（2012年）
Total Precipitation by Area of Rivers (2012)

| 流域分区 River Area | 年降水量 Precipitation 毫 米 0.001(m) | 亿立方米 (100 million cu.m) | 多年平均降水量（亿立方米） Average Precipitation in Many Years (100 million cu.m) | 与上年比较 Compared With Last Year (±%) | 与多年平均比较 Compared With The Average Precipitation of Many Years (±%) |
|---|---|---|---|---|---|
| **总 计 Total** | **1173.8** | **1637.1** | **1636.3** | **10.3** | |
| 淮河流域 Huaihe River Basin | 831.1 | 553.7 | 628.4 | -0.4 | -11.9 |
| 淮河上游区 The Upper Reaches of Huaihe River | 743.2 | 2.8 | 3.5 | 18.0 | -21.9 |
| 淮河中游区 The Middle Reaches of Huaihe River | 832.4 | 532.9 | 602.7 | 0.3 | -11.6 |
| 淮河下游区 The Lower Reaches of Huaihe River | 837.1 | 16.2 | 20.0 | -16.9 | -18.8 |
| 沂沭泗河 Yishusi River | 616.7 | 1.9 | 2.2 | -30.2 | -17.0 |
| 长江流域 Changjiang River Basin | 1430.2 | 949.8 | 892.8 | 16.6 | 6.4 |
| 湖口以下干流 Main Rivers Below Hukou | 1399.5 | 886.6 | 840.8 | 15.8 | 5.5 |
| 鄱阳湖水系 River System of Poyang Lake | 2090.0 | 59.2 | 48.9 | 28.9 | 21.1 |
| 太湖水系 River System of Taihu Lake | 1760.0 | 4.0 | 3.1 | 23.8 | 27.3 |
| 东南诸河 South-eastern Rivers | 2074.8 | 133.6 | 115.2 | 17.2 | 16.0 |
| 钱塘江 Qiantang River | 2074.8 | 133.6 | 115.2 | 17.2 | 16.0 |

## 11—7 各市水资源总量（2012年）
Water Resources by Region (2012)

单位：亿立方米（100 million cu.m）

| 地区 | Region | 天然年径流量 Natural Annual Flow by Region | 山丘区地下水资源量 Ground Water Volume of Mountain and Hill Areas | 山丘区河川基流量 River Flow of Mountain and Hill Areas | 平原区降水入渗补给量 Permeated Precipitation Supply of Plain Areas | 平原区降水入渗补给形成的河道排泄量 River Way Drainage Volume Caused by Permeated Precipitation Supply of Plain Areas | 地下水资源与地表水资源不重复量 Amount of Non-repeat-calculated Water Between Ground Water and Surface Water | 水资源总量 Total Amount of Water Resources by Region |
|---|---|---|---|---|---|---|---|---|
| **总　　计** | **Total** | **640.64** | **76.16** | **76.04** | **76.39** | **7.86** | **60.36** | **701.00** |
| 合 肥 市 | Hefei | 30.23 | 3.84 | 3.84 | 1.13 | | 2.01 | 32.24 |
| 淮 北 市 | Huaibei | 3.21 | 0.05 | 0.02 | 3.59 | 0.48 | 3.14 | 6.35 |
| 亳 州 市 | Bozhou | 11.89 | | | 11.78 | 1.92 | 9.86 | 21.75 |
| 宿 州 市 | Suzhou | 12.16 | 0.24 | 0.15 | 13.24 | 1.84 | 11.49 | 23.65 |
| 蚌 埠 市 | Bengbu | 10.29 | 0.29 | 0.29 | 6.49 | 1.33 | 5.16 | 15.45 |
| 阜 阳 市 | Fuyang | 11.92 | | | 12.56 | 1.86 | 10.70 | 22.62 |
| 淮 南 市 | Huainan | 4.44 | 0.03 | 0.03 | 2.17 | 0.43 | 1.68 | 6.12 |
| 滁 州 市 | Chuzhou | 30.06 | 4.08 | 4.08 | 2.60 | | 2.40 | 32.46 |
| 六 安 市 | Luan | 67.25 | 10.82 | 10.82 | 4.16 | | 2.61 | 69.86 |
| 马鞍山市 | Maanshan | 14.70 | 1.06 | 1.06 | 2.53 | | 1.84 | 16.54 |
| 芜 湖 市 | Wuhu | 31.06 | 2.15 | 2.15 | 4.80 | | 2.33 | 33.38 |
| 宣 城 市 | Xuancheng | 104.49 | 14.59 | 14.59 | 1.34 | | 0.83 | 105.32 |
| 铜 陵 市 | Tongling | 6.71 | 0.61 | 0.61 | 0.73 | | 0.48 | 7.20 |
| 池 州 市 | Chizhou | 79.90 | 10.04 | 10.04 | 2.51 | | 1.41 | 81.31 |
| 安 庆 市 | Anqing | 99.85 | 9.88 | 9.88 | 6.76 | | 4.42 | 104.27 |
| 黄 山 市 | Huangshan | 122.48 | 18.48 | 18.48 | | | | 122.48 |

## 11—8 流域分区水资源总量（2012年）
Water Resources by Area of Rivers (2012)

单位：亿立方米（100 million cu.m）

| 流域分区 River Area | 天然年径流量 Natural Annual Flow by Region | 山丘区地下水资源量 Ground Water Volume of Mountain and Hill Areas | 山丘区河川基流量 River Flow of Mountain and Hill Areas | 平原区降水入渗补给量 Permeated Precipitation Supply of Plain Areas | 平原区降水入渗补给形成的河道排泄量 River Way Drainage Volume Caused by Permeated Precipitation Supply of Plain Areas | 地下水资源与地表水资源不重复量 Amount of Non-repeat-calculated Water Between Ground Water and Surface Water | 水资源总量 Total Amount of Water Resources by Region |
|---|---|---|---|---|---|---|---|
| **总　计 Total** | **640.64** | **76.16** | **76.04** | **76.39** | **7.86** | **60.36** | **701.00** |
| 淮河流域 Huaihe River Basin | 133.77 | 13.04 | 12.92 | 55.37 | 7.86 | 46.02 | 179.79 |
| 淮河上游区 The Upper Reaches of Huaihe River | 0.47 | | | 0.48 | 0.07 | 0.41 | 0.88 |
| 淮河中游区 The Middle Reaches of Huaihe River | 128.36 | 12.91 | 12.79 | 53.01 | 7.76 | 43.87 | 172.23 |
| 淮河下游区 The Lower Reaches of Huaihe River | 4.75 | 0.13 | 0.13 | 1.56 | | 1.45 | 6.20 |
| 沂沭泗河 Yishusi River | 0.19 | | | 0.32 | 0.03 | 0.29 | 0.48 |
| 长江流域 Changjiang River Basin | 428.71 | 51.39 | 51.39 | 21.02 | | 14.34 | 443.05 |
| 湖口以下干流 Main Rivers Below Hukou | 394.23 | 46.11 | 46.11 | 21.02 | | 14.34 | 408.57 |
| 鄱阳湖水系 River System of Poyang Lake | 32.43 | 4.97 | 4.97 | | | | 32.43 |
| 太湖水系 River System of Taihu Lake | 2.05 | 0.31 | 0.31 | | | | 2.05 |
| 东南诸河 South-eastern Rivers | 78.16 | 11.73 | 11.73 | | | | 78.16 |
| 钱塘江 Qiantang River | 78.16 | 11.73 | 11.73 | | | | 78.16 |

## 11—9 主要年份供水和用水情况
Water Supply and Water Use in Rural Area

| 年份 Year | 供水总量(亿立方米) Water Supply (100 million cu.m) | 地表水 Surface Water | 地下水 Ground-water | 其他 Others | 用水总量(亿立方米) Water Use (100 million cu.m) | 农业 Agricul-ture | 工业 Industry | 城镇公共 Urban Public | 生活 Consump-tion | 生态环境补水 Ecological Protection | 人均用水量(立方米/人) Per Capita Water Use (cu.m/person) |
|---|---|---|---|---|---|---|---|---|---|---|---|
| 2005 | 208.03 | 189.60 | 17.85 | 0.58 | 208.03 | 116.21 | 67.72 | 2.84 | 19.89 | 1.37 | 328.50 |
| 2006 | 245.17 | 226.82 | 17.87 | 0.48 | 245.17 | 138.27 | 82.69 | 3.13 | 19.64 | 1.44 | 401.30 |
| 2007 | 232.05 | 211.65 | 19.92 | 0.48 | 232.05 | 122.84 | 83.81 | 3.45 | 20.35 | 1.60 | 379.30 |
| 2008 | 266.36 | 242.38 | 23.50 | 0.48 | 266.36 | 154.15 | 85.40 | 3.66 | 21.52 | 1.63 | 434.20 |
| 2009 | 292.40 | 265.78 | 26.13 | 0.49 | 292.40 | 170.43 | 93.28 | 4.09 | 22.65 | 1.94 | 476.90 |
| 2010 | 292.50 | 258.54 | 33.08 | 0.89 | 292.50 | 167.54 | 94.32 | 4.91 | 23.40 | 2.30 | 491.60 |
| 2011 | 294.63 | 259.90 | 33.40 | 1.33 | 294.63 | 170.92 | 90.62 | 5.27 | 23.86 | 3.96 | 493.70 |

## 11—10 各市供水和用水情况（2011年）
Water Supply and Water Use by Region (2011)

| 地区 Region | 供水总量(亿立方米) Water Supply (100 million cu.m) | 地表水 Surface Water | 地下水 Ground-water | 其他 Others | 用水总量(亿立方米) Water Use (100 million cu.m) | 农业 Agricul-ture | 工业 Industry | 城镇公共 Urban Public | 生活 Consump-tion | 生态环境补水 Ecological Protection | 人均用水量(立方米/人) Per Capita Water Use (cu.m/person) |
|---|---|---|---|---|---|---|---|---|---|---|---|
| 合肥市 Hefei | 32.28 | 31.21 | 0.40 | 0.67 | 32.28 | 19.23 | 7.90 | 1.14 | 3.36 | 0.65 | 429.30 |
| 淮北市 Huaibei | 5.24 | 1.56 | 3.68 | | 5.24 | 2.24 | 2.03 | 0.14 | 0.81 | 0.02 | 247.20 |
| 亳州市 Bozhou | 10.75 | 3.88 | 6.87 | | 10.75 | 6.73 | 2.29 | 0.17 | 1.51 | 0.05 | 223.60 |
| 宿州市 Suzhou | 10.81 | 3.17 | 7.64 | | 10.81 | 5.38 | 3.07 | 0.24 | 2.10 | 0.02 | 201.30 |
| 蚌埠市 Bengbu | 15.64 | 12.85 | 2.67 | 0.12 | 15.64 | 9.98 | 3.89 | 0.31 | 1.20 | 0.26 | 494.90 |
| 阜阳市 Fuyang | 17.98 | 10.05 | 7.93 | | 17.98 | 11.62 | 3.55 | 0.20 | 2.49 | 0.12 | 236.00 |
| 淮南市 Huainan | 18.86 | 16.89 | 1.89 | 0.08 | 18.86 | 6.48 | 10.79 | 0.35 | 1.08 | 0.16 | 809.40 |
| 滁州市 Chuzhou | 23.42 | 22.97 | 0.45 | | 23.42 | 17.94 | 3.24 | 0.48 | 1.66 | 0.10 | 585.10 |
| 六安市 Luan | 32.10 | 31.41 | 0.69 | | 32.10 | 26.11 | 3.56 | 0.41 | 2.00 | 0.02 | 569.10 |
| 马鞍山市 Maanshan | 24.66 | 24.47 | 0.19 | | 24.66 | 8.74 | 13.94 | 0.41 | 1.10 | 0.47 | 1092.00 |
| 芜湖市 Wuhu | 30.41 | 30.27 | 0.14 | | 30.41 | 14.06 | 13.91 | 0.37 | 1.65 | 0.42 | 866.70 |
| 宣城市 Xuancheng | 14.92 | 14.64 | 0.28 | | 14.92 | 10.25 | 3.17 | 0.19 | 1.03 | 0.28 | 585.70 |
| 铜陵市 Tongling | 11.64 | 11.60 | 0.04 | | 11.64 | 1.34 | 9.35 | 0.14 | 0.41 | 0.40 | 1601.30 |
| 池州市 Chizhou | 10.34 | 10.22 | 0.12 | | 10.34 | 5.86 | 3.24 | 0.14 | 0.56 | 0.54 | 736.70 |
| 安庆市 Anqing | 28.62 | 28.02 | 0.58 | 0.02 | 28.62 | 19.45 | 6.34 | 0.30 | 2.11 | 0.42 | 539.60 |
| 黄山市 Huangshan | 5.77 | 5.59 | 0.18 | | 5.77 | 3.84 | 1.09 | 0.28 | 0.54 | 0.03 | 424.20 |

# 11—11 环境综合整治
Environmental Improvement

| 指标 | Item | 2005 | 2010 | 2011 | 2012 |
|---|---|---|---|---|---|
| **环境质量** | **Environment Quality** | | | | |
| 大气总悬浮微粒日平均值可吸入颗粒物（毫克/立方米） | The Average Daily Indicators of Respirable Suspended Particulate Matter in Atmosphere (mg/cu.m) | 0.084 | 0.081 | 0.080 | 0.079 |
| 二氧化硫日平均值（毫克/立方米） | The Average Daily Indicators of Sulfur Dioxide (mg/cu.m) | 0.030 | 0.027 | 0.028 | 0.028 |
| 二氧化氮日平均值（毫克/立方米） | The Average Daily Indicators of Nitrogen Dioxide (mg/cu.m) | 0.031 | 0.026 | 0.026 | 0.027 |
| 饮用水源水质达标率 (%) | Up-to-standard Rate of Drinking Water Quality (%) | 98.2 | 93.4 | 96.1 | 98.4 |
| 城市地面水质达标率 (%) | Up-to-standard Rate of Urban Surface Water Quality (%) | 82.4 | | | |
| 区域环境噪声平均值(分贝(A)) | The Average Indicator of Urban Noise (decibel) | 54.8 | 54.1 | 53.6 | 53.4 |
| 交通干线噪声平均值(分贝(A)) | The Average Indicator of Traffic Main Line Noise (decibel) | 68.6 | 68.3 | 67.2 | 66.7 |
| 省辖城市区域环境达标数（个） | Developed Districts of Environmental Noise Meeting National Standard (unit) | 9 | 12 | 11 | 13 |
| 省辖城市道路交通环境噪声达标（个） | Area of Urban Environmental Noise Meeting National Standard (unit) | 12 | 15 | 15 | 16 |
| **生态环境** | **Eco-environment Protection** | | | | |
| 森林面积（万公顷） | Area of Forest (10000 hectares) | 360.1 | 380.4 | 380.4 | 380.4 |
| 森林覆盖率 (%) | Forest Coverage (%) | 26.06 | 27.53 | 27.53 | 27.53 |
| 当年造林面积（万公顷） | Area of Reforestation of the Year (10000 hectares) | 5.7 | 6.6 | 8.9 | 11.2 |
| 自然保护区数（个） | Number of Nature Reserves (unit) | 31 | 38 | 38 | 38 |
| #国家级 | National Level | 6 | 6 | 7 | 7 |
| 自然保护区面积（万公顷） | Area of Nature Reserves (10000 hectares) | 34.7 | 43.6 | 43.2 | 43.2 |
| 自然保护区面积占辖区面积比重 (%) | Area of Nature Reserves in Regions (%) | 2.5 | 3.1 | 3.1 | 3.1 |
| 生态示范区数（个） | Number of Demonstration Zones of Ecology (unit) | 34 | 34 | 34 | 34 |
| #国家级 | National Level | 30 | 30 | 17 | 17 |
| **污染控制** | **Pollution Control** | | | | |
| 工业固体废物综合利用率 (%) | Rate of Comprehensive Utilization of Solid Industrial Waste (%) | 79.3 | 84.6 | 78.7 | 81.5 |
| 危险废物处置率 (%) | Rate of Treatment of Hazardous Waste (%) | 49.9 | 59.4 | 12.1 | 25.1 |
| **环境建设** | **Environment Improvement** | | | | |
| 城市污水处理厂集中处理率 (%) | Rate of Concentrating Treatment of Sewage in the City (%) | 26.31 | 71.58 | 79.04 | 86.39 |
| 城市燃气普及率 (%) | Rate of Gas Utilization in the City (%) | 72.3 | 90.5 | 93.4 | 94.6 |
| 建成区绿化覆盖率 (%) | Green Coverage Rate in Constructed Areas (%) | 27.5 | 37.5 | 39.5 | 38.8 |

注：“三同时”是指防治污染设施必须与主体工程同时设计、同时施工、同时投产。饮用水源水质达标率自2008年起改变计算方法，与历史年份数据不可比。

a) The "Three-simultaneous" means that pollution prevention measures shall be adopted simultaneously with construction, production and designing. The calculation method of up-to-standard rate of drinking water quality is changed since 2008, uncomparing with historical data.

**11—11 续表 continued**

| 指 标 | Item | 2005 | 2010 | 2011 | 2012 |
|---|---|---|---|---|---|
| **自然灾害** | **Natural Disaster** | | | | |
| 发生地质灾害起数 （次） | Geological Disaster (unit) | 8548 | 338 | 175 | 350 |
| #滑 坡 | Landslide | 3397 | 143 | 102 | 170 |
| 崩 塌 | Collapse | 4907 | 164 | 60 | 157 |
| 泥石流 | Mudflow | 228 | | | |
| 人员伤亡 （人） | Casualties (person) | | 12 | 2 | 5 |
| #死亡人数 | Deaths | | 6 | 2 | 3 |
| 森林病虫害防治面积 （万公顷） | Forest Area Affected and Cured from Diseasease and Pests (10000 hectares) | 21.0 | 30.1 | 34.9 | 31.1 |
| **环境污染** | **Pollution** | | | | |
| 突发环境事件次数 （次） | Suddenly Environment Event Number (time) | 28 | 30 | 12 | 20 |
| #水污染 | Water Pollution | 16 | 10 | 4 | 7 |
| 大气污染 | Air Pollution | 10 | 8 | 3 | 3 |
| 固体废物污染 | Solid Waste Pollution | | 5 | 1 | 5 |
| 人员伤亡 （人） | Personnel Casualty (person) | | | | |
| 污染直接经济损失 （万元） | Direct Economic Loss Due to Pollution (10000 yuan) | 275.4 | 231.6 | 50.9 | 896.5 |
| 突发环境事件赔款总额 （万元） | Compensation Total Amount of Suddenly Environment Event (10000 yuan) | 144.1 | 133.0 | 125.0 | 878.0 |
| 污染损害罚款总额 （万元） | Fine Total Amount of Pollution Harm (10000 yuan) | 55.2 | 23.0 | 40.0 | 1.0 |
| 二氧化硫排放量 （万吨） | Sulphur Dioxide Discharge (10000 tons) | 67.2 | 53.26 | 52.95 | 51.96 |
| #生 活 | Life | | 4.82 | 4.18 | 4.94 |
| COD排放量 （万吨） | COD Discharge (10000 tons) | 44.38 | 41.11 | 95.33 | 92.43 |
| 氨氮排放总量 （万吨） | Ammonia Nitrogen Discharge (10000tons) | | 4.43 | 10.98 | 10.16 |
| 城镇生活污水排放量（亿吨） | Urban Comsumption Waste Water Discharge (100 million tons) | 9.31 | 11.37 | 17.24 | 18.70 |
| #生活污水中化学需氧量排放量 （万吨） | COD Discharge from Urban Consumption Waste Water (10000 tons) | | 29.63 | 45.05 | 44.02 |
| #生活污水中氨氮排放量 （万吨） | Ammonia Nitrogen Discharge from Urban Consumption Waste Water (10000 ton) | | 3.22 | 6.06 | 5.90 |
| **环境污染治理** | **Investment in the Treatment of Environmental Pollution** | | | | |
| 省辖市空气质量达二级标准 （个） | Cities Directly under the Provincial Government Where the Air Quality Attains the Second Grade National Standards (unit) | 14 | 16 | 14 | 15 |
| 建设项目环评执行率 （%） | Construct Projects Assessment against the Environment | 97 | 98 | 99 | 99 |
| 应执行“三同时”项目数 （个） | 3-Simultaneous Policy for Construction Projects Should Carry Out (unit) | 679 | 2429 | 1981 | 3757 |
| 实际执行“三同时”项目数 （个） | 3-Simultaneous Policy for Construction Projects Carried out (unit) | 649 | 2381 | 1980 | 3659 |
| “三同时”合格率 （%） | 3-Simultaneous Policy up to Standard (%) | 92.2 | 99.0 | 99.0 | 97.4 |

## 11—12 环保系统机构、人员数
Environmental Protection Agencies and Persons Engaged

| 年份 Year | 机构总数（个） Number of Agencies (unit) | 人员总数（人） Total Number of Staff & Workers (person) | #科技人员 Scientific and Technical Personnel | #监测人员 Monitoring Personnel | #监理人员 Supervising and Administrative Personnel |
|---|---|---|---|---|---|
| 2000 | 361 | 4104 | 1934 | 1442 | 957 |
| 2001 | 387 | 4371 | | 1517 | 1122 |
| 2002 | 388 | 4388 | 1971 | 1517 | 1122 |
| 2003 | 379 | 4769 | 2027 | 1544 | 1435 |
| 2004 | 384 | 4896 | 2109 | 1551 | 1536 |
| 2005 | 388 | 5128 | 2195 | 1593 | 1626 |
| 2006 | 391 | 5281 | | | |
| 2007 | 402 | 5547 | | | |
| 2008 | 386 | 5532 | 2503 | 1675 | 2107 |
| 2009 | 405 | 5527 | 2513 | 1659 | 2109 |
| 2010 | 390 | 5722 | 2648 | 1767 | 2145 |
| 2011 | 429 | 5766 | 2735 | 1734 | 2223 |
| 2012 | 450 | 5816 | 4318 | 2070 | 3439 |

## 11—13 生活污染物排放
Discharge of Pollutants from Daily Life

| 年份 Year | 城镇生活污水排放量（万吨） Volume of Urban Waste Water Discharged From Daily Life (10000 tons) | 生活污水中化学需氧量排放量（吨） Absorption of Oxygen by Waste Water From Daily Life (ton) | 生活及其他二氧化硫排放量（吨） Emission of Sulfur Dioxide From Daily Life and Others (ton) | 生活及其他烟尘排放量（吨） Emission of Dust From Daily Life and Others (ton) |
|---|---|---|---|---|
| 2000 | 80189 | 275104 | 44639 | 37166 |
| 2001 | 72564 | 284273 | 47588 | 37982 |
| 2002 | 78171 | 285012 | 47487 | 36105 |
| 2003 | 77735 | 289184 | 49500 | 35075 |
| 2004 | 84262 | 300908 | 50529 | 35439 |
| 2005 | 93104 | 307257 | 56495 | 45116 |
| 2006 | 96351 | 310100 | 65300 | 56535 |
| 2007 | 101771 | 311046 | 54969 | 51569 |
| 2008 | 101662 | 305954 | 53061 | 49435 |
| 2009 | 106259 | 295299 | 51560 | 50396 |
| 2010 | 113729 | 296274 | 48164 | 47958 |
| 2011 | 172384 | 450509 | 42246 | 15499 |
| 2012 | 186980 | 440215 | 49405 | 87153 |

注：生活及其他烟尘排放量2011年数据为生活源烟（粉）尘排放量，不包括其他排放量。

a) Life and other soot emissions in 2011 data are life (powder) smoke and dust emissions, do not include other emissions.

# 11—14 工业企业“三废”排放及治理

## Discharge and Treatment of Waste Water, Waste Gas and Solid Wastes by Industry Enterprises

| 指 标 | Item | 2000 | 2005 | 2010 | 2011 | 2012 |
|---|---|---|---|---|---|---|
| **废 水** | **Waste Water** | | | | | |
| 工业废水排放总量 （万吨） | Total Volume of Waste Water Discharged (10000 tons) | 63106 | 63487 | 70971 | 70862 | 67175 |
| #工业废水COD排放量 | COD Discharge from Industrial Waste | | | 11.48 | 9.41 | 8.94 |
| **废 气** | **Waste Gas** | | | | | |
| 工业废气排放总量 （亿标立方米） | Total Volume of Industrial Waste Gas Emission (100 million cu.m) | 3945 | 6960 | 17849 | 30411 | 29645 |
| 工业二氧化硫排放量 （万吨） | Volume of Sulphur Dioxide Emission (10000 tons) | 35.00 | 51.47 | 48.44 | 48.72 | 46.98 |
| 烟尘排放量 （万吨） | Volume of Soot Emission (10000 tons) | 24.00 | 25.27 | 20.74 | 41.06 | 35.16 |
| 工业粉尘排放量 （万吨） | Volume of Industrial Dust Emission (10000 tons) | 29.00 | 46.23 | 26.37 | | |
| **固体废物** | **Solid Wastes** | | | | | |
| 工业固体废物产生量 （万吨） | Volume of Industrial Solid Wastes Produced (10000 tons) | 2815 | 4196 | 9158 | 11473 | 12022 |
| 工业固体废物综合利用量 （万吨） | Volume of Industrial Solid Wastes Utilized (10000 tons) | 2014 | 3357 | 7849 | 9366 | 10266 |
| 工业固体废物综合利用率 (%) | Percentage of Industrial Solid Wastes Utilized (%) | 71.60 | 79.32 | 84.55 | 78.70 | 81.50 |
| 工业固体废物贮存量 （万吨） | Volume of Industrial Solid Wastes Accumulated (10000 tons) | 489 | 360 | 518 | 616 | 895 |
| 工业固体废物处置量 （万吨） | Volume of Industrial Solid Wastes Treated (10000 tons) | 949 | 519 | 916 | 2241 | 1705 |
| **污染治理** | **Pollution Treatment** | | | | | |
| 本年施工项目总数 （个） | Total of Construction Items (unit) | 861 | 265 | 69 | 203 | 105 |
| 污染治理项目本年完成投资额 （万元） | Actual Investment in Implentation of the Project for Pollution Treatment in the Year (10000 yuan) | 56470 | 45443 | 58895 | 107084 | 127350 |
| #治理废水 | Treatment of Waste Water | 26389 | 24122 | 14250 | 28314 | 21476 |
| 治理废气 | Treatment of Waste Gas | 25621 | 16768 | 30932 | 41354 | 100711 |
| 治理固体废物 | Treatment of Solid Wastes | 2165 | 2902 | | 3094 | 2489 |
| 治理噪声 | Noise Abatement | 375 | 249 | 108 | 273 | 183 |
| 治理其他 | Others | 1920 | 1402 | 13588 | 34050 | 2491 |
| **排污收费及使用** | **Fee for Discharging Waste and Fines for Pollution** | | | | | |
| 排污费交纳单位 （个） | Number of Units Charged (unit) | | 22617 | 15031 | 11191 | 12001 |
| 排污费征收额 （万元） | Amount of Pollution Charges (10000 yuan) | 13215 | 28112 | 55838 | 49241 | 62549 |
| 排污费支出额 （万元） | Outlays of Pollution Levy Charges (10000 yuan) | 14159 | 13886 | 37838 | 12365 | 12515 |

# 11—15 各市工业废水排放及处理（2012年）
## Discharge and Treatment of Industrial Waste Water by Region (2012)

| 地　区 | Region | 汇总工业企业个数（个）Number of Industrial Enterprises (unit) | 工业废水排放总量（万吨）Total Volume of Waste Water Discharge (10000 tons) | #排入污水处理厂 Disperses into the Sewage Treatment Plants | 工业废水中污染物排放量（吨）Total Volume Pollutant of Waste Water Discharge (ton) | |
|---|---|---|---|---|---|---|
| | | | | | #化学需氧量 COD | #石油类 Petroleum |
| **总　计** | **Total** | **8403** | **67175.40** | **8008.79** | **89423.78** | **730.64** |
| 合肥市 | Hefei | 873 | 5971.01 | 2162.41 | 8440.00 | 24.76 |
| 淮北市 | Huaibei | 368 | 2881.17 | 336.05 | 2341.40 | 18.79 |
| 亳州市 | Bozhou | 612 | 2363.52 | 95.74 | 3371.00 | 21.07 |
| 宿州市 | Suzhou | 481 | 4049.16 | 100.26 | 11159.18 | 32.09 |
| 蚌埠市 | Bengbu | 419 | 4143.79 | 2883.03 | 3983.01 | 21.69 |
| 阜阳市 | Fuyang | 669 | 2877.98 | 204.02 | 3344.00 | 120.84 |
| 淮南市 | Huainan | 270 | 10787.06 | | 6653.42 | 121.71 |
| 滁州市 | Chuzhou | 752 | 5088.78 | | 8968.86 | 67.25 |
| 六安市 | Luan | 630 | 2803.36 | 6.02 | 5982.40 | 25.14 |
| 马鞍山市 | Maanshan | 593 | 6911.48 | 584.11 | 7135.82 | 68.83 |
| 芜湖市 | Wuhu | 587 | 3147.62 | 1207.80 | 6797.36 | 30.59 |
| 宣城市 | Xuancheng | 964 | 4316.15 | | 7447.24 | 99.61 |
| 铜陵市 | Tongling | 214 | 5035.06 | | 5393.00 | 18.23 |
| 池州市 | Chizhou | 278 | 1459.19 | 184.77 | 2493.92 | 12.37 |
| 安庆市 | Anqing | 473 | 4708.18 | 33.25 | 4870.62 | 39.80 |
| 黄山市 | Huangshan | 220 | 631.90 | | 1042.55 | 7.88 |

| 地　区 | Region | #氨　氮 Ammonia & Nitrogen | 废水治理设施数（套）Number of Facilities for Treatment of Waste Water (set) | 废水治理设施处理能力（万吨／日）Handling Ability of Facilities for Treatmnent of Waste Water (10000cu.m/h) | 废水治理设施运行费用（万元）Opearating Cost of Facilities of Waste Water (10000Yuan) |
|---|---|---|---|---|---|
| **总　计** | **Total** | **8353.96** | **2412** | **1020.75** | **208954.2** |
| 合肥市 | Hefei | 516.20 | 267 | 156.77 | 19037.6 |
| 淮北市 | Huaibei | 128.31 | 147 | 88.47 | 7487.6 |
| 亳州市 | Bozhou | 623.56 | 100 | 18.81 | 4038.9 |
| 宿州市 | Suzhou | 674.60 | 88 | 28.85 | 4102.5 |
| 蚌埠市 | Bengbu | 250.26 | 134 | 20.41 | 8886.9 |
| 阜阳市 | Fuyang | 1982.70 | 99 | 16.73 | 5100.4 |
| 淮南市 | Huainan | 1197.72 | 95 | 97.64 | 6266.8 |
| 滁州市 | Chuzhou | 1009.48 | 178 | 26.47 | 28664.8 |
| 六安市 | Luan | 465.09 | 124 | 25.31 | 4212.6 |
| 马鞍山市 | Maanshan | 286.28 | 202 | 318.01 | 68077.8 |
| 芜湖市 | Wuhu | 105.11 | 223 | 37.25 | 12766.7 |
| 宣城市 | Xuancheng | 340.83 | 219 | 21.68 | 5115.2 |
| 铜陵市 | Tongling | 360.80 | 144 | 132.86 | 17287.4 |
| 池州市 | Chizhou | 96.42 | 122 | 7.50 | 3644.0 |
| 安庆市 | Anqing | 216.50 | 178 | 19.48 | 13169.6 |
| 黄山市 | Huangshan | 100.10 | 92 | 4.52 | 1095.4 |

# 11—16 各市工业废气排放及处理（2012年）
## Emission and Treatment of Industrial Waste Gas by Region (2012)

| 地 区 | Region | 汇总工业企业个数（个）Number of Industrial Enterprises (unit) | 工业废气治理设施数（套）Number of Facilities for treat-ment of Waste Gas (set) | 工业废气排放总量（亿标立方米）Total Volume of Industrial Waste Gas Emission (100 million cu.m) | 工业二氧化硫排放量（吨）Volume of Sulphur Dioxide Emission by Industry (ton) |
|---|---|---|---|---|---|
| **总 计** | **Total** | **8403** | **5848** | **29645** | **469776** |
| 合 肥 市 | Hefei | 873 | 626 | 2769 | 45572 |
| 淮 北 市 | Huaibei | 368 | 391 | 1102 | 44859 |
| 亳 州 市 | Bozhou | 612 | 120 | 304 | 12436 |
| 宿 州 市 | Suzhou | 481 | 188 | 766 | 30002 |
| 蚌 埠 市 | Bengbu | 419 | 158 | 1599 | 18700 |
| 阜 阳 市 | Fuyang | 669 | 248 | 690 | 19201 |
| 淮 南 市 | Huainan | 270 | 283 | 2797 | 67899 |
| 滁 州 市 | Chuzhou | 752 | 258 | 2042 | 17702 |
| 六 安 市 | Luan | 630 | 350 | 1147 | 14075 |
| 马鞍山市 | Maanshan | 593 | 611 | 8656 | 67941 |
| 芜 湖 市 | Wuhu | 587 | 688 | 2490 | 36789 |
| 宣 城 市 | Xuancheng | 964 | 308 | 1287 | 20345 |
| 铜 陵 市 | Tongling | 214 | 585 | 1928 | 37869 |
| 池 州 市 | Chizhou | 278 | 441 | 1021 | 16017 |
| 安 庆 市 | Anqing | 473 | 411 | 999 | 17130 |
| 黄 山 市 | Huangshan | 220 | 182 | 50 | 3238 |

| 地 区 | Region | 工业二氧化硫去除量（吨）Volume of Industry Sulphur Dioxide Removed (ton) | 工业烟（粉）尘排放量（吨）Volume of Industrial Soot Emission (ton) | 工业烟（粉）尘去除量（吨）Volume of Industrial Soot Removed (ton) | 废气治理设备运用运行费用（万元）Annual Expenditure for Operation (10000 yuan) |
|---|---|---|---|---|---|
| **总 计** | **Total** | **1685737** | **351639** | **38832495** | **491197** |
| 合 肥 市 | Hefei | 52769 | 41120 | 4503070 | 62652 |
| 淮 北 市 | Huaibei | 18123 | 25604 | 1328986 | 19023 |
| 亳 州 市 | Bozhou | 1649 | 5472 | 36303 | 984 |
| 宿 州 市 | Suzhou | 24435 | 13981 | 1011744 | 9681 |
| 蚌 埠 市 | Bengbu | 32741 | 9082 | 97634 | 18584 |
| 阜 阳 市 | Fuyang | 36135 | 12199 | 1227240 | 12316 |
| 淮 南 市 | Huainan | 148975 | 21847 | 8613708 | 45203 |
| 滁 州 市 | Chuzhou | 9279 | 37392 | 949608 | 5042 |
| 六 安 市 | Luan | 3665 | 14616 | 175946 | 3467 |
| 马鞍山市 | Maanshan | 93304 | 31654 | 3777724 | 155705 |
| 芜 湖 市 | Wuhu | 71945 | 48381 | 7219301 | 41349 |
| 宣 城 市 | Xuancheng | 12176 | 45508 | 2342011 | 11721 |
| 铜 陵 市 | Tongling | 1044215 | 18788 | 4943190 | 73713 |
| 池 州 市 | Chizhou | 65810 | 13624 | 811911 | 11045 |
| 安 庆 市 | Anqing | 70516 | 10479 | 1777144 | 19882 |
| 黄 山 市 | Huangshan |  | 1892 | 16978 | 830 |

# 11—17 各市工业固体废物产生及处理利用（2012年）

## Discharge, Treatment and Utilization of Industrial Solid Wastes by Region (2012)

| 地 区 | Region | 汇总工业企业个数（个）Number of Industrial Enterprises (unit) | 工业固体废物产生量（万吨）Volume of Industrial Solid Wastes Produced (10000 tons) | #危险废物（万吨）Hazardous Wastes (10000 ton) | 工业固体废物综合利用量（万吨）Volume of Industrial Solid Wastes Utilized (10000 ton) | #危险废物（万吨）Hazardous Wastes (10000 ton) |
|---|---|---|---|---|---|---|
| **总 计** | **Total** | **8403** | **12022.34** | **24.74** | **10265.97** | **18.32** |
| 合肥市 | Hefei | 873 | 1076.85 | 2.86 | 1011.72 | 1.21 |
| 淮北市 | Huaibei | 368 | 1035.18 | 1.71 | 985.14 | 1.50 |
| 亳州市 | Bozhou | 612 | 233.28 | 0.02 | 232.93 | |
| 宿州市 | Suzhou | 481 | 968.76 | 0.83 | 515.03 | 0.01 |
| 蚌埠市 | Bengbu | 419 | 204.40 | 0.19 | 202.58 | 0.01 |
| 阜阳市 | Fuyang | 669 | 423.74 | 6.72 | 423.62 | 5.73 |
| 淮南市 | Huainan | 270 | 2554.41 | 0.06 | 2409.11 | 0.04 |
| 滁州市 | Chuzhou | 752 | 192.74 | 0.16 | 185.72 | 0.12 |
| 六安市 | Luan | 630 | 462.33 | 0.02 | 359.31 | 0.01 |
| 马鞍山市 | Maanshan | 593 | 2367.16 | 2.17 | 1638.66 | 1.86 |
| 芜湖市 | Wuhu | 587 | 372.55 | 1.30 | 359.42 | 0.17 |
| 宣城市 | Xuancheng | 964 | 351.71 | 0.24 | 302.72 | 0.14 |
| 铜陵市 | Tongling | 214 | 1406.48 | 4.05 | 1333.10 | 3.45 |
| 池州市 | Chizhou | 278 | 183.09 | 0.73 | 129.16 | 0.51 |
| 安庆市 | Anqing | 473 | 152.93 | 3.63 | 150.19 | 3.52 |
| 黄山市 | Huangshan | 220 | 36.74 | 0.05 | 27.59 | 0.04 |

| 地 区 | Region | 工业固体废物综合利用率（%）Ratio of Industrial Solid Wastes Utilized (%) | 工业固体废物贮存量（万吨）Volume of Industrial Solid Wastes in Stocks (10000 tons) | 工业固体废物处置量（万吨）Volume of Industrial Solid Wastes Treated (10000 tons) | 工业固体废物处置率（%）Handling Rate of Industrial Solid Wastes (%) |
|---|---|---|---|---|---|
| **总 计** | **Total** | **81.47** | **895.47** | **1704.90** | **13.87** |
| 合肥市 | Hefei | 93.85 | 59.15 | 7.19 | 0.67 |
| 淮北市 | Huaibei | 95.14 | 42.23 | 8.11 | 0.78 |
| 亳州市 | Bozhou | 99.85 | | 0.35 | 0.15 |
| 宿州市 | Suzhou | 45.77 | 62.82 | 549.49 | 56.60 |
| 蚌埠市 | Bengbu | 99.11 | 1.82 | | |
| 阜阳市 | Fuyang | 99.97 | | 0.12 | 0.03 |
| 淮南市 | Huainan | 88.37 | 296.21 | 271.00 | 9.66 |
| 滁州市 | Chuzhou | 96.36 | … | 7.02 | 3.64 |
| 六安市 | Luan | 74.49 | 0.01 | 123.01 | 26.61 |
| 马鞍山市 | Maanshan | 69.22 | 240.26 | 488.31 | 20.63 |
| 芜湖市 | Wuhu | 95.67 | 4.39 | 11.88 | 3.19 |
| 宣城市 | Xuancheng | 79.75 | 30.75 | 59.61 | 16.32 |
| 铜陵市 | Tongling | 83.13 | 117.16 | 153.35 | 10.90 |
| 池州市 | Chizhou | 70.48 | 36.15 | 18.10 | 9.88 |
| 安庆市 | Anqing | 98.21 | | 2.74 | 1.79 |
| 黄山市 | Huangshan | 75.08 | 4.52 | 4.63 | 12.60 |

## 11—18 各市城市空气质量指标（2012年）
Ambient Air Quality in Main Cities by Region (2012)

单位：毫克／立方米（milligram/cu.m）

| 地 区 | Region | 可吸入颗粒物 ($PM_{10}$) Clean Area | 二氧化硫 ($SO_2$) Lightly Polluted Area | 二氧化氮 ($NO_2$) Moderately Polluted Area | 空气质量达到及好于二级的天数（天） Days of Air Quality Equal to or Above Grade Ⅱ (days) |
|---|---|---|---|---|---|
| **全省平均** | **Average** | **0.079** | **0.028** | **0.027** | **353** |
| 合 肥 市 | Hefei | 0.107 | 0.022 | 0.030 | 319 |
| 淮 北 市 | Huaibei | 0.089 | 0.020 | 0.023 | 352 |
| 亳 州 市 | Bozhou | 0.085 | 0.032 | 0.027 | 360 |
| 宿 州 市 | Suzhou | 0.076 | 0.027 | 0.036 | 357 |
| 蚌 埠 市 | Bengbu | 0.084 | 0.024 | 0.026 | 352 |
| 阜 阳 市 | Fuyang | 0.088 | 0.022 | 0.021 | 341 |
| 淮 南 市 | Huainan | 0.093 | 0.039 | 0.027 | 346 |
| 滁 州 市 | Chuzhou | 0.073 | 0.024 | 0.028 | 358 |
| 六 安 市 | Luan | 0.068 | 0.027 | 0.044 | 364 |
| 马鞍山市 | Maanshan | 0.092 | 0.024 | 0.033 | 343 |
| 芜 湖 市 | Wuhu | 0.068 | 0.026 | 0.020 | 362 |
| 宣 城 市 | Xuancheng | 0.084 | 0.038 | 0.029 | 348 |
| 铜 陵 市 | Tongling | 0.073 | 0.053 | 0.024 | 366 |
| 池 州 市 | Chizhou | 0.053 | 0.021 | 0.020 | 365 |
| 安 庆 市 | Anqing | 0.071 | 0.039 | 0.030 | 355 |
| 黄 山 市 | Huangshan | 0.055 | 0.015 | 0.017 | 366 |

## 11—19 各市城市道路交通噪声监测情况（2012年）
Monitoring of Urban Road Traffic Noise in Key Cities by Region (2012)

| 地 区 | Region | 监测总长度（公里） Total Length of Roads (km) | 路段平均宽度（米） Average Width of Roads (m) | 平均车流量（辆／小时） Average Traffic Volume (car/hour) | 噪声均值（分贝） Average Noise Value (LeqdBA) |
|---|---|---|---|---|---|
| **总 计** | **Total** | **1691.71** | **38.3** | **1611** | **66.7** |
| 合 肥 市 | Hefei | 591.70 | 48.7 | 2195 | 67.5 |
| 淮 北 市 | Huaibei | 61.51 | 40.8 | 1280 | 67.2 |
| 亳 州 市 | Bozhou | 69.80 | 48.0 | 317 | 63.8 |
| 宿 州 市 | Suzhou | 23.65 | 24.2 | 806 | 65.0 |
| 蚌 埠 市 | Bengbu | 116.08 | 41.3 | 1294 | 67.5 |
| 阜 阳 市 | Fuyang | 29.43 | 43.1 | 1536 | 68.4 |
| 淮 南 市 | Huainan | 56.03 | 36.9 | 1358 | 68.0 |
| 滁 州 市 | Chuzhou | 65.95 | 31.6 | 1018 | 66.5 |
| 六 安 市 | Luan | 68.25 | 31.3 | 1325 | 66.8 |
| 马鞍山市 | Maanshan | 98.53 | 43.3 | 1530 | 67.3 |
| 芜 湖 市 | Wuhu | 260.54 | 46.1 | 2128 | 67.1 |
| 宣 城 市 | Xuancheng | 67.26 | 37.1 | 2877 | 57.0 |
| 铜 陵 市 | Tongling | 38.47 | 33.8 | 2831 | 67.6 |
| 池 州 市 | Chizhou | 28.85 | 31.9 | 3055 | 67.3 |
| 安 庆 市 | Anqing | 53.18 | 42.3 | 1569 | 67.9 |
| 黄 山 市 | Huangshan | 62.50 | 31.8 | 969 | 66.0 |

## 11—20 水资源情况
Water Resources

| 年份 Year | 水资源总量（亿立方米）Total Water Resources (100 million cu.m) | 地表水资源量 Surface Water | 地下水资源量 Ground Water | 地表水与地下水资源重复量 Duplicated Measurement Between Surface Water and Groundwater | 人均水资源量（立方米／人）Per Capita Water Resources (cu.m/person) |
|---|---|---|---|---|---|
| 2000 | 644.21 | 554.62 | 188.74 | 99.15 | 1026.10 |
| 2005 | 719.25 | 672.20 | 195.41 | 148.36 | 1135.70 |
| 2006 | 580.50 | 532.77 | 159.12 | 111.39 | 950.10 |
| 2007 | 712.46 | 666.10 | 181.84 | 135.48 | 1164.50 |
| 2008 | 699.24 | 651.88 | 178.09 | 130.73 | 1139.80 |
| 2009 | 733.10 | 685.92 | 185.43 | 138.25 | 1195.70 |
| 2010 | 939.05 | 876.27 | 197.81 | 135.03 | 1578.20 |
| 2011 | 602.08 | 544.17 | 143.48 | 85.57 | 1008.80 |
| 2012 | 701.00 | 640.64 | 159.33 | 98.97 | 1170.50 |

注：水资源总量=地表水资源量＋地下水资源量－地表水与地下水资源重复量。
a) Total Water Resources=Surface Water+Ground Water-Duplicated Measurement Between Surface Water and Groundwater.

## 11—21 各市水资源情况（2012年）
Water Resources by Region (2012)

| 地区 | Region | 水资源总量（亿立方米）Total Water Resources (100 million cu.m) | 地表水资源量 Surface Water | 地下水资源量 Ground Water | 地表水与地下水资源重复量 Duplicated Measurement Between Surface Water and Groundwater | 人均水资源量（立方米／人）Per Capita Water Resources (cu.m/person) |
|---|---|---|---|---|---|---|
| **总计** | **Total** | **701.00** | **640.64** | **159.33** | **98.97** | **1170.50** |
| 合肥市 | Hefei | 32.24 | 30.23 | 5.09 | 3.08 | 425.80 |
| 淮北市 | Huaibei | 6.35 | 3.21 | 3.98 | 0.84 | 299.60 |
| 亳州市 | Bozhou | 21.75 | 11.89 | 12.96 | 3.10 | 450.90 |
| 宿州市 | Suzhou | 23.65 | 12.16 | 14.66 | 3.17 | 439.80 |
| 蚌埠市 | Bengbu | 15.45 | 10.29 | 7.56 | 2.40 | 485.40 |
| 阜阳市 | Fuyang | 22.62 | 11.92 | 13.94 | 3.24 | 296.10 |
| 淮南市 | Huainan | 6.12 | 4.44 | 2.42 | 0.74 | 261.70 |
| 滁州市 | Chuzhou | 32.46 | 30.06 | 6.88 | 4.48 | 822.80 |
| 六安市 | Luan | 69.86 | 67.25 | 15.38 | 12.77 | 1236.30 |
| 马鞍山市 | Maanshan | 16.54 | 14.70 | 3.79 | 1.95 | 727.50 |
| 芜湖市 | Wuhu | 33.38 | 31.06 | 7.28 | 4.96 | 933.00 |
| 宣城市 | Xuancheng | 105.32 | 104.49 | 15.99 | 15.16 | 4120.70 |
| 铜陵市 | Tongling | 7.20 | 6.71 | 1.36 | 0.87 | 980.50 |
| 池州市 | Chizhou | 81.31 | 79.90 | 12.62 | 11.21 | 5730.10 |
| 安庆市 | Anqing | 104.27 | 99.85 | 16.94 | 12.52 | 1957.70 |
| 黄山市 | Huangshan | 122.48 | 122.48 | 18.48 | 18.48 | 9052.50 |

## 11—22 农村环境状况
The Environment of Rural Areas

| 年份 Year | 农村改水受益率(%) Benefical Rate of the Water Renovation in Rural Areas (%) | 农村自来水普及率(%) Popularity Rate of Tape Water in Rural Areas (%) | 农村卫生厕所普及率(%) Popularity Rate of Sanitation Toilet in Rural Areass (%) | 农村户用沼气 Marsh Gas in Rural House | | 太阳能热水器 Solar Water Heater |
|---|---|---|---|---|---|---|
| | | | | 用户数(万户) (10000 Housrholds) | 总产气量(万立方米) Total Volum Gas Production (10000 cu.m) | 面积(万平方米) Area (10000 sq.m) |
| 2000 | 98.5 | 36.8 | 40.1 | 11.44 | 2862 | 50.37 |
| 2005 | 99.0 | 37.6 | 54.2 | 31.94 | 9076 | 172.88 |
| 2006 | 98.2 | 39.5 | 55.6 | 37.64 | 10809 | 224.50 |
| 2007 | 96.2 | 35.2 | 51.9 | 49.21 | 14763 | 262.14 |
| 2008 | 97.7 | 39.1 | 53.3 | 56.43 | 17959 | 307.53 |
| 2009 | 98.4 | 43.7 | 54.1 | 67.06 | 20654 | 373.16 |
| 2010 | 99.6 | 47.8 | 57.5 | 75.26 | 22334 | 422.12 |
| 2011 | 96.1 | 50.4 | 58.0 | 79.08 | 27677 | 464.40 |
| 2012 | 94.4 | 53.6 | 59.2 | 82.99 | 25068 | 503.11 |

## 11—23 各市农村环境状况（2012年）
The Environment of Rural Areas by Region (2012)

| 地区 | Region | 农村改水受益率(%) Benefical Rate of the Water Renovation in Rural Areas (%) | 农村自来水普及率(%) Popularity Rate of Tape Water in Rural Areas (%) | 农村卫生厕所普及率(%) Popularity Rate of Sanitation Toilet in Rural Areass (%) | 农村户用沼气 Marsh Gas in Rural House | | 太阳能热水器 Solar Water Heater |
|---|---|---|---|---|---|---|---|
| | | | | | 用户数(万户) (10000 Housrholds) | 总产气量(万立方米) Total Volum Gas Production (10000 cu.m) | 面积(万平方米) Area (10000 sq.m) |
| **总计** | **Total** | **94.40** | **53.61** | **59.21** | **82.99** | **25068.24** | **503.11** |
| 合肥市 | Hefei | 82.94 | 54.98 | 85.55 | 8.65 | 2457.07 | 99.74 |
| 淮北市 | Huaibei | 88.98 | 59.84 | 66.89 | 2.12 | 584.36 | 20.31 |
| 亳州市 | Bozhou | 100.00 | 29.64 | 41.23 | 3.39 | 1129.63 | 24.59 |
| 宿州市 | Suzhou | 100.00 | 51.74 | 50.01 | 4.94 | 1658.65 | 32.77 |
| 蚌埠市 | Bengbu | 98.55 | 26.45 | 64.55 | 2.46 | 746.69 | 38.87 |
| 阜阳市 | Fuyang | 100.00 | 33.44 | 29.88 | 8.13 | 2129.89 | 29.08 |
| 淮南市 | Huainan | 98.92 | 52.63 | 79.12 | 1.62 | 408.45 | 11.77 |
| 滁州市 | Chuzhou | 94.73 | 62.83 | 65.15 | 4.61 | 1450.37 | 36.57 |
| 六安市 | Luan | 78.73 | 48.82 | 61.55 | 11.09 | 3882.31 | 41.70 |
| 马鞍山市 | Maanshan | 99.84 | 86.02 | 48.62 | 1.92 | 475.55 | 22.43 |
| 芜湖市 | Wuhu | 99.42 | 95.66 | 96.18 | 1.18 | 349.06 | 26.50 |
| 宣城市 | Xuancheng | 88.29 | 65.09 | 75.18 | 6.00 | 1746.05 | 38.89 |
| 铜陵市 | Tongling | 99.09 | 92.29 | 80.73 | 0.74 | 181.65 | 9.85 |
| 池州市 | Chizhou | 93.62 | 57.83 | 53.56 | 7.22 | 2239.48 | 14.42 |
| 安庆市 | Anqing | 97.60 | 74.75 | 66.37 | 15.21 | 4538.00 | 34.80 |
| 黄山市 | Huangshan | 98.07 | 93.56 | 58.22 | 3.72 | 1091.07 | 20.83 |

## 11—24 农村改水、改厕情况
The Water and Toilets Renovation in Rural Area

| 指　　标 | | Item | | 2005 | 2010 | 2011 | 2012 |
|---|---|---|---|---|---|---|---|
| **农村改水** | | **Water Renovation** | | | | | |
| 农村总人口 | (万人) | Total Rural Population | (10000 persons) | 4490.8 | 5250.8 | 5281.0 | 5393.0 |
| 累计已改水受益人口 | (万人) | Accumulative Population to Benefit from Water Renovation | (10000 persons) | 4419.4 | 5227.5 | 5073.2 | 5091.0 |
| 自来水 | | Tap Water | | | | | |
| 厂、站 | (个) | Factory, Standion | (unit) | 14162 | 14501 | 13376 | 12116 |
| 累计受益 | (万人) | Accumulative Benefit Population | (10000 persons) | 1690.6 | 2511.4 | 2659.0 | 2891.3 |
| 占农村总人口 | (%) | Proportion of the Total Rural Population | (%) | 37.7 | 47.8 | 50.4 | 53.6 |
| 手压机井 | | Manual Pumped Wells | | | | | |
| 数　量 | (万台) | Number | (10000 unat) | 640.0 | 543.1 | 574.1 | 551.7 |
| 累计受益 | (万人) | Accumulative Benefit Population | (10000 persons) | 2241.3 | 2438.3 | 2224.6 | 2065.3 |
| 占农村总人口 | (%) | Proportion of the Total Rural Population | (%) | 49.9 | 46.4 | 42.1 | 38.3 |
| 雨水收集 | | Rainwater Collection | | | | | |
| 水　窖 | (个) | Water Cellars | (unit) | 4019 | 466 | 331 | 331 |
| 累计受益 | (万人) | Accumulative Benefit Population | (10000 persons) | 31.7 | 16.4 | 2.8 | 2.4 |
| 占农村总人口 | (%) | Proportion of the Total Rural Population | (%) | 0.7 | 0.3 | 0.1 | 0.1 |
| 其　他 | | Other | | | | | |
| 累计受益 | (万人) | Accumulative Benefit Population | (10000 persons) | 455.8 | 261.4 | 186.8 | 131.9 |
| 占农村总人口 | (%) | Proportion of the Total Rural Population | (%) | 10.2 | 5.0 | 3.5 | 2.5 |
| **农村改厕** | | **Toilets Renovation in Rural Area** | | | | | |
| 农村总户数 | (万户) | Total Rural Households | (10000 subscribers) | 1213.7 | 1346.5 | 1435.5 | 1434.8 |
| 累计使用卫生厕所户数 | (万户) | Households Used Toilets | (10000 subscribers) | 657.4 | 774.9 | 832.7 | 849.6 |
| 卫生厕所普及率 | (%) | Rate of the Sanitation Toilets | (%) | 54.2 | 57.5 | 58.0 | 59.2 |
| 累计使用卫生公厕户数 | (万户) | Household Used Public Sanitation Toilets | (10000 subscribers) | 82.3 | 125.9 | 185.1 | 155.5 |

## 11—25 农村改水、改厕投资情况
Investment of Water and Toilets Renovation in Rural Area

| 指　　标 | | Item | | 2005 | 2010 | 2011 | 2012 |
|---|---|---|---|---|---|---|---|
| **农村改水** | | **Water Renovation in Rural Area** | | | | | |
| 农村改水投入 | (万元) | Investment | (10000 yuan) | 21669 | 132386 | 133976 | 141648 |
| 国家投入 | | State Investment | | 10011 | 114919 | 122361 | 123654 |
| 国家投入占总投入比重 | (%) | The Proportion of State Investment | (%) | 46.20 | 86.81 | 91.33 | 87.30 |
| **农村改厕** | | **Toilets Renovation in Rural Area** | | | | | |
| 农村改厕投入 | (万元) | Investment | (10000 yuan) | 11413 | 33327 | 59203 | 33940 |
| 国家投入 | | State Investment | | 3577 | 21952 | 41250 | 16755 |
| 国家投入占总投入比重 | (%) | The Proportion of State Investment | (%) | 31.34 | 65.87 | 69.68 | 49.37 |

## 11—26 突发环境事件情况
Environmental Accidents

| 年份<br>Year | 突发环境事件次数（次）<br>Number of Environmental Accidents (time) | 水污染<br>Water Pollution | 大气污染<br>Air Pollution | 固体废物污染<br>Solid Wastes Pollution | 噪声与振动危害<br>Noise and Vibration Pollution | 直接经济损失（万元）<br>Direct Economic Losses (10000 yuan) | 突发环境事件罚款总额（万元）<br>Reparations and Fines on Environmental Accidents (10000 yuan) | 污染损害赔款总额（万元）<br>Total Compensation Amount Damage of Pollution (10000 yuan) |
|---|---|---|---|---|---|---|---|---|
| 2000 | 66 | 43 | 23 | | | 802.20 | 62.46 | 802.20 |
| 2005 | 28 | 16 | 10 | | 2 | 275.40 | 55.20 | 275.40 |
| 2006 | 21 | 15 | 4 | | 2 | 354.80 | 58.70 | 452.90 |
| 2007 | 22 | 13 | 9 | | | 450.00 | | |
| 2008 | 16 | 9 | 6 | 1 | | 1440.70 | | 30.00 |
| 2009 | 22 | 12 | 3 | 7 | | 625.36 | 17.00 | |
| 2010 | 30 | 10 | 8 | 5 | | 231.60 | 23.00 | 133.00 |
| 2011 | 12 | 4 | 3 | 1 | | 50.88 | 40.00 | 125.00 |
| 2012 | 20 | 7 | 3 | 5 | | 896.50 | 1.00 | 878.00 |

## 11—27 各市突发环境事件情况（2012年）
Environmental Accidents by Region (2012)

| 地区 | Region | 突发环境事件次数（次）<br>Number of Environmental Accidents (time) | 水污染<br>Water Pollution | 大气污染<br>Air Pollution | 噪声与振动危害<br>Noise and Vibration Pollution | 直接经济损失（万元）<br>Direct Economic Losses (10000 yuan) | 突发环境事件罚款总额（万元）<br>Reparations and Fines on Environmental Accidents (10000 yuan) | 污染损害赔款总额（万元）<br>Total Compensation Amount Damage of Pollution (10000 yuan) |
|---|---|---|---|---|---|---|---|---|
| **总计** | **Total** | **20** | **7** | **3** | | **896.50** | **1.00** | **878.00** |
| 合肥市 | Hefei | | | | | | | |
| 淮北市 | Huaibei | 2 | 1 | | | 120.50 | | 120.00 |
| 亳州市 | Bozhou | 2 | 1 | | | 46.00 | 1.00 | 28.00 |
| 宿州市 | Suzhou | | | | | | | |
| 蚌埠市 | Bengbu | 4 | 2 | 1 | | | | |
| 阜阳市 | Fuyang | 1 | | | | 600.00 | | 600.00 |
| 淮南市 | Huainan | | | | | | | |
| 滁州市 | Chuzhou | 2 | | | | 130.00 | | 130.00 |
| 六安市 | Luan | 1 | | 1 | | | | |
| 马鞍山市 | Maanshan | | | | | | | |
| 芜湖市 | Wuhu | 1 | 1 | | | | | |
| 宣城市 | Xuancheng | 3 | | | | | | |
| 铜陵市 | Tongling | | | | | | | |
| 池州市 | Chizhou | 2 | | 1 | | | | |
| 安庆市 | Anqing | 2 | 2 | | | | | |
| 黄山市 | Huangshan | | | | | | | |

## 11—28 土地利用情况
Land Use

单位：公顷（hectares）

| 年份<br>Year | 土地调查面积<br>Area Under Land Survey | 农用地<br>Land for Agriculture Use | #园地<br>Garden Land | 建设用地<br>Land for Construction | 居民点及工矿用地<br>Land for Living Quarters, Mining and Manufacturing Sites | 交通用地<br>Land for Transport Pacilities | 水利设施用地<br>Land for Water Conservancy Facilities |
|---|---|---|---|---|---|---|---|
| 1995 | 14012579 | 9754831 | 341365 | 1733484 | 1255073 | 255656 | 222755 |
| 2000 | 14012579 | 9720009 | 342242 | 1771264 | 1272671 | 273137 | 225456 |
| 2005 | 14012579 | 11212107 | 342070 | 1621772 | 1302399 | 91982 | 227391 |
| 2006 | 14012579 | 11200504 | 341812 | 1639505 | 1315212 | 97377 | 226915 |
| 2007 | 14012579 | 11193252 | 340533 | 1652351 | 1325947 | 99102 | 227302 |
| 2008 | 14012579 | 11190204 | 339428 | 1661804 | 1334111 | 100744 | 226949 |

## 11—29 各市土地利用情况（2008年）
Land Use by Region (2008)

单位：公顷（hectares）

| 地区 | Region | 土地调查面积<br>Area Under Land Survey | 农用地<br>Land for Agriculture Use | #园地<br>Garden Land | 建设用地<br>Land for Construction | 居民点及工矿用地<br>Land for Living Quarters, Mining and Manufacturing Sites | 交通用地<br>Land for Transport Pacilities | 水利设施用地<br>Land for Water Conservancy Facilities |
|---|---|---|---|---|---|---|---|---|
| **总计** | **Total** | **14012579** | **11190204** | **339428** | **1661804** | **1334111** | **100744** | **226949** |
| 合肥市 | Hefei | 702948 | 543315 | 2171 | 120332 | 94267 | 7350 | 18715 |
| 淮北市 | Huaibei | 274091 | 218555 | 5156 | 47013 | 41891 | 2812 | 2310 |
| 亳州市 | Bozhou | 852258 | 708677 | 6312 | 124517 | 106192 | 9092 | 9233 |
| 宿州市 | Suzhou | 993980 | 791159 | 53940 | 149115 | 124463 | 8580 | 16073 |
| 蚌埠市 | Bengbu | 595213 | 454447 | 2742 | 82371 | 68367 | 4602 | 9403 |
| 阜阳市 | Fuyang | 1012277 | 775668 | 3174 | 185968 | 159974 | 10556 | 15437 |
| 淮南市 | Huainan | 258513 | 187260 | 3209 | 46228 | 37810 | 3193 | 5226 |
| 滁州市 | Chuzhou | 1352322 | 1078431 | 8585 | 186329 | 135122 | 6473 | 44734 |
| 六安市 | Luan | 1841094 | 1513659 | 55860 | 186974 | 142630 | 8133 | 36212 |
| 马鞍山市 | Maanshan | 168574 | 122367 | 720 | 25786 | 22062 | 1180 | 2544 |
| 巢湖市 | Chaohu | 939367 | 686715 | 8703 | 110850 | 90833 | 5419 | 14599 |
| 芜湖市 | Wuhu | 336255 | 266262 | 3743 | 48559 | 41978 | 3715 | 2866 |
| 宣城市 | Xuancheng | 1232343 | 1054613 | 47693 | 73170 | 55848 | 6985 | 10337 |
| 铜陵市 | Tongling | 106447 | 67619 | 1996 | 18221 | 15058 | 1349 | 1814 |
| 池州市 | Chizhou | 839173 | 675535 | 31247 | 45855 | 35175 | 3828 | 6852 |
| 安庆市 | Anqing | 1539839 | 1153305 | 25393 | 161470 | 127262 | 12422 | 21786 |
| 黄山市 | Huangshan | 967884 | 892617 | 78783 | 49044 | 35179 | 5054 | 8811 |

## 11—30 地质灾害及防治情况
Geological Disasters and Prevention and Cure

| 年份<br>Year | 发生地质灾害起数（次）<br>Geological Disasters<br>(time) | #滑坡<br>Land-slide | #崩塌<br>Collapse | 人员伤亡（人）<br>Casualties<br>(person) | #死亡人数<br>Deaths | 直接经济损失（万元）<br>Direct Economic Losses<br>(10000 yuan) | 地质灾害防治项目（个）<br>Number of Projects of Prevention of Geological Disasters<br>(unit) | 地质灾害防治投资（万元）<br>Investment of Projects of Prevention of Geological Disasters<br>(10000 yuan) |
|---|---|---|---|---|---|---|---|---|
| 2005 | 8320 | 1528 | 6445 | 44 | 40 | 96800.0 | 46 | 3614 |
| 2006 | 360 | 72 | 260 | 6 | 3 | 3714.0 | 73 | 9921 |
| 2007 | 314 | 123 | 161 | 5 | 3 | 7486.6 | 123 | 9361 |
| 2008 | 556 | 247 | 285 | 3 | 2 | 8753.2 | 164 | 14814 |
| 2009 | 349 | 116 | 216 | 8 | 2 | 2179.3 | 156 | 12253 |
| 2010 | 338 | 143 | 164 | 12 | 6 | 2536.3 | 189 | 11352 |
| 2011 | 175 | 102 | 60 | 2 | 2 | 1569.6 | 338 | 27288 |
| 2012 | 350 | 170 | 157 | 5 | 3 | 4601.3 | 652 | 25201 |

## 11—31 各市地质灾害及防治情况（2012年）
Geological Disasters and Prevention and Cure by Region (2012)

| 地区 | Region | 发生地质灾害起数（次）<br>Geological Disasters<br>(time) | #滑坡<br>Land-slide | #崩塌<br>Collapse | 人员伤亡（人）<br>Casualties<br>(person) | #死亡人数<br>Deaths | 直接经济损失（万元）<br>Direct Economic Losses<br>(10000 yuan) | 地质灾害防治项目（个）<br>Number of Projects of Prevention of Geological Disasters<br>(unit) | 地质灾害防治投资（万元）<br>Investment of Projects of Prevention of Geological Disasters<br>(10000 yuan) |
|---|---|---|---|---|---|---|---|---|---|
| **总计** | **Total** | **350** | **170** | **157** | **5** | **3** | **4601.3** | **652** | **25201** |
| 合肥市 | Hefei | 1 | 1 | | | | 3.0 | 8 | 370 |
| 淮北市 | Huaibei | | | | | | | | 37 |
| 亳州市 | Bozhou | | | | | | | | 18 |
| 宿州市 | Suzhou | | | | | | | | |
| 蚌埠市 | Bengbu | | | | | | | 1 | 211 |
| 阜阳市 | Fuyang | | | | | | | | |
| 淮南市 | Huainan | 1 | | | | | | | 80 |
| 滁州市 | Chuzhou | 2 | | | | | 10.0 | 6 | 2645 |
| 六安市 | Luan | 21 | 10 | 10 | | | 132.0 | 17 | 1906 |
| 马鞍山市 | Maanshan | 2 | | | | | | 3 | 900 |
| 芜湖市 | Wuhu | 3 | 2 | | | | 276.5 | 165 | 148 |
| 宣城市 | Xuancheng | 47 | 30 | 10 | 1 | 2 | 427.6 | 84 | 4124 |
| 铜陵市 | Tongling | 2 | 1 | 1 | | | 395.0 | 3 | 932 |
| 池州市 | Chizhou | 53 | 30 | 18 | | | 718.7 | 16 | 3184 |
| 安庆市 | Anqing | 50 | 17 | 31 | 4 | 2 | 151.2 | 281 | 3173 |
| 黄山市 | Huangshan | 168 | 79 | 87 | | | 2487.3 | 68 | 7473 |

## 11—32 自然保护基本情况
Basic Situation of Natural Protection

| 年份<br>Year | 自然保护区(市级以上) Nature Reserves<br>个数(个)<br>Number of Nature Reserves (unit) | #国家级<br>Nation Level | 面积(万公顷)<br>Area of Nature Reserves (10000 hectares) | #国家级<br>Nation Level | 珍稀濒危动物繁殖场(个)<br>Number of Farms to Breed Rare or Endangered Animals (unit) | 珍稀植物引种栽培场(个)<br>Cultivating Farms of Rare Plants (unit) | 生态示范区建设试点地区和单位(个)<br>Number of Experimental Units and Region of Ecological Demonstration Zones (unit) | 已批准国家级生态示范区(个)<br>Number of Approved the National-level Ecological Demonstration Zones (unit) |
|---|---|---|---|---|---|---|---|---|
| 2005 | 31 | | 34.68 | | 5 | 1 | 34 | 9 |
| 2006 | 35 | | 44.81 | | 3 | | 34 | 9 |
| 2007 | 37 | | 44.00 | | | | 34 | 11 |
| 2008 | 37 | | 46.13 | | | | 34 | 13 |
| 2009 | 38 | | 43.84 | | | | 34 | 13 |
| 2010 | 38 | 6 | 43.61 | 13.14 | | | 34 | 13 |
| 2011 | 38 | 7 | 43.20 | 13.92 | | | 34 | 17 |
| 2012 | 38 | 7 | 43.20 | 13.92 | | | 34 | 17 |

## 11—33 各市自然保护基本情况(2012年)
Basic Situation of Natural Protection by Region (2012)

| 地区 Region | 自然保护区(市级以上) Nature Reserves<br>个数(个)<br>Number of Nature Reserves (unit) | #国家级<br>Nation Level | 面积(万公顷)<br>Area of Nature Reserves (10000 hectares) | #国家级<br>Nation Level | 珍稀濒危动物繁殖场(个)<br>Number of Farms to Breed Rare or Endangered Animals (unit) | 珍稀植物引种栽培场(个)<br>Cultivating Farms of Rare Plants (unit) | 生态示范区建设试点地区和单位(个)<br>Number of Experimental Units and Region of Ecological Demonstration Zones (unit) | 已批准国家级生态示范区(个)<br>Number of Approved the National-level Ecological Demonstration Zones (unit) |
|---|---|---|---|---|---|---|---|---|
| **总计 Total** | **38** | **7** | **43.20** | **13.92** | | | **34** | **17** |
| 合肥市 Hefei | | | | | | | | |
| 淮北市 Huaibei | | | | | | | 1 | |
| 亳州市 Bozhou | | | | | | | 1 | 1 |
| 宿州市 Suzhou | 6 | | 2.09 | | | | 2 | 1 |
| 蚌埠市 Bengbu | 3 | | 1.62 | | | | 2 | |
| 阜阳市 Fuyang | 2 | | 2.56 | | | | 3 | 2 |
| 淮南市 Huainan | | | | | | | | |
| 滁州市 Chuzhou | 2 | | 2.46 | | | | 1 | |
| 六安市 Luan | 4 | 1 | 5.18 | 2.89 | | | 3 | 3 |
| 马鞍山市 Maanshan | 1 | | 1.07 | | | | 1 | 1 |
| 芜湖市 Wuhu | | | | | | | 3 | 1 |
| 宣城市 Xuancheng | 3 | 2 | 3.14 | 2.64 | | | 5 | 2 |
| 铜陵市 Tongling | 1 | 1 | 3.15 | 3.15 | | | | |
| 池州市 Chizhou | 4 | 1 | 5.45 | 3.34 | | | 1 | 1 |
| 安庆市 Anqing | 4 | 1 | 13.78 | 1.23 | | | 5 | 1 |
| 黄山市 Huangshan | 8 | 1 | 2.70 | 0.67 | | | 5 | 4 |

## 11—34 湿 地 面 积
Area of Wetlands

| 年 份 Year | 湿地面积 (千公顷) Area of Wetlands (1000 hectares) | 天然湿地 Natural Wetlands | 河 流 Rivers | 湖 泊 Lakes | 人工湿地 Man-made Wetlands | 湿地面积占国土面积比 重 (%) Proportion of Wetlands in Total Area of Territory (%) |
|---|---|---|---|---|---|---|
| 2005 | 653.9 | 590.0 | 239.5 | 350.5 | 63.9 | 4.73 |
| 2006 | 653.9 | 590.0 | 239.5 | 350.5 | 63.9 | 4.73 |
| 2007 | 653.9 | 590.0 | 239.5 | 350.5 | 63.9 | 4.73 |
| 2008 | 653.9 | 590.0 | 239.5 | 350.5 | 63.9 | 4.73 |
| 2009 | 653.9 | 590.0 | 239.5 | 350.5 | 63.9 | 4.73 |
| 2010 | 653.9 | 590.0 | 239.5 | 350.5 | 63.9 | 4.73 |
| 2011 | 653.9 | 590.0 | 239.5 | 350.5 | 63.9 | 4.73 |
| 2012 | 653.9 | 590.0 | 239.5 | 350.5 | 63.9 | 4.73 |

## 11—35 森 林 资 源 情 况
Forest Resources

| 年 份 Year | 林业用地面积 (千公顷) Area of Afforested Land (1000 hectares) | 森林面积 (千公顷) Forest Area (1000 hectares) | #人 工 林 Man-made Forest | 森林覆盖率 (%) Forest Coverage Rate (%) | 活立木总蓄积量 (万立方米) Total Standing Forest Stock (10000 cu.m) | 森林蓄积量 (万立方米) Stock Volume of Forest (10000 cu.m) |
|---|---|---|---|---|---|---|
| 2000 | 4123.20 | 3318.70 | 1174.80 | 24.02 | 12667.41 | 10371.90 |
| 2005 | 4403.50 | 3600.70 | 2098.70 | 26.06 | 16258.35 | 13755.41 |
| 2007 | 4404.00 | 3601.00 | 2099.00 | 26.06 | 16258.35 | 13755.41 |
| 2008 | 4404.00 | 3601.00 | 2099.00 | 26.06 | 16258.35 | 13755.41 |
| 2009 | 4404.00 | 3601.00 | 2099.00 | 26.06 | 16258.35 | 13755.41 |
| 2010 | 4431.80 | 3804.20 | 2250.70 | 27.53 | 21710.12 | 18074.85 |
| 2011 | 4431.80 | 3804.20 | 2250.70 | 27.53 | 21710.12 | 18074.85 |
| 2012 | 4431.80 | 3804.20 | 2250.70 | 27.53 | 21710.12 | 18074.85 |

注：2005年及以后为一类资源清查数。

a) The figures after 2005 of the national first class forest resources by Surveyed.

# 11—36 各市森林资源情况（2012年）

Forest Resources by Region (2012)

| 地 区 | Region | 林业用地面积（千公顷）Area of Afforested Land (1000 hectares) | 森林面积（千公顷）Forest Area (1000 hectares) | 森林覆盖率(%) Forest Coverage Rate (%) | 活立木总蓄积量（万立方米）Total Standing Forest Stock (10000 cu.m) | 森林蓄积量（万立方米）Stock Volume of Forest (10000 cu.m) |
|---|---|---|---|---|---|---|
| 合肥市 | Hefei | 158.21 | 133.62 | 11.62 | 872.10 | 520.96 |
| 淮北市 | Huaibei | 50.13 | 45.72 | 16.95 | 282.15 | 219.19 |
| 亳州市 | Bozhou | 164.32 | 151.71 | 18.00 | 1112.58 | 834.56 |
| 宿州市 | Suzhou | 294.93 | 275.40 | 28.01 | 1439.09 | 1208.11 |
| 蚌埠市 | Bengbu | 100.37 | 83.15 | 14.00 | 542.41 | 386.10 |
| 阜阳市 | Fuyang | 170.05 | 161.55 | 16.60 | 918.25 | 826.36 |
| 淮南市 | Huainan | 51.08 | 48.73 | 18.77 | 315.84 | 273.75 |
| 滁州市 | Chuzhou | 195.54 | 142.48 | 10.71 | 1588.99 | 949.35 |
| 六安市 | Luan | 699.84 | 651.63 | 36.25 | 2901.82 | 2555.14 |
| 马鞍山市 | Maanshan | 60.24 | 43.77 | 10.83 | 280.16 | 171.02 |
| 芜湖市 | Wuhu | 103.88 | 88.68 | 14.81 | 471.03 | 309.81 |
| 宣城市 | Xuancheng | 739.03 | 678.57 | 54.92 | 3064.36 | 2971.54 |
| 铜陵市 | Tongling | 39.44 | 34.07 | 34.47 | 165.59 | 140.51 |
| 池州市 | Chizhou | 538.53 | 482.56 | 57.54 | 2912.87 | 2865.55 |
| 安庆市 | Anqing | 611.99 | 572.99 | 37.29 | 2800.27 | 2598.19 |
| 黄山市 | Huangshan | 807.80 | 771.75 | 79.63 | 4200.68 | 4157.69 |

注：数据为各地考核2012年基础数据

a) Data are 2012 foundation data of Local examination.

## 11—37 造 林 面 积
Area of Afforestation

单位：公顷（hectares）

| 年 份<br>Year | 造林总面积<br>Total Area of Afforestation | #人工造林<br>Manual Planting | 按林种用途分 by Function of Forest<br>用材林<br>Timber Forests | 经济林<br>By-product Forests | 防护林<br>Protection Forests | 薪炭林<br>Fuel Forests | 特种用途林<br>Forests for Special Purpose |
|---|---|---|---|---|---|---|---|
| 2000 | 69214 | 69214 | 29068 | 33592 | 4730 | | 1824 |
| 2005 | 57457 | 57457 | 26388 | 4489 | 25727 | 739 | 114 |
| 2006 | 45888 | 45888 | 19517 | 6655 | 19704 | | 12 |
| 2007 | 58910 | 52240 | 21083 | 6947 | 29048 | 179 | 1653 |
| 2008 | 53322 | 48366 | 17037 | 8444 | 26440 | 1033 | 368 |
| 2009 | 83606 | 70229 | 25314 | 8858 | 48171 | | 1263 |
| 2010 | 65612 | 57012 | 17724 | 12380 | 33804 | 849 | 855 |
| 2011 | 88731 | 72747 | 23939 | 22445 | 41121 | 405 | 821 |
| 2012 | 112197 | 100907 | 36082 | 34663 | 39251 | 267 | 1934 |

## 11—38 各 市 造 林 面 积（2012年）
Area of Afforestation by Region (2012)

单位：公顷（hectares）

| 地 区 | Region | 造林总面积<br>Total Area of Afforestation | #人工造林<br>Manual Planting | 按林种用途分 by Function of Forest<br>用材林<br>Timber Forests | 经济林<br>By-product Forests | 防护林<br>Protection Forests | 特种用途林<br>Forests for Special Purpose |
|---|---|---|---|---|---|---|---|
| **总 计** | **Total** | **112197** | **100907** | **36082** | **34663** | **39251** | **1934** |
| 合肥市 | Hefei | 13194 | 13194 | 3042 | 1215 | 8367 | 570 |
| 淮北市 | Huaibei | 1021 | 1021 | 13 | 401 | 607 | |
| 亳州市 | Bozhou | 4835 | 4835 | 2572 | 317 | 1905 | 41 |
| 宿州市 | Suzhou | 8909 | 7108 | 2276 | 2534 | 4008 | 91 |
| 蚌埠市 | Bengbu | 3922 | 3655 | 1845 | 288 | 1761 | 28 |
| 阜阳市 | Fuyang | 4329 | 4329 | 2282 | 730 | 1317 | |
| 淮南市 | Huainan | 773 | 773 | | 98 | 675 | |
| 滁州市 | Chuzhou | 6542 | 6409 | 3554 | 443 | 2410 | 135 |
| 六安市 | Luan | 18144 | 17777 | 1952 | 12831 | 2826 | 535 |
| 马鞍山市 | Maanshan | 2269 | 1669 | 990 | 233 | 1046 | |
| 芜湖市 | Wuhu | 2060 | 1727 | 965 | 245 | 826 | 24 |
| 宣城市 | Xuancheng | 11537 | 10804 | 3053 | 5705 | 2328 | 451 |
| 铜陵市 | Tongling | 488 | 221 | 84 | 37 | 93 | 7 |
| 池州市 | Chizhou | 6489 | 4819 | 4652 | 554 | 1276 | 7 |
| 安庆市 | Anqing | 19788 | 14669 | 5970 | 4873 | 8905 | 40 |
| 黄山市 | Huangshan | 7897 | 7897 | 2832 | 4159 | 901 | 5 |

## 11—39 退耕还林工程建设情况

Situation of Projects for Reforesting Formerly Cultivated Land

单位：公顷（hectares）

| 年份 Year | 造林总面积 Total Area of Afforesta-tion | 退耕地造林面积 Reforesting Formerly Cultivated Land Area | 荒山荒地造林面积 Afforested Area of Waste Mountains & Land | 按林种用途分 by Function of Forest 用材林 Timber Forests | 经济林 By-product Forests | 防护林 Protection Forests | 薪炭林 Fuel Forests | 特种用途林 Forests for Special Purpose | 林业投资完成额（万元）Completed Investment in Forestry (10000 yuan) |
|---|---|---|---|---|---|---|---|---|---|
| 2005 | 17026 | 13333 | 3693 | 1054 | 725 | 15082 | 133 | 32 | |
| 2007 | 16557 | | 16557 | 258 | 1635 | 14353 | | 311 | |
| 2008 | 19567 | | 19134 | 3556 | 3303 | 12705 | 3 | | |
| 2009 | 32540 | | 19211 | 1802 | 386 | 30144 | | 208 | |
| 2010 | 17820 | | 17820 | 4179 | 4441 | 8205 | 400 | 595 | 59665 |
| 2011 | 18520 | 1805 | 10229 | 3265 | 3155 | 11198 | 353 | 549 | 112715 |
| 2012 | 21238 | | 14328 | 1885 | 2224 | 9828 | 201 | 100 | 63606 |

## 11—40 各市退耕还林工程建设情况（2012年）

Situation of Projects for Reforesting Formerly Cultivated Land by Region (2012)

单位：公顷（hectares）

| 地区 | Region | 造林总面积 Total Area of Afforesta-tion | 退耕地造林面积 Reforesting Formerly Cultivated Land Area | 荒山荒地造林面积 Afforested Area of Waste Mountains & Land | 按林种用途分 by Function of Forest 用材林 Timber Forests | 经济林 By-product Forests | 防护林 Protection Forests | 薪炭林 Fuel Forests | 特种用途林 Forests for Special Purpose | 林业投资完成额（万元）Completed Investment in Forestry (10000 yuan) |
|---|---|---|---|---|---|---|---|---|---|---|
| **总计** | **Total** | **21238** | | **14238** | **1885** | **2224** | **9828** | **201** | **100** | **63606** |
| 合肥市 | Hefei | 846 | | 846 | | | 846 | | | 8990 |
| 淮北市 | Huaibei | 89 | | 89 | | 9 | 80 | | | 5639 |
| 亳州市 | Bozhou | 25 | | 25 | 17 | 8 | | | | 557 |
| 宿州市 | Suzhou | 238 | | 238 | 38 | | 200 | | | 2372 |
| 蚌埠市 | Bengbu | | | | | | | | | 687 |
| 阜阳市 | Fuyang | 387 | | 387 | | | 387 | | | 54 |
| 淮南市 | Huainan | | | | | | | | | 1341 |
| 滁州市 | Chuzhou | 1207 | | 1207 | | 7 | 1000 | 100 | 100 | 5820 |
| 六安市 | Luan | 956 | | 956 | 56 | 100 | 800 | | | 8550 |
| 马鞍山市 | Maanshan | 531 | | 531 | 31 | 100 | 400 | | | 1864 |
| 芜湖市 | Wuhu | 620 | | 620 | 20 | 200 | 400 | | | 2586 |
| 宣城市 | Xuancheng | 5701 | | 3101 | 500 | 500 | 2000 | 101 | | 5956 |
| 铜陵市 | Tongling | 277 | | 77 | | | 77 | | | 643 |
| 池州市 | Chizhou | 2497 | | 964 | 64 | 300 | 600 | | | 3533 |
| 安庆市 | Anqing | 2838 | | 2638 | 600 | 500 | 1538 | | | 8854 |
| 黄山市 | Huangshan | 5025 | | 2559 | 558 | 500 | 1500 | | | 6160 |

## 11—41 森林病虫害防治情况
Prevention of Forest Diseases and Pests

| 年 份 Year | 合 计 Total | | | 森林病害 Forest Diseases | | | 森林虫害 Forest Plague | | |
|---|---|---|---|---|---|---|---|---|---|
| | 发生面积(公顷) Area of Occurrence (hectare) | 防治面积(公顷) Area of Prevention (hectare) | 防治率(%) Prevention Rate (%) | 发生面积(公顷) Area of Occurrence (hectare) | 防治面积(公顷) Area of Prevention (hectare) | 防治率(%) Prevention Rate (%) | 发生面积(公顷) Area of Occurrence (hectare) | 防治面积(公顷) Area of Prevention (hectare) | 防治率(%) Prevention Rate (%) |
| 2000 | 370273 | 274367 | 74.10 | 55187 | 24580 | 44.54 | 315087 | 249787 | 79.28 |
| 2005 | 261516 | 210369 | 80.44 | 22508 | 20527 | 91.20 | 239008 | 189842 | 79.43 |
| 2006 | 324916 | 279230 | 90.27 | 41014 | 38758 | 100.00 | 283882 | 240452 | 84.70 |
| 2007 | 348314 | 271562 | 77.96 | 49604 | 44547 | 89.81 | 298640 | 227017 | 76.02 |
| 2008 | 351110 | 288916 | 82.29 | 48225 | 39811 | 82.55 | 302865 | 244150 | 80.61 |
| 2009 | 336606 | 260229 | 77.31 | 59401 | 49480 | 83.30 | 277139 | 210682 | 76.02 |
| 2010 | 355750 | 300543 | 84.48 | 55385 | 42130 | 76.07 | 300365 | 258413 | 86.03 |
| 2011 | 400865 | 349334 | 87.15 | 52667 | 40230 | 76.39 | 348119 | 309104 | 88.82 |
| 2012 | 383217 | 310850 | 81.12 | 47115 | 30632 | 65.02 | 336102 | 280218 | 83.37 |

## 11—42 各市森林病虫害防治情况（2012年）
Prevention of Forest Diseases and Pests by Region (2012)

| 地 区 Region | 合 计 Total | | | 森林病害 Forest Diseases | | | 森林虫害 Forest Plague | | |
|---|---|---|---|---|---|---|---|---|---|
| | 发生面积(公顷) Area of Occurrence (hectare) | 防治面积(公顷) Area of Prevention (hectare) | 防治率(%) Prevention Rate (%) | 发生面积(公顷) Area of Occurrence (hectare) | 防治面积(公顷) Area of Prevention (hectare) | 防治率(%) Prevention Rate (%) | 发生面积(公顷) Area of Occurrence (hectare) | 防治面积(公顷) Area of Prevention (hectare) | 防治率(%) Prevention Rate (%) |
| **总 计 Total** | **383217** | **310850** | **81.12** | **47115** | **30632** | **65.02** | **336102** | **280218** | **83.37** |
| 合肥市 Hefei | 8546 | 6799 | 79.56 | 741 | 652 | 87.99 | 7805 | 6147 | 78.76 |
| 淮北市 Huaibei | 5884 | 4323 | 73.47 | 3480 | 3420 | 98.28 | 2404 | 903 | 37.56 |
| 亳州市 Bozhou | 6900 | 4247 | 61.55 | 2133 | | | 4767 | 4247 | 89.10 |
| 宿州市 Suzhou | 60609 | 54723 | 90.29 | 5853 | 4347 | 74.26 | 54756 | 50376 | 92.00 |
| 蚌埠市 Bengbu | 37933 | 30091 | 79.33 | 1195 | 844 | 70.64 | 36737 | 29247 | 79.61 |
| 阜阳市 Fuyang | 61129 | 48227 | 78.89 | 12550 | 8800 | 70.12 | 48579 | 39427 | 81.16 |
| 淮南市 Huainan | 725 | | | 29 | | | 696 | | |
| 滁州市 Chuzhou | 34178 | 31826 | 93.12 | 4290 | 4159 | 96.96 | 29888 | 27666 | 92.57 |
| 六安市 Luan | 59380 | 50001 | 84.20 | 6947 | 5607 | 80.72 | 52433 | 44393 | 84.67 |
| 马鞍山市 Maanshan | 3113 | 167 | 5.35 | | | | 3113 | 167 | 5.35 |
| 芜湖市 Wuhu | 333 | 333 | 100.00 | | | | 333 | 333 | 100.00 |
| 宣城市 Xuancheng | 37664 | 23125 | 61.40 | 9043 | 2277 | 25.18 | 28621 | 20848 | 72.84 |
| 铜陵市 Tongling | | | | | | | | | |
| 池州市 Chizhou | 14577 | 13137 | 90.12 | | | | 14577 | 13137 | 90.12 |
| 安庆市 Anqing | 20196 | 16893 | 83.64 | 813 | 485 | 59.73 | 19383 | 16408 | 84.65 |
| 黄山市 Huangshan | 32049 | 26960 | 84.12 | 40 | 40 | 100.00 | 32009 | 26920 | 84.10 |

# 主要统计指标解释

**森林面积**

指生长着乔木和竹林，郁闭度在0.3以上（不包括0.3）的林地面积，即有林地面积。它是反映森林资源总面积的重要指标。森林面积包括天然林面积和人工林面积。但不包括灌木林地和疏林地面积。

**森林覆盖率**

通常是指森林面积以及四旁树木的覆盖面积与土地总面积之比。森林覆盖率，是反映一个国家或地区森林资源和绿化水平的重要指标。计算公式：

森林覆盖率（%）＝森林面积/土地总面积×100%

**活立林总蓄积量**

指全部土地上树木蓄积的总量。包括森林蓄积、疏林蓄积、散生木蓄积和四旁树蓄积。

**森林蓄积量**

指一定森林面积上生长着林木树干材积总量。它是反映一个国家或地区森林资源总规模和水平的重要指标。

**降水量**

指降水深度，即降水平铺在地域面积上的深度。

**水资源总量**

一定区域内的水资源总量指当地降水形成的地表和地下产水量，即地表径流量与降水入渗补给量之和，不包括过境水量。

**地表水资源量**

指河流、湖泊、冰川等地表水体中由当地降水形成的、可以逐年更新的动态水量，即天然河川径流量。

**地下水资源量**

指当地降水和地表水对饱水岩土层的补给量。

**地表水与地下水资源重复量**

指地表水和地下水相互转化的部分，即在河川径流量中包括一部分地下水排泄量，地下水补给量中包括一部分来源于地表水的入渗量。

**供水总量**

指各种水源工程为用户提供的包括输水损失在内的毛供水量。

**地表水源水供水量**

指地表水体工程的取水量，按蓄、引、提、调四种形式统计。从水库、塘坝中引水或提水，均属蓄水工程供水量；从河道或湖泊中自流引水的，无论有闸或无闸，均属引水工程供水量；利用扬水站从河道或湖泊中直接取水的，属提水工程供水量；跨流域调配指水资源一级区或独立流域之间的跨流域调配水量，不包括在蓄、引、提水量中。

**地下水源供水量**

指水井工程的开采量，按浅层谈水、深层承压水和微咸水分别统计。城市地下水源供水量包括自来水厂的开采量和工矿企业自备井的开采量。

**其他水源供水量**

包括污水处理再利用、集雨工程、海水淡化等水源工程的供水量。

**用水总量**

指分配给用户的包括输水损失在内的毛用水量。按用户特性分为农业、工业、生活和生态用水四大类。

**农业用水**

包括农田灌溉和林牧渔业用水。林牧渔业用水指林果地灌溉、草地灌溉和鱼塘补水。

**工业用水**

按新水取用量计，不包括企业内部的重复利用水量。

**生活用水**

包括城镇生活用水和农村生活用水。城镇生活用水由居民用水和公共用水（含服务业、商饮业、货运邮电业及建筑业等用水）组成；农村生活用水除居民生活用水外，还包括畜用水在内。

**生态环境补水**

仅包括河湖人工补水和城市环境用水。

**工业废水排放量**

指经过企业厂区所有排放口排到企业外部的工业废水量。包括生产废水、外排的直接冷却水、超标排放的矿井地下水和与工业废水混排的厂区生活污水，不包括外排的间接冷却水（清污不分流的间接冷却水应计算在内）。

**城镇生活污水排放量**

指城镇居民每年排放的生活污水。用人均系数法测算。测算公式为：

城镇生活污水排放量=城镇生活污水排放系数×市镇非农业人口×365

**城镇生活污水中化学需氧量（COD）产生量**

指城镇居民每年排放的生活污水中的COD的产生量。用人均系数法测算。测算公式为：

城镇生活污水中COD 产生量=城镇生活污水中COD 产生系数×市镇非农业人口×365

**化学需氧量（COD）**

测量有机和无机物质化学所消耗氧的质量浓度的水污染指数。

**工业废气排放量**

指报告期内企业厂区内燃料燃烧和生产工艺过程中产生的各种排入大气的含有污染物的气体的总量，以标准状态（273K，101325Pa）计算。测算公式为：

工业废气排放量=燃料燃烧过程中废气排放量+生产工艺过程中废气排放量

**生活及其他$SO_2$排放量**

以生活及其他煤炭消费量和其含硫量为基础，根据以下公式计算：

生活及其他$SO_2$排放量=生活及其他煤炭消费量×含硫量×0.8×2

**工业$SO_2$排放量**

指报告期内企业在燃料燃烧和生产工艺过程中排入大气的$SO_2$总量，计算公式为：

工业$SO_2$排放量=燃料燃烧过程中$SO_2$排放量+生产工艺过程中$SO_2$排放量

**工业烟(粉)尘排放量**

指报告期内企业在燃料燃烧和生产工艺过程中排入大气的烟尘和工业粉尘的质量之和。

**生活及其他烟尘排放量**

指除工业生产活动以外的所有社会、经济活动及公共设施的经营活动中燃烧所排放的烟尘纯重量。以生活及其他煤炭消费量为基础进行测算。

**工业固体废物产生量**

指报告期内企业在生产过程中产生的固体状、半固体状和高浓度液体状废弃物的总量，包括危险废物、冶炼废渣、粉煤灰、炉渣、煤矸石、尾矿、放射性废物和其他废物等；不包括矿山开采的剥离废石和掘进废石（煤矸石和呈酸性或碱性的废石除外）。酸性或碱性废石指采掘的废石其流经水、雨淋水的pH值小于4或pH值大于10.5者。

**危险废物**

指列入国家危险废物名录或根据国家规定的危险废物鉴别标准和鉴别方法认定的，具有爆炸性、易燃性、易氧化性、毒性、腐蚀性、易传染疾病等危险特性之一的废物。

**工业固体废物综合利用量**

指报告期内企业通过回收、加工、循环、交换等方式，从固体废物中提取或者使其转化为可以利用的资源、能源和其他原材料的固体废物量（包括当年利用往年的工业固体废物贮存量），如用作农业肥料、生产建筑材料、筑路等。综合利用量由原产生固体废物的单位统计。

**工业固体废物综合利用率**

指工业固体废物综合利用量占工业固体废物产生量（包括综合利用往年贮存量）的百分率。计算公式为：

工业固体废物综合利用率=工业固体废物综合利用量/（工业固体废物产生量+综合利用往年贮存量）×100%

**工业固体废物贮存量**

指报告期内企业以综合利用或处置为目的，将固体废物暂时贮存或堆存在专设的贮存设施或专设的集中堆存场所内的数量。专设的固体废物贮存场所或贮存设施必须有防扩散、防流失、防渗漏、防止污染大气、水体的措施。

**工业固体废物处置量**

指报告期内企业将固体废物焚烧或者最终置于符合环境保护规定要求的场所，并不再回取的工业固体废物量（包括当年处置往年的工业固体废物贮存量）。处置方式有填埋（其中危险废物应安全填埋）、焚烧、专业贮存场（库）封场处理、深层灌注、回填矿井及海洋处置（经海洋管理部门同意投海处置）等。

**工业固体废物排放量**

指报告期内企业将所产生的固体废物排到固体废物污染防治设施、场所以外的数量，不包括矿山开采的剥离废石和掘进废石（煤矸石和呈酸性或碱性的废石除外）。

**生活垃圾清运量**

指报告期内收集和运送到垃圾处理厂（场）的生活垃圾数量。生活垃圾指城市日常生活或为城市日常生活提供服务的活动中产生的固体废物以及法律行政规定的视为城市生活垃圾的固体废物。包括：居民生活垃圾、商业垃圾、集市贸易市场垃圾、街道清扫垃圾、公共场所垃圾和机关、学校、厂矿等单位的生活垃圾。

**生活垃圾无害化处理率**

指报告期生活垃圾无害化处理量与生活垃圾产生量比率。在统计上，由于生活垃圾产生量不易取得，可用清运量代替。计算公式为：

生活垃圾无害化处理率=生活垃圾无害化处理量/生活垃圾产生量×100%

**土地调查面积**

指行政区域内的土地调查总面积，包括农用地、建设用地和未利用地。

**农用地**

指直接用于农业生产的土地，包括耕地、园地、林地、牧草地及其他农用地。

**人工林面积**

指由人工播种、植苗或扦插造林形成的生长稳定，（一般造林3-5年后或飞机播种5-7年后）每公顷保存株数大于或等于造林设计植树株数80%或郁闭度0.20以上（含0.20）的林分面积。

**造林总面积**

指报告期内在荒山、荒地、沙丘、退耕地等一切可以造林的土地上，采用人工播种、飞机播种、植苗造林、分植造林等方法新植成片乔木林和灌木林，经过检查验收符合《造林技术规程》要求的单位面积株数，并按《中华人民共和国森林法实施条例》规定，成活率达85%以上（含85%，年降雨量在400毫米以下且无浇灌条件的地区造林成活率达70%以上）的总面积。四旁植树如一侧在四行以上，连片面积0.066公顷（一亩）以上，应统计在造林面积内。造林面积，通常按所有制（国有、国有集体合作、集体和个人）、造林方式（人工、飞机播种）、主要林种用途（用材林、经济林、防护林、薪炭林、特种用途林）分组进行统计。

**用材林**

指以生产木材为主要目的的森林和林木，包括以生产竹材为主要目的的竹林。

**经济林**

指以生产果品，食用油料、饮料、调料，工业原料和药材为主要目的的林木。经济林是人们为了取得林木的果实、叶片、皮层、胶液等产品作为工业原料或者供食用所营造的林木，如油茶、油桐、核桃、樟树、花椒、茶、桑、果等。

**防护林**

指以防护为主要目的的森林、林木和灌木丛。包括水源涵养林，水土保持林，防风固沙林，农田、牧场防护林，护岸林，护路林等。

**薪炭林**

指以生产燃料为主要目的的林木。

**特种用途林**

指以国防、环境保护、科学实验等为主要目的的森林和林木。包括国防林、实验林、母树林、环境保护林、风景林，名胜古迹和革命纪念地的林木，自然保护区的森林。

**退耕还林还草工程**

是我国林业建设上涉及面最广、政策性最强、工序最复杂、群众参与度最高的生态建设工程。主要解决重点地区的水土流失问题。

**野生动植物保护及自然保护区建设工程**

野生动植物保护及自然保护区建设工程，是一个面向未来，着眼长远，具有多项战略意义的生态保护工程，也是呼应国际大气候、树立中国良好国际形象的“外交工程”。主要解决基因保存、生物多样性保护、自然保护、湿地保护等问题。

**湿地**

指天然或人工、长久或暂时性的沼泽地、泥炭地或水域地带，包括静止或流动、淡水、半咸水、咸水体，低潮时水深不超过6米的水域以及海岸地带地区的珊瑚滩和海草床、滩涂、红树林、河口、河流、淡水沼泽、沼泽森林、湖泊、盐沼及盐湖。

**自然保护区**

指对有代表性的自然生态系统、珍稀濒危野生动植物物种的天然分布区、水源涵养区、有特殊意义的自然历史遗迹等保护对象所在的陆地、陆地水体或海域，依法划出一定面积进行特殊保护和管理的区域。以县及县以上各级人民政府正式批准建立的自然保护区为准。风景名胜区、文物保护区不计在内。

**生态示范区**

指省级以上环境保护行政主管部门批准，以省、地、县政府为主按批准的生态示范区建设规划实施的行政区域。包括已经过国家或省级环境保护行政主管部门验收的和正在开展试点工作的。

**滑坡**

指斜坡上不稳定的岩土体在重力作用下沿一定软面（或滑动带）整体向下滑动的物理地质现象。地表水和地下水的作用以及人为的不合理工程活动对斜坡岩、土体稳定性的破坏，经常是促使滑坡发生的主要因素。在露天采矿、水利、铁路、公路等工程中，滑坡往往造成严重危害。

**崩塌**

指陡坡上大块的岩土体在重力作用下突然脱离母体崩落的物理地质现象。它可因多裂隙的岩体经强烈的物理风化、雨水渗入或地震而造成，往往毁坏建筑物，堵塞河道或交通路线。

**泥石流**

指山地突然爆发的包含大量泥沙、石块的特殊洪流，多见于半干旱山地高原地区。其形成条件是地形陡峻，松散堆积物丰富，有特大暴雨或大量冰融水的流出。

**地面塌陷**

指地表岩、土体在自然或人为因素作用下向下陷落，并在地面形成塌陷坑（洞）的一种动力地质现象。由于其发育的地质条件和作用因素的不同，地面塌陷可分为：岩溶塌陷、非岩溶塌陷。

**突发环境事件**

指由于违反环境保护法规的经济、社会活动与行为，以及意外因素的影响或不可抗拒的自然灾害等原因，致使环境受到污染，国家重点保护的野生动植物、自然保护区受到破坏，人体健康受到危害，社会经济和人民财产受到损失，造成不良社会影响的突发性事件。

**环境污染治理投资**

指在工业污染源治理和城市环境基础设施建设的资金投入中，用于形成固定资产的资金。包括工业新老污染源治理工程投资、建设项目“三同时”环保投资，以及城市环境基础设施建设所投入的资金。

# Explanatory Notes for Major Statistical Indicators

**Forest Area**

refers to the area of forest land where trees, and bamboo grow with canopy density above 0.3, including land of natural woods and planted woods but excluding bush land and thin forest land, which reflects the total areas.

**Forestry Coverage-rate**

refers to the ratio of area of afforested land to total area of land (measured in recent). According to regulations of the country, when calculating Forestry Cover-rate, in addition to afforested land, bush land, forestry land inside farmland and along sides should be taken into account. This indicator reflects forestry resources and afforestation progress of a country or region. The statistics of Forestry Cover-rate in this statistical year book is calculated as follows:

Forestry Cover-rate(%) = Area of Forestry Land/Area of Total Land × 100%

**Total Standing Stock Volume**

refers to the total stock volume of trees growing in land, including trees in forest, tress in sparse forest, scattered trees and trees planted by the side of farm houses and along the roads, rivers and fields.

**Stock Volume of Forest**

refers to total stock volume of wood growing in forest area, which shows the total size and level of forest resources of a country or a region.

**Precipitation**

refers to deep of precipitation, the deep of the area by precipitation.

**Total Water Resources**

refers to total volume of water resources measured as run-off for surface water from rainfall and recharge for groundwater in a given area, excluding transit water.

**Surface Water Resources**

refers to total renewable resources which exist in rivers, lakes, glaciers and other collectors from rainfall and are measured as run-off of rivers.

**Groundwater Resources**

refers to replenishment of aquifers with rainfall and surface water.

**Duplicated Measurement Between Surface Water and Groundwater**

refers to mutual exchange between surface water and groundwater, i.e. run-off of rivers includes some depletion with groundwater while groundwater includes some replenishment with surface water.

**Water Supply**

refers to gross water supply by supply systems from sources to consumers, including losses during distribution.

**Surface Water Supply**

refers to withdrawals by surface water supply system, broken down with storage, flow, pumping and transfer. Supply from storage projects includes withdrawals from reservoirs; supply from flow includes withdrawals from rivers and lakes with natural flows no matter if there are locks or not; supply from pumping projects includes withdrawals from rivers or lakes with pumping stations; and supply from transfer refers to water supplies transferred from first-level regions of water resources or independent river drainage areas to others, and should not be covered under supplies of storage, flow and pumping.

**Groundwater Supply**

refers to withdrawals from supplying wells, broken down with shallow layer freshwater, deep layer freshwater and slightly brackish water. Groundwater supply for urban areas includes water mining by both waterworks and own wells of enterprises.

**Other Water Supply Sources**

include supplies by waste-water treatment, rain collection, seawater desalinization and other water projects.

**Water Use**

refers to gross water use distributed to users, including loss during transportation, broken down with use by agriculture, industry, living consumption and biological protection.

**Water Use by Agriculture**

includes uses of water by irrigation of farming fields and by forestry, animal husbandry and fishing. Water use by forestry, animal husbandry and fishing includes irrigation of forestry and orchards, irrigation of grassland and replenishment of fishing pools.

**Water Use by Industry**

refers to new withdrawals of water, excluding reuse of water within enterprises.

**Water Use by Living Consumption**

includes use of water for living consumption in both urban and rural areas. Urban water use by living consumption is composed of household use and public use (including services, commerce, restaurants, cargo transportation, posts, telecommunication and construction). Rural water use by living consumption includes both households and animals.

**Water Use by Biological Protection**

includes replenishment of rivers and lakes and use for urban environment.

**Waste Water Discharged by Industry**

refers to the volume of waste water discharged by industrial enterprises through all their outlets, including waste water from production process, directly cooled water, groundwater from mining wells which does not meet discharge standards and sewage from households mixed with waste water produced by industrial activities, but excluding indirectly cooled water discharged (It should be included if the discharge is not separated with waste water).

**Urban Non-industrial Waste Water Discharge**

refers to annual discharge of non-industrial waste water by urban households. It is estimated by per capita coefficient using the formula:

Urban non-industrial waste water discharge = urban non-industrial waste water discharge coefficient urban non-agricultural population 365

**Volume of Chemical Oxygen Demand (COD) Generated by Urban Non-industrial Waster Water**

refers to chemical oxygen demand generated through the annual discharge of non-industrial waste water by urban households. It is estimated as:

Volume of chemical oxygen demand (cod) generated by urban non-industrial waster water = Coefficient of COD generated through urban non-industrial waste water urban non-agricultural population 365

**Chemical Oxygen Demand (COD)**

refers to index of water pollution measuring the mass concentration of oxygen consumed by the chemical breakdown of organic and inorganic matter.

**Industrial Waste Air Emission**

refers to discharge into atmosphere of waste air containing pollutants generated from fuel burning and production process in enterprises within a given period of time. It is calculated at standard status (273K, 101325Pa) as:

Industrial waste air emission = emission through fuel burning + emission through production process

**$SO_2$ Emission through Non-industrial and Other Activities**

is calculated on the basis of consumption of coal by households and other activities and the sculpture content of coal with the following formula:

$SO_2$ emission through non-industrial and other activities = consumption of coal by households and other activities sculpture content 0.82

**$SO_2$ Emission through Industrial Activities**

refers to volume of sculpture dioxide emission from fuel burning and production process by enterprises during a given period of time. It is calculated as:

$SO_2$ emission through industrial activities = $SO_2$ emission from fuel burning + $SO_2$ emission from production process

**Industrial Soot（Dust）Emission**

refers to the total volume of soot and industrial dust emitted into the atmosphere in the fuel combustion and processes of enterprises in the reporting period.

**Soot Emission by Consumption and Others**

refers to net volume of soot emitted by fuel burning from all social and economic activities and operation of public facilities other than industrial activities. It is calculated on the basis of coal consumption by households and others.

**Industrial Solid Wastes Produced**

refers to total volume of solid, semi-solid and high concentration liquid residues produced by industrial enterprises from production process in a given period of time, including hazardous wastes, slag, coal ash, gangue, tailings, radioactive residues and other wastes, but excluding stones stripped or dug out in mining (gangue and acid or alkaline stones not included). A stone is acid or alkaline depending on the pH value of the water below 4 or above 10.5 when the stone is in, or soaked by, the water.

**Hazardous Wastes**

refers to those included in the national hazardous wastes catalogue or specified as any one of the following properties in the national hazardous wastes identification standards: explosive, ignitable, oxidizable, toxic, corrosive or liable to cause infectious diseases or lead to other dangers.

**Industrial Solid Wastes Utilized**

refers to volume of solid wastes from which useful materials can be extracted or which can be converted into usable resources, energy or other materials by means of reclamation, processing, recycling and exchange (including utilizing in the year the stocks of industrial solid wastes of the previous year). Examples of such utilizations include fertilizers, building materials and road materials. The information shall be collected by the producing units of the wastes.

**Ratio of Industrial Solid Wastes Utilized**

refers to the percentage of industrial solid wastes utilized over industrial solid wastes produced (including stocks of the previous years). It is calculated as:

Ratio of industrial solid wastes utilized = volume of industrial solid wastes utilized / (industrial solid wastes produced + stock of previous years) 100%

**Stocks of Industrial Solid Wastes**

refers to volume of solid wastes placed in special facilities or special sites for purposes of utilization or disposal. The sites or facilities should take measures against dispersion, loss, seepage, and air and water contamination.

**Industrial Solid Wastes Disposed**

refers to quantity of industrial solid wastes which are burnt or placed ultimately in the sites meeting the requirements for environmental protection and not salvaged or recycled (including disposition in the year of those wastes of previous years). The disposition includes landfill (Safe landfills should be conducted for hazardous wastes), incineration, containment spaces, deep underground disposal, backfill in mining pits and disposal at sea.

**Industrial Solid Wastes Discharged**

refers to volume of industrial solid wastes discharged by producing enterprises to disposal facilities or to other sites. The wastes exclude stones stripped or dug from mining (gangue and acid or alkaline waste stones not included).

**Consumption Wastes Transported**

refers to volume of consumption wastes collected and transported to disposal factories or sites. Consumption wastes are solid wastes produced from urban households or from service activities for urban households, and solid wastes regarded by laws and regulations as urban consumption wastes, including those from households, commercial activities, markets, cleaning of streets, public sites, offices, schools, factories, mining units and other sources.

**Ratio of Consumption Wastes Treated**

refers to consumption wastes treated over that produced. In practical statistics, as it is difficult to estimate, the volume of consumption wastes produced is replaced with that transported. It is calculated as:

Ratio of consumption wastes treated = consumption wastes treated / consumption wastes produced ×100%

**Area under Land Survey**

refers to the total area of land, under the land survey, within the jurisdiction of the administrative region, including land for agriculture use, land for construction and unused land.

**Land for Agriculture Use**

refers to land directly used for agriculture production, including land for cultivation, gardening, forests, herbage and other agriculture activities.

**Total Area of Afforestation**

refers to the total area of land suitable for afforestation, including barren hills, idle land, sand dunes, rain for green land, on which acres of arbores or bushes are planted through manual planting, airplane planting, plant seedlings, etc. in accordance with the required density standards of the Technical Procedures of Afforestation, and with a survival rate of over 85% in line with the Implementing Rules of the Forest Law of the People Republic of China (or a survival rate of 75% in areas with less that 400 mm of annual rainfall and without irrigation facilities). Included in the this category are trees planted alone the roadsides, riversides, or next to houses that occupy an area over 0.066 hectares, or where more than 4 lines of trees are planted. Total area of afforestation is further classified by ownership (state-owned, state-collective, collective or private), by approach of planting (manual, airplane), and by type of forests (timber, by-products, protection, fuel, special use, etc.).

**Timber Forests**

refer to forests which are mainly for the production of timber, including bamboo groves planted to harvest bamboos.

**By-product Forests**

refer to forests that mainly produce fruits, nuts, edible oil, beverages, indigents, raw materials and medicine materials. By-product forests are planted to harvest the fruits, leaves, bark or liquid of trees, and consume them as food or raw materials for the manufacturing industry, such as tea-oil trees, tong oil trees, walnut trees, camphor trees, tea bushes, mulberry trees, fruit trees, etc.

**Protection Forests**

refer to forests, trees and bushes planted mainly for protection or preservation purpose, including water resource conservation forests, water and soil conservation forests, windbreak and dune-fixing forests, farmland and pasture protection forests, riverside protection forests, roadside protection forests, etc.

**Fuel Forests**

refer to forests planted mainly for fuels.

**Forests for Special Purpose**

refer to forests planted mainly for national defense, environment protection or scientific experiments, including national defense forests, experimental forests, mother-tree forests, environment protection forests, scenery forests, and trees in historical or scenic spots, forests in natural reserves.

**Project on Preservation of Natural Forests**

is the Number One ecological project in China forest industry that involves the largest investment. It consists of 3 components: 1) Complete halt of all cutting and logging activities in the natural forests at the upper stream of Yangtze River and the upper and middle streams of the Yellow River. 2) Significant reduction of timber production of key state forest zones in northeast provinces and in Inner Mongolia. 3) Better protection of natural forests in other regions through rehabilitation programmers.

**Projects on Converting Cultivated Land to Forests and Grassland (Grain for Green Projects)**

aiming at preventing soil erosion in key regions, these projects are ecological construction projects in the development of forest industry that have the widest coverage and most sophisticated procedures, with strong policy implications and most active participation of the people.

**Projects on Protection Forests in North China and Yangtze River Basin**

covering the widest areas in China with a rich variety of contents, these projects aim at solving the problem of sand and dust in northeastern China, northern China and northwestern China and the ecological issues in other areas. More specifically, they include phase IV of project on North China protection forests, phase II of project on protection forests at the middle and lower streams of Yangtze River and at the Huihe River and Taihu Lake valley, phase II of project on coastal protection forests, phase II of project on Pearl River protection forests, phase II project on greenery of Taihang Mountain and phase II projects on greenery of plains.

**Projects on Harnessing Source of Sand and Dust in Beijing and Tianjin**

these Beijing-ring projects aim at harnessing the sand and dust weather around Beijing and its vicinities. As the key to the development of Beijing-Tianjin ecological zone, these projects are of particular importance as it concerns the image of China capital city and the whole country.

**Wetlands**

refer to marshland and peat bog, whether natural or man-made, permanent or temporary; water covered areas, whether stagnant or flowing, with fresh or semi-fresh or salty water that is less than 6 meters deep at low tide; as well as coral beach, weed beach, mud beach, mangrove, river outlet, rivers, fresh-water marshland, marshland forests, lakes, salty bog and salt lakes along the coastal areas.

**Nature Reserves**

refer to certain areas of land, waters or sea that are representative in natural ecological systems, or are natural habitats for rare or endangered wild animals or plants, or water conservation zones, or the location of important natural or historic relics, which are demarked by law and put under special protection and management. Nature reserves are designated by the formal approval of governments at and above county level. Scenic spots and cultural preservation zones are not included.

**Ecological Demonstration Zones**

refer to administrative areas approved by the environment protection agencies of central and provincial governments and established by provincial, prefecture or county governments in line with the approved programmed for ecological demonstration zones. They include those evaluated and accepted by the environment protection agencies of central and provincial governments and those under pilot development stage.

**Landslides**

refer to the geological phenomenon of unstable rocks and earth on slopes sliding down along certain soft surface as a result of gravitational force. Role of surface water and underground water, and destruction of the stability of slopes by irrational construction work are usually main factors triggering the landslides. Several damages are often caused by landslides in open mining, in water conservancy projects, and in the construction of railways and highways.

**Collapse**

refers to the geological phenomenon of large mass of rocks or earth suddenly collapsing from the mountain or cliff as a result of gravitational force. Usually caused by weathering of rocks, permanent of rain or earthquakes, collapse often destructs buildings and blocks river course or transport routes.

**Mud-rock Flow**

refers to the sudden rush of flood torrents containing large amount of mud and rocks in mountainous areas. It is found mostly in semi-arid hills or plateaus. High and precipitous topographic features, loose soil mass, heavy rains or melting water contribute to the mud-rock flow.

**Land Subside**

refers to the geological phenomenon of surface rocks or earth subsiding into holes or pits as a result of natural or human factors. Land subside can be classified as karst subside and non-karst subside.

**Environment Pollution and Destruction Accidents**

refer to sudden accidents, due to economic or social activities that are in contrast to environment protection laws or due to unforeseen factors or natural disasters, that lead to the environment pollution, the destruction of protected wild animals, plants or nature reserves, the damage to human health, the economic and property losses, and the negative impact on the society.

**Investment in Environment Pollution Harnessing Projects**

refers to the proportion of investment in fixed assets in the total investment in harnessing industrial pollution and in the construction of urban environment infrastructure facilities. It includes investment in harnessing sources of industrial pollution, investment in environment protection facilities designed concurrently with construction projects, and investment in urban environment infrastructure facilities.

# 第十二篇

Chapter 12

# 农业

AGRICULTURE

## 简要说明

一、本篇资料反映我省农业生产和农村经济的基本情况，内容主要包括乡村户数、人口与从业人员、耕地、农业机械拥有量、农林牧渔业产值、主要产品产量、水利设施与灌溉防涝、农村居民家庭拥有生产性固定资产等。

二、本篇资料来源：除农村居民家庭拥有生产性固定资产由国家统计局安徽调查总队提供外，其余资料均来源于省统计局农村处的农村统计调查报表制度。

农村统计调查报表制度的统计范围包括各市、县（区）辖区的各种经济类型的全部农林牧渔业以及各非农行业附属的农林牧渔业生产单位。但不包括农业科学试验机构进行的农业生产。

农村统计调查报表制度是按照国家统计局统一要求，由各市、县（区）统计局收集、汇总报送，采取抽样调查、典型调查、重点调查和其他调查所取得的。部分指标及林业生产情况、渔业生产情况等指标均取自同级业务部门的统计资料。

农田水利建设和灌溉防涝情况、农作物受灾情况、农业机械和农产品加工机械拥有量、国营农场基本情况等资料由省水利厅、省民政厅、省农机局、省农垦总公司提供。

## Brief Introduction

I. Data in this chapter show the basic conditions of agricultural production and rural economy, including mainly number of rural households, population and number of laborers, cultivated land, quantity of agricultural machinery, output of farming, forestry, animal husbandry and fishery, output of major products, facilities of water conservancy and irrigation and flood prevention, productive fixed assets owned by the rural households.

II. Source of data: Data come from the Agricultural Statistical Reporting System stipulated by the Agricultural Office of Anhui Statistical Bureau, except Data on productive fixed assets owned by the Enterprise Survey Organization of Anhui, which is supplied by the Rural Socio-economic Survey Organization of Anhui.

Statistics on agriculture cover all agricultural production activities except activities undertaken by agriculture research institutions.

Data on agriculture are collected, tabulated and processed by the statistical bureau in cities and counties, with sample survey, survey on key units and typical units and other surveys. Data on forestry production, state farm are taken from the professional departments at the same level.

Data on facilities of water conservancy and irrigation and flood prevention, crops disaster, agricultural machinery and processing machinery of agricultural products and state farm are provided by the Water Conservancy Department, the Department of Civil Affairs, Bureau of Agricultural Machinery and General Company of Agricultural Reclamation.

## 12—1　农村基本情况和农业生产条件
Rural Basic Data and Agricultural Production Conditions

| 指　标 | | Item | | 2000 | 2005 | 2010 | 2011 | 2012 |
|---|---|---|---|---|---|---|---|---|
| 乡镇数 | （个） | Number of Township and Town Governments | (unit) | 1841 | 1466 | 1232 | 1228 | 1219 |
| #镇个数 | | Number of Town Governments | | 941 | 915 | 869 | 870 | 867 |
| 村民委员会 | （个） | Number of Villagers' Committees | (unit) | 30658 | 24076 | 15744 | 15130 | 15014 |
| 自来水受益村数 | （个） | Villages with Access to Tap Water | (unit) | 5490 | 6181 | 7866 | 8592 | 9280 |
| 通汽车村数 | （个） | Villages with Motor Vehicle Communication | (unit) | 29146 | 23317 | 15690 | 15102 | 15000 |
| 通电话村数 | （个） | Villages with Telephone Communication | (unit) | 50186 | 24034 | 15736 | 15130 | 15014 |
| 乡村户数 | （万户） | Number of Rural Households | (10000 household) | 1294.62 | 1346.13 | 1424.31 | 1438.46 | 1446.06 |
| 乡村人口数 | （万人） | Rural Population | (10000 persons) | | | 5363.95 | 5388.07 | 5375.52 |
| #男 | | Male | | | | | 2815.43 | 2806.23 |
| 乡村劳动力资源数 | （万人） | Rural labor force resources number | (10000 persons) | | | | 3368.84 | 3357.62 |
| #男 | | Male | | | | | 1791.92 | 1791.64 |
| 乡村从业人员数 | （万人） | Number of Engaged Persons in Rural Area | (10000 persons) | 2797.76 | 2939.21 | 3075.86 | 3085.09 | 3073.58 |
| #男 | | Male | | 1487.89 | 1574.17 | 1658.61 | 1656.73 | 1657.91 |
| #农　业 | | Agriculture | | | | | 1493.01 | 1465.87 |
| 年末实有耕地面积 | （千公顷） | Areas of Cultivated (year-end) | (1000 hectares) | 4229.55 | 4092.45 | 4181.29 | 4184.32 | 4184.24 |
| 农业机械总动力 | （万千瓦） | Total Agricultural Machinery Power | (10000 kw) | 2975.87 | 3983.83 | 5409.78 | 5657.08 | 5902.77 |
| 农用排灌机械总动力 | （万千瓦） | Irrigation and Drainage Machinery for Agricultural Use | (10000 kw) | 522.98 | 581.82 | 654.11 | 667.72 | 672.14 |
| 农用大中型拖拉机 | （台） | Number of Large and Medium Agricultural Tractors | (unit) | 29612 | 104798 | 124660 | 145320 | 164549 |
| 小型拖拉机 | （万台） | Number of Mini-tractors | (10000 units) | 165.78 | 207.98 | 236.12 | 238.06 | 232.78 |
| 大中型拖拉机配套农具 | （万台） | Number of Related Farm Implements of Large and Medium Tractor | (10000 units) | 2.80 | 7.97 | 23.31 | 27.70 | 32.61 |
| 小型拖拉机配套农具 | （万台） | Related Farm Implements of Mini-tractor | (10000 units) | 351.92 | 489.71 | 534.21 | 537.47 | 539.18 |
| 农用排灌柴油机 | （万台） | Number of Diesel Engines | (10000 units) | 31.41 | 33.70 | 38.65 | 39.53 | 39.87 |
| 联合收获机 | （台） | Combine Harvester | (unit) | 9499 | 48739 | 102167 | 113696 | 128548 |
| 机耕面积 | （千公顷） | Area Ploughed by Tractors | (1000 hectares) | 3600.94 | 3775.15 | 4056.35 | 4129.21 | 4214.24 |
| 机播面积 | （千公顷） | Seeded Area by Tractors | (1000 hectares) | 1995.52 | 2329.34 | 3606.59 | 3908.81 | 4133.91 |
| 机械植保作业面积 | （千公顷） | Plant Protection Area by Tractors | (1000 hectares) | 2864.51 | 2801.01 | 3547.89 | 3734.50 | 4081.99 |
| 机收面积 | （千公顷） | Harvest Area by Tractors | (1000 hectares) | 2425.13 | 3326.47 | 5264.28 | 5536.81 | 5782.58 |
| 农村用电量 | （亿千瓦时） | Electricity Consumed in Rural Area | (100 million kwh) | 45.81 | 64.22 | 107.41 | 117.28 | 128.80 |
| 农用化肥施用量 | （万吨） | Consumption of Chemical Fertilizer | (10000 tons) | | | 319.77 | 329.67 | 333.53 |
| #氮　肥 | | Nitrogenous Fertilizer | | | | 112.14 | 114.36 | 114.08 |
| 磷　肥 | | Phosphate Fertilizer | | | | 35.94 | 36.08 | 36.51 |
| 农用塑料薄膜使用量 | （万吨） | Used Plastic Film | (10000 tons) | 5.81 | 7.83 | 8.07 | 8.61 | 9.12 |
| #地膜使用量 | | Plastic Used | | 3.11 | 3.38 | 3.73 | 3.92 | 4.05 |
| 地膜覆盖面积 | （千公顷） | Plastic Used Area | (1000 hectares) | 697.76 | 477.76 | 425.57 | 437.17 | 437.25 |
| 农用柴油使用量 | （万吨） | Diesel Oil Use for Agriculture | (10000 tons) | 41.62 | 55.58 | 68.13 | 70.42 | 72.03 |
| 农药使用量 | （万吨） | Used Agricultural Chemical Insecticides | (10000 tons) | 7.56 | 9.48 | 11.66 | 11.75 | 11.67 |
| 旱涝保收面积 | （千公顷） | Area With Stable Yields Despite Drought or Water logging | (1000 hectares) | 2391.19 | 2532.96 | 2623.27 | 2643.60 | 2667.27 |
| 除涝面积 | （千公顷） | Flooded or Waterlogged Area Under Control | (1000 hectares) | 2148.49 | 2210.00 | 2269.05 | 2283.40 | 2297.34 |
| 堤防保护耕地面积 | （千公顷） | Protection Cultivated Land Areas of Embankment | (1000 hectares) | 2293.85 | 2350.96 | 2341.48 | 2348.90 | 2203.93 |
| 有效灌溉面积 | （千公顷） | Irrigated Area | (1000 hectares) | 3197.35 | 3330.84 | 3519.78 | 3547.65 | 3585.09 |
| 机电排灌面积 | （千公顷） | Electrical Irrigation and Drainage Area | (1000 hectares) | 2735.60 | 2874.87 | 3000.69 | 3035.41 | 3071.60 |
| 机电井数 | （万眼） | Electrical Well | (10000 units) | 16.31 | 19.54 | 19.74 | 21.34 | 22.99 |
| #已配套 | | Form a Complete Set | | 9.32 | 11.07 | 13.33 | 14.13 | 15.51 |

注：1．　2002年以前交通运输、仓储及邮政业为交通运输仓储及邮电通信业；批发和零售业为批发零售贸易餐饮业。
　　2．　2004年从业人员增加信息传输、计算机服务和软件业及住宿和餐饮业。

a) Before 2002, the sector of "transport, storage and postal services" was "transport, storage, postal and telecommunication" and the sector of "wholesale and retail trade" was "wholesale, retail trade and catering".
b) The range of employees added the sector of "information transmission, service of the computer and software industry and accommodation and catering trade" in 2004.

# 12—2 主要年份农林牧渔业生产情况
Output of Farming, Forestry, Animal Husbandry and Fishery

| 指标 | Item | 2000 | 2005 | 2010 | 2011 | 2012 |
|---|---|---|---|---|---|---|
| 农产品产量（万吨） | Yield of Farm Crops (10000 tons) | | | | | |
| 粮食 | Grain | 2472.01 | 2605.31 | 3080.50 | 3135.50 | 3289.10 |
| 谷物 | Cereal | 2202.23 | 2399.66 | 2911.17 | 2974.03 | 3123.25 |
| #稻谷 | Rice | 1195.14 | 1317.25 | 1383.43 | 1387.08 | 1393.50 |
| 小麦 | Wheat | 730.33 | 808.11 | 1206.67 | 1215.70 | 1294.00 |
| 玉米 | Corn | 247.28 | 234.97 | 312.75 | 362.58 | 427.50 |
| 豆类 | Beans | 114.60 | 101.98 | 121.91 | 115.00 | 120.50 |
| 薯类 | Tubers | 233.18 | 103.67 | 47.42 | 46.47 | 45.35 |
| 油料 | Oil-bearing Crops | 285.06 | 270.67 | 227.60 | 213.75 | 227.69 |
| #花生 | Peanuts | 111.15 | 79.29 | 86.40 | 84.34 | 86.86 |
| 油菜籽 | Rapeseeds | 156.77 | 182.33 | 133.73 | 122.78 | 134.32 |
| 芝麻 | Sesame | 16.62 | 89.57 | 6.61 | 6.24 | 6.47 |
| 棉花 | Cotton | 28.50 | 31.10 | 31.60 | 37.80 | 29.40 |
| 黄红麻 | Jute and Ambary Hemp | 2.22 | 1.94 | 1.24 | 1.40 | 1.59 |
| 烟叶 | Tobacco | 3.21 | 2.60 | 2.98 | 3.10 | 3.59 |
| #烤烟 | Flue-cured Tobacco | 3.09 | 2.47 | 2.91 | 3.02 | 3.50 |
| 蚕茧 | Silkworm Cocoons | 2.46 | 3.13 | 3.32 | 3.23 | 3.26 |
| 茶叶 | Tea | 4.54 | 5.96 | 8.33 | 8.76 | 9.54 |
| #绿茶 | Green Tea | | | 7.70 | 8.14 | 8.92 |
| 园林水果 | Garden Fruits | 110.61 | 151.72 | 235.67 | 241.79 | 261.32 |
| 农产品单位面积产量（公斤/公顷） | Yield of Farm Crops per Hectare (kg/hectare) | | | | | |
| 谷物 | Cereal | 4887 | 4829 | 5367 | 5422 | 5680 |
| 棉花 | Cotton | 867 | 816 | 918 | 1079 | 964 |
| 花生 | Peanuts | 3328 | 3324 | 4440 | 4465 | 4634 |
| 油菜籽 | Rapeseeds | 1625 | 1912 | 1935 | 1917 | 2203 |
| 芝麻 | Sesames | 1049 | 822 | 1263 | 1299 | 1417 |
| 黄红麻 | Jute and Ambary Hemp | 2623 | 2981 | 2903 | 2998 | 3412 |
| 烤烟 | Flue-cured Tobacco | 1638 | 2407 | 2735 | 2702 | 2697 |
| 造林面积（千公顷） | Afforested Area (1000 hectares) | 69.21 | 57.46 | 65.61 | 88.73 | 112.20 |
| 茶园面积（千公顷） | Area of Tea Plantations at Year-end (1000 hectares) | 108.37 | 117.61 | 133.53 | 138.00 | 149.69 |
| 果园面积（千公顷） | Area of Orchards at Year-end (1000 hectares) | 84.78 | 104.18 | 107.13 | 110.01 | 116.47 |
| 大牲畜年末头数（万头） | Number of Large Animals (year-end) (10000 heads) | 559.35 | 366.16 | 151.53 | 147.68 | 152.26 |
| #牛 | Cattle and Buffaloes | 552.95 | 364.35 | 150.90 | 147.23 | 151.85 |
| 马 | Horses | 1.58 | 0.35 | 0.17 | 0.15 | 0.13 |
| 驴 | Donkeys | 3.73 | 1.12 | 0.37 | 0.24 | 0.22 |
| 骡 | Mules | 1.09 | 0.34 | 0.09 | 0.06 | 0.06 |
| 肉猪出栏头数（万头） | Number of Slaughtered Fattened Hogs (10000 heads) | 2393.18 | 2812.08 | 2782.10 | 2721.09 | 2927.62 |
| 猪年末头数（万头） | Number of Hogs (year-end) (10000 heads) | 1871.01 | 1737.41 | 1442.50 | 1467.31 | 1555.20 |
| 羊年末头数（万只） | Number of Sheep and Goats (year-end) (10000 heads) | 794.94 | 953.03 | 590.50 | 591.60 | 592.19 |
| 山羊 | Goats | 792.52 | 950.18 | 589.60 | 590.60 | 591.21 |
| 绵羊 | Sheep | 2.42 | 2.85 | 0.90 | 1.00 | 0.98 |
| 肉类产量（万吨） | Output of Meat (10000 tons) | 311.52 | 382.88 | 376.94 | 375.47 | 397.74 |
| #猪牛羊肉 | Pork, Beef and Mutton | 241.59 | 280.79 | 271.30 | 265.07 | 282.39 |
| 猪肉 | Pork | 198.50 | 231.74 | 238.80 | 233.07 | 249.67 |
| 牛肉 | Beef | 31.88 | 31.46 | 18.30 | 17.82 | 18.13 |
| 羊肉 | Mutton | 11.21 | 17.59 | 14.20 | 14.18 | 14.59 |
| 奶类（吨） | Milk (ton) | 41204 | 110491 | 205000 | 225184 | 240868 |
| #牛奶 | Cow Milk | 41194 | 110186 | 205000 | 225135 | 240868 |
| 绵羊毛（吨） | Sheep Wool (ton) | 174 | 129 | 164 | 148 | 145 |
| 禽蛋（万吨） | Poultry Eggs (10000 tons) | 107.40 | 122.06 | 119.00 | 119.65 | 122.65 |
| 淡水产品产量（万吨） | Total Output of Freshwater Aquatic Products (10000 tons) | 159.80 | 177.57 | 193.31 | 199.55 | 207.49 |

## 12—3　主要年份农作物总播种面积及构成
Total Sown Area and its Composition

单位：千公顷（1000 hectare）

| 指　标 | Sector | 2000 | 2005 | 2010 | 2011 | 2012 |
|---|---|---|---|---|---|---|
| **农作物总播种面积** | **Total Sown Area** | **8418.01** | **8755.19** | **9054.87** | **9022.99** | **8969.60** |
| 粮　食 | Grain Crops | 5565.58 | 5988.10 | 6616.42 | 6621.54 | 6622.00 |
| 谷　物 | Cereal | 4506.56 | 4968.79 | 5424.45 | 5484.96 | 5498.25 |
| #稻　谷 | Rice | 2005.49 | 2288.61 | 2245.37 | 2230.82 | 2215.05 |
| 小　麦 | Wheat | 1931.17 | 1989.53 | 2365.67 | 2383.00 | 2415.51 |
| 玉　米 | Corn | 486.61 | 595.08 | 761.11 | 818.82 | 822.53 |
| 豆　类 | Beans | 601.81 | 794.91 | 1021.23 | 969.01 | 960.27 |
| 薯　类 | Tubers | 457.21 | 224.40 | 170.74 | 167.57 | 163.48 |
| 油　料 | Oil-bearing Crops | 1457.36 | 1303.05 | 944.25 | 878.28 | 843.64 |
| 棉　花 | Cotton | 328.84 | 381.27 | 344.40 | 350.35 | 304.93 |
| 麻　类 | Fiber Crops | 15.02 | 12.84 | 9.44 | 9.37 | 8.96 |
| 糖　料 | Sugar Crops | 8.40 | 5.73 | 5.73 | 5.42 | 5.19 |
| 烟　叶 | Tobacco | 19.67 | 10.83 | 10.92 | 11.43 | 13.24 |
| 蔬　菜 | Vegetables | 539.68 | 664.87 | 775.61 | 788.98 | 810.58 |

| 指　标 | Sector | 构　成（%）Composition | | | | |
|---|---|---|---|---|---|---|
| | | 2000 | 2005 | 2010 | 2011 | 2012 |
| **农作物总播种面积** | **Total Sown Area** | | | | | |
| 粮　食 | Grain Crops | 66.12 | 68.39 | 73.07 | 73.39 | 73.83 |
| 谷　物 | Cereal | 53.53 | 56.75 | 59.91 | 60.79 | 61.30 |
| #稻　谷 | Rice | 23.82 | 26.14 | 24.80 | 24.72 | 24.70 |
| 小　麦 | Wheat | 22.94 | 22.72 | 26.13 | 26.41 | 26.93 |
| 玉　米 | Corn | 5.78 | 6.80 | 8.41 | 9.07 | 9.17 |
| 豆　类 | Beans | 7.15 | 9.08 | 11.28 | 10.74 | 10.71 |
| 薯　类 | Tubers | 5.43 | 2.56 | 1.89 | 1.86 | 1.82 |
| 油　料 | Oil-bearing Crops | 17.31 | 14.88 | 10.43 | 9.73 | 9.41 |
| 棉　花 | Cotton | 3.91 | 4.35 | 3.80 | 3.88 | 3.40 |
| 麻　类 | Fiber Crops | 0.18 | 0.15 | 0.10 | 0.10 | 0.10 |
| 糖　料 | Sugar Crops | 0.10 | 0.07 | 0.06 | 0.06 | 0.06 |
| 烟　叶 | Tobacco | 0.23 | 0.12 | 0.12 | 0.13 | 0.15 |
| 蔬　菜 | Vegetables | 6.41 | 7.59 | 8.57 | 8.74 | 9.04 |

## 12—4　农村居民家庭平均每户生产性固定资产原值
Original Value of Productive Fixed Assets of per Rural Household

单位：元（yuan）

| 指　　标 | Item | 2000 | 2005 | 2010 | 2011 | 2012 |
|---|---|---|---|---|---|---|
| **合　计** | **Total** | **4160.98** | **5857.13** | **9296.89** | **13597.27** | **15134.35** |
| 役畜和产品畜 | Draught and Commodity Animals | 377.83 | 453.07 | 424.63 | 450.24 | 520.47 |
| 大中型铁木农具 | Large and Medium Wood and Iron Farm Tools | 312.26 | 416.33 | 626.06 | 453.14 | 548.69 |
| 农林牧渔业机械 | Machinery of Farming, Forestry, Animal Husbandry and Fishery | 1734.23 | 2719.81 | 3517.43 | 4197.06 | 4243.17 |
| 工业机械 | Industrial Machinery | 113.76 | 74.81 | 124.82 | 411.77 | 375.42 |
| 运输机械 | Transport Machinery | 292.19 | 453.19 | 1151.15 | 1622.54 | 1783.35 |
| 生产用房 | Buildings for Productive Purpose | 994.81 | 1140.46 | 2243.74 | 4295.26 | 4982.84 |
| 其　他 | Others | 335.90 | 599.46 | 1209.06 | 2167.25 | 2680.41 |

注：本表为农村住户抽样调查资料。
a) Data in this table are obtained from the sample surveys on rural households.

## 12—5　农村居民家庭每百户拥有生产性固定资产数量
Number of Productive Fixed Assets of per 100 Rural Household

| 指　　标 | | Item | | 2000 | 2005 | 2010 | 2011 | 2012 |
|---|---|---|---|---|---|---|---|---|
| 汽　车 | （辆） | Motor Vehicles | (unit) | 0.47 | 1.00 | 1.72 | 2.61 | 2.87 |
| 大中型拖拉机 | （台） | Large and Medium Tractors | (unit) | 1.40 | 2.15 | 3.66 | 5.97 | 5.74 |
| 小型及手扶拖拉机 | （台） | Mini and Walking Tractors | (unit) | 29.02 | 40.16 | 39.82 | 35.24 | 35.27 |
| 机动脱粒机 | （台） | Motorized Threshing Machines | (unit) | 19.18 | 14.27 | 16.14 | 12.34 | 12.55 |
| 胶轮大车 | （辆） | Carts With Rubber Tires | (unit) | 12.19 | 5.74 | 4.29 | 2.65 | 2.74 |
| 收割机 | （台） | Harvesters | (unit) | 6.11 | 3.69 | 2.20 | 1.58 | 2.00 |
| 役　畜 | （头） | Draught Animals | (head) | 23.22 | 9.24 | 5.57 | 2.48 | 2.48 |
| 产品畜 | （头） | Commodity Animals | (head) | 28.06 | 27.90 | 14.35 | 14.52 | 60.87 |

注：本表为农村住户抽样调查资料。
a) Data in this table are obtained from the sample surveys on rural households.

## 12—6　农林牧渔业总产值及指数

### Gross Output Value of Farming, Forestry, Animal Husbandry and Fishery and Related Indices

本表按当年价格计算。　(Data in value terms in this table are calculated at current prices.)

| 年　份 Year | 绝对数（万元） Gross Output Value (10000 yuan) | | | | | | 指　数（%） Related Indices (%) | | | | | |
|---|---|---|---|---|---|---|---|---|---|---|---|---|
| | 农林牧渔业总产值 Total of Farming, Forestry, Animal Husbandry and Fishery | 农　业 Farming | 林　业 Forestry | 牧　业 Animal Husbandry | 渔　业 Fishery | 农林牧渔服务业 Agricultural Services | 农林牧渔业总产值 Total of Farming, Forestry, Animal Husbandry and Fishery | 农　业 Farming | 林　业 Forestry | 牧　业 Animal Husbandry | 渔　业 Fishery | 农林牧渔服务业 Agricultural Services |
| 2000 | 12199576 | 6752705 | 640199 | 3493827 | 1312845 | | 101.66 | 98.60 | 107.58 | 105.50 | 105.02 | |
| 2005 | 16661915 | 8184809 | 784147 | 5535614 | 1656235 | 501110 | 101.41 | 97.85 | 105.18 | 103.91 | 106.68 | 115.49 |
| 2006 | 17427221 | 9075313 | 883803 | 4911580 | 1745031 | 811494 | 106.48 | 108.65 | 107.29 | 103.01 | 106.72 | 107.37 |
| 2007 | 20700913 | 10540065 | 1005045 | 6373559 | 1950244 | 832000 | 103.79 | 103.68 | 106.76 | 101.99 | 105.05 | 109.95 |
| 2008 | 24465113 | 11978860 | 1144563 | 8068922 | 2323265 | 949503 | 106.30 | 105.47 | 107.15 | 107.15 | 106.32 | 109.21 |
| 2009 | 25694570 | 13036410 | 1112508 | 7958223 | 2575913 | 1011516 | 105.54 | 103.99 | 111.33 | 106.41 | 107.50 | 106.93 |
| 2010 | 29554490 | 15444267 | 1352804 | 8649764 | 2948154 | 1159501 | 104.46 | 103.24 | 107.64 | 104.93 | 105.47 | 110.54 |
| 2011 | 34596589 | 17148396 | 1820685 | 10835360 | 3462285 | 1329863 | 103.95 | 103.93 | 109.04 | 102.63 | 103.91 | 108.20 |
| 2012 | 37282954 | 18676407 | 2094974 | 11197278 | 3844341 | 1469954 | 105.57 | 105.80 | 105.40 | 105.60 | 103.50 | 108.05 |

注：1）从2003年年报起，农林牧渔业总产值增加农林牧渔服务业，原农业产值中的家庭兼营商品性工业取消。
2）2004年以后农林牧渔业总产值指数按农产品生产者价格指数缩减计算。
3）从2010年年报起，农林牧渔业总产值使用《统计用产品分类目录》计算，2009年数据作了相应调整。

a) From the year 2003 yearport, "agriculture, forestry, animal husbandry and fishing services" was added in the total output value, merchantability industry undertaken by rural households on the side" was cancelled.

b) After 2004, GDP index is calculated by producer price index of agricultural products reducing.

c) From 2010 annual report, the agriculture, forestry animal husbandry and fishery total output value use "Statistics with Product Classified catalog" calculating, in 2009 the data has adjusted correspondingly.

## 12—7　农林牧渔业增加值及构成

### Value-added of Farming, Forestry, Animal Husbandry and Fishery and its Composition

本表按当年价格计算。　(Data in value terms in this table are calculated at current prices.)

| 年　份 Year | 绝对数（万元） Gross Output Value (10000 yuan) | | | | | | 构　成（%） Composition (%) | | | | | |
|---|---|---|---|---|---|---|---|---|---|---|---|---|
| | 农林牧渔业增加值 Value added of Farming, Forestry, Animal Husbandry and Fishery | 农　业 Farming | 林　业 Forestry | 牧　业 Animal Husbandry | 渔　业 Fishery | 农林牧渔服务业 Agricultural Services | 农林牧渔业增加值 Value added of Farming, Forestry, Animal Husbandry and Fishery | 农　业 Farming | 林　业 Forestry | 牧　业 Animal Husbandry | 渔　业 Fishery | 农林牧渔服务业 Agricultural Services |
| 2000 | 7320079 | 4296385 | 491481 | 1623483 | 908730 | | 100.00 | 58.69 | 6.72 | 22.18 | 12.41 | |
| 2005 | 9664935 | 5033658 | 559526 | 2743105 | 1089396 | 239250 | 100.00 | 52.08 | 5.79 | 28.38 | 11.27 | 2.48 |
| 2006 | 10110276 | 5606000 | 631724 | 2355624 | 1151814 | 365114 | 100.00 | 55.45 | 6.25 | 23.30 | 11.39 | 3.61 |
| 2007 | 12001765 | 6468000 | 710665 | 3124000 | 1275000 | 424100 | 100.00 | 53.89 | 5.92 | 26.03 | 10.62 | 3.54 |
| 2008 | 14180737 | 7362249 | 803322 | 4023720 | 1519623 | 471823 | 100.00 | 51.92 | 5.66 | 28.37 | 10.72 | 3.33 |
| 2009 | 14954495 | 8036573 | 778866 | 3965014 | 1670359 | 503683 | 100.00 | 53.74 | 5.21 | 26.51 | 11.17 | 3.37 |
| 2010 | 17290240 | 9524691 | 942064 | 4302684 | 1943482 | 577319 | 100.00 | 55.09 | 5.45 | 24.88 | 11.24 | 3.34 |
| 2011 | 20153123 | 10575491 | 1268286 | 5364495 | 2282408 | 662443 | 100.00 | 52.48 | 6.29 | 26.62 | 11.32 | 3.29 |
| 2012 | 21787349 | 11517822 | 1459356 | 5543678 | 2534267 | 732226 | 100.00 | 52.86 | 6.70 | 25.44 | 11.63 | 3.36 |

## 12—8 主要年份耕地面积
Cultivated Area in Major Years

单位：公顷（hectare）

| 指　　标 | Item | 2000 | 2005 | 2010 | 2011 | 2012 |
|---|---|---|---|---|---|---|
| 年初实有耕地面积 | Cultivated Area at the Beginning of the Year | 4240001 | 4108856 | 4171222 | 4181295 | 4184323 |
| 年内新增耕地面积 | Newly-increased Cultivated Area Within the Year | 4215 | 16913 | 31151 | 27009 | 22656 |
| 年内减少耕地面积 | Reduced Cultivated Area Within the Year | 14665 | 28370 | 20644 | 25339 | 17278 |
| #国家基建占地 | Taken Up by National Capital Construction | 7720 | 7027 | 9423 | 10072 | 7217 |
| 其他基建占地 | Taken up by Others | | 3968 | 8338 | 7439 | 7235 |
| 退耕还林还草占地 | Returning Land for Farming to Forestry and Grass Plot | | 3136 | 761 | 1166 | 1019 |
| 耕地改园地 | Returning Land for Farming to Garden Plot | | 1431 | 185 | 1598 | 475 |
| 年末实有耕地面积 | Cultivated Area at the End of the Year | 4229551 | 4092451 | 4181295 | 4184323 | 4184235 |
| 水　田 | Paddy Field | 1834333 | 1821499 | 1891774 | 1896150 | 1915886 |
| 旱　地 | Dry Field | 2395218 | 2270952 | 2289521 | 2288173 | 2268349 |

注：年内新增、减少面积为耕地总资源数。
a) The newly-increased and reduced cultivated area refer to the total area of cultivated land.

## 12—9 农田水利建设
Water Conservancy Construction

| 年　份 Year | 水电站装机容量（千瓦） Capacity of Rural Hydropower Station an Year-end (kw) | 已建成水库（座） Number of Reservoirs (unit) | 水库库容量（亿立方米） Capacity of Reservoirs (100 million cu.m) | 节水灌溉面积（千公顷） Irrigated Area With Saved Water (1000 hectares) | 治理水土流失面积（千公顷） Area of Soil Erosion Under Control (1000 hectares) | 堤防长度（公里） Total Length of Dikes (km) | 堤防保护耕地面积（千公顷） Area of Land Protected by Dikes (1000 hectares) |
|---|---|---|---|---|---|---|---|
| 2000 | 98102 | 4815 | 185.10 | 534.86 | 1765.30 | 19902 | 2184.20 |
| 2005 | 632092 | 4872 | 195.50 | 705.48 | 1955.90 | 20074 | 2226.94 |
| 2006 | 893122 | 4816 | 196.11 | 725.09 | 1983.64 | 20206 | 2319.11 |
| 2007 | 912200 | 4797 | 195.64 | 743.73 | 2017.53 | 20212 | 2319.86 |
| 2008 | 976400 | 4796 | 195.39 | 764.58 | 2059.19 | 20255 | 2357.22 |
| 2009 | 1068404 | 4808 | 194.99 | 788.63 | 2102.32 | 20377 | 2381.60 |
| 2010 | 1074105 | 4818 | 199.51 | 815.77 | 2136.08 | 20456 | 2341.48 |
| 2011 | 1129345 | 4926 | 199.99 | 842.69 | 2180.33 | 20632 | 2348.90 |
| 2012 | 1184653 | 5324 | 202.52 | 882.91 | 2245.01 | 20642 | 2203.93 |

## 12—10　主要年份农村居民家庭平均每人出售主要农产品
Per Capita Major Farm Products Sold by Rural Households in Major Years

单位：公斤（kg）

| 年　份 Year | 粮　食 Crain | 棉　花 Cotton | 油　料 Oil-bearing Crops | 麻　类 Fiber Crops | 烟　叶 Tobacco | 蔬　菜 Vegetables | 水　果 Fruits |
|---|---|---|---|---|---|---|---|
| 2000 | 319.00 | 5.50 | 42.19 | 0.09 | 0.41 | 68.54 | 2.18 |
| 2005 | 444.13 | 25.24 | 39.37 | | 0.21 | 55.82 | 3.74 |
| 2006 | 596.42 | 30.23 | 28.46 | 0.26 | 0.45 | 52.16 | 3.64 |
| 2007 | 562.56 | 37.65 | 23.67 | 0.07 | 0.20 | 42.01 | 3.82 |
| 2008 | 593.10 | 24.44 | 26.16 | 0.23 | 0.18 | 43.58 | 4.09 |
| 2009 | 621.14 | 40.55 | 41.77 | 0.05 | 0.17 | 44.25 | 4.03 |
| 2010 | 679.66 | 19.29 | 23.51 | 0.09 | 0.70 | 45.83 | 3.69 |
| 2011 | 714.28 | 25.70 | 19.31 | | 1.99 | 38.59 | 1.17 |
| 2012 | 762.43 | 25.40 | 14.07 | | 2.34 | 27.54 | 0.59 |

注：本表为农村住户抽样调查资料。
a) Data in this table are obtained from the sample surveys on rural households.

## 12—11　主要年份农村居民家庭土地经营情况
Area of Land Managed by Rural Households in Maior Years

单位：亩/人（mu/person）

| 年　份 Year | 经营耕地面积 Area of Cultivated Land under Management | 经营山地面积 Hilly Area under Management | 园地面积 Area of Garden Plot | 养殖水面面积 Water Area for Breeding Aquatics |
|---|---|---|---|---|
| 2000 | 1.43 | 0.19 | 0.03 | 0.02 |
| 2005 | 1.68 | 0.32 | | |
| 2006 | 1.70 | 0.24 | | |
| 2007 | 1.73 | 0.30 | 0.04 | 0.15 |
| 2008 | 1.76 | 0.31 | 0.05 | 0.08 |
| 2009 | 1.81 | 0.33 | 0.05 | 0.08 |
| 2010 | 1.87 | 0.34 | 0.05 | 0.11 |
| 2011 | 1.87 | 0.28 | 0.07 | 0.08 |
| 2012 | 1.89 | 0.26 | 0.06 | 0.08 |

注：本表为农村住户抽样调查资料。
a) Data in this table are obtained from the sample surveys on rural households.

## 12—12 主要年份林业生产情况
Basic Data of Forest Production in Major Years

| 指　　标 | | | | 2000 | 2005 | 2010 | 2011 | 2012 |
|---|---|---|---|---|---|---|---|---|
| 营林情况 | （公顷） | Management of Forest | (hectares) | | | | | |
| 人工造林面积 | | Afforested Area | | 75703 | 57457 | 57012 | 72747 | 100907 |
| 迹地更新面积 | | Refreshed Area | | 6560 | 3967 | 1007 | 1827 | 1767 |
| 新封山育林面积 | | Area of Setting Apart Mountains for Forestation | | 45860 | 50964 | 20943 | 31128 | 27332 |
| 新增育苗面积 | | Area of Growing Seedlings | | 5933 | 7812 | 6709 | 11106 | 15984 |
| 幼林抚育面积 | | Area of Tending Young Forest | | 379356 | | 307795 | 271948 | 317873 |
| 成林抚育面积 | | Area of Tending Adult Forest | | 431746 | 448187 | 629653 | 579261 | 600527 |
| 油桐籽 | （吨） | Tung-oil Seeds | (ton) | 3109 | 3208 | 3054 | 2374 | 2730 |
| 油茶籽 | （吨） | Tea-oil Seeds | (ton) | 10419 | 9743 | 25864 | 31608 | 55309 |
| 板　栗 | （吨） | Chestnuts | (ton) | 45710 | 68786 | 137239 | 148680 | 116228 |
| 竹材采伐量 | （万根） | Determination of Bamboo Cut | (10000 units) | 4000 | 6315 | 9784 | 10111 | 11496 |
| 木材采伐量 | （万立方米） | Determination of Timber Cut | (10000 cu.m) | 263 | 328 | 458 | 495 | 496 |

## 12—13 主要年份茶叶、水果生产情况
Tea, Fruits Production in Major Years

单位：吨、公顷（ton，Hectares）

| 指　　标 | Item | 2000 | 2005 | 2010 | 2011 | 2012 |
|---|---|---|---|---|---|---|
| 茶叶合计 | Tea | 45376 | 59619 | 83276 | 87598 | 95374 |
| #绿　茶 | Green Tea | | | 76984 | 81412 | 89150 |
| 园林水果 | Garden Fruits | 1106071 | 1517201 | 2356680 | 2417902 | 2613227 |
| #苹　果 | Apples | 302040 | 278143 | 406858 | 411238 | 386624 |
| 梨 | Pears | 616192 | 638058 | 966259 | 1004351 | 1069300 |
| 柑橘类 | Citrus | 5282 | 12427 | 27750 | 28843 | 34064 |
| 其他园林水果 | Other Garden Fruits | | 588573 | 955813 | 973470 | 1123239 |
| #桃 | Peaches | | 212186 | 430134 | 424137 | 478189 |
| 葡　萄 | Grapes | 56156 | 173264 | 261114 | 259177 | 316334 |
| 茶园面积 | Area of Tea Plantations at Year-end | 108373 | 117606 | 133529 | 137997 | 149692 |
| 年末果园面积 | Area of Orchards at Year-end | 84784 | 104180 | 107127 | 110008 | 116466 |
| #苹　果 | Apples | | 13914 | 16806 | 16826 | 15494 |
| 梨 | Pears | | 38605 | 38136 | 36451 | 37309 |
| 葡　萄 | Grapes | | 6023 | 9434 | 9600 | 13450 |

## 12—14 主要年份牲畜饲养情况
Number of Livestock in Major Years

单位：万头（万只） (10000 heads)

| 年 份<br>Year | 大牲畜年末头数<br>Large Animals (year-end) | 牛<br>Cattle and Buffaloes | 马（头）<br>Horses (heads) | 驴（头）<br>Donkeys (heads) | 骡（头）<br>Mules (heads) | 肉猪出栏头数<br>Slaughtered Fattened Hogs | 猪年末头数<br>Hogs (year-end) | 羊年末只数<br>Sheep and Goats (year-end) | 山羊<br>Goats | 家禽<br>Poultry |
|---|---|---|---|---|---|---|---|---|---|---|
| 2000 | 559.1 | 553.0 | 15805 | 37238 | 10929 | 2393.2 | 1871.0 | 794.9 | 792.5 | |
| 2005 | 366.2 | 364.4 | 3459 | 11217 | 3350 | 2812.1 | 1737.4 | 953.0 | 950.2 | 22672.8 |
| 2006 | 284.4 | 283.4 | 2884 | 5949 | 1598 | 2300.4 | 1471.0 | 819.8 | 817.7 | 22290.5 |
| 2007 | 144.0 | 143.0 | 2487 | 6134 | 1663 | 2363.1 | 1334.2 | 536.0 | 532.9 | 19801.5 |
| 2008 | 145.2 | 144.5 | 2105 | 3346 | 1092 | 2527.4 | 1432.4 | 560.3 | 557.3 | 21489.5 |
| 2009 | 149.5 | 148.8 | 1994 | 3564 | 1028 | 2680.2 | 1482.6 | 584.2 | 581.0 | 22540.8 |
| 2010 | 151.5 | 150.9 | 1746 | 3671 | 898 | 2782.1 | 1442.5 | 590.5 | 589.6 | 23329.8 |
| 2011 | 147.7 | 147.2 | 1461 | 2389 | 638 | 2721.1 | 1467.3 | 591.6 | 590.6 | 23906.0 |
| 2012 | 152.3 | 151.9 | 1291 | 2187 | 613 | 2927.6 | 1555.2 | 592.2 | 591.2 | 25043.1 |

## 12—15 主要年份畜产品产量
Output of Livestock Products in Major Years

单位：吨 (ton)

| 年 份<br>Year | 肉类总产量<br>Output of Meat | #猪牛羊肉<br>Output of Pork,Beef and Mutton | 猪肉<br>Pork | 牛肉<br>Beef | 羊肉<br>Mutton | 牛奶<br>Cow Milk | 禽蛋<br>Poultry Eggs | 蜂蜜<br>Honey | 蚕茧<br>Sikworm Cocoons |
|---|---|---|---|---|---|---|---|---|---|
| 2000 | 3115231 | 2415925 | 1984985 | 318794 | 112146 | 41194 | 1074038 | 10550 | 24563 |
| 2005 | 3828828 | 2807853 | 2317366 | 314553 | 175934 | 110186 | 1220556 | 11258 | 31300 |
| 2006 | 3938028 | 2830512 | 2358212 | 292696 | 179604 | 127955 | 1235618 | 12831 | 36000 |
| 2007 | 3236448 | 2326653 | 2024503 | 170643 | 131507 | 180937 | 1085618 | 14342 | 38695 |
| 2008 | 3439155 | 2479187 | 2173931 | 171099 | 134157 | 181275 | 1121000 | 14997 | 38359 |
| 2009 | 3625873 | 2612150 | 2298494 | 175448 | 138208 | 201000 | 1181919 | 16312 | 28838 |
| 2010 | 3769426 | 2713000 | 2388000 | 193000 | 142000 | 205000 | 1190000 | 16447 | 33177 |
| 2011 | 3754683 | 2650704 | 2330710 | 178200 | 141794 | 225135 | 1196541 | 18287 | 32335 |
| 2012 | 3977356 | 2823877 | 2496701 | 181270 | 145906 | 240868 | 1226455 | 18900 | 32610 |

注：全省猪、牛、羊、禽数据来源于国家统计局安徽调查总队畜禽监测数。
a) The pigs, sheep, poultry data is from Anhui Province survey organization of National bureau of statistics monitoring survey.

# 12—16 农林牧渔业总产值（2012年）

## Gross Output Value of Farming, Forestry, Animal Husbandry and Fishery (2012)

单位：万元（10000 yuan）

| 指　　标 | Item | 按可比价格计算 Caculated According to Constant Price | 按当年价格计算 At Current Prices |
|---|---|---|---|
| **农林牧渔业总产值** | **Total Gross Output Value** | **36524515** | **37282954** |
| **农业产值** | **Gross Output Value of Farming** | **18143003** | **18676407** |
| 谷物及其他作物 | Cereal and Other Crops | 11150491 | 11372929 |
| 谷　物 | Cereal | | 7973770 |
| #小　麦 | Wheat | | 3040423 |
| 稻　谷 | Rice | | 3888272 |
| 玉　米 | Corn | | 964400 |
| 薯　类 | Tubers | | 178668 |
| 油　料 | Oil-bearing Crops | | 1326495 |
| #花　生 | Peanuts | | 590072 |
| 油菜籽 | Rapeseeds | | 648089 |
| 豆　类 | Beans | | 619538 |
| 棉　花 | Cotton | | 841600 |
| 生　麻 | Raw Hemp | | 14329 |
| 糖　类 | Sugar Crops | | 36656 |
| 烟　叶 | Tobacco | | 69027 |
| 其他农作物 | Other Crops | | 312846 |
| #饲料作物 | Feed Crops | | 36977 |
| 蔬菜、食用菌及花卉盆景园艺产品 | Vegetables, Edible Fungus and Flowers and Plants Bonsai Horticultural Goods | 4346299 | 4647050 |
| #蔬菜（含菜用瓜） | Vegetables (Including Gourd) | | 4308466 |
| 水果、坚果、茶、饮料和香料 | Fruits, Nut, Tea, Beverage and Spice | 2288036 | 2307894 |
| 水果（含果用瓜） | Fruits (including fruited melon ) | | 1741312 |
| #苹　果 | Apples | | 115987 |
| 坚　果 | Nut | | 146582 |
| 茶及饮料原料 | Tea and Beverage Raw Material | | 418616 |
| #茶 | Tea | | 409259 |
| 香料作物 | Spice Crops | | 1384 |
| 中草药材 | Chinese Medicinal Herbs | 358177 | 348534 |
| **林业产值** | **Gross Output Value of Forestry** | **1919002** | **2094974** |
| 林木的培育和种植 | Cultivation and Planting of Woods | 680124 | 776725 |
| #造　林 | Forestation | | 146378 |
| 竹木采运 | Lumbering and Transport of Bamboo and Timber | 614064 | 629705 |
| #村及村以下 | At Village Level and Below | | 300332 |
| 林产品 | Forest Products | 624814 | 688544 |
| **牧业产值** | **Gross Output Value of Animal Husbandry** | **11442140** | **11197278** |
| 牲畜饲养 | Animals Breeding | 1470554 | 1604708 |
| #牛的饲养 | Cattle and Buffaloes Breeding | | 761281 |
| 羊的饲养 | Sheep and Goats Breeding | | 747675 |
| 其他牲畜饲养 | Other Animals Breeding | | 6712 |
| 奶产品 | Dairy Products | | 77719 |
| #牛　奶 | Milk | | 77719 |
| 毛绒产品 | Down Products | | 1865 |
| 猪的饲养 | Hogs Breeding | 6277078 | 5851492 |
| 家禽的饲养 | Poultry Breeding | 3075320 | 3139858 |
| 狩猎和捕捉动物 | Animals Hunting and Catching | 46898 | 45894 |
| 其他畜牧业 | Other Animal Husbandry | 572290 | 555326 |
| #蚕　茧 | Silkworm Cocoon | | 102678 |
| **渔业产值** | **Gross Output Value of Fishery** | **3583465** | **3844341** |
| 淡水产品 | Freshwater Aquatic Products | 3583465 | 3844341 |
| #养　殖 | Cultured | | 2978292 |
| #鱼　类 | Fishes | | 2113336 |
| 虾蟹类 | Shrimps and Crabs | | 1404970 |
| **农林牧渔服务业** | **Agricultural Services** | **1436905** | **1469954** |

注：从2010年年报起，农林牧渔业总产值使用《统计用产品分类目录》计算。

a) From 2010 Annual Report onwards,the output of agriculture, forestry, animal husbandry and fishery is caculated by <Statistics Using Categories of Products>.

## 12—17　农作物主要产品生产和结构情况（2012年）
Production of Major Farm Products (2012)

| 指　　标 | Item | 播种面积（千公顷）Sown Area (1000 hectares) | 结　构 Composition | 产　量（万吨）Yield (10000 tons) |
|---|---|---|---|---|
| **农作物总播种面积** | **Total** | **8969.60** | **100.00** | |
| 粮食作物合计 | Grain Crops | 6622.00 | 73.83 | 3289.10 |
| #夏收粮食 | Summer-Harvest Crops | 2458.60 | 27.41 | 1301.50 |
| 谷　物 | Cereal | 5498.25 | 61.30 | 3123.25 |
| 稻　谷 | Rice | 2215.05 | 24.70 | 1393.50 |
| 早　稻 | Early Rice | 237.54 | 2.65 | 132.00 |
| 中稻和一季晚稻 | Middle-season Rice and Single-crop Late Rice | 1714.27 | 19.11 | 1123.50 |
| 双季晚稻 | Late Rice | 263.24 | 2.93 | 138.00 |
| 小　麦 | Wheat | 2415.51 | 26.93 | 1294.00 |
| 冬小麦 | Winter Wheat | 2415.51 | 26.93 | 1294.00 |
| 玉　米 | Corn | 822.53 | 9.17 | 427.50 |
| 谷　子 | Millet | 0.10 | | 0.04 |
| 高　粱 | Sorghum | 1.00 | 0.01 | 0.22 |
| 其他谷物 | Other Cereal | 44.06 | 0.49 | 7.99 |
| #大　麦 | Barley | 43.06 | 0.48 | 7.50 |
| 豆类合计 | Beans | 960.27 | 10.71 | 120.50 |
| #大　豆 | Soybean | 876.67 | 9.77 | 113.00 |
| 绿　豆 | Mung Bean | 68.50 | 0.76 | 6.20 |
| 红小豆 | Small Red Bean | 5.10 | 0.06 | 1.30 |
| 薯　类 | Tubers | 163.48 | 1.82 | 45.35 |
| #马铃薯 | Potato | 15.70 | 0.18 | 7.48 |
| 油料合计 | Oil-bearing Crops | 843.64 | 9.41 | 227.69 |
| #花　生 | Peanuts | 187.45 | 2.09 | 86.86 |
| 油菜籽 | Rapeseeds | 609.59 | 6.80 | 134.32 |
| 芝　麻 | Sesame | 45.67 | 0.51 | 6.47 |
| 向日葵籽 | Sunflower Seeds | 0.01 | | |
| 棉　花 | Cotton | 304.93 | 3.40 | 29.40 |
| 麻类合计 | Fiber Crops | 8.96 | 0.10 | 2.70 |
| #黄红麻 | Jute and Ambary Hemp | 4.65 | 0.05 | 1.59 |
| 苎　麻 | Ramie | 2.19 | 0.02 | 0.33 |
| 大　麻 | Hemp | 2.11 | 0.02 | 0.79 |
| 糖料合计 | Sugar Crops | 5.19 | 0.06 | 20.61 |
| #甘　蔗 | Sugarcane | 5.19 | 0.06 | 20.61 |
| 烟叶合计 | Tobacco | 13.24 | 0.15 | 3.59 |
| #烤　烟 | Flue-cured Tobacco | 12.98 | 0.14 | 3.50 |
| 药材类合计 | Crude Drugs | 81.65 | 0.91 | 45.77 |
| 蔬菜（含菜用瓜） | Vegetables (including gourd) | 810.58 | 9.04 | 2327.50 |
| 瓜果类（果用瓜） | Melon and Fruit (Fruited Melon ) | 172.65 | 1.92 | 624.07 |
| #西　瓜 | Watermelon | 138.72 | 1.55 | 525.54 |
| 甜　瓜 | Muskmelon | 15.82 | 0.18 | 49.04 |
| 草　莓 | Strawberry | 12.95 | 0.14 | 31.21 |
| 其他作物 | Other Crops | 106.75 | 1.19 | |
| #青饲料 | Green Feed | 36.31 | 0.40 | |

## 12—18 各市农村基层组织情况（2012年）
Basic Conditions of Rural Grassroots Units by Region (2012)

单位：个 (unit)

| 地 区 | Region | 乡镇数 Number of Township and Town Governments | #镇 数 Town Governments | 村民委员会 Number of Villagers' Committees | 自来水受益村 Villages with Access to Tap Water | 通汽车村 Villages with Highway Communication | 通电话村 Villages with Telephone Communication |
|---|---|---|---|---|---|---|---|
| **总 计** | **Total** | **1219** | **867** | **15014** | **9280** | **15000** | **15014** |
| 合 肥 市 | Hefei | 80 | 61 | 1064 | 833 | 1064 | 1064 |
| 淮 北 市 | Huaibei | 17 | 16 | 302 | 127 | 302 | 302 |
| 亳 州 市 | Bozhou | 78 | 70 | 1250 | 483 | 1250 | 1250 |
| 宿 州 市 | Suzhou | 90 | 67 | 1216 | 477 | 1214 | 1216 |
| 蚌 埠 市 | Bengbu | 52 | 34 | 924 | 260 | 924 | 924 |
| 阜 阳 市 | Fuyang | 165 | 117 | 1742 | 617 | 1742 | 1742 |
| 淮 南 市 | Huainan | 45 | 29 | 561 | 198 | 561 | 561 |
| 滁 州 市 | Chuzhou | 90 | 78 | 1011 | 664 | 1007 | 1011 |
| 六 安 市 | Luan | 155 | 101 | 2065 | 969 | 2065 | 2065 |
| 马鞍山市 | Maanshan | 35 | 29 | 399 | 397 | 399 | 399 |
| 芜 湖 市 | Wuhu | 40 | 36 | 697 | 670 | 697 | 697 |
| 宣 城 市 | Xuancheng | 76 | 52 | 734 | 686 | 734 | 734 |
| 铜 陵 市 | Tongling | 12 | 7 | 144 | 138 | 144 | 144 |
| 池 州 市 | Chizhou | 42 | 33 | 587 | 528 | 587 | 587 |
| 安 庆 市 | Anqing | 147 | 90 | 1576 | 1508 | 1575 | 1576 |
| 黄 山 市 | Huangshan | 95 | 47 | 742 | 725 | 735 | 742 |

## 12—19 各市乡村人口与乡村从业人员（2012年）
Rural Population and workers by Region (2012)

单位：人 (person)

| 地 区 | Region | 乡村户数（户） Number of Households (household) | 乡村人口数 Rural Population | 乡村从业人员数 Number of Rural Laborers | #男 Male | #农 业 Agriculture |
|---|---|---|---|---|---|---|
| **总 计** | **Total** | **14460600** | **53755233** | **30735778** | **16579112** | **14658737** |
| 合 肥 市 | Hefei | 1254552 | 4535189 | 2612216 | 1399738 | 1064786 |
| 淮 北 市 | Huaibei | 367773 | 1400630 | 719540 | 388759 | 414016 |
| 亳 州 市 | Bozhou | 1294876 | 5036519 | 2771377 | 1484975 | 1336243 |
| 宿 州 市 | Suzhou | 1371510 | 5361539 | 3090817 | 1671218 | 1655202 |
| 蚌 埠 市 | Bengbu | 707275 | 2812924 | 1663864 | 884624 | 953220 |
| 阜 阳 市 | Fuyang | 2215471 | 8853742 | 4931589 | 2631359 | 2121050 |
| 淮 南 市 | Huainan | 368533 | 1360719 | 842050 | 454012 | 283795 |
| 滁 州 市 | Chuzhou | 938354 | 3631946 | 2084960 | 1128970 | 1130382 |
| 六 安 市 | Luan | 1771671 | 6400759 | 3600160 | 1973051 | 1806838 |
| 马鞍山市 | Maanshan | 405313 | 1443354 | 832925 | 455149 | 341923 |
| 芜 湖 市 | Wuhu | 750313 | 2424874 | 1487265 | 813166 | 606138 |
| 宣 城 市 | Xuancheng | 731394 | 2384654 | 1433686 | 795165 | 743138 |
| 铜 陵 市 | Tongling | 99840 | 302252 | 193904 | 103104 | 71026 |
| 池 州 市 | Chizhou | 396249 | 1364969 | 788334 | 421517 | 399436 |
| 安 庆 市 | Anqing | 1416067 | 5247688 | 2942646 | 1587854 | 1362022 |
| 黄 山 市 | Huangshan | 371409 | 1193475 | 740445 | 386451 | 369522 |

## 12—20　各市农、林、牧、渔业总产值及指数（2012年）

## Gross Output Value of Farming, Forestry, Animal Husbandry and Fishery and Related Indices by Region (2012)

本表绝对数按当年价格计算，指数按可比价格计算。

Absolute figures in this table are calculated at current prices while indices are calculated at comparable prices.

| 地区 | Region | 绝对数（万元） Gross Output Value of Farming, Forestry, Animal Husbandry and Fishery (10000 yuan) | | | | | |
|---|---|---|---|---|---|---|---|
| | | 农林牧渔业总产值 Total | 农业 Farming | 林业 Forestry | 牧业 Animal Husbandry | 渔业 Fishery | 农林牧渔服务业 Agricultural Services |
| **总计** | **Total** | **37282954** | **18676407** | **2094974** | **11197278** | **3844341** | **1469954** |
| 合肥市 | Hefei | 4011797 | 1961762 | 106589 | 1336255 | 531507 | 75684 |
| 淮北市 | Huaibei | 866952 | 490809 | 25280 | 291235 | 37440 | 22188 |
| 亳州市 | Bozhou | 3177780 | 2107701 | 88908 | 723723 | 73088 | 184360 |
| 宿州市 | Suzhou | 4218369 | 2329413 | 165108 | 1504421 | 84063 | 135364 |
| 蚌埠市 | Bengbu | 2596298 | 1453174 | 67073 | 755522 | 262404 | 58125 |
| 阜阳市 | Fuyang | 4641372 | 2530864 | 192689 | 1612611 | 149352 | 155856 |
| 淮南市 | Huainan | 914256 | 498899 | 12289 | 263761 | 114139 | 25168 |
| 滁州市 | Chuzhou | 3250120 | 1574696 | 63550 | 1095247 | 460890 | 55737 |
| 六安市 | Luan | 3530765 | 1584619 | 317157 | 1164922 | 393368 | 70699 |
| 马鞍山市 | Maanshan | 1217152 | 639258 | 18242 | 189041 | 293427 | 77184 |
| 芜湖市 | Wuhu | 2112911 | 964160 | 95246 | 354590 | 398744 | 300171 |
| 宣城市 | Xuancheng | 1870207 | 913749 | 191116 | 441539 | 197754 | 126049 |
| 铜陵市 | Tongling | 193023 | 97499 | 16904 | 35279 | 31877 | 11464 |
| 池州市 | Chizhou | 1037713 | 475507 | 105933 | 221518 | 167528 | 67227 |
| 安庆市 | Anqing | 3414895 | 1465184 | 226677 | 948721 | 562430 | 211883 |
| 黄山市 | Huangshan | 820254 | 418773 | 114750 | 246407 | 19945 | 20379 |

| 地区 | Region | 指数（上年=100） Gross Output Value of Farming, Forestry, Animal Husbandry and Fishery (preceding year=100) | | | | | |
|---|---|---|---|---|---|---|---|
| | | 农林牧渔业总产值 Total | 农业 Farming | 林业 Forestry | 牧业 Animal Husbandry | 渔业 Fishery | 农林牧渔服务业 Agricultural Services |
| **总计** | **Total** | **105.57** | **105.80** | **105.40** | **105.60** | **103.50** | **108.05** |
| 合肥市 | Hefei | 105.40 | 106.73 | 105.83 | 104.02 | 105.11 | 98.94 |
| 淮北市 | Huaibei | 105.70 | 103.63 | 162.01 | 105.65 | 104.21 | 113.50 |
| 亳州市 | Bozhou | 106.08 | 106.57 | 113.43 | 105.95 | 98.66 | 101.66 |
| 宿州市 | Suzhou | 106.07 | 106.09 | 101.13 | 105.68 | 103.97 | 118.69 |
| 蚌埠市 | Bengbu | 106.02 | 105.11 | 111.85 | 105.58 | 108.39 | 121.35 |
| 阜阳市 | Fuyang | 105.88 | 105.10 | 110.05 | 106.51 | 101.56 | 112.12 |
| 淮南市 | Huainan | 105.60 | 105.54 | 107.84 | 105.75 | 103.89 | 112.17 |
| 滁州市 | Chuzhou | 105.91 | 103.67 | 109.87 | 109.45 | 104.81 | 105.29 |
| 六安市 | Luan | 105.60 | 105.26 | 101.97 | 106.06 | 107.72 | 110.47 |
| 马鞍山市 | Maanshan | 104.99 | 105.94 | 112.02 | 99.98 | 102.23 | 121.05 |
| 芜湖市 | Wuhu | 105.70 | 104.41 | 103.49 | 105.49 | 105.63 | 111.26 |
| 宣城市 | Xuancheng | 105.80 | 105.77 | 105.62 | 104.65 | 106.00 | 110.24 |
| 铜陵市 | Tongling | 105.99 | 103.74 | 108.33 | 109.38 | 107.17 | 108.50 |
| 池州市 | Chizhou | 106.04 | 104.92 | 103.35 | 105.95 | 113.02 | 102.51 |
| 安庆市 | Anqing | 105.50 | 104.80 | 110.18 | 105.80 | 104.50 | 106.94 |
| 黄山市 | Huangshan | 105.10 | 103.95 | 110.58 | 105.97 | 84.69 | 112.45 |

注：全省农林牧渔业总产值指数按农产品生产者价格指数缩减计算。

a) The index of gross output value of agriculture, forestry, animal husbandry and fishery of the whole province reduces calculating according to producer's price index of agricultural products.

## 12—21 各市农、林、牧、渔业增加值及构成（2012年）
Value-added of Farming, Forestry, Animal Husbandry and Fishery and its Composition by Region (2012)

本表按当年价格计算。 (Data in value terms in this table are calculated at current prices.)

| 地 区 | Region | 绝 对 数（万元） Gross Output Value (10000 yuan) | | | | | |
|---|---|---|---|---|---|---|---|
| | | 农林牧渔业增加值 Value-added of Farming, Forestry, Animal Husbandry and Fishery | 农 业 Farming | 林 业 Forestry | 牧 业 Animal Husbandry | 渔 业 Fishery | 农林牧渔服务业 Agricultural Services |
| **总 计** | **Total** | **21787349** | **11517822** | **1459356** | **5543678** | **2534267** | **732226** |
| 合 肥 市 | Hefei | 2290485 | 1105596 | 73004 | 723947 | 343968 | 43970 |
| 淮 北 市 | Huaibei | 514315 | 289987 | 15038 | 171294 | 22062 | 15934 |
| 亳 州 市 | Bozhou | 1811335 | 1293384 | 71781 | 317664 | 50545 | 77961 |
| 宿 州 市 | Suzhou | 2373522 | 1418333 | 110350 | 732268 | 57260 | 55311 |
| 蚌 埠 市 | Bengbu | 1588604 | 881291 | 35734 | 432141 | 208080 | 31358 |
| 阜 阳 市 | Fuyang | 2494217 | 1418196 | 133339 | 758365 | 101361 | 82956 |
| 淮 南 市 | Huainan | 606090 | 316307 | 8668 | 182808 | 79803 | 18504 |
| 滁 州 市 | Chuzhou | 1927858 | 945335 | 40359 | 575111 | 330849 | 36204 |
| 六 安 市 | Luan | 1987821 | 967156 | 213672 | 561232 | 202362 | 43399 |
| 马鞍山市 | Maanshan | 734565 | 385013 | 10973 | 98459 | 194417 | 45703 |
| 芜 湖 市 | Wuhu | 1176310 | 546254 | 59977 | 163443 | 256832 | 149804 |
| 宣 城 市 | Xuancheng | 1116528 | 557544 | 138439 | 220185 | 128899 | 71461 |
| 铜 陵 市 | Tongling | 117758 | 62164 | 11700 | 17001 | 21296 | 5597 |
| 池 州 市 | Chizhou | 621514 | 299634 | 80580 | 109343 | 106583 | 25374 |
| 安 庆 市 | Anqing | 1961692 | 826201 | 153554 | 539370 | 344072 | 98495 |
| 黄 山 市 | Huangshan | 485399 | 259219 | 81300 | 123081 | 11228 | 10571 |

| 地 区 | Region | 构 成（%） Composition (%) | | | | | |
|---|---|---|---|---|---|---|---|
| | | 农林牧渔业增加值 Value-added of Farming, Forestry, Animal Husbandry and Fishery | 农 业 Farming | 林 业 Forestry | 牧 业 Animal Husbandry | 渔 业 Fishery | 农林牧渔服务业 Agricultural Services |
| **总 计** | **Total** | **100.00** | **52.86** | **6.70** | **25.44** | **11.63** | **3.36** |
| 合 肥 市 | Hefei | 100.00 | 48.27 | 3.19 | 31.61 | 15.02 | 1.92 |
| 淮 北 市 | Huaibei | 100.00 | 56.38 | 2.92 | 33.31 | 4.29 | 3.10 |
| 亳 州 市 | Bozhou | 100.00 | 71.41 | 3.96 | 17.54 | 2.79 | 4.30 |
| 宿 州 市 | Suzhou | 100.00 | 59.76 | 4.65 | 30.85 | 2.41 | 2.33 |
| 蚌 埠 市 | Bengbu | 100.00 | 55.48 | 2.25 | 27.20 | 13.10 | 1.97 |
| 阜 阳 市 | Fuyang | 100.00 | 56.86 | 5.35 | 30.40 | 4.06 | 3.33 |
| 淮 南 市 | Huainan | 100.00 | 52.19 | 1.43 | 30.16 | 13.17 | 3.05 |
| 滁 州 市 | Chuzhou | 100.00 | 49.04 | 2.09 | 29.83 | 17.16 | 1.88 |
| 六 安 市 | Luan | 100.00 | 48.65 | 10.75 | 28.23 | 10.18 | 2.18 |
| 马鞍山市 | Maanshan | 100.00 | 52.41 | 1.49 | 13.40 | 26.47 | 6.22 |
| 芜 湖 市 | Wuhu | 100.00 | 46.44 | 5.10 | 13.89 | 21.83 | 12.74 |
| 宣 城 市 | Xuancheng | 100.00 | 49.94 | 12.40 | 19.72 | 11.54 | 6.40 |
| 铜 陵 市 | Tongling | 100.00 | 52.79 | 9.94 | 14.44 | 18.08 | 4.75 |
| 池 州 市 | Chizhou | 100.00 | 48.21 | 12.97 | 17.59 | 17.15 | 4.08 |
| 安 庆 市 | Anqing | 100.00 | 42.12 | 7.83 | 27.50 | 17.54 | 5.02 |
| 黄 山 市 | Huangshan | 100.00 | 53.40 | 16.75 | 25.36 | 2.31 | 2.18 |

## 12—22 各市耕地面积（2012年）
Area of Cultivated Land by Region (2012)

单位：公顷（hectare）

| 地 区 | Region | 年初实有耕地面积 Cultivated Area at the Beginning of the Year | 年内新增耕地面积 Newly-Increased Cultivated Area Within the Year | 年内减少耕地面积 Reduced Cultivated Area Within the Year | #国家基建占地 Taken Up by National Capital Construction | 年末实有耕地面积 Cultivated Area at the End of the Year | #水田 Paddy Field | 水浇地 Irrigated Land |
|---|---|---|---|---|---|---|---|---|
| **总 计** | **Total** | **4184323** | **22656** | **17278** | **7217** | **4184235** | **1915886** | **1948325** |
| 合肥市 | Hefei | 337560 | 3022 | 2802 | 379 | 337167 | 271586 | 63348 |
| 淮北市 | Huaibei | 136080 | 805 | 1016 | 750 | 133687 | 34 | 133653 |
| 亳州市 | Bozhou | 499702 | 1592 | 1347 | 601 | 500152 | 2946 | 497206 |
| 宿州市 | Suzhou | 480477 | 1544 | 1235 | 734 | 480384 | 7126 | 381596 |
| 蚌埠市 | Bengbu | 295078 | 742 | 716 | 331 | 294870 | 111293 | 175987 |
| 阜阳市 | Fuyang | 575689 | 1712 | 1659 | 827 | 575283 | 57762 | 433820 |
| 淮南市 | Huainan | 113426 | 183 | 306 | 156 | 113313 | 79383 | 29095 |
| 滁州市 | Chuzhou | 407102 | 2284 | 277 | 145 | 407555 | 286603 | 65544 |
| 六安市 | Luan | 433891 | 2992 | 1554 | 304 | 435387 | 375002 | 43250 |
| 马鞍山市 | Maanshan | 124630 | 845 | 751 | 218 | 124744 | 111728 | 13016 |
| 芜湖市 | Wuhu | 175757 | 1305 | 1754 | 1022 | 175100 | 138089 | 32945 |
| 宣城市 | Xuancheng | 153118 | 1459 | 956 | 371 | 154479 | 137081 | 2708 |
| 铜陵市 | Tongling | 23476 | 54 | 221 | 202 | 23437 | 18047 | 5390 |
| 池州市 | Chizhou | 82920 | 871 | 1192 | 422 | 82953 | 61335 | 1885 |
| 安庆市 | Anqing | 298017 | 3002 | 1118 | 603 | 299120 | 218939 | 66093 |
| 黄山市 | Huangshan | 47400 | 244 | 374 | 152 | 46604 | 38932 | 2789 |

注：年内新增、年内减少耕地面积为耕地总资源数。
a) Newly-increased and reduced cultivated land within the year refer to the total area of cultivated land.

## 12—23 各市主要农业机械年末拥有量（2012年）
Agricultural Machinery at the Year-end by Region (2012)

| 地 区 | Region | 农业机械总动力（万千瓦） Total Power of Agricultural Machinery (10000 kw) | 大中型拖拉机 Large and Medium Agricultural Tractors 数量（台） Number (unit) | 动力（万千瓦） Capacity (10000 kw) | 小型拖拉机 Mini-tractors 数量（台） Number (unit) | 动力（万千瓦） Capacity (10000 kw) | 大中型拖拉机配套农具（部） Number of Large and Medium Tractor Towing Farm Machinery (unit) | 小型拖拉机配套农具（部） Number of Mini-tractor Towing Farm Machinery (unit) | 农用运输车（辆） Capacity of Transport Vehicles for Agricultural Use (unit) | 节水灌溉面积（千公顷） Irrigated Area With Saved Water (1000 hectares) |
|---|---|---|---|---|---|---|---|---|---|---|
| **总 计** | **Total** | **5902.77** | **164549** | **667.83** | **2327788** | **1881.03** | **326055** | **5391775** | **675965** | **1200.35** |
| 合肥市 | Hefei | 378.37 | 6896 | 33.83 | 209203 | 113.57 | 8782 | 416550 | 17322 | 0.71 |
| 淮北市 | Huaibei | 257.06 | 13730 | 42.42 | 106877 | 115.29 | 27243 | 331936 | 16723 | 138.84 |
| 亳州市 | Bozhou | 760.67 | 18119 | 89.93 | 178286 | 205.45 | 32006 | 416341 | 245817 | 360.60 |
| 宿州市 | Suzhou | 787.67 | 40479 | 128.28 | 210965 | 211.17 | 74090 | 508308 | 188294 | 283.94 |
| 蚌埠市 | Bengbu | 504.40 | 10530 | 47.24 | 323079 | 298.97 | 23659 | 745752 | 7489 | 5.71 |
| 阜阳市 | Fuyang | 662.62 | 25437 | 110.24 | 124562 | 138.62 | 57489 | 314170 | 110304 | 302.06 |
| 淮南市 | Huainan | 178.56 | 3971 | 18.51 | 109893 | 90.28 | 8216 | 260067 | 7944 | 6.80 |
| 滁州市 | Chuzhou | 638.76 | 23242 | 92.04 | 469015 | 277.90 | 44719 | 1063073 | 14583 | 6.80 |
| 六安市 | Luan | 668.04 | 12363 | 60.60 | 279375 | 202.44 | 31441 | 717320 | 27408 | 44.77 |
| 马鞍山市 | Maanshan | 129.14 | 2800 | 12.71 | 42269 | 24.31 | 6098 | 108348 | 4354 | 0.76 |
| 芜湖市 | Wuhu | 190.35 | 1985 | 9.68 | 57839 | 46.32 | 4269 | 108852 | 5056 | 0.19 |
| 宣城市 | Xuancheng | 223.85 | 1168 | 5.11 | 57869 | 52.11 | 1873 | 78317 | 11523 | 0.80 |
| 铜陵市 | Tongling | 37.72 | 398 | 1.87 | 5452 | 3.69 | 691 | 9430 | 1482 | 0.56 |
| 池州市 | Chizhou | 114.53 | 431 | 2.02 | 35296 | 22.79 | 723 | 101531 | 2873 | 7.90 |
| 安庆市 | Anqing | 296.26 | 2650 | 12.82 | 100550 | 65.63 | 4733 | 176023 | 10864 | 7.27 |
| 黄山市 | Huangshan | 74.77 | 350 | 0.54 | 17258 | 12.48 | 23 | 35757 | 3929 | 1.17 |

注：节水灌溉面积为农委部门统计数。
a) The areas of water saving irrigation were statisticed by the committee on agriculture.

# 12—24 各市有效灌溉面积、农用化肥施用、用电情况（2012年）

## Irrigated Area and Consumption of Chemical Fertilizer and Electricity in Rural Area by Region (2012)

| 地区 | Region | 有效灌溉面积（千公顷）Irrigated Area (1000 hectares) | 旱涝保收面积（千公顷）Area With Stable Yields Despite Drought or Waterlogging (1000 hectares) | 机电排灌面积（千公顷）Electrical Irrigation and Drainage Area (1000 hectares) | 化肥施用量（吨）Consumption of Chemical Fertilizer (ton) | #氮肥 Nitrogenous Fertilizer | 磷肥 Phosphate Fertilizer | 钾肥 Potash Fertilizer |
|---|---|---|---|---|---|---|---|---|
| **总计** | **Total** | **3585.09** | **2667.27** | **3071.60** | **3335258** | **1140841** | **365074** | **325326** |
| 合肥市 | Hefei | 364.17 | 278.68 | 308.58 | 314245 | 109568 | 45932 | 39261 |
| 淮北市 | Huaibei | 144.95 | 73.69 | 113.83 | 99620 | 27409 | 4303 | 5159 |
| 亳州市 | Bozhou | 336.06 | 223.89 | 356.39 | 301042 | 62882 | 29461 | 29547 |
| 宿州市 | Suzhou | 379.01 | 228.80 | 397.71 | 336050 | 118109 | 28894 | 40022 |
| 蚌埠市 | Bengbu | 212.10 | 183.46 | 272.12 | 296201 | 113868 | 39105 | 28766 |
| 阜阳市 | Fuyang | 384.12 | 235.75 | 461.29 | 392859 | 96561 | 25829 | 29936 |
| 淮南市 | Huainan | 104.70 | 91.60 | 120.10 | 140753 | 55541 | 26524 | 10347 |
| 滁州市 | Chuzhou | 357.68 | 281.47 | 213.59 | 339431 | 110544 | 45920 | 23779 |
| 六安市 | Luan | 385.95 | 319.72 | 166.49 | 369687 | 163125 | 31299 | 36589 |
| 马鞍山市 | Maanshan | 129.03 | 111.09 | 126.52 | 90144 | 27853 | 7571 | 7778 |
| 芜湖市 | Wuhu | 199.85 | 158.77 | 202.62 | 155224 | 71532 | 21035 | 15873 |
| 宣城市 | Xuancheng | 149.75 | 124.53 | 63.45 | 139889 | 50211 | 14755 | 11006 |
| 铜陵市 | Tongling | 24.98 | 18.61 | 18.20 | 24363 | 8756 | 5173 | 3773 |
| 池州市 | Chizhou | 84.64 | 77.45 | 58.93 | 59149 | 24247 | 2032 | 8281 |
| 安庆市 | Anqing | 258.54 | 216.23 | 146.10 | 236669 | 81330 | 35908 | 32712 |
| 黄山市 | Huangshan | 42.88 | 28.80 | 9.65 | 39932 | 19305 | 1333 | 2497 |

| 地区 | Region | 农用排灌机械（台）Number of Diesel Engines (unit) | 农村用电量（万千瓦时）Electricity Consumed in Rural Area (10000 kwh) | 农用塑料薄膜使用量（吨）Used Plastic Film (ton) | #地膜使用量（吨）Used of Plastic Film (ton) | 地膜覆盖面积（公顷）The Area of Plastic Film Covered (hectares) | 农用柴油使用量（吨）Consumption of Diesel Oil for Farm Use (ton) | 农药使用量（吨）Consumption of Agricultural Pesticide (ton) |
|---|---|---|---|---|---|---|---|---|
| **总计** | **Total** | **1569492** | **1287965** | **91171** | **40479** | **437245** | **720280** | **116741** |
| 合肥市 | Hefei | 138146 | 144365 | 12908 | 3938 | 34027 | 68616 | 6047 |
| 淮北市 | Huaibei | 13012 | 19745 | 2144 | 416 | 3522 | 26890 | 2619 |
| 亳州市 | Bozhou | 86575 | 77745 | 6489 | 3054 | 33448 | 75890 | 7717 |
| 宿州市 | Suzhou | 40321 | 79666 | 15270 | 8890 | 66818 | 116549 | 23517 |
| 蚌埠市 | Bengbu | 11346 | 69328 | 9891 | 6146 | 82332 | 57215 | 6321 |
| 阜阳市 | Fuyang | 210947 | 117647 | 16914 | 3468 | 38293 | 44274 | 7888 |
| 淮南市 | Huainan | 13961 | 78756 | 1267 | 535 | 7484 | 35001 | 5857 |
| 滁州市 | Chuzhou | 86570 | 89024 | 3420 | 2009 | 40937 | 41365 | 5738 |
| 六安市 | Luan | 185077 | 121563 | 5654 | 2973 | 32474 | 104958 | 14507 |
| 马鞍山市 | Maanshan | 181831 | 44917 | 2617 | 946 | 14247 | 14237 | 3663 |
| 芜湖市 | Wuhu | 259887 | 125838 | 2994 | 1708 | 31122 | 36729 | 4608 |
| 宣城市 | Xuancheng | 128083 | 100252 | 4116 | 1481 | 16322 | 15045 | 4448 |
| 铜陵市 | Tongling | 31244 | 16318 | 262 | 167 | 1614 | 4501 | 733 |
| 池州市 | Chizhou | 64548 | 33907 | 508 | 272 | 5243 | 19221 | 5742 |
| 安庆市 | Anqing | 90890 | 147421 | 4685 | 3219 | 24009 | 52215 | 14058 |
| 黄山市 | Huangshan | 27054 | 21474 | 2032 | 1257 | 5353 | 7574 | 3278 |

# 12—25　各市农作物播种面积（2012年）
## Total Sown Areas of Farm Crops by Region (2012)

单位：公顷（hectare）

| 地　区 | Region | 农作物总播种面积 Total Sown Area | 粮食作物播种面积 Sown Area of Grain Crops | 谷　物 Cereal | #稻谷 Rice | 小　麦 Wheat | 玉　米 Corn | 豆　类 Soybeans | 薯　类 Tubers | 油　料 Oil-bearing Crops | #花　生 Peanuts | 油菜籽 Rapeseeds | 芝　麻 Sesame |
|---|---|---|---|---|---|---|---|---|---|---|---|---|---|
| **总　计** | **Total** | **8969598** | **6622000** | **5498250** | **2215050** | **2415510** | **822530** | **960270** | **163480** | **843642** | **187450** | **609590** | **45674** |
| 合肥市 | Hefei | 750314 | 483153 | 462210 | 341870 | 103306 | 15538 | 12513 | 8430 | 129994 | 18088 | 109355 | 2551 |
| 淮北市 | Huaibei | 253911 | 234414 | 164603 | 361 | 120053 | 43578 | 69082 | 729 | 2149 | 953 | 838 | 358 |
| 亳州市 | Bozhou | 1048022 | 850684 | 619371 | 3954 | 401905 | 197152 | 204314 | 26999 | 13314 | 6708 | 3862 | 2738 |
| 宿州市 | Suzhou | 996854 | 802634 | 630900 | 8308 | 353210 | 264146 | 142390 | 29344 | 55608 | 43834 | 8989 | 2120 |
| 蚌埠市 | Bengbu | 631295 | 455747 | 409756 | 107672 | 236926 | 64745 | 39471 | 6520 | 66503 | 60220 | 4432 | 1851 |
| 阜阳市 | Fuyang | 1212664 | 996893 | 787776 | 72496 | 485934 | 228771 | 182398 | 26719 | 41144 | 7202 | 16642 | 17300 |
| 淮南市 | Huainan | 241777 | 203313 | 190677 | 90193 | 98459 | 1843 | 10645 | 1991 | 4845 | 1902 | 2270 | 673 |
| 滁州市 | Chuzhou | 872485 | 709862 | 669942 | 355681 | 277474 | 35553 | 28143 | 11777 | 77517 | 24454 | 47896 | 5167 |
| 六安市 | Luan | 899345 | 716065 | 691069 | 429832 | 236011 | 24605 | 17068 | 7928 | 83836 | 9013 | 72274 | 2459 |
| 马鞍山市 | Maanshan | 242868 | 153201 | 147068 | 102443 | 42547 | 2071 | 4092 | 2041 | 43373 | 2088 | 40158 | 1127 |
| 芜湖市 | Wuhu | 381179 | 197892 | 187686 | 156211 | 26031 | 4972 | 5863 | 4343 | 61852 | 2644 | 57813 | 1395 |
| 宣城市 | Xuancheng | 355118 | 230140 | 210986 | 157260 | 48724 | 4950 | 9839 | 9315 | 50968 | 4437 | 44539 | 1987 |
| 铜陵市 | Tongling | 45992 | 27817 | 26381 | 16905 | 7810 | 1658 | 1043 | 393 | 8269 | 333 | 7791 | 145 |
| 池州市 | Chizhou | 202271 | 115434 | 110310 | 98482 | 6064 | 5759 | 3598 | 1526 | 40063 | 979 | 37609 | 1475 |
| 安庆市 | Anqing | 777516 | 454967 | 428252 | 381075 | 37878 | 8442 | 14028 | 12687 | 136327 | 4141 | 129055 | 2978 |
| 黄山市 | Huangshan | 130352 | 64785 | 48654 | 38792 | 248 | 9607 | 7562 | 8569 | 27880 | 454 | 26067 | 1350 |

| 地　区 | Region | 棉　花 Cotton | 麻　类 Fiber Crops | #黄红麻 Jute and Ambary Hemp | 糖　料 Sugar Crops | 烟　叶 Tobacco | #烤　烟 Fluecured Tobacco | 药　材 Medicinal Materials | 蔬　菜 Vegeta-bles | 瓜果类 Melon | #西瓜 Water-melon | 甜　瓜 Melon | 草　莓 Strawb-erry |
|---|---|---|---|---|---|---|---|---|---|---|---|---|---|
| **总　计** | **Total** | **304930** | **8962** | **4653** | **5187** | **13241** | **12980** | **81654** | **810582** | **172649** | **138718** | **15815** | **12951** |
| 合肥市 | Hefei | 33120 | 170 | | 740 | | | | 75090 | 22803 | 12199 | 1267 | 9337 |
| 淮北市 | Huaibei | 1011 | | | 5 | 4 | | 241 | 13761 | 2210 | 1792 | 390 | 1 |
| 亳州市 | Bozhou | 14537 | 22 | 22 | 85 | 2637 | 2637 | 52283 | 92484 | 21954 | 19004 | 2114 | 95 |
| 宿州市 | Suzhou | 23284 | 10 | 10 | 44 | 23 | 23 | 1162 | 70302 | 35016 | 32510 | 2144 | 362 |
| 蚌埠市 | Bengbu | 18393 | 14 | 14 | 24 | 17 | 17 | 40 | 66142 | 19243 | 17954 | 743 | 224 |
| 阜阳市 | Fuyang | 13952 | 441 | 441 | 534 | 458 | 258 | 7774 | 132307 | 17116 | 12070 | 3008 | 737 |
| 淮南市 | Huainan | 885 | | | 23 | 1 | | | 26552 | 5760 | 3612 | 1119 | 869 |
| 滁州市 | Chuzhou | 9543 | | | 151 | | | 46 | 44441 | 13976 | 13077 | 306 | 521 |
| 六安市 | Luan | 12814 | 6330 | 4088 | 602 | 23 | 23 | 4987 | 63196 | 6858 | 5106 | 322 | 121 |
| 马鞍山市 | Maanshan | 12158 | 123 | | 363 | | | 15 | 24402 | 8571 | 5059 | 3430 | 82 |
| 芜湖市 | Wuhu | 44868 | 148 | 13 | 825 | 2448 | 2448 | 559 | 51789 | 4335 | 4004 | 261 | 69 |
| 宣城市 | Xuancheng | 11069 | 1041 | 4 | 747 | 5799 | 5752 | 4259 | 36086 | 5805 | 4822 | 126 | 273 |
| 铜陵市 | Tongling | 3739 | 53 | | 29 | | | 230 | 4324 | 1226 | 1049 | 140 | 37 |
| 池州市 | Chizhou | 26903 | 480 | | 41 | 1474 | 1468 | 813 | 14895 | 1508 | 1435 | 53 | 20 |
| 安庆市 | Anqing | 75565 | 118 | 61 | 300 | 43 | 40 | 3026 | 72429 | 4171 | 3001 | 360 | 174 |
| 黄山市 | Huangshan | 453 | 12 | | 674 | 314 | 314 | 6219 | 22382 | 2097 | 2024 | 32 | 29 |

注：全省粮食及棉花播种面积来源于国家统计局安徽调查总队抽样调查数。

a) The sown area of grain is from Anhui Province survey organization of National bureau of Statistics sample survey.

## 12—26 各市主要农产品单位面积产量（2012年）
Yield of Major Farm Crops per Hectare by Region (2012)

单位：公斤/公顷（kg/hectare）

| 地区 | Region | 谷物 Cereals | 棉花 Cotton | 花生 Peanuts | 油菜籽 Rapeseeds | 芝麻 Sesame | 黄红麻 Jute and Ambary Hemp | 烤烟 Fluecured Tobacco | 药材 Medicinal Materials | 蔬菜 Vegetables | 瓜果类 Melon |
|---|---|---|---|---|---|---|---|---|---|---|---|
| **总计** | **Total** | **5680** | **964** | **4634** | **2203** | **1417** | **3412** | **2697** | **5605** | **28714** | **36147** |
| 合肥市 | Hefei | 6391 | 1016 | 3871 | 2382 | 1647 | | | | 22924 | 23845 |
| 淮北市 | Huaibei | 6559 | 1561 | 3442 | 2007 | 1095 | | | 14983 | 34937 | 32281 |
| 亳州市 | Bozhou | 6451 | 1316 | 5760 | 2486 | 1438 | 2818 | 3722 | 4291 | 28715 | 34940 |
| 宿州市 | Suzhou | 5397 | 1288 | 4779 | 1980 | 1865 | 800 | 2174 | 4465 | 39114 | 44623 |
| 蚌埠市 | Bengbu | 6147 | 1541 | 5959 | 1542 | 1205 | 3071 | 2059 | 4225 | 36557 | 47714 |
| 阜阳市 | Fuyang | 6054 | 1234 | 2780 | 2179 | 1232 | 3533 | 1702 | 16279 | 36024 | 37984 |
| 淮南市 | Huainan | 6870 | 1921 | 4475 | 2108 | 1651 | | | | 29417 | 34066 |
| 滁州市 | Chuzhou | 5974 | 1048 | 3480 | 2356 | 1288 | | | 2065 | 30553 | 36881 |
| 六安市 | Luan | 6343 | 1377 | 3404 | 1906 | 1589 | 3420 | 1957 | 11981 | 20908 | 27983 |
| 马鞍山市 | Maanshan | 6761 | 1297 | 2668 | 2372 | 1431 | | | 33333 | 27819 | 29383 |
| 芜湖市 | Wuhu | 6836 | 1223 | 2997 | 2466 | 1794 | 6077 | 2627 | 3504 | 24620 | 39404 |
| 宣城市 | Xuancheng | 5838 | 1123 | 3132 | 2268 | 2195 | 4500 | 2419 | 3592 | 20097 | 30698 |
| 铜陵市 | Tongling | 5618 | 1147 | 2994 | 2267 | 1772 | | | 6304 | 24381 | 26993 |
| 池州市 | Chizhou | 5815 | 1170 | 2605 | 2392 | 1486 | | 2344 | 1137 | 23678 | 29327 |
| 安庆市 | Anqing | 5671 | 1412 | 2878 | 2092 | 1514 | 2131 | 2625 | 2877 | 20560 | 24757 |
| 黄山市 | Huangshan | 6004 | 967 | 2372 | 1488 | 1160 | | 2325 | 1464 | 17721 | 20397 |

## 12—27 各市主要农产品产量（2012年）
Yield of Major Farm Crops by Region (2012)

单位：吨（ton）

| 地区 | Region | 粮食 Grain | | | | | | | 油料 Oil-bearing Crops | | | |
|---|---|---|---|---|---|---|---|---|---|---|---|---|
| | | | 谷物 Cereal | | | | 豆类 Beans | 薯类 Tubers | | #花生 Peanuts | 油菜籽 Rapeseeds | 芝麻 Sesame |
| | | | | #稻谷 Rice | 小麦 Wheat | 玉米 Corn | | | | | | |
| **总计** | **Total** | **32891000** | **31232500** | **13935000** | **12940000** | **4275000** | **1205000** | **453500** | **2276937** | **868553** | **1343182** | **64699** |
| 合肥市 | Hefei | 3033780 | 2954155 | 2432686 | 435574 | 79512 | 29962 | 49663 | 334691 | 70016 | 260473 | 4202 |
| 淮北市 | Huaibei | 1190089 | 1079673 | 2762 | 860778 | 215716 | 107415 | 3001 | 5554 | 3280 | 1682 | 392 |
| 亳州市 | Bozhou | 4425784 | 3995588 | 26466 | 3026948 | 900983 | 320791 | 109405 | 52181 | 38639 | 9602 | 3937 |
| 宿州市 | Suzhou | 3769734 | 3404850 | 58890 | 2230263 | 1108046 | 230171 | 134713 | 231247 | 209499 | 17794 | 3954 |
| 蚌埠市 | Bengbu | 2612155 | 2518713 | 786239 | 1407646 | 322781 | 60512 | 32930 | 367960 | 358870 | 6833 | 2230 |
| 阜阳市 | Fuyang | 5233382 | 4769551 | 435754 | 3150091 | 1181760 | 344753 | 119078 | 77585 | 20021 | 36255 | 21309 |
| 淮南市 | Huainan | 1337676 | 1309964 | 712154 | 592268 | 4641 | 19093 | 8619 | 14408 | 8511 | 4786 | 1111 |
| 滁州市 | Chuzhou | 4150703 | 4002173 | 2397161 | 1423691 | 175356 | 56084 | 92446 | 204615 | 85098 | 112861 | 6656 |
| 六安市 | Luan | 4490662 | 4383575 | 3130906 | 1145254 | 104932 | 50746 | 56341 | 172591 | 30683 | 137743 | 3907 |
| 马鞍山市 | Maanshan | 1016390 | 994337 | 773887 | 207583 | 12835 | 7715 | 14338 | 102431 | 5570 | 95248 | 1613 |
| 芜湖市 | Wuhu | 1336993 | 1283032 | 1140546 | 114334 | 26561 | 17108 | 36853 | 152980 | 7925 | 142552 | 2503 |
| 宣城市 | Xuancheng | 1303746 | 1231770 | 996329 | 206378 | 28996 | 20263 | 51713 | 119263 | 13898 | 101003 | 4362 |
| 铜陵市 | Tongling | 153008 | 148208 | 117220 | 22054 | 8898 | 2572 | 2228 | 18913 | 997 | 17659 | 257 |
| 池州市 | Chizhou | 657553 | 641499 | 603435 | 17538 | 20518 | 8040 | 8014 | 94705 | 2550 | 89963 | 2192 |
| 安庆市 | Anqing | 2521959 | 2428528 | 2282559 | 105166 | 38593 | 35533 | 57898 | 286393 | 11919 | 269951 | 4508 |
| 黄山市 | Huangshan | 341686 | 292123 | 266536 | 398 | 25183 | 15456 | 34107 | 41420 | 1077 | 38777 | 1566 |

注：全省粮食及棉花产量来源于国家统计局安徽调查总队抽样调查数。

a) The sown area of grain is from Anhui Province survey organization of National bureau of Statistics sample survey.

## 12—27　续表　continued

单位：吨（ton）

| 地　区 Region | 棉花 Cotton | 麻类 Fiber Crops | #黄红麻 Jute and Ambary Hemp | 烟叶 Tobacco | #烤烟 Flucured Tobacco | 药材 Medicinal Materials | 蔬菜 Vegetables | 瓜果类 Melon | #西瓜 Water-melon | 甜瓜 Melon | 草莓 Strawb-erry |
|---|---|---|---|---|---|---|---|---|---|---|---|
| **总　计 Total** | **293973** | **27026** | **15878** | **35858** | **35004** | **457655** | **23274970** | **6240745** | **5255441** | **490401** | **312066** |
| 合肥市 Hefei | 33639 | 247 | | | | | 1721365 | 543732 | 305996 | 24537 | 213199 |
| 淮北市 Huaibei | 1578 | | | 7 | | 3611 | 480772 | 71340 | 53952 | 13922 | 31 |
| 亳州市 Bozhou | 19135 | 63 | 62 | 9815 | 9815 | 224344 | 2655660 | 767065 | 650349 | 73373 | 2465 |
| 宿州市 Suzhou | 29999 | 8 | 8 | 50 | 50 | 5188 | 2749777 | 1562531 | 1480469 | 74724 | 7338 |
| 蚌埠市 Bengbu | 28342 | 43 | 43 | 35 | 35 | 169 | 2417931 | 918165 | 841561 | 26030 | 14871 |
| 阜阳市 Fuyang | 17214 | 1558 | 1558 | 1110 | 439 | 126554 | 4766289 | 650129 | 453327 | 115633 | 30435 |
| 淮南市 Huainan | 1700 | | | 4 | | | 781085 | 196220 | 129708 | 38261 | 22257 |
| 滁州市 Chuzhou | 10000 | | | | | 95 | 1357828 | 515447 | 503641 | 5934 | 4352 |
| 六安市 Luan | 17649 | 22245 | 13980 | 45 | 45 | 59751 | 1321285 | 191905 | 152495 | 8595 | 3255 |
| 马鞍山市 Maanshan | 15768 | 271 | | | | 500 | 678842 | 251840 | 159621 | 91082 | 1137 |
| 芜湖市 Wuhu | 54882 | 344 | 79 | 6430 | 6430 | 1959 | 1275026 | 170815 | 162953 | 6431 | 1425 |
| 宣城市 Xuancheng | 12426 | 1197 | 18 | 14064 | 13914 | 15300 | 725222 | 178204 | 163116 | 2500 | 6408 |
| 铜陵市 Tongling | 4289 | 92 | | | | 1450 | 105425 | 33093 | 31391 | 1282 | 420 |
| 池州市 Chizhou | 31470 | 707 | | 3453 | 3441 | 924 | 352687 | 44225 | 43715 | 323 | 187 |
| 安庆市 Anqing | 106660 | 223 | 130 | 115 | 105 | 8707 | 1489136 | 103261 | 81432 | 7299 | 3789 |
| 黄山市 Huangshan | 438 | 28 | | 730 | 730 | 9103 | 396640 | 42773 | 41715 | 475 | 497 |

## 12—28　各市茶叶、水果生产情况（2012年）
Tea, Fruits Production by Region (2012)

单位：吨（ton）

| 地　区 Region | 茶叶 Tea | #绿茶 Green Tea | 园林水果 Garden Fruits | #苹果 Apples | 梨 Pears | 葡萄 Grapes |
|---|---|---|---|---|---|---|
| **总　计 Total** | **95374** | **89150** | **2613227** | **386624** | **1069300** | **316334** |
| 合肥市 Hefei | 1749 | 1733 | 151817 | 34 | 9906 | 74966 |
| 淮北市 Huaibei | | | 101817 | 20358 | 13646 | 17558 |
| 亳州市 Bozhou | | | 45241 | 6869 | 6433 | 4052 |
| 宿州市 Suzhou | | | 1778266 | 350086 | 909876 | 138398 |
| 蚌埠市 Bengbu | | | 73824 | 408 | 38632 | 3675 |
| 阜阳市 Fuyang | | | 80655 | 6963 | 26424 | 11540 |
| 淮南市 Huainan | | | 32949 | | 7226 | 5745 |
| 滁州市 Chuzhou | 490 | 490 | 68383 | 399 | 6348 | 18760 |
| 六安市 Luan | 17322 | 17174 | 64751 | 358 | 11963 | 12395 |
| 马鞍山市 Maanshan | 299 | 299 | 29094 | 235 | 3308 | 8680 |
| 芜湖市 Wuhu | 2519 | 2509 | 38575 | 64 | 5051 | 6045 |
| 宣城市 Xuancheng | 29324 | 29214 | 45251 | 145 | 17723 | 3014 |
| 铜陵市 Tongling | 93 | 93 | 4557 | 10 | 107 | 2520 |
| 池州市 Chizhou | 6325 | 4010 | 6328 | 14 | 681 | 368 |
| 安庆市 Anqing | 10009 | 9708 | 36327 | 681 | 4520 | 692 |
| 黄山市 Huangshan | 27244 | 23920 | 55392 | | 7456 | 7926 |

## 12—29 各市主要林业生产情况（2012年）
Conditions of Forest Production by Region (2012)

| 地区 | Region | 营林情况（公顷）Management of Forest (hectares) 人工造林面积 Man-made Afforested Area | 迹地更新面积 Reforested Area | 新封山育林面积 Area of Setting Apart Mountains for Afforestation | 新增育苗面积 Area of Growing Seedlings | 幼林抚育面积 Area of Tending Young Forest | 成林抚育面积 Area of Tending Adult Forest | 油桐籽（吨）Tung-oil Seeds (ton) | 油茶籽（吨）Tea-oil Seeds (ton) | 竹材采伐量（万根）Determination of Bamboo Cut (10000 units) | 木材采伐量（万立方米）Determination of Timber Cut (10000 cu.m) |
|---|---|---|---|---|---|---|---|---|---|---|---|
| **总　计** | **Total** | **100907** | **1767** | **27332** | **15984** | **317873** | **600527** | **2730** | **55309** | **11496** | **496** |
| 合肥市 | Hefei | 13194 | 8 | 1866 | 3614 | 30655 | 52315 | 3 | 115 | 36 | 15 |
| 淮北市 | Huaibei | 1021 | | 267 | 113 | 4063 | 10144 | | | | 6 |
| 亳州市 | Bozhou | 4835 | | | 568 | 11814 | 18814 | | | | 59 |
| 宿州市 | Suzhou | 7108 | | 1800 | 549 | 70198 | 130465 | 20 | | | 47 |
| 蚌埠市 | Bengbu | 3655 | 150 | 267 | 405 | 17010 | 25220 | | | 2 | 18 |
| 阜阳市 | Fuyang | 4329 | 82 | | 814 | 32635 | 76060 | | | | 39 |
| 淮南市 | Huainan | 773 | | 67 | 244 | 5055 | 28123 | | | | 1 |
| 滁州市 | Chuzhou | 6409 | | 4664 | 3290 | 26051 | 35783 | 3 | 4 | 2 | 36 |
| 六安市 | Luan | 17777 | 157 | 4333 | 520 | 23083 | 38407 | 1260 | 18395 | 3030 | 38 |
| 马鞍山市 | Maanshan | 1669 | 161 | 933 | 542 | 8457 | 10135 | | 46 | 19 | 7 |
| 芜湖市 | Wuhu | 1727 | 11 | 533 | 516 | 15116 | 19780 | 51 | 36 | 1218 | 8 |
| 宣城市 | Xuancheng | 10804 | | 2600 | 139 | 24626 | 67463 | 155 | 695 | 5051 | 49 |
| 铜陵市 | Tongling | 221 | 200 | 200 | 37 | 3862 | 8842 | 500 | 3 | 46 | 3 |
| 池州市 | Chizhou | 4819 | 998 | 1669 | 3046 | 12719 | 34879 | 235 | 118 | 707 | 80 |
| 安庆市 | Anqing | 14669 | | 5666 | 877 | 23566 | 29511 | 503 | 30408 | 653 | 47 |
| 黄山市 | Huangshan | 7897 | | 2467 | 710 | 8963 | 14586 | | 5489 | 732 | 44 |

## 12—30 各市牲畜饲养情况（2012年）
Number of Livestock by Region (2012)

单位：头（只）　(heads)

| 地区 | Region | 大牲畜年末头数 Large Animals (year-end) | 牛 Cattle and Buffaloes | 马 Horses | 驴 Donkeys | 骡 Mules | 肉猪出栏头数 Slaughtered Fattened Hogs | 猪年末头数 Hogs (year-end) | 羊年末只数 Sheep and Goats (year-end) | #山羊 Goats | 家禽（万只）Poultry (10000 heads) |
|---|---|---|---|---|---|---|---|---|---|---|---|
| **总　计** | **Total** | **1522630** | **1518539** | **1291** | **2187** | **613** | **29276197** | **15552029** | **5921916** | **5912104** | **25043.12** |
| 合肥市 | Hefei | 114071 | 114041 | | 30 | | 2830724 | 1380708 | 83619 | 79679 | 6679.35 |
| 淮北市 | Huaibei | 12156 | 12156 | | | | 644201 | 390672 | 256312 | 255182 | 915.90 |
| 亳州市 | Bozhou | 132192 | 131332 | 453 | 111 | 296 | 2871986 | 1414006 | 1155899 | 1155899 | 1109.70 |
| 宿州市 | Suzhou | 177507 | 176902 | 168 | 372 | 65 | 4571335 | 2852546 | 2341601 | 2312543 | 3374.00 |
| 蚌埠市 | Bengbu | 218165 | 218165 | | | | 1916514 | 914895 | 686743 | 682431 | 1910.11 |
| 阜阳市 | Fuyang | 318366 | 316247 | 256 | 1644 | 219 | 5278815 | 2674661 | 1259634 | 1259634 | 2355.66 |
| 淮南市 | Huainan | 59324 | 59324 | | | | 478819 | 266651 | 124092 | 124092 | 739.60 |
| 滁州市 | Chuzhou | 171920 | 171920 | | | | 3192117 | 1702107 | 338193 | 336193 | 2354.00 |
| 六安市 | Luan | 179407 | 179407 | | | | 3892788 | 2072077 | 431113 | 431113 | 3634.00 |
| 马鞍山市 | Maanshan | 18611 | 18611 | | | | 350710 | 170322 | 56313 | 56313 | 726.88 |
| 芜湖市 | Wuhu | 42373 | 42373 | | | | 786625 | 415745 | 28413 | 28413 | 1320.60 |
| 宣城市 | Xuancheng | 53184 | 53184 | | | | 1017563 | 546685 | 42649 | 42649 | 2487.11 |
| 铜陵市 | Tongling | 3895 | 3895 | | | | 96569 | 68185 | 4597 | 4597 | 392.36 |
| 池州市 | Chizhou | 16309 | 16309 | | | | 699547 | 414911 | 13382 | 13382 | 697.00 |
| 安庆市 | Anqing | 123933 | 123933 | | | | 2702065 | 1679976 | 53268 | 53268 | 2827.84 |
| 黄山市 | Huangshan | 29753 | 29276 | 414 | 30 | 33 | 954726 | 701467 | 3381 | 3381 | 385.87 |

注：全省猪、牛、羊、禽数据来源于国家统计局安徽调查总队畜禽监测数。

a) The pigs, sheep, poultry data is from Anhui Province survey organization of National bureau of statistics monitoring survey.

## 12—31　各市畜产品产量（2012年）
Output of Livestock Products by Region (2012)

单位：吨（ton）

| 地　区 | Region | 肉类总产量 Output of Meat | 猪牛羊肉 Output of Pork,Beef and Mutton | 猪肉 Pork | 牛肉 Beef | 羊肉 Mutton | 牛奶 Cow Milk | 禽蛋 Poultry Eggs | 蜂蜜 Honey | 蚕茧 Sikworm Cocoons |
|---|---|---|---|---|---|---|---|---|---|---|
| **总　计** | **Total** | **3977356** | **2823877** | **2496701** | **181270** | **145906** | **240868** | **1226455** | **18900** | **32610** |
| 合肥市 | Hefei | 472064 | 240944 | 232085 | 7148 | 1711 | 111736 | 192756 | 316 | 4215 |
| 淮北市 | Huaibei | 85482 | 62467 | 55303 | 1107 | 6057 | 10400 | 50291 | | |
| 亳州市 | Bozhou | 300772 | 267243 | 224884 | 18128 | 24231 | 14247 | 63513 | 22 | |
| 宿州市 | Suzhou | 482658 | 416667 | 345162 | 19397 | 52108 | 15344 | 243725 | 223 | 1445 |
| 蚌埠市 | Bengbu | 307321 | 218173 | 163246 | 37482 | 17445 | 19788 | 66182 | | |
| 阜阳市 | Fuyang | 597050 | 520661 | 444921 | 45486 | 30254 | 3701 | 137322 | 1868 | 691 |
| 淮南市 | Huainan | 86326 | 53377 | 43998 | 6187 | 3192 | 47743 | 62117 | 2 | |
| 滁州市 | Chuzhou | 369806 | 285902 | 260424 | 17655 | 7823 | 9872 | 106661 | 117 | |
| 六安市 | Luan | 514766 | 353638 | 322222 | 16439 | 14977 | 25026 | 108354 | 220 | 6318 |
| 马鞍山市 | Maanshan | 77364 | 30425 | 28679 | 392 | 1354 | 40645 | 17009 | 3161 | |
| 芜湖市 | Wuhu | 148926 | 71728 | 67354 | 3877 | 497 | 5612 | 77982 | 66 | 765 |
| 宣城市 | Xuancheng | 208825 | 85623 | 81795 | 3005 | 823 | 635 | 50709 | 863 | 5359 |
| 铜陵市 | Tongling | 16703 | 8177 | 7916 | 198 | 63 | | 8298 | 18 | 69 |
| 池州市 | Chizhou | 83755 | 58876 | 57217 | 1434 | 225 | | 34136 | 889 | 1391 |
| 安庆市 | Anqing | 317257 | 226178 | 215596 | 9441 | 1141 | 72 | 188697 | 1939 | 7261 |
| 黄山市 | Huangshan | 89304 | 82724 | 81473 | 1177 | 74 | 4534 | 21998 | 9196 | 5096 |

注：全省猪、牛、羊、禽、奶数据来源于国家统计局安徽调查总队畜禽监测数。

a) The pigs, sheep, poultry, milk data is from Anhui Province survey organization of National bureau of statistics monitoring survey.

## 12—32　各市农村居民家庭平均每户动物产品的出售量（2012年）
Sales of Livestock, Poultry, Small Animals and Fishery Per Rural Household by Region (2012)

| 地　区 | Region | 肉猪（头）Fattened Hogs (head) | 菜羊（只）Mutton Sheep and Goat (head) | 牛（头/百户）Cattle (head/100 households) | 家禽（只）Poultry (head) | 蛋类（公斤）Poultry Cocoons (kg) | 蚕茧（公斤）Silkworm Cocoons (kg) | 水产品（公斤）Aquatic Products (kg) |
|---|---|---|---|---|---|---|---|---|
| 合肥市 | Hefei | 0.37 | 0.03 | 0.58 | 15.00 | 5.51 | 1.96 | 16.90 |
| 淮北市 | Huaibei | 1.34 | 0.31 | 3.33 | 42.70 | 7.06 | | 0.21 |
| 亳州市 | Bozhou | 2.24 | 0.62 | 1.81 | 1.48 | 0.53 | | 0.31 |
| 宿州市 | Suzhou | 2.07 | 0.56 | 0.70 | 10.21 | 33.79 | 2.74 | 0.26 |
| 蚌埠市 | Bengbu | 1.35 | 0.09 | 1.76 | 7.59 | 4.53 | | 25.56 |
| 阜阳市 | Fuyang | 1.83 | 0.41 | 14.36 | 8.81 | 0.81 | 0.05 | 6.14 |
| 淮南市 | Huainan | 0.12 | 0.28 | 1.21 | 0.41 | 15.99 | | 14.56 |
| 滁州市 | Chuzhou | 1.01 | 0.13 | 1.10 | 5.55 | 8.20 | | 26.20 |
| 六安市 | Luan | 0.59 | 0.06 | 0.08 | 3.16 | 1.82 | 1.55 | 17.00 |
| 马鞍山市 | Maanshan | 2.59 | 0.01 | | 13.73 | 9.22 | | 39.04 |
| 芜湖市 | Wuhu | 0.10 | | 0.10 | 1.66 | 4.13 | 0.14 | 53.59 |
| 宣城市 | Xuancheng | 0.28 | | 0.57 | 46.71 | 1.69 | 4.34 | 64.62 |
| 铜陵市 | Tongling | 0.12 | | | 1.49 | 2.81 | | 11.10 |
| 池州市 | Chizhou | 0.28 | | 0.55 | 1.52 | 5.53 | 3.68 | 14.98 |
| 安庆市 | Anqing | 0.74 | | 0.85 | 0.57 | 1.90 | 2.81 | 20.34 |
| 黄山市 | Huangshan | 1.14 | | 0.89 | 4.89 | 16.25 | 16.94 | 5.77 |

## 12—33 各市水产品产量（2012年）
Output of Aquatic Products by Region (2012)

单位：吨（ton）

| 地区 | Region | 水产品总产量 Total Aquatic Products | 养殖产量 Cultured Products | 捕捞产量 Fishing Products | 鱼类 Fish | 甲壳类 Crustacean | 贝类 Shell-fish | 其它类 Others |
|---|---|---|---|---|---|---|---|---|
| **总计** | **Total** | **2074938** | **1751444** | **323494** | **1639520** | **308606** | **86560** | **40252** |
| 合肥市 | Hefei | 215724 | 162001 | 53723 | 150725 | 54072 | 4865 | 6062 |
| 淮北市 | Huaibei | 27358 | 26350 | 1008 | 27092 | 237 | 22 | 7 |
| 亳州市 | Bozhou | 48421 | 40370 | 8051 | 46243 | 1600 | 519 | 59 |
| 宿州市 | Suzhou | 39603 | 36302 | 3301 | 34889 | 3972 | 225 | 517 |
| 蚌埠市 | Bengbu | 110000 | 80671 | 29329 | 88630 | 14117 | 3120 | 4133 |
| 阜阳市 | Fuyang | 92801 | 78810 | 13991 | 79613 | 9619 | 2540 | 1029 |
| 淮南市 | Huainan | 70727 | 51704 | 19023 | 58141 | 6628 | 5482 | 476 |
| 滁州市 | Chuzhou | 300627 | 274018 | 26609 | 219954 | 68282 | 9918 | 2473 |
| 六安市 | Luan | 280943 | 212327 | 68616 | 240197 | 31126 | 6514 | 3106 |
| 马鞍山市 | Maanshan | 106021 | 91678 | 14343 | 65247 | 30752 | 9045 | 977 |
| 芜湖市 | Wuhu | 162472 | 144353 | 18119 | 118168 | 26299 | 6455 | 11550 |
| 宣城市 | Xuancheng | 105213 | 89569 | 15644 | 72187 | 17433 | 11476 | 4117 |
| 铜陵市 | Tongling | 22166 | 20015 | 2151 | 19194 | 1491 | 898 | 583 |
| 池州市 | Chizhou | 120887 | 108992 | 11895 | 104161 | 9210 | 6182 | 1334 |
| 安庆市 | Anqing | 356058 | 320383 | 35675 | 300442 | 33367 | 18729 | 3520 |
| 黄山市 | Huangshan | 15917 | 13901 | 2016 | 14637 | 401 | 570 | 309 |

## 12—34 各市受灾面积（2012年）
Areas Covered by Natural Disaster by Region (2012)

单位：千公顷（1000 hectares）

| 地区 | Region | 农作物受灾情况合计 Total Situation of Crops Affected by Disaster | | 旱灾 Drought | | 洪涝灾 Flood | |
|---|---|---|---|---|---|---|---|
| | | 受灾面积 Areas Covered | 绝收 Total Crops Failure | 受灾面积 Areas Covered | 绝收 Total Crops Failure | 受灾面积 Areas Covered | 绝收 Total Crops Failure |
| **总计** | **Total** | **2077.12** | **69.14** | **1474.46** | **28.88** | **323.29** | **19.27** |
| 合肥市 | Hefei | 24.02 | 3.98 | 19.33 | 3.80 | 3.92 | 0.11 |
| 淮北市 | Huaibei | 87.58 | 10.02 | 47.98 | | 39.60 | 10.02 |
| 亳州市 | Bozhou | 229.52 | 0.80 | 174.57 | | 17.60 | |
| 宿州市 | Suzhou | 608.08 | | 533.69 | | 65.19 | |
| 蚌埠市 | Bengbu | 50.90 | | 49.35 | | | |
| 阜阳市 | Fuyang | 193.18 | | 181.17 | | 4.81 | |
| 淮南市 | Huainan | 8.49 | 0.01 | 8.28 | 0.01 | 0.21 | |
| 滁州市 | Chuzhou | 235.80 | 13.52 | 201.47 | 10.92 | | |
| 六安市 | Luan | 289.47 | 14.11 | 234.00 | 11.87 | 11.31 | 0.92 |
| 马鞍山市 | Maanshan | 27.86 | 2.25 | | | 26.43 | 2.25 |
| 芜湖市 | Wuhu | 19.99 | 1.18 | | | 14.86 | 1.17 |
| 宣城市 | Xuancheng | 73.28 | 8.07 | | | 1.92 | 0.06 |
| 铜陵市 | Tongling | 12.13 | 0.72 | | | 9.03 | 0.40 |
| 池州市 | Chizhou | 63.03 | 7.49 | 24.63 | 2.29 | 45.96 | |
| 安庆市 | Anqing | 123.90 | 5.70 | | | 64.25 | 3.38 |
| 黄山市 | Huangshan | 29.89 | 1.30 | | | 18.20 | 0.97 |

## 12—35　国营农场基本情况
Basic Statistics on State Farms

| 指　　标 | | Item | | 2000 | 2005 | 2010 | 2011 | 2012 |
|---|---|---|---|---|---|---|---|---|
| 农场数 | （个） | Number of Farms | (unit) | 25 | 25 | 21 | 21 | 20 |
| 职工人数 | （人） | Number of Staff and Workers | (person) | 57773 | 44849 | 44759 | 44334 | 39915 |
| 耕地面积 | （千公顷） | Cultivated Area | (1000 hectares) | 34.36 | 32.98 | 34.75 | 34.55 | 29.36 |
| 农业机械总动力 | （千瓦） | Total Power of Agricultural Machinery | (1000 watts) | 241215 | 316001 | 454679 | 469686 | 459505 |
| 农业机械拥有量 | （台、辆） | Ownership of Agricultural Machinery | (unit) | | | | | |
| 大中型农用拖拉机 | | Large and Medium Agricultural Tractors | | 1349 | 1765 | 2568 | 2639 | 2606 |
| 小型及手扶拖拉机 | | Mini and Walking Agricultural Tractors | | 3567 | 5569 | 6111 | 5843 | 5446 |
| 农用排灌动力机械 | | Machinery for Agricultural Drainage and Irrigation | | 3360 | 3802 | 5115 | 5344 | 5009 |
| 联合收获机 | | Combine Harvesters | | 626 | 730 | 1078 | 1171 | 1259 |
| 农用载重汽车 | | Trucks for Agricultural Use | | 186 | 71 | 181 | 180 | 180 |
| 农用化肥施用量 | （吨） | Consumption of Chemical Fertilizers | (ton) | 38355 | 47187 | 66814 | 71287 | 66363 |
| 农业总产值 | （万元） | Gross Agricultural Output Value | (10000 yuan) | 59620 | 102784 | 176197 | 196288 | 174326 |
| 农作物总播种面积 | （千公顷） | Sown Area of Farm Crops | (1000 hectares) | 58.40 | 55.57 | 68.53 | 68.61 | 58.01 |
| 粮食作物 | | Grain | | 47.54 | 44.24 | 61.04 | 61.52 | 53.33 |
| 棉　花 | | Cotton | | 3.31 | 6.20 | 3.77 | 3.73 | 2.16 |
| 油　料 | | Oil-bearing Crops | | 5.54 | 3.98 | 1.58 | 1.27 | 0.73 |
| 年末实有茶园面积 | | Area of Tea Plantations (year-end) | | 3.40 | 3.38 | 3.15 | 3.04 | 2.53 |
| 年末实有果园面积 | | Area of Orchards (year-end) | | 1.19 | 1.14 | 1.09 | 1.09 | 1.10 |
| 主要农产品产量 | | Yield of Major Farm Crops | | | | | | |
| 粮食作物 | （吨） | Grain | (ton) | 222809 | 233538 | 340720 | 370681 | 305784 |
| 棉　花 | （吨） | Cotton | (ton) | 3389 | 8730 | 5431 | 5947 | 3515 |
| 油　料 | （吨） | Oil-bearing Crops | (ton) | 7253 | 7258 | 3283 | 2493 | 1562 |
| 茶　叶 | （吨） | Tea | (ton) | 7793 | 10460 | 10894 | 10749 | 9938 |
| 水　果 | （吨） | Fruits | (ton) | 15937 | 16776 | 26589 | 18358 | 22325 |
| 畜牧业、渔业生产 | | Production of Animal Husbandry and Fishery | | | | | | |
| 大牲畜年末头数 | （头） | Number of Large Animals (year-end) | (head) | 6022 | 9581 | 7799 | 7274 | 7351 |
| 猪年末头数 | （头） | Number of Hogs | (head) | 17532 | 19660 | 38821 | 39979 | 42792 |
| 羊年末只数 | （只） | Number of Sheep and Goats | (head) | 6911 | 6319 | 5561 | 5907 | 5947 |
| 畜产品产量 | （吨） | Output of Livestock Products | (ton) | | | | | |
| 肉类总产量 | | Pork, Beef and Mutton | | 8204 | 5556 | 11037 | 12200 | 12913 |
| #猪　肉 | | Pork | | 2432 | 2778 | 4553 | 5296 | 5255 |
| 牛　奶 | | Milk | | 11845 | 18982 | 19018 | 19554 | 21755 |
| 禽　蛋 | | Poultry Eggs | | 3220 | 2605 | 3346 | 3176 | 3073 |
| 水产品总产量 | （吨） | Total Output of Aquatic Products | (ton) | 2786 | 3431 | 4777 | 4565 | 3923 |

注：本表为农垦系统数据。
a) Data in this table cover those of the land reclamation department.

## 12—36 各县（市）农村基本情况（2012年）
Basic Statement of Rural Area by County or City (2012)

| 县（市） | County (City) | 乡镇数（个）Number of Township and Town Governments | #镇数 Town Governments | 村民委员会（个）Number of Villagers' Committees (unit) | 乡村户数（户）Number of Households (household) | 乡村人口数（人）Rural Population (person) | 乡村从业人员数（人）Number of Rural Laborers (person) | #男 Male | 自来水受益村（个）Villages with Access to Tap Water (unit) | 通汽车村（个）Villages with Highway Communication (unit) |
|---|---|---|---|---|---|---|---|---|---|---|
| 合肥市辖区 | Hefei Reigon of City | 9 | 7 | 86 | 111268 | 354628 | 197205 | 113552 | 82 | 86 |
| 巢湖市 | Chaohu | 12 | 11 | 137 | 192840 | 663774 | 377076 | 202676 | 129 | 137 |
| 长丰县 | Changfeng | 13 | 7 | 177 | 172307 | 664693 | 385202 | 207141 | 96 | 177 |
| 肥东县 | Feidong | 17 | 11 | 241 | 253599 | 951281 | 593249 | 319589 | 134 | 241 |
| 肥西县 | Feixi | 13 | 9 | 230 | 224568 | 819174 | 510720 | 279145 | 220 | 230 |
| 庐江县 | Lujiang | 16 | 16 | 193 | 299970 | 1081639 | 548764 | 277635 | 172 | 193 |
| 淮北市辖区 | Huaibei Reigon of City | 7 | 7 | 89 | 124978 | 462667 | 245398 | 136015 | 62 | 89 |
| 濉溪县 | Suixi | 10 | 9 | 213 | 242795 | 937963 | 474142 | 252744 | 65 | 213 |
| 亳州市辖区 | Bozhou Reigon of City | 22 | 20 | 272 | 338396 | 1245401 | 690143 | 377863 | 96 | 272 |
| 涡阳县 | Guoyang | 20 | 20 | 377 | 348128 | 1320916 | 728722 | 385066 | 166 | 377 |
| 蒙城县 | Mengcheng | 14 | 12 | 255 | 272041 | 1110795 | 619571 | 331253 | 96 | 255 |
| 利辛县 | Lixin | 22 | 18 | 346 | 336311 | 1359407 | 732941 | 390793 | 125 | 346 |
| 宿州市辖区 | Suzhou Reigon of City | 24 | 15 | 318 | 358605 | 1356836 | 777413 | 408387 | 77 | 318 |
| 砀山县 | Dangshan | 12 | 12 | 145 | 222460 | 858413 | 527610 | 273100 | 145 | 145 |
| 萧县 | Xiaoxian | 22 | 17 | 279 | 330244 | 1231942 | 693265 | 407253 | 101 | 279 |
| 灵璧县 | Lingbi | 18 | 12 | 300 | 259864 | 1096435 | 626218 | 333120 | 86 | 300 |
| 泗县 | Sixian | 14 | 11 | 174 | 200337 | 817913 | 466311 | 249358 | 68 | 172 |
| 蚌埠市辖区 | Bengbu Reigon of City | 10 | 6 | 145 | 110857 | 367843 | 218242 | 121066 | 63 | 145 |
| 怀远县 | Huaiyuan | 18 | 9 | 364 | 286871 | 1206512 | 702264 | 369583 | 82 | 364 |
| 五河县 | Wuhe | 14 | 12 | 223 | 169843 | 673869 | 405978 | 211060 | 53 | 223 |
| 固镇县 | Guzhen | 10 | 7 | 192 | 139704 | 564700 | 337380 | 182915 | 62 | 192 |
| 阜阳市辖区 | Fuyang Reigon of City | 29 | 19 | 314 | 430755 | 1619398 | 925485 | 500344 | 158 | 314 |
| 界首市 | Jieshou | 18 | 12 | 149 | 180462 | 666842 | 386612 | 204403 | 83 | 149 |
| 临泉县 | Linquan | 31 | 20 | 382 | 474685 | 2012168 | 1080926 | 567862 | 96 | 382 |
| 太和县 | Taihe | 30 | 25 | 306 | 410475 | 1527491 | 864550 | 455955 | 92 | 306 |
| 阜南县 | Funan | 28 | 20 | 323 | 349167 | 1558330 | 860858 | 455558 | 99 | 323 |
| 颍上县 | Yingshang | 29 | 21 | 268 | 369927 | 1469513 | 813158 | 447237 | 89 | 268 |
| 淮南市辖区 | Huainan Reigon of City | 27 | 20 | 310 | 196156 | 739276 | 467658 | 252937 | 138 | 310 |
| 凤台县 | Fengtai | 15 | 6 | 213 | 145323 | 516962 | 308804 | 166269 | 45 | 213 |
| 毛集区 | Maoji District | 3 | 3 | 38 | 27054 | 104481 | 65588 | 34806 | 15 | 38 |
| 滁州市辖区 | Chuzhou Reigon of City | 8 | 8 | 89 | 80468 | 259709 | 142017 | 75769 | 62 | 89 |
| 天长市 | Tianchang | 14 | 14 | 119 | 150837 | 545855 | 330778 | 165503 | 113 | 119 |
| 明光市 | Mingguang | 13 | 12 | 139 | 146550 | 546836 | 305117 | 166313 | 93 | 139 |
| 来安县 | Laian | 11 | 7 | 130 | 103975 | 402282 | 252288 | 139021 | 74 | 130 |
| 全椒县 | Quanjiao | 9 | 9 | 94 | 85179 | 335272 | 186905 | 100137 | 77 | 94 |
| 定远县 | Dingyuan | 21 | 15 | 242 | 201506 | 866308 | 484910 | 269455 | 188 | 239 |
| 凤阳县 | Fengyang | 14 | 13 | 198 | 169839 | 675684 | 382945 | 212772 | 57 | 197 |
| 六安市辖区 | Luan Reigon of City | 36 | 23 | 579 | 438562 | 1621967 | 950060 | 518186 | 212 | 579 |
| 寿县 | Shouxian | 25 | 21 | 235 | 373248 | 1300011 | 753601 | 404967 | 130 | 235 |

**12—36　续表　continued**

| 县（市） | County (City) | 乡镇数（个）Number of Township and Town Governm-ents | #镇数 Town Governm-ents | 村民委员会（个）Number of Villagers' Commit-tees (unit) | 乡村户数（户）Number of Househ-olds (household) | 乡村人口数（人）Rural Popula-tion (person) | 乡村从业人员数（人）Number of Rural Laborers (person) | #男 Male | 自来水受益村（个）Villages with Access to Tap Water (unit) | 通汽车村（个）Villages with Highway Communi-cation (unit) |
|---|---|---|---|---|---|---|---|---|---|---|
| 霍邱县 | Huoqiu | 32 | 21 | 425 | 440241 | 1556965 | 858379 | 478243 | 122 | 425 |
| 舒城县 | Shucheng | 20 | 14 | 394 | 248471 | 879013 | 498801 | 273947 | 190 | 394 |
| 金寨县 | Jinzhai | 22 | 10 | 226 | 144502 | 581173 | 294135 | 163630 | 193 | 226 |
| 霍山县 | Huoshan | 16 | 12 | 135 | 90969 | 326548 | 172595 | 93888 | 113 | 135 |
| 叶集区 | Yeji District | 4 | | 71 | 35678 | 135082 | 72589 | 40190 | 9 | 71 |
| 马鞍山市辖区 | Maanshan Reigon of City | 8 | 5 | 88 | 81022 | 273583 | 149937 | 81917 | 88 | 88 |
| 当涂县 | Dangtu | 10 | 7 | 130 | 107702 | 377615 | 208206 | 113277 | 130 | 130 |
| 含山县 | Hanshan | 8 | 8 | 96 | 95430 | 359528 | 220529 | 120046 | 96 | 96 |
| 和县 | Hexian | 9 | 9 | 85 | 121159 | 432628 | 254253 | 139909 | 83 | 85 |
| 芜湖市辖区 | Wuhu Reigon of City | 2 | 2 | 101 | 149463 | 458363 | 247612 | 138226 | 101 | 101 |
| 芜湖县 | Wuhu | 4 | 4 | 106 | 86735 | 301512 | 170738 | 90508 | 106 | 106 |
| 繁昌县 | Fanchang | 5 | 5 | 72 | 66939 | 212246 | 126506 | 78434 | 72 | 72 |
| 南陵县 | Nanling | 7 | 7 | 157 | 147352 | 493633 | 304352 | 161015 | 130 | 157 |
| 无为县 | Wuwei | 22 | 18 | 261 | 299824 | 959120 | 638057 | 344983 | 261 | 261 |
| 宣城市辖区 | Xuancheng Reigon of City | 18 | 14 | 167 | 233563 | 757368 | 445640 | 244437 | 166 | 167 |
| 宁国市 | Ningguo | 13 | 8 | 103 | 94641 | 313774 | 191008 | 103929 | 103 | 103 |
| 郎溪县 | Langxi | 8 | 6 | 92 | 81236 | 274251 | 161071 | 89291 | 91 | 92 |
| 广德县 | Guangde | 8 | 4 | 103 | 138663 | 474217 | 293731 | 169951 | 96 | 103 |
| 泾县 | Jingxian | 10 | 8 | 132 | 97959 | 298530 | 183943 | 102510 | 94 | 132 |
| 绩溪县 | Jixi | 10 | 7 | 76 | 48459 | 142167 | 84579 | 45194 | 76 | 76 |
| 旌德县 | Jingde | 9 | 5 | 61 | 36873 | 124347 | 73714 | 39853 | 60 | 61 |
| 铜陵市辖区 | Tongling Reigon of City | 4 | 3 | 41 | 24715 | 75119 | 43583 | 23429 | 40 | 41 |
| 铜陵县 | Tongling | 8 | 4 | 103 | 75125 | 227133 | 150321 | 79675 | 98 | 103 |
| 池州市辖区 | Chizhou Reigon of City | 11 | 10 | 164 | 151129 | 533651 | 295017 | 158410 | 144 | 164 |
| 东至县 | Dongzhi | 14 | 11 | 234 | 147164 | 502328 | 303684 | 160267 | 195 | 234 |
| 石台县 | Shitai | 7 | 5 | 79 | 27465 | 95485 | 57061 | 30957 | 79 | 79 |
| 青阳县 | Qingyang | 10 | 7 | 110 | 70491 | 233505 | 132572 | 71883 | 110 | 110 |
| 安庆市辖区 | Anqing Reigon of City | 13 | 5 | 76 | 102845 | 336221 | 200377 | 104381 | 76 | 76 |
| 桐城市 | Tongcheng | 12 | 12 | 196 | 174407 | 656027 | 386820 | 211006 | 185 | 196 |
| 怀宁县 | Huaining | 19 | 14 | 204 | 170228 | 637291 | 347102 | 189138 | 197 | 204 |
| 枞阳县 | Zongyang | 21 | 13 | 233 | 235932 | 845158 | 528468 | 290353 | 227 | 233 |
| 潜山县 | Qianshan | 15 | 10 | 175 | 140710 | 533969 | 272686 | 150786 | 171 | 175 |
| 太湖县 | Taihu | 14 | 9 | 175 | 137111 | 513969 | 274684 | 147222 | 142 | 175 |
| 宿松县 | Susong | 21 | 8 | 205 | 194364 | 735454 | 382649 | 201296 | 204 | 205 |
| 望江县 | Wangjiang | 9 | 7 | 130 | 149138 | 585210 | 335197 | 176510 | 128 | 129 |
| 岳西县 | Yuexi | 23 | 12 | 182 | 111332 | 404389 | 214663 | 117162 | 178 | 182 |
| 黄山市辖区 | Huangshan Reigon of City | 24 | 16 | 184 | 88090 | 280170 | 161262 | 84649 | 172 | 183 |
| 歙县 | Shexian | 27 | 12 | 183 | 142051 | 438325 | 277660 | 145061 | 182 | 178 |
| 休宁县 | Xiuning | 20 | 9 | 157 | 72374 | 249935 | 151805 | 79844 | 153 | 156 |
| 黟县 | Yixian | 7 | 3 | 66 | 25909 | 76790 | 51861 | 26217 | 66 | 66 |
| 祁门县 | Qimen | 17 | 7 | 152 | 42985 | 148255 | 97857 | 50680 | 152 | 152 |

## 12—37 各市、县农民人均纯收入
Per Capita Net Income of Peasants by City and County

单位：元（yuan）

| 地 区 | Region | 2000 | 2005 | 2010 | 2011 | 2012 |
|---|---|---|---|---|---|---|
| **全 省** | **Province Indices** | **1934.60** | **2641.00** | **5285.20** | **6232.21** | |
| **合肥市** | **Hefei** | **1975.24** | **3207.26** | **7117.47** | **7861.57** | **9081.20** |
| 瑶海区 | Yaohai District | | 5145.25 | 8148.08 | 9416.16 | 10781.91 |
| 庐阳区 | Luyang District | | 5164.05 | 9758.25 | 11291.38 | 12978.38 |
| 蜀山区 | Shushan District | | 5210.10 | 9844.40 | 11314.12 | 13003.09 |
| 包河区 | Baohe District | | 5203.20 | 8377.22 | 9878.20 | 11360.00 |
| 长丰县 | Changfeng | 1460.93 | 2565.12 | 6120.07 | 7291.48 | 8438.90 |
| 肥东县 | Feidong | 1953.59 | 3134.44 | 7026.67 | 8388.61 | 9708.70 |
| 肥西县 | Feixi | 1950.29 | 3172.84 | 7096.82 | 8463.63 | 9787.30 |
| 庐江县 | Lujiang | 1984.09 | 2724.37 | 5837.31 | 6951.61 | 8073.62 |
| 巢湖市 | Chaohu | 2270.65 | 3003.01 | 5838.37 | 6883.30 | 7925.50 |
| **淮北市** | **Huaibei** | **2084.73** | **2665.08** | **5336.95** | **6313.29** | **7286.00** |
| 杜集区 | Duji District | 2357.44 | 3149.50 | 6351.60 | 7520.91 | 8672.47 |
| 相山区 | Xiangshan District | 2781.60 | 3750.30 | 5745.87 | 6747.66 | 7807.04 |
| 烈山区 | Lieshan District | 3004.99 | 2921.50 | 5305.60 | 6180.28 | 7139.46 |
| 濉溪县 | Suixi | 1977.20 | 2509.50 | 5178.24 | 6099.96 | 7034.47 |
| **亳州市** | **Bozhou** | **1922.26** | **2353.06** | **4688.50** | **5638.38** | **6551.55** |
| 谯城区 | Qiaocheng District | 2160.00 | 2630.20 | 5122.56 | 6144.00 | 7099.00 |
| 涡阳县 | Guoyang | 2157.00 | 2607.01 | 5105.66 | 6123.30 | 7074.00 |
| 蒙城县 | Mengcheng | 2120.00 | 2637.58 | 5211.51 | 6159.00 | 7110.00 |
| 利辛县 | Lixin | 1318.00 | 1601.75 | 3486.86 | 4292.43 | 5086.02 |
| **宿州市** | **Suzhou** | **1800.56** | **2155.97** | **4765.70** | **5720.13** | **6635.07** |
| 埇桥区 | Yongqiao District | 1866.79 | 2288.94 | 4851.71 | 5830.11 | 6777.77 |
| 砀山县 | Dangshan | 1798.57 | 2172.05 | 4520.08 | 5431.07 | 6305.78 |
| 萧县 | Xiaoxian | 1969.08 | 2260.73 | 5020.37 | 6031.62 | 7011.82 |
| 灵璧县 | Lingbi | 1779.07 | 1963.44 | 4576.99 | 5489.30 | 6357.81 |
| 泗县 | Sixian | 1685.05 | 2170.26 | 4715.19 | 5648.19 | 6552.12 |
| **蚌埠市** | **Bengbu** | **2078.00** | **2780.20** | **5564.85** | **6615.29** | **7673.96** |
| 龙子湖区 | Longzihu District | | 2932.73 | 5509.70 | 6566.18 | 7649.42 |
| 蚌山区 | Bangshan District | | 2681.27 | 5169.36 | 6156.49 | 7247.30 |
| 禹会区 | Yuhui District | | 2962.66 | 5260.30 | 6228.76 | 7331.82 |
| 淮上区 | Huaishang District | | 2843.13 | 5547.98 | 6569.29 | 7653.54 |
| 怀远县 | Huaiyuan | 2052.00 | 2757.17 | 5609.44 | 6664.28 | 7717.05 |
| 五河县 | Wuhe | 2152.00 | 2831.28 | 5547.75 | 6616.17 | 7682.63 |
| 固镇县 | Guzhen | 2087.22 | 2811.42 | 5562.14 | 6607.34 | 7651.04 |
| **阜阳市** | **Fuyang** | **1834.00** | **2085.16** | **4186.96** | **5100.49** | **5922.05** |
| 颍州区 | Yingzhou District | 2201.00 | 2606.22 | 5228.00 | 6215.02 | 7204.18 |
| 颍东区 | Yingdong District | 1901.00 | 1903.95 | 3840.49 | 4592.20 | 5326.95 |
| 颍泉区 | Yingquan District | 1909.00 | 2415.02 | 5048.14 | 6024.62 | 6995.69 |
| 临泉县 | Linquan | 1498.00 | 1753.01 | 3476.38 | 4301.54 | 5004.85 |
| 太和县 | Taihe | 2124.00 | 2557.16 | 5057.50 | 6012.50 | 6990.12 |
| 阜南县 | Funan | 1398.00 | 1662.17 | 3401.48 | 4242.60 | 4908.69 |
| 颍上县 | Yingshang | 1835.00 | 1957.88 | 4107.59 | 5127.02 | 5952.33 |
| 界首市 | Jieshou | 2250.00 | 2608.16 | 5266.42 | 6322.10 | 7343.75 |
| **淮南市** | **Huainan** | **2186.00** | **2786.16** | **5746.36** | **6795.00** | **7834.70** |
| 大通区 | Datong District | 2597.22 | 2745.28 | 5586.14 | 6608.96 | 7613.68 |
| 田家庵区 | Tianjaan District | 3421.00 | 3196.21 | 6736.06 | 7974.00 | 9193.96 |
| 谢家集区 | Xiejiaji District | 3230.07 | 3127.03 | 6265.67 | 7424.00 | 8573.57 |
| 八公山区 | Bagongshan District | 3302.00 | 4268.23 | 7379.23 | 8643.86 | 9965.32 |
| 潘集区 | Panji District | 2028.00 | 2361.70 | 5285.26 | 6256.60 | 7220.52 |
| 凤台县 | Fengtai | 1980.00 | 2817.92 | 5955.10 | 7041.00 | 8127.24 |
| 毛集区 | Maoji Distrct | | 3142.30 | 6112.64 | 7198.00 | 8285.63 |
| **滁州市** | **Chuzhou** | **2239.78** | **2801.11** | **5915.44** | **7017.00** | **8091.00** |
| 琅琊区 | Langya District | 2543.39 | 3938.32 | 7467.98 | 8335.34 | 9606.09 |
| 南谯区 | Nanqiao District | 2203.43 | 2887.67 | 5696.99 | 7615.97 | 8779.72 |
| 来安县 | Laian | 2260.00 | 3065.11 | 6924.94 | 8188.01 | 9435.85 |
| 全椒县 | Quanjiao | 2241.00 | 2852.00 | 6273.88 | 7469.00 | 8611.76 |
| 定远县 | Dingyuan | 2117.00 | 2335.78 | 5345.44 | 6358.15 | 7335.20 |
| 凤阳县 | Fengyang | 2158.27 | 2658.00 | 5759.57 | 6857.76 | 7910.69 |
| 天长市 | Tianchang | 2494.00 | 3803.46 | 7558.02 | 9000.51 | 10369.15 |
| 明光市 | Mingguang | 2102.23 | 2673.36 | 5425.48 | 6431.88 | 7419.96 |

12—37 续表 continued

单位：元（yuan）

| 地　区 | Region | 2000 | 2005 | 2010 | 2011 | 2012 |
|---|---|---|---|---|---|---|
| **六安市** | **Luan** | **1571.27** | **2254.71** | **4713.63** | **5643.45** | **6534.70** |
| 金安区 | Jinan District | 1578.25 | 2218.40 | 4714.43 | 5745.99 | 6684.97 |
| 裕安区 | Yuan District | 1426.18 | 2120.40 | 4681.02 | 5536.60 | 6413.20 |
| 寿县 | Shouxian | 1492.00 | 2316.65 | 4597.58 | 5432.60 | 6270.14 |
| 霍邱县 | Huoqiu | 1556.00 | 2298.01 | 4773.00 | 5725.00 | 6615.00 |
| 舒城县 | Shucheng | 1598.30 | 2304.40 | 4818.52 | 5817.88 | 6769.33 |
| 金寨县 | Jinzhai | 1542.00 | 2045.27 | 4428.25 | 5430.60 | 6255.95 |
| 霍山县 | Huoshan | 1575.12 | 2344.10 | 5047.24 | 6022.61 | 7001.00 |
| 叶集区 | Yeji District |  | 2604.03 | 5058.00 | 5819.84 | 6706.00 |
| **马鞍山市** | **Maanshan** | **2682.59** | **4511.19** | **9331.45** | **9504.78** | **10920.28** |
| 花山区 | Huashan District |  |  | 10034.44 | 11970.49 | 13853.47 |
| 雨山区 | Yushan District |  |  | 9705.32 | 11577.00 | 13295.67 |
| 博望区 | Bowang District |  |  |  |  | 12231.38 |
| 当涂县 | Dangtu | 2552.00 | 4397.61 | 9213.42 | 10845.00 | 12383.45 |
| 含山县 | Hanshan | 2175.64 | 3134.50 | 6986.57 | 8319.00 | 9645.89 |
| 和县 | Hexian | 2177.13 | 3252.91 | 6933.23 | 8235.00 | 9563.66 |
| **芜湖市** | **Wuhu** | **2658.00** | **3993.40** | **7834.15** | **8413.30** | **9675.49** |
| 镜湖区 | Jinghu District |  |  |  |  | 11180.06 |
| 弋江区 | Yijiang District | 3318.00 | 4370.00 | 7278.71 | 8601.70 | 9870.55 |
| 鸠江区 | Jiujiang District | 3586.00 | 4607.09 | 7553.67 | 8405.30 | 9679.30 |
| 三山区 | Sanshan District |  |  | 7202.39 | 8504.87 | 9750.90 |
| 芜湖县 | Wuhu | 2625.00 | 3998.45 | 8238.62 | 9693.34 | 11133.65 |
| 繁昌县 | Fanchang | 2564.36 | 3894.70 | 7996.35 | 9479.52 | 10887.68 |
| 南陵县 | Nanling | 2574.00 | 3941.46 | 7861.09 | 9210.58 | 10587.60 |
| 无为县 | Wuwei | 1960.37 | 2814.54 | 6193.12 | 7285.37 | 8374.69 |
| **宣城市** | **Xuancheng** | **2288.42** | **3157.21** | **6650.95** | **7844.39** | **9036.38** |
| 宣州区 | Xuanzhou District | 2429.62 | 3438.32 | 7581.27 | 8938.11 | 10243.19 |
| 郎溪县 | Langxi | 1393.04 | 2225.90 | 5304.26 | 6318.49 | 7424.11 |
| 广德县 | Guangde | 2408.88 | 3753.00 | 7813.87 | 9202.53 | 10629.34 |
| 泾县 | Jingxian | 2360.63 | 2656.62 | 5313.27 | 6312.11 | 7423.00 |
| 绩溪县 | Jixi | 2364.50 | 3101.88 | 5941.06 | 7076.54 | 8152.00 |
| 旌德县 | Jingde | 2114.39 | 3053.40 | 5451.87 | 6435.09 | 7413.00 |
| 宁国市 | Ningguo | 2408.35 | 3953.99 | 8474.85 | 10000.66 | 11451.00 |
| **铜陵市** | **Tongling** | **2436.00** | **3353.58** | **7266.10** | **8562.33** | **9847.31** |
| 狮子山区 | Shuzushan District |  | 3629.91 | 8146.50 | 9600.46 | 10960.42 |
| 郊区 | Region of City | 3082.00 | 3760.80 | 7664.81 | 9040.00 | 10395.09 |
| 铜陵县 | Tongling | 2356.00 | 3251.25 | 7113.54 | 8380.20 | 9630.17 |
| **池州市** | **Chizhou** | **2071.85** | **2939.50** | **5827.49** | **6908.46** | **7986.20** |
| 市辖区 | Reigon of City |  | 4562.92 | 6294.52 | 7434.59 | 8572.00 |
| 贵池区 | Guichi District | 2267.97 | 3089.00 | 6214.22 | 7336.12 | 8451.00 |
| 东至县 | Dongzhi | 2053.87 | 2711.36 | 5837.78 | 6946.54 | 8059.00 |
| 石台县 | Shitai | 1144.77 | 1492.93 | 3280.64 | 3867.93 | 4440.00 |
| 青阳县 | Qingyang | 2145.86 | 2858.09 | 5949.93 | 7080.14 | 8241.00 |
| **安庆市** | **Anqing** | **1804.07** | **2610.99** | **4985.26** | **5899.59** | **6820.24** |
| 迎江区 | Yingjiang District |  | 3231.36 | 7086.06 | 8366.31 | 9687.83 |
| 大观区 | Daguan District |  | 3182.31 | 6979.69 | 8231.97 | 9524.42 |
| 宜秀区 | Yixiu District | 2513.48 | 3752.75 | 7042.59 | 8312.02 | 9608.67 |
| 怀宁县 | Huaining | 2386.00 | 3566.08 | 6345.92 | 7523.72 | 8614.98 |
| 枞阳县 | Zongyang | 1589.34 | 1796.00 | 4398.62 | 5219.00 | 6063.43 |
| 潜山县 | Qianshan | 1390.00 | 1810.28 | 3989.14 | 4719.05 | 5455.71 |
| 太湖县 | Taihu | 1456.49 | 1748.15 | 3853.57 | 4553.38 | 5263.27 |
| 宿松县 | Susong | 1391.48 | 1796.72 | 4489.24 | 5299.99 | 6141.00 |
| 望江县 | Wangjiang | 1706.39 | 1998.00 | 4347.47 | 5132.19 | 5933.00 |
| 岳西县 | Yuexi | 1387.02 | 1838.57 | 3600.00 | 4255.20 | 4923.04 |
| 桐城市 | Tongcheng | 2472.02 | 3728.08 | 7149.31 | 8484.78 | 9806.96 |
| **黄山市** | **Huangshan** | **2241.00** | **3157.82** | **6715.67** | **7952.44** | **9160.88** |
| 屯溪区 | Tunxi District | 3073.00 | 4268.40 | 7755.91 | 9149.37 | 10558.00 |
| 黄山区 | Huangshan District | 2416.00 | 3398.08 | 6928.61 | 8185.19 | 9425.94 |
| 徽州区 | Huizhou District | 2455.35 | 3393.45 | 6832.42 | 8061.60 | 9311.05 |
| 歙县 | Shexian | 2190.00 | 2988.26 | 6524.07 | 7749.30 | 8945.95 |
| 休宁县 | Xiuning | 2191.00 | 3170.19 | 6756.05 | 8023.56 | 9238.59 |
| 黟县 | Yixian | 2126.32 | 2995.53 | 6497.97 | 7706.95 | 8902.02 |
| 祁门县 | Qimen | 1944.13 | 2942.74 | 6536.83 | 7750.14 | 8917.08 |

## 12—38 各县（市）农林牧渔业总产值（2012年）
Gross Putput Value of Farming, Forestry, Animal Husbandry and Fishery by County or City (2012)

本表按当年价格计算 (At current price)　　单位：万元（10000 yuan）

| 县（市） | County (City) | 农林牧渔业 Farming, Forestry, Animal Husban and Fishery | 农业 Farming | 林业 Forestry | 牧业 Animal Husban | 渔业 Fishery | 农林牧渔服务业 Agricultural Services |
|---|---|---|---|---|---|---|---|
| 合肥市辖区 | Hefei Reigon of City | 205885 | 106522 | 23360 | 34395 | 27513 | 14095 |
| 巢湖市 | Chaohu | 437895 | 215427 | 11510 | 114063 | 78877 | 18018 |
| 长丰县 | Changfeng | 831284 | 417708 | 14479 | 333087 | 57720 | 8290 |
| 肥东县 | Feidong | 977464 | 446078 | 25975 | 361749 | 129770 | 13892 |
| 肥西县 | Feixi | 884972 | 363774 | 11092 | 379785 | 119421 | 10900 |
| 庐江县 | Lujiang | 674297 | 412253 | 20173 | 113176 | 118206 | 10489 |
| 淮北市辖区 | Huaibei Reigon of City | 269686 | 129879 | 11698 | 103941 | 20940 | 3228 |
| 濉溪县 | Suixi | 597266 | 360930 | 13582 | 187294 | 16500 | 18960 |
| 亳州市辖区 | Bozhou Reigon of City | 906479 | 683210 | 12878 | 161112 | 19274 | 30005 |
| 涡阳县 | Guoyang | 720547 | 451801 | 18258 | 155552 | 17581 | 77355 |
| 蒙城县 | Mengcheng | 779097 | 494213 | 42305 | 167914 | 17665 | 57000 |
| 利辛县 | Lixin | 771657 | 478477 | 15467 | 239145 | 18568 | 20000 |
| 宿州市辖区 | Suzhou Reigon of City | 1051683 | 568808 | 32614 | 375734 | 24021 | 50506 |
| 砀山县 | Dangshan | 632968 | 410138 | 21856 | 173919 | 5799 | 21256 |
| 萧县 | Xiaoxian | 890396 | 449755 | 63227 | 354017 | 12847 | 10550 |
| 灵璧县 | Lingbi | 855276 | 448946 | 18951 | 331310 | 13157 | 42912 |
| 泗县 | Sixian | 788046 | 451766 | 28460 | 269441 | 28239 | 10140 |
| 蚌埠市辖区 | Bengbu Reigon of City | 226930 | 133581 | 7692 | 52256 | 22400 | 11001 |
| 怀远县 | Huaiyuan | 957608 | 560055 | 24285 | 262328 | 92276 | 18664 |
| 五河县 | Wuhe | 741118 | 365213 | 16449 | 225458 | 125038 | 8960 |
| 固镇县 | Guzhen | 670642 | 394325 | 18647 | 215480 | 22690 | 19500 |
| 阜阳市辖区 | Fuyang Reigon of City | 908783 | 487925 | 29440 | 325761 | 27637 | 38020 |
| 界首市 | Jieshou | 379541 | 205253 | 24903 | 129645 | 6829 | 12911 |
| 临泉县 | Linquan | 1030434 | 586131 | 19786 | 369550 | 16370 | 38597 |
| 太和县 | Taihe | 783422 | 477400 | 23701 | 254383 | 12438 | 15500 |
| 阜南县 | Funan | 780578 | 426744 | 40937 | 251859 | 34448 | 26590 |
| 颍上县 | Yingshang | 758614 | 347411 | 53922 | 281413 | 51630 | 24238 |
| 淮南市辖区 | Huainan Reigon of City | 457467 | 267660 | 3941 | 113483 | 61569 | 10814 |
| 凤台县 | Fengtai | 376758 | 190491 | 6627 | 127136 | 39586 | 12918 |
| 毛集区 | Maoji District | 80031 | 40748 | 1721 | 23142 | 12984 | 1436 |
| 滁州市辖区 | Chuzhou Reigon of City | 259250 | 144123 | 8910 | 72891 | 27835 | 5491 |
| 天长市 | Tianchang | 455195 | 191506 | 4882 | 124466 | 126153 | 8188 |
| 明光市 | Mingguang | 486565 | 195026 | 8241 | 135308 | 136564 | 11426 |
| 来安县 | Laian | 312247 | 182673 | 8782 | 88658 | 25149 | 6985 |
| 全椒县 | Quanjiao | 366820 | 208628 | 11694 | 90542 | 45921 | 10035 |
| 定远县 | Dingyuan | 838078 | 376527 | 14742 | 390385 | 49048 | 7376 |
| 凤阳县 | Fengyang | 531965 | 276213 | 6299 | 192997 | 50220 | 6236 |
| 六安市辖区 | Luan Reigon of City | 947862 | 464511 | 105065 | 268542 | 94470 | 15274 |
| 寿县 | Shouxian | 731289 | 280694 | 30306 | 287998 | 123171 | 9120 |

## 12—38 续表 continued

单位：万元（10000 yuan）

| 县（市） | County (City) | 农林牧渔业 Farming, Forestry, Animal Husban and Fishery | 农　业 Farming | 林　业 Forestry | 牧　业 Animal Husban | 渔　业 Fishery | 农林牧渔服务业 Agricultural Services |
|---|---|---|---|---|---|---|---|
| 霍邱县 | Huoqiu | 815533 | 313820 | 61573 | 345779 | 85561 | 8800 |
| 舒城县 | Shucheng | 475525 | 229040 | 43753 | 129967 | 51245 | 21520 |
| 金寨县 | Jinzhai | 285980 | 158401 | 36720 | 66119 | 13040 | 11700 |
| 霍山县 | Huoshan | 192346 | 99858 | 24934 | 41512 | 22242 | 3800 |
| 叶集区 | Yeji District | 82230 | 38295 | 14806 | 25005 | 3639 | 485 |
| 马鞍山市辖区 | Maanshan Reigon of City | 179553 | 86962 | 3456 | 41461 | 43054 | 4620 |
| 当涂县 | Dangtu | 358226 | 138608 | 2975 | 38129 | 165801 | 12713 |
| 含山县 | Hanshan | 305247 | 156728 | 8628 | 47177 | 45084 | 47630 |
| 和县 | Hexian | 374126 | 256960 | 3183 | 62274 | 39488 | 12221 |
| 芜湖市辖区 | Wuhu Reigon of City | 291989 | 173161 | 10630 | 41670 | 44702 | 21826 |
| 芜湖县 | Wuhu | 270288 | 154389 | 7040 | 41151 | 53750 | 13958 |
| 繁昌县 | Fanchang | 142523 | 57006 | 25215 | 29989 | 20693 | 9620 |
| 南陵县 | Nanling | 443486 | 196572 | 27147 | 95528 | 99759 | 24480 |
| 无为县 | Wuwei | 964625 | 383032 | 25214 | 146252 | 179840 | 230287 |
| 宣城市辖区 | Xuancheng Reigon of City | 572203 | 328181 | 19409 | 76747 | 112764 | 35102 |
| 宁国市 | Ningguo | 299948 | 140088 | 27464 | 105746 | 12067 | 14583 |
| 郎溪县 | Langxi | 214471 | 116576 | 13522 | 29953 | 45386 | 9034 |
| 广德县 | Guangde | 286667 | 116963 | 46899 | 93540 | 15225 | 14040 |
| 泾县 | Jingxian | 244818 | 105184 | 48656 | 74561 | 5239 | 11178 |
| 绩溪县 | Jixi | 150880 | 73059 | 8003 | 36527 | 3230 | 30061 |
| 旌德县 | Jingde | 101220 | 33698 | 27163 | 24465 | 3843 | 12051 |
| 铜陵市辖区 | Tongling Reigon of City | 57752 | 26172 | 2621 | 12446 | 14073 | 2440 |
| 铜陵县 | Tongling | 135271 | 71327 | 14283 | 22833 | 17804 | 9024 |
| 池州市辖区 | Chizhou Reigon of City | 429000 | 188739 | 33649 | 103564 | 85162 | 17886 |
| 东至县 | Dongzhi | 420449 | 208176 | 32990 | 74408 | 63658 | 41217 |
| 石台县 | Shitai | 51681 | 27750 | 15141 | 7686 | 232 | 872 |
| 青阳县 | Qingyang | 136583 | 50842 | 24153 | 35860 | 18476 | 7252 |
| 安庆市辖区 | Anqing Reigon of City | 225399 | 91915 | 7300 | 46088 | 64932 | 15164 |
| 桐城市 | Tongcheng | 416909 | 153933 | 28102 | 164752 | 60302 | 9820 |
| 怀宁县 | Huaining | 336569 | 146029 | 13317 | 125093 | 39480 | 12650 |
| 枞阳县 | Zongyang | 477148 | 192225 | 26054 | 113536 | 131223 | 14110 |
| 潜山县 | Qianshan | 297395 | 140453 | 58823 | 83450 | 6259 | 8410 |
| 太湖县 | Taihu | 343180 | 106031 | 39200 | 147079 | 44050 | 6820 |
| 宿松县 | Susong | 647994 | 282399 | 18050 | 100765 | 135800 | 110980 |
| 望江县 | Wangjiang | 443603 | 216631 | 9076 | 110583 | 77234 | 30079 |
| 岳西县 | Yuexi | 226698 | 135568 | 26755 | 57375 | 3150 | 3850 |
| 黄山市辖区 | Huangshan Reigon of City | 232945 | 104488 | 43232 | 69394 | 11701 | 4130 |
| 歙县 | Shexian | 248152 | 144218 | 11610 | 84473 | 2851 | 5000 |
| 休宁县 | Xiuning | 196243 | 94718 | 27719 | 63776 | 3796 | 6234 |
| 黟县 | Yixian | 56608 | 21832 | 13899 | 17543 | 519 | 2815 |
| 祁门县 | Qimen | 86306 | 53517 | 18290 | 11221 | 1078 | 2200 |

# 12—39 各县（市）农作物产量和耕地面积（2012年）

## Yield of Farm Crops and Area of Cultivated Land by County or City (2012)

| 县（市） | County (City) | 棉花（吨） Cotton (ton) | 油料（吨） Oil-bearing Crops (ton) | 耕地面积（公顷） Cultivated Area (hectare) | #水田 Paddy Field | 播种面积（公顷） Total Sown Area (hectare) |
|---|---|---|---|---|---|---|
| 合肥市辖区 | Hefei Reigon of City | 716 | 4626 | 9393 | 7358 | 22721 |
| 巢湖市 | Chaohu | 8151 | 62369 | 47113 | 34137 | 88245 |
| 长丰县 | Changfeng | 5732 | 40883 | 65940 | 50997 | 143269 |
| 肥东县 | Feidong | 5605 | 120173 | 80389 | 62808 | 185772 |
| 肥西县 | Feixi | 7692 | 70284 | 61498 | 49790 | 134193 |
| 庐江县 | Lujiang | 5743 | 36356 | 72834 | 66496 | 176114 |
| 淮北市辖区 | Huaibei Reigon of City | 839 | 2921 | 21802 | 34 | 50785 |
| 濉溪县 | Suixi | 739 | 2633 | 111885 | | 203126 |
| 亳州市辖区 | Bozhou Reigon of City | 14079 | 8955 | 127351 | | 279908 |
| 涡阳县 | Guoyang | 879 | 3355 | 130918 | | 269168 |
| 蒙城县 | Mengcheng | 2813 | 33079 | 122651 | 2066 | 267341 |
| 利辛县 | Lixin | 1364 | 6792 | 119232 | 880 | 231605 |
| 宿州市辖区 | Suzhou Reigon of City | 5676 | 33787 | 141847 | 403 | 278560 |
| 砀山县 | Dangshan | 5520 | 46810 | 37427 | | 104824 |
| 萧县 | Xiaoxian | 12640 | 23950 | 91759 | 65 | 188300 |
| 灵璧县 | Lingbi | 3048 | 46120 | 120687 | 2017 | 229779 |
| 泗县 | Sixian | 3115 | 80580 | 88664 | 4641 | 195391 |
| 蚌埠市辖区 | Bengbu Reigon of City | 58 | 2227 | 21142 | 12736 | 47760 |
| 怀远县 | Huaiyuan | 6366 | 96923 | 128480 | 58358 | 257573 |
| 五河县 | Wuhe | 4167 | 69896 | 73947 | 38453 | 172176 |
| 固镇县 | Guzhen | 17751 | 198914 | 71301 | 1746 | 153786 |
| 阜阳市辖区 | Fuyang Reigon of City | 2143 | 15763 | 105498 | 40 | 224436 |
| 界首市 | Jieshou | 2216 | 5307 | 38768 | | 83294 |
| 临泉县 | Linquan | 4193 | 21899 | 113295 | 1668 | 254993 |
| 太和县 | Taihe | 3360 | 9533 | 115580 | | 228609 |
| 阜南县 | Funan | 1329 | 18878 | 98310 | 17258 | 205300 |
| 颍上县 | Yingshang | 3973 | 6205 | 103832 | 38796 | 216032 |
| 淮南市辖区 | Huainan Reigon of City | 1429 | 9998 | 57302 | 40326 | 127970 |
| 凤台县 | Fengtai | 271 | 3722 | 45981 | 32487 | 92953 |
| 毛集区 | Maoji District | | 688 | 10030 | 6570 | 20854 |
| 滁州市辖区 | Chuzhou Reigon of City | 2543 | 21976 | 28102 | 14354 | 72159 |
| 天长市 | Tianchang | | 14822 | 59519 | 58394 | 117956 |
| 明光市 | Mingguang | 369 | 32423 | 56771 | 27473 | 127891 |
| 来安县 | Laian | 351 | 32702 | 48021 | 36243 | 97984 |
| 全椒县 | Quanjiao | 4711 | 53370 | 41313 | 29832 | 88761 |
| 定远县 | Dingyuan | 1464 | 33469 | 105024 | 80206 | 219640 |
| 凤阳县 | Fengyang | 562 | 15853 | 68805 | 40101 | 148094 |
| 六安市辖区 | Luan Reigon of City | 8012 | 71077 | 94855 | 80036 | 215058 |
| 寿县 | Shouxian | 4478 | 22816 | 122254 | 105017 | 241095 |

**12—39 续表 continued**

| 县（市） | County (City) | 棉 花 (吨) Cotton (ton) | 油 料 (吨) Oil-bearing Crops (ton) | 耕地面积 (公顷) Cultivated Area (hectare) | #水 田 Paddy Field | 播种面积 (公顷) Total Sown Area (hectare) |
|---|---|---|---|---|---|---|
| 霍邱县 | Huoqiu | 2153 | 21082 | 124991 | 109708 | 244971 |
| 舒城县 | Shucheng | 2824 | 35052 | 41695 | 37306 | 101039 |
| 金寨县 | Jinzhai | 20 | 9910 | 23085 | 20464 | 47378 |
| 霍山县 | Huoshan | 138 | 4731 | 16898 | 14319 | 29428 |
| 叶集区 | Yeji District | 24 | 7923 | 11609 | 8152 | 20376 |
| 马鞍山市辖区 | Maanshan Reigon of City | 153 | 11997 | 13572 | 12450 | 30578 |
| 当涂县 | Dangtu | 3773 | 29870 | 34655 | 30622 | 70295 |
| 含山县 | Hanshan | 10581 | 36791 | 34769 | 31518 | 55670 |
| 和县 | Hexian | 1261 | 23773 | 41748 | 37138 | 86325 |
| 芜湖市辖区 | Wuhu Reigon of City | 2735 | 23805 | 20627 | 19923 | 50324 |
| 芜湖县 | Wuhu | 4463 | 17814 | 19433 | 16646 | 53956 |
| 繁昌县 | Fanchang | 1186 | 7599 | 16128 | 12074 | 20745 |
| 南陵县 | Nanling | 1985 | 17326 | 32982 | 32966 | 83209 |
| 无为县 | Wuwei | 44513 | 86436 | 85930 | 56480 | 172945 |
| 宣城市辖区 | Xuancheng Reigon of City | 9676 | 44770 | 54735 | 50023 | 131585 |
| 宁国市 | Ningguo | 120 | 14651 | 13762 | 10759 | 26849 |
| 郎溪县 | Langxi | 1244 | 13903 | 24500 | 21745 | 64566 |
| 广德县 | Guangde | 334 | 18436 | 26444 | 24998 | 52666 |
| 泾县 | Jingxian | 866 | 11208 | 19035 | 15428 | 40755 |
| 绩溪县 | Jixi | 29 | 9195 | 6691 | 5865 | 16479 |
| 旌德县 | Jingde | 157 | 7100 | 9312 | 8263 | 22218 |
| 铜陵市辖区 | Tongling Reigon of City | 578 | 2909 | 7398 | 6735 | 16878 |
| 铜陵县 | Tongling | 3711 | 16004 | 16039 | 11312 | 29114 |
| 池州市辖区 | Chizhou Reigon of City | 8637 | 38304 | 33732 | 26132 | 77779 |
| 东至县 | Dongzhi | 21926 | 43887 | 31554 | 19695 | 86325 |
| 石台县 | Shitai | 702 | 4869 | 3147 | 2660 | 8487 |
| 青阳县 | Qingyang | 205 | 7645 | 14520 | 12848 | 29680 |
| 安庆市辖区 | Anqing Reigon of City | 8214 | 13570 | 17569 | 9900 | 37655 |
| 桐城市 | Tongcheng | 3151 | 29436 | 39602 | 34217 | 87460 |
| 怀宁县 | Huaining | 6570 | 31007 | 39304 | 31692 | 105753 |
| 枞阳县 | Zongyang | 9942 | 39426 | 36044 | 30124 | 131458 |
| 潜山县 | Qianshan | 4145 | 14945 | 23136 | 21546 | 61083 |
| 太湖县 | Taihu | 7905 | 21032 | 25786 | 20395 | 64048 |
| 宿松县 | Susong | 34038 | 58276 | 48120 | 32340 | 135837 |
| 望江县 | Wangjiang | 32408 | 74727 | 53727 | 25592 | 117818 |
| 岳西县 | Yuexi | 287 | 3974 | 15832 | 13133 | 36404 |
| 黄山市辖区 | Huangshan Reigon of City | 88 | 7264 | 13541 | 10752 | 31391 |
| 歙县 | Shexian | 49 | 15749 | 9405 | 7707 | 40117 |
| 休宁县 | Xiuning | 40 | 9745 | 11954 | 10883 | 32194 |
| 黟县 | Yixian | 28 | 4001 | 4857 | 3818 | 9950 |
| 祁门县 | Qimen | 233 | 4661 | 6847 | 5772 | 16700 |

## 12—40 各县（市）主要林业生产情况（2012年）
Production of Major Forestry Products by County or City (2012)

| 县（市） | County (City) | 营林情况（公顷） Management of Forest (hectares)<br>人工造林面积 Man-made Afforested Area | 新增育苗面积 Area of Growing Seedlings | 幼林抚育面积 Area of Tending Young Forest | 油桐籽（吨） Tung-oil Seeds (ton) | 油茶籽（吨） Tea-oil Seeds (ton) | 竹材采伐量（万根） Determination of Bamboo Cut (10000 units) | 木材采伐量（万立方米） Determination of Timber Cut (10000 cu.m) |
|---|---|---|---|---|---|---|---|---|
| 合肥市辖区 | Hefei Reigon of City | 1280 | 904 | | | | | 0.09 |
| 巢湖市 | Chaohu | 2580 | 367 | 3300 | 3 | 25 | 3.80 | 5.10 |
| 长丰县 | Changfeng | 2969 | 133 | 9938 | | | | 6.02 |
| 肥东县 | Feidong | 2033 | 233 | 6237 | | | | 1.01 |
| 肥西县 | Feixi | 2724 | 1867 | 5500 | | | | 0.99 |
| 庐江县 | Lujiang | 1608 | 110 | 5680 | | 90 | 32.00 | 1.48 |
| 淮北市辖区 | Huaibei Reigon of City | 856 | 24 | 1967 | | | | 2.22 |
| 濉溪县 | Suixi | 165 | 89 | 2096 | | | | 3.52 |
| 亳州市辖区 | Bozhou Reigon of City | 1334 | 100 | 3680 | | | | 10.00 |
| 涡阳县 | Guoyang | 1280 | 260 | 6667 | | | | 13.00 |
| 蒙城县 | Mengcheng | 1018 | 133 | | | | | 18.49 |
| 利辛县 | Lixin | 1203 | 75 | 1467 | | | | 17.14 |
| 宿州市辖区 | Suzhou Reigon of City | 1876 | 186 | 9065 | 20 | | | 12.78 |
| 砀山县 | Dangshan | 899 | 33 | 23333 | | | | 6.10 |
| 萧县 | Xiaoxian | 1756 | 200 | 25000 | | | | 10.95 |
| 灵璧县 | Lingbi | 1280 | 89 | 5450 | | | | 9.06 |
| 泗县 | Sixian | 1297 | 41 | 7350 | | | | 7.94 |
| 蚌埠市辖区 | Bengbu Reigon of City | 325 | 146 | 906 | | | | 1.79 |
| 怀远县 | Huaiyuan | 1508 | 92 | 5604 | | | 2.00 | 0.75 |
| 五河县 | Wuhe | 1001 | 100 | 2500 | | | | 7.70 |
| 固镇县 | Guzhen | 821 | 67 | 8000 | | | | 7.34 |
| 阜阳市辖区 | Fuyang Reigon of City | 600 | 241 | 7958 | | | | 7.57 |
| 界首市 | Jieshou | 325 | 100 | 666 | | | | 2.93 |
| 临泉县 | Linquan | 534 | 100 | 7511 | | | | 6.33 |
| 太和县 | Taihe | 880 | | 600 | | | | 8.60 |
| 阜南县 | Funan | 1403 | 173 | 7300 | | | | 6.26 |
| 颍上县 | Yingshang | 587 | 200 | 8600 | | | | 6.90 |
| 淮南市辖区 | Huainan Reigon of City | 491 | 70 | 3183 | | | | 0.47 |
| 凤台县 | Fengtai | 100 | 34 | 72 | | | | 0.69 |
| 毛集区 | Maoji District | 182 | 140 | 1800 | | | | 0.31 |
| 滁州市辖区 | Chuzhou Reigon of City | 2199 | 832 | 9269 | | | 2.17 | 16.46 |
| 天长市 | Tianchang | 133 | 123 | 1400 | | | | 9.30 |
| 明光市 | Mingguang | 632 | 97 | 4750 | | | | 2.81 |
| 来安县 | Laian | 1139 | 1702 | 1300 | | | | 1.51 |
| 全椒县 | Quanjiao | 1347 | 286 | 1700 | | | 0.18 | 3.07 |
| 定远县 | Dingyuan | 409 | 140 | 5632 | | | | 2.18 |
| 凤阳县 | Fengyang | 550 | 110 | 2000 | 3 | 4 | | 0.48 |
| 六安市辖区 | Luan Reigon of City | 5655 | 137 | 3000 | 37 | 380 | 709.40 | 13.32 |
| 寿县 | Shouxian | 411 | 95 | | | | | 7.10 |

## 12—40 续表 continued

| 县（市） | County (City) | 营林情况（公顷）Management of Forest (hectares)<br>人工造林面积 Man-made Afforested Area | 新增育苗面积 Area of Growing Seedlings | 幼林抚育面积 Area of Tending Young Forest | 油桐籽（吨）Tung-oil Seeds (ton) | 油茶籽（吨）Tea-oil Seeds (ton) | 竹材采伐量（万根）Determination of Bamboo Cut (10000 units) | 木材采伐量（万立方米）Determination of Timber Cut (10000 cu.m) |
|---|---|---|---|---|---|---|---|---|
| 霍邱县 | Huoqiu | 809 | 162 | 7760 | | | | 3.21 |
| 舒城县 | Shucheng | 2528 | 90 | 2460 | | 13000 | | |
| 金寨县 | Jinzhai | 4823 | 18 | 7000 | 1223 | 3415 | 320.50 | 7.88 |
| 霍山县 | Huoshan | 3036 | 3 | 2333 | | 1600 | 2000.00 | 6.10 |
| 叶集区 | Yeji District | 515 | 15 | 530 | | | | 0.22 |
| 马鞍山市辖区 | Maanshan Reigon of City | 169 | 75 | 1351 | | | 13.11 | 3.15 |
| 当涂县 | Dangtu | 138 | 124 | 433 | | | 0.04 | 0.15 |
| 含山县 | Hanshan | 862 | 10 | 2583 | | 46 | 4.50 | 1.79 |
| 和县 | Hexian | 500 | 333 | 4090 | | | 1.00 | 1.81 |
| 芜湖市辖区 | Wuhu Reigon of City | 28 | 83 | 356 | | | 2.09 | 0.24 |
| 芜湖县 | Wuhu | 320 | 10 | 600 | | | | 0.09 |
| 繁昌县 | Fanchang | 167 | | 6600 | | 12 | 800.00 | 1.07 |
| 南陵县 | Nanling | 433 | 93 | 1400 | 51 | | 400.00 | 2.80 |
| 无为县 | Wuwei | 779 | 330 | 6160 | | 24 | 16.00 | 3.89 |
| 宣城市辖区 | Xuancheng Reigon of City | 1229 | 20 | | | | 300.80 | 9.80 |
| 宁国市 | Ningguo | 2448 | 21 | 3466 | | | 848.20 | 5.53 |
| 郎溪县 | Langxi | 753 | 9 | 1000 | 35 | 10 | 82.10 | 1.31 |
| 广德县 | Guangde | 2491 | | 16400 | | | 3100.00 | 5.33 |
| 泾县 | Jingxian | 1857 | 16 | 2333 | 80 | 60 | 639.50 | 14.21 |
| 绩溪县 | Jixi | 1289 | 7 | 1050 | 25 | 600 | 48.52 | 4.56 |
| 旌德县 | Jingde | 737 | 66 | 377 | 15 | 25 | 31.87 | 8.51 |
| 铜陵市辖区 | Tongling Reigon of City | 54 | 10 | 312 | | | 0.30 | 0.90 |
| 铜陵县 | Tongling | 167 | 27 | 3550 | 500 | 3 | 45.84 | 1.85 |
| 池州市辖区 | Chizhou Reigon of City | 633 | 184 | 1313 | 40 | 6 | 52.05 | 15.02 |
| 东至县 | Dongzhi | 1971 | 223 | 3906 | 90 | 93 | 442.87 | 31.10 |
| 石台县 | Shitai | 773 | 11 | 7500 | 105 | 19 | 140.00 | 10.24 |
| 青阳县 | Qingyang | 1442 | 2628 | | | | 72.20 | 23.27 |
| 安庆市辖区 | Anqing Reigon of City | 1105 | 47 | 1143 | | | 24.00 | 1.35 |
| 桐城市 | Tongcheng | 2079 | 410 | 800 | 100 | 350 | 8.50 | 7.20 |
| 怀宁县 | Huaining | 2201 | 88 | 802 | | 50 | | 2.75 |
| 枞阳县 | Zongyang | 458 | 5 | 1885 | | | 18.60 | 3.58 |
| 潜山县 | Qianshan | 1604 | 180 | 2800 | 8 | 3920 | 130.00 | 15.37 |
| 太湖县 | Taihu | 1749 | 32 | 2627 | 370 | 12600 | 75.85 | 7.78 |
| 宿松县 | Susong | 2182 | 75 | 8776 | | 582 | 250.00 | 5.12 |
| 望江县 | Wangjiang | 1983 | 20 | 2533 | 25 | 6 | 1.20 | 1.50 |
| 岳西县 | Yuexi | 1308 | 20 | 2200 | | 12900 | 145.00 | 2.80 |
| 黄山市辖区 | Huangshan Reigon of City | 2728 | 332 | 3859 | | 1212 | 188.00 | 7.35 |
| 歙县 | Shexian | 2221 | 120 | 2400 | | 1680 | 23.20 | 4.97 |
| 休宁县 | Xiuning | 1005 | 120 | 2000 | | 917 | 245.90 | 8.94 |
| 黟县 | Yixian | 486 | 68 | 704 | | 180 | 125.00 | 3.58 |
| 祁门县 | Qimen | 1457 | 70 | | | 1500 | 150.00 | 19.56 |

## 12—41 各县（市）茶叶、水果生产情况（2012年）
Tea, Fruits Production by County or City (2012)

单位：吨（ton）

| 县（市） | County (City) | 茶叶 Tea | #绿茶 Green Tea | 园林水果 Garden Fruits | #葡萄 Grapes |
|---|---|---|---|---|---|
| 合肥市辖区 | Hefei Reigon of City | | | 16810 | 16748 |
| 巢湖市 | Chaohu | 474 | 474 | 12124 | 2784 |
| 长丰县 | Changfeng | | | 14990 | 2134 |
| 肥东县 | Feidong | 6 | | 21850 | 1874 |
| 肥西县 | Feixi | 39 | 29 | 43650 | 11566 |
| 庐江县 | Lujiang | 1230 | 1230 | 42393 | 39860 |
| 淮北市辖区 | Huaibei Reigon of City | | | 99964 | 16995 |
| 濉溪县 | Suixi | | | 1853 | 563 |
| 亳州市辖区 | Bozhou Reigon of City | | | 21416 | 485 |
| 涡阳县 | Guoyang | | | 8148 | 1262 |
| 蒙城县 | Mengcheng | | | 9870 | 1104 |
| 利辛县 | Lixin | | | 5807 | 1201 |
| 宿州市辖区 | Suzhou Reigon of City | | | 72093 | 7785 |
| 砀山县 | Dangshan | | | 1366335 | 29410 |
| 萧县 | Xiaoxian | | | 284508 | 100251 |
| 灵璧县 | Lingbi | | | 54093 | 952 |
| 泗县 | Sixian | | | 1237 | |
| 蚌埠市辖区 | Bengbu Reigon of City | | | 6737 | 1098 |
| 怀远县 | Huaiyuan | | | 24523 | 1247 |
| 五河县 | Wuhe | | | 25004 | 521 |
| 固镇县 | Guzhen | | | 17560 | 809 |
| 阜阳市辖区 | Fuyang Reigon of City | | | 13269 | 1150 |
| 界首市 | Jieshou | | | 9817 | 813 |
| 临泉县 | Linquan | | | 30162 | 7680 |
| 太和县 | Taihe | | | 3800 | 760 |
| 阜南县 | Funan | | | 18184 | 781 |
| 颍上县 | Yingshang | | | 5423 | 356 |
| 淮南市辖区 | Huainan Reigon of City | | | 23037 | 4829 |
| 凤台县 | Fengtai | | | 9473 | 886 |
| 毛集区 | Maoji District | | | 439 | 30 |
| 滁州市辖区 | Chuzhou Reigon of City | 375 | 375 | 4614 | 103 |
| 天长市 | Tianchang | 6 | 6 | 28 | |
| 明光市 | Mingguang | 27 | 27 | 6452 | 162 |
| 来安县 | Laian | 14 | 14 | 6316 | 3209 |
| 全椒县 | Quanjiao | 65 | 65 | 6550 | 720 |
| 定远县 | Dingyuan | 3 | 3 | 14982 | 1936 |
| 凤阳县 | Fengyang | | | 29441 | 12630 |
| 六安市辖区 | Luan Reigon of City | 4495 | 4478 | 22811 | 2439 |
| 寿县 | Shouxian | | | 22446 | 2117 |

## 12—41 续表 continued

单位：吨（ton）

| 县（市） | County (City) | 茶 叶 Tea | #绿 茶 Green Tea | 园林水果 Garden Fruits | #葡 萄 Grapes |
|---|---|---|---|---|---|
| 霍 邱 县 | Huoqiu | | | 8303 | 1238 |
| 舒 城 县 | Shucheng | 2227 | 2096 | 8434 | 6590 |
| 金 寨 县 | Jinzhai | 5100 | 5100 | 985 | |
| 霍 山 县 | Huoshan | 5500 | 5500 | 339 | |
| 叶 集 区 | Yeji District | | | 1433 | 11 |
| 马鞍山市辖区 | Maanshan Reigon of City | 69 | 69 | 3517 | 2241 |
| 当 涂 县 | Dangtu | 2 | 2 | 12013 | 3596 |
| 含 山 县 | Hanshan | 219 | 219 | 12211 | 2150 |
| 和 县 | Hexian | 9 | 9 | 1353 | 693 |
| 芜湖市辖区 | Wuhu Reigon of City | 27 | 17 | 2096 | 1641 |
| 芜 湖 县 | Wuhu | 1690 | 1690 | 6300 | 991 |
| 繁 昌 县 | Fanchang | 86 | 86 | 3181 | 866 |
| 南 陵 县 | Nanling | 490 | 490 | 1560 | 20 |
| 无 为 县 | Wuwei | 226 | 226 | 25438 | 2527 |
| 宣城市辖区 | Xuancheng Reigon of City | 15033 | 15021 | 29008 | 2100 |
| 宁 国 市 | Ningguo | 2195 | 2195 | 4300 | 180 |
| 郎 溪 县 | Langxi | 7488 | 7488 | 3086 | 115 |
| 广 德 县 | Guangde | 1285 | 1261 | 3786 | 503 |
| 泾 县 | Jingxian | 1890 | 1817 | 2809 | 73 |
| 绩 溪 县 | Jixi | 1016 | 1016 | 1267 | 30 |
| 旌 德 县 | Jingde | 417 | 416 | 995 | 13 |
| 铜陵市辖区 | Tongling Reigon of City | 5 | 5 | 3282 | 2209 |
| 铜 陵 县 | Tongling | 88 | 88 | 1275 | 311 |
| 池州市辖区 | Chizhou Reigon of City | 1079 | 715 | 2513 | 218 |
| 东 至 县 | Dongzhi | 2171 | 1490 | 1824 | 97 |
| 石 台 县 | Shitai | 2810 | 1540 | 941 | 6 |
| 青 阳 县 | Qingyang | 265 | 265 | 1050 | 47 |
| 安庆市辖区 | Anqing Reigon of City | 47 | 42 | 4872 | |
| 桐 城 市 | Tongcheng | 420 | 418 | 1694 | 51 |
| 怀 宁 县 | Huaining | 185 | 185 | 2816 | 97 |
| 枞 阳 县 | Zongyang | 235 | 225 | 585 | 59 |
| 潜 山 县 | Qianshan | 2727 | 2727 | 2012 | 2 |
| 太 湖 县 | Taihu | 2143 | 2106 | 5877 | 9 |
| 宿 松 县 | Susong | 409 | 165 | 8550 | 247 |
| 望 江 县 | Wangjiang | 43 | 40 | 9508 | 224 |
| 岳 西 县 | Yuexi | 3800 | 3800 | 413 | 3 |
| 黄山市辖区 | Huangshan Reigon of City | 3217 | 3103 | 10028 | 171 |
| 歙 县 | Shexian | 9400 | 9400 | 39230 | 7611 |
| 休 宁 县 | Xiuning | 7228 | 6111 | 1931 | 4 |
| 黟 县 | Yixian | 1535 | 1309 | 2097 | 44 |
| 祁 门 县 | Qimen | 5864 | 3997 | 2106 | 96 |

## 12—42 各县（市）畜牧业、渔业生产情况（2012年）

Production of Animal Husbandry, Fishery by County or City (2012)

| 县（市） | County (City) | 出栏猪（头）Sjaughtered Fattened Hogs (heads) | 出栏牛（头）Sjaughtered Cattle and Buffaloes (heads) | 出栏羊（只）Sjaughtered Sheep and Goats (heads) | 出栏家禽（万只）Sjaughtered Poultry (10000 heads) | 禽蛋产量（吨）Output of Poultry Eggs (ton) | 水产品产量（吨）Output of Aquatic Products (ton) |
|---|---|---|---|---|---|---|---|
| 合肥市辖区 | Hefei Reigon of City | 112625 | 253 | 812 | 467.92 | 1523 | 11372 |
| 巢湖市 | Chaohu | 188670 | 5070 | 17093 | 1183.00 | 18189 | 33504 |
| 长丰县 | Changfeng | 933652 | 14652 | 49971 | 3225.00 | 27612 | 31900 |
| 肥东县 | Feidong | 943595 | 12900 | 24590 | 2101.00 | 46379 | 51535 |
| 肥西县 | Feixi | 442982 | 12387 | 27760 | 7265.00 | 77450 | 42913 |
| 庐江县 | Lujiang | 209200 | 5300 | 2780 | 1117.00 | 21603 | 44500 |
| 淮北市辖区 | Huaibei Reigon of City | 280290 | 2712 | 126211 | 564.00 | 19338 | 17019 |
| 濉溪县 | Suixi | 363911 | 7001 | 331913 | 898.00 | 30953 | 10339 |
| 亳州市辖区 | Bozhou Reigon of City | 622476 | 22734 | 307122 | 725.00 | 16263 | 12147 |
| 涡阳县 | Guoyang | 600484 | 21720 | 523684 | 386.00 | 14859 | 12918 |
| 蒙城县 | Mengcheng | 748737 | 32100 | 335068 | 404.00 | 12910 | 11560 |
| 利辛县 | Lixin | 900289 | 53124 | 641107 | 686.81 | 19481 | 11796 |
| 宿州市辖区 | Suzhou Reigon of City | 1178957 | 18974 | 620885 | 1000.00 | 46982 | 14000 |
| 砀山县 | Dangshan | 463960 | 12493 | 854536 | 240.00 | 17690 | 3500 |
| 萧县 | Xiaoxian | 972241 | 20734 | 868818 | 566.00 | 63652 | 6036 |
| 灵璧县 | Lingbi | 1079475 | 47130 | 431451 | 982.00 | 82375 | 5727 |
| 泗县 | Sixian | 876702 | 52700 | 670627 | 1329.00 | 33026 | 10340 |
| 蚌埠市辖区 | Bengbu Reigon of City | 91860 | 6464 | 22400 | 591.00 | 4480 | 9768 |
| 怀远县 | Huaiyuan | 642716 | 110889 | 483522 | 1475.00 | 12986 | 41132 |
| 五河县 | Wuhe | 456251 | 69701 | 269376 | 1321.00 | 18803 | 49300 |
| 固镇县 | Guzhen | 725687 | 63568 | 445305 | 2114.00 | 29913 | 9800 |
| 阜阳市辖区 | Fuyang Reigon of City | 1107396 | 36390 | 640956 | 1252.86 | 26567 | 17526 |
| 界首市 | Jieshou | 289210 | 14691 | 161797 | 372.20 | 10513 | 4700 |
| 临泉县 | Linquan | 1155289 | 97940 | 468791 | 1150.00 | 28894 | 8210 |
| 太和县 | Taihe | 964930 | 33512 | 292190 | 676.00 | 14768 | 9650 |
| 阜南县 | Funan | 864756 | 47750 | 299850 | 734.18 | 27804 | 11700 |
| 颍上县 | Yingshang | 897234 | 71246 | 306245 | 538.62 | 28776 | 41015 |
| 淮南市辖区 | Huainan Reigon of City | 173634 | 19254 | 85724 | 1067.00 | 35861 | 35639 |
| 凤台县 | Fengtai | 256289 | 25188 | 153031 | 884.00 | 20750 | 26588 |
| 毛集区 | Maoji District | 48896 | 2377 | 18901 | 171.00 | 5506 | 8500 |
| 滁州市辖区 | Chuzhou Reigon of City | 155599 | 4609 | 86070 | 469.00 | 3859 | 23090 |
| 天长市 | Tianchang | 294944 | 832 | 27265 | 445.00 | 21837 | 66000 |
| 明光市 | Mingguang | 401036 | 42068 | 65323 | 594.00 | 19961 | 72163 |
| 来安县 | Laian | 247001 | 7544 | 61154 | 849.00 | 7349 | 23046 |
| 全椒县 | Quanjiao | 262255 | 5732 | 74039 | 1765.00 | 9140 | 42500 |
| 定远县 | Dingyuan | 1435859 | 26018 | 82957 | 924.00 | 21955 | 32291 |
| 凤阳县 | Fengyang | 395423 | 38249 | 156793 | 749.00 | 22560 | 41537 |
| 六安市辖区 | Luan Reigon of City | 727995 | 4947 | 72960 | 2429.60 | 13237 | 46196 |
| 寿县 | Shouxian | 1071800 | 42400 | 400950 | 2411.65 | 10446 | 93020 |

**12—42　续表　continued**

| 县（市） | County (City) | 出栏猪（头） Sjaughtered Fattened Hogs (heads) | 出栏牛（头） Sjaughtered Cattle and Buffaloes (heads) | 出栏羊（只） Sjaughtered Sheep and Goats (heads) | 出栏家禽（万只） Sjaughtered Poultry (10000 heads) | 禽蛋产量（吨） Output of Poultry Eggs (ton) | 水产品产量（吨） Output of Aquatic Products (ton) |
|---|---|---|---|---|---|---|---|
| 霍邱县 | Huoqiu | 1364500 | 38680 | 280900 | 2305.00 | 56600 | 83000 |
| 舒城县 | Shucheng | 211542 | 2885 | 5320 | 1882.00 | 22245 | 35500 |
| 金寨县 | Jinzhai | 262758 | 17300 | 52733 | 348.00 | 4250 | 11600 |
| 霍山县 | Huoshan | 150113 | 4913 | 13751 | 313.00 | 1104 | 10087 |
| 叶集区 | Yeji District | 104080 | 177 | 58612 | 206.00 | 472 | 1540 |
| 马鞍山市辖区 | Maanshan Reigon of City | 96921 | 393 | 28102 | 289.73 | 2794 | 14120 |
| 当涂县 | Dangtu | 96340 | 700 | 43000 | 578.00 | 3927 | 54620 |
| 含山县 | Hanshan | 77650 | 940 | 15300 | 512.00 | 5864 | 18500 |
| 和县 | Hexian | 79799 | 748 | 8642 | 1585.70 | 4424 | 18781 |
| 芜湖市辖区 | Wuhu Reigon of City | 97893 | 705 | 5318 | 658.00 | 6749 | 26666 |
| 芜湖县 | Wuhu | 93250 | 610 | 9900 | 398.00 | 7480 | 27900 |
| 繁昌县 | Fanchang | 58129 | 358 | 914 | 525.00 | 11069 | 11355 |
| 南陵县 | Nanling | 271858 | 3900 | 6900 | 1411.50 | 20450 | 32046 |
| 无为县 | Wuwei | 265495 | 20102 | 9224 | 1604.00 | 32234 | 64505 |
| 宣城市辖区 | Xuancheng Reigon of City | 180745 | 1424 | 21250 | 1803.11 | 11252 | 58308 |
| 宁国市 | Ningguo | 218360 | 1574 | 5642 | 2364.00 | 12033 | 7015 |
| 郎溪县 | Langxi | 69365 | 594 | 13062 | 429.00 | 7225 | 23412 |
| 广德县 | Guangde | 218341 | 354 | 17719 | 2435.00 | 11853 | 9800 |
| 泾县 | Jingxian | 117580 | 4994 | 4860 | 1052.00 | 5369 | 3050 |
| 绩溪县 | Jixi | 140185 | 6199 | 995 | 39.00 | 1364 | 1870 |
| 旌德县 | Jingde | 72987 | 8244 | 1663 | 136.00 | 1613 | 1758 |
| 铜陵市辖区 | Tongling Reigon of City | 29388 | 695 | 652 | 139.56 | 2136 | 8103 |
| 铜陵县 | Tongling | 67181 | 550 | 2819 | 491.00 | 6162 | 14063 |
| 池州市辖区 | Chizhou Reigon of City | 283058 | 2837 | 8101 | 820.00 | 16418 | 53701 |
| 东至县 | Dongzhi | 295215 | 6317 | 6815 | 443.00 | 10135 | 50272 |
| 石台县 | Shitai | 36013 | 117 | 251 | 36.00 | 711 | 194 |
| 青阳县 | Qingyang | 85261 | 606 | 380 | 307.00 | 6872 | 16720 |
| 安庆市辖区 | Anqing Reigon of City | 112547 | 2109 | 3384 | 289.00 | 6686 | 40653 |
| 桐城市 | Tongcheng | 371730 | 3210 | 3816 | 611.00 | 57130 | 32565 |
| 怀宁县 | Huaining | 271266 | 4990 | 1728 | 675.00 | 24184 | 25150 |
| 枞阳县 | Zongyang | 206318 | 2882 | 2632 | 895.00 | 32235 | 82000 |
| 潜山县 | Qianshan | 245707 | 4740 | 7839 | 427.00 | 9178 | 4500 |
| 太湖县 | Taihu | 620627 | 20728 | 8186 | 2009.00 | 9006 | 31000 |
| 宿松县 | Susong | 343244 | 19200 | 9175 | 365.00 | 15878 | 77540 |
| 望江县 | Wangjiang | 357461 | 9107 | 9352 | 1034.00 | 32100 | 61600 |
| 岳西县 | Yuexi | 173165 | 4486 | 14428 | 128.00 | 2300 | 1050 |
| 黄山市辖区 | Huangshan Reigon of City | 222799 | 4301 | 644 | 196.90 | 4775 | 8857 |
| 歙县 | Shexian | 317700 | 1620 | 2572 | 115.00 | 10500 | 2267 |
| 休宁县 | Xiuning | 288915 | 1818 | 336 | 99.80 | 4916 | 3439 |
| 黟县 | Yixian | 55129 | 650 | 687 | 27.88 | 663 | 560 |
| 祁门县 | Qimen | 70183 | 112 | 407 | 21.69 | 1144 | 794 |

# 12—43 各县（市）农业机械化及主要能源、物资消耗情况（2012年）

Mechanization of Agriculture and Consumption of Main Energy and Material by County or City (2012)

| 县（市） | County (City) | 农业机械总动力（千瓦）Total Power of Agricultural Machinery (kw) | 农用排灌机械（台）Number of Diesel Engines (unit) | 农村用电量（万千瓦时）Electricity Consumed in Rural Areas (10000 kwh) | 农用化肥施用量（吨）Consumption of Chemical Fertilizers (ton) | 农用塑料薄膜使用量（吨）Consumption of Plastic Film for Farm Use (ton) | 农药使用量（吨）Consumption of Agricultural Pesticide (ton) |
|---|---|---|---|---|---|---|---|
| 合肥市辖区 | Hefei Reigon of City | 100963 | 4344 | 6461.00 | 9919 | 709 | 239 |
| 巢湖市 | Chaohu | 479215 | 22552 | 48933.00 | 40486 | 1786 | 867 |
| 长丰县 | Changfeng | 739886 | 3659 | 13520.00 | 74960 | 6571 | 831 |
| 肥东县 | Feidong | 614416 | 9858 | 25158.00 | 59012 | 1585 | 591 |
| 肥西县 | Feixi | 633154 | 10566 | 23645.00 | 53448 | 1817 | 2567 |
| 庐江县 | Lujiang | 1216029 | 87167 | 26648.00 | 76420 | 440 | 952 |
| 淮北市辖区 | Huaibei Reigon of City | 571293 | 3856 | 11736.00 | 18994 | 1686 | 769 |
| 濉溪县 | Suixi | 1999309 | 9156 | 8009.00 | 80626 | 458 | 1850 |
| 亳州市辖区 | Bozhou Reigon of City | 1766095 | 30839 | 24011.00 | 79614 | 1658 | 1769 |
| 涡阳县 | Guoyang | 1890217 | 11225 | 18168.00 | 74218 | 1355 | 2150 |
| 蒙城县 | Mengcheng | 2241249 | 10891 | 16510.00 | 84590 | 2280 | 1713 |
| 利辛县 | Lixin | 1709188 | 33620 | 19056.00 | 62620 | 1196 | 2085 |
| 宿州市辖区 | Suzhou Reigon of City | 2059682 | 6164 | 19285.00 | 106075 | 3379 | 1665 |
| 砀山县 | Dangshan | 1068421 | 9005 | 9580.00 | 42156 | 4015 | 14960 |
| 萧县 | Xiaoxian | 1500204 | 11672 | 13945.00 | 53319 | 5520 | 4232 |
| 灵璧县 | Lingbi | 1598578 | 3525 | 18410.00 | 75732 | 1120 | 1663 |
| 泗县 | Sixian | 1649850 | 9955 | 18446.00 | 58768 | 1236 | 997 |
| 蚌埠市辖区 | Bengbu Reigon of City | 383255 | 1356 | 7506.60 | 18746 | 1226 | 555 |
| 怀远县 | Huaiyuan | 2586414 | 5844 | 32223.00 | 121593 | 2386 | 2076 |
| 五河县 | Wuhe | 1061516 | 2097 | 16453.00 | 85400 | 3332 | 2172 |
| 固镇县 | Guzhen | 1012836 | 2049 | 13145.00 | 70462 | 2947 | 1518 |
| 阜阳市辖区 | Fuyang Reigon of City | 1062655 | 17015 | 22743.33 | 94002 | 3253 | 873 |
| 界首市 | Jieshou | 419420 | 11162 | 14767.00 | 35695 | 802 | 749 |
| 临泉县 | Linquan | 1561756 | 130895 | 22960.00 | 81263 | 4122 | 1390 |
| 太和县 | Taihe | 1465565 | 23245 | 13200.00 | 70014 | 820 | 1503 |
| 阜南县 | Funan | 1143829 | 14447 | 27453.00 | 54525 | 4671 | 1278 |
| 颍上县 | Yingshang | 972968 | 14183 | 16524.00 | 57360 | 3246 | 2095 |
| 淮南市辖区 | Huainan Reigon of City | 974745 | 10114 | 50602.00 | 78634 | 872 | 2549 |
| 凤台县 | Fengtai | 810903 | 3847 | 23426.00 | 50959 | 349 | 2898 |
| 毛集区 | Maoji District | | | 4728.00 | 11160 | 46 | 410 |
| 滁州市辖区 | Chuzhou Reigon of City | 447182 | 3823 | 4788.00 | 36532 | 327 | 207 |
| 天长市 | Tianchang | 1120190 | 8389 | 31466.00 | 48481 | 345 | 753 |
| 明光市 | Mingguang | 803360 | 2653 | 14764.00 | 40890 | 531 | 701 |
| 来安县 | Laian | 811581 | 27595 | 8252.00 | 37857 | 562 | 459 |
| 全椒县 | Quanjiao | 651144 | 12760 | 6990.00 | 33802 | 464 | 662 |
| 定远县 | Dingyuan | 1449783 | 11652 | 12771.00 | 82478 | 639 | 1416 |
| 凤阳县 | Fengyang | 1104390 | 19698 | 9993.00 | 59391 | 552 | 1540 |
| 六安市辖区 | Luan Reigon of City | 1662006 | 37024 | 33079.64 | 63999 | 579 | 953 |
| 寿县 | Shouxian | 2019611 | 70497 | 26186.00 | 157654 | 396 | 5014 |

## 12—43 续表 continued

| 县（市） | County (City) | 农业机械总动力（千瓦）Total Power of Agricultural Machinery (kw) | 农用排灌机械（台）Number of Diesel Engines (unit) | 农村用电量（万千瓦时）Electricity Consumed in Rural Areas (10000 kwh) | 农用化肥施用量（吨）Consumption of Chemical Fertilizers (ton) | 农用塑料薄膜使用量（吨）Consumption of Plastic Film for Farm Use (ton) | 农药使用量（吨）Consumption of Agricultural Pesticide (ton) |
|---|---|---|---|---|---|---|---|
| 霍邱县 | Huoqiu | 1547074 | 7789 | 29827.00 | 73837 | 2459 | 5945 |
| 舒城县 | Shucheng | 756450 | 40964 | 14854.00 | 24084 | 406 | 2186 |
| 金寨县 | Jinzhai | 397253 | 17050 | 10504.00 | 30364 | 1203 | 186 |
| 霍山县 | Huoshan | 297968 | 11753 | 4778.00 | 4740 | 449 | 116 |
| 叶集区 | Yeji District | | | 2334.00 | 15009 | 162 | 107 |
| 马鞍山市辖区 | Maanshan Reigon of City | 55018 | 7420 | 10008.00 | 10217 | 210 | 516 |
| 当涂县 | Dangtu | 446999 | 72479 | 11696.00 | 18234 | 290 | 1534 |
| 含山县 | Hanshan | 339786 | 42452 | 9762.00 | 27129 | 196 | 545 |
| 和县 | Hexian | 449562 | 59480 | 13451.00 | 34564 | 1921 | 1068 |
| 芜湖市辖区 | Wuhu Reigon of City | 300658 | 64329 | 24883.60 | 37232 | 810 | 588 |
| 芜湖县 | Wuhu | 312287 | 36655 | 5026.00 | 20788 | 111 | 520 |
| 繁昌县 | Fanchang | 200613 | 27767 | 5103.00 | 5178 | 25 | 139 |
| 南陵县 | Nanling | 366068 | 46531 | 35972.00 | 33750 | 450 | 1814 |
| 无为县 | Wuwei | 723839 | 84605 | 54853.00 | 58276 | 1598 | 1547 |
| 宣城市辖区 | Xuancheng Reigon of City | 824019 | 48933 | 29785.60 | 45911 | 2163 | 1859 |
| 宁国市 | Ningguo | 248875 | 11950 | 14300.00 | 10851 | 540 | 363 |
| 郎溪县 | Langxi | 285378 | 15525 | 4498.00 | 21825 | 91 | 854 |
| 广德县 | Guangde | 538355 | 25415 | 34376.00 | 30212 | 592 | 413 |
| 泾县 | Jingxian | 170097 | 10129 | 10918.00 | 15385 | 465 | 537 |
| 绩溪县 | Jixi | 92158 | 11807 | 3533.00 | 8590 | 160 | 327 |
| 旌德县 | Jingde | 79655 | 4324 | 2840.90 | 7115 | 105 | 95 |
| 铜陵市辖区 | Tongling Reigon of City | 86717 | 2979 | 4205.00 | 8001 | 94 | 357 |
| 铜陵县 | Tongling | 290456 | 28265 | 12113.00 | 16362 | 168 | 376 |
| 池州市辖区 | Chizhou Reigon of City | 403188 | 24524 | 16106.00 | 18929 | 140 | 2158 |
| 东至县 | Dongzhi | 397100 | 23866 | 10193.00 | 29025 | 228 | 2808 |
| 石台县 | Shitai | 109860 | 1888 | 1300.25 | 2408 | 81 | 155 |
| 青阳县 | Qingyang | 235116 | 14270 | 6308.00 | 8787 | 59 | 621 |
| 安庆市辖区 | Anqing Reigon of City | 325406 | 7548 | 19151.00 | 16307 | 508 | 834 |
| 桐城市 | Tongcheng | 478200 | 26171 | 33368.00 | 17210 | 362 | 1231 |
| 怀宁县 | Huaining | 417391 | 15066 | 8012.00 | 14118 | 1108 | 2080 |
| 枞阳县 | Zongyang | 449464 | 13809 | 17928.14 | 35988 | 392 | 1908 |
| 潜山县 | Qianshan | 334000 | 6611 | 14719.00 | 26043 | 191 | 718 |
| 太湖县 | Taihu | 219861 | 9164 | 9149.00 | 30061 | 405 | 1053 |
| 宿松县 | Susong | 343066 | 5534 | 27263.00 | 52587 | 1000 | 3354 |
| 望江县 | Wangjiang | 284485 | 5279 | 10129.00 | 33104 | 554 | 2697 |
| 岳西县 | Yuexi | 110723 | 1708 | 7702.00 | 11251 | 165 | 183 |
| 黄山市辖区 | Huangshan Reigon of City | 215232 | 10113 | 6679.99 | 8691 | 582 | 561 |
| 歙县 | Shexian | 199261 | 6125 | 7718.00 | 14778 | 689 | 1640 |
| 休宁县 | Xiuning | 155249 | 5902 | 3945.00 | 11126 | 447 | 632 |
| 黟县 | Yixian | 68603 | 2078 | 1440.00 | 3254 | 77 | 230 |
| 祁门县 | Qimen | 109315 | 2836 | 1691.00 | 2083 | 237 | 215 |

## 12—44 各县（市）农田水利情况（2012年）
Statement of Water Conservancy by County or City (2012)

单位：千公顷（1000 hectares）

| 县（市） | County (City) | 有效灌溉面积 Irrigated Areas | 节水灌溉面积 Irrigatcd Area With Saved Water | 旱涝保收面积 Area With Stable Yields Despite Drought or Waterlogging | 机电排灌面积 Electrical Irrigation and Drainage Area | 除涝面积 Flooded or Waterlogged Area Under Control | 堤防保护耕地面积 Levee Protection Cultivated Area |
|---|---|---|---|---|---|---|---|
| 合肥市辖区 | Hefei Reigon of City | 12.25 | 5.67 | 6.12 | 6.57 | 4.07 | 4.10 |
| 巢湖市 | Chaohu | 49.65 | 2.91 | 42.79 | 47.36 | 12.36 | 17.90 |
| 长丰县 | Changfeng | 66.00 | 4.99 | 44.80 | 61.00 | 4.01 | 6.40 |
| 肥东县 | Feidong | 98.30 | 8.31 | 78.46 | 73.54 | 5.20 | 4.56 |
| 肥西县 | Feixi | 63.72 | 33.50 | 41.80 | 28.26 | 7.95 | 8.85 |
| 庐江县 | Lujiang | 74.25 | 22.24 | 64.71 | 91.85 | 35.18 | 34.55 |
| 淮北市辖区 | Huaibei Reigon of City | 27.07 | 8.20 | 22.72 | 15.83 | 23.41 | 24.40 |
| 濉溪县 | Suixi | 117.88 | 39.80 | 50.97 | 98.00 | 119.72 | 71.00 |
| 亳州市辖区 | Bozhou Reigon of City | 87.87 | 23.57 | 47.50 | 87.87 | 115.10 | |
| 涡阳县 | Guoyang | 83.63 | 7.21 | 50.18 | 83.63 | 113.33 | 87.40 |
| 蒙城县 | Mengcheng | 95.02 | 11.01 | 65.73 | 106.97 | 102.65 | 92.13 |
| 利辛县 | Lixin | 69.54 | 9.18 | 60.48 | 77.92 | 89.90 | 115.00 |
| 宿州市辖区 | Suzhou Reigon of City | 105.53 | 20.39 | 61.60 | 109.16 | 88.84 | 79.80 |
| 砀山县 | Dangshan | 52.64 | 26.70 | 38.63 | 52.64 | 38.91 | 30.00 |
| 萧县 | Xiaoxian | 74.24 | 38.95 | 44.31 | 72.81 | 65.17 | 59.28 |
| 灵璧县 | Lingbi | 75.18 | 16.66 | 41.96 | 83.26 | 102.14 | 107.11 |
| 泗县 | Sixian | 71.42 | 16.03 | 42.30 | 79.84 | 69.20 | 86.67 |
| 蚌埠市辖区 | Bengbu Reigon of City | 19.37 | 4.08 | 14.23 | 19.58 | 11.30 | 21.66 |
| 怀远县 | Huaiyuan | 93.29 | 15.77 | 82.46 | 100.26 | 94.32 | 127.07 |
| 五河县 | Wuhe | 56.23 | 20.39 | 49.30 | 97.71 | 59.41 | 61.78 |
| 固镇县 | Guzhen | 43.21 | 10.66 | 37.47 | 54.57 | 62.39 | 70.20 |
| 阜阳市辖区 | Fuyang Reigon of City | 76.63 | 8.41 | 49.81 | 91.63 | 88.24 | 103.53 |
| 界首市 | Jieshou | 28.66 | 3.22 | 17.11 | 28.95 | 30.41 | 20.45 |
| 临泉县 | Linquan | 67.01 | 11.47 | 31.93 | 67.51 | 72.95 | 15.79 |
| 太和县 | Taihe | 60.22 | 15.07 | 46.90 | 60.22 | 102.41 | 100.29 |
| 阜南县 | Funan | 63.17 | 4.67 | 31.41 | 90.64 | 61.14 | 26.60 |
| 颍上县 | Yingshang | 88.43 | 40.25 | 58.59 | 122.34 | 77.36 | 83.15 |
| 淮南市辖区 | Huainan Reigon of City | 60.50 | 29.47 | 47.40 | 64.04 | 23.72 | 47.91 |
| 凤台县 | Fengtai | 44.20 | 29.01 | 44.20 | 56.06 | 19.04 | 55.31 |
| 毛集区 | Maoji District | | | | | | |
| 滁州市辖区 | Chuzhou Reigon of City | 26.82 | 4.51 | 24.11 | 13.39 | 3.15 | 4.11 |
| 天长市 | Tianchang | 59.52 | 5.04 | 47.58 | 42.32 | 12.00 | 15.67 |
| 明光市 | Mingguang | 48.50 | 7.61 | 43.31 | 31.14 | 15.20 | 14.97 |
| 来安县 | Laian | 44.32 | 2.90 | 38.25 | 21.98 | 13.00 | 14.00 |
| 全椒县 | Quanjiao | 39.98 | 5.90 | 34.65 | 20.13 | 6.29 | 5.93 |
| 定远县 | Dingyuan | 80.59 | 3.28 | 50.41 | 38.53 | 1.08 | 1.08 |
| 凤阳县 | Fengyang | 57.95 | 2.01 | 43.16 | 46.10 | 9.81 | 14.30 |
| 六安市辖区 | Luan Reigon of City | 93.68 | 71.75 | 59.39 | 33.36 | 8.16 | 8.02 |
| 寿县 | Shouxian | 99.32 | 82.32 | 86.91 | 55.71 | 23.54 | |

## 12—44 续表1 continued

单位：千公顷（1000 hectares）

| 县（市） | County (City) | 有效灌溉面积 Irrigated Areas | 节水灌溉面积 Irrigatcd Area With Saved Water | 旱涝保收面积 Area With Stable Yields Despite Drought or Waterlogging | 机电排灌面积 Electrical Irrigation and Drainage Area | 除涝面积 Flooded or Waterlogged Area Under Control | 堤防保护耕地面积 Levee Protection Cultivated Area |
|---|---|---|---|---|---|---|---|
| 霍邱县 | Huoqiu | 116.07 | 81.80 | 109.50 | 60.98 | 33.29 | 74.95 |
| 舒城县 | Shucheng | 42.30 | 18.06 | 38.74 | 10.31 | 10.09 | 30.00 |
| 金寨县 | Jinzhai | 19.86 | 10.65 | 14.99 | 3.00 | 0.22 | |
| 霍山县 | Huoshan | 14.72 | 6.67 | 10.19 | 3.13 | 0.81 | 1.82 |
| 叶集区 | Yeji District | | | | | | |
| 马鞍山市辖区 | Maanshan Reigon of City | 6.40 | 1.68 | 6.31 | 6.53 | 3.51 | 4.07 |
| 当涂县 | Dangtu | 46.05 | 6.00 | 42.88 | 42.56 | 44.64 | 45.77 |
| 含山县 | Hanshan | 34.12 | 3.39 | 20.54 | 28.97 | 8.58 | 13.12 |
| 和县 | Hexian | 42.46 | 3.74 | 41.36 | 48.46 | 30.18 | 29.84 |
| 芜湖市辖区 | Wuhu Reigon of City | 26.74 | | 16.44 | 29.24 | 27.49 | 16.04 |
| 芜湖县 | Wuhu | 20.60 | 0.35 | 18.44 | 20.46 | 16.78 | 16.40 |
| 繁昌县 | Fanchang | 14.80 | 1.00 | 14.80 | 15.40 | 9.43 | 9.50 |
| 南陵县 | Nanling | 32.84 | 7.36 | 30.00 | 26.96 | 15.12 | 18.20 |
| 无为县 | Wuwei | 104.87 | 2.53 | 79.09 | 110.56 | 67.20 | |
| 宣城市辖区 | Xuancheng Reigon of City | 54.73 | 2.93 | 41.96 | 34.31 | 26.18 | 26.16 |
| 宁国市 | Ningguo | 13.47 | 0.85 | 10.65 | 3.87 | | 6.00 |
| 郎溪县 | Langxi | 22.67 | 1.80 | 21.45 | 15.02 | 8.61 | 11.01 |
| 广德县 | Guangde | 27.66 | 4.65 | 25.75 | 5.17 | 0.87 | 7.60 |
| 泾县 | Jingxian | 16.37 | 2.05 | 14.25 | 3.05 | 0.26 | 2.50 |
| 绩溪县 | Jixi | 6.20 | 0.51 | 5.09 | 1.30 | | 2.82 |
| 旌德县 | Jingde | 8.65 | 0.90 | 5.38 | 0.73 | | |
| 铜陵市辖区 | Tongling Reigon of City | 6.83 | 0.54 | 3.11 | 6.03 | 1.13 | 2.86 |
| 铜陵县 | Tongling | 18.15 | 4.66 | 15.50 | 12.17 | 11.75 | 15.85 |
| 池州市辖区 | Chizhou Reigon of City | 30.77 | 0.20 | 30.77 | 29.91 | 26.95 | 24.05 |
| 东至县 | Dongzhi | 34.43 | 1.89 | 30.20 | 24.86 | 22.16 | 21.57 |
| 石台县 | Shitai | 3.73 | 0.75 | 3.45 | 0.43 | | 0.80 |
| 青阳县 | Qingyang | 15.71 | 1.06 | 13.03 | 3.73 | 4.05 | 2.31 |
| 安庆市辖区 | Anqing Reigon of City | 13.99 | 1.56 | 9.08 | 15.88 | 8.87 | 3.47 |
| 桐城市 | Tongcheng | 39.90 | 2.50 | 29.75 | 15.52 | 11.54 | 7.80 |
| 怀宁县 | Huaining | 30.47 | 3.89 | 26.10 | 16.86 | 11.80 | 10.61 |
| 枞阳县 | Zongyang | 39.52 | 1.28 | 36.81 | 40.21 | 27.12 | 38.80 |
| 潜山县 | Qianshan | 24.16 | 2.20 | 21.75 | 10.15 | 6.03 | |
| 太湖县 | Taihu | 20.76 | 4.02 | 16.78 | 4.49 | 2.35 | 2.40 |
| 宿松县 | Susong | 44.51 | 1.52 | 34.22 | 22.81 | 13.87 | 40.86 |
| 望江县 | Wangjiang | 32.82 | 1.53 | 30.41 | 20.13 | 27.89 | 36.73 |
| 岳西县 | Yuexi | 12.41 | 1.27 | 11.33 | 0.05 | 0.03 | |
| 黄山市辖区 | Huangshan Reigon of City | 10.87 | 3.51 | 8.80 | 3.77 | 0.64 | 5.59 |
| 歙县 | Shexian | 9.18 | 1.82 | 2.87 | 2.18 | | 1.90 |
| 休宁县 | Xiuning | 11.02 | 1.35 | 9.15 | 2.20 | 0.77 | 2.70 |
| 黟县 | Yixian | 4.92 | 0.41 | 4.00 | 0.40 | | 0.53 |
| 祁门县 | Qimen | 6.89 | 1.76 | 3.98 | 1.10 | | 4.13 |

## 12—44 续表2 continued

| 县（市） | County (City) | 已建成水库总库容（万立方米）Total of Established Reservoir Storage Capacity ($10000\ m^3$) | 全部堤防保护人口（万人）Protection Population of Compelete Embankment (10000 persons) | 水土流失治理面积（千公顷）Area of Soil Erosion Under Control (1000 hectares) | 农作物受灾面积（千公顷）Area of Farm Crops by Natural Disaster (1000 hectares) | 旱灾（千公顷）Area Affected by Drought (1000 hectares) | 洪涝灾（千公顷）Area Affected by Flood (1000 hectares) |
|---|---|---|---|---|---|---|---|
| 合肥市辖区 | Hefei Reigon of City | 45875.12 | 23.92 | 0.43 | 0.06 | 0.03 | 0.01 |
| 巢湖市 | Chaohu | 7375.00 | 38.41 | 54.48 | 1.06 | | 1.06 |
| 长丰县 | Changfeng | 36074.00 | 4.36 | 1.51 | 19.30 | 19.30 | |
| 肥东县 | Feidong | 37435.25 | 25.45 | 18.47 | 0.80 | | 0.80 |
| 肥西县 | Feixi | 11701.00 | 18.05 | | | | |
| 庐江县 | Lujiang | 10111.00 | 30.80 | 53.30 | 2.81 | | 2.05 |
| 淮北市辖区 | Huaibei Reigon of City | 1207.60 | 77.69 | 10.51 | 17.20 | 17.16 | 0.04 |
| 濉溪县 | Suixi | | 76.50 | 5.60 | 70.38 | 30.82 | 39.56 |
| 亳州市辖区 | Bozhou Reigon of City | | 40.00 | | 71.70 | 45.00 | 1.40 |
| 涡阳县 | Guoyang | | 98.75 | | 79.35 | 56.70 | 16.20 |
| 蒙城县 | Mengcheng | | 86.00 | | 27.69 | 27.67 | |
| 利辛县 | Lixin | | 70.15 | | 50.77 | 45.20 | |
| 宿州市辖区 | Suzhou Reigon of City | 1797.00 | 95.40 | 11.63 | 208.00 | 198.00 | 10.00 |
| 砀山县 | Dangshan | 2959.00 | 52.91 | 1.89 | 35.82 | 35.82 | |
| 萧县 | Xiaoxian | 1206.00 | 70.13 | 20.93 | 67.60 | 67.60 | |
| 灵璧县 | Lingbi | 688.08 | 98.10 | 4.50 | 173.99 | 115.60 | 49.19 |
| 泗县 | Sixian | 245.89 | 74.52 | 7.00 | 122.67 | 116.67 | 6.00 |
| 蚌埠市辖区 | Bengbu Reigon of City | 171.30 | 84.96 | | 3.35 | 3.35 | |
| 怀远县 | Huaiyuan | 105.50 | 136.30 | 1.00 | 17.33 | 17.33 | |
| 五河县 | Wuhe | 3714.18 | 62.31 | 6.50 | 16.89 | 15.34 | |
| 固镇县 | Guzhen | | 63.20 | | 13.33 | 13.33 | |
| 阜阳市辖区 | Fuyang Reigon of City | | 179.16 | | 38.83 | 33.97 | |
| 界首市 | Jieshou | | 38.23 | | 3.24 | 3.20 | |
| 临泉县 | Linquan | | 23.25 | | 64.81 | 60.00 | 4.81 |
| 太和县 | Taihe | | 129.71 | | 24.00 | 24.00 | |
| 阜南县 | Funan | | 32.54 | | 62.31 | 60.00 | |
| 颍上县 | Yingshang | | 92.54 | | | | |
| 淮南市辖区 | Huainan Reigon of City | 2675.20 | 149.86 | 4.05 | 3.92 | 3.92 | |
| 凤台县 | Fengtai | | 59.30 | 10.97 | 1.16 | 0.95 | 0.21 |
| 毛集区 | Maoji District | | | | 3.41 | 3.41 | |
| 滁州市辖区 | Chuzhou Reigon of City | 41711.57 | 6.35 | 19.61 | 19.72 | 17.12 | |
| 天长市 | Tianchang | 51037.00 | 25.00 | 6.95 | 54.38 | 24.38 | |
| 明光市 | Mingguang | 24200.07 | 11.95 | 52.47 | 34.28 | 34.28 | |
| 来安县 | Laian | 26477.22 | 14.91 | 33.52 | 0.80 | 0.80 | |
| 全椒县 | Quanjiao | 50021.00 | 9.54 | 29.09 | 15.07 | 13.89 | |
| 定远县 | Dingyuan | 68776.00 | 2.09 | 33.63 | 67.55 | 67.00 | |
| 凤阳县 | Fengyang | 30521.49 | 10.00 | 28.35 | 44.00 | 44.00 | |
| 六安市辖区 | Luan Reigon of City | 11438.00 | 17.52 | 29.78 | 69.90 | 61.96 | 2.27 |
| 寿县 | Shouxian | 20002.30 | | | 85.49 | 52.00 | |

**12—44　续表3　continued**

| 县（市） | County (City) | 已建成水库总库容（万立方米）Total of Established Reservoir Storage Capacity (10000 $m^3$) | 全部堤防保护人口（万人）Protection Population of Compelete Embankment (10000 persons) | 水土流失治理面积（千公顷）Area of Soil Erosion Under Control (1000 hectares) | 农作物受灾面积（千公顷）Area of Farm Crops by Natural Disaster (1000 hectares) | 旱灾（千公顷）Area Affected by Drought (1000 hectares) | 洪涝灾（千公顷）Area Affected by Flood (1000 hectares) |
|---|---|---|---|---|---|---|---|
| 霍邱县 | Huoqiu | 23871.65 | 38.34 | | 50.00 | 50.00 | |
| 舒城县 | Shucheng | 3520.90 | 52.02 | 89.70 | 4.93 | | 4.93 |
| 金寨县 | Jinzhai | 5411.00 | | 152.26 | 76.06 | 70.04 | 1.01 |
| 霍山县 | Huoshan | 3576.40 | 8.00 | 93.82 | 3.10 | | 3.10 |
| 叶集区 | Yeji District | | | | | | |
| 马鞍山市辖区 | Maanshan Reigon of City | 499.83 | 38.63 | 0.55 | 3.86 | | 3.80 |
| 当涂县 | Dangtu | 586.00 | 59.66 | 10.09 | 7.73 | | 6.55 |
| 含山县 | Hanshan | 8632.00 | 9.64 | 34.05 | 8.95 | | 8.95 |
| 和县 | Hexian | 6953.00 | 54.30 | 29.53 | 7.32 | | 7.13 |
| 芜湖市辖区 | Wuhu Reigon of City | | 122.69 | 2.20 | 2.00 | | 1.34 |
| 芜湖县 | Wuhu | | 29.14 | 3.34 | 5.44 | | 5.44 |
| 繁昌县 | Fanchang | 1427.50 | 16.00 | 14.24 | 5.45 | | 0.98 |
| 南陵县 | Nanling | 2401.96 | 32.10 | 28.15 | 2.70 | | 2.70 |
| 无为县 | Wuwei | 2829.00 | 142.30 | 15.84 | 4.40 | | 4.40 |
| 宣城市辖区 | Xuancheng Reigon of City | 370197.45 | 46.16 | 31.03 | 24.23 | | 1.01 |
| 宁国市 | Ningguo | 2768.52 | 28.70 | 35.59 | 5.38 | | 0.91 |
| 郎溪县 | Langxi | 8603.18 | 12.80 | 18.13 | 2.19 | | |
| 广德县 | Guangde | 8793.00 | 10.50 | 29.74 | 19.28 | | |
| 泾县 | Jingxian | 2635.67 | 10.80 | 53.61 | 12.00 | | |
| 绩溪县 | Jixi | 1722.00 | 6.94 | 38.90 | 7.66 | | |
| 旌德县 | Jingde | 1842.99 | 1.50 | 28.45 | 2.54 | | |
| 铜陵市辖区 | Tongling Reigon of City | 124.52 | 20.27 | 1.90 | 3.55 | | 0.46 |
| 铜陵县 | Tongling | 1544.68 | 19.50 | 4.83 | 8.58 | | 8.58 |
| 池州市辖区 | Chizhou Reigon of City | 3637.50 | 40.23 | 34.44 | 30.88 | 5.20 | 19.83 |
| 东至县 | Dongzhi | 13551.00 | 26.83 | 179.98 | 19.20 | 16.20 | 15.45 |
| 石台县 | Shitai | 2955.23 | 3.84 | 37.24 | 5.30 | 0.95 | 4.68 |
| 青阳县 | Qingyang | 7371.60 | 4.97 | 26.69 | 7.65 | 2.28 | 6.00 |
| 安庆市辖区 | Anqing Reigon of City | 855.48 | 7.82 | 5.95 | 17.76 | | 12.79 |
| 桐城市 | Tongcheng | 13682.00 | 25.00 | 32.50 | 9.08 | | 3.56 |
| 怀宁县 | Huaining | 15396.00 | 18.15 | 19.07 | 5.30 | | 4.51 |
| 枞阳县 | Zongyang | 4386.00 | 96.00 | 32.55 | 10.20 | | 4.00 |
| 潜山县 | Qianshan | 11459.00 | 20.00 | 87.69 | 31.13 | | 20.48 |
| 太湖县 | Taihu | 244819.70 | 2.31 | 94.69 | 5.50 | | 4.60 |
| 宿松县 | Susong | 12455.00 | 72.52 | 22.50 | 11.61 | | 4.64 |
| 望江县 | Wangjiang | 1717.00 | 46.00 | 11.20 | 21.80 | | |
| 岳西县 | Yuexi | 12085.00 | | 190.17 | 11.52 | | 9.67 |
| 黄山市辖区 | Huangshan Reigon of City | 14566.50 | 30.76 | 79.21 | 5.86 | | 5.70 |
| 歙县 | Shexian | 2060.00 | 6.50 | 92.62 | 2.36 | | |
| 休宁县 | Xiuning | 2348.00 | 4.50 | 65.35 | 1.58 | | |
| 黟县 | Yixian | 3072.32 | 2.00 | 38.38 | 7.60 | | |
| 祁门县 | Qimen | 3407.00 | | 32.65 | 12.50 | | 12.50 |

# 主要统计指标解释

**农林牧渔业总产值**

农林牧渔业总产值是以货币表现的农林牧渔业的全部产品总量和对农林牧渔业生产活动进行的各种支持性服务活动的价值。它反映一定时期内农林牧渔业生产总规模和总成果，是观察农林牧渔业生产水平和发展速度，研究农林牧渔业内部比例关系、农林牧渔业与工业、农林牧渔业与国家建设、人民生活比例关系的重要指标，同时也是计算农林牧渔业劳动生产率和农林牧渔业增加值的基础资料。1957年以前的农业总产值中包括了厩肥和农民自给性手工业（如农民自制衣服、鞋、袜，自己从事粮食初步加工等）。1958 年及以后的农业总产值，林业中增加了村及村以下竹木采伐产值；牧业中取消了厩肥产值；副业中取消了农民自给性手工业产值，增加了村及村以下办的工业产值；渔业中增加了海洋捕捞水产品产值。1980年及以后的农业总产值，在副业中增加了农民家庭兼营工业商品部分的产值。从1984年起村及村以下工业产值划归工业。从1993年起取消副业，将野生动物的捕猎划入牧业，野生植物采集和农民家庭兼营商品性工业划归农业。2003年起，取消农业中的农民家庭兼营商品性工业，增加了农林牧渔服务业。

**粮食产量**

指全社会的产量。包括国有经济经营的、集体统一经营的和农民家庭经营的粮食产量，还包括工矿企业办的农场和其他生产单位的产量。粮食除包括稻谷、小麦、玉米、高粱、谷子及其他杂粮外，还包括薯类和豆类。其产量计算方法，豆类按去豆荚后的干豆计算；薯类（包括甘薯和马铃薯，不包括芋头和木薯）1963年以前按每4公斤鲜薯折1公斤粮食计算，从1964年开始改为按5公斤鲜薯折1公斤粮食计算。城市郊区作为蔬菜的薯类（如马铃薯等）按鲜品计算，并且不作粮食统计。其他粮食一律按脱粒后的原粮计算。

**油料产量**

指全部油料作物的生产量。包括花生、油菜籽、芝麻、向日葵籽、胡麻籽（亚麻籽）和其他油料。不包括大豆、木本油料和野生油料。花生以带壳干花生计算。

**水产品产量**

指人工养殖的水产品和天然生长的水产品的捕捞量。包括海水的鱼类、虾蟹类、贝类和藻类以及内陆水域的鱼类、虾蟹类和贝类，不包括淡水生植物。

**猪、牛、羊肉产量**

指当年出栏并已屠宰、除去头蹄下水后带骨肉（即胴体重）的重量。

**期初（末）畜禽存栏头（只）数**

指报告期初（末）农村各种合作经济组织和国营农场、农民个人、机关、团体、学校、工矿企业、部队等单位以及城镇居民饲养的大牲畜、猪、羊、家禽等畜禽的存栏数。

**耕地面积**

指可以用来种植农作物、经常进行耕锄的田地，包括熟地、当年新开荒地、连续撂荒未满三年的耕地和当年的休闲地（轮歇地），还包括以种植农作物为主并附带种植桑树、茶树、果树和其他林木的土地，以及沿海、沿湖地区已围垦利用的“海涂”、“湖田”等面积。不包括属于专业性的桑园、茶园、果园、果木苗圃、林地、芦苇地、天然或人工草地面积。

**农作物播种面积**

指实际播种或移植有农作物的面积。凡是实际种植有农作物的面积，不论种植在耕地上还是种植在非耕地上，均包括在农作物播种面积中。在播种季节基本结束后，因遭灾而重新改种和补种的农作物面积，也包括在内。

**有效灌溉面积**

指具有一定的水源，地块比较平整，灌溉工程或设备已经配套，在一般年景下当年能够进行正常灌溉的耕地面积。

**农用化肥施用量**

指本年内实际用于农业生产的化肥数量，包括氮肥、磷肥、钾肥和复合肥。化肥施用量要求按折纯量计算数量。折纯量是指把氮肥、磷肥、钾肥分别按含氮、含五氧化二磷、含氧化钾的百分之一百成份进行折算后的数量。复合肥按其所含主要成分折算。

**农业机械总动力**

指主要用于农、林、牧、渔业的各种动力机械的动力总和。包括耕作机械、排灌机械、收获机械、农用运输机械、植物保护机械、牧业机械、林业机械、渔业机械和其他农业机械〔内燃机按引擎马力折成瓦（特）计算、电动机按功率折成瓦（特）计算〕。不包括专门用于乡、镇、村、组办工业、基本建设、非农业运输、科学试验和教学等非农业生产方面用的动力机械与作业机械。

**农林牧渔业劳动力**

指全社会直接参加农林牧渔业生产活动的劳动力。

# Explanatory Notes for Major Statistical Indicators

**Gross Output Value of Farming, Forestry, Animal Husbandry and Fishery**

refers to the total value of products and all kinds of supporting services of farming, forestry, animal husbandry and fishery, which reflects the total scale and result of agricultural production during a given period. It is an important indicator to observe the production level and the development speed of farming, forestry, animal husbandry and fishery and to research into the interior proportion relations of farming, forestry, animal husbandry and fishery, the proportion relations of farming, forestry, animal husbandry and fishery to industry, national construction and the lives of the people. It is also the basic data to calculate the labor productivity and value-added of farming, forestry, animal husbandry and fishery. Prior to 1957, Chinas gross agricultural output value included barnyard manure and handicraft products for self-consumption (clothes, shoes, stockings, and initial grain processing undertaken by peasant s). Since 1958, cutting and felling of bamboo and trees by villages and other cooperative organizations under villages have been included in forestry; value of barnyard manure has been excluded from animal husbandry; self consumed handicraft s has been excluded from sideline occupations, while the output value of industries run by villages and cooperative organizations under village had been included in sideline occupations and the out put value of fish catches by mot or fishing boats has been added to fishery. Since 1980, the value of handicraft products made for sale by individuals in households had been added to sideline occupations. Since 1984, industries run by villages and under villages have been included in the sector of industry. Since 1993, the subdivision of sideline occupations has been canceled, and the hunting of wild animals has been classified into animal husbandry, and the gathering of wild plants and commodity industry run by rural household have been included in farming. Since 2003, the commercial industrial activities undertaken by rural households as sideline production have been cancelled and the farming, forestry, animal husbandry and fishery services have been included in farming.

**Grain Yield**

refers to the yield in the whole country including grains produced by state farms, collective units, industrial enterprises and mines. Grain includes rice, wheat, corn, sorghum, millet and other miscellaneous grains as well as tubers and beans. Output of beans refers to dry beans without pods. The output of tubers (sweet potatoes and potatoes, not including taros and cassava) was converted into that of grain at the ratio 4:1, i.e. 4 kilograms of fresh tubers was equivalent to 1 kilogram of grain up to 1963.Since 1964 the ratio for conversion has been 5:1. Tubers supplied as vegetables (such as potatoes) in cities and suburbs are calculated as fresh vegetables and their output is not included in the output of grain. Output of all other grains refers to husked grain.

**Yield of Oil-bearing Crops**

refers to the total yield of oil bearing crops of various kinds, including peanuts, (dry, in shell) rapeseeds, sesame, sunflower seeds, flax seeds, and other oil bearing crops. Soybeans, oil-bearing woody plants, and wild oil-bearing crops are not included.

**Output of Aquatic Products**

refers to catches of both artificially cultured and naturally grown aquatic products, including fish, shrimps, crabs and shellfish in sea and inland water as well as seaweed. Freshwater plants are not included.

**Output of Pork, Beef, and Mutton**

refers to the meat of slaughtered hogs, cattle, sheep and goats with head, feet, and offal taken away.

**Number of Livestock or Poultry in Stock at Beginning (or End)**

refers to the total number of large animals, pigs, sheep, fowls, etc. raised by rural cooperative organizations, state farms, rural individuals, government agencies, schools, industrial and mining enterprises, army, and urban residents at the beginning (or end) of the reference period.

**Cultivated Area (Area under cultivation)**

refers to farmland which is plowed constantly for growing crops, including cultivated land, newly cultivated land in the current year, farmland left without cultivation for less than three years and fallow land in the current year, rotation land, rotation land of grass and crops, farmland with some fruit trees, mulberry trees and other trees and cultivated seashore land, lake land, and etc. The land of mulberry fields, tea plantations, orchards, nurseries of young plants, forest land, reed land, natural and man-made grassland and other land are not included in cultivated land.

**Sown Area of Crops**

refers to area of land sown or transplanted with crops regardless of being in cultivated area or non cultivated area.

Area of land re-sown due to natural disasters is also included.

**Irrigated Area**

refers to areas that are effectively irrigated, i.e. level land which has water source and complete sets of irrigation facilities to lift and move adequate water for irrigation purpose under normal conditions.

**Consumption of Chemical Fertilizers in Agriculture**

refers to the quantity of chemical fertilizers applied in agriculture in the year, including nitrogenous fertilizer, phosphate fertilizer, potash fertilizer, and compound fertilizer. The consumption of chemical fertilizers is required in calculation to convert the gross weight into weight containing 100% effective component (e.g. 100% nitrogen content in nitrogenous fertilizer, 100% phosphorous pent oxide contents in phosphate fertilizer, 100% potassium oxide contents in potash fertilizer). Compound fertilizer is converted with its major component.

**Total Power of Farm Machinery**

refers to total mechanical power of machinery used in farming, forestry, animal husbandry, and fishery, including plough , irrigation and drainage, harvesting, transport, plant protection, stock breeding, forestry and fishery. The power of internal combustion engines is required to convert horsepower into watts and the power of electric motors is required to be converted into watts. Machinery employed for non agricultural purposes, such as the machines used in township run and village-run industry, construction, non agricultural transport, scientific experiments and teaching, is excluded.

**Labour Force Engaged in Farming, Forestry, Animal Husbandry and Fishery**

refers to the total laborers who are directly engaged in production of farming, forestry, animal husbandry and fishery.

# 第十三篇

Chapter 13

# 工业

INDUSTRY

## 简要说明

一、本篇主要包括以下几部分汇总资料：

1. 全部工业企业按登记注册类型、行业分组的企业单位数和工业总产值(其中 1995 年后工业总产值均按新规定计算)。

2. 全部年主营业务收入在 2000 万元及以上的工业企业按地区和行业分组的主要经济指标和经济效益指标，主要包括工业总产值、工业增加值、资本金、流动资产、固定资产、流动负债、所有者权益、主营业务收入、主营业务税金及附加、利润总额、应交增值税、总资产贡献率、资产负债率、成本费用利润率、流动资产周转次数、产品销售率等指标。

3. 大中型工业企业的主要经济指标。

4. 主要工业产品产量。

二、1998 年开始工业统计范围为全部国有企业及年主营业务收入在 500 万元及以上的工业法人单位，2011 年开始工业统计范围为年主营业务收入在 2000 万元及以上的工业法人单位。与历史年份具有不可比性。

三、1995 年及以后年份工业总产值为调整数。

四、行业分类按《国民经济行业分类》(GB/T 4754-2011)标准划分。

五、资料来源：由省统计局工业处根据国家统计局工业统计报表制度收集、汇总、整理提供。

## Brief Introduction

Ⅰ. Data in this chapter cover the following parts:

1. The number of industrial enterprises, the gross industrial output value of all industrial enterprises classified by registration status and industrial division. (The gross industrial output value is calculated according to the new stipulation after 1995.)

2. Main economic indicators and efficiency indicators of all state-owned industrial enterprises, and of non-state enterprises each with an main business revenue of over five million yuan, classified by region and by industrial division, including gross industrial output value, industrial value-added, capital, circulating assets, fixed assets, liquid liabilities, creditor's equity, main business revenue, main business tax and extra-charges, sales profit, total profits, ratio of value-added to gross industrial output value, ratio of profits and taxes to funds and output value, turnover of working capital and overall labor productivity.

3. Main economic indicators of large and medium size industrial enterprises.

4. Output of key industrial products.

Ⅱ. Since 1998, the coverage of industrial statistics is all state-owned industrial enterprises and non-state enterprises each with main business revenue over five million yuan.

Ⅲ. Data on gross industrial output value have been adjusted since 1995.

Ⅳ.Data by branch of industry are based on <National Industrial Classification of all Economic Activities>((GB/T 4754-2011).

Ⅴ. Source of data: All data are prepared and provided by the Division of Industrial Statistics, Anhui Statistical Bureau, in accordance with the industrial statistical reporting system of SSB. Data are collected, tabulated and processed by the statistical bureau in the prefectures and cities.

## 13—1 工业企业单位数和总产值
Number of Industrial Enterprises and Gross Industrial Output Value

| 分　类 | Sector | 2000 | 2005 | 2010 | 2011 | 2012 |
|---|---|---|---|---|---|---|
| **企业单位数　（个）** | **Number of Industrial Enterprises (unit)** | **3680** | **5277** | **16277** | **12432** | **14514** |
| 在总计中： | Of the Total: | | | | | |
| 国有及国有控股企业 | State Controlling Share Hold Enterprises | 1128 | 619 | 737 | 605 | 626 |
| 在总计中： | Of the Total: | | | | | |
| 集体企业 | Collective-owned Enterprises | 979 | 261 | 194 | 104 | 93 |
| 私营企业 | Private Enterprises | 533 | 2725 | 11269 | 7905 | 9070 |
| 港澳台商投资企业 | Enterprises Funded by Entrepreneurs from Hong Kong, Macao and Taiwan | 118 | 200 | 375 | 312 | 316 |
| 外商投资企业 | Foreign Funded Enterprises | 133 | 296 | 539 | 438 | 467 |
| **工业总产值　（亿元）** | **Gross Industrial Output Value (100 million yuan** | **1661.44** | **4567.23** | **18732.00** | **25875.87** | **29245.17** |
| 在总计中： | Of the Total: | | | | | |
| 国有及国有控股企业 | State Controlling Share Hold Enterprises | 1044.54 | 2418.44 | 6902.07 | 8378.91 | 8711.67 |
| 在总计中： | Of the Total: | | | | | |
| 集体企业 | Collective-owned Enterprises | 177.65 | 89.44 | 149.73 | 166.08 | 87.05 |
| 私营企业 | Private Enterprises | 77.16 | 714.73 | 6068.83 | 8558.44 | 10354.42 |
| 港澳台商投资企业 | Enterprises Funded by Entrepreneurs from Hong Kong, Macao and Taiwan | 60.84 | 226.49 | 804.94 | 1359.88 | 1405.40 |
| 外商投资企业 | Foreign Funded Enterprises | 152.40 | 517.32 | 1763.63 | 2085.80 | 2127.57 |

注：工业总产值按当年价格计算。

a)　Gross industrial output value is calculated at current prices.

## 13—2 工业增加值
Value-added of Industry

本表按当年价格计算　(Data in this table are calculated at current prices)　　单位：亿元（100 million yuan）

| 年　份 Year | 工业增加值 Value-added of Industry | 内资企业 Domestic Funded Enterprise | #国有及国有控股企业 State-owned or Controlling Share Hold Industry | #集体企业 Collective-owned Industry | 私营企业 Private Enterprises | 港澳台商投资企业 Enterprises Funded by Entrepreneurs from Hong Kong, Macao and Taiwan | 外商投资企业 Foreign Funded Enterprises |
|---|---|---|---|---|---|---|---|
| 2000 | 507.38 | 451.57 | 340.42 | 49.60 | 22.24 | 17.56 | 38.18 |
| 2003 | 881.52 | 740.34 | 532.98 | 30.11 | 98.85 | 54.93 | 86.25 |
| 2004 | 1190.47 | 1005.10 | 666.21 | 31.15 | 151.09 | 71.45 | 113.92 |
| 2005 | 1483.76 | 1250.18 | 835.34 | 22.17 | 215.10 | 78.46 | 155.16 |
| 2006 | 1885.64 | 1584.14 | 973.45 | 38.48 | 333.64 | 94.68 | 206.82 |
| 2007 | 2562.70 | 2185.24 | 1211.17 | 45.21 | 537.00 | 91.35 | 286.11 |
| 2008 | 3259.71 | 2783.05 | 1471.12 | 46.27 | 822.74 | 154.94 | 321.72 |
| 2009 | 3980.55 | 3474.52 | 1778.23 | 30.33 | 1095.93 | 151.98 | 354.05 |
| 2010 | 5290.62 | 4618.07 | 2222.19 | 38.85 | 1577.45 | 209.35 | 463.20 |
| 2011 | 6776.02 | 5936.86 | 2541.42 | 40.65 | 2065.39 | 320.69 | 518.47 |
| 2012 | 7614.11 | 6742.77 | 2633.35 | 24.46 | 2493.43 | 333.13 | 538.21 |

注：口径为规模以上工业企业（下同）。2008年为工业快报口径。

a) They referred to industrial enterprises above designated size. The same as following tables. in 2008, It is for express industrial-caliber.

## 13—3 规模以上工业企业工业增加值

Value-added of Industry of All State-owned and Non-state-owned Industrial Enterprises Above Designated Size

单位：亿元（100 million yuan）

| 行　业 | Sector | 2000 | 2005 | 2010 | 2011 | 2012 |
|---|---|---|---|---|---|---|
| **总　计** | **Total** | **507.38** | **1483.75** | **5290.62** | **6776.02** | **7614.11** |
| **总计中：** | **Of the Total:** | | | | | |
| 内资企业 | Domestic Funded Enterprise | 451.57 | 1250.13 | 4618.07 | 5936.86 | 6742.77 |
| 国有企业 | State-owned Enterprise | 171.00 | 247.63 | 319.25 | 708.34 | 837.69 |
| 集体企业 | Collective-owned Enterprise | 49.60 | 22.17 | 38.85 | 40.65 | 24.46 |
| 股份合作企业 | Share Holding Cooperative Enterprises | 16.45 | 9.81 | 16.69 | 14.21 | 14.95 |
| 联营企业 | Joint Owned Enterprises | 2.53 | 2.65 | 3.84 | 5.07 | 2.87 |
| 有限责任公司 | Limited Liability Corporations | 101.74 | 475.95 | 1924.16 | 2172.74 | 2398.46 |
| 股份有限公司 | Share-holding Corporations Ltd. | 85.05 | 272.50 | 716.51 | 832.70 | 876.70 |
| 私营企业 | Private Enterprises | 22.24 | 215.10 | 1577.55 | 2065.39 | 2493.43 |
| 其他企业 | Other Enterprises | 2.96 | 4.32 | 21.32 | 97.76 | 94.21 |
| 港澳台商投资企业 | Enterprises Funded by Entrepreneurs from Hong Kong, Macao and Taiwan | 17.62 | 78.46 | 209.35 | 320.69 | 333.13 |
| 外商投资企业 | Foreign Funded Enterprises | 38.19 | 155.16 | 463.20 | 518.47 | 538.21 |
| **总计中：** | **Of the Total:** | | | | | |
| 独资企业 | Enterprise Owned by a Sole Investor | 240.87 | | 755.37 | 1233.33 | 1345.19 |
| 合作合伙企业 | Cooperative Enterprises | 24.93 | | 67.02 | 175.12 | 187.11 |
| 股份有限公司 | Share-holding Corporations Ltd. | 92.56 | | 873.02 | 1014.80 | 1071.81 |
| 有限责任公司 | Limited Liability Corporations | 149.03 | | 3595.21 | 4352.77 | 5010.00 |
| **总计中：** | **Of the Total:** | | | | | |
| 国有及国有控股企业 | State Controlling Share Hold Enterprises | 340.42 | 835.34 | 2222.19 | 2541.42 | 2633.35 |
| **总计中：** | **Of the Total:** | | | | | |
| 轻工业 | Light Industry | 206.02 | 452.18 | 1498.68 | 2000.13 | 2358.45 |
| 重工业 | Heavy Industry | 301.36 | 1031.57 | 3791.94 | 4775.89 | 5255.66 |
| **总计中：** | **Of the Total:** | | | | | |
| 大型企业 | Large-sized Enterprises | 270.74 | 658.94 | 2102.42 | 3023.48 | 3164.12 |
| 中型企业 | Medium-sized Enterprises | 77.68 | 470.09 | 1277.42 | 1251.95 | 1485.79 |
| 小型企业 | Small Enterprises | 158.96 | 354.73 | 1910.78 | 2447.28 | 2898.81 |
| 微型企业 | Mini Enterprises | | | | 53.30 | 65.39 |

## 13—4 各市规模以上工业企业工业增加值

Value-added of Industry of All State-owned and Non-state-owned Industrial Enterprises Above Designated Size by Region

单位：亿元（100 million yuan）

| 地　区 | Region | 2000 | 2005 | 2009 | 2010 | 2011 | 2012 |
|---|---|---|---|---|---|---|---|
| **总　计** | **Total** | **507.38** | **1483.8** | **3980.55** | **5290.62** | **6776.02** | **7614.11** |
| 合 肥 市 | Hefei | 81.29 | 263.74 | 767.51 | 1092.71 | 1515.38 | 1798.17 |
| 淮 北 市 | Huaibei | 29.8 | 99.65 | 265.51 | 375.51 | 481.96 | 542.59 |
| 亳 州 市 | Bozhou | | 25.74 | 85.39 | 94.89 | 149.47 | 177.21 |
| 宿 州 市 | Suzhou | 11.81 | 38.01 | 158.19 | 184.80 | 288.07 | 247.20 |
| 蚌 埠 市 | Bengbu | 32.58 | 74.6 | 189.81 | 234.93 | 350.31 | 419.77 |
| 阜 阳 市 | Fuyang | 22.63 | 49.18 | 155.14 | 216.98 | 282.37 | 297.14 |
| 淮 南 市 | Huainan | 30.71 | 116.06 | 280.15 | 341.98 | 382.00 | 403.75 |
| 滁 州 市 | Chuzhou | 32.07 | 74.37 | 193.87 | 282.29 | 381.58 | 419.20 |
| 六 安 市 | Luan | 18.78 | 46.79 | 187.12 | 228.71 | 287.71 | 346.41 |
| 马鞍山市 | Maanshan | 49.7 | 197.52 | 357.56 | 358.32 | 425.40 | 484.28 |
| 芜 湖 市 | Wuhu | 48.79 | 167.05 | 464.6 | 609.74 | 931.81 | 1071.99 |
| 宣 城 市 | Xuancheng | 20.09 | 49.54 | 189.72 | 262.21 | 329.24 | 304.97 |
| 铜 陵 市 | Tongling | 23.5 | 92.39 | 172.97 | 290.07 | 369.01 | 389.06 |
| 池 州 市 | Chizhou | 4.02 | 18.96 | 60.98 | 80.14 | 94.97 | 123.25 |
| 安 庆 市 | Anqing | 50.24 | 105.54 | 262.06 | 339.87 | 405.57 | 483.77 |
| 黄 山 市 | Huangshan | 8.09 | 21.87 | 63.9 | 85.23 | 101.18 | 105.35 |

## 13—5　分行业规模以上工业企业工业增加值
Value-added of Industry of All Industrial Enterprises Above Designated Size by Industry

单位：万元（10000 yuan）

| 行　业 | Sector | 2012 |
|---|---|---|
| **总　计** | **Total** | **76141103** |
| 煤炭开采和洗选业 | Mining and Washing of Coal | 6736089 |
| 黑色金属矿采选业 | Mining and Processing of Ferrous Metal Ores | 1503058 |
| 有色金属矿采选业 | Mining and Processing of Non-Ferrous Metal Ores | 319403 |
| 非金属矿采选业 | Mining and Processing of Nonmetal Ores | 340006 |
| 开采辅助活动 | Mining Auxiliary Activities | 4051 |
| 农副食品加工业 | Processing of Food from Agriculture Products | 3542180 |
| 食品制造业 | Manufacture of Foods | 988348 |
| 酒、饮料和精制茶制造业 | Manufacture of Wine, Beverages and Refined Tea | 1881930 |
| 烟草制品业 | Manufacture of Tobacco | 2354297 |
| 纺织业 | Manufacture of Textile | 1701997 |
| 纺织服装、服饰业 | Manufacture of Textile Wearing Apparel and Clothing | 1494868 |
| 皮革毛皮羽毛（绒）及其制品业 | Manufacture of Leather, Furs, Feather and Related Products | 732398 |
| 木材加工及木竹藤棕草制品业 | Processing of Timber, Manufacture of Wood, Bamboo, Rattan, Palm and Straw Products | 906722 |
| 家具制造业 | Manufacture of Furniture | 381521 |
| 造纸和纸制品业 | Manufacture of Paper and Paper Products | 596893 |
| 印刷和记录媒介复制业 | Printing, Reproduction of Recording Media | 627445 |
| 文教、工美、体育和娱乐用品制造业 | Manufacture of Culture, Education, Art, Sports and Entertainment Supplies | 580277 |
| 石油加工、炼焦和核燃料加工业 | Processing of Petroleum, Coking and Processing of Nuclear Fuel | 421983 |
| 化学原料和化学制品制造业 | Manufacture of Raw Chemical Materials and Chemical Products | 3970508 |
| 医药制造业 | Manufacture of Medicines | 1200643 |
| 化学纤维制造业 | Manufacture of Chemical Fibers | 139818 |
| 橡胶和塑料制品业 | Manufacture of Rubber and Plastics | 2664047 |
| 非金属矿物制品业 | Manufacture of Non-metallic Mineral Products | 4695673 |
| 黑色金属冶炼和压延加工业 | Smelting and Pressing of Ferrous Metals | 4316519 |
| 有色金属冶炼和压延加工业 | Smelting and Pressing of Non-ferrous Metals | 3121817 |
| 金属制品业 | Manufacture of Metal Products | 2412894 |
| 通用设备制造业 | Manufacture of General Purpose Machinery | 3694303 |
| 专用设备制造业 | Manufacture of Special Purpose Machinery | 2611000 |
| 汽车制造业 | Manufacture of Automobile | 3989695 |
| 铁路、船舶、航空航天和其他运输设备制造业 | Manufacture of Railroads, Ships, Aerospace and Other Transportation Equipments | 542552 |
| 电气机械和器材制造业 | Manufacture of Electrical Machinery and Equipment | 8538435 |
| 计算机、通信和其他电子设备制造业 | Manufacture of Computers, Communication and Other Electronic Equipments | 2279652 |
| 仪器仪表制造业 | Manufacture of Measuring Instruments and Machinery | 421389 |
| 其他制造业 | Manufacture of Others | 175566 |
| 废弃资源综合利用业 | Industry of Comprehensive utilization of waste resources | 833155 |
| 金属制品、机械和设备修理业 | Industry of Metal products, machinery and equipment repair | 110564 |
| 电力、热力生产和供应业 | Production and Supply of Electric Power and Heat Power | 4928740 |
| 燃气生产和供应业 | Production and Supply of Gas | 206129 |
| 水的生产和供应业 | Production and Supply of Water | 174538 |

# 13—6 规模以上工业企业主要经济指标（2012年）
Main Indicators Above Designated Size Industrial Enterprises (2012)

| 行业 | Sector | 企业单位数（个）Number of Enterprises (unit) | 工业总产值（现价）Gross Industrial Output Value |
|---|---|---|---|
| **总计** | **Total** | **14514** | **29245.17** |
| **总计中：** | **Of the Total:** | | |
| 内资企业 | Domestic Funded Enterprise | 13731 | 25712.20 |
| 国有企业 | State-owned Enterprise | 222 | 2786.49 |
| 集体企业 | Collective-owned Enterprise | 93 | 87.05 |
| 股份合作企业 | Share Holding Cooperative Enterprises | 53 | 56.88 |
| 联营企业 | Joint Owned Enterprises | 8 | 10.36 |
| 有限责任公司 | Limited Liability Corporations | 3599 | 8500.74 |
| 股份有限公司 | Share-holding Corporations Ltd. | 343 | 3495.28 |
| 私营企业 | Private Enterprises | 9070 | 10354.42 |
| 其他企业 | Other Enterprises | 343 | 420.97 |
| 港澳台商投资企业 | Enterprises Funded by Entrepreneurs from Hong Kong, Macao and Taiwan | 316 | 1405.40 |
| 外商投资企业 | Foreign Funded Enterprises | 467 | 2127.57 |
| **总计中：** | **Of the Total:** | | |
| 国有及国有控股企业 | State Controlling Share Hold Enterprises | 626 | 8711.67 |
| **总计中：** | **Of the Total:** | | |
| 轻工业 | Light Industry | 5925 | 9517.15 |
| 重工业 | Heavy Industry | 8589 | 19728.02 |
| **总计中：** | **Of the Total:** | | |
| 大型企业 | Large-sized Enterprises | 259 | 10848.20 |
| 中型企业 | Medium-sized Enterprises | 1396 | 6024.57 |
| 小型企业 | Small Enterprises | 12319 | 12084.63 |
| 微型企业 | Mini Enterprises | 540 | 287.77 |
| **按行业分** | **Grouped by Sector** | | |
| 煤炭开采和洗选业 | Mining and Washing of Coal | 71 | 1005.65 |
| 黑色金属矿采选业 | Mining and Processing of Ferrous Metal Ores | 109 | 321.03 |
| 有色金属矿采选业 | Mining and Processing of Non-Ferrous Metal Ores | 69 | 87.22 |
| 非金属矿采选业 | Mining and Processing of Nonmetal Ores | 210 | 157.02 |
| 开采辅助活动 | Mining Auxiliary Activities | 5 | 1.58 |
| 农副食品加工业 | Processing of Food from Agriculture Products | 1440 | 2225.42 |
| 食品制造业 | Manufacture of Foods | 312 | 415.52 |
| 酒、饮料和精制茶制造业 | Manufacture of Wine, Beverages and Refined Tea | 271 | 536.93 |
| 烟草制品业 | Manufacture of Tobacco | 7 | 293.91 |
| 纺织业 | Manufacture of Textile | 618 | 748.40 |
| 纺织服装、服饰业 | Manufacture of Textile Wearing Apparel and Clothing | 814 | 578.02 |
| 皮革毛皮羽毛及其制品和制鞋业 | Manufacture of Leather, Furs, Feather and Related Products | 230 | 289.55 |
| 木材加工及木竹藤棕草制品业 | Processing of Timber, Manufacture of Wood, Bamboo, Rattan, Palm and Straw Products | 532 | 467.22 |
| 家具制造业 | Manufacture of Furniture | 180 | 156.00 |
| 造纸及纸制品业 | Manufacture of Paper and Paper Products | 220 | 268.46 |
| 印刷和记录媒介复制业 | Printing, Reproduction of Recording Media | 193 | 218.80 |
| 文教工美体育和娱乐用品制造业 | Manufacture of Culture, Education, Art, Sports and Entertainment Supplies | 240 | 211.85 |
| 石油加工、炼焦和核燃料加工业 | Processing of Petroleum, Coking and Processing of Nuclear Fuel | 27 | 343.65 |
| 化学原料和化学制品制造业 | Manufacture of Raw Chemical Materials and Chemical Products | 838 | 1645.68 |
| 医药制造业 | Manufacture of Medicines | 266 | 439.19 |
| 化学纤维制造业 | Manufacture of Chemical Fibers | 34 | 68.91 |
| 橡胶和塑料制品业 | Manufacture of Rubber and Plastics | 831 | 1024.67 |
| 非金属矿物制品业 | Manufacture of Non-metallic Mineral Products | 1576 | 1617.50 |
| 黑色金属冶炼和压延加工业 | Smelting and Pressing of Ferrous Metals | 409 | 1993.66 |
| 有色金属冶炼和压延加工业 | Smelting and Pressing of Non-ferrous Metals | 170 | 1507.03 |
| 金属制品业 | Manufacture of Metal Products | 714 | 945.46 |
| 通用设备制造业 | Manufacture of General Purpose Machinery | 827 | 1385.90 |
| 专用设备制造业 | Manufacture of Special Purpose Machinery | 629 | 970.27 |
| 汽车制造业 | Manufacture of Automobile | 685 | 1804.69 |
| 铁路船舶航空航天和其他运输设备制造业 | Manufacture of Railroads, Ships, Aerospace and Other Transportation Equipments | 159 | 257.39 |
| 电气机械和器材制造业 | Manufacture of Electrical Machinery and Equipment | 1012 | 3594.12 |
| 计算机通信和其他电子设备制造业 | Manufacture of Computers, Communication and Other Electronic Equipments | 327 | 802.61 |
| 仪器仪表制造业 | Manufacture of Measuring Instruments and Machinery | 93 | 125.88 |
| 其他制造业 | Manufacture of Others | 69 | 65.17 |
| 废弃资源综合利用业 | Industry of Comprehensive utilization of waste resources | 85 | 338.12 |
| 金属制品、机械和设备修理业 | Industry of Metal products, machinery and equipment repair | 11 | 31.80 |
| 电力、热力生产和供应业 | Production and Supply of Electric Power and Heat Power | 153 | 2180.98 |
| 燃气生产和供应业 | Production and Supply of Gas | 43 | 88.16 |
| 水的生产和供应业 | Production and Supply of Water | 35 | 31.75 |

单位：亿元（100 million yuan）

| 工业销售产值（现价）Value of Industrial Products Sales (At current prices) | #出口交货值 Delivery Value for Export | 资产合计 Total Assets | 流动资产合计 Circulating Funds | #存货 Stock | #产成品 Finished Product | 固定资产合计 Total of Fixed Assets | 固定资产原价 Original Value of Fixed Assets | 固定资产累计折旧 Accumulated Depreciation of Fixed Assets |
|---|---|---|---|---|---|---|---|---|
| **28584.11** | **1387.52** | **22797.65** | **10025.17** | **2534.90** | **963.04** | **9470.71** | **12854.67** | **4874.91** |
| 25126.72 | 1096.59 | 20540.55 | 8896.01 | 2251.10 | 837.28 | 8646.17 | 11584.73 | 4382.63 |
| 2752.92 | 16.32 | 2679.53 | 708.09 | 221.61 | 26.54 | 1656.60 | 2436.82 | 1001.57 |
| 84.93 | 0.65 | 45.98 | 28.35 | 5.88 | 2.48 | 12.80 | 26.50 | 14.63 |
| 55.88 | 0.45 | 34.80 | 14.73 | 4.73 | 2.55 | 16.29 | 23.88 | 9.06 |
| 10.36 | | 7.19 | 5.07 | 0.69 | 0.25 | 1.39 | 1.66 | 0.36 |
| 8318.83 | 339.84 | 8318.53 | 3288.00 | 857.64 | 318.50 | 3721.46 | 4412.67 | 1530.61 |
| 3427.29 | 369.08 | 4241.69 | 2005.59 | 433.83 | 160.50 | 1499.93 | 2144.15 | 839.68 |
| 10062.40 | 366.57 | 5015.71 | 2737.27 | 697.23 | 312.58 | 1673.29 | 2461.04 | 966.40 |
| 414.10 | 3.67 | 197.10 | 108.89 | 29.49 | 13.89 | 64.40 | 78.01 | 20.32 |
| 1380.86 | 77.03 | 852.87 | 412.60 | 102.18 | 51.36 | 313.85 | 434.76 | 143.11 |
| 2076.53 | 213.90 | 1404.23 | 716.56 | 181.62 | 74.40 | 510.70 | 835.18 | 349.16 |
| 8594.97 | 413.99 | 11290.86 | 3819.60 | 939.77 | 249.78 | 5644.19 | 7419.57 | 2880.00 |
| 9265.79 | 608.66 | 4948.21 | 2622.95 | 886.50 | 364.17 | 1623.37 | 2402.65 | 930.07 |
| 19318.32 | 778.86 | 17849.44 | 7402.22 | 1648.40 | 598.87 | 7847.34 | 10452.02 | 3944.83 |
| 10670.16 | 716.88 | 11665.82 | 4516.50 | 1140.11 | 354.73 | 5189.68 | 6808.91 | 2696.65 |
| 5858.25 | 342.31 | 4652.37 | 2040.78 | 510.59 | 210.01 | 1990.07 | 2900.55 | 1054.67 |
| 11777.55 | 302.83 | 6286.11 | 3361.20 | 855.17 | 388.53 | 2239.68 | 3080.78 | 1106.75 |
| 278.15 | 25.50 | 193.34 | 106.69 | 29.03 | 9.77 | 51.29 | 64.44 | 16.83 |
| 993.84 | | 2747.37 | 616.47 | 96.54 | 36.70 | 1606.91 | 1565.58 | 591.11 |
| 308.88 | | 461.83 | 101.59 | 19.55 | 9.78 | 125.68 | 178.71 | 70.39 |
| 86.33 | | 64.19 | 34.67 | 4.02 | 1.52 | 18.08 | 24.18 | 8.31 |
| 153.34 | 0.50 | 88.44 | 34.60 | 5.59 | 3.77 | 39.70 | 43.83 | 11.30 |
| 1.54 | | 0.72 | 0.58 | 0.12 | 0.01 | 0.14 | 0.30 | 0.16 |
| 2199.67 | 41.38 | 834.24 | 451.23 | 172.09 | 63.09 | 252.29 | 395.65 | 171.53 |
| 401.77 | 20.84 | 198.30 | 95.87 | 28.88 | 12.45 | 77.04 | 111.91 | 39.57 |
| 508.97 | 17.16 | 417.84 | 222.38 | 91.88 | 35.39 | 145.41 | 204.49 | 66.10 |
| 291.00 | 0.29 | 229.75 | 164.01 | 118.43 | 3.63 | 49.23 | 94.17 | 49.50 |
| 733.51 | 93.55 | 493.91 | 219.60 | 73.49 | 32.03 | 169.46 | 243.01 | 89.73 |
| 569.40 | 81.95 | 227.42 | 121.16 | 28.97 | 12.92 | 80.69 | 93.30 | 21.51 |
| 282.41 | 40.91 | 144.96 | 84.31 | 23.84 | 11.73 | 37.41 | 47.52 | 13.81 |
| 456.41 | 36.54 | 184.88 | 92.81 | 36.29 | 16.19 | 72.71 | 105.46 | 39.15 |
| 151.90 | 4.05 | 64.21 | 35.51 | 9.89 | 5.41 | 23.51 | 31.32 | 9.84 |
| 260.70 | 2.43 | 234.90 | 100.07 | 20.03 | 9.51 | 91.46 | 113.82 | 35.17 |
| 215.30 | 1.71 | 131.18 | 71.71 | 20.41 | 10.51 | 51.10 | 64.72 | 23.33 |
| 206.70 | 88.39 | 106.82 | 61.95 | 17.60 | 8.16 | 37.88 | 49.80 | 15.64 |
| 341.83 | | 161.09 | 44.37 | 17.94 | 5.09 | 60.71 | 140.65 | 80.17 |
| 1602.70 | 58.63 | 1268.49 | 583.41 | 133.48 | 66.67 | 518.51 | 639.36 | 217.60 |
| 421.24 | 22.57 | 296.57 | 170.62 | 43.97 | 19.73 | 89.48 | 171.34 | 93.03 |
| 67.81 | 8.89 | 94.53 | 29.42 | 11.39 | 6.11 | 53.75 | 72.57 | 19.19 |
| 991.10 | 91.68 | 645.43 | 371.56 | 84.80 | 35.32 | 226.39 | 355.42 | 153.39 |
| 1575.70 | 18.42 | 1391.01 | 599.18 | 111.41 | 46.10 | 658.96 | 912.77 | 320.66 |
| 1948.47 | 58.00 | 1521.58 | 723.31 | 199.58 | 67.78 | 688.09 | 1169.98 | 578.62 |
| 1489.33 | 42.23 | 930.25 | 508.39 | 205.64 | 38.16 | 197.15 | 257.53 | 82.73 |
| 909.45 | 22.48 | 540.20 | 337.37 | 90.38 | 39.85 | 147.10 | 218.09 | 91.95 |
| 1346.15 | 65.02 | 997.63 | 566.03 | 155.40 | 59.24 | 301.48 | 444.86 | 165.94 |
| 942.71 | 21.53 | 678.97 | 387.00 | 106.15 | 30.86 | 223.38 | 278.98 | 81.04 |
| 1777.31 | 194.37 | 1747.49 | 913.55 | 163.75 | 65.48 | 496.03 | 668.15 | 242.28 |
| 254.72 | 27.52 | 170.08 | 96.88 | 22.14 | 5.74 | 53.27 | 62.77 | 17.16 |
| 3470.26 | 158.12 | 1980.05 | 1214.85 | 272.98 | 159.27 | 498.82 | 712.94 | 261.89 |
| 768.99 | 161.49 | 868.92 | 421.74 | 69.84 | 24.21 | 310.98 | 369.38 | 91.25 |
| 122.37 | 5.54 | 105.68 | 70.83 | 11.62 | 4.37 | 23.44 | 39.53 | 17.29 |
| 64.33 | 1.32 | 47.36 | 25.29 | 9.77 | 4.13 | 14.61 | 18.17 | 4.05 |
| 334.29 | | 81.86 | 53.31 | 13.80 | 5.90 | 24.38 | 45.75 | 23.54 |
| 31.79 | | 58.60 | 39.31 | 11.17 | 3.72 | 16.05 | 23.34 | 8.89 |
| 2183.74 | | 2352.38 | 282.94 | 28.68 | 1.62 | 1880.70 | 2735.32 | 1019.55 |
| 87.99 | | 115.24 | 40.75 | 1.48 | 0.44 | 50.61 | 60.83 | 14.45 |
| 30.17 | | 113.30 | 36.54 | 1.90 | 0.45 | 58.12 | 89.15 | 34.08 |

**13—6 续表 continued**

| 行业 | Sector | 负债合计 Total Liabilities | 流动负债 Liquid Liabilities |
|---|---|---|---|
| **总计** | **Total** | **13612.01** | **9700.54** |
| **总计中：** | **Of the Total:** | | |
| 内资企业 | Domestic Funded Enterprise | 12383.30 | 8701.07 |
| 国有企业 | State-owned Enterprise | 1858.37 | 1240.28 |
| 集体企业 | Collective-owned Enterprise | 23.50 | 21.10 |
| 股份合作企业 | Share Holding Cooperative Enterprises | 16.98 | 10.87 |
| 联营企业 | Joint Owned Enterprises | 2.83 | 2.77 |
| 有限责任公司 | Limited Liability Corporations | 5292.29 | 3446.53 |
| 股份有限公司 | Share-holding Corporations Ltd. | 2573.83 | 1802.73 |
| 私营企业 | Private Enterprises | 2515.06 | 2097.45 |
| 其他企业 | Other Enterprises | 100.44 | 79.35 |
| 港澳台商投资企业 | Enterprises Funded by Entrepreneurs from Hong Kong, Macao and Taiwan | 491.73 | 379.03 |
| 外商投资企业 | Foreign Funded Enterprises | 736.99 | 620.44 |
| **总计中：** | **Of the Total:** | | |
| 国有及国有控股企业 | State Controlling Share Hold Enterprises | 7510.03 | 4700.98 |
| **总计中：** | **Of the Total:** | | |
| 轻工业 | Light Industry | 2504.39 | 2066.90 |
| 重工业 | Heavy Industry | 11107.62 | 7633.65 |
| **总计中：** | **Of the Total:** | | |
| 大型企业 | Large-sized Enterprises | 7412.81 | 4944.43 |
| 中型企业 | Medium-sized Enterprises | 2776.84 | 2034.64 |
| 小型企业 | Small Enterprises | 3313.33 | 2670.48 |
| 微型企业 | Mini Enterprises | 109.03 | 50.99 |
| **按行业分** | **Grouped by Sector** | | |
| 煤炭开采和洗选业 | Mining and Washing of Coal | 1897.92 | 957.01 |
| 黑色金属矿采选业 | Mining and Processing of Ferrous Metal Ores | 241.14 | 174.54 |
| 有色金属矿采选业 | Mining and Processing of Non-Ferrous Metal Ores | 31.35 | 28.26 |
| 非金属矿采选业 | Mining and Processing of Nonmetal Ores | 42.29 | 30.70 |
| 开采辅助活动 | Mining Auxiliary Activities | 0.21 | 0.21 |
| 农副食品加工业 | Processing of Food from Agriculture Products | 409.19 | 345.74 |
| 食品制造业 | Manufacture of Foods | 92.90 | 75.48 |
| 酒、饮料和精制茶制造业 | Manufacture of Wine, Beverages and Refined Tea | 218.98 | 193.12 |
| 烟草制品业 | Manufacture of Tobacco | 61.55 | 60.96 |
| 纺织业 | Manufacture of Textile | 266.47 | 206.20 |
| 纺织服装、服饰业 | Manufacture of Textile Wearing Apparel and Clothing | 114.18 | 89.31 |
| 皮革毛皮羽毛及其制品和制鞋业 | Manufacture of Leather, Furs, Feather and Related Products | 66.52 | 54.39 |
| 木材加工及木竹藤棕草制品业 | Processing of Timber, Manufacture of Wood, Bamboo, Rattan, Palm and Straw Products | 86.66 | 67.85 |
| 家具制造业 | Manufacture of Furniture | 31.48 | 24.32 |
| 造纸及纸制品业 | Manufacture of Paper and Paper Products | 127.56 | 84.46 |
| 印刷和记录媒介复制业 | Printing, Reproduction of Recording Media | 59.57 | 45.06 |
| 文教工美体育和娱乐用品制造业 | Manufacture of Culture, Education, Art, Sports and Entertainment Supplies | 52.74 | 46.13 |
| 石油加工、炼焦和核燃料加工业 | Processing of Petroleum, Coking and Processing of Nuclear Fuel | 123.52 | 117.83 |
| 化学原料和化学制品制造业 | Manufacture of Raw Chemical Materials and Chemical Products | 718.90 | 521.32 |
| 医药制造业 | Manufacture of Medicines | 145.62 | 124.53 |
| 化学纤维制造业 | Manufacture of Chemical Fibers | 57.67 | 41.60 |
| 橡胶和塑料制品业 | Manufacture of Rubber and Plastics | 315.85 | 243.90 |
| 非金属矿物制品业 | Manufacture of Non-metallic Mineral Products | 749.41 | 572.81 |
| 黑色金属冶炼和压延加工业 | Smelting and Pressing of Ferrous Metals | 972.70 | 704.87 |
| 有色金属冶炼和压延加工业 | Smelting and Pressing of Non-ferrous Metals | 664.13 | 477.67 |
| 金属制品业 | Manufacture of Metal Products | 295.39 | 259.02 |
| 通用设备制造业 | Manufacture of General Purpose Machinery | 545.03 | 417.93 |
| 专用设备制造业 | Manufacture of Special Purpose Machinery | 384.93 | 320.57 |
| 汽车制造业 | Manufacture of Automobile | 1131.76 | 900.47 |
| 铁路船舶航空航天和其他运输设备制造业 | Manufacture of Railroads, Ships, Aerospace and Other Transportation Equipments | 96.74 | 81.87 |
| 电气机械和器材制造业 | Manufacture of Electrical Machinery and Equipment | 1061.86 | 953.76 |
| 计算机通信和其他电子设备制造业 | Manufacture of Computers, Communication and Other Electronic Equipments | 462.96 | 251.68 |
| 仪器仪表制造业 | Manufacture of Measuring Instruments and Machinery | 41.64 | 31.17 |
| 其他制造业 | Manufacture of Others | 16.88 | 13.84 |
| 废弃资源综合利用业 | Industry of Comprehensive utilization of waste resources | 46.30 | 44.43 |
| 金属制品、机械和设备修理业 | Industry of Metal products, machinery and equipment repair | 30.76 | 27.92 |
| 电力、热力生产和供应业 | Production and Supply of Electric Power and Heat Power | 1829.56 | 1027.70 |
| 燃气生产和供应业 | Production and Supply of Gas | 69.33 | 47.26 |
| 水的生产和供应业 | Production and Supply of Water | 50.38 | 34.62 |

单位：亿元（100 million yuan）

| 非流动负债<br>Long-term Liabilities | 所有者权益<br>Creditors' Equity | #实收资本<br>Capital Hold | 主营业务收入<br>Revenue from principal Business | 主营业务成本<br>Cost of Principal Business | 主营业务税金及附加<br>Business and Extra Charges | 利润总额<br>Total Profits | 本年应付职工薪酬<br>Wages Payable in This Year | 本年应交增值税<br>Value Added Tax Payable | 土地和固定资产支出<br>Land and Fixed Capital Expenditure | #土地<br>Land |
|---|---|---|---|---|---|---|---|---|---|---|
| **3397.25** | **9061.31** | **4264.08** | **28905.07** | **24505.33** | **368.25** | **1870.26** | **1520.55** | **909.63** | **1913.53** | **196.68** |
| 3240.62 | 8040.90 | 3675.72 | 25661.86 | 21793.13 | 345.72 | 1634.18 | 1382.46 | 786.29 | 1782.37 | 187.82 |
| 552.45 | 806.56 | 376.86 | 2744.52 | 2007.95 | 191.18 | 183.48 | 194.37 | 127.43 | 270.62 | 66.05 |
| 0.69 | 21.91 | 6.10 | 86.98 | 71.73 | 0.74 | 7.26 | 6.06 | 2.81 | 1.99 | 0.06 |
| 2.75 | 17.73 | 9.21 | 53.68 | 44.23 | 0.92 | 2.45 | 2.97 | 1.23 | 3.71 | 0.06 |
| 0.01 | 4.36 | 1.35 | 9.35 | 7.03 | 0.05 | 1.75 | 0.43 | 0.35 | 0.02 | |
| 1748.67 | 2989.26 | 1526.99 | 8876.34 | 7734.79 | 52.75 | 537.14 | 606.12 | 308.78 | 733.88 | 44.30 |
| 714.13 | 1657.47 | 545.78 | 3463.82 | 2979.17 | 42.09 | 160.32 | 207.13 | 105.77 | 414.67 | 29.26 |
| 215.86 | 2449.26 | 1157.93 | 10017.12 | 8586.47 | 54.76 | 712.57 | 352.23 | 230.94 | 344.59 | 46.03 |
| 6.07 | 94.35 | 51.49 | 410.05 | 361.75 | 3.23 | 29.21 | 13.18 | 8.98 | 12.89 | 2.06 |
| 72.20 | 358.39 | 206.30 | 1342.76 | 1126.51 | 7.24 | 95.91 | 52.95 | 42.74 | 62.18 | 4.18 |
| 84.43 | 662.02 | 382.05 | 1900.45 | 1585.70 | 15.29 | 140.18 | 85.14 | 80.60 | 68.98 | 4.68 |
| 2713.48 | 3750.62 | 1687.98 | 9320.82 | 7822.33 | 240.28 | 457.33 | 747.58 | 361.66 | 1138.41 | 102.51 |
| 265.67 | 2403.08 | 981.93 | 9064.08 | 7553.79 | 218.37 | 662.16 | 413.92 | 267.57 | 393.81 | 42.03 |
| 3131.58 | 6658.23 | 3282.14 | 19840.99 | 16951.54 | 149.88 | 1208.10 | 1106.63 | 642.06 | 1519.72 | 154.65 |
| 2383.10 | 4216.27 | 1604.96 | 11168.90 | 9505.69 | 265.95 | 609.76 | 834.99 | 467.51 | 1134.34 | 98.95 |
| 619.58 | 1854.60 | 1041.79 | 5757.00 | 4613.40 | 34.00 | 509.58 | 301.76 | 184.29 | 357.60 | 40.69 |
| 377.89 | 2925.84 | 1572.86 | 11709.29 | 10140.65 | 67.14 | 742.35 | 377.06 | 253.59 | 414.55 | 55.72 |
| 16.67 | 64.60 | 44.47 | 269.89 | 245.59 | 1.16 | 8.57 | 6.75 | 4.24 | 7.04 | 1.32 |
| 921.96 | 840.25 | 306.26 | 1194.94 | 934.08 | 13.83 | 90.05 | 316.71 | 102.02 | 485.92 | 13.77 |
| 64.82 | 219.63 | 115.95 | 281.62 | 215.66 | 3.96 | 24.94 | 23.83 | 17.17 | 36.47 | 3.75 |
| 1.00 | 32.47 | 12.42 | 86.07 | 64.01 | 2.17 | 8.83 | 4.93 | 3.19 | 3.71 | 0.27 |
| 7.07 | 44.10 | 25.25 | 154.31 | 121.75 | 2.66 | 9.75 | 5.97 | 6.03 | 5.38 | 0.42 |
| | 0.51 | 0.29 | 1.52 | 1.18 | 0.02 | 0.30 | 0.17 | 0.04 | | |
| 33.69 | 412.25 | 155.36 | 2206.33 | 1973.85 | 7.00 | 120.39 | 44.61 | 27.79 | 46.33 | 8.29 |
| 11.09 | 103.77 | 51.94 | 410.97 | 339.58 | 1.99 | 29.77 | 19.69 | 10.00 | 17.33 | 1.88 |
| 17.69 | 198.02 | 82.27 | 479.96 | 331.16 | 33.39 | 56.18 | 29.56 | 25.74 | 74.88 | 7.08 |
| 0.59 | 168.20 | 33.90 | 290.75 | 87.94 | 143.73 | 33.67 | 20.78 | 33.01 | 14.20 | |
| 40.77 | 223.08 | 95.68 | 737.07 | 658.81 | 3.31 | 45.89 | 40.12 | 15.08 | 28.56 | 3.13 |
| 6.01 | 110.47 | 55.54 | 564.44 | 482.30 | 3.98 | 31.66 | 54.31 | 12.57 | 14.57 | 1.89 |
| 4.71 | 75.24 | 29.37 | 281.04 | 240.13 | 1.01 | 26.97 | 15.06 | 7.20 | 8.21 | 1.16 |
| 9.59 | 96.07 | 42.01 | 455.55 | 403.03 | 2.48 | 25.14 | 15.28 | 10.88 | 11.03 | 1.28 |
| 2.10 | 32.64 | 17.02 | 155.56 | 129.06 | 1.01 | 11.59 | 7.73 | 3.65 | 4.32 | 0.58 |
| 39.41 | 105.85 | 53.83 | 254.29 | 219.25 | 0.93 | 15.06 | 11.15 | 7.45 | 15.89 | 2.98 |
| 4.04 | 70.95 | 27.13 | 206.29 | 168.87 | 1.03 | 22.08 | 10.44 | 4.94 | 11.34 | 1.88 |
| 2.29 | 51.70 | 19.35 | 206.28 | 172.01 | 2.06 | 14.79 | 13.23 | 4.86 | 4.32 | 0.61 |
| 2.23 | 37.50 | 60.12 | 338.65 | 304.16 | 33.25 | -14.11 | 5.43 | 6.18 | 8.92 | 0.46 |
| 182.01 | 539.91 | 271.86 | 1590.46 | 1337.69 | 7.35 | 119.22 | 55.73 | 31.64 | 102.11 | 13.61 |
| 13.38 | 149.31 | 70.68 | 457.23 | 360.70 | 2.23 | 44.11 | 25.72 | 14.50 | 19.64 | 1.99 |
| 15.45 | 36.59 | 21.85 | 74.68 | 63.75 | 0.13 | 2.53 | 3.94 | 1.90 | 3.13 | 0.15 |
| 41.81 | 324.27 | 157.82 | 962.25 | 813.84 | 4.34 | 75.70 | 44.99 | 20.99 | 41.85 | 4.51 |
| 146.13 | 620.68 | 339.39 | 1555.96 | 1289.47 | 10.89 | 124.32 | 69.37 | 51.23 | 129.93 | 11.35 |
| 246.41 | 546.91 | 206.84 | 2205.78 | 2048.54 | 9.06 | 66.89 | 66.15 | 68.02 | 115.19 | 2.60 |
| 176.78 | 264.20 | 121.98 | 1894.37 | 1769.17 | 3.96 | 34.43 | 31.20 | 19.48 | 17.25 | 1.83 |
| 25.70 | 237.14 | 112.53 | 918.31 | 794.12 | 5.65 | 62.86 | 59.60 | 21.71 | 26.24 | 2.93 |
| 79.62 | 449.84 | 191.64 | 1340.84 | 1143.69 | 7.55 | 104.67 | 65.72 | 43.49 | 97.21 | 6.54 |
| 44.72 | 290.70 | 122.79 | 933.72 | 780.61 | 6.52 | 75.01 | 43.81 | 26.46 | 40.92 | 9.29 |
| 187.07 | 611.52 | 239.87 | 1590.06 | 1373.52 | 17.24 | 79.27 | 88.14 | 46.21 | 79.08 | 7.55 |
| 7.96 | 72.08 | 31.18 | 248.99 | 222.08 | 1.13 | 10.55 | 11.67 | 6.30 | 10.14 | 0.74 |
| 66.97 | 904.94 | 440.15 | 3213.36 | 2706.15 | 16.59 | 260.51 | 115.06 | 114.60 | 127.18 | 13.59 |
| 185.22 | 402.29 | 283.02 | 775.08 | 664.23 | 3.35 | 72.24 | 48.14 | 24.56 | 60.12 | 7.70 |
| 8.51 | 64.01 | 16.76 | 123.82 | 92.79 | 0.68 | 16.63 | 8.05 | 3.60 | 3.87 | 0.18 |
| 1.42 | 30.33 | 11.84 | 65.08 | 53.68 | 0.32 | 6.30 | 2.67 | 1.71 | 2.41 | 0.21 |
| 0.26 | 35.31 | 11.15 | 332.99 | 299.08 | 3.46 | 15.34 | 4.93 | 29.85 | 1.21 | 0.15 |
| 2.84 | 27.84 | 7.83 | 31.44 | 24.27 | 0.19 | 3.17 | 3.51 | 0.55 | 0.37 | 0.02 |
| 759.23 | 522.14 | 374.77 | 2165.06 | 1723.98 | 9.04 | 131.30 | 125.10 | 82.31 | 232.54 | 60.91 |
| 22.04 | 45.87 | 17.84 | 87.44 | 72.13 | 0.47 | 9.66 | 3.52 | 1.71 | 5.48 | 1.34 |
| 14.68 | 62.74 | 28.58 | 32.50 | 25.02 | 0.31 | 2.61 | 4.55 | 1.03 | 6.28 | 0.02 |

## 13—7 规模以上工业企业主要经济效益指标（2012年）

## Main Indicators on Economic Benefit Above Designated Size Industrial Enterprises by Industrial Branch (2012)

| 行　　业 | Sector |
| --- | --- |
| **总　　计** | **Total** |
| **总计中:** | **Of the Total:** |
| 内资企业 | Domestic Funded Enterprise |
| 国有企业 | State-owned Enterprise |
| 集体企业 | Collective-owned Enterprise |
| 股份合作企业 | Share Holding Cooperative Enterprises |
| 联营企业 | Joint Owned Enterprises |
| 有限责任公司 | Limited Liability Corporations |
| 股份有限公司 | Share-holding Corporations Ltd. |
| 私营企业 | Private Enterprises |
| 其他企业 | Other Enterprises |
| 港澳台商投资企业 | Enterprises Funded by Entrepreneurs from Hong Kong, Macao and Taiwan |
| 外商投资企业 | Foreign Funded Enterprises |
| **总计中:** | **Of the Total:** |
| 国有及国有控股企业 | State Controlling Share Hold Enterprises |
| **总计中:** | **Of the Total:** |
| 轻工业 | Light Industry |
| 重工业 | Heavy Industry |
| **总计中:** | **Of the Total:** |
| 大型企业 | Large-sized Enterprises |
| 中型企业 | Medium-sized Enterprises |
| 小型企业 | Small Enterprises |
| 微型企业 | Mini Enterprises |
| **按行业分** | **Grouped by Sector** |
| 煤炭开采和洗选业 | Mining and Washing of Coal |
| 黑色金属矿采选业 | Mining and Processing of Ferrous Metal Ores |
| 有色金属矿采选业 | Mining and Processing of Non-Ferrous Metal Ores |
| 非金属矿采选业 | Mining and Processing of Nonmetal Ores |
| 开采辅助活动 | Mining Auxiliary Activities |
| 农副食品加工业 | Processing of Food from Agriculture Products |
| 食品制造业 | Manufacture of Foods |
| 酒、饮料和精制茶制造业 | Manufacture of Wine, Beverages and Refined Tea |
| 烟草制品业 | Manufacture of Tobacco |
| 纺织业 | Manufacture of Textile |
| 纺织服装、服饰业 | Manufacture of Textile Wearing Apparel and Clothing |
| 皮革毛皮羽毛及其制品和制鞋业 | Manufacture of Leather, Furs, Feather and Related Products |
| 木材加工及木竹藤棕草制品业 | Processing of Timber, Manufacture of Wood, Bamboo, Rattan, Palm and Straw Products |
| 家具制造业 | Manufacture of Furniture |
| 造纸及纸制品业 | Manufacture of Paper and Paper Products |
| 印刷和记录媒介复制业 | Printing, Reproduction of Recording Media |
| 文教工美体育和娱乐用品制造业 | Manufacture of Culture, Education, Art, Sports and Entertainment Supplies |
| 石油加工、炼焦和核燃料加工业 | Processing of Petroleum, Coking and Processing of Nuclear Fuel |
| 化学原料和化学制品制造业 | Manufacture of Raw Chemical Materials and Chemical Products |
| 医药制造业 | Manufacture of Medicines |
| 化学纤维制造业 | Manufacture of Chemical Fibers |
| 橡胶和塑料制品业 | Manufacture of Rubber and Plastics |
| 非金属矿物制品业 | Manufacture of Non-metallic Mineral Products |
| 黑色金属冶炼和压延加工业 | Smelting and Pressing of Ferrous Metals |
| 有色金属冶炼和压延加工业 | Smelting and Pressing of Non-ferrous Metals |
| 金属制品业 | Manufacture of Metal Products |
| 通用设备制造业 | Manufacture of General Purpose Machinery |
| 专用设备制造业 | Manufacture of Special Purpose Machinery |
| 汽车制造业 | Manufacture of Automobile |
| 铁路船舶航空航天和其他运输设备制造业 | Manufacture of Railroads, Ships, Aerospace and Other Transportation Equipments |
| 电气机械和器材制造业 | Manufacture of Electrical Machinery and Equipment |
| 计算机通信和其他电子设备制造业 | Manufacture of Computers, Communication and Other Electronic Equipments |
| 仪器仪表制造业 | Manufacture of Measuring Instruments and Machinery |
| 其他制造业 | Manufacture of Others |
| 废弃资源综合利用业 | Industry of Comprehensive utilization of waste resources |
| 金属制品、机械和设备修理业 | Industry of Metal products, machinery and equipment repair |
| 电力、热力生产和供应业 | Production and Supply of Electric Power and Heat Power |
| 燃气生产和供应业 | Production and Supply of Gas |
| 水的生产和供应业 | Production and Supply of Water |

| 总资产贡献率 (%) Ratio of Total Assets to Industrial Output Value (%) | 资产负债率 (%) Assets-liability Ratio (%) | 流动资产周转次数 (次/年) Number of Times of Annual of Turnover Circulating Funds (times/year) | 工业成本费用利润率 (%) Ratio of Profits to Industrial Cost (%) | 产品销售率 (%) Proportion of Products Sold (%) |
|---|---|---|---|---|
| **15.25** | **59.71** | **2.95** | **6.87** | **97.74** |
| 14.96 | 60.29 | 2.95 | 6.76 | 97.72 |
| 19.96 | 69.35 | 3.93 | 8.32 | 98.80 |
| 24.04 | 51.11 | 3.08 | 9.25 | 97.57 |
| 14.26 | 48.79 | 3.66 | 4.96 | 98.23 |
| 30.78 | 39.33 | 2.05 | 20.21 | 99.95 |
| 12.53 | 63.62 | 2.81 | 6.14 | 97.86 |
| 8.40 | 60.68 | 1.80 | 4.66 | 98.05 |
| 21.49 | 50.14 | 3.67 | 7.69 | 97.18 |
| 22.49 | 50.96 | 3.78 | 7.61 | 98.37 |
| 18.16 | 57.66 | 3.29 | 7.88 | 98.25 |
| 17.70 | 52.48 | 2.71 | 7.69 | 97.60 |
| 10.89 | 66.51 | 2.56 | 5.09 | 98.66 |
| 24.45 | 50.61 | 3.49 | 7.95 | 97.36 |
| 12.70 | 62.23 | 2.75 | 6.40 | 97.92 |
| 12.92 | 63.54 | 2.58 | 5.62 | 98.36 |
| 17.20 | 59.69 | 2.86 | 9.89 | 97.24 |
| 18.35 | 52.71 | 3.50 | 6.79 | 97.46 |
| 8.43 | 56.39 | 2.55 | 3.28 | 96.66 |
| 9.53 | 69.08 | 2.39 | 6.48 | 98.83 |
| 10.80 | 52.21 | 2.82 | 9.66 | 96.21 |
| 24.43 | 48.84 | 2.49 | 11.97 | 98.97 |
| 21.82 | 47.82 | 4.46 | 7.04 | 97.65 |
| 50.30 | 29.70 | 2.64 | 23.89 | 97.62 |
| 20.31 | 49.05 | 4.90 | 5.78 | 98.84 |
| 22.35 | 46.85 | 4.31 | 7.81 | 96.69 |
| 28.48 | 52.41 | 2.22 | 13.72 | 94.79 |
| 91.44 | 26.79 | 1.79 | 29.08 | 99.01 |
| 14.77 | 53.95 | 3.37 | 6.56 | 98.01 |
| 22.52 | 50.21 | 4.67 | 6.08 | 98.51 |
| 25.96 | 45.89 | 3.34 | 10.37 | 97.54 |
| 22.74 | 46.87 | 4.92 | 5.87 | 97.69 |
| 26.63 | 49.03 | 4.39 | 8.16 | 97.37 |
| 11.48 | 54.31 | 2.57 | 6.19 | 97.11 |
| 22.41 | 45.41 | 2.92 | 11.72 | 98.40 |
| 22.90 | 49.37 | 3.33 | 7.75 | 97.57 |
| 16.89 | 76.68 | 7.92 | -4.30 | 99.47 |
| 13.58 | 56.67 | 2.78 | 7.95 | 97.39 |
| 21.82 | 49.10 | 2.69 | 10.70 | 95.91 |
| 6.57 | 61.01 | 2.55 | 3.41 | 98.40 |
| 17.08 | 48.94 | 2.63 | 8.41 | 96.72 |
| 14.69 | 53.88 | 2.62 | 8.70 | 97.42 |
| 10.83 | 63.93 | 3.07 | 3.14 | 97.73 |
| 8.34 | 71.39 | 3.75 | 1.88 | 98.83 |
| 18.17 | 54.68 | 2.74 | 7.28 | 96.19 |
| 16.72 | 54.63 | 2.40 | 8.28 | 97.13 |
| 17.09 | 56.69 | 2.43 | 8.66 | 97.16 |
| 8.99 | 64.77 | 1.85 | 4.90 | 98.48 |
| 11.17 | 56.88 | 2.58 | 4.43 | 98.96 |
| 20.99 | 53.63 | 2.70 | 8.54 | 96.55 |
| 12.37 | 53.28 | 1.87 | 9.83 | 95.81 |
| 20.00 | 39.40 | 1.76 | 15.52 | 97.21 |
| 19.13 | 35.65 | 2.59 | 10.64 | 98.71 |
| 60.25 | 56.56 | 6.25 | 5.01 | 98.87 |
| 6.68 | 52.48 | 0.81 | 10.82 | 99.95 |
| 11.81 | 77.77 | 7.71 | 7.16 | 100.13 |
| 10.82 | 60.16 | 2.19 | 12.04 | 99.80 |
| 3.97 | 44.46 | 0.95 | 8.05 | 95.00 |

# 13—8 国有控股工业企业主要经济指标（2012年）
## Main Indicators of State-owned and State-holding Industrial Enterprises (2012)

| 行业 | Sector | 企业单位数（个） Number of Enterprises (unit) | 工业总产值（现价） Gross Industrial Output Value |
|---|---|---|---|
| **总计** | **Total** | **626** | **8711.67** |
| **总计中：** | **Of the Total:** | | |
| 内资企业 | Domestic Funded Enterprise | 592 | 8491.56 |
| 国有企业 | State-owned Enterprise | 222 | 2786.49 |
| 股份合作企业 | Share Holding Cooperative Enterprises | 4 | 4.63 |
| 联营企业 | Joint Owned Enterprises | 4 | 6.46 |
| 有限责任公司 | Limited Liability Corporations | 297 | 3523.30 |
| 股份有限公司 | Share-holding Corporations Ltd. | 64 | 2169.97 |
| 其他企业 | Other Enterprises | 1 | 0.71 |
| 港澳台商投资企业 | Enterprises Funded by Entrepreneurs from Hong Kong, Macao and Taiwan | 13 | 126.64 |
| 外商投资企业 | Foreign Funded Enterprises | 21 | 93.48 |
| **总计中：** | **Of the Total:** | | |
| 轻工业 | Light Industry | 136 | 1336.81 |
| 重工业 | Heavy Industry | 490 | 7374.86 |
| **总计中：** | **Of the Total:** | | |
| 大型企业 | Large-sized Enterprises | 106 | 6746.20 |
| 中型企业 | Medium-sized Enterprises | 191 | 1218.18 |
| 小型企业 | Small Enterprises | 315 | 739.66 |
| 微型企业 | Mini Enterprises | 14 | 7.64 |
| **按行业分** | **Grouped by Sector** | | |
| 煤炭开采和洗选业 | Mining and Washing of Coal | 20 | 951.32 |
| 黑色金属矿采选业 | Mining and Processing of Ferrous Metal Ores | 7 | 76.28 |
| 有色金属矿采选业 | Mining and Processing of Non-Ferrous Metal Ores | 4 | 7.60 |
| 非金属矿采选业 | Mining and Processing of Nonmetal Ores | 11 | 15.64 |
| 农副食品加工业 | Processing of Food from Agriculture Products | 28 | 51.06 |
| 食品制造业 | Manufacture of Foods | 7 | 15.83 |
| 酒、饮料和精制茶制造业 | Manufacture of Wine, Beverages and Refined Tea | 13 | 184.19 |
| 烟草制品业 | Manufacture of Tobacco | 4 | 288.68 |
| 纺织业 | Manufacture of Textile | 10 | 43.19 |
| 纺织服装、服饰业 | Manufacture of Textile Wearing Apparel and Clothing | 8 | 4.32 |
| 木材加工及木竹藤棕草制品业 | Processing of Timber, Manufacture of Wood, Bamboo, Rattan, Palm and Straw Products | 3 | 6.96 |
| 造纸及纸制品业 | Manufacture of Paper and Paper Products | 3 | 39.90 |
| 印刷和记录媒介复制业 | Printing, Reproduction of Recording Media | 4 | 10.31 |
| 石油加工、炼焦和核燃料加工业 | Processing of Petroleum, Coking and Processing of Nuclear Fuel | 3 | 266.25 |
| 化学原料和化学制品制造业 | Manufacture of Raw Chemical Materials and Chemical Products | 41 | 309.24 |
| 医药制造业 | Manufacture of Medicines | 16 | 83.31 |
| 化学纤维制造业 | Manufacture of Chemical Fibers | 2 | 22.07 |
| 橡胶和塑料制品业 | Manufacture of Rubber and Plastics | 14 | 80.71 |
| 非金属矿物制品业 | Manufacture of Non-metallic Mineral Products | 59 | 277.04 |
| 黑色金属冶炼和压延加工业 | Smelting and Pressing of Ferrous Metals | 12 | 974.70 |
| 有色金属冶炼和压延加工业 | Smelting and Pressing of Non-ferrous Metals | 7 | 693.86 |
| 金属制品业 | Manufacture of Metal Products | 21 | 66.18 |
| 通用设备制造业 | Manufacture of General Purpose Machinery | 37 | 181.67 |
| 专用设备制造业 | Manufacture of Special Purpose Machinery | 24 | 119.22 |
| 汽车制造业 | Manufacture of Automobile | 43 | 939.81 |
| 铁路船舶航空航天和其他运输设备制造业 | Manufacture of Railroads, Ships, Aerospace and Other Transportation Equipments | 9 | 51.40 |
| 电气机械和器材制造业 | Manufacture of Electrical Machinery and Equipment | 23 | 520.63 |
| 计算机通信和其他电子设备制造业 | Manufacture of Computers, Communication and Other Electronic Equipments | 28 | 253.25 |
| 仪器仪表制造业 | Manufacture of Measuring Instruments and Machinery | 3 | 12.54 |
| 其他制造业 | Manufacture of Others | 2 | 2.36 |
| 金属制品、机械和设备修理业 | Industry of Metal products, machinery and equipment repair | 2 | 23.91 |
| 电力、热力生产和供应业 | Production and Supply of Electric Power and Heat Power | 129 | 2081.48 |
| 燃气生产和供应业 | Production and Supply of Gas | 8 | 34.89 |
| 水的生产和供应业 | Production and Supply of Water | 21 | 21.89 |

单位：亿元（100 million yuan）

| 工业销售产值（现价）<br>Value of Industrial Products Sales (At current prices) | #出口交货值<br>Delivery Value for Export | 资产合计<br>Total Assets | 流动资产合计<br>Circulating Funds | #存货<br>Stock | #产成品<br>Finished Product | 固定资产合计<br>Total of Fixed Assets | 固定资产原价<br>Original Value of Fixed Assets | 固定资产累计折旧<br>Accumulated Depreciation of Fixed Assets |
|---|---|---|---|---|---|---|---|---|
| **8594.97** | **413.99** | **11290.86** | **3819.60** | **939.77** | **249.78** | **5644.19** | **7419.57** | **2880.00** |
| 8378.22 | 410.42 | 11142.50 | 3759.25 | 926.51 | 244.18 | 5570.74 | 7288.81 | 2822.05 |
| 2752.92 | 16.32 | 2679.53 | 708.09 | 221.61 | 26.54 | 1656.60 | 2436.82 | 1001.57 |
| 4.85 | 0.32 | 6.61 | 1.94 | 0.32 | 0.16 | 4.17 | 7.06 | 2.92 |
| 6.47 | | 5.50 | 4.37 | 0.57 | 0.19 | 0.54 | 0.67 | 0.18 |
| 3481.42 | 141.70 | 5405.88 | 1743.83 | 432.17 | 123.36 | 2703.76 | 3102.14 | 1115.64 |
| 2131.85 | 252.08 | 3044.09 | 1301.01 | 271.84 | 93.92 | 1204.80 | 1741.34 | 701.66 |
| 0.71 | | 0.88 | 0.02 | | | 0.85 | 0.77 | 0.08 |
| 124.20 | 2.88 | 36.79 | 18.66 | 6.02 | 3.30 | 16.23 | 26.38 | 10.20 |
| 92.55 | 0.69 | 111.57 | 41.68 | 7.23 | 2.31 | 57.22 | 104.38 | 47.74 |
| 1287.76 | 54.15 | 1110.03 | 585.61 | 234.25 | 59.92 | 351.91 | 578.10 | 243.99 |
| 7307.21 | 359.84 | 10180.83 | 3233.99 | 705.52 | 189.86 | 5292.27 | 6841.47 | 2636.00 |
| 6664.07 | 391.65 | 9044.80 | 3141.09 | 791.97 | 200.23 | 4381.15 | 5628.93 | 2247.58 |
| 1192.81 | 13.15 | 1506.01 | 416.25 | 95.92 | 28.88 | 867.38 | 1247.67 | 426.24 |
| 730.52 | 9.19 | 708.29 | 253.27 | 51.49 | 20.35 | 375.15 | 520.19 | 203.87 |
| 7.56 | | 31.76 | 8.99 | 0.39 | 0.32 | 20.50 | 22.77 | 2.30 |
| 940.56 | | 2702.84 | 598.76 | 93.63 | 34.73 | 1590.49 | 1534.15 | 575.66 |
| 69.16 | | 242.66 | 31.29 | 7.32 | 2.19 | 47.93 | 87.61 | 42.15 |
| 7.52 | | 15.51 | 9.27 | 0.55 | 0.15 | 4.41 | 6.74 | 2.56 |
| 15.58 | 0.12 | 26.17 | 5.98 | 0.87 | 0.53 | 15.73 | 16.52 | 6.23 |
| 51.04 | | 21.23 | 11.33 | 5.23 | 1.04 | 9.37 | 10.97 | 3.51 |
| 15.54 | 3.92 | 7.51 | 2.85 | 1.03 | 0.70 | 3.95 | 6.21 | 2.26 |
| 168.23 | 10.97 | 162.47 | 84.57 | 27.74 | 8.57 | 57.45 | 92.82 | 35.38 |
| 285.47 | 0.28 | 223.27 | 160.50 | 118.00 | 3.36 | 47.05 | 87.52 | 45.03 |
| 43.35 | 5.49 | 99.02 | 31.02 | 5.80 | 2.15 | 29.46 | 42.90 | 15.75 |
| 4.20 | | 4.08 | 2.51 | 0.36 | 0.23 | 1.44 | 2.02 | 0.63 |
| 6.65 | | 4.60 | 1.62 | 1.06 | 0.53 | 2.51 | 4.14 | 1.63 |
| 39.24 | 0.36 | 76.31 | 34.26 | 4.08 | 2.03 | 22.78 | 34.38 | 11.60 |
| 10.31 | | 6.23 | 3.48 | 0.88 | 0.65 | 2.32 | 2.50 | 1.42 |
| 266.62 | | 112.85 | 22.04 | 13.04 | 2.34 | 42.61 | 97.85 | 55.24 |
| 297.27 | 11.46 | 487.01 | 183.53 | 44.25 | 21.70 | 246.25 | 270.74 | 91.54 |
| 81.93 | 1.73 | 89.87 | 49.44 | 14.17 | 4.91 | 28.60 | 77.56 | 50.57 |
| 22.02 | 5.48 | 60.57 | 13.66 | 5.38 | 3.51 | 37.82 | 53.21 | 15.38 |
| 78.94 | 2.74 | 100.28 | 50.53 | 11.78 | 5.19 | 37.56 | 58.75 | 21.38 |
| 269.62 | 6.20 | 459.12 | 183.78 | 21.42 | 8.22 | 236.76 | 324.92 | 121.06 |
| 973.00 | 27.89 | 1048.10 | 455.63 | 131.42 | 37.08 | 519.57 | 903.48 | 453.31 |
| 682.89 | 30.81 | 686.60 | 353.59 | 149.29 | 14.17 | 146.74 | 194.95 | 66.21 |
| 61.54 | 0.61 | 74.33 | 49.17 | 12.24 | 4.35 | 17.96 | 26.87 | 11.44 |
| 178.73 | 14.52 | 201.57 | 117.35 | 40.35 | 12.54 | 64.24 | 92.60 | 30.55 |
| 112.54 | 1.06 | 126.63 | 72.74 | 17.18 | 3.67 | 48.50 | 45.81 | 11.04 |
| 942.15 | 173.00 | 1115.43 | 563.72 | 83.96 | 27.72 | 296.74 | 371.42 | 130.53 |
| 54.65 | 25.68 | 89.75 | 54.92 | 11.10 | 2.05 | 25.09 | 30.04 | 8.20 |
| 496.04 | 19.95 | 270.78 | 185.60 | 54.66 | 36.14 | 50.29 | 81.06 | 33.86 |
| 240.46 | 71.72 | 377.22 | 142.61 | 23.34 | 4.49 | 162.27 | 188.28 | 42.50 |
| 12.43 | | 25.86 | 16.84 | 3.48 | 0.58 | 3.08 | 7.14 | 4.06 |
| 2.35 | | 3.98 | 1.95 | 0.38 | 0.02 | 1.81 | 2.48 | 0.83 |
| 23.91 | | 46.72 | 32.16 | 9.30 | 2.26 | 12.02 | 16.87 | 6.10 |
| 2085.55 | | 2190.95 | 250.03 | 24.92 | 1.59 | 1767.64 | 2554.31 | 950.19 |
| 34.88 | | 53.69 | 17.96 | 0.58 | 0.09 | 22.86 | 28.94 | 7.16 |
| 20.58 | | 77.66 | 24.91 | 1.00 | 0.30 | 40.90 | 63.83 | 25.03 |

## 13—8 续表 continued

| 行业 | Sector | 负债合计 Total Liabilities | 流动负债 Liquid Liabilities |
|---|---|---|---|
| 总计 | **Total** | **7510.03** | **4700.98** |
| **总计中:** | **Of the Total:** | | |
| 内资企业 | Domestic Funded Enterprise | 7435.41 | 4637.45 |
| 国有企业 | State-owned Enterprise | 1858.37 | 1240.28 |
| 股份合作企业 | Share Holding Cooperative Enterprises | 4.31 | 2.05 |
| 联营企业 | Joint Owned Enterprises | 1.66 | 1.65 |
| 有限责任公司 | Limited Liability Corporations | 3613.09 | 2084.73 |
| 股份有限公司 | Share-holding Corporations Ltd. | 1957.42 | 1308.54 |
| 其他企业 | Other Enterprises | 0.56 | 0.20 |
| 港澳台商投资企业 | Enterprises Funded by Entrepreneurs from Hong Kong, Macao and Taiwan | 25.73 | 20.65 |
| 外商投资企业 | Foreign Funded Enterprises | 48.89 | 42.88 |
| **总计中:** | **Of the Total:** | | |
| 轻工业 | Light Industry | 535.61 | 416.06 |
| 重工业 | Heavy Industry | 6974.42 | 4284.92 |
| **总计中:** | **Of the Total:** | | |
| 大型企业 | Large-sized Enterprises | 5943.96 | 3745.84 |
| 中型企业 | Medium-sized Enterprises | 1064.56 | 644.74 |
| 小型企业 | Small Enterprises | 479.39 | 304.58 |
| 微型企业 | Mini Enterprises | 22.11 | 5.82 |
| **按行业分** | **Grouped by Sector** | | |
| 煤炭开采和洗选业 | Mining and Washing of Coal | 1870.94 | 938.47 |
| 黑色金属矿采选业 | Mining and Processing of Ferrous Metal Ores | 113.85 | 79.76 |
| 有色金属矿采选业 | Mining and Processing of Non-Ferrous Metal Ores | 3.16 | 3.11 |
| 非金属矿采选业 | Mining and Processing of Nonmetal Ores | 11.90 | 5.62 |
| 农副食品加工业 | Processing of Food from Agriculture Products | 12.70 | 10.23 |
| 食品制造业 | Manufacture of Foods | 3.38 | 2.25 |
| 酒、饮料和精制茶制造业 | Manufacture of Wine, Beverages and Refined Tea | 73.64 | 63.67 |
| 烟草制品业 | Manufacture of Tobacco | 58.66 | 58.06 |
| 纺织业 | Manufacture of Textile | 57.57 | 39.63 |
| 纺织服装、服饰业 | Manufacture of Textile Wearing Apparel and Clothing | 1.50 | 1.48 |
| 木材加工及木竹藤棕草制品业 | Processing of Timber, Manufacture of Wood, Bamboo, Rattan, Palm and Straw Products | 3.90 | 3.90 |
| 造纸及纸制品业 | Manufacture of Paper and Paper Products | 44.95 | 19.51 |
| 印刷和记录媒介复制业 | Printing, Reproduction of Recording Media | 2.52 | 1.42 |
| 石油加工、炼焦和核燃料加工业 | Processing of Petroleum, Coking and Processing of Nuclear Fuel | 98.99 | 98.71 |
| 化学原料和化学制品制造业 | Manufacture of Raw Chemical Materials and Chemical Products | 321.45 | 178.40 |
| 医药制造业 | Manufacture of Medicines | 54.41 | 48.55 |
| 化学纤维制造业 | Manufacture of Chemical Fibers | 35.04 | 23.11 |
| 橡胶和塑料制品业 | Manufacture of Rubber and Plastics | 38.13 | 21.19 |
| 非金属矿物制品业 | Manufacture of Non-metallic Mineral Products | 254.05 | 170.46 |
| 黑色金属冶炼和压延加工业 | Smelting and Pressing of Ferrous Metals | 684.01 | 462.62 |
| 有色金属冶炼和压延加工业 | Smelting and Pressing of Non-ferrous Metals | 512.50 | 353.61 |
| 金属制品业 | Manufacture of Metal Products | 40.10 | 32.59 |
| 通用设备制造业 | Manufacture of General Purpose Machinery | 114.05 | 89.75 |
| 专用设备制造业 | Manufacture of Special Purpose Machinery | 82.52 | 65.98 |
| 汽车制造业 | Manufacture of Automobile | 768.50 | 607.92 |
| 铁路船舶航空航天和其他运输设备制造业 | Manufacture of Railroads, Ships, Aerospace and Other Transportation Equipments | 63.27 | 57.40 |
| 电气机械和器材制造业 | Manufacture of Electrical Machinery and Equipment | 167.03 | 150.91 |
| 计算机通信和其他电子设备制造业 | Manufacture of Computers, Communication and Other Electronic Equipments | 203.17 | 62.76 |
| 仪器仪表制造业 | Manufacture of Measuring Instruments and Machinery | 10.52 | 7.28 |
| 其他制造业 | Manufacture of Others | 1.26 | 0.69 |
| 金属制品、机械和设备修理业 | Industry of Metal products, machinery and equipment repair | 25.89 | 23.30 |
| 电力、热力生产和供应业 | Production and Supply of Electric Power and Heat Power | 1708.42 | 972.42 |
| 燃气生产和供应业 | Production and Supply of Gas | 38.40 | 25.53 |
| 水的生产和供应业 | Production and Supply of Water | 29.69 | 20.69 |

单位：亿元（100 million yuan）

| 非流动负债 Long-term Liabilities | 所有者权益 Creditors' Equity | #实收资本 Capital Hold | 主营业务收入 Revenue from principal Business | 主营业务成本 Cost of Principal Business | 主营业务税金及附加 Business and Extra Charges | 利润总额 Total Profits | 本年应付职工薪酬 Wages Payable in This Year | 本年应交增值税 Value Added Tax Payable | 土地和固定资产支出 Land and Fixed Capital Expenditure | #土地 Land |
|---|---|---|---|---|---|---|---|---|---|---|
| **2713.48** | **3750.62** | **1687.98** | **9320.82** | **7822.33** | **240.28** | **457.33** | **747.58** | **361.66** | **1138.41** | **102.51** |
| | | | | | | | | | | |
| 2703.00 | 3677.96 | 1634.17 | 9105.86 | 7633.54 | 239.52 | 439.62 | 738.02 | 347.94 | 1133.74 | 102.32 |
| 552.45 | 806.56 | 376.86 | 2744.52 | 2007.95 | 191.18 | 183.48 | 194.37 | 127.43 | 270.62 | 66.05 |
| 0.39 | 2.31 | 1.45 | 4.95 | 4.30 | 0.06 | 0.21 | 0.54 | 0.20 | 2.84 | |
| 0.01 | 3.84 | 1.11 | 5.46 | 3.85 | 0.04 | 1.22 | 0.36 | 0.31 | 0.02 | |
| 1512.00 | 1778.78 | 896.71 | 4118.49 | 3632.76 | 22.07 | 206.33 | 394.28 | 154.74 | 521.19 | 15.66 |
| 638.15 | 1086.15 | 358.02 | 2231.74 | 1984.04 | 26.17 | 48.31 | 148.44 | 65.26 | 338.23 | 20.57 |
| | 0.32 | 0.02 | 0.70 | 0.64 | | 0.06 | 0.03 | | 0.85 | 0.05 |
| 4.67 | 11.00 | 5.97 | 125.15 | 111.44 | 0.21 | 10.36 | 4.67 | 8.83 | 2.50 | 0.08 |
| 5.80 | 61.66 | 47.84 | 89.81 | 77.34 | 0.55 | 7.35 | 4.89 | 4.89 | 2.16 | 0.11 |
| | | | | | | | | | | |
| 96.70 | 573.31 | 180.59 | 1255.33 | 885.91 | 159.13 | 108.42 | 81.93 | 67.34 | 126.40 | 8.99 |
| 2616.77 | 3177.31 | 1507.39 | 8065.49 | 6936.42 | 81.15 | 348.91 | 665.64 | 294.32 | 1012.01 | 93.52 |
| | | | | | | | | | | |
| 2163.81 | 3077.96 | 1163.72 | 7376.67 | 6306.73 | 231.22 | 276.18 | 649.66 | 298.32 | 970.34 | 85.76 |
| 377.85 | 436.74 | 358.44 | 1183.24 | 829.68 | 5.92 | 137.10 | 69.09 | 37.94 | 126.33 | 13.34 |
| 157.84 | 226.28 | 157.98 | 753.40 | 680.09 | 3.12 | 43.38 | 28.70 | 25.38 | 41.68 | 3.41 |
| 13.98 | 9.65 | 7.84 | 7.51 | 5.83 | 0.02 | 0.67 | 0.13 | 0.03 | 0.05 | |
| | | | | | | | | | | |
| 916.13 | 822.70 | 299.31 | 1140.71 | 887.44 | 13.37 | 89.35 | 311.49 | 99.84 | 485.26 | 13.77 |
| 34.09 | 128.01 | 87.08 | 66.25 | 42.20 | 0.45 | 6.80 | 18.44 | 7.10 | 18.15 | 1.05 |
| 0.05 | 12.35 | 1.28 | 7.44 | 3.42 | 0.10 | 2.52 | 1.52 | 0.66 | 0.85 | |
| 3.31 | 13.23 | 9.03 | 15.37 | 9.62 | 0.44 | 1.45 | 1.39 | 0.88 | 1.32 | 0.18 |
| 2.16 | 8.53 | 7.31 | 50.33 | 45.73 | 0.10 | 2.42 | 0.94 | 0.52 | 0.34 | |
| 1.12 | 3.51 | 2.01 | 17.00 | 15.95 | 0.06 | 1.50 | 0.95 | 0.37 | 0.66 | |
| 9.97 | 88.83 | 25.87 | 153.46 | 99.42 | 12.18 | 20.76 | 13.83 | 11.04 | 50.48 | 4.49 |
| 0.59 | 164.61 | 33.08 | 285.21 | 83.33 | 143.70 | 33.69 | 19.72 | 32.75 | 14.06 | |
| 17.93 | 41.45 | 7.04 | 53.89 | 52.55 | 0.21 | 3.75 | 4.48 | 1.43 | 6.20 | 0.39 |
| 0.02 | 2.58 | 0.99 | 4.28 | 2.84 | 0.04 | 0.52 | 0.93 | 0.24 | 0.63 | |
| | 0.70 | 1.89 | 6.50 | 5.23 | 0.04 | 0.54 | 0.36 | 0.42 | 0.02 | |
| 25.44 | 31.37 | 16.93 | 34.05 | 29.64 | 0.11 | 0.22 | 1.68 | 2.32 | 1.25 | 1.00 |
| 1.10 | 3.70 | 1.12 | 8.43 | 6.25 | 0.04 | 0.55 | 2.23 | 0.10 | 0.21 | |
| 0.25 | 13.06 | 12.01 | 265.98 | 239.20 | 33.02 | -15.64 | 4.48 | 5.71 | 0.71 | |
| 142.36 | 165.55 | 99.30 | 317.26 | 283.64 | 1.12 | 14.51 | 15.55 | 7.00 | 38.75 | 6.51 |
| 5.86 | 35.04 | 19.20 | 114.47 | 96.15 | 0.44 | 8.35 | 12.09 | 3.20 | 8.55 | 0.79 |
| 11.93 | 25.53 | 15.23 | 28.51 | 26.14 | 0.06 | -1.55 | 1.78 | 0.13 | 0.85 | |
| 16.36 | 62.14 | 30.17 | 79.80 | 69.51 | 0.34 | 3.36 | 4.47 | 2.58 | 2.20 | |
| 78.83 | 190.82 | 95.12 | 272.33 | 210.73 | 1.58 | 33.78 | 14.34 | 13.72 | 25.05 | 1.98 |
| 221.40 | 364.08 | 115.04 | 1228.55 | 1187.75 | 4.13 | -7.26 | 42.31 | 33.54 | 90.68 | |
| 158.89 | 174.09 | 64.80 | 1100.93 | 1057.41 | 2.01 | 17.65 | 22.94 | 5.01 | 0.79 | |
| 7.25 | 34.22 | 16.77 | 61.49 | 49.40 | 0.40 | 5.66 | 5.86 | 1.63 | 1.79 | |
| 19.71 | 87.52 | 33.11 | 227.21 | 200.60 | 1.15 | 13.31 | 20.08 | 7.49 | 53.86 | 1.05 |
| 16.00 | 44.00 | 14.99 | 118.25 | 94.66 | 0.88 | 12.75 | 8.10 | 3.58 | 4.93 | 1.02 |
| 154.17 | 346.91 | 102.66 | 767.79 | 672.34 | 13.17 | 27.00 | 45.69 | 21.47 | 45.78 | 4.62 |
| 5.82 | 26.49 | 14.53 | 49.34 | 44.54 | 0.17 | 0.78 | 5.60 | 1.65 | 6.21 | |
| | | | | | | | | | | |
| 7.20 | 103.69 | 24.00 | 430.33 | 366.11 | 1.61 | 28.15 | 19.59 | 11.88 | 36.91 | 1.96 |
| 125.89 | 170.89 | 140.40 | 247.96 | 219.59 | 0.47 | 19.14 | 15.88 | 5.51 | 10.30 | 2.66 |
| | | | | | | | | | | |
| 3.23 | 15.34 | 2.31 | 13.62 | 10.94 | 0.05 | 1.20 | 1.79 | 0.19 | 0.01 | |
| 0.56 | 2.73 | 1.00 | 2.33 | 1.58 | 0.01 | 0.47 | 0.37 | 0.07 | 0.12 | |
| 2.59 | 20.83 | 5.23 | 23.88 | 18.25 | 0.10 | 2.32 | 2.17 | 0.24 | 0.33 | |
| 701.69 | 482.09 | 334.81 | 2071.40 | 1641.77 | 8.34 | 125.30 | 122.18 | 77.69 | 224.76 | 60.90 |
| 12.87 | 15.29 | 5.94 | 34.78 | 30.23 | 0.19 | 2.98 | 1.47 | 0.88 | 2.07 | 0.11 |
| 8.69 | 47.95 | 18.42 | 21.67 | 18.18 | 0.20 | 1.00 | 2.88 | 0.81 | 4.33 | 0.02 |

# 13—9 国有控股工业企业主要经济效益指标（2012年）
## Main Indicators on Economic Benefit of State-owned and State-holding Industrial Enterprises (2012)

| 行 业 | Sector |
|---|---|
| 总 计 | **Total** |
| **总计中：** | **Of the Total:** |
| 内资企业 | Domestic Funded Enterprise |
| 国有企业 | State-owned Enterprise |
| 股份合作企业 | Share Holding Cooperative Enterprises |
| 联营企业 | Joint Owned Enterprises |
| 有限责任公司 | Limited Liability Corporations |
| 股份有限公司 | Share-holding Corporations Ltd. |
| 其他企业 | Other Enterprises |
| 港澳台商投资企业 | Enterprises Funded by Entrepreneurs from Hong Kong, Macao and Taiwan |
| 外商投资企业 | Foreign Funded Enterprises |
| **总计中：** | **Of the Total:** |
| 轻工业 | Light Industry |
| 重工业 | Heavy Industry |
| **总计中：** | **Of the Total:** |
| 大型企业 | Large-sized Enterprises |
| 中型企业 | Medium-sized Enterprises |
| 小型企业 | Small Enterprises |
| 微型企业 | Mini Enterprises |
| **按行业分** | **Grouped by Sector** |
| 煤炭开采和洗选业 | Mining and Washing of Coal |
| 黑色金属矿采选业 | Mining and Processing of Ferrous Metal Ores |
| 有色金属矿采选业 | Mining and Processing of Non-Ferrous Metal Ores |
| 非金属矿采选业 | Mining and Processing of Nonmetal Ores |
| 农副食品加工业 | Processing of Food from Agriculture Products |
| 食品制造业 | Manufacture of Foods |
| 酒、饮料和精制茶制造业 | Manufacture of Wine, Beverages and Refined Tea |
| 烟草制品业 | Manufacture of Tobacco |
| 纺织业 | Manufacture of Textile |
| 纺织服装、服饰业 | Manufacture of Textile Wearing Apparel and Clothing |
| 木材加工及木竹藤棕草制品业 | Processing of Timber, Manufacture of Wood, Bamboo, Rattan, Palm and Straw Products |
| 造纸及纸制品业 | Manufacture of Paper and Paper Products |
| 印刷和记录媒介复制业 | Printing, Reproduction of Recording Media |
| 石油加工、炼焦和核燃料加工业 | Processing of Petroleum, Coking and Processing of Nuclear Fuel |
| 化学原料和化学制品制造业 | Manufacture of Raw Chemical Materials and Chemical Products |
| 医药制造业 | Manufacture of Medicines |
| 化学纤维制造业 | Manufacture of Chemical Fibers |
| 橡胶和塑料制品业 | Manufacture of Rubber and Plastics |
| 非金属矿物制品业 | Manufacture of Non-metallic Mineral Products |
| 黑色金属冶炼和压延加工业 | Smelting and Pressing of Ferrous Metals |
| 有色金属冶炼和压延加工业 | Smelting and Pressing of Non-ferrous Metals |
| 金属制品业 | Manufacture of Metal Products |
| 通用设备制造业 | Manufacture of General Purpose Machinery |
| 专用设备制造业 | Manufacture of Special Purpose Machinery |
| 汽车制造业 | Manufacture of Automobile |
| 铁路船舶航空航天和其他运输设备制造业 | Manufacture of Railroads, Ships, Aerospace and Other Transportation Equipments |
| 电气机械和器材制造业 | Manufacture of Electrical Machinery and Equipment |
| 计算机通信和其他电子设备制造业 | Manufacture of Computers, Communication and Other Electronic Equipments |
| 仪器仪表制造业 | Manufacture of Measuring Instruments and Machinery |
| 其他制造业 | Manufacture of Others |
| 金属制品、机械和设备修理业 | Industry of Metal products, machinery and equipment repair |
| 电力、热力生产和供应业 | Production and Supply of Electric Power and Heat Power |
| 燃气生产和供应业 | Production and Supply of Gas |
| 水的生产和供应业 | Production and Supply of Water |

| 总资产贡献率 (%) Ratio of Total Assets to Industrial Output Value (%) | 资产负债率 (%) Assets-liability Ratio (%) | 流动资产周转次数 (次/年) Number of Times of Annual of Turnover Circulating Funds (times/year) | 工业成本费用利润率 (%) Ratio of Profits to Industrial Cost (%) | 产品销售率 (%) Proportion of Products Sold (%) |
|---|---|---|---|---|
| **10.89** | **66.51** | **2.56** | **5.09** | **98.66** |
| 10.73 | 66.73 | 2.55 | 5.00 | 98.67 |
| 19.96 | 69.35 | 3.93 | 8.32 | 98.80 |
| 7.86 | 65.12 | 2.57 | 4.33 | 104.70 |
| 29.16 | 30.11 | 1.49 | 23.01 | 100.15 |
| 8.95 | 66.84 | 2.54 | 4.82 | 98.81 |
| 5.74 | 64.30 | 1.80 | 2.11 | 98.24 |
| 7.34 | 63.83 | 33.41 | 9.90 | 100.00 |
| 53.45 | 69.94 | 6.72 | 8.97 | 98.07 |
| 12.89 | 43.82 | 2.18 | 8.74 | 99.00 |
| 30.86 | 48.25 | 2.18 | 10.51 | 96.33 |
| 8.71 | 68.51 | 2.63 | 4.38 | 99.08 |
| 10.40 | 65.72 | 2.49 | 3.79 | 98.78 |
| 13.59 | 70.69 | 2.91 | 14.39 | 97.92 |
| 11.71 | 67.68 | 3.01 | 5.87 | 98.76 |
| 5.18 | 69.61 | 0.84 | 9.67 | 99.05 |
| 9.54 | 69.22 | 2.37 | 6.67 | 98.87 |
| 6.51 | 46.92 | 2.16 | 10.46 | 90.66 |
| 20.98 | 20.38 | 0.81 | 48.92 | 98.93 |
| 11.41 | 45.47 | 2.58 | 10.60 | 99.66 |
| 16.41 | 59.83 | 4.49 | 4.95 | 99.96 |
| 26.89 | 44.98 | 6.06 | 8.01 | 98.16 |
| 27.79 | 45.33 | 1.88 | 15.97 | 91.33 |
| 93.99 | 26.27 | 1.79 | 30.58 | 98.89 |
| 7.45 | 58.14 | 1.75 | 6.60 | 100.38 |
| 18.89 | 36.70 | 1.72 | 13.59 | 97.06 |
| 25.43 | 84.80 | 4.08 | 9.49 | 95.47 |
| 5.37 | 38.90 | 1.04 | 0.63 | 98.35 |
| 11.53 | 40.53 | 2.52 | 6.52 | 100.00 |
| 21.76 | 87.72 | 12.51 | -6.05 | 100.14 |
| 5.66 | 66.01 | 1.80 | 4.50 | 96.13 |
| 14.58 | 60.55 | 2.33 | 7.40 | 98.35 |
| -0.30 | 57.85 | 2.09 | -5.06 | 99.75 |
| 7.25 | 38.02 | 1.60 | 4.29 | 97.82 |
| 11.91 | 55.33 | 1.52 | 13.89 | 97.32 |
| 4.18 | 65.26 | 2.70 | -0.59 | 99.83 |
| 5.71 | 74.64 | 3.14 | 1.61 | 98.42 |
| 11.07 | 53.94 | 1.28 | 9.77 | 92.99 |
| 11.60 | 56.58 | 2.03 | 5.83 | 98.38 |
| 14.94 | 65.17 | 1.64 | 11.75 | 94.40 |
| 6.12 | 68.90 | 1.52 | 3.20 | 100.25 |
| 3.30 | 70.49 | 0.92 | 1.54 | 106.33 |
| 15.69 | 61.68 | 2.39 | 6.81 | 95.28 |
| 7.48 | 53.86 | 1.75 | 8.02 | 94.95 |
| 4.90 | 40.67 | 0.81 | 9.66 | 99.14 |
| 13.58 | 31.55 | 1.24 | 24.06 | 99.85 |
| 5.37 | 55.41 | 0.76 | 10.44 | 100.01 |
| 11.95 | 77.98 | 8.35 | 7.19 | 100.20 |
| 7.91 | 71.52 | 1.97 | 9.11 | 99.97 |
| 2.86 | 38.23 | 0.94 | 4.39 | 94.02 |

# 13—10 外商投资和港澳台投资工业企业主要经济指标（2012年）
Main Indicators of Industrial Enterprises with Hong Kong, Macao, Taiwan and Foreign Funds (2012)

| 行　业 | Sector | 企业单位数（个）Number of Enterprises (unit) | 工业总产值（现价）Gross Industrial Output Value |
|---|---|---|---|
| **总　　计** | **Total** | **783** | **3532.97** |
| **总计中：** | **Of the Total:** | | |
| 港澳台商投资企业 | Enterprises Funded by Entrepreneurs from Hong Kong, Macao and Taiwan | 316 | 1405.40 |
| 外商投资企业 | Foreign Funded Enterprises | 467 | 2127.57 |
| **总计中：** | **Of the Total:** | | |
| 轻工业 | Light Industry | 364 | 1492.54 |
| 重工业 | Heavy Industry | 419 | 2040.43 |
| **总计中：** | **Of the Total:** | | |
| 大型企业 | Large-sized Enterprises | 49 | 1588.79 |
| 中型企业 | Medium-sized Enterprises | 206 | 1279.45 |
| 小型企业 | Small Enterprises | 504 | 643.32 |
| 微型企业 | Mini Enterprises | 24 | 21.41 |
| **按行业分** | **Grouped by Sector** | | |
| 黑色金属矿采选业 | Mining and Processing of Ferrous Metal Ores | 2 | 19.05 |
| 有色金属矿采选业 | Mining and Processing of Non-Ferrous Metal Ores | 1 | 0.17 |
| 非金属矿采选业 | Mining and Processing of Nonmetal Ores | 6 | 2.80 |
| 农副食品加工业 | Processing of Food from Agriculture Products | 23 | 106.41 |
| 食品制造业 | Manufacture of Foods | 21 | 81.18 |
| 酒、饮料和精制茶制造业 | Manufacture of Wine, Beverages and Refined Tea | 23 | 54.07 |
| 纺织业 | Manufacture of Textile | 50 | 72.06 |
| 纺织服装、服饰业 | Manufacture of Textile Wearing Apparel and Clothing | 66 | 96.60 |
| 皮革毛皮羽毛及其制品和制鞋业 | Manufacture of Leather, Furs, Feather and Related Products | 26 | 60.47 |
| 木材加工及木竹藤棕草制品业 | Processing of Timber, Manufacture of Wood, Bamboo, Rattan, Palm and Straw Products | 16 | 16.69 |
| 家具制造业 | Manufacture of Furniture | 5 | 17.71 |
| 造纸及纸制品业 | Manufacture of Paper and Paper Products | 14 | 22.94 |
| 印刷和记录媒介复制业 | Printing, Reproduction of Recording Media | 10 | 31.60 |
| 文教工美体育和娱乐用品制造业 | Manufacture of Culture, Education, Art, Sports and Entertainment Supplies | 24 | 50.74 |
| 石油加工、炼焦和核燃料加工业 | Processing of Petroleum, Coking and Processing of Nuclear Fuel | 3 | 33.49 |
| 化学原料和化学制品制造业 | Manufacture of Raw Chemical Materials and Chemical Products | 49 | 297.22 |
| 医药制造业 | Manufacture of Medicines | 23 | 34.12 |
| 化学纤维制造业 | Manufacture of Chemical Fibers | 2 | 17.04 |
| 橡胶和塑料制品业 | Manufacture of Rubber and Plastics | 38 | 139.44 |
| 非金属矿物制品业 | Manufacture of Non-metallic Mineral Products | 46 | 103.68 |
| 黑色金属冶炼和压延加工业 | Smelting and Pressing of Ferrous Metals | 12 | 187.32 |
| 有色金属冶炼和压延加工业 | Smelting and Pressing of Non-ferrous Metals | 5 | 239.95 |
| 金属制品业 | Manufacture of Metal Products | 29 | 62.68 |
| 通用设备制造业 | Manufacture of General Purpose Machinery | 37 | 293.40 |
| 专用设备制造业 | Manufacture of Special Purpose Machinery | 34 | 236.30 |
| 汽车制造业 | Manufacture of Automobile | 73 | 201.53 |
| 铁路船舶航空航天和其他运输设备制造业 | Manufacture of Railroads, Ships, Aerospace and Other Transportation Equipments | 2 | 1.68 |
| 电气机械和器材制造业 | Manufacture of Electrical Machinery and Equipment | 58 | 678.11 |
| 计算机通信和其他电子设备制造业 | Manufacture of Computers, Communication and Other Electronic Equipments | 39 | 136.21 |
| 仪器仪表制造业 | Manufacture of Measuring Instruments and Machinery | 3 | 34.33 |
| 其他制造业 | Manufacture of Others | 1 | 0.25 |
| 废弃资源综合利用业 | Industry of Comprehensive utilization of waste resources | 4 | 30.26 |
| 金属制品、机械和设备修理业 | Industry of Metal products, machinery and equipment repair | 2 | 1.58 |
| 电力、热力生产和供应业 | Production and Supply of Electric Power and Heat Power | 9 | 116.77 |
| 燃气生产和供应业 | Production and Supply of Gas | 24 | 50.78 |
| 水的生产和供应业 | Production and Supply of Water | 3 | 4.39 |

单位：亿元（100 million yuan）

| 工业销售产值（现价）Value of Industrial Products Sales (At current prices) | #出口交货值 Delivery Value for Export | 资产合计 Total Assets | 流动资产合计 Circulating Funds | #存货 Stock | #产成品 Finished Product | 固定资产合计 Total of Fixed Assets | 固定资产原价 Original Value of Fixed Assets | 固定资产累计折旧 Accumulated Depreciation of Fixed Assets |
|---|---|---|---|---|---|---|---|---|
| **3457.40** | **290.93** | **2257.09** | **1129.16** | **283.80** | **125.76** | **824.55** | **1269.94** | **492.28** |
| 1380.86 | 77.03 | 852.87 | 412.60 | 102.18 | 51.36 | 313.85 | 434.76 | 143.11 |
| 2076.53 | 213.90 | 1404.23 | 716.56 | 181.62 | 74.40 | 510.70 | 835.18 | 349.16 |
| 1448.90 | 169.31 | 774.25 | 400.01 | 113.97 | 64.40 | 244.33 | 381.81 | 146.82 |
| 2008.50 | 121.63 | 1482.85 | 729.15 | 169.82 | 61.36 | 580.22 | 888.12 | 345.45 |
| 1553.81 | 122.74 | 854.45 | 446.91 | 107.23 | 54.17 | 257.45 | 397.82 | 154.63 |
| 1254.09 | 96.90 | 885.16 | 407.03 | 106.28 | 42.14 | 386.81 | 590.92 | 221.42 |
| 629.61 | 67.06 | 492.89 | 261.26 | 67.98 | 28.27 | 174.76 | 275.09 | 115.03 |
| 19.89 | 4.23 | 24.59 | 13.95 | 2.30 | 1.18 | 5.53 | 6.11 | 1.20 |
| 18.58 |  | 31.52 | 13.80 | 0.45 | 0.22 | 10.30 | 14.79 | 4.49 |
| 0.15 |  | 1.40 | 0.64 | 0.08 | 0.05 | 0.23 | 0.56 | 0.33 |
| 2.69 | 0.38 | 4.14 | 2.02 | 0.33 | 0.19 | 0.86 | 1.59 | 0.73 |
| 102.45 | 4.29 | 61.27 | 30.09 | 13.07 | 6.39 | 13.23 | 25.85 | 13.39 |
| 73.39 | 1.95 | 48.30 | 21.83 | 4.97 | 1.42 | 17.94 | 25.30 | 8.10 |
| 55.03 |  | 49.67 | 20.75 | 12.49 | 3.55 | 22.52 | 34.86 | 12.46 |
| 69.90 | 17.55 | 51.35 | 20.69 | 8.56 | 3.05 | 25.00 | 40.05 | 16.06 |
| 95.61 | 30.54 | 38.45 | 19.43 | 4.40 | 1.19 | 15.71 | 19.57 | 5.04 |
| 60.27 | 15.28 | 33.39 | 17.42 | 2.35 | 0.97 | 8.78 | 11.84 | 3.81 |
| 16.19 | 6.68 | 12.53 | 6.31 | 2.45 | 1.13 | 3.44 | 5.20 | 1.84 |
| 17.69 | 2.01 | 5.74 | 4.20 | 0.27 | 0.14 | 1.50 | 2.53 | 1.06 |
| 21.70 | 0.05 | 23.49 | 8.89 | 2.21 | 1.37 | 12.13 | 14.16 | 2.26 |
| 31.41 | 0.27 | 16.08 | 10.46 | 3.92 | 3.01 | 5.48 | 9.89 | 4.80 |
| 49.99 | 43.42 | 30.00 | 15.40 | 2.34 | 1.69 | 13.86 | 14.82 | 1.69 |
| 31.79 |  | 25.67 | 9.44 | 2.77 | 1.60 | 11.44 | 35.19 | 23.75 |
| 295.38 | 9.48 | 173.77 | 96.84 | 15.54 | 9.11 | 65.75 | 90.40 | 29.81 |
| 30.95 | 4.81 | 24.84 | 14.70 | 5.20 | 2.16 | 6.15 | 9.15 | 3.36 |
| 16.05 |  | 12.90 | 8.56 | 4.42 | 2.05 | 3.81 | 4.90 | 1.14 |
| 134.60 | 29.60 | 144.14 | 79.95 | 14.66 | 5.73 | 58.29 | 96.76 | 45.65 |
| 107.17 | 6.24 | 142.64 | 48.91 | 9.74 | 3.67 | 82.03 | 99.50 | 23.10 |
| 179.55 | 13.00 | 80.02 | 49.60 | 14.71 | 7.09 | 25.76 | 38.44 | 14.13 |
| 240.86 |  | 31.90 | 15.90 | 13.68 | 9.03 | 7.79 | 9.12 | 1.74 |
| 60.44 | 3.11 | 43.91 | 26.86 | 6.61 | 2.00 | 13.14 | 18.57 | 5.75 |
| 289.93 | 21.38 | 183.40 | 93.55 | 22.22 | 4.60 | 51.37 | 77.11 | 34.27 |
| 240.26 | 3.11 | 156.60 | 86.80 | 31.47 | 6.64 | 64.87 | 81.52 | 17.65 |
| 195.39 | 11.26 | 168.70 | 107.21 | 14.81 | 6.78 | 40.69 | 59.56 | 22.54 |
| 0.91 | 0.17 | 3.29 | 1.84 | 0.22 | 0.04 | 1.14 | 1.42 | 0.36 |
| 652.96 | 44.88 | 321.44 | 170.67 | 50.63 | 36.08 | 72.52 | 128.90 | 59.18 |
| 130.47 | 16.43 | 84.77 | 45.46 | 10.03 | 3.41 | 26.74 | 36.66 | 11.56 |
| 34.17 | 5.04 | 26.83 | 21.73 | 1.90 | 0.70 | 3.53 | 6.74 | 3.21 |
| 0.25 |  | 0.10 | 0.08 | 0.02 | 0.02 |  |  |  |
| 29.65 |  | 4.38 | 3.28 | 1.72 | 0.42 | 0.38 | 0.41 | 0.05 |
| 1.58 |  | 1.36 | 0.54 | 0.06 | 0.02 | 0.51 | 1.17 | 0.67 |
| 115.21 |  | 141.14 | 30.93 | 4.68 |  | 98.09 | 200.70 | 102.99 |
| 50.71 |  | 60.01 | 20.17 | 0.55 | 0.12 | 29.39 | 35.82 | 8.28 |
| 4.08 |  | 17.95 | 4.20 | 0.27 | 0.14 | 9.85 | 16.90 | 7.04 |

**13—10 续表 continued**

| 行 业 | Sector | 负债合计 Total Liabilities | 流动负债 Liquid Liabilities |
|---|---|---|---|
| **总 计** | **Total** | **1228.71** | **999.47** |
| **总计中：** | **Of the Total:** | | |
| 港澳台商投资企业 | Enterprises Funded by Entrepreneurs from Hong Kong, Macao and Taiwan | 491.73 | 379.03 |
| 外商投资企业 | Foreign Funded Enterprises | 736.99 | 620.44 |
| **总计中：** | **Of the Total:** | | |
| 轻工业 | Light Industry | 398.54 | 345.35 |
| 重工业 | Heavy Industry | 830.17 | 654.12 |
| **总计中：** | **Of the Total:** | | |
| 大型企业 | Large-sized Enterprises | 443.42 | 384.44 |
| 中型企业 | Medium-sized Enterprises | 504.98 | 393.14 |
| 小型企业 | Small Enterprises | 263.83 | 219.61 |
| 微型企业 | Mini Enterprises | 16.49 | 2.28 |
| **按行业分** | **Grouped by Sector** | | |
| 黑色金属矿采选业 | Mining and Processing of Ferrous Metal Ores | 6.19 | 4.25 |
| 有色金属矿采选业 | Mining and Processing of Non-Ferrous Metal Ores | 0.42 | 0.42 |
| 非金属矿采选业 | Mining and Processing of Nonmetal Ores | 0.69 | 0.69 |
| 农副食品加工业 | Processing of Food from Agriculture Products | 40.53 | 38.24 |
| 食品制造业 | Manufacture of Foods | 19.95 | 16.69 |
| 酒、饮料和精制茶制造业 | Manufacture of Wine, Beverages and Refined Tea | 33.68 | 30.26 |
| 纺织业 | Manufacture of Textile | 24.94 | 18.73 |
| 纺织服装、服饰业 | Manufacture of Textile Wearing Apparel and Clothing | 19.98 | 15.33 |
| 皮革毛皮羽毛及其制品和制鞋业 | Manufacture of Leather, Furs, Feather and Related Products | 8.27 | 7.88 |
| 木材加工及木竹藤棕草制品业 | Processing of Timber, Manufacture of Wood, Bamboo, Rattan, Palm and Straw Products | 10.16 | 5.57 |
| 家具制造业 | Manufacture of Furniture | 3.55 | 3.55 |
| 造纸及纸制品业 | Manufacture of Paper and Paper Products | 14.44 | 14.16 |
| 印刷和记录媒介复制业 | Printing, Reproduction of Recording Media | 7.98 | 4.28 |
| 文教工美体育和娱乐用品制造业 | Manufacture of Culture, Education, Art, Sports and Entertainment Supplies | 14.04 | 12.71 |
| 石油加工、炼焦和核燃料加工业 | Processing of Petroleum, Coking and Processing of Nuclear Fuel | 14.53 | 13.45 |
| 化学原料和化学制品制造业 | Manufacture of Raw Chemical Materials and Chemical Products | 106.60 | 97.25 |
| 医药制造业 | Manufacture of Medicines | 11.32 | 8.69 |
| 化学纤维制造业 | Manufacture of Chemical Fibers | 10.45 | 8.97 |
| 橡胶和塑料制品业 | Manufacture of Rubber and Plastics | 70.21 | 56.20 |
| 非金属矿物制品业 | Manufacture of Non-metallic Mineral Products | 67.20 | 52.58 |
| 黑色金属冶炼和压延加工业 | Smelting and Pressing of Ferrous Metals | 62.08 | 44.84 |
| 有色金属冶炼和压延加工业 | Smelting and Pressing of Non-ferrous Metals | 18.25 | 12.78 |
| 金属制品业 | Manufacture of Metal Products | 22.05 | 20.79 |
| 通用设备制造业 | Manufacture of General Purpose Machinery | 100.80 | 82.40 |
| 专用设备制造业 | Manufacture of Special Purpose Machinery | 91.33 | 86.12 |
| 汽车制造业 | Manufacture of Automobile | 103.64 | 73.78 |
| 铁路船舶航空航天和其他运输设备制造业 | Manufacture of Railroads, Ships, Aerospace and Other Transportation Equipments | 0.54 | 0.52 |
| 电气机械和器材制造业 | Manufacture of Electrical Machinery and Equipment | 153.81 | 134.16 |
| 计算机通信和其他电子设备制造业 | Manufacture of Computers, Communication and Other Electronic Equipments | 49.66 | 35.36 |
| 仪器仪表制造业 | Manufacture of Measuring Instruments and Machinery | 10.20 | 9.70 |
| 其他制造业 | Manufacture of Others | 0.06 | |
| 废弃资源综合利用业 | Industry of Comprehensive utilization of waste resources | 2.17 | 1.67 |
| 金属制品、机械和设备修理业 | Industry of Metal products, machinery and equipment repair | 0.43 | 0.43 |
| 电力、热力生产和供应业 | Production and Supply of Electric Power and Heat Power | 90.10 | 57.86 |
| 燃气生产和供应业 | Production and Supply of Gas | 29.85 | 21.95 |
| 水的生产和供应业 | Production and Supply of Water | 8.61 | 7.23 |

单位：亿元（100 million yuan）

| 非流动负债 Long-term Liabilities | 所有者权益 Creditors' Equity | #实收资本 Capital Hold | 主营业务收入 Revenue from principal Business | 主营业务成本 Cost of Principal Business | 主营业务税金及附加 Business and Extra Charges | 利润总额 Total Profits | 本年应付职工薪酬 Wages Payable in This Year | 本年应交增值税 Value Added Tax Payable | 土地和固定资产支出 Land and Fixed Capital Expenditure | #土地 Land |
|---|---|---|---|---|---|---|---|---|---|---|
| **156.64** | **1020.41** | **588.35** | **3243.21** | **2712.21** | **22.53** | **236.09** | **138.09** | **123.34** | **131.16** | **8.86** |
| 72.20 | 358.39 | 206.30 | 1342.76 | 1126.51 | 7.24 | 95.91 | 52.95 | 42.74 | 62.18 | 4.18 |
| 84.43 | 662.02 | 382.05 | 1900.45 | 1585.70 | 15.29 | 140.18 | 85.14 | 80.60 | 68.98 | 4.68 |
| 33.77 | 372.29 | 195.63 | 1329.34 | 1086.59 | 12.66 | 108.73 | 62.82 | 49.76 | 40.86 | 3.17 |
| 122.87 | 648.12 | 392.72 | 1913.87 | 1625.62 | 9.87 | 127.35 | 75.27 | 73.58 | 90.30 | 5.69 |
| 54.42 | 410.59 | 172.57 | 1406.34 | 1166.90 | 10.45 | 123.01 | 60.98 | 59.72 | 41.43 | 3.15 |
| 75.30 | 376.74 | 251.31 | 1215.88 | 1009.71 | 9.01 | 75.78 | 51.37 | 42.41 | 59.51 | 4.05 |
| 26.65 | 226.72 | 161.50 | 604.40 | 520.74 | 3.05 | 37.33 | 25.29 | 20.81 | 30.14 | 1.67 |
| 0.27 | 6.36 | 2.97 | 16.59 | 14.86 | 0.02 | -0.04 | 0.44 | 0.39 | 0.08 | |
| 1.94 | 24.53 | 1.16 | 11.15 | 6.17 | 0.39 | 2.88 | 0.53 | 1.40 | 0.44 | |
| | 0.98 | 0.12 | 0.15 | 0.11 | | -0.04 | 0.09 | 0.01 | | |
| | 3.45 | 1.82 | 2.87 | 1.88 | 0.03 | 0.37 | 0.14 | 0.22 | 0.23 | |
| 2.26 | 20.73 | 13.08 | 107.85 | 98.11 | 0.25 | 3.76 | 2.61 | 0.82 | 4.85 | 0.50 |
| 3.26 | 28.26 | 18.84 | 77.81 | 56.93 | 0.41 | 8.03 | 3.32 | 3.27 | 4.17 | 0.05 |
| 0.84 | 15.99 | 14.19 | 51.46 | 37.06 | 3.27 | 5.05 | 3.45 | 2.97 | 5.16 | 0.01 |
| 2.34 | 25.03 | 19.06 | 67.90 | 60.29 | 0.24 | 3.80 | 3.40 | 1.40 | 0.89 | 0.12 |
| 2.38 | 18.17 | 13.24 | 96.52 | 78.53 | 0.81 | 3.91 | 9.67 | 2.48 | 1.43 | 0.20 |
| 0.22 | 25.08 | 8.04 | 59.14 | 46.33 | 0.28 | 10.54 | 4.48 | 2.50 | 1.81 | 0.34 |
| 0.13 | 2.05 | 2.97 | 15.58 | 13.94 | 0.04 | -0.19 | 0.54 | 0.48 | 0.13 | 0.05 |
| | 2.20 | 0.95 | 17.59 | 15.19 | 0.12 | 1.66 | 0.57 | 0.93 | 0.41 | |
| 0.25 | 9.05 | 5.15 | 21.24 | 18.64 | 0.08 | 2.31 | 1.24 | 0.86 | 4.17 | 0.81 |
| 0.36 | 8.10 | 4.13 | 26.50 | 19.46 | 0.28 | 5.40 | 0.93 | 1.40 | 0.24 | |
| 1.23 | 15.53 | 3.68 | 49.18 | 38.51 | 1.04 | 3.40 | 2.81 | 0.91 | 0.23 | |
| 1.08 | 11.14 | 10.55 | 28.35 | 24.88 | 0.13 | 0.34 | 0.55 | 0.18 | 6.15 | |
| 9.24 | 65.52 | 52.07 | 277.66 | 209.06 | 1.88 | 27.22 | 9.38 | 8.05 | 8.13 | 0.15 |
| 1.50 | 13.23 | 6.61 | 32.13 | 20.92 | 0.19 | 3.89 | 1.15 | 1.32 | 1.99 | 0.05 |
| 1.16 | 2.25 | 1.53 | 15.94 | 13.53 | 0.01 | 2.01 | 0.86 | 0.79 | 1.13 | |
| 12.93 | 73.83 | 57.73 | 126.79 | 110.49 | 0.54 | 3.18 | 11.09 | 4.02 | 9.72 | 0.48 |
| 14.14 | 75.20 | 46.97 | 94.29 | 75.67 | 0.41 | 9.48 | 6.36 | 3.13 | 29.46 | 1.51 |
| 4.85 | 17.94 | 18.90 | 185.51 | 170.82 | 0.76 | 10.34 | 3.30 | 14.15 | 1.63 | |
| 5.47 | 13.65 | 10.91 | 239.03 | 188.06 | 0.04 | 1.43 | 0.35 | 1.41 | 3.94 | |
| 1.17 | 21.83 | 13.01 | 61.17 | 49.04 | 0.41 | 6.36 | 3.18 | 2.68 | 2.55 | 0.03 |
| 17.17 | 82.60 | 29.57 | 266.87 | 236.93 | 1.33 | 22.76 | 8.07 | 12.04 | 4.68 | 0.65 |
| 4.61 | 65.04 | 31.86 | 223.03 | 190.25 | 1.83 | 19.28 | 7.51 | 8.94 | 7.24 | 1.20 |
| 5.97 | 63.37 | 39.63 | 191.29 | 166.13 | 0.96 | 11.26 | 10.89 | 7.27 | 7.88 | 0.13 |
| 0.02 | 2.74 | 1.61 | 0.88 | 0.66 | 0.01 | 0.04 | 0.08 | 0.04 | 0.01 | |
| 12.62 | 167.48 | 56.98 | 534.78 | 461.95 | 5.01 | 31.09 | 22.53 | 26.40 | 7.89 | 1.15 |
| 11.06 | 35.11 | 31.69 | 128.69 | 109.87 | 0.38 | 12.64 | 9.32 | 3.30 | 3.04 | 1.20 |
| 0.50 | 16.62 | 1.81 | 34.39 | 22.04 | 0.29 | 7.31 | 2.40 | 1.52 | 1.16 | |
| | 0.04 | 0.01 | 0.25 | 0.23 | | | | | | |
| | 2.21 | 1.42 | 28.70 | 26.69 | 0.03 | 0.13 | 0.13 | 0.28 | | |
| | 0.93 | 0.78 | 1.58 | 1.46 | 0.03 | 0.02 | 0.95 | 0.16 | 0.01 | |
| 28.68 | 51.04 | 49.21 | 110.02 | 97.64 | 0.73 | 8.77 | 3.30 | 6.90 | 6.01 | 0.01 |
| 7.87 | 30.16 | 11.60 | 51.59 | 42.05 | 0.24 | 6.65 | 1.98 | 0.94 | 2.58 | 0.20 |
| 1.38 | 9.34 | 7.48 | 5.33 | 2.69 | 0.08 | 1.00 | 0.92 | 0.15 | 1.80 | |

## 13—11 外商投资和港澳台工业企业主要经济效益指标（2012年）

Main Indicators on Economic Benefit of Industrial Enterprises with Hong Kong, Macao, Taiwan and Foreign Funds (2012)

| 行　业 | Sector |
|---|---|
| **总　计** | **Total** |
| **总计中：** | **Of the Total:** |
| 港澳台商投资企业 | Enterprises Funded by Entrepreneurs from Hong Kong, Macao and Taiwan |
| 外商投资企业 | Foreign Funded Enterprises |
| **总计中：** | **Of the Total:** |
| 轻工业 | Light Industry |
| 重工业 | Heavy Industry |
| **总计中：** | **Of the Total:** |
| 大型企业 | Large-sized Enterprises |
| 中型企业 | Medium-sized Enterprises |
| 小型企业 | Small Enterprises |
| 微型企业 | Mini Enterprises |
| **按行业分** | **Grouped by Sector** |
| 黑色金属矿采选业 | Mining and Processing of Ferrous Metal Ores |
| 有色金属矿采选业 | Mining and Processing of Non-Ferrous Metal Ores |
| 非金属矿采选业 | Mining and Processing of Nonmetal Ores |
| 农副食品加工业 | Processing of Food from Agriculture Products |
| 食品制造业 | Manufacture of Foods |
| 酒、饮料和精制茶制造业 | Manufacture of Wine, Beverages and Refined Tea |
| 纺织业 | Manufacture of Textile |
| 纺织服装、服饰业 | Manufacture of Textile Wearing Apparel and Clothing |
| 皮革毛皮羽毛及其制品和制鞋业 | Manufacture of Leather, Furs, Feather and Related Products |
| 木材加工及木竹藤棕草制品业 | Processing of Timber, Manufacture of Wood, Bamboo, Rattan, Palm and Straw Products |
| 家具制造业 | Manufacture of Furniture |
| 造纸及纸制品业 | Manufacture of Paper and Paper Products |
| 印刷和记录媒介复制业 | Printing, Reproduction of Recording Media |
| 文教工美体育和娱乐用品制造业 | Manufacture of Culture, Education, Art, Sports and Entertainment Supplies |
| 石油加工、炼焦和核燃料加工业 | Processing of Petroleum, Coking and Processing of Nuclear Fuel |
| 化学原料和化学制品制造业 | Manufacture of Raw Chemical Materials and Chemical Products |
| 医药制造业 | Manufacture of Medicines |
| 化学纤维制造业 | Manufacture of Chemical Fibers |
| 橡胶和塑料制品业 | Manufacture of Rubber and Plastics |
| 非金属矿物制品业 | Manufacture of Non-metallic Mineral Products |
| 黑色金属冶炼和压延加工业 | Smelting and Pressing of Ferrous Metals |
| 有色金属冶炼和压延加工业 | Smelting and Pressing of Non-ferrous Metals |
| 金属制品业 | Manufacture of Metal Products |
| 通用设备制造业 | Manufacture of General Purpose Machinery |
| 专用设备制造业 | Manufacture of Special Purpose Machinery |
| 汽车制造业 | Manufacture of Automobile |
| 铁路船舶航空航天和其他运输设备制造业 | Manufacture of Railroads, Ships, Aerospace and Other Transportation Equipments |
| 电气机械和器材制造业 | Manufacture of Electrical Machinery and Equipment |
| 计算机通信和其他电子设备制造业 | Manufacture of Computers, Communication and Other Electronic Equipments |
| 仪器仪表制造业 | Manufacture of Measuring Instruments and Machinery |
| 其他制造业 | Manufacture of Others |
| 废弃资源综合利用业 | Industry of Comprehensive utilization of waste resources |
| 金属制品、机械和设备修理业 | Industry of Metal products, machinery and equipment repair |
| 电力、热力生产和供应业 | Production and Supply of Electric Power and Heat Power |
| 燃气生产和供应业 | Production and Supply of Gas |
| 水的生产和供应业 | Production and Supply of Water |

| 总资产贡献率 (%) Ratio of Total Assets to Industrial Output Value (%) | 资产负债率 (%) Assets-liability Ratio (%) | 流动资产周转次数 (次/年) Number of Times of Annual of Turnover Circulating Funds (times/year) | 工业成本费用利润率 (%) Ratio of Profits to Industrial Cost (%) | 产品销售率 (%) Proportion of Products Sold (%) |
|---|---|---|---|---|
| **17.88** | **54.44** | **2.92** | **7.76** | **97.86** |
| 18.16 | 57.66 | 3.29 | 7.88 | 98.25 |
| 17.70 | 52.48 | 2.71 | 7.69 | 97.60 |
| 22.95 | 51.47 | 3.40 | 8.63 | 97.08 |
| 15.23 | 55.99 | 2.66 | 7.15 | 98.43 |
| 23.44 | 51.89 | 3.23 | 9.23 | 97.80 |
| 15.53 | 57.05 | 3.03 | 6.78 | 98.02 |
| 13.24 | 53.53 | 2.33 | 6.52 | 97.87 |
| 2.06 | 67.05 | 1.19 | -0.22 | 92.88 |
| 13.61 | 19.63 | 0.83 | 36.12 | 97.54 |
| -2.99 | 30.26 | 0.23 | -21.77 | 89.08 |
| 15.39 | 16.68 | 1.42 | 14.23 | 96.21 |
| 9.47 | 66.15 | 3.60 | 3.56 | 96.28 |
| 24.33 | 41.31 | 3.63 | 12.13 | 90.40 |
| 22.98 | 67.81 | 2.70 | 10.26 | 101.77 |
| 11.80 | 48.57 | 3.29 | 5.84 | 97.01 |
| 19.71 | 51.94 | 4.98 | 4.51 | 98.98 |
| 40.66 | 24.76 | 3.42 | 21.13 | 99.68 |
| 4.95 | 81.12 | 2.49 | -1.20 | 97.01 |
| 47.85 | 61.76 | 4.20 | 10.23 | 99.86 |
| 14.71 | 61.46 | 2.42 | 11.39 | 94.61 |
| 45.40 | 49.64 | 2.59 | 25.04 | 99.40 |
| 22.73 | 46.78 | 3.20 | 7.55 | 98.51 |
| 3.42 | 56.60 | 3.32 | 1.23 | 94.93 |
| 21.85 | 61.35 | 2.94 | 10.56 | 99.38 |
| 22.72 | 45.55 | 2.20 | 13.96 | 90.71 |
| 22.01 | 81.03 | 1.86 | 14.37 | 94.20 |
| 6.88 | 48.71 | 1.69 | 2.42 | 96.53 |
| 9.59 | 47.11 | 1.95 | 10.99 | 103.37 |
| 32.69 | 77.59 | 3.79 | 5.78 | 95.85 |
| 12.02 | 57.21 | 15.04 | 0.74 | 100.38 |
| 22.26 | 50.21 | 2.30 | 11.19 | 96.42 |
| 20.55 | 54.96 | 2.86 | 9.03 | 98.81 |
| 20.45 | 58.32 | 2.60 | 9.25 | 101.68 |
| 12.05 | 61.43 | 1.81 | 6.08 | 96.95 |
| 2.46 | 16.49 | 0.48 | 4.14 | 53.89 |
| 19.97 | 47.85 | 3.23 | 5.78 | 96.29 |
| 19.70 | 58.58 | 2.85 | 10.52 | 95.78 |
| 33.56 | 38.03 | 1.59 | 27.13 | 99.56 |
| 10.39 | 62.13 | 3.11 | 1.78 | 100.00 |
| 10.36 | 49.50 | 8.76 | 0.47 | 97.99 |
| 15.72 | 31.35 | 2.94 | 1.57 | 100.00 |
| 14.32 | 63.84 | 3.60 | 8.42 | 98.66 |
| 14.06 | 49.74 | 2.59 | 14.61 | 99.88 |
| 7.76 | 47.98 | 1.27 | 22.53 | 93.07 |

# 13—12 私营工业企业主要经济指标（2012年）

## Main Indicators of Private Enterprises (2012)

| 行　业 | Sector | 企业单位数（个）Number of Enterprises (unit) | 工业总产值（现价）Gross Industrial Output Value |
|---|---|---|---|
| **总　　计** | **Total** | **9070** | **10354.42** |
| **总计中：** | **Of the Total:** | | |
| 私营独资 | Private Sole-source Investment Enterprise | 822 | 748.40 |
| 私营合伙 | Private Partnership Enterprise | 109 | 73.24 |
| 私营有限责任公司 | Private Companies with Limited Liabilities | 7775 | 8832.39 |
| 私营股份有限公司 | Private Share-holding Companies with Limited Liabilities | 364 | 700.39 |
| **总计中：** | **Of the Total:** | | |
| 轻工业 | Light Industry | 3730 | 4025.49 |
| 重工业 | Heavy Industry | 5340 | 6328.94 |
| **总计中：** | **Of the Total:** | | |
| 大型企业 | Large-sized Enterprises | 32 | 562.15 |
| 中型企业 | Medium-sized Enterprises | 577 | 2065.72 |
| 小型企业 | Small Enterprises | 8092 | 7560.37 |
| 微型企业 | Mini Enterprises | 369 | 166.18 |
| **按行业分** | **Grouped by Sector** | | |
| 煤炭开采和洗选业 | Mining and Washing of Coal | 33 | 40.28 |
| 黑色金属矿采选业 | Mining and Processing of Ferrous Metal Ores | 77 | 185.26 |
| 有色金属矿采选业 | Mining and Processing of Non-Ferrous Metal Ores | 51 | 68.76 |
| 非金属矿采选业 | Mining and Processing of Nonmetal Ores | 130 | 98.67 |
| 开采辅助活动 | Mining Auxiliary Activities | 2 | 0.64 |
| 农副食品加工业 | Processing of Food from Agriculture Products | 1002 | 1435.58 |
| 食品制造业 | Manufacture of Foods | 180 | 190.35 |
| 酒、饮料和精制茶制造业 | Manufacture of Wine, Beverages and Refined Tea | 139 | 128.94 |
| 纺织业 | Manufacture of Textile | 367 | 385.64 |
| 纺织服装、服饰业 | Manufacture of Textile Wearing Apparel and Clothing | 539 | 344.01 |
| 皮革毛皮羽毛及其制品和制鞋业 | Manufacture of Leather, Furs, Feather and Related Products | 143 | 131.18 |
| 木材加工及木竹藤棕草制品业 | Processing of Timber, Manufacture of Wood, Bamboo, Rattan, Palm and Straw Products | 310 | 262.28 |
| 家具制造业 | Manufacture of Furniture | 122 | 111.86 |
| 造纸及纸制品业 | Manufacture of Paper and Paper Products | 132 | 133.58 |
| 印刷和记录媒介复制业 | Printing, Reproduction of Recording Media | 122 | 104.68 |
| 文教工美体育和娱乐用品制造业 | Manufacture of Culture, Education, Art, Sports and Entertainment Supplies | 154 | 122.15 |
| 石油加工、炼焦和核燃料加工业 | Processing of Petroleum, Coking and Processing of Nuclear Fuel | 10 | 29.10 |
| 化学原料和化学制品制造业 | Manufacture of Raw Chemical Materials and Chemical Products | 500 | 582.61 |
| 医药制造业 | Manufacture of Medicines | 117 | 160.36 |
| 化学纤维制造业 | Manufacture of Chemical Fibers | 19 | 13.79 |
| 橡胶和塑料制品业 | Manufacture of Rubber and Plastics | 567 | 532.23 |
| 非金属矿物制品业 | Manufacture of Non-metallic Mineral Products | 1015 | 809.60 |
| 黑色金属冶炼和压延加工业 | Smelting and Pressing of Ferrous Metals | 296 | 609.90 |
| 有色金属冶炼和压延加工业 | Smelting and Pressing of Non-ferrous Metals | 104 | 277.33 |
| 金属制品业 | Manufacture of Metal Products | 496 | 526.88 |
| 通用设备制造业 | Manufacture of General Purpose Machinery | 546 | 551.08 |
| 专用设备制造业 | Manufacture of Special Purpose Machinery | 412 | 429.66 |
| 汽车制造业 | Manufacture of Automobile | 415 | 454.23 |
| 铁路船舶航空航天和其他运输设备制造业 | Manufacture of Railroads, Ships, Aerospace and Other Transportation Equipments | 91 | 145.28 |
| 电气机械和器材制造业 | Manufacture of Electrical Machinery and Equipment | 638 | 1105.15 |
| 计算机通信和其他电子设备制造业 | Manufacture of Computers, Communication and Other Electronic Equipments | 178 | 210.57 |
| 仪器仪表制造业 | Manufacture of Measuring Instruments and Machinery | 65 | 59.59 |
| 其他制造业 | Manufacture of Others | 47 | 46.95 |
| 废弃资源综合利用业 | Industry of Comprehensive utilization of waste resources | 34 | 56.20 |
| 金属制品、机械和设备修理业 | Industry of Metal products, machinery and equipment repair | 3 | 3.32 |
| 电力、热力生产和供应业 | Production and Supply of Electric Power and Heat Power | 6 | 3.16 |
| 燃气生产和供应业 | Production and Supply of Gas | 3 | 1.72 |
| 水的生产和供应业 | Production and Supply of Water | 5 | 1.83 |

单位：亿元（100 million yuan）

| 工业销售产值（现价）<br>Value of Industrial Products Sales (At current prices) | #出口交货值<br>Delivery Value for Export | 资产合计<br>Total Assets | 流动资产合计<br>Circulating Funds | #存货<br>Stock | #产成品<br>Finished Product | 固定资产合计<br>Total of Fixed Assets | 固定资产原价<br>Original Value of Fixed Assets | 固定资产累计折旧<br>Accumulated Depreciation of Fixed Assets |
|---|---|---|---|---|---|---|---|---|
| **10062.40** | **366.57** | **5015.71** | **2737.27** | **697.23** | **312.58** | **1673.29** | **2461.04** | **966.40** |
| 733.20 | 16.55 | 248.06 | 115.90 | 31.71 | 15.85 | 103.16 | 132.60 | 39.51 |
| 72.64 | 0.89 | 27.91 | 14.88 | 4.29 | 2.76 | 10.78 | 12.50 | 2.53 |
| 8580.39 | 320.71 | 4304.48 | 2354.79 | 598.32 | 267.02 | 1432.10 | 2133.78 | 855.85 |
| 676.17 | 28.42 | 435.26 | 251.70 | 62.91 | 26.95 | 127.24 | 182.16 | 68.51 |
| 3931.09 | 237.70 | 1609.92 | 840.51 | 292.17 | 128.85 | 572.69 | 847.23 | 334.00 |
| 6131.31 | 128.87 | 3405.80 | 1896.76 | 405.06 | 183.72 | 1100.60 | 1613.81 | 632.40 |
| 537.84 | 36.39 | 470.19 | 205.76 | 50.30 | 13.40 | 181.08 | 261.23 | 106.07 |
| 2000.95 | 165.74 | 1099.13 | 593.83 | 150.43 | 68.37 | 365.76 | 598.77 | 265.88 |
| 7360.03 | 159.94 | 3361.17 | 1884.90 | 482.58 | 224.28 | 1110.98 | 1584.21 | 591.08 |
| 163.58 | 4.51 | 85.22 | 52.78 | 13.92 | 6.52 | 15.47 | 16.84 | 3.37 |
| 39.25 | | 22.75 | 6.51 | 1.20 | 0.69 | 9.79 | 20.70 | 10.94 |
| 179.97 | | 129.25 | 40.12 | 8.78 | 5.98 | 28.50 | 43.99 | 17.88 |
| 68.11 | | 39.17 | 20.43 | 2.89 | 1.11 | 11.74 | 14.09 | 4.27 |
| 96.85 | | 36.00 | 16.34 | 3.01 | 2.18 | 14.62 | 16.55 | 3.00 |
| 0.64 | | 0.51 | 0.47 | 0.05 | | 0.04 | 0.09 | 0.05 |
| 1415.49 | 29.44 | 454.57 | 241.77 | 102.71 | 38.06 | 153.58 | 258.70 | 120.88 |
| 186.22 | 3.87 | 80.35 | 38.88 | 13.29 | 5.70 | 32.03 | 47.34 | 17.25 |
| 124.22 | 5.64 | 74.76 | 35.66 | 14.82 | 6.36 | 28.36 | 32.93 | 8.08 |
| 376.50 | 43.79 | 172.25 | 89.04 | 30.84 | 14.37 | 58.85 | 90.05 | 36.03 |
| 338.95 | 40.95 | 122.22 | 65.92 | 16.59 | 7.81 | 42.19 | 47.85 | 10.62 |
| 127.42 | 15.30 | 55.04 | 33.46 | 12.12 | 6.38 | 15.92 | 22.17 | 7.65 |
| 257.17 | 22.56 | 97.32 | 51.26 | 19.77 | 8.75 | 38.01 | 53.97 | 19.85 |
| 107.92 | 0.63 | 47.51 | 25.39 | 7.49 | 4.06 | 17.50 | 23.34 | 7.30 |
| 130.33 | 1.20 | 65.14 | 27.13 | 8.48 | 4.07 | 29.54 | 39.74 | 12.70 |
| 103.00 | 0.51 | 58.39 | 27.98 | 8.40 | 3.53 | 25.46 | 24.33 | 5.37 |
| 118.79 | 29.45 | 59.15 | 35.75 | 12.07 | 4.98 | 18.09 | 29.70 | 12.89 |
| 28.62 | | 13.62 | 8.51 | 0.63 | 0.13 | 3.38 | 3.74 | 0.58 |
| 567.45 | 23.20 | 259.70 | 135.49 | 36.14 | 19.05 | 87.24 | 112.86 | 36.18 |
| 156.06 | 11.59 | 79.77 | 45.51 | 10.00 | 4.44 | 24.35 | 31.16 | 9.37 |
| 13.76 | 1.25 | 6.73 | 2.11 | 0.43 | 0.29 | 4.46 | 5.16 | 0.81 |
| 516.99 | 10.72 | 244.89 | 142.06 | 31.98 | 15.22 | 81.18 | 132.67 | 58.43 |
| 784.66 | 3.99 | 451.21 | 225.45 | 46.68 | 20.16 | 186.87 | 300.18 | 127.27 |
| 584.14 | 16.23 | 310.26 | 171.52 | 40.51 | 16.66 | 113.51 | 196.88 | 107.03 |
| 274.58 | 5.54 | 85.35 | 57.28 | 13.12 | 4.48 | 18.19 | 18.79 | 3.80 |
| 511.94 | 11.94 | 261.58 | 162.74 | 44.16 | 19.56 | 68.41 | 115.95 | 53.80 |
| 529.37 | 13.42 | 276.28 | 160.66 | 40.34 | 18.46 | 83.82 | 150.27 | 74.28 |
| 412.07 | 14.79 | 209.00 | 112.95 | 29.17 | 12.63 | 74.68 | 94.92 | 26.45 |
| 435.62 | 5.07 | 234.19 | 125.32 | 30.94 | 14.03 | 85.66 | 129.46 | 51.92 |
| 141.76 | 0.01 | 39.54 | 24.08 | 6.59 | 2.05 | 11.17 | 16.56 | 5.88 |
| 1065.34 | 40.67 | 687.55 | 418.25 | 72.43 | 35.88 | 192.90 | 250.68 | 82.01 |
| 201.98 | 14.33 | 248.84 | 137.14 | 20.32 | 8.83 | 79.44 | 85.45 | 15.07 |
| 56.86 | 0.49 | 41.72 | 25.66 | 4.42 | 2.23 | 13.46 | 21.98 | 9.41 |
| 46.11 | | 19.64 | 8.60 | 2.99 | 1.68 | 8.98 | 11.60 | 2.86 |
| 54.21 | | 18.05 | 10.77 | 2.26 | 1.57 | 5.74 | 9.62 | 4.41 |
| 3.31 | | 5.35 | 4.23 | 1.34 | 1.12 | 0.72 | 1.47 | 0.75 |
| 3.19 | | 4.81 | 1.36 | 0.21 | 0.03 | 3.21 | 3.93 | 0.72 |
| 1.72 | | 0.87 | 0.29 | 0.03 | | 0.56 | 0.58 | 0.04 |
| 1.86 | | 2.39 | 1.19 | 0.04 | 0.01 | 1.13 | 1.58 | 0.59 |

**13—12 续表 continued**

| 行 业 | Sector | 负债合计 Total Liabilities | 流动负债 Liquid Liabilities |
|---|---|---|---|
| **总 计** | **Total** | **2515.06** | **2097.45** |
| **总计中:** | **Of the Total:** | | |
| 私营独资 | Private Sole-source Investment Enterprise | 103.43 | 79.75 |
| 私营合伙 | Private Partnership Enterprise | 14.68 | 12.11 |
| 私营有限责任公司 | Private Companies with Limited Liabilities | 2187.31 | 1827.86 |
| 私营股份有限公司 | Private Share-holding Companies with Limited Liabilities | 209.64 | 177.73 |
| **总计中:** | **Of the Total:** | | |
| 轻工业 | Light Industry | 780.05 | 643.20 |
| 重工业 | Heavy Industry | 1735.01 | 1454.24 |
| **总计中:** | **Of the Total:** | | |
| 大型企业 | Large-sized Enterprises | 250.83 | 184.61 |
| 中型企业 | Medium-sized Enterprises | 551.90 | 478.30 |
| 小型企业 | Small Enterprises | 1669.03 | 1411.35 |
| 微型企业 | Mini Enterprises | 43.30 | 23.19 |
| **按行业分** | **Grouped by Sector** | | |
| 煤炭开采和洗选业 | Mining and Washing of Coal | 10.67 | 6.10 |
| 黑色金属矿采选业 | Mining and Processing of Ferrous Metal Ores | 83.22 | 63.05 |
| 有色金属矿采选业 | Mining and Processing of Non-Ferrous Metal Ores | 22.93 | 20.48 |
| 非金属矿采选业 | Mining and Processing of Nonmetal Ores | 17.68 | 13.98 |
| 开采辅助活动 | Mining Auxiliary Activities | 0.14 | 0.14 |
| 农副食品加工业 | Processing of Food from Agriculture Products | 205.10 | 170.37 |
| 食品制造业 | Manufacture of Foods | 40.17 | 31.46 |
| 酒、饮料和精制茶制造业 | Manufacture of Wine, Beverages and Refined Tea | 42.81 | 36.36 |
| 纺织业 | Manufacture of Textile | 91.17 | 78.54 |
| 纺织服装、服饰业 | Manufacture of Textile Wearing Apparel and Clothing | 61.43 | 48.63 |
| 皮革毛皮羽毛及其制品和制鞋业 | Manufacture of Leather, Furs, Feather and Related Products | 26.61 | 19.88 |
| 木材加工及木竹藤棕草制品业 | Processing of Timber, Manufacture of Wood, Bamboo, Rattan, Palm and Straw Products | 41.00 | 31.46 |
| 家具制造业 | Manufacture of Furniture | 22.29 | 15.89 |
| 造纸及纸制品业 | Manufacture of Paper and Paper Products | 26.47 | 22.40 |
| 印刷和记录媒介复制业 | Printing, Reproduction of Recording Media | 28.11 | 20.63 |
| 文教工美体育和娱乐用品制造业 | Manufacture of Culture, Education, Art, Sports and Entertainment Supplies | 30.40 | 26.32 |
| 石油加工、炼焦和核燃料加工业 | Processing of Petroleum, Coking and Processing of Nuclear Fuel | 6.05 | 2.60 |
| 化学原料和化学制品制造业 | Manufacture of Raw Chemical Materials and Chemical Products | 125.08 | 107.85 |
| 医药制造业 | Manufacture of Medicines | 37.17 | 31.99 |
| 化学纤维制造业 | Manufacture of Chemical Fibers | 2.20 | 1.59 |
| 橡胶和塑料制品业 | Manufacture of Rubber and Plastics | 118.25 | 104.61 |
| 非金属矿物制品业 | Manufacture of Non-metallic Mineral Products | 249.17 | 208.66 |
| 黑色金属冶炼和压延加工业 | Smelting and Pressing of Ferrous Metals | 176.77 | 156.67 |
| 有色金属冶炼和压延加工业 | Smelting and Pressing of Non-ferrous Metals | 50.86 | 39.56 |
| 金属制品业 | Manufacture of Metal Products | 134.02 | 120.07 |
| 通用设备制造业 | Manufacture of General Purpose Machinery | 136.21 | 118.00 |
| 专用设备制造业 | Manufacture of Special Purpose Machinery | 105.60 | 86.05 |
| 汽车制造业 | Manufacture of Automobile | 124.99 | 104.81 |
| 铁路船舶航空航天和其他运输设备制造业 | Manufacture of Railroads, Ships, Aerospace and Other Transportation Equipments | 20.84 | 13.30 |
| 电气机械和器材制造业 | Manufacture of Electrical Machinery and Equipment | 322.38 | 291.41 |
| 计算机通信和其他电子设备制造业 | Manufacture of Computers, Communication and Other Electronic Equipments | 115.43 | 74.79 |
| 仪器仪表制造业 | Manufacture of Measuring Instruments and Machinery | 16.06 | 10.48 |
| 其他制造业 | Manufacture of Others | 6.67 | 5.26 |
| 废弃资源综合利用业 | Industry of Comprehensive utilization of waste resources | 9.31 | 8.32 |
| 金属制品、机械和设备修理业 | Industry of Metal products, machinery and equipment repair | 2.17 | 2.10 |
| 电力、热力生产和供应业 | Production and Supply of Electric Power and Heat Power | 4.03 | 2.80 |
| 燃气生产和供应业 | Production and Supply of Gas | 0.24 | 0.09 |
| 水的生产和供应业 | Production and Supply of Water | 1.34 | 0.72 |

单位：亿元（100 million yuan）

| 非流动负债 Long-term Liabilities | 所有者权益 Creditors' Equity | #实收资本 Capital Hold | 主营业务收入 Revenue from principal Business | 主营业务成本 Cost of Principal Business | 主营业务税金及附加 Business and Extra Charges | 利润总额 Total Profits | 本年应付职工薪酬 Wages Payable in This Year | 本年应交增值税 Value Added Tax Payable | 土地和固定资产支出 Land and Fixed Capital Expenditure | #土地 Land |
|---|---|---|---|---|---|---|---|---|---|---|
| **215.86** | **2449.26** | **1157.93** | **10017.12** | **8586.47** | **54.76** | **712.57** | **352.23** | **230.94** | **344.59** | **46.03** |
| 6.91 | 141.78 | 70.75 | 734.88 | 640.75 | 5.02 | 42.54 | 22.99 | 15.23 | 16.06 | 1.70 |
| 0.69 | 12.96 | 7.54 | 70.36 | 60.39 | 0.60 | 4.66 | 2.27 | 1.04 | 1.79 | 0.07 |
| 185.85 | 2070.29 | 992.18 | 8544.75 | 7320.91 | 45.51 | 599.34 | 301.04 | 198.45 | 292.24 | 40.08 |
| 22.40 | 224.23 | 87.47 | 667.12 | 564.42 | 3.62 | 66.03 | 25.92 | 16.22 | 34.51 | 4.18 |
| 50.32 | 808.63 | 334.85 | 3924.62 | 3388.60 | 19.02 | 267.81 | 152.51 | 70.78 | 107.72 | 15.32 |
| 165.53 | 1640.63 | 823.09 | 6092.50 | 5197.87 | 35.73 | 444.76 | 199.71 | 160.16 | 236.87 | 30.71 |
| 65.98 | 216.05 | 100.48 | 538.66 | 461.41 | 2.74 | 40.44 | 25.88 | 18.88 | 44.35 | 1.18 |
| 48.75 | 542.05 | 217.15 | 1978.80 | 1642.59 | 9.63 | 184.18 | 100.36 | 61.31 | 81.06 | 12.58 |
| 100.33 | 1661.49 | 823.11 | 7338.34 | 6335.70 | 41.58 | 481.75 | 222.95 | 147.62 | 217.03 | 31.93 |
| 0.79 | 29.67 | 17.19 | 161.32 | 146.77 | 0.81 | 6.19 | 3.03 | 3.14 | 2.14 | 0.35 |
| 4.14 | 12.08 | 5.40 | 40.07 | 35.00 | 0.34 | 1.56 | 2.65 | 1.55 | 0.09 | |
| 19.18 | 45.77 | 17.77 | 167.08 | 140.15 | 1.99 | 10.17 | 2.72 | 6.03 | 10.82 | 0.65 |
| 0.60 | 15.97 | 9.54 | 67.91 | 52.51 | 1.88 | 4.87 | 2.82 | 2.17 | 2.29 | 0.21 |
| 2.31 | 17.42 | 9.26 | 97.12 | 79.05 | 1.54 | 5.53 | 2.92 | 3.99 | 2.15 | 0.15 |
| | 0.37 | 0.26 | 0.63 | 0.42 | 0.01 | 0.17 | 0.15 | 0.04 | | |
| 13.97 | 241.23 | 89.59 | 1414.16 | 1259.46 | 4.34 | 79.97 | 25.96 | 17.81 | 27.62 | 4.71 |
| 3.39 | 39.44 | 16.08 | 186.37 | 158.48 | 0.95 | 12.45 | 9.13 | 3.44 | 8.87 | 1.30 |
| 4.62 | 31.36 | 13.88 | 123.83 | 98.38 | 2.58 | 11.96 | 3.74 | 2.70 | 5.16 | 0.55 |
| 5.74 | 79.90 | 33.33 | 376.17 | 327.50 | 2.00 | 26.42 | 16.57 | 7.83 | 10.10 | 1.49 |
| 2.23 | 59.66 | 26.40 | 335.88 | 290.31 | 2.13 | 19.60 | 30.75 | 7.25 | 8.56 | 1.20 |
| 1.02 | 26.98 | 11.75 | 128.59 | 112.94 | 0.40 | 8.68 | 6.32 | 2.47 | 1.69 | 0.32 |
| 7.44 | 55.31 | 19.93 | 257.49 | 226.80 | 1.32 | 17.00 | 8.12 | 5.30 | 6.11 | 0.80 |
| 1.54 | 25.19 | 13.90 | 111.59 | 91.15 | 0.79 | 8.25 | 5.87 | 2.17 | 2.49 | 0.36 |
| 1.80 | 37.45 | 14.17 | 130.68 | 111.54 | 0.56 | 8.83 | 3.99 | 2.19 | 4.73 | 0.60 |
| 1.28 | 29.76 | 10.53 | 101.27 | 84.23 | 0.45 | 10.24 | 3.37 | 1.40 | 6.79 | 1.32 |
| 0.49 | 27.08 | 11.82 | 120.17 | 103.42 | 0.68 | 8.63 | 7.88 | 3.04 | 2.06 | 0.33 |
| 0.03 | 7.52 | 2.55 | 29.39 | 26.42 | 0.04 | 0.75 | 0.20 | 0.17 | 1.97 | 0.46 |
| 9.06 | 132.61 | 63.75 | 561.71 | 482.48 | 2.43 | 38.25 | 15.02 | 7.76 | 28.17 | 3.98 |
| 2.50 | 42.14 | 18.79 | 133.69 | 124.07 | 0.80 | 15.10 | 5.74 | 4.40 | 3.51 | 0.25 |
| 0.59 | 4.48 | 1.55 | 13.84 | 10.96 | 0.02 | 1.86 | 0.63 | 0.33 | 0.22 | 0.03 |
| 6.48 | 124.26 | 57.49 | 513.76 | 429.63 | 2.46 | 50.75 | 18.11 | 9.53 | 18.98 | 2.39 |
| 24.80 | 197.60 | 115.06 | 778.20 | 661.82 | 5.86 | 49.79 | 31.04 | 22.63 | 35.55 | 3.97 |
| 14.50 | 131.59 | 51.02 | 580.18 | 511.55 | 2.47 | 44.05 | 15.35 | 17.37 | 17.69 | 2.23 |
| 3.18 | 32.69 | 16.53 | 271.98 | 255.08 | 1.15 | 10.86 | 3.02 | 8.72 | 3.12 | 1.03 |
| 5.85 | 125.02 | 53.73 | 510.90 | 445.86 | 2.62 | 33.63 | 18.18 | 11.58 | 14.37 | 2.04 |
| 7.73 | 137.83 | 59.03 | 520.02 | 431.50 | 3.10 | 42.84 | 20.74 | 12.66 | 17.99 | 3.12 |
| 4.89 | 101.03 | 39.82 | 414.80 | 352.56 | 2.79 | 27.04 | 16.37 | 10.13 | 15.30 | 2.81 |
| 9.43 | 107.10 | 41.43 | 429.00 | 367.82 | 1.80 | 28.54 | 18.37 | 11.94 | 11.86 | 1.39 |
| 1.01 | 17.63 | 8.87 | 144.42 | 128.27 | 0.64 | 7.44 | 4.30 | 3.82 | 2.96 | 0.64 |
| 14.77 | 357.07 | 216.46 | 1056.50 | 871.31 | 4.36 | 89.84 | 32.84 | 26.77 | 35.27 | 5.92 |
| 34.69 | 133.11 | 82.80 | 211.78 | 173.24 | 0.99 | 25.14 | 13.71 | 8.06 | 34.64 | 1.48 |
| 4.11 | 25.63 | 9.63 | 57.48 | 45.65 | 0.28 | 5.83 | 2.84 | 1.47 | 1.78 | 0.16 |
| 0.55 | 12.83 | 7.54 | 45.34 | 39.28 | 0.27 | 4.02 | 1.35 | 1.37 | 0.49 | 0.01 |
| 0.08 | 8.52 | 4.78 | 53.88 | 49.32 | 0.68 | 1.56 | 0.91 | 2.65 | 1.03 | 0.14 |
| 0.07 | 3.18 | 1.01 | 3.26 | 2.45 | 0.02 | 0.55 | 0.14 | 0.13 | 0.03 | 0.02 |
| 1.23 | 0.77 | 1.42 | 2.34 | 2.11 | | 0.15 | 0.19 | 0.05 | 0.12 | |
| 0.15 | 0.60 | 0.28 | 1.74 | 1.53 | 0.01 | 0.12 | 0.03 | 0.01 | 0.01 | |
| 0.40 | 1.05 | 0.76 | 1.89 | 1.43 | 0.01 | 0.16 | 0.16 | 0.01 | | |

# 13—13 私营工业企业主要经济效益指标（2012年）

## Main Indicators on Economic Benefit of Private Industrial Enterprises (2012)

| 行　业 | Sector |
|---|---|
| 总　计 | **Total** |
| **总计中：** | **Of the Total:** |
| 私营独资 | Private Sole-source Investment Enterprise |
| 私营合伙 | Private Partnership Enterprise |
| 私营有限责任公司 | Private Companies with Limited Liabilities |
| 私营股份有限公司 | Private Share-holding Companies with Limited Liabilities |
| **总计中：** | **Of the Total:** |
| 轻工业 | Light Industry |
| 重工业 | Heavy Industry |
| **总计中：** | **Of the Total:** |
| 大型企业 | Large-sized Enterprises |
| 中型企业 | Medium-sized Enterprises |
| 小型企业 | Small Enterprises |
| 微型企业 | Mini Enterprises |
| **按行业分** | **Grouped by Sector** |
| 煤炭开采和洗选业 | Mining and Washing of Coal |
| 黑色金属矿采选业 | Mining and Processing of Ferrous Metal Ores |
| 有色金属矿采选业 | Mining and Processing of Non-Ferrous Metal Ores |
| 非金属矿采选业 | Mining and Processing of Nonmetal Ores |
| 开采辅助活动 | Mining Auxiliary Activities |
| 农副食品加工业 | Processing of Food from Agriculture Products |
| 食品制造业 | Manufacture of Foods |
| 酒、饮料和精制茶制造业 | Manufacture of Wine, Beverages and Refined Tea |
| 纺织业 | Manufacture of Textile |
| 纺织服装、服饰业 | Manufacture of Textile Wearing Apparel and Clothing |
| 皮革毛皮羽毛及其制品和制鞋业 | Manufacture of Leather, Furs, Feather and Related Products |
| 木材加工及木竹藤棕草制品业 | Processing of Timber, Manufacture of Wood, Bamboo, Rattan, Palm and Straw Products |
| 家具制造业 | Manufacture of Furniture |
| 造纸及纸制品业 | Manufacture of Paper and Paper Products |
| 印刷和记录媒介复制业 | Printing, Reproduction of Recording Media |
| 文教工美体育和娱乐用品制造业 | Manufacture of Culture, Education, Art, Sports and Entertainment Supplies |
| 石油加工、炼焦和核燃料加工业 | Processing of Petroleum, Coking and Processing of Nuclear Fuel |
| 化学原料和化学制品制造业 | Manufacture of Raw Chemical Materials and Chemical Products |
| 医药制造业 | Manufacture of Medicines |
| 化学纤维制造业 | Manufacture of Chemical Fibers |
| 橡胶和塑料制品业 | Manufacture of Rubber and Plastics |
| 非金属矿物制品业 | Manufacture of Non-metallic Mineral Products |
| 黑色金属冶炼和压延加工业 | Smelting and Pressing of Ferrous Metals |
| 有色金属冶炼和压延加工业 | Smelting and Pressing of Non-ferrous Metals |
| 金属制品业 | Manufacture of Metal Products |
| 通用设备制造业 | Manufacture of General Purpose Machinery |
| 专用设备制造业 | Manufacture of Special Purpose Machinery |
| 汽车制造业 | Manufacture of Automobile |
| 铁路船舶航空航天和其他运输设备制造业 | Manufacture of Railroads, Ships, Aerospace and Other Transportation Equipments |
| 电气机械和器材制造业 | Manufacture of Electrical Machinery and Equipment |
| 计算机通信和其他电子设备制造业 | Manufacture of Computers, Communication and Other Electronic Equipments |
| 仪器仪表制造业 | Manufacture of Measuring Instruments and Machinery |
| 其他制造业 | Manufacture of Others |
| 废弃资源综合利用业 | Industry of Comprehensive utilization of waste resources |
| 金属制品、机械和设备修理业 | Industry of Metal products, machinery and equipment repair |
| 电力、热力生产和供应业 | Production and Supply of Electric Power and Heat Power |
| 燃气生产和供应业 | Production and Supply of Gas |
| 水的生产和供应业 | Production and Supply of Water |

| 总资产贡献率 (%) Ratio of Total Assets to Industrial Output Value (%) | 资产负债率 (%) Assets-liability Ratio (%) | 流动资产周转次数 (次/年) Number of Times of Annual of Turnover Circulating Funds (times/year) | 工业成本费用利润率 (%) Ratio of Profits to Industrial Cost (%) | 产品销售率 (%) Proportion of Products Sold (%) |
|---|---|---|---|---|
| **21.49** | **50.14** | **3.67** | **7.69** | **97.18** |
| 26.96 | 41.70 | 6.36 | 6.25 | 97.97 |
| 23.81 | 52.60 | 4.73 | 7.20 | 99.17 |
| 21.15 | 50.81 | 3.64 | 7.59 | 97.15 |
| 21.53 | 48.16 | 2.68 | 10.74 | 96.54 |
| 23.91 | 48.45 | 4.68 | 7.38 | 97.66 |
| 20.34 | 50.94 | 3.23 | 7.90 | 96.88 |
| 14.14 | 53.35 | 2.65 | 8.14 | 95.68 |
| 25.31 | 50.21 | 3.35 | 10.18 | 96.86 |
| 21.48 | 49.66 | 3.90 | 7.08 | 97.35 |
| 12.92 | 50.81 | 3.07 | 4.03 | 98.44 |
| 16.11 | 46.89 | 6.16 | 4.17 | 97.44 |
| 15.86 | 64.39 | 4.21 | 6.67 | 97.15 |
| 26.76 | 58.54 | 3.32 | 8.18 | 99.06 |
| 31.89 | 49.12 | 5.95 | 6.33 | 98.16 |
| 42.29 | 27.43 | 1.34 | 37.73 | 100.00 |
| 24.22 | 45.12 | 5.86 | 6.04 | 98.60 |
| 22.70 | 50.00 | 4.80 | 7.17 | 97.83 |
| 24.54 | 57.27 | 3.48 | 10.95 | 96.34 |
| 22.72 | 52.93 | 4.24 | 7.63 | 97.63 |
| 25.35 | 50.26 | 5.10 | 6.32 | 98.53 |
| 22.50 | 48.34 | 3.85 | 7.28 | 97.13 |
| 26.08 | 42.13 | 5.03 | 7.10 | 98.05 |
| 25.08 | 46.93 | 4.40 | 8.12 | 96.47 |
| 19.35 | 40.64 | 4.83 | 7.26 | 97.56 |
| 22.02 | 48.13 | 3.65 | 10.98 | 98.40 |
| 22.55 | 51.39 | 3.37 | 7.71 | 97.25 |
| 7.70 | 44.44 | 3.43 | 2.75 | 98.35 |
| 20.12 | 48.16 | 4.16 | 7.36 | 97.40 |
| 27.17 | 46.60 | 3.42 | 11.00 | 97.32 |
| 34.09 | 32.68 | 6.56 | 15.71 | 99.76 |
| 27.11 | 48.29 | 3.63 | 10.95 | 97.14 |
| 18.90 | 55.22 | 3.46 | 6.90 | 96.92 |
| 22.09 | 56.98 | 3.43 | 8.20 | 95.78 |
| 26.35 | 59.59 | 4.75 | 4.15 | 99.01 |
| 19.96 | 51.24 | 3.15 | 7.04 | 97.16 |
| 22.77 | 49.30 | 3.25 | 8.95 | 96.06 |
| 20.47 | 50.52 | 3.68 | 7.02 | 95.91 |
| 19.61 | 53.37 | 3.43 | 7.19 | 95.90 |
| 31.11 | 52.71 | 6.00 | 5.46 | 97.58 |
| 19.29 | 46.89 | 2.54 | 9.25 | 96.40 |
| 14.76 | 46.39 | 1.58 | 13.00 | 95.92 |
| 19.17 | 38.50 | 2.26 | 11.31 | 95.42 |
| 30.74 | 33.96 | 5.30 | 9.43 | 98.21 |
| 28.54 | 51.57 | 5.00 | 3.06 | 96.46 |
| 13.97 | 40.56 | 0.78 | 19.03 | 99.45 |
| 5.36 | 83.97 | 1.89 | 6.45 | 101.02 |
| 17.06 | 27.16 | 5.95 | 7.56 | 100.01 |
| 9.94 | 55.93 | 1.59 | 9.09 | 101.45 |

# 13—14 大中型工业企业主要经济指标（2012年）
Main Indicators of Large and Medium-sized Industrial Enterprises (2012)

| 行　业 | Sector | 企业单位数（个）Number of Enterprises (unit) | 工业总产值（现价）Gross Industrial Output Value |
|---|---|---|---|
| 总　计 | **Total** | **1655** | **16872.77** |
| **总计中：** | **Of the Total:** | | |
| 内资企业 | Domestic Funded Enterprise | 1400 | 14004.53 |
| 国有企业 | State-owned Enterprise | 115 | 2577.08 |
| 集体企业 | Collective-owned Enterprise | 15 | 33.98 |
| 股份合作企业 | Share Holding Cooperative Enterprises | 6 | 10.06 |
| 联营企业 | Joint Owned Enterprises | 2 | 0.85 |
| 有限责任公司 | Limited Liability Corporations | 481 | 5501.97 |
| 股份有限公司 | Share-holding Corporations Ltd. | 152 | 3183.20 |
| 私营企业 | Private Enterprises | 609 | 2627.88 |
| 其他企业 | Other Enterprises | 20 | 69.50 |
| 港澳台商投资企业 | Enterprises Funded by Entrepreneurs from Hong Kong, Macao and Taiwan | 111 | 1134.74 |
| 外商投资企业 | Foreign Funded Enterprises | 144 | 1733.50 |
| **总计中：** | **Of the Total:** | | |
| 轻工业 | Light Industry | 770 | 5006.29 |
| 重工业 | Heavy Industry | 885 | 11866.47 |
| **总计中：** | **Of the Total:** | | |
| 大型企业 | Large-sized Enterprises | 259 | 10848.20 |
| 中型企业 | Medium-sized Enterprises | 1396 | 6024.57 |
| **按行业分** | **Grouped by Sector** | | |
| 煤炭开采和洗选业 | Mining and Washing of Coal | 35 | 958.80 |
| 黑色金属矿采选业 | Mining and Processing of Ferrous Metal Ores | 12 | 141.94 |
| 有色金属矿采选业 | Mining and Processing of Non-Ferrous Metal Ores | 9 | 19.30 |
| 非金属矿采选业 | Mining and Processing of Nonmetal Ores | 6 | 12.71 |
| 开采辅助活动 | Mining Auxiliary Activities | 79 | 574.83 |
| 农副食品加工业 | Processing of Food from Agriculture Products | 40 | 191.98 |
| 食品制造业 | Manufacture of Foods | 43 | 375.94 |
| 酒、饮料和精制茶制造业 | Manufacture of Wine, Beverages and Refined Tea | 7 | 293.91 |
| 纺织业 | Manufacture of Textile | 100 | 337.34 |
| 纺织服装、服饰业 | Manufacture of Textile Wearing Apparel and Clothing | 168 | 262.33 |
| 皮革毛皮羽毛及其制品和制鞋业 | Manufacture of Leather, Furs, Feather and Related Products | 45 | 152.36 |
| 木材加工及木竹藤棕草制品业 | Processing of Timber, Manufacture of Wood, Bamboo, Rattan, Palm and Straw Products | 18 | 61.35 |
| 家具制造业 | Manufacture of Furniture | 11 | 44.51 |
| 造纸及纸制品业 | Manufacture of Paper and Paper Products | 22 | 96.89 |
| 印刷和记录媒介复制业 | Printing, Reproduction of Recording Media | 12 | 58.80 |
| 文教工美体育和娱乐用品制造业 | Manufacture of Culture, Education, Art, Sports and Entertainment Supplies | 43 | 99.79 |
| 石油加工、炼焦和核燃料加工业 | Processing of Petroleum, Coking and Processing of Nuclear Fuel | 3 | 283.67 |
| 化学原料和化学制品制造业 | Manufacture of Raw Chemical Materials and Chemical Products | 64 | 784.27 |
| 医药制造业 | Manufacture of Medicines | 38 | 164.97 |
| 化学纤维制造业 | Manufacture of Chemical Fibers | 8 | 54.81 |
| 橡胶和塑料制品业 | Manufacture of Rubber and Plastics | 61 | 416.95 |
| 非金属矿物制品业 | Manufacture of Non-metallic Mineral Products | 95 | 523.82 |
| 黑色金属冶炼和压延加工业 | Smelting and Pressing of Ferrous Metals | 37 | 1498.53 |
| 有色金属冶炼和压延加工业 | Smelting and Pressing of Non-ferrous Metals | 21 | 1105.43 |
| 金属制品业 | Manufacture of Metal Products | 47 | 345.17 |
| 通用设备制造业 | Manufacture of General Purpose Machinery | 102 | 804.50 |
| 专用设备制造业 | Manufacture of Special Purpose Machinery | 68 | 485.41 |
| 汽车制造业 | Manufacture of Automobile | 104 | 1262.23 |
| 铁路船舶航空航天和其他运输设备制造业 | Manufacture of Railroads, Ships, Aerospace and Other Transportation Equipments | 16 | 76.94 |
| 电气机械和器材制造业 | Manufacture of Electrical Machinery and Equipment | 144 | 2544.57 |
| 计算机通信和其他电子设备制造业 | Manufacture of Computers, Communication and Other Electronic Equipments | 81 | 613.20 |
| 仪器仪表制造业 | Manufacture of Measuring Instruments and Machinery | 5 | 57.55 |
| 其他制造业 | Manufacture of Others | 7 | 22.17 |
| 废弃资源综合利用业 | Industry of Comprehensive utilization of waste resources | 11 | 159.35 |
| 金属制品、机械和设备修理业 | Industry of Metal products, machinery and equipment repair | 4 | 27.45 |
| 电力、热力生产和供应业 | Production and Supply of Electric Power and Heat Power | 68 | 1892.84 |
| 燃气生产和供应业 | Production and Supply of Gas | 7 | 46.89 |
| 水的生产和供应业 | Production and Supply of Water | 14 | 19.28 |

单位：亿元（100 million yuan）

| 工业销售产值（现价） Value of Industrial Products Sales (At current prices) | #出口交货值 Delivery Value for Export | 资产合计 Total Assets | 流动资产合计 Circulating Funds | #存货 Stock | #产成品 Finished Product | 固定资产合计 Total of Fixed Assets | 固定资产原价 Original Value of Fixed Assets | 固定资产累计折旧 Accumulated Depreciation of Fixed Assets |
|---|---|---|---|---|---|---|---|---|
| **16528.41** | **1059.19** | **16318.19** | **6557.27** | **1650.70** | **564.74** | **7179.75** | **9709.45** | **3751.32** |
| 13720.51 | 839.55 | 14578.58 | 5703.33 | 1437.18 | 468.43 | 6535.49 | 8720.71 | 3375.27 |
| 2545.28 | 15.34 | 2431.34 | 624.87 | 208.09 | 23.88 | 1513.55 | 2275.35 | 944.04 |
| 32.81 | 0.65 | 19.22 | 11.08 | 1.58 | 0.65 | 6.20 | 12.80 | 6.77 |
| 9.90 | 0.32 | 9.18 | 3.08 | 1.34 | 0.87 | 5.01 | 8.54 | 3.57 |
| 0.86 | | 1.05 | 0.46 | 0.05 | | 0.17 | 0.25 | 0.13 |
| 5397.15 | 260.94 | 6511.93 | 2390.53 | 616.53 | 213.10 | 3011.10 | 3482.99 | 1231.72 |
| 3126.37 | 359.83 | 3992.02 | 1849.74 | 402.58 | 146.51 | 1437.53 | 2063.40 | 811.60 |
| 2538.79 | 202.13 | 1569.32 | 799.59 | 200.73 | 81.78 | 546.84 | 859.99 | 371.95 |
| 69.36 | 0.34 | 44.51 | 23.97 | 6.29 | 1.63 | 15.10 | 17.39 | 5.48 |
| 1116.09 | 62.73 | 653.14 | 302.42 | 72.92 | 37.59 | 252.59 | 349.36 | 114.03 |
| 1691.81 | 156.91 | 1086.47 | 551.52 | 140.59 | 58.72 | 391.67 | 639.38 | 262.02 |
| 4863.42 | 387.00 | 2956.51 | 1550.16 | 523.25 | 206.44 | 925.81 | 1373.99 | 519.60 |
| 11664.99 | 672.19 | 13361.68 | 5007.12 | 1127.44 | 358.30 | 6253.94 | 8335.46 | 3231.72 |
| 10670.16 | 716.88 | 11665.82 | 4516.50 | 1140.11 | 354.73 | 5189.68 | 6808.91 | 2696.65 |
| 5858.25 | 342.31 | 4652.37 | 2040.78 | 510.59 | 210.01 | 1990.07 | 2900.55 | 1054.67 |
| 947.19 | | 2725.00 | 599.14 | 95.38 | 35.99 | 1603.01 | 1560.05 | 589.40 |
| 137.20 | | 361.91 | 63.25 | 11.25 | 4.37 | 90.40 | 135.22 | 55.98 |
| 19.14 | | 22.59 | 12.18 | 1.46 | 0.57 | 7.89 | 10.40 | 3.23 |
| 12.32 | 0.12 | 10.11 | 4.29 | 0.50 | 0.28 | 4.88 | 9.13 | 4.30 |
| 572.63 | 16.93 | 311.49 | 163.23 | 47.92 | 17.64 | 72.18 | 98.09 | 34.37 |
| 182.73 | 9.86 | 93.87 | 41.03 | 10.88 | 3.73 | 38.19 | 50.67 | 13.89 |
| 357.58 | 10.83 | 307.89 | 167.26 | 67.53 | 22.94 | 102.97 | 152.89 | 53.04 |
| 291.00 | 0.29 | 229.75 | 164.01 | 118.43 | 3.63 | 49.23 | 94.17 | 49.50 |
| 330.77 | 63.51 | 309.00 | 125.01 | 40.79 | 16.08 | 98.38 | 143.66 | 53.43 |
| 259.51 | 47.66 | 105.34 | 55.02 | 12.70 | 5.74 | 39.49 | 45.37 | 10.88 |
| 147.67 | 28.62 | 86.21 | 46.51 | 11.54 | 5.95 | 21.42 | 29.12 | 9.83 |
| 60.05 | 15.89 | 33.74 | 17.11 | 7.93 | 3.57 | 12.77 | 19.36 | 7.50 |
| 43.15 | 1.04 | 17.04 | 10.69 | 2.90 | 1.40 | 5.74 | 7.70 | 2.85 |
| 93.33 | 0.36 | 144.77 | 61.50 | 9.27 | 4.47 | 50.92 | 56.97 | 15.99 |
| 57.66 | 1.33 | 43.63 | 27.78 | 6.84 | 3.57 | 14.09 | 20.20 | 8.58 |
| 97.77 | 66.11 | 52.02 | 29.57 | 7.40 | 4.04 | 19.92 | 26.31 | 7.47 |
| 282.12 | | 136.60 | 29.24 | 14.32 | 3.40 | 53.28 | 109.64 | 56.55 |
| 766.05 | 32.29 | 831.03 | 359.21 | 76.92 | 37.71 | 359.02 | 435.14 | 146.53 |
| 156.90 | 7.17 | 119.03 | 63.51 | 15.19 | 7.54 | 41.44 | 70.22 | 35.89 |
| 54.02 | 7.64 | 84.50 | 26.02 | 10.50 | 5.61 | 47.67 | 65.35 | 17.92 |
| 400.65 | 83.84 | 330.90 | 185.66 | 43.80 | 14.69 | 123.68 | 195.04 | 84.51 |
| 507.98 | 10.20 | 708.26 | 259.84 | 46.45 | 18.19 | 385.08 | 541.15 | 201.81 |
| 1467.94 | 52.68 | 1307.05 | 584.27 | 165.20 | 46.61 | 634.96 | 1090.25 | 546.25 |
| 1090.49 | 37.33 | 795.30 | 417.11 | 185.02 | 31.63 | 170.31 | 230.52 | 77.78 |
| 329.23 | 15.88 | 242.78 | 157.10 | 44.52 | 16.85 | 61.68 | 80.69 | 31.27 |
| 783.90 | 49.58 | 659.67 | 368.85 | 101.63 | 35.85 | 198.45 | 303.43 | 119.21 |
| 475.08 | 14.40 | 403.12 | 223.58 | 65.05 | 13.56 | 138.05 | 173.31 | 52.90 |
| 1254.27 | 184.87 | 1421.41 | 734.06 | 120.43 | 46.57 | 385.55 | 511.94 | 185.78 |
| 80.86 | 27.33 | 95.11 | 58.35 | 12.23 | 2.28 | 27.17 | 33.07 | 9.26 |
| 2454.73 | 117.85 | 1281.29 | 783.78 | 191.89 | 123.12 | 320.98 | 497.27 | 195.66 |
| 588.32 | 150.02 | 735.73 | 333.64 | 53.48 | 15.96 | 280.32 | 330.30 | 79.87 |
| 56.36 | 5.18 | 64.21 | 42.80 | 4.63 | 2.32 | 13.62 | 24.59 | 11.04 |
| 22.07 | 0.37 | 18.78 | 9.28 | 4.26 | 0.84 | 7.56 | 8.88 | 1.46 |
| 158.31 | | 44.40 | 25.01 | 8.30 | 3.67 | 18.04 | 36.52 | 20.20 |
| 27.45 | | 50.81 | 33.57 | 9.57 | 2.45 | 14.44 | 20.74 | 7.80 |
| 1896.26 | | 1973.60 | 222.39 | 22.33 | 1.29 | 1585.90 | 2374.20 | 909.05 |
| 46.89 | | 74.75 | 25.28 | 0.60 | 0.23 | 34.93 | 43.49 | 10.83 |
| 18.85 | | 85.52 | 27.11 | 1.65 | 0.40 | 46.15 | 74.41 | 29.51 |

## 13—14 续表 continued

| 行业 | Sector | 负债合计 Total Liabilities | 流动负债 Liquid Liabilities |
|---|---|---|---|
| **总计** | **Total** | **10189.64** | **6979.07** |
| **总计中:** | **Of the Total:** | | |
| 内资企业 | Domestic Funded Enterprise | 9241.25 | 6201.49 |
| 国有企业 | State-owned Enterprise | 1690.33 | 1149.50 |
| 集体企业 | Collective-owned Enterprise | 11.49 | 10.69 |
| 股份合作企业 | Share Holding Cooperative Enterprises | 4.95 | 2.11 |
| 联营企业 | Joint Owned Enterprises | 0.20 | 0.19 |
| 有限责任公司 | Limited Liability Corporations | 4255.64 | 2654.46 |
| 股份有限公司 | Share-holding Corporations Ltd. | 2451.15 | 1703.58 |
| 私营企业 | Private Enterprises | 802.73 | 662.91 |
| 其他企业 | Other Enterprises | 24.77 | 18.05 |
| 港澳台商投资企业 | Enterprises Funded by Entrepreneurs from Hong Kong, Macao and Taiwan | 375.20 | 291.21 |
| 外商投资企业 | Foreign Funded Enterprises | 573.20 | 486.37 |
| **总计中:** | **Of the Total:** | | |
| 轻工业 | Light Industry | 1535.62 | 1274.66 |
| 重工业 | Heavy Industry | 8654.02 | 5704.41 |
| **总计中:** | **Of the Total:** | | |
| 大型企业 | Large-sized Enterprises | 7412.81 | 4944.43 |
| 中型企业 | Medium-sized Enterprises | 2776.84 | 2034.64 |
| **按行业分** | **Grouped by Sector** | | |
| 煤炭开采和洗选业 | Mining and Washing of Coal | 1893.92 | 953.64 |
| 黑色金属矿采选业 | Mining and Processing of Ferrous Metal Ores | 179.15 | 127.89 |
| 有色金属矿采选业 | Mining and Processing of Non-Ferrous Metal Ores | 6.12 | 4.16 |
| 非金属矿采选业 | Mining and Processing of Nonmetal Ores | 4.88 | 4.63 |
| 开采辅助活动 | Mining Auxiliary Activities | 170.27 | 148.96 |
| 农副食品加工业 | Processing of Food from Agriculture Products | 39.05 | 32.91 |
| 食品制造业 | Manufacture of Foods | 160.09 | 143.03 |
| 酒、饮料和精制茶制造业 | Manufacture of Wine, Beverages and Refined Tea | 61.55 | 60.96 |
| 纺织业 | Manufacture of Textile | 166.08 | 125.23 |
| 纺织服装、服饰业 | Manufacture of Textile Wearing Apparel and Clothing | 55.12 | 44.42 |
| 皮革毛皮羽毛及其制品和制鞋业 | Manufacture of Leather, Furs, Feather and Related Products | 34.78 | 29.16 |
| 木材加工及木竹藤棕草制品业 | Processing of Timber, Manufacture of Wood, Bamboo, Rattan, Palm and Straw Products | 15.97 | 12.83 |
| 家具制造业 | Manufacture of Furniture | 11.58 | 8.48 |
| 造纸及纸制品业 | Manufacture of Paper and Paper Products | 87.62 | 50.47 |
| 印刷和记录媒介复制业 | Printing, Reproduction of Recording Media | 15.83 | 13.56 |
| 文教工美体育和娱乐用品制造业 | Manufacture of Culture, Education, Art, Sports and Entertainment Supplies | 25.97 | 24.16 |
| 石油加工、炼焦和核燃料加工业 | Processing of Petroleum, Coking and Processing of Nuclear Fuel | 111.26 | 107.06 |
| 化学原料和化学制品制造业 | Manufacture of Raw Chemical Materials and Chemical Products | 511.42 | 344.71 |
| 医药制造业 | Manufacture of Medicines | 54.00 | 46.17 |
| 化学纤维制造业 | Manufacture of Chemical Fibers | 53.41 | 38.74 |
| 橡胶和塑料制品业 | Manufacture of Rubber and Plastics | 156.74 | 109.87 |
| 非金属矿物制品业 | Manufacture of Non-metallic Mineral Products | 362.65 | 255.40 |
| 黑色金属冶炼和压延加工业 | Smelting and Pressing of Ferrous Metals | 834.48 | 581.03 |
| 有色金属冶炼和压延加工业 | Smelting and Pressing of Non-ferrous Metals | 582.91 | 409.46 |
| 金属制品业 | Manufacture of Metal Products | 141.03 | 122.50 |
| 通用设备制造业 | Manufacture of General Purpose Machinery | 364.83 | 268.36 |
| 专用设备制造业 | Manufacture of Special Purpose Machinery | 248.82 | 206.72 |
| 汽车制造业 | Manufacture of Automobile | 948.26 | 748.53 |
| 铁路船舶航空航天和其他运输设备制造业 | Manufacture of Railroads, Ships, Aerospace and Other Transportation Equipments | 64.92 | 58.50 |
| 电气机械和器材制造业 | Manufacture of Electrical Machinery and Equipment | 736.52 | 668.19 |
| 计算机通信和其他电子设备制造业 | Manufacture of Computers, Communication and Other Electronic Equipments | 393.94 | 198.53 |
| 仪器仪表制造业 | Manufacture of Measuring Instruments and Machinery | 24.33 | 17.63 |
| 其他制造业 | Manufacture of Others | 6.97 | 5.84 |
| 废弃资源综合利用业 | Industry of Comprehensive utilization of waste resources | 21.26 | 20.70 |
| 金属制品、机械和设备修理业 | Industry of Metal products, machinery and equipment repair | 26.57 | 23.80 |
| 电力、热力生产和供应业 | Production and Supply of Electric Power and Heat Power | 1530.50 | 906.07 |
| 燃气生产和供应业 | Production and Supply of Gas | 50.66 | 30.56 |
| 水的生产和供应业 | Production and Supply of Water | 36.15 | 26.21 |

单位：亿元（100 million yuan）

| 非流动负债 Long-term Liabilities | 所有者权益 Creditors' Equity | #实收资本 Capital Hold | 主营业务收入 Revenue from principal Business | 主营业务成本 Cost of Principal Business | 主营业务税金及附加 Business and Extra Charges | 利润总额 Total Profits | 本年应付职工薪酬 Wages Payable in This Year | 本年应交增值税 Value Added Tax Payable | 土地和固定资产支出 Land and Fixed Capital Expenditure | #土地 Land |
|---|---|---|---|---|---|---|---|---|---|---|
| **3002.69** | **6070.87** | **2646.75** | **16925.90** | **14119.10** | **299.95** | **1119.34** | **1136.74** | **651.80** | **1491.94** | **139.64** |
| 2872.96 | 5283.54 | 2222.86 | 14303.68 | 11942.48 | 280.49 | 920.55 | 1024.38 | 549.67 | 1390.99 | 132.44 |
| 482.22 | 727.40 | 319.71 | 2536.32 | 1823.37 | 190.13 | 170.82 | 186.47 | 121.19 | 261.33 | 65.47 |
| 0.01 | 7.73 | 1.52 | 34.74 | 27.85 | 0.22 | 3.91 | 3.41 | 1.27 | 0.59 | 0.04 |
| 1.95 | 4.24 | 1.49 | 9.93 | 6.73 | 0.04 | 0.44 | 1.41 | 0.29 | 0.35 | |
| 0.01 | 0.86 | 0.71 | 0.79 | 0.50 | 0.01 | 0.13 | 0.27 | 0.10 | 0.01 | |
| 1575.62 | 2233.67 | 1083.49 | 5969.04 | 5192.03 | 37.40 | 375.06 | 502.78 | 247.31 | 601.32 | 25.75 |
| 697.00 | 1531.91 | 488.69 | 3168.69 | 2726.02 | 40.16 | 141.41 | 199.01 | 98.37 | 401.04 | 27.37 |
| 114.73 | 758.09 | 317.63 | 2517.45 | 2104.01 | 12.36 | 224.63 | 126.24 | 80.19 | 125.41 | 13.76 |
| 1.43 | 19.63 | 9.61 | 66.71 | 61.98 | 0.16 | 4.14 | 4.80 | 0.95 | 0.94 | 0.06 |
| 60.15 | 277.29 | 151.75 | 1092.34 | 908.27 | 6.18 | 81.44 | 43.76 | 30.88 | 50.28 | 3.66 |
| 69.57 | 510.04 | 272.14 | 1529.88 | 1268.34 | 13.27 | 117.35 | 68.59 | 71.26 | 50.67 | 3.54 |
| 199.97 | 1412.25 | 508.82 | 4647.32 | 3702.87 | 194.04 | 383.77 | 266.02 | 197.73 | 262.57 | 24.41 |
| 2802.71 | 4658.62 | 2137.92 | 12278.58 | 10416.23 | 105.90 | 735.57 | 870.72 | 454.07 | 1229.37 | 115.23 |
| 2383.10 | 4216.27 | 1604.96 | 11168.90 | 9505.69 | 265.95 | 609.76 | 834.99 | 467.51 | 1134.34 | 98.95 |
| 619.58 | 1854.60 | 1041.79 | 5757.00 | 4613.40 | 34.00 | 509.58 | 301.76 | 184.29 | 357.60 | 40.69 |
| 921.75 | 821.88 | 303.65 | 1148.98 | 893.71 | 13.50 | 86.29 | 315.11 | 100.62 | 485.84 | 13.77 |
| 51.26 | 181.97 | 92.08 | 110.50 | 66.74 | 2.58 | 17.64 | 20.96 | 13.22 | 28.43 | 2.54 |
| 0.44 | 16.47 | 3.21 | 17.94 | 12.41 | 0.33 | 3.55 | 2.66 | 1.04 | 2.12 | |
| 0.23 | 5.23 | 1.85 | 11.62 | 6.75 | 0.28 | 1.17 | 1.48 | 0.57 | 0.15 | |
| 16.15 | 139.07 | 41.57 | 572.31 | 494.28 | 1.69 | 36.91 | 18.27 | 11.96 | 17.88 | 4.78 |
| 5.37 | 54.68 | 27.81 | 188.78 | 146.53 | 0.80 | 15.98 | 12.22 | 6.68 | 9.06 | 0.75 |
| 13.97 | 147.76 | 50.32 | 326.47 | 207.98 | 28.62 | 45.07 | 23.96 | 22.74 | 66.53 | 6.06 |
| 0.59 | 168.20 | 33.90 | 290.75 | 87.94 | 143.73 | 33.67 | 20.78 | 33.01 | 14.20 | |
| 34.75 | 142.28 | 52.25 | 341.32 | 310.72 | 1.36 | 23.52 | 25.36 | 8.11 | 19.11 | 1.64 |
| 3.14 | 49.09 | 26.95 | 257.35 | 217.74 | 1.67 | 14.26 | 30.01 | 6.77 | 6.39 | 0.74 |
| 3.55 | 49.62 | 14.06 | 146.94 | 119.73 | 0.55 | 19.32 | 9.34 | 4.18 | 4.32 | 0.42 |
| 3.14 | 17.62 | 4.93 | 62.12 | 55.50 | 0.17 | 3.43 | 2.81 | 1.94 | 1.13 | 0.13 |
| 0.17 | 5.46 | 2.43 | 44.16 | 35.93 | 0.22 | 3.61 | 3.10 | 1.65 | 1.00 | |
| 36.92 | 57.15 | 32.58 | 86.48 | 75.61 | 0.24 | 4.12 | 4.97 | 4.26 | 7.42 | 2.14 |
| 1.44 | 27.66 | 9.40 | 54.74 | 43.58 | 0.21 | 6.30 | 5.34 | 1.96 | 2.91 | 0.44 |
| 1.36 | 25.61 | 6.96 | 97.36 | 78.82 | 1.32 | 7.89 | 6.70 | 2.17 | 1.73 | 0.18 |
| 1.32 | 25.33 | 52.88 | 279.07 | 249.32 | 33.04 | -15.93 | 4.91 | 3.83 | 0.14 | 0.36 |
| 164.86 | 312.80 | 155.00 | 763.97 | 629.10 | 3.32 | 62.74 | 35.11 | 18.39 | 70.36 | 10.31 |
| 7.43 | 64.37 | 23.50 | 170.25 | 127.60 | 0.80 | 16.19 | 14.46 | 7.73 | 11.44 | 0.72 |
| 14.68 | 31.07 | 19.32 | 61.59 | 53.06 | 0.08 | 1.08 | 3.36 | 1.55 | 2.37 | 0.12 |
| 29.29 | 172.62 | 80.68 | 378.83 | 319.68 | 1.33 | 27.42 | 24.23 | 9.39 | 17.59 | 1.05 |
| 104.97 | 330.12 | 158.39 | 490.51 | 386.65 | 2.83 | 56.65 | 29.86 | 22.47 | 67.45 | 4.72 |
| 240.23 | 472.41 | 158.54 | 1728.54 | 1619.53 | 7.39 | 37.61 | 54.18 | 52.00 | 106.30 | 1.25 |
| 173.45 | 212.39 | 88.35 | 1501.35 | 1395.58 | 2.46 | 23.71 | 27.46 | 9.82 | 7.97 | 0.01 |
| 17.84 | 96.74 | 38.48 | 342.35 | 293.29 | 2.57 | 24.46 | 40.53 | 9.12 | 9.34 | 0.48 |
| 69.94 | 293.91 | 109.98 | 802.98 | 691.02 | 3.85 | 67.60 | 43.56 | 30.77 | 75.95 | 2.23 |
| 37.23 | 154.07 | 62.63 | 469.68 | 390.19 | 3.31 | 44.80 | 25.31 | 16.53 | 23.20 | 5.87 |
| 176.97 | 472.08 | 167.66 | 1082.51 | 933.31 | 14.97 | 50.31 | 65.83 | 33.07 | 58.13 | 4.99 |
| 5.82 | 30.14 | 15.04 | 74.57 | 66.55 | 0.27 | 2.34 | 7.49 | 2.74 | 6.90 | 0.43 |
| 50.69 | 538.89 | 211.77 | 2213.00 | 1866.88 | 12.12 | 179.06 | 84.59 | 92.38 | 84.19 | 6.68 |
| 179.39 | 338.64 | 247.40 | 597.54 | 516.12 | 2.43 | 58.83 | 38.18 | 18.55 | 52.50 | 5.86 |
| 6.70 | 39.88 | 6.36 | 57.76 | 39.82 | 0.38 | 9.29 | 4.60 | 2.16 | 1.65 | |
| 0.48 | 11.81 | 6.76 | 23.11 | 18.18 | 0.12 | 2.97 | 1.11 | 0.56 | 0.70 | 0.09 |
| 0.06 | 23.14 | 3.35 | 157.73 | 137.52 | 2.51 | 12.27 | 3.78 | 20.11 | 0.06 | |
| 2.77 | 24.24 | 6.35 | 27.16 | 20.96 | 0.17 | 2.65 | 3.25 | 0.40 | 0.34 | |
| 594.55 | 443.08 | 302.15 | 1879.30 | 1457.31 | 8.28 | 126.41 | 116.22 | 75.68 | 210.58 | 60.67 |
| 20.10 | 24.08 | 7.52 | 46.24 | 38.44 | 0.23 | 4.79 | 2.07 | 0.71 | 3.23 | 0.20 |
| 9.67 | 49.34 | 20.68 | 20.02 | 15.03 | 0.25 | 1.37 | 3.58 | 0.93 | 5.33 | 0.02 |

## 13—15 大中型工业企业主要经济效益指标（2012年）
Main Indicators on Economic Benefit of Large and Medium-sized Industrial Enterprises (2012)

| 行　业 | Sector |
|---|---|
| **总　　计** | **Total** |
| **总计中：** | **Of the Total:** |
| 内资企业 | Domestic Funded Enterprise |
| 国有企业 | State-owned Enterprise |
| 集体企业 | Collective-owned Enterprise |
| 股份合作企业 | Share Holding Cooperative Enterprises |
| 联营企业 | Joint Owned Enterprises |
| 有限责任公司 | Limited Liability Corporations |
| 股份有限公司 | Share-holding Corporations Ltd. |
| 私营企业 | Private Enterprises |
| 其他企业 | Other Enterprises |
| 港澳台商投资企业 | Enterprises Funded by Entrepreneurs from Hong Kong, Macao and Taiwan |
| 外商投资企业 | Foreign Funded Enterprises |
| **总计中：** | **Of the Total:** |
| 轻工业 | Light Industry |
| 重工业 | Heavy Industry |
| **总计中：** | **Of the Total:** |
| 大型企业 | Large-sized Enterprises |
| 中型企业 | Medium-sized Enterprises |
| **按行业分** | **Grouped by Sector** |
| 煤炭开采和洗选业 | Mining and Washing of Coal |
| 黑色金属矿采选业 | Mining and Processing of Ferrous Metal Ores |
| 有色金属矿采选业 | Mining and Processing of Non-Ferrous Metal Ores |
| 非金属矿采选业 | Mining and Processing of Nonmetal Ores |
| 开采辅助活动 | Mining Auxiliary Activities |
| 农副食品加工业 | Processing of Food from Agriculture Products |
| 食品制造业 | Manufacture of Foods |
| 酒、饮料和精制茶制造业 | Manufacture of Wine, Beverages and Refined Tea |
| 纺织业 | Manufacture of Textile |
| 纺织服装、服饰业 | Manufacture of Textile Wearing Apparel and Clothing |
| 皮革毛皮羽毛及其制品和制鞋业 | Manufacture of Leather, Furs, Feather and Related Products |
| 木材加工及木竹藤棕草制品业 | Processing of Timber, Manufacture of Wood, Bamboo, Rattan, Palm and Straw Products |
| 家具制造业 | Manufacture of Furniture |
| 造纸及纸制品业 | Manufacture of Paper and Paper Products |
| 印刷和记录媒介复制业 | Printing, Reproduction of Recording Media |
| 文教工美体育和娱乐用品制造业 | Manufacture of Culture, Education, Art, Sports and Entertainment Supplies |
| 石油加工、炼焦和核燃料加工业 | Processing of Petroleum, Coking and Processing of Nuclear Fuel |
| 化学原料和化学制品制造业 | Manufacture of Raw Chemical Materials and Chemical Products |
| 医药制造业 | Manufacture of Medicines |
| 化学纤维制造业 | Manufacture of Chemical Fibers |
| 橡胶和塑料制品业 | Manufacture of Rubber and Plastics |
| 非金属矿物制品业 | Manufacture of Non-metallic Mineral Products |
| 黑色金属冶炼和压延加工业 | Smelting and Pressing of Ferrous Metals |
| 有色金属冶炼和压延加工业 | Smelting and Pressing of Non-ferrous Metals |
| 金属制品业 | Manufacture of Metal Products |
| 通用设备制造业 | Manufacture of General Purpose Machinery |
| 专用设备制造业 | Manufacture of Special Purpose Machinery |
| 汽车制造业 | Manufacture of Automobile |
| 铁路船舶航空航天和其他运输设备制造业 | Manufacture of Railroads, Ships, Aerospace and Other Transportation Equipments |
| 电气机械和器材制造业 | Manufacture of Electrical Machinery and Equipment |
| 计算机通信和其他电子设备制造业 | Manufacture of Computers, Communication and Other Electronic Equipments |
| 仪器仪表制造业 | Manufacture of Measuring Instruments and Machinery |
| 其他制造业 | Manufacture of Others |
| 废弃资源综合利用业 | Industry of Comprehensive utilization of waste resources |
| 金属制品、机械和设备修理业 | Industry of Metal products, machinery and equipment repair |
| 电力、热力生产和供应业 | Production and Supply of Electric Power and Heat Power |
| 燃气生产和供应业 | Production and Supply of Gas |
| 水的生产和供应业 | Production and Supply of Water |

| 总资产贡献率 (%) Ratio of Total Assets to Industrial Output Value (%) | 资产负债率 (%) Assets-liability Ratio (%) | 流动资产周转次数 (次/年) Number of Times of Annual of Turnover Circulating Funds (times/year) | 工业成本费用利润率 (%) Ratio of Profits to Industrial Cost (%) | 产品销售率 (%) Proportion of Products Sold (%) |
|---|---|---|---|---|
| **14.14** | **62.44** | **2.67** | **6.99** | **97.96** |
| 13.51 | 63.39 | 2.60 | 6.79 | 97.97 |
| 21.03 | 69.52 | 4.12 | 8.54 | 98.77 |
| 28.05 | 59.76 | 3.14 | 12.81 | 96.55 |
| 9.65 | 53.85 | 3.23 | 5.30 | 98.39 |
| 22.62 | 18.79 | 1.73 | 20.39 | 101.14 |
| 11.91 | 65.35 | 2.64 | 6.26 | 98.09 |
| 8.15 | 61.40 | 1.78 | 4.49 | 98.21 |
| 21.96 | 51.15 | 3.17 | 9.74 | 96.61 |
| 13.63 | 55.66 | 2.82 | 6.30 | 99.79 |
| 19.23 | 57.45 | 3.65 | 8.31 | 98.36 |
| 19.52 | 52.76 | 2.85 | 7.98 | 97.59 |
| 27.31 | 51.94 | 3.04 | 9.16 | 97.15 |
| 11.22 | 64.77 | 2.55 | 6.22 | 98.30 |
| 12.92 | 63.54 | 2.58 | 5.62 | 98.36 |
| 17.20 | 59.69 | 2.86 | 9.89 | 97.24 |
| 9.40 | 69.50 | 2.38 | 6.40 | 98.79 |
| 9.77 | 49.50 | 1.81 | 17.92 | 96.66 |
| 21.66 | 27.08 | 1.48 | 24.44 | 99.13 |
| 21.81 | 48.27 | 2.73 | 12.07 | 96.90 |
| 17.74 | 54.66 | 3.52 | 6.95 | 99.62 |
| 26.16 | 41.60 | 4.64 | 9.38 | 95.18 |
| 32.04 | 52.00 | 2.02 | 16.70 | 95.12 |
| 91.44 | 26.79 | 1.79 | 29.08 | 99.01 |
| 12.62 | 53.75 | 2.74 | 7.09 | 98.05 |
| 22.97 | 52.33 | 4.69 | 6.02 | 98.92 |
| 29.81 | 40.34 | 3.18 | 14.61 | 96.92 |
| 18.67 | 47.34 | 3.63 | 5.76 | 97.88 |
| 33.14 | 67.95 | 4.15 | 8.84 | 96.95 |
| 7.52 | 60.52 | 1.45 | 4.76 | 96.32 |
| 19.61 | 36.29 | 2.02 | 12.55 | 98.07 |
| 25.64 | 49.93 | 3.29 | 8.83 | 97.98 |
| 18.02 | 81.45 | 9.97 | -5.87 | 99.45 |
| 11.24 | 61.54 | 2.20 | 8.52 | 97.68 |
| 21.80 | 45.37 | 2.69 | 10.60 | 95.11 |
| 5.07 | 63.21 | 2.38 | 1.73 | 98.56 |
| 13.04 | 47.37 | 2.11 | 7.50 | 96.09 |
| 12.82 | 51.20 | 1.92 | 12.95 | 96.98 |
| 8.72 | 63.84 | 2.98 | 2.24 | 97.96 |
| 6.73 | 73.29 | 3.62 | 1.64 | 98.65 |
| 16.11 | 58.09 | 2.20 | 7.51 | 95.38 |
| 16.47 | 55.31 | 2.21 | 8.83 | 97.44 |
| 17.32 | 61.72 | 2.12 | 10.24 | 97.87 |
| 7.69 | 66.71 | 1.60 | 4.42 | 99.37 |
| 6.14 | 68.25 | 1.30 | 3.17 | 105.09 |
| 23.35 | 57.48 | 2.88 | 8.47 | 96.47 |
| 11.65 | 53.54 | 1.82 | 10.34 | 95.94 |
| 18.36 | 37.89 | 1.36 | 19.54 | 97.93 |
| 21.31 | 37.12 | 2.50 | 14.74 | 99.55 |
| 79.32 | 47.88 | 6.31 | 8.67 | 99.35 |
| 6.25 | 52.30 | 0.82 | 10.45 | 100.00 |
| 12.97 | 77.55 | 8.51 | 8.17 | 100.18 |
| 8.40 | 67.78 | 1.85 | 11.11 | 100.00 |
| 3.15 | 42.28 | 0.78 | 6.75 | 97.77 |

# 13—16 工业分行业职工人数
Number of Staff and Workers in Industry by Industrial Branch

单位：人（person）

| 项　　目 | Item | 2012 |
|---|---|---|
| **总　计** | **Total** | **2993025** |
| **按登记注册类型分** | **Grouped Type of Registration** | |
| 国　有 | State-owned | 172132 |
| 集　体 | Collective-owned | 15299 |
| 其　他 | Other Ownership | 2805594 |
| **按行业分** | **Grouped by Sector** | |
| **采掘业** | **Mining and Quarrying** | **374001** |
| 煤炭开采和洗选业 | Mining and Washing of Coal | 312911 |
| 黑色金属矿采选业 | Mining and Processing of Ferrous Metal Ores | 31833 |
| 有色金属矿采选业 | Mining and Processing of Non-Ferrous Metal Ores | 12433 |
| 非金属矿采选业 | Mining and Processing of Nonmetal Ores | 16439 |
| 开采辅助活动 | Mining Auxiliary Activities | 385 |
| **制造业** | **Manufacturing** | **2516492** |
| 农副食品加工业 | Processing of Food from Agriculture Products | 144509 |
| 食品制造业 | Manufacture of Foods | 56877 |
| 酒、饮料和精制茶制造业 | Manufacture of Wine, Beverages and Refined Tea | 70815 |
| 烟草制品业 | Manufacture of Tobacco | 12310 |
| 纺织业 | Manufacture of Textile | 134901 |
| 纺织服装、服饰业 | Manufacture of Textile Wearing Apparel and Clothing | 193162 |
| 皮革毛皮羽毛及其制品和制鞋业 | Manufacture of Leather, Furs, Feather and Related Products | 54409 |
| 木材加工及木竹藤棕草制品业 | Processing of Timber, Manufacture of Wood, Bamboo, Rattan, Palm and Straw Products | 51722 |
| 家具制造业 | Manufacture of Furniture | 20794 |
| 造纸及纸制品业 | Manufacture of Paper and Paper Products | 32951 |
| 印刷和记录媒介复制业 | Printing, Reproduction of Recording Media | 27577 |
| 文教工美体育和娱乐用品制造业 | Manufacture of Culture, Education, Art, Sports and Entertainment Supplies | 47640 |
| 石油加工、炼焦和核燃料加工业 | Processing of Petroleum, Coking and Processing of Nuclear Fuel | 6702 |
| 化学原料和化学制品制造业 | Manufacture of Raw Chemical Materials and Chemical Products | 125864 |
| 医药制造业 | Manufacture of Medicines | 52416 |
| 化学纤维制造业 | Manufacture of Chemical Fibers | 11587 |
| 橡胶和塑料制品业 | Manufacture of Rubber and Plastics | 113689 |
| 非金属矿物制品业 | Manufacture of Non-metallic Mineral Products | 186688 |
| 黑色金属冶炼和压延加工业 | Smelting and Pressing of Ferrous Metals | 115347 |
| 有色金属冶炼和压延加工业 | Smelting and Pressing of Non-ferrous Metals | 54560 |
| 金属制品业 | Manufacture of Metal Products | 134269 |
| 通用设备制造业 | Manufacture of General Purpose Machinery | 157474 |
| 专用设备制造业 | Manufacture of Special Purpose Machinery | 105490 |
| 汽车制造业 | Manufacture of Automobile | 176972 |
| 铁路船舶航空航天和其他运输设备制造业 | Manufacture of Railroads, Ships, Aerospace and Other Transportation Equipments | 28956 |
| 电气机械和器材制造业 | Manufacture of Electrical Machinery and Equipment | 255727 |
| 计算机通信和其他电子设备制造业 | Manufacture of Computers, Communication and Other Electronic Equipments | 104732 |
| 仪器仪表制造业 | Manufacture of Measuring Instruments and Machinery | 14507 |
| 其他制造业 | Manufacture of Others | 8427 |
| 废弃资源综合利用业 | Industry of Comprehensive utilization of waste resources | 11293 |
| 金属制品、机械和设备修理业 | Industry of Metal products, machinery and equipment repair | 4125 |
| **电力、热力、燃气及水生产和供应业** | **Electricity, Heat, Gas and Water Production and Supply Industry** | **102532** |
| 电力、热力生产和供应业 | Production and Supply of Electric Power and Heat Power | 84596 |
| 燃气生产和供应业 | Production and Supply of Gas | 7282 |
| 水的生产和供应业 | Production and Supply of Water | 10654 |

## 13—17 各市全部规模以上工业企业单位数和总产值（2012年）

Number Above Designated Size Industrial Enterprises and Gross Industrial Output Value by Region (2012)

单位：亿元（100 million yuan）

| 地 区 | Region | 企业单位数（个）Number of Enterprises (unit) | #国有及国有控股企业 State-owned or Controlling Share Hold Industry | 工业总产值（现价）Gross Industrial Output Value | #国有及国有控股企业 State-owned or Controlling Share Hold Industry | 工业增加值（现价）Value-added of Industry | #国有及国有控股企业 State-owned or Controlling Share Hold Industry | 工业销售产值（当年价）Value of Industrial Products Sales | #国有及国有控股企业 State-owned or Controlling Share Hold Industry |
|---|---|---|---|---|---|---|---|---|---|
| **总 计** | **Total** | **14514** | **626** | **29245.17** | **8711.67** | **7614.11** | **2633.35** | **28584.11** | **8594.97** |
| 合肥市 | Hefei | 2296 | 164 | 7362.79 | 2625.49 | 1798.17 | 630.17 | 7159.05 | 2583.92 |
| 淮北市 | Huaibei | 657 | 27 | 1454.23 | 544.62 | 542.59 | 305.53 | 1445.33 | 544.88 |
| 亳州市 | Bozhou | 581 | 19 | 618.91 | 177.76 | 177.21 | 75.89 | 600.95 | 168.71 |
| 宿州市 | Suzhou | 847 | 31 | 941.28 | 163.94 | 247.20 | 78.41 | 923.13 | 154.63 |
| 蚌埠市 | Bengbu | 685 | 34 | 1486.29 | 353.45 | 419.77 | 146.75 | 1446.47 | 341.41 |
| 阜阳市 | Fuyang | 836 | 27 | 1073.32 | 245.18 | 297.14 | 101.92 | 1048.51 | 240.24 |
| 淮南市 | Huainan | 465 | 27 | 994.07 | 620.78 | 403.75 | 306.60 | 984.75 | 618.66 |
| 滁州市 | Chuzhou | 1091 | 40 | 1680.82 | 266.17 | 419.20 | 84.14 | 1626.30 | 258.05 |
| 六安市 | Luan | 930 | 27 | 1392.32 | 98.10 | 346.41 | 24.82 | 1367.64 | 96.12 |
| 马鞍山市 | Maanshan | 750 | 44 | 2016.95 | 987.06 | 484.28 | 233.11 | 1959.26 | 980.23 |
| 芜湖市 | Wuhu | 1792 | 58 | 4250.02 | 1071.51 | 1071.99 | 284.48 | 4181.61 | 1066.94 |
| 宣城市 | Xuancheng | 1001 | 29 | 1282.76 | 125.93 | 304.97 | 32.09 | 1245.37 | 125.32 |
| 铜陵市 | Tongling | 204 | 31 | 1629.02 | 935.57 | 389.06 | 238.91 | 1603.47 | 921.02 |
| 池州市 | Chizhou | 431 | 16 | 490.93 | 71.11 | 123.25 | 19.75 | 472.79 | 70.37 |
| 安庆市 | Anqing | 1474 | 42 | 2124.25 | 412.31 | 483.77 | 67.39 | 2086.37 | 412.26 |
| 黄山市 | Huangshan | 474 | 10 | 447.20 | 12.70 | 105.35 | 3.39 | 433.12 | 12.21 |

## 13—18 各市全部规模以上工业总产值（2012年）

Gross Industrial Output Value Industrial Enterprises Above Designated Size by Region (2012)

本表按当年价格计算 (Data in value terms in this table are calculated at current prices)

单位：亿元（100 million yuan）

| 地 区 | Region | 工业总产值合计（当年价）Gross Industrial Outpnt Value | 国有及国有控股企业 State-owned or Controlling Share Hold Industry | 集体企业 Collective-owned Enterprises | 股份有限公司 Share Holding Enterprises | 港澳台商投资企业 Enterprises Funded by Enterpreneurs form Hong Kong, Macao and Taiwan | 外商投资企业 Foreign Funded Enterprises | 轻工业 Light Industry | 重工业 Heavy Industry |
|---|---|---|---|---|---|---|---|---|---|
| **总 计** | **Total** | **29245.17** | **8711.67** | **87.05** | **3495.28** | **1405.40** | **2127.57** | **9517.15** | **19728.02** |
| 合肥市 | Hefei | 7362.79 | 2625.49 | 25.56 | 935.40 | 389.63 | 973.20 | 2688.27 | 4674.52 |
| 淮北市 | Huaibei | 1454.23 | 544.62 | 1.79 | 55.08 | 43.13 | 30.00 | 423.46 | 1030.76 |
| 亳州市 | Bozhou | 618.91 | 177.76 | 3.06 | 68.14 | 0.82 | 2.86 | 390.77 | 228.13 |
| 宿州市 | Suzhou | 941.28 | 163.94 | 3.22 | 55.05 | 48.97 | 19.16 | 470.02 | 471.26 |
| 蚌埠市 | Bengbu | 1486.29 | 353.45 | 3.69 | 165.06 | 68.26 | 47.35 | 733.02 | 753.28 |
| 阜阳市 | Fuyang | 1073.32 | 245.18 | 1.68 | 50.94 | 8.45 | 41.59 | 500.80 | 572.52 |
| 淮南市 | Huainan | 994.07 | 620.78 | 5.92 | 116.80 | 61.77 | 13.22 | 129.66 | 864.41 |
| 滁州市 | Chuzhou | 1680.82 | 266.17 | 5.19 | 131.42 | 78.90 | 126.09 | 651.04 | 1029.78 |
| 六安市 | Luan | 1392.32 | 98.10 | 2.14 | 89.55 | 88.69 | 61.04 | 710.03 | 682.30 |
| 马鞍山市 | Maanshan | 2016.95 | 987.06 | 4.49 | 754.61 | 41.58 | 140.09 | 272.10 | 1744.85 |
| 芜湖市 | Wuhu | 4250.02 | 1071.51 | 5.25 | 647.75 | 206.08 | 540.41 | 885.67 | 3364.35 |
| 宣城市 | Xuancheng | 1282.76 | 125.93 | 3.93 | 171.54 | 20.99 | 64.84 | 354.68 | 928.08 |
| 铜陵市 | Tongling | 1629.02 | 935.57 | 0.30 | 31.21 | 275.57 | 20.92 | 49.64 | 1579.39 |
| 池州市 | Chizhou | 490.93 | 71.11 | 1.00 | 38.74 | 10.06 | 10.90 | 113.42 | 377.51 |
| 安庆市 | Anqing | 2124.25 | 412.31 | 18.81 | 171.22 | 55.37 | 31.29 | 933.93 | 1190.32 |
| 黄山市 | Huangshan | 447.20 | 12.70 | 1.01 | 12.77 | 7.14 | 4.60 | 210.64 | 236.57 |

## 13—19 各市全部规模以上工业企业主要经济指标（2012年）
Main Indicators Above Designated Size Industrial Enterprises by Region (2012)

单位：亿元（100 million yuan）

| 地 区 | Region | 企业单位数（个）Number of Enterprises (unit) | 工业总产值（现价）Gross Industrial Output Value | 工业销售产值（当年价）Value of Industrial Products Sales | 资产合计 Total Assets | 流动资产合计 Circulating Funds | 固定资产合计 Total of Fixed Assets | 固定资产原价 Original Value of Fixed Assets | 负债合计 Total Liabilities |
|---|---|---|---|---|---|---|---|---|---|
| **总　计** | **Total** | **14514** | **29245.17** | **28584.11** | **22797.65** | **10025.17** | **9470.71** | **12854.67** | **13612.01** |
| 合肥市 | Hefei | 2296 | 7362.79 | 7159.05 | 4994.68 | 2307.65 | 2129.98 | 3341.62 | 2979.18 |
| 淮北市 | Huaibei | 657 | 1454.23 | 1445.33 | 1804.70 | 562.66 | 749.79 | 888.54 | 1110.25 |
| 亳州市 | Bozhou | 581 | 618.91 | 600.95 | 396.44 | 188.80 | 170.20 | 216.78 | 229.94 |
| 宿州市 | Suzhou | 847 | 941.28 | 923.13 | 530.88 | 194.79 | 257.71 | 351.65 | 286.25 |
| 蚌埠市 | Bengbu | 685 | 1486.29 | 1446.47 | 845.78 | 436.60 | 309.08 | 645.30 | 480.11 |
| 阜阳市 | Fuyang | 836 | 1073.32 | 1048.51 | 718.61 | 321.07 | 331.75 | 450.29 | 391.20 |
| 淮南市 | Huainan | 465 | 994.07 | 984.75 | 1920.83 | 500.47 | 1266.51 | 1265.73 | 1332.26 |
| 滁州市 | Chuzhou | 1091 | 1680.82 | 1626.30 | 1156.68 | 539.41 | 488.77 | 631.38 | 643.78 |
| 六安市 | Luan | 930 | 1392.32 | 1367.64 | 903.74 | 400.02 | 353.27 | 414.58 | 522.40 |
| 马鞍山市 | Maanshan | 750 | 2016.95 | 1959.26 | 2015.94 | 850.16 | 814.97 | 1237.33 | 1218.62 |
| 芜湖市 | Wuhu | 1792 | 4250.02 | 4181.61 | 3484.18 | 1803.33 | 1146.85 | 1551.38 | 2038.89 |
| 宣城市 | Xuancheng | 1001 | 1282.76 | 1245.37 | 838.40 | 445.52 | 286.76 | 353.44 | 475.50 |
| 铜陵市 | Tongling | 204 | 1629.02 | 1603.47 | 1350.91 | 660.31 | 434.81 | 562.38 | 942.12 |
| 池州市 | Chizhou | 431 | 490.93 | 472.79 | 389.92 | 155.57 | 180.44 | 203.22 | 220.33 |
| 安庆市 | Anqing | 1474 | 2124.25 | 2086.37 | 1177.30 | 498.27 | 466.16 | 633.20 | 598.16 |
| 黄山市 | Huangshan | 474 | 447.20 | 433.12 | 268.67 | 160.53 | 83.64 | 107.88 | 143.00 |

| 地 区 | Region | #流动负债 Liquid Liabilities | 所有者权益 Creditors Equity | #实收资本 Total Capital Hold | 主营业务收入 Revenue from principal Business | 主营业务成本 Cost of Principal Business | 主营业务税金及附加 Business and Extra Charges | 利润总额 Total Profits | 本年应交增值税 Value Added Tax Payable |
|---|---|---|---|---|---|---|---|---|---|
| **总　计** | **Total** | **9700.54** | **9061.31** | **4264.08** | **28905.07** | **24505.33** | **368.25** | **1870.26** | **909.63** |
| 合肥市 | Hefei | 2263.41 | 1987.68 | 943.13 | 6911.14 | 5857.74 | 75.28 | 495.33 | 243.94 |
| 淮北市 | Huaibei | 656.90 | 681.80 | 192.69 | 1694.29 | 1434.54 | 16.68 | 82.28 | 61.34 |
| 亳州市 | Bozhou | 161.06 | 163.41 | 68.25 | 590.47 | 464.56 | 11.73 | 66.01 | 22.82 |
| 宿州市 | Suzhou | 155.09 | 240.66 | 122.48 | 928.41 | 812.75 | 6.04 | 50.68 | 22.28 |
| 蚌埠市 | Bengbu | 360.69 | 361.86 | 154.10 | 1414.83 | 1149.09 | 47.17 | 61.73 | 27.92 |
| 阜阳市 | Fuyang | 286.45 | 323.64 | 114.30 | 1044.98 | 856.86 | 27.95 | 79.35 | 48.63 |
| 淮南市 | Huainan | 737.90 | 587.89 | 385.50 | 1022.84 | 852.25 | 9.29 | 52.37 | 66.44 |
| 滁州市 | Chuzhou | 484.44 | 505.80 | 254.56 | 1637.90 | 1314.31 | 23.34 | 178.89 | 52.36 |
| 六安市 | Luan | 391.01 | 374.89 | 164.38 | 1331.22 | 1133.90 | 14.14 | 117.39 | 32.04 |
| 马鞍山市 | Maanshan | 855.00 | 793.36 | 387.58 | 2216.16 | 1975.34 | 8.92 | 108.27 | 56.69 |
| 芜湖市 | Wuhu | 1564.84 | 1432.41 | 686.80 | 3901.24 | 3345.19 | 66.52 | 204.24 | 147.36 |
| 宣城市 | Xuancheng | 358.66 | 342.47 | 160.92 | 1221.98 | 1032.81 | 5.84 | 98.26 | 38.86 |
| 铜陵市 | Tongling | 690.15 | 407.91 | 196.77 | 2007.03 | 1780.61 | 4.12 | 58.44 | 21.47 |
| 池州市 | Chizhou | 162.51 | 167.20 | 84.26 | 468.52 | 375.60 | 2.88 | 40.13 | 12.93 |
| 安庆市 | Anqing | 453.02 | 565.31 | 296.15 | 2087.20 | 1751.99 | 46.75 | 154.63 | 45.59 |
| 黄山市 | Huangshan | 119.42 | 125.03 | 52.19 | 426.87 | 367.77 | 1.62 | 22.27 | 8.94 |

## 13—20 各市国有控股工业企业主要经济指标（2012年）
Main Indicators of State-owned and State Holding Majority Shares Industrial Enterprises by Region (2012)

单位：亿元（100 million yuan）

| 地区 | Region | 企业单位数(个) Number of Enterprises (unit) | 工业总产值(现价) Gross Industrial Output Value | 工业销售产值(当年价) Value of Industrial Products Sales | 资产合计 Total Assets | 流动资产合计 Circulating Funds | 固定资产合计 Total of Fixed Assets | 固定资产原价 Original Value of Fixed Assets | 负债合计 Total Liabilities |
|---|---|---|---|---|---|---|---|---|---|
| **总　计** | **Total** | **626** | **8711.67** | **8594.97** | **11290.86** | **3819.60** | **5644.19** | **7419.57** | **7510.03** |
| 合肥市 | Hefei | 164 | 2625.49 | 2583.92 | 2425.86 | 823.78 | 1305.87 | 1862.47 | 1520.00 |
| 淮北市 | Huaibei | 27 | 544.62 | 544.88 | 1360.82 | 354.94 | 600.13 | 692.33 | 931.38 |
| 亳州市 | Bozhou | 19 | 177.76 | 168.71 | 170.68 | 63.71 | 88.15 | 123.94 | 118.02 |
| 宿州市 | Suzhou | 31 | 163.94 | 154.63 | 161.26 | 27.67 | 105.62 | 182.34 | 129.94 |
| 蚌埠市 | Bengbu | 34 | 353.45 | 341.41 | 384.02 | 171.56 | 160.22 | 287.45 | 224.07 |
| 阜阳市 | Fuyang | 27 | 245.18 | 240.24 | 293.56 | 99.99 | 166.77 | 227.45 | 171.95 |
| 淮南市 | Huainan | 27 | 620.78 | 618.66 | 1631.81 | 357.50 | 1148.01 | 1088.15 | 1146.99 |
| 滁州市 | Chuzhou | 40 | 266.17 | 258.05 | 307.07 | 85.44 | 181.69 | 234.53 | 206.03 |
| 六安市 | Luan | 27 | 98.10 | 96.12 | 116.84 | 25.75 | 73.36 | 104.42 | 95.44 |
| 马鞍山市 | Maanshan | 44 | 987.06 | 980.23 | 1416.83 | 525.34 | 628.73 | 996.31 | 889.66 |
| 芜湖市 | Wuhu | 58 | 1071.51 | 1066.94 | 1391.04 | 636.31 | 534.25 | 692.71 | 927.29 |
| 宣城市 | Xuancheng | 29 | 125.93 | 125.32 | 175.11 | 72.26 | 93.28 | 129.58 | 132.66 |
| 铜陵市 | Tongling | 31 | 935.57 | 921.02 | 1001.85 | 453.79 | 335.54 | 436.21 | 733.50 |
| 池州市 | Chizhou | 16 | 71.11 | 70.37 | 105.59 | 24.80 | 71.99 | 97.19 | 61.02 |
| 安庆市 | Anqing | 42 | 412.31 | 412.26 | 329.52 | 91.24 | 138.02 | 245.36 | 208.12 |
| 黄山市 | Huangshan | 10 | 12.70 | 12.21 | 19.00 | 5.52 | 12.55 | 19.14 | 13.94 |

| 地区 | Region | #流动负债 Liquid Liabilities | 所有者权益 Creditors Equity | #实收资本 Total Capital Hold | 主营业务收入 Revenue from principal Business | 主营业务成本 Cost of Principal Business | 主营业务税金及附加 Business and Extra Charges | 利润总额 Total Profits | 本年应交增值税 Value Added Tax Payable |
|---|---|---|---|---|---|---|---|---|---|
| **总　计** | **Total** | **4700.98** | **3750.62** | **1687.98** | **9320.82** | **7822.33** | **240.28** | **457.33** | **361.66** |
| 合肥市 | Hefei | 1023.91 | 901.76 | 406.60 | 2437.09 | 2066.33 | 50.47 | 101.98 | 92.14 |
| 淮北市 | Huaibei | 524.69 | 419.28 | 96.52 | 785.94 | 639.93 | 6.52 | 35.76 | 42.56 |
| 亳州市 | Bozhou | 68.91 | 52.65 | 15.11 | 154.03 | 91.99 | 8.02 | 37.52 | 13.33 |
| 宿州市 | Suzhou | 36.66 | 30.94 | 15.14 | 158.19 | 134.51 | 1.49 | 11.48 | 11.75 |
| 蚌埠市 | Bengbu | 164.04 | 159.84 | 61.24 | 349.11 | 234.50 | 40.32 | 25.78 | 14.98 |
| 阜阳市 | Fuyang | 108.06 | 121.57 | 27.12 | 238.09 | 146.04 | 19.45 | 33.39 | 15.17 |
| 淮南市 | Huainan | 585.90 | 484.82 | 323.17 | 643.67 | 518.81 | 7.33 | 30.76 | 57.02 |
| 滁州市 | Chuzhou | 105.74 | 101.02 | 54.46 | 261.86 | 182.90 | 17.31 | 30.01 | 10.32 |
| 六安市 | Luan | 62.04 | 20.79 | 19.88 | 97.72 | 73.78 | 0.31 | 21.51 | 2.17 |
| 马鞍山市 | Maanshan | 578.97 | 527.15 | 248.35 | 1241.01 | 1134.41 | 3.40 | 35.56 | 23.96 |
| 芜湖市 | Wuhu | 642.67 | 463.08 | 153.34 | 963.63 | 803.26 | 48.02 | 57.13 | 49.39 |
| 宣城市 | Xuancheng | 76.58 | 31.95 | 27.58 | 124.98 | 100.85 | 0.58 | 11.50 | 4.68 |
| 铜陵市 | Tongling | 515.21 | 268.35 | 115.59 | 1350.25 | 1249.29 | 2.95 | 20.94 | 11.33 |
| 池州市 | Chizhou | 37.14 | 44.48 | 28.18 | 73.79 | 52.16 | 0.31 | 5.37 | 2.85 |
| 安庆市 | Anqing | 163.39 | 117.90 | 94.00 | 428.67 | 381.79 | 33.81 | -1.45 | 9.87 |
| 黄山市 | Huangshan | 7.07 | 5.06 | 1.70 | 12.80 | 11.77 | 0.02 | 0.07 | 0.15 |

## 13—21 各市外商投资和港澳台工业企业主要经济指标（2012年）

Main Indicators on Economic Benefit of Industrial Enterprises with Hong Kong, Macao, Taiwan and Foreign Funds by Region (2012)

单位：亿元（100 million yuan）

| 地 区 | Region | 企业单位数（个）Number of Enterprises (unit) | 工业总产值（现价）Gross Industrial Output Value | 工业销售产值（当年价）Value of Industrial Products Sales | 资产合计 Total Assets | 流动资产合计 Circulating Funds | 固定资产合计 Total of Fixed Assets | 固定资产原价 Original Value of Fixed Assets | 负债合计 Total Liabilities |
|---|---|---|---|---|---|---|---|---|---|
| **总 计** | **Total** | **783** | **3532.97** | **3457.40** | **2257.09** | **1129.16** | **824.55** | **1269.94** | **1228.71** |
| 合肥市 | Hefei | 193 | 1362.83 | 1332.17 | 747.17 | 411.81 | 294.31 | 477.98 | 443.01 |
| 淮北市 | Huaibei | 27 | 73.12 | 71.23 | 58.10 | 23.17 | 23.61 | 42.90 | 26.66 |
| 亳州市 | Bozhou | 6 | 3.68 | 3.61 | 1.88 | 1.11 | 0.56 | 0.56 | 1.25 |
| 宿州市 | Suzhou | 26 | 68.14 | 67.03 | 39.91 | 20.10 | 11.27 | 13.61 | 13.89 |
| 蚌埠市 | Bengbu | 39 | 115.62 | 114.61 | 115.10 | 65.03 | 35.70 | 56.83 | 69.73 |
| 阜阳市 | Fuyang | 23 | 50.04 | 47.60 | 47.65 | 14.21 | 30.18 | 45.22 | 28.28 |
| 淮南市 | Huainan | 20 | 74.98 | 74.45 | 107.69 | 37.83 | 56.12 | 105.74 | 75.67 |
| 滁州市 | Chuzhou | 73 | 204.99 | 199.71 | 120.81 | 63.99 | 50.18 | 81.32 | 67.08 |
| 六安市 | Luan | 25 | 149.73 | 147.90 | 124.04 | 65.17 | 38.70 | 43.57 | 62.20 |
| 马鞍山市 | Maanshan | 52 | 181.67 | 170.06 | 126.62 | 59.37 | 42.32 | 58.60 | 73.38 |
| 芜湖市 | Wuhu | 144 | 746.49 | 736.86 | 547.87 | 260.21 | 169.74 | 250.08 | 254.40 |
| 宣城市 | Xuancheng | 47 | 85.83 | 81.69 | 58.25 | 33.29 | 16.31 | 22.69 | 29.49 |
| 铜陵市 | Tongling | 21 | 296.49 | 294.35 | 75.04 | 37.30 | 25.89 | 31.65 | 39.97 |
| 池州市 | Chizhou | 18 | 20.96 | 19.95 | 24.56 | 8.96 | 10.31 | 14.95 | 13.30 |
| 安庆市 | Anqing | 51 | 86.65 | 84.93 | 55.18 | 23.24 | 16.96 | 21.14 | 26.49 |
| 黄山市 | Huangshan | 18 | 11.74 | 11.25 | 7.22 | 4.38 | 2.41 | 3.09 | 3.91 |

| 地 区 | Region | #流动负债 Liquid Liabilities | 所有者权益 Creditors Equity | #实收资本 Total Capital Hold | 主营业务收入 Revenue from principal Business | 主营业务成本 Cost of Principal Business | 主营业务税金及附加 Business and Extra Charges | 利润总额 Total Profits | 本年应交增值税 Value Added Tax Payable |
|---|---|---|---|---|---|---|---|---|---|
| **总 计** | **Total** | **999.47** | **1020.41** | **588.35** | **3243.21** | **2712.21** | **22.53** | **236.09** | **123.34** |
| 合肥市 | Hefei | 382.41 | 302.73 | 200.61 | 1267.26 | 1071.17 | 8.67 | 102.53 | 55.70 |
| 淮北市 | Huaibei | 16.61 | 30.58 | 15.33 | 70.20 | 62.53 | 0.63 | 3.44 | 1.34 |
| 亳州市 | Bozhou | 1.20 | 0.63 | 0.67 | 3.77 | 3.46 | 0.01 | 0.12 | 0.04 |
| 宿州市 | Suzhou | 9.50 | 25.97 | 8.89 | 66.22 | 53.92 | 0.32 | 10.27 | 1.92 |
| 蚌埠市 | Bengbu | 39.13 | 45.01 | 24.07 | 110.15 | 90.88 | 1.27 | 6.57 | 2.24 |
| 阜阳市 | Fuyang | 13.01 | 19.16 | 16.16 | 46.30 | 41.64 | 0.83 | 1.41 | 2.12 |
| 淮南市 | Huainan | 58.93 | 32.03 | 29.37 | 71.65 | 61.21 | 0.46 | 6.55 | 3.32 |
| 滁州市 | Chuzhou | 57.28 | 52.39 | 39.34 | 200.48 | 165.90 | 0.51 | 22.86 | 6.85 |
| 六安市 | Luan | 47.11 | 61.41 | 14.15 | 141.06 | 116.57 | 2.36 | 13.04 | 3.85 |
| 马鞍山市 | Maanshan | 53.47 | 53.11 | 44.12 | 176.07 | 146.87 | 0.74 | 13.46 | 6.78 |
| 芜湖市 | Wuhu | 235.75 | 291.61 | 120.22 | 606.67 | 514.16 | 5.65 | 37.11 | 31.34 |
| 宣城市 | Xuancheng | 26.48 | 28.60 | 16.16 | 82.15 | 69.72 | 0.31 | 6.80 | 3.01 |
| 铜陵市 | Tongling | 28.81 | 34.52 | 26.08 | 289.06 | 226.70 | 0.16 | 5.65 | 2.53 |
| 池州市 | Chizhou | 8.46 | 11.26 | 9.62 | 22.08 | 14.56 | 0.15 | 2.00 | 0.71 |
| 安庆市 | Anqing | 17.79 | 28.08 | 21.51 | 78.89 | 63.39 | 0.42 | 3.78 | 1.35 |
| 黄山市 | Huangshan | 3.53 | 3.31 | 2.05 | 11.19 | 9.53 | 0.04 | 0.49 | 0.24 |

# 13—22 各市私营工业企业主要经济指标（2012年）
Main Indicators of Private Enterprises by Region (2012)

单位：亿元（100 million yuan）

| 地 区 | Region | 企业单位数（个）Number of Enterprises (unit) | 工业总产值（现价）Gross Industrial Output Value | 工业销售产值（当年价）Value of Industrial Products Sales | 资产合计 Total Assets | 流动资产合计 Circulating Funds | 固定资产合计 Total of Fixed Assets | 固定资产原价 Original Value of Fixed Assets | 负债合计 Total Liabilities |
|---|---|---|---|---|---|---|---|---|---|
| **总 计** | **Total** | **9070** | **10354.42** | **10062.40** | **5015.71** | **2737.27** | **1673.29** | **2461.04** | **2515.06** |
| 合肥市 | Hefei | 1636 | 2066.02 | 1974.92 | 1052.01 | 607.02 | 336.88 | 713.00 | 555.14 |
| 淮北市 | Huaibei | 493 | 682.37 | 675.71 | 269.30 | 118.87 | 105.44 | 140.30 | 99.83 |
| 亳州市 | Bozhou | 249 | 163.64 | 160.74 | 86.84 | 47.50 | 32.44 | 36.43 | 44.01 |
| 宿州市 | Suzhou | 444 | 362.99 | 359.63 | 139.29 | 59.50 | 62.49 | 69.32 | 50.62 |
| 蚌埠市 | Bengbu | 380 | 590.72 | 572.38 | 149.26 | 82.84 | 55.32 | 180.31 | 75.65 |
| 阜阳市 | Fuyang | 322 | 254.98 | 247.88 | 119.61 | 66.69 | 41.98 | 46.89 | 51.20 |
| 淮南市 | Huainan | 306 | 178.44 | 173.55 | 83.70 | 49.32 | 27.26 | 31.02 | 39.02 |
| 滁州市 | Chuzhou | 509 | 745.25 | 718.86 | 398.48 | 214.59 | 141.71 | 167.88 | 192.95 |
| 六安市 | Luan | 560 | 672.35 | 661.16 | 358.18 | 155.86 | 113.01 | 128.88 | 190.08 |
| 马鞍山市 | Maanshan | 557 | 653.73 | 620.74 | 326.65 | 190.32 | 100.09 | 128.70 | 176.08 |
| 芜湖市 | Wuhu | 1345 | 1683.48 | 1655.74 | 937.74 | 551.84 | 283.65 | 410.21 | 484.65 |
| 宣城市 | Xuancheng | 678 | 623.78 | 608.85 | 302.31 | 167.06 | 94.88 | 102.48 | 167.77 |
| 铜陵市 | Tongling | 93 | 133.40 | 127.08 | 109.20 | 69.62 | 24.77 | 28.38 | 66.19 |
| 池州市 | Chizhou | 230 | 241.48 | 231.44 | 144.31 | 60.01 | 69.28 | 55.52 | 71.34 |
| 安庆市 | Anqing | 918 | 1009.11 | 990.98 | 379.13 | 198.28 | 138.23 | 165.74 | 164.76 |
| 黄山市 | Huangshan | 350 | 292.70 | 282.73 | 159.70 | 97.94 | 45.85 | 55.98 | 85.78 |

| 地 区 | Region | #流动负债 Liquid Liabilities | 所有者权益 Creditors Equity | #实收资本 Total Capital Hold | 主营业务收入 Revenue from principal Business | 主营业务成本 Cost of Principal Business | 主营业务税金及附加 Business and Extra Charges | 利润总额 Total Profits | 本年应交增值税 Value Added Tax Payable |
|---|---|---|---|---|---|---|---|---|---|
| **总 计** | **Total** | **2097.45** | **2449.26** | **1157.93** | **10017.12** | **8586.47** | **54.76** | **712.57** | **230.94** |
| 合肥市 | Hefei | 475.83 | 483.08 | 216.82 | 1973.98 | 1663.22 | 8.76 | 177.42 | 43.94 |
| 淮北市 | Huaibei | 78.01 | 167.54 | 57.26 | 678.08 | 599.75 | 4.66 | 32.01 | 13.48 |
| 亳州市 | Bozhou | 33.68 | 41.39 | 18.44 | 163.65 | 141.60 | 0.77 | 10.45 | 3.11 |
| 宿州市 | Suzhou | 37.36 | 87.62 | 49.40 | 366.48 | 324.21 | 2.32 | 14.27 | 3.82 |
| 蚌埠市 | Bengbu | 62.30 | 71.48 | 33.31 | 557.98 | 479.88 | 2.41 | 17.01 | 5.61 |
| 阜阳市 | Fuyang | 44.09 | 66.25 | 25.38 | 248.54 | 215.31 | 2.44 | 16.90 | 4.69 |
| 淮南市 | Huainan | 34.95 | 44.09 | 19.76 | 172.84 | 153.42 | 0.55 | 8.77 | 2.17 |
| 滁州市 | Chuzhou | 167.54 | 200.87 | 89.18 | 723.66 | 593.11 | 2.81 | 85.83 | 22.47 |
| 六安市 | Luan | 148.88 | 164.49 | 67.26 | 651.87 | 571.20 | 3.56 | 48.34 | 15.29 |
| 马鞍山市 | Maanshan | 154.93 | 147.27 | 66.80 | 616.14 | 534.01 | 3.63 | 43.80 | 17.18 |
| 芜湖市 | Wuhu | 395.02 | 444.77 | 269.45 | 1654.36 | 1444.44 | 8.90 | 81.34 | 50.35 |
| 宣城市 | Xuancheng | 139.20 | 131.86 | 69.45 | 609.23 | 521.54 | 3.16 | 47.39 | 16.87 |
| 铜陵市 | Tongling | 56.25 | 42.73 | 24.32 | 120.94 | 100.56 | 0.38 | 5.46 | 1.81 |
| 池州市 | Chizhou | 59.02 | 72.63 | 24.62 | 227.83 | 190.39 | 1.32 | 17.98 | 6.05 |
| 安庆市 | Anqing | 135.91 | 209.86 | 95.02 | 974.05 | 812.13 | 8.16 | 90.95 | 19.66 |
| 黄山市 | Huangshan | 74.47 | 73.33 | 31.47 | 277.50 | 241.70 | 0.95 | 14.65 | 4.42 |

# 13—23 各市大中型工业企业主要经济指标（2012年）
## Main Indicators of Large-scale and Medium-scale Industrial Enterprises by Region (2012)

单位：亿元（100 million yuan）

| 地 区 | Region | 企业单位数（个）Number of Enterprises (unit) | 工业总产值（现价）Gross Industrial Output Value | 工业销售产值（当年价）Value of Industrial Products Sales | 资产合计 Total Assets | 流动资产合计 Circulating Funds | 固定资产合计 Total of Fixed Assets | 固定资产原价 Original Value of Fixed Assets | 负债合计 Total Liabilities |
|---|---|---|---|---|---|---|---|---|---|
| **总 计** | **Total** | **1655** | **16872.77** | **16528.41** | **16318.19** | **6557.27** | **7179.75** | **9709.45** | **10189.64** |
| 合肥市 | Hefei | 331 | 5376.13 | 5253.35 | 3859.60 | 1649.76 | 1784.93 | 2662.44 | 2375.53 |
| 淮北市 | Huaibei | 86 | 793.15 | 793.75 | 1552.13 | 448.33 | 643.52 | 753.51 | 1023.04 |
| 亳州市 | Bozhou | 53 | 277.89 | 263.52 | 217.43 | 85.36 | 106.38 | 146.22 | 149.07 |
| 宿州市 | Suzhou | 76 | 372.05 | 358.69 | 269.28 | 77.60 | 141.86 | 220.46 | 173.76 |
| 蚌埠市 | Bengbu | 117 | 606.35 | 588.20 | 468.04 | 225.46 | 176.84 | 340.03 | 260.97 |
| 阜阳市 | Fuyang | 90 | 583.85 | 567.46 | 486.97 | 193.27 | 249.36 | 358.03 | 285.42 |
| 淮南市 | Huainan | 48 | 784.57 | 781.32 | 1794.15 | 429.56 | 1223.46 | 1215.60 | 1264.96 |
| 滁州市 | Chuzhou | 136 | 825.23 | 796.01 | 637.35 | 286.58 | 274.74 | 366.84 | 364.64 |
| 六安市 | Luan | 115 | 618.72 | 613.69 | 497.61 | 205.26 | 194.23 | 231.27 | 310.37 |
| 马鞍山市 | Maanshan | 82 | 1178.68 | 1151.67 | 1580.16 | 610.39 | 663.11 | 1082.25 | 962.46 |
| 芜湖市 | Wuhu | 194 | 2398.53 | 2367.14 | 2455.76 | 1206.17 | 829.60 | 1152.37 | 1478.00 |
| 宣城市 | Xuancheng | 88 | 507.76 | 488.55 | 433.81 | 235.00 | 144.24 | 183.75 | 238.49 |
| 铜陵市 | Tongling | 40 | 1383.98 | 1357.67 | 1157.83 | 556.99 | 364.17 | 472.27 | 815.07 |
| 池州市 | Chizhou | 27 | 144.22 | 138.49 | 176.01 | 56.88 | 92.22 | 91.99 | 96.72 |
| 安庆市 | Anqing | 148 | 916.23 | 905.99 | 647.64 | 237.66 | 264.87 | 395.93 | 357.28 |
| 黄山市 | Huangshan | 24 | 105.43 | 102.90 | 84.43 | 53.01 | 26.22 | 36.48 | 33.86 |

| 地 区 | Region | #流动负债 Liquid Liabilities | 所有者权益 Creditors Equity | #实收资本 Total Capital Hold | 主营业务收入 Revenue from principal Business | 主营业务成本 Cost of Principal Business | 主营业务税金及附加 Business and Extra Charges | 利润总额 Total Profits | 本年应交增值税 Value Added Tax Payable |
|---|---|---|---|---|---|---|---|---|---|
| **总 计** | **Total** | **6979.07** | **6070.87** | **2646.75** | **16925.90** | **14119.10** | **299.95** | **1119.34** | **651.80** |
| 合肥市 | Hefei | 1774.21 | 1468.87 | 676.27 | 5012.45 | 4260.95 | 66.11 | 331.11 | 203.20 |
| 淮北市 | Huaibei | 589.86 | 518.66 | 132.12 | 1037.21 | 850.42 | 11.73 | 52.07 | 49.26 |
| 亳州市 | Bozhou | 94.64 | 68.32 | 25.19 | 249.22 | 168.82 | 9.90 | 43.55 | 16.44 |
| 宿州市 | Suzhou | 70.39 | 94.83 | 35.06 | 360.56 | 308.27 | 2.19 | 26.62 | 16.12 |
| 蚌埠市 | Bengbu | 181.18 | 206.17 | 74.11 | 558.86 | 407.58 | 42.76 | 27.43 | 18.77 |
| 阜阳市 | Fuyang | 196.04 | 201.32 | 57.92 | 561.87 | 429.90 | 23.87 | 53.90 | 40.49 |
| 淮南市 | Huainan | 681.12 | 529.19 | 354.90 | 819.44 | 673.58 | 8.59 | 41.94 | 63.76 |
| 滁州市 | Chuzhou | 271.93 | 269.65 | 120.66 | 800.57 | 601.53 | 20.01 | 105.19 | 34.05 |
| 六安市 | Luan | 236.02 | 186.33 | 67.62 | 581.67 | 472.58 | 10.15 | 72.49 | 17.18 |
| 马鞍山市 | Maanshan | 653.90 | 617.58 | 284.41 | 1420.80 | 1265.71 | 4.41 | 53.94 | 34.12 |
| 芜湖市 | Wuhu | 1114.09 | 977.15 | 404.98 | 2119.34 | 1765.52 | 57.83 | 131.03 | 96.31 |
| 宣城市 | Xuancheng | 165.64 | 177.99 | 64.62 | 469.96 | 368.56 | 2.12 | 54.68 | 16.46 |
| 铜陵市 | Tongling | 576.85 | 342.76 | 150.19 | 1769.50 | 1577.69 | 3.39 | 47.84 | 13.75 |
| 池州市 | Chizhou | 75.38 | 79.28 | 25.67 | 138.91 | 101.29 | 0.42 | 14.93 | 4.83 |
| 安庆市 | Anqing | 270.20 | 282.24 | 158.01 | 924.88 | 783.62 | 36.04 | 55.14 | 23.28 |
| 黄山市 | Huangshan | 27.61 | 50.53 | 15.01 | 100.66 | 83.09 | 0.44 | 7.49 | 3.78 |

# 13—24 主要工业产品产量
Output of Major Industrial Products

| 项 目 | | Item | | 2000 | 2005 | 2010 | 2011 | 2012 |
|---|---|---|---|---|---|---|---|---|
| 原 煤 | （万吨） | Raw Coal | (10000 tons) | 4790 | 8434 | 13030 | 14080 | 15049 |
| 洗 煤 | （万吨） | Coal Washing | (10000 tons) | 464 | 823 | 1603 | 2434 | 2651 |
| 铁矿石原矿量 | （万吨） | Iron Ore Products | (10000 tons) | 836 | 1100 | 3237 | 3760 | 4199 |
| 铜金属含量 | （吨） | Amount Contained of Copper | (ton) | 45564 | 66466 | 129145 | 129883 | 175117 |
| 混合饲料 | （万吨） | Blending Feed | (10000 tons) | 102.9 | 161.0 | 121.9 | 102.3 | 83.6 |
| 原 盐 | （吨） | Raw Salt | (ton) | 328413 | 567340 | 1461487 | 1459685 | 1419551 |
| 大 米 | （吨） | Rice | (ton) | 951857 | 1567509 | 10421141 | 11458877 | 14247000 |
| 食用植物油 | （万吨） | Edible Vegetable Oil | (10000 tons) | 39.72 | 49.99 | 66.23 | 76 | 127 |
| 乳制品 | （吨） | Dairy Products | (ton) | 14970 | 54343 | 664812 | 790222 | 752301 |
| 罐 头 | （吨） | Can (tin) | (ton) | 24897 | 61143 | 308924 | 348834 | 423870 |
| 鲜、冻畜肉 | （万吨） | Fresh and Frozen Meat | (10000 tons) | 10.2 | 14.8 | 59.0 | 89.4 | 74.0 |
| 糖 果 | （吨） | Candy | (ton) | 6740 | 4289 | 27682 | 42204 | 61684 |
| 酱 油 | （吨） | Soy Sauce | (ton) | 22367 | 7021 | 41281 | 60531 | 119222 |
| 发醇酒精 | （万千升） | Fermented Alcohol | (10000 kl) | 9.5 | 25.5 | 68.0 | 19.7 | 24.9 |
| 白 酒 | （万千升） | Liquor | (10000 kl) | 46.7 | 22.4 | 48.0 | 39.5 | 40.8 |
| 啤 酒 | （万千升） | Beer | (10000 kl) | 119.3 | 115.5 | 154.1 | 167.5 | 149.8 |
| 精制茶 | （吨） | Refined Tea | (ton) | 9951 | 57042 | 178927 | 187025 | 214866 |
| 卷 烟 | （亿支） | Cigarettes | (100 million pieces) | 788.5 | 1030.6 | 1225.9 | 1258.3 | 1286.1 |
| 纱 | （吨） | Yarn | (ton) | 275052 | 383057 | 565419 | 649795 | 819219 |
| 布 | （万米） | Cloth | (10000 m) | 71017 | 56293 | 108663 | 117777 | 97447 |
| 棉 布 | （万米） | Cotton Cloth | (10000 m) | 35778 | 37373 | 82439 | 84605 | 46561 |
| 印染布 | （万米） | Printing and Dyeing Cloth | (10000 m) | 14377 | 18332 | 18392 | 15294 | 10645 |
| 绒线（毛线） | （吨） | Knitting Wool | (ton) | 31 | 1996 | 528 | 2792 | 1905 |
| 麻袋（混合数） | （万条） | Gunny Sack | (10000 pieces) | 1238 | 413 | 194 | | |
| 丝 | （吨） | Silk | (ton) | 2118 | 3807 | 6438 | 5487 | 8139 |
| 丝织品 | （万米） | Silk Fabrics | (10000 m) | 3446 | 2867 | 4005 | 5912 | 7673 |
| 服 装 | （万件） | Clothing | (10000 units) | 6283 | 11288 | 53505 | 54974 | 80695 |
| 梭织服装 | | Shuttled Clothing | | 3799 | 5079 | 30888 | 23337 | 57142 |
| 针织服装 | | Knit Clothing | | 2433 | 3625 | 22617 | 31637 | 23553 |
| 人造板 | （万立方米） | Man-made Board | (10000 cu.m) | 65.4 | 200.2 | 573.0 | 811.5 | 1314.5 |
| 机制纸及纸板 | （万吨） | Machine-made Paper and Paperboard | (10000 tons) | 55.0 | 111.1 | 221.1 | 258.0 | 222.7 |

**13—24 续表1 continued**

| 项目 | | Item | | 2000 | 2005 | 2010 | 2011 | 2012 |
|---|---|---|---|---|---|---|---|---|
| 纸制品 | （吨） | Paper Products | (ton) | 53876 | 228047 | 690161 | 901768 | 1058801 |
| 原油加工量 | （万吨） | Volume of Processed Crude Oil | (10000 tons) | 344.8 | 416.0 | 476.6 | 482.5 | 420.4 |
| 汽　油 | （万吨） | Gasoline | (10000 tons) | 79.4 | 86.0 | 97.0 | 96.3 | 83.1 |
| 柴　油 | （万吨） | Diesel Oil | (10000 tons) | 151.9 | 177.4 | 196.0 | 208.2 | 180.0 |
| 燃料油 | （万吨） | Fuel Oil | (10000 tons) | 10.7 | 8.3 | 12.4 | 7.9 | 6.0 |
| 液化石油气 | （万吨） | Liquefied Petroleum | (10000 tons) | 20.4 | 30.5 | 34.1 | 34.9 | 44.5 |
| 焦　炭 | （万吨） | Coke | (10000 tons) | 330.2 | 487.9 | 839.6 | 868.7 | 898.9 |
| 硫酸（折100%） | （万吨） | Sulfuric Acid (100%) | (10000 tons) | 143.1 | 202.5 | 439.7 | 486.1 | 478.9 |
| 浓硝酸（折100%） | （万吨） | Enriched Nitric Acid (100%) | (10000 tons) | 13.6 | 32.5 | 54.5 | 62.5 | 67.2 |
| 氢氧化钠（烧碱）（折100%） | （万吨） | Caustic Soda (100%) | (10000 tons) | 10.8 | 18.8 | 29.0 | 39.1 | 35.3 |
| 碳酸纳（纯碱） | （万吨） | Soda Ash | (10000 tons) | 8.1 | 24.1 | 35.4 | 42.1 | 49.4 |
| 合成氨 | （万吨） | Synthetic Ammonia | (10000 tons) | 179.4 | 231.4 | 266.4 | 284.3 | 294.4 |
| 农用氮肥磷钾化学肥料总计 | （万吨） | Chemical Fertilizers | (10000 tons) | 157.6 | 204.1 | 255.4 | 257.8 | 309.8 |
| 氮肥（折含N100%） | （万吨） | Nitrogen Fertilizers | (10000 tons) | 120.9 | 148.2 | 201.5 | 207.9 | 246.0 |
| 磷　肥 | （万吨） | Phosphate Fertilizers | (10000 tons) | 36.5 | 55.9 | 54.0 | 49.9 | 63.8 |
| 化学农药 | （万吨） | Chemical Pesticide | (10000 tons) | 1.8 | 3.7 | 15.1 | 14.9 | 25.0 |
| 塑料树脂及共聚物 | （吨） | Plastics | (ton) | 71687 | 268920 | 568858 | 671817 | 572838 |
| 肥　皂 | （吨） | Soap | (ton) | 20326 | 22803 | 20704 | | |
| 合成洗涤剂 | （万吨） | Synthetic Detergents | (10000 tons) | 39.8 | 41.3 | 74.6 | 81.8 | 77.7 |
| 牙膏（自然支） | （万支） | Toothpaste | (10000 units) | 6941 | 65764 | 77835 | | |
| 化学原料药 | （吨） | Chemical Medicine | (ton) | 4807 | 18960 | 9208 | 17996 | 22334 |
| 中成药 | （吨） | Traditional Chinese Medicine | (ton) | 9371 | 9672 | 26190 | 46855 | 33290 |
| 化学纤维 | （万吨） | Chemical Fiber | (10000 tons) | 12.4 | 11.4 | 22.0 | 25.8 | 26.2 |
| 轮胎外胎 | （万条） | Tires | (10000 units) | 574.0 | 1073.6 | 3744.3 | 7918.4 | 2517.4 |
| 塑料制品 | （吨） | Plastic Products | (ton) | 321435 | 735029 | 1867544 | 2050261 | 2117729 |
| 塑料薄膜 | （吨） | Plastic Film | (ton) | 28057 | 173228 | 166674 | 171537 | 210676 |
| 水　泥 | （万吨） | Cement | (10000 tons) | 2136 | 3218 | 7874 | 9205 | 10870 |
| 大理石板材 | （万平方米） | Marble Plate | (10000 sq.m) | 2.01 | 3.30 | 13.90 | 68.65 | 124.12 |
| 花岗石板材 | （万平方米） | Granite Plate | (10000 sq.m) | 4.07 | 11.60 | 109.82 | 30.21 | 397.48 |
| 平板玻璃 | （万重量箱） | Plate Glass | (10000 weight cases) | 151.5 | 507.7 | 1044.3 | 2680.4 | 2388.1 |
| 生　铁 | （万吨） | Pig Iron | (10000 tons) | 524.3 | 1105.7 | 1844.9 | 1829.8 | 1926.6 |
| 钢 | （万吨） | Steel | (10000 tons) | 460.6 | 1105.6 | 1853.8 | 1966.7 | 2147.0 |

**13—24　续表2　continued**

| 项　　目 | | Item | | 2000 | 2005 | 2010 | 2011 | 2012 |
|---|---|---|---|---|---|---|---|---|
| 钢　材 | （万吨） | Rolled Steel | (10000 tons) | 431.7 | 1141.6 | 2446.4 | 2743.2 | 2765.4 |
| 铁道用钢材 | | Steel Use for Railway | | 9.0 | 14.8 | 11.9 | 15.5 | 18.8 |
| 中小型钢材 | | Rolled-steel, Medium and Small | | 185.3 | 124.7 | 158.5 | 232.6 | 212.4 |
| 无缝钢管 | | Seamless Steel Pipe | | 3.0 | 25.4 | 20.0 | 103.8 | 97.4 |
| 线　材 | | Wire Rod | | 105.8 | 171.9 | 301.1 | 343.1 | 299.5 |
| 铜 | （万吨） | Copper | (10000 tons) | 22.8 | 35.9 | 83.1 | 61.9 | 92.3 |
| 工业锅炉 | （蒸吨） | Industrial Boilers | (ton) | 779 | 2478 | 5196 | 9380 | 26877 |
| 内燃机 | （万千瓦） | Internal Combustion Engines | (10000 kw) | 265.7 | 713.1 | | | |
| 金属切削机床 | （台） | Metal-cutting Machine Tools | (unit) | 4743 | 11769 | 26283 | 40479 | 60012 |
| 起重设备 | （吨） | Derrick Equipment | (ton) | 2761 | 54935 | 334543 | 668787 | 731915 |
| 叉　车 | （台） | Forklift | (unit) | 10017 | 20303 | 40613 | 48236 | 72878 |
| 泵 | （台） | Pump | (unit) | 97578 | 82312 | 409494 | 303794 | 1236962 |
| 轴　承 | （万套） | Bearing | (10000 sets) | 3212 | 8055 | 23665 | 40878 | 60944 |
| 矿山设备 | （吨） | Mining Equipment | (ton) | 39769 | 112593 | 74055 | 208306 | 321376 |
| 小型拖拉机 | （台） | Mini-tractors | (unit) | 168271 | 119899 | 17833 | 10998 | 19583 |
| 农业运输机械 | （辆） | Machinery for Agricultural Transportation | (unit) | 250987 | 32287 | | | |
| 汽　车 | （辆） | Motor Vehicles | (unit) | 107187 | 401087 | 1244735 | 1170282 | 1085175 |
| 载货汽车 | | Trucks | | 37441 | 116639 | 273645 | 252802 | 249223 |
| 公路汽车 | | Coach | | 69452 | 84980 | 78426 | 62415 | 60055 |
| 交流电动机 | （万千瓦） | Alternating Current Motor | (10000 kw) | 164.4 | 515.8 | 1599.5 | 1656.8 | 1771.0 |
| 变压器 | （万千伏安） | Transformer | (10000 KVA) | 520.3 | 1758.6 | 4136.9 | 3820.3 | 3616.5 |
| 蓄电池 | （千伏安时） | Storage Battery | (KVA.h) | 143046 | 806458 | 6610665 | 5726029 | 8044890 |
| 家用洗衣机 | （万台） | Household Washing Machines | (10000 units) | 131.7 | 441.8 | 1267.0 | 1629.6 | 1499.3 |
| 家用电冰箱 | （万台） | Household Refrigerators | (10000 units) | 169.9 | 530.4 | 2078.9 | 3114.0 | 2589.1 |
| 电风扇 | （万台） | Electric Fans | (10000 units) | 11.00 | 2.93 | | | 42 |
| 房间空气调节器 | （万台） | Air Conditioners | (10000 units) | 115.80 | 515.00 | 1666.08 | 2821.9 | 2992.9 |
| 电视机 | （万部） | TV Sets | (10000 units) | 159.7 | 374.4 | 395.3 | 550.5 | 610.5 |
| #彩色电视机 | | Color TV | | 156.1 | 374.4 | 395.3 | 550.5 | 610.5 |
| 微型电子计算机 | （部） | Micro-computers | (unit) | 141777 | 42737 | 18118 | 1239713 | 3393618 |
| 发电量 | （亿千瓦时） | Electricity | (100 million kwh) | 368.1 | 645.7 | 1443.9 | 1632.8 | 1767.5 |
| 火　电 | | Thermal Power | | 363.5 | 634.9 | 1420.2 | 1607.4 | 1649.5 |
| 水　电 | | Hydropower | | 4.58 | 10.87 | 18.85 | 17.89 | 19.62 |
| 煤　气 | （亿立方米） | Gas | (100 million cu.m) | 90.9 | 147.6 | 286.6 | 262.9 | 274.3 |

## 13—25 各市主要工业产品产量（2012年）
Output of Major Industrial Products by Region (2012)

| 项目 | | Item | | 合肥市 Hefei | 淮北市 Huaibei | 亳州市 Bozhou | 宿州市 Suzhou |
|---|---|---|---|---|---|---|---|
| 原煤 | （万吨） | Raw Coal | (10000 tons) | | 5835.3 | 739.6 | 61.0 |
| 洗煤 | （万吨） | Coal Washing | (10000 tons) | | 2075.9 | 121.8 | 12.0 |
| 铁矿石原矿量 | （万吨） | Iron Ore Products | (10000 tons) | 389.6 | 124.3 | | |
| 原盐 | （万吨） | Raw Salt | (10000 tons) | | | | |
| 大米 | （万吨） | Rice | (10000 tons) | 238.9 | 2.3 | | 2.8 |
| 混合饲料 | （万吨） | Blending Feed | (10000 tons) | 3.9 | 21.6 | | 1.8 |
| 食用植物油 | （万吨） | Edible Vegetable Oil | (10000 tons) | 42.7 | 2.3 | 2.1 | 0.6 |
| 白酒 | （千升） | Liquor | (kl) | 2017.0 | 33160.1 | 107172.7 | 5940.0 |
| 精制茶 | （吨） | Refined Tea | (ton) | 5034.8 | | | |
| 纱 | （吨） | Yarn | (ton) | 33188.9 | 55958.0 | 11766.8 | 88828.5 |
| 布 | （万米） | Cloth | (10000 m) | 8769.6 | 7355.6 | 1374.8 | 5230.1 |
| 机制纸及纸板 | （万吨） | Machine-made Paper and Paperboard | (10000 tons) | 22.4 | | 1.0 | 30.9 |
| 原油加工量 | （万吨） | Volume of Processed Crude Oil | (10000 tons) | | | | |
| 农用氮肥磷钾化学肥料总计 | （万吨） | Chemical Fertilizers | (10000 tons) | 11.2 | | 15.9 | 50.9 |
| 中成药 | （吨） | Traditional Chinese Medicine | (ton) | 4606.8 | 62.0 | | 7042.4 |
| 化学纤维 | （万吨） | Chemical Fiber | (10000 tons) | 5.3 | | | |
| 轮胎外胎 | （万条） | Tires | (10000 units) | 1853.0 | | | |
| 水泥 | （万吨） | Cement | (10000 tons) | 1585.5 | 1079.1 | 247.6 | 547.8 |
| 平板玻璃 | （万重量箱） | Plate Glass | (10000 weight cases) | | | | |
| 生铁 | （万吨） | Pig Iron | (10000 tons) | 149.0 | | | |
| 钢 | （万吨） | Steel | (10000 tons) | 161.1 | | | |
| 成品钢材 | （万吨） | Steel Products | (10000 tons) | 238.5 | | | 2.0 |
| 铜 | （万吨） | Copper | (10000 tons) | | | | |
| 叉车 | （台） | Forklift | (unit) | 53186 | | | |
| 汽车 | （辆） | Motor Vehicles | (unit) | 498567 | | 10061 | |
| 载货汽车 | | Trucks | | 236627 | | | |
| 家用洗衣机 | （万台） | Household Washing Machines | (10000 units) | 1459.4 | | | |
| 家用电冰箱 | （万台） | Household Refrigerators | (10000 units) | 2271.6 | | | |
| 房间空气调节器 | （万台） | Air Conditioners | (10000 units) | 1422.3 | | | |
| 彩色电视机 | （万部） | Color TV | (10000 units) | 414.3 | | | |
| 发电量 | （亿千瓦时） | Electricity | (100 million kwh) | 152.3 | 84.0 | 0.3 | 97.8 |

注：宿州、亳州等市原煤、洗煤产量包含淮北、淮南企业位于该市境内下属矿的产量。

a) Output of altogether coal and washed coal of Suzhou city including the output in Suzhou city belonged to Huaibei and Wanbei Mining Bureau.

| 蚌埠市 Bengbu | 阜阳市 Fuyang | 淮南市 Huainan | 滁州市 Chuzhou | 六安市 Luan | 马鞍山市 Maanshan | 芜湖市 Wuhu | 宣城市 Xuancheng | 铜陵市 Tonglin | 池州市 Chizhou | 安庆市 Anqin | 黄山市 Huangshan |
|---|---|---|---|---|---|---|---|---|---|---|---|
| | 1104.5 | 9141.5 | | | | | | | | 11.1 | |
| | | 441.6 | | | | | | | | | |
| | | | 1.7 | 2172.7 | 1447.5 | 40.5 | | | | 22.9 | |
| | | | 142.0 | | | | | | | | |
| 82.6 | 71.8 | 98.6 | 211.2 | 235.3 | 45.7 | 86.5 | 108.1 | 0.8 | 24.9 | 205.1 | 9.8 |
| 6.9 | 0.8 | | 35.2 | 0.7 | | 0.4 | 12.4 | | | | |
| 8.9 | 1.6 | 2.1 | 0.0 | 25.9 | 17.4 | 3.6 | 2.9 | 1.0 | 5.1 | 10.5 | 0.4 |
| 19799.0 | 105550.8 | | 19777.0 | 87013.7 | 8289.0 | | 5706.0 | 270.2 | 5526.0 | 7501.4 | |
| | | | | 40775.0 | | | 34431.2 | | 23820.0 | 136.0 | 110668.6 |
| 107665.0 | 111103.4 | 6131.0 | 25600.0 | 18110.2 | 15390.0 | 58908.5 | 10515.0 | 3808.0 | 12517.3 | 249056.8 | 10671.8 |
| 13568.3 | 1350.3 | 4938.3 | 433.0 | | 586.6 | 3574.0 | 2699.5 | 1257.6 | 1320.0 | 23893.3 | 21096.0 |
| 5.0 | 4.9 | 0.6 | 9.6 | 11.0 | 101.2 | 1.9 | 14.9 | | 5.7 | 11.4 | 2.0 |
| | | | | | | | | | | 420.4 | |
| | 86.3 | 35.2 | 10.8 | | | | | 79.7 | 1.7 | 15.9 | 2.3 |
| 128.0 | 1859.0 | 134.0 | 1812.0 | 1241.8 | | 8009.3 | 722.9 | | 419.9 | 6642.5 | 609.3 |
| | | | 8.9 | 0.3 | | | | | | 11.7 | |
| 657.0 | | | | | | 3.3 | 0.2 | | | | 3.9 |
| 350.4 | 266.9 | 694.9 | 801.2 | 422.7 | 1243.1 | 1522.9 | 510.1 | 744.4 | 193.6 | 560.5 | 99.1 |
| 11.0 | | | 786.2 | | | 1590.9 | | | | | |
| | 3.3 | | | | 1617.2 | 153.3 | 3.9 | | | | |
| | | | | | 1591.9 | 134.6 | 83.7 | 126.1 | 39.0 | 10.6 | |
| 27.1 | | 57.5 | 95.9 | 120.8 | 1648.4 | 345.8 | 96.3 | 81.6 | 49.9 | 0.7 | 0.7 |
| | | | | | | 1.3 | | 90.4 | | | 0.6 |
| | 1370 | | | 2424 | | 15898 | | | | | |
| | | | | | 12596 | 563951 | | | | | |
| | | | | | 12596 | | | | | | |
| | | | 39.9 | | | | | | | | |
| | | | 268.4 | 49.0 | | | | | | | |
| | | | 147.1 | 13.0 | | 1410.5 | | | | | |
| | | | 193.2 | | | 3.0 | | | | | |
| 89.2 | 72.3 | 528.5 | 19.0 | 16.8 | 258.1 | 153.5 | 49.0 | 158.9 | 38.6 | 49.1 | |

# 13—26 工业主要产品生产能力
Main Prodnct Productivity of Industrial Enterprises

| 项　　目 | | Item | | 2010 | 2011 | 2012 |
|---|---|---|---|---|---|---|
| 化学纤维 | （吨） | Chemical Fiber | (ton) | 446804 | 441156 | 413363 |
| 棉纺绽（环锭纺） | （锭） | Cotton Printing and Dyeing | (unit) | 3334137 | 3569695 | 6664363 |
| 气流纺绽（转杯纺） | （头） | Gas Spins and Splits | (unit) | 159082 | 111138 | 111232 |
| 棉布织机 | （台） | Cotton Fabric Loom | (unit) | 33314 | 74576 | 68355 |
| 家用电冰箱 | （台） | Household Refrigerators | (unit) | 27610000 | 32280000 | 31190000 |
| 房间空气调节器 | （台） | Air Conditioners | (unit) | 19700000 | 32447124 | 38417594 |
| 卷　烟 | （万支） | Cigarettes | (10000 pieces) | 15106500 | 14890500 | 14890500 |
| 彩色电视机 | （台） | Color TV | (unit) | 6850400 | 8858160 | 9547367 |
| 农用氮磷钾化学肥料总计 | （吨） | Chemical Fertilizers | (ton) | 3385983 | 4517937 | 4760160 |
| 发电设备容量总计 | （万千瓦） | Total of Generating Set Capacity | (10000 kw) | 2867 | 3062 | 3478 |
| #火　电 | | Thermal Power | | 2735 | 2845 | 3223 |
| 水　电 | | Hydropower | | 123 | 62 | 229 |
| 金属切削机床 | （台） | Metal-cutting Machine Tools | (unit) | 46373 | 44044 | 70515 |
| 汽　车 | （辆） | Motor Vehicles | (unit) | 1501000 | 1719740 | 1855755 |
| 轿　车 | （辆） | Cars | (unit) | 992000 | 1021000 | 1020000 |
| 电子计算机 | （台） | Computer | (unit) | 101000 | 2411000 | 5066500 |
| 微型电子计算机 | （台） | Micro-computers | (unit) | 101000 | 2409000 | 5041500 |
| 原　煤 | （吨） | Raw Coal | (ton) | 137410052 | 187865232 | 178229188 |
| 生　铁 | （吨） | Pig Iron | (ton) | 22126700 | 21436825 | 20741805 |
| 粗　钢 | （吨） | Thick Steel | (ton) | 24674168 | 27350258 | 30222438 |
| 钢　材 | （吨） | Rolled Steel | (ton) | 32493772 | 36174251 | 36405066 |
| 铁合金 | （吨） | Ferroalloy | (ton) | 941 | 74996 | 83049 |
| 焦　炭 | （吨） | Cofe | (ton) | 9910000 | 11779000 | 9600000 |
| 水泥熟料 | （吨） | Cement Clinker | (ton) | 110035705 | 120355810 | 141378882 |
| 水　泥 | （吨） | Cement | (ton) | 116298921 | 140902015 | 163948091 |
| 平板玻璃 | （重量箱） | Plate Glass | (weight cases) | 11690000 | 26807210 | 29070330 |
| 浮法玻璃 | | Float Glass | | 9490000 | 24107210 | 20820330 |

# 13—27　各县（市）工业企业单位数和总产值（2012年）

## Number and Output Value of Industrial Enterprises by County or City (2012)

单位：亿元（100 million yuan）

| 县（市） | County (City) | 企业单位数（个）Number of Enterprises (unit) | 工业总产值（当年价）Gross Industrial Output Value (at current prices) | 工业销售产值（当年价）Sales Value of Industry (at current prices) | 工业增加值（当年价）Value Added of Industry (at current prices) |
|---|---|---|---|---|---|
| 瑶海区 | Yaohai District | 214 | 653.51 | 625.54 | 162.61 |
| 庐阳区 | Luyang District | 130 | 248.14 | 237.08 | 62.77 |
| 蜀山区 | Shushan District | 435 | 2736.63 | 2668.44 | 728.05 |
| 包河区 | Baohe District | 139 | 1454.30 | 1446.41 | 299.69 |
| 巢湖市 | Chaohu | 186 | 327.02 | 317.63 | 77.93 |
| 长丰县 | Changfeng | 180 | 136.62 | 132.71 | 36.45 |
| 肥东县 | Feidong | 341 | 472.04 | 441.51 | 112.21 |
| 肥西县 | Feixi | 329 | 579.17 | 556.90 | 139.14 |
| 庐江县 | Lujiang | 342 | 755.36 | 732.82 | 179.33 |
| 杜集区 | Duji District | 159 | 161.91 | 159.21 | 43.30 |
| 相山区 | Xiangshan District | 72 | 142.53 | 143.84 | 32.90 |
| 烈山区 | Lieshan District | 125 | 202.08 | 199.28 | 57.58 |
| 濉溪县 | Suixi | 208 | 337.23 | 333.80 | 88.12 |
| 亳州市辖区 | District of Bozhou City | 8 | 80.35 | 72.48 | 26.81 |
| 谯城区 | Qiaocheng District | 173 | 258.32 | 170.92 | 44.04 |
| 涡阳县 | Guoyang | 161 | 163.96 | 162.86 | 55.15 |
| 蒙城县 | Mengcheng | 131 | 126.53 | 125.92 | 35.73 |
| 利辛县 | Lixin | 108 | 70.09 | 68.78 | 15.47 |
| 埇桥区 | Yongqiao District | 274 | 417.59 | 404.55 | 138.30 |
| 砀山县 | Dangshan | 173 | 153.20 | 151.75 | 32.69 |
| 萧县 | Xiaoxian | 158 | 175.56 | 173.94 | 38.30 |
| 灵璧县 | Lingbi | 112 | 139.44 | 137.82 | 26.34 |
| 泗县 | Sixian | 130 | 55.50 | 55.08 | 11.58 |
| 龙子湖区 | Longzihu District | 53 | 79.42 | 76.00 | 19.50 |
| 蚌山区 | Bengshan District | 23 | 26.37 | 25.53 | 7.21 |
| 禹会区 | Yuhui District | 67 | 276.39 | 263.83 | 87.43 |
| 淮上区 | Huaishang District | 66 | 138.15 | 138.14 | 35.37 |
| 怀远县 | Huaiyuan | 177 | 340.89 | 339.83 | 78.16 |
| 五河县 | Wuhe | 114 | 222.02 | 214.23 | 50.41 |
| 固镇县 | Guzhen | 126 | 208.72 | 197.77 | 50.44 |
| 阜阳市辖区 | District of Fuyang City | 43 | 175.43 | 174.60 | 57.59 |
| 颍州区 | Yingzhou District | 79 | 91.24 | 85.74 | 26.74 |
| 颍东区 | Yingdong District | 79 | 79.06 | 79.22 | 22.82 |
| 颍泉区 | Yingquan District | 80 | 43.02 | 41.15 | 10.42 |
| 界首市 | Jieshou | 118 | 231.85 | 223.41 | 56.61 |
| 临泉县 | Linquan | 84 | 90.50 | 89.01 | 20.54 |
| 太和县 | Taihe | 132 | 145.72 | 141.75 | 35.21 |
| 阜南县 | Funan | 133 | 89.55 | 87.55 | 20.86 |
| 颍上县 | Yingshang | 88 | 126.94 | 126.07 | 46.34 |
| 大通区 | Datong District | 101 | 96.12 | 96.16 | 26.11 |
| 田家庵区 | Tianjaan District | 42 | 130.70 | 128.81 | 31.01 |
| 谢家集区 | Xiejiaji District | 51 | 60.60 | 59.52 | 14.23 |
| 八公山区 | Bagongshan District | 15 | 16.19 | 16.23 | 6.02 |
| 潘集区 | Panji District | 75 | 97.03 | 96.83 | 24.56 |
| 凤台县 | Fengtai | 148 | 89.79 | 87.84 | 18.38 |
| 滁州市辖区 | District of Chuzhou City | 135 | 347.82 | 337.78 | 100.28 |
| 琅琊区 | Langya District | 53 | 43.30 | 42.12 | 10.26 |
| 南谯区 | Nanqiao District | 113 | 112.36 | 108.15 | 27.87 |
| 天长市 | Tianchang | 277 | 605.74 | 588.45 | 147.67 |
| 明光市 | Mingguang | 100 | 84.38 | 78.11 | 19.76 |
| 来安县 | Laian | 116 | 143.52 | 138.08 | 34.74 |
| 全椒县 | Quanjiao | 109 | 130.89 | 125.73 | 29.82 |
| 定远县 | Dingyuan | 100 | 92.60 | 92.12 | 18.30 |
| 凤阳县 | Fengyang | 88 | 120.22 | 115.76 | 30.49 |
| 金安区 | Jinan District | 183 | 307.48 | 301.33 | 75.36 |

## 13—27 续表 continued

单位：亿元（100 million yuan）

| 县（市） | County (City) | 企业单位数（个）Number of Enterprises (unit) | 工业总产值（当年价）Gross Industrial Output Value (at current prices) | 工业销售产值（当年价）Sales Value of Industry (at current prices) | 工业增加值（当年价）Value Added of Industry (at current prices) |
|---|---|---|---|---|---|
| 裕安区 | Yuan District | 135 | 142.22 | 135.62 | 35.56 |
| 寿县 | Shouxian | 71 | 61.74 | 60.30 | 13.02 |
| 霍邱县 | Huoqiu | 204 | 330.83 | 326.67 | 88.22 |
| 舒城县 | Shucheng | 137 | 162.87 | 161.59 | 36.61 |
| 金寨县 | Jinzhai | 74 | 123.51 | 121.32 | 28.91 |
| 霍山县 | Huoshan | 126 | 263.67 | 260.80 | 68.71 |
| 花山区 | Huashan District | 95 | 340.30 | 331.26 | 83.00 |
| 雨山区 | Yushan District | 113 | 301.57 | 284.18 | 81.44 |
| 博望区 | Bowang District | 112 | 93.77 | 90.87 | 25.42 |
| 当涂县 | Dangtu | 195 | 446.14 | 435.30 | 105.88 |
| 含山县 | Hanshan | 133 | 129.45 | 122.79 | 32.61 |
| 和县 | Hexian | 100 | 164.05 | 154.68 | 35.26 |
| 镜湖区 | Jinghu District | 14 | 100.34 | 102.11 | 21.38 |
| 弋江区 | Yijiang District | 137 | 537.74 | 524.44 | 166.03 |
| 鸠江区 | Jiujiang District | 233 | 405.71 | 390.48 | 100.44 |
| 三山区 | Sanshang District | 67 | 132.33 | 124.26 | 30.94 |
| 大桥开发区 | Daqiao development area | 2 | 0.50 | 0.35 | 0.13 |
| 芜湖经开区 | Wuhu economic development area | 200 | 1318.55 | 1304.71 | 299.96 |
| 芜湖县 | Wuhu | 355 | 361.38 | 354.58 | 91.04 |
| 繁昌县 | Fanchang | 287 | 519.71 | 516.60 | 152.47 |
| 南陵县 | Nanling | 263 | 236.88 | 233.96 | 59.76 |
| 无为县 | Wuwei | 234 | 636.88 | 630.12 | 149.84 |
| 宣城市直 | Xuancheng directly under | 45 | 96.98 | 96.33 | 23.10 |
| 宣州区 | Xuanzhou District | 147 | 144.48 | 140.40 | 33.10 |
| 宁国市 | Ningguo | 223 | 382.67 | 362.82 | 100.78 |
| 郎溪县 | Langxi | 173 | 186.40 | 182.06 | 40.95 |
| 广德县 | Guangde | 202 | 287.51 | 281.50 | 64.36 |
| 泾县 | Jingxian | 103 | 87.60 | 86.87 | 20.32 |
| 绩溪县 | Jixi | 71 | 60.62 | 58.83 | 13.80 |
| 旌德县 | Jingde | 37 | 36.51 | 36.55 | 8.55 |
| 铜官山区 | Tongguanshan District | 25 | 352.12 | 345.86 | 90.19 |
| 狮子山区 | Shizishan District | 32 | 104.14 | 102.47 | 24.46 |
| 郊区 | Suburb District | 25 | 201.25 | 196.16 | 53.39 |
| 铜陵县 | Tongling | 66 | 208.38 | 203.96 | 58.45 |
| 贵池区 | Guichi District | 134 | 167.02 | 162.23 | 41.61 |
| 东至县 | Dongzhi | 113 | 114.22 | 108.55 | 27.97 |
| 石台县 | Shitai | 20 | 13.24 | 12.59 | 3.58 |
| 青阳县 | Qingyang | 103 | 99.69 | 95.86 | 24.93 |
| 池州开发区 | Chizhou development area | 61 | 96.76 | 93.56 | 25.16 |
| 安庆开发区 | Anqin development area | 59 | 377.50 | 374.68 | 65.06 |
| 迎江区 | Yingjiang District | 32 | 45.60 | 45.04 | 10.65 |
| 大观区 | Daguan District | 46 | 79.66 | 77.82 | 17.68 |
| 宜秀区 | Yixou District | 50 | 53.36 | 51.95 | 13.66 |
| 桐城市 | Tongcheng | 306 | 390.83 | 381.93 | 95.59 |
| 怀宁县 | Huaining | 227 | 266.55 | 262.95 | 64.84 |
| 枞阳县 | Zongyang | 204 | 251.30 | 248.17 | 61.65 |
| 潜山县 | Qianshan | 145 | 148.70 | 145.16 | 36.48 |
| 太湖县 | Taihu | 97 | 127.94 | 124.95 | 26.71 |
| 宿松县 | Susong | 136 | 145.92 | 142.26 | 35.13 |
| 望江县 | Wangjiang | 85 | 132.45 | 128.44 | 30.47 |
| 岳西县 | Yuexi | 87 | 104.44 | 103.02 | 25.85 |
| 屯溪区 | Tunxi District | 88 | 55.20 | 52.34 | 13.97 |
| 黄山区 | Huangshan District | 23 | 41.87 | 40.59 | 8.27 |
| 徽州区 | Huizhou District | 88 | 106.61 | 104.18 | 25.75 |
| 歙县 | Shexian | 124 | 131.18 | 126.38 | 31.92 |
| 休宁县 | Xiuning | 54 | 57.35 | 56.22 | 12.51 |
| 黟县 | Yixian | 39 | 17.56 | 17.08 | 3.97 |
| 祁门县 | Qimen | 58 | 37.43 | 36.32 | 8.96 |

# 主要统计指标解释

### 工业

指从事自然资源的开采，对采掘品和农产品进行加工和再加工的物质生产部门。具体包括：(1)对自然资源的开采，如采矿、晒盐等(但不包括禽兽捕猎和水产捕捞)；(2)对农副产品的加工、再加工，如粮油加工、食品加工、缫丝、纺织、制革等；(3)对采掘品的加工、再加工，如炼铁、炼钢、化工生产、石油加工、机器制造、木材加工等，以及电力、自来水、煤气的生产和供应等；(4)对工业品的修理、翻新，如机器设备的修理、交通运输工具(如汽车)的修理等。

工业统计调查单位为独立核算法人工业企业。

独立核算法人工业企业指从事工业生产经营活动的单位。独立核算法人工业企业应同时具备以下条件：①依法成立，有自己的名称、组织机构和场所，能够承担民事责任；②独立拥有和使用资产，承担负债，有权与其他单位签订合同；③独立核算盈亏，并能够编制资产负债表。

### 国有及国有控股企业

指国有企业加上国有控股企业。国有企业(即原全民所有制工业或国营工业)指企业全部资产归国家所有，并按《中华人民共和国企业法人登记管理条例》规定登记注册的非公司制的经济组织。包括国有企业、国有独资公司和国有联营企业。1957年以前的公私合营和私营工业，后均改造为国营工业，1992年改为国有工业，这部分工业的资料不单独分列时，均包括在国有企业内。国有控股企业是对混合所有制经济的企业进行的“国有控股”分类。它是指这些企业的全部资产中国有资产(股份)相对其他所有者中的任何一个所有者占资(股)最多的企业。该分组反映了国有经济控股情况。

本篇涉及的其他企业登记注册类型的解释详见综合篇。

### 轻工业

指主要提供生活消费品和制作手工工具的工业。按其所使用的原料不同，可分为两大类：(1)以农产品为原料的轻工业，是指直接或间接以农产品为基本原料的轻工业。主要包括食品制造、饮料制造、烟草加工、纺织、缝纫、皮革和毛皮制作、造纸以及印刷等工业；(2)以非农产品为原料的轻工业，是指以工业品为原料的轻工业。主要包括文教体育用品、化学药品制造、合成纤维制造、日用化学制品、日用玻璃制品、日用金属制品、手工工具制造、医疗器械制造、文化和办公用机械制造等工业。

### 重工业

指为国民经济各部门提供物质技术基础的主要生产资料的工业。按其生产性质和产品用途，可以分为下列三类：(1)采掘(伐)工业，是指对自然资源的开采，包括石油开采、煤炭开采、金属矿开采、非金属矿开采等工业；(2)原材料工业，指向国民经济各部门提供基本材料、动力和燃料的工业。包括金属冶炼及加工、炼焦及焦炭、化学、化工原料、水泥、人造板以及电力、石油和煤炭加工等工业；(3)加工工业，是指对工业原材料进行再加工制造的工业。包括装备国民经济各部门的机械设备制造工业、金属结构、水泥制品等工业，以及为农业提供的生产资料如化肥、农药等工业。

根据上述划分原则，修理业中以重工业产品为修理作业对象的划为重工业，反之划为轻工业。

### 工业总产值

(1)定义：

工业总产值是工业企业在一定时期内生产的以货币形式表现的工业最终产品或提供工业性劳务活动的总价值量。它反映一定时间内工业生产的总规模和总水平。

(2)计算原则：

工业生产的原则，即凡是企业在报告期生产的经检验合格的产品，不管是否在报告期销售，均包括在内。

最终产品的原则，即凡是计入工业总产值的产品，必须是本企业生产的经检验合格的，不需要再进行任何加工的最终产品。如果企业有中间产品(半成品)对外销售，则对外销售的中间产品应视为企业的最终产品。

工厂法原则，即工业总产值是以工业企业作为基本计算(核算)单位，即按企业的最终产品计算工业总产值。按这种方法计算的工业总产值，不允许同一产品价值在企业内部重复计算，不能把企业内部各个车间(分厂)生产的成果相加，但允许企业间的重复计算。

(3)内容及计算方法：

1995 年全国工业普查对工业总产值(原规定)的内容及计算原则和方法做了某些修订，修订后的工业总产值(新规定)包括三项内容：即本期生产成品价值、对外加工费收入、在制品半成品期末期初差额价值三部分。

本期生产成品价值：指企业本期生产，并在报告期内不再进行加工，经检验、包装入库的全部工业成品(半成品)价值合计，包括企业生产的自制设备及提供给本企业在建工程、其他非工业部门和福利部门等单位使用的成品价值。本期生产成品价值为按自备原材料生产的产品的数量乘以本期不含增值税（销项税额）的产品实际销售平均单价计算；会计核算中按成本价格转帐的自制设备和自产自用的成品，按成本价格计算生产成品价值。生产成品价值中不包括用定货者来料加工的成品（半成品）价值。

对外加工费收入：指企业在报告期内完成的对外承接的工业品加工（包括用定货者来料加工产品）的加工费收入和对外工业修理作业所取得的加工费收入。对外加工费收入按不含增值税（销项税额）的价格计算，可根据会计“产品销售收入”科目的有关资料取得。

对于本企业对内非工业部门提供的加工修理、设备安装的劳务收入，如果企业会计核算基础较好，能取得这部分资料，而且这部分价值所占比重较大，应包括在对外加工费收入中。

自制半成品在制品期末期初差额价值：指企业报告期在制品期末减期初的差额价值，本指标一般可以从会计核算资料中取得。如果会计产品成本核算中不计算半成品、在制品的成本，则总产值中也不包括这部分价值，反之则包括。

(4)工业总产值统计范围变化和计算方法修订情况：

1984年以前工业总产值不包括村办工业，村办工业总产值划归农业。1984年以后工业总产值包括村办工业。

1995年工业普查对工业总产值计算方法做了修订，即从1995年始按新修订（新规定）方法计算工业总产值。新规定与原规定的区别如下：

全价与加工费的计算原则不同：新规定为凡自备原材料，不论其生产繁简程度如何，一律按全价计算工业总产值；凡来料加工，允许按加工费计算工业总产值。原规定则视生产加工的繁简程度不同，规定哪些行业按全价，哪些行业按加工费计算工业总产值。

自制半成品、在产品期末期初差额价值的计算原则不同：新规定要求，凡会计产品成本核算时计算了成本的差额价值，总产值中就应包括，否则可不包括；原规定则按生产周期六个月的界限区分，凡生产周期六个月以上的企业，总产值计算中应包括这部分差额价值，否则可不包括。

计算价格不同：新规定按不含增值税（销项税额）的价格计算；原规定则按含增值税（销项税额）的价格计算。

**工业增加值**

指工业企业在报告期内以货币表现的工业生产活动的最终成果。

工业增加值有两种计算方法：一是生产法，即工业总产出减去工业中间投入加上应交增值税；二是收入法，即从收入的角度出发，根据生产要素在生产过程中应得到的收入份额计算，具体构成项目有固定资产折旧、劳动者报酬、生产税净额、营业盈余，这种方法也称要素分配法。

**资产总计**

指企业拥有或控制的能以货币计量的经济资源，包括各种财产、债权和其他权利。资产按流动性分为流动资产、长期投资、固定资产、无形资产、递延资产和其他资产。该指标根据企业会计“资产负债表”中“资产总计”项目的期末数增列。

**流动资产**

指企业可以在一年内或者超过一年的一个生产周期内变现或者耗用的资产，包括现金及各种存款、短期投资，应收及预付款项、存货等。

**固定资产原价**

指企业在建造、购置、安装、改建、扩建、技术改造某项固定资产时所支出的全部货币总额。它一般包括买价、包装费、运杂费和安装费等。

**固定资产净值**

指固定资产原价减去历年已提折旧额后的净额。计算公式为：

固定资产净值=固定资产原价-累计折旧

**负债合计**

指企业所承担的能以货币计量，将以资产或劳务偿付的债务，偿还形式包括货币、资产或提供劳务。负债一般按偿还期长短分为流动负债和长期负债。根据会计“资产负债表”中“负债合计”的年末数填列。

**所有者权益合计**

指企业投资人对企业净资产的所有权。企业净资产为企业全部资产与企业全部负债的差额，包括实收资本、资本公积、盈余公积、未分配利润等。根据会计“资产负债表”中“所有者权益”项的期末数填列。

**主营业务收入**

指会计“利润表”中对应指标的本年累计数。未执行2001年《企业会计制度》的企业，用“产品销售收入”的本期累计数代替。

**主营业务成本**

指会计“利润表”中对应指标的本年累计数。未执行2001年《企业会计制度》的企业，用“产品销售成本”的本期累计数代替。

**主营业务税金及附加**

指会计“利润表”中对应指标的本年累计数。未执行2001

年《企业会计制度》的企业，用“产品销售税金及附加” 的本期累计数代替。

**利润总额**

指企业在生产经营过程中各种收入扣除各种耗费后的盈余，反映企业在报告期内实现的盈亏总额，包括营业利润、补贴收入、投资净收益和营业外收支净额。根据会计“利润表”中的对应指标的本期累计数填列。

**本年应交增值税**

指企业按税法规定，从事货物销售或提供加工、修理修配劳务等增加货物价值的活动本期应交纳的税金。指企业在报告期应交增值税额。计算公式为：

本年应交增值税=销项税额-（进项税额-进项税额转出）

-出口抵减内销产品应纳税额-减免税款+出口退税

本年进项税额指工业企业在报告期内购入货物或接受应税劳务而支付的、准予从销项税额中抵扣的增值税额。

本年销项税额指工业企业在报告期内销售货物或提供应税劳务应收取的增值税额。

**从业人员平均人数**

是指报告期内每天拥有的从业人员人数。其计算公式为：

月平均人数=报告月内每天实有人数之和/报告月日历日数

季平均人数=季内各月平均人数之和/3

年平均人数=年内各月平均人数之和/12

**总资产贡献率**

反映企业全部资产的获利能力，是企业经营业绩和管理水平的集中体现，是评价和考核企业盈利能力的核心指标。计算公式为：

总资产贡献率（%）=（利润总额+税金总额+利息支出）/平均资金总额×100%

公式中：税金总额为产品销售税金及附加与应交增值税之和；平均资产总额为期初期末资产之和的算术平均值。

**资产负债率**

该指标既反映企业经营风险的大小，也反映企业利用债权人提供的资金从事经营活动的能力。计算公式为：

资产负债率（%）=负债总额/资产总额×100%

资产与负债均为报告期期末数。

**流动资产周转次数**

指一定时期内流动资产完成的周转次数，反映投入工业企业流动资金的周转速度。计算公式为：

流动资产周转次数产品销售收入/全部流动资产平均余额

公式中：全部流动资产平均余额为期初和期末的流动资产之和的算术平均值。

**成本费用利润率**

反映企业投入的生产成本及费用的经济效益，同时也反映企业降低成本所取得的经济效益。计算公式为：

成本费用利润率（%）=利润总额/成本费用总额×100%

公式中：成本费用总额为产品销售成本、销售费用、管理费用、财务费用之和。

产品销售率

该指标反映工业产品已实现销售的程度，是分析工业产销衔接情况，研究工业产品满足社会需求的指标。计算公式为：

产品销售率（%）=工业销售产值/工业总产值（现价）×100%

# Explanatory Notes for Major Statistical Indicators

**Industry**

refers to the material production sector which is engaged in the extraction of natural resources and processing and reprocessing of minerals and agricultural products, including (1) extraction of natural resources, such as mining, salt production (but not including hunting and fishing); (2) processing and reprocessing of farm and sideline produces, such as rice husking, flour milling, wine making, oil pressing, silk reeling, spinning and weaving, and leather making; (3) manufacture of industrial products, such as steel making, iron smelting, chemicals manufacturing, petroleum processing, machine building, timber processing; water and gas production and electricity generation and supply; (4)repairing of industrial products such as the repairing of machinery and means of transport (including cars).

In industrial statistics surveys, the units of enquiry are corporate industrial enterprises with independent accounting systems.

Corporate industrial enterprises with independent accounting systems refer to enterprises engaging in industrial production activities, which meet the following requirements: (1) They are established legally, having their own names, organizations, location and able to take civil liability; (2) They possess and use their assets independently, assume liabilities and are entitled to sign contracts with other units; (3) They are financially independent and compile their own balance sheets.

**State-owned and State-holding Enterprises**

refer to state-owned enterprises plus State-holding enterprises. State-owned enterprises (originally known as State-run enterprises with ownership by the whole society) are non-corporate economic entities registered in accordance with the Regulation of the People's Republic of China on the Management of Registration of Legal Enterprises, where all assets are owned by the State. Included in this category are State-owned enterprises, State-funded corporations and State-owned joint-operation enterprises. Joint State-private industries and private industries, which existed before 1957, were transformed into state-run industries since 1957, and into State-owned industries after 1992. Statistics on those enterprises are included in the State-owned industries instead of being grouped them separately. State-holding enterprises are a sub-classification of enterprises with mixed ownership, referring to enterprises where the percentage of State assets (or shares by the State) is larger than any other single share holder of the same enterprise. This sub-classification illustrates the control of the State over a particular industry.

For explanation of enterprises of other types of registration covered in this chapter, please refer to General Survey.

**Light Industry**

refers to the industry that produces consumer goods and hand tools. It consists of two categories, depending on the materials used:

(1) Industries using farm products as raw materials. These are the branches of light industry which directly or indirectly use farm products as basic raw materials, including the manufacture of food and beverages, tobacco processing, textile, clothing, fur and leather manufacturing, paper making, printing, etc.

(2) Industries using non-farm products as raw materials. These are the branches of light industry which use manufactured goods as raw materials, including the manufacture of cultural, educational articles and sports goods, chemicals, synthetic fibre, chemical products for daily use, glass products for daily use, metal products for daily use, hand tools, medical apparatus and instruments, and the manufacture of cultural and office machinery.

**Heavy Industry**

refers to the industry which produces capital goods, and provides various sectors of the national economy with necessary material and technical basis for production. It consists of the following three branches according to the purpose of production or the use of products:

(1) Mining, quarrying and logging industry, which refers to the industry that extracts natural resources, including extraction of petroleum, coal, metal and non-metal ores.

(2) Raw materials industry refers to the industry that provides various sectors of the national economy with raw materials, fuels and power. It includes smelting and processing of metals, coking and coke chemistry, chemical materials and building materials such as cement, plywood, and power, petroleum refining and coal dressing.

(3) Manufacturing industry which refers to the industry that

processes raw materials. It includes machine-building industries which equip sectors of the national economy; industries producing metal structure and cement products; and industries producing means of agricultural production, such as chemical fertilizers and pesticides.

In accordance with the above principles of classification, the repairing trades, which are engaged primarily in repairing products of heavy industry, are classified as heavy industry while those which are engaged in repairing products of light industry are classified as light industry.

**Gross Industrial Output Value**

(1) Definition: Gross industrial output value is the total volume of final industrial products produced and industrial services provided during a given period in monetary terms. It reflects the total achievements and overall scale of industrial production during a given period.

(2) Principles for calculation:

Statistics on industrial production follow the principle that all products produced by the enterprises and accepted through quality check during the reference period are to be included no matter whether they are sold or not during the reference period.

Determination of final products follows the principle that all products that are included in the calculation of gross industrial output value are the final products of the enterprise which have been accepted through quality check and require no further processing. If an enterprise has intermediate (semi-finished) products to sell, these intermediate products are considered as the final products of the enterprise.

Gross industrial output value is calculated following the principle of factory approach, i.e. industrial enterprise is used as the basic accounting unit in calculating the gross industrial output value. By this approach, value of the same product is not to be double-counted, and the output value of different workshops (branch factories) within the enterprise should not be added. However, this approach allows the possibility of double counting between enterprises.

(3) Content and method of calculation: The old definition of gross industrial output value was modified during the 1995 National Industrial Census. The revised (new) definition of gross industrial output value consists of 3 components: value of the finished products during the reference period, income from processing for external parties, and value of change in semi-finished products between the end and the beginning of the reference period.

Value of finished products during the reference period: refers to the value of all finished (semi-finished) industrial products that are produced during the reference period without the need for further processing, checked for acceptance, packed and put into the warehouse of the enterprise, including the value of own-produced equipment and the value of products provided to the projects under construction of the enterprise, and to other non-industrial or welfare units. Value of finished products during the reference period is calculated by the quantity of products produced using own materials multiplied by the average unit prices at which products are sold (excluding value-added tax). Own-produced equipment and products produced for own use are valued at cost prices as in the case of enterprise accounting. Value of finished products does not include the value of finished products (semi-finished products) that are produced using the materials from the clients who place the orders.

Income from external processing: refers to income from contracted external processing of industrial products (including processing of industrial products using materials from the clients), and the income from industrial repairing work provided to other parties. Income from external processing is calculated using information from the item "products sales income" in the enterprise accounting at the prices with value-added tax excluded.

For income from services such as processing, repairing and installation of equipment provided to non-industrial units within the enterprise, if the accounting work of the enterprise is good enough to separate it from other records, and the share of such services is significant, it should also be included in the income from external processing.

Value of change in semi-finished products between the end and the beginning of the reference period: refers to the value of change in semi-finished products between the end and the beginning of the reference period, which generally can be obtained from accounting records of enterprises. If the enterprise accounting excludes the cost of semi-finished products, then it should not be included in the gross industrial output value, and the reverse if otherwise.

(4) Changes in the scope and method of calculation of the gross industrial output value

Prior to 1984, the value of rural industry run by villages was classified into agriculture instead of industry. Since 1984, it has been included in the gross industrial output value. Method of calculation for the gross industrial output value was modified in the industrial census in 1995. The difference in the new method as compared with the old one is outlined below:

Principle in using full value vs. processing fee: The new method stipulates that all products produced using own materials are to be calculated with full value in reporting the gross industrial output value irrespective of the complexity of production, and for external processing, it allows calculation using processing fee. In the old method, however, the use of full value or processing fee was determined by the degree of complexity of production in different branches of industries.

Principle in determining the value of change in semi-finished products: The new method requires that value of change in semi-finished products should be included in the gross industrial output value if it is included in the accounting record of the enterprise, otherwise it should not be included. In the old method, it is determined by the type of enterprises in terms of production cycle. If the production cycle is over 6 months, the value of change in semi-finished products is included in the gross industrial output value, otherwise it is not.

Difference in prices: The new method uses prices excluding value-added tax in the calculation of gross industrial output value, while the old method used prices including value-added tax.

**Value-added of Industry**

refers to the final results of industrial production of industrial enterprises in money terms during the reference period.

Industrial value-added can be calculated by two approaches: the production approach, i.e. gross industrial output value minus intermediate input plus value-added tax, and the income approach, i.e. income for various factors used in the course of production, including depreciation of fixed assets, remuneration of labourers, net of production tax, and operating surplus.

**Total Assets**

refer to all economic resources, in monetary term, these are owned or controlled by enterprises, including properties, creditor's equity and other economic rights of all forms. Classified by the degree of liquidity, total assets include working capitals, long-term investment, fixed assets, intangible assets, deferred assets and other assets. Data on this indicator can be obtained by the year-end figures of total assets in the Assets and Liability Table of accounting records of enterprises.

**Working Capital**

refers to capital that an enterprise can cash or use during one year or one production cycle that may exceed one year, including cash and savings deposits of various forms, short-term investment, money receivable and prepaid money, inventories, etc.

**Annual Average Value of Working Capital**

refers to the average value of all working capital of the enterprise during the reference period.

**Original Value of Fixed Assets**

refers to the total value, in monetary terms, that an enterprise spent on fixed assets, through construction, purchase, installation, transformation, expansion or technical upgrading. Generally, it covers cost of purchase, packing, transportation and installation, etc.

**Net Value of Fixed Assets**

refers to the original value of fixed assets minus depreciation over the years, i.e.:

Net value of fixed assets = original value of fixed assets - cumulative depreciation

**Total Liabilities**

refer to payable liabilities of enterprises that have to be repaid in terms of money, assets or labour services. In terms of payment, it can be divided into liquid liabilities and long-term liabilities. Data on this item is obtained from the ending figures on total liabilities from the Assets and Liability Table from the enterprises.

**Total Equity**

refers to the ownership of net assets of enterprise by its investors. Net assets equal total assets minus total liabilities of the enterprise, including the paid-in capital, accumulation of capital and operating surplus and non-distributed profits. Data are obtained from the ending figures on "total equity" from the "balance sheets".

**Revenue from Principal Business**

refers to the annual accumulation of the corresponding item in the "profit table" of the accountant. For enterprises that do not follow the 2001 Enterprise Accounting Standards, the year-end accumulation of revenue from the sales of products is used as a substitute.

**Cost of Principal Business**

refers to the annual accumulation of the corresponding item in the "profit table" of the accountant. For enterprises that do not follow the 2001 Enterprise Accounting Standards, the year-end accumulation of cost for the sales of products is used as a substitute.

**Tax and Extra Charges from Principal Business**

refer to the annual accumulation of the corresponding item in the "profit table" of the accountant. For enterprises that do not follow the 2001 Enterprise Accounting Standards, the year-end accumulation of tax and extra charges from the sales of products is used as a substitute.

**Total Profits**

refers to the balance of various incomes minus various spendings in the course of operation, reflecting the total profits and losses of enterprises in reporting period. It includes: operating profits, income from subsidies, net investment income and net income from activities other than operation. Data are obtained from the annual accumulation of the corresponding item in the "profit table" of the accountant.

**Value-added Tax Payable in the Current Year**

refers to the payable tax of enterprises which engaged in selling of goods or providing services that bring added value to the goods, such as processing, repairing, fitting and other activities should be paid according to Tax Law. It refers to the amount of the value-added tax which should be paid by the enterprises during the reference period. The formula is as follows:

Value-added Tax Payable in the Current Year = tax on sales-(tax on purchase-transferred tax on purchase)-exports deduct tax payable on domestic sales-tax relief+the export tax rebate.

**Tax on Purchase in Current Year**

refers to goods purchased by industrial enterprises or value added tax that should be paid but being granted the right to deduct from the tax on sales.

**Tax on Sales in Current Year**

refers to value added tax on industrial enterprises from sales of goods or taxable services that should be charged value added tax.

**Average Annual Number of Employed Persons**

Employed persons refer to all those who are employed in enterprises and receive remunerations there from, including currently working employees, retirees who are re-employed, teachers of local-run schools, as well as foreigners, staff from Hong Kong, Macao and Taiwan, part-time employees and persons with second job who are employed by the enterprise, and employees of other units temporarily working in the enterprises, but excluding former employees who left the enterprise with their employment records still being kept by the enterprises.

Average number of employed persons refers to the number of employee everyday during the reference period, calculated with the following formula:

Monthly average number = sum of actual employees everyday in reference month / number of calendar dates in reference month

Quarterly average number = sum of monthly average number in reference quarter / 3

Annual average number = sum of monthly average number in reference year / 12

**Ratio of Profits, Taxes and Interests to Average Assets**

reflects the profit-making capability of all assets of the enterprise and is a key indicator manifesting the performance and management and evaluating the profit-making potential of the enterprise. It is calculated as follows:

Ratio of Profits, Taxes and Interests to Average Assets (%) = (total profits + total taxes + interest payment) / average assets × 100%

In the above formula, total taxes is the sum of tax and extra charges on the sales of products and value-added tax payable; and average assets is the arithmetic mean of the sum of beginning assets and ending assets.

**Ratio of Debts to Assets**

reflects both the operation risk and the capability of the enterprise in making use of the capital from the creditors. It is calculated as follows:

Ratio of Debts to Assets (%) = total debts / total assets × 100%

Both assets and debts are figures at the end of the reference period.

**Turnover of Working Capital**

refers to the number of times of turnover of working capital in a given period of time, which reflects the speed of the turnover of working capital of industrial enterprises, and is calculated as follows:

Turnover of Working Capital = sales revenue of products / average balance of total working capital

In the above formula, average balance of total working capital refers to the arithmetic mean of the sum of working capital at the beginning and at the end of the reference period.

**Ratio of Profits to Total Industrial Costs**

refers to the ratio of profits realized in a given period to the total costs in the same period, which reflects the economic efficiency of input cost and is calculated as follows:

Ratio of Profits to Total Industrial Cost (%) = total profits / total costs × 100%

Total costs in the above formula are the sum of cost of products sold, marketing cost, management cost and financial cost.

**Sales Ratio of Products**

is an indicator reflecting the actual sale of industrial products, analyzing the production-selling and supply-demand relations. It is calculated as:

Sales Ratio of Products (%) = value of industrial sales / gross industrial output value (current prices) × 100%

# 第十四篇

Chapter 14

# 建筑业

CONSTRUCTION

## 简要说明

一、本篇资料反映我省建筑业概况和发展情况。主要包括建筑业企业生产经营情况，指标有企业个数、从业人员数、建筑业总产值、房屋建筑面积、机械设备、资产负债、利润税金、劳动生产率、技术装备率等。此外，2003 年及以前还包括农村建筑队主要指标。

二、建筑业企业资料由省统计局固定资产投资处提供。建筑业统计范围从 1996 年年报起由原城镇及城镇以上各种经济类型的建筑业企业扩大到具有建筑业资质等级四级及四级以上的各种经济类型的建筑业企业，资料来源依据国家统计局制定的“建筑业统计报表制度”收集的有关年报资料。

## Brief Introduction

I. Data in this chapter show the general situation and the development of the construction in the province. They cover mainly the situation of production and management of the enterprises of construction, including number of enterprises number of employed persons, gross output value, floor space of the building, machinery and equipment, assets and liabilities, profits and taxes, labor productivity, per capita machinery, etc. They also cover the main indicators of the rural construction teams at 2003 and before.

II. Data on the enterprises of construction in this chapter are provided by the Division of Statistics in Investment in Fixed Assets, Anhui Statistical Bureau. The coverage of construction statistics has been enlarged since 1996 when the annual statistical reports were submitted. The original coverage includes all the construction enterprises of various types of ownership at and above town level. The new coverage includes all the construction enterprises of various types of ownership with qualification criteria at or above Class 4. Data are collected in accordance with the “reporting scheme of construction statistics” stipulated by the National Bureau of Statistics.

# 14—1 建筑业企业概况
## Main Indicators on Construction Enterprises

| 年 份<br>Year | 总 计<br>Total | 内 资<br>Domestic Funded | #国有经济<br>State-owned | #集体经济<br>Collective-owned | 港澳台商投资企业<br>Funded from Hong Kong, Macao and Taiwan | 外 商 投资企业<br>Foreign Funded | 国有及国有控股企业<br>State Controlling Funded Hold Enterprises |
|---|---|---|---|---|---|---|---|
| **企业单位数（个）<br>Number of Enterprises (unit)** | | | | | | | |
| 2000 | 40785 | | 258 | | | | |
| 2002 | 38335 | 1678 | 245 | 545 | 12 | 6 | |
| 2003 | 37843 | 1697 | 226 | 448 | 10 | 6 | 325 |
| 2004 | 1926 | 1912 | 212 | 313 | 6 | 9 | 348 |
| 2005 | 1946 | 1934 | 193 | 278 | 8 | 4 | 321 |
| 2006 | 1996 | 1980 | 185 | 212 | 12 | 4 | 305 |
| 2007 | 2153 | 2137 | 183 | 176 | 12 | 4 | 303 |
| 2008 | 2357 | 2344 | 184 | 163 | 7 | 6 | 292 |
| 2009 | 2408 | 2394 | 172 | 151 | 7 | 7 | 259 |
| 2010 | 2469 | 2457 | 168 | 139 | 6 | 6 | 249 |
| 2011 | 2528 | 2516 | 153 | 134 | 6 | 6 | 249 |
| 2012 | 2662 | 2651 | 154 | 126 | 6 | 5 | 252 |
| **从业人员（万人）<br>Number of Persons Engaged (10000 persons)** | | | | | | | |
| 2000 | 125.62 | | 21.66 | | | | |
| 2002 | 153.73 | 89.19 | 20.69 | 31.87 | 0.14 | 0.20 | 28.53 |
| 2003 | 155.77 | 90.80 | 20.09 | 28.04 | 0.17 | 0.18 | 27.24 |
| 2004 | 91.83 | 91.43 | 16.79 | 16.71 | 0.13 | 0.29 | 28.00 |
| 2005 | 98.57 | 98.13 | 16.67 | 13.45 | 0.32 | 0.11 | 24.35 |
| 2006 | 112.26 | 111.63 | 21.47 | 9.83 | 0.44 | 0.19 | 32.99 |
| 2007 | 123.25 | 122.52 | 22.09 | 8.75 | 0.50 | 0.23 | 34.10 |
| 2008 | 138.07 | 137.67 | 30.56 | 8.77 | 0.18 | 0.22 | 40.67 |
| 2009 | 143.53 | 143.14 | 27.00 | 7.67 | 0.14 | 0.26 | 37.65 |
| 2010 | 157.97 | 157.62 | 31.79 | 6.68 | 0.16 | 0.19 | 42.66 |
| 2011 | 167.01 | 166.73 | 29.85 | 5.60 | 0.12 | 0.15 | 42.27 |
| 2012 | 168.90 | 168.62 | 26.89 | 5.84 | 0.15 | 0.13 | 37.08 |
| **总产值（万元）<br>Gross Output Value (10000 yuan)** | | | | | | | |
| 2000 | 5320294 | | 1349050 | | | | |
| 2002 | 7070835 | 5259807 | 1627324 | 1378030 | 13098 | 9278 | 2403850 |
| 2003 | 9108572 | 6207110 | 1851883 | 1248254 | 14496 | 8841 | 2928452 |
| 2004 | 7887558 | 7857732 | 2137019 | 937303 | 13296 | 16530 | 3806414 |
| 2005 | 9230814 | 9194875 | 2678924 | 815820 | 25256 | 10683 | 3674953 |
| 2006 | 11682365 | 11623868 | 3494138 | 623919 | 40253 | 18244 | 5651081 |
| 2007 | 15169772 | 15079204 | 4376254 | 582524 | 62313 | 28256 | 7081557 |
| 2008 | 18578870 | 18527361 | 5772807 | 767214 | 22006 | 29503 | 8085556 |
| 2009 | 22399290 | 22338010 | 6799816 | 777343 | 26469 | 34812 | 9256453 |
| 2010 | 28649619 | 28583665 | 8940053 | 743385 | 32530 | 33424 | 12034370 |
| 2011 | 35996220 | 35922882 | 8871556 | 799971 | 27509 | 45829 | 14371631 |
| 2012 | 42304412 | 42221898 | 9479797 | 940326 | 27020 | 55494 | 15572915 |

注：1. 附营施工单位的生产活动在整个建筑生产活动中所占份额极小，加之资料不全，因而在总计中已略去。
2. 2004年及以后年份为总承包和专业承包建筑业企业，城镇集体和农村建筑队不作统计。

a) The production activity of subsidiary construction units is omitted in the total because the portion is very small and the data are incomplete.
b) After 2004, Data are general contracting and professional contract of construction enterprises, Cities collective and construction crew of countryside doesn't count.

## 14—2 主要年份建筑业企业主要经济指标
Main Economic Indicators on Construction Enterprises

| 指　　标 | | Item | | 2000 | 2005 | 2010 | 2011 | 2012 |
|---|---|---|---|---|---|---|---|---|
| 企业单位数 | （个） | Number of Construction Enterprises | (unit) | 1571 | 1946 | 2469 | 2528 | 2662 |
| 从业人数 | （万人） | Staff and Workers (annual average) | (10000 persons) | 71.41 | 98.57 | 157.97 | 167.01 | 168.90 |
| 自有固定资产原价 | （万元） | Fixed Assets Owned (original value) | (10000 yuan) | 1135784 | 2403291 | 4034386 | 4184462 | 4688589 |
| 自有固定资产净值 | （万元） | Fixed Assets Owned (net value) | (10000 yuan) | 783712 | 1666488 | 2744333 | 2865474 | 3108803 |
| 自有机械设备净值 | （万元） | Net Value of Machinery and Equipment Owned | (10000 yuan) | 326347 | 889068 | 1466999 | 1775380 | 1678457 |
| 自有机械设备总台数 | （台） | Number of Machinery and Equipment Owned | (unit) | 237822 | 383944 | 415557 | 441058 | 446964 |
| 自有机械设备总功率 | （万千瓦） | Total Power of Machinery and Equipment Owned | (10000 kw) | 250.57 | 464.92 | 663.58 | 798.88 | 914.00 |
| 建筑业总产值 | （万元） | Gross Output Value of Construction | (10000 yuan) | 3028240 | 9230814 | 28649619 | 35996220 | 42304412 |
| 建筑工程 | | Construction Projects | | 2621894 | 7859068 | 25058430 | 31110163 | 36379941 |
| 安装工程 | | Installation Projects | | 331987 | 993979 | 2468351 | 3047890 | 3319106 |
| 其　　他 | | Others | | 74359 | 377768 | 1122838 | 1838168 | 2605365 |
| 固定资产本年折旧 | （万元） | Depreciation of Fixed Assets | (10000 yuan) | 55430 | 139061 | 260805 | 280160 | 287378 |
| 应付职工薪酬 | （万元） | Payable Employee compensation | (10000yuan) | | | | 5316282 | 5791787 |
| 主营业务税金及附加 | （万元） | Main Business Tax and Additon | (10000yuan) | 89526 | 300229 | 1043879 | 1069363 | 1182530 |
| 管理费用中的税金 | （万元） | Taxes in Management Expenses | (10000 yuan) | 8423 | 20141 | 73676 | 48220 | 59489 |
| 营业利润 | （万元） | Business Profit | (10000yuan) | | | | 1244265 | 1480718 |
| 利润总额 | （万元） | Total Profits | (10000 yuan) | 28123 | 178167 | 983596 | 1270856 | 1541256 |
| 利税总额 | （万元） | Total Taxes | (10000 yuan) | 126073 | 498536 | 2101151 | 2388439 | 2783275 |
| 劳动生产率 | （元/人） | Overall Labor Productivity | (yuan/person) | | | | | |
| 按总产值计算 | | In Terms of Gross Output Value | | 42406 | 95803 | 177486 | 229630 | 291191 |
| 房屋建筑施工面积 | （万平方米） | Floor Space of Buildings Under Construction | (10000 sq.m) | 4631.27 | 9869.50 | 23295.69 | 28472.86 | 33335.65 |
| 房屋建筑竣工面积 | （万平方米） | Floor Space of Buildings Completed | (10000 sq.m) | 2595.33 | 5081.27 | 10512.36 | 11897.81 | 13346.21 |
| 技术装备率 | （元/人） | Value of Machines per Laborer | (yuan/person) | 4570 | 9020 | 9287 | 10630 | 9937 |
| 动力装备率 | （千瓦/人） | Power of Machines per Laborer | (kw/person) | 3.51 | 4.72 | 4.20 | 4.78 | 5.41 |
| 房屋建筑面积竣工率 | （%） | Ratio of Floor Space of Buildings Completed | (%) | 56.04 | 51.48 | 45.13 | 41.79 | 40.04 |
| 产值利润率 | （%） | Ratio of Profit to Gross Output Value | (%) | 0.93 | 1.93 | 3.43 | 3.53 | 3.64 |
| 产值利税率 | （%） | Ratio of Per-tax Profit to Gross Output Value | (%) | 4.16 | 5.40 | 7.33 | 6.64 | 6.58 |

## 14—3 国有经济建筑业企业主要经济指标
Main Economic Indicators on State-owned Construction Enterprises

| 指　　标 | | Item | | 2000 | 2005 | 2010 | 2011 | 2012 |
|---|---|---|---|---|---|---|---|---|
| 企业单位数 | （个） | Number of Construction Enterprises | (unit) | 258 | 193 | 168 | 153 | 154 |
| 从业人数 | （万人） | Staff and Workers (annual average) | (10000 persons) | 21.66 | 16.67 | 31.79 | 29.85 | 26.89 |
| 自有固定资产原价 | （万元） | Fixed Assets Owned (original value) | (10000 yuan) | 636476 | 918516 | 1127747 | 887086 | 956408 |
| 自有固定资产净值 | （万元） | Fixed Assets Owned (net value) | (10000 yuan) | 403625 | 602836 | 713964 | 546842 | 532334 |
| 自有机械设备净值 | （万元） | Net Value of Machinery and Equipment Owned | (10000 yuan) | 160000 | 347370 | 336767 | 307325 | 289247 |
| 自有机械设备总台数 | （台） | Number of Machinery and Equipment Owned | (unit) | 63023 | 52287 | 57483 | 50140 | 51813 |
| 自有机械设备总功率 | （万千瓦） | Total Power of Machinery and Equipment Owned | (10000 kw) | 127.93 | 134.58 | 166.01 | 139.86 | 138.04 |
| 建筑业总产值 | （万元） | Gross Output Value of Construction | (10000 yuan) | 1349050 | 2678924 | 8940053 | 8871556 | 9479797 |
| 　建筑工程 | | Construction Projects | | 1199993 | 2228410 | 8187459 | 8211270 | 8673403 |
| 　安装工程 | | Installation Projects | | 128402 | 365681 | 545846 | 536211 | 617083 |
| 　其　　他 | | Others | | 20655 | 84834 | 206749 | 124076 | 189311 |
| 固定资产本年折旧 | （万元） | Depreciation of Fixed Assets | (10000 yuan) | 34460 | 63261 | 98762 | 91301 | 90514 |
| 应付职工薪酬 | （万元） | Payable Employee compensation | (10000yuan) | | | | 1251140 | 1090090 |
| 主营业务税金及附加 | （万元） | Main Business Tax and Additon | (10000yuan) | 39416 | 87807 | 346359 | 244653 | 243075 |
| 管理费用中的税金 | （万元） | Taxes in Management Expenses | (10000 yuan) | 3070 | 3375 | 17833 | 10005 | 11038 |
| 营业利润 | （万元） | Business Profit | (10000yuan) | | | | 144456 | 134950 |
| 利润总额 | （万元） | Total Profits | (10000 yuan) | -5159 | 34788 | 246938 | 151134 | 136378 |
| 利税总额 | （万元） | Total Taxes | (10000 yuan) | 37327 | 91182 | 611130 | 405792 | 390491 |
| 劳动生产率 | （元/人） | Overall Labor Productivity | (yuan/person) | | | | | |
| 　按总产值计算 | | In Terms of Gross Output Value | | 62283 | 154711 | 242736 | 372177 | 375714 |
| 房屋建筑施工面积 | （万平方米） | Floor Space of Buildings Under Construction | (10000 sq.m) | 1167 | 1995 | 4552 | 5677 | 6480 |
| 房屋建筑竣工面积 | （万平方米） | Floor Space of Buildings Completed | (10000 sq.m) | 566.55 | 747.17 | 1040.81 | 1261.34 | 1566.52 |
| 技术装备率 | （元/人） | Value of Machines per Laborer | (yuan/person) | 7387 | 20836 | 10594 | 10295 | 10756 |
| 动力装备率 | （千瓦/人） | Power of Machines per Laborer | (kw/person) | 5.91 | 8.07 | 5.22 | 4.69 | 5.13 |
| 房屋建筑面积竣工率 | （%） | Ratio of Floor Space of Buildings Completed | (%) | 48.57 | 37.46 | 22.86 | 22.22 | 24.17 |
| 产值利润率 | （%） | Ratio of Profit to Gross Output Value | (%) | -0.38 | 1.30 | 2.76 | 1.70 | 1.44 |
| 产值利税率 | （%） | Ratio of Per-tax Profit to Gross Output Value | (%) | 2.77 | 3.40 | 6.80 | 4.57 | 4.12 |

# 14—4 集体经济建筑业企业主要经济指标
Main Economic Indicators on Collective Construction Enterprises

| 指　　标 | | Item | | 2000 | 2005 | 2010 | 2011 | 2012 |
|---|---|---|---|---|---|---|---|---|
| 企业单位数 | （个） | Number of Construction Enterprises | (unit) | 983 | 278 | 139 | 134 | 126 |
| 从业人数 | （万人） | Staff and Workers (annual average) | (10000 persons) | 37.20 | 13.45 | 6.68 | 5.60 | 5.84 |
| 自有固定资产原价 | （万元） | Fixed Assets Owned (original value) | (10000 yuan) | 340764 | 222841 | 154132 | 164376 | 172552 |
| 自有固定资产净值 | （万元） | Fixed Assets Owned (net value) | (10000 yuan) | 256869 | 151513 | 91261 | 104736 | 102465 |
| 自有机械设备净值 | （万元） | Net Value of Machinery and Equipment Owned | (10000 yuan) | 119608 | 74952 | 42288 | 42199 | 41106 |
| 自有机械设备总台数 | （台） | Number of Machinery and Equipment Owned | (unit) | 134122 | 49967 | 20526 | 28151 | 19562 |
| 自有机械设备总功率 | （万千瓦） | Total Power of Machinery and Equipment Owned | (10000 kw) | 91.52 | 51.46 | 29.48 | 21.51 | 20.65 |
| 建筑业总产值 | （万元） | Gross Output Value of Construction | (10000 yuan) | 1222373 | 815820 | 743385 | 799971 | 940326 |
| 建筑工程 | | Construction Projects | | 1029445 | 598784 | 455317 | 464998 | 533150 |
| 安装工程 | | Installation Projects | | 154211 | 173967 | 245882 | 287465 | 241601 |
| 其　　他 | | Others | | 38717 | 43069 | 42186 | 47508 | 165575 |
| 固定资产本年折旧 | （万元） | Depreciation of Fixed Assets | (10000 yuan) | 14553 | 10190 | 8020 | 7764 | 9101 |
| 应付职工薪酬 | （万元） | Payable Employee compensation | (10000yuan) | | | | 138256 | 167884 |
| 主营业务税金及附加 | （万元） | Main Business Tax and Additon | (10000yuan) | 36180 | 26367 | 25581 | 26362 | 30901 |
| 管理费用中的税金 | （万元） | Taxes in Management Expenses | (10000 yuan) | 4458 | 3079 | 3239 | 3139 | 2797 |
| 营业利润 | （万元） | Business Profit | (10000yuan) | | | | 32876 | 38935 |
| 利润总额 | （万元） | Total Profits | (10000 yuan) | 26275 | 16798 | 26468 | 34592 | 39706 |
| 利税总额 | （万元） | Total Taxes | (10000 yuan) | 66913 | 46244 | 55288 | 64093 | 73404 |
| 劳动生产率 | （元/人） | Overall Labor Productivity | (yuan/person) | | | | | |
| 按总产值计算 | | In Terms of Gross Output Value | | 32859 | 62914 | 117883 | 155165 | 193658 |
| 房屋建筑施工面积 | （万平方米） | Floor Space of Buildings Under Construction | (10000 sq.m) | 2557 | 933 | 692 | 544 | 591 |
| 房屋建筑竣工面积 | （万平方米） | Floor Space of Buildings Completed | (10000 sq.m) | 1539.42 | 553.89 | 347.45 | 373.61 | 380.00 |
| 技术装备率 | （元/人） | Value of Machines per Laborer | (yuan/person) | 3215 | 5573 | 6331 | 7534 | 7044 |
| 动力装备率 | （千瓦/人） | Power of Machines per Laborer | (kw/person) | 2.46 | 3.83 | 4.41 | 3.84 | 3.54 |
| 房屋建筑面积竣工率 | （%） | Ratio of Floor Space of Buildings Completed | (%) | 60.20 | 59.35 | 50.23 | 68.64 | 64.30 |
| 产值利润率 | （%） | Ratio of Profit to Gross Output Value | (%) | 2.15 | 2.06 | 3.56 | 4.32 | 4.22 |
| 产值利税率 | （%） | Ratio of Per-tax Profit to Gross Output Value | (%) | 5.47 | 5.67 | 7.44 | 8.01 | 7.81 |

## 14—5 建筑业企业技术装备情况
Number and Power of Machinery and Equipment Owned by Construction Enterprises

| 年 份<br>Year | 自有机械设备净值（万元）<br>Net Value of Machinery and Equipment Owned (10000 yuan) | 自有机械设备总台数（台）<br>Number of Machinery and Equipment Owned (unit) | 自有机械设备总功率（万千瓦）<br>Total Power of Machinery and Equipment Owned (10000 kw) | #施工机械功率<br>Power of Construction Machines | 技术装备率（元/人）<br>Value of Machines per Laborer (yuan/person) | 动力装备率（千瓦/人）<br>Power of Machines per Laborer (kw/person) |
|---|---|---|---|---|---|---|
| 2000 | 326347 | 237822 | 250.57 | 197.56 | 4570 | 3.51 |
| 2001 | 428163 | 319755 | 316.30 | 272.26 | 4750 | 3.51 |
| 2002 | 735011 | 351576 | 370.81 | 312.15 | 8287 | 4.18 |
| 2003 | 723018 | 352540 | 310.48 | 310.48 | 7700 | 4.07 |
| 2004 | 690428 | 349167 | 450.59 | | 7554 | 4.93 |
| 2005 | 889068 | 383944 | 464.92 | | 9020 | 4.72 |
| 2006 | 781405 | 402482 | 515.72 | | 6961 | 4.59 |
| 2007 | 951296 | 433405 | 532.35 | | 7718 | 4.32 |
| 2008 | 1111351 | 395274 | 580.00 | | 7875 | 4.11 |
| 2009 | 1166826 | 383615 | 591.68 | | 8129 | 4.12 |
| 2010 | 1466999 | 415557 | 663.58 | | 9287 | 4.20 |
| 2011 | 1775380 | 441058 | 798.88 | | 10630 | 4.78 |
| 2012 | 1678457 | 446964 | 914.00 | | 9937 | 5.14 |

## 14—6 国有经济建筑业企业技术装备情况
Number and Power of Machinery and Equipment of State-owned Construction Enterprises

| 年 份<br>Year | 自有机械设备净值（万元）<br>Net Value of Machinery and Equipment Owned (10000 yuan) | 自有机械设备总台数（台）<br>Number of Machinery and Equipment Owned (unit) | 自有机械设备总功率（万千瓦）<br>Total Power of Machinery and Equipment Owned (10000 kw) | #施工机械功率<br>Power of Construction Machines | 技术装备率（元/人）<br>Value of Machines per Laborer (yuan/person) | 动力装备率（千瓦/人）<br>Power of Machines per Laborer (kw/person) |
|---|---|---|---|---|---|---|
| 2000 | 160000 | 63023 | 127.93 | 94.08 | 7387 | 5.91 |
| 2001 | 164475 | 72763 | 138.34 | 108.92 | 6415 | 5.40 |
| 2002 | 327766 | 86991 | 168.11 | 100.91 | 11341 | 5.95 |
| 2003 | 202299 | 60514 | 114.67 | 89.49 | 9427 | 5.34 |
| 2004 | 197022 | 52973 | 129.16 | | 10586 | 6.94 |
| 2005 | 347370 | 52287 | 134.58 | | 20836 | 8.07 |
| 2006 | 167597 | 60046 | 163.36 | | 7805 | 7.61 |
| 2007 | 286147 | 60430 | 168.34 | | 12954 | 7.62 |
| 2008 | 378195 | 55035 | 144.10 | | 12035 | 4.59 |
| 2009 | 355830 | 44235 | 155.42 | | 13181 | 5.76 |
| 2010 | 336767 | 57483 | 166.01 | | 10594 | 5.22 |
| 2011 | 307325 | 50140 | 139.86 | | 10295 | 4.69 |
| 2012 | 289247 | 51813 | 138.04 | | 10756 | 5.13 |

## 14—7 建筑业企业主要生产指标（2012年）
Main Indicators on Construction Enterprises (2012)

| 指　标 | | Item | | 合　计 Total Enterprises | 总承包 General Contractor | 专业承包 Professional Contractor |
|---|---|---|---|---|---|---|
| 企业单位个数 | （个） | Number of Enterprises in Charge of Construction | (unit) | 2662 | 1609 | 1053 |
| 签订的合同额 | （万元） | Volume of Signed Contracts | (10000 yuan) | 70324152 | 65381141 | 4943011 |
| 直接从建设单位承揽工程完成的产值 | （万元） | Accomplished Output Value of the Project Taken Directly from Construction Units | (10000 yuan) | 41635063 | 37442317 | 4192746 |
| 自行完成施工产值 | | Output Value Completed by Self | | 41222359 | 37128484 | 4093875 |
| 分包出去工程产值 | | Engineering Subcontract Value | | 412704 | 313833 | 98871 |
| 从建设单位以外承揽工程完成的产值 | （万元） | Accomplished Output Value of the Project Not Taken from Construction Units | (10000 yuan) | 1082053 | 952859 | 129194 |
| 建筑业总产值 | （万元） | Gross Output Value of Construction | (10000 yuan) | 42304412 | 38081342 | 4223070 |
| #装饰装修产值 | | Decoration and Fixing UP | | 1674432 | 794418 | 880014 |
| 在外省完成产值 | | In Other Provinces | | 8805616 | 7797583 | 1008034 |
| #建筑工程 | | Construction Projects | | 36379941 | 34416710 | 1963231 |
| 安装工程 | | Installation Projects | | 3319106 | 2146280 | 1172826 |
| 其　他 | | Others | | 2605365 | 1518353 | 1087012 |
| 竣工产值 | （万元） | Output Value of Buildings Completed | (10000 yuan) | 23576170 | 20847994 | 2728176 |
| 房屋建筑施工面积 | （万平方米） | Floor Space of Buildings Under Construction | (10000 sq.m) | 33335.65 | 32928.35 | 407.30 |
| #本年新开工 | | Newly Started Projects in this Year | | 15740.41 | 15461.83 | 278.58 |
| #投标承包的面积 | | Floor Space Through Tender for the Construction | | 25379.05 | 25134.70 | 244.34 |
| #本年新开工 | | Newly Started Projects in this Year | | 13107.41 | 12930.68 | 176.73 |
| 房屋建筑竣工面积 | （万平方米） | Floor Space of Buildings Completed | (10000 sq.m) | 13346.21 | 13077.69 | 268.51 |
| 房屋竣工价值 | （万元） | Value of Buildings Completed | (10000 yuan) | 14796261 | 14571645 | 224617 |
| 自有机械设备净值 | （万元） | Net Value of Machinery owned | (10000 yuan) | 1678457 | 1521909 | 156548 |
| 自有机械设备总台数 | （台） | Number of Machinery Owned | (set) | 446964 | 387432 | 59532 |
| 自有机械设备总功率 | （万千瓦） | Capacity of Machinery Owned | (10000 kw) | 914.00 | 821.66 | 92.34 |
| 主要建筑材料消耗量 | | Main Building Material Consumption | | | | |
| #水　泥 | （万吨） | Cement | (10000 tons) | 4654.02 | 4472.36 | 181.66 |
| 平板玻璃 | （万重量箱） | Flat glass | (10000 weight boxes) | 437.18 | 396.53 | 40.65 |
| 铝　材 | （万吨） | Aluminum | (10000 tons) | 77.30 | 71.29 | 6.01 |
| 直接从事生产经营活动的平均人数 | （万人） | The Average Number of People Directly Engaged in Production and Business Activities | (10000 person) | 145.28 | 131.14 | 14.14 |
| 从业人员 | （万人） | Employed Persons at the Year-End | (10000 person) | 168.90 | 150.80 | 18.11 |
| #工程技术人员 | | Engineering Technical Personnel | | 21.40 | 18.78 | 2.62 |
| #一级建造师 | | First Grade Architect | | 0.97 | 0.83 | 0.14 |
| 全员劳动生产率 | （元/人） | Overall Labor Productivity | (yuan/person) | 291191 | 290390 | 298617 |
| 技术装备率 | （元/人） | Per Capita Machinery Value | (yuan/person) | 9937 | 10092 | 8647 |
| 动力装备率 | （千瓦/人） | Per Capita Machines Power | (kw/person) | 5.41 | 5.45 | 5.10 |
| 房屋建筑面积竣工率 | （%） | Rate of Floor Space of Buildings Completed | (%) | 40.04 | 39.72 | 65.93 |

| 内资企业<br>Domestic Funded | #集 体<br>Collective-owned | #私 营<br>Private | 港澳台商投资企业<br>Funded Enterprises from Hong, Kong, Macao and Taiwan | 外商投资企业<br>Foreign Funded | 国有及国有控股企业<br>State Controlling Funded Hold Enterprises | 房屋建筑业<br>Building | 土木工程建筑业<br>Civil Engineering | 建筑安装业<br>Construction Installation Industry | 建筑装饰和其他建筑业<br>Architectural Decoration and Other Construction Industry |
|---|---|---|---|---|---|---|---|---|---|
| 2651 | 105 | 1246 | 6 | 5 | 252 | 1182 | 491 | 358 | 631 |
| 70208687 | 807254 | 16406609 | 42256 | 73210 | 31570156 | 41792332 | 22656946 | 4019771 | 1855103 |
| 41551030 | 653322 | 11440757 | 29020 | 55013 | 15410400 | 25192467 | 11936552 | 3044960 | 1461084 |
| 41140327 | 652846 | 11355080 | 27020 | 55013 | 15241994 | 25048603 | 11805609 | 2913006 | 1455141 |
| 410704 | 476 | 85677 | 2000 | | 168407 | 143864 | 130944 | 131953 | 5942 |
| 1081572 | 28485 | 367489 | | 481 | 330922 | 675941 | 216110 | 160874 | 29128 |
| 42221898 | 681331 | 11722569 | 27020 | 55494 | 15572915 | 25724544 | 12021718 | 3073880 | 1484270 |
| 1673292 | 19559 | 866580 | 218 | 922 | 290726 | 683558 | 105016 | 46104 | 839755 |
| 8789479 | 164540 | 873559 | 3157 | 12980 | 6285372 | 3785293 | 4052941 | 868446 | 98938 |
| 36327209 | 453670 | 9685526 | 13517 | 39215 | 14153227 | 23384506 | 10458746 | 1730024 | 806665 |
| 3293567 | 68378 | 913849 | 10787 | 14753 | 1042049 | 1333834 | 931210 | 916139 | 137923 |
| 2601123 | 159283 | 1123194 | 2716 | 1526 | 377639 | 1006204 | 631762 | 427717 | 539683 |
| 23517329 | 541829 | 7632103 | 17796 | 41045 | 6286650 | 15676399 | 5012684 | 1816690 | 1070398 |
| 33287.50 | 539.45 | 10499.64 | 12.50 | 35.65 | 9376.58 | 30495.91 | 1413.41 | 1263.75 | 162.58 |
| 15712.52 | 365.81 | 5766.58 | 9.33 | 18.57 | 2892.35 | 14535.25 | 650.03 | 479.21 | 75.92 |
| 25353.15 | 403.69 | 6794.82 | 7.33 | 18.57 | 9088.37 | 23074.20 | 1259.68 | 937.55 | 107.61 |
| 13081.51 | 277.82 | 4432.77 | 7.33 | 18.57 | 2845.19 | 12120.07 | 540.67 | 393.23 | 53.44 |
| 13313.89 | 346.86 | 4867.21 | 5.92 | 26.39 | 2227.60 | 12394.30 | 433.46 | 442.86 | 75.58 |
| 14770151 | 323367 | 5235284 | 7610 | 18500 | 2811826 | 13631030 | 557382 | 517093 | 90756 |
| 1676601 | 35699 | 515508 | 1323 | 533 | 504736 | 900225 | 633702 | 84608 | 59923 |
| 446172 | 17335 | 153205 | 458 | 334 | 73917 | 311213 | 76931 | 34269 | 24551 |
| 912.57 | 14.33 | 332.88 | 1.01 | 0.42 | 216.30 | 556.50 | 274.85 | 44.23 | 38.42 |
| 4637.00 | 108.98 | 1517.28 | 2.66 | 14.36 | 1008.68 | 3381.61 | 1060.94 | 139.52 | 71.94 |
| 436.41 | 6.24 | 231.84 | 0.44 | 0.32 | 75.70 | 342.11 | 40.61 | 19.49 | 34.97 |
| 77.26 | 1.40 | 35.82 | 0.02 | 0.02 | 4.09 | 64.86 | 5.09 | 1.95 | 5.40 |
| 144.98 | 4.11 | 49.40 | 0.15 | 0.15 | 37.28 | 100.20 | 29.09 | 8.81 | 7.18 |
| 168.62 | 4.99 | 59.53 | 0.15 | 0.13 | 37.08 | 117.23 | 32.29 | 10.98 | 8.41 |
| 21.34 | 0.65 | 7.84 | 0.04 | 0.02 | 4.33 | 13.87 | 4.72 | 1.66 | 1.14 |
| 0.96 | 0.02 | 0.27 | … | … | 0.32 | 0.54 | 0.28 | 0.07 | 0.08 |
| 291228 | 165782 | 237305 | 181340 | 363657 | 417706 | 256734 | 413203 | 349106 | 206662 |
| 9943 | 7157 | 8659 | 8649 | 4197 | 13611 | 7679 | 19626 | 7706 | 7129 |
| 5.41 | 2.87 | 5.59 | 6.57 | 3.31 | 5.83 | 4.75 | 8.51 | 4.03 | 4.57 |
| 40.00 | 64.30 | 46.36 | 47.40 | 74.02 | 23.76 | 40.64 | 30.67 | 35.04 | 46.49 |

# 14—8 建筑业企业主要财务指标（2012年）
Main Financial Indicators on Construction Enterprises (2012)

| 指标 | Item | 企业数（个）Number of Enterprises (unit) | 流动资产合计 Circulating Funds | #存货 Stock |
|---|---|---|---|---|
| **总计** | **Total** | **2662** | **24499106** | **5280815** |
| #国有及国有控股企业 | State Controlling Share Hold Enterprises | 252 | 11286009 | 2797239 |
| **按登记注册类型分** | **Grouped by registration Type** | | | |
| 内资企业 | Domestic Funded Enterprise | 2651 | 24400575 | 5250051 |
| 国有企业 | State-owned Enterprise | 133 | 4079184 | 1120408 |
| 集体企业 | Collective-owned Enterprise | 105 | 284196 | 81512 |
| 股份合作企业 | Share Holding Cooperative Enterprises | 20 | 265065 | 68656 |
| 联营企业 | Joint Owned Enterprises | 4 | 25600 | 8061 |
| 有限责任公司 | Limited Liability Corporations | 985 | 12182630 | 2614515 |
| 股份有限公司 | Share-holding Corporations Ltd. | 114 | 1997762 | 418676 |
| 私营企业 | Private Enterprises | 1246 | 5414573 | 925411 |
| 其他企业 | Other Enterprises | 44 | 151565 | 12813 |
| 港澳台商投资企业 | Enterprises Funded by Entrepreneurs from Hong Kong, Macao and Taiwan | 6 | 66491 | 29751 |
| 外商投资企业 | Foreign Funded Enterprises | 5 | 32039 | 1013 |
| **按国民经济行业分** | **Grouped by Sector** | | | |
| 房屋建筑业 | Building | 1182 | 11246839 | 2396698 |
| 土木工程建筑业 | Civil Engineering | 491 | 10374621 | 2289006 |
| #铁路道路隧道和桥梁工程建筑业 | Railroad Road Tunnel &Bridge Engineering Enterprises | 275 | 6012249 | 1255272 |
| 建筑安装业 | Construction Installation Industry | 358 | 1663245 | 367161 |
| 建筑装饰和其他建筑业 | Architectural Decoration and Other Construction Industry | 631 | 1214401 | 227950 |
| 建筑装饰业 | Construction Decoration Industry | 536 | 820264 | 181340 |
| **按资质等级分** | **By Qualification Standard** | | | |
| 施工总承包 | Chief Construction Contract | 1609 | 21574096 | 4701297 |
| 特级 | Top Grade | 3 | 3620076 | 787625 |
| 一级 | First Grade | 144 | 9621389 | 2314975 |
| 二级 | Second Grade | 592 | 5519443 | 1066010 |
| 三级及以下 | Third Grade and Below | 870 | 2813188 | 532688 |
| 专业承包 | Professional Contract | 1053 | 2925010 | 579518 |
| 一级 | First Grade | 83 | 1019818 | 247170 |
| 二级 | Second Grade | 281 | 913602 | 145026 |
| 三级及以下 | Third Grade and Below | 689 | 991590 | 187322 |

单位：万元（10000 yuan）

| 固定资产合计 Total Fixed Assets | 固定资产原价 Original Value of Fixed Assets | 累计折旧 Progessive Deprecia-tion | #本年折旧 Deprecia-tion this Year | 资产总计 Total of Assets | 负债合计 Total of Liabilities | #流动负债 Current Liabilities | 所有者权益 Creditors' Equity | #实收资本 Capital Hold | #国家资本 National Capital |
|---|---|---|---|---|---|---|---|---|---|
| **4138240** | **4688589** | **1579786** | **287378** | **31834245** | **21315555** | **19328846** | **10511688** | **5975075** | **861797** |
| 1204382 | 1656553 | 704916 | 131932 | 13731970 | 11174086 | 10511081 | 2557459 | 1379383 | 818181 |
| 4105035 | 4663829 | 1574750 | 285747 | 31696535 | 21212342 | 19226723 | 10477190 | 5958732 | 853249 |
| 581921 | 788885 | 356726 | 75352 | 5006750 | 3980868 | 3579648 | 1025458 | 601704 | 387617 |
| 80572 | 121521 | 53087 | 5806 | 417786 | 232383 | 209275 | 185403 | 130780 | 742 |
| 54798 | 50498 | 16869 | 3288 | 364862 | 280585 | 279488 | 84277 | 31051 | |
| 5475 | 11480 | 6212 | 416 | 31076 | 13391 | 12206 | 17685 | 5304 | 2534 |
| 1741345 | 2141489 | 711494 | 110651 | 15843979 | 11147875 | 10513103 | 4689527 | 2592195 | 436063 |
| 470100 | 297271 | 84674 | 23445 | 2741283 | 2013653 | 1566937 | 727631 | 379736 | 13703 |
| 1133739 | 1212718 | 338135 | 64962 | 7085777 | 3440134 | 2970174 | 3645643 | 2142633 | 6313 |
| 37085 | 39966 | 7553 | 1827 | 205022 | 103454 | 95892 | 101568 | 75329 | 6278 |
| 15479 | 9699 | 2771 | 1257 | 85653 | 60584 | 60584 | 25070 | 11835 | 8548 |
| 17727 | 15062 | 2264 | 374 | 52058 | 42629 | 41540 | 9429 | 4508 | |
| 2268710 | 2211235 | 630295 | 109777 | 15141431 | 9291933 | 8204379 | 5849073 | 3174947 | 187557 |
| 1427857 | 1948302 | 784322 | 144844 | 13084220 | 9925046 | 9230763 | 3159174 | 1781600 | 612573 |
| 726790 | 1063757 | 422293 | 69162 | 7488034 | 5693170 | 5459152 | 1794865 | 1120701 | 392596 |
| 256948 | 294916 | 93315 | 20038 | 2094181 | 1311678 | 1189896 | 775927 | 485188 | 41627 |
| 184726 | 234136 | 71854 | 12720 | 1514413 | 786898 | 703808 | 727514 | 533341 | 20042 |
| 128385 | 149516 | 38619 | 6928 | 1027014 | 472808 | 414293 | 554206 | 427061 | 4308 |
| 3621726 | 4052615 | 1371288 | 250415 | 27983708 | 19016498 | 17205539 | 8960209 | 4937096 | 768849 |
| 289887 | 476598 | 243339 | 58674 | 4571093 | 3846052 | 3618023 | 725040 | 324812 | 324812 |
| 1195915 | 1553456 | 525650 | 87218 | 12234789 | 9227341 | 8711251 | 3007447 | 1343481 | 256244 |
| 1353603 | 1211890 | 394135 | 60524 | 7278914 | 4004819 | 3257662 | 3267519 | 1947497 | 123728 |
| 782321 | 810671 | 208164 | 44000 | 3898913 | 1938286 | 1618603 | 1960202 | 1321306 | 64065 |
| 516514 | 635974 | 208498 | 36963 | 3850537 | 2299057 | 2123307 | 1551479 | 1037979 | 92949 |
| 147327 | 200789 | 67447 | 12620 | 1275254 | 788214 | 763323 | 487040 | 235189 | 56727 |
| 184036 | 212435 | 71372 | 10653 | 1226259 | 743527 | 680478 | 482733 | 310182 | 14778 |
| 185151 | 222750 | 69678 | 13689 | 1349024 | 767316 | 679507 | 581707 | 492608 | 21444 |

**14—8 续表 continued**

| 指 标 | Item | 主营收入 Project Settlement Income | 主营成本 Project Settlement Cost | 主营税金及附加 Project Settlement Tax and Extra Charges |
|---|---|---|---|---|
| **总 计** | **Total** | **37495715** | **32658622** | **1182530** |
| #国有及国有控股企业 | State Controlling Share Hold Enterprises | 14155730 | 12833927 | 414028 |
| **按登记注册类型分** | **Grouped by registration Type** | | | |
| 内资企业 | Domestic Funded Enterprise | 37403087 | 32584032 | 1179987 |
| 国有企业 | State-owned Enterprise | 5937324 | 5416543 | 186128 |
| 集体企业 | Collective-owned Enterprise | 625697 | 525383 | 20250 |
| 股份合作企业 | Share Holding Cooperative Enterprises | 288796 | 250392 | 10626 |
| 联营企业 | Joint Owned Enterprises | 27639 | 22642 | 917 |
| 有限责任公司 | Limited Liability Corporations | 17259718 | 15062905 | 544454 |
| 股份有限公司 | Share-holding Corporations Ltd. | 2824055 | 2493238 | 80004 |
| 私营企业 | Private Enterprises | 10212472 | 8616227 | 329228 |
| 其他企业 | Other Enterprises | 227387 | 196703 | 8381 |
| 港澳台商投资企业 | Enterprises Funded by Entrepreneurs from Hong Kong, Macao and Taiwan | 44523 | 32823 | 912 |
| 外商投资企业 | Foreign Funded Enterprises | 48104 | 41766 | 1631 |
| **按国民经济行业分** | **Grouped by Sector** | | | |
| 房屋建筑业 | Building | 21939588 | 19101162 | 701871 |
| 土木工程建筑业 | Civil Engineering | 11287931 | 9969824 | 348187 |
| #铁路道路隧道和桥梁工程建筑业 | Railroad Road Tunnel &Bridge Engineering Enterprises | 5921953 | 5288842 | 191996 |
| 建筑安装业 | Construction Installation Industry | 2830276 | 2410494 | 86629 |
| 建筑装饰和其他建筑业 | Architectural Decoration and Other Construction Industry | 1437921 | 1177142 | 45843 |
| 建筑装饰业 | Construction Decoration Industry | 1007828 | 836096 | 31865 |
| **按资质等级分** | **By Qualification Standard** | | | |
| 施工总承包 | Chief Construction Contract | 33640420 | 29460473 | 1063361 |
| 特 级 | Top Grade | 2640365 | 2376721 | 75596 |
| 一 级 | First Grade | 17110670 | 14994715 | 497480 |
| 二 级 | Second Grade | 9059162 | 7975946 | 316475 |
| 三级及以下 | Third Grade and Below | 4830223 | 4113092 | 173810 |
| 专业承包 | Professional Contract | 3855295 | 3198149 | 119169 |
| 一 级 | First Grade | 1570622 | 1331564 | 44603 |
| 二 级 | Second Grade | 1166295 | 955351 | 38403 |
| 三级及以下 | Third Grade and Below | 1118378 | 911233 | 36163 |

单位：万元（10000 yuan）

| 其他业务利润 Other Business Profit | 销售费用 Operating Expense | 管理费用 Management Expense | #税金 Tax | 财务费用 Financial Expenses | 营业利润 Operating Profit | 利润总额 Total Profit | 应交所得税 Payable Income Tax | 本年应付工资薪酬 Total Payable Wages this Year |
|---|---|---|---|---|---|---|---|---|
| **64824** | **188228** | **1179620** | **59489** | **224086** | **1480718** | **1541256** | **279196** | **5791787** |
| 19093 | 22781 | 488262 | 19652 | 45783 | 367862 | 372908 | 55059 | 1598126 |
| 63887 | 184039 | 1175806 | 59402 | 223896 | 1472585 | 1533279 | 277508 | 5781478 |
| 11500 | 13168 | 190881 | 9846 | 48279 | 98013 | 97890 | 20515 | 848686 |
| 1894 | 8598 | 46000 | 1924 | 1922 | 24017 | 24226 | 4623 | 131093 |
| 1800 | 2388 | 19445 | 847 | -491 | 14903 | 15465 | 2719 | 36597 |
| 27 | 656 | 727 | 31 | 22 | 2702 | 2699 | 673 | 6545 |
| 34568 | 69776 | 534693 | 19156 | 68586 | 711567 | 733238 | 115492 | 2484247 |
| 4144 | 13765 | 73396 | 6919 | 24648 | 118004 | 123447 | 22669 | 352215 |
| 9651 | 73108 | 304493 | 20346 | 78650 | 492053 | 524897 | 107424 | 1882429 |
| 304 | 2580 | 6171 | 333 | 2281 | 11327 | 11419 | 3394 | 39667 |
| 218 | 4119 | 2506 | 54 | 115 | 4158 | 4037 | 722 | 5101 |
| 720 | 70 | 1307 | 33 | 75 | 3975 | 3940 | 967 | 5207 |
| 38774 | 87755 | 501856 | 33365 | 141524 | 833650 | 847194 | 154204 | 3951339 |
| 18503 | 52035 | 478472 | 15201 | 55780 | 414229 | 423290 | 76592 | 1212812 |
| 4860 | 17760 | 245067 | 6702 | -204 | 188926 | 192975 | 35339 | 580848 |
| 5316 | 31261 | 127130 | 5725 | 15346 | 149176 | 158227 | 29055 | 365725 |
| 2231 | 17177 | 72161 | 5199 | 11436 | 83663 | 112544 | 19346 | 261912 |
| 1449 | 13195 | 52269 | 3989 | 8189 | 60898 | 89228 | 15309 | 207690 |
| 54688 | 135164 | 948920 | 47582 | 196811 | 1252490 | 1268609 | 229786 | 5249308 |
| 5955 | 5314 | 139541 | 700 | -5709 | 90526 | 88391 | 10017 | 277262 |
| 36985 | 26824 | 370397 | 19058 | 108014 | 588568 | 598520 | 92071 | 2539953 |
| 6081 | 50773 | 239987 | 15128 | 63604 | 347676 | 349588 | 78514 | 1544225 |
| 5667 | 52253 | 198995 | 12697 | 30902 | 225720 | 232111 | 49184 | 887868 |
| 10136 | 53063 | 230700 | 11907 | 27275 | 228228 | 272647 | 49411 | 542479 |
| 833 | 10065 | 81181 | 4333 | 10473 | 87538 | 90600 | 18368 | 203880 |
| 4607 | 21592 | 76174 | 3184 | 7507 | 70782 | 105476 | 13043 | 192471 |
| 4695 | 21406 | 73345 | 4390 | 9295 | 69908 | 76571 | 18000 | 146127 |

# 14—9 劳务分包建筑业企业生产经营情况（2012年）

Productions and Business Indicators of Subcontract Construction Enterprises (2012)

| 指　　标 | | Item | | 合　计<br>Total | 国有及国有控股企业<br>State-owned and State-controlled Enterprises |
|---|---|---|---|---|---|
| **生产情况** | | **Producing Indicators** | | | |
| 企业单位数 | （个） | Number of Enterprises | (unit) | 387 | 11 |
| 建筑业总产值 | （万元） | Gross Output Value of Costruction | (10000 yuan) | 803731 | 101531 |
| #装饰装修产值 | | Outpnt Value of Construction Pecoration | | 143605 | 21198 |
| 年末从业人数 | （万人） | Number of Employed Persons at the Year-end | 10000 person) | 15.95 | 1.75 |
| #现场施工工人 | | Persons On-site Construction | | 12.98 | 1.72 |
| **财务状况** | | **Financial Indicators** | | | |
| 资产负债 | | Assets and Liabilities | | | |
| 固定资产原价 | （万元） | Prime Cost of Fixed Assets | (10000 yuan) | 51467 | 120 |
| 本年折旧 | （万元） | Depreciation This Year | (10000 yuan) | 5852 | 20 |
| 资产总计 | （万元） | Total of Assets | (10000 yuan) | 269142 | 22647 |
| 负债合计 | （万元） | Total of Liabilities | (10000 yuan) | 136122 | 19778 |
| 实收资本 | （万元） | Paicl-up Capital | (10000 yuan) | 67551 | 2382 |
| 损益及分配 | | Profit and Loss and Distribution | | | |
| 营业收入 | （万元） | Business Earning | (10000 yuan) | 745154 | 58049 |
| #主营业务收入 | | Main Business Earning | | 687073 | 58049 |
| 营业成本 | （万元） | Sales Cost | (10000 yuan) | 665482 | 57019 |
| #主营业务成本 | | Main Business Cost | | 608140 | 52787 |
| 营业税金及附加 | （万元） | Business Tax and Surcharges | (10000 yuan) | 22717 | 978 |
| #主营业务税金及附加 | | Main Business Tax and Affixation | | 19296 | 978 |
| 销售费用 | （万元） | Total Expense | (10000 yuan) | 7379 | |
| 管理费用 | （万元） | Management expense | (10000 yuan) | 34124 | 3876 |
| #税金本期 | | Taxes This Period | | 2495 | 51 |
| 财务费用 | （万元） | Financial expense | (10000 yuan) | 2365 | 14 |
| 营业利润 | （万元） | Operating Profit | (10000 yuan) | 29772 | 446 |
| 利润总额 | （万元） | Total of Profit | (10000 yuan) | 28936 | 445 |
| 从业人员工资总额 | （万元） | Labour Reward of Staff and Workers | (10000 yuan) | 559428 | 65831 |
| 全部从业人员年平均人数 | （万人） | Average Number of Staff and Workers | 10000 person) | 14.88 | 1.73 |

## 14—10 建筑业企业房屋建筑完成情况（2012年）

Floor Space of Buildings Completed by Construction Enterprises (2012)

| 指 标 | Item | 房屋建筑竣工面积（万平方米）Completed Area of Building Construction (10000 sq.m) | #国有及国有控股企业 State Controlling Funded Hold Enterprises | 竣工房屋价值（万元）Value of the Completed House (10000 yuan) | #国有及国有控股企业 State Controlling Funded Hold Enterprises |
|---|---|---|---|---|---|
| **总 计** | **Total** | **13346.21** | **2227.60** | **14796261** | **2811826** |
| 住 宅 | Residential Buildings | 8380.50 | 1450.41 | 9226038 | 1682000 |
| 商业及服务用房屋 | Buildings Used for Business and Services | 639.96 | 126.57 | 737917 | 134269 |
| 批发和零售用房 | Buildings Used for Wholesale and Retail | 288.29 | 88.48 | 324256 | 84691 |
| 住宿用房 | Buildings Used for Accommodation | 71.05 | 19.86 | 109987 | 23912 |
| 餐饮用房 | Buildings Used for Catering Services | 20.39 | 3.87 | 21474 | 5354 |
| 商务会展用房屋 | Buildings Used for | 9.38 | 0.71 | 9621 | 577 |
| 居民服务业用房 | Buildings Used for Resident Services | 250.85 | 13.65 | 272580 | 19735 |
| 办公用房 | Office Buildings | 952.50 | 123.40 | 1006138 | 143387 |
| 科研、教育、医疗用房 | Buildings Used for Scientific Research,Education, Medical Services | 723.21 | 117.91 | 760561 | 150798 |
| 科研用房 | Buildings Used for Scientific Research | 43.39 | 15.88 | 49838 | 18771 |
| 教育用房 | Buildings Used for Education | 580.60 | 84.48 | 586132 | 100378 |
| 卫生医疗用房 | Buildings Used for Sanitation and Medical Services | 99.21 | 17.56 | 124591 | 31649 |
| 文化、体育和娱乐用房 | Buildings Used for Culture, Physical Training and Entertainment | 100.72 | 22.83 | 104911 | 29673 |
| 厂房及建筑物 | Workshops and Buildings | 2098.03 | 347.19 | 2236855 | 592690 |
| 厂 房 | Workshops | 1164.01 | 276.01 | 1342200 | 526132 |
| 仓 库 | Storehouses | 150.55 | 8.05 | 128842 | 9930 |
| 其他用房 | Others | 300.73 | 31.25 | 595000 | 69079 |

## 14—11 各市建筑业企业房屋建筑完成情况（2012年）

Floor Space of Buildings Completed by Construction Enterprises by Region (2012)

| 地 区 | Region | 房屋建筑竣工面积（万平方米）Completed Area of Building Construction (10000 sq.m) | #住 宅 Residential Buildings | 竣工房屋价值（万元）Value of the Completed House (10000 yuan) | #住 宅 Residential Buildings |
|---|---|---|---|---|---|
| **总 计** | **Total** | **13346.21** | **8380.50** | **14796261** | **9226038** |
| 合 肥 市 | Hefei | 5470.25 | 3497.57 | 6543998 | 4196934 |
| 淮 北 市 | Huaibei | 156.14 | 114.53 | 180263 | 128423 |
| 亳 州 市 | Bozhou | 176.37 | 114.54 | 163466 | 109153 |
| 宿 州 市 | Suzhou | 412.81 | 263.43 | 375441 | 222225 |
| 蚌 埠 市 | Bengbu | 565.12 | 388.04 | 715481 | 510737 |
| 阜 阳 市 | Fuyang | 435.32 | 287.72 | 494967 | 301835 |
| 淮 南 市 | Huainan | 141.84 | 102.53 | 139213 | 90394 |
| 滁 州 市 | Chuzhou | 724.97 | 536.04 | 787244 | 589740 |
| 六 安 市 | Luan | 1000.70 | 532.72 | 917312 | 491020 |
| 马鞍山市 | Maanshan | 780.11 | 470.21 | 1039586 | 534300 |
| 芜 湖 市 | Wuhu | 1021.48 | 640.48 | 1106290 | 696921 |
| 宣 城 市 | Xuancheng | 429.54 | 249.82 | 451378 | 273725 |
| 铜 陵 市 | Tongling | 290.92 | 182.33 | 332386 | 196345 |
| 池 州 市 | Chizhou | 376.38 | 185.36 | 351128 | 172595 |
| 安 庆 市 | Anqing | 1047.39 | 617.16 | 889681 | 523140 |
| 黄 山 市 | Huangshan | 316.88 | 198.04 | 308428 | 188552 |

## 14—12 各市按登记注册类型和行业分的建筑业企业单位数（2012年）

Number of Construction Enterprises by Registration Status, Section and Region (2012)

单位：个（unit）

| 地 区 | Region | 合 计 Total Enterprises | 内资企业 Domestic Funded | 港澳台商投资企业 Funded by Entrepreneurs from Hong Kong, Macao and Taiwan | 外商投资企业 Foreign Funded | 国有及国有控股企业 State-owned and State-controlled Enterprises | 房屋工程建筑业 Building | 土木工程建筑业 Civil Engineering | 建筑安装业 Construction Installation Industry | 建筑装饰和其他建筑业 Architectural Decoration and Other Construction Industry |
|---|---|---|---|---|---|---|---|---|---|---|
| **总 计** | **Total** | **2662** | **2651** | **6** | **5** | **252** | **1182** | **491** | **358** | **631** |
| 合 肥 市 | Hefei | 835 | 831 | 3 | 1 | 84 | 251 | 157 | 183 | 244 |
| 淮 北 市 | Huaibei | 54 | 52 | 2 | | 8 | 21 | 12 | 10 | 11 |
| 亳 州 市 | Bozhou | 41 | 41 | | | 7 | 28 | 9 | 1 | 3 |
| 宿 州 市 | Suzhou | 127 | 127 | | | 13 | 68 | 24 | 21 | 14 |
| 蚌 埠 市 | Bengbu | 144 | 143 | | 1 | 14 | 50 | 30 | 22 | 42 |
| 阜 阳 市 | Fuyang | 126 | 126 | | | 15 | 73 | 28 | 7 | 18 |
| 淮 南 市 | Huainan | 68 | 68 | | | 13 | 33 | 13 | 12 | 10 |
| 滁 州 市 | Chuzhou | 134 | 132 | | 2 | 13 | 72 | 25 | 13 | 24 |
| 六 安 市 | Luan | 143 | 143 | | | 9 | 88 | 40 | 7 | 8 |
| 马鞍山市 | Maanshan | 153 | 152 | 1 | | 15 | 64 | 29 | 21 | 39 |
| 芜 湖 市 | Wuhu | 200 | 200 | | | 18 | 97 | 30 | 20 | 53 |
| 宣 城 市 | Xuancheng | 127 | 126 | | 1 | 3 | 52 | 23 | 11 | 41 |
| 铜 陵 市 | Tongling | 91 | 91 | | | 8 | 37 | 9 | 5 | 40 |
| 池 州 市 | Chizhou | 94 | 94 | | | 6 | 48 | 13 | 11 | 22 |
| 安 庆 市 | Anqing | 243 | 243 | | | 18 | 157 | 38 | 11 | 37 |
| 黄 山 市 | Huangshan | 82 | 82 | | | 8 | 43 | 11 | 3 | 25 |

## 14—13 各市按经济类型和行业分的建筑业总产值（2012年）

Overall Output Value of Enterprises in Charge of Construction by Ownership and Region (2012)

单位：万元（10000 yuan）

| 地 区 | Region | 合 计 Total Enterprises | 内资企业 Domestic Funded | 港澳台商投资企业 Funded by Entrepreneurs from Hong Kong, Macao and Taiwan | 外商投资企业 Foreign Funded | 国有及国有控股企业 State-owned and State-controlled Enterprises | 房屋工程建筑业 Building | 土木工程建筑业 Civil Engineering | 建筑安装业 Construction Installation Industry | 建筑装饰和其他建筑业 Architectural Decoration and Other Construction Industry |
|---|---|---|---|---|---|---|---|---|---|---|
| **总 计** | **Total** | **42304412** | **42221898** | **27020** | **55494** | **15572915** | **25724544** | **12021718** | **3073880** | **1484270** |
| 合 肥 市 | Hefei | 21453448 | 21446066 | 4890 | 2493 | 10780257 | 12013302 | 6746101 | 1802182 | 891863 |
| 淮 北 市 | Huaibei | 834014 | 812009 | 22006 | | 570311 | 166707 | 642419 | 15484 | 9405 |
| 亳 州 市 | Bozhou | 268333 | 268333 | | | 32403 | 218074 | 47133 | | 3126 |
| 宿 州 市 | Suzhou | 1415378 | 1415378 | | | 322505 | 539203 | 246536 | 605248 | 24392 |
| 蚌 埠 市 | Bengbu | 2436315 | 2429497 | | 6818 | 861567 | 1355715 | 994736 | 49164 | 36700 |
| 阜 阳 市 | Fuyang | 1176279 | 1176279 | | | 205301 | 835879 | 290647 | 13096 | 36658 |
| 淮 南 市 | Huainan | 713979 | 713979 | | | 461032 | 269521 | 405465 | 32466 | 6527 |
| 滁 州 市 | Chuzhou | 1542470 | 1534499 | | 7971 | 138103 | 1105670 | 209973 | 202582 | 24245 |
| 六 安 市 | Luan | 1550833 | 1550833 | | | 56140 | 1207116 | 319088 | 13175 | 11454 |
| 马鞍山市 | Maanshan | 2643890 | 2643766 | 124 | | 1051636 | 2177004 | 398817 | 17859 | 50211 |
| 芜 湖 市 | Wuhu | 3436990 | 3436990 | | | 630180 | 2084848 | 1063564 | 194921 | 93657 |
| 宣 城 市 | Xuancheng | 1088967 | 1050755 | | 38212 | 10376 | 843953 | 178158 | 11482 | 55374 |
| 铜 陵 市 | Tongling | 860079 | 860079 | | | 128331 | 580373 | 110512 | 16723 | 152472 |
| 池 州 市 | Chizhou | 732022 | 732022 | | | 44852 | 549448 | 97868 | 61537 | 23169 |
| 安 庆 市 | Anqing | 1502550 | 1502550 | | | 244233 | 1215960 | 204661 | 37385 | 44545 |
| 黄 山 市 | Huangshan | 648865 | 648865 | | | 35690 | 561771 | 66042 | 578 | 20475 |

## 14—14 各市建筑业企业生产情况（2012年）
Production Indicators on Construction Enterprises by Region (2012)

| 地 区 | Region | 企业单位个数（个）Number of Enterprises (unit) | 总产值（万元）Total Output Value (10000 yuan) | 建筑工程 Construction | 安装工程 Installation | 其它产值 Other Output Value | 竣工产值（万元）Outpu Value of Buildings Completed (10000 yuan) |
|---|---|---|---|---|---|---|---|
| **总 计** | **Total** | **2662** | **42304412** | **36379941** | **3319106** | **2605365** | **23576170** |
| 合肥市 | Hefei | 835 | 21453448 | 18659823 | 1614951 | 1178674 | 10627311 |
| 淮北市 | Huaibei | 54 | 834014 | 734743 | 69394 | 29878 | 559137 |
| 亳州市 | Bozhou | 41 | 268333 | 242209 | 20477 | 5646 | 287364 |
| 宿州市 | Suzhou | 127 | 1415378 | 792181 | 353107 | 270090 | 1098486 |
| 蚌埠市 | Bengbu | 144 | 2436315 | 2211753 | 72549 | 152013 | 1398126 |
| 阜阳市 | Fuyang | 126 | 1176279 | 1085464 | 41833 | 48983 | 750657 |
| 淮南市 | Huainan | 68 | 713979 | 432834 | 267828 | 13317 | 280402 |
| 滁州市 | Chuzhou | 134 | 1542470 | 1317491 | 120585 | 104394 | 1062491 |
| 六安市 | Luan | 143 | 1550833 | 1426453 | 71316 | 53064 | 1186547 |
| 马鞍山市 | Maanshan | 153 | 2643890 | 2270886 | 173502 | 199502 | 1497315 |
| 芜湖市 | Wuhu | 200 | 3436990 | 2937057 | 237078 | 262855 | 1619325 |
| 宣城市 | Xuancheng | 127 | 1088967 | 949968 | 64962 | 74036 | 632830 |
| 铜陵市 | Tongling | 91 | 860079 | 726904 | 93801 | 39374 | 569414 |
| 池州市 | Chizhou | 94 | 732022 | 674423 | 35639 | 21960 | 471491 |
| 安庆市 | Anqing | 243 | 1502550 | 1361549 | 46948 | 94053 | 1132227 |
| 黄山市 | Huangshan | 82 | 648865 | 556203 | 35137 | 57526 | 403048 |

| 地 区 | Region | 房屋建筑施工面积（万平方米）Floor Space of Building Under Construction (10000 sq.m) | 房屋建筑竣工面积（万平方米）Floor Space of Building Completed (10000 sq.m) | 自有施工机械设备 Machinery and Equipment Owned: 净值（万元）Net Value (10000 yuan) | 总台数（台）Number (unit) | 总功率（万千瓦）Total Power (10000 kw) | 期末从业人数（万人）Staff and Workers (annual average) (10000 persons) |
|---|---|---|---|---|---|---|---|
| **总 计** | **Total** | **33335.65** | **13346.21** | **1678457** | **446964** | **914.00** | **168.90** |
| 合肥市 | Hefei | 16050.66 | 5470.25 | 720059 | 159863 | 437.17 | 72.34 |
| 淮北市 | Huaibei | 297.24 | 156.14 | 26905 | 8584 | 17.83 | 4.48 |
| 亳州市 | Bozhou | 236.09 | 176.37 | 22755 | 14241 | 11.17 | 1.66 |
| 宿州市 | Suzhou | 699.40 | 412.81 | 90223 | 25536 | 34.46 | 8.08 |
| 蚌埠市 | Bengbu | 2289.96 | 565.12 | 55811 | 11589 | 29.21 | 6.70 |
| 阜阳市 | Fuyang | 1175.89 | 435.32 | 61731 | 27218 | 32.28 | 5.61 |
| 淮南市 | Huainan | 404.98 | 141.84 | 49550 | 11586 | 17.12 | 2.56 |
| 滁州市 | Chuzhou | 1341.11 | 721.97 | 53664 | 10573 | 44.21 | 8.36 |
| 六安市 | Luan | 1526.72 | 1000.70 | 87854 | 29223 | 48.59 | 11.19 |
| 马鞍山市 | Maanshan | 1959.84 | 780.11 | 85861 | 23727 | 66.43 | 8.41 |
| 芜湖市 | Wuhu | 2361.15 | 1021.48 | 172960 | 27192 | 46.78 | 10.68 |
| 宣城市 | Xuancheng | 1035.09 | 429.54 | 59079 | 25951 | 31.33 | 5.01 |
| 铜陵市 | Tongling | 761.09 | 290.92 | 28614 | 10392 | 19.58 | 4.21 |
| 池州市 | Chizhou | 747.01 | 376.38 | 23532 | 7032 | 9.90 | 3.93 |
| 安庆市 | Anqing | 1772.79 | 1047.39 | 114740 | 44008 | 54.18 | 11.73 |
| 黄山市 | Huangshan | 676.62 | 316.88 | 25120 | 10249 | 13.75 | 3.94 |

# 14—15 各市国有经济建筑业企业生产情况（2012年）
Production of State-owned Construction Enterprises by Region (2012)

| 地 区 | Region | 企业单位个数（个）Number of Enterprises (unit) | 总产值（万元）Total Output Value (10000 yuan) | 建筑工程 Construction | 安装工程 Installation | 其它产值 Other Output Value | 竣工产值（万元）Outpu Value of Buildings Completed (10000 yuan) |
|---|---|---|---|---|---|---|---|
| **总 计** | **Total** | **154** | **9479797** | **8673403** | **617083** | **189311** | **3694602** |
| 合 肥 市 | Hefei | 48 | 7788082 | 7188435 | 490486 | 109161 | 2926949 |
| 淮 北 市 | Huaibei | 5 | 51088 | 51088 | | | 32571 |
| 亳 州 市 | Bozhou | 6 | 23413 | 22716 | | 697 | 17138 |
| 宿 州 市 | Suzhou | 10 | 299017 | 193008 | 106010 | | 208846 |
| 蚌 埠 市 | Bengbu | 10 | 46093 | 32610 | 10 | 13473 | 39505 |
| 阜 阳 市 | Fuyang | 11 | 177881 | 165964 | 11038 | 879 | 81899 |
| 淮 南 市 | Huainan | 7 | 78333 | 75941 | 2392 | | 40694 |
| 滁 州 市 | Chuzhou | 9 | 124508 | 123530 | | 978 | 89027 |
| 六 安 市 | Luan | 6 | 29541 | 25436 | 4105 | | 26324 |
| 马鞍山市 | Maanshan | 8 | 35491 | 26086 | 180 | 9225 | 31453 |
| 芜 湖 市 | Wuhu | 10 | 562533 | 524729 | 1100 | 36704 | 49337 |
| 宣 城 市 | Xuancheng | 1 | | | | | |
| 铜 陵 市 | Tongling | 2 | 2324 | 1834 | | 490 | 1498 |
| 池 州 市 | Chizhou | 3 | 19030 | 19030 | | | 12877 |
| 安 庆 市 | Anqing | 12 | 215813 | 212973 | 140 | 2700 | 123220 |
| 黄 山 市 | Huangshan | 6 | 26649 | 10023 | 1622 | 15004 | 13264 |

| 地 区 | Region | 房屋建筑施工面积（万平方米）Floor Space of Building Under Construction (10000 sq.m) | #本年新开工面积 Newly Started Projects in this Year | 自有施工机械设备 Machinery and Equipment Owned 净值（万元）Net Value (10000 yuan) | 总台数（台）Number (unit) | 总功率（万千瓦）Total Power (10000 kw) | 期末从业人数（万人）Staff and Workers (annual average) (10000 persons) |
|---|---|---|---|---|---|---|---|
| **总 计** | **Total** | **6479.97** | **1856.96** | **289247** | **51813** | **138.04** | **26.89** |
| 合 肥 市 | Hefei | 5901.39 | 1571.29 | 195760 | 51814 | 87.83 | 20.19 |
| 淮 北 市 | Huaibei | 33.37 | 3.50 | 3726 | 51819 | 6.51 | 0.47 |
| 亳 州 市 | Bozhou | 0.25 | 0.25 | 1885 | 51827 | 1.31 | 0.13 |
| 宿 州 市 | Suzhou | 144.50 | 80.00 | 18060 | 51825 | 6.42 | 1.94 |
| 蚌 埠 市 | Bengbu | 18.24 | 18.24 | 1395 | 51816 | 1.38 | 0.10 |
| 阜 阳 市 | Fuyang | 7.03 | 1.24 | 18086 | 51824 | 11.47 | 0.60 |
| 淮 南 市 | Huainan | 39.28 | 20.60 | 2220 | 51817 | 1.42 | 0.25 |
| 滁 州 市 | Chuzhou | 52.54 | 43.51 | 3361 | 51823 | 1.51 | 0.60 |
| 六 安 市 | Luan | 3.60 | 2.65 | 4806 | 51826 | 7.49 | 0.30 |
| 马鞍山市 | Maanshan | 0.00 | 0.00 | 2403 | 51818 | 1.36 | 0.14 |
| 芜 湖 市 | Wuhu | 0.11 | 0.11 | 21768 | 51815 | 5.59 | 0.43 |
| 宣 城 市 | Xuancheng | 0.00 | | | 51829 | 0.00 | 0.00 |
| 铜 陵 市 | Tongling | 1.25 | 0.98 | | 51820 | 0.00 | 0.04 |
| 池 州 市 | Chizhou | | | 2513 | 51828 | 0.36 | 0.03 |
| 安 庆 市 | Anqing | 278.41 | 114.60 | 10559 | 51821 | 3.11 | 1.54 |
| 黄 山 市 | Huangshan | | | 2706 | 51822 | 2.27 | 0.14 |

# 14—16 各市建筑业企业主要财务指标（2012年）
## Main Financial Indicators on Construction Enterprises by Region (2012)

单位：万元（10000 yuan）

| 地 区 | Region | 流动资产合计 Circulating Funds | 固定资产合计 Total Fixed Assets | 固定资产原价 Original Value of Fixed Asseds | 累计折旧 Depreciation Drawn Accumulated | #本年 This Year | 资产总计 Total Assets | 负债合计 Total Liabilities | 所有者权益 Creditors' Equity | #实收资本 Capital Hold |
|---|---|---|---|---|---|---|---|---|---|---|
| **总 计** | **Total** | **24499106** | **4138240** | **4688589** | **1579786** | **287378** | **31834245** | **21315555** | **10511688** | **5975075** |
| 合 肥 市 | Hefei | 13452113 | 2079535 | 2179472 | 782230 | 160512 | 17484461 | 12426347 | 5051538 | 2452754 |
| 淮 北 市 | Huaibei | 458519 | 93808 | 126125 | 44457 | 4896 | 567077 | 375320 | 191757 | 75253 |
| 亳 州 市 | Bozhou | 135207 | 45697 | 50392 | 9417 | 1930 | 192713 | 116674 | 76040 | 64937 |
| 宿 州 市 | Suzhou | 432550 | 210464 | 221818 | 63805 | 9508 | 680951 | 306526 | 374425 | 269112 |
| 蚌 埠 市 | Bengbu | 1344915 | 112866 | 154044 | 55406 | 8556 | 1736153 | 1278147 | 458006 | 402697 |
| 阜 阳 市 | Fuyang | 861582 | 113976 | 140399 | 41391 | 5114 | 1039311 | 671719 | 367592 | 222192 |
| 淮 南 市 | Huainan | 661235 | 102831 | 139815 | 45612 | 9591 | 801407 | 623719 | 177688 | 108805 |
| 滁 州 市 | Chuzhou | 685229 | 148593 | 152666 | 37990 | 9404 | 893456 | 532125 | 361331 | 250004 |
| 六 安 市 | Luan | 642696 | 212047 | 235048 | 75893 | 11197 | 974052 | 429259 | 544794 | 268226 |
| 马鞍山市 | Maanshan | 1410023 | 173316 | 224006 | 81390 | 11713 | 1733976 | 1176177 | 557799 | 357437 |
| 芜 湖 市 | Wuhu | 1715426 | 273707 | 347659 | 118670 | 20632 | 2189595 | 1382008 | 807587 | 504142 |
| 宣 城 市 | Xuancheng | 555194 | 111000 | 132254 | 34214 | 5595 | 734382 | 437386 | 296996 | 206624 |
| 铜 陵 市 | Tongling | 713981 | 79845 | 108277 | 39624 | 6791 | 822919 | 556350 | 266569 | 163447 |
| 池 州 市 | Chizhou | 440349 | 58541 | 64337 | 17932 | 3502 | 560481 | 333949 | 226532 | 138886 |
| 安 庆 市 | Anqing | 759431 | 261652 | 330669 | 101039 | 14457 | 1107508 | 498777 | 608306 | 389029 |
| 黄 山 市 | Huangshan | 230657 | 60364 | 81610 | 30716 | 3980 | 315804 | 171073 | 144730 | 101532 |

| 地 区 | Region | 主营收入 Main Business Income | 主营成本 Main Business Cost | 主营税金及附加 Main Business and Extra Charges | 销售费用 Operating Expense | 管理费用 Management Expense | #税金 Tax | 财务费用 Financial Expenses | 营业利润 Operating Profit | 利润总额 Total Profit | 本年应付薪酬总额 Payable Salary This Year |
|---|---|---|---|---|---|---|---|---|---|---|---|
| **总 计** | **Total** | **37495715** | **32658622** | **1182530** | **188228** | **1179620** | **59489** | **224086** | **1480718** | **1541256** | **5791787** |
| 合 肥 市 | Hefei | 19080416 | 16489091 | 573676 | 71438 | 565143 | 26667 | 107010 | 781760 | 823886 | 3018766 |
| 淮 北 市 | Huaibei | 817389 | 705433 | 19560 | 6545 | 33020 | 1291 | 1261 | 54476 | 53973 | 129972 |
| 亳 州 市 | Bozhou | 312141 | 275334 | 11747 | 3705 | 13576 | 562 | 1203 | 7783 | 7752 | 35411 |
| 宿 州 市 | Suzhou | 1277942 | 1067458 | 34715 | 11584 | 63850 | 3787 | 10443 | 87376 | 87362 | 174533 |
| 蚌 埠 市 | Bengbu | 2056502 | 1849815 | 67040 | 3009 | 56214 | 2616 | 16354 | 52342 | 54840 | 245096 |
| 阜 阳 市 | Fuyang | 950013 | 838828 | 33333 | 4944 | 27363 | 1747 | 3848 | 22580 | 27989 | 146428 |
| 淮 南 市 | Huainan | 848043 | 750680 | 25166 | 6449 | 29461 | 1374 | 1103 | 36385 | 37655 | 97739 |
| 滁 州 市 | Chuzhou | 1135656 | 989952 | 43603 | 5778 | 38652 | 2066 | 8071 | 44576 | 45156 | 195377 |
| 六 安 市 | Luan | 1440751 | 1250531 | 48753 | 7335 | 41881 | 3094 | 14196 | 78452 | 80748 | 321602 |
| 马鞍山市 | Maanshan | 2500152 | 2190448 | 71526 | 13319 | 83096 | 2805 | 8220 | 78787 | 80083 | 260257 |
| 芜 湖 市 | Wuhu | 2745253 | 2455687 | 94587 | 7790 | 84813 | 3351 | 17449 | 93859 | 95850 | 323451 |
| 宣 城 市 | Xuancheng | 894880 | 787986 | 32853 | 7961 | 27350 | 1222 | 5518 | 25346 | 25955 | 149312 |
| 铜 陵 市 | Tongling | 805466 | 715949 | 25982 | 1630 | 27555 | 1913 | 8317 | 22890 | 25477 | 144234 |
| 池 州 市 | Chizhou | 628192 | 531868 | 24200 | 15064 | 20191 | 916 | 5577 | 30857 | 31535 | 168312 |
| 安 庆 市 | Anqing | 1423529 | 1234374 | 54272 | 17142 | 54296 | 5508 | 12751 | 51954 | 51498 | 280935 |
| 黄 山 市 | Huangshan | 579389 | 525188 | 21518 | 4536 | 13157 | 571 | 2765 | 11298 | 11499 | 100362 |

## 14—17 各市国有经济建筑业企业主要财务指标（2012年）
Main Financial Indicators of State-owned Construction Enterprises by Region (2012)

单位：万元（10000 yuan）

| 地区 | Region | 流动资产合计 Circulating Funds | 固定资产合计 Total Fixed Assets | 固定资产原价 Original Value of Fixed Asseds | 累计折旧 Depreciation Drawn Accumulated | #本年 This Year | 资产总计 Total Assets | 负债合计 Total Liabilities | 所有者权益 Creditors' Equity | #实收资本 Capital Hold |
|---|---|---|---|---|---|---|---|---|---|---|
| **总计** | **Total** | **5393629** | **697844** | **956408** | **424075** | **90514** | **6579822** | **5333566** | **1245832** | **719109** |
| 合肥市 | Hefei | 4491372 | 509007 | 695261 | 327760 | 80477 | 5426024 | 4522766 | 903258 | 488235 |
| 淮北市 | Huaibei | 21568 | 9776 | 11127 | 2869 | 266 | 32209 | 14665 | 17545 | 8453 |
| 亳州市 | Bozhou | 16661 | 6059 | 6413 | 1383 | 175 | 24605 | 18491 | 6114 | 9700 |
| 宿州市 | Suzhou | 103684 | 21837 | 30245 | 13096 | 1025 | 129198 | 85710 | 43488 | 28366 |
| 蚌埠市 | Bengbu | 40599 | 11511 | 18257 | 7883 | 502 | 55549 | 27425 | 28124 | 15836 |
| 阜阳市 | Fuyang | 153703 | 21975 | 32745 | 12093 | 720 | 177300 | 136858 | 40442 | 22272 |
| 淮南市 | Huainan | 56511 | 12246 | 18114 | 5918 | 455 | 74159 | 54185 | 19973 | 17041 |
| 滁州市 | Chuzhou | 58365 | 16959 | 16310 | 4539 | 380 | 75885 | 45960 | 29925 | 17038 |
| 六安市 | Luan | 26211 | 10187 | 14113 | 4523 | 385 | 38483 | 20216 | 18266 | 13971 |
| 马鞍山市 | Maanshan | 29863 | 3482 | 5956 | 3167 | 232 | 38453 | 30260 | 8192 | 5707 |
| 芜湖市 | Wuhu | 253698 | 37656 | 60377 | 25557 | 4053 | 322085 | 262166 | 59920 | 40739 |
| 宣城市 | Xuancheng |  | 400 |  |  |  | 400 |  | 400 | 400 |
| 铜陵市 | Tongling | 4577 | 44 | 102 | 59 | 3 | 4621 | 3616 | 1005 | 1002 |
| 池州市 | Chizhou | 30642 | 2893 | 3652 | 850 | 140 | 34294 | 26396 | 7898 | 6156 |
| 安庆市 | Anqing | 91908 | 29191 | 33912 | 9174 | 1509 | 127494 | 75875 | 51195 | 36921 |
| 黄山市 | Huangshan | 14268 | 4622 | 9826 | 5204 | 192 | 19064 | 8978 | 10086 | 7274 |

| 地区 | Region | 主营收入 Main Business Income | 主营成本 Main Business Cost | 主营税金及附加 Main Business and Extra Charges | 销售费用 Operating Expense | 管理费用 Management Expense | #税金 Tax | 财务费用 Financial Expenses | 营业利润 Operating Profit | 利润总额 Total Profit | 本年应付薪酬总额 Payable Salary This Year |
|---|---|---|---|---|---|---|---|---|---|---|---|
| **总计** | **Total** | **7855384** | **7181802** | **243075** | **13629** | **242297** | **11038** | **52640** | **134950** | **136378** | **1090090** |
| 合肥市 | Hefei | 6489840 | 5982218 | 195792 | 8509 | 179147 | 8704 | 45733 | 106747 | 107528 | 937660 |
| 淮北市 | Huaibei | 49421 | 44405 | 1811 | 75 | 1823 | 75 | 11 | 1294 | 1294 | 11413 |
| 亳州市 | Bozhou | 98878 | 94059 | 4201 | 116 | 970 | 175 | 214 | -676 | -652 | 2140 |
| 宿州市 | Suzhou | 294368 | 255616 | 5902 | 2222 | 12819 | 545 | 4423 | 12496 | 12224 | 19191 |
| 蚌埠市 | Bengbu | 46357 | 36165 | 4447 | 940 | 3046 | 236 | 382 | 1700 | 1779 | 2473 |
| 阜阳市 | Fuyang | 157656 | 128235 | 6222 | 530 | 5005 | 92 | 946 | 4674 | 5047 | 13899 |
| 淮南市 | Huainan | 80552 | 70630 | 3391 |  | 6558 | 23 | -58 | 583 | 462 | 14021 |
| 滁州市 | Chuzhou | 61997 | 53991 | 2007 | 62 | 3110 | 149 | -44 | 1501 | 1445 | 5569 |
| 六安市 | Luan | 30570 | 26738 | 1033 | 184 | 1721 | 37 | 164 | 543 | 549 | 7186 |
| 马鞍山市 | Maanshan | 36802 | 32592 | 762 | 14 | 1253 | 13 |  | 344 | 337 | 6708 |
| 芜湖市 | Wuhu | 263831 | 231410 | 8592 | 204 | 19469 | 543 | 271 | 3834 | 4438 | 24101 |
| 宣城市 | Xuancheng |  |  |  |  |  |  |  |  | -48 | 48 |
| 铜陵市 | Tongling | 1580 | 1043 | 71 |  | 486 | 2 |  | -12 | -12 | 2301 |
| 池州市 | Chizhou | 19235 | 17277 | 634 | 399 | 538 | 30 | 127 | 261 | 273 | 1915 |
| 安庆市 | Anqing | 200990 | 186642 | 7288 | 205 | 5472 | 392 | 439 | 1167 | 1203 | 38021 |
| 黄山市 | Huangshan | 23309 | 20780 | 923 | 172 | 880 | 23 | 33 | 495 | 512 | 3444 |

# 主要统计指标解释

**建筑业统计单位**

指从事房屋、构筑物建造和设备安装活动的法人企业。建筑业法人企业应具有建筑业资质并能够独立核算，同时其应具备以下条件：①依法成立，有自己的名称、组织机构和场所，能够承担民事责任；②独立拥有和使用资产，承担负债，有权与其他单位签订合同；③独立核算盈亏，能够编制资产负债表。

**建筑业总产值**

是以货币形式表现的建筑业企业在一定时期内生产的建筑业产品和提供的服务的总和。建筑业总产值包括：

⑴建筑工程产值：指列入建筑工程预算内的各种工程价值。

⑵安装工程产值：指设备安装工程价值，不包括被安装设备本身的价值。

⑶其他产值：建筑业总产值中除建筑工程、安装工程以外的产值。包括房屋构筑物修理产值、非标准设备制造产值、总包企业向分包企业收取的管理费以及不能明确划分的施工活动所完成的产值。

a.房屋构筑物修理产值：指房屋和构筑物修理所完成的产值，但不包括被修理房屋、构筑物本身价值和生产设备的修理价值。

b.非标准设备制造产值：指加工制造没有定型的非标准生产设备的加工费和原材料价值(如化工厂、炼油厂用的各种罐、槽，矿井生产统一使用的各种漏斗、三角槽、阀门等)以及附属加工厂为本企业承建工程制作的非标准设备的价值。

**房屋建筑施工面积**

指在报告期内施过工的全部房屋建筑面积，包括本期新开工的房屋面积、上期施工跨入本期继续施工的房屋面积、上期停缓建在本期恢复施工的房屋面积、本期竣工的房屋面积及本期施工后又停缓建的房屋面积。

**房屋建筑竣工面积**

指在报告期内房屋建筑按照设计要求全部完工，达到了使用条件，经验收鉴定合格，正式移交使用单位的房屋建筑面积。

**自有机械设备年末总功率**

指本企业自有施工机械、生产设备、运输设备以及其他设备等列为在册固定资产的生产性机械设备年末总功率，按设定能力或查定能力计算。包括机械本身的动力和为该机械服务的单独动力设备，如电动机等。计算单位用千瓦，动力换算可按 1 马力＝0.735 千瓦折合成千瓦数。电焊机、变压器、锅炉不计算动力。

# Explanatory Notes for Major Statistical Indicators

**Statistical Unit in the Construction Industry**

refers to a corporate enterprise engaged in the construction of buildings and structures and in the installation of equipment. A corporate construction enterprise should have qualification certificates with independent accounting system, and should meet the following 3 requirements: a) being set up in line with relevant legal basis, having its full name, organization and location, and capable of taking civil liabilities; b) independently possessing and using its assets and assuming its liabilities, and entitled to sign contracts with other institutions; and c) making independent accounts of its profits and losses, and capable of compiling its own balance sheet.

**Gross Output Value of Construction**

refers to total of construction products and services, expressed in money terms, produced or rendered by construction and installation enterprises during a given period of time. It includes:

(1) Output value of construction projects: the value of projects covered by the project budgets;

(2) Output value of installation projects: the value of the installation of equipment, (excluding the value of the equipment to be installed);

(3) Other output values: the output value of construction industry apart from that of construction projects and installation projects. It includes: output value of repair of buildings and structures; output value of non-standard equipment manufacturing; overhead expenses received by contracted enterprises from the sub-contracted enterprises and the completed output value of construction activities for which there is no clear definition.

a. Output value of repair of buildings and structures: the value created through the repairs of buildings or structures. It does not include the value of buildings or structures being repaired and the value of the repair of production equipment;

b. Output value of manufactured non-standard equipment: the value of non-standard production equipment, including raw materials and manufacturing cost, made for the construction project (i.e., chemical plant; kettles or tanks used by refineries; various fillers, triangle tanks, valves used by mines). It also includes the output value of equipment manufactured by subsidiary workshops.

**Floor Space of Buildings Under Construction**

refers to floor space of buildings under construction during the reference period, including the floor space of buildings for which construction has newly started; buildings for which construction has started earlier and is continuing during the reference period; and buildings for which construction has been suspended earlier but has restarted during the reference period; buildings completed during the reference period; and buildings under construction but construction has subsequently been during the reference period.

**Floor Space of Buildings Completed**

refers to the floor space of buildings that are completed in the reference period in accordance with the requirements of the design, up to the standard for being put into use, and having been checked and accepted by departments concerned as qualified ones.

**Total Power of Machinery and Equipment Owned by the End of Year**

refers to the total power of machinery and equipment owned by the enterprises, and listed as the fixed assets of the enterprises by the end of the year, including machinery and equipment for construction, production and transportation. The power of the machinery is calculated on basis of the designed or verified capacity, covering the power of the machinery/equipment and the separate power equipment serving the machinery/equipment (such as electric motors), but excluding welders, transformers and boilers. The unit used for the calculation of power is kilowatt, with horsepower converted to kilowatt by 1 horsepower=0.735 kilowatt.

# 第十五篇

Chapter 15

# 运输和邮电

# TRANSPORT, POST AND TELECOMMUNICATION SERVICES

## 简要说明

一、交通运输业资料主要包括：铁路、公路、水路、民航四种运输方式的线路里程、运输设备拥有量，各种运输方式完成的货物运输量等。

邮电通信业资料主要包括：全省邮电局(所)及邮路情况，邮电通信主要电路及设备拥有量，主要邮电业务完成情况，邮电通信发展水平等资料。

二、有关交通运输资料分别来源于上海铁路局，省交通运输厅，民航安徽监管办，东航安徽分公司，省公安厅及本局有关年报资料。邮电通信业资料来源于省邮政公司、通信管理局。

三、各部门资料调查范围及统计单位。

1. 铁路资料：包括国家以及国有控股合资铁路运营情况，资料来源于国家铁道部反馈数据。

2. 公路、水运、港口资料：公路和水运线路里程为年末通车和通航里程数(不含在建和未正式投入使用的公路和航道)由省交通运输厅提供。民用和公路营运车辆拥有量分别由省公安厅、省交通运输厅和农机局提供。

3. 民航运输资料：民航运输统计对象为我省境内从事民用航空运输飞行和通用飞行的东方航空公司安徽分公司。

4. 邮电通信资料：邮电通信包括邮政和电信业务。邮电业务量按业务范围分为国内业务量和国际及港澳业务量(对台业务量统计在港澳中)。

## Brief Introduction

I. Data of transport cover mainly the length of the routes of railways, highways, waterways and civil aviation transport, the ownership of the transport equipment, the freight traffic and passenger traffic accomplished by various means of transportation.

Data of post and telecommunications cover mainly the situation of post and telecommunications offices and postal routes, the telephone lines, telegraph lines and the ownership of the telecommunication facilities, the principal postal and telecommunications services rendered, and the level of the development of the postal and telecommunications services, etc.

II. Data on transport come from Shanghai Railway Bureau, the Department of Transportation, Civil Aviation Administration of Anhui Province, China Eastern Anhui Branch, the Department of Public Security and related annual report of Anhui Statistical Bureau. Data on post and telecommunications come from the provincial administrative bureau of post and telecommunications.

III. The statistical coverage and statistical units of the various data:

1. Data on railways Include State-owned holding joint capital railway operation situation Data come from National Railway Department .

2. Data on highways, waterways and ports: The length of highways and waterways refer to the length open to traffic or navigation at the end of the year (not including the mileage of highways and waterways under construction but not officially put into use.) and Data are provided by the Department of Communication. Data on the stock of the highway civilian and transport business vehicles are provide by the Department of Public Security and Department of transportation and Agricultural Machinery Bureau .

3. Data on the civil aviation transport: The statistical units of the civil aviation transport include the enterprises registered in Anhui and engaged in the civil aviation transport flights and flights for general purpose, including the enterprises directly under the Civil Aviation Administration of Anhui Province or not under it.

4. Data on post and telecommunications: The post and telecommunications statistics cover postal and telecommunication services. The business volume of post and telecommunications is classified by business area into the domestic volume, the volume between China mainland and Hong Kong and Macao (including Taiwan) and the international volume.

# 15—1 交通运输业基本情况
## Basic Conditions of Transportation

| 指　　标 | Item | 2000 | 2005 | 2010 | 2011 | 2012 |
|---|---|---|---|---|---|---|
| 运输线路长度　（公里） | Length of Transportation Routes　(km) | | | | | |
| 铁路营业里程 | Railways in Operation | 2164 | 2353 | 2850 | 3121 | 3260 |
| 公　路 | Highways | 44493 | 72807 | 149382 | 149535 | 165157 |
| 内　河 | Navigable Inland Waterways | 5611 | 5587 | 5587 | 5605 | 5623 |
| 民　航 | Total Civil Aviation Routes | 60553 | 72263 | 76303 | 59052 | 59260 |
| #国际航线 | International Routes | 6536 | 11616 | 6575 | 2994 | 13571 |
| 客运量总计　（万人） | Total Passenger Traffic　(10000 persons) | 62033 | 72871 | 159597 | 185789 | 213671 |
| 铁　路 | Railways | 2994 | 3486 | 5552 | 5980 | 6385 |
| 国　家 | National | 2808 | 3307 | 5552 | 5980 | 6385 |
| 地　方 | Local and Joint Venture Railways | 186 | 179 | | | |
| 公　路 | Highways | 58026 | 68927 | 153697 | 179440 | 206888 |
| 水　运 | Waterways | 860 | 244 | 139 | 155 | 159 |
| 民　航 | Total Civil Aviation Routes | 153 | 214 | 208 | 214 | 239 |
| 旅客周转量总计（万人公里） | Total Passenger-kilometers　(10000 passenger-km) | 5368953 | 8062657 | 15027550 | 16525048 | 18550908 |
| 铁　路 | Railways | 2040820 | 3008651 | 4680584 | 4752422 | 4965902 |
| 国　家 | National | 1945470 | 2908851 | 4680584 | 4752422 | 4965902 |
| 地　方 | Local and Joint Venture Railways | 95350 | 99800 | | | |
| 公　路 | Highways | 3141134 | 4812462 | 10101874 | 11515975 | 13276815 |
| 水　运 | Waterways | 36408 | 3093 | 2684 | 3168 | 2947 |
| 民　航 | Total Civil Aviation Routes | 150591 | 238451 | 242408 | 253483 | 305244.1 |
| 货运量总计　（万吨） | Total Freight Traffic　(10000 tons) | 44535.5 | 67128.0 | 228106.1 | 268415.5 | 312442.0 |
| 铁　路 | Railways | 6473 | 10386 | 12091 | 12507 | 12263 |
| 国　家 | National | 6026 | 8638 | 12091 | 12507 | 12263 |
| 地　方 | Local and Joint Venture Railways | 447 | 1748 | | | |
| 公　路 | Highways | 32740 | 49614 | 183658 | 219467 | 259461 |
| 水　运 | Waterways | 5320 | 7125 | 32355 | 36439 | 40716 |
| 民　航 | Total Civil Aviation Routes | 1.5 | 3.0 | 2.2 | 2.1 | 2.0 |
| 货物周转量总计（万吨公里） | Total Freight Ton-kilometers　(10000 tons-km) | 10777360 | 15664802 | 71536800 | 84466179 | 98315954 |
| 铁　路 | Railways | 6201382 | 8837574 | 10165481 | 1013367 | 9509540 |
| 国　家 | National | 6106612 | 8577452 | 10165481 | 1013367 | 9509540 |
| 地　方 | Local and Joint Venture Railways | 94770 | 260122 | | | |
| 公　路 | Highways | 2747117 | 4226699 | 50049069 | 61232222 | 72667708 |
| 水　运 | Waterways | 1826251 | 2596868 | 11319581 | 13097690 | 16136007 |
| 民　航 | Total Civil Aviation Routes | 2610 | 3661 | 2669 | 2600 | 2699.59 |
| 民用汽车拥有量　（辆） | Number of Civil Vehicles Owned　(unit) | 386706 | 804952 | 2432339 | 2894286 | 3301757 |
| 载客汽车辆数 | Number of Buses and Cars | 187940 | 436372 | 1409937 | 1813283 | 2259818 |
| 载货汽车辆数 | Number of Trucks | 192348 | 332139 | 663361 | 745064 | 742279 |
| 私人汽车拥有量 | Number of Motor Vehicles Owned by Individuals | 156577 | 354139 | 1661937 | 2052743 | 2466708 |
| 民用运输船舶拥有量　（艘） | Number of Civil Transport Vessels　(unit) | | 33372 | 29186 | 29728 | 29481 |
| #机动船 | Motor Vessels | 21692 | 30439 | 27041 | 27691 | 27505 |
| 驳　船 | Barges | 3946 | 2933 | 2145 | 2037 | 1976 |
| 私人运输船舶拥有量（艘） | Number of Private-owned Transport Vessels　(unit) | | 10010 | 4278 | 3472 | 3128 |
| 机动船 | Motor Vessels | 12350 | 9989 | 4262 | 3454 | 3128 |
| 驳　船 | Barges | 445 | 21 | 16 | 18 | |

# 15—2 运 输 路 线 长 度
## Length of Transportation Routes

单位：公里（km）

| 指 标 | Item | 2000 | 2005 | 2010 | 2011 | 2012 |
|---|---|---|---|---|---|---|
| **铁 路** | **Railways** | | | | | |
| 营业里程（省境内） | Length of Railways in Operation (within the boundaries of the province) | 2164 | 2353 | 2850 | 3121 | 3260 |
| **公 路** | **Highways** | | | | | |
| 公路里程 | Total Length of Highways | 44493 | 72807 | 149382 | 149535 | 165157 |
| 国道、省道 | National and Provincial Routes | 10497 | 10997 | 12412 | 12510 | 12707 |
| 县 道 | County Routes | 17494 | 24200 | 23970 | 23975 | 25315 |
| 乡 道 | Village and town Routes | 16226 | 36606 | 36226 | 36245 | 37820 |
| 专用公路 | Special Highways | 276 | 1004 | 1004 | 1002 | 1002 |
| 高速公路 | Express-way | 470 | 1501 | 2929 | 3009 | 3210 |
| 一级公路 | First Class | 264 | 338 | 499 | 627 | 1758 |
| 二级公路 | Second Class | 6347 | 9633 | 10504 | 10640 | 9933 |
| 三级公路 | Third Class | 9050 | 12537 | 15306 | 15722 | 16416 |
| 四级公路 | Forth Class | 26448 | 43074 | 113106 | 113406 | 128110 |
| 等外公路 | Highway Below Class IV | 1914 | 5724 | 7042 | 6131 | 5730 |
| 在公路里程中： | Of the Total Length of Highways: | | | | | |
| 晴雨通车里程 | Length of Highways Opened to Traffic Despite Rain or Shine | 43252 | 69975 | 145514 | 145884 | 161517 |
| 绿化里程 | Length of Forestation Highways | 29512 | 49843 | 60448 | 69765 | 96553 |
| **水 运** | **Waterways** | | | | | |
| 内河航道通航里程 | Length of Navigable Inland Waterways | 5611 | 5587 | 5587 | 5605 | 5623 |
| **民 航** | **Total Civil Aviation Routes** | | | | | |
| 国际航线 | International Routes | 6536 | 11616 | 6575 | 2994 | 13571 |
| 国内航线 | Domestic Routes | 54017 | 60647 | 69728 | 56058 | 45689 |

## 15—3 运 输 线 路 质 量
Quality of Transportation Routes

| 指　　标 | | Item | | 2000 | 2005 | 2010 | 2011 | 2012 |
|---|---|---|---|---|---|---|---|---|
| **铁路营业里程** | **（公里）** | **Length of Railways in Operation** | **(km)** | **2164** | **2353** | **2850** | **3121** | **3260** |
| #复线里程 | （公里） | Double-Tracking Length | (km) | 947 | 1080 | 1523 | 1829 | 1968 |
| 复线里程比重 | (%) | Proportion | (%) | 43.8 | 45.9 | 53.4 | 58.6 | 60.4 |
| **公路线路里程** | **（公里）** | **Length of Highways** | **(km)** | **44493** | **72807** | **149382** | **149535** | **165157** |
| #等级公路里程 | （公里） | Expressway and Class I to IV Highways | (km) | 42579 | 67083 | 142340 | 143404 | 159427 |
| 等级公路里程比重 | (%) | Proportion | (%) | 95.7 | 92.1 | 95.3 | 95.9 | 96.5 |
| **内河航道里程** | **（公里）** | **length of Navigable Inland Waterways** | **(km)** | | | **6507** | **6507** | **6525** |
| #等级航道里程 | （公里） | Standard Waterways | (km) | | | 5226 | 5235 | 5253 |
| 等级航道里程比重 | (%) | Proportion | (%) | | | 80.3 | 80.5 | 80.5 |

## 15—4 内 河 港 口 码 头 吞 吐 量
Volume of Passenger and Freight Handled in Ports of Inland Rivers

| 年　　份<br>Year | 旅客吞吐量<br>（万人）<br>Passenger Handled<br>(10000 persons) | #旅客离港量<br>Out-port | 货物吞吐量<br>（万吨）<br>Cargo Handled<br>(10000 tons) | #集装箱（万标准箱）<br>Container<br>(10000 standard cases) |
|---|---|---|---|---|
| 2000 | 164.00 | 77.00 | 7114.00 | 2.40 |
| 2002 | 173.66 | 100.81 | 8611.71 | 5.53 |
| 2003 | 207.60 | 138.22 | 11284.49 | 7.47 |
| 2004 | 223.97 | 148.08 | 16380.65 | 9.14 |
| 2005 | 182.49 | 137.49 | 17156.70 | 11.26 |
| 2006 | 166.20 | 116.20 | 19995.80 | 16.17 |
| 2007 | 191.35 | 161.35 | 24700.60 | 21.79 |
| 2008 | 203.00 | 118.28 | 27267.01 | 23.91 |
| 2009 | 96.11 | 54.61 | 26449.00 | 19.91 |
| 2010 | 69.18 | 57.00 | 32502.00 | 22.20 |
| 2011 | 105.00 | 54.20 | 37418.60 | 38.80 |
| 2012 | 70.05 | 35.44 | 36097.20 | 45.58 |

注：2011年以后统计范围为通过能力在200万吨以上内河港口，以及从事外贸、集装箱的港口。与历年数据具有不可比性。
a) 2011 statistic range are ports of capacity of 2000000 tons and over in inland river, and portsengaged in foreign trade, container port. the data of the past years are not comparable.

## 15—5 主要港口分货类吞吐量
Volume of Throughput in Major Ports by Type of Freight

单位：万吨（10000 tons）

| 货　类 | Type of Goods | 2005 | 2010 | 2011 | 2012 |
|---|---|---|---|---|---|
| **吞吐量合计** | **Total Throughput** | **1850.47** | **1049.70** | **1065.84** | **964.80** |
| 煤炭及制品 | Coal and Products | 962.91 | 571.73 | 606.62 | 615.74 |
| 金属矿石 | Metal Ores | 282.10 | 185.02 | 147.56 | 139.82 |
| 钢　铁 | Steel and Iron | 35.41 | 99.79 | 117.67 | 52.55 |
| 矿建材料 | Mineral Building | 243.00 | 24.97 | 14.07 | 3.17 |
| 水　泥 | Cement | 154.41 | 8.70 | 4.12 | |
| 木　材 | Timber | 21.33 | | | |
| 非金属矿石 | Nonmetal Ores | 63.21 | 5.14 | 21.34 | 3.51 |
| 化肥及农药 | Chemical Fertilizers and Pesticides | 4.60 | | | |
| 盐 | Salt | 2.35 | | 0.06 | |
| 粮　食 | Grain | 1.13 | | | |
| 机械、设备、电器 | Machinery , Equipment, Electric Apparatus | 3.23 | 0.13 | | |
| 化工原料及制品 | Industrial Chemicals and Products | 3.40 | 10.33 | 0.10 | |
| 轻工、医药产品 | Light industry, Medical Products | 0.83 | | 0.09 | |
| 农林牧渔业产品 | Agriculture, Forestry, Animal Husbandry and Fishery Products | 1.95 | 0.08 | | |
| 其　他 | Other | 70.61 | 143.81 | 154.21 | 150.01 |

注：资料来源芜湖港口有限责任公司。
a) Data from Wuhu port Co.,Ltd.

## 15—6 全社会水路分货类运输量
Freight Traffic of Waterway

| 货　类 | Type of Goods | 货运量（万吨）Freight Traffic (10000 tons) | | 货物周转量（万吨公里）Frright Ton-kilometers (10000 tons-km) | |
|---|---|---|---|---|---|
| | | 2011 | 2012 | 2011 | 2012 |
| **合　计** | **Total** | **36439** | **40716** | **13097690** | **16136607** |
| 煤炭及制品 | Coal and Products | 3634 | 4005 | 1799619 | 2134006 |
| 石油天然气及制品 | Petroleum Gas and Products | 575 | 573 | 234253 | 282153 |
| 金属矿石 | Metal Ores | 1744 | 2216 | 390132 | 569791 |
| 钢　铁 | Steel and Iron | 1191 | 1915 | 448490 | 880917 |
| 矿建材料 | Mineral Building | 18334 | 19039 | 5174935 | 6167558 |
| 水　泥 | Cement | 4438 | 5011 | 2105101 | 2458877 |
| 木　材 | Timber | 34 | 126 | 7823 | 34506 |
| 非金属矿石 | Nonmetal Ores | 2860 | 3756 | 1218136 | 1747569 |
| 化肥及农药 | Chemical Fertilizers and Pesticides | 253 | 379 | 118340 | 205827 |
| 盐 | Salt | 59 | 59 | 9477 | 12184 |
| 粮　食 | Grain | 1271 | 1246 | 572772 | 587841 |
| 机械、设备、电器 | Machinery, Equipment, Electric Apparatus | 499 | 696 | 207003 | 280595 |
| 化工原料及制品 | Industrial Chemicals and Products | 842 | 728 | 536600 | 348969 |
| 有色金属 | Nonferrous Metals | 56 | 43 | 20528 | 19350 |
| 轻工、医药产品 | Light Industry, Medical Products | 225 | 263 | 96742 | 108639 |
| 农林牧渔业产品 | Agriculture, Forestry, Animal Husbandry and Fishery Products | 149 | 171 | 68321 | 84581 |
| 其　他 | Other | 275 | 490 | 89418 | 213244 |

## 15—7 全社会公路分货类运输量
Freight Traffic of Highway

| 货类 | Type of Goods | 货运量（万吨）Freight Traffic (10000 tons) | | 货物周转量（万吨公里）Frright Ton-kilometers (10000 tons-km) | |
|---|---|---|---|---|---|
| | | 2011 | 2012 | 2011 | 2012 |
| **合计** | **Total** | **219467** | **259461** | **61232222** | **72667708** |
| 煤炭及制品 | Coal and Products | 28852 | 31214 | 8572600 | 9604872 |
| 石油天然气及制品 | Petroleum Gas and Products | 6600 | 8350 | 1984010 | 2482897 |
| #原油 | Crude Oil | 133 | 176 | 54676 | 70841 |
| 金属矿石 | Metal Ores | 8158 | 9487 | 1440960 | 1995296 |
| 钢铁 | Steel and Iron | 14684 | 18542 | 4520241 | 5594077 |
| 矿建材料 | Mineral Building | 37008 | 41528 | 7917313 | 9521639 |
| 水泥 | Cement | 15363 | 18886 | 4287914 | 5271145 |
| 木材 | Timber | 5317 | 6101 | 1786422 | 2008260 |
| 非金属矿石 | Nonmetal Ores | 7906 | 9040 | 1768094 | 1995990 |
| #磷矿 | Phosphorus Ores | 207 | 255 | 73762 | 74508 |
| 化肥及农药 | Chemical Fertilizers and Pesticides | 8955 | 10105 | 2591003 | 2864620 |
| 盐 | Salt | 2442 | 2582 | 996321 | 1047839 |
| 粮食 | Grain | 12767 | 14581 | 4097661 | 4832426 |
| 机械、设备、电器 | Machinery, Equipment, Electric Apparatus | 9076 | 11171 | 3143480 | 3742104 |
| 化工原料及制品 | Industrial Chemicals and Products | 12774 | 16321 | 3200085 | 3947735 |
| 有色金属 | Nonferrous Metals | 4570 | 5918 | 1179778 | 1457398 |
| 轻工、医药产品 | Light Industry, Medical Products | 9855 | 11924 | 3407194 | 3936112 |
| #日用工业品 | Industrial Commodity | 3872 | 4882 | 1363904 | 1604224 |
| 农林牧渔业产品 | Agriculture, Forestry, Animal Husbandry and Fishery Products | 8068 | 9412 | 2283436 | 2629611 |
| #棉花 | Cotton | 494 | 559 | 183152 | 214235 |
| 其他 | Other | 27072 | 34299 | 8055710 | 9735687 |

## 15—8 各市公路客货运输量（2012年）
Volum of Highway Transportation By Region (2012)

| 地区 | Region | 客运量（万人）Passenger Traffic (10000 persons) | 旅客周转量（万人公里）Passenger-kilometers (10000 passenger-km) | 货运量（万吨）Freight Traffic (10000 tons) | 货物周转量（万吨公里）Freight Ton-kilometers (10000 tons-km) |
|---|---|---|---|---|---|
| **总计** | **Total** | **206888** | **13276815** | **259461** | **72667708** |
| 合肥市 | Hefei | 31858 | 2621749 | 31525 | 7764921 |
| 淮北市 | Huaibei | 8092 | 270796 | 6637 | 1197900 |
| 亳州市 | Bozhou | 7891 | 616097 | 15219 | 7200626 |
| 宿州市 | Suzhou | 6731 | 395602 | 21567 | 6244800 |
| 蚌埠市 | Bengbu | 15728 | 631769 | 16775 | 5412339 |
| 阜阳市 | Fuyang | 25862 | 1993030 | 28766 | 11398655 |
| 淮南市 | Huainan | 7223 | 667341 | 7098 | 1699010 |
| 滁州市 | Chuzhou | 11915 | 809100 | 13537 | 4075164 |
| 六安市 | Luan | 29701 | 1727730 | 29046 | 11457986 |
| 马鞍山市 | Maanshan | 6959 | 668884 | 14570 | 2159038 |
| 芜湖市 | Wuhu | 14659 | 870507 | 14086 | 2629244 |
| 宣城市 | Xuancheng | 11912 | 424604 | 11134 | 1810210 |
| 铜陵市 | Tongling | 10521 | 258780 | 10244 | 672998 |
| 池州市 | Chizhou | 6645 | 366736 | 7892 | 1106001 |
| 安庆市 | Anqing | 8471 | 662964 | 24426 | 5287271 |
| 黄山市 | Huangshan | 2720 | 291126 | 6939 | 2551545 |

## 15—9 主要年份公路线路年底到达数（按技术等级分）

Length of Highway Routes at the Year-end (classified by technical level)

单位：公里（km）

| 年份 Year | 公路里程总计 Total Length of Highways | 等级路 Express-way and Class I to IV Hughway | 高速 Express-way | 一级 First Class | 二级 Second Class | 三、四级公路 Third and Forth Class | 等外公路 Highway Below Class IV |
|---|---|---|---|---|---|---|---|
| 2000 | 44493 | 42579 | 470 | 264 | 6347 | 35498 | 1914 |
| 2005 | 72807 | 67083 | 1501 | 338 | 9633 | 55611 | 5724 |
| 2006 | 147611 | 122584 | 1747 | 347 | 9162 | 111328 | 25027 |
| 2007 | 148372 | 128241 | 2206 | 362 | 9824 | 115849 | 20130 |
| 2008 | 148827 | 134669 | 2506 | 385 | 10077 | 121700 | 14158 |
| 2009 | 149184 | 139424 | 2810 | 475 | 10312 | 125827 | 9759 |
| 2010 | 149382 | 142340 | 2929 | 499 | 10504 | 128412 | 7042 |
| 2011 | 149535 | 143403 | 3009 | 627 | 10640 | 129128 | 6131 |
| 2012 | 165157 | 159427 | 3210 | 1758 | 9933 | 144526 | 5730 |

## 15—10 公路线路年底到达数（按技术等级分）（2012年）

Length of Highway Routes at the Year-end (classified by technical level) (2012)

单位：公里（km）

| 项目 | Item | 公路里程总计 Total Length of Highways | 等级公路 Expressway and Class I to IV Highway 合计 Total | 高速 Express-way | 一级 First Class | 二级 Second Class | 三级 Third Class | 四级 Forth Class | 等外公路 Highway Below Class IV |
|---|---|---|---|---|---|---|---|---|---|
| 上年年底到达数 | End of Last Year | 149535 | 143403 | 3009 | 627 | 10640 | 15722 | 113406 | 6131 |
| 国道 | National Routes | 5063 | 5063 | 2613 | 306 | 1926 | 97 | 122 | |
| 省道 | Provincial Routes | 7447 | 7447 | 396 | 266 | 5936 | 554 | 296 | |
| 县道 | County Routes | 23975 | 23970 | | 52 | 2549 | 13535 | 7834 | 5 |
| 乡道 | Village and town Routes | 36245 | 35104 | | 3 | 148 | 861 | 34092 | 1141 |
| 专用公路 | Highways for Special Use | 1002 | 992 | | | 36 | 238 | 718 | 11 |
| 村道 | Village Routes | 75802 | 70828 | | | 45 | 437 | 70345 | 4975 |
| 本年新建数 | Newly Built in This Year | 475 | 475 | 204 | 69 | 6 | 26 | 170 | |
| 国道 | National Routes | 78 | 78 | 78 | | | | | |
| 省道 | Provincial Routes | 126 | 126 | 126 | | | | | |
| 县道 | County Routes | 82 | 82 | | 69 | | 13 | | |
| 乡道 | Village and town Routes | 6 | 6 | | | | 3 | 3 | |
| 专用公路 | Highways for Special Use | | | | | | | | |
| 村道 | Village Routes | 183 | 183 | | | 5 | 11 | 167 | |
| 本年改建变更数 | Changed in This Year | 15147 | 15548 | -4 | 1062 | -712 | 668 | 14534 | -401 |
| 国道 | National Routes | -4 | -4 | -4 | 347 | -347 | | | |
| 省道 | Provincial Routes | -4 | -4 | | 587 | -570 | -21 | | |
| 县道 | County Routes | 1258 | 1263 | | 113 | 142 | 354 | 653 | -5 |
| 乡道 | Village and town Routes | 1568 | 1707 | | 11 | 50 | 337 | 1310 | -139 |
| 专用公路 | Highways for Special Use | | | | | 7 | -5 | -2 | |
| 村道 | Village Routes | 12329 | 12586 | | 3 | 7 | 3 | 12573 | -257 |
| 本年年底到达数 | End of This Year | 165157 | 159427 | 3210 | 1758 | 9933 | 16416 | 128110 | 5730 |
| 国道 | National Routes | 5137 | 5137 | 2687 | 653 | 1579 | 97 | 122 | |
| 省道 | Provincial Routes | 7570 | 7570 | 522 | 853 | 5365 | 533 | 296 | |
| 县道 | County Routes | 25315 | 25315 | | 235 | 2691 | 13901 | 8487 | |
| 乡道 | Village and town Routes | 37820 | 36817 | | 14 | 198 | 1201 | 35404 | 1002 |
| 专用公路 | Highways for Special Use | 1002 | 992 | | | 43 | 233 | 716 | 11 |
| 村道 | Village Routes | 88314 | 83597 | | 3 | 57 | 451 | 83085 | 4718 |

## 15—11 各市公路线路年底到达数（按技术等级分）（2012年）
Length of Highway Routes at the Year-end by Region (classified by technical level) (2012)

单位：公里（km）

| 地区 | Region | 公路里程总计 Total Length of Highways | 等级公路 Expressway and Class I to IV Highway 合计 Total | 高速 Express-way | 一级 First Class | 二级 Second Class | 三级 Third Class | 四级 Forth Class | 等外公路 Highway Below Class IV |
|---|---|---|---|---|---|---|---|---|---|
| **总计** | **Total** | **165157** | **159427** | **3210** | **1758** | **9933** | **16416** | **128110** | **5730** |
| 合肥市 | Hefei | 16907 | 15301 | 443 | 225 | 866 | 1796 | 11972 | 1606 |
| 淮北市 | Huaibei | 3621 | 3621 | 87 | 36 | 227 | 520 | 2750 | |
| 亳州市 | Bozhou | 10843 | 10452 | 215 | 165 | 476 | 1476 | 8120 | 390 |
| 宿州市 | Suzhou | 12612 | 11916 | 213 | 44 | 992 | 1347 | 9319 | 696 |
| 蚌埠市 | Bengbu | 6520 | 6071 | 152 | 55 | 486 | 770 | 4608 | 449 |
| 阜阳市 | Fuyang | 11384 | 10986 | 188 | 247 | 606 | 1328 | 8617 | 398 |
| 淮南市 | Huainan | 4200 | 4036 | 66 | 84 | 213 | 528 | 3145 | 164 |
| 滁州市 | Chuzhou | 17238 | 17238 | 290 | 127 | 958 | 1483 | 14380 | |
| 六安市 | Luan | 24306 | 23944 | 370 | 146 | 1109 | 1941 | 20378 | 362 |
| 马鞍山市 | Maanshan | 6958 | 6712 | 88 | 160 | 371 | 571 | 5521 | 246 |
| 芜湖市 | Wuhu | 9534 | 9136 | 126 | 173 | 561 | 1128 | 7148 | 398 |
| 宣城市 | Xuancheng | 9271 | 9220 | 81 | 36 | 721 | 802 | 7580 | 51 |
| 铜陵市 | Tongling | 1555 | 1529 | 65 | 53 | 186 | 134 | 1091 | 26 |
| 池州市 | Chizhou | 6833 | 6102 | 215 | 61 | 674 | 300 | 4852 | 731 |
| 安庆市 | Anqing | 13078 | 13057 | 288 | 102 | 819 | 917 | 10931 | 21 |
| 黄山市 | Huangshan | 5645 | 5617 | 250 | 39 | 431 | 839 | 4058 | 28 |
| 广德县 | Guangde | 2707 | 2577 | 42 | | 155 | 190 | 2190 | 130 |
| 宿松县 | Susong | 1946 | 1913 | 31 | 4 | 82 | 345 | 1451 | 33 |

## 15—12 公路密度及通达情况
Density and Reaching Status of Highways

| 指标 | Item | 2000 | 2005 | 2010 | 2011 | 2012 |
|---|---|---|---|---|---|---|
| **公路密度** | **Density of Highway** | | | | | |
| 以国土面积计算（公里/百平方公里） | By Area of Territory (km/100 sq.m) | 31.87 | 52.23 | 107.16 | 107.27 | 118.48 |
| 以人口数量计算（公里/万人） | By Population (km/10000 persons) | 7.17 | 11.27 | 21.98 | 21.90 | 24.02 |
| **公路通达** | **Reaching Status of Highways** | | | | | |
| 乡镇数量（个） | Number of Townships (unit) | 1923 | 1547 | 1382 | 1381 | 1378 |
| #不通公路 | Without Highway Communication | 3 | 1 | | | |
| 不通公路乡镇所占比重（%） | Proportion of Townships Without Highway Communication (%) | 0.20 | 0.06 | | | |
| 行政村数量（个） | Number of Villages (unit) | 29820 | 25553 | 17274 | 17130 | 17070 |
| #不通公路 | Without Highway Communication | 4303 | 187 | 5 | 4 | 3 |
| 不通公路行政村所占比重（%） | Proportion of Villages Without Highway Communication (%) | 14.40 | 0.73 | 0.03 | 0.02 | 0.02 |

## 15—13 主要年份民用车辆拥有量
Possession of Civil Vehicles

单位：万辆（10000 units）

| 指 标 | Item | 2000 | 2005 | 2010 | 2011 | 2012 |
|---|---|---|---|---|---|---|
| **总 计** | **Total** | | **575.48** | **909.66** | **990.68** | **1031.07** |
| 载客汽车 | Passenger Vehicles | 18.79 | 43.64 | 140.99 | 181.33 | 225.98 |
| 大 型 | Large | | 2.87 | 3.82 | 4.16 | 3.91 |
| 中 型 | Medium | | 4.10 | 4.94 | 4.88 | 3.29 |
| 小 型 | Small | | 29.62 | 124.91 | 164.66 | 211.46 |
| 微 型 | Minicar | | 7.05 | 7.31 | 7.63 | 7.32 |
| 载货汽车 | Trucks | 19.23 | 33.21 | 66.34 | 74.51 | 74.23 |
| 重 型 | Heavy | | 5.09 | 20.24 | 24.27 | 24.06 |
| 中 型 | Medium | | 12.86 | 12.41 | 11.36 | 5.95 |
| 轻 型 | Light | | 13.74 | 33.12 | 38.41 | 43.84 |
| 微 型 | Mini | | 1.52 | 0.56 | 0.47 | 0.37 |
| 其他汽车 | Others | | 29.00 | 35.90 | 33.59 | 29.97 |
| 摩托车 | Motorcycles | 86.81 | 246.50 | 409.38 | 439.61 | 444.27 |
| 拖拉机 | Tractors | 168.74 | 218.46 | 248.58 | 252.59 | 249.23 |
| #大中型 | Large and Medium Size | 2.96 | 10.48 | 12.47 | 14.53 | 16.45 |
| 挂 车 | Trailers | 2.08 | 4.65 | 8.45 | 9.03 | 7.37 |
| 其他类型车 | Other Types of Vehicle | 1.64 | 0.02 | 0.02 | 0.02 | 0.02 |
| 机动车驾驶员（万人） | Number of Motor Drivers (10000 persons) | 147.69 | 439.73 | 692.42 | 769.58 | 852.28 |
| #汽车驾驶 | Automobile Drivers | 94.14 | 258.40 | 475.65 | 555.17 | 650.47 |

## 15—14 主要年份私人车辆拥有量
Possession of Private Vehicles

单位：辆（unit）

| 指 标 | Item | 2000 | 2005 | 2010 | 2011 | 2012 |
|---|---|---|---|---|---|---|
| **总 计** | **Total** | **156577** | **583762** | **5726403** | **6427373** | **6887829** |
| 载客汽车 | Passenger Vehicles | 79225 | 229835 | 1078206 | 1447920 | 1876953 |
| 大 型 | Large | | 4396 | 4293 | 4054 | 1191 |
| 中 型 | Medium | | 18314 | 22519 | 22075 | 12522 |
| 小 型 | Small | | 154414 | 988464 | 1354964 | 1798170 |
| 微 型 | Minicar | | | 62930 | 66827 | 65070 |
| 载货汽车 | Trucks | 76691 | 121068 | 285022 | 330011 | 349549 |
| 重 型 | Heavy | | | 28064 | 33522 | 30788 |
| 中 型 | Medium | | 41398 | 42674 | 41465 | 21297 |
| 轻 型 | Light | | 60221 | 209976 | 251329 | 294492 |
| 微 型 | Mini | | | 4308 | 3695 | 2972 |
| 其他汽车 | Others | | 232859 | 298709 | 274812 | 240206 |
| 摩托车 | Motorcycles | 681185 | | 4058172 | 4368565 | 4417791 |
| 拖拉机 | Tractors | | | | | |
| #大中型 | Large and Medium Size | | | | | |
| 挂 车 | Trailers | | | 6249 | 6018 | 3282 |
| 其他类型车 | Other Types of Vehicle | | | 45 | 47 | 48 |

注：2005年其他汽车含摩托车、拖拉机、其他类型车。
a) In 2005 other motor vehicles including motorcycles, tractors and other type of vehicles.

## 15—15 民用车辆拥有量营运情况（2012年）
### Civilian Vehicles Capacity of Transportion Situation (2012)

单位：万辆（10000 units）

| 指标 | Item | 总计 Total | | | 总计中 In the Total | | | 报废 Write-off |
|---|---|---|---|---|---|---|---|---|
| | | Total | 营运 For Business | 非营运 Not for Business | 进口 Import | 个人 Individual | 新注册 Registered Newly | |
| **总　计** | **Total** | **1031.07** | **109.62** | **672.22** | **6.59** | **688.78** | **97.44** | **9.16** |
| 汽　车 | Number | 330.18 | 90.63 | 239.55 | 6.58 | 246.67 | 59.35 | 2.48 |
| 载客汽车 | Passenger Vehicles | 225.98 | 11.33 | 214.65 | 6.53 | 187.70 | 47.28 | 1.19 |
| #大　型 | Large | 3.91 | 2.93 | 0.97 | 0.02 | 0.12 | 0.67 | 0.17 |
| 中　型 | Medium | 3.29 | 1.39 | 1.90 | 0.05 | 1.25 | 0.27 | 0.33 |
| 小　型 | Small | 211.46 | 6.63 | 204.83 | 6.43 | 179.82 | 46.07 | 0.60 |
| 微　型 | Minicar | 7.32 | 0.38 | 6.95 | 0.03 | 6.51 | 0.28 | 0.10 |
| #轿　车 | Cars | 149.33 | 6.16 | 143.17 | 3.07 | 128.16 | 32.49 | 0.44 |
| 载货汽车 | Trucks | 74.23 | 57.33 | 16.90 | 0.03 | 34.95 | 10.68 | 0.71 |
| #重　型 | Heavy | 24.06 | 23.50 | 0.56 | 0.02 | 3.08 | 3.67 | 0.19 |
| 中　型 | Medium | 5.95 | 5.65 | 0.30 | | 2.13 | 0.34 | 0.28 |
| 轻　型 | Light | 43.84 | 28.01 | 15.84 | 0.01 | 29.45 | 6.66 | 0.23 |
| 微　型 | Mini | 0.37 | 0.17 | 0.20 | | 0.30 | | 0.01 |
| #普通载货 | General Trucks | 37.24 | 23.98 | 13.26 | 0.01 | 23.81 | 5.65 | 0.44 |
| 其他汽车 | Others | 29.97 | 21.96 | 8.00 | 0.02 | 24.02 | 1.40 | 0.58 |
| #三轮汽车 | Tricar | 17.19 | 12.35 | 4.84 | | 17.04 | 1.01 | 0.24 |
| 低速货车 | Low-Speed Truck | 9.86 | 8.98 | 0.87 | | 6.22 | 0.12 | 0.29 |
| 摩托车 | Motorcycles | 444.27 | 11.67 | 432.60 | 0.01 | 441.78 | 37.33 | 6.63 |
| 普　通 | General | 436.95 | 11.66 | 425.29 | 0.01 | 434.50 | 37.03 | 6.36 |
| 轻　便 | Portable | 7.31 | 0.01 | 7.31 | | 7.28 | 0.30 | 0.27 |
| 拖拉机 | Tractors | 249.23 | | | | | | |
| #大中型 | Large and Medium Size | 16.45 | | | | | | |
| 小型方向盘式 | Small Direction Disc Type | 67.81 | | | | | | |
| 挂　车 | Trailers | 7.37 | 7.32 | 0.05 | | 0.33 | 0.76 | 0.06 |
| 其他类型车 | Other Types of Vehicle | 0.02 | | 0.02 | | | | |
| 机动车驾驶员（万人） | Number of Motor Drivers (10000 persons) | 852.28 | | | | | | |
| #汽车驾驶员 | Automobile Drivers | 650.47 | | | | | | |

## 15—16 各市民用车辆拥有量(2012年)
Possession of Civil Vehicles by Region (2012)

单位：辆 (unit)

| 地 区 | Region | 汽 车 Number | 载客汽车 Buses and Cars | 载货汽车 Ordinary trucks | 其他汽车 Other Motor Vehicles | 摩托车 Motorcycle | 拖拉机 Tractors | 挂 车 Trailers | 其他类型车 Other Types of Vehicle | 机动车驾驶员(人) Number of Motor Drivers (person) |
|---|---|---|---|---|---|---|---|---|---|---|
| **总　计** | **Total** | **3301757** | **2259818** | **742279** | **299660** | **4442662** | **2492337** | **73698** | **229** | **8522830** |
| 合肥市 | Hefei | 665553 | 552326 | 99824 | 13403 | 297862 | 216099 | 7568 | 28 | 1219535 |
| 淮北市 | Huaibei | 121237 | 80640 | 22916 | 17681 | 125453 | 196405 | 3551 | | 290899 |
| 亳州市 | Bozhou | 260552 | 122759 | 77400 | 60393 | 327557 | 120607 | 6028 | | 608187 |
| 宿州市 | Suzhou | 204771 | 122829 | 53012 | 28930 | 340213 | 251444 | 6268 | | 618434 |
| 蚌埠市 | Bengbu | 136161 | 90328 | 43346 | 2487 | 184113 | 333609 | 6524 | 10 | 405909 |
| 阜阳市 | Fuyang | 376374 | 178261 | 124221 | 73892 | 491529 | 149999 | 17119 | | 743519 |
| 淮南市 | Huainan | 118885 | 88383 | 28107 | 2395 | 84669 | 113864 | 3244 | | 258098 |
| 滁州市 | Chuzhou | 159610 | 107984 | 45239 | 6387 | 239105 | 492257 | 7764 | | 460938 |
| 六安市 | Luan | 268503 | 176687 | 84040 | 7776 | 458623 | 291738 | 6062 | | 846938 |
| 马鞍山市 | Maanshan | 122878 | 100001 | 19247 | 3630 | 183858 | 45069 | 1727 | 184 | 331168 |
| 芜湖市 | Wuhu | 242475 | 200996 | 32733 | 8746 | 175858 | 59824 | 1445 | | 554177 |
| 宣城市 | Xuancheng | 148790 | 104735 | 28318 | 15737 | 235810 | 59037 | 1840 | | 593298 |
| 铜陵市 | Tongling | 58244 | 46221 | 9517 | 2506 | 49266 | 5850 | 322 | 7 | 161338 |
| 池州市 | Chizhou | 62923 | 45105 | 14681 | 3137 | 191793 | 35727 | 667 | | 247873 |
| 安庆市 | Anqing | 211146 | 157556 | 42719 | 10871 | 801319 | 103200 | 957 | | 867914 |
| 黄山市 | Huangshan | 114868 | 59167 | 16328 | 39373 | 254101 | 17608 | 2612 | | 314605 |
| 其　他 | Other | 28787 | 25840 | 631 | 2316 | 1533 | | | | |

## 15—17 各市私人车辆拥有量(2012年)
Possession of Private Vehicles by Region (2012)

单位：辆 (unit)

| 地 区 | Region | 汽车总计 Total | 载客汽车 Passenger Vehicles | 大型 Large | 中型 Medium | 小型 Small | 载货汽车 Trucks | 中型 Light-heavy | 轻型 Light | 其他汽车 Others |
|---|---|---|---|---|---|---|---|---|---|---|
| **总　计** | **Total** | **2466708** | **1876953** | **1191** | **12522** | **1798170** | **349549** | **21297** | **294492** | **240206** |
| 合肥市 | Hefei | 486532 | 457559 | 179 | 2147 | 442677 | 20568 | 516 | 19467 | 8405 |
| 淮北市 | Huaibei | 99755 | 69518 | 35 | 303 | 66817 | 13290 | 934 | 8248 | 16947 |
| 亳州市 | Bozhou | 213955 | 111267 | 40 | 687 | 103970 | 45818 | 1913 | 41586 | 56870 |
| 宿州市 | Suzhou | 163726 | 105038 | 114 | 736 | 98057 | 31245 | 2104 | 23097 | 27443 |
| 蚌埠市 | Bengbu | 85168 | 71869 | 69 | 806 | 67847 | 12013 | 432 | 10899 | 1286 |
| 阜阳市 | Fuyang | 278965 | 153962 | 47 | 902 | 145487 | 53195 | 1236 | 49651 | 71808 |
| 淮南市 | Huainan | 76930 | 67304 | 6 | 183 | 65203 | 8628 | 151 | 8074 | 998 |
| 滁州市 | Chuzhou | 116800 | 88397 | 87 | 1061 | 84359 | 22991 | 2496 | 16054 | 5412 |
| 六安市 | Luan | 209937 | 154689 | 90 | 1610 | 144479 | 48837 | 2783 | 41250 | 6411 |
| 马鞍山市 | Maanshan | 88884 | 80389 | 36 | 486 | 78176 | 6211 | 712 | 5003 | 2284 |
| 芜湖市 | Wuhu | 189723 | 170541 | 95 | 881 | 166521 | 12327 | 1092 | 10149 | 6855 |
| 宣城市 | Xuancheng | 116373 | 86988 | 42 | 769 | 84113 | 18770 | 2401 | 13855 | 10615 |
| 铜陵市 | Tongling | 41856 | 36516 | 40 | 195 | 35725 | 3545 | 150 | 3165 | 1795 |
| 池州市 | Chizhou | 50519 | 37714 | 77 | 372 | 36410 | 10338 | 1571 | 7958 | 2467 |
| 安庆市 | Anqing | 183314 | 138251 | 218 | 1124 | 133320 | 35288 | 2573 | 30224 | 9775 |
| 黄山市 | Huangshan | 64052 | 46732 | 16 | 258 | 44792 | 6485 | 233 | 5812 | 10835 |
| 其　他 | Other | 219 | 219 | | 2 | 217 | | | | |

## 15—18 公路营运汽车拥有量
Possession of Vehicles for Highway Business Transportation

| 年份 Year | 汽车总计 (辆) Total Number (unit) | 载客汽车 Passenger Vehicles 辆数 (辆) Number (unit) | 客位 (客位) Number of Seats (seat) | 载货汽车 Trucks 辆数 (辆) Number (unit) | #普通载货汽车 Ordinary Trucks | 吨位 (吨) Capacity (ton) | #普通载货汽车 Ordinary Trucks |
|---|---|---|---|---|---|---|---|
| 2000 | 195800 | 41083 | 634782 | 154717 | 152711 | 574050 | 560603 |
| 2005 | 265746 | 43515 | 691381 | 222231 | 215938 | 917083 | 861406 |
| 2006 | 317385 | 76114 | 872788 | 241271 | 229341 | 1007575 | 917584 |
| 2007 | 347440 | 78737 | 914353 | 268703 | 258529 | 1138171 | 1044463 |
| 2008 | 396461 | 81956 | 985120 | 314505 | 301548 | 1662018 | 1515155 |
| 2009 | 454224 | 86344 | 1054876 | 367880 | 349971 | 2089256 | 1892368 |
| 2010 | 472861 | 36815 | 868682 | 436046 | 417858 | 2723868 | 2504762 |
| 2011 | 551229 | 37683 | 908227 | 513546 | 496083 | 3366246 | 3121167 |
| 2012 | 647425 | 38143 | 946386 | 609282 | 585617 | 4318585 | 4015249 |

注：不包含出租车、公交车（下表同）。
a) Not including taxi, bus (the same the following table)。

## 15—19 各市公路营运汽车拥有量（2012年）
Possession of Vehicles for Highway Business Transportation by Region (2012)

| 地区 | Region | 汽车总计 (辆) Total Number (unit) | 载客汽车 Passenger Vehicles 辆数 (辆) Number (unit) | 客位 (客位) Number of Seats (seat) | 载货汽车 Trucks 辆数 (辆) Number (unit) | #普通载货汽车 Ordinary Trucks | 吨位 (吨) Capacity (ton) | #普通载货汽车 Ordinary Trucks |
|---|---|---|---|---|---|---|---|---|
| **总计** | **Total** | **647425** | **38143** | **946386** | **609282** | **585617** | **4318585** | **4015249** |
| 合肥市 | Hefei | 92741 | 4299 | 114870 | 88442 | 86112 | 444512 | 411257 |
| 淮北市 | Huaibei | 21759 | 864 | 24382 | 20895 | 20451 | 223551 | 218551 |
| 亳州市 | Bozhou | 69277 | 2347 | 59773 | 66930 | 66729 | 417744 | 415872 |
| 宿州市 | Suzhou | 35990 | 2026 | 55223 | 33964 | 32101 | 367201 | 327613 |
| 蚌埠市 | Bengbu | 41818 | 1889 | 49979 | 39929 | 37650 | 432789 | 382678 |
| 阜阳市 | Fuyang | 85553 | 4190 | 109173 | 81363 | 80649 | 526818 | 514635 |
| 淮南市 | Huainan | 25795 | 966 | 27613 | 24829 | 23227 | 181824 | 153667 |
| 滁州市 | Chuzhou | 41042 | 2270 | 61703 | 38772 | 37626 | 407912 | 383308 |
| 六安市 | Luan | 61963 | 4560 | 107325 | 57403 | 56369 | 380030 | 368656 |
| 马鞍山市 | Maanshan | 15599 | 1323 | 30084 | 14276 | 13365 | 107348 | 96468 |
| 芜湖市 | Wuhu | 26497 | 1753 | 52351 | 24744 | 23478 | 150987 | 135617 |
| 宣城市 | Xuancheng | 24774 | 1915 | 48800 | 22859 | 20795 | 161584 | 138940 |
| 铜陵市 | Tongling | 9454 | 623 | 18207 | 8831 | 8458 | 46157 | 43417 |
| 池州市 | Chizhou | 14768 | 1592 | 31989 | 13176 | 12951 | 51116 | 49414 |
| 安庆市 | Anqing | 67609 | 6091 | 114275 | 61518 | 54624 | 317949 | 281565 |
| 黄山市 | Huangshan | 12786 | 1435 | 40639 | 11351 | 11032 | 101063 | 93591 |

## 15—20 国、省道公路交通量（2012年）
Highway Traffic Quantity of National and Provincial Rortes (2012)

| 指　　标 | Item | 国　道<br>National Routes | 省　道<br>Provincial Routes |
|---|---|---|---|
| 观测里程　　（公里） | Length of Observation　　(km) | 2890.0 | 6016.0 |
| 年平均日交通混合当量合计（辆/日） | Year Average Diurnal Transportation Mix Equivalent Total　　(unit/day) | 13604.0 | 8797.0 |
| 机动车（当量数） | Vehicle (Equivalent Number) | 13604.0 | 8797.0 |
| 汽　车（当量数） | Automobile (equivalent number) | 12267.0 | 7040.0 |
| 小型货车（自然数） | Jubilee wagon (natural number) | 924.0 | 806.0 |
| 中型货车（自然数） | Medium freight vehicle (natural number) | 994.0 | 450.0 |
| 大型货车（自然数） | Large Freight Vehicle (Natural Number) | 853.0 | 356.0 |
| 小型客车（自然数） | Small Passenger Auto (natural number) | 4119.0 | 2932.0 |
| 大型客车（自然数） | Large Passenger Auto (Natural Number) | 540.0 | 293.0 |
| 拖拉机（当量数） | Tractors(Equivalent Number) | 399.0 | 457.0 |
| 非机动车（当量数） | Converted Number of Non-motor Vehicles | | |
| 行驶量　　（万车公里/日） | Driving Quantity　　(10000 vehicle-km/day) | 5138.0 | 5283.0 |
| 适应交通量　　（辆/日） | Suitable Traffic Quantity　　(unit/day) | 25261.0 | 14297.0 |
| 交通拥挤度 | Crowded Degree of Traffic | 0.54 | 0.62 |

## 15—21 各市民用运输船舶拥有量（2012年）
Number of Civil Transport Vessels Owned by Region (2012)

| 地　区 | Region | 总艘数（艘）<br>Total Number (unit) | 机动船 Motor Vessels | | | | 驳船 Barges | |
|---|---|---|---|---|---|---|---|---|
| | | | 艘数（艘）<br>Number (unit) | 净载重量（吨）<br>Dead Weight Tonnage (ton) | 载客量（客位）<br>Passenger Capacity (seat) | 功率（千瓦）<br>Drawing Power (km) | 艘数（艘）<br>Number (unit) | 净载重量（吨）<br>Dead Weight Tonnage (ton) |
| **总　计** | **Total** | **29481** | **27505** | **26775398** | **15726** | **8431011** | **1976** | **716284** |
| 合肥市 | Hefei | 2259 | 2240 | 1787589 | 2108 | 395046 | 19 | 7435 |
| 淮北市 | Huaibei | 260 | 258 | 104755 | | 44677 | 2 | 770 |
| 亳州市 | Bozhou | 1329 | 1237 | 774725 | | 286330 | 92 | 38045 |
| 宿州市 | Suzhou | 832 | 743 | 371100 | | 148431 | 89 | 25737 |
| 蚌埠市 | Bengbu | 3973 | 3750 | 3954823 | | 1113375 | 223 | 58888 |
| 阜阳市 | Fuyang | 2936 | 2184 | 2333250 | | 646715 | 752 | 303890 |
| 淮南市 | Huainan | 1659 | 997 | 969287 | | 300529 | 662 | 222913 |
| 滁州市 | Chuzhou | 1500 | 1488 | 737737 | | 272977 | 12 | 6920 |
| 六安市 | Luan | 2810 | 2790 | 3260518 | 1703 | 911524 | 20 | 5525 |
| 马鞍山市 | Maanshan | 1991 | 1979 | 2110592 | 1011 | 667865 | 12 | 2990 |
| 芜湖市 | Wuhu | 4159 | 4117 | 5101842 | 1320 | 1813906 | 42 | 15334 |
| 宣城市 | Xuancheng | 2281 | 2281 | 1966433 | 646 | 897586 | | |
| 铜陵市 | Tongling | 668 | 650 | 597711 | | 180529 | 18 | 3330 |
| 池州市 | Chizhou | 1130 | 1128 | 1064252 | | 275399 | 2 | 530 |
| 安庆市 | Anqing | 1501 | 1470 | 1596241 | 3826 | 453076 | 31 | 23977 |
| 黄山市 | Huangshan | 192 | 192 | 37543 | 5112 | 20472 | | |
| 其　他 | Other | 1 | 1 | 7000 | | 2574 | | |

## 15—22 各市私人运输船舶拥有量（2012年）
Number of Private-owned Transport Vessels Owned by Region (2012)

| 地区 | Region | 总艘数（艘）Total Number (unit) | 机动船 Motor Vessels 艘数（艘）Number (unit) | 净载重量（吨）Dead Weight Tonnage (ton) | 载客量（客位）Passenger Capacity (seat) | 功率（千瓦）Drawing Power (km) | 驳船 Barges 艘数（艘）Number (unit) | 净载重量（吨）Dead Weight Tonnage (ton) |
|---|---|---|---|---|---|---|---|---|
| **总计** | **Total** | **3128** | **3128** | **1892266** | **3014** | **532669** | | |
| 合肥市 | Hefei | 904 | 904 | 390508 | | 14401 | | |
| 淮北市 | Huaibei | 56 | 56 | 24071 | | 9507 | | |
| 亳州市 | Bozhou | | | | | | | |
| 宿州市 | Suzhou | | | | | | | |
| 蚌埠市 | Bengbu | | | | | | | |
| 阜阳市 | Fuyang | | | | | | | |
| 淮南市 | Huainan | | | | | | | |
| 滁州市 | Chuzhou | 70 | 70 | 8085 | | 30471 | | |
| 六安市 | Luan | 23 | 23 | 6930 | | 6605 | | |
| 马鞍山市 | Maanshan | 603 | 603 | 486690 | | 132058 | | |
| 芜湖市 | Wuhu | | | | | | | |
| 宣城市 | Xuancheng | 895 | 895 | 480295 | 646 | 208627 | | |
| 铜陵市 | Tongling | 86 | 86 | 42884 | | 15946 | | |
| 池州市 | Chizhou | 168 | 168 | 91844 | | 29420 | | |
| 安庆市 | Anqing | 288 | 288 | 357266 | 2368 | 83339 | | |
| 黄山市 | Huangshan | 35 | 35 | 3693 | | 2295 | | |

## 15—23 全省机场运输业务量（2012年）
Traffic Capacity of Airports (2012)

| 指标 | Item | 运输起降架次（次）Number of Sorties of Taking-off and Landing | 旅客（人）Number of Passengers (person) | #过站旅客 Transit Passengers | 货邮合计（吨）Goods and Postal Parcels (ton) | #货物 Goods |
|---|---|---|---|---|---|---|
| **总计** | **Total** | **59828** | **6039222** | **674588** | **44873.3** | **42233.5** |
| 国内航线 | Domestic Routes | 57655 | 5908202 | 657696 | 44844.2 | 42204.4 |
| 港澳台航线 | Hong Kong, Macao and Taiwan Routes | 1545 | 158462 | | 264.7 | 264.2 |
| 国际航线 | International Routes | 2173 | 131020 | 16892 | 29.1 | 29.1 |
| 进港 | Arrival | 29911 | 2715767 | | 20475.3 | 18809.4 |
| 国内航线 | Domestic Routes | 28822 | 2659418 | | 20454.0 | 18788.1 |
| 港澳台航线 | Hong Kong, Macao and Taiwan Routes | 772 | 80434 | | 133.1 | 132.6 |
| 国际航线 | International Routes | 1089 | 56349 | | 21.3 | 21.3 |
| 出港 | Departure | 29917 | 3323455 | 674588 | 24398.0 | 23424.1 |
| 国内航线 | Domestic Routes | 28833 | 3248784 | 657696 | 24390.2 | 23416.3 |
| 港澳台航线 | Hong Kong, Macao and Taiwan Routes | 773 | 78028 | | 131.6 | 131.6 |
| 国际航线 | International Routes | 1084 | 74671 | 16892 | 7.8 | 7.8 |

注：货邮吞吐量不包括行李，2007以前年度包含行李。过站旅客包含在出港部分，是旅客的其中项。

a) The cargo throughput does not include baggage, Befoer 2007 it included baggage. Transit Passengers have been included in export visitors, It is a part of the passengers.

## 15—24 民航机场吞吐量（2012年）

Volume of Passenger and Freight Handled in Civil Airports (2012)

| 项 目 | Item | 旅客吞吐量（人）Passenger Handled (person) | #发运量 Delivered | 货物吞吐量（吨）Cargo Handled (ton) | #发运量 Delivered |
|---|---|---|---|---|---|
| **合 计** | **Total** | **6039222** | **3323455** | **44873.3** | **24398.0** |
| 合肥机场 | Hefei Airport | 5194178 | 2865688 | 42602.4 | 22649.3 |
| 黄山机场 | Huangshan Airport | 547703 | 304282 | 1885.0 | 1646.2 |
| 安庆机场 | Anqing Airport | 90559 | 47848 | 254.7 | 28.4 |
| 阜阳机场 | Fuyang Airport | 206782 | 105637 | 131.2 | 74.1 |

## 15—25 东航（安徽公司）基本情况

Basic Statistics on Anhui Branch of the Eastern Air Lines, Inc.

| 指 标 | Item | 2000 | 2005 | 2010 | 2011 | 2012 |
|---|---|---|---|---|---|---|
| 民用航空航线条数（条） | Number of Civil Aviation Routes (unit) | 64 | 63 | 57 | 40 | 42 |
| #国内航线 | Domestic Routes | 59 | 57 | 53 | 39 | 35 |
| 民用航空线里程（公里） | Length of Civil Aviation Routes (km) | 60553 | 72263 | 76303 | 59052 | 59260 |
| #国内航线 | Domestic Routes | 54017 | 60647 | 69728 | 56058 | 45689 |
| 民用航班飞行机场（个） | Number of Civil Airports (unit) | 34 | 45 | 50 | 34 | 38 |
| 民用飞机架数（架） | Number of Civil Aircraft (unit) | 13 | 11 | 7 | 10 | 10 |
| 客运量（万人） | Passenger Traffic (10000 person) | 153.45 | 214.05 | 208.17 | 214.45 | 239.07 |
| 旅客周转量（万人公里） | Passenger-kilometers (10000 passenger-km) | 150447.8 | 238451.4 | 242408.1 | 253483.2 | 305244.1 |
| 货（邮）运量（吨） | Freight Traffic (ton) | 15653.9 | 29753.4 | 21814.2 | 20936.1 | 20409.3 |
| 货（邮）周转量（万吨公里） | Freight Ton-kilometers (10000 ton-km) | 1628.29 | 3661.38 | 2668.88 | 2599.98 | 2699.59 |
| 总周转量（万吨公里） | Total Air Traffic Ton-kilometers (10000 ton-km) | 15071.24 | 24977.00 | 24248.62 | 25159.51 | 29845.90 |
| #国际航线 | International Routes | 866.63 | 1584.94 | 145.12 | 435.00 | 958.33 |
| 国内航线 | Domestic Routes | 14204.61 | 23392.06 | 24103.50 | 24724.51 | 28887.57 |

## 15—26 邮电业务基本情况
Basic Statistics of Postal and Telecommunications Services

| 指标 | | Item | | 2000 | 2005 | 2010 | 2011 | 2012 |
|---|---|---|---|---|---|---|---|---|
| **邮电业务总量** | **（万元）** | **Business Volume of Postal and Telecommunications Services** | **(10000 yuan)** | **1201398** | **2840149** | **3003244** | **3616143** | **4051792** |
| 函　件 | （万件） | Number of Letters | (10000 pcs) | 19270.1 | 21141.0 | 21121.5 | 17390.6 | 16404.9 |
| 国内普通包裹 | （万件） | Domestic ordinary parcel | (10000 pcs) | 355.54 | 253.00 | 150.94 | 86.4 | 91.7 |
| 快　递 | （万件） | Pieces of Express Mail Services | (10000 pcs) | 309.64 | 506.00 | 1302.53 | 921.2 | 1837.4 |
| 报刊期发数 | （万份） | Issue of Newspapers and Magazines | (10000 copies) | 929.81 | 738.00 | 602.24 | 521.8 | 556.4 |
| 邮票枚数 | （万枚） | Number of Stamps | (10000 copies) | 27645.0 | 4010.0 | 604.77 | 593.9 | 2343.2 |
| 固定长途电话通话时长 | （亿分钟） | Length of Long-distance Calls of Fixed Telephone | (100 million minutes) | | | 24.8 | 22.1 | 17.6 |
| 移动短信业务量 | （万条） | Mobile Short Note Business Volume | (10000 unit) | | 860595 | 3150048 | 2884368 | 2790430 |
| 固定互联网宽带接入用户 | （万户） | Internet Wide Band Turning on Users | (10000 households) | | | 342.02 | 457.36 | 507.01 |
| 移动电话年末用户 | （万户） | Number of Mobile Telephone Subsecribers at Year-end | (10000 subscribers) | | 1046.9 | 2798.70 | 3259.41 | 3609.84 |
| #3G移动电话用户 | | 3G Mobile Phone Subscribers | | | | 119.14 | 442.42 | 853.44 |
| 固定电话年末用户 | （万户） | Number of Fixed Telephone Subsecribers at Year-end | (10000 subscribers) | 483.82 | 1349.52 | 1230.97 | 1243.95 | 1081.94 |
| 城　市 | | Urban | | 272.99 | 680.02 | 612.89 | 661.49 | 631.47 |
| #住　宅 | | Household | | | 501.76 | 388.29 | 408.04 | 404.78 |
| 农　村 | | Rural | | 210.83 | 669.50 | 618.08 | 582.46 | 450.46 |
| #住　宅 | | Household | | | 642.14 | 561.73 | 521.99 | 390.32 |
| 营业网点 | （处） | Number of Postal Offices | (unit) | 3562 | 3488 | 5496 | 4659 | 5604 |
| 邮路及农村投递路线总长度 | （公里） | Length of Postal Routes and Rural Delivery Routes | (km) | 205887 | 206287 | 196442 | 188487 | 188698 |
| #汽车邮路 | | Highway Routes | | 30061 | 51111 | 41321 | 52939 | 43722 |
| 铁路邮路 | | Railway Routes | | 2320 | 1725 | 2434 | 2292 | 2355 |
| 长途光缆纤芯长度 | （芯公里） | Length of Long-distance Optical Cable Core | (core kilometer) | | | 713011 | 730352 | 751653 |
| 长途电话交换机容量 | （路端） | Capacity of Long-distance Telephone Exchanges | (circuit) | 185549 | 350538 | 716701 | 582126 | 563185 |
| 本地固定电话局用交换机容量 | （万门） | Capacity of Local Telephone C.O. Switches Capacity | (10000 lines) | 717.05 | 1611.67 | 1214.90 | 1129.31 | 905.04 |

注：本表邮政相关数据仅包含省邮政公司和省邮政速递公司（下同）。
a) Data of this table contains only provincal postal company and postal courier company (the same below).

# 15—27 各市邮电业务量（2012年）
## Post and Telecommunication Services by Region (2012)

| 地区 Region | 邮电业务总量（万元）Business Volume of Post and Telecommunications (10000 yuan) | 邮政业务总量 Business Volume of Post | 电信业务总量 Business Volume of Telecommunications | 函件（万件）Number of Letters (10000 pcs) | 快递（万件）Pieces of Express Mail Services (10000 pcs) | 报刊期发数（万份）Newspapers and Magazines Circulation (10000 copies) | 邮票枚数（万枚）Number of Stamps (10000 pcs) | 国内普通包裹（万件）Domestic Ordinary Parcel (10000 pcs) |
|---|---|---|---|---|---|---|---|---|
| **总计 Total** | **4051792.08** | **329504.12** | **3722287.96** | **16404.92** | **1837.40** | **556.43** | **2343.19** | **91.72** |
| 合肥市 Hefei | 823064.56 | 59289.98 | 763774.58 | 6597.13 | 664.28 | 74.59 | 831.70 | 35.37 |
| 淮北市 Huaibei | 146782.72 | 9915.10 | 136867.62 | 385.18 | 27.98 | 18.03 | 56.15 | 1.88 |
| 亳州市 Bozhou | 233109.66 | 21508.10 | 211601.56 | 274.62 | 90.84 | 20.06 | 74.19 | 3.15 |
| 宿州市 Suzhou | 281871.58 | 24969.20 | 256902.38 | 954.33 | 73.10 | 31.11 | 67.82 | 2.20 |
| 蚌埠市 Bengbu | 212495.23 | 14280.86 | 198214.37 | 875.74 | 88.45 | 26.49 | 94.96 | 4.55 |
| 阜阳市 Fuyang | 395694.99 | 38807.54 | 356887.45 | 1145.77 | 149.07 | 55.39 | 80.98 | 5.92 |
| 淮南市 Huainan | 177936.02 | 13277.01 | 164659.01 | 631.95 | 40.11 | 20.30 | 90.69 | 2.36 |
| 滁州市 Chuzhou | 247727.05 | 13678.08 | 234048.97 | 417.01 | 99.80 | 34.01 | 233.12 | 2.84 |
| 六安市 Luan | 265580.04 | 22430.34 | 243149.70 | 822.58 | 82.31 | 60.09 | 80.00 | 3.38 |
| 马鞍山市 Maanshan | 181747.15 | 13325.80 | 168421.35 | 1085.44 | 53.03 | 31.63 | 75.10 | 2.95 |
| 芜湖市 Wuhu | 291536.01 | 21120.96 | 270415.05 | 1094.42 | 131.44 | 37.48 | 68.78 | 9.39 |
| 宣城市 Xuancheng | 176714.77 | 12024.11 | 164690.66 | 491.70 | 70.38 | 38.80 | 40.10 | 4.42 |
| 铜陵市 Tongling | 75500.38 | 6460.25 | 69040.13 | 101.86 | 31.97 | 11.91 | 95.26 | 1.02 |
| 池州市 Chizhou | 103491.32 | 10469.25 | 93022.07 | 318.14 | 53.46 | 14.36 | 208.94 | 1.37 |
| 安庆市 Anqing | 299626.52 | 39019.57 | 260606.95 | 751.36 | 134.90 | 58.01 | 195.38 | 6.02 |
| 黄山市 Huangshan | 103859.96 | 8927.95 | 94932.01 | 457.69 | 46.28 | 24.16 | 50.02 | 4.90 |
| 其他 Others | 37260.10 | | 37260.10 | | | | | |

| 地区 Region | 固定互联网宽带接入用户（万户）Internet Wide Band Turning on Users (10000 subscriber) | 移动电话年末用户（万户）Number of Mobile Telephone Subscribers (10000 subscriber) | 固定电话年末用户（万户）Year-end Installed Telephones (10000 subscriber) | 城市 Urban | #住宅 Residential Buildings | 农村 Rural | #住宅 Residential Buildings | 公用电话（万部）Public Telephone (10000 unit) |
|---|---|---|---|---|---|---|---|---|
| **总计 Total** | **507.01** | **3609.84** | **1081.94** | **631.47** | **404.78** | **450.46** | **390.32** | **85.05** |
| 合肥市 Hefei | 94.05 | 629.37 | 187.09 | 152.27 | 84.66 | 34.81 | 25.51 | 22.30 |
| 淮北市 Huaibei | 20.97 | 134.88 | 35.11 | 25.31 | 16.75 | 9.81 | 8.31 | 2.73 |
| 亳州市 Bozhou | 22.86 | 226.23 | 52.86 | 20.65 | 13.68 | 32.21 | 28.47 | 3.92 |
| 宿州市 Suzhou | 29.09 | 279.44 | 71.57 | 30.12 | 18.67 | 41.45 | 36.16 | 4.83 |
| 蚌埠市 Bengbu | 29.00 | 192.42 | 54.12 | 34.91 | 23.04 | 19.20 | 15.54 | 6.38 |
| 阜阳市 Fuyang | 36.52 | 361.53 | 92.37 | 41.64 | 28.54 | 50.73 | 47.05 | 4.26 |
| 淮南市 Huainan | 26.40 | 156.26 | 44.09 | 32.30 | 22.15 | 11.79 | 9.11 | 3.96 |
| 滁州市 Chuzhou | 32.81 | 246.41 | 69.37 | 32.22 | 21.32 | 37.15 | 31.70 | 10.59 |
| 六安市 Luan | 28.12 | 272.38 | 78.58 | 28.04 | 19.79 | 50.54 | 45.79 | 3.14 |
| 马鞍山市 Maanshan | 29.96 | 165.30 | 58.46 | 46.76 | 33.93 | 11.69 | 9.12 | 3.87 |
| 芜湖市 Wuhu | 44.81 | 250.21 | 80.83 | 62.01 | 41.70 | 18.81 | 14.61 | 6.59 |
| 宣城市 Xuancheng | 25.90 | 171.25 | 56.16 | 25.42 | 17.05 | 30.73 | 26.84 | 2.50 |
| 铜陵市 Tongling | 13.86 | 61.12 | 21.82 | 18.09 | 10.76 | 3.73 | 2.85 | 1.76 |
| 池州市 Chizhou | 14.36 | 90.78 | 31.84 | 14.05 | 8.77 | 17.79 | 16.08 | 1.31 |
| 安庆市 Anqing | 41.76 | 280.73 | 107.70 | 44.18 | 31.72 | 63.52 | 58.87 | 4.30 |
| 黄山市 Huangshan | 16.55 | 91.52 | 40.00 | 23.51 | 12.25 | 16.48 | 14.31 | 2.60 |
| 其他 Others | | | | | | | | |

## 15—28 邮电局所数及邮递线路（年底数）
Postal and Telecommunication Services Facilities (year-end)

单位：处（unit）

| 年份 Year | 邮电局所 Number of Post and Telecommunications Offices | 邮政信筒信箱 Postal Mailbox | 邮路总长度（公里）Length of Postal Routes (km) | #汽车邮路 Highway Routes | 铁路邮路 Railway Routes | 农村投递线路（公里）Rural Delivery Routes (km) |
|---|---|---|---|---|---|---|
| 2000 | 3562 | 6333 | 63445 | 30061 | 2320 | 142442 |
| 2002 | 3834 | 7689 | 72502 | 39853 | 2087 | 137147 |
| 2003 | 3400 | 8465 | 70671 | 38871 | 2087 | 137047 |
| 2004 | 3561 | 9063 | 70751 | 41061 | 2097 | 129916 |
| 2005 | 3488 | 6378 | 70599 | 51111 | 1725 | 135688 |
| 2006 | 3836 | 6471 | 64927 | 42634 | 2097 | 139571 |
| 2007 | 3894 | 6334 | 68800 | 44614 | 2097 | 141777 |
| 2008 | 6387 | 6112 | 88337 | 47466 | 1929 | 141632 |
| 2009 | 5867 | 6736 | 86463 | 50607 | 2485 | 150570 |
| 2010 | 5496 | 6693 | 45541 | 41321 | 2434 | 150902 |
| 2011 | 4659 | 4554 | 55668 | 52939 | 2292 | 132819 |
| 2012 | 6161 | 3961 | 188698 | 43722 | 2355 | 133560 |

注：由于邮政系统调整，2010年的邮路总长度与往年口径不同，不具可比性。

a) As the postal system adjustment, the caliber of Length of postal routes in 2010 and previous years were different, did not have the commeasurability.

## 15—29 各市邮电局所数及邮递线路（2012年）
Postal and Telecommunication Services Facilities by Region (2012)

单位：处（unit）

| 地区 | Region | 邮政局所 Number of Post and Telecommunications Offices | 电信局所 Number of Post and Telecommunications Offices | 邮政信筒信箱 Postal Mailbox | 邮路总长度（公里）Length of Postal Routes (km) | #汽车邮路 Highway Routes | 铁路邮路 Railway Routes | 农村投递线路（公里）Rural Delivery Routes (km) |
|---|---|---|---|---|---|---|---|---|
| **总计** | **Total** | **1705** | **4456** | **3961** | **188698** | **43722** | **2355** | **133560** |
| 合肥市 | Hefei | 177 | 849 | 388 | 16656 | 2408 | | 12886 |
| 淮北市 | Huaibei | 45 | 154 | 78 | 5847 | 1091 | | 4713 |
| 亳州市 | Bozhou | 82 | 241 | 87 | 15792 | 2095 | | 13697 |
| 宿州市 | Suzhou | 114 | 288 | 554 | 17697 | 1859 | | 14600 |
| 蚌埠市 | Bengbu | 83 | 270 | 196 | 10081 | 2698 | | 6644 |
| 阜阳市 | Fuyang | 170 | 479 | 66 | 17950 | 3060 | | 13892 |
| 淮南市 | Huainan | 65 | 180 | 167 | 3728 | 696 | | 3032 |
| 滁州市 | Chuzhou | 149 | 291 | 326 | 13215 | 1461 | | 10753 |
| 六安市 | Luan | 177 | 334 | 379 | 13134 | 2861 | | 9633 |
| 马鞍山市 | Maanshan | 65 | 167 | 131 | 3041 | 1486 | | 1555 |
| 芜湖市 | Wuhu | 98 | 237 | 292 | 7815 | 3063 | | 3954 |
| 宣城市 | Xuancheng | 114 | 221 | 293 | 7908 | 2470 | | 5438 |
| 铜陵市 | Tongling | 31 | 91 | 64 | 1488 | 578 | | 822 |
| 池州市 | Chizhou | 74 | 140 | 106 | 7470 | 1479 | | 5991 |
| 安庆市 | Anqing | 171 | 340 | 430 | 19805 | 3309 | | 15590 |
| 黄山市 | Huangshan | 90 | 174 | 404 | 13695 | 2086 | | 10360 |
| 其他 | Others | | | | 13378 | 11023 | 2355 | |

## 15—30 各市邮电通信线路
Telecommunication Facilities by Region

| 地 区 | Region | 长途光缆纤芯长度（芯公里）Length of Long-distance Optical Cable Core | | 本地用中继光缆纤芯长度（芯公里）Length of Local relaying Optical Cable Core | |
|---|---|---|---|---|---|
| | | 2011 | 2012 | 2011 | 2012 |
| **总 计** | **Total** | **730352** | **751653** | **3408373** | **4076014** |
| 合 肥 市 | Hefei | 132061 | 175282 | 550561 | 702448 |
| 淮 北 市 | Huaibei | 11148 | 22741 | 78349 | 170839 |
| 亳 州 市 | Bozhou | 18659 | 24977 | 205403 | 161179 |
| 宿 州 市 | Suzhou | 23028 | 43230 | 241122 | 272639 |
| 蚌 埠 市 | Bengbu | 55575 | 66919 | 176570 | 244557 |
| 阜 阳 市 | Fuyang | 22907 | 32390 | 233533 | 275724 |
| 淮 南 市 | Huainan | 14966 | 21754 | 96790 | 139475 |
| 滁 州 市 | Chuzhou | 46443 | 65189 | 436342 | 357511 |
| 六 安 市 | Luan | 22209 | 43211 | 352284 | 363656 |
| 马鞍山市 | Maanshan | 9715 | 16754 | 83351 | 164643 |
| 芜 湖 市 | Wuhu | 18236 | 38585 | 176793 | 257874 |
| 宣 城 市 | Xuancheng | 31104 | 49059 | 215283 | 263010 |
| 铜 陵 市 | Tongling | 15326 | 16553 | 54154 | 73287 |
| 池 州 市 | Chizhou | 18656 | 37741 | 127085 | 122853 |
| 安 庆 市 | Anqing | 45128 | 73041 | 209158 | 340230 |
| 黄 山 市 | Huangshan | 15661 | 24225 | 156051 | 166089 |
| 其 他 | Others | 229530 | | 15544 | |

## 15—31 各市邮电通信设备年末拥有量（2012年）
Telecommunication Facilities at Year-end by Region (2012)

| 地 区 | Region | 接入网光缆线纤芯长度（芯公里）Length of Access Network Optical Cable Core | 长途电话交换机容量（路端）Capactity of Long-distance Telephone Exchanges (circuit) | 本地固定电话局用交换机容量（门）Capacity of Local Telephone C.O. Switches (line) | #接入设备网容量 Capacity of Connected Equipment Net | 用户交换机容量（门）Capacity of Exchanges Owned by Users (line) |
|---|---|---|---|---|---|---|
| **总 计** | **Total** | **6105187** | **563185** | **9050406** | **2463118** | **86428** |
| 合 肥 市 | Hefei | 1091432 | 206213 | 1540463 | 379783 | 18012 |
| 淮 北 市 | Huaibei | 183524 | 9424 | 272396 | 99616 | 3724 |
| 亳 州 市 | Bozhou | 317161 | 17825 | 591196 | 134635 | |
| 宿 州 市 | Suzhou | 395190 | 27120 | 583795 | 127510 | 14398 |
| 蚌 埠 市 | Bengbu | 255678 | 29364 | 611211 | 243190 | 6756 |
| 阜 阳 市 | Fuyang | 363396 | 55033 | 921422 | 181987 | 9058 |
| 淮 南 市 | Huainan | 257581 | 17639 | 406330 | 199616 | 1640 |
| 滁 州 市 | Chuzhou | 377272 | 17887 | 529759 | 192320 | 5066 |
| 六 安 市 | Luan | 421339 | 29853 | 725612 | 133772 | 3470 |
| 马鞍山市 | Maanshan | 254897 | 14610 | 419652 | 103960 | 3050 |
| 芜 湖 市 | Wuhu | 501173 | 30993 | 731594 | 191152 | 3456 |
| 宣 城 市 | Xuancheng | 509986 | 24060 | 451446 | 77501 | 2320 |
| 铜 陵 市 | Tongling | 128364 | 10075 | 190957 | 64896 | 557 |
| 池 州 市 | Chizhou | 246828 | 11098 | 281665 | 67700 | 2400 |
| 安 庆 市 | Anqing | 558282 | 41695 | 698188 | 176228 | 2121 |
| 黄 山 市 | Huangshan | 243085 | 15648 | 247039 | 89252 | 10400 |
| 其 他 | Others | | 4648 | | | |

注：联通的长途电话交换机全部由省公司统一管理，未分到地市。用户交换机容量指标包括电信、铁通公司提供的数据。

a) Liantong long-distance telephone exchange machines are entirely managed by provincial company, not to the city. User exchange capacity index includes telecommunications, Railcom company data

## 15—32 邮电通信水平
Level of Postal and Telecommunication Services

| 指标 | Item | 2000 | 2005 | 2010 | 2011 | 2012 |
|---|---|---|---|---|---|---|
| **全省邮电通信水平** | **National Level** | | | | | |
| 平均每一邮政局所服务面积（平方公里） | Average Area Served by Every Post Office (sq.km) | 63.70 | 68.84 | 54.32 | 77.32 | 81.76 |
| 平均每一邮政局所服务人员（万人） | Average People Served by Every Post Office (10000 person) | 2.78 | 3.21 | 2.66 | 3.31 | 3.52 |
| 平均每人每年发函件数（件） | Annual Average Number of Letters Mailed per Capita (piece) | 3.07 | 3.24 | 3.09 | 2.91 | 2.74 |
| 平均每百人每年订报刊数（份） | Annual Average Number of Newspaper and Magazine Subscribed per 100 Persons (piece) | 14.81 | 11.33 | 8.82 | 8.74 | 9.27 |
| 平均每百人拥有电话机部数（含移动）（部） | Number of Telephone Sets Owned per 100 Persons (unit) | 11.38 | 36.78 | 59.03 | 75.50 | 78.22 |
| 平均每百人拥有移动电话（部） | Number of Mobile Telephones Owned per 100 Persons (unit) | 3.43 | 16.07 | 40.10 | 54.61 | 60.18 |
| 平均每千人拥有公用电话数（部） | Number of Public Telephones owned per 1000 Persons (unit) | | 10.70 | 12.89 | 17.50 | 14.18 |
| **农村邮电通信水平** | **Rural Level** | | | | | |
| 开通互联网业务的乡（镇）比重（%） | Percentage of Connecting Internet Service Township (%) | | | 100.00 | 100.00 | 100.00 |
| 开通互联网业务的行政村比重（%） | Percentage of Connecting Internet Service Administrative Village (%) | | | 100.00 | 100.00 | 100.00 |
| 通邮的乡（镇）比重（%） | Percentage of Townships with Postal Routes Communication (%) | 100.00 | 100.00 | 100.00 | 100.00 | 100.00 |
| 通邮的行政村比重（%） | Percentage of Villages with Postal Routes Communication (%) | 100.00 | 100.00 | 100.00 | 100.00 | 100.00 |
| 已通固定电话的行政村比重（%） | Percentage of Administrative Village with Telephone (%) | 100.00 | 100.00 | 100.00 | 100.00 | 100.00 |

# 主要统计指标解释

**铁路营业里程**

又称营业长度（包括正式营业和临时营业里程），指办理客货运输业务的铁路正线总长度。凡是全线或部分建成双线及以上的线路，以第一线的实际长度计算；复线、站线、段管线、岔线和特殊用途线以及不计算运费的联络线都不计算营业里程。铁路营业里程是反映铁路运输业基础设施发展水平的重要指标，也是计算客货周转量、运输密度和机车车辆运用效率等指标的基础资料。

**公路里程**

是指凡达到交通部《公路工程技术标准》规定的技术等级公路，并经公路主管部门正式验收交付使用的里程。包括大中城市的郊区公路以及通过城镇街道的里程和桥梁、隧道、渡口的长度，不包括大中城市的街道、厂矿、林区生产用道和农业生产用道的里程。两条或多条公路共同经由同一路段，只计算一次，不得重复计算里程长度。按公路技术等级分：等级公路里程和等外公路里程，等级公路里程可分为高速公路、一级公路、二级公路、三级公路、四级公路里程。

**内河航道里程**

是指凡能通航机动船、木帆船以及运输排筏（指利用排筏经营运输），其枯水期水深在 0.3 米及以上的天然河流、人工河渠、湖泊、水库航道里程。不包括仅供放流木材的河道。湖泊、水库航道里程（库区航道）按固定航线计算。两省以河为界的航道里程，双方均按一半计算，以免重复。

**民用航空航线里程**

指民用运输班机飞行的航线长度。航线长度指机场之间的距离。航空航线里程以年末到达数为准，因气候关系不能全年通航的航线，按年末情况统计，如果年末能继续通航则计入总长度，否则应扣除不计。计算航线里程可按重复和不重复两种方法，前者是指各航线相加的总和，后者则要扣除各航线之间的重复区段计算。

**货（客）运量**

指在一定时期内，各种运输工具实际运送的货物（旅客）数量。它是反映运输业为国民经济和人民生活服务的数量指标，也是制定和检查运输生产计划、研究运输发展规模和速度的重要指标。货运按吨计算，客运按人计算。货物不论运输距离长短、货物类别，均按实际重量统计。旅客不论行程远近或票价多少，均按一人一次客运量统计；半价票、小孩票也按一人统计。

**货物（旅客）周转量**

指在一定时期内，由各种运输工具运送的货物（旅客）数量与其相应运输距离的乘积之总和。它是反映运输业生产总成果的重要指标，也是编制和检查运输生产计划，计算运输效率、劳动生产率以及核算运输单位成本的主要基础资料。计算货物周转量通常按发出站与到达站之间的最短距离，也就是计费距离计算。计算公式为：

货物（旅客）周转量＝∑货物（旅客）运输量×运输距离。

**民用汽车拥有量**

指报告期末，在公安交通管理部门按照《机动车注册登记工作规范》，已注册登记领有民用车辆牌照的全部汽车数量。汽车拥有量统计的主要分类：根据汽车结构分为载客汽车、载货汽车及其他汽车；根据汽车所有者不同分为个人（私人）汽车、单位汽车；根据汽车的使用性质分为营运汽车、非营运汽车；根据汽车大小规格不同载客汽车分为大型、中型、小型和微型，载货汽车分为重型、中型、轻型和微型。

**邮电业务总量（又称通信业务总量）**

是以货币形式表现的通信企业为社会提供各类通信服务的总和。是用于观察通信业务发展变化总趋势的综合性总量指标。根据专业性质分为邮政业务总量和电信业务总量。电信业务总量又可细分为本地网通信业务总量、长途通信业务总量、移动通信业务总量、数据通信业务总量、电报业务总量等。按通信范围可分为：国内通信业务总量、国际及港澳台通信业务总量。计算公式为：

邮电业务总量＝∑（各类通信业务量×不变单价）+出租代维及其他业务收入

＝邮政业务总量+电信业务总量

邮政业务总量＝∑（各类邮政业务量×不变单价）+邮政出租代维及其他业务收入

电信业务总量＝∑（各类电信业务量×不变单价）+电信出租代维及其他业务收入

**移动电话用户**

指通过移动电话交换机进入移动电话网、占用移动电话号码的电话用户。用户数量以报告期末在移动电话营业部门实际办理登记手续进入移动电话网的户数进行计算，一部移动电话统计为一户。计量单位：户。

**电话用户**

指接入国家公众固定电话网，并按固定电话业务进行经营管理的电话用户。1997 年以前，电话用户分为市内电话用户和农村电话用户。“市内电话用户”是指接入县城及县以上城市的电话网上的电话用户；“农村电话用户”是指接入县邮电局农话台及县以下农村电话交换点，以县城为中心（除市话用户外）联通县、乡（镇）、行政村、村民小组的用户。从 1997 年起，电话用户数分组调整为以用户所在区域划分为“城市电话用户”和“乡村电话用户”，与过去的按市内电话和农村电话划分方法不同。而电话用户总数、电话机总部数统计范围不变。

**住宅电话用户**

指安装在居民住宅或农民家里并按照住宅电话用户登记注册和收费的电话用户。包括私人付费、单位付费和按规定免费安装的住宅电话用户。

# Explanatory Notes for Major Statistical Indicators

**Length of Railways in Operation**

refers to the total length of the trunk line under passenger and freight transportation (including both full operation and temporary operation). The calculation is based on the actual length of the first line even if this line has a full or partial double track or more tracks, excluding double tracks, station sidings, tracks under the charge of stations, branch lines, special-purpose lines and the non-payable connecting lines. The length of railways in operation is an important indicator to show the development of the infrastructure for the railway transport, and also the essential data to calculate volume of passenger freight transport, traffic density and utilization efficiency of the locomotives and carriages.

**Length of Highways**

refers to the length of highways which are built in conformity with the grades specified by the <Highway Engineering Standard> formulated by the Ministry of Communications, and have been formally checked and accepted by the departments of highways and put into use. The length of highways includes that of the suburb highways at large and medium-sized cities, highways passing through streets at small cities and towns, and also the length of bridges and ferries. It does not include the length of streets in big and medium-sized cities and highways built for the production purpose at factories, mines, forest areas and agricultural areas. If two or more highways go the same section of the way, the length of the section is only calculated for once and no duplication is allowed. They could be classified by technical level into class highway and substandard highways. Class highway includes express-way and first class, second class, third class and forth class highway.

**Length of Navigable Inland Waterways**

refers to the length of the natural rivers, artificial rivers and canals, lakes, and reservoirs open to navigation that deep in 0.3 meters and above in dry season, which enables the transport by motor vessel, wooden sailing boats and rafts (using rafts to transport), excluding river courses which are only used to float odd logs. If two provinces take river as circle, the length of section is only calculated half to both sides, so as not to repeat.

**Length of Civil Aviation Routes**

refers to the length of all routes for regular civil aviation flights and it is usually the distance between airports. The length is calculated at the end of the year as the standard. The lines that can't open all through the year because of the weather are calculated at the end of the year. If it could continue and open at the end of the year, it should be calculated, otherwise it should be deducted and disregarded. There are usually two ways to calculate the length: duplicated calculation and unduplicated calculation. The former is to put the length of all air routes together, and the later is not to allow the duplication in calculation.

**Freight (Passenger) Traffic**

refers to the volume of freight (passenger) transported with various means. Freight transport is calculated in tons and passenger traffic is calculated in the number of persons. Despite the type of freight and traveling distance, the freight transport is calculated in the actual weight of the goods: and despite the traveling distance and ticket price, the passenger traffic is calculated by the principle that one person can be counted only once in one travel. The passenger who travels with a half price ticket or a child ticket is also calculated as one person. The freight (passenger) traffic provides a quantitative measure to show how the transport industry serves the national economy and people, and is also an important indicator for planning the transport industry and for studying the development scale and speed of the transport industry.

**Freight Ton-kilometers (Passenger-kilometers)**

refer to the sum of the products of the volume of transported cargo (passengers) multiplying by the transport distance, usually using ton-kilometer and passenger-kilometer as units for measurement. Normally, the shortest distance between the departure station and the destination station (i.e., the payable distance) is the basis to calculate the freight ton-kilometers. This is an important indicator to show the total results of the transport industry, to prepare and examine the transport plan and to measure the efficiency, the labour productivity and the unit cost of transport. The formula is as follows:

Freight Ton-kilometers (Passenger-kilometers) =∑ {Freight (Passenger) Traffic × Distance of Transportation}

Measuring unit: ton-kilometer (person-kilometer)

**Possession of Civil Motor Vehicles**

refer to the total numbers of vehicles that are registered and received vehicles license tags according to the Work Standard for Motor Vehicles Registration formulated by the Transport Management Office under the department of public security at the end of the reference period. They are divided into categories. According to the structure of motor vehicles, they are divided into passenger vehicles, trucks and others; according to ownership into private vehicles and vehicles for the unit's use; according to kind of usage into working vehicles and non-working vehicles; and according to size of vehicles into large passenger vehicles, medium-sized passenger vehicles, small passenger vehicles and mini passenger vehicles, heavy trucks, light-heavy trucks, light trucks and mini-trucks.

**Business Volume of Post and Telecommunications (Also called Business Volume of Communications)**

refers to the total amount of communications services, expressed in currency terms, provided by communications enterprises for the society. It is a comprehensive indicator reflects the total trend of communication service. It could be divided into business volume of post and telecommunication by type and business volume of telecommunication includes business volume of local network, long-distance, mobile communication, digital communication and telegram. It could be divided into domestic, international and business volume of Hong Kong, Macao and Taiwan by the coverage. The formula is as follows:

Business Volume of Post and Telecommunications = Σ (Transaction of Communication Service × Constant Price) + Income from Leasing Maintenance and other Services

= Business Volume of Postal Services + Business Volume of Telecommunication Services

Business Volume of Postal Services =Σ (Transaction of Postal Service × Constant Price) + Income from Leasing, Maintenance and other Services

Business Volume of Telecommunication Services = Σ (Transaction of Telecommunication Service × Constant Price) + Income from Leasing, Maintenance and other Services

**Mobile Telephone Subscribers**

refer to the persons who own mobile telephone number connected with the mobile telephone communication network and have registered in mobile communication enterprises. The number of subscribers is calculated only when the subscribers who have gone through all the register formalities and entered into the mobile telephone network at the end of the report. One mobile telephone is treated as a subscriber.

**Telephone Subscribers**

refer to subscribers that are connected to the public line telephone network provided with telephone services. Before 1997, telephone subscribers were classified as city subscribers and village subscribers. City subscribers referred to those connected to city telephone networks in county towns and cities, while village subscribers referred to those connected to village telephone stations at and below counties. Since 1997, the classification of telephone subscribers was modified on the basis of physical location of the subscribers as "urban telephone subscribers" and "rural telephone subscribers", which is different from the previous classification of categorizing "local telephones" and "rural telephones", while the definition of total subscribers and total number of telephones remain unchanged.

**Household Telephone Subscribers**

refer to telephone sets installed in the dwelling units of residents or peasant families and registered and charged according to house telephone subscribers. They included three types of payment for the service: private payment, unit payment and free installing service.

# 第十六篇

Chapter 16

# 国内贸易

DOMESTIC TRADE

## 简要说明

一、本篇资料反映我省国内市场发展情况和批发零售业、餐饮业和住宿业商品经营情况。主要内容有批发零售业商品流通，限额以上批发零售企业、住宿餐饮企业财务状况，社会消费品零售总额、国内集市贸易等。

二、本篇资料是根据国家统计局的批发零售、住宿餐饮业统计报表制度进行搜集和加工整理。

本资料的调查范围：财务状况报表为各种经济类型的限额以上批发和零售业法人企业、住宿和餐饮业法人企业。社会消费品零售总额报表为有零售业务的各种经济类型的企业、行政事业单位。以上统计报表从基层起报，自下而上逐级综合上报，主要采取全面调查方法，局部资料有的以抽样调查推断，有的利用工商、税务等部门的有关资料推算。

三、限额以上批发和零售业、住宿和餐饮业统计限额标准：批发业：年主营业务收入在 2000 万元及以上；零售业：年主营业务收入在 500 万元以及上；住宿业：年主营业务收入在 200 万元及以上；餐饮业：年主营业务收入在 200 万元及以上。

## Brief Introduction

I. Data in this chapter show the development of Anhui's domestic market and the sales of the commodities in wholesale and retail sale trade as well as catering trade accommodation industry, including mainly the circulation of commodities in the wholesale and retail sale trades, the financial condition of the wholesale, retail, accommodation and catering trade enterprises, the total sales of the consumer goods in the whole country and the domestic fair trade, etc.

II. Data in this chapter are collected and processed in accordance with the statistical reporting scheme on wholesale and retail sale trades as well as accommodation industry, catering trade, stipulated by the National Bureau of Statistics.

Statistical coverage: Statistics on financial conditions include all corporate enterprises of wholesale, retail, catering trade above the designated size and star size accommodation. Statistics on retail sales of consumer goods include all enterprises, institutional units and peasants engaged in retail sale business. The method used in data collection is a complete enumeration, under which all units are covered in the survey and data are reported from lower to higher level statistical offices. For local data, sample surveys are used, and in some cases, administrative registers from industrial and commercial administration and taxation administration are used in the estimation.

III. Criteria for wholesale and retail sale trades, hotels and catering services above designated size are as follows: wholesale trade, having 20 or more employees at year-end with annual sales over 20 million yuan; retail trade, having 60 or more employees at year-end with annual sales over 5 million yuan; hotels, certified hotels with star-ranking; catering services, having 40 or more employees with annual income over 2 million yuan.

# 16—1 国内贸易基本情况
Basic Conditions of Domestic Trade

| 指　　标 | Item | 2000 | 2005 | 2010 | 2011 | 2012 |
|---|---|---|---|---|---|---|
| **法人机构　　（个）** | **Number of Corporation Unit　(unit)** | | | | | |
| 批发零售业 | Engaged in Wholesale and Retail Trades | 651 | 815 | 2449 | 3297 | 4030 |
| 住宿餐饮业 | Accommodation and Catering Trade | 15 | 460 | 1021 | 1188 | 1321 |
| **从业人员　　（万人）** | **Persons Engaged　(10000 persons)** | | | | | |
| 批发零售业 | Engaged in Wholesale and Retail Trades | 13.2 | 12.8 | 26.2 | 27.6 | 31.4 |
| 住宿餐饮业 | Accommodation and Catering Trade | 0.6 | 5.3 | 10.2 | 11.0 | 12.7 |
| **批发零售贸易业　（亿元）** | **Wholesale and Retail Trade　(100 million yuan)** | | | | | |
| 商品购进总额 | Total Purchases | 1901.1 | 1513.1 | 4653.0 | 6185.9 | 7184.6 |
| 商品销售总额 | Total Sale | 1764.0 | 3835.3 | 10044.5 | 12895.2 | 15830.5 |
| 商品库存总额 | Total Inventory | 393.8 | 116.2 | 397.5 | 478.5 | 526.6 |
| **社会消费品零售总额（亿元）** | **Total Retail Sales of Consumer Goods (100 million yuan)** | **1077.8** | **1776.7** | **4151.5** | **4900.6** | **5685.6** |
| 按销售单位所在地分 | By Location of Establishments | | | | | |
| 城　镇 | Urban | | | 3481.0 | 4061.1 | 4670.7 |
| #城　区 | City | | | 2352.2 | 2835.0 | 3246.6 |
| 乡　村 | Rural | | | 670.5 | 839.5 | 1014.8 |
| 按消费形态分 | Grouped by consumption patterns | | | | | |
| 餐饮收入 | Catering income | | | 509.3 | 579.2 | 680.1 |
| 商品零售 | Commodity retail | | | 3642.2 | 4321.4 | 5005.5 |

注：1．2000年及以后法人机构和从业人员为限额以上企业。
2．2005年及以后的商品购进总额、库存总额为限额以上口径，住宿业从2005年纳入统计范围。
3．2005—2008年社会消费品零售总额是根据第二次经济普查结果重新调整后的数据。
4．2010年和2011年中按销售单位所在地分组调整为"1.城镇，其中：城区；2.乡村"（城镇+乡村=社会消费品零售额总额）。
5．2010年—2102年社会消费品零售总额中取消"按行业分"，改为"按消费形态分"。

a) Corporation unit and persons engaged refer to statistics for enterises above designated size after 2000.
b) After 2005, Total purchases and inveutory of commodities are above limited. Accommodation and Catering Trade are in statistcs from 2005
c) Total Retail Sales of Consumer Goods is readjustment data after first and the second economical general survey result In 2005--2008.
d) In 2010 and 2011 ,according to the Marketing unit locus grouping adjustment is "1. City; 2. village" (city + village = Total Retail Sales of Consumer Goods).
e) In Total Retail Sales of Consumer Goods in 2010-2012, We Cancel "divided by industry", instead of "divided by consumption patterns".

# 16—2 消费品市场交易情况
Trade of Consumable Markets in Urban and Rural Areas

| 指　　标 | Item | 2005 | 2009 | 2010 | 2011 | 2012 |
|---|---|---|---|---|---|---|
| **消费品市场数　（个）** | **Number of Consumable Markets　(unit)** | **2877** | **1698** | **1289** | **1314** | **1312** |
| 城市市场 | Urban Area | 890 | 665 | 556 | 514 | 526 |
| 农村市场 | Rural Area | 1987 | 1033 | 733 | 800 | 786 |
| **消费品市场构成　（%）** | **Composition of Consumable Markets　(%)** | | | | | |
| 城市市场 | Urban Area | 30.9 | 39.2 | 43.1 | 39.1 | 40.1 |
| 农村市场 | Rural Area | 69.1 | 60.8 | 56.9 | 60.9 | 59.9 |

# 16—3 限额以上批发零售、住宿餐饮业基本情况（2012年，按登记注册类型分）

Basic Conditions of Enterprises Above Designated Size in Wholesale and Retail Sale and Catering Trade by Registration (2012)

| 指　　标 | Item | 法人企业（个）Number of Corporation Enterprises (unit) | 从业人数（人）Engaged Persons (person) |
|---|---|---|---|
| **总　　计** | **Total** | **5351** | **441895** |
| **批发业合计** | **Wholesale Trade** | **1373** | **107197** |
| 国有控股 | State-holding Enterprises | 198 | 41201 |
| 内　资 | Domestic-funded | 1356 | 102069 |
| 国　有 | State-owned | 90 | 18826 |
| 集　体 | Collective-owned | 21 | 1393 |
| 股份合作 | Cooperative | 4 | 408 |
| 联　营 | Joint Ownership | 1 | 54 |
| 有限责任公司 | Limited Liability Corporations | 516 | 30284 |
| 股份有限公司 | Share-holding Corporations Ltd. | 56 | 21148 |
| 私　营 | Private | 606 | 25843 |
| 其　他 | Other | 62 | 4113 |
| 港澳台商投资 | With Investment from Hong Kong, Macao and Taiwan | 5 | 1028 |
| 合资经营 | Joint-venture | 1 | 33 |
| 独资经营 | With Sole Fund | 4 | 995 |
| 外商投资 | With Foreign Investment | 12 | 4100 |
| 中外合资经营 | Joint-venture | 3 | 108 |
| 外　资 | Solely Foreign Funded | 6 | 3315 |
| 外商投资有限公司 | Foreign Investment Corporations Ltd. | 2 | 379 |
| 其他外商投资 | Other Foreign Investment | 1 | 298 |
| **零售业合计** | **Retail Trade** | **2657** | **207207** |
| 国有控股 | State-holding Enterprises | 177 | 32177 |
| 内　资 | Domestic-funded | 2598 | 190502 |
| 国　有 | State-owned | 82 | 10168 |
| 集　体 | Collective-owned | 37 | 2930 |
| 股份合作 | Cooperative | 18 | 1863 |
| 联　营 | Joint Ownership | 6 | 223 |
| 有限责任公司 | Limited Liability Corporations | 858 | 81465 |
| 股份有限公司 | Share-holding Corporations Ltd. | 85 | 16613 |
| 私　营 | Private | 1372 | 70084 |
| 其　他 | Other | 140 | 7156 |
| 港澳台商投资 | With Investment from Hong Kong, Macao and Taiwan | 24 | 6826 |
| 合资经营 | Joint-venture | 2 | 35 |
| 合作经营 | Cooperative Management | 1 | 38 |
| 独资经营 | With Sole Fund | 19 | 5953 |
| 股份有限公司 | Share-holding Corporations Ltd. | 1 | 419 |
| 其他投资企业 | Other Investment Enterprises | 1 | 381 |
| 外商投资 | With Foreign Investment | 35 | 9879 |
| 中外合资经营 | Joint-venture | 7 | 4110 |
| 外　资 | Solely Foreign Funded | 24 | 5192 |
| 外商投资有限公司 | Foreign Investment Corporations Ltd. | 2 | 222 |
| 其他外商投资 | Other Foreign Investment | 2 | 355 |

16—3 续表 continued

| 指　标 | Item | 法人企业（个）Number of Corporation Enterprises (unit) | 从业人数（人）Engaged Persons (person) |
|---|---|---|---|
| **住宿业合计** | **Accommodation** | **487** | **54394** |
| 国有控股 | State-holding Enterprises | 99 | 13474 |
| 内　资 | Domestic-funded | 467 | 51067 |
| 国　有 | State-owned | 57 | 6347 |
| 集　体 | Collective-owned | 5 | 302 |
| 股份合作 | Cooperative | 5 | 422 |
| 有限责任公司 | Limited Liability Corporations | 155 | 21016 |
| 股份有限公司 | Share-holding Corporations Ltd. | 27 | 4650 |
| 私　营 | Private | 186 | 15420 |
| 其　他 | Other | 32 | 2910 |
| 港澳台商投资 | With Investment from Hong Kong, Macao and Taiwan | 11 | 1920 |
| 合资经营 | Joint-venture | 7 | 1022 |
| 独资经营 | With Sole Fund | 4 | 898 |
| 外商投资 | With Foreign Investment | 9 | 1407 |
| 中外合资经营 | Joint-venture | 2 | 572 |
| 中外合作经营 | Sino-foreign Cooperative Operation | 1 | 20 |
| 外　资 | Solely Foreign Funded | 5 | 612 |
| 外商投资有限公司 | Foreign Investment Corporations Ltd. | 1 | 203 |
| **餐饮业合计** | **Catering Trade** | **834** | **73097** |
| 国有控股 | State-holding Enterprises | 30 | 3263 |
| 内　资 | Domestic-funded | 824 | 71798 |
| 国　有 | State-owned | 21 | 2128 |
| 集　体 | Collective-owned | 8 | 517 |
| 股份合作 | Cooperative | 6 | 253 |
| 有限责任公司 | Limited Liability Corporations | 199 | 16995 |
| 股份有限公司 | Share-holding Corporations Ltd. | 19 | 1515 |
| 私　营 | Private | 510 | 43902 |
| 其　他 | Other | 61 | 6488 |
| 港澳台商投资 | With Investment from Hong Kong, Macao and Taiwan | 5 | 968 |
| 合资经营 | Joint-venture | 1 | 35 |
| 独资经营 | With Sole Fund | 4 | 933 |
| 外商投资 | With Foreign Investment | 5 | 331 |
| 外　资 | Solely Foreign Funded | 1 | 98 |
| 外商投资有限公司 | Foreign Investment Corporations Ltd. | 3 | 210 |
| 其他外商投资 | Other Foreign Investment | 1 | 23 |

## 16—4 限额以上批发零售业商品购进、销售和库存情况（2012年，按注册类型分）

Total Purchases, Sales and Inventory of Enterprises Above Designated Size in Wholesale and Retail Trade by Registration (2012)

单位：万元（10000 yuan）

| 指标 | Item | 购进总额 Total Purchases Value | #进口 Imports | 销售总额 Total Sales Value | 批发 Wholesale Value | 零售 Retail Value | 年末库存总额 Stock (year-end) |
|---|---|---|---|---|---|---|---|
| **总计** | **Total** | **71845804** | **1430571** | **77383365** | **51655246** | **25728119** | **5265657** |
| **批发业合计** | **Wholesale Trade** | **48793017** | **1232521** | **52935587** | **48840191** | **4095396** | **2743000** |
| 国有控股 | State-holding Enterprises | 22797044 | 879090 | 25684696 | 23417073 | 2267624 | 1179561 |
| 内资 | Domestic-funded | 46809797 | 1230585 | 50838658 | 46775392 | 4063266 | 2671410 |
| 国有 | State-owned | 5485401 | 21971 | 7388752 | 6540177 | 848575 | 473637 |
| 集体 | Collective-owned | 151458 | | 163795 | 133820 | 29975 | 5829 |
| 股份合作 | Cooperative | 37016 | | 39666 | 34388 | 5278 | 1968 |
| 联营 | Joint Ownership | 4568 | | 4869 | 4869 | | 354 |
| 有限责任公司 | Limited Liability Corporations | 16834167 | 481343 | 17929912 | 16806185 | 1123726 | 1083983 |
| 股份有限公司 | Share-holding Corporations Ltd. | 12594003 | 526805 | 13006474 | 11898969 | 1107506 | 354180 |
| 私营 | Private | 10869748 | 187931 | 11362661 | 10541412 | 821249 | 692298 |
| 其他 | Other | 833437 | 12536 | 942530 | 815572 | 126958 | 59160 |
| 港澳台商投资 | With Investment from Hong Kong, Macao and Taiwan | 142106 | | 165113 | 163993 | 1120 | 956 |
| 合资经营 | Joint-venture | 3672 | | 3600 | 3600 | | 96 |
| 独资经营 | With Sole Fund | 138434 | | 161513 | 160393 | 1120 | 860 |
| 外商投资 | With Foreign Investment | 1841115 | 1936 | 1931817 | 1900807 | 31010 | 70634 |
| 中外合资经营 | Joint-venture | 186063 | | 182070 | 180352 | 1718 | 5727 |
| 外资 | Solely Foreign Funded | 1577627 | 1936 | 1665009 | 1644931 | 20078 | 61672 |
| 外商投资有限公司 | Foreign Investment Corporations Ltd. | 54480 | | 59102 | 56020 | 3082 | 3137 |
| 其他外商投资 | Other Foreign Investment | 22945 | | 25636 | 19504 | 6132 | 98 |
| **零售业合计** | **Retail Trade** | **23052787** | **198049** | **24447778** | **2815055** | **21632723** | **2522657** |
| 国有控股 | State-holding Enterprises | 6055787 | | 6946953 | 1400827 | 5546126 | 344351 |
| 内资 | Domestic-funded | 21661184 | 197989 | 23039465 | 2797632 | 20241833 | 2373067 |
| 国有 | State-owned | 1684622 | | 1791101 | 239594 | 1551508 | 61254 |
| 集体 | Collective-owned | 186955 | | 200612 | 14569 | 186043 | 9824 |
| 股份合作 | Cooperative | 188616 | | 193174 | 9999 | 183175 | 11345 |
| 联营 | Joint Ownership | 22452 | | 23888 | 110 | 23778 | 1232 |
| 有限责任公司 | Limited Liability Corporations | 8295656 | 81177 | 8541049 | 793326 | 7747724 | 1180846 |
| 股份有限公司 | Share-holding Corporations Ltd. | 3587420 | 61911 | 4282832 | 1225124 | 3057708 | 183551 |
| 私营 | Private | 6986301 | 54901 | 7221369 | 482854 | 6738515 | 849356 |
| 其他 | Other | 709164 | | 785439 | 32057 | 753382 | 75660 |
| 港澳台商投资 | With Investment from Hong Kong, Macao and Taiwan | 559564 | 60 | 589320 | 17239 | 572080 | 39853 |
| 合资经营 | Joint-venture | 2311 | | 4347 | 1358 | 2990 | 553 |
| 合作经营 | Cooperative Management | 2114 | | 2366 | | 2366 | 212 |
| 独资经营 | With Sole Fund | 496364 | 60 | 523861 | 15882 | 507979 | 39058 |
| 股份有限公司 | Share-holding Corporations Ltd. | 28230 | | 28200 | | 28200 | 30 |
| 其他投资企业 | Other Investment Enterprises | 30545 | | 30545 | | 30545 | |
| 外商投资 | With Foreign Investment | 832039 | | 818994 | 184 | 818810 | 109737 |
| 中外合资经营 | Joint-venture | 259981 | | 268266 | | 268266 | 24808 |
| 外资 | Solely Foreign Funded | 491773 | | 476074 | 184 | 475890 | 75880 |
| 外商投资有限公司 | Foreign Investment Corporations Ltd. | 34459 | | 30407 | 0 | 30407 | 4052 |
| 其他外商投资 | Other Foreign Investment | 45826 | | 44247 | | 44247 | 4997 |

## 16—5 限额以上批发零售业商品购进销售情况（2012年，按行业分）

Total Purchases, Sales and Inventory of Enterprises Above Designated Size in Wholesale and Retail Trade by Sector (2012)

单位：万元（10000 yuan）

| 指标 | Item | 购进总额 Total Purchases Value | 销售总额 Total Sales Value | 批发 Wholesale Value | 零售 Retail Value | 年末库存总额 Stock (year-end) |
|---|---|---|---|---|---|---|
| **总计** | **Total** | **71845804** | **77383365** | **51655246** | **25728119** | **5265657** |
| **批发业合计** | **Wholesale Trade** | **48793017** | **52935587** | **48840191** | **4095396** | **2743000** |
| 农、林、牧产品批发 | Wholesale of Agriculture, Forest, Animal Husbandry Products | 1296391 | 1419345 | 1367969 | 51376 | 254053 |
| 谷物、豆及薯类批发 | Wholesale of Corn, Bean and Potato | 537715 | 663647 | 650535 | 13112 | 187391 |
| 种子批发 | Wholesale of Seed | 243199 | 256784 | 254952 | 1833 | 26696 |
| 饲料批发 | Wholesale of Feed | 166554 | 167568 | 153016 | 14552 | 10971 |
| 棉、麻批发 | Wholesale of Cotton, Linen | 150766 | 144533 | 134637 | 9897 | 12793 |
| 林业产品批发 | Wholesale of Foresty Products | 16104 | 15561 | 15561 | | 829 |
| 牲畜批发 | Wholesale of Livestock | 8598 | 11051 | 11051 | | 131 |
| 其他农牧产品批发 | Wholesale of Other Agricultural Products | 173455 | 160201 | 148218 | 11983 | 15243 |
| 食品、饮料及烟草制品批发 | Wholesale of Food, Beverages and Tobaccos | 6546495 | 8434414 | 8085616 | 348798 | 626292 |
| 米、面制品及食用油批发 | Wholesale of Rice, Flour and Edible Oil | 1303272 | 1368339 | 1250322 | 118017 | 260841 |
| 糕点、糖果及糖批发 | Wholesale of Cakes, Candy and Sugar | 17557 | 21007 | 19887 | 1120 | 4871 |
| 果品、蔬菜批发 | Wholesale of Fruits, Vegetables | 191501 | 249388 | 219053 | 30335 | 5687 |
| 肉、禽、蛋及水产品批发 | Wholesale of Meat, Poultry, Eggs and Aquatic Products | 298312 | 318505 | 282246 | 36259 | 4491 |
| 盐及调味品批发 | Wholesale of Salt and Spices | 152794 | 183112 | 177362 | 5750 | 9539 |
| 营养及保健品批发 | Wholesale of Nutrition and Health Care Products | 176019 | 198708 | 182844 | 15863 | 7342 |
| 酒、饮料及茶叶批发 | Liquor, Beverage and Tea Wholesale | 1154981 | 1472190 | 1376674 | 95516 | 62516 |
| 烟草制品批发 | Wholesale of Tobaccos | 2967693 | 4328444 | 4285886 | 42558 | 264020 |
| 其他食品批发 | Wholesale of Other Food | 284366 | 294722 | 291341 | 3381 | 6985 |
| 纺织、服装及日用品批发 | Wholesale of Textiles, Garments and Daily Consumer Articles | 7801110 | 8005973 | 7660898 | 345075 | 333874 |
| 纺织品、针织品及原料批发 | Wholesale of Textiles, Knitwear and Raw Materials | 538718 | 596484 | 590067 | 6417 | 20261 |
| 服装批发 | Wholesale of Garments | 865208 | 925246 | 755374 | 169872 | 50391 |
| 鞋帽批发 | Wholesale of Shoes and Hats | 14088 | 18632 | 15362 | 3270 | 755 |
| 化妆品及卫生用品批发 | Wholesale of Cosmetics and Health Supplies | 1512869 | 1593883 | 1587630 | 6254 | 60383 |
| 厨房、卫生间用具及日用杂货批发 | Wholesale of Kitchen, Bathroom Appliances | 5792 | 9305 | 7810 | 1496 | 343 |
| 灯具、装饰物品批发 | Wholesale of Lamps and Decorative Items | 182986 | 184772 | 184772 | | 6280 |
| 家用电器批发 | Wholesale of Household Electrical Appliances | 4636936 | 4632181 | 4479625 | 152556 | 190565 |
| 其他日用品批发 | Wholesale of Other Commodities | 44513 | 45471 | 40260 | 5211 | 4897 |
| 文化、体育用品及器材批发 | Wholesale of Culture, Sports Appliances and Equipments | 1106159 | 1104982 | 1077191 | 27791 | 61609 |
| 文具用品批发 | Wholesale of Stationery | 146977 | 152834 | 141394 | 11441 | 16244 |
| 体育用品及器材批发 | Wholesale of Sporting goods and equipment | 20669 | 21689 | 21629 | 60 | 553 |
| 图书批发 | Wholesale of Book | 345393 | 336595 | 322240 | 14355 | 23525 |
| 首饰、工艺品及收藏品批发 | Wholesale of Jewelry, Crafts and Collectibles | 17282 | 15714 | 15000 | 714 | 13670 |
| 其他文化用品批发 | Wholesale of Other Cultural Goods | 575838 | 578149 | 576928 | 1221 | 7618 |
| 医药及医疗器材批发 | Wholesale of Medicines and Medical Appliances | 6181593 | 6549013 | 5354526 | 1194487 | 415099 |
| 西药批发 | Wholesale of Western Medicine | 5792130 | 6133814 | 5012979 | 1120836 | 397912 |
| 中药批发 | Wholesale of Traditional Chinese Medicine | 371697 | 395033 | 324708 | 70325 | 16613 |
| 医疗用品及器材批发 | Wholesale of Medical Supplies and Equipment | 17766 | 20166 | 16840 | 3326 | 574 |
| 矿产品、建材及化工产品批发 | Wholesale of Mineral Products, Building Materials and Chemical Products | 19934190 | 21169621 | 19445356 | 1724265 | 654705 |
| 煤炭及制品批发 | Wholesale of Coal and Related Products | 3387853 | 3499623 | 3484657 | 14967 | 55032 |
| 石油及制品批发 | Wholesale of Petroleum and Related Products | 5465120 | 6095996 | 4664209 | 1431787 | 171106 |
| 非金属矿及制品批发 | Wholesale of Western Medicine | 101558 | 106453 | 103725 | 2728 | 6255 |
| 金属及金属矿批发 | Wholesale of Metal Materials | 7911710 | 8274527 | 8245874 | 28652 | 171402 |
| 建材批发 | Wholesale of Building Materials | 1138428 | 1174956 | 1061475 | 113481 | 50761 |
| 化肥批发 | Wholesale of Chemical Fertilizer | 1356246 | 1418121 | 1294210 | 123911 | 163291 |
| 农药批发 | Wholesale of Pesticides | 51379 | 49577 | 49577 | | 11609 |
| 其他化工产品批发 | Wholesale of Other Chemical Products | 521897 | 550369 | 541629 | 8740 | 25249 |
| 机械设备、五金交电及电子产品批发 | Wholesale of Machinery, Hardware and Electronic Equipment | 3663780 | 3825591 | 3498254 | 327337 | 317920 |
| 农业机械批发 | Wholesale of Agricultural Machinery | 90023 | 108115 | 93850 | 14265 | 17400 |
| 汽车批发 | Wholesale of Automobiles | 1210144 | 1221855 | 1076056 | 145800 | 96710 |
| 汽车零配件批发 | Wholesale of Auto Parts | 878210 | 878915 | 872347 | 6568 | 55558 |
| 摩托车及零配件批发 | Wholesale of Motorcycles and Their Parts | 75959 | 80016 | 76831 | 3185 | 15413 |
| 五金产品批发 | Wholesale of Hardware | 35843 | 41892 | 39820 | 2072 | 1148 |
| 电气设备批发 | Wholesale of Household Electrical Appliances | 331002 | 343462 | 333750 | 9712 | 5081 |
| 计算机、软件及辅助设备批发 | Wholesale of Computer, Software and Assistant Appliances | 237329 | 246945 | 173343 | 73603 | 8556 |
| 通讯及广播电视设备批发 | Wholesale of Communications and Radio and Television Equipment | 147720 | 144854 | 125408 | 19446 | 12708 |
| 其他机械设备及电子产品批发 | Wholesale of Other Mechanical Equipment and Electronic Products | 657549 | 759538 | 706850 | 52688 | 105348 |

## 16—5 续表 continued

单位：万元（10000 yuan）

| 指标 | Item | 购进总额 Total Purchases Value | 销售总额 Total Sales Value | 批发 Wholesale Value | 零售 Retail Value | 年末库存总额 Stock (year-end) |
|---|---|---|---|---|---|---|
| 贸易经纪与代理 | Trade Broker and Agency | 81225 | 77078 | 76970 | 108 | 5774 |
| 贸易代理 | Trade agent | 47106 | 48509 | 48401 | 108 | 326 |
| 拍卖 | Auction | 3214 | 3110 | 3110 | | 3 |
| 其他贸易经纪与代理 | Other Trade Broker and Agency | 30905 | 25459 | 25459 | | 5445 |
| 其他批发 | Other Wholesale not Classified Elsewhere | 2182075 | 2349571 | 2273411 | 76160 | 73674 |
| 再生物资回收与批发 | Recycling and Renewable Materials Wholesale | 1901648 | 1973230 | 1920809 | 52421 | 57359 |
| 其他未列明的批发 | Wholesale of Other Unlisted | 280428 | 376341 | 352602 | 23739 | 16316 |
| **零售业合计** | **Retail Trade** | **23052787** | **24447778** | **2815055** | **21632723** | **2522657** |
| 综合零售 | Integrated Retail | 7667385 | 7658501 | 421511 | 7236990 | 1185522 |
| 百货零售 | Retail of General Merchandise | 4286918 | 4482544 | 390900 | 4091644 | 508440 |
| 超级市场零售 | Retail of Supermarkets | 3212616 | 2995855 | 21739 | 2974117 | 667913 |
| 其他综合零售 | Retail of Others | 167851 | 180102 | 8872 | 171230 | 9169 |
| 食品、饮料及烟草制品专门零售 | Retail of Food, Beverages and Tobaccos | 574171 | 618209 | 164223 | 453986 | 57863 |
| 粮油零售 | Retail of Grain and Oil | 29361 | 33790 | 16648 | 17143 | 3097 |
| 糕点、面包零售 | Retail of Cakes, Bread | 16757 | 18320 | 2818 | 15502 | 1232 |
| 果品、蔬菜零售 | Retail of Fruit, Vegetables | 54697 | 54885 | 3364 | 51521 | 460 |
| 肉、禽、蛋及水产品零售 | Retail of Meat, Poultry, Eggs and Aquatic Products | 161883 | 169260 | 74139 | 95122 | 2468 |
| 营养和保健品零售 | Retail of Nutrition and health care products | 23531 | 29608 | | 29608 | 992 |
| 酒、饮料及茶叶零售 | Retail of Wine, tea and beverages | 230777 | 244639 | 58223 | 186417 | 39778 |
| 烟草制品零售 | Retail of Tobacco Products | 11816 | 14007 | 4867 | 9140 | 1450 |
| 其他食品零售 | Retail of Other Food | 45350 | 53700 | 4166 | 49534 | 8387 |
| 纺织、服装及日用品专门零售 | Special Retail of Textiles, Garments and Daily Consumer Articles | 460356 | 556239 | 76166 | 480073 | 107554 |
| 纺织品及针织品零售 | Retail of Textile and Knitwear | 17045 | 18475 | 27 | 18448 | 2090 |
| 服装零售 | Retail of Garments | 268582 | 327853 | 45939 | 281914 | 68259 |
| 鞋帽零售 | Retail of Shoes and Hats | 32536 | 47564 | 16411 | 31153 | 11354 |
| 化妆品及卫生用品零售 | Retail of Cosmetics and Health Supplies | 55136 | 66625 | 651 | 65975 | 11164 |
| 钟表、眼镜零售 | Retail of Watches, Glasses | 14989 | 22845 | | 22845 | 8582 |
| 箱、包零售 | Retail of Boxes, Bags | 1411 | 1296 | | 1296 | 115 |
| 厨房用具及日用杂品零售 | Retail of Kitchen Appliances and Daily-used Goods | 7289 | 8548 | 5962 | 2586 | 1194 |
| 自行车零售 | Retail of Bicycles | 6088 | 6021 | 2701 | 3320 | 792 |
| 其他日用品零售 | Retail of Other Daily Necessities | 57281 | 57013 | 4477 | 52537 | 4006 |
| 文化、体育用品及器材专门零售 | Retail of Culture, Sports Appliances and Equipments | 513259 | 530411 | 50887 | 479524 | 63133 |
| 文具用品零售 | Retail of Stationery | 3467 | 4361 | 158 | 4203 | 814 |
| 体育用品及器材零售 | Retail of Sporting Goods and Equipment | 4097 | 6179 | | 6179 | 1153 |
| 图书、报刊零售 | Retail of Books, Newspapers | 384855 | 394043 | 29834 | 364209 | 43867 |
| 珠宝首饰零售 | Retail of Jewelry | 21128 | 25735 | 8350 | 17385 | 8566 |
| 工艺美术品及收藏品零售 | Retail of Arts and Crafts and Collectibles | 95623 | 95580 | 11476 | 84104 | 7797 |
| 乐器零售 | Retail of Instruments | 301 | 417 | | 417 | 155 |
| 其他文化用品零售 | Retail of Other Cultural Goods | 3788 | 4097 | 1070 | 3027 | 781 |
| 医药及医疗器材专门零售 | Retail of Medicines and Medical Appliances | 1804165 | 1929595 | 498494 | 1431101 | 141921 |
| 药品零售 | Retail of Medicines | 1744603 | 1861942 | 481810 | 1380132 | 139144 |
| 医疗用品及器材零售 | Retail of Medical Supplies and Equipment | 59563 | 67653 | 16684 | 50969 | 2777 |
| 汽车、摩托车、燃料及零配件专门零售 | Retail of Motor Vehicles, Motorcycles, Fuel and Parts | 9405996 | 10280421 | 1293391 | 8987030 | 718655 |
| 汽车零售 | Retail of Motor Vehicles | 5900002 | 6047020 | 400675 | 5646345 | 620104 |
| 汽车零配件零售 | Retail of Auto Parts | 146197 | 146646 | 4938 | 141708 | 16966 |
| 摩托车及零配件零售 | Retail of Motorcycles and Spare Parts | 82131 | 89249 | 5473 | 83776 | 12469 |
| 机动车燃料零售 | Retail of Fuel of Motor Vehicles | 3277666 | 3997506 | 882305 | 3115202 | 69117 |
| 家用电器及电子产品专门零售 | Special Retail of Household Electric Appliances and Electronic Products | 1775841 | 1883887 | 185241 | 1698646 | 177640 |
| 家用视听设备零售 | Retail of Home Audio-visual Equipment | 773180 | 810347 | 51085 | 759261 | 76781 |
| 日用家电设备零售 | Retail of Household Appliances | 683500 | 715197 | 88196 | 627001 | 70599 |
| 计算机、软件及辅助设备零售 | Retail of Computer, Software and Assistant Appliances | 217072 | 238096 | 24307 | 213789 | 19653 |
| 通讯设备零售 | Retail of Communication Equipments | 73879 | 90266 | 7912 | 82354 | 8201 |
| 其他电子产品零售 | Retail of Other Electronic Products | 28210 | 29980 | 13741 | 16240 | 2406 |
| 五金、家具及室内装修材料专门零售 | Retail of Hardware, Furniture and Decoration Materials | 637793 | 711323 | 58645 | 652678 | 50256 |
| 五金零售 | Retail of Hardware | 55189 | 59387 | 18260 | 41127 | 4219 |
| 灯具零售 | Retail of Lamps | 953 | 2472 | | 2472 | 138 |
| 家具零售 | Retail of Furniture | 180451 | 242168 | 17728 | 224441 | 20030 |
| 卫生洁具零售 | Retail of Sanitary Ware | 1158 | 1953 | | 1953 | 430 |
| 木制装饰材料零售 | Retail of Wooden Decorative Materials | 28508 | 28653 | 4426 | 24227 | 6993 |
| 陶瓷、石材装饰材料零售 | Retail of Ceramic, Stone Decoration Materials | 17515 | 17580 | 1028 | 16552 | 577 |
| 其他室内装修材料零售 | Retail of Other interior decoration materials | 354019 | 359110 | 17204 | 341906 | 17870 |
| 货摊、无店铺及其他零售业 | Retail of Stalls, No Shop and Other | 213821 | 279192 | 66498 | 212694 | 20113 |
| 互联网零售 | Mail and Electronic Sales | 5932 | 8152 | | 8152 | 649 |
| 生活用燃料零售 | Retail of Living Fuel | 92367 | 96523 | 36952 | 59571 | 2862 |
| 其他未列明的零售 | Retail of Other Unlisted | 115521 | 174516 | 29546 | 144970 | 16601 |

## 16—6 限额以上批发零售业主要商品分类销售额（2012年）

Total Sales of Enterprises Above Designated Size in Wholesale and Retail Sale by Category of Main Commodities (2012)

单位：万元（10000 yuan）

| 指　标 | Item | 合　计<br>Total | 批　发<br>Wholesale | 零　售<br>Retail Sale |
|---|---|---|---|---|
| **总　计** | **Total** | **77776933** | **52014253** | **25762680** |
| 粮油、食品、饮料、烟酒类 | Grain and Edible Vegetable Oil, Food, Beverages, Tobacco and Liquor | 13443714 | 9210626 | 4233088 |
| 粮油、食品类 | Grain and Edible Vegetable Oil, Food | 5626663 | 2940258 | 2686405 |
| #粮油类 | Grain and Edible Vegetable Oil | 1942715 | 1140033 | 802682 |
| 肉禽蛋类 | Meat, Poultry and Eggs | 675956 | 187765 | 488192 |
| 水产品类 | Aquatic Products | 194465 | 93896 | 100570 |
| 蔬菜类 | Vegetables | 274481 | 126907 | 147574 |
| 干鲜果品类 | melons and Fruits | 413178 | 211949 | 201229 |
| 饮料类 | Beverages | 907092 | 436747 | 470345 |
| 烟酒类 | Tobacco and Liquor | 6909959 | 5833621 | 1076338 |
| 服装鞋帽、针、纺织品类 | Garments, Footwear, Hats, Knitwear and Textiles | 3481815 | 1323777 | 2158038 |
| 服装类 | Garments | 2145615 | 677993 | 1467622 |
| 鞋帽类 | Footwear and Hats | 653010 | 229403 | 423607 |
| 针、纺织品类 | Knitwear and Textiles | 683190 | 416380 | 266809 |
| 化妆品类 | Cosmetics | 647363 | 309277 | 338087 |
| 金银珠宝类 | Gold, Silver and Jewelry | 683636 | 156034 | 527603 |
| 日用品类 | Articles for Daily Use | 2020776 | 1262237 | 758540 |
| 洗涤用品类 | Washing Articles | 726531 | 502161 | 224370 |
| 儿童玩具类 | Toys | 65026 | 11244 | 53782 |
| 五金、电料类 | Hardware and Electrical Materials | 252405 | 147918 | 104488 |
| 体育、娱乐用品类 | Sports and Recreation Articles | 130125 | 49793 | 80332 |
| 书报杂志类 | Newspapers and Magazines | 695388 | 320450 | 374938 |
| 电子出版物及音像制品类 | E-journal and Video Products | 27018 | 7757 | 19261 |
| 家用电器和音像器材类 | Household Appliances and Video Appliances | 7088334 | 4842600 | 2245734 |
| 中西药品类 | Traditional Chinese and Western Medicines | 7406832 | 4925236 | 2481597 |
| 西　药 | Western Medicines | 5279586 | 3646730 | 1632857 |
| 中草药及中成药 | Chinese Herbal Medicine and Proprietary Chinese Medicine | 950301 | 643306 | 306996 |
| 文化、办公用品类 | Cultural and Official Goods | 875623 | 447569 | 428054 |
| 家具类 | Furniture | 327708 | 19065 | 308643 |
| 通讯器材类 | Communication Appliances | 462196 | 203823 | 258373 |
| 煤炭及制品类 | Coal and Related Product | 2788491 | 2718120 | 70371 |
| 木材及制品类 | Wood and Wooden Product | 38800 | 38800 | |
| 石油及制品类 | Petroleum and Related Product | 10454775 | 5938240 | 4516535 |
| 化工材料类 | Raw Chemical Materials | 2540685 | 2540685 | |
| 化肥类 | Chemical Fertilizer | 1209537 | 1209537 | |
| 金属材料类 | Metal Materials | 8129085 | 8129085 | |
| 建筑及装潢材料类 | Building and Decoration Materials | 1191665 | 527769 | 663896 |
| 机电产品及设备类 | Mechanical and Electrical Products | 1620407 | 1503332 | 117075 |
| 农机类 | Agricultural Machinery | 72173 | 72173 | |
| 汽车类 | Automobile | 7157473 | 1497524 | 5659949 |
| 种子饲料类 | Seed and Feedstuff | 382741 | 382741 | |
| 棉麻类 | Cotton, Hemp | 162247 | 152145 | 10101 |
| 其他类 | Other | 5767633 | 5359653 | 407980 |

## 16—7 限额以上批发零售企业主要财务指标情况（2012年，按登记注册类型分）

Main Financial Indicators of Enterprises Above Designated Size in Wholesale and Retail Sale by Registration (2012)

| 指标 | Item | 企业数（个）Number of Enterprises (unit) | 流动资产合计 Circulating Funds | #存货 Stock |
|---|---|---|---|---|
| **批发零售企业总计** | **Total** | **4032** | **25027387** | **5593556** |
| **批发企业合计** | **Wholesale Trade** | **1376** | **16604945** | **3424090** |
| 国有控股 | State-holding Enterprises | 198 | 7598935 | 1823930 |
| 内　资 | Domestic-funded | 1359 | 16200388 | 3324656 |
| 国　有 | State-owned | 90 | 3094998 | 974041 |
| 集　体 | Collective-owned | 21 | 34211 | 5315 |
| 股份合作 | Cooperative | 4 | 18889 | 1158 |
| 联营企业 | Joint Ownership Enterprises | 1 | 2025 | 357 |
| 有限责任公司 | Limited Liability Company | 517 | 6387205 | 1131479 |
| 股份有限公司 | Share-holding Corporations Ltd. | 56 | 2643385 | 522590 |
| 私　营 | Private | 608 | 3627841 | 616237 |
| 其　他 | Other | 62 | 391835 | 73479 |
| 港澳台商投资 | With Investment from Hong Kong, Macao and Taiwan | 5 | 8191 | 495 |
| 合资经营 | Joint-venture | 1 | 333 | |
| 独资经营 | With Sole Fund | 4 | 7858 | 495 |
| 外商投资 | With Foreign Investment | 12 | 396366 | 98940 |
| 中外合资经营 | Joint-venture | 3 | 102931 | 42025 |
| 外　资 | Solely Foreign Funded | 6 | 283429 | 53724 |
| 外商投资股份有限公司 | Share-holding Corporations Ltd | 2 | 9060 | 3102 |
| 其他外商投资企业 | Other Foreign Funded Enterprises | 1 | 946 | 89 |
| **零售企业合计** | **Retail Trade** | **2656** | **8422441** | **2169465** |
| 国有控股 | State Controlling Share Hold Enterprises | 177 | 2402340 | 278162 |
| 内　资 | Domestic-funded | 2597 | 7919531 | 2032400 |
| 国　有 | State-owned | 82 | 606154 | 52136 |
| 集　体 | Collective-owned | 37 | 24383 | 7463 |
| 股份合作 | Cooperative | 18 | 54038 | 9949 |
| 联　营 | Joint Ownership Enterprises | 6 | 7427 | 1101 |
| 有限责任公司 | Limited Liability Corporations | 857 | 2820124 | 733276 |
| 股份有限公司 | Share-holding Corporations Ltd. | 84 | 1486224 | 176977 |
| 私　营 | Private | 1373 | 2664232 | 985601 |
| 其　他 | Other | 140 | 256951 | 65896 |
| 港澳台商投资 | With Investment from Hong Kong, Macao and Taiwan | 24 | 230368 | 33383 |
| 合资经营企业 | Joint-venture | 2 | 1932 | 553 |
| 合作经营企业 | Cooperative Management | 1 | 315 | 212 |
| 独资经营 | With Sole Fund | 19 | 225225 | 32617 |
| 投资股份有限公司 | Share-holding Corporations Ltd. | 1 | 1328 | |
| 其他投资企业 | Other Investment Enterprises | 1 | 1568 | |
| 外商投资 | With Foreign Investment | 35 | 272542 | 103683 |
| 中外合资经营 | Joint-venture | 7 | 99029 | 49136 |
| 外　资 | Solely Foreign Funded | 24 | 159338 | 47253 |
| 投资股份有限公司 | Share-holding Corporation Ltd. | 2 | 2348 | 2333 |
| 其他外商投资企业 | Other Foreign Funded Enterprises | 2 | 11827 | 4961 |

单位：万元（10000 yuan）

| 固定资产合计 Total Fixed Assets | 固定资产原价 Original Value of Fixed Assets | 累计折旧 Progessive Deprecia-tion | #本年折旧 Deprecia-tion this Year | 资产总计 Total of Assets | 负债合计 Total of Liabilities | 流动负债 Working Liabilities | 所有者权益 Creditors' Equity | #实收资本 Capital Hold | #国家资本 National Capital |
|---|---|---|---|---|---|---|---|---|---|
| **2986037** | **4591454** | **1694395** | **272932** | **32810243** | **22139924** | **21475592** | **10670319** | **5877313** | **896195** |
| **1205409** | **1881578** | **705789** | **112019** | **20970053** | **14039255** | **13695400** | **6930798** | **3530470** | **418335** |
| 685427 | 1019291 | 342365 | 64201 | 9922798 | 5652967 | 5522443 | 4269831 | 1344866 | 403189 |
| 1196216 | 1864959 | 698363 | 109450 | 20536924 | 13417345 | 13104066 | 7119579 | 3515269 | 418085 |
| 305207 | 460396 | 163325 | 35100 | 4028569 | 1723785 | 1706511 | 2304784 | 588654 | 208609 |
| 5581 | 6881 | 1300 | 106 | 42867 | 30612 | 29750 | 12255 | 8909 | 270 |
| 3030 | 5224 | 2340 | 119 | 30546 | 22781 | 22527 | 7765 | 3564 | |
| 175 | 204 | 29 | 26 | 4798 | 4098 | 4098 | 700 | 1000 | 1000 |
| 269748 | 357245 | 95537 | 20954 | 7752969 | 5653409 | 5522458 | 2099560 | 1776535 | 79260 |
| 342054 | 501802 | 160039 | 27950 | 3893692 | 2271990 | 2183625 | 1621702 | 362667 | 128916 |
| 239045 | 490679 | 264283 | 22530 | 4343897 | 3377959 | 3304748 | 965938 | 734802 | 30 |
| 31376 | 42529 | 11511 | 2665 | 439586 | 332710 | 330350 | 106876 | 39139 | |
| 2378 | 3367 | 990 | 727 | 16661 | 15600 | 14462 | 1060 | 2344 | |
| 203 | 397 | 193 | 193 | 536 | 89 | 89 | 448 | | |
| 2175 | 2971 | 796 | 534 | 16124 | 15512 | 14374 | 613 | 2344 | |
| 6815 | 13252 | 6436 | 1842 | 416468 | 606310 | 576872 | -189842 | 12856 | 250 |
| 676 | 999 | 324 | 78 | 103734 | 88651 | 68651 | 15083 | 10508 | 250 |
| 6074 | 12132 | 6056 | 1762 | 302323 | 495375 | 485936 | -193052 | 2248 | |
| 57 | 93 | 36 | | 9458 | 18579 | 18579 | -9121 | 100 | |
| 8 | 28 | 20 | 2 | 954 | 3706 | 3706 | -2752 | | |
| **1780628** | **2709876** | **988606** | **160914** | **11840190** | **8100669** | **7780192** | **3739521** | **2346843** | **477860** |
| 440677 | 603909 | 195490 | 30518 | 3338113 | 2026164 | 1981145 | 1311950 | 632295 | 419963 |
| 1604516 | 2431134 | 885977 | 141504 | 11031769 | 7472141 | 7169054 | 3559628 | 2140109 | 477860 |
| 107639 | 149435 | 49265 | 7102 | 825001 | 491254 | 461739 | 333748 | 179953 | 168879 |
| 18170 | 23030 | 4939 | 694 | 47201 | 30114 | 25100 | 17087 | 10119 | 20 |
| 10505 | 14594 | 5126 | 3108 | 71571 | 52155 | 39647 | 19415 | 7283 | 18 |
| 295 | 648 | 354 | 42 | 8118 | 6535 | 6191 | 1584 | 1127 | |
| 554243 | 791717 | 243330 | 60744 | 3884009 | 2858671 | 2747918 | 1025338 | 653473 | 123401 |
| 353498 | 452790 | 123342 | 16861 | 2204661 | 1344287 | 1319350 | 860373 | 427081 | 185302 |
| 487328 | 906720 | 438903 | 49762 | 3581529 | 2391374 | 2282348 | 1190155 | 788262 | 2 |
| 72839 | 92201 | 20719 | 3190 | 409679 | 297751 | 286761 | 111928 | 72812 | 240 |
| 60663 | 85064 | 24401 | 5913 | 350146 | 185759 | 178181 | 164387 | 151341 | |
| 162 | 221 | 58 | 2 | 2095 | 888 | 888 | 1207 | 272 | |
| 71 | 82 | 12 | 12 | 385 | 274 | 274 | 112 | 50 | |
| 53657 | 75012 | 21355 | 4955 | 337944 | 175499 | 167921 | 162445 | 148114 | |
| 4011 | 4627 | 616 | 568 | 5340 | 3804 | 3804 | 1537 | 1348 | |
| 2761 | 5122 | 2361 | 376 | 4382 | 5295 | 5295 | -914 | 1557 | |
| 115449 | 193677 | 78228 | 13497 | 458275 | 442769 | 432957 | 15507 | 55393 | |
| 41315 | 82774 | 41459 | 6769 | 181123 | 154608 | 154608 | 26515 | 17005 | |
| 72699 | 107752 | 35053 | 6395 | 258249 | 274760 | 264949 | -16511 | 32888 | |
| 682 | 1678 | 996 | 136 | 5487 | 4987 | 4987 | 500 | 500 | |
| 753 | 1474 | 721 | 198 | 13417 | 8414 | 8414 | 5003 | 5000 | |

## 16—7 续表 continued

| 指　标 | Item | 主营收入 Project Settlement Income | 主营成本 Project Settlement Cost | 主营税金及附加 Project Settlement Tax and Extra Charges |
|---|---|---|---|---|
| **批发零售企业总计** | **Total** | **65304083** | **59092305** | **387870** |
| **批发企业合计** | **Wholesale Trade** | **44836862** | **40861535** | **306826** |
| 国有控股 | State-holding Enterprises | 20409557 | 18538569 | 244850 |
| 内　资 | Domestic-funded | 43011436 | 39541490 | 296606 |
| 国　有 | State-owned | 6523971 | 5424654 | 204094 |
| 集　体 | Collective-owned | 138498 | 131880 | 1165 |
| 股份合作 | Cooperative | 39666 | 26287 | 157 |
| 联营企业 | Joint Ownership Enterprises | 4869 | 4502 | 3 |
| 有限责任公司 | Limited Liability Company | 16344776 | 15433766 | 54739 |
| 股份有限公司 | Share-holding Corporations Ltd. | 9139479 | 8727115 | 8188 |
| 私　营 | Private | 9941595 | 9058582 | 24887 |
| 其　他 | Other | 878583 | 734704 | 3373 |
| 港澳台商投资 | With Investment from Hong Kong, Macao and Taiwan | 141654 | 135184 | 116 |
| 合资经营 | Joint-venture | 3600 | 3229 | 4 |
| 独资经营 | With Sole Fund | 138054 | 131956 | 112 |
| 外商投资 | With Foreign Investment | 1683771 | 1184861 | 10104 |
| 中外合资经营 | Joint-venture | 181176 | 170216 | 43 |
| 外　资 | Solely Foreign Funded | 1426561 | 944294 | 9960 |
| 外商投资股份有限公司 | Share-holding Corporations Ltd | 54346 | 50814 | 64 |
| 其他外商投资企业 | Other Foreign Funded Enterprises | 21689 | 19537 | 38 |
| **零售企业合计** | **Retail Trade** | **20467221** | **18230770** | **81045** |
| 国有控股 | State Controlling Share Hold Enterprises | 5834557 | 5177017 | 20840 |
| 内　资 | Domestic-funded | 19286579 | 17232302 | 75586 |
| 国　有 | State-owned | 1471063 | 1352456 | 3476 |
| 集　体 | Collective-owned | 200247 | 176767 | 735 |
| 股份合作 | Cooperative | 182101 | 172025 | 674 |
| 联　营 | Joint Ownership Enterprises | 20821 | 19039 | 24 |
| 有限责任公司 | Limited Liability Corporations | 7393787 | 6594606 | 33603 |
| 股份有限公司 | Share-holding Corporations Ltd. | 3598463 | 3197408 | 7895 |
| 私　营 | Private | 5769529 | 5157048 | 24049 |
| 其　他 | Other | 650567 | 562953 | 5130 |
| 港澳台商投资 | With Investment from Hong Kong, Macao and Taiwan | 481801 | 408335 | 2374 |
| 合资经营企业 | Joint-venture | 4215 | 3149 | 8 |
| 合作经营企业 | Cooperative Management | 2366 | 2153 | 23 |
| 独资经营 | With Sole Fund | 423342 | 359735 | 2051 |
| 投资股份有限公司 | Share-holding Corporations Ltd. | 25357 | 20392 | 144 |
| 其他投资企业 | Other Investment Enterprises | 26521 | 22906 | 147 |
| 外商投资 | With Foreign Investment | 698842 | 590134 | 3085 |
| 中外合资经营 | Joint-venture | 228758 | 191405 | 1348 |
| 外　资 | Solely Foreign Funded | 402672 | 339805 | 1505 |
| 投资股份有限公司 | Share-holding Corporation Ltd. | 29512 | 24747 | 151 |
| 其他外商投资企业 | Other Foreign Funded Enterprises | 37900 | 34177 | 81 |

单位：万元（10000 yuan）

| 其他业务利润 Other Business Profit | 销售费用 Operating Expense | 管理费用 Management Expense | #税金 Tax | 财务费用 Financial Expenses | 营业利润 Operating Profit | 利润总额 Total Profit | 应交所得税 Payable Income Tax | 本年应付工资薪酬 Total Payable Wages this Year |
|---|---|---|---|---|---|---|---|---|
| **273275** | **2818170** | **1271055** | **62076** | **299944** | **1476923** | **1539008** | **324821** | **1341426** |
| **91464** | **1807391** | **722474** | **28264** | **158348** | **1082770** | **1139224** | **248314** | **774344** |
| 35277 | 492163 | 363822 | 12007 | 46445 | 815086 | 839579 | 172003 | 316834 |
| 79206 | 1306712 | 662619 | 26670 | 160867 | 1133636 | 1169313 | 244607 | 691369 |
| 3114 | 117579 | 220980 | 4664 | -26260 | 587764 | 584169 | 118599 | 157488 |
| 51 | 2153 | 1760 | 278 | 378 | 4699 | 794 | 141 | 2028 |
| 261 | 764 | 1590 | 12 | 461 | 9770 | 1040 | 226 | 1697 |
| 364 | 284 | 162 | 8 | 77 | -173 | -161 | 10 | 149 |
| 36717 | 397322 | 173905 | 7756 | 95115 | 221929 | 277102 | 69174 | 311063 |
| 21563 | 254772 | 93169 | 6550 | 29221 | 100407 | 105200 | 17440 | 98799 |
| 16586 | 480234 | 155617 | 6910 | 59992 | 143241 | 136572 | 25376 | 107619 |
| 551 | 53605 | 15436 | 492 | 1883 | 65998 | 64597 | 13643 | 12525 |
| 9 | 13793 | 1267 | 4 | -3 | -8703 | -5738 | 31 | 4560 |
|  | 161 | 8 |  |  | 198 | 198 |  | 103 |
| 9 | 13632 | 1259 | 4 | -3 | -8901 | -5936 | 31 | 4457 |
| 12249 | 486886 | 58588 | 1590 | -2516 | -42162 | -24351 | 3677 | 78416 |
| 18 | 1264 | 134 | 3 | 20 | 9277 | 9294 | 65 | 941 |
| 12231 | 478896 | 58080 | 1583 | -2540 | -49898 | -32110 | 3583 | 74341 |
| … | 4815 | 250 |  | 2 | -1618 | -1618 |  | 1881 |
|  | 1911 | 123 | 5 | 2 | 77 | 83 | 29 | 1253 |
| **181812** | **1010778** | **548581** | **33812** | **141597** | **394152** | **399784** | **76507** | **567082** |
| 44908 | 230514 | 121090 | 5842 | 9189 | 180041 | 179832 | 18874 | 127355 |
| 149162 | 855892 | 502832 | 32312 | 139287 | 390402 | 385214 | 70279 | 512108 |
| 7133 | 66625 | 31089 | 1028 | 1101 | 30386 | 30375 | 1940 | 32648 |
| 446 | 4068 | 5229 | 212 | 944 | 12708 | 13418 | 128 | 6304 |
| 3111 | 7890 | 3425 | 482 | 1928 | -1802 | 1459 | 157 | 3611 |
| 8 | 859 | 503 | 35 | 48 | 348 | 348 | 9 | 350 |
| 79891 | 417924 | 202672 | 9395 | 43927 | 124731 | 118945 | 34692 | 216119 |
| 28804 | 113828 | 64632 | 5294 | 12046 | 102255 | 105003 | 10398 | 68524 |
| 25417 | 218597 | 177801 | 14717 | 68525 | 98597 | 93188 | 18313 | 167047 |
| 4353 | 26101 | 17482 | 1149 | 10768 | 23180 | 22478 | 4643 | 17505 |
| 7312 | 54456 | 23402 | 713 | 193 | 3714 | 14106 | 2647 | 19823 |
|  | 556 | 307 |  | 80 | 116 | 111 |  | 138 |
|  | 79 | 18 | 3 | 29 | 62 | 62 | 15 | 65 |
| 5689 | 45134 | 23077 | 710 | -33 | 2430 | 12741 | 2569 | 17024 |
|  | 4389 |  |  | 58 | 374 | 374 | 63 | 1578 |
| 1623 | 4298 |  |  | 59 | 733 | 818 |  | 1018 |
| 25338 | 100431 | 22347 | 787 | 2117 | 36 | 464 | 3581 | 35151 |
| 14805 | 33708 | 11853 | 493 | -15 | 3630 | 3458 | 1269 | 13672 |
| 9333 | 59399 | 9745 | 277 | 2185 | -4265 | -3746 | 2003 | 19186 |
| 745 | 3739 | 145 | 8 | 17 | 712 | 772 | 298 | 1212 |
| 456 | 3585 | 604 | 10 | -71 | -41 | -20 | 12 | 1081 |

## 16—8 限额以上批发零售企业主要财务指标情况（2012年，按行业分）

Main Financial Inventory of Enterprises Above Designated Size in Wholesale and Retail by Sector (2012)

| 指 标 | Item | 企业数（个）Number of Enterprises (unit) | 流动资产合计 Circulating Funds | #存货 Stock |
|---|---|---|---|---|
| **总 计** | **Total** | **4032** | **25027387** | **5593556** |
| **批发业合计** | **Wholesale Trade** | **1376** | **16604945** | **3424090** |
| 农畜产品批发 | Wholesale of Farm Produce and Livestock Products | 98 | 569766 | 273647 |
| 食品、饮料及烟草制品批发 | Wholesale of Food, Beverages and Tobaccos | 213 | 3163169 | 636416 |
| #米、面制品及食用油批发 | Wholesale of Rice, Flour and Edible Oil | 43 | 683801 | 238180 |
| 烟草制品批发 | Wholesale of Tobaccos | 17 | 1521928 | 250802 |
| 纺织、服装及日用品批发 | Wholesale of Textiles, Garments and Daily Consumer Articles | 106 | 2045373 | 389267 |
| #服装批发 | Wholesale of Garments | 24 | 281495 | 27364 |
| 文化、体育用品及器材批发 | Wholesale of Culture, Sports Appliances and Equipments | 27 | 582605 | 57835 |
| 医药及医疗器材批发 | Wholesale of Medicines and Medical Appliances | 189 | 1897246 | 413337 |
| 矿产品、建材及化工产品批发 | Wholesale of Mineral Products, Building Materials and Chemical Products | 436 | 6270478 | 1269814 |
| #煤炭及制品批发 | Wholesale of Coal and Related Products | 81 | 1058358 | 112871 |
| 石油及制品批发 | Wholesale of Petroleum and Related Products | 40 | 2100127 | 721523 |
| 金属及金属矿批发 | Wholesale of Metal Materials | 114 | 1892582 | 190882 |
| 建材批发 | Wholesale of Building Materials | 77 | 336648 | 49457 |
| 化肥批发 | Wholesale of Chemical Fertilizer | 53 | 659375 | 155384 |
| 机械设备、五金交电及电子产品批发 | Wholesale of Machinery, Hardware and Electronic Equipment | 194 | 1452682 | 296396 |
| #汽车批发 | Wholesale of Automobiles | 69 | 282680 | 90763 |
| 电气设备批发 | Wholesale of Electrical Equipments | 14 | 86888 | 15207 |
| 计算机、软件及辅助设备批发 | Wholesale of Computer, Software and Assistant Appliances | 10 | 164465 | 8419 |
| 贸易经纪与代理 | Trade Broker and Agency | 11 | 32339 | 5732 |
| 其他批发 | Other Wholesale not Classified Elsewhere | 102 | 591288 | 81649 |
| **零售业合计** | **Retail Trade** | **2656** | **8422441** | **2169465** |
| 综合零售 | Integrated Retail | 530 | 2537116 | 995399 |
| #百货零售 | Retail of General Merchandise | 244 | 1660836 | 642529 |
| 超级市场零售 | Retail of Supermarkets | 260 | 823409 | 343172 |
| 食品、饮料及烟草制品专门零售 | Retail of Food, Beverages and Tobaccos | 234 | 182550 | 49605 |
| 纺织、服装及日用品专门零售 | Special Retail of Textiles, Garments and Daily Consumer Artic | 126 | 240702 | 80890 |
| #服装零售 | Retail of Garments | 68 | 166083 | 52282 |
| 文化、体育用品及器材专门零售 | Retail of Culture, Sports Appliances and Equipments | 86 | 174245 | 43990 |
| #体育用品零售 | Retail of Sports Goods | 2 | 9248 | 1386 |
| 图书零售 | Retail of Books | 53 | 133686 | 25537 |
| 医药及医疗器材专门零售 | Retail of Medicines and Medical Appliances | 131 | 728622 | 125733 |
| #药品零售 | Retail of Medicines | 121 | 701029 | 123285 |
| 汽车、摩托车、燃料及零配件专门零售 | Retail of Motor Vehicles, Motorcycles, Fuel and Parts | 864 | 3607073 | 624473 |
| #汽车零售 | Retail of Motor Vehicles | 682 | 2138848 | 526898 |
| 机动车燃料零售 | Retail of Fuel of Motor Vehicles | 92 | 1408868 | 70157 |
| 家用电器及电子产品专门零售 | Special Retail of Household Electric Appliances and Electronic Products | 470 | 702190 | 180474 |
| #日用家电设备零售 | Retail of household appliances | 223 | 221309 | 67107 |
| 计算机、软件及辅助设备零售 | Retail of Computer, Software and Assistant Appliances | 89 | 97741 | 17813 |
| 通讯设备零售 | Retail of Communication Equipments | 17 | 35009 | 7828 |
| 五金、家具及室内装修材料专门零售 | Special Retail of Hardware, Furniture and Decoration Materials | 126 | 175221 | 48429 |
| 无店铺及其他零售 | Non-shop and Other Retails | 89 | 74724 | 20473 |

单位：万元（10000 yuan）

| 固定资产合计 Total Fixed Assets | 固定资产原价 Original Value of Fixed Assets | 累计折旧 Progessive Deprecia-tion | #本年折旧 Deprecia-tion this Year | 资产总计 Total of Assets | 负债合计 Total of Liabilities | 流动负债 Working Liabilities | 所有者权益 Creditors' Equity | #实收资本 Capital Hold | #国家资本 National Capital |
|---|---|---|---|---|---|---|---|---|---|
| **2986037** | **4591454** | **1694395** | **272932** | **32810243** | **22139924** | **21475592** | **10670319** | **5877313** | **896195** |
| **1205409** | **1881578** | **705789** | **112019** | **20970053** | **14039255** | **13695400** | **6930798** | **3530470** | **418335** |
| 104840 | 131139 | 27363 | 4360 | 840742 | 493192 | 462077 | 347550 | 167601 | 50425 |
| 288268 | 438221 | 154130 | 27781 | 3794853 | 1533642 | 1483592 | 2261212 | 238884 | 63275 |
| 34025 | 41106 | 9882 | 1253 | 751236 | 656310 | 634727 | 94926 | 54875 | 9272 |
| 159147 | 261294 | 102146 | 17207 | 1765042 | 145407 | 145194 | 1619636 | 25843 | 4625 |
| 91107 | 127679 | 38651 | 9345 | 2281957 | 2212100 | 2166188 | 69858 | 251177 | 15076 |
| 52055 | 71716 | 21661 | 3722 | 423058 | 302118 | 291847 | 120940 | 77616 | 2460 |
| 14512 | 26781 | 12269 | 1644 | 792464 | 401440 | 400520 | 391025 | 114915 | 88366 |
| 130983 | 172902 | 43482 | 9887 | 2123406 | 1798269 | 1744239 | 325137 | 254781 | 8718 |
| 450496 | 829785 | 382377 | 42317 | 8747185 | 5645721 | 5480732 | 3101464 | 2135413 | 187644 |
| 52978 | 247040 | 194617 | 5905 | 1749706 | 951873 | 900404 | 797833 | 690250 | 17050 |
| 296485 | 441640 | 145844 | 26718 | 2850291 | 1848576 | 1758810 | 1001716 | 319047 | 137542 |
| 36518 | 53560 | 17830 | 3448 | 2086683 | 1826498 | 1825254 | 260185 | 289686 | 6100 |
| 18833 | 25433 | 6600 | 2350 | 395328 | 296395 | 291688 | 98933 | 72448 | 5908 |
| 35948 | 47755 | 12180 | 2601 | 855608 | 541779 | 533605 | 313830 | 145856 | 11751 |
| 68021 | 91251 | 28899 | 6919 | 1663551 | 1412989 | 1418308 | 250561 | 276731 | 3732 |
| 20049 | 21846 | 7259 | 1652 | 324052 | 274347 | 285831 | 49705 | 154486 | 2000 |
| 2091 | 2864 | 772 | 259 | 92749 | 72629 | 72602 | 20120 | 11006 | |
| 986 | 1963 | 977 | 178 | 169660 | 151170 | 148840 | 18490 | 17907 | |
| 616 | 1061 | 446 | 61 | 33029 | 24917 | 24687 | 8112 | 5347 | |
| 56566 | 62758 | 18172 | 9705 | 692866 | 516986 | 515057 | 175881 | 85620 | 1098 |
| **1780628** | **2709876** | **988606** | **160914** | **11840190** | **8100669** | **7780192** | **3739521** | **2346843** | **477860** |
| 841054 | 1187637 | 353103 | 80868 | 3944774 | 2653470 | 2491436 | 1291305 | 864054 | 107903 |
| 469400 | 637092 | 172712 | 42070 | 2521866 | 1534010 | 1401960 | 987857 | 590108 | 74713 |
| 353854 | 526500 | 172754 | 37282 | 1343303 | 1075376 | 1046096 | 267927 | 249115 | 28190 |
| 39041 | 52623 | 13580 | 3348 | 299351 | 154631 | 147804 | 144720 | 83131 | 24803 |
| 19066 | 327469 | 308660 | 2690 | 294309 | 170421 | 164241 | 123888 | 97804 | 1270 |
| 14717 | 320437 | 305917 | 1570 | 192040 | 105289 | 101121 | 86751 | 82221 | 270 |
| 47135 | 76116 | 29271 | 3124 | 259800 | 106769 | 105933 | 153031 | 65091 | 35882 |
| 238 | 282 | 59 | 34 | 9486 | 8685 | 8685 | 801 | 1200 | |
| 39386 | 67495 | 28384 | 2867 | 210423 | 76537 | 76013 | 133886 | 58146 | 34882 |
| 59163 | 83504 | 25123 | 4989 | 824692 | 685541 | 679962 | 139150 | 102588 | 23426 |
| 56947 | 80724 | 24559 | 4792 | 793933 | 661710 | 656131 | 132223 | 99418 | 23426 |
| 604633 | 755232 | 195321 | 46610 | 4916678 | 3399974 | 3330801 | 1516704 | 902269 | 279279 |
| 311097 | 389969 | 91223 | 31383 | 2917568 | 2182674 | 2145176 | 734894 | 489794 | 5030 |
| 275256 | 343636 | 100473 | 14321 | 1911584 | 1157618 | 1128425 | 753966 | 390468 | 274249 |
| 55328 | 71335 | 17312 | 4668 | 887744 | 683152 | 671367 | 204592 | 140845 | 4040 |
| 18622 | 25661 | 7435 | 1828 | 253462 | 191013 | 188291 | 62449 | 47546 | 326 |
| 2146 | 3224 | 1260 | 327 | 105655 | 67712 | 67583 | 37943 | 36511 | 200 |
| 837 | 1852 | 1015 | 353 | 37448 | 30277 | 30077 | 7171 | 4289 | 1534 |
| 82048 | 119907 | 41256 | 13749 | 289321 | 183071 | 135192 | 106250 | 54999 | |
| 33161 | 36054 | 4980 | 868 | 123523 | 63640 | 53457 | 59882 | 36062 | 1257 |

**16—8 续表 continued**

| 指 标 | Item | 主营收入 Project Settlement Income | 主营成本 Project Settlement Cost | 主营税金及附加 Project Settlement Tax and Extra Charges |
|---|---|---|---|---|
| **总 计** | **Total** | **65304083** | **59092305** | **387870** |
| **批发业合计** | **Wholesale Trade** | **44836862** | **40861535** | **306826** |
| 农畜产品批发 | Wholesale of Farm Produce and Livestock Products | 1359875 | 1247339 | 6545 |
| 食品、饮料及烟草制品批发 | Wholesale of Food, Beverages and Tobaccos | 7528473 | 5985049 | 224995 |
| #米、面制品及食用油批发 | Wholesale of Rice, Flour and Edible Oil | 1228463 | 1180536 | 1066 |
| 烟草制品批发 | Wholesale of Tobaccos | 3871891 | 2893536 | 213637 |
| 纺织、服装及日用品批发 | Wholesale of Textiles, Garments and Daily Consumer Articles | 7161137 | 6036954 | 17266 |
| #服装批发 | Wholesale of Garments | 842848 | 681529 | 721 |
| 文化、体育用品及器材批发 | Wholesale of Culture, Sports Appliances and Equipments | 882541 | 826624 | 860 |
| 医药及医疗器材批发 | Wholesale of Medicines and Medical Appliances | 5660753 | 5454564 | 6064 |
| 矿产品、建材及化工产品批发 | Wholesale of Mineral Products, Building Materials and Chemical Products | 16563508 | 15940067 | 17448 |
| #煤炭及制品批发 | Wholesale of Coal and Related Products | 3323347 | 3234819 | 2493 |
| 石油及制品批发 | Wholesale of Petroleum and Related Products | 5112485 | 4849743 | 5783 |
| 金属及金属矿批发 | Wholesale of Metal Materials | 5023804 | 4897988 | 4662 |
| 建材批发 | Wholesale of Building Materials | 1102690 | 1060674 | 3110 |
| 化肥批发 | Wholesale of Chemical Fertilizer | 1368002 | 1305067 | 664 |
| 机械设备、五金交电及电子产品批发 | Wholesale of Machinery, Hardware and Electronic Equipment | 3491689 | 3315619 | 6527 |
| #汽车批发 | Wholesale of Automobiles | 1085277 | 1038109 | 1177 |
| 电气设备批发 | Wholesale of Electrical Equipments | 332996 | 319548 | 2378 |
| 计算机、软件及辅助设备批发 | Wholesale of Computer, Software and Assistant Appliances | 215059 | 209137 | 143 |
| 贸易经纪与代理 | Trade Broker and Agency | 75449 | 72433 | 28 |
| 其他批发 | Other Wholesale not Classified Elsewhere | 2113436 | 1982885 | 27093 |
| **零售业合计** | **Retail Trade** | **20467221** | **18230770** | **81045** |
| 综合零售 | Integrated Retail | 5875605 | 4995652 | 38289 |
| #百货零售 | Retail of General Merchandise | 3118408 | 2618614 | 24472 |
| 超级市场零售 | Retail of Supermarkets | 2590334 | 2244776 | 10920 |
| 食品、饮料及烟草制品专门零售 | Retail of Food, Beverages and Tobaccos | 556059 | 483001 | 2568 |
| 纺织、服装及日用品专门零售 | Special Retail of Textiles, Garments and Daily Consumer Artic | 495021 | 399360 | 3967 |
| #服装零售 | Retail of Garments | 292507 | 242321 | 2441 |
| 文化、体育用品及器材专门零售 | Retail of Culture, Sports Appliances and Equipments | 461629 | 364481 | 3716 |
| #体育用品零售 | Retail of Sports Goods | 5860 | 5400 | 5 |
| 图书零售 | Retail of Books | 333888 | 252610 | 459 |
| 医药及医疗器材专门零售 | Retail of Medicines and Medical Appliances | 1676188 | 1535208 | 3242 |
| #药品零售 | Retail of Medicines | 1617109 | 1483605 | 3092 |
| 汽车、摩托车、燃料及零配件专门零售 | Retail of Motor Vehicles, Motorcycles, Fuel and Parts | 8972129 | 8420624 | 11303 |
| #汽车零售 | Retail of Motor Vehicles | 5319206 | 4959684 | 7599 |
| 机动车燃料零售 | Retail of Fuel of Motor Vehicles | 3436615 | 3257969 | 2859 |
| 家用电器及电子产品专门零售 | Special Retail of Household Electric Appliances and Electronic Products | 1664728 | 1487374 | 5009 |
| #日用家电设备零售 | Retail of household appliances | 637324 | 579614 | 1346 |
| 计算机、软件及辅助设备零售 | Retail of Computer, Software and Assistant Appliances | 208122 | 192102 | 683 |
| 通讯设备零售 | Retail of Communication Equipments | 78354 | 70992 | 370 |
| 五金、家具及室内装修材料专门零售 | Special Retail of Hardware, Furniture and Decoration Materials | 544190 | 355132 | 11961 |
| 无店铺及其他零售 | Non-shop and Other Retails | 221672 | 189939 | 991 |

单位：万元（10000 yuan）

| 其他业务利润 Other Business Profit | 销售费用 Operating Expense | 管理费用 Management Expense | #税金 Tax | 财务费用 Financial Expenses | 营业利润 Operating Profit | 利润总额 Total Profit | 应交所得税 Payable Income Tax | 本年应付工资薪酬 Total Payable Wages this Year |
|---|---|---|---|---|---|---|---|---|
| **273275** | **2818170** | **1271055** | **62076** | **299944** | **1476923** | **1539008** | **324821** | **1341426** |
| **91464** | **1807391** | **722474** | **28264** | **158348** | **1082770** | **1139224** | **248314** | **774344** |
| 39 | 39174 | 28638 | 728 | 12246 | 29232 | 36156 | 3194 | 21312 |
| 6321 | 335378 | 269263 | 6024 | -32183 | 758399 | 787082 | 177454 | 196442 |
| 2055 | 23399 | 8336 | 381 | 14212 | 5158 | 17215 | 3451 | 11025 |
| 1015 | 56693 | 194308 | 2845 | -41610 | 545476 | 562078 | 126985 | 119664 |
| 28818 | 879798 | 131114 | 4764 | 4981 | 86840 | 86633 | 23344 | 117541 |
| 13758 | 40511 | 26288 | 1121 | 3058 | 67716 | 46621 | 3536 | 10277 |
| 502 | 28740 | 11547 | 794 | -4275 | 22543 | 21955 | 210 | 12367 |
| 8588 | 81750 | 65824 | 3458 | 13047 | 33211 | 32728 | 8664 | 49768 |
| 37684 | 289297 | 126710 | 9014 | 133485 | 144456 | 139906 | 19747 | 281457 |
| 1698 | 43853 | 19337 | 831 | 15899 | 12380 | 14570 | 5450 | 150311 |
| 29701 | 165787 | 33137 | 3394 | 25505 | 97064 | 72843 | 2325 | 68255 |
| 3492 | 31053 | 33407 | 2065 | 69668 | -2715 | 13512 | 4058 | 30685 |
| 1131 | 8101 | 14459 | 451 | 4647 | 9664 | 12754 | 2881 | 14622 |
| 947 | 23953 | 18901 | 1760 | 11115 | 16410 | 23704 | 3613 | 13565 |
| 4576 | 119864 | 47392 | 2077 | 16882 | 2472 | 4459 | 6710 | 38160 |
| 733 | 54607 | 8536 | 1102 | 5569 | -19539 | -20164 | 914 | 11493 |
| 231 | 4314 | 2613 | 81 | 86 | 4847 | 4813 | 1158 | 1502 |
| 26 | 2174 | 2239 | 50 | -27 | 3967 | 4039 | 340 | 1710 |
| 1 | 1845 | 856 | 18 | 169 | 119 | 341 | 123 | 484 |
| 4935 | 31545 | 41131 | 1387 | 13996 | 5499 | 29966 | 8869 | 56815 |
| **181812** | **1010778** | **548581** | **33812** | **141597** | **394152** | **399784** | **76507** | **567082** |
| 134087 | 473202 | 244809 | 16811 | 46204 | 99546 | 120845 | 32437 | 235731 |
| 49095 | 163528 | 136065 | 12671 | 34754 | 86277 | 87040 | 20236 | 96161 |
| 83456 | 295000 | 100362 | 3794 | 11029 | 6534 | 29043 | 12009 | 133513 |
| 2366 | 31018 | 19701 | 1057 | 4228 | 26112 | 18956 | 3192 | 27828 |
| 3441 | 44469 | 21699 | 1060 | 2297 | 18077 | 20310 | 4361 | 22378 |
| 1315 | 27585 | 15625 | 724 | 1593 | 4480 | 6348 | 1738 | 15439 |
| 2685 | 34830 | 22572 | 765 | -1179 | 40144 | 34367 | 92 | 24622 |
| | 518 | 165 | 7 | -11 | -217 | -217 | 3 | 33 |
| 2551 | 31771 | 20395 | 587 | -1428 | 33019 | 27318 | 50 | 22630 |
| 2756 | 65620 | 40021 | 1831 | 13552 | 14841 | 16842 | 3908 | 37897 |
| 2688 | 62450 | 37462 | 1748 | 12841 | 13908 | 15906 | 3744 | 36880 |
| 18198 | 226598 | 133327 | 9294 | 60321 | 82954 | 87249 | 16185 | 147079 |
| 15742 | 128075 | 104553 | 6953 | 55843 | 13458 | 17879 | 12870 | 99331 |
| 1934 | 94486 | 23008 | 2187 | 3787 | 67126 | 66377 | 3017 | 42814 |
| 15042 | 101511 | 38058 | 1548 | 8275 | 35766 | 30209 | 7064 | 48640 |
| 2353 | 29865 | 15155 | 661 | 4461 | 10019 | 6965 | 1349 | 16792 |
| 3474 | 10435 | 4209 | 204 | 425 | 1895 | 1740 | 442 | 5410 |
| 1525 | 5848 | 1765 | 120 | 405 | 891 | 1085 | 381 | 3516 |
| 2207 | 24839 | 21712 | 1165 | 6079 | 65721 | 60312 | 7783 | 17519 |
| 1030 | 8691 | 6683 | 283 | 1819 | 10992 | 10694 | 1485 | 5388 |

# 16—9 限额以上住宿业和餐饮企业主要财务指标情况（2012年）

Main Financial Indicators of Enterprises Above Designated Size in Catering Trades by Status of Registration and by Sector (2012)

| 指　标 | Item | 企业数（个） Number of Enterprises (unit) | 流动资产合计 Circulating Funds | #存货 Stock |
|---|---|---|---|---|
| **总　计** | **Total** | **1322** | **1171307** | **109101** |
| **住宿业合计** | **Total of Accommodation Enterprises** | **487** | **625968** | **48546** |
| 国有控股 | State-holding Enterprises | 99 | 98305 | 7511 |
| 内　资 | Domestic-funded | 467 | 580840 | 46916 |
| 国　有 | State-owned | 57 | 48686 | 3962 |
| 集　体 | Collective-owned | 5 | 2384 | 139 |
| 股份合作企业 | Cooperative | 5 | 2145 | 175 |
| 有限责任公司 | Limited Liability Company | 155 | 276067 | 19414 |
| 国有独资公司 | State-funded Corporations | 5 | 22038 | 812 |
| 其他有限责任公司 | Other Limited Liability Corporations | 150 | 254029 | 18602 |
| 股份有限公司 | Share-holding Corporations Ltd. | 27 | 21794 | 3620 |
| 私　营 | Private | 186 | 208609 | 14349 |
| 私营独资 | Private-funded | 34 | 30527 | 3772 |
| 私营合伙企业 | Private partnership | 3 | 531 | 37 |
| 私营有限责任公司 | Private Limited Liability Corporations | 141 | 170333 | 10106 |
| 私营股份有限公司 | Private Share-holding Corporations Ltd. | 8 | 7217 | 433 |
| 其　他 | Other | 32 | 21156 | 5258 |
| 港澳台商投资 | With Investment from Hong Kong, Macao and Taiwan | 11 | 37649 | 488 |
| 外商投资企业 | Enterprises with Foreign Investment | 9 | 7478 | 1142 |
| **按国民经济行业分** | **By Sector** | | | |
| 旅游饭店 | Tourist Hotel | 342 | 520041 | 36613 |
| 一般旅馆 | Common Hotel | 136 | 99727 | 9180 |
| 其他住宿服务 | Other Accommodation Service | 9 | 6199 | 2754 |
| **餐饮业合计** | **Catering Trade** | **835** | **545339** | **60555** |
| 国有控股 | State-holding Enterprises | 30 | 15414 | 2611 |
| 内　资 | Domestic-funded | 825 | 536543 | 58888 |
| 国　有 | State-owned | 21 | 9585 | 2176 |
| 集　体 | Collective-owned | 8 | 2808 | 231 |
| 股份合作企业 | Cooperative | 6 | 1515 | 116 |
| 有限责任公司 | Limited Liability Company | 199 | 144385 | 14897 |
| 国有独资公司 | State-funded Corporations | 3 | 326 | 79 |
| 其他有限责任公司 | Other Limited Liability Corporations | 196 | 144058 | 14818 |
| 股份有限公司 | Share-holding Corporations Ltd. | 19 | 22984 | 575 |
| 私　营 | Private | 511 | 295298 | 35055 |
| 私营独资 | Private-funded | 96 | 33911 | 2905 |
| 私营合伙企业 | Private partnership | 17 | 9583 | 913 |
| 私营有限责任公司 | Private Limited Liability Corporations | 375 | 230244 | 29247 |
| 私营股份有限公司 | Private Share-holding Corporations Ltd. | 23 | 21559 | 1990 |
| 其　他 | Other | 61 | 59968 | 5839 |
| 港澳台商投资企业 | With Investment from Hong Kong, Macao and Taiwan | 5 | 4574 | 450 |
| 外商投资企业 | Enterprises with Foreign Investment | 5 | 4223 | 1218 |
| **按国民经济行业分** | **By Sector** | | | |
| 正餐服务 | Dinner | 801 | 505760 | 55890 |
| 快餐服务 | Fast Food | 20 | 37010 | 4302 |
| 饮料及冷饮服务 | Drink and Cold Drink Service | 9 | 1925 | 137 |
| 其他餐饮服务 | Other Catering Service | 5 | 644 | 226 |

单位：万元（10000 yuan）

| 固定资产合计 Total Fixed Assets | 固定资产原价 Original Value of Fixed Assets | 累计折旧 Progessive Deprecia-tion | #本年折旧 Deprecia-tion this Year | 资产总计 Total of Assets | 负债合计 Total of Liabilities | 流动负债 Working Liabilities | 所有者权益 Creditors' Equity | #实收资本 Capital Hold | #国家资本 National Capital |
|---|---|---|---|---|---|---|---|---|---|
| **1286193** | **1733564** | **497273** | **102512** | **3399403** | **2276864** | **1812849** | **1122539** | **933944** | **120308** |
| **847398** | **1185728** | **354068** | **67550** | **2049877** | **1411126** | **1072487** | **638751** | **557545** | **98508** |
| 270310 | 427288 | 160775 | 21994 | 499173 | 302973 | 247554 | 196200 | 161694 | 96275 |
| 810949 | 1129862 | 334451 | 65364 | 1888868 | 1279485 | 978015 | 609382 | 510645 | 94012 |
| 118720 | 182417 | 65492 | 10942 | 257767 | 162192 | 134562 | 95575 | 75134 | 57907 |
| 2947 | 4521 | 1586 | 209 | 6260 | 3150 | 2701 | 3110 | 515 | |
| 2685 | 3080 | 395 | 59 | 7302 | 4192 | 3929 | 3111 | 828 | |
| 301832 | 433992 | 141013 | 26958 | 800508 | 530476 | 368059 | 270032 | 229389 | 25664 |
| 17070 | 30076 | 15288 | 1187 | 41212 | 14483 | 8755 | 26728 | 4808 | 1808 |
| 284762 | 403916 | 125725 | 25771 | 759296 | 515992 | 359304 | 243304 | 224582 | 23857 |
| 102538 | 149863 | 45804 | 7546 | 149056 | 102674 | 80877 | 46382 | 41139 | 10441 |
| 216469 | 274308 | 63717 | 16274 | 550271 | 398331 | 324563 | 151941 | 127726 | |
| 33478 | 39879 | 7588 | 2215 | 80301 | 55281 | 39882 | 25020 | 22205 | |
| 112 | 295 | 183 | 6 | 644 | 457 | 452 | 186 | 43 | |
| 152588 | 197013 | 49116 | 11621 | 430197 | 308945 | 256679 | 121252 | 101332 | |
| 30291 | 37122 | 6831 | 2431 | 39130 | 33648 | 27550 | 5482 | 4145 | |
| 65758 | 81682 | 16446 | 3377 | 117704 | 78472 | 63324 | 39232 | 35915 | |
| 8872 | 19330 | 10458 | 1309 | 100852 | 78624 | 54854 | 22228 | 34352 | 4497 |
| 27578 | 36535 | 9158 | 877 | 60157 | 53016 | 39618 | 7141 | 12548 | |
| | | | | | | | | | |
| 684812 | 986450 | 314959 | 57125 | 1707032 | 1179532 | 873051 | 527500 | 453940 | 80777 |
| 123152 | 155068 | 34333 | 8737 | 287115 | 183340 | 151359 | 103775 | 93301 | 17732 |
| 39434 | 44210 | 4776 | 1687 | 55730 | 48254 | 48077 | 7476 | 10304 | |
| **438795** | **547836** | **143205** | **34962** | **1349526** | **865738** | **740362** | **483788** | **376399** | **21800** |
| 50786 | 63939 | 18208 | 3895 | 76349 | 65956 | 48312 | 10393 | 24861 | 15519 |
| 433070 | 537238 | 138252 | 34120 | 1298492 | 839703 | 714523 | 458790 | 353325 | 21800 |
| 39423 | 47597 | 12495 | 3553 | 33298 | 49342 | 39079 | 5956 | 16099 | 14002 |
| 1648 | 2348 | 700 | 143 | 5147 | 4735 | 4735 | 412 | 1149 | |
| 739 | 1305 | 586 | 27 | 3166 | 2252 | 1166 | 913 | 628 | |
| 142875 | 185773 | 53844 | 11887 | 383405 | 246178 | 177850 | 137227 | 102720 | 6684 |
| 279 | 351 | 73 | 71 | 1130 | 927 | 927 | 203 | 167 | 161 |
| 142596 | 185422 | 53772 | 11815 | 382275 | 245251 | 176923 | 137024 | 102553 | 6524 |
| 8024 | 9659 | 1636 | 569 | 58938 | 48074 | 42712 | 10864 | 9612 | 113 |
| 215543 | 252680 | 55958 | 15215 | 655896 | 399471 | 360973 | 256425 | 203263 | 1000 |
| 54039 | 60738 | 10113 | 2737 | 98552 | 54806 | 47549 | 43746 | 29954 | |
| 10893 | 13123 | 2230 | 802 | 21581 | 18980 | 18933 | 2600 | 6040 | |
| 137768 | 168441 | 40175 | 10893 | 489352 | 300149 | 273083 | 189204 | 151683 | 1000 |
| 12843 | 10379 | 3441 | 783 | 46411 | 25536 | 21407 | 20875 | 15586 | |
| 24818 | 37876 | 13033 | 2726 | 136643 | 89650 | 88008 | 46993 | 19855 | |
| 4287 | 8885 | 4678 | 578 | 13406 | 8728 | 8531 | 4678 | 2772 | |
| 1438 | 1713 | 275 | 265 | 37628 | 17308 | 17308 | 20320 | 20302 | |
| | | | | | | | | | |
| 421028 | 522531 | 135308 | 33167 | 1281884 | 826401 | 701178 | 455483 | 360286 | 16686 |
| 13857 | 20963 | 7186 | 1598 | 60846 | 36238 | 36094 | 24608 | 12429 | 5114 |
| 687 | 890 | 482 | 82 | 2859 | 2236 | 2226 | 624 | 1144 | |
| 3223 | 3453 | 230 | 116 | 3937 | 864 | 864 | 3073 | 2541 | |

**16—9 续表 continued**

| 指 标 | Item | 主营收入 Project Settlement Income | 主营成本 Project Settlement Cost | 主营税金及附加 Project Settlement Tax and Extra Charges |
|---|---|---|---|---|
| **总 计** | **Total** | **1548678** | **729220** | **77685** |
| **住宿业合计** | **Total of Accommodation Enterprises** | **693942** | **284418** | **35818** |
| 国有控股 | State-holding Enterprises | 189560 | 88745 | 10040 |
| 内 资 | Domestic-funded | 648050 | 271367 | 33196 |
| 国 有 | State-owned | 81994 | 39648 | 4226 |
| 集 体 | Collective-owned | 3252 | 2032 | 239 |
| 股份合作企业 | Cooperative | 4481 | 1282 | 215 |
| 有限责任公司 | Limited Liability Company | 275006 | 105728 | 14792 |
| 国有独资公司 | State-funded Corporations | 19876 | 8187 | 1230 |
| 其他有限责任公司 | Other Limited Liability Corporations | 255130 | 97541 | 13562 |
| 股份有限公司 | Share-holding Corporations Ltd. | 68233 | 32093 | 3383 |
| 私 营 | Private | 170386 | 70535 | 8100 |
| 私营独资 | Private-funded | 24175 | 12651 | 1088 |
| 私营合伙企业 | Private partnership | 1386 | 771 | 65 |
| 私营有限责任公司 | Private Limited Liability Corporations | 134093 | 53631 | 6392 |
| 私营股份有限公司 | Private Share-holding Corporations Ltd. | 10731 | 3482 | 555 |
| 其 他 | Other | 44698 | 20050 | 2241 |
| 港澳台商投资 | With Investment from Hong Kong, Macao and Taiwan | 27922 | 7949 | 1570 |
| 外商投资企业 | Enterprises with Foreign Investment | 17971 | 5103 | 1052 |
| **按国民经济行业分** | **By Sector** | | | |
| 旅游饭店 | Tourist Hotel | 580619 | 233566 | 30322 |
| 一般旅馆 | Common Hotel | 101939 | 44337 | 4978 |
| 其他住宿服务 | Other Accommodation Service | 11384 | 6515 | 518 |
| **餐饮业合计** | **Catering Trade** | **854735** | **444802** | **41867** |
| 国有控股 | State-holding Enterprises | 39092 | 19370 | 1783 |
| 内 资 | Domestic-funded | 823430 | 431301 | 40163 |
| 国 有 | State-owned | 26827 | 13329 | 1169 |
| 集 体 | Collective-owned | 8106 | 3225 | 462 |
| 股份合作企业 | Cooperative | 4819 | 3350 | 273 |
| 有限责任公司 | Limited Liability Company | 208523 | 105292 | 9524 |
| 国有独资公司 | State-funded Corporations | 1023 | 712 | 65 |
| 其他有限责任公司 | Other Limited Liability Corporations | 207501 | 104579 | 9459 |
| 股份有限公司 | Share-holding Corporations Ltd. | 16339 | 8360 | 1031 |
| 私 营 | Private | 506157 | 266543 | 25097 |
| 私营独资 | Private-funded | 69706 | 41369 | 3392 |
| 私营合伙企业 | Private partnership | 12590 | 9177 | 779 |
| 私营有限责任公司 | Private Limited Liability Corporations | 386542 | 198266 | 18975 |
| 私营股份有限公司 | Private Share-holding Corporations Ltd. | 37319 | 17730 | 1950 |
| 其 他 | Other | 52661 | 31204 | 2607 |
| 港澳台商投资企业 | With Investment from Hong Kong, Macao and Taiwan | 27222 | 10256 | 1465 |
| 外商投资企业 | Enterprises with Foreign Investment | 4083 | 3245 | 240 |
| **按国民经济行业分** | **By Sector** | | | |
| 正餐服务 | Dinner | 760393 | 401600 | 38442 |
| 快餐服务 | Fast Food | 87733 | 38899 | 3012 |
| 饮料及冷饮服务 | Drink and Cold Drink Service | 2822 | 1843 | 127 |
| 其他餐饮服务 | Other Catering Service | 3788 | 2460 | 286 |

单位：万元（10000 yuan）

| 其他业务利润<br>Other Business Profit | 销售费用<br>Operating Expense | 管理费用<br>Management Expense | #税金<br>Tax | 财务费用<br>Financial Expenses | 营业利润<br>Operating Profit | 利润总额<br>Total Profit | 应交所得税<br>Payable Income Tax | 本年应付工资薪酬<br>Total Payable Wages this Year |
|---|---|---|---|---|---|---|---|---|
| **42892** | **422364** | **287145** | **12570** | **54591** | **-1770** | **1867** | **16447** | **293702** |
| **30817** | **192613** | **174917** | **8143** | **28756** | **-11807** | **-9040** | **4993** | **145244** |
| 8462 | 46578 | 49752 | 2910 | 2249 | -1550 | -320 | 876 | 43334 |
| 25429 | 180213 | 159451 | 8065 | 27063 | -12980 | -9735 | 4817 | 136978 |
| 7758 | 21487 | 25220 | 1069 | 512 | -4628 | -5396 | 274 | 18080 |
|  | 252 | 646 | 3 | 9 | 80 | 95 | 17 | 730 |
|  | 1737 | 354 | 17 | 182 | 717 | 141 | 9 | 822 |
| 9710 | 90406 | 68976 | 2831 | 14774 | -17194 | -11085 | 2352 | 61067 |
|  | 6408 | 5201 | 84 | 156 | -766 | 1658 | 204 | 5300 |
| 9710 | 83998 | 63775 | 2747 | 14618 | -16428 | -12743 | 2148 | 55767 |
| 93 | 9589 | 15334 | 1872 | 1084 | 7375 | 7302 | 191 | 14964 |
| 6872 | 46894 | 37884 | 1584 | 9574 | -269 | -1444 | 1484 | 33745 |
| 176 | 7085 | 5525 | 114 | 1437 | -1355 | -1284 | 146 | 4606 |
|  | 412 | 111 |  | 3 | 15 | -16 | 12 | 251 |
| 6615 | 37488 | 29585 | 1264 | 7544 | 377 | -1027 | 1287 | 27089 |
| 81 | 1909 | 2663 | 206 | 589 | 694 | 883 | 40 | 1799 |
| 996 | 9849 | 11038 | 689 | 929 | 939 | 653 | 490 | 7571 |
|  | 7440 | 7901 | 54 | 1557 | 1956 | 1319 | 47 | 5076 |
| 5389 | 4960 | 7565 | 24 | 136 | -783 | -624 | 129 | 3189 |
| 22607 | 162837 | 150171 | 6524 | 24612 | -12176 | -9087 | 3708 | 123672 |
| 8070 | 27281 | 22022 | 1192 | 3725 | 1667 | -1377 | 1098 | 19093 |
| 141 | 2495 | 2723 | 427 | 419 | -1298 | 1425 | 188 | 2479 |
| **12075** | **229751** | **112228** | **4427** | **25835** | **10037** | **10906** | **11454** | **148458** |
| 1392 | 9166 | 12749 | 352 | 293 | -3587 | -2600 | 292 | 8564 |
| 12059 | 217016 | 109837 | 4397 | 25222 | 9545 | 10574 | 10615 | 143040 |
| 1389 | 6619 | 8996 | 271 | 180 | -2802 | -2079 | 159 | 5310 |
| 10 | 1876 | 1015 | 71 | 56 | 920 | 946 | 56 | 1398 |
| 1 | 794 | 167 | 5 | 29 | 207 | 155 | 5 | 558 |
| 1979 | 60265 | 30179 | 912 | 8441 | -2653 | -681 | 2707 | 33357 |
|  | 520 | 112 | 1 | 35 | -307 | -311 | 27 | 404 |
| 1979 | 59745 | 30067 | 911 | 8406 | -2345 | -370 | 2680 | 32953 |
| 1165 | 5832 | 2385 | 229 | 1196 | -2306 | -1955 | 106 | 3548 |
| 6914 | 128887 | 60639 | 2481 | 13869 | 13813 | 13042 | 6827 | 89243 |
| 590 | 10064 | 7476 | 429 | 1243 | 6580 | 6183 | 404 | 11660 |
| 339 | 1643 | 1645 | 36 | 371 | -848 | -777 | 150 | 2416 |
| 5983 | 106016 | 47415 | 1882 | 11504 | 6480 | 6508 | 5806 | 66422 |
| 2 | 11164 | 4103 | 134 | 752 | 1602 | 1129 | 468 | 8746 |
| 602 | 12744 | 6455 | 429 | 1452 | 2366 | 1145 | 755 | 9626 |
|  | 12417 | 1232 | 7 | 278 | 1481 | 1289 | 828 | 4611 |
| 16 | 318 | 1159 | 23 | 335 | -989 | -956 | 10 | 807 |
| 11885 | 191202 | 105838 | 4179 | 24714 | 5552 | 6345 | 9572 | 138166 |
| 190 | 37643 | 5269 | 24 | 1064 | 3538 | 3868 | 1781 | 9344 |
|  | 455 | 437 | 19 | 29 | 186 | 40 | 42 | 713 |
|  | 452 | 685 | 205 | 30 | 762 | 653 | 58 | 235 |

## 16—10 限额以上批发和零售业连锁经营情况（2012年）

Basic Conditions of Chain-Enterprise Above Quota Wholesale and Retail (2012)

| 指　标 | | Item | | 合计 Total | 直销店 Directly-run Shops | 加盟店 Alliance Shops |
|---|---|---|---|---|---|---|
| 门店总数 | （个） | Gross Number of Shops | (unit) | 9533 | 4029 | 5504 |
| 从业人数 | （人） | Number of People Engaged | (person) | 97743 | 76298 | 21445 |
| 零售营业面积 | （平方米） | Area of Business | (sq.m) | 5331907 | 4936047 | 395860 |
| 连锁门店商品购进额 | （万元） | Total Purchases | (10000 yuan) | 14446783 | 13174009 | 1272774 |
| #统一配送商品购进额 | | Centralized Purchase and Delivery | | 11317725 | 10336863 | 980862 |
| #自有配送中心配送商品购进额 | | Total Revenue of Purchasing by Self Purchase and Delivery | | 5553724 | 4982113 | 571612 |
| 非自有配送中心配送商品购进额 | | Total Revenue of Purchasing by Non-self Purchase and Delivery | | 344400 | 68014 | 276387 |
| 连锁门店商品销售额 | （万元） | Sales Value of Commodities | (10000 yuan) | 15014831 | 14302441 | 712391 |
| #零售额 | | Revenue of Retail Sales | | 10616869 | 10318548 | 298322 |

## 16—11 限额以上住宿和餐饮业连锁经营情况（2012年）

Basic Conditions of Chain-Enterprise Above Quota Lodging and food and Beverage Industry (2012)

| 指　标 | | Item | | 合计 Total | 直销店 Directly-run Shops | 加盟店 Alliance Shops |
|---|---|---|---|---|---|---|
| 门店总数 | （个） | Gross Number of Shops | (unit) | 365 | 351 | 14 |
| 从业人数 | （人） | Number of People Engaged | (person) | 10203 | 8768 | 1435 |
| 餐饮营业面积 | （平方米） | Area of Business | (sq.m) | 408590 | 370306 | 38284 |
| 客房数 | （间） | Guestroom Number | (unit) | 760 | 379 | 381 |
| 床位数 | （个） | Bed Capacity | (unit) | 1271 | 629 | 642 |
| 餐位数 | （位） | Number of Seating Arrangement | (unit) | 59725 | 55131 | 4594 |
| 连锁门店商品购进(采购)额 | （万元） | Chain shops Commodity Purchasing Volume | (10000 yuan) | 46022 | 40519 | 5503 |
| #统一配送商品购进额 | | Centralized Purchase and Delivery | | 30669 | 28294 | 2376 |
| #自有配送中心配送商品购进(采购)额 | | Total Revenue of Purchasing by Self Purchase and Delivery | | 18339 | 17309 | 1300 |
| 非自有配送中心配送商品购进(采购)额 | | Total Revenue of Purchasing by Non-self Purchase and Delivery | | 2794 | 2794 | |
| 连锁门店营业额 | （万元） | Chain shops Turnover | (10000 yuan) | 119010 | 104186 | 14824 |
| #餐费收入 | | Catering Income | | 103028 | 93276 | 9751 |
| 商品销售额 | | Total Sales of Goods | | 10254 | 7694 | 2560 |

## 16—12 各市限额以上批发和零售业连锁经营情况（2012年）
Basic Conditions of Chain-Enterprise Above Quota Wholesale and Retail by Region (2012)

| 地 区 Region | 门店总数（个）Gross Number of Shops (unit) | 从业人员（人）Number of People Engaged (person) | 零售营业面积（平方米）Area of Business (sp.m) | 商品购进总额（万元）Total Purchases (10000 yuan) | #统一配送商品购进额 Centralized Purchase and Delivery | #自有配送中心配送 Total Revenue of Purchasing by Self | 商品销售额（万元）Sales Value of Commodities (10000 yuan) | 零售额 Retail |
|---|---|---|---|---|---|---|---|---|
| **总　计 Total** | **9533** | **97743** | **5331907** | **14446783** | **11317725** | **5553724** | **15014831** | **10616869** |
| 合 肥 市 Hefei | 8176 | 74268 | 3965634 | 12422990 | 9732683 | 4658650 | 13600590 | 9362822 |
| 淮 北 市 Huaibei | | | | | | | | |
| 亳 州 市 Bozhou | 62 | 1081 | 25960 | 25554 | 1519 | | 23603 | 23603 |
| 宿 州 市 Suzhou | | | | | | | | |
| 蚌 埠 市 Bengbu | 104 | 1581 | 61134 | 63867 | 63867 | | 74149 | 73149 |
| 阜 阳 市 Fuyang | 620 | 7091 | 242966 | 681170 | 392191 | 225853 | 247790 | 239549 |
| 淮 南 市 Huainan | 63 | 2813 | 154573 | 154160 | 83544 | | 149950 | 149950 |
| 滁 州 市 Chuzhou | 51 | 1108 | 37550 | 50324 | 50324 | 45130 | 56594 | 56594 |
| 六 安 市 Luan | | | | | | | | |
| 马鞍山市 Maanshan | 172 | 1969 | 156178 | 265085 | 255823 | 253679 | 273030 | 180617 |
| 芜 湖 市 Wuhu | 3 | 72 | 1300 | 2436 | 2436 | 2436 | 3485 | 2137 |
| 宣 城 市 Xuancheng | 39 | 1600 | 120000 | 364917 | 364917 | 364917 | 83504 | 83504 |
| 铜 陵 市 Tongling | 13 | 125 | 3396 | 6222 | 2603 | | 5161 | 4753 |
| 池 州 市 Chizhou | | | | | | | | |
| 安 庆 市 Anqing | 230 | 6035 | 563216 | 410059 | 367818 | 3060 | 496977 | 440193 |
| 黄 山 市 Huangshan | | | | | | | | |

## 16—13 各市限额以上住宿和餐饮业连锁经营情况（2012年）
Basic Conditions of Chain-Enterprise Above Quota Lodging and Food and Beverage Industry by Region (2012)

| 地 区 Region | 门店总数（个）Gross Number of Shops (unit) | 从业人员（人）Number of People Engaged (person) | 餐饮营业面积（平方米）Area of Business (sp.m) | 客房数（间）Guestroom Number (unit) | 床位数（个）Bed Capacity (unit) | 餐位数（位）Number of eating Arrangement (unit) | 商品购进总额（万元）Total Purchases (10000 yuan) | 营业额（万元）Turnover (10000 yuan) |
|---|---|---|---|---|---|---|---|---|
| **总　计 Total** | **365** | **10203** | **408590** | **760** | **1271** | **59725** | **46021** | **119010** |
| 合 肥 市 Hefei | 349 | 8606 | 373190 | 760 | 1271 | 50325 | 37576 | 101903 |
| 淮 北 市 Huaibei | | | | | | | | |
| 亳 州 市 Bozhou | | | | | | | | |
| 宿 州 市 Suzhou | | | | | | | | |
| 蚌 埠 市 Bengbu | | | | | | | | |
| 阜 阳 市 Fuyang | | | | | | | | |
| 淮 南 市 Huainan | | | | | | | | |
| 滁 州 市 Chuzhou | | | | | | | | |
| 六 安 市 Luan | | | | | | | | |
| 马鞍山市 Maanshan | 12 | 1230 | 25500 | | | 8400 | 6558 | 12482 |
| 芜 湖 市 Wuhu | | | | | | | | |
| 宣 城 市 Xuancheng | | | | | | | | |
| 铜 陵 市 Tongling | | | | | | | | |
| 池 州 市 Chizhou | | | | | | | | |
| 安 庆 市 Anqing | 4 | 367 | 9900 | | | 1000 | 1888 | 4624 |
| 黄 山 市 Huangshan | | | | | | | | |

## 16—14 各市限额以上批发零售企业主要财务指标情况（2012年）
Main Financial Indicators of Enterprises Above Designated Size in Wholesale and Retail by Region (2012)

| 地　区 | Region | 企业数（个）Number of Enterprises (unit) | 流动资产合计 Circulating Funds | #存货 Stock | 固定资产合计 Total Fixed Assets | 固定资产原价 Original Value of Fixed Assets |
|---|---|---|---|---|---|---|
| **总　计** | **Total** | **4032** | **25027387** | **5593556** | **2986037** | **4591454** |
| 合肥市 | Hefei | 815 | 11409780 | 2595791 | 879188 | 1278035 |
| 淮北市 | Huaibei | 113 | 505139 | 67993 | 81538 | 104576 |
| 亳州市 | Bozhou | 206 | 619050 | 112207 | 75043 | 95092 |
| 宿州市 | Suzhou | 201 | 786085 | 182895 | 182657 | 232031 |
| 蚌埠市 | Bengbu | 221 | 1028383 | 170812 | 114299 | 180606 |
| 阜阳市 | Fuyang | 270 | 1449988 | 324122 | 180812 | 277052 |
| 淮南市 | Huainan | 153 | 575035 | 189597 | 108840 | 163883 |
| 滁州市 | Chuzhou | 317 | 629106 | 255783 | 159520 | 506007 |
| 六安市 | Luan | 197 | 1032805 | 552305 | 175973 | 246886 |
| 马鞍山市 | Maanshan | 181 | 917281 | 158173 | 147662 | 193782 |
| 芜湖市 | Wuhu | 424 | 3064689 | 368657 | 309356 | 568601 |
| 宣城市 | Xuancheng | 226 | 589999 | 175804 | 174094 | 212797 |
| 铜陵市 | Tongling | 115 | 605822 | 141053 | 66536 | 87181 |
| 池州市 | Chizhou | 136 | 447107 | 63846 | 90227 | 124698 |
| 安庆市 | Anqing | 310 | 992879 | 169529 | 180972 | 233541 |
| 黄山市 | Huangshan | 147 | 374239 | 64990 | 59321 | 86688 |

## 16—15 各市限额以上住宿和餐饮企业主要财务指标情况（2012年）
Main Financial Indicators of Enterprises Above Designated Size in Catering Trades by Status of Registration and by Sector by Region (2012)

| 地　区 | Region | 企业数（个）Number of Enterprises (unit) | 流动资产合计 Circulating Funds | #存货 Stock | 固定资产合计 Total Fixed Assets | 固定资产原价 Original Value of Fixed Assets |
|---|---|---|---|---|---|---|
| **总　计** | **Total** | **1322** | **1171307** | **109101** | **1286193** | **1733564** |
| 合肥市 | Hefei | 332 | 408465 | 30141 | 293444 | 431197 |
| 淮北市 | Huaibei | 11 | 7593 | 694 | 8895 | 15754 |
| 亳州市 | Bozhou | 35 | 27954 | 1179 | 20928 | 23119 |
| 宿州市 | Suzhou | 41 | 16149 | 1245 | 31482 | 40063 |
| 蚌埠市 | Bengbu | 62 | 35944 | 12410 | 30160 | 46190 |
| 阜阳市 | Fuyang | 67 | 37832 | 2522 | 35224 | 48419 |
| 淮南市 | Huainan | 45 | 26939 | 2177 | 40292 | 52710 |
| 滁州市 | Chuzhou | 84 | 53740 | 6818 | 62301 | 78661 |
| 六安市 | Luan | 62 | 37310 | 4094 | 92513 | 107281 |
| 马鞍山市 | Maanshan | 68 | 70352 | 4355 | 34128 | 50498 |
| 芜湖市 | Wuhu | 109 | 122827 | 10339 | 188537 | 249919 |
| 宣城市 | Xuancheng | 76 | 56791 | 9490 | 69777 | 86430 |
| 铜陵市 | Tongling | 71 | 70357 | 3457 | 29971 | 40645 |
| 池州市 | Chizhou | 51 | 36271 | 6332 | 72408 | 82825 |
| 安庆市 | Anqing | 110 | 73779 | 7369 | 124768 | 151448 |
| 黄山市 | Huangshan | 98 | 89004 | 6480 | 151365 | 228407 |

单位：万元（10000 yuan）

| 累计折旧 Progessive Depreciation | #本年折旧 Depreciation this Year | 资产总计 Total of Assets | 负债合计 Total of Liabilities | #流动负债 Working Liabilities | 所有者权益 Creditors' Equity | #实收资本 Capital Hold | #国家资本 National Capital |
|---|---|---|---|---|---|---|---|
| **1694395** | **272932** | **32810243** | **22139924** | **21475592** | **10670319** | **5877313** | **896195** |
| 406965 | 84651 | 14590124 | 10400674 | 10185740 | 4189450 | 2157176 | 433277 |
| 27235 | 6549 | 690932 | 468748 | 449576 | 222184 | 129511 | 24717 |
| 30802 | 11885 | 744098 | 529765 | 516880 | 214334 | 223585 | 15902 |
| 74754 | 12361 | 1121555 | 702303 | 623287 | 419252 | 225548 | 91627 |
| 67505 | 10101 | 1243696 | 890936 | 871000 | 352760 | 162522 | 35075 |
| 96494 | 16928 | 1794387 | 1325186 | 1284329 | 469201 | 329522 | 12741 |
| 55873 | 10561 | 768430 | 467785 | 455128 | 300645 | 130402 | 7843 |
| 349092 | 8594 | 960201 | 555391 | 538485 | 404810 | 197212 | 43495 |
| 73163 | 25287 | 1322877 | 610506 | 592243 | 712372 | 343389 | 27589 |
| 54378 | 11088 | 1181389 | 907815 | 897464 | 273574 | 129939 | 3092 |
| 266145 | 19280 | 3806329 | 2855007 | 2747155 | 951322 | 615205 | 68832 |
| 40753 | 10981 | 1445272 | 478696 | 468967 | 966576 | 731712 | 15463 |
| 26259 | 7972 | 732205 | 499841 | 487943 | 232365 | 145049 | 64402 |
| 39312 | 12953 | 617720 | 376192 | 330483 | 241528 | 120393 | 20555 |
| 57510 | 13493 | 1304615 | 781034 | 741780 | 523581 | 168036 | 22132 |
| 28156 | 10249 | 486413 | 290045 | 285135 | 196368 | 68112 | 9453 |

单位：万元（10000 yuan）

| 累计折旧 Progessive Depreciation | #本年折旧 Depreciation this Year | 资产总计 Total of Assets | 负债合计 Total of Liabilities | #流动负债 Working Liabilities | 所有者权益 Creditors' Equity | #实收资本 Capital Hold | #国家资本 National Capital |
|---|---|---|---|---|---|---|---|
| **497273** | **102512** | **3399403** | **2276864** | **1812849** | **1122539** | **933944** | **120308** |
| 140346 | 27451 | 963248 | 639884 | 543718 | 323364 | 243790 | 52640 |
| 6901 | 3541 | 18125 | 6153 | 1045 | 11973 | 6982 | 286 |
| 6465 | 1572 | 58623 | 42907 | 35740 | 15716 | 16933 | 1084 |
| 8583 | 1635 | 60889 | 35932 | 24720 | 24957 | 14427 | 4105 |
| 16362 | 3469 | 94301 | 75706 | 74708 | 18595 | 22239 | 6588 |
| 19896 | 2070 | 91500 | 60708 | 58452 | 30792 | 30669 | 1647 |
| 13430 | 2424 | 77737 | 57375 | 51911 | 20362 | 30423 | 3283 |
| 16566 | 5601 | 136838 | 93380 | 88224 | 43458 | 42433 | 4014 |
| 15681 | 4787 | 152311 | 89294 | 69605 | 63018 | 47291 | 5495 |
| 19092 | 2961 | 194125 | 136938 | 127650 | 57187 | 51972 | 1102 |
| 65464 | 13867 | 360626 | 289935 | 227095 | 70690 | 79323 | 1274 |
| 20608 | 4852 | 194960 | 120045 | 79171 | 74916 | 41664 | 5357 |
| 11080 | 4086 | 145179 | 93370 | 68881 | 51808 | 41184 | 1000 |
| 17092 | 5233 | 161728 | 81169 | 50298 | 80560 | 64229 | 12279 |
| 30899 | 5868 | 254403 | 129013 | 93501 | 125390 | 63003 | 330 |
| 88809 | 13097 | 434811 | 325056 | 218130 | 109754 | 137381 | 19825 |

## 16—14 续表 continued

| 地区 | Region | 主营收入 Project Settlement Income | 主营成本 Project Settlement Cost | 主营税金及附加 Project Settlement Tax and Extra Charges | 其他业务利润 Other Business Profit |
|---|---|---|---|---|---|
| **总计** | **Total** | **65304083** | **59092305** | **387870** | **273275** |
| 合肥市 | Hefei | 28928319 | 26075066 | 108852 | 131222 |
| 淮北市 | Huaibei | 1127164 | 994187 | 14504 | 6141 |
| 亳州市 | Bozhou | 1924175 | 1602613 | 18600 | 4261 |
| 宿州市 | Suzhou | 3279804 | 3078603 | 20345 | 6396 |
| 蚌埠市 | Bengbu | 2112289 | 1887163 | 19515 | 9024 |
| 阜阳市 | Fuyang | 5428078 | 5112977 | 28523 | 15443 |
| 淮南市 | Huainan | 1803575 | 1639844 | 14615 | 9640 |
| 滁州市 | Chuzhou | 2352826 | 2099561 | 4260 | 7583 |
| 六安市 | Luan | 2533837 | 2175009 | 26525 | 5474 |
| 马鞍山市 | Maanshan | 2633754 | 2434018 | 18989 | 12448 |
| 芜湖市 | Wuhu | 6290133 | 5819867 | 32402 | 38282 |
| 宣城市 | Xuancheng | 1762912 | 1598755 | 18976 | 9798 |
| 铜陵市 | Tongling | 1214961 | 1120722 | 8255 | 5285 |
| 池州市 | Chizhou | 737052 | 650754 | 14615 | 1782 |
| 安庆市 | Anqing | 2229391 | 1951106 | 28137 | 7272 |
| 黄山市 | Huangshan | 945812 | 852063 | 10755 | 3226 |

## 16—15 续表 continued

| 地区 | Region | 主营收入 Project Settlement Income | 主营成本 Project Settlement Cost | 主营税金及附加 Project Settlement Tax and Extra Charges | 其他业务利润 Other Business Profit |
|---|---|---|---|---|---|
| **总计** | **Total** | **1548678** | **729220** | **77685** | **42892** |
| 合肥市 | Hefei | 587127 | 257420 | 30730 | 14137 |
| 淮北市 | Huaibei | 17351 | 12308 | 762 | |
| 亳州市 | Bozhou | 26834 | 13516 | 1458 | |
| 宿州市 | Suzhou | 32740 | 16636 | 1473 | 41 |
| 蚌埠市 | Bengbu | 48411 | 21619 | 2294 | 4743 |
| 阜阳市 | Fuyang | 45783 | 24111 | 1818 | 1301 |
| 淮南市 | Huainan | 45837 | 23723 | 2338 | 460 |
| 滁州市 | Chuzhou | 63913 | 32895 | 3075 | 1671 |
| 六安市 | Luan | 59588 | 30133 | 2798 | 1258 |
| 马鞍山市 | Maanshan | 71778 | 30957 | 3741 | 898 |
| 芜湖市 | Wuhu | 129854 | 53972 | 6622 | 7561 |
| 宣城市 | Xuancheng | 77137 | 37220 | 3880 | 5679 |
| 铜陵市 | Tongling | 51847 | 25002 | 2653 | 258 |
| 池州市 | Chizhou | 51353 | 24916 | 2310 | 699 |
| 安庆市 | Anqing | 113226 | 57951 | 5025 | 2587 |
| 黄山市 | Huangshan | 125900 | 66843 | 6712 | 1600 |

单位：万元（10000 yuan）

| 销售费用 Operating Expense | 管理费用 Management Expense | #税金 Tax | 财务费用 Financial Expenses | 营业利润 Operating Profit | 利润总额 Total Profit | 应交所得税 Payable Income Tax | 本年应付工资薪酬 Total Payable Wages this Year |
|---|---|---|---|---|---|---|---|
| **2818170** | **1271055** | **62076** | **299944** | **1476923** | **1539008** | **324821** | **1341426** |
| 1637415 | 509069 | 21737 | 123004 | 409217 | 470395 | 113404 | 467618 |
| 41432 | 35320 | 1478 | 7312 | 35325 | 35553 | 8689 | 27343 |
| 143765 | 53844 | 1826 | 4622 | 93591 | 103162 | 24021 | 56472 |
| 65641 | 46670 | 1596 | 8031 | 54633 | 58989 | 14009 | 45119 |
| 59015 | 54363 | 3111 | 14181 | 92843 | 59262 | 11085 | 71235 |
| 117128 | 79740 | 5357 | 10256 | 92444 | 95004 | 20387 | 64710 |
| 68771 | 33667 | 1570 | 3861 | 42763 | 44352 | 9928 | 35799 |
| 93566 | 59503 | 2199 | 12508 | 65946 | 71999 | 13113 | 57387 |
| 104570 | 57512 | 7818 | 18355 | 184111 | 151181 | 31067 | 58569 |
| 82649 | 58678 | 2690 | 18051 | 31133 | 35387 | 10628 | 43008 |
| 174957 | 94320 | 4747 | 45013 | 148214 | 157987 | 33734 | 232543 |
| 63452 | 46939 | 2674 | 8630 | 30688 | 58224 | 12950 | 56960 |
| 28818 | 33845 | 710 | 7561 | 22989 | 32375 | 7415 | 18740 |
| 23424 | 20520 | 668 | 4588 | 29763 | 33638 | 4162 | 16848 |
| 80860 | 60840 | 2925 | 10665 | 112782 | 99975 | 4237 | 66227 |
| 32709 | 26227 | 972 | 3306 | 30482 | 31526 | 5992 | 22850 |

单位：万元（10000 yuan）

| 销售费用 Operating Expense | 管理费用 Management Expense | #税金 Tax | 财务费用 Financial Expenses | 营业利润 Operating Profit | 利润总额 Total Profit | 应交所得税 Payable Income Tax | 本年应付工资薪酬 Total Payable Wages this Year |
|---|---|---|---|---|---|---|---|
| **422364** | **287145** | **12570** | **54591** | **-1770** | **1867** | **16447** | **293702** |
| 179079 | 102640 | 3643 | 21055 | 13665 | 13897 | 9188 | 103072 |
| 194 | 5461 | 69 | 91 | -1470 | -1546 | 78 | 4102 |
| 7251 | 6358 | 216 | 754 | -2000 | -1685 | 143 | 5391 |
| 7147 | 5247 | 35 | 741 | 1106 | 1029 | 63 | 5553 |
| 13543 | 9736 | 538 | 1085 | 191 | -578 | 430 | 8604 |
| 11755 | 7107 | 469 | 781 | -472 | 274 | 314 | 8485 |
| 14178 | 7260 | 493 | 1271 | -3133 | -2951 | 245 | 9017 |
| 14782 | 12960 | 273 | 1986 | -2447 | -2854 | 527 | 12441 |
| 11437 | 10238 | 541 | 2277 | 2621 | 3299 | 549 | 11437 |
| 21121 | 16943 | 653 | 3600 | -3884 | -2938 | 504 | 16392 |
| 47570 | 25722 | 1242 | 6747 | -6908 | -2494 | 1103 | 26704 |
| 15549 | 11478 | 772 | 3474 | 4817 | 2443 | 1248 | 12792 |
| 16605 | 9508 | 413 | 1906 | -2384 | -938 | 421 | 9669 |
| 10314 | 9686 | 709 | 770 | 4384 | 3935 | 472 | 11368 |
| 25430 | 17610 | 754 | 3637 | 1493 | 1422 | 759 | 18738 |
| 26409 | 29191 | 1750 | 4417 | -7348 | -8447 | 402 | 29938 |

## 16—16 各市限额以上批发零售、住宿餐饮企业从业人数（2012年）

Number of Persons Engaged in Enterprises Above Designated Size in Wholesale and Retail Sale, and Inventory Catering Trade by Region (2012)

单位：人（person）

| 地 区 | Region | 合 计<br>Total | 批发和零售业<br>Wholesale Trade and Retail Value | 零 售 业<br>Retail Value | 住宿和餐饮业<br>Accommodation and Catering Industry | 餐 饮 业<br>Catering Value |
|---|---|---|---|---|---|---|
| **总 计** | **Total** | **441895** | **314404** | **207207** | **127491** | **73097** |
| 合 肥 市 | Hefei | 142943 | 100508 | 55458 | 42435 | 29894 |
| 淮 北 市 | Huaibei | 10905 | 9521 | 7181 | 1384 | 304 |
| 亳 州 市 | Bozhou | 17547 | 14235 | 9013 | 3312 | 2353 |
| 宿 州 市 | Suzhou | 15986 | 12884 | 9310 | 3102 | 2402 |
| 蚌 埠 市 | Bengbu | 16300 | 12826 | 8817 | 3474 | 1814 |
| 阜 阳 市 | Fuyang | 29071 | 24696 | 15328 | 4375 | 1993 |
| 淮 南 市 | Huainan | 16057 | 12103 | 9880 | 3954 | 2221 |
| 滁 州 市 | Chuzhou | 25239 | 19668 | 12673 | 5571 | 2598 |
| 六 安 市 | Luan | 25141 | 19879 | 13143 | 5262 | 2718 |
| 马鞍山市 | Maanshan | 21481 | 14461 | 11650 | 7020 | 4242 |
| 芜 湖 市 | Wuhu | 36886 | 23582 | 16388 | 13304 | 6948 |
| 宣 城 市 | Xuancheng | 18509 | 12943 | 10330 | 5566 | 2905 |
| 铜 陵 市 | Tongling | 10335 | 5687 | 4426 | 4648 | 2679 |
| 池 州 市 | Chizhou | 10212 | 5635 | 4108 | 4577 | 2089 |
| 安 庆 市 | Anqing | 28554 | 19641 | 14693 | 8913 | 5467 |
| 黄 山 市 | Huangshan | 16729 | 6135 | 4809 | 10594 | 2470 |

## 16—17 各市限额以上批发零售业商品购进、销售和库存情况（2012年）

Total Purchases, Sales and Inventory of Enterprises Above Designated Size in Wholesale and Retail and Inventory by Region (2012)

单位：万元（10000 yuan）

| 地 区 | Region | 购进总额<br>Total Purchases Value | #进 口<br>Imports | 销售总额<br>Total Sales Value | 批 发<br>Wholesale Value | 零 售<br>Retail Value | 年末库存总 额<br>Stock (year-end) |
|---|---|---|---|---|---|---|---|
| **总 计** | **Total** | **71845804** | **1430571** | **77383365** | **51655246** | **25728119** | **5265657** |
| 合 肥 市 | Hefei | 34352252 | 1118982 | 36227255 | 26895362 | 9331893 | 2055030 |
| 淮 北 市 | Huaibei | 1188183 | 47 | 1326670 | 716604 | 610067 | 77395 |
| 亳 州 市 | Bozhou | 1755717 | 10483 | 2014386 | 1242567 | 771820 | 101754 |
| 宿 州 市 | Suzhou | 3311656 | 64 | 3540957 | 2364492 | 1176465 | 146958 |
| 蚌 埠 市 | Bengbu | 1896824 | 69693 | 2470336 | 1179573 | 1290763 | 181120 |
| 阜 阳 市 | Fuyang | 5582802 | 30 | 6260884 | 4384275 | 1876609 | 360429 |
| 淮 南 市 | Huainan | 2087658 | | 2191844 | 1364017 | 827827 | 155314 |
| 滁 州 市 | Chuzhou | 2399178 | 6147 | 2645057 | 1597775 | 1047281 | 274583 |
| 六 安 市 | Luan | 3225997 | 5167 | 3358057 | 1347271 | 2010786 | 350797 |
| 马鞍山市 | Maanshan | 2781284 | 26491 | 3017074 | 2094604 | 922470 | 210341 |
| 芜 湖 市 | Wuhu | 6082592 | 163046 | 6625442 | 4504064 | 2121379 | 378790 |
| 宣 城 市 | Xuancheng | 1980796 | 280 | 2033458 | 1208085 | 825373 | 458744 |
| 铜 陵 市 | Tongling | 1375830 | 22436 | 1410383 | 883847 | 526535 | 187108 |
| 池 州 市 | Chizhou | 747270 | | 852100 | 448754 | 403347 | 55622 |
| 安 庆 市 | Anqing | 2109835 | 5328 | 2352135 | 931635 | 1420500 | 193407 |
| 黄 山 市 | Huangshan | 967931 | 2376 | 1057327 | 492324 | 565003 | 78267 |

## 16—18 亿元商品交易市场情况（2012年）
Market Above 100 million Yuan (2012)

| 指　　标 | Item | 市场个数（个）Number of Markets (unit) | 年末摊位数（个）Number of Booths (unit) | 总成交额（万元）Transaction Value (10000 yuan) |
|---|---|---|---|---|
| **全　　省** | **Total** | **143** | **112124** | **24287860** |
| **综合市场** | **Comprehensive Markets** | **44** | **56320** | **9344447** |
| 生产资料综合市场 | The Material of Production Comprehensive Markets | 2 | 8404 | 2488413 |
| 工业品综合市场 | Markets for Manufactured Goods | 10 | 25882 | 2542457 |
| 农业品综合市场 | Markets for Agricultural Goods | 20 | 13462 | 3063566 |
| 其他综合市场 | Other Comprehensive Markets | 12 | 8572 | 1250011 |
| **专业市场** | **Specialized markets** | **99** | **55804** | **14943413** |
| 生产资料市场 | The Material of Production Markets | 17 | 6561 | 5867198 |
| 农产品市场 | Agricultural Product Markets | 33 | 13100 | 2478809 |
| 食品饮料烟酒市场 | Food, Drink, Tobacco and Liquor | 3 | 3139 | 338882 |
| 纺织品服装鞋帽市场 | Textile, Clothing, Shoes and Hats | 9 | 7887 | 682946 |
| 日用品及文化用品市场 | Daily Necessities and Cultual Product Markets | | | |
| 电器通讯器材电子设备市场 | Electrical Communication Equipment Electronic Equipment Markets | 1 | 3417 | 870411 |
| 医药医疗用品及器材市场 | Medicine and Medical Supplies and Equipment Markets | 2 | 5192 | 2246766 |
| 家具五金及装饰材料市场 | Furniture, Hardware and Decorative Materials Markets | 20 | 10831 | 1493912 |
| 汽车摩托车及零配件市场 | Automobile and Motorcycle Spare Parts Markets | 10 | 2215 | 786556 |
| 花鸟鱼虫市场 | Flower, Bird, Fish, Insect Markets | 2 | 1940 | 98100 |
| 其他专业市场 | Other Professional Markets | 2 | 1519 | 79833 |

## 16—19 各市亿元商品交易市场情况（2012年）
Market Above 100 million Yuan by Region (2012)

| 地　区 | Region | 市场个数（个）Number of Markets (unit) | 年末摊位数（个）Number of Booths (unit) | 营业面积（平方米）Business Area (sq.m) | 总成交额（万元）Transaction Value (10000 yuan) |
|---|---|---|---|---|---|
| **总　　计** | **Total** | **143** | **112124** | **10682938** | **24287860** |
| 合 肥 市 | Hefei | 41 | 25863 | 3114411 | 9675223 |
| 淮 北 市 | Huaibei | 7 | 9337 | 625595 | 743048 |
| 亳 州 市 | Bozhou | 2 | 5680 | 42000 | 2362000 |
| 宿 州 市 | Suzhou | | | | |
| 蚌 埠 市 | Bengbu | 7 | 7025 | 502228 | 1149307 |
| 阜 阳 市 | Fuyang | 23 | 15056 | 1527062 | 2244914 |
| 淮 南 市 | Huainan | 8 | 2636 | 471484 | 590500 |
| 滁 州 市 | Chuzhou | 13 | 11089 | 1001493 | 797540 |
| 六 安 市 | Luan | 3 | 3092 | 22860 | 95909 |
| 马鞍山市 | Maanshan | 7 | 1971 | 207600 | 819604 |
| 芜 湖 市 | Wuhu | 12 | 15515 | 948043 | 1695727 |
| 宣 城 市 | Xuancheng | 6 | 2964 | 35426 | 910335 |
| 铜 陵 市 | Tongling | 7 | 1783 | 379640 | 446590 |
| 池 州 市 | Chizhou | 2 | 693 | 44175 | 88115 |
| 安 庆 市 | Anqing | 5 | 9420 | 1760921 | 2669048 |
| 黄 山 市 | Huangshan | | | | |

## 16—20 亿元以上商品交易市场摊位分类情况（2012年）
Classification of Commodity Exchange Markets of Transaction Value over 100 Million Yuan (2012)

| 指 标 | Item | 年末摊位数（个）Number of Booths (unit) | 总成交额（万元）Transaction Value (10000 yuan) |
|---|---|---|---|
| **合 计** | **Total** | **112124** | **24287860** |
| 食品、饮料、烟酒类 | Food, Beverages, Tobacco and Liquor | 33238 | 6397582 |
| 服装鞋帽、针、纺织品类 | Clothing, Shoes, Hats and Textiles | 24068 | 1950261 |
| 化妆品类 | Cosmetics | 795 | 91160 |
| 金银珠宝类 | Gold, Silver and Jeweler | 1506 | 291779 |
| 日用品类 | Articles for Daily Use | 3652 | 375407 |
| 五金、电料类 | Hardware & Electrical Materials | 4221 | 623781 |
| 体育、娱乐用品类 | Sports & Recreational Articles | 258 | 21560 |
| 书报杂志类 | Newspapers and Magazines | 375 | 178923 |
| 电子出版物及音像制品类 | E-journal and Video Products | 241 | 9911 |
| 家用电器和音像器材类 | Household Appliances and Video Equipments | 2798 | 812239 |
| 中西药品类 | Traditional Chinese and Western Medicine | 4581 | 2263982 |
| 文化办公用品类 | Cultural and official Goods | 539 | 87092 |
| 家具类 | Furniture | 2619 | 579308 |
| 通讯器材类 | Communication Appliances | 41 | 6310 |
| 煤炭及制品类 | Coal and Related Products | 8 | 410 |
| 木材及制品类 | Wood and Wooden Products | 1806 | 497168 |
| 石油及制品类 | Petroleum and Related Products | 2 | 120 |
| 化工材料及制品类 | Raw Chemical Materials and Related Products | 1007 | 252079 |
| 金属材料类 | Metal Materials | 2788 | 6088611 |
| 建筑及装潢材料类 | Building and Decoration Materials | 13189 | 2064017 |
| 机电产品及设备类 | Mechanical & Electrical Products | 2312 | 322872 |
| 汽车类 | Automobile | 900 | 723543 |
| 种子饲料类 | Seed and Feedstuff | 177 | 18709 |
| 棉麻类 | Cotton and Hemp | 133 | 49293 |
| 其他类 | Others | 10870 | 581743 |

## 16—21 各市社会消费品零售总额（2012年）
Total Retailsale of Consumer Goods in Major Years by Region (2012)

单位：万元（10000 yuan）

| 地 区 | Region | 社会消费品零售总额 Total Retail Sales of Consumer Goods | 城 镇 Urban | 城 区 City | 乡 村 Rural | 餐饮收入 Catering Income | 商品零售 Commodity Retail |
|---|---|---|---|---|---|---|---|
| **总 计** | **Total** | **56855558** | **46707355** | **32465777** | **10148203** | **6800344** | **50055215** |
| 合 肥 市 | Hefei | 12936155 | 12600575 | 11208278 | 335580 | 1020110 | 11916045 |
| 淮 北 市 | Huaibei | 1716704 | 1402813 | 1146906 | 313891 | 251420 | 1465284 |
| 亳 州 市 | Bozhou | 3036885 | 2270260 | 718266 | 766626 | 340272 | 2696613 |
| 宿 州 市 | Suzhou | 2660427 | 2231570 | 1008822 | 428857 | 296952 | 2363476 |
| 蚌 埠 市 | Bengbu | 3715134 | 3276427 | 2306414 | 438707 | 425150 | 3289984 |
| 阜 阳 市 | Fuyang | 4460442 | 3282773 | 1420068 | 1177669 | 549081 | 3911362 |
| 淮 南 市 | Huainan | 2564708 | 2338475 | 2225529 | 226233 | 298798 | 2265910 |
| 滁 州 市 | Chuzhou | 2968132 | 2410471 | 1224948 | 557661 | 651734 | 2316398 |
| 六 安 市 | Luan | 3826570 | 1780084 | 1259232 | 2046486 | 414368 | 3412203 |
| 马鞍山市 | Maanshan | 2629362 | 2416472 | 1505065 | 212890 | 337080 | 2292282 |
| 芜 湖 市 | Wuhu | 4901992 | 4440620 | 2913051 | 461372 | 605886 | 4296106 |
| 宣 城 市 | Xuancheng | 2658351 | 1687950 | 868072 | 970401 | 355040 | 2303311 |
| 铜 陵 市 | Tongling | 1372449 | 1232923 | 1179740 | 139526 | 237721 | 1134728 |
| 池 州 市 | Chizhou | 1242873 | 964096 | 608358 | 278777 | 89730 | 1153143 |
| 安 庆 市 | Anqing | 4605585 | 3137224 | 2002935 | 1468361 | 691119 | 3914466 |
| 黄 山 市 | Huangshan | 1720788 | 1372096 | 1223348 | 348692 | 336790 | 1383998 |

## 16—22 各县（市）社会消费品零售总额（2012年）

Total Retailsale of Consumer Goods in Major Years by County or City (2012)

单位：万元（10000 yuan）

| 县（市） | County or City | 社会消费品零售总额 Total Retail Sales of Consumer Goods | 城镇 Urban | 乡村 Rural | 餐饮收入 Catering Income | 商品零售 Commodity Retail |
|---|---|---|---|---|---|---|
| 合肥市辖区 | Hefei Region of City | 10325024 | 10325024 | | 690837 | 9634187 |
| 巢湖市 | Chaohu | 659334 | 626807 | 32527 | 107650 | 551684 |
| 长丰县 | Changfeng | 315345 | 259612 | 55733 | 35380 | 279966 |
| 肥东县 | Feidong | 533329 | 440743 | 92586 | 40782 | 492547 |
| 肥西县 | Feixi | 525467 | 436018 | 89449 | 64642 | 460825 |
| 庐江县 | Lujiang | 577656 | 512371 | 65285 | 80819 | 496837 |
| 淮北市辖区 | Huaibei Region of City | 1248471 | 942363 | 306108 | 209279 | 1039192 |
| 濉溪县 | Suixi | 468233 | 460451 | 7782 | 42141 | 426092 |
| 亳州市辖区 | Bozhou Region of City | 1094156 | 933784 | 160372 | 116802 | 977354 |
| 涡阳县 | Guoyang | 695722 | 472349 | 223373 | 82448 | 613274 |
| 蒙城县 | Mengcheng | 655807 | 480541 | 175266 | 74704 | 581103 |
| 利辛县 | Lixin | 591200 | 383585 | 207615 | 66317 | 524883 |
| 宿州市辖区 | Suzhou Region of City | 1255431 | 1090047 | 165384 | 64656 | 1190776 |
| 砀山县 | Dangshan | 341588 | 289970 | 51618 | 94206 | 247383 |
| 萧县 | Xiaoxian | 499722 | 413184 | 86538 | 64938 | 434784 |
| 灵璧县 | Lingbi | 300912 | 240024 | 60889 | 41013 | 259900 |
| 泗县 | Sixian | 262774 | 198345 | 64429 | 32140 | 230634 |
| 蚌埠市辖区 | Bengbu Region of City | 2346132 | 2284678 | 61454 | 322572 | 2023561 |
| 怀远县 | Huaiyuan | 658957 | 482753 | 176204 | 38589 | 620369 |
| 五河县 | Wuhe | 391964 | 279189 | 112775 | 31914 | 360050 |
| 固镇县 | Guzhen | 318080 | 229806 | 88274 | 32076 | 286005 |
| 阜阳市辖区 | Fuyang Region of City | 1774784 | 1388212 | 386572 | 129412 | 1645372 |
| 界首市 | Jieshou | 327181 | 211493 | 115689 | 66531 | 260651 |
| 临泉县 | Linquan | 537957 | 370842 | 167115 | 102795 | 435162 |
| 太和县 | Taihe | 878737 | 673078 | 205659 | 99211 | 779526 |
| 阜南县 | Funan | 457642 | 322668 | 134974 | 54248 | 403394 |
| 颍上县 | Yingshang | 484141 | 316481 | 167659 | 96884 | 387256 |
| 淮南市辖区 | Huainan Region of City | 2112598 | 1943590 | 169008 | 528150 | 1584448 |
| 凤台县 | Fengtai | 452110 | 394885 | 57225 | 144675 | 307435 |
| 滁州市辖区 | Chuzhou Region of City | 721158 | 684486 | 36672 | 55337 | 665821 |
| 天长市 | Tianchang | 468867 | 373687 | 95180 | 59062 | 409805 |
| 明光市 | Mingguang | 387710 | 312107 | 75603 | 73665 | 314045 |
| 来安县 | Laian | 344344 | 269442 | 74902 | 50807 | 293537 |
| 全椒县 | Quanjiao | 339186 | 269484 | 69702 | 47029 | 292157 |
| 定远县 | Dingyuan | 344618 | 276025 | 68593 | 51396 | 293222 |
| 凤阳县 | Fengyang | 362249 | 225240 | 137009 | 314438 | 47811 |
| 六安市辖区 | Luan Region of City | 1593763 | 1199554 | 394209 | 110846 | 1482917 |
| 寿县 | Shouxian | 533051 | 138593 | 394457 | 67863 | 465187 |

**16—22 续表 continued**

单位：万元（10000 yuan）

| 县（市） | County or City | 社会消费品零售总额 Total Retail Sales of Consumer Goods | 城镇 Urban | 乡村 Rural | 餐饮收入 Catering Income | 商品零售 Commodity Retail |
|---|---|---|---|---|---|---|
| 霍邱县 | Huoqiu | 571893 | 148692 | 423200 | 71069 | 500824 |
| 舒城县 | Shucheng | 448787 | 116685 | 332102 | 55614 | 393173 |
| 金寨县 | Jinzhai | 364635 | 94805 | 269830 | 62934 | 301701 |
| 霍山县 | Huoshan | 221985 | 57716 | 164269 | 32566 | 189420 |
| 叶集区 | Yeji District | 92457 | 24039 | 68418 | 13476 | 78981 |
| 马鞍山市辖区 | Maanshan Region of City | 1659102 | 1621112 | 37990 | 202439 | 1456663 |
| 当涂县 | Dangtu | 371060 | 297276 | 73784 | 42497 | 328563 |
| 含山县 | Hanshan | 235600 | 187152 | 48448 | 35649 | 199951 |
| 和县 | Hexian | 363600 | 310932 | 52668 | 56495 | 307105 |
| 芜湖市辖区 | Wuhu Region of City | 2918413 | 2912509 | 5904 | 318505 | 2599908 |
| 芜湖县 | Wuhu | 370765 | 258956 | 111809 | 54390 | 316376 |
| 繁昌县 | Fanchang | 296863 | 209257 | 87606 | 43259 | 253604 |
| 南陵县 | Nanling | 467069 | 314384 | 152685 | 57942 | 409127 |
| 无为县 | Wuwei | 848882 | 745514 | 103368 | 131790 | 717092 |
| 宣城市辖区 | Xuancheng Region of City | 1034304 | 692983 | 341321 | 179680 | 854624 |
| 宁国市 | Ningguo | 488682 | 320503 | 168179 | 27367 | 461315 |
| 郎溪县 | Langxi | 203280 | 125716 | 77564 | 40199 | 163081 |
| 广德县 | Guangde | 395855 | 220392 | 175463 | 11493 | 384362 |
| 泾县 | Jingxian | 236569 | 143423 | 93146 | 48357 | 188212 |
| 绩溪县 | Jixi | 173837 | 109439 | 64398 | 27812 | 146025 |
| 旌德县 | Jingde | 125824 | 75494 | 50330 | 20132 | 105692 |
| 铜陵市辖区 | Tongling Region of City | 1163170 | 1102997 | 60173 | 164473 | 998696 |
| 铜陵县 | Tongling | 209279 | 129926 | 79353 | 73248 | 136031 |
| 池州市辖区 | Chizhou Region of City | 665832 | 608358 | 57474 | 48071 | 617761 |
| 东至县 | Dongzhi | 273907 | 158716 | 115191 | 19775 | 254132 |
| 石台县 | Shitai | 77361 | 45128 | 32233 | 5585 | 71776 |
| 青阳县 | Qingyang | 225774 | 151895 | 73879 | 16300 | 209474 |
| 安庆市辖区 | Anqing Region of City | 1741382 | 1741382 | | 347598 | 1393784 |
| 桐城市 | Tongcheng | 525088 | 261553 | 263535 | 76789 | 448299 |
| 怀宁县 | Huaining | 451687 | 161413 | 290275 | 59015 | 392672 |
| 枞阳县 | Zongyang | 436345 | 198497 | 237848 | 54782 | 381564 |
| 潜山县 | Qianshan | 375118 | 183136 | 191982 | 63754 | 311364 |
| 太湖县 | Taihu | 259713 | 103972 | 155741 | 20272 | 239442 |
| 宿松县 | Susong | 376445 | 283316 | 93129 | 33124 | 343321 |
| 望江县 | Wangjiang | 272017 | 120111 | 151906 | 23429 | 248588 |
| 岳西县 | Yuexi | 167790 | 83845 | 83945 | 12357 | 155433 |
| 黄山市辖区 | Huangshan Region of City | 907596 | 843401 | 64195 | 191420 | 716176 |
| 歙县 | Shexian | 422415 | 291221 | 131195 | 67013 | 355402 |
| 休宁县 | Xiuning | 199896 | 117001 | 82895 | 27566 | 172330 |
| 黟县 | Yixian | 60757 | 35878 | 24879 | 17203 | 43554 |
| 祁门县 | Qimen | 130124 | 84595 | 45529 | 33587 | 96537 |

# 主要统计指标解释

### 批发业

指批发商向批发、零售单位及其他企事业、机关单位批量销售生活用品和生产资料的活动，以及从事进出口贸易和贸易经纪与代理的活动。批发商可以对所批发的货物拥有所有权，并以本单位、公司的名义进行交易活动；也可以不拥有货物的所有权，而以中介身份做代理销售商。还包括各类商品批发市场中固定摊位的批发活动。

### 零售业

指百货商店、超级市场、专门零售商店、品牌专卖店、售货摊等主要面向最终消费者（如居民等）的销售活动。包括以互联网、邮政、电话、售货机等方式的销售活动，还包括在同一地点，后面加工生产，前面销售的店铺（如前店后厂的面包房）。不包括：谷物、种子、饲料、牲畜、矿产品、生产用原料、化工原料、农用化工产品、机械设备（乘用车、计算机及通信设备等除外）等生产资料的销售（列入批发业）；非零售单位附带的零售活动，如汽车修理单位销售汽车零件（列入单位主业所对应的行业类别中）；商业零售单位所在商厦的物业管理（列入物业管理）；商业零售单位所在的商品市场、商业大厦的市场管理活动（列入市场管理）。

### 批发和零售业商品购进、销售、库存额

指各种登记注册类型的批发和零售业企业(单位)以本企业(单位)为总体的，从国内、国外市场购进的商品总量，销售和出口的商品总量，库存的商品总量等情况。该指标可以反映商品流转过程中商品的购进、销售、库存之间的比例关系和存在的问题。

### 商品购进额

指从本企业以外的单位和个人购进（包括从国外直接进口）作为转卖或加工后转卖的商品金额（含增值税）。商品购进包括：（1）从工农业生产者、批发和零售业企业、住宿和餐饮业企业、出版社或报社的出版发行部门和其他服务业企业购进的商品；（2）从机关团体、事业单位购进的商品；（3）从海关、市场管理部门购进的缉私和没收的商品；（4）从居民收购的废旧商品等。不包括：（1）企业为本单位自身经营用，不是作为转卖而购进的商品，如材料物资、包装物、低值易耗品、办公用品等；（2）未通过买卖行为而收入的商品，如接受其他部门移交的商品、借入的商品、收入代其他单位保管的商品、其他单位赠送的样品、加工回收的成品等；（3）经本单位介绍，由买卖双方直接结算，本单位只收取手续费的业务；（4）销售退回和买方拒付货款的商品；（5）商品溢余。

### 商品销售额

指对本单位以外的单位和个人出售的商品金额（包括售给本单位消费用的商品，含增值税）。商品销售包括（1）售给城乡居民和社会集团消费用的商品；（2）售给农业、工业、建筑业、运输邮电业、服务业、公用事业等国民经济各行业用于生产、经营用的商品，包括售予批发和零售业作为转卖或加工后转卖的商品；（3）对国（境）外直接出口的商品。不包括：（1）未通过买卖行为付出的商品，如随机构变动移交给其他企业单位的商品、借出的商品、归还受其他单位委托代保管的商品、付出的加工原料和赠送给其他单位的样品等；（2）经本单位介绍，由买卖双方直接结算，本单位只收取手续费的业务；（3）购货退回的商品；（4）商品损耗和损失；（5）出售本单位自用的废旧物资。

### 商品库存额

指报告期末各种登记注册类型的批发和零售业企业(单位)已取得所有权的商品。它反映批发和零售业企业(单位)的商品库存情况和对市场商品供应的保证程度。商品库存包括：(1)存放在批发和零售业经营单位(如门市部、批发站、采购站、经营处)的仓库、货场、货柜和货架中的商品；(2)挑选、整理、包装中的商品；(3)已记入购进而尚未运到本单位的商品，即发货单或银行承兑凭证已到而货未到的商品；(4)寄放他处的商品，如因购货方拒绝付款而暂时存在购货方的商品；(5)委托其他单位代销(未作销售或调出)尚未售出的商品；(6)代其他单位购进尚未交付的商品。不包括：所有权不属于本单位的商品；委托外单位加工的商品；外贸企业代理其他单位从国外进口尚未付给订货单位的商品；代国家物资储备部门保管的商品等。

### 连锁总店（总部）

指负责连锁企业资源（商号、商誉、经营模式、服务标准、管理模式等等）的开发、配置、控制或使用等功能的企业核心管理机构。连锁经营是指经营同类商品或服务，使用统一商号的若干店铺，在同一总店（总部）的管理下，采取统一采购或特许经营等方式，实现规模效益的组织形式，包括直营连锁、特许连锁和自愿连锁三种形式。其中，直营连

锁是指连锁店铺由连锁公司全资或控股开设，在总部的直接控制下，开展统一经营的连锁经营形式；特许连锁是指拥有注册商标、企业标志、专利、专有技术等经营资源的企业（特许人），以合同形式将其拥有的经营资源许可其他经营者（被特许人）使用，被特许人按合同约定在统一的经营模式下开展经营，并向特许人支付特许经营费用的连锁经营形式；自愿连锁是指若干个店铺或企业自愿组合起来，在不改变各自资产所有权关系的情况下，以同一个品牌形象面对消费者，以共同进货为纽带开展的连锁经营形式。

**亿元以上商品交易市场**

指年成交额在亿元及以上的商品交易市场。商品交易市场是指经有关部门和组织批准设立，有固定场所、设施，有经营管理部门和监管人员，若干市场经营者入内，常年或实际开业三个月以上，集中、公开、独立地进行生活消费品、生产资料等现货商品交易以及提供相关服务的交易场所，包括各类消费品市场、生产资料市场等。

**社会消费品零售总额**

指企业（单位、个体户）通过交易直接售给个人、社会集团非生产、非经营用的实物商品金额，以及提供餐饮服务所取得的收入金额。个人包括城乡居民和入境人员，社会集团包括机关、社会团体、部队、学校、企事业单位、居委会或村委会等。

**批发和零售业、住宿和餐饮业重点企业限额标准**

批发业：年销售额在80000万元及以上；零售业：年销售额在20000万元以及上；住宿业：年营业收入在2000万元及以上；餐饮业：年营业收入在3000万元及以上。

# Explanatory Notes for Major Statistical Indicators

**Wholesale Trade**

refers to the activities of wholesaler selling at wholesale commodities for daily use and capital goods to enterprises of wholesale and retail trades and other enterprises, institutions and government offices, including the activities of wholesaler engaged in import and export and acting as a trade agent. The wholesaler may have the right of ownership over the commodities of wholesale and trade in the name of its own's or a company, the wholesaler may not have the right of ownership, only acts an agent. The wholesale trade also include the activities of wholesaler at the fixed stalls of the wholesale market of different commodities.

**Retail Trade**

refers to the activities of department store, supermarket, franchised store, brand store, retail stall and on-the-spot-making-selling store selling commodities to the final consumers (citizens) by any means including internet, post, telephone, sales machine. Retail trade excludes the activities of sales of capital goods such a grain, seed, feed, livestock, mineral products, raw material for production, industrial chemicals, chemical products for farm, machine and equipment (vehicle, computer and communication equipment), and the activities of supplementary sales of non-retailer such as the sales of spare parts of car repair business (listed as branch in correspondence with principle business), property management of buildings of retail units (listed as property management); market management of commercial markets and buildings of retail units (listed as market management) .

**Purchase, Sales and Stock of Commodities by Wholesale and Retail Trades**

refer to the total volume of commodities purchased, total volume of sales and exports, and the stock of commodities by wholesale and retail enterprises (establishments) of different status of registration from domestic and overseas markets. This indicator reflects the relationship among purchase, sales and stock of commodities in the circulation of goods and reveals the existing problems.

**Total Purchases of Commodities**

refer to the total value of purchases of commodities by enterprises (establishments) from other establishments or individuals (including direct import from abroad) for the purpose of re-selling, either with or without further processing of the commodities purchased. The commodities include: (1) commodities purchased from agricultural and industrial producer, wholesaler, retailer, publishing house and other service business; (2) commodities purchased from institutions and government departments; (3) confiscated goods purchased from the customs authorities or market management agencies; (4) second-hand goods and wastes purchased from residents; The commodities exclude 1. commodities purchased by enterprises (establishments) for use in their own business operation, commodities obtained without buying or selling procedures such as materials, consumable goods of low value, office appliance, etc. 2. received goods without trading, such as goods handed over from others, borrowed goods, preserved goods for others, donated goods from others, processed and retrieved goods, etc. 3. goods of direct settlement between buyer and seller with handling fees introduced by others, 4. goods returned or refused to pay by the buyer, 5. excessive goods.

**Total Sales of Commodities**

refer to value of commodities sold by the establishments to other establishments and individuals (including goods sold for self consumption, including the value-added tax). The commodities include: (1) commodities sold to urban and rural residents and social groups for their consumption; (2) commodities sold to establishments in all industries for their production and operation, including agriculture, industry, construction, transportation, post and telecommunications, catering services, and public utility including commodities sold to wholesale and retail establishments for re-selling, with or without further processing; and (3) commodities for direct export to abroad. Excluded are (1) extended commodities without trading, such as goods handed over to other enterprises and institutions because of the change of organizations, lent goods, returned goods preserved for others, extended processing materials and samples donated to others, (2) goods of direct settlement between buyer and seller with handling fees introduced by others, 3. goods returned after purchase, (4) damaged and spoiled goods, (5) waste and used goods of self use,

**Total Stock of Commodities**

refers to total commodities possessed by wholesaler and retailer of various types of registration status at the end of the reference period, reflecting the commodity stock level of various wholesaler and retailer and the potential for market supply. It includes: (1) commodities located in storage, garages, counters, and shelves of operating places of wholesale and retail trades (such as sale stores, wholesale centres, procurement stations and operating offices); (2) commodities in the process of being selected, sorted, and packed; (3) commodities not arrived but recorded as purchase in the account, i.e. commodities not arrived but payment receipts for the commodities from the sellers or the banks arrived; (4) commodities deposited in other places rather than places mentioned above, for instance: commodities in the hold of purchasers temporarily due to the refusal of payment; (5) commodities entrusted to other units to sell but not sold yet; (6) commodities purchased for other units but not delivered yet. Commodities not included as stock are those not owned by the enterprises (units), commodities on commission for processing, imported commodities of agency of foreign trade enterprise but not yet delivered to ordering units and finally those put in stock on behalf of the state material reserves units.

**Chain Head Stores (headquarter)**

refer to the core leading stores responsible for development, allocation, administration and utilization of resources (name of stores, brand of stores, operation model, service standard, management way, etc.) of chain stores. Chain stores refers to the stores engaged in providing homogeneous commodities or services, with the central leadership of head store (headquarters) and guided by common policies, conduct centralized purchase and distributed selling of commodities, in order to gain better efficiency through standardized operation. The chain stores include regular chain stores, franchise chain stores and voluntary chain stores. Regular Chain store refers to chain stores that are invested or controlled by the headquarters. They operate under direct and unified management from the headquarters. Franchise chain store refers to the chain stores (franchisees) which are franchised with operation resources such as trade marks, names, patent and operation know-how by the franchisors in form of contract and pay the operation fees to the franchisors. Voluntary chain store refers to the stores operate jointly on the voluntary bases while maintaining their status of independent legal entities with full ownership of their assets. They sell goods of same brand from same channel of resource to the consumers.

**Large Commodity Markets with Transaction Value over 100 Million Yuan**

refers to the commodity markets with an annual transaction at and above 100 million. The commodity market refers to the markets approved and managed by related departments, where there are fixed sites, facilities, managers and administration offices, where there are a certain number of traders to operate for three month and above or all the year, where the commodities including the articles for daily consumption and capital goods and services are traded in a centralized, independent and open way. Such market includes markets of daily goods and market of capital goods, etc.

**Total Retail Sales of Consumer Goods**

refer to the amount obtained by enterprises (units, self-employed individuals) through direct sales of non-production and non-business physical commodity to individuals, social institutions, and revenue from providing catering services. Individuals include rural and urban households, population from abroad, social institutions include government agencies, social organizations, military units, schools, institutions, neighbourhood (village) committees.

**Designated Size Standard of Mian Enterprises in Wholesale and Retail Trade and Accommodation and Catering Industry**

Wholesale trade: sales value above 800 million yuan per yuan; Retail sale trade: Sales value above 200 million yuan per year; Accommodation industry: business income above 20 million yuan per year; Catering industry:business income above 30 million yuan per year.

# 第十七篇

Chapter 17

# 对外经济贸易

FOREIGN TRADE AND ECONOMIC COOPERATION

## 简要说明

一、我省进出口贸易的规模、进出口商品结构、贸易伙伴国的进出口总额以及三资企业的进出口变化情况，根据合肥海关资料加工整理。

二、利用外资资料来源于省商务厅，是根据国家商务部和国家统计局共同制订的《利用外资统计制度》加工、整理而成。

三、外商投资企业注册登记情况。资料来源于省工商行政管理局，是根据国家工商行政管理局制订的《工商行政管理系统统计报表制度》进行统计、加工、整理而得。凡以工商行政管理机关核准注册，在我省的中外合资经营企业、中外合作经营企业、外商独资企业、中外股份公司、在华从事经营活动的外国及港澳台地区企业及外国公司在我省境内设立的分支机构均列入统计范围。

四、对外承包工程和劳务合作的发展状况。资料来源于省商务厅，是根据国家商务部与国家统计局共同制订的《对外承包工程和劳务合作统计制度》通过全面调查方法进行加工、整理而得。

## Brief Introduction

I. Data on scale of import and export, commodity structure, total volume of import and export to trade partner and change in import and export of joint, cooperative or exclusively foreign-funded ventures are collected in accordance with the data provided by the Hefei Customs.

II. Data on overall situation of the utilization of foreign capital in Anhui come from the Provincial Department of Commerce and are tabulated in accordance with the "Statistical Scheme on the Utilization of Foreign Capital" designed by the Ministry of Commerce and Economic Cooperation and the National Bureau of Statistics.

III. Data on the registration of the foreign-funded enterprises in various regions come from the Provincial Administration for Industry and Commerce and are tabulated in accordance with the "Statistical Reporting Scheme in the Administrative System of Administration for Industry and Commerce" stipulated by the State Administration for Industry and Commerce. The statistical coverage includes all the Sino-foreign joint ventures, Sino-foreign cooperative enterprises, ventures exclusively with foreign investment, Sino-foreign shareholding companies, foreign enterprises and enterprises of Hong Kong, Macao and Taiwan engaged in commercial activities and the branch offices of the foreign companies, which have been approved by and registered at the Administration for Industry and Commerce to set up in boundary of Anhui Province.

IV. Data on development of the contracted projects, labor services cooperation and design and consultation service with foreign countries come from the Provincial Department of Commerce and are collected with the method of complete enumeration and are tabulated in accordance with the "Statistical Reporting Scheme on the Contracted Projects and Labor Services Cooperation with Foreign Countries" jointly stipulated by the Ministry of Commerce and Economic Cooperation and the National Bureau of Statistics.

## 17—1 对外经济贸易基本情况
Foreign Trade and Economic Cooperation

单位：万美元（USD 10000）

| 指　　标 | Item | 2000 | 2005 | 2010 | 2011 | 2012 |
|---|---|---|---|---|---|---|
| **进出口总额** | **Total Imports and Exports** | **334689** | **911971** | **2427677** | **3133782** | **3932527** |
| 出口总额 | Total Exports | 217206 | 519038 | 1241288 | 1708389 | 2675228 |
| 初级产品 | Primary Products | 28988 | 37045 | 78229 | 152661 | 171013 |
| 工业制成品 | Industrial Manufactured Goods | 188218 | 481993 | 1163059 | 1555728 | 2504215 |
| 进口总额 | Total Imports | 117483 | 392933 | 1186388 | 1425393 | 1257299 |
| 初级产品 | Primary Products | 45718 | 208280 | 629398 | 815148 | 719769 |
| 工业制成品 | Industrial Manufactured Goods | 71765 | 184653 | 556991 | 610245 | 537530 |
| 进出口差额 | Import and Export Balance | +99723 | +126105 | +54900 | +282996 | +1417929 |
| **利用外商直接投资** | **Foreign Direct Investment Utilization** | | | | | |
| 新批项目（个） | The New Projects (unit) | 247 | 421 | 281 | 263 | 194 |
| 合同外资额 | The Contract Amount of Foreign Investment | 63602 | 155358 | 216462 | 344324 | 253481 |
| 实际利用外商直接投资额 | The Actual Use of Foreign Direct Investment | 31847 | 68845 | 501446 | 662887 | 863811 |
| **外商投资企业基本情况** | **The Basic Situation of Enterprises With Foreign Investment** | | | | | |
| 年底登记户数（户） | At The End of The Registration Number (household) | 2216 | 2165 | 2546 | 2478 | 2415 |
| 投资总额 | The Total Amount of Investment | 914400 | 1548601 | 3032426 | 3288412 | 4003508 |
| 注册资本 | Registered Capital | 586788 | 890476 | 1734905 | 1843327 | 2069592 |
| #外　方 | Foreign | 341328 | 593280 | 1293032 | 1371944 | 1541660 |
| **对外承包工程和劳务合作** | **Foreign Contracted Projects and Labor Service Cooperation** | | | | | |
| 对外承包工程新签合同额 | Newly Signed Contract of Foreign Contracted Projects | 11768 | 36396 | 151147 | 193661 | 233764 |
| 对外承包工程完成营业额 | Foreign Contracted Projects Completed Turnover | 7308 | 12585 | 192746 | 236706 | 281148 |
| 劳务人员实际收入总额 | Labor Income Amount | | | | 14685 | 19046 |
| 外派劳务人数（人） | Expatriate Population (person) | 2019 | 5756 | 12631 | 13574 | 13770 |
| 年末在外劳务人员（人） | At the end of the Year in Foreign Labor Service Personnel (person) | 4272 | 11042 | 20236 | 20901 | 23748 |
| **对外投资** | **Foreign Investment** | | | | | |
| 新批境外企业（机构）数（家） | A new Batch of Overseas Enterprises (Institutions) Number (home) | | 15 | 44 | 47 | 56 |
| 协议对外投资额 | Agreement of Foreign Investment | | 704 | 112504 | 68834 | 107263 |
| 实际对外投资额 | The Actual Amount of Foreign Investment | | 1841 | 80966 | 50875 | 54516 |

## 17—2 海关出口商品分类金额
Value of Exports by Category of Commodities (Customs Statistics)

单位：万美元（USD 10000）

| 指　　标 | Item | 2000 | 2005 | 2010 | 2011 | 2012 |
|---|---|---|---|---|---|---|
| **总　额** | **Total** | **217206** | **519038** | **1241288** | **1708389** | **2675228** |
| 初级产品 | Primary Goods | 28988 | 37045 | 78229 | 152661 | 171013 |
| 食品及主要供食用的活动物 | Food and Live Animals Used Chiefly for Food | 18098 | 22603 | 47659 | 65752 | 68359 |
| 饮料及烟类 | Beverages and Tobacco | 29 | 17 | 129 | 130 | 219 |
| 非食品原料 | Non-edible Raw Materials | 10246 | 14288 | 29947 | 33771 | 38633 |
| 矿物燃料、润滑油及有关原料 | Mineral Fuels, Lubricants and Related Materials | 596 | 16 | 65 | 32 | 79 |
| 动、植物油脂及腊 | Animal and Vegetable Oils, Fats and Wax | 19 | 121 | 428 | 52976 | 63723 |
| 工业制成品 | Manufactured Goods | 188218 | 481993 | 1163059 | 1555728 | 2504215 |
| 化学品及有关产品 | Chemicals and Related Products | 22855 | 60227 | 148644 | 162595 | 176442 |
| 轻纺产品、橡胶制品、矿冶产品及其制品 | Light and Textile Industrial Products, Rubber Products, Minerals Metallurgical Products | 72552 | 205767 | 281446 | 514928 | 821852 |
| 机械及运输设备 | Machinery and Transport Equipment | 25386 | 142220 | 421797 | 607652 | 754604 |
| 杂项制品 | Miscellaneous Products | 67425 | 72718 | 310905 | 201837 | 646530 |
| 未分类的商品 | Goods not Classified | | 1061 | 267 | 68716 | 104786 |

## 17—3 海关进口商品分类金额
Value of Imports by Category of Commodities (Customs Statistics)

单位：万美元（USD 10000）

| 指　　标 | Item | 2000 | 2005 | 2010 | 2011 | 2012 |
|---|---|---|---|---|---|---|
| **总　额** | **Total** | **117483** | **392933** | **1186388** | **1425393** | **1257299** |
| 初级产品 | Primary Goods | 45718 | 208280 | 629398 | 815148 | 719769 |
| 食品及主要供食用的活动物 | Food and Live Animals Used Chiefly for Food | 941 | 8113 | 27272 | 27416 | 53522 |
| 饮料及烟类 | Beverages and Tobacco | | 4 | 110 | 339 | 399 |
| 非食品原料 | Non-edible Raw Materials | 43747 | 189954 | 568818 | 728200 | 588157 |
| 矿物燃料、润滑油及有关原料 | Mineral Fuels, Lubricants and Related Materials | 577 | 8101 | 26226 | 24338 | 24586 |
| 动、植物油脂及腊 | Animal and Vegetable Oils, Fats and Wax | 453 | 2108 | 6971 | 34855 | 53105 |
| 工业制成品 | Manufactured Goods | 71765 | 184653 | 556991 | 610245 | 537530 |
| 化学品及有关产品 | Chemicals and Related Products | 12448 | 30386 | 60091 | 72133 | 83963 |
| 轻纺产品、橡胶制品、矿冶产品及其制品 | Light and Textile Industrial Products, Rubber Products, Minerals Metallurgical Products | 14791 | 42157 | 85325 | 124976 | 140283 |
| 机械及运输设备 | Machinery and Transport Equipment | 41439 | 102515 | 367495 | 334878 | 225908 |
| 杂项制品 | Miscellaneous Products | 3087 | 9595 | 43856 | 51901 | 59043 |
| 未分类的商品 | Goods not Classified | | | 224 | 26357 | 28332 |

# 17—4 海关进出口商品分类金额
## Value of Imports and Exports by Category of Commodities (Customs Statistics)

单位：万美元（USD 10000）

| 品名 | Item | 2011 | | 2012 | |
|---|---|---|---|---|---|
| | | 出口 Exports | 进口 Imports | 出口 Exports | 进口 Imports |
| **总值** | **Total** | **1708389** | **1425393** | **2675228** | **1257299** |
| **初级产品** | **Primary Goods** | **152661** | **815148** | **171013** | **719769** |
| 食品及活动物 | Food and Live Animals | 65752 | 27416 | 68359 | 53522 |
| 活动物 | Live Animals | 92 | 5662 | 346 | 7479 |
| 肉及肉制品 | Meat and Related Products | 1222 | 3323 | 1143 | 5558 |
| 乳品及蛋品 | Dairy Products and Eggs | 100 | 3423 | 39 | 5394 |
| 鱼、甲壳及软体类动物及其制品 | Fish, Shellfish and Mollusks and Related Products | 3739 | 173 | 3560 | 268 |
| 谷物及其制品 | Cereals and Related Products | 2557 | 37 | 3250 | 473 |
| 蔬菜及水果 | Vegetables and Fruits | 26868 | 4295 | 24837 | 8207 |
| 糖、糖制品及蜂蜜 | Sugar, Sugar Products and Honey | 7004 | 795 | 6796 | 1433 |
| 咖啡、茶、可可、调味料及其制品 | Coffee, Tea, Coco, Spices and Related Products | 9260 | 810 | 11841 | 577 |
| 饲料（不包括未碾磨谷物） | Feed (excluding unbranded cereal) | 1323 | 8030 | 1905 | 10566 |
| 杂项食品 | Miscellaneous Food | 13588 | 868 | 14643 | 13566 |
| 饮料及烟类 | Beverages and Tobacco | 130 | 339 | 219 | 399 |
| 饮料 | Beverages | 103 | 339 | 192 | 399 |
| 烟草及其制品 | Tobacco and Its Products | 27 | | 27 | |
| 非食用原料（燃料除外） | Inedible Material (excluding fuel) | 33771 | 728200 | 38633 | 588157 |
| 生皮及生毛皮 | Raw Hides and Raw Furs | 10 | 318 | 30 | 375 |
| 油籽及含油果实 | Oil Seeds and Fruits Containing Oil | 4726 | 19347 | 4502 | 7567 |
| 生橡胶（包括合成橡胶及再生橡胶） | Raw Rubber (including synthetic rubber and reclaimed rubber) | 370 | 34511 | 362 | 18882 |
| 软木及木材 | Cork and Timber | 4238 | 4116 | 4796 | 7904 |
| 纸浆及废纸 | Paper Pulp and Waste Paper | 3943 | 46835 | 2982 | 40617 |
| 纺织纤维（羊毛条除外）及其原料 | Textile Fibers (excluding wool taps) and Related Waste Material | 9092 | 15775 | 8585 | 16658 |
| 天然肥料及矿物（煤、石油及宝石除外） | Natural Fertilizer and Mineral (excluding coal, petroleum and precious stone) | 733 | 494 | 573 | 641 |
| 金属矿砂及金属废料 | Metal Ore and Metal Waste Material | 10 | 606369 | 6 | 494982 |
| 其他动、植物原料 | Other Animal and Plant Material | 10649 | 434 | 16797 | 531 |
| 矿物燃料、润滑油及有关原料 | Mineral Fuel, Lubrication Oil and Related Raw Material | 32 | 24338 | 79 | 24586 |
| 煤、焦炭及煤砖 | Coal, Coke and Briquette | 3 | 21665 | 19 | 20389 |
| 石油、石油产品及有关原料 | Petroleum, Petroleum Products and Related Material | 29 | 2672 | 56 | 3425 |
| 天然气及人造气 | Natural Gas and Person Gas-producing | | 1 | 4 | 772 |
| 动植物油、脂及蜡 | Animal Fat, Vegetable Oil and Wax | 52976 | 34855 | 63723 | 53105 |
| 动物油、脂 | Animal Fat | 185 | 4282 | 344 | 4316 |
| 植物油、脂 | Vegetable Oil | 142 | 20495 | 151 | 40253 |
| 已加工的动植物油、脂及动植物蜡 | Processed Animal Fat, Vegetable Oil and Wax | 5 | 259 | 17 | 118 |
| 其他动植物油、脂及蜡 | Other Animal Fat,Vegetable Oil and Wax | 52645 | 9819 | 63210 | 8419 |
| **工业制品** | **Industrial Products** | **1555728** | **610245** | **2504215** | **537530** |
| 化学成品及有关产品 | Chemical Products and Related Products | 162595 | 72133 | 176442 | 83963 |
| 有机化学品 | Organic Chemical Products | 79500 | 21365 | 81118 | 24628 |
| 无机化学品 | Inorganic Chemical Products | 10195 | 1511 | 16212 | 4693 |

**17—4 续表 continued**

单位：万美元（USD 10000）

| 品名 | Item | 2011 出口 Exports | 2011 进口 Imports | 2012 出口 Exports | 2012 进口 Imports |
|---|---|---|---|---|---|
| 染料、鞣料及着色料 | Dyestuff, Tanning Material and Coloring Material | 8371 | 1280 | 8843 | 1342 |
| 医药品 | Medical and Pharmaceutical Products | 14183 | 65 | 14917 | 485 |
| 精油、香料及盥洗、光洁制品 | Essential Oil, Perfume, Sanitary and Surface Finishing Articles | 12418 | 3824 | 15397 | 5991 |
| 制成废料 | Produced Wasted Articles | 15184 | | 5833 | 1 |
| 初级形状的塑料 | Primary Shaped Plastics | 7851 | 30562 | 8309 | 31647 |
| 非初级形状的塑料 | Non-primary Shaped Plastics | 11265 | 3158 | 18711 | 3029 |
| 其他化学原料及产品 | Other Chemical Material and Products | 3627 | 10368 | 7103 | 12147 |
| 轻纺产品、橡胶制品、矿冶产品及其制品 | Textile Products, Rubber Products, Mining and Metallurgical Products | 514928 | 124976 | 821852 | 140283 |
| 皮革、皮革制品及已鞣毛皮 | Leather and Its Products and Tan Hide | 22503 | 27 | 44730 | 9 |
| 橡胶制品 | Rubber Products | 60781 | 15051 | 48924 | 17800 |
| 软木及木制品（家具除外） | Cork and Wooden Products (excluding furniture) | 7184 | 196 | 8908 | 228 |
| 纸及纸板、纸浆、纸及纸板制品 | Paper, Paperboard, Paper Pulp and Paper Products | 12660 | 1858 | 34886 | 1769 |
| 纺纱、织物、制成品及有关产品 | Spinning, Fabric and Related Products | 243409 | 14157 | 336282 | 20023 |
| 非金属矿物制品 | Nonmetal Mineral Products | 28605 | 25924 | 100240 | 30309 |
| 钢 铁 | Iron and Steel | 64692 | 23516 | 88299 | 14878 |
| 有色金属 | Nonferrous Metal | 32059 | 38965 | 24532 | 49254 |
| 金属制品 | Metal Products | 43035 | 5283 | 135050 | 6014 |
| 机械及运输设备 | Machinery and Transportation Equipment | 607652 | 334878 | 754604 | 225908 |
| 动力机械及设备 | Dynamic Machinery and Equipment | 26778 | 52571 | 34105 | 21784 |
| 特种工业专用机械 | Special Industrial Machinery | 41713 | 76800 | 66088 | 50468 |
| 金工机械 | Metalworking | 6187 | 43362 | 8393 | 39952 |
| 通用工业机械设备及零件 | General Industrial Machinery Equipment and Accessories | 90239 | 112964 | 129297 | 63996 |
| 办公用机械及自动数据处理设备 | Office Machinery and Automatic Data Processing Equipment | 17900 | 11638 | 20290 | 7799 |
| 电信和声音的录制及重放装置设备 | Telecommunication, Sound Recording and Playing Equipment | 26119 | 2571 | 48937 | 2210 |
| 电力机械、器具及其电气零件 | Electric Machinery, Implements and Spare Parts | 157764 | 29742 | 198751 | 36735 |
| 陆路车辆（包括气垫式） | Land Route Vehicles (including hover-motor) | 201871 | 4562 | 222772 | 2634 |
| 其他运输设备 | Other Transportation Equipment | 39081 | 669 | 25971 | 329 |
| 杂项制品 | Miscellaneous Manufactured Articles | 201837 | 51901 | 646530 | 59043 |
| 活动房屋、卫生水道、供热及照明装置 | Prefabricated House, Sanitation, Water Pipe, Heating and Lighting Installation | 8797 | 165 | 75169 | 96 |
| 家具及其零件、褥垫及类似填充制品 | Furniture and Accessories, Mattress, Bedding Articles | 43598 | 568 | 125565 | 200 |
| 旅行用品、手提包及类似品 | Box and Bag, Travel Goods | 11921 | 1 | 43296 | 8 |
| 服装及衣着附件 | Garments, Clothing Accessories | 7681 | 29 | 11268 | 40 |
| 鞋 靴 | Footwear | 33142 | 108 | 76502 | 158 |
| 专业、科学及控制用仪器装置 | Professional, Scientific and Dominating Instrument | 32766 | 28842 | 55260 | 34301 |
| 摄影器材、光学物品及钟表 | Photographic Equipment, Optical Goods, Clocks and Watches | 1872 | 12164 | 10007 | 13955 |
| 杂项制品 | Miscellaneous Manufactured Articles | 62061 | 10025 | 249464 | 10285 |
| 未分类的商品 | Goods Not Classified | 68716 | 26357 | 104786 | 28332 |

## 17—5 安徽省同各国（地区）进出口总额
Anhui's Foreign Trade With Related Countries and Territories

单位：万美元（USD 10000）

| 国 别（地区） | Country (region) | 2011 进出口总额 Total | 2011 出口总额 Exports | 2011 进口总额 Imports | 2012 进出口总额 Total | 2012 出口总额 Exports | 2012 进口总额 Imports |
|---|---|---|---|---|---|---|---|
| **合 计** | **Total** | **3133782** | **1708389** | **1425393** | **3932527** | **2675228** | **1257299** |
| **亚 洲** | **Asia** | **1123615** | **642923** | **480692** | **1486168** | **1039555** | **446613** |
| 阿富汗 | Afghanistan | 274 | 274 | | 436 | 436 | |
| 巴 林 | Bahrain | 2390 | 2390 | | 8892 | 8887 | 5 |
| 孟加拉国 | Bangladesh | 14323 | 14077 | 246 | 20207 | 19658 | 549 |
| 不 丹 | The Kingdom of Bhutan | 121 | 121 | | 321 | 321 | |
| 文 莱 | Brunei | 2977 | 2977 | | 7464 | 7464 | |
| 缅 甸 | Myanmar | 4939 | 4836 | 103 | 5668 | 5663 | 5 |
| 柬埔寨 | Cambodia | 1762 | 1761 | | 3895 | 3652 | 243 |
| 塞浦路斯 | Cyprus | 425 | 425 | | 769 | 756 | 13 |
| 朝 鲜 | Democratic People's Republic of Korea | 811 | 450 | 361 | 2561 | 1686 | 875 |
| 香 港 | Hong Kong | 45492 | 43144 | 2348 | 69511 | 66588 | 2923 |
| 印 度 | India | 72116 | 45631 | 26485 | 101911 | 72488 | 29423 |
| 印度尼西亚 | Indonesia | 51660 | 28239 | 23420 | 106736 | 61100 | 45636 |
| 伊 朗 | Iran | 40387 | 37616 | 2771 | 56550 | 53033 | 3517 |
| 伊拉克 | Iraq | 14351 | 14351 | | 30786 | 30782 | 4 |
| 以色列 | Israel | 8994 | 8150 | 844 | 16386 | 16047 | 339 |
| 日 本 | Japan | 300687 | 105240 | 195448 | 230400 | 115870 | 114530 |
| 约 旦 | Jordan | 4358 | 4330 | 27 | 9192 | 9050 | 142 |
| 科威特 | Kuwait | 2501 | 2423 | 78 | 3755 | 3589 | 166 |
| 老 挝 | Laos | 12516 | 632 | 11884 | 5703 | 1363 | 4340 |
| 黎巴嫩 | Lebanon | 2603 | 2600 | 2 | 7986 | 7984 | 2 |
| 澳 门 | Macao | 548 | 502 | 45 | 3790 | 3783 | 7 |
| 马来西亚 | Malaysia | 67880 | 34755 | 33125 | 115314 | 91341 | 23973 |
| 马尔代夫 | Maldives | 54 | 54 | | 101 | 101 | |
| 蒙 古 | Mongolia | 3517 | 3517 | | 2259 | 2259 | |
| 尼泊尔 | Nepal | 251 | 251 | | 307 | 307 | |
| 阿 曼 | Oman | 3533 | 2535 | 997 | 13914 | 8992 | 4922 |
| 巴基斯坦 | Pakistan | 16102 | 14359 | 1743 | 28820 | 23782 | 5038 |
| 巴勒斯坦 | Palestine | 37 | 37 | | 32 | 32 | |
| 菲律宾 | The Philippines | 19251 | 13581 | 5670 | 27880 | 21257 | 6623 |
| 卡塔尔 | Qatar | 2655 | 2519 | 137 | 3320 | 2365 | 955 |
| 沙特阿拉伯 | Saudi Arabia | 25446 | 21408 | 4038 | 61752 | 57052 | 4700 |
| 新加坡 | Singapore | 39648 | 33051 | 6597 | 64006 | 59476 | 4530 |
| 韩 国 | Republic of Korea | 128880 | 50634 | 78246 | 130879 | 57352 | 73527 |
| 斯里兰卡 | Sri Lanka | 3604 | 3427 | 177 | 5208 | 4904 | 304 |
| 叙利亚 | Syria | 3382 | 3382 | | 2676 | 2676 | |
| 泰 国 | Thailand | 42609 | 28472 | 14137 | 60736 | 42269 | 18467 |
| 土耳其 | Turkey | 27999 | 26051 | 1949 | 36428 | 30024 | 6404 |
| 阿联酋 | United Arab Emirates | 27949 | 27725 | 224 | 51290 | 50647 | 643 |
| 也门共和国 | Arab Republic of Yemen | 2431 | 2416 | 15 | 13903 | 13903 | |
| 越 南 | Viet Nam | 23882 | 22977 | 905 | 43800 | 41438 | 2362 |
| 台 湾 | Taiwan | 79172 | 23914 | 55258 | 96189 | 24831 | 71358 |
| 东帝汶 | East Timor | 71 | 71 | | 399 | 399 | |
| 哈萨克斯坦 | Kazakhstan | 3228 | 3189 | 39 | 4672 | 4439 | 233 |

**17—5 续表1 continued**

单位：万美元（USD 10000）

| 国 别（地区） | Country (region) | 2011 进出口总额 Total | 2011 出口总额 Exports | 2011 进口总额 Imports | 2012 进出口总额 Total | 2012 出口总额 Exports | 2012 进口总额 Imports |
|---|---|---|---|---|---|---|---|
| 吉尔吉斯坦 | Kirghiz Tanzania | 1233 | 1233 | | 3382 | 3377 | 5 |
| 塔吉克斯坦 | Tajikistan | 310 | 310 | | 1617 | 1244 | 373 |
| 土库曼斯坦 | Turkmenistan | 1416 | 1373 | 43 | 2321 | 2210 | 111 |
| 乌兹别克斯坦 | Uzbekistan | 1732 | 1513 | 219 | 2719 | 2678 | 41 |
| 亚洲其他 | Other of Asia | 13111 | | 13111 | 19325 | | 19325 |
| **非 洲** | **Africa** | **186313** | **138494** | **47820** | **305165** | **264526** | **40639** |
| 阿尔及利亚 | Algeria | 13039 | 12991 | 48 | 27891 | 27856 | 35 |
| 安哥拉 | Angola | 12078 | 12036 | 42 | 27900 | 27582 | 318 |
| 贝 宁 | Benin | 4148 | 4133 | 14 | 5007 | 5007 | |
| 博茨瓦那 | Botswana | 758 | 758 | | 639 | 639 | |
| 布隆迪 | Burundi | 2 | 2 | | 5 | 5 | |
| 喀麦隆 | Cameroon | 1523 | 1512 | 11 | 2638 | 2638 | |
| 加那利群岛 | Canary Islands | 13 | 13 | | 5 | 5 | |
| 佛得角 | Cape Verde | 62 | 62 | | 233 | 233 | |
| 中 非 | Central Africa | | | | 3 | 3 | |
| 乍 得 | Chad | 18 | 18 | | 5 | 5 | |
| 科摩罗 | Comoros | 20 | 20 | | 51 | 51 | |
| 刚 果 | The Congo | 584 | 550 | 34 | 1323 | 1300 | 23 |
| 吉布提 | Djibouti | 643 | 643 | | 3024 | 3024 | |
| 埃 及 | Egypt | 17690 | 17266 | 424 | 30039 | 29214 | 825 |
| 赤道几内亚 | Equatorial Guinea | 419 | 419 | | 755 | 755 | |
| 埃塞俄比亚 | Ethiopia | 2954 | 1768 | 1186 | 5144 | 2419 | 2725 |
| 加 蓬 | Gabon | 360 | 360 | | 1602 | 1602 | |
| 冈比亚 | Gambia | 545 | 545 | | 395 | 395 | |
| 加 纳 | Ghana | 8118 | 8109 | | 21494 | 21493 | 1 |
| 几内亚 | Guinea | 2181 | 2181 | | 3248 | 3243 | 5 |
| 几内亚比绍 | Guineabissau | 5 | 5 | | 113 | 113 | |
| 科科迪瓦 | Cote D'ivoire | 1707 | 1707 | | 2054 | 2054 | |
| 肯尼亚 | Kenya | 5587 | 5156 | 431 | 10599 | 10341 | 258 |
| 利比里亚 | Liberia | 713 | 713 | | 675 | 675 | |
| 利比亚 | Libya | 1111 | 1111 | | 5856 | 5856 | |
| 马达加斯加 | Madagascar | 923 | 861 | 61 | 1287 | 1287 | |
| 马拉维 | Malawi | 758 | 758 | | 1642 | 1642 | |
| 马 里 | Mali | 940 | 499 | 440 | 2681 | 979 | 1702 |
| 毛里塔尼亚 | Mauritania | 569 | 569 | | 3096 | 1646 | 1450 |
| 毛里求斯 | Mauritius | 913 | 912 | 1 | 1253 | 1243 | 10 |
| 摩洛哥 | Morocco | 6841 | 6193 | 649 | 11391 | 10075 | 1316 |
| 莫桑比克 | Mozambique | 3503 | 2879 | 624 | 6908 | 6191 | 717 |
| 纳米比亚 | Namibia | 205 | 205 | | 1624 | 545 | 1079 |
| 尼日尔 | Niger | 282 | 282 | | 416 | 248 | 168 |
| 尼日利亚 | Nigeria | 15899 | 15796 | 103 | 21372 | 21260 | 112 |
| 留尼汪 | Reunion | 130 | 130 | | 356 | 344 | 12 |
| 卢旺达 | Rwanda | 78 | 78 | | 129 | 129 | |
| 圣多美普林西比 | Sao Tome Principe | | | | 10 | 10 | |
| 塞内加尔 | Senegal | 1382 | 1350 | 33 | 4022 | 3999 | 23 |

**17—5 续表2 continued**

单位：万美元（USD 10000）

| 国 别（地区） | Country (region) | 2011 进出口总额 Total | 2011 出口总额 Exports | 2011 进口总额 Imports | 2012 进出口总额 Total | 2012 出口总额 Exports | 2012 进口总额 Imports |
|---|---|---|---|---|---|---|---|
| 塞舌尔 | Seychelles | 10 | 10 | | 17 | 17 | |
| 塞拉利昂 | Sierra Leone | 275 | 275 | | 363 | 363 | |
| 索马里 | Somali | 141 | 141 | | 454 | 454 | |
| 南 非 | South Africa | 41036 | 18871 | 22165 | 44639 | 31725 | 12914 |
| 苏 丹 | Sudan | 3893 | 1290 | 2603 | 6050 | 4832 | 1218 |
| 坦桑尼亚 | Tanzania | 3623 | 2776 | 848 | 5589 | 4778 | 811 |
| 多 哥 | Togo | 4186 | 4164 | 22 | 11918 | 11737 | 181 |
| 突尼斯 | Tunisia | 2100 | 2081 | 19 | 6080 | 6058 | 22 |
| 乌干达 | Uganda | 771 | 529 | 242 | 1110 | 1078 | 32 |
| 布基纳法索 | Burkina Faso | 304 | 164 | 140 | 258 | 258 | |
| 扎伊尔 | Zaire | 11578 | 1278 | 10300 | 11244 | 2286 | 8958 |
| 赞比亚 | Zambia | 8785 | 1427 | 7359 | 7064 | 1340 | 5724 |
| 津巴布韦 | Zimbabwe | 2864 | 2851 | 12 | 3224 | 3224 | |
| 莱索托 | Lesotho | | | | 135 | 135 | |
| 梅利利亚 | Melilla | | | | 5 | 5 | |
| 斯威士兰 | Swaziland | 4 | 4 | | 5 | 5 | |
| 厄立特里亚 | Eritrea | 23 | 23 | | 60 | 60 | |
| 马约特岛 | Mayuete Island | 21 | 21 | | 60 | 60 | |
| 非洲其他 | Other of Africa | | | | 5 | 5 | |
| **欧 洲** | **Europe** | **590660** | **410062** | **180595** | **713079** | **556223** | **156856** |
| 比利时 | Belgium | 31148 | 28500 | 2647 | 36411 | 31854 | 4557 |
| 丹 麦 | Denmark | 6993 | 5562 | 1431 | 9071 | 7654 | 1417 |
| 英 国 | United Kingdom | 53723 | 48361 | 5362 | 84272 | 79144 | 5128 |
| 德 国 | Germany | 164764 | 74449 | 90315 | 163514 | 94873 | 68641 |
| 法 国 | France | 34993 | 25711 | 9282 | 43625 | 33324 | 10301 |
| 爱尔兰 | Ireland | 4732 | 2473 | 2259 | 3915 | 3213 | 702 |
| 意大利 | Italy | 59221 | 37248 | 21973 | 57163 | 41016 | 16147 |
| 卢森堡 | Luxembourg | 239 | 161 | 78 | 952 | 457 | 495 |
| 荷 兰 | Netherlands | 36288 | 32262 | 4026 | 55399 | 51770 | 3629 |
| 希 腊 | Greece | 4296 | 4054 | 242 | 7467 | 7270 | 197 |
| 葡萄牙 | Portugal | 3427 | 3241 | 186 | 4809 | 4682 | 127 |
| 西班牙 | Spain | 26665 | 22977 | 3688 | 39856 | 35217 | 4639 |
| 阿尔巴尼亚 | Albania | 353 | 353 | | 914 | 913 | 1 |
| 安道尔 | Andorra | 3 | 3 | | 190 | 190 | |
| 奥地利 | Austria | 8944 | 2358 | 6586 | 10184 | 3076 | 7108 |
| 保加利亚 | Bulgariy | 1308 | 1037 | 271 | 2018 | 1951 | 67 |
| 芬 兰 | Finland | 10872 | 6818 | 4054 | 8752 | 6741 | 2011 |
| 匈牙利 | Hungary | 2769 | 2384 | 385 | 6712 | 6490 | 222 |
| 冰 岛 | Iceland | 12 | 12 | | 21 | 21 | |
| 列支敦士登 | The Principality of Liechtenstein | 1 | | 1 | 63 | | 63 |
| 马耳他 | Malta | 799 | 793 | 5 | 4937 | 4896 | 41 |
| 摩纳哥 | Monaco | 244 | 244 | | 731 | 731 | |
| 挪 威 | Norway | 3489 | 2997 | 492 | 4245 | 3599 | 646 |
| 波 兰 | Poland | 13611 | 12879 | 732 | 25694 | 25154 | 540 |
| 罗马尼亚 | Romania | 3656 | 3085 | 571 | 4984 | 4784 | 200 |

**17—5 续表3 continued**

单位：万美元（USD 10000）

| 国 别（地区） | Country (region) | 2011 进出口总额 Total | 2011 出口总额 Exports | 2011 进口总额 Imports | 2012 进出口总额 Total | 2012 出口总额 Exports | 2012 进口总额 Imports |
|---|---|---|---|---|---|---|---|
| 圣马力诺 | Sanmarino | 1 | | 1 | | | |
| 瑞 典 | Sweden | 10417 | 6138 | 4279 | 11000 | 6103 | 4897 |
| 瑞 士 | Switzerland | 6934 | 1232 | 5701 | 6929 | 2068 | 4861 |
| 爱沙尼亚 | Estonia | 2065 | 2060 | 5 | 3417 | 3395 | 22 |
| 拉脱维亚 | Latvia | 1416 | 1410 | 6 | 1956 | 1920 | 36 |
| 立陶宛 | Lithuania | 2370 | 2323 | 47 | 3602 | 3578 | 24 |
| 格鲁吉亚 | Georgia | 1429 | 1429 | | 2379 | 2379 | |
| 亚美尼亚 | Armenia | 51 | 51 | | 97 | 97 | |
| 阿塞拜疆 | Azerbaijan | 385 | 385 | | 1361 | 1334 | 27 |
| 白俄罗斯 | Byelorussia | 439 | 290 | 149 | 586 | 512 | 74 |
| 摩尔多瓦 | Moldora | 82 | 82 | | 455 | 450 | 5 |
| 俄罗斯 | Russia | 58720 | 48540 | 10180 | 69199 | 56957 | 12242 |
| 乌克兰 | Ukraine | 18288 | 16543 | 1745 | 21192 | 17336 | 3856 |
| 斯洛文尼亚 | Slovenia | 3466 | 2312 | 1154 | 4474 | 3369 | 1105 |
| 克罗地亚 | Croatia | 2078 | 1764 | 314 | 2312 | 1995 | 317 |
| 捷克共和国 | Czech | 5757 | 3400 | 2357 | 5047 | 3147 | 1900 |
| 斯洛伐克 | Slovak | 3626 | 3555 | 71 | 1482 | 1328 | 154 |
| 前南马其顿 | Macedonia | 95 | 95 | | 102 | 102 | |
| 波 黑 | Bosnia | 41 | 41 | | 36 | 36 | |
| 塞尔维亚 | Serbra | 281 | 281 | | 1242 | 785 | 457 |
| 黑 山 | Montenegro | 169 | 169 | | 312 | 312 | |
| **拉丁美洲** | **Latin America** | **546256** | **228380** | **317876** | **618936** | **320736** | **298200** |
| 安提瓜 | Antigua | 2 | 2 | | 11 | 11 | |
| 阿根廷 | Argentina | 15561 | 12899 | 2662 | 18821 | 17114 | 1707 |
| 阿鲁巴岛 | Aruba Island | 20 | 20 | | 26 | 26 | |
| 巴哈马 | The Bahamas | 63 | 63 | | 1009 | 1009 | |
| 巴巴多斯 | Barbados | 63 | 48 | 15 | 243 | 242 | 1 |
| 伯利兹 | Belize | 30 | 30 | | 53 | 53 | |
| 玻利维亚 | Bolivia | 1345 | 1345 | | 1990 | 1990 | |
| 巴 西 | Brazil | 147594 | 77180 | 70414 | 124425 | 69325 | 55100 |
| 开曼群岛 | Cayman Islands | 2 | 2 | | | | |
| 智 利 | Chile | 179881 | 27429 | 152452 | 192530 | 47920 | 144610 |
| 哥伦比亚 | Colombia | 17663 | 17663 | | 20003 | 20003 | |
| 多米尼克 | Commonwealth of Dominica | 32 | 30 | 2 | 40 | 38 | 2 |
| 哥斯达黎加 | Costa Rica | 1442 | 1442 | | 2239 | 2237 | 2 |
| 古 巴 | Cuba | 372 | 372 | | 525 | 525 | |
| 库腊索岛 | Curacao | 26 | 26 | | 71 | 71 | |
| 多米尼加 | Dominican | 3319 | 1092 | 2227 | 1561 | 1554 | 7 |
| 厄瓜多尔 | Ecuador | 6770 | 6510 | 260 | 7498 | 7476 | 22 |
| 法属圭亚那 | French Guiana | 260 | 260 | | 408 | 408 | |
| 格林纳达 | Grenada | 13 | 13 | | 114 | 114 | |
| 瓜德罗普 | Guaderopu | 38 | 38 | | 100 | 100 | |
| 危地马拉 | Guatemala | 1305 | 1238 | 68 | 1690 | 1659 | 31 |
| 圭亚那 | Guyana | 147 | 147 | | 646 | 646 | |
| 海 地 | Haiti | 1081 | 1081 | | 916 | 916 | |

**17—5 续表4 continued**

单位：万美元（USD 10000）

| 国 别（地区） | Country (territory) | 2011 进出口总额 Total | 2011 出口总额 Exports | 2011 进口总额 Imports | 2012 进出口总额 Total | 2012 出口总额 Exports | 2012 进口总额 Imports |
|---|---|---|---|---|---|---|---|
| 洪都拉斯 | Honduras | 731 | 731 | | 5197 | 5190 | 7 |
| 牙买加 | Jamaica | 498 | 498 | | 4086 | 4086 | |
| 马提尼克 | Matinik | 57 | 57 | | 61 | 61 | |
| 墨西哥 | Mexico | 21280 | 17710 | 3569 | 44341 | 31510 | 12831 |
| 尼加拉瓜 | Nicaragua | 700 | 699 | | 735 | 735 | |
| 巴拿马 | Panama | 10769 | 10661 | 108 | 27899 | 27686 | 213 |
| 巴拉圭 | Paraguay | 4399 | 4246 | 153 | 4684 | 4650 | 34 |
| 秘 鲁 | Peru | 96201 | 13930 | 82271 | 97358 | 17783 | 79575 |
| 波多黎各 | Puerto Rico | 1242 | 1242 | | 1082 | 1081 | 1 |
| 圣卢西亚 | Saint Lucia | 4 | 4 | | 169 | 169 | |
| 圣马丁岛 | Saint Martin Island | 8 | 8 | | 1 | 1 | |
| 圣文格林纳 | Saint Article Greener | | | | 12 | 12 | |
| 萨尔瓦多 | El Salvador | 500 | 500 | | 1081 | 1081 | |
| 苏里南 | Surinam | 204 | 204 | | 687 | 682 | 5 |
| 特立—巴哥 | Trinidad and Tobago | 974 | 974 | | 727 | 727 | |
| 乌拉圭 | Uruguay | 9531 | 8225 | 1306 | 15675 | 11624 | 4051 |
| 委内瑞拉 | Venezuela | 22014 | 19644 | 2370 | 40126 | 40125 | 1 |
| 英属维尔京群岛 | Virgin | 28 | 28 | | 8 | 8 | |
| 圣其茨和尼维斯 | The Federation of Saint Kitts and Nevis | 2 | 2 | | 3 | 3 | |
| 荷属安第列斯群岛 | Antilles Guilder Ang | 84 | 84 | | 85 | 85 | |
| **北美州** | **North America** | **391097** | **255775** | **135322** | **585598** | **440763** | **144835** |
| 加拿大 | Canada | 65874 | 26581 | 39293 | 91465 | 48610 | 42855 |
| 美 国 | United States | 325199 | 229180 | 96020 | 494092 | 392144 | 101948 |
| 格陵兰 | Greenland | 10 | | 10 | 32 | | 32 |
| 百慕大 | Bermuda Is. | 11 | 11 | | 9 | 9 | |
| 北美洲其他 | Other of North America | 4 | 4 | | | | |
| **大洋洲** | **Oceanic** | **295737** | **32750** | **262987** | **223548** | **53417** | **170131** |
| 澳大利亚 | Australia | 285566 | 27797 | 257769 | 208914 | 44002 | 164912 |
| 斐 济 | Fiji | 287 | 287 | | 511 | 511 | |
| 新喀里多尼 | New Karidoni | 220 | 220 | | 271 | 271 | |
| 瓦努阿图 | Vanuatu | 8 | 8 | | 96 | 96 | |
| 新西兰 | New Zealand | 8769 | 3872 | 4897 | 11293 | 6074 | 5219 |
| 诺福克岛 | Norfolk Island | 708 | 387 | 321 | | | |
| 巴布亚新几 | Papua New Guinea | 16 | 16 | | 1346 | 1346 | |
| 社会群岛 | Society Islands | | | | 7 | 7 | |
| 所罗门群岛 | Solomon Is. | | | | 235 | 235 | |
| 汤 加 | Tonga | 93 | 93 | | 61 | 61 | |
| 萨摩亚 | Samoa | 6 | 6 | | 325 | 325 | |
| 基里巴斯 | Kiribati | 3 | 3 | | 144 | 144 | |
| 图瓦卢 | Tuvalu | | | | 237 | 237 | |
| 密克罗尼西 | Micronesia | 1 | 1 | | 1 | 1 | |
| 马绍尔群岛 | Marshall Island | | | | 10 | 10 | |
| 贝劳共和国 | Palau | 2 | 2 | | 5 | 5 | |
| 法属波利尼西亚 | French Polynesia | 59 | 59 | | 87 | 87 | |
| 瓦利斯和浮图纳 | Wallis and The Buddha Accepts | 2 | 2 | | | | |
| 大洋洲其他 | Other of Oceania | | | | 5 | 5 | |
| **国别(地区)不详** | **Nationality (Area) Unclear** | **655** | **452** | **202** | **33** | **8** | **25** |

# 17—6 进出口商品贸易方式总值（2012年）
Total Value of Import and Export Trade Way (2012)

单位：万美元（USD 10000）

| 指标 | Item | 进出口 Imports & Exports 金额 Value | 比重(%) Portion (%) | 出口 Exports 金额 Value | 比重(%) Portion (%) | 进口 Imports 金额 Value | 比重(%) Portion (%) |
|---|---|---|---|---|---|---|---|
| **总计** | **Total** | **3932527** | **100.00** | 2675228 | **100.00** | **1257299** | **100.00** |
| 一般贸易 | General Trade | 3044848 | 77.43 | 2057810 | 76.92 | 987038 | 78.50 |
| 国家间、国际组织无偿援助和赠送的物资 | Between Countries, International Organizations Aid and Donated Materials | 645 | 0.02 | 645 | 0.02 | | |
| 其他境外捐赠物资 | Other Donations of Goods Outside | 5 | | | | 5 | |
| 补偿贸易 | Compensation | | | | | | |
| 来料加工装配贸易 | Assembly Processing Trade | 32453 | 0.83 | 12919 | 0.48 | 19534 | 1.55 |
| 进料加工贸易 | Processing With Imported Trade | 596261 | 15.16 | 393611 | 14.71 | 202650 | 16.12 |
| 加工贸易进口设备 | Processing Trade Imported Equipment | 7 | | | | 7 | |
| 寄售代销贸易 | Consignment Selling Trade | | | | | | |
| 边境小额贸易 | Small Amount Border Trade | | | | | | |
| 对外承包工程出口货物 | Exports Contracted Projects | 28199 | 0.72 | 28199 | 1.05 | | |
| 租赁贸易 | Lease Trade | | | | | | |
| 外商投资企业作为投资进口的设备、物品 | Foreign-invested Enterprises as the Import Investment of Equipment, Goods | 27044 | 0.69 | | | 27044 | 2.15 |
| 出料加工 | Material Processing | 4780 | 0.12 | 1891 | 0.07 | 2889 | 0.23 |
| 易货贸易 | Barter | | | | | | |
| 免税外汇商品 | Duty-free Foreign Exchange Goods | | | | | | |
| 保税仓库进出境货物 | Inward and Outward Goods of Free Trade Storehouse | 11058 | 0.28 | 385 | 0.01 | 10673 | 0.85 |
| 保税区仓储转口货物 | Re-export Goods of Free Trade Zone | 8020 | 0.20 | 4578 | 0.17 | 3442 | 0.27 |
| 出口加工区进口设备 | Export Processing Zones Imported Equipment | 2486 | 0.06 | | | 2486 | 0.20 |
| 其他 | Other | 176722 | 4.49 | 175191 | 6.55 | 1531 | 0.12 |

## 17—7 外国及港澳台直接投资（按投资方式）
Foreign and Hong Kong, Macao and Taiwan Direct Investment (fdi) (by way)

单位：万美元（USD 10000）

| 指　　标 | Item | 2000 | 2005 | 2010 | 2011 | 2012 |
|---|---|---|---|---|---|---|
| **新批项目** | **A new Batch of Project** | **247** | **421** | **281** | **263** | **194** |
| #合资经营 | Joint Ventures Enterprises | 106 | 168 | 100 | 97 | 78 |
| 合作经营 | Cooperative Operation Enterprises | 27 | 18 | 8 | 7 | 2 |
| 独资经营 | Foreign Own Investment Enterprises | 114 | 233 | 172 | 159 | 112 |
| 外商投资股份制 | Foreign Invested Shareholding Enterprises | | 2 | 1 | | 2 |
| **合同外资额** | **More Foreign Contract** | **63602** | **155358** | **216462** | **344324** | **253481** |
| #合资经营 | Joint Ventures Enterprises | 5974 | 41919 | 47726 | 102951 | 70431 |
| 合作经营 | Cooperative Operation Enterprises | 20784 | 9563 | 9115 | 16326 | 4472 |
| 独资经营 | Foreign Own Investment Enterprises | 36844 | 102721 | 156738 | 213151 | 170532 |
| 外商投资股份制 | Foreign Invested Shareholding Enterprises | | 1155 | 2883 | 11896 | 8046 |
| **实际利用外商直接投资额** | **Actual Use of Foreign Direct Investment** | **31847** | **68845** | **501446** | **662887** | **863811** |
| #合资经营 | Joint Ventures Enterprises | 11921 | 24801 | 173910 | 212503 | 269883 |
| 合作经营 | Cooperative Operation Enterprises | 6965 | 2316 | 3922 | 2648 | 1971 |
| 独资经营 | Foreign Own Investment Enterprises | 12961 | 41728 | 307925 | 430223 | 569825 |
| 外商投资股份制 | Foreign Invested Shareholding Enterprises | | | 15689 | 17513 | 22132 |

## 17—8 外国和港澳台地区直接投资（按行业）（2012年）
### Direct Investment of Foreign Countries, Hong Kong, Macao and Taiwen by Sector (2012)

| 指 标 | Item | 新签协议 Newly Signed Agreement 合同数（个）Number of Contracts (unit) | 新签协议 Newly Signed Agreement 投资额（万美元）Investment (USD 10000) | 实际投资合计（万美元）Total Actual Investment (USD 10000) | 期末实有企业数（个）Number of Enterprises at the End of the Period (unit) | #本期新增企业 Newly Increased In this Period |
|---|---|---|---|---|---|---|
| **总 计** | **Total** | **194** | **253481** | **863811** | **2415** | **177** |
| **按投资方式分** | **Grouped by Type of Investment** | | | | | |
| #合资企业 | Joint Ventures Enterprises | 78 | 70431 | 269883 | 585 | 41 |
| 合作企业 | Cooperative Operation Enterprises | 2 | 4472 | 1971 | 29 | |
| 外资企业 | Foreign Investment Enterprises | 112 | 170532 | 569825 | 1780 | 135 |
| 外商投资股份制 | Foreign Invested Shareholding Enterprises | 2 | 8046 | 22132 | 21 | 1 |
| **按国民经济行业分** | **Grouped by Sector** | | | | | |
| 农林牧渔业 | Farming, Forestry, Animal Husbandry and Fishery | 6 | 9181 | 17562 | 60 | 8 |
| 采矿业 | Mining and Quarrying | | | 14809 | 24 | 1 |
| 制造业 | Manufacturing | 108 | 147042 | 546545 | 1519 | 77 |
| 电力、煤气及水的生产和供应业 | Production and Supply of Electric Power, Gas and Water | 3 | 12179 | 40392 | 94 | 3 |
| 建筑业 | Construction | 3 | 2272 | | 41 | 3 |
| 交通运输、仓储及邮政业 | Transportation, Storage and Postal Services | 2 | 4967 | 19489 | 23 | 2 |
| 信息传输、计算机服务和软件业 | Information Circulation, Computer Service and Software | 18 | 8020 | 3911 | 50 | 13 |
| 批发和零售业 | Wholesale and Retail Trade | 22 | 16286 | 36819 | 163 | 27 |
| 住宿和餐饮业 | Accommodation and Catering Trade | 5 | 14817 | 16026 | 55 | 2 |
| 金融业 | Banking | | | 756 | 3 | 1 |
| 房地产业 | Real Estate Trade | 7 | 30675 | 142483 | 202 | 7 |
| 租赁和商务服务业 | Leasing and Commercial Services | 12 | 5813 | 10084 | 61 | 7 |
| 科学研究、技术服务和地质勘查业 | Scientific Research, Technical Services and Geological Prospecting | 3 | 1702 | 4738 | 58 | 19 |
| 水利、环境和公共设施管理业 | Water Conservancy, Environmental and Public Facilities Management | 3 | -2661 | 6632 | 30 | 3 |
| 居民服务和其他服务业 | Resident Services and Other Services | 2 | 3234 | 188 | 20 | 1 |
| 教 育 | Education | | | 787 | | |
| 卫生、社会保障和社会福利业 | Health Care, Social Protection and Social Welfare | | | | 1 | |
| 文化、体育和娱乐业 | Culture, Sports and Entertainment | | -46 | 2590 | 8 | |
| 其他行业 | Others | | | | 3 | 3 |

## 17—9 外国和港澳台地区直接投资（按国别和地区）（2012年）

Direct Investment of Foreign Countries and Hong Kong, Macao and Taiwen by Countries and Regions (2012)

| 指标 | Item | 新签协议 Newly Signed Agreement | | 实际投资合计（万美元） Total Actual Investment (USD 10000) | 期末实有企业数（个） Number of Enterprises at the End of the Period (unit) | #本期新增企业 Newly Increased In this Period |
|---|---|---|---|---|---|---|
| | | 合同数（个） Number of Contracts (unit) | 投资额（万美元） Investment (USD 10000) | | | |
| **合　计** | **Total** | **194** | **253481** | **863811** | **2415** | **177** |
| **亚　洲** | **Asia** | **126** | **183079** | **629730** | **1500** | **111** |
| #不　丹 | Bhutan | | | | 2 | |
| 文　莱 | Brunei | | 4 | 20 | 9 | |
| 香　港 | Hong Kong | 78 | 141492 | 457734 | 870 | 66 |
| 印　度 | India | 2 | 56 | 2346 | 6 | 2 |
| 印度尼西亚 | Indonesia | | | 250 | 6 | |
| 伊　朗 | Iran | | 1200 | 1200 | 2 | |
| 日　本 | Japan | 11 | 14468 | 63137 | 151 | 9 |
| 澳　门 | Macao | | -64 | 962 | 12 | 1 |
| 马来西亚 | Malaysia | | 5000 | 2150 | 13 | 1 |
| 菲律宾 | Philippines | | | 254 | 6 | |
| 新加坡 | Singapore | 7 | 16965 | 30832 | 84 | 5 |
| 韩　国 | Republic of Korea | 16 | 1092 | 18605 | 71 | 14 |
| 泰　国 | Thailand | | | 3619 | 7 | |
| 土耳其 | Turkey | | | | 2 | |
| 阿拉伯联合酋长国 | United Arab Emirates | | | 10 | 5 | |
| 台　湾 | Taiwan | 11 | 366 | 46923 | 250 | 13 |
| **非　洲** | **Africa** | **3** | **1258** | **1900** | **19** | **2** |
| #肯尼亚 | Kenya | | | | 1 | |
| 利比里亚 | Liberia | | | | 1 | |
| 毛里求斯 | Mauritius | | | 1900 | 10 | |
| **欧　洲** | **Europe** | **13** | **18520** | **77070** | **244** | **12** |
| #比利时 | Belgium | | | | 2 | |
| 丹　麦 | Denmark | 2 | 1152 | 921 | 6 | 2 |
| 英　国 | United Kingdom | 1 | 1387 | 6005 | 37 | 1 |
| 德　国 | Germany | 2 | -1533 | 18564 | 54 | 3 |
| 法　国 | France | | 10041 | 7075 | 21 | 1 |
| 爱尔兰 | Ireland | | 32 | 10320 | 2 | |
| 意大利 | Italy | 4 | 1377 | 12549 | 30 | 2 |
| 荷　兰 | Netherlands | | | 2396 | 12 | |
| 西班牙 | Spain | 2 | 168 | 4986 | 20 | 1 |
| 奥地利 | Austria | | | 356 | 5 | |
| 瑞　典 | Sweden | | | | 4 | |
| 瑞　士 | Switzerland | | 5178 | 10098 | 9 | 1 |
| 俄罗斯 | Russia | 1 | 300 | 1875 | 14 | |
| 捷克共和国 | Czech | 1 | 429 | 107 | 2 | 1 |
| **拉丁美洲** | **Latin America** | **12** | **6471** | **48525** | **221** | **13** |
| #阿根廷 | Argentina | | | | 3 | |
| 巴巴多斯 | Barbados | 1 | 676 | 510 | 6 | 1 |
| 巴　西 | Brazil | | | 120 | 6 | |
| 开曼群岛 | Cayman Islands | 3 | 1850 | 1128 | 16 | 4 |
| 英属维尔京群岛 | Virgin | 7 | 1345 | 55033 | 173 | 7 |
| **北美洲** | **North America** | **16** | **15740** | **49733** | **302** | **16** |
| #加拿大 | Canada | 2 | 309 | 3050 | 45 | 1 |
| 美　国 | United States | 12 | 7715 | 46683 | 248 | 13 |
| **大洋洲** | **Oceanic** | **13** | **11383** | **22478** | **97** | **11** |
| #澳大利亚 | Australia | 5 | 5795 | 15849 | 48 | 4 |
| 新西兰 | New Zealand | 2 | 40 | 2110 | 9 | 2 |
| 萨摩亚 | Samoa | 6 | 5548 | 4474 | 40 | 5 |
| **其　他** | **Other** | **13** | **17030** | **29075** | **32** | **12** |

## 17—10 按国别（地区）对外投资
According to the Country (region) of Foreign Investment

| 国 别（地区） | Country (region) | 新批境外企业（机构）数（个）A new Batch of Foreign Enterprises (institutions) (unit) | | 协议对外投资额（万美元）Foreign Investment Agreement (USD 10000) | | 实际对外投资额（万美元）Actual Foreign Investment (USD 10000) | |
|---|---|---|---|---|---|---|---|
| | | 2011 | 2012 | 2011 | 2012 | 2011 | 2012 |
| **合 计** | **Total** | **42** | **56** | **68834** | **107262** | **50875** | **54516** |
| **亚 洲** | **Asia** | **16** | **21** | **42578** | **8257** | **2612** | **8247** |
| 印度尼西亚 | Indonesia | 1 | 1 | 37772 | 200 | 24 | 1950 |
| 中国香港 | Hong Kong | 11 | 8 | 3641 | 3833 | 1272 | 5010 |
| 泰 国 | Thailand | 1 | 1 | 1080 | 720 | 1185 | 697 |
| 马来西亚 | Malaysia | 1 | | 34 | | 10 | |
| 老 挝 | Laos | 1 | 1 | 50 | 500 | 111 | 22 |
| 日 本 | Japan | 1 | 1 | 1 | 900 | | 68 |
| 伊 朗 | Iran | | 1 | | 980 | | |
| 孟加拉国 | Bangladesh | | 1 | | 70 | | |
| 韩 国 | Republic of Korea | | 1 | | 30 | | |
| 印 度 | India | | 1 | | 100 | | |
| 朝 鲜 | Democratic People's Republic of Korea | | 1 | | 170 | | |
| 新加坡 | Singapore | | 2 | | 134 | | |
| 越 南 | Viet Nam | | 1 | | 120 | | |
| 柬埔寨 | Cambodia | | 1 | | 500 | | 500 |
| 阿联酋 | United Arab Emirates | | | | | 10 | |
| **非 洲** | **Africa** | **8** | **5** | **6522** | **81600** | **42920** | 32088 |
| 博茨瓦纳 | Botswana | 1 | | 2000 | | | |
| 津巴布韦 | Zimbabwe | 1 | 1 | 1300 | 80600 | 42038 | 17140 |
| 赞比亚 | Zambia | 3 | 2 | 1419 | 600 | 409 | 476 |
| 安哥拉 | Angola | 1 | 1 | 500 | 100 | | 3 |
| 尼日利亚 | Nigeria | 1 | 1 | 303 | 300 | 0.2 | |
| 莫桑比克 | Mozambique | 1 | | 1000 | | 226 | 14286 |
| 刚 果 | The Congo | | | | | 22 | 15 |
| 马拉维 | Malawi | | | | | 175 | |
| 坦桑尼亚 | Tanzania | | | | | 50 | 100 |
| 阿尔及利亚 | Algeria | | | | | | 67 |
| **欧 洲** | **Europe** | **6** | **9** | **5679** | **3266** | **681** | **3304** |
| 瑞 士 | Switzerland | 2 | | 5270 | | | 500 |
| 英 国 | United Kingdom | 1 | 1 | 166 | 10 | 130 | |
| 德 国 | Germany | 2 | 1 | 143 | 1770 | 406 | 1847 |
| 意大利 | Italy | 1 | 2 | 100 | 378 | 2 | 331 |
| 保加利亚 | Bulgariy | | 1 | | 800 | | 613 |
| 俄罗斯 | Russia | | 2 | | 184 | 100 | 13 |
| 匈牙利 | Hungary | | 1 | | 4 | | |
| 立陶宛 | Lithuania | | 1 | | 120 | | |
| 荷 兰 | Netherlands | | | | | 43 | |
| **拉丁美洲** | **Latin America** | **1** | **2** | **7045** | **494** | **930** | **2081** |
| 巴 西 | Brazil | 1 | 1 | 7045 | 100 | 787 | 1613 |
| 哥伦比亚 | Colombia | | 1 | | 394 | | 290 |
| 秘 鲁 | Peru | | | | | 107 | 178 |
| 乌拉圭 | Uruguay | | | | | 36 | |
| **北美洲** | **North America** | **9** | **16** | **3410** | **13035** | **3355** | **8070** |
| 美 国 | United States | 8 | 15 | 2590 | 12175 | 2257 | 6882 |
| 加拿大 | Canada | 1 | 1 | 820 | 860 | 1098 | 1188 |
| **大洋洲** | **Oceanic** | **2** | **3** | **3600** | **610** | **377** | **726** |
| 澳大利亚 | Australia | 2 | 2 | 3600 | 310 | 377 | 726 |
| 新西兰 | New Zealand | | 1 | | 300 | | |

## 17—11 按国别（地区）对外承包工程和劳务合作
According to the Country (region) of Foreign Contracted Projects and Labor Service Cooperation

| 国 别（地区） | Country (region) | 承包工程（万美元） Contracted Projects（USD 10000） | | | | 劳务合作（人） Labor Service Cooperation (person) | | | |
|---|---|---|---|---|---|---|---|---|---|
| | | 新签合同额 New Signing Stood | | 完成营业额 Complete Turnover | | 外派劳务人数 Field Services Number | | 年末在外人数 Out at the End of the Number | |
| | | 2011 | 2012 | 2011 | 2012 | 2011 | 2012 | 2011 | 2012 |
| **合 计** | **Total** | **193661** | **233764** | **236706** | **281148** | **13574** | **13370** | **20901** | **23748** |
| **亚 洲** | **Asia** | **73739** | **121239** | **42677** | **57734** | **3617** | **6622** | **7632** | **10994** |
| 阿 曼 | Oman | | 135 | 184 | 413 | | 48 | 2 | 40 |
| 阿联酋 | United Arab Emirates | | | 16 | | | | 162 | 162 |
| 中国澳门 | Macao | | | | | 10 | | | |
| 卡塔尔 | Qatar | | | 400 | | | | | |
| 哈萨克斯坦 | Kazakhstan | | | 247 | 240 | 46 | 15 | 4 | |
| 老 挝 | Laos | 337 | 147 | 384 | 170 | | 28 | | 28 |
| 新加坡 | Singapore | 2058 | 3880 | 2594 | 4060 | 535 | 1480 | 2098 | 3082 |
| 巴基斯坦 | Pakistan | | 3305 | 3530 | 2504 | 47 | 145 | 117 | 225 |
| 菲律宾 | The Philippines | 1762 | | 1017 | | 4 | | 8 | |
| 科威特 | Kuwait | 51874 | 67000 | 6939 | 18003 | 346 | 345 | 334 | 654 |
| 中国香港 | Hong Kong | | | 60 | 200 | 10 | | 10 | 10 |
| 也门共和国 | Arab Republic of Yemen | | | 1594 | | | | | |
| 尼泊尔 | Nepal | | | 626 | 228 | 2 | 7 | 4 | 9 |
| 蒙 古 | Mongolia | | 12000 | 8208 | 7741 | 293 | 610 | 548 | 278 |
| 越 南 | Viet Nam | 1502 | 1566 | 4016 | 7516 | 459 | 361 | 400 | 447 |
| 约 旦 | Jordan | | | 33 | | | | | |
| 泰 国 | Thailand | 48 | 745 | 225 | 1069 | 18 | 208 | | 207 |
| 台湾省 | Taiwan | 151 | | 279 | | 16 | 15 | | |
| 印 度 | India | 109 | | 4801 | 4325 | 32 | 32 | 12 | 44 |
| 沙特阿拉伯 | Saudi Arabia | 11671 | 20279 | 5407 | 10392 | 1013 | 2362 | 1343 | 2831 |
| 日 本 | Japan | | | | | 683 | 905 | 2127 | 2475 |
| 以色列 | Israel | | | | | | | 148 | 148 |
| 马来西亚 | Malaysia | | 77 | 10 | 69 | | | | |
| 阿富汗 | Afghanistan | | | 2046 | | 8 | | 16 | |
| 斯里兰卡 | Sri Lanka | 1800 | | | | | | | |
| 土耳其 | Turkey | | | 51 | | 49 | | 173 | 173 |
| 孟加拉国 | Bangladesh | 2362 | | | | | 5 | | 5 |
| 印度尼西亚 | Indonesia | 65 | 11818 | 10 | 605 | 46 | 32 | 126 | 158 |
| 伊 朗 | Iran | | 167 | | 17 | | | | |
| 伊拉克 | Iraq | | | | | | 18 | | 18 |
| 缅 甸 | Myanmar | | 120 | | 182 | | 6 | | |
| **非 洲** | **Africa** | **91610** | **111310** | **156542** | **183876** | **9090** | **5823** | **12258** | **11690** |
| 毛里求斯 | Mauritius | | | | | 50 | 203 | 50 | 253 |
| 埃 及 | Egypt | | | 354 | 174 | 139 | 16 | 108 | 12 |
| 博茨瓦纳 | Botswana | | | 527 | | | | | |
| 喀麦隆 | Cameroon | | | 302 | 1845 | 73 | 55 | 75 | 85 |
| 埃塞俄比亚 | Ethiopia | 5635 | 6500 | 3257 | 3221 | 133 | 93 | 182 | 138 |
| 赞比亚 | Zambia | 8055 | 3020 | 6739 | 7968 | 466 | 167 | 473 | 389 |

**17—11 续表 continued**

| 国 别（地区） | Country (region) | 承包工程（万美元）Contracted Projects（USD 10000） | | | | 劳务合作（人）Labor Service Cooperation (person) | | | |
|---|---|---|---|---|---|---|---|---|---|
| | | 新签合同额 New Signing Stood | | 完成营业额 Complete Turnover | | 外派劳务人数 Field Services Number | | 年末在外人数 Out at the End of the Number | |
| | | 2011 | 2012 | 2011 | 2012 | 2011 | 2012 | 2011 | 2012 |
| 马拉维 | Malawi | | 2200 | 4147 | 8427 | 68 | 79 | 216 | 259 |
| 贝 宁 | Benin | | | 329 | 3188 | 14 | 72 | 22 | 129 |
| 科特迪瓦 | Cote D'ivoire | 85 | | 262 | 1327 | 22 | 10 | 71 | 55 |
| 莫桑比克 | Mozambique | 1200 | 7330 | 4568 | 4882 | 71 | 29 | 240 | 144 |
| 阿尔及利亚 | Algeria | | | 29477 | 46022 | 1210 | 2192 | 2148 | 2784 |
| 突尼斯 | Tunisia | | | 565 | 3157 | 17 | 20 | 14 | 18 |
| 毛里塔尼亚 | Mauritania | 5689 | | 1061 | 2949 | 38 | 32 | 38 | 52 |
| 利比亚 | Libya | | | 338 | | 21 | | | |
| 加 纳 | Ghana | | | 1916 | 2662 | 39 | 10 | 31 | 39 |
| 乌干达 | Uganda | 392 | 3 | 614 | 8 | | | | |
| 南 非 | South Africa | | | 188 | | | | 2 | |
| 安哥拉 | Angola | 43630 | 90137 | 62998 | 66213 | 5037 | 2258 | 6609 | 6342 |
| 赤道几内亚 | Equatorial Guinea | | | 7621 | 8895 | 504 | 290 | 607 | 436 |
| 布隆迪 | Burundi | | | 305 | | | | | |
| 苏 丹 | Sudan | | | 2389 | 803 | 451 | 83 | 420 | 23 |
| 马达加斯加 | Madagascar | 4745 | | 2016 | 3264 | 10 | 8 | 92 | 76 |
| 刚果(布) | The Congo | | | 39 | 610 | 14 | 72 | 70 | 77 |
| 津巴布韦 | Zimbabwe | 20635 | 2120 | 24129 | 15050 | 312 | 116 | 668 | 312 |
| 塞拉利昂 | Sierra Leone | | | 191 | | 4 | | 6 | 3 |
| 加 蓬 | Gabon | 1500 | | | | | | | |
| 尼日利亚 | Nigeria | 44 | | 2210 | 3057 | 397 | 18 | 116 | 64 |
| 莱索托 | Lesotho | | | | 154 | | | | |
| **欧 洲** | **Europe** | **3318** | | **5752** | **1229** | **673** | **822** | **447** | **651** |
| 俄罗斯联邦 | Russia | | | 2050 | 100 | 385 | 196 | 6 | 121 |
| 白俄罗斯 | Byelorussia | | | 382 | 1129 | 284 | 626 | 270 | 359 |
| 爱尔兰 | Ireland | | | | | | | 167 | 167 |
| 德 国 | Germany | 3318 | | 3318 | | 4 | | 4 | 4 |
| 阿尔巴尼亚 | Albania | | | 2 | | | | | |
| **拉丁美洲** | **Latin America** | **24950** | **1215** | **31597** | **37303** | **118** | **87** | **471** | **319** |
| 委内瑞拉 | Venezuela | 15456 | 1048 | 21408 | 33897 | 76 | 57 | 353 | 198 |
| 智 利 | Chile | 52 | | 2609 | 1043 | | | | |
| 苏里南 | Surinam | | | 10 | | | 10 | | 10 |
| 巴巴多斯 | Barbados | | | 7 | 50 | 16 | 2 | 33 | 18 |
| 巴 西 | Brazil | 3651 | 167 | 3669 | 1123 | 8 | | | |
| 特克斯和凯科斯岛 | Turks and Caicos Islands | | | | | | | 57 | 57 |
| 格林纳达 | Grenada | 92 | | 7 | 56 | | | 7 | 7 |
| 厄瓜多尔 | Ecuador | 5699 | | 2925 | 1134 | 18 | 18 | 11 | 29 |
| 哥斯达黎加 | Costa Rica | | | 962 | | | | 10 | |
| **大洋洲** | **Oceanic** | **44** | | **138** | **1006** | **76** | **16** | **93** | **94** |
| 斐 济 | Fiji | | | | | | | 15 | |
| 西萨摩亚 | Western Samoa | 44 | | | 44 | | | 2 | 2 |
| 澳大利亚 | Australia | | | 138 | 962 | 76 | 16 | 76 | 92 |

## 17—12 外商投资企业年末企业数、投资总额及注册资本（2012年）
Number, Investment and Registered Capital of Foreign-funded Enterprises (2012)

| 项　　目 | Item | 企业数（个）Number of Registered Enterprises (unit) | 投资总额（万美元）Total Investment (USD 10000) | 注册资本（万美元）Registered Capital (USD 10000) | #外　方 Capital Invested by Foreign Partner |
|---|---|---|---|---|---|
| **总　　计** | **Total** | **2415** | **4003508** | **2069592** | **1541660** |
| **按投资方式分** | **Grouped by Type of Investment** | | | | |
| #中外合资 | Joint Ventures Enterprises | 585 | 965133 | 406932 | 189647 |
| 中外合作 | Cooperative Operation Enterprises | 29 | 59964 | 31426 | 20166 |
| 外资企业 | Foreign Investment Share Enterprises | 1780 | 2778253 | 1431870 | 1274078 |
| 外商投资股份制 | Foreign Invested Shareholding Enterprises | 21 | 200159 | 199365 | 57769 |
| **按国民经济行业分** | **Grouped by Sector** | | | | |
| 农林牧渔业 | Farming, Forestry, Animal Husbandry and Fishery | 60 | 113857 | 49035 | 42904 |
| 采矿业 | Mining and Quarrying | 24 | 31045 | 17849 | 13137 |
| 制造业 | Manufacturing | 1519 | 2493057 | 1275914 | 910390 |
| 电力、煤气及水的生产和供应业 | Production and Supply of Electric Power, Gas and Water | 94 | 432402 | 137232 | 96536 |
| 建筑业 | Construction | 41 | 63981 | 36706 | 28397 |
| 交通运输、仓储及邮政业 | Transportation, Storage and Postal Services | 23 | 84861 | 61136 | 34312 |
| 信息传输、计算机服务和软件业 | Information Circulation, Computer Service and Software | 50 | 33933 | 14372 | 13652 |
| 批发和零售业 | Wholesale and Retail Trade | 163 | 143272 | 73419 | 68014 |
| 住宿和餐饮业 | Accommodation and Catering Trade | 55 | 47108 | 28675 | 24542 |
| 金融业 | Banking | 3 | 3100 | 3070 | 2320 |
| 房地产业 | Real Estate Trade | 202 | 333284 | 241854 | 204200 |
| 租赁和商务服务业 | Leasing and Commercial Services | 61 | 82095 | 53604 | 41068 |
| 科学研究、技术服务和地质勘查业 | Scientific Research, Technical Services and Geological Prospecting | 58 | 68878 | 39569 | 31454 |
| 水利、环境和公共设施管理业 | Water Conservancy, Environmental and Public Facilities Management | 30 | 45801 | 19975 | 15604 |
| 居民服务和其他服务业 | Resident Services and Other Services | 20 | 8374 | 7229 | 6653 |
| 教　育 | Education | | | | |
| 卫生、社会保障和社会福利业 | Health Care, Social Protection and Social Welfare | 1 | 815 | 555 | 479 |
| 文化、体育和娱乐业 | Culture, Sports and Entertainment | 8 | 6267 | 3423 | 2184 |
| 其他行业 | Others | 3 | 11375 | 5975 | 5815 |

## 17—13 各市外商投资企业年末企业数、投资总额及注册资本（2012年）
Number, Investment and Registered Capital of Foreign-funded Enterprises by Region (2012)

| 地　区 | Region | 企业数（个）Number of Registered Enterprises (unit) | 投资总额（万美元）Total Investment (USD 10000) | 注册资本（万美元）Registered Capital (USD 10000) | #外　方 Capital Invested by Foreign Partner |
|---|---|---|---|---|---|
| **总　　计** | **Total** | **2415** | **4003508** | **2069592** | **1541660** |
| 合 肥 市 | Hefei | 813 | 1896260 | 1074686 | 770018 |
| 淮 北 市 | Huaibei | 46 | 74655 | 32465 | 18418 |
| 亳 州 市 | Bozhou | 31 | 22048 | 13773 | 9739 |
| 宿 州 市 | Suzhou | 79 | 89471 | 42665 | 36604 |
| 蚌 埠 市 | Bengbu | 103 | 108099 | 67205 | 54481 |
| 阜 阳 市 | Fuyang | 57 | 99803 | 41290 | 31765 |
| 淮 南 市 | Huainan | 38 | 331931 | 46649 | 39654 |
| 滁 州 市 | Chuzhou | 153 | 137251 | 66951 | 52694 |
| 六 安 市 | Luan | 88 | 76999 | 43974 | 36783 |
| 马鞍山市 | Maanshan | 164 | 195735 | 97859 | 84350 |
| 芜 湖 市 | Wuhu | 330 | 520520 | 296371 | 222932 |
| 宣 城 市 | Xuancheng | 138 | 74442 | 41077 | 31317 |
| 铜 陵 市 | Tongling | 54 | 87533 | 48723 | 29295 |
| 池 州 市 | Chizhou | 64 | 57744 | 31711 | 26860 |
| 安 庆 市 | Anqing | 136 | 142223 | 77432 | 57882 |
| 黄 山 市 | Huangshan | 121 | 88794 | 46760 | 38869 |

## 17—14 各市商品进出口总额
Import and Export Commodities by Region

单位：万美元（USD 10000）

| 地 区 | Region | 2011 进出口总额 Total | 2011 出口总额 Exports | 2011 进口总额 Imports | 2012 进出口总额 Total | 2012 出口总额 Exports | 2012 进口总额 Imports | 同比增长% Increased by % |
|---|---|---|---|---|---|---|---|---|
| **总 计** | **Total** | **3133782** | **1708389** | **1425393** | **3932527** | **2675228** | **1257299** | **25.5** |
| 合肥市 | Hefei | 1230891 | 781974 | 448917 | 1764175 | 1362782 | 401393 | 43.3 |
| 淮北市 | Huaibei | 20149 | 17156 | 2993 | 34854 | 30812 | 4042 | 73.0 |
| 亳州市 | Bozhou | 32832 | 30389 | 2443 | 49906 | 46228 | 3678 | 52.0 |
| 宿州市 | Suzhou | 22108 | 16795 | 5313 | 40604 | 36378 | 4226 | 83.7 |
| 蚌埠市 | Bengbu | 77005 | 55889 | 21116 | 122794 | 100162 | 22632 | 59.5 |
| 阜阳市 | Fuyang | 64678 | 50677 | 14001 | 109718 | 89565 | 20153 | 69.6 |
| 淮南市 | Huainan | 23878 | 9142 | 14736 | 34883 | 24452 | 10431 | 46.1 |
| 滁州市 | Chuzhou | 113152 | 88129 | 25023 | 153247 | 116045 | 37202 | 35.4 |
| 六安市 | Luan | 62565 | 58004 | 4561 | 73689 | 71088 | 2601 | 17.8 |
| 马鞍山市 | Maanshan | 419661 | 79366 | 340295 | 365213 | 120047 | 245166 | -13.0 |
| 芜湖市 | Wuhu | 396491 | 270417 | 126074 | 462439 | 337026 | 125413 | 16.6 |
| 宣城市 | Xuancheng | 99549 | 85456 | 14093 | 135483 | 120227 | 15256 | 36.1 |
| 铜陵市 | Tongling | 413074 | 51944 | 361130 | 357036 | 35338 | 321698 | -13.6 |
| 池州市 | Chizhou | 25753 | 16362 | 9391 | 34468 | 21873 | 12595 | 33.8 |
| 安庆市 | Anqing | 85824 | 60045 | 25779 | 123899 | 100520 | 23379 | 44.4 |
| 黄山市 | Huangshan | 46172 | 36644 | 9528 | 70119 | 62685 | 7434 | 51.9 |

## 17—15 各市外商直接投资
Foreign Direct Investment by Region

| 地 区 | Region | 项目（个） Number of Projects (unit) 2011 | 2012 | 同比增长% Increased by | 合同外资额（万美元） Contract Value (USD 10000) 2011 | 2012 | 实际利用外资额（万美元） Used Value (USD 10000) 2011 | 2012 | 同比增长% Increased by |
|---|---|---|---|---|---|---|---|---|---|
| **总 计** | **Total** | **263** | **194** | **-26.2** | **344324** | **253481** | **662887** | **863811** | **30.3** |
| 合肥市 | Hefei | 66 | 63 | -4.5 | 118105 | 117693 | 145601 | 160110 | 10.0 |
| 淮北市 | Huaibei | 3 | 3 | | 3887 | 555 | 30123 | 37786 | 25.4 |
| 亳州市 | Bozhou | 5 | 4 | -20.0 | 2288 | 4179 | 24617 | 36063 | 46.5 |
| 宿州市 | Suzhou | 19 | 6 | -68.4 | 16885 | 7636 | 25206 | 37049 | 47.0 |
| 蚌埠市 | Bengbu | 15 | 12 | -20.0 | 10470 | 18125 | 45574 | 73250 | 60.7 |
| 阜阳市 | Fuyang | 14 | 4 | -71.4 | 10902 | 2900 | 6488 | 10512 | 62.0 |
| 淮南市 | Huainan | 9 | 1 | -88.9 | 5089 | -161 | 12876 | 18924 | 47.0 |
| 滁州市 | Chuzhou | 22 | 10 | -54.5 | 33589 | 15201 | 32297 | 51910 | 60.7 |
| 六安市 | Luan | 12 | 6 | -50.0 | 18253 | 3614 | 20504 | 26030 | 27.0 |
| 马鞍山市 | Maanshan | 21 | 21 | | 27847 | 14203 | 99172 | 127912 | 29.0 |
| 芜湖市 | Wuhu | 25 | 26 | 4.0 | 63841 | 40236 | 104077 | 131655 | 26.5 |
| 宣城市 | Xuancheng | 14 | 8 | -42.9 | 8995 | 6268 | 31195 | 43625 | 39.8 |
| 铜陵市 | Tongling | 6 | 4 | -33.3 | 8406 | 6345 | 23807 | 33368 | 40.2 |
| 池州市 | Chizhou | 7 | 11 | 57.1 | 2968 | 6824 | 16705 | 21017 | 25.8 |
| 安庆市 | Anqing | 13 | 5 | -61.5 | 7727 | 2533 | 26430 | 32667 | 23.6 |
| 黄山市 | Huangshan | 12 | 10 | -16.7 | 5072 | 7330 | 18215 | 21933 | 20.4 |

## 17—16 各市外国和港澳台地区直接投资（2012年）
Direct Investment of Foreign Countries, Hong Kong, Macao and Taiwen by Sector by Region (2012)

| 地 区 | Region | 新签协议 Newly Signed Agreement | | 实际投资合计（万美元） Total Actual Investment (USD 10000) | 期末实有企业数（个） Number of Enterprises at the End of the Period (unit) | |
|---|---|---|---|---|---|---|
| | | 合同数（个） Number of Contracts (unit) | 投资额（万美元） Investment (USD 10000) | | | #本期新增企业 Newly Increased In this Period |
| **总 计** | **Total** | **194** | **253481** | **863811** | **2415** | **177** |
| 合肥市 | Hefei | 63 | 117693 | 160110 | 813 | 63 |
| 淮北市 | Huaibei | 3 | 555 | 37786 | 46 | 2 |
| 亳州市 | Bozhou | 4 | 4179 | 36063 | 31 | 7 |
| 宿州市 | Suzhou | 6 | 7636 | 37049 | 79 | 6 |
| 蚌埠市 | Bengbu | 12 | 18125 | 73250 | 103 | 8 |
| 阜阳市 | Fuyang | 4 | 2900 | 10512 | 57 | 4 |
| 淮南市 | Huainan | 1 | -161 | 18924 | 38 | 1 |
| 滁州市 | Chuzhou | 10 | 15201 | 51910 | 153 | 11 |
| 六安市 | Luan | 6 | 3614 | 26030 | 88 | 6 |
| 马鞍山市 | Maanshan | 21 | 14203 | 127912 | 164 | 18 |
| 芜湖市 | Wuhu | 26 | 40236 | 131655 | 330 | 18 |
| 宣城市 | Xuancheng | 8 | 6268 | 43625 | 138 | 12 |
| 铜陵市 | Tongling | 4 | 6345 | 33368 | 54 | 3 |
| 池州市 | Chizhou | 11 | 6824 | 21017 | 64 | 8 |
| 安庆市 | Anqing | 5 | 2533 | 32667 | 136 | 1 |
| 黄山市 | Huangshan | 10 | 7330 | 21933 | 121 | 9 |

# 主要统计指标解释

## 进出口总额

指实际进出我国国境的货物总金额。包括对外贸易实际进出口货物，来料加工装配进出口货物，国家间、联合国及国际组织无偿援助物资和赠送品，华侨、港澳台同胞和外籍华人捐赠品，租赁期满归承租人所有的租赁货物，进料加工进出口货物，边境地方贸易及边境地区小额贸易进出口货物（边民互市贸易除外），中外合资企业、中外合作经营企业、外商独资经营企业进出口货物和公用物品，到、离岸价格在规定限额以上的进出口货样和广告品（无商业价值、无使用价值和免费提供出口的除外），从保税仓库提取在中国境内销售的进口货物，以及其他进出口货物。进出口总额用以观察一个国家在对外贸易方面的总规模。我国规定出口货物按离岸价格统计，进口货物按到岸价格统计。

## 商品经营单位所在地进、出口额

指所在地海关注册登记的有进出口经营权的企业实际进、出口额。

## 商品目的地进口额和商品货源地出口额

目的地进口额是指进口货物的消费、使用或最终抵运地的实际进口额；货源地出口额是指出口货物的产地或原始发货地的实际出口额。

## 利用外资

指我国各级政府、部门、企业和其他经济组织通过对外借款、吸收外商直接投资以及用其他方式筹措的境外现汇、设备、技术等。

## 对外借款

是我国利用外资的重要部分。指通过对外正式签订借款协议，从境外筹措的资金，包括外国政府贷款、国际金融组织贷款、外国银行商业贷款、出口信贷以及对外发行债券等。1996年及以前还包括对外发行股票。

## 外商直接投资

指外国企业和经济组织或个人（包括华侨、港澳台胞以及我国在境外注册的企业）按我国有关政策、法规，用现汇、实物、技术等在我国境内开办外商独资企业、与我国境内的企业或经济组织共同举办中外合资经营企业、合作经营企业或合作开发资源的投资（包括外商投资收益的再投资），以及经政府有关部门批准的项目投资总额内企业从境外借入的资金。

## 对外承包工程

指各对外承包公司以招标议标承包方式承揽的下列业务：⑴承包国外工程建设项目，⑵承包我国对外经援项目，⑶承包我国驻外机构的工程建设项目，⑷承包我国境内利用外资进行建设的工程项目，⑸与外国承包公司合营或联合承包工程项目时我国公司分包部分，⑹对外承包兼营的房屋开发业务。对外承包工程的营业额是以货币表现的本期内完成的对外承包工程的工作量，包括以前年度签订的合同和本年度新签订的合同在报告期内完成的工作量。

## 对外劳务合作

指以收取工资的形式向业主或承包商提供技术和劳动服务的活动。我国对外承包公司在境外开办的合营企业，中国公司同时又提供劳务的，其劳务部分也纳入劳务合作统计。劳务合作营业额按报告期内向雇主提交的结算数（包括工资、加班费和奖金等）统计。

# Explanatory Notes for Major Statistical Indicators

**Total Imports and Exports at Customs**

refer to the value of commodities imported into and exported from the boundary of China. They include the actual imports and exports through foreign trade, imported and exported goods under the processing and assembling trades and materials, supplies and gifts as aid given gratis between governments and by the United Nations and other international organizations, and contributions donated by overseas Chinese, compatriots in Hong Kong and Macao and Chinese with foreign citizenship, leasing commodities owned by tenant at the expiration of leasing period, the imported and exported commodities processed with imported materials, commodities trading in border areas (excluding mutual exchange goods), the imported and exported commodities and articles for public use of the Sino-foreign joint ventures, cooperative enterprises and ventures exclusively with foreign own investment. Also included are import or export of samples and advertising goods for whose CIF or FOB value are beyond the permitted ceiling (excluding goods of no trading or use value and free commodities for export), imported goods sold in China from bonded warehouses and other imported or exported goods. The indicator of the total imports and exports at customs can be used to observe the total size of external trade in a country. In accordance with the stipulation of the Chinese government, imports are calculated at CIF, while exports are calculated at FOB.

**Import Export Value by Location of China's Foreign Trade Managing Units**

refers to actual value of imports and exports carried out by corporations which have been registered by the local customhouse and are vested with right to run import export business.

**Import Value of Commodities by the Places of their Destination and Export Value of Commodities by the Places of their Origin in China**

The former indicator refers to the value of import commodities of the places of their consumption, utilization or the places of their final destination. The latter indicator refers to the value of export commodities of the places of their origin or the places of the commodities dispatched.

**Utilization of Foreign Capital**

refers to remittance, equipment and technology financed from abroad, by loans, foreign direct investment and other forms undertaken by the Chinese governments at all levels, by various departments, enterprises and other economic units.

**Foreign Borrowings**

an important part of China's utilization of foreign capital, it refer to funds borrowed from abroad through formal signing of borrowing agreements with foreign institutions, including loans of foreign governments, loans of international financial institutions, commercial loans of foreign banks, export credit, and funds raised by Chinese bonds (and shares before 1996) issued abroad.

**Direct Investment by Foreign Entrepreneurs**

refers to the investments inside China by foreign enterprises and economic organizations or individuals (including overseas Chinese, compatriots from Hong Kong and Macao, and Chinese enterprises registered abroad), following the relevant policies and laws of China, for the establishment of ventures exclusively with foreign own investment, Sino-foreign joint ventures and cooperative enterprises or for co-operative exploration of resources with enterprises or economic organizations in China. It includes the re-investment of the foreign entrepreneurs with the profits gained from the investment and the funds that enterprises borrow from abroad in the total investment of projects which are approved by the relevant department of the government.

**Contracted Projects with Foreign Countries**

refer to projects undertaken by Chinese contractors (project contracting companies) through bidding process. They include: (1)overseas civil engineering construction projects financed by foreign investors; (2)overseas projects financed by the Chinese government through its foreign aid programs; (3)construction projects of Chinese diplomatic missions, trade offices and other institutions stationed abroad; (4)construction projects in China financed by foreign investment; (5)sub-contracted projects to be taken by Chinese contractors through a joint umbrella project with foreign contractor(s); (6)housing development projects. The business income from international contracted projects is the work volume of contracted projects completed during the reference period, expressed in monetary terms, including completed work on projects signed in previous years.

**Service Cooperation with Foreign Countries**

refers to the activities of providing technology and labour services to employers or contractors in the forms of receiving salaries and wages. Labour services providing by contractual joint ventures of Chine statistics of service co operation with foreign countries. The business income of labour service co operation is the income in the form of wages and salaries, overtime pay, bonuses and other remuneration received from the employers during the reference period.

# 第十八篇

Chapter 18

# 旅游

TOURISM

## 简要说明

一、旅游业发展情况。入境国际旅游(外国人、华侨、港澳同胞和台湾同胞)人数、不同经济类型的涉外饭店数量及规模情况的资料来源于省旅游局。

二、全省及各市国内旅游资料，是安徽省统计局、安徽省旅游局根据国家旅游局的抽样调查方案和工作要求，组织调查取得。

## Brief Introduction

I. Development of tourism: Data on total number of international tourists received (foreigners, overseas Chinese, Chinese compatriots from Hong Kong, Macao and Taiwan), number of tourist hotel in various types and their scale come from the Provincial Tourism Administration.

II. Data on domestic tourism in the province and all cities are collected by the Provincial Statistical Bureau and the Provincial Tourism Administration in accordance with the sample survey scheme stipulated by the State Tourism Administration.

# 18—1 旅 游 事 业 发 展
Development of Tourism

| 指　　标 | Item | 2000 | 2005 | 2010 | 2011 | 2012 |
|---|---|---|---|---|---|---|
| 旅行社总数　（个） | Total Number of Travel Agencies (unit) | 332 | 599 | 947 | 1057 | 1124 |
| 组团社 | Number of Groups | 35 | 37 | 20 | 22 | 38 |
| 国内旅行社 | Domestic Travel Agencies | 297 | 562 | 927 | 1035 | 1086 |
| 旅行社职工人数　（人） | Number of Staff and Workers of Travel Agencies (person) | 3848 | 6900 | 9593 | 9539 | 10203 |
| 入境旅游人数　（人） | Total Number of International Tourists Inbound (person) | 318430 | 632895 | 1984174 | 2628662 | 3314679 |
| 外 国 人 | Foreigners | 167850 | 410580 | 1173988 | 1517481 | 1904052 |
| 港澳和台湾同胞 | Compatriots from Hong Kong, Macao and Taiwan | 150580 | 222315 | 810186 | 1111181 | 1410627 |
| 国内居民出境总人数(人) | Total Number of Domestic Resident Outbound (person) | 5140 | 64806 | 127800 | 139225 | 177800 |
| 国内旅游人数　（万人次） | Total Number of Domestic Tourists (10000 persons) | 2974 | 4684 | 15349 | 22535 | 29229 |
| 旅游收入 | Income of Tourism | | | | | |
| 国际旅游外汇收入(万美元) | Foreign Exchange Earnings (USD 10000) | 8621.5 | 18558.9 | 82025.2 | 117918.1 | 156266.8 |
| 国内旅游收入　（亿元） | Earnings from Domestic Tourism (100 million yuan) | 150.48 | 288.96 | 1094.81 | 1814.99 | 2519.08 |
| **旅游部门基本情况** | **Basic Statement of Tourism Departments** | | | | | |
| 旅游星级宾馆　（个） | Tourist Hotels With Star Class (unit) | 163 | 373 | 453 | 462 | 480 |
| #五星级 | Five Star Class | | 5 | 14 | 17 | 22 |
| 四星级 | Four Star Class | 6 | 38 | 88 | 102 | 115 |
| 三星级 | Three Star Class | 52 | 111 | 182 | 190 | 208 |
| 二星级 | Two Star Class | 90 | 202 | 166 | 152 | 134 |
| 一星级 | One Star Class | 15 | 17 | 3 | 1 | 1 |
| 旅游涉外或星级宾馆 | Tourist Hotels Concerning Foreign Affairs or With Star Class | | | | | |
| 客　房　（间） | Number of Rooms (unit) | 22824 | 34759 | 44982 | 49002 | 55431 |
| 床　位　（张） | Number of Beds (unit) | 48318 | 67782 | 81867 | 91908 | 97959 |
| 客房出租率　（%） | Room Occupancy (%) | 50.98 | 63.19 | 59.27 | 54.51 | 65.84 |
| 经营情况 | Business Status | | | | | |
| 营业收入　（亿元） | Business Income (100 million yuan) | 38.83 | 51.75 | 50.38 | 60.74 | 58.93 |
| 利润总额　（万元） | Total Profits (10000 yuan) | -2125.56 | 16960.99 | 21964.00 | 56200.00 | 13500.00 |

注：2000年前的客房、床位、客房出租率为涉外饭店情况，2001年以后为星级宾馆情况。
a) Number of rooms, beds and room occupancy refered to hotels concerning foreign affairs before 2000 and they refered to hotels with star class after 2001.

## 18—2 各市旅游星级饭店（宾馆）住宿设施情况（2012年）
Accommodation Facilities of Hotels Concerning Foreign Affairs by Region (2012)

| 地 区 | Region | 饭 店（宾馆）（个）Number of Hotels (unit) | 五星级 Five Star Class | 四星级 Four Star Class | 三星级 Three Star Class | 二星级 Two Star Class | 一星级 One Star Class | 客 房（间）Number of Rooms (unit) | 床 位（张）Number of Beds (unit) | 客房出租率（%）Room Occupancy (%) |
|---|---|---|---|---|---|---|---|---|---|---|
| **总 计** | **Total** | **480** | **22** | **115** | **208** | **134** | **1** | **55431** | **97959** | **65.84** |
| 合肥市 | Hefei | 80 | 9 | 20 | 34 | 17 | | 11685 | 19257 | 67.49 |
| 淮北市 | Huaibei | 4 | 1 | | 1 | 2 | | 731 | 1323 | 65.55 |
| 亳州市 | Bozhou | 11 | | 2 | 3 | 6 | | 986 | 1756 | 56.56 |
| 宿州市 | Suzhou | 5 | | 1 | 3 | 1 | | 1010 | 1863 | 50.46 |
| 蚌埠市 | Bengbu | 18 | 1 | 3 | 7 | 7 | | 2052 | 3398 | 62.53 |
| 阜阳市 | Fuyang | 11 | | 3 | 5 | 3 | | 1013 | 1507 | 64.59 |
| 淮南市 | Huainan | 27 | | 4 | 12 | 11 | | 2395 | 4046 | 63.28 |
| 滁州市 | Chuzhou | 20 | 1 | 4 | 6 | 9 | | 1934 | 3377 | 66.43 |
| 六安市 | Luan | 45 | 1 | 11 | 23 | 10 | | 4002 | 7074 | 71.56 |
| 马鞍山市 | Maanshan | 22 | 2 | 6 | 8 | 6 | | 2656 | 4572 | 65.02 |
| 芜湖市 | Wuhu | 30 | 1 | 8 | 14 | 7 | | 3928 | 6362 | 71.49 |
| 宣城市 | Xuancheng | 36 | | 6 | 19 | 11 | | 3361 | 6375 | 59.52 |
| 铜陵市 | Tongling | 18 | 1 | 4 | 3 | 9 | 1 | 1485 | 2359 | 54.42 |
| 池州市 | Chizhou | 33 | 1 | 7 | 20 | 5 | | 3526 | 6569 | 58.11 |
| 安庆市 | Anqing | 49 | | 10 | 19 | 20 | | 4607 | 8258 | 62.14 |
| 黄山市 | Huangshan | 71 | 4 | 26 | 31 | 10 | | 10060 | 19863 | 88.66 |

注：本表星级宾馆（酒店）指2012年底止已得到国家旅游局或省旅游局批准的，不包括已报未批部分。
a) The star class of hotel in this table refer to be approved by the National Tourism Administration or Anhui Tourism Administration up to the Year-end of 2012 excluding those hed been reported but unapproved.

## 18—3 国际旅游外汇收入及构成
Foreign Exchange Earnings and It's Composition

| 指 标 | Iten | 2005 数额（万美元）Value (10000 USD) | 2005 比重（%）Percentage (%) | 2010 数额（万美元）Value (10000 USD) | 2010 比重（%）Percentage (%) | 2011 数额（万美元）Value (10000 USD) | 2011 比重（%）Percentage (%) | 2012 数额（万美元）Value (10000 USD) | 2012 比重（%）Percentage (%) |
|---|---|---|---|---|---|---|---|---|---|
| **总 计** | **Total** | **18558.1** | **100.00** | **82025.2** | **100.00** | **117918.1** | **100.00** | **156266.8** | **100.00** |
| 长途交通 | Long Distance Transportation | 4676.6 | 25.20 | 26986.3 | 32.90 | 36790.5 | 31.20 | 53599.5 | 34.30 |
| #民 航 | Air | 3544.6 | 19.10 | 12385.8 | 15.10 | 27946.6 | 23.70 | 39691.8 | 25.40 |
| 铁 路 | Railway | 575.3 | 3.10 | 8202.5 | 10.00 | 3419.6 | 2.90 | 6094.4 | 3.90 |
| 汽 车 | Highway | 278.4 | 1.50 | 6398.0 | 7.80 | 3419.6 | 2.90 | 4062.9 | 2.60 |
| 游 览 | Visiting | 686.7 | 3.70 | 3691.1 | 4.50 | 6249.7 | 5.30 | 8594.7 | 5.50 |
| 住 宿 | Accommodation | 2208.4 | 11.90 | 8776.7 | 10.70 | 12381.4 | 10.50 | 15157.9 | 9.70 |
| 餐 饮 | Cater | 1818.7 | 9.80 | 7874.4 | 9.60 | 8725.9 | 7.40 | 11876.3 | 7.60 |
| 商品销售 | Commodity Sale | 5957.2 | 32.10 | 19111.9 | 23.30 | 28889.9 | 24.50 | 35785.1 | 22.90 |
| 娱 乐 | Entertainment | 1132.0 | 6.10 | 4839.5 | 5.90 | 8490.1 | 7.20 | 10469.9 | 6.70 |
| 邮电通讯 | Postal and Communication | 631.0 | 3.40 | 1886.6 | 2.30 | 2476.3 | 2.10 | 3125.3 | 2.00 |
| 市内交通 | Local Transportation | 185.6 | 1.00 | 1558.5 | 1.90 | 3891.3 | 3.30 | 3750.4 | 2.40 |
| 其他服务 | Other Service | 1262.0 | 6.80 | 7300.2 | 8.90 | 10023.0 | 8.50 | 13907.7 | 8.90 |

## 18—4　接待外国人旅游人数（按国别分）
Number of Foreign Tourists by Country

单位：人（person）

| 指　标 | Item | 2000 | 2005 | 2010 | 2011 | 2012 |
|---|---|---|---|---|---|---|
| **总　计** | **Total** | **167850** | **410580** | **1173988** | **1517481** | **1904052** |
| #日　本 | Japan | 47272 | 47040 | 135277 | 161563 | 171059 |
| 韩　国 | Republic of Korea | 21659 | 188096 | 405538 | 551714 | 700101 |
| 新加坡 | Singapore | 16568 | 13392 | 43507 | 65644 | 89552 |
| 美　国 | United States | 18456 | 37124 | 101700 | 134310 | 171781 |
| 英　国 | United Kingdom | 3111 | 7639 | 49069 | 58742 | 64486 |
| 法　国 | France | 5836 | 13839 | 63837 | 73743 | 83935 |
| 德　国 | Federal Republic Of Germany | 4699 | 16012 | 52934 | 62912 | 63080 |
| 俄罗斯 | Russia | 832 | 1636 | 23990 | 30412 | 38406 |

## 18—5　国内旅游情况人数结构（按年龄、身份和职业分）（2012年）
Number of Domestic Tourists by Age, Identity and Occupation (2012)

单位：万人（10000 person）

| 指　标 | Item | 按身份分组 By Identity | | | 按职业分组 By Occupation | | | | | | | | | |
|---|---|---|---|---|---|---|---|---|---|---|---|---|---|---|
| | | 人数合计（人） Total (person) | 城镇居民 Urban Residents | 非城镇居民 Unurban Residents | 公务员 Public Servicers | 企管人员 Business Managerial Staff | 军人 Soliders | 工人 Workers | 服务销售人员 Sale-Ssmen | 农民 Peasants | 专业人员 Professional Staff | 离退休人员 Retirees | 学生 Students | 其他 Others |
| **合　计** | **Total** | **29229.0** | **22238.0** | **6991.1** | **3332.1** | **5699.7** | **350.8** | **4647.4** | **5115.1** | **935.3** | **2572.2** | **964.6** | **3186.0** | **2426.0** |
| 65岁以上 | 65 and Over | 935.3 | 767.5 | 167.8 | 60.3 | 90.7 | 14.2 | 65.5 | 40.2 | 94.5 | 46.8 | 479.3 | | 44.0 |
| 45—64岁 | 45—64 | 5261.2 | 4177.6 | 1083.6 | 678.7 | 1083.8 | 47.4 | 968.1 | 778.7 | 384.1 | 531.4 | 431.4 | | 357.8 |
| 25—44岁 | 25—44 | 15462.1 | 12239.3 | 3222.9 | 2396.6 | 3819.2 | 216.5 | 2663.9 | 3168.1 | 340.0 | 1484.5 | 53.9 | 260.0 | 1059.4 |
| 15—24岁 | 15—24 | 7278.0 | 4824.2 | 2453.9 | 196.5 | 706.0 | 72.8 | 946.1 | 1128.1 | 109.2 | 509.5 | | 2656.5 | 953.4 |
| 14岁以下 | 14 and Under | 292.3 | 229.4 | 62.9 | | | | 3.8 | | 7.6 | | | 269.5 | 11.4 |

## 18—6 国内旅游主要经济指标
Main Economic Indicators of Domestic Tourism

| 年份 Year | 人数 (万人次) Total Number (10000 persons) | 总收入 (亿元) Total Income (100 million yuan) | 一日游 One-day Tour 人数 (万人次) Total Number (10000 persons) | 一日游 One-day Tour 收入 (亿元) Income (100 million yuan) | 过夜旅游 Overnight Tour 人数 (万人次) Total Number (10000 persons) | 过夜旅游 Overnight Tour 收入 (亿元) Income (100 million yuan) |
|---|---|---|---|---|---|---|
| 2000 | 2974.0 | 150.5 | 630.0 | 5.0 | 2344.0 | 145.4 |
| 2003 | 3338.0 | 187.1 | 319.0 | 13.7 | 3019.0 | 173.5 |
| 2004 | 4329.0 | 249.9 | 702.0 | 12.9 | 3627.0 | 237.1 |
| 2005 | 4684.0 | 289.0 | 917.0 | 20.4 | 3767.0 | 268.6 |
| 2006 | 6159.0 | 387.6 | 1161.0 | 28.3 | 4998.0 | 359.4 |
| 2007 | 7849.0 | 543.7 | 1600.8 | 54.0 | 6248.2 | 489.7 |
| 2008 | 9938.0 | 700.2 | 2566.0 | 97.9 | 7372.0 | 602.3 |
| 2009 | 12268.0 | 863.8 | 3901.0 | 165.5 | 8367.0 | 698.3 |
| 2010 | 15349.0 | 1094.8 | 5332.0 | 212.7 | 10017.0 | 882.1 |
| 2011 | 22534.8 | 1815.0 | 8378.8 | 385.8 | 14156.0 | 1429.2 |
| 2012 | 29229.1 | 2519.1 | 9615.2 | 458.3 | 19613.9 | 2060.8 |

## 18—7 各市国内旅游主要经济指标（2012年）
Main Economic Indicators of Domestic Tourism by Region (2012)

| 地区 | Region | 总收入 (亿元) Total Income (100 million yuan) | 一日游 One-day Tour 人数 (万人次) Total Number (10000 persons) | 一日游 One-day Tour 收入 (亿元) Income (100 million yuan) | 过夜旅游 Overnight Tour 人数 (万人次) Total Number (10000 persons) | 过夜旅游 Overnight Tour 收入 (亿元) Income (100 million yuan) |
|---|---|---|---|---|---|---|
| **总计** | **Total** | **2519.1** | **9615.2** | **458.3** | **19603.9** | **2060.8** |
| 合肥市 | Hefei | 577.5 | 1464.3 | 76.0 | 3468.8 | 501.5 |
| 淮北市 | Huaibei | 43.2 | 290.2 | 11.3 | 432.6 | 31.9 |
| 亳州市 | Bozhou | 64.3 | 380.1 | 13.1 | 554.7 | 51.2 |
| 宿州市 | Suzhou | 57.6 | 371.3 | 12.8 | 604.0 | 44.8 |
| 蚌埠市 | Bengbu | 98.8 | 625.8 | 20.8 | 1132.5 | 78.0 |
| 阜阳市 | Fuyang | 66.1 | 284.7 | 10.8 | 786.2 | 55.3 |
| 淮南市 | Huainan | 57.2 | 384.3 | 10.2 | 654.1 | 47.0 |
| 滁州市 | Chuzhou | 81.3 | 341.5 | 13.4 | 752.7 | 67.9 |
| 六安市 | Luan | 94.6 | 495.8 | 15.0 | 895.1 | 79.6 |
| 马鞍山市 | Maanshan | 102.3 | 625.8 | 29.0 | 926.4 | 73.3 |
| 芜湖市 | Wuhu | 218.0 | 681.1 | 38.8 | 1333.6 | 179.2 |
| 宣城市 | Xuancheng | 99.1 | 441.2 | 17.0 | 887.2 | 82.1 |
| 铜陵市 | Tongling | 46.4 | 254.8 | 10.5 | 462.0 | 35.8 |
| 池州市 | Chizhou | 261.9 | 910.9 | 71.1 | 1779.1 | 190.8 |
| 安庆市 | Anqing | 256.0 | 883.4 | 47.5 | 2090.7 | 208.5 |
| 黄山市 | Huangshan | 395.0 | 1179.9 | 60.9 | 2854.2 | 334.1 |

## 18—8　国内旅游人均花费（2012年）
Per Capita Costs of Domestic Tourism (2012)

单位：元（yuan）

| 指　标 | Item | 平均每人花　费 Per Capita Expenditure | 交通费 Local Transportation | 住宿费 Accommod-ation | 餐饮费 Cater | 购物费 Commodity Sale | 平均逗留天数（天）Average Number of Days (day) |
|---|---|---|---|---|---|---|---|
| 总花费 | Total Expenditure | 861.84 | 161.70 | 169.40 | 146.70 | 190.40 | 1.21 |
| 一日游 | One-day Tour | 476.64 | 101.55 | 0.00 | 98.92 | 143.38 | 1.00 |
| 过夜花费 | Overnight Tour | 1050.68 | 175.32 | 234.71 | 169.29 | 212.64 | 1.32 |
| #宾馆饭店 | Living in Hotel | 1112.00 | 179.45 | 278.16 | 178.03 | 211.08 | 1.19 |
| #住亲友家 | Living in Relative's or Friend's Home | 746.07 | 152.99 | | 122.03 | 221.07 | 1.97 |

## 18—9　各市国内旅游人均花费（2012年）
Per Capita Costs of Domestic Tourism by Region (2012)

单位：元（yuan）

| 地　区 | Region | 平均每人花　费 Per Capita Expenditure | 交通费 Local Transportation | 住宿费 Accommod-ation | 餐饮费 Cater | 购物费 Commodity Sale | 平均逗留天数（天）Average Number of Days (day) |
|---|---|---|---|---|---|---|---|
| **总　计** | **Total** | **861.84** | **161.70** | **169.40** | **146.70** | **190.40** | **1.21** |
| 合肥市 | Hefei | 1170.73 | 168.40 | 214.90 | 167.40 | 290.40 | 1.34 |
| 淮北市 | Huaibei | 597.45 | 124.48 | 113.00 | 98.77 | 224.94 | 1.16 |
| 亳州市 | Bozhou | 687.73 | 111.14 | 148.28 | 141.62 | 197.57 | 1.18 |
| 宿州市 | Suzhou | 590.29 | 91.75 | 115.73 | 157.93 | 179.12 | 1.18 |
| 蚌埠市 | Bengbu | 561.63 | 82.46 | 109.97 | 81.75 | 153.59 | 1.16 |
| 阜阳市 | Fuyang | 617.02 | 111.35 | 117.07 | 106.89 | 140.15 | 1.23 |
| 淮南市 | Huainan | 550.34 | 96.03 | 83.69 | 110.53 | 135.04 | 1.24 |
| 滁州市 | Chuzhou | 742.86 | 90.68 | 150.88 | 174.70 | 152.94 | 1.22 |
| 六安市 | Luan | 680.01 | 117.53 | 126.06 | 124.28 | 152.31 | 1.19 |
| 马鞍山市 | Maanshan | 659.23 | 139.48 | 134.69 | 113.82 | 174.88 | 1.11 |
| 芜湖市 | Wuhu | 1081.77 | 136.16 | 177.48 | 208.00 | 185.24 | 1.27 |
| 宣城市 | Xuancheng | 746.17 | 125.79 | 130.33 | 153.55 | 172.50 | 1.20 |
| 铜陵市 | Tongling | 646.80 | 146.17 | 161.20 | 133.48 | 136.32 | 1.19 |
| 安庆市 | Anqing | 860.80 | 183.54 | 135.90 | 126.13 | 187.59 | 1.20 |
| 池州市 | Chizhou | 973.55 | 109.02 | 156.02 | 117.30 | 241.57 | 1.16 |
| 黄山市 | Huangshan | 979.17 | 208.45 | 221.58 | 186.61 | 143.53 | 1.17 |

# 18—10 国家级黄山风景区旅游事业发展情况

## Development of Tourism of Huang Shan Scenic at National Level

| 指标 | Item | 2000 | 2005 | 2010 | 2011 | 2012 |
|---|---|---|---|---|---|---|
| 接待人数（人次） | Tourists Received (person-time) | 1172871 | 1709658 | 2518346 | 2743999 | 3007570 |
| 接待海外游客 | Overseas Tourists | 73485 | 159980 | 256753 | 276680 | 309842 |
| 国内游客 | Domestic Tourists | 1099386 | 1549678 | 2261593 | 2467319 | 2697728 |
| 营业收入（万元） | Business Income (10000 yuan) | 47881 | 75017 | 168945 | 181942 | 201760 |
| #游览设施 | Touring Facilities | 18040 | 41505 | 78812 | 90200 | 94834 |
| 住宿设施 | Lodging Facilities | 9655 | 14517 | 19832 | 21688 | 24450 |
| 娱乐设施 | Entertainment Facilities | | 334 | 524 | 502 | 505 |
| 餐饮设施 | Catering Facilities | 4004 | 7427 | 14580 | 16722 | 17643 |
| 商业设施 | Commercial Facilities | 182 | 500 | 785 | 753 | 742 |
| 外汇收入（万美元） | Foreign Exchange Earnings (USD 10000) | 588 | 2080 | 5398 | 5966 | 6615 |
| 涉外宾馆（酒店）住宿设施 | Lodging Facilities of Tourist Hotels | | | | | |
| 宾馆（酒店）（个） | Number of Hotels (unit) | 15 | 14 | 14 | 13 | 14 |
| #五星级 | Five Star Class | | | 2 | 2 | 3 |
| 四星级 | Four Star Class | | 6 | 8 | 7 | 10 |
| 三星级 | Three Star Class | 5 | 4 | 1 | | 1 |
| 二星级 | Two Star Class | 1 | 2 | | | |
| 客　房（间） | Number of Rooms (unit) | 1781 | 1496 | 2728 | 2762 | 3487 |
| 床　位（张） | Number of Beds (unit) | 5775 | 4562 | 5690 | 5810 | 7648 |
| 客房出租率（%） | Room Occupancy (%) | 42 | 62 | 51 | 50 | 50 |
| 旅游车辆（辆） | Number of Touring Vehicles (unit) | 191 | 95 | 131 | 116 | 139 |
| #大型车辆 | Large-sized Vehicles | 25 | 65 | 96 | 76 | 100 |
| 中型车辆 | Middle-sized Vehicles | 50 | 5 | 6 | 11 | 10 |
| 小型车辆 | Small-sized Vehicles | 62 | 25 | 29 | 29 | 29 |

## 18—11 国家级九华山风景区旅游事业发展情况
Development of Tourism of Jiu Hua Shan Scenic at National Level

| 指　标 | | Item | | 2000 | 2005 | 2010 | 2011 | 2012 |
|---|---|---|---|---|---|---|---|---|
| 接待人数 | （人次） | Tourists Received | (person-time) | 443900 | 648308 | 4001139 | 4908913 | 6156789 |
| 接待海外游客 | | Overseas Tourists | | 13569 | 24695 | 150009 | 185637 | 225695 |
| 国内游客 | | Domestic Tourists | | 430331 | 623613 | 3851130 | 4723276 | 5931094 |
| 营业收入 | （万元） | Business Income | (10000 yuan) | 12000 | 28962 | 390008 | 484634 | 671842 |
| #游览设施 | | Touring Facilities | | 3579 | 11006 | 156003 | 193853 | 268736 |
| 住宿设施 | | Lodging Facilities | | 2493 | 7240 | 97502 | 121159 | 167961 |
| 娱乐设施 | | Entertainment Facilities | | 293 | 579 | 7800 | 9692 | 13436 |
| 餐饮设施 | | Catering Facilities | | 2860 | 4345 | 58501 | 72695 | 100776 |
| 商业设施 | | Commercial Facilities | | 2775 | 5792 | 70201 | 87235 | 120993 |
| 外汇收入 | （万美元） | Foreign Exchange Earnings | (USD 10000) | 334 | 307 | | | 15481 |
| 涉外宾馆（酒店）住宿设施 | | Lodging Facilities of Tourist Hotels | | | | | | |
| 宾馆（酒店） | （个） | Number of Hotels | (unit) | 3 | 8 | 9 | 9 | 9 |
| #五星级 | | Five Star Class | | | | | | |
| 四星级 | | Four Star Class | | | 1 | 2 | 2 | 3 |
| 三星级 | | Three Star Class | | 1 | 4 | 7 | 7 | 6 |
| 二星级 | | Two Star Class | | 2 | 3 | | | |
| 客　房 | （间） | Number of Rooms | (unit) | 299 | 646 | 831 | 917 | 942 |
| 床　位 | （张） | Number of Beds | (unit) | 625 | 1266 | 1551 | 1683 | 1828 |
| 客房出租率 | （%） | Room Occupancy | (%) | 45 | 58 | 65 | 73 | 70 |
| 旅游车辆 | （辆） | Number of Touring Vehicles | (unit) | 59 | 64 | 112 | 93 | 111 |
| #大型车辆 | | Large-sized Vehicles | | 19 | 32 | 61 | 20 | 21 |
| 中型车辆 | | Middle-sized Vehicles | | 30 | 22 | 17 | 69 | 85 |
| 小型车辆 | | Small-sized Vehicles | | 10 | 10 | 34 | 4 | 5 |

# 18—12 风景名胜区（2012年）
Scenic Spots (2012)

| 名　称<br>Name | 级别<br>Grade | 主要特点<br>Main<br>Characteristics | 类　别<br>Kinds | 面　积<br>（平方公里）<br>Area(sq.km) | 地　址<br>Address |
|---|---|---|---|---|---|
| 黄　山 | 国家级 | 世界自然和文化遗产，中国十大风景名胜。以“奇松、怪石、云海、温泉”四绝而闻名 | 山岳型 | 154 | 黄山市 |
| 九华山 | 国家级 | 中国四大佛教名山之一，是佛教地藏菩萨道场。始于唐开元年间，现存古寺庙94座，佛像1万余尊、文物五千余件 | 山岳型 | 120 | 池洲市 |
| 天柱山 | 国家级 | “擎天一柱”海拔1450米，道、佛教同存，汉武帝封“南岳”。佛教二、三祖修行地。李白、白居易、苏轼等400余摩崖碑刻 | 山岳型 | 82.46 | 潜山县 |
| 琅琊山 | 国家级 | 宋代大文学家欧阳修《醉翁亭》而闻名，有著名醉翁亭、醒图、琅琊寺等 | 山岳型 | 78.2 | 滁州市 |
| 齐云山 | 国家级 | 中国四大道教名山之一，始于唐，盛于明，兴于清，有道教墓葬22外和大量摩崖石碑刻，属丹霞地貌 | 山岳型 | 110.4 | 休宁县 |
| 采石矶 | 国家级 | 长江三大名矶之首，有“采石山水甲江南”之誉。唐代大诗人李白留下许多不朽诗篇，并在附近香山归宿 | | 48 | 马鞍山市 |
| 巢　湖 | 国家级 | 中国五大淡水湖之一，著名姥山、褒禅山、中庙、范增墓等景点 | 湖泊型 | 1000 | 巢湖市 |
| 花山谜窟 | 国家级 | 人工石窟群，口小内大，有36处，最高30米。所建年代？为何建？何年成？为“千古之谜” | | 80.6 | 黄山市 |
| 太极洞 | 国家级 | 洞龄2.5亿年，长5400多米，分干、水洞而得名。宋代范仲淹等留下不少碑文石刻，《中国石林》称为“桂林山水，广德石洞” | 溶洞型 | 20 | 广德县 |
| 花亭湖 | 国家级 | 著名人口湖，有龙山、西风湖、佛图寺、海会寺等六大景区和温泉，沿湖生长方形法华竹而绝名 | 湖泊型 | 250 | 太湖县 |
| 浮　山 | 省　级 | 古火山之一，佛教禅宗鼻祖慧可大师道场，中国禅宗发祥地。有36岩、72洞、26怪石、34奇峰。南宋以来480多摩崖石刻 | 山岳型 | 45 | 枞阳县 |
| 天堂寨 | 省　级 | 主峰天堂顶海拔129米，有天塘“瑶池”。大小瀑布100余条而闻名，大别山山脉第二高峰 | 山岳型 | 37.2 | 金寨县 |
| 太平湖 | 省　级 | 安徽最大人工湖，有“西山观鱼，三峡水趣，桂林景色，龙门”等五大景区。堪与太湖媲美，漓江竟秀 | 湖泊型 | 260 | 黄山区 |
| 敬亭山 | 省　级 | 原名昭亭山，晋文帝时改为敬亭山，南齐谢眺以来李白等文人留下诗文800余篇，为中国著名“江南诗山” | 山岳型 | 15.3 | 宣城市 |
| 白崖寨 | 省　级 | 建寨700余年，寨十华里，宽1米，高2.8—5米，大块岩石砌成。有炮台、点将台等，誉称“南国小长城” | 山岳型 | 57 | 宿松县 |
| 西　山 | 省　级 | 溶洞、石、峰、泉、花、树、禽为一体，有古乌霞寺，著名“牡丹之乡”。唐代诗人李白等留下脍炙人口的诗文 | 山岳型 | 22.6 | 南陵县 |
| 齐山——秋浦仙境 | 省　级 | 全长180公里，是著名“诗河”。李白、杜牧、苏轼等留下40余首诗篇，有古石城遗址，昭明钓台、仰天堂古迹名胜 | 山岳型 | 25.78 | 池州市 |
| 石台溶洞群 | 省　级 | 石台称为“溶洞之县”，有蓬莱、鱼龙、慈云等100余处溶洞。著名“蓬莱仙洞”长3000余米，钟乳奇秀，玲珑剔透 | 溶洞型 | 29.3 | 池州市 |
| 小孤山 | 省　级 | 孤峰如柱，兀立长江，称“长江绝岛”，有古炮台、烽火石等古战场遗迹，古刹启秀寺是长江中唯一“妈祖古庙” | | 8.5 | 宿松县 |

## 18—12 续表 continued

| 名 称<br>Name | 级别<br>Grade | 主要特点<br>Main Characteristics | 类 别<br>Kinds | 面 积<br>(平方公里)<br>Area(sq.km) | 地 址<br>Address |
|---|---|---|---|---|---|
| 凤阳山 | 省 级 | 有明中都皇故城、明皇陵石刻、鼓楼台、龙兴寺、古钟、离城、佛教古寺、卧牛湖、奇洞等 | 山岳型 | 45 | 凤阳县 |
| 涂山——白乳泉 | 省 级 | 大禹娶涂山氏为妻，著名“启母石”——涂山氏化身。唐贞元年白乳泉得名，誉为“天下第七泉” | 山岳型 | 66.35 | 怀远县 |
| 南岳山—佛子岭水库 | 省 级 | 古岳庙留汉武帝封石刻门楣，有书法家于佑仁题“小南岳”等文人石刻，为“远东第一坝” | 山岳、湖泊型 | 175 | 霍山县 |
| 万佛山—龙河口水库 | 省 级 | “世界第一人工土石大坝”，有周瑜祖坟、祖慈钓鱼台、五老观太极等景观，国家级保护动植物50余种 | 山岳、湖泊型 | 207 | 舒城县 |
| 皇藏峪 | 省 级 | 汉高祖称帝前因避秦兵而藏身此地，封为“皇藏峪”。有天然洞穴、井泉、峰峦叠翠、涧水淙淙 | 山岳型 | 22.76 | 萧 县 |
| 八公山 | 省 级 | 西汉淮南王刘安等八公在此炼丹并食之成仙得名，有珍珠、玛瑙等24泉、淮南王、碧霞元君庙等 | 山岳型 | 90 | 淮南市 |
| 大龙山 | 省 级 | 山势雄伟、蜿蜒似龙，有92峰、82岩、72岭、82洞、32壑、108奇石和乌、白、黄、赤四大名溪和6大瀑布等 | 山岳型 | 120 | 安庆市 |
| 颍州西湖 | 省 级 | 北宋宰相晏殊、文学家欧阳修、苏轼等留下113首诗篇。原碑林长廊、八卦阵、八仙石雕和“会老堂”等 | | 24.32 | 阜阳市 |
| 龙须湖 | 省 级 | 湖水容量3252万立方米，植被丰富，珍禽野兽较多，湖光山色、风光秀美 | 湖泊型 | 110 | 郎溪县 |
| 铜锣寨 | 省 级 | 碧峰伟崖，陡不可攀，海拔1096米，有奇松、怪石、云海、温泉“四绝”，素称“江北小黄山” | 山岳、古关寨 | 47 | 霍山县 |
| 大华山 | 省 级 | 云峰寺始唐朝，地藏王在此结庵1300余年。太平军的“羊破寨”、庆云寺等，东石笋高38米，为“中华第一石笋” | 山岳型 | 56 | 六安市 |
| 合肥环城公园—西郊 | 省 级 | 西郊有蜀山风景、董铺和大房郢水库、森林公园、科学岛等，著名北宋“包拯”——包公祠座落环城公园 | 城市近郊公园 | 32 | 合肥市 |
| 紫蓬山 | 省 级 | 三国名刹——西庐寺，魏将李典，宋名将葛升墓，淮军名将刘铭传故居。有21米高的如来大佛，五百罗汉、文昌阁等 | 山岳型 | 48 | 肥西县 |
| 五柳 | 省 级 | 著名“呵泉、龙泉、珍珠泉”等，大方寺、闵祠等殷商文化遗址和众多汉墓 | | 26 | 宿州市 |
| 凤凰山 | 省 级 | 宋代古民居，荆公书堂，大明寺，莲花寺和大雄宝殿等自然和人文景观20余处 | 山岳型 | 28.4 | 铜陵市 |
| 司空山 | 省 级 | 中华佛教禅宗发源地，有“祖禅刹、三祖洞、乌牛古石、南崖瀑布”等，赵朴初题为“禅宗第一山” | 山岳型 | 46.8 | 岳西县 |
| 大历山 | 省 级 | 唐玄宗二年始建“翠观庵”，明建“尧舜寺”，有法藏寺、尧池、舜井、伏虎洞、白龙洞等，钟乳奇异，山色峻美 | 山岳型 | 26 | 东至县 |
| 卜塘 | 省 级 | 山峦叠峰、沟壑纵横、林木绢绣、飞泉叮咚，竹海、古树、清泉、钟鼓并称“四绝” | 山岳型 | 45 | 马鞍山市 |
| 龙子湖 | 省 级 | 禹王庙、汤和墓、东明皇陵、中都城、龙兴寺、栖岩寺和淮河风情园等 | 湖泊型 | 36.2 | 蚌埠市 |
| 汤池 | 省 级 | 汉文帝建庐江国时称“坑泉”，水温63℃，为“华东第一温泉”，有三国周郎和小乔沐浴池、古寺、十三庵等 | 温泉 | 22.5 | 庐江县 |

## 18—13 国家级重点文物保护单位
National Grade Main Cultural Relics

| 名　　称<br>Name | 时　　代<br>Era | 地　　址<br>Address | 批　　次<br>Batch | 公布时间<br>Announcement Time |
|---|---|---|---|---|
| 新四军军部旧址 | 1938–1941 | 泾县云岭乡 | 第一批 | 1961.3 |
| 明中都皇故城及皇陵石刻 | 明 | 凤阳县 | 第二批 | 1982.2 |
| 安丰塘（芍陂） | 春秋–清 | 寿县 | 第三批 | 1988.1 |
| 龙川胡氏宗祠 | 明–清 | 绩溪县瀛洲乡 | 第三批 | 1988.1 |
| 潜口民宅 | 明–清 | 黄山市徽州区尘潜口村 | 第三批 | 1988.1 |
| 许国石坊 | 明 | 歙县 | 第三批 | 1988.1 |
| 花戏楼 | 清 | 亳州市谯城区 | 第三批 | 1988.1 |
| 广教寺双塔 | 宋 | 宣州市宣州区敬亭山 | 第三批 | 1988.1 |
| 和县猿人遗址 | 旧石器时代 | 和县陶店乡 | 第三批 | 1988.1 |
| 薛家岗遗址 | 新石器时代 | 潜山县 | 第四批 | 1996.11 |
| 大工山–凤凰山铜矿遗址 | 西周至宋 | 南陵县、铜陵市 | 第四批 | 1996.11 |
| 棠樾石牌坊群 | 明、清 | 歙县郑村乡 | 第四批 | 1996.11 |
| 老屋阁及绿绕亭 | 明 | 黄山市徽州区西溪南村 | 第四批 | 1996.11 |
| 罗东舒祠（宝伦阁） | 明 | 黄山市徽州区呈坎村 | 第四批 | 1996.11 |
| 渡江战役总前委旧址 | 1949年3月–4月 | 肥东县撮镇瑶岗村 | 第四批 | 1996.11 |
| 陈山遗址 | 旧石器时代 | 宣州市宣州区 | 第五批 | 2001.6 |
| 凌家滩遗址 | 新石器时代 | 含山县 | 第五批 | 2001.6 |
| 尉迟寺遗址 | 新石器时代 | 蒙城县 | 第五批 | 2001.6 |
| 寿春城遗址 | 战国 | 寿县 | 第五批 | 2001.6 |
| 寿州窑遗址 | 南朝至塘 | 淮南市 | 第五批 | 2001.6 |
| 柳孜运河码头遗址 | 唐至宋 | 濉溪县 | 第五批 | 2001.6 |
| 繁昌窑遗址 | 宋 | 繁昌县 | 第五批 | 2001.6 |
| 皖南土墩墓群 | 西周至春秋 | 南陵县、繁昌县 | 第五批 | 2001.6 |
| 曹氏家族墓群 | 东汉、三国 | 亳州市谯城区 | 第五批 | 2001.6 |
| 朱然家族墓地 | 三国 | 马鞍山市 | 第五批 | 2001.6 |
| 水西双塔 | 宋 | 泾县 | 第五批 | 2001.6 |
| 亳州古地道 | 宋、元 | 亳州市谯城区 | 第五批 | 2001.6 |
| 白崖寨 | 元至清 | 宿松县 | 第五批 | 2001.6 |
| 程氏三宅 | 明 | 黄山市屯溪区 | 第五批 | 2001.6 |
| 呈坎村古建筑群 | 明、清 | 黄山市徽州区 | 第五批 | 2001.6 |
| 渔梁坝 | 唐至清 | 歙县 | 第五批 | 2001.6 |
| 宏村古建筑群 | 明、清 | 黟县 | 第五批 | 2001.6 |
| 西递村古建筑群 | 明、清 | 黟县 | 第五批 | 2001.6 |
| 寿县古城墙 | 宋至清 | 寿县 | 第五批 | 2001.6 |
| 查济古建筑群 | 宋至清 | 泾县 | 第五批 | 2001.6 |
| 天柱山山谷流泉摩崖石刻 | 宋至清 | 潜山县 | 第五批 | 2001.6 |
| 人字洞遗址 | 旧石器时代 | 繁昌县 | 第六批 | 2006.5 |
| 临涣城址 | 战国 | 濉溪县 | 第六批 | 2006.5 |
| 李白墓 | 唐 | 当涂县 | 第六批 | 2006.5 |
| 蒙城万佛塔 | 宋 | 蒙城县 | 第六批 | 2006.5 |
| 溪头三槐堂 | 明 | 休宁县 | 第六批 | 2006.5 |
| 振风塔 | 明 | 安庆市迎江区 | 第六批 | 2006.5 |
| 郑氏宗祠 | 明 | 歙县 | 第六批 | 2006.5 |
| 江村古建筑群 | 明至清 | 旌德县 | 第六批 | 2006.5 |
| 南屏村古建筑群 | 明至清 | 黟县 | 第六批 | 2006.5 |
| 祁门古戏台 | 明至清 | 祁门县 | 第六批 | 2006.5 |
| 许村古建筑群 | 明至民国 | 歙县 | 第六批 | 2006.5 |
| 黄田村古建筑群 | 清 | 泾县 | 第六批 | 2006.5 |
| 世太史第 | 清 | 安庆市迎江区 | 第六批 | 2006.5 |
| 竹山书院 | 清 | 歙县 | 第六批 | 2006.5 |
| 齐云山石刻 | 宋至清 | 休宁县 | 第六批 | 2006.5 |
| 李氏庄园 | 清 | 霍邱县 | 第六批 | 2006.5 |
| 刘铭传旧居 | 清 | 肥西县 | 第六批 | 2006.5 |
| 冯玉祥旧居 | 1936－1937年 | 巢湖市居巢区 | 第六批 | 2006.5 |
| 半塔保卫战旧址 | 1941年 | 来安县 | 第六批 | 2006.5 |
| 淮海战役总前委和华东野战军指挥部旧址 | 1948年 | 濉溪县、萧县 | 第六批 | 2006.5 |

## 18—14　省级文物保护单位
Provincial Cultural Relic Preservation Institutions

| 名　称<br>Name | 时　代<br>Era | 地　址<br>Address | 批　次<br>Batch | 公布时间<br>Announcement Time |
|---|---|---|---|---|
| **古遗址（77处）** | | | | |
| 龙潭洞遗址 | 旧石器时代 | 和县 | 第一批 | 1981年9月8日 |
| 银山遗址 | 旧石器时代 | 巢湖市 | 第二批 | 1986年7月3日 |
| 陈山旧石器出土地点 | 旧石器时代 | 宣城市宣州区 | 第三批 | 1989年5月27日 |
| 官山、毛竹山遗址 | 旧石器时代 | 宁国市 | 第四批 | 1998年5月4日 |
| 人字洞遗址 | 旧石器时代 | 繁昌县 | 第五批 | 2004年10月28日 |
| 薛家岗遗址 | 新石器时代 | 潜山县 | 第一批 | 1981年9月8日 |
| 张四墩遗址 | 新石器时代 | 安庆市 | 第一批 | 1981年9月8日 |
| 大城头遗址 | 新石器时代 | 肥东县 | 第一批 | 1981年9月8日 |
| 大陈墩遗址 | 新石器时代 | 肥东县 | 第一批 | 1981年9月8日 |
| 青凤岭遗址 | 新石器时代 | 亳州市 | 第一批 | 1981年9月8日 |
| 钓鱼台遗址 | 新石器时代 | 亳州市 | 第一批 | 1981年9月8日 |
| 胡家村遗址 | 新石器时代 | 绩溪县 | 第一批 | 1981年9月8日 |
| 花家寺遗址 | 新石器时代 | 萧县 | 第一批 | 1981年9月8日 |
| 傅庄遗址 | 新石器时代 | 亳州市 | 第三批 | 1989年5月27日 |
| 石山孜遗址 | 新石器时代 | 濉溪县 | 第三批 | 1989年5月27日 |
| 侯家寨遗址 | 新石器时代 | 定远县 | 第四批 | 1998年5月4日 |
| 尉迟寺遗址 | 新石器时代 | 蒙城县 | 第四批 | 1998年5月4日 |
| 古埂遗址 | 新石器时代 | 肥西县 | 第四批 | 1998年5月4日 |
| 玉石山遗址 | 新石器时代 | 灵璧县 | 第四批 | 1998年5月4日 |
| 凌家滩遗址 | 新石器时代 | 含山县 | 第四批 | 1998年5月4日 |
| 灰角寺遗址 | 新石器时代 | 太和县 | 第四批 | 1998年5月4日 |
| 黄家堰遗址 | 新石器时代 | 望江县 | 第四批 | 1998年5月4日 |
| 下阳遗址 | 新石器时代 | 广德县 | 第四批 | 1998年5月4日 |
| 双墩遗址 | 新石器时代 | 蚌埠市 | 第五批 | 2004年10月28日 |
| 中土坑遗址 | 新石器时代 | 祁门县 | 第五批 | 2004年10月28日 |
| 夫子城遗址 | 新石器时代 | 安庆市 | 第五批 | 2004年10月28日 |
| 小山口遗址 | 新石器时代 | 宿州市 | 第五批 | 2004年10月28日 |
| 古台寺遗址 | 新石器时代 | 宿州市 | 第五批 | 2004年10月28日 |
| 红墩寺遗址 | 新石器——商周 | 霍邱县 | 第三批 | 1989年5月27日 |
| 濮家墩遗址 | 新石器——商周 | 滁州市 | 第二批 | 1986年7月3日 |
| 阮墩遗址 | 新石器——商周 | 繁昌县 | 第五批 | 2004年10月28日 |
| 孙家城土城遗址 | 新石器——商周 | 怀宁市 | 第五批 | 2004年10月28日 |
| 东城都遗址 | 新石器——西周 | 六安市 | 第四批 | 1998年5月4日 |
| 化家湖遗址 | 新石器——汉 | 濉溪县 | 第五批 | 2004年10月28日 |
| “伍奢冢”遗址 | 新石器——汉 | 利辛县 | 第五批 | 2004年10月28日 |
| 大城墩遗址 | 新石器——隋唐 | 含山县 | 第二批 | 1986年7月3日 |
| 斗鸡台遗址 | 夏、商 | 寿县 | 第四批 | 1998年5月4日 |
| 老邱堆遗址 | 殷 | 临泉县 | 第一批 | 1981年9月8日 |
| 倪邱集遗址 | 殷 | 太和县 | 第一批 | 1981年9月8日 |
| 青莲寺遗址 | 商周 | 寿县 | 第四批 | 1998年5月4日 |
| 贺胜台遗址 | 商周 | 阜南县 | 第四批 | 1998年5月4日 |
| 欧墩遗址 | 商周 | 郎溪县 | 第四批 | 1998年5月4日 |
| 烟墩山遗址 | 商周 | 马鞍山市 | 第五批 | 2004年10月28日 |
| 花城遗址 | 周 | 舒城县 | 第四批 | 1998年5月4日 |
| 牯牛山遗址 | 周 | 南陵县 | 第四批 | 1998年5月4日 |
| 石梁土城遗址 | 商周、唐宋 | 天长市 | 第三批 | 1989年5月27日 |
| 大工山古矿冶遗址 | 西周——宋 | 南陵县 | 第三批 | 1989年5月27日 |
| 凤凰山铜矿遗址（木鱼山、金牛洞、铜井山遗址、罗家村大炼渣） | 西周——宋 | 铜陵市 | 第四批 | 1998年5月4日 |
| 古昭关遗址 | 春秋 | 含山县 | 第三批 | 1989年5月27日 |
| 钟离城遗址 | 春秋 | 凤阳县 | 第一批 | 1981年9月8日 |
| 寿春城遗址（含西南小城） | 战国 | 寿县 | 第四批 | 1998年5月4日 |
| 陈胜、吴广起义遗址 | 秦 | 宿州市 | 第一批 | 1981年9月8日 |
| 蕲县古城遗址 | 秦 | 宿州市 | 第二批 | 1986年7月3日 |

**18—14 续表1 continued**

| 名 称<br>Name | 时 代<br>Era | 地 址<br>Address | 批 次<br>Batch | 公布时间<br>Announcement Time |
|---|---|---|---|---|
| 垓下遗址 | 秦 | 固镇县 | 第二批 | 1986年7月3日 |
| 新阳城遗址 | 秦汉 | 界首市 | 第四批 | 1998年5月4日 |
| 东城遗址 | 秦——唐 | 定远县 | 第四批 | 1998年5月4日 |
| 龙城遗址 | 汉 | 肥东县 | 第一批 | 1981年9月8日 |
| 六安西古城遗址 | 汉 | 六安市 | 第一批 | 1981年9月8日 |
| 谷阳城遗址 | 汉 | 固镇县 | 第五批 | 2004年10月28日 |
| 北平城遗址 | 汉 | 涡阳县 | 第五批 | 2004年10月28日 |
| 临涣古城遗址 | 汉—元 | 濉溪县 | 第二批 | 1986年7月3日 |
| 三国新城遗址 | 三国 | 合肥市 | 第四批 | 1998年5月4日 |
| 寿州窑址 | 六朝——唐 | 淮南市 | 第一批 | 1981年9月8日 |
| 白土寨窑址 | 唐——宋 | 萧县 | 第一批 | 1981年9月8日 |
| 琴溪窑址 | 唐——宋 | 泾县 | 第二批 | 1986年7月3日 |
| 霞间窑址 | 五代——北宋 | 绩溪县 | 第三批 | 1989年5月27日 |
| 东门渡窑址 | 五代——北宋 | 芜湖县 | 第四批 | 1998年5月4日 |
| 清流关 | 南唐——宋 | 滁州市 | 第三批 | 1989年5月27日 |
| 柯家村遗址 | 宋 | 繁昌县 | 第一批 | 1981年9月8日 |
| 下符桥窑址 | 宋 | 霍山县 | 第二批 | 1986年7月3日 |
| 天静宫遗址 | 宋 | 涡阳县 | 第四批 | 1998年5月4日 |
| 汤池果树窑址 | 宋 | 庐江县 | 第五批 | 2004年10月28日 |
| “古井贡酒”古井及窖池 | 宋——明 | 亳州市 | 第四批 | 1998年5月4日 |
| 明王台遗址 | 元 | 亳州市 | 第一批 | 1981年9月8日 |
| 明中都城城址 | 明 | 凤阳县 | 第一批 | 1981年9月8日 |
| 琉璃瓦窑址 | 明 | 当涂县 | 第一批 | 1981年9月8日 |
| 谢朓楼遗址 | 清 | 宣城市宣州区 | 第四批 | 1998年5月4日 |
| **古墓葬（45处）** | | | | |
| 汤王墓 | 商 | 亳州市 | 第一批 | 1981年9月8日 |
| 武王墩 | 周 | 长丰县 | 第一批 | 1981年9月8日 |
| 万牛墩土墩墓群 | 周 | 繁昌县 | 第三批 | 1989年5月27日 |
| 千峰山土墩墓群 | 西周——春秋 | 南陵县 | 第二批 | 1986年7月3日 |
| 共姬墓 | 春秋 | 淮北市 | 第五批 | 2004年10月28日 |
| 黄泥孤堆（黄歇墓） | 战国 | 淮南市 | 第五批 | 2004年10月28日 |
| 廉颇墓 | 战国 | 寿县 | 第五批 | 2004年10月28日 |
| 严氏孤堆 | 战国——汉 | 长丰县 | 第一批 | 1981年9月8日 |
| 薛家孤堆 | 汉 | 亳州市 | 第一批 | 1981年9月8日 |
| 虞姬墓 | 汉 | 灵璧县 | 第二批 | 1986年7月3日 |
| 刘安墓 | 汉 | 寿县 | 第二批 | 1986年7月3日 |
| 放王岗古墓群 | 汉 | 巢湖市 | 第四批 | 1998年5月4日 |
| 董园2号石墓 | 东汉 | 亳州市 | 第一批 | 1981年9月8日 |
| 曹四孤堆 | 东汉 | 亳州市 | 第一批 | 1981年9月8日 |
| 张园汉暮 | 东汉 | 亳州市 | 第四批 | 1998年5月4日 |
| 古城画像石墓 | 东汉 | 濉溪县 | 第四批 | 1998年5月4日 |
| 周瑜墓 | 三国 | 庐江县 | 第三批 | 1989年5月27日 |
| 朱然墓 | 三国·吴 | 马鞍山市 | 第二批 | 1986年7月3日 |
| 宋山古墓 | 三国·吴 | 马鞍山市 | 第四批 | 1998年5月4日 |
| 李白墓 | 唐 | 当涂县 | 第一批 | 1981年9月8日 |
| 何城墓 | 唐 | 庐江县 | 第五批 | 2004年10月28日 |
| 陈翥墓 | 北宋 | 铜陵县 | 第四批 | 1998年5月4日 |
| 明皇陵 | 明 | 凤阳县 | 第一批 | 1981年9月8日 |
| 汤和墓 | 明 | 蚌埠市 | 第二批 | 1986年7月3日 |
| 郑之珍墓 | 明 | 祁门县 | 第三批 | 1989年5月27日 |
| 万孺人墓 | 明 | 广德县 | 第五批 | 2004年10月28日 |
| 常氏三王墓 | 明 | 怀远县 | 第五批 | 2004年10月28日 |
| 化明塘严氏墓 | 明 | 五河县 | 第五批 | 2004年10月28日 |
| 余珊墓 | 明 | 桐城市 | 第五批 | 2004年10月28日 |
| 方以智墓 | 清 | 枞阳县 | 第一批 | 1981年9月8日 |
| 戴东原墓 | 清 | 休宁县 | 第一批 | 1981年9月8日 |
| 渐江墓 | 清 | 歙县 | 第二批 | 1986年7月3日 |
| 邓石如墓 | 清 | 怀宁县 | 第二批 | 1986年7月3日 |

**18—14　续表2　continued**

| 名　称<br>Name | 时　代<br>Era | 地　址<br>Address | 批　次<br>Batch | 公布时间<br>Announcement Time |
|---|---|---|---|---|
| 姚鼐墓 | 清 | 枞阳县 | 第二批 | 1986年7月3日 |
| 戴名世墓 | 清 | 桐城市 | 第二批 | 1986年7月3日 |
| 刘大木魁墓 | 清 | 枞阳县 | 第三批 | 1989年5月27日 |
| 梅文鼎墓 | 清 | 宣城市宣州区 | 第三批 | 1989年5月27日 |
| 姚莹墓 | 清 | 桐城市 | 第三批 | 1989年5月27日 |
| 梅清墓 | 清 | 宣城市宣州区 | 第四批 | 1998年5月4日 |
| 赵文楷墓 | 清 | 太湖县 | 第四批 | 1998年5月4日 |
| 吴汝纶墓 | 清 | 枞阳县 | 第四批 | 1998年5月4日 |
| 孝子墩古墓 | 清 | 长丰县 | 第五批 | 2004年10月28日 |
| 施闰章墓 | 清 | 宣城市宣州区 | 第五批 | 2004年10月28日 |
| 皋陶墓 | | 六安市 | 第三批 | 1989年5月27日 |
| 六安汉代王陵墓地 | 西汉 | 六安市金安区 | | 2007年8月9日 |
| **古建筑（234处）** | | | | |
| 芍陂遗址 | 春秋——清 | 寿县 | 第二批 | 1986年7月3日 |
| 汉阙遗址及水牛墓 | 汉 | 淮北市 | 第五批 | 2004年10月28日 |
| 七门堰 | 汉——清 | 舒城县 | 第四批 | 1998年5月4日 |
| 杏花村古井 | 唐 | 池州市贵池区 | 第三批 | 1989年5月27日 |
| 禹王宫 | 唐——清 | 怀远县 | 第三批 | 1989年5月27日 |
| 渔梁坝 | 唐——清 | 歙县 | 第三批 | 1989年5月27日 |
| 西风禅寺及摩崖石刻 | 唐——近代 | 太湖县 | 第五批 | 2004年10月28日 |
| 广教寺双塔 | 宋 | 宣城市宣州区 | 第一批 | 1981年9月8日 |
| 景德寺塔 | 北宋 | 宣城市宣州区 | 第四批 | 1998年5月4日 |
| 多宝庵塔 | 北宋 | 六安市 | 第四批 | 1998年5月4日 |
| 天寿寺塔 | 宋 | 广德县 | 第一批 | 1981年9月8日 |
| 万佛塔 | 宋 | 蒙城县 | 第一批 | 1981年9月8日 |
| 太平塔 | 宋 | 潜山县 | 第一批 | 1981年9月8日 |
| 广济寺塔 | 宋 | 芜湖市 | 第一批 | 1981年9月8日 |
| 黄金塔 | 宋 | 无为县 | 第一批 | 1981年9月8日 |
| 长庆寺塔 | 宋 | 歙县 | 第一批 | 1981年9月8日 |
| 水西大观塔及小方塔 | 宋 | 泾县 | 第一批 | 1981年9月8日 |
| 米公祠 | 宋 | 无为县 | 第一批 | 1981年9月8日 |
| 黄山塔 | 宋 | 当涂县 | 第二批 | 1986年7月3日 |
| 净居寺塔 | 宋 | 青阳县 | 第五批 | 2004年10月28日 |
| 东谯楼 | 宋 | 歙县 | 第五批 | 2004年10月28日 |
| 新州石塔 | 南宋 | 歙县 | 第一批 | 1981年9月8日 |
| 伟溪塔 | 南宋 | 祁门县 | 第三批 | 1989年5月27日 |
| 万寿塔 | 南宋 | 和县 | 第四批 | 1998年5月4日 |
| 仙人塔 | 南宋 | 宁国市 | 第四批 | 1998年5月4日 |
| 望江寺塔 | 南宋 | 六安市 | 第四批 | 1998年5月4日 |
| 上水关、下水关、广惠桥 | 宋、明、唐 | 滁州市 | 第五批 | 2004年10月28日 |
| 亳州古地下道 | 宋——元 | 亳州市 | 第二批 | 1986年7月3日 |
| 寿县古城墙 | 宋——清 | 寿县 | 第二批 | 1986年7月3日 |
| 丰乐亭 | 宋——清 | 滁州市 | 第二批 | 1986年7月3日 |
| 衙署前门 | 宋——清 | 芜湖市 | 第五批 | 2004年10月28日 |
| 硖山口《慰农亭》及摩崖石刻 | 宋——清 | 凤台县 | 第五批 | 2004年10月28日 |
| 法华禅庵塔 | 元 | 嘉山县 | 第二批 | 1986年7月3日 |
| 寿县孔庙 | 元——清 | 寿县 | 第五批 | 2004年10月28日 |
| 白崖寨 | 元——清 | 宿松县 | 第二批 | 1986年7月3日 |
| 曹门厅 | 明 | 歙县 | 第一批 | 1981年9月8日 |
| 方文泰宅 | 明 | 歙县 | 第一批 | 1981年9月8日 |
| 老屋阁及绿绕亭 | 明 | 歙县 | 第一批 | 1981年9月8日 |
| 苏雪痕宅 | 明 | 歙县 | 第一批 | 1981年9月8日 |
| 罗润坤、罗来龙宅 | 明 | 歙县 | 第一批 | 1981年9月8日 |
| 张林福宅 | 明 | 歙县 | 第一批 | 1981年9月8日 |
| 方春福宅 | 明 | 歙县 | 第一批 | 1981年9月8日 |
| 三槐堂 | 明 | 休宁县 | 第一批 | 1981年9月8日 |
| 方士载宅 | 明 | 歙县 | 第一批 | 1981年9月8日 |
| 贞白门 | 明 | 歙县 | 第一批 | 1981年9月8日 |

**18—14 续表3 continued**

| 名　称<br>Name | 时　代<br>Era | 地　址<br>Address | 批　次<br>Batch | 公布时间<br>Announcement Time |
|---|---|---|---|---|
| 觉寂塔 | 明 | 潜山县 | 第一批 | 1981年9月8日 |
| 迎江寺及振风塔 | 明 | 安庆市 | 第一批 | 1981年9月8日 |
| 龙兴寺 | 明 | 凤阳县 | 第一批 | 1981年9月9日 |
| 圣僧庵壁画 | 明 | 歙县 | 第一批 | 1981年9月8日 |
| 潜口明代民居建筑群 | 明 | 歙县 | 第二批 | 1986年7月3日 |
| 程氏宅 | 明 | 黟县 | 第二批 | 1986年7月3日 |
| 胡文光刺史坊 | 明 | 黟县 | 第二批 | 1986年7月3日 |
| 奕世尚书坊 | 明 | 绩溪县 | 第二批 | 1986年7月3日 |
| 郑村忠烈坊 | 明 | 歙县 | 第二批 | 1986年7月3日 |
| 黄村进士第 | 明 | 休宁县 | 第二批 | 1986年7月3日 |
| 太和县文庙大成殿 | 明 | 太和县 | 第二批 | 1986年7月3日 |
| 寿县清真寺 | 明 | 寿县 | 第二批 | 1986年7月3日 |
| 六角楼 | 明 | 黄山市 | 第三批 | 1989年5月27日 |
| 冯村进士坊 | 明 | 绩溪县 | 第三批 | 1989年5月27日 |
| 鼓楼基座 | 明 | 凤阳县 | 第三批 | 1989年5月27日 |
| 程大位故居 | 明 | 黄山市屯溪区 | 第三批 | 1989年5月27日 |
| 大观亭 | 明 | 歙县 | 第四批 | 1998年5月4日 |
| 郑氏宗祠 | 明 | 歙县 | 第四批 | 1998年5月4日 |
| 丰口四面坊 | 明 | 歙县 | 第四批 | 1998年5月4日 |
| 殷尚书坊及大司徒坊 | 明 | 歙县 | 第四批 | 1998年5月4日 |
| 韩氏宗祠 | 明 | 黟县 | 第四批 | 1998年5月4日 |
| 梓坞祠堂 | 明 | 休宁县 | 第四批 | 1998年5月4日 |
| 程氏宗祠 | 明 | 黄山市屯溪区 | 第四批 | 1998年5月4日 |
| 岩寺文峰塔 | 明 | 黄山市徽州区 | 第四批 | 1998年5月4日 |
| 长春社 | 明 | 黄山市徽州区 | 第四批 | 1998年5月4日 |
| 五教堂 | 明 | 绩溪县 | 第三批 | 1989年5月27日 |
| 敦履堂 | 明 | 绩溪县 | 第四批 | 1998年5月4日 |
| 父子进士坊 | 明 | 旌德县 | 第四批 | 1998年5月4日 |
| 叶家桥 | 明 | 当涂县 | 第四批 | 1998年5月4日 |
| 清溪塔 | 明 | 池州市贵池区 | 第四批 | 1998年5月4日 |
| 兴济桥 | 明 | 池州市贵池区 | 第四批 | 1998年5月4日 |
| 汪氏宗祠 | 明 | 石台县 | 第四批 | 1998年5月4日 |
| 净信寺 | 明 | 青阳县 | 第四批 | 1998年5月4日 |
| 法云寺塔 | 明 | 岳西县 | 第四批 | 1998年5月4日 |
| 观音寺塔 | 明 | 六安市 | 第四批 | 1998年5月4日 |
| 江淮桥 | 明 | 含山县 | 第四批 | 1998年5月4日 |
| 运河桥 | 明 | 阜南县 | 第四批 | 1998年5月4日 |
| 薛阁塔 | 明 | 亳州市 | 第四批 | 1998年5月4日 |
| 玉虚宫牌坊 | 明 | 休宁县 | 第四批 | 1998年5月4日 |
| 柯乔门坊 | 明 | 青阳县 | 第四批 | 1998年5月4日 |
| 中江塔 | 明 | 芜湖市 | 第五批 | 2004年10月28日 |
| 水东花戏楼 | 明 | 宣城市宣州区 | 第五批 | 2004年10月28日 |
| 明代城墙 | 明 | 郎溪县 | 第五批 | 2004年10月28日 |
| 耿村明代耿姓民宅 | 明 | 广德县 | 第五批 | 2004年10月28日 |
| 叶集江西会馆 | 明 | 六安市 | 第五批 | 2004年10月28日 |
| 天心堂 | 明 | 歙县 | 第五批 | 2004年10月28日 |
| 金紫祠 | 明 | 黄山市徽州区 | 第五批 | 2004年10月28日 |
| 敬本堂 | 明 | 歙县 | 第五批 | 2004年10月28日 |
| 大邦伯祠 | 明 | 歙县 | 第五批 | 2004年10月28日 |
| 金柱塔 | 明 | 当涂县 | 第五批 | 2004年10月28日 |
| 司谏第 | 明（弘治） | 歙县 | 第一批 | 1981年9月8日 |
| 许国石坊 | 明（1583年） | 歙县 | 第一批 | 1981年9月8日 |
| 程氏三宅 | 明末 | 屯溪 | 第一批 | 1981年9月8日 |
| 宝伦阁 | 明末清初 | 歙县 | 第一批 | 1981年9月8日 |
| 石牌坊群 | 明——清 | 歙县 | 第一批 | 1981年9月8日 |
| 太平桥 | 明——清 | 歙县 | 第一批 | 1981年9月8日 |
| 化城寺 | 明——清 | 九华山风景区 | 第一批 | 1981年9月8日 |
| 龙川胡氏宗祠 | 明——清 | 绩溪县 | 第二批 | 1986年7月3日 |

**18—14　续表4　continued**

| 名　称<br>Name | 时　代<br>Era | 地　址<br>Address | 批　次<br>Batch | 公布时间<br>Announcement Time |
|---|---|---|---|---|
| 太平山房 | 明——清 | 青阳县 | 第二批 | 1986年7月3日 |
| 安城堡 | 明——清 | 太湖县 | 第二批 | 1986年7月3日 |
| 桐城县文庙 | 明——清 | 桐城市 | 第二批 | 1986年7月3日 |
| 江宁会馆 | 明——清 | 亳州市 | 第三批 | 1989年5月27日 |
| 霍山文庙 | 明——清 | 霍山县 | 第三批 | 1989年5月27日 |
| 镇淮楼 | 明——清 | 和县 | 第三批 | 1989年5月27日 |
| 南谯楼 | 明——清 | 歙县 | 第三批 | 1989年5月27日 |
| 舒余庆堂 | 明——清 | 黟县 | 第三批 | 1989年5月27日 |
| 道德中宫 | 明——清 | 亳州市 | 第三批 | 1989年5月27日 |
| 安庆谯楼 | 明——清 | 安庆市 | 第四批 | 1998年5月4日 |
| 查济民居（含宝公祠、德厅屋、进士门、二甲祠、洪公祠、怀素堂） | 明——清 | 泾县 | 第四批 | 1998年5月4日 |
| 许氏宗祠及听泉楼 | 明——清 | 绩溪县 | 第三批 | 1989年5月27日 |
| 慈光阁 | 明——清 | 黄山风景区 | 第四批 | 1998年5月4日 |
| 姥山塔 | 明——清 | 巢湖市 | 第四批 | 1998年5月4日 |
| 吴氏大宗祠 | 明——清 | 泾县 | 第五批 | 2004年10月28日 |
| 三溪乐成桥 | 明——清 | 旌德县 | 第五批 | 2004年10月28日 |
| 毛坦厂老街重点古建筑 | 明——清 | 六安市 | 第五批 | 2004年10月28日 |
| 杜氏宗祠 | 明——清 | 池州市贵池区 | 第五批 | 2004年10月28日 |
| 榉根关古徽道 | 明——清 | 石台县 | 第五批 | 2004年10月28日 |
| 金氏宗祠 | 明——清 | 东至县 | 第五批 | 2004年10月28日 |
| 屏山村古建筑群 | 明——清 | 黟县 | 第五批 | 2004年10月28日 |
| 南屏村古建筑群 | 明——清 | 黟县 | 第五批 | 2004年10月28日 |
| 洪坑牌坊群及洪氏家庙 | 明——清 | 徽州区 | 第五批 | 2004年10月28日 |
| 合一堂 | 明——清 | 祁门县 | 第五批 | 2004年10月28日 |
| 古城岩明清建筑群 | 明——清 | 休宁县 | 第五批 | 2004年10月28日 |
| 稠墅牌坊群 | 明——清 | 歙县 | 第五批 | 2004年10月28日 |
| 棠樾古民居 | 明——清 | 歙县 | 第五批 | 2004年10月28日 |
| 池河太平桥 | 明——清 | 定远县 | 第五批 | 2004年10月28日 |
| 左忠毅公祠 | 明——清 | 桐城市 | 第五批 | 2004年10月28日 |
| 章氏宗祠 | 明——清 | 池州市贵池区 | 第五批 | 2004年10月28日 |
| 太和城关清真寺 | 明——清 | 太和县 | 第四批 | 1998年5月4日 |
| 祁门古戏台群 | 明——清 | 祁门县 | 第三批 | 1989年5月27日 |
| 教弩台旧址 | 清 | 合肥市 | 第一批 | 1981年9月8日 |
| 陶公祠 | 清 | 东至县 | 第一批 | 1981年9月8日 |
| 华祖庵 | 清 | 亳州市 | 第一批 | 1981年9月8日 |
| 包公祠 | 清 | 合肥市 | 第一批 | 1981年9月8日 |
| 琅琊寺 | 清 | 滁州市 | 第一批 | 1981年9月8日 |
| 太白楼 | 清 | 马鞍山市 | 第一批 | 1981年9月8日 |
| 醉翁亭 | 清 | 滁州市 | 第一批 | 1981年9月8日 |
| 花戏楼 | 清 | 亳州市 | 第一批 | 1981年9月8日 |
| 西递清代民居建筑群 | 清 | 黟县 | 第二批 | 1986年7月3日 |
| 泗县文庙大成殿 | 清 | 泗县 | 第二批 | 1986年7月3日 |
| 踏歌岸阁 | 清 | 泾县 | 第二批 | 1986年7月3日 |
| 铁砚山房 | 清 | 怀宁 | 第二批 | 1986年7月3日 |
| 旌德文庙 | 清 | 旌德县 | 第三批 | 1989年5月27日 |
| 文昌阁 | 清 | 泾县 | 第三批 | 1989年5月27日 |
| 资福寺 | 清 | 阜阳市 | 第三批 | 1989年5月27日 |
| 沫河口关卡 | 清 | 五河县 | 第三批 | 1989年5月27日 |
| 显通寺 | 清 | 淮北市 | 第三批 | 1989年5月27日 |
| 半山阁 | 清 | 桐城市 | 第三批 | 1989年5月27日 |
| 蒙城文庙 | 清 | 蒙城县 | 第四批 | 1998年5月4日 |
| 阜阳文峰塔 | 清 | 阜阳市 | 第四批 | 1998年5月4日 |
| 南京巷钱庄 | 清 | 亳州市 | 第四批 | 1998年5月4日 |
| 闵子骞祠及墓 | 清 | 宿州市 | 第四批 | 1998年5月4日 |
| 林探花府 | 清 | 宿州市 | 第四批 | 1998年5月4日 |
| 国光楼 | 清 | 全椒县 | 第四批 | 1998年5月4日 |
| 中庙 | 清 | 巢湖市 | 第四批 | 1998年5月4日 |
| 武壮公祠 | 清 | 庐江县 | 第四批 | 1998年5月4日 |

**18—14 续表5 continued**

| 名 称<br>Name | 时 代<br>Era | 地 址<br>Address | 批 次<br>Batch | 公布时间<br>Announcement Time |
|---|---|---|---|---|
| 振湖塔 | 清 | 肥东县 | 第四批 | 1998年5月4日 |
| 包氏宗祠 | 清 | 肥东县 | 第四批 | 1998年5月4日 |
| 四望堡寨址 | 清 | 霍山县 | 第四批 | 1998年5月4日 |
| 世太史第 | 清 | 安庆市 | 第四批 | 1998年5月4日 |
| 安庆关南清真寺 | 清 | 安庆市 | 第四批 | 1998年5月4日 |
| 廖河戏台 | 清 | 宿松县 | 第四批 | 1998年5月4日 |
| 雷阳书院 | 清 | 望江县 | 第四批 | 1998年5月4日 |
| 杨家祠堂 | 清 | 潜山县 | 第四批 | 1998年5月4日 |
| 东流双塔 | 清 | 东至县 | 第四批 | 1998年5月4日 |
| 崇德堂戏台 | 清 | 石台县 | 第四批 | 1998年5月4日 |
| 李氏宗祠 | 清 | 青阳县 | 第四批 | 1998年5月4日 |
| 曹氏宗祠 | 清 | 青阳县 | 第四批 | 1998年5月4日 |
| 侯家祠堂 | 清 | 朗溪县 | 第四批 | 1998年5月4日 |
| 溥公祠 | 清 | 旌德县 | 第四批 | 1998年5月4日 |
| 黄田村古民居群 | 清 | 泾县 | 第四批 | 1998年5月4日 |
| 翟氏宗祠 | 清 | 泾县 | 第四批 | 1998年5月4日 |
| 金溪花戏楼 | 清 | 泾县 | 第四批 | 1998年5月4日 |
| 汪氏住宅 | 清 | 绩溪县 | 第四批 | 1998年5月4日 |
| 湖村民居（余社旺宅、章祖望宅、章祖强宅、章秀珍宅） | 清 | 绩溪县 | 第四批 | 1998年5月4日 |
| 绩溪文庙 | 清 | 绩溪县 | 第四批 | 1998年5月4日 |
| 周氏宗祠 | 清 | 绩溪县 | 第四批 | 1998年5月4日 |
| 檀干园 | 清 | 黄山市徽州区 | 第四批 | 1998年5月4日 |
| 宏村民居（承志堂、三立堂、南湖书院） | 清 | 黟县 | 第四批 | 1998年5月4日 |
| 竹山书院 | 清 | 歙县 | 第四批 | 1998年5月4日 |
| 吴氏宗祠 | 清 | 歙县 | 第四批 | 1998年5月4日 |
| 潘氏宗祠 | 清 | 歙县 | 第四批 | 1998年5月4日 |
| 风雨廊桥 | 清 | 歙县 | 第四批 | 1998年5月4日 |
| 庐州府城隍庙戏楼 | 清 | 合肥市 | 第五批 | 2004年10月28日 |
| 大孔祠堂 | 清 | 合肥市 | 第五批 | 2004年10月28日 |
| 唐五房圩转心楼 | 清 | 肥西县 | 第五批 | 2004年10月28日 |
| 父子进士祠堂 | 清 | 肥东县 | 第五批 | 2004年10月28日 |
| 尹氏宗祠 | 清 | 长丰县 | 第五批 | 2004年10月28日 |
| 云氏宗祠及《长生殿》戏文砖雕贞节坊 | 清 | 广德县 | 第五批 | 2004年10月28日 |
| 江村古民居群 | 清 | 旌德县 | 第五批 | 2004年10月28日 |
| 胡炳衡宅 | 清 | 绩溪县 | 第五批 | 2004年10月28日 |
| 石家村古建筑群 | 清 | 绩溪县 | 第五批 | 2004年10月28日 |
| 周氏祠堂 | 清 | 宁国市 | 第五批 | 2004年10月28日 |
| 六安古城墙 | 清 | 六安市 | 第五批 | 2004年10月28日 |
| 褚氏祠堂 | 清 | 舒城县 | 第五批 | 2004年10月28日 |
| 狮山中学玉玺楼 | 清 | 霍山县 | 第五批 | 2004年10月28日 |
| 霍邱文庙 | 清 | 霍邱县 | 第五批 | 2004年10月28日 |
| 祇园寺 | 清 | 九华山风景区 | 第五批 | 2004年10月28日 |
| 百岁宫 | 清 | 九华山风景区 | 第五批 | 2004年10月28日 |
| 甘露寺 | 清 | 九华山风景区 | 第五批 | 2004年10月28日 |
| 严氏宗祠 | 清 | 石台县 | 第五批 | 2004年10月28日 |
| 宁氏宗祠 | 清 | 青阳县 | 第五批 | 2004年10月28日 |
| 赛金花故居 | 清 | 黟县 | 第五批 | 2004年10月28日 |
| 倪望重宅（“一府六县”） | 清 | 祁门县 | 第五批 | 2004年10月28日 |
| 苏氏宗祠与海宁学舍 | 清 | 黄山市黄山区 | 第五批 | 2004年10月28日 |
| 希范堂 | 清 | 黄山市黄山区 | 第五批 | 2004年10月28日 |
| 程氏宗祠 | 清 | 黄山市黄山区 | 第五批 | 2004年10月28日 |
| 钟鼓楼 | 清 | 休宁县 | 第五批 | 2004年10月28日 |
| 曹氏二宅 | 清 | 歙县 | 第五批 | 2004年10月28日 |
| 员公支祠 | 清 | 歙县 | 第五批 | 2004年10月28日 |
| 周氏宗祠 | 清 | 歙县 | 第五批 | 2004年10月28日 |
| 古戏台、火神庙、嘉祐院古建筑群 | 清 | 明光市 | 第五批 | 2004年10月28日 |
| 尊胜禅院旧址 | 清 | 来安县 | 第五批 | 2004年10月28日 |
| 程文炳宅 | 清 | 阜阳市颍东区 | 第五批 | 2004年10月28日 |

18—14　续表6　continued

| 名　称<br>Name | 时　代<br>Era | 地　址<br>Address | 批　次<br>Batch | 公布时间<br>Announcement Time |
|---|---|---|---|---|
| 臧家公馆 | 清 | 界首市 | 第五批 | 2004年10月28日 |
| 徐氏宗祠暨杨虎城在太和旧居 | 清 | 太和县 | 第五批 | 2004年10月28日 |
| 孙氏宗祠 | 清 | 岳西县 | 第五批 | 2004年10月28日 |
| 占庄老屋 | 清 | 潜山县 | 第五批 | 2004年10月28日 |
| 萧县文庙 | 清 | 萧县 | 第五批 | 2004年10月28日 |
| 建德文庙大成殿 | 清——民国 | 东至县 | 第三批 | 1989年5月27日 |
| 黄宾虹故居 | 清——民国 | 歙县 | 第三批 | 1989年5月27日 |
| 尤家花园及故居 | 清——民国 | 颍上县 | 第五批 | 2004年10月28日 |
| 肉身殿 | 民国 | 九华山风景区 | 第一批 | 1981年9月8日 |
| 李家圩地主庄园 | 民国 | 霍邱县 | 第一批 | 1981年9月8日 |
| 贞一堂 | 民国 | 祁门县 | 第四批 | 1998年5月4日 |
| 淮南市日寇侵华罪行遗址 | 1939—1945年 | 淮南市（含：万人坑、碉堡ⁱ | 第二批 | 1986年7月3日 |
| 管鲍祠 | | 颍上县 | 第二批 | 1986年7月3日 |
| 陋室 | | 和县 | 第二批 | 1986年7月3日 |
| 霸王祠 | | 和县 | 第二批 | 1986年7月3日 |
| **石窟寺及石刻（30处）** | | | | |
| 九女坟画像石刻 | 汉 | 宿州市 | 第二批 | 1986年7月3日 |
| 小孤山石刻 | 南北朝——清 | 宿松县 | 第三批 | 1989年5月27日 |
| 花山石窟群 | 唐——清 | 黄山市屯溪区 | 第五批 | 2004年10月28日 |
| 玉蟹泉摩崖石刻 | 唐——宋——清 | 凤阳县 | 第四批 | 1998年5月4日 |
| 琴高山摩崖石刻 | 唐——清 | 泾县 | 第五批 | 2004年10月28日 |
| 刘冲崖刻 | 唐——清 | 九华山风景区 | 第五批 | 2004年10月28日 |
| 琅琊山摩岩崖石刻及碑刻 | 唐——民国 | 滁州市 | 第四批 | 1998年5月4日 |
| 黄山摩崖石刻 | 唐一近代 | 黄山风景区 | 第五批 | 2004年10月28日 |
| 程九万墓石刻 | 宋 | 青阳县 | 第四批 | 1998年5月4日 |
| 磐石山摩崖造像 | 宋 | 灵璧县 | 第四批 | 1998年5月4日 |
| 华阳洞石刻 | 宋 | 含山县 | 第五批 | 2004年10月28日 |
| 刘源题字石刻 | 宋末元初 | 潜山县 | 第一批 | 1981年9月8日 |
| 米芾芜湖县学记碑和明刻李阳冰歉卦碑 | 宋、明 | 芜湖市 | 第一批 | 1981年9月8日 |
| 王乔洞石窟造像 | 宋——明 | 巢湖市 | 第一批 | 1981年9月8日 |
| 浮山摩崖石刻 | 宋——清 | 枞阳县 | 第一批 | 1981年9月8日 |
| 山谷流泉摩岩石刻 | 宋——清 | 潜山县 | 第一批 | 1981年9月8日 |
| 齐云山碑刻及摩岩石刻 | 宋——清 | 休宁县 | 第一批 | 1981年9月9日 |
| 新安碑园石刻 | 宋——清 | 歙县 | 第二批 | 1986年7月3日 |
| 齐山摩崖石刻 | 宋——清 | 池州市 | 第三批 | 1989年5月27日 |
| 贵池区万罗山摩崖石刻 | 宋——民国 | 池州市贵池区 | 第四批 | 1998年5月4日 |
| 吴复墓石刻 | 明 | 肥东县 | 第三批 | 1989年5月27日 |
| 阮峰墓石刻 | 明 | 枞阳县 | 第四批 | 1998年5月4日 |
| 汪珊墓石刻 | 明 | 青阳县 | 第四批 | 1998年5月4日 |
| 陈德墓石刻 | 明 | 凤阳县 | 第五批 | 2004年10月28日 |
| 报恩寺罗汉 | 明末清初 | 寿县 | 第一批 | 1981年9月8日 |
| 金鸡碑及五猖神庙碑 | 清 | 怀宁县 | 第二批 | 1986年7月3日 |
| 汪由敦墓石刻 | 清 | 休宁县 | 第三批 | 1989年5月27日 |
| 杨捷墓石刻 | 清 | 天长市 | 第四批 | 1998年5月4日 |
| 张廷玉墓石刻 | 清 | 桐城市 | 第四批 | 1998年5月4日 |
| 慧居寺菩萨、罗汉塑像 | 清——民国 | 九华山风景区 | 第一批 | 1981年9月8日 |
| **近现代重要史迹及代表性建筑（69处）** | | | | |
| 王步文故居 | 清 | 岳西县温泉镇 | 第四批 | 1998年5月4日 |
| 刘铭传故居 | 清 | 肥西县南分路乡 | 第四批 | 1998年5月4日 |
| 胡适故居 | 清 | 绩溪县 | 第四批 | 1998年5月4日 |
| 李鸿章故居及享堂 | 清 | 合肥市 | 第四批 | 1998年5月4日 |
| 安庆天主堂 | 清 | 安庆市 | 第五批 | 2004年10月28日 |
| 英驻芜领事署 | 清 | 芜湖市 | 第五批 | 2004年10月28日 |
| 天主堂 | 清 | 芜湖市 | 第五批 | 2004年10月28日 |
| 圣雅各中学旧址 | 清 | 芜湖市 | 第五批 | 2004年10月28日 |
| 怀远教会建筑旧址 | 清 | 怀远县 | 第五批 | 2004年10月28日 |
| 许世英故居 | 清 | 东至县 | 第五批 | 2004年10月28日 |
| 李克农故居 | 清 | 巢湖市居巢区 | 第五批 | 2004年10月28日 |

**18—14 续表7 continued**

| 名 称<br>Name | 时 代<br>Era | 地 址<br>Address | 批 次<br>Batch | 公布时间<br>Announcement Time |
|---|---|---|---|---|
| 汪晓娣等宅（孙起孟旧居） | 清 | 休宁县 | 第五批 | 2004年10月28日 |
| 太平天国英王府及太平天国英王府壁画 | 清 | 安庆市 | 第五批 | 2004年10月28日 |
| 三河大捷遗迹及古民居 | 清、近代 | 肥西县 | 第五批 | 2004年10月28日 |
| 安徽大学红楼及敬敷书院旧址 | 清、近代 | 安庆市 | 第五批 | 2004年10月28日 |
| 王稼祥故居 | 近代 | 泾县 | 第二批 | 1986年7月3日 |
| 吴樾故居 | 近代 | 桐城市 | 第二批 | 1986年7月3日 |
| 施从云墓 | 近代 | 桐城市 | 第二批 | 1986年7月3日 |
| 冯玉祥故居 | 近代 | 巢湖市 | 第三批 | 1989年5月27日 |
| 张治中故居 | 近代 | 巢湖市 | 第三批 | 1989年5月27日 |
| 老芜湖海关 | 近代 | 芜湖市 | 第五批 | 2004年10月28日 |
| 观瀑楼及听涛居 | 近代 | 黄山风景区 | 第五批 | 2004年10月28日 |
| 黄山古观景亭 | 近代 | 黄山风景区 | 第五批 | 2004年10月28日 |
| 张乐行故居 | 1810年——? | 涡阳县 | 第一批 | 1981年9月8日 |
| 捻军会盟旧址 | 1855年 | 涡阳县 | 第一批 | 1981年9月8日 |
| 太平军枞阳会议旧址 | 1858年 | 枞阳县 | 第一批 | 1981年9月8日 |
| 太平军攻城图壁画 | 太平天国 | 绩溪县 | 第一批 | 1981年9月8日 |
| 同仁医院旧址 | 1906年 | 安庆市 | 第四批 | 1998年5月4日 |
| 熊成基安庆起义会议旧址 | 1908年 | 安庆市 | 第一批 | 1981年9月8日 |
| 熊、范二烈士专祠 | 1912年 | 安庆市 | 第四批 | 1998年5月4日 |
| 砀山天主教堂 | 1917年 | 砀山县 | 第四批 | 1998年5月4日 |
| 安徽邮务管理局旧址 | 1926年 | 安庆市 | 第四批 | 1998年5月4日 |
| 中共安徽地委旧址 | 1926–1927年 | 安庆市 | 第四批 | 1998年5月4日 |
| 中国国民党安徽省党部旧址 | 1926年–1927年 | 安庆市 | 第四批 | 1998年5月4日 |
| “四 ·九”暴动旧址 | 1928年 | 阜阳县 | 第一批 | 1981年9月8日 |
| 立夏节起义旧址 | 1929年 | 金寨县 | 第一批 | 1981年9月8日 |
| 红军第11军32师成立旧址 | 1929年 | 金寨县 | 第一批 | 1981年9月8日 |
| 列宁小学旧址 | 1929—1931年 | 金寨县 | 第一批 | 1981年9月8日 |
| 独山革命旧址群 | 1929—1932年 | 六安市 | 第一批 | 1981年9月8日 |
| 赤城县赤色邮政局旧址 | 1930年 | 金寨县 | 第四批 | 1998年5月4日 |
| 六安中心县委、六英霍暴动总指挥部旧址 | 1930年 | 金寨县 | 第五批 | 2004年10月28日 |
| 苏家埠战斗旧址 | 1932年 | 六安市 | 第一批 | 1981年9月8日 |
| 红军中央独立第2师司令部旧址 | 1934年 | 岳西县 | 第一批 | 1981年9月8日 |
| 中共鄂豫皖省委会议旧址 | 1934年 | 金寨县 | 第一批 | 1981年9月8日 |
| 皖南苏区江边特区革命委员会旧址 | 1934年 | 黟县 | 第一批 | 1981年9月8日 |
| 中国工农红军第二十八军重建会议旧址 | 1935年 | 岳西县 | 第一批 | 1981年7月3日 |
| 中共皖浙赣省委驻地旧址 | 1936—1937年 | 休宁县 | 第四批 | 1998年5月4日 |
| 南方八省红军游击队集中地旧址 | 1938年 | 歙县 | 第一批 | 1981年9月8日 |
| 安徽省民众总动员委员会旧址 | 1938年 | 六安市 | 第四批 | 1998年5月4日 |
| 中共鄂豫皖区委员会旧址 | 1938—1939年 | 金寨县 | 第一批 | 1981年9月8日 |
| 新四军四支队驻舒旧址 | 1938.2 —1939.6 | 舒城县 | 第五批 | 2004年10月28日 |
| 新四军军部旧址 | 1938—1941年 | 泾县 | 第一批 | 1981年7月3日 |
| 新四军四师司令部旧址 | 1938—1941年 | 涡阳县 | 第一批 | 1981年7月3日 |
| 半塔保卫战旧址 | 1940年 | 来安县 | 第一批 | 1981年9月8日 |
| 新四军七师司令部旧址 | 1941—1945年 | 无为县 | 第三批 | 1989年5月27日 |
| 抗大八分校旧址 | 1942—1945年 | 天长市 | 第四批 | 1998年5月4日 |
| 野人寨抗日阵亡将士墓 | 1943年 | 潜山县 | 第四批 | 1998年5月4日 |
| 陈独秀墓 | 1947年 | 安庆市 | 第四批 | 1998年5月4日 |
| 淮海战役双堆集战场旧址 | 1948年11月 | 濉溪县 | 第一批 | 1981年9月8日 |
| 渡江战役期间总前委旧址 | 1949年3—4月 | 肥东县 | 第二批 | 1986年7月3日 |
| 渡江战役中线指挥部旧址 | 1949年 | 枞阳县 | 第一批 | 1981年9月8日 |
| 新四军抗日殉国烈士墓 | 1949年 | 泾县 | 第一批 | 1981年9月8日 |
| 渡江战役总前委孙家圩子旧址 | 1949年 | 蚌埠市 | 第五批 | 2004年10月28日 |
| 中共淮海战役总前委旧址 | 近现代 | 濉溪县、萧县 | 第一批 | 1981年9月8日 |
| 洪家大屋 | 近现代 | 祁门县 | 第一批 | 1981年9月8日 |
| 林散之墓 | 1991年 | 马鞍山市采石风景区 | 第五批 | 2004年10月28日 |
| 安徽省博物馆陈列展览大楼 | 1956年 | 合肥市庐阳区 | | 2007年8月9日 |
| 江淮大戏院主体建筑 | 1956年 | 合肥市庐阳区 | | 2007年8月9日 |
| 金寨革命烈士陵园 | 建国后 | 金寨县 | | 2009年2月25日 |

## 18—15 自然保护区
Nature Protection Areas

| 名　称<br>Name | 级 别<br>Grade | 保护对象<br>Protection Objects | 类　型<br>Kinds | 面　积<br>（公顷）<br>Area(hectares) | 地　址<br>Address |
|---|---|---|---|---|---|
| 牯牛降自然保护区 | 国家级 | 中亚热带常绿阔叶林，珍稀动植物 | 森林生态 | 6713 | 祁门县，石台县 |
| 鹞落坪自然保护区 | 国家级 | 北亚热带常绿阔叶林，珍稀动植物 | 森林生态 | 12300 | 岳西县 |
| 天马自然保护区 | 国家级 | 北亚热带常绿落叶阔叶林，珍稀动植物 | 森林生态 | 28914 | 金寨县 |
| 杨子鳄自然保护区 | 国家级 | 野生杨子鳄 | 野生动物 | 18565 | 宣州市 |
| 升金湖自然保护区 | 国家级 | 白头鹞等珍稀水禽，湿地生态 | 湿地生态 | 33400 | 东至县 |
| 淡水豚自然保护区 | 国家级 | 珍稀水生生物 | 野生动物 | 31518 | 铜陵县 |
| 皇甫山自然保护区 | 省　级 | 森林生态，鸟类 | 森林生态 | 3600 | 滁州市 |
| 清凉峰自然保护区 | 省　级 | 中亚热带常绿阔叶林，珍稀动植物 | 森林生态 | 2761 | 歙　县 |
| 皇藏峪自然保护区 | 省　级 | 暖温带落叶阔叶林 | 森林生态 | 2067 | 萧　县 |
| 清凉峰自然保护区 | 省　级 | 中亚热带常绿阔叶林，珍稀动植物 | 森林生态 | 5050 | 绩溪县 |
| 岭南自然保护区 | 省　级 | 中亚热带常绿阔叶林，珍稀动植物 | 森林生态 | 2771 | 休宁县 |
| 十里山自然保护区 | 省　级 | 中亚热带常绿阔叶林，珍稀动植物 | 森林生态 | 1936 | 黄山区 |
| 板桥自然保护区 | 省　级 | 中亚热带常绿阔叶林，珍稀动植物 | 森林生态 | 5000 | 宁国市 |
| 板仓自然保护区 | 省　级 | 北中亚热带常绿落叶阔叶林，珍稀动植物 | 森林生态 | 1523 | 潜山县 |
| 万佛山自然保护区 | 省　级 | 北亚热带常绿落叶阔叶林，珍稀动植物 | 森林生态 | 2000 | 舒城县 |
| 枯井园自然保护区 | 省　级 | 北中亚热带常绿落叶林，珍稀动植物 | 森林生态 | 4000 | 岳西县 |
| 五溪山自然保护区 | 省　级 | 中亚热带常绿阔叶林，珍稀动植物 | 森林生态 | 4050 | 黟　县 |
| 天湖自然保护区 | 省　级 | 中亚热带常绿阔叶林，珍稀动植物 | 森林生态 | 4500 | 徽州区 |
| 佛子岭自然保护区 | 省　级 | 森林生态 | 森林生态 | 6667 | 霍山县 |
| 老山自然保护区 | 省　级 | 中亚热带常绿阔叶林，珍稀动植物 | 森林生态 | 16909 | 贵池区 |
| 九龙峰自然保护区 | 省　级 | 中亚热带常绿阔叶林，珍稀动植物 | 森林生态 | 2720 | 黄山区 |
| 查湾自然保护区 | 省　级 | 中亚热带常绿阔叶林，珍稀动植物 | 森林生态 | 1600 | 祁门县 |
| 紫石塔自然保护区 | 省　级 | 中亚热带常绿阔叶林，珍稀动植物 | 森林生态 | 6670 | 东至县 |
| 沿江自然保护区 | 省　级 | 珍稀水禽及其生境 | 湿地生态 | 120000 | 安庆市 |
| 沱湖自然保护区 | 省　级 | 珍稀水禽及其生境 | 湿地生态 | 4200 | 五河县 |
| 十八索自然保护区 | 省　级 | 珍稀水禽及其生境 | 湿地生态 | 7500 | 贵池区 |
| 八里河自然保护区 | 省　级 | 珍稀水禽及其生境 | 湿地生态 | 14600 | 颍山县 |
| 东西湖自然保护区 | 省　级 | 珍稀水禽及其生境 | 湿地生态 | 14200 | 霍邱县 |
| 石白湖自然保护区 | 省　级 | 珍稀水禽及其生境 | 湿地生态 | 10666 | 当涂县 |
| 酥梨种质资源保护区 | 省　级 | 种质资源 | 植　　物 | 13980 | 砀山县 |
| 颍州西湖自然保护区 | 省　级 | 湿地及水禽 | 湿地生态 | 11000 | 颍州区 |
| 六股尖自然保护区 | 省　级 | 华东黄杉等珍稀植物 | 森林生态 | 2747 | 休宁县 |
| 盘台自然保护区 | 省　级 | 南方红豆杉等 | 森林生态 | 668 | 青阳县 |
| 大方寺自然保护区 | 省　级 | 暖温带落叶阔叶林 | 森林生态 | 2080 | 埇桥区 |
| 女山湖自然保护区 | 省　级 | 珍稀水禽 | 湿地生态 | 21000 | 明光市 |

# 主要统计指标解释

**旅游人数**

(1) 入境旅游人数：指报告期内来我国观光、度假、探亲访友、就医疗养、购物、参加会议或从事经济、文化、体育、宗教活动的外国人、港澳台同胞等入境游客。统计时，外国人、港澳台同胞每入境一次统计1人次。

(2) 出境人数：指中国（大陆）居民因公或因私出境前往其他国家、中国香港特别行政区、澳门特别行政区和台湾省观光、度假、探亲访友、就医疗养、购物、参加会议或从事经济、文化、体育、宗教活动的人数，即出境游客。统计时，按每出境一次统计1人次。

(3) 国内旅游人数：指在报告期内在中国（大陆）观光游览、度假、探亲访友、就医疗养、购物、参加会议或从事经济、文化、体育、宗教活动的中国（大陆）居民人数，其出游的目的不是通过所从事的活动谋取报酬。统计时，国内游客按每出游一次统计1人次。

**国际旅游(外汇)收入**

指入境游客在中国（大陆）境内旅行、游览过程中用于交通、参观游览、住宿、餐饮、购物、娱乐等全部花费。

**国内旅游收入**

又称旅游总花费。指国内游客在国内旅行、游览过程中用于交通、参观游览、住宿、餐饮、购物、娱乐等全部花费。

**国际旅行社**

指经营业务范围包括入境旅游业务、出境旅游业务和国内旅游业务的旅行社。

**国内旅行社**

指经营范围仅限于国内旅游业务的旅行社。

**星级饭店**

指设备、设施、服务符合《旅游饭店星级的划分与评定》（GB/T14308-2003），通过相关旅游管理部门评定，并取得星级饭店称号的饭店（含预备星级饭店）。

# Explanatory Notes for Major Statistical Indicators

**Number of Tourists**

(1) Visitor arrivals refer to the number of foreigners, Chinese compatriots from Hong Kong, Macao and Taiwan Chinese (mainland) who come to China (mainland) for sight-seeing, vacation, visiting relatives, medical treatment, shopping, attending conference, or to engage in economic, cultural, sports and religious activities. In compiling statistics, each time of entering China is counted as one person-time.

(2) Number of Chinese residents going abroad refer to the number of Chinese (mainland) residents going to other countries, Hong Kong Special Administrative region, Macao Special Administrative region and Taiwan for on official or private purposes, for sight-seeing, vacation, visiting relatives, medical treatment, shopping, attending conference, or to engage in economic, cultural, sports and religious activities. In compiling statistics, each time of leaving is counted as one person-time.

(3) Number of domestic tourists refers to the number of Chinese (mainland) residents who travel within China (mainland) for sight-seeing, vacation, visiting relatives, medical treatment, shopping, attending conference, or to engage in economic, cultural, sports and religious activities. In compiling statistics, each time of travelling is counted as one person-time.

**Foreign Exchange Earnings from International Tourism**

refer to the total expenditure of foreigners, overseas Chinese, Chinese compatriots from Hong Kong, Macao and Taiwan during their stay in the mainland of China on transportation, sighting, accommodation, food, shopping and entertainment.

**Income from Domestic Tourism**

refer to expenditure of domestic tourists on transportation, sighting, accommodation, food, shopping and entertainment while they travel.

**International Travel Agencies**

refer to travel agencies engaged in tourism entering China, Chinese residents going abroad and domestic tourism.

**Domestic Travel Agencies**

refer to travel agencies only engaged in domestic tourism.

**Star-rated Hotels**

refer to hotels rated with stars as assessed by the relevant tourism authorities according to GB/T14308-2003 standard with reference to their infrastructure, facilities and service levels.

# 第十九篇

Chapter 19

# 教育和科技

EDUCATION AND SCIENCE

## 简要说明

一、教育统计资料包括公办教育和民办教育、学历教育和非学历教育。具体有高等教育（研究生教育、普通高等教育和成人高等教育）中等教育（高中阶段教育和初中阶段教育）、初等教育（小学）、学前教育、特殊教育（盲聋哑和弱智儿童学校等）以及教育经费等资料。主要指标包括学校数、在校学生数、招生数、毕业生数、教职工数和专任教师数、教育经费等。

教育事业统计资料由省教育厅提供；技工学校的资料由省人力资源和社会保障厅提供。

二、科技统计资料主要内容包括：全社会以及工业企业、政府部门属研究机构、高校的研究与试验发展（R&D）活动情况；国内外专利申请和授权情况；技术市场交易情况；开发区高新技术企业主要经济指标；科协系统科技活动情况；气象、质量监督检验检疫等综合技术服务部门业务活动情况；大中型工业企业研究与试验发展（R&D）活动情况等。

资料来源：全省综合资料、企业及有关行业企事业单位的研究与试验发展（R&D）活动情况由省统计局文化产业处提供；政府部门属研究机构资料、科学研究和研究与试验发展（R&D）活动情况资料由省科技厅提供；科协系统科技活动资料由省科协提供；专业技术人员资料由省人力资源和社会保障厅提供；气象、技术市场资料、产品质量监督抽查、专利等资料，分别由省气象局、省质量监督检验检疫局、省知识产权局等部门提供。

## Brief Introduction

I. Data on education cover the situations on education funded by government and non-government agencies, and the education with and without academic credentials including higher education (education of postgraduates, general higher education and adult education), secondary education (senior and junior high schools), elementary education (primary schools), preschool education, special education (schools for the blind, deaf-mutes and mentally retarded) and their expenditure. The main indicators include the number of schools, the number of students enrolled, the number of new students enrolled, the number of graduates, the number of staff and workers, the number of full-time teachers, sources and outlay of education funding, and education expenditure from the State budget.

The provincial Ministry of Education provides statistical data on education undertakings and education funding. Data on technical training schools are provided by provincial Ministry of Human Resources and Social Security.

II. Data on technology mainly include: data on scientific and technological activities, R&D activities all over the country, including industrial enterprises, scientific and technological institutions under government departments, universities and colleges; data on domestic and foreign patents application accepted and granted, data on production, research and development activities of high-tech enterprises, data on scientific and technological papers; data on import and export trade of high-technological products; data on technological markets; main economic indicators of high and new-tech industrial enterprises in development zones; data on the number of scientific and technological personnel in state-owned enterprises and institutions; data on the scientific and technological activities in the system of associations for science and technology; data on operation institutions and activities of meteorology, surveying and mapping, product quality supervision, data from the Second National Census on R&D Resources.

Sources of data: data on national aggregates and R&D activities of various enterprises and institutions and data from the Second National Census on R&D Resources are from National Bureau of Statistics; data on scientific and technological institutions under government departments are from Ministry of Science and Technology, and State Administration of Science, Technology and Industry for National Defense; data on scientific research, technical service and geologic prospecting, scientific and technological papers; technological markets and high and new-tech industrial enterprises in development zones are from Ministry of Science and Technology; data on scientific and technological activities in universities and colleges are from Ministry of Education; data on import and export trade of high-technological products are from General Administration of Customs; Data on the number of scientific and technological personnel are from Ministry of Human Resources and Social Security. The China Association for Science and Technology provides data on the scientific and technological activities of associations for science and technology. Data on the development of surveying and mapping, meteorology, earthquake, product quality supervision and patents are provided separately by the State Bureau of Surveying and Mapping, China Meteorological Administration, China Earthquake Administration, National Bureau of Marine Administration, General Administration of Quality Supervision, Inspection and Quarantine, and State Intellectual Property Office.

# 19—1 教育事业基本情况
Basic Statistics on Education

| 指 标 | Item | 2000 | 2005 | 2010 | 2011 | 2012 |
|---|---|---|---|---|---|---|
| **学校数 （所）** | **Number of Schools (unit)** | | | | | |
| 普通高等学校 | Regular Institutions of Higher Education | 42 | 81 | 100 | 104 | 107 |
| 中等学校 | Secondary Schools | 4621 | 4533 | 4241 | 4124 | 4051 |
| #普通中等专业学校 | Regular Specialized Secondary Schools | 138 | 98 | 108 | 112 | 112 |
| 中等技术学校 | Technical Secondary Schools | 104 | 79 | 95 | 98 | 99 |
| 中等师范学校 | Teacher Secondary Schools | 34 | 19 | 13 | 14 | 13 |
| 普通中学 | Regular Secondary Schools | 3767 | 3948 | 3788 | 3695 | 3635 |
| 高 中 | Senior Secondary Schools | 674 | 760 | 743 | 734 | 716 |
| 初 中 | Junior Secondary Schools | 3093 | 3188 | 2995 | 2961 | 2919 |
| 职业中学 | Vocational Secondary Schools | 716 | 487 | 345 | 317 | 304 |
| 小 学 | Primary Schools | 24281 | 20142 | 13997 | 13343 | 12547 |
| 幼儿园 | Kindergartens | 3932 | 2715 | 4018 | 4613 | 5192 |
| 特殊教育 | Special Schools | 70 | 67 | 62 | 63 | 64 |
| **专任教师 （万人）** | **Number of Full-time Teachers (10000 persons)** | | | | | |
| 普通高等学校 | Regular Institutions of Higher Education | 1.51 | 3.24 | 4.93 | 5.12 | 5.31 |
| 中等学校 | Secondary Schools | 18.63 | 22.04 | 25.18 | 25.97 | 26.34 |
| #普通中等专业学校 | Regular Specialized Secondary Schools | 0.88 | 0.61 | 0.77 | 0.96 | 1.02 |
| 普通中学 | Regular Secondary Schools | 15.81 | 19.70 | 23.01 | 23.12 | 23.28 |
| 高 中 | Senior Secondary Schools | 2.92 | 5.11 | 6.69 | 6.96 | 7.18 |
| 初 中 | Junior Secondary Schools | 12.90 | 14.59 | 16.32 | 16.16 | 16.10 |
| 职业中学 | Vocational Secondary Schools | 1.94 | 1.73 | 1.40 | 1.90 | 2.05 |
| 小 学 | Primary Schools | 27.37 | 25.95 | 24.57 | 24.33 | 24.15 |
| 幼儿园 | Kindergartens | 2.65 | 1.65 | 2.96 | 3.62 | 4.30 |
| 特殊教育 | Special Schools | 0.09 | 0.10 | 0.12 | 0.12 | 0.13 |
| **招生数 （万人）** | **New Student Enrollment (10000 persons)** | | | | | |
| 普通高等学校 | Regular Institutions of Higher Education | 7.62 | 19.87 | 29.69 | 31.34 | 30.30 |
| 中等学校 | Secondary Schools | 150.27 | 185.31 | 158.37 | 149.39 | 139.55 |
| #普通中等专业学校 | Regular Specialized Secondary Schools | 4.92 | 7.85 | 10.44 | 9.55 | 9.28 |
| 普通中学 | Regular Secondary Schools | 129.75 | 155.43 | 129.74 | 120.25 | 112.91 |
| 高 中 | Senior Secondary Schools | 21.96 | 43.46 | 42.41 | 44.17 | 43.97 |
| 初 中 | Junior Secondary Schools | 107.78 | 111.97 | 87.33 | 76.08 | 68.93 |
| 职业中学 | Vocational Secondary Schools | 15.59 | 22.03 | 18.19 | 19.58 | 17.36 |
| 小 学 | Primary Schools | 116.60 | 81.52 | 81.90 | 79.19 | 69.39 |
| 幼儿园 | Kindergartens | 84.29 | 50.02 | 66.60 | 66.09 | 90.89 |
| 特殊教育 | Special Schools | 0.22 | 0.24 | 0.22 | 0.17 | 0.22 |
| **在校学生 （万人）** | **Student Enrollment (10000 persons)** | | | | | |
| 普通高等学校 | Regular Institutions of Higher Education | 18.24 | 58.91 | 93.90 | 99.13 | 102.30 |
| 中等学校 | Secondary Schools | 422.79 | 534.19 | 484.20 | 454.37 | 417.26 |
| #普通中等专业学校 | Regular Specialized Secondary Schools | 19.19 | 18.55 | 28.93 | 27.71 | 27.33 |
| 普通中学 | Regular Secondary Schools | 358.32 | 460.86 | 406.58 | 377.74 | 342.30 |
| 高 中 | Senior Secondary Schools | 54.14 | 116.90 | 127.60 | 127.89 | 129.29 |
| 初 中 | Junior Secondary Schools | 304.18 | 343.96 | 278.99 | 249.85 | 213.01 |
| 职业中学 | Vocational Secondary Schools | 45.28 | 54.78 | 48.68 | 48.92 | 47.62 |
| 小 学 | Primary Schools | 644.24 | 584.11 | 460.44 | 443.58 | 404.70 |
| 幼儿园 | Kindergartens | 116.19 | 72.38 | 100.82 | 116.81 | 157.87 |
| 特殊教育 | Special Schools | 1.83 | 1.80 | 1.40 | 1.26 | 1.00 |
| **毕业生数 （万人）** | **Graduates (10000 persons)** | | | | | |
| 普通高等学校 | Regular Institutions of Higher Education | 2.59 | 11.70 | 23.22 | 25.61 | 26.55 |
| 中等学校 | Secondary Schools | 123.18 | 160.90 | 163.94 | 161.21 | 152.71 |
| #普通中等专业学校 | Regular Specialized Secondary Schools | 6.04 | 3.78 | 9.61 | 10.26 | 8.99 |
| 普通中学 | Regular Secondary Schools | 102.31 | 142.61 | 136.57 | 134.62 | 128.23 |
| 高 中 | Senior Secondary Schools | 13.15 | 30.10 | 44.38 | 42.42 | 41.28 |
| 初 中 | Junior Secondary Schools | 89.16 | 112.52 | 92.19 | 92.20 | 86.95 |
| 职业中学 | Vocational Secondary Schools | 14.83 | 14.51 | 17.76 | 16.33 | 15.49 |
| 小 学 | Primary Schools | 121.20 | 116.25 | 87.41 | 76.94 | 72.09 |
| 幼儿园 | Kindergartens | | 40.24 | 38.89 | 40.00 | 57.71 |
| 特殊教育 | Special Schools | 0.20 | 0.20 | 0.16 | 0.12 | 0.11 |

## 19—2 研 究 生 数
Number of Postgraduates

单位：人（person）

| 年 份 Year | 研 究 生 数 Number of Postgraduates | | | | | |
|---|---|---|---|---|---|---|
| | 在学人数 Student Enrollment | 硕 士 Master | 招生数 New Student Enrollment | 硕 士 Master | 毕业生数 Graduates | 硕 士 Master |
| 2000 | 5820 | 4689 | 2522 | 2060 | 1135 | 890 |
| 2005 | 21505 | 17865 | 8198 | 7000 | 4148 | 3300 |
| 2009 | 34603 | 30503 | 13067 | 11784 | 9244 | 8206 |
| 2010 | 38991 | 34669 | 14047 | 12728 | 9302 | 8224 |
| 2011 | 41773 | 37103 | 14774 | 13389 | 11106 | 10043 |
| 2012 | 44351 | 39346 | 15677 | 14148 | 11977 | 10843 |

## 19—3 普通高等学校本科分科学生数
Number of Students of the Ordinary College Undergraduate Course Branch

单位：人（person）

| 项 目 | Item | 2011 | | | 2012 | | |
|---|---|---|---|---|---|---|---|
| | | 毕业生数 Graduates | 招生数 New Student Enrollment | 在校学生数 Student Enrollment | 毕业生数 Graduates | 招生数 New Student Enrollment | 在校学生数 Student Enrollment |
| **合 计** | **Total** | **105891** | **144175** | **518600** | **114858** | **150215** | **552299** |
| 哲 学 | Philosophy | 56 | 53 | 219 | 57 | 52 | 204 |
| 经济学 | Economics | 5935 | 8368 | 29284 | 6279 | 8479 | 31846 |
| 法 学 | Law | 3240 | 3466 | 13259 | 3227 | 3250 | 13326 |
| 教育学 | Education | 4011 | 4529 | 16628 | 3832 | 4673 | 17267 |
| 文 学 | Literature | 18657 | 21789 | 78948 | 18926 | 22998 | 82451 |
| 历史学 | History | 658 | 449 | 2057 | 651 | 440 | 1810 |
| 理 学 | Science | 16911 | 20853 | 75066 | 17841 | 19790 | 77350 |
| 工 学 | Engineering | 31515 | 48208 | 167991 | 36056 | 52396 | 181948 |
| 农 学 | Agriculture | 2153 | 2746 | 9972 | 2216 | 2730 | 10233 |
| 医 学 | Medicine | 7247 | 10441 | 45227 | 8832 | 10296 | 46696 |
| 管理学 | Management | 15508 | 23273 | 79949 | 16941 | 25111 | 89168 |

## 19—4 普通高等学校专科分科学生数

Number of Students of the Ordinary College Specialty Undergraduate Branch

单位：人（person）

| 项　目 | Item | 2011 毕业生数 Graduates | 2011 招生数 New Student Enrollment | 2011 在校学生数 Student Enrollment | 2012 毕业生数 Graduates | 2012 招生数 New Student Enrollment | 2012 在校学生数 Student Enrollment |
|---|---|---|---|---|---|---|---|
| **合　计** | **Total** | **150244** | **169184** | **472667** | **150619** | **152821** | **470734** |
| 农林牧渔大类 | Farm, Forest, Animal and Fishery Category | 1742 | 2094 | 5764 | 1655 | 1857 | 5870 |
| 交通运输大类 | Transportation Category | 2084 | 2974 | 8428 | 2641 | 2768 | 8407 |
| 生化与药品大类 | Biochemical and Drug Category | 3688 | 3669 | 10665 | 3197 | 2732 | 9899 |
| 资源开发与测绘大类 | Resource Development and Mapping Category | 1227 | 1820 | 5366 | 1514 | 1656 | 5453 |
| 材料与能源大类 | Materials and Energy Category | 1665 | 1612 | 4543 | 1432 | 1468 | 4389 |
| 土建大类 | Construction Category | 9392 | 14208 | 36125 | 10144 | 13347 | 38873 |
| 水利大类 | Water Conservancy Category | 421 | 634 | 1733 | 565 | 639 | 1799 |
| 制造大类 | Manufacture Category | 24374 | 24948 | 69037 | 21453 | 21670 | 68828 |
| 电子信息大类 | Electronic Information Category | 24006 | 22295 | 65724 | 21292 | 18449 | 61590 |
| 环保、气象与安全大类 | Environmental, Meteorological and Safety Category | 321 | 327 | 1091 | 295 | 457 | 1072 |
| 轻纺食品大类 | Textile, Food Category | 2379 | 2857 | 8017 | 2561 | 2520 | 7836 |
| 财经大类 | Finance and Economics Category | 30875 | 39061 | 109664 | 34590 | 37962 | 113357 |
| 医药卫生大类 | Medical and Health Category | 14098 | 18277 | 48369 | 15182 | 18008 | 50652 |
| 旅游大类 | Tourism Category | 5876 | 7094 | 19892 | 5950 | 5532 | 19112 |
| 公共事业大类 | Public Category | 1314 | 1112 | 3520 | 1285 | 916 | 3045 |
| 文化教育大类 | Culture and Education Category | 18425 | 17413 | 48817 | 18079 | 15725 | 45955 |
| 艺术设计传媒大类 | Art Design and Media Category | 5499 | 7052 | 19192 | 6067 | 5249 | 18712 |
| 公安大类 | Public Security Category | 1320 | 38 | 1078 | 1019 | 8 | 319 |
| 法律大类 | Law Category | 1538 | 1699 | 5642 | 1698 | 1858 | 5566 |

## 19—5 普通高等学校分科专任教师数（2012年）

Number of Full-time Teachers by Field of Study in Regular Higher Educational Institutions (2012)

单位：人（person）

| 项　目 | Item | 合　计 Total | 正高级 With Chief Senior Title | 副高级 With Deputy Senior Title | 中　级 With Middle-rank Title | 初　级 With Junior Title | 未定职级 Undetermined rank |
|---|---|---|---|---|---|---|---|
| **合　计** | **Total** | **53108** | **4258** | **14017** | **20190** | **11594** | **3049** |
| 哲　学 | Philosophy | 1810 | 121 | 486 | 763 | 329 | 111 |
| 经济学 | Economics | 3793 | 239 | 957 | 1527 | 805 | 265 |
| 法　学 | Law | 2251 | 143 | 555 | 974 | 458 | 121 |
| 教育学 | Education | 4123 | 181 | 1013 | 1644 | 1021 | 264 |
| 文　学 | Literature | 10308 | 417 | 2247 | 4226 | 2861 | 557 |
| 历史学 | History | 680 | 84 | 187 | 265 | 113 | 31 |
| 理　学 | Science | 7454 | 913 | 2261 | 2659 | 1304 | 317 |
| 工　学 | Engineering | 13219 | 1183 | 3619 | 4824 | 2771 | 822 |
| 农　学 | Agriculture | 1108 | 164 | 382 | 393 | 130 | 39 |
| 医　学 | Medicine | 4424 | 590 | 1376 | 1371 | 858 | 229 |
| 管理学 | Management | 3938 | 223 | 934 | 1544 | 944 | 293 |

## 19—6 普通中等专业学校分科学生数（2012年）
## Number of Students by Field of Study in Regular Specialized Secondary Schools (2012)

单位：人（person）

| 项　目 | Item | 毕业生数 Graduates | 招生数 New Student Enrollment | 在校学生数 Student Enrollment |
|---|---|---|---|---|
| **合　计** | **Total** | **89940** | **92838** | **273333** |
| 农林牧渔类 | Farm, Forestry, Herd Fish Class | 836 | 3540 | 9520 |
| 资源环境类 | Resources Environment Class | 1598 | 2203 | 6414 |
| 能源与新能源类 | Energy and New Energy Class | | 26 | 117 |
| 土木水利类 | Construction Water Conservation Class | 5658 | 5332 | 15810 |
| 加工制造类 | Processing Manufacture Class | 17961 | 16032 | 49446 |
| 石油化工类 | Petroleum Chemical Industry Class | 1304 | 766 | 2317 |
| 轻纺食品类 | Light Industry and Food Class | 788 | 214 | 1488 |
| 交通运输类 | Transportation Class | 3095 | 4308 | 10206 |
| 信息技术类 | Information Technology Class | 12669 | 12748 | 35431 |
| 医药卫生类 | Medicine Health Class | 22070 | 18142 | 54382 |
| 休闲保健类 | Leisure Health Care Class | | 30 | 54 |
| 财经商贸类 | Finance and Economics Business Class | 8386 | 8514 | 26510 |
| 旅游服务类 | Tourist Service Class | 2662 | 2613 | 9479 |
| 文化艺术类 | Cultural and art Class | 2111 | 2737 | 7216 |
| 体育与健身 | Sports and Fitness Class | 1469 | 1260 | 3896 |
| 教育类 | Education Class | 8634 | 12813 | 38092 |
| 司法服务类 | Judicial Service Class | | | |
| 公共管理与服务类 | Public Administration and Service Class | 335 | 107 | 549 |
| 其　他 | Other | 364 | 1453 | 2406 |

## 19—7 普通中等专业学校分科专任教师数（2012年）
## Full-time Teachers in Regular Specialized Secondary Schools by Field of Study (2012)

单位：人（person）

| 项　目 | Item | 合计 Total | 正高级 With Chief Senior Title | 副高级 With Deputy Senior Title | 中级 With Middle-rank Title | 初级 With Junior Title | 未定职级 Undetermined rank |
|---|---|---|---|---|---|---|---|
| **总　计** | **Total** | **10169** | **1** | **2800** | **3571** | **2811** | **986** |
| 文化基础课 | Cultural Base | 3674 | | 1067 | 1270 | 1082 | 255 |
| 专业课:小　计 | Professional Course: Total | 6112 | 1 | 1682 | 2130 | 1608 | 691 |
| 农林牧渔类 | Farm, Forestry, Herd Fish Class | 214 | | 87 | 76 | 32 | 19 |
| 资源环境类 | Resources Environment Class | 7 | | 1 | 3 | 3 | |
| 能源与新能源类 | Energy and New Energy Class | 58 | | 20 | 12 | 26 | |
| 土木水利类 | Construction Water Conservation Class | 133 | | 41 | 55 | 25 | 12 |
| 加工制造类 | Processing Manufacture Class | 1218 | 1 | 342 | 424 | 323 | 128 |
| 石油化工类 | Petroleum Chemical Industry Class | 13 | | 11 | | 2 | |
| 轻纺食品类 | Light Industry and Food Class | 113 | | 60 | 31 | 18 | 4 |
| 交通运输类 | Transportation Class | 188 | | 43 | 99 | 35 | 11 |
| 信息技术类 | Information Technology Class | 1077 | | 244 | 390 | 335 | 108 |
| 医药卫生类 | Medicine Health Class | 603 | | 197 | 185 | 160 | 61 |
| 休闲保健类 | Leisure Health Care Class | 21 | | 5 | | 3 | 13 |
| 财经商贸类 | Finance and Economics Business Class | 411 | | 137 | 162 | 81 | 31 |
| 旅游服务类 | Tourist Service Class | 208 | | 65 | 66 | 44 | 33 |
| 文化艺术类 | Cultural and art Class | 276 | | 50 | 114 | 91 | 21 |
| 体育与健身 | Sportsand Fitness Class | 240 | | 49 | 91 | 69 | 31 |
| 教育类 | Education Class | 984 | | 228 | 287 | 267 | 202 |
| 司法服务类 | Judicial Service Class | 10 | | 4 | 3 | 3 | |
| 公共管理与服务类 | Public Administration and Service Class | 68 | | 16 | 27 | 21 | 4 |
| 其　他 | Other | 270 | | 82 | 105 | 70 | 13 |
| 实习指导课 | Practice and Instruction | 383 | | 51 | 171 | 121 | 40 |

## 19—8 技工学校数和学生数
Number of Technical Schools, Students, Staff and Teachers

| 年 份 Year | 学校数（所）Schools (unit) | 在校学生数（人）Student Enrollment (person) | 毕业生数（人）Graduates (person) | 招生数（人）New Student Enrollment (person) | 教职工数（人）Staff and Teachers (person) |
|---|---|---|---|---|---|
| 2000 | 114 | 42628 | 24532 | 13583 | 6359 |
| 2005 | 109 | 86431 | 27287 | 34393 | 6031 |
| 2006 | 95 | 87463 | 28792 | 39482 | 5319 |
| 2007 | 93 | 87041 | 29515 | 38355 | 5601 |
| 2008 | 96 | 101131 | 37599 | 50210 | 5735 |
| 2009 | 93 | 93647 | 31393 | 31836 | 6716 |
| 2010 | 91 | 83154 | 34982 | 29441 | 6295 |
| 2011 | 91 | 71144 | 34252 | 25768 | 6284 |
| 2012 | 88 | 56048 | 22674 | 20686 | 6452 |

## 19—9 初中毕业生和小学毕业生升学率及小学学龄儿童入学率
Percentage of Graduates of Junior Secondary Schools and Primary Schools Entering Higher Level Schools, Percentage of School-Age Children Enrolled

| 年 份 Year | 初中毕业生升学率 Percentage of Graduates of Junior Secondary Schools Entering Senior Secondary Schools Entering Senior | | | 小学毕业生升学率 Percentage of Graduates of Primary Schools Entering Junior Secondary Schools | | | 小学学龄儿童入学率 Percentage of School-age Children Enrolled | | |
|---|---|---|---|---|---|---|---|---|---|
| | 初中毕业生数（万人）Graduates of Junior Secondary Schools (10000 persons) | 高级中等学校招生数（万人）Students Entering Senior Secondary Schools (10000 persons) | 升学率（%）Percentage of Graduates of Junior Secondary Schools Entering Senior Secon-dary Schools | 小学毕业生数（万人）Graduates of Primary Schools (10000 persons) | 初级中等学校招生数（万人）Students Entering Junior Secondary Schools (10000 persons) | 升学率（%）Percentage of Graduates of Junior Schools Entering Junior Secondary Schools | 学龄儿童数（万人）School-age Children (10000 person) | 已入学学龄儿童数（万人）School-age Children Enrolled in Schools (10000 persons) | 入学率（%）Enrollment Ratio |
| 2000 | 97.60 | 32.66 | 33.46 | 121.20 | 118.22 | 97.55 | 620.02 | 617.94 | 99.67 |
| 2005 | 117.50 | 71.10 | 60.51 | 116.25 | 115.73 | 99.56 | 549.35 | 546.83 | 99.54 |
| 2006 | 118.17 | 77.60 | 65.66 | 110.40 | 110.37 | 99.97 | 523.41 | 521.96 | 99.72 |
| 2007 | 114.66 | 79.13 | 69.02 | 96.02 | 99.49 | 103.62 | 513.99 | 512.98 | 99.81 |
| 2008 | 108.59 | 76.94 | 70.86 | 103.93 | 105.17 | 101.18 | 493.73 | 492.92 | 99.84 |
| 2009 | 101.67 | 74.70 | 73.47 | 98.37 | 99.17 | 100.81 | 466.60 | 466.03 | 99.88 |
| 2010 | 92.20 | 77.32 | 83.86 | 87.41 | 87.34 | 99.92 | 446.82 | 446.50 | 99.93 |
| 2011 | 92.21 | 77.91 | 84.49 | 76.94 | 76.09 | 98.89 | 431.67 | 430.72 | 99.78 |
| 2012 | 86.96 | 75.08 | 86.34 | 72.09 | 68.94 | 95.63 | 395.59 | 395.29 | 99.92 |

## 19—10 平均每万人口在校学生数和大中小学学生构成
Student Enrollment per 100 Population and Composition of Students Enrolled

| 年 份 Year | 各级学校在校学生数占全省人口(%) Students as Percentage of Total Population | 平均每万人口中（人） Number of Students per 10000 Population (person) | | | 大中小学学生占学生总数（%） Students of Different Level as Percentage of Total Students (%) | | |
|---|---|---|---|---|---|---|---|
| | | 大学生 University and College Students | 中学生 Secondary School Students | 小学生 Primary School Students | 大学生 University and College Students | 中学生 Secondary School Students | 小学生 Primary School Students |
| 2000 | 17.38 | 29.05 | 574.05 | 1032.11 | 1.67 | 32.83 | 59.03 |
| 2001 | 18.16 | 42.14 | 622.54 | 1155.78 | 2.42 | 37.59 | 60.20 |
| 2002 | 17.72 | 52.17 | 633.81 | 1086.41 | 2.94 | 35.76 | 61.30 |
| 2003 | 17.75 | 64.39 | 672.49 | 1038.18 | 3.63 | 37.89 | 58.49 |
| 2004 | 19.72 | 77.72 | 788.67 | 967.00 | 3.94 | 40.00 | 49.04 |
| 2005 | 19.21 | 90.42 | 791.40 | 896.49 | 4.71 | 41.21 | 46.68 |
| 2006 | 20.36 | 108.63 | 853.27 | 913.73 | 5.34 | 41.91 | 44.88 |
| 2007 | 20.28 | 119.41 | 835.75 | 898.17 | 5.89 | 41.21 | 44.29 |
| 2008 | 19.87 | 131.93 | 815.38 | 849.35 | 6.64 | 41.03 | 42.74 |
| 2009 | 19.23 | 143.12 | 785.08 | 793.87 | 7.44 | 40.82 | 41.28 |
| 2010 | 18.95 | 155.45 | 753.69 | 762.25 | 8.20 | 39.77 | 40.23 |
| 2011 | 18.70 | 166.26 | 715.57 | 743.95 | 8.89 | 38.26 | 39.78 |
| 2012 | 18.09 | 170.84 | 651.17 | 675.85 | 9.44 | 31.60 | 37.36 |

注：1. 2012年人口数为当年年底常住人口。
2. 各级学校在校生数包括普通高校、普通中专、普通中学、职业中学、普通小学、幼儿园及特殊教育学校在校学生数。
3. 中学生数中不包括中等专业学校在校学生数。

a) Before 2012, population is permanent population by end of the year.
b) The number of students include students of Colleges and universitiest, he general secondary school, middle school, ordinary occupation schools, primary school, kindergarten and special education schools.
c) The number of secondary school students excludes the students of specialized secondary schools.

## 19—11 各级学校教师负担学生数
Student-teacher Ratio by Level of School

单位：人（person）

| 年 份 Year | 普通高等学校 Regular Institutions of Higher Education | | 中等学校 Secondary Schools | | 小学 Primary Schools | | 幼儿园 Kindergartens | |
|---|---|---|---|---|---|---|---|---|
| | 专任教师数 Full-time Teachers | 平均每个教师负担学生数 Student-teacher Ratio | 专任教师数 Full-time Teachers | 平均每个教师负担学生数 Student-teacher Ratio | 专任教师数 Full-time Teachers | 平均每个教师负担学生数 Student-teacher Ratio | 专任教师数 Full-time Teachers | 平均每个教师负担学生数 Student-teacher Ratio |
| 2000 | 15065 | 12.11 | 186323 | 22.69 | 273745 | 23.53 | 26470 | 43.90 |
| 2001 | 17914 | 14.08 | 193963 | 22.27 | 276103 | 25.06 | 14033 | 65.25 |
| 2002 | 21131 | 15.62 | 199966 | 23.22 | 272010 | 25.27 | 14088 | 58.09 |
| 2003 | 24744 | 16.57 | 205907 | 24.14 | 266458 | 24.82 | 14162 | 50.49 |
| 2004 | 29538 | 16.97 | 212495 | 24.64 | 262528 | 23.76 | 15005 | 48.26 |
| 2005 | 32438 | 18.16 | 220408 | 24.24 | 259493 | 22.51 | 16516 | 43.83 |
| 2006 | 36797 | 18.04 | 227771 | 23.90 | 256368 | 21.78 | 18122 | 40.45 |
| 2007 | 40743 | 17.93 | 235381 | 22.85 | 254777 | 21.57 | 19220 | 40.69 |
| 2008 | 43624 | 18.53 | 241885 | 21.80 | 251020 | 20.73 | 20738 | 42.21 |
| 2009 | 46374 | 18.93 | 246388 | 20.68 | 248595 | 19.59 | 25004 | 37.52 |
| 2010 | 49298 | 19.05 | 251776 | 19.23 | 245726 | 18.74 | 29591 | 34.07 |
| 2011 | 51185 | 19.37 | 259691 | 17.50 | 243319 | 18.23 | 36161 | 32.30 |
| 2012 | 53108 | 19.26 | 263397 | 15.84 | 241504 | 16.76 | 42959 | 36.75 |

# 19—12 各级学校女学生和女教师数

## Number of Female Students and Teachers by Level of School

| 指　　标 | Item | 2000 | 2005 | 2010 | 2011 | 2012 |
|---|---|---|---|---|---|---|
| **女学生数　　（万人）** | **Number of Female Students　(10000 persons)** | **504.95** | **546.15** | **479.02** | **460.68** | **428.35** |
| 普通高等学校 | Regular Institutions of Higher Education | 5.96 | 25.50 | 44.81 | 47.95 | 49.70 |
| 普通中等专业学校 | Regular Specialized Secondary Schools | 10.94 | 10.52 | 16.33 | 15.87 | 15.50 |
| 普通中学 | Regular Secondary Schools | 161.20 | 211.58 | 186.49 | 173.23 | 157.44 |
| 职业中学 | Vocational Secondary Schools | 20.37 | 25.14 | 21.86 | 22.46 | 22.16 |
| 小　　学 | Primary Schools | 306.48 | 273.41 | 209.53 | 201.17 | 183.56 |
| **女学生占学生总数的百分比(%)** | **Percentage of Female Students to Total Students (%)** | **46.45** | **46.39** | **45.97** | **46.20** | **46.35** |
| 普通高等学校 | Regular Institutions of Higher Education | 32.67 | 43.29 | 47.72 | 48.37 | 48.58 |
| 普通中等专业学校 | Regular Specialized Secondary Schools | 56.99 | 56.71 | 56.44 | 57.26 | 56.71 |
| 普通中学 | Regular Secondary Schools | 44.99 | 45.91 | 45.87 | 45.86 | 45.99 |
| 职业中学 | Vocational Secondary Schools | 44.98 | 45.89 | 44.91 | 45.91 | 46.53 |
| 小　　学 | Primary Schools | 47.57 | 46.81 | 45.51 | 45.35 | 45.36 |
| **女教师数　　（万人）** | **Number of Female Teachers　(10000 persons)** | **15.36** | **18.19** | **21.44** | **22.06** | **22.71** |
| 普通高等学校 | Regular Institutions of Higher Education | 0.48 | 1.19 | 2.00 | 2.10 | 2.20 |
| 普通中等专业学校 | Regular Specialized Secondary Schools | 0.31 | 0.23 | 0.33 | 0.40 | 0.42 |
| 普通中学 | Regular Secondary Schools | 4.05 | 5.78 | 7.91 | 8.94 | 9.35 |
| 职业中学 | Vocational Secondary Schools | 0.45 | 0.50 | 0.48 | 0.62 | 0.69 |
| 小　　学 | Primary Schools | 10.06 | 10.48 | 10.71 | 9.99 | 10.05 |
| **女教师占教师总数的百分比(%)** | **Percentage of Female Teachers to Total Teachers(%)** | **32.33** | **35.51** | **39.07** | **39.80** | **40.71** |
| 普通高等学校 | Regular Institutions of Higher Education | 32.05 | 36.82 | 40.56 | 41.03 | 41.44 |
| 普通中等专业学校 | Regular Specialized Secondary Schools | 32.05 | 38.25 | 43.14 | 41.78 | 41.68 |
| 普通中学 | Regular Secondary Schools | 35.17 | 29.36 | 34.39 | 38.68 | 40.15 |
| 职业中学 | Vocational Secondary Schools | 23.29 | 28.79 | 34.43 | 32.78 | 33.75 |
| 小　　学 | Primary Schools | 36.76 | 40.40 | 43.58 | 41.08 | 41.63 |

## 19—13 各级各类成人学校基本情况（2012年）

Student Enrollment in Adult Schools by Level and Type (2012)

单位：人（person）

| 指　标 | Item | 学校数（所） Schools (unit) | 毕业生数 Graduates | 招生数 New Student Enrollment | 在校学生数 Student Enrollment | 教职工人数 Teachers and Staff | 专任教师 Full-time Teachers |
|---|---|---|---|---|---|---|---|
| **总　计** | **Total** | | | | | | |
| **成人高等教育** | **Adult's Higher Education** | **6** | **62786** | **91365** | **186457** | **1318** | **740** |
| #成人高等学校 | Adult Education Schools | 6 | 2198 | 1812 | 3796 | 1318 | 740 |
| 广播电视大学 | Radio and TV Universities | 1 | 882 | 691 | 1625 | 288 | 133 |
| 职工、农民高等学院 | Schools of Higher Education for Staff, Workers and Peasants | 3 | 942 | 706 | 1454 | 360 | 287 |
| 管理干部学院 | Colleges for Management Cadres | 1 | 374 | 415 | 717 | 670 | 320 |
| 教育学院 | Institute of Education | 1 | | | | | |
| **成人中等专业学校** | **Specialized Secondary Schools for Adults** | **72** | **14868** | **21032** | **59593** | **3006** | **2245** |
| **成人中小学校** | **Secondary and Primary Schools for Adults** | **159** | **60333** | | **53925** | **511** | **456** |
| 成人中学 | Secondary Schools for Adults | 37 | 28400 | | 25097 | 40 | 30 |
| 职工中学 | Staff Middle School | 24 | 7000 | | 2800 | | |
| 农民中学 | Secondary Schools for Peasants | 13 | 21400 | | 22297 | 40 | 30 |
| 成人小学 | Primary Schools for Adults | 122 | 31933 | | 28828 | 471 | 426 |
| **成人技术培训学校** | **Technical Training Schools for Adults** | **274** | **254450** | | **255550** | **2206** | **1479** |
| 职工技术培训学校 | Technical Training Schools for Staff and Workers | 26 | 26048 | | 25918 | 582 | 441 |
| 农民技术培训学校 | Technical Training Schools for Peasants | 204 | 189802 | | 197346 | 789 | 411 |
| 其他培训机构（含社会培训机构） | Other Training Organs (Including Social Training Organs) | 44 | 38600 | | 32286 | 835 | 627 |

## 19—14 民办教育基本情况（2012年）

Statstics for Non-state Education (2012)

单位：人（person）

| 项　目 | Item | 校数（所） Number of Schools (unit) | 毕业生数 Numer of Students Graduated | 招生数 New Enrollment | 在校学生数 Enrolled Students | 教职工数 Teachers and Staff | 专任教师 Full-time Teachers |
|---|---|---|---|---|---|---|---|
| **合　计** | **Total** | **4459** | **568332** | **792972** | **2003923** | **128350** | **85271** |
| **民办高等教育** | **Civilian-run Higher Education** | **20** | **40308** | **49302** | **170355** | **11798** | **8555** |
| **民办中等教育** | **Civilian-run Secondary Education** | 621 | 239503 | 293334 | 792717 | 58337 | 42096 |
| 高中阶段教育 | Senior High School Education | 318 | 107588 | 146930 | 378953 | 36286 | 25849 |
| 民办普通高中 | Civilian-run Senior High Schools | 178 | 55146 | 72125 | 204545 | 27250 | 19035 |
| 民办中等职业教育 | Civilian-run Secondary Vocational Education | 140 | 52442 | 74805 | 174408 | 9036 | 6814 |
| 初中阶段教育 | Junior High School Education | 303 | 131915 | 146404 | 413764 | 22051 | 16247 |
| **民办小学** | **Civilian-run Primary Schools** | 225 | 42150 | 27991 | 209922 | 5870 | 4247 |
| **民办幼儿园** | **Civilian-run Kindergartens** | 3593 | 246371 | 422345 | 830929 | 52345 | 30373 |
| 此外：民办非学历教育 | In addition: Civilian-run Non-academic Education | | | | | | |
| 民办高等教育机构 | Civilian-run Higher Education Institutions | 7 | 452 | | 329 | 1007 | 671 |
| 民办职业技术培训机构 | Vocational Technical Training Institutions | 31 | 28012 | | 20247 | 498 | 355 |

注：表中民办普通高中教职工数为初中高中合计数；表中中等职业教育不含技工学校数字。

资料来源：安徽省教育厅。

a) The total number of tables of common high schools teachers and staff is number of junior high school; secondary occupation education does not contain technical school.

Source: Anhui Municipal Commission of Education.

## 19—15 各市普通高等学校和中等专业学校情况（2012年）
Number of Specialized Secondary Schools by Region and Type (2012)

单位：人（person）

| 地　区 | Region | 学　校　数（所）Number of Schools (unit) | | 毕业生数 Number of Graduates | | 招　生　数 New Student Enrollment | | 在校学生数 Student Enrollment | |
|---|---|---|---|---|---|---|---|---|---|
| | | 高　等 Advanced | 中　等 Middle | 高　等 Advanced | 中　等 Middle | 高　等 Advanced | 中　等 Middle | 高　等 Advanced | 中　等 Middle |
| **总　　计** | **Total** | **107** | **112** | **265477** | **89940** | **303036** | **92838** | **1023033** | **273333** |
| 合 肥 市 | Hefei | 50 | 32 | 113669 | 24499 | 132354 | 22257 | 425137 | 72780 |
| 淮 北 市 | Huaibei | 3 | 5 | 9036 | 8008 | 9511 | 6418 | 34334 | 22094 |
| 亳 州 市 | Bozhou | 2 | 4 | 3122 | 5519 | 3442 | 8743 | 11010 | 22745 |
| 宿 州 市 | Suzhou | 2 | 7 | 6142 | 5549 | 5464 | 6471 | 21969 | 17912 |
| 蚌 埠 市 | Bengbu | 5 | 10 | 14742 | 5496 | 16701 | 6847 | 62508 | 17527 |
| 阜 阳 市 | Fuyang | 4 | 9 | 8854 | 6440 | 9736 | 5712 | 36294 | 19816 |
| 淮 南 市 | Huainan | 5 | 5 | 17121 | 7330 | 18144 | 7117 | 64327 | 18014 |
| 滁 州 市 | Chuzhou | 4 | 3 | 10952 | 3959 | 13056 | 2596 | 44158 | 7470 |
| 六 安 市 | Luan | 5 | 3 | 9768 | 2280 | 11703 | 2078 | 39349 | 7948 |
| 马鞍山市 | Maanshan | 4 | 7 | 11169 | 4503 | 13780 | 3576 | 48335 | 10831 |
| 芜 湖 市 | Wuhu | 9 | 7 | 32620 | 3602 | 34838 | 3329 | 120670 | 11033 |
| 宣 城 市 | Xuancheng | 1 | 5 | 1640 | 1199 | 1544 | 4028 | 5827 | 7056 |
| 铜 陵 市 | Tongling | 3 | 2 | 7031 | 1084 | 9090 | 1534 | 30348 | 3089 |
| 池 州 市 | Chizhou | 3 | 3 | 5505 | 1400 | 6728 | 1722 | 21462 | 4826 |
| 安 庆 市 | Anqing | 5 | 4 | 10343 | 7120 | 12130 | 8285 | 40021 | 23007 |
| 黄 山 市 | Huangshan | 2 | 6 | 3763 | 1952 | 4815 | 2125 | 17284 | 7185 |

## 19—16 各市特殊教育情况（2012年）
Basic Statistics on Special Education by Region (2012)

单位：人（person）

| 地　区 | Region | 学校数（所）Number of Schools (unit) | 毕业生数 Number of Graduates | 招生数 New Student Enrollment | 在校学生数 Student Enrollment | 教职工数 Number of Staff and Teachers | 专任教师 Full-time Teachers |
|---|---|---|---|---|---|---|---|
| **总　　计** | **Total** | **64** | **1114** | **2165** | **9986** | **1507** | **1283** |
| 合 肥 市 | Hefei | 6 | 182 | 383 | 1433 | 173 | 169 |
| 淮 北 市 | Huaibei | 1 | 12 | 31 | 209 | 47 | 44 |
| 亳 州 市 | Bozhou | 4 | 79 | 168 | 733 | 150 | 128 |
| 宿 州 市 | Suzhou | 5 | 127 | 202 | 762 | 189 | 140 |
| 蚌 埠 市 | Bengbu | 5 | 44 | 62 | 443 | 98 | 88 |
| 阜 阳 市 | Fuyang | 6 | 144 | 308 | 1136 | 145 | 124 |
| 淮 南 市 | Huainan | 1 | 21 | 33 | 259 | 36 | 29 |
| 滁 州 市 | Chuzhou | 4 | 79 | 190 | 857 | 60 | 55 |
| 六 安 市 | Luan | 7 | 59 | 103 | 621 | 118 | 99 |
| 马鞍山市 | Maanshan | 3 | 43 | 135 | 581 | 71 | 65 |
| 芜 湖 市 | Wuhu | 4 | 48 | 75 | 548 | 132 | 95 |
| 宣 城 市 | Xuancheng | 4 | 62 | 141 | 618 | 53 | 46 |
| 铜 陵 市 | Tongling | 1 | 30 | 23 | 174 | 31 | 29 |
| 池 州 市 | Chizhou | 3 | 1 | 52 | 347 | 47 | 34 |
| 安 庆 市 | Anqing | 8 | 150 | 204 | 897 | 131 | 113 |
| 黄 山 市 | Huangshan | 2 | 33 | 55 | 368 | 26 | 25 |

## 19—17 各市普通中学分城乡学校数和在校学生数（2012年）

Number of Regular Secondary Schools and Student Enrollment by Urban and Rural Areas and by Region (2012)

| 地区 | Region | 学校数（所）Number of Regular Secondary Schools (unit) | | | | | | | |
|---|---|---|---|---|---|---|---|---|---|
| | | 合计 | | 城区 | | 镇区 | | 乡村 | |
| | | Total | 高中 Senior Secondary Schools | Urban Areas | 高中 Senior Secondary Schools | Counties and Towns | 高中 Senior Secondary Schools | Rural Areas | 高中 Senior Secondary Schools |
| **总计** | **Total** | **3635** | **716** | **578** | **230** | **1490** | **437** | **1567** | **49** |
| 合肥市 | Hefei | 363 | 113 | 117 | 48 | 132 | 60 | 114 | 5 |
| 淮北市 | Huaibei | 137 | 25 | 54 | 15 | 46 | 9 | 37 | 1 |
| 亳州市 | Bozhou | 297 | 32 | 17 | 6 | 146 | 25 | 134 | 1 |
| 宿州市 | Suzhou | 263 | 44 | 16 | 7 | 109 | 33 | 138 | 4 |
| 蚌埠市 | Bengbu | 167 | 36 | 29 | 10 | 48 | 23 | 90 | 3 |
| 阜阳市 | Fuyang | 462 | 51 | 55 | 20 | 176 | 26 | 231 | 5 |
| 淮南市 | Huainan | 132 | 38 | 54 | 22 | 35 | 14 | 43 | 2 |
| 滁州市 | Chuzhou | 287 | 62 | 32 | 16 | 115 | 44 | 140 | 2 |
| 六安市 | Luan | 412 | 62 | 23 | 7 | 170 | 50 | 219 | 5 |
| 马鞍山市 | Maanshan | 102 | 28 | 21 | 8 | 50 | 18 | 31 | 2 |
| 芜湖市 | Wuhu | 211 | 44 | 48 | 15 | 105 | 27 | 58 | 2 |
| 宣城市 | Xuancheng | 164 | 23 | 23 | 8 | 92 | 14 | 49 | 1 |
| 铜陵市 | Tongling | 45 | 17 | 21 | 10 | 11 | 5 | 13 | 2 |
| 池州市 | Chizhou | 109 | 23 | 16 | 8 | 49 | 14 | 44 | 1 |
| 安庆市 | Anqing | 369 | 96 | 35 | 20 | 158 | 63 | 176 | 13 |
| 黄山市 | Huangshan | 115 | 22 | 17 | 10 | 48 | 12 | 50 | |

| 地区 | Region | 在校学生数（人）Student Enrollment (person) | | | | | | | |
|---|---|---|---|---|---|---|---|---|---|
| | | 合计 | | 城区 | | 镇区 | | 乡村 | |
| | | Total | 高中 Senior Secondary Schools | Urban Areas | 高中 Senior Secondary Schools | Counties and Towns | 高中 Senior Secondary Schools | Rural Areas | 高中 Senior Secondary Schools |
| **总计** | **Total** | **3422963** | **1292863** | **870308** | **415987** | **1907080** | **810731** | **645575** | **66145** |
| 合肥市 | Hefei | 394744 | 155976 | 162053 | 64535 | 185704 | 86067 | 46987 | 5374 |
| 淮北市 | Huaibei | 135089 | 50789 | 56453 | 26262 | 64722 | 22917 | 13914 | 1610 |
| 亳州市 | Bozhou | 266803 | 83240 | 48004 | 26317 | 183990 | 56827 | 34809 | 96 |
| 宿州市 | Suzhou | 302429 | 110988 | 44784 | 23555 | 197818 | 82425 | 59827 | 5008 |
| 蚌埠市 | Bengbu | 183729 | 60858 | 39621 | 16707 | 101564 | 43543 | 42544 | 608 |
| 阜阳市 | Fuyang | 447561 | 144986 | 105823 | 53769 | 234213 | 69230 | 107525 | 21987 |
| 淮南市 | Huainan | 118398 | 44198 | 63313 | 30768 | 36104 | 13015 | 18981 | 415 |
| 滁州市 | Chuzhou | 233943 | 78103 | 59285 | 30332 | 128535 | 47771 | 46123 | |
| 六安市 | Luan | 361260 | 150495 | 55041 | 27739 | 221278 | 118698 | 84941 | 4058 |
| 马鞍山市 | Maanshan | 123203 | 47825 | 29985 | 12683 | 73571 | 31969 | 19647 | 3173 |
| 芜湖市 | Wuhu | 173422 | 72169 | 43330 | 17996 | 107155 | 51809 | 22937 | 2364 |
| 宣城市 | Xuancheng | 120514 | 45252 | 35304 | 18355 | 68295 | 26037 | 16915 | 860 |
| 铜陵市 | Tongling | 38478 | 15675 | 24690 | 10649 | 8252 | 3624 | 5536 | 1402 |
| 池州市 | Chizhou | 92635 | 39345 | 27666 | 17159 | 49051 | 21946 | 15918 | 240 |
| 安庆市 | Anqing | 368263 | 166001 | 56102 | 29486 | 210981 | 117565 | 101180 | 18950 |
| 黄山市 | Huangshan | 62492 | 26963 | 18854 | 9675 | 35847 | 17288 | 7791 | |

## 19—18 各市普通中学分城乡招生数和毕业生数（2012年）

Number of New Student Enrollment and Graduates of Regular Secondary Schools by Urban and Rural Areas and by Region (2012)

单位：人（person）

| 地区 | Region | 招生数 New Student Enrollment<br>合计 Total | 高中 Senior Secondary Schools | 城区 Urban Areas | 高中 Senior Secondary Schools | 镇区 Counties and Towns | 高中 Senior Secondary Schools | 乡村 Rural Areas | 高中 Senior Secondary Schools |
|---|---|---|---|---|---|---|---|---|---|
| **总计** | **Total** | **1129069** | **439725** | **292948** | **140503** | **635950** | **277681** | **200171** | **21541** |
| 合肥市 | Hefei | 126832 | 53170 | 55182 | 22644 | 59035 | 28634 | 12615 | 1892 |
| 淮北市 | Huaibei | 47098 | 18490 | 20378 | 9520 | 22333 | 8267 | 4387 | 703 |
| 亳州市 | Bozhou | 98979 | 30282 | 16402 | 8718 | 70061 | 21564 | 12516 | |
| 宿州市 | Suzhou | 106084 | 44205 | 15456 | 8310 | 71382 | 33636 | 19246 | 2259 |
| 蚌埠市 | Bengbu | 60564 | 20475 | 13466 | 5698 | 33633 | 14461 | 13465 | 316 |
| 阜阳市 | Fuyang | 154206 | 50995 | 36292 | 18388 | 81022 | 25406 | 36892 | 7201 |
| 淮南市 | Huainan | 39132 | 15008 | 21106 | 10379 | 11923 | 4508 | 6103 | 121 |
| 滁州市 | Chuzhou | 76413 | 28389 | 20387 | 10932 | 42503 | 17457 | 13523 | |
| 六安市 | Luan | 118327 | 51730 | 19136 | 9956 | 73213 | 40503 | 25978 | 1271 |
| 马鞍山市 | Maanshan | 39740 | 15860 | 9773 | 4292 | 23592 | 10368 | 6375 | 1200 |
| 芜湖市 | Wuhu | 53081 | 22333 | 13242 | 4940 | 32901 | 16425 | 6938 | 968 |
| 宣城市 | Xuancheng | 38198 | 14638 | 11213 | 5933 | 21766 | 8409 | 5219 | 296 |
| 铜陵市 | Tongling | 11916 | 4785 | 7967 | 3346 | 2305 | 1031 | 1644 | 408 |
| 池州市 | Chizhou | 28822 | 12594 | 9121 | 5658 | 15191 | 6856 | 4510 | 80 |
| 安庆市 | Anqing | 109344 | 48202 | 17373 | 8613 | 63604 | 34763 | 28367 | 4826 |
| 黄山市 | Huangshan | 20333 | 8569 | 6454 | 3176 | 11486 | 5393 | 2393 | |

| 地区 | Region | 毕业生数 Number of Graduates<br>合计 Total | 高中 Senior Secondary Schools | 城区 Urban Areas | 高中 Senior Secondary Schools | 镇区 Counties and Towns | 高中 Senior Secondary Schools | 乡村 Rural Areas | 高中 Senior Secondary Schools |
|---|---|---|---|---|---|---|---|---|---|
| **总计** | **Total** | **1282292** | **412810** | **293278** | **131388** | **696912** | **259476** | **292102** | **21946** |
| 合肥市 | Hefei | 143314 | 47365 | 51740 | 19675 | 67813 | 26287 | 23761 | 1403 |
| 淮北市 | Huaibei | 50075 | 15718 | 20022 | 8036 | 23587 | 7270 | 6466 | 412 |
| 亳州市 | Bozhou | 101939 | 28485 | 15486 | 8078 | 68063 | 20357 | 18390 | 50 |
| 宿州市 | Suzhou | 119027 | 34822 | 14710 | 6834 | 75181 | 26184 | 29136 | 1804 |
| 蚌埠市 | Bengbu | 62660 | 21604 | 13029 | 5419 | 33813 | 15336 | 15818 | 849 |
| 阜阳市 | Fuyang | 164052 | 45297 | 35119 | 17114 | 86032 | 21103 | 42901 | 7080 |
| 淮南市 | Huainan | 47699 | 15791 | 22993 | 11369 | 14521 | 4326 | 10185 | 96 |
| 滁州市 | Chuzhou | 84820 | 27828 | 19899 | 9765 | 47035 | 17882 | 17886 | 181 |
| 六安市 | Luan | 131123 | 43793 | 16125 | 7075 | 73982 | 35219 | 41016 | 1499 |
| 马鞍山市 | Maanshan | 44812 | 14017 | 10865 | 4177 | 27168 | 9190 | 6779 | 650 |
| 芜湖市 | Wuhu | 69734 | 22438 | 16093 | 5977 | 42604 | 15950 | 11037 | 511 |
| 宣城市 | Xuancheng | 44228 | 13612 | 12663 | 6293 | 23671 | 7074 | 7894 | 245 |
| 铜陵市 | Tongling | 13784 | 4618 | 8468 | 2964 | 2948 | 1052 | 2368 | 602 |
| 池州市 | Chizhou | 34068 | 11883 | 9001 | 4900 | 18292 | 6924 | 6775 | 59 |
| 安庆市 | Anqing | 148383 | 57426 | 20788 | 10759 | 79682 | 40162 | 47913 | 6505 |
| 黄山市 | Huangshan | 22574 | 8113 | 6277 | 2953 | 12520 | 5160 | 3777 | |

## 19—19 各市小学分城乡学校数和在校学生数（2012年）
Basic Statistics on Primary Schools by Urban and Rural Areas and by Region (2012)

| 地 区 | Region | 学校数（所）Number of Primary Schools (unit) | 城区 Urban Areas | 镇区 Counties and Towns | 乡村 Rural Areas | 在校学生数（人）Student Enrollment (person) | 城区 Urban Areas | 镇区 Counties and Towns | 乡村 Rural Areas |
|---|---|---|---|---|---|---|---|---|---|
| **总 计** | **Total** | **12547** | **856** | **2397** | **9294** | **4047018** | **779691** | **1433268** | **1834059** |
| 合肥市 | Hefei | 964 | 149 | 197 | 618 | 406715 | 190833 | 117107 | 98775 |
| 淮北市 | Huaibei | 368 | 82 | 76 | 210 | 145924 | 51949 | 44462 | 49513 |
| 亳州市 | Bozhou | 1359 | 50 | 230 | 1079 | 451814 | 36586 | 172508 | 242720 |
| 宿州市 | Suzhou | 1067 | 28 | 178 | 861 | 356229 | 32041 | 126829 | 197359 |
| 蚌埠市 | Bengbu | 830 | 49 | 91 | 690 | 228944 | 41201 | 54883 | 132860 |
| 阜阳市 | Fuyang | 2188 | 68 | 351 | 1769 | 702933 | 79306 | 229322 | 394305 |
| 淮南市 | Huainan | 425 | 58 | 64 | 303 | 137912 | 55166 | 32462 | 50284 |
| 滁州市 | Chuzhou | 544 | 43 | 158 | 343 | 250147 | 45122 | 114907 | 90118 |
| 六安市 | Luan | 1655 | 31 | 312 | 1312 | 387062 | 34372 | 146565 | 206125 |
| 马鞍山市 | Maanshan | 312 | 37 | 84 | 191 | 127281 | 33290 | 52616 | 41375 |
| 芜湖市 | Wuhu | 523 | 67 | 149 | 307 | 192700 | 50357 | 81033 | 61310 |
| 宣城市 | Xuancheng | 241 | 23 | 83 | 135 | 131043 | 26220 | 70380 | 34443 |
| 铜陵市 | Tongling | 88 | 34 | 16 | 38 | 38151 | 22245 | 6982 | 8924 |
| 池州市 | Chizhou | 377 | 28 | 79 | 270 | 92228 | 19855 | 35002 | 37371 |
| 安庆市 | Anqing | 1447 | 93 | 280 | 1074 | 331832 | 43986 | 120049 | 167797 |
| 黄山市 | Huangshan | 159 | 16 | 49 | 94 | 66103 | 17162 | 28161 | 20780 |

| 地 区 | Region | 毕业生数（人）Number of Graduates (person) | 城区 Urban Areas | 镇区 Counties and Towns | 乡村 Rural Areas | 招生数（人）New Student Enrollment (person) | 城区 Urban Areas | 镇区 Counties and Towns | 乡村 Rural Areas |
|---|---|---|---|---|---|---|---|---|---|
| **总 计** | **Total** | **720927** | **130466** | **254811** | **335650** | **693919** | **127644** | **234118** | **332157** |
| 合肥市 | Hefei | 74458 | 29553 | 21858 | 23047 | 69606 | 32733 | 20385 | 16488 |
| 淮北市 | Huaibei | 28649 | 9497 | 9030 | 10122 | 22653 | 8196 | 7036 | 7421 |
| 亳州市 | Bozhou | 70930 | 5438 | 26991 | 38501 | 81943 | 6151 | 29014 | 46778 |
| 宿州市 | Suzhou | 66881 | 5413 | 24576 | 36892 | 68572 | 5441 | 21611 | 41520 |
| 蚌埠市 | Bengbu | 43787 | 6943 | 9547 | 27297 | 39170 | 7209 | 9518 | 22443 |
| 阜阳市 | Fuyang | 113433 | 12322 | 39993 | 61118 | 121347 | 12465 | 35924 | 72958 |
| 淮南市 | Huainan | 24312 | 9537 | 5508 | 9267 | 23508 | 8767 | 5380 | 9361 |
| 滁州市 | Chuzhou | 49251 | 8302 | 21227 | 19722 | 40728 | 7412 | 18182 | 15134 |
| 六安市 | Luan | 67796 | 5610 | 24426 | 37760 | 70642 | 5906 | 25729 | 39007 |
| 马鞍山市 | Maanshan | 24593 | 6220 | 9988 | 8385 | 17894 | 4951 | 7617 | 5326 |
| 芜湖市 | Wuhu | 35098 | 8120 | 14329 | 12649 | 30520 | 8301 | 12899 | 9320 |
| 宣城市 | Xuancheng | 23638 | 4553 | 12371 | 6714 | 21155 | 3852 | 11368 | 5935 |
| 铜陵市 | Tongling | 7278 | 4265 | 1308 | 1705 | 5974 | 3356 | 1016 | 1602 |
| 池州市 | Chizhou | 16399 | 3412 | 6265 | 6722 | 16162 | 3448 | 5837 | 6877 |
| 安庆市 | Anqing | 62737 | 8464 | 22242 | 32031 | 53549 | 6750 | 18565 | 28234 |
| 黄山市 | Huangshan | 11687 | 2817 | 5152 | 3718 | 10496 | 2706 | 4037 | 3753 |

## 19—20 各市职业中学基本情况（2012年）
Basic Statistics on Vocational Secondary Schools by Region (2012)

单位：人（person）

| 地区 | Region | 学校数（所）Number of Schools (unit) | 毕业生数 Number of Graduates | 招生数 New Student Enrollment | 在校学生数 Student Enrollment | 教职工数 Number of Staff and Teachers | 专任教师 Full-time Teachers |
|---|---|---|---|---|---|---|---|
| **总计** | **Total** | **304** | **154897** | **173590** | **476186** | **24243** | **20457** |
| 合肥市 | Hefei | 45 | 23184 | 15539 | 51082 | 2248 | 1552 |
| 淮北市 | Huaibei | 13 | 1989 | 2529 | 6213 | 852 | 681 |
| 亳州市 | Bozhou | 14 | 9497 | 13585 | 28329 | 1745 | 1621 |
| 宿州市 | Suzhou | 14 | 6147 | 9509 | 20958 | 1467 | 1313 |
| 蚌埠市 | Bengbu | 13 | 3451 | 3430 | 10549 | 1262 | 1156 |
| 阜阳市 | Fuyang | 46 | 16097 | 17255 | 48225 | 2803 | 2479 |
| 淮南市 | Huainan | 10 | 10794 | 8349 | 17239 | 438 | 332 |
| 滁州市 | Chuzhou | 21 | 13634 | 15827 | 46497 | 1908 | 1410 |
| 六安市 | Luan | 33 | 18152 | 16679 | 47338 | 1946 | 1560 |
| 马鞍山市 | Maanshan | 10 | 4286 | 4818 | 14949 | 327 | 288 |
| 芜湖市 | Wuhu | 15 | 7718 | 9619 | 26882 | 806 | 636 |
| 宣城市 | Xuancheng | 10 | 7268 | 7071 | 25648 | 1284 | 1098 |
| 铜陵市 | Tongling | 5 | 3468 | 2248 | 7186 | 309 | 229 |
| 池州市 | Chizhou | 7 | 7952 | 9292 | 19809 | 1098 | 1047 |
| 安庆市 | Anqing | 34 | 15762 | 33557 | 91423 | 5345 | 4759 |
| 黄山市 | Huangshan | 14 | 5498 | 4283 | 13859 | 405 | 296 |

## 19—21 各市幼儿园基本情况（2012年）
Basic Statistics on Kindergartens by Region (2012)

单位：人（person）

| 地区 | Region | 园数（所）Number of Schools (unit) | 毕业生数 Number of Graduates | 招生数 New Student Enrollment | 幼儿数（人）Student Enrollment | 教职工数 Number of Staff and Teachers | 教师 Teachers |
|---|---|---|---|---|---|---|---|
| **总计** | **Total** | **5192** | **577127** | **908939** | **1578657** | **70140** | **42959** |
| 合肥市 | Hefei | 698 | 62929 | 92928 | 205355 | 13820 | 7486 |
| 淮北市 | Huaibei | 172 | 25520 | 40403 | 61243 | 2648 | 1900 |
| 亳州市 | Bozhou | 286 | 69016 | 101955 | 165327 | 4075 | 3177 |
| 宿州市 | Suzhou | 413 | 60352 | 109247 | 154604 | 4535 | 3323 |
| 蚌埠市 | Bengbu | 258 | 29361 | 66075 | 97524 | 3915 | 2396 |
| 阜阳市 | Fuyang | 523 | 70540 | 111948 | 200748 | 7333 | 4996 |
| 淮南市 | Huainan | 160 | 15987 | 43429 | 61863 | 2744 | 1615 |
| 滁州市 | Chuzhou | 376 | 37312 | 47134 | 95852 | 2901 | 2068 |
| 六安市 | Luan | 602 | 64105 | 86214 | 144802 | 6033 | 3763 |
| 马鞍山市 | Maanshan | 219 | 17601 | 25764 | 47777 | 3573 | 1848 |
| 芜湖市 | Wuhu | 409 | 28313 | 39311 | 82340 | 6205 | 3397 |
| 宣城市 | Xuancheng | 455 | 21525 | 25914 | 66821 | 4857 | 2704 |
| 铜陵市 | Tongling | 68 | 4948 | 6701 | 14158 | 1235 | 680 |
| 池州市 | Chizhou | 124 | 13177 | 16702 | 32849 | 1355 | 742 |
| 安庆市 | Anqing | 282 | 45086 | 78731 | 112159 | 3266 | 1770 |
| 黄山市 | Huangshan | 147 | 11355 | 16483 | 35235 | 1645 | 1094 |

# 19—22 各级各类学校教育经费收入情况（2012年）
## Basic Statistics on Educational Funds in Various Schools (2012)

单位：万元（10000 yuan）

| 指　标 | Item | 合　计 Total | 国家财政性教育经费 Government Appropriation for Education | 预算内教育经费 Budgetary | 民办学校中举办者投入 Conducting Investment of Voluntary School | 社会捐赠经费 Donations for Education | 事业收入 Undertaking Revenue | 其他收入 Other Income |
|---|---|---|---|---|---|---|---|---|
| **总　计** | **Total** | **9876193** | **8074864** | **7381217** | **60499** | **23517** | **1610020** | **107294** |
| 高等教育 | Institutions of Higher Education | 2011750 | 1227991 | 1190938 | 19703 | 2262 | 709058 | 52737 |
| 普通高等学校 | Regular Institutions of Higher Education | 1974197 | 1211667 | 1174779 | 19703 | 2262 | 689157 | 51408 |
| 本科学校 | Undergraduate Courses Schools | 1362833 | 830065 | 821474 | 13575 | 1980 | 483280 | 33932 |
| 专科学校 | Specialized Courses Schools | 611364 | 381602 | 353305 | 6128 | 281 | 205877 | 17476 |
| 职业学校 | Vocational Schools | 468475 | 290746 | 270543 | 6128 | 184 | 155520 | 15897 |
| 成人高等学校 | Institutions of Higher Education for Adults | 37553 | 16324 | 16160 | | | 19901 | 1329 |
| 高中阶段教育 | High School Education | 2202441 | 1647953 | 1333315 | 10128 | 5839 | 515542 | 22977 |
| 中等职业学校 | Vocational Secondary Schools | 785974 | 640863 | 468600 | 5115 | 143 | 129176 | 10677 |
| 中等专业学校 | Specialized Secondary Schools | 343387 | 269970 | 181884 | 2834 | 80 | 66004 | 4499 |
| 职业高中 | Vocational Schools | 376669 | 328507 | 252192 | 1819 | 63 | 44290 | 1990 |
| #农　村 | Rural Areas | 102702 | 90902 | 69567 | 226 | 47 | 11038 | 490 |
| 技工学校 | Technical Schools | 41613 | 26699 | 22901 | | | 11535 | 3379 |
| 成人中等专业学校 | Specialized Secondary Schools for Adults | 24305 | 15688 | 11622 | 462 | | 7347 | 808 |
| 普通高中 | Senior Secondary Schools | 1416466 | 1007090 | 864715 | 5013 | 5696 | 386366 | 12301 |
| #农　村 | Rural Areas | 251167 | 168350 | 160666 | | 1114 | 80415 | 1288 |
| 义务教育 | Compulsory Education | 4881257 | 4650514 | 4368590 | 13124 | 12720 | 185775 | 19124 |
| 普通初中 | Regular Junior Secondary Schools | 2007250 | 1839534 | 1701203 | 9128 | 6186 | 141648 | 10755 |
| #农　村 | Rural Areas | 1302285 | 1270790 | 1209211 | 5498 | 1263 | 21754 | 2981 |
| 普通小学 | Regular Primary Schools | 2852827 | 2790799 | 2649105 | 3996 | 6444 | 43812 | 7776 |
| #农　村 | Rural Areas | 2041897 | 2015027 | 1943248 | 2425 | 1621 | 19209 | 3614 |
| 特殊教育 | Special Education | 21181 | 20181 | 18282 | | 91 | 315 | 593 |
| 学前教育 | Kindergartens | 434806 | 243059 | 214698 | 17544 | 566 | 169184 | 4454 |
| #农　村 | Rural Areas | 203631 | 142794 | 131112 | 3502 | 22 | 56597 | 716 |
| 其　他 | Others | 345940 | 305347 | 273676 | | 2130 | 30461 | 8002 |

## 19—23 全省科技活动基本情况
Basic Statistics on Scientific and Technological Activities

| 指 标 | Item | 2000 | 2005 | 2010 | 2011 | 2012 |
|---|---|---|---|---|---|---|
| **科技活动** | **Scientific and Technological Activities** | | | | | |
| 科技机构数 （个） | Number of Scientific Technological Research Institutions (unit) | 984 | 917 | 2221 | 2091 | 3013 |
| 科技活动人员 （万人） | Personnel Engaged in S&T Activities (10000 persons) | 9.72 | 8.94 | 23.65 | 26.78 | 30.52 |
| ＃大学本科及以上学历 | Bachelor's degree or above | | | 9.66 | 11.26 | 13.01 |
| 研究与试验发展经费支出 （亿元） | Expenditure on R&D (100 million yuan) | 20.02 | 45.61 | 163.72 | 214.64 | 281.80 |
| ＃基础研究 | Basic Research | | 4.12 | 12.23 | 17.72 | 18.31 |
| 应用研究 | Applied Research | | 9.15 | 15.66 | 19.17 | 26.91 |
| 试验发展 | Experimental Development | | 27.99 | 135.83 | 177.76 | 236.57 |
| ＃政府资金 | Government Fund | | 14.48 | 36.07 | 46.89 | 60.21 |
| 企业资金 | Self-raised Funds by Enterprise | | 27.40 | 118.86 | 159.65 | 209.19 |
| ＃相当于GDP比例 （%） | Proportion of Expenditure on R&D to GDP (%) | | 0.85 | 1.32 | 1.40 | 1.64 |
| **科技成果及获奖数 （项）** | **Achievements in S&T and National Prizes Won (item)** | | | | | |
| 重大科学技术成果 | Number of Major Achievements in Science and Technology | 511 | 546 | 780 | 860 | 878 |
| 国家发明奖 | Number of National Invention Prizes Awarded | | | | | 2 |
| 国家科学技术进步奖 | Number of National Scientific and Technological Progress Prizes Awarded | 1 | 4 | 7 | 16 | 6 |
| 获国家自然科学奖 | Number of National Natural Sciences Prize Awarded | | 1 | 2 | | 3 |
| **技术市场成交额 （万元）** | **Transaction Value in Technical Market (10000 yuan)** | **61011** | **142553** | **461470** | **650337** | **861592** |
| **专 利** | **Patent** | | | | | |
| 专利申请受理量 （件） | Total Patent Applications Examined (unit) | 1877 | 3516 | 37780 | 48556 | 74888 |
| 发 明 | Creation and Inventions | 301 | 903 | 6396 | 10982 | 19391 |
| 实用新型 | Utility Models | 1080 | 1715 | 14417 | 23209 | 36641 |
| 外观设计 | Designs | 496 | 898 | 16967 | 14365 | 18856 |
| 专利申请授权量 （件） | Total Patent Applications Authorized (unit) | 1482 | 1939 | 16012 | 32681 | 43321 |
| 发 明 | Creation and Inventions | 104 | 238 | 1111 | 2026 | 3066 |
| 实用新型 | Utility Models | 894 | 1072 | 8839 | 16128 | 27191 |
| 外观设计 | Designs | 484 | 629 | 6062 | 14527 | 13064 |

## 19—24 县级以上政府部门属研究与开发机构及科技信息与文献机构数、人员数

State-owned Research and Development Institutions and Information and Literature Institutions at and Above County Level and Persons Engaged

| 年份 Year | 合计 Total | | 自然科学技术领域 Field of Natural Sciences and Humanities | | | 社会、人文科学技术领域 Field of Social Sciences and Humanities | | | 科技信息和文献机构 Scientific-technical Information and Literature Institutions | | |
|---|---|---|---|---|---|---|---|---|---|---|---|
| | 机构（个） Institutions (unit) | 从业人员（人） Employees (person) | 机构（个） Institutions (unit) | 从业人员（人） Employees (person) | 科技活动人员 S&T Personnel | 机构（个） Institutions (unit) | 从业人员（人） Employees (person) | 科技活动人员 S&T Personnel | 机构（个） Institutions (unit) | 从业人员（人） Employees (person) | 科技活动人员 S&T Personnel |
| 2000 | 167 | 7373 | 139 | 6690 | 4523 | 10 | 369 | 289 | 18 | 314 | 229 |
| 2005 | 125 | 6425 | 100 | 5764 | 4155 | 8 | 327 | 292 | 17 | 334 | 307 |
| 2006 | 122 | 6412 | 97 | 5748 | 4183 | 8 | 327 | 301 | 17 | 337 | 312 |
| 2007 | 116 | 6027 | 91 | 5364 | 4140 | 8 | 331 | 299 | 17 | 332 | 310 |
| 2008 | 108 | 6292 | 85 | 5431 | 4153 | 8 | 389 | 336 | 15 | 472 | 415 |
| 2009 | 104 | 6224 | 81 | 5397 | 4278 | 7 | 343 | 310 | 16 | 484 | 454 |
| 2010 | 104 | 6227 | 83 | 5405 | 4402 | 7 | 335 | 313 | 14 | 487 | 455 |
| 2011 | 100 | 6318 | 80 | 5641 | 4699 | 7 | 336 | 280 | 13 | 341 | 325 |
| 2012 | 98 | 6527 | 77 | 5832 | 5027 | 7 | 334 | 297 | 14 | 361 | 356 |

## 19—25 县级以上政府部门属研究与开发机构及科技信息与文献机构科技经费筹集和支出总额

Total Funds and Total Expenditures of State-owned Research and Development Institutions and Information and Literature Institutions at and Above County Level

单位：万元（10000 yuan）

| 年份 Year | 合计 Total | | 自然科学技术领域 Field of Natural Sciences and Humanities | | | 社会、人文科学技术领域 Field of Social Sciences and Humanities | | | 科技信息和文献机构 Scientific-technical Information and Literature Institutions | | |
|---|---|---|---|---|---|---|---|---|---|---|---|
| | 科技活动收入 S&T Income | 科技经费内部支出 Intramural Expenditure on S&T | 科技活动收入 S&T Income | 政府资金 Government Funds | 科技经费内部支出 Intramural Expenditure on S&T | 科技活动收入 S&T Income | 政府资金 Government Funds | 科技经费内部支出 Intramural Expenditure on S&T | 科技活动收入 S&T Income | 政府资金 Government Funds | 科技经费内部支出 Intramural Expenditure on S&T |
| 2000 | 101388 | 51908 | 98004 | 26988 | 48804 | 1871 | 1231 | 1741 | 1513 | 955 | 1363 |
| 2005 | 69881 | 66852 | 63694 | 51429 | 61396 | 3991 | 2268 | 3026 | 2196 | 1774 | 2430 |
| 2006 | 76227 | 67613 | 69374 | 52703 | 61476 | 3937 | 2482 | 3656 | 2916 | 2485 | 2481 |
| 2007 | 90051 | 83437 | 81096 | 62910 | 76123 | 4910 | 3123 | 4457 | 4045 | 3008 | 2857 |
| 2008 | 100551 | 90811 | 85274 | 71395 | 77284 | 5405 | 3970 | 5361 | 9872 | 6965 | 8166 |
| 2009 | 156716 | 103130 | 142846 | 107400 | 91744 | 6543 | 4455 | 5364 | 7327 | 5182 | 6022 |
| 2010 | 191056 | 134839 | 172837 | 149390 | 118150 | 8210 | 5816 | 6851 | 10009 | 8608 | 9837 |
| 2011 | 225659 | 175123 | 212688 | 142596 | 163397 | 7812 | 5551 | 7352 | 5159 | 4306 | 4374 |
| 2012 | 234114 | 194232 | 219720 | 158395 | 182437 | 7423 | 7315 | 5435 | 6971 | 6213 | 6359 |

## 19—26 自然科学和技术领域经费收入（2012年）
Receipts in the Field of Natural Science and Technology (2012)

单位：万元（10000 yuan）

| 指　标 | Item | 科技活动收　入 S&T Income | 政　府资　金 Government Funds | 非政府资　金 Non-Government Funds | 生产经营活动收入 Production Activities Income | 其他收入 Others |
|---|---|---|---|---|---|---|
| **总　计** | **Total** | **234114** | **171924** | **62190** | **30251** | **27257** |
| **按隶属关系分** | **Group by Administrative Relationship** | | | | | |
| 省级部门属 | Under the Provincial Departments | 91442 | 68618 | 22824 | 22641 | 17398 |
| 地市级部门属 | Under the Prefectural Departments | 14991 | 14377 | 614 | 2331 | 2577 |
| 中央部门属 | Under the Departments of the State Council | 127681 | 88928 | 38753 | 5278 | 7282 |
| 中国科学院 | Under the Chinese Academy of Science | 127681 | 88928 | 38753 | 5278 | 7282 |
| **按学科领域分** | **Group by Branch of Science** | | | | | |
| 自然科学 | Natural Science | 141851 | 100753 | 41098 | 19697 | 9926 |
| 农业科学 | Agriculture | 35424 | 30269 | 5155 | 1215 | 3338 |
| 医学科学 | Medicine | 3335 | 2410 | 925 | 5266 | 224 |
| 工程科学与技术 | Engineering and Technology | 41251 | 26979 | 14272 | 3400 | 11748 |
| 社会、人文科学 | Social Sciences and Humanities | 12253 | 11513 | 740 | 673 | 2020 |

## 19—27 自然科学和技术领域经费支出（2012年）
Expenditures in the Field of Natural Science and Technology (2012)

单位：万元（10000 yuan）

| 指　标 | Item | 科技经费内部支出 Intramural Expenditure on S&T | #人员劳务费 Personnel Expenditure | 其　他日常支出 Other Routine Expenditure | 设　备购置费 Expenditure for Equipment | 生产经营支　出 Expenditure of Production | 其他支出 Others |
|---|---|---|---|---|---|---|---|
| **总　计** | **Total** | **194232** | **55258** | **91647** | **25914** | **29824** | **29377** |
| **按隶属关系分** | **Group by Administrative Relationship** | | | | | | |
| 省级部门属 | Under the Provincial Departments | 82109 | 27122 | 41284 | 7711 | 24141 | 14946 |
| 地市级部门属 | Under the Prefectural Departments | 12553 | 6758 | 4005.4 | 621.3 | 415.6 | 3278.6 |
| 中央部门属 | Under the Departments of the State Council | 99570 | 21378 | 46357 | 17582 | 5267 | 11153 |
| 中国科学院 | Under the Chinese Academy of Science | 99570 | 21378 | 46357 | 17582 | 5267 | 11153 |
| **按学科领域分** | **Group by Branch of Science** | | | | | | |
| 自然科学 | Natural Science | 109851 | 25440 | 51154 | 18533 | 19206 | 14388 |
| 农业科学 | Agriculture | 30837 | 11772 | 15120 | 2196 | 1265 | 4775 |
| 医学科学 | Medicine | 2587 | 1223 | 1084 | 274 | 3915 | 784 |
| 工程科学与技术 | Engineering and Technology | 40868 | 11870 | 20453 | 4446 | 4826 | 6658 |
| 社会、人文科学 | Social Sciences and Humanities | 10089 | 4954 | 3837 | 466 | 612 | 2772 |

## 19—28 科协系统科技活动情况（2012年）

Basic Statistics on Scientific and Technological Activities of Associations for Science and Technology (2012)

| 项目 | | Item | | 科协合计 Total Number of Associations for Science & Technology | 省科协 provincial Associations | 省级学会 Provincial-level Learned Societies |
|---|---|---|---|---|---|---|
| **机构数** | （个） | **Number of Associations or Learned Societies** | **(unit)** | **124** | **1** | **154** |
| 直属单位 | | Enterprises and Non-profit Organizations Attached to Associations or Learned Societies | | 38 | 8 | |
| **人员数** | （人） | **Personnel** | **(person)** | | | |
| 机　关 | | Associations | | 797 | 38 | 550 |
| 直属单位 | | Enterprises and Non-profit Organizations Attached to Associations or Learned Societies | | 414 | 157 | |
| 学会理事 | | Members of Councils | | | | 9938 |
| **学术活动** | | **Academic Activities** | | | | |
| 国内学术会议 | | Domestic Academic Meetings | | | | |
| 次　数 | （次） | Number | (times) | 134 | 44 | 477 |
| 参加人数 | （人次） | Number of Participants | (person-time) | 17864 | 6600 | 48409 |
| 交流论文数 | （篇） | Number of Papers Presented | (unit) | 3935 | 2406 | 9856 |
| 国际学术会议 | | International Meetings Held in China | | | | |
| 次　数 | （次） | Number | (times) | 1 | 1 | 17 |
| 参加人数 | （人次） | Number of Participants | (person-time) | 100 | 100 | 938 |
| 交流论文数 | （篇） | Number of Papers Presented | (unit) | 60 | 60 | 63 |
| 国际民间科技交流 | | International Folk Exchange of S&T | | | | |
| 接待来访科技团组 | （个） | International Group on S&T Received Home | (unit) | | | |
| 接待总人数 | （人次） | Person Received | (person-time) | 263 | 161 | 263 |
| 外派科技团组 | （个） | Number of Study Tours Sent Aboard | (unit) | | | |
| 外派总人数 | （人次） | Total People Sent Aboard | (person-time) | 164 | 130 | 517 |
| **科技培训** | | **Training Program** | | | | |
| 院校培训人数 | （人次） | Number of Persons Trained in Universities and Colleges | (person-time) | | | |
| **科普活动** | | **Activities for Popular Science** | | | | |
| 讲座次数 | （次） | Number of Lectures | (times) | 294 | 29 | 56 |
| 听讲座人数 | （人次） | Number of Participants | (person-time) | 227305 | 11000 | 414083 |
| 展览次数 | （次） | Number of Exhibitions | (times) | 705 | 29 | 119 |
| 参观展览人数 | （人次） | Number of Participants | (person-time) | 1226556 | 90000 | 202000 |
| 青少年科技竞赛次数 | （次） | Number of Teenagers Participating in Science and Technology Competitions | (time) | 254 | 9 | 29 |
| **咨询活动** | | **Consultative Activities** | | | | |
| 完成合同 | （项） | Number of Consultative Contracts Completed | (item) | | | |
| 合同实现金额 | （万元） | Revenue from Fulfillment of Consultative Contracts | (10000 yuan) | | | |
| **出　版** | | **Publications** | | | | |
| 科技期刊种数 | （种） | Number of Academic Journals | (kind) | 21 | 1 | 41 |
| 论文集种数 | （种） | Number of Collections of Articles | (kind) | 30 | 30 | 100 |
| 论文集发行量 | （册） | Number of Copies Distributed | (copies) | 3000 | 3000 | 10000 |
| 科技报纸种数 | （种） | Number of Scientific & Technological Newspapers | (kind) | 1 | 1 | 2 |

## 19—29 研究与试验发展（R&D）研究机构情况（2012年）
Institution of Research and Development (2012)

| 指 标 | Item | 机构数（个）Number of Institutions (unit) | R&D人员（人）R&D Personnel (person) | 博 士 Dr. | R&D经费支出（万元）R&D Funds Disburse (10000 yuan) | 科研用仪器设备原价（万元）Initial cost Used Scientific Research Equipment (10000 yuan) | 进 口 Import |
|---|---|---|---|---|---|---|---|
| **总 计** | **Total** | **3013** | **65251** | **3868** | **1326453** | **1869967** | **367478** |
| **按学科分** | **Group by Branch of Science** | | | | | | |
| 自然科学 | Natural Science | 48 | 3953 | 1264 | 116525 | 203198 | 92880 |
| 农业科学 | Agriculture | 105 | 1049 | 89 | 16538 | 15347 | 3255 |
| 医学科学 | Medicine | 82 | 1004 | 150 | 4143 | 39119 | 23373 |
| 工程科学与技术 | Engineering and Technology | 2671 | 57899 | 2042 | 1182124 | 1611064 | 247898 |
| 社会、人文科学 | Social Sciences and Humanities | 107 | 1346 | 323 | 7123 | 1240 | 72 |
| **按国民经济行业分** | **Grouped by Sector** | | | | | | |
| 农、林、牧、渔业 | Farming, Forestry, Animal Husbandry and Fishery | 39 | 94 | 2 | 625 | 819 | 62 |
| 采矿业 | Mining and Quarrying | 26 | 1474 | 18 | 9317 | 134094 | 91 |
| 制造业 | Manufacturing | 2352 | 47285 | 1055 | 943524 | 1224717 | 206000 |
| 电力、燃气及水的生产和供应业 | Production and Supply of Electricity Gas and Water | 9 | 413 | 13 | 11683 | 61550 | 897 |
| 建筑业 | Construction | 66 | 1704 | 9 | 14483 | 44917 | 1941 |
| 交通运输、仓储和邮政业 | Transport, Storage and Postal Services | 6 | 59 | 1 | 6137 | 2534 | |
| 信息传输、计算机服务和软件业 | Information Circulation, Computer Services and Software | 21 | 37 | 3 | 167 | 266 | |
| 批发和零售业 | Wholesale and Retail Trade | | | | | | |
| 住宿和餐饮业 | Accommodation and Catering Trade | | | | | | |
| 金融业 | Banking | | | | | | |
| 房地产业 | Real Estate | | | | | | |
| 租赁和商务服务业 | Leasing and Commercial Services | 2 | 6 | | 103 | 98 | |
| 科学研究、技术服务和地质勘查业 | Scientific Research, Technical Services and Geological Prospecting | 120 | 10089 | 1193 | 298234 | 189234 | 42530 |
| 水利、环境和公共设施管理业 | Water Conservancy, Environmental and Public Facilities Management | 4 | | | | 14 | |
| 居民服务和其他服务业 | Resident Services and Other Services | | | | | | |
| 教 育 | Education | 352 | 3905 | 1571 | 41537 | 210009 | 115293 |
| 卫生、社会保障和社会福利业 | Health, Social Securities and Social Welfare | 16 | 185 | 3 | 644 | 1717 | 664 |
| 文化、体育和娱乐业 | Culture, Sports and Entertainment | | | | | | |
| 公共管理和社会组织 | Public Management and Social Organizations | | | | | | |
| **按机构类型分** | **Grouped by Organization Type** | | | | | | |
| 政府部门办 | Government Department | 141 | 10647 | 1290 | 302806 | 190922 | 42530 |
| 与国内高校合办 | Collaborate with Domestic University | 23 | 309 | 150 | 2407 | 11317 | 5430 |
| 与国内独立机构合办 | Collaborate with Domestic Independent Institution | 2 | 55 | 6 | 19 | 4 | 1 |
| 与境外机构合办 | Collaborate with Foreign Institution | | | | | | |
| 与境外注册外商独资企业合办 | Collaborate with Foreign Sole Ownership Enterprise Registed in Foreign | | | | | | |
| 与境内注册其他企业合办 | Collaborate with Domestic Other Enterprise | 37 | 315 | 118 | 3492 | 12947 | 4555 |
| 单位自办 | Unit Oneself | 2810 | 53925 | 2304 | 1017729 | 1654778 | 314962 |
| 其 他 | Other | | | | | | |
| **按隶属关系分** | **Grouped by Subordination Relations** | | | | | | |
| 中 央 | Central | 196 | 12489 | 1970 | 350359 | 412861 | 120849 |
| 地 方 | Local | 2817 | 52762 | 1898 | 976094 | 1457106 | 246629 |

# 19—30 科技活动、研究与试验发展（R&D）人员（2012年）
People in Science and Technology Activity, Research and Development (2012)

| 指 标 | Item | 科技活动人员（人）Personnel Engaged in S&T Activities (person) | #大学本科及以上 University Degree and Above |
|---|---|---|---|
| **总 计** | **Total** | **305192** | **130108** |
| **按隶属关系分** | **Grouped by Subordination Relations** | | |
| 中 央 | Central | 38506 | 18389 |
| 地 方 | Local | 266686 | 111719 |
| **按国民经济行业分** | **Grouped by Sector** | | |
| 农、林、牧、渔业 | Farming, Forestry, Animal Husbandry and Fishery | 1255 | 238 |
| 采矿业 | Mining and Quarrying | 16906 | 1559 |
| 制造业 | Manufacturing | 186703 | 61112 |
| 电力、燃气及水的生产和供应业 | Production and Supply of Electricity Gas and Water | 6371 | 785 |
| 建筑业 | Construction | 11815 | 1454 |
| 交通运输、仓储和邮政业 | Transport, Storage and Postal Services | 730 | 460 |
| 信息传输、计算机服务和软件业 | Information Circulation, Computer Services and Software | 2304 | 375 |
| 批发和零售业 | Wholesale and Retail Trade | | |
| 住宿和餐饮业 | Accommodation and Catering Trade | | |
| 金融业 | Banking | 86 | |
| 房地产业 | Real Estate | | |
| 租赁和商务服务业 | Leasing and Commercial Services | 101 | 12 |
| 科学研究、技术服务和地质勘查业 | Scientific Research, Technical Services and Geological Prospecting | 21329 | 15240 |
| 水利、环境和公共设施管理业 | Water Conservancy, Environmental and Public Facilities Management | 91 | 34 |
| 居民服务和其他服务业 | Resident Services and Other Services | | |
| 教 育 | Education | 54848 | 48569 |
| 卫生、社会保障和社会福利业 | Health, Social Securities and Social Welfare | 2653 | 270 |
| 文化、体育和娱乐业 | Culture, Sports and Entertainment | | |
| 公共管理和社会组织 | Public Management and Social Organizations | | |

| 调查单位数(个) Number of Investigation Units (unit) | 有R&D活动单位 Activity for R&D | R&D人员(人) Staff of R&D (person) | #研究人员 Staff of Researcher | #全时人员 Staff of Full Time | #博士 Dr. | R&D人员折合全时当量(人年) Full-time Equivalent of R&D Personnel (man-years) | #研究人员 Staff of Researcher | 基础研究 Basic Research | 应用研究 Apply Researcher | 试验发展 Experimental and Development Researcher |
|---|---|---|---|---|---|---|---|---|---|---|
| **15456** | **2393** | **156257** | **67224** | **94622** | **6936** | **103045** | **43244** | **7936** | **12061** | **83049** |
| 162 | 75 | 22274 | 13760 | 14410 | 2580 | 16826 | 10304 | 2304 | 4389 | 10133 |
| 15294 | 2318 | 133983 | 53464 | 80212 | 4356 | 86220 | 32939 | 5632 | 7672 | 72917 |
| 146 | 25 | 359 | 126 | 233 | 10 | 294 | 104 | | 10 | 284 |
| 464 | 23 | 9929 | 4854 | 3560 | 28 | 5927 | 2986 | | 764 | 5163 |
| 13819 | 1923 | 97953 | 29376 | 65077 | 1368 | 65654 | 19788 | | 470 | 65184 |
| 231 | 24 | 2857 | 1364 | 384 | 27 | 1775 | 871 | | 56 | 1719 |
| 137 | 22 | 5256 | 3118 | 3656 | | 4265 | 2300 | 13 | 248 | 4004 |
| 31 | 4 | 247 | 134 | 141 | 27 | 210 | 106 | | 103 | 107 |
| 73 | 6 | 136 | 61 | 119 | 12 | 127 | 58 | | | 127 |
| 12 | | | | | | | | | | |
| 14 | 1 | 6 | 5 | 6 | | 1 | 1 | | | 1 |
| 218 | 150 | 13597 | 7869 | 10116 | 1407 | 11822 | 6801 | 1749 | 5225 | 4848 |
| 22 | 3 | 18 | 8 | 9 | | 8 | 5 | | | 8 |
| 185 | 170 | 23829 | 19057 | 11030 | 4050 | 11867 | 9561 | 6174 | 5087 | 607 |
| 93 | 42 | 2070 | 1252 | 291 | 7 | 1096 | 664 | | 97 | 998 |
| 11 | | | | | | | | | | |

# 19—31 研究与试验发展（R&D）产出情况（2012年）
Output of Research and Development (2012)

| 指　标 | Item | 专　利申请数（件）Patent Applica-tions (piece) | 发明专利 Inventions |
|---|---|---|---|
| **总　　计** | **Total** | **31279** | **10665** |
| **按隶属关系分** | **Grouped by Subordination Relations** | | |
| 中　央 | Central | 2753 | 1662 |
| 地　方 | Local | 28526 | 9003 |
| **按国民经济行业分** | **Grouped by Sector** | | |
| 农、林、牧、渔业 | Farming, Forestry, Animal Husbandry and Fishery | 29 | 28 |
| 采矿业 | Mining and Quarrying | 539 | 154 |
| 制造业 | Manufacturing | 25666 | 7867 |
| 电力、燃气及水的生产和供应业 | Production and Supply of Electricity Gas and Water | 460 | 126 |
| 建筑业 | Construction | 183 | 54 |
| 交通运输、仓储和邮政业 | Transport, Storage and Postal Services | 8 | 2 |
| 信息传输、计算机服务和软件业 | Information Circulation, Computer Services and Software | 32 | 21 |
| 批发和零售业 | Wholesale and Retail Trade | | |
| 住宿和餐饮业 | Accommodation and Catering Trade | | |
| 金融业 | Banking | | |
| 房地产业 | Real Estate | | |
| 租赁和商务服务业 | Leasing and Commercial Services | | |
| 科学研究、技术服务和地质勘查业 | Scientific Research, Technical Services and Geological Prospecting | 1056 | 689 |
| 水利、环境和公共设施管理业 | Water Conservancy, Environmental and Public Facilities Management | 1 | 1 |
| 居民服务和其他服务业 | Resident Services and Other Services | | |
| 教　育 | Education | 3299 | 1721 |
| 卫生、社会保障和社会福利业 | Health, Social Securities and Social Welfare | 6 | 2 |
| 文化、体育和娱乐业 | Culture, Sports and Entertainment | | |
| 公共管理和社会组织 | Public Management and Social Organizations | | |

| 专利授权数（件）Patents Granted (piece) | 发明专利 Inventions | 有效发明专利数（件）Number of patents In Force (piece) | 专利所有权转让及许可数（件）Patent all Power Transfer and Clearance Number (piece) | 专利所有权转让及许可收入（万元）Patent all Power Transfer and Clearance Income (10000 yuan) | 集成电路布图设计登记数（件）Registration Number of Integrated Circuit Layout (unit) | 植物新品种权授予数（项）Granted Number of Plant Variety Right (unit) | 形成国家或行业标准数（项）Standard Number of Formed Nation and Industry (unit) | 发表科技论文（篇）Scientific Papers Issued (piece) | 出版科技著作（种）Publication on Science and Technology (kind) |
|---|---|---|---|---|---|---|---|---|---|
| **2446** | **905** | **11986** | **843** | **10099** | **2** | **35** | **991** | **46625** | **1206** |
| 842 | 550 | 2398 | 49 | 5725 | 2 | | 255 | 9891 | 61 |
| 1604 | 355 | 9588 | 794 | 4374 | | 35 | 736 | 36734 | 1145 |
| | | 3 | | | | 1 | 1 | 61 | 1 |
| | | 71 | | | | | 7 | 879 | |
| | | 9054 | 706 | 3634 | | | 806 | 2991 | |
| | | 90 | 5 | | | | 19 | 1127 | |
| | | 87 | | | | | 37 | 355 | |
| 1 | 1 | 1 | | | | | 2 | 127 | |
| | | 11 | 9 | 13 | | | 11 | 9 | |
| 610 | 285 | 1158 | 44 | 4621 | 2 | 13 | 108 | 4014 | 50 |
| | | | | | | | | 6 | |
| 1835 | 619 | 1511 | 79 | 1831 | | 21 | | 35873 | 1149 |
| | | | | | | | | 1183 | 6 |

## 19—32 研究与试验发展（R&D）经费支出情况（2012年）

Research and Development Funds and Internal Expenditure (2012)

单位：万元（10000 yuan）

| 项　目 | Item | R&D经费支出 Expenditure for R&D | 按活动类型分 By Activities：基础研究 Fundamental Research | 应用研究 Applied Rescarch | 试验发展 Experimental | #人员劳务费 Labor Expenses |
|---|---|---|---|---|---|---|
| **总　计** | **Total** | **2817953** | **183131** | **269147** | **2365675** | **668807** |
| **按执行部门分组** | **Grouped by Execution Department** | | | | | |
| 科研机构 | Scientific Research Institution | 271472 | 61152 | 103556 | 106764 | 53824 |
| 高等学校 | College | 243774 | 119399 | 91955 | 32420 | 42373 |
| 工业企业 | Industrial Enterprise | 2089814 | | 36012 | 2053802 | 525121 |
| 非工业企业 | Non-Industrial Enterprise | 171211 | 1869 | 33849 | 135493 | 40175 |
| 事业单位 | Institution | 41683 | 711 | 3775 | 37196 | 7314 |
| **按隶属关系分组** | **Grouped by Subordination Relations** | | | | | |
| 中　央 | Central | 552162 | 112273 | 152610 | 287279 | 133298 |
| 地　方 | Local | 2265792 | 70859 | 116537 | 2078396 | 535509 |

## 19—33 各市研究与试验发展（R&D）研究机构情况（2012年）

Institution of Research and Development by Region (2012)

| 地　区 | Region | 机构数（个）Number of Institutions (unit) | R&D人员（人）R&D Personnel (person) | 博　士 Dr. | R&D经费支出（万元）R&D Funds Disburse (10000 yuan) | 科研用仪器设备原价（万元）Initial cost Used Scientific Research Equipment (10000 yuan) | 进　口 Import |
|---|---|---|---|---|---|---|---|
| **总　计** | **Total** | **3013** | **65251** | **3868** | **1326453** | **1869967** | **367478** |
| 合 肥 市 | Hefei | 934 | 27905 | 2740 | 620899 | 769889 | 191125 |
| 淮 北 市 | Huaibei | 89 | 2276 | 95 | 18955 | 152903 | 4090 |
| 亳 州 市 | Bozhou | 58 | 382 | 9 | 8094 | 22624 | 2886 |
| 宿 州 市 | Suzhou | 73 | 992 | 58 | 11278 | 20547 | 2592 |
| 蚌 埠 市 | Bengbu | 208 | 5190 | 109 | 69878 | 93141 | 10310 |
| 阜 阳 市 | Fuyang | 62 | 752 | 41 | 17044 | 23495 | 749 |
| 淮 南 市 | Huainan | 109 | 1471 | 83 | 21985 | 28226 | 2040 |
| 滁 州 市 | Chuzhou | 312 | 3806 | 83 | 78723 | 94101 | 6334 |
| 六 安 市 | Luan | 87 | 1417 | 29 | 14321 | 48809 | 20135 |
| 马鞍山市 | Maanshan | 158 | 3269 | 130 | 71822 | 140398 | 42140 |
| 芜 湖 市 | Wuhu | 387 | 10500 | 346 | 257907 | 253955 | 47824 |
| 宣 城 市 | Xuancheng | 153 | 2376 | 34 | 39333 | 56251 | 11693 |
| 铜 陵 市 | Tongling | 82 | 1395 | 16 | 39744 | 74939 | 2213 |
| 池 州 市 | Chizhou | 57 | 501 | 28 | 9047 | 17997 | 4371 |
| 安 庆 市 | Anqing | 146 | 1932 | 39 | 32597 | 46330 | 12142 |
| 黄 山 市 | Huangshan | 98 | 1087 | 28 | 14827 | 26363 | 6835 |

## 19—34 各市科技活动、研究与试验发展（R&D）人员（2012年）

### People in Science and Technology Activity, Research and Development by Region (2012)

| 地　区 | Region | 科技活动人员（人）Personnel Engaged in S&T Activities (person) | #大学本科及以上 University Degree and Above | 调查单位数（个）Number of Investigation Units (unit) | 有R&D活动单位 Activity for R&D | R&D人员（人）Staff of R&D (person) | #女性 Female | #研究人员 Staff of Researcher | 全时人员 Staff of Full Time | 非全时人员 Staff of Non-Full Time |
|---|---|---|---|---|---|---|---|---|---|---|
| **总　计** | **Total** | **305192** | **130108** | **15456** | **2393** | **156257** | **30621** | **67224** | **94622** | **61635** |
| 合肥市 | Hefei | 112373 | 56868 | 2702 | 588 | 58006 | 13147 | 26187 | 38277 | 19729 |
| 淮北市 | Huaibei | 12305 | 3664 | 685 | 68 | 7462 | 1007 | 4641 | 4218 | 3244 |
| 亳州市 | Bozhou | 4083 | 1330 | 591 | 41 | 1142 | 332 | 392 | 652 | 490 |
| 宿州市 | Suzhou | 4105 | 1920 | 870 | 60 | 1978 | 393 | 851 | 1034 | 944 |
| 蚌埠市 | Bengbu | 20389 | 9357 | 744 | 224 | 11807 | 2360 | 6015 | 7416 | 4391 |
| 阜阳市 | Fuyang | 5139 | 1968 | 861 | 61 | 2845 | 616 | 1181 | 1530 | 1315 |
| 淮南市 | Huainan | 17481 | 4802 | 506 | 85 | 9469 | 1208 | 4212 | 3180 | 6289 |
| 滁州市 | Chuzhou | 15474 | 6110 | 1142 | 280 | 8302 | 1432 | 3322 | 5201 | 3101 |
| 六安市 | Luan | 7582 | 3329 | 963 | 77 | 3090 | 584 | 1284 | 1829 | 1261 |
| 马鞍山市 | Maanshan | 20394 | 6948 | 791 | 170 | 10025 | 1597 | 4497 | 5072 | 4953 |
| 芜湖市 | Wuhu | 41350 | 20188 | 1856 | 287 | 21250 | 4134 | 6091 | 14016 | 7234 |
| 宣城市 | Xuancheng | 10305 | 2544 | 1045 | 156 | 5361 | 891 | 1432 | 3243 | 2118 |
| 铜陵市 | Tongling | 13310 | 3275 | 234 | 59 | 5975 | 908 | 3210 | 3456 | 2519 |
| 池州市 | Chizhou | 3399 | 1312 | 458 | 62 | 1888 | 323 | 778 | 1016 | 872 |
| 安庆市 | Anqing | 12008 | 4426 | 1510 | 104 | 4814 | 1193 | 2152 | 3058 | 1756 |
| 黄山市 | Huangshan | 5495 | 2067 | 498 | 71 | 2843 | 496 | 979 | 1424 | 1419 |

| 地　区 | Region | 博士毕业 Doctor | 硕士毕业 Master | 本科毕业 University Degree | 其他学历 Other | R&D人员折合全时当量（人年）Full-time Equivalent of R&D Personnel (man-years) | #研究人员 Staff of Researcher | 基础研究 Basic Research | 应用研究 Apply Researcher | 试验发展 Experimental and Development Researcher |
|---|---|---|---|---|---|---|---|---|---|---|
| **总　计** | **Total** | **6936** | **20015** | **50739** | **78567** | **103045** | **43244** | **7936** | **12061** | **83049** |
| 合肥市 | Hefei | 4310 | 10138 | 19972 | 23586 | 40705 | 17712 | 4426 | 6600 | 29680 |
| 淮北市 | Huaibei | 239 | 590 | 1761 | 4872 | 5102 | 2897 | 217 | 179 | 4705 |
| 亳州市 | Bozhou | 13 | 150 | 402 | 577 | 676 | 211 | 14 | 34 | 628 |
| 宿州市 | Suzhou | 57 | 270 | 672 | 979 | 980 | 423 | 46 | 132 | 802 |
| 蚌埠市 | Bengbu | 440 | 1657 | 3847 | 5863 | 7898 | 3992 | 703 | 1469 | 5726 |
| 阜阳市 | Fuyang | 129 | 361 | 886 | 1469 | 1745 | 670 | 171 | 170 | 1404 |
| 淮南市 | Huainan | 266 | 892 | 1619 | 6692 | 4681 | 2142 | 574 | 1105 | 3002 |
| 滁州市 | Chuzhou | 169 | 860 | 2679 | 4594 | 5824 | 2316 | 241 | 391 | 5193 |
| 六安市 | Luan | 61 | 319 | 1075 | 1635 | 1610 | 690 | 62 | 217 | 1331 |
| 马鞍山市 | Maanshan | 238 | 964 | 3339 | 5484 | 6423 | 2877 | 235 | 789 | 5399 |
| 芜湖市 | Wuhu | 644 | 2223 | 8499 | 9884 | 12841 | 3409 | 641 | 519 | 11682 |
| 宣城市 | Xuancheng | 46 | 115 | 1253 | 3947 | 3726 | 990 | | 44 | 3683 |
| 铜陵市 | Tongling | 96 | 519 | 1651 | 3709 | 4742 | 2470 | 117 | 160 | 4465 |
| 池州市 | Chizhou | 59 | 236 | 443 | 1150 | 1087 | 457 | 126 | 102 | 859 |
| 安庆市 | Anqing | 114 | 428 | 1757 | 2515 | 3316 | 1460 | 300 | 98 | 2919 |
| 黄山市 | Huangshan | 55 | 293 | 884 | 1611 | 1690 | 528 | 64 | 54 | 1572 |

## 19—35 各市研究与试验发展（R&D）产出情况（2012年）
Output of Research and Development by Region (2012)

| 地 区 | Region | 专利申请数（件） Patent Applications (piece) | 发明专利 Inventions | 专利授权数（件） Patents Granted (piece) | 发明专利 Inventions | 有效发明专利数（件） Number of patents In Force (piece) | 专利所有权转让及许可数（件） Patent all Power Transfer and Clearance Number (piece) |
|---|---|---|---|---|---|---|---|
| **总 计** | **Total** | **31279** | **10665** | **2446** | **905** | **11986** | **843** |
| 合肥市 | Hefei | 10535 | 4297 | 1072 | 674 | 4798 | 132 |
| 淮北市 | Huaibei | 670 | 206 | 7 | 2 | 152 | 40 |
| 亳州市 | Bozhou | 371 | 80 | 2 | 1 | 144 | 37 |
| 宿州市 | Suzhou | 298 | 113 | | | 86 | 21 |
| 蚌埠市 | Bengbu | 2149 | 903 | 76 | 45 | 711 | 49 |
| 阜阳市 | Fuyang | 405 | 71 | 9 | 2 | 108 | 6 |
| 淮南市 | Huainan | 1908 | 390 | 634 | 18 | 314 | 78 |
| 滁州市 | Chuzhou | 2401 | 778 | 126 | 26 | 567 | 34 |
| 六安市 | Luan | 987 | 205 | 15 | 4 | 338 | 22 |
| 马鞍山市 | Maanshan | 1632 | 580 | 114 | 34 | 895 | 49 |
| 芜湖市 | Wuhu | 6465 | 2068 | 335 | 87 | 2304 | 205 |
| 宣城市 | Xuancheng | 1028 | 259 | | | 502 | 45 |
| 铜陵市 | Tongling | 833 | 268 | 2 | 1 | 310 | 50 |
| 池州市 | Chizhou | 511 | 144 | 3 | 3 | 181 | 16 |
| 安庆市 | Anqing | 518 | 158 | 7 | 3 | 354 | 9 |
| 黄山市 | Huangshan | 568 | 145 | 44 | 5 | 222 | 50 |

| 地 区 | Region | 专利所有权转让及许可收入（万元） Patent all Power Transfer and Clearance Income (10000 yuan) | 集成电路布图设计登记数（件） Registration Number of Integrated Circuit Layout (unit) | 植物新品种权授予数（项） Granted Number of Plant Variety Right (unit) | 形成国家或行业标准数（项） Standard Number of Formed Nation and Industry (unit) | 发表科技论文（篇） Scientific Papers Issued (piece) | 出版科技著作（种） Publication on Science and Technology (kind) |
|---|---|---|---|---|---|---|---|
| **总 计** | **Total** | **10099** | **2** | **35** | **991** | **46625** | **1206** |
| 合肥市 | Hefei | 5895 | 2 | 34 | 405 | 24763 | 558 |
| 淮北市 | Huaibei | | | | 21 | 1443 | 16 |
| 亳州市 | Bozhou | | | | 15 | 339 | 9 |
| 宿州市 | Suzhou | | | | 15 | 931 | 9 |
| 蚌埠市 | Bengbu | 438 | | | 70 | 3589 | 62 |
| 阜阳市 | Fuyang | | | | 6 | 977 | 52 |
| 淮南市 | Huainan | 897 | | | 27 | 3457 | 63 |
| 滁州市 | Chuzhou | 1525 | | 1 | 29 | 1535 | 105 |
| 六安市 | Luan | 49 | | | 38 | 1407 | 38 |
| 马鞍山市 | Maanshan | 683 | | | 63 | 1771 | 15 |
| 芜湖市 | Wuhu | 256 | | | 124 | 3602 | 171 |
| 宣城市 | Xuancheng | 286 | | | 41 | 165 | 5 |
| 铜陵市 | Tongling | 4 | | | 37 | 567 | 25 |
| 池州市 | Chizhou | | | | 1 | 445 | 8 |
| 安庆市 | Anqing | 13 | | | 53 | 1174 | 58 |
| 黄山市 | Huangshan | 54 | | | 46 | 460 | 12 |

## 19—36 各市研究与试验发展（R&D）经费支出情况（2012年）
Research and Development Funds and Internal Expenditure by Region (2012)

单位：万元（10000 yuan）

| 地 区 | Region | R&D经费 Expenditure for R&D | 按活动类型分 By Activities 基础研究 Fundamental Research | 应用研究 Applied Rescarch | 试验发展 Experimental | 按支出用途分 By Expenditure 人员劳务费 Labor Expenses | 设备购置费 Expenditure for Equipment |
|---|---|---|---|---|---|---|---|
| **总 计** | **Total** | **2817953** | **183131** | **269147** | **2365675** | **668807** | **402770** |
| 合 肥 市 | Hefei | 1159130 | 138228 | 168912 | 851990 | 278918 | 152056 |
| 淮 北 市 | Huaibei | 99122 | 1763 | 4377 | 92981 | 29279 | 14928 |
| 亳 州 市 | Bozhou | 22665 | 65 | 87 | 22514 | 5572 | 7762 |
| 宿 州 市 | Suzhou | 25024 | 343 | 2359 | 22322 | 4818 | 4347 |
| 蚌 埠 市 | Bengbu | 147598 | 7909 | 15092 | 124597 | 36721 | 21503 |
| 阜 阳 市 | Fuyang | 39027 | 1892 | 3903 | 33233 | 11580 | 6668 |
| 淮 南 市 | Huainan | 114291 | 9868 | 35964 | 68458 | 31949 | 13272 |
| 滁 州 市 | Chuzhou | 132223 | 3188 | 7042 | 121993 | 33558 | 25996 |
| 六 安 市 | Luan | 46705 | 347 | 857 | 45501 | 11469 | 8543 |
| 马鞍山市 | Maanshan | 247256 | 3839 | 19587 | 223831 | 42289 | 48711 |
| 芜 湖 市 | Wuhu | 414273 | 11417 | 4470 | 398386 | 100772 | 55602 |
| 宣 城 市 | Xuancheng | 79872 | 13 | 835 | 79024 | 20138 | 11050 |
| 铜 陵 市 | Tongling | 170651 | 758 | 1283 | 168610 | 33634 | 10406 |
| 池 州 市 | Chizhou | 26241 | 560 | 1409 | 24272 | 4841 | 6272 |
| 安 庆 市 | Anqing | 62447 | 2641 | 2506 | 57300 | 15413 | 9627 |
| 黄 山 市 | Huangshan | 31429 | 301 | 465 | 30663 | 7857 | 6029 |

## 19—37 高等学校科技活动情况
Basic Statistics on Higher Education for Scientific and Technological Activities

| 指 标 | Item | 2000 | 2005 | 2010 | 2011 | 2012 |
|---|---|---|---|---|---|---|
| 科技活动人员（人） | S&T Personnel (person) | 23242 | 24530 | 31082 | 52220 | 54848 |
| #科学家和工程师 | Scientists and Engineers | 22366 | 23608 | | | |
| 研究与发展人员全时当量（人年） | Full-time Equivalent of R&D Personnel (man.year) | 7100 | 5022 | 7337 | 10439 | 11867 |
| #科学家和工程师 | Scientists and Engineers | 6800 | 4395 | | | |
| #基础研究 | Fundamental Research | 1300 | 1500 | 3273 | 5051 | 6174 |
| 应用研究 | Applied Research | 1500 | 2501 | 3471 | 4770 | 5087 |
| 试验发展 | Experimental Development | 4000 | 397 | 595 | 624 | 607 |
| 科技经费筹集额（万元） | Sources of Funds for S&T (10000 yuan) | 40266 | 121861 | | | |
| #政府资金 | Government Funds | 29000 | 69818 | | | |
| 银行贷款 | Bank Loans | 1300 | 103 | | | |
| 科技经费内部支出额（万元） | Intramural Expenditure for S&T (10000 yuan) | 26816 | 109522 | | | |
| #劳务费 | Labor Expenses | 3309 | 16454 | | | |
| 固定资产购置费 | Expenses on Fixed Assets | 7401 | 22857 | | | |
| #研究与发展经费支出 | R&D Expenditure | 17259 | 66574 | 141849 | 187315 | 243774 |

## 19—38 工业企业科技活动基本情况
Basic Statistics on Science and Technology Activities of Industrial Enterprises

| 指 标 | Item | 2011 | 2012 |
|---|---|---|---|
| 有研究与试验发展活动的企业 (个) | Number of Enterprises Having R&D Activities (unit) | 1375 | 1970 |
| 有研究与试验发展活动的企业占全部企业的比重 (%) | Percentage of Enterprises Having R&D Activities to Total Number of Enterprises (%) | 11.06 | 13.57 |
| 科技机构数 (个) | Number of Scientific and Technological Institutions (unit) | 1514 | 2387 |
| 科技活动人员 (万人) | Personnel Engaged in S&T Activities (10000 persons) | 17.97 | 21.00 |
| 研究与试验发展折合全时人员 (万人年) | Full-time Equivalent of R&D Personnel (10000 man-year) | 5.63 | 7.34 |
| 科技机构科技活动人员数 (万人) | Personnel Engaged in S&T Activities in S&T Institutions (10000 persons) | 6.58 | 9.05 |
| 开发新产品经费支出 (亿元) | Expenditure on New Product Development (100 million yuan) | 236.35 | 279.30 |
| 研究与试验发展经费支出 (亿元) | Expenditure on R&D (100 million yuan) | 162.83 | 208.98 |
| #政府资金 | Government Funds | 13.90 | 12.96 |
| 企业资金 | Self-raised Funds by Enterprises | 147.84 | 192.79 |
| 研究与试验发展经费支出占主营业务收入的比重 (%) | Percentage of Expenditure on R&D To Sales Revenue (%) | 0.65 | 0.72 |
| 技术引进经费支出 (亿元) | Expenditure for Acquisition of Foreign Technology (100 million yuan) | 11.59 | 10.65 |
| 消化吸收经费支出 (亿元) | Expenditure for Assimilation of Technology (100 million yuan) | 7.00 | 4.90 |
| 购买国内技术支出 (亿元) | Expenditure for Purchase of Domestic Technology (100 million yuan) | 7.24 | 8.15 |
| 专利申请数 (件) | Patent Applications (piece) | 19214 | 26665 |
| #发明专利数 | Invention Patents | 5385 | 8147 |
| 拥有发明专利数 (件) | Invention Patents Owned (piece) | 5092 | 9215 |

## 19—39 各市工业企业R&D基本情况（2012年）
R&D Basic Situation of Industrial Enterprise by Region (2012)

| 地 区 | Region | 企业单位数（个）Number of Enterprises (unit) | #有R&D活动 Activity for R&D | #有科技机构 Unit Of S&T | 新产品销售收入（万元）Revenue of New Pproduct Sales (10000 yuan) | R&D人员合计（人）Staff Of R&D (person) | #参加项目人员 Staff of Participating in Project | #女性 Female |
|---|---|---|---|---|---|---|---|---|
| **总　　计** | **Total** | **14514** | **1970** | **1855** | **37318538** | **110739** | **100603** | **18459** |
| 合 肥 市 | Hefei | 2296 | 420 | 377 | 12393174 | 32874 | 29867 | 6250 |
| 淮 北 市 | Huaibei | 657 | 51 | 54 | 486398 | 6349 | 5873 | 755 |
| 亳 州 市 | Bozhou | 581 | 33 | 42 | 336257 | 901 | 851 | 231 |
| 宿 州 市 | Suzhou | 847 | 55 | 51 | 215558 | 1605 | 1410 | 278 |
| 蚌 埠 市 | Bengbu | 685 | 191 | 155 | 1489044 | 7147 | 6568 | 1246 |
| 阜 阳 市 | Fuyang | 836 | 49 | 43 | 591409 | 1917 | 1687 | 295 |
| 淮 南 市 | Huainan | 465 | 59 | 62 | 391592 | 6994 | 6406 | 568 |
| 滁 州 市 | Chuzhou | 1091 | 255 | 243 | 4387251 | 7001 | 6464 | 1140 |
| 六 安 市 | Luan | 930 | 61 | 55 | 1230014 | 2294 | 2074 | 378 |
| 马鞍山市 | Maanshan | 750 | 147 | 103 | 2667755 | 7501 | 6990 | 1135 |
| 芜 湖 市 | Wuhu | 1792 | 257 | 263 | 7229124 | 18001 | 16222 | 3165 |
| 宣 城 市 | Xuancheng | 1001 | 146 | 118 | 946301 | 5191 | 4584 | 859 |
| 铜 陵 市 | Tongling | 204 | 44 | 54 | 3253284 | 5038 | 4331 | 652 |
| 池 州 市 | Chizhou | 431 | 56 | 49 | 219416 | 1455 | 1267 | 182 |
| 安 庆 市 | Anqing | 1474 | 89 | 114 | 1122727 | 4071 | 3737 | 993 |
| 黄 山 市 | Huangshan | 474 | 57 | 72 | 359232 | 2400 | 2272 | 332 |

| 地 区 | Region | #研究人员 Staff of Researcher | #全时人员 Staff of Full Time | R&D人员折合全时当量合计（人年）Total Work Volume of Conversion Staff of Full Time (person year) | #研究人员 Staff of Researcher | 应用研究人员 Staff of Apply Researcher | 试验发展人员 Staff of Experimental and Development Researcher |
|---|---|---|---|---|---|---|---|
| **总　　计** | **Total** | **35594** | **69021** | **73356** | **23645** | **1290** | **72066** |
| 合 肥 市 | Hefei | 9798 | 22247 | 22776 | 6479 | 332 | 22445 |
| 淮 北 市 | Huaibei | 3679 | 3677 | 4429 | 2337 | 7 | 4422 |
| 亳 州 市 | Bozhou | 221 | 566 | 546 | 128 | | 546 |
| 宿 州 市 | Suzhou | 611 | 889 | 797 | 309 | 11 | 786 |
| 蚌 埠 市 | Bengbu | 2248 | 4780 | 4643 | 1569 | | 4643 |
| 阜 阳 市 | Fuyang | 593 | 1203 | 1293 | 408 | 61 | 1232 |
| 淮 南 市 | Huainan | 2525 | 1855 | 3194 | 1189 | 701 | 2493 |
| 滁 州 市 | Chuzhou | 2343 | 4481 | 5071 | 1764 | | 5071 |
| 六 安 市 | Luan | 768 | 1377 | 1076 | 386 | | 1076 |
| 马鞍山市 | Maanshan | 2578 | 3746 | 4908 | 1807 | 118 | 4790 |
| 芜 湖 市 | Wuhu | 3680 | 12959 | 11393 | 2330 | 4 | 11389 |
| 宣 城 市 | Xuancheng | 1346 | 3214 | 3654 | 950 | 26 | 3628 |
| 铜 陵 市 | Tongling | 2494 | 3245 | 4404 | 2216 | 10 | 4394 |
| 池 州 市 | Chizhou | 475 | 829 | 824 | 275 | 21 | 803 |
| 安 庆 市 | Anqing | 1588 | 2648 | 2847 | 1104 | | 2847 |
| 黄 山 市 | Huangshan | 647 | 1305 | 1502 | 396 | | 1502 |

## 19—40 各市工业企业R&D经费情况（2012年）
R&D Funds Basic Situation of Industrial Enterprise by Region (2012)

单位：万元（10000 yuan）

| 地区 | Region | R&D经费内部支出合计 Expenditure for R&D | 按活动类型分组 Grouped by Active Type | | 按支出用途分组 Grouped by Using of Funds | | | |
|---|---|---|---|---|---|---|---|---|
| | | | 应用研究支出 Applied Research Expenditure | 试验发展支出 Experiment Development Expanditure | 经常费支出 Normal Funds Expenditure | #人员劳务费 Salary | 资产性支出 Capital Expenditure | #土建工程 Construction Project |
| **总　计** | **Total** | **2089814** | **36012** | **2053802** | **1783421** | **525121** | **306393** | **9698** |
| 合肥市 | Hefei | 646183 | 8805 | 637378 | 564947 | 187825 | 81237 | 3839 |
| 淮北市 | Huaibei | 91817 | 106 | 91711 | 78939 | 27811 | 12878 | 252 |
| 亳州市 | Bozhou | 22367 | | 22367 | 14338 | 5382 | 8029 | 289 |
| 宿州市 | Suzhou | 21873 | 586 | 21287 | 17883 | 4321 | 3990 | 85 |
| 蚌埠市 | Bengbu | 99543 | | 99543 | 84750 | 26601 | 14793 | 585 |
| 阜阳市 | Fuyang | 34643 | 2278 | 32365 | 28887 | 10451 | 5756 | 225 |
| 淮南市 | Huainan | 81607 | 21264 | 60343 | 72746 | 22011 | 8861 | 270 |
| 滁州市 | Chuzhou | 119713 | | 119713 | 96323 | 31560 | 23391 | 537 |
| 六安市 | Luan | 43930 | | 43930 | 35423 | 10631 | 8507 | 112 |
| 马鞍山市 | Maanshan | 199495 | 1220 | 198275 | 156785 | 26514 | 42710 | 690 |
| 芜湖市 | Wuhu | 395866 | 109 | 395757 | 341579 | 94496 | 54286 | 1268 |
| 宣城市 | Xuancheng | 78893 | 759 | 78135 | 67678 | 19835 | 11215 | 381 |
| 铜陵市 | Tongling | 142998 | 57 | 142941 | 132795 | 32621 | 10203 | 874 |
| 池州市 | Chizhou | 24382 | 830 | 23553 | 18146 | 3997 | 6237 | 105 |
| 安庆市 | Anqing | 56464 | | 56464 | 48263 | 14040 | 8201 | 74 |
| 黄山市 | Huangshan | 30040 | | 30040 | 23940 | 7026 | 6100 | 114 |

| 地区 | Region | 按资金来源分组 Grouped by Source of Funds | | | R&D经费外部支出 Outside Expenditure | | |
|---|---|---|---|---|---|---|---|
| | | 政府资金 Govern-ment | 企业资金 Enterprise | 境外资金 Alien | | 对境内研究机构支出 Foreign Research Instition | 对境内高等学校支出 Demestic University |
| **总　计** | **Total** | **129592** | **1927940** | **6645** | **190889** | **58690** | **34238** |
| 合肥市 | Hefei | 40638 | 594055 | 1215 | 121640 | 32041 | 9210 |
| 淮北市 | Huaibei | 8465 | 82852 | | 7743 | 2936 | 4781 |
| 亳州市 | Bozhou | 1117 | 21043 | | 1320 | 587 | 727 |
| 宿州市 | Suzhou | 2054 | 18722 | | 1523 | 993 | 528 |
| 蚌埠市 | Bengbu | 3495 | 94022 | 585 | 2279 | 1198 | 635 |
| 阜阳市 | Fuyang | 1071 | 33572 | | 2022 | 595 | 1355 |
| 淮南市 | Huainan | 5907 | 75002 | 359 | 5127 | 987 | 3719 |
| 滁州市 | Chuzhou | 3983 | 115559 | 42 | 4657 | 2937 | 1636 |
| 六安市 | Luan | 3158 | 34504 | | 4401 | 2072 | 1268 |
| 马鞍山市 | Maanshan | 16858 | 181713 | 423 | 5374 | 2136 | 2703 |
| 芜湖市 | Wuhu | 29091 | 362660 | 670 | 23544 | 8167 | 3322 |
| 宣城市 | Xuancheng | 2776 | 73673 | 2172 | 1694 | 464 | 675 |
| 铜陵市 | Tongling | 2725 | 139435 | 714 | 2374 | 1181 | 1169 |
| 池州市 | Chizhou | 1397 | 21622 | 463 | 2556 | 332 | 265 |
| 安庆市 | Anqing | 5201 | 51244 | | 3508 | 1868 | 1421 |
| 黄山市 | Huangshan | 1657 | 28262 | | 1130 | 197 | 824 |

# 19—41 各市工业企业全部R&D项目和政策情况（2012年）

## All R&D Itens and Policies Situation of Industrial Enterprise by Region (2012)

| 地区 Region | 项目数（项）Number of Items (unit) | 参加项目人员（人）Staff Taken Part in Items (person) | 项目人员折合全时当量（人年）ZFull-time Equivalent of Staff Taken Part in Items (person/year) | 全部项目经费内部支出（万元）All Project Interior Expense (10000 yuan) | 使用来自政府部门的科技活动资金（万元）Using from Government Department's Technique Cctivity Fund (10000 yuan) | 研究开发费用加计扣除减免税（万元）Total Research and Development Expense Counting Tax Reliefs (10000 yuan) | 高新技术企业减免税（万元）Tax Reliefs of High and New Technology Enterprises (10000 yuan) |
|---|---|---|---|---|---|---|---|
| **总计 Total** | **11882** | **100603** | **66473** | **1784074** | **238110** | **64658** | **190712** |
| 合肥市 Hefei | 3767 | 29867 | 20620 | 545468 | 77289 | 24754 | 84682 |
| 淮北市 Huaibei | 382 | 5873 | 4143 | 81459 | 9872 | 1226 | 183 |
| 亳州市 Bozhou | 80 | 851 | 519 | 15302 | 3606 | 883 | 330 |
| 宿州市 Suzhou | 198 | 1410 | 702 | 17389 | 3185 | 496 | 707 |
| 蚌埠市 Bengbu | 988 | 6568 | 4243 | 84394 | 11260 | 2724 | 9359 |
| 阜阳市 Fuyang | 137 | 1687 | 1143 | 29322 | 2009 | 941 | 1471 |
| 淮南市 Huainan | 503 | 6406 | 2932 | 66558 | 10812 | 5584 | 5831 |
| 滁州市 Chuzhou | 867 | 6464 | 4690 | 100759 | 7721 | 2631 | 4489 |
| 六安市 Luan | 269 | 2074 | 971 | 29331 | 4024 | 1574 | 573 |
| 马鞍山市 Maanshan | 769 | 6990 | 4579 | 175486 | 32969 | 5232 | 9313 |
| 芜湖市 Wuhu | 1516 | 16222 | 10205 | 354373 | 46589 | 9447 | 30824 |
| 宣城市 Xuancheng | 693 | 4584 | 3189 | 65089 | 5834 | 2391 | 12813 |
| 铜陵市 Tongling | 305 | 4331 | 3790 | 125070 | 7522 | 1639 | 20183 |
| 池州市 Chizhou | 844 | 1267 | 710 | 20309 | 2662 | 152 | 211 |
| 安庆市 Anqing | 333 | 3737 | 2608 | 47667 | 9623 | 4206 | 4729 |
| 黄山市 Huangshan | 231 | 2272 | 1430 | 26100 | 3132 | 780 | 5013 |

## 19—42 各市工业企业自主知识产权和技术情况（2012年）

Self-owned Intellectual Property Rights and Technology Situation Industrial Enterprise by Region (2012)

| 地 区 | Region | 专利申请数（件）Number of Patent Application (unit) | 发明专利 Patent of Invention | 有效发明专利数（件）Invention Number of Patents Effectively (unit) | 境外授权 Overseas Authorization | 专利所有权转让及许可数（项）Patent all Power Transfer and Clearanc eNumber (item) | 专利所有权转让及许可收入（万元）Patent all Power Transfer and Clearance Income (10000 yuan) | 发表科技论文（篇）Publish Technical Papers (unit) |
|---|---|---|---|---|---|---|---|---|
| **总　计** | **Total** | **26665** | **8147** | **9215** | **23** | **711** | **3634** | **4997** |
| 合肥市 | Hefei | 8525 | 2763 | 2749 | 10 | 93 | 346 | 2197 |
| 淮北市 | Huaibei | 610 | 147 | 137 | | 40 | | 467 |
| 亳州市 | Bozhou | 369 | 78 | 142 | | 35 | | 39 |
| 宿州市 | Suzhou | 297 | 112 | 86 | 3 | 21 | | 45 |
| 蚌埠市 | Bengbu | 1919 | 707 | 624 | | 48 | 408 | 331 |
| 阜阳市 | Fuyang | 393 | 66 | 101 | | 6 | | 107 |
| 淮南市 | Huainan | 910 | 236 | 211 | | 42 | 435 | 629 |
| 滁州市 | Chuzhou | 2193 | 688 | 537 | 1 | 32 | 1525 | 104 |
| 六安市 | Luan | 939 | 179 | 323 | | 22 | 49 | 65 |
| 马鞍山市 | Maanshan | 1352 | 428 | 628 | 2 | 25 | 336 | 575 |
| 芜湖市 | Wuhu | 5790 | 1797 | 2124 | 7 | 178 | 191 | 106 |
| 宣城市 | Xuancheng | 1021 | 253 | 502 | | 45 | 286 | 82 |
| 铜陵市 | Tongling | 826 | 264 | 309 | | 50 | 4 | 107 |
| 池州市 | Chizhou | 498 | 141 | 177 | | 16 | | 62 |
| 安庆市 | Anqing | 505 | 153 | 351 | | 8 | | 58 |
| 黄山市 | Huangshan | 518 | 135 | 214 | | 50 | 54 | 23 |

| 地 区 | Region | 拥有注册商标数（件）Registered Trademark Nubmer (unit) | 境外注册 Overseas Registered | 形成国家行业标准数（项）National and Industry Standard Number (item) | 引进技术经费支出（万元）Introduction Technology funds Experditure (10000 yuan) | 消化吸收经费支出（万元）Digestion Absorption Funds Experditure (10000 yuan) | 购买国内技术经费支出（万元）Purchasing Domestic Technology Funds Experditure (10000 yuan) | 技术改造经费支出（万元）Technological Transforma-tion Funds Experditure (10000 yuan) |
|---|---|---|---|---|---|---|---|---|
| **总　计** | **Total** | **8615** | **1193** | **832** | **106471** | **48961** | **81478** | **1663471** |
| 合肥市 | Hefei | 3039 | 592 | 317 | 68640 | 4403 | 42563 | 394715 |
| 淮北市 | Huaibei | 234 | 6 | 18 | 97 | 756 | 8304 | 19419 |
| 亳州市 | Bozhou | 656 | 44 | 15 | 120 | 142 | 247 | 11549 |
| 宿州市 | Suzhou | 241 | 2 | 15 | 110 | 77 | 791 | 42179 |
| 蚌埠市 | Bengbu | 736 | 135 | 37 | 423 | 404 | 2187 | 38766 |
| 阜阳市 | Fuyang | 202 | 9 | 6 | 980 | 486 | 1395 | 68450 |
| 淮南市 | Huainan | 171 | | 10 | 228 | 263 | 1600 | 123016 |
| 滁州市 | Chuzhou | 333 | 3 | 29 | 879 | 1851 | 6034 | 62714 |
| 六安市 | Luan | 213 | 6 | 38 | 669 | 374 | 852 | 21204 |
| 马鞍山市 | Maanshan | 293 | 23 | 55 | 5003 | 3055 | 2068 | 465283 |
| 芜湖市 | Wuhu | 1245 | 283 | 116 | 17455 | 21763 | 8671 | 71324 |
| 宣城市 | Xuancheng | 239 | 13 | 40 | 156 | 3462 | 497 | 18170 |
| 铜陵市 | Tongling | 145 | 11 | 37 | 3061 | 1227 | 920 | 207026 |
| 池州市 | Chizhou | 262 | 24 | 1 | | 126 | 52 | 21416 |
| 安庆市 | Anqing | 325 | 38 | 52 | 8390 | 10303 | 5229 | 78242 |
| 黄山市 | Huangshan | 281 | 4 | 46 | 261 | 270 | 69 | 19998 |

## 19—43 省级以上开发区主要经济指标
Main Economic Indicators of Development Areas above the Provincial Level

| 项目 | Item | 2010 | 2011 | 2012 |
|---|---|---|---|---|
| 全区经营（销售）收入 （万元） | Business (Sales) Income (10000 yuan) | 106648759 | 147424997 | 200681483 |
| #规模以上工业销售收入 | Industrial Sales Value | 76160676 | 113578559 | 131138993 |
| 工业总产值（当年价格） （万元） | Gross Industrial Output Value (10000 yuan) | 86688472 | 126425635 | 149275068 |
| #规模以上工业企业 | Industrial Enterprises Above Definited Size | 80245963 | 116878691 | 140291597 |
| #高新技术产业产值 | High and New Technology Industrial Output | | | 70855990 |
| 第二产业增加值 （万元） | The Value-added of the Secondary Industry (10000 yuan) | 24996921 | 34567569 | 41054504 |
| #工业增加值 | Industrial Added Value | 23036230 | 32203224 | 38888573 |
| #规模以上工业增加值 | Industrial Output | | | 36075432 |
| 进出口总额 （万美元） | Total Import and Export (USD 10000) | | | 2022342 |
| 出口额 | Export | 627112 | 945489 | 1389278 |
| 进口额 | Import | 491467 | 547879 | 633064 |
| 税收总额 （万元） | Total Tax (10000 yuan) | 3699792 | 4748294 | 6214951 |
| 财政收入 （万元） | Financial Revenue (10000 yuan) | 5164713 | 6515563 | 8568700 |
| #土地收入 | Revenue From Land | 1577733 | 1512629 | 1773965 |
| 固定资产投资总额 （万元） | Investment in Fixed Assets (10000 yuan) | 36269297 | 40300729 | 51465302 |
| #工业投资 | Industrial Investment | | | 35089416 |
| 基础设施投资 | In Infrastructure Projects | 5452776 | 5389949 | 5604043 |
| 利用外商直接投资情况 | Foreign Direct Investments | | | |
| 当年新批进区外商投资企业 （个） | Foreign Investment Enterprises Entered this Year(unit) | 191 | 167 | 114 |
| 当年实际利用外商直接投资额 （万美元） | Foreign Direct Investment Amount Actually Used this Year (USD 10000) | 341308 | 459459 | 558458 |
| 利用内资情况（在建亿元以上项目） | Domestic Investment (Construction project of one hundred million yuan of above) | | | |
| 项目个数 （个） | Project Number (unit) | | | 1520 |
| 到位省外境内资金额 （万元） | In Place of Domestic Funds Outside the Province (10000 yuan) | | | 23167991 |
| 专利申请授权情况 （件） | Patent License (unit) | | | |
| 专利申请量 | Patent Applications | | | 38964 |
| 专利授权量 | Patent Grant | | | 24811 |

## 19—44 国家级开发区主要经济指标（2012年）
Main Economic Indicators of Enterprises in Development Areas (2012)

| 指　　标 | Item | | 合肥高新技术产业开发区 Hefei New High Technology Industry Devlopment District |
|---|---|---|---|
| 全区企业经营收入 | （万元）Business Income | (10000 yuan) | 15267679 |
| 工业总产值 | （万元）Gross Industrial Output Value | (10000 yuan) | 7920455 |
| #规上工业总产值 | Industrial Enterprises Above Definited Size | | 7920455 |
| 工业增加值 | （万元）Industrial Added Value | (10000 yuan) | 2386914 |
| #规上工业增加值 | Industrial Output | | 2386914 |
| 出口总额 | （万美元）Total Export | (USD 10000) | 114549 |
| 进口总额 | （万美元）Total Import | (USD 10000) | 41761 |
| 税收总额 | （万元）Total Tax | (10000 yuan) | 368296 |
| 财政收入 | （万元）Financial Revenue | (10000 yuan) | 529516 |
| 固定资产投资总额 | （万元）Investment in Fixed Assets | (10000 yuan) | 2838611 |
| #基础设施投资额 | In Infrastructure Projets | | 458944 |
| 新批进区外商投资企业 | （个） Number of Foreign Funded Enterprises Approved Into Development Areas | (unit) | 13 |
| 实际利用外商直接投资额 | （万美元）Foreign Direct Investment Amount Actually Used this Year | (USD 10000) | 30050 |
| 亿元以上省外投资项目 | （个）Investment Projects (outside the provice, Above 100 million yuan) | (unit) | 9 |
| 亿元以上项目到位省外境内资金额 | （万元） Investment Projects of Gaining Fund (outside the provice, Above 100 million yuan) | (10000 yuan) | 879146 |
| 专利申请量 | （件）Patent Applications | (unit) | 2605 |
| 专利授权量 | （件）Patent Grant | (unit) | 2344 |

| 合肥经济技术开发区 Hefei Economy and Technology Development District | 芜湖经济技术开发区 Wuhu Economy and Technology Development District | 芜湖高新技术产业开发区 Wuhu New High Technology Industry Devlopment District | 蚌埠高新技术产业开发区 Bengbu New High Technology Industry Devlopment District | 马鞍山经济技术开发区 Maanshan Economy and Technology Development District | 马鞍山慈湖高新技术开发区 Maanshan New High Technology Industry Devlopment District | 铜陵经济技术开发区 Tongling Economy and Technology Development District | 安庆经济技术开发区 Anqing Economy and Technology Development District | 滁州经济技术开发区 Chuzhou Economy and Technology Development District | 池州经济技术开发区 Chizhou Economy and Technology Development District |
|---|---|---|---|---|---|---|---|---|---|
| 25740102 | 21448262 | 6180564 | 1918226 | 3609254 | 2509463 | 5955320 | 7581658 | 4451369 | 1561836 |
| 18954232 | 13475870 | 5530814 | 849795 | 2252654 | 2164129 | 4650000 | 4472063 | 3157038 | 1051695 |
| 18811708 | 13285870 | 5341590 | 787296 | 2086825 | 2019126 | 4589388 | 4423499 | 2525631 | 967559.7 |
| 4748563 | 3147132 | 1980391 | 234147 | 607185 | 568539 | 930686 | 1338157 | 826543.1 | 264805 |
| 4716705 | 3040632 | 1727973 | 215397 | 567410 | 529689 | 924140 | 1317049 | 584760 | 243621 |
| 309920 | 230052 | 16143 | 17171 | 14993 | 7104 | 14340 | 19912 | 16669 | 4112 |
| 235776 | 100105 | 5031 | 1490 | 13442 | 4045 | 16574 | 13695 | 17538 | 10437 |
| 984432 | 612375 | 265791 | 77140 | 126035 | 60774 | 151525 | 121993 | 112927 | 83539 |
| 1110687 | 710542 | 629629 | 140686 | 211900 | 80132 | 197246 | 161992 | 116858 | 115368 |
| 3806829 | 2062491 | 1854540 | 700207 | 1121592 | 1296887 | 1057547 | 951303 | 1059506 | 522000 |
| 221381 | 113382 | 81000 | 83000 | 100389 | 46020 | 155947 | 114347 | 106900 | 119000 |
| 13 | 6 | 4 | 1 | 2 | 1 | 2 | 5 | 1 | 4 |
| 41635 | 50010 | 9570 | 13223 | 38533 | 20429 | 21660 | 5037 | 16116 | 8000 |
| 38 | 33 | 101 | 23 | 34 | 61 | 36 | 33 | 14 | 16 |
| 1055672 | 645361 | 746186 | 586316 | 220170 | 380644 | 833104 | 502671 | 464488 | 270400 |
| 4211 | 3522 | 1943 | 922 | 491 | 119 | 470 | 221 | 941 | 234 |
| 2551 | 2109 | 1077 | 580 | 329 | 87 | 348 | 163 | 488 | 127 |

# 19—45 各市省级以上开发区主要经济指标（2012年）

## Main Economic Indicators of Development Areas above the Provincial Level by Region (2012)

| 地　区 | Region | 全区经营（销售）收入（万元） Business (Sales) Income (10000 yuan) | #规上工业销售收入 Industrial Sales Value | 工业总产值（当年价格）（万元） Gross Industrial Output Value (10000 yuan) | #规模以上工业企业 Industrial Enterprises Above Definited Size | 第二产业增加值（万元） The Value-added of the Secondary Industry (10000 yuan) | #工业增加值 Industrial Added Value | 出口总额（万美元） Total Export (USD 10000) | 进口总额（万美元） Total Import (USD 10000) | 税收总额（万元） Total Tax (10000 yuan) |
|---|---|---|---|---|---|---|---|---|---|---|
| **总　计** | **Total** | **200681483** | **131138993** | **149275068** | **140291597** | **41054504** | **38888573** | **1389278** | **633064** | **6214951** |
| 合肥市 | Hefei | 72253147 | 40880792 | 48049077 | 46365281 | 13297238 | 12243969 | 569083 | 379422 | 2117400 |
| 淮北市 | Huaibei | 3662654 | 3074202 | 3451568 | 3183738 | 871532 | 857123 | 12010 | 1835 | 138448 |
| 亳州市 | Bozhou | 3121712 | 2378007 | 2680329 | 2464078 | 629698 | 603224 | 48070 | 2640 | 112580 |
| 宿州市 | Suzhou | 2930850 | 1579377 | 1724935 | 1636657 | 473160 | 453432 | 15296 | 4368 | 102774 |
| 蚌埠市 | Bengbu | 10826238 | 7359328 | 8055945 | 7496375 | 2287167 | 2112801 | 34136 | 4814 | 297581 |
| 阜阳市 | Fuyang | 7112992 | 4961669 | 5967416 | 5101557 | 1604067 | 1513002 | 37733 | 9528 | 188046 |
| 淮南市 | Huainan | 1887690 | 866414 | 1104475 | 902021 | 354846 | 312346 | 21065 | 9264 | 91798 |
| 滁州市 | Chuzhou | 9154137 | 6653058 | 7907684 | 6764881 | 2089634 | 2018262 | 72060 | 22684 | 273828 |
| 六安市 | Luan | 7402776 | 5136398 | 6113580 | 5866295 | 1856117 | 1787464 | 37154 | 2184 | 292155 |
| 马鞍山市 | Maanshan | 10013641 | 7352545 | 8008879 | 7557203 | 2150796 | 2121137 | 35102 | 18718 | 305505 |
| 芜湖市 | Wuhu | 36341857 | 25603075 | 27524150 | 26537865 | 7492509 | 7270119 | 310563 | 119664 | 1173935 |
| 宣城市 | Xuancheng | 6161629 | 4881489 | 5954777 | 5140001 | 1617500 | 1535580 | 85148 | 9052 | 344956 |
| 铜陵市 | Tongling | 8512046 | 6196884 | 6756020 | 6450889 | 1491518 | 1463049 | 22783 | 20976 | 264121 |
| 池州市 | Chizhou | 2697545 | 1914091 | 2223257 | 2053187 | 621255 | 565883 | 14853 | 10504 | 143077 |
| 安庆市 | Anqing | 17484037 | 11462581 | 12796183 | 11899292 | 3981587 | 3804423 | 70579 | 17034 | 341561 |
| 黄山市 | Huangshan | 1118532 | 839084 | 956793 | 872277 | 235880 | 226760 | 3643 | 377 | 27186 |

| 地　区 | Region | 财政收入（万元） Financial Revenue (10000 yuan) | 固定资产投资总额（万元） Investment in Fixed Assets (10000 yuan) | #基础设施投资 In Infrastructure Projects | 新批进区外商投资企业（个） Foreign Investment Enterprises Entered this Year (unit) | 实际利用外商直接投资（万美元） Foreign Direct Investment Amount Actually Used this Year (USD 10000) | 亿元以上省外境内投资项目个数（个） Investment Projects (outside the provice, Above 100 million yuan) (unit) | 亿元以上项目到位省外境内资金额（万元） Investment Projects of Gaining Fund (outside the provice, Above 100 million yuan) (10000 yuan) | 专利申请量（件） Patent Applications (unit) | 专利授权量（件） Patent Grant (unit) |
|---|---|---|---|---|---|---|---|---|---|---|
| **总　计** | **Total** | **8568700** | **51465302** | **5604043** | **114** | **558458** | **1520** | **23167991** | **38964** | **24811** |
| 合肥市 | Hefei | 2895856 | 15601003 | 1826097 | 38 | 111442 | 208 | 5825411 | 10486 | 7369 |
| 淮北市 | Huaibei | 155061 | 1504592 | 162826 | 1 | 22869 | 36 | 542086 | 308 | 162 |
| 亳州市 | Bozhou | 177572 | 1266093 | 206303 | 3 | 28161 | 66 | 723428 | 1338 | 814 |
| 宿州市 | Suzhou | 101651 | 1033642 | 177652 | 5 | 20783 | 69 | 837340 | 77 | 57 |
| 蚌埠市 | Bengbu | 550081 | 4756925 | 480437 | 4 | 43314 | 130 | 1941025 | 3312 | 1861 |
| 阜阳市 | Fuyang | 394868 | 1370700 | 164679 | 7 | 8953 | 55 | 478570 | 1654 | 896 |
| 淮南市 | Huainan | 86226 | 718621 | 79585 | 1 | 10924 | 9 | 230183 | 194 | 230 |
| 滁州市 | Chuzhou | 324220 | 2658746 | 279583 | 3 | 31487 | 83 | 1449418 | 2767 | 1873 |
| 六安市 | Luan | 331617 | 1899501 | 225320 | 4 | 22665 | 72 | 776513 | 1240 | 735 |
| 马鞍山市 | Maanshan | 473779 | 3252284 | 229809 | 4 | 63736 | 137 | 1186499 | 2028 | 873 |
| 芜湖市 | Wuhu | 1657411 | 8568983 | 458583 | 21 | 97269 | 326 | 4352763 | 9781 | 6445 |
| 宣城市 | Xuancheng | 401090 | 2025586 | 432338 | 4 | 34700 | 134 | 1836824 | 1829 | 1041 |
| 铜陵市 | Tongling | 350053 | 2124935 | 211385 | 3 | 29820 | 54 | 1055153 | 2035 | 1222 |
| 池州市 | Chizhou | 181000 | 1233290 | 161300 | 9 | 9615 | 37 | 572730 | 799 | 496 |
| 安庆市 | Anqing | 455170 | 3277220 | 486516 | 7 | 20977 | 89 | 1286788 | 1045 | 642 |
| 黄山市 | Huangshan | 33046 | 173181 | 21630 | 0 | 1743 | 15 | 73260 | 71 | 95 |

## 19—46 合肥国家高新技术产业开发区企业经营状况（2012年）

Enterprises Business of Hefei National Development Zone for New and High-level Technology Industries (2012)

| 经济类型 Ownership | 企业数（家）Enterprises (unit) | 总产值（万元）Gross Output Vaue (10000 yuan) | 总收入（万元）Total Revenue (10000 yuan) | 技术性收入 Technical Revenue | 利税总额（万元）Total Pre-tax Profit (10000 yuan) | 利润 Profit | 出口创汇（万美元）Foreign Exchange Earned Through Export (USD 10000) | 年末职工人数（人）Number of Staff and Norkers at Year-end (person) | 全员劳动生产率（万元/人）Overall Labor Productivity (10000 yuan /person) |
|---|---|---|---|---|---|---|---|---|---|
| **总计 Total** | **481** | **22613740** | **23601445** | **1840765** | **5599038** | **2595141** | **535322** | **150829** | **48.73** |
| 国有经济 State-owned | 30 | 5451604 | 5714085 | 976727 | 3176362 | 1017656 | 112438 | 28044 | 55.56 |
| 私营企业 Private | 189 | 1961575 | 2108969 | 301851 | 1243100 | 53567 | 74231 | 15566 | 45.14 |
| 股份制经济 Share Holding | 227 | 10699235 | 11064936 | 458127 | 939480 | 1402380 | 233489 | 86633 | 48.50 |
| 中外合资 Sino-foreign Joint Venture | 13 | 4207020 | 4382875 | 57525 | 184168 | 101429 | 87539 | 17013 | 60.19 |
| 港澳台侨与大陆合资 China-Hong Kong/macao/ Taiwan Joint Venture | 9 | 183100 | 192686 | | 33660 | 9999 | 26058 | 1958 | 46.30 |
| 港澳台侨独资企业 H.K/Macao/Taiwan Funded | 4 | 82563 | 99047 | 46535 | 18302 | 7777 | | 751 | 40.51 |
| 其他经济 Others | 9 | 28642 | 38847 | | 3967 | 2333 | 1566 | 865 | 37.04 |
| 总计中：三资企业 Joint, Cooperative or Exclusi-vely Foreign-funded Ventures | 52 | 3377908 | 3378030 | 107260 | 372239 | 160223 | 133751 | 20906 | 42.60 |

## 19—47 合肥国家高新技术产业开发区产品概况（2012年）

Products of Hefei National Development Zone for New and High-level Technology Industries (2012)

单位：万元（10000 yuan）

| 技术领域 | Field of Technology | 产品数（种）Quantity of Products (kind) | 产值 Output Value | 年销售收入 Annual Sales Revenue | 出口额 Volume of Export |
|---|---|---|---|---|---|
| **总计** | **Total** | **1262** | **17082979** | **15222357** | **4036359** |
| 电子与信息 | Electronics and Information Industry | 530 | 450591 | 406951 | 760430 |
| 生物医药技术 | Biology and Medicine | 146 | 482470 | 410278 | 230838 |
| 新材料 | New Materials | 53 | 449811 | 437193 | 304050 |
| 光机电一体化 | Photoelectric, Mechanical and Electrical products | 261 | 7200540 | 6437311 | 2581883 |
| 新能源高效节能 | New Energy Sources and Energy Saving Devices | 64 | 4204295 | 3690822 | 63628 |
| 环境保护 | Environmental Protection | 27 | 45601 | 39731 | |
| 航空航天技术 | Aviation Technology | 10 | 4829 | 4220 | |
| 核应用技术 | Nuclear Application Technology | 10 | 2769 | 2165 | |
| 其他高技术 | Other High-level Technology | 123 | 1614000 | 1316995 | 70892 |
| 非高技术 | Unhigh-level Technology | 39 | 2628074 | 2476691 | 24637 |

## 19—48 全省监督抽查产品质量情况
Results of Sampling Check on Product Quality Under Provincial Supervision

| 年份<br>Year | 抽查企业（个）<br>Number of Enterprises Selected (unit) | 无不合格品企业数（个）<br>Number of Enterprises Without Products Unqualified | 抽查产品 Products Selected in Sampling<br>（类）<br>Number of Types | （种）<br>Number of Kinds | 合格产品（批次）<br>Number of Products Qualified (kind) | 样品合格率（%）<br>Rate of Sample Products Qualified (%) |
|---|---|---|---|---|---|---|
| 2000 | 34063 | 94204 | 12 | 102 | | |
| 2005 | 16282 | 12966 | 12 | 99 | 14656 | 80.59 |
| 2006 | 16701 | 13666 | 12 | 99 | 15495 | 83.03 |
| 2007 | 15964 | 2539 | 12 | 102 | 15558 | 85.59 |
| 2008 | 17021 | 15001 | 12 | 114 | 16665 | 88.14 |
| 2009 | 19424 | 17100 | 12 | 103 | 21981 | 89.34 |
| 2010 | 11459 | 10154 | 12 | 110 | 12954 | 90.77 |
| 2011 | 17537 | 16009 | 12 | 157 | 25077 | 93.75 |
| 2012 | 15754 | 14565 | 12 | 151 | 18681 | 93.27 |

## 19—49 技术市场成交情况
Business of Technological Markets

| 项目 | Item | 成交项目（项）Transaction Projects (item)<br>2011 | 2012 | 成交金额（万元）Transaction Value (10000 yuan)<br>2011 | 2012 |
|---|---|---|---|---|---|
| **总计** | **Total** | **5795** | **6806** | **650337** | **861592** |
| **按卖方分** | **By Selling Party** | | | | |
| 企业法人 | Enterprise Artificial Person | 3152 | 3483 | 561954 | 748404 |
| 事业法人 | Institution Artificial Person | 2617 | 3255 | 85591 | 108535 |
| 社团法人 | Social Organization Artificial Person | 15 | 27 | 1428 | 1221 |
| 自然人 | Natural Person | 2 | 11 | 812 | 911 |
| 机关法人 | Agencies & Organization Artificial Person | 1 | 19 | 40 | 1966 |
| 其他 | Others | 8 | 11 | 511 | 556 |
| **按买方分** | **By Buying Party** | | | | |
| 企业法人 | Enterprise Artificial Person | 4064 | 4509 | 554126 | 722007 |
| 事业法人 | Institution Artificial Person | 898 | 1199 | 34738 | 65759 |
| 社团法人 | Social Organization Artificial Person | 12 | 10 | 172 | 542 |
| 自然人 | Natural Person | 27 | 22 | 366 | 378 |
| 机关法人 | Agencies & Organization Artificial Person | 757 | 1015 | 55925 | 70347 |
| 其他 | Others | 37 | 51 | 5009 | 2559 |

## 19—50 产品质量监督检查情况（2012年）
Results of The Quality of Products and Commodities Under State Supervision (2012)

| 项 目 | Item | 产品质量 Product Quality 监督检验企业数（个） Number of Enterprises Supervised & Checked (unit) | 有不合格产品企业所占比例（%） Proportion of Enterprises With Products Unqualified (%) | 批次合格率（%） Rate of Batch-time Qualified (%) |
|---|---|---|---|---|
| **总　计** | **Total** | **15754** | **7.55** | **93.27** |
| **农用产品** | **Agricultural Products** | **508** | **11.42** | **90.03** |
| 拖拉机 | Tractor | 6 | | 100.00 |
| 农用配件 | Fitting Used in Agricultural | 29 | | 100.00 |
| 农用化肥 | Chemical Fertilizers | 344 | 13.66 | 87.93 |
| 化学农药 | Chemical Pesticides | 68 | 13.24 | 90.00 |
| 饲　料 | Forages | 31 | | 100.00 |
| 种　子 | Seed | 9 | 22.22 | 77.78 |
| 农用薄膜 | Agricultural Films | 11 | | 100.00 |
| 其他农用产品 | Other Agricultural Products | 10 | | 100.00 |
| **食品及相关产品** | **Food and Related Products** | **5709** | **4.99** | **95.31** |
| 小麦粉 | Wheat Flour | 286 | 0.35 | 99.46 |
| 大　米 | Rice | 1193 | 1.68 | 98.19 |
| 挂　面 | Hanging Noodles | 102 | 2.94 | 95.42 |
| 其它粮食加工品 | Other Food Products | 56 | | 100.00 |
| 食用植物油 | Edible Vegetable Oil | 138 | 10.14 | 89.94 |
| 芝麻油 | Sesame Oil | 87 | 19.54 | 81.11 |
| 食用油脂制品 | Edible Oil Products | 2 | | 100.00 |
| 酱　油 | Soy Sauce | 24 | | 100.00 |
| 食　醋 | Vinegar | 31 | | 100.00 |
| 味　精 | Flavor Essence | 4 | | 100.00 |
| 鸡　精 | Chicken Essence | 1 | | 100.00 |
| 酱 | Sauce | 28 | 14.29 | 88.57 |
| 固态调味料 | Solid Seasoning | 25 | 8.00 | 95.00 |
| 半固态（酱）调味料 | Semi-solid State (sauce). | 15 | 6.67 | 95.45 |
| 液体调味料 | Liquid Seasoning | 8 | | 100.00 |
| 食用调味油 | Edible Seasoning Oil | 10 | | 100.00 |
| 盐 | Salt | 1 | | 100.00 |
| 肉制品 | Meat Product | 147 | | 100.00 |
| 液体乳 | Liquid Milk | 35 | | 100.00 |
| 酸　乳 | Acid Milk | 26 | | 100.00 |
| 乳　粉 | Milk Powder | 8 | | 100.00 |
| 婴幼儿配方乳粉 | Infant Formula Milk Powder | 3 | | 100.00 |
| 饮用天然矿泉水 | Natural Mineral Water for | 5 | 20.00 | 83.33 |
| 饮用纯净水 | Purified Water for Drinking | 265 | 17.36 | 83.45 |
| 其它饮用水 | Other Drinking Water | 26 | 11.54 | 89.66 |
| 碳酸饮料（汽水） | Carbonated Drinks (soda) | 11 | | 100.00 |
| 茶饮料 | Tea Beverage | 7 | | 100.00 |
| 果汁及蔬菜汁饮料 | Fruit and Vegetable Juice Drink | 32 | | 100.00 |
| 含乳饮料及植物蛋白饮料 | Milk and Vegetable Protein Beverage | 29 | 13.79 | 86.96 |
| 固体饮料 | Solid Beverage | 6 | | 100.00 |
| 其它饮料 | Other Drinks | 14 | 7.14 | 95.65 |
| 方便面 | Instant Noodles | 9 | | 100.00 |
| 其它方便食品 | Other Convenience Food | 37 | 2.70 | 97.67 |
| 饼　干 | Biscuit | 18 | | 100.00 |
| 畜禽水产罐头 | Canned Aquatic Animal | 0 | | 100.00 |
| 果蔬罐头 | Canned Fruits and Vegetables | 44 | 2.27 | 98.33 |
| 其它罐头 | Other Canned | 2 | | 100.00 |
| 冷冻饮品 | Frozen Drinks | 8 | 12.50 | 86.67 |
| 速冻食品 | Fast Frozen Foods | 28 | | 100.00 |
| 膨化食品 | Puffed Food | 16 | | 100.00 |
| 糖　果 | Candy | 67 | | 100.00 |
| 果　冻 | Fruit Jelly | 3 | | 100.00 |

**19—50 续表1 continued**

| 项 目 | Item | 产品质量 Product Quality 监督检验企业数（个） Number of Enterprises Supervised & Checked (unit) | 有不合格产品企业所占比例（%） Proportion of Enterprises With Products Unqualified (%) | 批次合格率（%） Rate of Batch-time Qualified (%) |
|---|---|---|---|---|
| 茶 叶 | Tea Leaves | 357 | 0.28 | 99.78 |
| 白 酒 | Spirit | 311 | 31.83 | 72.34 |
| 葡萄酒及果酒 | Wine and Fruit Wine | 9 | 11.11 | 85.71 |
| 啤 酒 | Beer | 23 | | 100.00 |
| 黄酒及料酒 | Yellow Wine and Cooking Wine | 19 | 15.79 | 88.89 |
| 酱腌菜 | Pickles | 98 | 2.04 | 97.92 |
| 蔬菜干制品 | Dried Vegetables | 80 | 5.00 | 96.08 |
| 食用菌制品 | Edible Fungus Products | 21 | 4.76 | 96.00 |
| 蜜 饯 | Honey Candy | 46 | 2.17 | 98.48 |
| 水果干制品 | Dried Fruit Products | 2 | | 100.00 |
| 炒货食品及坚果制品 | Food and Nuts Roasted Seeds and Nuts | 242 | 3.31 | 97.92 |
| 蛋制品 | Egg Products | 54 | | 100.00 |
| 糖 | Sugar | 43 | | 100.00 |
| 水产加工品 | Aquatic Products | 14 | | 100.00 |
| 淀 粉 | Starch | 18 | | 100.00 |
| 淀粉制品 | Starch Products | 26 | 19.23 | 86.05 |
| 普通糕点 | Ordinary Cakes | 302 | 0.66 | 99.53 |
| 绿豆糕 | Bean Paste Cake | 146 | 1.37 | 98.69 |
| 月 饼 | Moon Cake | 299 | 3.68 | 96.85 |
| 发酵性豆制品 | Fermented Bean Products. | 8 | | 100.00 |
| 非发酵性豆制品 | Non-fermented Bean Products | 72 | 8.33 | 94.39 |
| 蜂蜜 | Honey | 33 | | 100.00 |
| 蜂王浆及其冻干品 | Royal Jelly and Royal Jelly Lyophilized Product | 10 | 10.00 | 90.00 |
| 蜂花粉 | Bee Pollen | 7 | | 100.00 |
| 蜂产品制品 | Bee Products | 4 | | 100.00 |
| 食品添加剂 | Food Additives | 41 | 7.32 | 94.74 |
| 食用酒精 | Edible Alcohol | 6 | | 100.00 |
| 含乳饮料、糕点等 | Milk Drinks, Cakes and So On | 23 | | 100.00 |
| 食品用塑料容器等 | Plastic Container for Cood and So On | 394 | | 100.00 |
| 食品纸包材料 | Food Paper Packaging Materials | 31 | 6.45 | 94.29 |
| 瓷器玻璃不锈钢等容器 | Porcelain Glass Stainless Steel Container | 23 | | 100.00 |
| 一次性餐饮具 | Disposable Tableware | 21 | | 100.00 |
| 化妆品 | Cosmetics | 14 | 7.14 | 95.65 |
| 洗涤剂 | Detergent | 14 | 7.14 | 93.33 |
| 食品加工机械 | Food Processing Machinery | 20 | 15.00 | 85.00 |
| 商用食品加工灶具 | Commercial Food Processing Range | 20 | 40.00 | 60.00 |
| 其它食品相关产品 | Other Food Related Products | 1 | | 100.00 |
| **家用电器** | **Household Electric Appliances** | **145** | **11.72** | **95.48** |
| 电视机、录像机 | TV, VCR | 3 | 66.67 | 75.00 |
| 洗衣机 | Washer | 11 | | 100.00 |
| 电风扇 | Electric Fan | 2 | 50.00 | 50.00 |
| 冰箱、冷藏冷冻箱 | Refrigerator, Household Freezer | 38 | 15.79 | 95.77 |
| 空调器 | Air-conditioner | 41 | | 100.00 |
| 厨房电器具 | Kitchen Electrical Appliance | 2 | | 100.00 |
| 电热器具 | Electric Heating Appliances | 33 | 24.24 | 76.47 |
| 其他家用电器 | Other | 15 | | 100.00 |
| **轻工产品** | **Light Industrial Products** | **2332** | **7.89** | **92.99** |
| 纸 | Paper | 82 | 18.29 | 85.58 |
| 纸制品 | Paper Products | 68 | 16.18 | 86.67 |
| 玩 具 | Toy | 7 | | 100.00 |
| 家 具 | Furniture | 122 | 7.38 | 93.33 |
| 眼镜（架、片） | Spectacles (glass & frame) | 1311 | 2.82 | 97.24 |
| 灯泡灯管 | Electric Bulbs & Fluorescence Tubes | 13 | | 100.00 |
| 电热燃气淋浴器 | Electric Heating Fuel Gas Shower | 20 | 5.00 | 95.45 |

## 19—50 续表2 continued

| 项 目 | Item | 产品质量 Product Quality 监督检验企业数(个) Number of Enterprises Supervised & Checked (unit) | 有不合格产品企业所占比例(%) Proportion of Enterprises With Products Unqualified (%) | 批次合格率(%) Rate of Batch-time Qualified (%) |
|---|---|---|---|---|
| 铝制品，压力锅 | Aluminum Product, Pressure Cooker | 1 | | 100.00 |
| 玻璃制品 | Glass Product | 59 | | 100.00 |
| 燃气灶具 | Cooking Utensils of Gas | 25 | | 100.00 |
| 合成洗涤剂 | Synthetic Detergent | 18 | 5.56 | 95.00 |
| 化妆品 | Cosmetics | 3 | | 100.00 |
| 橡胶，塑料制品 | Rubber, Plastic Product | 297 | 21.55 | 82.12 |
| 其他轻工产品 | Other | 306 | 15.03 | 90.23 |
| **纺织、鞋类产品** | **Textile and Shoes** | **396** | **10.86** | **89.47** |
| 布（印染、色织、坯布） | Cloth | 18 | 27.78 | 69.57 |
| 服装 | Clothing | 136 | 11.76 | 88.18 |
| 棉纺织 | Cotton Product | 100 | 6.00 | 94.89 |
| 鞋 | Shoe | 1 | | 100.00 |
| 丝麻织品 | Silk & Fabrics | 23 | 30.43 | 69.57 |
| 其他轻纺产品 | Other Textile Product | 118 | 7.63 | 92.97 |
| **化工产品** | **Chemical Products** | **378** | **3.97** | **96.97** |
| 涂料，油漆 | Paint | 199 | 5.53 | 95.58 |
| 化学试剂 | Chemical Reagent | 42 | | 100.00 |
| 其他化工产品 | Other Chemical Industry Product | 137 | 2.92 | 97.67 |
| **建材产品** | **Building Raw Materials** | **4102** | **10.90** | **90.06** |
| 水 泥 | Cement | 671 | 0.89 | 99.45 |
| 水泥预制构件 | Cement Prefabricated Components | 475 | 12.63 | 89.21 |
| 砖 瓦 | Bricks & Tiles | 2168 | 14.11 | 85.79 |
| 平板玻璃 | Plate Glass | 17 | 5.88 | 94.12 |
| 水暖管件 | Waterpipe | 60 | 15.00 | 84.13 |
| 卫生建筑陶瓷 | Health Structural Ceramics | 3 | | 100.00 |
| 装饰材料 | Decorating Materials | 98 | 8.16 | 91.89 |
| 人造板 | Building Board | 218 | 12.84 | 87.83 |
| 其他建材产品 | Other Building Product | 392 | 7.4 | 91.82 |
| **机械、电器产品** | **Mechanical and Electrical Products** | **1323** | **6.27** | **94.38** |
| 轴 承 | Bearings | 47 | 17.02 | 85.71 |
| 阀门、泵 | Valves | 90 | | 100.00 |
| 电线、电缆 | Electric Wire | 416 | 8.41 | 92.24 |
| 通用设备 | General Equipment | 33 | 3.03 | 98.18 |
| 电动工具 | Power Tool | 15 | 13.33 | 90.91 |
| 工业专用设备 | Industry Special Purpose Equipment | 32 | 6.25 | 94.29 |
| 电工仪器仪表 | Electrician Instruments and Meters | 62 | 6.45 | 93.75 |
| 低压电器元件 | Low-voltage Electric Elements | 246 | 2.03 | 98.06 |
| 消防器材 | Fire Equipment | 1 | | 100.00 |
| 安全防范设备 | Safe Guard Equipment | 22 | 4.55 | 95.45 |
| 电动机，柴油机 | Electric Motor, Diesel Engine | 34 | 5.88 | 96.00 |
| 汽车，摩托车 | Automobile, Motorcycle | 89 | 2.25 | 98.25 |
| 自行车 | Bicycle | 39 | 10.26 | 90.00 |
| 其他机电产品 | Other Mechanical and Electrical Product | 197 | 8.63 | 92.73 |
| **冶金产品及金属制品** | **Metallurgical and Metal Products** | **479** | **6.68** | **93.89** |
| 线 材 | Wire Rod | 132 | 11.36 | 90.16 |
| 型 材 | Section Steel | 69 | | 100.00 |
| 其他冶金产品 | Other Metallurgical Product | 278 | 6.12 | 94.31 |
| **能源产品** | **Energy product** | **271** | **4.80** | **94.57** |
| 原 煤 | Raw Coal | 192 | | 100.00 |
| 焦 炭 | Coke | 2 | | 100.00 |
| 汽油，柴油 | Gasoline, Diesel | 69 | 17.39 | 82.93 |
| 其他能源产品 | Other Energy Product | 8 | 12.50 | 87.50 |
| **医疗器械** | **Medical instrument** | **3** | | **100.00** |
| 普通医疗器械 | Ordinary Medical Instrument | 1 | | 100.00 |
| 其他医疗器械产品 | Other Medical Instrument Product | 2 | | 100.00 |
| **其他大类产品** | **Others** | **106** | **11.32** | **91.81** |

# 19—51 三种专利申请受理、授权量
Three Types of Patent Applications Examined and Authorized

单位：项（item）

| 指　标 | Item | 2000 | 2005 | 2010 | 2011 | 2012 |
|---|---|---|---|---|---|---|
| **申请受理量合计** | **Total Applications Examined** | **1877** | **3516** | **37780** | **48556** | **74888** |
| 发　明 | Creations and Inventions | 301 | 903 | 6396 | 10982 | 19391 |
| 实用新型 | Utility Models | 1080 | 1715 | 14417 | 23209 | 36641 |
| 外观设计 | Designs | 496 | 898 | 16967 | 14365 | 18856 |
| **申请受理人情况** | **People of Acceptance of the Application** | | | | | |
| 个　人 | Individual | 1423 | 2282 | 15316 | 14714 | 21296 |
| 大专院校 | Universities and Colleges | 72 | 209 | 981 | 1793 | 2997 |
| 科研单位 | Research Institutions | 75 | 167 | 719 | 900 | 959 |
| 企　业 | Enterprises | 300 | 839 | 20600 | 31032 | 49290 |
| 机关团体 | Government Agencies and Organizations | 7 | 19 | 164 | 117 | 346 |
| **申请授权量合计** | **Total Applications Authorized** | **1482** | **1939** | **16012** | **32681** | **43321** |
| 发　明 | Creations and Inventions | 104 | 238 | 1111 | 2026 | 3066 |
| 实用新型 | Utility Models | 894 | 1072 | 8839 | 16128 | 27191 |
| 外观设计 | Designs | 484 | 629 | 6062 | 14527 | 13064 |
| **申请受权人情况** | **Authorized Person of the Application** | | | | | |
| 个　人 | Individual | 1085 | 1234 | 4852 | 11297 | 10464 |
| 大专院校 | Universities and Colleges | 30 | 85 | 503 | 833 | 1697 |
| 科研单位 | Research Institutions | 58 | 70 | 364 | 487 | 587 |
| 企　业 | Enterprises | 302 | 537 | 10254 | 19991 | 30489 |
| 机关团体 | Government Agencies and Organizations | 7 | 13 | 39 | 73 | 84 |

## 19—52 各市三种专利申请受理、授权量（2012年）

Three Types of Patent Applications Examined and Authorized by Region (2012)

单位：项（item）

| 地区 Region | 申请受理量合计 Total Applications Examined | 发明 Creations and Inventions | 实用新型 Utility Models | 外观设计 Designs | 申请受理人情况 People of Acceptance of the Application<br>个人 Individual | 大专院校 Universities and Colleges | 科研单位 Research Institutions | 企业 Enterprises | 机关团体 Government Agencies and Organizations |
|---|---|---|---|---|---|---|---|---|---|
| **总计 Total** | **74888** | **19391** | **36641** | **18856** | **21296** | **2997** | **959** | **49290** | **346** |
| 合肥市 Hefei | 15142 | 4748 | 7660 | 2734 | 1845 | 1210 | 583 | 11369 | 135 |
| 淮北市 Huaibei | 2251 | 409 | 1454 | 388 | 825 | 9 | 13 | 1393 | 11 |
| 亳州市 Bozhou | 1828 | 414 | 688 | 726 | 980 | | 1 | 847 | |
| 宿州市 Suzhou | 1631 | 571 | 856 | 204 | 690 | 1 | 2 | 926 | 12 |
| 蚌埠市 Bengbu | 6024 | 2106 | 2184 | 1734 | 2996 | 10 | 164 | 2816 | 38 |
| 阜阳市 Fuyang | 3366 | 594 | 1462 | 1310 | 1898 | 1 | 1 | 1435 | 31 |
| 淮南市 Huainan | 3172 | 693 | 1997 | 482 | 718 | 1031 | 42 | 1350 | 31 |
| 滁州市 Chuzhou | 5786 | 1598 | 2311 | 1877 | 1975 | 88 | 10 | 3708 | 5 |
| 六安市 Luan | 2897 | 447 | 1844 | 606 | 683 | 17 | | 2171 | 26 |
| 马鞍山市 Maanshan | 4412 | 1092 | 2774 | 546 | 1179 | 136 | 2 | 3094 | 1 |
| 芜湖市 Wuhu | 16861 | 3961 | 7215 | 5685 | 4341 | 442 | 128 | 11925 | 25 |
| 宣城市 Xuancheng | 4068 | 1110 | 1680 | 1278 | 1935 | | | 2121 | 12 |
| 铜陵市 Tongling | 2811 | 684 | 1742 | 385 | 243 | 2 | | 2566 | |
| 池州市 Chizhou | 1551 | 302 | 997 | 252 | 133 | 15 | 5 | 1382 | 16 |
| 安庆市 Anqing | 1680 | 295 | 1033 | 352 | 554 | 2 | | 1122 | 2 |
| 黄山市 Huangshan | 1408 | 367 | 744 | 297 | 301 | 33 | 8 | 1065 | 1 |

| 地区 Region | 申请授权量合计 Total Applications Authorized | 发明 Creations and Inventions | 实用新型 Utility Models | 外观设计 Designs | 申请受权人情况 Authorized Person of the Application<br>个人 Individual | 大专院校 Universities and Colleges | 科研单位 Research Institutions | 企业 Enterprises | 机关团体 Government Agencies and Organizations |
|---|---|---|---|---|---|---|---|---|---|
| **总计 Total** | **43321** | **3066** | **27191** | **13064** | **10464** | **1697** | **587** | **30489** | **84** |
| 合肥市 Hefei | 9639 | 1242 | 6255 | 2142 | 914 | 849 | 340 | 7515 | 21 |
| 淮北市 Huaibei | 1504 | 63 | 1159 | 282 | 673 | 2 | 14 | 815 | |
| 亳州市 Bozhou | 947 | 34 | 419 | 494 | 467 | | | 480 | |
| 宿州市 Suzhou | 664 | 28 | 494 | 142 | 266 | | | 392 | 6 |
| 蚌埠市 Bengbu | 3457 | 290 | 1820 | 1347 | 1640 | 11 | 93 | 1697 | 16 |
| 阜阳市 Fuyang | 1300 | 90 | 846 | 364 | 506 | 1 | 1 | 787 | 5 |
| 淮南市 Huainan | 2038 | 85 | 1482 | 471 | 328 | 600 | 7 | 1101 | 2 |
| 滁州市 Chuzhou | 2969 | 58 | 1592 | 1319 | 1075 | 15 | 1 | 1875 | 3 |
| 六安市 Luan | 1813 | 50 | 1374 | 389 | 410 | 2 | | 1400 | 1 |
| 马鞍山市 Maanshan | 2293 | 160 | 1980 | 153 | 493 | 46 | 2 | 1750 | 2 |
| 芜湖市 Wuhu | 10408 | 675 | 5340 | 4393 | 2230 | 140 | 121 | 7898 | 19 |
| 宣城市 Xuancheng | 2142 | 72 | 1336 | 734 | 783 | | | 1359 | |
| 铜陵市 Tongling | 1658 | 72 | 1345 | 241 | 119 | 1 | | 1538 | |
| 池州市 Chizhou | 850 | 39 | 635 | 176 | 98 | 2 | 6 | 739 | 5 |
| 安庆市 Anqing | 934 | 59 | 697 | 178 | 253 | 1 | 1 | 679 | |
| 黄山市 Huangshan | 705 | 49 | 417 | 239 | 209 | 27 | 1 | 464 | 4 |

# 主要统计指标解释

**普通高等学校**

指按国家规定的设置标准和审批程序批准举办的，通过全国普通高等学校统一招生考试，招收高中毕业生为主要培养对象，实施高等学历教育的全日制大学、独立设置的学院和高等专科学校、高等职业学校及其他机构（独立学院和分校、大专班）。

**成人高等学校**

指按照国家规定的设置标准和审批程序批准举办的，通过全国成人高等教育统一招生考试，招收具有高中毕业或同等学历的人员为主要培养对象，利用函授、业余、脱产等多种形式对其实施高等学历教育的学校。包括职工高等学校、农民高等学校、管理干部学院、教育学院、独立函授学院、广播电视大学、其他机构等。其他机构是承担国家成人招生计划任务不计校数的机构。

**小学学龄儿童入学率**

指调查范围内已入小学学习的学龄儿童占校内外学龄儿童总数（包括弱智儿童，不包括盲聋哑儿童）的比重。计算公式为：

小学学龄儿童入学率＝已入学的小学学龄儿童数/校内外小学学龄儿童总数×100%

**财政性教育经费**

包括财政预算内教育经费，各级政府征收用于教育的税费，企业办学校教育经费，校办产业、勤工俭学和社会服务收入用于教育的经费。

**研究与试验发展（R&D）**

指在科学技术领域，为增加知识总量，以及运用这些知识去创造新的应用进行的系统的创造性的活动，包括基础研究、应用研究、试验发展三类活动。国际上通常采用R&D活动的规模和强度指标反映一国的科技实力和核心竞争力。

**基础研究**

指为了获得关于现象和可观察事实的基本原理的新知识(揭示客观事物的本质、运动规律，获得新发现、新学说)而进行的实验性或理论性研究，它不以任何专门或特定的应用或使用为目的。其成果以科学论文和科学著作为主要形式。用来反映知识的原始创新能力。

**应用研究**

指为获得新知识而进行的创造性研究，主要针对某一特定的目的或目标。应用研究是为了确定基础研究成果可能的用途，或是为达到预定的目标探索应采取的新方法(原理性)或新途径。其成果形式以科学论文、专著、原理性模型或发明专利为主。用来反映对基础研究成果应用途径的探索。

**试验发展**

指利用从基础研究、应用研究和实际经验所获得的现有知识，为产生新的产品、材料和装置，建立新的工艺、系统和服务，以及对已产生和建立的上述各项作实质性的改进而进行的系统性工作。

**R&D人员**

指参与研究与试验发展项目研究、管理和辅助工作的人员，包括项目（课题）组人员，企业科技行政管理人员和直接为项目（课题）活动提供服务的辅助人员。反映投入从事拥有自主知识产权的研究开发活动的人力规模。

**R&D人员全时当量**

指全时人员数加非全时人员按工作量折算为全时人员数的总和。例如：有两个全时人员和三个非全时人员（工作时间分别为20%、30%和70%)，则全时当量为2+0.2+0.3+0.7=3.2人年。为国际上比较科技人力投入而制定的可比指标。

**R&D经费内部支出合计**

指调查单位用于内部开展R&D活动（基础研究、应用研究和试验发展）的实际支出。包括用于R&D项目（课题）活动的直接支出，以及间接用于R&D活动的管理费、服务费、与R&D有关的基本建设支出以及外协加工费等。不包括生产性活动支出、归还贷款支出以及与外单位合作或委托外单位进行R&D活动而转拨给对方的经费支出。

**R&D经费内部支出中政府资金**

指R&D经费内部支出中来自各级政府部门的各类资金，包括财政科学技术拨款、科学基金、教育等部门事业费以及政府部门预算外资金的实际支出。

**R&D经费内部支出中企业资金**

指R&D经费内部支出中来自本企业的自有资金和接受其他企业委托而获得的经费，以及科研院所、高校等事业单位从企业获得的资金的实际支出。

**新产品销售收入**

指报告期企业销售新产品实现的销售收入。

**发明（专利）**

指对产品、方法或者其改进所提出的新的技术方案。是国际通行的反映拥有自主知识产权技术的核心指标。

**实用新型（专利）**

指对产品的形状、构造或者其结合所提出的适于实用的新的技术方案。反映具有一定技术含量的技术成果情况。

**外观设计（专利）**

指对产品的形状、图案、色彩或者其结合所作出的富有美感并适于工业上应用的新设计。反映拥有自主知识产权的外观设计成果情况。

# Explanatory Notes for Major Statistical Indicators

**Regular Institutions of Higher Education**

refer to educational establishments set up according to the government evaluation and approval procedures, recruiting graduates from senior secondary schools as the main target by National Matriculation TEST. They include full-time universities, colleges, institutions of higher professional education, institutions of higher vocational education, institutions of higher vocational education and others (non-university tertiary, branch schools and undergraduate classes).

**Institutions of Higher Education for Adults**

refer to educational establishments, set up in line with relevant rules approved by the government, enrolling staff and workers with senior secondary school or equivalent education, and providing higher education courses in many forms of correspondence, spare time, or full time for adults. Professionals thus trained receive a qualification equivalent to graduates studying regular courses at regular universities, colleges and professional colleges. Institutions of higher learning for adults include schools of higher education for staff and workers, schools of higher education for peasants, colleges for management cadres, pedagogical colleges, independent correspondence colleges, Radio and TV universities and other educational establishments. Other educational establishments have undertakings to enrol adult students but not enumerated in the schools under the State Plan.

**Enrollment Rate of Primary School age Children**

refers to the proportion of school age children enrolled at schools to the total number of school age children both in and outside schools (including retarded children, but excluding blind, deaf and mute children). The formula is:

Enrollment Rate of Primary School age Children=(Total Primary School age Children at Schools)/(Total Primary School age Children Both at and Outside Schools) × 100%

**Government Appropriation for Education**

refers to State budgetary fund for education, taxes and fees collected by governments at all levels that are used for education purpose, education fund for enterprise-run schools, income from school-run enterprises, work-study programme and social services that are used for education purpose.

**Research and Development (R&D)**

refers to systematic and creative activities in the field of science and technology aiming at increasing the knowledge and using the knowledge for new application. R&D includes 3 categories of activities: basic research, applied research and experimentation for development. The scale and intensity of R&D are widely used internationally to reflect the strength of S&T and the core competitiveness of a country in the world.

**Basic Research**

refers to empirical or theoretical research aiming at obtaining new knowledge on the fundamental principles regarding phenomena or observable facts to reveal the intrinsic nature and underlying laws and to acquire new discoveries or new theories. Basic research takes no specific or designated application as the aim of the research. Results of basic research are mainly released or disseminated in the form of scientific papers or monographs. This indicator reflects the innovation capacity for original knowledge.

**Applied Research**

refers to creative research aiming at obtaining new knowledge on a specific objective or target. Purpose of the applied research is to identify the possible uses of results from basic research, or to explore new (fundamental) methods or new approaches. Results of applied research are expressed in the form of scientific papers, monographs, fundamental models or invention patents. This indicator reflects the exploration of ways to apply the results of basic research.

**Experiments and Development**

refer to systematic activities aiming at using the knowledge from basic and applied researches or from practical experience to develop new products, materials and equipment, to establish new production process, systems and services, or to make substantial improvement on the existing products, process or services. Results of experiment and development activities are embodied in patents, exclusive technology, and monotype of new products or equipment. In social sciences, experiment and development activities refer to the process of converting the knowledge from basic or applied researches into feasible programmes (including conduct of demonstration projects for assessment and evaluation). There are no experiment and development activities in the science of humanities. This indicator reflects the capability of transferring the results of S&T into technique and products, and measures the realization of S&T in spearheading the economic and social development.

**Scientists and Engineers**

refer to persons who have completed university or higher education or obtained titles of senior and middle level professional positions.

**R & D Personnel**

refer to persons engaged in research, management and supporting activities of R & D, including persons in the project teams, persons engaged in the management of S&T activities of enterprises and supporting staff providing direct service to the research projects. This indicator reflects the size of personnel engaged in R&D activities with independent intellectual property.

**Full-time Equivalent of R&D Personnel**

refers to the sum of the full-time persons and the full-time equivalent of part-time persons converted by workload. For instance, if there are 2 full-time persons and 3 part-time workers (20%, 30% and 70% of working hours respectively on R&D activities), the full-time equivalent are 2+0.2+0.3+0.7=3.2 person-years. This is an internationally comparable indicator of S&T manpower input.

**Total Internal Expenditure of Funds on R&D**

refers to the real expenditure of surveyed units on their own R&D activities (basic research, application study, test and development) including direct expenditure on R&D activities, indirect expenditure of management and services on R&D activities, expenditure on capital construction and material processing by others. Excluding the expenditure on production activities, return of loan, and fees transferred to cooperated and entrusted agencies on R&D activities.

**Internal Expenditure of Government Funds**

Refers to the expenditure of funds on R&D activities from government agencies at different levels, including appropriate funds on science and technology from financial departments, scientific funds, operating expenses from education departments and the real expenditure of extra budgetary funds from government agencies.

**Internal Expenditure of Funds of Enterprises**

refers to the expenditure of funds on R&D activities from self-raised funds of enterprises and funds from other enterprises through entrustment, and the expenditure of funds of institutions, such as institution of scientific research and universities, from enterprises.

**Sales Income of New Products**

refers to the real sales income of new products of the enterprises at the reporting period.

**Patented Inventions**

refer to new technical proposals to the products or methods or their modifications. This is universal core indicator reflecting the technologies with independent intellectual property.

**Patented Utility Models**

refer to the practical and new technical proposals on the shape and structure of the product or the combination of both. This indicator reflects the condition of technological results with certain technical content.

**Designs**

refer to the aesthetics and industrially applicable new designs for the shape, pattern and colour of the product, or their combinations. This indicator reflects the appearance design achievements with independent intellectual property.

# 第二十篇

Chapter 20

# 卫生和社会服务

PUBLIC HEALTH AND SOCIAL SERVICES

## 简要说明

一、本篇主要反映卫生、民政、劳动保障事业的发展情况。

卫生部分主要包括卫生机构、卫生人员、卫生设施，医疗服务，农村和社区卫生、妇幼保健、医疗保障制度等情况。

民政事业和劳动保障统计资料主要包括社会服务企事业机构、人员、床位情况，优抚和社会救济情况，社区服务设施和农村社会保障网络情况，婚姻服务情况等情况。

二、卫生部分的资料来自省卫生厅。民政事业和劳动保障统计资料分别由省民政厅、省人力资源和社会保障厅依据统计报表制度整理提供。

## Brief Introduction

I. Data in this chapter mainly reflect the development of public health, civil affairs, labor and social security.

Data on public health include mainly the number of health institutions, health personnel, health facility; health expenses, medical services, rural and community health, maternal and child health, people's health, major diseases as the causes of death, and health security system.

Data on civil affairs and labor and social security include: institutions, personnel and beds of social services， social welfare relief, community service facilities and rural network of social security, marriage registration service, funeral and interment services, social donations and welfare lottery, retirement pensions, arbitration of labor disputes, etc.

II. Data on public health are mainly from the Information Center under the Ministry of Health. Data on civil affairs, labor and social security are from the Ministry of Civil Affairs and the Ministry of Human Resources and Social Security based on statistical reporting form scheme.

## 20—1 医疗卫生机构数
Number of Health Institutions

单位：个（unit）

| 年份 Year | 总计 Total | 医院 Hospitals | 社区卫生服务中心(站) Community Health Service Center (station) | 乡镇卫生院 Township Hospitals | 村卫生室 Village Health Room | 疾病预防控制中心(防疫站) Disease Prevention and Controlling Center (Epidemic Prevention Station) | 专科疾病防治院(所.站) Specialized Disease Prevention and Treatment Canters (stations) | 妇幼保健院(所.站) Maternity and Child Care Centers (stations) | 急救中心(站) First-aid Center (station) | 卫生监督所 Health Supervision Centers |
|---|---|---|---|---|---|---|---|---|---|---|
| 2005 | 32044 | 683 | 635 | 1980 | 22847 | 132 | 54 | 117 | 5 | 41 |
| 2006 | 31660 | 699 | 903 | 1864 | 22372 | 130 | 50 | 116 | 6 | 71 |
| 2007 | 29144 | 690 | 808 | 1842 | 20642 | 129 | 48 | 118 | 7 | 96 |
| 2008 | 27130 | 720 | 918 | 1824 | 19276 | 127 | 44 | 119 | 10 | 102 |
| 2009 | 24736 | 713 | 986 | 1702 | 17719 | 124 | 47 | 118 | 10 | 103 |
| 2010 | 23019 | 730 | 1730 | 1437 | 15636 | 124 | 50 | 119 | 11 | 110 |
| 2011 | 22884 | 916 | 1924 | 1395 | 15321 | 124 | 52 | 119 | 11 | 111 |
| 2012 | 23278 | 930 | 1948 | 1384 | 15306 | 121 | 52 | 118 | 12 | 119 |

## 20—2 医疗卫生机构人员数
Number of Engaged Persons in Health Institutions

单位：人（person）

| 年份 Year | 人员合计 Total | 卫生技术人员 Medical Technical Personnel | #执业(助理)医师 Licensed (Assistant) Doctors | 注册护士 Registered Nurse | 每万人口专业卫生技术人员数 Number of Medical Technical Personnel per 10000 Population |
|---|---|---|---|---|---|
| 2000 | 188278 | 153808 | 69943 | 41226 | 25.24 |
| 2005 | 193973 | 159788 | 66102 | 47329 | 26.11 |
| 2006 | 204498 | 169181 | 69421 | 50392 | 27.69 |
| 2007 | 214121 | 174724 | 69132 | 55081 | 28.56 |
| 2008 | 227470 | 187785 | 73845 | 60860 | 30.61 |
| 2009 | 244477 | 202382 | 79230 | 69291 | 33.01 |
| 2010 | 247493 | 205403 | 81097 | 76550 | 34.48 |
| 2011 | 315514 | 217709 | 84773 | 84495 | 36.48 |
| 2012 | 334736 | 236172 | 92009 | 95042 | 39.44 |

注：本表2011年起人员含村卫生室人员情况。每万人口专业卫生技术人员按常住人口计算。

a) From 2011, Data in this table personnel include village health room staff.Professional health workers of Per 10000 population is calculated by permanent population.

## 20—3 医疗卫生机构、床位、人员数（2012年）

Number of Health Units, Beds and Staff (2012)

| 指 标 | Item | 机构数（个）Health Institu-tions (unit) | 床位数（张）Beds (unit) | 人员数（人）Persons Engaged (person) | 卫生技术人员 Medical technical Personnel |
|---|---|---|---|---|---|
| **总 计** | **Total** | **23278** | **222283** | **334736** | **236172** |
| 医 院 | Hospitals | 930 | 157817 | 177992 | 147301 |
| 综合医院 | Comprehensive Hospitals | 641 | 117841 | 135362 | 112329 |
| 中医医院 | Hospitals of Traditional Chinese Medicine | 91 | 19460 | 23389 | 19743 |
| 中西医结合医院 | Hospitals Combined by Medium Doctors | 13 | 1418 | 1507 | 1269 |
| 专科医院 | Specialized Hospitals | 183 | 18992 | 17689 | 13925 |
| 口腔医院 | Stomatological Hospitals | 10 | 125 | 605 | 515 |
| 眼科医院 | Ophthalmology Hospitals | 24 | 789 | 876 | 622 |
| 耳鼻喉科医院 | Ear, Nose and Throat Hospitals | 4 | 115 | 118 | 101 |
| 肿瘤医院 | Malignant Tumour Hospitals | 9 | 1927 | 1731 | 1462 |
| 心血管病医院 | Cardiovascular Disease Hospitals | 1 | 175 | 215 | 164 |
| 妇产(科)医院 | Gynecology Hospitals | 17 | 696 | 1342 | 822 |
| 儿童医院 | Children's Hospitals | 2 | 1027 | 1098 | 918 |
| 精神病医院 | Mental Hospitals | 18 | 6639 | 4027 | 3211 |
| 传染病医院 | Infection Hospitals | 8 | 2227 | 2231 | 1770 |
| 皮肤病医院 | Dermatological Hospitals | 2 | 25 | 62 | 48 |
| 结核病医院 | Tubercle Hospitals | 2 | 767 | 730 | 623 |
| 麻风病医院 | Leprosy Hospitals | 2 | 14 | 9 | 5 |
| 骨科医院 | Orthopedic Hospitals | 18 | 1021 | 1072 | 866 |
| 康复医院 | Rehabilitation Hospitals | 15 | 1309 | 1237 | 963 |
| 整形外科医院 | Plastic Surgery Hospital | 2 | 40 | 89 | 75 |
| 美容医院 | Cosmetology Hospitals | 4 | 184 | 173 | 132 |
| 其他专科医院 | Other Specialized Hospitals | 45 | 1912 | 2074 | 1628 |
| 护理院 | Nursing Hospitals | 2 | 106 | 45 | 35 |
| 基层医疗卫生机构 | The Basic Medical Institutions | 21812 | 57807 | 135337 | 72592 |
| 社区卫生服务中心(站) | Community Health Service Center (station) | 1948 | 8926 | 18484 | 16162 |
| 社区卫生服务中心 | Community Health Center | 410 | 7265 | 10117 | 8749 |
| 社区卫生服务站 | Community Health Service Station | 1538 | 1661 | 8367 | 7413 |
| 卫生院 | Commune Hospitals | 1385 | 48319 | 48333 | 41374 |
| 街道卫生院 | Hospitals in the Streets | 1 | 30 | 36 | 31 |
| 乡镇卫生院 | Township Hospitals | 1384 | 48289 | 48297 | 41343 |
| 中心卫生院 | Center Hospitals | 448 | 22626 | 22872 | 19764 |
| 乡卫生院 | Rural Hospitals | 936 | 25663 | 25425 | 21579 |
| 村卫生室 | Village Health Room | 15306 | | 60050 | 6982 |
| 门诊部 | Outpatient Departments | 156 | 562 | 1840 | 1632 |
| 诊所、卫生所、医务室 | Clinics、Health Institute、Medical Office | 3017 | | 6630 | 6442 |
| 专业公共卫生机构 | Professional Public Health Institutions | 449 | 5591 | 18581 | 14903 |
| 疾病预防控制中心 | Disease Prevention and Controlling Center | 121 | | 5197 | 3977 |
| 专科疾病防治院（所、站） | Specialized Disease Prevention and Treatment Canters (stations) | 52 | 2188 | 2618 | 1867 |
| 健康教育所（站、中心） | Health Education Offices (stations or centers) | 2 | | 22 | 10 |
| 妇幼保健院（所、站） | Maternity and Child Care Centers (stations) | 118 | 3403 | 6488 | 5372 |
| 急救中心（站） | First-aid Center (station) | 12 | | 393 | 197 |
| 采供血机构 | Blood Collecting and Supply Organizations | 23 | | 1160 | 854 |
| 卫生监督所(中心) | Health Supervision Centers | 119 | | 2680 | 2610 |
| 计划生育技术服务机构 | Birth Control Technical Services | 2 | | 23 | 16 |
| 其他卫生机构 | Other Health Institutions | 87 | 1068 | 2826 | 1376 |
| 疗养院 | Sanatoriums | 7 | 1068 | 500 | 313 |
| 医学科学研究机构 | Research Institutes of Medical Science | 11 | | 287 | 138 |
| 医学在职培训机构 | Medical On-the-job Training Organizations | 25 | | 702 | 254 |
| 临床检验中心（所、站） | Clinical Testing Center (station) | 7 | | 580 | 256 |
| 其 他 | Other | 37 | | 757 | 415 |

注：本表含村卫生室情况。

a) This table includes village health room.

## 20—4 医疗卫生机构各类人员数（2012年）
Persons Engaged in Health Care Institutions by Type of Occupation (2012)

单位：人（person）

| 指 标 | Item | 合 计 Total | 按设置主办单位分 Grouped by Managing Organization 政府办 Set Up by Government | 社会办 Set Up by Society | 个人办 Set Up by Individual |
|---|---|---|---|---|---|
| **总 计** | **Total** | **334736** | **222841** | **80218** | **31677** |
| 卫生技术人员 | Medical Technical Personnel | 236172 | 174973 | 36129 | 25070 |
| 其他技术人员 | Other Technical Personnel | 12420 | 9826 | 1399 | 1195 |
| 管理人员 | Managerial Personnel | 12316 | 8798 | 2024 | 1494 |
| 工勤技能人员 | Logistics Workers | 20760 | 16056 | 2735 | 1969 |
| **卫生技术人员** | **Medical Technical Personnel** | 236172 | 174973 | 36129 | 25070 |
| 执业（助理）医师 | Licensed (Assistant) Doctors | 92009 | 64769 | 16537 | 10703 |
| #执业医师 | Licensed Doctors | 71131 | 52326 | 10873 | 7932 |
| 注册护士 | Registered Nurses | 95042 | 70780 | 14209 | 10053 |
| 药师（士） | Pharmaceutics Personnel | 11818 | 9221 | 1699 | 898 |
| 技师（士） | Laboratory Personnel | 14366 | 11485 | 1774 | 1107 |
| #检验师 | Teacher of Examine | 9752 | 7815 | 1283 | 654 |
| 其 他 | Others | 22937 | 18718 | 1910 | 2309 |

注：本表合计不包括乡村医生和卫生员。
a) The total of this table does not include rural doctors and health workers.

## 20—5 各市医疗卫生机构人员数（2012年）
Number of Persons Engaged in Health Institutions by Region (2012)

单位：人（person）

| 地 区 | Region | 合 计 Total | 卫生技术人员 Medical Technical Personnel | #执业（助理）医师 Licensed (Assistant) Doctors | 执业医师 Licensed Doctors | 注册护士 Senior and Junior Nurses |
|---|---|---|---|---|---|---|
| **总 计** | **Total** | **334736** | **236172** | **92009** | **71131** | **95042** |
| 合 肥 市 | Hefei | 51829 | 40363 | 15303 | 13415 | 18161 |
| 淮 北 市 | Huaibei | 13457 | 10043 | 3942 | 3141 | 4374 |
| 亳 州 市 | Bozhou | 21452 | 12002 | 4080 | 2785 | 4469 |
| 宿 州 市 | Suzhou | 26599 | 17359 | 7175 | 4444 | 6450 |
| 蚌 埠 市 | Bengbu | 20340 | 14453 | 5249 | 4084 | 6487 |
| 阜 阳 市 | Fuyang | 38726 | 24085 | 9513 | 6624 | 8509 |
| 淮 南 市 | Huainan | 16449 | 12332 | 4805 | 4083 | 5317 |
| 滁 州 市 | Chuzhou | 19899 | 13520 | 5321 | 3954 | 5239 |
| 六 安 市 | Luan | 25710 | 16429 | 7053 | 4957 | 5773 |
| 马鞍山市 | Maanshan | 13047 | 10047 | 3639 | 3015 | 4297 |
| 芜 湖 市 | Wuhu | 21857 | 16908 | 6754 | 5609 | 7186 |
| 宣 城 市 | Xuancheng | 13854 | 10746 | 4338 | 3321 | 4249 |
| 铜 陵 市 | Tongling | 5868 | 4855 | 1913 | 1735 | 2046 |
| 池 州 市 | Chizhou | 8805 | 6400 | 2565 | 1941 | 2459 |
| 安 庆 市 | Anqing | 27946 | 19435 | 7737 | 5901 | 7000 |
| 黄 山 市 | Huangshan | 8898 | 7195 | 2622 | 2122 | 3026 |

注：本表含村卫生室情况。
a) This table includes village health room.

## 20—6 各市医疗卫生机构数（2012年）
Number of Medical Health Institutions by Region (2012)

单位：个（unit）

| 地区 Region | | 总计 Total | 医院 Hospitals | 社区卫生服务中心（站）Community Health Service Center (station) | 乡镇卫生院 Township Hospitals | 村卫生室 Village Health Room | 疾病预防控制中心（防疫站）Disease Prevention and Controlling Center (Epidemic Prevention Station) | 专科疾病防治院（所.站）Specialized Disease Prevention and Treatment Canters (stations) | 妇幼保健院（所.站）Maternity and Child Care Centers (stations) | 急救中心（站）First-aid Center (station) | 卫生监督所 Health Supervision Centers |
|---|---|---|---|---|---|---|---|---|---|---|---|
| **总计** | **Total** | **23278** | **930** | **1948** | **1384** | **15306** | **121** | **52** | **118** | **12** | **119** |
| 合肥市 | Hefei | 2100 | 135 | 216 | 125 | 1131 | 11 | 6 | 12 | 3 | 11 |
| 淮北市 | Huaibei | 681 | 76 | 149 | 28 | 305 | 6 | 1 | 6 | | 4 |
| 亳州市 | Bozhou | 1532 | 37 | 99 | 94 | 1266 | 5 | 1 | 5 | | 5 |
| 宿州市 | Suzhou | 1774 | 62 | 112 | 107 | 1303 | 6 | 1 | 6 | | 6 |
| 蚌埠市 | Bengbu | 1374 | 78 | 163 | 55 | 922 | 9 | 1 | 9 | 1 | 4 |
| 阜阳市 | Fuyang | 2440 | 86 | 170 | 164 | 1767 | 9 | 2 | 9 | 1 | 9 |
| 淮南市 | Huainan | 1159 | 59 | 173 | 45 | 573 | 8 | 2 | 9 | | 8 |
| 滁州市 | Chuzhou | 1536 | 67 | 132 | 94 | 1046 | 8 | 2 | 8 | | 9 |
| 六安市 | Luan | 2515 | 34 | 136 | 159 | 2000 | 9 | | 9 | | 9 |
| 马鞍山市 | Maanshan | 860 | 49 | 102 | 44 | 396 | 7 | 5 | 7 | 1 | 7 |
| 芜湖市 | Wuhu | 1383 | 75 | 131 | 59 | 779 | 9 | 8 | 8 | 1 | 9 |
| 宣城市 | Xuancheng | 1225 | 39 | 65 | 84 | 838 | 8 | 5 | 8 | 1 | 8 |
| 铜陵市 | Tongling | 297 | 17 | 55 | 14 | 137 | 2 | 2 | 2 | 1 | 5 |
| 池州市 | Chizhou | 994 | 29 | 39 | 59 | 613 | 6 | 3 | 3 | 1 | 6 |
| 安庆市 | Anqing | 2363 | 58 | 161 | 152 | 1577 | 10 | 9 | 10 | 1 | 10 |
| 黄山市 | Huangshan | 1045 | 29 | 45 | 101 | 653 | 8 | 4 | 7 | 1 | 9 |

## 20—7 各市医疗卫生机构床位数（2012年）
Number of beds of Medical Health Institutions by Region (2012)

单位：张（unit）

| 地区 Region | | 总计 Total | 医院 Hospitals | | | | | 社区卫生服务中心 Community Health Service Center | 乡镇卫生院 Township Hospitals | 专科疾病防治院（所.站）Specialized Disease Prevention and Treatment Centers (stations) | 妇幼保健院（所.站）Maternity and Child Care Centers (stations) |
|---|---|---|---|---|---|---|---|---|---|---|---|
| | | | | 综合医院 Comprehensive Hospitals | 中医医院 Hospitals of Traditional Chinese Medicine | 中西医结合医院 Hospitals Combined by Medium Doctors | 专科医院 Specialized Hospitals | | | | |
| **总计** | **Total** | **222283** | **157817** | **117841** | **19460** | **1418** | **18992** | **7265** | **48289** | **2188** | **3403** |
| 合肥市 | Hefei | 37188 | 30594 | 20750 | 2773 | 371 | 6700 | 974 | 4084 | 90 | 484 |
| 淮北市 | Huaibei | 10279 | 7598 | 5671 | 758 | 20 | 1149 | 594 | 1218 | 528 | 200 |
| 亳州市 | Bozhou | 12564 | 7085 | 5266 | 1562 | 142 | 115 | 460 | 4695 | 20 | 224 |
| 宿州市 | Suzhou | 16600 | 10320 | 9069 | 782 | 35 | 434 | 478 | 5546 | 30 | 89 |
| 蚌埠市 | Bengbu | 14958 | 12166 | 9860 | 1165 | | 1141 | 337 | 2061 | 20 | 156 |
| 阜阳市 | Fuyang | 24870 | 15657 | 10245 | 2247 | 320 | 2845 | 865 | 7814 | 10 | 243 |
| 淮南市 | Huainan | 12589 | 9219 | 7795 | 251 | | 1173 | 841 | 1205 | 520 | 200 |
| 滁州市 | Chuzhou | 13558 | 9134 | 6871 | 1513 | 425 | 325 | 486 | 3542 | 160 | 171 |
| 六安市 | Luan | 16235 | 8663 | 5796 | 2019 | | 848 | 317 | 6590 | | 541 |
| 马鞍山市 | Maanshan | 6713 | 5273 | 4138 | 711 | | 346 | 183 | 1020 | 20 | 184 |
| 芜湖市 | Wuhu | 14598 | 11652 | 9333 | 1061 | | 1258 | 442 | 2003 | 214 | 107 |
| 宣城市 | Xuancheng | 9328 | 6578 | 4548 | 1264 | 53 | 713 | 382 | 2070 | 66 | 149 |
| 铜陵市 | Tongling | 4671 | 3886 | 2877 | 180 | | 801 | 136 | 251 | 60 | 335 |
| 池州市 | Chizhou | 5052 | 3722 | 2992 | 603 | | 127 | 35 | 1096 | 136 | 10 |
| 安庆市 | Anqing | 17379 | 12165 | 9290 | 2047 | 32 | 796 | 567 | 3920 | 306 | 253 |
| 黄山市 | Huangshan | 5701 | 4105 | 3340 | 524 | 20 | 221 | 168 | 1174 | 8 | 57 |

## 20—8 计划生育状况
Family Planning

| 项目 | Item | 2011 | 2012 | 2012年比2011年增、减 Increase /decrese in 2012 over 2011 |
|---|---|---|---|---|
| **已婚育龄妇女人数（户籍）（人）** | **Number of Married Women of Child-bearing Age (registered) (person)** | **14618393** | **14428653** | **-189740** |
| 非农业户口 | Non-agricultural Population | 2532627 | 2577006 | 44379 |
| 农业户口 | Agricultural Population | 12074635 | 11844938 | -229697 |
| **实际采取节育措施人数（户籍）（人）** | **Number of Women Actually Taking Birth Control Measures (registered) (person)** | **12456536** | **12215736** | **-240800** |
| 非农业户口 | Non-agricultural Population | 1751912 | 1764404 | 12492 |
| 农业户口 | Agricultural Population | 10696873 | 10446249 | -250624 |
| **计划内生育（户籍）（人）** | **Planned Bearing (registered) (person)** | **610696** | **642511** | **31815** |
| **计划生育率（户籍）（%）** | **Non-planned Bearing (registered) (%)** | **21.4** | **22.0** | **0.6** |
| 非农业户口 | Non-agricultural Population | 6.5 | 7.8 | 1.3 |
| 农业户口 | Agricultural Population | 23.6 | 24.4 | 0.8 |
| **独生子女领证率（户籍）（%）** | **Acceptance Rate of** Only-child Certificate (registered) **(%)** | **33.5** | **35.6** | **2.1** |
| 非农业户口 | Non-agricultural Population | 40.5 | 42.8 | 2.3 |
| 农业户口 | Agricultural Population | 30.7 | 32.7 | 2.0 |

资料来源：安徽省人口和计划生育委员会。
Source: Anhui Municipal Commission of Population and Family Planning.

## 20—9 医疗机构门诊、住院服务情况（2012年）
Outpatient Service of Medical Institution、the Situation of Hospital Service (2012)

| 机构类别 | Institution Category | 总诊疗人次数（人次） Total Number of Patients Treated (person-times) | 门、急诊 Out-patients and Emergency Patients | 入院人数（人） Hospital Admissions (person) | 出院人数（人） Being Out of Hospital (person) | 每百门、急诊入院人数（人） Hospital Admissions per 100 Out-patient Times and Emergency Patient-times (person) |
|---|---|---|---|---|---|---|
| **总计** | **Total** | 244457606 | 232193458 | 7091490 | 7091113 | 5.28 |
| 医院 | Hospitals | 72528236 | 70775957 | 5158462 | 5151804 | 7.29 |
| 疗养院 | Sanatoriums | 77136 | 71345 | 9434 | 9350 | 13.22 |
| 社区卫生服务中心(站) | Community Health Service Centers | 18272843 | 16952958 | 123996 | 123860 | 0.73 |
| 卫生院 | Commune Hospitals | 41617300 | 40521266 | 1638849 | 1646246 | 4.04 |
| 门诊部 | Clinics | 953095 | 881015 | 7818 | 7818 | |
| 诊所、卫生所、医务室 | Clinics、Health Institute、Medical Office | 10765855 | 10401251 | | | |
| 妇幼保健院（所、站） | Maternity and Child Care Centers (stations) | 4646728 | 3838214 | 138927 | 138035 | 3.62 |
| 专科疾病防治院（所、站） | Speclalized Disease Prevention and Treatment Centers (stations) | 426540 | 264208 | 14004 | 14000 | 5.30 |

## 20—10 重大传染病救治及救助情况
Significant Infectious Diseases Treatment and Rescue Situation

| 指　　标 | Item | 2010 | 2011 | 2012 |
|---|---|---|---|---|
| 重大传染病救治财政投入（万元） | Significant Financial Investment for Treatment of Infectious Diseases (10000 yuan) | | | |
| 艾滋病 | AIDS | 1837.00 | 1812.44 | 1902.94 |
| 结核病 | Tuberculosis | 1545.00 | 746.91 | 839.16 |
| 晚期血吸虫病 | Advanced Schistosomiasis | 3010.00 | 2962.00 | 2705.00 |
| 重大传染病免费救治（人） | Free Treatment of Major Infectious Diseases (person) | | | |
| 艾滋病 | AIDS | 2702 | 3331 | 3880 |
| 结核病 | Tuberculosis | 9547 | 9833 | 11127 |
| 晚期血吸虫病 | Advanced Schistosomiasis | 6106 | 5924 | 5410 |

## 20—11 医疗机构病床使用情况（2012年）
Utilization of Hospital Beds at and Above County Level (2012)

| 机构类别 | Type of Hospital | 病床周转次数（次）Turnover of Beds (times) | 病床工作日（日）Number of Days per Bed in Use in a Year (days) | 病床使用率（%）Utilization Rate of Beds (%) | 出院者平均住院日（日）Average Hospitalization Period (days) |
|---|---|---|---|---|---|
| **总　计** | **Total** | **33.5** | **291.1** | **79.53** | **8.4** |
| 医　院 | Hospitals | 33.9 | 322.6 | 88.14 | 9.3 |
| 疗养院 | Sanatoriums | 11.9 | 175.4 | 47.91 | 4.1 |
| 社区卫生服务中心（站） | Community Health Service Centers | 16.4 | 140.6 | 38.42 | 6.7 |
| 卫生院 | Commune Hospitals | 35.5 | 219.3 | 59.91 | 5.9 |
| 妇幼保健院（所、站） | Maternity and Child Care Centers (stations) | 43.1 | 265.4 | 72.53 | 5.9 |
| 专科疾病防治院（所、站） | Speclalized Disease Prevention and Treatment Centers (stations) | 7.1 | 209.8 | 57.32 | 28.9 |

## 20—12 主要年份医院病床使用情况
Hospital Beds Usage in Main Years

| 年份<br>Year | 实有床位(张)<br>Hospital Beds (number) | 出院人数(人)<br>Patients Discharged from Hosptials (person) | 病床周转次数(次)<br>Turnover of Beds (time) | 病床工作日(日)<br>Number of Days per Bed in Use in a Year (days) | 病床使用率(%)<br>Utilization Rate (%) | 出院者平均住院日(日)<br>Average Stay Days in Hospital (day) |
|---|---|---|---|---|---|---|
| 2005 | 82224 | 1866751 | 24.18 | 250.52 | 68.64 | 9.60 |
| 2006 | 133956 | 2071908 | 27.62 | 225.94 | 61.90 | 7.51 |
| 2007 | 147848 | 4045739 | 29.66 | 252.44 | 69.16 | 7.98 |
| 2008 | 159802 | 4991581 | 33.09 | 269.46 | 73.82 | 8.39 |
| 2009 | 113785 | 3318862 | 30.40 | 311.20 | 85.26 | 9.80 |
| 2010 | 122171 | 3718022 | 31.12 | 313.48 | 85.88 | 9.72 |
| 2011 | 139738 | 4388588 | 32.57 | 318.23 | 87.19 | 9.51 |
| 2012 | 157817 | 5151804 | 33.85 | 322.59 | 88.14 | 9.28 |

## 20—13 各市医院病床使用情况（2012年）
Hospital Beds Usage by Region (2012)

| 地区 | Region | 实有床位(张)<br>Hospital Beds (number) | 出院人数(人)<br>Patients Discharged from Hosptials (person) | 病床周转次数(次)<br>Turnover of Beds (time) | 病床工作日(日)<br>Number of Days per Bed in Use in a Year (days) | 病床使用率(%)<br>Utilization Rate (%) | 出院者平均住院日(日)<br>Average Stay Days in Hospital (day) |
|---|---|---|---|---|---|---|---|
| **总计** | **Total** | **157817** | **5151804** | **33.9** | **322.6** | **88.14** | **9.28** |
| 合肥市 | Hefei | 30394 | 895035 | 30.7 | 323.6 | 88.42 | 10.29 |
| 淮北市 | Huaibei | 7598 | 192160 | 26.3 | 297.6 | 81.32 | 10.74 |
| 亳州市 | Bozhou | 7085 | 323102 | 48.2 | 341.3 | 93.25 | 7.00 |
| 宿州市 | Suzhou | 10320 | 375728 | 37.2 | 329.6 | 90.05 | 8.35 |
| 蚌埠市 | Bengbu | 12166 | 385173 | 32.0 | 315.4 | 86.19 | 9.63 |
| 阜阳市 | Fuyang | 15657 | 588808 | 38.3 | 336.9 | 92.04 | 8.64 |
| 淮南市 | Huainan | 9219 | 232906 | 26.0 | 307.4 | 83.99 | 11.47 |
| 滁州市 | Chuzhou | 9134 | 289645 | 33.9 | 305.4 | 83.45 | 8.64 |
| 六安市 | Luan | 8663 | 326764 | 40.1 | 321.2 | 87.76 | 7.83 |
| 马鞍山市 | Maanshan | 5273 | 172143 | 34.4 | 318.6 | 87.05 | 9.38 |
| 芜湖市 | Wuhu | 11652 | 346516 | 30.6 | 307.5 | 84.02 | 9.71 |
| 宣城市 | Xuancheng | 6578 | 243430 | 37.7 | 333.8 | 91.21 | 8.71 |
| 铜陵市 | Tongling | 3886 | 87528 | 24.2 | 358.2 | 97.87 | 14.62 |
| 池州市 | Chizhou | 3722 | 130338 | 37.2 | 326.1 | 89.11 | 8.66 |
| 安庆市 | Anqing | 12165 | 422511 | 35.4 | 324.4 | 88.64 | 8.92 |
| 黄山市 | Huangshan | 4105 | 140017 | 35.1 | 340.2 | 92.95 | 9.69 |

## 20—14　主要年份乡镇卫生院病床使用情况
Hospital Beds Usage of Beds of Township Hospitals in Main Years

| 年　份 Year | 实有床位（张） Hospital Beds (number) | 出院人数（人） Patients Discharged from Hosptials (person) | 病床周转次数(次) Turnover of Beds (time) | 病床工作日（日） Number of Days per Bed in Use in a Year (days) | 病床使用率（%） Utilization Rate (%) | 出院者平均住院日(日) Average Stay Days in Hospital (day) |
|---|---|---|---|---|---|---|
| 2005 | 36873 | 1177482 | 36.08 | 141.97 | 38.90 | 3.61 |
| 2006 | 38390 | 1162179 | 33.22 | 144.52 | 39.60 | 3.99 |
| 2007 | 40837 | 1473432 | 38.24 | 167.75 | 45.96 | 3.96 |
| 2008 | 47251 | 1943976 | 44.10 | 205.00 | 56.13 | 4.20 |
| 2009 | 51302 | 2054152 | 42.50 | 220.60 | 60.44 | 4.80 |
| 2010 | 48944 | 1495925 | 31.71 | 193.91 | 53.13 | 5.49 |
| 2011 | 47226 | 1281046 | 28.68 | 186.76 | 51.17 | 5.94 |
| 2012 | 48289 | 1645159 | 35.54 | 219.23 | 59.90 | 5.95 |

## 20—15　各市乡镇卫生院病床使用情况（2012年）
Hospital Beds Usage of Beds of Township Hospitals by Region (2012)

| 地　区 | Region | 实有床位（张） Hospital Beds (number) | 出院人数（人） Patients Discharged from Hosptials (person) | 病床周转次数(次) Turnover of Beds (time) | 病床工作日（日） Number of Days per Bed in Use in a Year (days) | 病床使用率（%） Utilization Rate (%) | 出院者平均住院日(日) Average Stay Days in Hospital (day) |
|---|---|---|---|---|---|---|---|
| **总　计** | **Total** | **48289** | **1645159** | **35.54** | **219.23** | **59.90** | **5.95** |
| 合 肥 市 | Hefei | 4084 | 98742 | 25.51 | 181.08 | 49.48 | 6.39 |
| 淮 北 市 | Huaibei | 1218 | 39892 | 33.44 | 238.10 | 65.05 | 9.47 |
| 亳 州 市 | Bozhou | 4695 | 264207 | 58.48 | 306.07 | 83.63 | 5.03 |
| 宿 州 市 | Suzhou | 5546 | 227173 | 43.10 | 260.28 | 71.11 | 5.71 |
| 蚌 埠 市 | Bengbu | 2061 | 57918 | 30.07 | 208.57 | 56.99 | 6.59 |
| 阜 阳 市 | Fuyang | 7814 | 390751 | 51.34 | 289.97 | 79.23 | 5.87 |
| 淮 南 市 | Huainan | 1205 | 47816 | 45.89 | 255.25 | 69.74 | 4.90 |
| 滁 州 市 | Chuzhou | 3542 | 77687 | 22.64 | 171.84 | 46.95 | 6.93 |
| 六 安 市 | Luan | 6590 | 240409 | 36.79 | 218.78 | 59.78 | 5.86 |
| 马鞍山市 | Maanshan | 1020 | 13521 | 13.75 | 100.14 | 27.36 | 6.32 |
| 芜 湖 市 | Wuhu | 2003 | 14628 | 8.65 | 86.63 | 23.67 | 5.70 |
| 宣 城 市 | Xuancheng | 2070 | 34976 | 17.32 | 128.68 | 35.16 | 6.74 |
| 铜 陵 市 | Tongling | 251 | 3928 | 16.30 | 120.14 | 32.82 | 6.55 |
| 池 州 市 | Chizhou | 1096 | 32739 | 31.15 | 198.93 | 54.35 | 5.93 |
| 安 庆 市 | Anqing | 3920 | 78440 | 20.59 | 154.34 | 42.17 | 6.57 |
| 黄 山 市 | Huangshan | 1174 | 22332 | 20.28 | 167.66 | 45.81 | 6.63 |

## 20—16 主要年份村卫生室基本情况
The Basic Situation of Health Room in Main Years

| 年 份 Year | 机构数（个）Health Institu-tions (unit) | 按设置、主办单位分 Grouped by Managing Organization | | | | | 乡村医生和卫生员（人）Rural Doctors and Health Workers (person) | | |
|---|---|---|---|---|---|---|---|---|---|
| | | 村 办 Set Up by Village | 乡卫生院设点 Spot of Township Commune Hospital | 联合办 Joint Set Up | 私人办 Private Set Up | 其 他 Others | | 乡村医生 Rural Doctors | 卫生员 Health Workers |
| 2005 | 22847 | 11339 | 580 | 2393 | 7466 | 1069 | 46523 | 43416 | 3107 |
| 2006 | 22372 | 11743 | 1250 | 2037 | 6615 | 727 | 46271 | 44433 | 1838 |
| 2007 | 20612 | 10053 | 1433 | 1623 | 6477 | 1026 | 44463 | 43062 | 1401 |
| 2008 | 19276 | 9014 | 2217 | 1714 | 5059 | 1272 | 49516 | 47505 | 2011 |
| 2009 | 17788 | 8236 | 3202 | 1258 | 3730 | 1362 | 54844 | 52607 | 2237 |
| 2010 | 15636 | 7912 | 3501 | 1020 | 1748 | 1455 | 55784 | 53638 | 2146 |
| 2011 | 15321 | 7534 | 4053 | 1120 | 1155 | 1459 | 55282 | 52875 | 2407 |
| 2012 | 15306 | 7659 | 4045 | 1097 | 1011 | 1494 | 53068 | 50171 | 2897 |

## 20—17 各市村卫生室基本情况（2012年）
The Basic Situation of Health Room by Region (2012)

| 地 区 | Region | 机构数（个）Health Institu-tions (unit) | 按设置、主办单位分 Grouped by Setting Up and Managing Organizations | | | | | 乡村医生和卫生员（人）Rural Doctors and Health Workers (person) | | |
|---|---|---|---|---|---|---|---|---|---|---|
| | | | 村 办 Set Up by Village | 乡卫生院设点 Spot of Township Commune Hospital | 联合办 Joint Set Up | 私人办 Private Set Up | 其 他 Others | | 乡村医生 Rural Doctors | 卫生员 Health Workers |
| **总 计** | **Total** | **15306** | **7659** | **4045** | **1097** | **1011** | **1494** | **53068** | **50171** | **2897** |
| 合 肥 市 | Hefei | 1131 | 128 | 627 | 56 | 90 | 230 | 3306 | 3078 | 228 |
| 淮 北 市 | Huaibei | 305 | 176 | 92 | 2 | 22 | 13 | 1271 | 1248 | 23 |
| 亳 州 市 | Bozhou | 1266 | 857 | 324 | 58 | 1 | 26 | 6712 | 6301 | 411 |
| 宿 州 市 | Suzhou | 1303 | 821 | 206 | 196 | 58 | 22 | 6088 | 5735 | 353 |
| 蚌 埠 市 | Bengbu | 922 | 664 | 150 | 24 | 29 | 55 | 2912 | 2738 | 174 |
| 阜 阳 市 | Fuyang | 1767 | 1192 | 199 | 84 | 9 | 283 | 9722 | 9098 | 624 |
| 淮 南 市 | Huainan | 573 | 38 | 188 | | 61 | 286 | 1542 | 1329 | 213 |
| 滁 州 市 | Chuzhou | 1046 | 385 | 412 | 152 | 26 | 71 | 3721 | 3408 | 313 |
| 六 安 市 | Luan | 2000 | 581 | 1238 | 85 | 23 | 73 | 6429 | 6237 | 192 |
| 马鞍山市 | Maanshan | 396 | 250 | 144 | | | 2 | 954 | 920 | 34 |
| 芜 湖 市 | Wuhu | 779 | 343 | 234 | 62 | 94 | 46 | 1752 | 1728 | 24 |
| 宣 城 市 | Xuancheng | 838 | 479 | 86 | 32 | 210 | 31 | 1311 | 1286 | 25 |
| 铜 陵 市 | Tongling | 137 | 75 | 36 | | | 26 | 156 | 155 | 1 |
| 池 州 市 | Chizhou | 613 | 350 | 32 | 27 | 126 | 78 | 1437 | 1407 | 30 |
| 安 庆 市 | Anqing | 1577 | 1061 | 42 | 194 | 47 | 233 | 5036 | 4794 | 242 |
| 黄 山 市 | Huangshan | 653 | 259 | 35 | 125 | 215 | 19 | 719 | 709 | 10 |

## 20—18 民政行业单位基本情况
Basic Conditions of Civil Affairs Agencies

| 项 目 | Item | 单位数 (个) Number of Enterprises (unit) | | 职工人数 (人) Number of Staff and Workers (person) | |
|---|---|---|---|---|---|
| | | 2011 | 2012 | 2011 | 2012 |
| 民政行政机关 | Civil Affairs Administrative Departments | 122 | 122 | 2701 | 2701 |
| 民政事业单位 | Civil Affairs Institutions | | | | |
| 优抚安置单位 | Agencies for Serviceman | 142 | 141 | 1464 | 1417 |
| 救灾储备单位 | Salvation and Institutions | 12 | 12 | 31 | 28 |
| 社区服务中心 | Community Service Centers | 603 | 983 | 4420 | 5433 |
| 婚姻登记服务类单位 | Marriage Registration Institutions | 73 | 73 | 379 | 391 |
| 收养类单位 | Residential Institutions | 2410 | 2423 | 15448 | 16684 |
| 救助类单位 | Salvation Institutions | 38 | 45 | 362 | 373 |
| 殡仪类单位 | Funeral and Interment Institutions | 181 | 188 | 2952 | 2980 |
| 福利彩票发行单位 | Welfare Lottery Issuing Institutions | 42 | 38 | 426 | 461 |
| 慈善团体 | Charity Institutions | | | | |
| 老龄行政机构 | Aging Population Institutions | 97 | 105 | 227 | 250 |
| 其他事业单位 | Other Institutions | 35 | 37 | 148 | 179 |
| 民间组织 | Non-governmental Organizations | | | | |
| 社会团体 | Social Organizations | 10465 | 11023 | | 184060 |
| 基金会 | Fund Organizations | 40 | 52 | | 147 |
| 民办非企业单位 | Non-enterprise Units Run by NGO | 6383 | 7652 | | 92150 |
| 基层群众自治组织 | Grass Roots Autonomy Organizations | | | | |
| 社区居委会 | Neighborhood Committee | 3407 | 3100 | | 16132 |
| 村委会 | Village Committee | 14882 | 15054 | | 60910 |
| 福利企业 | Social Welfare Enterprises | 371 | 367 | 18365 | 19372 |

## 20—19 社会福利救济主要费用情况
Basic Statistics on Social Welfare Relief Funds

单位：万元（10000 yuan）

| 指 标 | Item | 2000 | 2005 | 2010 | 2011 | 2012 |
|---|---|---|---|---|---|---|
| **总 计** | **Total** | **81751.9** | **230317.2** | **662248.6** | **864493.1** | **936935.8** |
| 国家支出 | Government Funds | 34226.4 | 210274.1 | 662248.6 | 864493.1 | 936935.8 |
| 优抚对象补助金额 | Funds for Family Members of Martyrs and Disabled Veterans | 39372.4 | 88134.3 | 156802.1 | 178205.4 | 180393.5 |
| 国家支出 | Government Funds | 21314.6 | 71018.2 | 156802.1 | 178205.4 | 180393.5 |
| 困难户得救济金额 | Funds for Poor Households | 9539.6 | 110022.3 | 392297.4 | 548888.3 | 593201.1 |
| 国家支出 | Government Funds | 8404.2 | 110022.3 | 392297.4 | 548888.3 | 593201.1 |
| 社会散居孤老残幼供养金额 | Funds for Orphans, Disabled, Elderly and Young Persons in Society | 25044.1 | 22867.4 | 58797.5 | 67128.6 | 75555.4 |
| 国家支出 | Government Funds | 1385.3 | 22867.4 | 58797.5 | 67218.6 | 75555.4 |
| 城乡各种福利院支出 | Funds for Urban and Rural Welfare Homes of All Types | 7795.8 | 9293.2 | | 70180.8 | 87785.8 |
| 光荣院 | Homes for the Disabled Veterans | 659.1 | 951.3 | 9848.6 | 11688.2 | 13471.5 |
| 国家支出 | Government Funds | 659.1 | 934.5 | 9848.6 | 11688.2 | 13471.5 |
| 城乡社会福利院 | Social Welfare Homes | 7136.7 | 8341.9 | 44503.0 | 58492.6 | 74314.3 |
| 国家支出 | Government Funds | 2463.2 | 5431.7 | 44503.0 | 58492.6 | 74314.3 |

## 20—20　社会福利事业单位基本情况（2012年）
Basic Statistics on Social Welfare Institutions (2012)

| 项　目 | Item | 单位数（个）Number of Homes (unit) | 工作人员（人）Number of Staff and Workers (person) | 床位（张）Number of Beds (unit) | 年末收养人数（人）Number of Persons Housed (person) |
|---|---|---|---|---|---|
| 收养性福利事业单位 | Adopting Social Welfare Institutions | 2423 | 16684 | 263657 | 197916 |
| #光荣院 | Homes for Disabled Veterans | 49 | 374 | 3104 | 1350 |
| 社会福利院 | Social Welfare Homes | 57 | 1104 | 6857 | 4419 |
| 儿童福利院 | Baby Welfare Homes | 35 | 823 | 5134 | 2973 |
| 城镇老年性福利机构 | Urban Elderly Welfare Units | 186 | 2475 | 23434 | 13796 |
| 农村老年性福利机构 | Rural Elderly Welfare Units | 2082 | 11166 | 222939 | 174263 |
| 优抚安置单位 | Units for Arranging the Family Members of Martyrs and Disabled Veterans | 141 | 1417 | 2365 | 3366 |
| 救助类单位 | Rescue Agencies | 45 | 373 | 3780 | 597 |

## 20—21　享受补助、救济人员情况
Persons Receiving Subsidies or Relief Funds

单位：人、户（person、household）

| 指　标 | Item | 2005 | 2010 | 2011 | 2012 |
|---|---|---|---|---|---|
| **城乡居民最低生活保障人数** | **Number of Persons Receiving Lowest Cost-of-living in Urban Area and Rural Area** | **1228365** | **3030182** | **3007942** | **2964637** |
| 城镇居民最低生活保障人数 | Number of Persons Receiving Lowest Cost-of-living in Urban Area | 977182 | 883944 | 842005 | 818502 |
| 农村居民最低生活保障人数 | Number of Persons Receiving Lowest Cost-of-living in Rural Area | 251183 | 2146238 | 2165937 | 2146135 |
| **传统救济情况** | **Traditional Relief** | | | | |
| 农村定期救济户数 | Number of Households Receiving Periodic Relief in Rural Areas | 617775 | 519831 | 508728 | 501954 |
| #困难户 | Households in Urgent Need | 174210 | 52199 | 50519 | 50752 |
| #五保户 | Households Enjoying the Five Guarantees | 375129 | 467632 | 458209 | 451202 |

## 20—22 婚姻服务情况
Number of Marriage and Divorces

| 指 标 | | Item | | 2000 | 2005 | 2010 | 2011 | 2012 |
|---|---|---|---|---|---|---|---|---|
| 内地居民登记结婚 | (对) | Registered Marriages | (couple) | 491959 | 439401 | 650861 | 710498 | 764886 |
| 初 婚 | (人) | First Marriages | (person) | 956554 | 832838 | 1038265 | 1262251 | 1349499 |
| 再 婚 | (人) | Remarriages | (person) | 27358 | 45964 | 263457 | 158745 | 180273 |
| 离 婚 | (对) | Divorces | (couple) | 42723 | 57476 | 132374 | 146767 | 162294 |
| 离婚率 | (‰) | Divorce Rate | (‰) | 1.37 | 1.77 | 3.89 | 4.28 | 4.71 |

## 20—23 各市婚姻服务情况（2012年）
Number of Marriage and Divorces by Region (2012)

| 地 区 | Region | 内地居民登记结婚（对）Registered Marriages (couple) | 初 婚（人）First Marriages (person) | 再 婚（人）Remarriages (person) | 登记离婚数（对）Quantity of Registered Divorcing (couple) | 离婚率（‰）Divorce Rate (‰) |
|---|---|---|---|---|---|---|
| **总 计** | **Total** | **764886** | **1349499** | **180273** | **102170** | **2.97** |
| 省本级 | Provincial Level | 896 | 1379 | 413 | 73 | |
| 合肥市 | Hefei | 92474 | 161693 | 23255 | 16099 | 4.55 |
| 淮北市 | Huaibei | 27844 | 51386 | 4302 | 3830 | 3.48 |
| 亳州市 | Bozhou | 66709 | 124430 | 8988 | 7602 | 2.50 |
| 宿州市 | Suzhou | 80289 | 148450 | 12128 | 8049 | 2.47 |
| 蚌埠市 | Bengbu | 50318 | 87227 | 13409 | 6933 | 3.78 |
| 阜阳市 | Fuyang | 126772 | 241204 | 12340 | 9338 | 1.81 |
| 淮南市 | Huainan | 27751 | 47487 | 8015 | 3518 | 2.88 |
| 滁州市 | Chuzhou | 50648 | 86712 | 14584 | 6801 | 3.01 |
| 六安市 | Luan | 66863 | 119675 | 14051 | 6710 | 1.89 |
| 马鞍山市 | Maanshan | 23834 | 38983 | 8685 | 5409 | 4.73 |
| 芜湖市 | Wuhu | 38261 | 55037 | 21485 | 7970 | 4.15 |
| 宣城市 | Xuancheng | 29085 | 42953 | 15217 | 6498 | 4.65 |
| 铜陵市 | Tongling | 6569 | 10224 | 2914 | 1975 | 5.32 |
| 池州市 | Chizhou | 12517 | 21645 | 3389 | 2461 | 3.04 |
| 安庆市 | Anqing | 51069 | 88719 | 13419 | 6443 | 2.08 |
| 黄山市 | Huangshan | 12987 | 22295 | 3679 | 2461 | 3.33 |

注：本表数据由民政厅提供，离婚人数不包括法院的调解和判决离婚数。
a) Data in this table are provided by provincial department of civil affairs. The number of divorces excludes those mediated and iudged by courts.

## 20—24 城乡居民最低生活和社会保障网络基本情况

Basic Statistics on People Receiving Lowest Cost-of-living and Social Security Network in Urban and Rural Area

| 年份 Year | 城镇社区服务设施数（个） Number of Urban Welfare Facilities (unit) | 社区服务单位个数 Number of Community Service | 城镇便民、利民服务网点（个） Number of Urban Service Points for Civilian (unit) | 城乡居民最低生活保障 People Receiving Lowest Cost-of-living in Urban and Rural Area | | | |
|---|---|---|---|---|---|---|---|
| | | | | 城镇低保人数（万人） Number of Persons Receiving Lowest Cost-of-living in Urban Area (10000 person) | 保障金额（万元） Amount of Money (10000 yuan) | 农村低保人数（万人） Number of Persons Receiving Lowest Cost-of-living in Rural Area (10000 person) | 保障金额（万元） Amount of Money (10000 yuan) |
| 2000 | 7868 | 1728 | 17334 | 12.64 | 12054.2 | 10.30 | 1802.4 |
| 2005 | 6815 | 327 | 18327 | 97.72 | 76012.5 | 25.12 | 3594.9 |
| 2006 | 5419 | | 12323 | 100.92 | 89285.5 | 27.10 | 5763.2 |
| 2007 | 3649 | | 17452 | 100.40 | 119365.7 | 142.00 | 53082.4 |
| 2008 | 3675 | | 16727 | 99.35 | 160436.7 | 186.27 | 102582.1 |
| 2009 | 4982 | | 14306 | 94.98 | 185934.6 | 212.93 | 160335.4 |
| 2010 | 3623 | | 13105 | 88.40 | 197149.3 | 214.62 | 195417.7 |
| 2011 | 3929 | 2176 | 9018 | 84.20 | 268292.0 | 216.59 | 280596.0 |
| 2012 | 5105 | 3194 | 7028 | 81.90 | 277417.0 | 214.61 | 315783.0 |

## 20—25 各市城乡居民最低生活和社会保障网络基本情况（2012年）

Basic Statistics on People Receiving Lowest Cost-of-living and Social Security Network in Urban and Rural Area by Region (2012)

| 地区 | Region | 城镇社区服务设施数（个） Number of Urban Welfare Facilities (unit) | 城镇便民、利民服务网点（个） Number of Urban Service Points for Civilian (unit) | 城乡居民最低生活保障 People Receiving Lowest Cost-of-living in Urban and Rural Area | | | |
|---|---|---|---|---|---|---|---|
| | | | | 城镇低保人数（人） Number of Persons Receiving Lowest Cost-of-living in Urban Area (person) | 保障金额（万元） Amount of Money (10000 yuan) | 农村低保人数（人） Number of Persons Receiving Lowest Cost-of-living in Rural Area (person) | 保障金额（万元） Amount of Money (10000 yuan) |
| **总计** | **Total** | **5105** | **7028** | **818502** | **277417.0** | **2146135** | **315783.0** |
| 合肥市 | Hefei | 710 | 45 | 54282 | 22828.0 | 177495 | 29511.5 |
| 淮北市 | Huaibei | 170 | 4 | 56059 | 22487.0 | 39938 | 7221.7 |
| 亳州市 | Bozhou | 301 | | 31888 | 10504.3 | 207977 | 29373.0 |
| 宿州市 | Suzhou | 239 | 168 | 45595 | 12113.1 | 242491 | 28911.0 |
| 蚌埠市 | Bengbu | 458 | 3479 | 48404 | 15252.0 | 91569 | 12859.3 |
| 阜阳市 | Fuyang | 345 | 60 | 112916 | 29984.0 | 354196 | 46526.4 |
| 淮南市 | Huainan | 226 | | 58829 | 19682.0 | 50311 | 8280.2 |
| 滁州市 | Chuzhou | 969 | 915 | 67712 | 25158.6 | 143726 | 23574.3 |
| 六安市 | Luan | 52 | | 73116 | 21274.2 | 262355 | 35070.8 |
| 马鞍山市 | Maanshan | 312 | 255 | 48785 | 15834.2 | 45885 | 11959.1 |
| 芜湖市 | Wuhu | 277 | 116 | 64901 | 26133.3 | 92912 | 15566.1 |
| 宣城市 | Xuancheng | 108 | 18 | 31337 | 11473.3 | 90484 | 13575.3 |
| 铜陵市 | Tongling | 276 | 18 | 17926 | 6603.0 | 9542 | 2621.1 |
| 池州市 | Chizhou | 2 | | 21132 | 6733.8 | 55088 | 7557.2 |
| 安庆市 | Anqing | 262 | 992 | 63038 | 22333.7 | 228858 | 33626.9 |
| 黄山市 | Huangshan | 668 | 958 | 22582 | 9022.7 | 53308 | 9549.3 |

## 20—26 工 伤 保 险 情 况
Sitution of Industrial Injury Insurance

单位：人、万元（person, 10000 yuan）

| 项 目 | Item | 2005 | 2010 | 2011 | 2012 |
|---|---|---|---|---|---|
| 参保人数 | Insurance Population | 1481894 | 3594632 | 4220190 | 4579314 |
| 农民工人数 | Number of Rural Workers | | 1239885 | 1459733 | 1628132 |
| 享受伤残待遇人数 | Number of Enjoy Wounded and Disabled Treatment Population | 8356 | 39101 | 56164 | 75287 |
| 享受工伤保险待遇的职业病人数 | Number of Enjoy Industrial Injury Insurance Treatment Population | 2806 | 5407 | 5623 | 5573 |
| 因工死亡人数 | Number of On-duty Deaths | 95 | 575 | 1013 | 902 |
| 供养亲属人数 | Number of Support Relatives | 4717 | 4348 | 6215 | 11675 |
| 基金收入 | Fund Revenue | 14709 | 65403 | 129380 | 160501 |
| 基金支出 | Fund Expense | 7176 | 42040 | 64340 | 126587 |
| 累计结余 | Accumulative Surplus | 17243 | 107429 | 172469 | 206383 |
| 储备金 | Reserve Fund | 357 | 9785 | 15016 | 18724 |

## 20—27 各市基本医疗保险情况（2012年）
Medical Insurance Situation by Region (2012)

| 地 区 | Region | 参保人数（人） Numbers of Population Participated in Medical Insurance (person) | | | 基金（万元） Fund (10000 yuan) | | | |
|---|---|---|---|---|---|---|---|---|
| | | 合计 Total | 职工小计 Total of Staffs & Workers | 退休人员小计 Total of Retirees | 收入 Income | 支出 Expenditure | 累计结余 Accumulative Surplus | 个人帐户 Personal Account |
| **总 计** | **Total** | **6852146** | **4936961** | **1915185** | **1293320** | **1100605** | **1441351** | **538778** |
| 合肥市 | Hefei | 1583212 | 1219846 | 363366 | 394780 | 306106 | 495843 | 126330 |
| 淮北市 | Huaibei | 425123 | 295821 | 129302 | 52447 | 42623 | 76077 | 25553 |
| 亳州市 | Bozhou | 188553 | 138465 | 50088 | 39117 | 30266 | 51403 | 20338 |
| 宿州市 | Suzhou | 288768 | 219028 | 69740 | 41574 | 31322 | 81779 | 22846 |
| 蚌埠市 | Bengbu | 433701 | 284310 | 149391 | 74059 | 68992 | 65871 | 34924 |
| 阜阳市 | Fuyang | 356391 | 268119 | 88272 | 61876 | 53216 | 62769 | 38086 |
| 淮南市 | Huainan | 508997 | 328110 | 180887 | 65972 | 59672 | 64394 | 27282 |
| 滁州市 | Chuzhou | 380070 | 286002 | 94068 | 73337 | 63731 | 96659 | 34980 |
| 六安市 | Luan | 327891 | 237017 | 90874 | 62011 | 51948 | 97430 | 35160 |
| 马鞍山市 | Maanshan | 465804 | 306209 | 159595 | 94104 | 97731 | 54639 | 42920 |
| 芜湖市 | Wuhu | 587114 | 411061 | 176053 | 118259 | 93051 | 85845 | 50888 |
| 宣城市 | Xuancheng | 311923 | 227089 | 84834 | 45207 | 43880 | 36758 | 14856 |
| 铜陵市 | Tongling | 271647 | 193380 | 78267 | 41322 | 31650 | 51146 | 23985 |
| 池州市 | Chizhou | 133620 | 102951 | 30669 | 21626 | 20347 | 24329 | 14736 |
| 安庆市 | Anqing | 417563 | 299864 | 117699 | 77784 | 80152 | 65265 | 8967 |
| 黄山市 | Huangshan | 171769 | 119689 | 52080 | 29845 | 25918 | 31144 | 16927 |

注：合肥市医疗保险基金收入、支出、累计结余项目中包含省本级相应项目基金。

a) The medcial insurance fund income,expenditure and accumulative suplus of Hefei city including provincial corresponding item fund.

## 20—28 基本养老保险情况
Conditions of Basic Endowment Insurance

| 年份 Year | 参保职工（人） Active Contributors (person) 年末数 Number at the year-end | #企业 Enterprises | 离休、退休退职人员年末人数（人） Retirees at the Year-end (person) | 基金收支情况（万元） Revenue and Expenses (10000 yuan) 基金收入 Revenue | 基金支出 Expenses | 累计可用结余基金 Total Usable Balance |
|---|---|---|---|---|---|---|
| 2000 | 3119157 | 3091751 | 903164 | 431000 | 526700 | 148000 |
| 2005 | 3469852 | 3383325 | 1247613 | 1210063 | 1011918 | 585680 |
| 2006 | 3614088 | 3532764 | 1338138 | 1639319 | 1304720 | 925172 |
| 2007 | 3855442 | 3767541 | 1447758 | 2076644 | 1540523 | 1461173 |
| 2008 | 4202763 | 4107353 | 1581377 | 2648464 | 1975524 | 2134114 |
| 2009 | 4586947 | 4492001 | 1694577 | 3006151 | 2334678 | 2805587 |
| 2010 | 4920498 | 4824616 | 1774880 | 3432478 | 2708340 | 3529725 |
| 2011 | 5377490 | 5245417 | 1915225 | 4594510 | 3341022 | 4783213 |
| 2012 | 5784030 | 5648688 | 2053564 | 5084201 | 3974490 | 5892924 |

## 20—29 各市基本养老保险情况（2012年）
Conditions of Basic Endowment Insurance by Region (2012)

| 地区 | Region | 参保职工（人） Active Contributors (person) 年末数 Number at the year-end | #企业 Enterprises | 离休、退休退职人员年末人数（人） Retirees at the Year-end (person) | 基金收支情况（万元） Revenue and Expenses (10000 yuan) 基金收入 Revenue | 基金支出 Expenses | 累计可用结余基金 Total Usable Balance |
|---|---|---|---|---|---|---|---|
| **总计** | **Total** | **5784030** | **5648688** | **2053564** | **5084201** | **3974490** | **5892924** |
| 合肥市 | Hefei | 1341704 | 1304230 | 304978 | 861647 | 644482 | 1088301 |
| 淮北市 | Huaibei | 292820 | 292820 | 67698 | 201294 | 124420 | 441670 |
| 亳州市 | Bozhou | 112014 | 112014 | 41630 | 78903 | 76642 | 110798 |
| 宿州市 | Suzhou | 199256 | 199256 | 61597 | 104687 | 112911 | 89041 |
| 蚌埠市 | Bengbu | 359774 | 359774 | 135722 | 205889 | 241670 | -3720 |
| 阜阳市 | Fuyang | 235460 | 208560 | 90273 | 153702 | 161392 | 130566 |
| 淮南市 | Huainan | 324534 | 324534 | 118004 | 242581 | 202536 | 93313 |
| 滁州市 | Chuzhou | 316749 | 314901 | 106967 | 181009 | 176249 | 329708 |
| 六安市 | Luan | 221476 | 221476 | 101413 | 158349 | 166243 | 178448 |
| 马鞍山市 | Maanshan | 419399 | 383317 | 167943 | 291294 | 330511 | 190383 |
| 芜湖市 | Wuhu | 504273 | 504273 | 216527 | 392376 | 385640 | 185776 |
| 宣城市 | Xuancheng | 246689 | 246689 | 72796 | 148151 | 122607 | 241840 |
| 铜陵市 | Tongling | 191114 | 191114 | 55681 | 93058 | 97136 | 99171 |
| 池州市 | Chizhou | 99064 | 99064 | 29586 | 49093 | 49251 | 91791 |
| 安庆市 | Anqing | 401966 | 368928 | 148892 | 263426 | 284512 | 143270 |
| 黄山市 | Huangshan | 163665 | 163665 | 46743 | 101040 | 82388 | 87683 |

注：总计数中含省直数据。
a) Provincial data is contained in the total number.

## 20—30 主要年份城镇居民参加医疗保险情况
Medical Insurance for Urban Residents in Main Years

| 年 份 Year | 参保人数（人）People Participated in Medical Insurance (person) | 基金收支情况（万元）Revenue and Expenses (10000 yuan) | | |
|---|---|---|---|---|
| | | 基金收入 Revenue | 基金支出 Expenses | 累计结余 Balance at Year-end |
| 2007 | 4670801 | 54104 | 4588 | 49516 |
| 2008 | 7950481 | 96295 | 42962 | 104297 |
| 2009 | 8655631 | 147704 | 97360 | 155885 |
| 2010 | 9308874 | 184683 | 133787 | 206781 |
| 2011 | 9535889 | 252180 | 176054 | 275948 |
| 2012 | 9747635 | 321603 | 236587 | 356475 |

## 20—31 各市城镇居民参加医疗保险情况（2012年）
Medical Insurance for Urban Residents by Region (2012)

| 地 区 | Region | 参保人数（人）People Participated in Medical Insurance (person) | 基金收支情况（万元）Revenue and Expenses (10000 yuan) | | |
|---|---|---|---|---|---|
| | | | 基金收入 Revenue | 基金支出 Expenses | 累计结余 Balance at Year-end |
| **总 计** | **Total** | **9747635** | **321603** | **236587** | **356475** |
| 合 肥 市 | Hefei | 1483781 | 51831 | 35991 | 78212 |
| 淮 北 市 | Huaibei | 522259 | 15713 | 7343 | 22188 |
| 亳 州 市 | Bozhou | 601263 | 11257 | 5867 | 15121 |
| 宿 州 市 | Suzhou | 560877 | 19586 | 15338 | 20068 |
| 蚌 埠 市 | Bengbu | 608330 | 16916 | 11582 | 24513 |
| 阜 阳 市 | Fuyang | 643585 | 16986 | 10136 | 27762 |
| 淮 南 市 | Huainan | 586486 | 18115 | 15204 | 25283 |
| 滁 州 市 | Chuzhou | 688187 | 22393 | 12855 | 33097 |
| 六 安 市 | Luan | 751815 | 35460 | 29788 | 25169 |
| 马鞍山市 | Maanshan | 502945 | 15566 | 16374 | 9797 |
| 芜 湖 市 | Wuhu | 926660 | 37064 | 27036 | 23348 |
| 宣 城 市 | Xuancheng | 424969 | 11531 | 9833 | 8636 |
| 铜 陵 市 | Tongling | 192499 | 6636 | 6154 | 3561 |
| 池 州 市 | Chizhou | 144832 | 4177 | 3241 | 5263 |
| 安 庆 市 | Anqing | 889579 | 30512 | 24246 | 26602 |
| 黄 山 市 | Huangshan | 219568 | 7860 | 5599 | 7855 |

注：合肥市参保人数、基金收入、支出、累计结余项目中包含省本级相应项目基金。

a) In Hefei City, number of insurance, fund income and expenditure, the accumulative surplus items include in the provincial level corresponding project fund.

## 20—32 新型农村合作医疗基本情况
Basic Information of New Type Rural Cooperative Medical

| 年 份 Year | 参合人口 (万人) Participation Population (10000 persons) | 参合率 (%) Participation Rate | 补偿受益 (万人次) Compensation Benefit (10000 persons times) | 住院率 (%) Hospitalization Rate (%) | 住院实际补偿比 (%) Hospitalization Compensation Rate (%) | 基金总额 (万元) The Total Volume of Funds (10000 yuan) | 当年筹资 (万元) Yearly Raised Fund (10000 yuan) | 农民缴纳 Fund from Farmers | 基金支出 (万元) Fund Expenditure (10000 yuan) | 住 院 Hospitalization |
|---|---|---|---|---|---|---|---|---|---|---|
| 2005 | 614.0 | 81.2 | 181.7 | 3.1 | 23.2 | 20506.0 | 17376.6 | 6271.5 | 14804.6 | 12553.6 |
| 2008 | 4523.9 | 90.2 | 1798.3 | 5.5 | 46.1 | 494812.5 | 430155.8 | 72296.2 | 380801.8 | 346963.6 |
| 2009 | 4651.7 | 93.6 | 2477.7 | 6.6 | 46.9 | 590908.0 | 471793.3 | 92409.4 | 506910.8 | 452125.8 |
| 2010 | 4750.2 | 96.0 | 4260.2 | 6.3 | 46.3 | 806507.7 | 721087.9 | 142981.6 | 632122.3 | 528924.6 |
| 2011 | 4917.1 | 98.7 | 6379.8 | 6.6 | 51.3 | 1307626.7 | 1129839.8 | 148044.7 | 932038.5 | 728213.2 |
| 2012 | 5043.8 | 99.5 | 10070.2 | 8.2 | 59.3 | 1869843.8 | 1487169.7 | 252338.2 | 1428580.6 | 1088589.3 |

## 20—33 各市新型农村合作医疗基本情况（2012年）
Basic Information of New Type Rural Cooperative Medical by Region (2012)

| 地 区 Region | 参合人口 (万人) Participation Population (10000 persons) | 参合率 (%) Participation Rate | 补偿受益 (万人次) Compensation Benefit (10000 persons times) | 住院率 (%) Hospitalization Rate (%) | 住院实际补偿比 (%) Hospitalization Compensation Rate (%) | 基金总额 (万元) The Total Volume of Funds (10000 yuan) | 当年筹资 (万元) Yearly Raised Fund (10000 yuan) | 农民缴纳 Fund from Farmers | 基金支出 (万元) Fund Expenditure (10000 yuan) | 住 院 Hospitalization |
|---|---|---|---|---|---|---|---|---|---|---|
| **总 计 Total** | 5043.8 | 99.5 | 10070.2 | 8.2 | 59.3 | 1869843.8 | 1487169.7 | 252338.2 | 1428580.6 | 1088589.3 |
| 合 肥 市 Hefei | 407.5 | 100.4 | 630.5 | 7.0 | 56.2 | 152976.7 | 121046.7 | 20373.7 | 117195.8 | 94576.2 |
| 淮 北 市 Huaibei | 129.0 | 103.6 | 275.9 | 8.1 | 61.1 | 44449.8 | 37593.7 | 6451.0 | 37247.8 | 27673.7 |
| 亳 州 市 Bozhou | 513.7 | 101.5 | 1237.5 | 9.6 | 59.2 | 188490.0 | 151521.6 | 25685.4 | 147134.4 | 106598.0 |
| 宿 州 市 Suzhou | 499.0 | 97.9 | 953.7 | 7.8 | 65.1 | 181003.6 | 144466.4 | 24779.9 | 137380.3 | 97263.8 |
| 蚌 埠 市 Bengbu | 260.7 | 100.2 | 776.5 | 8.0 | 62.7 | 95380.9 | 75774.2 | 13035.9 | 72712.8 | 53609.6 |
| 阜 阳 市 Fuyang | 826.0 | 95.3 | 2015.8 | 9.2 | 63.1 | 330186.1 | 248227.8 | 41293.5 | 233903.7 | 179839.3 |
| 淮 南 市 Huainan | 123.3 | 101.7 | 167.5 | 7.8 | 62.2 | 46828.3 | 36142.8 | 6164.6 | 31379.6 | 27657.7 |
| 滁 州 市 Chuzhou | 344.8 | 99.2 | 696.5 | 7.9 | 59.3 | 129325.2 | 101078.2 | 17303.1 | 98536.4 | 76867.0 |
| 六 安 市 Luan | 581.9 | 98.1 | 1013.9 | 8.1 | 56.7 | 212271.7 | 172678.1 | 29101.1 | 164873.5 | 129914.8 |
| 马鞍山市 Maanshan | 137.6 | 100.4 | 200.6 | 7.4 | 53.3 | 47669.3 | 40758.3 | 6788.7 | 37799.2 | 29948.1 |
| 芜 湖 市 Wuhu | 226.6 | 116.2 | 328.9 | 6.6 | 56.3 | 80750.7 | 66223.2 | 11330.2 | 65089.9 | 50582.7 |
| 宣 城 市 Xuancheng | 224.8 | 100.2 | 478.1 | 7.6 | 58.6 | 81758.9 | 66152.1 | 11586.0 | 61112.5 | 44414.7 |
| 铜 陵 市 Tongling | 31.5 | 100.7 | 58.1 | 6.8 | 59.9 | 12037.7 | 10200.8 | 1573.6 | 9993.4 | 7092.1 |
| 池 州 市 Chizhou | 133.0 | 101.3 | 156.3 | 8.7 | 58.7 | 45392.4 | 38690.5 | 6648.6 | 38124.1 | 31519.4 |
| 安 庆 市 Anqing | 493.3 | 97.7 | 863.5 | 7.3 | 55.6 | 182693.5 | 143760.7 | 24663.7 | 141038.0 | 104707.7 |
| 黄 山 市 Huangshan | 111.2 | 99.8 | 216.8 | 9.0 | 59.1 | 38629.0 | 32854.7 | 5559.3 | 35059.2 | 26324.5 |

## 20—34 各市失业保险基本情况（2012年）
## Basic Conditions of Unemloyment Insurance by Region (2012)

单位：万人（10000 persons）

| 地区 | Region | 本年参保人数 Contributors This Year 合计 Total | 企业 Enterprises | 国有企业 State-owned Enterprises | 集体企业 Collected-owned Enterprises | 事业单位 Institutions |
|---|---|---|---|---|---|---|
| **总计** | **Total** | **402.15** | **295.50** | **139.44** | **29.53** | **90.57** |
| 合肥市 | Hefei | 98.28 | 80.68 | 33.74 | 2.05 | 9.30 |
| 淮北市 | Huaibei | 24.69 | 21.52 | 14.21 | 1.59 | 3.17 |
| 亳州市 | Bozhou | 15.53 | 8.75 | 3.91 | 1.26 | 6.78 |
| 宿州市 | Suzhou | 21.04 | 11.65 | 4.95 | 1.97 | 8.43 |
| 蚌埠市 | Bengbu | 21.11 | 15.20 | 5.73 | 0.77 | 5.91 |
| 阜阳市 | Fuyang | 26.50 | 15.90 | 12.30 | 2.72 | 10.60 |
| 淮南市 | Huainan | 29.44 | 26.81 | 21.29 | 4.94 | 2.64 |
| 滁州市 | Chuzhou | 21.61 | 15.73 | 4.51 | 2.54 | 5.88 |
| 六安市 | Luan | 17.50 | 8.43 | 3.23 | 1.11 | 8.94 |
| 马鞍山市 | Maanshan | 24.09 | 20.72 | 3.89 | 1.90 | 3.19 |
| 芜湖市 | Wuhu | 34.11 | 28.53 | 13.55 | 3.61 | 5.57 |
| 宣城市 | Xuancheng | 13.12 | 9.50 | 2.57 | 0.91 | 3.50 |
| 铜陵市 | Tongling | 14.58 | 12.80 | 8.29 | 1.02 | 1.77 |
| 池州市 | Chizhou | 7.07 | 4.50 | 1.85 | 0.52 | 2.51 |
| 安庆市 | Anqing | 24.39 | 8.85 | 3.81 | 2.35 | 9.67 |
| 黄山市 | Huangshan | 9.09 | 5.93 | 1.61 | 0.27 | 2.71 |

| 地区 | Region | 领取失业保险金人数 Beneficiaries of Unemployment Insurance this year | 基金（万元）Fund (10000 yuan) 收入 Income | 支出 Expenditure | 累计结余 Accumulative Surplus |
|---|---|---|---|---|---|
| **总计** | **Total** | **11.52** | **267592.94** | **132678.62** | **564883.22** |
| 合肥市 | Hefei | 2.55 | 79626.77 | 27518.66 | 186503.67 |
| 淮北市 | Huaibei | 0.52 | 18277.16 | 8826.41 | 52380.59 |
| 亳州市 | Bozhou | 0.27 | 4840.34 | 1607.03 | 13615.18 |
| 宿州市 | Suzhou | 0.61 | 6751.75 | 3471.86 | 17130.78 |
| 蚌埠市 | Bengbu | 0.53 | 13029.61 | 11527.40 | 23502.31 |
| 阜阳市 | Fuyang | 0.85 | 10825.37 | 8335.05 | 25379.24 |
| 淮南市 | Huainan | 0.26 | 26151.60 | 13902.11 | 43947.66 |
| 滁州市 | Chuzhou | 1.05 | 13173.68 | 7798.82 | 24574.93 |
| 六安市 | Luan | 0.53 | 9992.42 | 2765.89 | 25338.89 |
| 马鞍山市 | Maanshan | 0.82 | 22334.23 | 7390.99 | 45631.59 |
| 芜湖市 | Wuhu | 1.33 | 24328.93 | 16366.98 | 32500.63 |
| 宣城市 | Xuancheng | 0.31 | 5747.45 | 4474.80 | 11239.99 |
| 铜陵市 | Tongling | 0.47 | 8359.94 | 6998.43 | 13242.22 |
| 池州市 | Chizhou | 0.16 | 3981.51 | 1626.61 | 9481.26 |
| 安庆市 | Anqing | 1.09 | 14321.86 | 6887.34 | 25478.02 |
| 黄山市 | Huangshan | 0.18 | 5850.31 | 3180.23 | 14936.26 |

## 20—35 农村社会养老保险情况
Situation of Rural Old-age Insurance

单位：万人、万元（10000 persons, 10000 yuan）

| 项　目 | Item | 2010 | 2011 | 2012 |
|---|---|---|---|---|
| 参保人数 | People Participated in | 572 | 2377 | 3351 |
| 本年领取养老金人数 | People Receiving Old-age Pension This Year | 155 | 595 | 803 |
| 本年保险资金收入 | Insurance Fund Revenue This Year | 190449 | 578441 | 960662 |
| 本年保费收入 | Insurance Premium This Year | 188068 | 574793 | 952393 |
| 个人缴费 | Individual Paying | 85199 | 238615 | 337474 |
| 集体补助 | Collective Subsidy | 1422 | 362 | 23 |
| 政府补贴 | Government Subsidy | 101447 | 335815 | 614896 |
| 本年基金运营收益 | Fund Operating Earning | 2122 | 3564 | 7895 |
| 其他收入 | Other Earning | 258 | 83 | 374 |
| 本年保险金支出 | Insurance Expenditure This Year | 91880 | 312522 | 531246 |
| 养老金支出 | Old-age Pension Expenditure | 89497 | 308368 | 514640 |
| 本年提取管理费 | Management Fee Drawed This Year | | | |
| 年末基金滚存结余 | Fund Blance Year-end | 243158 | 492660 | 844731 |

注：2010—2011年度数据为农村社会养老保险情况，2012年度数据为城乡居民养老保险情况，比前期口径扩大，包含了城镇居民养老保险情况。
a) The 2010-2011 annual data is about the rural social endowment insurance, the 2012 annual data is about urban and rural residents endowment insurance. It is larger range, including the old-age insurance for urban residents.

## 20—36 服务业重点企业分行业主要经济指标（2012年）
Main Economic Indicators of the Service Industries Key Enterprises By Industry (2012)

单位：亿元（100 million yuan）

| 行　业 | Sector | 单位数（个）Number of Units (unit) | 资产总计 Total Assets | 营业收入 Operating Income | 营业税金及附加 Business Tax and Additional | 营业利润 Operating Profit | 应付职工薪酬 Handle Employee Compensation | 年平均从业人员（人）Annual Average Employees (person) |
|---|---|---|---|---|---|---|---|---|
| **总　计** | **Total** | **2656** | **9022.6** | **2473.6** | **42.1** | **212.5** | **197.9** | **432707** |
| 交通运输、仓储和邮政业 | Transportation, Storage and Postal Services | 1168 | 2329.2 | 1383.5 | 14.8 | 31.4 | 82.3 | 196971 |
| 信息传输、软件和信息技术服务业 | Information Circulation, Computer Service and Software | 176 | 507.2 | 365.0 | 11.0 | 98.6 | 30.1 | 46889 |
| 房地产业 | Real Estate | 206 | 25.9 | 16.3 | 0.8 | 0.5 | 6.9 | 25732 |
| 租赁和商务服务业 | Leasing and Commercial Services | 433 | 5311.0 | 384.5 | 8.9 | 52.0 | 30.3 | 73481 |
| 科学研究和技术服务业 | Leasing and Commercial Services | 257 | 236.5 | 178.9 | 4.1 | 16.2 | 25.6 | 33892 |
| 水利、环境和公共设施管理业 | Water Conservancy, Environmental and Public Facilities Management | 89 | 402.7 | 43.6 | 0.9 | 8.0 | 3.1 | 7949 |
| 居民服务、修理和其他服务业 | Residents Service, Repair and Other Services | 79 | 11.5 | 9.4 | 0.3 | 0.5 | 1.9 | 7986 |
| 教　育 | Education | 88 | 27.3 | 11.6 | 0.3 | 0.7 | 3.4 | 10044 |
| 卫生和社会工作 | Health and Social Work | 74 | 43.8 | 37.9 | 0.0 | 2.1 | 8.7 | 18377 |
| 文化、体育和娱乐业 | Culture, Sports and Entertainment | 86 | 127.5 | 42.9 | 1.0 | 2.5 | 5.6 | 11386 |

## 20—37 就业训练中心综合情况
Comprehensive Insitution of Occupation Training Center

| 项目 | | Item | | 2010 | 2011 | 2012 |
|---|---|---|---|---|---|---|
| 就业训练中心个数 | (个) | Numbers of Occupation Training Center | (unit) | 117 | 117 | 117 |
| 在职教职工总人数 | (人) | Total Numbers of Teaching and Administra1tive Staffs on the Job | (person) | 1519 | 1537 | 1580 |
| 教　师 | | Teachers | | 1019 | 1098 | 1101 |
| 兼职教师人数 | (人) | Part-time Teachers | (person) | 790 | 806 | 812 |
| 经费来源总计 | (万元) | Total of Source of Fund | (10000 yuan) | 68404 | 68576 | 68745 |
| 财政补助费 | | Fiscal Subsidies | | 12991 | 13406 | 13507 |
| 职业培训补贴 | | Subsidies for Vocational Training | | 45595 | 55170 | 56165 |
| 就业训练人数 | (人) | Numbers of Occupation Training Persons | (person) | 249678 | 253896 | 254975 |
| 女　性 | | Female | | 117532 | 129805 | 130104 |
| 上年末结转 | | Carried Forward from the Previous Year | | | | |
| 结业人数 | (人) | Graduation Population | (person) | 245696 | 253749 | 253864 |
| 按训练对象分组 | | Grouped by Training Object | | | | |
| 劳动预备制学员 | | Labor Preparation System Student | | 18678 | 19756 | 20176 |
| 下岗失业人员 | | Laid-off Workers | | 75320 | 78045 | 78498 |
| 农村劳动者 | | Employment of Rural Labor | | 122584 | 123086 | 124013 |
| 其他人员 | | Other Person | | 33096 | 33009 | 33015 |
| 按训练期限分组 | | Grouped by Training Allowed Time | | | | |
| 六个月以下 | | 6 Month & Below | | 236125 | 245197 | 246186 |
| 六个月至一年 | | 6 Month－1 Year | | 10380 | 6080 | 6125 |
| 一年以上 | | 1 Year & up | | 3173 | 2619 | 3012 |
| 按获取证书分组 | | Grouped by Obtained Certificate | | | | |
| 初级职业资格 | | Elementary Professional Qualification | | 158562 | 190659 | 194786 |
| 中级职业资格 | | Intermediate Professional Qualification | | 35261 | 49459 | 501234 |
| 高级职业资格 | | Senior Professional Qualification | | 4589 | 7908 | 8012 |
| 技师资格 | | Technician Qualification | | 3216 | 3205 | 3304 |
| 就业人数 | (人) | Employment Figures (person) | (person) | 194623 | 233698 | 234708 |
| 农村劳动者 | | Employment of Rural Labor | | 115328 | 175296 | 176256 |

## 20—38 人力资源服务机构综合情况（2012年）
Human Resources Service Organization Comprehensive Situation (2012)

| 项目 | | Item | | 公共就业服务机构 Public Employment Service Organization | 公共人才服务机构 Public Talented Person Service Organization | 国有性质服务企业 State-owned Service Enterprise | 私营性质服务企业 Private Service Enterprise |
|---|---|---|---|---|---|---|---|
| 服务机构数 | (个) | Service Organization | (unit) | 559 | 127 | 38 | 404 |
| 从业人员人数 | (人) | Population of Jobholder | (person) | 2145 | 672 | 351 | 2644 |
| #大专及以下 | | Junior College and Below | | 1538 | 245 | 175 | 1806 |
| 本　科 | | Undergraduate Course | | 589 | 403 | 162 | 782 |
| 硕士及以上 | | Master and Above | | 18 | 24 | 14 | 56 |
| #取得职业资格人数 | | Obtaining Professional Qualification Population | | 771 | 283 | 129 | 1111 |
| 设立固定招聘场所 | (个) | Fixed Employment Advertise Place | (unit) | 136 | 99 | 32 | 403 |
| 总资产 | (万元) | Total Assets | (10000 yuan) | 16966 | 8255 | 32646 | 38052 |
| 建立人力资源服务网站 | (个) | Human Resources Service Network | (unit) | 129 | 78 | 13 | 137 |
| 全年营业总收入 | (万元) | Annual Business Gross Income | (10000 yuan) | 1250 | 3210 | 329186 | 110202 |

## 20—39 人力资源服务业务基本情况（2012年）
Human Resources Service Basic Situation (2012)

| 项 目 | Item | 公共就业服务机构 Public Employment Service Organization | 公共人才服务机构 Public Talented Person Service Organization | 国有性质服务企业 State-owned Service Enterprise | 私营性质服务企业 Private Service Enterprise |
|---|---|---|---|---|---|
| 服务人员总数 (人) | Total of Service Personnel Registration (person) | 3174166 | 2936532 | 181801 | 1480472 |
| 登记要求流动人员 (人) | Nubmer of Registration Requesting Flowing Personnel (person) | 1023481 | 1992675 | 94639 | 876943 |
| #大专及以下 | Junior College and Below | 870402 | 1520407 | 79143 | 651882 |
| 本 科 | Undergraduate Course | 149739 | 414934 | 14629 | 212530 |
| 硕士及以上 | Master and Above | 3340 | 57334 | 867 | 12531 |
| 实现就业和流动人数 (人) | Realizing Employment and Flowing Population (person) | 783287 | 380252 | 79410 | 473923 |
| 服务用人单位数 (个) | Number of Service Personnel Units (unit) | 53292 | 45736 | 3582 | 46021 |
| #国有企、事业单位 | State-owned Enterprise and Institution | 4294 | 4015 | 885 | 2104 |
| 私营企业 | Private Enterprise Foreign-funded Enterprise | 35499 | 36296 | 1732 | 33392 |
| 外资企业 | Foreign-funded Enterprise | 1307 | 1231 | 122 | 2876 |
| 建立人力资源数据库 (人次) | Establishment Human Resources Database (person time) | 14124 | 419 | 36 | 4138 |
| 现存数据库求职信息总量 (人次) | Total of Extant Database Seeking Employment Information (person time) | 1434037 | 1349550 | 498572 | 3582481 |
| #全年入库求职信息 | Whole Year Warehousing Seeking Employment Information | 341341 | 1171849 | 48165 | 1423094 |
| 现场招聘服务 | Scene Employment Advertise Service | | | | |
| 举办招聘会次数 (次) | Number of Times of Conducting Job Fair (time) | 2827 | 1960 | 188 | 1712 |
| #毕业生专场 | Graduate Specially | 265 | 325 | 20 | 309 |
| 农民工专场 | Peasant Laborer Specially | 833 | 171 | 19 | 442 |
| 参会用人单位 (家) | Attending the Meeting Employer (unit) | 48233 | 89208 | 6089 | 44599 |
| 提供招聘岗位 (个) | Providing Employment Post (unit) | 1579698 | 1285421 | 53863 | 564062 |
| 参会求职人数 (人) | Attending the Meeting Seeking Employment Population (person) | 1850151 | 1522798 | 56800 | 1162369 |
| 网络招聘服务 (条) | Network Employment Advertise Service (unit) | | | | |
| 发布岗位信息 | Issue Post Information | 394226 | 268813 | 14821 | 536546 |
| 发布求职信息 | Issue Seeking Employment Information | 196230 | 166650 | 233094 | 849112 |
| 劳务(人才)派遣服务 | The Service (talented person) to Dispatch to Serve | | | | |
| 派遣单位 (个) | Detached Organization (unit) | 1052 | 117 | 1029 | 8728 |
| 派遣人员总量 (人) | Total of Detached Personnel (person) | 44728 | 1344 | 41816 | 66090 |
| 登记要求派遣人数 (人) | Registration Requesting Detached Population (person) | 20095 | 2054 | 33056 | 77674 |
| 人力资源管理咨询 | Human Resources Management Consulting | | | | |
| 服务用人单位 (个) | Service Employer Unit (unit) | 12645 | 7264 | 677 | 9160 |
| 人力资源外包服务 | Human Resources Outsourcing Service | | | | |
| 服务用人单位 (个) | Service Employer Unit (unit) | 467 | 5283 | 549 | 2965 |
| 流动人员档案管理 | Flowing Personnel Record Management | | | | |
| 现存档案数量 (人) | Number of Extant File (person) | 751102 | 870740 | 112669 | 67073 |
| 依托档案提供服务 (次) | Depending on the File to Provide Service (time) | 339041 | 315256 | 2904 | 86676 |
| 培训服务 | Training Service | | | | |
| 举办培训班 (个) | Conducting Training Class (unit) | 2561 | 451 | 187 | 1362 |
| 参加人数 (人) | Participating Population (person) | 172779 | 32493 | 13719 | 55490 |
| 测评服务 | Evaluation Service | | | | |
| 测评人数 (人) | Evaluation Population (person) | 15921 | 8303 | 3600 | 7446 |
| 猎头服务 | Headhunting Service | | | | |
| 成功推荐人才 (人) | Successful to Recommend Talented Person (person) | 19212 | 805 | 2786 | 19999 |

## 20—40 各市职业技能鉴定综合情况（2012年）
Vocational Skill Appraisal Comprehensive Situation by Region (2012)

单位：人（person）

| 地 区 Region | 鉴定机构数（个）Number of Appraisal Institution (unit) 小计 Total | #鉴定中心 Appraisal Center | #职业技能鉴定所 Vocational Skill Appraisal Institution | #行业特有工种鉴定站 Industry-specific Types of Appraisal Points | 考评人员人数 Number of Evaluation Staff | 鉴定考核人数 Appraisal Number of Assessment 小计 Total | 初级 Primary | 中级 Middle-level | 高级 High level |
|---|---|---|---|---|---|---|---|---|---|
| **总 计 Total** | **450** | **45** | **395** | **10** | **8639** | **607531** | **263481** | **247157** | **84782** |
| 合肥市 Hefei | 71 | 6 | 65 | | 1115 | 125267 | 32687 | 62986 | 25730 |
| 淮北市 Huaibei | 19 | 1 | 18 | | 307 | 21336 | 4476 | 12967 | 3162 |
| 亳州市 Bozhou | 11 | 1 | 10 | | 235 | 24119 | 11477 | 10708 | 1676 |
| 宿州市 Suzhou | 33 | 6 | 27 | | 359 | 40439 | 29214 | 8050 | 2589 |
| 蚌埠市 Bengbu | 33 | 1 | 32 | | 255 | 25817 | 9923 | 10145 | 4757 |
| 阜阳市 Fuyang | 23 | 1 | 22 | | 375 | 34110 | 11310 | 18728 | 3612 |
| 淮南市 Huainan | 29 | 2 | 27 | | 1090 | 41411 | 29135 | 7628 | 3776 |
| 滁州市 Chuzhou | 15 | 1 | 14 | | 654 | 44582 | 21474 | 15944 | 6529 |
| 六安市 Luan | 39 | 9 | 30 | | 330 | 43696 | 21865 | 17998 | 3468 |
| 马鞍山市 Maanshan | 22 | 2 | 20 | | 664 | 29802 | 19322 | 7896 | 1705 |
| 芜湖市 Wuhu | 27 | 1 | 26 | | 1103 | 49181 | 21664 | 20640 | 6058 |
| 宣城市 Xuancheng | 23 | 9 | 7 | 7 | 221 | 34350 | 18044 | 11115 | 4949 |
| 铜陵市 Tongling | 18 | 1 | 16 | 1 | 402 | 11883 | 4965 | 3290 | 3120 |
| 池州市 Chizhou | 13 | 1 | 12 | | 114 | 19606 | 10854 | 5644 | 2911 |
| 安庆市 Anqing | 26 | 1 | 23 | 2 | 280 | 23339 | 4696 | 15507 | 2628 |
| 黄山市 Huangshan | 8 | 1 | 7 | | 106 | 18490 | 11907 | 4139 | 2249 |
| 省 直 Provincial-level | 40 | 1 | 39 | | 1029 | 20103 | 468 | 13772 | 5863 |

| 地 区 Region | 技师 Technician | 高级技师 Senior Technician | 获取证书人数 Number of Obtaining a Certificate 小计 Total | 初级 Primary | 中级 Middle-level | 高级 High level | 技师 Technician | 高级技师 Senior Technician | 通过率(%) Pass Rate (%) |
|---|---|---|---|---|---|---|---|---|---|
| **总 计 Total** | **10911** | **1200** | **514173** | **235789** | **207120** | **64594** | **6200** | **470** | **84.63** |
| 合肥市 Hefei | 3146 | 718 | 100275 | 31816 | 49209 | 17909 | 1062 | 279 | 80.05 |
| 淮北市 Huaibei | 682 | 49 | 19736 | 4252 | 12437 | 2593 | 412 | 42 | 92.50 |
| 亳州市 Bozhou | 258 | | 23155 | 11373 | 9945 | 1609 | 228 | | 96.00 |
| 宿州市 Suzhou | 453 | 133 | 33347 | 24633 | 6550 | 1962 | 190 | 12 | 82.46 |
| 蚌埠市 Bengbu | 992 | | 24311 | 9623 | 9945 | 4257 | 486 | | 94.17 |
| 阜阳市 Fuyang | 460 | | 28271 | 10110 | 16243 | 1620 | 298 | | 82.88 |
| 淮南市 Huainan | 791 | 81 | 34972 | 24800 | 6615 | 3075 | 462 | 20 | 84.45 |
| 滁州市 Chuzhou | 635 | | 35450 | 17609 | 12436 | 4897 | 508 | | 79.52 |
| 六安市 Luan | 365 | | 36432 | 19147 | 14543 | 2509 | 233 | | 83.38 |
| 马鞍山市 Maanshan | 757 | 122 | 23436 | 16280 | 5632 | 1062 | 413 | 49 | 78.64 |
| 芜湖市 Wuhu | 770 | 49 | 42072 | 18531 | 17687 | 5144 | 671 | 39 | 85.55 |
| 宣城市 Xuancheng | 235 | 7 | 29961 | 16062 | 9567 | 4144 | 181 | 7 | 87.22 |
| 铜陵市 Tongling | 508 | | 10399 | 4823 | 2905 | 2315 | 356 | | 87.51 |
| 池州市 Chizhou | 197 | | 18100 | 10395 | 5098 | 2466 | 141 | | 92.32 |
| 安庆市 Anqing | 467 | 41 | 20244 | 4151 | 13476 | 2225 | 370 | 22 | 86.74 |
| 黄山市 Huangshan | 195 | | 18318 | 11805 | 4090 | 2234 | 189 | | 99.07 |
| 省 直 Provincial-level | | | 15694 | 379 | 10742 | 4573 | | | 78.07 |

# 主要统计指标解释

**卫生机构**

指从卫生行政部门取得《医疗机构执业许可证》，或从民政、工商行政、机构编制管理部门取得法人单位登记证书，为社会提供医疗保健、疾病控制、卫生监督服务或从事医学科研和教育等工作的单位。卫生机构包括医院、疗养院、社区卫生服务中心（站）、卫生院、门诊部、诊所（卫生所、医务室）、急救中心（站）、采供血机构、妇幼保健院（所、站）、专科疾病防治院（所、站）、疾病预防控制中心（防疫站）、卫生监督所、卫生监督监测机构、医学科研机构、医学在职培训机构、健康教育所（站）等其他卫生机构。

**医疗机构**

指从卫生行政部门取得《医疗机构执业许可证》的机构，包括医院、疗养院、社区卫生服务中心（站）、卫生院、门诊部、诊所（卫生所、医务室）、妇幼保健院（所、站）、专科疾病防治院（所、站）、急救中心(站)和临床检验中心。

**社区卫生服务中心（站）**

指为本社区居民提供预防、医疗、保健、康复、健康教育、计划生育技术服务等的基层卫生机构。包括社区卫生服务中心和社区卫生服务站。

**卫生人员**

指在医疗、预防保健、医学科研和在职教育等卫生机构工作的职工，包括卫生技术人员、其他技术人员、管理人员和工勤人员。

**卫生技术人员**

包括执业（助理）医师、注册护士、药师（士）、检验和影像人员等卫生专业人员。不包括从事管理工作的卫生技术人员。

**执业医师**

指《医师执业证》“级别”为“执业医师”且实际从事医疗、预防保健工作的人员，不包括实际从事管理工作的执业医师。执业医师类别分为临床、中医、口腔和公共卫生四类。

**执业助理医师**

指《医师执业证》“级别”为“执业助理医师”且实际从事医疗、预防保健工作的人员，不包括实际从事管理工作的执业助理医师。执业助理医师类别同样分为临床、中医、口腔和公共卫生四类。

**每万人口执业（助理）医师**

每万人口执业（助理）医师=（执业医师数+执业助理医师数）/人口数×10000。

**每万人口医院、卫生院床位数**

每万人口医院卫生院床位数=（医院床位数+卫生院床位数）/人口数×10000。

**每万人口卫生技术人员**

每万人口卫生技术人员=卫生技术人员数/人口数×10000。

**参加新农合人数**

指根据本地新农合实施方案到年内新农合筹资截止时已缴纳新农合资金的人口数。

**新农合当年基金支出**

指本年度实际从新农合基金帐户中支出用于新农合补偿的资金。

**新农合补偿支出受益人次**

指年内新农合参合人员因病就医获得补偿的人次数，包括住院、家庭帐户形式、门诊、特殊病种大额门诊、住院正常分娩、体检和其他补偿人次之和。

**新农合本年度筹资总额**

指为本年度筹集的、实际进入新农合专用帐户的基金数额。包括本年度中央及地方财政配套资金、农民个人交纳资金（含民政部门及其他相关部门代缴的救助资金）、新农合基金本年度产生的全部利息收入及其他渠道实际筹集到的新农合基金额。筹资数额以进入新农合专用帐户的基金数额为准，不含上年结转额资金。

**城市居民最低生活保障人数**

指在报告期末家庭平均收入在当地规定的最低生活保障线以下的城镇居民数。包括“三无”对象，失业人员和在职、下岗、退休人员等。

**农村居民最低生活保障人数**

指报告期末在建立农村最低生活保障制度的地区，得到当地政府或集体给予最低生活保障的农业人口家庭人数。

**五保户**

指无法定抚养义务人，或者虽有法定抚养义务人，但是抚养人无抚养能力的；无劳动能力的；无生活来源的老年人、残疾人和未成年人。

**农村传统救济人数**

指未开展最低生活保障制度的农村地区，仍沿用传统救济制度救济的贫困人口数。

**社会福利企业**

指以集中安置有一定劳动能力的残疾人员就业为目的（残疾职工占生产人员10%以上）、带有社会福利性质的企业总称。主要包括福利工厂、假肢厂和其他福利企业。

**社区服务设施数**

指报告期末设立的以非营利为目的，为本社区居民服务，特别是为老年人、残疾人、儿童服务的社区服务中心、活动站、服务站、养老院、老年公寓（托老所），残疾人工疗站、残疾儿童日托所、家务服务站、婚姻介绍所等福利性设施以及职工社会保险管理服务的机构数。几种不同类型的社区服务单位，共用一个场所的，只能统计为一个社区服务设施。成为社区服务设施的条件：（1）是独立核算单位；（2）有固定的从业人员；（3）有一定的服务项目；（4）有一定的场所。

**城镇职工基本养老保险**

**1.（参保）职工人数**

指报告期末按照国家法律、法规和有关政策规定参加基本养老保险并在社保经办机构已建立缴费记录档案的职工人数，包括中断缴费但未终止养老保险关系的职工人数，不包括只登记未建立缴费记录档案的人数。

**2.（参保）离退休人员人数**

指报告期末参加基本养老保险的离休、退休和退职人员的人数。

**3.基金收入**

指根据国家有关规定，由纳入基本养老保险范围的缴费单位和个人按国家规定的缴费基数和缴费比例缴纳的养老保险基金，以及通过其他方式取得的形成基金来源的收入。包括单位和职工个人缴纳的基本养老保险费、基本养老保险基金利息收入、上级补助收入、下级上解收入、转移收入、财政补贴和其他收入。

**4.基金支出**

指按照国家政策规定的开支范围和开支标准从养老保险基金中支付给参加基本养老保险的个人的养老金、丧葬抚恤补助，以及由于保险关系转移、上下级之间调剂资金等原因而发生的支出。包括离休金、退休金、退职金、各种补贴、医疗费、死亡丧葬补助费、抚恤救济费、社会保险经办机构管理费、补助下级支出、上解上级支出、转移支出、其他支出等。

**5.基金累计结余**

指截止报告期末基本养老保险基金收支相抵后的累计余额。

**基本医疗保险**

**1.参保人数**

指报告期末按国家有关规定参加相应基本医疗保险的人数。

**2.基金收入**

指由用人单位和个人按照国家规定的缴费基数、缴费比例或缴费标准缴纳的基本医疗保险基金，财政补助资金以及通过其他方式取得的形成基金来源的款项，包括：单位缴纳收入、个人缴纳收入、财政补助收入（含医疗救助补助个人收入）、财政补贴收入、利息收入和其他收入。

**3.基金支出**

指按照国家政策规定的开支范围和开支标准，从基本医疗保险基金中支付给参保人员的医疗保险待遇支出，以及其他支出。包括住院医疗费用支出、门急诊医疗费用支出、个人账户基金支出、其他支出。

**4.基金累计结余**

指截止报告期末基本医疗保险基金累计结余金额。

**失业保险**

**1.参保人数**

指报告期末按照国家法律、法规和有关政策规定参加了失业保险的城镇企业、事业单位的职工及地方政府规定参加失业保险的其他人员的人数。

**2.基金收入**

指报告期内筹集的失业保险基金的总额，包括失业保险费收入、利息收入、财政补贴收入、其他收入、转移收入、上级补助收入、下级上解收入。

**3.基金支出**

指报告期内为保障失业人员基本生活、促进其再就业等支出的基金总额，包括失业保险金支出、医疗补助金支出、丧葬补助金和抚恤金支出、职业培训和职业介绍补贴支出、农民合同制工人一次性生活补助支出、其他支出、转移支出、上级补助支出、下级上解支出。

**4.基金累计结余**

指截止报告期末失业保险基金收支相抵后的累计余额。

**工伤保险**

**1.参加保险人数**

指报告期末依据国家有关规定参加工伤保险的职工人数

和有雇工的个体工商户的雇工数。

**2.享受保险待遇人数**

指年初至报告期末因工伤或职业病而享受工伤保险待遇的人数。为享受工伤医疗待遇中未评定等级的人数、享受伤残待遇人数以及享受因工死亡待遇人数之和。

**3.基金收入**

指根据国家有关规定，由参加工伤保险的单位按国家规定的缴费基数和缴费比例缴纳的工伤保险基金，以及通过其他形式取得的形成基金来源的款项。包括：单位缴纳的社会统筹基金收入、财政补贴收入、利息收入、其他收入。

**4.基金支出**

指按照国家政策规定的开支范围和开支标准从工伤保险基金中支付给参加工伤保险的人员及供养直系亲属工伤保险待遇支出及其他支出。包括工伤医疗费、伤残补助金、工亡补助金、护理费、丧葬补助费、工伤预防费用、职业康复费用和其他支出。

**5.基金累计结余**

指截止报告期末工伤保险基金累计结余金额。

# Explanatory Notes for Major Statistical Indicators

**Health Care Institutions**

refer to the units which have been qualified the Certification of Health Care Institution by the administration of public health, or qualified the Certification of Corporate Unit by the civil affairs, administration for industry and commerce, commission office for public sector reform, and engaging in medical care, disease prevention and control, health supervision and inspection, medicine research and health education, etc., including: hospitals, sanatoriums, community health service centers (stations), health centers, clinics (health stations and infirmaries), first-aid centres (stations), blood gathering and supplying institutions, women and children care agencies (centres and stations), special disease prevention and curing agencies (centres and stations), disease prevention and control centres (epidemic prevention stations), health supervision and inspection agencies, sanitary inspection institutions, medicinal scientific research and on-job training institutions, health education centres and so on.

**Medical Organizations**

refer to the institutions which have been qualified the Certification of Health Care Institution by the administration of public health, including: hospitals, sanatoriums, community health service centers (stations), health centers, clinics (health stations and infirmaries), women and children care agencies (centres and stations), special disease prevention and curing agencies (centres and stations), first-aid centres (stations) and clinic inspection centers.

**Community Health Service Centres (stations)**

refer to the primary units that provide the health care for community residents, such as disease prevention and control, medical treatment, health care, rehabilitation, health education, family planning technical services, including community health service centres and community health service stations.

**Health Care Employee**

refer to all employee engaged in the health care institutions, such as medical organizations, disease prevention and control centres, health care agencies, medicinal scientific research and on-job training institutions, including medical technical personnel, other technical personnel, manager and labour.

**Medical Technical Personnel**

refer to the professional staff engaged in health care, including licensed (assistant) doctors, registered nurse, pharmacists, laboratory technician, and imaging staff, excluding the medical technical personnel engaged in management job.

**Licensed Doctors**

refer to the medical workers who have obtained the licenses of qualified doctors and are employed in medical treatment, disease prevention or healthcare institutions, excluding the licensed doctors engaged in management job. The licensed doctors are divided into 4 categories: clinician, Chinese medicine physicians, dentist and public health physicians.

**Licensed Assistant Doctors**

refer to the medical workers who have obtained the licenses of qualified assistant doctors and are employed in medical treatment, disease prevention or healthcare institutions, excluding the licensed assistant doctors engaged in management job. The classification of licensed assistant doctors is clinician, Chinese medicine, dentist and public health.

**Number of Licensed (Assistant) Doctors per 10000 Population**

the formula is: Number of Licensed Doctors per 10000 Population = (Number of Licensed Doctors + Number of Licensed Assistant Doctors)/ Population×10000

The population is the figure of household registration from the Ministry of Public Security.

**Number of Beds of Hospitals and Health Care per 10000 Population**

the formula is: Number of Beds of Hospitals and Health Care per 10000 Population = Number of Beds of Hospitals + Number of Beds of Health Care) / Population ×10000

The population is the figure of household registration from the Ministry of Public Security.

**Number of Medical Technical Personnel per 10000 Population**

the formula is: Number of Medical Technical Personnel per 10000 Population = Number of Medical Technical Personnel/Population ×10000

The population is the figure of household registration from the Ministry of Public Security.

**Number of Persons Participated in the New Rural Cooperative Medical System**

refers to the number of persons who have given payment to the new cooperative medical system by the deadline of fundraising during the year according to the implementation plan of the new system.

**Expenditure of Funds for the New Rural Cooperative Medical System This Year**

refers to expenditures on compensation funds for the new rural cooperative medical system from the fund account of new cooperative medical system this year.

**Persons Benefited from the Compensation Expenditure of New Rural Cooperative Medical System**

refers to the number of persons participated in the new system who have been compensated for medical treatment in the year, including hospitalization, family account form, out-patient, large special diseases out-patient, normal childbirth in hospital, medical examination and other compensations

**Funds Raised for the New Rural Cooperative Medical**

**System this Year**

refers to the amount of funds raised this year and put into the special new rural cooperative medical account, including the matching funds of central and local governments, paid money by farmers (including relief funds paid by the civil affairs department and other relevant departments), all the interest income generated this year of the funds and funds actually raised from other channels this year. The amount of funding equals to the funds entering into the special new rural cooperative medical account, excluding the carry-over funds from the previous year.

**Number of Urban Residents Entitled to Minimum Living Allowances**

refers to the number of those whose average family income is below a minimum local standard by the end of the reporting period, including both the employed and unemployed, laid off and retired, and those jobless people without stable residence or valid IDs.

**Number of Rural Residents Entitled to Minimum Living Allowances**

refers to the number of those receiving the minimum living allowances from the local government or community in the rural areas where this allowances system is in place as of the end of the reporting period.

**Households Enjoying Five Guarantees**

refers to those senior citizens, handicapped or under-aged who, without labour ability, can not make a living by themselves and whose statutory providers are unable to support them or who have no statutory providers at all.

**Number of Rural Recipients of Traditional Relief**

refers to the poor people entitled to traditional relief in rural areas where the minimum living allowances system is not in place.

**Social Welfare Enterprises**

refers to those welfare-oriented enterprises employing a significant number of handicapped people with certain labour ability (handicapped employees shall exceed 10% of the production staff), including welfare factories, artificial limb plants as well as other welfare enterprises.

**Number of Service Facilities in Communities**

refers to the number non-profit welfare facilities set up community residents' in particular the community-based centers that serve senior citizens, the handicapped or children, recreational centers, service centers, nursing homes, apartments for the elderly (nursery for the aged), work and treatment stations for the handicapped, day-care centers for handicapped children, domestic help agencies and dating services, as well as social insurance management agencies for the employees. Different types of community service providers that share the same premise are regarded as one community service facility. The requirements for a social service facility of communities include: (1) independent accounting; (2) fixed employees; (3) provision of certain services; and (4) with certain places.

**Basic Pension Insurance**

**1. Number of staff and workers covered**

refer to staff and workers participating in the basic pension insurance programme according to national laws, regulations and related policies at the end of the reference period, who have already had payment records in social security management agencies, including those who have interrupt payment without terminating the insurance programme. Those who have registered in the programme but with no payment records are not included.

**2. Number of retirees participating in the basic pension insurance programme**

refer to the number of retirees participating in basic pension insurance programmes by the end of the reference period.

**3. Revenue of the basic pension insurance programme**

refers to payments made by employers and individuals participating in the pension insurance programme in accordance with the basis and proportion stipulated in State regulations, and income from other sources that become source of pension insurance fund, including the premium paid by employers and staff and workers, interest income, subsidies from higher level agencies, income as transfer from subordinate agencies, transferred income, government financial subsidies and other income.

**4. Expenditure of basic pension insurance programme**

refer to payment made on pensions and funeral subsidies to those retired and resigned people covered in pension insurance programmes according to related national policies on scope and standard of expenditure. Also included are expenditure which arises due to shift of the insurance relationship or adjustment of funds among agencies. More specifically, included are pensions for resigned people, pensions for retired people, pension for people quitting jobs, various subsidies, medical fees, funeral subsidies, compensation payments, management fees for social security agencies, expenses on subsidies to lower subordinates, expenses as transfer to agencies at higher level, transferred expenditure and other expenditure.

**5. Balance of basic pension insurance programme**

refers to the balance of basic pension insurance funds at the end of the reference period after deducting expenses from revenue.

**Basic Medical Care Insurance**

**1. Number of people participating in the insurance programme**

refers to people participating in the basic medical care insurance programme according to related regulations as at the end of reference period.

**2. Revenue of the insurance programme**

refers to payments made by employers and individuals participating in the medical care insurance programme in accordance with the basis and proportion stipulated in State regulations, and income from other sources that become source of medical insurance fund, including income paid by units, individual paid income, financial assistance's income (including individual income from medicaid), financial subsidies' income, interest income and other income.

**3. Expenditure of the insurance programme**

refers to payment made to people covered in basic medical

care insurance programme within the scope and standards of expenditure according to related national policies, and medical care payment and other expenses, including medical expenses of hospital inpatients, medical expenses for outpatients and emergency patients, payment from individual accounts and other expenditure.

**4. Balance of the basic medical care insurance programme**

refers to the balance of medical care insurance funds at the end of the reference period.

**Unemployment Insurance**

**1. Number of people covered**

refers to staff and workers in urban enterprises or institutions who have participated in the unemployment insurance programme according to relevant policies and regulations, and other people who have participated according to local government regulations, as at the end of reference period.

**2. Revenue of the unemployment insurance programme**

refers to the total unemployment insurance funds raised in the reference period, including unemployment insurance premium, interest income, financial subsidies, other income, transferred income, subsidies from higher level agencies and income as transfer from subordinate agencies..

**3. Expenditure of the unemployment insurance programme**

refers to total expenses during the reference period to guarantee the basic livelihood of unemployed people, and to encourage their re-employment. Included are unemployment relief, medical fees, funeral subsidies, compensation payments, training expenses, management fees for unemployment insurance agencies, subsidies to lower level agencies, expenses as transfer to higher level agencies, transferred expenditure and other expenditure.

**4. Balance of the unemployment insurance programme**

refers to the balance of revenue of the programme after deducting expenses at the end of the reference period.

**Work Injury Insurance**

**1. Number of people covered**

refers to staff and workers who have participated in the work injury insurance programme and number of employees in private business according to relevant national regulations at the end of the reference period.

**2. Number of beneficiaries**

refers to number of people benefited from work injury insurance, as a result of work injury or occupational disease. It is the sum of beneficiaries from the work injury medical treatment withut rating, disabilities and deaths at work places.

**3. Revenue of the work injury insurance programme**

refers to payments made by employers participating in the work injury insurance programme in accordance with the basis and proportion stipulated in State regulations, and income from other sources that become source of work injury insurance fund, including income of social comprehensive funds paid by employers, government financial subsidies, interest income and other income.

**4. Expenditure of the work injury insurance programme**

refers to payments made from work injury insurance funds to those who participated in the work injury insurance programme and their direct dependents within the scope and standards of expenditure according to related national policies, and other expenditure, including medical fees for work injury, injury and disability subsidies, death subsidies, nursing fees, funeral subsidies, injury prevention fees, occupational rehabilitation fees and other expenditure.

**5. Balance of the work injury insurance programme**

refers to the balance of the work injury funds at the end of the reference period.

**Maternity Insurance**

**1. Number of people covered**

refers to people who have participated in the maternity insurance programme according to relevant regulation at the end of the reporting period.

**2. Number of enjoying insurance**

refers to people of sum who enjoy treatment of inductrial injury insurance, medical treatment for not rating work-related injuries , the disability beneficiaries and the worker death and treatment at the beginning of the year to the end of the reporting period

**3. Revenue of maternity insurance**

refers to payments made by employers participating in the maternity insurance programme in accordance with the basis and proportion stipulated in State regulations, and income from other sources that become source of maternity insurance fund, including income of funds paid by employers, interest income and other income.

**4. Expenditure of the maternity insurance programme**

refers to payments made from maternity insurance funds to staff and workers who participate in the maternity insurance programme within the scope and standards of expenditure in accordance with related national policies, expenses paid for pregnancy, child delivery or surgeries related to family planning, and other expenditure, including allowance for child bearing, medical fees and other expenditure.

**5. Balance of the maternity programme**

refers to the balance of the maternity insurance funds at the end of reference period.

# 第二十一篇

Chapter 21

# 文化和体育

CULTURE AND SPORTS

## 简要说明

一、本篇主要反映文化、体育、新闻出版、广播电影电视事业的发展情况。

文化部分主要包括艺术表演团体、艺术表演场所、公共图书馆、文化馆、文化站、广播、电视、新闻出版以及文物等文化事业的机构、人员、经费和业务活动情况。体育部分主要包括群众体育和竞技体育，主要内容有体育系统职工情况，竞技体育成绩，群众体育活动等情况。

二、根据各部门制定的统计报表制度汇总加工整理而成。艺术业、图书馆业、群众文化服务业的资料主要来自省文化厅；文物资料来自省文物局；广播、电视资料来自省广播电视局；新闻出版资料来自省新闻出版局；体育部分的资料来自省体育局。

## Brief Introduction

I. Data in this chapter mainly reflect the development of culture; sports; news and publication; and radio broadcasting, films and television.

Data on culture cover mainly the situations on institutions, personnel and business activities of cultural undertakings including arts performing groups and performance venues; public libraries; museums; cultural centres; archives; cultural stations; broadcasting; films; television; news and publication; and cultural relics. Data on sports cover mass sports (sports for all) and athletic sports, including mainly the number of staff and workers in sports departments, number of stadiums and gymnasiums, achievements in athletic sports events, mass sports activities and the international exchanges of sports delegations.

II. Data are collected and tabulated in accordance with the statistical reporting schemes stipulated by the departments concerned. Data on the arts, libraries, mass culture are provided by the Ministry of Culture. Data on archives are from State Archives Administration. Data on cultural relics are from State Administration of Cultural Heritage. Data on radio, film and television are mainly from State Administration of Radio, Film and Television. Data on news and publication are mainly provided by General Administration of Press and Publication. Data on sports are mainly from General Administration of Sport.

## 21—1 文化艺术和文物事业机构、人员情况（2012年）
Number of Institutions and Personnel in Culture, Art and Cultural Relies (2012)

| 机构类别 | Category of Institution | 机构数（个） Number of Institutions (unit) | 从业人员（人） Number of Persons Engaged (person) |
|---|---|---|---|
| **文化及相关产业** | **Culture and Relative Industry** | **12950** | **84644** |
| 艺术事业 | Art Institutions | 1088 | 18754 |
| 艺术表演团体 | Art Performance Troupes | 1016 | 17459 |
| 话剧、儿童剧、滑稽剧团 | Drama, Children, Plays and Comedy Troupes | 25 | 522 |
| 歌剧、舞剧、歌舞剧团 | Opera, Ballet and Dance Troupes | 10 | 452 |
| 歌舞团、轻音乐团 | Song and Dance Troupe, Light Muscic Troupe | 52 | 1177 |
| 文工团、文宣队、乌兰牧骑 | Cultural and Performance Troupes and Ulanmuchi (equestrain art troupes) | 1 | 36 |
| 戏曲剧团 | Local Opera Troupes | 136 | 5306 |
| #京 剧 | Beijing Opera Troupes | 2 | 191 |
| 曲艺、杂技、木偶、皮影团 | Recitation and Ballad Troupes, Acrobatics and Circus Troupes, Puppet Show Troupes and Shadow Play Troupes | 659 | 6172 |
| 艺术表演场所 | Art Centers | 72 | 1295 |
| 剧场、影剧院 | Theaters and Music Halls | 50 | 961 |
| 图书馆事业 | Libraries | 102 | 1312 |
| 群众文化事业 | Mass Culture | 1554 | 6143 |
| 省级文化馆、群众艺术馆 | Provincial Cultural Building & People's Art Center | 1 | 36 |
| 地市级文化馆、群众文化馆 | Prefeture-level City Cultural Building & People's Art Center | 13 | 247 |
| 县、市文化馆 | County & City Cultural Building | 107 | 1225 |
| 文化站 | Cultural Stations | 1433 | 4635 |
| 乡镇文化站 | Township Cultural Stations | 1281 | 4262 |
| 艺术教育事业 | Culture and Education | 6 | 442 |
| 文艺科研 | Literary and Scientific Research | 11 | 144 |
| 文化科技研究 | Cultural Science and Technology Research | 3 | 40 |
| 综合性艺术研究 | Comprehensive Artistic Research | 3 | 17 |
| 地方戏艺术研究 | Local Opera art Research | 4 | 80 |
| 其他科研机构 | Other Scientific Research Institution | 1 | 7 |
| 文化市场经营单位 | Cultural Market Management Unit | 9661 | 50282 |
| 文物业 | Cultural Relics | 240 | 2885 |
| 文物机构合计 | Total of Cultural Relic Organization | 97 | 596 |
| 文物保护管理机构 | Cultural Relic Protection Management Organization | 92 | 457 |
| 文物科研机构 | Scientific and Research Historical Relics Agency | 1 | 45 |
| 其他文物机构 | Other Historical Relics Agency | 4 | 94 |
| 博物馆合计 | Museums | 141 | 2236 |
| 艺术类博物馆 | Comprehensive Museum | 8 | 81 |
| 综合性博物馆 | Historical Museum | 65 | 1173 |
| 历史类博物馆 | Other Museum | 46 | 555 |
| 文物商店 | Cultural Relics Agencies | 2 | 53 |
| 其 他 | Other | 288 | 4682 |

## 21—2 艺术表演团体演出情况（2012年）
Basic Statistics on Performance of Art Troupes (2012)

| 种　类 | Item | 演出场数（场）Number of Performances (shows) | 到农村演出 Shows in Rural Areas | 国内演出观众人数（千人次）Number of Audience While Perfoming at Home (1000 person-times) |
|---|---|---|---|---|
| **总　计** | **Total** | **1520** | **590** | **1669** |
| 国有剧团 | Troupes Sponsored by State-owned Units | 1340 | 440 | 1549 |
| 集体经营剧团 | Troupes Sponsored by Collective Units | 190 | 150 | 120 |
| **按剧种分** | **Art Troupes** | | | |
| 话剧、儿童剧、滑稽剧团 | Drama, Children, Plays and Comedy Troupes | | | |
| 歌剧、舞剧、歌舞剧团 | Opera, Ballet and Dance Troupes | | | |
| 歌舞团、轻音乐团 | Song and Dance Troupe, Light Music Troupe | 80 | 30 | 210 |
| 文工团、文宣队、乌兰牧骑 | Cultural and Performance Troupes and Ulanmuchi (equestrian art troupes) | | | |
| 戏曲剧团 | Local Opera Troupes | 1110 | 500 | 1237 |
| 曲艺、杂技、木偶、皮影团 | Recitation and Ballad Troupes, Acrobatics and Circus Troupes, Puppet Show Troupes and Shadow Play Troupes | | | |

## 21—3 群众艺术馆、文化馆站业务活动及经费情况（2012年）
Basic Statistics on Activities and Expenditures of Mass Art Centers and Cultural Centers (2012)

| 项　目 | Item | 总　计 Total | 群众艺术馆、文化馆 Mass Art Centers Cultural Centers | 文化站 Cultural Stations |
|---|---|---|---|---|
| 单位数（个） | Number of Units (unit) | 1554 | 121 | 1433 |
| 举办展览（个） | Exhibition (unit) | 4668 | 806 | 3862 |
| 组织文艺活动（次） | Art Performances and Story-telling Sessions (times) | 20196 | 3954 | 16242 |
| 举办训练班 | Training Coirses | | | |
| 班　次（次） | Number of Classes (times) | 13580 | 3817 | 9763 |
| 结业人次（人次） | Number of Persons Completing Courses (person-times) | 1048000 | 231800 | 816200 |
| 群众艺术馆、文化馆负责指导单位 | Units Responsible for Guiding Mass Art Centers and Cultural Centers | | | |
| 馆办文艺团体（个） | Literature Groups Hold by Art and Cultural Buildings | 378 | 378 | |
| 群众业余演出团、队（个） | Part-time Art Groups (unit) | 6830 | 1447 | 5383 |
| 总支出（万元） | Total Expenditures (10000 yuan) | 46197 | 17916 | 28281 |

## 21—4 公共图书馆业务活动及经费情况（2012年）
Facilities, Services and Expenditures of Public Libraries (2012)

| 项 目 | Item | 总 计 Total | 省级公共图书馆 Public Libraries at Provincial Level | 地市级公共图书馆 Public Libraries at Prefectural Level | 县级公共图书馆 Public Libraries at County Level |
|---|---|---|---|---|---|
| 公共图书馆 （个） | Number of Public Libraries (unit) | 102 | 1 | 15 | 86 |
| 总藏量 （千册） | Total Collections (1000 volumes) | 22644 | 3529 | 6565 | 12550 |
| 图 书 | Books | 11376 | 2078 | 3138 | 6159 |
| #古 籍 | Ancient Works | 592 | 352 | 161 | 79 |
| 报 刊 | Newspapers and Periodicals | 1591 | 294 | 636 | 661 |
| 开架书刊 （千册） | Open Books and Periodicals (1000 volumes) | 4282 | 500 | 1264 | 2518 |
| 发放借书证数 （千个） | Number of Library Cards Distributed (1000 units) | 529 | 142 | 200 | 187 |
| 图书流通情况 | Circulation of Books | | | | |
| 总流通人次 （千人次） | Total Number of Circulation (1000 person-times) | 12642 | 1132 | 3975 | 7535 |
| 书刊外借册次 （千册次） | Number of Books Borrowed by the Readers (1000 volume-times) | 11861 | 1931 | 4293 | 5637 |
| 为读者服务举办各种活动 | Service Activities Provided for Readers | | | | |
| 次 数 （次） | Number of Activities (times) | 2223 | 99 | 507 | 1617 |
| 参加人数 （千人次） | Number of Readers Involved (1000 person-times) | 737 | 68 | 228 | 441 |
| 总支出 （万元） | Total Expenditures (10000 yuan) | 20465 | 3899 | 8708 | 7858 |
| #基本支出 | Basic Expenditures | 10825 | 1858 | 3730 | 5237 |
| #藏量购置费 | Purchase Expenses | 2509 | 550 | 1167 | 792 |
| 本年新购藏量 （千册） | Number of Books Purchased During the Year (1000 volumes) | 4080 | 295 | 369 | 3416 |
| 公用房屋建筑面积 （千平方米） | Floor Space of Public Buildings (1000 sq.m) | 282 | 8 | 21 | 29 |
| #书 库 | Stack Rooms | 58 | 8 | 21 | 29 |
| 阅览室 | Reading Rooms | 78 | 9 | 26 | 43 |
| 阅览室坐席数 （千个） | Seating Capacity of Reading Rooms (1000 seats) | 21 | 2 | 6 | 13 |

## 21—5 博物馆、文物机构业务活动及经费情况（2012年）
Facilities, Services and Expenditures of Museums and Cultural Relic Agencies (2012)

| 项 目 | Item | 文物保护管理机构 protection and Management Agencies | 文物科研机构 Scientific and Research Historical Relics Preservation | 其他文物机构 Other Agencies | 博物馆 Museums |
|---|---|---|---|---|---|
| 藏 品 （件） | Number of Units (unit) | 82285 | 3364 | 2 | 607263 |
| #一级品 | Number of Exhibitions (unit) | 357 | 29 | | 2218 |
| 业务活动 | Art Performances and Story-telling Sessions | | | | |
| 陈列展览 （个） | Training Courses (unit) | 67 | | | 1048 |
| 参观人次 （千人次） | Number of Classes (1000 person-times) | 1441 | | | 20728 |
| 总支出 （万元） | Total Expenditures (10000 yuan) | 8238 | 2481 | 6334 | 26079 |
| #基本支出 | Basic Expenditures | 4531 | 548 | 2992 | 13276 |
| 修缮费 | Cultural Centers in County Towns | 2975 | 1933 | 1076 | 10441 |
| 增加值 （万元） | Cultural Clubs (10000 yuan) | 2803 | 1919 | 2160 | 12498 |

# 21—6 档案事业基本情况（2012年）

Basic Statistics on Archiving Institution (2012)

| 项目 | | Item | | 合计<br>Total | 省属<br>Under the Jurisdiction of Province | 市属<br>Under the Jurisdiction of the City | 区县属<br>Under the Jurisdiction of a District/County |
|---|---|---|---|---|---|---|---|
| **档案馆个数** | **（个）** | **Number of National Archives** | **(unit)** | **124** | **1** | **16** | **107** |
| **建筑面积** | **（平方米）** | **Floor Space of Building** | **(sq.m)** | **219577** | **8640** | **65043** | **145894** |
| **馆藏档案情况** | | **Files Colllected in Archives** | | | | | |
| 全宗 | （个） | Full Archives | (unit) | 10922 | 301 | 1883 | 8738 |
| 案卷 | （万卷件） | Records | (10000 rolls) | 1645.27 | 47.26 | 296.39 | 1301.62 |
| 建国前档案 | （万卷件） | Files Prior to Foundation of PRC | (10000 rolls) | 14.83 | 7.58 | 4.23 | 3.03 |
| 建国后档案 | （万卷件） | Files After Foundation of PRC | (10000 rolls) | 1603.83 | 29.83 | 291.19 | 1282.36 |
| 录音、录像、影片档案 | （盘） | Tape,Video,and Film Files | (piece) | 10059 | 887 | 1062 | 8110 |
| 照片档案 | （张） | Photo Files | (disc) | 223446 | 29110 | 67421 | 126935 |
| 电子档案 | | Electronic Files | | | | | |
| 磁盘 | （张） | Disc | (disc) | 1721 | | 1125 | 596 |
| 光盘 | （张） | CD-ROM | (disc) | 91058 | | 59296 | 31762 |
| 缩微胶片 | | Microfiche | | | | | |
| 平片、开窗卡 | （张） | Flat and Window-open Microfich | (disc) | 4 | | | 4 |
| 卷片 | （万幅） | Rolled Microfiche | (10000 rolls) | 264 | 264 | | |
| **档案利用情况** | | **File Utilization** | | | | | |
| 本年利用档案人次 | （人次） | Persons Using Files in the Year | (person-times) | 204424 | 1500 | 31589 | 171335 |
| 本年利用资料人次 | （人次） | Persons Using Datas in the Year | (person-times) | 8439 | | 609 | 7830 |
| 本年利用档案数量 | （万卷件次） | Files Used in the Year | 0000 roll.times) | 48 | 7 | 7 | 28 |
| 本年利用资料数量 | （册次） | Datum Used in the Year | (volume-times) | 17586 | | 1483 | 16103 |
| 本年复制档案、资料 | （万页） | Files and Data Copied in the Year | (10000 pages) | 67 | 1 | 16 | 50 |
| 本年编研档案、资料 | （万字） | Files and Data Prepared and Studied in the Year | (10000 Chinese characters) | 129882 | 16000 | 38752 | 75130 |

资料来源：安徽省档案局。

Source: Anhui Municipal Bureau of Archives.

## 21—7 广播、电视事业发展情况
Basic Statistics on Broadcasting and Television Stations

| 指标 | | Item | | 2005 | 2010 | 2011 | 2012 |
|---|---|---|---|---|---|---|---|
| 职工人数 | （人） | Number of Staff and Workers | (person) | 16026 | 20041 | 21821 | 22714 |
| 广播电台 | （座） | Number of Broadcasting Stations | (set) | 17 | 15 | 15 | 15 |
| 中波发射台及转播台 | （座） | Number of Broadcast Transmission Stations and Relaying Stations | (set) | 22 | 23 | 23 | 23 |
| 中波发射机功率 | （千瓦） | Broadcast Power of Transmitters | (kw) | 633 | 903 | 1082 | 1112 |
| 县广播电视台 | （座） | Number of Wire Broadcast Stations in Counties and Cities | (set) | 62 | 62 | 61 | 61 |
| 广播人口覆盖率 | （%） | Listener Rating | (%) | 95.58 | 97.31 | 97.62 | 97.85 |
| 电视台 | （座） | Number of Television Stations | (set) | 17 | 15 | 15 | 15 |
| 电视发射台及转播台 | （座） | Television Transmission Stations and Relaying Stations | (set) | 218 | 163 | 146 | 142 |
| 电视发射机功率 | （千瓦） | Power of Trandmitters | (kw) | 429.30 | 849.91 | 846.52 | 859.77 |
| 电视人口覆盖率 | （%） | Viewer Rating | (%) | 95.00 | 97.50 | 97.92 | 98.10 |

## 21—8 广播、电视覆盖率
Listeners and Viewers Rate

| 指标 | Item | 覆盖人口（万人） Covered Population (10000 persons) | | 覆盖率（%） Covering Ratio (%) | |
|---|---|---|---|---|---|
| | | 2011 | 2012 | 2011 | 2012 |
| **广 播** | **Broadcasting** | **6663.97** | **6727.77** | **97.62** | **97.85** |
| 中央台节目 | Program I of China National Broadcasting | 6552.21 | 6630.21 | 95.98 | 96.43 |
| 省级台节目 | Program I of Provincial Broadcasting | 6516.29 | 6598.73 | 95.45 | 95.97 |
| 地市级台节目 | Program I of Prefectural (city) Broadcasting | 5954.25 | 6072.26 | 87.22 | 88.31 |
| 县级台节目 | Programs of County Broadcasting | 4529.34 | 4597.52 | 66.35 | 66.86 |
| **电 视** | **Television** | **6684.65** | **6744.89** | **97.92** | **98.10** |
| 中央台节目 | Relaying Program I of CCTV | 6632.19 | 6701.81 | 97.15 | 97.47 |
| 省级台节目 | Program I of Provincial Television | 6613.25 | 6686.09 | 96.87 | 97.24 |
| 地市级台节目 | Programs of Prefectural (city) Television | 6105.84 | 6238.15 | 89.44 | 90.73 |
| 县级台节目 | Programs of County Television | 4725.39 | 4775.66 | 69.22 | 69.46 |

## 21—9 广播、电视节目制作时间
Basic Statistics on Broadcasting and Television

单位：小时（hour）

| 指标 | Item | 2011 | 2012 |
|---|---|---|---|
| **广播节目制作** | **Production of Broadcasting** | **191932** | **183679** |
| 新闻 | News Programs | 39485 | 38236 |
| 专题 | Special Subject Programs | 57210 | 45225 |
| 综艺 | Variety Entertainment | 48755 | 42881 |
| 广播剧 | Broadcasting Play | 1745 | 3439 |
| 广告 | Advertisement | 20924 | 22701 |
| 其他 | Others | 23813 | 31197 |
| **电视节目制作** | **Production of TV Programs** | **76953** | **86881** |
| 新闻 | News Programs | 24231 | 25704 |
| 专题 | Special Subject Programs | 20181 | 24108 |
| 综艺 | Variety Entertainment | 7864 | 8060 |
| 影视剧 | TV Play | 1215 | 5667 |
| 广告 | Advertisement | 14376 | 14940 |
| 其他 | Others | 9086 | 8402 |

## 21—10 广播、电视宣传基本情况（2012年）
Basic Statistics on Broadcasting and Television (2012)

| 项目 | Item | 节目套数（套）Number of Programs (set) | 全年公共节目播出时间（小时）Time of Program Transmission All the Year (hour) | 制作节目时间（小时）Time of Making Program (hour) | #新闻节目 News Programs | 专题节目 Special Subject Programs | 综艺节目 Variety Emtertainment |
|---|---|---|---|---|---|---|---|
| **无线广播合计** | **All Radio Broadcasting Stations** | **106** | **523253** | **183679** | **38236** | **45225** | **42881** |
| 安徽台 | Anhui Broadcasting Station | 9 | 69181 | 34299 | 4438 | 10612 | 4073 |
| 地方台 | Local Station | 97 | 454072 | 149380 | 33798 | 34613 | 38808 |
| **电视播映合计** | **All Television Stations** | **117** | **636369** | **86882** | **25704** | **24108** | **8060** |
| 安徽电视台 | Anhui Television Station | 8 | 42760 | 20270 | 3795 | 8079 | 2929 |
| 地方台 | Local Television Station | 109 | 593609 | 66612 | 21909 | 16029 | 5131 |

## 21—11 图书、杂志和报纸出版数量
Number of Books, Magazines and Newspaper Published

| 年份 Year | 图书 Books Published | | | | 杂志 Magazines Published | | | | 报纸 Newspapers Publised | | | |
|---|---|---|---|---|---|---|---|---|---|---|---|---|
| | 种类（种）Number of Publications (kind) | 新出版 New Publications | 总印数（万册）Printed Copies (10000 copies) | 总印张数（万印张）Printed Sheets (10000 sheets) | 种类（种）Number of Publications (kind) | 每期平均印数（万册）Average Printed Copies Per Issue (10000 copies) | 总印数（万册）Printed Copies (10000 copies) | 总印张数（万印张）Printed Sheets (10000 sheets) | 种类（种）Number of Publications (kind) | 每期平均印数（万册）Average Printed Copies Per Issue (10000 copies) | 总印数（万份）Printed Copies (10000 copies) | 总印张数（万印张）Printed Sheets (10000 sheets) |
| 2000 | 2125 | 1002 | 30992 | 156767 | 150 | 621 | 7736 | 19538 | 84 | 416 | 76083 | 114736 |
| 2001 | 2984 | 1029 | 28540 | 125807 | 160 | 596 | 7276 | 18042 | 90 | 404 | 74768 | 123464 |
| 2002 | 2976 | 1396 | 27822 | 140010 | 183 | 500 | 6161 | 16696 | 101 | 389 | 70819 | 144237 |
| 2003 | 3489 | 1698 | 27423 | 153904 | 186 | 478 | 6013 | 16953 | 101 | 400 | 80566 | 221686 |
| 2004 | 4389 | 2344 | 28461 | 204565 | 171 | 388 | 5000 | 14057 | 95 | 427 | 87206 | 237351 |
| 2005 | 3970 | 1847 | 25220 | 118056 | 177 | 433 | 5804 | 17418 | 97 | 393 | 98134 | 302498 |
| 2006 | 3751 | 1689 | 21528 | 121327 | 174 | 451 | 5634 | 17020 | 97 | 401 | 99753 | 295248 |
| 2007 | 3378 | 1492 | 23800 | 133893 | 176 | 457 | 6342 | 24403 | 99 | 495 | 106760 | 327679 |
| 2008 | 5139 | 1964 | 27900 | 194730 | 176 | 444 | 5908 | 19513 | 98 | 465 | 101600 | 383952 |
| 2009 | 5560 | 1331 | 27204 | 172802 | 176 | 432 | 5977 | 23776 | 97 | 472 | 105905 | 357801 |
| 2010 | 5646 | 2669 | 23891 | 163954 | 178 | 404 | 5842 | 23115 | 98 | 519 | 116988 | 470953 |
| 2011 | 7804 | 4087 | 25185 | 186306 | 180 | 397 | 5948 | 24675 | 98 | 505 | 120769 | 528120 |
| 2012 | 9094 | 5210 | 24440 | 173709 | 180 | 405 | 6172 | 25657 | 98 | 514 | 125807 | 526148 |

## 21—12 主要年份少年儿童读物和课本出版情况
Number of Books Published for Children and Textbooks in Major Years

| 年 份 Year | 种 数（种） Number of Publications (knd) 儿童读物 Books for Children | 课 本 Textbooks | 总印数（万册） Printed Copies (10000 copies) 儿童读物 Books for Children | 课 本 Textbooks | 总印张（千印张） Printed Sheets (1000 sheets) 儿童读物 Books for Children | 课 本 Textbooks |
|---|---|---|---|---|---|---|
| 2000 | 235 | 109 | 372 | 19539 | 14215 | 904167 |
| 2005 | 399 | 310 | 873 | 15293 | 20428 | 671142 |
| 2006 | 500 | 381 | 2021 | 14331 | 65455 | 830716 |
| 2007 | 580 | 353 | 4226 | 7266 | 115379 | 468487 |
| 2008 | 703 | 443 | 3110 | 15101 | 113255 | 969202 |
| 2009 | 796 | 750 | 1204 | 15019 | 48429 | 1066395 |
| 2010 | 1094 | 449 | 1489 | 10563 | 90700 | 789666 |
| 2011 | 1155 | 633 | 1452 | 10536 | 92877 | 797456 |
| 2012 | 1256 | 602 | 1076 | 10705 | 82108 | 804688 |

## 21—13 主要年份出版印刷生产情况
Conditions of Printing in Main Year

| 年 份 Year | 企业数（个） Number of Enterprises (unit) | 工业销售产值（万元） Industrial Sales Value (10000 yuan) | 印刷产量 Output of Printing 黑白（万令） Black and White (10000 ream) | 彩色（万对开色令） Color (10000 bisect color ream) | 装订产量（万令） Output of Bookbinding (10000 ream) | 用纸量（万令） Amout of Paper Used (10000 ream) | 用纸量（万吨） Amout of Paper Used (10000 tons) |
|---|---|---|---|---|---|---|---|
| 2005 | 238 | 160224 | 849.00 | 2773.00 | 530.00 | 1030.00 | 26.00 |
| 2006 | 231 | 204190 | 693.60 | 2085.35 | 771.66 | 960.48 | 25.45 |
| 2007 | 229 | 215581 | 579.65 | 2434.26 | 868.37 | 1048.75 | 32.36 |
| 2008 | 218 | 228002 | 2723.73 | 2139.71 | 1246.09 | 1192.62 | 34.05 |
| 2009 | 253 | 167122 | 794.43 | 3772.60 | 1014.55 | 2615.78 | 16.32 |
| 2010 | 258 | 302870 | 1094.23 | 2715.25 | 809.97 | 1040.70 | 30.04 |
| 2011 | 261 | 391576 | 1228.30 | 2293.39 | 1015.33 | 928.90 | 33.90 |
| 2012 | 267 | 476557 | 562.67 | 3695.05 | 848.77 | 1725.95 | |

## 21—14 主要年份出版物发行机构数和网点数
Issuing Institutions and Spots of Publication in Main Year

| 年 份 Year | 发行机构合计（处） Total | 国有书店及国有发行点 State-owned Bookstore and Issuing Spots | 出版社 Press | 网上书店 Online Bookstore | 文化教育广电邮政系统 Cultural, Educational Broad-casting and Postal Systems | 新华书店系统外批发网点 Wholesale Spots Outside Xinhua Bookstore | 集体个体零售 Collective and Personal Retail | 新华书店系统出版社自办发行从业人数(人) Persons Engaged in Own Issuance of Presses of Xinhua Book-Store System (persons) 全部职工 All Staff | #国有书店及发行点 State-owned Bookstores and Issuing Spots |
|---|---|---|---|---|---|---|---|---|---|
| 2005 | 5950 | 498 | 10 | | 1436 | 248 | 3758 | 5253 | 5155 |
| 2006 | 5867 | 502 | 10 | | 1436 | 239 | 3680 | 5355 | 5253 |
| 2007 | 6024 | 507 | 10 | | 1517 | 290 | 3700 | 5223 | 5113 |
| 2008 | 5691 | 523 | 10 | | 1520 | 290 | 3348 | 5476 | 5361 |
| 2009 | 7443 | 592 | 10 | | 3208 | 299 | 3334 | 5403 | 5256 |
| 2010 | 7723 | 579 | 11 | 1 | 3576 | 330 | 3226 | 5029 | 4878 |
| 2011 | 8858 | 607 | 11 | 2 | 3580 | 329 | 4329 | 5157 | 5002 |
| 2012 | 8588 | 649 | 11 | 12 | 3560 | 306 | 4050 | 4906 | 4756 |

## 21—15 体育活动基本情况
Basic Statement of Sports

| 指　　标 | Item | 2000 | 2005 | 2010 | 2011 | 2012 |
|---|---|---|---|---|---|---|
| 举办全民健身活动次数（次） | Times of Activities That the Whole Nation in Health Conducted (times) | | 1354 | 2920 | 5861 | 2326 |
| 参加全民健身活动人数（人） | People Participating the Activities That the Whole Nation in Health (person) | | 1492763 | 3247599 | 3444479 | 3354871 |
| 优秀运动员（人） | Number of Athletes in Grades (person) | 1345 | 1408 | 852 | 847 | 631 |
| 运动健将 | International Master of Sports | | 35 | 159 | 154 | 202 |
| 一级运动员 | First Grade Sportsman | 139 | 86 | 280 | 269 | 206 |
| 二级运动员 | Second Grade Sportsman | 428 | 1287 | 160 | 147 | 69 |
| 等级教练员人数（人） | Number of Coaches in Grades (person) | | | 652 | 680 | 707 |
| 等级裁判员发展人数（人） | Number of Referees in Grades (person) | | | 864 | 1287 | 2375 |
| 在国内外比赛中获奖牌数（枚） | Number of Medals Won in the Matches Both Inside and Outside the Country (unit) | 92 | 78.5 | 160.0 | 107.0 | 93.0 |
| 金　牌 | Gold Medals | 25 | 22.5 | 57.0 | 42.0 | 34.0 |
| 银　牌 | Silver Medals | 31 | 27 | 42.0 | 32.0 | 28.0 |
| 铜　牌 | Bronze Medals | 36 | 29 | 61 | 33 | 31 |
| 体育俱乐部（个） | Sports Club (unit) | | | 445 | 591 | 582 |
| 青少年体育俱乐部 | Youth Sports Club | | | 172 | 238 | 278 |
| 社区体育健身俱乐部 | Community Sports Fitness Club | | | 177 | 257 | 247 |
| 其它体育俱乐部 | Other Sports Club | | | 46 | 96 | 46 |

注：1、优秀运动员2008年以前为等级运动员。
2、从2011年起全国体育事业统计年报统计指标进行了调整，举办全民健身活动次数和参加活动人数不再分现代体育项目和民间体育活动项目。

a) Before 2008, Top athletes were athlete in Grades .

b) The 2011 national sports statistics and statistical indicators were adjusted, Number of held in national fitness activities and the number of participating in activities no longer apart modern sports And the folk sports activities

## 21—16 全省体育场地数
Number of Stadiums and Gymnasiums

单位：个（unit）

| 指　　标 | Item | 2010 | | 2011 | | 2012 | |
|---|---|---|---|---|---|---|---|
| | | 总计 Total | 体育系统 Sports System | 总计 Total | 体育系统 Sports System | 总计 Total | 体育系统 Sports System |
| **总　　计** | **Total** | **18556** | **4535** | **19362** | **5341** | **20847** | **5353** |
| #体育场 | Stadiums | 84 | 27 | 87 | 30 | 89 | 32 |
| 体育馆 | Gymnasiums | 50 | 34 | 53 | 37 | 58 | 42 |
| 游泳跳水馆 | Swimming and Diving Centers | 7 | 6 | 7 | 6 | 7 | 6 |
| 室内外游泳池 | Indoor and Outdoor Swimming Pools | 140 | 41 | 140 | 41 | 141 | 42 |
| 有固定看台的灯光球场 | Illuminated Fields With Fixed Seating | 76 | 26 | 76 | 26 | 76 | 26 |
| 运动场 | Playground | 301 | 34 | 303 | 36 | 304 | 37 |
| 小运动场 | Small Playground | 2561 | 10 | 2561 | 10 | 2561 | 10 |
| 篮、排球场 | Basketball and Volleyball ground | 13838 | 4077 | 14638 | 4877 | 16141 | 4880 |

## 21—17 体育系统职工人数（2012年）
### Number of Staff and Workers in Sports System (2012)

单位：人（person）

| 人员分类 | Category of Personnel | 合计 Total | #优秀运动队 Excellent Sports Teams | 体育运动学校 Physical Education and Sports Schools | 业余学校 Sparetime Sports Schools | 公共体育场馆 Public Stadiums and Cymnasiums | 机关人员 Officers |
|---|---|---|---|---|---|---|---|
| **总计** | **Total** | **4243** | **1044** | **291** | **452** | **188** | **1328** |
| 公务员 | Public Servants | 683 | | | | | 683 |
| 运动员 | Athletes | 631 | 511 | | | | |
| 专职教练员 | Full-time Coaches | 707 | 204 | 195 | 251 | | |
| 专职文化教师 | Full-time Teachers | 207 | | 61 | 39 | | |
| 科技人员 | Scientific and Technical Personnel | 41 | 1 | 12 | 7 | | |
| 医务人员 | Medical Personnel | 31 | 6 | 2 | 3 | | |
| 管理人员 | Administrative Personnel | 816 | 192 | 21 | 48 | 103 | 296 |
| 其他 | Others | 1127 | 130 | | 104 | 85 | 349 |

## 21—18 等级运动员、等级裁判员发展人数（2012年）
### Number of Athletes and Referees in Grades by Type of Sports (2012)

单位：人（person）

| 运动项目 | Item | 等级运动员 Number of Athletes in Grades | 运动健将 International Master of Sports | 一级 First Grade Sportsman | 二级 Second Grade Sportsman | 等级裁判员 Number of Referees in Grades | 国际、国家级 International National Referees | 一级 First Grade Referees | 二级 Second Grade Referees |
|---|---|---|---|---|---|---|---|---|---|
| **总计** | **Total** | **1692** | **61** | **201** | **1430** | **2375** | **29** | **207** | **2139** |
| 田径 | Track and Field | 110 | 3 | 6 | 99 | 525 | 2 | 62 | 461 |
| 游泳 | Swimming | 65 | 1 | 12 | 52 | 12 | 2 | 3 | 7 |
| 体操 | Gymnastics | 2 | 2 | | | 3 | 1 | 2 | |
| 蹦床 | Spring Bed | 2 | | 2 | | | | | |
| 举重 | Weightlifting | 5 | 1 | 1 | 3 | 2 | 1 | 1 | |
| 拳击 | Boxing | 56 | 1 | 13 | 42 | 5 | 2 | 1 | 2 |
| 中国式摔跤 | Chinese style wrestling | 31 | | | 31 | | | | |
| 国际式摔跤 | Wrestling | 58 | | 3 | 55 | 6 | 1 | | 5 |
| 柔道 | Judo | 48 | | 17 | 31 | 1 | | | 1 |
| 跆拳道 | Kickboxing | 67 | 1 | 12 | 54 | 14 | 1 | 2 | 11 |
| 击剑 | Fencing | 62 | 4 | 3 | 20 | 8 | | 3 | 5 |
| 赛艇 | Racing Shell | 38 | 2 | 17 | 19 | | | | |
| 皮划艇 | Canoeing | 62 | | 24 | 38 | | | | |
| 射击 | Shooting | 30 | 4 | 6 | 20 | | | | |
| 足球 | Football | 104 | | 20 | 84 | 59 | | 12 | 47 |
| 篮球 | Basketball | 201 | | 17 | 184 | 677 | | 29 | 648 |
| 排球 | Volleyball | 65 | | 6 | 59 | 63 | | | 63 |
| 乒乓球 | Table Tennis | 102 | | 2 | 100 | 144 | 1 | | 143 |
| 羽毛球 | Badminton | | | | | 223 | 2 | | 221 |
| 网球 | Tennis | 52 | | | 52 | 102 | 2 | 34 | 66 |
| 健美操 | Aerobics | | | | | 46 | | | 46 |
| 手球 | Handball | 199 | 17 | 16 | 166 | 16 | | 14 | 2 |
| 技巧 | Skill | 8 | 5 | | 3 | | | | |
| 武术 | Wu Shu | 242 | 4 | 12 | 226 | 154 | | 12 | 142 |
| 国际象棋 | International Chess | 13 | | | 13 | 1 | 1 | | |
| 中国象棋 | Chinese Chess | 11 | | 1 | 10 | 19 | 2 | | 17 |
| 围棋 | Weiqi | 10 | | | 10 | 25 | | | 25 |
| 其他 | Others | 49 | 16 | 11 | 59 | 270 | 11 | 32 | 227 |

# 主要统计指标解释

**文化及相关产业**

指为社会公众提供文化、娱乐产品和服务的活动以及与这些活动有关联的活动的集合。根据提供文化、娱乐产品和服务活动的属性特点，划分为公益性文化活动和经营性文化活动两大类。

文化及相关产业是第三产业的重要组成部分。是在我国《国民经济行业分类》基础上的派生分类，有文化服务和相关文化服务两大类：

**艺术表演团体**

指由文化部门主办或实行行业管理（经文化市场行政部门审批或已申报登记并领取相关许可证），专门从事表演艺术等活动的各类专业艺术表演团体，含民间职业剧团。如话剧团、方言话剧团、滑稽剧团、儿童剧团、歌剧团、木偶团、皮影团等以及由若干剧种组成的综合性专业艺术表演团体。不包括群众业余文艺表演团体。

**艺术表演场所**

指由文化部门主办或实行行业管理（经文化市场行政部门审批或已申报登记并领取相关许可证），有观众席、舞台、灯光设备，公开售票、专供文艺团体演出的文化活动场所。附属于文化部门机构内非独立核算的剧场、排演场，公开营业的也应单独统计。

**广播节目综合人口覆盖率**

指根据国家广电总局制定的《广播电视人口覆盖率统计技术标准和方法》进行统计调查的，在对象区内采用无线、有线、卫星等技术手段能够收听到包括中央、省、地市、县广播节目其中任意一套的人口数占全省总人口数的百分比。

**电视节目综合人口覆盖率**

指根据国家广电总局制定的《广播电视人口覆盖率统计技术标准和方法》进行统计调查的，在对象区内采用无线、有线、卫星等技术手段能够收看到包括中央、省、地市、县级电视节目中任意一套的人口数占全省总人口数的百分比。

**等级运动员人数**

指经考核正式批准授予等级运动员称号的人数。运动员等级分为国际级运动健将、运动健将、一级运动员、二级运动员、三级运动员、少年级运动员。

**等级裁判员人数**

指经考核正式批准授予等级裁判员称号的人数。裁判员等级分为国际裁判、国家级裁判、一级裁判、二级裁判、三级裁判。

**体育场**

指有400米跑道（中心含足球场），有固定道牙，跑道6条以上，并有固定看台的室外田径场地。体育场按看台容纳观众人数分为：甲级25000人以上，乙级15000-25000人，丙级5000-15000人，丁级5000人以下。

**体育馆**

指有固定看台，可供篮球、排球、羽毛球、乒乓球、体操等项目训练比赛活动用的室内运动场地。体育馆按看台容纳观众人数分为：甲级6000人以上，乙级4000-6000人，丙级2000-4000人，丁级2000人以下。

# Explanatory Notes for Major Statistical Indicators

**Culture and Related Industries**

refer to the aggregate of activities, providing the mass with culture goods, amusement goods and services. According to the characteristics of culture goods, amusement goods and services, they can be classified into two categories, or nonprofit cultural activities and profit cultural activities.

Culture and related industries is the important component of the tertiary industry. These are the derivative sector from the Industrial Classification of the National Economy and are composed of two categories of culture services and related cultural services.

**Arts Performance Troupes**

refer to the various professional performing arts groups, which sponsored by the cultural sectors or guided by the cultural society (approved by the cultural market administration, or registered and permitted with the relative certificate), including non-governmental troupes, such as drama troupes, dialect troupes, comedy troupes, children troupes, Opera troupes, puppetry troupes, Shadowgraph troupes, etc., comprehensive professional arts performance troupes. The mass amateur arts performance troupes are not included.

**Arts Performance Places**

refer to the various sites for cultural activities, which sponsored by the cultural sectors or guided by the cultural society (approved by the cultural market administration, or registered and permitted with the relative certificate), with the facility of auditorium, stage, and lighting, and selling tickets in public. The theaters and rehearse sites which are affiliated to the cultural sectors without independent financial accounts which are open to the public should be covered independently.

**Radio Coverage of Population**

refers to the percentage of population, which can listen to one of central, provincial, city, prefecture, and county radio programs by wireless, cable, satellite and other technical means, in the surveying area, to national total population, according to Statistical Standard and Method on Television and Radio Coverage of Population established by the State Administration of Broadcasting, Film and Television.

**Television Coverage of Population**

refers to the percentage of population, which can watch one of central, provincial, city, prefecture, and county television programs by wireless, cable, satellite and other technical means, in the surveying area, to national total population, according to Statistical Standard and Method on Television and Radio Coverage of Population established by the State Administration of Broadcasting, Film and Television.

**Number of Athletes in Grades**

refers to the number of athletes who have been given titles through examination. The titles of athletes include international masters of sports, masters of sports, first-grade, second-grade and third-grade sportsmen and young athletes.

**Number of Referees in Grades**

refers to the number of referees who have been given titles after examination. They are classified as international referees, national referees and referees of the first, second and third grades.

**Stadiums**

refer to stadiums for track and field events with six lane 400-meter tracks around soccer fields, permanent track marks and permanent bleachers. Stadiums are classified according to seating capacity. They include: Class A stadiums seating 25000 people each. Class B stadiums seating 15000 to 25000 people each. Class C stadiums seating 5000 to 15000 people each, and Class D stadiums seating fewer than 5000 people.

**Gymnasiums**

refer to indoor sports grounds with permanent seats in which basketball, volleyball. badminton, table tennis and gymnastics competitions can be held. Gymnasiums are classified according to seating capacity. They include Class A gymnasiums seating over 6000 people. Class B gymnasiums seating 4000 to 6000 people. Class C gymnasiums seating 2000 to 4000 people, and Class D gymnasiums seating fewer than 2000 people.

# 第二十二篇

Chapter 22

# 公共管理及其他

PUBLIC MANAGEMENT AND OTHERS

## 简要说明

本篇主要包括社会活动参与、公检法司、残疾人事业和妇联干部情况等内容。

一、社会活动参与的内容主要包括历届安徽省人大代表和政协委员情况以及工会组织和妇联组织情况。

二、公检法司的资料主要包括公安机关的刑事案件立案情况和治安案件查处情况，交通、火灾事故情况，人民检察院的办案情况，人民法院审理案件和收结案情况，以及律师、公证、调解工作等情况。

## Brief Introduction

Data in this chapter show statistics on participation in social activities, public security, procuratorial, legal and judicial affairs, disabled persons, women's Federation cadres and so on.

I. Data on participation in social activities cover mainly information on representatives to the National People's Congress (NPC), members of the Chinese People's Political Consultative Conference (CPPCC) and National trade unions. Data on number of NPC and CPPCC representatives are provided by NPC and CPPCC respectively.

II. Data on public security, procuratorial, legal and judicial affairs cover information such as criminal cases registered and offense cases handled by the public security agencies, traffic or fire accidents, cases handled by procuratorate's offices, cases accepted and settled by the people's courts, and statistics on lawyers, notarization and mediation.

## 22—1 历届安徽省人民代表大会代表人数
Number of Anhui Province the National People's Congress Represents

单位：人（person）

| | | | 代表总数 Total Number of Deputies | #女代表 Female Deputies | 占代表总数(%) As Percentage to Total | 少数民族代表 Ethnic Minority Deputies | 占代表总数(%) As Percentage to Total |
|---|---|---|---|---|---|---|---|
| 一　届 | First Congress | (1954) | 448 | 69 | 15.40 | 8 | 1.79 |
| 二　届 | Second Congress | (1958) | 496 | 68 | 13.71 | 9 | 1.81 |
| 三　届 | Third Congress | (1964) | 497 | 96 | 19.32 | 9 | 1.81 |
| 五　届 | Fifth Congress | (1978) | 998 | 196 | 19.64 | 28 | 2.81 |
| 六　届 | Sixth Congress | (1983) | 813 | 167 | 20.54 | 34 | 4.18 |
| 七　届 | Seventh Congress | (1988) | 729 | 157 | 21.54 | 28 | 3.84 |
| 八　届 | Eighth Congress | (1993) | 729 | 164 | 22.50 | 27 | 3.70 |
| 九　届 | Ninth Congress | (1998) | 728 | 195 | 26.79 | 35 | 4.81 |
| 十　届 | Tenth Congress | (2003) | 732 | 204 | 27.87 | 33 | 4.64 |
| 十一届 | Eleventh Congress | (2008) | 730 | 212 | 29.04 | 34 | 4.66 |

## 22—2 历届政协安徽省委员会委员人数
Number of Anhui Province Political Consultative Conference Committee Member

单位：人（person）

| | | | 委员总数 Total Number of Deputies | #中国共产党委员 Deputies from the Communist Party of China | 占委员总数(%) As Percentage to Total | 少数民族委员 Ethnic Minority Deputies | 占委员总数(%) As Percentage to Total |
|---|---|---|---|---|---|---|---|
| 一　届 | First Congress | (1954) | 171 | 53 | 30.99 | 6 | 3.51 |
| 二　届 | Second Congress | (1958) | 308 | 88 | 28.57 | 8 | 2.60 |
| 三　届 | Third Congress | (1964) | 372 | 108 | 29.03 | 18 | 4.84 |
| 四　届 | Fourth Congress | (1978) | 506 | 297 | 58.70 | 21 | 4.15 |
| 五　届 | Fifth Congress | (1983) | 724 | 231 | 31.91 | 30 | 4.14 |
| 六　届 | Sixth Congress | (1988) | 694 | 234 | 33.72 | 40 | 5.76 |
| 七　届 | Seventh Congress | (1993) | 705 | 245 | 34.75 | 40 | 5.67 |
| 八　届 | Eighth Congress | (1998) | 730 | 273 | 37.40 | 37 | 5.07 |
| 九　届 | Ninth Congress | (2003) | 740 | 278 | 37.57 | 37 | 5.00 |
| 十　届 | Tenth Congress | (2008) | 745 | 286 | 38.39 | 38 | 5.10 |

# 22—3 妇联组织及工作情况
Basic Statistics of Women's Associations

| 项 目 | | Item | | 2010 | 2011 | 2012 |
|---|---|---|---|---|---|---|
| 妇联组织数 | （个、所） | Number of Women's Associations | (unit) | 30830 | 33476 | 32532 |
| 妇女儿童活动中心 | （个） | Number of Activity Centers for Women and Children | (unit) | 62 | 56 | |
| 妇联兴办各类家长学校 | （个） | Number of Householders' Schools Set Up by Women's Associations | (unit) | 15406 | 14480 | 10280 |
| 妇联自办托幼园所 | （所） | Number of Nurseries and Kindergartens Set Up by Women's Associations | (unit) | 44 | 44 | 54 |
| 入托儿童数 | （人） | Number of Children Enrolled | (person) | 12741 | 13200 | |
| 资助女童入学或返校数 | （人） | Number of Sponsored Female Children Beginning or Returning to School | (person) | 90709 | 15680 | 14679 |
| 社会捐助总额 | （万元） | Total Social Donation | (10000 yuan) | 4454.0 | 1318.0 | |
| 妇联陪审员人数 | （人） | Number of Juniors in Women's Associations | (person) | 397 | 116 | 201 |
| 妇联维权干部中取得律师资格证书的人数 | （人） | Number of Upholding Right Cadres in Women's Associations Got Lawyer Credentials | (person) | 309 | 12 | 24 |
| 双学双比活动 | | Status of "Double-study and Double-emulation" | | | | |
| 接受技术培训人数 | （万人） | Number of Technique Trainees | (10000 persons) | 99.96 | 42.69 | 15.55 |
| 三八绿色工程 | | March Eighth Green Project | | | | |
| 基地个数 | （个） | Number of Bases | (unit) | 733 | 294 | 141 |
| 基地亩数 | （亩） | Area of Bases | (mu) | 242658 | 82072 | 51841 |
| 巾帼扶贫项目数 | （个） | Woman's Anti-poverty Number of Anti-poverty Projects | (unit) | 41 | | 29 |
| 农村妇女学校数 | （所） | Number of Rural Woman Schools | (unit) | 1924 | | 3849 |
| 失业妇女再就业培训人数 | （人） | Unemployed Women Trained by the Women's Federation | (person) | 115028 | 71244 | 86116 |
| 受表彰情况 | | Basic Statistics on Commendation | | | | |
| 评选巾帼建功标兵数 | （人） | Women Pacesetters in Performing Meritorious Services | (person) | 1948 | 865 | 453 |
| 巾帼文明示范岗数 | （个、所） | Number of Woman's Civilization Demonstration Posts | (unit) | 2000 | 1013 | 830 |
| 三八红旗手 | （人） | March 8th Red Banner Winners | (person) | 3655 | 3650 | 2623 |
| 三八红旗集体 | （个） | March 8th Red Banner Groups | (unit) | 1049 | 810 | 919 |
| 五好文明家庭 | （户） | "Five Good" Civilized Families | (household) | 426502 | 55368 | 34149 |

## 22—4 工 会 组 织 情 况
Basic Statistics on Trade Unions

| 年份<br>Year | 工会基层组织数（个）<br>Number of Grassroots Unions (unit) | 全省已建工会组织的基层单位职工与会员人数（人）<br>Membership and Number of Staff and Workers in Grassroots Unions (person) | | | | | | 工会专职工作人员人数（人）<br>Number of Full-time Personnel of Unions (person) |
|---|---|---|---|---|---|---|---|---|
| | | 职工人数<br>Number of Staff and Workers | #女职工<br>Female | #农民工<br>Rural Workers | 会员人数<br>Membership | #女会员<br>Female | #农民工<br>Rural Workers | |
| 2005 | 35828 | 4599881 | 1614030 | | 4384087 | 1502544 | | 13684 |
| 2010 | 61256 | 7102254 | 2437677 | 2282833 | 6663678 | 2317129 | 2082135 | 29837 |
| 2011 | 81569 | 7441468 | 2651160 | 2641849 | 6943609 | 2505211 | 2399562 | 26167 |
| 2012 | 104452 | 8034712 | 2874950 | 2812424 | 7466536 | 2721859 | 2564198 | 28520 |

## 22—5 妇女参政议政状况
Basic Conditions on Women's Participating in the Administration and Discussion of State Affairs

| 项目 | Item | 2005 | 2010 | 2011 | 2012 |
|---|---|---|---|---|---|
| 省(区、市)人大代表数 (人) | Provincial (area, city) National People's Congress number (persons) | 732 | 739 | 750 | 730 |
| #女性 | Female | 204 | 212 | 212 | 210 |
| 省(区、市)政协委员数 (人) | Provincial (area, city) CPPCC Member Number (persons) | 750 | 743 | 741 | 741 |
| #女性 | Female | 151 | 165 | 164 | 164 |
| 中共党员人数 (万人) | The number of members of the Communist Party of China (10000 persons) | 285.00 | 315.90 | 324.50 | 335.00 |
| #女性 | Female | 44.80 | 59.20 | 63.20 | 67.53 |
| 省级党委领导班子中女干部配备率 (%) | Female Cadres Portion of Provincial Rank Party Committee Leading Group (%) | 100.00 | 100.00 | 100.00 | 100.00 |
| 省级政府领导班子中女干部配备率 (%) | Female Cadres Portion of Provincial Rank Government Leading Group (%) | 100.00 | 100.00 | 100.00 | 100.00 |
| 地级党委领导班子中女干部配备率 (%) | Female Cadres Portion of Region Rank Party Committee Leading Group (%) | 70.60 | 85.30 | 100.00 | 93.80 |
| 地级政府领导班子中女干部配备率 (%) | Female Cadres Portion of Region Rank Government Leading Group (%) | 70.60 | 100.00 | 93.70 | 100.00 |
| 县级党委领导班子中女干部配备率 (%) | Female Cadres Portion of County Rank Party Committee Leading Group (%) | 98.10 | 82.90 | 99.04 | 98.10 |
| 县级政府领导班子中女干部配备率 (%) | Female Cadres Portion of County Rank Government Leading Group (%) | 97.10 | 87.60 | 97.12 | 98.10 |
| 公务员中女性比重 (%) | Female Portion of Civil Servant (%) | 19.60 | 20.50 | 20.10 | 20.41 |

## 22—6 妇女儿童教育培训情况
Basic Conditions on Women and Children's Education and Training

| 项目 | Item | 2005 | 2010 | 2011 | 2012 |
|---|---|---|---|---|---|
| 国有企事业单位各类专业技术人员数 (万人) | Number of Professional and Technical Personnel in State-owned Enterprises and Institutions (10000 persons) | 81.4 | | 83.2 | 81.6 |
| #女性 | Female | 29.0 | | 32.9 | 31.2 |
| 小学学龄儿童入学率 (%) | Percentage of School-age Children Enrolled (%) | 99.5 | 99.9 | 99.8 | 99.8 |
| 女性 | Female | 99.5 | 99.9 | 99.8 | 99.8 |
| 男性 | Male | 99.5 | 99.9 | 99.8 | 99.8 |
| 九年义务教育巩固率 (%) | 9 Years Compulsory Education Consolidation Rate | | | 90.0 | 90.8 |
| 高中阶段毛入学率 (%) | The Gross Enrollment Rate of High School | 43.3 | 80.0 | 83.5 | 86.0 |
| 高等教育毛入学率 (%) | The Gross Enrollment Rate of Higher Education | 17.3 | 24.3 | 26.4 | 30.6 |

## 22—7 妇女卫生保健状况
Basic Conditions on Women Hygiene

| 项　目 | Item | 2005 | 2010 | 2011 | 2012 |
|---|---|---|---|---|---|
| 农村改水受益人口普及率　(%) | Percentage of People Benefited from Remade Water in Rural Area (%) | 99.0 | 99.56 | 96.06 | 94.40 |
| 农村享有卫生厕所的人口覆盖率　(%) | Coverage Rate of people Who Enjoy Sanitary Toilet (%) | 54.2 | 57.55 | 58.01 | 59.21 |
| 妇幼保健机构病床数　(张) | Number of Sickbeds in Maternity and Child Care Organs (unit) | 2322 | 3265 | 3551 | 3403 |
| 妇幼保健机构医生数　(人) | Number of Doctors in Maternity and Child Care Organs (person) | 2010 | 2248 | 1946 | 2057 |
| 孕产妇系统管理率　(%) | Percentage of Pregnant and Lying-in Women Under System Management (%) | 59.4 | 39.04 | 37.46 | 55.03 |
| 住院分娩率　(%) | Percentage of Childbirths in Hospital (%) | 86.1 | 98.69 | 98.69 | 99.70 |
| 孕产妇死亡率　(1/10万) | Death Rate of Pregnant and Lying-in Women (1/100 thousand) | 41.2 | 25.46 | 20.31 | 14.11 |
| 非住院分娩消毒接生率　(%) | Percentage of Practicing Midwifery With New Methods Out of Hospital (%) | 96.1 | 99.31 | 99.31 | 94.36 |
| 已婚育龄妇女避孕率　(%) | Contraception Rate of Married Women in Their Childbearing Age (%) | 91.4 | 89.71 | 87.51 | 87.24 |
| 婚前医学检查率　(%) | Percentage of Medical Examinations Before Marriage (%) | 4.5 | 68.92 | 77.67 | 87.06 |

## 22—8 儿童卫生保健状况
Basic Conditions on Children Hygiene

| 项　目 | Item | 2005 | 2010 | 2011 | 2012 |
|---|---|---|---|---|---|
| 婴儿死亡率　(‰) | Death Rate of Infants (‰) | 21.77 | 10.70 | 8.81 | 8.85 |
| 5岁以下儿童死亡率　(‰) | Death Rate of Children Below Five (‰) | 24.23 | 13.32 | 11.04 | 10.84 |
| 住院分娩出生缺陷发生率　(‰) | Percentge of Childbirth Defects in Hospital (‰) | 8.83 | 12.11 | 10.63 | 10.31 |
| 卡介苗接种率　(%) | Rate of Inoculating With BCG Vaccine (%) | 99.62 | 99.68 | 99.79 | 99.74 |
| 脊髓灰质炎疫苗接种率　(%) | Rate of Inoculating With Polio Vaccine (%) | 97.76 | 99.66 | 99.68 | 99.68 |
| 百白破疫苗接种率　(%) | Rate of Inoculating With Joint Vaccine of Pertussis, Diphtheria and Tetanus | 97.60 | 99.64 | 99.61 | 99.67 |
| 麻疹疫苗接种率　(%) | Rate of Inoculating With Measles Vaccine (%) | 97.13 | 99.61 | 99.69 | 99.59 |
| 乙肝疫苗接种率　(%) | Rate of Inoculating With Hepatitis B Vaccine (%) | 96.95 | 99.68 | 99.78 | 99.53 |
| 7岁以下儿童保健管理率　(%) | Percentage of Children Below Seven Under Health Management (%) | 65.98 | 61.43 | 65.53 | 77.98 |
| 新生儿破伤风发病率　(1/万) | Morbidity of Tetanus of Newbon (1/10000) | 0.03 | 0.03 | | |
| 0-6个月婴儿母乳喂养率　(%) | 0-6 Month Baby Breastfeeding rate (%) | | 65.65 | 60.46 | 61.22 |
| 5岁以下儿童中重度贫血患病率　(%) | Prevalence of Severe Anemia Rate of Children Under 5 Years of Age (%) | | 1.13 | 1.31 | 1.15 |
| 5岁以下儿童低体重患病率(%) | Low Weight Rate of Children Under 5 Years of Age (%) | | 0.99 | 0.82 | 0.69 |

# 22—9 残疾人事业基本情况
Basic Information of People With Disabilities

| 指标 | | Item | | 2010 | 2011 | 2012 |
|---|---|---|---|---|---|---|
| **康　复** | | **Rehabilitation** | | | | |
| 白内障复明手术 | | Sight-restoring Cataract Surgery | | | | |
| 白内障复明手术 | (万例) | Sight-restoring Cataract Surgeries | (10000 cases) | 2.9 | 2.3 | 2.7 |
| 人工晶体植入率 | (%) | Artificial Intra-ocular Lens Implantation Rate | (%) | 96 | 96 | 96 |
| 低视力配用助视器 | (人) | Vision-aids Provided for Individuals With Low-vision | (person) | 1058 | 500 | 3788 |
| 聋儿康复 | | Rehabilitation of Children With Hearing Disability | | | | |
| 年收训聋儿 | (人) | Hearing and Speech Training | (person) | 769 | 518 | 1476 |
| 聋儿入普幼普小率 | (%) | Enrollment Rate of Trained Children to Ordinary Kindergartens and Primary Schools | (%) | 37.0 | 51.0 | 51.0 |
| 培训家长 | (人) | Parents Trained | (person) | 1102 | 1059 | 3477 |
| 精神病防治康复 | | Prevention and Treatment of Psychiatric Diseases | | | | |
| 开展精神病防治康复工作市县数 | (个) | Counties Carried on the Works of Prevention and Treatment of Psychiatric Diseases | (unit) | 44 | 82 | 85 |
| 综合防治康复精神病人数 | (万人) | Prevention and Treatment Provided for Patients With Severe Psychiatric Diseases | (10000 persons) | 13.2 | 15.1 | 26.5 |
| 监护率 | (%) | Guardianship Rate | (%) | 91.2 | 77.0 | 73.8 |
| 显好率 | (%) | Significant Improvement Rate | (%) | 56.7 | 49.9 | 41.9 |
| 社会参与率 | (%) | Social Involvement Rate | (%) | 44.8 | 38.3 | 35.5 |
| 肇事率 | (%) | Violent Events Rate | (%) | 0.06 | 0.05 | 0.03 |
| 康复训练与服务 | (人) | Rehabilitation Training and Service | (person) | | | |
| 肢体残疾康复训练数 | | Function Training Provided to Persons With Physical Disability | | 3782 | 9680 | 13438 |
| 智残儿童康复训练数 | | Rehabilitation Training Provided to Children With Intellectual Disability | | 1031 | 586 | 2128 |
| 脑瘫儿童康复训练数 | | Rehabilitation Training Provided to Children With Cerebral Palsy | | 303 | 157 | 451 |
| 麻风畸残康复 | | Rehabilitation of People With Leprosy | | | | |
| 矫治手术 | (例) | Orthopedic Surgeries | (case) | | | |
| 发放辅助用具 | (件) | Assistant Devices Provided | (unit) | | | |
| 康复训练 | (人) | Rehabilitation Training | (person) | | | |
| **教　育** | | **Education** | | | | |
| 未入学适龄残疾儿童少年 | (万人) | School-age Disabled Children Without Schooling | (10000 persons) | 0.99 | 0.88 | 0.35 |
| 职业教育与培训 | | Vocational Education and Training | | | | |
| 机构数 | (个) | Facilities | (unit) | 413 | 159 | 178 |
| 教育与培训人数 | (人) | Number of Educated and Trained | (person) | 26513 | 32900 | 44808 |
| **就　业** | | **Employment** | | | | |
| 城镇残疾人就业状况 | | Employment of Urban Handicapped | | | | |
| 当年安排就业人员 | (人) | Persons Employed in the Year | (person) | 12782 | 13042 | 14031 |
| #按比例就业 | | Employed by Quota Scheme | | 3295 | 3134 | 3987 |
| 集中就业 | | Employed at Welfare Enterprises | | 3323 | 2753 | 3971 |
| 个体就业 | | Self-employed | | 6164 | 7155 | 6073 |
| 未安排就业 | (人) | Unemployed | (person) | 78344 | 76810 | 49135 |
| 农村残疾人就业状况 | | Employment of Rural Handicapped | | | | |
| 就　业 | (万人) | Employed | (10000 persons) | 107.7 | 106.1 | 108.0 |
| 未就业 | (万人) | Unemployed | (10000 persons) | 24.0 | 24.0 | 32.0 |
| 残疾人就业服务机构 | (个) | Employment Placement Service Facilities for Disabled Jobseekers | (unit) | 115 | | 95 |
| 省 | | Provinces | | 1 | 1 | 1 |
| 市 | | Cities (inc. cities at county level) | | 17 | 16 | 16 |
| 县（含县级市） | | County | | 58 | 50 | 50 |
| 市辖区 | | Districts Under the Jurisdiction of Cities | | 41 | 28 | 28 |
| **盲人按摩** | | **Massage by Persons With Visual Disability** | | | | |
| 保健按摩员培训 | (人) | Massage Therapists Training | (person) | 2000 | 409 | 566 |
| 医疗按摩员培训 | (人) | Keep-fit Massager Training | (person) | 327 | 139 | 77 |
| **扶　贫** | | **Poverty Alleviation** | | | | |
| 扶持人数 | (万人次) | Number of Supporting | (10000 person times) | 11.9 | 13.8 | 12.8 |
| 脱贫人数 | (万人次) | Number of Going out poor | (10000 person times) | 2.4 | 3.5 | 3.3 |
| **残联组织建设** | | **Organization Building of Disabled Persons' Federation** | | | | |
| 残疾人工作者数 | (人) | Workers for Handicapped | (person) | 3061 | 2481 | 3386 |

## 22—10 律师、公证、调解工作基本情况
Basic Statistics on Lawyers, Notarization and Mediation

| 指 标 | | Item | | 2000 | 2005 | 2010 | 2011 | 2012 |
|---|---|---|---|---|---|---|---|---|
| **律师工作** | | **Lawyers** | | | | | | |
| 律师事务所 | (个) | Number of Law Offices | (unit) | 326 | 407 | 500 | 519 | 541 |
| 律　师 | (人) | Lawyers | (person) | 3073 | 3820 | 5019 | 5355 | 5875 |
| 专职律师 | | Full-time Lawyers | | 1972 | 3424 | 4411 | 4780 | 5271 |
| 兼职律师 | | Part-time Lawyers | | 1101 | 347 | 281 | 297 | 320 |
| 公职律师 | | Government Lawyers | | | 49 | 97 | 88 | 96 |
| 公司律师 | | Corporation Counsel | | | | 11 | 11 | 11 |
| 法援律师 | | Legal Aid Lawyers | | | | 219 | 179 | 177 |
| 聘请担任常年法律顾问的单位 | (处) | Number of Units With Permanent Legal Advisors | (unit) | 8713 | 10322 | 10945 | 9894 | 9889 |
| 民事、经济诉讼代理 | (件) | Civil, Economic Litigation Agents | (case) | 42404 | 89734 | 69615 | 76592 | 80009 |
| 刑事诉讼辩护及代理 | (件) | Defense and Agent of Criminal Cases | (case) | 16549 | 18217 | 15164 | 16013 | 17987 |
| 行政诉讼代理 | (件) | Agent of Administrative Action | (case) | 1957 | 3089 | 1428 | 1368 | 1373 |
| 非诉讼法律事务 | (件) | Number of Non-litigious legal Affairs | (case) | 12477 | 23253 | 5188 | 5435 | 4661 |
| **公证工作** | | **Notarization** | | | | | | |
| 公证处 | (个) | Number of Notary Offices | (unit) | 113 | 108 | 84 | 84 | 83 |
| 公证人员 | (人) | Notaries personnel | (person) | 590 | 666 | 769 | 796 | 831 |
| #公证员 | | Notaries | | 396 | 399 | 350 | 350 | 381 |
| 公证员助理 | | Assistant Notaries | | | 100 | 201 | 217 | 218 |
| 办理公证文书 | (件) | Number of Notarized Documents | (unit) | 336817 | 250658 | 375828 | 311001 | 328456 |
| 涉外及港澳台公证文书 | (件) | Number of Foreign-related, Hong Kong, Macao and Taiwan Notarized Documents | (case) | | 29105 | 53614 | 58277 | 52722 |
| **人民调解工作** | | **Number of People's Mediation** | | | | | | |
| 司法助理员 | (人) | Number of Judicial Assistants | (person) | 2564 | 4148 | 4307 | 4213 | 4112 |
| 人民调解委员会 | (个) | Number of people's Mediation Committees | (unit) | 38180 | 31180 | 23094 | 17825 | 21782 |
| 调解人员 | (人) | Number of Mediators | (person) | 282420 | 205785 | 139366 | 134853 | 126264 |
| 调解民间纠纷 | (件) | Number of Civil Disputes Mediated | (case) | 288952 | 198869 | 329660 | 376432 | 566393 |

# 22—11 劳动人事争议仲裁委员会受理及处理案件情况（2012年）
Accepted and Settled Cases by Labor Dispute Arbitration Committee (2012)

单位：件（case）

| 案件类别 | Category of Cases | 合计 Total | 国有企业 State-owned Enterprises | 城镇集体企业 Urban Collective-owned Enterprises |
|---|---|---|---|---|
| **上期未结案件数** | **Number of Cases Left Over from Last Period** | **278** | **29** | **4** |
| **案件受理情况** | **Cases Accepted** | | | |
| 案件数 | Number of Cases | 11776 | 920 | 326 |
| #集体争议案件数 | Number of Collective Disputes | 137 | 6 | 7 |
| 涉及劳动者人数（人） | Number of Related to Laborers (person) | 16530 | 1241 | 562 |
| #集体争议涉及劳动者人数 | Number of Collective Dispute Related Laborers | 3171 | 90 | 101 |
| **案件处理情况** | **Case Settled** | | | |
| 结案件数 | Number of Cases Settled | 11766 | 913 | 329 |
| **处理方式** | **Manners of Settlement** | | | |
| 仲裁调解 | By Mediation | 5689 | 466 | 178 |
| 仲裁裁决 | By Arbitration Lawsuit | 5072 | 351 | 145 |
| 其他方式 | Others | 1005 | 96 | 6 |
| **处理结果** | **Result of Settlement** | | | |
| 用人单位胜诉 | Won by Units | 951 | 98 | 49 |
| 劳动者胜诉 | Lawsuit Won by Laborers | 5495 | 355 | 158 |
| 双方部分胜诉 | Lawsuit Partly Won by Both Parties | 4646 | 403 | 117 |
| **本期未结案数** | **Number of Cases Dissettled** | **288** | **36** | **1** |
| **案外调解争议数** | **Number of Cases Settled by Other Forms** | **4535** | **366** | **184** |

| 案件类别 | Category of Cases | 外商投资及港澳台投资企业 Foreign Funded and Hong Kong, Macao & Taiwan Chinese Funded Enterprises | 私营企业 Private Enterprises | 其他 Others |
|---|---|---|---|---|
| **上期未结案件数** | **Number of Cases Left Over from Last Period** | **8** | **212** | **11** |
| **案件受理情况** | **Cases Accepted** | | | |
| 案件数 | Number of Cases | 161 | 9679 | 233 |
| #集体争议案件数 | Number of Collective Disputes | 4 | 117 | 1 |
| 涉及劳动者人数（人） | Number of Related to Laborers (person) | 209 | 13750 | 248 |
| #集体争议涉及劳动者人数 | Number of Collective Dispute Related Laborers | 45 | 2900 | |
| **案件处理情况** | **Case Settled** | | | |
| 结案件数 | Number of Cases Settled | 169 | 9679 | 234 |
| **处理方式** | **Manners of Settlement** | | | |
| 仲裁调解 | By Mediation | 77 | 4667 | 104 |
| 仲裁裁决 | By Arbitration Lawsuit | 84 | 4206 | 101 |
| 其他方式 | Others | 8 | 806 | 29 |
| **处理结果** | **Result of Settlement** | | | |
| 用人单位胜诉 | Won by Units | 12 | 756 | 7 |
| 劳动者胜诉 | Lawsuit Won by Laborers | 56 | 4710 | 91 |
| 双方部分胜诉 | Lawsuit Partly Won by Both Parties | 87 | 3673 | 117 |
| **本期未结案数** | **Number of Cases Dissettled** | | **212** | **10** |
| **案外调解争议数** | **Number of Cases Settled by Other Forms** | **33** | **3766** | **72** |

## 22—12 公安机关立案的刑事案件情况
Criminal Cases Registered in Public Security Organs

| 案件类别 | Category of Cases | 立案（起）Number of cases Registered (case) | | 构成（%）Composition (%) | |
|---|---|---|---|---|---|
| | | 2011 | 2012 | 2011 | 2012 |
| **总　计** | **Total** | **226176** | **249812** | **100.00** | **100.00** |
| 杀　人 | Homicide | 342 | 320 | 0.15 | 0.13 |
| 伤　害 | Injury | 5262 | 5699 | 2.33 | 2.28 |
| 抢　劫 | Robbery | 4392 | 3608 | 1.94 | 1.44 |
| 强　奸 | Rape | 1275 | 1135 | 0.56 | 0.45 |
| 拐卖人口 | Kidnapping and Selling People | 693 | 1252 | 0.31 | 0.50 |
| 盗　窃 | Larceny | 172975 | 181965 | 76.48 | 72.84 |
| 诈　骗 | Fraud | 14089 | 16030 | 6.23 | 6.42 |
| 伪造、变造货币，持有使用伪造货币 | Forging and Fabricating Bills or Using Forged Bills | 10 | 22 | | |
| 其　他 | Others | 27138 | 21318 | 12.00 | 8.53 |

## 22—13 公安机关受理、查处治安案件情况
Offense Cases Against Public order Handled by Public Security Organs

单位：起（case）

| 案件类别 | Category of Cases | 2011 | | 2012 | |
|---|---|---|---|---|---|
| | | 受理 Number of Cases Accepted to be Treated | 查处 Number of Cases Investigated and Treated | 受理 Number of Cases Accepted to be Treated | 查处 Number of Cases Investigated and Treated |
| **总　计** | **Total** | **625708** | **610553** | **632264** | **611568** |
| 扰乱单位、公共场所秩序 | Disturbing Unit & Public Order | 4751 | 4656 | 4711 | 4647 |
| 寻衅滋事 | Making Trouble | 3243 | 3071 | 3227 | 3066 |
| 阻碍执行职务 | Handling Public Affairs | 1165 | 1140 | 1156 | 1107 |
| 非法携带枪支、弹药、管制刀具 | Illegal Holding of Gun、Ammo & Tube Cutting Tool | 913 | 891 | 867 | 826 |
| 违反危险物质管理规定 | Violation of Management Rule of Dangerous Material | 817 | 802 | 943 | 921 |
| 殴打他人 | Hitting other People | 306887 | 301948 | 296321 | 289547 |
| 盗　窃 | Stealing | 48981 | 43242 | 56150 | 49926 |
| 诈骗、抢夺、敲诈勒索财物 | Swindle Snatch & Blackmail Blackmailing Money & Goods | 4368 | 3930 | 7125 | 6509 |
| 哄　抢 | Making Scramble | 55 | 49 | 50 | 47 |
| 卖淫、嫖娼 | Prostitution & Go Whoring | 1522 | 1494 | 1534 | 1499 |
| 赌　博 | Gambling | 8474 | 8244 | 10204 | 9858 |
| 其　他 | Other | 244532 | 241086 | 165009 | 163279 |

## 22—14 各市公安机关立案的刑事案件情况（2012年）
Criminal Cases Registered in Public Security Organs By Region (2012)

单位：起（case）

| 地　区 | Region | 总　计<br>Total | 杀　人<br>Homicide | 伤　害<br>Injury | 抢　劫<br>Robbery | 强　奸<br>Rape | 拐卖人口<br>Kidnapping and Selling People |
|---|---|---|---|---|---|---|---|
| **总　计** | **Total** | **249812** | **320** | **5699** | **3608** | **1135** | **1252** |
| 合 肥 市 | Hefei | 59413 | 25 | 632 | 569 | 145 | 42 |
| 淮 北 市 | Huaibei | 7330 | 14 | 79 | 217 | 59 | 28 |
| 亳 州 市 | Bozhou | 14761 | 28 | 832 | 356 | 109 | 235 |
| 宿 州 市 | Suzhou | 14489 | 30 | 142 | 284 | 152 | 26 |
| 蚌 埠 市 | Bengbu | 17177 | 18 | 515 | 157 | 82 | 132 |
| 阜 阳 市 | Fuyang | 24104 | 42 | 1124 | 701 | 148 | 272 |
| 淮 南 市 | Huainan | 12511 | 16 | 296 | 282 | 64 | 59 |
| 滁 州 市 | Chuzhou | 15717 | 8 | 549 | 187 | 84 | 117 |
| 六 安 市 | Luan | 17064 | 28 | 453 | 283 | 82 | 105 |
| 马鞍山市 | Maanshan | 10991 | 10 | 184 | 102 | 22 | 64 |
| 芜 湖 市 | Wuhu | 15682 | 26 | 185 | 126 | 45 | 9 |
| 宣 城 市 | Xuancheng | 8276 | 17 | 165 | 64 | 34 | 10 |
| 铜 陵 市 | Tongling | 4198 | 6 | 67 | 73 | 3 | 51 |
| 池 州 市 | Chizhou | 4115 | 9 | 55 | 36 | 23 | 3 |
| 安 庆 市 | Anqing | 18828 | 38 | 335 | 152 | 70 | 71 |
| 黄 山 市 | Huangshan | 5156 | 5 | 86 | 19 | 13 | 28 |

| 地　区 | Region | 盗　窃<br>Larceny | 诈　骗<br>Fraud | 伪造、变造货币，持有使用伪造货币<br>Forging and Fabricating Bills or Using Forged Bills | 其　他<br>Others | #青少年刑事案件作案成员占全部作案成员比重(%)<br>Proportion of Young People In Criminal Cases |
|---|---|---|---|---|---|---|
| **总　计** | **Total** | **181965** | **16030** | **22** | **21318** | **26.88** |
| 合 肥 市 | Hefei | 47748 | 3638 | 1 | 3298 | 37.44 |
| 淮 北 市 | Huaibei | 4787 | 551 | | 1019 | 26.41 |
| 亳 州 市 | Bozhou | 10026 | 673 | 3 | 1692 | 19.01 |
| 宿 州 市 | Suzhou | 9688 | 743 | 2 | 2159 | 16.79 |
| 蚌 埠 市 | Bengbu | 12169 | 1632 | | 1223 | 22.77 |
| 阜 阳 市 | Fuyang | 16813 | 1021 | 4 | 1269 | 24.97 |
| 淮 南 市 | Huainan | 8823 | 696 | | 1197 | 26.50 |
| 滁 州 市 | Chuzhou | 11607 | 767 | 2 | 1220 | 24.09 |
| 六 安 市 | Luan | 12695 | 1143 | 1 | 1565 | 23.76 |
| 马鞍山市 | Maanshan | 8203 | 704 | | 938 | 25.78 |
| 芜 湖 市 | Wuhu | 10567 | 1084 | 4 | 1451 | 22.40 |
| 宣 城 市 | Xuancheng | 5956 | 562 | 1 | 769 | 22.21 |
| 铜 陵 市 | Tongling | 2937 | 468 | 1 | 297 | 38.97 |
| 池 州 市 | Chizhou | 3002 | 265 | 1 | 546 | 31.36 |
| 安 庆 市 | Anqing | 13655 | 1526 | 2 | 1819 | 30.93 |
| 黄 山 市 | Huangshan | 3289 | 557 | | 856 | 31.00 |

## 22—15 各市公安机关查处治安案件情况（2012年）
Offense Caese Against Public order Handled by Public Security Organs By Region (2012)

单位：起（case）

| 地区 | Region | 总计 Total | 扰乱单位、公共场所秩序 Disturbing Unit & Public Order | 寻衅滋事 Making Trouble | 阻碍执行职务 Handling Public Affairs | 非法携带枪支、弹药、管制刀具 Illegal Holding of Gun、Ammo & Tube Cutting Tool | 违反危险物质管理规定 Violation of Management Rule of Dangerous Material |
|---|---|---|---|---|---|---|---|
| **总计** | **Total** | **611568** | **4647** | **3066** | **1107** | **826** | **921** |
| 合肥市 | Hefei | 170765 | 409 | 589 | 108 | 79 | 59 |
| 淮北市 | Huaibei | 22546 | 42 | 286 | 12 | 34 | 3 |
| 亳州市 | Bozhou | 28608 | 110 | 154 | 90 | 28 | 74 |
| 宿州市 | Suzhou | 44989 | 159 | 198 | 87 | 55 | 241 |
| 蚌埠市 | Bengbu | 42261 | 761 | 614 | 72 | 36 | 6 |
| 阜阳市 | Fuyang | 20437 | 420 | 173 | 128 | 65 | 60 |
| 淮南市 | Huainan | 21551 | 361 | 62 | 15 | 58 | 5 |
| 滁州市 | Chuzhou | 33273 | 152 | 64 | 47 | 46 | 47 |
| 六安市 | Luan | 35351 | 281 | 208 | 97 | 55 | 61 |
| 马鞍山市 | Maanshan | 14626 | 90 | 107 | 27 | 36 | 11 |
| 芜湖市 | Wuhu | 46060 | 971 | 75 | 42 | 85 | 222 |
| 宣城市 | Xuancheng | 23018 | 121 | 132 | 62 | 72 | 7 |
| 铜陵市 | Tongling | 11763 | 12 | 32 | 7 | 48 | 4 |
| 池州市 | Chizhou | 7911 | 129 | 55 | 12 | 12 | 15 |
| 安庆市 | Anqing | 50502 | 554 | 241 | 114 | 52 | 98 |
| 黄山市 | Huangshan | 17907 | 75 | 76 | 187 | 65 | 8 |

| 地区 | Region | 殴打他人 Hitting Other People | 盗窃 Stealing | 诈骗、抢夺、敲诈勒索财物 Swindle Snatch & Blackmail Blackmailing Money & Goods | 哄抢 Making Scramble | 卖淫、嫖娼 Prostitution & Go Whoring | 赌博 Gambling | 其他 Other |
|---|---|---|---|---|---|---|---|---|
| **总计** | **Total** | **289547** | **49926** | **6509** | **47** | **1499** | **9858** | **163279** |
| 合肥市 | Hefei | 74043 | 19901 | 2862 | 3 | 710 | 2841 | 71015 |
| 淮北市 | Huaibei | 7648 | 1634 | 115 | | 2 | 19 | 9502 |
| 亳州市 | Bozhou | 13350 | 1175 | 125 | 4 | 46 | 188 | 8926 |
| 宿州市 | Suzhou | 22338 | 1880 | 117 | 1 | 62 | 280 | 12946 |
| 蚌埠市 | Bengbu | 24864 | 2616 | 687 | 2 | 77 | 1343 | 5931 |
| 阜阳市 | Fuyang | 10821 | 1854 | 234 | 1 | 54 | 283 | 2510 |
| 淮南市 | Huainan | 9299 | 3461 | 424 | 1 | 28 | 481 | 4274 |
| 滁州市 | Chuzhou | 19711 | 3429 | 466 | | 29 | 489 | 3013 |
| 六安市 | Luan | 23447 | 1299 | 199 | 3 | 32 | 275 | 2217 |
| 马鞍山市 | Maanshan | 4927 | 6253 | 388 | 25 | 65 | 453 | 194 |
| 芜湖市 | Wuhu | 23227 | 1287 | 56 | | 150 | 975 | 13194 |
| 宣城市 | Xuancheng | 12401 | 1096 | 305 | 5 | 52 | 714 | 4847 |
| 铜陵市 | Tongling | 2026 | 1827 | 251 | 1 | 16 | 22 | 6522 |
| 池州市 | Chizhou | 5558 | 94 | 16 | | 16 | 67 | 1001 |
| 安庆市 | Anqing | 26024 | 2020 | 248 | 1 | 57 | 568 | 14224 |
| 黄山市 | Huangshan | 9863 | 100 | 16 | | 103 | 860 | 2963 |

## 22—16 检察机关直接立案侦查案件情况（2012年）
Cases Under Direct Investigation by Procurator's Offices (2012)

| 案件类别 | Category of Cases | 受案（起）Cases Accepted | 立案合计 Total Number of Cases Registered | | 大案（件）Large Cases | 要案（人）Key Cases | 结案合计 Total Number of Cases Setted | |
|---|---|---|---|---|---|---|---|---|
| | | (case) | 件 (case) | 人 (person) | (case) | (person) | 件 (case) | 人 (person) |
| **总　计** | **Total** | **1307** | **1205** | **1754** | **115** | **72** | **1258** | **1828** |
| **贪污贿赂案件小计** | **Sub-total of Cases on Corruption and Bribery** | **1029** | **965** | **1396** | | **65** | **1013** | **1467** |
| 贪　污 | Corruption | 364 | 327 | 666 | | 9 | 347 | 705 |
| 贿　赂 | Bribery | 553 | 523 | 575 | | 52 | 546 | 600 |
| 挪用公款 | Misappropriation of Public Funds | 108 | 111 | 149 | | 2 | 116 | 153 |
| 集体私分 | Collectve Illegal Possession of Public Funds | 2 | 3 | 5 | | 1 | 4 | 8 |
| 巨额财产来源不明 | Unstated Source of Large Properties | 2 | 1 | 1 | | 1 | | 1 |
| **渎职案件小计** | **Sub-total of Cases on Abuse and Dereliction of Duty** | **278** | **240** | **358** | **115** | **7** | **245** | **361** |
| 滥用职权 | Abuse of Power | 140 | 118 | 167 | 68 | 2 | 117 | 161 |
| 玩忽职守 | Dereliction of Duty | 85 | 78 | 87 | 29 | | 76 | 85 |
| 徇私舞弊 | Fraudulent Practice | 44 | 36 | 64 | 18 | 5 | 43 | 71 |
| 其　他 | Others | 9 | 8 | 40 | | | 9 | 44 |

## 22—17 检察机关处理申诉案件情况（2012年）
Appeals Handled by Procurator's Offices (2012)

单位：件（case）

| 案件类别 | Category of Cases | 受理 Cases Accepted | 立案复查 Cases Registered of Reinves-tigation | 结案 Cases Settled | 改变原决定 Original Decision Changed |
|---|---|---|---|---|---|
| **总　计** | **Total** | **5653** | **1690** | **1697** | **338** |
| 不服刑事拘留 | Appeals Against Criminal Detention | 29 | | | |
| 不服不立案 | Appeals Against Rejection of The Case | 277 | | | |
| 不服逮捕 | Appeals Against Arrest | 75 | | | |
| 不服不批捕 | Appeals Against Rejection of Arrest | 326 | 272 | 274 | 14 |
| 不服不起诉 | Appeals Against Rejection of Prosecute | 353 | 295 | 302 | 75 |
| 不服撤案 | Appeals Against Withdrawal of the Case | 4 | | 1 | |
| 不服原免于起诉 | Appeals Against Original Exemption of Lawsuit | 5 | 1 | 3 | |
| 不服刑事判决 | Appeals Against Judgment of Criminal Case | 1365 | 832 | 832 | 1 |
| 不服劳教 | Appeals Against Judgment of Reeducation Through Labor | 7 | | | |
| 其　他 | Others | 3212 | 290 | 285 | 248 |

## 22—18 人民法院行政一审案件收结案情况（2012年）
First Trial Administrative Cases Accepted and Settled by Courts (2012)

单位：件（case）

| 项 目 | Item | 收 案 Cases Accepted | 结 案 Cases Settled | | | | | | 结案中单独提起行政赔偿 Of the Cases Settled: Set Administrative Compensation Alome |
|---|---|---|---|---|---|---|---|---|---|
| | | | | 维 持 Affirmation of Original Judgement | 撤 销 Cancellation | 驳回起诉 Reject | 撤 诉 Withdrwal | 其 他 Other | |
| **总 计** | **Total** | **3876** | **3839** | **359** | **263** | **253** | **934** | **2030** | **143** |
| 公 安 | Public Security | 557 | 538 | 157 | 51 | 21 | 230 | 79 | 36 |
| 资 源 | Resources | 1028 | 1043 | 44 | 68 | 71 | 174 | 686 | 20 |
| 城 建 | City Construction | 716 | 693 | 47 | 70 | 73 | 225 | 278 | 55 |
| 工 商 | Industry and Commerce | 62 | 63 | 12 | 6 | 3 | 23 | 19 | 4 |
| 卫 生 | Health | 31 | 30 | | 3 | | 8 | 19 | |
| 环 保 | Environmental Protection | 13 | 13 | 1 | | 1 | 2 | 9 | 1 |
| 交 通 | Traffic | 88 | 88 | 4 | | 46 | 12 | 26 | 1 |
| 税 务 | Tax | 3 | 3 | | | | | 3 | |
| 其 他 | Others | 1378 | 1368 | 94 | 65 | 38 | 260 | 911 | 26 |

## 22—19 人民法院刑事一审案件收结案情况（2012年）
First Trial Criminal Cases Accepted and Settled by Courts (2012)

单位：件（case）

| 案件类别 | Category of Cases | 收 案 Cases Accepted | 结 案 Cases Settled |
|---|---|---|---|
| **总 计** | **Total** | **29277** | **29078** |
| 危害公共安全罪 | Offences Against Public Security | 5076 | 5100 |
| 破坏社会主义市场经济秩序罪 | Offences Against Socialist Economic Order | 1585 | 1504 |
| 侵犯公民人身权利、民主权利罪 | Offences Against Citizens' Personal and Democratic Rights | 7018 | 6978 |
| 侵犯财产罪 | Offences Against Properties | 9061 | 9039 |
| 妨碍社会管理秩序罪 | Offences Against Social Management of order | 5237 | 5156 |
| 危害国防利益罪 | Offences Against National Defense | 3 | 4 |
| 贪污贿赂罪 | Offences on Corruption and Bribery | 1113 | 1109 |
| 渎 职 罪 | Offences on Dereliction of Duty | 183 | 187 |
| 其 他 | Others | 1 | 1 |

## 22—20 人民法院合同纠纷一审案件收结案情况（2012年）
First Trial Cases of Contract Disputes Accepted and Settled by Courts (2012)

单位：件（case）

| 项　目 | Item | 收　案 Cases Accepted | 结　案 Cases Settled | | | | | |
|---|---|---|---|---|---|---|---|---|
| | | | | 判　决 Hudgement | 驳回起诉 Reject | 撤　诉 Withdrwal | 调　解 Mediation | 其　他 Other |
| **总　计** | **Total** | **109254** | **106771** | **44541** | **1878** | **29853** | **28862** | **1637** |
| 买卖合同 | Buying and Selling Contracts | 20874 | 20605 | 8261 | 321 | 5616 | 6054 | 353 |
| 房地产开发经营合同 | Real Estate Developing and Managing Contracts | 2923 | 2948 | 1389 | 63 | 886 | 592 | 18 |
| 供用电、水、气、热力合同 | Electricity, Water and Gas and Using Contracts | 222 | 114 | 46 | 1 | 38 | 29 | |
| 借款合同 | Loan Contracts | 44175 | 42906 | 19828 | 652 | 10610 | 11145 | 671 |
| 租赁合同 | Leasing Contracts | 4779 | 4637 | 1913 | 107 | 1395 | 1180 | 42 |
| 建设工程合同 | Construction Project Contracts | 4386 | 4150 | 1775 | 128 | 1105 | 1062 | 80 |
| 承揽合同 | Contractor | 1834 | 1821 | 724 | 32 | 528 | 498 | 39 |
| 运输合同 | Transportation Contracts | 885 | 876 | 366 | 16 | 232 | 257 | 5 |
| 知识产权合同 | Intellectual property Right | 43 | 41 | 8 | | 13 | 19 | 1 |
| 经营合同 | Operating Contracts | 1838 | 1833 | 851 | 21 | 325 | 603 | 33 |
| 农村承包合同 | Rural Contracts | 238 | 235 | 49 | 10 | 100 | 75 | 1 |
| 电信合同 | Telecommunication Contracts | 95 | 96 | 21 | 2 | 55 | 17 | 1 |
| 服务合同 | Service Contracts | 6373 | 6319 | 1355 | 114 | 4054 | 782 | 14 |
| 劳动争议 | Labour Contention | 8371 | 8120 | 2975 | 167 | 1857 | 2968 | 153 |
| 劳务合同 | Labour Contracts | 2430 | 2405 | 801 | 31 | 635 | 891 | 47 |
| 其　他 | Others | 9788 | 9665 | 4179 | 213 | 2404 | 2690 | 179 |

## 22—21 人民法院婚姻家庭、继承、权属、侵权纠纷及其他民事一审案件收结案情况（2012年）
First Trial Civil Cases of Marriage and Family, Inheritance, Right and Infringement Disputes and Other Civil Cases Accepted and Settled by Courts (2012)

单位：件（case）

| 项　目 | Item | 收　案 Cases Accepted | 结　案 Cases Settled | | | | | |
|---|---|---|---|---|---|---|---|---|
| | | | | 判　决 Hudgement | 驳回起诉 Reject | 撤　诉 Withdrwal | 调　解 Mediation | 其　他 Other |
| **总　计** | **Total** | **136775** | **136038** | **51467** | **1137** | **28693** | **50035** | **4706** |
| 婚姻家庭 | Marriage and Family | 71742 | 71505 | 23570 | 436 | 18346 | 28527 | 626 |
| 继　承 | Inheritance | 955 | 901 | 317 | 12 | 186 | 376 | 10 |
| 所有权及与所有权相关权利纠纷 | Ownership and Related Right Disputes | 6792 | 6905 | 2656 | 311 | 2376 | 1445 | 117 |
| 票据、证券权益纠纷 | Rights and Interests Disputes of Bills and Securities | 134 | 109 | 41 | 3 | 43 | 11 | 11 |
| 股东权纠纷 | Shareholder Right Disputes | 570 | 552 | 222 | 15 | 202 | 88 | 25 |
| 知识产权 | Intellectual Property Right | 1195 | 1176 | 246 | 6 | 599 | 316 | 9 |
| 不正当竞争纠纷 | Illegitimate Competition Disputes | 21 | 22 | 8 | 2 | 8 | 3 | 1 |
| 人身权纠纷 | Personal Right Disputes | 45501 | 45096 | 21542 | 199 | 5282 | 17863 | 210 |
| 特殊侵权纠纷 | Special Infringement Disputes | 3413 | 3330 | 1435 | 66 | 841 | 944 | 44 |
| 不当得利 | Irrational Interests | 1088 | 1061 | 397 | 28 | 409 | 206 | 21 |
| 无因管理 | No Cause management | 10 | 9 | 2 | | 3 | 4 | |
| 适用特别程序案件 | Cases Suitable for Special Procedure | 4879 | 4892 | 743 | 47 | 297 | 186 | 3619 |
| 其　他 | Others | 475 | 480 | 288 | 12 | 101 | 66 | 13 |

## 22—22 全省统计执法检查情况（2012年）
Statistical Law Enforcement Inspection Situation (2012)

| 地区 Region | 检查单位（个）Inspection Unit (unit) | 统计违法行为（件）Statistical Illegal Activity (case) | 立案案件（件）Put on Record Case (case) | 结案案件（件）Settled Lawsuit Case (case)：合计 Total | 按违法性质分 Grouped by Illegal Character：提供不真实或不完全整统计资料 Provide False or Incomplete Entire Statistics | 拒报 Refusing to Report | 迟报 Late Reported | 拒绝、阻碍统计调查、统计检查 Refuse or Hinder the Survey, Statistical Check | 违法公布统计资料 Illegal Publication Statistical Data |
|---|---|---|---|---|---|---|---|---|---|
| **总计 Total** | **11834** | **1826** | **1264** | **1252** | **271** | **37** | **92** | **3** | **1** |
| 省统计局 Provincial Bureau of Statistics | 25 | 12 | 8 | 8 | 8 | | | | |
| 合肥市 Hefei | 792 | 89 | 84 | 84 | 46 | | 1 | 1 | |
| 淮北市 Huaibei | 338 | 27 | 12 | 12 | | | | | |
| 亳州市 Bozhou | 726 | 61 | 44 | 44 | 20 | 4 | 19 | | |
| 宿州市 Suzhou | 1911 | 430 | 137 | 134 | 12 | | 6 | | |
| 蚌埠市 Bengbu | 385 | 33 | 27 | 27 | 6 | 1 | 1 | | |
| 阜阳市 Fuyang | 506 | 134 | 106 | 101 | 35 | 16 | 19 | | |
| 淮南市 Huainan | 700 | 100 | 100 | 100 | 56 | | 5 | | |
| 滁州市 Chuzhou | 900 | 216 | 95 | 95 | | | 3 | 1 | 1 |
| 六安市 Luan | 355 | 44 | 44 | 44 | 16 | | 1 | 1 | |
| 马鞍山市 Maanshan | 664 | 233 | 230 | 230 | 6 | | | | |
| 芜湖市 Wuhu | 1225 | 159 | 120 | 120 | 19 | 16 | 20 | | |
| 宣城市 Xuancheng | 574 | 47 | 47 | 47 | 8 | | 8 | | |
| 铜陵市 Tongling | 403 | 28 | 28 | 28 | 1 | | 3 | | |
| 池州市 Chizhou | 676 | 43 | 43 | 43 | 3 | | 1 | | |
| 安庆市 Anqing | 928 | 93 | 82 | 78 | 12 | | | | |
| 黄山市 Huangshan | 642 | 68 | 48 | 48 | 23 | | 1 | | |
| 广德县 Guangde | 4 | 4 | 4 | 4 | | | 4 | | |
| 宿松县 Susong | 80 | 5 | 5 | 5 | | | | | |

| 地区 Region | 结案案件（件）Settled Lawsuit Case (case)：未按规定设置原始记录和统计台帐 Installing Original Records & Statistical Table Account Without the Regulation | 其他 Other | 按处理情况分 Grouped by Handling Situation：警告 Admonition | 罚款 Fines：件数 Cases | 罚款 Fines：金额（万元）Sum of Money (10000 yuan) | 通报批评 Circulation Criticism | 行政处分 Administrative Sanctions | 其他 Other | 统计强制执行案件（件）Statistics Compulsory Execution Cases (case) |
|---|---|---|---|---|---|---|---|---|---|
| **总计 Total** | **215** | **633** | **321** | **110** | **35.7** | **695** | **2** | **193** | **2** |
| 省统计局 Provincial Bureau of Statistics | | | | | | | | 8 | |
| 合肥市 Hefei | 18 | 18 | 58 | 8 | 2.1 | 38 | | | |
| 淮北市 Huaibei | | 12 | | | | 12 | | | |
| 亳州市 Bozhou | 1 | | 40 | 2 | 1.2 | 14 | | | 2 |
| 宿州市 Suzhou | 18 | 98 | 24 | 35 | 5.5 | 73 | 2 | | |
| 蚌埠市 Bengbu | 5 | 14 | 2 | 3 | 10.5 | 9 | | 13 | |
| 阜阳市 Fuyang | 24 | 7 | 17 | 34 | 8.4 | 54 | | 3 | |
| 淮南市 Huainan | 35 | 4 | 53 | 8 | 2.5 | 62 | | | |
| 滁州市 Chuzhou | 4 | 86 | 5 | | | 2 | | 88 | |
| 六安市 Luan | 19 | 7 | | 2 | 1.0 | 42 | | | |
| 马鞍山市 Maanshan | 24 | 200 | 11 | 1 | 0.2 | 219 | | | |
| 芜湖市 Wuhu | 26 | 39 | 79 | 3 | 1.4 | 37 | | 4 | |
| 宣城市 Xuancheng | 13 | 18 | 19 | 3 | 0.6 | 24 | | 3 | |
| 铜陵市 Tongling | 1 | 23 | | | | 28 | | | |
| 池州市 Chizhou | 4 | 35 | 1 | | | 5 | | 38 | |
| 安庆市 Anqing | 14 | 52 | 12 | 7 | 1.5 | 55 | | 4 | |
| 黄山市 Huangshan | 9 | 15 | | | | 16 | | 32 | |
| 广德县 Guangde | | | | 4 | 0.8 | | | | |
| 宿松县 Susong | | 5 | | | | 5 | | | |

## 22—23 交通和火灾事故发生情况
Basic Statistics on Traffic Accidents and Fires

| 指　标 | Item | 2000 | 2005 | 2010 | 2011 | 2012 |
|---|---|---|---|---|---|---|
| 交通事故发生数　（起） | Number of Traffic Accidents (case) | 25809 | 17474 | 7714 | 14008 | 18075 |
| 一次性死亡三人以上事故 | Accidents With More Than Three Deaths One Time | 57 | 85 | 54 | 47 | 36 |
| 重　大 | Serious | 3669 | 4021 | 2424 | 2427 | 2382 |
| 一　般 | Ordinary | 22083 | 13368 | 5236 | 11534 | 15657 |
| 交通事故损失　（万元） | Losses of Traffic Accidents (10000 yuan) | 7970.0 | 6118.0 | 2349.6 | 4837.5 | 10726.6 |
| 一次性死亡三人以上事故 | Accidents With More Than Three Deaths One Time | 304.0 | 306.0 | 116.6 | 147.9 | 389.8 |
| 重　大 | Serious | 1589.0 | 1933.0 | 1143.2 | 2023.1 | 3944.2 |
| 一　般 | Ordinary | 6077.0 | 3879.0 | 1089.8 | 2666.5 | 6392.6 |
| 火灾事故发生数　（起） | Number of Fires (case) | 6099 | 9182 | 5174 | 5400 | 5377 |
| 特　大 | Extraordinarily Serious | 2 | 1 | 13 | | |
| 重　大 | Serious | 8 | 6 | 47 | | |
| 较　大 | Larger | | | | 3 | 4 |
| 一　般 | Ordinary | 6089 | 9175 | 5114 | 5397 | 5373 |
| 火灾事故损失　（万元） | Losses of Fires (10000 yuan) | 5704.0 | 3393.4 | 8474.3 | 5496.0 | 5293.0 |
| 特　大 | Extraordinarily Serious | 2373.0 | 361.5 | 2495.1 | | |
| 重　大 | Serious | 358.0 | 370.9 | 2500.7 | | |
| 较　大 | Larger | | | | 123.0 | 13.6 |
| 一　般 | Ordinary | 2973.0 | 2661.0 | 3478.5 | 5373.0 | 5279.4 |

## 22—24 交通事故情况（2012年）
Basic Statistics on Traffic Accidents (2012)

| 指　标 | Region | 发生数（起） Number of Araffic Accidents (case) | 死亡人数（人） Number of Deaths (person) | 受伤人数（人） Number of Injuries (person) | 损失折款（万元） Losses Coverted Into Cash (10000 yuan) |
|---|---|---|---|---|---|
| **总　计** | **Total** | **18075** | **2691** | **21108** | **10726.6** |
| #一次性死亡三人以上事故 | Accidents With More Than Three Deaths One Time | 36 | 163 | 110 | 389.6 |
| 重大及一般事故 | Serious and Ordinary Accidents | 18039 | 2528 | 20998 | 10337 |
| 机 动 车 | Motor-driven Vehicles | 16425 | 2577 | 19132 | 10497.8 |
| #汽　车 | Automobiles | 12595 | 2033 | 14038 | 8733.9 |
| 摩托车 | Motorcycles | 3195 | 401 | 4405 | 571.1 |
| 拖拉机 | Tractors | 533 | 118 | 578 | 1126.7 |
| 农业运输车 | Transport Vehicles for Agricultural Use | 102 | 84 | 111 | 72.5 |
| 非机动车 | Non-motor-driven Vehicles | 1577 | 81 | 1937 | 204.3 |
| #自行车 | Bicycles | 1244 | 64 | 1543 | 150.9 |
| #其它非机动车 | Other Non-motor-driven Vehicles | 333 | 17 | 394 | 53.4 |
| 行人、乘车人 | Pedestrians | 73 | 33 | 39 | 23.9 |

注：机动车其中数的受伤人数及损失折款有重复计算。

a) Theirs is repeated calculation in the number of injured persons and losses converted into cash of motor-driven vehicles.

## 22—25 主要年份火灾事故情况
Basic Statistics on Fires in Main Year

| 年份<br>Year | 发生数（起）<br>Number of Traffic Accidents<br>(case) | 死亡人数（人）<br>Number of Deaths<br>(person) | 受伤人数（人）<br>Number of Injuries<br>(person) | 直接经济损失（万元）<br>Losses Converted into Cash<br>(10 000 yuan) | 人口火灾发生率（1/10万人）<br>Average Number of Fires Per 100 Thousand Persons |
|---|---|---|---|---|---|
| 2000 | 6099 | 79 | 148 | 6819.4 | 9.8 |
| 2005 | 9182 | 93 | 98 | 4956.1 | 11.8 |
| 2006 | 9141 | 38 | 45 | 5638.9 | 14.0 |
| 2007 | 6755 | 60 | 36 | 5623.8 | 10.2 |
| 2008 | 5882 | 72 | 29 | 8618.6 | 8.7 |
| 2009 | 5475 | 45 | 24 | 8400.4 | 8.1 |
| 2010 | 5174 | 35 | 21 | 8474.3 | 8.0 |
| 2011 | 5400 | 33 | 13 | 5496.0 | 9.1 |
| 2012 | 5377 | 33 | 13 | 5293.0 | 7.8 |

## 22—26 火灾事故发生情况（2012年）
Basic Statistics on Fires (2012)

| 项目 Item | 合计<br>Total | 按事故发生程度分 By Serious Degree of Fires | | | |
|---|---|---|---|---|---|
| | | 特大<br>Extraordinarily Serious | 重大<br>Serious | 较大<br>Larger | 一般<br>Ordinary |
| 发生（起）Fires (case) | 5377 | | | 4 | 5373 |
| 死亡（人）Deaths (person) | 33 | | | 13 | 20 |
| 受伤（人）Injuries (person) | 13 | | | 4 | 9 |
| 损失折款（万元）Losses Converted Into Cash (10000 yuan) | 5293 | | | 14 | 5279 |
| 平均每起事故损失（元）Average Loss Per Fire (yuan) | 9844 | | | 33993 | 9826 |

## 22—27 各市交通事故情况（2012年）
Basic Statistics on Traffic Accidents by Region (2012)

| 地区 | Region | 合计 Total | | | | 城区 Urban Areas | | |
|---|---|---|---|---|---|---|---|---|
| | | 发生数（起） Number of Traffic Accidents (case) | 死亡人数（人） Number of Deaths (person) | 受伤人数（人） Number of Injuries (person) | 损失折款（万元） Losses Coverted Into Cash (10000 yuan) | 发生数（起） Number of Traffic Accidents (case) | 死亡人数（人） Number of Deaths (person) | 受伤人数（人） Number of Injuries (person) |
| **总计** | **Total** | **18075** | **2691** | **21108** | **10727** | **7917** | **936** | **8970** |
| 合肥市 | Hefei | 2373 | 381 | 2669 | 1463 | 1840 | 138 | 2086 |
| 淮北市 | Huaibei | 2642 | 241 | 2897 | 3118 | 405 | 41 | 501 |
| 亳州市 | Bozhou | 644 | 120 | 791 | 173 | 658 | 61 | 760 |
| 宿州市 | Suzhou | 914 | 88 | 1117 | 266 | 324 | 73 | 406 |
| 蚌埠市 | Bengbu | 850 | 131 | 903 | 166 | 346 | 39 | 436 |
| 阜阳市 | Fuyang | 555 | 72 | 661 | 149 | 199 | 66 | 239 |
| 淮南市 | Huainan | 259 | 28 | 269 | 84 | 746 | 63 | 899 |
| 滁州市 | Chuzhou | 1584 | 284 | 2111 | 510 | 183 | 20 | 150 |
| 六安市 | Luan | 663 | 93 | 860 | 232 | 418 | 89 | 532 |
| 马鞍山市 | Maanshan | 1101 | 187 | 901 | 865 | 428 | 59 | 456 |
| 芜湖市 | Wuhu | 674 | 146 | 801 | 1285 | 1091 | 95 | 953 |
| 宣城市 | Xuancheng | 1094 | 214 | 1230 | 341 | 423 | 73 | 521 |
| 铜陵市 | Tongling | 1288 | 258 | 1750 | 393 | 148 | 14 | 159 |
| 池州市 | Chizhou | 1251 | 187 | 1503 | 276 | 134 | 38 | 161 |
| 安庆市 | Anqing | 418 | 105 | 541 | 147 | 271 | 52 | 329 |
| 黄山市 | Huangshan | 1765 | 156 | 2104 | 1259 | 303 | 15 | 382 |

## 22—28 各市火灾事故情况（2012年）
Basic Statistics on Fires by Region (2012)

| 地区 | Region | 发生数（起） Number of Fires (case) | 死亡人数（人） Number of Deaths (person) | 受伤人数（人） Number of Injuries (person) | 直接经济损失（万元） Direct Losses (10000 yuan) | 人口火灾发生率（1/10万人） Average Number of Fires Per 100 Thousand People |
|---|---|---|---|---|---|---|
| **总计** | **Total** | **5377** | **33** | **13** | **5293** | **7.8** |
| 合肥市 | Hefei | 1253 | 7 | 6 | 411 | 17.6 |
| 淮北市 | Huaibei | 379 | 3 | | 243 | 17.4 |
| 亳州市 | Bozhou | 98 | 1 | | 613 | 1.6 |
| 宿州市 | Suzhou | 151 | 4 | | 344 | 2.3 |
| 蚌埠市 | Bengbu | 650 | 1 | 1 | 599 | 17.7 |
| 阜阳市 | Fuyang | 163 | 3 | 4 | 330 | 1.6 |
| 淮南市 | Huainan | 368 | | | 43 | 15.1 |
| 滁州市 | Chuzhou | 236 | 3 | 1 | 499 | 5.2 |
| 六安市 | Luan | 357 | 10 | | 190 | 5.0 |
| 马鞍山市 | Maanshan | 696 | | | 330 | 30.5 |
| 芜湖市 | Wuhu | 279 | | | 193 | 7.3 |
| 宣城市 | Xuancheng | 107 | | | 243 | 3.8 |
| 铜陵市 | Tongling | 104 | | | 43 | 14.1 |
| 池州市 | Chizhou | 75 | | | 189 | 4.6 |
| 安庆市 | Anqing | 298 | 1 | 1 | 751 | 4.8 |
| 黄山市 | Huangshan | 163 | | | 272 | 11.1 |

## 22—29 灾 害 情 况（2012年）
Statistics on Disasters (2012)

| 项　　目 | Item | 自然灾害直接经济损失（亿元）Direct Losses of Natural Disasters (100 million yuan) | 农业经济损失 Agricultural Losses | 农作物灾害（万公顷）Area of Crop Disaster (10000 hectare) 受灾面积 Areas Covered | 绝收面积 Areas of Total Crop Failure | 受灾人口（万人）Population Covered (10000 persons) |
|---|---|---|---|---|---|---|
| **总　计** | **Total** | 48.25 | 40.41 | 179.89 | 4.82 | 2044.24 |
| 旱　灾 | Drought | 29.25 | 28.33 | 147.54 | 2.89 | 1645.69 |
| 洪涝灾 | Floods | 19.00 | 12.08 | 32.35 | 1.93 | 398.55 |

## 22—30 救 灾 情 况
Statistics on Disaster Relief

单位：万元　(10000 yuan)

| 项　　目 | Item | 财政资金投入 Investment of Financial Fund 2011 | 2012 | 救灾物资投入（折款）Investment of Relief to Disaster Areas 2011 | 2012 | 接受捐赠下拨 Appropriation to Lower Levels From Donation 2011 | 2012 |
|---|---|---|---|---|---|---|---|
| **总　计** | **Total** | **30673** | **32882** | | **1518** | **1064** | **356** |
| 中　央 | Central Government | 26500 | 26692 | | 68 | | |
| 省　级 | Provincial-level | 2440 | 3500 | | | | |
| 地　市 | Prefecture-level | 384 | 403 | | 20 | 184 | 136 |
| 县　级 | County-level | 1349 | 2287 | | 1430 | 880 | 220 |

## 22-31 福 利 彩 票
Welfare Lottery

| 项　　目 | Item | 2011 | 2012 |
|---|---|---|---|
| 福利彩票发行额　（亿元） | Circulation of Welfare Lottery (100 million yuan) | 35.56 | 43.66 |
| 福利彩票公益金提取额　（亿元） | Public Welfare Funds Drawn from Welfare Lottery (100 million yuan) | 10.72 | 13.14 |

## 22-32 体 育 彩 票
Sport Lottery

| 项　　目 | Item | 2011 | 2012 |
|---|---|---|---|
| 体育彩票销售额　（亿元） | Circulation of Sport Lottery (100 million yuan) | 23.01 | 23.59 |
| 体育彩票公益金提取额　（亿元） | Public Welfare Funds Drawn from Sport Lottery (100 million yuan) | 3.05 | 3.11 |

# 主要统计指标解释

**律师**

指受聘参加法律顾问处工作，担任法律顾问、刑（民）事代理人、刑事辩护人，办理非诉讼事件、解答法律询问，代写法律事务文书等主要从事律师业务的专职法律工作者和兼职律师。

**公证人员**

指在公证处工作的人员总称，包括公证处主任、副主任、公证员、公证员助理(助理公证员)和其他从事辅助性工作的人员。

**公证文书**

指公证处根据当事人申请，依照事实和法律，按照法定程序制作的，具有法律效力的司法证明文书。

**调解人员**

指在人民调解委员会担负调解民间一般民事纠纷和轻微违法行为引起纠纷的工作人员，包括调解委员会的委员和调解小组的调解员。

**调解民间纠纷**

指调解委员会依照法律规定，根据自愿原则，用说服教育的方法调解民间发生的有关民事权利和义务的争执，促成当事双方达到协议和谅解，解决纠纷。包括婚姻家庭纠纷，财产权益纠纷等，不包括法院受理调解的民事案件数。

**特大火灾**

指造成 30 人以上死亡，或者 100 人以上重伤，或者 1 亿元以上直接财产损失的火灾。

**重大火灾**

指造成 10 人以上 30 人以下死亡，或者 50 人以上 100 人以下重伤，或者 5000 万元以上 1 亿元以下直接财产损失的火灾。

**一般火灾**

指造成 3 人以下死亡，或者 10 人以下重伤，或者 1000 万元以下直接财产损失的火灾。

**人民检察院直接立案侦查案件**

指按照管辖的规定，由人民检察院直接立案侦查的贪污贿赂犯罪、渎职犯罪、国家机关工作人员利用职权实施的侵犯公民人身权利和民主权利的犯罪以及经省级人民检察院决定立案侦查的国家机关工作人员利用职权实施的其他重大犯罪案件。

**立案**

指检察机关对犯罪线索进行初步调查后，认为存在职务犯罪事实并需要追究刑事责任时，依法决定作为刑事案件进行侦查的诉讼活动，是追究犯罪的开始。

**大案**

贪污贿赂犯罪案件指贪污、贿赂数额在 5 万元以上，挪用公款案在 10 万元以上，其他案件在 50 万元以上。渎职犯罪大案一般为直接经济损失 5 万元以上，死亡 1 人以上或者重伤 3 人以上的案件；或虽然没有造成经济损失和伤亡，但犯罪情节恶劣或造成严重后果的案件。

**要案**

指县、处级以上干部的犯罪案件。该指标主要反映职务犯罪案件中县、处级以上干部被人民检察院依法立案侦查的情况。

**青少年罪犯**

指人民法院在报告期内判决发生法律效力的有罪判决中 14 周岁以上不满 25 周岁的罪犯。其中 14 周岁以上不满 18 周岁的罪犯为未成年罪犯。

**行政案件**

指公民、法人和其他组织不服行政机关作出的具体行政行为，向人民法院提起行政诉讼，人民法院依法审理的案件。

**单独赔偿**

指单独提起行政赔偿的案件。当事人对行政行为的合法性没有争议，就行政侵权造成的损害赔偿单独提起赔偿诉讼。

**受理劳动争议案件数**

指劳动争议仲裁委员会根据国家有关规定，对劳动争议当事人的申请予以审查，符合受理条件而正式立案、准备处理的劳动争议案件数。

**收案**

是指人民法院在报告期（月、季、年）内对符合诉讼法规定的立案条件，已决定立案的案件数。

**结案**

是指人民法院在统计报告期内，审理完毕或认为不需要再审理，决定结束审理或者做出实体或程序方面处理的案件数。

# Explanatory Notes for Major Statistical Indicators

**Lawyers**

are legal workers who are employed full time by legal counseling firms to act as legal advisers, agents in criminal or civil lawsuits, or defenders in criminal lawsuits, or to handle non-litigious legal affairs, to advise on matters of law or to write legal papers for others. Both full-time and part time lawyers are included.

**Notary Personnel**

refers to people working for notary offices including: directors, deputy directors, notaries, assistant notaries and other people providing assistance.

**Notary Documents**

refer to the judicial notary documents drawn up at the request of the interested party and are in accordance with facts and the law and following certain legal proceedings.

**Mediators**

refer to workers on people's mediation committees responsible for mediating in civil disputes and cases of slight infraction of the law. They include members of the mediation committees and mediators of mediation groups.

**Mediation of Civil Disputes**

refers to mediation committees' work in mediating in civil disputes concerning civil rights and duties through persuasion and education in accordance with the provisions of law on a voluntary basis, so as to solve disputes by helping the parties involved come to an agreement and understanding. These disputes include divorce cases and disputes over property ownership, but exclude the civil cases to be handled by the court.

**Extraordinarily Serious Fire Case**

refers to a case which has caused over 30 deaths; or over 100 serious injuries; or a direct property loss over 100 million yuan.

**Serious Fire Case**

refers to a case which has caused over 10 to 30 deaths; or over 50 to 100 serious injuries; or a direct property loss over 50 million to 100 million yuan.

**Ordinary Fire Case**

refers to a case which has caused less than three deaths; or less than 10 serious injuries; or a direct property loss less than 10 million yuan.

**Cases Registered and Handled Directly by People's Procuratorate Offices**

refer to those serious criminal cases that, according to the functional jurisdiction, are registered and handled by the People's Procuratorate Offices, including the ones on bribery and corruption, the ones on abuse and dereliction of duty, offences against citizens' personal and democratic rights by government officials abusing their powers; and that are registered and handled by the provincial Procuratorate offices in relation to other major crimes committed by government officials by abusing their powers.

**Acceptance of Case**

refers to the decision made by the procurators office to confirm the act of crime after initial investigation and to start legal proceedings of the case as criminal case.

**Large Case**

In case of corruption and bribery, it refers to the case involves a bribery of over 50000 yuan, or a misappropriation of over 100000, or other cases involving 500000 yuan. In case of offence on dereliction of duty, it refers to the case that causes an economic loss of over 50000, loss of one life, or severe injury of 3 persons; or a case that displays extremely disgusting behavior of the offender or results in grave aftermath.

**Key Cases**

refer to crimes committed by county and director-level officials. This indicator reflects the situation of those county and director-level officials involved in criminal cases registered and handled by People's Procuratorate offices.

**Juvenile Criminals**

refers to the offenders within the age range of 14 to 25 convicted guilty by the court during the reporting period while those between 14 and 18 are defined as minor offenders.

**Administrative Cases**

refers to the cases filed by citizens, corporations and other organizations against the specific administrative conducts of administrative authorities and handled by the court.

**Separate Compensation**

refers to cases that are separately filed for administrative compensation by the party who has no dispute on the legality of administrative conducts but brings proceedings separately to claim for damages caused by administrative tort.

**Number of Labour Disputes Cases Accepted**

refers to the number of cases of labour disputes submitted that, after being reviewed by the labour dispute arbitration committees in line with the relevant national regulations, are accepted and registered for treatment.

**Cases Accepted**

refers to the number of cases During the report period (month ,season ,year) that meet the specification of procedural law: and are determined in Acceptance of Cases.

**Cases Settled**

refers to the number of cases During the report period that are finished or need not checked, are determined in finishing and are Made a substantive or procedural aspects of processing.

# 第二十三篇

Chapter 23

# 企业景气调查

BUSINESS SURVEY OF ENTERPRISES

## 简要说明

2012 年，国家统计局调整了企业景气调查制度方法，调查方式由纸质调查调整为网络直报。

## Brief Introduction

In 2012, the statistical system changed, survey way of enterprise climate truned paper investigation into directly network report.

## 23—1 全省企业景气指数(2012年)
Business Indices of Enterprises in Anhui Province (2012)

| 指 标 | Item | 一季度 The First Quarter | 二季度 The Second Quarter | 三季度 The Third Quarter | 四季度 The Fourth Quarter |
|---|---|---|---|---|---|
| **总体状况** | **Total** | **135.7** | **129.8** | **132.9** | **134.3** |
| **按行业门类分** | **By Sector** | | | | |
| 工 业 | Industry | 136.4 | 131.1 | 132.9 | 133.5 |
| 建筑业 | Construction | 126.5 | 118.6 | 129.1 | 131.4 |
| 交通运输、仓储和邮政业 | Transportation, Storage, Postal & Telecommunication | 131.6 | 135.0 | 128.9 | 135.0 |
| 批发和零售业 | Wholesale & Retail Trade | 149.2 | 139.9 | 142.7 | 143.9 |
| 房地产业 | Real Estate Trade | 90.7 | 84.1 | 96.5 | 82.5 |
| 社会服务业 | Social Service | 162.6 | 151.4 | 141.1 | 156.7 |
| 信息传输、计算机服务和软件业 | Information Transmission, Computer Services and Software | 164.0 | 157.3 | 160.0 | 158.3 |
| 住宿和餐饮业 | Lodging and Catering | 130.1 | 114.5 | 132.5 | 118.8 |

## 23—2 全省企业家信心指数(2012年)
Faith Indices of Enterprises in Anhui Province (2012)

| 指 标 | Item | 一季度 The First Quarter | 二季度 The Second Quarter | 三季度 The Third Quarter | 四季度 The Fourth Quarter |
|---|---|---|---|---|---|
| **总体状况** | **Total** | **132.4** | **128.9** | **126.5** | **132.6** |
| **按行业门类分** | **By Sector** | | | | |
| 工 业 | Industry | 130.5 | 126.6 | 125.7 | 126.5 |
| 建筑业 | Construction | 128.9 | 124.3 | 126.2 | 133.4 |
| 交通运输、仓储和邮政业 | Transportation, Storage, Postal & Telecommunication | 140.0 | 140.0 | 123.3 | 132.2 |
| 批发和零售业 | Wholesale & Retail Trade | 145.9 | 137.3 | 135.3 | 146.5 |
| 房地产业 | Real Estate Trade | 99.0 | 100.0 | 110.2 | 118.9 |
| 社会服务业 | Social Service | 137.9 | 132.6 | 133.7 | 129.5 |
| 信息传输、计算机服务和软件业 | Information Transmission, Computer Services and Software | 173.3 | 155.0 | 175.0 | 161.7 |
| 住宿和餐饮业 | Lodging and Catering | 135.9 | 124.4 | 122.3 | 140.0 |

# 23—3 全省分行业企业景气指数（2012年）
## Business Indices of Enterprises in Anhui Province by Sector (2012)

| 指　标 | Item | 一季度 The First Quarter | 二季度 The Second Quarter | 三季度 The Third Quarter | 四季度 The Fourth Quarter |
|---|---|---|---|---|---|
| **工　业** | **Industry** | | | | |
| 企业家信心指数 | Faith Indices of Enterprises | 130.5 | 126.6 | 125.7 | 126.5 |
| 企业景气指数 | Business Indices of Enterprises | 136.4 | 131.1 | 132.9 | 133.5 |
| 产品订货 | Product Ordering | 107.0 | 109.6 | 107.0 | 111.0 |
| #国外订货 | From Overseas | 102.1 | 102.4 | 101.9 | 103.5 |
| 产成品库存 | Finished Product Stock | 93.9 | 94.4 | 93.0 | 95.1 |
| 企业融资 | Enterprise Financing | 94.9 | 85.1 | 84.4 | 84.9 |
| 劳动力需求 | Labor Force Demand | 113.5 | 110.6 | 113.2 | 110.4 |
| 固定资产投资 | Fixed Asset Investment | 111.9 | 97.4 | 101.1 | 96.1 |
| **建筑业** | **Construction** | | | | |
| 企业家信心指数 | Faith Indices of Enterprises | 128.9 | 124.3 | 126.2 | 133.4 |
| 企业景气指数 | Business Indices of Enterprises | 126.5 | 118.6 | 129.1 | 131.4 |
| 工程合同 | Project Contract | 116.3 | 102.3 | 111.9 | 126.2 |
| 建筑工程量 | Construction Resilience | 95.3 | 111.9 | 123.8 | 135.7 |
| 新开工工程量 | Newly started Construction Resilience | 100.0 | 97.6 | 109.5 | 123.8 |
| 建筑材料购进价格 | Purchase Price of Building Material | 74.5 | 100.0 | 95.2 | 78.6 |
| 盈利(亏损)变化 | Profit (Loss) Change | 79.0 | 71.4 | 76.2 | 76.2 |
| 企业融资 | Enterprise Financing | 58.2 | 54.8 | 64.2 | 73.8 |
| 工程款拖欠 | Project Funds Delinquency | 51.2 | 81.0 | 66.6 | 59.6 |
| 劳动力需求 | Labor Force Demand | 148.8 | 131.0 | 119.1 | 83.3 |
| 固定资产投资 | Fixed Asset Investment | 116.3 | 119.1 | 88.1 | 83.3 |
| **交通运输、仓储和邮政业** | **Transport、Post、Telecommunication Services** | | | | |
| 企业家信心指数 | Faith Indices of Enterprises | 140.0 | 140.0 | 123.3 | 132.2 |
| 企业景气指数 | Business Indices of Enterprises | 131.6 | 135.0 | 128.9 | 135.0 |
| 业务预订 | Business Orders | 108.4 | 97.2 | 108.4 | 111.2 |
| 业务量 | Business Volume | 94.4 | 122.3 | 113.9 | 138.9 |

**23—3 续表1 continued**

| 指　标 | Item | 一季度 The First Quarter | 二季度 The Second Quarter | 三季度 The Third Quarter | 四季度 The Fourth Quarter |
|---|---|---|---|---|---|
| 盈利(亏损)变化 | Profit (Loss) Change | 113.9 | 86.2 | 83.3 | 88.9 |
| 企业融资 | Enterprise Financing | 63.9 | 69.4 | 69.5 | 69.5 |
| 劳动力需求 | Labor Force Demand | 105.6 | 102.8 | 113.9 | 108.4 |
| 固定资产投资 | Fixed Asset Investment | 133.4 | 119.5 | 127.7 | 102.8 |
| **批发和零售业** | **Wholesale & Retail Sale Trade** | | | | |
| 企业家信心指数 | Faith Indices of Enterprises | 145.9 | 137.3 | 135.3 | 146.5 |
| 企业景气指数 | Business Indices of Enterprises | 149.2 | 139.9 | 142.7 | 143.9 |
| 购货合同 | Purchasing Contract | 117.9 | 108.6 | 111.4 | 118.8 |
| 商品销售 | Commodity Marketing | 111.4 | 120.8 | 140.7 | 135.1 |
| 商品库存 | Commodity Stock | 95.1 | 97.5 | 100.8 | 94.9 |
| 盈利(亏损)变化 | Profit (Loss) Change | 93.5 | 84.2 | 88.1 | 93.1 |
| 企业融资 | Enterprise Financing | 111.3 | 113.4 | 112.7 | 104.3 |
| 劳动力需求 | Labor Force Demand | 100.8 | 100.9 | 116.1 | 112.8 |
| 固定资产投资 | Fixed Asset Investment | 108.1 | 101.7 | 100.8 | 101.7 |
| **房地产业** | **Real Estate Industry** | | | | |
| 企业家信心指数 | Faith Indices of Enterprises | 99.0 | 100.0 | 110.2 | 118.9 |
| 企业景气指数 | Business Indices of Enterprises | 90.7 | 84.1 | 96.5 | 82.5 |
| 土地购置 | Land Indices of Enterprises | 66.6 | 62.5 | 79.5 | 87.2 |
| 新开工情况 | Newly Started | 84.6 | 92.5 | 87.2 | 97.4 |
| 商品房预售 | Commercial Houses Sold in Advince | 66.6 | 77.5 | 92.3 | 105.2 |
| 商品房销售价格 | Commercial Houses Selling Price | 146.2 | 77.5 | 89.8 | 100.0 |
| 待售商品房 | Vacant Commercial Houses | 135.9 | 147.5 | 133.4 | 133.3 |
| 盈利(亏损)变化 | Profit(Loss) Change | 46.2 | 50.0 | 59.0 | 87.2 |
| 企业融资 | Enterprise Financing | 38.5 | 55.0 | 46.2 | 59.0 |
| 劳动力需求 | Labor Force Demand | 82.0 | 80.0 | 82.1 | 92.3 |
| 固定资产投资 | Fixed Asset Investment | 71.8 | 80.0 | 84.6 | 89.7 |

**23—3 续表2 continued**

| 指　　标 | Item | 一季度 The First Quarter | 二季度 The Second Quarter | 三季度 The Third Quarter | 四季度 The Fourth Quarter |
|---|---|---|---|---|---|
| **社会服务业** | **Social Service Industry** | | | | |
| 企业家信心指数 | Faith Indices of Enterprises | 137.9 | 132.6 | 133.7 | 129.5 |
| 企业景气指数 | Business Indices of Enterprises | 162.6 | 151.4 | 141.1 | 156.7 |
| 服务预订 | Service Orders | 4.4 | 16.7 | 21.1 | -10.5 |
| 业务量 | Business Volume | 17.4 | 50.0 | 10.5 | 21.1 |
| 盈利(亏损)变化 | Profit (Loss) Change | 100.0 | 94.5 | 84.2 | 89.5 |
| 企业融资 | Enterprise Financing | 100.0 | 105.5 | 100.0 | 105.3 |
| 劳动力需求 | Labor Force Demand | 126.1 | 127.8 | 105.2 | 110.5 |
| 固定资产投资 | Fixed Asset Investment | 121.8 | 111.1 | 110.5 | 100.0 |
| **信息传输、计算机服务** | **Information Transmission、Computer Service** | | | | |
| **和软件业** | **& Software Industry** | | | | |
| 企业家信心指数 | Faith Indices of Enterprises | 173.3 | 155.0 | 175.0 | 161.7 |
| 企业景气指数 | Business Indices of Enterprises | 164.0 | 157.3 | 160.0 | 158.3 |
| 产品订货 | Product Ordering | 126.6 | 133.3 | 158.3 | 150.0 |
| 营业收入 | Business Income | 153.4 | 166.7 | 183.4 | 141.7 |
| 盈利(亏损)变化 | Profit(Loss) Change | 93.4 | 100.0 | 83.3 | 91.7 |
| 企业融资 | Enterprise Financing | 100.0 | 116.7 | 108.4 | 108.4 |
| 劳动力需求 | Labor Force Demand | 126.7 | 141.7 | 133.3 | 116.7 |
| 固定资产投资 | Fixed Asset Investment | 140.0 | 150.0 | 108.3 | 100.0 |
| **住宿和餐饮业** | **Lodging and Catering** | | | | |
| 企业家信心指数 | Faith Indices of Enterprises | 135.9 | 124.4 | 122.3 | 140.0 |
| 企业景气指数 | Business Indices of Enterprises | 130.1 | 114.5 | 132.5 | 118.8 |
| 业务预订 | Service Ordering | 82.3 | 75.0 | 105.7 | 108.5 |
| 业务量 | Business Volume | 61.8 | 86.1 | 80.0 | 114.2 |
| 盈利(亏损)变化 | Profit (Loss) Change | 70.5 | 69.5 | 80.0 | 82.8 |
| 企业融资 | Enterprise Financing | 100.0 | 88.9 | 82.9 | 85.7 |
| 劳动力需求 | Labor Force Demand | 105.9 | 94.4 | 117.1 | 108.6 |
| 固定资产投资 | Fixed Asset Investment | 85.3 | 77.8 | 108.6 | 82.9 |

# 主要统计指标解释

**企业家信心指数**

也称为宏观经济景气指数，它是根据企业家对当前本企业所在国民经济行业当前经济运行态势所做出的定性判断和对未来发展变化所做出的定性预期（通常是指对“乐观”“不变”“不乐观”的选择）而编制的景气指数，用以综合反映当前及未来宏观经济状况和企业家对宏观经济的看法与信心。

**企业景气指数**

也称企业生产经营综合景气指数，它是根据企业家对当前企业生产经营状况所做出的综合定性判断和对未来发展变化所做出的综合定性预期（通常是指对“上升”“不变”“下降”的选择）而编制的景气指数，用以综合反映当前企业生产经营综合景气状况和未来发展变化的趋势。

**企业景气调查**

也称为经济周期调查或短期经济观测调查，它是以企业家或负责人为调查对象，采用问卷调查方式，定期收集企业家对宏观经济运行和企业经营景气现状的定性判断、对未来经济景气状况变动预期的一种统计调查。

# Explanatory Notes for Major Statistical Indicators

**Faith Index of Entrepreneur**

also called “macro business index”. It is usually drawn up according to the entrepreneurs' judgment and anticipation to the external market economic environment and macro policy (including “optimistic”, “ordinary”, “not optimistic”), so as to reflect the entrepreneurs' feeling and faith about macro economy; and reflect the entrepreneurs' feeling and faith about future macro economy business and development changing Tendency

**Business Index of Enterprise**

also called “comprehensive production and management index of enterprise”. It is usually drawn up according to the entrepreneurs' judgment and development changing tendency to the operation status of enterprise, so as to reflect the status of production and operation of enterprises. business and development changing Tendency .

**Business Survey of Enterprise**

Business Survey of Enterprise is a survey system set up adapted to the new situation of socialist market economy and drawing on the experience of the countries with market economy. The business indices of enterprise are drawn up through giving out regular questionnaire to some entrepreneurs and collecting their judgment and anticipation to the operation status of enterprise and macro economical situation.

# 第二十四篇

Chapter 24

# 省级和县级主要经济指标及位次

MAIN ECONOMIC INDICATORS AND THEIR ORDERS OF PRECEDENCE OF PROVINCE AND COUNTY

## 简要说明

一、本篇包括全国分省(市)主要年份经济指标及位次和本省县级主要经济指标及位次。

二、各县资料均来自本年鉴各篇。

三、人均指标依据年平均人数计算。

## Brief Introduction

I. This chapter includes main economic indicators and their orders of precedence of provinces and counties of Anhui in major years.

II. Data of counties are extracted from the concerned data in other chapters in this yearbook.

III. Per capita indicators are calculated in accordance with annual average population.

## 24—1 全国分省（市）主要年份生产总值及位次

### Gross Domestic Product and Their Orders of Precedence in Major Years by Province or City

本表按当年价格计算 (Data in value terms in this table are calculated at current prices.) 单位：亿元（100 million yuan）

| 省（市） | Province or City | 2000 | 位次 Order of Precedence | 2005 | 位次 Order of Precedence | 2010 | 位次 Order of Precedence | 2011 | 位次 Order of Precedence | 2012 | 位次 Order of Precedence |
|---|---|---|---|---|---|---|---|---|---|---|---|
| **全国** | **National Total** | **99215** | | **184937** | | **401513** | | **473104** | | **519322** | |
| 北京 | Beijing | 3161.00 | 13 | 6886.31 | 10 | 14113.58 | 13 | 16251.93 | 13 | 17879.40 | 13 |
| 天津 | Tianjin | 1701.88 | 22 | 3697.62 | 20 | 9224.46 | 20 | 11307.28 | 20 | 12893.88 | 20 |
| 河北 | Hebei | 5043.96 | 6 | 10096.11 | 6 | 20394.26 | 6 | 24515.76 | 6 | 26575.01 | 6 |
| 山西 | Shanxi | 1845.72 | 20 | 4179.52 | 16 | 9200.86 | 21 | 11237.55 | 21 | 12112.83 | 21 |
| 内蒙古 | Inner Mongolia | 1539.12 | 24 | 3895.55 | 19 | 11672.00 | 15 | 14359.88 | 15 | 15880.58 | 15 |
| 辽宁 | Liaoning | 4669.10 | 8 | 8009.01 | 8 | 18457.27 | 7 | 22226.70 | 7 | 24846.43 | 7 |
| 吉林 | Jilin | 1951.51 | 19 | 3620.27 | 22 | 8667.58 | 22 | 10568.83 | 22 | 11939.24 | 22 |
| 黑龙江 | Heilongjiang | 3151.40 | 14 | 5511.50 | 14 | 10368.60 | 16 | 12582.00 | 16 | 13691.58 | 17 |
| 上海 | Shanghai | 4771.17 | 7 | 9154.18 | 7 | 17165.98 | 9 | 19195.69 | 11 | 20181.72 | 11 |
| 江苏 | Jiangsu | 8553.69 | 2 | 18305.66 | 3 | 41425.48 | 2 | 49110.27 | 2 | 54058.22 | 2 |
| 浙江 | Zhejiang | 6141.03 | 4 | 13437.85 | 4 | 27722.31 | 4 | 32318.85 | 4 | 34665.33 | 4 |
| **安徽** | **Anhui** | **2902.09** | **15** | **5350.17** | **15** | **12359.33** | **14** | **15300.65** | **14** | **17212.05** | **14** |
| 福建 | Fujian | 3764.54 | 10 | 6568.93 | 11 | 14737.12 | 12 | 17560.18 | 12 | 19701.78 | 12 |
| 江西 | Jiangxi | 2003.07 | 18 | 4056.76 | 18 | 9451.26 | 19 | 11702.82 | 19 | 12948.88 | 19 |
| 山东 | Shandong | 8337.47 | 3 | 18516.87 | 2 | 39169.92 | 3 | 45361.85 | 3 | 50013.24 | 3 |
| 河南 | Henan | 5052.99 | 5 | 10587.42 | 5 | 23092.36 | 5 | 26931.03 | 5 | 29599.31 | 5 |
| 湖北 | Hubei | 3545.39 | 12 | 6520.14 | 12 | 15967.61 | 11 | 19632.26 | 10 | 22250.45 | 9 |
| 湖南 | Hunan | 3551.49 | 11 | 6511.34 | 13 | 16037.96 | 10 | 19669.56 | 9 | 22154.23 | 10 |
| 广东 | Guangdong | 10741.25 | 1 | 22366.54 | 1 | 46013.06 | 1 | 53210.28 | 1 | 57067.92 | 1 |
| 广西 | Guangxi | 2080.04 | 16 | 4075.75 | 17 | 9569.85 | 18 | 11720.87 | 18 | 13035.10 | 18 |
| 海南 | Hainan | 526.82 | 28 | 894.57 | 28 | 2064.50 | 28 | 2522.66 | 28 | 2855.54 | 28 |
| 重庆 | Chongqing | 1603.16 | 23 | 3070.49 | 24 | 7925.58 | 23 | 10011.37 | 23 | 11409.60 | 23 |
| 四川 | Sichuan | 3928.20 | 9 | 7385.11 | 9 | 17185.48 | 8 | 21026.68 | 8 | 23872.80 | 8 |
| 贵州 | Guizhou | 1029.92 | 27 | 1979.06 | 26 | 4602.16 | 26 | 5701.84 | 26 | 6852.20 | 26 |
| 云南 | Yunnan | 2011.19 | 17 | 3472.89 | 23 | 7224.18 | 24 | 8893.12 | 24 | 10309.47 | 24 |
| 西藏 | Tibet | 117.80 | 31 | 251.21 | 31 | 507.46 | 31 | 605.83 | 31 | 701.03 | 31 |
| 陕西 | Shanxi | 1804.00 | 21 | 3675.66 | 21 | 10123.48 | 17 | 12512.30 | 17 | 14453.68 | 16 |
| 甘肃 | Gansu | 1052.88 | 26 | 1933.98 | 27 | 4120.75 | 27 | 5020.37 | 27 | 5650.20 | 27 |
| 青海 | Qinghai | 263.68 | 30 | 543.32 | 30 | 1350.43 | 30 | 1670.44 | 30 | 1893.54 | 30 |
| 宁夏 | Ningxia | 295.02 | 29 | 606.10 | 29 | 1689.65 | 29 | 2102.21 | 29 | 2341.29 | 29 |
| 新疆 | Xinjiang | 1363.56 | 25 | 2604.19 | 25 | 5437.47 | 25 | 6610.05 | 25 | 7505.31 | 25 |

注： 因分级核算，各省、市、自治区汇总数不等于全国数据（后同）。

a) Because of caculating in different levels, the sum total data of every province、municipalities directly under the central government autonomous region were not equal to the whole country data.

## 24—2 全国分省（市）主要年份生产总值第一产业及位次

Gross Domestic Product of Precedence and Their Orders of Precedence by Province or City

本表按当年价格计算 (Data in value terms in this table are calculated at current prices.) 单位：亿元（100 million yuan）

| 省（市） Province or City | | 2000 | 位次 Order of Precedence | 2005 | 位次 Order of Precedence | 2010 | 位次 Order of Precedence | 2011 | 位次 Order of Precedence | 2012 | 位次 Order of Precedence |
|---|---|---|---|---|---|---|---|---|---|---|---|
| **全国** | **National Total** | **14945** | | **22420** | | **40534** | | **47486** | | **52377** | |
| 北京 | Beijing | 76.58 | 27 | 97.99 | 27 | 124.36 | 29 | 136.27 | 29 | 150.20 | 29 |
| 天津 | Tianjin | 73.69 | 28 | 112.38 | 26 | 145.58 | 27 | 159.72 | 27 | 171.60 | 28 |
| 河北 | Hebei | 824.55 | 6 | 1503.07 | 3 | 2562.81 | 3 | 2905.73 | 5 | 3186.66 | 5 |
| 山西 | Shanxi | 179.86 | 25 | 262.42 | 25 | 554.48 | 24 | 641.42 | 25 | 698.32 | 25 |
| 内蒙古 | Inner Mongolia | 350.80 | 18 | 589.56 | 18 | 1095.28 | 17 | 1306.30 | 17 | 1448.58 | 17 |
| 辽宁 | Liaoning | 503.40 | 13 | 882.41 | 12 | 1631.08 | 11 | 1915.57 | 11 | 2155.82 | 11 |
| 吉林 | Jilin | 398.73 | 16 | 625.61 | 17 | 1050.15 | 19 | 1277.44 | 18 | 1412.11 | 18 |
| 黑龙江 | Heilongjiang | 383.15 | 17 | 684.60 | 15 | 1302.90 | 14 | 1701.50 | 12 | 2113.66 | 12 |
| 上海 | Shanghai | 76.68 | 26 | 80.34 | 28 | 114.15 | 30 | 124.94 | 30 | 127.80 | 30 |
| 江苏 | Jiangsu | 1048.34 | 3 | 1461.49 | 5 | 2540.10 | 4 | 3064.77 | 3 | 3418.29 | 3 |
| 浙江 | Zhejiang | 630.98 | 11 | 892.83 | 11 | 1360.56 | 13 | 1583.04 | 14 | 1667.88 | 14 |
| **安徽** | **Anhui** | **741.77** | **8** | **966.50** | **9** | **1729.02** | **9** | **2015.31** | **10** | **2178.73** | **9** |
| 福建 | Fujian | 640.57 | 10 | 841.20 | 13 | 1363.67 | 12 | 1612.24 | 13 | 1776.71 | 13 |
| 江西 | Jiangxi | 485.14 | 14 | 727.37 | 14 | 1206.98 | 15 | 1391.07 | 16 | 1520.23 | 16 |
| 山东 | Shandong | 1268.57 | 1 | 1963.51 | 1 | 3588.28 | 1 | 3973.85 | 1 | 4281.70 | 1 |
| 河南 | Henan | 1161.58 | 2 | 1892.01 | 2 | 3258.09 | 2 | 3512.24 | 2 | 3769.54 | 2 |
| 湖北 | Hubei | 662.30 | 9 | 1082.13 | 8 | 2147.00 | 8 | 2569.30 | 8 | 2848.77 | 7 |
| 湖南 | Hunan | 784.92 | 7 | 1274.15 | 7 | 2325.50 | 6 | 2768.03 | 6 | 3004.21 | 6 |
| 广东 | Guangdong | 986.32 | 4 | 1428.27 | 6 | 2286.98 | 7 | 2665.20 | 7 | 2847.26 | 8 |
| 广西 | Guangxi | 538.70 | 12 | 912.50 | 10 | 1675.06 | 10 | 2047.23 | 9 | 2172.37 | 10 |
| 海南 | Hainan | 192.00 | 24 | 300.75 | 24 | 539.83 | 25 | 659.23 | 24 | 711.54 | 24 |
| 重庆 | Chongqing | 284.87 | 20 | 463.40 | 20 | 685.38 | 21 | 844.52 | 21 | 940.01 | 21 |
| 四川 | Sichuan | 945.58 | 5 | 1481.14 | 4 | 2482.89 | 5 | 2983.51 | 4 | 3297.21 | 4 |
| 贵州 | Guizhou | 271.20 | 21 | 368.94 | 22 | 625.03 | 22 | 726.22 | 22 | 891.91 | 22 |
| 云南 | Yunnan | 431.80 | 15 | 669.81 | 16 | 1108.38 | 16 | 1411.01 | 15 | 1654.55 | 15 |
| 西藏 | Tibet | 36.39 | 31 | 48.04 | 31 | 68.72 | 31 | 74.47 | 31 | 80.38 | 31 |
| 陕西 | Shanxi | 258.22 | 22 | 435.77 | 21 | 988.45 | 20 | 1220.90 | 19 | 1370.16 | 19 |
| 甘肃 | Gansu | 194.10 | 23 | 308.06 | 23 | 599.28 | 23 | 678.75 | 23 | 780.50 | 23 |
| 青海 | Qinghai | 40.12 | 30 | 65.34 | 30 | 134.92 | 28 | 155.08 | 28 | 176.91 | 27 |
| 宁夏 | Ningxia | 46.03 | 29 | 72.08 | 29 | 159.29 | 26 | 184.14 | 26 | 199.40 | 26 |
| 新疆 | Xinjiang | 288.18 | 19 | 509.99 | 19 | 1078.63 | 18 | 1139.03 | 20 | 1320.57 | 20 |

## 24—3 全国分省（市）主要年份生产总值第二产业及位次

Gross Domestic Product of Secondary Industry and Their Orders of Precedence in Major Years by Province or City

本表按当年价格计算 (Data in value terms in this table are calculated at current prices.) 单位：亿元（100 million yuan）

| 省（市） | Province or City | 2000 | 位次 Order of Precedence | 2005 | 位次 Order of Precedence | 2010 | 位次 Order of Precedence | 2011 | 位次 Order of Precedence | 2012 | 位次 Order of Precedence |
|---|---|---|---|---|---|---|---|---|---|---|---|
| **全国** | **National Total** | **45556** | | **87598** | | **187383** | | **220413** | | **235319** | |
| 北京 | Beijing | 1033.29 | 15 | 2026.51 | 17 | 3388.38 | 23 | 3752.48 | 24 | 4059.27 | 24 |
| 天津 | Tianjin | 863.83 | 16 | 2051.17 | 16 | 4840.23 | 19 | 5928.32 | 19 | 6663.82 | 18 |
| 河北 | Hebei | 2514.96 | 5 | 5232.50 | 6 | 10707.68 | 6 | 13126.86 | 6 | 14003.57 | 6 |
| 山西 | Shanxi | 858.37 | 17 | 2353.16 | 14 | 5234.00 | 16 | 6635.26 | 16 | 6731.56 | 17 |
| 内蒙古 | Inner Mongolia | 582.57 | 24 | 1773.21 | 20 | 6367.69 | 14 | 8037.69 | 13 | 8801.50 | 13 |
| 辽宁 | Liaoning | 2344.40 | 6 | 3953.28 | 8 | 9976.82 | 7 | 12152.15 | 7 | 13230.49 | 7 |
| 吉林 | Jilin | 768.89 | 20 | 1580.83 | 21 | 4506.31 | 21 | 5611.48 | 21 | 6376.77 | 19 |
| 黑龙江 | Heilongjiang | 1731.70 | 9 | 2971.68 | 11 | 5204.11 | 17 | 6330.53 | 18 | 6037.61 | 21 |
| 上海 | Shanghai | 2207.63 | 8 | 4452.92 | 7 | 7218.32 | 12 | 7927.89 | 14 | 7854.77 | 15 |
| 江苏 | Jiangsu | 4435.89 | 2 | 10355.04 | 3 | 21753.93 | 2 | 25203.28 | 2 | 27121.95 | 2 |
| 浙江 | Zhejiang | 3273.93 | 4 | 7166.15 | 4 | 14297.93 | 4 | 16555.58 | 4 | 17316.32 | 4 |
| **安徽** | **Anhui** | **1056.78** | **14** | **2245.90** | **15** | **6436.62** | **13** | **8309.38** | **12** | **9404.84** | **12** |
| 福建 | Fujian | 1628.45 | 10 | 3200.26 | 9 | 7522.83 | 10 | 9069.20 | 11 | 10187.94 | 11 |
| 江西 | Jiangxi | 700.76 | 22 | 1917.47 | 18 | 5122.88 | 18 | 6390.55 | 17 | 6942.59 | 16 |
| 山东 | Shandong | 4164.45 | 3 | 10628.62 | 2 | 21238.49 | 3 | 24017.11 | 3 | 25735.73 | 3 |
| 河南 | Henan | 2294.15 | 7 | 5514.14 | 5 | 13226.38 | 5 | 15427.08 | 5 | 16672.20 | 5 |
| 湖北 | Hubei | 1437.38 | 11 | 2810.01 | 12 | 7767.24 | 9 | 9815.94 | 9 | 11193.10 | 9 |
| 湖南 | Hunan | 1293.10 | 13 | 2596.71 | 13 | 7343.19 | 11 | 9361.99 | 10 | 10506.42 | 10 |
| 广东 | Guangdong | 4999.51 | 1 | 11339.93 | 1 | 23014.53 | 1 | 26447.38 | 1 | 27700.97 | 1 |
| 广西 | Guangxi | 732.76 | 21 | 1510.68 | 22 | 4511.68 | 20 | 5675.32 | 20 | 6247.43 | 20 |
| 海南 | Hainan | 103.97 | 30 | 220.07 | 30 | 571.00 | 30 | 714.50 | 30 | 804.47 | 30 |
| 重庆 | Chongqing | 623.83 | 23 | 1259.12 | 24 | 4359.12 | 22 | 5543.04 | 22 | 5975.18 | 22 |
| 四川 | Sichuan | 1433.11 | 12 | 3067.23 | 10 | 8672.18 | 8 | 11029.13 | 8 | 12333.28 | 8 |
| 贵州 | Guizhou | 391.20 | 27 | 826.63 | 27 | 1800.06 | 27 | 2194.33 | 27 | 2677.54 | 26 |
| 云南 | Yunnan | 833.25 | 18 | 1432.76 | 23 | 3223.49 | 24 | 3780.32 | 23 | 4419.20 | 23 |
| 西藏 | Tibet | 27.05 | 31 | 63.52 | 31 | 163.92 | 31 | 208.79 | 31 | 242.85 | 31 |
| 陕西 | Shanxi | 782.58 | 19 | 1849.28 | 19 | 5446.10 | 15 | 6935.59 | 15 | 8073.87 | 14 |
| 甘肃 | Gansu | 421.65 | 26 | 838.56 | 26 | 1984.97 | 26 | 2377.83 | 26 | 2600.09 | 27 |
| 青海 | Qinghai | 108.83 | 29 | 264.61 | 29 | 744.63 | 29 | 975.18 | 29 | 1092.34 | 29 |
| 宁夏 | Ningxia | 121.43 | 28 | 281.23 | 28 | 827.91 | 28 | 1056.15 | 28 | 1159.37 | 28 |
| 新疆 | Xinjiang | 537.58 | 25 | 1164.79 | 25 | 2592.15 | 25 | 3225.90 | 25 | 3481.56 | 25 |

## 24—4 全国分省（市）主要年份生产总值第三产业及位次

Gross Domestic Product of Precedence Industry and Their Orders of Precedence in Main Years by Province or City

本表按当年价格计算 (Data in value terms in this table are calculated at current prices.) 单位：亿元（100 million yuan）

| 省（市） | Province or City | 2000 | 位次 Order of Prece-dence | 2005 | 位次 Order of Prece-dence | 2010 | 位次 Order of Prece-dence | 2011 | 位次 Order of Prece-dence | 2012 | 位次 Order of Prece-dence |
|---|---|---|---|---|---|---|---|---|---|---|---|
| **全　国** | **National Total** | **38714** | | **74919** | | **173596** | | **205205** | | **231626** | |
| 北　京 | Beijing | 2051.13 | 6 | 4761.81 | 5 | 10600.84 | 5 | 12363.18 | 5 | 13669.93 | 5 |
| 天　津 | Tianjin | 764.36 | 20 | 1534.07 | 18 | 4238.65 | 14 | 5219.24 | 14 | 6058.46 | 14 |
| 河　北 | Hebei | 1704.45 | 8 | 3360.54 | 7 | 7123.77 | 7 | 8483.17 | 7 | 9384.78 | 8 |
| 山　西 | Shanxi | 807.49 | 18 | 1563.94 | 17 | 3412.38 | 19 | 3960.87 | 20 | 4682.95 | 19 |
| 内蒙古 | Inner Mongolia | 605.74 | 24 | 1532.78 | 19 | 4209.02 | 15 | 5015.89 | 15 | 5630.50 | 15 |
| 辽　宁 | Liaoning | 1821.20 | 7 | 3173.32 | 9 | 6849.37 | 8 | 8158.98 | 8 | 9460.12 | 7 |
| 吉　林 | Jilin | 783.89 | 19 | 1413.83 | 20 | 3111.12 | 22 | 3679.91 | 23 | 4150.36 | 24 |
| 黑龙江 | Heilongjiang | 1036.55 | 15 | 1855.22 | 15 | 3861.59 | 17 | 4549.97 | 17 | 5540.31 | 17 |
| 上　海 | Shanghai | 2486.86 | 4 | 4620.92 | 6 | 9833.51 | 6 | 11142.86 | 6 | 12199.15 | 6 |
| 江　苏 | Jiangsu | 3069.46 | 2 | 6489.14 | 2 | 17131.45 | 2 | 20842.21 | 2 | 23517.98 | 2 |
| 浙　江 | Zhejiang | 2236.12 | 5 | 5378.86 | 4 | 12063.82 | 4 | 14180.23 | 4 | 15681.13 | 4 |
| **安　徽** | **Anhui** | **1103.54** | **14** | **2137.77** | **14** | **4193.68** | **16** | **4975.95** | **16** | **5628.48** | **16** |
| 福　建 | Fujian | 1495.52 | 11 | 2527.47 | 13 | 5850.62 | 13 | 6878.74 | 13 | 7737.13 | 13 |
| 江　西 | Jiangxi | 817.17 | 16 | 1411.92 | 21 | 3121.40 | 21 | 3921.20 | 21 | 4486.06 | 22 |
| 山　东 | Shandong | 2904.45 | 3 | 5924.74 | 3 | 14343.14 | 3 | 17370.89 | 3 | 19995.81 | 3 |
| 河　南 | Henan | 1597.26 | 9 | 3181.27 | 8 | 6607.89 | 9 | 7991.72 | 9 | 9157.57 | 9 |
| 湖　北 | Hubei | 1445.71 | 13 | 2628.00 | 12 | 6053.37 | 11 | 7247.02 | 11 | 8208.58 | 12 |
| 湖　南 | Hunan | 1473.39 | 12 | 2640.48 | 11 | 6369.27 | 10 | 7539.54 | 10 | 8643.60 | 10 |
| 广　东 | Guangdong | 4755.42 | 1 | 9598.34 | 1 | 20711.55 | 1 | 24097.70 | 1 | 26519.69 | 1 |
| 广　西 | Guangxi | 808.58 | 17 | 1652.57 | 16 | 3383.11 | 20 | 3998.33 | 19 | 4615.30 | 20 |
| 海　南 | Hainan | 230.85 | 28 | 373.75 | 28 | 953.67 | 28 | 1148.93 | 28 | 1339.53 | 28 |
| 重　庆 | Chongqing | 694.46 | 23 | 1347.97 | 24 | 2881.08 | 24 | 3623.81 | 24 | 4494.41 | 21 |
| 四　川 | Sichuan | 1549.51 | 10 | 2836.74 | 10 | 6030.41 | 12 | 7014.04 | 12 | 8242.31 | 11 |
| 贵　州 | Guizhou | 367.52 | 27 | 783.49 | 27 | 2177.07 | 25 | 2781.29 | 25 | 3282.75 | 25 |
| 云　南 | Yunnan | 746.14 | 22 | 1370.32 | 23 | 2892.31 | 23 | 3701.79 | 22 | 4235.72 | 23 |
| 西　藏 | Tibet | 54.37 | 31 | 139.65 | 31 | 274.82 | 31 | 322.57 | 31 | 377.80 | 31 |
| 陕　西 | Shanxi | 763.20 | 21 | 1390.61 | 22 | 3688.93 | 18 | 4355.81 | 18 | 5009.65 | 18 |
| 甘　肃 | Gansu | 437.13 | 26 | 787.36 | 26 | 1536.50 | 27 | 1963.79 | 27 | 2269.61 | 27 |
| 青　海 | Qinghai | 114.73 | 30 | 213.37 | 30 | 470.88 | 30 | 540.18 | 30 | 624.29 | 30 |
| 宁　夏 | Ningxia | 127.56 | 29 | 252.79 | 29 | 702.45 | 29 | 861.92 | 29 | 982.52 | 29 |
| 新　疆 | Xinjiang | 537.80 | 25 | 929.41 | 25 | 1766.69 | 26 | 2245.12 | 26 | 2703.18 | 26 |

## 24—5 全国分省（市）主要年份城镇固定资产投资及位次
Urban Investment in Fixed Assets and Their Orders of Precedence in Main Years by Province or City

单位：亿元（100 million yuan）

| 省（市） Province or City | 2000 | 位次 Order of Precedence | 2005 | 位次 Order of Precedence | 2010 | 位次 Order of Precedence | 2011 | 位次 Order of Precedence | 2012 | 位次 Order of Precedence |
|---|---|---|---|---|---|---|---|---|---|---|
| **全国 National Total** | **24243** | | **75096.48** | | **270251.99** | | **301932.85** | | **364835.07** | |
| 北京 Beijing | 1186 | 6 | 2595.41 | 10 | 5350.84 | 22 | 5519.86 | 23 | 6064.15 | 23 |
| 天津 Tianjin | 526 | 17 | 1367.48 | 24 | 6252.22 | 20 | 7040.48 | 20 | 7913.26 | 21 |
| 河北 Hebei | 1048 | 7 | 3361.65 | 7 | 14621.72 | 6 | 15795.22 | 6 | 19104.63 | 5 |
| 山西 Shanxi | 457 | 22 | 1671.91 | 19 | 5845.23 | 21 | 6837.41 | 21 | 8584.85 | 20 |
| 内蒙古 Inner Mongolia | 347 | 24 | 2563.54 | 11 | 8838.67 | 12 | 10291.69 | 12 | 11732.22 | 13 |
| 辽宁 Liaoning | 1028 | 8 | 3669.71 | 5 | 15793.64 | 4 | 17431.46 | 3 | 21535.37 | 3 |
| 吉林 Jilin | 485 | 20 | 1595.92 | 21 | 7695.62 | 16 | 7221.64 | 18 | 9462.09 | 16 |
| 黑龙江 Heilongjiang | 741 | 13 | 1638.17 | 20 | 6495.85 | 19 | 7206.33 | 19 | 9376.10 | 17 |
| 上海 Shanghai | 1679 | 2 | 3198.57 | 8 | 5106.86 | 24 | 4877.01 | 24 | 5114.64 | 26 |
| 江苏 Jiangsu | 1645 | 3 | 6211.87 | 2 | 22809.04 | 1 | 26299.40 | 1 | 30427.25 | 1 |
| 浙江 Zhejiang | 1445 | 5 | 4756.95 | 4 | 11980.32 | 8 | 13651.48 | 8 | 17000.96 | 7 |
| **安徽 Anhui** | **576** | **15** | **2140.03** | **14** | **11104.35** | **9** | **11986.02** | **10** | **14902.31** | **10** |
| 福建 Fujian | 810 | 12 | 1970.12 | 15 | 7992.46 | 14 | 9692.55 | 13 | 12165.64 | 12 |
| 江西 Jiangxi | 322 | 25 | 1933.93 | 16 | 8470.19 | 13 | 8756.10 | 15 | 11388.92 | 15 |
| 山东 Shandong | 1564 | 4 | 7274.83 | 1 | 22585.11 | 2 | 25928.45 | 2 | 30319.76 | 2 |
| 河南 Henan | 885 | 11 | 3528.29 | 6 | 15799.22 | 3 | 16932.15 | 4 | 20870.16 | 4 |
| 湖北 Hubei | 988 | 10 | 2433.23 | 12 | 9959.91 | 10 | 12223.71 | 9 | 15162.21 | 9 |
| 湖南 Hunan | 634 | 14 | 2174.91 | 13 | 9301.29 | 11 | 11360.51 | 11 | 13966.26 | 11 |
| 广东 Guangdong | 2536 | 1 | 5760.73 | 3 | 15270.71 | 5 | 16688.44 | 5 | 18248.04 | 6 |
| 广西 Guangxi | 398 | 23 | 1554.25 | 22 | 6719.29 | 17 | 7563.89 | 16 | 9345.18 | 18 |
| 海南 Hainan | 150 | 28 | 351.51 | 29 | 1278.62 | 29 | 1611.41 | 28 | 2045.38 | 28 |
| 重庆 Chongqing | 459 | 21 | 1786.43 | 17 | 6597.78 | 18 | 7366.15 | 17 | 8606.46 | 19 |
| 四川 Sichuan | 1016 | 9 | 2989.60 | 9 | 12552.58 | 7 | 13705.29 | 7 | 16526.89 | 8 |
| 贵州 Guizhou | 288 | 27 | 916.09 | 26 | 2945.78 | 27 | 3734.08 | 27 | 5304.93 | 25 |
| 云南 Yunnan | 504 | 19 | 1550.18 | 23 | 5308.93 | 23 | 5927.01 | 22 | 7553.51 | 22 |
| 西藏 Tibet | 49 | 31 | 187.22 | 31 | 463.26 | 31 | 516.31 | 31 | 670.52 | 31 |
| 陕西 Shanxi | 529 | 16 | 1761.18 | 18 | 7744.17 | 15 | 9123.72 | 14 | 11705.83 | 14 |
| 甘肃 Gansu | 322 | 26 | 790.22 | 27 | 3054.73 | 26 | 3865.99 | 26 | 5040.53 | 27 |
| 青海 Qinghai | 132 | 29 | 312.56 | 30 | 967.44 | 30 | 1365.99 | 30 | 1773.67 | 30 |
| 宁夏 Ningxia | 124 | 30 | 382.71 | 28 | 1397.52 | 28 | 1583.46 | 29 | 2033.03 | 29 |
| 新疆 Xinjiang | 520 | 18 | 1210.09 | 25 | 3274.20 | 25 | 4444.99 | 25 | 5857.58 | 24 |

注：各省数据不包括跨地区项目投资。
a) Every provincial data does not include inter-regional project investment.

# 24—6 全国分省（市）主要年份农林牧渔业总产值及位次

Gross Output Value of Farming, Forestry, Animal Husbandry, and Fishery and Their Orders of Precedence in Main Years by Province or City

本表按当年价格计算 (Data in value terms in this table are calculated at current prices.)　　单位：亿元（100 million yuan）

| 省（市） | Province or City | 2000 | 位次 Order of Precedence | 2005 | 位次 Order of Precedence | 2010 | 位次 Order of Precedence | 2011 | 位次 Order of Precedence | 2012 | 位次 Order of Precedence |
|---|---|---|---|---|---|---|---|---|---|---|---|
| **全国** | **National Total** | **24777** | | **39450.89** | | **69319.76** | | **81303.92** | | **89453.05** | |
| 北京 | Beijing | 195 | 27 | 268.85 | 26 | 328.02 | 26 | 363.14 | 26 | 395.71 | 26 |
| 天津 | Tianjin | 156 | 28 | 258.41 | 27 | 317.33 | 27 | 349.48 | 28 | 375.62 | 28 |
| 河北 | Hebei | 1549 | 5 | 2600.83 | 3 | 4309.42 | 3 | 4895.88 | 5 | 5340.11 | 5 |
| 山西 | Shanxi | 302 | 25 | 483.80 | 24 | 1047.85 | 22 | 1207.57 | 22 | 1304.26 | 24 |
| 内蒙古 | Inner Mongolia | 518 | 18 | 980.21 | 18 | 1843.57 | 18 | 2204.51 | 18 | 2449.34 | 17 |
| 辽宁 | Liaoning | 967 | 12 | 1671.57 | 9 | 3106.53 | 9 | 3633.63 | 9 | 4062.43 | 9 |
| 吉林 | Jilin | 598 | 17 | 1050.49 | 17 | 1850.28 | 16 | 2275.15 | 16 | 2502.02 | 16 |
| 黑龙江 | Heilongjiang | 625 | 16 | 1294.41 | 14 | 2536.30 | 12 | 3223.51 | 12 | 3952.31 | 10 |
| 上海 | Shanghai | 216 | 26 | 233.39 | 28 | 287.03 | 29 | 314.58 | 29 | 321.73 | 29 |
| 江苏 | Jiangsu | 1874 | 3 | 2576.98 | 4 | 4297.14 | 4 | 5237.45 | 3 | 5808.81 | 3 |
| 浙江 | Zhejiang | 1040 | 10 | 1428.28 | 12 | 2172.86 | 14 | 2534.90 | 14 | 2658.66 | 15 |
| **安徽** | **Anhui** | **1220** | **7** | **1666.19** | **10** | **2955.45** | **10** | **3459.66** | **10** | **3728.30** | **11** |
| 福建 | Fujian | 1029 | 11 | 1396.15 | 13 | 2307.06 | 13 | 2730.94 | 13 | 3007.40 | 13 |
| 江西 | Jiangxi | 760 | 14 | 1142.99 | 15 | 1900.58 | 15 | 2207.27 | 17 | 2399.26 | 18 |
| 山东 | Shandong | 2294 | 1 | 3741.81 | 1 | 6650.94 | 1 | 7409.75 | 1 | 7945.76 | 1 |
| 河南 | Henan | 1981 | 2 | 3309.70 | 2 | 5734.20 | 2 | 6218.64 | 2 | 6679.04 | 2 |
| 湖北 | Hubei | 1126 | 9 | 1775.58 | 8 | 3501.99 | 8 | 4252.90 | 8 | 4732.12 | 7 |
| 湖南 | Hunan | 1219 | 8 | 2056.24 | 7 | 3787.47 | 6 | 4508.20 | 6 | 4904.10 | 6 |
| 广东 | Guangdong | 1632 | 4 | 2447.57 | 6 | 3754.86 | 7 | 4384.44 | 7 | 4656.85 | 8 |
| 广西 | Guangxi | 827 | 13 | 1448.37 | 11 | 2720.99 | 11 | 3323.37 | 11 | 3490.72 | 12 |
| 海南 | Hainan | 309 | 24 | 475.88 | 25 | 821.31 | 25 | 1002.35 | 25 | 1082.15 | 25 |
| 重庆 | Chongqing | 413 | 21 | 662.19 | 21 | 1021.13 | 23 | 1265.33 | 21 | 1402.03 | 22 |
| 四川 | Sichuan | 1370 | 6 | 2457.46 | 5 | 4081.81 | 5 | 4932.73 | 4 | 5433.12 | 4 |
| 贵州 | Guizhou | 412 | 22 | 571.84 | 22 | 997.82 | 24 | 1165.46 | 24 | 1436.61 | 21 |
| 云南 | Yunnan | 680 | 15 | 1068.58 | 16 | 1810.53 | 19 | 2306.49 | 15 | 2680.22 | 14 |
| 西藏 | Tibet | | | 67.74 | 31 | 100.77 | 31 | 109.37 | 31 | 118.33 | 31 |
| 陕西 | Shanxi | 472 | 20 | 730.72 | 20 | 1666.06 | 20 | 2058.60 | 19 | 2303.20 | 19 |
| 甘肃 | Gansu | 323 | 23 | 521.53 | 23 | 1057.02 | 21 | 1187.76 | 23 | 1358.16 | 23 |
| 青海 | Qinghai | 58 | 30 | 94.04 | 30 | 201.32 | 30 | 230.82 | 30 | 263.86 | 30 |
| 宁夏 | Ningxia | 78 | 29 | 138.00 | 29 | 305.94 | 28 | 354.68 | 27 | 385.15 | 27 |
| 新疆 | Xinjiang | 487 | 19 | 831.06 | 19 | 1846.18 | 17 | 1955.39 | 20 | 2275.67 | 20 |

# 24—7　全国分省（市）主要年份工业增加值及位次

## Value-added of Industry and Their Orders of Precedence in Main Years by Province or City

本表按当年价格计算　(Data in value terms in this table are calculated at current prices.)　　单位：亿元（100 million yuan）

| 省（市） | Province or City | 2000 | 位次 Order of Precedence | 2005 | 位次 Order of Precedence | 2010年比上年增长位次 Compared to Last Year | 2011年比上年增长位次 Compared to Last Year | 2012年比上年增长位次 Compared to Last Year |
|---|---|---|---|---|---|---|---|---|
| **全　国** | **National Total** | **25394.80** | | **66425.20** | | | | |
| 北　京 | Beijing | 722.65 | 12 | 1705.40 | 15 | 27 | 31 | 30 |
| 天　津 | Tianjin | 630.09 | 14 | 1783.00 | 13 | 1 | 3 | 5 |
| 河　北 | Hebei | 1132.66 | 8 | 3219.00 | 7 | 22 | 21 | 20 |
| 山　西 | Shanxi | 428.71 | 19 | 1712.00 | 14 | 8 | 17 | 23 |
| 内蒙古 | Inner Mongolia | 279.54 | 24 | 1135.50 | 20 | 14 | 12 | 11 |
| 辽　宁 | Liaoning | 1194.03 | 7 | 3007.40 | 8 | 18 | 22 | 26 |
| 吉　林 | Jilin | 496.19 | 18 | 1200.80 | 19 | 12 | 14 | 18 |
| 黑龙江 | Heilongjiang | 1213.05 | 6 | 2166.30 | 10 | 26 | 26 | 25 |
| 上　海 | Shanghai | 1687.18 | 4 | 3994.70 | 5 | 17 | 30 | 31 |
| 江　苏 | Jiangsu | 2604.37 | 2 | 8054.00 | 3 | 24 | 25 | 22 |
| 浙　江 | Zhejiang | 1560.11 | 5 | 4904.70 | 4 | 23 | 29 | 29 |
| **安　徽** | **Anhui** | **507.38** | **17** | **1373.90** | **17** | **4** | **4** | **3** |
| 福　建 | Fujian | 797.12 | 11 | 2235.20 | 9 | 11 | 19 | 9 |
| 江　西 | Jiangxi | 269.73 | 25 | 828.50 | 24 | 9 | 11 | 13 |
| 山　东 | Shandong | 2549.35 | 3 | 8411.90 | 1 | 27 | 23 | 24 |
| 河　南 | Henan | 1116.39 | 9 | 3228.00 | 6 | 14 | 10 | 14 |
| 湖　北 | Hubei | 1011.77 | 10 | 1847.90 | 12 | 4 | 7 | 14 |
| 湖　南 | Hunan | 528.06 | 16 | 1535.90 | 16 | 7 | 8 | 14 |
| 广　东 | Guangdong | 3423.86 | 1 | 8290.00 | 2 | 19 | 27 | 28 |
| 广　西 | Guangxi | 323.88 | 22 | 833.10 | 23 | 1 | 6 | 7 |
| 海　南 | Hainan | 63.25 | 30 | 138.00 | 30 | 16 | 23 | 27 |
| 重　庆 | Chongqing | 283.73 | 23 | 716.40 | 25 | 1 | 1 | 2 |
| 四　川 | Sichuan | 662.44 | 13 | 2034.40 | 11 | 6 | 2 | 5 |
| 贵　州 | Guizhou | 216.99 | 27 | 561.60 | 27 | 25 | 5 | 3 |
| 云　南 | Yunnan | 531.47 | 15 | 1018.10 | 21 | 27 | 16 | 8 |
| 西　藏 | Tibet | 9.25 | 31 | 17.40 | 31 | 30 | 8 | 10 |
| 陕　西 | Shanxi | 411.17 | 20 | 1267.20 | 18 | 13 | 17 | 1 |
| 甘　肃 | Gansu | 244.73 | 26 | 601.80 | 26 | 21 | 20 | 14 |
| 青　海 | Qinghai | 63.34 | 29 | 179.50 | 29 | 10 | 12 | 11 |
| 宁　夏 | Ningxia | 73.68 | 28 | 202.30 | 28 | 19 | 15 | 19 |
| 新　疆 | Xinjiang | 356.62 | 21 | 933.30 | 22 | 31 | 28 | 21 |

注：工业为月度快报口径。
a) Data in the table are preliminary statistics.

## 24—8 全国分省（市）主要年份社会消费品零售总额及位次

### Total Retail Sales of Consumer Goods and Their Orders of Precedence in Main Years by Province or City

本表按当年价格计算 (Data in value terms in this table are calculated at current prices.) 单位：亿元（100 million yuan）

| 省（市） | Province or City | 2000 | 位次 Order of Precedence | 2005 | 位次 Order of Precedence | 2010 | 位次 Order of Precedence | 2011 | 位次 Order of Precedence | 2012 | 位次 Order of Precedence |
|---|---|---|---|---|---|---|---|---|---|---|---|
| **全国** | **National Total** | **34152.6** | | **67958.7** | | **154554.0** | | **183918.6** | | **210307.0** | |
| 北京 | Beijing | 1443.3 | 11 | 2902.8 | 11 | 6229.3 | 10 | 6900.3 | 10 | 7702.8 | 11 |
| 天津 | Tianjin | 736.6 | 18 | 1190.1 | 23 | 2902.6 | 22 | 3395.1 | 23 | 3921.4 | 23 |
| 河北 | Hebei | 1613.9 | 9 | 2952.9 | 10 | 6821.8 | 6 | 8035.5 | 9 | 9154.0 | 8 |
| 山西 | Shanxi | 629.1 | 21 | 1401.2 | 17 | 3207.9 | 19 | 3903.4 | 19 | 4375.8 | 19 |
| 内蒙古 | Inner Mongolia | 484.0 | 24 | 1344.1 | 19 | 3337.3 | 17 | 3991.7 | 17 | 4534.5 | 17 |
| 辽宁 | Liaoning | 1847.6 | 5 | 2999.0 | 6 | 6809.6 | 7 | 8095.3 | 7 | 9256.6 | 6 |
| 吉林 | Jilin | 810.9 | 17 | 1460.8 | 16 | 3501.8 | 16 | 4119.8 | 16 | 4772.9 | 16 |
| 黑龙江 | Heilongjiang | 1094.0 | 14 | 1760.1 | 15 | 4001.0 | 15 | 4750.1 | 15 | 5453.4 | 15 |
| 上海 | Shanghai | 1722.3 | 8 | 2973.0 | 8 | 6036.9 | 11 | 6814.8 | 12 | 7387.3 | 12 |
| 江苏 | Jiangsu | 2604.1 | 2 | 5699.9 | 3 | 13482.3 | 3 | 15988.4 | 3 | 18215.3 | 3 |
| 浙江 | Zhejiang | 2298.8 | 4 | 4631.7 | 4 | 10163.2 | 4 | 12028.0 | 4 | 13546.3 | 4 |
| **安徽** | **Anhui** | **1077.8** | **15** | **1765.0** | **14** | **4151.5** | **14** | **4900.6** | **14** | **5685.6** | **14** |
| 福建 | Fujian | 1372.8 | 12 | 2345.8 | 13 | 5310.0 | 13 | 6276.2 | 13 | 7149.5 | 13 |
| 江西 | Jiangxi | 704.9 | 19 | 1236.2 | 21 | 2932.9 | 21 | 3485.1 | 22 | 4006.2 | 21 |
| 山东 | Shandong | 2545.9 | 3 | 6126.4 | 2 | 14211.6 | 2 | 17155.5 | 2 | 19175.3 | 2 |
| 河南 | Henan | 1786.7 | 7 | 3358.4 | 5 | 7893.5 | 5 | 9453.6 | 5 | 10787.6 | 5 |
| 湖北 | Hubei | 1789.4 | 6 | 2964.6 | 9 | 6719.4 | 8 | 8275.2 | 6 | 9196.8 | 7 |
| 湖南 | Hunan | 1364.7 | 13 | 2459.1 | 12 | 5775.3 | 12 | 6884.7 | 11 | 7854.9 | 10 |
| 广东 | Guangdong | 4071.9 | 1 | 7882.6 | 1 | 17414.7 | 1 | 20297.5 | 1 | 22677.1 | 1 |
| 广西 | Guangxi | 859.2 | 16 | 1397.0 | 18 | 3271.8 | 18 | 3908.2 | 18 | 4474.6 | 18 |
| 海南 | Hainan | 172.5 | 28 | 268.6 | 28 | 623.8 | 28 | 759.5 | 28 | 852.3 | 28 |
| 重庆 | Chongqing | 643.4 | 20 | 1215.8 | 22 | 2878.0 | 23 | 3487.8 | 21 | 3961.2 | 22 |
| 四川 | Sichuan | 1523.7 | 10 | 2981.4 | 7 | 6634.7 | 9 | 8044.6 | 8 | 9087.9 | 9 |
| 贵州 | Guizhou | 343.7 | 27 | 606.9 | 27 | 1482.7 | 25 | 1751.6 | 25 | 2005.2 | 25 |
| 云南 | Yunnan | 583.2 | 23 | 1034.4 | 24 | 2500.3 | 24 | 3000.1 | 24 | 3277.2 | 24 |
| 西藏 | Tibet | 42.9 | 31 | 73.1 | 31 | 180.8 | 31 | 219.0 | 31 | 249.1 | 31 |
| 陕西 | Shanxi | 607.6 | 22 | 1322.4 | 20 | 3147.7 | 20 | 3790.0 | 20 | 4330.8 | 20 |
| 甘肃 | Gansu | 362.7 | 26 | 632.8 | 26 | 1369.4 | 26 | 1648.0 | 26 | 1877.0 | 26 |
| 青海 | Qinghai | 82.1 | 30 | 160.5 | 30 | 346.0 | 30 | 410.5 | 30 | 468.7 | 30 |
| 宁夏 | Ningxia | 90.2 | 29 | 174.3 | 29 | 403.6 | 29 | 477.6 | 29 | 548.8 | 29 |
| 新疆 | Xinjiang | 374.5 | 25 | 637.8 | 25 | 1324.5 | 27 | 1616.3 | 27 | 1799.0 | 27 |

注：本表2000年、2005年数据均为经济普查调整后数据；2012年数据均为快报数据。

a) Nata of this table in 2000, 2005 are for economic census adjusted data; data in 2012 are express data.

# 24—9 全省分县（市）主要经济指标及位次（2012年）

## Main Economic Indicators and Their Orders of Precedence of All Counties (2012)

| 县（市） | County (City) | 生产总值（亿元）Gross Demestic Product (100 million yuan) 指标 Amount | 位次 Order of Precedence | 人均生产总值（元）Per Capita Gross Demestic Product (yuan) 指标 Amount | 位次 Order of Precedence | 地方财政收入（万元）Local Government Revenue (10000 yuan) 指标 Amount | 位次 Order of Precedence | 地方人均财政收入（元）Local Per Capita Government Revenue (yuan) 指标 Amount | 位次 Order of Precedence | 财政支出（万元）Government Expenditure (10000 yuan) 指标 Amount | 位次 Order of Precedence |
|---|---|---|---|---|---|---|---|---|---|---|---|
| 巢湖市 | Chaohu | 209.86 | 8 | 23508 | 17 | 149059 | 10 | 1669.75 | 25 | 301182 | 23 |
| 长丰县 | Changfeng | 265.23 | 4 | 34305 | 7 | 176931 | 7 | 2288.42 | 15 | 336370 | 20 |
| 肥东县 | Feidong | 357.14 | 2 | 32908 | 10 | 196668 | 4 | 1812.16 | 23 | 402248 | 8 |
| 肥西县 | Feixi | 416.69 | 1 | 46065 | 3 | 242873 | 2 | 2640.28 | 11 | 417966 | 3 |
| 庐江县 | Lujiang | 156.78 | 20 | 13194 | 44 | 124313 | 16 | 1046.21 | 36 | 364488 | 14 |
| 濉溪县 | Suixi | 168.92 | 15 | 15461 | 38 | 118456 | 17 | 1084.20 | 34 | 357084 | 15 |
| 涡阳县 | Guoyang | 177.15 | 13 | 11624 | 53 | 92668 | 24 | 608.04 | 48 | 370417 | 12 |
| 蒙城县 | Mengcheng | 160.35 | 19 | 12027 | 49 | 95196 | 23 | 713.98 | 46 | 351166 | 18 |
| 利辛县 | Lixin | 132.33 | 26 | 8381 | 58 | 66528 | 40 | 421.36 | 57 | 407963 | 6 |
| 砀山县 | Dangshan | 114.82 | 36 | 11472 | 54 | 45736 | 50 | 456.92 | 56 | 243560 | 37 |
| 萧县 | Xiaoxian | 163.41 | 17 | 11406 | 55 | 69978 | 37 | 488.42 | 55 | 351213 | 17 |
| 灵璧县 | Lingbi | 123.80 | 30 | 9899 | 56 | 44170 | 53 | 353.20 | 59 | 295698 | 24 |
| 泗县 | Sixian | 120.08 | 31 | 12772 | 46 | 47794 | 48 | 508.38 | 53 | 257504 | 33 |
| 怀远县 | Huaiyuan | 193.43 | 10 | 14107 | 42 | 113086 | 21 | 824.76 | 40 | 371229 | 11 |
| 五河县 | Wuhe | 128.62 | 27 | 17538 | 34 | 80203 | 29 | 1093.60 | 33 | 252077 | 36 |
| 固镇县 | Guzhen | 115.96 | 35 | 18322 | 31 | 66811 | 39 | 1055.61 | 35 | 215348 | 46 |
| 界首市 | Jieshou | 100.80 | 44 | 12759 | 48 | 65423 | 42 | 828.07 | 39 | 220847 | 44 |
| 临泉县 | Linquan | 113.70 | 37 | 5074 | 62 | 44801 | 51 | 199.91 | 62 | 423857 | 2 |
| 太和县 | Taihe | 138.35 | 25 | 7940 | 59 | 69222 | 38 | 397.29 | 58 | 373747 | 9 |
| 阜南县 | Funan | 109.47 | 39 | 6438 | 61 | 34571 | 57 | 203.32 | 61 | 350972 | 19 |
| 颍上县 | Yingshang | 163.08 | 18 | 9407 | 57 | 129839 | 14 | 749.01 | 44 | 409174 | 5 |
| 凤台县 | Fengtai | 215.30 | 5 | 33747 | 8 | 210944 | 3 | 2738.84 | 9 | 355544 | 16 |
| 天长市 | Tianchang | 211.28 | 7 | 33284 | 9 | 175095 | 8 | 2758.33 | 8 | 373638 | 10 |
| 明光市 | Mingguang | 92.48 | 47 | 14386 | 41 | 65363 | 43 | 1016.84 | 37 | 232976 | 40 |
| 来安县 | Laian | 97.15 | 46 | 19394 | 27 | 92086 | 26 | 1838.30 | 22 | 221328 | 43 |
| 全椒县 | Quanjiao | 90.68 | 49 | 19458 | 26 | 92498 | 25 | 1984.73 | 19 | 234230 | 39 |
| 定远县 | Dingyuan | 116.63 | 33 | 11936 | 51 | 79563 | 31 | 814.23 | 42 | 307559 | 21 |
| 凤阳县 | Fengyang | 116.63 | 34 | 15287 | 39 | 112070 | 22 | 1468.99 | 29 | 306671 | 22 |
| 寿县 | Shouxian | 105.31 | 41 | 7652 | 60 | 45918 | 49 | 333.64 | 60 | 365293 | 13 |
| 霍邱县 | Huoqiu | 193.39 | 11 | 11663 | 52 | 132269 | 13 | 726.90 | 45 | 471098 | 1 |

**24—9 续表1 continued**

| 县（市） | County (City) | 生产总值（亿元）Gross Demestic Product (100 million yuan) | | 人均生产总值（元）Per Capita Gross Demestic Product (yuan) | | 地方财政收入（万元）Local Government Revenue (10000 yuan) | | 地方人均财政收入（元）Local Per Capita Government Revenue (yuan) | | 财政支出（万元）Government Expenditure (10000 yuan) | |
|---|---|---|---|---|---|---|---|---|---|---|---|
| | | 指标 Amount | 位次 Order of Precedence | 指标 Amount | 位次 Order of Precedence | 指标 Amount | 位次 Order of Precedence | 指标 Amount | 位次 Order of Precedence | 指标 Amount | 位次 Order of Precedence |
| 舒城县 | Shucheng | 127.38 | 28 | 12765 | 47 | 63368 | 44 | 635.00 | 47 | 274163 | 27 |
| 金寨县 | Jinzhai | 80.00 | 53 | 11977 | 50 | 38196 | 55 | 571.86 | 50 | 271539 | 31 |
| 霍山县 | Huoshan | 118.80 | 32 | 32539 | 11 | 77498 | 35 | 2122.69 | 16 | 202138 | 49 |
| 当涂县 | Dangtu | 214.52 | 6 | 45373 | 4 | 267126 | 1 | 4069.14 | 4 | 410316 | 4 |
| 含山县 | Hanshan | 91.73 | 48 | 20585 | 24 | 75346 | 36 | 1690.78 | 24 | 187282 | 53 |
| 和县 | Hexian | 102.78 | 42 | 18863 | 28 | 78440 | 34 | 1439.54 | 31 | 215852 | 45 |
| 芜湖县 | Wuhu | 146.59 | 22 | 42173 | 5 | 168285 | 9 | 4841.52 | 2 | 273500 | 28 |
| 繁昌县 | Fanchang | 166.62 | 16 | 59735 | 1 | 184485 | 5 | 6613.80 | 1 | 272806 | 30 |
| 南陵县 | Nanling | 142.37 | 23 | 25691 | 14 | 115705 | 18 | 2087.99 | 18 | 227139 | 41 |
| 无为县 | Wuwei | 305.05 | 3 | 21391 | 23 | 141080 | 11 | 989.28 | 38 | 402988 | 7 |
| 宁国市 | Ningguo | 182.96 | 12 | 47186 | 2 | 178634 | 6 | 4606.97 | 3 | 280875 | 26 |
| 郎溪县 | Langxi | 84.03 | 50 | 24478 | 16 | 91693 | 27 | 2671.13 | 10 | 187392 | 52 |
| 广德县 | Guangde | 139.66 | 24 | 27109 | 12 | 132877 | 12 | 2579.34 | 12 | 266017 | 32 |
| 泾县 | Jingxian | 65.10 | 54 | 18294 | 32 | 65616 | 41 | 1843.75 | 21 | 176088 | 55 |
| 绩溪县 | Jixi | 45.42 | 58 | 25672 | 15 | 60515 | 45 | 3420.11 | 6 | 128261 | 58 |
| 旌德县 | Jingde | 27.51 | 60 | 18328 | 30 | 36412 | 56 | 2425.56 | 13 | 96123 | 60 |
| 铜陵县 | Tongling | 102.49 | 43 | 34883 | 6 | 114685 | 19 | 3903.13 | 5 | 201951 | 50 |
| 东至县 | Dongzhi | 100.26 | 45 | 18280 | 33 | 79717 | 30 | 1453.45 | 30 | 240532 | 38 |
| 石台县 | Shitai | 17.18 | 62 | 15792 | 37 | 12907 | 62 | 1186.15 | 32 | 76396 | 62 |
| 青阳县 | Qingyang | 61.46 | 56 | 22531 | 19 | 83809 | 28 | 2888.91 | 7 | 162217 | 56 |
| 桐城市 | Tongcheng | 196.61 | 9 | 25972 | 13 | 126284 | 15 | 1668.14 | 26 | 287500 | 25 |
| 怀宁县 | Huaining | 155.50 | 21 | 22302 | 21 | 114421 | 20 | 1641.02 | 27 | 252338 | 35 |
| 枞阳县 | Zongyang | 169.17 | 14 | 17409 | 35 | 79047 | 32 | 813.44 | 43 | 273372 | 29 |
| 潜山县 | Qianshan | 110.72 | 38 | 18838 | 29 | 48043 | 47 | 817.43 | 41 | 227027 | 42 |
| 太湖县 | Taihu | 80.32 | 52 | 14101 | 43 | 28416 | 59 | 498.85 | 54 | 204953 | 48 |
| 宿松县 | Susong | 125.19 | 29 | 14919 | 40 | 44644 | 52 | 532.03 | 51 | 256800 | 34 |
| 望江县 | Wangjiang | 82.31 | 51 | 12987 | 45 | 32343 | 58 | 510.33 | 52 | 193825 | 51 |
| 岳西县 | Yuexi | 64.37 | 55 | 15881 | 36 | 24254 | 60 | 598.42 | 49 | 185091 | 54 |
| 歙县 | Shexian | 108.02 | 40 | 22453 | 20 | 78504 | 33 | 1631.70 | 28 | 211288 | 47 |
| 休宁县 | Xiuning | 56.43 | 57 | 20498 | 25 | 51273 | 46 | 1862.39 | 20 | 148943 | 57 |
| 黟县 | Yixian | 20.85 | 61 | 21939 | 22 | 22301 | 61 | 2346.78 | 14 | 78944 | 61 |
| 祁门县 | Qimen | 43.49 | 59 | 23276 | 18 | 39419 | 54 | 2109.76 | 17 | 113656 | 59 |

## 24—9 续表2 continued

| 县（市） County (City) | | 就业人员平均工资（元） Average Wage of Staff and Workers (yuan) | | 规模以上工业增加值（亿元） Gross Industrial Output Value at and Above Township Level (100 million yuan) | | 人均工业增加值（元） Per Capita Gross Industrial Output Value (yuan) | | 农林牧渔业总产值（万元） Gross Output Value of Farming, Forestry, Animal Husbandry and Fishery (10000 yuan) | |
|---|---|---|---|---|---|---|---|---|---|
| | | 指标 Amount | 位次 Order of Prece-dence | 指标 Amount | 位次 Order of Prece-dence | 指标 Amount | 位次 Order of Prece-dence | 指标 Amount | 位次 Order of Prece-dence |
| 巢湖市 | Chaohu | 42955 | 15 | 77.93 | 14 | 8729.19 | 17 | 437895 | 32 |
| 长丰县 | Changfeng | 46783 | 6 | 36.45 | 30 | 4713.80 | 39 | 831284 | 9 |
| 肥东县 | Feidong | 44369 | 9 | 112.21 | 6 | 10338.91 | 15 | 977464 | 2 |
| 肥西县 | Feixi | 43434 | 13 | 139.14 | 5 | 15125.65 | 8 | 884972 | 6 |
| 庐江县 | Lujiang | 35670 | 41 | 179.33 | 1 | 15092.55 | 9 | 674297 | 20 |
| 濉溪县 | Suixi | 39916 | 27 | 88.12 | 12 | 8065.66 | 19 | 597266 | 24 |
| 涡阳县 | Guoyang | 37247 | 34 | 55.15 | 22 | 3618.49 | 47 | 720547 | 19 |
| 蒙城县 | Mengcheng | 36702 | 36 | 35.73 | 31 | 2680.12 | 51 | 779097 | 14 |
| 利辛县 | Lixin | 30818 | 58 | 15.47 | 54 | 980.08 | 60 | 771657 | 15 |
| 砀山县 | Dangshan | 30500 | 59 | 32.69 | 36 | 3265.88 | 49 | 632968 | 23 |
| 萧县 | Xiaoxian | 33559 | 49 | 38.30 | 27 | 2672.93 | 53 | 890396 | 5 |
| 灵璧县 | Lingbi | 30496 | 60 | 26.34 | 45 | 2106.23 | 55 | 855276 | 7 |
| 泗县 | Sixian | 31919 | 56 | 11.58 | 58 | 1231.78 | 58 | 788046 | 11 |
| 怀远县 | Huaiyuan | 33055 | 51 | 78.16 | 13 | 5700.05 | 33 | 957608 | 4 |
| 五河县 | Wuhe | 37673 | 31 | 50.41 | 24 | 6873.78 | 25 | 741118 | 17 |
| 固镇县 | Guzhen | 32181 | 55 | 50.44 | 23 | 7969.14 | 20 | 670642 | 21 |
| 界首市 | Jieshou | 33423 | 50 | 56.61 | 21 | 7165.07 | 23 | 379541 | 35 |
| 临泉县 | Linquan | 33925 | 47 | 20.54 | 49 | 916.58 | 62 | 1030434 | 1 |
| 太和县 | Taihe | 32703 | 52 | 35.21 | 33 | 2020.78 | 56 | 783422 | 12 |
| 阜南县 | Funan | 33629 | 48 | 20.86 | 48 | 1226.98 | 59 | 780578 | 13 |
| 颍上县 | Yingshang | 40149 | 24 | 46.34 | 25 | 2673.16 | 52 | 758614 | 16 |
| 凤台县 | Fengtai | 59382 | 1 | 18.38 | 52 | 2385.87 | 54 | 376758 | 36 |
| 天长市 | Tianchang | 44315 | 10 | 147.67 | 4 | 23263.16 | 4 | 455195 | 29 |
| 明光市 | Mingguang | 30871 | 57 | 19.76 | 51 | 3073.99 | 50 | 486565 | 26 |
| 来安县 | Laian | 41156 | 20 | 34.74 | 35 | 6935.59 | 24 | 312247 | 42 |
| 全椒县 | Quanjiao | 41965 | 18 | 29.82 | 41 | 6397.92 | 28 | 366820 | 38 |
| 定远县 | Dingyuan | 37407 | 32 | 18.30 | 53 | 1873.24 | 57 | 838078 | 8 |
| 凤阳县 | Fengyang | 36579 | 37 | 30.49 | 39 | 3996.84 | 45 | 531965 | 25 |
| 寿县 | Shouxian | 28644 | 62 | 13.02 | 56 | 946.23 | 61 | 731289 | 18 |
| 霍邱县 | Huoqiu | 34863 | 43 | 88.22 | 11 | 4848.42 | 36 | 815533 | 10 |

**24—9 续表3 continued**

| 县（市） | County (City) | 就业人员平均工资（元）Average Wage of Staff and Workers (yuan) | | 规模以上工业增加值（亿元）Gross Industrial Output Value at and Above Township Level (100 million yuan) | | 人均工业增加值（元）Per Capita Gross Industrial Output Value (yuan) | | 农林牧渔业总产值（万元）Gross Output Value of Farming, Forestry, Animal Husbandry and Fishery (10000 yuan) | |
|---|---|---|---|---|---|---|---|---|---|
| | | 指 标 Amount | 位 次 Order of Prece-dence | 指 标 Amount | 位 次 Order of Prece-dence | 指 标 Amount | 位 次 Order of Prece-dence | 指 标 Amount | 位 次 Order of Prece-dence |
| 舒 城 县 | Shucheng | 35192 | 42 | 36.61 | 28 | 3669.07 | 46 | 475525 | 28 |
| 金 寨 县 | Jinzhai | 34763 | 44 | 28.91 | 42 | 4328.85 | 42 | 285980 | 47 |
| 霍 山 县 | Huoshan | 34275 | 46 | 68.71 | 15 | 18819.15 | 6 | 192346 | 54 |
| 当 涂 县 | Dangtu | 50423 | 2 | 105.88 | 7 | 16128.87 | 7 | 358226 | 39 |
| 含 山 县 | Hanshan | 45976 | 7 | 32.61 | 37 | 7317.90 | 22 | 305247 | 43 |
| 和 县 | Hexian | 40997 | 21 | 35.26 | 32 | 6470.65 | 27 | 374126 | 37 |
| 芜 湖 县 | Wuhu | 45718 | 8 | 91.04 | 10 | 26192.44 | 2 | 270288 | 48 |
| 繁 昌 县 | Fanchang | 49014 | 3 | 152.47 | 2 | 54659.85 | 1 | 142523 | 56 |
| 南 陵 县 | Nanling | 43087 | 14 | 59.76 | 19 | 10784.13 | 13 | 443486 | 31 |
| 无 为 县 | Wuwei | 42168 | 17 | 149.84 | 3 | 10507.25 | 14 | 964625 | 3 |
| 宁 国 市 | Ningguo | 43890 | 11 | 100.78 | 8 | 25991.17 | 3 | 299948 | 44 |
| 郎 溪 县 | Langxi | 40449 | 23 | 40.95 | 26 | 11930.06 | 12 | 214471 | 52 |
| 广 德 县 | Guangde | 48317 | 4 | 64.36 | 17 | 12493.93 | 11 | 286667 | 46 |
| 泾 县 | Jingxian | 42193 | 16 | 20.32 | 50 | 5709.33 | 32 | 244818 | 50 |
| 绩 溪 县 | Jixi | 43452 | 12 | 13.80 | 55 | 7797.43 | 21 | 150880 | 55 |
| 旌 德 县 | Jingde | 40845 | 22 | 8.55 | 60 | 5698.38 | 34 | 101220 | 59 |
| 铜 陵 县 | Tongling | 47267 | 5 | 58.45 | 20 | 19891.26 | 5 | 135271 | 58 |
| 东 至 县 | Dongzhi | 40002 | 25 | 27.97 | 43 | 5099.24 | 35 | 420449 | 33 |
| 石 台 县 | Shitai | 32487 | 53 | 3.58 | 62 | 3292.39 | 48 | 51681 | 62 |
| 青 阳 县 | Qingyang | 41960 | 19 | 24.93 | 47 | 8594.22 | 18 | 136583 | 57 |
| 桐 城 市 | Tongcheng | 39936 | 26 | 95.59 | 9 | 12627.01 | 10 | 416909 | 34 |
| 怀 宁 县 | Huaining | 37348 | 33 | 64.84 | 16 | 9299.32 | 16 | 336569 | 41 |
| 枞 阳 县 | Zongyang | 36724 | 35 | 61.65 | 18 | 6343.83 | 30 | 477148 | 27 |
| 潜 山 县 | Qianshan | 38642 | 30 | 36.48 | 29 | 6207.13 | 31 | 297395 | 45 |
| 太 湖 县 | Taihu | 35972 | 40 | 26.71 | 44 | 4689.17 | 40 | 343180 | 40 |
| 宿 松 县 | Susong | 34708 | 45 | 35.13 | 34 | 4186.28 | 43 | 647994 | 22 |
| 望 江 县 | Wangjiang | 29428 | 61 | 30.47 | 40 | 4807.73 | 37 | 443603 | 30 |
| 岳 西 县 | Yuexi | 32486 | 54 | 25.85 | 46 | 6378.68 | 29 | 226698 | 51 |
| 歙 县 | Shexian | 38960 | 29 | 31.92 | 38 | 6633.60 | 26 | 248152 | 49 |
| 休 宁 县 | Xiuning | 39651 | 28 | 12.51 | 57 | 4543.61 | 41 | 196243 | 53 |
| 黟 县 | Yixian | 36151 | 39 | 3.97 | 61 | 4180.66 | 44 | 56608 | 61 |
| 祁 门 县 | Qimen | 36495 | 38 | 8.96 | 59 | 4793.96 | 38 | 86306 | 60 |

## 24—9 续表4 continued

| 县（市） | County (City) | 人均农林牧渔业总产值（元） Per Capita Gross Outpnt Value of Farming, Forestry, Animal Husbandry and Fishery (yuan) | | 农民人均纯收入（元） Annual per Capita Net Income of Rural Residents (yuan) | | 社会消费品零售总额（万元） Total Retail Sale of Consumer Goods (10000 yuan) | | 人均社会消费品零售总额（元） Per Capita Total Retail Sale of Consumer Goods (yuan) | |
|---|---|---|---|---|---|---|---|---|---|
| | | 指标 Amount | 位次 Order of Prece-dence | 指标 Amount | 位次 Order of Prece-dence | 指标 Amount | 位次 Order of Prece-dence | 指标 Amount | 位次 Order of Prece-dence |
| 巢湖市 | Chaohu | 4905.27 | 46 | 7925.50 | 28 | 659334 | 4 | 7385.82 | 11 |
| 长丰县 | Changfeng | 10751.81 | 1 | 8438.90 | 21 | 315345 | 43 | 4078.67 | 51 |
| 肥东县 | Feidong | 9006.64 | 5 | 9708.70 | 10 | 533329 | 11 | 4914.25 | 38 |
| 肥西县 | Feixi | 9620.55 | 4 | 9787.30 | 9 | 525467 | 13 | 5712.36 | 29 |
| 庐江县 | Lujiang | 5674.85 | 34 | 8073.62 | 26 | 577656 | 8 | 4861.52 | 39 |
| 濉溪县 | Suixi | 5466.64 | 38 | 7034.47 | 41 | 468233 | 19 | 4285.63 | 48 |
| 涡阳县 | Guoyang | 4727.85 | 53 | 7074.00 | 40 | 695722 | 3 | 4564.96 | 42 |
| 蒙城县 | Mengcheng | 5843.27 | 33 | 7110.00 | 39 | 655807 | 6 | 4918.59 | 37 |
| 利辛县 | Lixin | 4887.35 | 48 | 5086.02 | 58 | 591200 | 7 | 3744.41 | 53 |
| 砀山县 | Dangshan | 6323.66 | 27 | 6305.78 | 49 | 341588 | 39 | 3412.63 | 56 |
| 萧县 | Xiaoxian | 6214.61 | 30 | 7011.82 | 42 | 499722 | 15 | 3487.86 | 55 |
| 灵璧县 | Lingbi | 6839.13 | 24 | 6357.81 | 48 | 300912 | 44 | 2406.22 | 61 |
| 泗县 | Sixian | 8382.44 | 8 | 6552.12 | 47 | 262774 | 48 | 2795.12 | 58 |
| 怀远县 | Huaiyuan | 6984.06 | 19 | 7717.05 | 30 | 658957 | 5 | 4805.93 | 40 |
| 五河县 | Wuhe | 10105.44 | 3 | 7682.63 | 31 | 391964 | 28 | 5344.58 | 32 |
| 固镇县 | Guzhen | 10596.07 | 2 | 7651.04 | 32 | 318080 | 42 | 5025.63 | 35 |
| 界首市 | Jieshou | 4803.92 | 50 | 7343.75 | 37 | 327181 | 41 | 4141.20 | 49 |
| 临泉县 | Linquan | 4597.88 | 57 | 5004.85 | 59 | 537957 | 10 | 2400.41 | 62 |
| 太和县 | Taihe | 4496.29 | 59 | 6990.12 | 44 | 878737 | 1 | 5043.33 | 34 |
| 阜南县 | Funan | 4590.69 | 58 | 4908.69 | 61 | 457642 | 21 | 2691.46 | 60 |
| 颍上县 | Yingshang | 4376.27 | 61 | 5952.33 | 54 | 484141 | 17 | 2792.90 | 59 |
| 凤台县 | Fengtai | 4891.73 | 47 | 8127.24 | 25 | 452110 | 22 | 5870.07 | 28 |
| 天长市 | Tianchang | 7170.84 | 16 | 10369.15 | 7 | 468867 | 18 | 7386.22 | 10 |
| 明光市 | Mingguang | 7569.42 | 15 | 7419.96 | 35 | 387710 | 29 | 6031.55 | 25 |
| 来安县 | Laian | 6233.36 | 29 | 9435.85 | 14 | 344344 | 38 | 6874.11 | 18 |
| 全椒县 | Quanjiao | 7870.85 | 10 | 8611.76 | 20 | 339186 | 40 | 7277.91 | 12 |
| 定远县 | Dingyuan | 8576.71 | 6 | 7335.20 | 38 | 344618 | 37 | 3526.75 | 54 |
| 凤阳县 | Fengyang | 6972.87 | 20 | 7910.69 | 29 | 362249 | 36 | 4748.27 | 41 |
| 寿县 | Shouxian | 5313.52 | 40 | 6270.14 | 50 | 533051 | 12 | 3873.13 | 52 |
| 霍邱县 | Huoqiu | 4481.89 | 60 | 6615.00 | 46 | 571893 | 9 | 3142.92 | 57 |

## 24—9 续表5 continued

| 县（市） | County (City) | 人均农林牧渔业总产值（元）Per Capita Gross Outpnt Value of Farming, Forestry, Animal Husbandry and Fishery (yuan) | | 农民人均纯收入（元）Annual per Capita Net Income of Rural Residents (yuan) | | 社会消费品零售总额（万元）Total Retail Sale of Consumer Goods (10000 yuan) | | 人均社会消费品零售总额（元）Per Capita Total Retail Sale of Consumer Goods (yuan) | |
|---|---|---|---|---|---|---|---|---|---|
| | | 指标 Amount | 位次 Order of Prece-dence | 指标 Amount | 位次 Order of Prece-dence | 指标 Amount | 位次 Order of Prece-dence | 指标 Amount | 位次 Order of Prece-dence |
| 舒城县 | Shucheng | 4765.17 | 51 | 6769.33 | 45 | 448787 | 24 | 4497.23 | 44 |
| 金寨县 | Jinzhai | 4281.60 | 62 | 6255.95 | 51 | 364635 | 34 | 5459.20 | 31 |
| 霍山县 | Huoshan | 5268.42 | 41 | 7001.00 | 43 | 221985 | 53 | 6080.25 | 24 |
| 当涂县 | Dangtu | 5456.87 | 39 | 12383.45 | 1 | 371060 | 32 | 5652.37 | 30 |
| 含山县 | Hanshan | 6849.79 | 23 | 9645.89 | 11 | 235600 | 51 | 5286.90 | 33 |
| 和县 | Hexian | 6866.03 | 22 | 9563.66 | 13 | 363600 | 35 | 6672.85 | 19 |
| 芜湖县 | Wuhu | 7776.13 | 11 | 11133.65 | 3 | 370765 | 33 | 10666.83 | 2 |
| 繁昌县 | Fanchang | 5109.46 | 43 | 10887.68 | 4 | 296863 | 45 | 10642.56 | 3 |
| 南陵县 | Nanling | 8003.05 | 9 | 10587.60 | 6 | 467069 | 20 | 8428.62 | 6 |
| 无为县 | Wuwei | 6764.11 | 25 | 8374.69 | 22 | 848882 | 2 | 5952.51 | 26 |
| 宁国市 | Ningguo | 7735.66 | 12 | 11451.00 | 2 | 488682 | 16 | 12603.11 | 1 |
| 郎溪县 | Langxi | 6247.81 | 28 | 7424.11 | 33 | 203280 | 55 | 5921.80 | 27 |
| 广德县 | Guangde | 5564.64 | 36 | 10629.34 | 5 | 395855 | 27 | 7684.15 | 9 |
| 泾县 | Jingxian | 6879.18 | 21 | 7423.00 | 34 | 236569 | 50 | 6647.39 | 20 |
| 绩溪县 | Jixi | 8527.23 | 7 | 8152.00 | 24 | 173837 | 57 | 9824.69 | 4 |
| 旌德县 | Jingde | 6742.70 | 26 | 7413.00 | 36 | 125824 | 60 | 8381.67 | 7 |
| 铜陵县 | Tongling | 4603.75 | 56 | 9630.17 | 12 | 209279 | 54 | 7122.51 | 14 |
| 东至县 | Dongzhi | 7665.87 | 14 | 8059.00 | 27 | 273907 | 46 | 4994.04 | 36 |
| 石台县 | Shitai | 4749.46 | 52 | 4440.00 | 62 | 77361 | 61 | 7109.42 | 15 |
| 青阳县 | Qingyang | 4708.05 | 54 | 8241.00 | 23 | 225774 | 52 | 7782.47 | 8 |
| 桐城市 | Tongcheng | 5507.14 | 37 | 9806.96 | 8 | 525088 | 14 | 6936.12 | 17 |
| 怀宁县 | Huaining | 4827.05 | 49 | 8614.98 | 19 | 451687 | 23 | 6478.07 | 21 |
| 枞阳县 | Zongyang | 4910.15 | 45 | 6063.43 | 53 | 436345 | 25 | 4490.26 | 45 |
| 潜山县 | Qianshan | 5060.04 | 44 | 5455.71 | 56 | 375118 | 31 | 6382.46 | 23 |
| 太湖县 | Taihu | 6024.66 | 31 | 5263.27 | 57 | 259713 | 49 | 4559.37 | 43 |
| 宿松县 | Susong | 7722.22 | 13 | 6141.00 | 52 | 376445 | 30 | 4486.14 | 46 |
| 望江县 | Wangjiang | 6999.54 | 18 | 5933.00 | 55 | 272017 | 47 | 4292.11 | 47 |
| 岳西县 | Yuexi | 5593.30 | 35 | 4923.04 | 60 | 167790 | 58 | 4139.86 | 50 |
| 歙县 | Shexian | 5157.83 | 42 | 8945.95 | 16 | 422415 | 26 | 8779.88 | 5 |
| 休宁县 | Xiuning | 7128.14 | 17 | 9238.59 | 15 | 199896 | 56 | 7260.83 | 13 |
| 黟县 | Yixian | 5956.98 | 32 | 8902.02 | 18 | 60757 | 62 | 6393.59 | 22 |
| 祁门县 | Qimen | 4619.21 | 55 | 8917.08 | 17 | 130124 | 59 | 6964.41 | 16 |

# 附　录

APPENDIX

## 简要说明

一、附表 1：贫困县监测情况由省农村贫困监测办公室提供。贫困概念指在一定的社会方式和生活方式下，个人家庭所得难以维持基本生存要求状况。

二、附表 2：全部林业部门产业总产值由省林业厅提供。

三、附表 3：全省建制镇基本情况由省局农业处提供。

## Brief Introduction

Ⅰ. The attached schedule 1: Data on observation and survey of counties are provided by the Rural Poverty Observation and Survey Office of Anhui Province. Poverty means that the income of the persons in the family can't meet the basic living demand in certain social and living style.

Ⅱ. The attached schedule 2 : Gross Output Value of All Industries in Forestry System was provided by Department of Forestry of Anhui Province.

Ⅲ. The attached schedule 3 : Basic situation of entire province organic town was provided by Department of agriculture of Anhui Province.

## 附录1—1 全省农村贫困监测调查情况
Observation and Survey of Poverty in Rural Areas

| | | 贫 困 人 口<br>(万人)<br>Poor Population<br>(10000 persons) | | 贫困发生率<br>(%)<br>Proportion of Poor<br>Population to the Total (%) | |
|---|---|---|---|---|---|
| | | 2011 | 2012 | 2011 | 2012 |
| **总　计** | **Total** | **790.24** | **679.05** | **14.70** | **12.60** |
| 国家连片特困地区大别山片区县 | Country United destitute Dabieshan Mountain District | 285.01 | 250.55 | 22.50 | 19.80 |
| 国家扶贫开发重点县 | National Key Counties of Poverty-relief and Development | 400.98 | 368.45 | 21.50 | 19.10 |
| 省扶贫开发重点县 | Prvincial Key Counties of Poverty-relief and Development | 163.42 | 134.67 | 14.90 | 12.10 |

## 附录1—2 各市农村贫困监测调查情况
Observation and Survey of Poverty in Rural Areas by Region

| 地　区 | Region | 贫 困 人 口<br>(万人)<br>Poor Population<br>(10000 persons) | | 贫困发生率<br>(%)<br>Proportion of Poor<br>Population to the Total (%) | |
|---|---|---|---|---|---|
| | | 2011 | 2012 | 2011 | 2012 |
| **总　计** | **Total** | **790.24** | **679.05** | **14.70** | **12.60** |
| 合 肥 市 | Hefei | 40.69 | 32.35 | 9.00 | 7.10 |
| 淮 北 市 | Huaibei | 8.01 | 6.79 | 5.70 | 4.90 |
| 亳 州 市 | Bozhou | 84.89 | 67.58 | 16.80 | 13.40 |
| 宿 州 市 | Suzhou | 96.87 | 83.00 | 17.70 | 15.50 |
| 蚌 埠 市 | Bengbu | 19.50 | 19.12 | 7.00 | 6.80 |
| 阜 阳 市 | Fuyang | 163.45 | 140.52 | 18.50 | 15.70 |
| 淮 南 市 | Huainan | 10.08 | 7.94 | 7.50 | 5.80 |
| 滁 州 市 | Chuzhou | 33.70 | 30.08 | 9.30 | 8.30 |
| 六 安 市 | Luan | 128.62 | 114.34 | 20.00 | 17.90 |
| 马鞍山市 | Maanshan | 6.64 | 6.06 | 4.60 | 4.20 |
| 芜 湖 市 | Wuhu | 25.02 | 21.38 | 10.10 | 8.80 |
| 宣 城 市 | Xuancheng | 16.73 | 13.69 | 7.10 | 5.70 |
| 铜 陵 市 | Tongling | 1.31 | 1.14 | 4.20 | 3.80 |
| 池 州 市 | Chizhou | 15.45 | 13.47 | 11.30 | 9.90 |
| 安 庆 市 | Anqing | 123.98 | 108.58 | 23.60 | 20.70 |
| 黄 山 市 | Huangshan | 15.32 | 13.01 | 12.90 | 10.90 |

## 附录1—3 农村扶贫开发重点县监测调查情况
Observation and Survey of Poor County

| 地　区 | Region | 贫困人口（万人）Poor Population (10000 persons) | | 贫困发生率（%）Proportion of Poor Population to the Total (%) | |
|---|---|---|---|---|---|
| | | 2011 | 2012 | 2011 | 2012 |
| **国家扶贫开发重点县** | **At National Level** | **400.98** | **368.45** | **21.50** | **19.10** |
| 潜山县 | Qianshan | 14.01 | 11.96 | 25.80 | 22.40 |
| 太湖县 | Taihu | 20.20 | 17.63 | 39.40 | 34.30 |
| 宿松县 | Susong | 22.42 | 17.66 | 30.70 | 24.00 |
| 望江县 | Wangjiang | | 17.52 | | 29.90 |
| 岳西县 | Yuexi | 16.03 | 15.04 | 39.90 | 37.20 |
| 颍东区 | Yingdong District | 16.61 | 14.36 | 28.60 | 24.40 |
| 临泉县 | Linquan | 35.32 | 30.15 | 17.60 | 15.00 |
| 阜南县 | Funan | 31.85 | 28.76 | 20.40 | 18.40 |
| 颍上县 | Yingshang | 27.07 | 23.02 | 18.50 | 15.10 |
| 砀山县 | Dangshan | 14.93 | 13.64 | 17.40 | 14.80 |
| 萧　县 | Xiaoxian | 29.77 | 27.61 | 22.50 | 22.20 |
| 灵璧县 | Lingbi | 18.74 | 14.38 | 17.10 | 12.80 |
| 泗　县 | Sixian | 12.89 | 10.92 | 15.10 | 12.80 |
| 裕安区 | Yuan District | 22.83 | 19.10 | 25.40 | 21.20 |
| 寿　县 | Shouxian | 19.77 | 18.23 | 14.70 | 14.00 |
| 霍邱县 | Huoqiu | 27.64 | 25.53 | 17.80 | 16.40 |
| 舒城县 | Shucheng | 16.86 | 14.68 | 19.20 | 16.70 |
| 金寨县 | Jinzhai | 19.53 | 17.48 | 33.80 | 30.10 |
| 利辛县 | Lixin | 30.93 | 27.58 | 22.40 | 20.30 |
| 石台县 | Shitai | 3.58 | 3.22 | 37.70 | 33.70 |
| **省扶贫开发重点县** | **At Provincial Level** | **163.42** | **134.67** | **14.90** | **12.10** |
| 怀远县 | Huaiyuan | 6.01 | 7.69 | 5.10 | 6.40 |
| 定远县 | Dingyuan | 16.80 | 14.97 | 19.40 | 17.30 |
| 颍州区 | Yingzhou District | 4.77 | 5.02 | 11.10 | 9.60 |
| 颍泉区 | Yingquan District | 10.95 | 9.13 | 19.40 | 16.00 |
| 太和县 | Taihe | 25.05 | 21.20 | 16.50 | 13.80 |
| 界首市 | Jieshou | 11.83 | 8.89 | 17.90 | 13.50 |
| 埇桥区 | Yongqiao District | 20.53 | 16.45 | 15.20 | 12.10 |
| 金安区 | Jinan District | 13.51 | 11.32 | 18.80 | 15.70 |
| 谯城区 | Qiaocheng District | 18.93 | 11.70 | 15.20 | 9.40 |
| 涡阳县 | Guoyang | 19.80 | 16.26 | 14.90 | 12.30 |
| 蒙城县 | Mengcheng | 15.23 | 12.04 | 13.70 | 10.80 |

## 附录1—4　连片区县农村贫困监测调查情况
United Counties and Areas of Rural Poverty Monitoring Survey

| 地　　区 | Region | 贫困人口（万人） Poor Population (10000 persons) | | 贫困发生率（%） Proportion of Poor Population to the Total (%) | |
|---|---|---|---|---|---|
| | | 2011 | 2012 | 2011 | 2012 |
| **国家连片特困大别山片区县** | **Country United destitute Dabishan mountain distric** | **285.01** | **250.55** | **22.50** | **19.80** |
| 潜山县 | Qianshan | 14.01 | 11.96 | 25.8 | 22.4 |
| 太湖县 | Taihu | 20.20 | 17.63 | 39.4 | 34.3 |
| 宿松县 | Susong | 22.42 | 17.66 | 30.7 | 24.0 |
| 望江县 | Wangjiang | 20.24 | 17.52 | 34.6 | 29.9 |
| 岳西县 | Yuexi | 16.03 | 15.04 | 39.9 | 37.2 |
| 临泉县 | Linquan | 35.32 | 30.15 | 17.6 | 15.0 |
| 阜南县 | Funan | 31.85 | 28.76 | 20.4 | 18.1 |
| 颍上县 | Yingshang | 27.07 | 23.02 | 18.5 | 15.1 |
| 寿　县 | Shouxian | 19.77 | 18.23 | 14.7 | 14.0 |
| 霍邱县 | Huoqiu | 27.64 | 25.53 | 17.8 | 16.4 |
| 金寨县 | Jinzhai | 19.53 | 17.48 | 33.8 | 30.1 |
| 利辛县 | Lixin | | 30.93 | | 22.4 |
| **省开发连片地区县** | **Provinical development United district** | **248.96** | | **14.7** | |
| 怀远县 | Huaiyuan | 6.01 | 7.69 | 5.1 | 6.4 |
| 五河县 | Wuhe | 6.46 | 5.61 | 9.7 | 8.3 |
| 固镇县 | Guzhen | 5.38 | 4.50 | 9.6 | 8.0 |
| 濉溪县 | Suixi | 5.98 | 5.07 | 6.3 | 5.4 |
| 凤阳县 | Fengyang | 5.09 | 4.54 | 7.4 | 6.7 |
| 颍州区 | Yingzhou District | 4.77 | 5.02 | 11.1 | 9.6 |
| 颍东区 | Yingdong District | 16.61 | 14.36 | 28.6 | 24.4 |
| 颍泉区 | Yingquan District | 10.95 | 9.13 | 19.4 | 16.0 |
| 太和县 | Taihe | 25.05 | 21.20 | 16.5 | 13.8 |
| 界首市 | Jieshou | 11.83 | 8.89 | 17.9 | 13.5 |
| 埇桥区 | Yongqiao District | 20.53 | 16.45 | 15.2 | 12.1 |
| 砀山县 | Dangshan | 14.93 | 13.64 | 17.4 | 14.8 |
| 萧　县 | Xiaoxian | 29.77 | 27.61 | 22.5 | 22.2 |
| 灵璧县 | Lingbi | 18.74 | 14.38 | 17.1 | 12.8 |
| 泗　县 | Sixian | 12.89 | 10.92 | 15.1 | 12.8 |
| 谯城区 | Qiaocheng District | 18.93 | 11.70 | 15.2 | 9.4 |
| 涡阳县 | Guoyang | 19.80 | 16.26 | 14.9 | 12.3 |
| 蒙城县 | Mengcheng | 15.23 | 12.04 | 13.7 | 10.8 |

## 附录2 全部林业部门产业总产值

Gross Output Value of All Industries in Forestry System, Anhui Province

单位：万元（10000 yuan）

| 指　　标 | Item | 2012 |
|---|---|---|
| **总　　计** | **Total** | **15997836** |
| **第一产业** | **The First Industry** | **5076563** |
| 林木的培育和种植 | Forest Cultivating and Planting | 1234251 |
| 育种和育苗 | Seeds and Seedlings | 500941 |
| 造　林 | Afforestation | 302332 |
| 林木的抚育和管理 | Forest Tending and Management | 430978 |
| 木材和竹材的采运 | Timber and Bamboo Logging and Transportation | 711879 |
| 木材采运 | Timber Logging and Transportation | 530483 |
| 竹材采运 | Bamboo Logging and Transportation | 181396 |
| 经济林产品的种植与采集 | Economic Forest Planting and Products Collecting | 2533238 |
| 花卉的种植 | Flowers Industry | 372358 |
| 陆生野生动物繁育与利用 | Land Wild Animals Raising and Utilization | 100068 |
| 林业服务业 | Forestry Service Industry | 36182 |
| **第二产业** | **The Second Industry** | **8750941** |
| 木材加工及木、竹、藤、棕、苇制品制造 | Timber Processing and Wood, Bamboo, Vine, Palm, and Reeds Products | 6533666 |
| 木、竹、藤家具制造 | Wooden, Bamboo and Vine Furniture | 592793 |
| 木、竹、苇浆造纸 | Wood, Bamboo and Reeds Pulp/Paper | 99930 |
| 林产化学产品制造 | Forestry Chemical Products | 109927 |
| 木质工艺品和木质文教体育用品制造 | Wooden Craftwork and Education/Sports Tools | 308288 |
| 非木质林产品加工制造业 | Non-wood Forestry Products | 710820 |
| 其　他 | Others | 213641 |
| **第三产业** | **The Third Industry** | **2170332** |
| 林业旅游与休闲服务 | Forestry Tourism and Relaxation Service | 1557984 |
| 林业生态服务 | Forestry Zoology Service | 216572 |
| 林业专业技术服务 | Forestry Technical Service | 72939 |
| 林业公共管理服务 | Forestry Public Adminstration and Service | 208879 |

注：该表由省林业厅提供，统计核算执行国家林业局部门统计制度，并由国家统计局备案。

a) The table is provided by Forestry Department of Anhui Province, the statistics is in accordance with the regulation made by China State Forestry Administration, which is put on records in China State Statistic Bureau.

## 附录3 全省建制镇基本情况（2012年）

Basic Conditions on Organic Town of the Province (2012)

| 镇 Town | 总人口（人）Population (person) | 从业人员数（人）Number of Employed Persons (person) | 粮食总产量（吨）Grain (ton) | 肉类总产量（吨）Output of Meat (ton) | 企业个数（个）Number of Enterprises (unit) | 工业企业 Industrial Enterprises | 财政总收入（万元）Total Revenue (10000 yuan) | 农民人均纯收入（元）Per Net Income of Farmer (yuan) |
|---|---|---|---|---|---|---|---|---|
| 合肥市瑶海区大兴镇 | 56531 | 7763 | 1426 | 258 | 207 | 101 | 2316 | 10782 |
| 合肥市庐阳区大杨镇 | 34322 | 28072 | 1904 | 2221 | 121 | 101 | 36100 | 14048 |
| 合肥市蜀山区井岗镇 | 116260 | 35723 |  |  | 753 | 115 | 21000 | 13186 |
| 合肥市蜀山区南岗镇 | 18455 | 8875 | 30 | 1364 | 56 | 46 | 2690 | 12971 |
| 合肥市包河区淝河镇 | 98265 | 46256 |  | 468 | 245 | 168 | 4080 | 12435 |
| 合肥市包河区大圩镇 | 23255 | 10663 | 910 | 359 | 28 | 24 | 2543 | 9694 |
| 长丰县水湖镇 | 120190 | 38435 | 40640 | 16975 | 472 | 95 | 13700 | 9723 |
| 长丰县庄墓镇 | 27289 | 10021 | 18863 | 3912 | 45 | 32 | 1133 | 7689 |
| 长丰县杨庙镇 | 39866 | 21213 | 35054 | 5224 | 67 | 47 | 1712 | 8492 |
| 长丰县吴山镇 | 47082 | 29999 | 41664 | 13759 | 92 | 58 | 3801 | 8841 |
| 长丰县岗集镇 | 62987 | 18653 | 26089 | 7040 | 380 | 260 | 22000 | 10185 |
| 长丰县双墩镇 | 93817 | 54732 | 52478 | 25478 | 294 | 211 | 37800 | 10013 |
| 长丰县下塘镇 | 95072 | 50683 | 66184 | 15904 | 189 | 88 | 7131 | 8926 |
| 长丰县朱巷镇 | 44705 | 17021 | 33568 | 13237 | 39 | 35 | 1515 | 8131 |
| 长丰县三十头镇 | 22366 | 13617 | 13456 | 7215 | 241 | 137 | 2601 | 10321 |
| 肥东县店埠镇 | 287946 | 51694 | 50504 | 8757 | 641 | 212 | 53131 | 11502 |
| 肥东县撮镇镇 | 100963 | 50172 | 29372 | 3379 | 697 | 418 | 48400 | 11142 |
| 肥东县梁园镇 | 84231 | 51117 | 58970 | 12592 | 157 | 46 | 3700 | 9809 |
| 肥东县桥头集镇 | 52242 | 26377 | 22526 | 3766 | 141 | 85 | 5500 | 10570 |
| 肥东县长临河镇 | 49948 | 32412 | 29914 | 6742 | 44 | 14 | 4630 | 9945 |
| 肥东县石塘镇 | 73240 | 40100 | 48654 | 6342 | 158 | 48 | 6759 | 10655 |
| 肥东县古城镇 | 81288 | 44119 | 61111 | 10417 | 20 | 7 | 1680 | 8601 |
| 肥东县八斗镇 | 79109 | 42716 | 61663 | 12395 | 71 | 10 | 3974 | 8915 |
| 肥东县元疃镇 | 32830 | 19442 | 29422 | 5509 | 42 | 28 | 6925 | 9775 |
| 肥东县白龙镇 | 75746 | 50302 | 59194 | 8813 | 46 | 38 | 2960 | 9080 |
| 肥东县包公镇 | 63578 | 36557 | 35890 | 6901 | 26 | 17 | 1354 | 9240 |
| 肥东县陈集镇 | 31647 | 20414 | 32811 | 3599 | 69 | 8 | 2793 | 8710 |
| 肥西县上派镇 | 127105 | 99637 | 18747 | 8821 | 676 | 218 | 57088 | 10960 |
| 肥西县三河镇 | 62903 | 48877 | 35987 | 1999 | 252 | 86 | 9330 | 10308 |
| 肥西县高刘镇 | 69617 | 45618 | 59974 | 4998 | 149 | 69 | 5840 | 9705 |
| 肥西县官亭镇 | 87575 | 58603 | 60780 | 22817 | 120 | 70 | 3774 | 9915 |
| 肥西县小庙镇 | 72229 | 51120 | 49456 | 21517 | 356 | 125 | 4627 | 9980 |
| 肥西县山南镇 | 74393 | 50996 | 56416 | 11994 | 467 | 183 | 8427 | 9645 |
| 肥西县花岗镇 | 107843 | 62556 | 76066 | 25176 | 231 | 147 | 3683 | 9967 |
| 肥西县紫蓬镇 | 42397 | 26525 | 8501 | 2254 | 113 | 65 | 4821 | 9975 |
| 肥西县桃花镇 | 62320 | 49023 |  |  | 205 | 140 | 43300 | 12078 |
| 肥西县丰乐镇 | 58075 | 36360 | 42125 | 3780 | 76 | 45 | 2530 | 9245 |
| 庐江县庐城镇 | 146800 | 74765 | 47739 | 3228 | 3849 | 487 | 73152 | 9271 |
| 庐江县冶父山镇 | 56589 | 31779 | 43238 | 3413 | 164 | 122 | 14682 | 8783 |
| 庐江县万山镇 | 46124 | 23625 | 36942 | 947 | 88 | 38 | 5597 | 8184 |
| 庐江县汤池镇 | 48917 | 22785 | 26569 | 1444 | 369 | 86 | 3983 | 7818 |
| 庐江县郭河镇 | 59125 | 33697 | 52197 | 2814 | 113 | 37 | 3033 | 8625 |
| 庐江县金牛镇 | 36387 | 20514 | 34245 | 1532 | 98 | 37 | 1848 | 7530 |
| 庐江县石头镇 | 37858 | 20953 | 32037 | 1319 | 121 | 59 | 2313 | 7985 |
| 庐江县同大镇 | 84394 | 53144 | 63168 | 1092 | 71 | 55 | 4551 | 8647 |
| 庐江县白山镇 | 63237 | 27637 | 38642 | 2005 | 110 | 26 | 2388 | 7727 |
| 庐江县盛桥镇 | 71938 | 34412 | 48810 | 2453 | 324 | 104 | 2162 | 8184 |
| 庐江县白湖镇 | 101516 | 41192 | 151986 | 5450 | 234 | 79 | 7526 | 7599 |
| 庐江县龙桥镇 | 59019 | 36173 | 37185 | 1414 | 79 | 41 | 32228 | 7516 |
| 庐江县矾山镇 | 66918 | 34271 | 21604 | 1293 | 203 | 181 | 7490 | 7617 |
| 庐江县罗河镇 | 70798 | 35497 | 35583 | 1231 | 94 | 22 | 4415 | 8751 |
| 庐江县泥河镇 | 95193 | 40932 | 71967 | 2513 | 420 | 184 | 5167 | 8592 |

**附录3　续表1**　continued

| 镇　　Town | 总人口（人）Population (person) | 从业人员数（人）Number of Employed Persons (person) | 粮食总产量（吨）Grain (ton) | 肉类总产量（吨）Output of Meat (ton) | 企业个数（个）Number of Enterprises (unit) | 工业企业 Industrial Enterprises | 财政总收入（万元）Total Revenue (10000 yuan) | 农民人均纯收入（元）Per Net Income of Farmer (yuan) |
|---|---|---|---|---|---|---|---|---|
| 庐江县乐桥镇 | 60476 | 30597 | 49217 | 1624 | 67 | 60 | 962 | 6755 |
| 庐江县柯坦镇 | 62713 | 25285 | 42021 | 2820 | 172 | 72 | 1566 | 6548 |
| 巢湖市栏杆集镇 | 48035 | 27705 | 33085 | 3512 | 25 | 16 | 1894 | 7562 |
| 巢湖市苏湾镇 | 57278 | 48700 | 28635 | 4640 | 20 | 14 | 4359 | 7381 |
| 巢湖市柘皋镇 | 78510 | 39330 | 36693 | 2756 | 185 | 85 | 2800 | 8195 |
| 巢湖市银屏镇 | 37152 | 17802 | 13984 | 1254 | 75 | 42 | 5760 | 7693 |
| 巢湖市夏阁镇 | 68112 | 35262 | 32178 | 1627 | 70 | 43 | 5749 | 7572 |
| 巢湖市中垾镇 | 33079 | 20431 | 28116 | 3012 | 95 | 87 | 4150 | 8013 |
| 巢湖市散兵镇 | 39456 | 22146 | 10351 | 456 | 121 | 118 | 8168 | 7881 |
| 巢湖市烔炀镇 | 66006 | 41084 | 24735 | 2156 | 73 | 65 | 4182 | 8321 |
| 巢湖市黄麓镇 | 41824 | 21118 | 11173 | 2811 | 57 | 55 | 6390 | 8172 |
| 巢湖市槐林镇 | 72116 | 35578 | 44348 | 1222 | 151 | 124 | 4400 | 8480 |
| 巢湖市坝镇镇 | 34095 | 18802 | 21379 | 3455 | 55 | 48 | 762 | 8303 |
| 淮北市杜集区朔里镇 | 30589 | 15186 | 12012 | 1508 | 267 | 128 | 17100 | 8572 |
| 淮北市杜集区石台镇 | 29403 | 14753 | 9442 | 2003 | 2767 | 96 | 6100 | 8373 |
| 淮北市杜集区段圆镇 | 28586 | 18933 | 11406 | 1638 | 169 | 125 | 9200 | 8603 |
| 淮北市相山区渠沟镇 | 65912 | 34201 | 34584 | 3895 | 129 | 111 | 6384 | 7560 |
| 淮北市烈山区烈山镇 | 78990 | 46350 | 20300 | 8640 | 325 | 168 | 5600 | 7328 |
| 淮北市烈山区宋疃镇 | 57572 | 27108 | 26311 | 10567 | 87 | 78 | 3965 | 7118 |
| 淮北市烈山区古饶镇 | 88801 | 55875 | 89499 | 7341 | 825 | 243 | 1175 | 6947 |
| 濉溪县濉溪镇 | 95740 | 9241 | 15190 | 1891 | 428 | 150 | 36001 | 7196 |
| 濉溪县韩村镇 | 69488 | 33001 | 78989 | 2550 | 368 | 195 | 23211 | 7285 |
| 濉溪县刘桥镇 | 56984 | 29148 | 42740 | 4975 | 211 | 173 | 8376 | 7307 |
| 濉溪县五沟镇 | 103158 | 55014 | 166988 | 5500 | 191 | 50 | 19063 | 7211 |
| 濉溪县临涣镇 | 91110 | 50388 | 104835 | 3730 | 146 | 75 | 8385 | 7292 |
| 濉溪县百善镇 | 113044 | 62153 | 141728 | 5886 | 498 | 85 | 13093 | 7213 |
| 濉溪县铁佛镇 | 125118 | 52459 | 139784 | 5487 | 384 | 99 | 6639 | 7130 |
| 濉溪县南坪镇 | 96698 | 43843 | 192884 | 5858 | 318 | 43 | 4537 | 7366 |
| 濉溪县双堆集镇 | 100226 | 52634 | 253777 | 5445 | 43 | 27 | 926 | 7132 |
| 濉溪县孙町镇 | 107069 | 59998 | 192752 | 5363 | 92 | 32 | 14960 | 7127 |
| 亳州市谯城区古井镇 | 67510 | 38000 | 5500 | 3000 | 165 | 136 | 5700 | 7505 |
| 亳州市谯城区芦庙镇 | 39810 | 21000 | 22500 | 3000 | 90 | 16 | 835 | 6263 |
| 亳州市谯城区华佗镇 | 44961 | 22150 | 18306 | 3666 | 25 | 19 | 700 | 7275 |
| 亳州市谯城区魏岗镇 | 56410 | 26000 | 25000 | 8000 | 40 | 25 | 2136 | 7145 |
| 亳州市谯城区牛集镇 | 69657 | 41000 | 39500 | 9000 | 183 | 32 | 800 | 7184 |
| 亳州市谯城区颜集镇 | 52432 | 34000 | 20000 | 2500 | 25 | 10 | 535 | 6983 |
| 亳州市谯城区五马镇 | 41000 | 22000 | 15000 | 2000 | 35 | 21 | 900 | 7015 |
| 亳州市谯城区十八里镇 | 68000 | 45000 | 38000 | 3500 | 1510 | 915 | 15000 | 7244 |
| 亳州市谯城区谯东镇 | 70673 | 37648 | 14000 | 1560 | 36 | 21 | 733 | 6831 |
| 亳州市谯城区十九里镇 | 30000 | 18400 | 5500 | 180 | 178 | 116 | 9752 | 7167 |
| 亳州市谯城区沙土镇 | 61000 | 32000 | 50000 | 1300 | 36 | 23 | 860 | 7046 |
| 亳州市谯城区观唐镇 | 62000 | 33000 | 55000 | 2600 | 51 | 36 | 660 | 7161 |
| 亳州市谯城区大杨镇 | 70316 | 41887 | 52422 | 3500 | 38 | 33 | 2200 | 7356 |
| 亳州市谯城区城父镇 | 65734 | 30222 | 50770 | 3000 | 26 | 18 | 960 | 7120 |
| 亳州市谯城区十河镇 | 60000 | 30511 | 50000 | 2700 | 20 | 15 | 1484 | 7112 |
| 亳州市谯城区双沟镇 | 71000 | 40000 | 80000 | 1300 | 46 | 34 | 1200 | 7185 |
| 亳州市谯城区淝河镇 | 47000 | 26000 | 53903 | 1100 | 26 | 10 | 1000 | 7213 |
| 亳州市谯城区古城镇 | 52000 | 27000 | 50037 | 2500 | 145 | 26 | 750 | 6858 |
| 亳州市谯城区龙扬镇 | 61000 | 38000 | 55000 | 3600 | 16 | 11 | 749 | 6900 |
| 亳州市谯城区立德镇 | 48292 | 29000 | 35000 | 3050 | 32 | 21 | 396 | 6513 |
| 涡阳县西阳镇 | 43720 | 25149 | 43317 | 3666 | 610 | 45 | 354 | 7386 |
| 涡阳县涡南镇 | 65806 | 34891 | 55146 | 2063 | 603 | 120 | 292 | 6781 |
| 涡阳县楚店镇 | 56226 | 27689 | 42244 | 2513 | 265 | 153 | 503 | 6773 |
| 涡阳县高公镇 | 46339 | 22237 | 38650 | 2178 | 148 | 41 | 465 | 7120 |

**附录3　续表2**　continued

| 镇　Town | 总人口（人）Population (person) | 从业人员数（人）Number of Employed Persons (person) | 粮食总产量（吨）Grain (ton) | 肉类总产量（吨）Output of Meat (ton) | 企业个数（个）Number of Enterprises (unit) | 工业企业 Industrial Enterprises | 财政总收入（万元）Total Revenue (10000 yuan) | 农民人均纯收入（元）Per Net Income of Farmer (yuan) |
|---|---|---|---|---|---|---|---|---|
| 涡阳县高炉镇 | 51999 | 27684 | 48784 | 1429 | 1482 | 349 | 471 | 7171 |
| 涡阳县曹市镇 | 72262 | 35373 | 81461 | 3151 | 1026 | 68 | 250 | 7248 |
| 涡阳县青町镇 | 75860 | 42366 | 74184 | 4245 | 632 | 85 | 239 | 7111 |
| 涡阳县石弓镇 | 54990 | 35646 | 46296 | 2278 | 145 | 32 | 258 | 7087 |
| 涡阳县龙山镇 | 73492 | 35316 | 57682 | 3059 | 226 | 83 | 457 | 7239 |
| 涡阳县义门镇 | 84491 | 44151 | 46206 | 1607 | 1225 | 18 | 460 | 6948 |
| 涡阳县新兴镇 | 83205 | 38393 | 71418 | 2222 | 178 | 72 | 300 | 7133 |
| 涡阳县临湖镇 | 65874 | 33001 | 60044 | 3051 | 158 | 30 | 314 | 7046 |
| 涡阳县丹城镇 | 62334 | 35763 | 63465 | 2504 | 646 | 186 | 201 | 7088 |
| 涡阳县马店集镇 | 51406 | 33861 | 48048 | 2570 | 152 | 52 | 317 | 7060 |
| 涡阳县花沟镇 | 60803 | 34510 | 49363 | 2625 | 415 | 235 | 199 | 6791 |
| 涡阳县店集镇 | 39646 | 20633 | 31062 | 1975 | 906 | 88 | 267 | 6985 |
| 涡阳县陈大镇 | 56355 | 33427 | 39632 | 2192 | 797 | 285 | 240 | 7106 |
| 涡阳县牌坊镇 | 83719 | 46151 | 99155 | 3589 | 348 | 70 | 321 | 7168 |
| 涡阳县公吉寺镇 | 51831 | 27325 | 43096 | 2394 | 724 | 215 | 333 | 6987 |
| 涡阳县标里镇 | 65713 | 34956 | 54780 | 2680 | 125 | 75 | 221 | 7042 |
| 蒙城县城关镇 | 109116 | 56397 | 1778 | 122 | 472 | 138 | 5772 | |
| 蒙城县双涧镇 | 65246 | 33665 | 53637 | 4084 | 398 | 139 | 731 | 7239 |
| 蒙城县小涧镇 | 124570 | 58377 | 70892 | 4008 | 1855 | 485 | 454 | 7111 |
| 蒙城县坛城镇 | 52956 | 24361 | 63677 | 3947 | 1140 | 205 | 820 | 7075 |
| 蒙城县许疃镇 | 71420 | 42799 | 80978 | 3640 | 190 | 83 | 351 | 7050 |
| 蒙城县板桥集镇 | 79628 | 55228 | 78432 | 3953 | 231 | 99 | 606 | 6982 |
| 蒙城县马集镇 | 67065 | 38500 | 67269 | 4229 | 1782 | 247 | 261 | 7010 |
| 蒙城县岳坊镇 | 60128 | 31220 | 68744 | 4621 | 402 | 312 | 664 | 6960 |
| 蒙城县立仓镇 | 124570 | 58377 | 119545 | 5332 | 1620 | 48 | 763 | 7094 |
| 蒙城县楚村镇 | 100817 | 43836 | 84033 | 5632 | 1526 | 385 | 528 | 7040 |
| 蒙城县乐土镇 | 92358 | 45752 | 113617 | 6268 | 317 | 124 | 2070 | 7401 |
| 蒙城县三义镇 | 80088 | 55583 | 64410 | 4301 | 92 | 38 | 444 | 6650 |
| 蒙城县篱笆镇 | 62022 | 33010 | 60991 | 4234 | 48 | 14 | 378 | 7179 |
| 利辛县城关镇 | 195855 | 126208 | 58994 | 7380 | 893 | 212 | 5497 | 5899 |
| 利辛县阚疃镇 | 96469 | 43247 | 60467 | 6206 | 315 | 276 | 1177 | 5487 |
| 利辛县张村镇 | 85265 | 47120 | 53699 | 7012 | 27 | 17 | 1572 | 5116 |
| 利辛县江集镇 | 78413 | 35985 | 51796 | 4517 | 56 | 31 | 994 | 5139 |
| 利辛县旧城镇 | 52126 | 26567 | 40124 | 3774 | 43 | 32 | 694 | 4827 |
| 利辛县西潘楼镇 | 66482 | 35287 | 38536 | 1913 | 162 | 99 | 3846 | 5121 |
| 利辛县孙集镇 | 44506 | 18235 | 36457 | 2203 | 57 | 42 | 666 | 5002 |
| 利辛县汝集镇 | 69594 | 48673 | 50350 | 6334 | 78 | 67 | 875 | 5002 |
| 利辛县巩店镇 | 75981 | 39653 | 50060 | 4366 | 116 | 42 | 609 | 5174 |
| 利辛县王人镇 | 61947 | 25660 | 47444 | 4266 | 68 | 28 | 707 | 5201 |
| 利辛县王市镇 | 58228 | 28059 | 36179 | 2772 | 45 | 32 | 583 | 5017 |
| 利辛县永兴镇 | 51262 | 30600 | 39871 | 7053 | 233 | 4 | 674 | 4999 |
| 利辛县马店孜镇 | 70778 | 37382 | 45211 | 3189 | 305 | 125 | 717 | 5020 |
| 利辛县大李集镇 | 58712 | 24598 | 41326 | 3032 | 264 | 123 | 452 | 4881 |
| 利辛县胡集镇 | 89220 | 42265 | 59209 | 5248 | 71 | 48 | 826 | 4945 |
| 利辛县展沟镇 | 38400 | 18432 | 36068 | 1702 | 54 | 50 | 449 | 4886 |
| 利辛县程家集镇 | 59624 | 33650 | 54013 | 4258 | 312 | 42 | 522 | 5080 |
| 利辛县中疃镇 | 57910 | 26480 | 55208 | 2003 | 960 | 400 | 584 | 5057 |
| 利辛县望疃镇 | 97867 | 47149 | 91806 | 6657 | 535 | 59 | 703 | 5080 |
| 宿州市埇桥区符离镇 | 110650 | 78827 | 35724 | 12133 | 306 | 227 | 4680 | 6864 |
| 宿州市埇桥区芦岭镇 | 86077 | 51932 | 49967 | 5874 | 134 | 69 | 1200 | 6797 |
| 宿州市埇桥区朱仙庄镇 | 84276 | 36840 | 49967 | 5874 | 218 | 207 | 3050 | 6663 |
| 宿州市埇桥区褚兰镇 | 48785 | 27437 | 32946 | 6236 | 38 | 32 | 643 | 6484 |
| 宿州市埇桥区曹村镇 | 66091 | 36889 | 55272 | 6197 | 53 | 47 | 1675 | 6852 |
| 宿州市埇桥区夹沟镇 | 72106 | 45874 | 57673 | 3838 | 38 | 16 | 910 | 6688 |

**附录3　续表3　continued**

| 镇　　Town | 总人口（人）Population (person) | 从业人员数（人）Number of Employed Persons (person) | 粮食总产量（吨）Grain (ton) | 肉类总产量（吨）Output of Meat (ton) | 企业个数（个）Number of Enterprises (unit) | 工业企业 Industrial Enterprises | 财政总收入（万元）Total Revenue (10000 yuan) | 农民人均纯收入（元）Per Net Income of Farmer (yuan) |
|---|---|---|---|---|---|---|---|---|
| 宿州市埇桥区栏杆镇 | 78096 | 42375 | 53025 | 3874 | 37 | 37 | 650 | 6722 |
| 宿州市埇桥区时村镇 | 85281 | 39917 | 44475 | 3328 | 61 | 37 | 533 | 6705 |
| 宿州市埇桥区永安镇 | 67464 | 41262 | 49367 | 3530 | 22 | 20 | 903 | 6726 |
| 宿州市埇桥区灰古镇 | 35986 | 16320 | 24336 | 4503 | 37 | 26 | 396 | 6621 |
| 宿州市埇桥区大店镇 | 82410 | 42010 | 75688 | 8465 | 43 | 32 | 458 | 6754 |
| 宿州市埇桥区西寺坡镇 | 58468 | 33311 | 49415 | 3638 | 56 | 26 | 956 | 6874 |
| 宿州市埇桥区桃园镇 | 39710 | 18758 | 42437 | 1546 | 148 | 64 | 726 | 6733 |
| 宿州市埇桥区祁县镇 | 82998 | 41324 | 51163 | 3439 | 346 | 202 | 2477 | 6646 |
| 宿州市埇桥区大营镇 | 41566 | 19775 | 45585 | 6811 | 20 | 11 | 279 | 6620 |
| 砀山县砀城镇 | 191432 | 44045 | 22390 | 7042 | 664 | 162 | 4429 | 6890 |
| 砀山县赵屯镇 | 60883 | 36433 | 28625 | 2612 | 92 | 50 | 435 | 6785 |
| 砀山县李庄镇 | 56576 | 38483 | 12813 | 3082 | 78 | 52 | 1032 | 6852 |
| 砀山县唐寨镇 | 79600 | 44095 | 14581 | 2252 | 81 | 45 | 634 | 6850 |
| 砀山县葛集镇 | 64505 | 34593 | 9728 | 2392 | 58 | 31 | 793 | 6884 |
| 砀山县周寨镇 | 78349 | 53469 | 28824 | 7123 | 150 | 86 | 1730 | 6830 |
| 砀山县玄庙镇 | 96512 | 52802 | 24309 | 7045 | 123 | 83 | 637 | 6862 |
| 砀山县官庄镇 | 56043 | 31688 | 19501 | 3523 | 31 | 21 | 660 | 6810 |
| 砀山县曹庄镇 | 42945 | 23675 | 21780 | 2567 | 41 | 29 | 639 | 6791 |
| 砀山县关帝庙 | 105658 | 39133 | 21699 | 4292 | 90 | 34 | 791 | 6797 |
| 砀山县朱楼镇 | 44648 | 24541 | 18146 | 2775 | 53 | 33 | 645 | 6813 |
| 砀山县良梨镇 | 62462 | 34186 | 4085 | 2550 | 53 | 21 | 721 | 6811 |
| 砀山县程庄镇 | 65010 | 37979 | 23801 | 3935 | 24 | 11 | 341 | 6891 |
| 萧县龙城镇 | 114592 | 65045 | 29912 | 3996 | 254 | 228 | 14492 | 7496 |
| 萧县黄口镇 | 100100 | 52100 | 61692 | 5500 | 34 | 19 | 2337 | 7128 |
| 萧县杨楼镇 | 80614 | 37103 | 66922 | 4955 | 36 | 28 | 1683 | 7213 |
| 萧县阎集镇 | 53615 | 24246 | 41042 | 6242 | 469 | 212 | 327 | 7571 |
| 萧县新庄镇 | 74420 | 41566 | 68283 | 9450 | 4 | 4 | 480 | 7168 |
| 萧县刘套镇 | 44667 | 22970 | 35570 | 4122 | 224 | 62 | 669 | 6671 |
| 萧县马井镇 | 74672 | 36335 | 57832 | 5210 | 266 | 88 | 395 | 6502 |
| 萧县大屯镇 | 69353 | 25865 | 61399 | 5142 | 24 | 24 | 658 | 6686 |
| 萧县赵庄镇 | 72410 | 33870 | 68987 | 6120 | 52 | 30 | 655 | 6878 |
| 萧县杜楼镇 | 69130 | 40011 | 66174 | 8218 | 62 | 51 | 4070 | 7439 |
| 萧县丁里镇 | 41092 | 20575 | 28917 | 3612 | 53 | 37 | 1108 | 6571 |
| 萧县王寨镇 | 73876 | 35474 | 59800 | 4345 | 35 | 22 | 2065 | 7206 |
| 萧县祖楼镇 | 47316 | 25742 | 33919 | 4610 | 33 | 30 | 564 | 7116 |
| 萧县青龙镇 | 29553 | 12840 | 23624 | 4021 | 60 | 32 | 433 | 6996 |
| 萧县张庄寨镇 | 76940 | 37451 | 78038 | 3285 | 130 | 56 | 1156 | 7148 |
| 萧县永固镇 | 30766 | 16490 | 18452 | 2765 | 386 | 107 | 3663 | 7354 |
| 萧县白土镇 | 30677 | 17974 | 25866 | 2586 | 24 | 24 | 1079 | 6695 |
| 萧县官桥镇 | 21220 | 13365 | 17726 | 4029 | 232 | 24 | 650 | 6922 |
| 灵璧县灵城镇 | 128287 | 22657 | 48521 | 4898 | 370 | 140 | 3103 | 6675 |
| 灵璧县韦集镇 | 54509 | 33715 | 60294 | 3709 | 36 | 30 | 368 | 6202 |
| 灵璧县黄湾镇 | 51762 | 25706 | 47068 | 3047 | 26 | 14 | 336 | 6463 |
| 灵璧县娄庄镇 | 83741 | 42090 | 103075 | 11273 | 23 | 18 | 450 | 6687 |
| 灵璧县杨疃镇 | 76694 | 40780 | 40495 | 4554 | 14 | 12 | 457 | 6005 |
| 灵璧县尹集镇 | 80436 | 36418 | 52333 | 4144 | 54 | 31 | 502 | 6426 |
| 灵璧县浍沟镇 | 55387 | 33561 | 21777 | 2421 | 29 | 24 | 220 | 6683 |
| 灵璧县尤集镇 | 58457 | 29308 | 45183 | 3227 | 112 | 60 | 538 | 6207 |
| 灵璧县下楼镇 | 71226 | 41985 | 55949 | 6610 | 36 | 30 | 740 | 6011 |
| 灵璧县朝阳镇 | 78556 | 40341 | 53213 | 7582 | 38 | 31 | 539 | 6529 |
| 灵璧县渔沟镇 | 70049 | 35970 | 44445 | 6446 | 73 | 42 | 1321 | 7094 |
| 灵璧县高楼镇 | 75475 | 40157 | 48776 | 4796 | 54 | 35 | 410 | 6557 |
| 灵璧县冯庙镇 | 81427 | 45343 | 59913 | 8241 | 34 | 31 | 802 | 6883 |
| 泗县泗城镇 | 93900 | 19962 | 37402 | 7158 | 230 | 50 | 4001 | 6889 |

附录3　续表4　continued

| 镇　Town | 总人口（人）Population (person) | 从业人员数（人）Number of Employed Persons (person) | 粮食总产量（吨）Grain (ton) | 肉类总产量（吨）Output of Meat (ton) | 企业个数（个）Number of Enterprises (unit) | 工业企业 Industrial Enterprises | 财政总收入（万元）Total Revenue (10000 yuan) | 农民人均纯收入（元）Per Net Income of Farmer (yuan) |
|---|---|---|---|---|---|---|---|---|
| 泗县墩集镇 | 35080 | 14649 | 30060 | 8491 | 8 | 2 | 312 | 6119 |
| 泗县丁湖镇 | 56725 | 32589 | 74450 | 10020 | 5 | 5 | 210 | 6247 |
| 泗县草沟镇 | 76809 | 48073 | 285944 | 30888 | 18 | 11 | 480 | 6930 |
| 泗县长沟镇 | 45645 | 23520 | 73200 | 10232 | 26 | 26 | 722 | 6919 |
| 泗县黄圩镇 | 63500 | 39035 | 60070 | 12301 | 138 | 123 | 4160 | 6904 |
| 泗县大庄镇 | 64163 | 37507 | 79050 | 6080 | 47 | 47 | 2261 | 6755 |
| 泗县山头镇 | 69058 | 37227 | 74575 | 3563 | 265 | 187 | 731 | 6771 |
| 泗县刘圩镇 | 47697 | 33389 | 40425 | 10002 | 17 | 15 | 700 | 6881 |
| 泗县黑塔镇 | 82653 | 33860 | 231300 | 18309 | 138 | 15 | 319 | 6464 |
| 泗县草庙镇 | 20164 | 12746 | 22449 | 3998 | 19 | 6 | 325 | 6785 |
| 泗县屏山镇 | 64031 | 34520 | 110095 | 9965 | 30 | 15 | 298 | 6670 |
| 蚌埠市龙子湖区长淮卫镇 | 46293 | 35147 | 16963 | 1609 | 174 | 53 | 1096 | 7800 |
| 蚌埠市禹会区秦集镇 | 52097 | 29850 | 29429 | 1078 | 211 | 183 | 4868 | 6916 |
| 蚌埠市淮上区小蚌埠镇 | 52387 | 28428 | 7095 | 2358 | 158 | 108 | 27000 | 8019 |
| 蚌埠市淮上区吴小街镇 | 28736 | 12113 | 10015 | 4299 | 120 | 90 | 8000 | 7633 |
| 蚌埠市淮上区曹老集镇 | 48794 | 29036 | 45643 | 1565 | 80 | 27 | 2600 | 7434 |
| 蚌埠市淮上区梅桥镇 | 46400 | 27840 | 26234 | 1680 | 28 | 19 | 2130 | 7494 |
| 怀远县城关镇 | 194496 | 21518 | 24778 | 3295 | 855 | 155 | 32684 | 8780 |
| 怀远县包集镇 | 84209 | 57178 | 64497 | 6316 | 47 | 22 | 3728 | 8084 |
| 怀远县龙亢镇 | 65507 | 34297 | 55300 | 5276 | 31 | 12 | 2557 | 8138 |
| 怀远县河溜镇 | 64669 | 39615 | 67088 | 4626 | 16 | 3 | 1959 | 7465 |
| 怀远县常坟镇 | 102249 | 58500 | 73994 | 9738 | 92 | 81 | 3123 | 8362 |
| 怀远县马城镇 | 87396 | 41589 | 55797 | 9493 | 152 | 139 | 2733 | 8131 |
| 怀远县双桥镇 | 54894 | 29672 | 59040 | 8842 | 64 | 39 | 1977 | 7304 |
| 怀远县魏庄镇 | 45641 | 30025 | 46766 | 4381 | 16 | 2 | 1581 | 7295 |
| 怀远县万福镇 | 55090 | 36000 | 68308 | 4437 | 40 | 30 | 1571 | 7361 |
| 怀远县唐集镇 | 67057 | 42590 | 99219 | 7469 | 300 | 106 | 2401 | 7783 |
| 五河县城关镇 | 105286 | 23132 | 19952 | 3502 | 547 | 109 | 7240 | 7683 |
| 五河县新集镇 | 51613 | 31765 | 47177 | 5820 | 20 | 5 | 1644 | 7565 |
| 五河县沫河口镇 | 71313 | 37114 | 107058 | 3888 | 63 | 5 | 5292 | 7824 |
| 五河县小溪镇 | 30001 | 21651 | 35307 | 6971 | 162 | 123 | 1094 | 7467 |
| 五河县双忠庙镇 | 56882 | 36330 | 57659 | 5476 | 49 | 27 | 1364 | 7458 |
| 五河县小圩镇 | 43950 | 30929 | 47334 | 4262 | 40 | 15 | 1024 | 7597 |
| 五河县东刘集镇 | 65931 | 38613 | 91447 | 9796 | 37 | 5 | 2437 | 7800 |
| 五河县头铺镇 | 54289 | 28050 | 33366 | 4599 | 14 | 6 | 1958 | 7714 |
| 五河县大新镇 | 28480 | 18170 | 26250 | 1431 | 24 | 5 | 1273 | 7650 |
| 五河县武桥镇 | 29027 | 18487 | 41977 | 4671 | 42 | 31 | 1336 | 7501 |
| 五河县朱顶镇 | 49007 | 32865 | 17629 | 7595 | 60 | 48 | 1776 | 7734 |
| 五河县浍南镇 | 56457 | 33777 | 110714 | 5931 | 45 | 19 | 1843 | 7760 |
| 五河县申集镇 | 51597 | 31109 | 70090 | 5386 | 31 | 12 | 1125 | 7212 |
| 固镇县城关镇 | 120629 | 33338 | 34519 | 11839 | 1156 | 580 | 22384 | 7982 |
| 固镇县王庄镇 | 39124 | 22094 | 33969 | 8575 | 12 | 8 | 1934 | 7796 |
| 固镇县新马桥镇 | 57616 | 34214 | 41882 | 9226 | 120 | 70 | 4639 | 7429 |
| 固镇县连城镇 | 47867 | 27240 | 29034 | 8443 | 281 | 225 | 3875 | 7575 |
| 固镇县刘集镇 | 58106 | 35200 | 47170 | 12178 | 42 | 42 | 3965 | 7978 |
| 固镇县任桥镇 | 57099 | 31872 | 52945 | 11865 | 23 | 7 | 3538 | 7706 |
| 固镇县湖沟镇 | 63224 | 35410 | 49887 | 9721 | 35 | 23 | 3448 | 7461 |
| 固镇县濠城镇 | 31338 | 20591 | 26487 | 9243 | 6 | | 2318 | 7446 |
| 阜阳市颍州区王店镇 | 66980 | 28145 | 41005 | 3995 | 23 | 21 | 1882 | 7200 |
| 阜阳市颍州区程集镇 | 45551 | 23888 | 27059 | 4053 | 78 | 59 | 2100 | 7311 |
| 阜阳市颍州区三合镇 | 36658 | 24237 | 26532 | 3628 | 12 | 9 | 470 | 7193 |
| 阜阳市颍州区西湖镇 | 33758 | 20347 | 23882 | 3449 | 7 | 7 | 792 | 7258 |
| 阜阳市颍州区九龙镇 | 41967 | 26672 | 27187 | 3980 | 26 | 13 | 909 | 7154 |
| 阜阳市颍州区三十里铺镇 | 43017 | 24423 | 23050 | 3317 | 7 | 5 | 1138 | 7130 |

**附录3 续表5 continued**

| 镇 Town | 总人口（人）Population (person) | 从业人员数（人）Number of Employed Persons (person) | 粮食总产量（吨）Grain (ton) | 肉类总产量（吨）Output of Meat (ton) | 企业个数（个）Number of Enterprises (unit) | 工业企业 Industrial Enterprises | 财政总收入（万元）Total Revenue (10000 yuan) | 农民人均纯收入（元）Per Net Income of Farmer (yuan) |
|---|---|---|---|---|---|---|---|---|
| 阜阳市颍州区袁集镇 | 48895 | 29204 | 25407 | 3346 | 23 | 19 | 401 | 6893 |
| 阜阳市颍东区口孜镇 | 82261 | 53417 | 42397 | 4395 | 65 | 14 | 914 | 4761 |
| 阜阳市颍东区插花镇 | 83380 | 48726 | 52449 | 5142 | 68 | 15 | 1308 | 5546 |
| 阜阳市颍东区袁寨镇 | 65950 | 39366 | 21904 | 3650 | 31 | 16 | 1075 | 5620 |
| 阜阳市颍东区枣庄镇 | 43168 | 21314 | 41207 | 5312 | 18 | 8 | 1070 | 4355 |
| 阜阳市颍东区老庙镇 | 42773 | 23152 | 34986 | 5100 | 17 | 8 | 650 | 4600 |
| 阜阳市颍东区正午镇 | 46879 | 21058 | 32956 | 5520 | 42 | 13 | 747 | 5673 |
| 阜阳市颍东区杨楼孜镇 | 40470 | 26504 | 19196 | 3064 | 41 | 23 | 634 | 4592 |
| 阜阳市颍东区新乌江镇 | 47168 | 27710 | 35122 | 4200 | 39 | 20 | 725 | 4674 |
| 阜阳市颍泉区伍明镇 | 114355 | 68435 | 71221 | 9253 | 35 | 25 | 920 | 6995 |
| 阜阳市颍泉区宁老庄镇 | 111675 | 57320 | 66694 | 9655 | 80 | 69 | 1276 | 6930 |
| 阜阳市颍泉区闻集镇 | 134900 | 66468 | 75128 | 7896 | 52 | 36 | 786 | 6908 |
| 阜阳市颍泉区行流镇 | 100510 | 62350 | 59312 | 9935 | 105 | 68 | 760 | 6898 |
| 界首市光武镇 | 56254 | 33474 | 29820 | 1633 | 113 | 96 | 7974 | 7368 |
| 界首市泉阳镇 | 41352 | 26720 | 31155 | 1876 | 15 | 11 | 400 | 7358 |
| 界首市芦村镇 | 30853 | 17432 | 24324 | 1693 | 17 | 3 | 243 | 7323 |
| 界首市新马集镇 | 46619 | 27817 | 30599 | 1416 | 19 | 15 | 333 | 7346 |
| 界首市大黄镇 | 37423 | 19211 | 24515 | 1570 | 28 | 28 | 404 | 7356 |
| 界首市田营镇 | 30275 | 16788 | 15886 | 1635 | 33 | 27 | 55014 | 7359 |
| 界首市陶庙镇 | 57892 | 31976 | 36368 | 1224 | 54 | 35 | 391 | 7349 |
| 界首市王集镇 | 51468 | 31240 | 28995 | 1639 | 10 | 8 | 328 | 7338 |
| 界首市砖集镇 | 49457 | 24000 | 25600 | 2500 | 22 | 16 | 510 | 7310 |
| 界首市顾集镇 | 39101 | 19478 | 16954 | 3992 | 2 | 2 | 421 | 7345 |
| 界首市代桥镇 | 31166 | 16568 | 24061 | 1551 | 6 | 6 | 220 | 7304 |
| 界首市舒庄镇 | 28883 | 17201 | 21682 | 1723 | 5 | 3 | 206 | 7215 |
| 临泉县城关镇 | 184818 | 92409 | 20580 | 4907 | 577 | 209 | 7669 | 6270 |
| 临泉县杨桥镇 | 66920 | 37069 | 31176 | 4457 | 18 | 3 | 502 | 6357 |
| 临泉县鲖城镇 | 61685 | 35757 | 27351 | 6573 | 45 | 26 | 2200 | 6178 |
| 临泉县谭棚镇 | 64287 | 36680 | 38740 | 5090 | 48 | 36 | 385 | 6218 |
| 临泉县老集镇 | 70359 | 34694 | 34910 | 5073 | 134 | 73 | 401 | 6106 |
| 临泉县滑集镇 | 76560 | 45369 | 40203 | 4655 | 18 | 12 | 750 | 5284 |
| 临泉县吕寨镇 | 59987 | 37836 | 32413 | 3357 | 39 | 20 | 600 | 4853 |
| 临泉县单桥镇 | 61723 | 37157 | 33758 | 4054 | 7 | 7 | 356 | 4858 |
| 临泉县长官镇 | 82510 | 39778 | 49450 | 5914 | 14 | 14 | 542 | 6384 |
| 临泉县宋集镇 | 89559 | 50935 | 50373 | 4857 | 57 | 34 | 421 | 5163 |
| 临泉县张新镇 | 58752 | 35653 | 29376 | 3928 | 13 | 8 | 375 | 4975 |
| 临泉县艾亭镇 | 74053 | 38809 | 43176 | 4449 | 84 | 49 | 878 | 5350 |
| 临泉县陈集镇 | 67730 | 34772 | 41479 | 4123 | 22 | 17 | 237 | 5408 |
| 临泉县韦寨镇 | 86732 | 51360 | 44375 | 6448 | 166 | 56 | 491 | 4850 |
| 临泉县迎仙镇 | 77150 | 43012 | 44979 | 4751 | 19 | 19 | 363 | 5055 |
| 临泉县瓦店镇 | 70274 | 37478 | 34269 | 4890 | 26 | 13 | 320 | 5397 |
| 临泉县姜寨镇 | 72220 | 38490 | 33233 | 4477 | 26 | 20 | 465 | 5440 |
| 临泉县庙岔镇 | 69845 | 38032 | 36707 | 4842 | 15 | 8 | 476 | 4876 |
| 临泉县黄岭镇 | 75057 | 39300 | 36833 | 5439 | 26 | 19 | 359 | 5421 |
| 临泉县白庙镇 | 56854 | 28964 | 24897 | 3761 | 17 | 12 | 402 | 4836 |
| 临泉县关庙镇 | 67497 | 30081 | 40138 | 5547 | 16 | 11 | 446 | 5197 |
| 太和县城关镇 | 200219 | 156520 | 14395 | 3918 | 1325 | 272 | 8331 | 7368 |
| 太和县旧县镇 | 55280 | 28478 | 36157 | 3597 | 39 | 10 | 1154 | 6933 |
| 太和县税镇镇 | 45622 | 21252 | 23383 | 2997 | 161 | 24 | 169 | 6791 |
| 太和县皮条孙镇 | 22302 | 16243 | 14109 | 1043 | 168 | 168 | 86 | 7298 |
| 太和县原墙镇 | 56517 | 29505 | 34921 | 2857 | 45 | 39 | 100 | 7293 |
| 太和县倪邱镇 | 56294 | 28900 | 35277 | 2269 | 16 | 11 | 273 | 6881 |
| 太和县李兴镇 | 70624 | 38221 | 31292 | 1932 | 44 | 26 | 339 | 7060 |
| 太和县大新镇 | 57662 | 32665 | 35475 | 3107 | 68 | 36 | 228 | 6910 |

**附录3　续表6　continued**

| 镇　Town | 总人口（人） Population (person) | 从业人员数（人） Number of Employed Persons (person) | 粮食总产量（吨） Grain (ton) | 肉类总产量（吨） Output of Meat (ton) | 企业个数（个） Number of Enterprises (unit) | 工业企业 Industrial Enterprises | 财政总收入（万元） Total Revenue (10000 yuan) | 农民人均纯收入（元） Per Net Income of Farmer (yuan) |
|---|---|---|---|---|---|---|---|---|
| 太和县肖口镇 | 56462 | 33842 | 32172 | 3835 | 119 | 59 | 370 | 7246 |
| 太和县关集镇 | 50860 | 34321 | 33131 | 2581 | 12 | 12 | 56 | 6807 |
| 太和县三塔镇 | 67463 | 39709 | 51002 | 6999 | 45 | 40 | 99 | 6967 |
| 太和县双浮镇 | 48207 | 28470 | 27520 | 2560 | 26 | 18 | 126 | 6826 |
| 太和县蔡庙镇 | 33680 | 18715 | 23066 | 2461 | 38 | 38 | 58 | 6905 |
| 太和县三堂镇 | 48488 | 32507 | 41110 | 7577 | 76 | 46 | 136 | 7147 |
| 太和县苗集镇 | 47840 | 27214 | 41377 | 5396 | 48 | 15 | 123 | 6846 |
| 太和县赵庙镇 | 62233 | 28614 | 33873 | 2269 | 58 | 48 | 134 | 6771 |
| 太和县宫集镇 | 45136 | 28848 | 34031 | 2461 | 55 | 15 | 72 | 6567 |
| 太和县坟台镇 | 85899 | 40453 | 61349 | 4164 | 45 | 6 | 139 | 7149 |
| 太和县洪山镇 | 64998 | 49980 | 47774 | 4579 | 38 | 12 | 70 | 6794 |
| 太和县清浅镇 | 40510 | 23551 | 25360 | 1894 | 13 | 12 | 117 | 6783 |
| 太和县五星镇 | 45593 | 28835 | 24737 | 3085 | 34 | 33 | 440 | 7047 |
| 太和县高庙镇 | 23605 | 14190 | 16242 | 1853 | 22 | 19 | 37 | 6613 |
| 太和县桑营镇 | 40379 | 21907 | 30773 | 2087 | 51 | 10 | 89 | 7008 |
| 太和县大庙镇 | 53379 | 34162 | 29206 | 2383 | 29 | 29 | 75 | 6825 |
| 太和县阮桥镇 | 46032 | 29460 | 36592 | 3274 | 26 | 22 | 58 | 6498 |
| 太和县双庙镇 | 49586 | 29671 | 21193 | 2315 | 67 | 51 | 87 | 6977 |
| 阜南县方集镇 | 43438 | 22513 | 14533 | 3030 | 25 | 15 | 135 | 4010 |
| 阜南县中岗镇 | 43469 | 20117 | 21322 | 6064 | 70 | 26 | 811 | 4456 |
| 阜南县柴集镇 | 70900 | 43069 | 39751 | 2732 | 231 | 112 | 490 | 5122 |
| 阜南县新村镇 | 58647 | 35043 | 32297 | 4953 | 192 | 56 | 479 | 4949 |
| 阜南县三塔镇 | 77201 | 37542 | 37660 | 4017 | 9 | 7 | 822 | 4835 |
| 阜南县朱寨镇 | 78185 | 43126 | 39110 | 6548 | 12 | 5 | 419 | 4499 |
| 阜南县柳沟镇 | 46775 | 25251 | 28501 | 2867 | 33 | 13 | 230 | 4982 |
| 阜南县赵集镇 | 51217 | 30063 | 19112 | 2743 | 11 | 11 | 474 | 5345 |
| 阜南县田集镇 | 60335 | 38049 | 36353 | 1266 | 367 | 44 | 527 | 4966 |
| 阜南县苗集镇 | 61894 | 28254 | 40982 | 2746 | 20 | 12 | 471 | 4398 |
| 阜南县黄岗镇 | 60116 | 35128 | 30031 | 2514 | 43 | 43 | 3114 | 5539 |
| 阜南县焦陂镇 | 69673 | 47121 | 41647 | 4683 | 46 | 33 | 916 | 4895 |
| 阜南县张寨镇 | 60630 | 34865 | 33490 | 3555 | 31 | 7 | 404 | 4868 |
| 阜南县王堰镇 | 60256 | 28083 | 31571 | 3855 | 35 | 23 | 294 | 3798 |
| 阜南县地城镇 | 41391 | 20401 | 21350 | 4957 | 10 | 9 | 284 | 4388 |
| 阜南县洪河桥镇 | 71483 | 42310 | 22480 | 2631 | 230 | 75 | 486 | 4298 |
| 阜南县王家坝镇 | 32568 | 16373 | 8505 | 2217 | 11 | 7 | 206 | 4594 |
| 阜南县王化镇 | 39853 | 20025 | 24646 | 2061 | 7 | 6 | 254 | 4408 |
| 阜南县曹集镇 | 48390 | 24512 | 22326 | 1741 | 185 | 68 | 725 | 4556 |
| 阜南县鹿城镇 | 184729 | 109711 | 32603 | 2730 | 631 | 156 | 8287 | 6095 |
| 阜南县会龙镇 | 46420 | 22383 | 17059 | 2715 | 29 | 21 | 430 | 6001 |
| 颍上县慎城镇 | 165582 | 86784 | 35744 | 2511 | 76 | 60 | 8099 | 6100 |
| 颍上县谢桥镇 | 118424 | 63008 | 58020 | 5029 | 150 | 75 | 4357 | 6383 |
| 颍上县南照镇 | 53012 | 34696 | 30448 | 2202 | 79 | 34 | 1264 | 6080 |
| 颍上县杨湖镇 | 56866 | 24162 | 17853 | 2123 | 24 | 17 | 370 | 5620 |
| 颍上县江口镇 | 75430 | 38135 | 38725 | 2323 | 27 | 13 | 1121 | 5262 |
| 颍上县润河镇 | 71341 | 36715 | 44283 | 2422 | 42 | 28 | 270 | 5901 |
| 颍上县新集镇 | 49841 | 23136 | 24486 | 2120 | 11 | 4 | 175 | 5860 |
| 颍上县六十铺镇 | 68350 | 36018 | 43062 | 3792 | 14 | 9 | 674 | 6320 |
| 颍上县耿棚镇 | 85751 | 44053 | 33132 | 5317 | 82 | 80 | 285 | 6108 |
| 颍上县半岗镇 | 58760 | 29335 | 43479 | 1910 | 25 | 20 | 305 | 5864 |
| 颍上县王岗镇 | 41826 | 21070 | 30442 | 1872 | 25 | 10 | 374 | 5740 |
| 颍上县夏桥镇 | 54606 | 28506 | 46675 | 3199 | 48 | 38 | 951 | 6086 |
| 颍上县江店孜镇 | 55548 | 29708 | 55709 | 4887 | 11 | 6 | 337 | 5989 |
| 颍上县陈桥镇 | 48999 | 24955 | 43309 | 7462 | 24 | 20 | 274 | 6104 |
| 颍上县黄桥镇 | 69294 | 35308 | 30143 | 1830 | 37 | 37 | 648 | 5920 |

**附录3　续表7**　continued

| 镇　　Town | 总人口（人） Population (person) | 从业人员数（人） Number of Employed Persons (person) | 粮食总产量（吨） Grain (ton) | 肉类总产量（吨） Output of Meat (ton) | 企业个数（个） Number of Enterprises (unit) | 工业企业 Industrial Enterprises | 财政总收入（万元） Total Revenue (10000 yuan) | 农民人均纯收入（元） Per Net Income of Farmer (yuan) |
|---|---|---|---|---|---|---|---|---|
| 颍上县八里河镇 | 54979 | 25421 | 37427 | 2030 | 15 | 7 | 625 | 6123 |
| 颍上县迪沟镇 | 44274 | 22876 | 32901 | 2287 | 20 | 9 | 752 | 6003 |
| 颍上县西三十铺镇 | 45761 | 24880 | 22626 | 2037 | 90 | 80 | 269 | 5762 |
| 颍上县红星镇 | 37581 | 17754 | 30599 | 1968 | 15 | 6 | 394 | 5660 |
| 颍上县十八里铺镇 | 56185 | 32715 | 29890 | 3689 | 77 | 47 | 523 | 6130 |
| 颍上县鲁口镇 | 37500 | 20771 | 20122 | 2337 | 6 | 2 | 618 | 5748 |
| 颍上县古城镇 | 42486 | 20942 | 28431 | 7434 | 64 | 32 | 1340 | 6256 |
| 淮南市大通区上窑镇 | 30528 | 15675 | 19213 | 1077 | 268 | 151 | 5420 | 11233 |
| 淮南市大通区洛河镇 | 17732 | 11231 | 7556 | 738 | 1830 | 546 | 1698 | 10564 |
| 淮南市大通区九龙岗镇 | 30622 | 19835 | 11573 | 468 | 151 | 82 | 1781 | 9625 |
| 淮南市田家庵区舜耕镇 | 29764 | 4320 | 2576 | 980 | 1950 | 175 | 50265 | 11418 |
| 淮南市田家庵区安成镇 | 28376 | 18826 | 12473 | 1205 | 1178 | 348 | 51131 | 10950 |
| 淮南市田家庵区曹庵镇 | 38923 | 20756 | 26695 | 2471 | 20 | 18 | 1706 | 8826 |
| 淮南市谢家集区望峰岗镇 | 46437 | 23035 | 1172 | 326 | 827 | 62 | 10500 | 11782 |
| 淮南市谢家集区李郢孜镇 | 43096 | 28165 | 3951 | 729 | 737 | 110 | 7700 | 12124 |
| 淮南市谢家集区唐山镇 | 21299 | 11213 | 8457 | 720 | 421 | 47 | 3561 | 12098 |
| 淮南市谢家集区杨公镇 | 34260 | 20755 | 37143 | 1065 | 260 | 68 | 600 | 7207 |
| 淮南市八公山区八公山镇 | 20000 | 6000 | 998 | 293 | 588 | 156 | 15500 | 10741 |
| 淮南市八公山区山王镇 | 53980 | 17295 | 6810 | 830 | 58 | 52 | 7203 | 10346 |
| 淮南市潘集区高皇镇 | 53024 | 28409 | 24990 | 2770 | 36 | 28 | 1260 | 7413 |
| 淮南市潘集区平圩镇 | 41098 | 21300 | 19827 | 2839 | 35 | 27 | 13198 | 7518 |
| 淮南市潘集区泥河镇 | 38946 | 20592 | 34562 | 1803 | 56 | 48 | 850 | 6950 |
| 淮南市潘集区潘集镇 | 37971 | 22316 | 49286 | 1549 | 17 | 11 | 2300 | 7420 |
| 淮南市潘集区芦集镇 | 61458 | 26632 | 51446 | 1973 | 24 | 16 | 1380 | 7450 |
| 淮南市潘集区架河镇 | 30511 | 19377 | 21405 | 1906 | 20 | 10 | 1439 | 6862 |
| 淮南市潘集区夹沟镇 | 31709 | 23715 | 38697 | 1443 | 12 | 10 | 605 | 6808 |
| 淮南市潘集区祁集镇 | 22528 | 13009 | 12539 | 807 | 18 | 11 | 1162 | 7034 |
| 凤台县城关镇 | 62798 | 8043 | | | 2549 | 81 | 11400 | |
| 凤台县新集镇 | 51673 | 28114 | 43909 | 2613 | 1139 | 179 | 12900 | 8878 |
| 凤台县朱马店镇 | 44309 | 22817 | 44601 | 2349 | 458 | 100 | 825 | 7910 |
| 凤台县岳张集镇 | 51260 | 39262 | 43333 | 2661 | 300 | 152 | 37694 | 8608 |
| 凤台县顾桥镇 | 29843 | 17384 | 24360 | 1906 | 112 | 48 | 5130 | 8228 |
| 凤台县毛集镇 | 52259 | 21951 | 38218 | 2293 | 151 | 67 | 10956 | 9776 |
| 凤台县夏集镇 | 31153 | 16816 | 33156 | 2126 | 68 | 27 | 2211 | 7907 |
| 凤台县桂集镇 | 44556 | 16645 | 43461 | 4571 | 495 | 88 | 2526 | 9031 |
| 凤台县焦岗湖镇 | 45327 | 26821 | 42385 | 3025 | 31 | 8 | 1054 | 7449 |
| 凤台县凤凰镇 | 43124 | 20432 | 35220 | 3765 | 124 | 23 | 17849 | 8873 |
| 凤台县杨村镇 | 35342 | 17478 | 39500 | 2679 | 77 | 19 | 1313 | 7692 |
| 滁州市南谯区乌衣镇 | 49858 | 24505 | 45611 | 1025 | 58 | 41 | 6850 | 9240 |
| 滁州市南谯区沙河镇 | 23278 | 12902 | 32425 | 870 | 79 | 62 | 4845 | 9230 |
| 滁州市南谯区章广镇 | 30204 | 18160 | 29780 | 1360 | 10 | | 759 | 8203 |
| 滁州市南谯区黄泥岗镇 | 20985 | 13960 | 27482 | 634 | 31 | 21 | 1391 | 8625 |
| 滁州市南谯区珠龙镇 | 18919 | 7266 | 19462 | 1000 | 21 | 7 | 1428 | 8612 |
| 滁州市南谯区大柳镇 | 13045 | 6050 | 15266 | 1839 | 24 | 20 | 1911 | 8586 |
| 滁州市南谯区腰铺镇 | 26621 | 15023 | 25589 | 3193 | 179 | 163 | 8681 | 9234 |
| 滁州市南谯区施集镇 | 31148 | 16896 | 28892 | 1864 | 21 | 17 | 1356 | 8745 |
| 天长市铜城镇 | 76545 | 49485 | 118826 | 3476 | 515 | 439 | 51600 | 10656 |
| 天长市汊涧镇 | 60784 | 30369 | 60293 | 3796 | 118 | 104 | 7939 | 10392 |
| 天长市秦栏镇 | 60933 | 50331 | 52896 | 2485 | 495 | 391 | 14508 | 11586 |
| 天长市大通镇 | 41349 | 22280 | 78822 | 3148 | 82 | 81 | 1422 | 9525 |
| 天长市杨村镇 | 40577 | 22589 | 53260 | 1880 | 138 | 135 | 6125 | 10620 |
| 天长市石梁镇 | 32007 | 23002 | 40130 | 1668 | 68 | 66 | 3762 | 10337 |
| 天长市金集镇 | 39398 | 23049 | 42416 | 1966 | 139 | 105 | 4051 | 10126 |
| 天长市永丰镇 | 24792 | 16405 | 43282 | 1811 | 72 | 70 | 3643 | 10360 |
| 天长市仁和集镇 | 41433 | 24237 | 52307 | 1229 | 168 | 145 | 4050 | 10666 |

**附录3　续表8**　continued

| 镇　Town | 总人口（人） Population (person) | 从业人员数（人） Number of Employed Persons (person) | 粮食总产量（吨） Grain (ton) | 肉类总产量（吨） Output of Meat (ton) | 企业个数（个） Number of Enterprises (unit) | 工业企业 Industrial Enterprises | 财政总收入（万元） Total Revenue (10000 yuan) | 农民人均纯收入（元） Per Net Income of Farmer ( yuan) |
|---|---|---|---|---|---|---|---|---|
| 天长市冶山镇 | 34298 | 21201 | 34624 | 1660 | 126 | 126 | 4787 | 10185 |
| 天长市郑集镇 | 23059 | 12927 | 22050 | 1927 | 55 | 54 | 1745 | 9885 |
| 天长市张铺镇 | 32540 | 18670 | 58916 | 1787 | 53 | 43 | 1669 | 9631 |
| 天长市新街镇 | 25898 | 13945 | 31658 | 1641 | 56 | 55 | 1240 | 9845 |
| 天长市万寿镇 | 14880 | 8950 | 17437 | 1443 | 42 | 28 | 3808 | 10403 |
| 明光市张八岭镇 | 34058 | 17716 | 27693 | 1635 | 73 | 32 | 713 | 7458 |
| 明光市三界镇 | 21375 | 10722 | 16424 | 1936 | 35 | 9 | 731 | 7754 |
| 明光市管店镇 | 19602 | 8666 | 10438 | 2695 | 70 | 34 | 896 | 7804 |
| 明光市自来桥镇 | 29765 | 15583 | 25075 | 5783 | 26 | 11 | 668 | 7509 |
| 明光市涧溪镇 | 50953 | 28257 | 48880 | 6081 | 73 | 56 | 1384 | 7824 |
| 明光市石坝镇 | 48887 | 32953 | 55688 | 7784 | 49 | 41 | 1215 | 7414 |
| 明光市苏巷镇 | 23840 | 9665 | 39165 | 3305 | 23 | 16 | 1025 | 7721 |
| 明光市桥头镇 | 31425 | 18094 | 42778 | 2596 | 16 | 12 | 1096 | 7132 |
| 明光市女山湖镇 | 40358 | 25120 | 33807 | 2565 | 29 | 19 | 1719 | 7629 |
| 明光市古沛镇 | 30183 | 19364 | 33263 | 1870 | 43 | 21 | 1061 | 7396 |
| 明光市潘村镇 | 69195 | 35339 | 36294 | 4347 | 41 | 23 | 2106 | 7521 |
| 明光市柳巷镇 | 30934 | 15666 | 19498 | 810 | 13 | 4 | 328 | 6416 |
| 来安县新安镇 | 108159 | 71545 | 49048 | 2671 | 475 | 210 | 11039 | 9547 |
| 来安县半塔镇 | 78461 | 49340 | 62387 | 5159 | 172 | 94 | 2826 | 9526 |
| 来安县水口镇 | 60504 | 32592 | 60735 | 4993 | 78 | 49 | 15600 | 9911 |
| 来安县汊河镇 | 40960 | 22873 | 39259 | 3023 | 168 | 143 | 5990 | 9832 |
| 来安县大英镇 | 15587 | 8519 | 15868 | 1016 | 47 | 11 | 1032 | 9492 |
| 来安县雷官镇 | 28515 | 16863 | 29085 | 1937 | 12 | 9 | 854 | 9385 |
| 来安县施官镇 | 43093 | 29271 | 48426 | 3123 | 58 | 45 | 1469 | 9086 |
| 来安县舜山镇 | 36199 | 19828 | 36516 | 2532 | 14 | 12 | 1842 | 9357 |
| 全椒县襄河镇 | 122903 | 55562 | 39800 | 4152 | 689 | 312 | 42443 | 8845 |
| 全椒县古河镇 | 41102 | 16920 | 44434 | 5323 | 101 | 91 | 4639 | 8155 |
| 全椒县大墅镇 | 48924 | 27390 | 48100 | 4312 | 49 | 25 | 1385 | 9055 |
| 全椒县二郎口镇 | 54826 | 25985 | 74951 | 9068 | 79 | 63 | 2420 | 8399 |
| 全椒县武岗镇 | 22369 | 9030 | 31035 | 3027 | 60 | 36 | 1266 | 8002 |
| 全椒县马厂镇 | 43352 | 24980 | 32848 | 6200 | 33 | 15 | 690 | 8532 |
| 全椒县石沛镇 | 28406 | 11651 | 30399 | 5310 | 37 | 24 | 906 | 8010 |
| 全椒县十字镇 | 39941 | 17640 | 43873 | 3791 | 213 | 137 | 9508 | 9285 |
| 全椒县西王镇 | 26700 | 15760 | 21066 | 1080 | 37 | 20 | 560 | 7880 |
| 全椒县六镇镇 | 44083 | 22382 | 54802 | 6154 | 73 | 40 | 1340 | 8826 |
| 定远县定城镇 | 161732 | 87650 | 109476 | 8901 | 1725 | 465 | 7630 | 8208 |
| 定远县炉桥镇 | 103350 | 62113 | 103929 | 8977 | 2825 | 1432 | 5215 | 8500 |
| 定远县永康镇 | 65498 | 29747 | 75165 | 6198 | 82 | 43 | 820 | 7900 |
| 定远县吴圩镇 | 71246 | 37901 | 106286 | 10075 | 77 | 11 | 1050 | 7862 |
| 定远县朱湾镇 | 22752 | 15000 | 41000 | 190 | 18 | 11 | 240 | 7400 |
| 定远县张桥镇 | 57200 | 31891 | 96248 | 9693 | 647 | 171 | 1300 | 7860 |
| 定远县藕塘镇 | 54566 | 27257 | 81795 | 12176 | 178 | 88 | 890 | 8650 |
| 定远县池河镇 | 56215 | 28051 | 76690 | 11682 | 23 | 18 | 1120 | 7800 |
| 定远县连江镇 | 42955 | 16280 | 48000 | 4205 | 12 | 9 | 680 | 7500 |
| 定远县界牌集镇 | 26517 | 11984 | 54780 | 4287 | 7 | 2 | 650 | 7500 |
| 定远县仓镇 | 31730 | 13315 | 64223 | 1480 | 4 | 3 | 650 | 8380 |
| 定远县三和集镇 | 34924 | 21830 | 47192 | 3021 | 12 | 10 | 650 | 7860 |
| 定远县西卅店镇 | 38300 | 22000 | 65285 | 5835 | 20 | 10 | 610 | 6200 |
| 定远县桑涧镇 | 38653 | 21117 | 70548 | 4697 | 23 | 10 | 661 | 8500 |
| 定远县蒋集镇 | 31000 | 13483 | 51875 | 7451 | 11 | 4 | 400 | 7650 |
| 定远县大桥镇 | 26669 | 15260 | 42478 | 3780 | 7 | 6 | 330 | 7626 |
| 凤阳县府城镇 | 140328 | 83880 | 60336 | 5413 | 195 | 65 | 3900 | 8051 |
| 凤阳县临淮镇 | 45949 | 28866 | 10857 | 3039 | 360 | 85 | 4435 | 8015 |
| 凤阳县武店镇 | 61078 | 40530 | 31019 | 5487 | 520 | 420 | 1461 | 8003 |
| 凤阳县西泉镇 | 40434 | 21100 | 30559 | 3527 | 453 | 282 | 1541 | 8010 |

**附录3　续表9**　continued

| 镇　Town | 总人口（人）Population (person) | 从业人员数（人）Number of Employed Persons (person) | 粮食总产量（吨）Grain (ton) | 肉类总产量（吨）Output of Meat (ton) | 企业个数（个）Number of Enterprises (unit) | 工业企业 Industrial Enterprises | 财政总收入（万元）Total Revenue (10000 yuan) | 农民人均纯收入（元）Per Net Income of Farmer (yuan) |
|---|---|---|---|---|---|---|---|---|
| 凤阳县官塘镇 | 37732 | 21955 | 33571 | 2915 | 33 | 30 | 847 | 7843 |
| 凤阳县刘府镇 | 73539 | 37716 | 69273 | 4291 | 158 | 142 | 15003 | 8093 |
| 凤阳县大庙镇 | 52188 | 25302 | 66897 | 4443 | 250 | 231 | 22000 | 8147 |
| 凤阳县殷涧镇 | 28113 | 18796 | 41232 | 3505 | 54 | 24 | 203 | 7818 |
| 凤阳县总铺镇 | 51308 | 30278 | 68007 | 3575 | 146 | 119 | 1500 | 7906 |
| 凤阳县红心镇 | 38366 | 21400 | 49103 | 3533 | 18 | 8 | 115 | 7685 |
| 凤阳县板桥镇 | 63493 | 34093 | 67582 | 3265 | 170 | 106 | 6500 | 7885 |
| 凤阳县大溪河镇 | 30697 | 13930 | 45641 | 1591 | 25 | 6 | 450 | 7911 |
| 凤阳县小溪河镇 | 53932 | 29984 | 67642 | 2449 | 501 | 213 | 2042 | 7940 |
| 凤阳县枣巷镇 | 28461 | 14677 | 25013 | 649 | 1 | 1 | 500 | 7816 |
| 六安市金安区木厂镇 | 42375 | 24973 | 27117 | 2621 | 24 | 6 | 947 | 6250 |
| 六安市金安区马头镇 | 35106 | 24085 | 20443 | 1846 | 11 | 8 | 513 | 6303 |
| 六安市金安区东桥镇 | 37353 | 22898 | 44506 | 8560 | 16 | 6 | 463 | 6758 |
| 六安市金安区张店镇 | 50319 | 27698 | 29274 | 1936 | 115 | 9 | 948 | 5814 |
| 六安市金安区毛坦厂镇 | 23485 | 7893 | 6509 | 654 | 27 | 15 | 1269 | 7316 |
| 六安市金安区东河口镇 | 52347 | 27742 | 25262 | 1130 | 12 | 8 | 700 | 5850 |
| 六安市金安区双河镇 | 46195 | 27944 | 30926 | 2435 | 35 | 23 | 760 | 6666 |
| 六安市金安区施桥镇 | 58374 | 29350 | 34309 | 1010 | 590 | 246 | 745 | 6452 |
| 六安市金安区孙岗镇 | 56773 | 39714 | 40832 | 3164 | 31 | 28 | 1142 | 7285 |
| 六安市金安区三十铺镇 | 72850 | 37215 | 50724 | 2555 | 125 | 49 | 8000 | 7230 |
| 六安市金安区椿树镇 | 36352 | 21860 | 28270 | 3921 | 32 | 22 | 765 | 6450 |
| 六安市裕安区苏埠镇 | 78113 | 51945 | 24298 | 11327 | 551 | 132 | 4164 | 7586 |
| 六安市裕安区韩摆渡镇 | 53151 | 28882 | 11803 | 2217 | 32 | 18 | 680 | 6004 |
| 六安市裕安区新安镇 | 69861 | 44236 | 15304 | 3956 | 48 | 40 | 3794 | 6178 |
| 六安市裕安区顺河镇 | 47223 | 29448 | 26056 | 2249 | 25 | 15 | 1276 | 5930 |
| 六安市裕安区独山镇 | 75184 | 42881 | 22316 | 3245 | 75 | 38 | 3983 | 7644 |
| 六安市裕安区石婆店镇 | 44298 | 22033 | 17479 | 1067 | 18 | 18 | 490 | 5906 |
| 六安市裕安区城南镇 | 40025 | 21987 | 16158 | 2986 | 62 | 36 | 15000 | 7929 |
| 六安市裕安区丁集镇 | 52546 | 29615 | 36199 | 1047 | 28 | 23 | 1600 | 6020 |
| 六安市裕安区固镇镇 | 42306 | 28605 | 28361 | 3280 | 56 | 56 | 1100 | 6936 |
| 六安市裕安区徐集镇 | 31875 | 19545 | 19627 | 2801 | 25 | 16 | 2000 | 6155 |
| 六安市裕安区分路口镇 | 50862 | 27827 | 27572 | 2100 | 32 | 24 | 6888 | 7185 |
| 六安市裕安区江家店镇 | 43830 | 26706 | 32173 | 6131 | 19 | 16 | 1300 | 6003 |
| 寿县寿春镇 | 126111 | 39373 | 43742 | 5468 | 1150 | 327 | 4560 | 7505 |
| 寿县双桥镇 | 58375 | 31871 | 79892 | 9053 | 40 | 24 | 2058 | 7505 |
| 寿县涧沟镇 | 52036 | 28313 | 46349 | 1135 | 10 | 10 | 1126 | 6451 |
| 寿县丰庄镇 | 41170 | 22051 | 55000 | 1146 | 21 | 16 | 1106 | 6431 |
| 寿县正阳关镇 | 62537 | 37574 | 76266 | 1606 | 22 | 12 | 1979 | 6626 |
| 寿县迎河镇 | 76633 | 35506 | 74755 | 10510 | 24 | 15 | 1560 | 6390 |
| 寿县板桥镇 | 68226 | 39929 | 73883 | 4330 | 12 | 6 | 992 | 5830 |
| 寿县安丰塘镇 | 49688 | 27426 | 75617 | 876 | 12 | 11 | 601 | 6663 |
| 寿县堰口镇 | 63515 | 41206 | 79906 | 7237 | 38 | 32 | 1725 | 6096 |
| 寿县保义镇 | 60476 | 30215 | 88563 | 4041 | 38 | 8 | 1267 | 6092 |
| 寿县隐贤镇 | 50620 | 27781 | 57500 | 894 | 172 | 87 | 690 | 6125 |
| 寿县安丰镇 | 82993 | 47999 | 122157 | 6571 | 58 | 18 | 3012 | 7049 |
| 寿县众兴镇 | 54200 | 30397 | 60150 | 764 | 18 | 18 | 1102 | 6147 |
| 寿县茶庵镇 | 31614 | 17755 | 54660 | 1474 | 33 | 20 | 998 | 6337 |
| 寿县三觉镇 | 64467 | 40794 | 96045 | 6343 | 113 | 37 | 1376 | 6825 |
| 寿县炎刘镇 | 71915 | 44261 | 117849 | 9191 | 32 | 12 | 2707 | 6282 |
| 寿县刘岗镇 | 40848 | 24257 | 84957 | 1551 | 58 | 13 | 1020 | 6128 |
| 寿县双庙集镇 | 31549 | 18505 | 71778 | 3034 | 22 | 14 | 760 | 6110 |
| 寿县小甸镇 | 71022 | 49716 | 105825 | 5287 | 109 | 33 | 1172 | 6213 |
| 寿县瓦埠镇 | 25107 | 15905 | 32029 | 4647 | 9 | 5 | 750 | 5625 |
| 寿县大顺镇 | 39634 | 26210 | 63986 | 5844 | 41 | 26 | 647 | 5976 |
| 霍邱县城关镇 | 154528 | 92556 | 36369 | 1362 | 911 | 132 | 7438 | 7645 |

**附录3　续表10　continued**

| 镇　Town | 总人口（人）Population (person) | 从业人员数（人）Number of Employed Persons (person) | 粮食总产量（吨）Grain (ton) | 肉类总产量（吨）Output of Meat (ton) | 企业个数（个）Number of Enterprises (unit) | 工业企业 Industrial Enterprises | 财政总收入（万元）Total Revenue (10000 yuan) | 农民人均纯收入（元）Per Net Income of Farmer (yuan) |
|---|---|---|---|---|---|---|---|---|
| 霍邱县河口镇 | 27441 | 12586 | 22154 | 977 | 23 | 11 | 495 | 6954 |
| 霍邱县周集镇 | 86316 | 33694 | 85851 | 4772 | 1299 | 200 | 1301 | 6800 |
| 霍邱县临水镇 | 61035 | 39412 | 80801 | 4335 | 265 | 73 | 2566 | 7050 |
| 霍邱县新店镇 | 74914 | 42123 | 104812 | 14891 | 46 | 24 | 2153 | 7001 |
| 霍邱县石店镇 | 53874 | 30039 | 90495 | 22517 | 297 | 109 | 584 | 7560 |
| 霍邱县马店镇 | 41919 | 23957 | 37197 | 5973 | 121 | 105 | 1192 | 6951 |
| 霍邱县孟集镇 | 58433 | 24645 | 95800 | 14326 | 510 | 201 | 1199 | 6799 |
| 霍邱县花园镇 | 42888 | 22790 | 46740 | 3478 | 377 | 89 | 506 | 6341 |
| 霍邱县户胡镇 | 66285 | 25799 | 79213 | 20331 | 176 | 7 | 886 | 6980 |
| 霍邱县长集镇 | 38003 | 22492 | 31638 | 5322 | 14 | 8 | 910 | 7200 |
| 霍邱县洪集镇 | 43664 | 21556 | 54033 | 5174 | 949 | | 567 | 6560 |
| 霍邱县姚李镇 | 57507 | 33040 | 41132 | 13285 | 108 | 60 | 2485 | 7590 |
| 霍邱县乌龙镇 | 41349 | 26980 | 59018 | 18205 | 1042 | 10 | 385 | 7460 |
| 霍邱县高塘镇 | 50236 | 27007 | 82025 | 15645 | 891 | 429 | 874 | 7500 |
| 霍邱县龙潭镇 | 43447 | 24077 | 46009 | 15923 | 792 | 309 | 713 | 6815 |
| 霍邱县岔路镇 | 35376 | 20700 | 53215 | 11486 | 18 | 9 | 495 | 6900 |
| 霍邱县冯井镇 | 51584 | 30135 | 51938 | 9015 | 14 | 10 | 1180 | 5945 |
| 霍邱县众兴集镇 | 38843 | 16146 | 35499 | 3797 | 11 | 6 | 552 | 5300 |
| 霍邱县夏店镇 | 39483 | 20958 | 39726 | 4841 | 416 | 164 | 387 | 6550 |
| 霍邱县曹庙镇 | 36973 | 22231 | 41043 | 16079 | 330 | 51 | 398 | 5910 |
| 六安市叶集区镇区办事处 | 79723 | 40658 | 4382 | 289 | | | 630 | 8673 |
| 六安市叶集区平岗办事处 | 19689 | 10284 | 23546 | 3819 | 165 | 154 | 625 | 5800 |
| 舒城县城关镇 | 192517 | 53888 | 27156 | 8280 | 972 | 269 | 10814 | 8652 |
| 舒城县晓天镇 | 37868 | 19781 | 8673 | 962 | 42 | 16 | 380 | 5732 |
| 舒城县桃溪镇 | 35103 | 34990 | 31891 | 2120 | 62 | 45 | 5520 | 8301 |
| 舒城县万佛湖镇 | 39730 | 19817 | 11161 | 1560 | 141 | 112 | 1264 | 7692 |
| 舒城县千人桥镇 | 57503 | 35435 | 37368 | 2420 | 45 | 40 | 1230 | 8574 |
| 舒城县百神庙镇 | 45126 | 22811 | 12022 | 2135 | 52 | 34 | 674 | 7153 |
| 舒城县杭埠镇 | 55475 | 31728 | 38498 | 2416 | 59 | 56 | 4105 | 8699 |
| 舒城县舒茶镇 | 33269 | 18560 | 15211 | 3580 | 36 | 30 | 930 | 6856 |
| 舒城县南港镇 | 53131 | 31220 | 19009 | 1720 | 136 | 84 | 856 | 6964 |
| 舒城县干汊河镇 | 58238 | 34885 | 21286 | 3120 | 91 | 79 | 1010 | 7312 |
| 舒城县张母桥镇 | 34974 | 19854 | 12679 | 1320 | 46 | 15 | 422 | 6912 |
| 舒城县五显镇 | 37434 | 23254 | 7124 | 4420 | 41 | 36 | 361 | 7125 |
| 舒城县山七镇 | 34754 | 18230 | 7849 | 902 | 13 | 5 | 196 | 5765 |
| 舒城县河棚镇 | 21261 | 13152 | 4636 | 450 | 25 | 14 | 198 | 5762 |
| 舒城县汤池镇 | 53007 | 25479 | 16947 | 1702 | 16 | 13 | 328 | 6245 |
| 金寨县梅山镇 | 108863 | 29838 | 8767 | 4306 | 6980 | 3450 | 6145 | 6905 |
| 金寨县麻埠镇 | 15351 | 8477 | 392 | 66 | 555 | 75 | 803 | 6795 |
| 金寨县青山镇 | 22768 | 9538 | 3136 | 881 | 65 | 54 | 966 | 7373 |
| 金寨县燕子河镇 | 30093 | 13595 | 10233 | 1653 | 1132 | 48 | 1684 | 6982 |
| 金寨县天堂寨镇 | 17483 | 7240 | 6976 | 555 | 540 | 6 | 4530 | 7158 |
| 金寨县古碑镇 | 44928 | 20313 | 8931 | 1634 | 1326 | 518 | 996 | 8040 |
| 金寨县吴家店镇 | 29495 | 8011 | 9804 | 1387 | 50 | 27 | 780 | 6737 |
| 金寨县斑竹园镇 | 22056 | 11784 | 5568 | 985 | 20 | 17 | 1013 | 7266 |
| 金寨县汤家汇镇 | 49166 | 22893 | 11465 | 2798 | 527 | 34 | 2640 | 6726 |
| 金寨县南溪镇 | 50305 | 29509 | 11288 | 4454 | 66 | 25 | 1085 | 7530 |
| 金寨县双河镇 | 25324 | 11621 | 5483 | 804 | 29 | 27 | 607 | 7660 |
| 霍山县衡山镇 | 71785 | 16167 | 6598 | 3360 | 760 | 294 | 25607 | 10929 |
| 霍山县佛子岭镇 | 18092 | 10043 | 2339 | 704 | 23 | 10 | 1369 | 7164 |
| 霍山县下符桥镇 | 19792 | 10125 | 11916 | 693 | 41 | 37 | 914 | 7454 |
| 霍山县但家庙镇 | 16070 | 9897 | 9618 | 1148 | 31 | 13 | 692 | 7668 |
| 霍山县与儿街镇 | 36077 | 17935 | 16736 | 1226 | 95 | 48 | 1440 | 8348 |
| 霍山县黑石渡镇 | 26313 | 14088 | 6090 | 330 | 64 | 44 | 1011 | 7733 |
| 霍山县诸佛庵镇 | 34340 | 14974 | 6519 | 646 | 19 | 19 | 1501 | 9149 |

**附录3 续表11** continued

| 镇 Town | 总人口（人）Population (person) | 从业人员数（人）Number of Employed Persons (person) | 粮食总产量（吨）Grain (ton) | 肉类总产量（吨）Output of Meat (ton) | 企业个数（个）Number of Enterprises (unit) | 工业企业 Industrial Enterprises | 财政总收入（万元）Total Revenue (10000 yuan) | 农民人均纯收入（元）Per Net Income of Farmer (yuan) |
|---|---|---|---|---|---|---|---|---|
| 霍山县落儿岭镇 | 10006 | 4919 | 1576 | 228 | 75 | 63 | 2024 | 9318 |
| 霍山县磨子潭镇 | 15125 | 8098 | 4243 | 552 | 47 | 40 | 801 | 7570 |
| 霍山县大化坪镇 | 25201 | 12339 | 6812 | 530 | 240 | 52 | 373 | 7691 |
| 霍山县漫水河镇 | 18987 | 9382 | 5926 | 1331 | 9 | 9 | 242 | 7823 |
| 霍山县上士市镇 | 18476 | 10881 | 5400 | 621 | 26 | 7 | 166 | 5934 |
| 马鞍山市雨山区向山镇 | 52133 | 24517 | 5160 | 2304 | 284 | 223 | 24490 | 14191 |
| 马鞍山市雨山区银塘镇 | 15609 | 6268 | 4961 | 304 | 19 | 19 | 7800 | 14494 |
| 马鞍山市博望区博望镇 | 87514 | 49895 | 49554 | 287 | 681 | 481 | 32654 | 12520 |
| 马鞍山市博望区丹阳镇 | 55695 | 26985 | 43845 | 1082 | 332 | 186 | 17768 | 11932 |
| 马鞍山市博望区新市镇 | 41128 | 23421 | 24539 | 1244 | 139 | 95 | 5150 | 12046 |
| 当涂县姑孰镇 | 145547 | 115072 | 29485 | 2154 | 4601 | 2511 | 234281 | 12459 |
| 当涂县黄池镇 | 39473 | 20253 | 37816 | 1684 | 880 | 176 | 10026 | 13321 |
| 当涂县乌溪镇 | 22822 | 12392 | 16392 | 580 | 43 | 32 | 5408 | 14000 |
| 当涂县石桥镇 | 57850 | 26641 | 49514 | 577 | 328 | 262 | 11108 | 12363 |
| 当涂县塘南镇 | 33171 | 17180 | 34674 | 2209 | 56 | 48 | 2020 | 12351 |
| 当涂县护河镇 | 31926 | 15649 | 39534 | 495 | 69 | 47 | 5022 | 12328 |
| 当涂县太白镇 | 35172 | 20079 | 28617 | 1038 | 480 | 251 | 35400 | 12593 |
| 当涂县年陡镇 | 42117 | 20517 | 39193 | 1387 | 209 | 158 | 28400 | 12435 |
| 含山县环峰镇 | 145250 | 46874 | 51028 | 4286 | 267 | 142 | 32650 | 10231 |
| 含山县运漕镇 | 40490 | 19479 | 33180 | 587 | 76 | 65 | 6103 | 10577 |
| 含山县铜闸镇 | 33111 | 16994 | 18946 | 980 | 65 | 52 | 3957 | 8394 |
| 含山县陶厂镇 | 41245 | 24312 | 20146 | 1974 | 88 | 42 | 2273 | 9822 |
| 含山县林头镇 | 71589 | 28172 | 30807 | 2839 | 326 | 304 | 32032 | 11009 |
| 含山县清溪镇 | 48024 | 26417 | 26128 | 1541 | 195 | 125 | 12250 | 9319 |
| 含山县仙踪镇 | 64953 | 45201 | 39264 | 1029 | 54 | 39 | 12691 | 8389 |
| 含山县昭关镇 | 25360 | 13080 | 26006 | 370 | 25 | 23 | 1410 | 8538 |
| 和县历阳镇 | 139695 | 78482 | 39018 | 2916 | 530 | 230 | 22400 | 10159 |
| 和县白桥镇 | 53834 | 33216 | 33050 | 397 | 61 | 45 | 5715 | 9633 |
| 和县姥桥镇 | 65020 | 33694 | 33698 | 993 | 104 | 29 | 3255 | 9528 |
| 和县功桥镇 | 51750 | 36335 | 29461 | 1011 | 16 | 6 | 2111 | 9650 |
| 和县西埠镇 | 56665 | 34446 | 47534 | 3640 | 105 | 82 | 2499 | 9363 |
| 和县香泉镇 | 41180 | 27454 | 34151 | 20808 | 57 | 52 | 9435 | 9950 |
| 和县乌江镇 | 63731 | 43258 | 42589 | 3410 | 346 | 252 | 23147 | 9640 |
| 和县善厚镇 | 34432 | 19932 | 26940 | 708 | 45 | 35 | 4142 | 9006 |
| 和县石杨镇 | 39717 | 27968 | 29946 | 2380 | 73 | 58 | 32300 | 9330 |
| 芜湖市鸠江区沈巷镇 | 126269 | 89500 | 51324 | 2491 | 292 | 179 | 6008 | 9679 |
| 芜湖市三山区峨桥镇 | 53917 | 30547 | 22620 | 1850 | 98 | 35 | 2759 | 9693 |
| 芜湖县湾沚镇 | 115673 | 87014 | 40783 | 5686 | 613 | 158 | 35700 | 11320 |
| 芜湖县六郎镇 | 83316 | 44147 | 53378 | 3650 | 357 | 187 | 29100 | 11311 |
| 芜湖县陶辛镇 | 54840 | 28708 | 42639 | 1896 | 136 | 78 | 13500 | 10919 |
| 芜湖县红杨镇 | 55501 | 29953 | 41844 | 2194 | 153 | 31 | 14200 | 10923 |
| 芜湖县花桥镇 | 38920 | 23365 | 30015 | 1633 | 82 | 51 | 16778 | 10946 |
| 繁昌县繁阳镇 | 85424 | 45323 | 12805 | 1438 | 503 | 151 | 25807 | 11040 |
| 繁昌县荻港镇 | 40064 | 28167 | 7461 | 2082 | 124 | 68 | 37340 | 11165 |
| 繁昌县孙村镇 | 57461 | 42100 | 21176 | 2115 | 616 | 616 | 32040 | 11120 |
| 繁昌县平铺镇 | 31180 | 19470 | 28447 | 3542 | 67 | 20 | 4040 | 10060 |
| 繁昌县新港镇 | 20376 | 12545 | 2864 | 1179 | 92 | 37 | 17595 | 10900 |
| 繁昌县峨山镇 | 24699 | 13435 | 8369 | 2515 | 71 | 61 | 6559 | 10910 |
| 南陵县籍山镇 | 137195 | 53808 | 77697 | 9008 | 615 | 235 | 24988 | 10722 |
| 南陵县许镇镇 | 110129 | 70562 | 85352 | 8879 | 198 | 146 | 14764 | 10762 |
| 南陵县弋江镇 | 106059 | 58607 | 74818 | 8571 | 278 | 165 | 12500 | 10743 |
| 南陵县三里镇 | 47110 | 28716 | 37735 | 5132 | 122 | 66 | 6663 | 10703 |
| 南陵县何湾镇 | 45038 | 24702 | 30790 | 4187 | 65 | 41 | 5924 | 10452 |
| 南陵县工山镇 | 56280 | 36451 | 42107 | 4182 | 42 | 21 | 5580 | 10472 |
| 南陵县烟墩镇 | 20556 | 13544 | 13294 | 4333 | 25 | 20 | 3531 | 10542 |

**附录3　续表12**　continued

| 镇　　Town | 总人口（人） Population (person) | 从业人员数（人） Number of Employed Persons (person) | 粮食总产量（吨） Grain (ton) | 肉类总产量（吨） Output of Meat (ton) | 企业个数（个） Number of Enterprises (unit) | 工业企业 Industrial Enterprises | 财政总收入（万元） Total Revenue (10000 yuan) | 农民人均纯收入（元） Per Net Income of Farmer ( yuan) |
|---|---|---|---|---|---|---|---|---|
| 南陵县家发镇 | 30484 | 17962 | 31293 | 3575 | 89 | 72 | 6709 | 10442 |
| 无为县无城镇 | 199890 | 64832 | 31908 | 3130 | 340 | 238 | 34250 | 11584 |
| 无为县襄安镇 | 61838 | 32163 | 28206 | 2772 | 75 | 52 | 4565 | 7660 |
| 无为县二坝镇 | 59097 | 27728 | 8322 | 1006 | 70 | 56 | 3122 | 9386 |
| 无为县汤沟镇 | 63685 | 21877 | 7146 | 3221 | 128 | 74 | 1521 | 7885 |
| 无为县陡沟镇 | 74166 | 30065 | 15930 | 1244 | 120 | 34 | 1376 | 8096 |
| 无为县石涧镇 | 78197 | 32228 | 32750 | 2520 | 116 | 81 | 7000 | 7044 |
| 无为县严桥镇 | 65294 | 27488 | 30350 | 2695 | 92 | 74 | 1760 | 6872 |
| 无为县开城镇 | 60523 | 26563 | 30102 | 2568 | 27 | 6 | 1374 | 6854 |
| 无为县蜀山镇 | 65970 | 27106 | 30265 | 3047 | 143 | 64 | 2215 | 8038 |
| 无为县牛埠镇 | 68737 | 32978 | 30920 | 3545 | 76 | 45 | 2160 | 6911 |
| 无为县刘渡镇 | 43594 | 25185 | 15654 | 1603 | 31 | 12 | 1296 | 7681 |
| 无为县姚沟镇 | 39028 | 19484 | 6464 | 1396 | 79 | 46 | 10862 | 11174 |
| 无为县泥汊镇 | 71181 | 24105 | 28056 | 1800 | 145 | 85 | 19600 | 8718 |
| 无为县白茆镇 | 85996 | 35156 | 21512 | 2172 | 128 | 60 | 2268 | 9608 |
| 无为县福渡镇 | 41869 | 22546 | 15912 | 1593 | 56 | 27 | 5130 | 8733 |
| 无为县泉塘镇 | 62826 | 31258 | 31326 | 3390 | 76 | 58 | 1689 | 8470 |
| 无为县赫店镇 | 41204 | 25390 | 21126 | 2007 | 26 | 22 | 1579 | 9606 |
| 无为县红庙镇 | 43636 | 17762 | 28259 | 2038 | 29 | 22 | 992 | 6848 |
| 无为县高沟镇 | 50822 | 36121 | 2826 | 2512 | 452 | 378 | 82120 | 12659 |
| 宣城市宣州区水阳镇 | 90422 | 55397 | 14622 | 1065 | 854 | 387 | 12418 | 11237 |
| 宣城市宣州区狸桥镇 | 65958 | 40307 | 24576 | 3087 | 504 | 415 | 14476 | 11248 |
| 宣城市宣州区沈村镇 | 40087 | 26569 | 38037 | 3606 | 371 | 293 | 2451 | 9944 |
| 宣城市宣州区古泉镇 | 18658 | 11501 | 21277 | 2238 | 64 | 48 | 1890 | 10277 |
| 宣城市宣州区洪林镇 | 44118 | 24589 | 26708 | 1633 | 58 | 43 | 4892 | 9600 |
| 宣城市宣州区寒亭镇 | 20386 | 11295 | 30608 | 1781 | 60 | 42 | 1851 | 10176 |
| 宣城市宣州区文昌镇 | 20425 | 11674 | 8802 | 282 | 18 | 15 | 3350 | 10136 |
| 宣城市宣州区孙埠镇 | 55342 | 32422 | 32815 | 3413 | 154 | 105 | 33025 | 10937 |
| 宣城市宣州区向阳镇 | 45686 | 25248 | 25661 | 4350 | 103 | 56 | 6121 | 10479 |
| 宣城市宣州区杨柳镇 | 36980 | 23862 | 38712 | 3458 | 30 | 22 | 1920 | 10278 |
| 宣城市宣州区水东镇 | 32362 | 18695 | 10418 | 3015 | 172 | 171 | 17708 | 11064 |
| 宣城市宣州区新田镇 | 19019 | 9250 | 7471 | 838 | 19 | 14 | 484 | 10180 |
| 宣城市宣州区周王镇 | 19905 | 10774 | 11391 | 1190 | 27 | 27 | 3174 | 9950 |
| 宣城市宣州区溪口镇 | 25151 | 13175 | 2520 | 483 | 28 | 18 | 473 | 8658 |
| 宁国市西津街道 | 82207 | 8936 | 1921 | 2352 | 130 | 26 | 960 | 11612 |
| 宁国市南山街道 | 34873 | 31284 | 4646 | 7996 | 460 | 310 | 1841 | 12483 |
| 宁国市河沥街道 | 34922 | 18298 | 4613 | 1637 | 180 | 120 | 1451 | 12263 |
| 宁国市汪溪街道 | 23953 | 13609 | 5141 | 5496 | 84 | 75 | 1400 | 12013 |
| 宁国市竹峰街道 | 7280 | 4628 | 1694 | 1499 | 5 | 5 | 981 | 11095 |
| 宁国市天湖街道 | 5151 | 3048 | 6470 | 912 | 32 | 32 | 1470 | 11108 |
| 宁国市港口镇 | 34260 | 15437 | 10814 | 4151 | 153 | 79 | 10231 | 11877 |
| 宁国市梅林镇 | 21701 | 15104 | 6011 | 3408 | 95 | 83 | 3000 | 11663 |
| 宁国市中溪镇 | 25619 | 17016 | 6527 | 3132 | 140 | 120 | 7365 | 11720 |
| 宁国市宁墩镇 | 14776 | 9482 | 4637 | 1905 | 56 | 38 | 2003 | 11021 |
| 宁国市仙霞镇 | 21641 | 13018 | 5746 | 2862 | 20 | 20 | 1000 | 11882 |
| 宁国市甲路镇 | 14673 | 11618 | 2120 | 3289 | 251 | 37 | 1711 | 11202 |
| 宁国市胡乐镇 | 13891 | 8236 | 3650 | 2866 | 30 | 5 | 1876 | 11352 |
| 宁国市霞西镇 | 22129 | 14851 | 8619 | 18308 | 28 | 19 | 940 | 10741 |
| 郎溪县建平镇 | 112305 | 42704 | 57474 | 989 | 307 | 32 | 27852 | 7656 |
| 郎溪县十字镇 | 40174 | 18665 | 30783 | 1032 | 200 | 81 | 10200 | 7720 |
| 郎溪县新发镇 | 28632 | 17517 | 28265 | 1035 | 105 | 65 | 13028 | 7397 |
| 郎溪县涛城镇 | 27185 | 16548 | 33073 | 2080 | 47 | 31 | 4082 | 7487 |
| 郎溪县梅渚镇 | 25456 | 12161 | 25215 | 998 | 92 | 82 | 24526 | 8252 |
| 郎溪县毕桥镇 | 20015 | 9439 | 16979 | 1238 | 59 | 54 | 337 | 7439 |
| 郎溪县飞里镇 | 38466 | 20391 | 37143 | 1712 | 62 | 50 | 324 | 6910 |

**附录3 续表13** continued

| 镇 Town | 总人口（人）Population (person) | 从业人员数（人）Number of Employed Persons (person) | 粮食总产量（吨）Grain (ton) | 肉类总产量（吨）Output of Meat (ton) | 企业个数（个）Number of Enterprises (unit) | 工业企业 Industrial Enterprises | 财政总收入（万元）Total Revenue (10000 yuan) | 农民人均纯收入（元）Per Net Income of Farmer (yuan) |
|---|---|---|---|---|---|---|---|---|
| 广德县桃州镇 | 119919 | 63020 | 36228 | 4619 | 1341 | 352 | 17834 | 11155 |
| 广德县柏垫镇 | 46522 | 27765 | 5561 | 2682 | 168 | 128 | 1941 | 10025 |
| 广德县誓节镇 | 70971 | 49600 | 31580 | 7738 | 75 | 43 | 6136 | 10249 |
| 广德县邱村镇 | 74524 | 48127 | 51435 | 30815 | 1985 | 480 | 9073 | 11067 |
| 广德县新杭镇 | 70006 | 45930 | 34555 | 778 | 2039 | 342 | 41013 | 11096 |
| 泾县泾川镇 | 95554 | 49388 | 11227 | 2208 | 718 | 263 | 18377 | 8700 |
| 泾县茂林镇 | 22928 | 16916 | 12877 | 1102 | 18 | 15 | 2888 | 7481 |
| 泾县榔桥镇 | 33421 | 23855 | 20138 | 2435 | 795 | 364 | 3842 | 8383 |
| 泾县桃花潭镇 | 31633 | 14606 | 15055 | 1023 | 215 | 117 | 1321 | 6868 |
| 泾县琴溪镇 | 19385 | 15496 | 9771 | 1608 | 75 | 59 | 2006 | 8141 |
| 泾县蔡村镇 | 21561 | 12125 | 4896 | 1178 | 38 | 19 | 607 | 7532 |
| 泾县云岭镇 | 42751 | 25483 | 23019 | 5208 | 126 | 101 | 6855 | 6097 |
| 泾县黄村镇 | 23664 | 16074 | 14995 | 1194 | 71 | 16 | 547 | 6675 |
| 泾县丁家桥镇 | 16159 | 9306 | 9400 | 1134 | 467 | 365 | 2327 | 7256 |
| 绩溪县华阳镇 | 44741 | 27000 | 4040 | 624 | 340 | 270 | 1746 | 8640 |
| 绩溪县临溪镇 | 10370 | 6045 | 5469 | 1636 | 67 | 46 | 1085 | 8555 |
| 绩溪县长安镇 | 23798 | 14030 | 8744 | 1345 | 52 | 39 | 288 | 8198 |
| 绩溪县上庄镇 | 14387 | 8913 | 5005 | 1307 | 50 | 33 | 535 | 8402 |
| 绩溪县扬溪镇 | 12624 | 7574 | 5284 | 1153 | 21 | 19 | 174 | 8356 |
| 绩溪县伏岭镇 | 20381 | 12110 | 8863 | 1335 | 38 | 23 | 60 | 7706 |
| 绩溪县金沙镇 | 8281 | 4465 | 2460 | 865 | 15 | 12 | 91 | 8242 |
| 绩溪县瀛洲镇 | 9070 | 5440 | 3883 | 874 | 31 | 12 | 248 | 8271 |
| 旌德县旌阳镇 | 23794 | 13516 | 8389 | 1470 | 350 | 200 | 3580 | 7683 |
| 旌德县蔡家桥镇 | 15047 | 8415 | 7721 | 1075 | 70 | 41 | 435 | 7479 |
| 旌德县三溪镇 | 12228 | 8764 | 7115 | 1142 | 40 | 27 | 1099 | 7383 |
| 旌德县庙首镇 | 11145 | 6503 | 4392 | 839 | 51 | 14 | 1293 | 7293 |
| 旌德县白地镇 | 13419 | 7339 | 7068 | 1045 | 25 | 21 | 640 | 7359 |
| 旌德县俞村镇 | 13102 | 8270 | 5736 | 876 | 23 | 17 | 582 | 7300 |
| 铜陵市狮子山区西湖镇 | 25385 | 14835 | 5986 | 352 | 811 | 105 | 5620 | 10960 |
| 铜陵市郊区镇山镇 | 17021 | 8833 | 3441 | 774 | 36 | 21 | 5117 | 10950 |
| 铜陵市郊区大通镇 | 26658 | 15326 | 3594 | 461 | 97 | 62 | 7324 | 9908 |
| 铜陵县五松镇 | 35257 | 23975 | 8 | 483 | 985 | 153 | 1575 | 9664 |
| 铜陵县顺安镇 | 50938 | 23383 | 12135 | 1696 | 352 | 126 | 2450 | 9700 |
| 铜陵县钟鸣镇 | 46965 | 25763 | 18972 | 1098 | 108 | 82 | 935 | 9685 |
| 铜陵县天门镇 | 44731 | 26789 | 17294 | 3649 | 438 | 266 | 500 | 9744 |
| 池州市贵池区殷汇镇 | 48958 | 27198 | 17244 | 2068 | 30 | 14 | 2000 | 8603 |
| 池州市贵池区牛头山镇 | 41318 | 23051 | 19220 | 1866 | 101 | 35 | 18279 | 8890 |
| 池州市贵池区涓桥镇 | 34140 | 19368 | 17531 | 1804 | 84 | 60 | 2100 | 8833 |
| 池州市贵池区梅街镇 | 22477 | 12100 | 7230 | 2362 | 88 | 80 | 3871 | 8070 |
| 池州市贵池区梅村镇 | 27278 | 14750 | 5667 | 1135 | 54 | 46 | 950 | 8019 |
| 池州市贵池区唐田镇 | 24798 | 13598 | 7258 | 1248 | 57 | 21 | 718 | 7934 |
| 池州市贵池区牌楼镇 | 22423 | 11518 | 9536 | 902 | 36 | 26 | 1393 | 7855 |
| 池州市贵池区乌沙镇 | 47295 | 25531 | 23551 | 1258 | 156 | 118 | 2898 | 8257 |
| 池州市贵池区棠溪镇 | 11109 | 6334 | 4230 | 595 | 40 | 38 | 2143 | 8335 |
| 东至县尧渡镇 | 101279 | 52000 | 22908 | 2998 | 320 | 235 | 18000 | 8789 |
| 东至县东流镇 | 40136 | 23731 | 32785 | 5120 | 149 | 46 | 8155 | 8160 |
| 东至县大渡口镇 | 72183 | 42309 | 10133 | 5726 | 1078 | 130 | 16200 | 8588 |
| 东至县胜利镇 | 58487 | 36558 | 41292 | 748 | 78 | 61 | 1989 | 8166 |
| 东至县张溪镇 | 61535 | 47241 | 20904 | 689 | 68 | 43 | 1550 | 7717 |
| 东至县洋湖镇 | 26080 | 17283 | 8402 | 1600 | 12 | 5 | 497 | 7598 |
| 东至县葛公镇 | 25347 | 14810 | 3069 | 1257 | 28 | 23 | 353 | 7595 |
| 东至县香隅镇 | 34863 | 19530 | 27788 | 1749 | 1245 | 80 | 1674 | 8115 |
| 东至县官港镇 | 26831 | 16252 | 6139 | 2437 | 41 | 13 | 487 | 7746 |
| 东至县昭潭镇 | 18122 | 10414 | 5131 | 251 | 49 | 42 | 505 | 8092 |
| 东至县龙泉镇 | 26191 | 15115 | 20470 | 234 | 58 | 52 | 412 | 7941 |

**附录3　续表14**　continued

| 镇　Town | 总人口（人） Population (person) | 从业人员数（人） Number of Employed Persons (person) | 粮食总产量（吨） Grain (ton) | 肉类总产量（吨） Output of Meat (ton) | 企业个数（个） Number of Enterprises (unit) | 工业企业 Industrial Enterprises | 财政总收入（万元） Total Revenue (10000 yuan) | 农民人均纯收入（元） Per Net Income of Farmer (yuan) |
|---|---|---|---|---|---|---|---|---|
| 东至县泥溪镇 | 25114 | 12652 | 6061 | 3133 | 97 | 21 | 295 | 7704 |
| 石台县仁里镇 | 30027 | 5441 | 1416 | 234 | 273 | 182 | 4293 | 4873 |
| 石台县七都镇 | 17315 | 11995 | 3908 | 765 | 28 | 23 | 1335 | 4417 |
| 石台县仙寓镇 | 14678 | 8591 | 2170 | 337 | 5 | 5 | 750 | 3700 |
| 石台县丁香镇 | 9985 | 5808 | 1876 | 291 | 29 | 20 | 469 | 4426 |
| 石台县小河镇 | 20539 | 11756 | 4025 | 666 | 48 | 31 | 413 | 4442 |
| 石台县横渡镇 | 9320 | 5126 | 1577 | 567 | 18 | 6 | 873 | 4443 |
| 青阳县蓉城镇 | 79239 | 24461 | 19120 | 2860 | 472 | 85 | 17897 | 8592 |
| 青阳县木镇镇 | 27487 | 16355 | 17340 | 1860 | 125 | 113 | 5700 | 8258 |
| 青阳县庙前镇 | 24348 | 11029 | 12223 | 1487 | 78 | 40 | 2456 | 8296 |
| 青阳县陵阳镇 | 25747 | 15385 | 15057 | 903 | 120 | 56 | 4899 | 8284 |
| 青阳县新河镇 | 18040 | 9299 | 12667 | 1933 | 76 | 63 | 3768 | 8221 |
| 青阳县丁桥镇 | 21135 | 12432 | 10488 | 786 | 71 | 65 | 7104 | 8542 |
| 青阳县朱备镇 | 9202 | 5558 | 4523 | 19 | 14 | 7 | 541 | 7925 |
| 青阳县杨田镇 | 21437 | 12164 | 14529 | 321 | 56 | 44 | 1998 | 7718 |
| 池州市九华山九华镇 | 5112 | 4607 | | | 95 | | 788 | |
| 安庆市大观区海口镇 | 45172 | 23000 | 30000 | 1300 | 156 | 55 | 1900 | 9200 |
| 安庆市宜秀区大龙山镇 | 22619 | 10833 | 2934 | 1259 | 81 | 26 | 6011 | 9597 |
| 安庆市宜秀区杨桥镇 | 26447 | 14545 | 8295 | 642 | 62 | 31 | 2382 | 9098 |
| 安庆市宜秀区罗岭镇 | 28030 | 20840 | | 850 | 51 | 25 | 778 | 5585 |
| 桐城市孔城镇 | 82558 | 40983 | 51589 | 2467 | 130 | 117 | 5835 | 9226 |
| 桐城市吕亭镇 | 61089 | 37816 | 30640 | 2988 | 1355 | 121 | 5510 | 10043 |
| 桐城市范岗镇 | 64942 | 35718 | 23142 | 4898 | 2150 | 1500 | 9285 | 10543 |
| 桐城市新渡镇 | 64793 | 42115 | 41756 | 2412 | 1604 | 1284 | 7439 | 10644 |
| 桐城市双港镇 | 53589 | 33265 | 29844 | 1766 | 2460 | 412 | 3870 | 9582 |
| 桐城市大关镇 | 73691 | 44297 | 30410 | 3438 | 970 | 108 | 3212 | 9920 |
| 桐城市青草镇 | 70254 | 40989 | 36371 | 6426 | 328 | 251 | 3047 | 9885 |
| 桐城市金神镇 | 61671 | 33605 | 32836 | 3102 | 1317 | 560 | 11341 | 10366 |
| 桐城市嬉子湖镇 | 24855 | 13564 | 18268 | 620 | 62 | 27 | 280 | 6333 |
| 桐城市唐湾镇 | 13165 | 7382 | 1887 | 160 | 28 | 18 | 1644 | 5771 |
| 桐城市黄甲镇 | 13949 | 7797 | 2859 | 280 | 15 | 14 | 601 | 5533 |
| 桐城市鲟鱼镇 | 1009 | 420 | | | 28 | 5 | 633 | |
| 怀宁县高河镇 | 103180 | 21623 | 27571 | 1115 | 121 | 86 | 14758 | 10303 |
| 怀宁县石牌镇 | 95732 | 59612 | 30731 | 17008 | 148 | 85 | 4130 | 10334 |
| 怀宁县月山镇 | 31492 | 14458 | 7820 | 653 | 249 | 209 | 22563 | 10026 |
| 怀宁县马庙镇 | 45140 | 24129 | 33873 | 1292 | 1426 | 945 | 10362 | 10294 |
| 怀宁县金拱镇 | 32105 | 17305 | 18538 | 1893 | 136 | 116 | 1348 | 9497 |
| 怀宁县茶岭镇 | 32648 | 17663 | 12480 | 1268 | 131 | 69 | 4517 | 10019 |
| 怀宁县公岭镇 | 27160 | 12633 | 16487 | 1418 | 32 | 27 | 556 | 7411 |
| 怀宁县黄墩镇 | 37898 | 19581 | 16548 | 875 | 81 | 31 | 1415 | 9375 |
| 怀宁县三桥镇 | 28810 | 16618 | 21269 | 6549 | 26 | 25 | 1520 | 8732 |
| 怀宁县小市镇 | 23797 | 12988 | 23460 | 80 | 70 | 59 | 760 | 8588 |
| 怀宁县黄龙镇 | 19774 | 11428 | 9684 | 494 | 15 | 12 | 447 | 7141 |
| 怀宁县平山镇 | 37521 | 18782 | 12655 | 4530 | 52 | 41 | 1105 | 8709 |
| 怀宁县腊树镇 | 35158 | 16684 | 23607 | 1250 | 28 | 23 | 660 | 8761 |
| 怀宁县洪铺镇 | 39582 | 20564 | 16767 | 1346 | 36 | 27 | 960 | 7768 |
| 怀宁县江镇镇 | 36949 | 20386 | 12003 | 1310 | 50 | 24 | 416 | 9085 |
| 枞阳县枞阳镇 | 95967 | 55690 | 18072 | 1959 | 156 | 37 | 6750 | 5910 |
| 枞阳县ou山镇 | 50769 | 30348 | 27217 | 889 | 607 | 208 | 1942 | 5937 |
| 枞阳县汤沟镇 | 91618 | 57800 | 35065 | 1505 | 47 | 42 | 560 | 6641 |
| 枞阳县老洲镇 | 74775 | 56767 | 50364 | 4977 | 127 | 67 | 1016 | 6031 |
| 枞阳县陈瑶湖镇 | 50885 | 26532 | 33150 | 3569 | 127 | 1 | 3200 | 6754 |
| 枞阳县周潭镇 | 45896 | 20755 | 1753 | 518 | 25 | 11 | 1082 | 6013 |
| 枞阳县横埠镇 | 76957 | 39898 | 45362 | 1368 | 92 | 25 | 4048 | 5995 |
| 枞阳县项铺镇 | 29700 | 16491 | 16809 | 800 | 133 | 80 | 683 | 4968 |

**附录3 续表15** continued

| 镇 Town | 总人口（人）Population (person) | 从业人员数（人）Number of Employed Persons (person) | 粮食总产量（吨）Grain (ton) | 肉类总产量（吨）Output of Meat (ton) | 企业个数（个）Number of Enterprises (unit) | 工业企业 Industrial Enterprises | 财政总收入（万元）Total Revenue (10000 yuan) | 农民人均纯收入（元）Per Net Income of Farmer (yuan) |
|---|---|---|---|---|---|---|---|---|
| 枞阳县钱桥镇 | 56882 | 15600 | 53948 | 921 | 41 | 20 | 575 | 5823 |
| 枞阳县其林镇 | 42866 | 16517 | 50114 | 831 | 137 | 34 | 1872 | 6277 |
| 枞阳县义津镇 | 54073 | 29876 | 54329 | 2580 | 816 | 96 | 1270 | 6219 |
| 枞阳县浮山镇 | 20261 | 9788 | 18251 | 21650 | 5 | 3 | 377 | 4801 |
| 枞阳县会宫镇 | 45672 | 21312 | 37057 | 3252 | 35 | 18 | 1760 | 5885 |
| 枞阳县官埠桥镇 | 41665 | 21207 | 30382 | 5123 | 49 | 45 | 1357 | 6091 |
| 潜山县梅城镇 | 119318 | 56520 | 35918 | 6962 | 170 | 93 | 5686 | 6074 |
| 潜山县源潭镇 | 63732 | 34590 | 46806 | 3190 | 531 | 426 | 5434 | 6050 |
| 潜山县余井镇 | 58430 | 31002 | 39243 | 2702 | 102 | 86 | 815 | 5560 |
| 潜山县王河镇 | 47844 | 25227 | 20105 | 1950 | 20 | 8 | 354 | 5923 |
| 潜山县黄铺镇 | 48795 | 24434 | 27229 | 2669 | 306 | 203 | 1032 | 5872 |
| 潜山县槎水镇 | 31918 | 14833 | 8906 | 1037 | 144 | 93 | 1353 | 4756 |
| 潜山县水吼镇 | 33364 | 18580 | 8510 | 1170 | 32 | 26 | 331 | 4694 |
| 潜山县官庄镇 | 23910 | 11822 | 16520 | 963 | 173 | 147 | 911 | 4743 |
| 潜山县黄泥镇 | 14610 | 12473 | 9593 | 2144 | 29 | 13 | 135 | 5811 |
| 潜山县黄柏镇 | 14931 | 4534 | 7484 | 547 | 88 | 79 | 251 | 4670 |
| 潜山县天柱山镇 | 13123 | 7218 | 1869 | 259 | 36 | 9 | 1376 | 5058 |
| 太湖县晋熙镇 | 79243 | 23190 | 14527 | 5964 | 1911 | 182 | 9132 | 8028 |
| 太湖县徐桥镇 | 49471 | 24428 | 30988 | 9393 | 104 | 72 | 2800 | 6803 |
| 太湖县新仓镇 | 74410 | 39890 | 29941 | 14520 | 180 | 45 | 3030 | 6102 |
| 太湖县小池镇 | 41895 | 21528 | 19425 | 8555 | 367 | 142 | 2100 | 5536 |
| 太湖县寺前镇 | 29658 | 15761 | 4968 | 700 | 52 | 26 | 1329 | 4290 |
| 太湖县天华镇 | 31320 | 13851 | 10266 | 3120 | 12 | | 573 | 4460 |
| 太湖县牛镇镇 | 25189 | 12261 | 5986 | 388 | 96 | 23 | 188 | 4326 |
| 太湖县弥陀镇 | 38258 | 20865 | 11227 | 1554 | 316 | 150 | 1189 | 5146 |
| 太湖县北中镇 | 37800 | 21300 | 7875 | 3230 | 22 | | 580 | 4430 |
| 太湖县百里镇 | 24479 | 11780 | 9715 | 1900 | 46 | 20 | 500 | 4135 |
| 宿松县孚玉镇 | 85219 | 50560 | 7508 | 2191 | 221 | 57 | 5465 | 7272 |
| 宿松县复兴镇 | 56064 | 29242 | 28384 | 298 | 58 | 50 | 3348 | 7518 |
| 宿松县汇口镇 | 46823 | 26559 | 12731 | 194 | 47 | 37 | 1018 | 6886 |
| 宿松县许岭镇 | 54360 | 32616 | 48644 | 320 | 69 | 9 | 430 | 6750 |
| 宿松县下仓镇 | 38107 | 18317 | 38269 | 861 | 11 | 3 | 998 | 6826 |
| 宿松县二郎镇 | 34632 | 17157 | 12070 | 1069 | 10 | 10 | 807 | 5036 |
| 宿松县破凉镇 | 46559 | 18504 | 17680 | 791 | 36 | 24 | 1400 | 4680 |
| 宿松县凉亭镇 | 41467 | 28647 | 19000 | 951 | 42 | 33 | 717 | 4728 |
| 宿松县长铺镇 | 33210 | 31311 | 17568 | 731 | 32 | 27 | 720 | 5110 |
| 望江县华阳镇 | 119584 | 63810 | 26618 | 2646 | 351 | 165 | 2222 | 6102 |
| 望江县杨湾镇 | 33274 | 21182 | 12204 | 2090 | 83 | 12 | 180 | 5807 |
| 望江县漳湖镇 | 28595 | 16757 | 30520 | 6261 | 18 | 6 | 452 | 5796 |
| 望江县赛口镇 | 40876 | 23452 | 32224 | 4678 | 32 | 18 | 270 | 5954 |
| 望江县高士镇 | 82661 | 65290 | 58998 | 5330 | 137 | 98 | 1500 | 6082 |
| 望江县鸦滩镇 | 78916 | 40640 | 57037 | 5177 | 169 | 141 | 1014 | 6007 |
| 望江县长岭镇 | 77475 | 42183 | 43801 | 4656 | 162 | 129 | 3410 | 6086 |
| 望江县太慈镇 | 76146 | 40402 | 47990 | 4959 | 55 | 50 | 712 | 5987 |
| 岳西县天堂镇 | 55493 | 23327 | 2661 | 683 | 2622 | 282 | 6526 | 5868 |
| 岳西县店前镇 | 24924 | 14260 | 5110 | 558 | 86 | 65 | 380 | 5400 |
| 岳西县来榜镇 | 23153 | 13596 | 4370 | 1728 | 178 | 55 | 1518 | 4120 |
| 岳西县菖蒲镇 | 23315 | 11183 | 3864 | 309 | 117 | 71 | 435 | 4050 |
| 岳西县头陀镇 | 10282 | 4537 | 3716 | 438 | 62 | 59 | 480 | 3600 |
| 岳西县白帽镇 | 20191 | 10627 | 9030 | 487 | 66 | 56 | 221 | 5680 |
| 岳西县温泉镇 | 33469 | 18034 | 7186 | 567 | 75 | 58 | 1660 | 5440 |
| 岳西县响肠镇 | 19424 | 8986 | 3694 | 805 | 50 | 33 | 200 | 3500 |
| 岳西县河图镇 | 11759 | 6754 | 1360 | 227 | 68 | 27 | 452 | 5480 |
| 岳西县五河镇 | 19884 | 11758 | 5820 | 453 | 40 | 40 | 255 | 3528 |
| 岳西县主簿镇 | 8308 | 3936 | 2300 | 334 | 50 | 43 | 420 | 6750 |

附录3　续表16　continued

| 镇　Town | 总人口（人）Population (person) | 从业人员数（人）Number of Employed Persons (person) | 粮食总产量（吨）Grain (ton) | 肉类总产量（吨）Output of Meat (ton) | 企业个数（个）Number of Enterprises (unit) | 工业企业 Industrial Enterprises | 财政总收入（万元）Total Revenue (10000 yuan) | 农民人均纯收入（元）Per Net Income of Farmer (yuan) |
|---|---|---|---|---|---|---|---|---|
| 岳西县冶溪镇 | 24986 | 14061 | 7899 | 1179 | 21 | 13 | 670 | 5250 |
| 岳西县黄尾镇 | 6940 | 2931 | 1603 | 181 | 23 | 13 | 325 | 4550 |
| 黄山市屯溪区屯光镇 | 19606 | 11532 | 2799 | 1332 | 136 | 41 | 8980 | 10963 |
| 黄山市屯溪区阳湖镇 | 35480 | 18581 | 1044 | 1684 | 181 | 25 | 13520 | 11325 |
| 黄山市屯溪区黎阳镇 | 13591 | 5109 | 1203 | 1362 | 347 | 52 | 11500 | 10963 |
| 黄山市屯溪区新潭镇 | 9690 | 5659 | 3018 | 1687 | 184 | 47 | 6447 | 10061 |
| 黄山市屯溪区奕棋镇 | 10735 | 7280 | 3706 | 1681 | 50 | 35 | 6761 | 9437 |
| 黄山市黄山区甘棠镇 | 17472 | 9431 | 4315 | 1137 | 55 | 31 | 18008 | 11738 |
| 黄山市黄山区仙源镇 | 10331 | 7167 | 6178 | 660 | 34 | 24 | 2012 | 8930 |
| 黄山市黄山区汤口镇 | 16772 | 10654 | 942 | 796 | 169 | 18 | 9084 | 11874 |
| 黄山市黄山区谭家桥镇 | 7556 | 3518 | 4702 | 886 | 46 | 25 | 1140 | 9801 |
| 黄山市黄山区太平湖镇镇 | 11064 | 6277 | 3064 | 220 | 42 | 12 | 5015 | 9500 |
| 黄山市黄山市黄山区焦村镇 | 14790 | 9398 | 8839 | 721 | 51 | 26 | 1689 | 8937 |
| 黄山市黄山市黄山区耿城镇 | 10024 | 3760 | 5036 | 1917 | 25 | 14 | 10073 | 10861 |
| 黄山市黄山区三口镇 | 9194 | 4634 | 6020 | 690 | 16 | 13 | 2015 | 8982 |
| 黄山市黄山区乌石镇 | 11949 | 6046 | 4880 | 466 | 18 | 12 | 1300 | 8427 |
| 黄山市徽州区岩寺镇 | 27536 | 19917 | 8901 | 2370 | 96 | 60 | 25080 | 9823 |
| 黄山市徽州区西溪南镇 | 16702 | 9413 | 8038 | 1154 | 72 | 32 | 7708 | 9705 |
| 黄山市徽州区潜口镇 | 12910 | 8308 | 4464 | 1219 | 75 | 29 | 4571 | 9601 |
| 黄山市徽州区呈坎镇 | 13002 | 8334 | 3710 | 758 | 131 | 41 | 9360 | 9308 |
| 歙县徽城镇 | 66375 | 13569 | 2792 | 2180 | 762 | 386 | 33745 | 12353 |
| 歙县深渡镇 | 24799 | 14628 | 2505 | 449 | 46 | 19 | 2368 | 9973 |
| 歙县北岸镇 | 25172 | 15935 | 5581 | 1514 | 67 | 45 | 4505 | 8738 |
| 歙县富竭镇 | 16137 | 7957 | 10254 | 1363 | 46 | 27 | 4096 | 10675 |
| 歙县郑村镇 | 16285 | 11086 | 7186 | 2818 | 78 | 26 | 4738 | 10904 |
| 歙县桂林镇 | 28135 | 12533 | 9207 | 5852 | 101 | 46 | 7583 | 10940 |
| 歙县许村镇 | 9641 | 5626 | 4834 | 679 | 3 | 3 | 502 | 8259 |
| 歙县溪头镇 | 17003 | 9122 | 6954 | 843 | 23 | 6 | 636 | 7836 |
| 歙县杞梓里镇 | 30856 | 19918 | 1821 | 1471 | 14 | 13 | 1980 | 8582 |
| 歙县霞坑镇 | 20009 | 15097 | 2865 | 468 | 8 | 5 | 677 | 8622 |
| 歙县岔口镇 | 17987 | 9899 | 699 | 237 | 11 | 9 | 913 | 6665 |
| 歙县街口镇 | 13746 | 7800 | 40 | 40 | 9 | 3 | 250 | 8248 |
| 歙县王村镇 | 23394 | 17079 | 7834 | 1645 | 61 | 10 | 2300 | 9201 |
| 休宁县海阳镇 | 51119 | 14289 | 11435 | 3451 | 1540 | 105 | 24023 | 11203 |
| 休宁县齐云山镇 | 13202 | 8015 | 6225 | 1725 | 3 | 3 | 4114 | 9632 |
| 休宁县万安镇 | 23352 | 13902 | 14335 | 4128 | 1200 | 320 | 5799 | 9918 |
| 休宁县五城镇 | 22955 | 14627 | 9202 | 2153 | 17 | 17 | 1550 | 9718 |
| 休宁县东临溪镇 | 19856 | 12442 | 6381 | 1193 | 56 | 23 | 3528 | 9919 |
| 休宁县蓝田镇 | 12748 | 8411 | 4973 | 1855 | 13 | 3 | 1049 | 9261 |
| 休宁县溪口镇 | 22522 | 11438 | 10198 | 1404 | 39 | 32 | 1042 | 9437 |
| 休宁县流口镇 | 5487 | 3645 | 103 | 113 | 3 | 3 | 407 | 7243 |
| 休宁县汪村镇 | 10717 | 6639 | 1206 | 391 | 7 | 7 | 380 | 7465 |
| 休宁县商山镇 | 21627 | 17003 | 12147 | 6227 | 41 | 29 | 2353 | 9801 |
| 黟县碧阳镇 | 40739 | 21101 | 10082 | 1764 | 181 | 159 | 6502 | 9385 |
| 黟县宏村镇 | 17581 | 11812 | 7252 | 1253 | 46 | 17 | 5092 | 9305 |
| 黟县渔亭镇 | 9600 | 4200 | 2764 | 456 | 40 | 26 | 3015 | 9067 |
| 黟县西递镇 | 6202 | 4590 | 1366 | 340 | 25 | 3 | 3003 | 9295 |
| 祁门县祁山镇 | 52714 | 26957 | 5809 | 1121 | 2694 | 850 | 16509 | 10099 |
| 祁门县小路口镇 | 6826 | 4952 | 2432 | 211 | 10 | 1 | 222 | 9087 |
| 祁门县金字牌镇 | 12033 | 7381 | 3378 | 576 | 120 | 36 | 3270 | 10065 |
| 祁门县平里镇 | 7209 | 4851 | 2058 | 256 | 30 | 10 | 684 | 10001 |
| 祁门县历口镇 | 15149 | 8472 | 3832 | 398 | 11 | 9 | 481 | 8600 |
| 祁门县闪里镇 | 9305 | 6129 | 3056 | 337 | 13 | 13 | 312 | 8455 |
| 祁门县安凌镇 | 13666 | 8034 | 7337 | 995 | 18 | 10 | 208 | 8023 |
| 祁门县凫峰镇 | 10596 | 6944 | 3285 | 304 | 52 | 42 | 137 | 9374 |

# 最新资料书简目

（仅供参考，以最后出书为准）

安徽统计年鉴—2013（含光盘）
中国统计年鉴—2013（含光盘）
安徽统计年鉴—2012（含光盘）
中国统计年鉴—2012（含光盘）
中国县（市）社会经济统计年鉴—2012
中国科技统计年鉴—2012
中国发展报告—2012
国际统计年鉴—2012
中国农村统计年鉴—2012
中国工业经济统计年鉴—2012
中国能源统计年鉴—2012
中国贸易外经统计年鉴—2012
安徽省第二次全国农业普查资料汇编（农民卷、农村卷、农业卷）
安徽省国民经济核算历史资料（1952—2003）
国民经济行业分类注释—2012
合肥统计年鉴—2013
淮北统计年鉴—2013
亳州统计年鉴—2013
宿州统计年鉴—2013
蚌埠统计年鉴—2013
阜阳统计年鉴—2013
淮南统计年鉴—2013
滁州统计年鉴—2013
六安统计年鉴—2013
马鞍山统计年鉴—2013
芜湖统计年鉴—2013
宣城统计年鉴—2013
铜陵统计年鉴—2013
池州统计年鉴—2013
安庆统计年鉴—2013
黄山统计年鉴—2013
全国各省市统计年鉴—2013